〔清〕王筠撰

說文解字句讀

附音序、筆畫、四角號碼檢字

中華書局

圖書在版編目(CIP)數據

說文解字句讀:附音序、筆畫、四角號碼檢字/(清)王筠撰. —2版. —北京:中華書局,2016.10(2022.1重印)
ISBN 978-7-101-12178-0

Ⅰ.說… Ⅱ.王… Ⅲ.①漢字-古文字學-研究②《說文》-句讀-研究 Ⅳ.H161

中國版本圖書館CIP數據核字(2016)第231989號

責任編輯:張 可

說文解字句讀(附音序、筆畫、四角號碼檢字)
〔清〕王 筠 撰
*
中 華 書 局 出 版 發 行
(北京市豐臺區太平橋西里38號 100073)
http://www.zhbc.com.cn
E-mail:zhbc@zhbc.com.cn
北京瑞古冠中印刷廠印刷
*
787×1092 毫米 1/16・49½印張・2插頁・1250千字
1988年7月第1版 2016年10月第2版
2022年1月北京第6次印刷
印數:10401-11100冊 定價:160.00元

ISBN 978-7-101-12178-0

出版説明

清代中葉以後，《説文》之學大興。嚴可均的《説文校議》、段玉裁的《説文解字注》、桂馥的《説文解字義證》、王筠的《説文釋例》，都是一時名著。在這些大家之外，諸如鈕樹玉、王煦、王玉樹等人的著作中，也不乏説解文字的精義。王筠的《説文解字句讀》就是在這些著作的基礎上加以去取著成的。

王筠本來想就嚴、段、桂三家的著作，「或增或删或改」，「不加疏解」，著成一書，「以便初學誦習」。後來，他在朋友的勸説下改變了打算，改而擷取前列諸書的精華，「博觀約取」，間下己意，以成一家之言。這樣，「閱月二十而畢」，撰成了《説文解字句讀》三十卷。

古人在讀書的時候，往往加以圈點標識，謂之「句讀」，認爲這是讀書的基本功。王筠把自己注釋《説文》的著作叫作「句讀」，是自謙其書衹是讀《説文》的基本入門書。但是由於他學識豐富，去取精當，所以《説文解字句讀》的學術價值早已遠超出「句讀」之外。

王筠（一七八四—一八五四），字貫山，號箓友，山東安邱人。除《説文解字句讀》外，還著有《説文釋例》《説文繫傳校録》《文字蒙求》及《箓友蛾術編》等。其中《説文釋例》和《文字蒙求》已由中華書局出版印行，《説文解字句讀》於一九八八年七月由中華書局影印出版。

本次再版，我們於書眉上標出相應的楷書通用字形，並參考中華書局二〇一五年版《注音版説文解字》爲之注音，標於各字頭之上。書後附音序、筆畫及四角號碼檢字表，以便讀者使用。

中華書局編輯部

二〇一六年八月

目録

余平生孤行一意不憙奪人之席勦人之說此說文釋例之所爲作也自永元以至今日凡千七百餘年顏黃門一家數世皆精此業而未有傳書二徐書雖傳多涉艸略加以李燾亂其次弟致分別部居之脈絡不可推尋故博極羣書之顧亭林祇見五音韻譜以其雜亂無章也時時訾謷之苟非段茂堂氏力闢榛蕪與許君一心相印天下亦安知所謂說文哉惟既創爲通例而體裁所拘未能詳備余故輯爲專書與之分道揚鑣冀少明許君之奧旨補茂堂所未備其亦可矣道光辛丑余又以說文傳寫多非其人羣書所引有可補苴遂取茂堂及嚴鐵橋桂未谷三君子所輯加之手集者或增或删或改以便初學誦習

故名之曰句讀不加疏解猶初志也三篇業將畢矣而雪堂須南雨陳君曰君所增改者既援所出之書以證明之又引經典以發揮之而無所增改者但如其舊則忽詳忽略體既不倫且茂堂之學力思心固能逹達神恉而性涉偏執瑕纇不免又如桂氏之博洽嚴氏之精確以及非石鈕氏汾泉松亭兩王氏其書皆有可爲羽翼者君盍薈萃之以省我輩日力以爲後學南鍼乎余於是本志變化博觀約取閱月二十而畢仍名句讀從其朔也顧余輯此書別有注意之端與段氏不盡同者凡五事一曰删篆每部各署文數重數自序又有十四篇之都數誠以表別裁而杜羼雜也而核今本之實則正文重文皆已溢額嚴

氏議删重文未議正文不知是說文續添中字字林中字也無據者固未可專輒有據者可聽其籀據非分乎至於一字兩見者當審其形義以定所屬之部吁爲于所孳肯否爲不所孳肯比審其形也㝵與得各有所施此審其義也不可如大徐以在後者爲重出也二曰一貫許君於字必先說其義繼說其形末說其音而非分離乖隔也卽如說蒐曰人血所生以字從鬼故云然引者譌爲地血校者卽欲據改則從鬼之說何所附麗哉三曰反經說文所引經典字多不同句限亦異固有譌誤增加而其爲古本者甚多豈可習非勝是以婁經竄易之今本訾漢儒授受之舊文乎四曰正雅爾雅者小學專書以此爲最古所

收之字亦視羣經爲最多彼以義爲主而形從之說文以形爲主而義從之正相爲錯綜而互爲筦攝者也乃陸孔在中原時代雖後而猶見善本景純居東晉傳注薈萃而適据譌文加以學者傳習多求便俗羽族安鳥水蟲著魚故徐鼎臣曰爾雅所載艸木魚鳥之名肆意增益不足復觀以羣經之鈐鍵而譌誤顛倒重出比比皆是不有說文何所據以正之乎五曰特識后身側愷等字許君之說前無古人是乃歷考經文竝非偏執已見不可不以經正傳破從來之誤者也五者以外小有違異亦必稱心而出明白洞達不肎首施兩端使人不得其命意之所在以爲藏身之固此則與段氏同者也時閱十年稿凡三易鏡

不自照留待後人而吾所望于來哲猶有六焉許君說五行五色四靈四夷或相鉤連或相匹配是知銘㕣于心藉書于手非泛泛雜湊之字書故雖至小之字而亦有異部相映帶者如木部柢株直用轉注可矣而說曰木根者所以別于艸部荄茇之爲艸根也禾部說移曰禾相倚移者所以別于㫃部旗之旖施也一也有當轉注而不然者如昏下云日冥也則冥下當云月昏矣而別爲說者爲從六地也二也有不欲駁難古人但加一字見意者說夔云卽魖也說貉曰卽豹文鼠也是也其不加字者想倘多有之三也許君說字多主通義而言其專主一經者如避偕等字是也四也羣經所有之字而許君不收者璲獮姒犒之類既有明徵其他想亦必有說也五也況乎九千文中於今爲無用於古亦無徵者至於數百夫何經典所有沙汰之以矜別裁經典所無網羅之以炫淹博五經無雙之人豈宜出此然鄭司農引上林賦紛容掔㕘倚移從風以較文選八字而易其五計漢武至梁武才六百餘年而漢賦之改易已如是之甚況三代先秦之書乎苟有博通古籍者能使無徵者有徵卽無用者有用矣縱使單文孤證亦僻一字千金尤所企望也六也若此者我雖少發其端能不望來哲之竟其緒乎抑或智所未窺才所未逮能不望來哲之拾其遺乎有段氏開闢于前爲之擴其規模斯我能開闢於後爲之劈其肌理而以我書爲椎輪

者倘不知凡幾也沙毋憚于叓披新自欣其日積能使許書之藴發露無餘我卽不及見之而亦爲後之學者豫幸之矣道光庚戌四月安邱王筠

凡例

一篆文二徐本及說文韻譜、五音韻譜、有異文者、已具於繫傳校錄、說文韻譜校、矣、茲第擇一字用之、

一篆文傳譌者、如艸部藍、既係重出、又有羣書引據、徑改之、略有疑竇、概出於注、

一篆文次弟、小徐似據已經倒亂之本、大徐尚有倫脊、然似以意爲之整比、故不免差跌、茲於其無疑者從大徐、可疑者從小徐、或從大徐而附以辨正、至如烜字、必從小徐、乃使許君得白也、其有兩本皆錯亂、無從諟正者、如段氏於齒部、遂倂齱齵𪘏齬四字、其說甚確、然元應引齵字說、如今本引𪘏字說齒不正也、同玉篇、又不同齬字說、玉篇引齬字說、又如今本、然則六朝唐人所据本固如此矣、況似此者尚多、僅改一二處、衹亂其例耳、

一篆文有無、二徐不同者、概依多本、可疑者附辨於下、

一篆文重出者、錄之而後刪、惟註誤字、既有不重之本、徑刪之、至如苗字、小徐在後、似是本次、田溺反可證、其在前者、乃依大徐增蓨字、倂遂苗字、使之類聚也、言切不言反可證、然釋艸曰蓧、釋文他凋切、蓨、釋文音惕、又曰苗、唐韻徒歷他六二切、蓨、釋文他凋反、郭注皆云未詳、据釋文、則後苗與前蓨同音、後蓨與前蓧同音、知本是一條、譌而後衍也、許君据本衹有蓨苗、据蓨在苗上、知爾雅之文、字如後條、次序則如前條、大徐

盇得其眞、故依之、

一篆文法當一律、然如𦭝字從黃省、而遂入于下、間有作𦭝者、必仍之、畐畗金刻作畐畗、說文未收而從之者、間有一二、亦仍之、

一篆文業已溢額、而桂氏段氏復据羣書所引爲之增補、似乎多事、然今本所存、必有許君所未收之字、卽今本所無、必有許君所曾收之字、傳寫既久、勢所不免也、是以擇其可信者、各附本部部數之下、以俟君子審定焉、所增之字、或爲說文本有而今佚者、或出說文續添者、或出字林者、或出字林新附者、或絕無所本、後人以意增之者、盇皆有之、余不能辨也、

一說解中異文、挩文、定從一本、其出二徐本及兩韻譜者、皆說文全本也、大字居中書之、其采自羣書者、小字居中書之、乙轉者亦然、其爲嚴氏段氏及愚所增者、側書之、所改者則注曰當作某、異文之不能定者、及文雖異而義不異者、皆注曰一作某、

一說解中刪補乙轉者、盡注所据、茲先列所据於左、以備參檢、惟之者也等字、於義有關者、乃注所据、不然則否、

一所据之說文本、大徐則毛氏本、異於見行本、似是剜改一二次者、鮑氏本、誤字多、然無妄改、孫氏本、誤字少、然序言顧千里改其篆文、則不可据、小徐則汪氏本、篆皆剜自汲古、偶有一二不同、注尚可据、馬氏袖珍本、卽据汪氏、注中偶正一二字、似亦出肊斷、朱文藻攷

異本、雖所出僅千二百餘字、然其異文前後一律、故知可據、祁刻顧氏景宋鈔本、二篆、葢千里妄作、廿五卷汪刻多異文、此張次立所據之大徐本也、顧本則與今大徐本同、又是千里妄作、其餘篆注多可據、翁氏鈔說文韻譜、及李氏刻本朱竹君鈔本與汪刻大同、但篆文多異、五音韻譜大字本、其小字本則坊刻、不足道也、

一說解中字體、毛刻古體俗體皆少、鮑刻古體多、誤字亦多、孫刻誤字少、而俗體多、朱竹君鈔本、汪刻本古體俗體皆多、顧鈔本古體俗體皆少、竊意許君之作此書、說解雖用隸法、然定多古體、故今采之各本、一切存之、俗體無可據改者、但曰厶當作厶而已、不敢自我作古、以誣方來、

一所據羣書、經典釋文、通志堂本、朱文游以宋本校之、余又以景宋鈔本及儀禮刊誤、余仁仲公羊傳本校之、漢書、後漢書、文選、汲古本、胡氏本、初學記、玉篇、張士俊本、然大不可信、朱氏序云得自汲古閣、鳳苞斧季、勤于校讐、疏于決擇、一不可信也、又云幷取繫傳類篇汗簡佩觿諸書、旁稽曲證、二不可信也、唐人引說文皆作從某、此獨作从、又所引說文校同大徐本、足徵大加變亂矣、廣韻、張士俊本、集韻、已補曹氏本、韻會、元槧本、最佳、惜缺七十番、眾經音義、莊氏校本、謬誤甚多、五經文字、九經字樣、五行大義、九章算術、音義、本草綱目、皆所手輯也、外此則一以說文校議為本、然如暴晞也、嚴氏據元應書引欲補乾字、不知此自是元應書例、恐人不解晞字、故連引其說耳、若李善書例、其於此等、必曰暴晞也、晞乾也、嚴氏欲據補、誤矣、故幷箸各家注例於左、桂氏所引有出校議外者、余所輯有出二家外者、葢二家忽之也、惟嚴氏無欺、故以為據、

一文選注例最為厖雜、本文所有則增之、如東京賦淥水澹澹注卽引說文澹澹水搖皃也是也、段氏據補澹澹然琴賦注引澹水搖也、長門賦注引澹搖也、何去何從乎、又如魏都賦、襲偏裂以讀列、注說文云讀列中止也、然讀列或止或列、嚴氏遂欲于說文中止也上增列字、案李氏詞不達意、當云讀列或止或列也、再引說文讀中止也、自然明白、何事然字一轉乎、本文所無則刪之、如歊歊气上出皃、寶鼎詩無重言、卽不引歊歊是也、於義無取者亦刪之、如級絲之次弟也、報任安書注引級次弟也、本文無取於絲也、本文如是、而說文不如是者、則改說文以就之、如西都賦又杳窱而不見陽、李氏如引杳冥也冥窈也、則合矣、乃因窱下云杳窱也、與賦正合、遂用之、然固以之釋賦之杳也、直改為杳知此字非譌者、以下文別解窱字知之、杳窱也以就之、李氏引書每回穴如此、不僅說文也、有刪節不可通者、𢪛反手擊也、捶以杖擊也、李引批捶皆曰擊也、徑刪其區別之字、夌越也、引作淩越也、淩則加水、批則省囟、幾令人無從尋覓也、又有以時行字易之者、西都賦注引濫泛也、說文作氾、不收泛字、解嘲注引儋荷也、說文作何也、凡此類、意主使人易曉、不可輒謂之誤、

一元應於說文字林無所偏主、陸氏則主字林、至有引字林而謂說文同之者、且有引說文之音而引字林之義及它處再引說文仍同此義者、故以陸氏所不引而疑說文本無此字、

譌也、郭氏注爾雅、卽主字林、蓋東晉時、說文未行於南方、然亦偶勝說文、惜全書不存也、

一元應所引、元文居多、且率以說文居首、其先三蒼字詁之類、而說文居末者、必其于本文之義不相比附者也、閒亦刪節以就本文、僅十之二三、至如以嚳字之說說酷字、必先明著之曰酷又作嚳、俈要引之後、或不言而直引之、校者爲之失、方則非元應之過、

一初學記與玉篇及諸韻書例同、皆繫字爲說、不主一端、可以爲據、惟牽連敘之、偶雜釋名於中、不難別識也、

一經典釋文前後漢書注例同李氏、皆有增損、必愼別擇、如後漢書循吏王渙傳、奠醊注引說文祭酹也、卽食部餟字注、非酉部本有醊字、而今挩也、又所引祭酹也文同今本、元應前於章懷數十年、則引作酹祭也、知章懷時說文已誤倒矣、

一之也等字、引見羣書而無害於義者、盡增之、許君漢人也、而今本說文局促無文采、或直不成語、豈其本然乎、苟有所据、不敢置也、至于初學記引鳳字說云字從鳥凡聲也、其誰榕駢沱四字下、則如小徐本、知不可循例概增矣、

一元應所引謂厶厶也、蓋庾儼默舊注、概用之、元應引他書亦或伸之曰謂厶厶也、或引說文亦然、然所引有與選注所引同者、則定是庾注矣、既不能別、甯過而存之、且今本亦有存者、如騢下云謂色如鰕魚也、緂下云謂衣采色鮮也、皆是也、選注亦閒有之、隋書經籍志說文十五卷、許愼撰、說文音隱四卷、梁有演說文一卷、庾儼默注、案庾注句不繼說文之下、而繼演說文之下、且不言卷數、或所注卽演說文乎、今考說解中有不貫串者、且有與許意乖違者、定是

後人詮解、今不能得其主名、故概以庾注目之、

一諸書所引反切、蓋音隱舊文、它書多言反、九經字樣則言翻、選注則反少切多、皆仍其舊、不一律改爲反也、李氏先出切而後引說文者、及引說文之後又出本文乃繫以切者、皆區別之詞、其引說文義卽繼以切者、定是舊音、段氏多漏引、茲備錄之、曰本厶厶反、繼以唐韻曰孫厶厶切、二同者省之、其或諸書所引不同者、亦分析羅列、而後以唐韻繼之、

一唐韻之音與許君之意不相中者、此鼎臣之過、習孰時音、義不備檢也、則以它書駁之曰當厶厶切、

一釋典自漢入中國、則譯者必是漢語、故衆經音義不獨所引說文可用、卽所標佛經字亦多可用、如連負連也、前人無知者、以所標負揵解之、而確不可易也、瘶減也一曰秏也、似非異義、以所標衰耄解之、而其義有別也、乃知許君說解多漢時恆言、今人不聞、遂不得其解耳、

一說文在前、字林同之、宜也、故羣書所引兩書皆有是說者、不復記、惟第引字林、而實同今之說文者、蓋有兩種、一則因便引之也、一則字林始收是字、後人羼入說文也、吾不能別之、且字林增收、引見羣書、而說文無之者尚多、故不可肊斷、惟記其下曰字林同、以示區別、

一刪之有本者、第〇其外無本者則加注、然已見釋例者、亦

不注也小徐語而大徐闌入正文者直刪之、

一說文十五篇二徐皆分爲卅卷矣今於十四篇仍分爲上下、敘目則合之者必相連乃足以見意也敘目與太史公自序同法今既分之故横加敘曰二字不可讀矣卽小徐本繫傳一下云部數字數皆仍舊題今分兩卷其言至明白也而卷二乃云若干部文若干重若干此亦後人横加之也設不分爲卅卷何由加此妄語乎且億許君擬易而作說文則序目於自一至黹自人至亥當分爲上下兩篇如易分兩篇而六十四卦亦不至於無區別也

一此書之初輯也第欲明其句讀而已已及三卷而陳雪堂陳頌南迫使通纂乃取說文義證說文解字注刪𦂳舉要以成此書其或二家說同則多用桂氏說以其書未行冀少存其梗槩且分肌擘理未谷尤長也惟兩家未合者乃自考以說之亦不過一千一百餘事惟是二家所引檢視原書或不符此改舊文以就己說也然所引浩如煙海統侯它日覆覈之、

或曰說文句讀古人無知之者乎曰宋以前人大率知之近人始不知耳禔下云安福也文選注引禔安也玉篇云福也安也璧下云瑞玉環也慧苑引璧瑞圭范應元注老子引璧瑞玉也疐下云礙不行也小徐袪妄篇引疐礙也宙下云舟輿所極覆也釋詁正義引宙舟輿所極也皆知說文句讀故

但引其一句竝非挩佚也莊子音義引舟輿所極覆曰宙則失之然似後人增覆字

一漢人經說率名章句而張蒿菴儀禮鄭注句讀獨立此名者、謙也然儀禮經有章句注但有句讀而已則其名亦所以紀實也余纂此書則疏解許說無章可言是以竊比蒿菴

說文解字句讀目錄

一百卆

一百七十三

糸 素 絲 率 虫
卷之二十六 十三篇下
䖵 蟲 風 它 龜 黽 卵 二 土 垚 堇
里 田 畕 黃 男 力 劦
卷之二十七 十四篇上
金 幵 勺 几 且 斤 斗 矛 車 𠂤
卷之二十八 十四篇下
𨸏 𨺅 厽 四 宁 叕 亞 五 六 七 九
厹 嘼 甲 乙 丙 丁 戊 己 巴 庚 辛
辡 壬 癸 子 了 孨 𠫓 丑 寅 卯 辰

巳 午 未 申 酉 酋 戌 亥
卷之二十九 說文弟十五卷
許君自敘 許沖上說文表 漢安帝敕
卷之三十 附錄
說文部首表 許君事蹟攷 說文校議 毛氏節錄
桂氏附錄 桂氏附說 小徐系述 大徐校定說文序
大徐進說文表 中書牒

yī 一

說文解字句讀弟一上

漢太尉南閣祭酒許氏記　安邱王　筠撰集

相國壽陽祁春浦夫子鑒定　益都陳山嵋　晉江陳慶鏞　訂正

博山蔣其崘書篆

十四部　六百七十二文十四篇皆有此句、而文字在句末者、一二五八九十十一十二凡八篇、其在句首者、三四六七十三十四凡六篇、案許君自敘曰九千三百五十三文、是當在句末之證、今改歸一律、

重八十一毛孫鮑三本同、毛後刓去一字、

凡萬六百三十九字凡十四篇之文數、重數、說解都數、一依宋本、而注各本之異同于下、不復覈實以登下之、何者、總計每篇之數、與許君自敘之數不符也、敘曰九千三百五十三文、今覈毛氏初印與孫鮑二本、皆九千四百二十文、是溢領六十七文也、若以毛氏刓改本計之、則九千四百三十一文、是溢領七十八文也、而嚴氏所覈凡三事、則又多四文、敘又曰重一千一百六十三、今覈三本皆一千二百八十、是溢領一百一十七文也、毛氏刓改本則一千二百七十九、較之宋本、亦僅少一文也、而嚴氏所覈凡三事、則又少一文、然則毛氏所登下者、亦不得其實矣、況大徐竝所補之正文十六重文三、而計之、此又顯然非原文也、且以新附字比例之、總計雖皆四百二字、然毛氏初印本六篇新附文二十、同孫本、刓改作二十一、同鮑本、十三篇新附文三十七、同孫本、刓改三十六、同鮑本、是大徐自增者、尚且小有差異、豈能使流傳千年之許書無所增損乎、敘又曰說解十三萬三千四百四十一字、今凡十二萬二千六百九十九字、許沖上書亦云十三萬、或乃改爲十二萬以成其私、猶幸敘文未改、今留此罅隙、庶有好學深思者刪之補之、

一　惟初太極。此論道、非論世、故舉繫辭易有太極以立言、大徐本作太始、非也、雖易曰乾知大始、然下

yuán 元　tiān 天　pī 丕　lì 吏　shàng 上　dì 帝

文方言造分天地、此不得偏主于乾、道立於一。繫辭、天下之動貞夫一、造分天地。太極生兩儀、化成萬物。乾道變化、坤作成物、彖序曰立一爲耑、本注四句、發明此義、於悉切、凡一之屬皆從一。指他部而言、從一而不隸一部者、如正字從一、則止爲主、一爲從、且字從一、則假借之義也、從一聲者更無論矣、五百四十部竝放此、

弌　古文一。蓋奇字也、六書故曰弌不能古於一、王煦汾彔曰古一弋皆有意音、禮記壹戎衣、尚書作殪戎殷、田獵畢翳、鄭注今月令翳爲弋、是古文弌以弋爲聲、弍弎則因弌而遞加也、前修謂古文不盡可以六書推、此類皆是、篘案方言、一蜀也、廣雅、蜀弌也、弌必疊韻、皆從弋聲、

元　始也。釋詁文、易大哉乾元、萬物資始、從一。春秋隱公元年公羊傳、元年者何、君之始年也、何注、變一爲元、元者氣也、無形以起、有形以分、造起天地、天地之始也、兀聲。愚袁切、

天　顚也。顏氏家訓所謂譬況假借以證音字者也、元命包天之言塡、禮統天之爲言鎭也、神也、珍也、釋名天、顯也、坦也、皆此類、桂氏曰、本草天門冬、一名顚勒、山海經作顚冬、至高無上。從一大也。顚者頂也、與一大不甚相中、故加至高無上以引起之、若義與形相直者、則無此句矣、後放此、春秋說題辭、天之爲言鎭也、居高理下、爲人經緯、故其立字一大爲天、以鎭之也、他前切、

丕　大也。釋詁文、又釋訓丕丕大也、從一。不聲。經典多借不爲丕、詩云不顯不承、卽書之丕顯丕承也、言部引書不能諴于小民、今本作丕、又案隸釋石經殘碑丕作丕、中直貫下、與卒隼篆文同法、吳錄闞澤論曹丕之名曰、不十爲丕、斷而爲兩耳、非眞從十不聲也、敷悲切、

吏　治人者也。孟子、天吏也、左成二年傳注、吏三公也、然則君相皆可偁吏、從一。九經字樣、吏言其執法如一、又重之在上、從史。史字祇借作人字用、非府史胥徒之史、史亦聲。力置切、

文五　重一

丄　高也。周官射鳥氏、矢在侯高、此呼上爲高者、此古文上。指事也。敘于指事、舉上下爲例、故于此言之、不于一下言之者、一爲全書之首、不言者尊之也、孔子易大象、皆出卦名、惟天行健不出卦名、許君宗此法、時掌切、凡丄之屬皆從丄。

上　篆文丄。

帝　諦也。獨斷、帝者諦也、能行天道、事天審諦、王天下之號也。左僖廿五年傳、今之王、古之帝也、從丄。當作二、朿省聲。都計切、

páng 旁　xià 丅　shì 示　hù 祜　lǐ 禮　xī 禧　zhēn 禛　lù 祿　zhēn 禎　sī 褫

帝 古文帝。古文諸丄字皆從一，篆文皆從二。當云諸從丄字者，古文皆作一，篆文皆作二。桂氏、嚴氏皆謂古文以下皆後人加之，筠案二卽丄之變體。二，古文上字。辛、示、辰、龍、童、音、章皆從古文上。

旁 溥也。旁溥連語，卽旁薄也。從二，闕。謂𠂊也，案𠂊非字，葢象其旁達之狀。方聲。士喪禮注：今文旁爲方。廣雅：旁，方也。步光切。

旁 古文旁。

旁 亦古文旁。

旁 籀文旁。詩：雨雪其雱。廣雅：雱雱，雪也。則從旁。

丅 底也。广部：底，一曰下也。轉注。說解中裏見氐字，知此不云氐也。與上高也相儷者，古言上下、高下，不言高低也。指事。小徐作反上爲丅，如其言則是會意，與敘言指事背。胡雅切。

丅 篆文丅。

文四　重六

示 天垂象，見吉凶，繫辭文。所以示人也。從二。二，古文上字。三𠂹，謂之三𠂹者，小非字也。日月星也。觀乎天文以察時變。易賁彖文。示神事也。察時變以

說文句讀　卷一　六万四三　、〇折廿七　三

上，據字形立說，本句則所以領部中字也。惟䙡字與垂象見吉凶義合，其餘則皆神事也。神至切。凡示之屬皆從示。

示 古文示。金刻皆然，故從小徐。

祜 上諱。漢安帝名。伏侯古今注：祜之字曰福。謂避諱而以福字代祜字也。釋詁：祜，福也，厚也。從示，古聲。侯古切。

禮 履也。釋言：履，禮也。鄭注易履霜堅冰至曰：履，讀爲禮。案二字雖疊韻，然隆禮由禮，必在踐履，故以履說之。所以事神致福也。釋詁：履，福也。從示從豊，豊亦聲。靈啟切。

禮 古文禮。

禧 禮吉也。葢謂五禮中之吉禮名曰禧也。惟吉故字從喜。此訓雖於經無徵，然釋詁曰：禧，福也。本篆之上卽禮篆，其下七篆訓福者五，末則福篆也。桂氏、嚴氏皆曰吉當作告，以釋詁禧告也爲據。案告似禧之借義，與昣訓告同。禮告二字又似不貫。從示，喜聲。許其切。

禛 以眞受福也。從示，眞聲。不言從眞者，說義說聲互相備也，後放此。側鄰切。

祿 福也。釋詁文。少牢饋食禮：使女受祿于天。鄭注：古文祿爲福。從示，彔聲。盧谷切。

褫 福也。釋詁文。東京賦：祈褫禳災。從示，虒聲。字林弋爾反，孫息移切。

禎 祥也。

yīn 禋　zhāi 齋　mì 祕　qí 祇　shén 神　zhī 禔　zhī 祗　qí 祺　yòu 祐　zhǐ 祉　fú 福　xiáng 祥

今爾雅釋言：祺，祥也。以與祺吉也連文而譌也。周頌維清傳：禎，祥也。正義以爲釋言文，引舍人曰：禎，福之祥。從示，貞聲。陟盈切。

祥 福也。字林同。從示，羊聲。羊，祥也。似羊切。一曰善也。依韻會引改補。釋詁文。

祉 福也。釋詁文。從示，止聲。敕里切。

福 備也。祭統：福者，備也。宀部：富，備也。釋名：福，富也。其中多品，如富者也。從示，畐聲。方六切。

祐 助也。繫辭文。從示，右聲。右，助也。于救切。永樂大典中玉篇無祐字。詩保右命之，祇作右。疑說文祐字亦後增，特心部忧、女部姷皆云讀若祐，又似說文本有。

祺 吉也。釋言文。從示，其聲。渠之切。

禥 籀文祺，從基。

祗 敬也。釋詁文。謂振敬也。費誓：祇復之。魯世家作敬。徐廣云：敬一作振。盤庚：爾謂朕曷震動萬民以遷。漢石經作祇。然則祇、振、震通也。從示，氏聲。旨移切。廣韻旨夷切。

禔 安。句。福也。玉篇：禔，福也，安也。以爲兩義。許君則云禔也者，安也；安也者，福也。以爲一義。難蜀父老文：中外禔福。案禔禔福連言，是複語，而許君加安字，以原其福之所自。注言之禔身，卽安身也。方言曰：禔，福也。從示，是聲。本時移切，又音支，又市支反。案氏、是古通，故易无祇悔，陸

說文句讀　卷一　七万六九　、〇折四十九　四

績本作禔，云：禔，安也。墨子引泰誓非命上篇云：禍厥先神禔不祀。天志中篇云：棄厥先神祇不祀。易曰：禔既平。今本作祇。釋文云：京作禔。又案史記汲長孺傳：禔取辱耳。徐廣曰：禔一作祇。集韻：祇，適也。本此。唐石經則用禔之重文祇。玉篇：祇，之移切，適也。

神 天神。案大宗伯：昊天上帝、日月星辰、司中、司命、飌師、雨師，皆天神也。天、神、引三字聲相近。引出萬物者也。禮運鄭注：神者，引物而出。從示，申聲。申，神也。食鄰切。

祇 地祇，案大宗伯：社稷、五祀、五嶽、山林川澤、四方百物，皆地祇也。地、祇、提三字聲相近。提出萬物者也。春秋命歷序、洛書曰：人皇生於提地之日。從示，氏聲。巨支切。

祕 神也。詩閟宮有侐，箋：閟，神也。釋文：閟音祕。李善文選注引詩作祕。從示，必聲。兵媚切。

齋 戒，句。繫辭：聖人以此齋戒。禮器：七日戒。注：戒，散齋也。潔也。說文無潔字，當作絜。穀梁莊三十二年傳：以齋終也。范注：齋絜。新論：昔楚靈王齋戒潔鮮以事上帝。許云齋戒絜也者，謂三日齋、七日戒，其詞雖異，指皆內潔其心、外潔其體之謂也。從示，齊省聲。韻會引云：亝聲。亝，古齊字。案齊部無此古文，姑記之。祭統：齋之爲言齊也。側皆切。

齋 籀文齋，從𩏉省。

禋 絜祀也。絜字

lèi 禷　chái 祡　sì 祀　jì 祭

依玉篇改。然此乃王肅說也，許君不得用之。一曰精意以享爲禋。精，一作絜；享，一作亨。此國語文，韋注禋，敬也。堯典馬融注、洛誥傳竝云精意以享。從示垔聲。於眞切。𥛗 籒文。禋從宀，當云籒文禋從示從𡨄，𡨄者，烟之古文也。大宗伯注：禋之言烟，周人尚臭，烟氣之臭聞者。鄭君此注，即据籒文從烟爲說也。王肅不知，乃敢駁之。魏受禪表：烟于六宗，禋以烟爲禋。祭 祭祀也。當作察祀也。白虎通：祭者，察也。尚書大傳：察者，至也。廣韻：祭，至也。案許以察釋祭，核其實也；再申以祀，廣其名也。從示 從肉從又。又，手也。依釋詁疏引改。子例切。祀 祭無已也。元應曰：謂年常祭祀，潔敬無已也。從示巳聲。巳部說曰：巳，已也。與無已義合。詳里切。禩 祀或從異。大宗伯注：故書祀作禩。鄭司農云：禩當爲祀。小祝注：故書祀或作禩。杜子春讀禩爲祀。然則先鄭、後鄭、子春皆以祀禩爲兩字，疏于許義。祡 燒柴[樊]燎以祭天神。當云寮，燒柴以祭天也。經典釋文、列子釋文、集韻、類篇皆引作柴，柴、祡、柴同音，經典又多作柴，故言柴以明假借也。釋文及韻會引皆無樊字，而燎字皆在下，知當作寮。且在上者，火部寮、祡、祭天也。彼說寮以祡，此即當說祡以寮，廣二名也。彼從火，故不言

燒柴；此從示，故言之也。又知當作祭天也者，釋天：祭天曰燔柴。釋文引說文祡，燒柴燎祭天也，兼以寮祡祭天也證之，可決矣。凡言天，則專謂昊天上帝；言天神，則泛指羣神。禮記大傳柴於上帝，其不兼羣神可知。木部槱之重文酒，說曰：柴祭天神。所謂天神，即正文槱下所引周禮以槱燎祠司中司命者也。又大宗伯以實柴祀日月星辰，皆是羣神，故曰槱燎，曰實柴，加字以別之。許說酒曰天神，皆所以別于寮祡之爲祭天之大祭也。此不當言天神可知。又案祭法：燔柴于泰壇，祭天也。而許君曰燒柴者，緣釋天云祭天曰燔柴，既以之爲名目矣，設曰燔柴以祭天也，則將以爲名目乎？將以爲訓釋乎？故變其文也。且取明字義而已，不必羣書所有，概爲臚舉。從示此聲。仕皆切。虞書曰：虞字當如嚴氏議刪。閻百詩曰：虞書、夏書之分，實自安國傳始，馬融、鄭康成、王肅、別錄題皆曰虞夏書，無別而偁之者。嚴氏曰：今本說文猶有未盡加者，如圛、堣、垔三字下偁尚書，蘄部小楷四字下但偁書也。至于岱宗柴。五帝本紀引同。釋文引馬本、史記、集韻引鄭本皆作柴。大宗伯實柴，堯典正義亦引作柴，則非也。䆅 古文柴從隋省。春官大祝隋釁，注謂薦血也。蓋祭天無燭熟，故從隋。禷 以事類祭天神。五經異義：夏后、歐陽說以類祭天者，以事類祭之；古尚書說，非時祭

shí 祏　kǎo 祰　bēng 𥛱　zǔ 祖　fù 祔　guǐ 祪

天謂之類，言以事類告也。肆類于上帝，時舜告攝，非常祭。幾竹汋曰：類祭見于經典者有五。小宗伯：大裁，類社稷宗廟，祈禱之類也。王制：天子將出，類乎上帝，巡守之類也。皇矣云：是類是禡，釋天作禷，云師祭也，行師之類也。肆師類造上帝，戰勝之類也。舜典肆類于上帝，攝位之類也。皆非常祭，依正禮而爲之，故云以事類祭。從示類聲。說義已見類字，此不言從類，義聲互相備也。力遂切。祪 祔祪，祖也。釋詁文。郭注：祔，付也，付新死者於祖廟。祪，毀廟主。案昭祔於昭，穆祔於穆，是付於祖也。有所祔則有所毀，毀廟主遷於祧，是大祖廟之夾室也。故爾雅皆以祖釋之，然兩事相因，而究非一事。或許君說佚，後人以爾雅補之乎？〇桂氏注引喪服小記：祔必以祪。昭穆，邵氏爾雅正義引同，然今本只有祔必以其昭穆句，不知二家所據何本，姑記俟考。從示危聲。過委切。祔 後死者合食於先祖也。既夕禮：明日，以其班祔。注：班，次也。祔，卒哭之明日祭名。祔猶屬也，祭昭穆之次而屬之。從示付聲。春官大祝：付練祥，注：付當爲祔。釋詁注見祪下。符遇切。祖 始廟也。句。祖，始也。釋詁文。此則謂人之先也。廟也者，兼禰廟言之。既夕禮：遷于祖。王制：受命于祖，皆謂祖禰之廟爲祖也。從示且聲。神之也，故不及釋親祖王父也之義。檀弓：祖者，且也。

鐘鼎文凡祖字皆作且。則古切。𥛱 門內祭釋宮：閍謂之門。孫叔然注引詩祝祭于祊。祊本謂廟門，而郊特牲曰：祊之于東方，故許君亦以爲祭名也。至于禮器爲祊乎外，則繹祭也，於廟門外之西室，不在門內，許說未及。先祖所[以]彷徨也。依詩及爾雅釋文引刪補。彷徨當作方皇。荀子禮論：方皇周浹，此申門內義也。楚茨注：祊，門內平生待賓客之處。既云待，是彷徨也。𥛱彷徨疊韻，故以釋之。從示彭聲。補盲切。詩曰：祝祭于𥛱。小雅楚茨文。傳：祊，門內也。祊 𥛱或從方。祰 告祭也。周禮肆師：類造上帝，大祝二曰造。王制：造乎禰。許所据本或有作祰者。從示告聲。義聲互相備。苦浩切。祏 宗廟之木主曰祏。依初學記引補。主當作宔，見宀部。[周]禮有郊宗石室。御覽引無周有二字，又引作春秋左氏說，蓋此禮緯文，又見春秋緯也。五經異義：春秋左氏說從石主于周廟，言宗廟有郊宗石室，所以藏栗主也。惠定宇曰：郊，郊祀也；宗，宗祀也。桂氏曰：石室藏木主之石匱也。摯虞決疑要注：凡廟之主藏於戶外西牖之下，有石函，故名宗祏。一曰大夫以石爲主。案五經異義用今公羊說，大夫無主，特束帛依神而已。又引古春秋左氏說，大夫以石爲主，而毀之曰禮

guàn 祼　xiá 祫　dì 禘　yuè 礿　cí 祠　bǐ 祉

無明文乃於此又用之者或以其爲古說姑存之也。從示從石石亦聲。當用聲義相備之例常隻切

祉以豚祠司命也。祠一作祭一作祀風俗通周禮槱燎祠司命司中司命文昌也今民間祠司命刻木長尺二寸爲人像行者擔篋中居則作小屋齊地大尊重之汝南餘郡亦多有皆祠以豬率以春秋之月從示比聲。卑履切漢律曰。漢有祠令祀令見漢書文帝紀注後漢祭祀志注祠祉司命。言祠司命之禮雖見周禮而祉之名則肇于漢也

祠春祭曰祠。釋天文公羊桓八年傳注祠猶食也猶繼嗣也春物始生孝子思親繼嗣而食之故曰祠許義見下文品物少。公羊桓八年傳注薦尚韭卵謹祭法春祠用脯又云春祠用曼頭餳餅髓餅牢丸多文詞也。祠詞疊韻從示司聲。似茲切仲春之月祠不用犧牲。月令文也今本祠譌爲祀用圭璧及皮幣。鄭本及譌爲更故注頗詰屈

礿夏祭也。公羊桓八年傳文犬司馬獻禽以享礿鄭注釋天並同易萃卦詩天保大宗伯字雖作禴而注亦同惟王制春日礿夏日禘蓋誤也而鄭注曰此蓋夏殷之祭名周則改之春曰祠夏曰礿似鄭君依文解之未必然也從示勺聲。以灼切

禘諦。句白虎通禘之爲言諦也盧植曰事尊明諦皇侃曰審諦昭穆也崔靈恩曰第也賈逵曰遞也均以聲解義知諦字當絕句者祭也也字作名字解如魚部中魚也大徐本多作魚名雖後人妄改義固不誤此不可云諦祭名也後皆放此祭也。釋天禘大祭也此但云祭也者桂氏曰禘有三祭法周人禘嚳而郊稷大禘也左昭十五年傳禘於武公時禘也閔二年吉禘于莊公吉禘也禮記正義圜丘之祭名爲禘殷之夏祭宗廟亦名禘殷之五年殷祭亦名禘然則祭之名禘者多矣從示帝聲。特計切周禮曰五歲一禘。五經異義三歲一祫此周禮也五歲一禘疑先王之禮也南齊禮志王儉引禮緯稽命徵云三歲一祫五歲一禘

祫大合祭先祖親疏遠近也。春秋文二年大事於太廟公羊傳曰大事者何大祫也大祫者何合祭也毀廟之主陳于大祖未毀廟之主皆升合食于大祖春官大祝作六辭以通上下親疏遠近注疏之說非此所施猶案親指四親廟疏指太祖廟及兩世室遠謂毀廟主近仍指七廟從示合聲。義聲互相備詩箋祫合也士虞禮注今文祫爲合侯夾切周禮曰三歲一祫。

祼灌。句秋官大行人注鄭司農云祼讀爲灌大宗伯注祼之言灌許亦以灌釋祼者謂祼爲正字經典之作灌

zhù 祝　cuì 𥜒　qí 祈　fú 祓　liù 𥛃　yǒng 禜　dǎo 禱

者聲借也祭也。廣雅同郊特牲灌用鬯臭此灌地降神之祼也許意蓋主此王于洛誥王入太室祼則獻尸之祼也乃祭中一端秋官大行人再祼壹祼則禮賓之祼也許蓋不及從示果聲。大宗伯大賓客則攝而載果注果讀爲祼大行人注故書祼作果案此乃省形存聲字古玩切

𥜒數祭也。數所角切玉篇重祭也從示毳聲。讀若舂麥爲𥜒之𥜒。此俗語無專字不須改此芮切

祝祭主贊詞者。祭主者易震彖可以守宗廟社稷以爲祭主也郊祀志顏注祝謂主祭之贊詞者詩楚茨孝孫徂位工祝致告注祝於是致孝孫之意告尸以利成春官大祝掌六祝之辭從示從人口。一曰從兌省。爲人口之說不足見祝義故又采此說而引易以實之之六切易曰兌爲口爲巫。說卦文

𥛃祝𥛃也。惠氏謂卽祝由是也以其爲叵言故以本字爲解說從示畱聲。力救切玉篇除畱切

祓除惡之祭也。春官女巫掌歲時以祓除釁浴從示犮聲。敷勿切

祈求福也。字林同案當作求福之祭也蔡邕月令問荅祈者求之祭也又春官大祝掌六祈以同鬼神示注祈嘄也謂爲有災變號呼告于神以求福案經云六祈則祈是祭名而

亦泛爲祈請之詞也從示斤聲。渠稀切

禱告事求福曰禱。依元應引改又引福作請案下文及繫傳皆言請而北堂書鈔後漢書注皆曰告事求福謂請於鬼神也。依元應引增蓋庾注也雲漢箋匪勉急禱請也從示壽聲。都浩切

禂禱或省。當作禱或從𠷎聲

𥜈籀文禱。

禜設緜蕝爲營。設置也營繞也緜蕝說見艸部蕝下然所引之典則謂朝會之位也其謂祭祀之位者左昭十八年傳使子寬子上巡羣屏攝注攝祭祀之位鄭衆曰攝攝束茅以爲屏蔽以禳風雨雪霜水旱癘疫於日月星辰山川也。左昭元年傳山川之神則水旱癘疫之災於是乎禜之日月星辰之神則雪霜風雨之不時於是乎禜之鄭注周禮及祭法引此文皆先日月星辰後山川與許說同賈公彥曰鄭君所讀春秋先日月與賈服不同案賈逵許君之師而所讀左傳不同者蓋叔向之問先實沈而後臺駘子產之荅亦先實沈參神而後臺駘汾神先參神故先日月星辰後汾神故後山川明是今本誤倒也又案許君引此業已該備而小徐引祭法依鄭君破宗爲禜又僅祭水旱一事已爲不倫大徐乃直以羼入許說乎從示營省聲。上文云爲營則聲兼義故言從

shèn 祳 xǔ 稰 méi 禖 huó 祮 yù 禦 shàn 禪 guì 禬 ráng 禳

它字凡從炏者無不言熒省聲也。爲命切。一曰禜衞使災不生。此因禜營同音，故以衞釋之也。倉頡篇：營衞也。使災不生者，上文所言災既至而後禜之，此謂先禜則無災也。

禳 磔禳祀。禳當作攘，二字疊韻。大宗伯疈辜注之磔攘，釋文作磔禳；月令季春之磔攘，釋文作穰，盉禳之譌，而曰本又作攘，吾則用令本者。禳自是祭名，云磔攘祀者，謂磔牲以攘之之祀名曰禳也。說字與解經小異，不宜以磔與禳竝舉也。除癘殃也。癘當作厲，謂厲鬼也。月令季春注：此月之中，日行歷昴，昴有大陵積尸之氣，氣佚則厲鬼隨而出行。通典：漢制厲殃，祀天地日月星辰四時陰陽之神，以師曠配之。古者燧人禜子所造。從示襄聲。汝羊切。

禬 會福祭也。一引作除惡之祭，則與祓同義。玉篇兼用兩說，而天官女祝注：除災害曰禬，禬猶刮去也。秋官庶氏注：禬，除也。未詳會福之義所出。從示會聲。義聲互相備。大徐本非。古外切。周禮曰：禬之祝號。春官詛祝掌盟詛類造攻說禬禜之祝號。許不當摘一字引之，蓋後人刪。

禪 祭天也。封禪書言封皆泰山，言禪則有雷首、云云、亭亭之異，故服虔、應劭皆分言之。詩頌時邁箋：巡守告祭者，天子巡行邦國，至于方岳之下而封禪也。鄭君本諸舜之四巡，異于後王之侈舉。

分卅五 、○折罒

孔疏：聚土曰封，除地曰墠，變墠言禪，神之也。又曰：封禪必太平功成，乃告成于天。雖小異，巡守之說，而不分封禪爲二。張晏曰：天高不可及，于泰山上立封，又禪而祭之，冀近神靈也。然其說不如鄭君正大。許君渾言祭天，蓋亦同之。但字當與祟禷爲伍，在此非次，或天爲衍字。廣雅：禪，祭也。從示單聲。時戰切。

禦 祀也。桂氏曰：禁禦讀魚據切，此讀魚舉切，實旅字音也。因知古作禦者，經典以同音之旅代之。禹貢：九山刊旅。論語：季氏旅於泰山。是也。愚案旅爲祭名，僅見僞孔傳。而漢書敘傳云：季氏臚岱。則旅是臚陳之義，特禦訓祀，它無所見，姑存之。從示御聲。魚舉切。

祮 祀也。段氏曰：疑祮卽禬之或體。從示昏聲。古末切。

禖 祭也。鄭注月令云：元鳥，媒氏之官以爲候。高辛氏之世，元鳥遺卵，娀簡吞之而生契，後王以爲媒官嘉祥，而立其祠焉。變媒言禖，神之也。從示某聲。莫桮切。

稰 祭具也。猶言祭品也。山海經：糈用稌米。注：糈，祭祀之米。案糈似卽稰之借字。從示胥聲。私呂切。

祳 社肉。左成十三年傳：成子受脤于社。公羊定十四年傳：脤者何？俎實也。生曰脤，死曰膰。盛之以蜃，故謂之祳。地官掌蜃：祭祀共蜃器之蜃。注：鬯人職曰：凡四方山川用蜃器。春秋定十四年：秋，天王使石尙來歸蜃。蜃之器以蜃飾，因名焉。案鄭君直以蜃爲祳，未必所據太卽，然古人通借，不拘拘也。天子所以親遺同姓。大宗伯：以脤膰之禮親兄弟之國。注：同福祿也。遺，唯季切。從示辰聲。時忍切。春秋傳曰：石尙來歸祳。定十四年經文。言傳者，謂据左氏本，不据公羊、穀梁之經也。敘曰：春秋左氏，皆古文也。是其義。後凡引經而言傳者皆放此。

祴 宗廟奏祴樂。樂名而從示，故以宗廟釋之。樂，韻會引作夏。祴樂見笙師注，云祴夏之樂。祴夏見鐘師，杜子春曰：祴讀爲陔鼓之陔。從示戒聲。鄉飲酒禮：賓出奏陔。注：陔，陔夏也。陔之言戒也。古哀切。

禡 師行所止，恐有慢其神，下而祀之。上言所止，此不當言下，下當作表。春官肆師、甸祝，夏官大司馬，皆言表貉。大司馬注：鄭司農云：貉讀爲禡。肆師注：於所立表之處爲師祭，造軍法者。曰禡。許所主之義，爾雅：是類是禡，師祭也。故小雅吉日：既伯既禱。毛傳：伯，馬祖也。風俗通引作既禡既禱，許所不用也。許所主之音，鄭司農之音也。甸祝表貉，杜子春讀爲百爾所思之百，鄭君遂曰：禱氣勢之十百。亦許所不用也。惟肆師注：其神蓋蚩尤，或曰黃帝。則神有主名，非泛祭。許所主未聞。從示馬聲。玉篇：又馬上祭也。莫駕切。周禮曰：禡於所征之地。王制文。

分三十 、○折三十ナ

禂 禱。句。春官甸祝注：杜子春曰：禂，禱也。廣韻禂字下但云牲馬祭也，亦足徵本文禱字絕句。牲馬祭也。甸祝：禂牲禂馬。杜云：爲馬禱無疾，爲田禱多獲禽牲。從示周聲。都皓切。大徐本周聲下有詩曰既禡既禂。案此乃小徐所引也。風俗通引既禡既禱，知許不用者，禂下言牲馬，主田獵而言，與禡下主師旅不同事也。韻會用小徐本，亦不引詩。雖吉日釋文曰：禱，說文作禂。亦謂此義當用禂，非謂說文引詩也。

𩦉 禂或從馬，壽省聲。案此字從馬，殊偏枯。鄭注周禮讀禂爲誅，雖異杜說，然曰爲牲祭求肥充，爲馬祭求肥健，仍兼牲馬兩項，不專主馬也。壽省聲，當作𠷎聲，𠷎當是𠷎之重文。小徐作䮞，則當作𠷎聲。

社 地主也。五經異義：孝經說：土地廣博，不可徧敬，故封五土以爲社。古文論語：哀公問主于宰我。鄭注：主，田主，謂社。越語：四鄉地主。從示土聲。古讀社土同聲。左傳：閒于兩社，爲周宗輔。是韻語。常者切。春秋傳曰：共工之子句龍爲社神。昭二十九年文。曰爲后土，又曰后土爲社，此約文也。上文既云地主，則是地非人可知，又引傳者，卽鄭君所云以古之有大功者配之也，非別說。周禮：二十五家爲社。風俗通引此爲周禮說。各樹其土所宜之木。大司

mà 禡 gāi 祴 dǎo 禂 shè 社

示

yáng 禓　jìn 祲　huò 禍　suì 祟　yāo 祅　suàn 祘　dàn 禫　jìn 禁　nǐ 禰　zǔ 䄍

徙文。䄙古文社。嚴氏曰，汗簡卷下之二引作䄙、案上部校語云古文諸上字皆從一、篆各本𡈼字皆從示、古器銘示字、但有示爪二體、是大徐誤也、偶存一字、不可改之。禓強鬼也。韻會引小徐如此、玉篇亦先此義、世本微作禓、注、微者殷王八世孫也、禓者強死鬼也、謂時難索室毆疫逐強死鬼也、郊特牲鄉人禓、論語作儺、道上祭也。玉篇亦有此義、春官大祝二曰衍祭、鄭司農曰衍祭羨之道中、如今祭殤無所主命、案許意蓋主謂此、禓殤同音、衍者墓中羨道也、廣韻道上祭也、一曰道神、亦分為兩義、道神者、行路之神、從示昜聲。與章切。祲精氣感祥。傳寫之誤、字林精气成祥、是也、漢書匡衡傳、天人之際、精祲有以相盪、李奇曰、言天人精氣相動也、保章氏祲象注、視日旁雲气之色、青為蟲、白為喪、赤為兵荒、黑為水、黃為豐、案祲凶多吉少、而云祥者、左傳將有大祥、是災亦稱祥、從示侵省聲。春官眂祲、鄭司農云祲陰陽氣相侵也、子林切。春秋傳曰見赤黑之祲。昭十五年文、是。凡引經有是字者、證本義也、其無者或證偏旁、或別一義也、大徐皆誤刪之、禍害也。禍害雙聲。神不福也。句似庾注。從示咼聲。胡果切。祟神禍也。謂鬼神作

說文句讀　卷一　七百六十　、〇折三十又　十一

災禍也。依元應引增、蓋庾注也、從示出。案示出、是周禮所云地示皆出也、而說曰神禍、兼神言之者、蓋左傳曰實沈臺駘為祟、又曰河為祟、夫河、汾地示也、參則天神也、蓋散文通也、出亦聲。依小徐通釋補、案示亦聲也、以柰從示聲、而隸隸同字推之、雖遂切、𥜒籀文祟從𩏂省。祅地反物為祅也。左宣十五年傳文、杜注羣物失性、從示芺聲。於喬切、祘明視以算之也。視者示也、經典多借視為示、從二示。逸周書曰。逸字當刪、校者既於尚書分虞夏商周之名、遂於周書加逸字以別之、士分民之祘。均分以祘之也。未詳、或曰、本典解、均分以利之則民安、即此句、漢法、口率出錢為算、讀若算。蘇貫切、禁吉凶之忌也。從示林聲。居蔭切、禫除服祭也。從示覃聲。徒感切、案說文通例、祘下不應有字、而禁字應有、蓋校者据多本補之、禫字則借用導字、見酉突核三字下、故刪、禰秋畋也。從示爾聲。徐鍇曰、又祖禰也、息淺反、大徐新附曰、親廟也、從示、爾聲、一本云古文璽也、泥米切、䄍祝也。從示虘聲。側慮反、案即詛字、毛詩周禮皆作詛、

tiāo 祧　xiān 祆　zuò 祚　sān 三　wáng 王　rùn 閏　huáng 皇

祧遷廟也。從示兆聲。他彫切、祆胡神也。從示從天。火千切、祚福也。從示從乍。大徐新附曰乍聲、徂故切。○案以上五字、惟䄍不見于新附、而祧祆祚三字下、言切不言反、明是後人以大徐本附入、說文新附考皆辨之矣、

文六十　重十三　藝文類聚、初學記皆引月祭曰祽、祭豕先曰䄚、案日部新附睟、周年也、則祽亦期月之義、左傳、古者六畜不相為用、知六畜皆有祭、詩禮爾雅但存馬祭耳、䄚槽同音、其祭蓋用槽、今苗民之為盤瓠後者、歲時置食品于槽祀之、

三天地人之道也。子華子、出於一、立於兩、成於三、連山以之而呈形、歸藏以之而御氣、大易以之而立數、從三數。穌甘切、凡三之屬皆從三。弎古文三。從弋小徐无此二字、且古文弌下亦无、在此失矣、

文一　重一

說文句讀　卷一　七百六十　、〇折二十五　十二

王天下所歸往也。易乾鑿度文、王往疊韻、董仲舒曰。古之造文者三畫而連其中謂之王。樓鑰跋春秋繁露引、連作聯、三者天地人也。而參通之者王也。案繁露王道通三篇云、古之造文者、三畫而連其中、謂之王、三畫者、天地與人也、而連其中者、通其道也、取天地與人之中、以為貫而參通之、非王者孰能當是、藝文類聚引董子、惟取天地與人之才而參之、一句小異、許君所引、蓋亦約其文也、孔子曰。一貫三為王。雨方切、凡王之屬皆從王。𤣻古文王。閏餘分之月五歲再閏。穀梁文六年傳、范注、一歲三百六十日、餘六日、又有小月六、積五歲、得六十日而再閏、積眾月之餘分以成此月、告朔之禮天子居宗廟閏月居門中。鄭司農云、月令十二月分在青陽明堂總章元堂左右之位、惟閏月無所居、居于門、故于文王在門謂之閏、案許云居宗廟即目明堂也、門路寢門、從王在門中。如順切、周禮曰。閏月王居門中終月也。春官太史文、皇大也。既收之王部、乃不列于閏字之前、又不以三皇為正義、而云大也者、三皇見周禮、不見孔

yù 玉

子所定之經、故詩毛傳訓皇爲大、不用釋詁皇君也之說、許君亦然、皆宗法筆削之微旨也、且下武皇王爲辟、若直解皇爲君、則皇王是君君矣、故下文分自王說之、而仍以大君申之、從自王。依韻會引補、胡光切。自始也。始皇者三皇。始皇當作始王、言上古無王、其有王者則自三皇始也、尙書大傳燧人爲燧皇、伏羲爲羲皇、神農爲農皇、鄭君依春秋緯、伏羲女媧神農爲三皇、大君也。以上三句解字從自王而訓爲大之故、自讀若鼻。上古自字卽是鼻字、中古又作鼻字、遂與自各音各義、許君於自部分之、依小篆爲說也、於此合之而云讀若者、古人詞不迫切也、今俗以作始生子爲鼻子。是。此二句又解自之所以訓爲始、言以鼻爲始、猶存於俗語、卽自之訓始明矣、方言、鼻始也、嘼之初生謂之鼻、人之初生謂之首、玉篇顚、舒酉切、人初産子、

文三　重一

王 石之美者。依事類玉賦注引補 有五德。潤澤以溫。仁之方也。䚡理自外可以知中。䚡理者、以角腧也、賈誼書、夫玉者、六理在外、明而易見也、義之方也。其聲舒揚專以遠聞。專卽專壹之意、謂異於金聲之有鴻殺也、智之方也。不撓而折。管子荀卿皆作折而不撓、撓當作橈、勇之方也。鋭廉而不忮。忮、玉賦注引作劌、禮記聘義、管子水地、荀子法行、皆作劌、白虎通曰、廉不傷、潔之方也。潔、俗作潔、廉潔之士、易涉苛刻、故以不忮爲美、春秋繁露、廉而不殺、是義而不害也、以上皆上句言玉、下句言人、故曰方、方者比也、記曰君子比德于玉、象三玉之連。丨。其貫也。丨當作及、九字一句、三玉連言、以玉爲主、故三字可出、實非以三字象玉、丨字孤立、又本是虛字、何以貫乎、王部曰一貫三、不言丨貫、則本文可知、魚欲切、凡玉之屬皆從玉。

王 古文玉。

liáo 璙

璙 玉也。詩瞻彼洛矣傳、大夫鐐琫、釋文、鐐本又作璙、從玉寮聲。洛蕭切、

guàn 瓘

瓘 玉也。左傳、齊有陳瓘、字子玉、從玉雚聲。工玩切、春秋傳曰瓘斝。昭十七年文、

jǐng 璥

璥 玉也。從玉敬聲。居領切、

tiǎn 琠

琠 玉也。字林同、繫傳符瑞圖有玉琠、從玉典聲。多珍切、

náo 瓇

瓇 玉也。從玉夒聲。讀若柔。尙書、懮而毅、徐廣曰、懮一作柔、耳由切、

lì 瓅

瓅 玉也。從玉毄聲。讀若鬲。蠡讀若鬲、蠡讀若擊、郎擊切、

fán 璠

璠 璵璠。左定五年、釋文、璵、本又作與、是知璵字涉璠加玉也、呂氏春秋安死篇、亦作璵璠、法言則作璠璵、魯之寶玉。見左定五年傳、從玉番聲。附袁切、逸論語依事類玉賦注補、齊論語本有問王知道二篇、王乃篆文玉字、所引蓋問王篇文、璵下璠下放此、孔子曰。美哉璵璠。遠而望之。奐若也。奐、御覽引作煥、說文無煥字、近而視之。瑟若也。一則理勝。此承瑟若、下文瑟、玉英華相帶如瑟弦、謂其條理縝密也、二則孚勝。此承奐若、孚者信也、聘義、孚尹旁達、信也、注、采色旁達、不相隱翳、似信也、遠望見其采色、近視察其條理、

jǐn 瑾

瑾 瑾瑜。美玉也。從玉堇聲。居隱切、

yú 瑜

瑜 瑾瑜美玉也。從玉俞聲。羊朱切、文選琴賦注引上文云瑾、玉名、左定五年傳疏引本文云、瑜、美玉也、然則瑾瑜兩字、各自爲義也、廣韻亦分爲二、況左疏所以引說文者、辨璵瑜之不同也、若瑜必連瑾爲名、則不須辨矣、玉篇瑾下云瑾瑜美玉也、瑜下云瑜玉不掩瑕、玉中美也、禮記、世子佩瑜玉、是顧氏以瑾瑜爲一物、瑜自爲一物也、案左傳瑾瑜匿瑕、山海經西山經、黃帝乃取峚山之玉榮、而投之鍾山之陽、瑾瑜之玉爲良、此皆連言瑾瑜者也、楚詞、懷瑾握瑜、此分言者也、又曰、捐赤瑾于中庭、此單言瑾者也、聘義、瑕不掩瑜、鄭注、瑜其中美者、山海經、瘞用百瑜、郭注、瑜、美玉名、此皆單言瑜者也、或者許君交互說之、於瑾則見其爲二名、於瑜則見其各爲一名、故玉篇承之也、茲依左傳正義引刪此瑾瑜字、以示區別、

hóng 玒

玒 玉也。玉篇大璧也、非許義、如顧氏說、則玒卽珙字、許列玒於玉名類、非璧也、從玉工聲。戶工切、

lái 琜

琜 琜瓄。玉也。廣雅釋地作琜瓄、本部無瓄、嚴氏引御覽、采瓊玉、宋書五采瓊玉、又謂廣韻引說文、但作瓄玉也、蓋謂琜是衍文、當作瓊玉也、竊意當作五采瓊玉也、五采倒置、又誤合爲一、遂承篆作琜耳、下文卽瓊字、琜蓋瓊類而有五采者、從玉來聲。落哀切、

qióng 瓊

瓊 赤玉也。赤當依詩傳作美、從玉夐聲。渠營切、

璚 瓊或從矞。本書𧇬或作繘、𩕢讀若繘、

瓗 瓊或從巂。本書孈又作蠵、

琁 瓊或從旋省。楊倞注荀子引同、李善注文選引云、璇亦瓊字、則從旋不省、且以爲璿之重文、

xiàng 珦

珦 玉也。從玉向聲。許亮切、

là 瓎

瓎 玉也。從玉剌聲。盧達切、

xún 珣

珣 醫無閭之珣玗璂。釋地文、璂今作琪、珣玗璂三字爲名、故玗璂分見後文、周書所

bì 璧　lín 琳　qiú 球　xuán 璿　xiù 珛　wú 璑　yīng 瑛　zàn 瓚　lù 璐

謂夷玉也。見顧命、疏引鄭注與許同。從玉旬聲。相倫切。一曰〔玉〕器也。周禮注、禮神曰器、釋器、璧大六寸謂之宣、注引漢書瑄玉、瑄卽珣之俗字。讀若宣。旬宣二字以爲雙聲疊韻皆可。

璐　玉也。李善注雪賦、引許君淮南注、璐、美玉也、從玉路聲。洛故切。

瓚　三玉二石也。從玉贊聲。徂贊切。禮。考工記玉人文也、河閒獻王以之補周官、許君卽尊之曰禮、古人之謹也。天子用全。純玉也。上公用駹。四玉一石。考工記駹作龍、先鄭曰、當作尨、許君用之而不用其字者、或鄭本作駹、傳寫者省形存聲耳、駹馬面顙白、故得雜義、尨犬多毛、其義不協、侯用瓚。伯用埒。考工記埒將、玉石半相埒也。鄭君曰、公侯四玉一石、伯子男三玉二石、與白虎通合、然記分別異名、則許說爲長、戴東原曰、此蓋泛記用玉爲飾之等、筠案不及祼圭之瓚者、於瑒下見之矣、

瑛　玉光也。孝經援神契、玉英、玉有英華之色、西山經謂之玉榮、見瑜下、英榮皆今所謂花也、齊風著篇瓊華瓊瑩瓊英、許君意蓋如此、未必同毛、從玉英聲。經典多作英、瑛蓋英之分別文、於京切、

璑　三采玉也。夏官弁師、璑玉三采、注、三采朱白蒼也、故書璑作瑪、鄭司農曰、瑪惡玉名、段氏曰、謂以璑雜玉備三采、下於天子純玉備五采也、許君誤、從玉無聲。本音舞、琢武扶切、

珛　朽玉也。廣韻、玊、朽玉、又曰璺、朽玉、類篇璺與玊同、琢玉工、案朽玉者、朽敗之玉也、今出土之玉、有爲土所蝕者、俗呼櫻眼、蓋卽珛也、若是玉工、不當在玉名類、從玉有聲。讀若畜牧之畜。三輔決錄、杜陵有王氏、音肅、許救切、

璿　美玉也。馬注尚書、璿璣同、從玉睿聲。似沿切、春秋傳曰。璿弁玉纓。僖二十八年文、張衡西京賦同、今本璿作瓊、左成十八年傳、贈我以瓊瑰、郭注穆天子傳引之、瓊作璿、

𤪌　籀文璿。

璿　古文璿。

球　美玉也。嚴氏据集韻會引、補之如此、商頌傳、禹貢傳皆曰、球、玉也、玉藻注、球、美玉也、下文璗注云、諸侯璗琫而璆珌、璗爲美金、則球亦當爲美玉、從玉求聲。巨鳩切、一曰玉磬也。依韻會引、逑之於此、尚書戛擊鳴球、案此爲磬之後、仍以本名名之也、

璆　球或從翏。禹貢厥貢惟球琳琅玕、鄭本作璆、云美玉、

琳　美玉也。見禹貢及釋地、從玉林聲。力尋切、

璧　瑞玉。圭璧之類不一、而皆說以瑞玉者、五等所執最重、故舉之以統其餘、

chàng 瑒　jiè 玠　yǎn 琰　zhāng 璋　wǎn 琬　lóng 瓏　hǔ 琥　cóng 琮　huáng 璜　huán 環　yuàn 瑗

圜也。依御覽引改、說璧以圜、下文說瑗環皆以璧、因其形似而通之也、再引爾雅以著其別、從玉辟聲。比激切、

瑗　大孔璧也。人君上除陛以相引。從玉。蘧瑗字伯玉、不字伯璧、古人詞不迫切也、爰聲。王眷切、爰者引也、聲兼意、爾雅曰。好倍肉謂之瑗。肉倍好謂之璧。釋器文、郭注、肉、邊也、好、孔也、

環　璧也。肉好若一謂之環。釋器文、從玉睘聲。戶關切、

璜　半璧也。字林同、大宗伯注、半璧曰璜、象冬閉藏、地上無物、惟天半見、從玉黃聲。魏之翟璜、新序省作黃、戶光切、

琮　瑞玉。大八寸。珇下云、琮玉之瑑、則此所指、蓋玉人職之駔琮七寸、而謨用瑑琮八寸也、說詳存疑、佀車釭。鄭司農曰、駔、外有捷盧也、故許君云然、今存古玉釭、頭皆外四角、而內圓、徐鍇曰、外八角、蓋謨、賈疏、捷盧、若鋸牙然、丵部業下云、捷業如鋸齒、案捷業捷盧蓋同、從玉宗聲。藏宗切、

琥　發兵瑞玉。大宗伯、以白琥禮西方、小行人、琥以繡、未有言發兵者、許君蓋以漢之虎符推之、爲虎文。從玉虎聲。呼古切、春秋傳曰。賜子家子雙琥。是。昭三十二年文、

瓏　禱旱玉也。爲龍文。依左傳正義引補、字林、禱旱玉爲瓏、山海經、應龍在地下、故數旱、旱而爲應龍狀、乃得大雨、是以禱旱之玉爲龍文也、從玉龍聲。力鍾切、

琬　圭有琬者。琬似當作宛、宛、屈也、宛轉、臥也、以聲求之、琬蓋宛屈宛轉之意、釋邱、宛中宛邱、又曰、邱上有邱爲宛邱、注、宛謂中央隆高、琬圭之狀蓋如之、故以名云、考工記、琬圭九寸、注、琬猶圜也、從玉宛聲。於阮切、

璋　剡上爲圭。剡上者、聘禮記曰、圭剡上寸半、白虎通曰、圭者兌上、上兌陽也、下方陰也、案兌卽銳字、言此者、圭字在土部也、璧在本部、直說璜曰半璧矣、說文措詞類然、半圭爲璋。公羊傳、璋判白、注、判、半也、從玉章聲。諸良切、禮六幣。圭以馬。璋以皮。璧以帛。琮以錦。琥以繡。璜以黼。秋官小行人文、引此者、六玉皆見上文、此以所配之幣總結之、以見其爲朝聘所用之玉也、

琰　璧上起美色也。段氏曰、當爲圭剡上起美色者、從玉炎聲。以冉切、

玠　大圭也。釋器、圭大尺二寸謂之玠、從玉介聲。古拜切、周書曰。稱奉介圭。介、韻會引作玠、顧命、大保承介圭、又曰、賓稱奉圭、

瑒　圭。國語謂之

huán 瓛　tǐng 珽　mào 瑁　héng 珩　jiǎo 璬　jué 玦

圭、瑒、鬯同音、所以灌鬯酒也、酉部茜下又謂之祼圭、與考工記玉人同。尺二寸。有瓚。明堂位注、瓚形如槃、容五升、以大圭為柄、是謂圭瓚、祭統、君執圭瓚祼尸、大宗執璋瓚亞祼、以祠宗廟者也。以上皆玉人文。從玉。昜聲。丑亮切。

瓛　桓圭。桓、集韻引作瓛、非也、作桓以見經皆用借字、瓛其專字也、故說瑒曰圭、說玠珽皆曰大圭、皆不連本篆為詞、公所執。春官大宗伯、公執桓圭、注、公二王之後及王之上公、雙植謂之桓、桓圭蓋以桓為飾、案五等之公九命、故執九寸之桓、三公八命、當以八為節、且在王朝無所用瑞、鄭君或指周召之倫為二伯者乎、玉篇引周禮、公執瓛圭、從玉。獻聲。胡官切。

珽　大圭。長三尺。杼上。終葵首。皆玉人文也、注曰、王所搢大圭也、或謂之珽、終葵、椎也、為椎於其杼上、明無所屈也、杼、閷也、相玉書曰、珽玉六寸、明自照、從玉。廷聲。他鼎切。

瑁　諸侯執圭朝天子。天子執玉以冒之。顧命、上宗奉同瑁、偽孔傳曰、同、爵名、瑁所以冒諸侯圭、以齊瑞信、方四寸、邪刻之、馬季長注、同者大同天下、鄭君注、同、酒杯、鄭君乃以今物說古器、即季長說、亦謂爵而曰同者、取義於大同耳、若是空言、豈可奉哉、下文有祭嚌、足徵其為酒器矣、虞翻別傳駁鄭、謂同為冃之

訛、是謂當作冃瑁矣、冃者瑁之義也、連文則不詞、且下文四言同、又有異同以酢、瑁之重器、豈可有異、豈可以代爵邪、仲翔所駁、斯為誤矣、似犂冠。犂當作犁、釋樂郭注有犂錧、錧蓋輨之俗字、輨以冒于轂、犂冠以冒于木、猶冠冒于頂矣、惟犂冠半圓半直、不似冠之正圓也、故以況之、周禮曰。敘曰、禮周官、則許君以周官為主、故璋下云禮六幣、不言周也、此周當是衍文、後放此、天子執瑁四寸。玉人文、今本作冒、注、冒者、言德能覆蓋天下也、四寸者方、以尊接卑、以小為貴、從玉冒。冒亦聲。莫報切。

玥　玉篇作玥、古文瑁從冃。依玉篇則從冃、冃卽冠也、義切于冒矣、

璬　玉佩。從玉。敫聲。古了切。

珩　佩上玉。聽行也。依文選思元賦注引改、謂聽此玉聲以為行節也、禮、習容觀玉聲、趙簡子鳴玉以相、故問白珩矣、字林曰、珩、佩玉、所以節行、天官玉府注、詩傳曰、佩玉上有蔥衡、下有雙璜衝牙、蠙珠以納其閒、案詩作蔥珩、賈子新書同、納作約、從玉。行聲。戶庚切。

玦　玉佩也。白虎通、君子能決斷則佩玦、玉佩之義、不為無徵、然以璜璋二字推之、此當云半環也、急就篇注、半環謂之玦、顏氏乃篤信說文者也、荀子大略篇、絕人以玦、反玦以環、言半環則形義皆見矣、蓋珩玦二字、小徐本在部末、

ruì 瑞　ěr 珥　tiàn 瑱　běng 琫　bì 珌　zhì 璏　zhǎo 瑵　zhuàn 瑑　zǔ 珇

明是後人掇拾、大徐以其言佩、遂之璬下、特珩說之乖謬、有所據而改、玦則無可據改也、從玉。夬聲。古穴切。

瑞　以玉為信也。猶今言印信、故璧琮琥及土部圭下、皆云瑞玉、周禮典瑞注、人執以見曰瑞、禮神曰器、從玉。耑聲。據通釋補聲字、危部[illegible]從耑聲、讀若捶擊之捶、是其例、是偽切。

珥　瑱也。從玉耳。耳亦聲。仍吏切。

瑱　以玉充耳也。左昭二十六年傳正義、禮以一條五采橫冕上、兩頭下垂、繫黃縣、縣下又縣玉為瑱以塞耳、從玉。詩淇奧傳、充耳謂之瑱、琇瑩、美石也、天子玉瑱、諸侯以石、案諸侯蓋不必盡用石、君子偕老言玉瑱、固諸侯之夫人也、若齊風著之瓊華瓊瑩瓊英、小雅都人士[redacted]之琇實、則士禮皆石也、瑱不盡以玉、而字從玉、以尊者統之、眞聲。他甸切。詩曰。玉之瑱兮。孫毓引說文亦作兮、

⿰耳真　瑱或從耳。攷工記注、引左傳縛一如瑱、釋文、瑱本或作⿰耳真、

琫　佩刀上飾。玉篇以琫為下飾、珌為上飾、非、釋名、刀室曰削、室口之飾曰琫、天子以玉。諸侯以金。從玉。奉聲。邊孔切。

珌　佩刀下飾。天子以玉。詩瞻彼洛矣、鞞琫有珌、傳、琫、上飾、珌、下飾也、天子玉琫而珧珌、諸侯璗琫而璆珌、大夫鐐

琫而璆珌、士珕琫而珕珌、從玉。必聲。卑吉切。汗簡引有古文⿰王畢、

璏　劍鼻玉也。金部、鐔、劍鼻也、初學記引字林作璏、藝文類聚引字林則作瑑、與漢書王莽傳同、彼注、服虔曰、瑑音衛、顏師古曰、字本作璏、傳寫者譌也、匈奴傳孟康注、直借衛為璏、從玉。彘聲。直例切。

瑵　車蓋玉瑵也。謂蓋弓之末、曲如叉形、以玉飾之也、東京賦、羽蓋威蕤、葩瑵曲莖、李善引獨斷云、凡乘輿車、皆羽蓋金華爪、爪與瑵同、案王莽傳亦言金瑵、惟桓譚新論作玉蚤、許君不言金、以字從玉也、從玉。蚤聲。此借蚤為叉也、獨斷以爪為瑵、後漢輿服志、羽蓋華蚤、以蚤為瑵、王莽傳顏注、瑵讀曰爪、謂弓頭為爪形、曲禮、不蚤鬋、注、蚤讀為爪、考工記、欲其蚤之正也、注、蚤當為爪、側絞切。

瑑　雕刻圭璧上起兆瑑也。依韻會引補、雕當作彫、玉篇、圭有圻鄂、案圻鄂似鳥絲闌、從玉。篆省聲。韻會引作彖聲、然周禮巾車、孤乘夏篆、注、或曰、篆讀為圭瑑之瑑、夏篆、轂有約也、又考工記、鐘帶謂之篆、案帶正是兆瑑、直戀切、周禮曰。瑑圭璧。春官典瑞文、又見考工記玉人、

珇　琮玉之瑑。春官典瑞、考工記玉人、皆作駔、鄭注、駔讀為組、以組繫之、因名焉、蓋許据本作珇也、從玉。且聲。則古切。

qí 璂　zǎo 璪　liú 瑬　shú 璹　léi 瓃　cuō 瑳　cǐ 玼

璂 弁飾往往冒玉也。詩淇奧會弁如星、鳲鳩其弁伊騏、夏官弁師王之皮弁會五采玉璂、許君本之三經而立此說也、淇奧箋會謂弁之縫中飾之以玉皪皪而處狀似星也、鳲鳩箋騏當作璂以玉爲之、皆本許君此說、弁師注則別一說、與許君異、所引詩其弁伊綦、蓋本之韓詩、鄭君注禮時未見毛詩也、綦蓋璂之省形存聲字、鄭注似誤、冒字難解、似當依弁師注改爲貫、注曰皮弁之縫中每貫結五采玉十二以爲飾是也、往往卽皪皪也、韓奕箋云以金爲小環往往纋搵之、正義云往往者言其非一二處也、小徐別本作行行、韻會引同、失之、從玉綦聲。渠之切、鳲鳩釋文騏、說文作璂、似說文引鳲鳩而今挩者非也、許君合三經以立論、故不得引一經、陸氏自據箋騏當作璂言之耳、

璂 或從基。許君采此文於弁師、以見貫通諸經之意、

璪 玉飾如水藻之文。惟郊特牲、戴冕璪十有二旒、他書多借藻字、故許君以藻說之、至於山海經西山經、洛水其中多藻玉、則是玉質如藻、非玉飾也、從玉喿聲。子皓切、虞書曰璪火粉米。古臯陶謨文、璪當依繫傳作藻、粉、大徐作黺、非、繫傳最分曉、引書乃譬況之詞也、此作粉米、黹部作黺、糸部作絲者、猶川部引巜距川、谷部引睿畎澮距川也、古人據本多、故不一其文、嚴氏

謂當作璪火黺黺、非也、

瑬 垂玉也冕飾。經典皆借旒爲之、或亦用俗旒字、袞冕十二旒、鷩冕九旒、毳冕七旒、希冕五旒、元冕三旒、從玉流聲。公羊襄十四年傳、君若綴旒然、釋文一本作贅旒、是借流爲瑬也、力求切、

璹 玉器也。繫傳曰、爾雅、璋大八寸謂之琡、說文有璹無琡、宜同也、從玉𠷎聲。讀若淑。桂氏曰、詩桑柔穀與垢韻、劉向九歎麓與圍韻、皆此例、殊六切、

瓃 玉器也。段氏曰、雋不疑傳帶櫑具劍、晉灼曰、古長劍首以玉作井鹿盧形、上刻木作山形、如蓮花初生未敷時、從玉畾聲。畾蓋雷之古文、魯回切、

瑳 玉色鮮白。此說蓋本之韓詩、釋文沇引王肅注、好美衣服絜白之皃、蓋亦本之韓詩、誤屬王肅也、君子偕老二章玼兮玼兮、三章瑳兮瑳兮、內司服鄭注引同、然周禮釋文、玼、劉倉我反、本亦作瑳、蓋鄭君注禮時、但據韓詩、是知韓詩兩章竝作瑳也、毛詩瑳字傳箋竝無說、知兩章竝作玼也、後人改毛詩禮注使之齊同、段氏又刪說文瑳篆、竝誤、從玉差聲。七何切、當倉我反、

玼 玉色鮮絜也。依韻會引補、詩傳鮮盛皃、釋文說文云新色鮮也、從玉此聲。千禮切、詩曰新臺有玼。邶風新臺文、今作泚、傳鮮明皃、引此者、言凡鮮絜得用玼、

zhuó 琢　zhēn 珍　líng 玲

sè 瑟　lì 瑮　yíng 瑩　mén 璊　xiá 瑕　diāo 琱　lǐ 理　wán 玩　qiāng 瑲

不必玉也、

瑟 玉英華相帶。如瑟弦也。從玉瑟聲。所櫛切、詩曰瑟彼玉瓚。大雅旱麓文、瑟依宋本陸氏音義、瑟字又作璱、云字又作、明非說文引作璱也、鄭箋瑟絜鮮皃、案上文如瑟弦而瑟聲、業已聲義互相備矣、復引此者、言詩以義借用、非尋常省形存聲之比、

瑮 玉英華羅列秩秩。秩者㹣之借字、瑮秩疊韻、從玉㮚聲。禮聘義縝密以栗、卽借栗爲瑮、力質切、逸論語曰玉粲之璱兮其瑮猛也。許君瑟字采之此文、不得改旱麓以當之、

瑩 玉色也。從玉熒省聲。後漢書班固傳、琳珉青熒、借熒爲瑩也、本爲明切、孫烏定切、一曰石之次玉者。玉篇引詩充耳琇瑩、傳曰石之次玉、與許合、而與今本毛傳異、傳曰琇瑩美石也、逸論語曰如玉之瑩。蓋證玉色之義、法言吾子篇、如玉之瑩、爰變丹青、

璊 玉䞓色也。詩大車、毳衣如璊、傳璊赬也、從玉㒼聲。莫奔切、禾之赤苗謂之𧖣。言璊玉色如之。毛部璊字說同此、

玧 璊或從允。

瑕 玉之小赤色者也。依海賦注引補、子虛賦赤瑕駁犖、從玉叚聲。乎加切、

琢 治玉也。釋器、玉謂之琢、從玉豕聲。竹角切、

琱 治玉也。釋器、玉謂之雕、聲借字、一曰石似玉。從玉周聲。都僚切、

理 治玉也。尹文子、鄭人謂玉未理者璞、從玉里聲。良止切、

珍 寶也。轉注、從玉㐱聲。陟鄰切、

玩 弄也。字林同、楚語、若夫白珩先王之玩也、從玉元聲。五換切、

貦 玩或從貝。元應以爲古文、

玲 玉聲。埤蒼、玲瓏玉聲也、漢書揚雄傳、和氏玲瓏、從玉令聲。郎丁切、

瑲 玉聲也。詩有瑲蔥珩、傳瑲珩聲也、從玉倉聲。七羊切、詩曰鞗革有瑲。革部無鞗、似當作鋚、然鞗革金刻皆作攸勒也、周頌載見文、彼作鶬、案詩言玉聲者皆作將將、有女同車終南是也、言樂聲者亦作將將、鼓鐘執競是也、言鸞聲者則庭燎作將將、釋文曰本或作鏘鏘、蓋以鈴者金器、加以金旁、采芑作瑲瑲、釋文曰本亦作鎗、烝民作鏘鏘、釋文仍作將將、載見云有瑲、與采芑有瑲同、而今本作鶬、與烈祖八鸞鶬鶬同、彼傳曰言文德之有聲也、與本傳曰言有法度也、亦同意、皆主助祭者言之、不主鸞聲而言、而箋改之曰鶬金飾皃、則釋文曰本亦作鎗者、或與鄭君據本同、然與通例不符、瑲是正字、或

lè 塾　huáng 瑝

dīng 玎　chēng 琤　suǒ 瑣　yǔ 瑀　bàng 玤　jiān 玪　jū 琚　xiù 璓　jiǔ 玖　yí 𤦡

許君所據毛詩固然，其他皆借字。鏘又將之俗字，故說文不收。

玎 玉聲也。廣韻：玎，玲玉聲。從玉丁聲。當經切。齊太公子伋謚曰玎公。廣韻引同。史記：丁公之子爲乙公，孫爲癸公，仍用殷禮，以十干爲號也，不當作玎。然玉篇引云：齊太子謚曰玎，又引謚法：義不克曰玎，則是齊太子之未即位而死者，概謚之玎，猶楚之不成君者謂之敖也。經傳無徵，未敢輒定。

琤 玉聲也。玉篇引同。從玉爭聲。段氏曰：此字恐係瑲之俗。楚耕切。

瑣 玉聲也。繫傳引左思詩：嬌語若連瑣。從玉貨聲。貝部貨，貝聲也。蘇果切。

瑝 玉聲也。從玉皇聲。乎光切。

瑀 石之次玉者。依詩正義引改。鄭風：雜佩以贈之。傳：雜佩者，珩璜琚瑀衝牙之類。詩又曰：佩玉瓊琚。傳：佩有琚瑀，以納其閒。五行志顏注曰：玉佩上有雙衡，下有雙璜，琚瑀以雜之，衝牙玭珠以納其閒。從玉禹聲。王矩切。

玤 石之次玉者，以爲系璧。桂氏曰：當爲璧系，即璧帶也。漢書音義以璧爲梁璧帶。從玉丰聲。讀若詩曰瓜瓞菶菶。說見口部唪。一曰若盒蚌。玉篇引此句于以爲系璧之下，然則非讀若也，謂玤之文似蚌，故同從丰下，補蠓切。

說文句讀　卷一　三

說文句讀　卷一　三

聲，猶璊虋同色，故同聲也。

玪 玪塾，石之次玉者。玉篇：玪與瑊同，塾俗作玏。司馬相如傳：瑊玏玄厲。張揖曰：瑊玏，石之次玉者。禹貢：厥貢惟球琳琅玕。鄭本琳作玪，云：美石也。從玉今聲。古函切。廣韻音箴。

塾 玪塾也。從玉勒聲。盧則切。

琚 佩玉名也。珩琚皆雜佩中物。珩下云：佩上玉，則鄭風疏引琚佩玉名也可信，惟說文也字，它書引多作名，故知名字衍。從玉居聲。九魚切。詩曰：報之以瓊琚。衛風木瓜文。傳：琚，佩玉名。

璓 石之次玉者。從玉莠聲。本弋久反，孫息救切。詩曰：充耳璓瑩。衛風淇奧作琇，汪刻本竹君本並同，蓋是許君本文，篆亦從莠者，蓋後人据說解以改篆，惟引經未改，大徐始併改之也。但詩釋文云說文作璓，玉篇同，則梁及唐初本皆然。

玖 石之次玉黑色者。從玉久聲。本紀又反，孫擧友切。詩曰：貽我佩玖。王風文。貽當依釋文作詒。讀若芑。讀若不連久聲者，謂王風與李子爲韻，乃古讀，不與漢同也。或曰若人句脊之句。句乃省形存聲字也。疒部：痀，曲脊也。其俱切。

𤦡 石之侶玉者。玉篇作

xiá 瑕　zēn 璔

yín 珢　yì 玴　zǎo 璅　jīn 璡　cōng 璁　hào 琥　wàn 堅　xiè 瓊

yán 琂　wǔ 瑦　sī 玜　xié 瑎

gǒu 玽　jìn 璶　wéi 琟　méi 瑂　dēng 璒　yú 玗　mò 玟　bì 碧　kūn 琨

文。又引倉頡曰：五色之石也。從玉𦣞聲。讀若貽。與之切。亦當作詒。

珢 石之侶玉者。侶，玉篇作次。案：玖以上皆言次，𤦡以下皆言侶，𤦡珢二字介其中，未詳孰是。埤蒼：瓔珢，石似玉。從玉艮聲。語巾切。

玴 石之侶玉者。從玉曳聲。余制切。玉篇玉部後收雜字中有玴字，與珢同訓。案：臾曳見申部說中，雙聲連語也，蓋古名玴，後名玴玴，乃長言短言之別。

璅 石之侶玉者。玉篇侶作次，非。從玉巢聲。子晧切。

璡 石之侶玉者。從玉進聲。讀若津。將鄰切。

璔 石之侶玉者。從玉替聲。側岑切。

璁 石之侶玉者。從玉悤聲。讀若蔥。倉紅切。

琥 石之侶玉者。從玉號聲。讀若鎬。乎到切。

瑕 石之侶玉者。從玉𡴞聲。讀若曷。胡捌切。

堅 石之侶玉者。從玉睅聲。烏貫切。

瓊 石之玉。蓋本作石之侶玉者，故玉篇廣韻皆承之，傳寫挩兩字耳。言次玉者。句蓋庾氏注也，所据本已挩，句意不完，故注之。然於侶玉類中，誤云次玉，大徐不辨許說庾注，而刪併爲一句。從玉燮聲。穌叶切。

說文句讀　卷一　三

玽 石之侶玉者。侶一作次，非。從玉句聲。讀若苟。古厚切。

琂 石之侶玉者。從玉言聲。語軒切。

璶 石之侶玉者。從玉盡聲。徐刃切。

琟 石之侶玉者。從玉隹聲。讀若維。以追切。

瑦 石之侶玉者。從玉烏聲。安古切。

瑂 石之侶玉者。從玉眉聲。讀若眉。武悲切。

璒 石之侶玉者。從玉登聲。都騰切。

玜 石之侶玉者。從玉厶聲。讀與私同。息夷切。

玗 石之侶玉者。從玉于聲。羽俱切。

玟 玉屬。穆天子傳：采石之山有玟瑤。從玉𡕓聲。讀若沒。莫悖切。

瑎 黑石侶玉者。從玉皆聲。讀若諧。戶皆切。

碧 石之青美者。衆經音義、御覽引皆無青字，非也。急就篇：璧碧珠璣玫瑰甕。顏注：碧，縹玉也。從玉石，白聲。兵尺切。

琨 石之美者。從玉昆聲。古渾切。虞書曰：揚州貢瑤琨。

mín 珉　yáo 瑤　zhū 珠　dì 玓　lì 瓅　pín 玭　lì 珕　yáo 珧　méi 玫　guī 瑰

瑻 琨或從貫。小徐曰貫聲，禹貢釋文，馬本作瑻，韋昭音貫。地理志引禹貢亦作瑻。案皇矣篇之串夷，鄭箋以緜篇之混夷說之，知昆貫同音，串即古貫字也。

珉 石之美者。御覽引作石次玉也。弁師珉玉三采。從玉民聲。武巾切。

瑤 石之美者。依御覽引改。段氏曰：周禮王獻玉爵，后獻瑤爵；禮記玉爵獻卿，瑤爵獻大夫，是玉瑤之等差。從玉䍃聲。余招切。詩曰：報之以瓊瑤。衛風木瓜文。

珠 蚌之陰精。之，初學記引作中。從玉朱聲。章俱切。春秋國語曰：珠足以禦火災。禦當作御，楚語文。是也。

玓 玓瓅，明珠光也。依李注上林賦改。賦曰：明月珠子，的皪江靡。許君所据即此賦，而字異者，文選傳寫譌也。白部無的。從玉勺聲。都歷切。

瓅 玓瓅。從玉樂聲。郎擊切。

玭 珠也。從玉比聲。本蒲眠切，孫步因切。宋宏云：淮水中出玭珠。禹貢淮夷，馬王皆以爲二水名。鄭云淮水之上夷民獻此珠也。玭，蚌之有聲者。小徐本作玭珠，珠之有聲者。今依集韻引刪改。尚書釋文引韋昭曰：玭，蚌也。郭璞江賦：文魮磬鳴以孕璆。注引山海經：文魮之魚，其狀如覆銚，鳥首而魚翼魚尾，音如磬石之聲，是生珠玉。郭注山海經：魮音毗，珠母蚌類。

蠙 夏書玭從虫賓。糸部紕讀若禹貢玭珠。漢書地理志引禹貢淮夷蠙珠臮魚。

珕 蜃屬。江賦珕珋璿瑰。從玉劦聲。本力計切，孫郎計切。禮記曰：依韻會引補。佩刀，士珕琫而珧珌。毛傳見珌下，與此異。正義曰：傳因琫珌，歷道尊卑所用，似有成文，未知出何書也。案此云禮記，而今三禮亦無此文。

珧 蜃甲也。所以飾物也。山海經東山經：嶧皋之水，其中多蜃珧。注：珧，玉珧，亦蚌屬。地官掌蜃：祭祀共蜃器之蜃。注：蜃之器，以蜃飾，因名焉。從玉兆聲。余昭切。禮云：集韻引無云字，韻會不引而云禮記。佩刀，天子玉琫而珧珌。天子不當與士同，又與珌下說不合，恐此文後人加之。

玫 玫瑰，火齊珠也。依韻會引乙補。張揖曰：玫瑰，琅玕也，出昆侖關明山。漢書音義顏師古曰：火齊珠，今南方所出火珠也。寰宇記：林邑國獻火珠，大如雞卵，狀如水精，日正午時以珠承影，取艾依之，火見。一曰石之美好者。依元應引補。射義注：瑎石似玉，或作玫也。玉藻：士佩瓀玫。從玉文聲。本莫回反，孫莫杯切。

瑰 玫瑰。從玉鬼聲。本胡魁反，孫公回切。

jī 璣　láng 琅　gān 玕　shān 珊　hú 瑚　liú 珋　hán 琀　yǒu 𤪌　dàng 璗　líng 靈

一曰圜好。玉篇引作一曰珠圜好，元應引作圜好曰瑰，似泛言者是。

璣 珠之不圜者也。依元應引補，而圜彼作圓。字林：小珠也。七諫王逸注曰：圜澤爲珠，廉隅爲璣。從玉幾聲。居衣切。

琅 琅玕，似珠者。御覽引作石之似玉者。釋地郭注：琅玕狀如珠也。山海經：昆侖山有琅玕樹。圖經云：大抵古人謂石之美者，多謂之珠。廣雅謂瑠璃珊瑚皆爲珠，是也。從玉良聲。魯當切。

玕 琅玕也。從玉干聲。古寒切。禹貢：雝州球琳琅玕。集韻引說文同此。錢橋說琅字曰：此引禹貢，偁虞書，餘多偁夏書。玕下荷下紕下，又直偁禹貢，校改之歧出如此。筠案此又少貢字，疑後人所引。

𤥚 古文玕從玉旱。

珊 珊瑚，色赤，生於海中，依御覽引補。或生於山。郭璞曰：珊瑚生水底石邊，枝格交錯，無有葉。鹽鐵論：美玉珊瑚出于昆山。從玉刪省聲。穌干切。

瑚 珊瑚也。從玉胡聲。戶吳切。

珋 石之有光者，依江賦注引補。璧珋也。段氏曰：即璧流離也。地理志入海市明珠璧流離，西域傳罽賓國出璧流離，璧流離三字爲名，胡語也，猶珣玗琪之爲夷語。古人省言之曰璧珋。揚雄羽獵賦椎夜光之流離，則省言之曰流離，今字作琉璃。出西胡中。班固曰：西域三十六國皆在匈奴之西，故說文謂之西胡。凡三見。魏略曰：大秦國出赤白黑黃青綠縹紺紅紫十種流離。師古曰：此皆自然之物。從玉丣聲。本音畱，孫力求切。

琀 送死口中玉也。死，一作終。天官玉府、春官典瑞皆云大喪共含玉。春秋說題辭：口實曰唅，緣象生食，孝子不忍虛其欲。天子以珠，諸侯以玉，大夫以璧，士以貝。說苑：庶人以穀實。從玉從含，經典作含。含亦聲。胡紺切。

𤪌 遺玉也。山海經海外北經之平邱，大荒東經、大荒南經之南類山，皆曰爰有遺玉。然既爲玉類，不當在琀下，似遺讀去聲，乃贈遺之玉，蓋如檀弓所云坐含進侯玉也。又天官夏采以乘車建綏，注：故書綏作䋹。說文無䋹，蓋當作此遺。從玉歔聲。以周切。

璗 金之美者，與玉同色。釋器：黃金謂之璗，其美者謂之鏐，與此小異。從玉湯聲。徒朗切。禮記曰：依韻會引補。佩刀，諸侯璗琫而璆珌。漢書王莽傳：瑒琫瑒珌，借瑒爲璗也。

靈 （靈）巫。諸引多無靈字，謂靈爲巫之別名也。廣雅釋詁：靈，子，巫也。疏證曰：楚語云：民之精爽不攜貳者，而又能齊肅衷正，其知能上下比義，其聖能光遠宣朗，其明能光照之，其

fēn 氛　qì 气　bān 班　fú 𤥭　jué 玨

聰能聽徹之，如是則明神降之，在男曰覡，在女曰巫，故巫謂之靈，又謂之靈子。楚詞九歌：靈偃蹇兮姣服。王注：靈謂巫也。易林：學靈三年，仁聖且神。**以玉事神也。**起從玉之文。**從玉霝聲。**郎丁切。**靈 靈或從巫。**楚屈巫，字子靈。

文一百二十六　重十六。小徐各本作十五，蓋有一重文係後人羼入者，大徐核實而改之。

玨 二玉相合爲一玨。釋器釋文引，無一字。釋器：玉十謂之區。郭注：五穀爲區。○**從二玉。**犾下云兩犬矣，仍云從二犬；皀下云兩皀矣，仍云從二皀，知此亦當然。古岳切。**凡玨之屬皆從玨。**

㲉 玨或從㱿。鍇曰：㱿聲。左莊十八年傳：皆賜玉五穀。正義曰：倉頡篇㲉作玨，雙玉爲㲉，故字從兩玉。

班 分瑞玉。玉篇引玉作也。舜典：班瑞于羣后。**從玨從刀。**布還切。

𤥭 車笭間皮篋。春官巾車犬䙡注：以犬皮爲覆笭。疏：軾上須皮覆之。**古使者奉玉**依增韻引乙轉。**所以藏之。**依玉篇引補。藏彼作盛。**從車玨。讀與服同。**錢氏大昕曰：𤥭與箙同。鄭注司弓矢云：箙以獸皮爲之。釋名：受矢之器，以皮曰箙。東京賦：𤥭弩重旃。𤥭與箙俱是皮篋，音義相近，故曰讀與服同。筠案：𤥭箙音同，其用遂相似，此自是音理，謂其同字則非也。以箙代𤥭尚可，若以𤥭代箙，則車有著而玨無著矣。且箙見周禮，而毛詩作服，采薇魚服，傳說以魚皮，箋說以矢服，艮以人之服，所以掩形，則凡藏物之器得服音也。匸部：医，盛弓弩矢器也。医翳同音，皆取隱翳之義，而不能謂医翳同字也。即漢書蘇武傳之服匿，亦以盛酒得此名。凡字義或由形得之，或由聲得之，各有條理，不可膠葛。房六切。

文三　重一

气 雲气也。象形。去既切。大司馬注：皆畫以雲氣。釋文：氣本或作气，同。是後漢猶用气字。**凡气之屬皆從气。**

氛 祥气也。韓詩：祓除氛穢。左昭十五年傳：吾見赤黑之祲，非祭祥也，喪氛也。注：氛，惡氣也。**從气分聲。**符分切。

雰 氛或從雨。

文二　重一

shì 士　xù 壻　zhuàng 壯　cūn 墫

士 事也。白虎通：士者事也，任事之稱也。又詩東山勿士行枚傳：士，事也。故論語雖執鞭之士，鹽鐵論引士作事。**數始於一，終於十。**史記律書同，据成數言也。素問曰：數始於一，終於九，据算術十則進而爲一言之。**從一從十。**鉏里切。**孔子曰：推一合十爲士。**依玉篇引乙轉。案上文皆先言一，後言十，不依篆文上十下一，本次蓋本部仍承一部也。**凡士之屬皆從士。**

壻 夫也。釋親疏引作女之夫也。**從士胥聲。**穌計切。**詩曰：女也不爽，士貳其行。**衞風氓文。**士者夫也。**鄭風：女曰雞鳴，士曰昧旦。荀子非相篇：處子莫不願得以爲士。**讀與細同。**句當繼胥聲，或挩誤。

婿 壻或從女。

壯 大也。釋詁文。**從士爿聲。**管子：苗始其少也，眴眴乎何其孺子也；至其壯也，莊莊乎何其士也。側亮切。爿蓋即爿字。玉篇爿又音牀。

墫 士舞也。小徐有一墫字。詩爾雅釋文引有士字。伐木毛傳：蹲蹲，舞皃。是也。凡重言皆形容之詞。周禮大胥以學士合舞，小胥巡學士舞列，故字從士。**從士尊聲。**慈損切。**詩曰：墫墫舞我。**小雅伐木文，彼作蹲。釋文：蹲本或作墫。釋訓：坎坎墫墫，喜也。釋文：墫墫本或作蹲。

文四　重一

gǔn 丨　zhōng 中　chǎn 㫃

丨 上下通也。依玉篇乙轉。**引而上行讀若囟。**句承下通，謂自下通于上也。**引而下行讀若退。**句承上通，謂自上通于下也。玉篇思二切，又古本切。廣韻震隊二部不收，但收之混部。案古本切與引從丨聲合。**凡丨之屬皆從丨。**

中 鐘鼎文皆作中。戴說之曰：林罕謂以口象四方，上下通中也。說文徐本皆作口，殆誤也。**和也。**易蹇卦：往得中也。釋文引鄭注：中，和也。**從口丨，上下通。**言丨不在口之中，而上下皆通而出也，與部首說異。陟弓切。

𠁧 古文中。

𠁩 籀文中。吳彝、頌敦作□，卯敢作□、□。

㫃 旌旗杠皃。鄉射禮記：杠長三仞。士之制也。廣雅：天子杠高九仞，諸侯七仞，大夫五仞。**從丨從㫃，㫃亦聲。**丑善切。廣韻收於四江，與幢同音。

文三　重二

說文解字句讀弟一上

句讀卷一補正

筠案顛冬者、急察言之。則合天門兩字爲顛也。古音天門顚三字疊韻、二葉前九行天字注末增此

魚部魴之籒文鰟、朱鈔小徐本從㫄、葢卽此㫄之異文、三葉前五行亦古文㫄下注

屮部芐字從下、音侯古切。此下字古音之僅存者。三葉前七行篆文丅下注

言此者、謂天旣垂象、人當觀之以察其吉凶、如春官眂祲保章氏所掌是也、三葉前十行易賁彖文之下增此

祥 福也。字林同、本部自禧以下。訓義皆美。而祥廁其中。自禍以下。訓義皆惡。而祲冠其首。祥也祲也皆所謂垂象見吉凶者也。而許君說祥以福。故意與說祲乖異。所以區別之。亦從其多者論之也。然說祲以祥。气部氛說以祥气。晉語曰、見翟柤之氛、注氛祲氛、凶象也、凶曰氛、吉曰祥、於是其別其通。可以參觀而知之矣。○從示羊聲。○羊部說曰祥也、積古齋有漢洗二銘皆曰大吉羊、似羊切。○一曰善也。○依韻會引改補、釋詁文也、考工記注曰、羊善也、四葉前二行全改○許說與鄙說相雜糅故皆以○隔之下放此

畐部云又芳逼切、此古音也。福字亦當然。故福與富皆以疊韻之備說之。畐者滿也。諸福之物。可致之祥。莫不畢至則亦必滿也。是聲兼義。爾雅、鶴鶇、鴟鵂、釋文曰、鴟字亦作福、四篇鳥部云䨼專畐蹂、是福亦作畐之證。四葉前四行方六切下增此

句讀補正 卷一 一

蔡邕月令問答曰、仲春令不用犧牲、以圭璧更皮幣、然則漢末本多作更、然云以圭璧更皮幣、則是六字爲句、七葉前八行故注頗詰屈之下增此

公羊傳、夏曰礿、何注、始熟可汋、釋天孫叔然注曰、礿、新菜可汋、皆以礿汋同從勺聲也、萃六二、孚乃利用禴、王注、禴殷春祭名也、四時祭之省者也、以省薄薦於鬼神、則又以禴薄疊韻也、似皆以音鑿求其義、毛許鄭三君、皆不解命名之義、當依之、王曰春祭、卽用王制鄭注、葢据天保篇祠在禴下、然嘗亦在烝下矣、故毛傳仍据大宗伯職以說之、七葉前十行以灼切之上增此

考工記玉人、祼圭尺有二寸、有瓚以祀廟、注曰、祼之言灌也、或作淉、或作果、案酉部莤下、雖有祼圭、而玉部瑒下、全用玉人文、似許君所据考工作瑒、水部有淉字、而無此義、則亦借字也、八葉前三行古玩切之上增此

玉篇以爲古文、八葉後三行或從㔾聲之下增此

經典皆作脤、九葉後九行左成十三年傳之上增此

春官序官眂祲、鄭康成注曰、祲、陰陽氣相侵、漸成祥者、十一葉前六行精气成祥是也之下增此

杜注、祥變異之氣、孔疏引書序曰、亳有祥桑穀共生于朝、五行傳曰、時有青眚青祥白眚白祥之類、皆以惡徵爲祥、是祥有善有惡、十一葉前七行是災亦稱祥句刪去以此補之

句讀補正 卷一 二

春官眂祲此四字在十一葉前八行注中上文己見此當刪春官二字
今本作妖、虫部䄏𧖣對舉、漢書禮樂志作祅孽、中庸作妖孽、十一葉後四行羣物失性之下增此
五經文字序曰、若䄏𧖣逍遙之類、說文漏略、今得之於字林、然
則小徐釆䄏𧖣於字林、其三字則不知所從來矣、十二葉前一行他彫切之下增此
毛本初印如此、孫本同、毛刓增三字、鮑本同、案實數亦同、小徐
本六十五、實六十八、十二葉前四行文六十之下增此注
玉篇有古文瑕多珍切十三葉後九行下增此
乃日聞錄曰、說文瓊赤玉也、左傳、楚子玉瓊弁玉纓、按此則玉

與瓊對別言之、若等是玉、不分言也、今人以瓊比梅雪、誤矣、筠
案此說亦有意致、然木瓜之琚瑤玖、傳皆釋以玉著之華瑩英。
傳皆釋以石、而詩竝冠之以瓊。則知木瓜傳曰、瓊玉之美者、但
舉其本義。而兩詩用瓊、則爲美之通稱。故石亦稱瓊、設專屬赤
玉。則玖固黑石也。詩言瓊玖。將無赤而又黑乎。益玉亦分美惡、
鄭司農云、璑惡玉名、是也、謂子玉以美玉飾弁、以常玉飾纓、亦
可謂對別言之矣、否則瓊玉祇是一物。左傳互文見意、直是以
瓊玉飾弁及纓耳。十四葉後六行當依詩傳作美下增此
以下三篆、雖沿上文而謂之璧、然非復瑞玉矣。十六葉前二行大孔璧也下加此注

此琮謂之瑞玉、則是典瑞所云瑑琮以覜聘者也、玉人所云瑑
琮八寸諸侯以享夫人者也、言大不言長者、礼圖外作八角、內
有瑑飾、縱橫皆八寸也、惟許云佀車釭、而圖則無孔、似失之、若
夫典瑞之駔琮、玉人之璧琮九寸、大琮之十有二寸、皆在所略
矣、下文珇下之琮、又別一物、存疑篇說誤、十六葉前六行瑞玉大八寸注改之以此
其言以起軍旅以治兵守、則牙璋也、十六葉前九行未有言發兵者句下增此
嚴氏曰、當作周禮、是也、鼓部曰、周禮六鼓、弓部曰、周
禮四弩、糸部曰、周禮六彝、几部曰、周禮五几、酉部曰、周禮六尊、
詞皆相儷、惟夘部但曰六卿、不曰周禮、其爲挩誤、與本文同、十六葉後六行禮六幣下增此注

土部圭下、亦云公執桓圭、作桓者、十七葉前三行非也下增上十字文於作桓下增者字
案瑒珽瑁下、皆有尺寸、此不言九寸者、五瑞已類聚土部圭下
也、十七葉前六行公執瓛圭下增此
周禮曰此下注三十三字一切刪去○十七葉後三行
詩釆芑、有瑲蔥珩、傳、瑲珩聲也、三命蔥珩、玉藻、三命蔥衡、借衡
爲珩也、十七葉後七行故問白珩矣之下增此
○自璧以下十五字、惟瑗環璜因璧及之、瓏因琥及之、瑒是禮
神之器、不當廁此、其餘十字、說解三言瑞、他雖不言、實則瑞也、
瑞是總名。當列於璧上以領之、否則列於瑁下以收之。今雜之
玉佩類中、不得其次、而玉篇亦無大異、知其倒亂久矣、十八葉前三行

祇神曰器下增此

春官典瑞、瑑圭璋璧琮、以頫聘、先鄭曰、瑑、有圻鄂瑑起、案惟其起也故曰兆瑑、兆卽土部垗、說詳彼注、十八葉後七行玉篇以下十三字删去以此易之

春官典瑞文 春官字既見上文此當删去○十八葉後九行注

似有闕文之者、區別之詞、謂圭璧之瑑謂之瑑、琮玉之瑑謂之珇也。然典瑞玉人皆作駔、先鄭据字說之、後鄭曰、駔讀爲組、以組繫之、因名焉、許君作珇者、或据本固然、或杜子春所破而今不傳、或自破之、皆不可考矣、典瑞先言瑑圭璋璧琮以頫聘、後言駔圭璋璧琮琥璜之渠眉疏璧琮以斂尸、則瑑駔兩對立文。

許君葢因此知其同而異也、故區別之。玉人先言瑑圭璋八寸璧琮八寸以頫聘、與典瑞合、許君說琮曰八寸、亦合、玉人後言駔琮五寸、駔琮七寸、皆但言琮、與許君但言琮玉之瑑合、惟是典瑞所瑑者四器。較小行人合六幣則少其二。豈琥璜無瑑文耶。既不瑑矣。何以駔又是六器。許君以瑑珇相對。如是則不對矣。且許君說瑑但言圭璧。則較典瑞又減其二。何耶。駔琮既與瑑琮不同。詞則知上文之琮瑞玉也。爲一物。本文則別是一物。考工所謂駔琮七寸鼻寸有半寸者也。顧典瑞言駔者六器。許君言珇但主一琮。則彼之駔又當如何解之耶。且既區別之。卽當明言其故。瑑下云兆瑑、是突起者。卽今篆刻家所謂陽文也。

鄭君說渠眉曰、玉飾之溝瑑也、足知是窪下者。卽今篆刻家所謂陰文也。是眞可對矣。然禮固曰駔圭璋璧琮琥璜之渠眉、苟以說渠眉者說珇則不可也。卽鄭君所云、以組穿聯六玉溝瑑之中、以斂尸、既云溝、則非孔穴、何以穿聯之、亦不可解也、其所不知、當闕之以俟來哲、十八葉後十行注全删以此易之

如玉之瑩、當烏定切、石之次玉、當爲明切、釋烏鷵注、膏中瑩刀、亦烏定切、二十葉前六行琢烏定切下增此

理治疊韻、治又謂之厤、治玉之石曰厤、諸竝見厂部、二十葉後三行玉未理者璞下增此

爾雅釋器之言弓飾也、曰、以金者謂之銑、以蜃者謂之珧、以玉者謂之珪、郭注用金蚌玉飾弓兩頭、因取其類以爲名、珧、小蚌、筠案緯略引爾雅、謂卽江瑤柱、引臨海異物志曰、玉珧柱、厥甲美如珧玉、又曰、李商老詩、江瑤初脫柱、卻用瑤字、二十三葉後六行因名焉下增此

壻 夫也。○釋親疏引作女之夫也、似誤、葢釋親云女子子之夫爲壻、許君以其說未允、據儀禮以正之也、考士昏禮、娶者之稱凡五變。自家乘墨車而往、謂之主人、自至女家以及奠鴈、皆謂之賓。再拜稽首降出、婦從之降、則謂之壻。婦入門之後、又謂之主人。入室始謂之夫矣。嫁者之稱僅兩變、壻至門外之時、仍稱女。從壻降以後、無論於夫於贊者於舅姑、一切稱婦也。是篇

壻字凡兩見、曰壻御婦車、壻乘其車而已、皆在女家大門外之稱也。是時主人不降送、則婦翁旣不在。祇此夫婦、可知壻之稱由婦而生、不由女之父而生也。至如史記倉公傳黃氏諸倩、徐廣注倩者女壻也、則是稱女之夫矣。方言曰、東齊之閒壻謂之倩、本書人部倩下、亦用方言。要是沿襲之稱、非經訓也。○從士胥聲。○言部諝、知也、天官序官注、胥讀如諝、謂其有才智、爲什長、然則壻亦美之之詞、穌計切。○詩曰女也不爽士貳其行。○衛風氓文、然許君失言矣。當引女曰雞鳴士曰昧旦耳。氓三言士女、猶溱洧六言士女、皆醜顏也。野有死麕一言士女、摽有梅三言庶士、則以正當嫁娶之時而言、是且名也。皆非正爲夫婦

句讀補正 卷一 七

者也。○士者夫也。○爲詩作注、且爲士字廣一義也。荀子非相篇、處子莫不願得以爲士、。讀與細同。○句當繼胥聲、或脫誤、○婿 壻或從女。○形聲字多不該備、獨壻從士、士是受此稱者。婿從女、女是施此稱者、更無遺義矣。古詩、皆言夫壻殊、則合兩稱爲一語、二十六葉前四行至六行全改

囟退當是叶韻、退蓋讀如褪、如此則於古本切近、二十六葉後四行與引從丨聲合之下增此

xūn 熏　lù 圥　fēn 岎　dú 毒　měi 每　zhūn 屯　chè 屮

說文解字句讀弟一下

屮 艸木初生也。艸下云從二屮、木下云從屮、故云然、實則屮祇是艸、象丨出形。韻會引作象屮出形、皆非也、屮乃象形字、不得從他字、丨也、有枝莖也。象出形、謂丨也、有枝莖、謂凵也、許但據形係聯耳、丨下上通、乃指事字、非物也、安得有出形、古文或以爲艸字。集韻引無文字、洪範庶草蕃廡、古文尚書作屮、地理志引禹貢、既以爲艸字、又讀若徹、蓋象形字聲在形外、中綠木條、隨人指名、故不同也、與丨有囟退兩讀同例、讀若徹。尹形說。句當在讀若徹下、若凡屮句則分別部居、許君所創、蓋不出於丑列切、凡屮之屬皆從屮。博采通人、

屯 難也、象艸木之初生。集韻引無木之二字、屯然而難、從屮貫一。一、地也、尾曲。謂屮而曲爲乇也、難故曲、陟倫切、易曰屯剛柔始交而難生。屯卦象文、

每 艸盛上出也。左僖二十八年傳原田每每、注、喻晉美盛若原田之草每每然、從屮母聲。武罪切、

毒 厚也。周語厚味實腊毒、害人之艸往往而生。從屮毒聲。王復祖曰、毒有代音、與毐聲相近、地理志毒冒、顏注毒音代是也、徒沃切、

副 古文毒、從刀葍。似當作從艸副聲、而大徐各本、小徐竹君本汪刻本、皆作從刀葍、繫傳亦作葍聲也、段氏謂鍇本作葍、蓋以繫傳竹亦有毒推之、然亦云下葍從副也、顧千里本篆作䈰、說作從刀䈰、並傳亦作䈰聲、蓋卽據段氏說私改之、案亯部䈰厚也、與毒義同、其音又近、然䈰從竹聲、非從竹義、設如小徐謂竹有毒、是分竹亯爲兩字、又安得合之而云䈰聲乎、卽以䈰爲聲、必以刀爲義、謂刀有毒、誰其信之、古文傳久、不可鑿說、或者從刀葍三字爲後人所增乎、玉篇艸部有副、竹部刀部皆無副、

岎 芳也。依元應引補、此解字義也、艸初生、解從屮、其香分布。解從分、從屮從分、分亦聲。撫文切、

芬 岎或從艸。

圥 菌圥地蕈。釋艸中馗菌、注地蕈也、案云地者、蕈桑萸、萸、木耳也、故別之、菌圥、玉篇作圈光、叢生田中。從屮六聲。力竹切、

𡷈 籒文圥從三圥。

熏 火煙上出也。從屮從黑、屮黑熏象也。屮本不黑、而今黑者、熏之所致也、許云切、

niǔ 莥　huò 藿　qí 萁　dá 荅　mén 虋　fǔ 莆　shà 萐　zhī 芝　luǒ 蓏　zhuāng 莊　cǎo 艸

文七　重三

艸 百艸也。詩百卉具腓、從二屮。釋草疏引作象野艸莽蒼之形、不似許語、或陽冰改之、論衡草初生爲屮、二屮爲艸、三屮爲芔、四屮爲茻、言其生之繁蕪也、倉老切、秋官庶氏嘉草、釋文作嘉艸、此艸字之存于經者、凡艸之屬皆從艸。

莊 上諱。袁山松後漢書孝明皇帝諱陽、一名莊、字子麗、案陽乃爲東海王時名、立爲太子、改名莊也、伏侯古今注、莊之字曰嚴、故嚴君平嚴助、皆本莊姓、而韋注國語凡莊皆作嚴、雖已革命而沿襲不改、亦古人之厚也、側羊切、玉篇草盛皃、管子見士部壯下、然則莊從壯聲兼意、

𡲵 古文莊。小徐作䊹、

蓏 在木曰果、在艸曰蓏。依御覽引改、篇海引在蔓曰蓏、史記貨殖傳正義引木上曰果、地上曰蓏、皆非也、段氏說是、又案易艮爲果蓏、宋衷注曰木實謂之果、艸實謂之蓏、而許君云在者、指字形田在木上、二瓜在艸下言之、從艸從𤓰。小徐作𤓰聲、桂氏曰、張衡鮑德誄業業學徒、童蒙求我、濟濟京河、寔爲西魯、與𤓰聲同例、郎果切、

芝 神艸也。釋草淔灌、郭注未詳、又云茵芝、郭注芝一歲三華瑞草、釋文引聲類云淔灌茵芝也、則以爲一物二名、從艸㞢聲。止而切、

萐 萐莆瑞艸也。春秋潛潭巴、君臣和德、道度叶中、則萐莆生於庖廚、堯時生於庖廚、扇暑而涼。白虎通、萐莆者樹名也、其葉大如門扇、不搖自扇、於飲食清涼、助供養也、金樓子興王篇、堯有翣莆萁荚之瑞、從艸疌聲。士洽切、

莆 萐莆也。莆字或作脯、論衡是應篇、儒者言萐脯生於庖廚者、言廚中自生肉脯、薄如萐形、搖鼓生風、寒涼食物、使之不臭、從艸甫聲。方矩切、

虋 赤苗嘉穀也。釋草虋赤苗、郭云今之赤粱粟、詩生民、維糜維芑、則作穈、六書故、俗書穈爲床、詩釋文引爾雅作虋、引郭亡偉反、足徵虋爲虋之變文也、從艸釁聲。莫奔切、

荅 小尗也。廣雅、小豆、荅也、從艸合聲。都合切、

萁 豆莖也。漢書楊惲傳、種一頃豆、落而爲萁、從艸其聲。渠之切、

藿 尗之少也。少、去聲、李善注阮嗣宗詠懷詩引作豆之葉也、然二義似同、凡藿食者、皆及葉之未老而取之、廣雅、豆角謂之莢、其葉謂之藿、從艸靃聲。虛郭切、

蔨 鹿藿之實名也。藿當依爾雅作藿、釋艸蔨鹿藿、其實莥、注、葉似大豆、疏取以爲菜、亦徵有豆氣、如莥以近似而附藿後也、說文無蔨、下文

láng 蓈　yǒu 莠　fèi 萉　zì 芓　yì ⿱艹異　sū 蘇　rěn 荏　shǐ 苵　qǐ 䓫

麃鹿、藨、從艸。狃聲。敕久切。

蓈 禾粟之𥝩生而不成者。言禾粟者、麥豆無此也。采、詩釋文引作莠、漢諱秀而代以莠、似是古本。然秀采一物、姑仍今本。廣韻引作穗。言生者、其穗故生、而或如灰、或如毛、不成爲粟也。詩下泉浸彼苞稂。傳、稂、童粱。陸璣疏曰、禾秀爲穗而不成、崱嶷然、謂之童粱。謂之董蓈。玉篇、廣韻引皆同。詩釋文引董作童、誤以爾雅毛傳改之也。廣韻一東、董音同。若夫爾雅稂童粱、則謂粱之童然秃者也。言各有當、不可互改。從艸。郎聲。魯當切。

稂 蓈或從禾。

莠 禾粟下揚生莠。鐵揚之時、秕在下風、謂之下揚。取而種之、輒化爲莠。從艸。秀聲。讀若酉。與久切。

萉 枲實也。釋艸、曰枲麻。黂從麻、故從艸。肥聲。聲類、油油、麻肥也。房未切。桂氏曰、齊民要術種麻、種麻子各爲一物、以枲爲牡麻、以萉爲麻子、最爲明哲。

黂 萉或從麻賁。集韻、黂通作蕡。桃夭釋文、蕡浮雲反、與肥雙聲。前漢書英布傳、中大夫賁赫。注、賁音肥。釋艸、黂、枲實。注引禮記曰、苴麻之有黂者。然則枲卽苴也。

芓 麻母也。今釋艸作荸、釋文作荸。玉篇荸同芓。桂氏曰、爾雅郭注、苴麻盛子者。釋文、盛音成。穫謂麻有秄甲包裹以盛其子。芓卽秄甲、故曰麻母。

說文句讀《卷二　三

從艸。子聲。芓以盛子、故從子也。疾吏切。一曰芓卽枲也。小徐本尗部枲、云麻子也。蓋卽此說。

⿱艹異 芓也。釋艸連異翹。玉篇以⿱艹異當之。本草蘇恭注、子作房、翹出衆艸。案麻實有房、且攢聚在杪、翹然上出。兩物相似、故通其名。從艸。異聲。羊吏切。

蘇 桂荏也。見釋草。從艸。穌聲。本草蘇恭注、蘇從穌、穌、舒暢也。蘇性舒暢、行氣和血、故謂之蘇。蘇乃荏類、而味辛如桂、故爾雅謂之桂荏。素孤切。

荏 桂荏蘇。桂荏蘇三字當作蘇也二字。小徐本蘇芓⿱艹異三篆在芄篆之後、與荏篆不連。蓋脫誤之後、讀者以爾雅全句改荏之說解、而忘桂荏是紫蘇之專名、荏是白蘇之專名。方言、蘇亦荏也。言亦者、一類而別也。又有公蕡、蓍、蘸葉三名。郭注又有蓍、薰葉二名。廣雅承用方言、但加蕭一名、皆不列桂荏之名。是知桂荏者、謂荏屬之辛香如桂者名曰蘇也。本是區別之詞、安得說荏篆又渾同之乎。名醫別錄陶注曰、荏狀如蘇、高大、白色、不甚香。從艸。任聲。如甚切。

苵 菜也。玉篇、蒿也。從艸。矢聲。失七切。

䓫 菜之美者。有雲夢之䓫。依玉篇引補。見呂氏春秋本味。段氏曰、篇彼作芑。廣韻、䓫菜似蕨、生水中。或借芑爲之。詩采芑傳云、芑、菜也。陸疏、芑菜似苦菜。從艸。豈聲。廣韻䓫

kuí 葵　jiāng 薑　liǎo 蓼　zǔ 蒩　qú ⿱艹豦　wēi 薇　wéi 蓶　qín 菦　niàng ⿱艹釀　xiàn 莧　yù 芋　jǔ 莒

豨切。唐韻作驅喜。盐謂䓫卽芑字也。

葵 菜也。常傾葉向日、不令照其根。二句見廣韻。或自加之。左成十七年傳、鮑莊子之知不如葵、葵猶能衛其足。從艸。癸聲。彊惟切。

薑 御溼之菜也。字林同。從艸。彊聲。居良切。隸省作薑。

蓼 辛菜。詩小毖、予又集于蓼。傳、言辛苦。薔虞也。釋草、薔虞蓼也。疏、蓼、辛苦之菜。良耜以嫥荼蓼。傳、蓼、水草也。顏注急就篇、生于水者曰水蓼、生于澤者曰澤蓼。許以經皆言蓼、故斷薔虞爲句。郭讀非。從艸。翏聲。盧鳥切。

蒩 菜也。字或作菹、及蒩。廣雅、蒩、蕺也。蜀都賦、樊以蒩圃。劉注、蒩亦名土茄、葉覆地生、根可食、人饑則以繼糧。名醫別錄、蕺、味辛。蘇恭云、葉似蕎麥、肥地亦能蔓生。關中謂之蒩菜。從艸。祖聲。則古切。

⿱艹豦 菜也。似蘇者。初學記引夏小正采芑注云、蘧也。當作蘧。齊民要術引詩義疏、蘧、苦葵也。青州謂之芑。從艸。豦聲。彊魚切。

薇 菜也。似藿。公食大夫禮、鉶芼牛藿、羊苦、豕薇、皆有滑。陸璣詩疏、薇、山菜也、莖葉皆似小豆、蔓生、其味亦如小豆。今官園種之、以供宗廟祭祀。項安世曰、薇、今之野豌豆也。從艸。微聲。無非切。韻會引云、菜之微者也。乃王安石之謬說。

薇 籀文薇省。省字當作從散聲三字。

說文句讀《卷二　四

蓶 菜也。廣韻、蓶似馬韭而黃、可食。從艸。唯聲。以水切。

菦 菜類蒿也。玉篇、菦、蒿也。從艸。近聲。本音謹、孫巨巾切。周禮有菦菹。是。天官醢人文、彼作芹。

⿱艹釀 菜也。集韻、菜、蘇也。方言、蘇其小者謂之⿱艹釀菜。注、薰菜也。案本篆不與蘇荏類聚、或錯簡。或許意不與子雲同。桂氏曰、卽本草之香薷。篇海、菜與薷通。陸璣詩疏有香菜、菜。從艸。釀聲。本女丈切。孫汝亮切。

莧 莧菜也。釋艸、蕢、赤莧。圖經、莧有六種、有人莧、赤莧、白莧、紫莧、馬莧、五色莧。從艸。見聲。侯澗切。

芋 大葉實根。實當作著。聲類、大葉著根之菜、見之驚人、故曰芋。案著根者、葉皆附著於根也。菸類當秋時、葉亦著根、春則生莖、葉著莖矣。惟芋不然、故以別之。驚人者也。依元應引改。補于部吁、驚語。詩君子攸芋、傳、芋、大也。借大意而用之。故謂之芋也。從艸。亐聲。聲兼意。王遇切。

莒 齊謂芋爲莒。孝經援神契、仲冬昴星中、收莒芋。注、莒亦芋也。顏氏家訓、北人之音多以舉莒爲矩、惟李季節云、齊桓公與管仲于臺上謀伐莒、東郭牙望桓公口開而不閉、故知所言者莒也。然則莒矩必不同呼。此爲知音矣。論衡引此事曰、君口

qú 蘧　jú 菊　hūn 葷　ráng 蘘　jīng 菁　lú 蘆　fú 菔　píng 苹　chén 茞　pín 薲　lán 藍　xuān 藼　qiōng 营　lán 蘭　qióng 藭

垂不發所言莒也、案此齊謂芋爲莒之證也、從艸呂聲。居許切。

蘧 蘧麥也。從艸遽聲。強魚切。

菊 大菊蘧麥。釋草文、注、一名麥句薑、即瞿麥、釋文引廣雅、茈萎麥句薑蘧麥、今本作茈葳陵苕蘧麥、從艸匊聲。居六切。

葷 臭菜也。謂氣臭酷烈之菜也、士相見禮注、葷辛物、葱薤之屬、荀子楊注、家語王注、皆謂之辛菜、惟玉藻注區別之曰、薑及辛菜也、言及以明惟薑無惡臭、若釋典以葱蒜韭薤興渠爲五葷、以其臭皆惡也、故孔安國注論語曰、薑辛而不葷、士相見禮注、古文葷作薰、從艸軍聲。許云切。

蘘 蘘荷也。一名蓄蒩。名當作曰、以上二句、南都賦注引作蘘荷蓄蒩也、御覽引作一名薄苴、廣雅作蓴苴、後漢書馬融傳注、蘘荷葉似薑、根色紅紫、似芙蓉、可食、從艸襄聲。汝羊切。

菁 韭華也。天官醢人、有菁菹、從艸青聲。子盈切。

蘆 蘆菔也。釋草、葖蘆萉、許所据本蓋作葖蘆菔、一曰薺根。此其甘如薺之薺、菫下亦同、從艸盧聲。落乎切。

菔 蘆菔。有雹葖、溫菘、紫花菘諸名、似蕪菁、蔓菁也、實如小尗者。從艸服聲。蒲北切。

苹 蓱也。釋艸、又曰、苹藾蕭、此不及者、宗鹿鳴毛傳、無根浮水而生者。從艸平聲。本音平、孫符兵切。一曰苹苹艸皃。依高唐賦注引補、

茞 艸也。從艸臣聲。稹鄰切、或曰當植鄰切。

薲 大蓱也。釋艸、萍蓱、其大者蘋、蓋許君据本萍作苹、蘋作薲也、呂氏春秋本味篇、菜之美者、昆侖之蘋、從艸賓聲。符真切。

藍 染青艸也。有蓼藍、大藍、槐藍、菘藍、馬藍、吳藍、木藍、從艸監聲。魯甘切。

藼 令人忘憂艸也。從艸憲聲。況袁切。詩曰、安得藼艸。今詩焉得諼艸、盖是也、許說似涉附會、

萲 藼或從煖。詩釋文引作蘐、釋訓、萲諼忘也、此字疑後增、

萱 藼或從宣。諸書不引、疑亦後增、

营 营藭香艸也。博物志、苗曰江蘺、根曰芎藭、本草、其葉名蘼蕪、左宣十二年傳、有山鞠窮乎、從艸宮聲。去弓切。

芎 司馬相如說、营或從弓。宮弓古音不同、躳下云、俗或從弓、知芎亦俗字、不當列之篆文、蓺文志曰、凡將則頗有出矣、謂凡將出於蒼頡正字之外也、

藭 营藭也。從艸窮聲。左傳作窮、省形存聲、渠弓切。

蘭 香

jiān 蕑　suī 葰　wán 芄　xiāo 虈　lí 蘺　chǎi 茝　méi 蘪　xūn 薰　dú 䓯

艸也。陸璣詩疏、蘭莖葉似葯艸澤蘭、但廣而長節、節中赤、高四五尺、從艸闌聲。落干切。

蕑 香艸也。依元應引補、又引字書、蕑與蘭同、蕑蘭也、案鄭風方秉蕑兮、毛傳曰、蕑蘭也、釋文引韓詩曰、蓮也、地理志引詩、方秉菅兮、蕑蓮菅皆借字、許所据本盖作蕑、故次之蘭後、而不收蕑、出吳林山。見山海經中山經、又云洞庭之山、其艸多蕑、又有蕑山、從艸姦聲。古顏切。

葰 薑屬。可以香口。既夕禮、茵著用荼實綏澤焉、注、綏廉薑也、澤澤蘭也、本草圖經、葰一名廉薑、生沙石中、薑類也、其味大辛而香、從艸俊聲。息遺切。

芄 芄蘭莞也。釋艸、雚芄蘭、郭注斷雚芄爲句、以此正之、芄蘭莞三字疊韻、長言則芄蘭、短言則莞、而莞本作席之艸之專名、此則以爲芄蘭之異名、今爾雅作雚、雚本木鳥、羣書多借以爲萑、豈與莞苻蘺相避邪、本書固作蕘、夫蘺也遞相改易、遂致說文蕘字不見於經矣、從艸丸聲。胡官切。詩曰、芄蘭之枝。衛風文、今作支、說苑引亦作枝、案支當爲枝之古文、箋曰、芄蘭柔弱、恆蔓延於地、有所依緣則起、

虈 楚謂之蘺、晉謂之虈、齊謂之茝。此三句之首、當有蘼蕪也句、一艸四名、當與蘼篆首尾相莞攝、否則蘼篆後人增也、爾雅釋文作麋蕪、云本今

作蘪、本草亦作蘪、又名微蕪、亦足證其無專字、楚詞九思、芳虈兮挫枯、埤蒼、齊茝一名虈、李善引本草、白芷一名虈、從艸。囂聲。許嬌切。

蘺 江蘺、蘼蕪。當云虈也、以茝虈也例推可見、此讀者以下文有蘼蕪、遂誤以相如賦句改之、故用俗蘺字也、漢書相如傳、張揖注此句曰、江蘺香艸也、蘼蕪蘄茝蘪作、似蛇牀而香、是則判然二物矣、淮南子氾論篇、夫亂人者、芎藭之與藁本也、蛇牀之與蘼蕪也、則芎藭與蘼蕪亦二物、本草以蘼蕪爲芎藭之葉、亦非也、芎藭名江蘺、虈則名蘺、從艸離聲。呂之切。

茝 虈也。離騷、豈維紉夫蕙茝、玉篇、葯白芷葉、即虈也、九歌、辛夷楣兮葯房、從艸臣聲。昌改切。

蘪 蘪蕪也。釋艸、蘄茝蘪蕪、注、香艸、葉小如萎狀、廣韻六止引字林、茝蘪蕪別名、据此或字林始收蘪字、從艸麋聲。靡爲切。

薰 香艸也。廣雅、天子祭以鬯、諸侯以薰、圖經云、葉如麻、兩兩相對、莖方、氣如蘪蕪、古所云薰艸是也、或云蕙艸亦此也、從艸熏聲。許云切。

䓯 水萹茿。詩淇奧、綠竹如簀、韓詩作綠䓯、辪君曰、簀積也、綠䓯盛如積也、釋文引韓詩云、䓯萹茿也、許君所据毛詩亦作竹、以爲假借字、收此韓詩之專字也、知者、釋草、茿王芻、竹萹蓄、兩文雖遠隔、然即釋此詩、是所据毛詩亦作竹、

biān 萹 zhú 茿 qiè 藒 qì 芞 měi 莓 gé 茖 gān 苷 zhù 芧 jìn 藎 shù 蒁 rěn 荵 cháng 萇 jì 薊 lí 荲

又蓄及毛韓之綠皆借字、郡國志引博物記、以綠竹爲一草、非也、從艸從水毒聲。讀若督。徒沃切、

萹 萹茿也。釋艸、竹、萹蓄、注、似小藜、赤莖節、好生道旁、可食、從艸扁聲。方沔切、

茿 萹茿也。從艸筑省聲。桂氏曰、當作巩聲、巩從工得聲、茿筑皆其入聲、猶元從兀聲也、陟玉切、

藒 藒車。芞輿也。爾雅、藒車芞輿、御覽韻會引說文皆有藒車字、然爾雅釋文云車音居、本多無此字、然則寫者因郭注引離騷藒車、遂於經文增車也、段氏則曰藒芞車輿、皆疊韻、不當無車字、從之、從艸楬聲。一本篆作藒、云稿聲、禾部稿、繫傳云、藒字從此、玉篇藒藒兹收、去謁切、

芞 芞輿也。從艸气聲。去訖切、

莓 馬莓也。凡以馬名者、皆謂大也、蓋謂大於苺、山莓也、二字當類聚以見意、從艸母聲。母皋切、

茖 茖葱生山中細莖大葉、蘇頌引此二句、與釋艸茖山葱疏引合、又曰食之香美于常葱、宜入藥用、蓋蘇氏語、從艸各聲。古額切、

苷 甘艸也。從艸甘聲。古三切、案此字似後增、

芧 艸也。玉篇、芧同苧、草可以爲繩、案芧卽陳風可以漚紵之紵、糸部紵、緜屬、是也、安得以芧

說文句讀 卷二 七

當之、漢書相如傳、蔣芧青薠、張揖曰、芧、三棱也、本草、三棱葉似莎草、極長、故許云可以爲繩也、李善注南都賦亦誤以芧之說說芧、從艸予聲。直呂切、可以爲繩。一作索、案此句當在從艸上、抑或是庾氏注也、

藎 艸也。元應引本草云、藎草可以染流黃、作金色、生蜀中、從艸盡聲。徐刃切、

蒁 艸也。小徐曰、藥有蓬莪蒁、從艸述聲。食聿切、

荵 荵冬艸。廣韻引同、然不足據、金銀花經冬不凋、故名忍冬、作荵則文不成義、釋草、蒡、隱荵、注、似蘇有毛、今江東呼爲隱荵、玉篇用之、不應說文不用、從艸忍聲。而軫切、

萇 萇楚銚弋。釋草、長楚銚芅、案詩隰有萇楚、則長字譌、說文無芅、則亦譌也、一名羊桃。名當作曰、從艸長聲。直良切、

薊 芺也。釋艸、鉤、芺、注、大如拇指、中空、莖頭有臺、似薊、初生可食、釋艸又曰、楊枹薊、又曰、芺薊、其實荂、注、芺與薊、莖頭皆有蘅臺、名荂、然則芺薊一類而別、從艸魝聲。古詣切、

荲 艸也。集韻一屋荲下、引字林、艸名、似冬藍、烝食之、酢、其七之荲下、引說文、艸也、一曰羊蹄、本草、蒴藋、味酸溫有毒、可作浴湯、一名荲、一名芨、案蒴藋、繫傳作朔藋、卽下文之藋、從艸里聲。讀若釐。里之切、

diào 藋 jī 芨 jiàn 葥 mòu 蓩 mǎo 蓩 shēn 蓡 luán 虊 lì 䓞

藋 堇艸也。堇一作蘆、以讀若改本文也、一作堇、集韻引作莖、皆形譌也、一曰拜商藋。竹啻、君本作商、近本作商、則綠爾雅之誤而改之也、高誘淮南子注、蔏苗荻秀、楚人謂之蔏、蔏讀如戰敵之敵、幽冀謂之荻苕也、從艸翟聲。徒弔切、

芨 堇艸也。釋艸同、嚴氏所据玉篇作堇艸也、是也、此所以繼堇藋後也、若如郭注、說以烏頭、則當與蔄篆類列矣、廣韻、蒠與芨同、玉篇蒠字在藋字下、云救力切、救蓋萩之訛、蒠堇也、此下繼以堇字、云丑力切、一名蒠、似冬藍、食之醋也、又丑六切、其藋蒠堇三字類聚、與說文堇藋芨三字類聚同也、蓋同此一字、說文作芨、玉篇作蒠耳、乃後收雜字中、又出芨字、云芨堇草、卽烏頭也、必孫強輩所增矣、廣韻二十四職、堇、恥力切、蒴藋別名、本草、蒴藋、一名堇、一名芨、與此正合、玉篇既云似冬藍、則知廣韻堇羊蹄菜、乃許六丑六二切之義、與集韻許六切內收堇字、與苗爲一字、訓爲羊蹄菜者同、此別一義也、從艸及聲。讀若急。居立切、

葥 山莓也。釋艸譌苺爲莓、郭注、今之木莓也、實似藨莓而大、亦可食、玉篇莓下引說文、別出苺字、云亾救亾佩二切、實似桑葚可食、從艸歬聲。子賤切、

蓩 當作蓩、毒艸也。從艸務聲。莫候切、不作蓩聲、改篆忘改注也、繫傳作蓩聲、則張

說文句讀 卷二 八

次立補篆因改注也、後漢書劉元傳、遣李松會朱鮪與赤眉戰於蓩鄉、注、蓩音莫老反、字林云毒艸也、因以爲地名、郡國志宏農有務鄉、注云、赤眉破李松處、玉篇蓩莫屋莫老二切、毒艸也、又引說文卷耳也、又出蓩字、莫候切、引說文毒艸也、廣韻三十二晧蓩、毒艸、武道切、又地名、一屋蓩、莫卜切、毒艸、綜諸說觀之、劉元傳廣韻之蓩、正字也、郡國志之務、省形存聲字也、後漢書楊震傳、封蓩亭侯、章懷注、郡國志桃林縣有蓩鄉、音莫老反、然則務又當爲譌字也、玉篇蓩下、增引說文、又出蓩字、孫強輩之誤也、而俗本漢書亦有作蓩者、亦不知者改之也、集韻蓩毒艸葶藶也、中山經、熊耳之山有艸焉、其狀如蘇而赤花、名曰葶藶、可以毒魚、案此說是、而其字亦譌從蓩、

蓩 卷耳也。諸書無此說、且下文苓耳亦不類列、從艸務聲。亾考切、

蓡 當作蓡、人蓡。當作蓡、范子計然、人參出上黨、狀類人者善、藥艸。元應引作苦艸也、蓋謂其味初苦而後甘也、急就篇顏注、參、謂人參丹參紫參元參沙參苦參也、出上黨。從艸浸聲。當作蓡聲、若依篆體、則當作蓡省聲、山林切、

虊 鳧葵也。與茆同訓、而不類列者、茆有從艸之異也、桂氏曰、欒、豬蒓、茆、絲蒓也、說詳下文茆下、從艸欒聲。洛官切、

䓞 艸也。廣雅謂之茈莀、地官掌染草注、謂之

莜 qiáo　蓖 pí　萭 yǔ　荑 tí　薛 xuē　苦 kǔ　菩 bèi　[艸啻] yì　茅 máo　菅 jiān　蘄 qí　莞 guān　藺 lìn　蒢 chú

紫莂。陳氏啟源曰：詩采綠即本草之藎草，說文謂之菮草。可以染留黃。廣雅：留黃，綠也。亦作流黃。從艸戾聲。郎計切。

莜　蚍虾也。借蟲名為艸名也。釋草虾譌作蚍。毛傳芘芣，恐亦後人改。郭注：今荊葵也。從艸收聲。渠遙切。

蓖　蒿也。後文蓍以下八字皆蒿屬類聚，大篆中蘇蒿蓬三字亦類聚。蓖果是蒿，不應在此。王篇前出蓖字，云蒿似蓍。廣韻六脂云蒿也。玉篇後又出蓖蓖，云蓖麻也。廣韻十二齊同。從艸毗聲。房脂切。

萭　艸也。從艸禹聲。王矩切。

荑　元應曰：稊又作弟，說文作荑。案弟似苐之譌。艸也。孟子不如荑稗，趙注以為艸。毛傳：荑，茅之始生也。許所不用。案茅初出地，全體已具，拔其末而出之，肥白而甘可啖。異日長大，此即其穗矣，非茅之小時名荑也。各書說皆不了。從艸夷聲。杜兮切。玉篇：苐音題，說文艸也。蓋孫強据本荑譌為苐，即增之也。集韻合荑苐為一字，則不辨說文之正本誤本而合為一也。是書多此誤。

薛　艸也。漢書司馬相如傳高燥生薛，音義云：薛，藾蒿也。從艸辥聲。私列切。

苦　大苦。句　苓也。見邶風、唐風毛傳、釋草：蘦，大苦。嚴氏曰：苓當作蘦。段氏曰：說文苷字解云甘艸矣。蘦，甘草，又名大苦，又名苓，則何不類列？後文蘦字

必後人據爾雅增。沈括筆談曰：爾雅蘦大苦，注云蔓延生，葉似荷，莖青赤。此乃黃藥也，其味極苦，故謂之大苦。郭云甘草，非也。從艸古聲。康杜切。一曰急也。依集韻、類篇、韻會引補。李注廣絕交論引云：苦猶急也。

菩　艸也。廣韻作蓓，云黃蓓草也。周禮注之菩芻，則自為一物。說又見下文蓓下。從艸咅聲。步乃切。

[艸啻]　薏苢。薏當依玉篇作[艸啻]。後漢書馬援傳：初援在交阯，常餌薏苡實，用能輕身省慾，以勝瘴氣。從艸啻聲。於力切。一曰[艸啻]英。英者，花也。抱朴子：菊花與薏花相似，直以甘苦別之耳。菊甘而薏苦，諺所謂苦如薏者也。

茅　菅也。詩：露彼菅茅。從艸矛聲。莫交切。

菅　茅也。釋艸：白華野菅。從艸官聲。古顏切。

蘄　艸也。從艸斳聲。渠支切。蘄非字，說詳釋例。江夏有蘄春亭。蘄春，縣名也。不當言亭。然据菥蓂二字說，又似當云江夏平春有蘄亭。要之，此字可疑。

莞　艸也。可以作席。詩斯干：下莞上簟。箋：莞，小蒲之席也。從艸完聲。胡官切。

藺　莞屬也。字林同。可為席。依韻會引補。急就篇有藺席。從艸閵聲。良刃切。

蒢　黃蒢，職也。汪刻小徐本職作蘵。以釋草蘵黃蒢改之也。然職亦識之譌。此校者見爾雅作蘵，而說文無之，妄意爾雅之蘵為後人增艸，說文之識則後人改耳為言，遂以意改之耳。不知夏小正三月采識，正是此艸。於此徵許君職識二字與經典互易者，正符古讀，非以意為之也。玉篇作蘵，云蘵草葉似酸漿。廣韻蘵賞職切，草名。是即夏小正之識而加艸也。即釋草之字從職，玉篇之字從織，均足證夏小正之識當讀之翼切。乃廣韻之識賞職切，則亦展轉改變也。從艸除聲。直魚切。

蒲 pú　蒻 ruò　蓡 shēn　蓷 tuī　茥 kuī　莙 jùn　[艸睆] huán

蒲　水艸也。可以作席。從艸浦聲。薄胡切。

蒻　蒲子。可以為平席。平席，李注秋興賦引作華席，御覽引作蔫。又似當作苹席。顧命：敷重蔑席。王肅注：蔑席，織弱苹席。首部蔑下引周書曰：布重蔑席。織蒻席也。世謂蒲蒻。依御覽引補。蒻下云蒲蒻，正承此文。從艸弱聲。考工記輪人注：今人謂蒲本在水中者為弱。而灼切。

蓡　蒲蒻之類也。之類似衍文。天官醢人注：鄭司農云：深蒲，蒲蒻。從艸㴱聲。式箴切。天官作深。本篆似後人增，而玉篇蒻蓡二文相聯，殆後作之專字。

蓷　萑也。當云鵻也。此後人以今本爾雅改之。王風中谷有蓷，毛傳：蓷，鵻也。許君當同之。釋文說王風蓷字曰：爾雅云鵻也。是知陸氏所据古本作鵻蓷也。又說毛傳鵻字曰：爾雅

又作萑。是當時爾雅有別本作萑，故云又作。明乎後人以艸多皃之萑為蓷之專名，而改鵻之借字也。陸氏在陳末，所見爾雅尚同毛傳，豈有許君所見反異毛傳者乎？然釋草之文當本作蓷鵻。爾雅所采毛傳為多，郭本萑蓷、藬綬兩文相連，是由王風言蓷，傳釋以鵻，故爾雅曰蓷鵻；猶陳風言旨鷊，傳釋以綬草，故爾雅曰藬綬也。詩不出鵻為草名，爾雅安得以蓷釋之？況詩本無之萑乎？釋言：菼，騅也。郭注引詩曰：毳衣如菼。菼草色如騅。陸璣疏引之，兩騅字皆作騅，是也。爾雅及注所述者，皆王風毛傳之菼騅也。且釋文曰：騅本又作萑，音隹。此尤騅誤為萑之確證也。案蓷與菼皆專名，而騅又為兩草之通名。彼不可云騅菼，此豈可云騅蓷乎？中谷有蓷，釋文又說蓷曰：韓詩云茺蔚也。廣雅又名益母。從艸推聲。他回切。詩曰：中谷有蓷。

茥　缺盆也。釋草蒛葐譌。郭注：覆盆也。從艸圭聲。苦圭切。

莙　牛藻也。釋草文。郭注謂之馬藻。凡以牛馬命名者，皆謂其大也。顏氏家訓：莙即陸璣所謂聚藻，葉如蓬者也。從艸君聲。讀若威。家訓又言：張敞作溳以代莙字。易革卦上六象傳：蔚與君為韻。蔚即威之去聲也。音隱：塢瑰反。孫：渠殞切。

[艸睆]　夫蘺也。蘺譌。本草：白蒲，一名苻蘺。玉篇引釋艸同。今本作莞苻。從艸睆聲。胡官切。

芺 萯 茽 藸 蔗 藷 蘇 菌 蓲 蘻 蕁 苢 蒚
蕮 薴

蒚 夫蘺上也。見釋草、上者臺也、玉篇、今蒲頭有臺、臺上有重臺、中出黃、即蒲黃、從艸鬲聲。力的切、

苢 芣苢。一名馬舄。依爾雅釋文刪補、釋草、芣苢馬舄、馬舄車前、其實如李。令人宜子。周書王會解、康民以桴苡、桴苡者、其實如李、食之宜子、王基云、王會所紀雜物禽獸、皆四夷遠國各齎土地異物以爲貢贄、非周南婦人所得采、從艸目聲。羊止切、周書所說。句、當在從艸上、言此者、不用韓詩澤瀉之說也、韓詩、芣苡、傷夫有惡疾也、辟君曰、芣苡、澤瀉也、芣苡惡臭之草、詩人傷其君子有惡疾、人道不通、求已不得、發憤而作、以事興芣苡雖惡臭乎、我猶采采而不已者、以興君子雖有惡疾、我猶守而不離去也、

蕁 芫藩也。釋草、蕁、莸藩、莸亦俗字、本草、知母、一名蚳母、一名連母、一名蝭母、一名沈燔、一名蕁、案即下文芪母、從艸尋聲。徒含切、

蕁 蕁或從爻。非也、尋當是得之重文、今挩耳、

蘻 艸也。從艸毄聲。古歷切、

蓲 烏蓲、艸也。依爾雅釋文引補、釋艸、菼、薍、注、江東呼爲烏蓲、然釋草、葭華、蒹薕、葭蘆、菼薍、八名類聚、郭注分爲四物、許君分爲二物、亦皆類聚、而蓲字獨跳在此、是別自一物也、從艸區聲。去鳩切、

菌 艸也。從艸固聲。古慕切、

蘇 艸也。從艸榦聲。古案切、似即蘺字之變體、後人附益之、

藷 藷蔗也。甘蔗也、通俗文作竿蔗、本草、赤色名崑崙蔗、白色名荻蔗、從艸諸聲。亦省作諸、見蔗下、章魚切、

蔗 藷蔗也。字亦作柘、子虛賦、諸柘巴苴、張揖曰、諸柘、甘柘也、從艸庶聲。之夜切、

薴 牂蕟、可以作縻綆。從艸甯聲。女庚切、

藸 艸也。從艸豬聲。玉篇次弟亦在此、云、致如切、藸、蕏草、蓋即許說之艸也、又曰音除、引爾雅、味、荎藸、小徐第引爾雅、大徐爲所蔽、而遂之荎下、

蕮 艸也。從艸賜聲。斯義切、

茽 艸也。從艸中聲。陟宮切、

萯 王萯也。詩、四月秀葽、箋、夏小正、四月、王萯秀、葽其是乎、桂氏曰、穆天子傳、茅萯蘱蔞、是葽萯不同物、月令、孟夏之月、王瓜生、注、今月令云、王萯生、呂氏春秋作王菩生、高注、菩或作瓜、孤瓠也、蘱謂菩、即萯、郭注穆天子傳、萯、今菩字、漢書宣帝紀、萯陽宮、東方朔傳作倍陽、顏注、倍陽即萯陽也、筠案、古者倍負音義同、倍即背也、鄭注周禮曰、倍文曰諷、惟菩萯果同字、則不當遠隔、是可疑耳、從艸負聲。房九切、

芺 夭篆作夭、從之者閒作芺、存之以備變體、

藑 蘔 苓 蕧 夢 莃 藄 荌 蕕 荓 蔩 莩 茲
蒏

艸也。上文云、薊、芙也、釋艸、朮、山薊、楊、枹薊、又曰、赤枹薊、注云、即上枹薊、疏引本草陶註云、白朮甜而少膏、赤朮苦而多膏、味苦。江南食之以下气。南、釋文引作東、從艸夭聲。烏皓切、

茲 艸也。從艸弦聲。胡田切、

蒏 艸也。從艸囿聲。于救切、

莩 艸也。從艸孚聲。芳無切、一曰、葭中白皮。依韻會引補、穀下云、讀若䈏莩、即此義、字亦作莩、淮南俶真訓、蘆苻之厚、高注、蘆之中白苻、

蔩 兔瓜也。釋草作莬、俗字、桂氏曰、太平御覽引孫炎云、一名瓜裂、案釋草下文云、蔩、蘞、豕首、孫以蔩字屬上、本書蘞、豕首、亦無蔩字、蘞疑釋草原文云、蔩、兔瓜、瓜蔩、表二名、說文但舉兔瓜也、筠案、所說是、而蔩當作列、故孫作裂、刀部、列、分解也、正是今所用裂字、此後人以列藪爲名、緣藪加艸、忘其爲芳蔩字也、從艸寅聲。翼真切、

荓 馬帚也。釋草文、可爲馬刷、故名、夏小正、七月、苹秀、傳云、苹也者、馬帚也、俗以苹爲荓、從艸并聲。薄經切、

蕕 水邊艸也。釋草、莤、蔓于、注、多生水中、一名軒于、子虛賦注、張揖曰、軒于、蕕草也、後漢書、馬融傳、作蕕于、案、莤在酉部、縮酒之正字也、從艸猶聲。以周切、

荌 艸也。從艸安聲。

烏旰切、

藄 土夫也。釋草、茥、夫王、藄、月爾、郭注、各三字爲一物、而陸氏引說文、藄土夫也、豈許以藄字竟上下、謂土夫名藄、王者大也、大藄又名月爾乎、廣雅、茈藄、蕨也、齊民要術謂藄即莫菜、詩、彼汾沮洳、言采其莫、從艸綦聲。渠之切、

莃 兔葵也。釋草文、郭注、頗似葵而小、葉狀如藜有毛、汋啖之、滑、從艸希聲。香衣切、

夢 灌渝。許讀爾雅、蔨、亂其萌句絕、郭本挩夢字、又譌爲蘿、蕍、玉篇、夢草可爲帚也、案、族生之物、乃可爲帚、此所以名灌渝也、釋木、木族生爲灌、郭本爾雅渝加艸、遂說之曰、蕍猶斂、蕍亦華之貌、所未聞、郭既誤讀、豈古所有、宜其未聞也。從艸夢聲。讀若萌。鄭君曰、齊人謂萌爲蒙、莫中切、郭本挩夢字、即由與萌同音之故、

蕧 盜庚也。釋艸文、旋覆花也、從艸復聲。房六切、

苓 苓耳、卷耳也。詩卷耳、傳、卷耳、苓耳也、知非以苓一字爲名、故據增、釋艸作蒼、譌、卷耳即蒼耳子、從艸令聲。郎丁切、

蘔 艸也。從艸贛聲。古送切、又古禫切、一曰、薏苢。薏當作蓄、陶隱居曰、薏苢生交阯者子最大、彼土人呼爲蘔珠、案、蘔當作此蘔、

藑 茅。句、葍也。釋艸、葍、藑茅、離騷、索藑茅以莛篿、似藑茅連文、而許如此說之者、所以斷

fù 葍　tiáo 蓨　dí 苗　fú 蕌　tāng 薚　yù 薁　zhēn 葴　lǔ 蓾　kuǎi 蒯　lóu 蔞　lěi 藟　yuān 蒬

爾雅之句讀也、云茅者、謂藑是茅類、故離騷言藑茅、葍也者、謂一名葍也、爾雅三字爲句、不見舜字、故一名舜自爲句矣、舜部說曰艸也、楚謂之葍、秦謂之藑、知釋艸不一名舜曰舜、當作一。從艸。連藑茅爲句、陸璣詩疏亦曰葍一名藑、一名舜。夐聲。渠營切

葍　蕌也。釋艸、莞雀弁、郭注未詳、翟灝補注云、小雅言采其葍、陸璣疏曰、葍一名當、河內人謂之莞、幽州人謂之燕葍、一名爵弁、有兩種、一種莖葉細而香、一種莖赤有臭氣、爵弁名爲此文確證、蓤則莞之傳寫別舊本、莞或作蓤、釋文云、莞又古本反、可證也、葯桑以蓤爲正、古莞字作沇、沇不能諷爲衮、此既有莞字之後、蓤乃謂莞也、陸氏據本作莞、故存舊音于下、如釋獸虪諷爲虪、釋文云、又亾狄反、使後人得以考見古本、陸氏之功也、從艸。富聲。方布切

蕌　葍也。釋草文、從艸。畐聲。方六切

蓨　苗也。從艸。脩聲。徒聊切、又湯彫切

苗　蓨也。從艸。由聲。徒歷切、又他六切、說見下文苗下

薚　艸。玉篇引、遂薚馬尾、許君据本或作逐薚、然郭注引本草別名薚、亦不連遂、或許本亦無、枝枝相值、葉葉相當。吳普本草、黃芩葉兩兩四四相值、又云、烏頭一名莨、葉四四相當、桼莨薚疊韻、從艸。昜聲。褚羊切

薁　蘡薁也。見豳風毛傳、從艸。奧聲。於六切

葴　馬藍也。釋草文、郭注、今大葉冬藍、從艸。咸聲。職深切

蓾　艸也。可以束。釋草邢疏以爲蒯類、從艸。魯聲。郎古切

鹵　蓾或從鹵。釋艸、菌蘆、郭注作履苴艸、與說文苴履中艸也合、許不收蘆、或作蓾苴、

蒯　艸也。聲類、蒯艸中爲索、從艸。㪿聲。苦怪切、說文無㪿字、釋詁釋文、㪿字林以爲喟、邱愧反、

蔞　艸也。可以亨魚。亨一作享、俗作烹、釋草、購蔏蔞、注、蔏蔞蔞蒿也、江東用羹魚、從艸。婁聲。力朱切

藟　艸也。廣雅、藟藤也、似葛而麤大者、漢書楊王孫傳注、顏師古曰、藟亦草名、葛之類也、字亦借櫐、中山經畢山其上多櫐、郭注、櫐一名縢、是晉人猶作縢、故說文不收藤、從艸。畾聲。力軌切　詩曰。莫莫葛藟。大雅旱麓文、凡詩言葛藟者、蓋皆二物、藟蔓生而不死、故爲蔓延之通名、猶今人通名以藤也、一曰秬鬯也。秬鬯乃巨荒之譌、桂氏曰、劉向九歎王逸注、葛藟巨荒也、易困卦釋文引詩疏、藟一名巨荒、齊民要術引詩義疏、藟巨荒也、詩樛木正義引詩疏、譌爲巨苽、

蒬　棘蒬也。釋草作蕀、譌、本草遠志葉名小草、一名棘蒬、一名葽

zǐ 茈　cè 萴　mò 藐　sōu 蒐　sì 蕼　qiàn 茜　bì 薜　wáng 莣　bāo 苞　ài 艾　zhāng 蔁　qín 芹　zhēn 薽　niǎo 蔦

續　從艸。冤聲。於元切

茈　紫艸也。依御覽引改、此著其用也、下文藐茈艸也、用釋艸本文、詳其名也、郭注西山經謂茈草一名茈萸、許君分爲二物、茈染紫、萸染流黃、致不同也、從艸。此聲。將此切

藐　茈艸也。釋艸作藐、從籀文貌、從艸。貌聲。莫覺切

萴　烏喙也。御覽引作烏頭、廣雅、蕪奚毒附子也、一歲爲萴子、二歲爲烏喙、三歲爲附子、四歲爲烏頭、五歲爲天雄、從艸。則聲。阻力切、段氏曰、茈藐蒐茜皆染草、乃中隔一萴字、恐後人妄移、

蒐　茅蒐茹藘。小徐韻譜作蘘、大徐作藘、竝非、廣雅亦作茹藘、鄭風茹藘在阪、釋文、蒨草也、人血所生。人衆經音義卷十四引作地、非、可以染絳。從艸。從鬼。上云人血所生、起此文也、桂氏曰、當作鬼聲、詩箋云、茅蒐靺韐聲也、韋昭曰、急疾呼茅蒐成靺、所鳩切、

茜　茅蒐也。從艸。西聲。倉見切、今作蒨、

蕼　赤蕼也。玉篇、蕼堇也、桂氏曰、堇當爲菫、赤蕼者、藜莖葉有赤文者也、從艸。肆聲。息利切

薜　牡贊也。釋草作贊、譌、漢書司馬相如傳注、張揖曰、薜蘱蒿、釋草、萊蘱蕭、萃薜一聲之轉、或薜卽萃也、從艸。辟聲。蒲計切、本草當歸下、蘇頌引說文曰、

生山中者名薜、一名山蘄、爾雅、薜山蘄、疏引說文云、蘄草也、生山中者一名薜、一名山蘄、爾雅又曰、薜白蘄、許皆不用、惟用郭注未詳之牡贊、未知許意云何、故不補而記于此、

莣　杜榮也。釋草文也、然吾甚疑之、華嚴經音義出芒艸箭而說之曰、芒艸一名杜榮、其形似荻、皮重若筍、又曰、其正宜作莣也、蓋據是時爾雅本而言、然譯釋典者皆漢人、何以不作莣而作芒、且郭注卽亦作芒、雜字解詁、芒杜榮、俗語、劉真長織芒屩以養母、齊梁陳三書、皆有芒屩、何無一用莣者、恐爾雅既譌之後、校說文者据以增入也、從艸。忘聲。武方切

苞　艸也。漢書司馬相如傳注、張揖曰、苞蘺也、南陽以爲麤履。麤者、蘺之省借字、禮記、苞屨不入公門、從艸。包聲。布交切

艾　冰臺也。釋草文、不作仌者、隸書以冰爲仌也、從艸。乂聲。五蓋切

蔁　艸也。許君以蔁一字爲名、玉篇、蔁柳當陸別名、蓋別是一物、從艸。章聲。諸良切

芹　楚葵也。釋草文、從艸。斤聲。巨巾切、段氏引周禮音義曰、芹說文作蓳、知此芹字後人據爾雅增之、

薽　豕首也。本草、夏至之日豕首先生、卽天名精也、以爲豨薟者非、從艸。甄聲。側鄰切

蔦　寄生也。傳文、詩頍弁毛

艸

jì 蘻　hù 苄　sǎo 䔎　cì 莿　dǒng 董　cí 薺　fēng 葑　guā 萿　cì 茦　cè 蔌　lǜ 葎　yún 芸

釋文龍龕皆引作寄生艸也段氏補艸字嚴氏不補者蓋謂艸
木皆有名蔦者字林亦曰寄生也釋木寓木宛童注寄生樹一
名蔦從艸鳥聲。本音弔孫都了切詩曰蔦與女蘿。小雅頍弁文樢蔦或從
木。見廣雅釋木芸艸也。香艸也魚豢魏略芸台香辟紙魚蠹故藏書台稱芸台似目宿。漢書
作苜蓿爾雅郭注作苜蓿從艸云聲。王分切淮南子說。子廣韻引作王小徐無此字芸艸可
以死復生。今本無此說蓋在亾篇中蔌艸也。從艸歖聲。虛最切葎艸
也。唐本草云俗名葛葎蔓從艸律聲。呂戌切茦莿也。釋草茦刺刺不從艸郭云草刺鍼也
然許廁之艸名中則當是艸名若艸木之芒自當以朿統之特舉書未有訓爲艸名者又恐後人亂之從艸朿聲。
楚革切萿菩蔞果蓏也。蓏一作蓏非釋艸果蓏之實栝樓許不別異其名從艸昏聲。
古活切葑須從也。一作蕦蓯譌釋艸須葑蓯倒而且譌詩谷風傳葑須也挽從字字林葑蕪菁苗也
從艸封聲。府容切薺蒺黎也。蒺當依揚雄傳作疾黎一作蔾釋草茨蒺蔾從艸齊

說文句讀〈卷二　七百三十九　、○折四九　十五

聲。疾咨切又徂禮切詩曰牆有薺。今鄘風作茨玉藻趨以采齊鄭讀爲楚薺之薺案鄭君注禮記時未見毛
詩故不用假借之茨許君於詩雖主毛氏而亦以薺爲正字也又案疾黎即切薺猶陟釐即切菭玉篇薋蒺蔾也薺甘菜也
○一曰艸可食也。依埶文類聚御覽引補上文蘆下文萁堇蘢四字下之薺字皆此義詩曰其甘如薺
莿茦也。轉注而不類廁或後人亂之從艸刺聲。七賜切莿者朿之俗增字董鼎
董也。釋艸藾薡董譌戴侗引爾雅舊注狀似蒲而細可爲屩亦可爲索廣雅藾蔽也從艸童聲。王煦曰漢書董
賢字猶多作此漢董氏二洗款識亦然王董卓時童謠云千里艸何青青知董之爲董自東漢始矣筠案國語之董褐吳越春
秋作童褐多動切杜林曰。藕根。曰一作說謂其細而長無節者也今呼藕帶玉篇蒚蘬也今江東人呼藕根爲
蘬然則不第名董也蘻狗毒也。釋草文蘻傳卽狼毒也從艸繫聲。古詣切䔎
艸也。釋草蔽䔎蘱一切從艸譌此卽雞腸艸從艸叜聲。蘇老切苄地黃也。釋草文
從艸下聲。侯古切禮記鈃毛。當依儀禮作芼傳固釋爲芼也繫牛藿。藿當作羊苄豕

艸

liǎn 蘞　qín 菳　qín 芩　biāo 藨　yì 虉　líng 蔆　jì 芰　xiè 薢　gòu 茩　qiàn 芡　jú 蘜

薇是。公食大夫禮記文彼作苦鄭注苦苦荼也今文苦爲苄特牲饋食禮記注同又云苄乃地黃非也士虞禮注又云古
文苦爲枯今文或爲苄案許于禮率用今文然于詩固用毛傳也詩采菽傳曰菽所以芼太牢羊則苦豕則薇是毛亦用古文
也。蘞白蘞也。蔓生于野者也。依元應引補據詩蘞蔓于野立此文也釋艸蘞菟荄本草
謂之白斂以別有赤斂烏斂也從艸僉聲。良冉切蘞蘞或從斂。元應曰古文蘞今作蘞似
說文本無蘞後人因詩唐風增菳黃菳也。俗作黃芩從艸金聲。巨今切芩艸
也。詩釋文引作蒿也以別於毛傳之艸也然自芩以下三十二字之後乃有自蓍至蒜九字皆訓蒿而類聚而芩獨跳在此
豈後人以黃菳本草作黃芩故迻之菳下邪侯更詳之陸璣詩疏芩草莖如釵股葉如竹蔓生澤中下地鹹處爲草眞實牛馬
皆喜食之從艸今聲。巨今切詩曰食野之芩。小雅鹿鳴文藨鹿藿也。廣雅
同釋艸菌鹿藿菌菳藨之譌錢竹汀曰藨菌二字形聲全別然其致誤亦有由春秋楚子麇卒穀梁作卷卷麇聲相近菳藨之
形譌爲麋又聲轉爲菌耳從艸麃聲。讀若剽。平表切一曰蔽屬。喪服傳疏屨藨蔽之屨也

說文句讀〈卷二　七百四十六　、○折四三　十六

虉綬艸也。依韻會引補毛傳同爾雅虉綬詩省作鷊陸璣曰鷊五色作綬文是意兼聲字從艸鷊聲。五狄切詩曰。邛有旨鷊。是。陳風文玉篇引作鷊而以鷊爲重文蔆芰也。釋艸蔆蕨
攈從艸淩聲。力膺切楚謂之芰。字林楚人名蔆曰芰可食國語屈到所嗜俗名蔆角是也秦謂
之薢茩。蔆司馬相如說蔆從遴。芰蔆也。從艸支聲。奇記
切茤杜林說芰從多。多聲也易无祇悔九家本祇作多左襄二十九年傳多見疏也服虔本多
作祇論語正義古人多祇同音薢薢茩也。釋艸薢茩英光注英明也或曰蔆也關西謂之薢茩案蔆與草
決明皆有薢茩之名實則判然兩物從艸解聲。胡買切茩薢茩也。從艸后聲。胡口
切芡雞頭也。方言葰芡雞頭也北燕謂之葰青徐淮泗之閒謂之芡南楚江湘之閒謂之雞頭或謂之
鴈頭或謂之烏頭從艸欠聲。巨險切蘜當作𦸬玉篇廣韻引皆然卽如此篆亦當作𦸬日
精也。初學記引草經菊一名日精菊有兩種一種紫莖氣香而味甘美葉可作羹此眞菊也一種青莖而大作蒿艾氣味

yuè 蘥　sù 蔌　sī 菘　jiān 蒹　wàn 薍　tǎn 菼　lián 薕　fán 薠　áng 茚　yé 茀　tiáo 芀　liè 茢

苦不堪食。名以秋萎。言此者。所以別蘜非眞菊也。于治牆之蘜。從艸鞠省聲。居六切。鞠當作鞫。蘜 蘜或省。當作蘜或從鞫省。鞫即鞠之或體。蘥 爵麥也。釋草爵作雀。注。即燕麥也。從艸龠聲。以勺切。蔌 牡茅也。釋草文。疏。牡茅。茅之不實者。從艸遬聲。遬籒文速。桑谷切。菘 茅秀也。廣韻集韻並引作茅莠也。是也。秀。光武帝諱。故鄭注周禮掌荼曰。荼。茅莠也。又注考工鮑人曰。當如茅莠之色。釋文。莠音酉。又音秀。明乎其以莠代秀也。夏小正。四月王萯莠。七月莠萑葦。傳曰。萑葦未莠。則不爲萑葦。莠然後爲萑葦。故先言莠。又灌荼傳曰。荼。萑葦之莠也。萑未莠爲菼。葦未莠爲蘆。宋傳崧卿本如此。兩未莠大戴禮作未秀。不知莠字凡九。皆東漢時避諱改之。皆當讀如秀。而但改此兩字。斯啟人疑矣。萑皆當作萑。蒹篆下說放此。從艸私聲。息夷切。蒹 萑之未秀者。夏小正傳云。萑未秀爲菼。許君以菼爲萑初生。蒹爲未秀。小異。從艸兼聲。古恬切。薍 剡也。從艸亂聲。五患切。八月薍爲萑葭爲葦也。用豳風七月毛傳補之。乃與前後諸文相應。詩曰。八月萑葦。故許君言八月。菼 萑之

七百五十八　、○折四十四

初生。一曰薍。一曰鵻。釋言。菼。鵻也。菼。薍也。說見上文萑下。從艸剡聲。土敢切。菼 菼或從炎。薕 蒹也。見釋艸。從艸廉聲。力鹽切。薠 青薠。似莎而大者。依韻會引補。楚詞招隱。青莎雜樹兮薠草靃靡。從艸煩聲。附袁切。茚 昌蒲也。公食大夫禮。昌本。注。昌本。昌蒲本菹也。左僖三十年傳。饗有昌歜。注。昌蒲菹。歜當依玉篇作歜。名醫別錄。菖蒲生上洛池澤及蜀郡嚴道。從艸卬聲。五剛切。益州云。西山經。嬰以百珪百璧。注。嬰即古罌字。謂盂也。徐州云。以此推之。則益州云者。謂益州昌蒲爲茚也。呼 茀 茚茀也。蓋有挩誤。玉篇。茚茀是兩物。集韻。茀亦作茀。古作荼。廣雅。茀菘。茅穗也。然許君不以茀菘類列者。案釋草。蔈荂荼。注云。即芀。蓋許君以荼爲借字。茀爲專字。茀即是芀。與張揖異。故列之芀篆上。然則自蒹至茢。皆一類之物。而薠茚二篆誤廁其中也。詩有女如荼。國語望之如荼。當作此茀。從艸邪聲。以遮切。集韻同荼。當同都切。芀 葦華也。釋艸。蔈荂荼。猋藨芀。葦醜芀。葭華。許君蓋以爲一事。而遞相詮解。此不云葭華者。許君以葭爲葦之未秀者。未秀則無華。故改爲葦華也。郭注誤。從艸刀聲。徒聊切。茢

luó 蘿　hàn 菡　dàn 藺　lián 蓮　jiā 茄　hé 荷　mì 蔤　ǒu 藕　lóng 蘢　shī 蓍　qìn 菣　é 莪　lǐn 菻　wèi 蔚

芀也。周禮戎右。贊牛耳桃茢。注。茢。苕帚。所以埽不祥。案苕者芀之借字。左襄十九年傳正義。今世所謂苕帚。或用薍穗。或用黍穰。從艸𠛱聲。良辥切。菡 菡藺也。依韻會引補。似當作水芝曰菡藺。古今注。菡藺。水芝之別名。若如今本。則夫容一名水芝。案兩字爲一名者。如珊瑚之類。皆詳說于上字下。此獨詳說于下字下者。即由水芝之別名而然。非例。從艸函聲。胡感切。藺 菡藺。扶渠華未發者爲菡藺。已發者爲夫容。依元應引改補。釋草。荷。芙蕖。蕖亦本作扶渠。許所承用也。李巡曰。扶渠。其總名也。華稱夫容。易林訟之困。菡萏未華。益壘。韻字可以顚倒。從艸閻聲。徒感切。蓮 夫渠之實也。夫當作扶。下並同。釋艸。其實蓮。其中的。的中薏。又曰。的。蔤。注。即蓮實。從艸連聲。洛賢切。茄 夫渠莖。釋艸。其莖茄。樊光注引詩。有蒲與茄。案有蒲與荷。箋。芙蕖之莖曰荷。則鄭本亦作茄。爲後人改之。從艸加聲。古牙切。本加歌二音。孫古牙。荷 夫渠葉。釋草。其葉蕸。釋文。衆家並無此句。唯郭有。就郭本中。或復脫此一句。亦並闕讀。案蕸即荷之譌。然釋草荷芙蕖。固以荷爲總名也。從艸何聲。胡哥切。蔤 夫渠本。釋草。其本

七百六十九　、○折四十五

蔤。注。莖下白蒻在泥中者。從艸密聲。美必切。藕 夫渠根。釋草。其根藕。從艸。從水。禺聲。五厚切。蘢 天蘥也。釋草文。說又見下文蘥下。從艸龍聲。詩鄭風。隰有游龍。傳。龍。紅草也。案詩省形存聲也。盧紅切。蓍 蒿屬。生千歲。三百莖。尚書大傳曰。百年一本生百莖。博物志。蓍千歲而三百莖同本。易以爲數。天子蓍九尺。諸侯七尺。大夫五尺。士三尺。見白虎通。史記龜策傳曰。天下和平。王道得。而蓍莖長丈。其叢生滿百莖。今世取八十莖已上。蓍長八尺。即難得也。從艸耆聲。尚書大傳曰。蓍之爲言耆也。許兼意。式脂切。菣 香蒿也。釋草。蒿。菣。注。今人呼青蒿香中炙啖者爲菣。從艸臤聲。去刃切。𦺇 菣或從堅。釋文曰。菣字說文本無。後人以字林補入。林作𦺇。恐此字說文本無後人以字林補入。莪 蘿莪。蒿屬也。釋草文。莪蘿。見詩菁菁者莪。毛傳。從艸我聲。五何切。蘿 莪也。從艸羅聲。魯何切。菻 蒿屬也。集韻。菻或從稟。釋草。莪蘿。注亦曰藁蒿。從艸林聲。力稔切。蔚 牡蒿也。釋草。蔚。牡菣。從艸尉聲。於胃切。

xiāo 蕭 qiū 萩 xiào 芍 jiǎn 藨 chén 茺 wěi 蔿 jú 鞠 qiáng 蘠 qí 芪 wǎn 菀 méng 萺 zhú 茶 mì 蓂 wèi 菋 chí 荎 gé 葛 màn 蔓 gāo 蘽

切。蕭 艾蒿也。天官甸師祭祀共蕭茅，杜子春曰：蕭，香蒿也。詩生民取蕭祭脂，陸璣疏曰：蕭，荻，今人所謂荻蒿者是也。或云牛尾蒿，似白蒿，白葉莖粗，科生，多者數十莖，可作燭，有香氣，故祭祀以脂爇之爲香。許叔重以爲艾蒿，非也。案荻當作萩，下文即萩篆。詩彼采蕭兮，彼采艾兮，自非一物，然春官鬱人箋引王度記，士以蕭，庶人以艾，或許以其皆爲祭祀所用，故類而言之。下文萩，蕭也，未嘗與陸璣異。從艸肅聲。蘇彫切 萩 蕭也。釋草蕭萩，釋文音秋。唐石經作萩，繫傳引同。從艸秋聲。七由切 芍 鳧茈也。釋草文，俗呼地栗。從艸勺聲。胡了切 藨 王彗也。釋草：葥，王彗。郭注：王帚也，似藜，其樹可以爲埽篲。從艸湔聲。昨先切 蔿 艸也。未聞，左傳楚有蔿賈，字又作薳。從艸爲聲。于鬼切 茺 艸也。上文蕣，茺藩也，既不類列，此又不云茺藩也，蓋非一物。釋草：蒇，寒漿。茺、蒇聲近，或與相當，以上文已有蒇，馬藍，故也。從艸充聲。直深切 鞠 治牆也。牆一作蘠，釋草同。郭以爲今之秋華菊，玉篇、廣韻沿之，許以秋華屬之蘜，則此別爲一物。從艸鞠聲。居六切 蘠 蘠蘼，釋草作蘼，譌。虋冬也。郭注：門冬一名滿冬。案虋、門、滿同音。從艸牆聲。賤羊切

說文句讀 卷二 七百七十七 、○折四十七 十九

芪 芪母也。字林作墓母，云即知母艸。然則當與蕣類列也。從艸氏聲。常支切 菀 茈菀，本草作紫菀，又名紫蒨，青菀、白菀謂之女菀。出漢中房陵。從艸宛聲。於阮切 萺 貝母也。釋草文。注：根如小貝，圓而白華，葉似韭。從艸朙省聲。當作囧聲。武庚切 茶 山薊也。釋草省作朮，本草有白朮、赤朮。從艸朮聲。直律切 蓂 析蓂，大薺也。析，釋草譌作菥。注：似薺，葉細，俗呼老薺。本草菥蓂子，有蒫、菥、大蕺、馬辛、大薺四名，知大薺其名也，非謂薺之大者。從艸冥聲。莫歷切 菋 荎藸也。釋草文。注：五味也。從艸味聲。無沸切 荎 荎藸艸也。釋草、釋木皆有之，許云艸，可見釋木重出也。一無艸字，非。從艸至聲。直尼切 葛 絺綌艸也。地官掌葛掌以時徵絺綌之材于山農。從艸曷聲。古達切 蔓 葛屬也。蔓及蘁字，諸書多以爲藤生者之通名，許說蘁以艸，說蔓以葛屬，蓋古義也。釋草：蔨，蔓于，蘁蔓華，皆艸之以蔓名者。從艸曼聲。無販切 蘽 葛屬也。白華。玉篇亦曰：如葛，白華也。則

xìng 莕 jiē 菨 kūn 蘔 yuán 芫 líng 蘦 tí 蕛 dié 英 tīng 芋 jiāng 蔣 gū 苽

仍是爲蕣爲蕣之艸，若夫廣雅墓蘇，白蕣也，則以爲名，即山海經侖者之山所產之白蕣，乃可食之草也。從艸皐聲。古勞切 莕 菨餘也。陸璣疏：接余，其葉白，莖紫赤，正圓，徑寸餘，浮在水上，根在水底，與水深淺等，大如釵股，上青下白，以苦酒浸之，肥美可案酒，其華爲蒲黃色。從艸杏聲。何梗切 荇 莕或從行，同。重文無言同者，丮此篆係後人據詩增，而莕則據釋草改，當據爾雅音義、五經文字改爲荇，從艸從水，行聲，而刪莕、荇兩篆。菨 菨餘也。關雎毛傳：荇，接余也。釋文：荇本亦作莕，接余音餘，本或作菨荼，非。爾雅釋草：莕，接余。釋文本亦作莕，說文作莕，接如字，說文作菨，音同，余本或作荼，非。陸氏釋詩曰余音餘，不言說文作餘，又以作菨之本爲非矣。及其釋爾雅也，乃曰說文作菨，何其兩說不相應乎。莪、萑、弁、莽、馬帚，一名從艸，二名即不從艸者，釋草此類甚多，蓋毛傳有改以菨字者，故陸氏斥之爲非也。或有據以增于說文者，宋人見之，乃於爾雅釋文增說文作菨音同六字也。此篆當刪，茲改莕下之菨餘爲接余。從艸妾聲。子葉切 蘔 艸也。玉篇：蘔，正；蘔，同。廣韻有蘔無蘔，皆云香艸也。廣雅：蘔，芎也。楚詞七諫：蘔蕗雜於廱蒸兮。王注：蘔蕗，香直之艸。從艸𥅯聲。古渾切 芫 魚毒也。

說文句讀 卷二 八百十六 、○折四十三 二十

釋木作杬，釋文杬又作芫。急就篇顏注：漁者煑之以投水中，魚則死而浮出，故以爲名。爾雅郭注誤其生南方用藏卵果者，自別一杬木，乃左思吳都賦所云緜杬杶櫨者耳，非毒魚之芫也。從艸元聲。愚袁切 蘦 大苦也。段氏曰：苦下云大苦苓也，不誤。蘦篆乃後人據爾雅增。筠案：蘦字當說之曰落也，其次當在下文落字下，或改其說曰大苦也，始遂于前。從艸霝聲。郎丁切 蕛 蕛英也。釋草文。郭注：蕛似稗，布地生穢草。元應引此注蕛作荑。莊子知北遊道在蕛稗，即孟子不如荑稗也。從艸稊聲。大兮切 嚴氏曰：說文無稊字，釋草釋文蕛本作稊，而元應謂說文稊作荑，知蕛篆係後增。英 蕛英也。蕛當作荑，蕛英兩字爲名，與郭異。從艸失聲。徒結切 芋 芋熒朐也。釋草朐作蒴，非。郭注未詳。玉篇作蒴芋熒。從艸丁聲。天經切 蔣 苽蔣也。藝文類聚引作苽也。南都賦注引如今本，非。莊子則陽篇注連言菰蔣，司馬相如傳蔣芧青薠，蜀都賦攢蔣叢蒲，皆單言蔣。天官食醫魚宜苽，內則蝸醢而苽食，皆單言苽。知後人始合兩名爲一也。從艸將聲。子良切，又即兩切 苽 雕胡。依御覽引改。鄭注周禮、內則同。司馬相如傳作彫胡，七發謂之安胡。一名

yù 蒮　bēi 藣　láng 莨　rán 䕼　yāo 葽　jùn 菌　kē 薖　ruǎn 䓴　xùn 蕈　shèn 葚　jǔ 蒟　pí 芘

蔣。名當作曰從艸。瓜聲。古胡切。

蒮　艸也。桂氏曰，艸也者，牛脣也。釋草，蕍蕮，郭注，今澤蕮，又蕢，牛脣，郭注，毛詩傳曰，水蕮也，如蕢斷寸寸有節，拔之可復，邢疏曰，陸璣以爲今澤蕮，郭氏所不取，蘱案本書蕢，水舄也，與毛傳同，而郭氏以水蕮牛脣爲一，未審所據，蘱謂蕢蒮聲相近，經典多假借，釋草之蕍蕮，當作蕢蕮，即水蕮，文選吳都賦異荂蓲蘛，李善云，蘛與蕍同，初借蒮爲蕢，又借蕍爲蒮也，釋草之蕢牛脣，當作蒮牛脣，郭言如蕢斷寸寸有節，拔之可復，此即牛脣形狀，但不應引毛傳水蕮耳，從艸。育聲。余六切。

藣　艸也。借爲麾字也，釋器，旄謂之藣，從艸。罷聲。符羈切。

䕼　艸也。從艸。難聲。如延切。

莨　艸也。漢書音義，莨，莨尾，艸也，郭璞注漢書曰，藏莨草中，牛馬芻，釋草之孟，狼尾，詩之不稂不莠，皆即此莨，釋草之稂，童粱，則說文之蓈也，莨爲狼尾，葽爲狗尾，宜相次矣，從艸。良聲。魯當切。

葽　艸也。夏小正，四月秀幽，幽即葽也，語之轉也，國語，幽莠之幼也，似禾，從艸。要聲。於消切。詩曰，四月秀葽。豳風七月文，劉向說此味苦，苦葽也。芺下云味苦，劉向殆謂芺葽一物，許君又引此說者，謂此艸單名葽，與葽繞兩字爲名，即今遠志者不同也，說見上

文蒬下，蒬葽二文，玉篇亦遠隔，明非一物，

薖　艸也。或即萵苣，從艸。過聲。苦禾切。

菌　地蕈也。中部言菌共，此單言菌，今語亦然，言地者，對蕈生于木而言，釋草，中馗菌，郭不釋中馗，案即終葵，椎也，以形似名，從艸。囷聲。渠殞切。

蕈　桑䓴。從艸。覃聲。慈荏切。

䓴　木耳也。內則芝栭，王肅曰，無華而實者曰栭，從艸。耎聲。而兗切。一曰萮茈。說文無萮，或俞渝等字之譌，段氏曰，集韻九麌，萮勇主切，萮茈，木耳，是謂䓴之一名也，桂氏曰，類篇，漢草名，紅藍也，漢即䓴之俗體，茈，染草，故紅藍曰萮茈，

葚　桑實也。魯頌泮水毛傳文也，衛風，吁嗟鳩兮，無食桑葚，釋文，葚本又作椹，曹憲注廣雅曰，今人以椹爲桑實，失之，從艸。甚聲。常荏切。

蒟　果也。本草，蒟蒻一名鬼芋，西陽雜俎，蒟蒻根大如椀，至秋葉滴露，隨滴生苗，但蒟蒻爲名，與許以蒟爲名不同，蜀都賦注以蒟爲醬，木部枸，可爲醬，生蜀，正指蜀都賦而言，亦疑非此物也，段氏謂此物緣木生，故蒟從艸，枸從木，葢許君不能定，而兩存之，然釋艸釋木多重出者，以其爲衆手纂記之書也，許未必然，從艸。竘聲。俱羽切。

芘　艸也。玉篇，蕃也，廣韻，藝芘，荊蕃，一曰芘尗木。謂木名芘尗也，

shùn 蕣　yú 萸　zhū 茱　jiāo 茮　qiú 莍　jīng 荊　tái 菭　yá 芽

竹君本顧氏本皆作尗，今二徐本皆作茉，繫傳謂菽蚍，蚍亦或作此，王懷祖遂謂芘尗木三字，當作芘茉二字，從艸。比聲。房脂切。

蕣　木堇。當作堇。朝華暮落者。呂氏春秋仲夏紀，木堇榮，高注，木堇朝榮莫落，是月榮華，可用作烝，雜家謂之朝生，一名蕣，詩曰，顏如蕣華，是也，從艸。舜聲。舒閏切。詩曰，顏如蕣。鄭風作舜，省形存聲，

萸　茱萸也。從艸。臾聲。羊朱切。圖經言茱萸有高及百尺者，而字從艸，知古人艸木不甚區別，下文茱茮莍荊亦皆從艸，茖則似艸而非艸，故皆在艸名之末，

茱　茱萸。從艸。朱聲。市朱切。案茱當在萸上，

茮　茮莍。似茱萸。出淮南。依御覽引補，從艸。尗聲。子寮切。春秋楚子使椒來聘，穀梁作萩，釋文，或作菽，

莍　茮樧實，裹如裘也。釋木，椒，樧醜，莍，依釋木釋文引改，言有房裹其子也，從艸。求聲。巨鳩切。求即裘之古文，聲兼意，

荊　楚。木也。謂荊一名楚也，以字從艸，故云木，葢此物不大，故從艸，好叢生，故楚從林，從艸。刑聲。舉卿切。古文荊。

菭　水衣也。釋草，藫，石衣，注，水苔也，一名石髮，江東食之，釋

文，菭，徒來反，或丈之反，說文云，水青衣也，天官醢人，箈菹，先鄭曰，水中魚衣，然則司農據本從艸作菭也，後鄭據本葢訛艸爲竹，故破先鄭說曰，箈，箭萌，然爾雅曰，簢，箭萌，說文曰，簢，竹萌也，不收箈苔二字，釋草郭注引周禮簢菹，是因後鄭而又展轉迷謬也，醢人釋文曰，箈音迨，依後鄭作音，又引沈云，北人音丈之反，此正先鄭音矣，乃曰未知所出，則疏也，集韻雖合菭苔箈爲一，然猶云上正中俗下訛也，陸龜蒙苔賦，在水曰陟釐，陟釐與丈之皆切治國之治，是菭之古讀也，台亦以音怡爲本音。說文不收藫字者，爾雅，藫，莸藩，釋文引孫炎曰，藫，古藫字，然則此及藫石衣藫海藻三物同名同字，而石衣海藻又一類而小別也，上文藫下，未及此兩物，從艸。治聲。當云從艸從水台聲，水衣固生于水，即以潤溼而生，唐韻徒哀切，則用六朝變音也，

芽　萌芽也。從艸。牙聲。五加切。此篆恐係後增，若是許君本收，則萌芽二字當轉注，芽下不當云萌芽也，即萌下亦當云艸木牙也，惟牙是借字，故以艸木明之，米部糱，牙米也，竹部管，物開地牙，概不作芽也，雖月令云安萌芽，亦恐後人加艸，他經不見此字，漢書金日磾傳，霍氏有事萌牙，尚不作芽，足以徵之，葢上古祇言句芒，在少皞氏，朝句者屈生者也，芒者直生者也，艸木之初生，二形盡之，中古言句萌，萌者芒之轉音，白虎通芒之爲言

萌也，月令季春，句者畢出，萌者盡達，是也。秋官薙氏有萌字，知是周製。秦始言牙，至漢尚無專字，而借牙。殆萌既改作芽，人遂增芽以冠其上耳。

萌　艸木芽也。依玉篇引補。月令草木萌動。從艸，朙聲。武庚切。

茁　艸初生出地皃。從艸，出聲。聲意互相備。鄒滑切。詩曰：彼茁者葭。召南騶虞文。傳云：茁，出也。

莖　艸木榦也。依玉篇引改。元應引字林，枝主也。今本作枝柱者，卽以字林改說文而又譌也。荀子儒效篇：故以枝代主而非越也。又曰：明枝主之義。案枝主猶本支百世之本支，皆以木況人。從艸，巠聲。戶耕切。

莛　莖也。一體而小別，故有兩名。俗謂麥秫連穗之莖曰莛，葢古語。東方朔傳以莛撞鐘。從艸，廷聲。特丁切。

葉　艸木之葉也。從艸，枼聲。說義通言艸木，而說形不言從艸從木世聲者，葢蔫下云從艸從水禹聲，蔫字以艸爲本物，生水中，故從水，非本物，故不云禹聲。葉字則艸木不分主從，既入艸部，故但云枼聲。與涉切。

蘮　艸之小者。桂氏曰：蘮或作莌。方言：莌，小也。凡草生而初達謂之莌。注：鋒萌始出。莌音銳。從艸，劂聲。劂，古文銳字。古當作攂。讀若芮。芮小皃，似是一字兩體。居例切，當而銳切。

芣　華盛。一曰芣苢之說見周南，故玉篇、廣韻說芣字皆宗之。許君乃以爲兼義，轉以不見經典之義列于首，且自葩以下六字，或爲華之別名，或以華盛爲義，而以芣領之。竊揣許君之意，必以芣爲鄂不之不之專字也。小雅常棣之華，鄂不韡韡。傳曰：鄂猶鄂鄂然，言外發也。韡韡，光明也。箋曰：承華者曰鄂。不當作拊。拊，鄂足也。鄂足得華之光明，則韡韡然盛。案韻會引不當作柎，于柎下則從手者誤。箋乃申毛，非駁毛也。後人爲釋文正義所蔽，謂毛訓不爲豈不，始以箋爲駁傳耳。許說曰盛，與鄭君同。玉篇別出菩字，芳扶切，華盛也。廣韻同。集韻亦曰：菩或省作芣，華盛皃。皆未知許君之意也。集韻十虞柎或作栿、不、扶，云艸木房爲柎，一曰華下萼。亦本之鄭箋。柎亦從木不從手，雖柎下不收芣爲重文，然當與許君同意。從艸，不聲。唐韻縛牟切，此芣苢之音也，集韻亦收之十八尤。華盛之義，當如集韻十虞芳無切。一曰芣苢。

葩　華也。張衡思元賦：百卉含葩。李注：蘤，古花字。本誤作蘤，音爲詭切，非此之用也。案別本作葩，古花字，是也。說文無蘤花二字，而李氏云爾者，謂說文之葩華也，與竝併也一類，以本篆之重文爲說解也。抑或雩部說中有古文作葩句，如又部下云籀文燮之比，爲後人刪之。李又云本誤作蘤，謂思元賦一本作蘤也。集韻九麻華或作花、蘤，蘤葢卽蘤之訛。四

紙，鳺羽委切，華榮也。鳺葢同蘤，羽委卽爲詭也。玉篇蘤爲詭切，華榮也。李又云非此之用者，葢以賦葩與下文和移多爲韻，謂移古讀阿，歌麻通，蘤屬四支則不合。然此當是平子之誤。召南葭豝虞爲韻，葩則由虞轉麻之字也。從艸，皅聲。普巴切。

芛　艸之葟榮也。許讀釋艸以芛葟華榮爲句。從艸，尹聲。羊捶切。

蘳　黃雩也。紘詞也，故繫傳曰謂艸木之黃華者也。從艸，蘳聲。聲兼意。讀若墮壞。謂讀若墮也。乎瓦切，當許規切。

蔈　苕之黃雩也。蘳蔈相次，皆是黃華，故別之，謂苕之黃華者名蔈也。釋草見下文茇下。從艸，𤋱聲。方小切。一曰末也。此義與禾部秒同字。淮南天文訓：秋分蔈定而禾熟。注：蔈，禾粟孚甲之芒也。古文作秒。

英　艸榮而不實者。見釋草。一曰黃英。桂氏曰：當作蕾。英見前蕾下。從艸，央聲。於京切。

薾　雩盛。從艸，爾聲。小雅采薇卽作爾，省形存聲也。兒氏切。詩曰：彼薾惟何。

萋　艸盛皃。依韻會引補。從艸，妻聲。七稽切。詩曰：菶菶萋萋。大雅卷阿文。傳曰：梧桐盛也。案葛覃、蒹葭之萋萋，皆言草，許君不引，轉引此言木者，通之也。出車卉

木萋萋，固兼言之。

菶　艸盛。本字僅見卷阿，而仍說以艸者，玉部玤下、口部唪下皆引詩瓜瓞菶菶，故於此言艸，以見毛詩作唪之爲假借也。從艸，奉聲。補蠓切。

薿　茂也。從艸，疑聲。魚己切。詩曰：黍稷薿薿。小雅甫田文。

蕤　艸木華垂皃。垂，陸士衡園葵詩注引作盛。從艸，甤聲。本汝誰切，孫儒佳切。

葼　青徐沇冀。徐一作齊，非。謂木細枝曰葼。方言引傳曰：慈母之怒子也，雖折葼笞之，其惠存焉。從艸，㚇聲。子紅切。

䔟　艸萎䔟。禾部：移，禾相倚移也。木部：樀，木樀施也。卽此意。從艸，移聲。兼意。弋支切。

蒝　艸木形。似有挩誤。玉篇、廣韻皆曰莖葉布也。下文蒪，華葉布，其詞正同。集韻三十三綫：蒝，艸木皃。從艸，原聲。愚袁切。

莢　艸實。字林同。文子尚德篇：木實生于心，草實生于莢。從艸，夾聲。古叶切。

芒　艸耑。耑，物初生之題也。字林：芒，禾秒也。與禾部秒，禾芒也，相應。而許君不然者，葢主月令春之神句芒，用其師注左傳之說也。左昭二十九年傳：木正曰句芒。杜注取木生句曲而有芒角也。孔疏引賈逵云：總言萬物句芒，非專木生。又駁之曰：經云木正，且木比萬物芒角爲甚。劉炫以

fū péng bá yǔn gāi dì wéi
蒪 芃 茇 荺 荄 蔕 ⿱艹隋

杜不取賈義而規杜非也案許說主初生不主成熟與賈同不言萬物而主謂艸與賈異者字從艸也且杜注合句曲芒角爲一義與月令季春鄭注異亦非已見前芽下**從艸亾聲**武方切後漢陳忠傳氣洩針芒元應說鋒芒字曰謂其刃纖利如芒也知古無鋒字**⿱艹隋藍蓼秀也**廣雅蓨蔕也**從艸隋聲**羊捶切段氏曰疑蓨卽芛字之異者且當與芣葩芛蘳蕫英蔺七字類列此非其次疑後人所沾也**蔕瓜當也**聲類蔕果鼻也繫傳當底也故韓子曰玉卮無當也鍇案當不宜訓底漢瓦當文有曰蘭池宮當有曰宗正官當有曰大萬樂當當豈瓦之底乎上林賦華榱璧璫韋昭曰裁金爲璧以當榱頭也案韋注作當則賦亦本作當故玉部無璫字則耳璫亦本作當可知直取正相當值之義用動字爲靜字耳案蔕蒂後起之專字古蓋借疐字曲禮之言削瓜也曰士疐之鄭注去疐而已知疐是物名然疏謂之脫華處似非釋木棗栗曰疐之棗栗固無脫花處也孫叔然注曰疐之去柢也是以靜字作動字也集韻蔕與柢疐同音說疐曰去本也意與叔然同蓋疐卽蔕矣**從艸帶聲**都計切**荄艸根也**爾雅方言皆曰荄根通俗文則別之曰韭根曰荄**從艸亥聲**亥荄也則聲兼義但亥謂人荄謂艸耳古哀切又古諧切**荺**

說文句讀　卷二　八百三十四、〇折四十三　三五

茇也謂茅根也依元應引補句蓋庾注故有謂字或以爲爾義非也吾鄉呼茅根曰蔓茇釋草荺茇雖譌爲荺茇然郭注曰今江東呼藕紹緒如指空中可啖者爲茇茇卽此類是郭氏猶知其爲茇也且知荺茇皆藕根之名與爾雅之蔤玉篇荺注之蔤杜林之蓳是藕根有五名也廣雅蔤茇荄根也蔤當作蔤是讀爾雅荺茇荄根爲一句許君亦然郭注誤分爲二**從艸均聲**于敏于倫二切**茇艸根也**不曰荺也知荺爲專名茇爲通名**從艸犮聲**北末切**春艸根枯引之而發土爲撥故謂之茇**許君以茇發撥音近用以爲說然引枯根以發土無是事也土部坺由土謂之坺卽國語之墢也亦不用此說月令草木萌動鄭注引農書土長冒橛陳根可拔耕者急發**一曰艸之白華爲茇**艸當作苕蔈下既云苕矣釋草苕陵苕黃華蔈白華茇舍人云苕陵苕也黃華名蔈白華名茇別華色之名也繫傳陵苕卽淩霄**芃艸盛也**韻會引也作皃**從艸凡聲**房戎切**詩曰芃芃黍苗**小雅黍苗文衛彈碑梵梵黍苗隸釋云以梵梵爲芃芃**蒪葉布**釋草傅橫目疏草蔓延生與華葉布正相合則傅卽蒪之省形存聲字也**從艸傅聲讀若傅**傅當

shāo zhēn cí jì xiāo dí zī chòu yìn chàng mào yín jí
萷 蓁 薋 蘎 藃 蔋 茲 ⿱艹造 蔭 ⿱艹暘 茂 䓣 蓻

作尃寸部尃布也然傅字亦有敷布義漢書文帝紀傅納以言宣帝紀傅奏其言顏注並云傅讀曰敷然既云傅聲足該此義矣不須重出方遇切**蓻艸木不生也**不當作才玉篇艸木生皃廣韻艸生多皃皆無不生之說**一曰茅芽**玉篇作茅牙足徵吾芽說不誣**從艸執聲**姊入切**䓣艸多皃從艸折聲**語斤切**江夏平春有䓣亭**郡國志江夏郡平春侯國**茂艸豐盛皃**韻會引作艸木盛皃木似當作丰**從艸戊聲**莫侯切**⿱艹暘艸茂也從艸暘聲**孟子草木暢茂丑亮切**蔭艸陰地也**依廣韻引補也字地蓋卽也之譌此以字形解字義之例如匙是少也之比**從艸陰聲**故亦借陰字爲之詩有杕之杜箋特生寡陰釋文陰本亦作蔭漢書郊祀志靈之至慶陰陰顏注言垂陰覆徧於下於禁切**⿱艹造艸皃從艸造聲**初救切**〇一曰造雜也**江文通雜體詩李注引簉倅也長笛賦李注引簉倅字如此說文無倅當作萃雜字如此夏官射人乘王之倅車注戎車之副也卽春官車僕掌戎車之萃也左昭十一年傳僖子使助薳氏之簉注簉副倅也釋文簉說文從艸卽此知選注兩引皆誤從竹兼知當有雜倅二義矣**茲艸木多益**詩小雅況也永歎大雅職兄斯引傳茲云兄茲也是知茲祇是益此以從艸而言艸木也左僖十五年傳物生而後有象象而後有滋水部滋益也滋卽茲之分別文後人好用滋字故元部茲下引左傳作茲今本亦作滋也**從艸絲省聲**不從大徐作茲者竊疑茲以音元爲正也子之切**蔋艸旱盡也從艸俶聲**徒歷切**詩曰蔋蔋山川**大雅雲漢文彼作滌滌傳滌滌旱氣也山無木川無水玉篇引詩作蔋蔋云本又作滌王氏詩考作蔋蔋**藃艸皃**玉篇秏也縮也廣韻禾傷肥**從艸歊聲**許嬌切**周禮曰轂雖獘不藃**本無雖字或依考工記增之獘一作蔽皆非也當依周禮作敝鄭司農曰藃當作秏鄭君謂藃藃暴陰柔後必橈減幬革暴起**蘎艸多皃**也虞翻易注蔚蘎也廣雅蔚茂也禾部秏稠也案多則稠矣二字同義**從艸既聲**居味切**薋艸多皃從艸資聲**疾茲切玉篇薋蒺藜也離騷薋菉葹以盈室**蓁艸盛皃**周南桃夭其葉蓁蓁傳盛皃通典引作溱溱與無羊同**從艸秦聲**側詵切**萷惡艸皃**淮南脩務訓野彘有艽莦槎櫛窟虛連比以象宮室高誘

說文句讀　卷二　七百三十二、〇折四十六　三六

芮 ruì　茬 chí　薈 huì　蓩 mào　芼 mào　蒼 cāng　萃 cuì　葻 lán　蒔 shì　苗 miáo　苛 kē　蕪 wú　薉 huì　荒 huāng　薴 níng

謂芃莦爲蕘。從艸肖聲。所交切。

芮　芮芮，艸小皃。小，今本作生。玉篇、廣韻同。西征賦注引作小，知可信者，上文蔚，艸之小者，讀若芮，以此徵之。繫傳云芮芮細皃。從艸內聲。讀若汭。而銳切。

茬　艸皃。魯語：山不茬蘗。從艸在聲。仕甾切。濟北有茬平縣。濟當爲泲。郡國志茬平縣屬泲北國，應劭曰：在茬山之平地者也。王氏煦曰：漢書酷吏尹齊傳作茌平。

薈　艸多皃。從艸會聲。烏外切。詩曰：薈兮蔚兮。曹風候人文。桂氏曰：此後人加之。女部嬒下引詩作嬒。

蓩　細艸叢生也。廣雅釋言：蓩，蓀也。釋訓：蓩蓩、蓀蓀，茂也。從艸敄聲。莫候切。

芼　艸覆蔓。從艸毛聲。莫抱切。小徐門高反。詩曰：左右芼之。關雎文。此別一義也。玉篇引左右覒之，用毛傳擇也義。許君說此詩，葢與毛異。其訓爲內則之鉶芼乎。

蒼　艸色也。從艸倉聲。七岡切。

葻　艸得風皃。從艸風。風亦聲。讀若婪。盧含切。

萃　艸皃。從艸卒聲。讀若瘁。瘁當作悴，說文無瘁，心部悴讀與易萃卦同。讀若悴者，可借也。左傳：無棄蕉萃。秦醉切。

說文句讀　卷二　六百九十六　、〇折四五　毛

蒔　更別種。字林同。猶夏小正云啓灌藍蓼也。書播時百穀，鄭注時讀曰蒔。種蒔五穀，則直謂種爲蒔，無更別之義。周語見耳部𦔻下。從艸時聲。時吏切。

苗　艸生於田者也。從艸田也。誠如段氏所譏。蒼頡篇：苗者，禾之未秀者也。是也。武鑣切。竊謂苗字以田爲主，當隸之田部，而說之曰從田艸聲。

苛　細艸也。依後漢光武紀注引改。繫傳曰：以細草喻細政。知小徐本原作細。然今本小草亦通，郭景純謂遠志爲小草，本草云細草。從艸可聲。乎哥切。○一曰尤劇也。依元應引補。謂苛政也。

蕪　薉也。招魂注：不治曰蕪，多草曰薉。從艸無聲。武扶切。

薉　蕪也。考工記注：粵地塗泥多艸薉。釋文：劉云穢字之異者。漢景帝紀注，晉灼曰：薉，古穢字。從艸歲聲。於廢切。

荒　蕪也。從艸巟聲。呼光切。一曰艸淹地也。方言：淹，敗也。

薴　艸亂也。從艸寍聲。女庚切。杜林說：艸䓴薴皃。當作䓴薴，艸皃。案玉篇亦曰：薴，艸亂也。知艸亂之訓不連䓴言之。杜林說乃合䓴薴言之，其所謂艸皃者，葢謂其爭高競長，猶之崝嶸，非亂皃也。是以䓴字在薴字之下，但承艸皃一義，不承艸亂

䓴 zhēng　落 luò　蔽 bì　蘀 tuò　薀 yùn　蔫 yān　菸 yū　䕨 yíng　蔡 cài　茷 fá　菜 cài

一義。今皆以䓴薴爲艸亂，故段氏乙轉之，其實非也。

䓴　䓴薴皃。皃當作也。從艸爭聲。側莖切。

落　凡艸曰零，依釋詁疏引改。其釋文引作苓。釋詁：蘦，落也。木曰落。從艸洛聲。盧各切。

蔽　蔽蔽，疑當作蔽芾。繫傳引詩蔽芾甘棠可徵也。毛傳：蔽芾，小皃。小艸也。從艸敝聲。必袂切。

蘀　艸木凡皮葉落，當作凡艸木皮葉落。集韻引無落字，則連下文爲句。陊地爲蘀。詩蘀兮蘀兮，傳：蘀，槁也。箋：槁謂木葉也，木葉槁待風乃落。案箋云然者，以詩云風其吹女也，是不必陊地乃爲蘀矣。從艸擇聲。他各切。詩曰：十月隕蘀。豳風七月文。毛傳：落也。

薀　積也。左傳此字屢見，他書則作蘊矣。如隱三年之薀藻，史記索隱引作蘊。從艸溫聲。於粉切。春秋傳曰：薀利生孽。左昭十年文。薀，彼作蘊，後人改也。孽當作蠥。

蔫　菸也。二字雙聲。廣韻：蔫，物不鮮也。從艸焉聲。於乾切。

菸　鬱也。廣雅：鬱，幽也。又曰：菸，臭也。從艸於聲。央居切。一曰𣨊也。歺部：𣨊，病也。詩中谷有蓷疏引作萎也，非是。

䕨　艸旋皃也。謂糾繚之也。從艸榮聲。於營切。詩

說文句讀　卷二　七百七十六　、〇折四三　兲

曰：葛藟䕨之。周南文。今作縈，釋文作䕨。

蔡　艸也。玉篇：蔡，艸芥也。以丯部說艸蔡也推之，則此當作艸丯也，玉篇借用芥字耳。王褒九懷曰：纕以兮微蔡。注曰：積以草芥入己船也。蔡爲散亂之艸，與𥻍聲意並近，故禹貢二百里蔡，左傳蔡蔡叔，並借蔡爲𥻍。孟子殺三苗，則𥻍之省形存聲字也。亦有謂生艸爲蔡者，魏都賦蔡莽螫刺，蔡莽即艸莽也。從艸祭聲。蒼大切。

茷　艸葉多。段氏曰：泮水之其旂茷茷，即采菽之其旂淠淠，然則小弁之萑葦淠淠，亦當云萑葦茷茷。王氏觀國曰：文選有劉安招隱文云木輪相糾兮茷骫，茷骫者，木之枝葉茂盛也。案胡氏本作樹輪相糾兮林木茷骫，李注：茷音跋。不審王氏所据何本。從艸伐聲。符發切。詩泮水其旂茷茷，借茷爲旆，今本譌茷。春秋傳曰：晉糴茷。左成十年文。

菜　艸之可食者。靈樞經：五菜，葵甘，韭酸，藿鹹，薤苦，葱辛。從艸采聲。蒼代切。段氏曰：菜字當冠於芑葵等字之上。筠案：菜字見於經者，惟士昏禮婦人三月乃奠菜，是周時書。其見禮記者，皆秦漢時書也。至於入學釋菜，則周禮大胥鄭注引月令作釋采，先鄭曰：謂舞者皆持芬香之采。高誘注淮南子亦云：釋采幣以禮神。大戴夏小正傳亦云舍采。緣先鄭又有以菜爲摯之說，後鄭從之，故今月令改爲釋菜。學者勿謂古

艸

ér 荋　fàn 芝　bó 薄　yuàn 苑　sǒu 藪　zī 菑　yáo 蘨　tì 薙　lèi ⿱艹耒

本圖然。荋　艸多葉皃。从艸而聲。如之切。沛城父有楊荋亭。揚一作楊。芝　艸浮水中皃。从艸乏聲。孚凡切。薄　林薄也。廣雅：艸叢生爲薄。一曰蠶薄。說見下文苖字及曲部。从艸溥聲。旁各切。苑　所以養禽獸也。三蒼：養牛馬林木曰苑。从艸夗聲。於阮切。藪　大澤也。天官大宰藪牧養蕃鳥獸，注：澤無水曰藪。从艸數聲。蘇后切。九州之藪：揚州具區，荊州雲夢，豫州甫田，青州孟諸，沇州大野，雝州弦圃，幽州奚養，冀州楊紆，幷州昭餘祁，是也。用職方氏，不同釋地十藪。鄭注：具區在吳南，雲夢在華容，圃田在中牟，望諸明都也，在睢陽，大野在鉅野，弦圃在汧，豯養在長廣，陽紆所在未聞，昭餘祁在鄔。寰宇記：冀州信都縣有陽陓澤。案今周禮與許君所據不同。孟諸，左傳三見，地理志謂之盟豬，猶孟津一作盟津也，故鄭曰明都，明孟、都諸皆同聲，孟望疊韻。說文豕部無豯，豕部有豯，鄭注曰杜子春讀豯爲奚，是許君依杜改之也。風俗通亦作奚養。菑　不耕田也。田而爲艸所宅、爲水所淹，是不耕也。案菑以害

爲正義，漢人皆然。地理志：楚甾丘，莽曰善丘；梁國甾縣，莽曰嘉穀。設以菑畬爲正義，莽何惡而改之？元和志：考城縣，漢菑縣之興也。其邑多菑，年數不登，故邑曰菑。孝章柴于岱宗，過菑縣，詔御史曰：陳留菑縣，其稱不令，故高祖鄙柏人之名，武帝休聞喜而顯獲嘉，祥其改菑縣爲考城縣。从艸甾聲。當作从古文甾。側詞切，當祖才切。易曰：不菑畬。此別一義，始用爾雅田一歲曰菑、二歲曰畬之說。然此乃古音也，古讀菑害亦側詞切。易无妄六三爻詞：災牛得災，四字皆韻，兼知巛亦側詞切。甾　菑或省艸。六書故引作古文，知甾當从巛田會意兼聲，菑又加艸耳。大雅皇矣釋文：菑本又作甾。又禹貢淄，地理志作甾，職方氏作菑，故許君不收淄。蘨　艸盛皃。从艸䌛聲。余招切。夏書曰：厥艸惟䌛。艸當作屮，漢志引禹貢屮䌛。案禹貢作䌛，是假借字，後來作蘨，則分別文也。薙　除艸也。秋官薙氏注：故書薙或作夷。鄭君謂薙讀如鬀小兒頭之鬀，書或作夷，此皆翦草也，字從類耳。明堂月令曰：季夏燒薙。王伯厚曰：今禮記月令，於別錄中屬明堂陰陽記，故謂之明堂月令。薙氏：夏日至而夷之。又曰：若欲其化也，則以水火變之。从艸雉聲。他計切。⿱艹耒　耕多艸。从艸耒。

fāng 芳

zhì ⿱艹致　jiàn 蔪　fú 茀　bì 苾　shè 蔎　fén 蕡　yào 藥　lí 䕻　xí 蓆　shān 芟　jiàn 荐　jiè 藉　zū 蒩

耒亦聲。盧對切。⿱艹致　當作菿。艸大也。玉篇、廣韻竝無⿱艹致字。廣韻四覺：菿，竹角切，說文云：艸大也。本音到，又陟孝切。玉篇：菿，都角切。韓詩：菿彼甫田，毛作倬。釋詁：菿，大也。詩甫田釋文引韓詩亦作菿，宋刻則作⿱艹致。隸書艸竹不分，故譌也。下文菿篆云艸木倒，後人加之，故用俗倒字，說文作到，不作倒也。从艸致聲。致當作到。陟利切，當都盜切。蔪　艸相蔪包也。禹貢釋文：漸本又作蔪，包或作苞。釋言：苞，稹也。注：今人呼物叢緻者爲稹。禹貢釋文引字林：蔪，草之相包裹也。从艸斬聲。慈冉切。書曰：艸木蔪包。蔪　蔪或从槧。茀　道多艸，不可行。周語：火朝覿矣，道茀不可行也。韋注：草穢塞路爲茀。从艸弗聲。分勿切。苾　馨香也。埤蒼：苾，艸木香也。苾苾然大香也。詩：苾芬孝祀，韓詩作馥芬。又苾苾芬芬，景福殿賦作馥馥芬芬。从艸必聲。毗必切。蔎　香艸也。當作艸香，下竝同。劉向九歎：懷椒聊之蔎蔎兮。王注：蔎蔎，香皃。从艸設聲。識列切。芳　香艸也。从艸方聲。敷方切。蕡　雜香艸。苟非艸香，何云雜也。从艸賁聲。浮分切。藥　治病之艸總名。依玉篇引

補。急就篇注：草木金石鳥獸蟲魚之類堪愈疾者，總名爲藥。許言艸者，本字從艸，其書亦曰本草也。从艸樂聲。以勺切。䕻　艸木相附麗土而生。依小徐者，艸木相附麗，乃分字爲兩體而說之也。韻會引作艸木生箸土。廣雅：麗，著也。从艸麗聲。王制注：麗，附也。呂支切。易曰：百穀艸木麗乎土。依小徐及類篇引改離卦彖文。蓆　廣多也。鄭風緇衣之蓆兮，傳：蓆，大也。韓詩云：儲也。从艸席聲。祥易切。芟　刈艸也。周頌載芟，傳：除草曰芟。从艸殳聲。木部櫝讀如芟刈之芟。所銜切。荐　薦。句。謂薦可通于荐也。左傳：戎狄薦居，釋文作荐。案荐居猶芟舍也。席也。段氏改蓆爲席，非。薦荐皆席下之艸，欲其厚，故曰薦。今諺藉稾曰打荐，下文荐亂稾也。从艸存聲。在甸切。藉　祭藉也。藉蒩一事，經皆言藉，其物則用茅。易大過：藉用白茅。地官鄉師字作蒩，鄭大夫讀蒩爲藉，謂祭前藉也。依許則不須改字也。士虞禮字作苴，注：苴所以藉祭也。一曰：艸不編，狼藉也。秋官滌狼氏注：滌除也，狼狼扈道上。疏解狼扈爲狼藉。孟子又云狼戾。从艸耤聲。慈夜切，又秦昔切。案秦昔爲正。蒩　茅藉也。史記封禪

蒩 zū　蕝 jué　茨 cí　葺 qì　蓋 gài　藹 ài　苫 shān　蓲 qū　藩 fān　菹 zū　荃 quán　酷 kù　蘫 lán

書江淮之閒，一茅三脊，所以爲藉也。從艸租聲。子余切。禮曰：封諸侯以土，蒩以白茅。禮無此文，周書作雒解：周公乃建大社于國中，其壝東青土、南赤土、西白土、北驪土，中央亹以黃土。將建諸侯，鑿取其方一面之土，苞以黃土，苴以白茅，以爲土封。

蕝　朝會。左昭十一年傳：會有表。注：野會設以爲位。束茅表位曰蕝。此國語賈逵注也。史記作蕞，叔孫通傳：爲綿蕞野外習之。如淳曰：置設緜索，爲習肄處；蕞謂以茅翦樹地爲纂位。韋昭云：引繩爲緜，立表爲蕞。從艸絕聲。子說切。春秋國語曰：致茅蕝，晉語文。表坐。衍文也。或曰當作設望表。

茨　以茅葦蓋屋。以葦爲笮，以茅覆之。書梓材：惟其塗墍茨。傳：茨，蓋也。從艸次聲。小徐謂次弟茅以蓋之，不知葦在櫋上，其比如櫛，亦有次也。聲兼意。疾茲切。

葺　茨也。考工記匠人：葺屋三分。從艸咠聲。七入切。

蓋　苫也。釋器：白蓋謂之苫。苫蓋物名，而苫之蓋之用爲動字。李巡曰：編菅茅以覆屋曰苫。夏官圉師：茨牆則翦闔。注：茨，蓋也。闔，苫也。案經借闔爲蓋也。闔卽白蓋。從艸盇聲。古太切。

苫　蓋也。字林：茅苫也。左襄十四年傳：被苫蓋。乃複語也。從艸占聲。失廉切。

藹

蓋也。二字疊韻。此殆覆蓋字也。廣韻：藹，覆也。玉篇失收藹字，其苫字繼以藹字，云：晻藹，樹繁茂。與廣韻同。然其言部收譪字，今卷阿固作藹也。從艸渴聲。於蓋切。

⿱艹屈　蔽也。卽薂根可作敝之敝，乃縛艸所作之器。廣雅：箆謂之敝，其字從竹。從艸屈聲。區勿切。

藩　屛也。詩板：价人維藩。毛傳文也。蒼頡篇：藩，蔽也。廣雅：藩籬也。從艸潘聲。甫煩切。

菹　酢菜也。酢今作醋。古呼酸爲醋。酢菜猶今之酸菜，非以醋和之。聲類：菹，藏菜也。釋名：菹，阻也。生釀之，使阻於寒溫之閒，不得爛也。從艸沮聲。側魚切。

⿱艹⿰沮皿　或從皿。

⿱艹⿰沮缶　或從缶。二篆李燾本注或從血，知是後人遂血部字於此，彼旣未刪此，又譌從皿也。

荃　芥脃也。脃當作荃，說文本無脃字。黑部曰：以芥爲齏，名曰芥荃。從艸全聲。本初劣切。肉部脃七絕切，七絕卽初劣也，亦可爲說文本無脃字之證。孫此緣切，今之字書皆用此音，無復初劣切矣，惟集韻收之十七薛，以爲絟之重文。

酷　韭鬱也。鬱幽其非而成之，故名韭鬱。呂覽：遾鬱。篇：鬱者不陽也。蒼頡解詁：酷，酢菹也。從艸酤聲。苦步切。

蘫　依廣韻、集韻引改，玉篇、類篇同。瓜菹也。今名瓜齏。詩曰：疆場有瓜，是剝是菹。芥、荃、韭鬱、瓜菹皆名目也。從艸濫聲。內則：濫。注：以諸和水也。以周禮六飲校之，則濫，涼也。紀莒之閒名諸爲濫。釋文：乾桃乾梅皆曰諸。竊疑內則之濫卽此蘫，蘫爲乾梅，卽在下文。魯甘切。廣韻又收濫于五十四闞，呼濫切。

⿱艹泜　菹也。蓋以苹爲菹也。集韻：茋，蒻小苹也。茋蓋卽⿱艹泜。從艸泜聲。直宜切。

⿱艹⿰泜皿　⿱艹泜或從皿。皿器也。

蕯 lǎo　乾梅之屬。陸璣詩疏：梅，杏類也。其子赤而酢，不可生噉，煑而暴乾爲蘇，可著羹臛中。案云之屬者，籩人注有桃諸、梅諸。從艸橑聲。盧皓切。周禮曰：饋食之籩，其實乾蕯。天官籩人文。後漢長沙王始煑艸爲蕯。後字承周禮言之。後漢不連讀。前漢有長沙王吳芮，後漢則光武封興爲長沙王。然漢人不得自稱爲後漢，言此者，其字從艸，適有煑艸者，故言之。必言後者，周禮作自周初，其時不煑艸，字已從艸，恐人習見煑艸，遂𡺸意蕯之從艸本由此也。

⿱艹潦　蕯或從潦。

𧆑 yì　煎茱萸也。內則：三牲用藙。王伯厚急就篇補注：賀氏曰：今蜀郡九月九日取茱萸，折其枝，連其實，廣長四五寸，一升實可和十升膏，名之曰藙。從艸顡聲。魚旣切。漢律：會稽獻𧆑一斗。內則鄭注亦引此律。

⿱艹宰 zǐ　羹

菜也。從艸宰聲。阻史切。

若 ruò　擇菜也。禾部兩言禾若，蓋借義。從艸右。右，手也。而灼切。一曰：杜若，香艸。楚詞九歌：采芳洲兮杜若。夢溪筆談：杜若卽今之高良薑。

蓴 tuán　蒲叢也。廣雅：蒲穗謂之蓴。類篇：蓴，草叢生貌。從艸專聲。常倫切。此與蒓通之蓴之音也。廣雅於蒓菜祇有蓴菲二名，與說文同。曹憲廣雅音曰：蓴，大丸。則集韻二十六桓蓴徒官切是也。

⿱艹囟 zhì　以艸補缺。從艸囟聲。讀若陸。直例切。或以爲綴。玉篇此句在以艸補缺句下，乃說義非說音也。綴，連綴也。一曰：約空也。繫傳：約空，謂木工以直木附于曲木，並之有空不合處，則以物附墨筆中，以物亞開之，隨曲木畫之，使如曲木，然後隨所畫斲之，則附合，謂此也。

蕁 zǔn　叢艸也。魏都賦：嘉穎離合以蕁蕁。晉書衞恆傳：禾卉茶蕁以垂穎。從艸尊聲。案尊聲卽有叢聚之義。詩十月之交噂字，傳箋說以噂噂，說文作僔，云：聚也。僔僔之聲轉爲纂纂。潘岳笙賦：歌棗下之纂纂。注引古咄唶歌曰：棗下何攢攢。說之曰：攢，聚貌。纂與攢古字通。案字不可通，以聲轉而通也。慈損切。

莜 diào　艸田器。田閒之器，率以耨穛爲之，故曰艸。韻會引小徐本作芸，則附會植杖而芸以改之，不可從也。

pì 萆　chí 莀　jū 苴　cū 蔍　kuì 蕢　qǐn 蔓　yīn 茵　chú 芻

從艸，條省聲。當作攸聲，徒弔切。論語曰：以杖荷莜。微子篇文，荷當作何，莜今本作蓧，包注：蓧，竹器。皇侃疏：籮簏之屬。雨衣。一曰衰衣。衣部衰，秦謂之萆。字又作薜，齊語身衣襏襫，韋注：襏襫，蓑薜衣也。從艸，卑聲。扶歷切。一曰萆歷，似烏韭。歷，大徐本作藨，集韻引同，然歷字當是蓋卽草荔也。山海經西山經：小華之山，其草有萆荔，狀如烏韭而生于石上，亦緣木而生，食之已心痛。郭注：萆荔，香艸也。烏韭在屋者曰昔邪，在牆者曰垣衣。又案釋草：萆，鼠莞。衆經音義引三蒼：萆，鼠莞也，似龍鬚。是今爾雅本譌。艸也。廣韻四支：莀，是支切，莀母，卽知母，艸，出字林；其，巨支切，內出芪字，引說文：芪母也。然則本是一字，說文作芪，字林作莀，氏是古通，所以如此。後人取字林附說文，而不附同義之芪，遂于艸器之中，跳出艸名之字，誤也。桂氏引釋草：蔦侯莎，其實媞。夏小正傳：縞也者，莎隨也。陸璣詩疏：莎可以爲蓑笠。許君以萆莀皆可作雨衣，故使相次。愚案：莀媞聲同可通，然萆卽是蓑，媞究是爲蓑之草之實，不可類列也。從艸，是聲。是支切。履中艸。艸似當作藨，漢書賈誼傳：冠雖敝，不以苴履。顏注：苴，履中之藉也。釋草：蒮蘆。注作履苴草。釋文引字苑：鞔，苴履底。鞔似鞔之譌，似苴卽今之葛䄄履底親足之處，以此爲之。從艸，且聲。子余切。案詩七月云：九月叔苴。傳：苴，麻子也。儀禮喪服篇苴絰，傳：苴者，麻之有蕡者也。許君皆不用，而麻子之義在萉、芓、蕡三字下，不識其意云何。艸履也。廣雅、釋名、急就篇皆作麤，上文苞下亦作麤。方言：麤，履也。絲作之者謂之履，麻作之者謂之不借，麤者謂之屨，南楚江沔之閒總謂之麤，大麤謂之靳角。從艸，麤聲。倉胡切。艸器也。論語包注：蕢，土籠也。從艸，貴聲。求位切。古文蕢，象形。論語曰：有荷臾而過孔氏之門者。憲問篇文，荷當作何，臾今作蕢。艸覆也。合二徐本用之，冖冡𡠗字訓覆者多，本字從艸，故言艸以別之。從艸，侵省聲。七朕切。車中重席也。依元應引補。漢書五行志蘇林注：茵，車上蓐也。從艸，因聲。釋名：鞇，因也，因與下輿相連著也。於眞切。司馬相如說：茵從革。廣雅：鞇鞱謂之鞇。詩小戎文茵暢轂，傳：文茵，虎皮也。刈艸也。謂旣刈之艸，不復名艸，而改名爲芻也。與芟下云刈艸也不同。漢書賈山傳：芻蕘采薪之人。象包束艸之形。勹部云：裹也。艸不須裹，但以索束之而已，故不言從勹；艸分爲二，故亦不言從

rú 茹

jiāo 茭　bù 蔀　cuò 莝　wèi 萎　cè 蓛　qū 苗　cù 蔟　jù 苣　ráo 蕘　xīn 薪　zhēng 蒸　jiāo 蕉　shǐ 菌

艸斷，下亦云從斤斷艸也。叉愚切。乾芻也。費誓：峙乃芻茭。從艸，交聲。古肴切。一曰牛蘄艸。釋草：茭，牛蘄。然此句乃後人增也。釋艸：薜，山蘄；薜，白蘄；蘄茝，蘼蕪。及此文，凡四見蘄字，而許說蘄字曰艸也，一切不用，卽薜字亦有薜山麻、薜庾草，而許說薜字用郭注未詳之牡贊，亦不用薜山蘄，吾恐蘄篆亦後人增也。亂稾也。依廣韻引改。玉篇：莝，牛馬艸亂稾也。從艸，步聲。薄故切。斬芻。謂旣鍘之芻名爲莝也。詩鴛鴦：摧之秣之。箋：摧，今莝字也。案莝本靜字，此則以爲動字也。從艸，坐聲。坐當作聖。麤臥切。飤馬也。從艸，如聲。人庶切。食牛也。食當作飤。從艸，委聲。詩鴛鴦箋：馬無事則委之以莝。卽借委字作萎。於僞切。今以餧代萎，別作餧以當餧。月令：餧獸之藥。以穀萎馬，置莝中。不云茹馬，知茹萎亦通詞。從艸，敕聲。楚革切。蠶薄也。漢周勃傳注引許曰：葦薄爲曲也。本之豳風毛傳。月令亦作曲，曲部亦有蠶薄一說，方言作苗。從艸，㞿聲。邱玉切。行蠶蓐。此蓐與左傳蓐食之蓐同，蠶所藉也。於此作蘊，云行未詳。從艸，族聲。千木切。束葦而燒之。後漢皇甫嵩傳注引作束葦燒之，華嚴經音義引作束薪而灼之。說苑修文篇：童子擊鼓苣火。謂大燭也。句亦華嚴經音義所引盩厔注也。字俗作炬。從艸，巨聲。其呂切。艸薪也。依詩板釋文、文選長楊賦注引補，所以別於楓槐橺之爲木薪也。漢書賈山、揚雄二傳顏注竝云：蕘，草薪。元應書卷十一有草薪字。從艸，堯聲。如昭切。蕘也。詩板：詢于芻蕘。傳：芻蕘，薪采者。從艸，新聲。息鄰切。析麻中榦也。依廣韻引改。析麻者，其中所餘之榦也。東方朔七諫：菎蕗雜於廢蒸。王逸注：枲翮曰廢，一作菆。案王所謂翮，卽許所謂榦也。弟子職：蒸閒容蒸，然者處下。趙用賢曰：古者束薪蒸以爲燭，少寬其束，使其蒸閒可容一蒸，以通火氣；又使已然者居上，未然者居下，則火易然也。說又見火部熜下。從艸，烝聲。煑仍切。蒸或省火。當云從丞聲。生枲也。未練治也。文選吳都賦：蕉葛升越。後漢書王符傳注：蕉布之品有三，有蕉布，有竹子布，又有葛焉。從艸，焦聲。卽消切。糞也。淮南子：欒算甑甗在口菌之上，雖貧者不搏。自餘經典多借矢，莊子借屎，華部糞下亦借矢。從艸，胃省。式視切。

gǒu jiè huì mái
苟 芥 卉 薶
suō jué diǎn yù cōng suàn qiú shé shān
莎 蕨 蕇 萑 蔥 蒜 艽 𣂚 蓡

薶 瘞也。釋天、祭地曰瘞薶、從艸。貍聲。莫皆切、蓡 喪藉也。儀禮禮記皆作寑苫、同音假借、從艸。侵聲。失廉切、折 斷也。月令、祀折審斷、從斤斷艸。周號季盤、師寰敦、皆有斷首字、食列切、譚長說。𣂚 籒文折。從艸在仌中。仌寒故折。齊侯罍有此字、然亦作𣂚、段氏徑改從仌、非、文子、冬仌可折、折 篆文折。從手。篆、祛妄篇作籒、皆非也、此字當刪、𣂚𣂚皆從艸、而折從手斤、便離其宗、且與兵從収斤相似、亦覺蒙混、蓋寫𣂚字者、誤連之因譌為手、校者增入耳、諸部從𣂚者一字、從折者十一字、惟手部拆字、朱竹君本作𢮦𢮦、亦可知他字皆經改易、玉篇𣂚、今作折、則其不出說文尤曉然可見、卉 艸之總名也。字林同、釋草、卉、草、從艸屮。許偉切、艽 遠荒也。用毛傳、從艸。九聲。巨鳩切、詩曰、至于艽野。小雅小明文、蒜 葷菜也。菜之美者、雲夢之葷菜。段氏嚴氏據諸書引、有此二句、然與葍下說相似、生山中者名蒚。本草綱目、保昇引有上二句、兼有此句、釋草、蒚山蒜、疏引亦有此句、從艸。祘聲。蘇貫切、○說文通例、艽蒜二字、不應在卉下、

左文五十三 今遂入茝萑二字、刪蓫葥二字、仍五十三、但不知茝萑亦有從茻之籒文否耳、又疑薶字亦當刪、

重二大篆從茻 言五十五字皆從茻也、

芥 菜也。字林、辛菜也、從艸。介聲。古拜切、蔥 菜也。從艸。悤聲。倉紅切、萑 艸也。釋草、萑山韭、韭部既云韱山韭矣、本注云艸、似非可食之物、從艸。隹聲。余六切、詩曰、食鬱及萑。釋草疏、韓詩云、六月食鬱及萑、然不應截去六月字、恐小徐不引詩、為是、上文薁下、固用毛傳也、蕇 亭歷也。釋草文、一名狗薺、與薺同形、味苦為異、月令鄭注、靡草、薺亭歷之屬、從艸。單聲。多殄切、苟 艸也。玉篇、菜也、從艸。句聲。古厚切、蕨 鼈也。釋草蕨鼈、玉篇蕨鼈、周秦曰蕨、齊魯曰鼈、爾雅釋文、俗云、其初生似鼈腳、故名焉、從艸。厥聲。居月切、莎 鎬侯也。釋草、薃侯、莎、其實媞、郭注引夏小正、亦作薃媞、邢疏、斷侯莎為句、小徐繫傳亦然、然漢書司馬相如傳、張揖注曰、莎、鎬侯也、正

lì lái jiā wěi huán hàn wù fěi jǐn píng
荔 萊 葭 葦 萑 䕨 芴 菲 堇 萍

如許讀、知邢徐誤、然張揖作廣雅、但曰地毛莎隋也、不列鎬侯之名、大戴禮夏小正作緹縞、戴傳釋以莎隨、是知此草本無專字、故爾雅又借媞鎬、許所据者古本也、玉篇已收薃字、知魏晉閒已有此專字、故郭氏用之、兼改小正也、且其名隨時而變、小正呼為縞、爾雅則呼為鎬侯矣、爾雅呼為莎、戴傳則呼為莎隨矣、莎隨雙聲字、玉篇、薃、一名莎侯、故吾鄉呼為莎胡盧、艸侯胡古通、再長言為胡盧、猶八月斷壺、今呼胡盧也、從艸。沙聲。蘇禾切、萍 苹也。從艸。洴聲。當作從水弁聲、說文無洴字、薄經切、堇 艸也。根如薺、葉如細柳、蒸食之。蒸當作烝、甘。大雅緜篇、堇荼如飴、傳、堇菜也、箋、周原肥美、其所生菜、雖有性苦者、甘如飴也、案、箋與詩義合、然許君曰甘、初非與詩立異也、爾雅、齧、苦堇、夫別之曰苦堇、則堇有甘者可知矣、古者無論甘苦、皆名曰堇、後則甘者仍名堇、而苦者別名之曰齧、爾雅但舉苦者、所以實緜詩、許君但舉甘者、以補爾雅所不及、各明一義、非違異也、試觀郭注曰、今堇葵也、葉似柳、子如米、汋食之滑、不言甘苦、而言滑者、內則堇荁以滑之、郭言滑、所以實內則也、而所說之狀、與許大同、猶之薺與葶藶、其形大同、惟以甘苦為別、故俗呼薺為甜葶藶、猶之云苦堇矣、從艸。堇聲。詩禮爾雅皆作堇、省形存聲也、居隱切、菲 芴也。釋草文、孫炎曰、葍類也、詩采葑采菲、從艸。非聲。芳尾切、芴 菲也。釋草、菲、蒠菜、郭注、菲草生下溼地、似蕪菁、華紫赤色、可食、案此說不誤、而說菲芴為土瓜、則誤、從艸。勿聲。文弗切、䕨 艸也。從艸。鶾聲。呼旰切、與蘺當為一字重出、萑 薍也。當作大蒹也、釋草、蒹薕、葭蘆、菼薍、其萌蘿、許讀則曰、蒹薕、葭蘆、菼薍、其萌、別有蘿字、蘿作蘿、以蘿灌渝為句、別自一物也、詩曰、蒹葭蒼蒼、故許曰、蒹、萑之未秀者、葭、葦之未秀者、詩又曰、八月萑葦、故許曰、萑、大蒹也、葦、大葭也、是則蒹萑一物也、葭葦一物也、釋草之菼薍、其萌虇、承葭蘆言之、蒹萑之萌未見、從艸。雈聲。胡官切、葦 大葭也。夏小正見上文萑下、從艸。韋聲。于鬼切、葭 葦之未秀者。衛風碩人、葭菼揭揭、傳、葭蘆、菼薍也、從艸。叚聲。古牙切、李陵荅蘇武書、李注、笳、說文作葭、据此似今本有挩文、萊 蔓華也。釋草萊作釐、同音借字、小雅北山有萊、齊民要術、引毛傳萊、藜也、陸璣疏、萊葉可食、今兗州人烝以為茹、謂之萊烝、從艸。來聲。洛哀切、荔 艸也。月令、荔挺出、注、荔挺、馬薤也、周書時訓解、大雪後、荔挺不出、卿士專權、高誘注呂氏春秋曰、荔草挺出也、許讀與高同、似蒲而

méng 蒙　zǎo 薻　lù 菉　cáo 蓸　yóu ⿱艹卣　qiáo 菬　wú ⿱艹吾　fàn 范　réng 艿　xuè ⿱艹血　táo 萄　qǐ 芑　xù 藚　dōng 苳　sè 薔　tiáo 苕　mào ⿱艹楙

小。根可作㪉。一作刷、二字本同、從艸劦聲。本音隸、孫郎計切、蒙王女也。王、一作玉、釋草同、周官九嬪注、故書玉爲王、釋蟲、玉蚨蜴、一本作王、詩桑中、爰采唐矣、傳、唐蒙、菜名、與郭注女蘿異、釋草又云、唐蒙、女蘿、女蘿、兔絲、蒙別一物也、從艸冢聲。莫紅切、薻水艸也。陸璣詩疏、藻有二種、一種葉如雞蘇、莖大如箸、長四五尺、一種莖大如釵股、葉如蓬蒿、謂之聚藻、從艸從水巢聲。子晧切、詩曰。于以采藻。召南采蘋文、藻藻或從澡也。竹君本有也字、采蘋箋云、藻之爲言澡也、菉王芻也。釋草文、一名蓐、一名鹿蓐、從艸彔聲。力玉切、詩曰。菉竹猗猗。衛風淇奧文、大學引如此、毛用借字作綠、傳曰、綠、王芻也、竹、萹竹也、小雅終朝采綠、楚辭注引亦作菉、說又見上文薄下、蓸艸也。從艸曹聲。昨牢切、⿱艹卣艸也。從艸卣聲。以周切、菬艸也。玉篇、菬、子藥、從艸沼聲。昨焦切、⿱艹吾艸也。玉篇、草似艾、方言注、今江東人呼茌爲⿱艹吾、從艸吾聲。五乎切、楚詞有⿱艹吾蕭艸。今無此文、范艸也。從艸

說文句讀　卷二　六方七十　、○折四十六　卅七

氾聲。房叐切、艿艸也。從艸乃聲。如乘切、舊艸不芟。新艸又生。曰艿。玉篇引此、然艿在艸名類、故以爲別義而附于末、又案此說有因仍之義、故艿與仍同音、⿱艹血艸也。類篇、⿱艹血、地血、蒨也、從艸血聲。呼決切、萄艸也。玉篇、蒲萄、許則以萄一字爲艸名也、從艸匋聲。徒刀切、芑白苗嘉穀。釋草、芑、白苗、注、今之白粱粟、從艸己聲。驅里切、詩曰。維虋維芑。依韻會引補、說見上文虋下、藚水舄也。用毛傳、不用釋草、陸璣詩疏、今澤蕮也、案卽澤瀉、從艸賣聲。本其或反、或域同字、孫似足切、詩曰。言采其藚。魏風汾沮洳文、苳艸也。類篇引陸詞、曰苣苳、冬生、從艸冬聲。都宗切、薔薔虞。句蓼。必當從許讀、郭注虞蓼、澤蓼、蓋附會地官澤虞也、然豈無山虞乎、若謂薔虞不見他書、豈薔見他書、抑虞蓼見他書乎、從艸嗇聲。所力切、苕艸也。陳風邛有旨苕、陸璣詩疏、苕、饒也、幽州人謂之翹饒、蔓生、莖如勞豆而細、葉似蒺藜而青、其莖葉綠色、可生食、如小豆藿也、從艸召聲。徒聊切、⿱艹楙艸也。從艸楙聲。莫厚切、

mào 萺　mǎo 茆　dí 苖　tú 荼　fán 蘩　hāo 蒿　péng 蓬

萺艸也。從艸冒聲。莫報切、茆鳧葵也。泮水傳文也、廣雅、蓴、茆、鳧葵也、陸璣疏、茆與荇菜相似、葉大如手、赤圓、有肥者、箸手中、滑不得停、莖大如匕柄、葉可以生食、又可鬻、滑美、江南人謂之蓴菜、或謂之水葵、唐本草謂鳧葵卽荇菜、失之、從艸丣聲。今詩作茆、釋文音卯、徐音柳、韋昭萌藻反、蓋所据本有茆、茆之異、然泮水之三章、茆酒老道醜爲韻、召南小星、昴裯猶爲韻、蓋兩韻本通、無論讀茆讀柳、無不諧也、力久切、詩曰。言采其茆。魯頌泮水文、今本言作薄、苖蓨也。當作莜也、釋草、蓧、蓨、郭注未詳、釋文、蓧、他彫反、蓨、他的反、釋草又曰、苖、蓨、郭注未詳、釋文、苖、郭他六反、又徒的反、蓨、郭湯彫、他周二反、顧他迪反、案前釋文之蓧他彫反、與後釋文之蓨湯彫反同也、前釋文之蓨他的反、與後釋文之苖徒的反同也、是知釋草本是一條、而其字則作苖蓧、其音則當云苖徒的反、蓧湯彫反、說文則但有苖篆、故小徐本苖在茆之下、曰蓨也、從艸由聲、田溺反、此其眞也、其蓨下葛上之蓨苖二篆、張次立補、蓨固自言之矣、卽苖下雖有繫傳、而與茆下之苖繫傳大同、又云徒歷切、又他六切、全同大徐、然則葛上之苖、亦前乎次立者依大徐本增之也、莜以艸田器爲本義、以苖之別名爲兼義、故此不須再出、知許君云莜也者、地理志信都國修縣、顏注、修音條、功

說文句讀　卷二　方七十三　、○折四十三　卅八

臣表亞夫紹封修侯、本傳作條侯、顏注、縣在渤海、地理志作蓨、宋其音同耳、案莜條皆從攸聲、漢書借條、許君借莜、釋草之作蓧也、如論語以杖荷莜之作蓧也、其作蓨也、修脩多通、卽是蓨字也、是釋草前文之蓧蓨、乃衍文、又二字本一字也、後文之苖蓨爲本文、特改莜爲蓨、本許君所承用、後人又以旣改之爾雅增蓨于說文、幸小徐本無、而張氏又誤增也、今姑存之、而但刪苖、管子地員篇、黑埴、其草宜苹蓚、桂氏以說文不收蓚、而小雅曰、言采其蓫、蓫欲以苖爲蓫、舉笛亦作蓫爲證、然釋文云、蓫本又作蓄、安知作蓄者非許君所見之本、而後人作蓫以爲專字邪、從艸。從由聲。依爾雅釋文引補、田溺反、荼苦荼也。釋草、荼、苦菜、釋木、檟、苦荼、許君蓋以荼攝之也、木部、檟、楸也、與釋木之大而散楸、小而散檟、榎字相當、從艸余聲。同都切、蘩白蒿也。釋草、蘩、皤蒿、又曰、蘩之醜、秋爲蒿、夏小正、二月采蘩、傳、蘩、由胡、由胡者、蘩母也、蘩、蒡勃也、豆實也、故記之、從艸。緐聲。緐今作繁、爾雅、繁由胡、廣雅、繁母、蒡勃也、附袁切、蒿菣也。釋草文、汝南呼青蒿爲菣、見陸璣詩疏、此亦許君之鄉語也、從艸高聲。呼毛切、蓬蒿也。蓋本作蓬蒿也、校者以蒿蓬兩篆相繼、誤刪之耳、呼蓬爲蓬蒿、蓋漢末之恒言、故毛詩草木鳥獸蟲

魚疏云，葉如蓬，蒿，謂之聚藻，案藻葉如蓬不如蒿，陸璣吳人，與許君時代相亞，故知爲是時之恒言，然，王逸注七諫之蓬，亦曰蒿也，又曰若放火于秋蒿，直以蒿名蓬，當再詳之，陸農師曰蓬草之不理者，從艸逢聲。薄紅切

𦾔 籒文蓬省。當云從夆聲，抑此籒文亦在大篆，從茻中，葢有兩籒文，一從艸，一從茻也，

藜 艸也。從艸黎聲。郎奚切，藜卽萊也，當類聚，葢挩誤在此。

蘬 薺實也。釋草，紅，蘢古，其大者蘬，蘬差薺實，說文無差，爾雅或本作其大者差，蘬薺實，今本譌而且倒乎，然本草陶隱居注曰，馬蓼生下溼地，莖斑葉大有黑點，其最大者名蘢薣，据此則差乃衍字，今本又誤斷其句，從艸歸聲。驅歸切

葆 艸盛皃。漢書武五子傳，頭如蓬葆，顏注，草叢曰葆，從艸保聲。博褒切

蕃 艸茂也。易文言，草木蕃，從艸番聲。甫煩切

茸 艸茸茸皃。元應一引同此，一引作草茸也，玉篇，艸生也，廣韻，艸生皃，葢艸初生之狀謂之茸，鹿茸葢取此意，非狐裘蒙茸之比，詩何彼襛矣傳，襛猶戎戎也，釋文，襛，韓詩作茙，說文無茙字，戎戎與茸茸其詞相似，或茙卽茸之異體，或韓亦作戎，後人加艸，形容之詞，單詞與重言同，從艸聰省聲。段氏改爲耳聲，是也，而容切，

說文句讀　卷二　分千四　、○折四十三　卅九

萑 艸多皃。集韻、韻會引皆如此，而玉篇、廣韻皆云萑蓷，而無此說，犬徐葢据此而迻之前文蓷下，又不改艸多皃之訓，則不倫。矣，皆爲郭本爾雅所蔽也。○一曰鬱也。依增韻引補，集韻、韻會皆不引，而皆云一曰草名，茺蔚也，葢卽此說，上文菸，鬱也，蘮，䔡，鬱也，凡生草鬱幽之必有氣臭，木草陳藏器曰，茺蔚田野閒人呼爲鬱臭草，葢卽許所謂鬱也，劉歆曰，蓷臭穢，卽茺蔚也，特是許君所見者，毛傳之蓷雖似不當有鬱也之說，吾亦牽於郭注，又疑許謂凡物之臭不指茺蔚也，因而補之，從艸隹聲。職追切

葏 艸皃。字林，艸茂皃，從艸津聲。子僊切

詩曰，葏葏者莪。集韻引李舟說，葢卽彤弓之什菁菁者莪也，

叢 艸叢生皃。釋艸釋文引，叢，艸衆生也，葢卽此文之譌，從艸叢聲。義聲互相備也，徂紅切

草 草斗，櫟實也。大司徒注，鄭司農曰，皁物，柞栗之屬，今世閒謂柞實爲皁斗，案周禮曰皁物，是草爲古名，故木部栩下云其實皁也，今世謂柞實爲皁斗，是皁斗乃漢名，故本文云草斗也，而栩下一曰樣，本文一曰樣斗，亦緣此矣，釋木，櫟其實梂，孫炎曰，櫟，樣也，郭注，有梂彙自裹，一曰樣斗。依玉篇引改，亦名杼斗、橡斗，杼卽柔字，橡卽樣之俗字，從艸早聲。自保切，案草字俗以

代艸字，而別作皁，經典用之，

菆 麻蒸也。蒸見上文，西征賦，感市閭之菆井，李注，菆井，卽渭城賣麻蒸之市也，從艸取聲。本阻留切，孫側鳩切，一曰蓐也。蓐部說，蔟也，上文蔟行蠶蓐也，廣雅，蓐謂之菆，

蓄 積也。廣雅，聚也，從艸畜聲。易小畜大畜，但作畜，大象君子以懿文德，君子以多識前言往行以畜其德，皆蓄積之意也，丑六切

萅 推也。春秋元命苞，春者，神明推移，精華結紐，宋均注，神明猶陰陽，陰陽相推使物精華結成紐要也，從艸從日，艸春時生也，屯聲。昌純切

菰 艸多皃。從艸孤聲。古狐切 江夏平春有菰亭。葢菰篆寫譌，重出于此，廣韻有菰而無菰，

菿 艸木倒。從艸到聲。都盜切 菿譌作菆，遂重出于此，而杜撰說解也，

文四百四十五　重三十一

蓐 陳艸復生也。義與芳相近，芳之爲言仍也，謂其陳陳相因也，蓐葢謂其厚也，廣韻，芳下云陳根草不芟，新草又生，所謂燒火芳者也，與許君義近，又三蒼聲類皆曰蓐，薦也，案薦與荐通，荐，蓆也，蓆，廣多也，卽左傳之左追蓐矣，乃引伸之義，從艸辱聲。而蜀切，一曰蔟也。案釋器，蓐謂之茲，注，公羊傳曰屬負茲，茲者蓐席也，左宣十二年傳，左追蓐，注，在左者追求草蓐爲宿備，案此皆人之蓐也，蔟則蠶之蓐也，俗作褥字，葢卽蓐之分別文，凡蓐之屬皆從蓐。

𦼢 籒文蓐從茻。

薅 拔田艸也。五帝本紀，披山通道，從蓐好省聲。呼毛切

𦼮 籒文薅省。

茠 薅或從休。詩曰，旣茠荼蓼。周頌良耜文，旣字似誤，釋文引說文以茠茶蓼，與詩同，釋草，蒤，委葉，郭注，詩云以茠蒤蓼，

文二　重三

說文句讀　卷二　六分七十　、○折三十三　卌

茻 衆艸也。元應引衆艸曰茻也，卽是此說，足徵與莽爲一字，從四屮。凡茻之屬皆從茻。讀與冈同。案前丨中二部，其讀若皆在凡厶之屬句上，而自此以後，讀若句多在下，似非豈在下者盡後人增邪，本草，莽草一名冈草，衆經音義卷七，出菵藥而說之曰，無往反，正言莽草，模朗切，

莫 日且冥也。口部，昏，日冥也，然則莫之時前於昏也，呂覽孟秋紀，注，且，將也，淮南泰族訓，天之且風，草木未動而鳥已翔矣，其且雨也，陰曀

zàng 葬　mǎng 莽

末集而魚已驗矣、從日在茻中。茻亦聲。本音慕孫莫故切、又慕各切、案廣韻作暮、是以莫故切也、唐韻蓋亦如此、今既作莫、而云莫故切、則不可通矣、大徐殊艸艸、

莽　南昌謂犬善逐兔於艸中爲莽。依元應引補、莽與茻音義同、艸莽其本義也、特以犬聲不諧、解爲會意、勿泥、從犬從茻。茻亦聲。謀朗切、

葬　藏也。檀弓文、說文無藏篆、而說解中凡三十見、蓋漢書借臧字爲之者、依篆作也、說文說解中用藏字者依隸作也、雖用之而不列於篆、所以劃分篆隸之界、從死在茻中。一其中。所以薦之。易曰。古之葬者。厚衣之以薪。繫辭文、茻亦聲。則浪切、

文四

說文解字句讀弟一下

曲沃蘇仰伊校

說文句讀　卷二　二万三千三　八〇折十　四十一

句讀卷二補正

莱葵之類多向日葵僅其一種至如公儀子食茹而美拔其園葵而棄之似是時以葵爲菜之總名設但拔一種則他菜仍可爲茹也向日葵獨不可爲茹四葉前二行衛其足下增此

齊民要術作烏韭四葉後一行可食下增此

陳藏器曰薰卽是零陵香六葉後八行蕙草亦此也下增此

小徐本原無蓩字張次立增之知是蓩既訛作務始增蓩也八葉後六行亦不類列下增此

糸部緳下云帛戾草染色卽此莀九葉後二行郞計切上增此

且別於萌牙而謂之荑以其含英含實而立此名也鄭氏易枯

楊生荑夏小正之柳稊皆含英者幽風毛傳女桑荑桑也此含實者若詩自牧歸荑則兼含秀實者也九葉前七行小時名荑也下增此

爾雅釋文藏字又作職十葉前一行職作藏下增此

繫傳引本草蘇珠字如此而無下文䔲字張次立補之且有繫傳曰本草薏苡一名䔲米玉篇䔲董類聚而不收蘇廣韻二十八翰不收蘇四十八感一送皆收䔲集韻則翰部收蘇感送二部收䔲案蘇䔲異部卻是雙聲說文自作蘇音變而形亦變故玉篇作䔲而廣韻沿之至於宋世去古更遠不復知其爲一字故張次立以大徐誤增之字羼入小徐本集韻亦分收之遂使後出之䔲與蘇抗行而爲兩字然其義終不能別也今當刪䔲所云草也者或卽今京師之草珠乎實色白似薏苡而大串之爲數珠未見食者十一葉後一行蘇下說草也之下增此注○似卽䔲以下十一字刪去

段氏曰管子地員篇有蕢有大蕢細蕢十一葉後十行是可疑耳下增此

抑或茷薍句絕其字衍文萠卽萝之譌乎十二葉後四行又譌爲蘿蕍下增此

案蘇當作此䔲此六字刪去○十二葉後十行

且蔓與藟皆有藟名許君又類列之故以茅定之以見其非一物也十三葉前一行句讀也下增此

小徐本原無蓨篆張次立依大徐補之十三葉前八行湯彫切下增此

○葴字與上文藍字遠隔玉篇亦然彼注云馬藍也一曰寒蔣此下繼以蘘字注曰蘘蔣也案釋草又曰葴寒漿玉篇之寒蔣

尙有一字同蘘蔣則兩字皆不同郭注曰今酸漿草江東呼曰苦葴然則馬藍寒漿同名而異實許君舉一廢一之故殊難窺測或有挩文乎十三葉後二行冬藍也下增此

玉篇引左傳無棄菅蔽今本作蒯十三葉後四行中爲索下增此

郭氏斷蒚蔓爲句舍人同說文無蒚則許君據本作商詩曰言刈其蔓故許君斷購商爲句猶之經但言蓫故斷蓄虞爲句也且蔓爲單名故從艸購商兩字爲名卽不從艸猶之拜蒚藋郭斷拜爲句許君蒚作啻斷拜啻爲句藋從艸拜啻卽不從艸也且以商爲名者釋草倚商活脫上文曰離南活莌郭以爲一物說文無莌則据本亦作脫兩名四字皆不從艸也然倚離聲近

商南形近。恐下句是譌文重出。釋草之權黃華蔈莖藸。卽釋木之權黃英蔈莖著其重出也。郭氏或知或否。乃桑扈竊脂、本篇重出。邵氏正義力爭之殊未通全書而討之也。十三葉後五行用羹魚下增此

玉篇茈下、閒三字、始出藐字、十四葉後二行將此切下增此

卷十五引仍作人、十四葉前六行引作地非下增此

段氏引博物志曰、削冰令圓、舉以向日、以艾於後承其影、則得火、十四葉後七行以冰爲火也下增此

釋文枯劉音先古反、似非、亦當與苄同音、木部枯下、引書唯箘輅枯、今作楛、是此音也、但枯不可食、未詳其義、十六葉前二行今文或爲苄下增此

。蘢鬖雙聲。一名天蘥。一名天龠。猶之蛓蠽與虫部之蛓羅也。十八葉後二行下文蘥下之下增此

然陸氏誤駁許說也。艾字遠隔在前。玉篇曰、艾、蕭也、而與蕭亦遠隔。其非一物可知。其爲譬況之詞。亦可知也。玉篇曰、蕭、香蒿也、許謂之艾。猶之香也。春官鬱人疏、引王度記曰、天子以鬯、諸侯以薰、大夫以蘭芝、士以蕭、庶人以艾、既以貴賤爲差。則蕭艾非一物尤可知。然皆用以祭。則其香可知。其不類而類亦可知。然則許君說蕭以艾蒿。猶玉篇說艾以蕭。爲其皆有香氣耳。十九葉前三行自詩彼采蕭兮起至祭祀所用止四十字皆刪以此易之

詩、言采其藚、毛傳藚、貝母、段氏曰、藚、假借字、筠案淮南汜論訓、高注引作言采其莔、而許君不引者、蓋依毛詩用古文借字。莔則采自三家詩。是後作之專字也。苟引詩則汨亂之矣。十九葉後三行華葉似韭下增此

集韻茱萸、藥艸、二十二葉前四行茱萸也下注

下文蘔前、茱萸也、乃是人爲之物、故與藍蘱爲伍、不列于此、二十二葉前五行羊朱切下增此

唐風椒聊、子貢詩傳作茱聊、申培公詩說則作菽、以一字爲篇名、然則穀梁釋文之菽、仍是椒也、二十二葉前七行夫椒以下七字刪去以此易之

鴘加艸而爲薵、猶吧加草而爲葩也、總是一字、二十四葉前一行鴘蓋同薵四字刪去以此易之

案莢不但艸木之梓、穀之豋豆豇豆、皆著莢也、二十四葉後八行草實生於莢之下增此

玉篇於去切、引楚辭曰、葉菸邑而無色兮、二十八葉前九行央居切下增此

論語孟子菜羹、二十八葉後八行三月乃蕒菜下增此

田部畬下亦引之、二十九葉後三行此別一義之上增此

會不在朝而言朝者、會必先之以朝也。抑此束茅表位之事。非特會也。卽同亦然。大宗伯時見曰會、殷見曰同、注曰、王將有征討之事、則既朝覲王爲壇于國外、合諸侯而命事焉、十二歲、王如不巡守、則六服盡朝、朝禮既畢、王亦爲壇合諸侯以命政焉、是也、左昭十一年傳、會有表、注曰、野會設以爲位、案位卽設於

壇中者、三十一葉前三行左昭十一 以下十六字删去以此易之
鄭注、爾雅謂之椴、釋文椴似茱萸而實赤小、木
茱萸、三十二葉前九行 三牲同芻下增此
玉篇廣韻皆無此訓、段氏引晉語、吾將誰使先若夫二公子而立之、合韋氏所斷兩句爲一、又訓若爲擇、與下文君使縶也鍼對、蓋是然矣、仍無徵、禾部曰、秩、禾若秩穰也、稣、把取禾若也、七發曰、掩薠肆若、爲牧人席、李氏未注若字、蓋藉稾之謂、案以上三事同義、皆禾穗及亂草也、與竹部箬亦一類之物、究未有涉及茱者、竊疑若與叒部叒本是一字、小篆分爲二、許君即各爲之說、說見叒下 三十二葉後一行禾部以下九字删去以此易之

新薪一字、說見斤部、三十四葉後五行 息鄰切之上增此
折 斷也。折斷二字、各有兩音兩義、而皆相呼應。廣韻十七薛曰、折、旨熱切、拗折、是動字、謂人折之也。又曰、折、常列切、斷而猶連也、是靜字、謂自折也。二十九換、斷、丁貫切、決斷、亦動字、詩、無折我樹杞、是斷是遷、是也。二十四緩、斷、都管徒管二切、絕也、亦靜字、月令、視折審斷、是也。從斤斷艸。此說字形、亦以爲動字、蓋折斷二字、皆以斤爲主也、然斷入斤部、折則入艸部者、似前知後識、從手而豫防之者然、此下接周虢季盤。三十五葉前二行
詩傳詩說、亦作禾菽、三十七葉前七行 引亦作菽下增此
後周衛元嵩元包經、坤卦、㐬丼莫默、注曰、㐬音恍、丼音莽、晉卦、
埜丼丼、四十葉後七行 爲一字下增此

shǎo 少 jié 尐 xiǎo 小 zēng 曾 ěr 尒 fēn 分 bā 八

說文解字句讀弟二上

漢太尉南閣祭酒許氏記

相國壽陽祁春浦夫子鑒定

安邱王　筠撰集

益都陳山嵋　訂正

晉江陳慶鏞

博山蔣其崙書篆

三十部　六百九十三文嚴氏曰今實六百九十五文　重八十八毛孫鮑三本同毛後剜改作八十七嚴氏曰今實八十六

凡八千四百九十八字

小　物之微也。漢書律歷志一黍之廣爲一分分者自三微而成著可分別也從八丨。見而八分之。大徐各本無下八字小徐及六書故引唐本則有非也見以說丨分以說八不得但出一八字也丨有見義者中中筆與丨同因系於其後中初生有見意也初生本小再分之彌小也私兆切　凡小之屬皆從小。

說文句讀　卷三　四百九十六　一〇折二十三　一

少　不多也。從小丿聲。徐鍇曰丿音夭書沼切

尐　少也。沙亦作沙沙水少沙見也是尐與少同義開母石闕銘直以尐爲少字博古圖齊侯鎛鐘尐臣齊侯鐘作少臣則直是小臣矣方言廣雅皆曰尐小也從小。廣韻十六屑乀聲。讀若輟。徐鍇曰乀音弗子結切

文三

八　別也。象分別相背之形。它部從八者東下云分別平奚下皆云分博拔切　凡八之屬皆從八。

分　別也。從八從刀。刀以分別物也。甫文切

尒　詞之必然也。玉篇詞之畢也從入丨八。八象气之分散。入聲依韻會引刪補兒氏切

曾　詞之舒也。依登樓賦注引補發端言謂當是廣注許說蓋本作詞也方言曾何也檀弓注則之言曾日部替曾也從八從日。囪聲。囪在江部與東冬鍾同部曾在蒸部易象傳志應也與以剛中也爲韻是其例昨棱切

zhān 詹 shàng 尚 suì 㒸 jiè 介 bié 八 gōng 公 bì 必 yú 余 yú 𩵋 biàn 釆 fán 番

尚　曾也。庶幾也。句蓋後人以釋言增如是許說不當有上也字從八。向聲。時亮切

㒸　从意也。聲類從意也經典皆借遂從八。豕聲。徐醉切

詹　多言也。莊子小言詹詹從言從八從厃。段氏曰當作厃聲職廉切

介　畫也。畫部云界也韓詩介界也從八從人。人各有介。孟子曰柳下惠不以三公易其介古拜切

八　分也。虞書分北三苗虞翻曰北古別字從重八。八別也。亦聲。兵列切繫傳曰或本音兆非也果是兆字必不可以分也說之亦不可以上下有別證之孝經說曰。許沖表云慎又學孝經孔氏古文說故上下有別。作別不作八者此引經以說字形也八字上入下入故云上下以明之不謂孝經作此八字也

公　平分也。從八從厶。音司八猶背也。句亦疑後增部首云象分別相背之形已具此義韓非曰背厶爲公。五蠹篇蒼頡之作書也自環者謂之私背私謂之公宋景文筆記引作八厶爲公古紅切

必　分極也。分別得其極而後可必游移兩可不能必也太元赤石不奪節士之必注石不可奪堅丹不可奪赤猶節士之必專也從八弋。弋亦聲。卑吉切

說文句讀　卷三　六百八十三　一〇折三十七　二

余　語之舒也。釋天四月爲余李巡曰余舒遲之身舒也孫炎曰物之枝葉發舒釋詁余身也孫炎曰余舒之身也王氏煦曰左僖九年傳小白余漢祝睦後碑伊余祝君皆當如是從八舍省聲。以諸切

𩵋　二余也。讀與余同。此重文之別種故其文法有異〇案公必二文當在分篆下余𩵋二文當在尙篆下八重部首當結部尾

文十二　重一

釆　辨。句絕謂其通用也收部注曰釆古文辨字漢司農劉夫人碑甄釆作此釆字別也。天官小宰聽稱責以傳別注故書作傳辨象獸指爪分別也。易剝卦剝牀以辨虞注指間稱辨凡釆之屬皆從釆。讀若辨。蒲莧切

㸒　古文釆。

番　獸足謂之番。廣雅蹯足也從釆。田象其掌。田當作下附袁切

𨆌　番或從足從煩。當作煩聲呂氏春秋過理篇使宰人臑熊蹯不熟厹部說引爾雅其足蹯今本作蹯易賁如皤如董遇曰馬舉足橫行曰皤鄭康成陸績本作蹯

古文番。九歌𤾱芳椒兮成堂，漢幽州刺史朱君碑𤾱芳聲，魏橫海將軍呂君碑遂𤾱聲兮方表，竝借爲播。宷省形存聲也。

宷　悉也。知宷諦也。諦，廣韻引作諟，句蓋庾注。若是許說，則既云悉也，悉篆即在下文，不必諄復也。從宀采。式荏切。

審　篆文宷從番。

悉　詳盡也。句。玉篇：盡也，詳也。言部：詳，審議也。上文審，悉也。此展轉流通之解。而悉無議意，故以盡申之。不直云盡也者，盡者空也，亦非悉之正解，故兼兩義明之。從心采。息七切。

古文悉。從心囧。囧，明也。

釋　解也。廣韻：解，講也，說也，脫也，散也。詩：䢅耜其耕，澤澤。陸氏音釋。釋，爾雅：郝郝，耕也。注：言土解也。此脫散之義。左襄二十九年傳：春王正月，公在楚。釋不朝正於廟也。此講說之義。從采。采取其分別物也。采似衍文，又似即睪字之譌。部中字之再解部首者，如王部望下云：王，朝廷也；𡈼部㸒下云：𡈼猶齊也，皆別立一義也。此分別物與辨別也不異，不當重出，蓋此句本在從睪句下。睪，司視也，令吏將目捕罪人也。本專言別人，此則統言別物，故說之。從睪。睪亦聲。賞職切。

文五　重五　朱文藻本、顧氏本皆作四，或有一重文係後人羼入。

半　物中分也。從八從牛。牛爲物大，可以分也。博幔切。凡半之屬皆從半。

胖　半體肉也。依元應引刪。喪服傳：夫妻胖合也。宋槧釋文如此，許君即主謂此也。胖合所以申明上文之夫妻一體，故說之曰半體，言合兩半以成一也。今黃氏翻宋本儀禮亦作牉，字林同，云：牉，半也；牉合，合其半以成夫婦也。案左片右半，兩義無別，則複矣，恐字林亦如說文，後人改之。廣韻三十二霰：胖，普麪切，半體也。案胖蓋胖之異文。二十九換：畔，牲之半體。案畔蓋胖之譌字。此依天官內饔注立說也，其文曰膴胖。鄭注：胖，如脯而腥者。肉部膴下說曰：周禮有膴判。許君說胖主人言之，牲體則借用判。玉篇不知此義，改胖入肉部，非也。字亦借片爲之，莊子則陽篇：雌雄片合。釋文：片音判。又少牢饋食禮注：古文胖皆爲辯。許君不作膴辯者，爲辯字之義不顯。一曰廣肉。似是俗說，或後人增。從半。廣雅：胖，半也。字主謂人，故入半部。周禮媒氏掌萬民之判。鄭注：判，半也。主合其半成夫婦也。案周官借判爲之，而字仍以半爲主。白虎通引傳曰：夫妻判合也。亦假借。從肉。半亦聲。普半切。

叛　半也。玉篇：離也，去也，不與也，背也，別也。背邑曰叛。廣韻：奔他國。皆無半也之說，不知爲何字之譌。從半。反聲。薄半切。

文三

牛　大牲也。易萃：用大牲吉。虞翻注：坤爲牛，故曰大牲。牛，件也。件，事理也。二句支離，蓋後增也。韻會引云：徐曰：封，高起也。一曰牛，件也。與今本傳亦不同。李時珍引曰：牛，件也。牛爲大牲，可以件分事理也。仍不可解。象角頭三、封及尾之形也。依本草綱目引補。東觀漢記：封牛，其領上肉墳起若封然，因以名之。語求切。凡牛之屬皆從牛。

牡　畜父也。邶風：雉鳴求其牡。傳：飛曰雌雄，走曰牝牡。言畜父者，通言之，別於特之專爲牛父也。從牛。土聲。莫厚切。

犅　特牛也。公羊傳：魯公用騂犅。玉篇：特牛赤色也。從牛。岡聲。魯頌騂剛，是古字；公羊騂犅，是分別文字，分前後輩。此當云剛省聲，以關之。古郎切。

特　朴特。朴，御覽引作犅，非。牛父也。舜典：用特。楚詞天問：焉得夫朴牛。王注：朴，大也。又注九章曰：壯大爲朴。吾鄉呼牡牛曰朴牯。祭天用一牛，故以郊特牲名篇。而實雜我特，百夫之特，皆緣此義借之，謂其無雙也。從牛。寺聲。徒得切。

牝　畜母也。易有牝牛，牝馬。書有牝雞。爾雅有牝羊，是亦通稱也。從牛。匕聲。毗忍切。經典舊音多云扶死反。易曰：畜牝牛吉。離卦文。

犢　牛子也。釋畜：牛屬，曰其子犢。注：今青州呼犢爲㹀。㹀音吼。從牛。賣聲。依韻會引改。徒谷切。

⿰牛市　二歲牛也。釋畜：體長，牬。當作此⿰牛市。從牛。市聲。博蓋切。

犙　三歲牛。從牛。參聲。穌含切。

牭　四歲牛。從牛從四。四亦聲。息利切。

籀文牭從貳。小徐本有仁至反，二部亦曰仁至反，是不謂與牭同字也。初學記於本部自牡至犪皆引之，獨無此字，惟玉篇與說文同。

犗　騬牛也。元應曰：以刀去陰也。莊子外物：任公子爲大鉤巨緇，五十犗以爲餌。從牛。害聲。古拜切。

牻　白黑雜毛牛也。從牛。尨聲。莫江切。

⿰牛京　牻牛也。從牛。京聲。呂張切。春秋傳曰：牻涼。閔二年文。段氏曰：本作尨涼，許引此以證牻涼之所以從尨從京也。牻涼同義，與牻涼一理相似。

犡　牛白脊也。玉篇作犡。從牛。厲聲。洛帶切。

⿰牛余　黃牛虎文。從牛。余聲。讀若塗。當作涂。左傳謂虎於菟，釋艸：蒤，虎杖，皆與⿰牛余同音。同都切。

犖　駁牛也。廣韻：駁犖，

quán 牷　shēng 牲　chǎn ⿰牜產　móu 牟　chōu 犨　tāo ⿰牜攴　jiāng ⿰牜畺　yuè ⿰牜隺　rún 犉　piāo 犥　pēng ⿰牜平　liè ⿰牜寽

牛雜色、上林賦、赤瑕駁犖、司馬彪曰、駁犖、采點也、從牛。勞省聲。呂角切、

⿰牜寽 牛白脊也。不與犡相繼、且白脊亦不必有兩名、廣韻曰、⿰牜寽出字林、案厲寽同部、恐本係一字、說文作犡、字林作⿰牜寽、校者以入說文、宋人又據說文入玉篇、故兩書次序同、從牛。寽聲。力輟切、

⿰牜平 牛文駁如星也。依御覽引補、從牛。平聲。普耕切、

犥 牛黃白色。段氏曰、黃馬發白色曰驃、然則犥者、黃牛發白色也、從牛。麃聲。補嬌切、

犉 黃牛黑脣也。詩無羊、良耜、毛傳皆云、然、釋畜、黑脣犉、又云、白馬黑脣駩、釋文、駩、孫本作犉、云與牛同稱、案馬部不收駩、則許君據本亦作犉、從牛。𦎫聲。如勻切、詩曰。九十其犉。小雅無羊文、

⿰牜隺 白牛也。似當作白頟牛也、馬部駹、馬白頟、從牛。隺聲。五角切、

⿰牜畺 牛長脊也。廣韻此句下又云、一曰白脊牛、段氏疑亦出說文、案玉篇但云白牛也、亦可證、從牛。畺聲。居良切、

⿰牜攴 牛徐行也。從牛。攴聲。讀若滔。大雅江漢、武夫滔滔、箋云、循流而下滔滔然、疏曰、滔滔武夫之皃、非水之皃、士衆陸行、不在於水、土刀切、

犨 牛息聲也。從牛。雔

說文句讀　卷三　七百六十九　、○折四十二　五

聲。赤周切、一曰。牛鳴。依初學記引改、史記索隱、實犨字、鳴犢、

牟 牛鳴也。柳宗元牛賦、牟然而鳴、黃鍾滿脰、從牛。象其聲气從口出。莫浮切、

⿰牜產 畜。句絕、畜䍮一字、䍮、牲也、與此羅紋轉注、牲也。申之以牲也者、為其從牛也、六畜皆為牲、而牛最重、故牲牷亦皆從牛、天官庖人注、六畜、六牲也、始養之曰畜、將用之曰牲、從牛。產聲。所簡切、

牲 牛完全。他書未有如此解者、蓋許君以犧非古字、故遂犧字之說於牲也、左傳、賓孟見雄雞自斷其尾、問之、侍者曰、自憚其犧也、是完全為犧之證、左成七年經、鼷鼠食郊牛角、改卜牛、鼷鼠又食其角、乃免牛、是不完全不為犧之證、僖三十一年經、卜郊不從、乃免牲、傳曰、牛卜日曰牲、是免牛免牲特分卜日與未卜日耳、即牲犧同義之證、從牛。郊祀用犢、禮之最大、而特牲饋食禮、豕謂之牲、是六牲蒙牛得稱也、而春秋免牲、免牛異文者、上言卜郊、是主禮而言、故曰牲、上言鼷鼠食角、是主牛而言、故曰牛、未必如傳所云、且既云卜郊不從矣、其未卜日可知、生聲。所庚切、

牷 牛純色。周官牧人、于陽祀陰祀望祀三言毛之、取其純也、又申以時祭之牲、必用牷物、凡外祭毀事、用尨可也、則牷物即所謂毛之也、尨與牷對文、則不毛之也、從牛。全聲。疾緣切、

fèi ⿱非牛　lí 犂　bèi 犕　rǎo 犪　chú 犓　láo 牢　gù 牿　qiān 牽

禮。祭祀牲牷。依韻會引補、

牽 引前也。當作□、地官牛人注、人御之、居其前曰牽、從牛象引牛之縻也。冂象縻形、然非字、不當出、注刻小徐本、韻會引、有冂、非、元聲。當作玄聲、聲兼意、玄者叀之古文也、叀下云、叀者如叀馬之叀、從此與牽同意、苦堅切、

牿 牛馬牢也。從牛。告聲。古屋切、周書曰。今惟牿牛馬。費誓、今惟淫舍牿牛馬、大徐無淫舍、朱氏顧氏小徐本、有淫無舍、偽孔傳、今軍人惟大放舍牿牢之牛馬、

牢 閑。句絕、地官充人注、牢、閑也、門部、閑、闌也、無牢義、於此補之、然今亦呼圈為闌、闌牢雙聲、語轉也、養牛馬圈也。又廣其名也、後漢書東夷傳注、牢、圈也、從牛。從冬省。取其四周帀也。二句一義、而各有所指、從冬省者、冬時牛乃入牢也、此取字義、□帀牛外、以見牢之完密、牛在其中、不畏冷也、此以字形取義、魯刀切、

犓 以芻莖養國牛也。依文選七發注改補、地官牛人、掌養國之公牛、以授職人而芻之、蓋許說所本、淮南詮言訓、心有憂者、菰飯犓牛、弗能甘也、從牛芻。芻亦聲。測愚切、春秋國語曰。犓豢幾何。楚語文、牛馬曰芻、犬豕曰豢。依孟子疏引補、芻當作犓、

說文句讀　卷三　七百九十　、○折四十一　六

上文但言牛、豕部豢下但言豕、以字從牛從豕也、此引國語而釋之、增馬犬二義、言其通也、

犪 牛柔謹也。玉篇、尚書犪而毅、字如此、夏官服不氏、掌養猛獸而教擾之、注、擾、馴也、職方氏之四擾五擾六擾、則畜皆謂之擾、許主言牛、以字從牛耳、以柔釋犪者、夒與柔夒、古韻本通、故說文之夒、小雅作猱、樂記作獿、凡經典中馴擾字、皆犪之借也、從牛。夒聲。而沼切、

犕 服也。易曰。犕牛乘馬。今本犕作服、左傳王子伯服、鄭世家作伯犕、字林、犕、牛具齒也、如或本之說文、則引易為廣一義、竊用玉篇補之者、以其正相附屬也、後漢書皇甫嵩傳、義真犕未乎、章懷注、犕音服、說文曰、犕牛乘馬、犕、古服字、今河朔人猶有此言、音備、案此說是服從之言、亦讀如備也、關雎服與得側為韻、從牛。葡聲。平祕切、

犂 耕也。史記司馬耕、論語孔注作司馬犂、知犂祇是耕、耒部耕、犂也、正相轉注、知無挩字、若玉部說之犂冠、則犂是器名、與玉篇犂耕具也合、蓋後世義也、從牛。黎聲。郎兮切、

⿱非牛 兩壁耕也。廣雅、耦、⿱非牛、耕也、未詳兩壁之義、姑以農事說之、今年作塲于地邊、則田正平、明年復自地中作塲、則田兩分而中有溝、殆所謂兩壁耕乎、玉篇、塲、始羊切、耕塲、從牛。非聲。亦兼意、一曰。覆耕種也。蓋謂再耕之而

後穜稙也。廣韻但曰覆耕。讀若匪。句當連非聲。非尾切。

𤛓 牛羊無子也。從牛。𠷎聲。讀若糗糧之糗。徒刀切。玉篇作犢。

牴 觸也。漢書揚雄傳。犀兕之牴觸。從牛。氐聲。氐部䚡、觸也。則聲兼意。都禮切。字或作觝。遞異記。蚩尤以角觝人。

𤛴 牛踶𤛴也。𤛴衛一字。反足踶人也。從牛。衞聲。于歲切。

掔 牛很不從引也。引、集韻類篇引作牽。從牛臤。臤亦聲。喫善切。一曰。大皃。讀若賢。廣雅。賢、犬也。考工記輪人。五分其轂之長。去一以爲賢。注。賢、大穿也。

牼 牛厀下骨也。牼蓋與脛同。牼爲牛厀骨專字。從牛。巠聲。口莖切。春秋傳曰。宋司馬牼字牛。曰當作有。段氏疑即司馬耕。嚴氏疑爲昭二十年少司寇牼。

⿰牛今 牛舌病也。玉篇字作趻。廣韻。⿰牛今、牛舌下病。從牛。今聲。巨禁切。

犀 南徼外牛。韻會引作徼外獸。漢書鄧通傳注。徼猶塞也。東北謂之塞。西南謂之徼。一角在鼻。一角在頂。二角者山犀也。三角者水犀也。生頂領及鼻上。亦有一角者。佀豕。釋獸文。從牛。尾聲。先稽切。

牣 滿也。依韻會引删。毛傳同。從牛。刃聲。而震切。詩曰。於牣魚躍。大雅靈臺文。

物 萬物也。牛爲大物。天地之數起於牽牛。尚書考靈曜。甲子冬至。日月五星皆起于牽牛。若編珠。戴東原曰。周人以斗牽牛爲紀首。命曰星紀。自周以上。日月之行。不起于斗牽牛也。故從牛。勿聲。文弗切。

犧 宗廟之牲也。從牛。羲聲。許羈切。賈侍中說。賈逵字景伯。扶風人。官侍中。許君受學于逵。故稱官而不名。此非古字。秦詛楚文作𦏧牲。伏羲亦作伏犧。是知古字但用羲。惟其非古字也。是以不與牲牷類列。而綴之於末。蓋物爲總名。已結部尾矣。

文四十五　重一

犛 西南夷長髦牛也。封禪書狸牛。郊祀志作犛牛。史記索隱作貓牛。莊子消搖游作斄牛。與旄牛爲二物。漢書司馬相如傳。其獸則庸旄貘犛。張揖曰。旄牛如牛而四節生毛。犛牛黑色。出西南徼外。釋畜。犣牛。郭注。旄牛也。西南夷傳。旄牛重千斤。知其大于犛牛。犛牛色黑。旄牛則雜白黑二色也。髦、玉篇作尾。下文即氂字。特爲其尾製字。則玉篇可信。又山海經郭注。背厀及胡尾皆有長毛。不言其麌也。從牛。𠩺聲。汲古初印莫交切。刓改里之切。玉篇兼此二切。春官樂師釋文。氂舊音毛。劉音來。沈音貍。或音茅。字或作斄。或作氂。皆同。是知本部三字。不特同音。且通用也。凡犛之屬皆從犛。

氂 犛牛尾也。爾雅翼。犛牛護尾特甚。性至麤梗難制。然草木鉤其尾。則止不動。解乃得去。從犛省。從毛。不言聲者。犛省及毛皆其聲也。許君于會意字而兩體之聲皆諧者。例不言聲。如此字不言止匕皆聲是也。汲古里之切。改莫交切。漢書顏注。力之反。禮記經解。差若豪氂。釋文。氂、徐音來。

斄 强屈毛也。依元應引改補。强者、倔强也。屈者、屈曲也。漢劉屈氂、即取此義。然不作屈斄。而左傳晏氂。外傳又作晏萊。莊子消搖游釋文。出斄牛字。而曰。郭呂之反。徐李音來。又音離。司馬云。旄牛。此三字通用之又一證也。可以箸起衣。著讀如既夕禮茵著用茶之著。丁呂反。充之以絮也。王莽傳。以氂裝衣。顏注。毛之强曲者曰氂。以裝褚衣中。令其張起也。從犛省。來聲。洛哀切。

𠩺 古文斄省。

文三　重一

告 牛觸人。角箸橫木。所以告人也。從口從牛。古奥切。易曰。僮牛之告。大畜六四。童牛之梏。九家作告。虞注。坤爲牛。告謂以木楅其角。大畜畜物之家。惡其觸害。艮爲手。爲小木。巽爲繩。繩縛小木。橫箸牛角。故曰童牛之告。凡告之屬皆從告。

嚳 急。元應一引云。嚳、急也。甚也。此增刪其文也。又引云。酷、急也。酷之甚也。此傳寫之誤也。然足知急當句絕。嚳乃嚴酷之正字。故以急說之。嚴下云。教命急也。亦說之以急。白虎通謂之帝嚳者何也。嚳者、極也。言其能施行窮極道德也。告之甚也。又申說之者。字隸告部。須見從告之義也。酷者實甚。而受其酷者。以之告人。必加甚。所謂下流惡歸也。從告。學省聲。苦沃切。案告亦聲也。故借酷爲嚳。詩有覺德行。禮記緇衣引有梏德行。則學告一聲也。

文二

口 人之所以言食也。舌部亦兼此兩事說之。象形。苦后切。凡口之屬皆從口。

噭 吼也。從口。敫聲。古弔切。一曰。噭呼也。呼當作嘑。曲禮。毋噭應。注。噭、號

zhòu 噣 huì 喙 wěn 吻 lóng 嚨 hóu 喉 yān 咽 yì 嗌 yǔn 喗 chǐ 哆 gū 呱 jiū 啾 huáng 喤 xuǎn 咺 qiàng 唴 táo 咷

呼之聲也。○此篆當刪。虛字不當冠噣喙之上，一也。說文無叫字，二也。不與叫嘷等字類聚，三也。與讐當卽一字，四也。雖玉篇引之，叫篆說亦有此字，不可信。

噣　喙也。玉篇引詩不濡其噣。從口。蜀聲。陟救切

喙　口也。通俗文、獸口曰喙、左傳深目而豭喙、從口。彖聲。元應曰、字從口彖聲、彖音他亂反、案彖卽㣇字、自當依許君讀若弟、乃與彖音協、然云他亂反、亦足破諸家拘攣之說、廣韻引詩昆夷㾂矣、方言、㾂、偽、傍也、郭注、今江東呼極爲㾂、音喙、外傳曰、余病㾂矣、案今詩及外傳並作喙、說文無㾂、㾂、玉篇云、㾂或作㾂、㾂亦作喙、而皆音許穢切、是可徵也、蠡墜並放此、不得如桂段二家改從彖、生部本無彖字、二家未之知也、許穢切

吻　口邊也。字林同、蒼頡篇、吻、脣兩邊也、從口。勿聲。武粉切

脗　吻或從肉昏。玉篇作㖧、云古文、然是孫强輩增、吻字注中出脗、肉部收之矣、且皆從昏、

嚨　喉也。廣雅、嚨、咽也、釋鳥、亢、鳥嚨、從口。龍聲。盧紅切

喉　咽也。御覽引作嚨也、案此渾言之也、韻會、醫經云、咽者嚥水、喉者候氣、案喉骨而咽肉、喉前而咽後、或曰喉右而咽左、則結喉見於外、可以破之、惟咽納食也、故孟子云三咽、玉篇始有專字作嚥、從口。侯聲。乎鉤切

咽　嗌也。山海經、白鵺、食之已嗌痛、注、今吳人呼咽爲嗌、從口。因聲。烏前切

嗌　咽也。廣雅同、列子湯問篇注、嗌、喉上也、從口。益聲。伊昔切

𦋫　籀文嗌。上象口。下象頸脈理也。漢書百官公卿表、𦋫作朕虞、顏注、𦋫、古益字也、

喗　大口也。集韻、口大齒醜皃、從口。軍聲。牛殞切

哆　張口也。小雅巷伯、哆兮侈兮、仲尼弟子列傳、漆雕哆、字子斂、蓋進名退字之義、從口。多聲。本姼可反、字林丑亞、丑加二反、孫丁可切

呱　小兒嗁聲也。法言、呱呱之子、各識其親、從口。瓜聲。古乎切　詩曰。后稷呱矣。大雅生民文、

啾　小兒聲也。廣韻、啾唧、小聲、案啾唧雙聲字、從口。秋聲。卽由切

喤　小兒聲。玉篇、小兒啼聲、段氏曰、啾謂小兒小聲、喤謂小兒大聲也、從口。皇聲。乎光切　詩曰。其泣喤喤。小雅斯干文、

咺　朝鮮謂兒泣不止曰咺。此及唴咷喑三字說、幷見方言、從口。亘聲。依韻會引改況晩切

唴　秦晉謂兒泣不止曰唴。從口。羌聲。丘尚切

咷　楚謂兒泣不止曰噭咷。易同人、有先號咷、後號咷、從口。兆聲。徒刀切

shì 噬 dàn 啗 chán 嚵 shuì 啐 shǔn 吮 jiào 噍 jì 嚌 jí ⿰口集 chuò 啜 jǔ 咀 kuài 噲 xián 嗛 hái 咳 yì 嶷 yīn 喑

喑　宋齊謂兒泣不止曰喑。玉篇、喑、啼極無聲也、從口。音聲。於今切

嶷　小兒有知也。從口。疑聲。魚力切　詩曰。克岐克嶷。淮南高注引同、大雅生民文、今作嶷、傳、嶷、識也、

咳　小兒笑也。內則、咳而名之、詩正義、謂指其頤下令之笑而爲之名、從口。亥聲。戶來切

孩　古文咳從子。內則釋文作此孩、

嗛　口有所銜也。銜乃馬口所嗛之物、且與嗛同音、故以況之、今卽借銜爲嗛、玉篇引淮南子、王咮不嗛、嗛、銜也、釋獸、寓鼠曰嗛、郭注、頰裏貯食處、案寓當作禺、母猴也、廣韻、嗛、猿藏食處、夏小正、田鼠者、嗛鼠也、從口。兼聲。戶監切

噲　咽也。此下咽之咽、集韻十七夬兩收、一引說文、烏快切、內又收之、云小咽、若是咽喉、豈有大小之別、從口。會聲。苦夬切、此及下文呑字、大徐遂之喉下咽上、非也、或讀若快。此讀所以明假借也、小雅斯干、噲噲、猶快快也、三蒼、噲、亦快字、淮南精神訓、噲然得臥、一曰。嚵噲也。集韻引一曰、嚵也、段氏改作一曰、噲嚵也、似是、

咀　含味也。元應引字林作齟、又引字林、咀、齟也、蒼頡篇、咀、嚼也、從口。且聲。本才與反、孫慈呂切、

啜　嘗也。釋言、啜、茹也、檀弓、啜菽飲水、從口。叕聲。本穿劣切、孫昌說切、一曰。喙也。廣雅、喙、息也、左傳引詩夷喙矣、本書引詩作呬、

⿰口集　噍皃也。依元應引補、元應以㗗爲唼師之古文、子盍反、引字林、唼、血也、從口。集聲。讀若集。子入切

嚌　嘗也。見鄉飲酒禮及雜記、注、嚌、至齒、從口。齊聲。在詣切　周書曰。大保受同祭嚌。顧命文、正義、示飲而實不飲也、

噍　齧也。字林、嚼、咀齧也、從口。焦聲。才肖切

嚼　噍或從爵。又才爵切

吮　欶也。釋名、吮、循也、不絕口、稍引滋汋、循咽而下也、從口。允聲。本似兗切、孫徂沇切、

啐　小歓也。士冠禮、啐醴、注、古文啐爲呼、呼益啐之譌、雜記、衆賓兄弟則皆啐之、注、啐、嘗也、集韻、啐、小歠也、從口。卒聲。讀若毳。所劣切

嚵　小啐也。廣雅、嚵、嘗也、從口。毚聲。士咸切　一曰。喙也。

噬　啗也。字林同、喙也。從口。筮聲。時制切、筮、竹部作簭、

啗　食也。廣雅同、從口。臽聲。徒濫切　讀與含同。廣韻、啖與啗同、許君分列之、而又讀若含、是不謂爲

一字、

嘰　小食也。史記司馬相如傳噍咀芝英兮嘰瓊華、從口幾聲。居衣切。

噂　噂⿰口集。噍聲皃也。元應三引其一如此。從口尃聲。補各切。

吞　咽也。下咽也。穀梁隱三年傳注、其所吞咽者壞入于內。從口天聲。土根切。

含　嗛也。釋名、含、合也、合口而停之也、從口今聲。胡男切。

哺　哺咀。口中嚼食也。依爾雅釋文引補、漢書賈誼傳抱哺其子、顏注、哺、飤也、從口甫聲。薄故切。案自嗛至噫二十二字、皆飲食之事、而次第未合、擬改之曰、嗛含咀啜嚌噍嚼哺噂⿰口集噬啗嘰啐饞吮噲吞、以下如舊、不從段氏連哺咀者、咀訓含味、則哺是兼義、故宜承嗛含、元應引字林、咀、齬也、亦不連哺、

味　滋味也。檀弓、必有艸木之滋焉、注、增以香味、是滋即味也、從口未聲。未部說曰、味也、六月滋味也、無沸切、

嚛　食辛嚛也。元應引無嚛宇、火部引周書味辛而不嫪、呂覽本味篇、味辛而不烈、玉篇引伊尹云、酸而不嚛、酸似當作辛、從口樂聲。火沃切、

⿱窡口　口滿食。蓋同啜、孟子、徒餔啜也、從口窡聲。丁滑切、

噫　飽者出息也。元應三引、其一如此、大飽气窒喉中閡閡有聲、從口意聲。於介切、

嘽　喘息也。小雅四牡傳、嘽嘽、喘息之皃、一曰喜也。大雅、徒御嘽嘽、傳、嘽嘽、喜樂也、從口單聲。他干切、詩曰。嘽嘽駱馬。四牡文、本書又引于痑下、

唾　口液也。內則、不敢唾洟、從口垂聲。湯臥切、

涶　唾或從水。水部已見、此重出、

咦　南陽謂大呼曰咦。從口夷聲。以之切、

呬　東夷謂息爲呬。夷、方言及釋詁郭注皆作齂、釋詁、呬、息也、詩假樂、民之攸塈、借塈爲呬、從口四聲。虛器切。詩曰。犬夷呬矣。大雅緜篇、混夷駾矣、維其喙矣、此合二句爲一、馬部引昆夷駾矣、廣韻引昆夷瘃矣、廣雅、喙、息也、瘃、極也、蓋倦極而息也、

喘　疾息也。釋名、喘、湍也、湍、疾也、氣出入湍疾也、從口耑聲。昌沇切、

呼　外息也。字林同、韻會、出息爲呼、入息爲吸、從口乎聲。荒烏切、

吸　內息也。引也。謂引气息入也。依元應引補、似是庾注、從口及聲。許及切、

噓　吹也。聲類、出气急曰吹、緩曰噓、案吹噓亦外息、與呼同、呼出自然、吹噓出於有意、則異、從口虛聲。朽居切、

吹　噓

也。從口欠。昌垂切、

喟　大息也。謂嘆聲也。依元應引補、蓋庾注也、漢書高帝紀、喟然大息、顏注、喟、嘆息皃、大息言其嘆息之大、從口胃聲。丘貴切、

嘳　喟或從貴。字林、嘳、息也、憐也、

啍　口气也。似當作口气出也、五音集韻、啍、气出皃、從口𦎧聲。他昆切、詩曰。大車啍啍。王風大車文、傳、重遲之皃、此別一義也、

嚔　悟解气也。悟當作啎、气爲寒啎、得嚔而解、也、蒼頡篇、嚔、噴鼻也、從口疐聲。疐、礙也、兼意、都計切、詩曰。願言則嚔。毛傳作疐、鄭讀爲不敢嚔咳之嚔、故段氏嚴氏皆刪此句、

⿰口質　野人之言。論語、質勝文則野、從口質聲。之日切、

唫　口急也。俗云牙關緊也、素問、呿唫之徵、注、呿、開口、唫、閉口、呂覽重言篇、君呿而不唫、注、呿開、唫閉、從口金聲。巨錦切、又牛音切、

噤　口閉也。鼂錯傳、噤口不敢復言、從口禁聲。巨禁切、

名　自命也。淮南繆稱訓文也、左桓六年傳、命之曰同、則名者父所命也、許君爲夕字計、故云自命、從口夕。夕者冥也。冥不相見。故以口自名。祭統、夫鼎有銘、銘者自名也、周禮小祝故書作銘、今書或作名、士喪禮古文作銘、今文皆爲名、許君不收銘字、故于此見自名之義、字林收銘字、云題勒也、武幷切、

吾　我。句、釋詁文、自稱也。稱當作偁、從口五聲。五乎切、

哲　段氏改從𣂔、是也、凡從𣂔者放此、知也。釋言文、彼作智、從口折聲。陟列切、

悊　哲或從心。洪範、明作哲、王肅本作悊、春秋繁露作哲、呂刑、折民惟刑、馬注、折、智也、釋文、馬鄭王皆音悊、墨子引作哲、漢書刑法志引作悊、

嚞　古文哲從三吉。大雅抑篇釋文、靡嚞不愚、省從二吉、

君　尊也。從尹。謂至尊、尹治天下也、尹亦聲、發號。故從口。兩體不連貫、故分解之、舉云切、

𠱩　古文象君坐形。

命　使也。詩卷阿七章曰、維君子使、八章曰、維君子命、從口令。令亦聲、金刻多借令爲命、史伯碩父鼎、永令萬年、其徵也、眉病切、

咨　謀事曰咨。魯語、咨事爲謀、從口次聲。即夷切、

召　評也。轉注、書甘誓、乃召六卿、從口刀聲。直少切、

問　訊也。轉注、從口門聲。亡運切、

唯　諾也。謂應之敬辭也。依元應引補、蓋庾注也、玉藻、父命呼、唯而不諾、

chàng 唱　hè 和　xì 咥　è 啞　jué 噱　xī 唏　yǐn 听　yì 呭　jiāo 嘄　duō 咄　āi 唉　zāi 哉　zǔn 噂　qì 咠

故庾氏正之、從口隹聲。以水切、唱 導也。詩鄭風、唱予和女。春官樂師、借倡字爲之、從口。昌聲。尺亮切、

咊 相應也。易、鳴鶴在陰、其子和之、從口。禾聲。戶戈切、依許說當胡臥切、

咥 大笑也。從口。至聲。本虛既反、又大結反、孫許既切、又直結切、詩曰。咥其笑矣。衛風氓文、毛傳、咥咥然笑、

啞 笑也。字林、笑聲也、用震卦馬注、從口。亞聲。於革切、易曰。笑言啞啞。震卦文、

噱 大笑也。漢書敘傳、談笑大噱、通俗文、樂不勝謂之嘔噱、從口。豦聲。其虐切、

唏 笑也。篇海引作笑聲、從口。希聲。虛豈切、一曰。哀痛不泣曰唏。方言文、史記十二諸侯年表、紂爲象箸而箕子唏、公羊傳作悕、淮南繆稱訓作嘰、說山訓仍作唏、高注、唏、驚號啼也、

听 笑皃。上林賦、亡是公听然而笑、從口。斤聲。宜引切、

呭 多言也。與言部詍同、從口。世聲。余制切、詩曰。無然呭呭。大雅板文、彼作泄、孟子同、言部引作詍、釋訓釋文、泄泄或作呭呭、

嘄 聲嘄嘄也。釋言、嘂、叫也、周禮大祝注、嘂、嘄也、釋文音叫、漢書息夫躬傳、如使狂夫嘄謼于東崖、玉篇有嘂無嘄、云、聲也、亦作叫、從口。梟聲。古堯切、

說文句讀《卷三　七百三十六　十三

咄 相謂也。元應引字林同、又引字林作相訶也、蓋字誤、元應又引字書、咄、叱、是知文選注引說文咄叱也、乃誤以字書當說文也、漢書李陵傳、立政曰咄、少卿良苦、從口。出聲。本丁兀切、孫當沒切、

唉 應聲也。依元應引補、字書、唉、慢應也、說又見言部誒下、從口。矣聲。讀若塵埃。烏開切、

哉 言之閒也。釋詁、孔、魄、哉、延、虛、無之言、閒也、郭注、孔、穴、延、魄、虛、無、皆有閒隙、餘未詳、郭所謂餘、指哉之言三字也、案釋詁蓋本作言之閒也、爲許君所承用、郭所据本、倒作之言、遂字讀爲一句、而爲哉之言三字各求閒隙之解、而不可得矣、言之閒者、詞之閒也、謂語詞有閒意者、用孔魄哉延虛無皆可、許君獨于哉字下引此文者、它字自有本義、惟哉字以此爲本義也、從口。𢦏聲。祖才切、

噂 聚語也。噂祇訓聚、語字便侵沓字地步、即此一言、知增篆者不達詩詁、秋官朝士、族談者、注云、噂語也、釋文作僔、案以傳釋族、以語釋談、與說詩同、從口。尊聲。子損切、詩曰。噂沓背憎。此篆乃後增、段氏所舉以證者甚備、余案左僖十八年傳、引詩亦作僔、

咠 聶語也。聶、附耳私小語也、從口。從耳。七入切、詩曰。咠咠幡幡。小雅巷伯文、彼作緝緝翩翩、捷捷幡幡、

xiā 呷　huì 嘒　rán 嘫　běng 唪　tián 嗔　piāo 嘌　hū 嘑　yù 喅　xiào 嘯　yí 台　yáo 嗂　qǐ 启

呷 吸呷也。卽子虛賦之翕呷、元應引作吸也、非、元應引詩、載吸其舌、今本作翕、箋云、猶引也、知吸呷猶云飲歠、非用吸字本意、從口。甲聲。呼甲切、

嘒 小聲也。詩凡言嘒嘒者、以此統之、從口。彗聲。呼惠切、詩曰。嘒彼小星。召南小星文、此別一義、毛傳、嘒、微皃、許不區別其說者、以詩已云小也、

嚖 嘒或從慧。石州曰、穆案、鶡冠子近迭篇注、度無以嘒意爲摸、陸佃注、嘒讀爲嘒彼小星之嘒、

嘫 語聲也。集韻二十八山、嘫、語聲、禮記、穆公召縣子而問然、國人稱願然、蓋皆此字之省、論語、宗族稱孝焉、蓋此字之借、然否之然、蓋亦此字、從口。然聲。如延切、一曰。麐。依集韻二僊引補、麐當作應、此然諾之然、

唪 大笑也。玉篇、大聲也、從口。奉聲。方蠓切、讀若詩曰瓜瓞菶菶。大雅生民文、玉部玤下引同、今詩作唪、釋文亦不載三家異體、然傳云、唪唪然多實也、則從口不如從艸之切矣、今本殆以音讀易本文乎、

嗔 盛气也。王藻、盛氣顛實揚休、借顛爲之、然、玉篇云、盛聲也、引詩同、從口。眞聲。待年切、詩曰。振旅嗔嗔。小雅采芑文、彼作闐、箋以伐鼓說之、孟子則作塡然鼓之矣、然非許義、

說文句讀《卷三　七百六十　十四

嘌 疾也。從口。𤐫聲。撫招切、詩曰。匪車嘌兮。檜風匪風文、傳、嘌嘌、無節度也、許說之疾、固可承上章傳之疾驃然以疾說之、則當與下文哨吪等字類列、釋文曰、嘌、本又作票、恐當以假借爲正、嘌字蓋後增、故不得其次、

嘑 號也。呼吸之呼、謼召之謼、多與嘑相亂、号部、號、呼也、當作嘑也、與此轉注、大雅式號式呼、崔靈恩本作謼、亦當作嘑、從口。虖聲。荒烏切、

喅 音聲喅喅然。集韻、喅喅、衆聲、從口。昱聲。余六切、

嘯 吹聲也。詩江有汜箋、嘯、蹙口而出聲也、嘯旨、其氣激于喉中而濁、謂之言、激于舌端而清、謂之嘯、從口。肅聲。穌弔切、

歗 籀文嘯從欠。已見欠部、此重出、

台 說也。太史公自序、唐堯遜位、虞舜不台、索隱、台、悅也、從口。㠯聲。与之切、

嗂 喜也。此卽釋詁繇喜也、郭所据本、以同音之繇易之、注曰、禮記曰、人喜則斯陶、陶斯詠、詠斯猶、猶卽繇也、古今字耳、案鄭君破猶爲搖、大戴禮文王官人篇云、喜色由然以生、注云、由當作油、案由猶聲同、或義亦相近、從口。䍃聲。余招切、

启 開也。士昏禮旣夕禮注、今文啓爲開、經典皆借啓爲启、惟釋天、明星謂之启明、方言引左

口

tǎn 嗿　xián 咸　chéng 呈　yòu 右　chì 啻　jí 吉　zhōu 周　táng 唐　chóu 𠷎　dàn 嘾　yē 噎　wà 嗢

傳、篳路藍褸、以启山林、從戸口。康禮切。不入戸部者、玉篇引書曰、允子朱启明、然則戸可開闔、從其譬況之義也、

嗿 聲也。毛傳、衆皃、許不用者、野人不以禮食、其口作聲、乃備極形容之詞、非徒以字從口、從口貪聲。他感切。詩曰、有嗿其饁。周頌載芟文。

咸 皆也。悉也。從口從戌。小徐戌聲。戌、悉也。小徐無此句、案咸皆也見釋詁、悉義不異、不當再出、恐句本在此、小徐誤迻于上、大徐兩存之、然戌聲不諧、以戌爲悉、又無證、或者戌悉疊韻、漢書律歷志、畢入于戌、畢與悉義近邪、仍兩存之、以俟決擇、胡監切。

呈 平也。他書皆無此訓、葢許君以呈爲程之古文也、禾部程下、雖無平義、然漢書高帝紀、如淳注曰、程者、權衡丈尺斗斛之平法也、荀子致仕篇、程者、物之準也、案準固所以爲平之器也、是知法律章程、莫不要於平、而呈程一字、可知矣、史記秦始皇本紀、上至以衡石量書、日夜有呈、不中呈不得休、雖無平義、而其用呈字、卽今之所謂程矣、從口壬聲。壬部望下云、壬、朝廷也、風俗通、廷、平也、直貞切。

右 助也。從口從又。小徐又聲、于救切、己見又部、此重出、右以又爲主、口爲從、猶左以𠂇爲主、工爲從也。

啻 語時不啻也。蒼頡篇、啻、多也、不從口帝聲。施智切。一曰啻諟也。讀若鞮。案、鞮都兮切、許葢讀爲都計切、謂啻與諦字通也、一從口、一從言、而皆以帝爲聲、方言、諦、諟也、

吉 善也。轉注、又與凶部說惡也相應、人知善惡、卽是吉凶、不須再問蓍龜矣、從士口。居質切。

周 密也。管子樞言篇、先王貴當貴周、周者、不出于口、不見於色、一龍一蛇、一日五化之謂周、注曰、深密不測、故周也、從用口。職留切。

𠷐 古文周字、從古文及。

唐 大言也。莊子天下篇、荒唐之言、從口庚聲。徒郎切。

啺 古文唐、從口昜。昜聲也、

𠷎 誰也。釋詁、疇、誰也、從口𠷎又聲。直由切、嚴氏曰、廣韻十八尤引說文、𠷎、誰也、又作𠷎、則𠷎爲正文、𠷎爲重文、段氏曰、又非聲、且無從𠷎聲之字、但當作𠷎、桂氏引易疇離祉、釋文、鄭作古𠷎字、列子釋文、𠷎、古疇字、誰也、

嘾 含深也。莊子馬蹄篇、大甘而嘾、從口覃聲。徒感切。

噎 飯窒也。通俗文、塞喉曰噎、從口壹聲。烏結切。

嗢 咽也。咽當作噎、否則咽下有挩字、文選笙賦、先嗢噦以理氣、注、言將欲吹笙、咽中先噦而理氣也、卽引說文以證、案嗢噦葢連語、謂作聲以利喉也、猶之嗢噦、皆以兩字成義、未必如李

xiàn 哯　tǔ 吐　yuē 噦　fú 咈　yōu 嚘　jī 吃　shì 嗜　dàn 啖　gěng 哽　jiāo 嘐　zhāo 啁　wā 哇　è 㖾　dōu 吺

善所說、咽喉字不當在此、從口𥁑聲。烏沒切。

哯 不歐而吐也。元應曰、今謂小兒吐乳爲哯也、關尹子一字篇、而哯之、而噴之、從口見聲。胡典切。

吐 寫也。詩、柔亦不茹、剛亦不吐、又曰、我心寫兮、從口土聲。他魯切。

噦 气啎也。依元應引改、歐者有聲無物、謂之噦、俗謂之乾噦、內則、不敢噦噫、從口歲聲。於月切。

咈 違也。廣雅、咈、盭也、堯典、咈哉、傳曰、咈、戾也、玉篇引易曰、咈經于上、而說之曰、咈、違也、今頤卦作拂、從口弗聲。符弗切。周書曰、咈其耇長。商書微子文、辵部退下引微子、亦稱周書、足部躋下引微子、則稱商書、其文不同、嚴氏以虞夏商周字爲後人所加、此亦足證、

嚘 語未定皃。東方朔傳、伊優亞者、辭未定也、欠部歐、嚘也、別自一義、說又見欠部歋下、從口憂聲。語求切。

吃 言蹇難也。聲類、重言也、方言、譾、吃也、楚語也、或謂之軋、或謂之澀、史記韓非傳、非爲人口吃、不能道說、而善著書、從口气聲。居乙切。

嗜 嗜欲、喜之也。元應引作欲意也、韻會引作喜欲之也、從口耆聲。常利切。

啖 當作嚼、噍啖也。釋草釋文引作噍也、從口炎聲。徒敢切。〔一曰噉。〕此後人校篆文語也、玉篇、噉亦作啖、其序在啗下、啗上、乃飲食之類、葢說文挩誤在此也、釋草釋文、啗本亦作啖、又作噉、案說文啗噉非一字、

哽 語爲舌所介礙也。哽介雙聲、介礙疊韻、後漢書明帝紀、祝哽在前、祝噎在後、乃借哽爲鯁也、隋書盧楚傳、鯁急口吃、又借鯁爲哽也、從口。更聲。讀若井汲綆。古杏切。

嘐 誇語也。義見孟子、從口翏聲。古肴切、

啁 啁嘐也。啁嘐疊韻、類篇、啁嘐、語多、從口周聲。陟交切、

哇 諂聲也。法言、中正則雅、多哇則鄭、從口圭聲。於佳切、讀若醫。玉篇、於佳居攜二切、

㖾 語相訶相歫也。訶者、大言而怒也、相訶、謂以惡聲加人、此是一義、歫者、止也、相歫、謂聞人言而禦之、此又一義、大徐本少下相字、非也、從口歫辛。言歫者、言字亦從口辛、其辛如本形、此則尾曲、是由歫之而然、辛、惡聲也。辛部無惡聲之說、故補之、辛𢙼同字、籀文𢙼從言、是以有惡聲義、兩怒必多溢惡之言、以惡聲來、口亦以惡聲往矣、讀若櫱。集韻、㖾、語相呵拒、案櫱亦作㰖、五葛切、

吺 讘吺、多言也。玉篇、䛺、丁頰切、䛺吺、多言也、吺、丁侯切、吺吺也、言部、讘、多言也、說文同、不云讘吺、恐

zhà 吒　pēn 噴　chì 叱　náo 呶　qiú 㕤　xiè 噧　bēng 嗙　kè 嗑　jiá 唊　zhè 嗻　zǐ 呰　dǐ 呧

說文本有㕮字，挩失之後，校者以譌易之。從口。殳聲。當侯切

呧　苛也。元應引作呵，當作訶。從口。氐聲。都禮切。玉篇呧在後收字中，云正作詆，是以呧為俗字。廣韻但收詆，是呧字當刪。

呰　苛也。慧苑引作訶也。經典多作訾。從口。此聲。將此切。元應曰：呰，古文訾、歁二形。然則楚詞之些，即呰也。玉篇此部些，息計切，此也，辭也。又息箇切。些，此也。與釋詁呰，此也合。

嗻　遮也。廣韻嗻，多語之皃。集韻囉嗻，多言也。許說以遮也者，謂可通借也。白居易詩周遮說話長，即借遮為嗻。從口。庶聲。之夜切

唊　妄語也。廣韻唊，唊多言也。從口。夾聲。讀若莢。古叶切

嗑　多言也。言部讇，嗑也。從口。盍聲。讀若甲。侯榼切

嗙　謌聲嗙喻也。謌當作訶。自呧至吒十一篆皆訶叱類，校者以相如說改此為謌，因增嗙喻。玉篇謌聲也。廣韻喝聲。此嗙之正義也。從口。旁聲。補盲切。司馬相如說。淮南宋蔡舞嗙喻也。此別一義。喻當作諭。說文無喻。段氏曰：上林賦巴渝朱蔡淮南于遮，此所偁非賦文，蓋凡將之一句也。劉逵引黃潤纖美宜製禪，歐陽詢引鍾磬竽笙筑坎侯，知凡將七言為句。案舞上增謌字者，蓋在前後人因据改訶聲為謌聲也。

噧　高气多言也。廣韻高聲皃，又多言。集韻十六怪引說文同，十二肴不引，亦同。四紙噧許倚切，氣聲，一曰多言。蓋別義，非說文有訛也。從口。蠆省聲。訶介切。虫部之蠆當作蠆。春秋傳曰噧言。嚴氏曰：即哀二十四年傳躗言。釋文謂過謬之言。

㕤　高气也。桂氏曰：詩正月執我仇仇，傳仇仇猶謷謷也。釋言仇仇敖敖傲也，郭注皆傲慢賢者。釋文敖，舍人本作謷。馥謂仇即此㕤，高气有傲意。從口。九聲。巨鳩切。臨淮有㕤猶縣。漢志作厹。

呶　讙聲也。從口。奴聲。女交切。詩曰：載號載呶。小雅賓之初筵文。傳號呼讙呶也。

叱　訶也。禮記尊客之前不叱狗。從口。七聲。東方朔傳叱叱者四十九枚也。昌栗切

噴　吒也。眾經音義卷十三引說文噴鼓鼻也，別引蒼頡篇噴吒也。似吒也之說不出說文。案吒噴皆其名目，而鼓鼻則以名目而兼訓義矣。韓詩外傳疾言噴噴，口沸目赤是也。從口。賁聲。普魂切。一曰鼓鼻。莊子秋水篇噴則大者如珠，小者如霧。案此人之鼓鼻也。玉篇引戰國策驥傀而噴，此馬之鼓鼻也。

吒　噴也。吒怒也。句上當增一曰，與吒噴轉注義異。元應引作叱吒，猶訶叱也。曲

xū 吁　cuì 啐

máng 哤　zī 嗞　yín 吟　shēn 呻　yán 㘙　xī 㕧　diàn 唸　áo 嗷　zé 嘖　xiāo 嘵　zhēn 唇　chāo 嘮　yù 噊

禮無吒食。注：嫌薄之。聲類嗜嗜，大吒也。從口。乇聲。陟駕切

噊　危也。釋詁文。邵氏正義引本文。又云龍龕手鑑引舊注云噊，事之危也。從口。矞聲。余律切

嘮　嘮呶，讙也。嘮呶疊韻。集韻五爻嘮，丑交切，引說文。六豪譊或作嘮，郎刀切，聲也。尚書大傳譊然作大唐之歌。案此義亦與讙近。從口。勞聲。敕交切。

啐　驚也。從口。卒聲。七內切

唇　驚也。經典用震字。從口。辰聲。側鄰切

吁　驚也。從口。于聲。況于切。于部已有，此重出。

嘵　懼聲也。依韻會引補。字林懼也。釋訓憢憢懼也。釋文本又作嘵。說文無憢。從口。堯聲。許幺切。詩曰：唯予音之嘵嘵。豳風鴟鴞文。玉篇引予維音之嘵嘵。

嘖　大呼也。呼當作嘑。釋鳥疏引李巡云：喈喈嘖嘖，鳥聲貌也。說文言部諎，大聲也。許于兩字不主鳥言，上嘵下嘖，皆借喻也。從口。責聲。士革切

謮　嘖或從言。左定四年傳嘖有煩言。

嗷　嗷嗷，依元應引補。眾口愁也。漢書董仲舒傳此民之所以嚻嚻苦不足也。顏注嚻讀與嗸同。嗸嗸，眾怨愁聲也。從口。敖聲。潛夫論引詩讒口敖敖。五牢切。詩曰：哀鳴嗷嗷。小雅鴻雁文。

唸　唸呎也。呎當依五經文字引作吚，下同。從口。念聲。都見切。詩曰：民之方唸呎。大雅板文。彼作殿屎。釋訓同。釋文曰：丁練反，下虛伊反。或作念吹，又作㱛脲。說文作唸吚。郭上音香惟反，又音丁念反，下許利反。案依香惟、許利二反，則是疊韻。

呎　吚，當作唸吚。呻吟也。依五經文字引補。此用毛傳，非用釋訓。從口。尸聲。當作伊省聲。馨伊切

㘙　呻也。從口。嚴聲。釋名吟，嚴也，其聲本出于憂愁，故聲嚴肅，使聽之悽歎也。五銜切

呻　吟也。學記呻其佔畢。從口。申聲。失人切

吟　歎也。依御覽引改。欠部歎，吟也。上文諸呻吟字如今義，此為吟字表古義。歎，詠歎也。古詩以吟歎命題者即此。從口。今聲。魚音切

䪩　吟或從音。

訡　吟或從言。

嗞　嗟也。言部䜺，咨也。及本文蓋與釋詁嗟咨嗟也相當。嗟嗟皆當作䜺，咨當作嗞。釋詁釋文嗟本或作嗞。字林云：皆古嗟字。案嗟咨二字句絕。從口。茲聲。子之切

哤　哤異之言。從口。尨聲。莫江切。一曰雜語。玉篇引國語雜處則哤，哤亂兒。案齊語雜處則其言哤。此義與雜語相當。又曰：又異言也。

jiào 叫　kài 嘅　xián 唌　tàn 嘆　yè 喝　shào 哨　é 吪　cǎn 噆　lìn 吝

笑。此義與唬異之言相當。周官所謂異言異服也。讀若尨。

叫　嘑也。左襄三十年傳：或叫于宋大廟。言部引傳作訆。從口丩聲。古弔切。

嘅　嘆也。經典多借慨。從口既聲。苦蓋切。詩曰：嘅其嘆矣。王風文。釋文同。今本作歎。

唌　語唌嘆也。玉篇唌在後收字中，云似延切，又徒坦切，歎也。廣韻收廿五寒，亦云歎也。集韻寒部則云嘆也，又收之二仙，引說文。案唌嘆疊韻，仍即是嘆。語唌嘆者，蓋謂言語中雜嘆息聲也。王於後漢書梁鴻傳咸先佞兮唌唌注，音延。讒言捷急之皃，別為一義。江賦噴浪飛唌注，唌，沫也。是借唌為涎。從口延聲。夕連切。

嘆　吞歎也。歎，吟也。吞歎則不敢吟也。所謂飲恨吞聲也。秋官銜枚氏禁嘂呼歎嗚于國中者，借歎為嘆。從口，歎省聲。他案切。案堇聲自合，而曰歎省聲者，既以吞歎說之矣，故取其義也。玉篇以下皆合兩字為一，殆由此矣。一曰太息也。言吞歎亦謂之太息也。曹子建詩注引：歎，太息也。即此。

喝　渴也。渴字，今以竭字代之。水部：涸，渴也。渴，盡也。子虛賦：榜人歌，聲流喝。郭注：言悲嘶也。蓋即俗語氣竭聲嘶也。後漢書張酺傳：被矢貫咽，聲音流喝。注引廣蒼曰：聲之幽也。從口曷聲。於介切。

哨　口不容也。依韻會引補。繫傳引投壺禮曰：枉矢哨壺。謙言壺小不足容也。案本部列字，本不甚有倫理。然哨果主言壺，則當與昏字或局字相附麗，不當在此。且投壺鄭注曰：枉哨，不正貌。廣韻四宵承用之，曰：哨，口不正也。均非不容。廣韻四十五笑：哨，壺口黯者名也。增韻承之，曰：黯，口壺也。然黯字不知作何解。以上要皆本之投壺也。馬融廣成頌曰：大匈哨後。所用者，考工記梓人之大胷燿後也。鄭君注曰：燿讀為哨。哨，小也。蓋承用本師說也。玉篇亦全用此說。案小則不容，與許說比附。然究是改經，不如投壺本出哨字為可據。意者許君本傳云馬融常推敬之，或季長之改燿為哨，許君聞而從之與？姑竝記之，俟再考。從口肖聲。才肖切。

吪　動也。釋詁文。彼作訛。詩無羊亦作訛。從口化聲。五禾切。詩曰：尚寐無吪。王風文。

噆　嗛也。元應引作銜也。假借淮南子覽冥訓：噆味含甘。莊子：蟁蝱噆膚。通俗文作咂。從口朁聲。子荅切。案噆當與嗛類列。

吝　恨句。琴賦注引作貪。惜也。五經文字：吝，恨也，惜也。方言、廣雅皆曰：恨也。案恨惜固是一義引伸。然易屯象曰：往吝，窮也。則恨其窮而惜其初之往也。說卦云：坤為吝嗇。則惜而無所恨矣。下文引易，則所謂悔吝者，憂虞之象也，又恨惜兼之。從口文聲。良刃切。易曰：以往吝。

fǒu 否　yàn 唁　āi 哀　tí 嗁　hù 嗀　kuā 咼　jì 嘁　mò 嗼　guā 昏

蒙卦文。辵部引作遴。

𢘓　古文吝從彣。

各　異詞也。依五音集韻引改。從口夊。夊者有行而止之不相聽意。夊者有行，此訓夊為行也。而止之，當作而口止之，不使行也。必兩人而後言各，故分夊口為兩人而說之。聽者从也，不相異也。各則此行而彼止之，是不相聽从之意也。古洛切。

否　不也。從口從不，方九切。不部已見，此重出。

唁　弔生也。出韓詩。玉篇：弔生曰唁，弔死曰弔。然曲禮知生者弔，此非弔死者之子乎？左傳晉侯見鍾儀，召而弔之，尤於死無涉矣。惟弔死無曰唁者，是其別耳。從口言聲。魚變切。詩曰：歸唁衛侯。衛風載馳文。毛傳：弔失國曰唁。昭廿五年穀梁傳同。

哀　閔也。豳風：哀我人斯。從口衣聲。烏開切。

嗁　號也。字亦作謕。漢書嚴助傳：孤子謕號。急就篇：疻痏保辜謕呼號。從口虒聲。杜兮切。俗作啼。案嗁當與嗥類列。

嗀　歐皃也。皃，類篇引作聲。從口㱿聲。許角切。案嗀當與噦類列。春秋傳曰：君將嗀之。哀二十五年文。

咼　口戾不正也。元應引作口戾也。玉篇同。則不正似是庚注。戾與不正無二義也。立部竵，不正也，與咼音義同。言不正，即不復言戾。從口冎聲。苦媧切。

嘁　嗼也。此既兩字互訓，而嗼篆下又以兩字為連語者，夕部𡖔下云：宋也。亦是互訓。歺部𡖔下云：死宋𡖔也。亦是連語。且無從夕從歺之宋，亦足徵單言即可成義矣。宀部宋之或體作誎，無人聲也。是部亦不收寞，且誎之與嘁，言口同義，宋叔同聲，則宋嘁一字可知。易繫辭：寂然不動，此單言嘁者也。釋詁：嗼，定也。此單言嗼者也。且古蓋但有宋字，易變為寂，楚詞變為家，曰野家漠其無人，不用嗼𡖔𡖔三字。又詩貊其德音，毛傳：貊，靜也。朱子集傳：貊，春秋傳、樂記皆作莫。詩釋文：貊，韓詩作莫，定也。是古借貊及莫，釋詁始有專字作嗼也。且楚詞遠遊既連言家漠，而哀時命曰：嗼嘁默而無聲。又以嘁默連言，而以嗼字領之。是朱子詩傳所云莫然清靜也。從口叔聲。前歷切。

嗼　嘁嗼也。玉篇：嘁嗼而無聲，言安靖也。從口莫聲。莫各切。

昏　塞口也。玉篇引無口字。易坤：括囊，无咎。廣雅：括，塞也。皆借括為昏。從口氒省聲。古活切。氒古文厥字。玉篇、廣韻皆然。案氒當是古文橛字。

𠯑　案當作𠯑。古文從甘。戴東原曰：古文氒不省，譌為從甘。案如此說，則篆當作𠯑，說亦當云古文不省。然甘部甚從甘匹，古文邑從口匹，則文不成義。蓋古文多隨筆之變，彼省此增不

sǒu 嗾 fèi 吠 páo 咆 háo 嗥 jiē 喈 xiāo 哮 wō 喔 è 呝 yīng 嚶 zhòu 咮 zhuó 啄 xiāo 唬 yōu 呦 yǔ 噳 yóng 喁 jú 局

須執泥、

嗾 使犬聲。玉篇引方言云、晉冀隴謂使犬曰嗾、從口族聲。穌奏切、春秋傳曰。公嗾夫獒。宣二年文、

吠 犬鳴也。從口犬。篆當依字林作吠、從口、犮聲、繫傳曰、或云從犬、犬即犮之譌也、符廢切、

咆 嗥也。淮南覽冥訓、虎豹襲穴而不敢咆、從口包聲。薄交切、

嗥 咆也。左襄十四年傳、豺狼所嗥、從口皋聲。士喪禮、皋某復、注、皋長聲也、春官大祝、來瞽令皋舞、注、皋讀爲卒嗥呼之嗥、乎刀切、

獋 譚長說。嗥從犬。山海經、丹熏之山有獸焉、名曰耳鼠、其音如獋犬、初學記引作嗥犬、

喈 鳥鳴聲也。此據葛覃也、毛傳、喈喈、和聲之遠聞也、從口皆聲。古諧切、一曰鳳皇鳴聲喈喈。集韻引作一曰喈喈和聲、段氏以爲後增、是也、

哮 豕驚聲也。從口孝聲。許交切、

喔 雞聲也。聲一作鳴、韓詩外傳、鳳皇之初起也、翾翾十步之雀、喔咿而笑之、從口屋聲。於角切、

呝 喔也。二字雙聲、廣韻、呝喔、鳥聲、從口戹聲。烏格切、

咮 鳥口也。釋天、咮謂之柳、天官書、柳爲鳥注、從口朱聲。章俱切、

嚶 鳥鳴

也。見詩伐木、從口嬰聲。烏莖切、

啄 鳥食也。字林同、從口豖聲。竹角切、

唬 唬聲也一曰虎聲。玉篇廣韻皆曰虎聲也、元應引作虎怒聲也、小徐本唬聲也、蓋初訛之本、故校者記它本之異而云一曰虎聲也、大徐覺唬聲不通而改之、集韻兩義皆收、而其誤成矣、從口從虎。讀若暠。案玉篇呼交切、與此讀合、說文無暠字、增此句者謂唬與虎部虒通也、集韻五爻、虒有重文唬、而唐韻呼訝切、廣韻承之、殆非也、

呦 鹿鳴聲也。見小雅、從口幼聲。伊虯切、

𡜋 呦或從欠 已見欠部、此重出、

噳 麋鹿羣口相聚皃。皃、釋文引作也、從口虞聲。魚矩切、詩曰。麌鹿噳噳。小雅韓奕文、傳、噳噳然衆也、

喁 魚口上見也。魚、元應引作衆、非、自此以下皆言物、不當言人、晉書音義引字林、喁、衆口上見、集韻引字林、噞喁、魚口出水皃、案呂忱分爲兩義者、以漢書司馬相如傳王莽傳、後漢書隗囂傳所有喁喁、皆指人言之也、於是顏師古李賢作注、無不曰衆口上向者、實則以魚口譬人口也、韓詩外傳引傳曰、水濁則魚喁、從口禺聲。魚容切、

局 促也。史記魏其武安傳、局趣效轅下駒、促趣古

yǎn 㕣 kǎn 凵 xuān 吅 níng 𡅅 yán 嚴 è 咢(咢)

字通、從口在尺下復局之。復當作覆、覆局疊韻、蓋連語、謂拘束之也、尺在口上、有覆象焉、猶冤字兔在冂下也、一曰博所以行棊。博、竹部作簙、此作博者、蓋依經典省形存聲也、急就篇、棊局博戲相易輕、顏注、謂彈棊圍棊之局也、象形。前說以爲會意、許不能定、兩存之、渠錄切、

㕣 山閒陷泥地。論衡、地之最下者、有揚兗二州、從口從水敗皃。讀若沇州之沇。直是古今字、古人詞不促迫、故第云讀若而已、以轉切、九州之渥地也。渥當作漥、禹貢兗州作十有三載乃同、傳曰、治水十三年、乃有賦法、與他州同、疏曰、十二年而八州平、十三年而兗州平、足徵兗州最漥下矣、段氏以厚釋之、不記厥田中下乎、故以沇名焉

𠔌 古文㕣。桂氏曰、當作𠔌、從𠘧、𠘧、殘地阬坎意、

文一百八十　重二十一　李善注舞賦引、咬、淫聲、烏交切、此字似當補、○太平御覽引、嘲、相調戲相弄也、徐鉉新附嘲字、說曰、漢書通用啁、是也、蒼頡篇、啁、嘲也、謂相調戲也、以嘲釋啁、乃以今字釋古字之法、漢人多有之、○李善注引嗤、笑也、又引蚩、笑也、皆緣文生訓耳、欠部蚑字、文賦、或受蚑于拙目、蚑乃蚩之譌

以上二字不可補、

凵 張口也。也、廣韻集韻皆作皃、象形。口犯切、與口雙聲、凡凵之屬皆從凵。

文一

吅 驚嘑也。從二口。凡吅之屬皆從吅。讀若讙。玉篇、吅與讙通、此但讀若而已、況袁切、

𡅅 亂也。段氏曰、莊子在宥、傖囊、崔譔作戕囊、云、戕囊猶搶攘、晉灼注漢書曰、搶攘、亂皃也、搶攘疊韻、本在陽唐韻、轉入庚韻、攘即𡅅之假借、從爻工交吅。爻者交也、工者人也、爻指己而言、爻工交吅、蓋謂衆人相譁訟也、即發言盈廷之意、一曰窒𡅅。玉篇類篇皆引作窒穰、蓋以讀若易本文也、而其義未詳、讀若穰。女庚切、

𡅅 籀文𡅅。玉篇作[illegible]、又有古文[illegible]、

嚴 教命急也。命一作令、集韻五十七驗、嚴、酷也、說見告部嚳下、從吅厰聲。語杴切、

𡅅 古文嚴。

咢 譁訟也。讙、五音集韻引作詞、字林、咢、直言也、案此義、作鄂者借字也、作愕諤者後來分別字也、釋天、在酉曰作噩、史記索隱引李巡作

咢、漢書天文志作諤、言部諤、諤訟也、是與咢同義、從吅屰。屰亦聲。五各切、玉篇、咢、驚咢也、韋賢傳、咢咢黃髮、故說文不收愕諤字、

單 大也。從吅甲。吅亦聲。闕。甲非字、故云闕、都寒切、案許說非也、詳釋例、

𠱠 呼雞重言之。呼當為評、重言𠱠𠱠也、詩鹿鹿麌麌、傳云重言麌、是其例、從吅從州聲。讀若祝。之六切、春秋衞州吁、穀梁作祝吁、易林、張弓祝雞、博物志祝祝雞公有養雞法、世人呼雞曰祝祝、起此也、風俗通、呼雞朱朱、𠱠與朱音相似耳、夏小正、雞桴粥、傳云粥也者、相粥之呼也、案之當作粥、謂雞聲粥粥然、故人即效雞聲以呼雞矣、𠱠其專字、祝朱粥皆假借字

文六　重二

哭 哀聲也。玉篇、哀之發聲、水部泣、無聲出涕曰泣、從吅。獄省聲。苦屋切、凡哭之屬皆從哭。

喪 亡也。詩皇矣傳文、從哭亡。亡聲。聲義互相備也、息郎切、

文二

走 趨也。篆依大徐所加目錄、玉藻、二節以走、一節以趨、釋名、徐行曰步、疾行曰趨、疾趨曰走、許渾言之、走趨亦疊韻字、易林、國破為墟、主君奔走、墟走為韻、此亦虞模通尤侯也、從夭止。夭當作犬、止者足也、夭止者屈也。[illegible]子苟切、案走部繼哭部、則字當從犬、犬善走也、周子白盤有䞖字、董武鐘䞖字、其走從犬、華山廟碑起字、尹宙碑趙字皆從犬、然則夭止者屈也、乃篆既譌之後、人加之也、凡走之屬皆從走。

趨 走也。公羊傳注同、御覽引作低頭疾行也、案此下文趍字義、從走芻聲。七逾切、

赴 趨也。少儀、毋報往、注、報讀為赴疾之赴、又雜記、凡訃於其君、聘禮、赴者未至、知訃為漢字、說文不收、從走仆省聲。當作卜聲、芳遇切、

趣 疾也。廣雅、趣、遽也、詩棫樸、左右趣之、箋、諸臣皆促疾於事、月令、趣民收斂、釋文、趣音促、從走取聲。七句切、玉篇以來朝趣馬、屬之、著后切、

超 跳也。從走召聲。敕宵切、

趫 善緣木走之士也。依元應引改、然士當依玉篇作工、古謂善一技者為工、考工記、守之世謂之工、後漢書王昌傳、素為卜相工、故禮記曰、出鄉不與士齒、安得偁士、呂覽仲秋紀、才民未合、御覽兩引皆作士民、是知選注、衆經音義所引、乃初

謣本、二徐作夭、則再謣本耳、走字諸引無、玉篇、廣韻皆有善走一義、或說文本有一曰善走也、而謣挩入于本句、文選七啟、蹻捷若飛、注、廣雅曰、趫、趫、行也、今為蹻、古字無定也、從走喬聲。去囂切、讀若王子蹻。蹻子下挩歌字、玉海引周書、王子敷席、注、瑟、師曠歌無射、王子歌蹻、注云、曲名也、

赳 輕勁有才力也。釋訓釋文引、無力字、釋訓、赳赳、武也、從走丩聲。讀若鐈。居黝切、

䞙 緣大木也。䞙與趫雙聲、故得比義、五音集韻、䞙、猱升木也、漢書東方朔傳、䞙䞙脈脈善緣壁、䞙蓋與䞙同、一曰行皃。廣雅、䞙䞙、行也、小弁、鹿斯之奔、維足伎伎、玉篇作䞙䞙、從走支聲。巨之切、說文韻譜、巨支切、

趮 疾也。漢書天文志、用兵靜、趮凶、又考工記、羽殺則趮、注、趮、旁掉也、從走喿聲。則到切、今作躁、賈逵曰、躁、擾也、

趯 躍也。草蟲毛傳文、此以重文之在兩部者為訓釋也、漢書李尋傳、涌趯邪陰、顏注、趯與躍同、詩巧言、躍躍毚兔、史記春申君傳引作趯趯、從走翟聲。以灼切、

䠇 䠇也。與足部蹷同字、玉篇、䠇、跳起也、足部曰、楚人謂跳躍曰蹷、從走厥聲。居月切、

越 度也。李注陸機赴洛詩、引作渡也、為其嫌於從法度而改之也、曹孟德詩、越陌度阡、從走戉聲。王伐切、

趁 䟼也。有挩文、集韻十七眞、趁、知鄰切、趁䟼、行不進皃、從走㐱聲。讀若塵。丑刃切、玉篇除珍切、

䟼 趁也。以馬部駗驙例推之、此當作趁䟼也、從走亶聲。張連切、

趞 趬趞也。一曰行皃。玉篇引亦如此、疑當作趬趞行皃、廣雅、趞趞、行也、從走昔聲。七雀切、趞趬二篆、誠如段氏所疑、然玉篇亦先趞后趬、或者趞連趬乃成義、趬一字即成義、故如此列字邪、然直云趬趞也、亦令人不知所謂、

趬 行輕皃。輕、史記朱本驃騎傳、索隱引作疾、玉篇引行輕皃、衆經音義卷十六引亦同、其卷十五、十九、並引、趬、捷健也、謂勁速勁健也、諸從堯之字無此訓、姑記於此、從走堯聲。本助交反、又仕交反、孫牽遥切、一曰趬舉足也。玉篇引同、案此說則與足部蹻同、玉篇趬亦有舉足義、衆經音義引、一曰舉也、則與玉篇起也高也二義同、不主謂足、

䞘 急走也。從走弦聲。胡田切、

趀 蒼卒也。足部作蒼踤、從走朿聲。讀若資。取私切、玉篇千尺、千私二切、易曰。其行趀且。夬卦、其行次且、釋文、次、說文及鄭作趀、馬云、卻行不前也、說文倉卒也、且、馬云、語助也、不云說文作趄、而引王肅曰、趑趄、行止之礙

hái ⿺走里　yú ⿺走與　jiǎn ⿺走蹇　yòu ⿺走有　biān ⿺走臱　yǔn ⿺走囷　qiū 趥

jí 趌　yǐn 趛　xiòng ⿺走臭　qǐ 起　qióng 赹　cǐ ⿺走此　cāi ⿺走才　qú ⿺走瞿　wǔ ⿺走烏　zhí ⿺走戠　xiàn ⿺走憲　suō 趖　jié ⿺走薊　xún ⿺走叡　jiàng ⿺走匠　zhú ⿺走蜀　qǐn ⿺走臤　piāo ⿺走票

也。然則許同馬說，亦以且爲語助，而赼趄作自王肅，知下文赼爲後增，而大徐因而補趄，尤無識也。

⿺走票 輕行也。人部僄，輕也。從走㶾聲。撫招切。

⿺走臤 行皃。集韻行緩皃。從走臤聲。讀若菣。棄忍切。

趥 行皃。類篇徒行。從走酉聲。千牛切。

⿺走蜀 行皃。廣韻小兒行皃。從走蜀聲。讀若燭。之欲切。

⿺走匠 行皃。從走匠聲。讀若匠。疾亮切。

⿺走叡 各本皆作趣，段氏依廣韻、玉篇改作趣。案竹君本亦誤，而注作叡聲不誤，從之。走皃。字與巡循同音，義亦相近。從走。叡聲。讀若紃。詳遵切。

⿺走薊 走意。從走薊聲。讀若髽結之結。古屑切，當居齊切。

⿺走囷 走意。廣韻走皃。從走囷聲。丘忿切。

趖 走意。廣韻疾走。從走坐聲。坐當作𡋯。酥和切。

⿺走憲 走意也。石鼓文⿺走憲⿺走憲⿺走憲。從走憲聲。許建切。

⿺走臱 走意。類篇走頓也。從走臱聲。布賢切。

⿺走戠 走也。從走戠聲。讀若詩威儀秩秩。大雅假樂威儀抑抑，德音秩秩，此誤合二句爲一。又詩秩秩大猷，大部引作𢧢。直質切。

⿺走有 走也。從走有聲。讀若又。于救切。

⿺走烏 走輕也。廣韻足輕。從走烏聲。讀若鄔。安古切。

⿺走瞿 走顧皃。從走瞿聲。兼意。讀若劬。其俱切。

⿺走蹇 走皃。從走，蹇省聲。蹇從寒省聲。九輦切。

⿺走才 疑之等赼而去也。赼李燾本作越，廣韻起去也。從走才聲。倉才切。

⿺走此 淺渡也。從走此聲。雌氏切。

赹 獨行也。也玉篇作皃。從走匀聲。渠營切。讀若煢。唐風獨行睘睘，釋文本亦作煢。

⿺走與 安行也。與心部悆同。從走與聲。余呂切。

起 能立也。釋名起舉也平舉體也。從走巳聲。白虎通太陽見于巳，巳者物必起。墟里切。

迉 古文起從辵。

⿺走里 留意也。集韻將走有意留。從走里聲。讀若小兒孩。戶來切。

⿺走臭 行也。廣韻䞑趙，疲行皃。從走臭聲。香仲切。

趛 低頭疾行也。低當作氐。從走金聲。牛錦切。鎭，低頭也，亦從金聲。

趌 趌⿺走曷，怒走也。纂文：趌⿺走曷，凶豎也。從走吉聲。

jī ⿺走幾　yuè ⿺走龠　jí ⿺走乞　jié ⿺走曷

mán ⿺走曼　jú ⿺走矞　fú ⿺走弗　chì ⿺走契　jué ⿺走矍　chuò 趠　jú ⿺走夐　qǐn 赾　zhào 趙　chí 趍　dī 趆　jué 趹　yì ⿺走翼　xuān ⿺走睘

去吉切。

⿺走曷 趌⿺走曷也。從走曷聲。居謁切。

⿺走睘 疾也。玉篇疾行也。從走睘聲。讀若讙。況袁切。

⿺走乞 直行也。從走气聲。魚訖切。

⿺走翼 趨進⿺走翼如也。從走翼聲。與職切。疑趩字本在此，或改從翼而以論語附會之，後有校得趩字者，故附部末。

趹 踶也。從走決省聲。當作夬聲。古穴切。案踶者，馬以足擊人也。廣韻：趹，馬疾行也。當在部末，不當在此。

趆 趍也。廣韻十二齊同，十二霽則云趆走皃，知趍當作趍，下文即趍字。廣韻趍，久也。引字林趍也。佩觿駁以奔趍爲趍走。下文說解中之趍，宋版亦譌趍。從走氏聲。都禮切。玉篇都替切。廣韻都計切。

趍 趍趙，夂也。夂從玉篇。今各本作長久之久。廣韻趙下亦然，趍下則作行遲曳夊夊之夊，皆非也。廣雅遲趙，召也，疏證改召爲及，是也。方言遲，及也。玉篇追遲，行相及。目部眔，目相及也。以遲之訓定趙之訓，說文又以趍趙爲連語，則其當訓及可決矣。夂部云從後至也，竹几切。夫從後至者，及之之義也。佩觿集雖以奔趍說之，義似小異，蓋謂馬之奔曰馳，人之奔曰趍，二字同音而義別耳，然亦可證其非長久之久、遲曳之夊矣。石鼓文趍趍六馬，蓋亦奔馳之謂。又衆經音義云：趍，子曳反，疾走也。則與說文音義並異。從走多聲。直离切。

趙 趍趙也。廣韻引字林云超也，則兩字轉注。從走肖聲。治小切。穆天子傳天子北征趙行，郭注趙猶超騰也。是趙不連趍，亦有夊義。

赾 行難也。從走斤聲。讀若堇。丘堇切。玉篇赾行謹皃。集韻几隱切。

⿺走夐 走意也。從走夐聲。讀若繘。居聿切。玉篇揆扃、九聿、呼衒三切。

趠 遠也。元應引上林賦趠稀閑，郭璞曰懸擲也。鄭案吾鄉謂遠而延回者曰趠遠，或即許義，亦即辵部之逴遠也。從走卓聲。敕角切。玉篇丑孝切。

⿺走龠 趠⿺走龠也。廣韻趠⿺走龠，行皃。從走龠聲。以灼切。

⿺走矍 大步也。從走矍聲。丘縛切。

⿺走契 超特也。特似當作踰。廣韻趩與跇同，踰也。吳都賦跇踰竹柏，如淳曰跇，超踰也。從走契聲。丑例切。

⿺走幾 走也。從走幾聲。居衣切。

⿺走弗 走也。玉篇作⿺走弗，云走皃。從走弗聲。敷勿切。

⿺走矞 狂走也。甘泉賦捎夔魖而抶獝狂，獝當即趫。禮運故鳥不獝，釋文作矞，故犬部不收獝。從走矞聲。余律切。

⿺走曼 行遲也。從走曼聲。莫還切。

走

qiān 䞿　jué 趉
chě 𧺾　bó 䞳　chí 䞨　kuǐ 𧻓　qì 趚　qūn 𧼯　lù 趢　quán 𧾩　cī 趑　jú 趜

趉走也。玉篇卒起走也。從走出聲。讀若無尾之屈。瞿勿切。趜窮也。趜蓋與宀部竆同、玉篇曰竆困也、廣韻曰困人、是也、然與從走不合、廣韻又渠竹切曰趜趚、體不伸、集韻趜趚、足不伸、又曰傴僂也、則與從走合矣、趚乃趚之訛、所六切內趚字下固不訛也、集韻又云躹或作趜、乚六切、引博雅躹躹謹敬也、雖亦與傴僂相近、然自是勹部匊之借字、猶經典訓窮之鞫、即趜竆之借字也、從走匊聲。居六切。趑趄行不進也。從走次聲。取私切。說見前趑下、新序易曰臀無膚、其行趑趄、然則是漢字也、又從咨、䞿蹇行䞿䞿也。從走虔聲。讀若愆。去虔切。𧾩行𧾩趢也。從走雚聲。巨員切。一曰行曲脊皃。玉篇無行字、廣韻𧾩曲走皃、衆經音義卷二十三踡跼云、踡說文作𧾩、又引埤蒼、踡跼不伸也、然則行曲脊皃、即𧾩趢之義、後人分爲二義也、趢𧾩趢也。從走彔聲。力玉切。𧼯行𧼯𧼯也。大徐如此、集韻引同、則𧼯與上文𧾩趢同意、謂行皃也、顧鈔小徐本作行速𧼯𧼯、韻會引作行速𧼯𧼯也、則顧鈔速字誤、速同迹、謂𧼯𧼯者行之疾速也、吾從大徐者、上文先𧾩後趢、無異訓也、此則

先𧼯後𧼯、以𧼯獨字即成義、故先𧼯以見𧼯𧼯之爲連語也、且類篇曰𧼯𧼯盜行、亦是連語、可爲比例、從走夋聲。夋下云行夋夋也、七倫切、趚側行也。從走朿聲。資昔切詩曰謂地蓋厚不敢不趚。小雅正月文、足部引作蹐、𧻓半步也。司馬法、凡人一舉足曰跬、跬三尺也、兩舉足曰步、步六尺也、息夫躬傳作窺、荀子作頍、祭義作頃、夏官射人以貍步張三侯、鄭司農曰貍步謂一舉足爲一步、於今爲半步、從走圭聲。讀若跬同。此以隸字照篆文也、丘弭切、䞨䞨騰雙聲輕薄也。從走虒聲。讀若池。池者沱之俗字、直离切、䞳僵也。從走咅聲。讀若匐。朋北切、釋言斃踣也、僨僵也、足部踣亦曰僵也、𧺾距也。依段氏改、作歫、距當從走斥聲。車者切、玉篇尺夜切、怒也、一曰牽也、漢令曰𧺾張百人。漢書申屠嘉傳注、如淳曰材官之多力能腳蹋彊弩張之、故曰蹶張、漢令有蹶張士百人、又丑格切、半步也、孟康作蹶張、皆由誤認蹶𧺾爲一字耳、篇韻皆曰𧺾同𧺾、正誤合之證也、厥之省不能作厈、筠案段氏以爲誤認、是也、以厈似厈而牽合之、非也、篇韻皆別收𧺾字矣、如淳曰蹶跳也、即誤

tiáo 趒
chì 趩　qián 赶　tí 趧　jiàn 𧾊　bì 䟆　yǒng 𧼴　diān 䟸　yuán 䞶　cuǐ 趡　lì 𧾷

以𧾷之義說𧾷、𧾷動也。經典皆借躒、大戴禮騏驥一躒、不能千步、從走樂聲。郎擊切讀若春秋傳曰輔𧾷。曰當作有、見左襄二十四年傳、趡動也。史記司馬相如傳蒙踊躍騰而狂趡、注趡走皃、從走隹聲。千水切春秋傳曰盟于趡。左氏經桓十七年、趡地名。䞶䞶田易居也。左傳十五年傳、晉於是乎作爰田、晉語則云作轅田、韋昭引賈侍中云、轅易也、爲易田之法、賞衆以田、易疆界也、案此固爲許說所本、然意自不同、趄田即爰田、名目自晉起、實則古制也、大司徒不易之地家百畮、一易之地家二百畮、再易之地家三百畮、公羊何注說其義曰、司空謹別田之高下美惡、分爲三品、上田一歲一墾、中田二歲一墾、下田三歲一墾、肥饒不得獨樂、墝埆不得獨苦、故三年一換主易居、財均力平、兵車素定、是謂均民力、強國家、案此即許意、從走亘聲。羽元切、䟸走頓也。與足部蹎同、通鑑注、蹎而首先至地爲頓、從走眞聲。讀若顚。都年切、經典借顚爲䟸、𧼴喪辟𧼴也。小徐辟作擗、廣韻引作擗、皆非、𧼴經典皆作踊、檀弓、辟踊、哀之至也、正義、拊心爲辟、跳躍爲踊、從走甬聲。余隴切、䟆止行人也

依韻會引補、大司寇釋文作䟆、他經皆作蹕、漢書韓安國傳、出稱䟆、入言警、梁孝王傳、出稱警、入言䟆、顏注、警者戒肅也、䟆止行人也、言出入者互文耳、一曰竈上祭名也。竈上祭也、玉篇禪、音畢、從走畢聲。卑吉切、𧾊進也。玉篇作蹔、云不久也、超忽而騰疾也、又進也、是以同暫爲正義、許蓋以爲漸之分別文、易漸卦、漸之進也、從走斬聲。藏濫切、趧趧婁。與此下當有闕文、趧婁者官名也、四夷之樂與其聲歌、注言與其聲歌、則云樂者主于舞、字林、䩞革屨也、鞮者鞻屨、是呂氏始收鞻字、四夷之舞、五經通義、東夷之樂持矛舞、助時之生、南夷之樂持羽舞、助時之養、西夷之樂持鉞舞、助時之殺、北夷之樂持干舞、助時之藏、各自有曲、樂說、東夷之樂曰株離、南夷之樂曰任、西夷之樂曰禁、北夷之樂曰昧、從走是聲。都兮切、趒雀行也。雀不能步、故曰雀躍、從走兆聲。徒遼切、赶舉尾走也。從走干聲。巨言切、趩行聲也。石鼓文其來趩趩、平安館有趩彝、人名也、從走異聲。讀若勑。異聲而讀若勑、此漢讀也、證見水部瀷字下、即此亦足知趩正而趩俗矣、丑亦切、一曰不行皃。越赶

qián 歬(前)　lì 歷　jù 歫　chí 峙　chēng 堂　zhǒng 歱　zhǐ 止

言鳥獸之走而部畢矣。趩字安得在其下。此如䓸譌爲蓺而䓸在末也。㤭譌爲恂而㤭在末也。知此爲後人所掇拾。即知趩字之爲譌字矣。大徐迻之于前。而又不與趩相次。豈不謬乎。

文八十五　重一

止 下基也。自部阯、基也。或作址、是許以止爲阯之古文也。象艸木出有址。言此者、止止形相似。止部云出也。是止取義在上。象其出形。止取義在下。象其基形。諸市切。故以止爲足。集韻引無止字。又言此者。部中字皆人之足。故以此統之。字林。趾、足也。士昏禮。北止注。止、足也。古文止爲趾。疋部引問疋何止。是許君亦用今文。故不收趾。漢書食貨志引詩四之日舉止。特是許說凡三變。似不如直說爲足。而以爲象足之形。凡止之屬皆從止。

歱 足跟也。依元應引補。聲類同。天官書跰踵。索隱天文志作路踵。字詁云歱今作踵。案踵在足部。與歱異義。從止重聲。之隴切。

堂 歫也。考工記。維角堂之。鄭司農云。堂讀如牚距之牚。車堂之堂。從止尚聲。丑庚切。

峙 躇也。元應引云。跱躇也。別引字詁。古文峙今作跱。知是峙躇也之譌。然鵩

說文句讀　卷三　七百七十七　、○折三十六　廿九

鳥賦李善注引作立也。則躇也又似當作止也。謂峙止不前。句正合。篆說而解之也。廣雅。峙、止也。謂亭亭然獨止立也。玉篇跱下引爾雅。室中謂之時。時、上也。上當作止。今爾雅譌作時。案峙一字成義。躇連峙乃成義。故峙躇不前也之說在躇下。凡連語無異義者。皆詳說于首字下。乃許例也。若峙下已云峙躇。何爲但標名目。不出說解乎。謂峙止不前也。依元應引補。蓋庾注也。從止寺聲。直离切。

歫 止也。經典作拒及距。論語。其不可者拒之。孟子。距人於千里之外。積古齋周距末銘作歫。從止巨聲。其呂切。一曰搶也。搶當作槍。如壇中天燈杆。其下用三木斜拄之。俗謂之槍木是也。槍讀去聲。一曰超歫。史記王翦傳。投石超距。漢書甘延壽傳作拔距。集韻引作一曰搶也。超也。無下一曰字。而歫作也。則左僖二十八年傳距躍三百之謂。然亦超歫之意。惟與吳都賦拔距劉注不合。

歬 不行而進謂之歬。從止在舟上。昨先切。

歷 過也。此經歷閱歷之義。書梓材。肆往姦宄殺人歷人宥。傳。詳察姦宄之人及殺人賊所過歷之人。有所寬宥。正義。其所過歷之人。情所不知。筠案此謂非知情容留者。傳也。當作傳也。釋詁。歷、傳也。郭注。傳近。釋文。傳、符付反。如或郭所據爲誤本。則傳當是驛車之

suì 歲　bù 步　bá 癹　dēng 登　bō 癶　sè 歮　tà 𣥚　niè 𡴀　jié 疌　guī 歸　bì 𣦢　chù 𣥠

傳。傳車多所更歷也。蓋從止麻聲。莊子天下篇麻物之意。則借麻爲歷。郎擊切。

𣥠 至也。方言。𣥠到也。蓋即俶。從止叔聲。昌六切。

𣦢 人不能行也。元應引無人字。廣雅。㾜也。淮南說林訓。躄者見虎而不走。即此躄。從止辟聲。必益切。

歸 女嫁也。公羊傳毛傳皆曰。婦人謂嫁曰歸。從止。國策。趙太后之女爲燕后。祭祀必祝之曰。必毋使反。從婦省。自聲。舉韋切。𠻚 籀文婦省。歸當作歸。

疌 疾也。釋詁。疌、速也。釋文本或作疌。同。子感反。從止從又。又、手也。中聲。疾葉切。此謂與捷同字也。

𡴀 機下足所履者。者、元應引作也。織布帛者兩足各履一𡴀以抑揚其綜也。從止從又。入聲。尼輒切。

𣥚 蹈也。從反止。讀若撻。他達切。

歮 不滑也。楚詞大招。四酎并孰。不歮嗌只。方言作𨁺。東方朔傳作澁。皆俗字。從四止。色立切。

文十四　重一

癶 足刺癶也。刺、盧達切。刺癶、疊韻。人曰刺癶。犬曰刺犮。字異義同。從止𣥚相背。會意

說文句讀　卷三　六百廿五　、○折三十七　卅

而兼指事也。凡癶之屬皆從癶。讀若撥。北末切。

登 上車也。從癶豆。象登車形。都滕切。𤼷 籀文登從収。周鄭公子敦有此文。蓋作𤼷。器作𤼷。

癹 以足蹋夷艸。從癶從殳。癶亦聲。本音撥。孫普活切。春秋傳曰。癹夷蘊崇之。隱六年文。蘊、釋文作薀。說文無蘊。秋官薙氏注引作芟夷蘊崇之。似亦後人不識癹字而改以既譌之左傳也。文選荅賓戲。夷險芟荒。晉灼曰。發、開也。今諸本皆作芟字。案發亦癹之訛。元應書有斫癹字。廣韻有撥。云芟撥。又有蹳。云蹋草聲。蓋皆癹之異文。上林賦。崔錯癹骫。郭注。癹骫、蟠戾也。此則形容之詞。不用本義。

文三　重一

步 行也。從止𣥚相背。背當作承。兩足前後相承。是一步也。薄故切。凡步之屬皆從步。

歲 木星也。說苑所謂五星者。一曰歲星。二曰熒惑。三曰鎭星。四曰太白。五曰辰星。釋天。載、歲也。夏曰歲。孫炎曰。取歲星行一次也。越歷二十八宿。二十八宿爲經星。五星爲緯星。周行經星之閒。宣徧

止 癶 步

cǐ 此　zǐ 呰　zuǐ ⿱此束

陰陽。子至巳爲陽、午至亥爲陰、十二月一次。次者、日之躔次也、寅宮析木之次、卯宮大火之次、辰宮壽星之次、巳宮鶉尾之次、午宮鶉火之次、未宮鶉首之次、申宮實沈之次、酉宮大梁之次、戌宮降婁之次、亥宮娵訾之次、子宮元枵之次、丑宮星紀之次、凡十二次、一次三十二度、歲星一日行千七百二十八分度之百四十五、三百九十八日、行三十三度、十二年而强一周、從步戌聲。相銳切 律歷書名五星爲五步。見漢書律歷志、故測算天文謂之推步、

文二

此 止也。釋詁、已、此也、已止同義、从止从匕。匕相比次也。雌氏切 凡此之屬皆从此。

呰 窳也。闕。將此切、詩大雅、皋皋訿訿、傳、訿訿窳不供事也、惟此單言窳、他如貨殖傳地理志、皆連言呰窳、應劭曰、呰弱也、晉灼曰、呰病也、窳惰也、皆呰窳分訓、穴部窳、汚窬也、不以呰釋窳、則此亦不當以窳釋呰、雖言部訾下引詩、與毛傳同義、訾與呰皆从此、似可以爲一字、書亦有作呰窳者、似尤可信、然以窳說之、必不可入此部也、惟段氏注曰、許以訾入言部、以呰入口部、惟呰不入吅部、入此部、許必審知其說、今本葢許說亾後、淺人補之也、釋詁曰、兹斯咨呰、已此也、疑呰本作呰、訓此、故許入此部與、

說文句讀卷三　五百三十五　、。折三十五　三十一

⿱此束 職也。朱鈔祁刻小徐本如此、他本竝作識、玉篇引同、其口部嘴、云或作觜⿱此束、識也、一曰鳥喙也、然說文言部識、一曰知也、是知識字也、耳部職、記微也、是記識字也、後人皆用識、故於此職亦以識易之、从此束聲。遵誄切 一曰藏也。廣雅、石鍼謂之⿱此束、又⿱此束、韋也、均與藏義不合、

文三

說文解字句讀弟二上　武鄉魏懸書校

句讀卷三補正
㒸從意也。聲類亦作從、大徐作从、經典皆借遂爲㒸、春秋
書遂凡十六、起桓公八年、祭公來遂逆王后于紀、止昭公四年、
楚子伐吳遂滅賴、惟僖公六年十五年兩遂字仍是一事、餘皆
因此事而及彼事、桓八年公羊傳曰、遂者何、生事也、大夫無遂
事、穀梁傳曰、遂者繼事之詞也、案此則作從意是也、從意猶言
縱意自專之詞、从部曰、相聽許也、義不協、廣韻、遂從志也、與從
意合、二葉前二行注以此改之
○楚詞九章曰、背膺牉以交痛兮、此則一人之身牉而爲兩矣
病故也、注曰、一本牉下有合字、案此沿喪服傳而衍也、言合郎

不得再言交矣、補注引字林、亦曰牉半也、豈是時喪服傳己誤、
呂氏遂收牉字乎、然何以宋槧釋文尙作牉乎、三葉後七行義不顯下增此
特牛也。依魯頌正義引刪、此下接公羊傳○四葉前六行
地官牛人、凡軍旅會同、行役共其兵車之牛、與其牽徬、以載公
任器、注、牽徬、在轅外輓牛也、人御之、居其前曰牽、居其旁曰徬、
案吾鄉諺語猶然、但呼徬爲薄郎切、六葉前一行地官以下十三字删去以此易之
管子作帝佸、從人告聲、八葉後七行學告一聲也下增此
山海經、燭龍吹爲冬、呼爲夏、案吹呼同是外息、但寒溫異耳、十一葉後八行人息爲吸下增此
皇皇者華傳曰、訪問于善爲咨、咨事爲諏、咨事之難易爲謀、咨

禮義所宜爲度、親戚之謀爲詢、毛所本者、左氏襄公四年內外
傳也、外傳異者、咨事作咨才耳、說文不收詢、度是通詞、諏聚謀
也、惟慮難爲謀與傳合、而此云謀事曰咨、則又合謀咨爲一。葢
許君之意、不主毛傳而主堯典也、堯言咨者三、言疇咨者二、舜
言咨者八、其下文必有事、不似都俞吁咈之承上而言也、乃僞
孔于咨汝羲暨和、說之曰咨嗟也、至於咨十有二牧、則曰咨亦
謀也、何其無成德也、況乎凶部𠷎詞也、引書帝曰𠷎咨、若是咨
嗟、何故冠以發語之詞、僞孔乃曰疇誰也、許君自序曰、書孔氏、
則詞也必本之孔氏、𠷎咨自爲一句、本文謀事曰咨、亦必本之
孔氏、至訓嗟者、則後文固有嗞矣、十二葉後八行魯語以下六字删去以此易之

案此切、葢爲許君補一義也、易、履虎尾、不咥人、釋文、咥直結切、
齧也、馬云、齕也、十三葉前三行又直結切下增此
然漢書東方朔傳曰、叱叱、朔來朔來、則叱亦是相謂之詞、非訶
叱也、十三葉後二行當說文也下增此
段氏引秦策、平原君令見諸公、必爲言之曰、嗟嗞乎司空馬、十八葉後九行二字句絕下增此
亦省作茲、唐風綢繆傳、子兮者、嗟茲也、經義述聞曰、嗟茲即嗟
嗞、管子曰、嗟茲乎、聖人之言長乎哉、又作嗟子、楚策曰、嗟乎子
乎、尚書大傳曰、諸侯在廟中者、愀然若復見文武之身、然後曰、
嗟子乎、此葢吾先君文武之風也夫、十八葉後九行子之切上增此

許君但据所引兔爰說之也。竊謂吪盇化之分別文。當据破斧
傳說之以化乃爲切近。俗訛字固是變口爲言。卽言部譌字。亦
當是吪之或體。特吪分化之美訓。譌分化之惡訓。惟南譌獨與
吪同美也。古讀化爲皆如吪、兔爰爲與吪韻可證、不然者、爲母
猴也、何以釋言云作造爲也乎、索隱所据之史記、何以作南爲
乎、雖動則變、變則化、義本相因、而動不如化之直捷也、十九葉後六行
釋詁以下十二字刪以此易之
王風兔爰文、傳曰、吪、動也、孔疏、吪動、釋詁文、今釋詁作訛、詩釋
文曰、吪本亦作訛、無羊、或寢或訛、傳曰、訛、動也、釋文曰、韓詩作
譌、譌、覺也、兔爰首章言吪、二章言覺、覺者必動也、玉篇口部、引

詩曰或寢或吪、破斧、四國是吪、傳曰、吪、化也、孔疏、吪化、釋言文、
今釋言作訛、郭注亦引四國是訛、詩釋文同、云又作吪、沔水、民
之訛言、言部引作譌、尚書、平秩南訛、僞孔傳曰、訛、化也、史記今
本作南譌、索隱則作南爲、蓋史記古本如此、卽司馬子長所据
孔安國之眞本也、而王莽傳又用借字作南僞、化爲同音。愈可
徵矣。綜諸經史漢論之。吪訛譌僞。皆可通用。且有作爲者。但少
作化者。若論其義。則有化而之善者。有化而之惡者。亦有化而
無善惡者。要之皆化也。十九葉後七行王風文三字刪去以此易之
韻會引文賦作歎、二十二葉前十行坎之譌下增此
足部、跳、躍也、跳、越同音、二十八葉後八行故曰雀躍下增此

𨸏部、畤、天地五帝所基止祭地也、是此、基也之義、大徐作基
址、二十九葉前四行𠂤部阯之上增此
周南麟趾、詩傳詩說、皆作麟止、易噬嗑、屨校滅止、釋文如此、云
本亦作趾、又云、賁其趾、一本作止、二十九葉前七行故不收趾下增此
周禮、王行洗乘石、曲禮、爲君尸、乘必以几、其他雖無明文、然豆
非可履之物、故渾言之曰象登車形、三十葉後二行都滕切之上增此
從収者、或謂執級耶、三十葉後二行器作𤼷下增此

chuò 辵　xiǎn 尟　wěi 韙　shì 是　fá 乏　zhèng 正

說文解字句讀弟二下

正　是也。詩鳲鳩傳文。左傳。正直爲正。正曲爲直。从止。止于王。善也。一以止。天下之動貞夫一者也。詩終風箋。正猶止也。之盛切。凡正之屬皆從正。正　古文正。从二。二、古上字。

正　古文正。從一足。足亦止也。乏　春秋傳曰。反正爲乏。宣十五年文。此說義說形之詞皆捝。但存引經也。案傳反正之義。上承天反時爲災。地反物爲妖。民反德爲亂。亂者反正也。乏者災妖也。房法切。段氏曰。禮受矢者曰正。拒矢者曰乏。案依此說。則正是象形字。而乏之口亦象射的。非從一足矣。

文二　重二

是　直也。從日正。揆之以日。以取中正也。承旨切。凡是之屬皆從是。是　籀文是。從古文正。韙　是也。史記。五是來備。今文尚書也。漢書律歷志。五是以備。小易其詞也。荀爽對策曰。五韙咸備。以訓詁易本文也。李雲上書曰。五氏來備。同音假借也。從是韋聲。于鬼切。春秋

傳曰。犯五不韙。隱十一年文。愇　籀文韙從心。元應亦宗此說。班固幽通賦。違世業之所同。顏注。違與韙同。玉篇廣韻皆以違別爲一字。訓爲怨恨。蓋誤。尟　是少也。以字形說字義也。是者直也。正直者少。而後謂之尟也。易繫詞。鮮不及矣。釋文作尟。又云或作尠。尠乃尟之俗字。尟俱存也。未詳。從是少。是少爲尟。與反正爲乏同意。且與部首正相反。故在部末矣。穌典切。賈侍中說。

文三　重二　汗簡尟下云。見顏黃門說文。案從古文是。當爲尟之古文。

辵　乍行乍止也。從彳從止。許君以字形有止。遂說以乍止。非也。部中字皆行義。辵與行同意。行不能左行而右止。辵不能前行而後止。止祇是足耳。行從彳亍。步從止少。辵各分其半而從之。所以相避。廣雅。辵犇也。玉篇。辵走也。是也。丑略切。凡辵之屬皆從辵。讀若春秋公羊傳曰。辵階而走。宣六年文。彼作躇。釋文。躇與蹀同。一本作辵。公食大夫禮。賓栗階升。注。栗實栗也。不拾級連步。趨主國君之命。不拾級而下曰

bó 迹　suí 隨　zhēng 延　yóu 邎　tú 𨑥　jiù 𨗼　xún 巡　mài 邁　shuài 𨕣　huì 䢈　jì 迹

辵。○引經正讀者。皆不同字。與引諺之例異。故刪讀若。然說文部首有讀若者。概在凡某句下。雖似捝誤。然在上者甚少也。因疑此引公羊。誠是讀若。或辵字當依傷今本之躇而改爲躇邪。抑以公羊何注曰。躇猶超遽不暇以次。其義與乍行乍止異。而音固不異邪。當再詳之。迹　步處也。淮南子說山訓。足蹍地而爲迹。莊子。夫迹履之所出。而迹豈履也。從辵亦聲。資昔切。𨒪　籀文迹從朿。蹟　或從足責。玉篇以蹟別爲一字。引詩及傳曰。念彼不蹟。不蹟。不循道也。然循道仍是踐迹之謂。特動靜異耳。

䢈　無違也。無似衍文。玉篇。遠也。從辵䇂聲。讀若害。胡蓋切。𨕣　先道也。此率先之率也。周頌。率時農夫。行部衛。將帥之帥也。周禮。率都建旗。皆省形存聲字也。周禮注。故書帥爲率。則漢人又借同音之帥也。從辵率聲。疏密切。邁　遠行也。以下文巡遯等字推之。則遠行是一義。然廣韻。邁行也。遠也。行也一義。見釋詁毛詩傳箋。遠也一義。雖無所見。而詩白華。視我邁邁。似與之子之遠相類。從辵萬聲。莫話切。𧔳　邁或從蠆。巡　視行也。視宋本作延。依玉篇廣韻引。改皃爲也。段氏曰。有所省視之行也。案延行者。延長行也。巡

守者各國有慶讓。則我行永久也。從辵川聲。詳遵切。𨗼　恭謹行也。也玉篇作皃。從辵殷聲。讀若九。居又切。𨑥　步行也。賁初九。舍車而徒。從辵土聲。同都切。邎　行邎徑也。疑當作行也。一曰邎徑也。玉篇曰。疾行也。廣韻日。行也。是行爲邎之義也。釋詁。迪繇訓道也。此道義之道。而疏引秩秩大猷以說繇。謂猷繇音義同。釋宮。路場猷行道也。此道路之道。而字作猷。疑猷當作繇。繇即邎之省。蓋邎即行不由徑之由。邎爲行走。亦爲徑路。猶徑爲步道。亦爲直情徑行也。仲尼弟子列傳。仲由字子路。顏無邎字路。從辵繇聲。以周切。延　正行也。孟子。征之爲言正也。漢書年表。征和作延和。從辵正聲。聲義互相備。諸盈切。征　延或從彳。隨　從也。从部。從隨行也。易隨卦取隨從之義。不論應與。二隨六三之陰。故係小子而失初陽之丈夫。三隨九四之陽。故係丈夫而失二陰之小子。四隨五而凶者。以陽隨陽多思之地也。初上無位。故初九不以隨六二爲凶。而以渝得吉。上在事外。而六爲陰爻。不似乾上之亢。是可嘉尚之人。王者五也。嘉者上也。拘係從維。皆五爻所謂孚也。從辵隋聲。旬爲切。迹　行皃也。急走。玉篇。從辵宋

迋 wàng　逝 shì　徂 cú　述 shù　遵 zūn　適 shì　過 guò　遦 guàn　遺 dú　進 jìn　造 zào　逾 yú　遝 tà　迨 hé　迮 zé

聲。（蒲撥切）迋　往也。（左襄三十一年傳：印段迋勞于棐林。）從辵王聲。（于放切）春秋傳曰。子無我迋。（昭二十一年文。杜注：迋，恐也。楚詞：魂迋迋而南行。王注：迋迋，惶遽皃。案此借義也。鄭風：人實迋女。又借為誑。）逝　往也。（釋詁文。方言：逝，秦晉語也。）從辵折聲。讀若誓。（時制切）徂　往也。（釋詁文。）從辵且聲。（亦省作且。詩溱洧：士曰既且。傳：且，往也。全徒切）退齊語。（方言文。）徂　退或從彳。𨑨　籀文（退）從虘。述　循也。（釋詁：遹，循也。孫叔然曰：遹，古述字。）從辵朮聲。（食聿切）𨔝　籀文（述）從秫。遵　循也。（釋詁文。）從辵尊聲。（將倫切）適　之也。（釋詁：如、適、之、嫁、徂、逝，往也。許故以之說適。惟退下閒以述遵二字，頗失次。）從辵啻聲。（本之赤反，孫施隻切）適。宋魯語。（方言文。）過　度也。（廣雅：渡也。走部：越，度也。）從辵咼聲。（古禾切）遦　習也。（釋詁：閑、狎、串、貫，習也。貫蓋遦之省形存聲字。毛詩三歲貫女，漢石經作宦。許君說狎亦云習。頁部顧，頭閑習也。是亦訓閑以習。惟失收串字。）從辵貫聲。（工患切）遺

媟遺也。（女部有媟嬻。）從辵賣聲。（徒谷切）進　登也。（書盤庚：乃登進厥民。）從辵閵省聲。（玉篇有古文遴，從藺聲。即刃切）造　就也。（詩小子有造。）從辵告聲。（七到切）譚長說。造上士也。（王制有造士，然未入仕，更無論上士矣。譚長所說，秦爵之大上造也。此造昨早切）艁　古文造從舟。（釋水：天子造舟。釋文：廣雅作艁。戈頭銘有羊子之艁戈，又有敔之造戟，此造艁同字之證。又戠戈而銘曰戟，此許說戈為平頭戟之證。頌鼎作□，頌壺作□，又加宀，宀作器在屋下也。頌敦作□，則造又加宀也。）逾　𨖽。（句）進也。（𨖽，小徐作越。越，度也。𨖽，踰也。踰，越也。越𨖽一字，則逾踰一字。）從辵俞聲。（本大溝反，孫羊朱切）周書曰。無敢昏逾。（顧命文。）遝　迨也。（釋言：逮，遝也。公羊哀十四年傳：祖之所逮聞也。漢石經逮作遝。方言：迨、遝，及也。東齊曰迨，關之東西曰遝，或曰及。說文有逮隸而無迨，方言之迨，或迨之譌。）從辵眔聲。（徒合切）迨　遝也。（玉篇：迨遝，行相及。迨遝疊韻字也。顧氏以為連語，與許君轉注，微有不同。）從辵合聲。（侯閤切）迮　迮迮。起也。（迮迮疑衍，玉篇、廣韻無之。或是作作，有芘之比。公羊傳今

逪 cuò　遄 chuán　速 sù　迅 xùn　适 kuò　逆 nì　迎 yíng　这 jiāo　遇 yù　遭 zāo　遘 gòu　逢 féng　遻 è

若是迮而與季子國。注：迮，起也。倉卒意。）從辵。作省聲。（當云作聲。或者言作省，即以見其為同。玉篇云：迮今為作字。邪鐘鼎文皆以乍為作也。大徐引廣韻阻革切，誤。玉篇子各切，起也。又阻格切，迫迮也。廣韻亦分收之鐸陌二部。說文迫義蓋易之。笮，廣韻：笮，迫也。）逪　迹逪也。（依玉篇、廣韻引改。廣雅：逪，迹也。玉篇：迹今作交，逪今為錯。詩楚茨：獻醻交錯。傳：東西為交，邪行為錯。）從辵昔聲。（倉各切）遄　往來數也。（釋詁：遄，速也。）從辵耑聲。（市緣切）易曰。㠯事遄往。（易損初九文。彼作已。釋文：已，本亦作以。）速　疾也。（釋詁文。）從辵束聲。（桑谷切）遬　籀文（速）從欶。（周語：石遬。宋庠曰：內傳作速。）警　古文（速）從欶從言。（形聲倒置，當作從言欶聲。釋言：速，徵也。易不速之客。釋文引馬注：速，召也。徵召故從言。）迅　疾也。（釋詁文。樂記：訊疾以雅。注：訊，奮訊也。上文奮之以風雨。注：奮，訊也。釋文：訊，本又作迅。筠案：奮迅即是奮卂，又作奮奞，本謂鳥迅，從辵則謂人也。）從辵卂聲。（息進切）适　疾也。從辵𠯑聲。讀與括同。（書君奭：南宮括。古今人表作适。古活切）逆　迎也。（釋言文。呂刑：爾尚敬逆天命。）從辵

屰聲。（宜戟切）關東曰逆。關西曰迎。（方言文。）迎　逢也。（方言：逢、逆，迎也。）從辵卬聲。（語京切）这　會也。（詩十月之交，毛傳：日月之交會。當作此这。下文云不用其行，故從辵也。这篆不在遘篆上者，这，會也。會必兩人，即如日月之食，必東西對道，南北對度，而后食，是日月會於一處也。邦交亦如之。若楚茨之交錯，則旅醻之時，所用者一觶，行禮者一人，故燕禮曰序進，毛傳曰交錯以徧，言無不醻之人，而非有兩人同時行禮也。故这字在逆迎遇遭逢之閒，而不與遘相次。）從辵交聲。（古肴切。文選沈約和謝宣城詩注引交會也，即此。）遇　逢也。（釋詁：遘、逢，遇也。遘、逢、遇、遻，見也。下文詳之。惟遭字見齊風。）從辵禺聲。（牛具切）遭　遇也。（曲禮：遭先生於道。）從辵曹聲。（作曹切）一曰邐行。（謂週帀也。邐邐而行，則旋轉而周遭矣。）遘　遇也。（易姤卦釋文：姤，古文作遘。彖曰：姤，遇也。）從辵冓聲。（古候切）逢　遇也。從辵峯省聲。（當作夆聲。符容切）遻　相遇驚也。（列子：是故遻物而不慴。向秀曰：遇而不恐也。殷敬順釋文：必不欲見而見曰遻。）從辵。從㖾。（㝱部引周禮㖾㝱，今本作噩夢。杜子春曰：㖾當為驚愕之愕。）㖾亦聲。（五各切）

dí 迪　tōng 通　dì 遞　xǐ 辿(徙)　yí 迻　qiān 遷　yùn 運　dùn 遁　xùn 遜　fǎn 返　huán 還　xuǎn 選　sòng 送　qiǎn 遣　lǐ 邐　dài 逮

迪 道也。釋詁文，道兼道路、先導二義。從辵由聲。詩序，由庚，萬物得由其道也。徒歷切。

遞 更易也。釋言，遞，迭也。李巡云，遞者，更迭閱廁相代之義。從辵虒聲。特計切。

通 達也。尚書，達四聰。韓詩外傳作通四聰。達于淮泗，漢書作通于淮泗。從辵甬聲。他紅切。

辿 迻也。潘岳閑居賦，孟母所以三徙也。從辵止聲。斯氏切。

徙 徙或從彳。韻會曰，說文古作征。

屎 古文徙。桂氏曰，詩民之方殿屎，屎卽屎之省文，借徙字也。

迻 遷徙也。楚詞九章，屢懲艾而不迻。從辵多聲。弋支切。

遷 登也。字林同，上下文皆言徙，此不然者，詩遷于喬木，從辵䙴聲。兼意。七然切。

拪 古文遷從手西。集韻同而又以為迻之古文，蓋誤。

運 迻徙也。釋詁，遷，運，徙也。從辵軍聲。王問切。

遁 遷也。逡遁猶遷延也，古遁同循。鄉射禮注，少退，少逡遁也。聘禮注，三退，三逡遁也。今作逡巡。一曰逃也。詩白駒勉爾遁思，釋文出遯思，而曰字又作遁，宋本則作字又作遯。段氏謂逃也之說淺人所增，亦或有然。從辵盾聲。徒困切。當音循。

遜 遁也。釋言，遜，遯也。釋文，字又作遁。然則今本乃不分遁遯者所改也。釋名曰，孫，遜也，遜遁在後生也。是知遜遁仍是逡遁，非逃遯也。從辵孫聲。蘇困切。

返 還也。釋言，還、復，返也。從辵反。又部，反，覆也。乃顛覆之義。本與返義不合，特以經典皆以反為返，故言從也。反亦聲。扶版切。商書曰：祖伊返。依集韻引改。西伯戡黎文。

彶 春秋傳返從彳。

還 復也。從辵睘聲。戶關切。

選 遣也。從辵巽。巽遣之。巽，具也，巽遣之者，具而后遣之也。巽亦聲。思沇切。一曰選擇也。簡能曰選。依元應引補。禮運，選賢與能。字林，選，簡擇也。

送 遣也。元應引作去也。玉篇，遣，送也，去也。既夕禮書遣于策，注，遣猶送也。從辵，倂省。蘇弄切。

𨔝 籒文送。

遣 縱也。玉篇，縱，放也。漢書孔光傳，遣歸故郡。從辵𠳋聲。去衍切。

邐 行邐迆也。依類篇引改。徐鍇曰，漸迆邪也。玉篇、廣韻皆云邐迆，不言行。釋丘，邐迆沙丘。郭注，旁行連延。疏引說文，邐，行也，無邐迆。從辵麗聲。力紙切。

逮 唐逮，及也。段氏曰，唐逮雙聲，蓋古語。從辵隶聲。

chí 遲　lí 邌　dì 遰　zhù ⿺辶馵　yuān ⿺辶𣶒　dòu 逗　qì 迟　wēi 逶　yù 遹　bì 避

徒耐切。

遲 徐行也。谷風毛傳，遲遲，舒行皃。從辵犀聲。直尼切。詩曰：行道遲遲。邶風谷風文。

𨒈 籒文遲從屖。禮記三年問釋文有此遲字。

迟 玉篇作迟。遲或從尸。徐鍇曰，尸音夷。案說文尸同仁。段氏曰，此字疑後人因揚雄傳而增也。甘泉賦曰，靈遲迟兮，說者皆云上音棲，下音遲，迟卽遲字也。然文選作迟迟，與漢書異。玉篇、汗簡亦皆作迟。集韻引尚書迟任，又未必眞壁中古文也。

邌 徐也。蒼頡篇同。廣雅，邌，遲也。史記高祖本紀，黎明圍宛城三帀。漢書作遲明，顏注，此言圍城事畢，然後天明，明遲于事，故曰遲明。史記遲字作邌，亦緩意也。從辵黎聲。文選舞賦，黎收而拜，李注，言舞將罷，徐收斂容態而拜。郎奚切。

遰 去也。易大有象傳釋文，晢，鄭本作遰，云讀如明星晢晢。又云，陸本作逝。夏小正，九月遰鴻雁，傳，遰，往也。從辵帶聲。特計切。

⿺辶𣶒 行皃。從辵𣶒聲。烏懸切。

⿺辶馵 不行也。集韻，馬不行皃。從辵馵聲。馬部作駐。中句切。讀若住。此句當在逗字下。漢光武紀注曰，逗，古住字。

逗 止也。漢書匈奴傳，逗遛不進。孟康曰，律語也。光武紀注引說文，逗留，止也。此因紀言逗留，說文留下亦云止也，合引以解之。

從辵豆聲。田候切。

迟 曲行也。玉篇，曲上有迟字。乚部說亦迟曲連文。孟康注子虛賦曰，文理茀鬱，迟曲。前漢書音義曰，逗，曲行避敵也。誤以迟義說逗。從辵只聲。綺戟切。

逶 逶迆，衺去之皃。從辵委聲。於為切。元應引云，逶佗，行去也。舞賦，蝼蛇，注引云，委蛇，邪行去也。廣絕交論注引云，逶迤，邪行去也。其字既不盡作逶迆，而注復有參差，蓋當依元應作行去也。李善則合併逶迆兩字之說解為一語也。小徐本，逶遖相繼，迆迆相繼，與玉篇同，而大徐迻使相近，非也。案迆字見尚書，獨字便成義。毛詩有委蛇、倭遲，則因迆從辵而作逶，後人匹配之形聲字，兩字乃成義。

蟡 或從虫為。

元應引此字，吾終以小徐無者為是。且此因不識篆之人所增，故少一筆。邑部鄒下牛反背，惟孫本及景朱小徐本不誤，皆顧千里不知而作也，茲仍其謬以為左證。

遹 回避也。此釋詩謀猶回遹也，以回釋遹，明詩是複語，而其義尚未明也，故以避的指之。避僻一字，見下文。潘岳西征賦，事回泬而好還，借泬為遹也。又省作穴。幽通賦，叛回穴其若茲兮，注引韓詩，謀猶回穴。五臣注，回穴，邪僻也。從辵矞聲。余律切。

避 回也。上文既以回避說遹，此又以回說避，則上文回當絕句，而避之

dié 迭　dòng 迵　lù 逯　dá 達　dǐ 迡　qūn 逡　lìn 遴　wéi 違

為邪僻、愈明矣、人部僻、避也、即以本字為說解、周語無乃實有所避、韋注、避、違也、用其本義、至於蒼頡篇避、去也、別是一義、與許同、不從辵。辟聲。毗義切、此避世避人之音、非許義也、當普擊切、

違　離也。邶風谷風傳文、左傳君子違、不適讎國、從辵。韋聲。羽非切、

遴　行難也。漢書功臣表注、引作難行也、又杜欽傳、誠難以忽、不可以遴、注、遴、難也、從辵。粦聲。良刃切、易曰。以往遴。口部引作吝、

僯　或從人。小徐無此字、是也、玉篇僯、力軫切、慙恥也、廣韻同、集韻亦同、而震部遴下云、或作僯、一曰僯、慙恥也、韻會上聲不收僯、去聲遴下、既引說文矣、又引集韻或作僯、則是僯字不出說文也、

逡　復也。當作復也、爾雅、玉篇、廣韻皆云退也、從辵。夋聲。七倫切、

迡　怒不進也。玉篇、驁、不進也、一曰鷙也。集韻不引此句、玉篇又曰驚也、駭也、則鷙當作驚、從辵。氏聲。都禮切、

達　行不相遇也。陸引無行字、鄭風傳、挑達、往來相見兒、而叉部叏、滑也、詩云叏兮達兮、於此又云行不相遇、然則許意與毛相反、達與水部泰、當同音他達切、泰、滑也、則達亦是滑也、與叏一義、吾鄉謂學子好偷閒為滑、或古之遺語也、許君所以反毛義者、蓋上二章不嗣音不來、下文

不見、是不遇此青衿矣、若忽言往來相見、則與上下文皆不類、且果與相見、則詩人亦在城闕矣、豈有躬蹈之而以刺人者乎、故許不敢苟為同也、至如通下云達也、道下云一達謂之道、則假借之義、蓋說文之列字也、美者在前、惡者在後、本部自遇以上皆行也、與從辵義合、而通字在其中、自遇以下皆不行、或行所不當行、與從辵義反、而達字在其中、且廣韻集韻韻會他達切之達、或引挑達、或引博雅逃也、是此音無佳訓、皆與許說同、從辵。羍聲。徒葛切、依許則他達切、詩曰。挑兮達兮。挑蓋後人依今詩改之、

达　達或從大。洞簫賦注引字林、达、滑也、又曰、达、他戾切、或曰迭。與迭下一曰达相應、謂或人妄易兩字之音義也、

逯　行謹逯逯也。方言、逯、行也、淮南精神訓、渾然而來、逯然而往、高注、逯、謂無所為忽然往來也、廣雅、逯逯、衆也、則似錄錄之意、均與許義不同、從辵。彔聲。本力足反、孫盧谷切、

迵　迵迭也。迵迭即是洞達、上文达或曰迭、是也、史記倉公傳、診其脈迵風、注言風迵徹五藏也、太元、迵迵不屈、注、迵達、故通而不屈、或借洞字為之、子虛賦、洞胷達腋、從辵。同聲。徒弄切、

迭　更迭也。番休遞上之謂、易繫辭、迭用柔剛、從辵。失聲。徒結切、一曰达。

m̄ 迷　yǐ 迆　lián 連　qiú 逑　bài 退

迷　惑也。宋本作或、釋言文、易坤卦、先迷後得、從辵。米聲。莫兮切、

迆　衺行也。考工記、弓人、居幹之道、菑栗不迆、則弓不發、鄭司農云、迆謂邪行絕理者、又戈柲六尺有六寸、既建而迆、注、謂著戈於車邪倚也、從辵。也聲。移尒切、夏書曰。東迆北會于匯。禹貢文、疏、靡迆斜出之言也、

連　負連也。謂負之連之也、蓋漢人常語、連俗作摙、王篇、摙、力翦切、運也、廣韻、摙、擔運物也、詩我任我輦、任即負也、輦即連也、鄉師鄭注、故書輦作連、衆經音義、負摙字見其卷十一、說曰、力翦反、淮南子、摙載粟米而至、許叔重曰摙擔之也、今皆作輦也、段氏曰、聯連為古今字、連輦為古今字、筠案連本車名、周禮巾車、連車組輓、是也、輦亦車名、鄉師注引司馬法曰、夏后氏謂輦曰余車、殷曰壺奴車、周曰輜輦、是也、許君說連以負連、廁輦於輦輓之閒、皆以為動字者、毛詩周官左傳多用為動字也、連以人為主、故入辵部、惟無扶部、故輦入車部也、莊子秋水篇、五帝之所連、蓋亦擔荷之謂、非連貫也、從辵車。力延切、此與聯同之音、非與輦同之音也、當力展切、

逑　斂。句、聚也。字林同、許說逑以斂者、指經典借逎為逑而言、詩破斧、四國是逎、箋、逎斂也、許蓋與鄭同、然攴部斂、收也、無聚義、故又伸之以聚也、詩長發、百祿是逎、傳

逎、聚也、周書蘇綽傳、引作逑、詩民勞、以為民逑、傳、逑合也、箋申之曰、合聚也、從辵。求聲。巨鳩切、虞書曰。旁逑孱功。堯典文、彼作方鳩僝功、鳩者勼之借字、聚也、史記作旁聚布功、知逑以聚為正義、人部僝下、引旁救僝功、又曰。怨匹曰逑。句疑後人加、左桓二年傳、怨耦曰仇、關雎君子好逑、爾雅郭注引作仇、兔罝、公侯好仇、夫逑從辵、與匹偶義遠、固是借字、仇從人則近矣、而人部仇下云、讎也、釋詁曰、仇讎敵妃知儀匹也、景純牽於匹偶之義、曲解之曰、讎猶儔也、竝引廣雅云、讎輩也、不如李巡注曰、仇讎怨之匹也、為得其實也、蓋古有仇匹之言而無其字、但有逑聚仇讎之字、故因便借之、關雎之逑、夫妻也、兔罝之仇、君臣也、左傳之仇、父子也、是在三綱、不可云儔輩、兩詩皆以好命之、師服則直謂之怨、亦可見其字訓本不嘉矣、

退　數也。攴部敗、數二字皆云毀也、土部壞、敗也、是知退敗一字、數壞一字、此重文之在兩部者也、今土部壞有籀文數、固是移自攴部、雖誤而不誤也、爾雅釋文引字林、壞自敗也、下怪反、數毀也、公壞反、顏氏家訓、江南學士讀左傳、口相傳述、自為凡例、軍自敗曰敗、打破人軍曰敗、讀蒲敗反、此為穿鑿、筠案此人殆不知有退字、若知之、當如字林之分壞數為二矣、從辵。貝聲。薄邁切、周書曰。我興受其退。微子文、彼作敗、

pò 迫　liè 邋　jìn 近　qiú 逎　zhú 逐　zhuī 追　táo 逃　yí 遺　suì 遂　bū 逋　dùn 遯　huàn 逭

逭 逃也。釋言文。從辵官聲。胡玩切。 逭或從雚從兆。廣韻同、玉篇作逭、集韻兩收之、桂氏曰、當從小萑聲、八象分別相背、故有逃義。

遯 逃也。鄭注易遯卦云、遯者逃去之名。從辵豚聲。徒困切。

逋 亾也。易訟卦、歸而逋。從辵甫聲。博孤切。 籒文逋從捕。逋逃則當捕也。

遺 亾也。小雅谷風傳文。從辵貴聲。以追切。

遂 亾也。桂氏曰、亾當作佗、釋訓、遂遂作也、廣韻、遂、達也、進也、成也、從志也。筠案、桂氏說當是、特上下文皆訓亾、或既譌作爲亾、乃遂之此邪。從辵㒸聲。徐醉切。說文無璲繸二字、詩大東、鞙鞙佩璲、釋器、繸、綬也、郭注、即佩玉之組、又曰、璲、瑞也、郭注引大東、是詩毛傳亦曰、璲瑞也、然芄蘭毛傳曰、佩玉遂遂然、案此與綬也義近、鄭箋曰、遂、瑞也、然則毛公所據大東本作遂、鄭君所据釋器亦作遂也、竝可推知繸字亦是晉人增偏旁矣。 古文遂。

逃 亾也。春秋通例、凡言逃者、皆謂義當留而竊去者也。從辵兆聲。徒刀切。

追 逐也。秋官士師、以比追胥之事、注、追、追寇也。從辵𠂤聲。陟隹切。

逐 追也。左隱十一年傳、子都拔戟以逐之。從辵豚省。篆蓋本作、說蓋本作豖聲、直六切。釋詁、逐、病也、郭云未詳、桂氏曰、逐蓋瘃字之借、中寒腫覈也、故曰病、瘃從豖聲。

逎 迫也。廣雅、逎、迫也、楚辭招魂、分曹竝進、逎相迫些、注、逎亦迫也。從辵酉聲。字秋切。 遒 逎或從酋。考工記酋矛注、酋之言遒也。

近 附也。桂氏曰、當作駙、段氏曰、當作付、筠說見馬部駙下、書洪範、以近天子之光。從辵斤聲。渠遴切。 古文近。

邋 搚也。玉篇集韻引作慴、慴者、以威力相恐慴也、既非此義、說文亦無慴、玉篇、搚、摺也、擸上同、則擸者搚之俗字、公羊莊元年傳、搚幹而殺之、釋文作拹、云亦作拉、皆同、左桓十八年傳杜注、拉公幹而殺之、即用其一本也、廣韻二十七合、拉、折也、搚上同、亦用釋文說、手部、拹、摺也、一曰拉也、廣韻三十三業引同、然拹拉二字說文遠隔、且史記魯世家亦載桓公事、云、摺其脅、晉灼曰、摺、古折字、則各家之說未可据也、拹下一曰拉也、小徐本作一曰擸也、上文、擸、理持也、與此義不相應、廣韻二十八盍、擸、折也、或小徐意亦如此、案當作一曰邋也、與此文相應。從辵巤聲。良涉切。自迺至邋皆近義、閒之以邋不合、玉篇以逭邋遻爲次、亦不連屬。

迫 近也。周禮大司徒族墳墓注、同宗者生相近、死相迫、玉於上文迺迫也、楚詞、歲忽忽

說文句讀　卷四　七百七十六　、○折四十六　九

chěng 逞　yuè ⿺辶戉　jiā 迦　bó ⿺辶朩　lóu 遱　qiān ⿺辶侃　gān 迁　liè 迾　yàn ⿺辶羨　zhì 迣　zhē 遮　è 遏　ěr 邇　rì ⿺辶臸

而遒盡、是也、人部、促、迫也、杜詩、能事不受相促迫、是也、皆引伸假借之義。從辵白聲。博陌切。

⿺辶臸 近也。釋言、驛、傳也、郭云、本或作遷、此假借也、聲類云、遷亦驛字、誤合爲一矣。從辵臸聲。至部作臸、人質切、下文𨘁字、五音韻譜譌爲此字、孫本亦然、諸字書多踵其誤。

邇 近也。釋詁文。從辵爾聲。兒氏切。 古文邇。

遏 微止也。釋詁、止也一類內有歲字、歲微形聲竝相近、蓋寫譌也、許君蓋以微字訓止、其義少見、故於此出之、微字當絕句、晉語韋昭注、微、蔽也、本之釋詁、亦足證。從辵曷聲。讀若桑蟲之蝎。烏割切。

遮 遏也。呂覽名類篇、子不遮乎親、臣不遮乎君。從辵庶聲。止車切。

⿺辶羨 遮⿺辶羨也。從辵羨聲。于線切。

迣 迾也。漢書禮樂志、迣萬里、晉灼曰、迣、古迾字、鮑宣傳、部落鼓鳴、男女遮迣。晉趙曰迣。從辵世聲。征例切。讀若寘。蓋本作寘、寫者忘說文無寘字、漫以經典寘字易之。

迾 遮也。漢書武五子傳、迾宮清中、備盜賊、通俗文、天子出、虎賁伺非常、謂之遮迾、經典借厲字列字爲之、地官山虞、物爲之厲、鄭司農云、遮列禁人不得令入。從辵𠛱聲。良辥切。

迁 進也。段氏曰、干求字當作迁、干犯字當作奸。從辵干聲。楚詞、既干進而務入。古寒切。讀若干。句當是衍文、而嚴氏曰、小徐作讀若千、愚所見小徐本皆作千、又玉篇、迁、且堅切、行進也、迁、古寒切、二字相繼、或說文亦然、而捝其一。

⿺辶侃 過也。元應曰、愆古文𡨦、⿺辶侃二形、漢書劉輔傳、元首無失道之愆。從辵侃聲。心部愆之籒文諐、亦從侃聲。去虔切。

遱 連遱也。集韻、連遱、不絕皃、案此與言部謰謱同義、隨所施而異其偏旁耳。從辵婁聲。洛侯切。

⿺辶朩 前頓也。玉篇、⿺辶朩、口黠竹季二切、前頓也、集韻類篇同。從辵市聲。當作朩聲、北末切。賈侍中說。一曰。讀若拾。又若郅。

迦 迦互。蓋梐枑之比、玉篇作迦牙、亦通、牙吾通用、金吾木吾、禦人之物、集韻四十禡、迦、居迓切、迦枒、木如蒺藜、上下相距。令不得行也。從辵枷聲。古牙切。

⿺辶戉 踰也。從辵戉聲。王伐切。易曰、雜而不⿺辶戉。繫辭文、彼作越。

逞 通也。從辵呈聲。丑郢切。楚謂疾行爲逞。見方言。春秋傳曰、君何所不逞欲。昭十四年文、玉篇引無君欲二字、案君字傳作子、然傳上文已呼南蒯爲君矣、或此亦然。

說文句讀　卷四　七百二十三　、○折四十六　十

辵

陪臣而用大夫君之稱也、

遼　遠也。楚辭九歎、山修遠其遼遼兮、從辵尞聲。洛蕭切、

遠　遼也。從辵袁聲。雲阮切、

𨘢　古文遠。阜部古文陟從𨘢、

逖　遠也。釋詁文、牧誓逖矣西土之人、周本紀逖作遠、從辵狄聲。他歷切、詩曰。舍爾介逖。依集韻引、增大雅瞻卬文、今作狄、傳以遠釋之、正義毛讀狄為逖、故為遠也、則介當訓為大、釋文狄毛他歷反、

逷　古文逖。陽給事誄注引尚書王曰逷矣西土之人、潛夫論引詩用逷蠻方、淮南子俞兒狄來、即易來、古今人表、簡逷即簡狄、

迵　遠也。釋詁文、大雅洞酌、借洞、從辵同聲。戸穎切、

逴　遠也。九章道逴遠而日忽、亦借踔及卓為之、史記貨殖傳、上谷至遼東、地踔遠、霍去病傳逴行殊遠、漢書作卓、從辵卓聲。敕角切、一曰蹇也。方言、自關而西秦晉之閒、凡蹇者或謂之逴、又云、逴、蹇也、莊子秋水作踸踔、楚詞補注七諫引說文曰、踸踔、行無常兒、然說文無此義、又無踸字、走部趠、遠也、既與前義同字、則此義即趠踚矣、讀若掉苕之掉。王氏煦曰、當作掉磬、內則鄭注曰、雖有勤勞不能掉磬、釋文曰、隱義云、齊人以相絞訐為掉磬、崔云、北海人謂相激事為掉磬也、是漢時舊有此語、

迂　避也。此避仍是僻字、迂曲是偏僻也、書盤庚迂乃心、傳迂僻、從辵于聲。本羽夫切、孫憶俱切、

𨔼　自進極也。從辵𦘔聲。子僊切、小徐則先反、

邍　高平之野。當依石鼓文改彔為备、說詳繫傳校錄、夏官有邍師、尚書大傳東邍底平、大而高平謂之大邍、許從大傳、故與爾雅釋地不同、鄭注大司徒亦因之、然李善西京賦注、引爾雅高平曰原、亦不作廣平也、人所登。從辵。惟其高也、故曰登、备彔闕。此三字、當作從夂從田彔聲、繫傳分釋夂田、則知二字誤合為一也、夂不嫌與辵複者、還從辵從夂可證、愚袁切、

道　所行道也。此文似有誤、韓詩薛君章句、岐有夷之行、行道也、毛詩傳箋、屢云行道也、行部祇見人之步趨一義、或於此補見道亦名行之義、其當如何立文、則不能肊測矣、從辵從首。首亦聲、徒皓切、一達謂之道。依御覽引補、釋宮文、

𦤎　古文道從首寸。桂氏曰、此即導引之字、寸部導、後人加之、經典導引亦作道、左隱五年傳、請君釋憾于宋、敝邑為道、是也、鍇說見寸部導下、

遽　傳也。左僖三十三年傳、且使遽告于鄭、注、遽、傳車、從辵豦聲。其倨切、一曰窘也。怱勿二字、下見此義、

迒　獸迹也。字林、兔道也、釋獸、兔其迹迒、東京賦、軌塵掩迒、薛綜注、迒、迹也、本書序曰、見鳥獸蹄迒之迹、是不專謂兔、廣雅、迒、道也、薛綜注西京賦同、則又泛指道路而言、從辵亢聲。釋名、鹿兔之道曰亢、胡郎切、

⿰𧾷更　迒或從足更。

⿺辶弔　至也。經典皆作弔、從辵弔聲。都歷切、

邊　行垂崖也。從辵臱聲。布賢切。〇迒當在末、蓋迒邊二字、校者所補、釋詁、邊、垂也、土部垂、遠邊也、广部厓、山邊也、然則邊者垂厓耳、言行者、為其從辵也、

文一百一十八　重三十一　實三十

彳　小步也。魏都賦、澤馬彳亍、李善引本書同、五臣本誤作示、案彳亍皆當有行止二義、射雉賦、彳亍中輟、徐爰曰、彳亍、止兒、張銑曰、行兒、中少留也、然則彳亍自是行、中輟乃謂其中道忽止也、張衡舞賦、彳兮中輒、亦同此義、蓋許君列彳亍於行部之前、行、人之步趨也、彳得其半、故曰小步、亍反彳、故曰步止、實則行字之作當在先、本象三屬之動、彳亍即分行字為二、故兼行止二義也、象人脛形。依五經文字補、三屬相連也。漢書音義、如淳曰、上身一、髀褌一、脛徼一、凡三屬、案體下云總十二屬也、則此三屬者、謂股脛足也、與如說不同、丑亦切、凡彳之屬皆從彳。

德　升也。上達也、玉篇、德、福升也、從彳㥁聲。經典皆以德為悳、鐘鼎亦然、但作德、從直省耳、秦碑同、多則切、

徑　步道也。不容車也、從彳巠聲。居正切、

復　往來也。謂往來復重也。依元應引補、蓋庾注也、從彳复聲。房六切、

𢓜　復也。玉篇、習也、忕也、或與狃同、案釋言、狃、復也、蓋許君據本作𢓜、從彳從柔。柔亦聲。五字當作柔聲、人九切、

徎　徑、行也。行、蓋衍文、云徑行、則與遲下疾行義同矣、玉篇徎字在彳之下、德徑之上、云徑也、或即本之說文、廣韻云、雨後徑也、分別言之、而亦無行字、從彳呈聲。丑郢切、蓋增行字之後、乃用此音、非唐韻即然也、玉篇力整丈井二切、廣韻丈井切、小徐韻譜丑郢反、內收四字、閒十三字、乃出徎字、又云丑郢反、蓋亦後人以大徐本改之、

往　之也。釋詁文、從彳㞷聲。于兩切、

𢓸　古文往從辵。當作從辵、揚雄甘泉賦、迋迋離宮般以相燭兮、

忂　行兒。與足部躣同、與走部趯亦近、從彳瞿聲。其俱切、

xī bàng jiàn fēng　pīng yí xú　shì wēi　sà jí　xún jiào bǐ

徯 徬 ⿰彳戔 ⿰彳夆　⿰彳甹 ⿰彳夷 徐　徥 微　⿰彳歰 彶　循 徼 彼

彼往。句以往釋彼者、彼與此對文、此部說曰止也、與彼往也亦對文、釋名、往睢也、歸睢于彼也、有所加也。加當作如、春秋、公如齊如晉如楚、從彳皮聲。補委切、

徼循也。後漢書董卓傳注引作巡也、顏注急就篇游徼、鄉之游行徼循、從彳敫聲。古堯切、

循行句下孟切順也。行者游徼之謂、是循之正義、故書疏元應皆引之曰行也、又申之以順者、言其所以名爲循也、循順同音通借、燕禮注、今文順爲循、是也、左文十一年傳、國人弗徇、服本作循、云循順也、從彳盾聲。詳遵切、

彶彶彶。依元應引補、急行也。攴部攱、彶彶也、元應引廣雅、彶彶遽也、從彳及聲。居立切、

⿰彳歰行皃。吳都賦、⿰彳歰譶衆嫪⿰彳歰、卽此⿰彳歰、注、⿰彳歰譶衆言語喧雜也、琴賦、紛⿰彳歰譶以流漫、注云聲多也、然則行皃者、亦謂人衆行迨遝也、從彳歰聲。穌合切、一曰此與馺同。

微隱行也。字林同、釋詁、隱微也、漢書成帝紀、上始爲微行出入、從彳𢼸聲。無非切、春秋傳曰、白公其徒微之。哀十六年文、注、微匿也、

徥徥行皃也。方言郭注同、集韻、行衙衙謂之徥、字又作偍、荀子修身篇、難進曰偍、從彳是聲。是支切、爾

雅曰、徥則也。釋言、是則也、省形存聲字、郭注、是事可法則、案釋詁、律與則皆訓常、又皆訓法、知徥之從彳、與律同意、國是當作此字、所謂則者、猶今之則例、非泛言也、郭氏隨文立說、不可從、

徐安行也。易困卦、來徐徐、馬注、安行皃、從彳余聲。似魚切、

⿰彳夷行平易也。老子、大道甚⿰彳夷、范應元注、⿰彳夷古本如此、廣雅、⿰彳夷⿰彳夷行也、從彳夷聲。周頌、岐有夷之行、以脂切、

⿰彳甹使也。繫傳曰、⿰彳甹猶抨也、⿰彳夆猶夆也、夆掣曳使之也、案夆上蓋挩拼字、釋詁、俜拼抨使也、釋訓、甹夆掣曳也、周頌、莫予荓蜂、北監本毛傳、荓夆摩曳也、故段氏曰、許說當作⿰彳甹⿰彳夆使也、⿰彳甹⿰彳夆蓋甹夆之正字、案人部、俜使也、與⿰彳甹同、從彳甹聲。說文無甹、玉篇、匹丁切、言也、普丁切、

⿰彳夆使也。段氏曰、疑當作⿰彳甹夆也、從彳夆聲。敷容切、讀若螽。周頌作蜂、卽借同音之字也、

⿰彳戔迹也。謂迹之也、周禮有迹人、⿰彳戔蓋與論語不踐迹之踐同、從彳戔聲。慈衍切、

徬附行也。牛人、罪隸二職之牽徬、是此字之正義、人部、傍近也、是依傍字、與此迥別、文選邱遲詩注引徬附也、卽此篆注、非傍下有挩義、從彳旁聲。蒲浪切、

徯待也。釋詁文、從彳奚聲。胡計

biàn 徧

yù 御　lǜ 律　xùn 徇　jì 徛　dé 得　zhǒng ⿰彳重　hěn 很　tí 徲　hòu 後　tuì 復　jiǎ 徦　dí 㣙　dài 待

切、當依說文韻譜予啟反、

蹊徯或從足。詩緜篇正義引說文、蹊徑也、月令、塞徯徑、

待竢也。見釋詁、從彳寺聲。徒在切、

㣙行㣙㣙也。法言先知篇、爲國不㣙其法而望其效、注、㣙蹈也、是謂㣙與迪同、段氏曰、㣙㣙蓋與小弁踧踧同、行平易也、玉篇、㣙與宙同、從彳由聲。徒歷切、

徧帀也。燕禮注、今文辯皆作徧、從彳扁聲。比薦切、

徦至也。從彳叚聲。古雅切、似當依玉篇柯額切、人部、假一曰至也、古額切、與假音義同、

復卻也。廣雅、卻退也、從彳從日從夊。他內切、一曰行遲也。方言、退緩也、

⿰彳内韻會引作迺、玉篇亦作衲、辵部別收迺、復或從內。

古文復從辵。周語、各以利退、作此字、

後遲也。從彳幺夊者後也。胡口切、

古文後從辵。

徲久也。桂氏段氏皆曰、从當作夊、蓋据夊部說行遲曳夊夊也、然似非、禮曰遲之又久、從彳犀聲。讀若遲。杜兮切、

很不聽从也。小徐作從、案从部說、相聽也、吳語、王將很天而伐齊、注、很違也、一曰行難也。從彳。

艮聲。胡懇切、一曰盭也。廣雅同、

⿰彳重相迹也。迹者迹之也、⿰彳重卽率邇者踵武之踵、故元應引說文、踵相迹也、緣經借踵爲⿰彳重、故以⿰彳重之說說之、從彳重聲。之隴切、

得行有所得也。段氏改得爲㝵、是也、從彳㝵聲。多則切、

㝵古文省彳。見部已收此重出、元應曰、衞宏詔定古文官書、得㝵二字同體、然則增此字者、据衞宏說也、

徛舉脛有度也。依釋宮釋文韻會引改、謂舉脛而有所過度也、廣雅、步橋也、玉篇、舉足以渡也、釋宮、石杠謂之徛、從彳奇聲。去奇切、

徇行示也。元應曰、行走宣令也、引尙書乃徇師而誓、釋言、徇偏也、釋文本又作侚、樊本作徇、從彳勻聲。詞閏切、司馬法、斬以徇。博物志、司馬法周公所作、漢書藝文志、司馬法百五十五篇、

律均。句布也。以均釋律者、周語、律所以立均出度也、後漢律歷志、夏至陳八音、聽五均、樂汁圖徵曰、均者六律調五聲之均也、宋均曰、均長八尺、施弦以調六律五聲是也、又申之以布也者、釋器、律謂之分、禮運注、陽曰律、陰曰呂、布在十二辰是也、從彳聿聲。呂戌切、

御使馬也。從彳卸。卸當是聲、牛據切、

馭古文御。

chù 亍　tíng 廷　zhēng 征　jiàn 建　yǐn 廴　chān 㢟　yán 延　xíng 行　shù 術　jiē 街　qú 衢　chōng 衝　tóng 衕　jiàn 衛

從又馬。步止也。赭白馬賦、秀騏齊亍、從反彳。讀若畜。丑玉切、

文三十七　重七

長行也。從彳引之。引廴同音、余忍切、凡廴之屬皆從廴。

朝中也。广部庭、宮中也、與此對文、廷庭之爲平地無屋同、特朝廷專名、庭院通稱、故庭加广爲別耳、從廴壬聲。特丁切、

行也。此葢烈烈征師之征、辵部延、正行也、葢王于出征之征、一義而小別、從廴正聲。諸盈切、

立朝律也。建祇是立、而云律者、猶廴從彳引之、建亦從律引之也、由字形得此義、從聿從廴。不先言從廴者、謂從聿與律同、而彳變廴耳、仍是從律引之之意、居萬切、

文四

安步㢟㢟也。目部䀡、從㢟、云、相顧視而行也、從廴從止。丑連切、凡㢟之屬皆從㢟。

長行也。釋詁、延、長也、云行者、爲其從廴也、從㢟丿聲。以然切、丿當作厂、余制切、

文二

人之步趨也。釋宮、堂上謂之行、堂下謂之步、門外謂之趨、從彳亍。戶庚切、凡行之屬皆從行。

邑中道也。字林、邑中道曰術、月令孟春審端徑術、鄭注依周禮改術爲遂、呂覽孟春紀注云、端正其徑路、是高誘不改字、許君葢謂田閒之道曰徑、邑中之道曰術、不以爲遂上之徑也、從行朮聲。食聿切、

四通道也。三蒼、街、交道也、風俗通、街者攜也、離也、四出之路、攜離而別、從行圭聲。古膎切、

四達謂之衢。釋宮文、從行瞿聲。其俱切、

通道也。漢書酈食其傳、夫陳留、天下之衝、四通五達之郊也、從行童聲。昌容切、春秋傳曰：及衝以戈擊之。依李燾本刪、昭元年文也、今本云及衝擊之以戈、

通街也。三蒼、衕、里中別道也、南齊書、蕭鸞弑其君于西弄、注、弄、巷也、南方曰弄、北方曰衖、從行同聲。徒弄切、

踐也。徐小

yú 衙　kàn 衎　xuàn 衒　shuài 衛　wèi 衛　chǐ 齒　yín 齗　chèn 齔　zé 齰　chái 齜

如此、迹也。大徐如此、當合而改之曰、衙、迹也、以衙釋衙、謂其同也、迹即衙之義、仍以爲說、欲覯其比也、從行戔聲。才綫切、

衙衙、行皃。依廣韻引補、九辯、導飛廉之衙衙、南部新書、公衙即古之公朝、字本作牙、軍前大旗謂之牙旗、出師而有建牙禡牙之事、軍中聽令必至牙旗之下、與府朝無異、近俗尚武、通呼公府門爲牙門、字譌變轉爲衙門、從行吾聲。魚舉切、又音牙、廣韻九魚音魚是也、

行喜皃。釋詁、毛傳皆曰、衎、樂也、從行干聲。空旱切、

行且賣也。猶言且行且賣也、賣當作賣、貝部賣、衒也、地官胥師飾行儥慝、鄭司農曰、謂行且賣姦僞惡物者、內則、奔則爲妾、注、奔或爲衒、從行言。言亦聲、黃絢切、

衒或從玄。越絕書、衒女不貞、衒士不信、

將衛也。依集韻引改、從行率聲。經典作將率、省形存聲字、又作將帥、則聲借字、所律切、

宿衛也。天官宮伯注、庶子、宿衛之官、從韋帀從行。五字當作從行帀韋聲、帀、周也、秦本紀、衛令曰周廬、行列衛也。于歲切、左文元年傳注、環列之尹、宮衛之官、列兵而環王宮、

文十二　重一

口齗骨也。言齗所生骨也、象口齒之形。凵、口犯切、口張則齒見、一者、上下齒中閒之虛縫、𠈌則齒形、止聲。昌里切、凡齒之屬皆從齒。

古文齒字。

齒本肉也。依元應引補、字又作矧及哂、曲禮、笑不至矧、注、齒本曰矧、大笑則見、論語、夫子哂之、皇侃疏如曲禮注、從齒斤聲。語斤切、

毀齒也。釋名、齔、洗也、毀洗故齒、更生新也、男八月而齒生。依廣韻引改、下同、八歲而齔。女七月而齒生、七歲而齔。從齒七聲。初堇切、元應曰、舊音差貴切、桂氏曰、七當爲匕、與牝牡字同、小徐本、元應引皆作匕聲、筠所見本、皆作七聲、惟元應大字作齔、㲋氏曰、當從變化之匕、引本命之說毀齒者曰、陰以陽化、陽以陰變、謂毀與化義同、音近、又據差貴切、謂古讀如未韻之槩、筠不能決、兩存之、

齒相值也。從齒責聲。士革切、一曰齧也。句當在哲齰下、五音集韻引作靜也、春秋傳曰：哲齰。定九年文、彼譌作幘、杜注、齒上下相值也、

齒相齗也。類篇

zōu 齱
cuó　cī 齹　zhā 齇　óu 齵　zōu 齺　yàn 齴　yǎn 齞　xiè 齘

齤齵、一曰開口見齒之皃。集韻、齺齵、齒露皃、從齒、柴省聲。當作此聲、讀若柴。切齒、仕街切、

齘 齒相切也。玉篇、齘、切齒怒也、方言、小怒曰齘、注、言噤齘也、從齒、介聲。胡介切、

齞 口張齒見也。與齺下說異者、彼謂故使之然、此則生而脣不掩齒也、登徒子好色賦、齞脣歷齒、從齒、只聲。本牛善切、孫研繭切、

齴 齒差也。差、齹、郎、從齒、兼聲。五銜切、

齺 齒搚也。搚當作拹、荀子王霸篇、齺然、上下相信、注、齺齒相逆也、一曰、馬口中橛也。司馬相如傳、猶時有銜橛之變、張揖曰、銜、馬勒銜也、橛、騑馬口長銜也、從齒、芻聲。側鳩切、一曰齰也。管子輕重戊篇、車轂齺齵、連伍而行、注、齺、齧也、言其車轂往來相齧、

齵 齒不正也。廣韻、齱齵、荀子君道篇、天下之變、境內之事、有弛易齵差者矣、案許君意、齱齵二字、以左右言之、齱齵二字以上下言之、齵字以內外言之、依元應引補、子之差、而齵差連文者、忽左忽右、則上下齒亦必不相當也、謂高下不齊平也。蓋庾注也、考工記、察其菑蚤不齵、鄭注、菑與爪不相佹、從齒、禺聲。五婁切、當依玉篇牛俱切、

齇 齰齒也。廣韻、

說文句讀　卷四　七百九十六　、○折四十三　七

齬齵、齒不平正、案牙吾同音、齬齵一字、東方朔傳、齟者齒不正也、從齒、虘聲。側加切、廣韻九魚、齟、側魚切、是也、

齱 齵也。玉篇、齱、齵也、齒聚皃、也、廣韻、齱齵、齒偏、從齒、取聲。側鳩切、當子于切、

𪗨 齒差跌皃。跌當作胅、廣韻、齒跌出、字統、從齒、佐聲。昨何切、廣韻、齹亦昨何切、春秋傳曰、鄭有子𪗨。今傳作齹、

齹 齒參差也。玉篇、齹、齒跌者、似是、從齒、差聲。楚宜切、玉篇此何切、社註、子皮之子嬰齊也、案亦進名退字之義、段氏謂齹𪗨一字、是也、不知𪗨不誤、齹則傳寫之誤、其引釋文曰、齹字林才可士宜知二反、說文作𪗨、云齒差跌也、在河千多二反、以此證齹出字林、後人羼入說文、可也、不以此證說文字譌、不可也、衆經音義引說文、齹、齒參差也、所引與今本同、與陸氏引異、兩人皆在貞觀時、不應所据本大異、蓋兩人所說皆不詳悉也、說文篆當作𪗨、抑或作𪗨、說解當曰、齒𪗨跌皃、謂齒參差也、下句蓋庾注、兩人各引一句、遂不同也、玉篇曰、此何切、齒𪗨跌者、蓋顧氏据古本說文也、又曰、又楚宜切、齒參差也、蓋孫強据大徐本增也、差跌以義兼聲、說文又無佐字、大徐遂疑是𠂇之譌、案直是差字平寫之耳、又疑爲𠂇譌、𠂇者、我從𠂇、𠂇之𠂇即𠂇也、知然者、𠂇之古文、從毛從𠂇、𠂇亦即𠂇、指事字可多可少也、字

xiá 齰吉　yǎo 齩　yǎn 齞
chī 齝　ái 齸　qiè 𩪋　là 齧　zú 𪘁　kěn 齦　jiān 𪘘

zé 齰　zhí 齣　yǐ 齮　ní 齯　jù 齟　yà 齾　yǔn 齳　quán 齤

林直書作齹、竝非、立異、又不應字林切合、說文反迂遠也、篇海作齹、

齤 缺齒也。淮南道應訓、若士齤然而笑、一曰曲齒、從齒、𢍏聲。下文言、又若、或此讀如書卷、讀又若權。巨員切、玉篇本部次序與說文大同、其齹字在後、似孫強所補、其齹字適當此處、云胡夾切、齹齒、一曰曲齒然、齹曲角也、亦從𢍏聲、則之卷、邪、而韻書皆無二音、玉篇誤、

齳 無齒也。也當依玉篇作皃、韓詩外傳、齳然而齒墮矣、既曰然、則是皃也、荀子君道篇作齳、集韻、齳或作齫、從齒、軍聲。魚吻切、

齾 缺齒也。傳顏師伯缺齒、號之曰齾、桂氏曰、宋書王元謨曰、齾、蘩露、案玉篇、齾、齒非缺、齾當作齾、從齒、獻聲。五鎋切、

齟 斷腫也。集韻、斷不固曰齟、從齒、巨聲。區主切、

齯 老人齒也。依釋詁疏引補、玉篇、爾雅云、黃髮齯齒壽也、謂齒隋更生、從齒、兒聲。毛詩作兒、是本字、釋詁細者、加齒、分別文也、五雞切、

齮 側齧也。依元應引補、儋傳、索隱、齮、側齒齧也、從齒、奇聲。魚綺切、

齣 齝齒也。齒字疑衍、又疑是齧字之譌、廣韻云、側齒齧也、從齒、出聲。仕乙切、

齰 齧也。漢書鄧通傳、上使太子齰癰、從齒、昔聲。本士白切、

說文句讀　卷四　七百○二　、○折四十七　十八

孫側革切、

齚 齰或從乍。元應以爲古文、俗作咋、東方朔傳、孤豚之咋虎、咋與齰音同義近、

𪘘 齧也。廣韻、𪘘、齧、咋皃、從齒、咸聲。工咸切、玉篇口洽切、

齦 齧也。與豤音同義近、特彼專屬豕耳、從齒、皀聲。康很切、

齞 齒見皃。類篇引作一齒見皃、字又作齗、從齒、干聲。五版切、

𪘁 齰也。玉篇、廣韻、皆云齰也、從齒、卒聲。昨沒切、

齧 齒分骨聲。從齒、列聲。讀若剌。盧達切、

齩 齧骨也。從齒、交聲。本五巧切、孫胡絞切、

𩪋 齒差也。段氏曰、謂齒相摩切也、差、即磋字、似是、玉篇、齧骨也、釋器、骨謂之切、釋文、切、本或作𩪋、廣韻、𩪋、齒差也、似即以爲切、齒皆與許說不合、嚴氏曰、前有齘、齒相摩、相隔太遠、差字疑有誤、據下云齸、𩪋牙也、或此當云齒齸也、從齒、屑聲。讀若切。千結切、

齰 齒堅聲。齒當依玉篇作齧、從齒、吉聲。赫鎋切、

齸 𩪋牙也。集韻、牙謂之齸、非此義、段氏據刀部剴、一曰摩也、從豈聲、疑齸亦磋摩之義、或是、從齒、豈聲。豈本愷樂之正字、五來切、

齝 吐而噍也。從齒、台聲。丑之切、爾雅曰、牛曰齝。釋獸文、郭

kuò ⿰齒舌
bó ⿰齒尃　huá ⿰齒骨　zhì ⿰齒至　yì 齸　xiè 齛　yǔ 齬　jiù 齨　lián ⿰齒聯
chǔ 齭　niè 齧　hé 齕

注、食之已久、復出嚼之、齕 齧也。淮南修務訓、齕咋、足以嚙肌碎骨、從齒气聲。戶骨切、⿰齒聯 齒見皃。從齒。聯聲。力延切、齧 噬也。曲禮、毋齧骨、釋名、鳥曰啄、獸曰齧、齧、齾也、所臨則禿齾也、從齒㓞聲。五結切、齭 齒傷酢也。酉部、酸、酢也、凡酸謂之酢、非呼醋爲酢也、齒傷酸則不敢齧物、故俗於畏其事而不敢爲者謂之齭、從齒所聲。讀若楚。故字林從楚作齼、創舉切、廣韻九御收楚字、瘡據切、與今語合。齨 老人齒如臼也。從齒臼聲。義聲互相備、其久切、一曰馬八歲齒臼也。齒臼、玉篇作臼齞、是也、集韻、馬八歲謂之齞、通作齨、齊民要術、馬七歲、齒兩邊黃、各缺區平、受米、八歲上下盡區如一、受麥、九歲下中央兩齒臼、受米、十歲下中央四齒臼、十一歲下中央六齒盡臼、至十五歲上中央兩齒臼、十六歲上中央四齒臼、十七歲上中央六齒盡臼。齬 齒不相值也。字林同、集韻、齬、齒一前一卻、從齒吾聲。魚舉切、齛 羊粻也。說文无粻、當作張、下同、天官書、張、素、張即此粻、素俗作嗉、釋獸、羊曰齛、釋文作齛、此唐人避諱改之、張揖曰、羊食已吐而更嚼之、從齒世聲。私列切、齸

鹿麋粻。釋獸、麋鹿曰齸、郭注、江東名咽爲齸、齸者齝食之所在、依名云、案口部嗌、咽也、是郭謂嗌齸同字、且是入禽通稱也、又依許說、似釋獸之文本作鹿麋粻曰齸、郭注齝字、當是齝字之誤、玉篇齝同齸、至于廣韻、齝、大齧也、苦加切、與齸義不合、從齒益聲。伊昔切、⿰齒至 齒堅也。齒當作⿰齒至、玉篇、⿰齒至、堅皃、從齒至聲。陟栗切、字或作咥、易履虎尾、不咥人、釋文、咥、齧也、馬云齕、⿰齒骨 齧骨聲。從齒骨聲。義聲互相備、戶八切、⿰齒舌 噍聲。從齒昏聲。古活切、廣韻曰骨端、⿰齒尃 噍堅也。與口部嚩同字、廣韻云、從齒博省聲。當作尃聲、補莫切、

文四十四　重二　本部列字無眉目、謹依各部條理更定之、曰以齒自齗居首、齒之本物也、以齔次之、原其始也、以齹齗齞齵齗次之、齒之本事也、以齻齺齹齬齴齲齹齹次之、皆齒之病也、以齟齗次之、則齒偶然而病也、以齹齹齗齞齵次之、齒捝落以至于無也、齒之用在齧、故以齧齘齛齰齤齦齮齕次之、而齸齝亦類附焉、其齩齨齰齷齲齵、則所齧者堅而別異其聲皃也、若夫齻齛齷、則獸用齒之事、當附于末、

dí 踧　jì 跽　guì 跪　qī 踦　zhí 跖　huái 踝　gēn 跟　tí 蹏　zú 足　qǔ 齲　qī 猗　yá 牙

牙 牡齒也。牡、九經字樣、通志竝作壯、壯者大也、象上下相錯之形。五加切、凡牙之屬皆從牙。古文牙 此從朱竹君本、案當作古文牙、古文牙。猗 虎牙也。當口四齒之外、其兩齒謂之虎牙、其形介牙齒之閒、從牙奇。故大招云、靨輔奇牙、字直作奇、淮南子亦然、見面部酺下、奇亦聲。去奇切、齲 齒蠹也。釋名、齲、朽也、蟲齧之、齒缺朽也、淮南說林訓、斷木愈齲、易通卦驗、人手陽明脈虛、多病寒、熱、齒齲、從牙禹聲。區禹切、齲 齲或從齒。齒牙本通稱、如齮齰之以噍訓者、皆牙之用、即齸齛齝、亦用牙不用齒也、

文三　重二

足 人之足也。與目部說人眼也一例、鳥獸曰蹏、曰爪、不曰足也、虎部曰虎足象人足、厹部曰獸足、散文則通、在體下。依玉篇引補、從止口。止下基也、故以在體下起從止、口。蓋有譌挩、從口舌及口字皆不可通、繫傳曰、口象股脛也、近是、即玉切、凡足之屬皆從足。蹏 足也。從足虎聲。杜兮

切、漢書貨殖傳、牧馬二百蹏、經典作蹄、說卦傳爲薄蹏、則當在跡跌之次、蓋後人亂之、跟 足踵也。踵當作歱、止部、歱、足跟也、從足皀聲。古痕切、跟 跟或從止。踝 足踝也。深衣、負繩及踝以應直、注、踝、跟也、顏注急就篇、踝、足之內外踝也、從足果聲。胡瓦切、跖 足下也。繫傳、足底也、從足石聲。之石切、〇一曰。蹠也。依元應引補、史記跖勁弩、即此義、踦 一足也。段氏曰、管子告堯之時、一踦腓一踦屨而當死、謂一足刖一足屨當死罪也、引伸之、凡物單曰踦、方言、倚、踦、奇也、自關而西、凡全物而體不具謂之倚、梁楚之閒謂之踦、雍梁之西郊凡嘼支體不具者謂之踦、公羊傳、匹馬隻輪無反者、何注、隻、踦也、穀梁作倚輪、戰國策、必有踦重者矣、踦重、偏重也、若衣部曰、襱、袴踦也、毛傳曰、蠨蛸長踦也、則皆謂足、不必一足、從足奇聲。踦之從奇、以其尖也、踦則一爲奇數也、去奇切、跪 拜也。字林、廣雅同、聲類、跽也、從足危聲。釋名、跪、危也、兩膝隱地、體危陧也、去委切、跽 長跪也。史記范雎傳、秦王跽而請、索隱、跽者長跪、兩膝被地、從足忌聲。渠几切、踧 行平易也。字林、平易也、與毛傳同、無行字、從足。

qiāng yú
蹌 踰
jī yǒng shū qiāo fù duàn qiāng jǔ jí qú
躋 踊 跾 蹻 趴 躖 蹡 踽 踖 躣

叔聲。子六切。詩曰：踧踧周道。小雅小弁文。躣 行皃。九辯：右蒼龍之躣躣。從足瞿聲。其俱切。踖 長脛行也。曲禮：毋踖席。注：踖，躐也。案脛長故能登席不由前也。至於小雅執爨踖踖，傳曰：言爨竈有容也。釋訓：踖踖，敏也。蓋卽釋此詩，則與踧踖義略近。玉篇石部：碏，敬也。引衛大夫石碏，卽此義。從足昔聲。資昔切。一曰：踧踖。集韻不引此句，蓋或以字林羼入也。衆經音義卷十二引字林：踧踖，不進也。一曰行平易也。知字林此說本在踧下，今在此，亦非例。其卷二十三及長笛賦注皆引字林：踧踖，不進也。段氏曰：左傳石碏，漢石經公羊傳作石踖，從石，誤字也。踽 疏行皃。字林同。獨行則無相比者，故云疏也。從足禹聲。區主切。詩曰：獨行踽踽。唐風文。毛傳：無所親也。蹡 行皃。廣雅：蹡蹡，走也。徐鍇引漢宣帝歌：黃鵠飛兮下建章，羽肅肅兮行蹡蹡。經典借蹌字。聘禮：衆介北面蹌焉。曲禮：士蹌蹌。從足將聲。七羊切。詩曰：磬管蹡蹡。周頌執競作將將。釋文曰：說文作蹡。三蒼：蹡，敬也，容止皃也。躖 踐處也。王逸九思：鹿蹊兮躖躖。洪注引說文：禽獸所踐處也。案此說在田部疃下。豳風：町疃鹿場。王氏借躖爲疃，洪氏遂引疃字說說之，非本文有闕

說文句讀 卷四 七百六十七 、○折四十九 三十二

文。躐蓋泛言，不專屬獸。從足，斷省聲。徒管切。趴 趨越皃。與赴同。從足卜聲。芳遇切。踰 越也。字林同。易謙象：卑而不可踰。從足俞聲。羊朱切。蹻 舉足小高也。依漢書高帝紀注、晉書音義引改。高帝紀曰：亾可蹻足而待也。從足喬聲。居勺切。此引詩之音也。前義當去遙切。詩曰：小子蹻蹻。大雅板文。毛傳：驕皃。跾 疾也。桂氏曰：跾、犇，俗作倏忽，莊子作儵忽。或借逐字，易頤卦：其欲逐逐。薛云：速也。長也。頤卦釋文：逐，劉作跾，云遠也。從足攸聲。本式六反。蹌 動也。釋訓：蹌蹌，動也。從足倉聲。七羊切。踊 跳也。詩：踊躍用兵。從足甬聲。余隴切。躋 登也。釋詁：躋，登、陞也。商頌：聖敬日躋。從足齊聲。祖雞切。商書曰：予顛躋。微子篇文。彼作隮，傳曰：隮，墜。馬融、王肅義同。說文無隮，若以馬王之說爲許說，則登是正義，引書是廣一義。然顧命由賓階隮，此登義也。詩蝃蝀：朝隮于西。候人、南山朝隮，皆升義，升亦登也。釋文于此三經，不言有作躋之本。玉篇隮在後收字中。廣韻十二齊：躋，登也，升也；隮，上同。十二霽：隮，升也；躋，上同。均無墜義，玉篇竝同。或許君引書仍是登義，謂顛其所躋耶。

dì
踶
dié wèi bié dài zhào
𨇈 躗 蹩 蹛 踔

jiàn bó
踐 踄
zhǒng chán dǎo kuà niè tà cù zhuān yuè
踵 躔 蹈 跨 躡 蹋 蹴 跧 躍

則是初登于天，後入于地矣，未詳。躍 迅也。釋訓：躍躍，迅也。謂奮迅也。從足翟聲。以灼切。跧 蹴也。從足全聲。本壯欒切，孫莊緣切。一曰：卑也。跧伏之義。絭也。桂氏曰：本書罬，獸足也。跧、蹎音義同。蹴 躡也。元應引此而說之曰：以足逆蹋之曰蹴。小徐本蹴躡二文相連，是也。追謂爲躡也，大徐卽遂躡字以繼蹴，而其誤成矣。從足就聲。七宿切。蹋 踐也。史記蘇秦傳之蹋鞠，卽後漢書梁冀傳之蹴鞠。許君以踐爲蹋之正義，蓋以上文蹴蹋爲引伸義。從足𦐇聲。徒盍切。躡 蹈也。廣雅：躡，履也。史記：張良躡漢王足。從足聶聲。尼輒切。跨 渡也。從足夸聲。苦化切。說見跨下。踄 蹈也。從足步聲。旁各切。又音步。蹈 踐也。慧苑引作蹋也。從足舀聲。徒到切。躔 踐也。方言：躔，歷行也。日運爲躔，月運爲逡。從足廛聲。直連切。踐 履也。詩：君子所履。從足戔聲。慈衍切。踵 追也。左昭二十四年傳：吳踵楚。注：躡楚踵迹。案傳如許說，注則不分踵𨇤。從足重聲。之隴切。一曰：往來之皃也。依元應引補。桂

說文句讀 卷四 七百四十六 、○折四十八 三十三

氏曰：莊子德充符：踵見仲尼。注：踵，頻也。或作踵。素問陰陽踵踵傳爲一周。注：踵踵，言氣之往來也。又作憧，易咸四爻：憧憧往來。踔 踶也。從足卓聲。知教切。案以下五字似當與趹趼類聚。史記上林賦：踔希閒。漢武帝紀：馬或奔踶而致千里。皆謂物，不謂人也。蹛 踶也。從足帶聲。當蓋切。元應曰：郭訓古文奇字以爲古文逝字。案此謂蹛遰同字也。易大有釋文：哲，鄭本作遰，陸本作逝。蹩 踶也。集韻作蹩，云：反足踶也。從足敝聲。蒲結切。一曰：跛也。依集韻引改。莊子馬蹄篇：蹩躠爲仁，踶跂爲義。魯語：踦跂畢行，無有處人。注：踦跂，跰蹇也。踶 躗也。玉篇：踶，蹋也。莊子：馬怒則分背相踶。從足是聲。特計切。躗 衞也。當作躗也，以同字爲訓也。從足衞聲。于歲切。𨇈 𨇈足也。玉篇、廣韻同。段氏曰：𨇈卽蹀字，段借作啑，作喋。文帝紀：新喋血京師。服虔曰：喋音蹀屣履之蹀。如淳曰：殺人流血滂沱爲喋血。司馬貞引廣雅：喋，履也。然則喋血者，𨇈血也，謂流血滿地，汚足下也。桂氏曰：𨇈當爲縶。昭二十年穀梁傳：輒者何也？曰：兩足不能相過，齊謂之綦，楚謂之踂，衛謂之輒。釋文：輒，音近縶。左傳作縶。劉兆云：綦，連併也；踂，聚合不解也。衞謂之輒，本亦作縶。劉兆曰：如見縶絆也。案絆當作絆。從足

shì ⿰足氏 zhí 蹢 zhú 躅 zú 踤 jué 蹶 tiào 跳 zhèn ⿰足辰 chú ⿰足屠 fú ⿰足弗 zhí 蹠 tà 踏 yáo ⿰足䍃 sà 趿

執聲。[徒叶切]

⿰足氏 封也。[廣韻：⿰足氏，封也。謂立也。] 從足氏聲。[承旨切。廣韻承紙切。]

蹢 住足也。[此蹢一字之義也，雖無所徵，然詩有豕白蹢，足徵不必是連語也。] 從足啇聲。[直隻切] 或曰。蹢躅。[此又一義也。選注連引蹢躅住足也，爲一義，非也。且恨賦古詩十九首注尚如說文，陸士衡招隱詩注引躊躅住足也，申之曰躊與躑同，是謂說文作躊也。司馬紹統贈山濤詩注引蹢躅住足也，申之曰躑躅與蹢躅同，是又謂說文作躅也。其於字體尚莅昧也。彼見詩賦中蹢躅字，即引說文兩說以解之，本不知住足非蹢躅之義。三年問之蹢躅，如初之蹢躅，鄭王並無注。案姤下巽，初爲巽主，巽爲進退，爲不果，故知玉篇蹢躅行不進者是也。云行，又云不進，則遲回還延之意，非逗止足也之比也。許君於蹢躅不加說解，以其爲恆言耳，與鄭王不注同意，不料啟後人異議也。] 賈侍中說。足垢也。[此又蹢一字之義也。]

躅 蹢躅也。[單承蹢下弟二義言之者，玉篇亦袛此一義。然漢書班嗣與桓生書伏孔氏之軌躅，音義曰：三輔說牛蹄處爲躅，是躅一字亦成義。] 從足蜀聲。[直錄切]

踤 觸也。[吳都賦衝踤而斷筋骨] 從足卒聲。[昨沒切] 一曰駭也。[廣韻：踤，駭躅也。] 一曰蒼踤。[亦作倉卒，今作蒼猝。]

說文句讀 卷四 七百四十九 、○折四十二 二十三

蹶 [王篇蹶下引說文，元應一引作蹷，一引作蹷，如顧本。] 僵也。[左昭二十三年傳：乃推而蹶之。] 從足厥聲。[居月切] 一曰跳也。[謂與走部趣一字也。廣韻：蹶，踶跳。] 讀亦若橛。[廣韻蹶其月切，音厥，與此合。謂跳也之義有兩讀也，故曰亦。]

蹷 蹶或從闕。

跳 蹶也。從足兆聲。[徒遼切] 一曰躍也。[似是校者之語。謂蹶也一本作躍也。跳，蹶也，承蹶一曰跳也，則與躍非異義。文選注引躍也，不引蹶也，似躍也爲本文，好奇者改爲蹶也，校者兼存之。]

⿰足辰 動也。從足辰聲。[側鄰切]

⿰足屠 峙⿰足屠，不前也。[峙⿰足屠，詩靜女作踟躕，廣雅：⿰足屠，止也。是⿰足屠單字即成義。] 從足屠聲。[直魚切]

⿰足弗 跳也。從足弗聲。[敷勿切]

蹠 楚人謂跳躍曰蹠。[見方言] 從足庶聲。[之石切]

踏 趿也。[段氏謂趿當作跳，以方言證之，以上下文證之，皆是。然玉篇次序踏不在路下，且其說曰踏趿也，則是連語。諺語有似此者。小徐作駁也，駁馬行相及也，恐誤，姑闕之。] 從足沓聲。[他合切]

⿰足䍃 跳也。[見方言] 從足䍃聲。[余招切]

趿 進足有所擷取也。從

jù 踞 kuà 跨 dūn 蹲 táng 踢 diē 跌 jí 蹐 bá 跋 yuè ⿰足戉 diān 蹎 yì 跇 jiá 跲 zhì 躓 bèi 䟺

足及聲。[穌合切] 爾雅曰。趿謂之擷。[釋器：扱衽謂之襭。說見衣部襭下。]

䟺 步行獵跋也。[廣韻十四泰：䟺音貝，步行躐跋，又音旆。賴䟺，行不正也。案獵跋即剌癶剌犮。] 從足貝聲。[博蓋切]

躓 跲也。[謝靈運還舊園詩李注引作跌也。] 從足質聲。[陟利切] 詩曰。載躓其尾。[豳風狼跋文。釋言：疐，跲也。疐，仆也。叀部：疐，礙不行也。則疐躓同字。]

跲 躓也。[與中庸注同。] 從足合聲。[居怯切]

跇 迣也。[當作迣也。迣，前頓也。與上跲下蹎同義。如淳曰：跇，超逾也。別自一義，在此不倫。] 從足世聲。[丑例切]

蹎 跋也。[玉篇作蹎跋也。蹎跋即顛沛，雙聲連語。然亦獨字成義，雖狼跋疏引跋蹎也。元應引蹎蹷也，兩字轉注。釋言之跋躐也，所說者狼跋其胡也。許則不然，蹎下既引詩，則䟺下之獵跋正與釋言之跋躐相當。許君蓋作狼蹎。] 從足眞聲。[都年切]

⿰足戉 輕足也。[當作蹷也。此篆後蓋本出蹷篆，既挩之後，而此分爲輕足。⿰足戉從足，故小徐猶不刪足，猶䡾下之䡾也，必是分爲衛牛，牛字必不可通，故無不刪之本。大徐誤以⿰足戉爲超越之義，迻之踰越也下。小徐則在蹎下，蓋蹎⿰足戉即顛越也。⿰足戉蹞同音義，與蹷近。金部鑿字說中引有蹷字。] 從足戉聲。[王伐切]

說文句讀 卷四 七百七十三 、○折四十三 二十四

跋 蹎跋也。[跋字似衍] 從足犮聲。[北末切。小徐本篆作蹳，說曰蹎蹳也，而路下又出跋篆，則後人以大徐本增之。案土部坺即國語之墢，以此推之，作跋爲是。元應引蹎蹳也，則同小徐本。]

蹐 小步也。從足脊聲。[資昔切] 詩曰。不敢不蹐。[走部趚下已引]

跌 踢也。[聲類：踢，跌也。足知二字轉注，又以其雙聲而用爲連語，故本字及踢字下各見一義也。蓋跌踢者，無儀檢之謂。後漢書律歷志：無有差跌。文選吳都賦：䰕䰕氣懾而自踢跌者。注曰：踢，跌也。此皆單用一字者，皆失其常度之意。失常即無儀檢，引伸之義也。] 從足失聲。[徒結切] 一曰越也。[越者，過也。公羊莊二十五年傳：肆者何？跌也。何云：跌，過度。周禮景夕，鄭司農云：謂日跌景乃中。日部新附昳，日昃也。案日跌謂過中也。]

踢 跌踢也。[文選恨賦作跌宕，後漢書張衡傳作迭逿。] 從足易聲。[徒郎切] 一曰搶也。[當作搶也。搶，歫也。]

蹲 踞也。[當作居也。尸部：居，蹲也。元應引字林：踞，謂垂足實坐也；蹲，猶虛坐也。知字林作踞。] 從足尊聲。[徂尊切。莊子釋文引字林：踆，古蹲字。曲禮蔞拜釋文：盧本作蹲，許不收蔞，蓋同盧本。]

踞 蹲也。從足居聲。[居御切。已見尸部，此重出。]

跨

xiǎn 跣　jiǎn 蹇
xǐ 躧　jù 距　kǔn 踬　jū 跔　wō 踒　kuí 跰　pián 蹁　bǒ 跛　bó 踣　jué 躩

踞也。從足夸聲。苦化切、案此篆注當以上文跨渡也改之、元應引説文、跨渡也、字林、跨、踞也、是踞也之義出字林、而跨字則後人僞造、

躩 盤辟皃也。論語曰、足躩如也。此挩説義之詞、但存引經之語、故以包成注補之、從足矍聲。丘縛切。

踣 僵也。字林同、釋言、斃、踣也、孫叔然曰、前覆曰踣、蓋誤、説見人部僨僵仆偃四字下、從足咅聲。蒲北切、春秋傳曰、晉人踣之。左襄十四年傳、與晉踣之傳、又曰、踣其國家、秋官掌戮、凡殺人者踣諸市、注、踣、僵尸也、案踣當與跳跀爲伍、在此非次、

跛 行不正也。元應引字林、跛、蹇行不正也、不引説文、似段氏刪跛篆爲是、然文選謝宣遠張子房詩注引、蹇、跛也、重文而異部者多矣、未可刪、從足皮聲。讀若罷。罷蓋讀如婆、布火切、一曰、足排之。讀若彼。

蹇 跛也。史記晉世家、魯使蹇、從足寒省聲。九輦切、

蹁 足不正也。段氏曰、南都賦説舞曰、躞蹀蹁躚、即上林賦之便跚蹩屑也、從足扁聲。部田切、一曰、拕後足馬。讀若苹。桂氏曰、苹當作釆、或曰、徧。

跰 脛肉也。從足并聲。渠追切、一曰、曲

脛也。廣雅、跰、踤也、玉篇、蹥、足跌也、錢竹汀曰、漢書賈誼傳、又苦跰盭、顏注、跰、古蹠字、足下曰蹠、案説文無蹠字、當是跰字之譌、跰盭、謂足脛曲戾、不便行動、讀若逵。跰逵同聲、本句蓋後增、故不連并聲而在末、案跰字當與踝跖爲伍、

踒 足跌也。跌當作胅、胅、骨差也、廣雅、踒、折也、蒼頡篇、挫足爲踒、從足委聲。烏過切、

跣 足親地也。禮記、喪則徒跣、從足先聲。穌典切、

跔 天寒、足跔也。周書太子晉解、晉平公使師曠見太子晉、師曠東躅其足、太子曰、太師何舉足驟、師曠曰、天寒足跔、是以數也、莊子音義亦引周書天寒足跔、今周書誤作足躅、玉篇、寒凍手足跔不伸也、從足句聲。其俱切、

踬 瘃足也。當作足瘃也、中論、是孺子之所以踞膝跣足而不以爲弊也、俗作皸、從足困聲。苦本切、

距 雞距也。左昭二十五年傳、季氏爲之金距、從足巨聲。其呂切、此字當與跖跌爲伍、

躧 舞履也。春官、鞮鞻氏注、鞻讀若屨、鞮鞻、四夷舞者所屝也、史記貨殖傳、躧利屣、徐廣曰、舞屣也、躧一作跕、地理志、跕躧、臣瓚曰、躧跟爲跕、廣韻、屣、屣不躡跟、從足麗聲。所綺切、

⿰革麗 躧或從革。長門賦注、説文曰、蹝、躧也、一曰、蹝鞮

shū 疋　qí 跂　lìn 蹸　lù 路　yàn 趼　jué 趹　fàng 趽　yuè 跀　fèi ⿰𧾷非　xiā ⿰𧾷叚

屬、案革部鞮鞻屬、而無蹝也之説、玉篇蹝同躧、究以其字異、故不增補而附記之、

⿰𧾷叚 足所履也。從足叚聲。乎加切、廣韻、⿰𧾷叚、腳下、則義似跖字、余又疑即韋部韈字、

⿰𧾷非 跀也。釋言、⿰𧾷非、刖也、注、斷足、呂刑、作剕、大傳謂之臏、從足非聲。讀若匪。扶味切、

跀 斷足也。韓子、竊駕君車者罪跀、他書多借刖爲跀、從足月聲。魚厥切、

趴 跀或從兀。莊子、魯有兀者叔山無趾、踵見仲尼、李氏曰、刖足曰兀、

趽 曲脛馬也。廣雅、趽、踤也、賈誼新書、衷理不辟謂之端、反端爲趽、從足方聲。讀與彭同。薄庚切、

趹 馬行皃。張儀傳、探前趹後、蹄間三尋、班固傳、要趹追蹤、廣雅、趹、奔也、從足決省聲。當作夬聲、王氏煦曰、儀禮、缺項、鄭注、缺讀如有頍者弁之頍、離騷、稊頍、揚雄反騷作鶗鴂、皆夬決同音之證、古穴切、

趼 獸足企也。謂獸足之企者也、獸足率前後皆著地、企則前面著地而已、釋畜、騉蹄趼善陞甗、騉駼枝蹄趼、善陞甗、疏引舍人云、騉蹄者、涸蹄也、趼平也、舍人改騉爲跟、説之以涸、蓋謂如馬圓蹄、以與下文枝蹄對、案騉與騉駼、皆似是獸名、説文不收騉、似所据爾雅作昆、且説趼以企、亦不用平義、釋鳥、鳧雁醜、其踵企、企字與許意同、郭以

上下文推之、以企爲飛時、且以直釋企、則當言其趾企矣、踵豈待飛而後直乎、凡此皆以許義爲是、從足幵聲。五甸切、莊子天道篇釋文、許慎曰、足指約中斷傷爲趼、不知此有一日之文、抑是淮南注、附記之、

路 道也。從足各聲。洛故切、

蹸 轢也。田部、疄、轢田也、後漢書班固傳、蹂蹸其十二三、文選作躪、字又作轔、杜篤傳、蹂轔濊貊、注、轔、轢也、從足粦聲。良忍切、此字不當在此、

跂 足多指也。從足支聲。巨支切、此字蓋後增、凡物之岐出者、惟岐山爲專字、爾雅有軹首蛇、玉篇引作枳首、又有岐旁、史記則曰軹道、何乃足多指有專名邪、莊子駢拇枝指、下文申之曰、合者不爲駢、枝者不爲跂、不又爲手多指之通名邪、陳碧虛校南華闕誤云、江南古藏本、跂作岐、且衛風跂予望之、是當爲企之重文也、

文八十五　重四

疋 足也。桂氏曰、新序、今爲濡足之故、不救溺人、可乎、韓詩外傳作濡雅、是足謂疋、疋謂雅也、上象腓腸。足部云、從止口、當依此文改之、下從止。所菹切、弟子職曰、玉海曰、管仲作、在管子雜篇第五十九、

足疋

yuè 龠　zào 喿　niè 嵒　pǐn 品　shū 㽰　shū 𤴔

問疋何止。今本作問所何趾疋有所音以音讀易本文也儀禮經傳通解作問所口趾蓋据內則曰將衽長者奉席請何趾誤解所字遂刪何字也內則釋文趾作止云本又作趾士昏禮見止部注古文以為詩大疋字。篇海引作古文詩以為大雅字亦以為足字。或曰胥字。省形存聲袁氏校曰周禮大胥小胥鄭詩之大雅小雅詩曰侯氏燕胥太元曰不宴不雅燕胥猶宴雅也一曰。疋。記也。此義疏舉切音所亦省形存聲字言部記疏也去部疏通也奏疏下記皆疏通證明之也凡疋之屬皆從疋。

𤴔 門戶疏窻也。宂部窻通孔也疏亦通也疏窻者刻鏤門戶使之疏通也窻字各本同玉篇門戶青疏窻也加青字而窻亦同景宋小徐本作窗是必作𤴔窗乃通耳此又顧氏之謬從疋囪。元應曰門戶窗牖皆所以引通諸物故從疋疋取通行意也疋亦聲。所菹切（囪象𤴔形）囪𤴔一物且似囪不成字讀若疏。以蔬窻說之讀又如之故古詩交疏結綺窗郎借蔬也

㽰 通也。玉篇引月令其器㽰以達太元作跦從爻。取其交又麗廔之狀從疋。疋亦聲。所菹切

文三

品 眾庶也。周易品物流形繫傳引國語天子千品萬官從三口。丕飲切凡品之屬皆從品。

嵒 多言也。玉篇曳嵒爭言也從品相連。與及從彳引之同法乃會意之別種小徐本從品山相連非也眾口交吅發言盈庭紛拏糾牽故以三口相連見意尼輒切春秋傳曰。次于嵒北。僖元年經文讀與聶同。故今傳作聶北

喿 鳥羣鳴也。從品在木上。穌到切俗作噪

文三

龠 樂之竹管。籥管笛籟皆以竹為之其說解語例皆與此不同則知玉篇作樂之所管乃當是說文古本也許君于簫筑箏椌柷鱜磬鐘皆直以樂名之惟于敔壎言樂器則樂者諸器之統名也于籟笛又直以龠名之則龠者竹管之統名也故曰樂之所管者乃管轄之管非簫管之管律歷志曰黃鐘長九寸其實一龠又云子穀秬黍中者千有二百其實一龠夫黃鐘為萬事根本豈不為樂之管攝乎凡經典之籥皆當作龠風俗通引周禮龠師詩以龠不借廣雅釋樂亦云龠謂之笛作龠之人書傳不言明堂位葦籥伊耆氏之樂也蓋亦作自黃帝時矣三孔。周禮禮記鄭注爾雅郭注並同惟毛傳云六孔廣雅云七孔。所以和眾聲也。依風俗通增所字此尤樂之所管之明驗也周禮籥師籥章一器而設兩官歙籥舞籥皆敎之春秋宣公八年夏六月壬午猶繹萬人去籥杜注內舞去籥惡其聲聞夫不言塤篪簫管而但言去籥明乎去此則眾聲無以為和也言去籥則他器概去可知也不然者他器俱在而但去一籥豈遂不聲聞乎且豈惟和眾聲哉亦文舞之所管也公羊宣八年傳籥者何籥舞也何注吹籥而舞文樂之長是也是以左手執籥以籥不借籥舞笙鼓風雅言舞者率及之也惟其為樂之所管故籥龢龤皆統言樂事並從龠矣從品侖。以灼切侖。理也。侖思也無理義此蓋加人為倫而得此義也雖人部倫一曰道也言道不言理詩正月有倫有脊傳倫道脊理也箋以皆有道理統言之則二字一義故釋名曰論倫也有倫理也凡龠之屬皆從龠。

xié 龤　hé 龢　chí 䶵　chuī 龡

龡 籥音律管壎之樂也。音律者五音六律也管壎者八音可籥者有匏竹土而笙竽亦以竹為之故以管該之土則惟壎矣從龠炊聲。小徐無聲字火部焌引周禮遂籥其焌契春官菙氏遂歙其焌契注謂以契柱燋火而吹之也然字隸龠部且即有火意去炊孌甚遠不宜穿鑿昌垂切

䶵 管樂也。竹部管如篪簫下亦云管樂宋書樂志引舊志篪一曰管風俗通義引世本蘇成公作篪管樂七孔長尺一寸譙周曰周幽王時暴辛公善塤蘇成公善篪記者因以為作謬矣筠案譙氏言善亦謬詩又言天之牖民如塤如篪將謂天善塤篪乎伯氏吹塤仲氏吹篪衹以起下文及爾如貫耳他樂一器自為一節塤篪二器相應共為一節故以之取譬豈得謂其善於此乎有七孔。依元應引補此用先鄭說也見春官笙師注中廣雅云八孔從龠虒聲。直离切

篪 䶵或從竹。月令作篪玉篇作箎

龢 樂和調也。元應引云和音樂和調也即此文和不作龢者欲人易曉周語王將鑄無射而為之大林篇所用龢字多本義其要言曰聲應相保曰龢從龠禾聲。讀與和同。以見經典多借和為龢也戶戈切

龤 樂和龤也。從龠皆聲。戶皆切虞書曰。八音克龤。舜典作諧

文五　重一

冊 符命也。諸侯進受於王者也。尚書、王命周公後、作冊逸誥、他經多借策爲之、象其札一長一短。中有二編之形。楚革切、聘禮記疏、簡者未編之稱、策是衆簡相連之名、釋名、札、櫛也、編之如櫛、齒相比也、蔡邕獨斷曰、策、簡也、其制長二尺、短者半之、其次一長一短、兩編下附、篆書起年月日、稱皇帝曰、以命諸侯王、筠案一長一短、是兩札也、有長有短、是參差也、蓋第舉漢制命諸侯者而言、古人有事、皆書于方策、不但符命也、聘禮記曰、百名以上書于策、不及百名書于方、是知方大而策小、策多而方少、鄭注尚書、三十字一簡之文、是每札所容者三十字、周易字少則札少、毛詩字多則札多、不能定其數、惟符命字有定數、故其札一長一短也、金刻冊字、約有卌冊冊冊冊冊諸體、其編皆兩、其札或三或四或五、以見札之多少不等、非止兩札、其長短或齊或不齊、亦似用筆之變、非果有參差也、刀部删下云、冊、書也、所以表其通義、於本部則但舉漢制、猶壐下但舉漢制、卩部說則表其通義也、凡冊之屬皆從冊。𠕋 古文冊從竹。左定四年傳釋文、策、本又作冊、或作筴、

嗣 諸侯嗣國也。王制、外諸侯、嗣也、從冊從口司聲。祥吏切、孠 古文嗣從子。

扁 署也。題署也、與本義不同、敘曰、秦書八體、六曰署書、蕭子良曰、署書、漢高六年、蕭何所定、以題蒼龍白虎二闕、景福殿賦、爰有禁楄、李注、楄、陽馬之短桷也、從戶冊者。署門戶之文也。後漢書百官志、孝子順孫、烈女義婦、及學士爲民法式者、皆扁表其門、方沔切、

文三　重二

說文解字句讀弟二下

曲沃韓錫齡校

句讀卷四補正

丄部云、古文諸丄字皆從一、篆文皆從二、此又篆文從一古文從二矣。豈丄字本是古文、丄則古文之異者耶、抑嚴氏桂氏所謂彼文爲後加者信有徵耶。一葉前二行二古上字下增此

且部中徙字從止聲、其或體征亦當是止聲、征左彳右止、辵上彳下止、字形甚相似、然從于他所者必往而就之、是從彳也。既至則安汝止矣。是從止也。從居從義皆然、是征可言從彳從止。辵非其比、卽以部中字論之、逗遏說以止、迦互是止人之物、未有乍行乍止之字、延字亦從止、許說但云安行、不云乍止。一葉後八行所以相避下增此

不合古音、五葉前七行删益誤二字以此易之

立部竣下引國語有司已事而竣、韋注、竣、退伏也、釋言注引外傳曰、已復于事而竣、七葉前七行皆云退也下增此

玉篇作逡、九葉前八行古文遂下加此注

七諫補注 十一葉前八行原本顚倒照此乙轉

左傳、非相違也、而相從也、從當作从、十四葉前十行很違也下增此

匕部皀、很也、引易艮其限、𨸏部限、阻也、險阻難也、十四葉前十行行難也下加此注

元包經无妄曰、頁顚顚趾延延、十五葉前九行目部道之上增此

行喜皃句、詞義不甚連貫、邵氏爾雅正義引之曰、衎衎、喜皃、蓋私改之、然易飲食衎衎、是重言、詩嘉賓式燕以衎、則單詞也、惟是燕者脫屨升坐、與行反背、方言、衎、定也、亦然、蓋許君亦不知其何以從行、故云行喜耳、十六葉前四行衎樂也下增此

集韻曰、古作衛、案所本者、三體石經也、從㚔省聲、十六葉前七行經典作將㚔之上增此

許君說齒牙、未嘗區別、案齒字四人、凡人當口之上下四齒、其鋒皆薄、虎牙之形、介乎前齒後牙之閒、則謂之牙、字亦從牙作猗也、部中字之訓齧者、皆齒之事也、訓嚼者、皆牙之事也、此外皆齒牙之通義也。猗齵一字、又齒牙兼從矣、是無別也。然漢書東方朔傳曰、騶牙、其齒前後若一、齊等無牙、故謂之騶牙。然則

齒牙之名、以形別也、小司寇曰、自生齒以上、登于天府、郭注曰、男八月女七月而生齒、與齔下說同、人生齒牙、皆先生當口者也、詩曰相鼠有齒、又曰誰謂鼠無牙、然則鼠有齒無牙也、人亦可推矣、是其別也。十六葉後三行昌里切下增此

齞與牙部猗同音、又同是齒病、其病雖異、然可推凡同音者。義卽相近也、十八葉前六行不固曰齞下增此

爾雅曰、牛曰齝、羊曰齛、麋鹿曰齸、鳥曰嗉、寓鼠曰嗛、此後總題之曰齸屬、然則齝齛齸之從齒、固如郭注所云食之已久復出嚼之矣、卽嗉嗛二字亦當然、乃郭注惟齝齛二字與事實合、其餘則以齨食裹食貯食說之、非也、乃許君惟說齝是、說齛齸皆

曰粻、與郭說齸嗉嗛同、亦非也、若謂之粻、則百葉始可以言粻。肉部膍、牛百葉也、是也、人及鳥獸之能嚼也。以其有胃也、魚則鰯以外無胃、故不嚼、而牛羊之胃下。又生百葉、是以既嚼既咽之後。再吐而嚼。俗謂之嚼磨、讀嚼才肖切、又謂之回嚼、讀嚼才爵切、吾所知者、鵝亦如是、而鵝與麋鹿禺鼠、皆未嘗封其腹而驗之、要之、齸嗛是事名、粻嗉是物名。許君郭氏皆雜物名事名以爲說。皆似不合。抑或齝齥齸是回嚼者、嗉嗛但貯食類中、而復嚼之、其事相似。牽連及之耶。然題以齸屬。而許君說齸以粻。終、不合也。十九葉後三行伊昔切下增此

似當作或曰若徧、二十五葉前十行或曰徧下增此注

叔部斜下云讀若迖矣、二十五葉後二行斜迖同聲句刪去以此易之

据此切、知委之古音如阿矣。二十五葉後三行烏過切下增此

案小雅大雅、詩傳詩說各分爲三、曰小正、小正續、小正傳、大正、大正續、大正傳、二十七葉前三行大雅字下增此

鮨、當依汪刻小徐本作諧、亦取其易曉也、二十八葉後九行樂和鮨也下增此注

堯典文、此鮨字汪刻亦作諧、乃用大徐、及朱氏顧氏鈔本者、繫傳曰、今尚書作諧、以是知之、二十八葉後九行八音克鮨下增此注

說文解字句讀弟三上

漢太尉南閣祭酒許氏記

安邱王　筠撰集

相國壽陽祁春浦夫子鑒定

益都陳山嵋
晉江陳慶鏞　訂正

博山蔣其崳書篆

五十三部　六百三十文（毛孫鮑三本同、毛扆刓增七字、）　重百四十五（三本同、毛扆刓改五爲三）

凡八千六百八十四字

㗊　眾口也。從四口。凡㗊之屬皆從㗊。讀若戢。（阻立切、）一曰呶。（徐鍇曰、呶、讙也、案本句說義、更不當在凡㗊句下、）

嚚　語聲也。（左傳、口不道忠信之言爲嚚、）從㗊。臣聲。（語巾切、）

嚚　古文嚚。

囂　聲也。（字林同、詩車攻、選徒囂囂、傳、囂囂、聲也、）气出頭上。從㗊從頁。頁亦首也。（謂頁首一字也、頁部云、古文䭫首如此、許嬌切、）

嚻　囂或省。（元應以爲古文、）

嘂　高聲也。（釋樂、大塤謂之嘂、孫炎曰、聲大如叫呼也、）從㗊。丩聲。（古弔切、）一曰大呼也。（呼當作嘑、周禮雞人夜嘑旦以嘂百官、詩北山、或不知叫號、釋文、叫本又作嘂、）春秋公羊傳曰、魯昭公嘂然而哭。（依韻會引改、昭二十五年文、彼作噭、注、噭然、哭聲皃、）

𡅟　呼也。（呼當作嘑、集韻、𡅟或作嚾、通俗文、大呼曰嚾、）從㗊。莧聲。讀若讙。（呼官切、元應謂𡅟讙一字、玉篇𡅟荒貫切、呼也、與嚾同、案依此義、則呼也又當作評也、）

器　皿也。（應劭曰、內盛曰器、外盛曰械、一曰、有盛曰械、無盛曰器、）象器之口。（不言從㗊者、此以形附者也、器皿多有口、且種類繁多、故四之、）犬所以守之。（釋器釋文引、皿也、飲食之器、從犬從㗊聲也、雖不可用、附記備考、去冀切、）

文六　重二

舌　在口中。所以立言也、別味者也。（依玉篇韻會引刪補、釋名、舌、泄也、舒泄所當言也、又曰、舌、卷也、可以卷制食物、使不落也、）從干口。（段氏曰、干、犯也、言犯口而出之、食犯口而入之、）干亦聲。（食列切、）凡舌之屬皆從舌。

䑙　歠也。（玉篇作䑙、云、大食也、胡氏震亨曰、禮記、無嚃羹、嚃、大歠也、說文作䑙、若犬之以舌取食、俗字作嗒、）從舌。沓聲。（他合切、）

舓　以舌取食也。（左文元年傳注、熊好舐其掌、）從舌。易聲。（神旨切、）

䑛　舓或從也。（玉篇又有重文舐、又本部有𦧲、湯蠟切、犬部有猎𤡙狧、他蠟切、菈云、犬食也、漢書、狧康及米、則借狧爲舓也、）

文三　重一

干　犯也。（尚書、干先王之誅、戴侗引蜀本說文云、干、盾也、案云一曰盾也、以爲別義、乃可、若以爲正義、則從反入從一、何以得盾義、而𢆉屰二字亦不得在此部矣、）從反入從一。（元應曰、一、正也、到入爲干、字意、古寒切、）凡干之屬皆從干。

𢆉　撖也。（手部、撖、刺也、）從干入一爲干、入二爲𢆉。

讀若飪。（如審切、）言稍甚也。（增一爲二、故云、）

屰　不順也。（經典借逆字、）從干。（鬼谷子、不可干而逆之、）下凵、屰之也。（凵非字、此校者恐人不知下字何所指、側注之、傳寫誤入正文、魚戟切、）

文三

谷　口上阿也。（口內之上下皆有阿、曲其上阿則名谷也、）從口。上象其理。（其虐切、）一曰。笑皃。（依廣韻引補、蓋謂與噱通也、）凡谷之屬皆從谷。

𧮫　谷或如此。（從口、卻聲、）

臄　谷或從肉從豦。（字亦作噱、詩行葦傳、臄、函也、漢書揚雄傳注、晉灼曰、口之上下名爲噱、二說、通言之、通俗文云、口上曰臄、口下曰函、則與許同、）

㐁　舌皃。（繫傳引靈光殿賦、元熊㐁談、今本㐁作舑、李注、舑談、吐舌皃、）從谷省。象形。（當云指事、以舌皃皃字知之、他念切、集韻曰、以舌鉤取也、是以㐁爲銛字也、銛見食部、鉆下、）

㐁　古文㐁。讀若三年導服之導。（士虞禮注曰、古文禫或爲導、檀弓喪大記注、禫或皆作道、段氏曰、不於上文㐁下言之者、以舌皃之讀、別下文竹上皮之讀、使人易了也、三年導服之導、古語蓋讀如澹、）

zhǐ 只　xīng 䁝　nè 㕯　yù 矞　shāng 商　gōu 句

故今文變爲禫是其音不與凡導同也士虞禮中月而禫注禫之言澹澹然平安意也是讀澹之證一曰竹上皮。廣雅席也一條有㐁字又有笙筕篖籧笛筵篨字皆從竹或㐁亦竹席也而曹憲曰亦有本作㐁字讀若沾。沾古添字他兼切一曰讀若誓。艸部菵夕部夙之古文㑉㑉直例切弻字從此

文二　重三

只　語已詞也。廣雅只詞也似說文亦當云然語已詞也則當是庾注何者鄘風楚詞之只皆在句尾誠爲語已之詞其樂只且猶自相類若樂只君子則非語之韻絕矣從口象气下引之形。謂八在口之下也諸氏切凡只之屬皆從只。

䁝　聲也。猶言語詞從只甹聲讀若馨。晉宋人言爾馨如馨甯馨即借馨爲䁝呼形切

文二

㕯　言之訥也。㕯訥古今字也檀弓其言呐呐然如不出諸其口變㕯之形爲呐穀梁集解序釋文引字

書云訥或作呐許君以訥說㕯此以異部重文爲說解之例從口從内。内包乎口以字形見意之法檀弓作呐便不明了内亦聲。女滑切凡㕯之屬皆從㕯。

矞　以錐有所穿也。以增韻引作似廣雅矞穿也從矛從㕯。㕯亦聲。余律切一曰滿有所出也。玉篇出也廣韻引說文一曰滿也蓋此文本作一曰滿也出也有所二字緣上有所穿而衍

商　從外知内也。謂由外以測其内也覆下云規覆商也即此意鄭注商兌曰商隱度也釋言隱占也郭注曰隱度案占如賈人占𥳑之占今俗謂之估淮南說山訓聖人從外知内以見知隱也從㕯章省聲。律歷志商之爲言章也費誓我商賚女徐仙民音章式陽切

商　古文商。商　亦古文商。商　籀文商

文三　重三

句　曲也。段氏曰凡曲折之物侈爲倨斂爲句考工記多言倨句凡地名有句字者皆謂山川紆曲如句容句章句餘高句驪皆是也章句之句亦取稽留可鉤乙之意古音總如鉤從口丩聲。古侯切又九遇切古無章句亦

jū 拘　gǒu 笱　gōu 鉤　jiū 丩　jiū 茻　jiū 糾　gǔ 古　jiǎ 嘏

有語句故從口也語必委折故得曲義丩繚亦曲聲亦兼義因之凡曲皆曰句蓋上古無拘笱鉤三字但用句九遇切非古凡句之屬皆從句。

拘　止也。曲禮自下拘之荀子哀公篇古之王者有務而拘領者矣注句領繞頸也是拘即句也從句手。當云從手句句亦聲。舉朱切當依曲禮釋文古侯切

笱　曲竹捕魚笱也。淮南高注竹笱所以捕魚其門可入而不得出釋器嫠婦之笱謂之罶釋訓凡曲者爲罶是句曲之義即句留之謂從竹句。句亦聲。古厚切

鉤　曲也。即用部首說解以見古之但作句也樂記句中鉤鄉射禮豫則鉤楹内是以鉤爲句也戰國策弓撥矢鉤注鉤或作拘古通是又通拘也從金句。句亦聲。古矦切

文四

丩　相糾繚也。以糾說丩以見糾爲丩之分別文也魏風葛屨傳糾糾猶繚繚也一曰瓜瓠結丩起。丩當作茻以茻說丩又以見茻亦丩之分別文也茻下云艸之相丩者以丩說茻與此以茻說丩正使交互以

相鉤連也象形。居虯切凡丩之屬皆從丩。

茻　艸之相丩者從茻丩丩亦聲。上文言瓜瓠矣葛與女蘿亦然唐本艸秦艽注或作糾案當作此茻居虯切

糾　三合繩也。依解嘲李注引乙轉字林糾兩合繩纆三合繩漢書音義二股謂之糾三股謂之纆易坎卦釋文劉云三股曰徽兩股曰纆案此類往往各書不一不可以律說文糸部紉繟繩也徽三糾繩也蓋用麻而絞急之謂之紉以紉而三合之謂之糾以糾而三合之謂之徽故曰三糾謂糾者三也與本文相對門部鬭讀若三合繩糾從糸丩丩亦聲。本已小反又居酉反古無四聲居酉卽居虯已小則轉音

文三

古　故也。鄭風日月毛傳文釋詁同漢書藝文志世歷三古孟康曰伏羲上古文王中古孔子下古從十口。十在口上遞相傳也叶則平列詢謀僉同也識前言者也。識當作職書以曰若稽古發端史遍以尚書爲記言家公戶切凡古之屬皆從古。

古　古文古。

嘏　大。句釋詁嘏大也遠

xì qiān zhàng shí
肸 千 丈 十

niàn lè bó jí
廿 协 博 卙

說文句讀 卷五 七百七十四 ○折四十一 五

也。嘏遐同聲，故得遠義。釋詁：純、嘏，皆大也。然賓筵錫爾純嘏、閟宮天錫公純嘏，豈可以大大爲解？故許以遠別之也。毛公蓋未之覺，故賓筵傳曰嘏大也。鄭君覺之，故易之曰純大也，嘏謂尸與主人以福也。許君則不改釋詁之說，而以遠伸之。郊特牲曰嘏長也大也，是許君所本。禮運是謂大假，借假爲嘏。從古叚聲。古雅切。凡從叚之字古只孤胡二音。

文二　重一

十　數之具也。天數五，地數五，十總其數，故曰具也。一爲東西，丨爲南北，則四方中央備矣。用部：葡，具也。備者葡之借。此以字形之葡具，見字義之得言具也。是執切。凡十之屬皆從十。

丈　十尺也。尺部說十寸爲尺，與此十尺爲丈，皆以十起數，縱黍尺也。尺部咫八寸，人部仞伸臂一尋八尺，皆以八起數，横黍尺也。夫部曰人長八尺，故曰丈夫，通其名也。或不知周尺有兩種，故說多支詘。大戴禮保傅篇：燕支地計衆，不與齊均也。支卽丈字，猶依篆法書之。從又持十。直兩切。

千　十百也。從十，人聲。此先切。

肸　蠁。依李注上林賦引改。句絕。布也。肸也者，蠁也；蠁也者，布也。上林賦曰肸蠁布寫，彼以肸蠁形容其布寫，此以布寫訓釋其肸蠁，故不引長卿全句也。設如司馬彪注，肸，過也，則羊舌肸何以字叔向？向者，蚼之省形存聲字；蚼者，蠁之或字。晉語作叔𦡀，則聲借字也。李善本蜀都賦作肸蠁，亦借字。蠁，知聲蟲也。蠁應則雲合，其布散遠矣。故以蠁釋肸，謂一物兩名，其義則流布之義也。甘泉賦薌呹肸以掍批，蜀都賦景福肸蠁而興作，五臣注：肸蠁，溼生蟲，蚊類，是也。從十，㕣聲。羲乙切。

卙　卙卙，盛也。玉篇：會聚也。蟄傳：詩蟄蟄兮，蟄，衆也。此卙義近之。從十，甚聲。子入切。汝南名蠶盛曰卙。玉篇：卙卙，蠶盛也。許君汝南人，故婁述其鄉語。

博　大，句。廣雅：博，大也。通也。玉篇：廣也，通也。故知大通是兩義。中庸溥博淵泉，皆疊韻，淵泉是兩義，知溥博亦然。惟溥博同聲，故水部溥，大也。斯博兼有大義。從十尃。四方中央，無不尃也。尃，布也。二字似衍，己見寸部，不須複說。亦聲。補各切。

协　材十人也。廣韻：协，功大。然則是羣策羣力也。從十，力聲。力卽材也，兼意。盧則切。

廿　二十幷也。幷之，故作廿，不作廾也。段氏曰：考工記桯長倍之，四尺者二，十分寸之一，謂之枚。本於二字絕句，故書十與上二合爲廿字。此可證周時凡言二十，可作廿也。古文廿仍讀二十兩字。秦碑小

qǐng shēn liàng wèi tán yǔ qǐng yīng yán
請 詵 諒 謂 談 語 謦 譻 言

shì sà jí
世 卅 𠦃

說文句讀 卷五 六百五十九 、○折三十七 六

篆則維廿六年、維廿九年、卅有七年，皆讀一字以合四言。廿之讀如入，卅之讀如颯，皆自反也。至唐石經二十皆作廿，三十皆作卅，則仍讀爲二十三十矣。古文省。言合二爲一也。人汁切。

𠦃　詞之集也。依廣韻、會引改。詞之舒也，是其比。謂文詞中集合之字，以咠爲正也。本非引詩辭之輯矣，雖賈子新書引詩作辭之集矣，此非其比。咠字不見於今之經典，則非後人羼入，蓋本在廿上而捝之，校者掇拾，故在末耳。從十，咠聲。秦入切。

文九

卅　三十幷也。漢石經論語卅而立，又云年卅見惡焉，又凡卅六章；元申屠駉家藏秦會稽碑卅有七年，字作卅，與二十作廿相近。古文省。蘇沓切。凡卅之屬皆從卅。

世　三十年爲一世。論語孔注同。從卅而曳長之。與廴從彳引之同意。此不言引而言曳，爲下取其聲張本。亦取其聲也。末筆曳長卽爲十二篇之乁，曳從厂聲，厂從反乁，因得抴引之義，兼取乁聲也。舒制切。

文二

言　直言曰言，論議曰語。依蓺文類聚引改。下文論，議也；議，語也。廣韻引字林：荅難曰語。禮部韻略引字林：論難曰語。從口，䇂聲。語軒切。凡言之屬皆從言。

譻　聲也。思元賦：鳴玉鸞之譻譻。從言，賏聲。烏莖切。

謦　欬也。蒼頡篇：謦，聲也。廣雅：嗽、謦，欬也。通俗文：利喉謂之謦欬。從言，殸聲。殸，籀文磬字。去挺切。

語　論也。禮記射義注：語，謂說義理也。從言，吾聲。魚舉切。

談　語也。公羊閔二年傳：魯人至今以爲美談。從言，炎聲。莊子：大言炎炎。徒甘切。

謂　報也。報者，告也。夲部報下無此義，於此見之。桂氏曰：經傳何謂也是問詞，此之謂也是報詞。從言，胃聲。于貴切。

諒　信也。方言同。又曰：衆信曰諒。經典多作亮。從言，京聲。力讓切。

詵　致言也。從言先。先亦聲。所臻切。詩曰：螽斯羽，詵詵兮。詩周南音義：詵，說文作㚬，是陸所據多部有㚬字，其下當引詩。若此亦引詩，陸氏何不舉本文而舉異文乎。

請　謁也。釋言：謁，請也。左隱十一年傳：惟我鄭國之有請謁焉，是複語也。從言，青聲。七井切。段氏增七性切，與繫傳七幷反同。

huì 誨　xùn 訓　yì 𠶷　dú 讀　sòng 誦　fěng 諷　chèn 讖　shī 詩　zhū 諸　chóu 讎　nuò 諾　xǔ 許　yè 謁

皆以朝請爲正義也、然朝請始於漢、非古義。說文韻譜十五清複收請字、疾盈反、受也。即今俗語之睛受也。此等音不勝收、

謁 白也。左傳杜注、謁、告也。廣韻、白、告也。曲禮之典謁、猶是空言。至於釋名說謁字曰、書其姓名於上、則是通刺矣、非古所有。從言。曷聲。於歇切。

許 聽言也。桂氏曰、言當爲信。孟子、則王許之乎、趙注、許、信也。從言。午聲。虛呂切。

諾 譍也。當作應也。後人改之、下同。玉藻、父命呼、唯而不諾。注、唯速而恭、諾緩而慢。從言。若聲。奴各切。

讎 猶譍也。依段氏說、刪心部應當也。應對是相當對之意。詩抑篇無言不讎、是也。而箋以售說之者、售乃讎之俗字、而邪之谷風云賈用不售者、此因上文已用讎字、俗人改之以爲別耳。然史記高祖本紀、讎數倍、如淳曰、讎亦售也。漢書宣帝紀所從買家輒大讎、顏注、讎讀曰售、注皆誤以爲兩字、而馬班自不誤、直必與物相當、是亦應引伸之義。從言。雔聲。市流切。

諸 辯也。釋訓、諸諸、辯也。段氏曰、諸者辯之詞也。釋魚、前弇諸果、後弇諸獵、諸即者、郊特牲或諸遠人乎、諸亦作者、自部者、別事詞也。從言。者聲。兼意、章魚切。

詩 志也。孔子閒居、志之所至、詩亦至焉。毛詩序曰、詩者志之所之也、在心爲志、發言爲詩。從言。寺

聲。書之切。

訨 古文詩省。當云從㞢聲、安能豫知小篆而省之乎。

讖 驗也。史記索隱、引作驗言也。案讖始於秦、見史記趙世家、至漢光武帝而大行。謂占後有效驗也。依元應引補、蓋庾注也。有後驗之書。河洛所出曰讖。依李注文選引補、然亦方士張大其詞也。從言。韱聲。楚蔭切。

諷 誦也。大司樂注、倍文曰諷、以聲節之曰誦。從言。風聲。芳鳳切。

誦 諷也。從言。甬聲。似用切。

讀 誦書也。段氏據竹部籒讀書也改誦爲籒、是也。詩、中冓之言、不可讀也。傳、讀、抽也。說文抽作擂、籒從擂、即上文諷誦也誦諷也、不言詩書、亦可證。從言。賣聲。徒谷切。

𠶷 快也。桂氏曰、快當爲訣、下文訣、早知也。從言中。聲。於力切。說文無億字、左傳不可億逞、當即此𠶷。論語億則屢中、亦𠶷引伸之義。至詩頌萬億及秭、則十萬曰億、心部有明文矣。

訓 說教也。桂氏曰、說讀如山川能說之說。釋詁、訓、道也。廣雅、訓、教也。地官敘官土訓注、能訓說土地善惡之勢。又誦訓注云、能訓說四方所誦習。曲禮、教訓正俗、疏謂訓說義理。從言。川聲。許運切。

誨 曉教也。廣雅、誨、教也、曉說也。從言。每聲。荒內

heng

切。

譔 專教也。字林同、譔、專也。韻會、鄭注論語異乎三子者之撰、撰讀曰譔、譔之言善也。從言。巽聲。此緣切。

譬 諭也。禮、罕譬而喻、潛夫論、夫譬喻也者、生於直告之不明、故假物之然否以彰之。從言。辟聲。詩小弁、譬彼舟流、釋文本亦作辟。匹至切。

謜 徐語也。廣雅、謜、言語和悅。從言。原聲。魚怨切。孟子曰、故源源而來。闕疑。

訣 早知也。廣韻、訣、智也。從言。央聲。於亮切。

諭 告也。史記索隱、引作曉也。從言。俞聲。羊戍切。

詖 辯論也。玉篇同、下文別自一義。古文以爲頗字。孟子、詖辭知其所蔽、趙注曰、險詖、孫疏曰、偏詖、據所蔽則偏是也。書、無偏無頗。從言。皮聲。彼義切。

諄 告曉之孰也。孰亦從𦎧。詩、誨爾諄諄。從言。𦎧聲。亯部𦎧、孰也。讀若庉。章倫切。

詻 論訟也。詻蓋與咢同字、吅部咢、譁訟也、咢之今字作噩、爾雅、太歲在寅曰作噩、漢書天文志曰作詻、然則詻即益稷篇之頌頌、與堯典嚚訟有合、與下引傳爲兩義、墨子親士篇之詻詻、即諤諤也、可以論言、不可以訟言也。傳曰、詻詻孔子容。似即玉藻言容詻詻、注、教令嚴也。或禮記古注

有以爲孔子者。從言。各聲。五陌切。

誾 和說而諍也。諍、元應引作爭。從言。門聲。語巾切。

謀 慮難曰謀。左傳、咨難爲謀、小雅、周爰咨謀、傳、咨事之難易爲謀、洪範、謀及乃心、故曰慮也。從言。某聲。莫浮切。

𠰆 古文謀。當作𠰆、小徐作𠰆、從母、非從毋也。玉篇口部㖼、莫侯切、㖼、慮也、即此字。

𧩃 亦古文謀。從言母聲。

謨 議謀也。釋詁、圖、慮、謨、謀同義、口部圖、計畫難也、亦有慮難曰謀之意、許以謀釋謨而以議別之者、謂凡謀事皆曰謨、不必慮難也、下文議語也、無難意、皋陶謨、謨明弼諧、史記作謀明輔和、此以謀釋謨也。從言。莫聲。詩、聖人莫之、釋文莫或又作謨。莫胡切。虞書曰、當作有咎繇謨。今作皋陶、漢書敘傳、咎繇謨虞、段氏曰、謂自曰若稽古皋陶至帝拜曰往欽哉一篇也。

暮 古文謨從口。

訪 汎謀曰訪。訪汎雙聲、詩序、訪落、嗣王謀于廟也、案汎謀者集思廣益之謂。從言。方聲。敷亮切。

諏 聚謀也。晉語、文王諏于蔡原而訪于辛尹、韋注、諏訪皆謀也。許君說訪以汎、說諏以聚者、於方聲取聲得之、方有同字、有求之意、諏聚皆從取聲。從言。取聲。子于切。

論 議也。

yì dìng xiáng shì dì shí
議 訂 詳 諟 諦 識

xùn chá
訊 詧

jǐn
謹

réng chén
訒 諶

御覽引作難也。從言侖聲。靈臺毛傳：論，思也。亼部：侖，思也。盧昆切。

議 語也。從言義聲。宜寄切。一曰謀也。依韻會引補。玉篇亦云。

訂 平議也。平，詩釋文引作評。說文無評，詩譜參訂時驗，謂平比之也。從言丁聲。他頂切。

詳 審議也。詩：不可詳也。傳：詳，審也。許君以字從言，故曰議。從言羊聲。似羊切。

諟 理也。謂料理之也。玉篇：審也，諦也。從言是聲。段氏曰：左傳：君與大夫不善是也。國語作王弗是，韋注：是，理也。是者，諟之省。承旨切。

諦 審也。方言文。又曰：秦晉曰諦。從言帝聲。都計切。

識 常也。此義有兩音，一則典常之常也。桂氏曰：釋詁：職，常也。周禮大宰之職，大司徒之職，此類皆當作識。記識則當作職。耳部：職，記微也。鈞案：夏小正三月采識，艸部：黃蔯，職也，亦可爲桂氏之證。依此義則識當之翼切，音織。一則旗常之常也。巾部微、幖二字下皆云：幟也。說文韻譜並作識。左昭廿一年傳杜注：徽，識也。釋文：識本又作幟，又曰徽。說文作徽，云：識也。士喪禮鄭注：以死者爲不可別，故以其旗識識之。釋文：上音試，下音式。案鄭君所用者，禮記也，而今本祇一識字，蓋不知卽是旗幟，因刪之也。依此義則識當式吏切，音試，亦昌志切，音熾。史記叔孫通傳：張旗志。案志古識字，連旗言之，則志亦幟字也。一曰知也。一則經典亦作識，詩：不識不知，是也。此義賞職切。一則經典作職，釋詁：職，主也。職之訓知，如知縣、知府之知。易曰：乾知大始。中庸曰：知天地之化育。二知字皆當訓主。此義當之翼切。從言戠聲。唐韻賞職切。案此音於一曰知也之義猶不該備，於常也一義更無關涉，乃廣韻識下云：說文云常也，一曰知也，賞職切。以兩義統歸一音，知許讀之湮久矣。

訊 問也。釋言：訊，言也。郭注：相問訊。小雅六月箋以言問釋訊，知言問是古語，許說之問也，與爾雅同意。從言卂聲。思晉切。

𧦝 古文訊。從鹵。

詧 言微親察也。言微當依繫傳作微言。錯又引察言而觀色，似親察當作觀察。然漢郊祀志：象載昭庭，日親以察。知親察不誤。張揖曰：詧，古察字。知微知彰，是謂能察，而云微言者，以字從言也。察，覆審也，則以字從宀也。從言，察省聲。兼意也。否則小徐本祭省聲可也。楚八切。

謹 慎也。轉注。從言堇聲。居隱切。

訒 厚也。釋詁：仍，厚也。卽此。從言乃聲。如乘切。

諶 誠。句 諦也。釋詁：諶，誠也。而必加以諦字者，謂此誠是審諦之意也。禮記經解：故衡誠縣，注：誠猶審也。案諶、訦及心部忱，古多通用，而許君欲爲之別，故說忱以誠，說訦以信，說諶以誠而伸以諦也。然此引天難諶斯，今本卽作忱；彼引天命匪忱，今本卽作諶。釋詁又曰：諶，信也。郭引方言：燕岱東齊曰諶。與訦下所引同，則三字不必別也。從言甚聲。是吟切。詩曰：天難諶斯。大雅大明文。

sù ǎi gǔ xiǎn
誎 藹 詁 譣

shì gào jì jiè chéng chén xìn
誓 誥 誋 誡 誠 訦 信

信 誠也。釋詁：誠，信也。從人言。穀梁僖廿二年傳：言而不信，何以爲言。息晉切。

㐰 古文信。[illegible]也。

𧦝 古文信。言者，心之聲也。從心言。

訦 燕代東齊謂信訦也。見方言、釋詁。郭注代作岱，非。從言冘聲。是吟切。

誠 信也。釋詁文。從言成聲。氏征切。

誡 敕也。轉注。從言戒聲。古拜切。秋官士師五戒當作此誡。其五戒曰誥，用之于會；同誓，用之于軍旅。其字卽在下文也。

誋 誡也。經典省作忌。康誥：惟文王之敬忌。從言忌聲。表記引甫刑：敬忌。注：忌之言戒也。渠記切。

誥 告也。釋詁文。釋名：上敕下曰告。告，覺也，使覺悟也。從言告聲。義聲互相備。春官大祝作六辭，三曰誥。杜子春曰：書亦或爲告。古到切。

𧦎 古文誥。汗簡引作[illegible]。段氏、嚴氏皆云：從言肘聲。案與詧同體，部位異耳。玉篇無之，而誥下卽是詧字，此恐誤衍。

誓 約束也。曲禮：約信曰誓。國策：堅明約束。從言折聲。時制切。

譣 問也。增韻引云：譣，詖，姦言也。案此義與引書合，與心部憸同。問也，則與廣雅譣，證也合。曹憲曰：今人以馬芻驗爲證譣，失之矣。然說文讖、籤、芰下皆用驗，不用譣也。從言僉聲。息廉切。此切乃譣人之音，徵驗則當魚窆切。周書曰：勿以譣人。立政文。

詁 訓。句 謂詁訓同義也。爾雅釋詁、釋訓雖分兩篇，義實同也。古言也。依元應引改。後漢書桓譚傳注引同。此以字形說字義，如說𧥢是少也之比。必知古言，乃合古義，不致以今義說古字也。從言古聲。義聲互相備。公戶切。詩詁訓。卽指毛詩詁訓傳而言，以明兩字同義也。段氏、嚴氏皆據大雅抑釋文，謂當作詩曰告之詁言六字。桂氏曰：詩愼爾出話，毛傳：話，善言也。告之話言，毛傳：話言，古之善言也。傳以爲古，則是詁非話矣。

藹 臣盡力之美也。釋訓：藹藹、萋萋，臣盡力也。便文耳。萋萋自屬梧桐，不屬吉士，故許專其義于藹，兼補美字以釋之。從言葛聲。於害切。詩曰：藹藹王多吉士。大雅卷阿文。

誎 餔旋促也。小雅：以速諸父，以速諸舅。疑誎其正字也。餔卽孟子餔啜之餔，泛言飲食，非日加申時食之本義也。旋，辝戀切，謂卽時也。促，催督也。今人燕客，亦先期戒

xū 諝　zhèng 証　jiàn 諫　shěn 諗　kè 課　shì 試　xián 諴　yáo 䚻　quán 詮　xīn 訢　shuō 說

之至期速之也。集韻、誎、飾也。飾蓋飭之譌。飭敕同字。其意則泛言戒敕、不必謂速客也。廣雅、誎、督促也。從言朿聲。桑谷切。

諝　知也。知音智。天官序官注、胥讀如諝、謂其有才知、爲什長。元應曰、惛、古文諝。通俗文、多意謂之忬惛。字林、忬惛、知也。忬音張呂切。說文無忬字。從言胥聲。私呂切。

証　諫也。呂覽、士尉以証靖郭君。賈子新書、則職以箴、則職以諗、則職以証、則職以諫、分而爲四、便文也、義無大異。從言正聲。地官司諫注、諫猶正也、以道正人行。讀若正月。之盛切。當諸盈切。

諫　証也。論衡譴告篇、諫之爲言閒也、持善閒惡。從言柬聲。古晏切。

諗　深諫也。諫、左傳釋文引作謀。釋言、諗、念也。許君易之者、爲其不顯也。吾鄉于巽言戒人者、謂之念誦、與深諫意合、與釋言文合、蓋古語也。而郭注曰、相思念、則望文爲義也。詩、將母來諗、謂以養母之意款曲言之、言賢君可以私情告也。乃深諫引伸之義、故許引左、不引詩。從言念聲。依釋言、則兼意。式荏切。春秋傳曰、辛伯諗周桓公。閔二年文。

課　試也。廣雅同。管子七法篇、成器不課、不用不試、不藏。從言果聲。苦臥切。

試　用也。釋言文。從言式聲。式吏切。虞書曰、明

試以功。堯典文。

諴　和也。廣雅、諴、調也。無逸、咸和萬民。案咸蓋諴之省文。從言咸聲。胡毚切。周書曰、不能諴于小民。召誥、其丕能諴于小民。

䚻　徒歌。從言肉。余招切。嚴氏曰、小徐通釋云、今說文皆言從也、當言徒歌。六書故云、徐本無䚻字、唐本䚻、從言從肉、肉亦聲。謠、徒歌也。據此則小徐所見本、偶脫䚻篆、因搉改䚻之說解耳。以偏旁求之、系部、䌛、隨從也、是䚻訓爲從之證。至唐本之徒歌、亦校者依爾雅所改。藝文類聚、引作獨歌謂之謠。衆經音義引、謠、獨歌也。議改復䚻之說解曰、從也、從言肉聲。又議補謠篆云、獨歌也、從言䍃聲。愚案、玉篇、䚻、與周切、從也。謠、與招切、獨歌也。徒歌曰謠、較然分爲二字。嚴氏說正合。惟先用說文之獨歌、而又引爾雅、或孫強附益之。

詮　具也。元應曰、具說事理曰詮。從言全聲。兼意。此緣切。

訢　喜也。小徐作憘也。案當作憙、即所謂自憙也。然萬石君傳、晉灼引許慎曰、訢、古欣字。欠部、欣、笑喜也。作喜是。從言斤聲。許斤切。

說　說釋也。一引作說解也。案說釋即悅懌也。心部不收悅懌。左襄三十一年傳引詩、辭之繹矣、知懌古作繹。又詩綢繆傳云、邂逅、解說之貌。是知作說解者、義仍不異。從言兌聲。淮南泰族訓、雲兌而請雨。注、兌、

jì 計　xié 諧　hé 詥　tiáo 調　huà 話　zhuì 諈　wěi 諉　jǐng 警　mì 謐　qiān 謙　yì 誼　xǔ 詡

說也。呂覽勸學篇、凡說者、兌之也、非說之也。今世之說者、多弗能兌而反說之。失熱切。此一曰談說之音。又弋雪切、此說釋之音。鼎臣不察許君意、而倒置之。一曰談說。玉篇、此義音稅。

計　會也。周官有司會。漢之奉計、上計、與之同事。故以會說計。然泛而言之、不見其爲月要歲會之字也。故下文以算申明之。是知也字當爲術文。凡一義而遞相申說者、說文例不用兩也字。筭也。筭當作算。夏本紀、或言禹會諸侯江南、計功而崩、因葬焉、命曰會稽。會稽者、會計也。從言。從十。古詣切。

諧　詥也。元應引作合也。雖乖轉注之法、然得假借之理。詥蓋合之分別文也。佮敀亦然。從言皆聲。戶皆切。

詥　諧也。人物志、取同體也、則接詥而相得。從言合聲。候閤切。

調　和也。地官調人、掌司萬民之難而諧和之。段氏謂諧龤異用。案和龢亦異用、經典則通用。從言周聲。徒遼切。

話　會合爲善言也。依李注歸去來引改補。言會者、籀文從會也。且人部、佸、會也。是從舌聲、即有會義。詩抑、板兩篇傳竝云、話、善言也。從言𠯑聲。胡快切。傳曰、告之話言。桂氏、段氏皆曰、當作春秋傳曰、箸之話言。嚴氏曰、板釋文引、會合善言也。此當作詩曰、出話不然。

譮　籀文語

從會。

諈　諈諉、纍也。釋言文。孫叔然曰、楚人曰諈、秦人曰諉。是謂兩字各語也。郭注曰、以事相屬累曰諈諉。是謂一語也。列子力命篇亦以諈諉爲一語、注以爲煩重皃。雖諈諉疊韻、分合皆可、許既連引、蓋合之也。從言垂聲。竹寘切。

諉　累也。當依玉篇作諈諉也。上文合之、此不當分之。漢書賈誼、胡建兩傳、皆單用諉字。從言委聲。女恚切。

警　戒也。周官小宰、正歲、則以灋警戒羣吏。從言從敬。詩常武、既敬既戒。箋、敬之言警也。敬亦聲。居影切。

謐　靜語也。釋詁、謐、靜也。云語者、爲其從言也。尚書惟刑之恤哉、史記作靜。徐廣曰、今文云謐。從言𥁑聲。彌必切。一曰無聲也。靜字足以兼之。玉篇、廣韻皆無此義、蓋後增也。

謙　敬也。謙本於敬、則非僞謙。從言兼聲。苦兼切。

誼　人所宜也。此仁義之古字。周禮肆師注、古者書儀但爲義、今時所謂義爲誼。洪範、遵王之誼、明皇詔改爲義。鵝義姦宄、爻義和、釋文竝云、義本作誼。地理志引孔子曰、君子有勇而亾誼則爲亂、小人有勇而亾誼則爲盜。從言宜。白虎通、義者宜也、斷決得中也。宜亦聲也。儀寄切。

詡　大言也。禮記禮器、德發揚、詡萬物。疏、王者撫有四海、宜

yù 譽　tuō 託　xuān 譞
bò 譒　jì 記　huì 讃　xǐ 諰　bū 誧　hù 護　shè 設　tóng 詷　é 誐　jiàn 諓

發揚其德普遍萬物也。從言羽聲。況羽切、

諓 善言也。善去聲、玉篇巧言也、秦誓惟截截善諞言、公羊傳惟諓諓善竫言、注、諓諓淺薄之皃、竫猶撰也、潛夫論云、淺淺善靖俾君子怠、亦即用秦誓也、從言戔聲。慈衍切、一曰謔也。廣韻二十八獮、諓諂也、三十三綫、諓巧讒皃、玉篇亦無謔義、

誐 嘉善也。釋詁善也一類、有儀有嘉、此誐似與儀相當、二字古皆音俄、又嘉善葢漢人恆言、肉部脙、嘉善肉也、從言我聲。吾何切、詩曰。誐以謐我。周頌文、廣韻引同、左襄廿七年傳引作何以恤我、今本假以溢我、傳云、假嘉也、

詷 共也。共部說曰、同也、則詷即同之分別文、顧命在後之侗、釋文、馬本作詷、共也、說又見共部、周書曰。在后之詷。一曰譀也。通俗文、言過謂之譀詷、從言同聲。徒紅切、

設 施陳也。設施者恆言也、然施自是旗、故再以陳申之、陳者敶之借字、廣雅、設施也、月令注、設陳也、從言從殳。殳使人也。識列切、旻部說曰、舉目使人也、以其從攴也、攴擊也、殳亦擊人之物、而皆得使人之義、殆目擊道存之比、此必古之方言、未可理解、政教從攴之難通、猶今人言打、無一可通也、

護 救視也。從言蒦聲。

說文句讀卷五　七百三十四　、○折四十七　十三

胡故切、

譞 譞慧也。與人部儇同、說解譞字似衍、從言瞏聲。許緣切、

誧 大也。釋詁、甫大也、疏引無田甫田、誧與之相當、葢甫之分別文、玉篇、誧大言也、從言甫聲。讀若逋。博孤切、一曰人相助也。人部俌輔也、誧俌葢通用、

諰 思之意。廣韻、言且思之、段氏曰、疑古本作言且思之意也、荀卿曰、諰諰然常恐天下之一合而軋己也、漢書諰作鰓、蘇林曰、讀如愼而無禮則葸之葸、鰓懼皃也、從言思聲。義聲互相備、胥里切、

讃 中止也。魏都賦、襲偏裘以讃列、李注、讃列、或止或列、從言貴聲。胡對切、司馬法曰。師多則民讃。依增韻引改、此避唐諱也、讃止也。此三字段氏曲解之、吾疑爲衍文、

託 寄也。方言文、字與人部侂同、從言乇聲。他各切、

記 疏也。廣韻九御、疏所去切、記也、桂氏段氏皆曰、疏當作疋、疋部說曰、記也、然說解中例用漢時常行之字、使人易曉、漢書注、疏猶條錄也、從言己聲。居吏切、

譽 稱也。當作偁也、從言與聲。羊茹切、

譒 敷也。經典借用播、康誥乃別播敷、從言番聲。補過切、商書曰。王譒告之。盤庚、王播告之修、

jiào 譥　nè 訥
náo 譊　xì ⿱伿言　jiē 謯　rèn 訒　téng 謄　jiǎng 講　yì 詣　yà 訝　yàn 諺　qì 訖　hū 謼　hū 評　zhèng 諍　yǒng 詠　ōu 謳　xiè 謝

謝 辭。句 去也。魏都賦注引、辭也、玉篇、辭也、去也、廣韻、謝、去也、曲禮若不得謝、謝謂致爲臣也、故曰辭、歸其故居、故曰去、兩事牽連言之耳、許說曲禮、葢不同鄭、從言䠶聲。辝夜切、

謳 齊歌也。太平御覽引古樂志曰、齊歌曰謳、吳歌曰歈、楚歌曰豔、注歌曰哇、從言區聲。烏侯切、

詠 歌也。堯典、歌永言、從言永聲。爲命切、咏 詠或從口。

諍 止也。桂氏曰、止當作正、地官司諫注、諫猶正也、從言爭聲。亦省作爭、孝經、天子有爭臣七人、側迸切、

評 召也。曲禮、父命呼、借呼字、從言乎聲。荒烏切、

謼 評謼也。依韻會引刪、桂氏曰、當作評也、大雅崔本式號式謼、王篇、謼、大叫也、從言虖聲。荒故切、

訖 止也。釋詁文、從言气聲。居迄切、

諺 傳言也。謂傳世常言也、依元應引補、葢庾注也、御覽曰、俗言曰諺、書無逸乃逸乃諺、傳曰、叛諺不恭、從言彥聲。魚變切、論語由也喭、集韻以喭爲唁之或體、又于諺下出唁字、引說文以解之、而曰古作唁、豈謂說文有此古文邪、抑采自他書邪、

訝 相迎也。周禮聘禮皆作訝、詩作御、尚書作迓、葢衛包改、士昏

說文句讀卷五　六百九十四　、○折四十七　十四

禮媵御、曲禮大夫士必自御之、注竝云、御當爲訝、周禮曰。諸侯有卿訝也。秋官掌訝文、從言牙聲。吾駕切、

詣 候至也。疑是兩句、而玉篇、詣往也、到也、至也、似無伺候之說、夊部致下云、送詣也、似候是衍文、從言旨聲。五計切、

講 和解也。許君之意、不主朋友講習爲言、故不與議論等字類列、項羽本記、項王范增疑沛公之有天下業已講解、索隱云、言雖有疑心、然事已和解也、史記虞卿甘茂二傳、漢書項羽傳、皆借媾爲講、從言冓聲。古項切、

謄 迻書也。繫傳謂移寫之也、從言朕聲。徒登切、

訒 頓也。玉篇、鈍也、從言刃聲。而振切、論語曰。其言也訒。孔注、訒難也、

訥 言難也。字詁、訥遲於言也、從言內聲。內骨切、

謯 謯娽也。桂氏曰、娽當爲諫、廣雅、謯諫也、玉篇、謯諫也、諫謯也、本書脫諫字、寫者改爲娽、段氏曰、謯娽當是古語、其義未聞、許當是三字句、從言虘聲。側加切、

⿱伿言 待也。彳部徯待也、增韻、徯或作⿱伿言、從言伿聲。讀若餐。胡禮切、

譥 痛呼也。呼當作噱、下同、從言敫聲。古弔切、

譊 恚呼也。元應引作

言

譊譊恚訟聲也、又引如今本、法言寡見篇、譊譊者天下皆訟也、注、譊譊、爭聲、從言。堯聲。女交切。

謍　小聲也。字林同、聲類、音大也、班固傳、聲激越、謍厲天、注、謍聲也、案他書皆言小聲、從言。熒省聲。余傾切。詩曰。營營青蠅。小雅、營營青蠅、傳、營營往來皃、許蓋引三家詩、黽部蠅下、爻部棥下、引如毛詩、

諎　大聲也。小徐有一譜字、今據釋鳥增一譜字、史記信陵君傳、晉鄙嚄唶宿將、正義引聲類、嚄、大笑、唶、大呼、從言。昔聲。讀若笮。周禮柞氏、鄭司農曰、柞讀爲音聲唶唶之唶、屋笮之笮、壯革切、

唶　諎或從口。釋鳥、行扈唶唶、釋文曰、唶、說文云借字也、一云大聲也、

諛　諂也。莊子漁父篇、希意道言謂之諂、不擇是非而言謂之諛、荀子修身篇、以不善先人者謂之諂、以不善和人者謂之諛、從言。臾聲。羊朱切、

讇　諛也。元應引作佞也、女部、佞、巧讇高材也、從言。閻聲。本丑冉反、

諂　讇或從臽。

諼　詐也。見公羊文三年傳注、從言。爰聲。況袁切、

謷　不省人言也。依韻會引補、段氏改不省人言也、是也、廣韻六豪曰、不省語也、少人字、詩板、聽我囂囂、傳、囂囂猶謷謷、箋、謷謷然不肎受、從

言。敖聲。五牢切、一曰。哭不止悲聲謷謷也。東方朔傳、聲謷謷、食貨志、天下謷謷然、陷刑者衆、注、謷謷、衆口愁聲、

訹　誘也。賈誼書、欲以簡泄得士、辟諸以弧誘鳥也、從言。朮聲。思律切、

詑　沇州謂欺曰詑。桂氏曰、方言、楚謂慧口譎、案即此詑、方言廣雅皆以欺謾巧詐爲慧、龜策傳、人或忠信而不如誕謾、徐廣曰、誕一作詑、音土和反、孟子亦作詑、張鎰音釋、詑詑、蓋言辭不正、欺罔于人、自誇大之貌、從言。它聲。託何切、

謘　語諄謘也。諄當作啍、集韻十五灰、謘、徒回切、啍謘、語不正、荀子哀公篇、無取口啍、口啍、誕也、注、啍與諄同、之閏切、讒疾之人多妄誕、案啍徒渾切、啍謘雙聲、故此字小徐玉篇皆在詑謾之閒、以其不正也、大徐迻之諄下、謬、從言。屖聲。讀若行道遲遲。直离切、

謾　欺也。賈誼書、反信爲謾、從言。曼聲。母官切、

譇　譇拏。疊韻、羞窮也。方言、嘲哰、謰謱、拏也、南楚曰謰謱、郭注、拏謂譇拏也、案玉篇譇諏二字相連、譇下云、譇拏、羞窮也、怒也、諏下云、譇諏、言不可解也、蓋自漢至隋無諏字、故郭注玉篇皆同說文、玉篇諏字蓋孫強增也、故別立訓義、廣韻作譇諏、云語不正也、其諏下又云、譇諏語兒、哰下又云、摣拏、集韻引說文、直作譇諏、

誣也、言不可解、蓋即羞窮之訓釋、段氏曰、羞窮者、謂羞澀詞窮而支離牽引、是也、從言。奢聲。陟加切、

詐　慙語也。段氏桂氏皆引論語、其言之不作、非也、段氏又曰、玉篇云、詐、整語也、疑左傳定八年、桓子咋謂林楚、杜注、咋、暫也、當作此字、案此說是也、慙乃暫之譌、從言。作聲。鉏駕切、

謺　謺讘也。此誤、拾爲讘、而又重出謺字耳、讘、多言也、若謺讘是連語、則不應同音之涉切、若一字兩體、則不應遠隔、玉篇云、拾也、則與拓雙聲同義、然不應從言、廣韻云、拾人語也、當是、從言。執聲。之涉切、

謰　謰謱也。廣韻、嗹嘍、言語繁絮兒、從言。連聲。力延切、

謱　謰謱也。從言。婁聲。洛侯切、

詒　相欺詒也。列子黃帝篇、既而狎侮欺詒、方言郭注、汝南人呼欺爲讉、詑他同反、亦曰詒、音殆、穀梁僖元年傳、惡公子之紿、則借紿爲之、案此義當徒亥切、一曰。遺也。遺以辭切、釋言、貽、遺也、即此、說文無貽字、詩詒爾多福、貽我佩玖、兩字疊見、多寡亦略相當、從言。台聲。與之切、

謲　相怒使也。集韻、謲譚、怒語也、從言。參聲。倉南切、

誑　欺也。曲禮、幼子常視無誑、詩、人實廷女、借廷爲之、從言。狂聲。居況切、

譺　欺。句調也。依元應引改、玉篇、欺也、啁調也、故知欺字句絕、字林云、欺調也、亦大調曰譺也、譺欺疊韻、兩字一義、又申之以調者、謂此欺乃嘲弄之欺也、廣韻七志、譺、云、調譺、十六怪、譺、云、誠譺、皆不云騃也、從言。疑聲。五介切、

譔　相誤也。廣韻、相譔誤也、從言。畀聲。古罵切、嚴氏曰、篆當作譔、說當作畀聲、案舉朱切、畀九遇切、均與古罵切不合、

訕　謗也。荀子注、謗上曰訕、從言。山聲。所晏切、

譏　誹也。公羊傳多言譏、其隱三年尹氏卒傳、則譏與貶同意、許君以誹說譏、蓋不用公羊義、班固典引、司馬著書、微文刺譏、貶損當世、案以刺譏連文、是誹謗意也、從言。幾聲。居衣切、

誣　加言也。依元應引補、段氏曰、加言者、架言也、古無架字、淮南時則訓、鵲加巢、毛詩箋曰、鵲之作巢、冬至加之、劉昌宗加音架、案口部、加、語相增加也、下文譖加也、則加如字讀、即可解、手部、挐下云、一曰誣也、方言、挐或謂之譇、注、譇言誣譇也、從言。巫聲。武扶切、

誹　謗也。字林同、尸子、堯立誹謗之木、從言。非聲。數尾切、

謗　毀也。字林同、女部、嫛、惡也、從言。旁聲。補浪切、

譸　詶也。從言。壽聲。讀若醻。張流切、周

zhòu 䛆
chǐ 誃　zǔ 詛　chóu 詶
luán 䜌　bèi 誖
xī 誒　guà 詿　wù 誤
huì 詯　xī 譆

書曰：無或譸張爲幻。此別一義也。無逸：「民無或胥譸張爲幻。」詩防有鵲巢傳：「侜張，誑也。」釋訓同。郭注引書作侜張，文選作侏張。

詶　詛也。依元應引改。元應曰：「祝，今作呪，說文作詶。」從言州聲。本職又切，又之長反。孫市流切，是以爲酬對字也。

詛　詶也。書云：「否則厥口詛祝。」從言且聲。莊助切。

䛆　詶也。與禍同。從言由聲。直又切。

誃　離別也。句。釋言：「誃，離也。」又申之者，謂釋言之離，乃分別之意，非仳離之詞。下文誃臺，即是離宮別館，但無從言意耳。戰國策出誃門也，鮑注：「誃，別也。」從言多聲。尺氏切。讀若論語「跢予之足」。未詳。玉篇：「跢，丁泰切，倒也。又丁佐切，小兒行皃。」說文無跢。周景王作洛陽誃臺。漢書諸侯王表序：「有逃責之臺。」劉德曰：「洛陽南宮誃臺是也。」師古曰：「誃音移，又直移反。」案：誃即該景王作之，赧王乃逃責於此耳。

誖　亂也。疏廣傳：「吾豈老誖不念子孫哉？」從言孛聲。蒲沒切。悖　誖或從心。𧦝　籀文誖從二或。

䜌　亂也。與敽同。一曰治也。與𤔔同。一曰不絕也。桂氏曰：「禹貢三百里蠻，傳云：以文教蠻來之。敽謂蠻來當作䜌來。鄭注：聽從其俗，羈縻其人耳，故曰蠻。蠻之言䜌也。」從言絲。呂員切。

𢀩　古文䜌。汗簡凡言作𢀩，此似當作䜌，左右兩糸相交，𢀩通於下，下半非別一字。

誤　謬也。從言吳聲。五故切。

詿　誤也。韻會引作謬也。漢書多言詿誤。從言圭聲。古賣切。案：詿似即諆之今文，後人但知詿誤，不知諆誤，故增詿以繼誤耳。宋版謬篆之上又有詿誤二篆，則以誤下云謬也之故，後增多矣，不可致詰也。

誒　可惡之詞也。依廣韻、莊子釋文引改補。此義與欸同。欠部：「欸，訾也。」從言矣聲。許其切。一曰誒然。此義與唉同。口部：「唉，應也。」方言：「欸，然也。南楚凡言然者曰欸。」則字又作欸。項羽本紀范增曰：「唉！豎子不足與謀。」索隱曰：「唉，歎恨發聲之詞。」與可惡之詞之義合，而字又作唉，蓋不拘也。春秋傳曰：「誒誒出出。」襄三十年文。疑今傳作譆譆爲是。此下即譆篆，蓋引傳而捝誒在此，傳似無可惡義。

譆　痛聲也。依元應引補。玉篇：「懼聲也。」又曰：「悲恨之聲也。」則與誒義近，蓋二字同聲，故義通也。賈誼書：「湯見祝網者曰：譆，盡之矣。」或作嘻，公羊僖元年傳：「慶父聞之曰：嘻！」注：「嘻，發痛語首之聲。」從言喜聲。火衣切。玉篇、廣韻皆許其切，與誒同音。

詯　膽气滿，聲在人

lí 謧　yì 詍　zǐ 訾
táo 謟
nán 諵
tà ⿰言遝
tà 誻　yán 詽　xié 讗
hōng 訇

上也。從言自聲。讀若反目相睞。荒內切。玉篇又胡市切。

謧　謧詍也。此一義也。玉篇：「欺慢之言也。」廣韻：「弄言。」皆同此義。吾鄉謂相慢曰謧戲，蓋謧詍之轉。多言也。此又一義也。大徐刪上文也字，則通爲一義矣，何以謧下不云謧詍乎？從言离聲。呂之切。

詍　多言也。從言世聲。余制切。詩曰：「無然詍詍。」大雅板篇作泄泄，口部呭下引作呭呭。

訾　不思稱上意也。毛傳：「訿訿然思不稱其上。」案：孔疏三出傳文，皆作不思，是也。字林：「不思稱乎上之意。」從言此聲。將此切。詩曰：「翕翕訿訿。」與今爾雅同。今小雅作潝潝，釋文引爾雅亦作潝潝。言雖多，不取本義。然毛傳云「翕翕然患其上」，則翕翕是。一曰量也。思也。依元應引補。漢書枚乘傳：「舉吳兵以訾於漢。」李奇曰：「訾，量也。」少儀：「不訾重器。」注：「訾，思也。」

謟　往來言也。三蒼：「𧬈譁，言語謟謟，往來也。」類篇：「謟，諭語不了也。」一曰：小兒未能正言也。一曰：祝也。玉篇無此義，廣韻有。從言匋聲。大牢切。䛌　謟或從包。類篇：「䛌，譖亂語。」

諵　諵諵，多語也。字林：「諵諵，言多不盡。」元包經：「妄言諵諵。」傳曰：「噂喈與也。」從言

冄聲。汝閻切。樂浪有諵邯縣。見漢志。孟康音男。諵蓋喃之正字也。

⿰言遝　⿰言遝誻，語相及也。依戴侗引唐本增改。玉篇又云：「⿰言遝誻，妄語也。」然則語相及者，謂人之妄語闌咔紛拏連續不絕也。從言遝聲。方言：「遝，及也。」他合切。

誻　⿰言遝誻也。荀子：「誻誻然而沸。」注：「多言也。」從言沓聲。徒合切。

詽　諍語詽詽也。段氏曰：「劉祥言事，蒙遜曰：汝聞劉裕入關，敢研研然也。斬之。魏書作妍妍，皆詽詽之同音也。匡謬正俗所謂殿研即此。」從言幵聲。呼堅切。

讗　言壯皃。當依玉篇作疾言皃。廣韻二十一麥：「讗嘍，疾言。」一曰數相怒也。從言巂聲。讀若畫。呼麥切。○一曰：讗，自是也。廣韻十二齊引此義，戶圭切。

訇　騃言聲。依韻會引改，玉篇同。從言勻省聲。虎橫切。漢中西城有訇鄉。依廣韻引改。漢中西城見地理志。不舉訇陽、訇陰者，水經作圁，漢志作圁矣，不欲駁難前輩，惟幸訇鄉未譌，故舉之也。又讀若玄。又言此者，所以闢漢志之圁也。音形皆變，即爲作音，使讀漢志者知圁即此訇也。桂氏曰：「漢書匈奴傳晉灼曰：圁音誾。三蒼作圁，地理志西河郡圁陽縣，顏注：此縣在圁水之陽。又圁陰縣，莽曰方

言

dàn 誕 kuā 誇 hàn 譀 jì 諅 dié 詄 zēng 譄 tiǎo 誂 nì 詉 kòu ⿰言口 pín 譬 piǎn 諞

陰頴注，圁字本作圁，縣在圁水之陰，因以爲名。王莽改爲方陰，則是當時已誤爲圁字。今有銀州銀水，即是舊名猶存，但字變耳。漢宮印有圁陽宰之印，水經有圁陽圁陰。說文無圁字，知訇初譌爲圁，再譌爲圁，乃讀元也。訇 籒文訇。

諞 便。句。謂通作便也。所引論語，今本即作便。公羊文十二年傳，惟諓諓善竫言，釋文：竫，本或作諞。尚書正義：諞猶辯也。釋訓：便便，辯也。巧言也。公羊釋文：諓，尚書作截。賈逵注外傳云：巧言也。從言扁聲。亦省作扁。荀子修身篇：君子有扁善之度。韓詩外傳作辯善之度。部田切。周書曰：戩戩善諞言。古文尚書秦誓文。論語曰：友諞佞。季氏篇文。

譬 匹也。譬嬪同音，故得匹偶之義。然玉篇、廣韻皆曰：譬，多言。從言頻聲。符眞切。

⿰言口 扣也。手部：扣，牽馬也。其義不協。然則扣乃敂之借字也。支部：敂，擊也。義仍不協。蓋⿰言口、扣、敂三字之義，今皆歸之後出之叩字也。漢碑叩頭字從邑，今皆從卩。論語：叩其兩端。孔注以發動解之。發動者，敂擊之引伸義也。以杖叩其脛，元應引作扣，是扣與敂通也。⿰言口之訓扣，祇是發動之義。以下文⿰言口發知之。釋文亦以發如求婦先⿰言口發之。蓋漢時恆言，亦叩問之意也。廣韻：⿰言口，先相⿰言口可。從言口。公羊隱四年傳：吾爲子口隱矣。注：口猶口語相發動也。口亦聲。苦后切。

詉 言相說司也。嚴氏曰：說司當作占說，轉寫誤。且到耳。集韻、類篇引埤蒼云：詀說，言不正。玉篇同。說文無詀。愚案：依此說，則相字難解，或涉下文相呼誘而衍。從言兒聲。女家切。玉篇女佳切，是也。廣韻、集韻皆收之十三佳。

誂 相呼誘也。呼，當作評。戰國策：楚人有兩妻，人誂其長者，長者詈之；誂其少者，少者許之。從言兆聲。徒了切。

譄 加也。口部：加，語相增加也。廣韻：譄，加言也。顧亭林曰：漢書杜周傳：吏所增加十有餘萬，謂辭外株連之人。從言曾聲。作滕切。

詄 忘也。廣雅同。又云：誤也。從言失聲。徒結切。

諅 忌也。謂二字通也。所引書，今本作忌。劉氏新論：諅富貴之在其上。一引說文：忌也；一引：妄也。皆譌。從言其聲。渠記切。周書曰：上不諅于凶德。集韻、通志引皆作上。今多方：爾尚不忌于凶德。

譀 誕也。東觀漢記文：雖誇譀猶令人熱。從言敢聲。下闞切。⿰言忘 俗譀從忘。

誇 譀也。長楊賦注引作誕也，蓋以譀字少見，轉引其說解也。從言夸聲。苦瓜切。

誕 詞誕也。桂氏曰：當作詷也。詷下云：一曰譀也。既譌爲詷，又加

huā 譁 háo 諕 huà 諣

é 譌 yú 謣 huān 讙 jiào 訆 zào 譟 tuí ⿰言魋 huì ⿰言歲 hòng 訌 hěn 詪 xuè 謔 mài 邁

誕字。元應引作大也，不實也。詩：誕彌厥月。傳：誕，大也。從言延聲。徒旱切。𧫥 籒文誕。省正 延從延丿聲，正不成字。

邁 譀也。從言萬聲。莫話切。玉篇：讗，火界切。譀讗，諍罵怒皃。又音邁。桂氏曰：左哀二十四年傳：是躗言也。本書引作噧言。噧即讗。釋文以爲過謬之言。

謔 戲也。從言虐聲。據詩不爲虐兮，則兼意。虛約切。詩曰：善戲謔兮。衞風淇奧文。

詪 很。句。謂二字遞也。戾也。很，一曰盭也。難蜀父老：盭夫爲之垂涕。即以盭爲戾。從言艮聲。乎懇切。

訌 讃也。當作潰也。釋言：虹，潰也。釋文：虹，顧作訌。知此文當作訌，虹潰也。訌釋召旻，虹釋懿戒。六朝好以草字寫書，言水相似，故譌爲讃。小徐本讀篆本在認下，大徐逐之訌下，斯成巨謬矣。從言工聲。戶工切。詩曰：蟊賊內訌。毛傳：訌，潰也。箋：訌，爭訟相陷人之言。

⿰言歲 聲也。當依廣韻作眾聲也。從言歲聲。呼會切。詩曰：有⿰言歲其聲。聲當作星。王伯厚詩考以爲即雲漢有嚖其星是也。蓋⿰言歲嚖直是一字，故其說解同例。嚖，小聲也。凡鸞聲嚖嚖、鳴蜩嚖嚖，皆統之矣。與此云聲也正同。而嚖彼小星，有小義，無聲義，則不足統之，故引以補之。與此引詩于聲無關同也。毛傳：嚖，眾星皃。與廣韻⿰言歲眾聲同詞。星則有取于眾，無取于聲也。

諣 疾言也。從言咼聲。呼卦切。

⿰言魋 譟也。從言魋聲。杜回切。說文無魋字，釋畜：魋如小熊，竊毛而黃。

譟 擾耳也。依元應引補。又引作擾耳孔也。韻會引作擾聒也。聲類：煩擾也。大司馬：車徒皆譟。注：譟，讙也。從言喿聲。蘇到切。

訆 大呼也。呼當作嘑。從言丩聲。古弔切。春秋傳曰：或訆于宋大廟。左襄卅年文。彼作叫。

諕 號也。謂兩字同也。從言從虎。乎刀切。

讙 譁也。元應引三蒼：讙，譁言語讙讙也。從言雚聲。呼官切。

譁 讙也。從言𠌶聲。呼瓜切。

謣 妄言也。法言問明篇：譁言敗俗。注：譁，音義作謣，妄言也。從言雩聲。羽俱切。𧫒 謣或從荂。玉篇以爲譁之重文，是也。說見荂下。𠌶之重文作荂，𠌶荂固一字也。

譌 譌言也。當作爲言也，如尟是少也之比。爾雅：作、造，爲也。爲言猶云造言生事。唐風：人之爲言，苟亦無信。桂氏曰：當作僞言也。詩沔水、正月箋竝云：譌，僞也。亦通。從言爲聲。五禾切。詩曰：民之譌言。沔水文。今本作訛，俗字。詩無羊：或寢或訛。釋文云：韓詩作譌。

言

miù 謬 huǎng 詤 bó ⿱暴言 chāo 訬 qī 諆 jué 譎 zhà 詐 xū 訏 jiē ⿱差言 zhé 讋

謬狂者之妄言也。秦漢人多目癡爲狂。從言翏聲。靡幼切。

詤夢言也。夢即寱字、三蒼、寱、詤言也、廣雅、詤、忽也、呂覽知接篇、無由接而言見詤、高注、詤、讀爲誣妄之誣、段氏改詤作謊、案如段氏說、則詤即今之謊字、似非許意、從言巟聲。呼光切、玉篇又呼晃切、

⿱暴言大呼。呼當作嘑、釋訓、⿱暴言⿱暴言、問也、釋文、本又作⿱暴言、引說文、⿱暴言、大呼也、自冤也、知大呼絕句、東方朔傳、舍人不勝痛、呼⿱暴言、是複語、自冤也。廣韻亦云、自冤、東方朔傳注、鄧展曰、⿱暴言音爪㕦之㕦、顏云、鄭音是也、⿱暴言、自冤痛之聲也、今人痛甚則呼阿⿱暴言、音步高反、從言暴省聲。蒲角切、

訬訬擾也。玉篇擾也、無訬字、一曰訬。獪。段氏曰、漢書敍傳曰、江都輕訬、高注淮南曰、訬、輕利急疾也、李善音眇、愚案方言、剿、獪也、秦晉之閒曰獪、楚謂之剿、或曰婚、其剿蓋與訬相當、又知狡獪亦作狡婚也、從言少聲。楚交切、讀若毚。顧亭林曰、毚當作兔、桂氏曰、當云讀若狡毚、本書毚、狡兔也、廣雅、毚、獪也、

諆欺也。謂兩字同也、小徐引漢書詆諆、然漢書自作詆欺、從言其聲。去其切、

譎權詐也。益梁曰謬。方言、謬、譎、詐也、涼州西南之閒曰謬、自關而東西或曰譎、或曰謬、而爾雅

序釋文引方言、謬、詐也、將以膠爲謬之譎、則廣雅欺也一條、謬膠兼有、欺天下曰譎。或据晉文公譎而不正、謂其能欺天下邪、段氏据方言欲改爲關東西曰譎、從言矞聲。古穴切、

詐欺也。廣雅同、從言乍聲。側駕切、

訏詭譌也。此詭字乃恑之借、當用玉篇欺也、譎也二義、以其非本義也、故連譌言之、從言于聲。況于切、一曰訏。譇。此借訏爲吁也、齊楚謂信曰訏。譌言不信、亦有以訏爲信者、則徂存也之比、段氏曰、信當作大、方言、訏、大也、中齊西楚之閒曰訏、

⿱差言咨也。段氏曰、咨當作嗞、口部、嗞、嗟也、愚案釋詁、嗟、咨、㗗也、當作嗟嗞⿱差言也、許說即述此文也、從言差聲。子邪切、一曰痛惜也。魯峻碑、莫不號⿱差言、隸體從省、

讋失气也。此及下句、並依元應引改補、字林同、此義與心部懾同、一曰言不止也。玉篇同、當作一曰謵讋言不止也、元應引聲類、謵傷讋、言不止也、傷當作謵、謵篆但承此義、故不依謵讋之序而先讋後謵、家語子路初見篇、王事若龍、注、龍宜爲讋、前後相因也、案相因有不止義、亦與襲字相近、從言龖省聲。戰國策、左師觸讋、史記作龍、之涉切、傅毅讀若慴。漢書項羽傳、府中皆讋伏、史記項羽本紀作慴、

xí 謵 wù ⿰言亞 huī ⿱隋言 tà ⿰言闒 xiōng 詾 sòng 訟 chēn 謓 niè 讘 hē 訶 zhǐ ⿰言臣 jié 訐 sù 訴

服、

讋籀文讋不省。

謵言謵讋也。集韻廿九葉、謵、敕涉切、謵讋、語不正、正蓋止之誤、從言習聲。秦入切、

⿰言亞相毀也。廣韻作誣、從言亞聲。宛古切、一曰畏⿰言亞。藥性有畏有惡、左傳合左師畏而惡之、皆當作此⿰言亞、

⿱隋言相毀也。從言隋聲。雖遂切、玉篇、廣韻、皆虛規切、

⿰言闒嗑也。口部、嗑、多言也、玉篇云、⿰言闒嗑、言也、後增字中又收闒、云闒嗑、多言也、蓋二字疊韻、故雙單同義、從言闒聲。徒盍切、

詾訟也。依戴侗引唐本改、釋言、詾、訟也、小雅魯頌毛傳同、從言匈聲。許容切、

訩詾或省。

詾詾或從兇。

訟爭也。元應引作諍、大司徒注、爭罪曰獄、爭財曰訟、從言公聲。訟卦釋文、訟、爭也、言之于公也、漢書呂后紀、未敢訟言誅之、鄧展曰、訟言、公言也、淮南兵略訓、夫有形埒者、天下訟見之、注、訟、公也、案此借訟爲公也、似用切、一曰歌訟。繫傳曰、古本毛詩、雅頌字多作訟、淮南泰族訓注、訟、容也、案詩序、頌者美盛德之形容、與之同義、

䛊古文訟。公谷古不同聲、當依玉篇作訟、八公同義、谷蓋古公字也、又案金刻公作㕣、八字重疊、取字形茂美、

謓恚也。

繫傳、今人作嗔、從言眞聲。昌眞切、賈侍中說謓笑。一曰讀若振。集韻、謓、之刃切、笑也、然則讀若振、但屬謓笑一義、一曰當是衍文、

讘多言也。韓非子、讘詼多誦先古之書、注、讘、多言皃、從言聶聲。之涉切、河東有狐讘縣。狐當爲夲、史漢表皆有瓠讘侯、徐廣、小顏、瓠皆音狐者、据地理志河東狐讘縣也、王子侯表有瓠侯、小顏又云瓠即瓠字者、据說文夲讀若瓠也、北海郡瓠縣、小顏又云瓠即執宋、然則字當從瓜、爲執之異體、漢志說文、蓋皆本作夲讘、傳寫既譌、各据所見爲之音讀、故不一律、

訶大言而怒也。從言可聲。虎何切、

⿰言臣訐也。廣韻、訐發人之惡、從言臣聲。桂氏曰、疑是臣聲、讀若指。荀子不苟篇、正義直指、舉人之過惡、非毀疵也、此即借指爲⿰言臣者、職雉切、

訐面相厈罪。當厈作㡿、字林同、此句謂面訐也、相告訐也。句謂訐之于上也、韻會引、無相字、非、訐似當作訴、下文即訴字、告也、諸書皆引上句、未引此句、從言干聲。居謁切、

訴告也。廣雅同、左成十六年傳、取貨于宣伯、而訴公于晉侯、注、訴、譖也、從言㡿聲。桑故切、論語曰。訴子路於季孫。憲問篇、作愬、馬注、愬、譖也、

guǐ wàng jié suì cì qiào ràng zhuān zhé qiǎn chán zèn

詭 𧬄 詰 誶 誎 譙 讓 諯 讁 譴 讒 譖

訴或從言朔。當云訴或從朔聲、從言不須複說、管子法不盡理則疏遠微賤者無所告愬、愬 訴或從朔心。當云從心朔聲、譖 愬也。上文訴告也、已見與譖異義矣、故此渾言之、三蒼旁人曰譖、論語鄭注、譖人之言、如水之浸潤、漸以成之、從言朁聲。莊蔭切、讒 譖也。荀子、傷良曰讒、從言毚聲。士咸切、譴 讁。句、問也。下文讁罰也、不云譴也、知譴讁大同小異、故伸之以問也、廣韻、譴、怒也、讓也、怒卽此讁、讓卽此問也、戰國策、太卜譴之曰、周之祭地爲祟、注、譴、問也、此雖泛然詢問、與問以伸讁不同、然足徵譴有問義、從言遣聲。去戰切、讁 罰也。字林、罪過也、責也、從言啻聲。陟革切、諯 數也。數、上聲、左傳、使吏數之、一曰相讓也。廣雅、諯、讓也、然仍是數義、蓋校者以下文卽讓字、故增之也、從言耑聲。讀若專。尺絹切、讓 相責讓。小爾雅、詰責以辭謂之讓、揖讓字、說文作攘、從言襄聲。人漾切、譙 讓也。依史記朝鮮傳索隱引改、方言廣雅同、今各本作嬈譊也、嬈、擾戲弄也、譊、恚呼也、二義不貫、竹君本作嬈嬈也、顧本讀字改刻、蓋亦本作嬈嬈、然亦恐未是、從言焦聲。讀若嚼。一作噍、才肖切、誚 古文譙從肖。周書曰、王亦未敢誚公。金縢文、大徐無王字、誎 數諫也。數、上聲、增韻曰、謂數其過而諫之、陳風歌以訊之、廣韻六至引作歌以誶止、楚詞章句引詩誶予不顧、釋文訊又作誶、徐音七悴反、韓詩訊諫也、諫當作誎、孟子刺之無刺也、刺卽誎之借、從言朿聲。七賜切、誶 讓也。一作責讓也、一作誚責也、從言卒聲。雖遂切、○春秋國語曰、誶申胥。吳語亦譌作訊、經典多有然者、詰 問也。月令、詰誅暴慢、注、詰謂問其罪、窮治之也、從言吉聲。去吉切、𧬄 大元寇𧬄其戶、注、𧬄、責也、字從朢之古文𦣠、責望也。以望易𧬄者、史傳多借望字也、小徐引史記張耳傳陳餘固望耳、從言望聲。各本皆然、顧本篆亦作𧬄、玉篇廣韻竝同、集韻引作𧬄、又省作詮、巫放切、詭 責也。御覽引同、又曰、又橫射物爲詭、與孟子詭遇趙注合、漢書陳湯傳、萬年自詭三年可成、案此似今之甘結、後漢書陳重傳、有同署郎負息錢數十萬、責主日至、詭求無已、案此則責索之義、從言危聲。過委切、今以爲詭詐字者、以詭爲恑也、心部恑、變也、海賦、繁欽牋注、皆引說文詭變也、○一曰違也。

tǎo zhū yóu xī zhěn lán gé shuí dǐ juàn xiòng yuǎn qū zhèng

討 誅 訧 䜊 診 讕 諽 誰 詆 讂 詗 謜 詘 證

依西京賦注引補、前漢董仲舒傳、有所詭于天之理與、證 告也。潘岳關中詩、當乃明實、否則證空、從言登聲。諸應切、中庸、雖善無徵、徵諸庶民、鄭注皆云、徵或爲證、案證當是徵之近字、論語不足徵、是今語之考證也、左傳欒郤爲徵、是辭訟之見證也、徵變爲證、猶澂變爲澄矣、詘 詰詘也。廣雅、詰詘、曲也、一曰屈襞。屈當作詘、廣雅、襞詘也、案此謂衣襞積、從言出聲。區勿切、誳 詘或從屈。謜 慰也。謜與怨同、小雅車舝傳、慰、安也、釋文作慰、怨也、疏据凱風傳駮之、然心部慰兩義皆有、從言夗聲。於願切、詗 知處告言之。急就篇、乏興猥逮詷讓求、史漢淮南傳、爲中詷長安、徐廣曰、詷、伺候采察之名也、孟康曰、詷音偵、西方人以反閒爲詷、顏注、詷、朽正反、偵、丑政反、從言同聲。朽正切、讂 流言也。廣韻、流言有所求也、從言夐聲。火縣切、詆 苛也。小徐荷也、古每借苛荷爲訶、一曰訶也。三都賦序、注引詆訶也、從言氐聲。都禮切、誰 何也。謂責問之也、依李注文選引補、蓋庾注也、有連言誰何者、漢書有誰何卒、六韜令我壘上誰何不絕、史記衛綰傳不譙訶綰、當作誰何、漢書作孰何、有單言誰者、五行志大誰卒、有單言何者、賈誼傳大譴大何、從言隹聲。示隹切、諽 飾也。當作飭、廣韻、諽、謹也、從言革聲。讀若戒。古覈切、戒當作悈、諽與悈同、古讀戒革皆紀力切、一曰更也。廣雅同、經典皆借革、革部云、革、更之、讕 抵讕也。漢書梁孝王傳、王陽病抵讕置辭、驕嫚不首、注、抵、距也、讕、誣讕也、後漢書劉隆傳、抵言、注、抵、欺也、漢書谷永傳、滿讕誣天、顏注、滿讕謂欺罔也、從言闌聲。亦省作闌、史記索隱引韋昭說、讕者相抵闌也、洛干切、譋 讕或從閒。診 視也。字林同、元應引作診視之也、聲類、診、驗也、謂看脈候也、從言㐱聲。本之忍反、孫直刃切、又之刃切、䜊 悲聲也。氣竭聲䜊也、今作嘶、從言斯省聲。先稽切、衆經音義集韻引皆作誓不省、釋詁、鮮、善也、釋文、鮮本或作誓、訧 罪也。罪當作辠、邶風、俾無訧兮、傳、訧、過也、北門、室人交徧摧我、釋文、摧、韓詩作讙、就也、桂氏曰、就當爲訧、經典多借尤及郵、從言尤聲。羽求切、周書曰、報以庶訧。呂刑文、彼作尤、誅 討也。地官司救、掌萬民之衺惡過失而誅讓之、注、誅、責也、古者重刑、且責怒之、未卽罪也、從言朱聲。陟輸切、討 治

ān 諳　lěi 讄　shì 謚　lěi 誄　huì 諱　xǐ 謑　gòu 詬　dié 諜　gāi 該　yì 譯

也。皋陶謨、天討有罪、左宣十二年傳、其君無日不討國人而訓之、論語、世叔討論之、漢碑多言治易治詩治春秋、治卽討、論也、從言從寸。他晧切、

諳 悉也。晉書才協傳、久在中朝、諳練舊事、從言音聲。烏含切。〇一曰、大聲也。眾經音義出暗啞而說之曰、說文作諳、於禁反、大聲也、又引史記暗啞叱咤千人皆廢、以實之、王篇諳下、亦有大聲也一義、

讄 禱〔也〕。論語釋文引無也字、凡語意未畢、許例無也字、累功德以求福也。累當作纍、或體作讄、可證、段氏曰、讄施于生者以求福、誄施于死者以作謚、論語云、讄曰。禱爾于上下神祇。述而篇文、今作誄、孔注、誄禱篇名、周禮小宗伯注引此文、亦作讄、大祝注又引之、則作誄、從言畾聲。力軌切。

讄 讄或從纍。論語釋文引作讄、似誤、

謚 當改、說見下文謚下、行之迹也。周書謚法解、大行受大名、細行受細名、行出于己、名生于人、從言益聲。依元應引改、神至切、

誄 謚也。小徐繫傳韻譜皆然、此改易之僅存者、段氏曰、當云所以爲謚也、曾子問注曰、誄、累也、累列生時行迹、讀之以作謚、皇侃論語義疏、誄者、謂如今行狀也、從言耒聲。力軌切、

諱 誋也。誋當作忌、

周官小史、詔王之忌諱、檀弓、卒哭而諱、從言韋聲。許貴切、

謑 恥也。楚詞九思、違羣小兮謑訽、從言奚聲。胡禮切、

謑 謑或從奊。廣雅、謑詬、恥也、賈誼傳、奊詬無節、借奊爲之、

詬 謑詬、恥也。莊子天下篇、謑髁無任、釋文引說文、謑恥也、于令升晉紀總論注引說文、詬恥也、是知或雙或單、皆以恥訓、故許說不與常例同、經典之單言詬者、尤難枚舉、從言后聲。本火逅切、孫呼寇切、

訽 詬或從句。左襄十七年、昭二十年傳、皆有訽字、昭十三年、哀八年、釋文、訽本或作詢、

諜 軍中反閒也。爾雅音義引同、蓋庾注也、莊子音義引閒也、蓋本文、諜謂之閒、猶簡謂之牒矣、釋言、閒、俔也、注、左傳謂之諜、今之細作也、從言枼聲。徒叶切、〇一曰、諜記也。吳都賦注引又云、牒與諜同、案賦作牒、劉淵林己引說文牒字注釋之矣、李善又特引諜字、明此有挩文、

該 軍中約也。淮南子、奇賌注、奇祕之數、漢書藝文志、五音奇胲用兵二十三卷、如淳曰、胲音該、從言亥聲。古亥切、讀若心中滿該。桂氏曰、該當作悛、王煦曰、心部、悛、苦也、滿悛猶云懣悛耳、

譯 所以傳〔譯〕四夷之語也。依後漢和帝紀注引刪補、

qiú 訄　tà 譶　yì 謚　jìng 誩　shàn 譱(善)　jìng 競　dú 讟

方言、譯、傳也、王制、東方曰寄、南方曰象、西方曰狄鞮、北方曰譯、國語謂之舌人、從言睪聲。羊昔切、

訄 迫也。廣雅同、案辵部、迫、近也、此迫蓋其引伸之義、糸部、絿、急也、是此義、又釋訓、惟逑鞫也、注、賢士求哀念窮迫、案郭氏以迫釋逑、以窮釋鞫、則訄亦通作逑、從言九聲。巨鳩切、讀若求。小徐讀又若丘、

譶 疾言也。蒼頡篇、言不上也、餘見彳部𢕌下、從三言。讀若沓。徒合切、

謚 笑皃。從言益聲。伊昔切、呼狄切、〔又〕小徐本此字之在末也、如莂謁菽迻、別爲之訓而綴之末也、大徐迻之譶前、便泯其迹矣、元應引謚行之迹也、從言益聲、五經文字、謚諡二字、音常利反、上說文、下字林、字林以謚爲笑聲、音呼益反、今用上字、廣韻、謚、說文作謚、是知今說文既譌爲謚、校者補字林之謚于末、而改爲謚、又改笑聲爲笑皃也、漢碑謚謚疊見、此字林所以收謚也、唐碑無不作謚者、知其譌爲謚也、當在五季、

文二百四十七　重三十三　大徐補詔字、云詰也、嚴氏曰、敘引蒼頡篇幼子承詔、禮器、詔侑武方、注、詔侑或爲詔囿、又禮有擯詔、注、詔或爲紹、是古書得通用詔紹、而不能謂無詔字也、元應引字林、

詔、告也、〇玉篇、訞、於驕切、災也、又巧言皃、䛏、說文訞同、是謂訞字說文作䛏也、然當卽是䛏字、〇表記注、譽繩也、左莊十四年傳、繩息媯、釋文竝云、繩、說文作譝、

誩 競言也。字林同、下又云讀若競、則誩直是競之古文、從二言。凡誩之屬皆從誩。讀若競。渠慶切、類篇曰、古文作誩、

譱 吉也。轉注、從誩從羊。此與義美同意。解從羊也、羊部說曰、祥也、考工記車人注、羊、善也、常衍切、

善 篆文譱從言。

競 彊語也。與競言也對文、競祇是彊、而謂之語者、爲其從誩也、經典競字皆訓彊、不訓語、從誩從二人。渠慶切、一曰、逐也。釋言、競、逐、彊也、詩桑柔、職競用力、長發、不競不絿、箋竝云、競、逐也、

讟 痛怨也。方言、讟、謗也、讟、痛也、從誩賣聲。徒谷切、春秋傳曰、民無怨讟。段氏曰、左傳昭元年曰、民無謗讟、八年曰、怨讟動于民、疑相涉而誤、兒子彥侗曰、疑是宣十二年、民不罷勞、君無怨讟、

文四　重一

音 聲也。耳部聲、音也、轉注。下文析言之。生於心有節於外謂之音。宮商角徵羽聲也。承生於心而言。羽當作䨲、白虎通、土謂宮、金謂商、木謂角、火謂徵、水謂羽、管子地員篇、凡聽徵如負豬豕覺而駭、凡聽羽、如鳴馬在野、凡聽宮如牛鳴窌中、凡聽商如離羣羊、凡聽角如雉登木以鳴、音疾以清、絲竹金石匏土革木音也。承有節於外而言、漢書律歷志、八音、土曰壎、匏曰笙、皮曰鼓、竹曰管、絲曰弦、石曰磬、金曰鐘、木曰柷、從言含一。於今切 凡音之屬皆從音。

響 聲也。當依玉篇作應聲也、從音鄉聲。天文志、鄉之應聲、卽借鄉為之、許兩切。

韽 下徹聲。段氏曰、此葢賈侍中周官解故說、春官典同、微聲韽、注、韽聲小不成也、從音酓聲。恩甘切。

韶 虞舜樂也。樂記、韶繼也、湯之濩、齊之徵招角招、皆沿此作、增韻曰、古者和樂皆謂之韶、非也、書曰簫韶九成。竹部曰、虞舜樂曰、箾韶、左傳作韶箾。鳳皇來儀。皐陶謨文。從音召聲。市招切。力部劭讀若韶、則當音市沼切。○許君收韶而不收護、玉篇有之、然周禮作濩、荀子作護、知護非古字、韶又見論語樂記左傳、不可謂非古字、故收之也、然當以紹為古字、揚州阮氏所藏

齊侯罍銘有三紹字、一作紹、二作紹、又言大樂者二、言桓子孟姜者亦二、說者以為齊田氏之器、以紹為韶、是也、故樂記訓之曰、韶繼也、字從系、系、繫也、籀文作䌛、此作系者、䌛系一字也、由此知紹字當改作紹、入之系部、加一重文、紹且為系加一籀文系、介部系字卽從系、其系作古文糸、不須云𦃃省、

章 樂竟為一章。桂氏曰、論語以成、謂成章也、舜樂九成、九章也、筠案風雅每篇分數章、無論入樂不入樂者皆然、周頌無分章者、葢當時作樂之節固然、從音從十。十、數之終也。諸良切

竟 樂曲盡為竟。一作樂曲終也、與章下說數之終也相應、春官樂師、凡樂成則告備、注、成謂所奏一竟、從音從人。大徐篆作竟、則當云從儿、居慶切、

文六

辛 辠也。從干二。論語、犯上、二古文上字凡辛之屬皆從辛。讀若愆。去虔切、廣韻、辛、古文愆、張林說。

童 男有辠為奴奴曰童。依元應引刪改、秋官司厲、其奴、男子入于罪隸、女子入于舂稾、知奴兼男女而言、不得言奴曰童也、今用童僮二字、與說文相反、女曰妾。承上言之、猶言女有辠為奴曰妾耳、妾下說卽承本文、特加得接於君一義、從辛重省聲。徒紅切。

童 籀文童中與竊中同從廿。廿以為古文疾字。當云古文以為疾字、此疾速之疾也、

妾 有辠女子給事之得接於君者。桂氏所据小徐本得作稱、而曰本書當云、有辠女子給事之稱、得接于君子者、筠案如本注自可通、段氏曰、云得接于君者、如內司服縫人皆有女御、鄭注、有女御者、以衣服進、或當于王、廣其禮、使無色過、是也、白虎通、妾者接也、從辛從女。七接切。春秋傳云。依類篇引補。女為人妾。僖十七年文。妾不娉也。內則、聘則為妻、奔則為妾、言此者、以別於上文有辠者也。

文三　重一

丵 叢生艸也。象丵嶽相竝出也。丵嶽疊韻、葢爭高競長之狀、漢書朱雲傳、五鹿嶽嶽、亦近此意。凡丵之屬皆從丵。讀若浞。士角切。

業 大版也。所以飾栒

縣鐘鼓捷業如鋸齒以白畫之。此文皆本之周頌有瞽毛傳、傳又曰、植者為虡、橫者為栒、故知栒字當補、釋器、大版謂之業、孫炎注亦曰、飾栒也、捷業疊韻、漢書楊雄傳作㨗獵、顏注、相差次也、文選洞簫賦作捷獵、李注、參差也、有瞽毛傳或曰畫之、當依此作以白畫之、象其鉏鋙相承也。韻會引作齟齬亦通、從丵從巾巾象版。從巾巾三字乃後增、或者本是一下字、魚怯切、詩曰巨業維樅。大雅靈臺文、彼作虡、嚴氏曰、說文引詩、皆用惟字、嶤下別作惟、此及驕下鷮下作維、葢轉寫涉今詩改、

業 古文業。

叢 聚也。史記索隱引作積聚也、非、從丵取聲。徂紅切

對 應無方也。依集韻引改、段氏曰、所謂善待問者如撞鐘、叩以大者則大鳴、叩以小者則小鳴也、從丵從口從寸。丵嶽竝出而一歸於法度也、都隊切、

對 對或從士。漢文帝以為責對而為言。廣韻云、漢文責對而面言、多非誠對。廣韻、多謂非誠對、故去其口以從士也。金石錄、周以後諸器款識對字最多、無從口者、疑李斯變古法、作小篆、始從口、至文帝復改之耳、嚴氏曰、漢文下廿二字、當是校語、漢文帝者、異代人偁謂、

文四　重二

菐　瀆菐也。徐鍇曰：一本注云：丵，衆多也，兩手奉之，是煩瀆也。筠案：瀆菐疊韻，葢謂煩辱也。故僕字不隸人部，𡘦字雖無煩辱意，亦以其事猥多，故分之，重菐意，故不隸八部。从丵、从𠬞，𠬞亦聲。蒲沃切。凡菐之屬皆从菐。

僕　給事者也。元應引廣雅：僕，附也。謂附著於人也。周官大僕、戎僕，鄭注：僕，侍御于尊者之名。左傳有隸子弟，服注：士卑，自以其子弟爲僕隸。从人、从菐，菐亦聲。蒲沃切。

𡦟　古文僕从臣。詩正月：并其臣僕。左昭七年傳：僚臣僕，僕臣臺。

𡘦　賦事也。段氏曰：賦者，布也。魯語曰：社而賦事，烝而獻功。从菐、从八。八，分之也。祭義：頒禽。注：頒之言分也。八亦聲。布還切。讀若頒。謂可通借也。左昭四年傳：火出而畢賦。即周禮夏頒冰。頒與賦同義，又與𡘦同音。天官宮伯以時頒其衣裘，注：頒讀爲班。班，布也。說文：頒，大頭也。班，分瑞玉也。經典皆借字，𡘦乃其正字也。一曰讀若非。分非雙聲，此直是讀若分耳。頒亦分聲，大宰匪頒之式，先鄭云：匪，分也。玉篇𡘦補顏、甫尾二切。

文三　重一　、

廾　竦手也。依元應引改。廾葢拱之古文，會意兼指事字也。从𠂇又。當作从𠂇又相對。本居竦切。廣韻收之三鍾，與恭同音。或者上古字少，供恭二字亦作廾也。與共部古文𢀜下說參看。凡廾之屬皆从廾。

𢪒　隸變作廾。楊雄說：廾从兩手也。以西嶽華山廟碑嶽字度尚碑雖字推之，似當作𢪒。仍是兩手相向拱揖之狀。不然，汗簡拜之古文𢪒亦是兩手，何以別焉。

奉　承也。詩鹿鳴：承筐是將。箋：承猶奉也。从手、从廾，兩言从而不以从廾居先，則字當在手部。丰聲。扶隴切。

丞　翊也。翊，俗翼字。風俗通：丞者，承也。左哀十八年傳：使帥師而行，請承。即借承爲丞。漢百官表多有丞，皆以輔之也。从廾、从卩、从山。繫傳：㠯，高之狀也。隅爲山㠯。然則此四字當作从㠯兩字。山高，奉承之義。以承說丞，亦謂其可通也。義當作意。署陵切。

奐　取奐也。桂氏曰：當爲耿奐，耳部：耿，光也。廣韻：奐，文采明皃。三國志注：幽州人語謂耿爲頗，則耿奐音近。詩卷阿傳：伴奐，廣大有文章。論語：煥乎其有文章。煥即奐之俗體。徐幹齊都賦：灼爛明奐。一曰大也。

檀弓：美哉奐焉。注：奐言衆多。从廾，敻省聲。桂氏曰：本書㬇下引傳，今作焚焚，是其例。呼貫切。

弇　葢也。段氏曰：釋言：弇，同也；弇，葢也。此與奄覆也音義同。筠案：釋器曰：圜弇上謂之鬵。周禮典同：弇聲鬱。此二事皆借弇爲揜。揜，斂也。小上曰揜。鼎部鼐下既作揜矣，即典同文，亦其引伸義。桂氏曰：本書盦，覆葢也；揜，覆也。从合、𠬞聲。當作从𠬞合聲。桂氏曰：本書龕、頜皆合聲。古南切，又一儉切。

𢍉　古文弇。嚴氏曰：疑从𠬞，窅省聲。

睪　引給也。給，李燾本作紿。糸部紿下云：絲勞即紿。又釋云：抽絲也。平安館曾伯霥簠、𧨞子簠皆曰睪其吉金，借爲擇字也。从𠬞，睪聲。羊益切。

𢍄　舉也。从𠬞，由聲。繫傳由音甾。渠記切，本音其。積古齋師酉敦有𢍄字，張仲簠作𢍄。春秋傳曰：晉人或以廣墜。當依左作隊。說文無墜字。楚人𢍄之。宣十二年文，𢍄作惎，杜注：惎，教也。黃顥說：廣車陷，楚人爲舉之。桂氏曰：楚人舉晉之陷車，既舉脫扃，仍不能進，又舉之，拔其旗，投其衡。然後出陷。衡即扃也。故服虔云：扃，橫木。有橫木投于輪閒。杜林以爲麒麟字。麟當作麐。唐人猶讀麒如忌。

异　舉也。从𠬞，㠯聲。羊吏切。虞書曰：岳曰异哉。堯典文。史記五帝本紀曰：嶽曰：异哉，試不可用而已。夏本紀曰：四嶽曰：等之未有賢於鯀者，願帝試之。據此二文，知四岳不得已而舉之，故許君說之曰舉也。

弄　玩也。釋言文。詩：載弄之璋。國語：白珩，先王之玩也。从𠬞持玉。盧貢切。

𢍭　兩手盛也。桂氏曰：詩詁：兩手曰匊。居掌曰匊。曰當爲𢍭，或作掬。从𠬞，𡭴聲。本音匊，孫余六切。

𢍰　摶飯也。曲禮：毋摶飯。从𠬞，釆聲。疑當作𢍰从𠬞釆會意。釆，古文辨字。讀若書卷。居券切。

𢍏　持弩拊。玉篇：持弩閑拊也。拊竝當从木作柎。考工記弓人：於挺臂中有柎焉。注：柎，側骨。疏謂角弓於把處兩畔有側骨。从𠬞，肉聲。据繫傳補。讀若逵。渠追切。肉古讀如柔，詩兔罝逵與仇韻，𣏾从肉聲，頄亦當从肉聲，蹞頯皆渠追切，非古音也。

戒　警也。轉注。易萃卦：君子以除戎器，戒不虞。从𠬞持戈，以戒不虞。居拜切。

兵　械也。刀部曰：兵，械也。夏官司兵注：車之五兵，戈、殳、戟、酋矛、夷矛；步卒之五兵，無夷矛而有弓矢。秦漢以下，始謂執兵之人爲兵，猶古呼擐甲之人爲甲也。从𠬞持斤，并力之皃。言此者，斤乃斫木之器，非戈矛之倫，故爲比象之詞以解之。玉篇引作从斤斤兵也，非是。補明切。

倴　古文兵，從人収干。干無刃，不可謂之兵，似當作從人庚聲。

𢍐　籀文兵。一祇是界畫，與梁之古文滐同意，無滐義也。

龏　慤也。與恭同。從収，龍聲。紀庸切。

弈　圍棊也。左襄廿五年傳：弈者舉棊不定，不勝共耦。正義：棊爲子，以子圍而相殺，故謂之圍棊。從収亦聲。羊益切。論語曰：不有博弈者乎。陽貨篇文。博，竹部作簙，口部局下亦作博。

具　共置也。共音恭。釋詁：供峙共具也。周禮凡供給字皆作共。廣韻：置，設也。內則：若未食，則佐長者視具。從収，從貝省。古以貝爲貨。宗周鐘𢍏字從貝不省。其遇切。

文十七　重四

𠬜　引也。字林同。上林賦：仰𠬜橑而捫天。晉灼曰：𠬜，古攀字。案此援引之義。漢平輿令薛君碑：晻督蘪徂，命不可𠬜。案此引長之義。從反収。當作從𠂇又。𠂇是右手，又相背，本字之又是左手。普班切。隸變作大。凡𠬜之屬皆從𠬜。

攀　𠬜或從手，樊聲。依韻會引補。今作攀。公羊傳作扳。

樊　鷙不行也。桂氏曰：鷙，類篇引作騺。莊子在宥：天下始喬詰卓鷙。釋文：卓音罩。卓鷙，行不平也。馥謂此亦借鷙爲騺。筠案當云騺鳥不行也。樊乃樊籠，騺則絆馬，假騺說樊，必言鳥以表其事也。騺字句絕。段氏引莊子澤雉畜乎樊中是也。從𠬜棥，附袁切。棥亦聲。𠬜亦聲也。凡兩體皆意皆聲者，許君皆但言意，不言聲。如此字從止從匕，是也。知此語爲後人增。

攣　樊也。當作攣也。玉篇：攣，攣攣。從𠬜䜌聲。呂員切。

文三　重一

共　同也。桂氏曰：同當爲詷。言部：詷，共也。祭統：鋪筵設同几。注：同之言詷也。疏：若單作同字，是齊同之同，非詷共之詷；若詷共之詷，則言旁作同。漢魏之時，字義如此，今則總爲一字。從廿収。筠案當云從古文之象。小篆變錯，不可隨文解之。廿爲二十幷，又同疾切，据此解之，皆不可通。渠用切。凡共之屬皆從共。

𠬜　古文共。周禮以共爲供，所云共王、共后、共祭祀，皆以下奉上之詞，故𠬜字手皆向上也。又非一人能了，故四手也。左傳以共爲恭，𠬜字形中亦具此義。

龔　給也。與供同。段氏曰：尙書甘誓、牧誓龔行天之罰，謂奉行也。漢魏晉唐引皆作龔，與供給義相近。衛包作恭，非也。從共，龍聲。俱容切。段氏曰：按俱容於共得聲，未詳。筠案龔仍是共字，古人好茂密，加龍字爲龍爲光，鄭重之詞耳。不欲委曲解爲會意，而共龍恰是疊韻，故曰龍聲。礱字不云告聲，而云學省聲；隸字不云隶聲，而云柰聲，是其例。

文二　重一

異　分也。畀從由，而篆上平如田，非。段氏曰：分之則有彼此之異。從収畀。収字祇作畀，執字用。畀，予也。羊吏切。凡異之屬皆從異。

戴　分物得增益曰戴。段氏曰：釋訓：蓁蓁、孽孽，戴也。毛傳：蓁蓁，至盛皃；孽孽，盛飾。是皆謂加多也。引伸之，凡加于上皆曰戴，如土山戴石曰崔嵬，石山戴土曰砠，是也。又與載通用。筠案經典戴字有增益義，無分物義者，此義由異字得之，異字則由畀字得之也，勿泥。從異𢦏聲。都代切。

𢧢　籀文戴。

文二　重一

舁　共舉也。廣雅：舁，舉也。此云共者，𠬜四手相交，祇取共爲一事之狀；舁則兩人共舉一物也，四手相向而不交，著紙平看，即得其意。從臼從収。臼非叉手，収非拱手，臼之臂在後，指在前，𠬜亦然，四手相向，是共舁之狀。凡舁之屬皆從舁。讀若余。以諸切。

䙴　升高也。與遷同。從舁囟聲。七然切。

𨍭　䙴或從卩。

𡕥　古文䙴。

與　黨與也。借黨爲攩者，依經典通用也。管子：請謁得于上，則黨與成于下。從舁從与。舁与皆聲而不言者，許例固然。余呂切。

𢍵　古文與。

興　起也。釋言文。從舁從同。同力也。周以同心同德，維予侯興，而字祇有手者，大君屈羣策，羣策屈羣力也。虛陵切。

文四　重三

臼　叉手也。從𠀎彐。當云從到収。嚴氏謂當作從爪𠂔，亦通。拱揖者手平心，故𠬜手高于肘；臼則垂拱之象，故肘高于手。居玉切。凡臼之屬皆從臼。

要　段氏改爲𡠗，正與交省聲合。交不能省爲

qióng　xìn 釁　cuàn 爨　nóng 農(農)　chén 晨

身中也。釋名、腰、約也、在體之中、約結而小也、從臼自臼。依小徐、祛妄篇改、猶申部云從臼、自持也、今二徐本皆作象人要自臼之形、祛妄篇所駁李陽冰說也、交省聲。於消切、又要古文要。

文二　重一

晨早。句、日部早、晨也、轉注、昧爽也。再言此以定早之為何時、昧爽、旦明也、文王世子、大昕、鄭注曰、早昧爽者、嫌大昕是盛明之後、故以早破大、以昧爽破昕、言各有當、不可以彼例此、從臼從辰、辰時也。說見辰部、亦聲。食鄰切、丮夕為夙、臼辰為晨、皆同意。桂氏引律歷志、水星之晨作此晨、凡晨之屬皆從晨。

農耕人也。依元應引補、從晨。日出而作、囟聲。嚴氏曰、囟農聲之轉、與秦從舂省聲同、奴冬切、農籀文農從林。農古文農。玉篇作辳、農亦古文農。玉篇同、小徐作莀、

文二　重三

說文句讀　卷五　六百七十九　一〇折三十三　三十三

爨齊謂之炊爨。廣雅、爨、炊也、孟子以釜甑爨、是也、士昏禮、大羹湆在爨、則直以為竈之別名、臼象持甑、元應引三蒼、字從臼持缶、缶、甑也、冂為竈口、廾以推柴內火、字意也、案其文竝同、惟從臼持缶缶甑也七字、此作臼象持甑四字、蓋三蒼上半作臼、與釁字同、然金刻無從缶者、冂為竈口。淮南齊俗訓、短褐不掩形而煬竈口、廾推林內火。內音納、七亂切、凡爨之屬皆從爨。爨籀文爨省。

所以枝鬲者。枝、撐也、類篇引作支、從爨省鬲省。渠容切、釁血祭也。斷以此義為正、春官大祝、隋釁、注、謂薦血也、凡血祭曰釁、是鄭意本與許同、乃漢書高祖本紀注、應劭曰、釁、祭也、薛瓚猶以無祭事駁之、幸顏氏援許義以正之、凡釁廟及鐘鼓無論若司几筵釁寶鎮寶器、大司馬釁主、鄭君皆云以血塗之、夫天球河圖社主而血之、於禮恐不安、孟子趙注、新鑄鐘、殺牲以血塗其釁郄、因以祭之曰釁、言祭與許同、而以郄釋釁、尤涉附會、經典借釁為隙者、雙聲借字、且鐘有隙、豈廟及寶鎮亦有隙乎、呂覽本味篇、湯得伊尹、釁以犧猳、高注、以牲血塗之曰釁、尤謬矣、蓋古之釁、猶後世之祓禊耳、周禮女巫、掌祓除釁浴、是也、齊語、齊使受管仲以退、三釁三浴之、韋注、以香塗身曰釁、象祭

竈也。云血則無所用爨、故曰象、從酉。酉所以祭也。酉酒一字、從分、分亦聲。虛振切。○釁字一變為舋、再變為亹舋、元應引釋獸須屬獸曰舋、又曰隙、亹也、太卜注舋字、釋文作舋、

文三　重一

說文解字句讀弟三上

曲沃張伯魁校

說文句讀　卷五　九十三　一〇四　三十四

句讀卷五補正

箹案樂記區萌達、注、屈生曰區、釋文、區依注音句、古侯切、集韻十九侯區收區、然十虞亦收區、恭于切、艸木屈生曰區、正用鄭注、古侯恭于雙聲、恭于之去聲卽九遇矣、虞侯二部古通、三葉後十行總如鉤下增此

此艸丩于彼艸之上、知𦮙是兩艸、非四屮、四葉後一行從𦮙丩下加此注

不字依宋本今二徐本皆作丕、經典借不爲丕者多矣、讀者不覺耳、十一葉後二行召誥之上增此

釋言、誰諉、累也、釋文同、而曰、本又作纍、劣僞反、字又作絫、二徐本誰諉兩篆下皆作累、宋刻大徐本誰下作纍、諉下仍作累、吾

以其用俗字也、疑爲後人改、故欲從玉篇、改本注曰誰諉也、然女部娷、諉也、集韻亦合誰娷爲一字、則知誰下說明其雙字成義、諉下說則明其單字成義也、漢書賈誼胡建兩傳皆單用諉字、十二葉後三行諉字注全刪以此易之

戒有戒愼戒備二義、與人部儆同、周官小宰正歲則以灋警戒羣吏、此戒愼義也、左宣十二年傳、且雖諸侯相見、軍衞不徹、警也、此戒備義也、夏官鄭注云儆蹕、古今注作警蹕、前漢梁孝王傳作警趕、是警儆一字、十二葉後四行周官十三字刪去以此易之

漢書禮樂志、歌詠言、聲依詠、十四葉前四行歌永言下增此

許君之意、蓋不主朋友講習爲言、故不與論議等字類聚、然兩事皆有和解義、學之不講則紛紜糾結、講貫則融釋脫落、相說以解矣、兵連不解、則兩國不和、有講之者、則難排紛解矣、項羽本紀、項王范增疑沛公之有天下業已、講解、索隱云、言雖有疑心、然事已和解也、許君蓋據此等事以立說、顧春秋時書、但有講學義、戰國時書始有解兵義、許君不免舉後而遺前耳、又史記漢書多借媾爲講、且甘茂傳曰、與魏講罷兵、索隱引鄒氏曰、講讀若媾、媾猶和也、案此用古音耳、其義初不異、且美惡皆有之、讒人罔極、構我二人、則不解之結矣、美言和調之、則如舊婚媾矣、十四葉後三行注全刪以此易之

詉字由虞轉麻耳、十六葉後四行均與古罵句刪去以此易之

篇韻皆呼宏切、然從勻聲、當以銀爲本音、廣韻訇下珍切、是亦從言勻聲之字也、十八葉後七行虎橫切下增此

女部嫛、惡也、此及嫛下毀字皆假借、論語、誰毀誰譽、二十二葉前二行相毀也下增此注

讕調同字、猶之蘭蕑同物也、二十四葉後五行讕或從閒下增此注

元包經訟卦、倔㢱胥執、辛詰胥縶、直譶譶、曲㗊㗊、注曰、㢱音奇、詰其兩切、二十六葉後三行競之古文下增此

紹亦市沼切也、說見下文、二十七葉前九行音市沼切下增此

卝是古文、隸楷不用、故說解中卝字凡五見、皆仍古體、上林賦亦然、以其未有楷體故也、三十一葉前十行皆從卝下增此注

段氏皆不知而不加疏解。惟䵷字不云頻聲而云卑聲，則引晁氏說而昌明之。未嘗綜說文通例而觀之也。三十二葉前三行是其例下增此

𤰈篆注十字删去、三十二葉前五行

畁從甶、而鐘鼎異字、上體皆如田，說已見釋例補正卷八及十四、似許君斷之而命爲畀也、三十二葉前六行羊吏切上增此

說文解字句讀弟三下

革 獸皮治去其毛曰革。革更也。茲依詩羔羊正義引改補。象古文革之形。古覈切。凡革之屬皆從革。𠦶 古文革從卅。卅年爲一世而道更也。尚書旣歷三紀世變風移。臼聲。

鞹 革也。依齊風疏引改。論語曰。虎豹之鞹。顔淵篇文。今作鞟者以鞟代鞹變𩏑爲享也。從革。郭聲。苦郭切。金部鏂郭衣鍼也。此與同意。鞟必平張以椒貫革週帀其邊。新序云其猶鞟革者也。大則大矣裂之道也。是也。

靬 靬乾革也。玉篇廣韻乾革乾軒乾音。武威有麗靬縣。嚴氏曰。兩漢志驪靬屬張掖。晉志屬武威。此亦云武威者。武紀元鼎六年分武威酒泉地置張掖敦煌郡。許或據未分時圖籍。否則校者依字林改也。石州曰驪軒本西域國。漢以其降人置縣。有定音無定字。故張騫傳作犛軒。西域傳作犂軒。與此作麗皆同音也。從革。干聲。苦旰切。

䩣 生革可以爲縷束也。繫傳曰䩣也。案此謂經典借絡爲䩣。從革。各聲。盧各切。

鞄 柔革工也。說苑革剛則裂。故有工以柔之。從革。包聲。蒲角切。讀若朴。小徐作樸。劉昌宗音僕。周禮曰。考工記文。柔皮之工鮑氏。河閒獻王以補冬官。故蒙周禮之名。柔當依考工記作攻。下文鞾下亦作攻皮。鞄即鮑也。考工記攻皮之工。函鮑韗韋裘。先鄭云。鮑書或爲鞄。蒼頡篇有鞄甍。先鄭許君鄭君皆知鞄之爲正。而不改經。君子之愼也。羽部翌讀若皇。郎以見周禮作皇矣。不出周禮者。以旣用以作解也。

韗 攻皮治鼓工也。考工記注。先鄭云。韗書或爲鞠。後鄭云。鞠以皋陶名官也。鞠則陶字從革柰統注。煇周禮作韗。謂韗磔皮革之官也。然則鄭君終不以鞠爲是也。許君亦不收鞠。從革。軍聲。讀若運。先鄭云讀如運之運。王問切。𩋘 韗或從韋。考工記釋文。韗或作鞸。

鞣 耎也。耎乃㞋之借字。玉篇㞋或爲耎。尸部㞋柔皮也。廣韻鞣熟皮。從革從柔柔亦聲。耳由切。

靼 柔革也。玉篇兼有䩲也一義。則柔革承上鞣字言之。柔其革也。又起下文說解中諸靼字。則柔弱之革也。從革。旦聲。旨熱切。𩎟 古文靼從亶。

鞼 韋繡也。齊語管子曰。輕罪贖以鞼盾一戟。注。鞼盾綴革有文如績也。法言又從而繡其鞶帨。後漢烏桓

傳。婦人能刺韋作文繡。從革。貴聲。求位切。

鞶 大帶也。同易馬注。易曰。或錫之鞶帶。訟上九。男子帶鞶。婦人帶絲。案此文遞相訓釋。旣以大帶釋鞶。又引易以見鞶之即帶。又破內則男鞶革女鞶絲之文。而曰帶鞶帶絲。見男女之別。正以見鞶之是帶而非囊也。內則鄭注。鞶小囊盛帨巾者。是說也。漢時多有之。班固與竇將軍牋。受賜鞶囊。東觀漢紀。賜鄧遵虎頭鞶囊。曹瞞傳。身佩小鞶囊以盛手巾細物。而許君不用者。鄭君注內則謂之鞶。裂引詩垂帶如厲。謂厲裂字異意同。而都人士毛傳曰。厲帶之垂者。左桓二年傳。鞶厲。服注。鞶大帶也。孔疏引內則施鞶袠。曰袠是囊之別名。若以鞶爲小囊。則不應佩二囊矣。大元帶其鉤鞶。自約束也。孫根碑。束鞶立朝。皆足徵鞶之爲帶也。左莊二十一年傳。后之鞶鑑。是即內則女鞶絲。而以鑑飾之也。若謂大帶用素。革帶用革。鞶旣從革。不爲大帶。然同一帶耳。散文則通。何足致訾。從革。般聲。薄官切。

鞏 以韋有所束也。依釋詁疏引補。釋詁。鞏固也。易曰。鞏用黃牛之革。革初九。從革。巩聲。居竦切。

鞔 履空也。繫傳曰。猶言履殼也。段氏曰。空腔古今字。履腔。如今言鞵幫也。從革。免聲。小徐李燾作免聲。玉篇廣韻皆作鞔。母官切。一曰。履也。依集韻類篇引補。呂氏春秋。南家工人也。爲鞔者也。注。鞔履也。作履之工也。又蒼頡篇。鞔覆也。考工記注。飾車謂革鞔輿也。此鞔引伸之義。

靸 小兒履也。急就篇注。靸謂韋履頭深而兌平底者也。俗謂之跣子。從革。及聲。讀若沓。玉篇鞜鞮也。穌合切。

䩕 䩕角鞮屬也。急就篇作卬角。顏注。卬角屐上施履也。形若今之木屐而下有齒焉。欲其下不蹶。當卬其角。舉足乃行。因爲名也。從革。卬聲。五岡切。

鞮 革履也。依周禮釋文引改。又引字林鞮革履也。則知今本以字林改也。曲禮鞮屨注。無絇之屝也。春官鞮鞻氏注。鞻讀如屨也。鞮屨四夷舞者所屝也。從革。是聲。都兮切。

鞅 鞮鞅沙也。段氏曰。謂鞮之名鞅沙者也。桂氏曰。沙類篇引作靸。廣雅鞈靸屐也。䩕謂鞈靸即鞈靸。廣韻鞈靸素鞢履也。集韻屐與鞢同。釋名鞢鞢之缺前𡙇者。衆經音義云。外國諸草木中若皮若葉若花等不成五味。離以爲食者。則名迦沙。馥謂鞢缺前𡙇。偖衣缺袖。如艸木不成五味。故俱有沙稱。從革從夾。夾亦聲。古洽切。

䩞 鞮屬也。從革。徙聲。所綺切。字又作屣縱躧。長門賦注引說文。縰躧也。吳都賦注引說文。縰所解切。

鞵 革生鞮也。革生當作

bì mù hóng hén bǐng yuān táo jū dīng
䩛 鞪 鞃 鞎 鞞 䩩 鞀 鞠 靪

生革。從革，奚聲。戶佳切。

靪　補履下也。廣韻：靪，補履下也。禮圖：複下曰舄，單下曰履。說苑：干將鏌鋣以之補履，曾不如兩錢之錐。從革，丁聲。當經切。

鞠　蹋鞠也。謂可蹋戲之鞠也。風俗通：毛丸謂之鞠。枚臯傳顏注：鞠以韋爲之，中實以物，蹋蹵爲戲。蓺文志作鞠，三蒼解詁作毱。從革，匊聲。居六切。

鞠或從蘜。

鞀　鞀遼也。韻會引，遼也，無鞀字，非也。衆經音義：鞉，山東謂之鞉牢。白帖引樂錄：鼗，爾雅曰：小者曰料。今人併而言之矣。案併而言之，是鼗料也。遼字疊韻，遼料同音，許亦併而言之，葢漢時口語固然。從革，召聲。徒刀切。

鞉　鞀或從兆聲。

鼗　鞀或從鼓兆。

籀文鞀從殸召。

䩩　量物之䩩。從革，冤聲。於袁切。一曰。抒井䩩。古以革。繫傳：抒井，今言淘井也。䩩，取泥之器。

䩩或從宛。

鞞　刀室也。韻會引作劍室也。詩瞻彼洛矣傳：鞞，容刀鞞也。是作刀之證。方言：劍削，自河而西，燕趙之閒謂之室，自關而西謂之鞞。史記刺客傳：劍長，操其室。是作劍之證。從革，卑聲。幷頂切。

鞎　車革前曰鞎。車當作輿。輿，車底也。釋器：輿革前謂之鞎。李巡曰：謂輿前以革爲車飾曰鞎。從革，艮聲。戶恩切。

鞃　車軾中靶也。依韻會集韻引補。釋器：輿革前謂之鞎。郭注：以韋靶車軾。邢疏：靶謂鞔也。從革，弘聲。邱宏切。詩曰：鞹鞃淺幭。韓奕文。正義言以去毛之皮，施于軾之中央，持車使牢固也。讀若穹。句當在宏聲下。

鞪　車軸束也。小戎音義曰：鞪，本又作鞪。然則軸當作輈，軸用直木，無事于束。從革，敄聲。莫卜切。

䩛　車束也。桂氏曰：既夕禮說明器之弓云：有䩛。玉篇：䩛，弓袟也。䩛謂䩛同。段氏曰：考工記：天子圭中必。注：讀如鹿車縪之縪，謂以組約其中央。鹿車者，維車也。糸部：維，著絲於筟車也。方言：維車，趙魏之閒謂之轣轆車，東齊海岱之閒謂之道軌。廣雅：維車謂之歷鹿，道軌謂之鹿車。方言又說維車之索曰車下鉄，陳宋淮楚之閒謂之畢，大者謂之綦。蓋歷鹿即毛傳之歷錄。必、䩛、縪同字，約圭與約同類。筠案：二說皆得之，然上文鞪言軸束，下文䪎言衡束，則此車束之閒挩一字也。蓋自鞎至鞁皆言車，玉篇亦然，不得於中雜以鹿車，而謂當云維車束也。第經於轂革言幬，鄭注於革路言鞔，是知束之所施，必於材長者，而輈衡之外，惟軸爲長，或鞪下之軸本在此乎。然考工言軸有三理，未嘗及其束也。闕之。從革，必

chěng jìn xiǎn bà ēng bèi zhì zuān
䩷 靳 韅 靶 鞥 鞁 䩞 䪎

聲。毗必切。

䪎　車衡三束也。戴東原曰：轅端持衡，其關鍵名輗；輈端持衡，其關鍵名軏。筠案：轅與衡相著，必有鑿枘，恐其脫也，以革縛之。若如段氏說以五采染輈，則上文有鞪字，此即說之曰鞪也可矣。曲轅䪎縛。直轅暈縛。曲轅謂小車，直轅謂大車，非謂縛其轅也。葢小車之衡，以中央著輈端，故必三束，空其兩軥也。大車之鬲，以兩端著兩轅，葢全革幬之，不必三也，故異其名。從革，爨聲。借官切。讀若論語鑽燧之鑽。見陽貨篇。火部無燧，似當作遂。秋官司烜氏夫遂，否則作鐩，金部之陽鐩，淮南子作陽燧。

䪎或從革贊。

䩞　葢杠絲也。考工記注：桯，葢杠也。杠長八尺。小徐曰：絲，其繫系也。段氏即改絲爲系，是也。字從革，必不言絲。䩞殆即俾倪也。急就篇注：俾倪，持葢之杠，在軾中央，環爲之，所以止葢弓之前卻也。從革，旨聲。脂利切。

鞁　車駕具也。晉語：吾兩鞁將絕。韋注：鞁，靷也。左傳固作靷，且言兩，亦必是靷。而許注意則概言之。漢書郊祀志：有司增雍五畤路車各一乘，駕被具。顏注：駕車被馬之飾皆具也。被即此鞁。鞁與牛部犕音同義近。從革，皮聲。平祕切。

鞥　轡鞥。從革，弇聲。烏合切。讀若譍。說文有應無譍。一曰龍頭繞者。案當云謂龍頭繞者。龍，玉篇作籠。知一曰當作謂者，本句蓋庾注也。轡鞥者，謂轡上之鞥也。許時呼爲轡鞥，後人則不知所謂，故申說之。轡以搏銜，必有籠頭以繫屬其銜，而又申之以繞者。鞥之爲言罨也，罨以覆鳥，鞥以絡馬頭，其意相似，故又以聲解之。若曰，惟其爲繚繞者，故名之鞥也。弇，葢也，亦未始不兼意也。

靶　轡革也。元應引作轡飾也。然字林亦曰：轡革也。釋器：轡首謂之革。毛傳同。王褒傳：王良執靶。晉灼曰：靶音霸，謂轡也。從革，巴聲。必駕切。

韅　著掖鞥也。鞥，左傳釋文引作皮。謂之鞥者，繞其腹，猶繞其頭也。蒼頡解詁：韅，馬腹帶也。從革，顯聲。檀弓子顯，公子縶也。作顯者，省形存聲也。左傳作韅，亦㬎顯一字之證。呼典切。

靳　當膺也。古謂之靳，漢謂之當膺。後漢書謂之當胸。左定九年傳：吾從子如驂之靳。正義：驂馬之首當服馬之胸，胸上有靳，故云。詩小戎釋文：靳，環，本又作靷。沈云：舊本皆作靳。靳者，言無常處，游在驂馬背上，以驂馬外轡貫之，以止驂之出。從革，斤聲。居近切。

䩷　驂具也。以別於上文，上文二字皆服馬之鞁具，兼以起下文，靷亦驂馬之鞁具也。從革，䖵聲。丑郢切。讀若騁蜃。段氏曰：虫部䖵讀若騁，則此䖵聲讀騁宜矣，而騁蜃連文，不可通，疑當爲又讀若蜃也。廣韻二十八

革

è 鞥　yú 靬
tié 鞊　róng 䩸　ān 鞌　zhuó 䪊　bó 䪐　dòu 䩦　guǎn 輨　yǐn 靷
qín 靲　miǎn 䩄　xuàn 鞙　lè 勒　gé 鞈

獨有蚩鐵鞁三字、

靷　所以引軸者也。依荀子禮論注引補、今靷繫於軸、蓋古已然。從革。引聲。義聲互相備。余忍切。

䩛　籀文靷。當從[illegible]婚字、嚴氏說。

輨　車鞁具也。從革、官聲。古滿切。

䩦　車鞁具也。繫傳、鐍中舌也。從革、豆聲。田候切。

靬　輨內環靼也。輨、玉篇作鞙、繫傳鐍上攀也。從革、于聲。羽俱切。

䪐　車下索也。釋名急就篇皆作縛、顏注、縛在車下、縛軸令與相連、即今所謂鉤心也。從革、尃聲。補各切。

鞥　車具也。從革、奄聲。烏合切、疑即鞥之異文。

䪊　車具也。從革、叕聲。陟劣切。

鞌　馬鞁具也。言馬亦偶然耳、且上文著掖當膺、皆謂馬也、未可以許君專屬鞌於馬、遂謂來朝走馬、上古已如趙武靈王也、今之服馬亦有鞌。從革、安聲。烏寒切。

䩸　鞌毳飾也。從革、茸聲。鹽鐵論有鏤衢鞍、紫茸題、高樓鞍、即借茸爲䩸、而隴切。

鞊　鞌飾也。急就篇、靳靷䩸鞊色焜煌、顏注、䩸鞊、以毛毳飾鞌也、本文䩸鞊二篆相次、不謂爲一物、集韻、䩸飾謂之彡、玉篇、鞊、鞌鞊也、皆不連言䩸鞊、從革、占聲。他叶切。

鞈　防汗也。廣雅、防汗謂之鞈、初學記、障汗亦曰弇汗、笏案障泥、蓋亦即此、似即韐也、段氏所引管子玉篇廣韻、恐是別一義、許君所未及、且玉篇廣韻均不以鞈爲韐之古文、從革、合聲。古洽切。

勒　馬頭絡銜者。依元應引改、絡一作鑣、非、不用鞈者、說解多用借字也、言馬頭者、嫌轡鞥既是籠頭、此勒或不繞其頭也、今猶平時用籠頭、駕乃加勒、勒以革爲之、鑣銜一物兩名、以金爲之、轡繫于勒、故爾雅謂之轡首、唐以後呼勒爲轡者、石虎諱勒、呼馬勒爲轡、見鄴中記、從革、毛詩、鞗革、爾雅釋之曰轡首、謂之革、革皆勒之省也、鼎彝銘皆作攸勒、說文攸作鋚、蓋所據毛詩固然、力聲。盧則切。

鞙　大車縛軛靼也。段氏曰、大車、牛車也、縛軛者、包注論語云、輗者、轅端橫木、以縛枙者也、皇侃疏、古作牛車、先取一橫木、縛著兩轅頭、又別取曲木爲枙、縛著橫木、以駕牛脰也。從革、肙聲。狂沇切。

䩄　勒靼也。玉篇謂之䩄系、埤蒼謂之䩄鞨、從革、面聲。集韻、䩄、馬轡、當面皮、彌沇切。

靲　鞮也。當作鞮靼也、類篇、靲、鞮帶也、束物韋也、案靲乃繫鞮之革、故與諸靼類列、不與鞮鞅類列、迨字林曰、鞻者靲鞻、玉篇承之、遂以靲爲屨耳、士喪禮、繫用靲、注、竹䈉也、許据字從革爲說、故不同、

說文句讀　卷六　七百四十五　、○折四十二　五

shuī 鞴
lì 鬲　xié 䩵　tuó 䩾　hù 韄　yǎng 鞅　biān 鞭　jí 鞆　dú 韇　jiān 鞬

從革、今聲。巨今切、本其閣反、孫巨今切、今呼琴鞅、即此、

鞬　所以戢弓矢。釋名、步叉、人所帶、以箭叉其中也、馬上曰鞬、鞬者、建也、弓矢竝建立其中也、從革、建聲。居言切。

韇　弓矢韇也。士冠禮注、謂之韇丸、方言作韥丸、廣雅作皾丸、其蓋、鄭風謂之掤、左氏作冰、羣書多宗方言、藏弓爲鞬、藏箭爲韇丸、許君通之者、周頌載戢干戈、載櫜弓矢、樂記名之曰建櫜、許謂鞬即櫜、故曰戢弓矢、以戢易櫜也、然則偃武用鞬、講武用韇、此許君意也、韇即是箙、鄭君曰、箙盛矢器、許君曰、弩矢箙也、韇箙疊韻、故許君不用時諺謂之韇丸、而但曰韇也、從革、𧶠聲。徒谷切。

鞴　綏也。玉篇、鞴、鞏邊帶、廣雅、鞴謂之鞘、鞘音梢、玉篇、鞘、鞭鞘、從革、巂聲。山垂切。

鞆　急也。廣韻、鞆、己力切、皮鞕皃、鞕同硬、從革、亟聲。紀力切。

鞭　驅遲也。依初學記引補、驅當作毆、爲其遲而毆之也、尚書、鞭作官刑、則鞭以扶罪人、左傳左執鞭弭、又曰、雖鞭之長、不及馬腹、則鞭亦以擊馬、許弟主馬言者、本部自鞎以下、皆言車馬也、其末用革、故字從革、其本用竹、故箠從竹、從革、㥈聲。卑連切。

𠻝　古文鞭。從亼攴者、亼者集也、集衆革以攴之也、

鞅　頸靼也。鞅、左傳釋文引作皮、春官巾車、玉路、錫樊纓十有再就、注、纓今馬鞅、疏云、纓是夾馬頸、故以今馬鞅解之、釋名、鞅、嬰也、喉下稱嬰、言嬰絡之也、杜預曰、在背曰韅、在腹曰鞅、非也、如其在腹、何掉之有、掉鞅見左宣十二年傳、從革、央聲。於兩切、案鞅當与鞶靳類列、

韄　佩刀絲也。絲當作飾、廣韻二十陌作韄、兩見、云、佩刀飾、又釋韄刀飾、玉篇同、然則玉篇韄下之佩刀絲、亦後人改也、三蒼、韄、佩刀靶韋也、從革、蒦聲。乙白切、案韄當与鞞類列、

䩾　馬尾䩾也。從革、它聲。徒何切、今之般緧。句蓋庾注、繫傳、般謂屈繞之也、糸部緧、馬紂也、方言、車紂、自關而東、周雒汝穎而東謂之緻、或謂之曲綯、䩾蓋鞠之轉語、

䩵　繫牛脛也。脛、類篇作頸、非也、欲牛行則施繩于角而牽之、欲牛止則施繩于脛而絆之、未有繫頸者、從革、見聲。己彳切。

文五十九　重十一

鬲　鼎屬也。釋器、鼎款足者謂之鬲、封禪書、其空足曰鬲、索隱云、款者空也、言其足中空也、實五觳。考工記陶人文、斗二升曰觳。鄭君亦云、象腹交文。案此器上半是器、上闊而下狹、下半是足、足出於器、

說文句讀　卷六　七百四十二　、○折四十二　六

xiāo 鬻 yàn 鬳
shāng 鬺 róng 融 fǔ 鬴 zèng 䰝 qín 鬵 guō 䰛 zōng 鬷 guī 鬹 yǐ 䰙

亦上大而下小。爾雅邢疏曰：足相去疏闊者，指其外而言也；郊
祀志蘇林注曰：中空不實者，指其中而言也。字之上象脣，銘往
往在脣，故金刻有諸體，皆外象其形，
內象其文，下象其足，小篆斷爲三截，不甚象也。三足。郎激切。凡鬲
之屬皆從鬲。融 鬲或從瓦。鬲家語瓦鬲煮食。歷 漢令鬲從瓦麻
聲。又作歷，史記滑稽傳銅歷爲棺，索隱歷即釜鬲也。䰙 三足鍑也。此義与錡同，詩毛傳有足曰錡。
一曰滫米器也。從鬲。方言鍑，吳揚之閒謂之鬲。支聲。魚綺切。鬹 三足釜也。
有柄喙。此其别於敲者也。讀若嬀。當在規聲下。從鬲規聲。居隨切。鬷 釜屬
也。廣雅鍑鬲鬷也。從鬲嵏聲。子紅切。䰛 秦名土鬴曰䰛。元應引方言同，今無其文。
從鬲午聲。夊部午，跨步也。讀若過。古禾切。鬵 大釜也。諸引竝同，字林亦同，惟韻會引
小徐本作土釜。楚辭九歎鬻土鬵于中宇。一曰鼎大上小下若甑曰鬵。字林同，冠以鼎者，釋器自
鼎絕大謂之鼐，王鬵鉖也，許君以爲皆說鼎也。下文郎䰝而云甑者，所以見䰝甑之爲一字也。從鬲兟聲。才林切。

讀若岑。曹憲廣雅音同，詩匪風釋文鬵音尋，又音岑，新序齊攻魯求岑鼎，韓非子作讒鼎。鬵 籀文
鬵。䰝 鬵屬也。承一日鼎義，釋器䰝謂之鬵，本文䰝上承鬵，故日鬵屬。瓦部甑下郎甗字，故日甗也，實是
一義。方言甑自關而東謂之甗，或謂之甗。鬵未嘗截然爲兩字，不可疑䰝爲後增之甗。無底甑也。依考古圖引，補韻會
引作甗無底曰䰝，非也。鄭司農注考工記陶人曰甗無底甑，許君用之者，瓦部甑下云甗也，明䰝甑一字。從鬲曾聲。
子孕切。鬴 鍑屬也。晉灼曰鬴古文釜字，方言則謂釜鍑一物。地官㮚人八四鬴注六斗四升日鬴，齊之
豆區釜鍾，則以爲量名矣。從鬲甫聲。扶雨切。釜 鬴或從父金聲。父全誤倒。
鬳 鬲屬。桂氏曰疑是䰝屬，本書甗甑也。從鬲虍聲。牛建切。融 炊气上出
也。王沇釋時論融融者皆趨熱之士，其得爐冶之門者惟挾炭之子。從鬲蟲省聲。以戎切。融
籀文融不省。鬻 炊气皃也。從鬲嚻聲。許嬌切。鬺 煑也。玉篇
鬺同䰞，又作䰞，詩采蘋于以湘之，韓詩湘作鬺，封禪書禹收九
牧之金，鑄九鼎，皆嘗亨鬺上帝鬼神，郊祀志作鬺亨，顏注亨而

sù 鬻 hú 鬻 gēng 鬻 zhōu 鬻 zhān 鬻 lì 䰜 fèi 鬻

祀也。從鬲羊聲。式羊切。鬻 涫也。楚詞七諫氣涫鬻其若波。從鬲沸聲。大雅蕩如沸如
羹省借字。芳未切。

文十三　重五

䰜 當依玉篇作𩰲。歷也。說文同字而分兩部者，此及自白𣏟麻，人儿大介是也；分三部者，頁首百是也。
半有說解，古人之不苟也。几下云仁人也，與此歷也，皆直以本字異文爲說解。古文亦鬲字。謂古文作鬲，兼作䰜。
也。象孰飪五味气上出也。說𩙿也，謂之上出，則𩙿在鬲上可知。鬲專象器，惟部末四字有气，鬻兼象
气，惟鬻一字無气，入之鬲部。郎激切。凡䰜之屬皆從䰜。此兩䰜小徐本亦誤。鬻 䰜亦當作䰜，鬲作
篆者匹配整齊之耳，下放此。鬻也。從䰜。以下諸鬻字小徐皆是。侃聲。諸延切。䬫 䰜或
從食衍聲。內則取稻米舉糔溲之小切狼臅膏以與稻米爲酏，注此酏當爲䭪，周禮醢人酏食注酏䭪也，雜問志曰
內則餈次糝，周禮酏次糝，酏在六飲中不合在豆，且內則無酏，周禮無䭪，明䭪酏是一也。飦 䰜或從食

干聲。廣雅飦饘也，曹憲音居言反，從千百之千。餰 䰜或從食建聲。鬻 糜也。
依元應引改此，以本字異文爲說解也。釋言鬻糜也，爲許君所本。釋文引字林鬻亦作粥，淖糜也，檀弓釋文引作淖糜也。從
䰜米聲。玉篇引說文音糜，廣韻引音糜，小徐以此爲粥之正文，故閩六反，大徐駁之，而云武悲切，鬻蓋粥之正文。
鬻 鍵也。釋言餬饘也，餬借字，饘鍵本一字，段說非。從䰜古聲。戶吳切。鬻 五味
盉羹也。初學記引作五味和也，燒豕肉羹也，內則注凡羹齊宜五味之和，米屑之糝，肉汁不和五味謂之大羹。從
䰜從羔。古行切。詩曰亦有和䰜。商頌烈祖文。羹 䰜或省。䰜
或從美䰜省。羹 小篆從羔從美。鬻 鼎實也。詩曰其鬻
惟何，惟筍及蒲。韻會引作筍，各本作葦，葦不中食，詩韓奕作蔌，釋器肉謂之羹，菜謂之蔌，則許說鬻字指鉶芼
而言，周禮醢人筍菹深蒲以爲豆實，彼是菹，則此是生菜，不嫌鼎實之異也。易鼎卦鄭注糝謂之蔌，則主米屑而言。陳留
謂鍵爲䰜。周易馬注餗鍵也。從䰜速聲。桑谷切。餗 䰜或從食束聲。鼎易

鬲 䰜

yù 鬻　miè 䰜　ěr 䰘　chǎo 䰗　yuè 䰠　zhǔ 䰞　bó 䰛　zhǎo 爪　fú 孚　wéi 爲

卦覆公餗，正義：餗，糝也。八珍之膳，鼎之實也。鬻　鬻也。從䰜毓聲。余六切。賣鬻字同此音，此爲粥之正音，即是粥之正字矣。集韻因然，雖混入鬻字，然五支固收鬻字也。粥　鬻或省從米。

䰜　涼州謂鬻爲䰜。廣韻：䰜，糜也。從䰜㰆聲。莫結切。粖　䰜或省從末。

䰘　粉餅也。說詳釋例。從䰜耳聲。仍吏切。餌　䰘或從食。

䰗　熬也。三蒼同。爾雅釋文引作火乾物也者，誤以方言爲說文也。彼作聚，注：聚即䰗字。從䰜芻聲。尺沼切。

䰠　內肉及菜於湯中薄出之。玉篇有於字，內音納，薄，迫也，速也。速出之者，不使熟也。此字與爚同義，諸書借瀹爲之。從䰜翟聲。以灼切。

䰞　亯也。亯俗作烹。天官亨人職：外內饔之爨亨煑。亨煑，複語也，鄭君亦不分別說之。從䰜者聲。章与切。煑　䰞或從火。渚　䰞或從水在其中。

䰛　炊釜溢也。依類篇引改。水不滿釜，但沸而不䰛，有米在中則䰛矣。去其蓋，自止耳。小徐泥吹字，解之曰：以口气吹使低也。此不達物情之言也。從䰜孛聲。薄沒切。段氏謂俗語作鋪，吾鄉亦然。

文十三　重十二

爪　丮也。難經：當刺之時，必先以左手厭按所鍼之處，彈而努之，爪而下之。字俗作抓。莊子：豫樟初生，可抓而絕。覆手曰爪。㞢又等字，指皆在上；爪則背上而指下，故曰覆。象形。實指事字。側絞切。凡爪之屬皆從爪。

孚　卵孚也。元應引作卵即孚也。廣雅：孚，生也。謂子出於卵也。易林：小畜之巽，燕雀銜茉，以生孚乳。乙部：乳，人及鳥生子曰乳。從爪子。繫傳曰：鳥抱恒以爪反覆其卵。韓詩外傳：卵之性爲雛，不得良雞覆伏孚育，積日累久，則不成爲雛。芳無切。案此乃一曰信也之音。方言：雞伏卵而未孚。郭注：孚音赴。景純特區別之，是与凡孚不同音。一曰信也。釋詁文。字林同。𤓽　古文孚從古文保。保亦聲。言亦爲保之古文也。

爲　母猴也。母猴者，名也。史記謂之沐猴，今呼馬猴，聲皆相近。其爲禽好爪。攫拏不安靜也。〔爪，母猴象也。〕似即王育說，重出于此。下腹爲母猴形。爪在上，故言下以概其餘。有首有身四足

zhǎng 爫　jí 丮　yì 埶　shú 䰞　zài 䰟　gǒng 巩　jué 𠃺　huà 𡖈　jú 𢆉

短尾也。言腹者，謂字之腹也。吳人說蜀字曰：橫目苟身，虫入其腹。亦以字下半爲腹。遷支切。王育曰：爪，象形也。此說由古文得之，𦥮字分爲二，便是兩爪相對。王育謂爪本象母猴形，小篆增加之也。𦥮　古文爲。象兩母猴相對形。莊子應帝王：汝又何帛以治天下感予之心。釋文：帛，徐音藝，崔本作爲。據此則帛蓋𦥮之譌。徐仙民誤作音也。

爫　亦丮也。承部首，故曰亦。凡諸書所引，非承部首而言亦者，皆注家自加之也。揚雄河東賦：河靈矍踢，爪華蹈衰。蘇林曰：掌據之，足蹈之。顏注：爪，古掌字。案許說則執掌之掌，子雲用爲指掌。從反爪。闕。段氏謂闕其音，似是。然子雲用之，豈得無音。凡說文闕字，多係綠素殘闕，校者依許君例，概書闕字，不可詳究也。諸兩切。

文四　重二

丮　持也。象手有所丮據也。據當作据。手部：据，戟挶也。何劭公注公羊，多用据字，義與此同。凡丮之屬皆從丮。讀若戟。几劇切。

埶　種也。種當作種，下同。經典作蓺藝。從坴丮。持而種之。而，宋本作亟，小徐無此字，一作持亟種也。魚祭切。勢字古亦作埶。禮運：在埶者去。詩曰：我埶黍稷。小雅楚茨文。案說解及引此經，皆以埶爲通詞。然周語：㲋田若蓺。韋注：蓺，猶蒔也。言其稀少，猶若蓺物。此當爲其本義，故從丮也。

䰞　食飪也。從丮𦎫〔聲〕。亯部：𦎫，孰也。殊六切。易曰：孰飪。鼎象傳曰：以木巽火，亨飪也。嚴氏曰：亨，古作亯，孰字爛文。

䰟　設飪也。飪，一作食，非也。此義經典借載爲之。公食大夫禮：載者西面。魚腊飪。載體進奏。然則既飪而後載之，而饗禮兼有腥者。廣雅：䰟，設也。薛君韓詩章句：載，設也。從丮從食。才聲。作代切。讀若載。石鼓文：䰟車䰟道。是又借䰟爲載也。

巩　袌也。手部：㧪，擁也。擁，袌也。從丮工聲。居竦切。𢀜　〔巩或加手〕已見手部。

𠃺　相踦𠃺也。一作相踦之也。集韻：𠃺，足相踦兒。桂氏曰：踦𠃺者，足倦相倚也。從丮谷聲。其虐切。

𡖈　擊踝也。從丮戈。當有聲字。讀若踝。胡瓦切。

𢆉　亦持也。亦，一作拖，非。此亦承部首也。反文多別爲一義。爪與爫、丮與𢆉，獨無異，故言亦也。從反丮。闕。居玉切。案丮讀若戟，則𢆉當讀若挶。丮、𢆉蓋戟、挶之古文。

文八　重一

dòu 鬥 dòu 鬭 hòng 鬨 liú 鬮 jiū 鬮 nǐ 鬫 fēn 鬩 pīn 闠 xì 鬩 xuàn 鬩

兩士相對兵杖在後象鬥之形。九經字樣引云從二丮象兩士相對兵杖在後之形孝經釋文不引亦曰兩丮相對案云兩丮則是會意不得以爲象形且似丮部無㕙字矣鬬疑都豆切凡鬥之屬皆從鬥。

遇也。左昭十六年傳若屬有讒人交鬬其閒與此義合所謂構我二人也段氏曰鬬接用鬬字鬥爭用鬥字從鬥斲聲。都豆切

鬭也。呂氏春秋愼行篇崔杼之子相與私鬨注鬨鬬也鬨讀近鴻緩氣言之從鬥共聲。下降切孟子曰。鄒與魯鬨。梁惠王篇文劉熙注鬨構也構兵以鬬也

經。句繆殺也。經者通其名也其義未明故以繆殺申之繆亦力求切是同音借字論語自經于溝瀆漢書趙皇后傳即自繆死廣雅鬮絞也從鬥翏聲。力求切段氏曰手部摎縛殺也此恐即摎之或體上下文皆言鬥此字非其次

鬭取也。玉篇手取也案鬮取即今之拈鬮遇某則取某不能豫必之也從鬥龜聲讀若三合繩糾。古矦切

智少力劣也。玉篇褊狹也集韻智少力劣而爭莊子鬫然疲役錢竹汀曰鬫即爾雅威夷長脊而泥之泥從鬥爾聲。奴禮切

鬭。句鬩下云鬭也知此亦一字成義是以列字之次鬩不在鬩上連結鬩紛相牽也。不作闠鬩者與㕙下云㕙隅不云㕙㕙同例以借字解正字也連結相牽所以解鬩紛乃不曰鬩紛連結相牽也者既以鬭解之矣設再出鬩紛而後解之則似單字雙字各自成義且特出而解之即當作闠鬩不當作鬩紛矣許君措詞簡妙如此從鬥燹聲。撫文切大徐曰一本从燹是知說文之變亂久矣讀者其詳加診視也

鬭也。本部說解中鬭字凡四見段氏皆改爲鬥非也皆鬭遇之鬭即構結之謂如繽紛淮南注說以雜糅楚詞九懷注說以糾結皆無戰鬥之意下文闠字孫炎本爾雅鬩很也注曰相很戾也而許君不曰鬭也可推知矣從鬥賓省聲。匹賓切讀若賓。

恆訟也。恆集韻引作煩桂氏曰當作相所据者爾雅孫注相很戾郭注相怨恨皆言相也詩云兄弟鬩于牆。小雅常棣文毛傳鬩很也曲禮很毋求勝注很鬩也謂爭訟也從鬥從兒。兒善訟者也。王氏煦曰古讀鬩音如熙故從兒聲血部衋徐鍇本云讀若憘是其證兒則善訟之說不可從鳥部鶃厂部厄放此筠案以爲會意兼聲則可兒善訟不可駁常棣又曰和樂且孺孺者如小兒之無嫌猜也此從兒如小兒之不知友恭也許激切

試

力士錘也。急就篇注鍈錘以鍈爲錘張良所用擊秦副車即此物也案張良傳作鐵椎晉令選三部司馬皆限力舉千二百斤從鬥從戈或從戰省。當作或曰從戰省聲胡畎切讀若縣。广部庚從閔省聲讀若環縣鄙之縣古通作寰

文十

yòu 又 yòu 右 gōng 厷 chā 叉 zhǎo 叉 fù 父 sǒu 叜

手也。又之爲手不見于經詩賓之初筵室人入又酌敢多又箋竝云又復也竊謂似可云又取也室人入又者入而取酒盆之也酌敢多又者況敢多取而飲之也猶檀弓子手弓而可以執弓爲手弓用靜字爲動字以此推之又字可得手義象形。于救切三指者据㞢字五指具而言手之列多略不過三也。手亦名又名異而形不能異故略舉其中之三指聊與手字別且手字正面形故五指全見又與㞢對側面形也指相掩映故第見其長者凡又之屬皆從又。

手口相助也。厷是實字而右字在其前者鐘鼎文多作左右知古㞢又與左右同字小篆乃別之故許列之又下以見古之同而別爲說解以見小篆之異書左右有民左右厥辟宅師詩保右命之從又從口。于救切平安館父丁尊作𠂇反文也

臂上也。臂手上也手之上曰臂臂之上曰厷此手之三屬也小雅毛傳論語孔注皆曰肱臂也渾言之也漢書王莽傳月刑元股曰德元厷從又從古文𠃋。𠃋一作乙一作厶一無此字皆非也此字最古隸所不用故無楷法但作𠃋𠃋也後漢書祭遵傳尚有厷字孔子弟子馯臂字子弓當作𠃋與乙相似而音正同故借用之此𠃋無楷法之明驗古薨切古文厷象形。

厷或從肉。

手指相錯也。玉篇指相交也孔叢子叉手服從從又象叉之形。有參錯手指閒者也初牙切

手足甲也。詩祈父爪牙聲借也士喪禮蚤揃增偏旁也士虞禮搔揃叉所以搔以其用當本字也從又象叉形。康熙字典引云象其甲指端生形此乃內府善本鍇本得見側絞切

矩也。疊韻鬐從矩聲知巨下挩矩字桂氏改榘也段氏改巨也皆不必然家長率教者。率同達先導也白虎通父者矩也以法度教子也從又舉杖。扶雨切

老也。從又從灾闕。蘇后切云闕者不可強解也元應曰老人寸口脈衰故從又從灾率率支離不可以說許

jí 及　shuā 㕞　lí 𤕛　zhā 𠭥　yǐn 尹　guài 夬　shēn 𦥔　màn 曼　xiè 燮

書、燮籀文燮從寸。𤎚燮或從人。左傳有趙傁、燮和也。釋詁文、書顧命燮和天下、從言從又。字在又部、當先言從又、小徐作從言又、支義亦不貫、炎聲。蘇叶切、籀文燮從羊。羊音飪桂氏段氏皆謂本部脫籀文燮、而以其說解入之燮下、筠之初見、固亦謂然、今由𣫞字推之、知其非是。說文重別、凡其字體所從分明、非如㬥鼜等字不可解者、概列之兩部、而說解中則表其為一字。文選嘯賦李注、籀文為𣫞、在欠部、若說文口部嘯字說解不云籀文𣫞從欠、李氏何由知之。然則既遂𣫞字於嘯下、始刪其文也。此不刪者、以未遂燮字於此故也。抑炎部之譌為燮、自大徐時已有兩本、一從羊、一從辛、知然者、小徐韻譜、大徐所書也、燮燮連書可證、大徐注本字引作燮、譌從辛、今但當改燮為燮、無事補也。字讀若溼。校者增羊音飪之後、覺讀若溼、似羊之讀也、增字字以別之、大徐雖刪去、似未知其所以然、

曼引也。毛傳、長也、許君以字從又、遂說以引、謂引之使長也、從又冒聲。無販切、

𦥔神也。與申字同訓、義則𦥔即申之絫增字也、神者申也、顛倒說解耳、今本說作引也、義亦不背、從又𦥔聲。失人切、𦥔古文申是籀非古、

夬分決也。決本水名、

加分字以表其為借義、非故異于易象、從又。決之以手也、中象決形。嚴氏曰、當作中聲、筠案中即夬、音穀古賣切、

尹治也。釋言、尹正也、從又丿握事者也。余準切、𡰯古文尹。

𠭥又取也。桂氏曰、本書、担、挹也、釋名、摣、叉也、五指俱往叉取也、方言、担摣取也、南楚之閒凡取物溝中謂之担、或謂之摣、廣韻𠭥作𠭥、云、以指按也、集韻、𠭥或作摣、筠案吾鄉又大指中指、以量物之長短、謂之𠭥、似即此字、方言注、音植棃之植、俗語正如此音、從又虘聲。側加切、

𤕛引也。從又𠩺聲。里之切、

㕞拭也。拭當作飾、巾部飾、㕞也、然經典作拭、說文亦多用之、本書或偶用漢字、以見隸之拭即篆之飾也、釋詁、振、拭、刷、清也、從又持巾在尸下。尸者人也、玉藻、浴用二巾、上絺下綌、注、刷、去垢也、此生人用刷巾之事也、既夕禮記、御者四人、抗衾而浴、禮第十喪禮、浴用巾、注、用拭之也、此死人用刷巾之事也、云在尸下者、据字形而言、所劣切、

及隶也。依六書故引改、隶部說曰、及也、辵部逮、即其絫增字也、從又人。又人者、又持人也、隶部說曰、又持尾者、從後及之也、兩字會意之法同、巨立切、

乁古文及。秦刻石及如此。惟汲古初

bǐng 秉　fǎn 反　fú 𠬝　tāo 𠬶　zhuì 𣪕　shū 叔　mò 𠬪(𡧍)　qǔ 取　huì 彗　jiǎ 叚

印、是他本作乁、皆非、今市二字從此、弓亦古文及。及凡二字從此、𨑨亦古文及。

秉禾束也。束字不知何字之譌、字從又、本無束義、小雅、彼有遺秉、傳、秉、把也、聘禮記、四秉曰筥、注、此秉謂刈禾盈手之秉也、二說皆與從又合、從又持禾。兵永切、

反覆也。瞻卬之二章、反覆相對立文、從又厂反形。段氏曰、當作厂聲、桂氏曰、當作厂仄形、孟之側字、反、厂部、仄、側傾也、筠案、荀子成相篇、阪為先聖、注、阪與反同、反先聖之所為、據此則反者阪之古文、又古文反從𠂆、與𠂤亦相似、蓋許君以從又難解、故但以反覆說之、府遠切、𠬸古文反。

𠬝治也。玉篇、𠬝、治也、經典借服字、禹貢、五百里甸服、鄭注、服治田出穀稅也、言甸者主治田、故服名甸也、從又從卪。卪事之節也。篆文卪節異義、說解通之、房六切、

𠬶滑也。詩云、𠬶兮達兮。說見達下、從又中。中未詳、土刀切、一曰取也。

𣪕楚人謂卜問吉凶曰𣪕。從又從祟。依集韻引改、今本作持祟、是楚語所云左執鬼中右執殤宮也、不可從、祟亦聲。讀若贅。之芮切、

叔拾也。詩、七月、九月叔苴、傳、叔、拾也、從又尗聲。式竹切、汝南名收芋為叔。廣韻、拾、收拾、𡬝叔或從寸。漢碑作村尗、又尗之變體、

𠬪入水有所取也。經典作沒、從又在回下。回古文回。回淵水也。口部回下未見此義、故補出之、讀若沬。莫勃切、

取捕取也。手部、捕、取也、此不轉注、而兼言捕取者、夲部說解中兩言捕、皆謂捕罪人、故此兼言之、以明凡取皆取也、從又從耳。七庾切、周禮、獲者取左耳。大司馬文、此謂捕取禽獸也、司馬法曰、載獻聝。聝者耳也。此謂捕取人也、又耳兩字、雖為會意、故兩引書以解之、

彗埽竹也。所以用埽者也、依元應引補、以用當作用以、從又持甡。集韻、韻會引同、嚴氏曰、甡蓋丰之重文、說見丰下、祥歲切、篲彗或從竹。七發、篲扶桑、𥫶古文彗從竹習。從習非義非聲、疑從𠬞、如下文習下之說、小篆從又持甡、古文從又持竹、從二又者、取字形茂美、

叚借也。說文無借、穀梁傳有之、群書多作藉、孟子、助者藉也、叚假一字、從又。從コ𠂎闕。依小徐祛妄補、古雅切、𠬪古文叚。叚當依玉篇

yǒu 友　dù 度　zuǒ 𠂇　bēi 卑　shǐ 史　shì 事　zhī 支

作段。譚長說。段如此。友 愛也。依御覽引補。同志爲友。元應引作同門曰朋，同志曰友。案此論語與朋友共鄭注也。從二又相交。彼此相助。云久切。𦫳 古文友。玉篇作𦫳，非也。此從古文𦫳而斷之耳。𦫳 古文四聲韻引石經作𦫳。案此初譌之形。焦山鼎𦫳字。此本形也。譌爲二又相交矣。爻乃二又，何交之云。頃見無名古器二，其一作𦫳，斷之也；其一作𦫳，反文也。若據字形而以爲從口，必不可通。故知許君說字有周章者，乃流變旣久，不見本形者也。亦古文友。度 法制也。許君統言之，不專指分寸尺丈引之五度。易曰，制而用之謂之法。又曰，君子以制數度。正義，數度謂尊卑禮命之多少。從又。寸從又，尋從寸，尺從尺，㸚從人，皆同意。庶省聲。徒故切。○度當在㸚上，後人亂之。

文二十八　重十六

𠂇 左手也。以左說𠂇，此以隸照篆之法。大徐作大，非。象形。不云從反又者，左手自有其形也。臧可切。凡𠂇之屬皆從𠂇。卑 賤也。執事者。從𠂇甲。甲象人頭，尊也。𠂇在甲下，故卑。蒼頡篇，卑，下也。從𠂇者，人道尚右，右尊左卑。補移切。

文二

說文句讀《卷六　六百〇三　一〇折二十八　十五

史 記事者也。玉藻，動則左史書之，言則右史書之。許君舉事以該言，且以兇攝部中之事字也。從又持中。中，正也。君舉必書，書法不隱。疏士切。凡史之屬皆從史。事 職也。耳部，職，記微也。知職爲記識之識之本字。事字不須說，故以疊韻說之。且部首說曰記事，而事卽從史，故說之曰職。易曰，君子以多識前言往行以畜其德，是其義也。校者誤以職爲職守字，是以不改爲識。從史之省聲。鉏史切。𠭥 古文事。之不省。

文二　重一

支 去竹之枝也。去者離也。既手持之，是離於竹之枝也。以枝釋支，與以䛗釋商同。左莊六年傳引詩本枝百世，又芄蘭之支，則支卽古枝字。枝本通偁，而專屬於竹者，以字從半竹也。從手持半竹。手當作又。句說字形也。云半竹，可徵古無个字。章移切。凡支之屬皆從支。𠆦 古文支。

jī 攲　yì 肄　niè 𦘒　sù 肅　yù 聿　bǐ 筆　jīn 𦘕　shū 書

攲 持去也。通俗文，以箸取物曰攲。竹部，箸，飯攲也。從支奇聲。本居宜切，孫去奇切。

文二　重一

𦘒 手之疌巧也。從又持巾。尼輒切。凡𦘒之屬皆從𦘒。肄 習也。聘禮，未入竟，壹肄。從𦘒希聲。羊至切。𦘔 當作𦘔。希部𢑟之古文𢑟，竹君本作𦘔。以此知左半當作𢑟。玉篇本篆作肄，左亦訛。以肄作肄推之，知右半當作𦘒。竹君本作肄，左訛而右不訛。籀文肄。肆 篆文肄。此篆係後增，五經文字引字林如此，今字作肄，由此變之。且可知𦘒聿本一字。肅 持事振敬也。釋訓，肅肅，敬也。段氏曰，訓進者羞之假借，訓疾者速之假借，皆見禮。從𦘒在𣶒上。戰戰兢兢也。此所以說曰振敬也。春官太祝，九㩳，四曰振動。鄭注，戰栗變動之拜。息逐切。𢻃 古文肅。從心卪。鄭注無逸曰，恭在貌，敬在心。從卪者，持事有節制也。案所從之卪，作㔾近是。㔾部，籀文從㔾，似非。金刻有㔾㔾㔾三體。

說文句讀《卷六　六百廿七　一〇三十四　十六

文三　重三

聿 所以書也。楚謂之聿。太元飾次三，吐黃舌，拑黃聿。注，聿，筆也。吳謂之不律。釋器，不律謂之筆。注，蜀人呼筆爲不律也，語之變轉。案變轉者，筆與律也。不則發聲。釋魚，左倪不類，右倪不若。疏，不，發聲也。類，周禮西龜曰靁屬是也；若，周禮北龜曰若屬是也。案不律與此同。不與令丁爲鈴、終葵爲椎一例。郭注言蜀，與吳異。燕謂之弗。弗，初學記引作拂。從聿。繫傳，筆尚便捷。一聲。余律切。凡聿之屬皆從聿。筆 秦謂之筆。史記，蒙恬取中山兔毛造筆。古今注，以枯木爲管，鹿毛爲柱，羊毛爲被，所謂蒼毫也。從聿竹。鄙密切。𦘕 聿飾也。聿，集韻引作𦘕，非。各部從彡者，皆訓爲飾。從聿從彡。俗語以書好爲𦘕。讀若津。將鄰切。書 箸也。敘曰，箸於竹帛謂之書，書者如也。案古者書祇三義。書寫其本義也。因而所寫之字謂之書，尚書者，史所書也，亦謂之書。自易傳易之爲書也，不可遠，始爲典籍之通稱。

jǐn 緊　qiān 臤　lì 隸　dài 隸　dài 隶　zhòu 晝　huà 畫

從聿者聲。商魚切。

文四

畫 界也。八部介、畫也，畕部畺、界也，三其界畫也。古今注、封疆畫界者、封土爲臺、以表識疆境也。畫界者、於二封之閒、又爲堰埒、以畫分界域也。左傳引虞箴、畫爲九州。象田四界。聿所以畫之。從韻會作聿、篆體固然、古文則從聿、與此異。胡麥切。輟耕錄引說文云、畫畛也、象田畛畔、所以畫也。案所引似誤、姑記於此。凡畫之屬皆從畫。畫 古文畫。畫 亦古文畫。已見刀部。晝 日之出入與夜爲界。從畫省、從日。陟救切。晝 籀文晝。

文二　重三

隶 及也。說見又部及下。然則釋言逮及也、許君所据本作隶及也。雖隶逮同字、然許君說逮曰、唐逮、及也、則非爾疋全句。從又從尾省。又持尾者、從後及之也。徒耐切。凡隶之屬皆從隶。隸 及也。集韻謂與隶同。從隶枲聲。徒耐切。詩曰、隸天之未陰雨。幽風鴟鴞作迨、傳、迨、及也。隸 附箸也。小雅角弓、如塗塗附、傳、附、著也。左傳、輿臣隸、正義、隸、隸屬於吏也。從隶柰聲。郎計切。隸 篆文隸從古文之體。謂篆文與古文同也。八部云、此籀文人、是其比例、不可用九經字樣說。

文三　重一

臤 堅也。物理論、在金石曰堅、在草木曰緊、在人曰賢。案此說最允。許君以堅說臤、又曰古文以爲賢字、又收緊堅於本部、皆以臤爲主、惟賢以貝爲主、似偶誤。從又臣聲。凡臤之屬皆從臤。讀若鏗鏘之鏗。金部無鏗、疑作鑒。邱耕切、又苦閑切。古文以爲賢字。公羊成四年傳、鄭伯臤卒、疏云、左氏作堅字、穀梁作賢字、今定本亦作堅字、足徵三字通用。校官碑、親臤實智、又師臤作朋、袁良碑、優臤之寵。緊 纏絲急也。段氏曰、此字別作⿰糸臣、玉篇糸部⿰糸臣、古千古兩二切、成公四年、鄭伯⿰糸臣卒、集韻養部作⿰糸臣、舉兩切、先部作⿰糸臣、緊也、經天

---

jiān 堅　shù 豎　chén 臣　guàng 𦣞　zāng 臧　shū 殳　duì 殺

切、是宋時故有⿰糸臣字、特不能以正⿰糸臣之譌耳。鈞案此、愈知許君收緊堅於臤部之精、而不收賢字爲小疏也。從臤絲省。當云從糸臤、臤亦聲、以句丩二部例推可知。小徐絲省聲、可知是譌捝矣。糾忍切。堅 剛也。泛言之也、故入臤部、若土謂土、則入土部矣。地官草人、騂剛用牛。從臤從土。當云從土臤、臤亦聲。古賢切。豎 豎立也。元應引作樹立也。豎與尌侸竝同。從臤豆聲。臣庾切。豎 籀文豎從殳。

文四　重一

臣 牽也。也似衍文。凡說文兩義、乃兩也字、校者不知、概合兩句爲一、此文牽事君也、以爲不通、故增之耳。廣雅、臣、堅也。白虎通、臣、纏也。韋昭辨釋名、臣、慎也。皆以聲近字爲訓。事君也。象屈服之形。晉灼曰、臣服也。桼金刻作臣、是人跪拜之形、小篆不象。植鄰切。凡臣之屬皆從臣。𦣞 乖也。集韻、背也。從二臣相違。讀若誑。居況切。臧 善也。釋詁文。漢書臧皆作藏、許君說解皆作藏、知藏爲漢字、故無篆文。從臣戕聲。豐卦小象、自藏也、鄭本自戕也。則郎切。竝同、汲古初印從乙上、李燾本同。段氏曰、宋本集韻類篇皆從二。籀文臧。臧 汲古改本、說文韻譜、顧本、玉篇、臧𦣞二字、當在𦣞之前、𦣞之訓義不美、一也、從二臣、二也。

文三　重一

殳 以杸殊人也。若依此五字爲句、則殳是動字、與下引禮不合。以字似衍、杸句絕、以本字異文爲訓也。殊人也、又以同音之殊說之也。釋名、殳、殊也、長丈二尺而無刃、有所撞挃於車上、使殊離也。與許說不同。歺部殊、死也。禮、殳以積竹。西京賦薛綜注、殳杖也、或以木爲之、或以竹爲之、竹部篕、積竹矛戟矜也。八觚。借觚爲柧也。考工記廬人注、凡矜八觚。長丈二尺。廬人爲廬器、殳長尋有四尺。建於兵車。考工記注、戈殳戟矛、皆插車輢。旅賁以先驅。夏官司戈盾、祭祀授旅賁殳、旅賁氏、夾王車而趨。王風伯也、執殳爲王前驅。從又几聲。市朱切。凡殳之屬皆從殳。殺 殳也。後漢書馬融傳、殺殳狂擊、注、殺亦殳也。從殳。

diàn 殿　qiāo 毃　dú ⿰豖殳　ōu 毆　chóu ⿰𠷎殳　tóu ⿰豆殳　zhěn 㱽　què 㱿　jī 毄（毄）　shū 杸

示聲。丁外切。或說，城郭市里，高縣羊皮，有不當入而欲入者，暫下以驚牛馬曰祋。故從示殳。此說謂會意也。桂氏曰：從示者，司馬兵法，有司皆執殳戈，示諸鞭扑之辱。樂記：行其綴兆。注：綴，表也。引詩荷戈與綴，䜴謂表綴，亦示意。詩曰：何戈與祋。曹風候人文。傳：祋，殳也。

杸 軍中士所持殳也。杸當是殳之重文，而許君殊別之，蓋當時音微不同。從木殳。市朱切。司馬法曰：執羽從杸。依廣韻引改。急就篇注同。

毄 相擊中也。以擊釋毄，謂其過也。中，去聲。考工記廬人：毄兵同強。注：改句言毄，容殳無刃。案此所以從殳也。弓人：和弓毄摩。注：毄，拂也。手部：拂，過擊也。地官司門：祭祀之牛牲繫焉。釋文作毄，省借字耳。易繫辭釋文曰：字從毄，若直作毄，下系者，音口奚反，非。案此謂說文繫號字不可以當係纘之義也。然毄義同擊，獨可以當係纘之義乎？假借多矣，不可泥也。如車相擊。故從殳從軎也。車部：轚，車轄相擊也。說苑：齊人甚好轂擊相犯以為樂。古歷切。

㱿 從上擊下也。案：㱿與敲同音，義亦略近。從殳青聲。苦角切。一曰：素也。孟子注：桮棬，桮素也。此義與㱿合，謂作物之胎也。至若張

載七命：剖椰子之殼。玉篇：殼，物皮空，別自為義。

㱽 下擊上也。桂氏曰：廣韻：㱽，深擊。本書：抌，深擊也。鈞案：此謂㱽抌一字，是也。段氏引廣雅：㱽，禁也，別自為義。從殳冘聲。知朕切。

⿰豆殳 縣擊也。借縣為遥。玉篇：遥擊也。從殳豆聲。度矦切。古文祋如此。祋，玉篇作投，是也。

⿰𠷎殳 縣物𣪊擊也。㲄衣物者，以條振去其塵，謂之𣪊。俗語正如許說，本不須解，桂段二家皆謂𣪊揭同字，聊解之。從殳𠷎聲。市流切。

⿰豖殳 椎毄物也。與段同義，與敎椓略同。從殳豖聲。冬毒切。

毆 捶毄物也。元應引作捶擊也。案：毄在本部，而說解中作毄者二，作擊者八，蓋本皆作毄，後人改之。從殳區聲。烏后切。段氏引唐石經毆作毆，乃同音通借也。廣韻厚部甚分明，集韻誤合之。段氏又謂攴部無毆，案在馬部，為驅之古文。玉篇、廣韻同。

毃 擊頭也。字林同。左定二年傳：奪之杖以敲之。釋文：敲，說文作毃。案：毃敲同從高聲，而殳攴義又近，故經典多借用者。從殳高聲。口卓切。一曰：擊聲也。依左傳釋文引補。

殿 擊聲也。所謂阿殿者，與此義略近。廣雅：𢿨，擊也。從殳𡱂聲。堂練切。○一曰：殿，堂之高大

shā 殺　gāi ⿰亥殳　yì 役　jiù 𣪘　yì 毅　xiáo 殽　tóng ⿰宮殳　duàn 段　yì 殹

者也。依御覽引補。此義西嶽華山廟碑作壂，它碑多作殿。

殹 擊中聲也。從殳医聲。於計切。

段 椎物也。段不用火，鍛則用火，而其椎之也同，故經典二字通用。儀禮喪服：鍛而勿灰。考工記函人：凡甲鍛不摯則不堅。禮有鍛脩，左哀十一年傳作腶脯。戴侗曰：古單作段，記曰：棗栗段脩。康成曰：捶脯加薑桂也。段必捶之於石，故因以得名。凡此皆以鍛為段者也。考工記段氏為鎛器，注：錢鎛之屬。此則以段為鍛者也。從殳，耑省聲。徒玩切。

⿰宮殳 擊空聲也。繫傳謂器外無隙，內空，擊之，其聲㗊然。從殳宮聲。徒冬切。又火宮切。

殽 相雜錯也。食貨志：鑄作錢布，皆用銅，殽以連錫。董仲舒傳：賢不肖混殽。從殳肴聲。胡茅切。

毅 妄怒也。楚語：毅而不勇。又曰：彊忍犯義，毅也。一曰：毅，有決也。元應一引作果決也。臯陶謨：擾而毅。傳：致果為毅。從殳豙聲。豙，豕怒毛豎也。魚既切。

𣪘 揉屈也。說文無揉，當作煣。煣，煣屈申木也。瓷部說，柔韋也。尸部㞗，柔皮也。則皆用柔。廣韻：𣪘，𣪘屈，或說文亦然，後人改之。從殳從皀。居又切。

皀，古文叀字，廄字從此。

役 戍邊也。詩采薇序：遣戍役以守衛中國。從殳。司馬法：弓矢圍，殳矛守，戈戟助，故役從殳，戍從戈。從彳。取巡行之意。營隻切。

伇 古文役從人。

⿰亥殳 ⿰亥殳改。大剛卯也。服虔曰：剛卯長三寸，廣一寸，四方，或用玉，或用金，或用桃。案此其大者也。晉灼曰：長一寸，廣五分，此其小者也。以正月卯日作之，故曰剛卯。刻文曰：正月剛卯既央，靈殳四方，赤白青黃，四色是當，帝令祝融，以教夔龍，庶疫剛癉，莫我敢當。其一銘曰：疾日嚴卯，帝令夔化，順爾固伏，化茲靈殳，既正既直，既觚既方，庶疫剛癉，莫我敢當。以逐精鬼。急就篇注：所以逐精魅也。從殳。銘謂之靈殳。亥聲。古哀切。

文二十　重一

殺 戮也。從殳杀聲。徐鉉曰：說文無杀字，相傳云音察。鈞案：鄉飲酒義注：察或為殺，是察殺同音。桂氏、嚴氏皆曰：杀即古文杀，然則是麗從丽聲，裘從求聲一類。當云從古文杀。所八切。凡殺之屬皆從殺。

□ 古文殺。各本及玉篇無此篆，小徐有。

□ 古文殺。

□ 古文殺。

□ 古文殺。

□ 籀文殺。宋本無此篆，小徐有之。考工記稛字即此字之譌。

shì 弒　shū 几　zhěn 㐱　fú 鳧　cùn 寸　sì 寺　jiàng 將　xún 㝷(尋)

弒　臣殺君也。易曰。臣弒其君。文言傳。從殺省。式聲。式吏切。

文二　重三　汲古初印如此，後刓補兩篆，乃改爲重五。孫鮑二本皆云重四，核實則三。

几　鳥之短羽。飛几几也。也，集韻作然，兩通。凡重言連語，即是形容之詞。象形。凡几之屬皆從几。讀若殊。市朱切。孫本、鮑本、毛初印本、說文韻譜、嚴氏所据小徐本皆如此。

㐱　竹君本、段本、顧本作㐱。新生羽而飛也。從几從彡。之忍切。

鳧　舒鳧。鶩也。此校者以釋鳥全句改許書也。說文韻譜，鳧，水鳥，與大雅毛傳同，當是原文。特是書說解不盡出說文，故不改。從鳥几聲。當作從鳥几，几亦聲。房無切。

文三

寸　十分也。大戴禮，布指知寸，投壺注，一指按寸，故下文据脈言之。人手卻一寸動𧖴，謂之寸口。繹山碑寸一，連于又，是也。脈經，從魚際至高骨，卻行一寸，其中名曰寸口。難經，十二經中，皆有動脈，獨取寸口，以決五藏六府死生吉凶之法。從又從一。又者手也，一以指寸口之所。倉困切。凡寸之屬皆從寸。

寺　廷也。許君所說，秦漢義也。天官寺人，王之正內五人注，寺之言侍也。易詩寺字，皆謂奄人，則從寸者，謹守法度，不可干政也。自秦用趙高，而風俗通曰，今尚書御史謁者所止，皆曰寺，是時乃訓爲廷矣。有法度者也。上句起下句。一本無也字。從寸。之聲。祥吏切。

將　帥也。借帥爲衛也，夏官軍將皆命卿，師帥皆中大夫，旅帥皆下大夫，然則將大而帥小，許君通之者，左傳皆謂之帥也。從寸。𤔔省聲。即諒切。

㝷　繹理也。玉篇，尋，繹也，理也。由此知許君以繹說尋，以理說繹也。尋繹是恆言，紬繹之，將料理之也。句。六書故引唐本，口作尺，非也。從工從口。從又從寸。工口，亂也。又寸，分理之。此寸亦作手字用。指工口而言。彡聲。他部從尋者，蕁潯䰼皆無彡，挩也。此與毁同意。然蕁從㝷，當爲尋之重文。九經字樣，以尋爲隸省。徐林切。今挩，從叉與毁同。度人之兩臂爲尋。八尺也。度謂五度也，尺部說度以人體爲法。尋本紬繹之名，因爲八尺之號。方言曰，自關而西，秦晉梁益之閒，凡物長謂之尋。周官之法，度廣爲尋，幅廣爲充，是也。大戴禮，

說文句讀　卷六　六百八十三　○折三十八　三十一

zhuān 專　fū 尃　dǎo 導　pí 皮　pào 皰　gàn 皯　ruǎn 甍

舒肘知尋。鄉射禮記注，中人張臂八尺。

專　六寸簿也。段氏曰，簿當作薄，六寸薄，蓋笏也。杜注左傳，珽，玉笏也，若今吏之持簿。玉藻曰，笏度二尺有六寸，疑此脫二尺字。桂氏曰，簿當作簙。方言，簙，吳楚之閒或謂之夗專。廣雅，夗專，簙也。本書，簙長六寸，簙謂簙長亦如之。西京雜記，許博昌，安陵人也，善陸簙法，用六箸，或謂之究，以竹爲之，長六分，簙謂究當爲夗，即夗專也，六分當爲六寸。嚴氏曰，當作六寸專也，隸借簙字，形近因誤。後漢方術傳序，有挺專之術，離騷作筳篿，篿即筭籌。竹部，筭長六寸，計歷數者是也。筠案，嚴說蓋是。從寸。叀聲。職緣切。一曰。專，紡專。小雅斯干，傳，瓦，紡塼也。釋文，塼，本又作專。蓋與許君据本同。後漢曹大家傳，弄之瓦塼。

尃　布也。尃，今字作旉。易說卦，震爲旉，延篤曰，旉，大布。經典皆作敷。聘禮注，今文布作敷。長發，敷政優優，左成二年傳引作布政優優，本書引作布政憂憂。從寸。甫聲。芳無切。

導　導引也。從寸。道聲。徒皓切。筠案，桂氏疑導字後增，說已見辵部䢒下矣。然谷部㕯、木部栙、穴部窔，其說皆云讀若禫。三年導服之導，鄭君謂古文禮禫或作導，及道，其詳已引之㕯下矣。然則謂導爲道之累增字可也，謂爲後增不可也。即云借導爲禫，非導引本義。然設無導字，何從借之。況出古文禮乎。

說文句讀　卷六　六百八十九　、○折三十六　三十二

文七

皮　剝取獸革者謂之皮。言剝取者，以字從又也。言獸革者，人謂之膚，獸謂之皮，通之則亦曰革也。云者者，蓋當時俗語，呼皮匠曰皮也。以字從又，故云。然若天官掌皮，非此語意。從又。爲省聲。符羈切。凡皮之屬皆從皮。

𣲉　古文皮。

𠈣　籀文皮。从，角形也。○，皮形也。革韋皆從○。

皰　面生熱气也。元應引如此，又曰，江南呼痱子，山東名皰沮。淮南子說林訓，潰小皰而發痤疽。從皮。包聲。旁教切。

皯　面黑气也。通俗文，面䵳黑曰皯。列子，焦然肌色皯黣。從皮。干聲。古旱切。

文三　重二

甍　段氏改作甍，是也。柔韋也。柔治之使柔也。考工記注說鮑曰，蒼頡篇有鞄甍，則甍似柔皮之工之名。從北。大徐曰，北者，反覆柔治之也。從皮省。段氏改篆，据此文也。從夐省。段氏曰，取穴爲聲。凡甍

wù 敄　mǐn 敏

xiào 效　zhěng 整　pò 敀　mǐn 敃　zhào 肇　chè 徹　qǐ 啓　pū 攴　jùn 䩰

之屬皆從𦥯。讀若奭。一曰若儁。儁當作雋。說文無儁，雖顧本作儁，似出肊改。而兖切。

叡 古文𦥯。從皮省，從人。桂氏曰：夐省不煩複說，夐疑𦥯之譌。故從瓦，正文作瓦，因此致譌。𩕄 籀文𦥯從夐省。𦥯從夐省，當是衍文。說文顏有類此者，𦥯非義非聲，段氏改作𩕄，當是。

䩰 羽獵韋絝。從𦥯弁聲。而隴切。說文無弁。𧝓 虞書曰：鳥獸䩰毛。從朕從衣。繫傳曰：此亦䩰字，鳥以柔毳爲衣，故從衣。當言從衣從朕，皆脫誤。鍇案：大徐本蓋因小徐此語，因顛倒之，非有据本。然如此，豈有涉于韋絝乎？玉篇䩰無重文，而別有𧝓字，而冢、尹二切，云亦作毴、毴。案此義與𣯛正同，今堯典作氄，毛部引之作毴也。然而冢切與而隴切正同，其𣯛音子徇切，與唐韻不同。其衣部亦不收𧝓字，故從小徐本，使人一望知其爲捝誤。

文三　此又以𡿧自爲一字矣。重二　然亦不改，以留其隙。小徐文二重三，似較妥。

攴 小擊也。攴，經典作扑。虞書：扑作教刑。傳：扑，榎楚也。從又卜聲。普木切。凡攴之屬皆從攴。

啓 教也。從攴启聲。启，開也。玉篇：啓，開發也。康禮切。論語曰：不憤不啓。述而篇文。

徹 通也。論語：盍徹乎。鄭注：徹，通也，爲天下通法也。漢諱武帝名，徹爲通，故蒯徹改爲蒯通。從彳從攴從育。當先言從攴。小徐育聲。丑列切。一曰相也。詩：徹田爲糧。傳：徹，治也。小爾雅：相，治也。

徹 古文徹。

肇 擊也。從攴肁聲。治小切。玉篇曰：肇，俗肈字。

敏 疾也。毛傳文。從攴每聲。眉殞切。

敃 彊也。釋詁：昏、敃，強也。書盤庚：不昏作勞。釋文：昏，本或作暋。其昏、暋皆與敃相當。段氏曰：盤庚鄭注昏讀爲暋，勉也，似鄭所据爾雅與今本亦不同。從攴民聲。眉殞切。

敄 彊也。釋詁：鶩、務，強也。蓋與此相當。從攴矛聲。亡遇切。

敀 迮也。說文韻譜作笮也。蓋敀、迫、笮、迮皆以同聲相借。故竹部：笮，迫也。也亦借迫爲敀也。後漢書竇融傳：囂勢排迮，不得進退。注：排迮猶迫蹙也。亦借迮爲笮也。從攴白聲。博陌切。周書曰：常敀常任。立政文。桂氏曰：監本作伯。漢石經作敀。段氏曰：壁中古文借字。

整 齊也。從攴從束，從正。從束似涉牽強，若入之正部，云從敕從正，正亦聲，於文似順。詩殷武箋云：更自勑整截然齊壹，是也。勑即俗敕字。正亦聲。之郢切。

效

zhèng 政

gǎi 改　shēn 敒　chǎng 敞　ái 敳　hàn 𢼄　bān 攽　zī 孜　liàn 潄　shǔ 數　lǐ 𢿔　diǎn 敟　fū 敷　shī 𢻫　gù 故

象也。小雅：君子是則是傚。傚即效之俗字。左傳：則而象之。從攴交聲。胡教切。

故 使爲之也。桂氏曰：本書：旻，從攴，舉目使人也。設，從殳，殳使人也。史記馮唐傳索隱云：故，行不行，謂故命人行而身不自行。從攴古聲。古慕切。

政 正也。論語文。從攴正聲。義互相備。之盛切。

𢻫 敷也。從攴也聲。式支切。讀與施同。以見經典借施爲𢻫也。

敷 𢻫也。皋陶謨：翕受敷施。從攴尃聲。芳無切。周書曰：用敷遺後人。顧命文，彼有休字，絕句。傳：用布遺後人之美。

敟 主也。桂氏曰：古銅印有金陵男敟字。書多方：惟典神天。傳：惟可以主神天之祀。經典借典。從攴典聲。多殄切。

𢿔 數也。方言、廣雅並同。從攴麗聲。麗亦省作麗。詩文王：其麗不億。傳：麗，數也。本李衣反，孫力米切。

數 計也。九數有會計。小雅：心焉數之。周禮有九數。世本：黃帝時，隸首作數。從攴婁聲。所矩切。廣韻九麌引說文，十遇數云筭數，不引說文，古蓋無此分別。

潄 辟潄鐵也。文選七命：乃鍊乃鑠，萬辟千灌。李注：辟謂疊之，灌謂鑄之。典論：魏太子丕造百辟寶劍。王粲刀銘：灌辟以數。從攴湅聲。郎電切。

孜 汲汲也。子部：孳，汲汲生也。皆借汲爲伋。廣雅：孜孜、汲汲，劇也。從攴子聲。子之切。周書曰：孜孜無怠。大誓逸篇文。詩大明正義引同。周本紀作孳孳無怠。

攽 分也。與頒音同義近。廣雅：攽，分也。從攴分聲。布還切。周書曰：乃惟孺子攽。洛誥文。今作乃惟孺子頒，朕不暇。亦讀與彬同。小徐作彪。

𢼄 止也。從攴旱聲。侯旰切。周書曰：𢼄我于艱。文侯之命文，彼作扞。群書皆作扞，或作捍。

敳 有所治也。集韻：敳，改理也。從攴豈聲。讀若墾。從知今言開墾，當作敳墾也。豈墾雙聲，故讀如之。說文以豈爲愷樂字，則唐韻五來切正合。衆經音義引韋昭漢書音義：敳，音墾。

敞 平治高土可以遠望也。蒼頡篇：敞，高顯也。從攴尚聲。昌兩切。

敒 理也。桂氏曰：釋詁：神，治也。神即敒也。古者獄官曰理。理者，敒理之也。從攴伸聲。直刃切。廣韻震部不收敒，而眞部伸下云理也，是謂伸敒一字。

改 更也。廣雅、毛傳同。從攴己聲。依小徐。者後漢書杜篤論都賦：己與朿爲韻。又少牢饋食禮曰：用丁己。注：內事用柔日，丁己者取其令名。

biàn 變　gèng 㪅(更)　chì 敕　liǎn 斂　xiè ⿰耴攴　liáo 敹　jiǎo 敿　hé 敆　chén 敶　dí 敵　jiù 救　duó 敓　yì 斁　shè 赦

自丁寍自變改皆為謹敬亦以改從己聲故卽聲取義也古亥切

變 更也。從攴。䜌聲。祕戀切

㪅 改也。從攴。丙聲。古孟切又古行切

敕 誡也。前漢書作敕後漢書譌作勑於是經典皆作勑易噬嗑先王以明罰勑法釋文勑恥力切此俗字也字林作敕詩采薇豈不日戒箋戒警勑軍事也案戒是省借字 𠧪地曰敕。借𠧪為䵺而又以靜字為動字也此敕通用㦸方言入地曰㦸反草曰菑詩大田俶載南畝箋云俶讀為熾載讀為菑栗之菑時至民以其邦熾菑發所受之地趨農急也字或作傳史記注李奇曰東方謂以物𠧪地為傳又作剸管子春有以剸耕夏有以剸耘 從攴。束聲。恥力切

斂 收也。非收之本義故收不在此釋詁斂聚也 從攴。僉聲。良冉切

⿰耴攴 使也。從攴。耴崗聲。而涉切

敹 擇也。從攴。寮聲。寮者罙之或體其聲不諧桂氏曰疑寮字之譌寮諦故能擇也洛蕭切 周書曰。敹乃甲冑。費誓文彼有善字傳訓敹為簡廣韻敹揀擇

敿 繫連也。從攴。喬聲。居夭切 周書曰。敿乃干。傳曰施汝楯紛正義紛如綬而小繫於楯以持之 讀若矯。句當繼喬聲

敆 合會也。釋詁敆合也字與人部佮同俗語合藥合夥當用此兩字 從攴。合聲。義聲互相備古沓切

敶 列也。桂氏曰古銅印有陷敶破虜司馬地官稍人注甸讀如維禹敶之之敶同疏以為韓詩鈞案大司馬平列陳如戰之陳知許以列說之是軍陳為本義而後借為鋪陳之義 從攴。陳聲。經典皆借陳為之積古齋陳侯敦作敶則借敶為陳直刃切

敵 仇也。左傳敵惠敵怨又曰怨耦曰仇 從攴。啻聲。徒歷切

救 止也。地官司救以禮防禁而救之 從攴。求聲。居又切

敓 彊取也。周書曰。敓攘矯虔。呂刑文彼作奪案攘亦借義矯則撟之借也漢景帝紀撟虔吏孟康引尚書敓攘矯虔顏氏曰撟與矯同其字從手 從攴。兌聲。檀弓齊莊公襲莒于奪注奪或為兌徒活切

斁 解也。此義與釋同俗作懌詩頍弁庶幾說懌箋庶幾其改幾意解懌也 從攴。睪聲。羊益切 詩云。服之無斁。斁猒也。詩葛覃文此別一義故更說之釋詁射厭也兩字皆借 一曰。終也。此又一義詩振鷺在彼無惡在此無射庶幾夙夜以永終譽九月律曰無射漢志言陽氣上升陰氣收藏終而復始無厭已也

赦 置也。元應引作寬免也网部置赦也釋詁赦舍也 從攴。赤聲。始夜切

yōu 攸　fǔ ⿰亾攴　mǐ 敉　yì 敡　wéi ⿰韋攴　dūn 敦　qún ⿰羣攴　bài 敗　luàn ⿰𤔔攴

⿰亦攴 赦或從亦。赤亦固是疊韻然此篆各本皆斷為人火再以羊部羍省為全推之似此亦是赤省非亦字狄從赤省亦可證

攸 行水也。六書故曰唐本攸水行攸攸也其中從丨徐本行水也其中從卜案詩竹竿淇水滺滺傳滺滺流貌釋文作滺說文無滺字蓋釋言攸所也此義見于經典者多遂於水行之字加水又加心也許時通行者攸字故不收汥于水部而以攸為重文必不可入人部故入攴部校者以從攴之故謂與疏論意合遂改為行水而刪攸攸耳孟子禹之行水是也繫傳曰攴人水所杖也是謂人行于水中尤誤矣乃部卣气行兒讀若攸水行气行屬詞相類故疑唐本為是惟戴侗所引大都是李陽冰所改故未敢從 從攴。從人。從水省。以周切

汥 秦刻石繹山文攸字如此。嚴氏曰此非詞例當是校者附記轉寫攸又變攸耳按繹山文鄭文寶作攸申屠駉作攸無作汥者

⿰亾攴 撫也。謂二字同也繫傳曰尚書古文撫或如此 從攴。亾聲。手部撫之古文𢜮亦從亾聲芳武切 讀與撫同。與當作若讀若撫句絕同自為句凡同文而異部者語例如此

敉 撫也。釋言文 從攴。米聲。緜婢切 周書曰。亦未克敉公功。洛誥文鄭注敉安也 讀若弭。當在米聲下春官男巫注弭讀為敉字之誤也

侎 敉或從人。廣雅侎安也

敡 侮也。與傷同字魏志賈逵傳逵性剛素侮易諸將省形存聲也 從攴。〔從〕易。易〔亦〕聲。易乃蟲也此校者据後人省借而增之以豉切

⿰韋攴 戾也。廣雅𢿢盭也經典借違字左傳昭德塞違 從攴。韋聲。韋部云可以束枉戾相韋背羽非切

敦 怒也。桂氏曰怒當作怨心部憝怨也廣雅譈怨也 詆也。桂氏曰詆當作抵詩北門王事敦我箋敦投擲也 一曰。大也。此及下句依集韻引補廣雅敦大也 勉也。釋詁敦勉也 誰何也。見言部 從攴。𦎧聲。都昆切又丁回切

⿰羣攴 朋侵也。諸家皆以羣行攻剽說之然玉篇但云朋也則是羣之異文闕疑 從攴羣。羣亦聲。渠云切

敗 毀也。與退同字 從攴貝。貝亦聲薄邁切 〔敗賊皆從貝會意〕賊從戈則聲小徐作賦亦形聲字要之此語乃不識字者所增也會意字則出繫傳

𣀔 籀文敗。〔從賏〕此又不識字者所增賏頸飾也小物何足道籀文好重疊繫傳曰積貝也是也

⿰𤔔攴 煩也。經典借亂字考工記

zhǐ 𢾊 shōu 收

kòu 寇 cù 𢾭 niè 敜 bì 𢿿 gǔ 鼓 kǎo 攷 kòu 敂 gōng 攻 qiāo 敲 zhuó 㪉 wǎng 𢻫 xī 𢻮 zhuó 斀

弓人夏治筋則不煩注煩亂從攴𤔔聲。𢿨與言部䜌同與𠬪部𤔔乙部亂相反大徐本從𤔔𤔔亦聲非也郎段切

寇 暴也。當作暴也左文七年傳兵作於內爲亂於外爲寇從攴完。子華子古之制字者能固其元爲完具之完殘其所固爲寇賊之寇苦候切

𢾊 刺也。從攴黹聲。豬几切

𢾭 閉也。𢾭秋官柞氏注引柴誓𢾭乃獲書釋文杜本又作𢾭丹部引周書惟其𢾭丹雘則借𢾭爲塗盤庚度乃口蓋借度爲𢾭也從攴度聲。徒古切 讀若杜。關經典借杜爲𢾭也晉語狐突杜門不出

𢾭 𢾭或從刀。已見刀部

敜 塞也。廣雅同士喪禮隸人涅廁借涅爲敜從攴念聲。奴叶切 周書曰。敜乃穽。費誓文

𢿿 戰盡也。斁五音韻譜作戰案當是衍文從攴畢聲。經典皆作畢省形存聲也卑吉切

收 捕也。詩瞻卬此宜無罪女反收之傳收拘收也從攴丩聲。式州切

鼓 擊鼓也。增韻詩鼓瑟鼓琴鼓鐘于宮左傳一鼓作氣揚子鼓舞萬民皆從攴從攴從壴壴亦聲。讀若屬。唐韻公戶切非也玉篇鼓之錄切擊也

攷 敂也。廣雅攷擊也詩山有樞弗鼓弗考莊子金石有聲不考不鳴借考爲攷從攴丂聲。苦浩切

說文句讀《卷六 七百十九、○折四十七 三七

敂 擊也。地官司關凡四方之賓客敂關則爲之告從攴句聲。苦候切 讀若扣。衆經音義引論語以杖扣其脛注云扣擊也三蒼作敂

攻 擊也。無論攻城攻敵攻金攻玉未有不擊之者故許君以擊統之從攴工聲。古洪切

敲 橫擿也。李善引作擊也元應引作橫撾也左傳音義引同而宋版仍作擿三蒼敲敂相擊也方言楚凡揮棄物謂之敲與擿義合從攴高聲。本祐交切孫口交切

㪉 擊也。與椓同字從攴豖聲。竹角切

𢻫 曲也。惟李燾本不誤玉篇𢻫曲也今作枉廣韻𢻫曲侵也知是冤枉正字從攴𡳾聲。迂往切

𢻮 坼也。從攴從厂。厂之性坼。果孰有味亦坼。起下從未之義未部說曰味也故謂之𢻮。此蓋當時俗語謂果之坼紋曰𢻮也從未聲。聲蓋衍文許其切

斀 去陰之刑也。字林同詩大雅昏椓靡共箋昏椓皆奄人也借椓爲斀從攴蜀聲。竹角切 周書曰。刖劓斀黥。呂刑文彼作劓刵椓黥六書故引說文作刵則今本刖字譌也呂刑正義引鄭注曰刵斷耳劓割鼻椓謂椓破

mǐn 敯 yǔ 敔 kě 敤 qín 鈙 chóu 𣀓 tián 畋 yǐ 攺 xù 敘 huài 𣀔 bǐ 𢿌

陰黥謂羈黥人面據此次序正是刵劓椓黥與許君所引同而今書作劓刵者虞書標目下正義曰賈馬古文尚書劓刵劅剠夏侯等作臏宮劓割頭庶剠則今尚書乃賈馬本也本書敘曰書孔氏是許君所用者古文故與鄭君同而不嫌異於師說

敯 冒也。蓋冒昧之義說已見上文敃下下文所引康誥其傳曰敃強也立政其在受德敃心部引作忞亦云彊也蓋詩曾是彊禦之義故許君以冒說之從攴昏聲。眉殞切 周書曰。敯不畏死。康誥文

敔 禁也。廣雅同釋言禦圉禁也祝敔詩有瞽作柷圉 一曰。樂器。當云木樂 椌楬也。形如木虎。春官小師注鄭司農云敔木虎也皋陶謨鄭注敔狀如伏虎其說皆通段氏疑此十一字爲後人增蓋是從攴吾聲。魚舉切

敤 研治也。桂氏曰或借課字宋書沈約自序少寬其工課從攴果聲。苦果切 舜女弟名敤首。古今人表作敤手顏注俗書本作擊字者誤謂合兩字爲一而又譌也列女傳又譌作𢾼古手首通春秋左氏經曹公子首公穀作手儀禮魚左首注古文首爲手

鈙 持也。廣韻引作持止也古借禽俗作擒從攴金聲。讀若琴。巨今切

說文句讀《卷六 七百九十、○折四十五 三八

𣀓 棄也。從攴𠷎聲。市流切 周書以爲討。周書無討字咎繇謨天討有罪 詩云。無我𣀓兮。鄭風遵大路文今作䰩傳棄也釋文本亦作𣀓

畋 平田也。或借佃字范甯注穀梁云一夫一婦佃田百畝勺亦人字變體故又借甸字詩信南山韓奕傳皆云甸治也從攴田。田有塊故攴之晉灼曰以木椎塊曰櫌畋又省作田齊風無田甫田傳曰謂耕治之也田亦聲待年切 周書曰。畋尒田。多方文

攺 毅攺大剛卯以逐鬼鬽也。從攴巳聲。讀若巳。余止切

敘 次弟也。皋陶謨惇敘九族鄭注敘次序也從攴余聲。徐呂切

𣀔 毀也。書序釋文壞字林作𣀔毀也釋詁釋文引說文壞敗也籀文作𣀔字林壞自敗也𣀔毀也諸家據此謂本篆當刪非也諸家不知重文在兩部之例耳釋文不誤但籀文作𣀔句下失注在攴部句其引字林也謂呂忱以壞爲自敗以𣀔爲人毀之與許君異若土部壞敗也本部敗毀也則本篆云毀也仍是敗也壞字分動靜許君舉動以該靜呂忱則壞靜𣀔動也從攴褱聲。古賣切

𢿌 毀也。玉篇𢿌𢿌敗廣韻𢿌敗擊聲案本書誤也小徐𢿌字在𢾺下𢾺擊也其次弟不誤𢿌下誤作毀也故跳在數下大徐不知遂𢿌于𢾺之前而遂𢾺于𢿌之後其誤遂

成、從攴卑聲。符米切。

⿰兒攴 毀也。當作毀敗也、疊韻字。從攴兒聲。五計切、玉篇五禮切、廣韻研啟切、是。

牧 養牛人也。言牛者、字從牛也、左傳亦云牛有牧、地官牧人掌牧六牲、通之也。從攴牛。莫卜切。詩曰。牧人乃夢。詩無羊文、當作寢。

㪅 擊馬也。經典借策。從攴。朿聲。楚革切。

𢿱 小春也。玉篇臼部作䊐、小春者、略春之也、篇海除穀芒也、乃吾鄉之恆言。從攴算聲。初絭切。

敲 𣀔田也。擊也。段氏曰、衆經音義引三蒼、敲、𢿱、相擊也、又曰、敲、蒼頡訓詁作𢿱、同苦交反、下擊也、說文橫撾也、擊頭也、據此則說文本無敲字、後人增之、其訓蓋本作擊也、譌爲𣀔、遂衍田耳、李仁甫本尚無田字、篇韻皆曰、敲、擊也、釣案、牧敕二字當結部尾、敞字亦失次、或後增。從攴高聲。牽遙切。

文七十七 足徵本無肇字矣、小徐作七十八、 重六

教 上所施下所效也。借施爲𢻹、教效疊韻、弟子職、先生施教、弟子是則。從攴從孝。子部、孝、效也、孝亦聲、古孝切。凡教之屬皆從教。

𢾭 古文教。嚴氏曰、汗簡引說文效字、

後又引䛐字、云一本如此作、則䛐體當列于校語中、據部末云文二重二、亦明教但重一、

𢽾 亦古文教。

斅 覺悟也。覺句、皇侃論語義疏引白虎通、學、覺也、悟也。悟也。悟當作寤、見部、覺、寤也、本支以覺釋斅、疊韻字、故再以覺之說申之、孔叢子、子思曰、吾嘗深有思而莫之得也、於學則寤焉、此學有寤訓之明證、先秦兩漢之書、不見悟字、而心部悟、覺也、且有古文悉、然是部㤺、當是後增之字、其說尚云覺寤、吾恐心部悟爲後人加。從教從冂。冂尚矇也。冂當作冢、冂冢二字下、皆曰覆也、仲尼燕居、昭然若發矇矣、校者蓋據此改之。臼聲。胡覺切。

學 篆文斅省。學記引兌命曰、學學半、文王世子、故學之爲父子焉、注、學、教也、晉語、順德以學子、韋注、學、教也、補音曰、學音效、案此乃斅之所以入教部也、且亦借教爲斅、洛誥、乃汝其悉自教工、大傳作學功、云、學、效也、鄭伏生作學、可知本作斅矣、

文二 重二

卜 灼剝龜也。火部、灼、炙也、故下文云炙龜、三禮圖、龜以上春灼後左、夏灼前左、秋灼前右、冬灼後右、卜剝疊韻、而其義未詳、刀部、剝、裂也、或者謂龜兆分裂也。象炙龜之形。直者象龜、横者象楚焞之灼龜、博木切。

一曰。象龜兆之從横也。此說未允、龜兆從横、自有兆字象之、凡卜之屬皆從卜。

𠁽 古文卜。全刻攴作攵、從此文也、小徐於諸部古文從攴者仍作攴、不誤也、大徐作攵、乃誤、

卦 筮也。士冠禮、筮與席所卦者、注、筮、所以問吉凶、謂蓍也、所卦者、所以畫地記爻、易曰、六畫而成卦、從卜。卦不用龜、然筮短龜長、故以卜統之、圭聲。古壞切、當從廣韻古賣切、

叶 卜以問疑也。左傳、卜以決疑、不疑何卜、從口卜。叶與占同體、此從口卜、謂問卜也、占從卜口、謂得兆而問來占者所爲之事也、讀與稽同。繫傳曰、尚書曰、明用稽疑、今文借稽字、鄭鍇曰、唐開元中、尚書改用稽字、古兮切、

貞 卜問也。春官大卜、凡國大貞、先鄭曰、貞、問也、國有大疑、問於筮龜、後鄭曰、貞之爲問、問於正者、必先正之、乃從問爲、易曰、師貞丈人吉、從卜貝。以爲贄。說文無贄、當作䞇、貝部、䞇、齎財卜問爲䞇、貝、小宛握粟出卜、貧乏無貝也、陟盈切、一曰。鼎省聲。京房所說。員之籀文、鼎、則之籀文鼎、是籀文以鼎爲貝、

𠧪 易卦之上體也。商書曰。曰貞曰𠧪。洪範文、今借悔、唐六典、內卦爲貞、朝占用之、外卦爲悔、暮占用之、從卜。每聲。

荒內切、

占 視兆問也。廣雅、占、譣也、言譣問也、春官占人注、占、蓍龜之卦兆吉凶、通言之也、禮記、占兆審卦吉凶、是察、則別言之、此云視兆、亦主卜而言、從卜口。職廉切、

卲 卜問也。廣雅、卲、卜也、從卜。召聲。市沼切、廣韻一收平聲、兩收去聲、一音卲、一又音韶、

𠧞 灼龜坼也。廣韻謂此說出文字指歸、春官占人、卜人占坼、注、坼、兆舋也、坼有微明、坼明則逢吉、從卜。兆象形。案宋本作𠧞、則是從卜從古文兆、卜從八部之𠧞、小徐作𠧞、則是從卜從古文𠧞、左下云從古文𠧞、是其比也、然褎下亦有象形之說、所未能決、治小切、

𠧞 古文兆省。兆、小徐作𠧞、案當作𠧞、從𠂔、從古文八省、

文八 重二

用 可施行也。從卜中。中庸、用其中於民、余訟切、衛宏說。凡用之屬皆從用。

𠂵 古文用。

甫 男子之美稱也。穀梁隱元年傳文、借稱爲偁、從用父。廣韻引作字从父用、士冠禮注、甫、字或作父、詩序、尹吉甫、釋文、甫、本又作父、父亦聲。方矩切。

庸

用也。（廣雅同、）從用從庚。庚、更事也。（律歴志、斂更于庚、余封切、）易曰。先庚三日。（巽九五爻詞、引以明更事之說、）

葡 具也。（葡爲全備、備爲戒備、經典通用、易繫辭廣大悉備、）從用苟省。（苟己力切、葡、平祕切、）

甯 所願也。（漢郊祀歌、穰穰復正直往甯、注、言獲福既多、歸于正道、克當往日所願也、丂部寧下云、願詞、此云所願者、蓋廣雅云、願欲也、甯非眞願、故曰詞、曰所、論語、與其不孫也寧固、是也、互詳丂部、）從用寧省聲。（二字本同、故陳公孫寧、公羊作甯、乃定切、俗作寗、）

文五　重一

爻 交也。（周書王會解、爻閭、王注引此文、）象易六爻頭交也。（爻以變而占、變則交、乂以象之、兩乂象貞悔、胡茅切、）凡爻之屬皆從爻。

棥 藩也。（釋言文、彼借樊、且以藩釋棥、謂其同音可通借也、論衡引詩營營青蠅止於藩、齊風折柳樊圃、莊子山木、莊子游乎雕陵之樊、此皆借爲棥者、他皆樊籠本義也、）從爻。（從其交構之形、非六爻本義、）從林。（附袁切、）詩曰。營營青蠅。止于棥。（謍、言部引作謍、棥、今詩作樊、小徐本同、）

文二

㸚 二爻也。（廣韻、㸚介、布明白、象形也、案㸚介卽爾下之麗爾、力几切、）凡㸚之屬皆從㸚。

爾 麗爾。猶靡麗也。（麗爾、字鑑引作爾爾、非、嚴氏曰、靡麗當作麗廔、據下其孔㸚知之、）從冂。（㬥歴之意、字在㸚部、而先言從冂、未詳、）從㸚。其孔㸚。（依韻會引補、㸚㸚猶㸚介也、）介聲。（兒氏切、）此與爽同意。

爽 明也。從㸚從大。（疏兩切、）

爽 篆文爽。（亦、放也、於爽意亦自有合、而段氏以爽爲俗字、謂其當刪、蓋是、）

文三　重一

說文解字句讀弟三下

曲沃許淋校

句讀卷六補正

孔注、皮去毛曰鞹、鄭注曰革也、詩載驅毛傳、亦以朱革釋朱鞹、
釋文如此、汲古本作鞹、一葉前五行顏淵篇文下增此
河間獻王十四字刪去、一葉後二行
鮑人之事、後鄭曰、鮑、故書或作鞄、一葉後三行有鞄書下增此
驅遲者、爲其遲而驅之也、詩正義曰、策馬謂之驅、六葉前七行驅當作毆十
一字刪去以此易之
吹釜溢也。吹、類篇引作炊、是正字也、然能改齋漫錄曰、齊顏
之推云、百里奚歌、吹扊扅、吹當作炊、孑謂作吹亦通、木華海賦
曰、熺炭重燔、吹炯九泉、李善曰、吹猶然也、引漢書曰、趙氏無吹

火焉、筠案荀子仲尼篇、可炊而僥也、注、炊與吹同、僥當爲僵、言
可以氣吹之而僵仆、是知兩字同音、故互借也、繫傳說誤、夫水
不滿釜、但鬻而不溢、有米在中則鬻矣、揭其蓋、以勺攪之、自止
矣、九葉前九行注全刪以此易之
又部在後。始爲三指作說解。爪亦三指。反無說解。足徵許君本
以爲指事也。抓之祗用三指。九葉後四行實指事字下增此
集韻十遇、孚、芳遇切、育也、引方言、又有或體孵、九葉後七行不同音下增此
手部持字以下、凡十九字皆訓持、而挶、戟持也、据、戟挶也、別列
于後。知此持與彼二十字異。下文曰、丮、據。卽是戟据也。上文爪
部曰丮也、爪字三指向下。是持脈之狀。故吾肊揣此持亦是持

脈之持。脈經言平脈者多、言診脈者次之、言持脈者一耳、難經
但言診脈、未讀靈樞素問、不知持脈本出何書、元包經漸扑、丮
之犭、𡚱之丮、十葉前八行持也下增此注
艸部蒔、更別穜。是今所謂栽也。十葉後二行此當爲其本義句上增此故從丮也也字刪去
玉篇亦胡絳切。竝與巷同音。然廣韻固收之送絳兩部也。孫宣
公孟子音義。乃曰丁豆反。大謬。十一葉前五行下降切下增此注
惟左自爲部。故不得廁之𠂇下。人遂不得其比例矣。十二葉前十行以見小篆之異下增此
且ㄓ象其體、故五指全見而字形正、ㄡ𠂇象其用、故僅見三指
而形又相向、惟手之能事多、是以如此、足之能事少、但以止象

之、雖有屮字、不說以左足也、十五葉前九行臧可切上增此
史通以尙書爲記言家。春秋爲記事家。十五葉後三行右史書之下增此
畫亦篆文從聿籀文從聿也。冂盇卽冂。冂亦象遠界高冋所從
之冂。皆作冂。十七葉前七行籀文書下增此注
抑或是校所以殊人也。今本則挩而又倒乎。十八葉後六行釋名上增此
擊聲蓋皆轂之分別文、聲字兩車亦重複、十九葉前九行古歷切上增此
漢志郊祀歌朱明四曰。尃與萬物。顏注。尃古敷字。敷與言開舒
也。與音弋於反。案開舒卽布也。展轉從尃聲者。艸部有蒪字。說
曰蒪葉布。二十二葉前七行布政憂憂下增此
小雅鼓鍾。詩傳作鼓鐘。二十七葉前九行增韻上增此注

詩車攻。詩傳詩說皆作車工。與石鼓文同。二十七葉後三行古洪切上增此注

元包經渙卦。飄㐬于苧。案此謂飄風突入于坼罅也。二十七葉後七行坼也下增此注

又作𣪊、案攴支同字、何云又作、知𣪊卽𣪊之訛、二十八葉後二行本亦作𣪊下增此

玉篇卜部亦作卟。而乙部又收乩字、曰今作稽。廣韻則但收卟字。緯略曰。楊備得古文尚書釋文。知乩爲古文稽字。筠案乩蓋卟之俗字。從乙似不成意也。三十葉前六行古兮切上增此

員之古文鼎。三十葉前九行員之籒文鼎上增此是籒文以鼎爲貝句是字下添古文二字籒文下添皆字

說文解字句讀弟四上

漢太尉南閣祭酒許氏記　安邱王　筠撰集

盆都陳山嵋
晉江陳慶鏞　訂正

相國壽陽祁春浦夫子鑒定　博山蔣其崙書篆

四十五部　七百四十八文毛孫鮑三本同、毛後刓改八作七、　重百一十二三本同、毛後刓改二作六、

凡七千六百三十八字

𥄎 舉目使人也。公羊文七年傳、眣晉大夫使與公盟、注、以目通指曰眣、疏、若今時瞬眼矣、釋文、眣音舜、本又作眣、尹乙反、又大結反、字書云、眣、瞬也、筠案、陸氏音舜、是以眣爲瞬之重文、故目部眣下不見此義、從攴從目。類篇、𥄎、目小動也、凡𥄎之屬皆從𥄎。讀若颭。火劣切、

夐 營、句、以疊韻字釋之、亦寓辨正之意、下文所引書序、今本作營求、乃以訓義改本文也、許君辨之、是當時据本已有然者、求也。營、帀居也、故必申之以求、從𥄎人在穴中。六字一句、此𥄎直作夐字用、人在穴中、謂所求之人也、大徐從人在穴上、乃誤以篆文次序先人後穴改之、如是則重求之之人、不知許意重所求之人也、杇正切、商書曰。所引乃書序、古人一家之學、皆蒙本書之名、高宗㝱㝵說。依元應引改、使百工夐求。小徐本作營求、乃校者誤改、繫傳曰、尚書作營、可知所据說文固作夐也、得之傅巖。史記作傅險、正義引地理志云、傅險卽傅說版築所隱之處、名聖人窟、巖、穴也。許君又說巖字者、上文云使百工、則從𥄎之義明矣、云夐求、則篆說皆具矣、惟人在穴中之義未著、故申之、凡字有難解者、許君每據一典以明之、此卽是也、

闅 低目視也。說文無低、當作氐、從𥄎。門聲。無分切、宏農湖縣有闅鄉。見郡國志、漢書武五子傳注、孟康曰、闅、古闅字、從門中𥄎、建安中正作聞、師古曰、轉寫譌誤、遂作門中受、郭璞乃音汝授反、蓋失理遠耳、汝南西平有闅亭。許君同郡之亭、故及之、不

見於他書、惟廣韻承用此說、

⿱大𥄎 大視也。與覞同字、從大𥄎。𥄎亦聲。讀若齤。況晚切、廣韻巨員切、

文四

目 人眼也。象形。特區別之曰人眼、卽當作罒矣、人眼橫、獸眼縱、魚鳥眼圜、形不一也、篆特象人眼之形、而庶物沿襲用之、莫六切、重童子也。元應引無此句、案增此者、但識楷書、不知古籀原流、且本篆固無童子、無論重也、博古圖作◎者、有匡、有黑睛、有童子、作◎者、已省童子矣、罒罘等字從罒、中二筆斜向、秦碑從目者亦斜向、略存古法也、目則平之、爲楷所眩也、恐許君原本不如此、凡目之屬皆從目。

◎ 古文目。玉篇作◎、與大徐同、小徐作回、則由博古圖之◎變之、蓋皆後人改易、不成爲象形也、

眼 目也。釋名、眼、限也、瞳子限限而出也、從目。皀聲。五限切、

瞏 兒初生瞥者。瞥、目翳也、案翳非病也、乃瞼蔽其睛也、故老云、兒生三日後乃張目、從目。瞏聲。邦免切、讀若告之謂調。語有譌捝、

眩 目無常主也。字林、眩、亂也、國語、有眩瞀之疾、方言、顛眴謂之賑眩、從目。元聲。黃絢切、案此字不應在此、而玉篇亦在此也、眼字之下、繼以初生之瞏、自眥以下四字皆目之本物也、自瞏至眘、皆目之狀也、眊矘二字附其後、矘下云視、故自睽至盱皆視也、惟睽眛矘瞯眢旬睦瞦晵九字不類、而睇眙盻則當在此類、繼以睡瞑二字、則不視矣、自眚以下、皆目之病也、或本有之病、或因疾而病、眩當與旬眢瞚等竝綴於後、而眥瞀瞭三字、當在部尾、○又案眩字與眴通、揚雄劇秦美新、臣嘗有顛眴病、注、眩、惑也、眴與眩、古字通、是亦眩當在後之證、

眥 目匡也。文選注引作眶、俗字也、字林、眥、目厓也、列子注、眥、目際也、史記項羽本紀、目眥盡裂、淮南王安傳、涕滿匡而橫流、從目。此聲。在詣切、

䀹 目旁毛也。釋名作睫、云插也、接也、插于眼眶而相接也、案釋詁、際、接、翜、捷也、是劉熙所本、史記扁鵲傳、忽忽承䀹、春官敘官、大師、鄭司農云、無目眹謂之瞽、有目眹而無見謂之矇、釋文、眹直忍反、本又作眲、或作䀹、劉又音睫、案眹眲二字、說文不收、然以䀹爲眹、義所不安、殆本作眹、誤從目耳、從目。夾聲。子葉切、

𥊍 盧童子也。玉篇、𥊍與矊同、方言、矊、瞳之子謂之矊、招魂、遺視矊些、王注、矊、脈也、言心中矊脈、時時竊視、盧者、驢之省文、揚雄傳、玉女無所眺其清盧、

hàn 睅 fēi 背

xiàn 睍 pān 眅 gàn 盰 pàn 盼 gùn 睔 mǎn 矕 gùn 睴 mán 瞞 xuān 暖 xiàn 睯 mián 矏 xī 瞦

俗作矑。從目縣聲。胡畎切

瞦 目童子精也。靈樞經、骨之精爲童子、筋之精爲黑眼、氣之精爲白眼、案說文無睛、則精即是睛、與童子爲一物、乃云童子精者、謂童子中之精神也、下文矔與此相合、瞵與此相反、大戴禮本命篇、人生不能言、三年瞦合、然後能言、瞦似瞦之訛、從目喜聲。讀若爾雅禧福。釋詁文、許其切

矏 目菊薄緻矏矏也。依韻會引改、今本作宀宀、宀宀同音借字、釋言、矏、密也、從目臱聲。武延切

背 大目也。從目非聲。芳微切

睯 大目也。從目臤聲。侯簡切

睅 大目也。左宣二年傳、睅其目、從目旱聲。戶版切

暖 大目也。玉篇、大目眥也、從目爰聲。況晚切

瞞 平目也。目、一作視、非、字林、瞞、目眥平皃、繫傳、目瞼低也、從目𦝠聲。𦝠、平也、母官切

睴 大出目也。謂人目大而突出曰睴。依元應引改補、句蓋庚注、從目軍聲。古鈍切

矕 目矕矕也。矕矕蓋目之皃、廣雅、矕、視也、馬融傳、右矕三塗、長笛賦、長矕遠引、此別一義也、桂氏曰、目生𤕤亦曰矕、荅賓戲、矕龍虎之文、孟康曰、矕、被也、馥謂如目被𤕤也、故集韻桓刪二部皆收矕、一曰目昏也、一曰目暗也、此又一義也、從目䜌聲。武版切

睔 目大也。廣韻、大目露睛、從目侖聲。古本切、睴睔音義皆近、春秋傳有鄭伯睔。見襄二年、古今人表作鄭成公綸、

盼 目白黑分也。依元應引補、詩毛傳文、字林、盼、美目也、韓詩、黑色也、馬融曰、動目皃、是則顧盼之義也、詩曰。美目盼兮。衛風碩人文、從目分聲。義聲互相備、匹莧切

盰 目多白也。玉篇、目白皃、似是、以眅下不云盰也知之、從目干聲。古旱切 一曰張目也。繫傳中語也、然韻會引之、作一曰目張、又似本有此文、蓋是殆、校者既改盰下說爲目多白、遂用說卦文改之、以相別異、

眅 多白眼也。元應引作眼多白也、從目。反聲。普班切 春秋傳曰。鄭游眅字子朙是也。依元應引補、見襄廿二年、段氏曰、戰國策田瞖、高注、瞖讀鄭游眅之眅、姚宏曰、瞖恐是瞖、瞖同眅、

睍 目出皃也。依元應引改、蒼頡篇同、從目見聲。胡典切、嚴氏曰、篆體當作睆、說解當作完聲、艸部莞從睆聲、經典睆字極多、而睍僅見于凱風、據御覽引韓詩簡簡黃鳥、則毛詩古本當是睆睆黃鳥、完見形近易譌、如論語莞爾、釋文莞作莧、爾雅無睍、廣雅、睍、視也、睍蓋睍之省、否則俗見字耳、大徐以睆爲睅之重文、亦非也、六朝唐人無引睅睆爲重文者、元應引許君淮南注曰、睆謂目內白翳也、筠案莊子天地篇有睆睆字、是嚴說之證、

xié 䀭 móu 瞴 bì 䀣 dòng 眮 shǎn 睒 tǎng 矘 mào 眊 yǎo 窅 lín 瞵 guàn 矔

矔 目多精也。從目雚聲。古玩切 益州謂瞋目曰矔。方言、矔、瞯、轉目也、梁益之閒瞋目曰矔、轉目顧視亦曰矔、吳楚曰瞯、案許君本此、而與瞯中隔五字、蓋許君以多精爲本義、則瞯不類也、至於瞯下有顧視、而此無之、則捝佚也、

瞵 目精也。選注引同、然似當作目少精也、與上矔字反對、蒼頡篇、瞵、視不了也、廣韻、瞵、視不明皃、是也、至如吳都賦、鷹瞵鶚視、射雉賦、瞵悍目以旁睞、徐爰曰、瞵、視皃、則別一義也、從目粦聲。力珍切

窅 深目皃。元應引作目深皃、段氏曰、靈樞經、按其腹窅而不起、漢禮樂志、窅窊桂華、蘇林曰、窅音窅胅之窅、按窅胅即今坳突字、元應云、蒼頡篇作容突、上烏交切、墊下也、下徒結切、突也、葛洪字苑、上作凹、陷也、下作凸、起也、容突凹凸、許皆不收、然則許用窅胅也、從穴中目。當云穴亦聲、烏皎切

眊 目少精也。賈誼書、反察爲眊、韓詩外傳、眊眊乎其猶醉乎、從目毛聲。亡報切 虞書耄字從此。國策鮑注、旄、眊、耄字通、茲、昏也、

嚴氏曰、六字當是校語、許無此詞例、梅賾之大禹謨、非許所豫見、眊非偏旁、而云從此、亦爲難通、議刪、筠案竹君本、顧氏本、耄字皆空白、

矘 目無精直視也。元應引字林如此、楚詞遠游曰、時曖曃其矘莽、王注、日月晻黮而無光也、與此義近、後漢書梁冀傳、洞睛矘眄、注引說文、目睛直視、豈刪改之邪、抑後人以字林改說文邪、從目黨聲。他朗切

睒 暫視皃。睒與覢同、太元、睿復睒天、不覯其軫、吳都賦、忘其所以睒睗、江賦、獱獺睒瞲于厥空、從目炎聲。失冉切 讀若白蓋謂之苫相似。釋器文、言讀若、又言相似、苫平睒上也、蓋四聲己萌于漢末、

眮 吳楚謂瞋目顧視曰眮。瞋、方言作轉、從目同聲。徒弄切

䀣 直視也。廣雅、視也、廣韻、惡視、從目必聲。兵媚切 讀若詩云泌彼泉水。邶風泉水文、呂氏讀詩記引釋文、毖、說文作泌、而今釋文作䀣、誤也、

瞴 瞴婁。廣韻作瞴瞜、玉篇作瞜瞴、疊韻字無倒正、而瞜在後收字中、孟子離婁、集韻作矖瞜、又字書、牟婁、微視也、微視也。從目無聲。莫浮切

䀭 蔽人視也。繫傳、映人而視也、從目开聲。讀若攜手。又苦兮切、云又者、承攜戶

dà 眔 dǔ 睹 qì 䁟 piǎo 瞟 zhěn 眕 mèi □ zhǎn 䁪 qióng 瞏(瞏) xū 盱 yàn □ dān 眈 huò 眓 mào 䀎 nì 睨 shì 眂 mǎn 晚

圭切來、一曰直視也。□ 䀹目或在下。晚 玉篇廣韻作□、晚賢。目視皃也。目當作直、廣韻、□賢、無畏視也。從目。免聲。武限切。眂 眂皃也。眂、小徐作視。長笛賦、特窴昏髟、昏與眂同、從目。氏聲。承旨切。睨 衺視也。西京賦、遷延邪睨、增韻、睥睨、衺視。灌夫傳、辟睨兩宮閒、從目。兒聲。研計切。䀎 低目視也。低當作氐、集韻、俯目細視謂之䀎、從目。冒聲。亡保切。周書曰。武王惟䀎。君奭文、彼作冒、眓 視高皃也。廣雅、眓眓、視也。段氏曰、豁目字當作此、從目。戉聲。呼哲切、廣韻呼括切、讀若詩曰施罛濊濊。衛風碩人文、眈 視近而志遠。字林同、從目。冘聲。丁含切、易曰。虎視眈眈。頤卦文、馬云、眈眈、虎下視皃、春官、大師、眡瞭三百人、注、眡讀爲虎眡之眡、張壽碑、覞覞虎視、借覞爲眈、□ 相顧視而行也。廣雅、䀽、視也、從目從延。延亦聲。于線切、廣韻以然切、盱 張目也。字林同、蒼頡篇、張目皃、荀子列子注、引說文仰目也、易豫六三、盱豫悔、注、上視也、王莽傳、盱衡厲色、孟康曰、盱衡、舉眉揚目也。從目。于聲。況于切、一曰。朝鮮謂盧童子曰盱。方言文、

瞏 目驚視也。素問、少陽終者、百節皆縱、目瞏絕系、注、直視如驚皃、從目。袁聲。渠營切、詩曰。獨行瞏瞏。唐風杕杜文、傳、瞏瞏、無所依也、引伸之義、䁪 視而不止也。依廣韻引補、從目。亶聲。旨善切、□ 目冥遠視也。目冥、集韻作冥目、桂氏曰、當作日冥、言日暮視遠茫昧也、劉歆遂初賦、飄寂寥以荒眇、從目。勿聲。莫佩切、一曰久也。廣韻、眇、眼久視、一曰旦明也 此人誤以眇爲昒、眕 目有所恨而止也。字林無而止二字、左隱三年傳、夫寵而不驕、驕而能降、降而不憾、憾而能眕者鮮矣、釋言、眕、重也、案重者、不敢輕舉妄動也、與止義合、從目。㐱聲。之忍切、瞟 瞭也。與覞同、埤蒼、瞟、明察也、從目。票聲。敷沼切、䁟 察也。尹文子、瞽者無目、而耳不可以䁟視也、精於聽、從目。祭聲。本千例反、孫戚細切、睹 見也。從目。者聲。當古切、覩 古文睹從見。眔 目相及也。從目。從隶省聲。徒合切、讀若與隶同也。

xuàn 旬 huī 睢 yuān 眢 pín 矉 rún 瞤 zhùn □ tì □ lù 睩 pàn □ mò 眽 pán □ mò 眛 kuí 睽

段氏曰、石經公羊、祖之所遝聞、今本作逮、中庸所以逮賤、釋文作遝、足徵眔隶同字、睽 目少精也。依廣韻引改、今作目不相聽也者、廣韻睽、引說文耳不相聽、今耳部挩睽、遂以其說嫁於睽也、易睽釋文引睽、目不相視也、朱文游本仍作聽、集韻睽、耳不相聽也、當是初嫁之本、校者以字從目、改爲目、又以目不可言聽、改爲視也、從目。癸聲。苦圭切、眛 當依玉篇次序作眛、目不明也。從目。未聲。當作末聲、莫撥切、當作莫佩切、□ 轉目視也。吾鄉之恆言也、有所伺察而恐其人覺之、故佯爲不見而轉目以注之也、從目。般聲。薄官切、□ 小兒白眼視也。廣韻有視字、從目。辡聲。蒲莧切、眽 目財視也。財、一作衺、似當作相、釋詁、覛、相也、釋文、覛字又作眽、古詩十九首、眽眽不得語、李引爾雅、眽、相也、郭璞曰、眽眽、謂相視貌、從目。𠂢聲。莫獲切、睩 目睞謹也。睞非睩字之譌、卽覞字之譌、若不正之睞、不能與謹爲連語也、招魂、蛾眉曼睩、目騰光些、與上文眽字眽不得語意近、謹字與下文□謹鈍目也亦相近、大徐以睞字之故、遂之後文睞篆下、而其誤成矣、玉篇廣韻皆曰、睩、視皃、集韻曰、謹視皃、辵部、逯、行謹逯逯也、是從彔聲之字有謹義也、

從目。彔聲。讀若鹿。盧谷切、□ 失意視也。魏都賦、吳蜀二客、䁯焉失所、李善本如此、五臣本作䁯、從目。脩聲。本他狄反、孫他歷切、□ 謹鈍目也。從目。𦎧聲。之閏切、瞤 目動也。元應曰、今謂眼瞼掣動爲瞤也、西京雜記、目瞤得酒食、蔡邕廣連珠、目瞤耳鳴、近夫小戒也、從目。閏聲。如勻切、矉 恨張目也。從目。賓聲。符眞切、詩曰。國步斯矉。大雅桑柔文、彼作頻、傳、頻、急也、箋、頻猶比也、案頻部顰字、許說二字同義、通俗文曰、蹙頞曰矉、則與頻同義、蓋三家訓義如此、眢 目無明也。檀弓、子夏喪其子而喪其明、注、明、目精、左傳、目於眢井、隱語也、從目。夗聲。讀若宛委。一丸切、段氏曰、此與小雅谷風怨讀如萎一例、合音也、左傳音義引字林、眢、井無水也、一皮反、一皮卽委之平聲、集韻五支、邑危切、卽一皮也、宛字當刪、筠案、朱竹君本無宛字、睢 仰目也。字林同、五行志、萬衆睢睢、注、仰目視皃、從目。隹聲。許惟切、衆經音義、睺、許侯反、說文、仰目出也、聲類、睺、矆、大視也、案說文無睺、玉篇半盲爲睺、然長笛賦注引聲類、睢、大視也、與元應引睺說同、蓋睺卽睢之譌字、矆與矆同、旬 目搖也。從

tiàn 睼　yuè ⿰目窅　juàn 睊　shì 睗　diāo 瞗　chēn 瞋　qì ⿱啓目　xiāng 相　jiān 䁪　mái 䁲　mào 瞀　zhān 瞻　mù 睦　huò 矆

目勻省聲。黃絢切。眾經音義：瞬，古文眴、同，舒閏反。說文云：目搖動也。然則旬瞚一字，互詳瞚下。

眴 旬或從旬。項羽本紀：梁眴籍曰可行矣。說苑：夫登高臨危，而目不眴，足不陵者，此工匠之勇悍也。

矆 大視也。海賦注引之。賦曰：矆睒無度。從目。蒦聲。許縛切。

睦 目順也。艮從目匕，不相下也，則睦者可知。從目。坴聲。莫卜切。一曰。敬和也。段氏曰：五字疑後增。古睦穆通用，穆訓敬也。

𡙈 古文睦。桂氏段氏欲改篆從囧，嚴氏欲改從囟，皆非也，江氏得之。

瞻 臨視也。釋詁、毛傳皆曰：瞻，視也。惟論語尊其瞻視，是臨下之意。若瞻彼日月、民具爾瞻，皆仰望之意，未審許意所主何經。從目。詹聲。職廉切。

瞀 氐目謹視也。冃部：婚，瞀也。玉篇：瞀，目不明皃。荀子：子弟之容瞀瞀然。素問：民病肩背瞀重。注：低目俯首曰瞀。靈樞經：交兩手而瞀，為背厥。洪範曰霿，恆風若。尚書大傳作瞀，漢書五行志作霿。雨部：霿，晦也。從目。敄聲。莫候切。

䁲 小視也。大元：旌旗絓羅，干戈蛾蛾，師孕唁之哭，且䁲。注：䁲音麻，䁲視之稱。從目。買聲。莫佳切。

䁪 視也。釋詁：監，視也。釋文：監字又作䁪。從目。監聲也。經典皆作監。古銜切。

⿱啓目 省視也。廣雅：⿱啓目，視也。玉篇：窺也。從目。啟省聲。苦系切。

相 省視也。眉部：省，視也。許君蓋謂省相二字之訓視，與省同也。釋詁、毛傳皆曰：相，視也。釋詁：省，察也。蓋較凡視為密。地官司徒以相民宅。注：相，占視也。鄭君亦區別之。占，蓋爾雅隱占也之占。從目從木。息良切。易曰：地可觀者，莫可觀於木。目木會意不顯，引此以申之。王伯厚曰：疑易傳及易緯之文。嚴氏曰：齊書符瑞志引尚書大傳云：東方，易經：地上之木為觀，與此略同。詩曰：相鼠有皮。鄘風文。

瞋 張目也。字林同。燕策：士皆瞋目，髮盡上指冠。從目。眞聲。昌眞切。

⿰目戌 秘書瞋從戌。

瞗 目孰視也。廣雅：瞗，視也。從目。鳥聲。讀若雕。都僚切。

睗 目疾視也。疾，集韻引作急，作熟者非。繫傳：庾信賦曰：木魅睒睗。從目。易聲。施隻切。

睊 視皃也。孟子注：睊睊，側目相視。從目。肙聲。於絢切，廣韻古縣切。

⿰目窅 目深皃也。從目窅。當云窅亦聲。於悅切。讀若易曰：勿卹之卹。夬卦文。

睼 迎視也。東都賦：目不睼禽。字與題通。廣韻：睼，視也。小雅：題彼脊令。從目。是聲。本音遞，孫他計切。讀若珥瑱之瑱。廣韻二十二霰：睼，他甸切，又音啼。

yǎn ⿰目晏　wò ⿰目⿱爫冃　juàn 眷　dū 督　xī 睎　kān 看　shěn 瞫　zhù 眝　shuì 睡　míng 瞑　shěng 眚　piē 瞥

⿰目晏 目相戲也。方言：⿰目晏，視也。東齊曰⿰目晏。凡以目相戲曰⿰目晏。從目。晏聲。於殄切。詩曰：⿰目晏婉之求。邶風文。彼作燕，案當作⿰目晏。女部：婉，宴婉也，亦當作⿰目晏婉。蓋此引于⿰目晏下，故⿰目晏不譌；彼引于婉下，故婉不譌也。婉則嫛婉兩字之隸變，說文本無，說見婉下。

⿰目⿱爫冃 短深目皃也。廣韻：目深黑皃。從目。⿱爫冃聲。烏括切。

眷 顧也。字亦作睠。詩小明：睠睠懷顧。大東：睠言顧之。眷顧同意，而詩連言之者，眷作動字，顧作靜字耳。從目。𢍏聲。居倦切。詩曰：乃眷西顧。大雅皇矣文。

督 察也。漢書王褒傳：如此則使離婁督繩。注：督，察視也。從目。叔聲。冬毒切。一曰。目痛也。繫傳舊本同，今本作目病，非。

睎 望也。班固傳：睎秦嶺。法言：睎驥之馬，亦驥之乘也；睎顏之人，亦顏之徒也。注：睎，慕也。從目。希聲。養生論引說文：希，望也。即此睎。後漢黨錮傳：海內希世之流，遂共相標榜。注：希，望也。香衣切。海岱之間謂睎曰睎。見方言。小徐本睎在睽眛之間，蓋是許君原次，玉篇亦在眛督之上也。淮南齊俗訓：眇目使之準。高注：目不正，因令睎。班固荅賓戲：離婁眇目於豪分。由此觀之，睎之用蓋與睨而視之同，其目似盲，故與睽目少精也、眛目不明也為伍。大徐以看下云睎也，而遂之此。

看 睎也。繫傳：宋玉所謂揚袂障日而望所思也。從手下目。九經字樣：凡物見不審，則手遮目看之。苦寒切。

⿰倝目 看或從倝。

瞫 深視也。一曰：下視也。一曰。依集韻引改。竊見也。從目。覃聲。式荏切。左傳：晉人有狼瞫。

眝 長眙也。字林同。陸璣弔魏武文：眝美目其何望。從目。宁聲。陟呂切。一曰：張目也。

睡 坐寐也。史記商君傳：衛鞅語事良久，孝公時時睡，弗聽。從目。垂聲。是偽切。

瞑 翕目也。元應引作目翕也。六韜：卒電不服瞑目。從目冥。冥亦聲。武延切。

眚 目病生翳也。眾經音義卷一、卷二十四：翳，韻集作瞖，目障病也。說文：目病生翳也。並作翳。韻集作瞖，近字也。筠案：所引即此文，非羽部翳下有此義也。從目。生聲。所景切。

瞥 過目也。淮南說林訓：鼈無耳而目不可以瞥，精于明也。高注：瞥之則見也。張衡舞賦：瞥若電滅。又目翳也。見瞖下。從目。敝聲。普滅切。一曰：財見也。財，俗作纔。

mie 䁾
chī 眵　jué 眏　liàng 䀶　mèi 眛　xián 瞯　mǐ 眯　tiào 眺　lài 睞　chōu 𥆞　dié 眣　méng 曚　miǎo 眇

此卽過目之義、然潘安仁河陽詩注引說文、瞥、見也、姑存弗刪、

眵 目傷眥也。廣韻、目汁凝也、釋名、目眥傷赤曰䁾、䁾、末也、創在兩末也、從目。多聲。叱支切 一曰蔑兜。元應引云、蔑兜、眵也、知無捝字、然下文蔑、目眵也、見部覼、目蔽垢也、讀若兜、宋玉風賦、得目爲蔑、皆單字成義、惟急就篇注、眵、謂眇覼目之蔽垢也、眇覼與蔑兜相當、

䁾 目眵也。從目。蔑省聲。呂覽、氣鬱處目則爲䁾爲盲、字從蔑不省、莫結切

眏 涓目也。說文韻譜集韻引並同、似謂目病常流淚也、繫傳本作睊目也、玉篇類篇同、廣韻、眏、目患也、段氏從其說、以自眚而下皆目病也、惟謂當作剈目、尚未必然、從目。夬聲。古穴切

䀶 目病也。急就篇癉熱瘻痔眵 從目。良聲。力讓切

眛 當依玉篇文弟作眛 目不明也。當依廣韻十三末作目不正也、說又見首部、從目。未聲。當作末聲、莫佩切、當莫撥切

瞯 戴目也。元應引作戴眼也、與素問同、桂氏曰、蒼頡篇、瞯、目病也、馥謂戴目如馬顙戴星之戴、廣韻、瞯、人目多白、是也、從目。閒聲。戶閒切 江淮之閒謂眄曰瞯。眄一作眂、非、方言、瞯、眄也、吳揚江淮之間或曰瞯、

眯 艸入目中也。艸當依說文韻譜作物、字林、物入眼爲病也、論衡、東方朔曰、目不在面而在於足、救眯不給、能何見乎、從目。米聲。莫禮切

眺 目不正也。元應引說文、眺、視也、案見部覼、視也、與釋詁同、恐元應誤以兩字爲一也、段氏曰、射雉賦、目不步體、袤眺旁剔、徐爰曰、視瞻不正、常驚惕也、此眺字本義、筠案徐氏以視瞻解眺、以不正解袤也、各書未有以眺爲目不正者、闕之可也、從目。兆聲。他弔切

睞 目童子不正也。元應申之曰、今俗云類眼是也、洛神賦、明眸善睞、則見部覼字之借、從目。來聲。洛代切

𥆞 眣也。從目。攸聲。敕鳩切

𥆞 𥆞或從丩。玉篇、耴亦繼𥆞之下、而曰、九小切、目重瞼也、廣韻同、特說文無瞼字、且如此說之、則當在前、不得在不正類、

眣 目不正也。聲類、眣、目露見、字書、眣、目出也、並與本書異、從目。失聲。丑栗切

曚 童蒙也。童子爲瞽所蒙也、當作冡、因字從蒙、遂借之耳、釋名、瞍、有眸子而失明、蒙蒙無所別也、從目。蒙聲。莫中切 一曰。不明也。集韻、母總切、瞍、瞍目不明也、

眇 一目小也。易釋文引作小目、方言、眇、小也、釋名、目匡

yíng 𤎖　sǒu 瞍　gǔ 瞽　qià 䁍　máng 盲　luò 略　miǎn 眄　cuó 睉　wò 䀑　dì 睇　shùn 瞚

陷急曰眇、眇、小也、段氏曰、說文無妙字、眇卽妙也、史記、戶說以眇論、卽妙論也、筠案後漢書班固傳、妙古昔而論功、注云、妙猶美也、或作眇、說又見人部𡗜下、從目從少。少亦聲。亡沼切

眄 目偏合也。桂氏曰謂一目盲也、釋名、瞽、鼓也、瞑瞑然目平合如鼓皮也、馥謂此卽目合也、漢書杜周傳、欽少好經書、而目偏盲、馥謂此卽目偏合也、筠案眄眇聲相轉、今謂一目盲爲眇、是以眄之義嫁于眇也、從目。丏聲。莫甸切 一曰。袤視也。秦語。方言、瞯、睇、睎、略、眄也、自關而西秦晉之閒曰眄、蒼頡篇、眄、旁視也、

略 眄也。方言、吳揚江淮之閒或曰瞯、或曰略、又吳揚謂視曰略、東齊亦曰略、從目。各聲。盧各切

盲 目無牟子。尹子、舜兩牟子、荀子、舜參牟子、孟子作眸、俗字、從目。亡聲。武庚切

䁍 目陷也。六書故、眸子枯陷也、從目。咸聲。苦夾切

瞽 目但有眹也。桂氏曰、瞽瞍二字說解互譌、此當云無目也、周禮大師注、先鄭曰、無目眹謂之瞽、有目眹而無見謂之矇、有目無眸子謂之瞍、從目。鼓聲。公戶切

瞍 無目也。桂氏曰、當云目但有眹也、字林、瞍、目有眹無珠子也、從目。叟聲。穌后切

𤎖 惑也。𤎖或借熒、莊子齊物論、是黃帝之所聽熒也、又借營、漢書敘傳、營信巫史、鄧展曰、營、惑也、從目。莊子、而目將熒之、熒省聲。桂氏所据小徐本如此、段氏嚴氏皆曰、當作熒、是也、火星曰熒惑、戶扃切

睉 目小也。玉篇引作小目、字林亦然、尚書、元首叢脞哉、馬鄭皆以小釋之、是俗書轉寫從肉也、從目。坐聲。昨禾切

䀑 指目也。從目。叉聲。桂氏曰、本書掔從取聲、取當從叉、與𠬪從又同、今誤從又、掔亦因之而誤、徐鉉削去聲字、非是、烏括切

睇 目小袤視也。詩小宛正義引同、謂小其目而袤視之也、大徐、目小視也、玉篇引同、易鄭注、旁視曰睇、內則鄭注、睇、傾視也、易曰、明夷睇于左股、從目。弟聲。特計切 南楚謂眄曰睇。見方言、玉篇、眱、與脂大奚二切、說文云、目小視也、南楚謂眄曰眱、又出睇字、云、古眱字、其次弟在瞀下瞻上、眹字之下、又出睇字、曰達計切、傾視也、不引說文、易、夷于左股、釋文、夷、子夏作睇、鄭陸同、京作眱、案鄭君與京房皆傳費氏易、而其字不同、玉篇全引說文、而其字作眱、似乎不誤、特睇字見於經典者多、未敢輒改、

瞚 目開闔數搖也。闔、元應引一作合、一作閧、皆作目開閧、惟謝宣遠牛女詩注引、瞬、開闔目也、元應既引此文、又曰、通俗文作眴、然則眴字之文本是瞚字、後人改之

xì 盻 fèi 曊 chì 眙 jū 𡘋 juàn 𥄎 jù 䀠

又有棪者、乃補於末耳、案本部、瞽瞍已無目矣、瞽直不取目義、當以結尾、睉當與眇類列、瞍當在眄後盲前、眄當與矘類列、瞽當與昧類列、今在此者、疑皆棪補之文、又前文亦或失次、蓋此部倒亂多矣。慧苑引矔、謂目開閉數搖也、發端言謂、恐是庾注、似本作眴目搖也、謂目開闔數搖也、後既分列兩處、即以許說庾注分之兩字下耳、然諸書引此句、皆系之瞚、不系之瞚、未敢合之、苜部瞽下云、句、目數搖也、從目寅聲。本尸閏切、孫舒閏切、俗作瞬、

眙 直視也。案當作驚皃、文選長笛賦、留眎瞭眙、李善引字林曰、瞭、直視、丑庚切、眙、驚皃、勑吏切、據此知驚皃為眙之本訓也、其所以遂瞭直視之訓、以訓之者、史記滑稽傳、目眙不禁、徐廣曰、眙、吐甑反、直視貌、案直視之字、說文作矘、而羣書有瞪瞠瞭之異文、索隱曰、眙音與瞪同、故以瞪之義歸之也、惟魯靈光殿賦、覩斯而眙、注、丑吏切、愕視曰眙、班固傳、猶愕眙而不敢階、注引字林同。盻下云長眙也、則當用直視義、乃大徐不遂眙于盻之前、而遂盻于眙之後、亦為不善變矣、從目台聲。丑吏切、

盻 恨視也。韓策、韓挾齊魏以盻楚、注、盻、怒視也、從目分聲。胡計切、

曊 目不明也。廣韻又收之十三末、普活切、目曊眛、不明皃、從目弗聲。普未切、案此字義與眛同、而音又相近、

文百十三　重八 宋本如此、徐氏增睆、因改為九、

䀠 左右視也。元包經、大有、䀠鑒于頁、傳曰、目之覽也、玉篇、䀠、又與瞿同、段氏曰、凡詩齊風唐風、禮記檀弓、曾子問、雜記、玉藻、或言瞿、或言瞿瞿、蓋皆䀠之假借、若毛傳於齊曰、瞿瞿、無守之皃、於唐曰、瞿瞿然顧禮義也、各依文立義、而為驚遽之狀則一、從二目。凡䀠之屬皆從䀠。讀若拘。集韻、十虞、䀠或作眗、十遇、䀠或作奭、又若良士瞿瞿。唐風蟋蟀文、兩讀音分平去耳、可與眹讀互證、九遇切、皆引左右視也、

𥄎 目圍也。俗呼眼圈、從䀠𠃊。𠃊字當作象形二字、說詳釋例、且篆當作𥄎、以鐘鼎文𥄎字知之、讀若書卷之卷。居倦切、古文以為醜字。醜字兩字、小徐作醜、與𥄎聲近、然玉篇引作醜、集韻醜古文𥄎、𡘋下云、北燕召公名、史篇名醜、𥄎奭形近、

𡘋 目衺也。九經字樣、怒皃也、從䀠從大。大、人也。䀠亦聲、舉朱切、案此切亦讀若拘、故集韻曰、䀠或作奭、

文三

méi 眉 xǐng 省 dùn 盾 fá 瞂 kuī 䀦 zì 自 mián 𦣹(臱) zì 白[1] jiē 皆

眉 目上毛也。士冠禮、古文作麋、少牢饋食禮、古文作微、金刻率作𥌔、皆假借、從目。象眉之形。謂𠃊、上象額理也。仌象額上橫紋、武悲切、凡眉之屬皆從眉。

省 視也。廣雅同、釋詁、省、察也、三輔黃圖、漢宮中謂之禁中、孝元皇后父名禁、避之、改曰省中、省、察也、言出入禁中、皆當省察、不可妄也、然則小井所領二切、皆得訓察、從眉省從中。所景切、

𡮼 古文省從少從囧。

文二　重一

盾 瞂也。方言、盾、自關而東、或謂之瞂、或謂之干、關西謂之盾、所以扞身蔽目。起下從目也、釋言、干、扞也、孫炎曰、干盾自蔽扞、戈部戰、乃干盾之專字、釋名、盾、今謂之曰露見、與瞂目合、從目。象形。此下小徐有厂聲、元應引之、譌為盾聲、猶之身從厂聲也、則是象形但謂十矣、食閏切、廣韻食尹切、凡盾之屬皆從盾。

瞂 盾也。詩小戎、蒙伐有苑、釋文、伐本或作瞂、周書王會解、鮫瞂利劍為獻、方言作瞂、蘇秦傳作咙、從盾。犮聲。扶發切、

䀦 盾握也。集韻、盾鼻、桂氏曰、即施紛處、段氏曰、其背脊隆處曰瓦、見左傳、從盾。

圭聲。苦圭切、

文三

自 鼻也。此以今文訓古文也、𦣻部𦣻、尸部眉、辛部辠、皆以自為鼻、用其本義、說又見王部皇字下、象鼻形。疾二切、凡自之屬皆從自。

𦣺 古文自。

𦣹 宀宀不見也。字與寡同、宀宀即𦣹𦣹也、闕。說詳釋例、武延切、

文二　重一

白 此亦自字也。積古齋東睸尊、自字如此作、省自者、詞言之气從鼻出。與口相助也。言此者、所以領部中字也、所屬六字、其五皆訓曰詞、嫌鼻不可詞、故委曲通之、若以字形言之、謂其下半從口、則許君豈謬至此乎、百下不云詞、故附於末、然千字隸十部、百字亦可隸一部、疾二切、凡白之屬皆從白。

皆 俱詞也。人部、俱、皆也、不曰詞、是謂其意為俱、其詞為皆也、然經典多用皆、而毛詩之具、不從

人豈得以俱爲正言，皆爲通詞乎？葢許君之意，將隸皆于比部，則比易解，白難解，故不得已入之白部，而以詞說之。從比，從白。字在白部而先言從比，比有皆義，白則詞也，卽此足知許君意矣。古諧切。

魯　鈍詞也。孔注論語：魯，鈍也。此加詞者，爲其從白也。從白，鮺省聲。段氏改爲魚聲，以旅爲魯是也。郎古切。證以古文論語曰：參也魯。先進篇文。

者　別事詞也。公羊隱元年傳：元年者何。注：諸据疑問所不知，故曰者。何喪服：斬衰裳苴絰杖絞帶冠繩纓菅屨者。注：者者，明爲下出也。此別事之例。從白，𣥂聲。嚴氏曰：鼎彝器銘偏旁有𣥂𣥂，卽諸體之變，或欲以𣥂當之，寀觀未合。之也切。

𣥂　古文旅字。旅下今無此古文，姑存弗刪。

𦞦　詞也。段氏曰：當作誰詞也。堯典言疇若予者二，皆訓誰。爾雅：疇，孰，誰也。筠案：口部𠷎，誰也。𠷎、𦞦同字與否，尚未可知。從白，𠃬聲。直由切。虞書曰：帝曰𦞦咨。

𥏼　識詞也。字今作智，經典通用知。言部識，一曰知也，知葢卽此𥏼。矢部知，詞也。未嘗云某詞，則知上文𦞦詞也，祇是發語詞耳，或無挩字。從白，從亏，從知。知亦聲。知義切。

𥏼　古文𥏼。

百　十十也。從一白。博陌切。數，

隸首作數。十十爲一百。百，白也。十百爲一貫。貫，章也。依韻會引補改。百從一白，其義隱微，故申說之，兼推之一貫以重明之。數，筭數也。數終于九，至十則進于前位而爲一，故百爲十之十，而字從一不從十；千爲百之十，而字從十不從百也。云百白也、貫章也者，漢人之錢葢已如今日，每百爲之界限，一百者一貫之所自始，故曰百白也。至於一貫，則每百歷歷章明也。

𦣻　古文百，從自。卽此證白之同自，且證百之從白，非從黑白字之聲，而謂白爲白也。金刻百字不多見，祇𦣻𦣻𦣻三體，未見此古文。

文七　重二

鼻　所以引气自畀也。據急就篇顏注增所以二字。此自乃自家之自，今人言自，自指其鼻，有古意焉。從自。此自乃鼻也之自。從畀。自畀皆聲，而不言聲者，自乃鼻之古文，世變音轉，遂增畀字，不可云聲也。較此與之不言聲者，又進一義。父二切。凡鼻之屬皆從鼻。

齅　以鼻就臭也。漢書敘傳：不齅驕君之餌。玉篇引論語：三齅而作。皇侃曰：齅謂鼻歆翕其氣也。從鼻從臭，臭亦聲。讀若畜牲

之畜。許救切。

鼾　臥息聲也。依元應引補。廣韻：臥氣激聲。從鼻，集韻：吳人謂鼻聲爲鼾。干聲。讀若汗。侯幹切。廣韻許干切。

鼽　病寒鼻窒也。窒，廣韻引作塞。釋名：鼽，久也，涕久不通，遂至窒塞也。月令：民多鼽嚏。呂覽：民多鼽窒。從鼻，九聲。巨鳩切。

𪖪　臥息也。𪖪與屓同。釋詁：𪖪，息也。詩：民之攸塈，借字也。然皆氣息休息，無臥義。從鼻，隶聲。讀若虺。許介切。

文五

皕　二百也。凡皕之屬皆從皕。讀若祕。彼利切。孫本彼力切。廣韻彼側切，小徐彼復反。說文韻譜收職部。

奭　盛也。漢元帝名奭，荀悅曰：諱奭之字曰盛。段氏曰：釋訓：赫赫，舍人本作奭奭。常武毛傳：赫赫然盛也。按此假赫爲奭也。小雅：路車有奭，韎韐有奭，毛傳：奭，赤皃。此又假奭爲赫也。赤部赫，火赤皃。從大，從皕，皕亦聲。詩亦切。北燕召公名。依集韻引改。燕，姞姓，黃帝之後，見左隱公五年傳杜注，今東郡燕縣。襄公二十八年，北燕始見于傳。召康公受封後於伯鯈，故稱北以別之。皇甫謐以奭爲文王庶子，然富辰言文之昭十六

國無燕，周公稱爲君奭，亦異於小子封，不似兄弟詞也。燕，邑部作酀。讀若郝。句當在皕亦聲之下。釋訓：郝郝，耕也。疏引詩：其耕澤澤。又云：澤、郝竝音釋。桂氏曰：疑當作赫。七略：鄒赫子。五臣文選注作鄒奭子，藝文志亦作奭。史篇名醜。史篇見許君自敘。

𥈀　古文奭。据此則皕亦當有古文，皕、百有古文𦣻，亦可證。

文二　重一

習　數飛也。數，所角切。月令：鷹乃學習。鶻鵃賦：翺不翕習。從羽，白聲。段氏曰：此合韻也。又部彗，古文作篲，亦是從習聲合韻。似入切。凡習之屬皆從習。

翫　習。句。廣雅：翫，習也。猒也。又申之者，猒，飽也。謂習之而至於猒足也。易大傳：所樂而玩者，馬云：玩，貪也。鄭作翫。貪卽猒義，較之習孰義有進，故申之也。從習，元聲。五換切。春秋傳曰：翫歲而愒日。昭元年文，杜注：翫愒皆貪也。

文二

羽　鳥長毛也。謂異於背上之毛、腹下之毳也。廣韻：羽，鳥翅也。象形。字是兩翅形，六之者，所謂六翮

jiǎn 翦 cuì 翠 fěi 翡 dí 翟 hàn 翰 chì 翨

也。王矩切。凡羽之屬皆從羽。

翨 鳥之彊羽猛者。桂氏曰、疑當作鳥羽之彊猛者。秋官翨氏、掌攻猛鳥、以時獻其羽翮。先鄭曰、翨讀爲翅翼之翅。後鄭曰、翨鳥翮也。筠案二鄭皆謂翨翅一字也。許君不從先鄭者、葢謂猛鳥之羽曰翨、故攻猛鳥之官曰翨氏。若是鳥翮、則鳥皆有之、何以專屬猛鳥乎。從羽是聲。居豉切。

翰 天雞也。依御覽引。逸也字於此、此及下句與翟說作偶語。赤羽也。釋鳥、韓天雞、釋文、韓本又作翰、翰當作翰、卽許君所據之本也。爾雅郭注亦曰赤羽。案許君以翰爲天雞之名、以韓爲鶾曰韓音之字與今本互異。一曰。毛長者曰翰。依長楊賦注引補。詩、翰飛戾天、鄭注大傳曰、翰、毛也。從羽。以下四篆皆鳥名。似不當以全體之鳥從一體之羽、故赤羽尾長云云者、特著字從羽之故。倝聲。侯幹切。逸周書曰、文翰若翬雉。一名鷐風。依御覽引改。易林、豫之咸、晨風文翰。周成王時、蜀人獻之。郭注引逸周書曰、文鶾若彩雞、成王時、蜀人獻之。疏曰、王會篇文、彼云、蜀人以文鶾、文鶾者若翬雉。孔晁注云、王城既成、大會諸侯及四夷、故知當成王時蜀人獻之也。桂氏曰、今周書云、蜀人以文翰、文翰者若皋雞、注、皋雞似鳧、冀州謂之澤特也。皋一作皇。馥案皋當爲睪、睪卽澤。又曰、晨風疑當作晨鵠、文選江賦、其羽族也、則有晨鵠天雞、李注引山海經、大鶚音如晨鵠、郭璞曰、晨鵠猶晨鳧也。馥案廣志、晨鳧雄者赤頭有距。筠案郭引云成王時蜀人獻之、乃約舉王會之文。鳥部鸞下云、周成王時、御覽引周書、成王時、許君於此既引逸周書、則知周成王之周爲衍文。

說文句讀 卷七 去

翟 山雉也。尾長。傳寫誤加鳥、釋鳥、鸐、山雉。有、詩書皆作翟、段氏曰、翟羽字、經傳多假狄爲之、狄人字、傳多假翟爲之。從羽從隹。徒歷切。

翡 赤羽雀也。藝文類聚引、無羽字。淮南高注、翡、赤雀、翠、青雀。漢書賈山傳、應劭曰、雄曰翡、雌曰翠、顏注、鳥各别類、非雌雄異名也。增韻、翠小如燕、毛青黑色、翡深青有光彩、飛水上食魚。翡大如鳩、毛紫赤、鄒點點青不深、無光彩、林棲、不食魚。出鬱林。從羽非聲。房未切。周書曰、成王時蒼梧獻翡翠。依藝文類聚引補、王會解作倉梧。

翠 青羽雀也。藝文類聚引、無羽字、字林有、以此推之、翡下云赤羽雀也、亦校者以字林改說文。釋鳥、翠、鷸、左傳、鄭子臧好聚鷸冠。出鬱林。郭注亦云。從羽卒聲。七醉切。

翦 羽生也。下猴亦云羽初生皃、矢有翦羽、又有猴矢、卽其借名以證本義、則翦者謂新生之羽、整齊之狀也。釋言、翦、齊也。一曰矢羽。

qú 翑

shà 翜 piān 翩 liù 翏 huī 翬 xuān 翾 xī 翕 zhù 翥 yì 羿 hé 翮 hóu 猴 qiáo 翹 gé 翱 chì 翄 wēng 翁

矢、俗矢字。釋器、金鏃翦羽謂之鍭。從羽前聲。卽淺切。

翁 鳥頸毛也。韻會引作鳥頸毛也。元應云、鳥頭上毛曰翁、一身之最上、西山經、天帝之山有鳥焉、黑文而赤翁、注、翁頭下毛。從羽公聲。鳥紅切。

翄 翼也。從羽支聲。本叔豉切、孫施智切。

𦐊 翄或從氏。楚世家、奮翼鼓翄、或借爲飛皃用之。魏都賦、翍翍精衞、與小雅歸飛提提同。

翱 翄也。從羽革聲。古翮切。毛詩卽借革爲之、斯干、如鳥斯革、傳、革、翼也。釋文、韓詩作鞠。

翹 尾之長毛也。顏注急就篇、雞翹、雞尾之曲垂也。射雉賦、斑尾揚翹、段氏曰、尾長毛必高舉、故凡高舉曰翹、詩曰、翹翹錯薪、高則危、詩曰、予室翹翹。從羽堯聲。渠遙切。

猴 羽本也。猴、李淳風注、九章算術、今有出錢二百六十、買羽二千一百、數羽稱其本、猶數草木稱其根株。詩、周禮、鍭矢、士喪禮作猴矢。從羽侯聲。乎溝切。一曰、羽初生皃。

翮 羽莖也。釋器、羽本謂之翮、則與猴同義、許君葢謂、羽本無毛而空中者爲猴、衆毛所附者爲翮也。從羽鬲聲。下革切。

翑 羽曲也。雞翹下曰、曲之類。從羽句聲。其俱切。釋畜之言馬也、曰、後足皆白、翑。

說文句讀 卷七 夫

羿 羽之羿風。增韻曰、謂箭乘風而疾也。亦古諸侯也。此義與弓部𢎨同、杜注左傳、羿、有窮君之號。一曰射師。左傳、楚有鬬射師、然此句恐係後人增、𢎨下云、帝嚳射官、則此爲贅說。從羽幵聲。五計切。

翥 騫翥。元應引作騫翥、今改之。飛舉也。謂自地初起之時也。廣雅、翥、飛也。方言、翥、舉也。西京賦、鳳騫翥於甍標、楚詞遠游、鸞鳥軒翥而翔飛。從羽者聲。章庶切。

翕 起也。從羽合聲。許及切。思元賦注引說文、翕、熾也。

翾 小飛也。字林、初起也。韓詩外傳、翾翾十步之雀。從羽睘聲。許緣切。

翬 大飛也。釋鳥、鷹隼醜、其飛也翬、注、鼓翅翬翬然疾。從羽軍聲。許歸切。一曰、伊雒而南、雉五采皆備曰翬。釋鳥文、彼雒作洛、采譌彩、又有素質成章字、此省之也。詩曰、如翬斯飛。小雅斯干文、此證大飛一義、說見奞部奮下。

翏 高飛也。從羽從㐱。力救切。

翩 疾飛也。字林同、一作飛疾皃、詩傳、翩、飛皃、易泰卦、翩翩、向本云、輕舉也。從羽扁聲。芳連切。

翜 捷也。釋詁文。飛之疾也。申捷義、字林同。從羽夾聲。讀若濇。山洽切。

yì 翊　tà 𦐇　chī 𦐔　áo 翱　xiáng 翔　huì 翽　xué 翯　huáng 𦏲　fú 翇　dào 翿　yì 翳

一曰。俠也。蓋謂兩字同從夾聲、可通借也、釋詁以翜與際接同訓捷、俠與際接之義略近、

翊　飛皃也。漢郊祀歌、神之來、泛翊翊、顏注、翊音弋人切、又音立、段氏曰、翊字本義本音、僅見於此、吳都賦、鷹瞵鶚視、趬趯翋𦑣、從羽。立聲。與職切、段氏曰、此借翊爲翼之音、

𦐇　飛盛皃也。段氏曰、廣雅、翋𦑣飛也、即說文之翊𦐇、疊韻字也、從羽從曰。小徐本冃聲、大徐曰、犯冒而飛是盛也、土盍切、

𦐔　羽盛皃也。玉篇廣韻同、類篇、𦐔𦐔、羽翼盛也、從羽。屮聲。侍之切、

翱　翱翔也。釋名、翱、敖也、言敖遊也、翔、佯也、言仿佯也、從羽。皐聲。五牢切、

翔　回飛也。釋鳥、鳶烏醜、其飛也翔、注、布翅翱翔、高注淮南曰、翼上下曰翱、直刺不動曰翔、從羽。羊聲。似羊切、

翽　羽聲也。依詩釋文引改、鄭箋同、字林、飛聲也、從羽。歲聲。呼會切、詩曰。鳳皇于飛。翽翽其羽。大雅卷阿文、

翯　鳥白肥澤皃。字林同、竹君本、皃字下空白一格、從羽。高聲。胡角切、詩云。白鳥翯翯。大雅靈臺文、白部、皠、鳥之白也、何晏賦、皠皠白鳥、賈誼書作皜皜、孟子引詩作鶴鶴、

𦏲　樂舞。以羽翿自翳其首。以祀星辰也。春官樂師、有皇舞、注、故書皇作𦏲、許君本之、故書也、翿當作翳、自翳其首者、先鄭曰、皇舞者、以羽冒覆頭上、顏注急就篇、翳謂凡鳥羽之可隱翳者也、舞者所持羽翿、以自隱翳、因名云、以祀星辰者、地官舞師、教皇舞、帥而舞旱暵之事、左昭元年傳、日月星辰之神、則雪霜風雨之不時、於是乎禜之、故許君謂旱暵祀星辰也、從羽。王聲。胡光切、讀若皇。先鄭曰、𦏲讀爲皇、書亦或爲皇、知是時已有借皇者、故許君言此以闢之、

翇　樂舞。執全羽以祀社稷也。春官樂師、有帗舞、先鄭曰、帗舞者全羽、地官舞師、教帗舞、帥而舞社稷之祭祀、從羽。犮聲。分勿切、讀若紱。說文無紱、當作帗、謂周禮本借帗爲翇也、鄭君所据本即作帗、故以析五采繒釋之、

翿　翳也。釋言、翿、纛也、纛、翳也、釋文、纛、字又作翳、王風毛傳、翿、纛也、翳也、案二書皆後人以俗字改之、釋言當作儔翳也、翳翳也、儔翳同字、而可以相釋者、此竝併也、嗟咨嗟也之例、所以舞也。呂覽仲夏紀、執干戚戈羽、注、羽以爲翿、舞者執之、以指麾也、從羽。𣪊聲。徒到切、詩曰。左執翿。依集韻引改、王風君子陽陽文、彼用俗翿字、

翳　華蓋也。星經、華蓋十六星、在五帝座上、杠九星、爲華蓋之柄、西京賦、華蓋承辰、辯

lìn 閵　luò 雒　zhī 隻　yǎ 雅　zhuī 隹　shà 翣

粽口、華蓋星覆北斗、王者法而作之、鄭司農注鄉師云、翿、羽葆幢也、筠案翳翳皆古名、幢則漢名、故方言曰、幢、翳也、釋名曰、幢、童也、其貌童童然也、蔡邕獨斷云、以旄牛尾爲之、大如斗、在左騑馬頭上、所謂黃星左纛、纛又謂之翳、從羽。殹聲。於計切、

翣　棺羽飾也。段氏曰、羽衍文、是也、世本、武王作翣、喪大記、黼翣二、黻翣二、畫翣二、注、漢禮、翣以木爲匡、廣三尺、高二尺四寸、方、兩角高、衣以白布、畫者畫雲氣、其餘各如其象、柄長五尺、車行使人持之而從、既窆樹于壙中、又案古今注、謂翣即雉尾扇、則字之從羽有本、經典所言無羽、特以其下乘而從羽也、天子八。諸侯六。大夫四。士二。禮器曰、天子八翣、諸侯六翣、大夫四翣、許君增士二者、以降殺之等推之、段氏曰、喪大記六翣之外、天子又有龍翣二、見周禮注、下垂。從羽。妾聲。山洽切、翣與箑相似、大小異耳、

文三十四　重一

隹　鳥之短尾總名也。謂凡短尾者通名爲隹、非從隹之字皆短尾鳥也、故雉字從隹、小雅四牡、翩翩者鵻、釋文、夫不也、本又作隹、楚金引詩翩翩者隹、釋鳥、隹其鳺鴀、釋文、隹、本或加鳥、非也、鳺鴀本亦作夫不、案此專爲一鳥之名、許君不收鵻、象形。職追切、凡隹之屬皆從隹。

雅　楚烏也。楚烏者、雅之別名也、水經注謂之鵻烏、亦曰阿鵻烏、亦曰赤觜烏、一名鸒。一名卑居。名竝當作曰、詩小弁、弁彼鸒斯、傳、鸒、卑居、卑居、雅烏也、水經注、濕水下、引爾雅、鸒斯卑居、今本作鵯鶋、非也、夏官羅氏注、亦作卑居、犍爲舍人則作壁居也、繫傳、卑音匹、秦謂之雅。字林、秦云雅烏、釋鳥、白脰烏、玉篇作白脰雅、莊子曰雅賈、馬融亦曰賈烏也、從隹。牙聲。五下切、又烏加切、案牙古讀如吾、則雅讀當同烏、雅一類而小別、故字音疊韻、今讀雙聲、非也、班固東都賦、武雅爲韻、

隻　鳥一枚曰隻也。龜筴傳、玉櫝隻雉、從又持隹。之石切、持一隹曰隻。持二隹曰雙。依集韻引補、猶兼下云秉持一禾、兼持二禾也、隻在隹部、雙在雔部、以鳥爲主、故不入又部也、

雒　鵋鵙也。說文無鵋鵙、當作忌欺、廣韻引字林、鵅、鵋鵙鳥、或字林則然、後人据以改說文也、今本爾雅如字林、元應引之、則作忌欺、纂文、鵂鶹一名忌欺、然萑部、𦾔舊、不云即雒、未知許君以爲一物否、從隹。各聲。盧各切、

閵　今閵。玉篇作含閵、似鴝鵒而黃。從隹。𨳇省聲。良刃切、

𨶠

籒文閨不省。巂周燕也。釋鳥釋文引同。釋鳥巂周燕燕鳦舍人云巂周名燕燕又名鳦孫炎云別三名而御覽引孫炎云巂周燕別名與許君合此說巂曰周燕也說乙曰燕燕元鳥也蓋衍一燕字許君于巂乙兩字下見釋鳥全文以見巂周燕兩名爲一物燕鳦兩名爲一物也郭注雖亦以爲兩物然注巂周曰子巂鳥出蜀中許君列此義于一曰則周燕蓋非子巂文選七命巂髀猩脣李注引呂覽肉之美者巂燕之髀案今本呂氏春秋本味篇作巂燕之翠是知此鳥一名巂一名周燕合而名之則曰巂燕特不知爲今之何鳥耳華陽國志子鵑鳥今云是巂或曰巂周案此則是時爾雅句讀不一但亦以爲子巂則異於說文從隹屮。象其冠也。如雞冠之冠猶云戴勝冏聲。戶圭切一曰蜀王望帝婬其相妻慙亡去化爲子巂鳥故蜀人聞子巂鳴皆起云是望帝也。依釋鳥釋文引補十三州志當七國稱王獨杜宇稱帝于蜀時有荊人死者名鼈泠其尸亡至汶山卻更生見望帝帝以爲蜀相時巫山蜀地壅江洪水望帝使鼈泠鑿巫山治水有功望帝自以德薄乃委國於鼈泠號曰開明遂自亡去化爲子規故蜀人聞鳴曰我望帝也又云望帝使鼈泠治水而淫其妻泠還帝慙遂化爲子規杜宇死時

適二月而子規鳴故蜀人聞之皆起雃鳥也。禽經說鵔鶄異名云旋目其名䴉方目其名鴋交目其名鳽案其字雖作鴋而鳥部鴋字不云鵔鶄故知即此雃也從隹方聲。府良切讀若方雀依人小鳥也。古今注雀一名佳賓月令鴻雁來賓爵入大水爲蛤鄭注賓字絕句呂覽注賓爵老爵也栖宿于人堂宇之間有似賓客故謂之賓爵從小隹。讀與爵同。案爵雀蓋古今字也即略切猚鳥也從隹犬聲。五佳切案此音與犬聲不合未詳睢陽有猚水。雗雗鷽也。鳥部鷽下亦云雗鷽知雗非衍字釋鳥鶾天雞鷽山鵲連文天雞之字許作翰恐釋鳥之文本作雗鷽山鵲今本沿上文鶾字而誤去之字亦作鳱淮南子鳱鵲知來射矦之鵠即此物見大射儀及天官司裘注從隹倝聲。矦榦切雉有十四種。題下事也種當作穜盧諸雉。釋鳥作鸕張揖注上林賦以鸕爲白雉段氏曰上林自謂水鳥然張語必爾雅古說筠案黑水曰盧龍黑弓曰盧弓則白雉不當名盧且下文有卓雉矣喬雉。釋鳥作鷮鳥部亦然鳪雉。依韻會引改釋鳥作鳪說文無鳪郭注黃色鳴自呼鷩雉。見鳥部秩秩海雉。釋鳥郭注如雉而黑在海中山上翟

山雉。見羽部翰雉。見羽部釋鳥作雗非釋文雗字又作翰郭以雗鶾爲一則不足十四種之數且翰似翬之五采而卓則白較然兩物也卓雉。釋鳥作鵫郭注白鵫亦名白雉伊洛而南曰翬。洛當依羽部作雒江淮而南曰搖。釋鳥江淮而南青質五彩皆備成章曰鷂周官司服注江淮而南青質五色皆備成章曰搖與許同所據必爾雅古本也染人注雉類有六曰翬曰搖曰鷂曰甾曰希曰蹲南方曰𠮛。集韻引作𠮛與今爾雅及鄭注同白帖作鷔東方曰甾。鄭注同釋鳥作鶅北方曰稀。釋鳥作鵗鄭作希西方曰蹲。鄭注同釋鳥作鷷從隹矢聲。直几切𨾊古文雉從弟。古文弟也小徐從小篆弟非也雊雄雌鳴也。依詩疏引改元應引作雄雉之鳴爲雊詩雉之朝雊尚求其雌雷始動雉乃鳴而句其頸。乃字依尚書疏引補句字依詩小弁疏引改夏小正正月雉震呴傳曰呴也者鳴也震也者鼓其翼也正月必雷雷不必聞惟雉爲必聞之何以謂之雷則雉震呴相識以雷此依初學記所引從隹從句句亦聲。古矦切矦當作侯說見繫傳校錄雞知時畜也。春秋考異

郵鶴知夜半雞應旦明從隹奚聲。古兮切鷄籒文雞從鳥。雛雞子也。字林同釋鳥生哺雛釋文鳥子生而能啄者案此泛言鳥而淮南時則訓天子以雛嘗黍注雛新雞也從隹芻聲。本士虞反鶵籒文雛從鳥。雡鳥大雛也。桂氏曰爾雅釋文引作鳥弋雛也鳥弋當爲鳥鳶鳥鳶同類夏小正鳴弋即鳴鳶鳶鈎所見釋文仍作大從隹翏聲。力救切一曰雉之莫子爲雡。釋鳥文彼誤作暮作鷚羣書亦多用鷚郭注晚生者今呼少雞爲鷚淮南子天子以雛嘗黍高注春鷚也眾經音義蔭鷚謂蔭覆也案此二事皆謂雛不謂雉離離黃倉庚也。依藝文類聚引補釋鳥云皇黃鳥又曰倉庚商庚又曰鵹黃楚雀又曰倉庚鵹黃也一物四兒而鵹黧字又不同且二足而羽兩句已結篇尾而又綴兩句明是後人附益許君所據本蓋作離鳴則蠶生。詩七月春日載陽有鳴倉庚女執懿筐遵彼微行爰求柔桑箋倉庚鳴可蠶之候也從隹离聲。呂支切五音集韻今用鸝爲鸝黃借離爲離別也雕鷻也。韋昭云雕一名鶚也郭注山海經雕似鷹而大尾長翅從隹周聲。都僚切考工記故書雕或爲舟案雕鷻雙聲故行葦敦弓

hù 雇　rú 雓　hū 雐　lí 𩀨　yàn 雁　qián 雂　yōng 雝　shuì 𨿽　qiān 雃　chī 䧑　yīng 䧹

借敦爲彫。籀文雕從鳥。

鳥也。釋鳥鷹鶆鳩注鶆當爲鷞字之誤也左傳作鷞鳩是也釋文衆家並依字樊云來鳩鷞鳩也字林作鶆音來云鶆鳩鷹也。從隹。從人。瘖省聲。依韻會引改顧氏作疒省聲則當云從疾省月令云征鳥厲疾是也於陵切。籀文䧹從鳥。

𨿽也。俗所謂鷂鷹者也字林鴟鴟鵂也則是爾雅之怪鴟也又有鴟鴞茅鴟皆與單言鴟者各物。從隹。氐聲。處脂切。籀文䧑從鳥。

䧑也。從隹。垂聲。是偽切。

石鳥。廣雅作碣鳥。一名雝渠。名當作曰釋鳥鵖鴒雝渠左昭七年傳引詩鶺鴒在原說文不收蓋依毛詩作脊令也潛夫論引詩顧彼鶺鴒中論引作相彼脊令毛傳飛則鳴行則搖不能自舍。一曰精列。脊令之轉語。從隹。幵聲。苦堅切曹憲音五莖反。春秋傳秦有士雃。左襄九年傳秦伯使士雃乞師於楚段氏曰雃當是上會之後傳曰秦人歸其帑其處者爲劉氏蓋處者亦不皆爲劉氏也。

雝渠也。陸璣詩疏大如鷃雀長腳長尾尖喙背上青灰色腹下白頸下黑如連錢故杜陽人謂之連錢廣韻鵖鴒又名錢母。從隹。邕聲。於容切。

鳥也。釋鳥鶨鵙老郭注鳹鶨也釋文引字林鳹句喙鳥。從隹。今聲。巨淹切。春秋傳。有公子苦雂。見昭二十一年。

鳥也。此隨陽之鳥也。從隹。從人。厂聲。雁之從人也隨人所指蹤也鴈之從人也行禮用之也雁于二者無與當云從隹鴈省聲五晏切。讀若鴈。此區別之詞也經典多通用許則謂鴻雁鴈鵝有別也。字林作

𩀨黃也。從隹。黎聲。郎兮切。一曰楚雀也。其色黎黑而黃也。此句解𩀨黃言以形色爲名也案釋鳥之皇黃鳥倉庚商庚許君蓋以爲一物鵹黃楚雀許君以爲一物其倉庚鵹黃合而爲一蓋許君所不從也。

鳥也。從隹。虍聲。荒烏切。

牟毋也。釋鳥鴽鴾母釋文鴾字或作牟音謀毋如字李音無舍人本作蕪公食大夫禮注作無毋通卦驗注作麋毋淮南注云鶉也。從隹。如聲。人諸切。雓或從鳥。此二篆各本皆從奴惟說文韻譜從如集韻引同經典字書韻書皆作鴽且唐韻人諸切亦是如音從奴則當乃都切。

九雇。農桑候鳥。扈民不婬者也。左昭十七年傳九扈爲九農正扈民無淫者也杜注扈止也賈

yì 隿　sàn 𩁹　hóng 琟　zhī 𨾙　ān 䧼　chún 𩀉

注云春扈分循相五土之宜趣民耕種者也夏扈竊元趣民耘苗者也秋扈竊藍趣民收斂者也冬扈竊黃趣民蓋藏者也棘扈竊丹爲果驅鳥者也行扈唶唶晝爲民驅鳥者也宵扈嘖嘖夜爲農驅獸者也桑扈竊脂爲蠶驅雀者也老扈鷃鷃趣民收麥令不得晏起者也。從隹。戶聲。左傳居蕩戶之杜注戶止也侯古切。春雇鳻盾。以下皆釋鳥文彼作春鳸鳻鶞賈逵作分循段氏曰當依集韻類篇作頒。夏雇竊元。秋雇竊藍。冬雇竊黃。棘雇竊丹。行雇唶唶。宵雇嘖嘖。桑雇竊脂。郭注俗謂之青雀觜曲食肉好盜脂膏因名云筠案郭特訓此竊爲盜所以別於諸竊字之訓淺也吾鄉呼竊丹爲偷燕支鳥。老雇鷃也。鷃也用小徐本之鷃鷃而依廣韻所引改爲鷃桂氏曰釋鳥鷃鷃老扈鷃邢疏及左傳疏皆曰諸家皆斷老上屬惟樊光斷鷃鷃爲句以老下屬本書鷃雇也無老字鷃欺老也亦以老上屬此述九雇之名仍稱老雇者後人加之也筠案上八雇有春夏秋冬棘行宵桑之別此直云雇不當爲通名乎且賈侍中云老扈鷃鷃杜注亦然豈得盡云後人加之恐爾雅古本云鷃欺老老雇鷃鷃爲賈侍中杜征南所承用也。

雇或從雩。不言從鳥者蓋當依小徐先鳭後鷃鴳下已言從鳥此承之也。

籀文雇從鳥。

䧼屬也。元應引鶉鷂鶉也桂氏曰今呼鶉鶉爲一物誤矣以實考之蝦蟇化者爲鶉田鼠化者爲鴽今人用以鬥者鶉也表記引詩鶉之賁賁鄭注賁賁爭鬭惡皃。從隹。𦎧聲。常倫切。𩀉䧼當與翟類列。

𩀉屬也。一曰牟毋一曰鴽。依御覽引補。從隹。酓聲。恩含切。籀文䧼從鳥。

鳥也。漢武帝造鳷鵲觀在雲陽甘泉宮外。從隹。支聲。章移切。一曰𨾙度。韻會曰猶今言度支也桂氏曰晉書職官志有度支尚書。

鳥肥大琟琟然也。漢書司馬相如傳鳿鷫鵠鴇張揖曰鳿大鳥也。從隹。工聲。戶工切。琟或從鳥。元應曰鳿古文琟聲類以爲鴻鵠之或字。

繳𩁹也。桂氏曰當爲繳橵謂繳旣射高橵開以網鳥曹植羅繳雁賦播纖繳以淩雲播即播橵皇侃論語義疏解繳射者多家一云古人以細繩系丸而彈也一云取一枚長一二尺許以長繩系此枚而橫颺以取鳥也鄭注司弓矢云結繳于矢謂之矰矰高也侃案鄭意是細繩系箭而射也。從隹。橵聲。穌旰切。一曰飛𩁹也。𩁹小徐作橵蓋所謂紛藉藉若鳥獸散也。

繳射飛鳥

雄 cī 雌 xióng zhào 䍜 juàn 雋 wéi 䧭 suī 奞 duó 奪 fèn 奮 huán 雈 huò 蒦

也。從隹，弋聲。經典卽借弋爲之。與職切。

雄 鳥父也。釋鳥：鳥之雌雄不可別者，以翼右掩左雄，左掩右雌。從隹，厷聲。羽弓切。

雌 鳥母也。從隹，此聲。此移切。

䍜 覆鳥令不得飛走也。依玉篇、廣韻引補。玉篇网部又引，無走字。捕魚爲罩，覆鳥爲䍜，皆同意。從网隹。讀若到。都校切。

雋 肥肉也。肥也。廣韻：鳥肥也。從弓，所以射隹。大射義注：齊魯之間名題肩爲正。正，鳥之捷黠者。射之難中，以中爲雋。徂沇切。長沙有下雋縣。前後志同。

䧭 鳥飛也。依篇海引補。從隹，陸聲。山垂切。

文三十九　重十二

奞 鳥張毛羽自奮奞也。玉篇、廣韻屢引皆同。奮奞卽奮迅也。從大隹。大者，張大也。凡奞之屬皆從奞。讀若睢。息遺切，又先進、息晉、私閏三切。

奪 手持隹失之也。段氏謂奪失字今作脫，爭敓字今作奪。筠案：解挩字今亦作脫，挩亦有奪失之義。後漢書李膺傳：豈可以漏奪名籍，苟安而已。案此奪失之本義也。又劉般傳：皆使與奪田同罪。注曰：華嶠書奪作脫。然則爭奪字亦可借脫。從又奞。手持奞而去，是失之也。徒活切。

奮 翬也。羽部：翬，大飛也。引詩如翬斯飛。葢以毛公無傳而補之也。如跂斯翼四句，各事。如鳥斯革，傳：革，翼也。葢指屋甍而言。如翬斯飛，葢指屋榮而言。故旣以大飛說翬，又以翬說奮也。鄭君以鳥翬相儷，遂不以翬爲飛，而以爲雉。故曰：翬者，鳥之奇異者也。故以成之焉。成之者，謂成上文如鳥之義也。以兩事爲一，與毛公不同。至於手部揮，奮也，則是飲玉爵者弗揮之揮，與此無涉。從奞在田上。元應曰：廣雅：奮，振也。鳥之奮迅，卽毛起而身大，故字從奞在田上。方問切。詩曰：不能奮飛。邶風柏舟文。

文三

雈 鴟屬也。釋鳥：萑，老鵵。釋文：鵵，本又作菟。郭注：木兔也。似鴟鵂而小，兔頭有角，毛脚。案郭本葢亦作兔。從隹，從𦫳。有毛角。角部：觜，鴟舊頭上角觜也。所鳴，其民有旤。本部列字先崔後舊，職此之故。小徐曰：萑善度人禍福是也。凡雈之屬皆從雈。讀若和。猶桓表轉爲和表。胡官切。

蒦

guàn 雚 jiù 舊 huán 𦫳 guāi 乖 mián 芇 mò 苜 méng 瞢

規蒦，商也。規蒦者，商度之也。說見商部商下。蒦下有此說。類篇引作遽視皃，玉篇同。從又持雈。廣雅：蒦，持也。乙虢切。一曰視遽皃。一曰蒦，度也。度讀度量之度。漢律歷志：尺者，蒦也。

彠 蒦或從尋。尋亦度也。八尺曰尋。楚詞曰：求矩彠之所同。離騷文，彼作矱。注：淮南氾論訓：有本主於中，而以知榘彠之所同者也。高注：彠音約，度法也。

雚 雚爵也。依御覽引改。今本作小，似水之譌。乃後漢書班固傳注引說文：鸛，鸛雀也。葢隨文說之。從雈，吅聲。工奐切。詩曰：雚鳴于垤。東山文，彼作鸛。釋文：鸛，本又作雚。案鸛在鳥部，乃怪物也。韓詩：水鳥也。陸璣疏：似鴻而大，長頸赤喙，白身黑尾翅。

舊 鴟舊，舊留也。別二名。桂氏曰：釋鳥：鵅鶀軌。郭云：未詳。案鵅鶀卽雈，老鵵頭有毛角者。軌舊聲相近，以軌代舊。從雈，臼聲。巨救切。此乃新舊之音。大徐誤引也。玉篇許流切。

鵂 舊或從鳥，休聲。桂氏曰：白帖引文選鵩鳥賦，其字作鵂。漢舊儀：賈誼在湘南，六月上庚日，有鵂鳥來，穀疑鵂鳥爲鵩。鳥舊伏聲相近，故從伏聲。伏服聲相近，故或作鵩。伏休形相近，譌作鵂也。

文四　重二

𦫳 羊角也。象形。玉篇：𦫳𦫳，兩角皃。廣韻：𦫳𦫳，羊角開皃。凡𦫳之屬皆從𦫳。讀若菲。工瓦切。

乖 戾也。從𦫳而𠃭。八部：𠃭，從重八。八，別也。春官保章氏：命乖別之妖祥。案𦫳者乖之象，𠃭者乖之意。云從𦫳而𠃭者，合兩意爲一，以見於象得意也。古懷切。𠃭，古文別。嚴氏曰：𠃭非卽別，音義近耳。

芇 相當也。廣雅：萹，當也。萹卽芇寫誤耳。廣韻：今人賭物相折謂之芇。闕。從𦫳已不可解，𠔼尤不可知也。讀若宀。母官切。

文三

苜 目不正也。從𦫳從目。凡苜之屬皆從苜。莧從此。讀若末。眛從末聲，當云目不正也。於此文徵之。左傳：盟于蔑。公羊、穀梁作眛。論語：亡之，命矣夫。漢書引亡作蔑。新序作末。模結切。

瞢 目不明也。春官眡祲：六曰瞢。先鄭云：日月瞢瞢無光也。從苜從旬。本莫䁅切。孫木空切。

dá 羍 yù 𦍩 zhù 羜 gāo 羔 mǐ 羋 yáng 羊 miè 蔑 miè ⿱苜火

當依廣韻武登切。旬目數搖也。已見目部，此多一數字。

⿱苜火 火不明也。段氏曰：火當作目。案主言火，則當在火部矣，然玉篇引同，其火部又收莢字，但云不明，集韻十六屑引同，今本廣韻不引，亦同，闕疑可也。從苜從火，苜亦聲。莫結切。周書曰：布重⿱苜火席。顧命文，彼作敷重蔑席，衛包又改作篾。纖蒻席也。纖當作纖，釋文引馬融曰纖蒻，疏引王肅曰蔑席纖蒻苹席。讀與蔑同。苜蔑同音，上既云苜亦聲，而又言此者，据兩字得通借而言。

蔑 勞目無精也。從苜，晉先蔑，公穀皆作眛，鄭嚴蔑字然明。人勞則蔑然，從戍。蔑字兩體不甚連貫，故兩對立文，而以勞字黏合之，戍守乃勞事也，桂氏欲改爲戌亥之戌，非。莫結切。

文四

羊 祥也。春秋說題辭文，釋名、春秋繁露同，初學記引作詳也，非是。考工記注：羊，善也。公羊春秋昭十一年盟于侵羊，穀梁作祲祥。從𦍌，象頭角足尾之形。小徐本從𦍌象四足尾之形，五經文字、太平御覽、藝文類聚引竝同，此是許君原文，大徐本乃後人增補，明知之而刪之而依之者，據先有羊而後有𦍌，羊字不可從𦍌也。與章切。孔子曰：牛羊之字以形舉也。設字從𦍌，豈不又兼會意。凡羊之屬皆從羊。

羋 羊鳴也。夏官職方氏注引國語曰：閩，羋蠻矣。釋文：羋，劉音如羊鳴，近米。史記楚世家：羋姓。索隱：羋，羊聲也，俗作咩也。從羊，象聲气上出，與牟同意。謂其上出之筆皆屈曲也。緜婢切。

羔 羊子也。詩羔羊之皮，傳：小曰羔，大曰羊。從羊，照省聲。桂氏曰：疑後人亂之，當云從火，月令食麥與羊，注云：羊，火畜也。周禮羊人屬夏官，故云從火。筠案：此說與小羊不合。古牢切。

羜 五月生羔也。釋畜：未成羊，羜。郭注：俗呼五月羔爲羜。從羊，宁聲。讀若煑。直呂切。

𦍩 六月生羔也。廣雅：羍、𦍩、羜，羔也。從羊，孜聲。讀若霧。說文無霧，當作霚。已遇切，又亡遇切。

羍 七月生羔也。初學記、御覽、藝文類聚引竝同，今作小羊也者，蓋据生民先生如達改之。辭綜荅韋昭曰：羊子初生名達，小名羔，未成羊曰羜，大曰羊，長幼之異名，蓋亦据生民爲說，與許不同。列字既以羜𦍩羍䍜爲次，則作七月爲是。印林曰：生民毛傳：達，生也。此謂已會生者也，故申之曰姜嫄之子先生者也，此謂首生之子，而其生之易如先此已會生者也。鄭君破達爲羍，非許所豫知，諸家以毛傳、鄭箋膠葛爲一，是以不可通。從羊，大聲。他末切。讀若達。小徐此下有同字，亦据生民增之，非也。

羍 羍或省。言省者，以人爲入則聲不諧，以入爲八則人字無此體，而聲意又皆不合，故曰大省爲人也。

jié 羯 gǔ 羖 yú 羭 zāng 牂 fén 羒 dī 羝 zhào 䍜

䍜 羊未卒歲也。廣韻：吳羊牡一歲曰牸䍜，三歲曰羝；其牝一歲曰牸䍜，三歲曰牂。從羊，兆聲。治小切。或曰：夷羊百斤左右爲䍜。夷當作羠，戴侗曰：凡畜奄之，絕其字尾，則易肥也。集韻引無左右二字。讀若春秋盟于洮。見僖八年。

羝 牡羊也。生民毛傳文，漢書蘇武傳：使牧羝，羝乳乃得歸。顏注：羝，牡羊也，羝不當產乳，故設此言示絕。從羊，氐聲。都兮切。

羒 牂羊也。初學記、太平御覽竝引作牡羊也，下文牂，牡羊也，後漢書注、太平御覽、集韻竝引作牝羊也，爾雅釋文引字林：羒，牂羊，衆經音義一引字林：牂，牝羊也，又引則作牡。案羒牂羭羖四字類列者，以釋畜云羊牡羒牝牂，夏羊牡羭牝羖也。今段氏既改羭下之牡爲牝，羖下之牝依宋本矣，而又改爲羒，牡羊也，牂，牝羊也，於羣書雖有徵，然依此文以改釋畜，則當云羊牡羒牝

牂，夏羊牝羭牡羖，無故而顛倒其詞，殊不可解。釋獸一篇兼言牝牡者四物，皆先牡後牝，且字林羒，牂羊也，三歲曰牂；玉篇牂，羒羊也，是以牂爲牡羊矣，而字林又曰牂，牝羊也，牝牡二字易譌，故列異文于此，而許說則仍其舊，以俟決擇。從羊，分聲。符分切。

牂 牡羊也。說文韻譜作牝羊，詩苕之華傳亦云。從羊，爿聲。則郎切。

羭 夏羊牡曰羭。顏注急就篇同，列子天瑞篇注：羭，牝羊也。增韻亦引作牝羊。從羊，俞聲。羊朱切。

羖 夏羊牡曰羖。各本及羣書引皆作牡，毛氏刓改作牝，依爾雅也，宋版爾雅釋文引字林：羖，夏羊牡，通志堂本作牝。桂氏曰：羯曰羖犗，何得爲牝。筠案：今畜犬豕者，牝牡皆犗，不得以此定之。從羊，殳聲。公戶切。

羯 羊羖犗也。羊羖當作羖羊，廣雅：羖羊犗曰羯。云羖羊者，郭注釋畜曰：今人便以牂羖爲白黑羊名，則此羖羊即夏羊，乃黑羊也，白羊，爾雅但謂之羊，郭注謂之吳羊，下文羠字蓋謂白羊也。然犗騬猗皆一名，豕曰豶，羊曰羯羠，皆兩名，乃豶下以豶說之，而羯說以犗，羠說以騬，獨不相承。上文䍜下曰夷羊，不曰羠羊。廣雅釋獸曰：騬、犗、羯、羠、豶、猗、劉，攻羯也，亦有羯而無羠。或羠爲後人羼入乎？然羯羠皆不見正經，急就篇云：牂羖羯羠䍜羝羭，與貨殖傳皆兩字竝舉，無以決

yí 羠　fán 羳　jìn ⿰羊執　qiān 羥　wèi ⿰羊委　léi 羸　qún 羣　zì 羵　yān ⿰羊垔　cī ⿰羊此　měi 美　qiāng 羌

之。從羊曷聲。居謁切。羠 騬羊也。馬部騬、犗馬也。豕部豶、羠豕也。與此義同。貨殖傳其民羯羠不均、集解皆健羊名、則別一義。從羊夷聲。徐姊切。羳 黃腹羊也。見釋畜。從羊番聲。附袁切。羥 羊名也。從羊巠聲。本楷閒反、孫口莖切。⿰羊執 羊名也。從羊執聲。桂氏曰、篆當作摯、從埶聲。汝南平輿有摯亭。郡國志注誤爲摯。讀若晉。即刃切。羸 瘦也。御覽引作瘦也、又引譌作委也。從羊羸聲。力爲切。⿰羊委 羊相⿰羊委羵也。依玉篇增羵字。羵蓋與委積同意。羊性寒、散而煖聚、憚暑則互相登陟、如積薪然、集韻謂之羊疫、殆不知物理而肌爲之說。從羊委聲。於僞切。羵 ⿰羊委羵也。從羊責聲。子賜切。羣 輩也。通詞也、不主謂羊。小雅或羣或友、傳、獸三爲羣。檀弓離羣注、羣謂同門友也。從羊小雅誰謂爾無羊、三百維羣。君聲。渠云切。⿰羊垔 羣羊相積也。羵、玉篇作積。一曰黑羊也。廣雅⿰羊垔、黑也、則不主謂羊。從羊垔聲。烏閑切。⿰羊此 羊名。名當作也。蹏皮可以割黍。從羊此

聲。此思切、廣韻此移切。美 甘也。甘爲土味、故五味之至美者皆甘。從羊從大。羊大則肥美。無鄙切。羊在六畜主給膳也。許意蓋主羞字從羊而言、天官膳夫膳用六牲、自此以下五職、言膳羞者五、言薦羞、好羞、庶羞各一、又曰羞用百有二十品、又曰百羞、凡食品皆以羞統之、是羊爲膳主、故字不從牛犬等字、而從羊也。美與善同意。義、羨皆同意。羌 西婼羌。依御覽引補。西戎牧羊人也。漢書出陽關、自近者始、曰婼羌、云西婼羌者、据中國以指斥之也。蠻下云南蠻、閩下云東南越、貉下云北方豸種、僥下云南方、夷下云東方、其立文同例、惟狄下云赤狄、爲赤省聲立幟耳。羌見於商頌、牧誓、其類自非一種、而舉婼羌者、即漢志所謂自近者始也。云西戎牧羊人也者、風俗通、羌本西戎卑賤者也、主牧羊、故羌字从羊人、因以爲號。從人牧羊。依御覽引改。羊亦聲。去羊切。南方蠻閩從虫。自此以下、已分見於各部矣、於此總言之者、四夷之名見於說文者、以羌爲首、羌之字從羊從人、不入之儿部而說之曰從儿羊聲、乃入之羊部者、羌固是人、異於犬種蛇種、然天性蠢愚、故以其牧羊而入之羊部、遂牽連而解四夷之名義也。北方狄從犬。東方貉從豸。豸部云北方、蓋在東北也。

yǒu 羑　shān 羴　chàn 羼

本文連舉四方、故云東、非與下文東夷牴牾。西方羌從羊。此六種也。種當作種、段氏曰、上文祇有四種、不得言六、或云此當作有、謂羌有六種、明堂位所謂六戎也。今按亦非、文義當云皆異種也、以引下文從人從大之字。西南僰人焦僥從人。焦本作焦、据僥說改。說詳人部僰僥二字下。蓋在坤地。頗有順理之性。坤、順也、在西南。唯東夷從大。大、人也。夷俗仁。漢書夷作𡰥、𡰥、古仁字。仁者壽。有君子不死之國。海外東經、大荒東經皆云有君子之國、大荒南經有不死之國、海外南經不死民在交脛國東、後漢書東夷傳、仁而好生、天性柔順、易以道御、有君子不死之國焉。孔子曰、道不行、欲之九夷、乘桴浮於海。有以也。漢地理志、東夷天性柔順、異於三方之外、故孔子悼道不行、設桴於海、欲居九夷、有以也夫。桂氏曰、桴當爲泭、論語讖、子欲居九夷、從鳳嬉宋均注、鳳遇亂則潛居九夷、本書鳳出於東方君子之國。𢓊 古文羌如此。羑 進善也。羑同誘、亦借牖、書誕受羑若馬注、詩天之牖民毛傳、皆云道也、釋詁、誘、進也、案進謂奬進之、道謂導引之、文異而義同、進善者、進之於善也。從羊久聲。與久切。文

王拘羑里。尚書大傳、史記作牖里。在蕩陰。依集韻引改、前後漢志、皆屬河內、鄴、蕩音湯。

文二十六　重二

羴 羊臭也。段氏曰、臭者、气之通於鼻者也、天官庖人膏羶其正義也。羊浲毛而毳羶、乃是惡臭矣。內經五臭無羶、春臭臊、月令五臭無臊、春臭羶、案許君說五臭五味、不似五行五色、以四方說之、且胜、犬膏臭也、臊、豕膏臭也、此獨不言膏、蓋以字從三羊、其氣即羴、不待言膏也。從三羊。本失然反、孫式連切。凡羴之屬皆從羴。羶 羴或從亶。羼 羊相廁也。廣韻、羊相間也。譏敏碑、取與鄰人羼竝㭢驅、顏氏家訓、典籍錯亂、皆由後人所羼、非本文也。從羴在尸下。尸、屋也。段氏曰、尸者屋之省。一曰相出前也。初限切。小徐本、一曰相出前、屋在初也、兩本皆有闕誤、六書故云、羊性躁、三羊羣處屋下、爭出也。

文二　重一

niǎo 鳥　jí 雧　yuān 𩁹　zá 雥　shuāng 雙　huò 靃　chóu 雔　jué 矍　jù 瞿

瞿　鷹隼之視也。禽經、雀以猜瞿、燕以狂昕、吳都賦、鷹瞵鶚視、從隹從䀠。䀠亦聲。九遇切、又音衢、凡瞿之屬皆從瞿。讀若章句之句。知許時章句已不讀如鉤矣、漢人說經之書、多名曰章句、

矍　隹欲逸走也。玉篇、矍矍、視而無所依之也、案也當作皃、又曰、鷹隼得逸志也、案此句亦似有誤字、震上六、視矍矍、馬云、中未得之皃、鄭云、目不正也、從又持之。矍矍也。段氏改矍爲瞿、是也、此句解字形、謂人持欲逸之隹、鷙顧瞿瞿也、廣雅、矍、持也、考工記、攫閷援簭、儒行、鷙蟲攫搏、皆當作此矍、手部攫、扟也、非此義、讀若詩云穬彼淮夷之穬。段氏曰、泮水、憬彼淮夷、憬下旣引之、此穬當作懬、詩釋文云、憬、說文作懬、音穬、今心部懬下佚此文耳、文選注引韓詩作穬、筠案心部憬字、當是後增、徐邈讀矍若詭、唐韻九縛切、一曰。視遽皃也。玉篇引作遽視皃、是也、史記索隱引遠視皃、遠乃遽之譌、字林、大視皃、則與目部矆同義、

文二

雔　雙鳥也。禽經、一鳥曰隹、二鳥曰雔、段氏曰、釋詁、雔、匹也、此讎字作雔、則義尤切、筠案此說、似涉公羊傳雙雙而至之嫌、從二隹。凡雔之屬皆從雔。讀若醻。市流切、

靃　飛聲也。從雨中雔。雨而雙飛者其聲靃然。言雙者、字從雔也、實是羣鳥飛聲、呼郭切、

雙　隹二枚也。少儀、其禽加於一雙、則執一雙以將命、方言、飛鳥曰雙、鴈曰乘、從雔。又持之。所江切、

文三

雥　羣鳥也。隋許善心神雀頌、嘉旣雥集、從三隹。徂合切、凡雥之屬皆從雥。

𩁹　鳥羣也。部首云、羣鳥也者、靜詞也、此云鳥羣也者、動詞也、酉陽雜俎、雚雀羣繞旋飛、謂之雚井、必有風雨、與此字從雥從肙、意相仿佛、從雥。肙聲。烏懸切、

雧　羣鳥在木上也。字林在作駐、從雥從木。秦入切、

集　雧或省。

文三　重一

鳥　長尾禽總名也。釋鳥音義引、短尾羽衆禽揔名也、短蓋長之譌、否則所引者隹下說也、㐫部云禽走獸總名者、據字從㐫爲說、此據釋鳥二足而羽謂之禽也、象形。都了切、鳥之足似匕。故從匕。依集韻引補、旣云象形、則全體象形矣、安得又兼會意、然此固許君原文也、漢碑之存于今者、凡鳥字皆四足、間有三足者、故許君辨正之、角部云角與刀魚相似、與此文法同、然道古卽不必證俗、且使卤莽者得以藉口、故是白圭之玷、凡鳥之屬皆從鳥。

fèng 鳳

鳳　神鳥也。白帖、神鳥、鳳別名也、天老曰。天老、黃帝臣也、下文所引、今見瑞應圖、韓詩外傳等書、鳳之象也。初學記引、無之也二字、鴻前麐後。諸引作麐前鹿後、蛇頸魚尾。鸛顙鴛思。鸛當作雚、思同顋、釋鳥釋文小雅論語疏初學記引、皆無此四字、瑞應圖韓詩外傳亦然、龍文龜背。一作虎背、瑞應圖韓詩外傳作龜身、燕頷雞喙。頷當作頤、五色備舉。言此者、以見五方神鳥、惟鳳五色均平也、一色獨多、卽非鳳矣、禽經曰、紫鳳謂之鷟、白鳳謂之鷫、是也、出於東方君子之國。說見羊部羌下、翱翔四海之外。過崐崘。當依水部下作昆侖、飲砥柱。濯羽弱水。弱水部作溺、莫宿風穴。段氏曰、二語見淮南書、文選注引許慎曰、風穴、風所從出也、筠案左傳疏引作丹穴、初學記引作丹宮、宮乃穴之譌、南山經、丹穴之山有鳥焉、其狀如雞、五采而文、名曰鳳皇、見則天下大安寧。字從鳥凡聲也。馮貢切、

𠃔　古文鳳象形。許說見鳥部焉下、鳳飛羣鳥從以萬數。二句見漢書、宣帝詔詞也、許君承用之、故以爲朋黨字。釋文引、故以鵬爲朋黨字、與字林合、此說假借也、又借黨爲攩、

鵬　亦古文鳳。字林、鵬、朋黨也、古以爲鳳字、莊子、化而爲鳥、其名爲鵬、崔云、古鳳字、非來儀之鳳也、案此亦調停之詞、

yuè 鸑　luán 鸞

鸞　赤神靈之精也。依藝文類聚引改、瑞應圖、鸞赤神之精、漢書息夫躬傳注、鸞赤靈之精、赤色五采。雞形。二句似當依瑞應圖乙轉、色亦當作尾、鳴中五音。頌聲作則至。瑞應圖、鸞雞身赤尾、亦被五采、鳴中五音、肅肅雝雝、心識鐘律、鐘律調則至、黃鳳謂之鸞、從鳥。䜌聲。禽經、鸞者鳳鳥之亞、始生類鳳、久則五彩變易、故字從變省、洛官切、周書。依御覽引補、成王時氏羌獻鸞鳥。見王會解、

鸑　鸑鷟。鳳屬。神鳥也。從鳥。獄聲。五角切、春秋國語曰。周之興也。鸑鷟鳴於岐山。周語內史過說、韋注、三君云、鸑鷟、鳳之別名也、段氏曰、三

shuāng 鷞

sù 鷫 zhuó 鷟 jiū 鳩 jué 鶌 zhuī 雖

君者、侍中賈逵、侍御史虞翻、尙書僕射唐固也。許云鳳屬、與賈小異。劉逵曰、鸑鷟、鳳雛也。說又異。河圖括地象、周之興也、鳳鳴於岐山、時人亦謂岐山爲鳳皇堆、江中有鸑鷟。似鳧而大。赤目。名同而實異、故辨之也。本草同此文。陳藏器曰、鸀鳿、狀如鴨而大、長項、赤目、斑紫毛角、紺色、一名鸑鷟。上林賦作屬玉、揚雄蜀都賦作獨竹、此二名皆與鸑鷟聲近。鸑鷟也。張說提乾符頌、鳴鸑改號、單呼爲鸑。禽經、紫鳳曰鷟、又單呼爲鷟、二字疊韻故也、從鳥。族聲。士角切。鷫鷞也。從鳥。肅聲。息逐切。五方神鳥也。後漢五行志引、無也字、是也。明此爲題下事也、易林井之賁曰、神鳥五氣、鳳皇爲主。東方曰發明。南方曰焦明。西方曰鷫鷞。北方曰幽昌。中央曰鳳皇。五曰字皆依五行志注引補、志曰、樂叶圖徵說五鳳皆五色、爲瑞者一、爲孽者四、注引叶圖徵曰、似鳳有四竝爲妖、一曰鷫鸘、鳩喙圓目、身義戴信、嬰禮膺仁、負智、至則疫之感也、二曰發明、鳥喙大頸大翼大脛、身仁戴智、嬰義膺信負禮、至則喪之感也、三曰焦明、長喙疏翼圓尾、身義戴信、嬰仁膺智負禮、至則水之感也、四曰幽昌、銳目小頭大身細足、脛若鱗葉、身智戴信負禮、嬰義膺仁、至則旱之感也、司馬相如說。鷫從鳥。叜聲。鷫鷞也。從鳥。爽聲。所莊切。鶻鵃也。釋鳥、鶌鳩、鶻鵃、許君先說鳩以鶻鵃、下文乃出鶌字、似不以爲一物也、衛風氓傳云、鳩鶻鵃也、小宛傳云、鳴鳩鶻鵃也、廣雅以鶻鵃爲斑鳩、高注淮南以鳴鳩爲斑鳩、蓋是也、至於郭注曰、似山鵲而小、短尾、青黑色、多聲、蓋當專屬之鶌鳩、以毛傳未嘗及鶌鳩、知許君亦不以爲一物也、從鳥。九聲。居求切、鶌鳩也。從鳥。屈聲。九勿切、惟小徐韻譜如此、玉篇同、元應引亦同、祝鳩也。左昭十七年傳、祝鳩氏司徒也、杜注、祝鳩、鶻鳩也、鶻鳩孝、故爲司徒、從鳥。隹聲。當作隼聲、裴從求聲、麗從丽聲、是其例、唐韻思允切、此豈翩翩者雛之音哉、爾雅釋文解郭注曰、鵻音焦、本又作焦、或作鷦、案鵻即雛、與鵻皆隼之譌也、詳見說文韻譜校、又案釋鳥、鷹隼醜、釋文隼、本或作鵻、案隹即鳥也、無勞更加、似陸氏所據說文、已譌鵻爲雛、然釋鳥首句曰、隹其鳺鴀、釋文曰、隹如字、旁或加鳥、非也、是陸氏以隹爲正、以雛爲俗、據字論之、未嘗檢說文、其釋詩四牡翩翩者雛曰、本又作隹、不復斥雛爲俗、以當時毛詩固然也、陸氏與元應同時、元應引說文、鵻、祝鳩也、則知陸氏所見說文亦當與之同、以雛爲隹之俗、猶以鵻爲隼之俗、皆是也、說文收鵻

gǔ 鶻 jú 鶌 zhōu 鵃 gē 鴿 dàn 鴠 jú 鵙

者、蓋小篆之誤○一曰。鷙鳥也。采芑疏釋鳥疏皆引之、而屬之隼字、案當在此、山海經、開明南有鵻、注、雕也、是雛當作鵻、從隹一文不成義、如其說、則是雛或從隹一。卒從衣一、凡從几一也、六書故引唐本隼、從隹從凡省、李陽冰曰、隼、凡省聲也、是必李氏作僞、蓋隼者古文、雛則小篆加鳥、古文之難解者多、不可穿鑿、一曰鶉字。此四字文不成義、元應曰、隼又作鶽、同思尹反、蓋即據此文也、廣雅、隼、鶽也、則是一物而非一字、集韻引作鶽子、顏師古亦作子、釋鳥、鶽子鳺、本部無鳺、鳺隼聲近、或鳺即隼之譌與、鶻鵃也。字林、骨鵃、小種鳩也、小宛毛傳作鶻鵰、莊子鷽鳩、釋文作學、崔云、學讀爲滑、滑鳩一名滑鵰、李巡作骨鵰、東京賦作鶻鵃、陸璣詩疏、鶻鵃一名斑鳩、桂陽人謂之斑隹、似鶉鳩而大、項有繡文斑然、陰則屏逐其匹、晴則呼之、語曰、天將雨、鳩逐婦、是也、○鉤案鶻鵃二篆、宜蒙鳩篆類廁、今跳在此、後人亂之、段氏以小宛釋文引字林作骨、不引說文、疑說文無此二篆、案爾雅釋文又引字林、固作鶻鵃矣、至於親字林而疏說文、郭氏陸氏皆然、不足疑、從鳥。骨聲。古忽切、鶻鵃也。從鳥。舟聲。張流切、釋文竹交切、當音嘲、桔鶌。尸鳩。桔一作秸、諸引亦多同、又與毛傳合、然說文無秸字、且毛傳作

桔鞠、方言作結誥、知此名取其聲、不必某爲正字、然左昭十七年傳杜注之鶌鵴、釋文云、本亦作桔鞠、是杜注本同毛傳、後人依俗本爾雅改之、釋鳥鳲鳩、毛詩傳箋、左傳杜注竝同、然山海經、廣雅、皆作尸鳩、說苑反質篇引詩尸鳩在桑、高注淮南時則訓引同、是詩釋文云、本又作尸、鵲巢序云、德如鳲鳩、釋文作尸鳩、云本又作鳲、乃至王符潛夫論、尙云內懷尸鳩之恩、則知經典中所有鳲字、皆後人改也、郭注曰、今之布穀也、江南呼爲穫穀、從鳥。𥷚聲。居六切。鳩屬也。顏注急就篇曰、鴿似鶉鳩而色青白、其鳴聲鴿鴿、因以名云、從鳥。合聲。古沓切、渴鴠也。從鳥。旦聲。得案切、惟方言呂覽淮南作此字耳、坊記作盍旦、月令釋文作曷旦、周書時訓解作鶡旦、鶡字己涉假借、此名合兩字成義、鄭君曰、盍旦夜鳴求旦之鳥也、是知盍者何不也、盍旦者何不旦也、作鴠豈可通乎、且渴字尤爲不倫、彼依公羊渴葬而作之、不知渴者、說文竭盡字也、濈乃飢渴字、許君不當自亂其例、而旦作鴠、直與薫風爲婦同謬矣、伯勞也。伯一作博、孟子鴃舌、趙注亦云博勞、又引詩七月鳴鴃、夏小正戴傳作百鷯、毛詩爾雅鵙皆謂鵙、爾雅釋文不誤、樊光曰、春秋云、伯趙氏司至、伯趙、鵙也、以夏至來、冬至去、小正、月令、皆云五月鳴、豳風則曰七月鳴鵙、王肅

liù 鷚　yù 鸒　xué 鷽　jiù 鷲　xiāo 鴞　jué 鴂　fǎng 鴋　xù ⿰祟鳥

云古文五字、似七故誤、從鳥昊聲。古闃切、□ 鶪或從隹。

鷚 天龠也。釋鳥、鷚、天鸙、釋文、鷚字又作鵦、鸙說文作蘥、筠案龍天蘥州名、故從艸、鷚名天龠、直以其直刺上飛而作聲耳、故又名告天鳥、不當作蘥也、郭璞云、大如鷃雀、色似鶉、好高飛作聲、而禽經曰、雖上無尋、鷚上無常、二說不相背、鷚之飛、自地崛起、直上、不橫飛、故郭謂之高飛也、中朝故事名爲阿監堆、吾鄉皆呼此名、從鳥翏聲。本力幼反、孫力救切、郭音綢繆之繆、

鸒 卑居也。釋鳥、鸒斯、鵯鶋、釋文、斯本多無此字、案斯是詩人協句之言、後人因將添此字也、而俗本遂斯旁作鳥、謬甚、鸒本或作居、互詳隹部雅下、從鳥與聲。羊茹切、

鷽 雗鷽。山鵲。知來事鳥也。釋鳥郭注、似鵲而有文彩、長尾、觜腳赤、廣雅、鳱鵠、鵲也、淮南子、乾鵲知來而不知往、大射儀司裘皆單謂之鵠、注云、謂之鵠者、取名于鳱鵠、鳱鵠小鳥難中、中之爲雋、從鳥學省聲。莊子消搖游、學鳩、釋文如字、一音於角反、本又作鷽、音同、胡角切、□ 鷽或從隹

鷲 鳥黑色多子。服虔說同、山海經、景山多鷲、黑色、多力、師曠曰。藝文志、小說家有師曠六篇、此文或出其中、南方有鳥名曰羌鷲。黃頭赤目。目、元應引作咽、五色皆備。是也。依元應引補、吳都賦、彈鸞鷲、劉注引師曠曰云云、而字從京者、就屬京部、會意字、鶁從就省耳、李氏音京、誤也、廣韻十二庚亦沿此誤、元應曰、此鳥有靈、知人死活、故名靈鷲、一曰雕。依御覽引補、然似當在鳥黑色多子之下、不當在此、服虔曰、雕一名鷲、黑色多子、可以其毛作矢羽、詩關雎疏云、雎鳩、郭璞曰、雕類也、陸璣疏云、雎鳩大小如鴟、深目、目上骨露、幽州人謂之鷲、從鳥就聲。中山經、暴山、其獸多就、郭注、就、鵰也、漢書匈奴傳亦作就、古文假借字也、顏注曰、就、大鵰也、黃頭赤目、疾僦切、

鴞 鴟鴞寧鴂也。釋鳥文、韓詩作鸋鴂、毛詩作鸋鴂、元應引字林、鴞、鸋鴂也、文選注引字林、鸋鴂、鴞也、獨不連言鴟鴞、陸璣詩疏、鴟鴞似黃雀而小、其喙尖如錐、取茅莠爲巢、以麻紩之、如刺韤然、縣著樹枝、有鸋鴂巧婦女匠工雀過贏桑飛韤雀巧女諸名、筠案吾鄉呼爲丁當、從鳥号聲。于嬌切、段氏曰、今人讀許嬌切、非、

鴂 寧鴂也。從鳥夬聲。古穴切、

⿰祟鳥 鳥也。廣韻、小鳥、從鳥祟聲。辛聿切、

鴋 澤虞也。段氏曰、釋鳥、鶭澤虞、釋文、鶭本或作旊、說文作鴋、郭云、今婟澤鳥、常在澤中、有象主守之官、按此釋澤虞之義、謂若周禮之澤虞也、楊雄云、鳸鳩或謂之鶭鸅、蓋尸鳩之一名耳、孫氏乃援以注爾雅之鳩澤虞、不知其斷句本異、從鳥方聲。分兩切、段氏曰、此不得牽合鶭鳩、

yuè 鵵　tǒu 鴸　chuàn 鶨　nán 鷬　liú 鶹　miǎo 䳻　jú ⿱臼鳥　jiāo 鷦　ǎo ⿰芺鳥　kūn 鶤　dié 鴃　qī ⿰桼鳥　jié ⿰截鳥

⿰截鳥 鳥也。玉篇廣韻、皆曰小雞、從鳥截聲。子結切、

⿰桼鳥 鳥也。從鳥桼聲。親吉切、

鴃 鋪豉也。釋鳥、鴃、鋪枝、釋文作鴃鋪豉、云豉、本今作枝、案豉乃俗字、以今本爲是、從鳥失聲。本吐節反、孫徒結切、

鶤 鶤雞也。釋畜、雞三尺爲鶤、注、陽溝巨鶤、古之名雞、西京賦、翔鶤仰而不逮、張揖曰、鶤雞似鶴、黃白色、淮南子、軼鶤雞於姑餘、許君注之曰、鶤雞、鳳皇之別名、於此則渾言之者、統三義於一語也、解字與說書不同、彼隨文義解之、此則據字解之、三物皆名鶤雞、則渾言之而已、楚詞作昆雞、七發作鵾雞、穆天子傳作鶤雞、從鳥軍聲。讀若運。古渾切、爾雅釋文、鶤音昆、或音運、

⿰芺鳥 鳥也。從鳥芺聲。烏浩切、

⿱臼鳥 鳥也。從鳥臼聲。居玉切、

鷦 鷦䳻。桃蟲也。釋鳥、桃蟲、鷦、其雌鴱、周頌毛傳、桃蟲、鷦也、皆以鷦一字爲名、廣雅、鷦䳻、鶚鴂、果贏、桑飛、女匠、工雀也、雖以鷦䳻爲名、而又與鶚鴂合爲一物、陸璣詩疏、今鷦鷯是也、微小於黃雀、其雛化而爲鵰、故俗語、鷦鷯生鵰、言始小終大者、始爲桃蟲、長大而爲鷦鳥、案陸氏此說與許合、不與寧鴂爲一物、鷦䳻疊韻字、從鳥焦聲。即消切、

䳻 鷦䳻也。從鳥眇聲。亡沼切、

鶹 鳥少美長醜爲鶹離。釋鳥文、彼作鶹鷅、郭注、鶹鷅猶畱離、詩所謂畱離之子、案今邶風作流離、毛傳同爾雅、然則鶹字亦非三古所有、凡以雙聲疊韻爲名者、率無偏旁也、從鳥畱聲。力求切、

鷬 鳥也。從鳥堇聲。那干切、□ 鷬或從隹。□ 古文鷬。從堇之古文䓛、□ 古文鷬。此又加竹、非理、大徐本雖譌、而從𠆢可信、蓋當作□、此鳥蓋如萑有毛角、𠆢乃角形、□ 古文鷬。小豆二字、分合皆不可通、堇之古文□、此或從之而譌邪、

鶨 欺老也。釋鳥、鶨、鵙老、鳸鴳、或謂說文當作欺也、案鳥之一字爲名者、大抵有隹鳥旁、無者多兩字爲名、伯勞、鋪枝、夫不、晨風是也、如或言、則當如今本作鶨、而說文無此字、說又見隹部雇下、郭注、鴅鶨也、俗呼爲癡鳥、疏引字林曰、句喙鳥、通志、鶨蓋鴟類、能捕雀、句喙、目圓黃可畏、如拳大、小者尤俊、從鳥彖聲。丑絹切、此鳥句喙、而與喙同從彖聲、似當讀如喙、

鵵 鳥也。玉篇、水鳥也、從鳥兌聲。弋雪切、

鴸 鳥也。玉篇、水鳥、黑色、集韻、似鳧、

mín 鴖　liáo 鷯　yǎn 鶠　zhī 鴲　luò 鵅　hè 鶴　bǔ 鸔　lù 鷺　hú 鵠　hóng 鴻

從鳥主聲。天口切

鳥也。集韻引作鴞。山海經、符禺之山、其鳥多鴖、其狀如翠而赤喙、可以禦火。從鳥昏聲。武巾切

刀鷯。剖葦食其中蟲。釋鳥、鳭鷯剖葦、郭注、好剖葦皮食其中蟲、因名云、江東呼蘆虎、似雀、青斑長尾。筠案因名云者、誤以剖葦爲別名也、以能剖葦、故名刀。今本作鳭、亦俗加鳥也、釋草以下七篇、其文不一律、有解釋者、如樸抱者謂抱者曰樸也、鯤魚子、謂魚子曰鯤也、有說其狀者、如蠨蛸長踦、謂蜇蛛之長足者也、有說其技者、如螾銜入耳、謂其憙入人耳也、有說其用者、如杬魚毒、謂其可以毒魚也、邢疏一切謂之二名、而方言實開其先、許君於此曰剖葦食其中蟲、爲爾雅不了而申之也、讀爾雅者可以悟矣。從鳥寮聲。洛蕭切

鳥也。說文韻譜作鳳也、廣韻同。玉篇作鶠鳳也、衍鶠字。其雌皇。釋鳥、鶠鳳其雌皇。是篇別無鳳字、豈得此鳳爲譌字、知說文鳥爲壞字也、玉篇鶠字繼鳳字後、而說文跳在此、亦挩落而後人補之也。陸璣詩疏、雄曰鳳、雌曰皇、一名鶠、然案爾雅、則是鳳一名鶠也、從鳥匽聲。於幰切　一曰鳳皇也。此校者詞也、彼見別本鳥也作鳳也、故記之、特衍一皇字耳、又案太平御覽引作一曰卽鳳皇也、則是區別之詞、似許君先釋爲鳥、而此又用爾雅說也、特鶠之爲鳥、未見他書、姑記俟再考、

瞑鴲也。廣韻、小青雀也。從鳥旨聲。旨夷切

鳥鸔也。釋鳥文、注、水鳥也、似鶂而短頸、腹翅紫白、背上綠色、江東呼烏鸔。從鳥各聲。盧各切

鳥鸔也。從鳥暴聲。蒲木切

水鳥也、似鵠、長喙、詩曰、鶴鳴于九皋。聲聞于天。此文闕挩顯然、故以玉篇廣韻補之、兼肌補詩曰鶴于四字。陸璣詩疏、鶴形狀大如鵝、長腳、青翼、高三尺、喙長四寸餘、多純白、或有蒼色者、今人謂之赤頰、常夜半鳴。從鳥隺聲。下各切

白鷺也。段氏曰、當作白鳥也、漢人謂鷺爲白鳥、故周頌魯頌毛傳、竝云鷺白鳥也。筠案釋鳥、鷺舂鉏、郭注白鷺也、如段氏言、則是晉人呼爲白鷺、或字林亦然、校者卽以之改說文也。從鳥路聲。洛故切

黃鵠也。形如鶴、色蒼黃也。依元應引改補。玉篇、鵠、黃鵠、仙人所乘、引楚詞、黃鵠之一舉、知山川之紆曲、再舉知天地之圓方。鵠亦有白者、抱朴子、千歲之鵠純白。從鳥告聲。胡沃切

鴻鵠也。鴻鵠二字爲名、與黃鵠別、此鳥色白、異於黃鵠之蒼黃也。陸璣詩疏、鴻鵠羽毛光澤純白、似鶴而大、長頸、肉美、如鴈、又有小鴻、

qiū 鶖　yuān 鴛　yāng 鴦　duò 鵽　lù 鵱　gē 鴚

大小如鳧、色亦白、今人直謂鴻也。案直謂鴻者、言不連言鴻鵠、且亦單稱爲鵠、莊子、鵠不日浴而白。從鳥江聲。戶工切

秃䳕也。詩白華有䳕在梁、毛傳文、鄭箋䳕之性貪惡。李時珍曰頭項皆無毛。從鳥尗聲。七由切

䳕或從秋。此篆各本從秋、知是據毛詩增、依楷作篆也、顧千里擅改爲秋、便泯其迹。篆自作䳕、隸自作鶖、不當爲隸造篆。古今注作秃秋、字猶不從鳥。

鴛鴦也。小雅傳、鴛鴦、匹鳥也、箋申毛曰、言其止則相耦、飛則爲雙、性馴耦也。從鳥夗聲。於袁切

鴛鴦也。從鳥央聲。於良切

鵽鳩也。釋鳥、鵽鳩寇雉、注、鵽大如鴿、似雌雉、鼠腳、無後指、歧尾、爲鳥憨急、羣飛、出北方沙漠地、禽經奪曰鵽、筠案道光十二三年、吾鄉忽多此鳥、食之肥美、馴擾易畜、名爲沙雞、元應謂之突厥雉。從鳥叕聲。丁刮切

蔞鵝也。釋鳥、鵱鷜、鵝、邢疏以鵱鷜爲名、玉篇廣韻同、此誤、從鳥坴聲。力竹切

鴚鵝也。方言、鴈、自關而東謂之鴚鵝、南楚之外謂之鵝、或謂之鶬鴚、郭注、今江東通呼爲鴚、其注爾雅亦云、則是晉時單名爲鴚、不連言鵝也、子虛、上林、反離騷、南都賦、皆作駕鵝、古又借駕、山海經青要之山、是多駕鳥、左傳魯有榮駕鵝、古今人表同、從鳥可聲。本音河、孫古俄切、

鴚䳘也。釋鳥、舒雁鵝、其義爲允、許君如此說之者、上文鵱鴚二字皆野鵝、下文鴈則家鵝、故以此字介其中、單承鴚、其實兼承鵱也、從鳥我聲。五何切

䳘也。上文云蔞鵝、云鴚鵝、此直云鵝也、其區別之意可見矣、釋鳥、舒鴈鵝、舒鳧鶩、兩句相連、此家所畜鵝鴨也。禮記疏引李巡曰、野曰鴈、家曰鵝、某氏曰、在野舒飛遠者爲鳧、皆是也、李巡又曰、鳧、家鴨名也、鶩、野鴨名也、孫炎曰、鶩、一名舒鴈、又曰在野舒翼遠飛者爲鵝、皆非也、案當作舒雁、舒雁者、鴈形如雁而舒遲不能飛也、舒鳧者、鶩形如鳧而舒遲不能飛也、大宗伯、庶人執鶩、注云、鶩取其不飛遷、疏云、象庶人安土重遷也、左傳疏云、謂之舒者、家養馴不畏人、故飛行遲、別野名耳、其爲鴨一也、二說皆得舒字之義、非以舒雁舒鳧兩字爲名也、而說舒鴈者、則鄭君已誤、聘禮記、出如舒鴈、注云、威儀自然而有行列、舒鴈、鶩、案以威儀自然說舒可也、以有行列說鴈、則是順陰陽往來之雁、而非名鵝之鴈、且用爾雅全句、則亦如孫炎以舒鴈爲鶩之別名也、案爾雅又云、鳧雁醜、其足蹼、其踵企、郭注、蹼曰、腳指閒有幕蹼屬相著、案此則雁鵝鳧鶩共之者也、無以別也、其注企曰、飛卽伸其腳跟企直、案此惟鳧雁能飛、鵝鴨之所無也、是爾雅說此四鳥本極分明、特傳寫者誤舒雁爲

yàn 鴈　é 䳘

wù 鶩　yī 鷖　jié ⿰鳥契　jiá ⿰鳥辥　méng 鸏　yù 鷸　pì 鸊　tī 鷉

舒鴈、因而致誤、故許君直指之曰鴈鵝也、從鳥從人。昏禮及大夫所執之鴈、蓋皆是鵝、故從人、行禮之物也、鄭君皆釋爲雁、厂聲。六書故引唐本從仄從鳥、必李陽冰之謬、廣雅作鳫、五晏切、似誤、

鶩 舒鳧也。釋鳥文、然藝文類聚、太平御覽引、皆作野鳧也、几部鳧下云、舒鳧、鶩也、正與相應、是許君以鳧爲鴨、以鶩爲野鴨也、吾終不敢以爲然、廣雅、鴉、鴨、鷖、鳧、鶩、䳐也、則又渾同無別、玉篇、鴨又作䳐、案鄭風弋鳧與鴈、緣是野禽、故弋之、鳧鷖傳曰、鳧、水鳥也、是也、屈子卜居、與雞鶩爭食、注、啄糟糠也、左傳、公膳日雙雞、饔人竊更之以鶩、皆以家禽比類爲詞、此周時說也、南史庾翼曰、小兒厭家雞、愛野鶩、王勃文曰、落霞與孤鶩齊飛、此東晉以後說也、從鳥敄聲。莫卜切、

鷖 鳧屬也。大雅鳧鷖毛傳文、班固傳注引周處風土記曰、鷖、鷖鶃也、以名自呼、大如小雞、生卵於荷葉上、案毛公以鳧爲水鳥、以鷖爲鳧屬、許君用之、則鳧不爲鴨明矣、且詩言在涇、涇、川也、鴨入川則隨流而去、畜者何賴焉、從鳥殹聲。烏雞切、詩曰、鳧鷖在梁。鳧鷖五章無此文、古人引書不檢本、詩有維鵜在梁、鴛鴦在梁、相涉而誤、不得如嚴氏曲爲之解、

⿰鳥契 ⿰鳥契⿰鳥辥、鳧屬。從鳥契聲。古節切、李善苦札切、廣韻古黠切、

⿰鳥辥 ⿰鳥契⿰鳥辥也、

南都賦作⿰鳥契⿰鳥辥、李注引說文、因而作鶡、音雅札反、非也、從鳥辥聲。魚列切、集韻牛轄切、

鸏 水鳥也。玉篇、鸏、水鳥也、亦曰鸏鳩、案此單名鸏者也、而未說其形狀、又交州記、鸏鶵、水鳥、黃喙、喙長尺餘、南人以爲酒器、出九眞交趾、大如孔雀、竺眞羅浮山疏、鸏鶵不食魚、止噉木葉、一名鸏鷗、一名鶴頂、史記司馬相如傳、煩鶩鷛鷞、徐廣曰、煩鶩一作番鸏、案右二物皆二字爲名、恐與單名鸏者不同、從鳥蒙聲。莫紅切、

鷸 知天將雨鳥也。從鳥矞聲。余律切、禮記曰、知天文者冠鷸。蓋出逸禮、集韻引此文、無記字、後漢輿服志引記曰、知天文者冠述、則又無禮字、而述則鷸之省也、莊子天地篇釋文、鷸、本又作鷸、說苑又借鉥字、漢書五行志顏注、天之將雨、鷸則知之、逸周書曰、知天文者冠鷸冠、禮圖謂之術氏冠、顏氏之作匡謬正俗也、又引此文爲逸禮記、增韻曰、鷸有三種、一曰大鳥、戰國策謂之啄蚌、知天時者也、一曰翠鳥曰鷸、一曰赤足黃文曰鷸、鄭子臧好聚鷸冠是也、

鷸 鷸或從遹。此即鷸字也、孫炎注爾雅曰、遹、古述字、

鸊 鸊鷉也。方言、野鳧、其小而好沒水中者、南楚之外謂之鸊鷉、大者謂之鶻蹏、釋鳥、鷉、須鸁、注、鷉、鸊鷉、似鳧而小、膏中瑩刀、從鳥辟聲。普擊切、

鷉 鸊

ōu 鷗　qú 鸈　bí 鵖　bǎo 鴇　fú 鴔　yì 鷧　cí 鷀　lú 鸕

鷉也。從鳥虒聲。土雞切、

鸕 鸕鷀也。元應引云、鸕鷀、水鳥也、從鳥盧聲。洛乎切、此字後人增也、釋鳥曰、鷀、鷧、知古名鷀、不連鸕、漢書司馬相如傳、箴疵鵁盧、郭璞曰、盧、盧鷀也、知漢即有盧鷀之名、而字作盧、不從鳥也、下文鷀、鸕鷀也、蓋本作盧鷀也、後人沿加鳥旁也、且釋鳥不連言鸕、而郭注始言鸕鷀、彼增此者、即据郭注、初不知爾雅正文自有鸕字也、鸕、諸雉、釋文不言有作盧之本、知相沿已久、設增者据此文、吾猶將疑隹部雉下之盧諸雉爲省形存聲字也、彼所以不憶及釋鳥之鸕、鷀者、小徐鷀篆、跳在鴉下、蓋即彼人所据之本、以遠故不能照及也、

鷀 鸕鷀也。鸕當作盧、釋鳥釋文、鷀音慈、字林云、似鶂而黑、案此則字林尚不連言鸕鷀、何況說文乎、從鳥茲聲。茲者黑也、盧鷀色黑、盧亦黑也、段氏改從艸之茲、非也、疾之切、

鷧 鷀也。異物志云、能沒于深水、取魚而食之、不生卵、而孕雛於池澤間、既胎而又吐生、多者生八九、少者生五六、相連而出、若絲緒焉、水鳥而巢高樹之上、元應謂之水雅、杜詩謂之烏鬼、從鳥壹聲。乙冀切、○此字固大徐所逸、然必所据者善本也、先鷀後鷧、符釋鳥本次、而鷀下不云鷧也者、當時已呼爲盧鷀也、於此既明、即鷧下用爾雅本文矣、有意匠、故知非大徐以意爲之、然使舊本列篆、早已相連而及、安

知被者不亦改爲鸕鷀乎、

鴔 鴔鵖也。釋鳥、鵖鴔、戴鵀、注、鵀即頭上勝、今亦呼爲戴勝、爾雅鵖鴔誤倒、當從說文、二字疊韻、可顛倒、然玉篇作鴔鵖、廣韻作鵖鴔、各兩見、且方言又謂之鶝鶝、鶝與鴔、鶝與鵖、各爲雙聲、是可徵也、說文無鵀、呂覽作任、是也、方言又謂之戴南、釋名、南、任也、月令、戴勝降于桑、鄭注、戴勝、織紝之鳥、謂其來正當桑蠶時耳、郭注方言戴勝曰、勝所以纏紝、則以勝爲縢之假借、乃附會鄭注而失之、縢豈可戴、此鳥所戴之勝、衹是似花勝耳、豈於縢有肖似哉、從鳥乏聲。平立切、

鵖 鴔鵖也。從鳥皀聲。彼及切、

鴇 鳥也。唐風釋文、鴇似鴈而大、無後趾、性不樹止、肉出尺胾。埤雅、說文曰、鴇肉出尺胾、焦贛易林曰、文山鴇豹、肥腯多脂、蓋言此也、顏注急就篇、鴇、大鳥、其肉出尺胾、今俗呼爲獨豹、從鳥𠦑聲。博好切、

鳵 鴇或從包。

鸈 雝鸈也。案此篆當在鸕下、說當曰鸕鸈也、若夫雝渠、則毛傳同、大徐作鸈、即依此譌文改之、非也、否則鸈篆係後增、今爾雅不誤、隹部說中雝渠兩見、與小雅常棣、從鳥渠聲。強魚切、

鷗 水鴞也。蒼頡解詁、鷖、鷗也、生藕葉上、字林、水鴞也、大如鳩、出沛、案鷗字譌、一引作水鴞、列子作漚、然案兩說與風土記說鷖同、而許君

jīng 鶄

cí 鴜 zhēn 鷏 jiān 鳽 jiāo 鵁 guā 鴰 cāng 鶬 lì 鴗 tí 鵜 yì 鶃 yōng 鷛 bo 䳁

列之雨鳸。似非一物。从鳥區聲。烏侯切。䳁 鳥也。廣韻。似鳧。从鳥犮聲。讀若撥。蒲達切。鷛 鷛鷝也。韻會引如此。是也。史記司馬相如傳有之。郭注。鷛鷝似鶩。灰色而雞足。一名章渠。漢書相如傳作庸渠。文選同。蓋長卿元文也。从鳥庸聲。余封切。鶃 鳥也。元應曰。水鳥。善高飛者也。博物志作鶃。云雄雌相視則孕。或曰雄鳴上風。雌承下風。亦孕。从鳥兒聲。五歷切。春秋傳曰。六鶃退飛。見春秋僖十六年。今三傳皆作鷁。穀梁傳注。九見鶂。一見鷁。釋文於左傳鷁下出鶂。公穀但出鷁。鷊 鶃或从鬲。𪀚 司馬相如說鶃从赤。上林賦。翟鶃牛首。或經後人改。鵜 鵜胡。毛詩及傳爾雅皆名為鵜。莊子鄭注表記郭注五行志皆名為鵜胡。污澤也。鄭注表記同毛傳。作洿澤。釋鳥作鴮鸅。俗改也。五行志顏注。鵜胡卽汙澤也。一名淘河。腹下胡大如數升囊。好羣入澤中。抒水食魚。因名。从鳥夷聲。杜兮切。鶇 鵜或从弟。鴗 天狗也。釋鳥文。郭注。小鳥也。青似翠。食魚。江東呼為水狗。从鳥立聲。力入切。鶬 麋鴰也。釋鳥文。字林作鶬鴰。列子淮南單名鶬。匡謬正俗杜詩單名鴰。羣書率名鶬鴰。韓詩外傳云。胎生也。司馬彪云。似雁而黑。至如奇鶬九頭。又名蒼鶊逆鶬。鬼車。與麋鴰不同物。从鳥倉聲。七岡切。鶬 鶬或从隹。鴰 麋鴰也。从鳥昏聲。本音刮。孫古活切。鵁 鵁鶄鳽也。依埶文類聚引補。見釋鳥。元應引此而曰。羣飛。尾如雉。雞鳴呼食之。治風也。又曰。似鳧而項短。畜之可以壓火。史記上林賦鵁鶄。漢書作交精。爾雅音義曰。本亦作交精。竊意作交精者必古本也。禽經交目其名鳽。然則以其交目名交精也。精俗作睛。禽經鵁鶄睛交而孕。然埶文類聚眾經音義皆引說文此文。鄭注職方氏亦云鵁鶄也。从鳥交聲。古肴切。一曰鵁鸕也。元應曰。鵁鶄一名鵁鸕。段氏曰。上林賦既云交精旋目。又云箴疵鵁盧。史記盧作鸕。張揖郭璞注。皆鵁鸕為二物。與此不同。筠案。上林盧字是。且當作交盧。盧精皆眸子也。見目部說解中。鶄 鵁鶄也。从鳥青聲。子盈切。段氏曰。吳都賦鶄鶴鶖鶬。單呼為鶄。鳽 鵁鶄也。釋鳥文。郭注。似鳧。高腳。毛冠。从鳥幵聲。古賢切。鷏 鷏鴜也。史記上林賦同此。徐廣曰。水鳥也。漢書作箴疵。張揖曰。似魚虎而蒼黑色。从鳥箴聲。職深切。鴜 鷏鴜也。从鳥此

說文句讀 卷七 七百四十六、〇折四十三 三九

xián 鷳

zhān 鸇 huān 鸛 jū 鴡 jué 鷢 yào 鷂 yuān 鳶 tuán 鷻

聲。卽夷切。段氏曰。自鶩舒鳧也至此。皆謂水鳥。而駮鴟鴞鶴非水鳥。詞章家鋪陳水鳥。或舉鵁鶴而不舉鴟鴞。鷻 雕也。轉注。廣雅同。廣韻。鷲鳶之別名。从鳥敦聲。度官切。詩曰。匪鷻匪鳶。集韻引鷻作鳶。竹君本則空白。小雅四月文。彼作匪鶉匪鳶。傳云。鶉鵰也。鵰鳶貪殘之鳥也。釋文。鶉字或作鷻。案陸氏此說所以別於鷻鶉也。至於朱鳥七宿。分鶉首鶉火鶉尾三次。其鶉當是鳳之別名。與鷙雜皆無涉。鳶 鷙鳥也。此當云鵰也。下文當出鳶篆而說之曰。鷙鳥也。今本乃鳶挩說解。鳶挩篆文。合兩為一耳。桂氏曰。集韻鳶或作鳶。馥案。本書蛺今作蛾。足以為證。文選鷦鷯賦。李善注引說文。鳶鷙鳥也。此鳶本訓鵰之證也。毛詩四月旱麓疏。竝引說文。鳶鷙鳥也。此鷙鳥為鳶之說解之證也。輟耕錄。無名氏鵰傳云。其與鵰同氣而異質者。鷹鶚鳶隼鷂鶻鴟鴞。皆助雕為虐者也。馥案。鳶鴞並列。則鴞非鳶明矣。又引王君念孫曰。說文鷻下當有鳶字。从鳥戈聲。古戈鳶聲近。門部閔字讀若縣。广部戊字讀若環。是其證。或體作鳶。隸加十。其作鳶者。誤省ノ也。今以鳶作鳶。音義俱失之矣。从鳥屰聲。以專切。當五各切。徐鉉曰。一本从丫。鷳 鴟也。廣雅。鷳鴟。老鴟也。案老鴟見萑部。从鳥閒聲。戶閒切。鷂 鷙鳥也。字林同。釋鳥。鷂負雀。注。鷂鷣也。段氏曰。鷂古音[illegible]。見釋文。今音燿。見廣韻。語之轉也。說文鷣卽鷂。顏注急就篇。鷂一名題肩。亦曰擊征。又名負爵。鄭康成以擊征為鷹。失之。从鳥䍃聲。本與照切。孫弋笑切。鷢 白鷢王雎也。字林禽經竝同。許君所用者舊說也。蔡南問詩關雎於今何鳥。董勛答曰。舊說云。關雎白鷢。釋鳥雎鳩王雎。楊鳥白鷢。兩文相去甚遠。段氏謂說文傳寫譌誤。非也。楊鳥二字。釋文合為一字。而曰音楊。然說文無鸉。玉篇有之。似今本作二字為是。古今注。楊白鷹也。似鷹尾上白。亦謂之印尾鷹。案此則直呼之為楊。似鷹尾上白。依詩關雎疏。爾雅釋鳥疏引補。从鳥厥聲。居月切。鴡 王鴡也。釋鳥如此。毛詩作雎。毛傳。雎鳩王雎也。鳥摯而有別。釋鳥注。鵰類。今江東呼之為鶚。好在江渚山邊食魚。从鳥且聲。七余切。鸛 鸛專畐蹂。如誰短尾。射之銜矢射人。釋鳥文。彼作鸛鶇鶝鶔。釋文。鸛音歡。鶇徒端反。鶝字亦作福。鶔本亦作柔。或作蹂。郭注。一名嬰羿。釋文。嬰古以為懈惰字。言此鳥捷勁。雖羿之善射。亦懈惰不敢射也。故以名云。从鳥雚聲。呼官切。鸇 鸇風也。鸇當作晨。釋鳥毛傳皆曰晨風。鸇字林云。鸇鷐。孟子趙注謂之土鸇。从鳥亶聲。本上

說文句讀 卷七 八百二十七、〇折四十五 四十

說文解字句讀弟四上

鳥

一三三

仙反。孫諸延切。鸇 籀文鸇從廛。鷐 鷐風也。從鳥晨聲。植鄰切 下文鴆下、引詩作晨風、羽部翰下鷐風、太平御覽引作晨風、餘詳釋例、鷙 擊殺鳥也。廣雅、鷙、執也、謂能執服衆鳥也、鳥之勇銳者曰鷙、鷙之類也、案自敫以下、皆鷙鳥也、故以鷙終之、從鳥。執聲。脂利切。鴥 鸇飛皃。字林同、毛傳疾飛皃、從鳥穴聲。本尹橘反、孫余律切、詩曰。鴥彼晨風。秦風、說苑奉使篇引鴥彼晨風、鶯 鳥有文章也。鶯非鳥名、故以毛傳補之、玉篇、鶯鳥有文、廣韻、鶯鳥羽文也、從鳥。榮省聲。榮當作熒、烏莖切、詩曰。有鶯其羽。小雅桑扈文、鴝 鴝鵒也。似鶪而有幘。依本草綱目引補、此語亦見爾雅翼、左氏春秋、昭二十五年、有鸜鵒來巢、釋文、鸜、嵇康音權、本又作鴝、音劬、公羊傳作鸛、音權、穀梁作鸜、亦作鸛、音灌、考工記作鸜、亦作鸛、從鳥句聲。其俱切、鵒 鴝鵒也。從鳥谷聲。余蜀切、古者鴝鵒不踰泲。考工記文、雓 鵒或從隹從臾。鷩 赤雉也。山海經、牡山、小華之山、並云鳥多赤鷩、注、赤鷩山雞之屬、胷腹洞赤、冠背皆黃、頭綠、尾中

有赤毛、光彩鮮明、左昭十七年傳、丹鳥氏、司閉者也、注、丹鳥、鷩雉也、爾雅、鷩雉、樊光曰、丹雉也、從鳥。敝聲。并列切、周禮曰。孤服鷩冕。段氏曰、司服、侯伯之服、自鷩冕而下、如公之服、此云孤服鷩冕者、蓋以天子之孤、當侯伯、筠案此亦記憶之誤、鵔 鵔鸃鷩也。劉逵注蜀都賦、謂之蟡蛦、注吳都賦、又謂之鷩跠、從鳥夋聲。私閏切、鸃 鵔鸃也。從鳥義聲。魚羈切、秦漢之初。侍中冠鵔鸃冠。廣韻引此文云、漢初侍中服鵔鸃冠、玉篇亦云、秦漢之初侍中冠之、淮南子云、趙武靈王服貝帶鵕鸃、漢官儀云、秦破趙、以其冠賜侍中、蒼頡解詁、鵔鸃、漢以爲侍中冠、鸐 雉屬。戇鳥也。釋名、戇、悠也、性急悠不可生服、必自殺、此所謂戇、蓋亦急悠之意、從鳥啇聲。都歷切、鶡 似雉。出上黨。徐廣曰、鶡似黑雉、出于上黨、漢官儀、孝武皇帝、初置期門、平帝更名虎賁、中郎將戴鶡冠、鶡鷙鳥中之果勁者、每有攫撮、應爪摧碎、鬥不死不止、其尾上黨所貢也、從鳥曷聲。胡割切、鴧 鴧雀也。依顏氏家訓、廣韻補、似鶡而青。出羌中。顏氏家訓、寶如同從河州來、得一青鳥、呼之爲鶡、吾曰、鶡出上黨、數曾見之、色並黃黑、無駁雜也、故陳思王鶡

賦曰、揚元黃之勁羽、試檢說文、鴧雀似鶡而青、出羌中、此疑頓釋、從鳥介聲。古拜切、鸚 鸚䳇。能言鳥也。山海經、黃山有鳥焉、其狀如鴞、青羽赤喙、人舌能言、名曰鸚䳇、從鳥嬰聲。烏莖切、䳇 鸚䳇也。本或作鸚鵡、曲禮釋文、嬰母、從鳥母聲。文甫切、諸葛恪茂后切是也、鷮 長尾雉也。走且鳴。依詩疏、廣韻引、改、辥綜注西京賦曰、雉之健者爲鷮、尾長六尺、陸璣詩疏、鷮微小於翟、走而且鳴、曰鷮鷮、韓詩、二矛重鷮、乘輿以尾爲防釳。依詩疏引補、箸馬頭上。防釳詳金部、桂氏曰、漢人石刻、畫鴐車之馬頭上有雉尾、即防釳也、從鳥喬聲。巨嬌切、段氏曰、當依鄭風、小雅釋文、居橋反、玉篇、廣韻皆音嬌、鷕 雌雉鳴也。禽經、雉鳴鷕鷕、射雉賦、雉鷕鷕而朝雊、從鳥唯聲。本以水反、字林于水反、詩釋文以小反、水誤爲小也、唐韻遂曰以沼切矣、詩曰。有鷕雉鳴。邶風、匏有苦葉文、此鷕字各本同、顧本篆文亦然、鸓 鼠形。飛走且乳之鳥也。史記司馬相如傳、集解引漢書音義曰、飛鸓、飛鼠也、其狀如兔而鼠首、以其頳飛也、釋鳥、鼯鼠夷由、郭注、狀如小狐、似蝙蝠、肉翅、飛且乳、亦謂之飛生、食火烟、能從

高赴下、不能從下上高、字又作䴎、蝙蝠、羣書言飛且乳、而許君云走者、此鳥登山與木、必以走、飛既乳、即走亦乳也、南越志云、且飛且產、子便隨之而飛、然則且走且產、子便隨之而走也、從鳥畾聲。力軌切、鸓 籀文鸓。鶾 雉肥鶾音者也。釋鳥、鶾雉、隹部說解中引同、則鶾非雉名、祇是肥而鶾音者耳、此鶾音、六書故引作翰音、下文鶾音、風俗通作翰聲、段氏又据曲禮、改此文爲雞肥翰音、且以下文丹雞爲證、然集韻引又作丹雉也、筠案、釋鳥之鶾天雞、說文作翰、中孚曲禮之翰、說文作鶾、此如童僮醋酢之互易其音義、祇當隨文說之、小雅翰飛戾天傳曰、翰、高也、此即鶾字之義、雉肥鶾音者、謂雉肥而高音者也、下文仍作丹雞、不依集韻作丹雉、通其義、非證此文也、雉雞一類、故其肥而高聲者、皆謂之鶾音、若膠葛爲一、則下文赤羽字、與羽部翰下云、赤羽正同、是鶾翰一字矣、非許君意也、從鳥倝聲。侯旰切、魯郊以丹雞。郊下似當有禮字、田部𤲾下、引魯郊禮、風俗通則曰、魯郊祀常以丹雞、祝曰。以斯鶾音赤羽。去魯侯之咎。風俗通用此文、惟鶾音作翰聲、爲異、案、鶾音與赤羽作儷語、足徵鶾之不爲鳥名矣、鴈 雇也。案當云老雇也、隹部雇下云、老雇鷃也、小徐本作老雇鷃鷃、賈逵者、許君師也、其注左傳

zhèn 鴆　kòu 鷇　xiān 鶱　míng 鳴　fēn 鳻　wū 烏　què 舄

九扈云、老扈鷃鷃、趣民收麥、不得晏起者也。服虔亦云、鷃鷃聲音爲名者也。据賈以晏爲訓、是字作鷃。莊子音義亦云、鴳字亦作鷃。然宴安一義、而今本釋鳥仍作鳸鴳、則鴳字是也。**從鳥安聲。**烏諫切。

鴆，毒鳥也。左傳正義、鴆鳥食蝮、以羽翮櫟酒水中、飲之則殺人。按左傳鴆毒字皆借酖。**從鳥冘聲。**直禁切。**一名運日。**名當作日。廣雅、雄名運日、雌名陰諧。淮南子、暉日知晏、陰諧知雨。筠案、暉即暈字、與運同音。本草作鴆日、又同力羽鴆二名。

鷇，鳥子生哺者。字林同。釋文、鳥子須哺而食者。燕雀之屬也。**從鳥㱿聲。**口豆切。

鳴，鳥聲也。王篇、聲相命也。**從鳥口。**武兵切。

鶱，飛皃也。西京賦、鳳騫翥於甍標。**從鳥寒省聲。**虛言切。

鳻，鳥聚皃也。一曰飛皃也。莊子、翂翂翐翐、司馬云、舒遲皃、一曰飛不高皃。**從鳥分聲。**府文切。

文百十六　重十九

烏，孝鳥也。古今注、鳥一名孝鳥、元命苞同、御覽廣韻引說文孝鳥也、玉篇同。**象形。**哀都切。**孔子曰烏盱呼也。**初學記引作嗚呼也。桂氏曰、盱當爲吁。詩大雅實覃實訏、箋云、訏、張口嗚呼也。論衡道虛篇、黃帝既上天、百姓乃抱其弓呼號、故後世名其弓曰烏號。**取其助气。故以爲烏呼。**段氏曰、此許語也、取其字之聲可以助气、故以爲烏呼字。此發明假借也。古者短言於、長言烏呼。匡謬正俗曰、今文尚書悉爲於戲、古文尚書悉爲烏呼字、而詩皆云於乎、中古以來文籍皆爲烏呼字。按小顏所云古文尚書謂校頣本也、今文尚書謂漢石經也。隸釋載石經尚書殘碑、於戲字尚四見、可證也。今匡謬正俗、古今字互譌。**凡烏之屬皆從烏。**

古文烏象形。他部從之者皆作□、今作於。**篆文烏省。**依九經字樣、韻會引改。

舄，䧿也。玉篇同、此以同字爲說解之例。篆文舄古鵲字。**象形。**七雀切。地官草人釋文瀉一音鵲、然則從舄聲者、猶讀如鵲也。

篆文舄從隹𦣻聲。依初學記引補。淮南子、鵲之唶唶、顏注急就篇、鵲者亦因鳴聲以爲名也。案表記釋文云、字林作鵲、說文作䧿、證知說文有䧿字。然王篇收舄字於鳥部、收䧿字於隹部、所据者當是說文古本也。說文之例、同字而在兩部者、然後用爲說解、歷在鬲部、故鬲部說曰歷也。併在人部、故竝部說曰併也。同字同部、而以爲說解者、無此例也。桂氏欲改舄下說曰䧿也。王篇䧿下云、䧿鵲雖可爲證、然未合許君意。

yān 焉

焉，焉鳥。黃色。出於江淮。廣韻引云、鳥、黃色、出江淮閒。桂氏曰、禽經、黃鳳謂之焉。周書王會解方揚以皇鳥。釋鳥、皇、黃鳥、郭注以爲黃離留。馥謂詩屢言黃鳥、毛鄭竝不徵引爾雅、是不以皇爲黃離留矣。皇殆即焉與。筠案、釋鳥、鷗鳳其雌皇、皇黃鳥、兩文雖不連、然是一篇一物錯出者頗多、則其雌皇、皇黃鳥謂爲一物亦可、然不可以爲黃離留。王會所以者、皆其國所產之異物也。**象形。**有乾切。**凡字。**題下事也。蓋鳥焉隸鳥部、而皆云象形、不云從鳥、五百四十部中獨此爲變例、故發明之。又牽連它部之朋燕、以爲此例。**朋者。羽蟲之長。**大戴禮、羽蟲三百六十、鳳爲之長。**烏者。日中之禽。**淮南子、日中有踆烏、古今注、日中三足烏之精降而生三足烏、何以三足、陽數奇也。**舄者。知太歲之所在。**淮南子、太陰所建、鵲巢鄉而爲戶、夫鄉天乙者至和在焉爾。博物志、鵲巢開口背太歲。太平廣記四百六十一、知太歲一條云、鵲知太歲之所在、淮南子鵲識歲多風、喬木巢傍枝、此下側注云、出說文、豈謂淮南亦說文所引邪。姑記之。**燕者。請子之候。**此及乙部乳下云、開生之候、皆不言鳥、而孔下云請子之候鳥、則言鳥者本文重所貴、孔字義兼人鳥、而孚乙兩體皆主于鳥、實則重開生、故均不言鳥、孔字以乙爲從、以子爲主、故言鳥、言各有當也。互詳乙部。**作巢避戊己。**埤雅、戊己其日皆土、故燕之往來避社、而嗛土不以戊己。**所貴者。故皆象形。**結上文。**焉亦是也。**焉鳥表異之處、許君未聞、特以上四鳥推之、焉既象形、即必有可貴矣。或謂焉燕一字、大謬。

文三　重三

說文解字句讀弟四上

曲沃宋洪業校

句讀卷七補正

繫傳作䀏也者、蒜謂眏逼作䀏也。女部妜。讀若烟火炔炔。而火
部有焆無炔、篇海曰炔與焆同。是夬肙聲近可逼之證。然當䀏
字句絕。再申之曰目患也。乃可通。九葉前六行尚未必然下增此
案糸部紟之重文䋣、說曰紟或從緒省、若米是古旅字、則是
米宁皆聲矣、乃曰緒省何也、且䋣乃有緒、紟豈有緒耶十三葉前六行姑存弗删下增此
名醜見朋部𦏧下、十四葉後三行許君自敘下增此
羽飛兩字皆本之卷阿。似呂勝言飛則羽在其中也。抑說苑引
本詩作噦噦、則與泮水鸞聲噦噦同。即小弁鳴蜩嘒嘒亦非異。

許君盖以鳳爲靈鳥。不使與他物同字。且翩從羽。故以爲鳳之
專字。猶之采菽鸞聲嘒嘒。許君引作鑾鳥鉞鉞。兩字皆從金。故
以爲專字也。十七葉前七行飛聲也下增此
及華盖十八葉前一行幢下則漢名上增此
司馬相如傳、劉歆遂初賦、皆言華盖、張衡賦則言羽盖、不復名
爲翳翳也、十八葉前二行又謂之翳下增此
○案各聲之下、當有說云一曰雒、水也、出宏農上雒冢領山、東
北至鞏縣入河、盖豫州之雒水、今禹貢作洛、而羽部翬下云伊
雒而南、若雒下無此說、後人將從何檢之、十八葉後十行盧各切下增此
春秋感精符曰、魯昭公時、雊鵒環入、雊之爲言弟也、喻昭公弟

爲季氏入之爲君也、二十葉前七行周禮雍氏上增此
詩傳作雝之賁賁。詩說作雝之奔奔。二十二葉後二行爭鬬惡皃下增此
肉部肒、讀若舊、二十四葉前八行許流切下增此
亦省爲亦是其例。見攴部赦之或體赦下。二十六葉前四行故曰大省爲人也下增此
孟子乘矢、左傳乘韋、皆沿四馬一乘之名、獨此鴈曰乘、則與夏
官校人鄭注乘匹同義、祇是二枚也、二十九葉後三行鴈曰乘下增此
詩傳詩說、三十二葉後二行皆作尸鳩上增此
汚洿古通用、三十九葉前七行作洿澤下增此
案此則汚澤者、抒夫澤也、集韻十一莫、洿、荒故切、抒水也、三十九葉

前八行因名下增此
然則漢時固有此字。非後人所羼矣。三十九葉後五行亦云鳩鵲下也字删去增此
段氏曰、不言周禮曰而言古者。此以釋左氏書所無也之恉也。四十一葉前九行考工記文下增此
如謂依我此說、則是虛字、不當廁鳥名中、然上文鳩鶯鷺三字、
亦非鳥名、四十二葉後十行足徵鶇之不爲鳥名矣下增此

bān 𠦒　bì 畢　fèn 糞　qì 棄　gòu 冓　zài 再

說文解字句讀弟四下

𠦒 箕屬所以推糞之器也。象形。本方干切孫北潘切集韻𠦒呂靜作籓籓見竹部大箕也是𠦒籓爲古今字也玉篇俾蜜方干二切是亦音畢也然畢下不云𠦒亦聲恐俾蜜切非是 凡𠦒之屬皆從𠦒。官溥說。

畢 田网也。詩鴛鴦畢之羅之國語韋注畢掩雉兔之網也天官書畢曰罕車主弋獵廣雅作罼云率也案率部說捕鳥畢也 從田。依韻會引補田獵也 從𠦒。象畢形微也。𠦒是箕畢是網其物迴別而字體相從故解之曰掩雉兔之網其形甚微故從𠦒以象之是造字之時本有假借也 或曰由聲。許本以爲從田會意或說以爲形聲也卑吉切

糞 棄除也。棄當作䊤經史言糞言糞除者甚多故許君以糞除說糞謂其單言複語同義也糞本動字孟子百畝之糞老子卻走馬以糞則用爲靜字 從廾推𠦒棄釆也。方問切 官溥說。佀米而非米者矢字。左傳殺而埋之馬矢之中艸部菌下不收釆爲重文許君以爲於古無徵也而說糞字則非此不合故稱官氏說亦闕疑之意也

棄 捐也。古詩棄捐毋復道

說文句讀　卷八　七百十　、。折三十一　一

從廾推𠦒棄之。從㐬。㐬逆子也。借逆爲屰者以見篆有別隸則通用逆也以糞下從廾推𠦒棄釆例之此當云從廾推𠦒棄㐬而不然者逆子可棄而非可以𠦒棄之故分別說之此亦借其意也勿泥詰利切

弃 古文棄。

棄 籀文棄。

文四　重二

冓 交積材也。交者屋材結構必相交也積者架屋必積衆材而成也此字乃五架之形但未作棟耳四横屋之前後四檩也四直椽也中丨以見屋之前後相牽連非其數止於一也漢書梁孝王傳聽聞中冓之言應劭曰中冓材構在堂之中也案構者冓之累增字木部構蓋也大誥之肯構鄭君以構立屋說之 象對交之形。對謂丗冄兩相對也交謂丨以連其丗冄也五經文字冓象上下相對形不但遺丨未說且屋之構架在上不在下張參不知此字當平看用此彌知許說之精古候切 凡冓之屬皆從冓。

再 一舉而二也。兩部曰再也則再者兩也而如此說之者以字形言也以一字舉冓字之中央則摺疊而成冄而背面自別有一冄也故得再之意冓既摺疊則一在其上矣故得再之形許云一舉職此故也 從一冓省。此形省而實不省者也爯字放此作代切

爯 幷舉也。經典通作稱商書敢行稱亂史記作舉亂鄭注周禮儀禮皆曰稱舉也而許君加幷字者亦以冓摺疊觀之猶之一舉而二也案稱偁二字古蓋竝用爯 從爪冓省。處陵切〇從一冓省即是一舉而二也從爪冓省仍是幷舉也作一句讀兩冓字上如加從字則不通

文三

chēng 爯　yāo 幺　yòu 幼　yōu 丝　yōu 幽　jī 幾

幺 小也。釋獸之言豕也曰幺幼許云象子則謂人也字林云小豚則用爾雅然字形不能得此義食貨志有幺錢幺貝幺布 象子初成之形。依集韻引改包部云巳在中象子未成形也案包今作胞文子九守廣雅釋親皆云四月而胞兩書又云七月而成即此所云初成也中隔兩月故彼云未成此云初成緣在胞中故字形拳曲上出一筆特與呂字相避耳無它深意於堯切 凡幺之屬皆從幺。戴侗引蜀本曰厶陰也重厶爲幺幺象月昧也亦象子初成之形以養正也林罕引同案惟成字是若忽而會意忽而象形又無或曰則騎牆之說也言及養正尤非既生之後便

說文句讀　卷八　六百七十三　、。折三十三　二

有子字象之豈有幺字形之人

幼 小也。依御覽字鑑引改今作少非許君之說幺也雖與爾雅不同然幼字入幺部不入力部則以釋獸云幺幼之故故皆說之曰小也以見其同義特此小謂少年耳檀弓公輸若方小注方小言年尚幼 從幺從力。伊謬切

文二

丝 微也。借微爲𢼸𢼸眇也 從二幺。於虯切〇蜀本曰丝隱微意也從重幺微之至也案丝微皆小也隱則蔽也不可合隱微爲一義字形竝而不重不可云從重幺凡說文二木爲林謂其多也二山爲屾則仍是山未有如此二幺反爲微之至者不可從也 凡丝之屬皆從丝。

幽 隱也。隱蔽也本部三字其二云微此不云微者釋詁幽隱微也此用微之正義與丝幾下說借微爲𢼸者不同故不言恐其淆雜也 從山中丝。幽從山猶隱從皁取遮蔽之意 丝亦聲。於虯切

幾 微也。易可與幾也釋文理初始微名幾 殆也。此不用危也本義乃將然之詞易顏氏之子其殆庶幾乎虞注幾者神妙也顏子知微故殆庶幾案微也是靜詞殆也是動詞故兩

zhuān 叀　huì 惠　zhì 疐

言之從丝從戍。戍兵守也。丝而兵守者危也。戍與微義遠、與殆義稍近、故申說之、歺部殆危也、然本文之危、亦將然之詞、戍守乃豫備之事、不必定有戰門也、居衣切、

文三

專。句、謂專壹之專可用叀也、乃專而可以小謹釋之者、豳風有敦瓜苦、傳敦猶專專也、箋專專如瓜之繫綴焉、案人之小謹、其狀似之、頁部顓下云、頭顓顓謹皃、小謹也。管子形勢解謹於一家則立於一家、謹於天下則立於天下、是故其所謹者小、則其所立亦小、其所謹者大、則其所立亦大、故曰小謹者不大立、從幺省。桂氏曰、中加十、不得謂之省、疑從幺外別有所從而省者、其文闕、屮、財見也。財、袪妄作才、幺屮皆小也、中亦聲。職緣切、凡叀之屬皆從叀。古文叀。亦古文叀。仁也。從心叀。鍾鼎省惠爲叀、則其從叀明矣、詳見釋例卷十六、胡桂切、古文惠從芔。當云從蚩、蚩蓋叀之籀文、周無專鼎作、即此字也、

礙。句、釋言疐跲也、疐過躓、廣韻躓礙也、此以礙釋疐、即以見躓礙之爲恆言也、爾雅釋文引礙下有足字、此不知句讀而以意增之也、不行也。此又申礙字義也、故小徐袪妄篇曰、疐、說文云閡也、末引不行也句、此知說文句讀者也、既云礙而又申以不行者、疐乃事之有礙、非物之有礙、祇是行不去耳、故申之、詩終風願言則疐、傳疐跲也、崔本如此、而釋文經作疌、云本又作嚔、又作疐、鄭作嚏、傳作劫、云本又作跲、崔作䟦、玉篇云䟦丘據反、欠張口也、王肅曰、願以母道往加之、則疐劫而不行、惟不行字與許同、亦難據以爲說、案疌當作疐、玉篇疐部疐注云、或作躓、一本作疐、一本云者、宋人重修校語也、狠跋釋文、疐本又作疌、疌亦當作疐、從叀引而止之也。七字一句、此說字形之變例也、蓋疐字分而爲三、則叀止皆是字、而冂則非字、故以引字代之、謂叀以礙之、引以牽制之、要皆所以止之也、下文與牽同意、牽亦從古文玄、亦有冂、云象引牛之縻、故此亦以引代冂也、顧牽之引、行之也、疐之引、乃曰止之、奈何、曰疐者事也、非物也、經見此字者三、終風多異文、曲禮士疐之、別一義、皆不論、狠跋載疐其尾、傳曰疐跲也、與釋●言同、說文躓跲也、即引此詩、是眞可證矣、然豈有跋前疐後之狠哉、詩人極形其難、猶云進退維谷而已、故知疐也者、擬象之詞也、陟利切、叀者、如叀馬之叀。依韻會引改、從此與牽同意。上文連言叀引、則非小謹義矣、故申明之、叀馬蓋即絆馬、未見所出、殆漢時恆言、廏從殳、殳從古文㠯、皆取絆馬之意、從此與牽同意者、他部兩字有一節之同者、㪯下云、此與籒文子字同、謂上半之㓁非字也、本文則謂叀與玄同、非字之冂亦同也、非字不可以屬詞、故上文言引、本文與㪯皆言此也、揚雄酒箴曰、觀瓶之居、居井之眉、不得左右、牽于纆㪯、一旦叀礙、爲瓽所轠、案叀礙者、挂礙也、由子雲之說推之、即得許意、故曰疐也者、擬象之詞也、

文三　重三

xuán 玄　zī 玆　yǔ 予　shū 舒

幽遠也。老子元之又元、聖經無此語也、而許君以幽遠說元者、無奈字形何也、乃不曰深遠而曰幽遠者、幽訓爲黑也、詩隰桑傳、幽黑也、玉藻一命縕紱幽衡、再命赤紱幽衡、鄭注幽讀爲黝、黑之黝、與下文染采說近、乃不質言幽、而申之以遠者、無奈字形何也、故支綴其詞、黑而有赤色者爲元。此元之正義也、段氏曰、凡染一入謂之縓、再入謂之赬、三入謂之纁、五入爲緅、七入爲緇、而朱與元、周禮爾雅無明文、鄭注儀禮曰、朱則四入與、注周禮曰、元色者在緅緇之閒、其六入者與、緅如爵頭色、又染則更黑、而赤尚隱隱可見也、故曰黑而有赤色、象幽而入覆之也。此說字形、仍承幽遠說之、白從入二、即不可解、元從入幺、更不可通、幽從丝、丝從二幺、故云象幽、仿佛其詞以說之也、入之訓覆、則往往有之、竊謂許君當闕疑、又案入字似後人箋記誤入正文、象字統幽覆兩字、幽即鬱幽之幽、赤部赮、配鹽幽赤也、是也、凡鬱幽是物、必覆之乃不泄氣、而受鬱之物、色必黯淡、與元相似、如此說之、則是承黑而有赤色言之、胡涓切、凡元之屬皆從元。古文元。金刻言元衣者、有二體、黑也。字林同、從二元。子之切、廣韻一先茲、胡涓切、全引說文、又曰、本亦音滋、春秋傳曰、何故使吾水茲。左哀八年文、彼作滋、宋槧釋文作茲、音元、又曰本亦作滋、子絲反、案呂覽謹聽篇、太公釣於滋泉、水經注渭水篇引、御覽兩引、皆作茲泉、此古作茲、今借滋之證、

文二　重一

相推予也。依韻會引補、釋詁疏引作推予前人也、玉篇引同、象兩手相予之形。依釋詁疏引補、賁指事字、余呂切、凡予之屬皆從予。伸也。七命注引作申也、從

舍。史記律書舍者舒氣也。又案余從舍省聲，語之舒也。釋天四月爲余，李巡本作舒。從予，予亦聲。傷魚切。案予舍皆聲也。凡兩體皆義皆聲者，許君不言聲，此當云從予從舍，而刪予亦聲。如云舍字義委曲，則依小徐從舍予聲，而改爲從予舍聲。一曰：舒緩也。釋言文。然伸展之則未有不緩者，是亦一義引伸也。

相詐惑也。御覽引作相詐幻惑人。案予幻相反，故相推予也，相詐惑也，其詞相儷。從反予。反，當依玉篇九經字樣作倒。胡辦切。周書曰：無或譸張爲幻。無逸文，彼作民無或胥譸張爲幻。

文三

逐也。尚書放驩兜于崇山。從攴方聲。甫妄切。凡放之屬皆從放。

出游也。從出從放。五牢切。出部已見，此重出。

光景流也。也，廣韻作皃。從白從放。當云從放白。讀若龠。史記索隱引作讀如躍。西都賦震震爚爚，李善云光明皃。案盍借爚爲敫也。以灼切。

文二　孫鮑二本同，它本作文三，足徵敖字在出部者爲本文，本部則後人增也。

物落上下相付也。上有爪以采之，下有又以承之。從爪從又。凡𠬪之屬皆從𠬪。讀若詩摽有梅。平小切。○左襄八年傳引詩同此。孟子野有餓莩，趙注引詩莩有梅，丁公著以爲韓詩。食貨志引孟子作莩，鄭德曰莩音蔈有梅之蔈。竊意許君收𠬪字，蓋采之韓詩，以毛詩之摽爲之讀者，言毛詩假借也。蔈亦借字，莩則𠬪之譌，莩又莩之譌也。

于篆作二人，從之者皆然，鐘鼎文多作于。引也。此說與援同，則援者累增字也。謂引詞也。依韻會引補，蓋庚注也，然似失許君意。爰者援引之古文，而借爲發語詞。釋詁粤于爰曰也，爰粤于那都繇於也，皆引起其語之詞。從𠬪，祇取手援之意。從于。釋詁爰于同義。羽元切。籀文以爲車轅字。左傳爰田，國語作轅田，賈逵曰轅車也，此以爰爲轅也。地理志制轅田，食貨志曰自爰其處，孟康曰轅爰同，此又借轅爲爰也。

治也。治之也。幺子相亂，說𤔔也。鐘鼎文偏旁有𤔔字，𤔔之形非幺非子，故曰相亂，皃本善訟，故作此相亂之形以見其意。徐鍇曰冂坰也，界也，非是。若爲之界，則是己治之矣，何待𠬪治之乎。借亂爲

𤔔，𠬪治之也。𠬪祇取手義，非相付本義也。讀若亂同。然則亂者累增字也。郎段切。一曰理也。此校者語也。謂治也，一本作理也，唐人諱治而作理。

古文𤔔。玉篇作𤔔，當依漢印作𤔔，字五畫，冂則省三畫而又小變也。今本蓋仿隸作篆者改之。

相付也。手部授，人部付，皆曰予也，今以付說受，則是受授同字矣，且與部首下同詞，其爲捝誤可知。一曰：承也。集韻引此爲一曰，案此當是本文，校者所掇拾也。手部承，受也，轉注足證。從𠬪舟省聲。鐘鼎文作𦨶，從舟不省。殖酉切。

撮也。從𠬪從己。從己，小徐作乙聲，又曰甲乙之乙，以音推之，小徐似是。以㲋字推之，則大徐未爲非也。特是㲋字說不出己字，則是會意兼指事字。此云從己，則難解耳。力輟切。

引也。謂彼此競引物也。依元應引補，蓋庚注也。分𠬪爲兩字說之，爪者彼一人之手，又者此一人之手，厂抴也，象抴引之形，今以厂交于爪又之間，是以會意兼指事也。從𠬪厂。側莖切。

有所依據也。依元應引補。從𠬪工。讀與隱同。謂經典通用隱也。大戴禮征利而依隱于物，盧辯注隱據也。櫽弓其高可隱也，鄭注隱據也。封可手據，孟子隱几而臥，趙注隱

倚其几而臥。莊子其臥徐徐，司馬注徐徐安隱皃。案此隱俗作穩，淳化閣晉帖作安隱。於謹切。

五指捋也。廣韻寽持取，今寽禾是。案持取亦當作捋取，捋蓋累增字也。從𠬪一聲。讀若律。今人言寽，不改此音。呂戌切。

進取也。從𠬪古聲。說詳釋例。古覽切。

籀文𠭥。

古文𠭥。

文九　重三

殘。句，謂兩字可通借也。六書故引作穿殘也，謬。穿也。此穿墉穿屋之穿，部中叡𣦻二字可證。吾鄉鑿井謂之穿井，此句申殘字。殘，賊也；𣦼，則穿也，以此爲別。從又從歺。谷部㕡、歺殘也。歺亦聲。昨干切。凡𣦼之屬皆從𣦼。讀若殘。重言以申明之，足證讀殘穿也爲一句之非矣。

溝也。經典多溝壑連文，故以溝釋叡。然釋詁壑虛也，當是正義。小而水歸其壑，大而列子莊子之大壑謂海也，虛也皆足統之。從𣦼從谷。谷亦壑也。左襄三十年傳吾公在壑谷。讀若郝。呼各切。

叡或從土。

zú 𣨛　mò 歾　dú 殰　hūn 殙　wěi 𣨙　è 歺　ruì 叡　jǐng 𣦿

叡𣦼。句，蓋漢時語。探堅意也。句解叡𣦼也。字隸𣦼部，而次弟在叡叡之閒，則所謂探堅者，探取其堅也，猶浚井者以𣦼浚出下壚土也。故下文申說從貝字，祗取譬況之義。宋本𣦼探堅意，刪叡字而連篆讀之也。毛本探作深，玉篇、廣韻又無𣦼字，祇云深堅意也，則疑其不詞而改之也。故既合小徐及宋本用之，而仍辨其異文。從𣦼從貝。貝，堅實也。言所𣦼者之堅實如貝也。讀若概。古代切。

坑也。坑當作阬。釋詁：壑，阬阬，虛也。慧苑以叡爲籀文阱字。段氏曰：音同義異。叡謂穿地使空也。從𣦼從井，井亦聲。疾正切。

深明也。楚語韋注：叡，明也。許加深者，爲其從𣦼也。谷部濬亦訓深，是睿聲中有深義。通也。小徐無此句，元應引有之。馬注尚書、鄭注尚書大傳皆曰：睿，通也。從𣦼從目，從谷省。元應曰：從叡取其穿也，從目取其明也，從谷取響應不窮也。以芮切。

睿　古文叡。

壡　籀文叡從土。

文五　重三

歺　列骨之殘也。列，分解也。分解其骨，則無肉而作冎，又省之而作歺，故曰殘之字。蓋承𣦼部，𣦼從歺聲。聲義竝近，故區別之曰：𣦼之訓殘，殘乃穿地之殘；歺則列骨之殘也。從半冎。凡歺之屬皆從歺。讀若櫱岸之櫱。岸，六書故引作屵。嚴氏曰：當作屵。米部櫱，牙米也。徐鉉曰：義不應有中一，秦刻石文有之。嚴氏曰：歺變古文歺體，右旁復下歺。竹君本如此。嚴氏曰：他部偏旁皆作歺，本部作歺者，秝非中合一也。五割切。

𣦵　古文歺。誤多上畫，與卜相當也。

𣨙　病也。檀弓：哲人其萎乎。注：萎，病也。艸部萎，一曰𣨙也。通作萎。從歺委聲。於爲切。

殙　瞀也。瞀，低目謹視也。此不用其本義。子部孜，一曰瞀也。亦謂人之愚蒙者。則殙瞀蓋即昏眊，謂病人無知也。莊子：以瓦注者巧，以鉤注者憚，以黃金注者殙。其巧一也，而有所矜，則重外也。釋文引說文：殙，矜也。矜蓋瞀之譌。從歺昏聲。呼昆切。

殰　胎敗也。廣雅同。樂記：胎生者不殰。注：內敗曰殰。管子作膭，淮南子作贕。從歺賣聲。徒谷切。

歾　終也。君子曰終，小人曰死。左僖二十八年傳：叔詹曰：楚王其不歾乎。爲禮而卒於無別，將何以歾。杜注：不歾，言不以壽終也。從歺勿聲。莫勃切。

𣩵　歾或從𠬶。

𣨛　大夫死曰𣨛。曲禮：天子死曰崩，諸侯曰薨，大夫曰

bìn 殯　mò 𣩠　yì 殪　jí 殛　cú 殂　shāng 殤　wēn 殟　shū 殊

卒，士曰不祿，庶人曰死。釋詁：卒，死也。又曰：𣨛，盡也。釋文：卒，又作𣨛。從歺卒聲。子聿切。

殊　死也。字林同。淮南王傳：太子即自剄不殊。一曰斷也。依左氏釋文引補。廣雅同。謂凡斷者謂之殊，不但身首異處者。漢詔謂之殊死也。左昭二十三年傳：斷其後之木而弗殊。從歺朱聲。市朱切。漢令曰：蠻夷長有罪，當殊之。史記集解曰：風俗通義稱漢令：蠻夷戎狄有罪當殊，殊者死也。

殟　暴無知也。依元應引改。蓋謂中惡卒然昏不知人也。今本作胎敗也，誤用殰字解者，蓋古本殟殰兩字本相連而及，衆經音義殟殰字各一見，皆引說文暴無知也，又引聲類：身殟欲死也。蓋殟殰雙聲，殟殙疊韻，殟殟重言，故皆同義。二字蓋本以連語類聚，後人離析之也。惟元應未引殙瞀也，亦有可疑。從歺昷聲。烏沒切。衆經音義於門、於沒二反。

殤　不成人也。句意不完。呂覽注：未成人夭折曰殤，是也。諡法解：短折不成曰殤。雖與此殤小異，亦可證。人年十九至十六死爲長殤，十五至十二死爲中殤，十一至八歲死爲下殤。喪服傳文。又曰：不滿八歲以下爲無服之殤。從歺，傷省聲。兼意也。釋名：殤，傷也，可哀傷也。非然者，傷觴皆從煬省聲。式陽切。

殂　往，句。殂之言徂也。徂，往也。此謂不忍死其君者，諱而言殂也。死也。核其實也。從歺且聲。昨胡切。虞書曰：勛乃殂。孟子引堯典：放勳乃殂落。

𣦸　古文殂。

殛　殊也。釋言：殛，誅也。從歺亟聲。己力切。虞書曰：殛鯀于羽山。古堯典文也。馬注與釋言、周語韋注竝同。呂覽曰：殛之於羽山，副之以吳刀。則是殊斷之矣。戰國策語言不足信也。案許君引此，謂殛可借爲極，謂窮極之於羽山也。洪範及左傳殛鯀，釋文：殛，本又作極，是其證。且左傳曰流四凶族，知尚書流放竄殛同意，變詞以成文耳。大戴禮五帝德曰：殛鯀於羽山以變東夷。史記五帝本紀同。是殛之猶有所用之也。洪範鯀則殛死，謂死於殛所耳。鄭志：鯀放居東裔，至死不得反於朝。

殪　死也。釋詁文。從歺壹聲。於計切。小雅毛傳、文穎注上林賦皆曰：壹發而死曰殪。且亦借壹爲之，書殪戎殷，中庸作壹戎衣。

𡔜　古文殪從死。壹省吉而以死留處其所。

𣩠　死宗𣩠也。從歺莫聲。莫各切。疑即夕部夢重出。

殯　死在棺，將遷葬柩，賓遇之。死當作尸。禮：在牀曰尸，在棺曰柩。將遷葬柩，文不成義，有

cán
殘

luò 𣩠　dù 殬　dān 殫　jiān 殲　tiǎn 殄　yāng 殃　dài 殆　xiǔ 歾　kuì 殨　chòu 殠　jìn 殣　yì 殔

謂捝也、三日而殯、三月而葬、相去甚遠、不得豫言、而既夕禮曰、遷于祖、與此遷字相應、葢許君評言自殯以後諸禮節、爲何人删節致不通也、穀梁傳注、欑木爲椁、塗之曰殯、賓遇之者、檀弓、則猶賓之也、從歺從賓。賓亦聲。必刃切、夏后殯於阼階。說文無阼、當依檀弓作東、且當依補之上三字、殯處負序當階耳、階不可殯、下文放此、殷人殯於兩楹之間。周人殯於賓階。竝檀弓文、

殔　瘞也。二字同音、故以爲訓、其實肂不全瘞也、士喪禮、掘肂見衽、注、肂埋棺之坎也、從歺隶聲。羊至切、

殣　道中死人。人、一作者、人所覆也。秋官蜡氏、若有死於道路者、則令埋而置楬焉、左傳、道殣相望、杜注、餓死爲殣、從歺堇聲。渠吝切、詩曰。行有死人。尚或殣之。小雅小弁文、彼借墐爲之、毛傳、墐路冢也、

殠　腐气也。臭者气之總名、殠者朽腐之專名、今通用臭、又作殠、從歺臭聲。尺救切、

殨　爛也。釋言、虹、潰也、注、謂潰敗、案借潰爲殨也、爛當作爤、公羊僖十九年傳、魚爛而亡、注、魚爛從內發、從歺貴聲。胡對切、

歾　腐也。字林同、廣雅、歾、臭也、案借臭爲殠、從歺丂聲。許久切、

朽　歾或從木。月令、冬、其臭朽、注、氣若有若無爲朽、釋文、朽本又作歾、

殆　危也。釋詁文、詩、無小人殆、而經典將然之詞、亦曰殆、曰危、從歺台聲。徒亥切、案自此至殬、大抵從歺引伸之義、

殃　咎也。廣雅同、易釋文引作凶也、從歺央聲。於良切、

殘　賊也。小雅、廢爲殘賊、從歺戔聲。昨干切、

殄　盡也。釋詁文、邶風、籧篨不殄、傳、殄絕也、從歺㐱聲。徒典切、

𠃦　古文殄如此。

殲　微盡也。言殲微必盡也、殲之言纖也、公羊傳、釋詁皆曰、殲盡也、此加微者、承上殄盡也而言、加微以爲別也、從歺韱聲。子廉切、春秋傳曰。齊人殲于遂。莊十七年經文、

殫　極盡也。字林同、又云斃也、廣雅、殫、盡也、此云極者、亦以爲別、從歺單聲。傳注凡釋單以盡者、皆借爲殫也、春申君列傳、王之威亦單矣、徐廣曰、本亦作殫、都寒切、

殬　敗也。經典借斁爲之、詩、雲漢、耗斁下土、箋、斁、敗也、釋文、說文字林皆爲殬、從歺睪聲。當故切、商書曰。彝倫攸殬。洪範文、

𣩠　汲古本、平津本、小徐本、集韻引、皆作𣩠、玉篇同、畜產疫病也。畜產卽嘼牲、從歺𣎆聲。小徐𣎆聲、汲古從贏、又刓改爲𣎆聲、

qī 𣧑　kū 殆　zhí 殖　cán 𣦼　ái 𣨊

zì 㱠　hāo 薧　hōng 薨　sǐ 死

郎果切、案以下四字、皆言禽獸、

𣨊　殺羊出其胎也。廣雅、𣨊、胎也、詞不達意、徐幹七喻、熊蹯豹胎、是古以胎爲美食、王制、不殺胎、從歺豈聲。五來切、

𣦼　禽獸所食餘也。玉篇作腠、云、獸食之餘也、亦以同音借殘、七命、髦殘象白、五臣注、殘謂爲猛獸所食之殘者、亦猶豺殘也、又省形存聲而作戔、考工記、鮑人注、帴或者讀爲羊豬戔之戔、釋文、周禮注殘餘字、本多作戔、從歺從肉。昨干切、

殖　脂膏久殖也。一引無殖字、葢謂脂膏日久而殖敗也、字或作膱、考工記、弓人注、鄭司農云、故書昵或作樴、元謂樴脂膏膱敗之膱、膱亦黏也、釋文、呂忱云、膱、膏敗也、從歺直聲。常職切、

殆　枯也。桂氏曰、殆枯聲同、黃庭經、調血理命身不枯、筠案、許君以朽爲歾之重文、不以枯爲殆之重文、雖可借用、非一字也、段氏曰、周禮、殺王之親者辜之、注、辜之言枯也、謂磔之、按殆同辜、磔也、玉篇曰、殆古文辜字、筠案以殆爲辜是同韻、不及殆枯之同音、且玉篇殆下云殆乾、又引說文、此下卽列殆字、初不以爲與殆同字、終恐桂氏說近之、姑兩列以俟讀者擇焉、從歺古聲。苦孤切、案此下兩字、又謂人、葢校者掇拾於此、

𣧑　棄也。從歺奇聲。去其切、俗語謂死曰大𣧑。此義通作期、素問有大期篇、

文三十二　重六

死　澌也。廣雅同、曲禮、庶人曰死、注、死之言澌也、精神澌盡也、人所離也。爲字形加此語也、形神相離、有步意、從步從人。息姊切、凡死之屬皆從死。

𣦵　古文死如此。古文殪從死、

薨　公侯𣨛也。公羊解詁、崩、大毀壞之詞、薨、小毀壞之詞、從死瞢省聲。呼肱切、

薧　死人里也。玉篇、薧里、黃泉也、死人里也、從死蒿省聲。古今注、蒿里、喪歌也、謂人死魂魄歸乎蒿里、呼毛切、周禮謂乾魚爲薧、則音考、

㱠　戰。句、見血曰傷。左傳、察夷傷、亂或爲惽。廣韻引同、則或卽惑字、謂昏不知人也、玉篇引、無亂字、則是傷或謂之惛矣、非也、呂覽仲秋紀、則知所兔起鳧舉死殙之地矣、注、殙音悶、謂絕氣之悶、案此借殙爲惛也、死而復生爲㱠。廣雅、㱠、病也、從死次聲。咨四切、

文四　重一

guǎ 冎　bié 别　bēi ⿰冎卑　gǔ 骨　dú 髑　lóu 髏　bó 髆　ǒu 髃　pián 骿　bǐ 髀

冎 剔人肉置其骨也。說文無剔，當作鬄。士喪禮曰鬄去蹄，注鬄解也，今文鬄爲剔。王氏煦曰列子湯問篇楚之南有啖人之國，其親戚死，矽其肉而棄之，然後埋其骨。殷敬順釋文云矽本作冎，剔肉也。象形，頭隆骨也。韻會引無形字。案當云象頭隆骨形。古瓦切。凡冎之屬皆從冎。

别 分解也。八部分别也，此不但轉注，而加解字，與刀部列同義者，葢以字從冎從刀，主謂辜而言，則所謂解者，如庖丁解牛之類。淮南子曰宰庖之切割分别也，與許君意合。又曰桀之力别觡伸鉤，此事與從冎合，與從刀不合。天官小宰聽稱責以傳别，鄭注傳别謂爲大手書於一札，中字别之，此事與從刀合，與從冎不合，況乎離别，乃引伸之義也，非許意所主。從冎從刀。憑列切

⿰冎卑 别也。玉篇同，廣韻相分解也，集韻兩引，一引同，一引作裂，廣雅⿰冎卑裂也。案今用裂，古用列，刀部列亦曰分解也。從冎卑聲。讀若罷。府移切

文三

骨 體之質也。依御覽引補。與筋部體之力也相儷。肉之覈也。體之質者，百體以骨爲質幹也。覈，御覽引作核，謂在肉中而堅實也。廣雅覈骨也。案覈核之名因此而起。蔡邕注典引曰肴覈食也，肉曰肴，骨曰覈。從冎有肉。古忽切。凡骨之屬皆從骨。

髑 髑髏，頭也。依御覽引改。玉篇同。埤蒼髑髏，頭骨也。廣雅項顱謂之髑髏。從骨蜀聲。徒谷切

髏 髑髏也。從骨婁聲。洛侯切

髆 肩甲也。靈樞經作肩胛。顏氏家訓五百年一賢，猶比髆也。天官醢人豚拍，鄭大夫、杜子春皆以拍爲髆，謂脅也。從骨尃聲。補各切

髃 肩前也。字林肩前兩乳間骨也。詩車攻傳云自左膘而射之，達於右腢，爲上殺。釋文腢本亦作髃。何休注公羊自左膘射之，達于右腢，中心死疾，鮮潔也。然髃本人肩前之名，獸因而稱之耳。既夕禮記當腢，注腢肩頭也。從骨禺聲。本五口切，一音五俱切

骿 骿脅，幷幹也。依左傳釋文引改。國語韋注同。左傳杜注云合幹。孔晁云聞公子脅幹是一骨，故欲觀之。廣雅幹謂之肋。元命苞顒項骿幹。從骨幷聲。部田切。晉文公骿脅。見左僖二十三年傳，彼作駢，論衡引作仳。

髀 股外也。依元應引補。元命苞髀之爲言岐也，陰二，故人兩髀。說苑天子文繡衣各一襲到地，諸侯覆跗，大夫到踝，士到髀。詩車攻傳云

suǐ 髓

kē 髁　jué ⿰骨厥　kuān 髖　bìn 髕　guā 髺　kuì ⿰骨貴　qiāo 骹　gàn 骭　hái 骸　tì ⿰骨易　tǐ 體　mó 髍　gěng 骾　gé 骼

射左髀，達于右髃，爲下殺。從骨卑聲。本裨爾切，孫幷弭切

古文髀 古文髀。小徐從足，足疋一物也。

髁 髀骨也。元應曰字林髁，骻也，骻骨也，口亞反，今以骻爲髁。案廣雅髁髀也，三蒼髁尻骨，與許義異。從骨果聲。本口臥切

⿰骨厥 臀骨也。廣韻臀尾本。從骨厥聲。呂覽本味篇鳶燕之翠，高注翠厥也。厥當爲古文假借字，臀則後起之專字。故素問骨空論灸橛骨，王冰注曰尾窮謂之橛骨，又借橛字爲之，知先秦尙無臀字也。廣雅後起字最多，其釋親曰臎臀也，臀如說文，臎則異於内則之舒鴈翠矣。在鳥曰翠，在人及獸曰臀。居月切

髖 髀上也。賈誼傳髖髀之所，非斤則斧。玉篇髂髖也。類篇馬胯上骨爲八髖。從骨寬聲。苦官切

髕 厀耑蓋骨也。依六書故引補。元應作厀骨也，與今本皆經刪節也。說苑人生期年生髕而後能行。從骨賓聲。毗忍切

髺 骨耑也。未詳。廣雅髺骩也。從骨昏聲。古活切

⿰骨貴 厀脛閒骨也。桂氏曰荀子勸學篇蟹八跪而二螯，借跪爲⿰骨貴也。從骨貴聲。丘媿切

骹 脛也。考工記輪人參分其股圍去一以爲骹圍，鄭司農云人脛近足者細於股謂之骹，羊脛細者亦謂骹。釋畜馬四骹皆白驓。從骨交聲。口交切

骭 骹也。淮南俶眞訓注骭自膝以下脛以上也。釋訓骭瘍爲微。從骨干聲。古案切

骸 脛骨也。公羊宣十五年傳析骸而炊之。從骨亥聲。戶皆切

髓 骨中脂也。素問髓骨之充也。從骨隓聲。息委切

⿰骨易 骨閒黃汁也。從骨易聲。讀若易曰夕惕若厲。他歷切

體 總十二屬也。彳部云象人脛三屬相連也。其它則許所未言。段氏曰首之屬三，曰頂曰面曰頤；身之屬三，曰肩曰脊曰凥；手之屬三，曰厷曰臂曰手；足之屬三，曰股曰脛曰足。從骨豊聲。他禮切

髍 㾈病也。集韻引此而說之曰謂身支半枯。漢書敘傳又況幺麿尙不及數子，晉灼曰此骨偏麿之麿也。筠案幺麿者，猶云既微且尰，爾勇伊何耳。通俗文云不長曰幺，細小曰麼。殊拘墟也。從骨麻聲。莫鄱切

骾 食骨留咽中也。一作食肉亭骨在喉内也。聲類哽，食骨留嗌中也。後漢書來歙傳作骨鯁。說文則三字各爲一義。從骨叓聲。古杏切

骼 禽獸之骨曰骼。埤蒼骼腰骨也。字見於有司徹及特牲饋食禮，又作胳。士禮用牲之九體有一

cī 骴　wěi 骫　kuài 䯤　ròu 肉　méi 腜　pēi 肧

膂二，膞三，肫四，胳五，正脊六，橫脊七，長脅八，短脅九。從骨各聲。大夫禮則十一體，加脡脊代脅。廣雅、字林變作骼。古覈切

骴 鳥獸殘骨曰骴。獸，廣韻作鼠。秋官蜡氏掌除骴，注云：曲禮四足死者曰漬，故書骴作脊。鄭司農云：脊讀爲漬，謂死人骨也。月令曰：掩骼埋胔。骨之尚有肉者也，及禽獸之骨皆是。食貨志：國亡捐瘠。則又脊而加疒也，仍是骴字。骴，可惡也。若曰謂之骴者，以其可惡而命之名也。此第指字聲言，蓋從此聲者多有可惡之意。呰窳也，佌佌彼有屋，小皃也，訿訿然不思稱乎上之意，皆是。從骨此聲。資四切 明堂月令曰：掩骼薶骴。禮記月令作埋胔，蜡氏敘官注引作埋骴，釋文作貍骴。

骴或從肉 小徐無此，後人所記也。

骫 骨耑骫䑕也。當作骨曲骫䑕也。列子釋文引作骨曲直也，雖譌而曲字可從。蒼頡篇：骫，曲也。骫䑕則曲之詞也。矢部䑕，頭衺骫䑕態也。亦連言骫䑕，衺曲義相近。上林賦：崔錯癹骫。郭璞曰：癹骫，蟠戾也。李善曰：骫，古委字。從骨丸聲。於詭切

䯤 骨擿之可會髮者。骨擿猶云象揥也。手部擿，搔也。故此謂搔頭爲擿也。君子偕老傳：揥所以摘髮。釋文：摘本又作擿。會髮猶云括髮也。士喪禮：鬠笄。注：鬠，古文作括。髟部鬠，絜髮也。後漢輿服志

注：鬠以玳瑁爲擿，長一尺，左右一橫簪，以安幘結。從骨會聲。義聲互相備也。古外切 詩曰：䯤弁如星。衛風淇奧文。彼作會。鄭注弁師引之，亦作會。許君引此，謂借䯤爲會，與骨擿無涉也。知然者，弁師王之皮弁會五采玉璂，正詩所云會弁，其下文云玉笄，若會是骨擿，豈不複乎。彼注云：故書會作䯤，則亦借字也。故先鄭後鄭說雖不同，而皆破爲會以說之。司農又引士喪禮曰：檜用組，乃笄。檜讀與䯤同，書之異耳。說曰：以組束髮，乃著笄，謂之檜。沛國人謂反紒爲䯤。許君之說詩也，雖未知同先鄭與否，然必本之檜用組，上文骨擿則本之鬠笄用桑，是皆可以意揣而知之矣。

文二十五　重一

肉 胾肉也。象形。曲禮：左殽右胾。注：胾，切肉也。案鳥獸之肉而後有形可象，故象其爲胾。而人身體之字亦從之。凡肉之屬皆從肉。如六切

腜 婦始孕腜兆也。謂婦始孕曰腜。腜者朕兆之意也。廣雅：腜，胎也。渾言之。從肉某聲。莫桮切

肧 婦孕一月也。玉篇、廣韻同。集韻引作胚。此及胎下說，玉篇、廣韻皆用之。文子：一月而膏，二月而脈，三月而肧，四月而胎，五月而筋，六月而骨，七月而成形，八

jī 肌　lú 臚　zhūn 肫　chún 脣　huāng 肓　shèn 腎　fèi 肺　pí 脾　gān 肝

tāi 胎　jī 𦝬　dòu 脰

月而動，九月而躁，十月而生。淮南曰：二月而胅，三月而胎，四月而肌。李善注江賦引淮南：三月而胚胎。從肉不聲。匹桮切

胎 婦孕三月也。元應引作二月。從肉台聲。土來切

肌 肉也。素問：病有在肌肉者。從肉几聲。居夷切

臚 皮也。人曰臚，獸曰皮。此通之也。禮運：膚革充盈，亦通言之。易通卦驗：人足陽明脈盛，多病臚脹。抱朴子至理卷：淳于能解臚以理腦。蓋借臚爲顱。從肉盧聲。力居切

膚 籒文臚。

肫 面額也。額骨也。集韻：面秀骨。從肉屯聲。章倫切

𦝬 頰肉也。集韻：頰下曰頄，或作胲、𦝬。從肉幾聲。讀若畿。居衣切

脣 口耑也。釋名：脣，緣也，口之緣也。白帖：脣者，古之藩。從肉辰聲。食倫切

𦡃 古文脣從頁。辰之古文作[illegible]。

脰 項也。項，頭後也。左傳：兩矢夾脰。從肉豆聲。徒候切

肓 心下鬲上也。依左傳釋文引改。李氏威曰：案鍼灸圖經，椎骨諸穴，心腧二穴在第五椎下，鬲腧二穴在第七椎下，是鬲下于心閒一椎。又第四椎下謂之膏肓腧，第七椎下謂之鬲關，是肓在鬲上甚明。從肉亡聲。呼光切 春秋傳曰：病在肓之下。左成十年文。下當作上。

腎 水藏也。戴侗曰：受藏曰藏，謂其受藏而不寫也。韓詩外傳：精藏於腎，神藏於心，魂藏於肝，魄藏於肺，志藏於脾。此之謂五藏也。列子言六藏者，或如白虎通之說，以三焦爲包絡之府，是包絡爲一藏也。然難經以三焦爲孤府，周禮言九藏，鄭注云：正藏五，又有胃、膀胱、大腸、小腸，似皆非正說。從肉臤聲。時忍切

肺 金藏也。元應引作火藏也。案以心部說推之，當云火藏也。博士說以爲金藏。五經異義：今尚書歐陽說：肝，木也；心，火也；脾，土也；肺，金也；腎，水也。古尚書說：脾，木也；肺，火也；心，土也；肝，金也；腎，水也。呂氏春秋孟春紀祭先脾，注：脾屬土，春木勝土，先食所勝也。一說脾屬木，自用其藏也。孟夏紀祭先肺，注：肺，金也，祭禮之先祭肺，用其勝也。一曰肺火，自用其藏也。季夏紀中央土祭先心，注：心，火也，用所勝也。一曰心土，自用其藏也。孟秋紀祭先肝，注：肝，木也，祭祀之肉用其勝，故先進肝。又曰：肝，金也，自用其藏也。孟冬紀祭先腎，注：腎屬水，自用其藏也。案注兹先引今尚書說，而後用古說。許君當先古說而後今說。從肉巿聲。芳吠切

脾 土藏也。當云木藏也。博士說以爲土藏。從肉卑聲。符支切

肝 木藏也。當云金藏也。博士說以爲木藏。從肉干聲。白虎通：肝

dǎn 膽　wèi 胃　pāo 脬　cháng 腸　gāo 膏　fáng 肪　yīng 膺　yì 肊　bèi 背　xié 脅　páng 膀　liè 脟　lèi 肋　shēn 胂

之爲言干也。古寒切。

膽 連肝之府也。膽爲肝之府而連於肝也。難經謂膽爲清淨之府者，無出無入也。金匱論肝心脾肺腎五藏皆爲陰，膽胃大小腸膀胱三焦六府皆爲陽。白虎通：胃者，脾之府也。膀胱者，腎之府也。三焦者，包絡府也。膽者，肝之府也。小腸大腸，心肺府也。從肉詹聲。都敢切。

胃 穀府也。難經：胃爲水穀之府。從肉囟象形。囟非字，故刪之。云貴切。

脬 旁光也。俗作膀胱。難經：膀胱爲津液之府。脬亦借用胞。淮南高注：旁光，胞也。蘇林注荅客難曰：胞音胞胎之胞。特區別之，可知通用已久。從肉孚聲。匹交切。

腸 大小腸也。難經：大腸爲行道之府，小腸爲受盛之府。從肉昜聲。直良切。

膏 肥也。元命苞：膏者，神之液。從肉高聲。古勞切。案膏肪在腹中，故次在此。脂字遠隔在後，肥在末，尤非其次，蓋後人亂之。

肪 肥也。元應引此下有脂也，蓋申說之也。脂肥非兩義。王逸說玉符曰：白如豬肪。從肉方聲。甫良切。

膺 胷也。謂乳上骨也。依元應引增，蓋庾注也。韋昭注漢書：胷四面高中央下曰膺。從肉雁聲。於陵切。

肊 胷骨也。羣書引同，則膺言其外，肊言其內也。惟登樓賦注引作胷也，則是一體二名也。從肉乙聲。於力切。段氏刪聲字，非也。虎之胷有乙骨，佩之有威，人固無之，不可穿鑿。

臆 肊或從意。或借意字爲之。漢書賈誼傳：請對以意。史記作臆。

背 脊也。釋名：背，倍也，在後稱也。從肉北聲。詩言樹之背，傳：背，北堂也。補妹切。

脅 兩膀也。通俗文：腋下謂之脅。廣雅：膀、胠、胉，脅也。段氏曰：周禮豚脅謂之豚拍，儀禮牲體脅謂之兩胉，注曰：今文胉爲迫。說文不收胉字，是從今文迫也。從肉劦聲。虛業切。

膀 脅也。從肉旁聲。釋名：膀，挾也，在兩旁，臂所挾也。步光切。

髈 膀或從骨。

脟 脅肉也。史記司馬相如傳：脟割輪淬。郭璞曰：脟，膊。段氏曰：九歎說流水，龍邛脟圈，繚戾宛轉，脟一作綸。從肉寽聲。力輟切。一曰脟，腸間肥也。錢氏大昭曰：廣雅脟，脟脂也。脟是脟字之譌，曹憲音平，玉篇脟脟，牛羊脂，皆沿誤本而不審也。一曰膫也。謂腸間肥名脟，一名膫也。

肋 脅骨也。廣雅：榦謂之肋。公羊莊元年傳：搚幹而殺之。釋文：幹，脅也。從肉力聲。盧則切。

胂 夾脊肉也。繫傳：易云艮其限，裂其夤，夤即當此胂字。易釋文：馬云，夤，夾脊肉也。鄭本作䐜。然則夤亦上肉下寅，非夕部之夤也。從肉申聲。失人切。

bì 臂　méi 脢　jiān 肩　gē 胳　qū 胠　nào 臑　zhǒu 肘　qí 齎　fù 腹　yú 腴　shuí 脽

脢 背肉也。廣雅：胂謂之脢。許君類列之而不轉注，蓋胂狹而脢廣也。從肉每聲。莫桮切。易曰：咸其脢。咸九五爻詞。鄭云：脢，背脊肉也。虞云：夾脊肉也。釋文曰：說文同。鄭作背脊肉。

肩 髆也。漢書武帝紀注：晉灼曰：髆，許愼以爲肩髆字，是合肩髆爲一名也。從肉象形。此不云戶象形，則胃下自不當云囟象形。古賢切。

肩 俗肩從戶。

胳 亦下也。亦俗作腋。廣雅：胳謂之腋。渾言之，許析言之，因而袂當胳者亦謂之胳。深衣：袼之高下可以運肘。注：袼，衣袂當掖之縫也。釋文：袼本又作胳，腋也。說文無袼，當是據本作胳。牲體亦有胳，見鄉飲酒禮記。從肉各聲。古洛切。

胠 亦下也。與胳同訓而不轉注，蓋略分高下矣。故廣雅曰：胠，脅也。渾言之也。左襄二十三年傳：齊侯伐衛，有先驅，申驅，戎車，貳廣，啟，胠，大殿。賈逵曰：左翼曰啟，右翼曰胠。莊子胠篋，司馬曰：從旁開爲胠。二者皆以胠在身旁而借之。從肉去聲。去劫切。小徐亦羌脅反。

臂 手上也。從肉辟聲。卑義切。

臑 臂羊矢也。繫傳：蓋骨形象羊矢，因名之也。玉篇臑作䐿，云：臂節也。節正羊矢之謂矣。桂氏曰：隸體需耎相通，㮕棗俗名羊矢棗，猶臑爲臂羊矢也。鄉射禮釋文引字林：臂，羊豕也。集韻、類篇引說文：羊豕臂也。皆誤。臑不得單屬之羊豕。少儀言牛之臂臑。鄉飲酒禮：其牲用狗。鄭注亦言臑。蓋牲前脛骨分三體，曰肩、臂、臑。臑與臂近，故以臂說之，究是兩體，故言羊矢以的指之也。九章筭術商功篇注：合兩鼈臑成一陽馬。又曰：臑者，臂骨也。其形有似鼈肘，故以名云。音義曰：臑，那到切，臂節也。從肉需聲。讀若儒。那到切。案臑字不當在此。本部自膆至刷皆謂人，自臘至臝皆謂物。物之肉，用以祭，故以臘腰等字領之。末數字則泛言。經典言臑，無涉及人者。蓋本在後，或見臑有臂節之訓，遂迻之肘上也。而玉篇作䐿，次序同本書，恐顚倒已久。

肘 臂節也。深衣注：肘當臂中爲節。臂骨上下各尺二寸。從肉從寸。寸，手寸口也。陟柳切。

齎 肶齎人齎也。依元應引改補。從肉齊聲。左傳：後君噬齊。莊子：與齊俱入，與汩偕出。司馬云：齊，回旋如磨齊也。然則齊是古字，臍是累增字。徂兮切。

腹 厚也。釋詁、毛傳竝同。從肉复聲。方六切。

腴 腹下肥也。一作者。地理志注：腹之下肥曰腴。論衡：傳語曰：堯若腊，舜若腒，桀紂之君，垂腴尺餘。從肉臾聲。羊朱切。

脽 尻也。東方朔傳：連脽尻。武帝紀：立后土祠于汾

jué 肤　kuà 胯　gǔ 股　jiǎo 腳　jìng 脛　héng 胻　féi 腓　shuàn 腨　zhī 胑　gāi 胲　xiào 肖　yìn 胤　zhòu 胄　qì 肙

陰䐶上。蘇林曰脽音誰。師古曰目其形高起。如人尻脽。故以名云。從肉。隹聲。示隹切 肤 孔也。從肉。決省聲。當云夬聲。讀若決水之決。古穴切 胯 股也。蒼頡篇兩股閒也。淮陰侯列傳出我袴下。徐廣曰袴一作胯。漢書作跨。同耳。釋畜驪馬白跨。騎注跨髀閒。從肉。夸聲。苦故切 股 髀也。詩采菽箋脛本曰股。從肉。殳聲。士虞禮注字從肉從殳。矛之殳聲。公戶切 腳 脛也。從肉。卻聲。釋名腳卻也。以其坐時卻在後也。居勺切 脛 胻也。元應引作腳胻也。字林同。玉篇脛腓腸前骨也。引史記斮朝涉之脛。說苑脛大於股者難以步。從肉。巠聲。胡定切 胻 脛耑也。謂近膝之處。龜策列傳壯士斬其胻。從肉。行聲。戶更切 腓 脛腨也。御覽引作腓腸也。易咸卦咸其腓。莊子禹無胈脛無毛。從肉。非聲。符飛切 腨 腓腸也。元應曰江南言腓腸。中國言腨腸。或言腳腨。從肉。耑聲。市沇切 胑 體。句。四胑也。以體說胑者。謂四胑卽四體也。又申以四胑者。體總十二屬。四胑但六屬。不足盡體字義也。不直云四胑而先之以體者。經典多作或體肢。恐人疑惑故以體定之也。釋名胑枝也。似木之枝格也。段氏曰自胳胠至腨言手足也。故總之以胑。從肉。只聲。章移切 肢 胑或從支。故亦借支。續說苑宦者田鵬每折一支。辭色愈厲。四支俱絕而死。支。古枝字。因亦借枝。孟子爲長者折枝。趙注按摩折手節解罷枝也。胲 足大指毛也。毛下當有肉字。玉篇廣韻皆有之。從肉。亥聲。古哀切 肖 骨肉相似也。方言。西南梁益之閒。凡言相類者亦謂之肖。從肉。小聲。私妙切 今言不肖者。不似也。此許說也。謂骨肉不似其先。故曰不肖也。二句蓋庾注也。何人刪節之。以致渾同無別。今竝依元應引補。胤 子孫相承續也。字林胤嗣也。用釋詁毛傳。從肉。骨肉相似故也。從八。象其長也。從幺。象重累也。元應曰八引長之也。幺象世繼相重之也。羊晉切 古文胤。依廣韻引改。今作胤也。後人以字林改之也。胄 裔也。左襄十四年傳謂我諸戎是四嶽之裔胄也。從肉。由聲。直又切 肙 振肙也。說文無佾字。肙卽是也。諸說皆曰佾列也。而許君曰振肙者。左莊二十八年傳爲館于其宮側而振萬焉。杜注振動也。萬舞也。

說文句讀《卷八　七百十九、。折四十四　七

dàn 膻　rǎng 臇　jiē 腊　qú 臞　tuō 脫　qiú 脙　luán 臠　jí 膌　chéng 脀　zhěn 胗

然則舞名而以振冠之。此古法也。是以小徐本作振也。志林引同。亦非不通也。漢書禮樂志鸞路龍鱗罔不肸飾。顏注肸振也。謂皆振整而飾之也。案肸從肙。故待與肙同義。從肉。八聲。八佾最盛。故從八。許訖切 膻 肉膻也。與但同。釋訓毛傳皆曰襢裼肉袒也。說文無襢。毛詩爾雅釋文皆曰襢本又作袒。是知魏晉寫經者借袒爲膻。後人又加亩而作襢。從肉。亶聲。徒旱切 詩曰膻裼暴虎。鄭風大叔于田文。臇 益州鄙言人盛諱其肥謂之臇。似後人據誤本方言改之。方言曰梁益之閒凡人言盛及其所愛曰諱其肥晠謂之臇。宋曹毅之本諱作偉。漢書賈鄒枚路傳壤子王梁代。晉灼曰揚楚方言梁益之閒所愛諱其肥盛曰壤。李善注文選云方言云瑋其肥盛。晉灼注以瑋爲諱。筠案曰諱之曰。諸引無當刪。而諱當依李善作瑋。然不可絕瑋其肥盛爲句也。方言又曰凡物之壯大而愛偉之謂之夏。偉瑋同義。知是愛瑋連文。謂愛而偉之。故別爲美詞以襄大之。不謂之壯大而謂之夏。不謂之肥而謂之臇也。從肉。襄聲。如兩切 腊 臞也。從肉。皆聲。古諧切 臞 少肉也。釋言臞脥瘠也。從肉。瞿聲。其俱切 脫 消肉臞也。其肉消盡。臞之甚也。俗語謂瘦

說文句讀《卷八　七百六十文、。折四十　六

極曰脫形是也。引伸之則釋器曰肉曰脫之。郭注剝其皮也。從肉。兌聲。徒活切 脙 齊人謂臞脙也。從肉。求聲。讀若休止。巨鳩切 廣韻脙俗作䏔。臞脙雙聲。臠 臞也。從肉。䜌聲。力沇切 此切肉之音。檜風釋文力端反。一曰切肉臠也。玉篇同。然當作一曰臠切肉也。說文一曰之下多再出本字而後說之。爲其爲別義也。詩曰棘人臠臠兮。檜風素冠文。彼借欒。毛傳瘠兒。或三家詩有作臠者。許君從之也。○一曰薄也。蓋魯語瘠土沃土之說也。元應引此句在瘦也句上。竊加一曰字而退之在下。膌 瘦也。從肉。脊聲。資昔切 元應曰瘠古文膌瘠痳三形。古文膌。從疒從束。束亦聲。加此穿鑿。必後人緣棘人而附會之也。脀 騃也。玉篇同。廣雅脀癡也。然韻會引作升也。特牲饋食禮宗人告祭脀。疏脀者升也。謂升特牲體于俎。此嚴氏說也。筠案許君不當舍經訓而用僻義。然依此則當與肴膳等字爲伍。今在此。未敢改之。從肉。丞聲。讀若丞。署陵切 胗 脣瘍也。風賦中脣爲胗。從肉。㐱聲。之忍切 案篆當作胗。從彡部之㐱。非匕部之㐱。籀文胗從

肉

zhuī 腄　zhī 胝　yóu 肬　huàn 肒　zhǒng 腫　dié 胅　xìn 脪　zhèn 𦙍　là 臘　lǘ 膢

疒。腄　瘢胝也。韻會引同。玉篇引作瘢腄也。小徐作跟胝也。蓋本作痕胝，後人改之。疒部：痕，胝瘢也。從肉垂聲。竹垂切。胝　腄也。集韻：胝，繭也。淮南子：申包胥累繭重胝，七日七夜至于秦庭。荀子注：胝，皮厚也。從肉氏聲。竹尼切。肬　贅也。慧苑曰：贅謂臏聚肉也。通俗文：小曰肬，大曰贅。釋名：贅，屬也，橫生一肉，屬著體也。從肉尤聲。羽求切。　籒文肬從黑。肒　搔生創也。廣韻：肒，炮肒。案：今名傷手瘡。從肉丸聲。胡岸切。腫　癰也。段氏曰：瘍醫注曰：腫瘍，癰而上生創者。按：凡膨脹粗大者謂之雍腫。生民毛傳：種，雍腫。莊子說木盤瘻曰雍腫。雍俗作擁。從肉重聲。之隴切。胅　骨差也。段氏曰：謂骨節差忒不相值，故胅出也。蘇林漢書注云：窅胅，窅謂入，胅謂出。爾雅注云：胅起高二尺許。山海經結匈國注云：臆前胅出，如人結喉，皆是也。窅胅，蒼頡篇作容胅，葛洪字苑作凹凸，今俗通用作坳突。從肉失聲。讀若跌同。謂二字可通也。齒部：齾，齒差跌皃。徒結切。脪　創肉反出也。玉篇：創肉反腫起也。從肉希聲。香近切。𦙍　瘢也。廣韻：𦙍，杖痕腫處。纂文：瘖瘮，捶痕也。案：上二說蓋同許義。

元應曰：瘾疹，皮上小起痕迹也。今俗亦謂肉斗腫起爲瘾疹。案此爲別義。從肉引聲。本音酳，孫羊晉切。一曰。遽也。臘　冬至後三戌爲臘，祭百神也。依玉篇引補。增韻：歷家以運墓日爲臘，如漢火運，火墓於戌，大寒後戌日是。風俗通云：禮傳：夏曰嘉平，殷曰清祀，周曰大蜡，漢改爲臘。臘者，獵也，言田獵取獸以祭祀其先祖也。或曰：臘者，接也，新故交接，故大祭以報功也。玉燭寶典：臘者祭先祖，蜡者報百神，同日異祭也。顧亭林曰：三代擇日皆用干，秦漢以下多用支，如戌臘是也。從肉巤聲。盧盍切。膢　楚俗以十二月祭飲食也。桂氏曰：太平御覽引此文於小歲下。案：四民月令曰：臘之明日爲小歲，則膢當在十二月，定非二月矣。古唐類範、風俗通皆作十二月。冀州北部或以八月朔作飲食爲膢祭。其俗語曰：膢臘社伏。合初學記、漢官儀注所引補此。玉篇膢下、示部禮下、廣韻十虞膢下，皆曰飲食祭也。冀州八月，楚俗二月，乃櫽括此文用之，而挩十字。又案廣韻十九矦膢下云：八月祭名，則但舉中國之俗。又十虞及玉篇三見此文，皆冀州在上，似本條在前條之前。然詳其文法，不得如此，故不迻之。膢臘社伏者，蓋酒食燕會之期也。膢臘及伏在二至之後，春社、秋社在二分之

tiǎo 朓[1]　zuò 胙　duò 隋　shàn 膳　róu 腬　yáo 肴　tiǎn 腆

前後。古人非祭不飲酒，是以有此俗語。從肉婁聲。力俱切。一曰。祈穀食新曰離膢。古唐類範引同。小徐、韻會引無離字。御覽引云：一曰嘗新穀食前曰貙膢。風俗通曰：又曰嘗新始殺食曰貙膢。余案此文當云：一曰始殺嘗新曰貙膢。貙膢，疊韻字也。嚴氏曰：漢武帝紀注引漢儀注：立秋貙膢。蘇林曰：貙，虎屬，常以立秋日祭獸，王者亦以此日出獵，還以祭宗廟，故有貙膢之祭也。筠案：此則在六七月，與上文十二月、八月異。又祭起於獵，非徒飲食，且不單名膢，故別爲一義。朓　祭也。集韻作祭肉。從肉兆聲。段氏曰：玉篇通堯、他召二切。鉉本土了切，蓋誤以月部之朓當之也。胙　祭福肉也。似當云：福祭肉也。福以釋謂之胙之故，祭肉則質言之也。若云祭福肉，則似區別之詞。祭肉之中，有所謂福肉者，豈祭有不福之肉乎？玉篇、集韻皆引如今本，惟廣韻：祚，福也；胙，祭餘。然則當旣有祚字之時，分胙之福也一義，胙則但爲祭肉，不復言福矣，可得許義之仿佛也。段氏曰：福者，皇尸命工祝承致多福無疆于女孝孫是也。周禮以脤膰之禮親兄弟之國，注云：同福祿也。引伸之，凡福皆言胙，如左傳言天胙明德，無克胙國，國語胙以天下，胙四岳國是也。自後人肊造祚字以改經傳，由是胙祚錯出矣。從肉乍聲。昨誤切。隋　列肉也。依六書故

引唐本改。今本作裂肉也，俗誤通之也。歺部曰：列，骨之殘也。知殘物皆謂之列。周禮守祧：既祭則藏其隋。注：隋，尸所祭肺脊黍稷之屬。案：祭之地者零星殘餘，故曰列肉。不及黍稷者，以字從肉也。從肉從隓省。徒果切。守祧釋文：隋，許恚反，劉相恚反。膳　具食也。公食大夫禮：宰夫膳稻于粱西。注：膳猶進也。案：此經蓋許君所本，而天官膳夫曰：膳用六牲。廣雅：膳，肉也。此似字之正義，未識許君何以不用。從肉善聲。燕禮：主人酌膳。注：君物曰膳，膳之言善也。常衍切。腬　嘉善肉也。似當云：腬嘉，善肉也。大雅抑及烝民皆言柔嘉，知是古之恆言。其主謂肉者，周語：無亦擇其柔嘉。晉語：無亦柔嘉是食。許君據本蓋皆作腬嘉，要是分別文也。從肉柔聲。耳由切。肴　雜肉也。依初學記、御覽引改。國語賈逵注曰：肴，葅也。凡非穀而食之曰肴。通作殽。特牲饋食禮注：凡骨有肉曰殽。今本作肴也者，蓋本作殽。廣雅：肴、殽，肉也。玉篇：殽，肴也。廣韻：殽，或作肴。蓋讀者以殽字新奇，取以改許書；校者又以說文無殽而改爲肴也。是以玉篇、廣韻皆有肴也一義，而皆不以爲正義，知御覽、初學記所引不誣也。○鄭風：與子宜之。傳：宜，肴也。爾雅同，此烹調義，玉篇、廣韻皆失載。從肉爻聲。胡茅切。腆　設膳腆腆多也。士昏禮注、邶風箋皆曰：腆

腯 tú　䏶 bié　胡 hú　肱 xián　膍 pí　胵 chī　膘 piǎo　膟 lǜ

善也、方言、公羊傳注、皆曰腆厚也、善厚與多、義因可通、惟經典無言腆腆者、或此文經刪節也、小徐本腆字不重、而腆多亦不甚連貫、○此云設膳、則知膳夫鄭注膳牲肉也、許君亦必有此義、今膳下殘闕耳、若云設具食、豈可通乎、**從肉典聲。**他典切、

𡐦　玉篇作𡐦、是也、汗簡引作𡐦、玉篇廣韻皆無此字、**古文腆。**

腯　牛羊曰肥、豕曰腯。左桓六年傳、吾牲牷肥腯、服虔注與此同、然傳因自申之曰備腯咸有矣、則知腯者六牲全備也、詩釋文引無牛字、亦不足據矣、**從肉盾聲。**他骨切、

䏶　肥肉也。廣韻、䏶、脊肥也、脊肥狀也、**從肉必聲。**蒲結切、

胡　牛顫垂也。謂牛領垂下者也、依元應引補、蓋庾注也、猴胡古通、此謂牛頸下垂、而他物亦有之、豳風傳、老狼有胡、郊祀志、龍垂胡頷、陸璣詩疏、鵜胡、皆是、**從肉古聲。**戶孤切、

肱　牛百葉也。從肉弦省聲。胡田切、五經文字云、字書無此字、見春秋傳、則知此為後人所增也、故不與膍轉注、公羊傳曰、自左髀達于右肱、廣雅、胃謂之肱、果爾、則非百葉矣、百葉與胃、固是兩物、

膍　牛百葉也。羊亦有之、在胃之下、而狀如梵夾、故名百葉、周禮謂之脾析、析者、言其狀分析也、**從肉毘聲。**房脂切、**一曰鳥膍胵。**廣雅、百葉謂之膍胵、廣韻、膍胵、鳥藏、然則兩物同此一名、

𦙶　膍或從比。內則、鴇奧、注云、脾胵也、士喪禮下篇注云、脾讀為雞脾胵之脾、脾析百葉也、釋文竝作脾胵、似誤、脾胵即膍胵也、

胵　鳥胃也。謂鳥胃亦單名胵也、蓋膍胵疊韻、牛百葉單名則曰膍、雙名則曰膍胵、鳥亦同也、**從肉至聲。**處脂切、**一曰胵五藏總名也。**此仍謂鳥也、鳥藏不足五、此沿人及獸名之、

膘　牛脅後髀前合革肉也。依詩釋文引刪牛字、凡獸皆然、不獨牛也、三蒼、膘、小腹兩邊肉也、詩車攻傳云、自左膘而射之、達於右腢、為上殺、繫傳、最薄處、故曰合革肉、言皮肉相合也、**從肉、㶾聲。讀若繇。**當作讀若旚繇、敷紹切、

膟　血祭肉也。段氏曰、郊特牲曰、取膟膋燔燎升首、報陽也、鄭曰、膟膋、腸閒脂也、朝事時取牲膟膋、燔於爐炭、至薦孰之時、又取膟膋與蕭合燒之、按此注謂膟膋腸閒脂、二字一物、祭義注云、膟膋血與腸閒脂也、則以血釋膟、以腸閒脂釋膋、略同許說、小雅、執其鸞刀、以啟其毛、取其血膋、正與祭義毛牛尚耳、鸞刀以封、取膟膋乃退語相合、毛云、毛以告純也、膋、脂膏也、血以告殺、膋以升臭、合之黍稷、實之於蕭、合馨香也、蓋說禮家以膟當詩之血、故許云血祭、鄭注祭義同考之、郊特牲、血祭與燔膟膋各事、膟膋自是一物、郊特牲注、為長也、**從肉帥聲。**呂戌切、

膟　膟或從率。

膫　牛腸閒脂也。依詩疏引補、**從肉尞聲。**洛蕭切、**詩曰、取其血膫。**小雅信南山文、彼作膋、

膋　膫或從勞省聲。

脯　乾肉也。周禮腊人注、大物解肆乾之、謂之乾肉、薄析曰脯、捶之而施薑桂曰段脩、**從肉甫聲。**方武切、

脩　脯也。廣雅同、渾言之也、內饔鄭注、脩、鍛脯也、**從肉攸聲。**息流切、

膎　脯也。大元曰、多田不婁、費我膎功、**從肉奚聲。**戶皆切、俗作鮭、

腡　膎肉也。玉篇廣韻皆曰膎腡也、蓋膎一字成詞、故玉篇廣韻皆曰膎腡也、大元注曰、熟食曰膎腡、則連膎成詞、故廣雅曰膎腡肉也、如謂廣雅膎腡是兩句、以肉總釋之、則此但當曰膎也、不當言肉矣、段氏曰、廣雅膎腡肉也、不列于脯類、錯本膎腡二篆在膊篆之下、集韻曰、吳人謂腌魚為膎腡、筠案玉篇膎腡亦不列于脯類、**從肉兩聲。**良奬切、

膊　薄脯膊之屋上也。依初學記引改、以搏釋膊、用掌戮文也、此物即今晾乾肉、秋官掌戮、掌斬殺賊諜而搏之、注、搏當為膊諸城上之膊、字之誤也、左成二年傳、殺而膊諸城上、**從肉尃聲。**匹各切、

脘　胃脯也。初學記引、譌作骨脯、集韻又譌作骨脂、食貨志則借餔字為之、晉灼曰、胃餔、今大官以十月作沸湯燖羊胃、以末椒薑坋之、訖曝使燥者也、史記貨殖傳作胃脯、至於胃脘、別是一物、胃脘即是府、不得如大徐本作胃府也、**從肉完聲。讀若患。**古卵切、

朐　脯挺也。挺、初學記引作脡、俗字也、士虞禮、脯四脡、注、古文脡為挺、鄉飲酒記、薦脯五挺、注引曲禮左朐右末、何注公羊曰、屈中曰朐、申曰脡、案以一脯中屈之、其屈處曰朐、其直處曰脡、因計其數曰四脡五脡、亦謂之朐、東觀漢記、脯三十朐、又謂之膱、鄉射記、薦脯五膱、膱長尺二寸、今本作膱、俗字也、漢志、巴郡有朐忍縣、顏注、朐音劬、今譌作朐、朐音春閏、**從肉句聲。**公羊春秋、僖公二十二年、取須朐、二傳作句、其俱切、

膴　無骨腊也。天官腊人注、腊、小物全乾、全乾則連骨、故許別之曰腊之無骨者謂之膴也、段氏曰、許君此說、蓋賈侍中周官解詁說與、鄭司農曰、膴、膺肉、杜子春云、膴、胖、皆謂夾脊肉、後鄭云、公食大夫禮曰、庶羞皆有大、有司徹曰、主人亦一魚、加膴祭于其上、內則曰、麋鹿田豕麕皆有胖、足相參正也、大者、胾之大臠、膴者、魚之反覆、膴又詁為大、二者同矣、則是膴亦臠肉大臠、胖宜為脯而腥、胖之言片也、析肉意也、按依後鄭說、膴胖皆非腊也、趙

脘 wǎn　朐 qú　膴 hū　膫 liáo　脯 fǔ　脩 xiū　膎 xié　腡 liǎng　膊 pò

商問、腊人掌凡乾肉、而有膴胖何、鄭荅、雖鮮亦屬腊人、此可證膴胖之非腊、許說葢偏執耳、下文云周禮有膴判、易胖爲判、度許亦必釋爲腊屬、而今亡其說矣、揚雄說鳥腊也。此謂與腒同義、葢庖人鄭注所云、涼州鳥翅之類、從冈無聲。荒烏切、周禮有膴判。腊人注、鄭大夫讀胖爲判、許君從之、留胖字爲夫妻胖合用也、已見半部、讀若謨。句當在無聲下、有司徹注、膴讀如殷冔之冔、

胥 蟹醢也。字林、蟹醬也、庖人注、青州之蟹胥、釋名、蟹胥、取蟹藏之、使骨肉解、胥胥然也、從冈疋聲。相居切、字林先於反、

腒 北方謂鳥腊曰腒。膳夫內則注、皆曰乾雉、士相見禮、贄、冬用雉、夏用腒、注、備腐臭也、許則不專謂雉、從冈居聲。九魚切、傳曰、堯如腊、舜始腒。依穀梁廿四年釋文引刪改、謂堯始作腊、舜始作腒也、上如字亦當作始、今本葢据論衡改、見上文腴下、

肍 孰冈醬也。廣韻、乾肉醬也、從冈九聲。讀若舊。巨鳩切、

鱐 乾魚尾捘捘也。繫傳曰、捘捘猶歷歷也、詩曰、東矢其捘、案以同聲字爲詁、乃古法也、今小徐本亦作鱐鱐、葢後人以大徐改之、從冈肅聲。風俗通說夏馬、掉尾肅肅、所鳩切、周禮有腒鱐。見庖人、彼作鱐、內則同、注、腒鱐、膊熟而乾、又籩人注、鱐者析乾之、出東海、

腝 有骨醢也。與膴無骨腊也文法同、釋器、肉謂之醢、有骨者謂之臡、醢人注、作醢及臡者、必先膊乾其肉、乃後莝之、雜以粱麴及鹽、漬以善酒、塗置甀中、百日則成矣、從冈耎聲。人移切、

臡 腝或從難。五經文字、臡見禮經及周禮、說文字林、皆作腝、案此知唐本無此重文、

脡 生冈醬也。釋名、生脡、以一分膾、二分細切、合和挺攪之也、齊民要術有作生脡法、從冈延聲。當作延聲、而玉篇廣韻二仙兩見、皆譌作脡、丑連切、

䐈 豕冈醬也。魚部、鮨、魚脂醬也、公食大夫禮、有牛鮨、則脂亦通名、又說文有牆無醬、說解中醬字、疑後人改、從冈咅聲。咅隸作音、各本譌作否、今據篆改之、尃口切、

胹 爛也。胹與洏葢同字、左宣二年傳、宰夫胹熊蹯不孰、內則作濡、大招七發作臑、從冈而聲。如之切、

䐣 切孰冈內於血中和也。廣雅、䐣、臛也、釋名、肺䐣、䐣饡也、以米糝之、如膏饡也、御覽引作肺䐣、齊民要術有肺䐣法、桂氏曰、䐣葢卽䐜之重文、爓變而從肉也、從冈員聲。讀若遜。穌本切、

胜 犬膏臭也。庖人、秋行犢麛膳膏腥、杜子春以爲豕膏、鄭君以爲雞膏、此云犬膏、或本

賈侍中、從冈生聲。桑經切、一曰不孰也。字林同、亦借生字爲之、公羊宣十四年傳、腥曰脤、孰曰燔、穀梁傳作生、

臊 豕膏臭也。此先鄭說也、庖人、夏行腒鱐膳膏臊、杜子春以爲犬膏、鄭君從之、從冈喿聲。穌遭切、

膮 豕冈羹也。字林、豕羹也、廣韻同、公食大夫禮注曰、膷臐膮、今時臛也、牛曰膷、羊曰臐、豕曰膮、皆香美之名也、古文膷作香、臐作熏、許從古文、不收膷臐、從冈堯聲。許幺切、

腥 星見食豕、令冈中生小息冈也。內則、豕望視而交睫、腥、注、腥當爲星、字之誤也、星肉中如米者、案世以腥爲胜、故鄭君破腥爲星、而未言致此之由、許君以爲星見之時飤豕、則致此也、息者瘜之借字、瘜、寄肉也、從冈星星亦聲。穌佞切、

脂 戴角者脂、無角者膏。考工記注、脂者牛羊屬、膏者豕屬、內則注、肥凝者爲脂、釋者爲膏、淮南高注、膏、豕熊猿之屬、脂、牛羊麋之屬、案高誘廣言之、熊猿麋之脂膏、非禮所用也、從冈旨聲。旨夷切、

䐹 𦞦也。桂氏段氏皆曰、𦞦者骨之譌也、玉篇、䐹、膏骨、骨膏、䐹、廣韻、䐹、骨膏也、骨膏膜、又云、膏肥皃、集韻、骨、碎脂也、筠案說文原文、或是膏也脂也等類語、後人欲廣其新義、改而爲骨、遂譌爲𦞦、大徐增𦞦、段氏增骨、竝爲謬矣、從冈貨聲。穌果切、

膩 上肥也。楚詞、靡顏膩理、注、膩滑也、玉篇、膩、垢膩、案人身之生垢也、以其有膩也、故將死之人無垢、葢肥之發於外者曰膩、而上肥二字、文不成義、不可強解、從冈貳聲。女利切、

膜 冈閒胲膜也。廣雅、膈、膜也、合爲一、許君分之者、釋名、膜、幕也、幕絡一體也、然則膜者、俗所謂脂皮也、䐞爲肉表革裏、則俗所謂肥肉也、較之赤肉爲柔弱、故從弱、從冈莫聲。慕各切、

䐞 冈表革裏也。云革者、謂獸也、從冈弱聲。而勺切、

𦟺 冈羹也。字林同、謂有菜曰羹、無菜曰臛也。依元應引補、葢庾注也、臛、俗𦟺字、招魂亦作臛、釋器、肉謂之羹、郭注、肉臛也、許君析言之、從冈隺聲。呼各切、

膹 𦟺也。廣雅同、三蒼、膹、臛多滓也、從冈賁聲。房吻切、

臇 𦟺也。廣雅同、蒼頡解詁、臇、少汁臛也、招魂、鵠酸臇鳧、煎鴻鶬些、從冈雋聲。讀若纂。子沇切、

𦢓 臇或從火巽。

胾 大臠也。元應曰、切肉大者爲胾、胾小者曰臠、鄉射禮記、胾長尺二寸、注、古文胾爲截、從冈𢦏聲。側吏切、

䐑 薄切冈也。內則注、膾者必先軒之、所謂聶

而切之也。釋文、聶又作牒。少儀、牛羊與魚之腥，聶而切之爲膾。注、聶之言牒也。先藿葉切之，復報切之，則爲膾。醢人注引少儀聶皆作牒。從肉枼聲。直葉切

細切肉也。承上牒篆言之。薄切者先切爲薄片，所謂藿葉也。細切者，報切爲細絲也。傳元七謨所云飛刀浮切豪分縷解者也。從肉會聲。古外切

漬肉也。廣韻、腌，鹽漬魚也。蒼頡篇、腌，酢淹肉也。鹽銕論、羊腌雞寒。從肉奄聲。於業切

小耎易斷也。元應引作少血易斷也，是也。肉中之脃，似骨似肉而無血，所以易斷也。考工記、角脃故欲其柔也。公食大夫禮注、謂精理滑脃者。案二經釋文不言有別本，而小宗伯釋文云、字書無此字，但有膬字。今注本或有作膬字者，然則脃卽膬之俗字。考工記及鄭注，亦後人改之，詳見釋例。從肉，絕省聲。此芮切

耎易破也。耎，李善注七發引作脆，非也。老子、其脆易判，傅奕本作脃，卽以俗字改之也。管子、釋堅而攻膬。從肉毳聲。亦省作毳。荀子、小耎敵毳。淮南原道訓、柔毳安靜。七絕切

雜肉也。從肉㪔聲。穌肝切。元應引此以說散香，曰散，雜也。散碎香也。非所據說文少肉字也。散字從肉，故說曰雜肉。實是散碎通用之字，故元應取雜而刪肉也。

切肉也。廣雅、膞，臠也。段氏曰、儀禮肫膞錯出，皆膞之假借字。從肉專聲。本之兗反。孫市沇切

挑取骨閒肉也。刀部、剈，挑取也。廣韻、腏，骨閒髓也。從肉叕聲。讀若詩曰啜其泣矣。王風文。陟劣切

食所遺也。從肉仕聲。阻史切。易曰噬乾𦞦。噬嗑文。今作胏。釋文云、緇美反。馬云有骨謂之胏。鄭云簀也。字林云、含食所遺也。一曰脯也。子夏作脯。案𦞦字與脯遠隔，是許君解易與馬不同。段氏疑爲孟本。孟說亦或有然，抑字林有一曰脯也句，未必不本之許君。則食所遺爲正義，脯爲兼義，而引易以實之，亦非不可通，但食所遺義他無佐證耳。含字當補。

揚雄說𦞦從𠂔。

食肉不猒也。從肉臽聲。讀若陷。戶猎切

犬肉也。廣雅、䏰，孰也。䏰卽古文𦜶之譌，而說與許異。從肉犬。當云從犬肉。讀若然。如延切

古文肰。玉篇作𦜶，然則篆當作𦜶。

亦古文肰。蓋𦜶之譌，與𦜶同。

起也。集韻引此而說之曰、謂肉脹起。脹，俗張字。左傳、張脈僨興。素問、濁氣在上，則生䐜脹。太元、臂䐜歷如，股脚䐜如，維身之疾。從肉眞聲。昌眞切。案此字當與腫類

列

肉汁滓也。此醓之古字也。血部醓，累增字也。經典作醓，則以作醓用酒，遂以酉易肉也。醢人注云、醓，肉汁也。釋名曰、醓，多汁者曰醓。醓，瀋也。宋魯人皆謂汁爲瀋。詩行葦正義、用肉爲醓，特有多汁，故以醓爲名。案許兼言滓者，以其用脯及粱麴也。從肉宂聲。他感切

昵也。考工記、弓人說膠曰、凡昵之類不能方。注、故書昵或作樴。杜子春云、樴讀爲不義不昵之昵，或爲䵒。䵒，黏也。元謂樴，脂膏膱敗之膱，膱亦黏也。作之以皮。考工記、鹿膠青白，馬膠赤白，牛膠火赤，鼠膠黑，魚膠餌，犀膠黃。注、皆謂煮用其皮，或用角。筠案魚膠獨生自腹中，不由煮成。從肉翏聲。古肴切

或曰嘼名。象形。闕。郞果切。或曰上似有闕文，否則諸家皆無確解，故加或曰以存疑案也。玉篇云、獸名。集韻但引獸名象形四字。或曰月令其蟲倮，當作此字。

蠅乳肉中也。三蒼同。周禮蜡氏注、蜡，骨肉腐臭，蠅蟲所蜡也。案蠅得食輒乳，以字從肉，故云爾。從肉且聲。七余切

小蟲也。此蜎之古文也，說見虫部。從肉口聲。此口當讀如圓。烏懸切。一曰空也。段氏曰、飯下孔謂之窐，窐亦作胝，是其義也。桂氏曰、䅌字從之者，麥莖中空也。

爛也。謂殨爛也。呂覽、流水

不腐。從肉府聲。扶雨切

骨閒肉肎肎箸也。骨閒肉，一作骨肉閒，非也。謂肉在骨閒，附箸堅韌，肎肎然也。字林、箸骨肉也。莊子說庖丁解牛曰、技經肎綮之未嘗。從肉，從冎省。本口乃反。孫苦等切

一曰骨無肉也。字林同。

古文肎。

多肉也。從肉從卪。符非切。案此字蓋挩誤在此。多肉也，固是謂人。然膏肪脟下皆言肥，則肥亦脂膏之別名。庖人膳膏香等句，鄭注曰、以休廢之脂膏煎和膳之。是則調和之品，卽有節制之功。此字所以從卪也。小徐卪聲固誤，大徐說亦未當，說詳存疑。

文一百四十　重二十

老子、未知牝牡之合而全作。釋文、全，如字。河上作峻，子和反。本一作朘，說文、子和反。又子壘反。云赤子陰也。

體之力也。可以相連屬作用也。依御覽引改補。體有十二屬，皆有筋連屬之。筋力者，百事所由興，故作用出焉。從力。力部曰、筋也。是知筋力一義，故首言之。從肉。筋隱于肉中也。從竹。竹，物之多筋者。竹乃譬況之義，故綴於末而特申明之。居銀切

凡筋之屬皆從筋。

各本如此似非寫誤或從夗右半之卪非從左半之夕取其配合故不作㔾而小變以見其意夗下云臥有卪也不取本義而取節度之義筋節相似故疑其如此師酉敦㔾皆作卩可證**筋之本也。**招䰟肥牛之腱注腱筋頭也**從筋**當云從筋省**從夗省聲。**渠建切

腱　笏或從肉建。

䈥　手足指節之鳴者也。集韻䈥字下引字林筋鳴也案此蓋筋字之訓誤以屬之䈥也**從筋省勺聲。**北角切

筋或省竹。

文三　重二

刀　兵也。周禮五兵無刀考工記以鄭之刀與斤削劍竝數亦不盡是兵器疑或鸞刀之類惟公羊傳孟勞魯之寶刀也可以殺敵則是兵矣顧命赤刀亦不審是何物**象形。**都牢切**凡刀之屬皆從刀**

釗　刀握也。玉篇廣韻皆云釗同弣弣弓弝中也通作拊少儀削授拊注拊謂把案說文有拊無弣**從刀缶聲。**方九切廣韻釗拊弣皆芳武切

㓵　刀劒刃也。李善注七命引聲類鍔刀刃也此因文作

鍔而然未必李登便爾**從刀咢聲。**亦省作咢漢書王褒傳越砥斂其咢顏注咢刀刃也五各切

籀文㓵從㓞各。釋詁𠜂略利也釋文作𠜂云詩本作略周頌有略其耜釋文字書作𠜂匡謬正俗引張揖古今字詁曰古作𠜂一本作𠜂未知孰是案一本二句乃顏氏語又案釋詁毛傳皆釋𠜂為利許君直以為㓵之籀文蓋本是靜字用為動字也

削　刀鞞也。依衆經音義引補元應曰陳思王寶刀賦豐光溢削是也又曰鞘小爾雅作鞘蒼頡篇作削盛刀者也**從刀肖聲。**息約切此析也一義之音刀削當如廣韻私妙切**一曰析也。**蓋即謂魯之削也筆則筆削則削故名其器為削考工記築氏為削漢書原涉傳削牘為疏

㓤　關西呼鎌爲㓤也。依廣韻引補義本方言㓤亦作鉤周禮薙氏夏日至而夷之注以鉤鎌迫地芟之也**從刀句聲。**古侯切

剴　大鎌也。字林鎌也不別之為大**一曰摩也。**與刉字末一說音義竝同摩亦通磨廣雅剴磨也又通劘漢書賈山傳自下劘上蘇林曰厲也孟康曰謂剴切之也鄭注書君奭云周公託言民德以剴切之也字又作磑易繫辭是故剛柔相摩京云相磑切也**從刀豈聲。**五來切

剞　剞剧曲刀也。許君注淮

南子同高注則曰剞巧工鉤刀剧者規度刺畫墨邊箋也所以刻鏤之具應劭注揚雄傳曰剞曲刀也剧曲鑿也二說與許異**從刀奇聲。**居綺切

剧　剞剧也。從刀屈聲。九勿切羣書多作剞劂屈厥同聲也左傳晉之韓厥文十年厥貊昭十一年厥憖公羊竝作屈

利　銛也。從刀。此字會意而意不可會故分兩體說之此先解從刀乃字之正義**和然後利從和省。**此又解從禾以與利字相黏合然此所云利乃下文引易之利豈是銛義蓋古義失傳故不免支詘耳**易曰利者義之和也。**引文言以為和然後利證也埤雅引郊特牲鸞刀之貴聲和而後斷又引利者義之和以申之依此說則刀與和省遂相黏合然字固從禾也何由知為和省力至切

古文利。博古圖晉姜鼎三壽是𥝢木部𥝢字從之正同此形𥝢黎皆從之則少一筆而金部鏉則從勿孔宙碑魏受禪表黎字亦從勿𥝢隸變作犁而張遷魯峻二碑皆從勿我部云手古文巫字其古文𢦏亦從勿巫部之古文𥝢從勿與𥝢字同古文多不論反正故嚴氏謂巫從爪聲爪即巫字然則𥝢字從禾從𥝢省也若從反勿即是采字采形固下巫也稼穡維寶則采即利也又聲轉而讀為利𥝢可省為𥝢即可省為𥝢𥝢本不從刀也特經典所見祇銛利貨利

兩義鄙說無徵不信耳

剡　銳句銳之籀文厠從剡廣雅剡銳也易釋文聘禮釋文長笛賦注皆引字林剡銳也**利也。**釋詁剡利也郭注引詩以我剡耜今詩作覃傳曰覃利也許君不從引釋詁而先之以銳者謂此乃鋒芒之利非刃之利也故晉語大喪大亂之剡也不可犯也韋注剡鋒也聘禮記圭剡上寸半則銳而不利矣**從刀炎聲。**以冉切

初　始也。釋詁文**從刀從衣。裁衣之始也。**嫌於刀衣無由得始義故申說之曰刀衣者裁衣也裁衣乃作衣之始也楚居切

前　齊句釋言翦齊也借翦為𦓝也閟宮實始翦商傳翦齊也既夕禮馬不齊髦注齊翦也翦則𦓝之俗字也**斷也。**箋云翦斷也似與傳異義者然由為釋言之文不瞭故申之也閟宮說文觀之則仍是一義亦鄭君為傳義不瞭而申之也**從刀歬聲。**王氏煦曰周官巾車前樊鵠纓鄭注前讀如緇翦之翦是前既從刀即為前斷之義筠案吳越春秋不前除其疾又曰願王釋齊而前越皆用本義子善切

則　等畫物也。蓋即今之天平法馬也儀禮一馬從二馬為今語所本法馬與所稱之物必輕重相等故式樣之義起焉詩其則不遠是也而法度之義亦起焉大司馬均守平則是也有法度則效法之詩君子是則是傚是也許君但說本義耳云

xiè 𠞰　guì 劊
jī 刉　cǔn 刌　qiē 切　duān 剬　gāng 剛

等畫者、猶今之等子有星也、爲之界畫以區其等、從刀從貝。貝古之物貨也。先刀於貝者、等物者爲主、爲物所等者爲從也、等物不用刀、而從刀者、刀之所畫者欲分釐豪忽、不可紊也、貝部已云古者貨貝矣、此必諄復者、漢時行錢、不復知貝可等畫也、子德切、

則 古文則。則 亦古文則 汗簡引此、以爲說文積涕則、非說文本有矣、字林續涕、陸善經作也、說文續涕未聞誰所作、玉篇無此古文、而刻有古文則、段氏以爲譌而誤系、亦有理也、

則 籀文則從鼎。段氏曰、鼎部云、籀文以鼎爲貝、故員作鼎、娟作𩐁、貢作鼏、則作鼎、

剛 彊。句 斷也。小徐但作彊也、無斷字、案剛俗作鋼、然古之剛、以百鍊成之、今之鋼、以生鍊作之、考工記越絕書之兵、皆以銅、且鑄而不鍛、鑄者質必彊、不能作繞指柔、故說剛以彊、言其體之不橈也、申之以斷、言其用之能剸截也、字在刀部、主刀而言、而人之剛爲借、古文信字、許君但云如此、則右半難爲識別、而左半從人、蓋主人而言、而刀之剛爲借也、知不當依小徐剛斷字者、下文五字皆斷義、以此領之也、左傳、斷之以剛、從刀。岡聲。古郎切、

信 古文剛如此。

剬 斷。句 截也。元應引云、剬、斷首也、亦截也、蓋元應所据說文、斷字分爲斷首、故自加也亦二字、使之成文、知然者、首部𩠐下云截也、戈部截、斷也、斤部斷、截也、則𩠐即是截、即分爲斷首、亦仍然是截、不得區別之而言亦也、今本作斷齊也者、寫說文者所据之本、蓋亦誤分爲斷首截也、其識不及元應、遂以𩠐下齊斷也之文易之、而又不敢倒斷字於下、遂作斷齊、不成語矣、剬𩠐二字、唐韻皆旨沇切、許君蓋亦以爲一字、故𩠐下云截也、剬下即云𩠐截也、猶之欠部𣢟下云幸也、見部覬下即云𣢟幸也、以𩠐釋剬、以𣢟釋覬、謂其同字也、再以截也幸也伸之、使人無疑也、此重文在兩部、而其字皆罕見者、始用此法、若夫竝部云併也、人部併下云竝也、不伸說者、不慮人之不知也、從刀。耑聲。旨兖切、

劊 斷也。易困九五劓刖、釋文、京房本作劓劊、從刀。會聲。古外切、

切 刌也。廣韻引作折也、非、釋器、骨謂之切、從刀。七聲。慧苑引說文、一切、普也、申之曰、普即遍具之義、故切字宜從十、說文曰、十謂數之具也、有從七者、俗也、案此說甚怪、姑存之、千結切、

刌 切也。字林廣雅竝同、特牲饋食記、刌肺三、注、今文刌爲切、公食大夫禮、三牲之肺不離、注、肺不離者、刌之也、玉藻、瓜祭上環、注、上環頭忖也、釋文、忖本又作刌、從刀。寸聲。倉本切、

𠞰 斷也。廣雅、割也、從刀。辥聲。私列切、

刉 劃傷也。廣韻八微居依切內收刉字、云刺也、封傷也、與此劃傷義同、案封刉又作挂抎、吳都賦、所以挂抎而爲創痏、其渠希切內又收刉字、云以血塗門、案此士師職刉珥之義也、說文未出此義、從刀。气聲。古外切、廣韻十四泰不收刉字、一曰斷也。廣韻、刉、斷也、居依切、又讀若殪。此句在兩一曰之閒、蓋即關兩義而說之、廣韻十六咍古哀五來二切內皆有殪剴字、而無气字、剴下云、一曰摩也、此義蓋與刉通、且與下一曰義近、一曰刀不利、於瓦石上刉之。廣韻十八隊、刉、古對切、刉刀使利、

pōu 剖
zhuō 剟　kān 刊　liè 列　kū 刳　duó 剫　pàn 判　biàn 辧　pì 副　kè 刻　guì 劌

劌 利。句 廣雅、劌、利也、傷也。謂不但銛利、且有所傷害也、字林亦曰、利傷也、聘義、廉而不劌、注、劌、傷也、則不言利、而利已見、從刀。歲聲。居衛切、

刻 鏤也。哀公問、器不刻鏤、統言之也、釋器、金謂之鏤、木謂之刻、則析言之、從刀。亥聲。苦得切、

副 分也。詩生民釋文引如此、又引字林云、判也、詩曰、不坼不副、干寶言、脩已背坼而生禹、簡狄胷剖而生契、從刀。畐聲。芳逼切、周禮曰、副辜祭。曰當作有、大宗伯、以疈辜祭四方百物、注、故書疈作罷、鄭君曰、疈、疈牲胷也、疈而磔之、謂磔禳及蜡祭、

疈 籀文副。小徐韻譜同、但⊗作⊠耳、鍾鼎文亦如此、繫傳作疈、小徐本有從畐二字、疈其畐之籀文而今佚邪、土部埽下引詩不埽不疈、

剖 判也。蒼頡篇、剖、析也、從刀。咅聲。蒲后切、

辧 判也。小宰傳別、故書作傅辨、朝士判書、故書判爲辨、左哀元年傳、男女以辨、襄二十五年傳、男女以班、辨判班別四字、皆雙聲疊韻、故通用、釋器、革中絕謂之辨、玉篇辡部引作辧、釋木、桑辨有葚、梔則直作辨矣、此及辨字、皆後世分別字、從刀。辡聲。蒲莧切、

判 分也。詩訪落傳同、從刀。半聲。地官媒氏、掌萬民之判、注、判、半也、得耦爲合、主合其半成夫婦也、許君以此義專屬胖字、故本文不言從半、普半切、

剫 判也。釋器、木謂之剫、郭注引左傳、山有木、工則剫之、今本作度、從刀。度聲。亦借度爲之、詩閟宮、是斷是度、徒洛切、

刳 判也。泰誓疏引作刲也、內則、刲之刳之、蒼頡篇、刳、屠也、通俗文、周易、刳木爲舟、刳謂空其腹也、從刀。夸聲。苦孤切、

列 分解也。釋言、割、裂也、當作列、大戴禮、割列禳瘗、盧注、列、疈辜也、項羽本紀、分列天下、韓王信盧綰傳、故得列地、漢書作咸得裂土、乃以借字改正字、從刀。𡿪聲。良薛切、

刊 剟也。廣雅、削也、秋官柞氏、夏日至、令刊陽木而火之、從刀。干聲。苦寒切、

剟 刊也。廣雅、削也、吳越春秋云、削剟、史記張陳列

shān 删　pī 劈　bō 剥　gē 割　lí 剺　yuān 剈　huá 劃　guā 劀　jì 劑　shuā 刷　guā 刮

傳云刺剟。從刀叕聲。陟劣切。剟也。聲類、刪、定也。三蒼、刪、除也。後漢書孔奮傳作春秋左氏刪
注、刪定其義也。故史記司馬相如傳曰、故刪取其要、歸正道而論之。從刀冊。冊、書也。所姦切。
破也。埤蒼、剖也。從刀辟聲。說文音隱披尼反、孫普擊切。裂也。裂當作列、左昭十二年傳
命剝圭以爲鏚柲。從刀彔聲。北角切。一曰剝〔刻〕割也。泰誓疏引云、剝、裂也。一曰、則割也。裂與割
俱是傷害之義。孔氏舉裂與割、知則爲剝之譌矣。下文割、剝也。與此轉注。刻字雖于彔有合、然刻木彔彔已見本篆下、此非異
義、不須重說。剝或從卜。剝也。書湯誓率割夏邑、傳、相率割剝夏之邑居。從
刀害聲。古達切。剝也。金部鏫一曰剝也。元苞經損扒且剺。傳曰、扒且剺剝之也。長笛賦剺櫟銚
憯。注皆分別節制之皃。元應曰、剺、方言作劙、解也。劃也。三蒼同。句首當有一曰。從刀𠩺聲。里之切。
錐刀曰劃。字林同。玉篇以刀劃破物也。從刀畫、畫亦聲。呼麥切。
挑取也。手部抉、挑也。字林剜剈也。埤蒼、謂抉取肉也。從刀肙聲。烏懸切。一曰窐也。穴部窐、甑

說文句讀　卷八　七百八十四　、○折四十八　亖

空也。玉篇瓦部甂、瓮底孔下取酒也。刮去惡創肉也。從刀矞聲。古鍻切。周禮
曰劀殺之齊。天官瘍醫文。注、劀、刮去膿血、殺謂以藥食其惡肉。似與許說不同、然醫瘡者刮惡肉、不能盡、必以藥
蝕之。許君單解劀字、故云爾、竝非忘卻殺字也。鄭君二字竝解、故云爾。劀刮皆從刀、若但去膿血、則洗之足矣、何用刀乎。二君
不異也。齊也。釋言劑、翦齊也。翦下云齊、而以斷申之者、彼是以刀齊物、此齊則同其度量、壹其淳制之
意、不用刀、故不申之以斷、而兩字亦不類列也。地官質人、大市以質、小市以劑。先鄭曰、質劑、月平賈。後鄭曰、大市用長券、小市
用短券。然則劑者整齊畫一之義也。從刀齊聲。義聲互相備也。唐韻在詣切、此今義今音也。天官太宰釋文劑子隨
反、是也。食醫齊字五見、酒正齊字八見、皆今劑量字也、乃音才細反。瘍醫齊字則今之藥劑也。刮也。釋詁
刷、清也。天官凌人、秋刷。注、秋涼、冰不用、可以清除其室也。從刀㕞省聲。所劣切。禮有刷巾。依韻會引
改。士喪禮、乃沐櫛挋用巾。注、挋、晞也、清也。古文挋皆作振。釋詁挋、拭、刷、清也。則挋刷同意。許所云刷巾、或即此挋用巾乎。左桓
二年傳、藻率鞞鞛。服注、藻爲畫藻、率爲刷巾。案率者帨之借字。掊把也。此刮蓋與挼括之括相似、此把

piào 剽　kuī 刲　cuò 剉　jiǎo 剿　yuè 刖　fú 刜　chì ⿰桼刂　chán 劖　wán 刓　zhāo 釗　zhì 制

則與爬羅抉剔之爬同。廣韻九麻、爬、搔也、或作把、是也。則所謂掊把者、摟而聚之也。然上文劀刷皆以刮說之、則考工記刮摩
之工、義正相合、不知何以別爲之說也。從刀昏聲。古八切。砭刺也。謂以砭刺之謂之剽
也。石部砭、以石刺病也。從刀票聲。匹妙切。段氏曰、當依李軌莊子音怖遙反。一曰剽劫人也。此義
恐不分刀力者所加也。力部勡、劫也。晉書音義引字林勡、劫人也。段氏曰、此義當去聲。刺也。少牢饋食
禮、司馬刲羊。內則、刲之刳之。注、刲刳、博異語也。案刲刳不類列者、殺羊刺其耳下、異於他牲、故謂之刲。刳則破腹出其藏府也。
鄭君誤。從刀圭聲。苦圭切。易曰、士刲羊。歸妹文。馬注、刲、刺也。折傷也。玉篇
剉、去芒角也。斫也。考工記輪人、凡揉牙、外不廉而內不挫。注、挫、折也。二字同聲相借。從刀坐聲。麤臥切。坐當作亜
絕也。廣雅、剿、天也。王莽傳、將遣大司空征伐剿絕之矣。顏注、剿、截也。西域傳、莽封欽爲剿胡子。顏注、剿、絕
也。字本作剿。從刀喿聲。子小切。周書曰、水部灑下引、作夏書、是。天用剿絕其命。今甘
誓作勦、蓋變爲剿、又譌從力也。絕也。呂刑傳云、刖足曰剕。正義引說文而斷之日、是刖者斷絕之名、故刖

說文句讀　卷八　七百八十六　、○折四十七　亖

足曰剕。案孔氏解說文是、而解傳則非。傳自借刖爲跀耳。周禮刖者使守囿、亦然。說文則跀爲斷足之專名、刖則斷絕之通名、
且其剕字與說文之跀亦異。攴部斀下引書刖劓斀黥。從刀月聲。魚厥切。擊也。字義
近。左昭二十六年傳、苑子刜林雍斷其足。齊語、刜令支。楚詞九歎、執棠谿以刜蓬兮。從刀弗聲。分勿切。
傷也。廣雅、刺、傷也。玉篇、刺、割傷也。廣韻、刺、割聲。元應又以刹爲刺之譌字。從刀桼聲。本楚乙反、
孫親結切。斷也。蓋謂以鑱劖之也。從刀毚聲。鉏銜切。一曰剽也。砭刺也。史記扁
鵲傳、鑱石橋引。索隱、鑱、石針也。釗也。刓也。廣韻不引此二字。剸也。首部剸乃本部剸之譌、衍此剸
當作圜。漢書音義、刓謂刓圜無棱角也。淮陰侯列傳、印刓敝、忍不能予。從刀元聲。五丸切。一曰齊也。
刓也。從刀從金。止遙切。周康王名。見顧命。此後人增也。說文於漢諱之外、雖堯舜
孔子之名不出、何獨出此。爽下云、北燕召公名。史篇名醜、則有考正、與此不同。裁也。詩東山、制彼裳衣。鄭
石制字子服。引伸之爲凡斷制之通名。禮器、君親制祭。從刀從未。未、物成有滋味、可裁斷。

也。未義委曲，故申之征例切。一曰止也。廣雅：制，禁也。

㓞　古文制如此。五經文字曰：從古未字。案此說未詳何本。未部無此古文，然彡即彡字，未象木重枝葉，則從彡正合。大徐作㓞，既非毛髮藻飾之事，何以從彡。玉篇作制，尤不可解。特許君於古文凡云如此者，亦大都是不可解者也。

⿰占刂　缺也。與玷同。從刀。占聲。丁念切。詩曰：白圭之⿰占刂。大雅抑文。彼作玷，傳：玷，缺也。

罰　辠之小者曰罰。依元應引補。書呂刑：五刑不簡，正于五罰。從刀從詈。房越切。未目刀有所賊，但持刀罵詈則應罰。

刵　斷耳也。字見康誥、呂刑。從刀從耳。仍吏切。

劓　刖鼻也。刖，元應引作決。從刀臬聲。本牛列反。孫魚器切。易曰：天且劓。睽卦文。虞注：黥額為天，割鼻為劓。

劓　臬或從鼻。臬當作劓。

刑　剄也。此刑殺之刑也。刑法之刑在井部。今誤通之。刑、剄聲相近，故通用。漢書淮南厲王傳：命從者刑之。又太子自刑不殊。又王自刑殺。史記並作剄。從刀幵聲。戶經切。

剄　刑也。鄭君曰：以刀割頭為剄。從刀巠聲。古零切。

⿰尊刂　減也。今作撙。曲禮：君子恭敬撙節，退讓以明禮。從刀尊聲。茲損切。

⿰魚刂　楚人謂治魚也。集韻：⿰魚刂，解也。然則治魚，猶之解䰲也。從刀從魚。讀若鍥。古屑切。

券　契也。地官質人掌稽市之書契。注：書契，取予市物之券也。其券之象，書兩札，刻其側。從刀𢍏聲。去願切。券別之書。以下三句，蓋庾注也。此句先解券字。云別者，小司寇聽稱責以傅別。注：傅別，謂為大手書於一札，中字別之，今之券書也。以刀判契其旁。元應引無契字。御覽引判契二字作刻一字。案如有契字則當作栔。栔、契一動一靜，故以為解。以下二句皆解契字，刻之故有齒。韓子：宋人得遺契而數其齒。故曰契（券）也。明契字，安得以券淆之。小徐無券字，諸引同。句伸

刺　君殺大夫曰刺。春秋僖二十八年：公子買戍衞，不卒戍，刺之。公羊傳：內諱殺大夫，謂之刺之也。左氏成十六年經：刺公子偃。杜注：魯殺大夫皆言刺。義取於周禮三刺之法。刺，直傷也。此別為一義。釋詁：刺，殺也。考工記廬人注：刺謂矛刃胸也。正義：以其矛刃直前，故名矛刃胸也。從刀從朿，朿亦聲。七賜切。

文六十二　重九

說文句讀　卷八　七百〇二　〇折四十　三十三

刃　刀堅也。焠下云：堅刀刃也。然則刀堅者，謂刀堅利之處也。段氏改作鋻，亦通。象刀有刃之形。而振切。凡刃之屬皆從刃。

办　傷也。廣雅同。從刃從一。楚良切。

創　办或從刀倉聲。天官瘍醫注：腫瘍、潰瘍而上生創者，金瘍，刃創也。是刀傷、癰疽皆曰創，故大徐曰：今俗別作瘡，非是也。

劒　人所帶兵也。五兵之長短各有定制，惟桃氏之為劒也，各稱其身之長短，則以時常佩帶，取其便也。春秋繁露：劒之在左，蒼龍之象也。案此帶劒之常制也。若為君御，則移之於右。少儀曰：僕者右帶劒。從刃僉聲。居欠切。

劒　籀文劒從刀。

文三　重二

㓞　巧㓞也。巧㓞蓋漢人語。從刀丯聲。恪八切。凡㓞之屬皆從㓞。

⿱㓞夬　齘⿱㓞夬。疊韻連語。玉篇作齘契。刮也。玉篇：刷，刮也。從㓞夬聲。古黠切。一曰⿱㓞夬。

栔　刻也。廣雅同。案栔、契原其始終，祇是一字，略分動靜，故經典皆用契而不用栔，亦借鍥、挈為之。從㓞從木。大部契下云㓞聲，則此當云㓞亦聲。漢郙相楊統碑、雋石立碑，㓞銘鴻烈，直以㓞為栔，是知栔字義重㓞，故不入木部。苦計切。

文三

說文句讀　卷八　六百〇四　〇折三十一　三十四

丯　艸蔡也。蔡似當音察，近字作蔡。廣韻：丯，草介。蔡，草蔡。增韻：蔡，草芥也。象艸生之散亂也。生當作丯，散當作㪚。經典凡言草芥，皆謂乾草之在地者，豈有生艸而作丯形者乎。緣艸蔡也句字義已明，故此云艸丯，即是艸。凡丯之屬皆從丯。讀若介。古者芥亦作介。孟子：一介不以與人，一介不以取諸人。廣韻：丯，介也。玉篇：蔡，艸芥也。古拜切。

⿰丯各　枝⿰丯各也。今作枝格，本是木之枝柯，枝柯多橫生，故從丯，而凡物岐出者用之。釋名：戟，格也。旁有枝格也。史記律書：角者，言萬物皆有枝格如角也。因為扞拒之詞。項羽本紀：莫敢枝梧。漢書作枝格。從丯各聲。學記：扞格。注：格讀若凍洛之洛。古百切。

文二

耒　枱曲木也。易繫辭揉木爲耒，釋文、後漢書王霸妻傳注、引皆如此，是也。羣書或引作耕曲木者，耜譌耕也。亦有引如今本者，則再譌矣。然語仍似不完，耒耜固一物，然耜在下，以金爲之，耒在上，以木爲之。京房注易曰：耒，枱上句木也，是也。字林亦作耜曲木，亦或引爲耕曲木，但未有加手字者。從木推丯。考工記車人爲耒，直庛則利推，推者所以發土，故三推亦曰三墢。上古開荒，故不重發土而重推耒。艸部茅下云：耕多艸，是也。盧對切。古者垂作耒耜。齊民要術引世本倕作耒耜，倕，神農之臣，蓋依易繫辭以立言。廣韻亦引世本倕作耒耜，而云黃帝巧人名倕，則疏矣。以振民也。振，舉救也。凡耒之屬皆從耒。

耕　犂也。牛部：犂，耕也。此省作犂，隸體也。今存漢碑皆作犂。齊民要術引此文云：耕，種也。從耒，井聲。古莖切。一曰古者井田，故從井。依韻會引補。上說謂爲形聲字，此說謂爲會意字。然井田之義甚廣，與耕不甚切，故列爲別說。

耦　耒廣五寸爲伐。二伐爲耦。耒當作耜。考工記匠人：耜廣五寸，二耜爲耦，一耦之伐，廣尺深尺，謂之𤰝。注：古者耜一金，兩人併發之，其壟中曰𤰝，𤰝上曰伐，伐之言發也。𤰝，畎也。今之耜，岐頭兩金，象古之耦也。皇侃論語義疏：耕用耒，是今之鉤鑮；耜，是今之釋，廣五寸，五寸則不成伐，故二人並耕，兩耜並得廣一尺，一尺則成伐也，故曰二耜爲耦也。筠案：許說與記不符，似有譌。從耒，禺聲。五口切。

耤　帝耤千畝也。經典通用藉，周官甸師曰王藉，呂覽則曰帝藉，秦稱帝故也，漢亦沿之。周語：宣王即位，不藉千畝。宋庠音注曰：藉或作耤。韋注：藉，借也，借民力以爲之。天子藉田千畝，諸侯百畝。筠案：下文云王耕一墢，班三之，庶人終于千畝，故曰借民力。古者天子躬耕，使民如借，故謂之耤也。依初學記引補。借當作耤，說文無借字。大戴禮使其臣如耤。左僖二十八年傳：耤之告楚，釋文：耤，在亦反，借也。惟漢書游俠傳以軀耤友報仇，顏注：耤，古耤字也，耤謂借助也。然此文以解篆文耤字，下又申以故謂之耤，此如作使民如耤，則不可通矣。從耒，昔聲。秦昔切。

⿰耒圭　卌叉。依集韻引改。蓋⿰耒圭一名卌叉也。廣韻：卌，先立切。字統云：插糞杷。說文云：數名。筠案：今語齒少而向前者謂之叉，齒多而向後者謂之杷。方言：杷，宋魏之間謂之渠挐，或謂之渠疏。案卌叉之音，與渠挐、渠疏相近，蓋一物也。可以劃麥。河內用之。木部：梻，擊禾連枷也。⿰耒圭蓋與相似，云劃者，蓋將擊之時，以叉劃之使勻，以便於擊也。廣雅：⿰耒圭，耕也。未詳其義。戰國策：無把銚挂耨之勢，而有積粟之實。蓋把即杷，挂即⿰耒圭

也。從耒，圭聲。古攜切。

⿰耒員　除苗閒穢也。苗，御覽引作田，穢當作薉。詩甫田：或耘或耔。毛傳：耘，除草也；耔，雝本也。食貨志：播穀於畎中，苗生三葉以上，稍耨壠草，因墤其土以附苗根，比成，壠盡而根深，能風與旱。筠案：此語曲盡物情，苗在畎中，畎凹而壠凸，耘者且更深之，再耘漸平，耘之既久，則畎爲壠而壠爲畎矣。從耒，員聲。羽文切。

⿰耒芸　⿰耒員或從芸。論語及諸子書多借芸爲⿰耒員，它經則省艸作耘。

耡　殷人七十而耡。此即孟子文也。考工記匠人注引孟子殷人七十而莇，又引莇者藉也之類，凡五句，並鄭君自作之注，亦皆作莇，則耡變耒從艸也。知許君所引爲原文，今作助，則省形存聲字。耡。句耤。句稅也。云耡耤者，即用孟子助者藉也，又申之以稅者，以今義釋古字也。廣雅：耤、耡，稅也。詩韓奕鄭箋：耤，稅也。皆足證說文之句讀，而孟子耕者助而不稅，即王制古者公田藉而不稅，皆足證耡耤爲古義，稅爲今義也。從耒，助聲。地官里宰：以歲時合耦于耡，以治稼穡。先鄭云：耡讀爲藉。案此與上文耡耤稅也語同，而與下文與耡義同，許君取其義而不取其音。杜子春云：耡讀爲助，謂相佐助也。許君所用者杜音也。牀倨切。周禮曰：以興耡利萌。地官遂人文。彼作甿，類篇、集韻引本文亦作甿，古書多借萌爲氓，民部亦云：眾萌也。案里宰鄭注：耡者，里宰治處也，若今街彈之室，於此合耦，使相佐助，因放而爲名。經言于耡，則鄭義爲允。許君用先鄭說，雖合經義而少失經詞。

文七　重一

角　獸角也。字不須解，而字書例當有解，故云獸角，聊以見鳥有毛角之爲借而已。象形。古岳切。角與刀魚相佀。鹿下云：鳥鹿足相似，謂篆文下半相似。然則此亦謂三字之篆文上半相似耳。許君所以言此者，曹全碑、景北海銘，魚字皆從角，知是時六書裂壞，故言之。繫傳曰：言佀者，其實非也。雖不悟許君措詞之旨，而適符其辨正之意。北齊蕭方碑、療五痔方，用牛角鰓，是又譌角爲魚也。雖非許君所及見，而魚角互譌可見矣。凡角之屬皆從角。

⿰角雚　揮角皃。嚴氏曰：⿰角雚揮以同聲爲義，太元經揮繫其名，揮⿰角雚也。大徐本作揮，似非。從角，雚聲。況袁切。梁隝縣有⿰角雚亭。說文無隝字，當作傿。地理志：陳留有傿縣，應劭曰：鄭伯克段于傿是也。郡國志：梁國傿，故屬陳留。又讀若繕。糸部：繕，蜀細布也。虫部：蠸讀若蜀都布名。案其字亦從雚聲。

觻

sāi 䚡　quán 觠　ní 觬　shì 觢

角也。當作角鋒也，廣韻集韻皆然。從角，樂聲。盧谷切。廣韻此義收錫韻，郎擊切。張掖有觻得縣。見地理志。孟康曰：觻音鹿。廣韻此義收屋韻，其德韻又引作觻。憲云：漢志作得。

䚡　角中骨也。樂記：角觡生。鄭注：無䚡曰觡。然則有䚡曰角也。麋鹿之角，內外如一，曰觡；牛羊之角，外骨冒內骨，當見牛門而隕其角者，內䚡故存，如小角也。吳封禪國山碑：䚡理洞徹。從角，思聲。穌來切。

觠　曲角也。釋畜：羊屬曰角三觠，羷。繫傳引舊注：觠，卷也。案卷亦音權。從角，𠓝聲。巨員切。

觬　角觬曲也。玉篇：角不正也。從角，兒聲。研啟切。西河有觬氏縣。地理志作觬是，是、氏古通。說文拈字所引，有出段氏所引外者，今錄之曰：韓勑後碑以於氏爲於是，班固幽通賦氏中葉之炳靈，亦以氏爲是。漢末有是儀，亦作氏儀，陳壽魏志以爲孔融改氏爲是，不知營陵是姓，順帝前已見於碑。見洪适隸釋。

觢　一角仰也。釋畜：角一俯一仰，觭；皆踊，觢。桂氏引丁氏杰曰：爾雅釋文引字林觢之世反，觭巨戲、江宜二反，一角低一角仰。按易睽六三其牛掣，鄭氏作挈，云牛角皆踊曰挈，即爾雅所謂皆踊觢，而字林音之世反者也。釋文觢字或作挈，可證也。子夏傳作挈，云一角仰也，即爾雅所謂角一俯一仰觭，而字林

八百六十八　、〇三十八　三七

音丘戲、江宜二反者也。荀爽易作觭，可證也。惟說文觢下云一角仰也，引易其牛觢以實之，觭下又云角一俛一仰也，玉篇從之，則混觢、觭爲一訓。葢觢字從古文易，觭字從爾雅，而不悟爾雅又有皆踊觢之文也。虞翻易作觢，訓亦與說文同。惟劉瓛本字從說文，解依鄭康成，庶幾得之。從角，㓞聲。尺制切。易曰：其牛觢。睽卦文。桂氏曰：虞翻易傳云牛角一低一仰，故稱觢，與易釋文所引說文同，與今本觭字說同。鄭作挈，云皆踊，與釋畜觢字子夏傳一角仰，與今本觢字說同。郭注釋文茲同，與本書觢字異。本書爲人所亂，已非原文，故前賢所引不同。其與周易、爾雅乖剌之故，未能究知。或者謂一角仰當爲二角仰，與皆踊義合。筠案：改一爲二，段氏正同。此說然易釋文引說文觢角一俯一仰，爾雅釋文引字林觭一角低一角仰，則兩書不同可知。惜不引說文觭字林觢字訓耳。詳兩書不同之故，葢許君所据爾雅本與呂氏、郭氏所据不同。釋草一篇不同者至多，余已詳辨于艸部矣。若沇曆之訓交易，則以字在兩部，校者忘之，得不改也。惟觢、觭二字相比，校者見爾雅、字林之說，今在觢下，遂移之于觭下，而一角仰之文則非由觭下移之，反因引易而以子夏傳改之，何也？一角仰仍即角一俯一仰，絕非異義。設無一角俯，何以見其爲一角仰乎？故丁氏謂觢字從古文易，觭字從爾雅者，乃校說文者之見，豈有許君

chù 觸

zhì ⿰角虒　qī 觭　qiú 觓　wēi ⿰角畏　zhuó ⿰爿角

艸率至此？葢許君所讀之經，如翌舞、翌舞，倘爲鄭君所不及見，何況魏晉以後乎？或者所据爾雅本是角一俯一仰觢，皆踊觭，呂忱所讀已如郭氏，讀者遂以許君爲乖刺。惜無引觭字說者，無可證据耳。惟睽卦之觢，荀爽本作觭，是兩字可以互譌之證。

⿰角虒　角傾也。廣韻：角端不正。繫傳按太元曰：角觟觽，終以直之也。玉篇：觽，一曰絓觽也。彼言絜之惡，此言角之傾。知二字疊韻連語，其訓皆不佳。特施之繇則從糸，施之角則從角耳。從角，虒聲。敕豕切。

觭　角一俛一仰也。借爲不耦之奇，莊子以觭偶不件之辭相應。趙策必有觭重者，又借爲奇異之奇。周禮觭夢，杜子春讀爲奇偉。從角，奇聲。去奇切。

觓　角皃也。穀梁成七年傳：郊牛日展觓角。詩有捄其角，借用捄。從角，丩聲。渠幽切。詩曰：兕觵其觓。小雅桑扈、周頌絲衣文，彼作觩。

⿰角畏　角曲中也。段氏曰：考工記曰夫角之中，恆當弓之畏，畏也者必橈。杜子春讀畏爲威，威謂弓淵。鄭讀畏如秦師入隈之隈。按大射儀弓淵字作隈，鄭讀從之也。弓之中曰畏，角之中曰⿰角畏，皆其曲處，而弓人必以⿰角畏傅于畏，故曰恆當。從角，畏聲。烏賄切。

⿰爿角　角長皃也。公羊隱元年釋文引⿰爿角，大也。余仁仲本作式也，皆不符，姑記於此。從角，爿

八百〇七　、〇折四十　三八

héng 衡　gāng ⿰角公　xīng 觲　jué ⿰角厥

聲。段氏曰：集韻曰：獸角長曰衡，或作⿰爿角，鋤庚切。於本音近。今字別⿰爿角爲二，⿰爿角音士角切。讀若租⿰爿角。租，段氏改爲粗，是也。此以當時恆言明其音也。公羊隱元年注曰：用心尚麤⿰爿角。漢書藝文志：庶得麤⿰爿角。可知其爲恆言，特字譌從牛耳。

⿰角厥　角有所觸發也。角有所觸，起發其物也。羈索經觸去惡土。從角，厥聲。居月切。

觸　牴也。荀子：觸之者角摧。從角，蜀聲。尺玉切。

觲　用角低仰便也。低仰當作氐卬。從羊牛角。桂氏曰：後人改之。徐鍇疑義云：說文垟字注云從土騂省聲，而無騂字，脫誤。謂觲亦從騂省聲。息營切。詩曰：觲觲角弓。詩曰之上，小徐本有讀若。小雅角弓文，彼作騂騂，傳云調和也。釋文：騂，說文作弲，音火全反。段氏曰：陸氏誤，當云說文作觲，弲自訓角弓，不訓弓調和。嚴氏曰：當合小徐本及釋文從之，作讀若詩曰弲弲角弓。筠案：此說似允。葢三家有作弲者，許君以爲正字，而毛詩作觲爲借字，故言讀若以關之。今本作騂，則又借同音之騂，而隸變從辛也。

⿰角公　舉角也。魏大饗碑⿰角公鼎，縿橦字亦作⿰角公。西京賦烏獲扛鼎，李注：扛與⿰角公同。二事皆非本義，但由舉義而借之。從角，公聲。古雙切。

衡　牛觸，橫大木著其角也。依集韻引補。與

jiě 解　zuǐ 觜　gé 觡　guǐ 觤　huà 觟　zhā 觰　duān 䚟

告下說同。從角從大。當云從古文奐，而不然者，字隸角部也。行聲。戶庚切。詩曰：設其楅衡。詩曰當作周禮曰，地官封人文也。鄭司農云：楅衡所以楅持牛也。杜子春云：楅衡所以持牛，令不得牴觸人。鄭君曰：楅設于角，衡設于鼻，如椵狀也。然閟宮箋云：楅衡其牛角，爲其觸觝人也。又謂楅衡爲一物，而薛綜注東京賦亦云：橫木于牲角端，以備牴觸，謂之楅衡。然則不分兩義者，乃自古相傳之訓也。衡 玉篇作奐，則篆當作奐，從角從大。古文不論反正，衡又加行爲聲耳。古文衡如此。許君于古文之不可解者，乃云如此，蓋許君所見古文固然。玉篇別据鐘鼎文作之。䚟 角䚟，蓺文類聚引作角端。獸也。狀佀豕，角善爲弓，宋書符瑞志：角端者，日行萬八千里，又曉四夷之語，聖主在位，明達外方幽遠之事，則奉書而至。上林賦：獸則麒麟角䚟。張揖曰：角䚟似牛。郭璞曰：角䚟音端，佀豬，角在鼻上，堪作弓。李陵嘗以此弓十張遺蘇武也。案續漢書有角端牛，魏志但謂之端牛，云端牛角爲弓，世謂之角端。然則爲弓者別是角端牛，非耶律所言靈異如鬼神之角端也。出胡休多國。當作出胡尸國。事賦類所引是也。御覽引同。注云：一曰出休尸國，謂胡一本作休也。而蓺文類聚遂引作出胡休夕國，胡休重出，而夕則尸之譌也。本書又譌

夕爲多耳。桂氏曰：胡尸卽鮮卑也。魏志鮮卑傳：端牛角爲弓，世謂之角端。續漢書：鮮卑禽獸異于中國者，有角端牛，以角爲弓。又見魏書及寰宇記。從角耑聲。多官切。觰 觰拏，獸也。從角者聲。陟加切。一曰下大者也。廣雅：觰，大也。六書故：觰，角本大也。俗謂根據爲觰拏，披張爲觰沴。廣韻：觰沴，牛角開。與披張義合。觤 羊角不齊也。釋畜：羊屬角不齊，觤。注：一短一長。從角危聲。過委切。觟 牝牂羊生角者也。韻會引作牝羊角者。釋畜：羊牡羒，牝牂；夏羊牡羭，牝羖。詩箋：羖羊之性，牝牡有角，故牂羊之生角者，別之爲觟。從角圭聲。下瓦切。觡 骨角之名也。麋鹿之角，內外無閒，故曰骨角。淮南高注：角觡，猶言骨。封禪文：犧雙觡共柢之獸。從角各聲。古百切。觜 鴟舊頭上角觜也。萑部言毛角，此言角觜者，角乃獸角，觜則鳥角，而恆言皆曰角矣，故釋觜而仍以角表之。一曰觜觿也。天官書：觜觿，虎首。案觜爲角，觿爲錐，觜星在參之上，其形銳，故得此名也。又案繫傳云：觜蠵，靈龜也。似觿爲蠵之訛，抑或誤解也。從角此聲。遵爲切。解 判也。左傳解黿，莊子解牛之說也。若月令鹿角解，麋角解，則是自解

xī 觿　gōng 觵　zhì 觶　dàn 觛

不由於判之。從刀判牛角。佳買切，又戶賣切。一曰解廌獸也。廣雅作𧳋豸，陸作獬豸，論衡作觟觽。觿 佩角銳耑可以解結也。廣韻引無佩字。然內則左佩小觿，右佩大觿，注：小觿解小結也。觿貌如錐，以象骨爲之。從角巂聲。戶圭切。詩曰：童子佩觿。衛風芄蘭文。觵 兕牛角可以飮者也。周禮小胥、閭胥注皆以觵爲罰爵。左成十四年傳正義引異義云：韓詩說觵五升，所以罰不敬也。觵，廓也，著明之貌，君子有過，廓然明著。詩毛傳說觵大七升。許愼云：觵罰有過，一飮七升爲過多，當謂五升是也。然則許君亦以爲罰爵，而本文泛言之者，詩卷耳、七月、桑扈、絲衣皆言兕觥，皆無罰義，故許君渾言之。鄭君箋卷耳、桑扈皆言罰爵，小疏于許君。從角黃聲。古橫切。其狀觵觵，故謂之觵。二句蓋庾注，故綴黃聲之下也。觵觵者，充滿壯大之皃也。釋言：桄，充也。漢之橫門亦名桄門。凡從黃聲、光聲之字，皆有大意，不易字以說本字，與許例不符者，庾注別自爲例也。後漢書郭憲傳：關東觥觥郭子橫。太元經注：觥羊，大羊也。觥 俗觵從光。觶 饗飮酒角也。依集韻引改。然當依觚下說作饗飮酒之爵也。饗者，關燕禮、大射儀而言，皆君宴臣

之禮也。飮者，關鄉射禮、鄉飮酒禮而言，皆鄉人飮酒之禮也。儀禮此四篇皆有觶，不當言角者，禮記：尊者舉觶，卑者舉角。是兩器也。不依小徐本作觶者，以觶釋觶，非法也。從角單聲。之義切。字林音支，其音與單聲不合者，觶出今文禮，古文禮作觗，從氏聲。雖其形變爲從辰從單，而古音終不改也。禮曰：一人洗舉觶。鄉飮、鄉射二篇皆有此文，此所以譌爲鄉飮酒角也。觶受四升。蓋許君酌定此數，不從韓詩說也。五經異義云：今韓詩說一升曰爵，二升曰觚，三升曰觶，四升曰角，五升曰散，總名曰爵，其實曰觴。觴者，餉也。士冠禮句觶注：爵三升曰觶。是鄭君從韓詩說。⿰角辰 觶或從辰。段氏曰：辰聲而讀支義切，此如古祗、振多通用也。觗 禮經觶。鄭駁異義曰：今禮角旁單，古書或作角旁氏。然其注大射儀也，兩言今文觶作觚，一言此觚當爲觶。其注燕禮也，曰古文觚皆爲觶，又曰酬之禮皆用觶，言觚者，字之誤也。古者觶字或作角旁氏，由此誤耳。案諸說義皆不異，惟駁許則謂觚出古書，注禮則以觶爲古文，似小異者，然兩文皆言或，則終不異也。觛 小觶也。廣韻同。御覽引作小卮也。玉篇同。嚴氏曰：卮下云一名觛，蓋觶與卮通稱。案漢高紀注：應劭曰：卮，飮酒禮器也，古以角作，受四升，古卮字作觗。其云受四升，與許說觶受四升合，云古作觗，與

觴 shāng　觚 gū　⿰角亘 xuān　觼 jué　⿱敫角 xí　⿰角弱 nuò　⿰角發 fèi　⿰角酋 qiú　觳 hú

禮經解合誠哉其通也。觛之勺曰攕見三蒼。從角旦聲。徒旱切

觴 觶。一器兩名也。實曰觴虛曰觶。大戴禮盧注實之曰觴。穆天子傳觴天子于磐石之上。郭注觴者所以進酒。從角煬省聲。煬非字。當作煬。式陽切

觴 籀文觴。或從爵省。

觚 鄉飲酒之爵也。鄉亦當作饗。葢又兼宗廟饗之之義矣。燕禮大射特牲皆用觚。饗飲酒者。葢謂饗禮之飲酒也。鄉飲酒禮有爵觶無觚。史晨後碑行秋饗飲酒畔宮。足知饗是禮名。飲酒則饗中之一事也。一曰觴受三升者謂之觚。觴者實也。觴受三升者。實之以三升而滿也。考工記梓人爲飲器。勺一升。爵二升。觚三升。從角瓜聲。古乎切

⿰角亘 角匕也。匕以木爲之。故字又作枇。此以角爲之。匕一名柶。士冠禮天官玉府皆有角柶。從角亘聲。讀若讙。況袁切

⿱敫角 枝耑角也。廣韻以角飾杖策頭。從角敫聲。胡狄切

觼 環之有舌者。詩小戎鋈以觼軜。漢書天文志暈適背穴。孟康曰。穴或作鐍。如淳曰。凡氣在旁如半環。向日爲抱。向外爲背。有氣刺日爲鐍。桂氏曰。今馬腹帶。其環有舌穿革者是也。從角夐聲。古穴切。桂氏引龔氏麗正曰。爾雅環謂之捐。捐即觼也。夐古音讀居員切。是以宋玉招魂與安軒山連寒湲蘭筵爲韻。爾正觼作捐。元寒部字也。與脂微同入聲。是以或體作鐍。亦作觼。而今音皆古穴切。

鐍 觼或從金矞。

⿰角弱 調弓也。段氏曰。手部搦按也。鄭注矢人云。撓搦其榦。亦是調意。弓人曰。和弓轂摩。注。和猶調也。將用弓。必先調之。拂之摩之。引大射禮大射正以袂順左右隈。上再下一。筠案此說是也。至於集韻搦弓偏弱也。與此無干。又詩車攻弓矢既調。則箋云調謂弓強弱與矢輕重相得。是謂弓與矢相調和也。亦非調弓義。從角弱省聲。於角切

⿰角發 雉射收繁具也。此器之用。葢與箋同。從角發聲。本音廢。孫方肺切。廣韻音跛。

⿰角酋 雉射收繳具。段氏曰。兩字同義。葢其器名⿰角發⿰角酋。上字當云⿰角發⿰角酋。雉射收繁具也。下字當云⿰角發⿰角酋也。今本恐非舊。但無證據。未敢專輒。從角酋聲。讀若鰌。字秋切

觳 盛觵卮也。卮圜器也。葢是盛物之器之通名。而盛觵之卮則名觳也。許君首此義。以其從角故。一曰射具也。集韻曰。所以盛雉。然則仍是盛物之器也。從角殸聲。胡谷切。讀若斛。讀從先鄭。所以補漏義也。考工記陶人鬲實五觳。先鄭云。觳讀爲斛受三斗。鄭君曰。豆實三而成觳。則觳受斗二升。筠案鬲部曰。斗二升曰觳。實開鄭君之先。於此不出此義。而但以讀若攝之者。斛字從斗。觳則從角。角不可以作斛。許君說字義。必與字形相比附也。

觱 羌人所吹角屠觱以驚馬也。屠觱者。葢吹角之聲也。苟如桂氏以屠爲篳之譌。屠觱即是篳篥。將以角屠觱爲兩物。則此說觱字不須連及于角。將以爲角所作之篳篥。則何以又從竹乎。驚馬者。馬久臥則病。故今之驛馬。圉人每夜數起擊盛料之巨羅以驚之。乃徐廣曰。或云角本出羌胡。吹以驚中國之馬。甚矣書生不知物情也。從角𤰈聲。卑吉切

𤰈古文誖字。言部作籒文。亦可見增此者不分古籒也。

文三十九　重六

說文解字句讀弟四下

曲沃張鶴書校

句讀卷八補正

詩傳曰三赤菁周公、卽構我二人之謂也、菁爲構之古文、灼然無疑、一葉後七行以構立屋說之下增此

玉篇但曰爯與稱同、然人部偁、揚也、手部揚、高舉也、義初不異、二葉前三行竝用爯下增此

元包經復卦幺幺玄玄、雷辰龍旋、注曰、辰音辰、又巽卦俶幺幺、卒飄飄、拔屵扒氏、珏垠突坐、注曰、扒音拜、坐同幽、二葉前七行幺布下增此

元包經屯卦、雲雱雱、蚓丝丝、雷奮于𡙇、龍躋于湫、二葉後五行耴也下增此

列女傳仁智序曰、專專小心、三葉前五行頭顧謹皃下增此

案玄而作8則幺玄二字、古文本同體、特兩音兩義耳、小篆始

加人以別之、四葉後四行有8 8二體下增此

㕛守雙聲、撮、兩指撮也、守、五指捋也、事亦相似、六葉前七行力輟切下增此

穀梁同、公羊作瀸、云漬也、葢謂脂膏原野矣、九葉後六行莊十七年經文下增此

案髟部鬢、屈髮也、髕亦可以屈曲之物、故兩字同音、十二葉前九行借跪爲髕也下增此

玉篇去劫丘慮丘閭三切、廣韻魚遇業三部竝收、十六葉前九行羌脅反下增此

筠案特牲鄭注曰、侖組也、記曰、衆賓及衆兄弟宗婦若有公有司私臣皆殽侖、周語隨會聘于周篇曰、殽烝、韋注、烝升也、升折俎之殽、其下文全烝房烝殽烝、韋注亦皆有升字、許君不當舍古訓而用僻義。然依此則當與脊膌等字爲伍。今在此。未敢改之意者既改爲駴。始移之此乎。十八葉後八行此嚴氏說也以下三十七字删去以此易之

平安館畢仲敔作鼎鼎、然則亦從兩鼎、此則字或傳寫之訛、筠清館刻畢仲敔亦誤、二十九葉前三行古文則下增此注

剿、刖鼻也、承上文刖字、此不承者、取其相對成文、卽互文見義也。足部跀下、亦云斷足、三十三葉前六行字見康誥呂刑下增此

文選楊德祖荅臨淄侯牋曰、借書于手、李注、借音卽、知唐時猶用古音、廣韻集韻之二十二昔、韻會之十一陌、竝收借字、三十五葉後七行秦昔切下增此

zhú 竹　jiàn 箭　jùn 箘　lù 簬　xiǎo 筱　dàng 簜

說文解字句讀弟五上

漢太尉南閣祭酒許氏記　安邱王筠撰集

相國壽陽祁春浦夫子鑒定

益都陳山嵋　晉江陳慶鏞　訂正

博山蔣其崘書篆

六十三部　五百二十七文　重百二十二

凡七千二百七十三字

冬生艸也。初學記引無艸字、冬生者、猶曰經冬猶綠林耳、若夫冬筍、終不出地而成竹也、爾雅竹在釋艸、山海經云其艸多竹、且竹艸二篆顛倒、即是故謂之艸、下文仍云象形。不云從到艸者、微見其意、不可用爲正訓也、象形。下垂者箁箬也。示下云三垂日月星也、耴下云從耳下垂、皆其例、初學記引無垂字、非、書顧命、敷重筍席、

馬云、筍、箁箬也、案箁箬乃笣筍之皮、非即筍也、今名竹籜、陟玉切、凡竹之屬皆從竹。

矢竹也。依埶文類聚引補、字林同、衆經音義、箭、矢竹也、大身小葉曰竹、小身大葉曰箭、竹主爲矢、故謂矢爲箭、釋地、東南之美者、有會稽之竹箭焉、注、竹箭、篠也、從竹。前聲。小徐篆作笉、此作莃聲、子賤切、亦借晉字爲之、吳越春秋、句踐送吳王晉竹十廋、鄭注夏官云、故書箭爲晉、此方語奢斂之分也、

箘簬也。廣雅、箘簬、箭也、說苑、荆文王得如黃之狗、箘簬之矰、以田于雲夢、楚詞哀時命作箟簬、書正義及戴凱之分箘簬爲二、非、從竹囷聲。渠隕切、一曰博棊也。一曰之下、當有箘字、借博爲簙、方言、簙或謂之箘、

箘簬也。從竹路聲。洛故切、夏書曰惟箘簬楛。楛當依木部作枯、禹貢鄭注曰、箘簬、聆風也、

古文簬從輅。論衡、篠簬之箭、呂氏春秋、越駱之箘、各分一字爲名、仍是一物、

箭屬小竹也。釋草云、篠箭、三禮注皆云、箭、篠也、此云屬、蓋小別也、從竹攸聲。先杳切、

大竹也。釋草、簜竹、李巡曰、竹節相去一丈爲簜、說又見下文簜下、從竹湯聲。徒朗切、夏書曰瑤琨筱簜。禹貢文、簜可

wéi 𥳑　sǔn 筍　tái 箈　póu 箁　ruò 箬　jié 節　tú 筡　mí ⿱竹𩇕　mǐn 笢　bèn 笨　wēng 䈵　cēn 篸　zhuàn 篆

爲榦。考工記弓人、凡取幹之道七、竹爲下、筱可爲矢。禹貢、筱簜連文、而以之爲器、又適同用、故小竹大竹、及此二句、皆作儷語、

竹也。段氏曰、𥳑篃、古今字也、如禮經古文眉作微、爾疋湄作溦之比、西山經、英山其陽多箭多篃、今本作䉋、郭云、今漢中郡出厚裏而長節、根深、筍冬生、戴凱之云、生非一處、江南山谷所饒也、故是箭竹類、葉大如履、可以作篷、莖中作矢、俗謂之𥳑竹、從竹微聲。無非切、

籀文𥳑省。省字當作從散二字、

竹胎也。釋草、筍、竹萌、箈、箭萌、謂筍箈爲萌之稱也、同而大竹小箭、異其詞也、許云然者、謂竹箭不分、惟分胎孕地中者爲筍、出地上者爲箈也、鄭注引禮記、如竹箭之有筍、聘義、孚尹旁達、鄭注、尹讀如竹箭之筠、釋文、尹、依注音筠、從竹旬聲。思允切、

竹萌生也。依釋草釋文引補、釋草郭注引周禮、箈菹鴈醢、今醢人作箈、從竹怠聲。徒哀切、

竹箬也。廣韻引作竹箁也、女部婄下云、讀若竹皮箁、從竹。音聲。薄侯切、

楚謂竹皮曰箬。部首說、以箁箬二字爲名、此以二字各爲一名、婄下所云、亦是竹皮名箬也、易林、折箬蔽日、輿地志、吳興箬溪夾溪、悉生箭箬、南岸曰上箬、北岸曰下箬、皆村名、案皆不連箁言之、從

竹若聲。而勺切、

竹約也。繫傳、楚辭曰、土伯九約、謂身有九節也、案人指上紋、亦謂之約、但衆其形而命之名耳、從竹即聲。子結切、

折竹笢也。字林、篇、折竹笢也、又曰、篇、竹蔑也、案折當作析、方言、筡析也、析竹謂之筡、注、今江東呼篾竹裹爲筡、從竹余聲。讀若絮。同都切、

筡也。元應引聲類、⿱竹𩇕、蔑也、今中國蜀土人謂竹蔑爲⿱竹𩇕也、從竹𩇕聲。武移切、

竹膚也。玉篇、竹表也、從竹民聲。武盡切、本部不收筠、蓋笢即是也、禮器、如竹箭之有筠也、注、筠、竹之青皮也、與竹膚之訓合、又均民疊韻、筠笢雙聲、廣韻亦收笢于十七眞、武巾切、

竹裏也。廣雅、笨、竹也、其表曰笢、其裏曰笨、從竹本聲。布忖切、

竹皃也。南都賦、吳都賦皆云、蓊茸、謝靈運山居賦云、蓊蔚、皆謂竹也、而字從艸、從竹翁聲。烏紅切、

篸差也。玉篇、篸差、不齊也、集韻、篸差、竹皃、木部作槮差、從竹參聲。所今切、

引書也。運筆謂之引、丨部曰、引而上行、引而下行、是也、篆本引而書之之名、因謂所書之體曰篆、周禮注、五采畫轂約謂之夏篆、夏指五采而言、謂其如夏翟五采也、篆則亦引筆畫之也、從竹彖

zhòu 籀　piān 篇　jí 籍　huáng 篁　jiǎng ⿱竹將　yuè 籥　yè ⿱竹葉　liú ⿱竹劉　jiǎn 簡　gāng 笐

聲。持究切、

籀　讀書也。此書盖啟籀見書之書、漢孝文紀注、顔師古曰、繇本作籀、籀書也、謂讀卜詞、服注左傳曰、繇、抽也、抽出吉凶也、詩牆有茨、不可讀也、傳、讀、抽也、匡謬正俗曰、盖毛公以籀解讀、傳寫字省、故止爲抽、此當言讀籀也、不得爲抽引之義、案顔氏謂以籀解讀、與本書合、而讀抽也則傳述有人矣、方言曰、抽、讀也、太史公自序、紬史記石室金匱之書、徐廣曰、紬音抽、如淳曰抽徹舊書故事而次述之、亦此讀書之義也、且繇如本字讀、亦自有抽義、禹貢、厥草維繇、馬融曰、繇、抽也、從竹。擂聲。兼意、直又切、春秋傳曰卜籀云。此隱括之詞也、又舉卜以該筮、

篇　書也。纂文、關西以書篇爲書篇、內則、請肆簡諒、注、簡謂所書篇數也、一曰。關西謂榜篇。與扁同義、從竹。扁聲。芳連切、

籍　簿書也。嚴氏曰、說文無簿字、左傳序、疏引作部書也、部者篰之爛文、篰案當作薄、且自爲一句、古名籍、周末名簿、而無簿字、借薄爲之、嫌其疑於厚薄也、再以書也申之、否則左傳杜注、籍書也、不言簿而自明也、簿書及簿籍書籍、皆恒言、皆複語、漢碑主簿字、其從卄者、艸竹所同、丠及艸者、則所獨也、繫傳曰、史記云尺籍伍符、然則籍簡長尺也、從竹。耤聲。秦昔切、

篁　竹田也。史記樂毅傳、薊丘之植、植于汶篁、徐廣曰、竹田曰篁、西京賦、篠簜敷衍、編町成篁、薛綜注、篁、竹墟名也、從竹。皇聲。戶光切、此字在此不次、

⿱竹將　剖竹未去節謂之䈪。竹未二字、當作一笨字、廣雅、䈪、席也、是知䈪者織席之篾也、今織席者、先去其裏、是剖笨也、再平其節、是去節也、夏小正、四月取茶傳曰、以爲君薦蔣也、七月灌茶、傳曰、爲蔣楮之也、蔣蓋卽䈪、古文假借、廣雅又曰、䈪、𥬆也、𥬆卽小兒學書之觚、陸機所謂操觚率爾也、故與葉篇二字類廁、從竹。將聲。卽兩切、

⿱竹葉　籥也。廣雅、葉、𥬆也、從竹。枼聲。與接切、

籥　書僮竹笘也。笘見下文、字林、籥、書僮笘也、纂文、關西以書篇爲書籥、廣雅、籥、𥬆也、巾部、幡、書兒拭觚布也、從竹。龠聲。以灼切、

⿱竹劉　竹聲也。從竹。劉聲。此字在此不次、力求切、

簡　牒也。簡從竹、札從木、而皆以牒說之、則牒爲通名、劉向別錄、書以殺青、風俗通、新竹有汁、善朽生蠹、凡作簡者、皆於火上炙乾之、尚書正義、顧氏曰、簡長一尺二寸、從竹。閒聲。古限切、

笐　竹次也。衆經音義、出笐筕而說之曰、說文、竹次也、言竹有笐次、謂之笐筕也、案元應所說、蓋與釋草仲無笐同義、非許意也、自篆至箋、皆書籍事、恐所謂竹次者、與糸部編次簡也同意、乃

jī 笄　shì 筮　fú 符　jiān 箋　fàn 笵　děng 等　bù 篰

劉字亦雜廁其中也、則今本竹列與竹次同義、謂竹之行列、卽是用釋草之文、所未能決也、郭注仲無笐曰、亦竹類、未詳、是時說文、當勝今本、景純不知檢之、可惜也、從竹。亢聲。古郎切、

篰　䈱爰也。小徐引字書、䈱爰、簡牘也、廣雅、䈱、篗、篰也、曹憲上音滿、下音緩、玉篇、篰、竹牘也、從竹。部聲。薄口切、

等　齊簡也。整齊其簡牘也、從竹從寺。寺官曹之等平也。寺有法度、官曹於此稽之、辦其等、以得其平、史記張釋之傳、廷尉、天下之平也、此蓋用其意、多肯切、

笵　法也。元應引爾雅、笵、法也、今本作範、元應又曰、通俗文、規模曰笵、是也、以土曰型、以金曰鎔、以木曰模、以竹曰笵、四者一物、材別也、案古錢笵吾見銅石兩種、從竹。氾聲。防㚇切、禮運、范金合土、字從艸者、隸書艸竹不分也、竹。簡書也。古法有竹刑。刑當作荆、上文是鑄器之法、此乃刑法、是引申之義、大徐遂竹簡書也於從竹下、則不倫矣、左定九年傳、鄭駟歂殺鄧析、而用其竹刑、

箋　表。句、詩音義引字林、箋、表也、識也、案陸氏分其句讀、而傳寫捝書字、識書也。衆經音義引字林、表識書也、一曰、表職書曰箋也、案此一曰、必是說文、耳部、職、記微也、是許以職爲記憶之正字、呂忱不知、易以識字、校者遂以字林改說文也、然元應引爲

表職書曰箋、與莊子音義引舟輿所極覆曰宙、同一謬誤、偶不用心、顚倒其詞也、說箋以表者、漢末人上書曰箋、亦曰表也、文心雕龍曰、牋者表也、識其情也、劉氏曰識情、據上書言、許君曰職書、則與鄭君箋詩同意、六藝論曰、注詩宗毛爲主、毛義若隱略、則更表明、如有不同、卽下己意、使可識別也、鄭君言表明、言識別、卽許君以表釋箋、以職書釋箋及表之意也、從竹。戔聲。則前切、

符　信也。說瑞卩皆曰信、與此同意、漢制以竹長六寸。分而相合。周禮有符、而舉漢制者、竹易腐、許君不得見古符之狀、故以漢制明之、漢文帝爲銅虎符、竹使符、此不及銅者、字從竹也、應劭曰、竹使符、皆以竹箭五枚、長五寸、鐫刻篆書第一至第五、漢舊儀、竹使符長六寸、玉篇、符、節也、分兩邊、各持其一、合之爲信、從竹。付聲。防無切、

筮　易卦用蓍也。曲禮、龜爲卜、筴爲筮、從竹。元應曰、揲蓍取卦、折竹爲爻、故字從竹、從𢍏。世本、巫咸作筮、𢍏古文巫字　時制切、案當有重文作筮、𢍏是古文、則𢍏亦是古文、筮則篆文也、口部噬、水部澨、皆從之、

笄　簪也。不用先字者、簪乃時行字也、案周官弁師、儀禮士冠禮五冕皮弁爵弁皆有笄、冠則無笄、天子諸侯以玉、大夫以象、士以骨、若婦人、則喪服篇云、箭笄長尺、吉笄長尺二寸、詩采綠箋云、

竹

yán 筵　zǐ 第　zé 簀　lián 簾　zé 笮　fū 筟　guǎn 筦　tíng 筳　yuè 籆　jī ⿱竹匠

婦人在夫家笄象笄。從竹幵聲。桂氏曰：吳越春秋、越絕書計研皆作計倪，故笄從幵聲而古兮切。

⿱竹匠　取蟣比也。篦者古名，比者漢名；比者漢字，篦者六朝字也。比言其密，詩：其比如櫛。從竹匠聲。居之切。

籆　收絲者也。方言：籆，榬也。玉篇：籆，所以絡絲也。絡所以轉籆，絡車也。攡都管切，轉籆也。從竹蒦聲。王縛切。俗作籆籰。

䈯　籆或從角閒聲。依御覽引補。

筳　維絲筦也。說見糸部維下。從竹廷聲。特丁切。

筦　筟也。六書故：筦，絡緯之筦也。主管字當以筦爲正，而通用管。從竹完聲。古滿切。

筟　筳也。通俗文：織纖謂之維，受緯曰筟。從竹孚聲。讀若春秋魯公子彄。見隱公五年經，臧僖伯也。桂氏曰：筟、彄聲義竝相近，彄、筦弦者，筟、筦絲者，筆管亦謂之彄，見內則注。大徐引唐韻曰又芳無切者，苟簡之詞。廣韻彄洛侯切，十虞不收彄，十九侯不收筟，或唐韻兼收也。

笮　迫也。笮無他名，故先說其命名之意。借迫爲敀，徐鍇韻譜：敀，笮也。厂部：厭，笮也。厭今借壓用之。風俗通：燕外迫蠻貊，內笮齊魯，則爲逼詞，不第爲屋笮之名。在瓦之下棼之上。依韻會引補。林部：棼，複屋棟也。案棟今謂之檁，笮在瓦棼之間，爲所迫窄，故名笮也。釋宮：屋上薄謂之筄。未嘗釋笮，說文又無筄，意者筄即笮之譌乎。從竹乍聲。阻厄切。

說文句讀卷九　五　七百八十七　、○折四十四

簾　堂簾也。恐即是堂廉。若是大夫以簾之簾，則當曰帷薄也，何故連堂言之？鄉飲酒禮：設席于堂廉。注：側邊曰廉。其從竹也，猶連之從辵，彼以連爲主，此以廉爲主也。不然，經無慊字，許君何故收之乎？否則此字爲後增，如小徐說。從竹廉聲。力鹽切。

簀　牀棧也。莊子釋文：編木作靈似牀曰棧。崔云：木棚也。檀弓：大夫之簀與。注：簀謂牀第也。史記范睢傳：睢佯死，即卷以簀。索隱：簀謂葦荻之薄也。案此非許義。從竹責聲。阻厄切。

第　牀簀也。釋器：簀謂之第。郭注：牀版。集韻：牀格謂之第。易噬乾胏，鄭曰：簀也。是鄭本作第。士喪禮注：古文第爲茨，假借也。從竹朿聲。阻史切。

筵　竹席也。春官司几筵注：筵亦席也。鋪陳曰筵，藉之曰席。然其言之筵席通矣。案其下文云：筵國賓于牖前。故鄭君曰：鋪陳曰筵也。然又言王莞筵加繅席次席，諸侯蒲筵加莞席，則筵迫地而席在上也。公食大夫禮：蒲筵常，加莞席尋。則筵長而席短也。但禮言莞筵、蒲筵，是不以竹爲之。顧命諸席，則竹席也，筵席亦相沿從竹矣。從竹延聲。以然切。周禮曰：度堂以筵。考工記匠人：堂上度以筵，筵一丈。

sì 笥　jǔ 筥　shāo 籍　shāo 籍　bì 箄　sǒu 籔　yù 籅　fān 籓　chú 篨　shāi 籭　qú 籧　diàn 簟

此句恐後人加之。匠人曰：周人明堂度九尺之筵。

簟　竹席也。詩簟茀傳：簟，方文席也。內則注：簟，席之親身也。從竹覃聲。徒念切。

籧　籧篨，粗竹席也。粗，元應引作麤，古讀粗爲上聲。方言：簟，宋魏之間謂之笙，或謂之籧苗；自關而西或謂之簟，或謂之䈶，其麤者謂之籧篨；自關而東或謂之篕棪。從竹遽聲。彊魚切。

篨　籧篨也。從竹除聲。直魚切。

籭　竹器也。可目取粗去細。元應引作除麤取細。集韻五支、六脂皆收籭字，其說互異，案其意自同也。云取粗去細者，篩物者細者必下也，此以大小爲粗細；云除麤取細者，則以美惡爲粗細，謂篩下其細者，篩內之粗者將棄之也。今用篩者，二者皆有之。從竹麗聲。所宜切，今音山佳切。

籓　大箕也。此義與華同字，集韻華靜作籓，廣雅：籓、籮，箕也。呂從竹潘聲。甫煩切。一曰蔽也。此義與藩同字。

籅　漉米籔也。與匧同義，即今之笊籬也。方言：炊籅謂之縮，或謂之箄，或謂之匼。匼音旋，縮、箄皆籔之聲轉。從竹奥聲。於六切。

籔　炊籅也。木部：梢，木參交以枝炊籅者也。案炊飯將熟，以籅撈其米，頓置於梢，以漉其水，所以舒人力也。詩伐木傳：以筐曰釃，以籔曰湑。從竹數聲。蘇后切。

說文句讀卷九　六　七百四十八　、○折四十四

箄　蔽也。所以蔽甑底。甑有七穿，甑則無底，有以蔽之，飯乃不落釜中，此物之名，玉今不改。從竹畀聲。必至切。

籍　飯筥也。受五升。從竹稍聲。秦謂筥曰籍。山樞切。衆經音義引字林：筥，籍也，飯器，受五升，秦謂筥。案少曰籍二字，據此知籍、稍一字，說文作稍，字林作籍也。故廣韻十虞不收，而五肴收籍，玉篇籍字亦在後收字中，今當刪併爲一，說詳釋例。

籍　陳留謂飯帚曰籍。廣雅：籍謂之筦。玉篇：筦，筦帚也。從竹捎聲。所交切。一曰飯器容五升。方言：箍，南楚謂之筲。箍同筥，筲同籍。論語鄭注：筲，竹器，容斗二升，與許異。一曰宋魏謂箸筩爲籍。方言：箸筩，陳楚宋魏之間謂之筲，或謂之籯，自關而西謂之桶檧。郭注：筲音鞭鞘。

筥　箱也。此是本文，小徐作箱，當是後改。詩：載筐及筥，其饟伊黍。與飯器合。從竹呂聲。居許切。

笥　盛衣器也。內則：不敢藏于夫之篋笥。亦盛食器也。曲禮：凡以弓劍苞苴簞笥問人者。注：簞笥，盛飯食者。圓曰簞，方曰笥也。內則注同。案連及簞者，爲下文出也。此既析言之，下文即渾言之。○以上皆依元應引改補。從竹司聲。相吏切。

竹

dān 簞　shāi 簁　bǐ 箄　tuán 篿　zhù 箸　lǒu 簍　láng 筤　lán 籃　gōu 篝　luò 笿　gòng ⿱竹夅　lián 籢　zuǎn 籫

簞 笥也。簞字見經典者、皆盛食器、惟士冠禮櫛實于簞、左哀二十年傳、與之一簞珠、所盛皆小物、未見言盛衣者、從竹單聲。都寒切、漢律令簞小筐也。此別一義也、桂氏曰、令當爲笭、案下文笭籯也、或此笭簞爲一名乎、律令未有連言者、他處傳曰簞食壺漿。此亦第證盛食器、

簁 簁箄竹器也。雖不聞爲何器、而諸韻書以籭之義說之、則非也、急就篇尚有此物、而顏注曰、大者曰簁、小者曰箄、果爾則許不連言簁箄矣、從竹徙聲。所綺切、

箄 簁箄也。從竹卑聲。并弭切、方言、箄析也、案此與荼同義、方言又以箄爲簾之別名、見後文簾下、皆於簁箄無干、

篿 圜竹器也。特言圜者、音相近也、從竹專聲。度官切、

箸 飯攲也。支部、攲、持去也、通俗文、以箸取物曰攲、從竹者聲。陟慮切、又遲倨切、

簍 竹籠也。方言、簍小者、南楚謂之簍、顏注急就篇、簍者、疏目之籠、言其孔樓樓然也、從竹婁聲。洛侯切、

筤 籃也。廣雅、筤謂之笭、廣韻、筤車籃、一名笭、笭音替、從竹良聲。盧黨切、

籃 大篝也。字林、大答也、纂文、大筐也、從竹監聲。魯甘切、

古文籃如此。

篝 答也。可熏衣。答也者、言其同也、顏注急就篇、篝一名答、盛桮器也、可熏衣者、言其異也、劉向別錄、淮南王有熏籠賦、陳涉世家、夜篝火、案猶今俗言籠火、從竹冓聲。古侯切、宋楚謂竹篝牆以居也。方言、篝、陳楚宋魏之間、謂之牆居、筠在安嶽時、見貧民以竹籃盛小兒、掛之於壁、殆牆居之謂乎、

笿 桮笿也。字林、杯籠也、方言作桮落、廣雅作桮落、玉篇作桮篨、從竹各聲。盧各切、

⿱竹夅 桮笿也。從竹夅聲。古送切、或曰盛箸籠。廣雅、桶樎、箸筩也、廣韻、樎、蘇公切、小籠、案夅或即樎也、

籢 鏡籢也。三蒼、盛鏡器名也、謂方底者、今香匳棊匳皆是也、從竹斂聲。力鹽切、

籫 竹器也。方言、廣雅注、皆曰、籫、箸筩、從竹贊聲。作管切、讀若纂。字亦作篹、見明堂位、注云、篹、籩屬也、以竹爲之、亦省作算、史記鄭莊傳、其餽遺人、不過算器食、集解、算、先管反、竹器、一曰叢。繫傳、叢束茅纂、若今俗祭神爲之、案叔孫通傳、緜蕞習儀、如淳曰、蕞謂以茅翦樹地爲纂位、楚金所說、似即依放此事爲之、竊意此義、蓋由讀若纂得之、乃是泛言叢聚、非專指叢祠也、叢曰纂、纂即以其攢聚枝頭名之、但篇韻皆無此義、又疑是校者之詞、謂纂讀若纂、別本作讀若叢也、

sān ⿱竹刪

yíng 籯　guǐ 簋　fǔ 簠　biān 籩　dùn 笹　chuán 篅　lù 簏　dàng 簜

籯 笭也。劉逵蜀都賦注、籯、滕也、漢書韋賢傳注、籯、竹器、受三四升、從竹贏聲。以成切、

⿱竹刪 竹器也。廣雅、籍謂之箾、玉篇、似箱而籭、從竹刪聲。蘇旰切、

簋 黍稷方器也。周禮、掌客、鄭注、簠、稻粱器也、簋、黍稷器也、據公食大夫禮、分別所盛也、秦風毛傳曰、四簋、黍稷稻粱也、則不別所盛、周禮舍人注、方曰簠、圓曰簋、與許互異、聘禮竹簋方、釋文、本或作簋蓋、許君所据本即作簋、故言方器、以例推之、則簠圓也、然許鄭皆直目爲方圓、初不區其內外、秦風釋文曰、內圓外方曰簠、內方外圓曰簋、聶崇義所引舊圖、與之合、聘禮釋文又曰、外圓內方曰簠、外方內圓曰簋、廣韻說簋字與之合、蓋古說本不一、陸氏釋詩据一說、釋禮別據一說也、似亦不足深辨、從竹從皿從皀。聘禮、竹簋方、正義、凡簋皆用木而圓、此則用竹而方、故云、段氏据宋單疏本作簋、是此器或用竹、或用木、故小篆從竹、古文從木、禮器瓦簋、故兼從皿、居洧切、

朱竹君本如此、凡器名從匚不從匸、廣韻引作匭中從飢、古文簋從匚飢。依集韻引改、

古文簋或從軌。史記李斯傳、飯土匭、太史公自序作簋、始皇本紀作熘、公食大夫禮注、古文簋皆作軌、易損二簋、蜀才本作軌、則省形存聲字也、

机 亦古文簋。桂氏曰、當從几、易渙九二、渙奔其机、春官小史注、故書簋或爲几、春秋繁露祭義云、春上豆實、夏上尊實、秋上机實、冬上敦實、豆實韭也、尊實醴也、机實黍也、敦實稻也、馥謂机實即簋實、筠案、惠定宇謂渙卦之机當作机、與此互異、且小史注、故書簋或爲几句下、有鄭司農云、几讀爲軌、二句、几聲似不合、疑惠說是也、

簠 黍稷圜器也。從竹皿甫聲。方矩切、

古文簠從匚夫。

籩 竹豆也。釋器、竹豆謂之籩、周禮籩人注、其容實皆四升、從竹邊聲。布懸切、

籀文籩從匸。匸當作匚、校官碑、籩豆用匾、玉篇匚部、匾之籀文作匾、

笹 篅也。廣雅同、從竹屯聲。徒損切、

篅 以判竹圜以盛穀者也。依元應引刪、謂判竹以爲之也、亦以艸作、見釋名及齊民要術、字林、判竹爲之、盛穀者、廣雅、篅、盛穀圓笹、蒼頡篇亦作圌、圌、倉也、從竹耑聲。市緣切、

簏 竹高篋也。楚詞王注、方爲筐、圓爲簏、從竹鹿聲。亦省作鹿、吳語、市無赤米、而囷鹿空虛、韋注、圓曰囷、方曰鹿、案此亦猶簠簋之說、方圓互異、盧谷切、

箓 簏或從彔。

簜 大竹箭也。元應引此而申

tóng 筩　biān 箯　nú 笯　gān 竿　zhuó 籗　gè 箇　jiǎo 筊　zuó 筰　qián ⿱竹沾　shà 箑　lóng 籠

之曰以木若瓦爲之短闊于桶玉篇簜竹器也可以盛酒然下文篇字是樂器則此亦當然禹貢釋文簜或作篡是同聲借用許君以簜爲竹名以簜爲樂器乃正名之意大射儀簜在建鼓之閒注簜竹也笙簫之屬釋文雖不言簜有作簜之本然當與簜相當惟此樂器不見他經鄭君故作擬度之詞許君又不引大射儀故人皆忽之從竹。易聲。徒朗切

筩　斷竹也。三蒼筩竹管也律厤志制十二筩以聽鳳之鳴從竹。甬聲。徒紅切

箯　竹輿也。公羊傳筍將而來也注筍者竹箯一名編輿將送也釋文筍音峻史記張耳陳餘傳上使泄公持節問貫高箯輿前服虔曰箯音編編竹木如今峻可以糞除也韋昭曰輿如今輿牀人舁以行案此卽今之轎也從竹。便聲。旁連切

笯　鳥籠也。南楚謂之笯。依洪興祖楚詞補注引補見方言楚詞懷沙鳳皇在笯從竹。奴聲。乃故切

竿　竹梃也。木曰梃竹曰竿猶木曰枚竹曰箇也從竹。干聲。古寒切此竹及箇字皆不次當與上文篁字皆在簃篸之下

籗　罩魚者也。廣雅篧罩也從竹。霍聲。竹角切

篧　籗或從隺。釋器篧謂之罩注捕魚器

𥳛　籗或省　此篧之譌也玉篇亦祇篧籗二體今小徐本亦有篧則人据大徐增之

箇　竹枚也。史記貨殖傳竹竿萬个從竹。固聲。古貨切諸家皆欲補个字非也

筊　竹索也。漢書溝洫志搴長茭兮湛美玉臣瓚曰竹葦絙謂之茭所以引置土石也師古曰茭字宜從竹風俗通後漢禮儀志皆言葦茭從竹。交聲。胡茅切一曰簫之小者曰筊。依韻會引補釋樂大簫謂之言小者謂之筊

筰　筊也。增韻筰竹索西南夷尋之以渡水故因號曰邛筰釋名引舟者曰筰廣韻謂與笮同非也從竹。作聲。在各切

⿱竹沾　蔽絮簣也。桂氏曰蔽當作潎段氏則直改之非也玉篇廣韻皆如今本且水中擊絮時不用⿱竹沾漚絮既成作紙乃用⿱竹沾蔽者障也斷也絮在水中以⿱竹沾自下承之是障之義一⿱竹沾之絮成一紙不復與餘絮相連是斷之義故許君以簣譬況之簣者棧也在下承上之物也從竹。沾聲。讀若錢。錢當作鑯揹作錢因譌爲錢集韻霙或作霰是其例昨鹽切

箑　扇也。方言廣雅同案此字之作當因萐莆而起從竹。疌聲。山洽切

篓　箑或從妾。

籠　舉土器也。桂氏曰舉當作轝段氏直改之案二字之說皆曰對轝也鍤土置籠中兩人以肩荷之耳地官遂師共丘籠及

hù ⿱竹互　ráng ⿱竹襄　liáo 簝　jǔ ⿱竹豦　dōu 篼　lú 籚　dēng 簦　niè 籋　qián 箝

蜃車之役注丘籠之役𨋢復土也其器曰籠一曰笭也。廣二名也廣雅笭籠也從竹。龍聲。盧紅切

⿱竹襄　袌也。袌小徐作抱俗字也⿱竹襄是虛字蓋與懷山襄陵同意故以袌釋之袌與碣石苞淪入海同意謂竹器之所包容也玉篇⿱竹襄⿱竹奠漉米竹器也則是⿱竹奠之別名⿱竹襄⿱竹奠耳與此義不同從竹。襄聲。如兩切

⿱竹互　可㠯收繩也。可當作所廣雅軠謂之⿱竹互通俗文繰車曰軠軠⿱竹互也秋官脩閭氏守其閭互案此直是梐枑之枑是知古但作互後乃從竹木以爲別從竹。象形。中象人手所推握也。二句當云從古文互胡誤切

互　⿱竹互或省。當云古文⿱竹互象形中象人手所推握也既云象形而又申之者此器似工字而作互者惟象人手推握乃如是也

簝　宗廟盛肉竹器也。從竹。尞聲。洛蕭切周禮供盆簝以待事。地官牛人凡祭祀共牛牲之互與其盆簝以待事注互縣肉格也盆所以盛血簝受肉籠也案此互爲肉格與收繩雖異然亦象形也

⿱竹豦　飲牛筐也。飲當依玉篇作飮韻會引作飯亦通方言箄簍籅筥⿱竹豦也江沔之閒謂之籅趙代之閒謂之筥淇衛之閒謂之牛筐⿱竹豦其通語也自關而西秦晉之閒謂之箄郭注⿱竹豦古筥字案說文兩

字各義從竹。豦聲。居許切方曰筐圓曰⿱竹豦。既以筐說⿱竹豦矣此又言其別也經典通用筥詩維筐及筥傳方曰筐圓曰筥

篼　飲馬器也。飲亦當作飮玉篇作飼方言飲馬橐自關而西謂之裺囊或謂之裺篼或謂之幓篼燕齊之閒謂之帳從竹。兜聲。當侯切

籚　積竹矛戟矜也。與柲欑二字同義考工記秦無廬注廬讀爲纑謂矛戟柄竹欑柲釋文廬本或作蘆案蘆蓋籚之譌又攻木之工注廬矛戟矜柲從竹。盧聲。洛乎切春秋國語曰朱儒扶籚。晉語作侏儒扶盧考工記注引作侏儒扶盧朱鈔汪刻皆作盧與今國語合或許君引之以明省借乎

箝　籋也。漢書異姓諸侯王表箝語燒書顏注謂箝籋其口不聽妄言也從竹。拑聲。巨淹切

籋　箝也。夏官司弓矢注弁夾矢籋也從竹。爾聲。尼輒切俗作鑷

簦　笠。句蓋也。以笠釋簦名可通也又申之以蓋言其別也顏注急就篇曰大而有把手執以行謂之簦小而無把首戴以行謂之笠左宣四年傳又射汏輈以貫笠轂服虔曰轂之蓋如笠所以蔽轂上以禦矢也案此是蓋名笠之證然不直謂之蓋而謂之笠者吳語注簦夫須也詩都人士箋臺夫須也釋草臺夫須郭注引鄭箋臺可

lì 笠　xiāng 箱　fěi 篚　líng 笭　tán ⿱竹剡　cè 策　chuí 箠　zhuā ⿱竹朵　zhuì 笍　lán 籣　fú 箙

以爲禦雨笠然則簦以草爲之非如蓋以布帛爲之也故字從竹從竹。登聲。都滕切。

笠 簦無柄也。黃冠野服禦暑禦雨之具也抑於此言無柄以見簦乃有柄之物故謂之蓋矣從竹。立聲。力入切

箱 大車牝服也。段氏曰考工記大車牝服二柯又參分柯之二注云大車平地載任之車牝服長八尺謂較也鄭司農云牝服謂車箱服讀爲負小雅大東傳曰服牝服也箱大車之箱也按許與大鄭同箱卽謂大車之輿也毛二之大鄭一之後鄭云較者以左右有兩較故名之曰箱其實一也戴侗曰詳大東詞意服如服牛服鹽車之服故說文徑以箱爲牝服也從竹。相聲。息良切

篚 車笭也。經典筐篚字許君作匪而以篚專爲車笭之名則於經無徵方言箱謂之輫廣雅輫箱也輫蓋卽篚之異文廣雅覆笭謂之䩨公羊疏云笭卽式也䩨春官巾車作複注云以皮爲覆笭玨部䡞車笭間皮篋木部樀車笭間樀樀器也設笭非式何以頓置篋與器乎若謂爾雅釋器竹前謂之禦後謂之蔽與篚相當則蔽卽簞笰也是可解挩之物不能於其內置篋器也從竹。匪聲。敷尾切

笭 車笭也。詩小戎傳曰陰揜軓也箋曰揜軓在式前垂輈上釋名陰蔭也橫側車前所以蔭笭也然則笭在式之下也考工記輿人

注兵車之式圍七寸三分寸之一較式之植者衡者也圍二寸八十一分寸之十四是知式橫於上較承其下如欞然故以笭蔽之釋名笭橫在車前織竹作之孔笭笭也案既有孔故其前再施陰板又案笭與車部軨同從竹。令聲。郎丁切一曰。笭。籯也。

⿱竹剡 所以搔馬也。廣韻⿱竹剡刮馬篼也從竹。剡聲。丑廉切

策 馬箠也。衆經音義策馬撾也所以捶馬驅馳也案以策撾之則曰敕見攴部從竹。朿聲。楚革切

箠 所以擊馬也。漢書王莽傳士以馬箠擊亭長從竹。垂聲。之壘切

⿱竹朵 箠也。宇林廣雅同字又作簻檛從竹。朵聲。陟瓜切

笍 羊車騶箠也。箸箴其耑長半分。考工記車人羊車注羊善也善車若今定張車論語鄭注小車爲羊車晉書輿服志羊車一名輦車其上如軺伏兔箱漆畫輪軛馬部騶廄御也騶箠者御者之馬箠也集韻鋄與鏋同案鋄鏋皆笍之別體說又見木部樀下從竹。內聲。陟衛切

籣 所以盛弩矢人所負也。漢書韓延壽傳抱弩負籣字林作韊史記信陵君傳有之從竹。闌聲。洛干切

箙 弩矢箙也。通俗文箭箙謂之步叉從竹。

zhū 䇬　shān 笘　dá 笪　chī 笞　qiān 籤　tún ⿱竹殿　zhēn 箴　shuò 箾　yú 竽　shēng 笙

服聲。芳六切周禮仲秋獻矢箙。夏官司弓矢文注盛矢器也案詩采薇象弭魚服服爲古字箙則後作之專字也旣夕禮謂之箙釋名曰織竹曰箙是以竹爲之也然又曰以皮曰箙鄭語檿弧箕服爾雅翼箕草似荻而細織以爲矢服是或用皮或用草不必用竹也荀子史漢多作服者

䇬 桮雙也。廣雅箺籆謂之䇬廣韻桮籆杭末張從竹。朱聲。陟輸切

笘 折竹箠也。東觀漢記赤眉無穀自當來降吾折箠笞之從竹。占聲。失廉切玉篇丁帖切廣韻丁愜切潁川人名小兒所書寫爲笘。桂氏曰寫當爲篤玉篇篤笘篤又云籙篤也廣雅笘籙籥也海篇作篤云笘也筠案此說是而說文無篤蓋漢有篤之名而無其字借寫爲之要是所書之寫亦名爲笘非書寫連文

笪 箬也。元應引此而申之曰音若箬竹皮名也且引郭璞注方言云江東謂籧篨直文而麤者爲笪斜文爲𥲅所引較今本完備玉篇笪籧篨也又符篖竹笪廣韻笪竹𥲅集韻笪覆舟簟類篇笪笘也案笘亦箬之譌猶今本之譌爲笘也然則此字當與箬相繼殆譌爲笘之後始遂以冠笘之上乎從竹。旦聲。當割切

笞 擊也。廣雅同漢書刑法志詔曰笞者所以教之也其定箠令是知箠者笞之器以箠擊之

謂之笞也從竹。台聲。丑之切

籤 驗也。此義與讖同從竹。韱聲。七廉切一曰。銳也。貫也。銳也廣雅同今人削竹令尖謂之籤貫卽以此穿之也

⿱竹殿 榜也。木部榜所以輔弓弩本部篇下云關西謂榜篇集韻簸丁練切擊也史記張耳傳榜笞數千身無可擊此所謂榜未知於三者何屬從竹。殿聲。徒魂切

箴 綴衣箴也。金部鍼郭衣鍼也綴與郭蓋同意錯下云可以綴箸物者蓋作衣者以箴周其衣而著之於案而後縫之鍼下云所以縫也乃縫衣之鍼也周之故曰郭箸于物故曰綴從竹。咸聲。職深切

箾 以竽擊人也。西京賦飛罕潚箾䉶綜曰潚箾罕形也與此文不合箾或今之槊字乎從竹。削聲。所角切又音簫虞舜樂曰箾韶。尚書作簫韶左傳作韶箾

竽 管三十六簧也。用先鄭說也世本隋作竽許君說八音當作儷語簫字從竹猶云管樂況乎竽笙不當云匏樂乎似有挩文從竹。亏聲。羽俱切

笙 管十三簧。依竽下說補管字鄭司農亦云十三簧高誘云十七簧郭璞云大者十九簧象鳳之身也。身初學記引作聲以下文簫象鳳翼推之知身是藝文類聚風俗通皆作身笙。正

竹

月之音。物生。故謂之笙。白虎通：笙者太蔟之氣，象萬物之生，故曰笙。大者謂之巢，小者謂之和。釋樂文。鄉射記曰：三笙一和而成聲。從竹，生聲。義聲互相備也。眡瞭鄭注：笙，生也。所庚切。古者隨作笙。通典、北堂書鈔引世本同。

簧　笙中簧也。郭注穆天子傳同。鹿鳴：吹笙鼓簧。簧，笙也。吹笙則簧鼓矣。從竹，以其附于笙，故從竹也。王風正義：簧者笙管之中金薄鍱也。黃聲。戶光切。古者女媧作簧。風俗通引世本同。明堂位：女媧之笙簧。注：女媧，三皇承伏羲者。宋均曰：黃帝臣也。第言作簧，簧即是笙，非一物而兩人作也。詩王風、秦風傳並云：簧，笙也。

篁　簧屬也。桂氏曰：疑與篪同。從竹，是聲。是支切。

簫　參差管樂，象鳳之翼。風俗通同。案云參差者，謂簫一名參差也。楚詞：吹參差兮誰思，是也。若論其形，則笙竽皆參差也。通禮義纂：伏羲作簫，十六管。釋樂：大簫謂之言，小者謂之筊。注：編二十三管，長尺四寸；小者十二管，長尺二寸。從竹，肅聲。釋名：簫，肅也，其聲肅肅而清也。穌彫切。

筒　通簫也。謂無底簫也。依元應引補。蓋虞注也。王褒有洞簫賦，如淳曰：洞者通也。從竹，同聲。本徒棟反，孫徒弄切。

籟　三孔龠也。龠所以和衆聲，故笛亦謂之龠。大者謂之笙，其中謂之籟，小者謂之箹。釋樂文。笙字譌，彼作產，是也。若籟借笙名，非古人正名百物之旨。籟，彼作仲，似非。而御覽引舍人云：仲，其聲適中呂也。蓋許君所据，固與魏音本不同矣。從竹，賴聲。洛帶切。

箹　小籟也。爾雅舍人注：小者聲音細小，曰箹也。從竹，約聲。於角切。

管　如篪，六孔。先鄭說也。廣雅：管象篪，長尺，圍寸，六孔，無底。十二月之音。風俗通同。十二月律中大呂，大呂之管長八寸二百四十三分寸之一百四。案周有兩尺，一八寸，一十寸，管長尺，或八寸尺乎。物開地牙，故謂之管。桂氏、段氏皆曰：當依風俗通作物貫地而牙。管、貫同音，凡云故謂之者，皆兼聲，猶物生故謂之笙也。月令：其器疏以達。注：器疏者，刻鏤之，象物當貫土而出也。從竹，官聲。古滿切。

琯　古者玉琯以玉。嚴氏曰：當作古文管從玉。舜之時，西王母來獻其白玉琯。見大戴禮、尚書大傳。西王母，國名也，見爾雅、山海經。前零陵文學姓奚，於伶道舜祠下得笙玉琯。漢志作泠道，屬零陵郡。文學者，文學史也。風俗通、孟康漢書注、宋書樂志皆云：漢章帝時，零陵文學奚景於泠道舜祠下得笙白玉管。惟孟注無笙字，盧注大戴作明帝時，亦無笙字。夫以玉作音。故神人以和，鳳皇來儀也。風俗通同。從玉，官聲。韻會引無此四字。

篎　小管謂之篎。釋樂：大管謂之簥，其中謂之篞，小者謂之篎。段氏曰：許無簥、篞字者，蓋所據不從竹。從竹，眇聲。亡沼切。

笛　七孔龠也。依初學記引改。廣雅：龠謂之笛，有七孔。夢溪筆談：後漢馬融所賦長笛，空洞無底，剡其上，孔五，一孔出其背，正似今之尺八。李善爲之注云：七孔，長一尺四寸。此乃今之橫笛耳，太常鼓吹部中謂之橫吹，非融之所賦者。融賦云：易京君明識音律，故本四孔加以一。君明所加孔後出，是謂商聲五音畢。張爾岐蒿菴閒話曰：洞簫即今人所吹單竹簫，古人正名爲笛，今所謂笛則橫吹耳。長一尺四寸。依長笛賦注引補。從竹，由聲。徒歷切。羌笛三孔。長笛賦：近世雙笛從羌起。李尤笛銘：剡削長榦，三孔修長。

筑　以竹曲五弦之樂也。段氏曰：吳都賦李注引作似箏五弦之樂也，近是。元應曰：筑形如箏。但高注淮南曰：筑曲二十一弦，可見此器系呼之曰筑曲。御覽引樂書云：以竹尺擊之，如擊琴然。今審定其文當云：筑曲，以竹鼓弦之樂也。殆筑下鼓弦與箏下五弦互譌耳。從竹從巩。巩，持之也。樂書云：筑者，項細肩圓，鼓法以左手扼項，右手以竹尺擊之。又案釋言：筑，拾也。郭注謂拾掇。書金縢：凡大木所偃，盡起而築之。釋文本又作筑，馬注：筑，拾也，起其木，拾其禾。案此則從巩竹聲矣。竹亦聲。張六切。

箏　五弦，筑身樂也。依御覽引改。風俗通引禮樂記：箏，五弦筑身也。今并、涼二州箏形如瑟，不知誰所改作也。案京房制五音，惟加瑟十二弦，此乃箏也。今雅樂箏十二弦，他樂十三弦。案廣韻：筑似箏，十三弦。高誘云二十一弦。許君說箏以五弦，謂其弦數少，別于筑也。從竹，爭聲。側莖切。

箛　吹鞭也。宋書樂志：杜摯笳賦曰：李伯陽入西戎所造。漢舊注曰：箛，號曰吹鞭。箛即笳也。六書故曰：亦謂之角，或卷木皮、蘆葉而吹之。案初學記引晉先蠶儀注：車駕住，吹小箛；發，吹大箛。箛即葭也。箛蓋箛之譌。李善注李陵答蘇武書：笳，說文作葭，與徐堅說相應。或艸部葭下有一曰箛也，今佚之乎。從竹，孤聲。古乎切。

篍　吹筩也。風俗通引漢書注同。又曰：言其聲音篍篍，名自定也。顏注急就篇亦同。龍龕手鑑引作吹簫也。玉篇、五音集韻同。穆天子傳注：萩，今戟吏所吹者。從竹，秋聲。七肖切。案此音則篍似即今之竹哨。

籌　壺矢也。禮記投壺篇曰：籌，室中五扶，堂上七扶，庭

sài 簺　bó 簙　bì 篳　ài ⿱竹愛　yán ⿱竹嚴　yǔ 篽　suàn 筭　suàn 算　xiào 笑

中九扶注、籌矢也、從竹。壽聲。直由切、簺行棊相塞、故曰簺也。依廣韻引改、廣韻、簺格五戲、通作塞、見穆天子傳、鮑宏塞經、塞有四采、塞、四乘、五是也、至五郎格不得行、故謂之格五、從竹從塞。塞亦聲。先代切、簙局戲也。六箸十二棊也。箸、元應兩引同、一引作箭、廣雅、簙箸謂之箭、列子說符篇、注引古博經、詳其法、從竹博聲。經典皆作博、口部局下亦作博、補各切、古者烏曹作簙。依元應引改、廣韻曰出世本、論語疏作烏曹、增韻作烏曹、皆譌也、篳藩落也。依廣韻引改、屛蔽之以為院落也、漢書鼂錯傳為中周虎落、注、以竹篾相連遮落之也、從竹畢聲。卑吉切、春秋傳曰。篳門圭窬。襄十年文、今本窬作竇、家語儒行解注、篳門、荆竹織門也、⿱竹愛蔽。句、不見也。薆蓋同僾、其作薆者、則竹譌艸也、離騷、衆薆然而蔽之、釋言、薆隱也、是知薆以蔽為正義、不見則因蔽而生也、人部僾下、引詩僾而不見、郭注方言引作薆、從竹薆聲。烏代切、⿱竹嚴惟射者所蔽也。依漢書元紀注引乙轉、廣雅、巖騎也、案騎見射雉賦、從竹嚴聲。故亦借嚴為之、漢書元帝紀詔罷巖籞池田、晉灼曰、巖籞射苑也、語杴切、

說文句讀《卷九　七百八十二　、○折四十四　去

篽禁。句、苑也。以禁釋篽之義、篽者禦也、再以苑通其名也、地官囿人掌囿游之獸禁、注、禁者其蕃衛也、宣帝紀詔、池篽未御幸者、假與貧民、蘇林曰、折竹以繩緜連禁禦、使人不得往來、律名為籞、從竹御聲。魚舉切、春秋傳曰。澤之自篽。嚴氏曰、自當作舟、昭二十年傳、澤之萑蒲、舟鮫守之、許君約文、彼鮫字則重文魰之譌也、魰篽或從又魚聲。桂氏曰、疑從寸、禁苑法度之地、筭長六寸。計厤數者。漢志筭法用竹、徑一分、長六寸、二百七十一枚而成六觚、為一握、蒼頡篇、筭、計也、釋詁、厤、數也、郭注、厤、厤數也、世本、容成作厤、隸首作數、從竹從弄。言常弄乃不誤也。蘇貫切、算數也。釋詁文、數、所矩切、燕禮、無算爵、士喪禮、明衣不在算、檀弓、有算為之節文也、鄭注皆云、算數也、案此數乃數目、非料數、邶風、不可選也、朱穆絕交論、引作不可算也、論語、何足算也、漢書車丞相贊、引作何足選也、與許說相當、從竹從具。讀若筭。謂兩字音不異、以形別也、經典多通用、唐韻蘇管切、則以音別之、笑徐鉉曰、此字本闕、孫愐唐韻引說文云、喜也、從竹從犬、而不述其義、今俗皆從犬、私妙切、衆經音義引字林、笑、喜也、從竹從夭聲、竹為樂器、君子樂然後笑、九經字樣引此文、則曰為字統、漢書敘傳、談笑大噱、谷永傳、罷歸倡優之笑、顏師古注並云、笑古笑字、辟宣傳、壺矢相樂、應劭曰、壺矢今本作壺笑、桂氏曰、詹曾尒余皆從八、又兮字說曰、八象气越亏也、此笑字從八之義也、筠案、從天夭亦聲、夭者屈也、笑時肩背低昂之狀也、

文百四十四　重十五　北戶錄引說文、長節謂之笒、

diǎn 典　jì 近　jī 丌　bǒ 簸　jī 箕

箕簸也。依玉篇補箕字、今語猶然、從竹。卤象形。當云從古文卤、下其丌也。猶云下其薦也、丌部、郎在下文、易於檢校、故簡略其詞、繫傳曰、丌其下也、是欲乙轉其文也、非是、居之切、凡箕之屬皆從箕。卤古文箕省。當云古文箕象形、⿱八卤五音韻譜作𠀅、玉篇作𠀠、亦古文箕。⿱卤丌亦古文箕。石鼓⿱卤丌字、上半同此、郎卤之變體、嚴氏疑出說文續添、蓋是也、玉篇作筃、亦云古文、⿱卤丌籀文箕。易、箕子之明夷、釋文、蜀才箕作其、⿷匚卤籀文箕。玉篇收于匚部、簸揚米去穅也。詩、維南有箕、不可以簸揚、從箕從皮聲。布火切、

說文句讀《卷九　六百七十五　、○折三十三　夫

文二　重五

丌下基也。薦物之丌象形。凡丌之屬皆從丌。讀若箕同。墨子、其皆作亓、其古文箕、是以謂之同也、居之切、近古之遒人。以木鐸記詩言。以記說近、故玉篇曰、近今作記、左襄十四年傳、師曠引夏書曰、遒人以木鐸徇于路、食貨志、孟春之月、行人振木鐸徇于路、以采詩獻之、大師比其音律、以聞于天子、案此記詩之說也、風俗通、周秦以歲八月、遣輶軒之使、采異代方言、還奏之、藏祕室、案此記言之說也、輶軒使者郎遒人、從辵從丌。丌亦聲。讀與記同。居吏切、上文以記說近、謂其義同也、此又言讀與記同、則謂借為語詞、亦兩字同也、詩崧高、往近王舅、箋云、近、詞也、聲如彼記之子之記、六經正誤謂近為辺之譌、候人彼其之子、箋云、其或作記、或作已、讀聲相似、至於商書微子、若之何其、鄭注、其語助也、齊魯之閒聲如姬、案此讀則直可作丌、郎由亓其一字知之、典五帝之書也。此賈侍中說也、春官外史、掌三皇五帝之書、注、楚靈王所謂三墳五典、張衡解詁、五典、五帝之常道也、從冊在丌上。尊閣之也。莊都說典大冊也。

竹箕丌

xùn 顨　bì 畀　xùn 巺　diàn 奠　zuǒ 左　chā 差

謂不從丌而從亣也。然莊說似非。周召伯虎敦典字兩見，一作𠔤，一作𡗝，明是從丌。多殄切。

𥫗典　古文典從竹。當云從䇬。䇬，篇者冊之古文也。漢譙敏碑有䇬字。

顨　巽也。言顨者卦名，巽者卦德也。顨爲八純卦之一，今易作巽，非是。說詳釋例。從丌從頭。蘇困切。此易顨卦，爲長女爲風者。說卦文。舉此者，恐人不知顨巽非一字，故諄復言之。

畀　當作畀，與畀字同誤。相付與之約在閣上也。與當作于。異部說曰：畀，予也。釋詁同。詩干旄、振鷺、信南山，毛傳鄭箋竝同。申以約在閣上者，爲字從丌也。約，束也。猶云東之高閣。內則：大夫七十而有閣。注：閣以板爲之，庋食物也。從丌。由聲。必至切。案此字當在典下，與尊閣意相類。

巽　具也。辵部：選，遣也。巽遣之，謂具而後遣之。頁部：顛，選具也。饌從巽，云具食也。且顨巽相次，所以昭其別也。然則巽選同義。案許君說巽字，故意與顨巽也之義不相中，所以深明顨巽也之巽爲借義，後人作巽卦者爲大惑也。從丌。叩聲。蘇困切。

𢁉　古文巽。

巽　篆文巽。

奠　置，句。祭也。詩于以奠之，傳：奠，置也。是知置爲奠之義。故內則曰：奠之而后取之。注：奠，停地也。然則凡置皆謂之奠，而字既從酋，則本非泛言，故申之曰祭。謂奠爲祭禮中之一名也。采蘋郎教成之祭。傳又曰：大夫士祭于宗廟，奠于牖下。從酋。酋，酒也。下其丌也。足徵其下說之不可改矣。堂練切。禮有奠祭者。者者，起下之詞。蓋分別釋奠之爲吉禮，設奠遺奠之爲凶禮。爲何人盡刪之矣。集韻韻會覺其不通，乃刪去者字，以致泯沒其迹。

七百六十六　、○折三十八

文七　重三

左　手相左助也。左，俗作佐。釋詁：左、右、助，勴也。力部：勴，助也。詩長發：寔左右商王。又：兩驂如手。箋：如人左右手之相佐助也。與許語正同，知其不誤，不可改。士冠禮：宰自右少退贊命。注：贊，佐也。敖氏本作左。從𠂇工。𠂇手者，右手之助也。周頌臣工傳：工，官也。臣者，君之助也。左右二字，皆謂人助人，不謂手助手。故右字從又從口，予手拮据，予口卒瘏之意也。且是通詞，不主臣助君，故詩保右命之，書左右有民，天助君，君助民，皆用之。則箇切。凡左之屬皆從左。

差　貳也。差不相值也。當作貣不相值也。貣字句絕，以釋差也。不相值者，又釋貣也。差貣爲古之恒言，而經典多訛爲差貣。月令：無有差貣。釋文曰：貣音二，是貳之音也。又曰：他得反，是貣之音也。皆非貸之音。經義述聞舉經典貣譌貳者甚備。從左從𠂹。段氏曰：韻會作𠂹省聲，疑是𠂹省聲之誤。鈐亦有此疑，但𠂹，背呂也，菲乃訓戾，未敢決也。初牙切，又楚佳切。

𢀩　籀文差從二。此下似當有𠂇字。𠂇又者，今之左右也；左右者，今之佐佑也。而差之從左，直以左爲𠂇，古文𠂹從𠂇，則本義也。從二不可解，恐如石鼓重文作二也。說文多從𠂹之字，當是從𠂹省。

文二　重一

gōng 工　shì 式　qiǎo 巧　jù 巨　zhǎn 㠭　sè 𡫳

工　巧飾也。巧于文飾，故曰工也。象人有規榘也。許君之意，第謂是象形耳。但以字不似人形而似矩形，故其詞如此。規生于矩，故連言規也。與巫同意。此亦字不似人形者，故舉以況之。古紅切。凡工之屬皆從工。

𢒄　古文工從彡。彡部曰：毛飾畫文也。工善爲飾，故從之。

式　法也。毛詩傳箋多此文，通之也。周官大宰八灋九式，則殊別其詞。從工弋聲。賞職切。

巧　技也。轉注。從工丂聲。丂部曰：古文以爲巧字。苦絞切。

巨　規巨也。經典作矩，而借巨爲鉅，故許君以巨說巨，而連言規以定之。而釋詁曰：矩，法也。馬融注論語同。亦以爲蒙混而不用也。周髀經曰：句廣三，股修四，徑隅五。此矩之形也。自治要于不踰矩，治人要于絜矩，此矩之用也。大學絜矩，注云：矩或作巨。從工象手持之形。與互象人手所推握相似。其呂切。

六百三十二　、○折三十

榘　巨或從木矢。矢者其中正也。從矢以譬況之也。詩其直如矢，亦當收矩字，矱字從之。

𢀎　古文巨。小篆略變此形。

文四　重三

㠭　極巧視之也。繫傳曰：周禮考工云：展角之道。展，察視也。四工同視也。案小徐以經典中展視義屬之㠭，是也。尸部：展，轉也。無視義。玉篇：㠭，今作展。從四工。知衍切。凡㠭之屬皆從㠭。

𡫳　窒也。經典皆借塞。釋言：窒，塞也。穴部：窒，塞也。不作寒者，說解用隸體也。從㠭從𢆉窒宀中。幽風穹窒熏鼠，塞向墐戶，是也。穌則切。㠭猶齊也。字隸㠭部矣，而爲㠭別立一義，則不用極巧視之之義，故吾疑之。說見釋例。

丌左工㠭

文二

巫 祝也。春官祝之長爲下大夫，巫之長爲下士，二職相連，益巫爲祝之屬，故以爲說。示部祝，祭主贊詞者，所事固不同也。女能事無形，已舞降神者也。元應引無女字，是也。春官有男巫、女巫，且巫咸始作巫，尤不當言女。巫之職有歌哭而請，不但旱暵則舞雩也。言舞者，爲下文象舞形張本。象人兩褎舞形。象形之變體，故變例說之。人謂工也，褎謂𠈌也。與工同意。不云從工而云同意，則工字象形可知，而𠈌之不似夾坐二字之從从可知。武扶切。古者巫咸初作巫。離騷巫咸將夕降兮，注：巫咸，古神巫也，當殷中宗之世。凡巫之屬皆從巫。

𢁉 古文巫。

覡 能齋肅事神明也。漢書郊祀志：民之精爽不貳、齋肅聰明者，神或降之。在男曰覡，在女曰巫。楚語文。元應引巫覡互易，非也。玉篇、廣韻同此誤。又案周禮春官神仕疏云：男子陽，有兩稱，名巫名覡；女子陰，不變，直名巫，無覡稱。從巫從見。韋昭注國語：巫覡見鬼者。論衡：巫黨于鬼。胡狄切。

文二　重一

甘 美也。轉注。從口含一。釋名：甘，含也，人所含也。一道也。繫傳引班固曰：味道之腴。古三切。凡甘之屬皆從甘。

甛 美也。天官鹽人酒正鄭注：恬字即甛。從甘從舌。舌知甘者。徒兼切。

磿 當依繫傳作磿。廣韻覃談二韻凡三見，皆作磿，多一點。玉篇、集韻皆從厤，知傳訛已久。和也。天官內饔掌煎和之事。從甘從麻。麻調也。麻竝當作厤。繫傳曰：音歷，稀疏勻調也。甘亦聲。讀若函。古三切。

猒 飽也。周語：豈敢猒縱其耳目心腹。注：猒，足也。他經率借厭字爲之。書洛誥：萬年厭于乃德。釋文同。引馬注：厭，飫也。與飽義合。然其上文云：我惟無斁其康事。傳以厭釋斁，此厭倦之厭也。而釋文作猒，則經文之當作猒明矣。既飽則厭棄之心生，故釋詁曰：豫、射，厭也。孟子作饜，俗字也。說文之厭，與今用壓字同。從甘肰。李注琴賦引作從甘肉犬，非也。肰，犬肉也。於鹽切。

猒 猒或從巳。段氏曰：巳，用也。桂氏曰：㠯卽能字之左半。

甚 尤安樂也。從甘從匹。合宋本及韻會引改。匹耦也。釋詁：仇、偶、妃、匹，合也。常枕切。

甚 古文甚。

文五　重二

曰 詞也。不釋以言而釋以詞者，吐詞爲曰，發語之詞亦爲曰。孟子王曰，趙注：曰，辭也。此吐詞之詞。釋詁：粵、于、爰，曰也。詩每用曰爲爰。東京賦曰止曰時，薛綜注：曰，詞也。此發語之詞。經典借辭爲詞。從口乙聲。亦象口气出也。謂此字屬形聲，亦兼指事也。乙在口上，與年半同法。皇佩引說文：開口吐舌謂之爲曰。此乃邪說。大徐校定有功也。王伐切。凡曰之屬皆從曰。

𣍐 告也。經典皆用冊。冊，祝告神之詞也；冊書，告臣下之詞也。從冊曰。以諸分別文推之，此當作從曰冊聲。如大徐本，則是會意兼聲字矣，故姑從小徐。楚革切。

曷 何也。詩箋多與此同。葛覃借害爲曷，毛傳亦與此同。從曰。匃聲。胡葛切。

曶 出气詞也。與欻義近。欠部欻，有所吹起，讀若忽。羽獵賦蠁曶如神，甘泉賦翕赫曶霍，皆與出气義近。古今人表仲忽作中曶。揚雄傳：於時人皆曶之。則假曶爲忽。從曰。象气出形。呼骨切。春秋傳曰：鄭太子曶。曶今字也，當依玉篇作曶。鄭公子忽始見隱公三年。

曶 籀文曶。一曰佩也。象形。謂訓佩則字象形，與訓爲出气詞者上半指事、下半會意不同也。篆籀所異者微，故佩義之見經典者皆作曶，與曶之變體同。穆天子傳㦽帶搢曶。虞書在治忽，鄭本作曶，云：曶者，臣見君所秉，書思對命者也。今禮記作笏。

朁 會也。釋言：憯，會也。詩節南山、十月之交、雲漢無不作憯者，傳箋無不訓以會者。蓋古人假借，有省偏旁者，有加偏旁者，不足異也。從曰。兓聲。七感切。詩曰：朁不畏明。大雅民勞文。亦作憯。

沓 語多沓沓也。詩十月之交：噂沓背憎。箋：噂噂沓沓，相對談語。案鄭君云相對者，釋噂噂也；許君引此詩作傳，云聚也。鄭君云談語者，釋沓沓也。此云語多沓沓也，皆與鄭君懸合，知許君卽據此詩爲說。至於孟子曰泄泄猶沓沓也，毛傳用之，而許君不用者，字形中不能得此義也。從水從曰。當云從曰從水。字隸曰部，則曰爲主而水爲從。且詩雨無正曰：巧言如流。則從水者，譬況之義也。徒合切。遼東有沓縣。前後漢志皆作沓氏縣。顏注：凡言氏者，皆謂因之而立名。

曹 獄之兩曹也。史記周本紀：兩造具備。徐廣曰：造一作遭。案遭當作曹。書呂刑傳：兩謂囚證，造至也。在廷東。從棘。先解從棘者，沿兩曹來也。

漢宣帝地節三年，初置左右平，或此左右兩曹皆在廷東，而棘與東非兩字，從可知矣。洎事者從曰。此會意字之兩義不貫者，故分別說之。昨牢切。

文七　重一

乃　曳詞之難也。詞，玉篇篇海引皆作離，以非八部曾詞之舒也，以其例推之，但當云詞之難也，何以加曳字，竊考厂曳抴三字，蓋同，厂，抴也，明也，經典用乃字者，堯典乃命羲和，上無所承，是抴義，周禮大宰乃施典于邦國，注，乃者，更申敕之，上有所承，是明義，然究是更端之詞，故專謂之曳詞也，公羊宣八年傳，而者何，難也，乃者何，難也，曷爲或言而或言乃，乃難乎而也，何注，言乃者內而深，言而者外而淺。象气之出難。埤雅，气自下而上，至上而不得達，所以爲气出之難也，奴亥切。凡乃之屬皆從乃。目錄作𠄎，左筆下垂，雖于字義不合，而隸之作乃，卽由此起。

乃　古文乃。乃　籀文乃。

卤　驚聲也。從乃卤省聲。籀文卤不省。或曰：卤，往也。元應引作迺往也，與蒼頡篇同，又引作乃往也，與廣雅同，說文無迺字，漢國三

老袁良碑，卤刊石作銘，沛相楊統碑，後卤徵拜議郎，皆用卤爲乃，釋詁，迺，乃也，郭注，迺卽乃，然則卤乃迺三字一也，而玉篇列迺字於卤字之上，似兩字者，此爲讀若仍所蔽也，古乃仍同音，說見人部仍下。讀若仍。嚴氏曰，西仍聲之轉，鄁讀若溦，疊讀若巳，蔆司馬相如作遴，與此正同，如乘切，筠案此文多挩誤，今補正之曰，卤驚聲也，從乃，卤聲，或曰卤往也，讀若仍，卤籀文卤從卤，案卤者古文也，籀文卤從之，卤者籀文也，小篆卤從之，豈有省不省之可言哉，乃今本作卤，玉篇作卤，各存其一，知其誤久矣。

卤　古文卤。

卤　气行皃。隸作逌，史記趙世家，烈矦逌然，正義云，逌音由，古字與攸同，攸攸，氣行皃。從乃卤聲。讀若攸。所以明假借也，禹貢陽鳥攸居，豐水攸同，九州攸同，地理志引之，攸皆作逌，釋言，攸，所也，惟漢書韋賢傳，萬國逌平，顏注，逌，古攸字，獨與篆同形，以周切。

文三　重三

丂　气欲舒出勹上礙於一也。勹當作丂，卤卤所從之乁，卽此形也，乃本難而又礙于一，尤難矣，故兮丂号皆于丂之上加一字，所以見其爲發聲也，苦浩切。丂　古文目爲丂字。此古文從一，小篆從

二之例。又目爲巧字。蓋古無巧字，但作丂，籀文或小篆始加工也。凡丂之屬皆從丂。

甹　亟詞也。從丂從由。普丁切。或曰：甹，俠也。史記季布傳，爲氣任俠，集解云，俠甹也。三輔謂輕財者爲甹。亦俠之類。

寧　願詞也。與用部甯同字，左隱十一年傳杜注，無寧，寧也，繫傳曰，今人言寧可如此，是願如此也，古人云寧飲建業水，是也。從丂寍聲。奴丁切，當乃定切。

丂　反丂也。說文韻譜曰，气巳舒。讀若呵。呵當作訶，反丂則巳舒出也，故讀若訶，訶，大言而怒也，虎何切。

文四

可　肎也。釋言，肎，可也，二字雙聲，孟子陳代章，良不可，趙注，王良不肎。從口丂。丂亦聲也。肯我切。凡可之屬皆從可。

奇　異也。非常也。一曰不耦。繫辭，陽卦奇，陰卦耦。從大從可。前義渠羈切，後義居宜切。

哿　可也。毛傳、廣雅並同。從可加聲。古我切。詩曰：哿矣富人。小雅正月文。

哥　聲也。從二可。丂從反丂，气巳舒矣，可加一口，其舒可知，哥從二可，長言之也，書曰，歌永言，日本足利學本作哥，古俄切。古文目爲謌字。謂古文直作哥，無歌謌二字也，逌後有歌謌字，置哥不用，許君不隸之欠部，而置之此，欲丂可等字類聚，使人比物醜類，以得其情也，顧其說之也，不用鬲麗也古文亦鬲字之例，而用㯻枲也與林同之例，於是讀之者謂聲也爲本義，古文以爲謌字爲猎義，遂分哥歌爲兩字，猶其分朩麻爲兩字矣，段氏曰，漢書多用哥爲歌。

文四

兮　語有所稽也。依韻會引補，稽，留止也，謂語之韻絕。從丂八，象气越亏也。越越，揚也，云舒亏也，胡雞切。凡兮之屬皆從兮。

粤　驚辭也。辭，玉篇作詞，是也，說文言詞辭訟辤受異字。從兮句聲。思允切。

㥸　粤或從心。當云粤或從恂，桂氏段氏皆曰，大學恂慄也，鄭讀恂爲嚴峻之峻，是恂卽粤之省。

羲　气也。桂氏曰，气下疑有闕文，伏羲氏或作虙虧，于部，虧，气損也，

hū 乎　háo 号　háo 號　yú 亏(于)　kuī 虧　yuè 粵　xū 吁　píng 平

從兮義聲。許鷄切。乎 語之餘也。助句詞也。從兮。子虛賦，怕乎無爲，憺乎自持，元應引之，乎竝作兮，雙聲假借。象聲上越揚之形也。揚如聲必揚之揚。戶吳切。

文四　重一

号 痛聲也。玉篇：号，号令也，召也，大祝掌辨六号。號，哭痛聲也，亦同上。案其說正與說文互換。天問伯昌号衰，亦借号爲號。從口在丂上。胡到切。凡号之屬皆從号。號 呼也。呼當作嘑。釋言：號，嘑也。詩式號式呼。從号從虎。當云号亦聲。乎刀切。案此二音亦當互換，以其義既互換故也。

文二

亏 於也。於，古文烏。孔子曰取其助气，故以爲烏呼。釋詁：爰、粵、于、那、都、繇，於也。象气之舒亏。說苑：東郭垂對桓公曰，者臣望君之在臺上也，君吁而不吟，所言者莒也。檀弓：易則易，于則于。孔疏曰：易是簡易，于音近迂，廣大之義。鉻案晉語有董安于，竊謂安于卽安舒也。簡易者多徑直，安舒者多迂迴，故有廣大之義，是卽舒亏之義。從丂從一。一者其气平之也。集韻、韻會引無之字。羽俱切。凡亏之屬皆從亏。亏，金文皆作于，說文從亏之字，惟爰字猶從于。虧 气損也。小雅、魯頌毛傳：虧，損也。此言气者，爲其從亏也。從亏雐聲。去爲切。虧 虧或從兮。粵 亏也。釋詁：粵、于、爰，曰也。故粵曰通用。堯典曰若，古文作粵若，史記同。審愼之詞者。者當作也，句。爲從宷張本也。繫傳：凡言粵，皆在事端句首，未便言之，駐其言以審思之也。從亏從宷。王伐切。周書曰粵三日丁亥。當依今召誥作丁巳。吁 驚語也。從口從亏，亏亦聲。況于切。于乃古字，吁則絫增字也。詩于嗟麟兮之類，是本文非借字。呂刑王曰吁，馬本作于。許君說于曰於也，卽是吁義，故吁不得在口部。平 語平舒也。平舒對驚語而言，安平、和平皆統詞，專言語者，爲其從于也。從亏從八。八，分也。爰禮說。此三字，李燾作又正也，乃不悟許君意，疑其漏落而增之也。爰禮見敘。符兵切。平 古文平如此。

文五　重二

zhǐ 旨　cháng 嘗　xǐ 喜　xǐ 憙　pǐ 嚭　zhù 壴　shù 尌　qì 鼜

旨 美也。與甘同訓者，論語食旨不甘，禮記慈以旨甘。從甘匕聲。職雉切。凡旨之屬皆從旨。旨 古文旨。此非從千甘也。古文不論反正，博古圖䭫字，其旨多作旨，或作旨，惟齊侯鎛鐘作旨，與此相似，知是從人甘，謂人所甘也。嘗 口味之也。孫子兵勢篇：味不過五，五味之變，不可勝嘗也。從旨尙聲。市羊切。

文二　重一

喜 樂也。釋詁疏引：喜，不言而說也。御覽引：不言而說曰喜。然當是憙下文。從心故曰不言，喜從口，不當云不言。從壴從口。虛里切。凡喜之屬皆從喜。歖 古文喜從欠，與歡同。當言同意，謂皆從欠也。憙 說也。吾鄉謂不肎爲不憙，正得其義。史記魏其武安傳：君何不自憙。曹植與吳季重書：可令憙事小吏諷而誦之。從心喜。春秋元命包：心喜者爲憙。漢書郊祀志：天子心獨憙。喜亦聲。許記切。嚭 大也。字林同。段氏曰：訓大則當從丕，集韻一作噽是也。從喜否聲。匹鄙切。春秋傳吳有太宰嚭。見左哀元年，亦偁伯嚭。吳越春秋作白喜，白則省形存聲，喜則省聲存形。

文三　重一

壴 陳樂立而上見也。借陳爲敶。豈字既於經典無徵，而許君說以陳樂者，喜、鼓皆從壴，豈從豆，本部之鼜、彭又皆樂事，故推知爲陳列樂器之象也。云立者，豎、侸皆從豆，說皆曰立也，是立之義由從豆生也。且本部之尌曰立也，亦可徵也。云見者，蚩部說云中財見也，是見之義由從中生也。云上見者，主筍虡而言，中在豆上，如崇牙樹羽也。知許君之說字義，純由字形得之。從中從豆。中句切。凡壴之屬皆從壴。尌 立也。考工記注：置猶封也。羣書多作樹，說又見人部侸下。從壴從寸，持之也。讀若駐。駐，馬立也。玉篇尌又作駐。常句切。鼜 夜戒守鼓也。地官鼓人字作鼜，鄭注同此文。夏官掌固夜三鼜以號戒，杜子春云：鼜，鼓行夜戒守也。從壴蚤聲。禮：昏鼓四通爲大鼓，夜半三通爲戒晨，旦明五通爲發明。鄭注鼓人引此爲司馬法，許引爲禮者，藝文志列司馬法于禮家也。大鼓彼作大鼜，發明彼作發呴。

lóng 𪔵　pí 鼙　fén 鼖　gāo 鼛　gǔ 鼓　jiā 嘉　péng 彭

竝當依之，戒晨則當依此，彼作晨戒非也。唐李靖云：鼓三百三十三槌爲一通，未知古法然否。讀若戚。春官眡瞭注：杜子春讀鼜爲憂戚之戚，擊鼓聲疾數，故曰戚。掌固注：杜子春讀鼜爲造次之造。春秋傳所謂賓將趣者，趣與造音相近。左昭二十年傳：賓將掫。段氏曰：戚古音如促。倉歷切。

彭 鼓聲也。桂氏段氏皆引詩鼉鼓逢逢。從壴彡聲。桂氏以薆從蒸聲況之，嚴氏以諓俗作詑況之，段氏改爲從彡鼓，受然亦謂是文飾可矣。必欲與鼓聲相比附，則誤。薄庚切。

嘉 美也。釋詁文。從壴加聲。古牙切。

文五

鼓 郭也。借郭爲章也。鼓郭疊韻。釋名：鼓，廓也，張皮以冒之，其中空也。案許不云革樂也，似疏。春分之音。鐘下云秋分之音，與此相對。萬物郭皮甲而出，故謂之鼓。風俗通同。樂緯：震主春分，樂用鼓。從壴支，象其手擊之也。支當作攴。弓部弢從攴，攴象垂飾，與鼓同意。佩觿曰：鼓字從支，其謬誤有如此者。然從攴則當云象垂飾，不當云象手擊。案籒文鼙，各本及玉篇竝同，惟汪刻小徐本作鼓，是書刓汲古篆文而刻之，此字杸改，必所據本固然。從又者，手也；從木者，桴也，乃足象手擊之，小篆省木爲中耳。工戶切。周禮六鼓：靁鼓八面，靈鼓六面，路鼓四面，鼖鼓、皋鼓、晉鼓皆兩面。六鼓見鼓人。八面六面四面，與後鄭同。先鄭注大司樂曰：靁鼓六面，靈鼓四面，路鼓兩面，後鄭駁之。其鼖鼓、皋鼓、晉鼓之兩面，則先後鄭皆不言，惟風俗通云：皋鼓、晉鼓皆二面。凡鼓之屬皆從鼓。

𡔷 籒文鼓從古聲。篆當依汪刻，惟不言從木之異，尚有可疑，故未改。

鼛 大鼓也。部首說作皋，鼓人以皋鼓鼓役事。然詩鼓鍾伐鼛，不必謂役事也。韗人爲皋鼓，尋有四尺。從鼓咎聲。古勞切。詩曰：鼛鼓不勝。大雅緜文。不作弗。此則鼓役事者。

鼖 大鼓謂之鼖。釋器文。鼖八尺而兩面，以鼓軍事。見韗人及鼓人。從鼓卉聲。符分切。

鞼 鼖或從革賁聲。詩靈臺：賁鼓維鏞。

鼙 騎鼓也。此是漢制，古不騎馬。大司馬：旅帥執鼙。司馬法：鼙聲不過閶。字林：鼙，小鼓也。大射儀有應鼙、朔鼙，注：先擊朔鼙，應鼙應之。案小鼓之訓該備。從鼓卑聲。部迷切。

𪔵 鼓聲也。樂府秦女休行：朧朧擊鼓赦書下。御覽引作朧朧，

qí 𧯷　kǎi 愷　qǐ 豈　qì 鼜　tà 𪔨　tà 鼛　tāng 鼞　yuān 鼘

橦。從鼓隆聲。徒冬切。玉篇力工切。

鼘 鼓聲也。從鼓𣶒聲。省形存聲字也。詩采芑作淵。烏懸切。詩曰：鼗鼓鼘鼘。商頌那文，彼作鞉鼓淵淵。魯頌鼓咽咽，釋文咽本又作𪔮。東京賦注引詩鼓𪔮𪔮。

鼞 鼓聲也。段氏曰：周禮注引司馬法鼓聲不過閶，釋文閶吐剛反，然則閶即鼞也。從鼓堂聲。土郎切。詩曰：擊鼓其鼞。邶風文。金部鏜下引之，同今本。

鼛 鼓聲也。玉篇廣韻竝同。史記司馬相如傳：鏗鎗鐺鼛。郭璞曰：鐺鼛，鼓音。小徐引作鏗鏘鼞鼛。從鼓合聲。徒合切。

鞈 古文鼛從革。顧本作韐。已見革部。案史記鐺鼛，漢書作鐺鞈，班史多古字，似乎可信。竊疑革部鞈下本有古文以爲鼛字句，後人刪彼逐此，抑或即據漢書增之。

鼜 鼓無聲也。從鼓咠聲。他叶切。

𪔨 鼙聲從鼓缶聲。土盍切。段氏以爲鼛之譌字，是也。鼛已無聲，安得更有訓聲之字在其下乎。

文十　重三

豈 還師振旅樂也。還音旋。釋天：出爲治兵，尚威武也；入爲振旅，還尊卑也。大司馬：若師有功，則左執律，右秉鉞，以先愷樂獻于社。又樂師、大司樂皆作愷。一曰欲也。見部覬字從豈，云欽幸也。詩載驅箋云：豈讀當爲闓。廣雅：闓，欲也。登也。登下云：象登車形。從豆，微省聲。依人部微下大徐引改。墟喜切。案當苦亥切。凡豈之屬皆從豈。

愷 康也。釋詁：愷，康樂也。詩魚藻：豈樂飲酒。但作豈。詩邶風有凱風。晉杜預字元凱者，預者豫之俗字，凱者愷之俗字。釋詁：豫、愷，皆訓曰樂，故名字如此。釋天：南風謂之凱風，釋文作颽，俗字滋長，蓋漢時已有萌芽，故許君大爲之別。以班師之樂歸之豈，以泛言樂豈者歸之愷，而凱在所棄，更無論颽矣。此所以愷在此部，而心部愷爲後增也。從心豈，豈亦聲。苦亥切。

𧯷 𢡡也。段氏據釋詁𢡡汔也，以改此文，以汔爲庶幾之意。解字不誤，而在此則誤。許君收之豈部，以其爲樂名也。苟有汔也一義，亦當在後。廣韻𧯷危也，說文曰訖事之樂也。玉篇𢡡危也。案危亦庶幾之意，設說文有汔也，則廣韻引之甚易，何事改以危也而列說文之上乎。案增𢡡也句之人之意，以訖事之樂于經典無徵，而埤蒼、廣韻皆曰𢡡𧯷也，故增之，以冀𧯷字爲有用之字，又不察說文之例，而率加于首也。訖事之樂也。從豈幾聲。渠稀切。

zhì 豑　lǐ 豊　dēng 𢍏　wān 𧯼　juàn 𧯸　jǐn 𧯷　dòu 梪　dòu 豆

文三

豆 古食肉器也。秋官掌客注、豆、菹醢器也、考工記、食一豆肉、中人之食也、從口從口舌字及音圍之口、皆不合、且下云象形、是通體象形也、象形。徒候切、凡豆之屬皆從豆。

𣅒 竹君本顧本如此、近是、然不當上出、玉篇作𣅒、是也、然當作𣅒、⊖是器中有肉形、小篆迻肉在上耳、冂是校形、一則校上㸚飾、有無皆通、下一則鐙形、祭統、夫人薦豆執校、執醴授之執鐙、注、校、中央直者也、鐙、下跗也、大徐作𣅒、卽是𣅒、積古齋嘉禮尊𥜥字從之、古文豆。

梪 木豆謂之梪。釋器文、彼作豆、從木豆。小徐不加反切、韻會引以爲豆之或體、是也、釋器曰、木豆謂之豆、竹豆謂之籩、瓦豆謂之登、此文最爲明了、蓋上古未知范金和土之時、先有木豆、迨有竹豆瓦豆、遂于木豆字加木爲梪、以爲區別、而經典竟無梪字、則用古文也、惟韓勑碑、爵鹿柤梪、尚用此字、然豈有同義同音而爲兩字者乎、

𧯷 蠡也。瓠部、瓢、蠡也、玉篇、𧯷、合𧯷、瓢也、士昏禮、昏義皆作卺、借字耳、或卽以謹身有所承說之、謬矣、從豆蒸省聲。竹君本作烝省聲、案當作𧯸聲、說文以重文爲聲者多矣、居隱切、

𧯸 豆屬也。段氏曰、此本草經之大豆黃卷也、味甘平、主溼痹筋攣膝痛、廣韻阮韻云、𧯸、黃豆也、從豆𢍏聲。居倦切、

𧯼 豆飴也。方言、餩謂之餹、蒼頡解詁、餩、飴中著豆屑也、廣韻、餐、飴和豆、案餩餐皆𧯼之別體、卽今之豆沙也、從豆夗聲。一丸切、案此音是誤以爲豌字也、玉篇廣韻皆於月切、高注淮南云、苑讀𧯼飴之𧯼、黑部𪑬讀若飴𧯼、又案投壺篇有小豆字、知古亦名菽爲豆、但部首說中、未見此義、而突收𧯸𧯼二字、令人駭異耳、若爾雅則有此例、如台朕賚畀卜陽予也、台朕陽乃予我、賚畀卜則賜予、而合爲一句、許君則無此例、或部首下有佚文乎、

𢍏 禮器也。詩生民、爾雅釋器皆作登、從𠬞持肉在豆上。讀若鐙同。言同者、謂其可借也、公食大夫禮、大羹湆不和、實于鐙、都滕切、案此字不在梪字之下、又不說之曰瓦豆謂之𢍏、故段氏疑爲後人增也、

文六　重一　當云文五重二、

豊 行禮之器也。從豆象形。凡豊之屬皆從豊。讀與禮同。盧啟切、

豑 爵之次弟也。經典皆借秩爲之、案此字直是從禮、故部首說云讀與禮同也、虞書典禮之官曰秩宗、又曰天秩有禮、左僖二十七年傳、作執秩以正其官、注、執秩、主爵秩之官、王制、王者之制祿爵、注、爵、秩次也、以上皆桂氏所舉、乃正義也、若引伸之、則如段氏所舉、士虞禮、主人廢爵、主婦足爵、賓長繶爵、祭統、玉爵獻卿、瑤爵獻大夫、散爵獻士及君子有司、是也、從豊從弟。直質切、段氏曰、因堯典作平秩、故爲此音耳、當是弟亦聲也、虞書曰、平豑東作。今堯典作平秩、史記作便程、周禮鄭注引書作辨秩、尚書大傳同、釋訓、便便、辨也、詩、平平左右、然則當作釆秩、釆之古文也、與平形似而譌、

zhù 䖓　hào 𧯞　xī 䖒　yàn 豔　fēng 豐

文二

豐 豆之豐滿者也。御覽引作俎豆貴豐厚也、非、從豆象形。既云象形、不應從山、案癸亥父巳鬲作𧰼、豐兮𠨖敦作𧰼、豐姞敦作𧰼、皆不從山、知小篆係傳寫之譌、不然者、丰之作丰丰見韻會引說文、小篆之丰丰、父巳鬲之丰、皆與相似、何不言丰聲、則以兩敦之林林、其形大遠、知豐但象豐滿之形也、但是指事而非象形耳、敷戎切、一曰、鄉飲酒有豐侯者。鄉當作饗、鄉射、聘燕、大射、公食大夫皆有豐、不言豐侯、竹書紀年、成王十九年、豐侯阮譔曰、豐、國名也、坐酒亡國、抱朴子酒戒、豐侯得罪、以戴尊御杯、崔駰酒箴曰、豐侯沈湎、荷罌負缶、自戮于世、圖形戒後、李尤豐侯銘曰、豐侯荒繆、醉亂迷逸、乃象其形、爲禮戒式者者、起下之詞、蓋有詳說、今佚之、凡豐之屬皆從豐。

𧯫 古文豐。

豔 好而長也。詩十月之交毛傳、美色曰豔、而左傳兩言美而豔、則豔進于美、故許君以長足之、詩碩人其頎是也、從豐。豐、大也。從部首引伸之義、故用易豐卦象傳以明之、盍聲。以贍切、春秋傳曰、美而豔。桓元年文十六年兩見、

文二　重一

䖒 古陶器也。不作匋而作陶者、篆隸之別也、凡云古器者、皆謂今所不用也、從豆虍聲。許羈切、凡䖒之屬皆從䖒。

𧯞 土鍪也。廣雅、鍑、鍪、鑋、鬴也、玉篇、𧯞、土釜也、𧯞、鑋、皆卽𧯞、段氏曰、鄭注周禮所謂黃𧯞也、內則、敦牟卮匜、釋文、齊人呼土釜爲牟、案𧯞鍪𧯞牟、聲皆相近、從䖒号聲。讀若鎬。胡到切、

䖓 器也。疑卽宁之重文、從䖒宁。宁亦聲。直呂切、闕。形聲義皆具、復何所闕、蓋

下文尚有篆傳述說文者，据本殘闕，不可辯識，故自加闕字耳。

文三

虍 虎文也。字林同。楚闕穀於菟，字子文。象形。徐鍇曰：象其文章屈曲也。荒烏切。凡虍之屬皆從虍。讀若春秋傳曰虍有餘。桂氏曰：左昭十二年傳楚子謂成虎若敖之餘也。或引此。嚴氏曰：公羊昭三十一年傳盱有餘，當作讀若春秋公羊傳曰盱有餘。

虞 騶虞。山海經、墨子作騶吾，漢書東方朔傳作騶牙，尚書大傳但謂之虞，周書之尊耳，蓋亦其異名。仁獸也。仁獸字依廣韻逐此。詩序仁如騶虞，毛傳云義獸，尚書大傳云怪獸。白虎黑文，尾長於身。尚書大傳尾倍其身，郭璞贊怪獸五采，尾參于身，矯足千里，僉忽若神，是謂騶虞，詩歎其仁，周書尊耳，若虎尾參於身。食自死之肉，不食生物。依廣韻引補。從虍，吳聲。五俱切。詩曰：于嗟乎騶虞。召南文。五經異義：今詩韓魯說騶虞，天子掌鳥獸官。古詩毛說騶虞義獸，白虎黑文，食自死之肉，不食生物，人君有至信之德則應之。周南終麟趾，召南終騶虞，俱稱嗟歎之，皆獸名。謹

說文句讀《卷九　七百八　、〇折三七　卅九

案山海經、鄒書云騶虞獸，說與毛詩同。

虙 虎皃也。從虍，必聲。房六切。顏氏家訓：張揖云虙今伏羲氏也，孔子弟子虙子賤卽虙羲之後，俗字爲宓，今兗州永昌郡城，舊單父地也，東門有子賤碑，漢世所立，乃云濟南伏生卽子賤之後。

虔 虎行皃也。從虍，文聲。讀若矜。渠焉切。桂氏曰：矜古讀如鰥，不侮矜寡是也。

虘 虎不柔不信也。牛部犪，牛柔謹也。御覽騶虞有至信之德，然篇韻皆曰虎不柔也，恐不信係羨文。從虍，且聲。讀若鄌縣。昨何切。

虖 哮虖也。通俗文虎聲謂之哮唬。風俗通引詩闞如哮虎。從虍，亏聲。荒烏切。

虐 殘也。從虍，虎足反爪人也。從虎省，且是譬況之義，故既云從虍，而又以虎申之也。繫傳曰：漢書甯成爲政虐，人謂之乳虎是也。魚約切。

虐 古文虐如此。蓋從虎口，莊子盜跖篇所謂不免虎口也。

虨 虎文。句。彪也。虍彪皆訓虎文，而虨彪雙聲，可以通借，故先訓以虎文，而後以彪通其名也。廣雅：虨，文也。字與豳班通，史記上林賦被豳文，文選作斑，漢書敘傳楚人謂虎班。從虍，彬聲。布還切。

虡 鐘鼓之柎也。飾爲猛獸。柎，漢書注引作跗。柎，闌足也。詩靈臺虡業維樅，傳：植者曰虡，橫者曰栒。婁虡也，栒也，所以縣鐘鼓也。考工記梓人爲筍虡，天下之大獸五，臝者、羽者、鱗者，以爲筍虡。西京賦：洪鐘萬鈞，猛獸趪趪，負筍業而餘怒，乃奮翅而騰驤。薛注：當筍下爲兩飛獸以背負。五臣注景福殿賦：悍獸，熊虎也，鐘架之足刻爲其形。從虍。異象形。其下足。桂氏曰：異當作甶，甶，鬼頭，象猛獸。葯以篆文虡推之，知此說是。若是異字，不可以爲象形，卽云象形，則異從収從甶，不能省作丌也，甶可以象獸形者，爾雅魋如小熊，其字亦從鬼也。云其下足者，丌字可說，从字不可說，故統謂之象足形也。足卽柎。其呂切。

鐻 虡或從金，豦聲。從金者，虡或以銅爲之。春官典庸器注：橫者爲筍，從者爲鐻。釋文：鐻，舊本作此字，今或作虡。秦始皇本紀：收天下兵，聚之咸陽，銷以爲鐘鐻。是知鐻字爲李斯所作，故非三代法物也。

虡 篆文虡省。

文九　重三

虎 山獸之君。風俗通：虎者陽物，百獸之長也。案毛蟲三百六十，麟爲之長，虎所君者但山獸耳，故許君區別之。從虍，虎足象人足。象形。韻會引云：從虍從人，虎足象人足也。無象形句。案此當出兩本，但有

說文句讀《卷九　七百六卆　、〇折四五　卌

象形二字者古本也，韻會所引乃望文爲義者改之也。大徐不知，合而爲一，文義遂不貫。先有虎而後有虎文之虍，豈可謂虎從虍。且虎足豈象人足哉。乃虍下不云從虎省者，此與門戶、朩林，一單一雙，皆云象形同例。呼古切。凡虎之屬皆從虎。

虎 古文虎。

虎 亦古文虎。此字可疑，玉篇祇一古文作〓，卽此字也。吾恐上字爲是本字，卽離析上字爲之，既譌之後，又加此字耳。汗簡引作〓，則於上字之外加彡，郭忠恕甚粗疏，其於〓〓兩字且合爲一，其說又安可信乎。

虢 虎聲也。從虎，毄聲。讀若隔。殳部毄讀若鬲。古覈切。

䖑 白虎也。從虎，昔省聲。讀若鼏。莫狄切。

虤 虤屬也。從虎去聲。呼濫切。徐鉉曰：去非聲，未詳。案上文䖑白虎，許君所用者爾雅釋獸本文也，呂忱所據本譌爲甝，其作字林輒音下甘反，此再譌從去，而云呼濫切，仍是甝之音也。重紕貤謬之字，又可求其聲之諸乎。

虪 黑虎也。釋獸文。釋文作儵，云本今作虪，偶未檢說文耳。郭注引山海經幽都山多元虎元豹。從虎，儵聲。式竹切。

虦 虎竊毛謂之虦苗。釋獸文。彼作貓，小徐同，犬部狡下亦作虦貓。案此兩字爲名，倘可借用韓

téng 虪 sī 虒 guó 虢 yín 㸚 xì 虩 yì 䖃 xiāo 虓 yì 䖈 biāo 彪

奕有貓有虎禮記迎貓迎虎亦可作苗乎豸部挩佚貓字故梭者改此爲苗後下則改之未盡者也周書世俘解武王狩禽虎二十二貓二周初有此物即不得無專名也**從虎戔聲。**昨閑切**竊淺也。**佳部雇下竊字多矣至此乃說之者彼用本義故也郭注桑扈竊脂曰好盜脂膏吾鄉農人皆知之大雅鞹鞃淺幭傳淺虎皮淺毛也周禮巾車鹿淺複儀禮既夕禮鹿淺幦

彪　虎文也。也一作皃廣雅彪文也易屯卦包蒙吉鄭云包當爲彪彪文也**從虎。彡象其文也。**甫州切

䖈　虎皃也。從虎乂聲。魚廢切

䖃　虎皃也。從虎气聲。魚迄切

虓　虎鳴也。漢書卓茂傳虓呼者連嚳注虓虎怒也**一曰。師子**大怒聲也。依元應引補復古編虓師子鳴東觀漢記陽嘉中疏勒國獻師子形如虎正黃有髯耏尾端茸毛大如斗**從虎九聲。**許交切詩云闞如虓虎是也。亦依元應引補大雅常武文傳曰虎之自怒虓然

㸚　虎聲也。從虎斤聲。語斤切犬部狋犬吠聲亦語斤切

虩　恐懼也。易。履虎尾虩虩。集韻曰恐懼也說文引易履虎尾虩虩案恐懼也在引說文之上知所据亦如今本爲其不成文而迻之也今即依彼迻之履虎尾虩虩者履卦九四文今作愬愬釋文子夏傳恐懼皃何休注公羊傳云驚愕也馬本作虩虩音許逆反云恐懼也說文同案震卦詞震來虩虩釋文馬云恐懼皃鄭同荀作愬愬案許所据者孟氏易馬融所傳者費氏易兩本皆作虩虩蓋正字也荀九家易作愬愬則同音借用字也呂覽引之亦作愬愬高注愬讀如虩則呂所据本同荀而高本同許馬也**一曰蠅虎也。**陸希聲易傳虩蠅虎古今注蠅虎蠅狐也形如蜘蛛而色灰白善捕蠅一名蠅蝗一名蠅豹**從虎㬰聲。**許隙切

虢　虎所攫畫明文也。博物志虎知衝破又能畫地今人有畫物上下者推其奇偶謂之虎卜林朝儀蟲異賦虎畫地而奮衝破注云虎行以爪坼地觀奇偶而行**從虎寽聲。**古伯切

虒　委虒虎之有角者也。廣韻云能行水中韻會引說文亦有此句集韻引無**從虎厂聲。**息移切

虪　黑虎也。從虎騰聲。徒登切在此非次玉篇在虒虢之間知其虢亦後增也

文十五　重二

yán 虤 zī 齍 chéng 盛 wǎn 盌 yú 盂 mǐn 皿 xuàn 贙 yín 𧇡

虤　虎怒也。從二虎。五閑切**凡虤之屬皆從虤。**

𧇡　兩虎爭聲也。從虤從曰。讀若憖。桂氏曰憖當作猌猌大張齗怒也語巾切

贙　分別也。從虤對爭貝。讀若迴。桂氏曰迴當爲迴胡畎切案爾雅釋獸贙有力郭注出西海大秦國有養者似狗多力獷惡魏都賦蒹葭贙許皆不用者於字形不合也

文三

皿　飯食之用器也。飯扶晚反餐之也許意葢謂皿即盌與孟子器皿連言以爲總名者不同然似孟子是**象形。與豆同意。**皿以盛飯豆以盛肉皆食時所用豆字之形口中有所盛下有校有鐙皿字之形口中不作所盛飯不得高于盌也又大腹而平底是小異也**凡皿之屬皆從皿。讀若猛。**雜記釋文云字林又音猛葢呂忱亦讀皿如唐韻武永切以猛爲說文舊音姑存之也顏氏家訓經典釋文條例皆譏此讀然猛從孟聲孟從皿聲諸君亦不覩字例之條矣宂部盜從皿聲亦讀若猛

盂　飯器也。衆經音義廣韻引皆同玉篇亦同小徐作飲器也漢明帝紀注御覽韻會引皆同案訓爲飯器者喪大記食粥于盛不盥注盛謂今時杯杅也東方朔傳置守宮盂下顏注盂食器也若盔而大今之所謂盔盂也訓爲飲器者既夕禮兩杅注杅盛湯漿尸子君如杅民如水杅方則水方杅圓則水圜注字亦作盂**從皿亏聲。**羽俱切

盌　小盂也。方言盂宋楚魏之閒或謂之盌盌謂之盂或謂之銚銳盌謂之櫂盂謂之柯海岱東齊北燕之間或謂之盎**從皿夗聲。**烏管切

盛　黍稷在器中以祀者也。小徐本是御覽引亦同詩甫田毛傳天官甸師鄭注皆曰在器曰盛與許說合乃動字也借爲粢盛則是靜字粢盛之爲成語既古故或省言之曰盛如周禮共其接盛祭無盛左傳奉盛以告之類是以粢盛之語粢在盛上許君列篆盛在齍上恐人以借義爲正義也**從皿成聲。**亦省作成鍗清館叔家父簋用成稻粱氏征切

齍　黍稷在器以祀者。在一作之一無此字皆非也合黍稷于器而後有齍之名非黍稷名齍亦非盛黍稷之器名齍也詩甫田以我齊明毛傳器實曰齊釋文齊本又作齍案此即許君所据之本毛傳之說即許君所宗也至於周禮天官甸師地官春人世婦皆連言齍盛九嬪言玉齍鄭注曰玉齍玉敦受黍稷器則專主器而言矣春官小宗伯言

yòu 盇　lú 盧　gǔ 𥂡　àng 盎　zhāo 盄　pén 盆　xǔ 盨　zhù 盅　mì 監　jiǎo 盪　xī 醯

六鬵注鬵讀爲桼六桼謂六穀黍稷稻粱麥苽也則又專主米而言矣其說兩岐各得一偏不及許君用毛傳之該備也桼說文作桼云稷也專指一穀非六穀之總名竹部簠簋爲黍稷方器圓器亦不以鬵名之雖曲禮稷曰明粢與鄭君說似合然釋文云古本無此句蓋鄭君說經多務許君而說字則許君獨絕也從皿齊聲。即夷切

盇 小甌也。廣韻盇杅水器也。從皿有聲。讀若灰。一曰若賄。于救切

盇 盇或從右。

盧 飯器也。此以盧一字爲名凵部有重文笑其說以凵盧兩字爲名士昏禮注笲竹器而衣者其形蓋如今之筥笹簏矣又以筥笹簏三字爲名方言簇趙魏之郊謂之去簇去簇卽凵盧亦是一單名一雙名也從皿𠭁聲。洛乎切

𠭁 籒文盧。案此字必譌甶部𠭁之籒文𧯷仍從小篆不從此文且從囪者惟胃菌二字其囪皆矢也似此者有鹵字則𥂴也更廣之卣字則酒也此三義者皆非盧字所有竹君小徐本此篆但存𠭁中央空白汪氏顧氏輒依大徐增之非也

𥂡 器也。從皿從缶古聲。公戶切廣韻作盬案此及盄字於古未聞而俗器多有之

盄 器也。從皿弔聲。止遙切

盎 盆也。釋器盎謂之缶廣雅盎謂之盆顏注急就篇曰盎大腹而斂口盆卽斂底而寬上從皿央聲。烏浪切

𥁮 盎或從瓦。莊子甕㼜大癭

盆 盎也。考工記盆實二鬴知古者以盆爲量故墨子曰待汝以千盆授我五百盆從皿分聲。步奔切

盅 器也。從皿宁聲。直呂切

盨 檳盨負戴器也。東方朔傳盆下爲寠數顏注寠數戴器也以盆盛物戴于頭者則以寠數薦之今賣白團餅人所用者是也楊惲傳云鼠不容穴銜寠數也盆下之物有飲食器故鼠銜之段氏曰檳與寠雙聲盨與數雙聲疊韻一語之轉也亦單謂之檳廣韻檳格木也集韻檳負戴器也又作儧玉篇廣韻皆云儧載器也古載戴通用格木亦謂皮閣之木從皿須聲。相庾切

盪 器也。廣韻盪溫器集韻云鴰鋗也廣雅鴰鋗謂之銼鏶從皿漻聲。古巧切

監 拭器也。依廣韻引改水部瀎泧拭滅皃盜瀎聲之轉蓋通用各本作械器玉篇同非也從皿必聲。彌畢切

醯 酸也。一作酢也酉部酸酢也周禮有醯人作醯以鬻以酒。從鬻酒並省。從皿。皿器也字在皿部而不先言從皿已於通例不合酉部收酒字而兩字說解大同則酉酒是古今字與豆部梪字

說文句讀　卷九　七百七十四　、〇析四十三　卅三

hé 盉　yì 益　yíng 盈　jìn 盡　chōng 盅　ān 盦　wēn 昷　guàn 盥　dàng 盪

同故釁下云從酉酉所以祭也知此亦不當云從酒省呼雞切

盉 調味器也。依廣川書跋引補積古齋穴盉平安館敦盉筠清館伯鼻父盉茲女盉其文有□□□諸形皆左皿右禾其詞則曰般盉曰寶盉其爲器名無疑雖調味之器可借爲調和之詞然惟鬻下云五味盉羹也初學記引之卽作和且許引詩亦云和鬻也則盉字恐是後人改其鼎下曆下皆作和與經典同可徵也從皿禾聲。戶戈切此字在此失次玉篇雖亦云調味而列盪字之下猶與諸器名爲伍是也且收醯字於酉部恐說文亦係後人所遂字在皿部而說曰皿器也亦破綻之顯然者

益 饒也。食部饒餘也廣雅饒益也從水皿。當云從水在皿上皿益之意也。伊昔切

盈 竹君本如此𠨰從古文及滿器也。從皿𠨰。秦以市買多得爲𠨰故從𠨰以成切

盡 器中空也。釋詁殼悉卒泯忽滅罄空畢罄殲拔殄盡也從皿𦘔聲。慈忍切

盅 器虛也。老子盅器以爲和范應元注古本作盅器虛也又大滿若盅范注郭雲王弼同古本從皿中聲。直弓切老子曰道盅而用之。無源篇文今作沖王弼注沖而用之用乃不能窮滿以造實實來則溢故沖而用之又復不盈其爲無窮亦已極矣

說文句讀　卷九　七百七十五　、〇析四十　卅四

盦 覆蓋也。盦蓋與罯通网部罯覆也又似卽盒字廣韻盒盒盤覆也考古圖有伯戔饋盦從皿酓聲。烏合切玉篇於含切廣韻烏含切罯烏感切廣韻亦收之合部烏合切

昷 仁也。顏延年詩溫渥浹與隸李注引說文溫仁也卽此易林坤之訟溫仁受福屯之家人溫仁正直是知溫仁者漢之恒言從皿目食囚也。官溥說。烏渾切

盥 澡手也。水部澡洒手也論衡沐去首垢洗去足垢盥去手垢浴去身垢段氏曰內則每日進盥五日請浴三日具沐其間面垢請靧足垢請洗是則古人每旦必洒手而洒面則不必旦旦爲之也字從臼水臨皿上也。依元應引補又引作從□水在皿上內則進盥少者奉槃長者奉水請沃盥注槃承盥水者案沃者澆也蓋頻頻澆之槃中水污不復掬之古人之潔如此古玩切春秋傳曰奉匜沃盥。僖二十三年文長者奉水所奉者匜也匜之柄中有道可以注水

盪 滌器也。一作除去也通俗文滌器謂之盪滌亦借用蕩釋名蕩盪也排盪去穢垢也從皿湯聲。徒朗切案此字當與盪類聚

文二十五　重三

皿

凵 凵盧、飯器。目柳爲之。𠙴從凵、孟子、以杞柳爲桮棬、象形。去魚切、凡凵之屬皆從凵。⿱竹去 凵或從竹去聲。說見盧下、

文一　重一

去 人相違也。左傳、大去其國、論語、棄而違之、孔注、違而去之、從大。大象人形、凵聲。丘據切、凡去之屬皆從去。朅 去也。廣雅同、宋玉九辯、車既駕兮朅而歸、淮南子、以束薪爲鬼、朅而走、高注、夜行見束薪、以爲鬼、故去而走、從去曷聲。丘竭切、⿰去夌 去也。從去夌聲。讀若棘陵。力膺切、段氏曰、大徐刪棘字、今按玉篇曰、居力切、又力膺切、廣韻集韻皆兼入蒸職二韻、一力膺切、一紀力切、蓋許書本作讀若棘、或又讀若陵、註陵於棘、而小徐兩存之、

文三

血 祭所薦牲血也。詩、取其血膋、傳、血以告殺、膋以升臭、郊特牲、毛血、告幽全之物也、注、幽謂血也、從皿。牲之血、盛于皿也、是以一象血形也。呼決切、凡血之屬皆從血。衁 血也。從血亡聲。呼光切、春秋傳曰。士刲羊亦無衁也。僖十五年文、筮所遇者、歸妹之睽也、周易歸妹上六、士刲羊無血、衃 凝血也。素問、赤如衃血者死、王注、衃血、謂敗惡凝聚之血、色赤黑也、從血不聲。芳桮切、⿱𦘔血 气液也。气血之精、烝而爲液也、水部、湊汗下皆云液、經典皆作津、大司徒、其民黑而津、從血㶳聲。將鄰切、粤 定息也。人勞則息不循其常、小愒以安定之也、從血甹省聲。讀若亭。特丁切、釋名、停、定也、定于所在也、案停者粤之俗字、而亭字之所孳育也、粤者休息之詞、亭者長亭短亭之名、乃高部亭、民所安定也、則亦休息之所、故云讀若亭、言其可借也、衄 鼻出血也。素問曰、鼻衄、又曰、脾移熱於肝、則爲驚衄、從血丑聲。女六切、⿱農血 腫血也。周禮注、潰癰而含膿血者、從血農省聲。奴冬切、膿 俗⿱農血從肉農聲。⿱肬血 血醢也。從血。肬聲。案⿱肬血乃肬之絫增字、故云肬聲、爲其不可以爲會意字故也、字既從血、不得不說之以血醢、其

實非血也、他感切、禮記有⿱肬血醢。集韻韻會引皆無記字、此出儀禮周禮、不出于記、今作醓、以牛乾脯粱䴹鹽酒也。不言于肬下、而言于此者、正以見從血之誤也、誤而收之者、以見禮經故也、⿱菹血 醢也、許君說菹⿱菹血義異、菹、酢菜也者、乃天官醢人所掌之韭菹、菁菹茆菹葵菹芹菹箈菹筍菹是也、⿱菹血、醢也者、則非醢人之菹、而反是其醢醬之屬也、知然者、醢人共七菹、賈疏曰、醢人所掌豆實、而列此職者、齊菹醬皆須醢成味也、此菹酢菜之說也、少儀曰、麇鹿爲菹、野豕爲軒、皆腜而不切、麇爲辟雞、兔爲宛脾、皆腜而切之、切蔥若薤、實之醢以柔之、此⿱菹血醢之說也、然固曰實之醢矣、則麇鹿爲菹、借菹而不作⿱菹血、亦其宜矣、從血菹聲。側余切、⿱菹血 ⿱菹血或從缶。

⿱幾血 目血有所刏涂祭也。刏、劃傷也、涂如塗丹雘之塗、刏涂者、謂刏而塗之也、祭也者、謂⿱幾血爲祭禮中之一名也、夏官小子、祈于五祀、注、祈或爲刏、釁禮之事也、然則刏衈釁、釁部釁血祭也、肆師、及其祈珥、注、故書祈爲幾、然小子職鄭注引之曰、春官肆師職、祈或作畿、秋官士師職曰、凡刏衈則奉犬牲、此刏衈正字與、案鄭君謂肆師作畿、則今本之幾爲譌字、然畿亦⿱幾血之譌也、又以刏衈爲正字、則與許君小異而大同、許君之說刏也、言其所有事、其說⿱幾血也、言其刏之以祭而得此名也、然則刏⿱幾血二字、一表一裏、故以刏涂說⿱幾血、而以祭實之、從血幾聲。渠稀切、韻會引篆作⿱幾血、說作幾省聲、玉篇廣韻亦作⿱幾血、此周禮所由譌爲畿也、卹 憂也。與恤同、古多作卹、今多作恤、比部引書無毖于卹、潘岳藉田賦、李注引書惟刑之卹、詩羔裘序、不恤其民、釋文、恤本又作卹、從血。詩雨無正、鼠思泣血、箋、鼠憂也、卩聲。辛聿切、一曰。鮮少也。借鮮爲尟、段氏謂卹借雙聲、義尚近之、桂氏以俗語些卹當之、則但當作些須耳、衋 傷痛也。僞孔傳、衋然痛傷其心、從血聿皕聲。聿皕皆聲也、竊權積嚴、皆一字兩聲、許力切、周書曰。民罔不衋傷心。酒誥文、讀若憘。段氏曰、心部無憘、喜部有憙而義不相近、按當作譆、言部譆、痛也、許其切、音義皆近、衉 一作⿰血臽 羊凝血也。繫傳曰、陶氏本草注云、宋時大官作衉、削藕皮落其中、血不凝、知藕之散血、然則衉血羹也、釋名云、血脂、證俗音云、南方謂凝牛羊鹿血爲衉、從血臽聲。苦紺切、⿱贛血 衉或從贛。盇 覆也。釋詁、盇、合也、從血大聲。兼意、壺部云、從大、象其蓋也、胡臘切、衊 汙血也。素問王注同、漢書梁孝王傳、汙衊宗室、孟康音漫、師古音秣、謂塗染也、從

血。莧聲。莫結切。

文十五　重三

丶 有所絕止。丶而識之也。謂離經絕句也。今字作黜，知庾切。凡丶之屬皆從丶。

主 鐙中火主也。釋器：瓦豆謂之登。注：即膏鐙也。從丶象形。從丶後人增也，非字，不可言從，且是通體象形。丶象火炷，凵象鐙盞，土象鐙檠。從丶。丶亦聲。之庾切。俗作炷。

咅 相與語。唾而不受也。趙策有言長安君者，老婦必唾其面。廣韻字作歆，云語而不受。從否從丶。否亦聲。當云丶亦聲。天口切。案本部三字，其丶三義：部首之丶，祇是點句，乃指事也；主所從之丶，則是象形；咅所從之丶，則主字之借，謂主意已定，不受闌言也，則會意而兼假借。烏部三字，皆不云從烏，許君自有此例，乃於本部不用之者，主咅二字，皆兼丶聲，不得不謂之從丶矣。

𣢈 咅或從豆欠。當云從欠豆聲。

文三　重一

說文解字句讀弟五上

曲沃李元亮校

句讀卷九補正

顧命、敷重筍席、鄭注曰筍、析竹靑皮也 二葉前六行爲篾也下刪鄭注二字加此注引禮記下加曰字

愚案鄭君說筍字、與新附篛字說同、與許君說篾字亦同、皆今俗謂篾青者也、鄭君所据禮器作筍或許君据本作篾乎、要是別一義、於竹胎無與、二葉前六行尹依注音筍下增此

孫氏孟子音義萬章下、簿正、本多作薄、是宋時尚多不誤、三葉前九行而自明也下增此

篛淸館金石錄、有漢泥印范六、前見劉燕庭方伯佩一枚、惜未索觀之、四葉前六行吾見銅石兩種下增此

○此云正月、管下云十二月、鼓部云春分、金部鐘下云秋分、故其屬詞皆相儷。與他樂器字說解不同 十三葉前一行故曰笙下增此

玉篇古三紅談二切、紅談與甶合、十九葉後六行古三切下增此

投壺亦用鼙、則二十五葉後九行案字下增此

且博古圖曰、盉不梁而把曰鐎斗、則知盉有梁矣、三十四葉前三行雖調味之器上增此

○玉篇、丨部收杏音二字、妨走他豆二切、注同說文、欠部收㰯字、音義與杏大同、別收歆字、普口切、不語受當是語不受之誤倒也、廣韻上聲不收否、五十候音下云說文作咅、亦寫者之誤也、又云隸變如上、則原流較然矣、繼以㰯字、云說文同上、俗又作哣、其歆字、亦如玉篇別收之、云匹候切、語而不受、仍與說文同訓義、乃不繼音㰯之下、何也、三十七葉前六行刪廣韻以下十字增此注於前九行末

dān 丹　wò 雘　tóng 彤　qīng 青　jìng 靜

說文解字句讀弟五下

丹從朱文藻本、與古文丹一正一倒、巴越之赤石也。本草丹沙生符陵山谷、陶氏曰符陵是涪州、今出武陵西川諸蠻夷中、皆通屬巴地、故謂之巴沙、仙經亦用越沙、卽出廣州臨漳者、此二處竝好、案禹貢荊州貢丹、王會解卜人以丹沙、象采丹井。●丹形也。小徐本如此、然●當作及、作一句讀、形字雙承井丹二字、象井形、謂丹也、陶隱居云、采沙皆鑿坎入數丈、許有水井勝火井也、象丹形謂●也、丶丹二部相次、固由丹中之點、然丹生成之物、當以●象之、不當作丶、且不云丹象采丹井、卽不得如大徐作丶象丹形矣、本草圖經、丹沙大者如雞子、小者如石榴子、狀如芙蓉、箭鏃、都寒切、凡丹之屬皆從丹。丹古文丹。彤亦古文丹。段氏謂似彤字、嚴氏亦云、又疑出說文續添、

雘善丹也。尚書馬注同、善、玉篇引作美、南山經、雞山、其下多丹雘、從丹蒦聲。周書曰。惟其敷丹雘。梓材文、正義云、敷字卽古塗字、讀與霍同。依書釋文引改、烏郭切、

彤丹飾也。左哀元年傳、器不彤鏤、案從彡之字皆文飾之事、而彤弓、毛傳曰朱弓、彤管、鄭箋曰赤管、則渾言之也、惟左氏以彤與鏤對言、明是文飾而非純赤矣、從丹從彡。彡其畫也。彡亦聲。段氏曰、小徐有此三字、然則彤古音當在七部矣、今音徒冬切、

文三　重二

青東方色也。考工記畫繢之事、東方謂之青、木生火。從生丹。以上是一義、蓋謂丹爲火也、倉經切、丹青之信言必然也。此別一義、然似是正義也、秋官職金注、青、空青也、山海經、騶山、青丘之山皆多青雘、雘之名丹與青共之、則青是丹之類、故齊公孫青字子石也、東觀漢記光武詔曰、明設丹青之信、凡青之屬皆從青。青古文青。似是從中從古文丹、丹而作▽、猶口作▽也、中者徵也、地中有寶、其气必通徹于上、

靜審也。字林、靚、審也、段氏曰、上林賦、靚妝、張揖注云、謂粉白黛黑也、按靚者靜字之假借、采色詳審得其宜、謂之靜、人心之靜、引伸之義也、從青射雉賦、涉青林以遊覽、注引韓詩章句、青、靜也、爭聲。疾郢切、

文二　重一

jǐng 井　yǐng 䇹　jǐng 阱　xíng 刑　chuàng 刱　bī 皀　jí 即

井鑿地取水也。依釋水疏引補、帝王世紀、鑿井而飲、案今本無此句者、誤以井田爲正義也、八家一井。仍謂八家共汲一井也、井田之制、中田有廬、井竈葱韭皆取焉、象構韓形。謂井也、韋部韓、井垣也、士喪禮、既井椁、注、匠人爲椁、刊治其材、以井構于殯門外也、象甕形。謂●也、元應引如此、小徐作甕象也、文義不順、大徐增之、而大謬矣、莊子、漢陰丈人抱甕出汲、子郢切、古者伯益初作井。世本、化益作井、宋衷曰、化益、伯益也、凡井之屬皆從井。

䇹深池也。段氏曰、玉篇作瀅、地也、恐說文古本如是、廣韻、汫濙、小水也、濙蓋卽䇹、從井。瑩省聲。瑩當作熒、烏迥切、

阱大陷也。依元應引補、桂氏曰、陷當爲臽、臽、小阱也、故阱爲大臽、三蒼解詁、穽謂穿地爲壍、以張禽獸者也、從𨸏從井。井亦聲。疾正切、穽阱或從穴。汬古文阱從水。

刑罰辠也。刑者五刑也、罰者五罰也、以罰說刑、似不相中、者補之也、刑但當訓法、刑法志是也、許君以從井難解、以法說之、故此變其文、欲其互見、石經論語、君子懷刑、魏王基碑、典刑惟明、從井從刀。易曰。井。法也。井卦、釋文引鄭曰、井法也、蓋易家古說、故

許君鄭君皆稱之、刑從井者、謂其法井然不亂也、刱亦放此、井亦聲。戶經切、

刱造法刱業也。造法者、禮所謂智者創物也、刱業者、孟子所謂創業垂統也、造卽刱也、互文見意、從井刅聲。讀若創。言此以區別之、正以見其通借也、論語爲命章釋文、創、制也、依說文、此是創痍字、創制之字當作刱、案此言甚辨、而似未會許君意、無假借、何以爲六書乎、初亮切、

文五　重二

皀穀之馨香也。以香說之、與下文讀若相應、則二字通用可知、故篆刻家以皀爲香、象嘉穀在裹中之形。匕所目扱之也。分爲兩體說之、上半象形、下半會意、或說皀一粒也。衆經音義卷一、果字下云、書又作顆、或言子、或云粒、或言皀、皆一也、顏氏家訓、蜀土呼粒爲逼、時莫之解、吾云、三蒼說文、皆有皀字、訓粒、通俗文音方力反、衆皆歡悟、凡皀之屬皆從皀。又讀若香。小徐本食部說中有讀若粒句、恐本在此句之上、譌迻於彼、皮及切、

即卽食也。桂氏曰、卽當爲卩、卩通作節、易所謂節飲食也、天子

jì 既　shì 冟　chàng 鬯　yù 鬱

日四食朝食晝食餔食晚食此食之節也廣雅鳳皇雄鳴曰郎郎宋書符瑞志作節節段氏曰節食者檢制之使不過故凡止于是之買謂之郎筠案卩食也以字形解義與尟是少也相似食亦從皀也從皀卩聲。義聲互相備子力切

既 小食也。段氏曰此與口部嘰音義皆同玉藻少儀作禨假借字也引伸之義爲盡也已也如春秋日有食之既從皀旡聲。居未切論語曰。不使勝食既。鄉黨文食既猶中庸之既稟皆複語也今本作氣氣古餼字仍是複語非气臭之气聘禮注古文既爲餼是知氣既一字

冟 飯剛柔不調相著。謂飯或爛或硬又相黏著也然如此則不應讀若適適者調適之意也玉篇冟飯堅柔調也則是堅則全堅柔則全柔也其文義順廣韻冟飦堅柔相著不甚可解且本文亦不應誤許多字闕疑從皀冂聲。讀若適。施隻切

文四

鬯 以秬釀鬱艸。芬芳攸服。以降神也。攸服當作條暢詩江漢傳云秬黑黍也鬯香草也築煑合而鬱之曰鬯案此即許君所本謂秬鬱合而爲鬯也惟毛以鬱爲鬱幽之義如蘛爲韭鬱鼓爲幽尗之比許以

鬱爲艸名是則不同耳然郊特牲明言鬱合鬯則是二物故鄭箋駁毛曰秬鬯黑黍酒也謂之鬯者芬芳條鬯也正義云黑黍之酒自名爲鬯不待和鬱也詩信南山箋酒鬱鬯五齊三酒也祭之禮先以鬱鬯降神從凵。凵器也。與口犯切之口相似故申明之中象米。※而正之即米矣然既成酒不復見米形故不作米許君亦第言象也匕所以扱之。士冠士昏禮皆以柶扱醴柶即匕也易曰。不喪匕鬯。震卦辭證鬯從匕也丑諒切凡鬯之屬皆從鬯。

鬱 芳艸也。魏略鬱金香生大秦國二月三月有花狀如紅藍四月五月采花即香也十葉爲貫。春官鬱人鄭司農說同然掌禹錫引作十二葉爲貫是也本草陳氏曰其香十二葉是以下文云百廿貫然則正是十株也百廿貫築以煮之。鄭司農曰十葉爲貫百二十貫爲築築以煑之鐎中停於祭前案爲築之爲衍文也春官肆師築鬻字三見司農云築香草鬻以爲鬯鄭注香草鬱也爲鬯。秇文類聚本草拾遺引如此與鬯以秬釀鬱艸說合今本作爲鬱則鬱是芳艸之名豈待築煑始名爲鬱乎鬱人和鬱鬯以實彝而陳之注築鬱金煑之以和鬯酒從臼冂缶鬯彡。其飾也。從臼者築之也雜記暢臼以椈杵以梧注所以擣鬱也冂同冪所以蒙之也天

jué 爵　jù 䰞　shǐ 𩰲　shí 食

官冪人以畫布巾冪六彝缶祇是器耳鬱實于彝不實于缶也鬯者鬱所和也彡其飾者六彝有雞鳥斝黃虎蜼之飾也迂勿切一曰鬱鬯。此說合兩字爲一名百艸之華。遠方鬱人所貢芳艸。謂用中國百艸之華及鬱金也鄭司農云築香草煑以爲鬯是但以香艸不用秬鬯也然未嘗言釀則作此說者蓋本之司農而小變之案以下三鬱字段氏皆改爲鬱是也合而釀酒。以降神。依蘇頌引改補此直以鬱釀酒矣與周禮築煑背鬱。今鬱林郡也。水經注鬱金香鬱人所貢因以氏郡

爵 禮器也。三禮圖爵受一升尾長六寸博二寸傳翼兌下方足漆赤中雲气飾象爵之形。謂𠂆象雀之形也中有鬯酒。又持之也。謂字之下半爲會意也祭統尸酢夫人執柄夫人受尸執足即略切所以飲器象爵者。取其鳴節節足足也。以酒爵而象飛爵之形他字無似此者故必申之也衆經音義引白虎通爵者盡也量盡其才也五等爵命也取其節節足足然則借爲爵位仍取此義廣雅曰鳳皇雄鳴即即雌鳴足足御覽引韓詩外傳同而即作節與許以爲雀鳴不合然節足似雀之聲恐諸家誤也

爵 古文爵如此。象形。蓋舉集木上之形特說文言如

此者卒不可解之字恐象形二字後人加之大徐以爲不通而刪如此也

䰞 黑黍。也。集韻引無一稃二米。所目釀鬯也。依初學記引補大雅生民傳秬黑黍也秠一稃二米爾雅釋草同郭注秠亦黑黍但中米異耳春官鬯人注鬯釀秬爲酒秬如黑黍一稃二米從鬯矩聲。其呂切吳彝□□從𢀜省文也夫是夫非矢蓋聲也然以規字例之亦可會意積古齋魯侯簋鬯作𢀜

秬 䰞或從禾。不言從巨者巨矩一字也說見工部槼下

𩰲 列也。玉篇云𩰲烈也𩰲烈蓋連語謂香气酷烈也廣韻𩰲香之美者詩小雅烝衎烈祖箋烈美也足徵烈有美義從鬯吏聲。讀若迅。疏吏切

文五 重二

食 一米也。似有誤程氏瑤田曰一米有二義粹不雜之謂一不析碎之謂一如所說則是食不厭精矣筠以大雅泂酌孔疏爾雅釋言邢疏皆引說文饙一蒸米也與今本異遂疑此文當作一蒸米也然爾雅釋文引字書饙一蒸米也是疏誤以字書爲說文終不知一米何解也從皀。亼聲。乘力切或說亼皀也。上說是形聲此說是

fēn 餴　liù 餾　rèn 飪　yōng 饔　yí 飴　xíng 餳　sǎn 饊　bǐng 餅　cí 餈

會意謂亼衆皀而食之也。凡食之屬皆從食。

餴　滫飯也。滫御覽引作饙蒼頡篇作餴詩洞酌可以餴饎傳云餴餾也釋言饙餾稔也孫注烝之曰饙均之曰餾內則滫瀡以滑之注秦人溲曰滫又云糔溲之以爲酏注糔溲博異語也糔讀與滫瀡之滫同綜此諸說論之烝米半熟以水溲之是之謂饙以籔漉共所饙再入甑餾之而均熟矣毛傳渾言之耳從食。𠦪聲。府文切

饙　餴或從賁。

𩞁　餴或從奔。

餾　飯气蒸也。蒸當作烝洞酌疏引作流飯气烝者謂飯以气烝之不入水煑之也齊民要術粟米酒法炊釀止作饙耳不爲再餾饙熟即舉甑就甕下之又造酒法初下釀用黍米四斗再餾弱炊必令均熟從食。留聲。力救切

飪　大孰也。大御覽引作火釋言饙餾稔也許君既依之列字則稔當作飪謂初饙再餾而後大熟也特牲饋食禮曰羹飪從食。壬聲。如甚切俗作餁

𩚵　古文飪。

恁　亦古文飪。心部已有槃傳曰李舟切韻不收此古文嚴氏曰蓋出說文續添然韻會引古作胒則續添本作𩚵聘禮記注古文飪作腍

饔　孰食也。謂孰其食也廣韻孰食謂之餕饔公羊傳吾寡君聞君在外餕饔未就天官內饔注饔割

亨煎和之稱詩有母之尸饔至于朝饔夕飧則借義也從食。雝聲。周語佐雝者嘗焉注雝亨煎之官也韓詩外傳引詩曰有母之尸雍於容切

飴　米糱煎也。顏注急就篇曰以糱消米取汁而煎之俠弱者爲飴言其形怡怡然也厚強者爲餳餳之爲言洋洋也從食。台聲。与之切

𩛎　籀文飴從異省聲。依六書故引補

餳　飴和饊者也。衆經音義卷十三蜜餳下云似盈徒當二反說文以飴和饊曰餳周頌釋文字雖誤作餳然云夕清反又音唐方言云張皇也即乾餹也錫案元應以兩音屬之一字後人分爲兩體以隸陽庚二部賴此正之從食。易聲。徐盈切

饊　熬稻粻程也。粻程當依詩釋文所引方言作張皇新附乃有粻字內則釋文引字林粻量也是呂氏始收粻字顏注急就篇曰饊之言散也熬稻米飯使發散也古謂之張皇亦曰其開張而大也段氏曰楚詞方言皆餳與餦餭爲一物許則析言之熬米成蔽爲飴乾熬稻米爲張皇兩者一濡一小乾相盉合則曰餳從食。散聲。穌旱切

餅　麪餈也。從食。幷聲。必郢切

餈　稻餅也。鬻部餌粉餅也謂以稻粉作之許意餅餈之分以其質或麥麪或稻粉也天官籩人糗餌粉餈

zhān 饘　hóu 餱　fěi 餥　chì 饎　zhuàn 籑　yǎng 養　fàn 飯

注此二物皆粉稻米黍米所爲也合烝曰餌餅之曰餈案鄭意以餅餈爲一不以質分與許異說詳釋例從食。次聲。疾資切

𩛴　餈或從齊。

粢　餈或從米。內則釋文餈本或作粢

饘　糜也。糜當作鬻饘與鬻部鬻同從食。亶聲。諸延切周謂之饘。宋謂之餬。餬乃鬻之借字釋言餬饘也可證此義不誤檀弓釋文初學記皆引作宋衛謂之餈衛字可增饘餈則一字也如魯雖衛甚之比

餱　乾食。句糧也。依[redacted]引補所以見大雅乃裹餱糧之爲複語且以補米部糧下說之不備也篤公劉釋文曰糧餱也字林餱乾飯也詩無羊或負其餱從食。侯聲。乎溝切周書曰。峙乃餱粻。費誓文說文无峙字似當作庤崧高釋文作時亦借字餱粻今本作糗糧是也本文乃傳寫錯誤非米部有粻字而今挩也本引以證義非關證字糗熬米麥也所以證乾食糧字連糗爲複語以見釋餱以糧之非杜撰也

餥　餱也。釋言文從食。非聲。非尾切方言郭注音非陳楚之閒相謁而食麥飯曰餥。方言文注謁請也

饎　酒食也。釋訓文泂酌傳同字林饎熟食也商頌傳饎黍稷也特牲禮注炊黍稷曰饎要是同

義各舉一端耳從食。喜聲。詩大田田畯至喜箋曰喜讀爲饎釋訓釋文云舍人本作喜釋云古曰饎是知喜乃省形存聲字昌志切詩曰。可以饙饎。大雅泂酌文彼作餴

𩞄　饎或從配。地官饎人注故書饎作饌

糦　饎或從米。特牲饋食禮注古文饎作糦

籑　具食也。元應引作備具飲食也又引作具美食也特牲饋食禮籑者舉奠有司徹乃籑如饋注並云古文籑作餕論語先生饌釋文鄭作餕從食。算聲。本仕卷反孫士戀切

饌　籑或從巽。段氏曰禮經言饌者注皆訓陳不言古文作餕食餘之字皆作籑未有作饌者然則禮饌籑當是各字饌當獨出訓具食也籑餕當同出訓食餘也乃與禮經合

養　供養也。史記儒林傳倪寬常爲弟子都養注都養爲弟子造食也從食。羊聲。余兩切

𦎫　古文養。

飯　食也。字林同飯食皆當兼動靜二義本部自飤篆以上皆靜字說解中飯字四見食字五見皆靜字惟養下食是動字自饡篆至餀皆動字則饡餬飤餧餓饐餲下飯食字皆靜餘則動也本篆在靜字將盡之地自當兼之以筦上下文從食。反聲。符萬切當兼扶晚切六朝諱言反故改爲飰沿襲既久雖以陸氏之淹通亦分飰爲靜字飯爲動字

食

niù ⿰食丑　sì 飤　zàn 饡　shǎng ⿰食象　sūn 飧　bū 餔　cān 餐　lián ⿰食兼

猶其以疎音疏也。今無用飦字者而作泎不作汳矣。此皆習非勝是。不足深辨。

⿰食丑 雜飯也。從食。丑聲。女久切。字與米部粈同。

飤 糧也。元應曰。謂以食供設與人也。字林。飤糧也。一曰餅也。案餅當作餅。從人仰食。依元應引補。本因志反。孫詳吏切。

饡 以羹澆飯也。楚詞九思。時混混兮澆饡。注。饡餐也。言如澆饡之辭也。考工記注。瓚讀餐餐之餐。玉篇。餐者饡之古文。知餐為轉寫之譌。內則注又有膏餐。則漢時食品也。釋名。肺膜。膜饡也。以米糝之。如膏饡也。從食。贊聲。則幹切。

⿰食象 晝食也。晝御覽引作中。謂日中也。吾鄉謂午飯曰⿰食象飯。因謂正午為正⿰食象。本字與下飧餔連文。正以其時異也。廣韻。⿰食象日西食。則直與飧餔同義。從食。象聲。書兩切。

⿰食昜 ⿰食象或從傷省聲。傷當作昜。

飧 餔也。宰夫注。鄭司農云。飧夕食也。即以字形說字義。此許君所本也。小雅傳曰。孰食曰饔。許君用之。魏風傳曰。孰食曰飧。許君不用。蓋以為引申之義也。是以公羊傳趙盾食魚飧。直以為飲食之別名。司儀掌客之饔飧。則又以為小禮大禮之名。皆引申義也。從夕食。思魂切。

餔 日加申時食也。謂日加申之時而食謂之餔也。後漢書王符傳注引。句首有謂字。无食字。

日加某者。古語也。漢書翼奉傳。迺正月癸未日加申。後漢書郎顗傳。今月十七日戊午日加申。注云。日在申時也。魏志管輅傳。日加午而風發。又言時加。越絕書。時加南方。是也。古無子時丑時之語。衆經音義曰。淮南子。日行至于悲谷。為晡時。謂加申時也。是唐初猶沿此語。晡一作餔。從食。甫聲。博狐切。

⿱浦皿 籒文餔。從皿。浦聲。

餐 吞也。釋言。粲餐也。則指緇衣授粲而言。謂粲為餐之借字。從食。𣦼聲。七安切。

湌 餐或從水。桂氏曰。當作飧或從水。湌本飧之或字。誤系餐下也。玉藻。飯飧。疏。飧謂用飲澆飯于器中也。集韻。水沃飯曰湌。筠案陸氏本釋言作粲飧也。故釋文曰。飧謝素昆反。說文云。餔也。字林云。水澆飯也。本又作餐。施七丹反。字林作飧。云吞食。案當云字林作湌。謂說文作餐。字林作湌也。然則說文之湌。乃後人以字林羼入。而孔疏集韻之說。與字形合。固當不誤。但本部饡以羹澆飯也。與澆飯之說相似。或者餐湌饡飧之音相近。故各書之訓不同邪。

⿰食兼 嘰也。嘰小食也。⿰食兼似與嗛相近。從食。兼聲。讀若風濂濂。嚴氏曰。風疑作水。潘岳寡婦賦。水濂濂以微凝。李善引丁儀妻寡婦賦。水濂濂而晨結。蓋舊有成文。或云禾部稴讀若風廉之廉。此亦當同。未敢定之。力鹽切。一曰。廉絜也。依玉

wèn ⿰食㥯

yè 饁　xiǎng 饟　xiǎng 餉　kuì 饋　xiǎng 饗　méng 饛　zuò 飵　nián ⿰食占　wèn ⿰食豈　hú 餬　bì 飶

篇引改。廉字當絕句。謂⿰食兼可借為廉也。然不貪乃廉之借義。故以絜也定之。

饁 餉田也。字林。野饁也。從食。盍聲。筠輒切。詩曰。饁彼南畝。豳風小雅文。

饟 周人謂餉曰饟。餉一作饋。周頌。其饟伊黍。從食。襄聲。人漾切。案元應引說文。餉或作饟。饋餉也。釋詁。饁饟饋也。初不言餉。釋文及周頌釋文皆式亮反。與餉同音。豈本是一字。後乃分邪。

餉 饟也。一作饋也。從食。向聲。式亮切。

饋 餉也。天官膳夫。掌王之饋。注。進食于尊曰饋。士虞禮。特豕饋食。注。饋猶歸也。以物與神及人皆言饋。筠案此祭禮也。當為餽之借字。而亦借餽為饋。漢書食貨志。千里負擔餽饟。又借用歸。聘禮。歸饔餼五牢。注。今文歸或為饋。從食。貴聲。求位切。

饗 鄉人飲酒也。詩七月。朋酒斯饗。曰殺羔羊。傳。鄉人以狗。大夫加以羔羊。許君本此詩為說。以字從鄉也。於鄉飲酒禮無涉。引伸為饗下所言之詞。段氏說見言部。從食。從鄉。鄉亦聲。許兩切。

饛 盛器滿皃也。從食。蒙聲。莫紅切。詩曰。有饛簋飧。小雅大東文。傳。饛滿簋皃。案詩言簋。故傳言滿簋。許據字為說。故云盛於器中豐滿之皃也。

飵 楚人相謁食

麥曰飵。方言。餥飵食也。陳楚之內相謁而食麥饘謂之餥。楚曰飵。凡陳楚之郊。南楚之外。相謁而餐。或曰飵。或曰⿰食占。秦晉之際。河陰之間。曰⿰食㥯⿰食豈。此秦語也。從食。乍聲。在各切。

⿰食占 相謁食麥也。從食。占聲。韻會十四鹽引作餂。說曰。舌聲。又引孟子是以言餂之也。孫宣公孟子音義曰。丁曰。注云。餂取也。今案字書及諸書竝無此餂字。郭璞方言注云。音忝。謂挑取物也。其字從金。今此字從食。與方言不同。蓋傳寫誤也。學者宜詳。本亦作餂。奴兼切。

⿰食㥯 秦人謂相謁而食麥曰⿰食㥯⿰食豈。從食。㥯聲。烏困切。

⿰食豈 ⿰食㥯⿰食豈也。從食。豈聲。五困切。

餬 寄食也。左傳有餬口四方之語。故方言曰。寄食為餬。許君用之。皆約舉傳意以為說耳。若依文解之。而曰寄食其口。則不可通矣。且正考父鼎銘。以餬余口。以寄食解之。則尤不可通。故正義以餬帛況之。說雖未的。已得其似矣。案餬祇是口實耳。易。自求口實。從食。胡聲。戶吳切。

飶 食之香也。之者分別之詞。艸部。苾馨香也。凡香皆統之。故苾芬孝祀。苾苾芬芬。無不言食。而無不作苾。惟周頌一見飶字耳。故云之以見其為食之專字。從食。必聲。毗必切。詩曰。有飶其香。周頌載芟文。

yù 飫　bǎo 飽　yuàn 餇　yú 餘　ráo 饒　hài 餀　jiàn 餞　yùn 餫　guǎn 館

飫　燕食也。國語注引作宴安私飲也，鈞案當作燕私宴飲也。燕私卽用詩備言燕私，謂飫禮亦名燕私，而宴飲則許君所加注解也。飫與酉部醧同字，其說曰私宴飲也，亦是私字句絶。釋言，飫，私也。是飫私皆燕同姓之名，故醧說直曰私，卽猶之言燕私也。孫炎曰，飫非公朝私飲酒也。詩曰樂具入奏，箋以爲在路寢內矣。從食芺聲。依據切 詩曰。飲酒之飫。小雅常棣文，彼作飫。魏都賦張載注引韓詩曰，賓爾籩豆，飲酒之醧。

飽　猒也。猒俗作饜。從食包聲。博巧切 餥　古文飽。從采聲。采古文孚，古包孚同聲，网部罨或作罦。䨘　亦古文飽。從卯聲。

餇　猒也。猒者厭棄之意。楚詞大招，不歠嗌只，王注，嗌，餇也，令人不餇滿也。傳元瓜賦，豐旨絶異，食之不餇。廣志，眞定御棃，可以解煩釋餇。從食肙聲。烏懸切

饒　餘也。依文選注改。皿部盌，饒也。曲禮，大饗不問卜，不饒富。從食堯聲。如昭切

餘　饒也。從食余聲。地官委人，凡其余聚以待頒賜，注，余當爲餘。棠寫書者多省形存聲字，亦多假借字，後學多以改經，病鄭君亦不知量矣。以諸切

餀　食臭也。從食艾聲。呼艾切。字當與饖饐餲相次。爾雅曰。餀謂之喙。釋器文，喙作餯。李巡云，餀餯皆穢臭也。棠喙者古文假借字，餯者後作之專字也。喙可以解爲穢臭者，釋詁，呬，息也。說文呬下引緜詩犬夷呬矣，毛詩作喙，傳曰，喙，困也。廣韻引詩作瘃，曰困極也。晉語郤獻子傷，曰余病喙，韋注，喙，短氣皃。蓋喙者口也，口能息，故釋詁謂之息。困極則促息，故韋氏謂之短氣。然則餀謂之喙，卽由氣之義引申之而得氣臭之義，卽得惡臭之義矣。喙穢又是疊韻，可以通借。說文所以不收餯及瘃也。

餞　送去也。謂以飲食送人曰餞。依元應引補，蓋庾注也，以許說簡古而申之也。崧高釋文引字林，送去食也。左傳釋文引說文亦同，則以字林補說文也。詩泉水毛傳，祖而舍軷，飲酒於其側曰餞。韓詩章句、鄭箋皆云送行飲酒，固不當以字從食而云食矣。從食戔聲。才線切 詩曰。顯父餞之。大雅韓奕文

餫　野饋曰餫。左戍五年傳，晉荀首如齊逆女，故宣伯餫諸穀，注，野饋曰餫，運糧饋之，敬大國也。元凱以運釋餫，爲其同聲也。故凡轉運以輸之，皆謂之餫，不第是糧。詩大東言杼柚其空，則所輸者幣帛也，而箋曰送轉餫。小雅黍苗言築城，則其任輦車牛所運者楨榦芻茭糗糧也，而箋云營謝轉餫之役。從食軍聲。王問切

館　客舍也。毛詩館字，箋皆云舍，此云客舍者，委人凡軍旅之賓客館焉，許君下又引禮，是主禮爲言也。段氏曰，古假觀爲館，如白虎通引于邠斯觀，又引春秋築王姬觀于外。從食官聲。古玩切 周禮五十里有市。市有館。此二句元應引作五十里有候館。館有積。目待朝聘之客。地官遺人職，此隱括其詞。

tāo 饕　tiè 飻　wèi 饖　yì 饐　yè 餲

饕　貪也。從食號聲。土刀切 叨　饕或從口刀聲。小徐云俗，元應兩引，一作或，一作俗。𩞿　籀文饕從號省。唬聲自請，何必沿正文從號而謂之省。

飻　貪也。從食㐱聲。他結切 春秋傳曰。謂之饕飻。文十八年文，彼作飻。貪財曰饕，貪食曰飻。元應引之，蔡莢之亦引之，但兩日字作爲耳。案此賈侍中左傳注也。許君引傳，故連引師說，而不用爲正解者，饕從食，不可言財也。

饖　飯傷熱也。蓋古人一炊而數日食之，如今瀋陽土風，故有傷熱傷溼之事。廣雅，饖，臭也。蒼頡篇，饖，食臭敗也。從食歲聲。於廢切

饐　飯傷溼也。字林，饐，飯傷熱溼也。字苑，饐，飯餿臭。從食壹聲。乙冀切

餲　飯餲也。字林，餲，食敗也。從食曷聲。乙例切，又烏介切 論語曰。食饐而餲。鄉黨文。孔安國注，饐餲，臭味變也。段氏曰，皇侃云，饐謂飲食經久而腐臭也，餲謂經久而味惡也，是則孔注本作饐臭餲味變也，今本誤倒耳。案爾雅食饐謂之餲，直是誤讀論語，不必曲爲之解。

jī 饑　jǐn 饉　è 餩　něi 餧

饑　穀不孰爲饑。釋天文。穀梁襄二十四年傳，五穀不升爲大饑，一穀不升謂之嗛，二穀不升謂之饑，三穀不升謂之饉，四穀不升謂之康，五穀不升謂之大侵。從食幾聲。居衣切

饉　蔬不孰爲饉。桂氏曰，釋天文也。說文無蔬字，當作疏。天官大宰，臣妾聚斂疏材，注，百草根實可食者。疏不熟曰饉，釋文，疏，菜也，劉音蘇。委人凡疏材。曲禮，稻曰嘉蔬，釋文作疏。荀子，菫菜百疏以澤量，楊倞注，疏與疏同。淮南子，秋畜疏食，高注，菜疏曰疏，穀食曰食。其注呂氏春秋又云，草實曰疏食。風俗通，神農悉地力，種穀疏。韋昭注國語，疏，草菜之可食者。列士傳，鮑焦怨世不用已，采疏于道。凡此皆作疏，字不加艸。從食堇聲。渠吝切

餩　飢也。廣雅同，玉篇，飢皃也。從食戹聲。讀若楚人言恚人。以俗語正讀，謂楚人言恚人，其詞似餩也，非謂讀若恚。於革切

餧　飢也。從食委聲。奴罪切 一曰魚敗曰餧也。玉篇餧下有此兩義，又曰於僞切，餧，飼也。論語音義，說文云，魚敗曰餒，本又作餧，字書同。爾雅音義，說文曰魚

敗曰餧，字書作餧，同。華嚴經音義：說文曰：餧，飢也。字從食委聲。經本有從食邊委者，於僞反。此乃餧飤之字。案陸氏及慧苑皆引說文作餧，似乎可信。然所引字書，何以一作餧，一作餧邪？且餧飤之字，說文自作萎，月令乃作餧耳。衆經音義引三蒼：餧，飢也。論語：耕也，餧在其中。鄭曰：餧，亦餓也。齊語：君加惠於臣，使不凍餧。元應雖未引說文，然其字固從委也。此僧引書素不改字，吾依之。史記孔子世家作魚餧肉敗，必古本固然。且經典釋文經人竄改，安知所標之大字不本作魚餧，所引字書作餧，第指魚旁不同邪。

飢 餓也。從倉几聲。居夷切。

餓 飢也。從倉我聲。五箇切。

餽 吳人謂祭曰餽。方言：饋、餟，餽也。論語：詠而歸，王充讀為饋，謂行饋祭。蒼頡篇：饋，祭名也。皆借饋為餽。從倉從鬼，鬼亦聲。俱位切，又音饋。

餟 酹。句 祭也。依元應引乙轉。餟酹轉注。廣二名也。申之以祭，核其實也。字林謂以酒澆地祭也。史記孝武帝紀：其下四方地為餟食。封禪書作醊食。漢書郊祀志作腏。案：餟酹與祼茜同事，但祼茜沃之於茅，餟酹直沃地耳。此禮蓋後起，故茜酹同在酉部，而不類列。從倉叕聲。陟衛切。

䬽 小餟也。方言：饋，餽也。玉篇：饋同䬽。廣雅：祱，祭也。祱亦同餟。從倉兌聲。輸芮切。

䬴 馬食穀多，气流四下也。字或作䮰。玉篇：䮰，䮰驂，馬病也。馬傷穀也。從倉夌聲。里甑切。

䬾 食馬穀也。經典作秣。天官大宰芻秣之式，注：芻秣，養牛馬禾穀也。公羊宣十五年傳：柑馬而秣之。何注：秣者，以粟置馬口中。從倉末聲。莫撥切。

文六十二　重十八

亼 三合也。從入一。三字疑後人加之。徐鍇曰：疑只象形，非從入一也。是也。入一不能會而為義，小徐本篆作亼，則依從入一作之。象三合之形。實指事字也。大徐篆作亼，即依此說作之。秦入切。凡亼之屬皆從亼。讀若集。夏書：辰弗集于房。傳：集，合也。

合 合口也。段氏改為亼口也，蓋據繫傳曰亼口合口也，又食部云或說亼皀也，是其比也。祁刻作亼口也，亦據繫傳改之，朱鈔汪刻皆作合。亼口為合，猶十口為叶。詢謀僉同是也。從亼從口。侯閤切。

僉 皆也。釋詁文。從亼從吅從从。謂亼衆口而皆聽从之也。七廉切。虞書曰：僉曰伯夷。古堯典文。

侖 思也。侖下云：侖，理也。詩靈臺傳

論，思也。箋云：論之言倫也。案人之思必依乎倫理，而又不可以意為之也。故亼古人之典冊，使其思無越畔。從亼從冊。力屯切。

𠌶 籀文侖。玉篇作侖，是也。古籀文竹作竹，不作竹。

今 是時也。孟子：及是時。從亼從㇇。今與亼㇇皆平入疊韻，是亼㇇皆義又皆聲也。故用此字例，不言從亼㇇聲。居音切。〔㇇古文及〕

舍 市居曰舍。依御覽引補。廣雅疏證引此文曰：市居曰舍。案地官司市以下掌市之官凡四，經文皆不言舍。又有舍人，則主平宮中用穀者也，於舍無涉。惟天官掌舍，掌王之會同之舍，其曰設梐枑再重者，以周衛之。虎賁有兩列也。曰設車宮者，次車以為藩衛，周遶如宮也。無非週市。於王之所舍，宮部營下云：市居也。營者環繞之謂，意與舍同。謂之舍者，敘官掌舍注曰：舍，行所解止之處。是知舍者休息之意。夜下云：天下休舍。是也。曰稅舍者，稅駕之舍也。軍行三十里為舍，亦行路之事，故掌舍、幕人、掌次，三職相連，皆掌王行路宿息之官。從亼中。象屋也。口象築也。亼，衆所集也，又屋形也。中，茅茨也。口音圍。凡經言築者皆謂牆。始夜切。

文六　重一

會 合也。釋詁文。段氏曰：禮經器之會曰蓋，為其上下相合也。凡曰會計者，謂合計之也。皆非異義。從亼，從曾省。曾，益也。從曾之借義，故許申說之。如曾祖曾孫，即增益之義，故許君自稱曾曾小子也。增者，曾之分別文。黃外切。凡會之屬皆從會。

㣛 古文會如此。元應引作彸，是從彡也。不甚可解，故不言所從。竹君本作彸，則從彳。

𩞁 益也。與俾、裨、埤並同。從會卑聲。符支切。

䢅 日月合宿為䢅。依廣韻引改。宿，二十八宿。䢅，謂十二次也。左傳曰：月之會是為辰，則但作辰。鄭注月令：孟春者，日月會于陬訾，而斗建寅之辰也。仲春者，日月會于降婁，而斗建卯之辰也。季春者，日月會于大梁，而斗建辰之辰也。孟夏者，日月會于實沈，而斗建巳之辰也。仲夏者，日月會于鶉首，而斗建午之辰也。季夏者，日月會于鶉火，而斗建未之辰也。孟秋者，日月會于鶉尾，而斗建申之辰也。仲秋者，日月會于壽星，而斗建酉之辰也。季秋者，日月會于大火，而斗建戌之辰也。孟冬者，日月會于析木之津，而斗建亥之辰也。仲冬者，日月會于星紀，而斗建子之辰也。季冬者，日月會于元枵，而斗建丑之辰也。從會辰。十二辰者，十二支也。古法始寅終丑，爾雅歲名可徵。史記律書雜三號卒明撫十二節卒于丑，是漢初猶如古。周禮

cāng 倉　qiāng 牄　rù 入　nèi 內(内)　cén 㞤　dí 糴　quán 全

若族氏、鄭注曰、辰謂從子至亥、說文亦終于亥、是漢末不如古也、辰亦聲。植鄰切、鈕氏曰、廣韻收辦于鍇部也、玉篇疊下有又音會三字、葢後人本廣韻增、誤收疊于𣎵部、猶誤

文三　重一

倉 穀藏也。呂覽高注、圓曰囷、方曰倉、荀子注、穀藏曰倉、米藏曰廩、倉黃取而藏之。故謂之倉。古多作蒼黃、然疊韻形容之語、本無正字、且以倉說倉、與㫃部旌進旃表同法、故云故謂之也、說又見向部、從食省、從古文食也、故亼下無直畫、五音韻譜有之者、乃誤据小篆食增之、非所据本乃爾也、口象倉形。七岡切、凡倉之屬皆從倉。

𠓛 奇字倉。莊氏述祖曰、逸周書糴匡篇、企不滿壑、企當作全、嚴氏曰、汗簡引作𠓛、集韻、創古作𠛍、是也、全疑爛文、

牄 鳥獸來食聲也。來、書釋文引作求、玉篇食下有穀字、公羊春秋有頓子牄、從倉爿聲。七羊切、虞書曰。鳥獸牄牄。古咎繇謨文、今作蹌蹌、鄭注、飛鳥走獸蹌蹌然而舞、鄭注大司樂則引鳥獸牄牄、釋文云、本又作蹌、可知尚書亦後人改、

文二　重一

入 內也。入內二字古通用、釋名、入、納也、尚書、內于大麓、列女傳引內作入、史記楚世家、靈王於是獨傍偟山中、野人莫敢入王、魏世家、商君亡秦、歸魏、魏怒不入、象從上俱下也。人汁切、凡入之屬皆從入。

內 入也。天官敘官注、職內、主入也、春官鐘師、納夏注、故書納作內、大戴禮、廟之末納尸也、荀子作入尸、史記作內尸、書、九江內錫大龜、史記作入錫、積古齋頌鼎吳彝皆云入門立中廷、無專鼎亦有此語、而入門二字合爲𢍁、是以內爲入也、平安館毛伯鼎亦有此語、則作內門二字、從冂自外而入也。奴對切、當奴荅切、

㞤 入山之深也。從山從入闕。鉏箴切、會意字未有似此粗淺者、且造此字將何用哉、在人部而先言從山、紊其主從、而又云闕、是無音也、疑非許君所收、

糴 市穀也。漢書食貨志、糴甚貴傷民、甚賤傷農、從入糴。徒歷切、

仝 玉篇廣韻同、五經文字作仝、從亼下工、在亼部、云作全訛、完也。廣雅同、從入從工。入似于全無涉、疾緣切、

全 篆文全從玉。純玉曰全。考工記、玉人之事、天子用全、注、全、純玉也、

𠔓 古文全。汗簡作𠔓、屬入部、

从 二入也。兩從此。兩下云闕、不云從从、闕。良奬切、

文六　重二

缶 瓦器。所目盛酒漿。釋器、盎謂之缶、許君則曰、盎、盆也、東楚名缶曰甾、以缶甾字形推之、許君謂其口歛、異于盆之侈口也、易坎卦、樽酒簋貳用缶、風俗通引貳作二、秦人鼓之以節謌。鼓當作攴部之鼓、謌、李善引作樂、今本葢以應劭語改之、應注漢書曰、缶、瓦器也、秦人擊之以節歌、許君第據藺相如李斯傳爲說耳、易不鼓缶而歌、陳風、坎其擊缶、不獨秦也、象形。凡器皿字、惟缶壺有蓋、皆盛酒者也、方九切、後漢孔融傳注、引說文云、瓬、缶也、玉篇缶有重文瓬、凡缶之屬皆從缶。

㲄 未燒瓦器也。段氏曰、土部、坏、瓦未燒、㲄坏義同而音最相近、故集韻謂爲一字、披尤切、筠案集韻引廣雅、㲄、培也、培卽坏之借字、從缶殸聲。讀若筩莩。筩謂讀若筩中之莩也、漢書中山靖王傳注、葭蘆也、莩者其筩中白皮至薄者也、大徐云、又苦候切、承許說而言、謂唐

韻亦有莩㲄二音也、而其語殊爲苟簡、故毛氏依小徐改又爲同、玉篇苦谷切、

匋 瓦器竈也。依詩疏引補、蒼頡篇、匋、作瓦家也、字林、匋、作瓦器者也、廣雅、匋、窯也、案古名匋、今名窯、穴部、窯、燒瓦竈也、窯竈連文、後漢書楊震之曾孫彪傳、杜陵南山下、有武帝故瓦陶竈數千所、亦陶竈連文、則陶爲匋之累增字、引申之則作瓦曰陶、尚書大傳、舜陶于河濱、馬注周書梓材云、治土器曰陶、許君說陶、但主陶丘、以字從𨸏也、從缶包省聲。徒刀切、當作勹聲、古者昆吾作匋。案史篇讀與缶同。二句見繫傳、大徐失著、徐鍇曰、耳、然于古有徵、亦附解焉、昆吾作匋者、見尸子、呂覽高誘曰、昆吾、顓頊之後、吳回黎之孫、陸終之子、已姓也、爲夏伯、制作陶冶、埏埴爲器、元應曰、舜始爲陶、夏臣昆吾更增加也、世本云、讀與缶同者、水經注、陶丘、墨子以爲釜丘、竹書紀年、魏襄王十九年、辥侯來會于釜丘、

罌 缶也。依御覽引改、顏注急就篇曰、罌缻之大腹者也、漢書蘇武傳、賜武馬畜服匿穹廬、晉灼曰、河東北界人呼小石罌受二斗所、曰服匿、從缶。漢書韓信傳、以木罌缶度軍、然則又雙名罌缶、賏聲。烏莖切、

錘 小口罌也。天官凌人、春始治鑑、注、鑑如甀大口、疏云、漢時名爲甀、卽今之甕是也、從缶垂聲。池偽切、

𦈢

bù 𦈢　chuí 錘　yīng 罌　táo 匋　kòu 㲄　fǒu 缶　liǎng 从

píng 缾　wèng 罋　tà 𦈪　yīng 罃　gāng 缸　cùn 鑪 yù 䍄　yóu 䍃　líng 𦉢　diǎn 𦈰　quē 缺　xià 罅　qìng 罄　qì 罊　dòu 缿

小缶也。字與瓦部瓿𤭸同。方言：缶謂之瓿𤭸。又曰：瓿𤭸，罌也。從缶，音聲。蒲候切。

缾　罌也。詩蓼莪見罄下。漢書陳遵傳：觀瓶之居，居井之眉，處高臨深，動常近危。從缶，左襄九年傳：具綆缶。是缾亦謂之缶。并聲。薄經切。

瓶　缾或從瓦。易井卦作此字。

罋　汲缾也。易井卦：甕敝漏。又曰：羸其瓶。從缶，雝聲。烏貢切。

𦈪　下平缶也。集韻、類篇引作瓨也。又云：器中平也。廣雅：𦈪，瓶也。從缶，乏聲。讀若䈥引易。未詳。土盍切。

罃　備火長頸缾也。五行志注引云：備火，今之長頸缾也。案：備火蓋罃之別名，長頸缾始是訓釋，但於羣書無徵。今之水龍激筩，古蓋無之。從缶，熒省聲。烏莖切。

缸　瓨也。二字同，故以爲訓。集韻引作瓶也，非是。從缶，工聲。下江切。

䍄　瓦器也。從缶，或聲。于逼切。

鑪　瓦器也。廣韻：鑪，紡錘。集韻：鑪，一曰紡甎。餘見寸部專下。從缶，薦聲。作甸切。

䍃　瓦器也。方言：䍃，罌也。淮汝之閒謂之䍃。從缶，肉聲。以周切。

𦉢　瓦器也。玉篇：似瓶有耳。字與瓦部瓴同。廣雅釋器：𦉢，瓶也。而不收瓴。史記高祖紀、淮南子脩務訓則皆作瓴。從缶，霝聲。郎丁切。

𦈰　缺也。集韻引此，而申之曰：謂器之缺者，言其與刲小別也。從缶，占聲。都念切。

缺　器破也。易林：甕破缶缺。從缶，夬聲。依戴侗引唐本改。傾雪切。

罅　裂也。考工記旅人所謂薜也。從缶，虖聲。呼迓切。缶燒善裂也。善讀如漢書岸善崩之善。善猶多也。言此者，凡罅隙皆言罅，而字從缶，故申之也。蜀都賦：樼栗罅發。字亦作呼。易解卦：百果草木皆甲宅。鄭注皆讀如人倦解之解。解謂坼呼，秦呼卽罅。

罄　器中空也。空一作盡。從缶，殸聲。苦定切。殸古文磬字。詩云：缾之罄矣。小雅蓼莪文。穴部窒下亦引此詩，知二字同。

罊　器中盡也。釋詁：罊，盡也。從缶，毄聲。苦計切。

缿　受錢器也。漢書趙廣漢教吏爲缿筩。師古曰：缿，如今盛錢藏瓶，爲小孔，可入而不可出。古文苑撲滿者，以土爲器，以蓄錢，有入竅而無出竅，滿則撲之。從缶，后聲。大口切。又胡講切。案本字失次，或後增。古以瓦，今以竹。恐人見竹製疑字不當從缶也，故申之。

文二十一　重一

shǐ 矢　shè 䠶(射)　jiǎo 矯　zēng 矰　hóu 矦(侯)

矢　弓弩矢也。案：夏官司弓矢、稾人二職，弓六物，弩四物，矢八物，其矢皆從乎弓弩。故許君於弓部既詳言之，說矢卽系乎弓弩，不復詳別其名物也。從入　缶矢上半似入字，故次入部後。然皆全體象形字，缶下不云從入，此安得有？且下文象鏑卽謂人也。象鏑幹栝羽之形。人其鏑也，丨其幹也，丌其栝及羽也。幹爲矢之大體，不當遺之。式視切。古者夷牟初作矢。三蒼同。郭注山海經引世本作牟夷。玉篇同。荀子浮游作矢，注云：世本夷牟作矢。宋衷注云：黃帝臣。此云浮游，未詳。或者浮游夷牟之別名，或聲相近而誤耳。凡矢之屬皆從矢。

䠶　弓弩發於身而中於遠也。從矢，從身。鐘鼎作𢎿是也。篆體變錯，故許君之說支詘。已見釋例。食夜切。

射　篆文䠶從寸。寸，法度也。亦手也。

矯　揉箭箝也。說文無揉，當作煣。蒼頡篇：矯，正也。漢書嚴安傳：矯箭控弦。顏注：矯，正曲使直也。案：矯撟同音，古率用撟，今皆用矯。矯從矢，所矯者矢之笴也。而考工記弓人：撟幹，欲孰于火而無贏；撟角，欲孰于火而無燂。其字則從手。從矢，喬聲。居夭切。

矰　隿䠶矢也。夏官司弓矢：矰矢、茀矢，用諸弋射。注：結繳于矢謂之矰。矰，高也。茀之言刜也。二者皆可以弋飛鳥，刜羅之也。又云：田弋充籠箙矢，共矰矢。注：矰矢不在箙者，爲其相繞亂。從矢，曾聲。作滕切。

矦　春饗所䠶矦也。春饗者，春將祭，王與諸矦大夫射，取其賢者與共祭事也。饗當爲亯，寫者失之。第言春者，考工記梓人張皮矦而棲鵠，則春以功。許君蓋據此文立言，而讀春如本字也。鄭注則曰：皮矦以皮所飾之矦。司裘職曰：王大射，則共虎矦、熊矦、豹矦，設其鵠。謂此矦也。春讀爲蠢。蠢作也，出也。天子將祭，必與諸矦羣臣射，以作其容體，出其合于禮樂者，與之事鬼神焉。梓人爲矦，廣與崇方，參分其廣而鵠居一焉。注：惟大射以皮飾矦，大射者將祭之射也。其餘有賓射、燕射。從人，從厂，象張布之狀，矢在其下。從厂二字，從人增之。厂與布不肖，且既言從，不當又言象也。依廣韻引補之狀二字。夏官射人：王大射，則以貍步張三矦。大射儀：大矦九十，參七十，干五十。注：矦謂所射布也。乎溝切。天子䠶熊虎豹，服猛也。諸矦䠶熊豕虎。大夫䠶麋。麋，惑也。士䠶鹿豕，爲田除害也。據周禮、儀禮。注言矦制，不承春饗也。司裘：王大射，則共虎矦、熊矦、豹矦；諸矦則共熊矦、豹矦；卿大夫則共麋矦，皆設其鵠。鄉射禮記：士布矦，畫以鹿豕。案：熊虎豹當依周禮作虎熊豹，熊豕虎當刪豕字，不依杜子春改爲熊豹而依故書也服猛櫜惑除害之說則采之含文嘉其祝曰。毋若不寧矦。不朝于王所。故抗而躲汝也。考工記梓人祭矦之詞也抗大戴禮作亢、

矦　古文矦。筠清館齊矦罍矦字屢見、

𥏫　傷也。二字同、從矢昜聲。桂氏曰傷觴竝從𥏫省聲此𥏫當作𥏫從矢從入昜聲式陽切

短　有所長短目矢爲正。矢有五扶七扶之制故可以代尺猶匠人度堂室以筵車人度車以柯也、從矢豆聲。段氏曰當作從豆證以考工豆中縣案此言長短非言曲直且如是則不分主從短豆雙聲也、都管切、

矤　況也。詞也。桂氏曰爾雅疏引作況辭鈐案也字誠當刪而況字自是一句釋言矤況也許君用之而以詞總說之也矤況是古今語詩書皆云矤其言況者如況也永歎倉兄填兮職兄斯引毛傳或曰滋也或曰益也乃是滋益之詞不作矤字解知爾雅之作在周以後矣、從矢引省聲。今作矤則不省式忍切、從矢取詞之所之如矢也。綴此句於末者矤知矣三字皆從矢譬況之義故以此兢率之詞之所之者易繫辭上辭也者各指其所之、

知　詞也。自部智識詞也或此亦當然從口從矢。先言從口則字當在口部

且不須待擬議矢口而出是眞知也陟离切、

矣　語已詞也。已止也、從矢目聲。于已切、

文十　重二

高　崇也。釋詁崇高也、象臺觀高之形。謂字之上半也、從冂。同冋臺觀必有界址口與倉舍同意。亦象築也古牢切、凡高之屬皆從高。

高　小堂也。集韻傾复切瓜屋也、從高省冋聲。去穎切、

廎　高或從广頃聲。

亭　民所安定也。風俗通謹案春秋國語有寓室謂今亭也亭民所安定也漢家因秦大率十里一亭亭留也今語有亭傳蓋行旅宿食之所館也案戰國韓桓惠王時有上黨守馮亭旣以亭命名則其字之作已久特不見於經耳、亭有樓。從高省。地官司市上旌于思次鄭注思次若今市亭也鄭司農云次市中候樓也丁聲。特丁切、

亳　京兆杜陵亭也。亭從高故不舉亳都而舉亳亭猶莽字不說以草莽而曰犬善逐兔艸中也、從高省乇聲。旁各切案湯之亳都古書多作薄尚書之亳蓋衞包改孟子則子書俗字多也、

文四　重一

冂　邑外謂之郊。郊外謂之野。野外謂之林。林外謂之冂。與魯頌毛傳同爾雅釋地郊外謂之牧牧外謂之野多五字說詳里部野下、象遠界也。魯頌傳坰遠野也釋詁迥遠也泂酌傳泂遠也然則從冋者多訓遠古熒切、凡冂之屬皆從冂。

冋　汗簡引作冋、古文冂從口象國邑也。

坰　冋或從土。

市　買賣之所也。依御覽引乙轉淮南子朝之市則走夕過市則步禪裕子市朝滿而夕虛非朝愛而夕憎也求存故往求亡故去、市有垣。從冂從乁。乁古文及。象物相及也。㞢省聲。本時止反、

冘　淫淫。行皃。也。後漢書來歙傳注類篇通志皆引作冘冘玉篇冘部說同文選羽獵賦淫淫與與李善注皆行皃也今本蓋據此改之然字本同聲又增一典說文重字被刪者多矣此以易字得不刪錄其功故破格存之從人出冂。人出遠界是行意也余箴切、

央　中央也。詩宛在水中央又夜未央箋云猶言未渠央也匡謬正俗引古詩調弦未遽央謂卽

是未遽中是也又謂鄭君不指明其事則非也漢人解經用漢語乃是常事豈料唐人不曉其意乎從大在冂之內。大。人也。大旣是人則央與冘同矣而曰在冂之內乃字形則出冂者非出也特以界畫乎冂之正中耳於良切、央旁同意。一曰久也。已也。依詩庭燎釋文補漢未央宮瓦當文曰長樂未央蓋言樂無已也、

隺　高至也。以下文說字形推之則此謂極高者亦能到也詩曰有鳥高飛亦傅于天是也以下文引易推之則此謂天之高至乎其極也乃廣韻曰隺高也集韻十九鐸又收隺字云鳥飛高也易乾卦釋文引鄭云確堅高之皃以此推之則高至祇是高極耳不可泥字形也從隹上欲出冂。胡沃切、易曰。夫乾隺然。易繫辭彼作確鄭氏易贊作隺、

文五　重二

𩫏　度也。民所度居也。詩皇矣爰究爰度傳度居也吳越春秋鯀築城以衞君造郭以居民此城郭之始也從回此必後人所加下文以象字領兩句回但象中閒不象上下也象城𩫏之重。回象內城外𩫏、

兩亭相對也。上古下吕、乃兩亭字之省、古博切、或但從口。當於、皆從𩫖之下出篆、而說之以此句、𩫖之篆文𩫖、可爲比例、凡𩫖之屬皆從𩫖。

缺也。古者城闕其南方謂之𩫖。公羊解詁、天子周城、諸矦軒城、軒城者、缺南面以受過也、案軒城猶之軒縣、左傳謂軒縣爲曲縣、毛詩闉闍傳曰、闉、曲城也、曲闕同義、然則曲城殆卽青衿之城闕矣、𩫖字從𩫖、缺者必𩫖、葢如字形、𩫖之南方不交而屬於城、中央闕然、如象魏之闕、故謂之𩫖、非謂城墉不完也、從𩫖夬聲。讀若拔物爲決引也。決小徐作夬、此亦以俗語正讀也、傾雪切、

文二當有重一

人所爲絕高丘也。釋丘、絕高爲之京、非人爲之丘、許君主此爲說者、高象臺觀、臺觀亦人所爲、京從高、故主之也、然詩景山與京、依其在京、皆擇人所不居之地以建國、安得有人所爲之京、況公劉之幽、尤在荒遠之地乎、許君用釋丘、鄭君箋詩公劉、亦用釋丘、皆据訛本、爾雅本作絕高謂之京、謂今作爲者、涉下句爲字而訛也、爾雅多用毛傳、

定之方中、甫田傳竝云、京、高丘也、皇矣傳云、京、大阜也、初無人爲之說、且風俗通曰、爾雅、丘之絕高大者爲京、謂非人力所能成、乃天地性自然者也、公劉正義引李巡曰、丘之高大者曰京、然則應劭李巡所據爾雅、皆作絕高謂之京可知、且孔冲遠亦覺其不妥、据公劉依京築宮、王肅言可以禦亂、以駁爾雅人爲之說、而又以京觀爲人所爲、然此乃譬況之詞、卽禮記爲宮室不斬于丘木、丘乃墓也、不但京有二等也、或曰、九經字樣、京、人所居高丘也、卽本之說文、今本居譌作爲耳、然丘部云、非人爲之、旣用爾雅、則此亦用爾雅可知、前賢偶有不照、不須爲之回護、從高省、丨象高形。嚴氏曰、古讀京如姜、六書故引蜀本作巾聲、非也、舉卿切、凡京之屬皆從京。

就高也。葢謂人就高丘以居也、然語云就下、又云俯就、豈有就高之語、葢古義失傳、姑以爲說耳、從京從尤。尤異於凡也。會意字而意不可會、雖申說之、仍不軒豁、觀乎其形而義之難解、可見矣、疾僦切、

籒文就。

文二　重一

獻也。段氏曰、下進上之詞也、毛詩之例、獻于神曰亯、神食其所亯曰饗、周禮之例、凡祭亯用亯字、凡饗燕用饗字、儀禮之例、聘禮內臣亯君字作亯、士虞禮少牢饋食禮尚饗字作饗、小戴禮、凡祭亯饗燕字皆作饗、無作亯者、左傳則皆作亯、無作饗者、從高省、曰象進孰物形。豆之古文上半作、是器中有物形也、許兩切、又普庚切、又許庚切、今作亨烹亨三形、孝經曰、祭則鬼亯之。孝治章文、案獻也及此鬼亯之之說、是亯神神饗、許君竝作亯也、再詳饗字說于祭事無涉、尤信、凡亯之屬皆從亯。

篆文亯。玉篇以爲籒文、隸書亨字、葢由此變之、

孰也。俗語純熟是也、從亯羊。讀若純。常倫切、一曰鬻也。

篆文𩫖。

厚也。釋詁、篤、厚也、從亯竹聲。冬毒切、讀若篤。謂經典假篤爲䈞也、

用也。從亯從自。自知臭香所食也。自知臭者、自鼻也、臭者腥臊羶香朽之總名、香所食也者、惟香中食也、亯香同音、故言香、詩曰、其香始升、上帝居歆、是其義也、詳許君之說字形、則知說義曰用也、乃是用亨用食之義、召誥、用牲于郊、左傳雞其憚爲人用乎、積古齋拍盤、拍作朕配平姬畗宮祀彝、葢爲其妻作盤也、古皆謂之妃、此獨曰配、謂之畗宮者、妻卑、故不謂之廟也、平安館子孫父丁尊有字、亦與本篆相似、讀若庸。句下小徐有同字、玉篇廣韻皆以畗爲庸之古文、然詳許君之意、第可通用、未可徑以爲一字也、余封切、

文四　重二

厚也。二字同音、經典又皆作厚、故以爲解、實則本部承上部、仍是飲食事也、從反亯。徐鍇曰、亯者進上也、以進上之具、反之於下、則厚也、胡口切、凡𣆪之屬皆從𣆪。

長味也。詩毛傳、或曰、覃、長也、或曰、覃、延也、案延亦長也、許言長味者、以字從鹵也、不入鹵部而在此部者、所以證𣆪之義爲滋味也、從𣆪鹹省聲。此卻不必、亦云從鹵可矣、徒含切、詩曰、實覃實吁。大雅生民文、吁彼作訏、此葢譌、

古文覃。從古文豆、

篆文覃省。

山陵之厚也。山集韻引作丘、之者分別之詞、謂經典概用厚字、其實𣆪是飲食之𣆪、厚則山陵之厚、各有專義也、故此字本以厂爲主、𣆪爲從、而入之𣆪部、所以重明𣆪字之義、從𣆪從厂。當云從厂𣆪、胡口切、

古文厚從后土。當作從土后聲、玉篇土部垕云、古文厚、又收垕字、亦云古文厚、則是從土上加石、故厚也、但石之古文作后、不作后、

bǐ 啚　dǎn 亶　bǐng 稟　lǐn 㐭　liáng 良　fú 畐

文三　重三　小徐本、㫗部在畐部後、部敘篇亦然、玉篇則如大徐本、

畐 滿也。段氏曰、方言、愊偪、滿也、凡以器盛而滿謂之愊、注、言涌出也、腹滿曰偪、注、言勅偪也、按廣雅、愊偪、滿也、本此、而玉篇云、腹滿謂之涌、腸滿謂之畐、與今本方言異、元應書畐塞、注曰、普逼切、引方言、畐、滿也、是則希馮元應所據方言、皆作畐也、釋言曰、逼、迫也、本又作偪、偪逼皆畐之俗字。從高省、象高厚之形。承亯㫗二部言之、爲其形相似也。凡畐之屬皆從畐。讀若伏。房六切、又芳逼切、

良 善也。毛傳廣雅並同。從畐省。人性皆善、是善氣充滿畐塞于宇宙閒也、故曰良知良能、亡聲。呂張切、

良 古文良。

良 亦古文良。汗簡引作良、

良 亦古文良。

文二　重三

㐭 穀所振入。地官廩人、掌九穀之數、以待國之匪頒賙賜稍食、中庸注曰、振、猶收也、以字從入、故云振入、案本句泛言廩之用、不專主齍盛、宗廟粢盛、倉黃㐭而取之、故謂之㐭。粢當作齍、㐭者、謹懍之意、說文無懍字、漢書廩廩、即懍懍、廩者㐭之或體、故用㐭也、本文三句、又言所以名㐭之意、藏穀曰倉、藏米曰廩、倉部云、倉黃取而藏之、故謂之倉、此與相對立文、二職有聯也、廩人疏曰、春秋桓十四年八月、御廩災、單云廩、則平常藏米之廩、此不云御廩、則廩中可以兼之矣、詩云、亦有高廩、注云、廩所以藏粢盛之穗、以其萬億及秭數多、非藏米之數、故以藏穗言之、與常廩御廩又異、案孔疏以常廩御廩高廩三項、皆屬之廩人、高廩即神倉、廩人職曰、大祭祀則共其接盛、鄭注、大祭祀之穀、藉田之收、藏于神倉者也、不以給小用、是也、許說倉以倉黃、說㐭不曰謹㐭者、牽連倉部之說以說之、亦足以見意矣。從入回。三字涉附會、象屋形、中有戶牖。此以爲象形、是也、不當從入回會意、入者屋形、回者戶牖形、屋必有戶牖、而重複言之者、倉廩恐米蒸變、必爲天窗、力甚切、凡㐭之屬皆從㐭。

廩 㐭或從广稟。

稟 賜穀也。廣雅、稟、祿也、又云、稟、予也、顏注急就篇曰、稟、賜穀也、稟食縣官、官給其食也、王氏補注、稟、賜穀也、漢書縣官、謂天子也、史記平準書、衣食仰給縣官、從㐭從禾。筆錦切、

亶 多穀也。經典不見此義、釋詁、亶、厚也、從㐭旦聲。多旱切、

啚 嗇也。經典皆借鄙、漢書董仲舒傳、或仁或鄙、從口㐭。㐭受也。㐭下無此義、故著之、且說啚以嗇、故此與嗇下來者㐭而藏之同意、此義亦通作稟、書說命、臣下罔攸稟令、傳、稟、受也、案口受之而無所施、是鄙吝也、方美切、

啚 古文啚如此。

文四　重二

sè 嗇　qiáng 牆　lái 來

嗇 愛濇也。依廣韻引改、且繫傳曰、濇音澀、即解此文也、然澀濇同義、方言、荆汝江湘之郊、凡貪而不施謂之嗇、通作穡、詩、桑柔、好是稼穡、箋云、但好任用是居家吝嗇于聚斂作力之人、釋文、穡本亦作嗇、尋鄭家嗇二字、本皆無禾者、從來從㐭。所力切、來者㐭而藏之。故田夫謂之嗇夫。本從來㐭借義、然既爲田夫之名、則亦兼本義也、書大誥、若穡夫、許意主漢制鄉之有秩嗇夫而言、小徐本、此下有一曰棘省聲、六書故引蜀本同、是謂篆當作嗇也、然下文繼以來部、知不可從、凡嗇之屬皆從嗇。

嗇 古文嗇從田。云、從田、則來、仍是來矣、

牆 垣。句、蔽也。與土部垣轉注、而以蔽申之、左昭元年傳、人之有牆、以蔽惡也、從嗇、愛其室家之好、故蔽之也、爿聲。才良切、

牆 籀文牆從二禾。筠清館師袁敦、卿乃牆事、蓋借牆爲穡、

牆 籀文亦從二來。

文二　重三

來 周所受瑞麥來牟。御覽、詩疏、引皆作牟、是也、下放此、本草綱目、小麥下、李時珍曰、許氏說文云、天降瑞麥、一來二縫、象芒刺之形、天所來也、如足行來、故麥字从來、从夂、夂音綏、足行也、詩云、貽我來牟、是矣、又云、來象其實、又象其根、一來二縫。本草綱目引如此、是也、而縫當作夆、故詩思文正義引作一麥二夆、是初譌本、御覽引作一麥三縫、是再譌本、或又引作一束二縫、則益謬矣、案許君特立此部、以來爲小麥之專名、所以正毛傳之誤也、思文傳云、牟、麥、釋牟而不釋來、臣工、於皇來牟、箋云、於美乎赤烏以牟麥俱來、於是傳意曉然、謂經言來牟者、乃牟自天而來也、許君則曰、來、小麥也、牟、大麥也、故曰周所受瑞麥來牟、然又恐人謂來牟二字爲一名也、乃區別之曰、一來二牟、於是較然爲兩物矣、麥部麰字、乃後人增也、知然者、其說曰、來麰、麥也、仍以來牟爲一物、知是人能讀毛傳、未能讀許書也、經本作牟、故傳釋之曰麥、若麰既從麥、傳不必費詞矣、廣雅、大麥、麰也、小麥、麳也、蓋宗說文、象其芒朿之形。洛哀切、天所來

móu 麰　mài 麥　sì 𥎦

也。故爲行來之來。發明假借之所以然、兼明毛傳偶誤之所由詩曰誕降嘉種、故太誓曰、火流爲鵰、以穀俱來、鄭注曰、鵰當爲鴉、故說臣工曰、赤烏以牟麥俱來也、行來者、漢人常語也、後漢書陸康傳、不得行來、章懷注、行來猶往來也、又宋均族子意傳、行來不難、然則行來一意、乃複語也。詩曰。詒我來麰。周頌思文文、作貽、俗字也、作牟、是也、凡來之屬皆從來。

𥎦 詩曰。不𥎦不來。此殘闕之文也、無訓義而突然引詩、而所引者又非詩、爾雅釋訓、不俟不來也、郭注、不可待、是不復來、釋文出不𥎦而說之曰、宜從來、本今作俟、俟字、然則陸氏即据說文改之、非所見本作𥎦也、据郭以待釋俟、則當與竢同字、立部竢、待也、又案釋訓本句上下文、皆釋詩、不應本句遂無所出、或許君引詩、而兼引爾雅說詩之詞、而所引之詩已挩佚乎。從來。此行來、非來牟也、矣聲。牀史切、

竢 𥎦或從彳。

文二　重一

麥 芒穀。鄭注大誓引禮說曰、武王赤烏芒穀應、秋種厚薶。故謂之麥。薶麥疊韻、夏小正傳、鞠榮而樹麥、時之急也、尚書大傳、主秋者虛、昏中可以種麥、麥金也。金王而生。火王而死。李時珍曰、素問升明之紀、其類火、其藏心、其穀麥、鄭注月令、麥實有孚甲、屬木、說文麥金也、三說各異、蓋許以時、鄭以形、而素問以功性、故立論不同耳、筠案、吾鄉呼小麥爲火麥、如素問說、從來。韓詩貽我嘉𪎊、漢書飴我𪎊麰、是漢人說詩、皆不以來爲麥名、許君之說、蓋据麥從來定之、有穗者。從夊。從夊難解、姑以疊韻解之、實則穀皆有穗、不第麥也、徐鍇曰、夊、足也、周受瑞麥來麰、如行來、故從夊、莫獲切、凡麥之屬皆從麥。

麰 來麰麥也。漢書楚元王傳引詩飴我釐麰、劉向說釐麰、麥也、則知于說文增麰篆者、即取劉向說以爲說、古讀來如釐、故改釐爲來也、初學記引說文麰、周所受來麰也、案徐堅既收麰字、遂引來部說解以說之、非必所据說文即有麰篆、孟子有之、而周頌釋文引作麰、且曰字書作麰、則是漢以前書無麰字也、許君不收麰字者、蓋以韓詩爲今文、如馥芬孝祀、說文不收馥字也、況麰字之說、各書不同、玉篇曰春麥、廣韻曰大麥、又短粒麥、初學記引漢書曰、來麰、大麥也、則又以來麰爲一名、羣言擾亂、吾誰適從、王于大麥之名、本草又謂之稞麥、穬麥、呂覽注謂之旋麥、要之麰字非許君所收也、從麥牟聲。莫浮切、

cái 𪍜　huá 𪌭　kū 𪎌　qù 麮　fēng 麷　zhí 𪍒　miàn 麪　fū 麩　cuó 䴬　suǒ 𪌶　hé 麧

𦬹 麰或從艸

麧 堅麥也。程氏瑤田曰、麧與覈通、漢書陳平傳、食糠覈、孟康注、覈、麥穅中不破者也、晉灼注、覈音紇、京師人謂麤屑爲紇頭、廣韻引漢書作食糠麧、玉篇亦曰、麧、堅麥也、引孟康說以證之、說文釋麧爲麥覈屑、釋𪌶爲小麥屑之覈、並是物也、以覈之屑言之謂之麧、即麧也、故廣韻云、麧、𪌶也、以屑之覈言之謂之𪌶、故玉篇云、𪌶、麤麥屑也、列子作籺、從麥气聲。乎沒切、

𪌶 小麥屑之覈也。覈一作覆、非也、麧下放此、從麥貨聲。穌果切、

䴬 礦麥也。廣韻、䴬、穀麥淨也、然則䴬者搓之謂也、若然、則礦當作摩、今之將磨麥者、先以水淘之、去其浮麥及土、以布拭之、去其土兼薄其皮、暴乾而後磨之、下文一曰擣也、是舂之也、蓋古麷亦由舂而成、從麥差聲。昨何切、一曰擣也。廣韻、䴬、擣也、廣雅、䴬、舂也、䴬蓋䴬之異文、

麩 小麥屑皮也。字亦作䴸、從麥夫聲。甫無切、

麱 麩或從甫。

麪 麥屑末也。依類篇引補、王篇、麪、麥麩也、麩即末、束晳麪賦、重羅之麪、塵飛雪白、案麪字始見王莽傳、古蓋無之、從麥丏聲。彌箭切、

𪍒 麥覈屑也。一無覈字、衆經音義、今關中謂麥屑堅者爲𪍒頭、江南呼爲𪍒子、十斤爲三斗。御覽引作十三斤爲三斗、九章算術、今有粟一斗、欲爲小𪍒、問得幾何、荅曰、爲小𪍒二升一十七分升之七、李籍音義曰、細曰小𪍒、粗曰大𪍒、從麥啻聲。直隻切、

麷 煑麥也。有司徹、天官籩人皆有麷、鄭司農云、熬麥曰麷、後鄭注有司徹、亦用此說、荀子、午其軍、取其將若撥麷、楊倞注引籩人及注而解之曰、據鄭之說、麷、麥之牙櫱也、至脃弱、故以諭之、從麥豐聲。讀若馮。馮當作逢、鄭君籩人注曰、今河閒以北、煑種麥賣之、名曰逢、今韻馮收東蒸二部、漢讀恐未必然、敷戎切、

麮 麥甘鬻也。御覽引作白煑也、急就篇、甘麮殊美奏諸君、荀子、冬日則爲之饘粥、夏日則與之瓜麮、釋名、煑麥曰麮、麮亦齲也、煑熟則齲壞也、從麥去聲。丘據切、

𪎌 餅䴵也。吾鄉作䴵者、和麥屑、置圓模中、踐踏之而成、形如餅、而齊民要術曰、餅麴、手團二寸半、厚九分、方言、䴹、[illegible]、麴也、自關而西、秦豳之閒曰䴹、晉之舊都曰[illegible]、[illegible]河泲曰[illegible]、或曰麰、北鄙曰麰、麴其通語也、從麥殻聲。讀若[illegible]。段氏曰、合音也、桂氏曰、庫當作庾、爾雅、螢、天螻、殻、螻聲近、空谷切、

𪌭 餅䴵也。從麥。穴聲。戶八切、

𪍜 餅䴵也。從麥才聲。昨哉切、

àì kǎn 竷　pú 㚅　愛(㤅)　yōu 憂　zhì 致　líng 夌　fú 夏　qūn 夋　suī 夊

夊十三　重二

夊　行遲曳夊夊。曲禮、行不舉足、車輪曳踵、詩雄狐綏綏、玉篇引作夊夊、象人兩脛有所躧也。夊象兩脛、乀象所躧、廣韻四紙躧、躧步也、十二蟹躧灑、躧、蓋當作跛躧、以同音譌也、跛進足也、集韻十二蟹躧、徐行也、徐行與遲曳合、云有所躧者、蓋如論語足縮縮如有循也、楚危切。凡夊之屬皆從夊。

夋　行夋夋也。西京賦、大雀踆踆、五臣注、踆踆、行走兒、說文無踆、蓋但作夋、從夊。允聲。七倫切、一曰。倨也。亢部、竣下云、夋倨也、說文之例、字不用本義者、始別加注解、此文恐即据彼注增之、

夏　行故道也。易復卦、反復其道、從夊。畐省聲。知爲畐省者、韋或作韋、韋或作韋、蓋以此例推之、房六切。

夌　越也。通作陵、學記、不陵節而施之謂孫、從夊。從𡴆。𡴆、高也。小徐作高大也、當作高平、謂借𡴆爲陸也、夊而乘高、是陵躐之意也、力膺切、一曰。夌徲也。徲當作徲、夌徲亦作陵遲、荀子、百仞之山、任負車登焉、何則、陵遲故也、注引王肅曰、陵遲陂陁也、案夌越夌徲、其詞一順一逆、自下上上、謂之夌越、自上下下、謂之夌徲、然下陵則上替、其本一也。

致　送詣也。三蒼、致、到也、又與也、繫傳、春秋左傳、叔孫如齊致女、又齊使來致郕、皆送致之也、從夊從至。至亦聲、陟利切、

憂　和之行也。辵彳夊延行足諸部、字之訓行者多矣、故此云之、以殊別之、商頌毛傳、優優和也、釋訓同、許云行者、字固從夊、政亦行于四方者也、從夊。惪聲。於求切、詩曰。布政憂憂。商頌長發文、彼作敷政優優、左成二年、昭二十年傳引詩、竝作布政優優、說文惪憂優各有專義、今以憂代惪、併憂于優矣、

愛　行皃也。此義不行、而以愛代㤅、從夊。㤅聲。或引作從旡從心從夊、義無從會、又失其主從、不可從也、烏代切、

㚅　行㚅㚅也。集韻、㚅、行促迫也、孟子趙注、僕僕煩猥皃、從夊。闕。謂尻不可解也、玉篇㚅同㚅、蓋凡疾之意、行既迫促、必迅疾也、集韻、㚅古作㚅、又㚅之譌矣、讀若僕。謂可通借也、皮卜切、

竷　繇也。舞也。樂有章。從章。從夅。從夊。嚴氏曰、當作從夊樂有章、從章、夅聲、苦感切、詩曰。竷竷舞我。小雅伐木文、彼作坎坎鼓我、蹲舞也、句伐木釋文引作舞曲也、與樂有章合、然此字說解之挩誤、無可訂正矣、其說義也、曰繇也舞也、不論正義借義而拉雜出之、說文無此例也、爾雅、繇、喜也、又曰、坎坎墫墫喜也、則亦曰喜且舞也可矣、如謂即檀弓之咏斯猶猶斯舞、則鄭君破讀爲搖、許君何由知之、即曰鄭君亦述前人舊說、則作說解而用破讀之字、使人委曲通之、殊不近情、且何以用兩也字分爲二義也、此其不可通者一、其說字形也、曰從章從夅從夊、不分主從、其不可通者二、其引詩也、士部既引墫墫舞我、則此定當作竷竷鼓我、韻會引之、果作鼓矣、然亦覺其不通而私改之、不知改之則愈不通也、說義既云舞也、則此當作舞我矣、然豈有不通之詩人、兩月舞我、又豈有不通之許君、毛詩亦不成誦乎、引詩蓋後人增之、而繇也舞也則無從意揣矣、又案嚴氏以爲夅聲、則當在東冬鍾江韻中、無由借用坎、而廣韻從竷之字、皆在感勘部也、又案陳風坎其擊鼓、坎其擊缶、坎坎定是考擊之聲、如舞也之說出自許君、則當別有所本、必不本之伐木、

xià 夏　cè 畟　zōng 㚇　náo 夒　wǎn 𡕒

𡕒　瑙蓋也。繫傳、漢制、乘輿馬金𡕒、𡕒在馬頭上、如金華義、出此字、又作鍐、後漢輿服志、乘輿金鍐、劉昭引蔡邕獨斷曰、金鍐者、馬冠也、高廣各五寸、上如五華形、在馬髦前、案正當其瑙、故以瑙蓋之名名之也、鍐者鍐之譌、𡕒亦譌作㚆、馬融傳、楊金㚆而拖玉瓖、注、㚆音無犯反、一音子公反、無犯蓋相傳之音、子公則据字爲音也、象皮包覆瑙。下有兩臂而夊在下。字義爲瑙蓋、字形則連及手足、此不可強通者也、讀若范。亡范切、

夏　中國之人也。言中國者、於夷曰東、於羌曰西、於蠻及焦僥曰南、於閩曰東南、於貉曰北、皆据中國以指斥之、玉篇、三千五百里爲華夏也、乃言中國而系以人者、蠻閩貉下皆不言人、夷羌僥下皆言人、以字體或從人或不從人也、惟夏字乃全人之形、不兼他義、故以人說之、從夊從頁從臼。臼、兩手。夊、兩足也。胡雅切、

𡕰　古文夏。

畟　治稼畟畟進也。釋訓、畟畟、耜也、郭注、言嚴利、舍人云、畟畟耜入地之皃、從田人。從夊。田人夊者、治田之人進也、若兩言從、則是兩義、夊是部首、當先言之、初力切、詩曰。畟畟良耜。周頌良耜文、耜當作相、此依今詩改也、傳云、畟畟猶測測也、箋云、農人測測以利善之耜、熾菑是南畝也、筍案、秋官薙氏注曰、耜之者、以耜測凍土剗之、知詩箋當作農人以測測利善之耜、釋訓畟畟、耜也、亦以畟畟屬之耜、不屬之人、不必與許君同意、

㚇　鳥斂足也。依韻會引補、長尾之禽、飛必縮足、䧿鵙醜。其飛也㚇。釋鳥文、彼作㚇、郭注、竦翅上下、釋文、㚇字林作㚇、夫呂氏尚不收㚇、則說文之無㚇明矣、從夊。兇聲。子紅切、

夒　貪獸也。一曰母猴。曰名也、犬部猴、夒也、彼不言母猴者、古言猴、漢人言母猴、項羽本紀

kuí 夔　chuǎn 舛　wǔ 舞　xiá 舝

又言沐猴、樂記作獶、尹子左執太行之獶、小雅作猱、似人。從頁、巳止夊其手足。云似人者、為說字形張本、此字以會意為象形、特附之夊部耳、故夊字在末也。奴刀切。

夔　卽魖也。卽者、辨正之詞。漢書楊雄傳捎夔魖而抶獝狂、文選東京賦殘夔魖、孟康幷綜皆以為兩物、蓋自昔相傳之說、然夔魖與獝狂對舉、獝狂無異訓、則夔魖亦非兩物矣、許君知其誤也、故辨正之曰卽魖、謂賦之言夔魖、猶秋官蟈氏之言鼃黽矣、廣韻魖下云夔魖、因象木石之怪也、本之魯語、而以夔魖連言、蓋意同許君、特誤蝄為象耳、許君說魖曰卽豹文鼠也、各本皆刪之、大徐於此又改為神魖、耗鬼也、鬼而又神、何以解焉、獨幸小徐作卽也、犬部不收獝者、禮運故鳥不獝、釋文作獝是也。如龍。孟康幷綜皆曰木石之怪曰夔、如龍有角、鱗甲、人面、光如日月。一足。從夊。國語注、夔一足、越人謂之山繅、人面猴身能言、廣韻作山魈、莊子夔謂蚿曰、吾以一足趻踔而行、象有角手人面之形。手一作足、非也、此字較夒多兩角、而各自象形、故夒下總以巳止夊為手足、此以其一足也、第以夊當之、而其餘概之以象形、夊既象足、故不得重言足也。渠追切。

文十五　重一

舛　對臥也。集韻、蠻夷臥以足相向曰僢、王制注說交趾曰臥則僢、引伸之、凡足相抵皆曰僢、典瑞兩圭有邸注、僢而同邸、玉人注、邸謂之柢、有邸、僢共本也、字林曰、舛、錯也。從夊㐄相背。夊部無㐄、廣韻引此文而申之曰、夊、中几切、㐄、口瓦切、依此則當在夊部後、不當在此、且篆亦當作舛矣、廣雅、舛、偝也、玉篇、淮南子分流僢馳、僢、相背也、與舛同。昌兗切。凡舛之屬皆從舛。

踳　楊雄說舛從足春。莊子、惠施書其理踳駮、司馬彪曰、踳讀曰舛、舛、乖也、案司馬不謂為一字、故云讀曰、許君則依訓纂篇也。

舞　樂也。左傳季札觀樂、先歌而后舞、許君於樂器亦概謂之樂、此以樂釋舞者、謂其為樂中之一事也、樂府雜詩、昔有陰康始教民舞。用足相背。用當作㒳、徐鍇通論曰、舛、兩足左右也、兩足左右蹈厲之也。從舛、無聲。文撫切。

翌　古文舞。從羽亡聲。文王世子注云、干戈萬舞、象武也、羽籥籥舞、象文也、造字者蓋主偃武修文、故從羽也。

舝　車軸耑鍵也。軸貫于輪、恐轂出也、以鐵直鍵其軸、謂之舝、詩車舝、左昭二十五年傳作車轄、尸子文軒六駃題、無四寸之舝、則車不行。兩穿相背。兩穿在兩輪之外、故相背、舞舝二字與舛不倫、而隸其部中、皆以其

shùn 舜　huáng 䑞　wéi 韋　bì 韠

相背也、舞言兩足猶近、舝言兩穿漸遠。從舛、禼省聲。胡戛切。禼古文偰字。小徐尚無此賸語。

文三　重二

舜　艸也。楚謂之蕾、秦謂之藑。說見艸部。蔓地生而連華。依釋艸釋文引補。象形。從舛。為其蔓延、以舛譬況之。舛亦聲。舒閏切。隸變作舜。凡舜之屬皆從舜。

䑞　古文舜。

䑞　䒋。句、榮也。廣三名也、釋草郭讀以蕍芛䒋華榮為五名、許讀以䒋灌蕍為艸名、而以芛䒋華榮為一事四名、故說芛曰、艸之䒋榮也、而釋草䒋華榮本相連、故本文如此。從舜生聲。讀若皇。戶光切。爾雅曰、䑞、䒋也。今釋言作皇、芛下艸之䒋榮、毛刻大徐注、刻小徐皆作皇、則䒋之省形存聲字也、郭注釋艸引作華皇也、與石經同誤。

䔊　䑞或從艸皇。

文二　重二

韋　相背也。於古未聞、似許君亦以字從舛、及違從韋聲得之、字林曰、韋、柔皮也、與䪅柔韋也同義、以許君

所謂借義者為正義、竊欲依之、說詳釋例。從舛口聲。宇非切。獸皮之韋可以束物枉戾相韋背。依韻會引補。故借以為皮韋。借當作藉。凡韋之屬皆從韋。

𩏑　古文韋。

韠　韍也。隨所施而異其名、其體制則同、故通之也、祭服謂之韍、易朱韍方來、利用亨祀是也、他服謂之韠、士冠禮、士服皮弁元端、皆服韠是也。所以蔽前也。鄭注禮曰、古者佃漁而食之、衣其皮、先知蔽前、後知蔽後、後王易之以布帛、而獨存其蔽前者、不忘本也。以韋。孔帖廣韻引、皆無此二字、是也、局促不文、且字繼部首、定從本義、不待言也。下廣二尺、上廣一尺、其頸五寸。玉藻文、士冠禮素韠注、白韋韠也、雜記韠以長三尺、會去上五寸、紕以爵韋、不至下五寸、紕以素、紃則韠以白韋為質、去其頸之五寸、及下之五寸、中央二尺、緣以雀頭色之韋、下五寸則緣以帛、鄭云頸緣亦當用爵韋。一命縕韠、再命赤韠。玉藻曰、一命縕韍幽衡、再命赤韍幽衡、三命赤韍葱衡、鄭云、尊祭服、故變韠言韍、段氏曰、許於此言一命再命、於市下則言天子諸侯大夫、是許意卑者稱韠、尊者稱韍、說與鄭少異、筠案此說良是、禮記乃漢初湊合之書、且多漢人所撰、說文不甚遵之、然使別無所據、許君何以變縕韍赤

mèi 韎　suì 韢　tāo 韜　gōu 韝　shè 韘

韍之名而命之曰韠，抑或許君所据玉藻本是上二句作韠，下一句乃作韍，傳寫流文，使成一律也。玉藻注曰：韠之言蔽也。又曰：韍之言亦蔽也。然則二字聲同，又本是一物，易爲迻易也。**從韋畢聲。**卑吉切

韎　茅蒐染韋也。一入曰韎。經義述聞曰：茅蒐二字，後人依誤本毛傳加之也。毛蓋以染韋一入之色爲韎，而不以茅蒐爲韎，故曰韎，染韋也，一入曰韎。鄭以韎爲茅蒐之合聲，則以茅蒐爲韎，而不以一入爲韎，故曰韎者，茅蒐染也，茅蒐韎聲也。晉語韎韋之跗注，韋注：三君云：一染曰韎。鄭後司農說，以爲韎，茅蒐染也。云鄭以爲茅蒐染，則毛不以爲茅蒐染明矣。賈景伯注成十六年左傳及晉語，竝云一染曰韎。叔重之學，出于景伯，又皆治毛詩，故以一入爲韎。鄭駁五經異義曰：韎，草名，齊魯之間言茅蒐聲如韎。韎蓋異義亦從毛詩，以一入爲韎，故鄭駁之。若以茅蒐爲韎，則義與鄭同，不當有駁。**從韋末聲。**莫佩切　說文韻譜篆從未，鄭注周禮韎師曰：鄭司農讀如味飲食之味，杜子春讀爲菋莖著之菋。元謂讀如韎韐之韎。案此諸讀皆從午未之未也。廣韻收之十三末，莫撥切，則從本末之末也。詩瞻彼洛矣釋文：韎音昧，又亡界反。左成十六年傳釋文：韎，莫拜反，又音妹，徐莫蓋反。此二事者，則不分午未、本末，淆而爲一者也。

韢　橐紐也。橐，集韻引作橐，六書故今以衣紐之牝環爲韢。玉篇：韢，囊組名。韢蓋韢之異文。**從韋惠聲。**胡計切　**一曰。盛虜頭橐也。**徐鍇曰：謂戰伐以盛首級。

韜　劒衣也。少儀：劒則啟櫝，蓋襲之，加夫襓與劒焉。注：夫襓，劒衣也。夫或爲煩，皆發聲。說文無襓字。**從韋舀聲。**土刀切

韝　射臂揩也。依御覽引改。選注引作臂衣也，亦該備。揩者，韜也。射時所以韜藏其臂也。內則：右佩捍。注：捍，拾也。言可以捍弦也。曲禮：以緱拾矢可也。注：拾謂射韝。鄉射禮：袒決遂。注：遂，射韝也。以韋爲之，所以遂弦者也。其非射時，則謂之拾。拾，斂也，所以蔽膚斂衣也。**從韋冓聲。**古侯切

韘　射決也。所目拘弦。拘一作鉤，此不知拘鉤同字，而以鄭注改之也。鄉射禮注云：決猶開也，以象骨爲之，著右大擘指，以鉤弦闓體也。**目象骨**爲之。**韋系著右巨指。**系著猶繫屬也。士喪禮：設決麗于擘。注：決以韋爲之藉，有彄，彄內端爲紐，外端有橫帶，設之以紐擐大擘本，因沓其彄，以橫帶貫紐，結于掔之表也。案喪禮以象生時，生時不用者，死必不用矣。**從韋。**字之所從，不必盡從本物，因有韋藉而從韋，猶或體韘以之開弓而從弓。決，夏官繕人作抉，以沓指而從手也。**枼聲。**失涉切　**詩曰。童子佩韘。**衞風芄蘭文。傳云：韘，玦也，能射御則佩韘。箋云：韘之言沓，所以彄沓手指。陳氏啟源曰：案射禮右巨指著決以鉤弦，食指、中指、無名指著沓以放弦。決用棘及骨及象骨爲之，亦名玦，亦名抉。沓用朱韋爲之，亦名極，大射禮云朱極三是也。韘之爲決爲沓，禮皆無明文，毛傳與許說相輔，蓋得其眞。案鄭君云韘之言沓者，決沓于指也。陳氏拘泥，故徵詞以駁之。然鄭君又云彄沓，彄者，弓弩耑弦所居也，鄭君乃亂道至此乎。

弽　韘或從弓。

zhú 韣　chàng 韔　xiá 韕　duàn ⿰韋段　wà 韤

韣　弓衣也。廣韻：弓藏也。高注呂覽：弓韜也。**從韋蜀聲。**之欲切

韔　弓衣也。詩采綠鄭注同。鄭風作韔，毛傳：韔，弓弢。**從韋長聲。**丑亮切　**詩曰。交韔二弓。**秦風小戎文。傳云：韔，弓室也。交韔，交二弓于韔中也。是篇又云虎韔，則韔以虎皮爲之。

韕　履也。桂氏曰：本書⿰足叚，足所履也。足部字多與韋革通，故躧或從革。**從韋叚聲。**乎加切

⿰韋段　履後帖也。急就篇：履舄韐裒紩緞紃。顏注：緞，履跟之帖也。紩緞，以紩爲緞也。**從韋段聲。**徒玩切

緞　⿰韋段或從糸。

韤　足衣也。左哀二十五年傳：聲子韤而登席。韓非子作韤，釋名作襪。顧亭林曰：古人之韤，大抵以皮爲之。左傳注曰：古者臣見君解韤。既解韤，則露其邪幅，而人得見之。采菽之詩所以爲詠。**從韋蔑聲。**望發切

pò 韗　quàn 韏　jiū ⿰韋焦　hán 韓

韗　軶裹也。集韻：韋裹車軶。**從韋尃聲。**匹各切

韏　革中辨謂之韏。釋器文。玉篇云：革中片也。辨部辨下云：爾雅云：革中絕謂之辨，車轡勒也。然則片者辨之省。說文無辨字，案許意與郭注同。韏乃細皮條也。糸部：綣，收韏也，可證。至於衣部襞，韏衣也，則借字，謂其縐文拳曲也。**從韋𠔉聲。**九萬切

⿰韋焦　收束也。漢書律歷志：秋，⿰韋焦也，物⿰韋焦斂乃成就。鄉飲酒義：秋之爲言愁也。注：愁讀爲揫，揫，斂也。**從韋⿰米焦聲。讀若酋。**手部揫下引詩：百祿是揫，詩作遒。卽由切

⿰米焦　⿰韋焦或從要。廣雅：要，約也。此後人沿鄉飲酒義注增之，故作秋不作⿰火朱，在手部者是也。

揫　⿰韋焦或從秋手

韓　井垣也。垣，史記索隱引作橋，橋，居廟反，井上桔槔也，非韓之義。垣乃比象之詞，故人不知而改之。蓋鄉閒土井，以木四交而當井口，謂之韓。井部說曰象構韓形是也。若塼甃之井，以石爲口，則不用此矣。子史字多作幹。莊子：吾跳梁乎井幹之上。司馬曰：井欄也。漢書枚乘傳：殫極之綆斷幹。晉灼曰：幹，井上四交之幹，常爲汲者所契傷也。顏注郊祀志曰：井幹者，井上木闌也，其形或四角或入角。封禪書：井幹樓度五十丈。索隱云：言築累萬木，轉相交架，如井幹。諸本多作幹，一本作韓。古詩：後園鑿井銀

dì 弟　kūn 罤　zhǐ 夂　hài 夆　fēng 夆　xiáng 夅　gǔ 夃

作牀、銀牀、即井韓之別名、設是桔槔、則畫安能跳梁于其上、又安可名之以牀乎、**從韋。取其帀也。**從韋譬況之義、故特解之、而字亦綴于部末、**倝聲。**胡安切、李注文選幹音寒、

文十六　重五

桂氏曰、當補韞字、衣部𧝓、車溫也、玉篇作車韞𧝓、其韋部韞字云裹也、論語韞匵而藏諸、鄭注、韞、裹也、筠案本部列字次第、玉篇全同說文、韞字在後增字中、尚有可疑、

韋束之次弟也。段氏曰、以韋束物、如輈五束、衡三束之類、束之不一、則有次弟也、**從古字之象。**與革民二字同法、特計切、**凡弟之屬皆從弟。**

古文弟從古文韋省、丿聲。桂氏曰、此從丿、余制切、不應韋首作丿、丿、房密切、

周人謂兄曰罤。詩惟王風有昆字、作昆者、聲借字、釋親、罤、兄也、則譌字、**從弟從眔。**段氏曰、罤從眔聲、則此亦可云眔聲、古魂切、

文二　重二

從後至也。象人兩脛後有致之者。兩脛謂儿也、致之者、謂乀也、許君以夂

說文句讀　卷十　六百九十八　、○折三十六　三十

爲指事字、故不言從人從乀而渾言之曰象、致、送詣也、衆經音義引三蒼、致、到也、然則即是後有及之者、而云致不云及者、既云從後至、則後人如送前人且致亦從至、故云然也、隶下云、又持尾者、從後及之也、兩篆結體之法同、**凡夂之屬皆從夂。讀若黹。**陟侈切、玉篇竹几切、

相遮要害也。段氏曰、要害猶險隘也、桂氏謂夆即峯字、引廣韻、峯山居以木柵、**從夂丰聲。**乎蓋切、**南陽新野有夆亭。**

啎也。啎、逆也、逆、迎也、釋詁、遻、逢、遌也、逢者夆之絫增字、遻者啎之假借字、遻、唐韻五各切、釋文五故反、**從夂丰聲。讀若縫。**當云讀若逢、同、敷容切、

服也。經典皆借降、**從夂𠂇相承不敢竝也。**下江切、

當依竹君本皿部盈字作夃、**秦以市買多得爲夃。從乃從夂。**買者必至而買之、故從夂、**益至也。從乃。**既得便宜、則屢往矣、故又從乃、乃、及之古文ㄋ也、韻會引說文、篆作夃、說曰、從ㄋ、則是第一古文、然曰今文作夃从乃、誤、固了然也、是知上一從乃、字是而地誤、下一從乃、字誤而地是、何也、夂、至也、及亦至也、會意而兩意重複、故必分爲兩體說之、小徐無從乃、韻會從之、汲古亦依之刪去、則字在夂部而先言從乃、非例也、且益至也、何所指乎、通志引云、從夂從乃、乃益至也、雖譌爲乃、而次弟尚妥、古乎切、**論語曰。求善賈而夃諸。**玉篇增韻皆引之、案此證本義也、價當作賈、**詩曰。我夃酌彼金罍。**周南卷耳文、此借義也、抑或句首本有讀若兩字、而乃作姑、

跨步也。句、玉篇曰、丂與跨同、**步也。**此句乃釋其義、廣韻、丂、一步也、**從反夂。**繫傳曰、反夂是不致闕、故反夂爲跨、案小徐從以跨代丂、是說文句讀、小徐固知之、苦瓦切、〔𢓜從此〕

文六

chéng 椉(乘)　zhé 磔　jié 桀　jiǔ 久　kuǎ 丂

從後灸之。蓋所引周禮當時已有作灸者、故以明之也、士喪禮、冪用疏布、久之、注、久讀爲灸、謂以蓋塞鬲口也、既夕禮、苞筲甕甒皆木桁、久之、注、久當爲灸、謂以蓋案塞其口、案此兩久字同義、吾鄉之恆言也、然是從上灸之而非從後灸之、故許君不引而引周禮、許君必云從後者、以字形知之、是以本句說義、句末無也字、下句說形、乃以一也字總承兩句、則以此字難解、必合形于義而後可了也、**象人兩脛後有距也。**距、集韻作矩、皆非也、當作歫、本字下體之乀、誠不是字、上體明是人字、而不云從人者、人而揞柱之、無是事也、故曰象、猶之易象、祇是有是象焉而已、無是事

說文句讀　卷十　七百三十九　、○折三十三　三十一

也、舉友切、**周禮曰。久諸牆以觀其橈。**考工記廬人、灸諸牆以眂其橈之均也、注、灸猶柱也、釋文、灸音救、案此亦吾鄉之恆言、**凡久之屬皆從久。**

文一

磔也。蟲部蠱下云、梟桀死之鬼亦爲蠱、梟當作梟、桀即磔也、謚法、賊人多殺曰桀、**從舛在木上也。**元應引說文磔字說曰、張也、開也、雖與今本不同、而與桀從舛之意相合、舛字相背、象人骨肉分解離披之狀、在木上者、磔梟于木上、又漢書王尊傳、取不孝子縣磔著樹、使騎吏五人、張弓射殺之、渠列切、**凡桀之屬皆從桀。**

辜也。桀、磔、絫增字也、故以磔說桀、而以辜說磔、辜之本義非磔也、秋官掌戮、殺王之親者辜之、注云、辜之言枯也、謂磔之、大宗伯、以疈辜祭四方百物、注、故書疈爲罷、鄭司農云、罷辜、披磔牲以祭、若今時磔狗祭以止風、爾雅釋天、祭風曰磔、**從桀石聲。**陟格切、

覆也。覆者、壓覆之謂也、鄢陵之戰、楚晨壓晉軍而陳、是也、以覆說乘者、左宣十二年傳、楚人乘我、喪師無日矣、又曰、車馳卒奔乘晉軍、韓策、公戰勝楚、遂與公乘楚、周語、乘人不義、凡皆壓覆

之謂。從入桀。桀，黠也。與部首不合，故再立一義。方言：黠，慧也。張衡西京賦：薵鼻桔桀。桔桀卽黠桀。食陵切。軍法入桀曰乘。依韻會引補。蓋古兵書之文，引之以為說義說形之證。古文乘從几。古文多不可解，此亦當然。從几二字，蓋後人加之。段氏以為几桀之几，固不可通。卽桂氏以為莫狄切之冂，冂雖訓覆，然自是覆蓋，非覆壓也。闕疑其可。

文三　重一

說文解字句讀弟五下

曲沃蘇廷玮校

句讀卷十補正

之者、區別之詞。在前而訓香者。有屮部之芬、艸部之苾、薮、芳、蕡、字既從屮從艸。其爲艸香。不待別也。在後者香部。字從黍甘。且廁禾黍米之閒。亦不待別也。惟皀承井部。意不相屬。而皀食兩部。皆穀所爲。以皀領之。故必加區別也。食部䬣、食之香也。亦別之者。此謂生穀。彼謂熟食也。 二葉後六行以香說之上增此

巾部帑字。广部府庫廥三字。其說解與此爲儷語。 十三葉前四行呂覽上增此

瓦部甄、匋也。陳留風俗傳曰、舜陶甄河濱。 十四葉後二行匋窯也下增此

裂當作列。下同。 十五葉後三行所謂薛也下增此

周南葛覃、詩傳、詩說、皆作葛藟。 二十葉後四行詩毛傳上增此

畐不能省爲㐭、必如鐘鼎文作畗乃可耳。 二十一葉前六行㒳知㒳能下增此

師寰敢銘。䣜乃穡事。其穡字。㬅作䆋。器作䆋。正是牆字。豈兩字可通用邪。隸釋載漢石經論語殘碑。辟諸宮牆。賜之牆。而在於蕭牆之內。字皆加艸。夏官圉師曰。茨牆則翦闔。豈以此故加艸邪。抑八分多誤字。卽中郎亦不免邪。 二十二葉前十行才㒳切下增此從二禾下注十五字全刪

舛本兩人之足。此則一人之兩足也。 二十七葉後七行用當作㒳下增此

元包經艮、屾、八八、北、死、死、門之非、徑之韋、棊此四者。皆相背之物。與許說合。 二十八葉前十行得之下增此

曲禮。乘必以几。鄭注。尊者慎也。案鄭云尊者。是承上文爲君尸而言。曰慎者。登車執綏。猶恐蹉跌。故履几也。疏以爲車上凭依之几。失之。周禮王行洗乘石。未聞諸侯以下之差等。曲禮言必以几。或諸侯以下卽以几。言尸必以几。則常人或以或不以也。然如此說之。則乘卽是車。非復覆也之義。 三十三葉癸字注刪去以此易之

說文解字句讀弟六上

漢太尉南閣祭酒許氏記　安邱王筠撰集

相國壽陽祁春浦夫子鑒定　益都陳山嵋 晉江陳慶鏞 訂正

博山蔣其崘書篆

二十五部　七百五十三文 毛孫鮑三本同毛後刓改三作四　重六十一 三本同毛後刓去一字

凡九千四百四十三字

木 冒也。冒地而生也。木冒疊韻、卯部說與此同、東方之行。漢書藝文志、五行者、五常之形氣也、抱樸子、木行爲仁、爲青、字林、木、眾樹之總名、從中。中者艸也、而木從之者、古人艸木不甚分別、胎教雜事、引青史氏曰、梧者東方之草、春木也、柳者南方之草、夏木也、桑者中央之木也、棘者西方之草、秋木也、棗者北方之草、冬木也、下象其根。莫卜切、凡木之屬皆從木。

橘 果出江南。樹碧而冬生。依韻會引補、楚詞九章、后皇嘉樹、橘徠服兮、受命不遷、生南國兮、案禹貢橘柚錫貢、則其字作自唐虞之世、許君尊經、故列于首、而橄欖桄椰之類、不采焉、從木。矞聲。居聿切、

橙 橘屬也。淮南子、江南樹橘、之江北而化爲橙、從木。登聲。丈庚切、

柚 條也。釋木文、秦風、有條有梅、似橙而酢。史記正義、小曰橘、大曰柚、樹有刺、冬不凋、葉青、花白、子黃赤、二樹相似、非橙也、從木。由聲。余救切、夏書曰、厥包橘柚。禹貢文、鄭君亦如此斷句、王肅則連下錫貢爲句、案豫州錫貢磬錯、荊州九江納錫大龜、其錫貢納錫、皆在物上、豈此文因言厥包、遂不與包匭菁茅同文邪、然鄭君以錫貢爲貢錫、則何不與惟金三品連文邪、

樝 果似棃而酢。釋木、樝棃曰鑽之、內則作柤、注曰、棃之不臧者、從木。虘聲。側加切、

棃 果也。依初學記引改、說文惟總名始言名、釋木、棃、山樆、疏、棃生山中者名樆、子虛賦、檗離朱楊、裴駰引漢書音義云、離、山棃也、蓋古本爾雅作

山離、故許君不收樆、從木。㓠聲。力脂切、〔㓠古文利〕小徐無、

梬 梬棗也。似柹而小。依李善注子虛賦引改、又注南都賦、引作梬棗似楧、又注子虛賦引、名曰楧、皆誤也、梬棗者古名、楧者今名也、吾鄉多此果、呼爲楧棗、卽釋木遵羊棗也、從木。甹聲。以整切、

柹 赤實果也。赤、白帖引作朱、本草圖經、紅柹、南北通有、朱柹出華山、似紅柹而皮薄、更甘、從木。朿聲。鉏里切、

柟 梅也。從木。冄聲。汝閻切、俗作楠、

梅 柟也。釋木文、郭注、似杏實酢、是誤以爲酸果之某也、毛詩秦風陳風傳、皆曰梅柟也、與爾雅同、而召南摽有梅、曹風其子在梅、小雅四月侯栗侯梅、皆無傳、蓋其字本作某、爲許君所本、樊光釋爾雅曰、荊州曰梅、揚州曰柟、益州曰赤楩、是也、〔可食〕增此二字之人、誤信郭注也、樊光曰、葉似豫章、無子、陸璣疏曰、梅樹皮葉似豫章、葉大如牛耳、一頭尖、赤心、華赤黃、子青、不可食、柟葉大、可三四葉一叢、木理細緻于豫章、子赤者材堅、子白者材脃、陸氏未言其不可食、蓋沿說梅而省之、從木。每聲。莫桮切、

楳 或從某。某者酸果也、以不可食之梅、而字從可食之某乎、詩摽有梅、釋文云、韓詩作楳、說文楳亦梅字、是陸氏所据說文、固同今本、竊謂楳蓋某之絫增字、毛詩當用古文某、韓詩今文、則加木旁、案本部自橘至業皆果名、而柟梅二字獨否、或後文某字本在此、而以楳爲重文、校者以毛詩作梅、韓詩作楳、遂以某梅二字交易其位、而柟字則因梅而逐乎、本草、梅亦作呆、云、倒杏爲呆、本處下文卽杏字、正相附屬、特許君於韓詩字不盡收、如有抗無蘸、是也、又後文有果名十餘字、皆散見不類聚、尚未敢決也、

杏 果也。從木。可省聲。六書故引唐本作從口、案槑下亦云從口、竊疑篆當作□、說當云從木象形、何梗切、

柰 果也。廣雅、楉榴柰也、柰有青白赤三種、又有冬柰、涼州野豬澤柰大如兔頭、借爲柰何、俗作奈、從木。示聲。奴帶切、

李 果也。大司徒注、覈物、李梅之屬、從木。子聲。良止切、

杍 古文。不言古文李者、蓋本云古文梓、梓字爛脫、校者以形似而附此也、周書梓材、馬融曰、古作杍字、尚書大傳、橋者父道也、杍者子道也、說苑論衡並作梓、

桃 果也。玉篇、毛果也、從木。兆聲。徒刀切、

楙 冬桃。釋木文、今本作旄、以同聲字易之、釋文、字林作楙、楙乃楙之譌、從木。敄聲。讀若髦。莫候切、釋文、玉篇、廣韻、皆音毛、不應唐韻獨異、鼎臣蓋據字林作楙、誤加以楙字之音、

亲 果。實如小栗。御覽引作似梓、實如小栗、詩釋

lún 棆　qióng 桏　yóu 楢　wěi 椲　zhǎn 樿　xí 槢　dù 杜　táng 棠　guì 桂　qǐn 梫　jiē 楷

文引字林亦然、天官籩人、饋食之籩、其實棗栗桃乾穣榛實、從木辛聲。側詵切、春秋傳曰。女摯不過業栗。莊二十四年文、彼作榛、經典皆然、曲禮、婦人之摯棋榛、

楷 木也。孔子冢蓋樹之者。玉篇作孔子冢蓋之樹、廣韻十四皆引孔子冢蓋樹也、冢蓋者、蔭冢之上、如織蓋也、水東日記、吳澄問吳正道曰、楷模二字、假借乎、吳舉淮南王安草木譜以對曰、昔模樹生周公冢上、其葉春青夏赤秋白冬黑、以色得其正也、楷木生孔子冢上、其餘枝疏而不屈、以質得其直也、若正與直、可爲法則、況在周公孔子冢乎、從木皆聲。苦駭切、筠家先祠中、植楷一株、兩人合抱矣、本兩株共本、以礙檐去其一、制爲祭俎、重倍於松柏、非魚膠所能黏合、吾父約齋先生曰、植此樹時、吾十二歲也、吾父生于乾隆丙子、卒于道光壬辰、今計此樹七十五年矣、喬木扶疏、可勝泫然、

梫 桂也。當作木桂也、釋木、梫、木桂、劉逵注蜀都賦曰、梫桂、木桂也、本草謂之牡桂、一名肉桂、從木侵省聲。七荏切、

桂 江南木。百藥之長。唐本草、牡桂、即今木桂及單名桂者是也、寰宇記、臨桂縣有桂江、其江源多桂、不生雜木、故秦時立爲桂林郡、繫傳曰、桉本草、桂心主通血脈、利肺肝气、能宣導百藥無畏、菌桂爲諸藥先聘通使、是爲

百藥之長也、從木圭聲。古惠切、

棠 牡曰棠。牝曰杜。顏注急就篇曰、牡者曰棠、無子者也、牝者曰杜、有子者也、從木尚聲。徒郎切、

杜 甘棠也。釋木文、又曰、杜、赤棠、白者棠、從木土聲。徒古切、

槢 木也。玉篇、堅木也、元結頌木魅辭、槢橈橈兮未堅、從木習聲。似入切、

樿 木也。可以爲櫛杓。依集韻引補、玉藻、櫛用樿櫛、正義、沐髮爲除垢膩、故用白理澀木以爲梳、禮器樿杓、注、樿、木白理也、從木單聲。旨善切、

椲 木也。可屈爲盂者。依五音集韻引改、玉篇同、盂、盛湯漿器也、見旣夕禮注、從木韋聲。玉篇、椲木皮如韋、于鬼切、

楢 柔木也。工官以爲耎輪。夏官司爟、先鄭引鄹子、秋取柞楢之火、耎、玉篇引作輭、說文無輭、後漢書明帝紀、安車輭輪、注、以蒲裹輪、令柔輭也、從木酋聲。以周切、讀若糗。蓋本在梚下、誤迻于此、

桏 ⿰木署椐木也。字書無⿰木署字、小徐作檖、釋木、檖、椐、桏、或許所据作檖椐桏、以檖椐兩字爲名、以桏一字爲名也、從木邛聲。渠容切、

棆 母杶也。依集韻引改、母當作毋、釋木、棆無疵、以音讀易本文也、郭注、棆、楩屬、似豫章、釋文、疵、本又

zhuō 棳　cén 梣　yí ⿰木彝　sù 樕　chóu 椆　gǎo ⿰木咎　kuí 楑　yǎng 柍　xū 楈

作枇、字書云、無枇、棆也、廣韻、枇、無枇木、一名棆、從木侖聲。讀若易卦屯。陟倫切、桂氏曰、玉篇棆木名、下即連枇字、云無枇木、與枇同、本書闕枇字、後人改母枇爲母杶、

楈 木也。上林賦有胥邪、南都賦作楈枒、郭注、胥邪似并閭、皮可作索、從木胥聲。讀若芟刈之芟。私閭切、集韻師銜切、桂氏曰、胥古音如差、與殳聲近、小徐本芟下云殳聲、

柍 柍 梅也。釋木、時英梅、玉篇廣韻皆有楧無柍、云楧、梅也、桂氏曰、梅當作某、釋木注曰、雀梅、案名醫別錄、雀梅一名千雀、葉與實俱如麥李、是梅之別種也、類篇、柍、杏也、從木央聲。於京切、一曰江南橦材。其實謂之柍。段氏曰、橦、帳極也、與此不相涉、以唐式柴方三尺五寸曰一橦音鐘解之、下文又不屬也、況漢人曰章、唐人乃曰木鐘乎、柳字下曰、淮南謂之柍、宜以訂正此句、一說、蜀都賦、布有橦華、劉逵云、橦、樹名、謂此橦材堅實者謂之柍也、實下當有者字、

楑 木也。從木癸聲。求癸切、一曰度也。依集韻引改、此義與揆同、

⿰木咎 木也。釋木、狄臧槔、釋文、槔、樊本作⿰木咎、同音羔、六書故、⿰木咎、膏物也、其實外膏、可爲燭、其聚中油可然鐙、亦名烏臼、從木咎聲。讀若皓。說文無皓、當作晧、稽部、稽、讀若晧、賈侍中說、木名、案稽蓋

與⿰木咎通用、古老切、

椆 木也。中山經、虎首之山、多苴椆椐、郭注、椆、未詳也、音彫、廣韻、椆、木名、不凋、從木周聲。讀若丩。職畱切、

樕 樸樕。小木。召南毛傳文也、釋木、樕樸心、樕樸當是誤倒、郭注釋以槲樕、召南正義引樸樕心、皆其證、心當是小木之譌、捝某氏曰、有心能溼、則望文爲義也、關尹子、草木俄茁茁、俄停停、注、停停、樸遬、不長也、然則樸樕者、短小之稱、以其狀爲之名也、齊書、樂預卒官時、有媪擔槲蔌葉造市貨之、聞預卒、泣棄溪中、案此知即飼山蠶之槲也、至冬不凋、俗名不落葉、葉長八寸許、廣五寸許、用以包㯕、故貨之也、說文無槲字、某氏曰、樸樕、槲樕也、作斛、是、釋木又曰、樸、枹者、郭注、樸屬叢生者爲枹、詩所謂棫樸枹樕、案、櫟亦槲類、從木敕聲。桑屋切、

⿰木彝 木也。從木彝聲。羊支切、

梣 青皮木。繫傳引淮南子曰、梣木色青、治目翳之藥也、高注、梣木、苦歷木也、本草所謂秦皮也、陶隱居謂之樊槻皮、淮南萬畢術謂之樊雞木皮、從木岑聲。本草曰、一名岑皮、子林切、

⿰木㝯 梣 或從㝯省。玉篇同、廣韻集韻皆不收、㝯、籀文寑。小徐本、祗籀文二字、蓋一本以⿰木㝯爲或體、一本以爲籀文、校者掇拾之、大徐覺其不通、乃肌增兩字耳、

棳 木也。從木叕聲。職說

zōng 椶 bīng 栟 yí 桋 lěi 櫐 yǔ 楀 chū 櫖 fèi 樻 yì 檍 liáng 椋 chuán 櫞 yǎn 棪 háo 號

切、益州有毋棳縣。依韻會引補。地理郡國志同。

號 木也。從木。號省聲。號聲自諧。乎刀切、

棪 遬其也。釋木文。彼作棪其、郭注、棪實似柰、赤可食。又注山海經作速其、集韻、棪、膠可和香、爲蘇合。從木。炎聲。讀若三年導服之導。說見谷部函下。以冉切、

櫞 木也。從木。遄聲。市緣切、

椋 即來也。釋木文。釋文出椋字、而說之曰、埤蒼字林並作棶、云椋也。本今作來。陸氏不知來字與說文合、而受埤蒼字林之誤、不知即來兩字名、作棶則一字爲名、故玉篇廣韻皆曰棶、椋也、不連即言之矣。漢志琅邪郡有即來縣、當是因木爲名。御覽引爾雅舊注、椋有髓、熊折而乳之。從木。京聲。呂張切、

檍 杶也。從木。意聲。於力切 嚴氏曰、小徐無此篆、余謂說解與篆誤倒、舊本當是杻 檍也。緣說解當行直下、以至寫倒也。檍即俗檍字。詩隰有杻、釋木、杻檍、毛傳同、則許書不得無杻字。杻形近杶、遂譌爲杶也。議移杶篆之重文杻於此、云檍也。從木、丑聲。銘案段氏刪之、是也。而嚴氏說亦足發人心思、附存之、

樻 木也。從木。費聲。房未切、

櫖 木也。玉篇櫖、敕於切。惡木也。檴、胡霸胡郭二切、木名。樗、同上。兩字之次序皆與

說文大同。廣韻九魚、櫖、丑居切、惡木也。四十禡、樺、胡化切、木名、檴亦木名、而未收櫖字。然兩書之意、皆與說文同也。集韻九魚合櫖樗櫖爲一字、四十禡合樗樺爲一字、於是經典與字書不同之故、遂不可見。惟韻會六魚、樗、說文木也、本作櫖。二十二禡樺、說文木也、本作樗、以其皮裹松脂、最爲分明。詩言采其樗、采荼薪樗、傳並云惡木也。說文櫖字與之相當。段氏互改其篆、非也。經借樗爲櫖、而樗之正義則不見於經。故陸德明張參亦不言、不得援以爲證。從木。虖聲。丑居切、

楀 木也。從木。禹聲。王矩切、

櫐 木也。釋木、諸慮山櫐、欇虎櫐。郭注、今江東呼櫐爲藤。從木。畾聲。其物似艸似木、故兼從之。今作櫐、非是。力軌切、

藟 籒文藟。

桋 赤棟也。釋木、桋、赤棟、白者棟。釋文、棟字從朿。從木。夷聲。以脂切、詩曰、隰有杞桋。小雅四月文。陸疏、桋葉如柞、皮薄而白、其木堅韌、今人以爲車轂。

栟 栟閭。椶也。閭字依小徐韻譜改、椶字依韻會引補。吳志董襲傳作栟閭、上林甘泉七發、作幷閭、南都吳都賦作栟櫚。從木。幷聲。府盈切、

椶 栟櫚也。可作萆。櫚亦當作閭、韻會引作椶櫚也、御覽引有一名蒲葵四字、似非。萆、蓑也、從木。㚇聲。子紅切、

chūn 杶 kǎo 栲 zhēn 榛 bǐ 柀 yì 檍 qiū 楸 zǐ 梓 yī 椅 jiǎ 檟

檟 楸也。釋木、稻、山榎。釋文、舍人本作檟。又曰、槐小葉曰榎、大而皵楸、小而皵榎。注、槐當爲楸、楸細葉者爲榎。老乃皮麤皵者爲楸、小而皮麤皵者爲榎。從木。賈聲。古雅切、春秋傳曰、樹六檟於蒲圃。襄四年傳曰、樹六檟於蒲圃東門之外、

椅 梓也。釋木文。釋文云、案椅與楸、惟子爲異耳。詩椅桐梓漆、傳、椅、梓屬。從木。奇聲。於离切、

梓 楸也。陸璣詩疏、梓之疏理白色而生子者爲梓、從木。宰省聲。即里切、

榟 梓或不省。

楸 梓也。從木。秋聲。七由切、蘇敬以梓楸爲一木、本草拾遺以本同末異駁之、非也。楸字見于爾雅、其名見左襄十八年傳、而字作萩。山海經作橚、知春秋末年乃有是名。周秦之閒、乃有是字。故不見于他經也、

檍 梓屬也。大者可爲棺椁。小者可爲弓材。段氏曰、檍檍古今字。說文意億、今皆作億、薔濟、今作意㥀、則經典檍字、即說文之檍、何疑。考工記、取榦之道七、柘爲上、檍次之、即所謂小者可爲弓材也。唐風隰有杻、毛傳、杻檍也。許無杻字、豈其正字作紐、俗作杻與。大鄭云、檍讀如億萬之億。陸璣云、今官園種之、正名曰萬歲、取名于億萬。共汲山下人或謂之牛筋、或謂之檍、材可爲弓弩榦也。今各本有檍篆、韻會云、說文

作檍、今文作檍、則黃氏所据鍇本未誤也。從木。啻聲。於力切、

柀 檆也。當依釋木作粘、寫者加木、徐氏遂增樧篆、非也。本草、柀實名榧子、爾雅翼、柀似粘而異、粘以材稱、柀又有美實、而材尤文彩、從木。皮聲。甫委切、一曰折也。小徐無此句、玉篇廣韻皆無此義、惟集韻引有。蓋讀柀爲披也。然披其枝者傷其心、於義自明、不必有專字也、

榛 木也。詩鳲鳩其子在榛、繫傳楷字下云、說文無榛字、此即榛字也。眾經音義引字林、榛、山榆、一名梗、有刺、莢可以爲蕪荑者也。案此說與說文梗字同、然卷十一引說文榛叢木也、卷十一引木叢生曰榛、卷十五引叢木曰榛、兼引廣雅木叢生曰榛、草叢生曰薄、則說文固有榛字、小徐見挩本耳、從木。秦聲。側詵切、一曰菆也。元應引叢木也、是作俗藂字、因譌菆也。五音韻譜作一曰蕪也、似即榛蕪之謂、又似是蕪荑之挩文、與字林說同、莫能定也。淮南原道訓木處榛巢、高注、藂木曰榛、

栲 山樗也。小徐作樗、說見上文樗下。唐風傳、栲、山樗、釋木同。柷栲古今字。從木。尻聲。上文梏下讀若糗句、當遂于此。陸璣詩疏、許慎正以栲讀爲糗、今人言考者失其聲耳、案糗乃糗之譌、栲讀如糗、猶之糗讀如麩、此乃通轉、非失其聲也。苦浩切、

杶 木也。徐鍇引字書、杶木似樗、中車轅、實不

chūn 橁　ruí 桵　yù 棫　jū 椐　xī ⿰木息　kuì 樻　xǔ 栩　shù 柔　xiàng 樣　yì 杙　pí 枇　jié 桔

堪倉從木屯聲。敕倫切。夏書曰杶榦栝柏也。禹貢文。栝者檜之借字。

櫄 杶或從熏。禹貢釋文杶本又作櫄。鄭注考工記引書作櫄。又注太宰材貢云櫄幹栝柏篠簜也。顏注急就篇椿字或作櫄。其音同

杻 古文杶。小徐以爲從丑。集韻作杻。毛詩介疋皆有杻。說文不當無此。乃說解挩佚。誤系之杶耳。

橁 杶也。五經文字橁木也。與杶同物而異名。左襄十八年傳斬其橁以爲公琴。從木筍聲。相倫切。

桵 白桵棫。如此立文。則是說棫而非說桵也。此似當云棫也。統言之也。下文棫白桵也。用釋木本文。則析言之也。如下文椋棣也。此赤棣也。又曰棣白棣也。是其例。陸璣詩疏三蒼說棫即柞也。其材理全白無赤心者爲白桵。然則桵有赤心矣。釋木郭注桵小木叢生有刺實如耳璫紫赤可啖。從木。妥聲。釋木釋文桵本或作⿰木委。字林人隹反。⿰木委字林尚從委。則說文可知。今本從妥。或後人以爾雅改之。儒隹切。

棫 白桵也。詩芃芃棫樸傳亦云。從木。或聲。于逼切。

⿰木息 木也。從木。息聲。相即切。

椐 樻也。釋木文。詩皇矣其檉其椐傳同。御覽引陸璣疏曰椐枝葉似楨松。爾雅曰椐樻也。節似扶老。即靈壽是也。今人以爲馬鞭及杖。從木。居聲。九魚切。

樻 椐也。從木。貴聲。求位切。

栩 柔也。見唐風毛傳。陸璣曰今柞櫟也。從木。羽聲。況羽切。其實皁。一曰樣。皁當作草。說見艸部草下。

柔 栩也。段氏曰莊子狙公賦芧。司馬云芧橡子也。芧即柔字。橡即樣字。柔本木名。因用爲實名也。從木。予聲。讀若杼。蓋謂二字形別音不別也。詩釋文引丈與反。唐韻直呂切。今讀皆依王篇時渚切。

樣 栩實。莊列韓非並作橡。吾鄉徑呼其木爲橡子樹。從木。羕聲。徐兩切。式樣亦郎此字從手者俗。

杙 劉劉杙。釋木文。郭注劉子生山中。實如梨。酢甜。核堅。疏云劉一名劉杙。段氏則以劉劉爲句。是也。吾鄉謂皺酸者曰酸劉劉。或猶古之遺語。從木。弋聲。與職切。

枇 枇杷木也。漢書司馬相如傳枇杷橪柹。張揖曰枇杷似斛樹。長葉。子若杏。從木。比聲。房脂切。

桔 桔梗。藥名。名當作也。廣雅梨如桔梗也。本草一名利如。葉名隱忍。釋草蘮隱荵。從木。吉聲。木質而高尺許。莖僅如箸。故本草經入之草部。古屑切。一曰直木。小徐無此句。而繫傳曰一莖直上。三四葉相對。似人參。故曰直木。然則藥名二字本作直木。校者改之。又有校者謂別本作桔梗直木。記

zuò 柞　lú ⿰木乎　jiàn 榗　suì ⿰木㒸　jiǎ 椵　huì 橞　hù 楛　jī 櫅　pín 櫇　réng ⿰木乃

其異文。非兩說也。王篇廣韻皆無直木之說。

柞 木也。詩采菽箋柞之葉新將生。故乃落于地。正吾鄉之柞樹。又呼爲橡子樹者矣。而許君不與柔栩類列。未詳何物。從木。乍聲。在各切。

⿰木乎 木。出橐山。中山經橐山其木多樗。豈借樗爲⿰木乎而譌樗與。抑王篇無⿰木乎字。豈即樗字省文。後人增之與。段氏曰廣韻十一模曰黃⿰木乎木可染。十姥曰⿰木乎木名可染緇。按周禮注曰染草茅蒐橐盧豕首紫茢之屬。橐盧豈即黃⿰木乎與。從木。乎聲。他乎切。

榗 木也。從木。晉聲。子善切。書曰。竹箭如榗。王篇同。小徐作詩曰榛楛濟濟者。以其誤以榗爲榛也。大徐引書而書無此語。段氏曰疑當作周禮曰竹榗讀如晉。職方氏其利金錫竹箭。注云故書箭爲晉。杜所見故書作榗。榗本木名。故書借爲竹名也。大射儀注古文箭作晉。吳越春秋晉竹十廋。即箭竹。嚴氏曰當作讀若書曰竹箭。竹箭蓋古文說。許君往往以經說爲經也。夏本紀竹箭既布。又言瑤琨竹箭。即此。亦引段氏所引以證之。

⿰木㒸 赤羅也。釋木⿰木㒸蘿誤也。秦風隰有樹⿰木㒸傳赤羅也。孔仲達唐人也。引爾雅同。徐楚金南唐人也。引亦同。可知爾雅挩赤字在宋時也。陸璣賈思勰皆云⿰木㒸亦名赤羅。郭注今楊⿰木㒸也。實似梨而小。酢可食。齊民要術有山梨鹿梨鼠梨諸名。格物要論有倭雜草櫂諸名。

從木。㒸聲。徐醉切。詩曰。隰有樹⿰木㒸。秦風晨風文。

椵 木。可作牀几。牀玉篇引同。御覽引作杖几。亦作机。恐非。小徐作伏几。且詳說之。几部云踞几也。然則伏几或以別于踞几乎。從木。叚聲。讀若賈。古雅切。釋木櫰椵。釋文古雅反。即此矣。上文云椵柂。釋文徒亂反。字林云木似白楊。案徒亂反則當作椴矣。郭注櫰椵曰柚屬也。子大如盂。皮厚二三寸。中似枳。食之少味。初不言其材可用。其注椵柂也曰白椵也。樹似白楊。疏曰檀弓云柂椵。鄭注云所謂椑棺也。即引此文以證之。然則椵柂以材爲用也。王篇有椵字。說同字林。恐說文本有椵字。以與椵相似爲人所刪也。筠在潁州見綠椵几長丈餘。聞別有紅椵。未見也。

橞 木也。從木。惠聲。胡計切。

楛 木也。從木。苦聲。侯古切。詩曰。榛楛濟濟。大雅旱麓文。陸疏云楛形似荊而赤。莖似蓍。上黨人織以爲牛筥箱器。又屈以爲釵。筠案可織可屈之木。必不可爲矢。國語之楛矢。乃枯之譌。說見下文枯下。

櫅 木也。可以爲大車軸。釋木櫅白棗。玉篇櫅白棗。可以爲大車軸。從木。齊聲。祖雞切。

⿰木乃 木也。從木。乃聲。讀若仍。如乘切。

櫇 木也。桂氏段氏皆曰

木

èr 樲　pú 樸　rǎn 橪　nǐ 柅　shāo 梢　lì 𣞙　liè 栵　xùn 梭　là 楋　bì 㯇　jǔ 枸　zhè 樜　fāng 枋　jiāng 橿

卽仁頻也、上林賦、仁頻并閭、孟康曰、仁頻、椶也、李善曰、仙藥錄云、檳榔一名椶、然則仁頻卽檳榔也、從木。頻聲。符眞切、

樲 酸棗也。釋木文、從木。貳聲。而至切、

樸 棗也。小徐本此字在部末、豈挩佚而校者補之與、抑直是後人所增與、繫傳曰、爾雅方說諸棗、而連屬云樸抱者、則注解者自然以此樸爲棗也、案上文尙有椵梧閭之、而楚金謂之連屬、殆意揣許君所據本原連屬也、從木。僕聲。博木切、

橪 酸小棗也。酸棗自分大小甘酢、淮南子、𤼵橪棗以爲矜、如單雄信以棗爲槍、名寒骨白、是也、上林賦、枇杷橪柹、郭璞以爲橪支木、非也、一句皆果名、不得雜以香艸、史記集解引徐廣曰、橪果也、是也、從木。然聲。人善切、一曰染也。染、小徐作柔、皆似有挩文、詩荏染柔木、注、荏染、柔意也、

柅 木也。實如棃。從木。尼聲。女履切、

梢 木也。韻會引作木枝末、似非、釋木、梢、梢櫂、注、謂木無枝柯梢櫂長而殺者、疏、梢一名梢櫂、案許君方敘木名、不應以虛字閒之、不知所說是此否也、釋文音朔、從木。肖聲。所交切、

𣞙 木也。吳氏本草、郁李、一名雀李、一名車下李、一名棣、周書、夏食鬱、注云、棣也、潘岳閑居賦、梅杏奠棣之屬、曹毗魏都賦、若榴郁棣、以上皆桂氏所引、蓋謂皆借棣爲𣞙也、從木。𣞙聲。郎計切、

說文句讀《卷十一　七百六十一　、〇折四十七　九

栵 木也。廣韻、栵可染繪、從木。列聲。力輟切、

梭 木也。集韻、梭、遂緣切、木名、如餘甘、從木。夋聲。私閏切、徐鉉曰、今人別音穌禾切、以爲機杼之屬、段氏曰、廣雅作梭、

㯇 木也。從木。畢聲。卑吉切、

楋 木也。有槐楋、有柳楋、小者可爲篗、大者可爲戈戟矜、今軍器多用之、從木。剌聲。盧達切、

枸 木也。可爲醬。出蜀。漢書音義、枸木似穀樹、其葉如桑葉、用其實作醬、酢美、蜀人以爲珍味、顏注漢書、子形如桑椹、緣木而生、味尤辛、今宕渠則有之、醬當作𤗆、從木。句聲。俱羽切、

樜 木。出發鳩山。北山經、發鳩之山、其上多柘木、傳寫改易耳、若柘則到處有之、何必長子縣之發鳩山乎、從木。庶聲。之夜切、

枋 木。可作車。從木。方聲。府良切、

橿 枋也。莊子釋文、李軌云、枋、檀木也、檀蓋橿之誤、釋木、杻、檍、郭注、材中車輞、一名土橿、考工記注曰、今世轂用雜榆、輻以檀、牙以橿、從木。畺聲。居良切、一曰鉏柄名。名當作也、釋名、鋤、齊人謂其柄曰橿、橿然正直也、案枋柄二字本通、士冠禮注、今文枋爲柄、少牢饋食禮注、古文柄皆爲枋、

chū 樗　bò 檗　fēn 梤　shā 榝　zú 椷　yáng 楊　chēng 檉　liǔ 柳　xún 樳　luán 欒

樗 木也。以其皮裹松脂。釋木、檴、落、邢疏曰、小雅大東云、無浸檴薪、鄭箋云、檴、落、木名、陸璣疏云、今椰榆也、其葉如榆、其皮堅韌、剝之長數尺、可爲絙索、又可爲甑帶、其材可爲杯素、案詩自作檴、釋文云、毛、刈也、鄭、落木名也、字則宜作木旁、玉篇、樺木皮、可以爲燭、從木。雩聲。雇之或體作雩、亦可證樗非采荼薪樗之字、乎化切、讀若雩。言假借也、莊子、原憲華冠、釋文、華、乎化反、以華木皮爲冠、顏注上林賦、華卽今之樺、皮貼弓者也、

檴 樗 或從蒦。

檗 黃木也。蜀本草、黃檗樹高數丈、葉似吳茱萸、亦如紫椿、皮黃、根如茯苓、從木。辟聲。博厄切、

梤 香木也。小徐作木也、而引字書香木也、蓋大徐據此增之、玉篇此梤作枌、云白榆也、後文榆下之枌作棻、云香木也、從木。芬聲。撫文切、

榝 似茱萸。出淮南。字林同、釋木、椒榝醜莍、注、榝似茱萸而小、赤色、從木。殺聲。所八切、

椷 木。可作大車輮。從木。戚聲。子六切、

楊 蒲柳也。依藝文類聚引改、詩采薇毛傳、釋木竝同、本草圖經、蒲柳勁韌、可爲箭笴、左傳所謂董澤之蒲、又謂之雚苻、卽水楊是也、從木。昜聲。與章切、

檉 河柳也。皇矣毛傳、釋木竝同、

說文句讀《卷十一　七百九十三　、〇折四十二　十

秦卽今之陰柳、治小兒疹者、從木。聖聲。敕貞切、與頳同音、其皮正赤故也、

柳 小楊也。陸璣謂蒲柳皮正青者爲小楊、從木。丣聲。桂氏曰、御覽初學記皆引作卯聲、古銅印柳竝從丣、力九切、丣 古文 酉

樳 大木也。可以爲鉏柄。依廣韻引補、玉篇無大字、蓋疑大木則無不可爲者、故刪之耳、不知此以其質性言之、如樟可爲櫛、樟可爲盂、櫛盂皆小物也、從木。㝷聲。詳遵切、

欒 木。似欄。本草、欒生漢中川谷、唐本注云、葉似木槿而薄細、花黃似槐而小長大、子殼似酸漿、其中有實如熟豌豆、圓黑堅硬、堪爲數珠、木似欄者、玉篇云、欒、木似欄、欄、木欄也、考工記、㡛氏湅帛、以欄爲灰、注、以欄木之灰、漸釋其帛也、釋文、欄音練、或音蘭、案音練則欄卽楝字、楝實曰金鈴子、可以浣衣也、御覽引說文云、欒木也、似木蘭、或玉篇之木欄卽木蘭也、李時珍曰、木蘭枝葉俱疏、其花內白外紫、深山生者尤大、可以爲舟、木肌細而心黃、梓人所貴、從木。䜌聲。洛官切、禮。天子樹松。諸侯柏。大夫欒。士楊。禮緯含文嘉文也、白虎通引之、誤作春秋緯、此乃墓上所樹、本文欠明、蓋經後人刪削矣、周禮冢人、以爵等爲丘封之度、與其樹數、賈疏引春秋緯同此、而欒字譌作藥草二字、士楊句有挩文、當依彼作士以槐

yí 移　dì 棣　zhǐ 枳　fēng 楓　quán 權　jǔ 柜　huái 槐　gǔ 穀　jì 檵　chǔ 楮　qǐ 杞

庶人以楊、**移** 棠棣也。棠蓋唐之譌。釋木、唐棣、栘。常棣、棣。論語引詩唐棣之華、漢杜鄴傳引詩作棠棣、所引者小雅常棣之華。在韓詩則云夫栘之華、夫發語詞、即所云唐棣栘者也。字誤作棠、則兩木不分矣。召南之唐棣、秦風之苞棣、皆赤棣也。從木。多聲。弋支切

棣 白棣也。詩采薇、維常之華。傳、常、常棣也。陸璣疏曰、似李而小、如櫻桃、正白。從木。隶聲。特計切

枳 木。似橘。考工記、橘踰淮而北爲枳。吾鄉呼爲臭桼。從木。只聲。諸氏切

楓 木也。厚葉弱枝。善搖。一名欇。釋木、楓、欇欇。郭注、楓樹似白楊、葉圓而岐、有脂而香、今之楓香是。案楓香者、顏氏所謂楓膠香是也。今人誤讀郭注、謂楓即南方之楓香樹、非也。二木相似而實則大異。一名欇句、後人誤讀爾雅者增之。邢疏、韻會、皆引說文一名欇欇、尤誤矣。知欇非楓名者、下文欇云、木葉搖白也、則白楊之搖、亦可謂之欇、不第楓也。欇字上下皆木枝條形狀之類、不專指一物也。爾雅云、楓欇者、謂楓善搖耳。如釋蟲蟦銜入耳、蟦銜是名、入耳是性、邢疏皆謂爲二名、非也。知爾雅本不重欇者、張揖注上林曰、楓、攝也。李善注南都賦引爾雅楓聶。攝是譌字、聶是省借、豈得于說文增欇字。從木。風聲。方戎切。字林方廉反、是也。從風聶之字、音多誤矣、偶得一字、故表

出之。**權** 黃華木也。釋草曰、權、黃華。郭注以牛芸草當之。釋木、權、黃英。郭云未詳。許君合二條爲一、而以木也定之、謂即是一物、兩篇重出耳。景純苟讀說文、則必不云未詳矣。從木。雚聲。巨員切 一曰。反常。廣雅、權、變也。反常合道。

柜 木也。趙注孟子曰、杞柳、柜柳也。爾雅、楥、柜栁。郭讀栁爲柳。本草作櫸柳。寇宗奭曰、謂檀非檀、謂柳非柳。從木。巨聲。其呂切

槐 木也。春秋說題辭、槐木者、虛星之精也。從木。鬼聲。戶恢切

穀 楮也。張參謂說文作榖。詩黃鳥、無集于穀。鶴鳴、其下維穀。陸璣疏云、幽州人謂之穀桑、荆揚人謂之穀、中州人謂之楮。殷中宗時、桑穀共生是也。今江南人績其皮以爲布、又擣以爲紙。從木。殸聲。古祿切

楮 穀也。從木。者聲。丑呂切 **柠** 楮或從宁。

檵 枸杞也。詩四牡、四月、毛傳皆曰、杞、枸檵也。釋木同。郭注、今枸杞也。是周秦以杞爲一名、以枸檵爲二名。魏晉則以檵爲一名、以枸杞爲二名。許不從古而從今、取其易曉邪、抑後人所改邪。從木。繼省聲。當云𢇍聲。古詣切 一曰。堅木也。

杞 枸杞也。表記引詩豐水有芑、注、芑、枸檵也。鄭君爲許君之後輩、語尚如古。從木。

yá 枒　tán 檀　lì 櫟　qiú 梂　liàn 楝　yǎn 檿　zhè 柘　qī 榔　xuán 檈

已聲。墟里切

枒 木也。吳都賦、枒葉無陰。異物志、枒樹似檳榔、無枝條、高十餘丈、葉在其末、如束蒲、實大如瓠、繫在樹顛、若挂物也。史記作胥餘、漢書作胥邪、胥與餘邪疊韻、長言短言之分、邪餘皆借字、俗字作椰。從木。牙聲。五加切 一曰。車輞會也。說文無輞、火部煣下作網。考工記、牙也者、以爲固抱也。鄭司農云、牙讀如跛者訝跛者之訝、謂輪輮也。世間或謂之罔。是漢有罔名、無輞字、而尚書大傳鄭注、渠、車輞也、或後人改之。煣下引周禮作牙、則枒亦分別字。云會者、牙合衆材而成、有牝牡相銜、即古牙只揉一木而成、亦有交會之處也。

檀 木也。鄭風毛傳、檀、彊韌之木。陸疏、檀木皮正青、滑澤、與繫迷相似、又似駁馬。繫迷一名挈榼。桂氏曰、挈榼即爾雅槉櫨、駁馬即詩隰有六駁。從木。亶聲。徒乾切

櫟 木也。秦風苞櫟傳文也。陸疏曰、秦人謂柞爲櫟、河內人謂木蓼爲櫟、椒樧之屬也。其子房生爲梂、木蓼子亦房生、故說者或曰柞櫟、或曰木蓼。璣以爲此秦詩也、宜從其方土之言、柞櫟是也。案陸氏釋詩、自據秦俗、許君說字、何所偏主、但其序字、櫟不與柞栩爲伍、又不與樧爲伍、玉篇次第大同、非由改易。艸部草下云、草斗、櫟實也、一曰樣斗。本部栩下云、其草一曰樣、則即是一物、不必分別。顏氏所見、亦不必是原本也。從木。樂聲。郎擊切

梂 櫟實也。釋木、櫟、其實梂。故許君以梂系之櫟。又曰、椒樧醜、莍、故許君以莍系之茱。其實房生之物、皆有梂彙自裹、且茱亦是木非草也。一曰。鑿首。鑿首者、鑿之首也。用豳風韓詩之說、非用其詞。韓詩解破斧曰、木屬曰錡、謂以木夾持其金而連屬之、則曰錡也。此蓋鋸之類。鑿屬曰銶者、鑿者鋻也、與許君以爲物名者不同、謂金器有鋻、以木入其中而連屬之、則曰銶也、即斧斨之類。許君所據本、蓋作叉缺我梂、故金部不收銶也。嚴氏謂鑿首即是草斗、則是梂一名鑿首矣。無徵不信也。從木。求聲。巨鳩切

楝 木也。郭注山海經、楝子如指頭、白而黏、可以浣衣也。從木。柬聲。郎電切

檿 山桑也。書禹貢、詩皇矣、皆以檿爲名。釋木則云檿桑山桑。考工記亦以檿桑爲名、則爾雅誠秦漢閒人作也。郭注、材中作弓及車轅。禹貢檿字、史記作酓。從木。厭聲。於剡切 詩曰。其檿其柘。皇矣文。

柘 柘桑也。木理枝葉、皆不相似、以蠶生而桑未生、先濟之柘、故被以桑名。風俗通、柘桑之林。高注淮南烏號、亦曰柘桑。然則柘桑者、漢人語也。從木。石聲。之夜切

榔 木可爲杖。繫傳即榔、栗之屬。從木。厀聲。親吉切

檈 檈味。稔棗也。釋木、還味、稔棗。還不從木。

guì 檜
xiān 枮　jī 机　bǎi 柏　cōng 樅　mán 樠　sōng 松　qiáo 樵　gěng 梗　fèn 枌　yú 榆　fán 橎　tóng 桐　róng 榮　wú 梧

樬則從木、皆與許異、郭注還味、短味。又不以爲名。釋文還、字林作檈。廣韻則引説文。從木還聲。似沿切。此篆似後增。

梧　梧桐木。此有子之青桐也。從木吾聲。五胡切。一曰櫬。釋木櫬梧、疏櫬一名梧。

榮　桐木也。釋木文、賈思勰曰、華而不實者曰白桐、實而皮青者曰梧桐。案榮即華也。以其榮故名之榮矣。白桐材中琴瑟。從木熒省聲。永兵切。一曰屋梠之兩頭起者爲榮。士冠禮、鄉飲酒禮皆云東榮、注榮、屋翼也。

桐　榮也。從木同聲。徒紅切。

橎　木也。集韻橎、剛木、不華而實。從木番聲。讀若樊。附轅切。

榆　木白枌。當云木也、白者枌。闕抗之後、或改爲榆白枌者、疑許君用釋木文也。然榆白枌、謂榆之白者名枌也。陳風毛傳曰、枌、白榆也。是也。從木俞聲。羊朱切。

枌　榆也。此直捉而同之者、以上文說榆已明也。郭注爾雅曰、枌榆先生葉、卻著莢、皮色白。從木分聲。扶分切。

梗　山枌榆。此又合二名爲一矣。漢有枌榆社、枌榆者、猶言白榆也。有朿、莢可爲蕪荑也。釋木無姑其實夷、注無姑、姑榆也。生山中、莢圓而厚、剝取皮合漬之、其味辛香、所謂蕪荑。案郭注之莢、本作葉、段氏依急就篇顔注改。從木更聲。古杏切。

樵　散木也。衆經音義、廣韻引皆作木也。一緣是木名、故在此。柴是小木散材、則在後矣。然詩樵彼桑薪、左傳無抒采樵者、禁芻牧采樵、不入田、未嘗以爲木名。○一曰薪也。依華嚴音義引補。字林同。從木焦聲。昨焦切。

松　木也。從木公聲。詳容切。

㮤　松或從容。初學記引云、古文松從木容聲。韻會引作案、宊者容之古文也。何休曰、松猶容也。

樠　松心木。漢書西域傳、烏孫國山多松樠、顔注、樠木名、其心似松。玉篇、樠、松樠也。從木㒼聲。莫奔切。

檜　柏葉松身。衛風毛傳、釋木竝同。禹貢作栝。從木會聲。古外切。

樅　松葉柏身。釋木文。郭注引尸子、松柏之鼠、不知堂密之有美樅。從木從聲。亦省作從。繫傳云、文子曰、老子師常從子、李暹注曰、言如樅之常不凋。七恭切。

柏　鞠也。釋木、柏椈。雜記、暢白以椈。說文無椈。從木白聲。博陌切。

机　木也。山海經、單狐之山多机。廣韻引山海經族藺之山多松柏机桓。玉篇、机木出蜀中。從木几聲。居履切。

枮　木也。或即杉字、然柀下作椵。從木占聲。息廉切。

běn 本　shù 樹　yóu 櫾　méi 某　tā 榙　tà 㯓　rèn 杒　guǐ 桅　yú 楰　lòng 梇

梇　木也。從木弄聲。盧貢切。益州有梇棟縣。後漢郡國志同、前漢地理志作弄。

楰　鼠梓木。木當作也。集韻引無此字。小雅傳、釋木竝同。陸璣謂之苦楸、郭璞以爲楸屬。從木臾聲。羊朱切。詩曰、北山有楰。小雅南山有臺文。

桅　黃木可染者也。從木危聲。過委切。韻會四支引篆作梔、說作危聲、桂氏、段氏、嚴氏皆從之、是也。過委切、段氏改爲章移切。史記索隱千畝之卮茜云、卮音支、鮮支也。司馬相如傳索隱云、鮮支、支子也。案卮支皆梔之借字、今語正呼爲梔子。

杒　桎杒也。玉篇、杒、木名。本草別錄、丹桎木皮主瘑瘍風。桂氏曰、桎杒制車木也。本書、軔、礙車也。玉篇、軔或作杒。詩小雅緜周之氏、箋、氏當作桎、言尹氏爲周之桎鎋也。筠案、諸說皆未確、姑存之。繫傳引字書、桎杒、木名。蓋是。從木刃聲。而震切。

㯓　榙㯓木也。史記上林賦榙㯓、漢書文選皆作荅遝、郭云、荅遝似李。從木遝聲。徒合切。玉篇序字、榙在㯓上、是也。特恐說文本作荅㯓、後人補榙字、故不得其次。

榙　榙㯓。果似李。三字在繫傳中、知其本無。從木荅聲。土合切。讀若嚃。說文無嚃、即有亦當在㯓下。小徐作遝、亦非。榙讀若遝、則直名曰㯓㯓可矣。

某　酸果也。今借梅、而用爲誰某之字。從木從甘。闕。此蓋非許語。唐韻莫厚切、亦非。此徐鉉先主誰某之義、故但檢上聲也。當莫桮切。

槑　古文某從口。從口尤謬于從甘、豈有許君作此語者、直當是象形而已。

櫾　崐崘河隅之長木也。說文無崐崘、當依河下㴔下作昆侖。桂氏曰、通作榣。西山經、槐江之山、其陰多榣、郭注曰、榣木、大木也。字又作𣓌、李善注養生論引延叔堅曰、豫章與杬木相似、須七年乃可別。張說郭震行狀、初安西南有毒河、源遠在悉嶺西北、其河源上有大樹、高千餘丈、垂陰數頃、蘸謂大樹必櫾木也。筠案列子殷湯篇、吳楚有大木、其名爲櫾、則知他處亦有、不必崑崘。從木䌛聲。繫傳引穆天子傳曰、天子乃釣于河水、觀姑繇之木、注曰、大木也。在崑崘東淑人之丘。以周切。

樹　木生植之總名。大司徒辨五地之物生、而合皁膏覈莢叢、皆謂之植物、故曰生植也。樹植皆有立義。十年之計、莫如樹木、是木言樹也。樹藝五穀、是穀言樹也。潤溼不可穀者、樹之萑蒲、是艸亦言樹也。故曰總名。而主謂木者、字從木也。從木尌聲。常句切。

尌　籒文樹。

本　木下曰本。今謂之幹者是也。從木、一在其下。徐鍇曰、一記其處也。本末

dǐ 柢　zhū 朱　gēn 根　zhū 株　mò 末　jì 樱　guǒ 果　léi 樏　chā 杈　zhī 枝　pò 朴　tiáo 條　méi 枚

朱皆同義指事案小徐所說指事多謬而此則甚確戴侗引唐本本從木從丅末從木從上此必李少溫邪說而郭忠恕用之甚矣人之好怪也布忖切

𣎵 古文本。○玉篇作𣎴

柢 木根也。老子注引作本也非也釋言柢本也許君不用者於本字之形得之氏宿謂之天根柢加木謂之木根不亦宜乎 從木氏聲。都禮切

朱 赤心木。猶言木之赤心也朱同訓赤而不定是木許君主于木者以字從木也木有皮赤者如朱楊樫之類而許君主于心者以一在木之中也或誤認許語以為自有赤心之木以朱為名非也 松柏屬也。所以證上句也謂松柏之類皆赤心之木也禮器曰松柏有心鄭君目之為黃腸 從木一在其中。章俱切案當以柢根株三字相次而朱在其下

根 木株也。從木艮聲。古痕切

株 木根也。廣雅同楊倞注荀子一本一株也 從木朱聲。陟輸切

末 木上曰末。從木。一其上也。一其上者猶漢武帝讀東方朔書止輒乙其處也如此則一字活相本朱二字下皆當如此特無據未敢改之莫撥切

樱 細理木也。樱見西山經南都賦郭注樱似松有刺細理桂氏曰齊有稷門左傳晉侯治兵于稷杜云河東聞喜縣有稷山並當作樱 從木畟聲。子力切此字失次玉篇亦誤

果 木實也。從木。象果形在木之上。古火切

樏 木實也。繫傳樏即果之一名也鄭氏曰無皮殼曰樏也類篇作樏云木實又魯果切木名實有皮無殼 從木絫聲。力追切

杈 杈枝也。廣韻引方言云江東言樹枝為椏杈也魯靈光殿賦枝掌杈枒而斜據又器名也鄭注鼈人云簎謂以杈刺泥中搏取之也 從木叉聲。亦借叉為之繫傳引潘岳西征賦垂餌出入挺叉來往初牙切

枝 木別生條也。許說蓋止木別也三字說詳水部派下本文或是庾注或後人以許說簡質而增之下文條小枝也是許以大幹為本自本而別出者為枝自枝而分者為條汝墳傳曰枝曰條渾言之許君則析言之也詩云本支百世宗子為本如木之幹也支子為支如木之枝也枝謂之別別子為祖也 從木支聲。章移切

朴 木皮也。吳氏本草厚朴一名厚皮顏注急就篇凡木皮皆謂之朴此樹皮厚故以厚朴為名 從木卜聲。匹角切

條 小枝也。易林大樹之子百條共母 從木攸聲。徒遼切

枚 幹也。詩汝墳傳枝曰條幹曰枚 可為杖。左襄十八年傳以枚數闔注枚馬撾也 從木攴聲。莫桮切 詩曰施于條枚。大雅旱麓文○說解不能一貫姑依經傳分說之詳見釋例

kān 栞　zhé 欇　rěn 栠　yāo 枖　diān 槙

栞 槎。句識也。槎小徐韻譜作木增韻引同然當是殘字以槎說栞謂其事同也申之以識謂其意異也依許例識當作職記志也廣雅栞識也亦足見識之自為句也下文槎衺斫也遠隔在後者槎字之下為榍柮梡櫚之類則槎者以其木不堪為器故析之不以其理但衺斫為柴薪而已既斫為薪則零星矣栞之槎但斫其木之表以為記志非伐而斷之也故與槎同事而字不類聚王篇次弟亦在此也必衺斫之者其木故生若但削去其皮則其創易合故衺斫之異日易尋蹤迹也益稷隨山刊木偽孔傳曰隨行九州之山刊槎其木開通道路以治水禹貢序隨山濬川傳曰刊其木深其流以刊木說隨山仍是開通道路之意禹貢隨山刊木傳云斬木通道又云九山刊旅傳云已槎木通道而旅祭矣偽孔所用之槎乃後文之槎與本文無涉惟夏本紀曰行山表木索隱曰表木謂刊木立為表記其說正與許同太史公從安國問故許君敘曰書孔氏信不誣也 從木。幵聲。开下少古文幵耳大徐不識改聲為闕 夏書曰隨山栞木。古皋陶謨禹貢皆有此文此言夏書則但指禹貢者嚴鐵橋每云說文古本必是但言書曰無虞夏商周之別增此

夏字之人忘卻虞書已有是嚴氏說之明證也 讀若刊。此區別之詞也若豫知尚書改為刊而早為之防者苦寒切

𣏞 篆文栞。〔從幵〕地理志作此字夏本紀九山栞旅小徐本無從幵二字者與栞一字而小異也大徐不識栞字故增之

欇 木葉搖白也。搖者榣之聲借字白者兒之殘字也廣韻欇樹葉動兒是其證蓋木善搖者白楊與楓而葉背之白因搖而見者惟白楊為然釋木曰楓欇欇以欇歸之楓楓葉之背固不白也上文楓下云善搖亦當作兒之證 從木聶聲。之涉切

栠 弱兒。廣雅同毛詩論語皆假荏為之 從木任聲。如甚切

枖 木少盛兒。詩隰有萇楚傳夭少也凱風傳夭夭盛兒 從木夭聲。於喬切 〔詩曰桃之枖枖〕小徐本此下有詩曰愷風自南吹彼棘心棘心夭夭母氏劬勞言棘心所以枖枖凡二十五字繫傳之釋之也則先引愷風又引書厥草維夭及桃之夭夭而韻會之引說文也自加一語曰通作夭而後引棘心夭夭知說文本未引詩也言棘心所以枖枖即是言棘心所以速長者之譌衍且未有引詩作夭夭說詩反作枖枖之理況女部娱下引詩桃之娱娱廣雅娱娱茂也則必三家詩有此文矣彼既有徵則此為羼入何疑

槙 木頂也。本字兩義

經典皆借顚爲之、莊子、巢于高榆之顚、從木。眞聲。都年切、一曰仆木也。盤庚若顚木之有由櫱、

梃一枚也。謂一枚曰一梃也、下文材、木梃也、竹部竿、竹梃也、但指其榦、不兼枝葉而言、今猶有此語、孟子制梃、則引伸之義、從木。廷聲。徒頂切、

槮眾盛也。與燊義近、從木。驫聲。所臻切、逸周書曰。槮疑沮事。依玉篇集韻引補、周書文酌解、聚疑沮事、葢以音義竝近之字易之也、闕。此字固是後人所加、然當在驫聲下、葢疑驫聲不得有所臻切也、案驫字、唐韻甫虯切、曹憲廣雅音曰香幽必幽二反、廣韻甫烋切、又音標、今周書又改爲聚、則槮之音、非聚卽鄰矣、所臻切者、則以與燊形義竝近、而以其音嫁之也、

標木杪。句、末也。說標曰木杪、說杪曰木標、轉注也、皆申之以末者、以恆言統之也、乃皆冠之以木者、末標杪皆木之末、爲一事而三名、說末曰木上、此云木杪木標、皆專屬之於木也、秒芒蔈皆草之末、爲一事而三名、說秒曰禾芒、說芒曰艸耑、惟蔈一曰末也、不以草定之、以其爲別義、故略也、彼此對文、又標蔈同從票、杪秒同從少、故加區別之詞、與餟酹祭也、酹餟祭也不同、彼無他事與之疑似也、魏都賦李注引作標末也、彼單釋標字、無杪字與之對文、設全引之、轉不明矣、故刪一句也、管子、大本而小標、後漢書馬融傳、杪標端、注、杪標竝木末也、案經典多複語、說字則無此例、苟以木杪末也四字爲句、則不可通也、從木。㶾聲。敷沼切、

杪木標。句、末也。從木。少聲。亡沼切、

朵樹木垂朵朵也。引伸爲朵頤、李鼎祚曰、朵、頤動下垂之皃也、從木。象形。云象形、則不從短羽之几可知矣、實半會意半指事字、丁果切、此與采同意。小徐本、此下有而下垂三字、雖殘文其意可解、謂朵與采皆下垂也、顧采是會意字、何云同意、嚴氏云、夂卽乑字、反文卽乀、妥從乀聲、將無采從乑、乑不爲義乎、果爾、則與朵同意矣、竊又疑是借采爲秀、漢諱秀、故許君鄭君皆以莠代秀、莪、茅莠也、僅見于廣韻所引、此證字形、不可以莠代、故以采代、秀而後成采也、果爾則于形合、秀之乃亦象乑形也、由此知楷書朵字不誤、玉篇有朵朶二形、爲不達也、

桹高木也。段氏曰、此泛言高木謂之桹、非謂桄桹檳榔也、從木。良聲。魯當切、

橺大木皃。從木。閒聲。古限切、

枵木皃。從木。号聲。許嬌切、春秋傳曰。歲在元枵。襄二十八年、傳曰、歲在星紀而淫于元枵、元枵、虛中也、枵、耗名也、又昭十年傳曰、今茲歲在顓頊之虛、注、顓頊之虛、謂元枵、元枵。虛也。釋天

說文句讀 卷十一 八百十七 、○折四十 十七

文也、較左傳少一中字、許不用傳而又不云爾雅曰者、直是自爲元枵加解注、與傳枵耗名也同義、爲枵字廣一義也、從木。

招樹搖皃。搖當依說文韻譜作榣、曲禮、招搖在上、以此推之、則招榣二字、可分可合、疊韻字也、從木。召聲。止搖切、

榣樹動也。晉語、榣木不生危、韋注、榣木、大木危高險也、筠案、韋氏似以榣爲櫾、非也、夫地高則多風、險則無蔽、以荏弱善搖之木、而生高險之地、其折必速、安能久生乎、從木。䍃聲。余昭切、

樛下句曰樛。桂氏曰、此與朻字訓互誤、當云高木也、本書丩、相糾繚也、與下句意合、翏、高飛也、與木高意合、釋木、下句曰朻、釋文云、本又作樛、同、馥案樛朻二字、同聲相通、從木。翏聲。吉虯切、

朻高木也。桂氏曰、當云下句曰朻、淮南時則訓、木熙者、舉梧檟、據句枉、通作糾、高唐賦、糾枝還會、李善云、糾枝、枝曲下垂也、又通作樛、廣雅、樛、句下也、詩樛木傳云、木下曲曰樛、釋文云、馬融韓詩本竝作朻、說文以朻爲木高、從木。丩聲。吉虯切、筠案韻會引、朻、高木下曲也、段氏從之、刪併兩字爲一、非也、釋文云、說文以朻爲木高、區別爲二、又非也、桂氏謂二字同聲相通、亦非也、然而諸說皆是也、許君之收此二字、皆据樛木之篇、其說樛字也、以毛詩爲本、桂氏謂當云高木也、是也、据后妃爵秩而言、故謂之高、言正位中宮而不賤視其妾也、其說朻字也、以韓詩爲本、桂氏謂當云下句曰朻、是也、許君所用者釋木、釋木所本者韓詩、此据后妃德性而言、故謂之下句、謂引掖衆妾之恩、如此其降尊就卑也、意各有主、故分收之、而不合爲一字、苟不推許君之意、則分合皆失之矣、

枉衺曲也。從木。㞷聲。迂往切、與數同、葢數爲衺曲之通稱、而枉專謂木也、

橈曲木也。易大過、棟橈、本末弱也、引伸之、則淮南無或枉橈、左傳師徒橈敗、從木。堯聲。本奴教切、孫女教切、

扶扶疏。句、疊韻字、四布也。羣書多作扶疏、王粲柳賦、枝扶疏而覃布、淮南修務訓、援豐條、舞扶疏、高注、扶疏、槃跚皃、此別一義、從木。夫聲。防無切、

檹木檹施也。施集韻引作柅、非、玉篇、檹椸、不正皃、楚詞注引詩旖旎其華、檜風作猗儺、案此云木檹施也、與禾部移下云禾倚移也相對立文、知檹施倚移皆卽猗狔、特以言木言禾異其字耳、故集韻引此文曰木檹柅也、雖失其字而得其意、又猗狔轉爲猗儺、而女部婐妮下、不言女婐妮也、與本文異者、以兩字皆從女也、從木。旖聲。於离切、賈侍中說。檹卽椅。謂二字同也、木可作琴。見衛風定之方中篇、

𣏕相。當作橺、句絕、謂二字同義、高也。桂氏曰、通

說文句讀 卷十一 八百三十五 、○折四十一 十八

hū 榾　shēn 槮　chān 梴　sù 橚　dì 杕　tuò 櫜　gé 格　yì 槸　kū 枯

作訬、西京賦、通天訬以竦峭、李注、通天、臺名、訬、高也。從木、小聲。私兆切。

榾 高皃。從木省聲。呼骨切。

槮 木長皃。繫傳引楚辭、萷構櫹槮之可哀、案今本作櫹。西京賦、櫹爽櫹槮、則以櫹櫹為兩字、許不收櫹、是以為一字也。從木、參聲。所今切。詩曰、槮差荇菜。槮、關雎作參、荇當作莕。小徐本句下有是也二字、非也。此引詩說假借、謂長木之槮、可用爲不齊之皃。小徐因是也、故謂當言讀若、然讀若則亦不當言是也矣。

梴 長木也。小徐作木長也、汲古依之剟改、然櫹槮連語、一曰木長、一曰長木、則固無別矣。從木、延聲。丑連切。案段氏據此音、改為梴、說曰延聲是也。詩曰、松桷有梴。商頌殷武文、傳云長皃。○案此字、小徐本注刻在梓下、顧鈔在部末、皆失次。葢大徐以同訓廁此、而忘櫹槮之為連語也。

橚 長木皃。顧亭林曰、考工記輪人注、鄭司農云、掔讀如紛容掔參之掔、即上林賦之紛溶萷蔘也。從木、肅聲。山巧切。廣韻二蕭、櫹、蘇彫切。一屋、櫹、息逐切。

杕 樹皃也。顏氏家訓引同、段氏曰、當作特皃。唐風有杕之杜、毛傳、杕、特皃、許所本也。從木、大聲。特計切。詩曰、有杕之杜。此小徐所引、于詩凡六見、小徐引詩傳、樹特生皃、案生字似當有、古人言木不言樹也。

櫜 木葉陊也。玉篇、櫜、落也、與蘀同。從木、㲎聲。讀若薄。他各切。

格 木長皃。葢謂枝條長也、上林賦、夭蟜枝格。從木、各聲。古百切。

槸 木相摩也。釋木、木相磨、槸。古磨摩通用。小徐引郭注、謂樹皮相切磨也。案木有因相磨而連理者。從木、埶聲。魚祭切。五經文字、槷、魚列反、又讀如涅、案字書無文、見考工記。筠案張氏誤也、今本猶作槷、鄭君曰、熱省聲、可證。輪人、牙得則無槷而固、先鄭云、槷、㩳也。疏曰、先鄭讀槷為危槷之槷、筠案郎出部之槷、鼿也、今本亦誤從執、槷即是槸、非字書無文也。至於匠人、置槷以縣、則鄭君曰、槷、古文臬、假借字、既已深切著明矣。

槸 槸或從蓺作。埶下挩此重文埶。

枯 槀也。從木、古聲。苦孤切。下文所引夏書、則當依陸氏音戶。夏書曰、唯箘輅枯。竹部簬下引書、惟箘簬楛、惟當依彼、枯當依此、輅則當作簬、彼用小篆、此用古文、引書乃別一義、故下文解之。○枯、木名也。禹貢馬注、楛、木名、可以為箭。鄭注、楛木類。周之始、肅慎氏貢楛矢石砮。考工記、荊之幹、注引禹貢、荊州貢櫄幹栝柏、及箘簬楛、釋文、栝音戶、尚書作楛、筠案鄭注楛字、釋文栝字、皆枯之譌也。鄭君所引禹貢、本與許君同作枯、故陸氏區別

gǎo 槀　pǔ 樸　zhēn 楨　róu 柔　tuò 柝　lè 朸　cái 材　chái 柴　fú 榑　gǎo 杲

之曰、尚書作楛也。鄉射禮注引國語、肅慎貢楛矢、釋文不誤、今本亦作楛。閻百詩曰、肅慎即今甯古塔、長白山徧生楛木、中為矢、質堅而直、不為燥溼所移。

槀 木枯也。於枯言槀、於槀言木枯者、字與禾部稾相似、故言木也。稾亦枯物、以其有用、故不說以枯耳。犒古但作稾、唐石經地官牛人、軍事共其犒牛、宋槧釋文地官槁人二文、今本作犒、至於小行人、若國師役、則令槁禬之、則至今不改也。國語服注、以師枯槁、故饋之飲食、勝于鄭司農改為犒。牛人正義曰、謂將師在軍枯槁之賜牛、謂之犒牛也、正宗服子慎義、而譌為枯犒、不可通矣。從木、高聲。苦浩切。

樸 木素也。書梓材馬融注、樸、未成器也。士喪禮、夏官槀人、皆云獻素獻成、注云、形法定為素、飾治畢為成。至於說文無樸、或失收、或是漢字、皆未可知。而千六百年、名璞之郭景純、今人勒令名樸、國策曰、吾願子以名母為後也、是之謂矣。從木、菐聲。匹角切。

楨 剛木也。泛言之也。玉篇、楨、堅木也、即引山海經太山多楨木以申之、是謂楨為堅木之名也。彼郭注以為女楨、吳都賦文欀楨櫟。從木、貞聲。易文言、貞者事之幹也、詩維周之楨、傳、楨、幹也。廣韻、題曰楨、旁曰幹。陟盈切。上郡有楨林縣。地理志、郡國志同、莽曰楨幹。

柔 木曲直也。洪範文、說見火部煣下。從木、矛聲。耳由切。

柝 判也。與土部坼義略近。玉篇引爾雅、木謂之柝、今江東斫木為柝。案爾雅作劇。從木、㡿聲。他各切。易曰、重門擊欜。欜下既引之矣、且釋文曰、說文作欜、尤為柝下不引易之明證。或者本作讀若易曰重門擊欜、所以區別二字之不同、後人沿今易誤寫為柝、又有校者刪讀若邪。

朸 木之理也。考工記、陽木稹理而堅、陰木疏理而柔。玉篇、韓詩云、如矢斯朸、木理也。毛詩作棘、釋文引韓詩曰、朸、隅也、隅者廉隅之謂、故毛傳曰、棘、棱廉也。從木、力聲。盧則切。平原有朸縣。見地理志。

材 木梴也。謂幹也、幹為棟梁、乃是大材、若其枝柯、小材不足道也。從木、才聲。昨哉切。

柴 小木散材。承材字言其小也、凡以見經典柴燎之為借也。從木、此聲。士佳切。

榑 榑桑、神木。日所出也。呂覽求人篇、禹東至榑木之地、五帝本紀、東至于蟠木、蟠木者、扶木也。案榑扶聲同、扶蟠聲轉、漢書天文志、畬為扶、鄭氏曰、扶當為蟠、是也。十州記、扶桑葉似桑樹、長數千丈、大二千圍、兩兩同根、根更相依倚、是以名之扶桑。從木、尃聲。防無切。榑乃木名、而次之于此者、為杲杳二字設也。

杲 明也。廣雅同。詩、杲杲出日。從日

dòng 棟　fú 桴　mú 模　gòu 構　yǐ 檥　gàn 榦　zhù 築　zài 栽　hé ⿰木郃　yǎo 杳

在木上。木者、榑木也、讀若槀。古老切、杳冥也。管子內業篇、杲乎如登于天、杳乎如入于淵、從日在木下。西方無榑桑、而亦從木者、祇是倒杲字以會意耳。烏皎切、⿰木郃角械也。廣雅、桰、衡、楅、椰也。周禮封人、設其楅衡。注、楅設于角、衡設于鼻。桊設于角、故曰角械、從木郃聲。其逆切、一曰。木下白也。桂氏曰、疑爲木下句也。嚴氏曰、玉篇作一日木也。則下白或衍文、栽築牆長版也。長當作設。左僖三十年傳、朝濟而夕設版焉。注云、版築。莊二十九年傳曰、水昏正而栽。注、於是樹版幹而興作。定元年傳曰、庚寅栽。注、設版築。及許君所引、其栽皆不可謂之版、故知字譌也。從木𢦏聲。昨代切、春秋傳曰、楚圍蔡、里而栽。哀元年文。玉篇引楚子圍蔡、與傳合。築擣也。轉注、所用以擣者亦謂之築。左宣十一年傳稱畚築。疏曰、畚者盛土之器、築者築土之杵。廣雅、築謂之杵。三蒼解詁、築、杵頭鐵沓也。從木筑聲。陟玉切、古文築。段氏改爲𥳑、云從管聲。桂氏亦云、又曰、管厚也。言築之宜厚、榦築牆耑木也。左宣十一年傳、平版幹。疏曰、釋詁云、楨、翰、幹也。舍人曰、楨、正也。築牆所立兩木也。翰、所以當牆兩邊鄣土者也、

彼楨爲幹、故謂幹爲楨、謂牆之兩頭立木也、板在兩邊、卽鄣土者、卽彼文翰也、從木。倝聲。古案切、俗作幹。○一日。本也。依李注魏都賦引補、詩汝墳傳、幹日枚、易文言、貞者事之幹也、左成十三年傳、禮、身之幹也、檥幹也。釋詁、楨、翰、儀、幹也、儀者檥之譌、從木義聲。魚羈切、構蓋也。許君注淮南、大構架興宮室、雞棲井幹云、皆屋構飾也、漢書翟方進傳注、爻有作室之意、則子當築堂而構棼橑以成之、從木冓聲。冓蓋構之古文、古后切、杜林以爲椽桷字。冓角古同韻、模法也。說見竹部笵下、漢書字亦作橅、從木莫聲。讀若嫫母之嫫。內則淳母、注、母讀若模、模象也、莫胡切、桴眉棟名。名當作也。繫傳曰、爾雅、棟謂之桴、注曰屋檼。按謂屋前後檐橫棟也、鈞案、今人謂之檐欞、說又見下文楣下、從木孚聲。附柔切、棟屋極也。依元應引補、字林、桴、棟也、極也、其說尤異、鈞案、許君之說棟極、本之易象洪範、非諸家之說所可易也、桴亦蒙棟之名、而列字反居棟上、故說曰眉棟、乃分別之詞、卽此見棟爲正中一木之名、今謂之脊檁者是、而瓦部甍下云屋棟、亦足徵也、大過棟橈、文王所謂棟、尚未著明、故周公於三四爻皆言棟、以指

zhù 柱　jié 楶　zhī 榰　chēng 樘　yíng 楹　jí 極

實其所、蓋文王周公說大過小過、與他卦不同、小過卦詞曰飛鳥、象傳申之曰、有飛鳥之象、是以中兩陽爻爲鳥身、上下四陰爻爲兩翼、大過三四爻、周公皆以爲棟、則是初爻爲後桴、與上爻爲前桴對、二爻爲後庪、與五爻爲前庪對、乃棟一而三四爻皆言棟者、易之取象、不可以實事拘也、此兩爻相合、乃爲一卦正中、猶乾卦三四爻居一卦之中、故孔子皆謂之重剛、謂是兩乾相接之處、非謂九居三皆剛、九居四則非重剛也、洪範五曰皇極、蓋疇數九、搢疊觀之、五位居中而最尊、其餘八數皆爲所統攝、猶易之五爻取君象者、十之七八也、鄭君曰、極、中也、其說正與許君合、而皆本之周公孔子、非他家隨文立義者所可同年語也、從木東聲。多貢切、極棟也。莊子則陽篇、其鄰有夫妻臣妾登極者、與此義合、馬融梁將軍西第賦、騰極受檐、則以極爲桴矣、薛綜注西京賦、孟康注漢書枚乘傳、章懷注後漢書蔡茂傳、皆以極爲梁、皆異說也、從木亟聲。渠力切、柱楹也。廣雅、楹謂之柱、從木主聲。直主切、楹柱也。釋名、楹、亭也、亭亭然孤立、旁無所依也、從木盈聲。以成切、春秋傳曰、丹桓宮楹。莊二十三年經文、樘衺柱也。李注長笛賦引、無衺字、案廣雅、樘、柱、並云距也、說文距作歫、云槍也、然則槍樘

二字、雖是物名、亦有槍之樘之之義、樘俗作牚撐、長門賦、離樓梧而相撐、注引字林、撐、柱也、則柱與俗拄字同義、謂柱之也、魯靈光殿賦、枝牚杈枒而斜據、注、枝牚、則是物名、張載注亦曰、牚、眉梁之上也、尤可徵矣、云斜據、則亦可云衺柱、但宮室之華飾、閒有斜者、若其任重、必無斜者、惟是極柱以大木承大木、此柱則可以小木歫大木、是其別也、從木堂聲。丑庚切、榰柱下也。依元應引改補、易釋文引作柢石、非也、不言柱下某也者、爲下文地也、古用木。今以石。竊疑古亦不必用木、許云兩者、以字從木也、然形聲字多不該備、如煉鍊同字、所煉者金、鍊之以火、則榰以承柱、卽從木矣、尚書大傳、大夫有石材、庶人有石承、鄭曰、石材者、柱下質也、石承、當柱下而已、不出外爲飾也、從木耆聲。章移切、易、榰恆凶。是。繫傳、周易恆卦上六、振恆、凶、王弼云振、動也、許氏言榰、孟氏易文也、楶欂櫨也。欂當作欂、繫傳、爾雅、栭謂之楶、謂梁上短柱、上承屋脊者、論語、山節藻梲、借節用之、皇氏曰、如今栱斗也、○鈞案、於此言欂櫨、是兩字爲名也、其欂櫨枅三字下、皆不言欂櫨、則是或欂或櫨、一字卽是名也、廣雅云、欂謂之枅、五臣注魯靈光殿賦曰、欂、柱頭也、櫨、斗也、皆其明證也、又淮南子主術訓云、短者以爲朱儒枅櫨、又合枅櫨兩名爲一矣、段氏嚴氏、皆於櫨篆說

木

bó 欂 lú 櫨 jī 枅 liè 栵 ér 栭 yìn 檼 lǎo 橑 jué 桷

中增欂櫨二字、以李善爲據、誤也、李氏注選、以選爲主、賦旣連言欂櫨、則合說文數字之義引之、豈所据說文多此兩字乎、至於景福殿賦單言櫨、李氏卽引說文櫨柱上枅也、不復連言欂櫨矣、又甘泉賦言薄櫨、李氏卽引說文薄櫨柱上枅也、徑改字爲薄矣、又釋宮釋文引字林、欂櫨也、以櫨釋欂、又引字林、櫨柱上柎也、亦不連言、且知柱上柎之出于字林、異于說文之柱上枅也、從木咎聲。子結切、

欂 壁柱。繫傳卽壁中小柱、西京雜記謂之壁帶、何晏景福殿賦謂之落帶、所謂落帶金釭也、從木薄省聲。說文無薄字、故云然、羣書多不省、不得分爲兩字、弼戟切、

櫨 柱上枅也。依元應李注文選引補、釋宮釋文引字林、櫨柱上柎也、衆經音義引三蒼、柱上方木也、山東江南皆曰枅、自陝以西曰楮、從木盧聲。落胡切、伊尹曰、果之美者、箕山之東、青鳧之所、有櫨橘焉。夏孰也。呂氏春秋本味篇、櫨橘作甘櫨、小徐本同、盞校改也、又無果之美者及夏孰句、史記索隱引應劭說如說文、而鳧作鳥、櫨作盧、漢書注引應劭說同、上林賦、盧橘夏孰、一曰、宅櫨木名。依集韻引補、名當作也、宅亦作杔、玉篇集韻皆曰杔櫨、木名、出宏農山也。

枅 屋櫨也。櫨則櫨耳、冠以屋者、櫨下有三說、此特承首說、故重明之、此古人之詳密、今人苟且、不爲此也、淮南精神訓、素題不枅、高注、不枅者、不施欂櫨、從木开聲。古兮切、高注淮南云、枅、音雞、莊子釋文又音肩、

栵 栭也。釋木文、郭注、樹似槲而庳小、子如細栗、可食、今江東亦呼爲栭栗、內則、芝栭蔆椇、從木。列聲。良辥切、詩曰、其灌其栵。大雅皇矣文、傳曰栵栭也、陸璣疏云、葉如榆也、木理堅韌而赤、可爲車轂、桂氏曰、此栵字、當依玉篇次于梠字上、

栭 屋枅上標也。標李善引作梁、亦云屋者、卽承枅言之、張注魯靈光殿賦曰、芝栭、山節、方小木爲之、字或作檽、皇侃論語義疏、梁上楹、卽是檽、檽卽侏儒柱也、從木。而聲。如之切、爾雅曰、栭謂之楶。釋宮文、郭注、卽櫨也、楶引此者、通結上文、言楶欂櫨枅栭五字、雖或小異、無害大同、故序字始楶終栭、而引此語以結之、

檼 棼也。釋名、檼、隱也、所以隱桷也、或謂之望、言高可望也、或謂之棟、棟、中也、居屋之中也、高注淮南、以榱爲檼、與廣雅以椽爲棟、其誤正同、楶釋名隱字、卽今檼字、從木。㥯聲。於靳切、

橑 椽也。御覽引作榱也、楚詞、桂棟兮蘭橑、玉篇引作欄橑、云、以木欄爲榱也、通作轑、漢書張敞傳、果得之殿屋重轑中、蘇林曰、轑、椽也、從木。尞聲。盧浩切、

桷

chuán 椽 cuī 榱 méi 楣 lǚ 梠 pí 槐 mián 櫋 yán 檐

榱也。詩閟宮松桷有舄、傳文也、從木。角聲。古岳切、春秋傳曰、刻桓宮之桷。莊二十四年經文、韋昭注國語、桷、榱頭也、尚書大傳、其桷、天子斲其材而礱之、加密石焉、大夫達棱、士首本、庶人到加、椽方曰桷。小徐在末、是也、大徐在榱也句下、則上言榱而下言椽、其詞爲顚躓矣、虞仲翔注易、始有此說、盞校者据以增之、故在末也、

椽 榱也。釋名、椽、傳也、相傳次而布列也、從木。彖聲。直專切、

榱 椽也。依韻會引補、秦名屋椽也。依釋宮釋文引改、御覽引作秦謂之榱、易釋文引作秦曰榱、周謂之椽。依御覽引改、左傳、宋伐鄭、以大宮之椽歸、爲盧門之椽、宋鄭皆在豫州、與周室近、齊魯謂之桷。左傳、齊子尾抽桷擊扉三、慶舍援廟桷動于甍、魯刻桓宮桷、然商頌言松桷、商都與周東都近、則當爲通語矣、從木。衰聲。所追切、

楣 秦名屋櫋聯也。名、玉篇引作謂、鄉射禮記、序則物當棟、堂則物當楣、注、是制五架之屋也、正中曰棟、次曰楣、前曰庪、案、許君列桴于棟上、而說之曰眉棟、名又不收庪字、且云眉棟、不云楣棟、而楣字但爲櫋聯之別名、蓋說儀禮不與鄭君同也、許君旣說桴曰眉棟、必是今之檐櫋、其第二櫋、亦當蒙棟之名、鄭注之次曰楣、當作前曰楣、與說文之桴相當、鄉飲酒禮、主人阼階上當楣北面再拜、賓西階上當楣北面荅拜、如果次曰楣、則室之前牆、繼後二櫋之下、則當楣己入堂之半矣、何以連階上言之、此楣在前之證也、鄭注之前曰庪、當云次曰庪、士昏禮、賓升西階、當阿東面致命、主人阼階上北面再拜、注云、阿、棟也、今文阿爲庪、案此則去主人太遠矣、堂之有阿、不見他經、則以有卷者阿推之、毛傳、卷曲也、韓詩、曲京曰阿、屋必至半而後曲、故有反宇、广部、庪、中伏舍也、是也、蓋以其爲椽之所閣、故曰庪、以其當中伏之處、故曰阿耳、齊謂之檐。爾雅釋文引同、厂部、产、屋梠也、齊謂之产、或齊有擔产兩名邪、楚謂之梠。從木。眉聲。釋名、楣、眉也、近前、若面之有眉也、武悲切、

梠 楣也。士喪禮注、宇、梠也、方言、屋梠謂之櫋、郭注、雀梠、卽屋檐也、亦呼爲連緜、案此卽齊謂楣爲檐之證矣、從木。呂聲。力舉切、

槐 梠也。景福殿賦、槐梠緣邊、周流四極、李注、言以槐梠緣屋邊隅、周帀流移、至于四極、從木。毘聲。讀若枇杷之枇。房脂切、

櫋 屋櫋聯也。疊韻字也、故小徐韻譜作屋聯櫋、釋名作緜連、郭景純倒之爲連緜也、淮南子、縣聯房植、高注、縣聯、聯受雀頭者、釋名、上入曰爵頭、形如爵頭也、從木。邊省聲。不曰臱聲者、槐梠緣邊之謂也、武延切、

檐 槐

tán 橝　dí 樀　zhí 植　shū 樞　qiǎn 槏　lóu 樓　lóng 龒　shǔn 楯　líng 櫺　máng 杗　cù 梀

也。明堂位複廟重檐注外檐下壁復安板檐以避風雨從木詹聲。余廉切俗作簷橝屋梠前也。從木覃聲。徒含切一曰蠶槌。桂氏曰疑植字訓誤入橝下月令具曲植籧筐注時所以養蠶器也植槌也眾經音義植縣薄柱也樀戶樀也。小徐韻譜作檐也韻會引及玉篇竝同以當作戶檐擔也若直作檐也則有引爾雅爲證人何至誤爲戶樀乎蓋樀名爲檐而實非檐梠之檐今武定八於戶上作塼檐或即此乎吳語王背檐而立大夫向檐韋注檐謂之樀樀門戶掩陽也系樀子門戶與此正同從木啻聲。都歷切爾雅曰檐謂之樀。釋宮文樀朝門。朝當作廟門部闔下云闔謂之樀樀廟門也所引仍是釋宮豈有一從木一從門而輒異其解之理且樀字固無異也讀若滴。非別一音當在啻聲下植戶植也。釋宮植謂之傳傳謂之突注戶持鎖植也邵二雲曰墨子非儒篇爭門關抉植是植爲鍵門持鎖直立之木也從木直聲。常職切⿰木置植或從置。書金縢植璧秉珪鄭注植古置字漢石經論語置其杖而耘詩商頌置我鞀鼓箋置讀曰植凡此置字皆⿰木置之省形存聲字樞戶樞也。顏注漢書樞門扇所由開閉者也從木區聲。

昌朱切槏戶也。桂氏曰疑有闕文廣韻槏牖旁柱也然則此即簾槏之簾之正字從木兼聲。苦減切樓重屋也。釋名樓謂戶牖之間諸射孔樓樓然也顏注急就篇樓謂重屋離樓然也從木婁聲。洛侯切龒房室之疏也。借疏爲䟽從木龍聲。盧紅切楯闌檻也。王逸注楚詞曰檻楯也從曰檻橫曰楯是楯檻一物云闌檻也者闌遮也以楯闌道而穿於檻是遮闌其檻也漢書袁盎傳百金之子不騎衡如淳曰衡樓殿邊欄楯也從木盾聲。食允切櫺窗楯閒子也。依元應引補李注曹植贈徐幹詩引作窗閒孔也孔字似是但羣書作孔者少作子者多未敢定耳左傳作蔥靈櫺蓋後起之字矣從木霝聲。郎丁切杗棟也。此蓋博異語也上文極棟也古多謂極爲梁薛綜注西京賦曰三輔名梁爲極孟康注漢書枚乘傳西方人名屋梁爲極後漢書蔡茂傳夢坐大殿極上注極殿梁也然則謂極爲梁則亦謂梁爲棟矣從木亡聲。武方切爾雅曰杗廇謂之梁。釋宮文此蓋字之正說也抑或棟也乃杗一字之義梁則合杗廇以爲名古義多湮未可輒定梀短椽也。繫傳今大屋重橑下四隅多爲短椽即此

wū 杇　màn 槾　wēi 椳　mào 楣　kǔn 梱　xiè 榍　zhā 柤　qiāng 槍　jiàn 楗　jiān 櫼　xiè 楔

也。從木束聲。丑錄切杇所以涂也。趙策豫讓入宮涂廁刃其杇欲爲智伯報讐鮑注杇涂具也論語不可杇也釋文作圬左昭元年傳亦然秦謂之杇。關東謂之槾。從木亏聲。哀都切槾杇也。槾之器用金而以木爲柄故此從木而金部又有鏝所涂者泥也泥用土及水故孟子毀瓦畫墁從土莊子以辱行汚漫我從水槾之用手荀子抏折其貌以象槾茨蕃閑也注槾茨猶堊也從手手者人之手也荀子汚僈突盜從人惟莊子郢人堊慢釋文慢本亦作槾則慢或是殘字不足計吾因形聲字必不能該備而此字之或體良多故舉一隅焉從木曼聲。母官切椳門樞謂之椳。釋宮文彼無門字此與樞字不相次故加之而所以不相次者不可知也從木畏聲。烏恢切楣門樞之橫梁。釋宮楣謂之梁釋文楣亡悲反或作楣亡報反呂伯雍云楣之橫梁是知郭注本作楣傳寫譌也聘禮鄉飲酒禮鄉射記凡云當楣者皆當爲楣之譌也從木冒聲。莫報切梱門橛也。釋宮橛謂之闑又曰樴謂之杙在地者謂之臬郭注即門橛也門部闑門梱也廣雅㮡機闑朱也從木困聲。廣雅以朱爲梱說文以朱爲困之古文莊子和之璧井里之厥也晏

子作井里之困然則古通用困後乃作梱爲專字閫見經注而說文不收蓋其作尤後矣苦本切榍限也。釋宮柣謂之閾郭云門限也音切廣雅柣砌也其柣即此榍阜部限門部閾皆曰門榍也從木屑聲。先結切郭千結切柤木閑。門部閑闌也集韻柤以木爲闌廣雅柤樘柱距也距者止也從木且聲。側加切槍歫也。有鎗槍竹槍拼槍馬槍諸名所以歫敵也蒼頡篇槍兩頭銳也三蒼解詁木兩頭小而銳曰槍杜佑曰拒馬槍以木徑二尺長短隨事十字鑿孔縱橫安檢長丈銳其端以塞要路從木倉聲。七羊切一曰槍欀也。說文無欀段氏嚴氏皆謂當作攘据賈誼傳國制搶攘也說文亦無搶白帖搶攘不安皃桂氏謂當作孃据女部孃煩擾也楗歫門也。南都賦注引作距門也今据改字林拒門也一作門距也拒距蓋皆歫之譌杜篤論都賦懽闔門之反歫司馬遷傳去楗羨服虔曰門戶楗牡也又名剡移或作㢕㢕從木建聲。其獻切櫼楔也。眾經音義今江南言櫼中國言屆楔通語也陸雲與兄書曹公器物有剔齒櫼字又與鑯通從木韱聲。本子林切孫子廉切楔櫼也。天官玉府鄭司農云角柶以楔齒士喪禮曰楔齒用角柶楔齒

zhà 栅　lí 杝　tuò 欜　huán 桓　wò 楃　chuáng 橦　gāng 杠　tīng 桯　jīng 桱

者、令可飯含、通作扶、廣雅扶、鐵也。從木契聲。先結切。

栅　編樹木也。字林同、樹一作豎、方言樹植立也、謂立木而編緒之以爲柵也。從木從冊。冊亦聲。冊亦編竹也。楚革切。

杝　落也。謂籬落也、衆經音義欐又作籬杝二形、通俗文柴垣曰杝、木垣曰柵、夏官司險樹之林以爲阻固、注樹之林作藩落也。從木也聲。讀又若陁。蓋許亦謂杝籬一字、以小雅析薪杝矣爲借義、故言又若以闕小雅也、唐韻池爾切、祇是又若陁之音、

欜　行夜所擊木也。依御覽引改、行夜者巡夜也、秋官修閭氏比國中宿互欜者、鄭司農云、欜謂行夜擊欜、從木橐聲。他各切。易曰、重門擊欜。繫辭文、

桓　亭郵表也。古今注程雅問曰、堯設誹謗之木何也、曰今之華表木也、以橫木交柱頭、狀若華也、形似桔槔、大路交衢悉施焉、或謂之表木、以表王者納諫也、亦以表識衢路也、秦乃除之、漢始復修焉、今西京謂之交午也、漢書音義曰、舊亭傳於四角面百步、築土四方、上有屋、屋上有柱出高丈餘、有大版貫柱四出、名曰桓表、縣所治夾兩邊各一桓、陳宋之俗、言桓聲如和、今猶謂之和表也、從木亘聲。胡官切。

楃　木帳也。段氏曰、周禮巾車翟車有握、釋文握、劉音屋、賈馬皆作楃、及幕人注曰、四合象宮室曰幄、許書無幄、有楃、楃蓋出巾

車職、今本譌從手耳、筠案衆經音義、幄謂大帳也、三禮圖在上曰帟、四旁及上曰帷、上下四旁悉周曰幄、幄大帷也、此大帳之證也、又釋名幄屋也、以帛衣板施之、形如屋也、此木帳之證也、兩皆有證、蓋各明一義矣、又案秦風在其板屋、蓋亦謂此楃、從木屋聲。兼意、於角切、

橦　帳柱也。柱一作極、案無極則帳不能張、無柱則極無所麗、特西京賦都盧尋橦、橦固植者之名也、急就篇作幢、顏注形如車蓋者、謂之幢、言其童童然也、則自其狀言之、與其中之柱極無涉、從木童聲。宅江切、古音當如童、故顏氏以童童說之、

杠　牀前橫木也。方言牀其杠、北燕朝鮮之閒謂之樹、自關而西秦晉之閒謂之杠、南楚之閒謂之趙、東齊海岱之閒謂之樺、從木工聲。古雙切、

桯　牀前几。方言榻前几、江沔之閒曰桯、趙魏之閒謂之機、從木呈聲。他丁切、

桱　桱桯也。玉篇桱字之上爲案杅杵三字、其下爲櫑榼二字、說曰桯也、又木名、其次距桯字甚遠、蓋非桯又名桱也、類篇桱經絲具、則當與機杼爲伍矣、然玉篇次第亦相遠、吾恐此器本連桱桯二字爲名、而其訓義則失之、皮傳者輒逐之與桯近耳、東方謂之蕩。類篇引作蕩、從木巠聲。

xū 㮚　huá 茉　nòu 槈　gé 枱　shū 梳　zhì 櫛　dú 櫝　wēi 械　zhěn 枕　chuáng 牀

古零切、

牀　身之安也。依初學記御覽引改、小徐作安身之几坐也、語尚通、然詩載寢之牀、牀不第爲坐器也、大徐安身之坐者、則詞亦不通矣、玉篇牀身所安也、但易之以所耳、從木爿聲。玉篇爿又音牀、廣韻十陽、爿士莊切、爿即爿本不斷爲爿、仕莊切、

枕　臥所薦首者。釋名枕檢也、所以檢項也、從木。易險且枕、鄭注木在首曰枕、冘聲。章衽切、

械　械窬褻器也。窬音豆、呂靜韻集宗許義、天官玉府、鄭司農云、褻器清器虎子之屬、賈逵曰、械虎子也、窬行清也、是謂械窬爲兩物也、許君不用師說者、械字不見于經、窬亦是借字、必相附而後成義也、史記萬石君傳借牏字用之、玉篇廣韻有牏字、則後作之專字矣、從木威聲。於非切、

櫝　匱也。匚部匵亦云匱也、聘禮作櫝、論語兼用匵櫝、從木賣聲。徒谷切、一曰木名。名當作也、玉篇櫝與㯍同、酉陽雜俎武陵郡北有㯍木二株、馬伏波所種、木多節、又曰。櫝。大梡也。大梡、小徐作木梡、皆譌也、當依玉篇作小棺也、下文㯍棺櫝也、玉篇㯍下引漢書顏注、㯍櫝謂小棺、

櫛　梳比之總名也。與他部言總名者不同、此謂漢時曰梳曰比者、周秦統謂之櫛也、詩其比如櫛、言其密也、玉藻櫛用樿櫛、髮晞用象

櫛、但以濇滑別之、急就篇有疏比之名、始以稀密別之、廣雅作梳枇、而后各立專字、釋名梳言其齒疏也、梳之數者曰比、言細相比也、此漢時但有梳字、尚無枇字之證也、今人借篦、新附有之、非其義也、從木節聲。阻瑟切、考工記櫛氏、鄭司農讀如巾櫛之櫛、釋文曰本或作櫛、蓋依先鄭改也、疑古但作巾櫛、後因或用竹作之、故兼從木竹、卽則聲也、

梳　理髮者也。依元應引補、史記匈奴傳比余一、索隱云漢書作比疏一、蒼頡篇靡者爲比、粗者爲梳、案余疏皆梳之借字、從木疏省聲。所菹切、

枱　劒柙也。借柙爲匣也、廣雅枱室郭劍削也、從木合聲。胡甲切、

槈　薅器也。廣雅定謂之槈、釋器所斷謂之定、李巡注鉏也、釋名槈以鉏薅禾也、從木辱聲。奴豆切、

鎒　槈或從金作。衆經音義槈說文又作鎒、除田器也、詩臣工序乃錢鎛、傳鎛鎒也、

㮚　桒。句　臿也。借臿爲疀也、下竝放此、首人借鍤、廣雅敮臿也、集韻敮或作㮚、從木。入象形。㮚者入地之器、而入字之形又與其刃似也、茉之丫象形亦然、非後增也、眴聲也。舉朱切、

茉　兩刃臿也。從木。丫象形。丫者羊角開張之皃也、漢畫之臿皆似大黃布形、互瓜切、宋魏曰茉

sì 相　yí 枱　hún 楎　yōu 櫌

也。方言、臿、宋魏之閒謂之鏵、釪 㭒或從金于。衆經音義、鏵、古作㭒、今作釪、犁刀也、廣韻、鏵、犁釪也、桂氏曰、鏵或作鋘、卽犁鋘、笱案、犁鋘今呼爲鑱、其器一刃、如臬字形、不似㭒字形、蓋皆是臿、故通之也、㭒之或體作鋘、見吳越春秋、何承天纂文譌作鋘、

相 臿也。卽元應所謂犁刀也、經典皆作耜、六書故、耜、耒下刺土臿也、古以木爲之、後世以金、易繫辭、斲木爲耜、京云、耒下耓也、月令、修耒耜、注、耜者耒之金也、考工記、匠人、耜廣五寸、二耜爲耦、韋注國語云、入土曰耜、耜柄曰耒、從木、目聲。詳里切、一曰徒土輂。手部、抹、盛土於梩中也、廣韻、梩、徙土輂、出六韜、孟子、盍歸反虆梩而掩之、趙注、虆梩、籠臿之屬、可以取土者也、丁公著音釋云、梩、土輂也、齊人語也。桂氏段氏皆曰、四字當在臿也之下、方言、臿、東齊謂之梩、廣雅、梩、臿也、宋魏曰㭒、齊人曰梠、文注正同、笱案、徐鍇謂梠卽耜、段氏謂梠卽耜、余初從之、今據此、齊人語、及齊民要術、梩、耒端木也、仍從徐氏、梩 相或從里。

枱 耒耑木也。依齊民要術引補、玉篇同、考工記、車人爲耒、庇長尺有一寸、又云、直庇則利推、句庇則利發、鄭司農云、耒謂耕耒庇、讀爲其顙有疵之疵、謂耒下岐、鄭君謂庇讀爲棘刺之刺、耒下前曲接耜、從木、台聲。弋之切、鈶 枱或從金。段氏曰、以其木也、故從木、以其屬于金也、故從金、笱案、金乃耜也、卽段氏此言、亦可知耜之是相而非枱也、兼知鈶爲後作之字、與戴侗說古耜以木、後世以金相應、辝 籒文枱從辝。

楎 六叉犂。犂者、犁之省文、廣韻、三爪犂曰楎、據下文言犂轅、知此犂謂耬也、今謂耕地者爲犂、耩地者爲耬、耬乃有轅、樅字下言耬、知漢無耬字、借樓用之、古茲無耬名、以犂統之、齊民要術有三腳耬、吾在沂州徐州見之、似六叉、爲三叉之譌、一曰犂上曲木。句此其形也、廣韻但引此句、犂轅。此其名也、玉篇、楎、犂轅頭也、崔寔正論、今遼東耕犂、轅長四尺、從木、軍聲。讀若緯、或如渾天之渾。戶昆切、段氏曰、緯音徽、玉篇、楎、呼歸切、

櫌 摩田器。字林同、桂氏曰、其義有二、廣韻、櫌、打塊槌、此一義也、漢書音義晉灼曰、以木椎塊曰櫌、秦始皇本紀、如淳曰、櫌、椎塊椎也、論語鄭注、櫌、覆種也、皇侃義疏、覆種者、植穀之法、先散後覆也、此一義也、孟子、播種而櫌之、管子、深耕均種疾櫌、注、櫌謂覆種、既已均種、當疾櫌之、笱案、此二義者、時分先後、當其既耕之後、柔土則耮之、齊民要術、春耕尋手勞、是也、勞郎到反、剛土則䥯之、金部、䥯、相屬、是也、今音罷、剛土而久旱、則塊大非䥯所能散、則槌之、此三事胥屬于耕、至于播種之時、以耬耩之、耬腳

zhú 欘　zhuó 櫡　pá 杷　yì 椴　líng 柃　fú 柫　jiā 枷　chǔ 杵　gài 槩　gài 杚　shěng 楷　sì 柶

雙縋曳重木、以覆其種、今人巧也、古蓋仍以䥯耮覆之、從木、憂聲。於求切、論語曰、櫌而不輟。徵子文、監本作櫌、石經五經文字皆作櫌、

欘 斫也。齊謂之兹其。依爾雅釋文引改、齊民要術引作鎡基、御覽引作慈基、欘與斤部斲同、釋器、斲謂之定、李巡曰、鋤別名也、一曰斤柄性自曲者。生而自曲、適合其度者也、考工記、車人之事、一宣有半、謂之欘、一欘有半、謂之柯、注、欘、斲斤柄、長二尺、爾雅曰、句欘謂之定、鄭司農云、蒼頡篇有柯欘、從木、屬聲。陟玉切、

櫡 斫謂之櫡。釋器文、彼作鐯、說文又有䂸、郭注、钁也、衆經音義引爾雅亦作櫡、廣雅、櫡謂之钁、從木、箸聲。張略切、

杷 收麥器也。僮約、居竹作杷、方言、杷、宋魏之閒謂之渠挐、或謂之渠疏、郭注、無齒爲朳、顏注急就篇、無齒爲捌、有齒爲杷、皆所以推引聚禾穀也、從木、巴聲。蒲巴切、

椴 穜樓也。小徐本作穜椴也、集韻、韻會引同、六書故、椴下種具也、齊民要術、樓有三腳者、有兩腳者、不如一腳者之爲得也、一曰燒麥柃椴。從木、役聲。与辟切、

柃 木也。廣韻引同、張揖注上林賦曰、櫧似柃、玉篇、柃木名、可染、其列字也、則柃在桔下、柞上、蓋讀說文者、不知其義而遂之此、以與上文柃椴相屬也、從木、令聲。郎丁切、

柫 擊禾連枷也。漢書王莽傳、予之北巡、必躬載柫、顏注、柫、所以擊治禾者也、今謂之連枷、從木、弗聲。敷勿切、

枷 柫也。齊語、耒耜枷芟、釋名、枷、加也、加杖于柄頭、以撾穗而出其穀也、從木、加聲。古牙切、淮南謂之柍。方言、僉、宋魏之閒謂之欇殳、或謂之度、自關而西謂之棓、或謂之柫、齊楚江淮之閒謂之柍、或謂之桲、

杵 舂杵也。易繫辭、斷木爲杵、從木、午聲。昌與切、

槩 杚斗斛。槩者、平斗斛之器也、故月令鄭注曰、槩、平斗斛者、乃管子曰、釜鼓滿則人槩之、是以靜字爲動字也、故蒼頡篇曰、平斗斛曰槩、許君獨言杚斗斛者、所以關兩義也、從木、既聲。工代切、

杚 平也。集韻引此、又曰謂斗槩、然則杚亦動靜兩義也、從木、气聲。古沒切、

楷 木參交以枝炊籅者也。枝郎支也、左傳、蔡衞不枝、竹部、籔、炊籅也、籅、漉米籔也、交木以支籅、使水下也、從木、省聲。所梗切、讀若驪駕。蓋謂讀若駕也、集韻、楷、居材切、漢平帝紀、立軺併馬、服虔曰、併馬、驪駕也、西京賦、驪駕四鹿、薛綜曰、驪猶羅列、駢駕之也、王莽傳、驪馬二駟、顏注、驪馬、併駕也、

柶 禮有

栖。栖匕也。御覽引此下有所以取飯四字、此連匕部說解引之也、然匕一名栖、而栖不第為取飯之用、儀禮多言栖者、其聘禮曰、宰夫實觶以醴、加栖于觶、鄭注周禮桼人云、飲醴用栖者、糟也、栖以角為之、欲滑也、其長六寸、兩頭曲屈、見士冠注、喪大記疏。從木。詩有捄棘匕、四聲。息利切。

㔶也。㔶見匚部、方言、盃、椷、盞、盌、閜、盪、盧、桮也。從木否聲。布回切。

籒文桮。

承槃也。承槃者、舟臺之屬也、周禮彝皆有舟、鄭司農曰、尊下臺、若今時承盤是也、其用有三、周禮掌舍之𣓪槃、此會盟之槃也、左傳乃饋盤飧、此飲食之槃也、內則少者奉槃、此洒濯之槃也。從木般聲。孟子借般為盤、鄭伯盤、寰盤、皆作般、從攴。薄官切。

古文槃從金。積古齋伯侯父盤作鎜。

籒文槃從皿。

槃也。急就篇槫榼椑榹、榹與夷聲近、或即周禮凌人之夷盤也。從木虒聲。息移切、釋木榹桃、山桃、夏小正作祧桃。

几屬。段氏曰、考工記玉人之事、案十有二寸、棗栗十有二列、大鄭云、案、玉案也、後鄭云、案、玉飾案也、棗栗實于器、乃加于案、戴先生云、案者椕也、禁之屬、儀禮注曰、椕之制、上有四周、下無足、禮器注曰、禁如今方案、隋長、局足、高三寸、此以案承棗栗、宜

有四周、漢制小方案局足、許云几屬、則有足明矣、後漢書梁鴻傳、妻為具食、不敢于鴻前仰視、舉案齊眉、方言曰、案、陳楚宋魏之閒謂之槅、自關而東謂之案、後世謂所凭之几為案、古今之變也。從木安聲。烏旰切。

圜案也。廣韻、檈、承食案也、文選七命、圜案星亂、方丈華錯。從木睘聲。似沿切。

篋也。廣雅、篋謂之椷、天官書、閒可椷劍、蘇林曰、椷音函、容也。從木咸聲。亦省作咸、周禮伊耆氏、共其杖咸、注、咸讀為函。古咸切。

勺也。漢禮器制度注、勺五升、徑六寸、長三尺、少牢饋食禮、司宮設罍水于洗東、有枓、注、枓、㪺水器也。從木斗聲。詩酌以大斗、周禮鬯人大洌設斗、皆古字也、道有枓字、而酒斗、水斗、羹斗、皆用之、惟升斗如故、唐韻音之庾切、亦偏枯、斗亦有之庾切也、詩行葦釋文、大斗、字又作枓、都口反、徐又音主、易豐卦、日中見斗、釋文見斗、孟作見主。

枓柄也。枓當依說文韻譜作斗、此緣上承枓篆而誤也、元應引作北斗柄也、則偏枯之見也、天官書之言北斗也、曰杓攜龍角、索隱曰、凡方者為斗、若安長柄、則名為枓、尾即杓之柄、其形若刀者是也、小司馬亦但知今斗、不知古斗、斗部說曰、象形有柄、是凡斗皆有柄、必謂斗是斗斛、枓是枓勺、則昧于制字之先後。從木勺聲。元應引說文都

歷反、又音同勺、索隱引說文匹遙反、唐韻甫搖切。

龜目酒尊。刻木作雲雷之象。象施不窮也。釋器、彝、卣、罍、器也、廣韻、尊有三品、上曰彝、中曰卣、下曰罍、郭璞曰、罍形似壺、大者受一斛、龜目者黃目也、即司尊彝之黃彝、雲雷之象者、夢溪筆談所謂一ㄋ一◎以相閒也、施者敂之借字、五經異義、韓詩說、金罍、大器也、天子以玉、諸侯大夫以金、士以梓、古毛詩說、金罍、酒器也、諸臣之所酢、人君以黃金飾尊、大一碩、金飾龜目、蓋刻為雲雷之象、許君謹案、韓詩說天子以玉、經無明文、謂之罍者、取象雲雷博施、故從人君下及諸臣同。從木畾亦聲。言亦者、明畾即古靁字也。魯回切。

櫑或從缶。

櫑或從皿。

籒文櫑。從缶回。當云、從缶、從罍省、漢書文三王傳、梁孝王有罍尊、應劭注引詩云、酌彼金罍。

圜榼也。桂氏曰、榼有四式、本書㭘、制如榼缺四角、是榼方也、樏為扁榼、柃為橫榼、與椑圜為四式也、考工記、句兵椑、注、椑、隋圜也。從木卑聲。部迷切。

酒器也。左成十六年傳、使行人執榼承飲。從木盍聲。本苦闔切、孫枯蹋切。

車笭中橢橢器也。謂車笭中器、其形橢橢然、即以其形為之名也、衆經音義、橢狹

長器也、楚詞天問、南北順橢、其衍幾何、爾雅釋魚之言貝也、曰蟦、小而橢。從木隋聲。古多借隋為之、天文家謂隋圓形為鴨蛋形。徒果切。

關東謂之槌。關西謂之㭙。齊民要術、蠶宜于屋裏蔟之、薄布薪于箔上、一槌得安十箔、方言、槌、自關而西謂之槌、西當作東、玉篇亦云、關西謂之栚。從木追聲。直類切。

槌也。廣雅同、方言、槌、其橫、齊部謂之㭙。從木特省聲。當作寺聲、陟革切。

槌之橫者也。關西謂之㰚。方言、槌、其橫、關西曰㰚、宋魏陳楚江淮之閒謂之𣘹、所以縣㰚、東齊海岱之閒謂之繏、或者此文本作關西謂之栚、所以縣㰚謂之繏、然㰚繏二字、說文竝無。從木灷聲。直衽切。

瑚槤也。混兩器為一、必由後人改易、左哀十一年傳、胡簋之事、孔疏曰、明堂位說四代之器云、有虞氏之兩敦、夏后氏之四璉、殷之六胡、周之八簋、而包咸鄭氏等注論語、賈服等注此傳、皆曰夏曰瑚、或別有所據、或相從而誤、筠案、論語先瑚後璉、即是證據、戴記葢傳寫互譌。從木連聲。里典切。

所以几器。几、一作支、玉篇同、桂氏曰、當作兀、筠案、集韻四十三映、𣛮有足、所以几物、此几訓為庋之證。從木廣聲。胡廣切。一曰。

jú 𣘻 jì 檕 nǐ 檷 jī 機 shèng 榺 zhù 杼 fù 椱 xuàn 楥 gāi 核 péng 棚 zhàn 棧 jiàn 栫

帷屛風之屬。李注吳都賦引作帷屛屬，皆非也。玉篇，一曰帷幬屛風屬，當依之。帷幬其名也，字又作梎幌。

𣘻 轝食者。繫傳，𣘻如食牀，兩頭有柄，二人對轝之。從木具聲。俱燭切

檕 𦄍耑木也。吾鄉呼爲井架鉤繫，傳曰所以關汲桶也。從木毄聲。古詣切，釋木，杌，繫梅，郭注，杌樹狀如梅，子如指頭，赤色，似小柰，可食。

檷 絡絲檷也。檷，易姤釋文引作趺，子夏易作鑈，當依玉篇廣韻作柎。從木爾聲。讀若柅。柅釋文引作昵，本文似後人改。姤釋文云，柅說文作檷，改者卽據此文也。奴禮切

機 主發謂之機。爲下文榺杼椱張本，而其詞則凡機之通義也。元應引作主發之機也，又引云謂制動轉之隸也，似是庾注，而隸字難解。廣雅，椱謂之𥲅，其杘謂之隸，或機亦有隸名乎。從木幾聲。居衣切

榺 機持經者也。詩大東，杼柚其空，柚卽此榺，吾鄉皆呼爲柚。三蒼，經所居機榺也。此器以竹爲之，其比如櫛，經貫其中，以木爲筐，廣韻所謂筬筐也。周櫛之外，以手進退之。糸部之綜，以綫爲之，經亦貫其中，以足躡金而抑揚之。吾鄉呼如甑反，與榺音近矣。集韻引廣雅，㮳謂之榺。㮳從辰，正以其條分縷析而不亂也。今本作㮴，㮴卽梭，杼之今名也。從木朕聲。詩證切

杼 機之持緯者。大東疏引作持緯者也，釋文引作盛緯器，皆通，但與榺椱二字語例不符。字林，杼，機持緯者，蓋述說文也。從木予聲。直呂切

椱 機持繒者。廣韻曰，卷繒者。繫傳曰，椱卽軸是也。吾鄉至今呼之，繒長則榺去織工遠，故以椱卷之，以鍵轄之，便再織也。從木复聲。扶富切

楥 履法也。繫傳，織履中模範也。案謂之法者，左傳取其冠法，是其比，字俗作楦。從木爰聲。讀若指撝。吁券切

核 蠻夷以木皮爲篋，狀如籢尊之形也。從木亥聲。古哀切

棚 棧也。通俗文，板閣曰棧，連閣曰棚。蒼頡篇，棚，樓閣也，謂重屋複道者也。從木朋聲。薄衡切

棧 棚也。淮南本經訓，延樓棧道，高注，棧道，飛閣複道相通。一曰竹木之車曰棧。依元應引補。春官巾車，士乘棧車。考工記，棧車欲弇，飾車欲侈。注，不革鞔而桼之曰棧車。字林曰，棧，仕諫反，臥車也。則主左成二年傳，丑父寢于轏中，爲說頗不該備。從木戔聲。士限切

栫 以柴木壅水也。依李注江賦引補。說文無壅字，當作邕。字林，栫，柴木壅也。廣雅，涔，栫也。釋器，椮謂之涔，注，積柴養魚曰椮。案以柴木擁人亦曰栫。左哀八年傳，邾子又無道，吳子使太宰子餘討之，囚諸樓臺，栫之以棘。杜注，栫，擁也。從木存聲。徂悶切

guì 槶 tī 梯 chéng 棖 juàn 桊 duǒ 椯 jué 橜 zhí 樴 zhàng 杖 bā 柭 bàng 棓 chuí 椎

槶 筐當也。字又作簂，簂幗三形，士冠禮注，滕薛名蔮爲頍。釋名，簂，恢也，恢廓覆髮上也，魯人曰頍，齊人曰帨。玉篇，幗，帨也。案筐當蓋槶之別名。艸部，蔕，瓜當也，此似不同。從木國聲。古悔切

梯 木階也。孟子捐階，注，階，梯也。從木弟聲。土雞切

棖 杖也。文選祭古冢文注引司彐。當作枝，謂定持也。僮約，樈門杜戶。魯靈光殿賦，枝牚杈枒而斜據。張注，牚或作棖。從木長聲。宅耕切 一曰法也。方言，棖，法也。注，救傾之法。

桊 牛鼻中環也。埤蒼，桊，牛拘也。元應曰，今江以北皆呼爲拘，以南皆曰桊。案繫桊以豨，見周禮封人。言環者，以桊木貫牛鼻，而后曲之如環也。亦有用大頭直木者。字或借棬爲之，呂覽，五尺童子引其棬，而牛知所以順之也。從木𥹋聲。居倦切

椯 箠也。五經文字作捶也。手部，揣，捶之。然則椯揣一字，微分動靜也。桂氏曰，捶耑聲相近。玉篇，捶與端同，可證。從木耑聲。兜果切 一曰椯度也。此義亦與揣同。一曰剟也。桂氏曰，方言，鑽謂之鏞。廣雅，鏞謂之鑽，鍑謂剟，當爲笏，俗作錣，或以本書無錣字，改爲剟。玉篇，錣，針也。淮南道應訓，倒杖策，錣上貫頤。高注，策，馬捶也，端有箴，以刺馬，謂之錣。氾論訓，是猶無鏑銜橜策錣而御馯馬也。注，錣，椯頭箴。

橜 弋也。轉注。從木厥聲。瞿月切 一曰門梱也。段氏曰，此亦橛弋之一端耳。橜或借厥，梱或借困。荀卿曰，和之璧，井里之厥也，玉人琢之，爲天子寶。晏子作井里之困。桂氏曰，蓋門梱有以石爲之者，故晏荀皆云然。

樴 弋也。釋宮，樴謂之杙。杙者，後人改之。樴，周禮牛人肆師皆借職，鄭注，職讀爲樴，樴可以繫牲者。從木戠聲。之弋切

杖 持也。上下文皆靜字，此以持解杖，則是動字乎。蓋杖鉞杖策杖劍杖節，不第齒杖可杖也，故云持以關之，仍是靜字。從木丈聲。直兩切

柭 棓也。從木犮聲。北末切

棓 棁也。謂大杖也。依元應引補，蓋庾注也。嫌棁是小杖，故明之也。淮南詮言訓，羿死于桃棓。高注，棓，大杖，俗字作棒。石氏星占，天棓五星，天之杖也。宋中興天文志作棒。從木咅聲。步項切

椎 擊也。字林同，與說杖以持同例。蒼頡篇，椎，用打物者也。齊策，秦遺連環，君王后引椎椎破之。齊謂之終葵。御覽引作柊楑，注云，音終葵。纂文，柊楑，方椎。廣雅玉篇皆曰，柊楑，椎也。考工記則作終葵，鄭注，爲椎于其杼上。案終葵者，椎之反語

kē 柯　tuō 梲　bǐng 柄　bì 柲　cuán 欑　chì 杘　bēng 榜　qíng 檠　yǐn 檃

乃長言短言之分戴侗謂象葵實殆聞刻圭爲葵葉之陋說而小變之乎從木隹聲。直追切

柯 斧柄也。詩伐柯傳文也考工記柯長三尺故又曰一槲有斗謂之柯是因以爲尺度之名也從木可聲。古俄切

梲 木杖也。字林同一作大杖非也顏注急就篇梲小杖也今俗呼爲袖梲言可藏於懷袖之中也漢書禰衡傳手持三尺梲杖經典用梲爲棁上短柱之檽從木兌聲。他活切又之說切段氏逐此篆于梠下椎上是也

柄 柯也。上承柯故言柯實則凡柄之通名也從木丙聲。陂病切

棅 柄或從秉。莊子天道篇天下奮棅而不與之偕亦省作秉左傳國子實執齊秉天官書斗秉

柲 欑也。考工記戈柲六尺有六寸殳長尋有四尺車戟常酋矛常有四尺夷矛三尋注柲猶柄也方言三刃枝南楚宛郢謂之匽戟其柄自關而西謂之柲或謂之殳從木必聲。兵媚切

欑 積竹杖也。見竹部盧下從木贊聲。在丸切一曰穿也。此義與鑽同一曰叢木。此義與欝同蒼頡篇欑聚也筠案林木木材之聚皆言欑言叢詩葛覃傳灌木叢木也南都賦良木欑于褒谷此林木也喪大禮欑至于上注欑猶菆也釋文菆本亦作叢昭元年左傳

杜注爲營欑用幣正義曰欑聚也聚草木爲祭處此木材也

杘 籆柄也。欘以重木爲之欲其不遷也杘以方木爲之植其本于欘杘之上耑穿孔鏃箸長尺橫貫之籆之孔貫于鏃箸以利旋轉焉從木尸聲。女履切

柅 玉篇廣韻皆作柅與上文木若棃之柅重竝異體非重出杘或從木尼聲。中山經注檷音絡柅之柅易姤初六繫于金柅正義曰柅之爲物衆說不同王肅之徒皆爲織積之器婦人所用釋文柅說文作檷誤合兩字爲一

榜 所以輔弓弩。衆經音義榜弓輔也廣雅榜輔也韓非外儲說榜檠者所以矯不直也劉氏新論貴言篇楚柘質勁必資榜檠以成彍弓榜檠者矯不正也從木旁聲。補盲切徐鉉曰案李舟切韻一音北孟切進船也又音北朗切木片也今俗作牓非

檠 榜也。考工記弓人寒定體注至冬膠堅內之檠中定往來體管子十鈞之弩不得棐檠不能自正棐檠荀子作排檠高誘謂之揜狀即秦風之閉也從木敬聲。巨京切

檃 玉篇廣韻韻會引之皆作檃說解作隱聲是也栝也。古書多檃栝連言許君則二字轉注以見其爲一事而兩名羣書連用之爲複語也增韻曰揉曲者曰檃正方者曰栝分爲兩義蓋非許意也尚書大傳檃栝之旁多曲木荀子示

kuò 栝[1]　qí 棊　jiē 椄　xiáng 栙　tiǎn 栝[2]　cáo 槽　niè 臬　tǒng 桶　lǔ 櫓　yuè 樂

諸檃栝或借檼爲之鹽鐵論廢法以治是猶不用檼栝斧斤欲撓曲直枉也從木隱省聲。亦省作隱書盤庚尚皆隱哉傳相隱栝共爲善政大戴禮自[illegible]于隱栝之中於謹切

栝 檃也。從木昏聲。古活切一曰矢栝。築弦處。段氏改築爲檃曰弦可隱其閒也桂氏曰築當爲檃春秋決獄弩檃機郭弦軸異處設檃弩牙也筠案廣韻字作筈云箭筈受弦處依此而改築爲受庶可通也書大甲若虞機張往省括于度則釋括當作栝

棊 博棊。王篇同廣韻引博物志曰舜造圍棊丹朱善之案竹部簙六箸十二棊也攴部弈圍棊也然則不當單屬之博左傳弈者舉棋不定不勝其耦是知棊者白黑子之名也從木其聲。渠之切

椄 續木也。齊民要術有插棃法今之根椄也今又有枝椄眼椄巧於古人從木妾聲。子葉切

栙 栙雙也。廣韻栙雙帆未張又曰雙帆也從木夅聲。讀若鴻。孟子洚水者洪水也是其比例下江切

栝 炊竈木。廣韻作桰云火杖也從木舌聲。徐鉉曰當從甛省乃得聲說似未安段氏曰栝甛銛等字皆從㐁聲轉寫譌爲舌案集韻栝有重文桰段說有徵甛自是會意字不須改銛字無徵王篇栝在後增字中廣韻祇收

栝尚當詳考他念切

槽 畜獸之食器。集韻引無獸字蓋本作嘼因譌爲獸棧者又增畜字也聲類槽飤豕器也晉書宣帝紀三馬同食一槽從木曹聲。昨牢切

臬 射埻的也。依李善東京賦注引改說文無的當作旳土部𡐃射臬也讀若準故今本作準羣書亦多借準鄭注周禮司裘云侯以皮飾其側又方制之以爲臯則省形存聲字也釋文臯亦作準考工記匠人置槷以縣注槷古文臬假借字詩行葦傳已均中蓺箋云蓺質也是槷又作蓺也左傳陳之藝極注藝準也藝則蓺之俗字也從木自聲。五結切

桶 木方受六升。木方二字諸本或作大器或作木方器段氏嚴氏皆曰疑當作方斛受六斗引廣雅方斛謂之桶而六斗無據當闕之從木甬聲。他奉切

櫓 大盾也。左襄十年傳狄虒彌建大車之輪而蒙之以甲以爲櫓漢書劉屈氂傳以牛車爲櫓書武成血流漂杵古文作漂櫓是知杵者借字耳趙注孟子謂血流舂杵非也從木魯聲。郎古切

樐 櫓或從鹵。廣雅樐盾也秦始皇本紀流血漂鹵則又省形存聲

樂 五聲八音之總名。通典陽管有六爲律陰管有六爲呂變陰陽之聲故爲十二調調各文之以五聲播之以八音乃成爲樂象

jiǎn 檢　zhá 札　qiàn 槧　zhù 柷　qiāng 椌　fú 枹　fū 柎

鼓鞞之形。謂字之上體也，鞞當作鞾。木其虡也。以上皆依爾雅釋文引補。爾雅疏引此下有白謂也句，是謂象鼓鞞，但指𢆶也。然以白為詞，似于古無徵，未敢補。五角切。柎 闌足也。韻會引作鄂足也，誤以小雅常棣箋改說文，大謬矣。玉篇：柎，花蕚足也。又引說文闌足也，明是兩義。本書自樂以下五字同事。虍部：虡，鐘鼓之柎也，飾為猛獸。以承虡之足，是之謂遮闌其足矣。從木。付聲。甫無切。枹 擊鼓杖也。或引桴作柄，又引字林同，皆謠也。諸鼓惟鼗有柄，然擊之者是耳，非柄。齊策：乃援枹鼓之。鮑注亦云擊鼓杖，謂擊鼓椎也。蓋庚注也。知非元應語者，以文選西征賦注引為說文知之。禮記：賁桴土鼓。元應曰：衛宏詔定古文官書枹桴二字同體。從木。包聲。甫無切，當依廣韻縛謀切。椌 柷。句絕，謂其一器兩名也。樂也。許君於樂器皆命之為樂，然琴瑟下云弦樂，此不云木樂者，字從木也。從木。空聲。兼意。以木合成而中空也。苦江切。柷 樂。句。木空也。當作椌也。先言樂而后言椌，與椌下說顛倒其詞者，恐人讀柷樂也為一句也。即如弦樂者，謂施弦之器也。連言柷樂則不可通，否則當云木椌也。詩有瞽傳：柷，木椌也，是也。蓋有瞽言柷圉，知是周初之名；禮記言椌楬，知是周末之名。大毛公秦人，

說文句讀　卷十一　八百五十九、〇三十九　卅七

小毛公在漢初，則木椌是秦漢閒名也。廣雅：柷象桶，方三尺五寸，深尺八寸，四角有陛鼠。工用柷止音為節。大徐本所以止音為節，小徐本工用柷聲音為亨。今依風俗通，合兩本從之。知然者，釋樂：所以鼓柷謂之止。郭注：中有椎柄，連底挏之，令左右擊。止者其椎名。案柷止蓋如弓矢，同用而兩體，故可連言。故鄭注書合止柷敔曰：合樂之時，投椎其中而撞之。云投則知為兩體矣，云合樂則知以柷起樂矣。是知工用柷止音為節者，謂樂工用柷止之音，以為始作之節也。從木。祝省聲。昌六切。槧 牘樸也。御覽引作牘牒也，廣韻、韻會引同。今本韻會且申之曰：謂始削麤樸也。然見于羣書者，槧大而札小，非槧粗而札精也。釋名：槧，板之長三尺者也。槧，漸也，言其漸漸然長也。西京雜記：揚子雲好事，常懷鉛提槧，從諸計吏訪殊方絕域四方之語。從木。斬聲。自剡切。札 牒也。轉注。國策鮑注：札，木簡牒之薄者。釋名：札，櫛也，編之如櫛齒相比也。從木。乙聲。側八切。左昭十九年釋文：札，字林作⿰歹乙，壯列反，云夭死也。案⿰歹乙字訛，集韻十七薛引字林作⿰歹乙。檢 書署也。巾部：帖，帛書署也。彼以帛為之，此以木為函，復題署函上以禁閉之也。後漢郊祀志曰：尚書令奉玉牒檢，皇帝以二分璽親封之訖，太常命人發壇上石，尚書令藏玉牒已，復石覆訖，尚

qū ⿰木去　shū 橾　gé 槅　jí 极　bì 梐　hù 枑　mù 楘　qǐ 棨　xí 檄

書令以五寸印封石檢。段氏曰：上云玉牒檢者，玉牒之玉函也，所謂玉檢也。下云石檢者，上文云石覆訖是也。檢以盛之，又加以璽印。周禮注曰：璽節，印章，如今斗檢封矣。廣韻曰：書檢者，印窠封題也。則通謂印封為檢矣。從木。僉聲。居奄切。檄 以木簡為書，長尺二寸，謂之檄，以徵召也。依後漢光武紀注引補。又鮑昱傳，詔昱詣尚書，使封胡降檄。注：檄，軍書也，若今之露布也。五臣注文選序：檄者，皦也，喻彼令皦然明白。從木。敫聲。胡狄切。棨 傳。句。顏師古曰：張戀反。信也。謂棨一名傳，所以為信也。漢書文帝紀：除關無用傳。張晏曰：傳，信也，若今過所也。李奇曰：傳，棨也。顏注：棨者，刻木為合符也。古今注：凡傳皆以木為之，長五寸，書符信于上，又以一板封之，皆封以御史印章，所以為信也，如今之過所。從木。啓省聲。康禮切。楘 車歷錄束文也。此為毛傳作箋，疏謂車轅以革束之，其文歷錄然也。秦風小戎傳曰：五，五束也。楘，歷錄也。梁輈，輈上句衡也。一輈五束，束有歷錄，蓋文章之貌也。釋文：歷錄，一本作歷祿。桂氏曰：當作秝彔，非也。凡連語皆雙聲疊韻，不拘字形。考工記注云：卒尺所一縛，是五楘疏數之度也。從木。敄聲。莫卜切。詩曰：五楘梁輈。枑 行馬

說文句讀　卷十一　八百〇七、〇折四十三　卅八

也。以漢名釋古名也。韻會引繫傳曰：枑者，交互其木以為遮闌也。從木。互聲。互蓋枑之古文。周禮脩閭氏：掌比國中宿互欜者。注云：故書互為巨。鄭司農云：巨當為互，謂行馬，所以障互禁止人也。高唐賦：㕍互橫牾。胡誤切。周禮曰：設梐枑再重。天官掌舍文。注：故書枑為柜。杜子春讀為梐枑。梐枑謂行馬。元謂：行馬再重者，以周衛有內外列。梐 梐枑也。從木。坒聲。依韻會引改。邊兮切。單言互便是行馬，連言梐枑仍是行馬，故列字先枑後梐。极 驢上負也。負下當有版字，玉篇、廣韻皆然。极即吾鄉所謂馱架也。御覽笈，說文作极。謝承後漢書：李固杖策驅驢，負笈追師三輔。風土記：笈謂學士所以負書籍箱，如冠箱而卑者也。從木。及聲。或讀若急。小徐無或字。其輒切。⿰木去 极也。從木。去聲。去魚切。槅 大車枙。說文無枙，當作軶。釋名：槅，軶也，所以軶牛頸也。從木。鬲聲。亦省作鬲。考工記車人：鬲長六尺。注：鬲謂轅耑厭牛領者。古覈切。橾 車轂中空也。急就篇：輻轂輨轄轑䡞轑。顏注：轑者，轂中之空，受軸處也。王氏補注：轑當作橾。從木。喿聲。山樞切。讀若藪。言假借也。考工記輪人：以其圍之阞捎其藪。鄭司農云：藪讀為蜂藪之藪，謂轂空壺

huò 楇　àng 枊　gù 棝　léi 欙　què 榷　qiáo 橋　liáng 梁　sōu 㮴　fá 橃　jí 楫

中、衆輻之所趨也、**楇** 盛膏器。此語不完、玉篇曰、車釭盛膏者、字或作鍋、方言、車釭、齊燕海岱之閒謂之鍋、或謂之錕、自關而西謂之釭、盛膏者乃謂之鍋、廣韻作輠、從木咼聲。乎臥切 讀若過。言假借也、孟子荀卿列傳、炙轂過髡、集解引别錄曰、過字作輠、輠者車之盛膏器、炙之雖盡、猶有餘流者、言淳于髡智不盡、如炙輠也。

枊 馬柱。玉篇廣韻皆曰、繫馬柱也、繫傳曰、陳壽蜀書、先主解綬縛督郵馬枊、又晉王謐縛宋武帝于馬枊、今京師有馬枊洲也、謂之枊者、旁有一杙卬起也、釋宮、樴謂之杙、大者謂之栱、釋文、栱、郭又音卬、然則爾雅本作枊、許君此字、卽采自釋宮、從木卬聲。吾浪切 一曰堅也。

棝 棝斗。可射鼠。從木固聲。古慕切

欙 山行所乘者。閻百詩曰、欙、史記夏本紀作檋、河渠書作橋、漢書溝洫志作梮、實一物也、韋昭曰、梮、木器也、如今轝牀、人轝以行、此說近之、如淳施錐履下之說舛、某謂史記作橋、橋卽今之轎也、段氏曰、應劭曰、梮或作欙、爲人所牽引也、梮與欙一物異名、梮自其乘載而言、欙自其輓引而言、筠案乘轎登山者、或有繂夫、蓋其類也、從木纍聲。力追切 虞書曰、予乘四載。古皋陶謨文 水行乘舟、陸行乘車、山行椉欙。澤行椉𨊠。許君敘曰、書孔氏、此蓋孔氏之說、許君述之也、𨊠、史記夏本紀作橇、河渠書作毳、漢書同、服虔曰、木毳、形如木箕、擿行泥上、高注淮南、欙作蔂、𨊠作蕝、段氏曰、𨊠當讀同毳、非車約𨊠之謂、

榷 水上橫木。所以渡者也。亦約也。今謂之略約。依御覽引補、人部彴、約也、與此文相應、說文無彴、略約卽舉書之略彴也、初學記引廣志、獨木之橋曰榷、亦曰彴、注曰、今謂之略彴、漢書武帝紀、初榷酒酤、韋昭曰、以木渡水曰榷、謂禁民酤釀、獨官開置、如道路設木爲榷、獨取利也、段氏曰、凡言大榷揚榷辜榷、當作此字、不當從手、從木隺聲。江岳切

橋 水梁也。從木喬聲。巨驕切

梁 水橋也。從木從水。刅聲。呂張切、案橋字見儀禮禮記者、皆不謂梁、而梁亦不當以橋爲正義、恐後人改以鄙說而逐之此也、說見釋例、**𣘶** 古文梁。

㮴 船總名也。漢書溝洫志注、一船爲一㮴、從木叜聲。穌遭切、俗作艘、

橃 海中大船。廣雅、艘、舟也、蓋與此同、至於王注楚詞曰、楚人曰泭、秦人曰橃、方言、簰謂之筏、馬注論語、大者曰栰、小者曰桴、三文同義、皆編竹木之筏、非舟也、從木發聲。房越切

楫 舟櫂

lǐ 欚　jiào 校　cháo 樔　cǎi 采　fèi 柿　héng 橫

也。櫂一作棹、皆非說文所有、增韻櫂下云、說文櫂字、或所据本部櫂下、有一曰舟櫂也之文、卽此文作舟櫂矣、漢書鄧通傳、以櫂船爲黃頭郎、顏注、櫂船、能持櫂行船也、百官表有輯櫂丞、輯同楫、劉屈氂傳、又發輯櫂士、顏注、短曰楫、長曰櫂、從木咠聲。子葉切

欚 江中大船名。名當作也、方言、東南丹陽會稽之閒、謂艖爲欚、廣雅作欚、從木蠡聲。盧啓切

校 木囚也。囚、從口、高其牆以閑罪人也、木囚者、以木作之、如牆也、梐枑皆圍其手足、情事相似、故得校名、漢書趙充國傳、校聯不絕、顏注、此校謂以木自相貫穿以爲固者、亦猶周易荷校滅耳也、周禮校人掌王馬之政、六廄成校、蓋用闌械闌養馬也、說文解字云、校、木囚也、亦謂以木相貫遮闌禽獸也、今云校聯不絕、言營壘相次顧鈔小徐本、亦作木囚、而繫傳則作木缶、其傳曰、校者連木也、易曰何校滅耳、此桎也、屨校滅趾、梏也、案桎梏互譌、又漢書校獵、謂連接木以闌禽獸、又軍中有校隊、亦是也、木缶者、謂以木爲缶形、相連接也、韓信以木罌渡軍、義亦相類也、筠案顏氏詮解木囚、是校與今虎城相似、故不與桎梏二篆類次、然何以不與櫳檻相次邪、小徐以木罌況木缶、是据譌本而强解之、然引易以爲桎梏、卽必不似缶矣、惟兩家皆以爲連木、是則可信也、從木交聲。古孝切

樔 澤中守艸樓。澤中守艸之樓也、故楚金以守稻屋況之、禮運、夏則居橧樔、亦謂之櫓、郭注上林賦、櫓、望樓也、左成十六年傳、杜注、巢居車上爲櫓、正義、櫓、澤中守草樓也、從木巢聲。韓子、聖人作構木以羣居、天下號曰有巢氏、鉏交切

采 捋取也。詩、采采芣苢、薄言捋之、又捋采其劉、從木從爪。五經文字、采從爪下木、案當依采下說作從爪木、倉宰切、

柿 削木札樸也。馬汧督誄注、引作削柿也、元應引作削朴也、又引作削木朴也、元應且申之曰、朴、札也、皆非也、元應引三蒼、柿、札也、今江南謂斫削木片爲柿、關中謂之札、或曰柿札、廣韻、柿、斫木札也、漢書田蚡傳借肺字爲之、顏注、肺、斫木札也、是知柿之與札、一物而兩名、故許君以札釋柿、非牘之札、札譌爲朴、因又譌樸耳、詩伐木許許、傳、許許、柿皃、晉書、王濬造船、木柿蔽江而下、知柿者卽今之鉋花耳、魏書太祖紀、營梓宮、木柿盡生成林、言不能生而生、紀異也、從木巿聲。芳吠切 陳楚謂之札柿。謂合兩名爲一名耳、而徐鍇曰、札卽木牘也、徐鍇依之、改曰陳楚謂牘爲柿、今本又譌爲櫝、愈不可解矣、元應曰、或曰柿札、此作札柿、恐是誤倒、漢書劉向傳、臣幸得託肺附、顏注、一說、肺謂斫木之肺札也、自言于帝室、猶肺札附于大木材也、亦言肺札、不言札肺、

橫 闌木也。玉篇、

jiā 梜　guāng 桄　zuì 檇　zhuó 椓　chéng 朾　gū 柧　léng 棱　niè 櫱　píng 枰

橫，閑木也。陳風傳曰：衡門，橫木爲門也。從木黃聲。戶盲切。

梜　檢柙也。繫傳謂書封函之上，恐磨滅文字，更以一版于上柙覆之。從木夾聲。古洽切。曲禮：羹之有菜者用梜。釋文：梜，字林作筴，云箸也，公洽反。

桄　充也。釋言文。亦借光、橫爲之。書光被四表，漢書屢引作橫。樂記：號以立橫，橫以立武。注：橫，充也。謂氣作充滿也。從木。充也之義與從木不合。小徐曰：今言牀桄是也。高注淮南：橫讀桄車之桄。通鑑：薛仁貴登門桄大呼以警宮內。諸說與從木合。光聲。古曠切。

檇　以木有所擣也。從木雋聲。遵爲切。廣韻將遂切。春秋傳曰：越敗吳於檇李。定十四年經文，彼作於越。注：吳郡嘉興縣南醉李城。

椓　擊也。與攴部㪕同。詩：椓之丁丁，又椓之橐橐。通作涿。秋官壺涿氏注：涿謂擊之也。從木豖聲。竹角切。

朾　橦也。橦當作撞。通俗文：撞出曰朾。衆經音義引說文：打，以杖擊之也。打即朾之俗字。廣韻：打，擊也；椓也。既是椓，即當從木。一曰伐木聲。依韻會引補。蓋謂詩伐木丁丁，丁當作朾也。然椓之丁丁，則椓杙聲也。而廣韻亦有此義。從木丁聲。宅耕切。

柧　棱也。字書：三棱爲柧。通俗文：木四方爲棱，八棱爲柧。通作觚。急就篇：急就奇觚與衆異。顏注：觚者，學書之牘，或六面，或八面，皆可書。以有棱角，故謂之觚。孔子嘆觚即此之謂。從木瓜聲。古胡切。又柧棱，殿堂上最高之處也。王氏觀國曰：屋角瓦脊成方角棱瓣之形，故謂之觚棱。西都賦曰：設璧門之鳳闕，上觚棱而棲金爵。蓋謂以銅鐵爲鳳雀，安於闕角瓦脊之上。段氏曰：後漢書西都賦正作柧棱。

棱　柧也。從木夌聲。魯登切。俗作楞。

櫱　伐木餘也。釋詁：烈、枿，餘也。方言：陳鄭之閒曰枿，晉衛之閒曰烈，秦晉之閒曰肄，或曰烈。詩伐其條肄，傳：肄，餘也。斬而復生曰肄。從木獻聲。五葛切。商書曰：若顛木之有甹櫱。盤庚作由櫱。乃部引作由枿。

櫱　櫱或從木辥聲。辥、獻聲相近。詩碩人庶姜孽孽，韓詩作櫱櫱。呂覽宋王築爲蘖臺，高注：蘖當爲櫱。蘖與櫱其音同。

𣎵　古文櫱从木無頭。

枿　亦古文櫱。從㚔之或體㚔。淮南俶眞訓：百事之莖葉條枿，皆本於一根，而條循千萬。注：枿讀作櫱芽生萌芽也。一本作櫱，從㚔。

枰　平也。通俗文：牀三尺五曰榻，版獨坐曰枰，八尺曰牀。方言：所以投簙謂之枰。廣雅謂棊枰爲廣平。此二物者，其體皆平，故許君曰平也，以爲平器之通稱。從木平聲。義聲

說文句讀　卷十一　七百七十二　、○折四十四　四十一

lā 柆　zhà 槎　duò 柮　táo 檮　xī 析　zōu 棷　hún 棞　hùn 梡　pián 楄　bī 楅　yè 枼

互相備也。大徐本非。蒲兵切。

柆　折木也。柆與拉同，猶煉與鍊同矣。從木立聲。盧合切。

槎　衺斫也。賈逵國語注也。薛綜注東京賦同。集韻：柞同槎。周頌載芟載柞。夏官柞氏。後漢書馬融傳注：柞音士雅反，邪斫木也。從木差聲。側下切。春秋傳曰：山不槎。魯語：山不槎蘖。嚴氏曰：當作春秋國語曰：山不槎不。

柮　斷也。繫傳：柮之言兀也。榾柮，短木。從木出聲。讀若爾雅貀無前足之貀。釋獸文。女滑切。一曰給也。玉篇引之，姑存以俟知者。

檮　斷木也。繫傳：孟子曰：楚謂之檮杌。檮杌，惡木也。主于記惡以爲戒也。杌、柮同。從木𠷎聲。徒刀切。春秋傳曰：檮柮。文十八年文。今作檮杌。

析　破木也。許君於析字，于此專主析薪而言，故曰破。謂使之破碎，便于爨而已。從木從斤。先激切。一曰折也。廣雅：析，折分也。○一曰量也。依魏都賦李注引補。桂氏曰：禮運：月以爲量。正義云：量猶分限也。

棷　木薪也。與艸部蕘，艸薪也，對文。從木取聲。側鳩切。

梡　棞。句。木薪也。梡、棞皆其名也。二字雙聲。從木完聲。胡本切。

棞　梡。句。木未析也。梡棞之音與渾沌近，故以未析通釋之。薪必析而後燎，而梡棞則根節盤錯，不能順其理而析之也。故說頑曰棞頭也，亦以其駑鈍而命之。左文十八年傳杜注：檮杌，凶頑無儔匹之皃，亦與此義近。從木圂聲。胡昆切。

楄　楄部，方木也。楄部，李善注景福殿賦作楄附，云：陽馬之短椑也。部附二字通用。左傳部婁無松柏，許君引作附。又作偏柎。晏子：因問其偏柎何所在。中山經：堵山有木名曰天楄，方莖而葵狀。是知生成之方木亦以楄名矣。從木扁聲。部田切。春秋傳曰：楄部薦榦。左昭二十五年傳之約文也。注：楄柎，棺中笭牀也。案：杜注簡而不明。楄柎本方木之名，用爲笭牀，仍襲此名耳，非楄部即笭牀之別名也。桂氏曰：牑、楄皆以薦體，在牀爲牑，在棺爲楄。

楅　以木有所畐束也。依韻會引改。鄉射禮：命弟子設楅。注：楅猶幅也，所以承笴齊矢者。案：鄭君云楅與左傳使無黜嫚謂之幅利同意。承笴齊矢則嚴整而不散漫，是亦逼束之意也。從木畐聲。義聲互相備也。彼即切。詩曰：夏而楅衡。魯頌閟宮文。此亦畐束之一端。毛傳：楅衡，設牛角以楅之也。周禮封人注：鄭司農云：楅衡所以楅持牛也。案：曰楅之，曰楅持，與許君畐束同意，皆作動字用。

枼　楄也。楄當作牑。玉篇：枼，牑

說文句讀　卷十一　七百五十九　、○折四十二　四十二

yǒu 槱　xiū 休　gèn 栖　xiè 械　chǒu 杽　zhì 桎　gù 梏

也、牖卽牖之誤、類篇、枼、簧也、一曰。枼薄也。依集韻引補、蓋蠶薄也、從木世聲。與涉切、

槱 積木燎之也。依韻會引改、統下引經兩事而言、從木從火酉聲。余救切、詩曰。薪之槱之。大雅棫樸文、傳曰、槱、積也、山木茂盛、萬民得而薪之、案此是興體、與旱麓民所燎矣同意、鄭箋以爲祭天、誤也、許君引此、祇是泛言、周禮以槱燎祠司中司命。大宗伯文、此則專主祭事矣、

禉 柴。句、謂禉亦名柴也、許君以柴奠轉注、專爲祭昊天上帝之字、上文引槱燎不作奈、此柴不作柴者、蓋天之羣神在上、非柴燎無以通之、其事本與祭上帝同、而尊卑之分、不可不別、故別用柴燎以正名也、祭天神或從示。此亦區別之詞也、禉字第爲槱燎之字之重文、不爲薪槱之字之重文、若曰、禉之別名爲柴、其事則祭天之羣神也、神之故從示、不可泛用矣、

休 息止也。詩民勞箋、休、止息也、從人依木。許尤切、

庥 休或從广。釋詁、休、息也、釋言、庥、蔭也、

栖 竟也。弓人注曰、恆讀爲栖、栖、竟也、大雅、恆之秬秠、傳、恆、徧也、或借栖爲之、荅賓戲、栖以年歲、如淳曰、栖音亙、竟之亙、方言曰、栖、竟也、從木。恆聲。古鄧切、

亙 古文栖。象舟竟兩岸。依韻會引補、然繫傳有之、

械 桎梏也。從木戒聲。小懲而大戒也、胡戒切、一曰器之總名。趙注孟子同、一曰治也。依長笛賦注引改、案此句當在桎梏也句下、謂械一名治也、列女傳、臧孫母曰、吾子拘、有木治矣、御覽引而說之曰、木治梏也、一曰有盛爲械。無盛爲器。荀子注引同、車攻釋文引無所盛曰械、六書故引唐本或說、內盛爲器、外盛爲械、案內盛者有容受也、盆盎之屬、外盛者、可皮閣也、几案之屬、史記律書正義曰、內成曰器、外成曰械、謂弓矢殳矛戈戟、案此則器者靜而有所成也、械者動而有所成也、孟子所謂械器者、上文之釜甑、是內成、以鎛耕、是外成、

杽 械也。玉篇、杽與杻同、廣雅、杽謂之梏、從木在手。依韻會引改、手亦聲。敕九切、

桎 足械也。所以質地。依御覽引補、蒼頡篇、偏著曰桎、參著曰梏、秋官掌囚、上罪梏拲而桎、鄭司農云、拲者兩手共一木也、桎梏者兩手各一木也、鄭君曰、在手曰梏、在足曰桎、中罪不拲、手足各一木耳、從木至聲。之日切、○一曰。桎、車鎋也。依詩節南山疏引補、孝經鉤命決、孝道者、萬世之桎鎋、

梏 手械也。所以告天也。鄭志、泠剛問、大畜六四注、持木以就足、是施梏、又蒙初六注、木在足曰桎、在手曰梏、今大畜施梏于足、不審桎梏手足、定有別否、荅曰、牛無手、以前足當之、竝案鄭君誤也、告部引易僮牛之告、是告字專屬牛、梏曰手械、專屬人、蓋由借爲告語既久、反借梏以改易之告、鄭君据誤本說之耳、且許君說告、與毛公說楅衡同、在角不在手足、從木告聲。古沃切、

lì 櫪　jiàn 檻　xī 㯕　lóng 櫳　xiá 柙　guān 棺　chèn 櫬　huì 槥　guǒ 椁　jié 楬

櫪 櫪㯕椑指也。椑當作柙、字林、櫪㯕、柙其指也、通俗文、考具謂之櫪㯕、考俗作拷、韻會引繫傳、謂以木柙十指而縛之也、案卽今拶指、從木歷聲。郎擊切、

㯕 櫪㯕也。從木斯聲。先稽切、

檻 櫳也。三蒼、櫳、所以養禽獸閑檻也、釋名、檻車、上施闌檻、以格猛獸、亦囚禁罪人之車也、從木監聲。胡黯切、一曰圈也。句當有兩義、一是檻別名圈也、淮南主術訓、養虎豹犀象者、爲之圈檻、漢書董仲舒傳、圈豹檻虎、一是圈亦名檻也、圈者、養畜之閑也、廣雅、檻、牢也、爾雅、豕所寢、橧、方言、其檻及蓐曰橧、廣雅、橧、圈也、

櫳 檻也。從木龍聲。盧紅切、○一曰。牢也。依元應慧苑引補、猶之圈也、穆天子傳、七萃之士、生搏虎而獻、天子命爲柙而畜之東虢、是曰虎牢、

柙 檻也。所以藏虎兕也。依五音集韻引補、据論語虎兕出于匣而言、何晏本作柙、從木。甲聲。烏匣切、字一作㭘、見玉篇、

𠕒 古文柙從口。繫傳曰、匣之象也、中其物也、廣韻無此古文、玉篇同、其口部有圓、假狎乎甲二切、亦作押、押或柙之譌、

棺 關也。釋名、棺、關也、關、閉也、所以掩尸也。尸、御覽初學記廣韻引皆作屍、然尸屍一字也、白虎通、棺之言完也、所以藏尸、令貌全也、其字亦不作屍、從木官聲。古丸切、

櫬 附身棺也。依御覽引補、左襄四年傳、定姒薨、無櫬、注、櫬、親身棺、案天子之棺四重、諸公三重、諸侯再重、大夫一重、士不重、其親身一重、謂之櫬、亦謂之椑、見檀弓喪大記曾子問諸篇、從木親聲。兼意、初僅切、春秋傳曰。士輿櫬。是。僖六年文、小爾雅、空棺謂之櫬、有尸謂之柩、

槥 棺櫝也。謂小棺似櫝者也、御覽引無棺字、初學記引作小棺曰槥、于義皆是、而不可以改此文也、高帝紀、令士卒從軍死者爲槥、應劭曰、小棺也、今謂之櫝、至左昭二十九年傳、衛侯來獻其乘馬、塹而死、公將爲之櫝、昭公之惑、欲爲畜作棺、故諱棺爲櫝也、從木彗聲。祥歲切、

椁 葬有木𩫏也。以𩫏說椁、譬況之詞也、𩫏周于城、植木爲椁、四周于棺而無上下、與𩫏似也、從木𩫏聲。義聲互相備也、古博切、

楬（楬） 楬桀也。依廣韻十七薛

xiāo 梟　fěi 棐　dōng 東　cáo 㯥　lín 林　wú 橆(無)

刪榪字自可通矣、桀者弋也、王風雞棲于桀、傳雞棲于杙為桀、李善注謝靈運擬劉楨詩、引王風而曰桀與榪音義同、是也、一引說文桀杙也、一引榪桀也、一引杙也桀也、皆非也、說文無桀字、此以周禮職金注改之也、注曰、今時之書有所表識、謂之榪桀、又蜡氏若有死于道路者、則令埋而置榪焉、鄭司農云、榪欲令識取之、今時榪桀是也、知榪桀乃漢人常語、從木、曷聲。其謁切、周禮曰。依元應引改、楬而書之。地官泉府、物楬而書之、鄭司農云、物物為楬書、書其賈、楬著其物也、天官典婦功、又曰、物書而楬之、

梟不孝鳥也。食母而後能飛。依嶺表錄異太平廣記引補、詩流離之子、陸疏、流離、梟也、自關而西謂梟為流離、封禪書、祠黃帝用一梟破鏡、漢書音義、孟康曰、梟、鳥名、食母、破鏡、獸名、食父、黃帝欲絕其類、使百吏祠皆用之、故日至捕梟磔之。依釋鳥疏引補、蓋通二至言之、釋鳥疏引作冬至、元應引作冬至日、集韻引漢儀、夏至賜百官梟羹、蓋皆適得一偏、淮南子、鼓造辟兵、壽盡五月之望、高注、鼓造謂梟、從鳥頭在木上。元應三引、廣韻一引、皆有頭字、釋鳥疏韻會引作首、蓋業已磔之也、張參作梟、云從鳥在木上、大謬、今律文梟首、雖是梟之借字、然亦用磔之之義、非無義之借也、古堯切、

棐輔也。釋詁、弼棐輔比俌也、然繫傳曰、輔即弓檠也、故棐從木、其說是也、字當與榜檄為伍、小徐本此下有梃橢樸三字、大徐以類附于前、惟此失遂耳、從木。非聲。敷尾切、

文四百二十二　重三十九　史記索隱引、欄大木柵也、御覽引、櫃匱也、韻會引、柑以木銜馬口也、案公羊宣十四年傳、柑馬而秣之、

東動也。白虎通、東方者動方也、萬物始動生也、從木。官溥說。從日在木中。得紅切、凡東之屬皆從東。

㯥二東也。玉篇引此說、廣韻則不收㯥、說文韻譜云、日出明、集韻同、曹從此。闕。繫傳曰、說文舊本無音、今字書音曹、筠說已詳釋例、

文二

林平土有叢木曰林。依廣韻引改、詩擊鼓傳、山上木曰林、大司徒注、竹木生平地曰林、從二木。力尋切、凡林之屬皆從林。

橆豐也。釋詁、芼蕪茂豐也、釋文、蕪古本作橆、橆蓋橆之譌、從林。奭。或說規模字。徐鍇曰、或說奭為規模之模、諸部無者、不審信也、案集韻、模有或體奭、云或從大卌、蓋据此文、從大卌。數之積也。廣韻廿六緝、卌先立切、引說文云數名、蓋即据此、林者木之多也。卌與庶同意。案無字之說、全不可解、依小徐之說解之、則豐也句絕、從林以申之、奭祇是聲、而木部模下無此重文、故特著其為或說、既以為模字、即不可無說也、故說之曰、從大卌數之積也、如此則上半段可解、而林者木之多也、與從林句複、卌與庶同意、與數之積也複、且綴屬于末、果何取乎、故桂氏曰、從大句絕、徐鍇謂大卌為規模之模、蓋誤讀也、又云、規模字或作橅、引韋元成傳以實之、案桂氏雖未詳說其意、蓋曰或說以橆為模字、又加木則為橅也、與上豐也為兩說、從大者、規模宏做之意也、卌數之積也、林者木之多也、曰積曰多、皆申明從大之意、而又以卌非字也、故再申之曰與庶同意、如此則下半段可解矣、而當云橆或說規模字、不能作奭或說規模字也、況乎以為模字、則詳說之、以為豐也、則但曰從林、將無大與卌皆於豐義無關乎、易豐卦象傳、豐大也、則從大豈不可解者乎、或者卌與庶同意、為後人所增、彼檢此字不得、漫為之解、不知庶從光之古文炗、非從廿也、再于從林奭下增一奭字、仍用繫傳說、或者可通、文甫切、商書曰。庶

yù 鬱　chǔ 楚　chēn 棽　mào 楙　lù 麓

草繁橆。洪範文、今本作蕃廡、史記引作繁廡、漢書無蔞亭、無湖、皆作無、說文草作艸、繁作緐、

鬱木叢生也。秦風、鬱彼北林、傳、鬱積也、又有菀者柳、釋文、菀音鬱、先鄭注考工記、引菀彼北林、案菀以聲借為鬱、菀又省形存聲、從林。鬱省聲。迂弗切、

楚叢木。一名荊也。艸部荊下云楚、則此直當云荊也、異部轉注而已、而必先之以叢木者、蓋林字本合衆木而得名、故部中字皆是茂盛意、惟楚是一木之名、故必先云叢木、以見字之所以從林也、荊本叢物、徐鍇引謝朓詩、平楚正蒼然、是也、名當作曰、從林。疋聲。創舉切、

棽木枝條棽儷皃。木一作大、非、皃一作也、兩通、東都賦、鳳蓋棽麗、李善注引七略、雨蓋棽麗、張揖注大人賦曰、林離、摻纚也、摻纚、所林所宜二反、蓋棽儷者、木之長枝四出、亭亭如車蓋、故凡有所庇蔭者、皆得用之、而棽麗林離摻纚、字體不一、以其為形容之詞故也、惟棽字從林、故以為本義、則人部儷下云棽儷也、似失之、字從人、當以伉儷為正義、從林。今聲。丑林切、

楙木盛也。漢書律歷志、君主種物、使長大楙盛也、釋木、楙木瓜、則是木名、然與從林不合、故不取以為說、從林。矛聲。莫候切、

麓守山林之吏也。字林、守山澤吏、非也、地官澤虞、但言

cái 才　sēn 森　fèn 棼

澤藪，林衡乃言林麓。且字從林，不可言澤也。徐鍇引左傳：山林之木，衡鹿守之。是許君所本。作鹿者，下文所引兩經，亦皆省形存聲字。晉語：史黯曰：主將適螻而麓不聞。韋注：麓主君苑囿者。**從林，鹿聲。**盧谷切。**一曰：林屬於山為麓。**穀梁僖十四年傳文，彼作鹿。**春秋傳曰：沙麓崩。**僖十四年經文，亦作鹿。服注：沙，山名。麓，山足。案先傳而後經者，主于說字。第明麓有林屬于山之義，而引春秋以實之，故不言穀梁傳，而言一曰也。易屯卦：即鹿無虞。虞注：山足稱鹿。鹿，林也。王肅本作麓。

𥷚 古文麓**從彔。**地官林衡職之林麓，釋文作林蘪。

棼 複屋之棟也。複屋葢非考工之重屋。重屋即樓，有重檐重橑，而不可以藏物。通鑑：元和十年，京城大索公卿家，有複壁重橑者，皆索之。注云：重橑，大屋覆小屋，上下施椽，其閒皆可容物。又凡棟皆稱棟，知複屋之棟近檐者亦稱棼。吳志太史慈傳：於屯裏緣樓上行詈，以手持屋棼。慈引弓射之，矢貫手著棼。知棼在顯白之處也。**從林，分聲。**符分切。

森 多木長皃也。依元應引補。字林同。言多者，三木也；言長者，木出林上也。**從林，從木。讀若曾參之參。**所今切。

文九　重一

才 艸木之初也。集韻引初下有生字。如此則與中部說解全同矣。然中是象形字，但象其在地上者；才則當是指事字，兼象其在地中者。吾向作文字蒙求，据許言從丨上貫一，以為會意定象形字，非也。才祇是初，而初之象無可寄，寄之於艸木。艸木之初生也，其根必直下，而形則上大下細，故作十。所謂初者，祇是出於一上之直筆而已。惟才以初為正義，故典籍用才字者，皆以為始之通稱，不專屬艸木。夏侯湛兄弟誥：惟正月才生魄。尚書作哉，因亦借為語詞。書：往哉女諧。張平子碑：哉作才。列子：遊于四方而不歸者，何人哉。殷敬順本哉作才。凡始義，說文作才，亦借材、財、裁，今人借纔。**從丨上貫一，將生枝葉。**葉一作也。**一。地也。**徐鍇以上一為岐枝，下一為地，非也。許君兩一字皆指上一，而下一則非一字也。古器銘在但作十，猶哉作才也。●附於一，祇是根荄之狀耳，不用解之。云將生枝葉者，為才與初始同義，故曰將，非重其枝葉也。昨哉切。**凡才之屬皆從才。**

文一

說文解字句讀弟六上

曲沃韓子康校

句讀卷十一補正

釋文則曰、本又作秋、六葉前六行而字作萩下增此

本文以梧桐兩字爲一名、下文榮桐轉注。則又以一字爲名。而爲屬爲別。了然言下矣。十三葉前二行青桐也下增此

晛晏甞之竝出角弓篇、是其比例、說見日部、十八葉後三行皆失之矣下增此

宋楊伯嵒九經韻補、地官稾人、讀爲犒、然則宋時尚不譌也。十二葉前四行不改也下增此

水部泐、水石之理也、阜部阞、地理也、當作地之理也。皆與此爲儷語。二十葉後四行考工記上增此

云柱下者、承上樘衺柱而言、彼之牚柱、在旁而衺、此則在下而正也、仍讀如拄、至鄭君曰柱下質也、則如字讀、二十二葉後四行非也下增此

說詳戸部戾下、二十五葉後一行簾之正字下增此

片部牘、書版也、牒、札也、下文即出札字、然則以牘牒說槧者、廣三名也而三十七葉後五行作牘牒也下增此

脩閭氏、三十八葉後四行邊兮切下增此單言枑枑字改作互

掌舍、三十八葉後四行連言梐枑上增此

段氏曰、記文葢本作梢其橾、大鄭乃易爲藪、後人直用大鄭說改記文耳、筠案段氏意謂、許君收橾字、即采自考工、但依大鄭讀若藪、而不改其字也、即如轂字、玉篇廣韻皆不收、急就篇必未嘗用、集韻始收之、而說曰車輞、與顏注不合、顏注則與說文橾字合、故王氏定爲橾、是王氏謂急就亦采自考工、且謂顏氏作注時、字尚作橾、未譌轂也、三十九葉前一行衆輻之所趨也下增此

又疑薄是厚薄之薄、詩、君子陽陽、左執簧、疏曰、簧者、笙管之中、金薄鍱也、似與本文義相近、四十三葉前一行葢蠶薄也下增此

下文有盛二句、承本句而析言之、四十三葉後二行趙注孟子同下增此

ruò 叒　sāng 桑　zhī 之　huáng 㞷

說文解字句讀弟六下

叒日初出東方湯谷。逗、湯、一作暘、非、史記五帝本紀分命羲仲、居郁夷、曰暘谷、索隱曰、舊本作湯谷、今竝依尚書字、案淮南子曰、日出湯谷、浴於咸池、則湯谷亦有他證明矣、筠案太史公所據尚書、蓋本作湯谷、非他處以訓詁改本文之例、小司馬雖未能正之、然存舊本而引淮南以證、亦足決矣、且所引者淮南天文訓也、今本云、日出于暘谷、浴于咸池、拂于扶桑、是知後人據尚書改之、與以尚書改史記同也、漢書司馬相如傳右以湯谷爲界、顏注、湯谷、日所出也、許愼云、熱如湯也、案顏氏所引、蓋卽許君淮南注、知天問蜀都賦之湯谷、皆本之尚書、而思元賦舊注云、暘谷、日所出、則亦如史記淮南之經改易矣、所登榑桑叒木也。小徐无叒字、合十三字爲句、叒木者、榑桑之別名、故云榑桑木、若如大徐加叒字、則兩名重疊、必如段氏所改、乃可通也、通典、扶桑國、其土多扶桑木、然則扶桑木三字爲名、有明徵也、象形。而灼切、凡叒之屬皆從叒。□籀文叒。○案當依石鼓文□字作□、卽若字也、叒亦當作□、乃古文象形字、□當是從口□聲、形聲字也、籀文以□爲□、假借字也、□卽卪字、從之非義、

桑蠶所食葉木。郭璞帝女桑贊、園客是采、帝女所蠶、從叒木。古籍之言扶桑者、雖不曰可蠶然通典曰、績其皮爲布爲衣、十洲記曰、其樹雖大、椹如中國桑椹也、然則桑與榑桑、形質相似、而衣被天下、故神異之而入叒部、不入木部也、息郎切、字當依類篇作桒、直其曲則桒矣、故唐人云桒者四十八、

文二　重一

之出也。象艸過屮。枝莖益大。有所之。一者地也。象者象事也、字從屮從一、而不言從者、以字形見字義、故言象也、設言從屮、則不得言過屮、不得言益大矣、有所之者、與易繫辭各指其所之相似、釋詁、之、往也、艸之芈嶽競出、各有所指、故人之各有所往得用之也、訓一爲地、與訓一爲天同例、乃借指事字爲象形字、故亦不言從、止而切、凡之之屬皆從之。

㞷艸木妄生也。從之在土上。一卽是地、下叉加土、中居其上、翹然傑出、故云、妄生之在土上者、猶言出于土上也、讀若皇。戶光切、□古文。生。○㞷與狂意近、故犬部狌、狂、一從生、一從㞷、彳部往之古文䞣、亦從㞷、

zā 帀　shī 師　chū 出　áo 敖　mài 賣　tiào 糶　niè 䊮

文二　重一　宋本皆有此二字、則大徐本原有㞷可知

帀周也。借周爲匊也、左成九年傳、浹辰之閒、正義曰、浹謂周帀也、周禮縣治象挾日而斂之、謂周甲癸十日、此言浹辰、謂周子亥十二辰、從反之而帀也。當言到之、而言反之者、㞢字無反、故其詞可通、且之者往也、旣往而反、則反復其道、必周帀也、故曰反、子荅切、凡帀之屬皆從帀。周盛說。

師二千五百人爲師。夏官敘官文、字林同、從帀從𠂤。小徐本從𠂤帀、案當作從帀𠂤、元應曰、帀自爲師、疏夷切、𠂤四帀。衆意也。易師卦彖曰、師、衆也、釋詁同、帀𠂤二字、皆不直指人言而隱約其詞、故曰意也、嚴氏曰、當云𠂤亦聲、□古文師。

文二　重一

出進也。辵部、進、登也、出字義本指人、故部中字無一涉于艸木者、與生部曰進也不同、或曰進也當作達也、蓋据下文出達推之、象艸木益滋。滋當依段氏作茲、上出達也。上者字形自下上上、象出之狀也、出

達是複語、月令句者畢出、萌者盡達、集韻引作上出遠也、非是、此兩句解字形、則指艸木言、以人之出無可象、故借艸木之出象之、尺律切、凡出之屬皆從出。

敖游也。邶風、柏舟、以敖以游、前漢書、廣川王去傳、無令出敖、後漢書始有遨字、從出從放。五牢切、

賣出物貨也。或無貨字、或作出貨物也、天官太宰、六日貨賄、九日物貢、鄭注、貨賄、金玉龜貝也、物貢、雜物魚鹽橘柚、從出買聲。莫邂切、

糶出穀也。與上文出物貨也爲儷語、彼統詞、此專詞也、又兩出字乃出納之義、當尺類切、本部四字、惟敖從本義、賣糶漸遠、糶尤遠矣、小徐本糶在䊮後、非也、從出從糶。糶亦聲。他弔切、

䊮槷䊮。槷本作槷、依段氏改、不安也。從出臬聲。五結切、段氏曰、當五忽切、易曰。劓䊮。困于赤芾。劓、小徐作劓、用其或體也、易困上六、困于葛藟于臲卼、釋文云、臲、說文作劓、卼、說文作䊮、云、䊮不安也、案當作劓䊮、不安也、且陸氏引作劓䊮、是兩引于上六則非也、許君所引者、乃九五爻詞、今本作劓刖、兩字皆假借、本不爲誤、荀王本卽作臲卼、鄭君則云、劓刖當爲倪侃、知九五上六、其字本同、其義亦同、許君用孟易作劓䊮、上借下正、鄭君改爲倪侃、兩字皆借、今本作臲卼、則後作之專字也、特

nán 南　zǐ 𣎵　bèi 孛　suǒ 索　wèi 𣐺　pò 𣎳

上六既改九五未改故王弼以劓刖爲刑以臲卼爲不安後人沿之故陸氏不敢引于九五而引于上六大徐亦刪困于赤茀也茀今本作紱字當作市凡連語皆形容之詞太半借用無專字如本文解義則云槷𣃔引易則云劓𣃔借劓爲槷長笛賦巔根跱之槷刖李注槷刖危皃廣韻十五鎋刖下亦云然易林艮之需根刖樹殘震之需刖根枯株皆借刖爲𣃔合劓刖爲一語卽今本之劓刖矣安可皮傅字形以刑爲說而疑許君所述之古義乎

文五

𣎳 艸木盛𣎳𣎳然。玉篇引無盛字非字隸作市與朱市字同形玉篇市下引毛傳蔽市小皃知今本作茀者加艸也猶東門之楊其葉肺肺字外加肉也且春秋有星孛入于北斗天文錄孛星者芒氣四出曰孛孛謂孛孛然也是又於字外加子也然孛在本部義自可通而孟子則苗浡然興之矣左莊十一年傳其興也悖焉又於孛外加木加心矣皆同聲假借也象形。段氏曰謂中也不曰從中而曰象形者艸木方盛不得云從中也八聲。凡𣎳之屬皆從𣎳。讀若蕇。普活切

𣐺 艸木𣐺孛之皃也。六書故易曰拔茅茹以其彙顧野王曰艸木四舒𣐺孛之皃案今本作𣐺釋文云古文作背從𣎳。畀聲。于貴切

索 艸有莖葉。可作繩索。顏注急就篇索總謂切撚之令緊者也一曰麻絲曰繩艸謂之索索許君意亦主艸謂之索而字從糸者糸篆本象糾結之形糾艸爲索故從糸比象之義從𣎳糸。蘇各切杜林說。𣎳亦朱朩字。案此乃部首之別說當在讀若蕇下挩誤在此然伯山此說乃据朩朩二字隸皆作市卽謂二字通用不可從也詩三百亦茀朱茀斯皇字皆加艸猶蔽茀之加艸知杜說之有徵然是隸變不可以說篆文

孛 𣐺也。𣐺下云𣐺孛明其爲疊韻連語也此云𣐺者又明其獨字便成義也春秋有星孛于大辰易以其𣐺皆不連言𣐺孛從𣎳。以上二句爲一義字在𣎳部故先此義也人色也。從子。此又一義也𣎳子二字不可合爲一義故分兩體說之論語曰。色孛如也。是此。此當作也鄉黨文今作勃此但證人色一義蒲妹切案此篆段氏迻之𣐺篆後是也

𣎵 止也。從𣎳盛而以一橫止之也。從朱文藻本改廣韻字作𣎵全用此說而曰出文字音義蓋因便引之不應說文闕此字也卽里切案此字當在部末與部首反對故也

南 任也。艸木

zhé 乇　shēn 甡　ruí 甤　lóng 隆（隆）　chǎn 產　fēng 丰　shēng 生

至南方有枝任也。白虎通南方者任養之方萬物懷任也言枝任者其葉蕃滋枝能任之也從𣎳。羊聲。那含切

南 古文。○汗簡引作南宗周鐘有南南二體仲偁父鼎作南皆與南不同無專鼎作南散氏盤作南皆與正書同

文六　重一

生 進也。此承𡳿部而言𡳿出也已過屮矣𡳿較屮又增一筆是又過𡳿矣故曰進書盤庚汝萬民乃不生生王肅注生生進進又是篇三言生生傳亦以進進說之象艸木生出土上。此說𡳿字形亦與說𡳿字同例彼不言從屮從一此亦不言從屮從土也所庚切凡生之屬皆從生。

丰 艸盛丰丰也。廣韻引少一丰字非詩子之丰兮箋云面皃丰丰然豐滿引伸之義也丰豐疊韻從生上下達也。祇是從生下達而連言上者繫傳曰上盛者下必深根也敷容切嚴氏曰韻會引篆體作丯以丰爲今文然部首作生必丰爲正篆丯爲古文𦻏豐䞋皆從丰𡴄案廣韻丰下云說文本作𡴄是唐人据本固如此又案𦻏字猶可從其引伸之義豐字說見五篇本

字下兢字則聲義皆不安

產 生也。春官大宗伯注能生非類曰化生其種曰產從生。彥省聲。所簡切

隆 豐大也。釋山宛中隆郭注山中央高段氏曰隆者漢殤帝之名五經異義云漢幼小諸帝不廟祭而祭于寢似可不諱也然漢志河內郡隆慮應劭曰隆慮山在北避殤帝名改曰林慮也漢制生而諱故孝宣詔曰其改諱詢此葢孝殤在位時所改而書成于和帝永元十二年以前故不云上諱從生。降聲。力中切

甤 艸木實甤甤也。甤與蕤同厶左肱是其比從生。豕聲。豕部說曰讀與豨同讀若綏。儒佳切

甡 衆生竝立之皃。據字形爲義也二生故曰衆分左右故曰竝與棘從竝朿一例從二生。所臻切詩曰。甡甡其鹿。大雅桑柔文傳云甡甡衆多也許君以字從生也故主艸木言云衆生竝立者與学嶽相竝出同義引詩則是動物且是重言不以爲正義也

文六

乇 艸葉也。從垂穗上貫一。從者猶二部云從耦非有是字而從之也一只是地因上文屢

chuí 𠂹　huā 𠌶　wěi 韡　huā 華　yè 皣　jī 禾

言一考地也、故不復言、下有根。象形字。上二句已明晰、然恐人以爲兼意也、故申之曰象形字、陟格切、凡乇之屬皆從乇。

文一

𠂹 艸木𠌶葉𠂹。象形。中其莖也、凡下𠂹者、其莖必曲、故曲以象之、左右四曲、其華葉也、四曲葢不離于莖、今離者、後人改之、齊侯甗𠂹字從𥝌、葢本篆之古形、是爲切、凡𠂹之屬皆從𠂹。𥝌 古文𠂹。左牛從乇、右牛與利之古文𥝢同、亦下𠂹之象也、玉篇作𥝢、少一丿、亦與從古文𥝢者省作𥝢同、

文一　重一

𠌶 艸木𠌶也。華下有葉字者非、𠌶荂一字、俗字作花、安得兼言葉、從𠂹、亏聲。況于切、音盱、讀如軙者、非也、凡𠌶之屬皆從𠌶。荂 𠌶或從艸夸。釋草、華、荂也、華、荂榮也、木謂之華、草謂之榮、郭注、今江東呼華爲荂、方言、華、荂、䀾也、郭注、荂亦華別名音誇、郭氏不考說文、遂謂華荂異字、案爾雅竝併也、嗟、

吝、嗟也、以同字爲釋、廣、異文耳、豈得云以荂釋華、遂爲異字、

韡 盛也。廣韻、華盛皃、從𠌶、韋聲。于鬼切、詩曰、鄂不韡韡。依韻會引改、小雅常棣文、傳云、鄂猶鄂鄂然、言外發也、韡韡、光明也、

文二　重一

華 榮也。與𠌶同字而說解不同、古人之不苟如此、從艸從𠌶。當云𠌶聲、凡說文異部重文而由一字遞加者、如𩔰從𩑋而加艸、則但云𩑋聲、恐言從𩑋則是會意字、不見其爲一字也、戶瓜切、當亦云況于切、古無家麻韻、凡華之屬皆從華。

皣 艸木白華皃。依文選西都賦注引改、漢書禮樂志、華燁燁、從華從白。此會意字、故酌其主從而入華部、皅、艸華之白也、與皣雖同義、然形聲字也、不得不入白部、筠輒切、

文二

禾 木之曲頭。止不能上也。之、篇海引作枝、非、凡說解皆先說字義、後說字形、而此則木之曲頭、說字形、止不能上、說字義者、此字即形爲義、故變其屬辭之例、古兮切、凡禾之屬皆從禾。

zhǐ 積　jǔ 椒　jī 稽　zhuó 𥡳　gǎo 𥢶

積 積椒。多小意而止也。段氏据椒下說、增積椒二字、從之、多小意而止者、乃積椒兩字之義、且是泛言、與扶疏阿難一類、形容之詞也、多小意者、艸木受病、枝葉詰屈、故曰小、逐處凹凸、故曰多、而止者、自此歸于枯槁、不復能暢茂也、字又作枳、句枳、椇、宋玉風賦、枳句來巢、此謂木上自生之積椒也、明堂位、俎殷以椇、注、椇之言枳椇也、謂曲橈之也、案鄭意謂俎之足局、故名以椇、此則木工所作、使之積椒也、要皆形容之詞、從禾。支只聲。職雉切、一曰。木也。與椒篆下一曰木名同、謂積椒二字、各爲一名也、然積是此木、椒仍是此木、合而呼爲積椒、仍是此木也、廣韻、積、曲支果也、椒、曲枝果也、曲禮、婦人之摯、椇榛、其椇即椒也、鄭注云、椇、枳也、則謂二字兩名而一物也、詩南山有枸、毛傳云、枸、枳枸、其枳椇、即積椒也、則單名雙名同此物也、而唐本草、古今注無不謂之枳椇子者、一名白石李、一名木蜜、一名木錫、其樹徑尺、葉如桑柘、其子作房、似珊瑚、核在其端、而古今注曰、實形拳曲、則知仍是多小意之謂、乃即其狀以爲名也、

椒 積椒也。從禾從又。句聲。俱羽切、又者從丑省。此句蓋後人增也、其意若曰丑者紐也、紐亦屈曲之物也、然又句皆當是聲、小徐說積曰支即止也、是謂積下說從禾支、句絕、而本句則在小徐之前、皆謂一字兩聲、不

合、然竊䅦舃蠹皆兩聲、句本音鉤、與又疊韻、不必曲解作會意、一曰木名。名當作也、闕。此校者所記也、所据本倘有說解而殘闕不可辨識、故記之耳、

文三

稽 畱。句 止也。字林、稽、留也、止也、非是、田部畱止也、此則以留說稽、即以留之說說之也、呂氏加一也字、便成兩義、案稽即是禾字、字乳寖多、遂各自爲義、禾部凡六字、每字說中皆有止字、亦可見其不異、從禾從尤。旨聲。古兮切、凡稽之屬皆從稽。

𥡳 特止也。徐鍇曰、特止、卓立也、從稽省。卓聲。論語、如有所立卓爾、即借卓爲之、竹角切、

𥢶 稽椒而止也。玉篇引椒作跙、說文無跙、積椒雙聲、稽椒疊韻、其詞雖異、其意自同、即以同訓爲止徵之、從稽省。咎聲。讀若皓。古老切、賈侍中說。稽𥡳𥢶三字。皆木名也。桂氏曰、廣韻、櫡下云、櫡、風扶杓木也、南方艸木狀、桌樹、幹葉俱似椿、以其葉鬻汁漬果、呼爲桌汁、若以桌汁雜彘肉中食者、爲雷震、出高涼郡、本書、楮、木也、讀若皓、筠案、桂氏謂櫡即稽、桌爲𥡳之省、楮與稽

cháo 巢 biǎn 㽞 qī 桼 xiū 髹 pào 麭

適也、雖未可必、亦或有然、

文三

巢 鳥在木上曰巢。在穴曰窠。與穴部窠字說相應、月令鵲始巢、召南雀穿屋、是也、從木。象形。巛者鳥、臼者巢形也、鉏交切、凡巢之屬皆從巢。

㽞 玉篇集韻會皆作㽞、與從寸臼合、廣韻作㽞、從臼雖小誤、然亦無丨、傾覆也。周禮硩蔟氏、掌覆夭鳥之巢、大雅我位孔貶、傳云、貶、隊也、案隕隊即傾覆也、從寸臼覆之。寸臼猶硩蔟也、寸。人手也。從巢省。因寸臼覆之一語太簡、故申說之、當云臼者從巢者、方斂切、杜林說以爲貶損之貶。漢書司馬相如傳、適足以㽞君自損、晉灼曰、㽞、古貶字、文選譌作㽞、宋本亦然、

文二

桼 木汁。王氏煦曰、漢書賈山傳、桼塗其外、鄒陽傳、堅如膠桼、字竝如此、周官載師注、故書漆林爲桼林、杜子

春云、當爲漆林、則以漆沮字爲髹桼字、後漢始然矣、案載師注本作當爲桼林、王汾皋據鄭他注皆從杜改之、而宋范蔚宗後漢書儒林傳桼書字亦不加水、知不當木字絕句、汁連可以髹物爲句者、其用在汁、故字形象其汁、因以其用名其木也、可以髹物。從木。依廣韻引補、象形。親吉切、桼如水滴而下也。申說象形也、謂象其汁形、非象其木形也、石鼓文作桼、四點是桼、小篆加兩點、故不曰從水而曰如水也、古今注、桼樹、以剛斧斫其皮開、以竹管承之、汁滴管中、卽成桼也、凡桼之屬皆從桼。

髹 桼也。此用靜字爲動字也、今人言桼不言髹、儀禮鄉射記、春官巾車、字皆作髤、漢書外戚傳顏注、以漆漆物謂之髤、字或作髹、巾車注、故書髤爲軟、杜子春讀爲桼垸之桼、直謂髤桼也、釋文、軟音次、韋昭曰、㲊桼曰髤、髤是髤乃動字、而鄉射記楅髤注云、赤黑漆也、巾車注云、髤、赤多黑少之色韋也、則又以爲靜字、從桼。髟聲。桂氏曰、古今人表、漆彫開、案漆當作桼、蓋彫桼之業、後因爲氏、髟其彫文也、許尤切、

麭 桼垸已。句、復桼之。麭者、輟耕錄所謂黑光也、垸、以桼和灰而髹也、桼垸者、漢人常語、以巾車杜注知之、已者畢也、作桼器者、以木片爲骨、灰桼塗之、暴之曠日、故曰桼垸已也、石磨令平、乃復以桼髹其光也、從桼。

shù 束 jiǎn 柬 jiǎn 𣝈 là 剌 gǔn 㯻 tuó 橐 náng 囊 gāo 櫜

包聲。匹皃切、玉篇步交切、廣韻薄交切、

文三

束 縛也。字從口木、則詩束楚束薪、其本義也、而易之束帛、詩之束矢、論語之束脩、左傳之束馬、皆用之、從口木。口音圍、書玉切、凡束之屬皆從束。

柬 分別簡之也。釋詁、柬、擇也、以簡說柬、發明假借也、荀子、安燕而血理不惰、柬理也、楊注、柬與簡同、王制、簡不肖以絀惡、從束從八。八。分別也。古限切、

𣝈 小束也。齊民要術、麻勃如灰、便刈、𣝈欲小、縛欲薄、案麻勃如灰者、麻至八月、以條振拂之、起白灰蓬勃然、是麻成可漚之時也、吾鄉仍謂麻束曰𣝈、秫稭亦沿此名、他物則不然、從束。幵聲。讀之若繭。古典切、

剌 戾也。凡言乖剌、剌謬字如此、謚法、愎很遂過曰剌、從束刀。刀者剌之也。當作束刀者、乖剌也、蓋刀性堅強、雖束之、不能互相附屬、如薪也、故徐鍇曰、剌、乖違也、束而乖違者、莫若刀也、盧達切、

文四

㯻 橐也。似當云、束橐也、繫傳曰、束縛囊橐之名、春秋國語曰、侯使于齊者、橐載而歸、作梱、梱假借也、橐之言涸也、物雜廁其中也、据鍇此說、似本有束字、且字從束、亦不當直訓曰橐也、廣韻亦曰橐大束、是知凡束皆謂之橐、今諺皆然、又爾雅百羽謂之緷、與糸部緷音義不同、而與㯻同、亦可證、從束。圂聲。胡本切、廣韻古本切、凡㯻之屬皆從㯻。

橐 囊也。先以其製之同而渾言之、無底曰橐。有底曰囊。再以其小別也、而析言之、陳氏啟源曰、諸家釋橐囊各異、約之有四說焉、毛傳曰、小曰橐、大曰囊、此一說也、文選干寶晉紀論引詩、呂向注云、大曰橐、小曰囊、與毛傳反、此又一說也、詩釋文引說文云、無底曰囊、有底曰橐、孫奕示兒編亦引之、此又一說也、蒼頡篇、橐、囊之無底者也、漢書刑法志注、及趙充國傳注、師古云、無底曰橐、有底曰囊、與說文反、又一說也、從㯻省。石聲。他各切、本音託、

囊 橐也。從㯻省。襄省聲。段氏、嚴氏皆云、當作毄聲、是也、奴當切、

櫜 車上大櫜也。櫜、御覽引作囊、韋注國語同、樂記、倒載干戈、包之以虎皮、名之曰建櫜、注、兵甲之衣曰櫜、案此載于車上者也、士喪禮、設冒櫜之、注、櫜、韜盛物者、案此則不必載于車上、亦曰櫜也、從㯻省。咎聲。古勞切、詩曰。

巢桼束㯻

pāo 橐　wéi 囗　yuán 圜　tuán 團　xuán 圁　yún 囩　yuán 圓　huí 回　tú 圖　yì 圛

載橐弓矢。周頌時邁文。傳云：橐，韜也。案毛公以疊韻解之，不言其物而自見。

橐　囊張大皃。囊，繫傳、集韻皆作橐。段氏曰：石鼓文其魚佳可，佳鱮佳鯉，可以橐之，佳楊及柳。橐讀如苞苴之苞。蘇軾詩作貫，非也。從橐省，匋省聲。桂氏段氏皆曰當作缶聲。符宵切。

文五

囗　回也。史記楚世家康王寵弟公子圍，徐廣曰：史記多作回。案圍者口之近字，易繫辭範圍天地而不過，注：圍，匡郭也。夫言匡郭，是當作口也。象回帀之形。回當作圍，廣韻引文字音義曰：口，回也，象圍帀之形也。蓋本之說文。羽非切。凡口之屬皆從口。

圜　天體也。體者道體，非形體也。易說卦：乾爲天，爲圜。大戴禮曾子天圓篇：如誠天圓而地方，則是四角之不揜也。參嘗聞之夫子曰：天道曰圓，地道曰方。盧注：道曰方圓耳，非形也。呂覽序意篇：何以說天道之圜也，精氣一上一下，圜周復雜，無所稽留，故曰天道圜。高注：雜猶帀。從口睘聲。王權切。

團　圜也。字林作圓也，是不悟許君分圜圓爲二之意。從口專聲。周禮大司徒：其民專而長。

漢書五行志：蜺再重赤而專。皆借專爲團。宋玉九辯之專專，卽張衡思元賦注之團團，亦卽檜風之慱慱也。度官切。

圁　規也。謂規畫之也。古文苑篆勢：爲學藝之範圓。注：圓音旋，規也，所以爲圓。釋器：環謂之捐。借捐爲圓也。從口肙聲。似沿切。

囩　回也。回環旋轉之意。從口云聲。小雅正月：昏姻孔云。傳曰：云，旋也。蓋周旋之意，卽囩之引伸義也。羽巾切。

圓　圜。句。謂二字通也。全也。全，集韻引作合，非。再言此者，言圓非與方對之圓，乃是圓全無缺陷也。周禮凡方圓無作圓者，他經則作圓及員，故許君通之而又別之也。詩長發箋云：圓謂周也。周與全同意。從口員聲。五經文字圓音運，古讀伍員亦如運。王問切。讀若員

回　轉也。詩雲漢：昭回于天。傳文。從口，中象回轉形。戶恢切。

囘　古文回。

圖　畫計難也。釋詁：圖，謀也。畫計乃漢之恆言，史記：雖爲大王畫此計者。顧亭林曰：史記田榮傳：無不善畫者，莫能圖，謂以橫兄弟之賢，而不能存齊。從口，徐鍇曰：規畫之也，故從口。從啚。啚，難意也。啚，嗇也。嗇，濇也。濇，不滑也。故曰難意。同都切。

圛　回行也。段氏曰：謂回曲而行。從口睪聲。羊益切。尚書曰。○尚玉

guó 國　kǔn 壼　qūn 囷　juàn 圈　yòu 囿

篇、廣韻引皆作商。嚴氏則謂許君引書無虞夏商周之別，其有別者後人改之。曰字依段氏補，以下句讀竝依段氏。曰圛。洪範文。鄭注云：五卜之用，謂雨濟圛霧克也。又注周禮大卜引洪範云：曰雨，曰濟，曰圛，曰蟊，曰克。尚書正義、詩齊風正義亦皆引作曰圛。惟齊風鄭箋云：古文尚書以弟爲圛。宋世家作涕。案太史公從安國問故，而於弟加水旁作涕，爲壁中古文不明顯而改之也。許君於書亦宗孔氏，而字作圛，蓋詩疏所云賈逵定以爲圛，故許君從其師說也。圛者，升雲半有半無。依廣韻引補。此爲洪範作注也。齊風正義引鄭注云：圛者色澤光明。王肅云：圛，霍驛消滅，如雲陰。偽孔傳云：氣落驛不連屬。義並與許近。讀若驛。句不連睪聲下者，此讀第爲引書設，非回行一義之音也，故王肅及偽孔傳皆以驛說圛，而衛包直改經爲曰驛也。

國　邦也。周禮注：大曰邦，小曰國。邦之所居亦曰國。漢石經論語：國君爲兩君之好。何必去父母之國。蓋避高帝諱也，許君不諱，未詳。從口，從或。或亦聲。或者，封域也。古邦封通用，故許君以邦釋國，而金刻國字皆作或，知國亦或之分別文。古惑切。

壼　宮中道。釋宮：宮中衖謂之壼。從口，象宮垣道上之形。口象垣，餘象道。道雖四通，而其形周遮者，有宮闕爲之限隔也。玉篇隸之橐部者，以變爲壼之

故。苦本切。詩曰：室家之壼。大雅既醉文。傳云：壼，廣也。箋云：壼之言捆也，室家先以相捆𢿙，已乃及于天下。

囷　廩之圜者。從禾在口中。去倫切。圜者謂之囷，依史記正義引補，下句同。方者謂之廩。見詩魏風傳、考工記注、吳語韋注。廩今本作京，殘字也。上文云廩之圜者可證。楊注荀子云：囷，廩也，圜曰囷，方曰廩。

圈　養畜之閑也。李善一引同，一引畜作獸，蓋本作嘼，因譌耳。圈又有閑牢闌三名。從口卷聲。渠篆切。段氏曰：公羊傳文十一年楚子伐圈，音義云：圈，說文作圈。集韻二十五願云：圈圈二同，養畜閑也。類篇圈圈分出，皆云養畜閑也。疑說文本作圈，後人改之。

囿　苑有垣也。依初學記引改，下三句同。以苑釋囿者，周禮囿人注：囿，今之苑。然則古名囿，漢名苑也。有圍者，繫傳曰：園樹果菜也，周禮有囿游之禁，亦以樹果菜也。夏小正傳：囿也者，園之燕者也。今本作苑有垣也，元應引字林如此。囿猶有也，有藩曰園，有牆曰囿。元應又引字林：有垣曰苑，無垣曰囿。與高注淮南同，蓋有無互譌耳。春秋成十八年築鹿囿，東方朔傳：垣而囿之。西都賦之說上囿禁苑也，曰繚以周牆，皆言囿有垣。從口有聲。于救切。一曰：養禽獸曰囿。依御

kùn 困　wéi 圍　gù 固　qiú 囚　yǔ 圄　líng 囹　nà 図　yīn 因　pǔ 圃　yuán 園

覽引補，承上文圈養畜之閑而言，區別之也。詩靈臺傳云：囿所以域養禽獸也。【𡈉】籀文囿。見石鼓文、周語。囿有林池。

【園】所以樹果也。周官大宰：園圃毓草木。從口袁聲。羽元切。

【圃】種菜曰圃。承上園字，說區別之。從口甫聲。博古切。周語藪有圃草，韋注：圃，大也。案詩車攻釋文：甫草，毛如字，大也；鄭音補，謂圃田，鄭藪也。艸部藪下云：豫州甫田。

【因】就也。廣雅同。從口大。徐鍇曰：左傳曰：植有禮，因重固。能大者衆圍就之。於眞切。

【図】下取物縮藏之。下，玉篇作手，廣韻作私。似私是。惟其私取，故縮藏之也。國語縮取舊物，廣雅：因，旃，率也。疏證引此而說之曰：廣韻罝，女減切，捕魚網也。罝與因聲義相近，旃亦因也。王篇音於業、於儼二切，廣韻旃，掩翳也。又謂捹罷竝與旃通。筠案廣雅訓因爲網，故王氏如此說之，與說文之義似不甚合，姑存備考。從口從又。讀若聶。王氏引作籋，用小許本。女洽切。

【囹】獄也。卒部曰：囹圉，所以拘罪人。蓋許作囹圉，與他書囹圄不同，此竝不言囹圄者，蓋囹之一字，卽爲名也。月令省囹圄，蔡氏章句：囹，牢也；圄，止也。漢書禮樂志：囹圄空虛。顏注：囹，獄也；圄，守也。皆不連解。囹圄，白虎通：三王始有獄，夏曰夏臺，殷曰牖里，周曰囹圄。鄭志：崇精問曰：囹圄

說文句讀　卷十二　八百二十三　、○折四十六　十一

何代之獄？焦氏荅曰：月令秦書，則秦獄名也。漢曰若盧，魏曰司空。從口令聲。郎丁切。

【圄】守之也。賈誼書：守圄扞敵之臣。桂氏曰：鄭注周禮司右引司馬法：弓矢圉。今司馬法作弓矢禦。馥謂守禦字古作圉，圉者圄之譌也。韻會云：案說文圄，守也；圉，囹圉也；禦，祀也。今文圄爲圉、圄字，圉爲牧圉字，禦爲守禦字，經傳中相承用之久矣。筠案左傳：圉伯嬴于轑陽而殺之，卽俗語所謂看守也。從口吾聲。魚舉切。

【囚】繫也。釋言：囚，拘也。易曰：拘繫之。從人在口中。幽于圜土也。似由切。

【固】四塞也。也，類篇引作地。夏官掌固注云：固，國所依阻者也。國曰固，野曰險。漢書婁敬說高帝曰：夫秦被山帶河，四塞以爲固。從口古聲。古慕切。

【圍】守也。鄭注秋官環人云：環猶圍也，主圍賓客任器，爲之守衛。從口韋聲。羽非切。

【困】故廬也。尚書大傳：行而無資曰乏，居而無食曰困。許君則郎字形爲義，故曰故廬。故廬者，廢頓之廬也。故其字當平看，口者四壁，木在其中者，棟折榱崩，廢頓于其中也。字與宋字正相反，宋字則直看，宀者上之棟宇，木其楹也，故其說曰居也。困則不可居也。從木在口中。六書本義曰：木在口中，不得申也。非也。彼謂木是生木，則口是虛象，不知木是材木，口是實象也。苦悶切。

bèi 貝　yún 䡝　yuán 員　é 囮　hùn 圂

【𣏟】古文困。說見木部梱下。

【圂】廁也。釋名：廁，言人雜在上，非一也。或曰圂，言溷濁也。從口象豕在口中也。會意。與上文人在口中、木在口中，皆是實事，非虛象也。元應曰：蒼頡篇：圂，豕所居也。字從口，豕在其中，字意也。少儀：君子不食圂腴。注云：周禮圂作豢，謂犬豕之屬食米穀者也。晉語：少溲于豕牢。韋注：豕牢，廁也。胡困切。

【囮】譯也。此蓋字之本義，今失傳耳。用爲鳥媒字則借用也。口是國象，教化行則重譯而來也。知可借者，吾鄉呼鳥媒爲戶戶，蓋化之轉音也。從口化聲。五禾切。率鳥者，繫生鳥以來之，名曰囮。讀若譌。北戶錄云：愚按說文曰：率鳥者繫生鳥以來之名曰圝。字林音由。今獵師有圝也。然則率鳥者以下十二字，本在圝下，讀若譌句，本與化聲相接，後人合兩字爲一，乃移十二字廁其閒耳。率者，捕鳥畢也，以靜字爲動字，猶言畢之羅之矣。

【圝】囮或從繇。此亦後人改易之文。大徐曰：又音由者，承讀若譌而言。然繇聲不能讀譌也。鳥媒之字，以囮爲借，以圝爲正，而其音本異，故廣雅曰：囮，圝也。足徵兩字不同也。射雉賦：恐吾游之晏起。徐注：游，雉媒名。唐呂溫有由鹿賦，以其借游由爲圝，卽知字林音由之不誣，許君亦必不讀如譌矣。

說文句讀　卷十二　六百九十八　、三十三　十二

文二十六　段氏曰：六當作七。　重四　段氏曰：當作三。

【員】物數也。凡數謂之員，員言物者，以其從貝也。周禮庾人、正校人：員選，謂人數也。從貝口聲。口當是古圓字，說詳釋例。王權切。

【𩠶】籀文員，從鼎。

凡員之屬皆從員。

【䡝】物數紛䡝亂也。老子傳奕本：凡物䡝䡝。范應元注：䡝，物數亂也。從員云聲。讀若春秋傳曰宋皇鄖。見襄公九年。羽文切。

文二　重一

【貝】海介蟲也。介，蓺文類聚引作甲。居陸名猋，在水名蜬。說文無蜬，當作函。釋魚云：貝，居陸贆，在水者蜬。釋文：贆字亦作猋。又云：蠃小者蜬。釋文：蜬本又作函。象形也。博蓋切。古者貨貝而寶龜，太元同。盤庚：具乃貝玉。正義云：貝者水蟲，古人取其甲以爲貨，如今用錢然。禮器：諸侯以龜爲寶。周易：或益之十朋之龜。崔憬注：元龜直二十大貝，雙貝曰朋。詩：錫我百朋。箋：古者貨貝，五貝爲朋。周而有泉，幣自古有之，而謂始于周

suǒ 䝪 huì 賄 cái 財 huò 貨 guì 䝿 zī 資 zhèn 賑 wàn 贎 xián 賢 bì 賁 hè 賀 gòng 貢

者九府圜法、內方外圓、爲後世所通行也、周官有泉府、言有泉者、未廢貝也、職金貨罰注云、貨泉貝也、是二者兼行之證、至秦廢貝行錢也。上言泉、此言錢者、各舉當日之名名之也、國語、周景王鑄大錢、天官外府注引作泉、地官泉府注、故書泉或作錢、云或作者、不盡然也、蓋寫者以時行字易之、鄭君以其周時之書、故不從之、凡貝之屬皆從貝。

䝪 貝聲也。爾雅䝪貝飾軍容器物、非特取其容、兼取其聲、故說文䝪貝聲也、從小貝。經典皆作瑣、易旅瑣瑣、詩瑣瑣姻婭、故釋言云、瑣瑣小也、穌果切、

賄 財也。釋言文、天官太宰注、金玉曰貨、布帛曰賄、案以財贈人亦曰賄、聘禮、賄用束紡、注、賄予人財之言也、左昭五年傳、出有贈賄、從貝有聲。呼罪切、

財 人所寶也。周官大宰注、財泉穀也、坊記注、財幣帛也、從貝才聲。昨哉切、

貨 財也。漢書食貨志、貨謂布帛可衣、及金刀龜貝、所以分財布利通有無者也、從貝化聲。古貨字但作化、太公刀文曰齊寶化、徐鍇引尚書貿遷有無化居、貿字本之大傳、廣韻引蔡氏化瀆經、貨者化也、變化反易之物、故字從化也、呼臥切、

䝿 資也。元應引作貨也、下文資貨也、廣雅埤蒼皆曰賭也、從貝爲聲。詭僞切、徐鉉曰、或曰此古貨字、案此即徐鍇所引字書、化爲聲近、故訛謬一字、鉉又曰、讀若貴、貴非爲之古音、知爲後人妄加、

資 貨也。廣雅同、然易曰旅即次、懷其資、國策資用乏絕、知資爲以靜兼動字、有出無入、與貨有出有入小異、從貝次聲。即夷切、

贎 貨也。廣韻云贎貨、又作贎、力制切、云贎貨、從貝萬聲。無販切、

賑 富也。釋言文、字林同、郭注曰、謂隱賑富有、西京賦鄉邑殷賑、薛注謂富饒也、匡謬正俗曰、振給振貸字皆作振、振舉救也、俗作賑、非、從貝辰聲也。之忍切、

賢 堅。句 多才也。詩卷阿正義引堅也、不引多才也者、多才爲賢、人所共知、故第引堅也、後人合堅多才也爲一句、則不可通、遂疑堅爲賢之譌衍而刪之也、臤部曰、堅也、古文以爲賢字、能部曰、能獸堅中、故稱賢能、從貝。臤下云、貝堅實也、書所寶惟賢、知賢字從貝、譬況之義、臤聲。不言從臤者、古直以臤爲賢、後乃加貝、胡田切、

賁 飾也。易序卦傳文、書湯誥賁若草木、詩白駒賁然來思、從貝卉聲。彼義切、

賀 以禮物相奉。句 慶也。書曰、儀不及物、則物雖輕于禮、然自是兩事、大徐無物字、非、慶也自爲一句、轉注也、說詳心部、從貝。加聲。玉篇賀以禮物相慶加也、知兼從加義、胡箇切、

貢 獻。句 功也。貢獻同義、貢功同聲、小徐無功字、第存義也、廣雅貢獻也、又曰貢功也、易繫辭六爻之義易以貢、貢荀作功、是二字通用、禹貢一篇、凡言厥貢者、皆是物、非功、與周官大宰之九貢同、但有獻義、而曲禮五官致貢曰享、注云、貢功也、享獻也、致其歲終之功于王謂之獻也、則是其實爲功、而其名曰獻、從貝工聲。古送切、小徐本工聲下有獻納總稱尊嚴六字、疑是南宋時議獻納字儒者所記憒憒之詞、

贊 見也。謂人之相見必有贊也、士冠禮昏禮皆有贊者、注竝云贊佐也、新序謁者贊客、從貝。徐鍇曰、以貝爲禮也、從兟。徐鉉曰、兟音詵、進也、執贊而進、有司贊相之、案兟當兼聲、則旴切、

賮 會禮也。論衡引孟子、行者必以賮、辭曰歸賮、史記呂不韋傳作進、漢書高帝本紀、蕭何爲主吏、主進、顏注、進者、會禮之財也、又注陳遵傳亦云、從貝𦘒聲。徐刃切、

齎 持。句 遺也。遺去聲、廣雅、齎持也、又曰、齎送也、知是兩義、送即遺也、其訓爲持而不必有所遺者、聘禮曰、問幾月之齎、外府曰、共其財用之幣齎、注、齎行道之財用也、是也、其持而有所遺者、周禮掌皮、歲終則會其財齎、注、齎所以給予人以物曰齎、急就篇、妻婦聘嫁齎媵僮、顏注、將持而遺之也、是也、是知持義不能該備、故許君以遺足之、從貝齊聲。祖雞切、

貸 施也。左襄二十九年傳、宋饑、出公粟以貸、使大夫皆貸、司城氏貸而不書、爲大夫之無者貸、從貝代聲。他代切、

貣 從人求物也。鮑注國語同、元應引說文、從人求也、王篇同、案字林云、求也、與貸施也相對、恐即本之說文、從人求物、蓋庾注也、貸貣二字、形與音皆相近、故說貸曰施也、說貣曰求也、相對立文、以區別之、而羣書之借貸爲貣、亦以此也、漢書司馬相如傳曰假貣、陳湯傳曰匄貣、皆用本字、周禮泉府、凡民之貸者、鄭司農云、貸謂從官借本賈也、孟子又稱貸而益之、皆借用、從貝弋聲。他得切、

賂 遺也。詩大賂南金、傳文也、元應引說文而申之曰、謂以物相請謁也、是賂字當與賕字類聚矣、而王篇次序亦如說文、且詩人以賄賂爲頌揚、不亦傎乎、雖左桓二年傳、宋以郜大鼎賂公、是眞賄賂矣、然傳曰、將納違亂之賂器於太廟、若賂便是賕、豈待更言違亂、是賂者、泛言贈遺之名也、相沿既久、遂爲賄賂、猶之苞苴問人、見於禮記、今亦以爲賄賂矣、從貝各聲。洛故切、

賸 以物相增加也。據賀贈二篆說解、增以字、玉篇賸相贈也、以物加送也、詩崧高傳曰、贈增也、從貝朕聲。以證切、一曰。送也。副也。人部倂送也、即釋言之賸送也、賸與倂音義同、刀部副下未見副貳之義、於此及貳篆下補之、然送

zàn 贊 jìn 賮 jī 齎 dài 貸 tè 貣 lù 賂 shèng 賸

zèng bì gòng lài cì yì shǎng yíng lài fù zhù èr
贈 貱 贛 賚 賜（賞） 貤 贏 賴 負 貯 貳

副二義、似與增加無別。

贈 以玩好之物相送曰贈也。依元應引補。詩雜佩以贈之。又何以贈之、路車乘黃、瓊瑰玉佩。從貝曾聲。昨鄧切。

貱 迻予也。玉篇、貤、貱也。案此借貤為迻也。今言貤封貤贈、即迻予之意。從貝皮聲。彼義切。

贛 賜也。釋詁、貢、賜也。釋文字或作贛、是也。漢石經論語子贛、今本作貢、非也。白虎通或傍其名為之字者、聞名即知其字、聞字即知其名、若名賜字子貢、案此貢亦當作贛。蓋同聲假借。經典常事、若言聞名知字、即當用正字矣。從貝、贛省聲。古送切。

贛 籀文贛。

賚 賜也。釋詁文。從貝來聲。洛帶切。周書曰：賚介秬鬯。文侯之命曰、用賚爾秬鬯一卣。

賞 賜有功也。書功懋懋賞。從貝尚聲。書兩切。

賜 予也。釋詁、予、賜也。玉藻、賜君子與小人不同日、則析言之。從貝易聲。斯義切。

貤 物之重次弟也。謂物之重疊者、其次弟謂之貤也。集韻曰、物重有次謂之貤、貤即貤也。漢書景帝紀、受爵賞而欲移賣者、無所流貤。應劭曰、貤音移。師古曰、說文解字云、貤、物之重次弟也。此詔言欲移賣爵者、無有差次、不得流行、故為置官級也。貤音弋賜反。今俗猶謂

說文句讀　卷十二　七百八十一　·○折四十二　十五

凡物一重為一貤也。從貝也聲。以豉切。

贏 賈有餘利也。依韻會引乙轉。然疑此句是庾注字林、贏、有餘也。渾言之乃能該備、疑本之說文。左昭元年傳、賈而欲贏而惡囂乎、固繫諸賈言之、乃漢書蕭何傳、何送我獨贏錢二也、則祇是有餘、不繫諸賈也。從貝、𡣍聲。以成切。

賴 贏也。漢書音義引作利也。晉語已賴其地、韋注、賴、贏也。又晉語君得其賴、韋注、賴、利也。衛策高注、史記高祖本紀晉灼注、樗里子傳集解、並同。從貝剌聲。洛帶切。

負 恃也。渾言之、是字之本義。韓詩、無母何恃、恃、負也。從人守貝、有所恃也。又即字形申恃義、適得負之一端。左傳秦人負恃其衆、則可負者不但貝也。房九切。一曰受貸不償。此義專主子貝、乃引伸之義。負物以背、故背德曰負。漢書鄧通傳、通家尚負責數鉅萬。

貯 積也。字林、貯、塵也、謂居積停滯塵久也。史記貨殖傳、子贛廢著鬻財于曹魯之閒。徐廣曰、子贛傳作廢居、著猶居也。著讀音如貯。乃仲尼弟子列傳云、子贛好廢舉、集解云、廢舉謂停貯也。案舉當依徐廣作居。易寬以居之、呂不韋傳此奇貨可居、皆其證。從貝宁聲。宁貯一字。齊風著篇毛傳、門屏之閒曰著、即釋宮門屏之閒謂之宁也。故貨殖傳以著為貯。直呂切。

貳 副。句益

bīn shē shì zhuì zhì mào shú
賓 賒 貰 贅 質 貿 贖

也。鄭注周禮小宰云、貳、副也。廣雅云、貳、益也。案副貳為恆言、乃複語也。皆是名目、益乃其訓義。從貝弍聲。而至切。

弍古文二。

賓 所敬也。秋官司儀曰、凡諸公相為賓。又曰、諸侯諸伯諸子諸男之相為賓也。又曰諸公之臣相為國客。又曰凡侯伯子男之臣以其國之爵相為客。是知賓客者、以貴賤異其名也。而掌客一職、則賓客之等數、政治皆掌之、渾言不別也。從貝。蓋猶賢之從貝、非指贈賄之物。㝉聲。必鄰切。

𡦵 古文賓。

賒 貰。句買也。地官泉府注、鄭司農云、賒、貰也。詩甫田箋、周禮司市注、皆連言賒貰。二字皆其名目也。許君申以買者、終必付以其價、與貸不同也。從貝余聲。式車切。案讀車如居、即是賒之古音。

貰 貸也。此譬況之詞也。貸當為貣。貰者之價遠日乃付之、當其貰時、有似于貣。廣雅云、貰、賒也。則別二名也。許君不然者、說賒曰買、說貰曰貣、皆不直指其事而比象言之、使人互勘而自明也。從貝世聲。神夜切。

贅 以物質錢也。今之當鋪、起于宋之僧寺、其事則自古有之。漢書嚴助傳、賣爵贅子以接衣食。如淳曰、淮南俗賣子與人作奴婢、名為贅子、三年不能贖、遂為奴婢。此事為字之正義。賈誼傳、家貧子壯則出贅。應劭曰、出作贅壻也。顏注、贅、質也。家貧無有聘財、以身

說文句讀　卷十二　八百四十六　·○折四十三　十六

為質也。此事為引伸之義。段氏曰、大雅傳曰、贅、屬也。孟子屬其耆老、大傳作贅其耆老。公羊傳曰、君若贅旒然。此為聯屬之偁。莊子云、附贅縣肬。老子云、餘食贅行。此為餘賸之偁。皆綴字之假借。從敖貝。之芮切。敖者猶放、敖從放、故曰猶放。如厤下云厤調也、以厤從秝、因得調義也。謂貝當復取之也。依韻會引補。段氏曰、放者當復還、贅者當復贖、其義一也。一曰最。玉篇、贅、最也。案最者會聚之意。小徐本冃部最下云、犯取。又曰會。韻會贅下云、又會也。引前漢武帝紀、毋贅聚、是也。說苑奉使篇、梁王贅其羣臣而議其過。○後漢皇后紀、章懷注引說文、贅、肬也。所引者乃肉部之肬贅也、非本文有闕佚。

質 以物相贅也。桂氏曰、謂其物與所求、正相當直也。聘義、君子於其所尊弗敢質。注、質謂正自相當。其相贅之事曰質、而其券契遂亦曰質。天官小宰八成、七曰聽賣買以質劑。注、質劑謂兩書一札、同而別之。長曰質、短曰劑。南齊書蕭坦之傳、檢家赤貧、惟有質錢帖子數百。從貝從所。闕。小徐作所聲、無闕字。韻會引同。之日切。

貿 易財也。借易為傷。釋言、貿、市也。又曰、貿、買也。漢書引尚書貿遷有無化居。從貝丣聲。莫候切。

贖 貿也。當依玉篇作賈也。贖字之見于詩書左傳者、皆同義。若訓為貿易、則趙宋時俗語。大徐本

fèi 費　zé 責　gǔ 賈　shāng 𧶠　fàn 販　mǎi 買　jiàn 賤　fù 賦　tān 貪　biǎn 貶　pín 貧　lìn 賃　qiú 賕

卷末牒文、說文雕爲印板、許人納紙墨價錢收贖、是也。從貝賣聲。殊六切。

費 散財用也。何晏注論語、無費於財、從貝弗聲。房未切。

責 求也。謂索求負家償物也、天官小宰、聽稱責以傳別、注、稱責、謂貸予、左成十八年傳、施舍已責、注、止逋責、從貝朿聲。側革切、俗作債、

賈 賈市也。釋言、賈、市也、以市釋賈、此則連言賈市者、說字與說經不同、市本買賣之所、此市則賣也、故曰賈市、賈之俗字作估、又作價、賈市者、謂估定其直而賣之、漢石經論語、求善賈而賈諸、是其字也、周禮典婦功、辨其苦良、比其小大而賈之、是其義也、從貝襾聲。本柯雅反、孫公戶切、一曰。坐賣售也。售者讎之俗字、說文所無、元應韻會引皆無此字、是也、此義乃商賈之賈、與上義不同、上指其事、此指其人也、言坐者、與下文行賈對文、白虎通、行曰商、止曰賈、天官大宰注、行曰商、處曰賈、地官司市注、通物曰商、居賣物曰賈、非如鼂錯所云、小者坐列販賣也、

𧶠 行賈也。元應引作行賣也、雖與賈坐賣也相對、然與衒行且賣也疑似、且商者通四方之珍異者也、當其行也、必不賣、及其賣也、不復行矣、故不可從也、從貝商省聲。經典皆借商、式陽切、

販 買賤賣貴者。司市、夕市、夕時而市、販夫販婦爲主、注、販夫販婦、朝資夕賣、從貝反聲。荀子、積反貨而爲商賈、方願切、

買 市也。廣雅、市、買也、從网貝。莫蟹切。孟子曰。登壟斷而网市利。見公孫丑篇、從网意委曲、故申之、

賤 賈少也。論衡、自衒者賈賤不售、從貝戔聲。才線切。

賦 斂也。釋言、賦、量也、方言、賦、動也、天官太宰注、賦、口率出泉也、從貝武聲。方遇切、

貪 欲物也。釋名、貪、探也、探入他分也、從貝今聲。他含切、

貶 損也。左僖二十一年傳、貶食省用、從貝。從乏聲。方斂切、

貧 財分少也。從貝分聲。義聲互相備也、大徐不知而增其文、符巾切、

𡩟 古文貧從宀分。猶窶穴之從宀也、說文之例、凡重文偏旁與正文同者、不復出、

賃 庸也。元應引作傭也、史記范雎傳、漢書欒布及司馬相如傳、皆借庸爲傭、從貝任聲。尼禁切、

賕 以財物枉法相謝也。小徐及諸引多無物字、字林亦然、漢書刑法志、吏坐受賕枉法、顏注、謂曲公法而受賂者也、呂刑、惟來、釋文、來、馬本作求、云、有請賕也、惠定宇曰、漢盜律有受賕之條、即書所云惟貨也、又有聽請賕之條、即書所云惟求也、廣雅、賕、謝也、從貝求聲。巨留切、一曰。戴質也。韻會引、戴作載、古二字通用、蒼頡篇、載請曰賕、雖仍是前義、而可證戴之即載、玉篇、賕、質也、

gòu 購　shǔ ⿰貝疋　zī 貲　cóng 賨　yù 賣　guì 貴　yīng 賏　yì 邑

購 以財有所求也。後漢書注引作以財相賕曰購、漢書高帝紀、乃多以金購豨將、顏注、購、設賞募也、從貝冓聲。古候切、

⿰貝疋 齎財卜問爲⿰貝疋。卜問、廣韻作問卜、卜部貞下云、卜問也、貝以爲摯、從貝疋聲。讀若所。桂氏曰、⿰貝疋字或作稰、東山經、郭注、楚詞王注、莊子釋文、皆曰稰音所、楚辭、巫咸將夕降兮、懷椒稰而要之、史記日者傳、卜而有不審、不見奪稰、顏案、本書、疋或曰胥字、故諸書變貝爲米、變疋爲胥、高注淮南云、稰、祀神之米、筠案、米部有稰、羣書借用也、疏舉切、

貲 小罰。以財自贖也。糸部、綸下云、綸、貲布也、從貝此聲。即夷切、漢律。民不繇。貲錢二十二。繇、小徐作徭、段氏曰、二十二當作二十三、漢儀注曰、人年十五至五十六出賦錢、人百二十爲一筭、又七歲至十四出口錢、人二十、以供天子、至武帝時、又口加三錢、以補車騎馬、論衡謝短篇曰、七歲頭錢二十三、亦謂此也、然則民不繇者、謂七歲至十四歲、

賨 南蠻賦也。通典、巴人呼賦爲賨、謂之賨人、崔鴻蜀錄、高祖爲漢王、募賨人平定三秦、後漢書南蠻西南夷傳曰、槃瓠之後、蠻夷、秦置黔中郡、漢改爲武陵、歲令大人輸布一匹、小口二丈、是謂賨布、板楯蠻夷篇云、歲入賨錢口四十、從貝宗聲。徂紅切、

賣 衙也。經典用儥、鬻粥三字、從貝𡭴聲。𡭴古文睦。讀若育。余六切、

貴 物不賤也。從貝臾聲。臾古文蕢。居胃切、段氏遂本字于賤上、

賏 頸飾也。字亦作嬰、荀子富國篇、處女嬰寶珠、注、嬰、繫於頸也、女部、嬰、頸飾也、葢因此而誤、字又作纓、繫傳、蠻夷連貝爲纓絡、是也、士昏禮、主人入親說婦之纓、從二貝。烏莖切、

文五十九　重三

邑 國也。御覽引作縣也、案邑之名、古大而今小、書曰、率割夏邑、是桀都也、殷武曰、商邑翼翼、毛傳曰、京師也、多士曰、今朕作大邑于茲洛、是周初猶沿夏商之名也、周禮四井爲邑、則大小不嫌同名也、至於春秋、則左氏曰、凡邑有宗廟先君之主曰都、無曰邑、與子雅邑、與子尾邑、竪牛取東鄙三十邑以與南遺、則皆聚落之稱矣、故列國自稱敝邑以爲謙也、然則曰國也者、舉古制也、曰縣也者、以漢法況古制也、從囗。音圍、先王之制。尊卑有大小。從卪。

坊記、制國不過千乘、都城不過百雉。於汲切。凡邑之屬皆從邑。

邦　國也。漢高帝諱邦、邦之字爲國。段氏曰、古邦封通用、書序云、邦康叔、邦諸侯、論語云、在邦域之中、皆封字也、周禮故書、乃分地邦而辨其守、地邦謂土界、杜子春改邦爲域、非也。從邑丰聲。博江切。

𡵨　古文邦。

郡　周制、水經注引作郡制、非、天子地方千里。分爲百縣。縣有四郡。逸周書作雒解、高注淮南仲夏紀、與許說全同、又見風俗通、故春秋傳曰、上大夫受縣。下大夫受郡、是也。依水經注玉篇引補傳見哀二年、至秦初并天下。置三十六郡以監其縣矣。縣類篇引作邑、非、秦始皇本紀、天下苦戰鬭不休、以有矦王、賴宗廟、天下初定、又復立國、是樹兵也、而求其甯息、豈不難哉、廷尉議是、分天下以爲三十六郡、錢竹汀曰、地理志、河東、太原、上黨、東郡、潁川、南陽、南郡、九江、鉅鹿、齊郡、琅邪、會稽、漢中、蜀郡、巴郡、隴西、北地、上郡、雲中、雁門、代郡、上谷、漁陽、右北平、遼西、遼東、南海、皆曰秦置、長沙國曰秦郡、河南曰故秦三川郡、沛郡曰故秦泗水郡、五原曰秦九原郡、鬱林曰故秦桂林郡、日南曰故秦象郡、趙國曰故秦邯鄲郡、梁國曰故秦碭郡、魯國曰故秦辥郡、數之適得三十六、下文總之曰、本秦京師爲內史、分天下作三十六郡、此確然不易者也、史記始皇本紀、二十六年分天下爲三十六郡、而略取陸梁地、爲桂林象郡南海、乃在三十三年、裴駰以爲不當在三十六之內、因舍三郡、以內史鄣郡黔中足之、內史別於三十六郡、不待言、故鄣郡雖見于志注、而不系之秦、黔中郡見昭襄王三十年、而志不之數、不可爲典要也、史記之三十六、與漢志同、乃總攝後事而言之、故漢志說文高誘呂覽注應劭風俗通、皇甫謐帝王世紀、司馬彪郡國志、皆言秦分三十六郡、裴氏不從漢志之目、而唐人作晉書、乃造秦四十郡之說、前此無言之者、從邑君聲。渠運切。

都　有先君之舊宗廟曰都。字林、有宗廟先君之主曰都、用左傳、而許君不用者、蓋諸侯不得祖天子、大夫不得祖諸侯之義、必其地舊有宗廟、守是土者奉而無失、不敢創立先君之廟也、以有舊宗廟而異其名曰都、猶李唐潛邸、皆升爲府也、諸侯之祖天子者、惟成王以王禮尊周公、用白牡先代之禮、故新立文王廟、爲所自出之帝、至于宋祖帝乙、王者之後也、鄭祖厲王、則東周衰世之僭禮也、孟嘗君立廟于辥、時當亂世、不足道矣、商頌曰、設都于禹之績、則都之爲尊名甚古、商人屢遷前八後五、蓋故都皆有舊宗廟存焉、特書缺有閒耳、左傳曰、狐突適下國、服虔曰、曲沃有宗廟、故謂之國、傳又曰、屬有宗祧之事于武城、傳遂曰、楚武城有先君之廟、以此推之、周之豐鎬、亦必有廟可知、從邑者聲。當孤切。周禮、距國五百里爲都。上一義舉其最尊者言之、此一義舉其最遠者言之、皆大名也、而小都大都、與鄙對之都、皆其小號、不足言矣、周禮者、謂周制也、非謂語出周官、周禮載師注引司馬法曰、王國百里爲郊、二百里爲州、三百里爲野、四百里爲縣、五百里爲都、案距當作岠、郊下放此、

鄰　五家爲鄰。地官遂人文、從邑粦聲。力珍切。

酇　百家爲酇。酇、聚也。遂人、五鄰爲里、四里爲酇、從邑贊聲。作管切、又作旦切。南陽有酇縣。段氏曰、漢地理志、南陽郡酇、矦國、按南陽縣作酇、沛郡縣作鄼、而鄼後亦作酇者、直由莽曰贊治、而亂南陽之酇、音讚、沛鄼及改作酇字皆音嵯、蕭何始封之酇在沛、高后乃封之南陽之酇、與筑陽、文帝王莽之酇矦、皆在南陽故地、理志于南陽曰酇矦國、而沛郡酇下不云矦國、爲在沛者不久也、

鄙　五酇爲鄙。遂人文、從邑啚聲。兵美切。

郊　距國百里爲郊。杜子春注周禮曰、五十里爲近郊、百里爲遠郊、從邑交聲。古肴切。

邸　屬國之舍也。漢書文帝紀、入代邸、顏注、郡國朝宿之舍、在京師者率名邸、邸、至也、言所歸至也、案邸從邑、必當以國邑爲本義、而周禮皇邸四圭有邸之類、皆爾雅所云邸謂之柢也、於經但見借義、許君不得已、故以漢事說之、從邑氐聲。都禮切。

郛　郭也。借郭爲章也、春秋文十五年、齊矦侵我西鄙、遂伐曹、入其郛、公羊傳、郛者何、恢郭也、何注、恢、大也、郭、城外大郭、從邑孚聲。甫無切。

郵　境上行書舍也。行、後漢書注一引同、一引作傳、說文無境、當作竟、增韻、馬傳曰、置步傳曰郵、漢書黃霸傳注、郵亭書舍、謂傳送文書所止處、亦如今之驛館矣、從邑垂。垂、邊也。釋詁、疆、界、邊、衞、圉、垂也。羽求切。

䣊　國甸。段氏曰、當云國甸之外曰家䣊、大宰、家削之賦、釋文、本又作䣊、大宰職又曰、三曰邦甸之賦、四曰家削之賦、載師曰、以公邑之田任甸地、以家邑之田任稍地、此云國甸、卽經之邦甸也、邦甸去國二百里、家䣊三百里、大夫稍稍所食邑。聘禮地官載師稟人、皆借稍爲䣊、載師疏云、名三百里地爲稍者、以大夫地少、稍稍給之、從邑肖聲。所敎切。周禮曰、任䣊地。載師文、在天子三百里之內。稍人、鄭注曰、距王城三百里曰稍、天子當作王畿、然田部甸畿下、立文並同此、

鄯　鄯善、西胡國也。從邑從善、善亦聲。時戰切、此

qióng 竆　jì 郹　tāi 邰　qí 郊

篆葢後增下文諸國名皆在中國且在二帝三王時不應以漢之西域國冠其上也漢西域傳云鄯善國本名樓蘭元鳳四年傳介子誅其王更名其國爲鄯善恐是此時初製鄯字且云從邑從善而國名爲鄯善亦不可解也玉篇鄯字在後增字中

竆 夏后時諸侯夷羿國也。水經注平原郡鬲縣有鬲津河故有竆后國也夷羿字見左傳楚辭 從邑。竆省聲。左傳曰后羿自鉏遷于竆石知傳作竆爲古字竆爲後起之專字玉篇引書有竆后羿恐是以意爲之且五子之歌乃僞古文也渠弓切

郹 周封黃帝之後於郹也。樂記文鄭注曰今涿郡薊縣釋文薊卽燕國都史記周本紀言封帝堯之後于薊誤也 從邑。契聲。讀若薊。闕經典皆借薊也古詣切 上谷有郹縣。丁氏杰曰廣陽國高帝置爲燕國昭帝元鳳元年爲廣陽郡宣帝本始元年更爲國世祖省幷上谷明帝永元八年復許氏據世祖時省幷言之段氏曰此五字當如下文邰下鄭下之例作今上谷薊縣是也七字

邰 炎帝之後。姜姓所封。周棄外家也。依史記正義引改詩生民時維姜嫄傳姜姓也后稷之母配高辛氏帝爲箋姜姓者炎帝之後世本帝嚳上妃有邰氏之女曰姜原 從邑。台聲。土來切

右扶風鄠縣是也。見地理志史記索隱云邰卽鄠古今字異耳劉敬傳正義云雍州武功縣西南二十三里故鄠城是也 詩曰有邰家室此小徐所引本有邰字韻會亦引爲小徐亦有邰字大徐誤以爲許語又少邰字段氏嚴氏皆据之謂詩本無邰字非也箋云就其成國之家室就字非解邰字乎且孔疏云后稷就而有之旣以就解邰矣乃其上文云下言有邰家室不出邰字則引經者偶刪一二字豈可爲典要乎白虎通京師篇引亦有邰字

郊 周文王所封。此文有誤太王自邠遷岐非由天子封之則文字既誤又不當言封且扈鄭邢郱鄦郜鄒鄰八字下皆云所封郇郜郅三字下皆云所封國文律亦不一地理志云右扶風美陽縣禹貢岐山在西北中水鄉周太王所邑 在右扶風美陽中水鄉。通典美陽故城在京兆府武功縣北七里元和郡縣志鳳翔府扶風縣本漢美陽地 從邑。支聲。巨支切經無郊字漢地理志曰太王徙郊匈奴傳曰秦襄公伐戎至郊郊祀志曰美陽得鼎獻之張敞上議曰今鼎出於郊東志又曰太王建國于郊梁顔注並云郊古岐字

岐 郊或從山。支聲。因岐山以名之也。二句文義牴牾段氏所駁是也薛綜注西京賦引說文曰岐山在長安西美陽縣界山有兩岐因以名焉說文于重文收之兩部者多有岐字葢本在山部校者迻之此因改其說也○五經文字俗以此岐爲山名別作歧路字字書無此歧字筠案顔注郊祀志岐山其山兩岐俗呼爲箭栝嶺然則張參所斥是也而曰字書無歧字則玉篇廣韻皆有之說曰岐路意者皆宋人所增乎

𡵨 古文郊。從枝。從山。郊當作岐莊子枝指崔云音岐謂指有岐也然則省崊爲枝也

bīn 邠

邠 周太王國。在右扶風美陽。前後漢志鄭君箋詩皆云豳在右扶風栒邑玉篇則作郇邑案太王避狄而遷不應不出美陽縣境作栒邑是也竹書祖乙十五年命邠侯高圉盤庚十九年命邠侯亞圉祖甲十三年命邠侯祖紺武乙元年邠遷于岐周 從邑。分聲。補巾切

豳 美陽亭。段氏曰地理郡國二志皆云栒邑有豳鄉徐廣曰新平漆縣之東北有豳亭漢右扶風之漆與栒邑皆是豳域不得美陽有豳亭筠案當作栒邑亭葢許君本收豳于山部校者迻之此邠下既譌爲美陽因並此改之耳且許意謂栒邑尚有豳亭爲古蹟之存不謂太王之國於漢只當一亭之地 卽豳也。當作卽邠也此謂豳與邠異部而一字也豳下云古文亦爲字厤下云與秝同頁下云古文䭫首如此燮下云籀文燮從羊與此卽邠也文法凡五種皆異部重文之詞 民俗以夜市。桓譚

新論扶風邠亭本太王所部其民有會日以相與夜中市如不爲期則有重災咎 有豳山。從山。豳山無考詩譜以豳爲地名郡國都城記曰豳谷名也與故邠邑城相去約五十餘里 從豩。闕。毛晃引作豩聲然當以闕爲本文卽以豩下言闕證之說詳釋例○筠案重文說解最長者莫如瑁字然是承管而言豳字說解全無重文之法其爲由山部迻來無疑

yù 郁　méi 郿　hù 鄠　hù 扈

郿 右扶風縣名也。前後二志同詩崧高王餞于郿三輔黃圖三輔郡皆有都尉如諸郡京輔都尉治華陰左輔都尉治高陵右輔都尉治郿 從邑。眉聲。武悲切

郁 右扶風郁夷也。漢志右扶風郁夷縣下引詩周道郁夷顔注詩作倭遲韓詩作郁夷言使臣乘馬行于此道 從邑。有聲。於六切

鄠 右扶風縣名也。段氏曰前後二志同今陝西西安府鄠縣北二里有故鄠城卽古扈國也 從邑。雩聲。胡古切姚察曰戶扈鄠三字一也通典云至秦改爲鄠案許君不謂鄠扈爲一字者古今疆域不同也先鄠後扈者以本朝之制領之易於識別也

扈 夏后同姓所封。戰於甘者。尙書序曰啟與有扈戰于甘之野作甘誓馬融曰有扈姒姓之國甘有扈南郊地名也釋文甘水名左傳曰夏有觀扈 在鄠。言在者不

jū 䢹　hǎo 郝　fēng 酆　zhèng 鄭　péi 鄘

正與今治相當也。有扈國也。篆祇扈字、而書云有扈氏、則以有扈兩字為國名、故云有扈國也、此句中說夏后同姓所封句也、然周書史記解、扈氏弱而不恭、與左傳之觀扈、皆一字為名、有甘亭。見郡國志、此句為戰于甘者證也、大徐本以上二句作有扈谷甘亭、桂氏曰、言有扈谷亭及甘亭也、扈谷亭見漢志、從邑戶聲。胡古切。一曰止也。依韻會引補、徐鍇引春秋傳曰屈蕩扈之、杜注、扈、止也、筠案、今本傳注竝作戶、

𡵊 古文扈從山弓。弓非聲、段氏疑當從戶、釋山、卑而大扈、釋文作岵、桂氏謂當作此岵、

鄘 右扶風鄠鄉。段氏曰、謂右扶風之鄠縣有鄘鄉也、下仿此、桂氏曰、通作蒯、與地志、蒯城縣故陳倉縣之故鄉聚名也、晉武帝咸甯四年、分陳倉立蒯城縣、屬始平郡、馥案、晉書地理志、陳倉屬扶風郡、蒯城及鄠屬始平郡、從邑崩聲。薄同切。沛城父有鄘鄉。史記高祖功臣侯年表、有蒯城侯周緤、緤傳、蒯城侯緤者、沛人也、讀若陪。漢書功臣表鄘成制侯周緤、顏注鄘音陪、又音普肯反、周緤傳注、服虔曰、音菅蒯之蒯、顏注此字從崩從邑、音蒯非也、呂忱音陪、而楚漢春秋作憑城侯、陪憑聲相近、此其寔也、史記索隱曰、蒯者鄉名、案三蒼云、蒯鄉在城父、漢書作鄘字從崩從邑、今書本竝作蒯、音菅蒯之蒯、蘇音苦催反、

崔浩音苦壞反、筠案、許君以兩音分繫兩義、非如呂忱之概音以陪也、鄠之鄘鄉、葢如楚漢春秋之作憑、顏注之普肓反也、其餘諸音、則皆屬之城父之鄘矣、

䢹 右扶風鄠鄉。從邑且聲。子余切、

郝 右扶風〔鄠〕盩厔鄉。小徐衍鄠鄉二字、大徐刪之未盡耳、玉篇無鄠字、顏注急就篇曰、郝、京兆盩厔鄉名也、亦無鄠字、廣韻、殷帝乙時、有子期封太原郝鄉、後因氏焉、從邑赤聲。呼各切、

酆 周文王所都。在京兆杜陵西南。左僖二十四年傳、畢原酆郇、文之昭也、昭四年傳、康有酆宮之朝、大雅、既伐于崇、作邑于豐、文王烝哉、皇甫謐曰、豐在京兆府鄠縣豐水之西、鄭康成曰、豐在豐水之西、鎬在豐水之東、相去葢二十五里也、從邑豐聲。詩書皆作豐、敷戎切、

鄭 京兆縣。周厲王子友所封。漢志京兆尹鄭縣、周宣王弟鄭桓公邑、世本云、桓公居棫林、從拾、宋忠云、棫林與拾、皆舊地名、是封桓公乃名為鄭耳、從邑奠聲。直正切、桂氏曰、本書𨙵從年聲、讀若甯、郇從旬聲、讀若泓、蜓從廷聲、音徙典切、宗周之滅、鄭徙潧洧之上、今新鄭是也。桓公友之子武公、與平王東遷、取虢鄶鄢蔽補丹依疇歷華十邑之地、右雒左濟、前華後河、食溱洧焉、從

hé 郃　kǒu 叩　fán 䣨　fū 鄜　tú 𨞃　yóu 邮　nián 𨙵　guī 邽　bù 部　dòu 郖　rǔ 鄏

其故名曰鄭、秦武十一年初縣、漢為河南郡新鄭、

郃 左馮翊郃陽縣。二志同、應劭曰、在郃水之陽也。從邑合聲。侯閤切。詩曰、在郃之陽。水經注引同、今大雅作洽、葢以水命地、則縣作洽陽、以地命水、則水曰郃水、王若魏世家、文侯西攻秦、築雒陰合陽、則省形存聲字耳、竹書威烈王十七年、魏文侯築汾陰郃陽、字從邑、可證也、

叩 京兆藍田鄉也。元應引作京兆藍田有叩鄉、此以意改耳、從邑口聲。百石卒史碑、叩頭字婁見、知初本借叩、後乃作叩耳、苦后切、

䣨 京兆杜陵鄉。水經注、樊川即樊鄉、漢祖賜樊噲邑于此鄉、三秦記、長安正南山名秦嶺、谷名子午、一名樊川、一名御宿、從邑樊聲。羣書皆省作樊、附袁切、

鄜 左馮翊縣。地理志作鄜、從邑麃聲。甫無切、孟康音敷、

𨞃 左馮翊郃陽亭。依集韻引改、廣韻、𨞃亭在郃陽、從邑屠聲。詩韓奕、出宿于屠、即𨞃也、今陝西同州有𨞃谷、同都切、

邮 左馮翊高陵亭。玉篇、左馮翊高陵縣有邮亭、從邑由聲。徒歷切、

𨙵 左馮翊谷口鄉。從邑秊聲。讀若寧。公羊春秋、天王殺其弟秊夫、左氏作佞夫、

國語、與人頌、佞之見佞、果喪其田、奴顛切、

邽 隴西上邽也。見地理志、又京兆有下邽、應劭曰、秦武公伐邽戎、置有上邽、故加下、從邑圭聲。古畦切、

部 天水狄部。桂氏曰、部猶益部、冀部、刺史部也、後漢書宗室傳注云、都部者都統其衆也、從邑音聲。蒲口切、

郖 宏農縣庾地。段氏曰、庾當作渡、水經注河水篇曰、宏農縣故城東、河水於此有逗津、逗即郖也、魏志杜畿傳、畿遂詭道從郖津渡、宋元嘉二十九年北魏將封禮自郖津南渡赴宏農、拒柳元景、從邑豆聲。當侯切、廣韻收郖于平去二聲、

鄏 河南縣直城門官陌地也。段氏曰、郡縣同名、故但云河南縣以別于凡縣不云縣也、官陌、即今云官路也、漢志河南郡河南縣、故郟鄏地、周武王遷九鼎、周公致太平、營以為都、是為王城、從邑辱聲。而蜀切、春秋傳曰、成王定鼎于郟鄏。宣三年文、水經注穀水篇、京相璠曰、王城東南名曰鼎門、葢九鼎所從入也、案許君既引此傳、而郟字遠隔在後者、水經注穀水下云、郟山名、鄏地邑也、史記索隱說郟鄏曰、按周書、郟雒北山名、鄏謂田厚鄏、故以名焉、即許君意也、故逸周書曰、北因于郟山、左桓七年傳、王遷盟向之民于郟、襄二十四年傳、齊人城郟、周語、晉文公既定

liǎn 鄻 zhài ⿰祭阝 máng 邙 xún 鄩 chī 郗 yùn 鄆 bèi 邶 yú 邘 lí ⿱黎邑

襄王于郲、皆郲鄏之郲也、許君說郲亦概不引焉、鄻 周邑也。左昭二十九年傳、王子趙車入于鄻以叛、從邑。輦聲。力展切。⿰祭阝 周邑也。左傳、凡蔣邢茅胙祭、周公之[胤]也、案此六國、皆在王畿之內、故曰周邑、周之王畿、東西長而南北短、此祭本在東都、非如鄭之有新鄭、羣書作祭、穆天子傳作⿰祭阝、從邑。祭聲。側介切。邙 河南洛陽北亡山上邑。亡一作土、非也、山名亡山、故加邑爲邙、以名其邑矣、羣書亦曰芒山、亦曰北邙、文選李注引說文、芒洛北大阜也、今無此文、從邑。亡聲。莫郎切。鄩 周邑也。左昭二十二年傳、鄩肸伐皇、杜預土地名云、今鞏洛渡北有鄩谷水、東入洛、謂之下鄩、故有上鄩下鄩之名、亦謂之北鄩、於是有南鄩北鄩之稱矣、又有鄩城、蓋周大夫鄩肸之舊邑、昭二十三年傳、郊鄩潰、杜云、河南鞏縣西南有地名鄩中、郊鄩二邑、皆子朝所得、從邑。尋聲。徐林切。郗 周邑也。在河內。玉篇、郗、周邑、在河內野王縣西南、地理志、河內郡波縣、孟康云、有絺城、其字作絺、左隱十一年傳、王所與鄭蘇忿生之田、其字亦作絺、案希即黹字、而尚書作絺繡、鄭注周禮書絺冕爲希冕、則以絺爲郗、直是省形存聲字、與他字同聲借用小不同、從邑。希聲。丑脂切。

鄆 河內沁水鄉。上下文諸字、皆古地名、獨此先舉漢制、後及魯邑所未詳也、從邑。軍聲。王問切、魯有鄆地。公羊作運、左傳成四年十六年、昭二十九年之鄆、皆在魯西者、京相璠曰、今東郡廩邱縣東十八里、有故運城、是也、文十二年成九年、襄十二年定六年之鄆、皆在魯東者、趙孟曰、莒魯爭鄆、爲日久矣、是也、邶 故商邑。自河內朝歌以北是也。詩曰、商邑翼翼、則商邑者謂邦畿也、云故者、謂周分朝歌以北建邶國、而求其故、則本是商邑也、一言而沿革明矣、鄭君亦然、詩譜曰、邶鄘衞者、商紂畿內方千里之地、武王伐紂、以其京師封紂子武庚、爲殷後、三分其地、置三監、使管叔蔡叔霍叔尹而教之、自紂城而北謂之邶、南謂之鄘、東謂之衞、厥後玉篇廣韻不善措詞、竟似邶鄘衞爲商朝故國、武王特易置其君矣、從邑。北聲。義聲互相備也、廣韻字作鄁、北者背也、義仍不異、補妹切、邘 周武王子所封。左傳、邘晉應韓、武之穆也、在河內。句、野王是也。上文三字、皆在河內者、郗則不審在某縣、鄆僅一鄉、邶則不止一縣、惟邘與漢縣疆域大略相當、故曰野王是也、春秋土地名云、今野王西北三十里、有故邘城邘臺、從邑。于聲。況于切。又讀若區。⿱黎邑 殷諸侯

qián ⿰虔阝 péi ⿱非邑 xì 郤 bì 邲 hòu 鄇 chù 鄐 míng 鄍 shào 邵

國。主尚書而言、故云、而周亦有黎國、元和郡縣志、潞州黎城縣古黎國、春秋傳曰、晉荀林父滅潞、立黎侯而還、今縣口十八里黎侯城是也、詩序、式微、黎侯寓于衞、在上黨東北。漢志、上黨壺關、應劭曰、黎侯國也、今黎亭是、從邑。秎聲。秎古文利 郎奚切。商書。玉篇引作書曰、西伯戡⿱黎邑。戡、玉篇引同、戈部作𢦟⿱黎邑、今本作黎、尚書大傳周本紀皆作耆、邵 晉邑也。左襄二十三年傳、齊侯伐晉、戍郫邵、杜云、取晉邑而守之、又文六年傳、殺諸郫、博物志引作郫邵、云、河東垣縣有郫邵之阸、案殺一人不能在兩地、而張華作郫邵者、今本作郫、郡國志、河東垣縣有邵亭、今絳州垣曲縣東有邵城、後魏之邵郡、後周之邵州、皆即此、然則此地本二名、而亦單呼郫、單呼邵、許君、後漢人、故單謂之邵、與後漢書同也、且專屬之晉、則周召本不作邵、而以垣曲邵城爲分陝之所者誣也、從邑。召聲。寔照切。鄍 晉邑也。段氏曰、左傳僖二年、荀息假道于虞曰、冀爲不道、入自顛軨、伐鄍三門、服虔曰、謂冀伐晉也、下文冀之既病、亦唯君故、謂虞助晉也、將欲假道、稱前恩以誘之、按服說是也、杜云、鄍、虞邑、非也、許同服說、從邑。冥聲。莫經切。春秋傳曰。伐鄍三門。是也。鄐 晉邢侯邑。段氏曰、按當云晉雍子邑、

許筆誤也、左傳襄二十六年、聲子曰、雍子奔晉、晉人與之鄐、子靈即申公巫臣、奔晉、晉人與之邢、昭十四年、晉邢侯與雍子爭鄐田、杜曰、邢侯、巫臣之子也、從邑。畜聲。丑六切。鄇 晉之溫地。溫本周邑、襄王以賜晉文公、見左僖二十五年傳、又成十一年傳、晉郤至與周爭鄇田、郤至曰、溫吾故也、杜注、鄇、溫別邑、從邑。侯聲。胡遘切、春秋傳曰。爭鄇田。此經後人刪節、故不成語、邲 鄭邑也。依韻會四質引改、嚴氏曰、此篆恐非舊次、段氏曰、杜曰、邲、鄭地、按水經注、濟水篇曰、次東得宿胥水口、濟水與河、渾濤東注、濟水於此、又兼邲目、春秋宣公十三年、晉楚之戰、楚軍于邲、即是水也、顧氏祖禹曰、其地蓋即滎口受河之處、今在河陰縣西、從邑。必聲。毗必切、春秋傳曰晉楚戰于邲 此小徐所引、韻會亦云、郤 晉大夫叔虎之邑也。叔虎、國語謂之郤虎、叔虎之子曰郤芮、從邑。谷聲。綺戟切、⿱非邑 河東聞喜縣。縣、玉篇廣韻集韻皆作鄉、是也、唐氏族志、伯益之後封于⿱非邑鄉、因以爲氏、後從封解邑、乃去邑從衣、從邑。非聲。薄回切、⿰虔阝 河東聞喜聚。五音集韻、聞喜有⿰虔阝鄉、段氏曰、乑部曰、邑落曰聚、舜所居一年成聚、二年成邑、三年

郌 kuí　郎 kuāng　邢 xíng　鄔 wū　祁 qí　鄴 yè　邢 jǐng　鄲 dān　邯 hán　郇 xún

成都聚小于邑也從邑虔聲。渠焉切。河東聞喜鄉也。從邑匡聲。去王切。河東臨汾地也。臨汾水經注引同然羣書皆作汾陰是也二縣皆隸河東郡又臨陰疊韻因謂耳水經汾水注汾水西逕鄈丘北故漢氏之方澤也漢武帝紀元鼎四年立后土祠于汾陰脽上如淳曰脽者河之東岸特堆堀長四五里廣二里餘高十餘丈汾陰縣治脽之上后土祠在縣西汾在脽之北西流與河合也師古曰以其形高起如人尻脽故以名云一說地臨汾水之上地本名鄈音與葵同彼鄉人呼鄈音如誰因轉而爲脽字耳故漢舊儀云葵上從邑。癸聲。揆唯切卽漢之所祭后土處。或是庾注周公子所封。見左僖二十四年傳地近河內懷。河內郡懷縣二志同地理志趙國襄國故邢國又河內郡平皋縣應劭曰邢侯自襄國從此當齊桓公時衞人伐邢邢遷于夷儀其地屬晉號曰邢丘春秋宣公六年赤狄伐晉圍邢丘韓詩外傳曰武王伐紂到邢丘更名邢丘曰懷春秋時赤翟伐晉圍懷是也王莽以爲河內從邑开聲。戶經切玉篇邢胡丁切左氏傳狄伐邢杜預云邢國在廣平襄國縣又經干切周公子所封地近河內太原縣。字林同地理志太原郡鄔縣晉大夫司馬彌牟邑段氏曰彌牟爲鄔大夫見昭二十八年左傳前此有鄔臧以邑爲氏從邑烏聲。安古切宇林乙祛反三蒼解詁音瘀於庶反闕駰音厭飫之飫重言之案於古烏字也故從烏之字有於音太原縣。字林同廣韻祁縣名在太原左傳晉大夫祁奚之邑因以名之地理志云晉大夫賈辛邑見左昭二十八年傳從邑。示聲。巨支切當依廣韻渠脂切魏郡縣也。二志同史記燕世家秦拔趙之鄴從邑業聲。魚怯切鄭地有邢亭也。廣韻作邢猶荆之作刑也云地名在鄭從邑井聲。王篇子省切廣韻子郢切大徐引唐韻戶經切將無以與邢相似卽以邢字之音被之邢小徐邢邢皆賢經反益亦誤趙邯鄲縣。漢志趙國邯鄲縣左傳有邯鄲午從邑甘聲。胡安切邯鄲縣。張晏曰邯山在東城下單盡也城郭從邑故加邑羊頭山記邯山名單盡也邯山至此而盡也從邑單聲。都寒切周文王子所封國。文本作武依左傳古今人表改詩下泉郇伯勞之傳曰郇伯郇侯也小徐以爲伯爵非也其爵侯其職爲分陝之二伯故曰郇伯從邑旬聲。讀若泓。集韻十三耕呼宏切

鄃 shū　鄗 hào　鄡 qiāo　鄚 mò　郅 zhì　鄋 sōu　鄦 xǔ

丙有栒鞫狗三字栒倫切集韻郇姓音環泓環雙聲在晉地。小徐本在此是也句蓋庾注凡上下文言在某者所舉皆漢縣惟此舉古國名以是知之蓋庾氏不確知所在故依左傳軍于郇盟于郇約略以爲言也若許君則當云在河東猗氏耳括地志郇城在猗氏縣西南四里清河縣。清河在前漢爲郡後漢爲國皆領鄃縣樂布封鄃矦從邑。俞聲。式朱切常山縣也。鄗見桓公十五年春秋常山於前漢爲郡後漢爲國從邑。高聲。呼各切李奇曰鄗音羹臛之臛世祖所卽位今爲高邑。見漢志十道志曰高邑縣趙房子之邑竹書紀年作鲂子漢以爲鄗縣後漢復改爲高邑鉅鹿縣也。地理志鉅鹿郡鄡縣豫章郡鄡陽縣二字有異玉篇廣韻同郡國志並作鄡意許君當分收鄡鄡後乃合爲一耳史記仲尼弟子列傳鄡單字子家徐廣曰一作鄔單鉅鹿有鄡縣太原有鄔縣從邑梟聲。牽遙切涿郡縣。此舉前漢制也後漢則隸河閒郡從邑莫聲。慕各切唐開元十三年衞包以鄚類鄭去邑作莫今任邱縣卽其地北地郁郅縣。見地理志水經注曰尉季亦日不宙疑郁郅之譌也周地圖郁郅城今名尉季城從邑至聲。之日切北方長狄國也。春秋文公十一年穀梁傳長狄兄弟三人佚宕中國瓦石不能害叔孫得臣最善射者也射其目身橫九畝斷其首而載之眉見于軾在夏爲防風氏在殷爲汪芒氏。二句蓋用國語今本國語有捝文耳魯語云仲尼曰昔禹致羣神于會稽山防風氏後至禹殺而戮之其骨節專車防風汪芒氏之君也守封嵎之山者也爲漆姓在虞夏商爲汪芒氏在周爲長翟今爲大人從邑叜聲。所鳩切字林鄋一音先牢反春秋傳曰鄋瞞侵齊是也。文十一年文注云鄋瞞狄國名非也許君說鄋字云北方長狄國也不冠以鄋瞞二字然則鄋者國名瞞者鄋國君之名夷狄之君故直名之也卽穀梁所謂三人者蓋亦舉其酋長或但指至中國者而言不應傳國經四代而族屬僅有三人也炎帝太嶽之允甫侯所封太嶽封于呂其裔子甫侯別封于許甫侯地理志謂之大叔左傳正義作文叔許君自敘則曰呂叔左隱十一年傳夫許太嶽之允也賈逵注國語云姜炎帝之姓其後變易至于四岳帝復賜之祖姓以紹炎帝之後以此知大岳是神農之後堯四岳也許國是其後周語申呂雖衰齊許猶在詩崧高維嶽降神生甫及申傳云堯之時姜氏爲四伯掌四岳之祀述諸侯之職于周則有

邟 kàng　郾 yǎn　郟 jiá　郪 qī　鄎 xī　郋 xí　⿰旁阝 páng　郹 jú

甫有申有齊有許也。在潁川。潁川郡許縣。二志同。但云在潁川者。鄦許古今字也。從邑。無聲。讀若許。集韻引說文作鄦。以鄦爲或字。史記鄭世家鄦公惡鄭于楚讒子簋銘則左邑右鄦。許君敘自言其得姓之由曰。呂叔作藩。俾侯于許。其字已不作鄦。又曰。自彼祖召。宅此汝瀕。言自潁川遷汝南召陵也。虛呂切。

潁川縣也。地理志潁川郡下出周承休。而注之曰侯國。元帝置。元始二年更名鄭公。後漢書黃瓊傳李賢注引說文。邟。潁川縣也。又曰。漢潁川有周承休侯國。元始二年更名曰邟。段氏据武帝元帝平帝三紀以斷之曰。志文當是邟字大書。而注之曰周承休侯國。元帝置。元始四年更名曰鄭公。此侯國不與他侯國同。故不以縣名爲國名也。桂氏曰。物理論。古有邟師之刀。此以地爲姓。從邑。亢聲。苦浪切。

潁川縣。二志同。今河南郾城縣。從邑。匽聲。於建切。

潁川縣。見前志。故楚郟邑也。左昭元年傳。楚公子圍使公子黑肱城郟。殺太宰伯州犂于郟。葬王于郟。十九年。令尹子瑕城郟。後漢光武紀。有五鳳皇見于潁川之郟縣。從邑。故以縣名爲正義。郟鄏之郟則山名也。與從邑不協。夾聲。工洽切。

新郪。汝南縣。見前志。故七國魏邑也。戰國策。大王南有舞陽新郪。史記

說文句讀　卷十二　八百三十八　、○折三十八　二十九

魏世家。秦拔我郪丘。即此地。漢章帝從封殷後于新郪。故後漢志謂之宋公國。從邑。妻聲。七稽切。

姬姓之國。在淮北。左隱十一年傳。鄭息有違言。息侯伐鄭。正義云。世本。息國姬姓。莊十四年傳。楚文王滅息。其初則不知誰之子。何時封也。今河南省息縣。淮水在縣南五里。故息城在縣北三十里。從邑。息聲。左傳釋文。鄎音息。一本作息。相即切。今汝南新息是也。二志同。孟康曰。故息國。其後徙東。故加新云。筠案。上文郟與新郪。皆春秋戰國時邑名。許君既以漢縣說之。於鄎獨曰姬姓之國。體例已不畫一。今汝南句又不連在淮北。而綴屬于末。似庾注。然亦復可疑。況左傳漢志皆作息。玉篇廣韻乃作鄎。豈釋文所云鄎音息者。所据左傳固作鄎。後乃省形存聲邪。乃韻會不收鄎。而新息見息字下。將無所据小徐本原無鄎字。後人增之。故文法乖牾如此邪。

汝南邵陵里。邵當作召。汝南郡召陵縣。二志同。左僖四年傳。盟于召陵。許沖上表亦云召陵。從邑。自聲。讀若奚。胡雞切。

汝南鮦陽亭。漢志。汝南郡鮦陽縣。應邵曰。在鮦水之陽也。從邑。旁聲。步光切。

蔡邑也。桂氏以郹陽爲邑名。是也。左傳。齊侯衛侯次于垂葭。實郹氏。此衛邑也。亦以兩字爲名。從

鄧 dèng　鄾 yōu　⿰号阝 háo　鄛 cháo　⿰襄阝 ráng　⿰婁阝 lú　⿰里阝 lǐ　⿰羽阝 yǔ　郢 yǐng　鄢 yān　鄳 méng

邑。狊聲。古闃切。春秋傳曰。郹陽封人之女奔之。見昭十九年。

曼姓之國。服虔韋昭皆云然。左桓九年傳。爲公娶鄧曼。今屬南陽也。南陽郡鄧縣。二志同。從邑。登聲。徒亙切。

鄧國地也。郡國志。南陽郡鄧有鄾聚。注云。左傳桓九年。楚師圍鄾。水經注。淯水又南徑鄧塞東。又徑鄾城東。古鄾子國也。蓋鄧之南鄙也。司馬彪以爲鄧之鄾子之國。筠案。鄧之鄾子者。蓋晉之曲沃桓叔之比。從邑。憂聲。於求切。春秋傳曰。鄧南鄙鄾人攻之也。桓九年。

南陽淯陽鄉。南陽郡育陽。二志同。皆不作淯。系部縮下亦然。而水部有淯。從邑。号聲。乎刀切。

南陽棘陽鄉。南陽郡棘陽縣。二志同。後漢書宦者傳。鄭衆封鄛鄉侯。章懷注。說文曰。南郡棘陽縣有鄛鄉。案郡字誤。從邑。巢聲。鉏交切。

今南陽穰縣是。句首似有捝文。蓋先舉古之案地作⿰襄阝。而後言漢制借穰也。史記。韓襄王十一年。秦取我穰。然則穰者七國韓之故地。秦取之以封魏冉。曰穰侯。豈許君所見史記本作⿰襄阝邪。從邑。襄聲。汝羊切。

南陽穰鄉。玉篇。⿰婁阝。南陽穰縣鄉。從邑。婁

說文句讀　卷十二　七百四十五　、○折三十九　三十

聲。力朱切。

南陽西鄂亭。南陽郡西鄂縣。二志同。從邑。里聲。良止切。元應說鄙字曰。鄙。野也。蒼頡篇。國之下邑曰鄙。漢書。質而不鄙。如淳曰。雖質。猶不如閭里之鄙言也。筠案。元應說鄙。與今人用俚同意。

南陽舞陰亭。南陽郡舞陰縣。二志同。水經作潕陰。繫傳曰。漢書藝文志有栩陽亭賦。栩。假借。從邑。羽聲。王榘切。

故楚都。史記。周成王封熊繹於荊蠻。爲楚子。居丹陽。楚文王自丹陽徙郢。頃襄王自郢徙陳。考烈王自陳徙壽春。命曰郢。在南郡江陵北十里。地理志。南郡所屬。有江陵縣郢縣。江陵注云。故楚郢都。郢注云。楚別邑。許君爲二郢混也。故言里數以明之。從邑。呈聲。以整切。

郢或省。

南郡縣。孝惠三年改名宜城。前志。南郡宜城縣。故鄢。惠帝三年更名。路史國名紀。鄢地有三。楚之鄢都。襄陽之宜城也。鄭伯克段于鄢。開封之鄢陵也。若穆叔如莒及鄢陵。則沂之安陵也。筠案。晉楚戰于鄢陵。即鄭地。前志作傿陵。屬潁川郡。從邑。焉聲。於乾切。釋文於建反。又於晚反。

江夏縣。江夏郡鄳縣。二志同。史記蘇秦傳。塞鄳阸。正義曰。蓋古盲縣之阸塞。字又作冥。左定四年傳。塞大隧直轅冥阸。史記無忌

gé ⿰葛阝　è 鄂　qǐ 邔　zhū 邾　yún 鄖　yōng 鄘　pí 郫　chóu ⿰壽阝　jí ⿰耤阝　wàn 鄤　fāng 邡

說魏安釐王曰秦不敢攻冥阸之塞。徐廣曰鄳縣也。從邑黽聲。莫杏切。蘇林音盲。顏師古音萌。

⿰葛阝 南陽陰鄉。南陽郡陰縣之鄉名也。從邑葛聲。古達切。段氏据玉篇迻此字於鄭郢之閒。

鄂 江夏縣也。二志同。上文郢字下云南陽西鄂者，叔虞所封，此則晉太康地記所謂東鄂也。水經注江水下引世本熊渠封其中子紅為鄂王。輿地記孫權改為武昌。從邑咢聲。五各切。

邔 南陽縣。陽當作郡。羣書皆然。小徐作襄陽縣，蓋後人以字林改之。習鑿齒襄陽耆舊記曰襄陽有邔縣。郡國志南郡邔侯國有犂邱城。岑彭傳云南郡人秦豐據黎邱。注引東觀記曰豐邔縣人。王歙傳封長子杜為邔國侯。從邑己聲。居擬切。孟康音忌。案地理志此字當在鄂下。

邾 江夏縣。二志同。史記楚世家陸終生子六人，五曰曹姓。集解云世本云曹姓者邾是也。括地志故邾國在黃州黃岡縣東南百二十一里。從邑朱聲。陟輸切。一曰魯有小邾國。春秋莊五年郳犂來來朝。杜注東海昌慮縣有郳城，後為小邾子。鈞案邾婁國已見鄒下，故但及小邾。

鄖 漢南之國。左桓十一年傳鄖人軍于蒲騷。杜注鄖國在江夏雲杜縣東南有鄖城。案二志江夏皆有雲杜，然地理志曰江夏郡竟陵縣鄖鄉，楚鄖公邑。郡國志江夏郡竟陵侯國有鄖鄉。是漢晉疆域不同也。十道志安州安陵縣，春秋鄖子之國，後楚滅鄖，封鬬辛為鄖公。從邑員聲。故借員為之。左成七年傳因鄖公，釋文本亦作員。員云古通，故又作䢵。左宣四年傳若敖娶于䢵，釋文䢵本又作鄖。羽文切。漢中有鄖關。前志漢中郡長利縣有鄖關。李奇以為鄖子國。

鄘 南夷國。左文十六年傳庸人率羣蠻以叛楚。當作此鄘。詩鄘風當依地理志作庸。從邑庸聲。余封切。

郫 蜀縣也。漢志蜀郡有郫縣。厎部說引作稗縣。從邑卑聲。符支切。

⿰壽阝 蜀江原地。漢志蜀郡江原縣⿰壽阝水首受江南至武陽入江。從邑壽聲。市流切。應劭音壽。

⿰耤阝 蜀地也。繫傳引字書鄉在臨邛。廣韻錫部曰亦姓，出蒼頡篇。從邑耤聲。秦昔切。

鄤 蜀廣漢鄉也。蜀郡有廣都縣，廣漢郡有廣漢縣。案上文三字皆屬蜀郡，下文一字屬廣漢郡，本字介其中，未審蜀字衍邪，抑漢字譌邪。從邑蔓聲。讀若蔓。無販切。

邡 什邡，廣漢縣。漢書功臣表作汁防，迻邑于左也。地理志作汁方，省形存聲也。師古曰汁音什。然則作什者以音改之。從邑方聲。府良切。案漢高祖封雍齒為什邡侯。

說文句讀　卷十二　七百九十六　、○折四十一　三二

mà ⿰馬阝　bì 鄨　bāo ⿰包阝　nuó 郍　pó 鄱　líng 酃　chēn 郴　lèi ⿰耒阝　mào 鄮　yín 鄞　pèi ⿰巿阝　bǐng 邴　cuó ⿰虘阝

言釋放之也。故集韻又收邡於四十一漾，與放同音。

⿰馬阝 存⿰馬阝，犍為縣。嚴氏曰地理志郁⿰馬阝，師古不發音，蓋本是存字，轉寫加邑耳。華陽國志作存⿰馬阝。鈞案水經存⿰馬阝有存水。犍當作犍，說文無犍字。隸釋卷十六云漢碑犍為字皆作犍。漢印有犍為太守印。從邑馬聲。莫駕切。

鄨 牂柯縣。二志同。前志曰不狼山鄨水所出。華陽國志蜀志鄨故犍為地，鄨有犍山。見保乾圖。蜀王本紀有鄨令。從邑敝聲。讀若驚雉之驚。必袂切。師古曰必列切。

⿰包阝 地名。廣韻曰邑名。從邑包聲。布交切。

郍 西夷國。段氏曰史記自筰以東北君長以什數，冄駹最大，在蜀之西。又謂牂柯為南夷，邛筰為西夷。郍蓋冄駹之冄字，古今字也。從邑冄聲。諾何切。安定有朝郍縣。二志同。應劭曰朝郍故戎郡邑也。如淳曰朝音株。

鄱 鄱陽豫章縣。二志同。前志曰有鄱水西入湖漢。括地志饒州鄱陽縣春秋時為楚東境，秦為番縣，屬九江郡，漢為鄱陽縣也。從邑番聲。段氏曰字本作番。楚世家吳伐楚取番。史漢皆云番君吳芮。地理志作鄱陽者，漢字也。薄波切。

酃 長沙縣也。前漢長沙國收酃縣，後漢長沙郡酃縣。荊州記曰有酃湖，周迴三里，取湖水為酒極甘美。從邑霝聲。郎丁切。

郴 桂陽縣。漢志桂陽郡郴縣，項羽所立義帝都此。通典曰有郴水。從邑林聲。丑林切。

⿰耒阝 今桂陽⿰耒阝陽縣。段氏改⿰耒阝為耒，是也。桂陽郡耒陽，二志同。顏注在耒水之陽也。許謂⿰耒阝即今之耒陽縣。從邑耒聲。盧對切。

鄮 會稽縣。二志同。輿地志邑人以其海中物產於山下貿易，因名鄮縣。從邑貿聲。莫候切。

鄞 會稽縣。二志同。越語句踐之地東至于鄞。從邑堇聲。段氏曰今奉化縣有故鄞城，說者謂以赤堇山得名。語斤切。

⿰巿阝 沛國。小徐作沛國郡者，許君自用後漢之沛國，以⿰虘阝下說證之可知。校者以前漢之沛郡改之，而忘刪國字。大徐則刪之矣。以沛說⿰巿阝者，謂⿰巿阝為專字，沛為通借字。從邑巿聲。博蓋切。

邴 宋下邑。桂氏曰宋當為鄭。春秋隱八年鄭伯使宛來歸邴。公羊傳邴者何，鄭湯沐之邑也。左傳作祊。杜注祊鄭祀泰山之邑，在琅邪費縣東南。鈞案費縣有祊水，因邑名之。從邑丙聲。兵永切。

⿰虘阝 沛國縣。郡國志沛國⿰虘阝。地理志沛郡⿰虘阝，應劭音嵯。顏注此縣本為⿰虘阝，中古以來借鄼字為之耳，讀皆為⿰虘阝。班固泗水亭長碑曰文昌四友，漢有蕭何，序功第一，受封于⿰虘阝。從邑虘聲。

說文句讀　卷十二　七百七十七　、○折四十一　三二

昨何切、小徐本有今鄮縣句、葢校語也、⿰少阝地名也。玉篇曰、魯地名、從邑。少聲。書沼切、⿰臣阝地名也。從邑。臣聲。植鄰切、酁宋地也。左襄十七年傳、宋皇瑗之子麇有友曰田丙、而奪其兄酁般邑以與之、段氏曰、酁般猶祁午孟丙、酁者般之邑也、從邑。毚聲。讀若讒。左昭三年傳、讒鼎之銘、服虔曰、讒、地名、禹鑄九鼎于甘讒之地、故曰讒鼎、士咸切、鄑宋魯閒地。春秋莊十一年、公敗宋師于鄑、范甯曰、鄑、魯地、案紀亦有鄑邑、見左莊元年傳、從邑。晉聲。即移切、郜周文王子所封國。見左僖二十四年傳、其君子爵、見古今人表、左桓二年傳、以郜大鼎賂公、杜云、濟陰成武縣東南有北郜城、正義曰、劉君以南郜北郜竝宋邑、別有郜國、以規杜氏、案許君不云在成武、則劉氏得之、從邑。告聲。古到切、鄄衛地。春秋莊十四年、范甯注同、今濟陰鄄城。二志同、從邑。垔聲。吉掾切、邛邛地在濟陰縣。段氏改爲邛成、濟陰縣、引地理志曰、山陽郡郜成、侯國、宋氏祁曰、郜當作邛、外戚侯表、邛成屬濟陰、與山陽相距不遠、玉裁案宋說是也、說文與表合、前漢時容有改屬、故志表不符耳、從邑。工聲。

渠容切、鄶祝融之後。妘姓所封。潧洧之閒。鄭滅之。詩譜曰、檜者、古高辛氏火正祝融之墟、檜國在禹貢豫州、外方之北、熒播之南、居溱洧之閒、祝融氏名黎、其後八姓、惟妘姓檜者處其地焉、後爲鄭桓公之子武公所滅、史記楚世家、陸終生子六人、四曰會人、索隱引世本云、四曰求言、是曰鄶人、宋忠曰、求言、名也、從邑。會聲。地理志、子男之國、虢會爲大、顏注、會讀若鄶、又通作檜、古外切、邧鄭邑也。繫傳曰、左傳、文四年、圍邧新城、杜預云、秦地、此云鄭地、傳寫誤、從邑。元聲。虞遠切、郔鄭地。段氏曰、左傳宣三年、晉侯伐鄭及郔、杜注、郔、鄭地、釋文、郔音延、宋淳化本及明人補刻石經作延、皆誤字也、又宣十二年、楚子北師次于郔、實一地也、若隱元年、大叔收貳以爲己邑、至于廩延、當別是一地、字不從邑、從邑。延聲。以然切、郠琅邪莒邑。鄭固春秋莒國之邑、後漢已無、而後漢琅邪郡之莒縣、與春秋之莒國正相當、故立文如此、從邑。更聲。古杏切、春秋傳曰。取郠。昭十七年、季平子伐莒取郠、鄅妘姓之國。春秋昭十八年、邾人入鄅、左傳曰、鄅人藉稻、正義曰、鄅爲妘姓、世本文、地理志、東海郡開陽、故鄅國、從邑。禹聲。王榘切、春秋傳

曰。鄅人藉稻。服虔曰、藉、耕種于藉田也、讀若規榘之榘。句不在禹聲下、未詳、鄒魯縣也。地理志、魯國騶縣、故邾國、曹姓、二十九世、爲楚所滅、古邾婁國。依韻會引補、元和志、邾國、魯之附庸、魯穆公改邾爲鄒、因鄒山以爲縣、案山本名騶、國本名鄒、漢志作騶縣、以山名縣也、此云鄒山、以縣名山也、公羊檀弓作邾婁、六書故曰、邾莒用夷、故邾謂之邾婁、婁亦兩音、力俱切者、合邾婁之音爲邾、力溝切者、合邾婁之音爲鄒也、帝顓頊之後所封。齊乘云、通志、顓頊帝元孫陸終氏第五子晏安、賜姓曹、封于邾、子孫以邾爲姓、周武王封晏安之裔邾挾爲附庸、自挾至儀父、十二世、始見春秋、進爵爲子、從邑。芻聲。側鳩切、⿰余阝邾下邑地。段氏曰、邾當作鄒、地當作也、周禮雍氏注、伯禽以王師征徐戎、劉本徐作⿰余阝、音徐、楚世家、頃公十九年、楚伐我、取徐州、徐廣曰、徐州在魯東、桂氏曰、齊世家、田常執簡公于徐州、索隱云、徐字從人、說文作⿰余阝、竝音舒、從邑。余聲。同都切、當傷魚切、魯東有⿰余阝城。段氏曰、城當作戎、許書之例、未有言城者、⿰余阝戎即周禮注所云伯禽以王命征⿰余阝戎、今尚書作徐戎、左昭元年傳、周有徐奄、服虔曰、魯公所征徐戎也、讀若塗。句不在余聲下、未詳、說文無塗、當作荼、桂氏曰、易困卦來徐徐、

子夏傳作荼荼、先鄭注考工記、荼讀爲舒、舒徐也、詩荊舒是懲、史記建元以來侯表作荊荼、邿附庸國。公羊春秋、取詩、傳云、詩者何、邾婁之邑也、案許君次字列邿于鄒郲之後、葢謂邿爲鄒之附庸也、但鄒本附庸、故公羊謂邿爲邑、而許君以爲國、地理志亦以爲國、意者邾婁封其子弟、如曲沃之比邪、在東平亢父邿亭。六書故引作亢父縣有邿亭、案當作東平亢父有邿亭、地理志、東平國亢父縣、詩亭、故詩國、從邑。寺聲。書之切、春秋傳曰。取邿。襄十三年左氏經文、郰魯下邑。孔子之鄉也。檀弓左傳皆作郰、論語作鄹、史記孔子世家作陬、移邑于左也、字又借鄹、水經注、魯國鄒山即嶧山、邾文公所遷、叔梁紇之邑、孔子生此、左傳釋文、孟子名軻、字子輿、鄹邑人、從邑。取聲。側鳩切、郕魯孟氏邑也。春秋桓三年、公會杞侯于郕、注云、郕、魯地、襄十六年秋、齊侯伐我北鄙、圍郕、杜云、郕、魯孟氏邑、案此二事作郕、春秋桓六年、公會紀侯于成、杜云、成、魯地、在泰山鉅平縣東南、春秋昭二十六年、公圍成、杜云、孟氏邑、左昭七年傳、晉人來治杞田、季孫將以成與之、謝息爲孟孫守、不可、案此三事皆作成、至於僖二十四年傳、郕文之昭也、則隱五年衛人入郕、文十二年郕伯來奔、是也、許君言魯孟氏邑、不言周文王子

所封者，上下文皆魯邑，因便也。如鄅爲古地名，而祇舉漢縣是也。抑容有闕文矣。從邑成聲。氏征切。

䣍 周公所誅䣍國，在魯。玉篇：䣍，周公所誅叛國商奄是也。書多方、孟子、左傳皆單謂之奄。左傳又槩呼之爲商奄，昭九年云：蒲姑商奄，吾東土也。正義云：商奄，魯也。定四年云：因商奄之民，命以伯禽，而封于少皞之虚。杜云：商奄，國名也。與四國流言，或迸散在魯。從邑奄聲。依檢切。

酄 魯下邑也。應劭注地理志引春秋哀八年取酄及闡。玉篇：酄，魯下邑，濟北蛇丘縣也。通作讙。春秋桓三年齊侯送姜氏于讙，杜注：讙，魯地，濟北蛇丘縣西有下讙亭。從邑雚聲。呼官切。春秋傳曰：齊人來歸酄。定十年經：齊人來歸鄆讙龜陰之田。鄆，公羊作運。讙，三經三傳皆同。

郎 魯亭也。杜氏曰魯亭也者，漢因魯邑爲亭也。案郎屢見春秋左傳，哀十一年戰于郊，檀弓作戰于郎。隱元年杜注：郎，魯邑，高平方與縣東南有郁郎亭。從邑良聲。魯當切。

邳 奚仲之後湯左相仲虺所封國，在魯薛縣是也。左定元年傳：薛宰曰：薛之皇祖奚仲居薛，以爲夏車正。奚仲遷于邳，仲虺居薛，以爲湯左相。史記高祖本紀：彭越渡睢水，戰于下邳。漢書諸侯

王表有上邳侯郢客，楚元王交子也。魯國薛縣，二志同。從邑丕聲。敷悲切。

鄣 紀邑也。春秋莊三十年齊人降鄣，公羊、穀梁皆曰：鄣，紀之遺邑也。段氏曰：即昭十九年左傳之紀鄣也。紀鄣者，本紀國之鄣邑，猶齊語紀酅本紀國之酅邑也。從邑章聲。諸良切。

邗 國也。今無考。今屬臨淮。水經注：昔吳將伐齊，北霸中國，自廣陵城東南築邗城，城下掘深溝，謂之韓江，亦曰邗溟溝，自廣陵出山陽白馬湖，逕山陽城西，又東謂之山陽浦，又東入淮，謂之山陽口是也。山陽本漢射陽縣，屬臨淮郡。從邑干聲。胡安切。一曰：邗本屬吳。左哀九年傳：吳城邗溝，通江淮。段氏曰：吳城邗爲句，溝通江淮爲句。鈎案：此義與國也義別，而其爲今屬臨淮也則同。國也者，謂其爲吳之鄰國也；本屬吳者，謂其爲吳之屬國也。

䣡 臨淮徐地。猶之說鄖曰琅邪莒邑矣。地理志：臨淮郡徐，故國，盈姓，春秋時徐子章禹爲楚所滅。從邑義聲。魚羈切。春秋傳曰：徐䣡楚。左昭六年傳：徐儀楚聘于楚，楚子執之。嚴氏曰：䣡楚猶鄭般也。

郈 東平無鹽鄉是。地理志：東平國無鹽有郈鄉。杜預曰：故宿國。左昭二十五年傳：臧會逸奔郈。正義曰：此時尚爲公邑，後爲叔孫私邑。從邑后聲。胡口切。

郯 東海縣。東海郡郯縣，二志同。帝少昊之後所封。地理志：郯，故國，少昊後，盈姓。從邑炎聲。徒甘切。

郚 東海縣。漢志云：東海郡郚鄉縣，侯國。則許君當云：郚鄉，東海縣。案此邑在春秋名郚，在漢名郚鄉，不得以漢郡領古邑也。故紀侯之邑也。春秋莊元年齊師遷紀郱鄑郚。太平寰宇記：安邱縣郚城在今縣西南六十里。鈎案：郚之故虛，今爲兩郚，曰西郚、南郚。從邑吾聲。五乎切。

酅 東海之邑。東當作北。史記田敬仲完世家正義引括地志云：安平城在青州臨淄縣東十九里，古紀國之酅邑。青州即北海郡也。郡國志：北海國東安平有酅亭。春秋莊三年紀季以酅入于齊。從邑巂聲。戶圭切。

鄫 姒姓國。姒姓說見女部姓字下。左傳衞成公命祀夏后相，甯武子不可，曰：杞鄫何事？國語韋注曰：杞鄫二國，姒姓，夏禹之後。在東海。前志曰：東海郡繒，故國，禹後。後志曰：琅邪國繒，故屬東海。國語、穀梁亦作繒。從邑曾聲。疾陵切。

邪 琅邪郡名也。前志曰：琅邪郡，秦置，屬徐州。後志曰：琅邪國，屬徐州刺史部。桂氏曰：九經字樣：郎邪，郡名。郎，良也；邪，道也。以地居鄒魯，人行善道，故爲郡名。今經典相承，郎字玉旁作琅，邪字作耶者，譌。馥案：伏韜齊地記：郎

邪城東南十里有郎山，郎古郎邪臺也。秦始皇至郎邪，大樂之，留三月，郎邪臺，赤狐山也。杜注左傳：鄅國，今琅邪開陽縣。釋文：琅，本或作郎。漢書：游于巖郎之上。晉灼曰：堂邊廡。周禮注作琅，云：鋃聲不過琅。馥謂此琅郎假借之證也。筠案：琅邪山在諸城，諸城即春秋所謂城諸及防也，故曰地居鄒魯。從邑牙聲。以遮切。

邞 琅邪縣。見地理志。一名純德。志曰：莽曰純德。桂氏曰：本書不引莽地名，蓋後人加之。從邑夫聲。甫無切。

郪 齊地也。從邑桼聲。親吉切。春秋襄二十一年郪庶其以漆閭丘來奔，漆與郪同音。

郭 齊之郭氏虛。郭國名也。既亡之後，其地屬齊。虛猶左傳昆吾之虛、有莘之虛也。謂之虛者，虛，大丘也。卜宅必依之，毀滅無後，則但存此丘，故曰丘墟。竹書紀年曰：盤庚自奄遷朝歌，遂曰殷墟是也。墟者，虛之俗別字。善善不能進，惡惡不能退，是以亡國也。見韓詩外傳。許君宗毛，而亦時引韓詩。春秋莊二十四年赤歸于曹，郭公。公羊、穀梁皆言郭公失國而歸于曹。杜預謂經闕誤。二家之說不了。易林：牛驥同堂，郭氏以亡，國破爲墟，主君奔走。從邑𦎫聲。古博切。

郳 齊地。未聞。春秋莊五年郳犂來來朝。左傳：名，未王命也。杜注：附庸國也，未受爵命爲諸侯，傳發附庸

yīng ⿰嬰阝　xì ⿰翕阝　rú ⿰如阝　qú 邭
hǔ ⿰虖阝　píng 郱　dǎng ⿰尚阝　qiú ⿰求阝　jǐ 邔　niǔ ⿰丑阝　qiū 邱　yān 酀　zài ⿰𢦏阝　gāi 郂　tán ⿰覃阝　bó 郣

稱名例也、其後數從齊桓以尊周室、王命以爲小邾子、從邑。兒聲。五雞切、春秋傳曰。齊高厚定郳田。襄六年、

郣 郣海郡。依玉篇引改、地理志作勃、武帝紀作敎、從邑。孛聲。蒲沒切、一曰。地之起者曰郣。周禮草人、勃壤用狐、注、勃壤粉解者、

⿰覃阝 國也。衞風、譚公維私、齊桓公之所滅。見莊十年經、玉篇、⿰覃阝、在濟南平陵縣南、從邑。覃聲。徒含切、段氏曰、詩春秋公穀皆作譚、說文不收、蓋許所據作⿰覃阝也、齊世家譌作鄲、可證司馬所據正作⿰覃阝、許書有譚長、不以古字廢今字也、筠案古今字各適其用、許君不改其姓爲⿰覃阝、是其明證、

邭 地名也。從邑。句聲。其俱切、

郂 陳留鄉也。從邑。亥聲。古哀切、

⿰𢦏阝 故國。在陳留。字林同、然故國當作國也、邗、鄲二篆說可證、地理志于漢縣之沿襲古國名者、卽說之曰故國、說文系字爲說、不當云故國也、郡國志陳留郡考城故菑、地理志曰梁國甾縣、故戴國、春秋隱十年、宋人蔡人衞人伐載、三經皆作載、惟穀梁音義曰、載本或作戴、古載戴同音通用、許作⿰𢦏阝、蓋所据春秋固然、漢名甾縣者、亦是同音借用、鄭君箋詩讀俶載爲熾甾、是其證、而章帝東巡詔曰、甾縣名不善、其改爲考城、於是陳留風俗傳、以邑多災年、爲改名之由、皆失假借之理、從邑。𢦏聲。作代切、

酀 地名。蓋謂燕與北燕、皆不作此字也、名當作也、下放此、從邑。燕聲。烏前切、左襄二十九年傳、齊人立敬仲之曾孫酀、蓋取此地爲名、段氏曰、高酀卽高偃、高傒之元孫也、而傳曰曾孫者、古人立文、後裔統云曾孫、

邱 地名也。從邑。丘聲。去鳩切、

⿰如阝 地名。從邑。如聲。人諸切、

⿰丑阝 地名也。從邑。丑聲。女九切、

邔 地名也。從邑。几聲。居履切、段氏曰、西伯戡黎、周本紀作耆、徐廣曰、一作阢、阢蓋卽邔字、

⿰翕阝 地名。從邑。翕聲。希立切、

⿰求阝 地名。玉篇、⿰求阝鄉、在陳留、從邑。求聲。巨鳩切、

⿰嬰阝 地名。從邑。嬰聲。於郢切、

⿰尚阝 地名。廣韻、⿰黨阝、地名、說文作⿰尚阝、從邑。尚聲。多朗切、集韻、周禮五百家也、

郱 地名。地理志、齊郡臨朐、應劭曰、臨朐山有伯氏駢邑、郡國志、齊國臨朐、有古郱邑、春秋莊元年、齊師遷紀郱鄑郚、杜注、郱在東莞臨朐縣東南、從邑。幷聲。薄經切、

⿰虖阝 地名也。玉篇兩收此字、一云魯地名、從邑。虖聲。呼古切、集韻十姥兩收、鄠郕、火五切、說文地名、或作郕、一曰、扈、屺、崞、後五切、引說文扈下說、云古作屺、或作崞、

yì 𨙨　qiān ⿰韱阝　fǔ 郙　lì 酈　kuài ⿰𦽜阝　féng ⿰馮阝　táng ⿰臺阝　shān 邖　xīng ⿰興阝　gān ⿰乾阝　yín ⿰嶜阝　hé ⿰盇阝　cūn 邨　shū ⿰舍阝　guī 鄬　liǎo 鄝　huǒ 邩

邩 地名。從邑。火聲。呼果切、

鄝 地名。段氏曰、左傳文公五年、楚滅蓼、釋文、字或作鄝、穀梁宣八年經、楚人滅舒鄝、釋文本又作蓼、小雅漸漸之石詩序注云、舒、舒鳩、舒鄝、舒庸之屬、釋文、鄝又作蓼、從邑。翏聲。盧鳥切、桂氏曰、通作鄝、漢袁良碑、僊脩城之鄝、類篇、鄭、說文作鄝、

鄬 地名。從邑。爲聲。居爲切、阜部隝下云、鄭地阪也、引春秋傳將會鄭伯于隝、今本襄七年經作鄬者、阜邑二字、古不以左右爲別、猶郝作防、郰作陬也、不知者据今本經文、于說文增鄬字、玉篇鄬下引春秋、隝下第云鄭地阪名、廣韻五支四紙皆分收隝鄬、故嚴氏知爲重出而不敢作斷詞也、又案篆體譌謬、仍之以爲左證、

邨 地名。從邑。屯聲。此尊切、俗作村、

⿰舍阝 地名也。玉篇、春秋曰、徐人取舒、杜預曰、今盧江舒縣、段氏曰、僖三年、三經皆作舒、魯頌亦作舒、二志盧江舒縣、亦皆作舒、未審希馮所據、從邑。舍聲。式車切、

⿰盇阝 地名。從邑。盇聲。胡蠟切、段氏曰、二志泰山郡皆有盇縣、孟子有蓋大夫、廣韻、蓋姓、字書作郃、古盇切、

⿰乾阝 地名。從邑。乾聲。古寒切、

⿰嶜阝 地名。從邑。嶜聲。讀若淫。力荏切、

邖 地名。從邑。山聲。所閒切、

⿰興阝 地名。從邑。興聲。朱翱云、香應反、廣韻蒸部、集韻證部、皆引說文、集韻所用者、大徐本也、知爲本有而今挩矣、

⿰臺阝 地名。玉篇、郭鄭、二同、引續漢書云、廣陵郭邑也、段氏曰、續漢書謂司馬彪郡國志也、今志作堂邑、云故屬臨淮、春秋時曰堂、筠案分郭爲堂邑、猶分鄗爲高邑也、從邑。臺聲。徒郎切、臺古堂字 臺本籀文、

⿰馮阝 姬姓之國。廣韻、馮、姓也、畢公高之後、食采於馮城、因而命氏、段氏曰、字廁于此者、許不審⿰馮阝地所在、從邑。馮聲。房戎切、

⿰𦽜阝 汝南安陽鄉。汝南郡安陽、二志同、字通作蒯、左昭二十三年傳、攻蒯、蒯潰、注云、河南縣蒯鄉是也、從邑。𦽜聲。苦怪切、

郙 汝南上蔡亭。從邑。甫聲。方矩切、

酈 南陽縣。二志同、高帝紀、偕攻析酈、皆降、顏注、酈卽菊潭縣、筠案高祖所攻者、秦縣也、然是時有酈商、酈食其、知其地已久、故以爲姓、從邑。麗聲。郎擊切、如淳音蹢躅之蹢、

⿰韱阝 地名。字林、鄹、鐵、內地名、從邑。韱聲。七然切、

𨙨 从反邑。𨙨字从此。闕。類篇引小徐怨阮切、

文一百八十一、小徐作二、重六

𨙨　鄰道也。從邑從𨚕。凡𨙨之屬皆從𨙨。闕。胡絳切、闕字必非許君元文、然小徐無之、則又非也、𨚕本非字、故玉篇不收、朱翱不作音、則小徐本初無此字、今有者、後人以大徐本增也、許君之說𨚕字也、必不曰從邑從𨚕、以門從二戶推之、當曰從二邑、以㗊從二臣相違推之、則當云從二邑相向、迨後人分字形爲兩體、如臼之云從巨ヨ也、校者以其不可解、故加闕字、又有人於邑部增𨚕字、因有校者刪闕字、遂若許君固然者、於是展轉迷謬矣、案𨚕鄉音義皆同、祇是一字、而不署爲重文者、與豆部梪殳部校一類、兩邑祇是一邑、兩鄉望衡對宇、中央闕然爲道、故曰鄰道、居南者北向、居北者南向、故反一邑以見意、若合一邑而言、卽安有反者、而𨚕何以爲字乎、

鄉　國離邑民所封鄉也。嗇夫別治。此先舉漢制也、離邑者、猶言離宮別館、古國亦謂之邑、此則離于國之邑也、民所封鄉者、民自爲之封域、不似建國立城、出于上所相度也、黃恭交廣記、秦兼天下、改附庸爲鄉、鄉則有族、今嗇夫是也、鄉之言境、言其入境域內、非天王所置、故言鄉嗇夫別治者、每縣有令長總治之、又有嗇夫分別治之也、漢書百官表、縣大率十里一亭、

亭有長、十亭一鄉、鄉有三老、有秩、嗇夫、游徼、三老掌教化、嗇夫職聽訟、收賦稅、游徼循禁盜賊、從𨙨。皀聲。許良切、封圻之內六鄉。六卿治之。依集韻引改、此上迴周制也、封圻上當有周禮字、言封圻之內者、漢表之上計鄉數也、曰六千六百二十二、乃通天下言之、周之六鄉、則在邦畿內者也、曰六鄉者、此鄉有定制、不似民所封鄉大小無定也、周禮、五家爲比、五比爲閭、四閭爲族、五族爲黨、五黨爲州、五州爲鄉、鄭司農云、百里內爲六鄉、外爲六遂、六卿治之者、小司徒職曰、頒比法于六鄉之大夫、鄉大夫職曰、每鄉卿一人、

𨟰　邑中道也。字從邑、故言邑、大徐作里、非、羣書作衖、廣雅、衖、道也、三蒼、衖、里中別道也、詩巷無居人傳云、巷、里塗也、從𨙨從共。言在邑中所共也。俗語毄巷是也、共亦聲、胡絳切、

巷　篆文𨟰從邑。依韻會引改、

文三　重一

說文解字句讀弟六下

曲沃 [illegible] 校

句讀卷十二補正

○南之訓任。猶男之訓任也。南從羊。羊讀若飪。男與南同音。白虎通曰、男任也、任功業也。周語、鄭伯南也、左傳、鄭伯男也、任義旣通。卽字亦通用矣。三葉後十行任也下增此注

詩傳、苕之蕚、五葉前八行安得兼言葉下增此

小雅、皇皇者華、詩傳作煌華、詩說作煌蕚、五葉後四行不苟如此下增此

元包經坤卦。羣類囮靑。庶物甡植。注曰、囮音訛。案囮是借字。卽南訛之訛。十二葉前五行五禾切下增此

黑部黠亦訓堅。是知志不能堅定。力不能堅忍。不但不能爲賢。亦不能爲姦也。十三葉後七行故稱賢能下增此

說贅曰以物質錢。說質曰以物相贅。旣用儷語互訓之。卽是轉注。乃質下不云贅也。以符轉注通例者。許君無如從貝何。始如此立文也。贅字見於經者。祇桑柔具贅卒荒耳。傳曰、贅屬也。是於貝無涉。故以漢事說之。又不明言贅子。但隱約其詞曰以物質錢而已。至於質字。見於經者甚多。然體質質幹文質以及引伸之準質椹質。其義皆於貝遠。惟質劑一事差近。然以其掛漏也。故但云以物相贅。不復引周禮以實之。十六葉後六行桂氏曰上增此

如馮煖市義之市、十七葉後一行市買也下增此

至於周。固不第鎬京有廟也。雖卽室有邰。竄狄從邠。皆當有廟。無文可徵。至於岐周。則有明文矣。緜詩曰、作廟翼翼。是高圉亞圉以上之廟。皆在岐。召誥曰、王朝步自周。則至于豐。馬融注曰。周。鎬京也。豐。文王廟所在。易都大事。故告文王武王廟。經但言豐而馬兼言武王者。豐鎬相去甚近。武王未都鎬以前。已於豐建文王廟。故不復移建於鎬。而武王廟固在鎬京。故鄭注亦曰。告文王則告武王可知也。至於各君其國。卽諸侯亦多有都。左傳曰、狐突適下國。服虔曰、曲沃有宗廟。故謂之國。傳又曰、屬有宗祧之事于武城。傳遜曰、楚武城有先王之廟。卽所可考者推之。必非罕事矣。茂堂不察禮意。而以左駁許。不知許之深於左氏也。自十九葉後十行左傳曰至二十葉前一行必有廟可知刪去以此易之

儹、聚也、贊、欑二字下、皆有叢義、叢亦聚也、是從贊聲者、多有聚

義、㚘與甡同音、甡、衆生並立之貌、玉篇、兟兟、衆多貌、同音者多同義。此音理也。二十葉前五行作管切上增此

郱字前二十三字之上乃鄭字、郱字後九字之下有邢字、又後六十三字之下有郲字、皆鄭地而不類聚、可知爲何人所倒亂矣、二十六葉後六行毗必切下增此

詩譜亦曰南謂之鄘。三十一葉後四行當依地理志作鄘下增此

玉篇曰、廣漢鄉名、廣韻曰、蜀有鄘鄉、蓋玉篇是、但郡縣同名。當云廣漢縣鄉也。例見水部。三十一葉後八行抑漢字譌邪下增此

古今姓氏書辨證曰、晉吏部郎謝朓、知選時、有姓譚者乞官、朓曰、齊侯滅譚、何以有卿、對曰、譚侯奔莒、所以有僕、兩人皆誤記

春秋而以國爲氏從言則無義是知許君据本猶作正字益論常例經典多假借字書多後起之專字惟玉篇雖收譚注曰大也著也誕也而無國名一義且在後收字中知非顧氏所收白虎通爾雅郭注皆引覃公維私則是省形存聲猶之荀姓本出郇伯而去邑加艸並變郇音爲環也三十七葉前六行是其明證下增此

zǎo 早　shí 時　mín 旻　rì 日

說文解字句讀弟七上

漢太尉南閣祭酒許氏記　安邱王筠撰集

相國壽陽祁春圃夫子鑒定　益都陳山嵋　晉江陳慶鏞　訂正

博山蔣其崙書篆

五十六部　七百一十四文　重百一十五

凡八千六百四十七字

日 實也。日實疊韻、且通用、心部𢡖下引左傳、王室日𢡖焉、今左傳日作實、釋名、日實也、光明盛實也、太陽之精不虧。申實也、且爲說字形緣起、不虧對月闕也而言、後漢書丁鴻傳、日者陽精、守實不虧、字從囗一。口、一、初學記引作Ｑ、春秋元命苞、一歲三百六十五日四分度之一、言陽布散立數合一、故立字四合其一、象形也。

以上七字當作從古文之象五字、日形正圓、而石鼓文從日之字作Θ回曰三形、或上方下圓、或上下皆方、知此字變形已久、然不可曰從口一以爲會意、又不可以正方者爲象形也、且古文⊖下云象形、足知此文有改易矣、中央之一、乃古文乙之變、陽中有陰、故日中有黑影、如離卦然、淮南子、日中有踆烏、乃附會之詞、而烏部亦云烏者日中之禽、又君象也。以上均依初學記御覽引補、鄭注尚書大傳、日君象也、月臣象也、人質切。凡日之屬皆從日。

⊖ 徐鍇韻譜如此、是書從日之字亦太半如此、是也。古文日象形。

旻 秋天也。見釋天、從日文聲。武巾切、虞書曰。韻會引曰作說、乃據繫傳改之也、大部奰下引毛傳、亦作詩曰、仁閔覆下、則稱旻天。書閔覆當乙轉、詩黍離毛傳、仁覆閔下、玉篇廣韻同、古尚書說、天有五號、各用所宜稱之、尊而君之則曰皇天、元氣廣大則稱昊天、仁覆愍下則稱旻天、自上監下則稱上天、據遠視之蒼蒼然則稱蒼天、

時 四時也。易、天地革而四時成、釋天、四時和爲玉燭、從日寺聲。市之切、

𣅡 古文時從之。日從之聲也、日與小篆同、不當複舉、

早 晨也。當作晨也、釋詁、晨、早也、則借晨爲之、從日在甲上。易解卦有

zhāo 昭　xīn 昕　xiǎo 曉　zhé 晣　dǔ 睹　mèi 昧　hū 曶

攸往夙吉、虞注、夙、早也、離爲日、爲甲、日出甲上、故早也、子浩切、

曶 尚冥也。繫傳曰、今史記作昒、案大徐本卽然、以羣書改之也、漢書郊祀志昒爽、注云、日尚冥也、用許君說、而三蒼解詁曰、昒、旦明也、廣雅、昒、明也、皆不同者、漢人昒昧通用、故韋昭曰、昒、昧、忽兩音、是知昒昧祇是一時、據前言之、則曰尚冥、據後言之、則曰且明、許君列字、昒昧相纘、故别言之、從日勿聲。呼骨切、

昧 昧爽、旦明也。字林同、段氏改旦爲且、是也、且明猶言向晨、與尚冥爲儷語、莫下云、日且冥者、由明之暗也、此云且明者、由暗之明也、牧誓、時甲子昧爽、論衡、昧爽時加寅、案昧爽者、天文家所謂曚影限也、從日未聲。莫佩切、一曰闇也。連言昧爽、則爲且明、第言昧、則爲闇、然詩云、士曰昧旦矣、而又日明星有爛、既見星、則固是未旦時也、

睹 嚴氏曰、文選魏都賦、謝靈運斤竹澗詩、七發注、竝引作曙、疑篆本作曙、從署聲、筠案玉篇、昒昧二文間出曙字、市據切、不收睹爲重文、而睹在後收字中、是孫強輩據誤本說文增之也、旦。句明也。以旦說睹者、謂其同義也、旦下本云明也、故此又以旦之說申之也、雖春秋考異郵云、鶴知夜半、雞應旦明、天官太宰、及祀之日、鄭注曰、旦明也、是旦明可以爲複語、知此不然者、說字與解經少異也、從日者聲。當古切、玉篇丁古切、

廣韻亦曙入御韻、而睹入姥韻、竊恐睹形似睹、遂漫爲此音也、

晣 大徐作晢、詩、明星晢晢、庭燎晣晣、兩形皆有據、而本注兩見晣字、故用小徐、昭晣、明也。洪範、明作晢、鄭注、君視明則臣昭晢也、從日折聲。祭法、瘞埋於泰折、注、折、昭晢也、本之逝反、孫旨熱切、禮曰、晣明行事。士冠禮文、彼作質、鄭注、質、正也、

曉 明也。蓺文類聚引作日白也、廣雅方言竝同、樂記、蟄蟲昭蘇、注云、昭、曉也、蟄蟲以發出爲曉、從日堯聲。呼鳥切、

昕 旦。句明也。日將出也。二徐本皆誤、惟元應引是、然此篆當在睹之前、何也、自睹以下、九字皆是明、而睹晢曉昕、乃晝之明、與夜暗對、故以昕領之、睹字不見於經、故當在其下、其說解但當云明也、不當言旦、如晢曉下皆曰明也、可證、惟昕是綱領字、故以旦廣其名、以日將出定其時、以下三字、皆視此矣、昭晤昀晃曠、乃日之明、與陰晦對、故以昭領之、而說曰日明也、下四字但云明也、皆視此矣、小徐本已亂、大徐本乃在部末、尤謬矣、詩、旭日始旦、傳云、旭日始出、謂大昕之時、士昏禮記、凡行事必用昏昕、文王世子、大昕鼓徵、從日斤聲。讀若希。鄭注樂記、訢讀爲熹、古今人表曹劌時、顏云、卽曹欣時、許斤切、

昭 日明也。詩既醉、訪落、箋皆云、昭、明也、許君加日字、足徵吾前說之不誣、

晤 wù　旳 dì　晃 huǎng　曠 kuàng　旭 xù　晉 jìn　暘 yáng

越絕書曰昭昭浸以暆。從日召聲。止遙切。晤明也。廣雅同。從日吾聲。五故切。
詩曰。晤辟有摽。邶風柏舟文，彼作寤，段氏以爲寤正晤借。旳明也。新序此旳旳然若白黑也
發九寡之珥以爲約，李善引之，書約亦旳字。從日勺聲。賓之初筵發彼有旳，釋文作勺。都歷切。今作的。易曰。
爲旳顙。說卦文。晃眾經音義華嚴經音義引皆同，慧苑又引廣雅晃暉也，又云字又作晄。明也。
釋名光晃也，晃晃然也。從日光。光亦聲。胡廣切。曠明也。後漢書竇融傳義士則曠若發
矇。從日廣聲。苦謗切。旭日旦出皃。詩旭日始旦，賈誼新書旭旭然如日之始出也。從
日。九聲。讀若好。依詩匏有苦葉釋文引改，釋訓旭旭憍也，郭讀爲好好，即詩驕人好好，字林呼老反，孫許玉切。
曹憲廣雅音兼之。一曰。明也。廣雅同。晉進也。易晉卦彖文。日出而萬物進。
文子日出于地，萬物蕃息。從日從臸。臸到也。卽刃切。易曰。明出地上，晉。晉卦大象文，明以證從日
出地上，以證從臸。暘日出也。漢武帝李夫人賦奄修夜之不暘。從日昜聲。與章切。商

晵 qǐ　晹 yì　昫 xū　晛 xiàn　晏 yàn

書曰暘谷。楊氏峒曰，此引洪範八庶徵曰暘之文，後人以爲堯典，加谷字，或又改商爲虞也。桂氏曰，暘下云暘谷，其
字從山不從日，又堣下云陽谷，則傳寫之誤，叒下云暘谷，李燾本集韻類篇竝作湯谷，淮南亦然，是本無暘谷之名也。鄭注洪
範云，暘金氣也，秋物成而堅，故金氣爲暘，初學記書稱又時暘若，暘以乾物霽景也。晵雨而晝夝也。
何承天纂文同，晵與夝對，晵從日，故曰晝，夝從夕，故曰夜，要之皆霽也。從日。啓省聲。康禮切。晹
日覆雲暫見也。謂日在雲中倏出倏沒也。從日易聲。羊益切。昫日出溫也。
一無出字，司馬法鼓旦明五通爲發昫，樂記煦嫗，淮南子作昫嫗，高注昫溫恤也。從日句聲。火于切，又火句切。
北地有昫衍縣。見地理志。晛日見也。以字形說字義也。從日從見，見亦
聲。當作從日見聲，許例義聲互相備，不知者增之。胡甸切。詩曰。見晛曰消。小雅角弓文，毛傳晛日氣也，韓
詩曣晛聿消，韓云曣晛日出也，荀卿引作宴然，廣雅曣曣，亦即此詩。晏天清也。揚雄羽獵賦曰天清日晏，
李引許淮南子注曰，晏無雲之處也。漢天文志曰，餔時天星晏，如淳注郊祀志云，三輔謂日出清濟爲晏。筠案此云天清，曣下

曣 yàn　景 jǐng　皓 hào　暤 hào　曅 yè

云星無雲，清星皆即晴字，右所引諸典，其清星字亦皆晴字，如淳曰清濟者，即晴霽也，爾雅釋天濟謂之霽，晴蓋秦漢閒語，故
多用借字，夝出小篆，非古文也。從日。安聲。烏諫切。曣星無雲也。星字增韻引作日生二字，
此不知星即晴者妄改也。晏曣繼晛之後，蓋同出角弓詩，特各本字不同，故許君分收之，而其說解則相似也。晏即荀卿所引
曣即韓詩之曣也。從日燕聲。於甸切。景日光也。依文選七哀注補，纂要曰日光曰景，日西落
光反照于東謂之反景，景在上曰反景，在下曰倒景，葛洪字苑始加彡作影。從日京聲。居影切，當兼於丙切。
皓日出皃。皃蓋光之譌，字林皓日出光也，眾經音義同，釋詁皓光也，當爲許君所本，字俗作皓，詩月出皓
兮。從日。告聲。胡老切。○一曰。皓廣大也。光明也。依元應引補。暤皓
旰也。小徐本作暤旰，集韻類篇因之，暤皓固通用，而以之說暤，自當作皓，皓旰雙聲，形容之詞，蓋盛明之皃，不用其本義
也。楚詞歷太皓以右轉，注即太暤也，史記註位在東方，象日之明，故稱太暤，漢書上林賦采色澔汗，史記作澔旰，魯靈光殿賦
皓皓旰旰，李善云盛皃。從日皋聲。胡老切。曅光也。段氏曰，也當作皃，思元賦舊注曄光皃，漢

晷 guǐ　暆 yí　旰 gàn　暉 huī

書敘傳云世宗曄曄，吳都賦云飾赤烏之韡曄，楚詞遠遊耀靈曄而西征，王注靈曄電皃，引詩曄曄震電。從日從𠌶。
古詩日月光華。筠輒切。暉日光也。依藝文類聚引補，纂要暉日光也，易未濟君子之光，其暉吉也，右二
事音許歸切，至於越策日月暉于外，其賊在于內，此義則今字作暈，音運，釋名暈捲也，氣在外捲結之也，日月俱然，呂覽明理
篇有暈珥，注云暈讀爲君國子民之君，氣圍繞日周帀，有似軍營相圍守，故日暈，玉篇暉亦作煇，周禮眡祲掌十煇之法，又通
作運，淮南子畫隨灰而月運闕，高注運者軍也，將有軍事相圍守，則月運出也。從日。軍聲。依高誘則兼意。許歸切，當
兼王問切。旰日晚也。依謝元暉詶王晉安詩注引補。從日干聲。古案切。春秋傳曰。
日旰君勞。昭十二年文，今本勞作勤。暆日行暆暆也。越絕書曰昭昭浸以暆暆，暆暆蓋徐行
之皃，王風將其來施施，箋云施施舒行皃也。從日施聲。史記服鳥賦庚子日施兮，蓋借施爲暆。弋支切。樂浪
有東暆縣。見地理志，亦作施，漢書東施令延年。讀若酏。應劭音移。晷日景也。玉篇晷以
表度日也，易通卦驗冬至之日，樹八尺之表，日中視其晷，晷如度者則歲美，人民和順，晷不如度者，則其歲惡，人民爲譌言，政

令爲之不平、暑進則水、暑退則旱、進尺二寸則月食、退尺二寸則日食、暑進爲贏、暑退爲縮、從日。咎聲。居洧切。

㕉　日在西方時。謂是時謂之㕉也、側也。再以同音可借字申之、日既過中、則傾側于一偏也、既夕禮、日側、注云、側、昳也、謂將過中之時、又通作稷、易豐卦、日中則昃、釋文、昃、孟作稷、從日。仄聲。管子白心篇、曰極則仄、月滿則虧、省形存聲字也。阻力切。徐鍇曰、俗別作昃、非是。案小徐收之矢部、云、日西也。從矢、日聲。蓋後人增也、易曰。日㕉之離。離九三爻詞、荀曰、初爲日出、二爲日中、三爲日昃、

晚　莫也。茻部、莫、日且冥也、從日。免聲。無遠切、

昏　手部、𢬍從昏、於從氏省合、本篆當改、而一切從昏之字皆改之、天錫盌秖從氏可證、日冥也。冥部說主月立義、故此加日以別之、士昏禮鄭注、日入三商爲昏、淮南子、日至于虞淵、是謂黃昏、至于蒙谷、是謂定昏、從日。氐省。氐者下也。呼昆切、一曰民聲。案此蓋本有昬篆爲重文、今本則篆捝而說存、倂入昏下也、知當有昏昬兩體者、說文從昏之字九、從昬之字四、

曫　日旦昏時也。桂氏段氏皆曰、旦當作且、廣韻、曫、日夕昏時、從日。䜌聲。洛官切。讀若新城䜌中。嚴氏曰、䜌聲讀

若䜌、非例、當作䜌、地理志、新成縣屬河南、惠帝四年置、䜌中、故戎蠻子國、郡國志作新城、云有鄤聚、古鄤氏、今名蠻中、後漢光武紀、遣祭遵圍蠻中賊、注、蠻中、聚名、故戎蠻子國、在今汝州西南、段氏曰、水經注伊水篇曰、新城縣、故蠻子國也、縣有鄤聚、今名蠻中、左傳昭十六年、楚子誘戎蠻子殺之、

晻　不明也。一作兒、釋言、暗、闇也、釋文、暗、字林或作晻、同、荀子不苟篇、是姦人將欲盜名於晻世者、注、晻與暗同、漢書元帝紀、今朕晻於王道、又云三光晻昧、注、茲云、晻讀與暗同、從日。奄聲。烏敢切、

暗　日無光也。集韻類篇、皆以晻暗爲一字、案許說晻之義、與晻晳以下四字之明對、暗之義、與昭晤以下五字之明對、從日。音聲。烏紺切、

晦　月盡也。續漢書律歷志、日月相推、日舒月速、當其同所、謂之合朔、舒先速後、近一遠三、謂之弦、相與爲衡、分天之中、謂之望、以速及舒、光盡體伏、謂之晦、苟案晦朔弦望、惟弦是借字、望者、月之最盛、固當從月矣、晦朔皆不見月、而朔從月、晦乃從日者、三十日爲月、朔爲一月之始、且朔者蘇也、由此而生明、故從月、晦爲一月之終、且月本無光、向日而有光、晦日則但存所由有光之日矣、故從日、許說之曰月盡者、固與何注公羊是月之幾盡同、亦謂月光竭盡也、從日。每聲。荒內切、

䁁　埃䁁。日無

光也。楚詞、時曖曃其曭莽兮、注、日月晻黮而無光也、通俗文、雲覆日爲𩅦䨴、案曖曃𩅦䨴、皆埃䁁之異文也、又海賦𩅦䨴雲布、廣韻、𩅦䨴、不明皃、皆同義、從日。能聲。奴代切、

曀　陰而風也。此取諸毛傳、從日。壹聲。於計切　詩曰。終風且曀。增此字之人、不知許君据詩作壇、已收之土部也、於是增之、而取毛傳爲注、以致土部所引詩與此乖異、說詳釋例、

旱　不雨也。從日。干聲。乎旰切、

𣅀　望遠合也。論衡、人望不過十里、天地合矣、遠也、非合也、從日匕。匕、合也。有日則能遠望、而目力所窮、自見其合、非由陰翳之故也、故從日、匕下云亦所以用比取飯、彼以比說匕、故此借匕爲比、相比則合也、讀若窈窕之窈。烏皎切、

昴　白虎宿星。西方白虎七宿、昴居正中、天官書、昴曰旄頭、胡星也、從日。丣聲。或據長門賦、畢昴出於東方、故從卯、然詩小星傳曰、昴、畱也、天官書謂之昴、律書謂之畱、畱固從丣也、然則昴但從丣聲、不可鑿求、其義、莫飽切、

曏　不久也。釋詁、曩、久也、此云不久者、士相見禮、曏者吾子辱使某見、論語、鄉也吾見于夫子而問知、左莊三十二年傳、鄉者牙曰慶父材、皆一二日閒事、如下所引曏役之三月、乃言曏之最久者矣、爾雅謂

之久者、但是淹畱、即可言久、如樂記遲之又久、信陵君列傳、睥睨故久立、乃一日閒事、亦謂之久也、從日。鄉聲。許兩切、春秋傳曰。曏役之三月。僖二十八年文、今作鄉、釋文、鄉本又作曏、

曩　曏也。釋言文、檀弓、曩者爾心或開予、左襄二十四年傳、曩者志入而已、亦皆頃刻閒事也、從日。襄聲。奴朗切、

昨　絫日也。借絫爲絫也、蒼頡篇、昨、隔日也、筠案、曏曩昨皆謂從前、而曏曩泛言之、昨則的指之、故說之曰絫日、謂重絫其日也、從日。乍聲。在各切、

暇　閑也。依類篇引改、詩伐木、迨我暇矣、箋、及我今之閒暇、從日。叚聲。胡嫁切、

暫　不久也。曏之不久、乃由後溯前之詞、暫之不久、乃即時即事之詞、故暫下不云曏也、左僖三十三年傳、婦人暫而免諸國、注、暫、卒也、從日。斬聲。藏濫切、

昪　喜樂皃。集韻、昪或作忭、案又借抃、從日。弁聲。亦省形存聲而作弁、小雅、弁彼鸒斯、傳曰、弁、樂也、皮變切。○案以下四字、皆從日假借之義、似當與昆眩相次、不知何以在此、

昌　美言也。益稷、汝亦昌言、又云師汝昌言、段氏曰、趙注孟子、引尚書禹拜黨言、昌言之假借也、字林、讜言、美言也、又加言旁、從日從曰。尺良切、一曰日光也。廣雅、昌光

xiǎn 㬎　nàn 㬮　shǔ 暑　yē 暍　nǎn 㬶　yù 昱　bǎn 昄　wàng 暀

也案光昌是恆言但不合連日言之段氏曰裴松之引易運期讖曰兩日竝光日居午兩日昌字圖讖說字多不合本義一日日光也五字恐魏時因許昌之說而妄增之 詩曰東方昌矣。韻會引小徐本曰一日目光也徐按詩美目昌兮筠案繫傳猗嗟揚兮美目昌兮昌美也尚書曰禹拜昌言然則徐引詩雖誤衍自是解美言而黃氏改日爲目以就之大謬然小徐本曰昌亦曰日光也又詩曰東方昌矣與許君語例全異明是後人妄增大徐刪改之使成文理乃泯沒其迹矣

昌 籀文昌。從口與從日同義

暀 美光也。廣韻亦云美光釋詁日暀暀皇皇美也詩泮水箋云皇皇當作暀暀暀暀猶往往也禮少儀祭祀之美濟濟皇皇注云皇皇讀如歸往之往案讀如郎改字也故徐仙民音於況反 從日㞷聲。于放切

昄 大也。釋詁卷阿毛傳竝同 從日。反聲。補綰切

昱 明日也。衆經音義王篇皆曰日明也廣韻曰日光也此太元日以昱乎晝月以昱乎夜之義非許君所用也設言日明則當與昭曠類廁于首矣明日之義經典皆借昱釋言昱明也翊下云昱也皆是 從日。立聲。余六切

㬶 溫溼也。集韻㬶㬶溫溼皃㬶丑赧切 從日。赧省聲。女版切 讀與赧同

暍 傷暑也。元應曰字林暍傷熱也謂傷熱煩悶欲死也莊子暍者反冬乎冷風 從日。曷聲。於歇切

暑 熱也。釋名暑煑也如水煑物也熱爇也如火所燒爇也 從日。者聲。舒呂切

㬮 安㬮溫也。安㬮雙聲而兼疊韻巾部說解有溫㬮亦疊韻也廣雅暍㬮煗也安作暍語之轉 從日。難聲。奴案切

㬎 衆微杪也。六書故引蜀本杪作眇廣韻云衆明也微妙也揣許意葢謂微杪必見也而其字句則不能定之 從日中視絲。絲最微杪而日中視之則必見案此義謂㬎從日從絲乃明著之義有顯字爲之證故列爲第一義 古文以爲顯字。段氏曰經傳顯字皆當作㬎既皆作顯乃謂古文作㬎爲段借矣故曰古文以爲顯字頁部顯下曰㬎聲則㬎讀若顯可知此義當呼典切筠案金刻顯字率有頁惟頌鼎不㬎魯休作㬎頌壺則作顯一人所作之器銘詞全同則㬎顯一字甚明 或曰衆口皃。此義直謂字作㬎矣絲者衆之象 讀若唫唫。段氏曰當作讀若口唫之唫筠謂直是衍一唫字段氏口巨錦切 或以爲繭。此義謂⊖非日字乃象繭形也 繭者。絮中往往有小繭是也。爲從絲解也段氏曰古典切○段氏曰已上三義畫然三音大徐總曰五合切非也惟第二義讀若唫也故濕水字從之爲聲

pù 㬥(暴)　hàn 暵　shài 曬　xī 晞　xī 昔　nì 暱　xiè 暬

㬥 晞也。周禮有暴練月令有暴布上林賦偓佺之倫暴于南榮則暴者通語也字從米者方言曬晞暴也暴五穀之類秦晉之間謂之曬東齊北燕海岱之閒謂之晞廣雅晞曬曝也曝俗字 從日從出從廾從米。元應引無從米之從以從廾米爲句段氏曰三篇步卜切五經文字捕沃切廣韻蒲木切而大徐薄報切非也凡暴疾暴虎暴虐皆本部字也

𦤎 古文㬥。從日。麃聲。

曬 㬥也。方言曬乾物也揚楚通語也漢書景十三王傳白日曬光幽隱皆照段氏曰曬與釃同意散其光也郎由漢書得之 從日。麗聲。所智切

暵 乾也。詩王風疏引作燥也周禮舞師敎皇舞率而舞旱暵之事注旱暵之事謂雩也暵熱氣也 耕暴田曰暵。段氏曰暴田曰暵因之耕暴田曰暵齊民要術論耕曰觕燥不溼燥雖耕塊一經得雨地則粉解溼耕堅垎數年不佳桂氏曰春耕夏種秋耕春種之田吾鄉猶謂之暵 從日。堇聲。呼旰切 易曰燥萬物者莫暵乎火。火離也。引說卦而申明之者離爲火爲日故經言火而字從日也

晞 乾也。元應引作日乾曰晞纂要曰昕曰晞注云大明曰昕詩曰匪陽不晞晞乾也言日昕乾溼物也筠案此知昕晞同音通用故昕下云讀若希 從日。希聲。香衣切

昔 乾肉也。易噬嗑噬腊肉釋文音昔馬云晞於陽而煬于火曰腊肉虞本作昝云三在膚裏故稱肉离日乾之爲昝筠案羣書皆作腊遂奪之部位也昔專爲對今之詞則引伸之義也腊非一日可乾故爲昔曩矣知許合之不誤者檀弓陳乾昔必是腊乃可連乾爲詞人名乾昔者或取堯如腊之義 從殘肉日以晞之。與俎同意。殘肉謂夂也切之使零星也俎從半肉者省肉爲仌也不可以仌爲兩肉字之省故曰殘思積切

𦠆 籀文昔。從肉。是于從殘肉之外又加從肉頗嫌重複從知昝乃古文也

暱 日近也。釋言暱亟也郭注親暱者亦數釋詁暱近也許君合亟近二義而曰日近爲其從日也日近者日日相近也 從日。匿聲。尼質切 春秋傳曰私降暱燕。昭二十五年文今作或體昵

昵 暱或從尼作。考工記凡昵之類不能方故書昵或作樴或爲勠杜子春讀爲不義不昵之昵今左作暱

暬 日狎習相嫚也。詩雨無正曾我暬御傳云暬御侍御也國語居寢有暬御之箴韋注暬近也惟其近也故日日與之狎習狎習自生嫚矣經典多借褻爲之 從日。執

kūn 昆　mì 否　gāi 晐　pǔ 普　dàn 旦　jì 暨　gàn 倝　gàn 𠦝　zhāo 𠦝舟(朝)　yǎn 㫃

聲。桂氏曰、當爲埶聲、廣韻集韻類篇增韻字鑑竝從埶、本書褻亦從埶、私列切、

否 不見也。桂氏曰、玉篇否或作𥈉、廣韻誤作𥈉、案玉篇覓索也、覓同上、俗、覛謂本書當爲覓也、寫者誤分爲兩字、魏志管輅傳、覓索餘光、筠案許君不當用俗字、且覓亦當是覔之俗字也、段氏說與此相反、而亦多未安、姑闕之、從日否省聲。當云不聲、美畢切、

昆 同也。太元、昆道尚同、從日從比。徐鍇曰、日日比之、是同也、古渾切、

晐 兼晐也。廣雅、晐備也、吳語、一介嫡女、執箕帚以晐姓于王宮、字又作該、晐姟三體、離騷、甯戚之謳歌兮、齊桓聞以該輔、莊子、百骸九竅六藏、晐而存焉、鄭語、行姟極、韋注、姟備也、數極于姟、萬萬曰姟、從日亥聲。古哀切、

普 日無色也。於古未見此義、衣部䘬下云、無色也、讀若普、從日竝聲。滂古切、

文七十　重六

旦 明也。詩板傳、東門之枌、葛生箋、皆曰旦明也、淮南子曰、王于曲阿、是謂旦明、段氏謂明也當作朝也、非是、下文朝者旦也、廣二名也、本文旦明也、則以義釋之、從日見一上。一、地也。得案切、凡旦之屬皆從旦。

暨 日頗見也。釋名、頗、少也、頗見者、略見也、從旦既聲。其冀切、

說文句讀　卷十三　六百五十四　、〇折三十四　九

文二

倝 日始出。光倝倝也。從旦㫃聲。古案切、凡倝之屬皆從倝。

𠦝 闕。小徐本此下云、旦從三日在㫃中、引李陽冰云、葢籀文、又云、旦字下、後人加、筠案大徐本無此句者、卽緣小徐語刪之、不知闕字亦校語也、謂許語闕佚耳、段氏引汗簡𩰫𩰫二字、證𠦝爲倝之籀文、葢是、

朝 旦也。釋詁、朝、旦、夙、晨、晙、早也、從倝舟聲。陟遙切、

文三　大徐謂𠦝自爲字也、小徐作文二重一、依李少溫說也、

㫃 旌旗之游㫃蹇之皃。八字當是古文下說解、捝誤在此、釋天釋文引云、旌旗得風靡也、當以彼六字、易此八字、從屮曲而下。以下說字形、本句但說字之左半、中者屮木之初生也、在此衹作木字用、謂杠也、言曲者、篆葢本作㫃、𠦝下云從旦㫃聲、去旦卽㫃矣、旗杠曲、故曲其屮、字形則與屯下云尾曲同、今篆葢傳寫者以隸

qí 旗　zhào 旐　pèi 旆　jīng 旌　yú 旟

改之、垂㫃相出入也。此說字之右半、而云垂㫃、全出㫃字者、右半似入字、而實非從入、故云垂㫃、以引起相出入之說、垂㫃猶㫃蹇也、讀若偃。關經典借偃爲㫃也、於幰切、古人名㫃字子游。晉有籍偃、荀偃、鄭有公子偃、駟偃、孔子弟子有言偃、皆以子游、伯游爲字、凡㫃之屬皆從㫃。

㫃 石鼓文有𣃘、𣃘二形、葢是也、此恐傳譌、筠意㫃象旗杠華葢之形、說詳釋例、古文㫃字如此象旌旗之游。及㫃之形。及㫃之形、當作㫃蹇之皃、或迻此文於小篆下、因改本文、大徐本尤謬不可讀、

旗 熊旗五游。以象罰星。春官司常、熊虎爲旗、五當作六、罰小徐作伐、星經罰三星、夏小正、參也者伐也、是此星伐罰通用、考工記輈人、熊旗六斿、以象伐也、注、伐與參連體而六星、士卒以爲期。期旗疊韻、大司馬中春教振旅、司馬以旗致民、注云、以旗者、立旗期民於其下也、從㫃其聲。渠之切、周禮曰、率都建旗。司常文、今本率作師、師者帥之誤、樂師注、故書帥作率、案省衛爲率、聲借作帥、

旐 龜蛇四游。以象營室。輈人文、司常、龜蛇爲旐、鄭注輈人云、營室與東壁連體而四星、筠案釋天、娵訾之口、營室東壁也、兩宿合爲一次、故鄭曰連體、

說文句讀　卷十三　七百九十八　、〇折三十八　十

經義述聞曰、續漢書輿服志、左傳正義、御覽兵部、皆引周禮龜旐四斿、今本涉注文而誤也、說文亦當然、後人依俗本周禮改之、悠悠而長也。詩、悠悠旆旌、悠旐亦疊韻字也、言長者、釋天曰、緇廣充幅長尋曰旐、從㫃兆聲。治小切、周禮曰、縣鄙建旐。司常文、

旆 繼旐之旗。釋天、繼旐曰旆、郭注、帛續旐末爲燕尾者、旆然而垂也。旆今本作沛、知御覽所引是者、下文旟旗衆也、旆表士衆、皆不易字也、旌進放此、詩、胡不旆旆、傳、旆旆旐垂皃、此旣有徵、則旌進旆表、亦當有徵矣、從㫃𣎵聲。蒲葢切、

旌 游車載旌。司常文、今游作斿、注、斿車木路也、王以田以鄙、疏以游樂解以田、以圍游解以鄙、知斿字譌、析羽注旄首。司常、析羽爲旌、釋天注、旄首曰旌、所以旌進士卒也。依古唐類範引改、許本借旌爲精、今本作精、不知者改之、釋名、旌、精也、從㫃生聲。子盈切、

旟 錯革畫鳥其上。韻會引小徐本無畫字、與釋天毛傳同、似無可疑、然竊疑其爲兩義者、有是鳥之皮、則錯置其革于杠上、或無其皮、則畫其形于縿上、所以適變也、郭璞注曰、此謂合剝鳥皮毛、置之竿頭、卽禮記云載鴻及鳴鳶、案此與許說錯革合、孫炎注曰、錯、置也、革、急也、言畫急疾之鳥於縿、案此與許

yóu ⿸㫃攸　zhān 旃　kuài 旝　suì 旞　qí 旂

說畫鳥合，乃上文曰錯置也，下又云畫畫不可謂之錯也。恐孫氏所据釋天本有畫字，與許君同，逆既挩之後，孫注亦經人删節也。所以進士衆。桂氏曰：疑進上有聚字，旟聚聲相近。詩無羊旐維旟矣，室家溱溱，傳曰：溱溱，衆也。旐旟所以聚衆也。旟旟。衆也。承士衆而申之，旟旟疊字，形容之詞，與本義異，祇一旟字者非。楚茨我黍與與，旟旟及與與意蓋相近。左僖二十八年傳兩見輿人，杜注輿衆也，與本文亦近。博古圖齊侯鎛鐘、齊侯鐘一皆云肅成朕師旟之政德諫罰，案師旟乃複語。兩字皆以衆訓。从㫃與聲。以諸切。周禮曰州里建旟。司常文。

旂 有鈴曰旂。釋天文，周頌龍旂陽陽，和鈴央央，司常交龍爲旂。以令衆也。左傳錫鸞和鈴，昭其聲也。从㫃斤聲。渠希切。司常曰諸侯建旂。

旞 導車所〔以〕載。御覽引無以字。司常曰道車載旞。全羽以爲。當作全羽所爲，與導車所載爲儷語。司常曰全羽爲旞。亢亢而進也。段氏曰亢旞亦雙聲疊韻也。筠案進者與旌旗二字下言進同義，謂士卒也。本部斿，進也，斿蓋亢之籀文。又案御覽引云導車所載全羽亢亢而進也，上六字一句，下五字一句，即可通，特以刪削太多，姑如此斷之。从㫃遂聲。徐醉切。旞 旞或从遺作。釋名作櫃，即此之譌。

旝 發石車也。依古唐類範引補。繫傳曰：按諸書旝，旌旗也。唯許慎言。潘岳閒居賦謂之礮。筠案此說未詳所出，然證知發石車定爲許說，而韻會引說文旝旌旗也，乃以諸書改說文也。建大木。置石其上。發以機，以槌敵也。依韻會引改。左桓五年傳疏云賈逵以旝爲發石，一曰飛石，引范蠡兵法作飛石之事。从㫃會聲。古外切。春秋傳曰旝動而鼓。桓五年文。詩曰其旝如林。大雅大明文，毛詩作會，此所引蓋三家詩。後漢書馬融傳旃旝摻其如林，左傳杜注旝，旃也，與馬合。

旃 旗曲柄也。廣韻引世本黃帝作旃，曲柄旗以招士衆也。所以旃表士衆。御覽引作所以招士衆也。招旃雙聲，似是庾氏引世本以注說文也。旃表與旌進同法，皆以靜字作動字。聘禮使者載旜，注載之者所以表識其事也。从㫃丹聲。兼義。諸延切。周禮曰通帛爲旃。司常文，今作或體旜。鄉射記鄭注同。釋名如說文。司常注曰通帛謂大赤，從周正色，無飾。釋天因章曰旃，郭注因絳帛之文章，不復畫之。鄉射記龍旜注畫龍於旜，尙文章也。旜 旃或从亶。

⿸㫃攸 旌旗之流也。類篇引作旗旒謂之⿸㫃攸。說文無旒字，借流爲之。

pī 旇

máo 旄　xuán 旋　yóu 游　biāo ⿸㫃猋　piāo 旚　yǐ 旖　shī 施　yǎo ⿸㫃要

从㫃攸聲。以周切。玉篇廣韻皆餘昭切。韻會十一尤引以爲游之或體。

⿸㫃要 旗屬。从㫃要聲。烏皎切。

施 旗皃。謂旖施也。經典借施爲敝，而敝不見於載籍，竝施之本義亦不復見。惟詩葛覃施于中谷，傳云施，移也。大雅施于孫子，論語君子不施其親，箋注竝云施，易也。漢書衞綰傳劍者人之所施易，如淳曰施讀曰移，言劍者人所好，故多數移易貿換之也。以上數事，猶其假借之義。蓋旖施者從風之皃，故得轉移變易之說也。从㫃也聲。式支切。亝欒施字子旗。見左昭八年傳，公孫竈之子也。又鄭豐施、孔子弟子巫馬施，皆字子旗。論語作巫馬期，楚司馬子期，高注呂覽作子旗，秦策中期推琴，史記魏世家作中旗。知施者旗也。白虎通聞名即知其字，聞字即知其名。筠案施之爲旗，不得本證而得旁證，故其列字也先施而後旖，不與它連語同例。

旖 旗之旖施也。云之者，木部檹下云木檹施也，故言之以別之。他部無飄搖披靡，故旚下云旌旗旚繇也，旇下云旌旗披靡也，不言旗之矣。然三古無專字，更不別其爲旗爲木也。旖施卽旖旎，與阿那爲一聲之轉。檜風阿儺其枝，傳云阿儺，柔順也。楚詞九辯九歎則皆作旖旎。上林賦猗狔從風，張揖曰猗狔猶阿那也。然考工記弓人注迆讀爲倚移，從風之移，所據者上林古本也。阿儺倚移，但取聲諧。檹施、旖施，禾部之倚移，則後來分別之專字也。从㫃奇聲。於离切。

旚 旌旗旚繇也。繇，小徐作搖。旚繇今作飄搖，又借字作髟鬍。廣成頌羽旄紛其髟鬍。从㫃票聲。匹招切。

⿸㫃猋 旌旗飛揚皃。从㫃猋聲。風部飆，扶搖風也。二字同从猋聲，故其意相近。甫遙切。

游 旌旗之流也。從風而靡，故名流也。周禮玉建大常十有二游，上公建旂九游，侯伯七游，子男五游。从㫃汓聲。以周切。本字在此失次，當依韻會所引列之旂上，而合爲一。特玉篇兩字亦不類列耳。又旇爲旗之小體，而旇卽旗也，乃處其下者，自旂以上諸旗名字皆見經典，旇字則否。玉篇旇在部末，或此亦後人增也。𨒫 古文游。

旇 旌旗旇靡也。左莊十年傳望其旗靡。从㫃皮聲。敷羈切。

旋 周旋旌旗之指麾也。麾當作摩。般下服下皆云舟旋，此云周旋者，左傳左執鞭弭，右屬櫜鞬，以與君周旋。許君据此爲說也。戰陳乃用㫃，若周旋中規，折旋中矩，與㫃無與也。字林旋同也。从㫃从疋。疋，足也。徐鍇曰：人足隨旌旗以周旋也。似沿切。

旄 幢也。以漢名釋古名，取其易曉也。故巾部不收幢字。鄭注夏采作橦。

fān 旛　lǚ 旅　zú 族　míng 冥　méng 鼆

又注鄉師引鄭司農云，翿，羽葆幢也。其字不一，足徵其名不久也。釋名，幢，童也，其狀童童然也。廣雅，幢謂之𦑜。爾雅，翢，纛也。纛，翳也。左定四年傳，晉人假羽旄于鄭。正義云，羽旄者，有五色鳥羽，又有旄牛尾也。案幢即詩干旄之干，孑孑猶童童也。從㫃，從毛。毛亦聲。莫袍切。

旛　幅胡也。段氏曰，葉石林鈔宋本作旛胡，韻會作幡胡。旛胡蓋古語。吳語建肥胡，韋注，肥胡，幡也。幡即旛字，旛肥雙聲。大徐曰，胡，幅之下垂者也。筠案，胡者，牛頷垂也。幅亦下垂，故以胡名。後漢輿服志，聖人見鳥獸有冠角顊胡之制是也。從㫃，番聲。孚袁切。

旅　軍之五百人爲旅。司馬法文，軍字泛言，猶營伍也。故曰軍之五百人，非萬有二千五百人之軍。從㫃，從从。从，俱也。故從从。顧本如此，韻會引同。樂記進旅退旅，注，旅猶俱也。力舉切。

旅　古文旅。案止即㫃，見金刻。𠔿即从，與𠂢下半同。古文以爲魯衛之魯。言借旅爲魯也。左傳正義曰，石經古文魯作𣥂，是也。且亦借魯爲旅。書序，周公既得命禾，旅天子之命，作嘉禾。史記旅作魯。爾雅，旅，陳也。是此旅字義。

族　矢鋒也。字林，箭鏑也。束之族族也。此族當音蔟，攢聚之意。詩泮水，束矢其搜。傳云，五十矢爲束。搜，衆意也。案古音搜族疊韻。詩之搜即搜，搜亦即許說之族族也。從㫃，從矢。昨木切。金部之鏃即族。

文二十三　重五

冥　幽也。字林同。魏都賦注引作幽昧也。又注思元賦嘆逝賦引作窈也。乃以爾雅釋言爲說文也。今釋言冥，幼也。詩斯干傳亦然。釋文本或作窈，正義曰爾雅亦或作窈。淮南道應訓，可以窈，可以明。案日部，昏，日冥也，則說冥當曰昏也。而曰幽也者，從六難解，故主月而言，望後漸闕，月體賨無所損，祇是隱而不見耳。𢆶部，幽，隱也，故云然。從日，從六。日六爲冥，義殊不顯，故申說之。日數十者，天官太宰注云，從甲至癸謂之挾日。凡十日。日數十。十六日而月始虧。月始虧，小徐作月數始虧。案鬻子曰，有冥有旦，有晝有夜，然後以爲數。月一盈一虧，月合月離，以數紀。筠於其說未能曉解，且月之虧以形見，不以數計也，故不補。幽也。元應引之，又引作冥也。然似即前一幽也重出于此，如小徐本兩出冖聲也。冖聲。大徐本在從六下，小徐則兩見。今依元應所引。然其說曰，冖音古熒反，是以爲冂字也。恐非。莫經切。凡冥之屬皆從冥。

鼆　冥也。廣雅同。從冥，黽聲。讀若黽蛙之黽。蛙當作鼃。武庚切。左文十五年傳，一人門于句鼆。杜注，魯邑名。釋文，鼆本又作黽，莫幸反。案此說恐鼆即黽之異文，誤出于此。故凡聲讀同字之句，皆刪之，而存此讀若不刪。又案，句鼆蓋物名。玉篇有鼅鼄，可以此例。

文二

jīng 晶　xīng 曐　shēn 曑　chén 曟　dié 疊

晶　精光也。物之精者必有光。天精爲日，地精爲月。人精爲目，精則生明，其光發矣。從三日。光莫盛于日，故從日。天無二日而三之者，晶本動字，故爲譬況之詞。子盈切。凡晶之屬皆從晶。

曐　萬物之精，上爲列星。京房易傳，星者陰陽之精，萬物之體，五行之形，其體在下，精耀在天。從晶，生聲。桑經切。一曰星象形。從〇。以下四句，但解晶而不解生，恐本在部首從三日句下，捝誤在此。本作一日象星形，小徐以其在曐下而倒之曰星象形。大徐以爲承形聲而言象形，有星字則不順，故刪之也。從〇者，即音圍之口。古文圓者，小篆方之也。此謂字體作品，部中曐曑二字所從者是也。古〇復注中，故與日同。古者，中古也。周敨㪟，疊曑皆從品。注者，•也。上古作品，中古又加•于品中而作晶，◎遂與日同也。小篆隸書皆從之。案以上四句，謂晶爲星之古文也。惟其如此，故爲部首。若以訓精光之虛字，而領星參晨三實字，非許例也。乃不合晶星爲一者，經典皆改爲星，而晶別作音義，既無徵矣。故甯用漢義，反存正說於下，是徵詞也。

曐　古文曐。

星　曐或省。春秋說題辭，陽精爲日，日分爲星，故其字日下生爲星。案緯書不知古籀源流，故其立說固陋如此。

曑　商星也。許瀚印林曰，商當爲唐，聲之誤也。左昭元年傳，后帝遷閼伯于商丘，主辰。商人是因，故辰爲商星。遷實沈于大夏，主參，唐人是因，以服事夏商。及成王滅唐而封大叔焉，故參爲晉星。子產據當時稱晉，故曰晉星。許君據初封唐叔，故稱唐星也。從晶從㐱聲。所今切。印林曰，彡部之㐱，當如唐韻之忍切。几部之㐱，當是從几從彡，彡亦聲。叅字當從之。隸變兩字一形，故大徐疑其非聲。

曑　古文曑。依汗簡引改。

曟　房星。不言商星者，各明一義也。釋天，大辰，房心尾也。爲民田時者。參辰皆爲田時，夏小正可考也。而獨係之曟者，辰部說曰，辰，農時也。又云，辰，房星，天時也。辱下云，辰者農之時也。故房星爲辰，田候也。國語亦曰，農祥晨正。蓋曟從辰，故獨以田時係之。從晶，辰聲。植鄰切。

晨　曟或省。今以晨爲晨。

疊　揚雄說，以爲古

pò 霸　pěi 朏　shuò 朔　yuè 月

理官決罪。三日得其宜。乃行之。漢書東方朔傳。皋陶爲大理。管子。無坐抑而獄訟者。正三禁之。而不直則入一束矢以罰之。注云。謂其人自無所坐而被抑屈爲訟者。正當禁之三日。得其不直者。則令入束矢也。康誥。要囚服念五六日至于旬時丕蔽要囚。桂氏曰。官府文書謂之疊成。卽揚雄說之意。從晶。三日也。從宜。猶言從宜。徒叶切。亡新以爲疊從三日太盛。而改之爲三田。新者。王莽國號也。周頌時邁作疊從新室令改之。桂氏曰。本書敘云。及亾新居攝。使大司空甄豐等校文書之部。自以爲應制作。頗改定古文。馥謂三田當卽此時所改。孔龢碑疊字作三日。碑在亾新以後。仍用正體。

文五　重四

鐘鼎文皆作☽。當是籀文。古文明字所從之☽。當是古文。闕也。日形正圓。☽闕其半。故云十五稍減。故曰闕也。二句蓋庾注。禮運。三五而盈。三五而缺。月闕亦疊韻。太陰之精。京房易說。月與星至陰也。有形無光。日照之乃有光。象形。外象上下弦時形。內象地影。卽靈憲所謂兔蛤也。魚厥切。凡月之屬皆從月。

月一日始蘇也。朔蘇雙聲。尙書大傳。朔者蘇也。革也。釋名。月死復蘇生也。從月。屰聲。所角切。

月未盛之明也。李注月賦引作月未成光。御覽引作月未成明也。皆誤以釋名爲說文也。古文月采篇三日曰朏。從月出。詩天保箋云。日月在朔交會。俱右行于天。日遲月疾。從朔而分。至三日月去日已當二次。始死魄而出。普乃切。又芳尾切。小徐本作出聲。玉篇有普骨切一音。可證。周書曰。丙午朏。律歷志云。召誥曰。惟三月丙午朏。周公七年復子明辟之歲三月甲辰朔之三日也。畢命豐刑曰。惟十有二年六月庚午朏。王命作策豐刑。康王十二年六月戊辰朔之三日也。

月始生魄然也。大徐作霸然。鄉飲酒義釋文引同。韻會增韻引作霸霸然。而引作魄然者爲多。故從之。以魄說霸。發明假借也。今猶謂月黑夜爲魄。承大月。月生二日。謂之魄。霸當作承小月。月生三日。謂之朏。依御覽引補。鄉飲酒義。月者三日則成魄。正義云。前月大。則月二日生魄。前月小。則三日始生魄。馬注康誥云。魄。朏也。謂月三日始生兆朏。名曰魄。案馬意是魄朏通名。許君分爲二者。朏爲三日。已見上注。霸爲二日者。武成惟一月壬辰旁死魄。傳云。月二日。近死魄。正義曰。此月辛卯朔。朔

說文句讀　卷十三　七百六十四　丶。折三十四　十五

yǒu 有　qī 期　nǜ 朒　tiǎo 朓[2]　lǎng 朗

是死魄。故月二日近死魄。案此霸爲二日之證。特所說與律歷志同。不與馬許同。從月。霏聲。普伯切。古有二伯。五霸因之。借霸爲伯也。後乃轉爲必駕切。周書曰。哉生霸也。康誥文。今作魄。漢志引武成顧命皆作霸。又律歷志曰。成王卽位三十年四月庚戌朔。十五日甲子哉生魄。此卽康誥之哉生魄。志以爲十五日。案武成正義曰。朔後明生而魄死。望後明死而魄生。此自爲一義。與許君相反。

古文霸。或作此。云或作者。古文亦作霸也。周曶鼎固然。嚴氏曰。此從雨聲。雨。古月字。鼎彝器銘作。卽此。

明也。繫傳曰。月之明爲朗。故古樂府有朗月行。從月。良聲。盧黨切。

晦而月見西方謂之朓。尙書大傳。晦而月見西方謂之朓。朓則矦王其荼。朔而月見東方謂之側匿。側匿則矦王其肅。注。朓。條也。條達行疾皃。荼。緩也。側匿猶縮縮。行遲皃。肅。急也。日。君象也。月。臣象也。君政急則日行疾。月行徐。臣逡遁不進。君政緩則日行徐。月行疾。臣放恣也。從月。兆聲。土了切。

朔而月見東方謂之縮朒。據玉篇文選月賦注引改。竹君小徐本作朒。初學記引漢書五行志曰。晦而月見西方謂之朓。朔而月見東方謂之仄匿。今本挩謂之朒亦謂之仄匿。今本挩謂之朒亦四字。校者遂以之改說文也。案朒者名目也。志又曰。肅者王矦縮朒不任事者。縮朒疊韻。形容之詞也。保章氏鄭注。太元。皆以朓與側匿對言。孔光傳以朓與側慝對言。然劉焯歷算有朓朒積法。月賦云。朓朒警闕。皆以朓朒對言。而朒之爲名目決矣。廣雅。側匿。縮也。初學記。朒。縮遲皃也。皆以縮爲側匿與朒之訓義。則縮朒非名目可知。從月。肉聲。依玉篇引改。毛晃謂從肉省。乃據既譌之本而遷就其詞也。字鑑。此乃諧聲之字。以類推之。當從骨肉之肉。漢書音義。服虔音忸怩之忸。女六切。

會也。公羊桓十年傳。會者何。期辭也。從月。其聲。渠之切。

古文期。從日丌。積古齋王子申盨蓋銘。眉壽無。與此文相近。

文八　重二

不宜有也。春秋桓四年有年。賈逵云。桓惡而有年豐。異之也。言有非其所宜有。釋例。劉賈許因有年大有年之經。有鸜鵒來巢。書所無之。傳以爲經諸言有。皆不宜有之詞也。春秋傳曰。日月有蝕之。依集韻引刪改。春秋日食三十六。始見隱三年經。許君既用師說以有爲不宜有。乃不引有年而引此者。彼隱而此顯也。詩云。此日

說文句讀　卷十三　七百六十三　丶。折三十四　十六

月　有

mù lóng míng huāng jiǒng méng

黀 龓 朙(明) 朚 囧 盟

而食于何。不滅是也。日蝕則朔。月蝕則望。依史記文紀正義引補。又言此者。上文以日蝕證不宜有。而字從月不從日。故因日蝕牽連月蝕。以為下文從月二字張本也。或刪此二句。後人乃于引經妄增月字。從月。又聲。云九切。凡有之屬皆從有。

𢧢 有文章也。桂氏段氏皆曰。文章當作彣彰。以彣下云馘也證之。論語。郁郁乎文哉。汗簡云。古論語作馘。從有。或聲。或省作㦽。而變為彧。譙敏碑。文武彬彧。又省作或。大戴禮公符篇。遵並大道郁或。於六切。

龓 兼有也。廣雅。龓。有也。史記平準書。盡籠天下之貨物。即此兼有之義。從有。龍聲。盧紅切。讀若聾。今言籠絡。即兼有之義。玉篇。龓。馬龓頭。吳都賦。馽龓僒束。皆籠絡之意也。

文三

朙 昭也。轉注。書。百姓昭明。詩。明昭有周。從月。囧聲。武兵切。凡朙之屬皆從朙。

明 古文朙從日。易繫辭。縣象著明。莫大乎日月。

𥅝 翌也。借翌為昱也。釋言。翌。明也。郭注引書曰。翌日乃瘳。日部。昱。明日也。此以翌釋朚。謂明日之明。為借朚日為專字也。衆經音義曰。㠭又作朚。遽也。朚人晝夜

作。無日用月。無月用火。常思明。故從明。案謂遽為朚。見廣雅。聲借字耳。俗作忙。若于從明鑿求之。則方言曰。㠭。遽也。㠭字從艸。將謂㠭人艸艸了事乎。不可通也。從朙。亡聲。不言明亦聲者。與喪字同例。呼光切。

文二 重一

囧 窻牖麗廔闓明也。窻當作窗。段氏曰。麗廔讀如離婁。謂交延玲瓏也。闓明謂開明也。箸案廣韻作麗廔。云綺窗。即古詩所云交疏結綺窗也。象形。許君云闓明。蒼頡篇亦曰。囧。大明也。知是指事字。凡囧之屬皆從囧。讀若獷。俱永切。賈侍中說。讀與明同。惟有此讀。是以盟入本部。而盟從朙。盟從明也。

盟 周禮曰。國有疑則盟。有故而盟。故無定期。此盟之一說也。秋官司盟。掌盟載之法。凡邦國有疑會同。則掌其盟約之載。及其禮儀。北面詔明神。既盟則貳之。諸侯再相與會。十二歲一盟也。約舉昭十三年傳文。無故而盟。故有定期。此盟之又一說也。傳曰。明王之制。使諸侯歲聘以志業。閒朝以講禮。再朝而會以示威。再會而盟以顯昭明。杜注。三年而一朝。六年而一會。十二年而一盟。北面詔天之司慎

xī yè méng yuàn yín qíng

夕 夜 夢 夗 夤 姓

司命。盟。以下詳其事。此先言質之於神也。即用司盟職之北面詔明神。而以左傳之司慎司盟實之。命衍文。繫傳云。司慎。司盟。天之二神。是所據本無命字。殺牲歃血。朱盤玉敦。以立牛耳。此言所用之物也。鄭君曰。盟牲。諸侯用牛。大夫用豭。歃。歠也。吳語。前盟口血未乾。朱。小徐作珠。與周禮合。姑從大徐以存異文。周禮注云。故書珠為夷。咨許所据本作朱也。天官玉府。若合諸侯。則共珠槃玉敦。注。合諸侯者。必割牛耳。取其血歃之以盟。珠槃以盛牛耳。尸盟者執之。玉敦。歃血玉器。据許說。則似珠盤玉敦皆盛牛耳之器。蓋以立二字。係傳寫之譌。繫傳曰。主盟者執其牛耳。立于槃中。蓋附會之詞。從囧。承司慎司盟言之。惟囧讀如明。故得明神之義。從血。承歃血言之。小徐作血聲。桂段二家皆謂當作皿聲。據隸書為說。且忘囧亦聲也。武兵切。

盟 篆文盟從朙。

盟 古文盟從明。由二字觀之。則知盟者籀文也。即知籀文朙囧通也。故賈侍中讀二字同。

文二 重二

夕 莫也。從月半見。黃昏之時。日光尚在。則月不大明。故曰半見。祥易切。凡夕之屬皆

從夕。

夜 舍也。天下休舍也。夜舍疊韻。從夕。亦省聲。羊謝切。金刻別有夾式夊夊四體。

夢 不明也。小雅。視天夢夢。傳曰。王者為亂夢夢然。釋訓。夢夢。亂也。許云不明者。不明則生亂。從夕。瞢省聲。毛詩夢字韻在今蒸部。唐韻莫忠切。已誤。云又亡貢切者。則以為寢字矣。尤非許君意也。

夗 轉卧也。夗轉即宛轉也。詩。展轉反側。從夕。從卪。卧有卪也。寢不尸。君子之卧當敧屈也。於阮切。

夤 敬惕也。經典多省作寅。史記。敬道出日。即寅賓出日。夙夜惟敬。即夙夜惟寅。從夕。寅聲。翼真切。易曰。夕惕若夤。韻會曰。徐引易夕惕若。是知易為楚金所引。為夤從夕而說曰惕證也。後人妄加夤字。以為許說。不知漢書王莽傳。風俗通。于寶。荀爽。淮南子。思元賦。皆引夕惕若厲為句。本書𩑋下。即引之矣。小徐引夕惕若。乃後世斷句也。

夤 籀文夤。

姓 雨而夜除星見也。類篇引作雨除夜而星見也。字從夕。故言夜。且與日部啓訓晝姓者對文。許知姓必屬夜者。古姓字多作星。詩定之方中。星言夙駕。韓詩。星。晴也。韓非說林。楚莊王伐陳。吳救之。雨十日。夜星。說苑載其語。作夜晴。天官書。天精而見景星。漢書作天暒。孟康曰。暒者。精明也。

案精者借字、晴者、星之外加日也、至于三蒼解詁曰、晴雨止無雲也、則不分晝夜、晉人已失漢儒家法、從夕生聲。疾盈切、俗作晴、

外 表也。依元應引補、衣之表在外、遠也。曲禮句之外曰遠、某曰、漢書霍光傳盡外我家、卜尚平旦、今夕卜於事外矣。五會切、

外 古文外。

夙 早。句 敬也。釋詁毛傳皆曰、夙、早也、而許申之以敬者、凡詩書言夙者、惟豈不夙夜、不夙則莫、無敬意、若夫夙夜在公、星言夙駕、皆有敬意、況夙夜惟寅、夙夜敬止、尤著明矣、故知夙之爲言、與朝旦晨曉但爲早之别名者不同、生民箋曰、夙之言肅也、從丮持事、雖夕不休、早敬者也。字義爲早而字形從夕、故申說之、雖夕不休、是敬也、夕而猶敬、則其敬于早者可知也、此早敬二字連讀、與上文文義不同、詩有駜、夙夜在公、箋云、言臣有餘敬、其意與許說同。息逐切、

㑉 古文夙、從人𠙹。

𠈇 亦古文夙、從人西、宿從此。

𦱤 宋也。從夕莫聲。莫白切、此字蓋歺部𦵏字之譌、重出于此、小徐本𦵏在夕下夜上、足知後人增也、

說文句讀《卷十三　七百十八　、○折三十六　十九

文九 小徐作八、足徵本無𦱤字、 重四

多 重也。重複則多也、左成二年傳、重器備注、重猶多也、從重夕。得何切、夕者相繹也、故爲多。嫌夕無多意、即重夕仍無多意、故申明之也、繹者抽繹也、反復循省之謂也、魯語曰、諸侯夕省其典刑、大夫夕序其業、士夕而習復、左傳曰、夕以修令、是知晝之所爲、夕必抽繹之、故曰夕者相繹也、猶禮記射之爲言者繹也、夕繹疊韻、重夕爲多、重日爲疊。再以他字比例之、總由夕字意委折、故反覆申明之也、日者晝也、夕者莫也、其字一類、故以爲例、重日爲疊、而疊訓爲重、則重夕爲多、而多訓爲重宜矣、東觀漢記、蔣疊字伯重、凡多之屬皆從多。

㚖 古文多。從竝夕。

夥 齊謂多爲夥。无部、猲讀若楚人名多夥、與此言齊、各舉一地也、方言、凡物盛多、齊宋之郊、楚魏之際曰夥、集韻曰、燕人謂多曰錗錗、即夥之俗字、從多果聲。呼果切、

䆉 大也。文登畢氏以珣曰、廣雅、㚊、大也、曹憲音苦雷反、䆉本從㚊、傳寫誤作圣、桂氏曰、玉篇㚊䆉竝訓大、宋人重修加䆉、段氏曰、䆉與悈音義同、從多圣聲。苦回切、嚴氏曰、蔵聲從叔聲、郰從叔省聲、叔即䆉之重文、轉寫

脫耳。

⿱尚多 厚脣皃也。廣韻、脣下垂皃、本書奢籀文作奓、徐鉉曰、今俗以爲⿱尚多厚之⿱尚多、非是、從多尚聲。陟加切、桂氏曰、與斫從頁聲、音來可切同、

文四 重一 桂氏補䫫字曰、詩螽斯釋文、詵所巾反、說文作䫫、音同、馥案廣雅玉篇皆曰、䫫、多也、本書詵下引詩、後人加、

毌 穿物持之也。毌穿疊韻、蒼頡篇、毌、穿也、從一橫貫。不作毌而作貫者、通之也、古蓋祇有毌字、動靜兩義皆用之、既孳育貫字、於是毌分動義爲毌穿貫、分靜義爲錢串、至于今之經典、不用毌字、又以貫兼動靜兩義、此亦沿革自然之勢也、象寶貨之形。上句出一、此不出𠁤者、𠁤非字也、貝部雖云貨貝而寶龜、然此寶貨祇是錢、凡毌之屬皆從毌。讀若冠。古丸切、桂氏曰、晉姜鼎令俾𢍰通、楊南仲釋爲毌、本書患古文作𢝵、即從古文毌、筠案詩三歲貫女、則貫又借爲習貫之字、釋詁、串、貫習也、詩串夷載路、雖是昆夷之借字、然自有串字可知也、𢍰者古文毌、串皆𢍰之省文、當許君時、古器未出、故誤以串爲俗字而不收、患下不云串聲、而云心貫吅也、桂氏又曰、史記齊世

說文句讀《卷十三　七百二十七　、○折三十三　二十

家、代衞取毌丘、索隱云、毌音貫、衞之邑也、案漢有曼丘氏、顏注、曼丘毌丘本一姓、

貫 錢貝之貫。詩何人斯、及爾如貫、箋、如物之在繩索之貫、案此經注、皆如許說、左宣六年傳、使疾其民以盈其貫、劉炫曰、以繩穿物謂之貫、案此則經是貫而注是毌矣、易之貫魚、則經亦是毌、從毌貝。毌亦聲、古玩切、

虜 獲也。曲禮、獻民虜者操右袂、注、民虜、軍所獲也、從毌。拘係之也。從力。小徐引左傳、武夫力而拘諸原、從虍聲。郎古切、

文三

马 嘾也。嘾、含深也、故其字作包容之狀、此謂字象舌形也、艸木之𠩋未發圅然。此又謂字象花蓓蕾之形也、艸部云、未發爲菡蕳、象形。此一字象兩形者、马圅菡祇是一字而遞增也、马下既明出嘾马二義矣、圅下第云舌、不云马、而說马曰圅然、即明圅兼马義也、惟菡祇是马、不兼舌義耳、凡马之屬皆從马。讀若含。釋草、欔、橐含、郭注、未詳、案含即马、橐者有所包容、如囊橐也、欔似與臄通、梁鴻詩、麥含含兮先秀、亦借含爲马、乎感切、

圅 舌也。部首兩義、此承嘾義、粤甬承華義、詩行葦傳曰、臄者圅也、通俗文、口上曰臄、口下曰圅、雖

說文解字句讀弟七上

夕多毌马

lì 桌(栗)　tiáo 鹵　wéi 韢　hàn 𣐺　xián 𢎜　yǒng 甬　yóu 甹

與許說異。爲马兼聲。故倒在下而先說田。亦自相近。舌體马马。從马。象形也。田之爲形。舌與马皆有之。依行葦釋文引補。次今马亦聲。胡男切。又云口次肉也。本作裏。蓋即毛傳之說。

肣 俗函從肉今聲。今

甹 木生條也。魏了翁曰。昭八年左傳今在析木之津。猶將復由。義如書盤庚若顛木之有由蘖。木生條也。從马。甹雖非花。而萌蘖初生。其狀拳曲。故從之也。由聲。與裘從求聲。麗從丽聲一類。以州切。商書曰。若顛木之有甹枿。枿當作桙。下同。古文言由枿。此上當出由篆。而後以此句說之。今捝此篆。遂致各部從由之字無所本。且此說解亦譌不可通。大意若曰古文尙書作由桙耳。

甬 艸木甹甬然也。廣雅。甬。草木花欲發皃。從马用聲。余隴切。

𢎜 艸木马盛也。马似當作𢎜。從二马。闕。胡先切。似亦當音含。以马乎感切。𣐺胡感切推之。

文五　重一　當出由字改重二

𣐺 木垂華實也。玉篇句首有艸字。非也。字從木。必不言艸。此說文例也。從木马。宋刻五音韻譜如此。趙鈔本作邑。马亦聲。胡感切。凡𣐺之屬皆從𣐺。小徐此下有闕字。案傳曰戹即马字也。或者马篆爲後人所增。二徐𣐺下之從木马马亦聲。誠爲古本。故前乎小徐者爲马非字而言闕。小徐特疏解之。而以马當弓耶。

韢 𣐺也。似當作𣐺也。說見釋例。從𣐺韋聲。于非切。

文二

鹵 艸木實垂鹵鹵然。象形。凡實之長蒂者必下垂。字上象蒂形。下象實形。凡鹵之屬皆從鹵。讀若調。徒遼切。

𠧪 籀文從三鹵作。

桌 木也。從木。其實下垂。故從鹵。木名皆入木部。栗獨入鹵部。故說其意也。栗房如蝟。秋熟罅發。實躍如爆。去榦甚遠。故夏小正曰栗零。東觀漢記曰栗駭。力質切。

𣚦 古文桌從西從二鹵。玉篇曰𣚦籀文。所用蓋說文古本也。篆當從三鹵作。注當如小徐作籀文。桌下文籀文桌可證也。從西從二鹵五字則當刪。此後人誤以徐巡說增之。因改篆文也。典下云莊都說大冊也。謂字從大不從丌也。牖下云譚長以爲甫上日也。非戶也。而篆體仍從丌從戶。以其爲別說也。與此正同。如許篆依徐巡。則當盡臚其說。而末以徐巡說結之。凡引通人說皆然。不應徐巡說下綴一句也。徐巡說。木至西方戰桌也。宰我之說已爲孔子所訶。況戰栗本借字也。木無情。安得戰栗。即知之亦是凡木皆然。豈獨一栗木乎。此乃曲說。故許君附之于末也。

sù 𠧪(粟)

𠧪 嘉穀實也。郭注爾雅釋𧃲爲赤粱粟。芑爲白粱粟。許君說禾𧃲芑皆曰嘉穀。陶隱居曰。凡粱米皆是粟類。從鹵從米。粟實下垂。異於他穀。故入鹵部。若謂穀名從米。於義稍遠。則粱糕皆穀名。皆入米部矣。相玉切。孔子曰。桌之爲言續也。春秋說題辭有此文。禾部穀下云續也。

𥻆 籀文桌。

文三　重三

qí 齊　qí 䶒

齊 禾麥吐穗上平也。象形。魏三體石經古文作𠆪。三平無參差。此參差者。作篆者配合之。取適觀耳。又加二以象地形。徂兮切。凡齊之屬皆從齊。

䶒 等也。從齊妻聲。此蓋一與之齊之專字。特無妻部。故入齊部耳。女部妻下云。婦與己齊者也。初不作䶒。以字體繁重。故無用者。徂兮切。

文二

cì 朿　zǎo 棗　jí 棘

朿 木芒也。在艸曰芒。在木曰朿。釋草方言皆作刺。以讀若改本文也。艸部之莿。又其孳育者矣。從木。象形。鐘鼎文作朿。乃足象形。小篆整齊之。不甚肖也。凡朿之屬皆從朿。讀若刺。七賜切。

棗 羊棗也。當云木也。否則云果也。羊棗名槫棗。非棗類。從重朿。棗高故重之。棘卑且叢生。故竝之。而古人不拘。周禮九棘即棗也。惟朿篆作朿。與朿相似。故東方朔曰來來者棗也。然口給之詞。不可以說六書。粱休碑垂棘字從竝來。亦猶此也。隸法故多譌舛矣。子晧切。

棘 小棗叢生者。云小棗者。二木之實有大小甘酢之別。即小棗之實。又自分大小甘酢矣。魏風園有棘傳云。棘棗也。古今注棘實爲棗。棗則皆統言不別也。云叢生者。其性固然。且爲從竝朿起本。從竝朿也。己力切。

文三

piàn 片

片 判木也。謂已判之木也。莊子。陰陽片合。釋文。片音判。是片亦讀如判。從半木。匹見切。凡

bǎn 版　bì 腷　dú 牘　dié 牒　biān 牑　yǒu 牖　tóu 牏　dǐng 鼎

片之屬皆從片。

版　判也。謂判之而爲版也。可以築牆，詩縮版以載是也。長者謂之版，短者謂之榦，又謂之儀。可以作字，論語式負版者是也。周官內史、儀禮聘禮記皆謂之方。從片反聲。布綰切。俗作板，詩上帝板板，後漢書董卓傳注引作版版。

腷　判也。與版同訓，即與版同物。廣韻曰：腷版，出通俗文。案吾鄉於版之薄削者謂之腷片。從片畐聲。芳逼切。

牘　書版也。顏注急就篇曰：牘，木簡也。既可以書，又執之以進見于尊者，形若今之木笏，但不挫其角耳。後漢書北海靖王傳：令作草書尺牘十首。注曰：蓋長一尺，因取名焉。左傳集解序大事書之於策，小事簡牘而已。正義云：簡之所容，一行字耳；牘乃方版，可以並容數行。凡爲書，一行可盡者書之於簡，數行可盡者書之于方，方所不容者乃書于策。從片賣聲。徒谷切。

牒　札也。論衡：截竹爲筒，破以爲牒，加筆墨之迹，乃成文字。漢書路溫舒傳：取澤中蒲，截以爲牒，編用寫書。從片枼聲。兼意。徒叶切。

牑　牀版也。方言：牀，其上板，衛之北郊、趙衛之閒謂之牒，或曰牑。從片扁聲。讀若邊。方田切。案牑與木部楄可通借。葉下云楄也，亦謂是薄版也。

牖　穿壁以木爲交窗也。李善注鸚鵡賦引少木交二字，非也。穿壁者，囪部云在牆曰牖，在屋曰囪，彼別之，此云交窗，則通之者。蒼頡解詁：窗，正牖也；牖，旁窗也；所以助明者也。窗牖有橫直，曰交。從片戶甫聲。不言從戶，則是戶甫皆聲也。窗牖積曡，盡皆兩聲。戶甫在虞部，牖在有部，二部之聲多通。與久切。譚長以爲甫上日也，非戶也。牖所以見日。譚長以從戶爲夾雜，故欲改爲牖。戶金刻作𡰪，與日相似也。許君不改篆文者，前作相承已久，不可專輒。且囪在屋，可以見日；牖在室戶之西，室之前有堂，去日頗遠也。

牏　築牆短版也。大雅云縮版以載，直謂之版；其短者別名以牏，皆夾牆兩旁者也。榦下云築牆耑木也，乃杜牏之兩耑者也。從片俞聲。讀若俞。一曰若紐。俞聲，即無煩讀若俞。蓋讀若紐者，本文也。既譌之後，校者見一本作紐，故記之。一曰者，乃校兩本之詞。蘇林音投。度侯切。

文八　六書故云唐本有爿部，蓋李陽冰謬說也。嚴氏謂爿即疒字，說見疒部。

說文句讀　卷十三　三三

鼎　三足兩耳，和五味之寶器也。寶，一引作彝。古鼎銘或曰寶鼎，或曰寶尊彝。昔禹收九牧之金，以下櫽括宣三年左傳文，又自爲說以增成之。鑄鼎荊山之下。皇甫謐帝王世紀：禹鑄鼎于荊山，在馮翊懷德之南。蓋即用許君說。入山林川澤者，依韻會引補。螭魅蝄蜽，當作离魅蝄蜽。杜注左傳曰：螭，山神獸形。與說文离字相當也。莫能逢之，以協承天休。以上說字義也。易卦。巺木於火下者爲鼎，解易象者，爲下文說字形緣起也。巺者，入也。許君以巺爲卦名，巽爲卦德。此云巺木于火下，猶云入木于火下，與孔子所云以木巺火正同。各本無火字，誤以巺爲卦名而刪之也。然於字不可解矣。鼎卦巺下離上，鼎字𣎳爲下體，故言此以起下文。象析木以炊鼎也。句。說字形，謂下半是析木爲兩而作𣎳。上半之目，則鼎形也。炊鼎之鼎，指目而言。案此篆可謂爲通體象形：目，其腹也；𣎳之左右上揚者，耳也；下則足也。許君不然者，金刻有鼎、鼎、鼎、貞、鼎諸體，多有兩耳而非三足，蓋小篆整齊之而作鼎，故許君本古文而說之。都挺切。小徐本此下有從貞省聲四字。案貞字下引京房說鼎省聲，此鼎若從貞省聲，則許君之志荒矣，故知爲後人附益。古文以貞爲鼎，籀文以鼎爲貞。嚴氏曰：鼎彝器銘有鼎體，鼎得鼎貞兩讀，與小徐本合。段氏改二貞字皆爲貝，而曰京房說貞字鼎聲，此古文以貝爲鼎之證也。許說劇鼎靁鼒者，籀文之則員賞妘也，此籀文以鼎爲貝之證也。鈞案段氏改貞字說爲鼎聲者，桂氏說亦同。特韻會引此文，其古文之上有錯曰二字，則二句出于小徐。凡鼎之屬皆從鼎。

說文句讀　卷十三　三四

jiōng 鼏　nài 鼐　zī 鼒

鼒　鼎之圜掩上者。釋器：圜弇上謂之鼒。郭注：鼎斂上而小口。案弇，借字也。手部：掩，斂也。小上曰掩。從鼎才聲。子之切。詩曰：鼐鼎及鼒。周頌絲衣文。嚴氏曰：引詩當在鎡下，作鼐鼎及鎡。

鎡　俗鼒從金茲聲。絲衣釋文曰：鼒，說文作鎡，字音茲。釋器釋文曰：字林音載。然則說文但收鎡字，字林始收鼒，校者以呂書亂許書也。說詳釋例。

鼐　鼎之絕大者。釋器、毛傳並同。從鼎乃聲。奴代切。魯詩說：鼐，小鼎也。

鼏　以木橫貫鼎耳而舉之。從鼎冂聲。莫狄切。周禮：廟門容大鼏七箇。考工記匠人文。今作扃，注云：大扃，牛鼎之扃，長三尺。即易玉鉉大吉也。鼎卦文。桂氏引王君念孫曰：說文鼎部當別有鼏字，從鼎冂聲。今徐本鼏下所解，即鼏字義也。蓋鼏鼏二字篆文相近，誤去其一耳。然鼏字之解遂亡。說文校議曰：鼏篆體當作鼏，說解當作冂聲。鼏讀與扃同，故禮經古文借扃爲之。十七篇中扃鼏十餘見，古文作扃密，今文作鉉鼏。古文之扃即鼎部之鼏，今文之鼏，許所不收。曩余作唐石經校文，據蚰部蠠或作蜜，疑當從一聲，因謂說文鼏字有篆而闕說解，鼏字有說解而闕篆，後通古音，始悔前說之謬，段氏注，改鼏篆爲鼏，又補鼏篆而說之曰，鼏覆也，從鼎冂，冂亦聲，鈕氏樹玉駁之曰，按士冠禮聘禮竝云設扃鼏，士喪禮，抽扃取鼏，是扃與鼏乃二物，說文合爲一，據玉篇鼏注，覆樽巾也，又鼎蓋也，亦爲一物，則儀禮之鼏當是冪，鄭箋詩絲衣云，舉鼎冪告絜，禮之文也，禮器，犧尊疏布鼏，釋文作幎，又作冪，又作鼏，竝其證，冪與幎，玉篇訓爲簾也覆也，蓋同聲假借，公食大夫禮曰，鼏若束若編，鄭注，凡鼎鼏蓋取茅爲之，長則束本，短則編其中，與玉篇幎義合，不應更增一篆，筠于諸說不能定其是非，姑竝存之，

文四　重一

克 肩也。當作刻也，一曰肩也，下文說字形曰刻木，卽說字義，不得無刻義，其所以被刪者，必由讀者不知刻有刻制之義，改爲尅也，又有校者知說文無尅字，遂刪之矣，知克有刻義者，釋詁，尅肩勝也，郭注曰，肩卽尅耳，是爾雅之尅肩，卽說文之克肩也，又曰，勝肩克也，轉遞相訓，而字一作尅，一作克，說文又不收尅，知尅卽刻之近字，許所據釋詁本作刻，故不收尅也，書微子，我舊云刻子，傳曰，刻病也，正義曰，刻者傷害之義，故爲病，案以書證爾雅，知尅當作刻，卽知說文當有此義矣，

蓋釋詁勝也一條，其犯奢果毅尅捷功七字，皆勝負之勝，肩堪二字，則勝任之勝，克也一條，則皆勝負之勝矣，故分兩條，郭注尚未分明，許君說字，則兩義分說，故云刻也，一曰肩也，段氏曰，周頌傳曰，仔肩克也，人部曰，仔克也，此曰克肩也，然則周頌仔肩，絫言之，毛謂二字皆訓克也，象屋下刻木之形。屋□與高亭二字上半同，故曰□與廢之古文□下半同，□卽皀，未有刻木之義，此蓋由皀字下半與羊同，遂例推之以得此義，嚴氏謂刻木去太半，僅存□形，說殊纖仄，恐古人不爾也，苦得切，凡克之屬皆從克。□古文克。□亦古文克。說文部首，以形相聯系，惟東部之□□，與□部形似，彔與录形似，此例不甚多，治說文者往往忽之，

文一　重二

录 刻木彔彔也。釋器，木謂之刻，刀部剝從彔，云彔刻割也，詩小戎傳，楘歷錄也，歷錄可作秝彔，象形。指事而謂之象形者，刻之固有形也，盧谷切，凡彔之屬皆從彔。

文一

禾 嘉穀也。魏風傳曰，苗嘉穀也，生民傳曰，黃嘉穀也，許君說虋芑，皆曰嘉穀，是知嘉穀者，禾之别名也，至于呂刑曰，農殖嘉穀，郭注釋草虋芑曰，皆好穀，則泛言之，與此不同，以二月始生，八月而孰。蓺文類聚引作以二月而種，八月始孰，李注思元賦引，作二月生，八月孰，得時之中和。齊民要術引同，故謂之禾。凡言故謂之者，皆聲義相兼，禾和同音也，書序，唐叔得禾，異畝同穎，王命歸周公於東，作歸禾，周公得命禾，旅天子命，作嘉禾，傳云，異畝同穎，天下和同之，案呂覽必己篇高注，一曰，禾中和，禾木也。木王而生，金王而死。爲從木張本也，李注思元賦引云，木王而生，木衰而死，故曰木禾，案木衰字可從，若夫故曰木禾句，則以賦言木禾，故改許書以就之，許君釋禾，無取于瑞物，且木王而生，金王而死者，凡禾皆然，木禾不得以此標異也，淮南墬形訓，崑崙虛上有木禾，其修五尋，從木。從𠂹省，段氏刪之，是也，讀說文者不解下文𠂹字之意，故增此句，於是或謂□當作□，與□同向左，或謂□有四曲，此從一曲，皆誤，𠂹象其穗也。段氏刪此𠂹字，則非也，雖又下云象叉之形，又下云象形，句首皆無字，此必當言𠂹者，與□字從木曲頭別也，□雖曲，性必向上，禾秀𠂹穎，必下𠂹，金刻年字所從之禾，多作□，

𠂹形明白，示部云三𠂹，此用𠂹字例也，非然者，□下云上象其理，蜀下云中象其身蜎蜎，皆指其部位言之矣，戶戈切，凡禾之屬皆從禾。

秀 石鼓文作□，是也，寫者左方下𠂹而作□，今又斷之而爲□，則是人字矣，不知秀朶同意，木高則𠂹者在上，禾卑則𠂹者在下耳，說詳釋例，上諱。東觀漢記，光武以建平元年，生于濟陽縣舍，時有嘉禾，一莖九穗，縣境大熟，因而曰秀，筠案，字從禾，下象秀而下𠂹之形，古今注曰，諱秀之字曰茂，然漢人泛用秀字者，以莠代之，說見艸部莠下，息救切，

稼 禾之秀實爲稼，莖節爲禾。禾字上象秀實，下象莖節矣，此又區別之也，鄭注禹貢曰，銍，謂刈穗斷去稾也，卽此秀實爲稼，鄭注聘禮云，上賓有禾十車，禾以秝馬，卽此莖節爲禾也，從禾家聲。古訝切，一曰稼家事也。上文以爲形聲，此以爲會意也，詩，好是稼穡，釋文，稼作家，事者有所事也，謂稼是動字，馬融注論語曰，樹五穀曰稼，是也，鄭君每以嫁釋稼，見司稼及稻人注，一曰禾在野曰稼也。此仍是靜字，少牢饋食禮，宜稼于田，

穡 穀可收曰穡。字林，種曰稼，收曰穡，從禾嗇聲。特牲饋食禮，主人出，寫嗇于房，注云，變黍言嗇，因事託戒，欲其重稼嗇，嗇者農力之成功，少牢饋食禮，宰夫以籩豆嗇黍，

xī 稀　miè 穖　jì 穊　chóu 稠　zhěn 稹　zhì 穉　lù 稑　chóng 種　zhí 稙　zhòng 穜

注云、收斂曰嗇。所力切。

穜　埶也。播種于地也、詩種之黃茂、蓺之荏菽。從禾。童聲。之用切。

稙　早穜也。齊民要術、二月三月種者爲稙禾、四月五月種者爲穉禾。從禾。直聲。常職切。詩曰。稙穉尗麥。依韻會引改、魯頌閟宮文、今作菽、傳云、先種曰稙、後種曰穉、韓詩、稙、長稼也。

種　先穜後孰也。周禮內宰、生穜稑之種、鄭司農云、先種後孰謂之種、後種先孰謂之稑。從禾。重聲。詩七月、閟宮皆云黍稷重穋、七月釋文曰、說文云、禾邊作重、是重穋之字、禾邊作童、是種蓺之字、今人亂之已久、閟宮釋文曰、重、本又作種、然則隋時經本尚有同說文者、直容切。

稑　疾孰也。詩釋文引作後種先孰曰稑、誤以先鄭說爲說文也、案疾者速也、七月毛傳、後孰曰重、先孰曰稑、但言其孰之先後、不言其種之先後、蓋鄉風不同、以吾鄉言之、杏著花時、先種秫、後種禾、小滿種黍及穄、各自一時、不分遲早、及其熟也、則四種各分遲早矣、故許君於種用先鄭說、於稑用毛傳而小變之、使人各隨其鄉以消息之也、至於越語曰、五穀稑孰、韋注曰、稑、和也、則以稑睦聲近而義通也、故與此不同。從禾。坴聲。力竹切。詩曰。黍稷種稑。豳風七月文、今作重穋、釋文、重又作種、穋本又作稑、案幸而省形存聲作重、故不改作童、足徵許君說種種字古文固然。

穋　稑或從翏聲。

穉　幼禾也。韓詩、穉、幼稼也、此許說所本。從禾。屖聲。直利切、字林作穉、今人用之、而毛詩猶作穉。晚種後孰者。句蓋庾注、采毛傳、後種曰穉之說、又增成其義、蓋未達許君意、以致乖違也、許君說稙用毛傳者、字不他見也、穉不與稙字相繼、又說以韓詩者、詩彼有不穫穉、無害我田穉、皆足見其爲幼、乃至眾穉且狂、且借以言人之幼矣、韓詩信而有徵、故用之也、設學專一家、何以云五經無雙乎。

稹　穜穊也。謂種蓺稠密也、字林云、稹、稠穊也、則三字同義、詩鴇羽、集于苞栩、傳云、苞、稹、箋云、稹者、相迫迮、致也、致者、今密緻字。從禾。眞聲。之忍切。周禮曰。稹理而堅。考工記輪人文、引以明假借也、先鄭云、稹讀奠祭之奠。

稠　多也。亢倉子、得時之禾、長稠而大穗、詩綢直如髮、借綢爲稠也、猶禮記縝密以栗、借縝爲稹也。從禾。周聲。直由切。

穊　稠也。傳、深耕穊種、漢書高五王傳、深耕穊種、立苗欲疏、案種之稀則必缺苗、立苗稠則莖細而禾小、朱盧侯信知田者、呂后乃謂之不知乎。從禾。既聲。己利切。

稀　疏也。與稹稠穊相反。從禾。希聲。嚴氏謂希卽睎字、是也、說詳釋例、香衣切。

穖　禾

nuò 稬　tú 稌　dào 稻　jì 穄　shú 秫　zī 齋　jì 稷　fèi 穦　sī 私　mù 穆

也。廣韻、穖、莊子謂之禾。從禾。蔑聲。莫結切。

穆　禾也。從禾。㣎聲。莫卜切。

私　禾也。從禾。厶聲。息夷切。北道名禾主人曰私主人。韻會引、北道謂禾主人曰私、無下主人字、私之爲禾無證、故以俗語證之、詩駿發爾私、遂及我私、雖皆謂田、亦近之也。

穦　稻紫莖不黏者也。依初學記引、齊民要術引風土記、穦稻之紫莖。從禾。𥢶聲。讀若靡。桂氏引王君念孫曰、靡當爲𪎭、𪎭房未切、故穦得讀若𪎭、扶沸切。

稷　齋也。元應引作粢也。五穀之長也。下文云、秫、稷之黏者、然則稷者、秫之不黏者也、而字林云、粢、黏稷也、則謂稷自爲一種、齋秫爲一種、與許異、桂氏曰、五穀之長、說者各異、有主五行者、周禮甸師注、穀者稷爲長、疏云、月令、中央土食稷與牛、五行土爲尊也、有主先種者、月令、孟春行冬令、則首種不入、鄭注、首種謂稷、有主氣候者、白虎通、尊稷五穀之長、故封稷而祭之也、稷者得陰陽中和之氣、而用尤多、故爲長也、馥謂主氣候者義長、鈞案五經異義、今孝經說稷者五穀之長、穀衆多、不可徧敬、故立稷而祭之、許君未嘗言其所以爲長、不須鑿求。從禾。畟聲。子力切。

𥟖　古文稷省。

齋　稷也。釋草文、也、但作或體粢而譌從米、經典類然、左傳、粢食不鑿、曲禮、稷曰明粢是也。從禾。𠫓聲。卽夷切。

𪏁　齋或從次作。

秫　稷之黏者。匡謬正俗引作稷秫者、案聲類字林皆云、秫、稻之不黏者也、竊疑許君云稷秫者、譬況之詞、而稷之不黏者、則庾注也、今說文本、蓋以庾注爲許說、而又捝不字邪、然爾雅釋文引同今本、又云、字林亦云黏稷、姑仍之、未敢遽改。從禾。朮象形。小徐作朮聲、則與裘從求聲一類、然大徐是也、食聿切。

朮　秫或省禾。譌也、凡象形者必古文、辵部遂、籀文作䢋、則秫亦籀文。

穄　䵚也。似黍而不黏者。關西謂之䵚。此二句、元應兩引爲說文、一引爲蒼頡篇、齊民要術、穄有赤白黑青黃鸎鴿凡五種。從禾。祭聲。子例切。

稻　稌也。爾雅曰、稌、稻、周頌、周禮言稌、它經多言稻、而稬稴秔秏、不見于經、是知古統名稌稻、無黏不黏之分也、是以豳風七月、十月穫稻、爲此春酒、此謂黏者也、周官食醫、牛宜稌、先鄭曰、稌、稉也、此謂不黏者也、後人始詳爲分析耳。從禾。舀聲。徒皓切。

稌　稻也。從禾。余聲。徒古切。周禮曰。牛宜稌。天官食醫文。

稬　沛國謂稻曰稬。字林、稬、黏稻也、郭注釋草稌稻曰、今沛國

xián 稴 jīng 秔 hào 秏 kuàng 穬 lí 秜 bǎi 稗 yí 移 yǐng 穎

呼稴、與許不同、是漢晉口語遞變也。從禾。㚇聲。奴亂切。

稴 稻不黏者也。風土記稴稻之青稴、集韻稴、青稻白米、從禾。兼聲。讀若風廉之廉。桂氏曰廉當爲濂。力兼切。

秔 稻屬也。字林秔稻之不黏者也、從禾。亢聲。古行切。

稉 秔或從更聲。

秏 稻屬。從禾。毛聲。呼到切。伊尹曰。飯之美者。元山之禾。南海之秏。呂覽本味篇文、高誘本秏作秬、云黑黍也、

穬 芒粟也。粟、元應引作穀、周禮稻人澤草所生種之芒種、先鄭云芒種稻麥也、元應曰今呼大麥爲穬麥也、本草圖經則曰穬麥有二種、一種類小麥、一種類大麥、皆比大小麥差大、齊民要術春種者穬麥也、筠案即吾鄉之春秋時麥。從禾。廣聲。古猛切。

秜 稻今年落。來年自生。謂之秜。字林稻今季死、來季自生曰秜、廣韻用其說、似非稻孫、但能當年生也、徐鍇以爲穭生稻是也、穭亦作稆、古作旅、故說文不收穭稆、案旅生之物、北方秫[illegible]多如此、然由落而生、熟必旋落、故農人鋤去之、從禾。尼聲。里之切、廣韻力脂切、是也。

稗 禾別也。木部枝、水部派、其說皆曰別、然與此別不同、彼之別猶別子爲祖、松之枝猶是松之性、河出爲灘、猶是河之性、稗則其性別矣、今之稗有數種、自生者種而生者、生於水者、皆性自爲稗、不得謂之禾別、惟稻中生稗、猶穀中生莠、皆貴化爲賤、故俗呼此稗爲稻莠、是乃所謂禾別也、從禾。卑聲。旁卦切。琅邪有稗縣。地理志作椑、從木、應劭曰音稗、則此字之誤久矣、

移 禾相倚移也。相當作之、㫃部旖下云旗之旖施也、木檹施也、可證、蓋此語凡三見、木部在六篇、旖移皆在七篇、故皆云之、別後於前也、故檹下直云上林賦曰猗猊從風、考工記注引作倚移、李善注、猗憶靡切、猊女介切、許君以倚移專言禾、以檹施專言木、以旖施專言旗、而上林則用倚移于木、蓋連緜字取音者多、而字書諸字竝舉、必當有別、所謂對文則別、散文則通也、從禾。多聲。弋支切。一曰。移禾名。名當作也。故相倚則移也。此後人箋記語也、學者不知倚移之讀、故改之爲相、讀禾相倚爲逗、移也爲句、故當作禾、就許說加一則字以區之、恐又是李監之謬說也、

穎 禾末也。詩生民正義引同、魏都賦李注引作穗也、廣韻則兼此兩說、案穎者莛也、吾鄉于麥于秫皆謂連采之稭爲莛、許君云禾末、則專指秫而言、鄭注禹貢曰百里賦入總謂入刈禾也、二百里銍、銍斷去稾也、三百里秸秸又去穎也、四百里入粟、五百里入米、遠彌輕也、禮器

diǎo ⿰禾勺 suì 采 lái ⿰禾來

稾鞂之設、鄭注穗去實曰鞂、案鞂即秸、禹貢之去穎、承去稾則稿之上、爲穎、禮器注云去實、則實之下爲穎、實下稿上、非莛而何、詩生民傳曰穎垂穎也、正義曰言其穗重而穎垂也、案秫之美者其穎彎環如玦、穗正向下、正如傳疏所云、其云穗也者、則渾言之、小爾雅禾穗謂之穎、書歸禾序異畝同穎、鄭注二苗同爲一穗是也、似非許意、故不補、○說曰禾末也、與艸部蔈末也、木部標杪皆曰末也、皆不同、彼末是全體之末、此末則一體之末也、蓋稼下曰禾之秀實爲稼、莖節爲禾、本文之禾、祗是莖節、非如部首說曰嘉穀、乃指全體言也、所謂禾者本不同、故所謂末者亦不同、從禾。頃聲。余頃切。詩曰。禾穎穟穟。大雅生民文、今作役、傳云、役列也、與許異、

⿰禾來 齊謂麥爲⿰禾來。埤蒼亦作⿰禾來、從禾。來聲。洛哀切、案此字失次、

采 禾成秀也。詩黍離、彼稷之穗、傳云、穗秀也、尚書大傳有三苗貫桑葉而生、同爲一穗、韓詩外傳穗作秀艸部莠、茅秀也、廣雅作茅采、人所以收。從爪禾。因爪在采之外、故以人所收引起之、廣韻引如此、是也、爾雅釋文引禾成秀八所收者也、元應一引同、又兩引禾成秀、人所收者曰穗也、似未達許君意、徐醉切、

穗 采或從禾。惠聲。采或二字小徐作俗一字、

⿰禾勺 禾危穗也。段氏曰、危穗謂穎欲斷落也、是也、齊民要術曰、刈晚則穗折、遇風則收減、案畏風者凡穀皆然、至刈晚穗折、則惟麥爲然、吾鄉諺語曰麥子⿰禾勺頭、玉篇曰⿰禾勺、禾危穗、亦縣物也、案吾鄉亦謂縣物爲⿰禾勺、從禾。勺聲。都了切。

穟 禾采之皃。采釋訓、釋文引作垂、釋訓穟穟苗也、生民傳曰穟穟苗美好也、皆與許說異、從禾。遂聲。徐醉切。詩曰。禾穎穟穟。已見穎下、不應再引、且韻會云說文引詩禾役穟穟不作穎也、又案小徐本以蓫穟皆爲采之或體、次序則先蓫後穟、韻會引同、然與羣書不同、不可從也、穗固有借穟者、尚書大傳、三苗同爲一穗、白虎通作穟、

蓫 穟或從艸。集韻以蓫爲采之古文、

⿰禾耑 禾垂皃也。從禾。耑聲。耑者穎之耑也、下垂者必其耑也、讀若端。唐韻丁果切、則與朵同音、彼木垂、此禾垂、

⿰禾曷 禾舉出苗也。謂禾之翹然高舉者出于衆苗也、⿰禾曷竭同音、故有舉義、玉篇⿰禾曷長禾也、詩載芟有厭其傑、⿰禾曷蓋傑之專字也、元應引詩傳⿰禾曷⿰禾曷長也、案碩人葭菼揭揭、傳云揭揭長也、蓋即此、從禾。曷聲。居謁切。

杪 禾芒也。凡刺人者謂之芒、許君以芒屬之艸、以束屬之木、以杪屬之禾、各專其名、而解說則通、之杪、又名蔈、見艸部、地官稻人種之芒種、注芒種、稻麥也、從

miǎo 杪 jié ⿰禾曷 duān ⿰禾耑 suì 穟

àn 案　biāo 穮　zuó 秨　fū 稃　pī 秠　jǐ 穖

禾少聲。亡沼切。

禾穖也。程氏瑤田九穀攷曰禾采成實離離若聚珠相聯貫者謂之穖與珠璣之璣同義呂氏春秋得時之禾疏穖而穗大得時之稻長桐疏穖高注云穖禾穗果蠃是也筠案穖吾鄉謂之馬其疏密各有種族秫分稀馬密馬是也從禾幾聲。居豨切豨盡豈切

一稃二米。釋草文其上文云秬黑黍故字林曰秠黑黍一稃二米李巡曰秠是黑黍之中一稃有二米者別名之爲秠從禾丕聲。敷悲切詩曰誕降嘉穀。穀小徐作種與詩合惟秬惟秠。大雅生民文天賜后稷之嘉穀也。孫氏瑞應圖舜時后稷播植天降秬秠故詩曰天降嘉穀惟秬惟秠

稽也。稽在後而稃在此者雖是一物因時而異其名稃者生成之時其中有米稽者舂簸之後其中無米稃承秠之一稃二米而連及之稽承稃杭舂蹂之字而連及之大徐遂以稃就稽非也鄭志張逸問曰鬯人注秬如黑黍一稃二米爾雅秠一稃二米未知二者同異鄭荅曰秠即其皮稃亦皮也爾雅重言以曉人更無異稱也檢生民詩疏乃知孔所見鬯人注作秬如黑黍一秠二米以秠字易爾雅之稃字其言曰鬯人注言如者以黑黍一米者多秬爲正稱二米則秬中之異故言如以明秬有二等也案許意蓋與鄭意懸合故秠上承秠穖而以稃申之不與稷齋等類列是不拘定秠爲穀名也從禾孚聲。芳無切

稃或從米付聲。從米付者稃皮也皮付于米也付與附同小司寇注附猶著也故書附作付

禾搖皃。繫傳曰搖動搖也從禾乍聲。讀若昨。在各切

穮句 鉏田也。依詩載芟釋文引改以穮解穮廣二名也再申之曰鉏田以漢語實之也經典言穮者少言耨者多故以曉人古用鉏爲鉏鋤無鉏田之語漢人乃言之也字林穮耕禾閒也案以耕代耘吾鄉用之予秫其名曰郝爾雅郝郝耕也是也呂氏不用說文者意謂此穮以耜而不以鋤故指實其事也從禾麃聲。詩載芟縣縣其麃省形存聲字釋訓縣縣穮也即釋此詩也本表嬌反孫甫嬌切春秋傳曰是穮是蔉。昭元年文今作蔉張華詩藨蔉致功必有豐殷於蔉加艸後起之專字也因蔉借藨則是連語務令齊同後人之謬也杜注壅田爲蔉則蔉者秄也

轢禾也。於古未聞姑以字意比附今之田事爲兩說焉一說車部轢車所踐也又云輾轢也輾今作碾古無碾字蓋即用輾字碾以去穢取其米案則輾穗取其粟故曰轢如此說之則與轢禾之詞合然木部有枷柍石部無碌碡也且此事在既刈之後而穧穫諸字固在其下非次也一說雨澤未足而播種恐其乾而不生也以石轢之如用二腳耬也則兩石輪徑尺博二尺如用獨腳耬也則一石輪皆加匡郭而繩曳之按土相合則苗易生手部按下也印部抑從上按下也按之聲與案同其義與以石輾土合然當云轢土不當云轢禾也抑禾固無轢法或此逆探其後以爲言邪惟此事在穮前列字不當在其後耳從禾安聲。烏旰切

huó 秳　kuài 穭　hé 秮　huà 稞　kǔn 稛　zhì 秩　jī 積　zī 穦　huò 穫　jì 穧　zǐ 秄

壅禾本。詩甫田傳文也今詩作耔漢書食貨志苗生葉以上稍耨隴草因隤其土以附苗根故其詩曰或芸或芓黍稷儗儗芸除草也芓附根也言苗稍壯每耨輒附根比盛暑隴盡而根深能風與旱故儗儗而盛也從禾子聲。即里切

穫。句 刈也。穧穫也釋詁文又申之以刈者丿部刈芟艸也王逸注楚詞亦云草曰刈穀曰穫然刈爲通言故先定之以穫而後通之故穫下亦云刈穀不但云刈也一曰撮也。詩大田此有不斂穧聘禮記四秉曰筥注云筥穧名也若今萊陽之閒刈稻聚把有名爲筥者考工記輪人注筥讀如稯梠之梠謂一穧也從禾齊聲。在詣切

刈穀也。穀元應引作禾從禾蒦聲。胡郭切

積禾也。穦積雙聲微分動靜從禾資聲。即夷切詩曰穦之秩秩。此傳寫譌也周頌良耜穫之秩秩積之栗栗手部挃下引詩穫之秩秩與今本同

聚也。詩載芟有實其積萬億及秭從禾責聲。則歷切

積也。從禾失聲。直質切詩曰積之秩秩。已見穦下不當再出校者以秩之訓積于經無徵瞥見積下譌文謂可證也漫記于此耳

絭。句 束也。齊語稛載而歸韋注稛絭也廣雅稛束也韻會稛亦作麇絭然則以絭說稛聲義皆通之字也束也始是訓釋亦作麇者左哀二年傳羅無勇麇之是也廣雅圛字亦同從禾困聲。苦本切桂氏曰增韻混部稛字云苦本切絭束從困與軫韻內稛字不同軫部稛字云苦隕切滿也國語稛載而歸從倉困之困與混韻內稛字不同彼從窮困之困蓋據此疑本書從困筠案稛從兩禾即可疑

穀之善者。廣韻稞淨穀也從禾果聲。胡瓦切一曰無皮穀。四民月令青稞麥與大麥同時熟麵美磨盡無麩

舂粟不潰也。從禾昏聲。戶括切

秳也。元應曰秳堅米舂擣不破者也今關中謂麥屑堅者爲麮頭亦此也字亦從米列于釋文引聲類秳米不碎史記曰陳平食糠覈孟康云麥糠中不破者也從禾气聲。居气切

穅也。元應引字書穭粗穅從

yāng 秧 ráng 穰 liè 䅖 juān 稩 bǐ 秕 gǎo 稾 gǎn 稈 jiē 稭 zhuó 䅵 kāng 穅

禾會聲。小徐本此下有讀若裹，蓋稞下說，挩誤在此也。稞字繫傳曰：今人言稞。會聲若裹，桼會當作麥，卽爲讀若裹疏解也。苦會切。

穅 穀之皮也。小徐作穅，與從米合，然金刻康字皆作𥝰，繹山碑作𥝰，姑仍之。釋器：康謂之蠱。從禾從米，庚聲。小徐從禾康聲是也。苦岡切。

𥝰 穅或省作。大徐本文義順，故用之。實則小徐作康聲者，蓋從求聲一類，康則是古文，用爲康樂既久，因加禾耳，不欲多改，姑仍之。

䅵 禾皮也。稭外之皮也。小徐引呂氏春秋得時之禾，圜粒而薄䅵。禹貢納秸服，傳曰：服稾役，謂服爲稾之役也。呂覽又曰：得時之麥，服薄䅵而赤色。知服者䅵之別名，今呼禾葉之下半包其稾者爲蘆服，卽此意也。從禾羔聲。王氏煦曰：春秋莊公二年，公及齊侯盟于䅵，公羊傳作郜，是䅵郜古音本同。桂氏曰：毛詩以虐韻毳，王逸九思以剝韻告，皆此例。之若切。段氏曰：春秋有䅵字，釋文、五經文字皆從示，惟玉篇從禾。

稭 禾稾去其皮，祭天以爲席也。秫穀古皆謂之禾，春秋大無麥禾是也。今謂秫之莖曰稭，穀之莖曰稈。推許意，蓋亦如此，而以禾稾釋稭，通之也。去其皮，謂剝其䅵也。祭天以爲席者，元應引席作藉，義同。郊特牲：莞簟之安，而蒲越稾鞂之尚。注：蒲越稾鞂，藉神席也。封禪書注，應劭曰：稭，

禾稾也，去其皮以爲席。與許說正同。禹貢之秸，釋文曰：本或作稭。禮器鄭注引作鞂，地理志作戛，麻部䕭，麻䕭也，是稭秸䕭鞂一字異文，戛則聲借字。從禾皆聲。古黠切。集韻音皆，與今語同。

稈 禾莖也。廣雅：稻穰謂之稈，非許意也。古不謂稻爲禾，下文麥稩、黍䅖亦不槪謂之禾也。從禾旱聲。古旱切。春秋傳曰：或投一秉稈。昭二十七年文。此約舉之也。今本作或體秆。

秆 稈或從干作。

稾 禾稈也。依韻會引補。從禾高聲。古老切。

秕 不成粟也。形存實亡，種之成莠，是知苗之有莠，由于粟之有秕也。從禾比聲。卑履切。

稩 麥莖也。繫傳引射雉賦：窺覘稩葉，徐爰本作闕閒藹葉，風俗通作麲。從禾，從肙聲。古懸切。

䅖 黍穰也。廣雅作䅖，左襄二十九年傳杜注：茢，黍穰，是謂借茢爲䅖也。檀弓以巫祝桃茢執戈，鄭注：茢，萑苕。艸部：茢，芀也。正如鄭說。然吾鄉之帚，槪呼若帚也。從禾䅖聲。良薛切。

穰 黍治竟者也。依元應引改。治者，擊其穗以下其粒也。竟者，盡也。未治時爲穗，治之既盡，所餘者爲穰。從禾襄聲。汝羊切。

秧 禾若秧穰也。桂氏、段氏皆謂若卽䅵。集

huāng 䆉 shuì 稅 dào 䆃 zū 租 rěn 稔 gǔ 穀 nián 秊(年) huáng 䅣 páng 䅭

韻：若，艸乾也。東觀漢記：承宮留精舍門下，拾薪執若。集韻：秧穰，禾下葉多。玉篇：禾苗秧穰也。案言苗則當與稠穖等字爲伍，不宜在此。從禾央聲。於良切。

䅭 䅭䅣，穀名。廣雅：䅭䅣，穄也。從禾旁聲。薄庚切。案䅭䅣在此失次，蓋後增也。

䅣 䅭䅣也。從禾皇聲。陸璣七徵：神皇奇稌。省形存聲字也。戶光切。

秊 穀孰也。釋天：周曰秊。孫炎曰：秊取秊穀一孰也。從禾千聲。奴顛切。春秋傳曰：大有秊。春秋宣十六年文也。桓三年經有年，穀梁傳：五穀皆孰爲有年也。

穀 五經文字引。續也。桂氏曰：新以繼舊穀也。百穀之總名也。物理論：粱者黍稷之總名，稻者溉種之總名，菽者衆豆之總名，三穀各二十種，爲六十；蔬果之實助穀者各二十，凡爲百穀。故詩曰：播厥百穀也。陳氏啟源曰：外傳言烈山氏能殖百穀百蔬，易言百果甲坼，是穀與蔬果各以百名，不得并蔬果於穀方成百數。筠案：百者言其多，猶九鼎備百物，物固不止於百也。薛君韓詩章句曰：穀類非一，故言百也，是也。又詩曰黍稷稻粱，亦不得曰粱者黍稷之總名。從禾𣪊聲。古祿切。

稔 穀孰也。年下云穀孰者，謂穀一孰爲一年也。此謂五穀蕃孰謂之稔也。秌下云禾穀孰者，謂百穀成孰

之候也。廣雅：稔，年也。則大有年之謂也。從禾念聲。而甚切。春秋傳曰：鮮不五稔。是[illegible]年文。一曰：饜也。依御覽引補。古今注，[illegible]也。穆天子傳：赤烏獻稔麥百載。呂覽：飯之美者，有陽山之稔。後漢書烏丸國其地宜稔。

租 田賦也。顏注急就篇：斂穀曰稅，田稅曰租。從禾且聲。則吾切。

稅 租也。食貨志：稅謂公田什一，及工商虞衡之入也。從禾兌聲。輸芮切。

䆃 禾也。似當作導禾也。所引封禪書，今漢書卽作導，注云：鄭氏曰：導，擇也。又百官志導官令，掌春御米，導，擇也。擇米令精也。是知云導禾也者，以導釋䆃，謂其可通也。所䆃者米，而曰禾者，緣其文曰一莖六穗也。乃顏氏家訓訾之，是六朝本固作禾也。字林曰：導禾一莖六穗也。是晉本已作禾也。知不然者，若是禾名，則當在前文諸穀中，不當在此。從禾道聲。徒到切。司馬相如曰：䆃一莖六穗於庖。依祛妄篇增。於庖，漢書本有之，刪之不成語。此由既云禾也，校者遂刪此以成其誤耳。

䆉 虛。句 無食也。以虛釋䆉，本之詩桑柔具贅卒荒毛傳，申以無食者，韓詩外傳：四穀不升謂之荒。從禾荒聲。玉篇作䆉，蓋是川部說引易包巟，翟元曰：巟，虛也。是巟聲兼意。呼光切。

sū 穌　shāo 稍　qiū 秌　qín 秦　chēng 稱

穌 把取禾若也。穌卽子史樵蘇字、玉篇穌息也、死而更生也、今亦作蘇、說文無爬、把卽爬也、手部揺、把也、是也、若卽稭、本草榭若、圖經云、若卽葉也、從禾魚聲。素孤切。

稍 出物有漸也。天官大府注、稍秣卽芻秣也、謂之稍、稍用之物也、疏云、稍稍用之、從禾肖聲。所教切。

秌 禾穀孰也。書盤庚、若農服田力穡、乃亦有秋、月令孟秋至、天地反物爲秋。御覽引如此、反物蓋揫斂之意、律歷志、秋𪚴也、物𪚴斂乃成孰、從禾𪚴省聲。七由切。

穐 籒文秌不省。

秦 伯益之後所封國也。詩譜、秦者、隴西谷名、於禹貢近雍州鳥鼠之山、堯時有伯翳者、實臯陶之子、佐禹治水、水土既平、舜命作虞官、賜姓曰嬴、歷夏商興衰、亦世有人焉、周孝王使其末孫非子養馬於汧渭之閒、孝王封非子爲附庸、邑之于秦谷、地宜禾。從禾、禾于地名無涉、故以宜禾發其端也、徐鍇曰、淮南子、洛水輕利宜禾、洛水卽出秦地、舂省聲。依韻會引補、匠鄰切。一曰秦禾名也。禾當作木、風賦離秦衡、李注、秦木名、范子計然曰、秦衡出于隴西天水、

秦 籒文秦從秝。鄦子簠如此、

稱 銓也。蒼頡篇、銓稱也、案稱本動字、謂稱量之也、然荀子正論篇是縣天下之權稱也、注、稱尺證反、案權稱是複語、以動字爲靜字也、從禾爯聲。處陵切、春分而禾生。以下五句、推其本也、言春夏秋者、王者法天、權衡皆自然之數、日夏至。晷景可度卽禾有秒。數起于秒、而推原于晷景者、淮南主術訓、夫寸生于稞、稞生于日、日生于形、形生于景、此度之本也、高注、稞、禾穗稞孚榆頭芒也、十稞爲一分、十分爲一寸、十寸爲一尺、十尺爲一丈、故謂之本也、秋分而秒定。禾以八月熟、故秒定、律數。十二秒而當一分。十分而寸。言律數者、黃鐘爲萬事根本也、淮南天文訓、秋分蔈定、蔈定而禾熟、律之數十二、故十二蔈而當一粟、十二粟而當一寸、說苑、以粟生之十蔈爲一分、十分爲一寸、宋書律志、十二稞而當一粟、十粟而當一寸、所說各異、其以爲重。十二粟爲一分。十二分爲一銖。韻會引作其重以十二粟爲一分、案其以爲重者、分別之詞、上文言分寸是度也、稱固權也、故云其以爲重、言以秒爲輕重之本也、然淮南天文訓曰、其以爲量、十二粟而當一分、十二分而當一銖、數與許同、而量重字異、呂覽必己篇、一上一下、以禾爲量、注、禾三變、故以爲法也、量字同淮南、而注訓以法、則與稱義不切、惟許君收量於重部、說曰稱輕重也、似本文當依淮南作

說文句讀　卷十三　㕣○六、○折四十　三五

kē 科　chéng 程　zōng 稯　zǐ 秭　chá 秅　shí 䄷

其以爲量、故諸程品皆從禾。題下事也、

科 程也。論語、爲力不同科、從禾從斗。斗者量也。苦禾切、

程 程品也。連言程品者、品非本義也、品訓衆庶、在此則科則之義、史記張丞相列傳、若百工天下作程品、漢書高帝紀、張蒼定章程、如淳曰、程者權衡丈尺斗斛之平法也、十髮爲程。一程爲分。十分爲寸。御覽引作十發爲程、十程爲寸、從禾呈聲。直貞切、

稯 布之八十縷爲稯。字從禾、必不以布縷爲正義、段氏曰、當云禾四十秉爲稯、從禾㚇聲、一曰布之八十縷爲稯、是也、下文五稯爲秭、十稯曰秅、蓋以四十秉爲本而積算之也、史記孝景本紀、令徒隸衣七稯布、注、稯八十縷也、聘禮今文作稯、古文作稯、許從今文、故糸部無緵、從禾㚇聲。子紅切、

稯 籒文稯省。

秭 五稯爲秭。二百秉也、從禾𠂔聲。將几切、一曰數億至萬曰秭。段氏改億爲意、是也、五經算術曰、黃帝爲法、數有十等、億兆京垓秭壤溝澗正載是也、及其用也、乃有上中下三等、下數十十變之、中數萬萬變之、上數數窮則變、桂氏曰、本文及意下說皆下數、十億曰兆、兆百億也、十兆曰京、京千億也、十京曰秭、秭萬億也、故曰數億至萬曰秭也、

說文句讀　卷十三　㕣○三、○析三十八　三六

秅 秭也。周禮云。謂周禮以秅秭爲一數兩名也、秋官掌客曰、車禾視死牢、牢十車、車三秅、鄭君引聘禮記而曰、每車三秅、則三十稯也、案許君以周禮云結上文、別以聘禮曰起下文、則是許君所据古經解二經之說不同也、從禾乇聲。宅加切、釋文丁故反、聘禮曰、十斗曰斛。十六斗曰籔。鄭注、今江淮之閒量名有爲籔者、十籔曰秉。鄭注、秉十六斛、二百四十斤爲秉。斤當作斤卽斗字也、今本儀禮作斗、無爲秉二字、案有者是也、以下文四百秉爲一秅推之、則今本挩也、廣韻不引此及四百秉爲一秅句、遂使十籔曰秉、四秉曰筥兩句相接、似是遞加之數、不知爲秉以上米數也、四秉以下禾數也、不可合爲一、米數無秅字、而許君連引之者、秉見又部、曰禾把、則四秉曰筥有所承、而十籔之秉無所承、故連引之以區別之也、四秉曰筥。十筥曰稯。十稯曰秅。四百秉爲一秅。鄭注、此秉謂刈禾盈手之秉也、筥穧名也、若今萊陽之閒、刈稻聚把、有名爲筥者、詩云、彼有遺秉、此有不斂穧、一車之禾三秅、爲千二百秉、三百筥、三十稯也、筠案、秭也句、大徐作二秭爲秅、其數卽此四百秉、然使二經無異、許君何爲重複引之、故依廣韻所引、

䄷 百二十斤也。律歷志、權者銖兩斤鈞石也、本

jī 稘　lì 秝　jiān 兼　shǔ 黍

起于黃鐘之重，一龠容千二百黍，重十二銖，兩之爲兩，二十四銖十六兩爲斤，三十斤爲鈞，四鈞爲石，始于銖，兩于兩，明于斤，均于鈞，終于石。稻一秅爲粟二十升，禾黍一秅者爲粟十六升太半升也。升，一作斤，一作外，皆斗之譌也。言稻以權稱之重一秅者，以量量之，則二斛也。禾黍以權稱之重一秅者，以量量之，則一斛又六斗太半斗也。韋昭曰：凡數三分有二爲太半。從禾石聲。桂氏曰：今省作石，讀爲擔，謂一石爲一擔，音丁濫反，知此讀起于唐，詳其故，因儋受一石，遂呼石爲儋。貨殖列傳：醬千甔。漢書作儋。孟康曰：儋，石罌，受一石。常隻切。

稘 復其時也。週而復始也。段氏曰：十二月帀爲期年，中庸一月帀爲期月，左傳旦至旦亦爲期。從禾其聲。從禾，則字意主期年也，故引虞書證之。居之切。虞書曰：稘三百有六旬。堯典文。虞，小徐作唐，段氏從之。嚴氏則云：許引尚書，無虞夏商周之別。稘，今本借期，不引有六日者，易繫辭凡三百有六十，當期之日，亦第舉大數言之。

文八十七　重十三　桂氏補稊字，据薙從稊聲也，說已見艸部。又補穧字，詩黍離釋文云：

說文作穧，廣韻：長沙人謂禾二把爲穧。然言黍則字從禾，若其桐其椅其實離離，言木將字亦從木乎？不當補。

秝 稀疏適歷也。我据讀若歷補歷字者，釆部云：辨別也，讀若辨，是其例。玉篇：秝，稀疏秝秝然。廣韻：秝，稀疏滴瀝。地官遂人及窆抱磨，注：磨者，適歷，執綍者名也。疏云：天子千人，分布於六綍之上，謂之適歷者，分布稀疏得所，名爲適歷也。然則適歷爲古人常語，歷借秝正，廣韻作滴瀝，則明其音也。遂人釋文：適音的，又音釋。春秋釋文：適，丁歷反。從二禾。二禾離立，取其疏也。郎擊切。平安館朱仲子尊有秝字，葢即秝，兩禾字相背作之。凡秝之屬皆從秝。讀若歷。春秋昭三十一年，季孫意如會晉荀躒于適歷，注：適歷，晉地。

兼 并也。从持二秝爲并。從又持秝。古甜切。兼持二禾，秉持一禾。

文二

黍 禾屬而黏者也。禾屬者，以字從禾也。顏注急就篇：黍似穄而黏，可以爲酒者也。以大暑而種，故謂之黍。種當作孰。月令：仲夏之月，農乃登黍。此言其早孰者也。大暑乃六月中氣，即晚孰者亦登場矣。

méi 穈　bǐ 𪎹　nián 黏　hú 𪏹　nì 䵑　lí 黎　bó 𪐚　chī 黐

暑黍疊韻。農書：黍之言暑也，必須暑，改得陰乃成也。尚書大傳、淮南子、說苑皆云：大火昏中種黍菽。惟氾勝之書曰：黍者暑也，種必待暑。先夏至二十日，此時有雨，强土可種黍。然亦謂暑熱時耳，非大暑節也。從禾，與禾畧似也。雨省聲。當云雨聲。雨部從雨者四字，玉篇有雨字，舒呂切。孔子曰：黍可以爲酒。故從禾入水也。依廣韻引補。此說謂爲會意。春秋說題辭：精移火轉生黍，夏出秋收。黍者，緒也。故其立字，禾入水爲黍。凡黍之屬皆從黍。

穈 穄也。衆經音義：庥，字體作穈。呂氏春秋：飯之美者，有陽山之穄。高注：關西謂之庥，冀州謂之穄。從黍麻聲。靡爲切。

𪎹 黍屬也。程氏瑤田曰：農人謂之野稗，亦曰水稗。玉篇、廣韻𪎹皆有稗音，然後知稗爲禾別，𪎹爲黍別也。從黍卑聲。并弭切。

黏 相箸也。字林同。元應曰：糊物相箸曰黏也。從黍占聲。女廉切。

𪏹 黏也。從黍古聲。許說黏、𪏹皆動字，然亦靜字也。黎字說可見。戶吳切。俗作糊。

⿰米古 𪏹或從米作。

䵑 黏也。考工記弓人：凡昵之類不能方。注：故書昵或作樴，杜子春云：樴讀爲不義不昵之昵，或爲䵒。䵒，黏也。元謂樴，脂膏植敗之植，植亦黏也。從黍日聲。

尼質切。春秋傳曰：不義不䵑。隱元年文，作暱。

䵒 䵑或從刃。方言：䵒，黏也。齊魯青徐自關而東或曰䵒，或曰𪍠。

黎 履黏也。桂氏曰：黏當爲䵑。爾雅翼：古人作履黏以黍米，謂之黎。從黍𥝢省聲。郎奚切。𥝢，古文利。作履黏以黍米也。此句恐非庾注，蓋不知許意者所增也。夫以黏釋黎，則黏靜字也。以黏釋䵑，則黏亦靜字也。考工之昵乃膠也，鄭以植破之，以黏釋之矣。黍性黏，故諸字皆從之，不應于黎獨贅此語也。

𪐚 治黍禾豆下潰葉也。黍字，小徐作粟麥二字，繫傳又但言禾豆，及此皆非也。廣韻：𪐚，黍豆潰葉。玉篇作𥢆，云治黍豆也。文皆不完，而作黍豆則是也。字從黍，於外舉一豆，而凡禾有潰葉者統之矣。從黍畐聲。蒲北切。

黐 從黍尼聲。敕其反。繫傳曰：按黐有樹，出之如漆，可以黏蟬雀，黍亦黏物也。案：小徐謂黐是木名，特以其黏而字從黍耳。玉篇：黐，奴禮切，黏也。則是泛言，爲凡黏之通名也。字從尼聲，則當爲䵑之重文。考工記：凡昵之類不能方，注：故書或爲䵒，是其證也。毛氏剜補於大徐本，亦無訓義，葢所据小徐本亦有此字。

文八　增黐則九　重二

香 芳也。香主謂穀，芳主謂艸。從黍從甘。甘者穀之味，香者穀之臭。許良切。春秋傳曰：黍稷馨香。僖五年文。曰黍稷非馨，又曰明德以薦馨香。凡香之屬皆從香。

馨 香之遠聞也。會意也。案椒聊傳曰：言聲之遠聞也。則知鳧鷖傳亦本作聲，乃許君所承用也。衡方碑燿此聲香，金石後錄云以聲作馨。夫聲通于耳，香通于鼻，今諺曰聞香，或曰聽香。以鼻納之曰聞，曰聽，則鼻所納者曰聲，何不可者。是知毛傳、說文、衡方碑所用皆漢時諺語，後人以為不通而改為香也。且鳧鷖言馨，故改為香；椒聊無馨字，故未改。詩又曰有椒其馨，故知毛傳之聲即馨。又案聲之遠聞句，當在首章傳條長也之上，箋云椒之氣日益遠長，氣以申聲，遠長以申遠聞，條長也。繫傳作聲而正文作香，則校者以大徐改之。猶遠聞也字，毛傳兩見皆同，而大徐作者亦以為不通而改之也，鼎臣之寡識如此。從香，殸聲。呼形切。殸，籀文磬。小徐語。

文二 李注上林賦引說文曰：馣䬦，香氣奄藹也。案賦本作晻薆，而李引此，或本有今捝，或誤以他書當說文。

米 粟實也。小徐穬實也。祛妄篇又作穬粟實也。象禾實之形。小徐實作黍，而祛妄篇仍作實。顧禾實仍是粟實，必重複言之者，蓋謂米是圓物，四點象之足矣，而有十以象其穎與穖者，以米難象，故原其在禾時以象之也。莫禮切。凡米之屬皆從米。

粱 米名也。此改易之文也。段氏改為禾米也，本之程氏瑤田。程氏之說其略曰：周官倉人職掌粟入之藏，注九穀盡藏焉，以粟為主。鄭氏注太宰九穀中無粟，此言九穀以粟為主，則是粱即粟矣。史記索隱載三蒼云：粱，好粟，其證也。內則言飯有粱，又有黃粱，是粱者白粱也。禮設簠簋不稱黍稷稻粱而云粱，必炊米為之，故舉米名耳。無米名者乃稱穀名，黍稷稻是也。秦漢以後舉稷者輒逸粱，舉粱者輒逸稷，是溷二穀而一之也。筠案程氏以粱即粟是也，而泥米名二字則非也。天官宮伯王之饋食用六穀，鄭注有粱，此言飲食可以為米也。太宰三農生九穀，鄭注有粱，此言種植不可以為米也。漢律稻米一斗得酒一斗為上尊，稷米一斗得酒一斗為中尊，粟米一斗得酒一斗為下尊。今穀之可為酒者，稻秫之外，惟黍及赤粟。吾鄉謂之秫穀，安徽呼為粟子。漢律不言黍而言粟，則粟即鄭注之粱可知。吾鄉呼其米曰小黃米，殆即所謂黃粱也。要之具穀名粱，其米乃名粱。若泥字從米，而謂其穀名粟，其米乃名粱，則虋芑從艸，將目之為艸實乎。從米，粱省聲。呂張切。

⿰米焦 早收穀也。南都賦冬稌夏⿰米焦，隨時代熟。字又從

禾。內則注：熟穫曰稭，生穫曰穛。從米，焦聲。側角切。一曰小也。玉篇樵，小也，亦作糕。廣雅掔，小也。本書雧亦作擊。

粲 稻重一秙，為粟二十斗，為米十斗，曰毇。句首當補舂字，與糲下說為儷語。毇當作糲。稻重一秙云云，與糲篆下粟重一秙云云，皆承禾部秙下說解，而後文毇繫下皆云糲米一斛，則又總承此粲糲之說解也。秙下竝言稻及禾黍，此不合併于糲下說之者，蓋糲十、粺九、鑿八，九章算術之說與許君同，皆是遞減一斗；惟粲之數有奇零，與侍御七不合，苟無糲米之數，則無以為率也。且許君用稻黍重一秙舂為一斛計算，是以權衡為本，自糲穀繫以下，始以量為本，與九章粟率五十先以量為本者，原非一術也。毇既非十斗，若依後文改為八斗，則與糲下之一斛參差，不可以為率也。為米六斗太半斗，曰粲。漢書惠帝紀：當為城旦舂者，皆耐為鬼薪白粲。漢舊儀：女為白粲者，以為祠祀擇米也。從米，奴聲。倉案切。

糲 粟重一秙，為十六斗太半斗，當依禾部秙下說改之，曰禾黍重一秙，為粟十六斗太半斗，與粲下說為儷語。舂為米一斛，曰糲。九章算術米之率：糲十，粺九，鑿八，侍御七。粟率五十，糲米三十，粺二十七，鑿二十四，侍御二十一。夏侯陽算經：粟五斗為糲米

三斗，三十乘之，五十而一；為粺米二斗七升，二十七乘之，五十而一；為鑿米二斗四升，二十四乘之，五十而一；為御米二斗一升，二十一乘之，五十而一。從米，萬聲。洛帶切。

精 擇也。莊子鼓筴播精，注：簡米曰精。從米，青聲。子盈切。

粺 毇也。大雅彼疏斯粺，傳云：彼宜食疏，今精粺。箋乃以九章粺九指實其數，許與鄭縣合。從米，卑聲。旁卦切。

粗 疏也。即大雅彼疏之疏，箋云：疏，麤也，謂糲米也。段氏曰：糲與粺校，則糲為粗；稷與黍稻粱校，則稷為粗。九穀攷曰：論語疏食菜羹，即玉藻之稷食菜羹，左傳粱則無矣，麤則有之，麤對粱而言，謂稷也。從米，且聲。徂古切。

粊 惡米也。桂氏曰：玉篇作粊，其次在粗下，又重出粊，粊二字在部末。從米，北聲。當作非聲。兵媚切。周書有粊誓。五經文字作粊，云今文作費。

糵 牙米也。元應引作芽米也，九章算書音義引作米牙也。玉篇：糵，麴也，牙生穀也。謂漬穀麥等生芽者也。依元應引補。蓋庾注也。唐本草注云：糵者，生不以理之名也。從米，辥聲。魚列切。

粒 糂也。字不須解，故舉其俗義也。從米，立聲。力入切。⿰立食 古文粒從食。

釋 漬米

qiǔ 糗　bèi 糒　zāo 糟　qū 麴　mí 粎　tán 糮　mí 糜　bò 糪　sǎn 糂

也。詩生民釋之叟叟，傳：釋，淅米也；叟叟，聲也。釋文叟字又作溲，壽米聲也。爾雅作溞，音同。從米睪聲。施隻切。

糂 以米和羹也。墨子、孔子𡰪陳蔡，藜羹不糂也。易鼎卦覆公餗，鄭注：糝謂之餗。震爲竹，竹萌曰筍，筍者餗之爲菜也，是八珍之食。從米甚聲。桑感切。一曰粒也。糣 籒文糂從朁。糝 古文糂從參。

糪 炊，句 米者謂之糪。釋器文，冠以炊字者，摘引此句。從米辟聲。博厄切。

糜 爛也。依苔卒難解也。李巡云：米飯半腥半熟名糪，即論語云失飪不食。客難，李注引改。釋言：鬻，糜也。釋文：粥之稠者曰糜。許君說以爛者，糜欲其爛，孟子有糜爛字，且食部饘，糜也，其說已明，糜又恆言也。故如此說之。今本作糝也，則非饘之謂也。從米麻聲。本亾皮切，孫靡爲切。黃帝初教作糜，依韻會引補。初學記、藝文類聚、北堂書鈔皆引周書黃帝始亨穀爲粥。

糮 糜和也。集韻：糝、糮，糜和也。廣韻：糝，糮滓也。桂氏曰：案本書曆，和也。廣雅：糫，甘也。糜疑當作曆。從米覃聲。讀若鄲。徒感切。

粎 潰米也。王篇同。廣韻云：潰米，繫傳曰潰，浸也。案潰不訓浸，知作潰是也。從米尼聲。武夷切。夷當作移，廣韻五支收麊不收粎，而收之十五青莫經切。丙王篇云：麊，亡丁切，又音彌，亦作麊。麊下云：莫卑切。尼聲何以入青部，麊從鹿聲尤不可解。交阯有麊泠縣。前後漢志皆譌作麊，水經注同。應劭曰：麊音彌，孟康曰：泠音螟蛉。

麴 酒母也。司馬子長報任安書謂之媒糱，母與媒皆譬況之詞。從米䕮省聲。驅六切。

鞠 麴或從麥鞠省聲。鞠亦借鞠爲之，周禮內司服鞠衣，後鄭曰：色如鞠塵。

糟 酒滓也。即莊子所謂糟粕，似與內則酒正所言異者，彼以其兼糟而謂酒爲糟，此据字而釋爲滓，非異也。酉部醪，兼汁滓酒也，許君非不知酒有不去糟者也。內則稻醴清糟，黍醴清糟，粱醴清糟，注：糟，醇也；清，泲也。酒正：共后之致飲于賓客之禮，醫酏糟，注：糟，醫酏不泲者，泲曰清，不泲曰糟。從米曹聲。作曹切。段氏曰：大鄭周禮注引內則清糟，字皆作醩，云糟音聲與醩相似，記之者各異耳。案醩蓋從酒艸聲，亦糟字也。醩 籒文糟從酉。大徐篆作醩，則說解何不見䡒字。

糒 乾飯也。依元應引補。釋名：乾飯，飯而暴乾之也。從米葡聲。平秘切。一曰熬大豆與米也。依元應引補。

糗 熬米麥也。許意已炊之飯，日乾之曰糒；生米麥火熬之曰糗。其實一物也。趙注孟子

mò ⿰米蔑　cuì 粹　xì 氣　dí 糴　róu 粈　liáng 糧　xǔ 糈　jiù ⿱臼米

糗，飯乾糒也。周禮籩人注，鄭司農云：糗，熬大豆與米也。許君亦以爲糒之別說也。糗有擣粉者，亦有不擣者，許君但渾言之。又案：糗之音變爲尺沼反，廣韻三十小：麨亦作䴰，糗也，今人皆呼之。從米臭聲。去九切。

⿱臼米 舂糗也。擣粉也。從米臼。臼亦聲。依韻會引補。其九切。

糈 糧也。自糒以下五字同意，而羣書說糈，未有言糧者。姑記之：王逸注離騷椒糈曰：糈，精米。山海經祠諸山神，有糈用稌稷稻黍諸米，郭注：糈，祀神之米名，或作疏，非也。然莊子鼠壤有餘蔬，釋文：蔬讀若糈，糈，粒也。案古無蔬字，祇作疏，山海經作疏者，借字耳。許君曰糧也，則糈仍是糒，今未得其證。從米胥聲。私呂切。

糧 穀食也。詩乃裹餱糧，周禮廩人凡邦有會同師役之事，則治其糧與其食，注：行道曰糧，謂糒也；止居曰食，謂米也。左傳共其資糧屝屨，莊子：行百里者宿舂糧，行千里者三月聚糧。然則羣書言糧無不謂行道者，許君但言穀食，則如今之麮，居家者亦食之也。從米量聲。呂張切。

粈 雜飯也。與飪同。從米丑聲。女久切。

糴 穀也。廣雅、玉篇並同。廣韻曰：穀粟之名，言穀與粟與糴皆通稱也。又案晉語曰：餓食其糴。糴字欠明，似糴字之訛。左氏所謂餓食其粟也，故曰穀粟之名。從米翟聲。他弔切。玉篇徒的、徒弔二切，廣韻但收二十三錫。

⿰米蔑 麩也。集韻、類篇、韻會引皆同。蒼頡解詁：麩，細麩也。是其證。但與麥部麪麩二字不相應耳。廣雅：麪謂之⿰米蔑，玉篇：⿰米蔑，麪也，或作麪。然則小徐本作麩也，是以本字說本字。蓋漢書王莽傳始見麪字，是其字不古，故參差如此。從米蔑聲。莫撥切。

粹 不雜也。劉逵引班固亦云然。從米卒聲。雖遂切。

氣 饋客之芻米也。左僖二十九年傳：介葛盧來朝，饋之芻米。言芻米而不言餼，其謂米爲餼者，考工記玉人：致稍餼，注云：納稟食是也。然不及芻。王于周禮掌客言天子待諸侯之禮，上公饔餼九牢，饔五牢，餼四牢，車禾視死牢，牢十車，車米視生牢，牢十車，芻薪倍禾，是知餼爲生牢，以牛羊豕爲重；許言米者，爲字從米也，且米係之生牢，則與餼相屬，芻係之禾，禾係之死牢，是芻屬饔不屬餼，許連言芻米者，以其爲一時事也。從米气聲。許既切。春秋傳曰：齊人來氣諸侯。桓六年文，作餼，又無來字。考工記玉人注：餼或作氣，杜子春云：當爲餼。

槩 氣或從既。案氣既一字，既篆下引論語不使勝食既，今本作氣；中庸既稟稱事，注：既讀爲餼，餼，廩稍食也。

餼 氣或從食。此字重複實甚，而杜子春以之改考工之氣，此許君字學獨絕千古也。

hóng 粠　fěn 粉　xiè 糏　quàn 䊎　sà 𥽁　mí 䊳　qiè 竊　huǐ 毇　zuò 糳　jiù 臼

粠　陳臭米。陳臭者，陳氣也。米既陳久，別有一種香氣，非腐殠之謂。玉篇粠或作紅。賈捐之傳：太倉之米紅腐而不可食。從米工聲。戶工切。

粉　傅面者也。從米分聲。方吻切。

䊎　粉也。從米卷聲。去阮切。

糏　𥽁也。糏𥽁雙聲，似當為連語。然連語常例，糏下當云糏𥽁散之也，𥽁下當云糏𥽁也。乃左傳昭元年釋文引𥽁字說如今本，則是糏下云𥽁也者，明其獨字便成義也。傳既借蔡為𥽁，蔡一字成義，則𥽁一字亦成義。糏雖不它見，而其音同屑。內則屑薑與桂，糏或屑之專字也。𥽁下云糏𥽁散之也者，又明其連語亦成義也。乃是篇正義但引𥽁散之也，無糏𥽁二字，則以𥽁也說糏，以散之也說𥽁，是謂遞相引伸，姑仍其舊，以俟再詳。從米悉聲。私列切。

𥽁　糏𥽁，散之也。從米殺聲。孟子殺三苗，乃𥽁之省形存聲字也。桑割切。孔氏、陸氏皆引此說于蔡蔡叔下，足知所据說文引春秋傳曰𥽁蔡叔矣。

䊳　碎也。通俗文，碎糠曰䊳。從米靡聲。模臥切。

竊　盜自中出曰竊。書微子：今殷民乃攘竊神祇之犧牷牲。左莊十年傳：自雩門竊出。春秋盜竊寶玉大弓，皆自中出者。從穴從米，禼廿皆聲也。千結切。

廿古文疾，禼古文偰。童下已見，不煩再出。

文三十六　重七

毇　糲米一斛舂為八斗也。桂氏、段氏皆曰：八當作九。說詳米部粲糲二字下。從臼米，從殳。許委切。凡毇之屬皆從毇。小徐本此下有毇糙米三字，校者所記也。淮南子：粢食不毇。高注：毇音毀，細也。案粢食不毇，即左傳之粢食不鑿。散文則通，故曰細；逐字考校，則曰糙。

糳　糲米一斛舂為九斗曰糳。九當作八。宋版釋文大雅末篇糳八下引字林云：糲米一斛舂為八斗，音子沃反。生民於糳下云：子洛反，精米也。字林作糳，云：糲米一斛舂為八斗也，子沃反。左桓二年傳釋文引字林，譌作毇，然亦云子沃反。經典皆借鑿。楚詞九章：鑿申椒以為糧。崔駰七依：萬鑿百淘。從毇丵聲。則各切。

文二

臼　舂也。段氏据杵下云舂杵也，改此為舂臼也。古者掘地為臼。易繫辭文。其後穿木石。世本：雍父作臼。呂覽：赤冀作臼。象形也。謂〇中象米也。謂凵也。凵與去魚切之凵、口犯切之凵，皆相似，故兼所事以象之。其九切。凡臼之屬皆從臼。

舂　擣粟也。粟，小徐作米。周禮有舂人。從廾持杵臨臼上。午，杵省也。書容切。古者雝父初作舂。郡國志：許州雍城，即黃帝臣雍父始作杵臼處。

𦥺　齊謂舂曰𦥺。段氏曰：廣雅：臿𥢶䴷暘糳摏𦥺毇櫜磓，舂也。獨不載此字。疑其臿即𦥺之誤，而其𦥺即許之臿也。從臼𠦝聲。讀若膊。匹各切。

臿　舂去麥皮也。依六書故引補。方言：江淮南楚之閒謂之臿。從臼干聲。楚洽切。一曰干所以臿之。依韻會引補。為干聲不近，存此異說。然干戈之外，器無名干者。

舀　抒臼也。抒其臼中之米也。吾鄉謂挹水曰舀，意與此近。從爪臼。本弋紹切，孫以沼切。詩生民釋文：揄音由。玉篇：舀，羿珠、弋周二切，抒臼也，亦作揄，又以沼切。案揄在十虞，由在十八尤，舀在三十小，三部字多通。詩曰：或舂或舀。依韻會引改。生民文今作揄，傳云：揄，抒臼也。鄭注周禮地官女舂抌二人，又注有司徹二手執挑，皆引詩或舂或抌。讀詩記以為韓詩。

抭　舀或從手穴。地官敘官舂人注：抌，抒臼也。段氏以穴為聲，然似不諧。穴者，散也。秋官司厲：其奴，女子入于舂稾。是知女舂抌者，穴散之人也。地官稾人有穴食者，注以為人直之吏，以無爵謂之穴。或者奴亦其類邪。

𦥿　舀或從臼穴。

臽　小阱也。桂氏曰：本書阱，陷也；坎，陷也。二陷字竝當作臽。筠案陷者，臽之絫增字也。論衡引葬歷曰：葬避九空地臽。從人在臼上。戶猪切。春地坎可臽人。解從臼之故，且為凶部起本。

文六　重二

凶　惡也。與口部吉善也對文。象地穿。交陷其中也。云地穿者，承臼部說掘地而言。交謂㐅也。許容切。凡凶之屬皆從凶。

兇　擾恐也。漢書翟方進傳：羣下兇兇。又借匈。項羽本紀：天下匈匈數歲。案即兇字，遂入於上耳。從人在凶下。許拱切。春秋傳曰：曹人兇懼。僖二十八年文。杜注：兇兇，恐懼聲。案擾其狀也，恐其意也，加聲字而兇之聲情始備。

文二

xiàn 臽　xiōng 凶　xiōng 兇　chōng 舂　pò 𦥺　chā 臿　yǎo 舀

米　毇　臼　凶

說文解字句讀弟七上

曲沃受業呂寶芻校

句讀卷十三補正

說明亦曰昭也、獨於此二葉後十行許君下增此

吾鄉諺語連言之曰昏甦、三葉後四行皆甦也下增此

葛洪、漢人也、然漢碑無作影者、四葉前五行始加彡作影下增此

筠案天地本渾合無閒隙。特天是純氣、地則气蘊于質。近視則見質不見气。故分而爲二。望遠則气厚而合矣。設本不合。則地必墜而下。不能終古虛懸于天之中央也。六葉前五行非合也下增此

小徐曰唯許愼言者、言其無他證佐也、又引閒居賦謂之礮者、言發石自有名、初不謂之旝也、賦曰、礮石雷駭、李注、礮石、今之拋石也、引范蠡兵法、飛石重二十斤、爲機發行三百步、左傳正

義又引賈侍中說、小徐不得謂之無徵、十一葉後二行此說未詳所出六字刪去以此易之

○宋鈔小徐本汪刻本皆無族字、顧本乃有之、而云昨木切、是以大徐本補之也、葢無者是也、族以矢爲主、葢矢部挩佚、後人誤補于㫃部也、從㫃者、鄉射禮舉旌以宮、偃旌以商、十三葉後一行卽族下增此

隱三年公羊傳何注曰、不言月食者、其形不可得而覩也、故疑言日有食之、案注、月食下當有日字、今人以測算日月蝕驗厤法之疏密、遂謂古人不知月食、日然何邵公漢人也、既能知之、豈有聖人不知者、知何注爲允、十七葉前二行從月下又聲上增此注

玉篇以爲古文、誤也、𠧪既是籒文、則從之者皆當是籒文、二十二葉前六行籒文㮚下增此注

汪氏、顧氏、朱氏小徐本、克部在㣎部後、而其目錄及部敘篇、仍同大徐、二十五葉後七行重二下增此注

桼、㣎六章兩稼穡字、鄭君竝作家嗇、說之曰、居家吝嗇、王肅申毛、則作稼穡、二十六葉後七行古訝切上增此

隸釋所載漢石經殘碑、尙書無逸、嗇之艱難、魯詩不稼不嗇、二十七葉前一行所力切上增此

䅘 齊謂麥爲䅘、從禾來聲。○洛哀切、案此字當刪、玉篇雖有此字、猶與諸穀名爲伍、此則廁諸穎采之間、失次一也、來部屬

之周、此則屬之齊、二也、廣韻曰、䅘麰之麥、一麥二稃、周受此瑞麥、出埤蒼、可知說文本無此字、今有者、取諸埤蒼而羼入之也、然作埤蒼者、本不善讀說文、合䅘麰爲名、與麥部麰下合來麰爲名同、此卤莽云、一麥二稃、與改爲一來二縫同謬、且是依放一稃二米而爲之、不知無二稃之穀也、云周受此瑞麥、仍是鈔自來部、故重文在兩部者甚多、而此則當刪、三十葉前六行䅘篆注以此易之

嵇康幽憤詩、無馨無臭、注引詩無聲無臭、潘尼贈河陽詩、流聲馥秋蘭、亦與燿此聲香同義、三十九葉前四行以聲作馨下增此

毛傳曰、遠聞、京師諺曰、聽香、其字皆從耳、三十九葉前四行今諺曰聞香或曰聽香九字刪去以此易之

玉篇酉部作醋、四十一葉後八行何不見辣字下增此

má 麻　sàn 㪚　qǐng 檾　pài 林　xǐ 枲　pìn 朩

說文解字句讀弟七下

朩 分枲莖皮也。謂分枲莖上之皮也，廣韻朩、麻片。从中八，象枲之皮莖也。八象皮，屮象莖，全體象形字也，不可闌入會意。凡朩之屬皆从朩。讀若髕。匹刃切。吾鄉呼如匹，以雙聲譌也。

枲 麻子也。枲、麻，釋草文也。許云麻子者，艸部芓，麻母，一曰芓即枲也，莇，枲實也，是許君謂枲有子。廣韻曰有子曰枲，無子曰苴，宗此說也。喪服傳曰苴，麻之有蕡者也，牡麻者，枲麻也。玉篇曰有子曰苴，無子曰枲，宗此說也。元應調停其說，曰枲謂牡麻有子者也。以牡鞠、牡棒例之，有子不得云牡。且詩九月叔苴，毛傳苴，麻子也，似儀禮是。从朩，台聲。小徐本曰台者从辝省聲，戴侗引蜀本同，此因籀文附會耳。胥里切。

䈇 籀文枲从林从辝。元應引作辝，則从朩辝聲矣，非也。林是古麻字，故从之，小篆省其半，故作枲也。朩是虛字，枲則物也，从之則倒置。

文二　重一

說文句讀《卷十四　六百七十八　。折三十三　一

林 葩之總名也。桂、段、嚴三家皆曰葩當作萉，呂氏春秋織萉屨，枲即麻䴷也，此亦萉譌爲葩者。林之爲言微也，微纖爲功。林是古麻字，麻、微聲相近，春秋說題辭麻之言微也，陰類寑密，女作纖微也。案朝服之布十五升，其冕倍之三十升，幅廣二尺四寸，而爲縷二千四百，故曰微纖。象形。不言从二朩者，種麻必密比，故以林象其密，朩分其皮，故半之，而許亦云象形者，緣列朩於林前之故。匹卦切。玉篇曰亦與麻同，乃古讀也。凡林之屬皆从林。

檾 枲屬也。禮記雜記作穎，地官鄭注作䔛。从林，熒省聲。去穎切。詩曰衣錦檾衣。衛之碩人，鄭之丰，皆作褧衣，衣部褧，檾也，詩曰衣錦褧衣，然則二字同也。中庸引作絅，鄭注玉藻引亦同。

㪚 分離也。經典皆借肉部散爲之，而變爲散。从攴从林。字隸林部而先言从攴，豈以兩體皆與字義不甚合邪。林，分㪚之意也。此由朩有分㪚意，林加一朩，故亦有分㪚意。穌旰切。

文三

麻 枲也。與林同。儿部曰仁人也，古文奇字人也，與此文法同。先說其義，而後言其與某同字，古人之不苟如此。人所治在屋下。爲从广起本也，言林字足矣，而加广者，婦功必在屋下也，考工記治絲麻以成之，謂之婦功。从林从广。凡一字遞增而在兩部者，所增必本物，如百增爲皆，巛則髮也，惟鬲增爲鬻，已非所本有，林增爲麻，則尤遼遠矣，它字無似此者，故人多不知爲一字。莫遐切。凡麻之屬皆从麻。

𪎊 檾屬也。从麻俞聲。度侯切。廣韻引字書云𪎊，麻一絜也。

𪎉 未練治纑也。練當作湅，湅瀨也。纑，布縷也。凡織布帛，先湅治其縷，織成之後，再湅治其布帛，糸部練，湅繒也，是也。喪服傳曰十五升抽其半，有事其縷，無事其布，曰緦；無事其縷，有事其布，曰錫。衰彼所謂事，即湅治也。無事者，異于常人也。此未練治則適當其時耳，非有所爲而然。从麻後聲。空谷切。桂氏曰猶羽讀之六切，軸讀直六切也。

𪎌 麻蒸也。蒸字依韻會，今各本作藉，後人以俗字改之也。𪎌與艸部菆同字，故說解亦同。楚詞七諫菎蕗雜于𪎌蒸，王注枲翮曰𪎌，熘竹曰蒸。从麻取聲。側鳩切。

文四

說文句讀《卷十四　六百三十四　。折三十　二

尗 豆也。禮記投壺曰壺中實小豆焉，爲其矢之躍而出也。豆字於經祇此一見，計倪子內經、國策則有之矣。經皆謂之菽。後漢書光武紀麻尗尤盛，此古字之僅存者。高注淮南時則訓曰菽，豆連皮也，此漢時呼菽爲豆，因爲菽別作義也。說林訓注又曰菽，豆總名。象尗豆生之形也。中一，地也，丨之通于上下者莖也，附于右者甲也，氾勝之書尗戴甲而生是也。八當作∵，猶米當作尗，豆之根有土，豆豐年則堅好，凶年則虛浮，故象之也。式竹切。凡尗之屬皆从尗。

枝 配鹽幽尗也。配尗以鹽，鬱幽之于瓮盎中，生衣乃成也。楚詞招魂注云大苦，豉也，是春秋之世已有枝。从尗支聲。是義切。

豉 俗枝从豆。

文二　重一

耑 物初生之題也。題者領也。考工記磬氏已下則摩其耑，凡物之耑皆名之，而曰物初生者，据字形言之，今借端。上象生形。一者地也，ㄙ其耑也，不正者與尗之上半同意，禮記所謂句者也，凡豆及瓜瓠桃李初生皆如此。下象其根也。其一作生。多官切。凡耑之屬皆从耑。

文一

duān 耑　chǐ 枝　shū 尗　zōu 𪎌　kū 𪎉　tóu 𪎊

朩林麻尗耑

韭　菜名也。一種而久生者，故謂之韭。久生，爾雅釋文引作長久。象形，在一之上。一，地也。九字本草蘇頌引作象葉出地形五字。舉友切。此與耑同意。但指上半而言。凡韭之屬皆從韭。

䪞　齏也。廣雅，䪞，菹也。通俗文，淹韭曰䪞。從韭，隊聲。徒對切。

韲　䪞也。通俗文，淹韭曰韲。凡醯醬所和，細切爲韲，全物爲菹。江南悉爲菹，中國悉爲韲。從韭，次朿皆聲。祖雞切。

齏　韲或從齊。天官醢人五齊注，齊當爲齏。案經省形存聲也。

䪥　菜也。釋草，䪥，鴻薈。嘉祐圖經，䪥似韭而葉潤，多白無實，人家種者有赤白二種，皆春分蒔之，至冬而葉枯。其葉似韭。故從韭也。依釋草釋文引補。案廣韻、王伯厚急就篇補注皆云葉似韭。鎢所見之䪥，葉及子皆似葱，其本如水仙花，葉極滑，露所不能黏著，故曰薤露。自甘肅攜來，種之吾鄉，一二年，其本不復大，如常葱矣。蓋以其與韭同爲辛物，故從之耳。𣦼聲。胡戒切，俗作薤。

韱　山韭也。段氏曰，釋草，藿，山韭。藿見艸部，不云山韭，然則許所據爾雅作韱。山韭與鎢，案南山經，招搖之山，注引橤曰，韭音九，爾雅云，霍山亦多之，則藿作霍也，亦足徵此字多訛文。從韭，𢦏聲。息廉切。

䪤　小蒜也。玉篇謂之百合蒜。南都賦，諸蔗薑䪤，李注引字書，䪤，小韭也。從韭，番聲。附袁切。

文六　重一

瓜　蓏也。齊民要術，三月辰日宜種瓜。象形。繫傳曰，厶，瓜實也，外，蔓也。古華切。凡瓜之屬皆從瓜。

瓝　小瓜也。釋草，瓝，九葉。釋文，舍人云，瓝，九葉九枚共一莖。樊光本瓝字作駮，釋云駮也。一名九葉。案上駮字當作瓝，與許所據爾雅同。瓝是野瓜，其徑寸許，其實甚多，故曰九也。從瓜，交聲。爾雅釋文，瓝字林作瓟，案毛傳亦作瓟。蒲角切。

瓞　瓝也。桂氏引戴君震曰，爾雅瓞瓝，其紹瓞。蓋瓝者小瓜之種，瓞者繼本之瓜。其小如瓝，故以瓝釋瓞。而紹者爲瓞，非紹者爲瓝，故又言其紹瓞以別之。紹，爲繼本也。陸農師云，今驗近本之瓜常小，末則復大，得之矣。從瓜，失聲。徒結切。詩曰。緜緜瓜瓞。大雅緜文。箋云，瓜之本實，繼先歲之瓜，必小，狀似瓝，故謂之瓞。

𤓯　瓞或從弗。段氏曰，弗當作弟。尚書平秩，亦作平豑，釋草稊亦曰荑，是其例。

𤬪　小瓜也。齊民要術引作小瓜瓞也。從瓜，熒省聲。戶扃切。

䍃　瓜也。桂氏曰，北人音轉呼爲梢瓜，其形長，卽拄杖瓜也。從瓜，䍃聲。余昭切。

瓣　瓜中實也。字林同。吳氏本草，瓜子一名瓣。詩東山箋，瓜之瓣有苦者。案衞風碩人傳，瓠犀，瓠瓣。釋草，瓠棲，瓣。孫叔然云，棲，瓠中瓣也。然則瓣者通名，許第言瓜，以字從瓜也。從瓜，辡聲。本白莧切。孫蒲莧切。

㼚　本不勝末，微弱也。本不勝末，仍主瓜而言。微弱乃字之本義也。釋詁，愉，勞也。郭注，勞苦者多惰愉。今字或作窳，同。案爾雅及注，皆卽微弱之義。是㼚與愉窳通用也。從二瓜。讀若庾。荀子，械用兵革窳楛不便利者，弱。注，窳，器疾也。音庾。以主切。

文七　重一

瓠　匏也。從瓜，夸聲。今人以細長者爲瓠，圓而大者爲壺盧，古無此別也。詩八月斷壺，李時珍引孫愐唐韻曰，瓠音壺，又音護，瓠𤬋，瓢也。徐鉉但引唐韻胡誤切，習熟時音，引之不備也。凡瓠之屬皆從瓠。

瓢　蠡也。顏注急就篇，蠡，升瓢，蠡之受一升者，因以爲名。九歎、方言作𧓍。從瓜者，改借字爲專字也。從瓠

省。古瓠瓢通偁。廣雅曰，瓠，瓢也。符子曰，溺人曰，我得一瓢之力，則活命矣。是以瓢不入瓜部也。㶾聲。符宵切。

文二

宀　交覆深屋也。交覆對广而言，广是堂皇形，三面有牆，宀是房室形，四面有牆。云深者，宀下云宀宀不見也，惟深故不見。且舄與本部之寫，音義皆與宀同，是一字也。象形。武延切。凡宀之屬皆從宀。

家　居也。借居爲尻也。釋宮，牖戶之閒謂之扆，其內謂之家。從宀，豭省聲。古牙切。鈕氏樹玉曰，家當從豕省聲，古文不省可證也。如蠡從豕聲，劉子政九歎蠡與嵯峨爲韻，揚子雲賦蠡與它爲韻，廣韻蠡亦收戈部，與家字古讀合。筠案此說較它說尚妥，姑用之。然謂蠡從豕聲，雖有竹君本可證，終不足信，說見䖵部。

𡧦　古文家。

宅　託也。二字皆從乇。人所投託也。以上二句依廣韻引補。以託說宅，與宅度通用同。書宅嵎夷，石經作度。宅西，維人鄭注引作度。坊記引度是鎬京，論衡引此維與度。從宀，乇聲。場伯切。

𡧒　古文宅。

𡩼　亦古文宅。

室　實也。釋名，室，實也，人物實滿其中也。從宀，至聲。

wǎn 宛　ào (奧)　yǎo 宎　yí 宧　xiàng 向　xuān 宣

式質切。室屋皆從至至所止也。

宣 天子宣室也。淮南本經訓破紂牧野殺之于宣室注宣室殷宮名一曰宣室獄也帝王世紀紂赴於京自燔於宣室而死容齋續筆漢宣室有殿有閣皆在未央宮殿北三輔黃圖以為前殿正堂從宀。亘聲。須緣切

向 北出牖也。豳風七月毛傳文也玉篇向下引詩塞向墐戶而說之曰向窻也穴部窻通孔也案此皆向字之正義也亳社北牖使陰明也此外無北牖而豳風有之者編氓寢食皆在一室鑿北壁以出炊烟冬取煖故塞之故經言向以其非牖故別立一名也傳謂之牖則譬況之詞使人仿像而知之也至于士虞禮記祝從啟牖鄉注云鄉牖一名也明堂位刮楹達鄉注云鄉牖屬謂夾戶窗也淮南子四方者道之門戶牖嚮也其字有鄉嚮之不同而皆牖之別名雖與向同音而與向異物牖名鄉者嚮明之義牖所以取明也自鄉背變為向背人遂謂向與鄉一物其實非也從宀從口。段氏改篆為向改說為從口尚小誤當云象形蓋口但以象通孔而已非字也然積古齋向彝作俞許諒切 詩曰塞向墐戶。

宧 養也。易序卦頤者養也宧即古頤字 室之東北隅食所居也。釋名東北隅曰宧宧養也東北陽氣始出布養物也案所以庋食謂之閣

天子之閣左達五右達五而設于東北則未聞從宀。𦣞聲。兼意。與之切

宎 戶樞聲也。室之東南隅。釋宮東南隅謂之窔郭注禮曰埽室聚窔窔亦隱闇案謂之隱闇者戶開則附著東牆有以蔽之也是知戶樞在室之東南即以其聲為隅名矣案爾雅釋文作宎引說文曰深貌又曰本或作窅又作窔同深貌似即穴部窔下之深窱皃而窅亦在穴部與窔相比陸氏既作宎不應不檢宀部而檢穴部又不應合窅宎為一豈說文宎字係後增邪抑陸氏偶誤邪從宀。皀聲。烏皎切

奧 宛也。爾雅釋文引作室也堯典厥民隩傳曰隩室也然本文分四隅言之則不可謂之室段氏曰宛曲深藏室之尊處是也 室之西南隅。見釋宮 從宀。𢍏聲。嚴氏曰𢍏奧聲之轉媼從𥁕聲讀若奧墺從奧聲古文作𡋾從古文釆媪從畓聲曼從冒聲匋從包省聲可以比例筠案許君說奧曰宛也宛與𢍏疊韻則知以宛說奧本以音近之字為說解也證又見窔下烏到切

宛 屈草自覆也。從宀。夗聲。此及重文惌小徐本在寡下玉篇同大徐蓋因奧宛也而迻之此然其義似不比附夕部夗轉臥也則聲亦兼意於阮切

惌 宛或從怨。考工記眡其鑽空欲其惌也鄭司農云惌小孔貌惌讀為宛彼北林之宛

chéng 宬　láng 㝗　kāng 㝩　wěi 寪　hóng 宖　hóng 宏　huán 寏　fēng 寷　yǔ 宇　chén 宸

案秦風鬱彼北林故釋文曰惌於阮反或曰司農音鬱玉篇廣韻皆兼引說文及司農說元應謂惌同冤廣韻分收之而音義同。

宸 屋宇也。謂屋之宇也國語君若不忘周室而為敝邑宸宇韋注宸屋霤也宇邊也是知宸宇所指微異故不直言宇而連屋言之也段氏曰古書言柍振者即棟宇也引張載云柍中央也振屋宇穩也而謂柍即央宇振即宸宇是也從宀。辰聲。植鄰切

宇 屋邊也。句檐也。依元應引補先以屋邊指其處再以檐廣其名與它部先廣其名而後釋其義不同者承上文宸宇言之如是則文義順也韓詩宇屋霤也與許同意而所指不同與韋昭說宸同士喪禮注宇梠也則與許同考工記言車蓋曰上尊而宇卑則吐水疾而霤遠則與韓詩同韓言其縱許言其橫也從宀。于聲。王榘切 易曰上棟下宇。易繫辭文桂氏曰鄉射說五架屋云正中曰棟次曰楣前曰庪疏云中脊為棟棟前一架為楣楣前接檐為庪庪謂此即上棟下宇之說

㝢 籀文宇從禹。

寷 大屋也。從宀。豐聲。敷戎切 易曰豐其屋。豐卦上六爻詞引此者以見豐兼意也乃不曰從豐豐亦聲者豐者豆之豐滿者也與宮室無涉易於屋言豐故引以證也

寏 周垣也。桂氏

曰四面屏蔽也從宀。奐聲。胡官切

院 寏或從阜完聲。又爰眷切 已見𨸏部後人合寏院為一因而附此

宏 屋深響也。段氏引或說厷弘本一聲谷部曰谹谷中響也弓部曰弘弓聲也水部曰泓下深大也參伍求之蓋宏訓屋深響宖其重文筠案此說最是惟是釋詁宏大也玉篇廣韻皆用之玉篇又曰宖安也未有合宏宖為一者且以物情徵之屋之深者不盡響響者又不必深故依韻會等書刪響字從宀。厷聲。戶萌切

宖 屋響也。繫傳於宏字引靈光殿賦曰宖寥窲以崢嶸宖下傳曰釋如上字也是謂二字同也長門賦擠玉戶以撼金鋪兮聲噌吰而似鐘音此言響不言深者也靈光又曰動滴瀝以成響音雷應其若驚此以響形容其深者也故吾終不能忘或說也從宀。宏聲。戶萌切

寪 屋皃。王逸注招隱士曰崎嶇閒寪從宀。為聲。韋委切

㝩 屋㝩㝗也。方言康空也注㝩㝗空皃案此則一字兩字皆成義從宀。康聲。苦岡切

㝗 㝩也。㝩下發連語之義此發轉注之義玉篇㝗力蕩切空虛也又魯堂切屋㝩㝗也亦分為兩義從宀。良聲。音良又力康切

宬 屋所容受也。土部城以盛民也當作此宬從宀。

níng 寍　dìng 定　shí 寔　ān 安　mì 宓　yì 窫　yàn 宴　jì 宋　chá 察　qīn 窺　wán 完　fù 富　shí 實　bǎo 宲　róng 容

成聲。氏征切。寍 安也。釋詁文。從宀。心在皿上。皿。人之飲食器。所以安人也。奴丁切。定 安也。從宀從正。堯典以閏月定四時、史記作正四時。正亦聲。依韻會引補。徒徑切、桂氏曰、濾古文作定、形近定、書大誥罔敢易法、王莽擬云、爾不得易定。寔 止也。韓詩實命不同、毛詩作寔、傳曰寔是也、案是從正、正從止、意本一貫、元應兩引皆如今本、不可改。從宀。是聲。書、是能容之、戴記作寔、春秋桓六年寔來、公羊云是來。常隻切。安 止也。釋詁文、書、安女止、從女在宀中。烏寒切。宓 安也。廣雅同、經典借密爲之、詩公劉止旅迺密、傳曰密安也、正義曰、釋詁云密康靜也、康安也、轉以相訓、是密得爲安。從宀。必聲。美畢切。窫 靜也。蒼頡篇窫安也、廣韻窫安也靜也。從宀。契聲。於計切。宴 安也。堯典、欽明文思安安、考靈曜作宴宴、謂安息皃也。依元應引補、蓋庾注也、釋訓宴宴、凥居息也、釋文作燕燕、北山或燕燕居息、傳曰安息皃。從宀。妟聲。於甸切。宋 無人聲也。楚詞遠遊野宋漠其無人、一本訛作家、而玉篇收之。從宀。尗聲。前歷切。今作寂。

說文句讀　卷十四　七百十五　、〇析四十七　七

誎 宋或從言作。察 覆。句審也。釋詁、覆察副審也、兩部覆下、不見察義、於此見之、究是引伸之義、故以審申之、考工記覆之而角至、注覆猶察也。從宀。祭聲。尚書大傳曰、祭之爲言察也、則可、若倒其詞曰、察之爲言祭也、則不可、大徐無聲字、謬也、王氏煦曰、淮南原道訓際天地、文子原道篇作察天地。初八切。窺 至也。與親同義、是一字也、秦繹山刻石、窺輈遠方、月令四言天子親帥、一言天子親往、皆同意。從宀。親聲。初僅切、玉篇且仁切、是也、又人部儭至也、或作窺。完 全也。轉注。從宀。元聲。胡官切。古文以爲寬字。假借。富 備也。與福同義、郊特牲、富也者福也、注云、或曰福也者備也。一曰厚也。小徐無此句、是也、備也音義皆具矣、不解者增此也。從宀。畐聲。兼意。方副切。實 富也。哀公問好實無厭、注實猶富也。從宀從貫。貫。貨貝也。貫下云錢貝之貫、此直以貫爲錢貝矣、故特解之。神質切。宲 藏也。藏去聲、中庸、寶藏興焉。從宀。𤓽聲。博褎切。𤓽古文保。小徐保省聲、大徐改𤓽聲、是也、加此句則謬。周書曰。陳宲赤刀也。顧命文、今作寶。容 盛也。

rǒng 宂　mián 𡨚　bǎo 寶　qún 宭　huàn 宦　zǎi 宰　shǒu 守　chǒng 寵　yòu 宥　yí 宐(宜)　xiě 寫　xiāo 宵

借盛爲宬。從宀。谷聲。余封切。古文容從公。宂 㯑也。荀悅申鑒、正貪祿、省閑宂。從宀。人在屋下。無田事也。而隴切。周書曰。宮中之宂食也。段氏曰、書當作禮、周禮稾人、掌其外內朝宂食者之食、許偁之、涉稾人宮中之稍食而誤。𡨚 𡨚𡨚。不見也。說𡨚曰宀宀、則𡨚者𡨚之絫增字也、說𡨚亦曰宀宀、則亦可作𡨚𡨚、純以聲爲用也、其義蓋與宀近、宀、冥合也、晦冥不分、則一無所見也。從宀。𡨚聲。武延切。一曰𡨚𡨚。不省人也。謂不省錄人也、亦當作冥合解、故彰其目、傲睨加人、乞兒暴貴之狀也。寶 珍也。轉注。從宀從玉從貝。書曰具乃貝玉、故兩從之。缶聲。博皓切。寚 古文寶省貝。宭 羣居也。以羣說宭、區別之詞也、謂羣爲三百維羣之專字、其敬業樂羣之比、當用宭也、居義不重、以從宀、故云爾。從宀。君聲。渠云切。宦 仕也。人部仕學也、左傳宦三年矣、注宦學也、曲禮宦學事師、注仕與學皆有師、以明道也。從宀從臣。胡慣切。

說文句讀　卷十四　七百〇八　、〇析四十二　八

宰 辠人在屋下執事者。從宀從辛。辛。亦辠也。許義於經無徵、據字說之也、言亦辠者、因辛辠連得此義也。作亥切。守 守官也。宋通志引作寺、非也、孟子有官守者、左傳守道不如守官。從宀。從寸寺府之事也。解從宀也、寺府猶今語衙門。從寸。寸。法度也。兩體不甚貫、故分說之。書九切。寵 尊居也。寵祇是尊、以從宀、故言居也。從宀。龍聲。丑壟切。宥 寬也。段氏曰、周頌夙夜基命宥密、叔向毛公皆曰宥寬也、宥爲寬、故貰罪曰宥。從宀。有聲。于救切。宜 所安也。蒼頡篇宜得所也。從宀之下一之上。上有所庇、下有所著、安之意也。多省聲。魚羈切。𡧯 古文宜。廣韻作𡧯、竝者重之也、平安館無戲尊作图、亦重。𡧯 亦古文宜。申鑒亦作𡧯、廣韻作家。寫 置物也。曲禮器之溉者不寫、其餘皆寫、注傳己器中乃食之也、左昭四年傳、牛弗進、則置虛命徹、注寫器令空、案皆寫之正義也、詩我心寫兮、箋我心所憂寫而去矣、案此引伸義也。從宀。舄聲。悉也切。俗作瀉。宵 夜也。釋言文、秋官司寤氏禁宵行者、夜遊者、經以宵夜對言、故鄭君別之曰、宵定昏也、其實不別。從宀。宀下冥也。此句若在宵下、猶尚可通、若嚮晦宴息、有不入此室處者乎、本

sù 宿　qǐn 寑　miàn ⿱宀丏　wù ⿱宀吾　kuān 寬　zǎn 寁　guǎ 寡　kè 客　yù 寓　jì 寄　jù 寠　jiù 宊

部從宀之難解者，如寫寁等，未加疏解，乃於此不須說者作贅語乎？且嘅嘅其冥，豈與夜之暗有肖似乎？肖聲。相邀切。

宿　止也。止，如大學知其所止之止。地官三十里有宿，宿有路室，是也。人之止于是室，亦謂之宿，論語止子路宿，是也。日之躔次爲宿，釋名言星各止住其所也，則譬况之名矣。從宀，㐁聲。㐁，古文夙。息逐切。

寑　臥也。從宀，侵聲。七荏切。此爲日入而息之字，大寑小寑皆取其名。在㝱部者，乃寑疾之字，今字由寑變而兩義皆歸之。

𡩟　籀文寑省。

⿱宀丏　冥合也。合也，與日部昰望遠合也文法同。天與地未嘗合也，彼見爲合，以其遠也；此見爲合，以其冥也。風雨如晦，往往如此。從宀，丏聲。讀若書曰：若藥不瞑眩。段氏曰：此許引孟子滕文公篇文，鄭注醫師亦引作孟子，若今僞撰說命，則采楚語爲之，許鄭所未見。大徐本作周書，謬。莫甸切。

寬　屋寬大也。易：寬以居之。從宀，萈聲。苦官切。

⿱宀吾　寤也。以重文爲說解也。釋言：寤，寤也。蓋即此文。郭注相干寤，是以寤爲釋詁之遻也，恐非。廣雅：覺，穌寤也，可證。從宀，吾聲。五故切。

寁　居之速也。集韻曰：作屋居之速也。蓋爲說文文義不順，欲增成之也。不知釋詁曰：寁，速也，乃許君所本，特以字從宀，故言居也。此自是許君拘于部分耳。止部疌，疾也。加宀義仍不異，古人偶增偏旁，不須深求。從宀，疌聲。子感切。

寡　少也。從宀，從頒。頒，分賦也，故爲少。以頒爲大頭爲本義，此借頒爲攽也，故說之。古瓦切。

客　寄也。偶寄于是，非久居也。從宀，各聲。苦格切。

寄　託也。轉注。人部侂亦曰寄也。方言：餬、託、庇、寓、媵，寄也。從宀，奇聲。居義切。

寓　寄也。郊特牲：有寓公，失地之君寄寓其國也。左傳：子產寓書于子西。從宀，禺聲。亦省作禺，史記木禺龍。牛具切。

𢈇　寓或從广作。

寠　無禮居也。詩傳：窶，無禮也。蒼頡篇：無財曰貧，無財備禮曰窶。許言居者，以字從宀也。字林：窶，貧空也。字書：窶，空也。貧而空，無禮也。兩書言空，與言居小近。邶風從穴作窶，俗字。從宀，婁聲。其榘切。

宊　貧。句。病也。兩義而不用兩也字，以字從宀也。廣韻引字書亦云，然非捝也。宊然與他處相伸相足者異矣。大雅末篇：維昔之富不如時，維今之宊不如茲。釋文：宊字或作疚。案詩宊與富對舉，此宊爲貧之徵也。雲漢：宊哉冢宰。箋云：宊，病也。釋文云：本或作宊，此宊爲病之徵也。蓋許君所據經皆作宊，故疒部不收疚。從宀，久

hán 寒　hài 害　suǒ 索　jū ⿱宀匊　guǐ 宄　cuì 𡨥　dàng 宕　diàn ⿱宀埶　sòng 宋　zōng 宗　zhǔ 宔　zhòu 宙

聲。居又切。詩曰：煢煢在宊。周頌閔予小子：嬛嬛在疚。釋文：嬛，崔本作煢；疚，本又作宊。漢書匡衡傳引煢煢在疚。

寒　凍也。此凍之別義也。左傳：甚雨及之，楚師多凍，是也。從人在宀下，以茻上下薦覆之。茻字依集韻。上茻覆之，下茻薦之。下有仌也。胡安切。

害　傷也。釋名：害，割也。如割削物也。從宀，從口。宀、口，言從家起也。故曰：內言不出。丯聲。胡蓋切。

索　入家搜也。通俗文：入室求曰搜。從宀，索聲。經典借索爲之。所責切。

⿱宀匊　窮也。此窮極之字也。亦借鞫、鞠爲之。釋言：鞫，窮也。盤庚：爾惟自鞠自苦。從宀，𥷚聲。居六切。𥷚與籟同。小徐本無。

⿱穴匊　⿱宀匊或從穴。

宄　姦也。外爲盜，內爲宄。釋名：宄，佹也。佹，易常正也。舜典：寇賊姦宄。從宀，九聲。讀若軌。謂其可借也。左成十七年傳：亂在外爲姦，在內爲軌。釋文：軌，本又作宄。居洧切。

𠩺　古文宄。

𡨦　亦古文宄。

𡨥　塞也。廣雅同。廣韻作𡨥，云：塞外道也。陸贄關中事宜狀：儻有賊臣盜𡨥。注云：𡨥，塞外道。從宀，𢾊聲。讀若虞書曰𡨥三苗之𡨥。

古堯典文，今作竄。似當云竄三苗之竄。麤最切。

宕　過也。元應引此，而又引通俗文：過過曰宕，以伸之。一曰洞屋。後漢書梁冀傳：連房洞戶。注：洞，通也。從宀，碭省聲。徒浪切。汝南項有宕鄉。汝南郡項縣，前後漢志同。

宋　居也。從宀，從木。讀若送。小徐無此句。蘇統切。

⿱宀埶　屋傾下也。衆經音義：凹，烏狹反。蒼頡篇作𡫳。𡫳，下也。案以墊說𡫳，謂其可借也。下也，乃是訓義。方言：墊，下也。是也。桂氏曰：郭林宗墊巾，亦此意。從宀，埶聲。都念切。

宗　尊。句。祖廟也。以尊說宗，釋其義，兼謂其可通也。故晉之伯宗，亦作伯尊。禮：祖有功而宗有德，至于廟則率言宗廟，偶言祖廟。許君釋宗，故特言祖廟也。廟曰宗，祧宗祊宗祏，器曰宗器，主祭者曰宗子，宗主執祭事者曰宗人，其正曰宗伯，而大宗小宗之別，由此起焉。從宀，示。宀示者，室中之神也。天神地祇，壇而不屋，人鬼則于廟中祭之。作冬切。

宔　宗廟宔祏也。宔祏，小徐作主石，而曰以石爲藏主之櫝也。案主者，古文假借字也；宔則後起之分別字也。餘見祏下。從宀，主聲。之庾切。

宙　舟輿所極。句。覆也。舟輿所極，卽舟車所至。覆也者，猶言天之所覆。又加此句者，爲字從宀也。是以莊子曰：有所

實而無乎處者宇也、有長而無本剽者宙也、太元、闔天謂之宇、闢宇謂之宙、皆爲許君所不取、惟淮南曰、燕雀佼佼以爲不能與之爭於宇宙之閒、高注、宙棟梁也、尙與許說近、從宀。由聲。直又切、

文七十一　重十六

宮 室也。釋宮、宮謂之室、室謂之宮、白虎通、黃帝作宮室、從宀。躳省聲。居戎切、金刻宮字皆作[宮]、疑是從𠨑省聲、平安館鬻遷父鼎鑵作[宮]、積古齋宗周鐘雝作[宮]、則知呂可省作[宮]、亦可變川爲水而作𠨑也、凡宮之屬皆從宮。

營 帀居也。韻會引作匝居也、匝卽俗帀字、段氏曰、帀居謂圍繞而居、如市營曰闤、軍壘曰營、皆是也、從宮。熒省聲。余傾切、一曰。營惑也。依西京賦注引補、亦作熒、莊子是黃帝之所聽熒也、營惑、火星也、蓋取此義爲名、

文二

呂 𦙶骨也。與𦙶脊身躳一體而六名、故其字互相從、象形。力舉切、昔太嶽爲禹

心呂之臣。故封呂侯。元應引作太岳爲禹臣、委如心呂、因封呂侯也、周語、太子晉曰、共之從孫四嶽、高高下下、疏川道滯、帥象禹之功、度之于軌儀、莫非嘉績、克厭帝心、皇天嘉之、胙四嶽國、命爲侯伯、賜姓曰姜、氏曰有呂、謂其能爲禹股肱心膂、以養物豐民人也、凡呂之屬皆從呂。

膂 篆文呂從肉旅聲。秦誓、旅力既愆、詩、旅力方剛、皆省形存聲也、韋注國語曰、呂之爲言膂也、誤以呂膂爲兩字、

躳 身也。轉注、案躳仍是呂、故從呂、論語、鞠躳如也、孔曰、謂斂身、案卽是曲脊也、鄉射禮記、倍中以爲躬、案內中外舌、躬居其閒、故取譬而名之曰躳、謂猶躳在人一身之中也、至於詩我躬不閱、釋詁朕余躬身也、則通指全體而言、從呂從身。居戎切、

躬 俗躳或從弓身。

文二　重二

穴 土室也。詩緜疏引室作屋、易、上古穴居而野處、從宀。八聲。胡決切、凡穴之屬皆從穴。

⿱穴皿 北方謂地空。因以爲土穴。爲⿱穴皿戶。地空者、地中自然之孔也、

土穴者、土室也、廣雅、⿱穴皿、窟也、從穴。皿聲。讀若猛。武永切、

窨 地室也。漢書光武紀注、蠶室、窨室也、從穴。音聲。於禁切、

𥨍 地室也。詩疏引覆於地也、𥨍作覆者、字譌也、地室作於地、或鄭箋復于土上之謂邪、鄭注月令曰、古者複穴、是以名室爲霤、庾蔚之曰、複地上累土、穴則穿地也、複穴皆穴其上取明、故雨霤之、是以因名中室、廣雅、𥨍、窟也、從穴。復聲。芳福切、詩曰。陶𥨍陶穴。大雅緜文、今作復、省形存聲也、但小徐本未引詩、繫傳乃有之、或大徐據別本邪、毛傳曰、陶其土而復之、陶其壤而穴之、箋云、復者復于土上、鑿地曰穴、皆如陶然、本其在豳時也、案鄭君說月令既以複易復、推尋毛公意、蓋亦同鄭、陶其土而復之者、剛者曰土、既陶其下爲室、復于其上重複爲室、如樓然、陶其壤而穴之者、柔者曰壤、但陶其下爲室而已、箋之復于土上、鑿地曰穴、乃申毛也、又曰皆如陶然者、陶卽窯、窯下半在地中、上半在地上、故以況之、今山西謂作室曰捲窯、乃古之遺語、有自甘肅來者、言陶𥨍陶穴遺跡、其石室故存、正如毛鄭所說、戴氏駁鄭、恐非、

竈 炊竈也。釋名、竈、造也、創造食物也、漢書五行志有都竈、都者大也、從穴。鼀省聲。則到切、周禮以竈祠祝融。依史記索隱引補、嚴氏曰、御覽

引五經異義、孟春之月、其祀竈、五祀之神、王者所祭、非老婦、鄭駁云、王爲羣姓立七祀、七曰竈、主飲食也、竈神祝融、是老婦、據此則竈祠祝融、許君當有此語、周禮者、蓋周禮說、

竈 竈或不省作。

窯 燒瓦竈也。大徐無窯字、元應引同、又引字林亦同、顧用小徐本者、竊意當云燒瓦匋竈也、匋卽窯之古文、此以重文爲說解之例也、廣雅、匋、窯也、通俗文、匋竈曰窯、皆依今音、分而爲二、從穴。羔聲。余招切、

窐 甑空也。玉篇、窐、甑孔也、考工記、甑七穿、楚詞七諫、圭瑋雜於甑窐、從穴。圭聲。烏瓜切、案此切大謬、玉篇、窐、胡圭古攜二切、甑孔也、廣韻亦收之十二齊、其音與義乃相比附、至于考工記鳧氏注、隧在鼓中、窐而生光、釋文、劉烏華反、徐於蛙反、又於圭反、陸氏附於圭于末者、爲其不合也、去此則音與義亦相比附、呂覽、子能以窐爲突、乖亦此音也、然此義說文自作窊、又通作窪、不得以窐冒之也、

罙 㴱也。段氏曰、此以今字釋古字也、毛詩、罙入其阻、傳曰、罙、㴱也、此罙字見六經者、一曰。竈突。小徐突作突、集韻敢部、家、杜覽切、爨突謂之家、蓋卽据此文、字作家者、依篆作之、從穴從火。從求省聲。大徐無聲字、皆難解、讀若禮三年導服之導。谷部㐁下、木部棪下、及此凡三見、式鍼切、

chuān 穿　liáo 竂　yuè 突　dòu 竇　yuè 窫　qiào 竅　kōng 空　qìng 窒　yà 穵　kē 窠　xuè 窩　chuāng 窻　wā 窊

穿 通也。此以爲動字、銎下云斤斧穿也、則以爲靜字、從牙在穴中。詩行露、誰謂鼠無牙、何以穿我墉、昌緣切、

竂 穿也。蒼頡篇、竂、小空也、從穴。尞聲。洛蕭切、論語有公伯竂。今從[illegible]

突 穿也。桂氏曰、本書鼲、阜突也、廁、一曰突也、當作突也、廣雅、廁穿也、又云、突空也、從穴。叏聲。於決切、

窫 深抉也。玉篇、窫、穴皃也、從穴從抉聲。於決切、

竇 空也。元應引此而申之曰、謂孔穴也、左傳逃出自竇、從穴。瀆省聲。小徐作賣聲、非、此關兩字互相借也、左襄三十年傳、伯有自墓門之瀆入、徐音豆、此借瀆爲竇也、周禮注四竇、此借竇爲瀆也、徒奏切、

竅 空也。天官疾醫、兩之以九竅之變、注、陽竅七、陰竅二、從穴。敫聲。牽料切、

空 竅也。考工記、函人、眂其鑽空、史記、張騫鑿空、從穴。工聲。苦紅切、當云康董切、又苦紅切、許君既以空穴爲正義、卽當以空虛爲引伸之義、

窒 空也。釋詁、罄、空、盡也、從穴巠聲。去徑切、詩曰。缾之窒矣。小雅蓼莪文、今作罄、缶部罄下亦引詩、蓋後增也、

穵 空也。廣雅、穵、深也、廣韻、穵、手穵爲穴、從穴。乙聲。段氏曰、是乙鳥之乙、烏黠切、

說文句讀　卷十四　七百七十八　、○折四十六　十三

窩 空皃。廣韻曰、穿皃、從穴。矞聲。矞者、以錐有所穿也、兼意、呼決切、

窠 空也。此通名、如窠白是也、從穴。果聲。苦禾切、一曰鳥巢也。又爲巢之專名也、蜀都賦、窠宿異禽。一曰在穴曰窠在樹曰巢。又細區之也、樹當作木、巢部說可徵、小爾雅廣獸、鳥之所乳謂之巢、雞雉所乳謂之窠、

窻 通孔也。上文諸空字、惟窒注是空虛、其他卽孔字、竇之類是通者、窠之類是不通者、而皆不言、獨此言通者、以通爲用也、言孔者、與囪別也、囪有穚有楯、此但一大孔而已、玉篇混囪窻爲一、廣韻以下、皆沿其誤、然玉篇宀部向下云、詩曰塞向墐戶、向、窻也、獨爲不誤、從穴。悤聲。楚江切、此切亦小誤、玉篇、囪、又千公切、通空也、竈突也、廣韻、一東、囪、倉紅切、竈突、小徐韻譜同、案其音義皆不誤、而囪當作窻、向與突皆通孔而無穚、故皆得窻名、囪有穚與突不似也、雖以古音言之、囪窻皆倉紅切、以今音言之、皆楚江切、然呼突爲烟窻、今有此語、其音如蔥、故曰誤也、

窊 汙衺。句、下地也。以汙衺說窊、與以須從說葓、以疾黎說薺同、皆今之切脚也、史記滑稽傳作汙邪、裴駰集解曰、下地也、孟子但作汙、以雙聲字代之也、後漢書桓彬傳、辭隆從窊、長笛賦、窊隆詭戾、然則檀弓曰、道隆則從而隆、道汙則從而汙、釋文、汙音烏、殺也、非也、隆卽高、汙卽下、汙與孟子之汙同義、卽同音、亦卽此窊也、從穴。瓜聲。烏瓜切、

yǔ 窳　dàn 窞　jiào 窌　jiào 窖　yú 窬

窳 汙窬也。爾雅釋文引此而申之曰、汙窬猶汙邪也、字林、窳、汙也、其汙當亦是窊字、如蜀志郤正傳、道有隆窳、卽借窳爲窊也、從穴。㼌聲。以主切、朔方有窳渾縣也。朔方郡窳渾縣、見地理志、蓋以窳渾澤名之、則窳渾亦窊下之詞也。一曰。窳、嬾也。大雅末篇、毛傳、訿訿、窳不供事也、釋詁、偷、勞也、注、勞苦者多𡡉偷、今字或作窳、同、元應引楊承慶字統、嬾者不能自起、如瓜瓠在地、不能自立、故字從㼌、又嬾人恆在室中、故從穴、案此部呰下云窳也、當作呰窳也、玉篇、呰下引史記、呰窳偷生、又申之曰、謂苟且也、其呰當作呰、韻會窳下引史記呰窳偷生、大雅釋文及疏、爾雅疏、皆引說文窳嬾也、皆窳之譌也、又韻會窳下引史記器不苦窳、窳缺也、又墮窳病也、案墮窳卽郭注之惰愉、窳字不吉祥、故諸醜訓皆歸焉、

窞 坎中更有坎也。易坎釋文引如此、又引字林、坎中小坎、廣雅、窞、坑也、從穴從臽。臽亦聲。徒感切、易曰。入于坎窞。坎卦文、虞注、坎中小穴稱窞、一曰。旁入也。坎卦釋文引此爲字林、段氏曰、干寶釋易、正用旁入之說、

窌 窖也。考工記注、穿地曰窌、從穴。卯聲。匹皃切、呂覽、穿竇窌、月令、淮南皆作窖、史記、衞青傳、封賀爲南窌侯、韋昭云、或作窖字、案窌窖義同音近、是以通借、至于左傳與之石窌、釋文音力救力到二反、古卯丣同部、小星泮水詩可證、竝無兩體、不可改爲窌也、

說文句讀　卷十四　八百五十九　、○折四十三　十四

窖 地藏也。藏去聲、月令、穿竇窖、注、入地隋曰竇、方曰窖、通俗文、藏穀麥曰窖、從穴。告聲。古孝切、

窬 門旁穿木爲戶也。依衆經音義及儒行疏引補、木戶二字可疑、儒行、篳門圭窬、注云、門旁窬也、穿牆爲之如圭矣、案此漢儒說不言木、亦不言戶也、竹部篳下、引春秋傳篳門圭窬、儒行正義曰、左傳作竇、杜注、竇、小戶也、穿壁爲戶、狀如圭形、案此晉人說言戶矣、猶不言木也、乃三蒼解詁曰、窬、門旁小竇也、郭氏亦晉人、而亦不言木不言戶、特直以竇解窬、忘其爲同音假借而以爲通孔之竇、則亦非事實、蓋當以鄭君之說爲正、儒行左傳所說皆寒士也、無門旁爲戶之理、戶亦非穿木所爲也、今北人門旁牆上空缺、如龕以庋物、卽此之謂、今本說文、當是後人改竄、從穴。俞聲。羊朱切、一曰。空中也。語似未了、似當移穿木字於此、作一曰穿木空中也、淮南子、古者爲窬木方版以爲舟航、高誘曰、窬、空也、方、竝也、舟相連爲航也、案此義由從俞得之、舟部、俞、空中木爲舟也、此空中之一說也、史記、萬石君傳、取親中裠廁牏身自浣滌、集解云、駰案孟康曰、東

diào 窵 kuī 窺 chēng 䆎 zhuó 窡 zhuó 窋 tián 窴 zhì 窒 tū 突 cuàn 竄 sū 窣 jiǒng 窘 tiǎo 窕 qióng 穹 jiù 究 qióng 竆

（南人謂鑿木空中如曹，謂之窬，案曹當作槽，玉篇，㢌，木槽也，此空中之又一說也，）

窵 窵窅。（句，韻，宇，）深也。從穴鳥聲。（多嘯切，）

窺 小視也。（字林同，元應引云，闚，小視也，玉篇，闚，窺也，然則以闚說窺，廣二名也，小視乃質言之特，門部無闚字耳，）從穴規聲。（去隓切，）

䆎 正視也。從穴中正見也。正亦聲。（敕貞切，）

窡 穴中見也。（桂氏曰，見當爲皃，下文窋字當卽或體，廣韻，窡，穴中出皃，筠案，㲻傳引靈光殿賦曰，綠房紫的，窡吒垂珠，今文選本，綠房紫菂，窋咤垂珠，足徵未谷說不誣，）從穴叕聲。（丁滑切，）

窋 物在穴中皃。從穴出聲。（本張滑切，孫丁滑切，后稷之子不窋，）

窴 塞也。（與塡同，廣雅，窴，實也，詩，烝在桑野，傳，烝，塡也，箋，古者聲，窴塡塵同也，）從穴眞聲。（待年切，）

窒 塞也。（釋言文，㠭部，𡫳，窒也，此作塞者，說解例用隸字也，）從穴至聲。（本都節反，孫陟栗切，）

突 犬從穴中暫出也。（字林但云暫出，）從犬在穴中也。（徒骨切，）一曰滑也。（桂氏曰，滑當爲猾，本書，猾，抉也，鄭武公名滑突，史記作掘突，襄二十五年左傳，宵突陳城，杜云，突，穿也，袁山松後漢書，蘇不韋爲地突，入李暠室中，）匪突也。（桂氏曰，方言，凡猝相見，謂之突相見，或曰突，顏注漢書，棐與匪同，）

竄 匿也。（字林，逃也，釋詁，竄，微也，注，微謂逃藏也，）從鼠在穴中。（漢書蒯通傳，奉頭鼠竄，七亂切，字林七外切，）

窣 從穴中卒出。（玉篇，勃窣，穴中出也，卒然之字，犬部作猝，而經典皆借卒，此亦借者，以字從卒也，於此己見，故下文但言卒聲，）從穴卒聲。（穌骨切，）

窘 迫也。（詩正月，又窘陰雨，毛傳，韓詩，辥君章句，皆云，窘，迫也，）從穴君聲。（本渠隕反，）

窕 深肆極也。（玉篇，肆，遂也，深肆蓋卽深邃，釋言，窕，肆也，郭注，輕窕者好放肆，誤用左傳楚師輕窕之說，不知非此所施也，釋言又曰，窕，閒也，與窕肆也同意，卽毛詩窈窕幽閒之謂也，詩疏曰，謂淑女所居之宮，形狀窈窕然，故箋言幽閒深宮是也，淮南兵略訓，谿肆無景，高注，肆，極也，極谿之深，不見景也，）從穴兆聲。讀若挑。（徒了切，）

穹 窮也。（詩七月傳，東山箋竝同，穹窮雙聲，非疊韻，韓詩，在彼穹谷，辥君云，穹谷，深谷，）從穴弓聲。（去弓切，）

究 窮也。（釋言文，詩，靡屆靡究，其究安宅，毛傳竝同，釋訓，究究，惡也，孫叔然云，窮極人之惡，）從穴九聲。（居又切，）

竆 極也。（釋詁，極，至也，）從穴躳聲。（渠弓切，）

yǎo 窅 yào 窔 suì 邃 yǎo 窈 tiǎo 窱 cuì 竁 biǎn 窆 zhūn 窀 xī 穸 yā 𥥛 mèng 㝱

窅 冥也。（斯干疏引爾雅，冥，窈也，疑窅窈一字，王廙注易云，窅，深也，）從穴巳聲。（烏皎切，）

窔 窅窔淡窱皃。（字又作㝔突二形，大戴禮文王官人篇，志殷如㝔，注云，深也，招寃，冬有突廈，注，突，複室，）從穴交聲。（烏叫切，）

邃 深遠也。（招寃，高堂邃宇，）從穴遂聲。（雖遂切，）

窈 深遠也。（釋言，冥，幼也，孫叔然本作窈，云，冥，深暗之窈也，詩斯干傳，冥，幼也，釋文，幼本或作窈，崔音杳，元命苞，幽之爲言窈也，史記歷書，幽者幼也，案幼當是窈之省形存聲字，若是幾字，不應多見羣書也，說又見冥部，）從穴幼聲。（烏皎切，）

窱 杳窱也。（西京賦，步甬道以縈紆，又杳窱而不見陽，西京賦，望窅窱以遷廷，集韻窅同窈，）從穴條聲。（徒弔切，）

竁 穿地也。（周禮小宗伯，甫竁，注，鄭大夫讀竁皆爲穿，杜子春讀竁爲毳，皆謂葬穿壙也，今南陽名穿地爲竁，聲如腐脃之脃，）從穴毳聲。（充芮切，）一曰小鼠聲。（玉篇同，又有毳字，云，竊也，蓋毳卽竁，乃鼠竊物之聲也，案此爲別義，當在末，下引周禮，乃證本義也，）周禮曰。大喪甫竁。（春官冢人云，大喪旣有日，請度甫竁，）

窆 葬下棺也。（旣夕禮，乃窆，注云，窆，下棺也，今文窆爲封，案許說窆與鄭同，而與土部堋下說似小異，）從穴乏聲。（太僕注，窆讀如慶封氾祭之氾，案氾俗作泛，亦從乏聲，方驗切，）周禮曰。及窆執斧。（冢人文，）

窀 （窀穸，）葬之厚夕也。（厚以釋窀，夕以釋穸，故補之，玉篇廣韻皆曰，窀，厚也，）從穴屯聲。（陟輪切，）春秋傳曰。窀穸從先君于地下。（左傳襄十三年，惟是春秋窀穸之事，所以從先君于禰廟者，注，窀穸，厚也，夜也，厚夜猶長夜，春秋謂祭祀，長夜謂葬埋，案共王言葬後將作謚，故云禰廟，許言地下，記憶之誤也，）

穸 窀穸也。從穴夕聲。（孔宙碑作窀夕，詞亦同，）

𥥛 入脈刺穴謂之𥥛。（玉篇同，廣韻作入神脈刺穴，均難解，闕之，）從穴甲聲。（烏狎切，）

文五十一　重一

㝱 寐而覺者也。（玉篇，㝱者，人精神所寤，莊子，其寐也神交，）從宀。從疒。夢聲。（莫鳳切，）周禮曰。以日月星辰占六㝱之吉凶。一曰正㝱。（鄭注，無所感動平安自㝱也，）二曰咢㝱。（咢，周禮作噩，杜子春云，當爲驚愕之愕，故廣韻曰，二曰愕㝱，驚愕而㝱，從杜改字也，然釋天曰，在酉曰作

nè 疒　hū 寣　yì 寱　bìng 寎　jì 𥨍　mǐ 㝥　rǔ 㝲　wù 寤　mèi 寐　qǐn 寢

噩、釋文噩本或作咢、天官書作鄂、歲索隱引李巡云、作咢皆物芒枝起之貌、案此訓作咢爲柞鄂也、見秋官雍氏注、又釋樂曰、徒擊鼓謂之咢、孫叔然曰聲驚咢也、是知噩者咢之别體、咢者咢之近字、孫叔然訓以驚咢、與杜子春驚愕同義、故許不收愕、而引周禮作咢、蓋古文也、三曰思㝱。注覺時所思念之而㝱也、思小徐作觭、誤記大卜之二曰觭夢也、四曰寤㝱。注覺時所道之而㝱也、五曰喜㝱。注喜說而㝱也、六曰懼㝱。注恐懼而㝱也、以上竝占夢文、今本經注竝作夢、而釋文云、本又作㝱、是唐本猶有不省者、故廣韻引經注皆作㝱、今從之、太卜釋文作寣、則譌字也、凡㝱之屬皆從㝱。

寢　病臥也。說見宀部寑下、從㝱省𡨦省聲。𡨦、籀文寑也、兼意、七荏切、

寐　臥也。元應曰、寐謂眠熟也、又小弁箋、不脫衣冠而寐曰假寐、從㝱省未聲。蜜二切、

寤　寐覺而有言曰寤。依韻會引改、倉頡篇、覺而有言曰寤、左傳定八年、季寤字子言、淮南子欲一言而寤、從㝱省吾聲。五故切、一曰晝見而夜㝱也。即寤夢也、

寤　籀文寤。占夢釋文、寤本又作寤、

㝲　楚人謂寐曰㝲。段氏曰、㝲猶毅也、毅、黏也、從㝱省

女聲。依倨切、

㝥　玉篇廣韻皆作㝥、不收㝥、寐而厭也。厭俗作魘、廣雅、㝥、厭也、倉頡篇、厭、夜眠內不祥也、又曰伏合人心曰厭、玉篇、寐不覺曰㝥、西山經、翼望之山有鳥名鵸鵌、服之使人不厭、注、不厭夢也、引周書服者不眯、眯者㝥之借字、從㝱省米聲。莫禮切、

𥨍　孰寐也。從㝱省水聲。讀若悸。求癸切、段氏曰、玉篇廣韻集韻類篇皆祇渠季切、

寎　臥驚病也。廣雅、寎、病也、從㝱省丙聲。皮命切、釋天、三月爲病、

寱　瞑言也。聲類、寱、眠內不覺妄言也、從㝱省臬聲。牛例切、俗作囈、

寣　臥驚也。玉篇同、其疒部又收𤺺字、較寣少宀、而與寣皆呼骨切、云多睡病也、似即一字、段氏曰、廣雅、寣、覺也、義相近、一曰小兒號寣寣。玉篇號作嗁、句末有也字、一曰河內相評也。繫傳玉篇皆無此句、疑後人增之、從㝱省從言。火滑切、

文十　重一

疒　倚也。玉篇引同、小徐作病也、病者疒之俗字、廣韻十陽、疒病也、二十一麥、疒疾也、皆與疒同意、然繫傳曰、

tòng 痛　qín 瘽

jiǎo 㽲　mò 瘼　diān 瘨　zhài 瘵　pū 痡　ē 疴　huì 瘣　bìng 病　jí 疾

疒者、病气有所倚也、疒象下又云、疒猶倚也、則祇是一義、人有惟作疒、則不必言人有疾病、作倚則與字形象倚箸貫注、疾病也。申倚也之故、象倚箸之形。女戹切、九經字樣音搦、朱文藻鈔小徐本作疒、玉篇疒又音牀、廣韻十陽、疒、士莊切、牀狀牆戕、即從此聲也、凡疒之屬皆從疒。

疾　病也。渾言之也、從疒。矢聲。秦悉切、

𤺋　籀文疾。籀文童下云、廿以爲古文疾字、

𤵸　古文疾。

痛　病也。釋名、痛、通也、通在膚脈中也、從疒甬聲。他貢切、

病　疾加也。析言之也、既夕記鄭注、疾甚曰病、論語鄭注、病謂疾益困也、從疒丙聲。皮命切、

瘣　病也。詩卷耳釋文、虺隤、說文作瘣頹、案說文無瘣、頹下又未引詩、求其形聲相近、當即是瘣字、然以瘣爲虺隤、乃長言短言之異、不宜更加頹字也、釋詁病也一條、釋文于瘼瘵之下出瘣字、云呼回切、字林云病也、今經注無此字、案此條中亦有虺頹字、或有記其異文作瘣者、故郭氏不加注、亦當是瘣、與引說文同誤也、玉篇、瘣、馬病、從疒鬼聲。胡罪切、詩曰。譬彼瘣木。此許君從毛公改字也、小雅小弁、譬彼壞木、疾用無枝、傳、壞、瘣也、謂傷病也、案毛公之意、若是毀壞之木、則無枝已久、豈

得于既壞之後、乃云無枝、故改壞字爲瘣字、箋云、內有疾、故無枝也、即申毛也、若壞則腐朽矣、豈待言有疾、毛公改字之例、人多不知、故釋文牽連下文腫旁出以說之、徐鍇中論云、木無枝葉、則不能豐其根幹、故謂之瘣、雖未引詩、然亦述毛公說也、一曰。腫旁出也。今謂之癭、釋木、瘣木、苻婁、

疴　病也。從疒可聲。烏何切、五行傳曰。時即有口疴。五行傳者、伏生鴻範五行傳也、傳曰、言之不從、是謂不乂、時則有口舌之痾、則即古通用、疴當作痾、後人據漢書五行志作痾改之、

痡　病也。釋詁文、孫叔然曰、人疲不能行之病、詩雨無正江漢傳皆曰、鋪、病也、正義云、釋詁文、彼鋪作痡、同、從疒甫聲。普胡切、詩曰。我僕痡矣。詩卷耳文、釋文本又作鋪、

瘽　病也。釋詁文、從疒堇聲。巨斤切、

瘵　病也。釋詁文、詩菀柳傳竝同、從疒祭聲。側介切、

瘨　病也。大雅雲漢傳同、廣雅、瘨、狂也、從疒眞聲。都年切、一曰。腹張也。左成九年傳、將食、張、如廁、注、張、腹滿也、俗字作脹瘨二形、

瘼　病也。釋詁文、郭注、今江東呼病曰瘵、東齊曰瘼、從疒莫聲。慕各切、

㽲　腹中急痛也。今之絞腸痧也、從疒。

瘨 yǔn　癇 xián　疵 cī　⿸疒出 wù　癈 fèi　瘏 tú　瘲 zòng　⿸疒辛 shěn　⿸疒或 xù　痟 xiāo　疕 bǐ　瘍 yáng　痒 yáng

冃聲。兼意古巧切。

瘨 病也。桂氏曰頭眩病也靈樞經上虛則眩案桂氏說蓋於王問切得之今語頭運是也。從疒，員聲。王問切。

癇 風病也。依元應引補聲類今謂小兒瘨曰癇。從疒，閒聲。戶閒切。

⿸疒出 病也。從疒，出聲。五忽切。

疵 病也。釋詁文廣韻疵黑病。從疒，此聲。疾咨切。

癈 固病也。顏注急就篇癈四肢不收月令季冬行春令國多固疾注謂久疾不瘥也。從疒，發聲。方肺切。

瘏 病也。釋詁文孫叔然曰瘏馬疲不能進之病。從疒，者聲。同都切。詩曰：我馬瘏矣。周南卷耳文。

瘲 病也。瘲字遠隔在後則從此一字為病名也。從疒，從聲。即容切。

⿸疒辛 寒病也。繫傳引字書寒噤也六書故噤⿸疒辛感寒健忍之狀也玉篇⿸疒辛亦作瘆噤作痊云疾瘆惡寒振也易通卦驗人足太陰脈虛多病振寒。從疒，辛聲。所臻切小徐所伩反玉篇山錦切廣韻踈錦切與今語合。

⿸疒或 頭痛也。也玉篇引作兒。從疒，或聲。讀若溝洫之洫。或血聲通詩築城伊淢韓詩作洫門部闞之古文從洫吁逼切。

痟 酸痟頭痛。管子終無痟酲蜀都賦味蠲病痟其注皆曰頭病列子指擿無痟癢其注以痛釋痟不屬之頭且均不以酸痟為名也。從疒，肖聲。相邀切。周禮曰：春時有痟首疾。天官疾醫文注痟酸削也首疾頭痛也案酸削固即酸痟矣而又以首疾別為一事是諸說皆不與許君合然疾醫此例四句知當以痟首為一事許君是也。

疕 頭瘍也。集韻引無頭字天官醫師疕瘍者造焉注疕頭瘍亦謂禿也案此屬之頭者也廣韻疕瘡上甲顏注急就篇痂瘡上甲也疕謂薄者也案此不屬之頭而又非瘍也。從疒，匕聲。卑履切。一曰：頭痛也。集韻引之蓋小徐本疕下云酸痟也無頭瘍也句韻會引同是涉痟下說而誤因有頭痛之說也故附存而辨其誣。

瘍 頭創也。左傳正義引同字林通俗文竝同然段氏以頭為臆字是也天官瘍醫下士八人注瘍創癰也醫師注身傷曰瘍檀弓身有瘍則浴釋訓骭瘍為微皆不專屬之頭也增此字者為左傳荀偃生瘍于頭也然豈可曰生頭瘡于頭乎創者瘡之正字檀弓頭有創則沐。從疒，昜聲。與章切。

痒 瘍也。檀弓釋文瘍音恙本又作痒是謂二字通用也字林痒病名也則本之釋詁及正月傳桑柔箋雖非許義亦相近也玉篇合痒于癢者蓋由天官疾醫痒疥而誤鄭既未注疏倒之為疥痒即以為癢矣不知痒疥者瘡疥也

⿸疒馬 mà　⿸疒斯 xī　⿸疒爲 wěi　疦 jué　瘖 yīn　癭 yǐng　瘻 lòu　疚 yòu　瘀 yū　疝 shàn　疛 zhǒu　⿸疒㬥 pì　⿸疒付 fù　痀 jū

段氏曰癢之正字說文作蛘。從疒，羊聲。似陽切。

⿸疒馬 目病也。桂氏曰謂目病生眵也俗謂之瘍鬻。一曰：惡气箸身也。桂氏曰顏注急就篇注者注易之病一人死一人復得氣相貫注也廣韻疰痽惡病也瘍牛馬病馥案牛馬多因箸注而病。一曰：蝕創。廣雅瘍創也。從疒，馬聲。莫駕切。

⿸疒斯 散聲也。方言⿸疒斯散也東齊聲散曰⿸疒斯秦晉聲變曰⿸疒斯器破而不殊其音亦謂之⿸疒斯通作嘶周禮鳥皫色而沙鳴貍注沙澌也俗作嘶王莽傳大聲而嘶注聲破也。從疒，斯聲。大戴禮文王官人篇心氣鄙戾者其聲斯醜先稽切。

⿸疒爲 口咼也。段氏曰蠱韻為訓桂氏曰當為瘍也玉篇瘍疽瘡也本書疾瘍也謂瘡疾本書闕瘍字後人改為口咼筠案上文瘍下文瘖癭瘻其部位相近故類列若瘍是瘡則當在疕瘍閒未可立異玉篇瘍在後收字中又不收下文疾字恐此二字後人增也。從疒，為聲。韋委切。

疦 瘍也。桂氏曰集韻瘍大者疦廣韻疦瘡裹空也。從疒，決省聲。當作夬聲。古穴切。

瘖 不能言也。晉語嚚瘖不可使言。從疒，音聲。於今切。

癭 頸瘤也。莊子釋文引無頸字博物志山居之民多癭腫疾由于飲泉之不流者。從疒，嬰聲。於郢切。

瘻 頸腫也。字林同淮南說山訓雞頭已瘻山海經鱃魚可以為瘻元應曰痛宜作瘻癰屬也中有蟲頸腋急處皆有或作漏血如水下也。從疒，婁聲。力豆切。

疚 顫也。集韻顫疚頭搖兒。從疒，又聲。于救切。

瘀 積血病也。楚詞九辯形銷鑠而瘀傷。從疒，於聲。依倨切。

疝 腸痛也。素問黃帝曰診得心脈而急為何病岐伯曰病名心疝少腹當有形也筠案釋名分心痛曰疝陰腫曰隤又曰疝據此則心疝亦見形於少腹也史記倉公傳又有氣疝湧疝。從疒，山聲。所晏切。

疛 小腹病也。類篇引作小腸病廣韻引作小腹痛玉篇曰心腹疾也段氏從之詩小弁我心憂傷惄焉如擣傳曰擣心疾也釋文曰韓詩作疛呂覽處腹則為張為府注云府跳動案府者疛之譌。從疒，肘省聲。廣韻有重文疛陟柳切。讀若紂。詩音義除又切。

⿸疒㬥 滿也。玉篇氣滿也。從疒，㬥聲。本音備孫平祕切。

⿸疒付 俛病也。繫傳曰按爾雅注戚施之疾俯而不能仰也方言短東陽之閒謂之⿸疒付。從疒，付聲。方榘切。

痀 曲脊也。廣韻云瘻痀列子云痀僂通俗文曲脊謂之傴僂亦借用鉤趙策武安君

jiè 疥　xuǎn 癬　xī 瘜　yōng 癰　lì 癧　jū 疽　liú 瘤　cuó 痤　féi 痱　jì 悸　jué 瘚

曰鐍病鉤。從疒句聲。王部玽讀若人句脊之句。省形存聲也。其俱切。

瘚　屰气也。上气疾也。依元應引補。蓋庚注也。顏注急就篇瘚者氣從下起上行逆心腸也。天官疾醫冬時有嗽上氣疾。注上氣逆喘也。從疒從屰從欠。居月切。

瘚　瘚或省疒。列子殷湯篇吳楚有大木其名為櫷食其皮汁已憤厥之疾。

悸　气不定也。廣韻悸病中恐也。王篇悸氣不定也。心動也。亦作悸。案心部悸心動也。然則二字同也。或悸專屬疾悸為通語乎。說又見悸下。從疒季聲。其季切。

痱　風病也。靈樞經痱之為病也，身無痛者，四肢不收，智亂不甚，其言微知可治，甚則不能言，不可治也。釋詁痱病也。詩四月百卉具腓。玉篇引作痱。李善注謝瞻九日詩云韓詩百卉具腓。薛君曰腓變也。毛萇曰痱病也。今本作腓字非也。從疒非聲。本蒲愷反。孫蒲罪切。

瘤　腫也。元應曰腫結不潰散者為瘤。聲類瘤瘜肉也。從疒畱聲。力求切。

痤　小腫也。素問汗出見溼乃生痤痱。王砅注陽氣發泄，寒水制之，熱怫內餘，鬱於皮裏，甚為痤癤，微作痱瘡。痱，風瘾也。一曰族絫。謂痤一名族絫也。小徐句末有病字，非也。左傳釋文蠡力果切。絫之音當如之。痤絫疊韻，短言之為痤，長言之為族絫，與蔡疾黎一例。痤從疒，斯族絫不必從疒，猶蔡從艸，斯疾黎不必從艸也。左桓六年傳不疾瘯蠡。釋文瘯本又作蔟。是本不從疒，特以音蔟遂加艸耳。蠡亦不從疒，廣韻乃作瘰矣。乃陸氏引說文云瘯瘰皮肥也，字皆從疒，殊乖古法。不知以它書當說文邪，抑為說文之學者所附益邪。好古者不得為所惑也。從疒坐聲。昨禾切。

疽　久癰也。顏注急就篇癰之久者曰疽。崔浩曰疽附骨癰也。論衡聚為癰，潰為疽。從疒且聲。七余切。

癧　癰也。廣雅同。從疒麗聲。郎計切。一曰瘦黑。讀若隸。

癰　腫也。轉注。釋名癰壅也。氣壅否結裹而潰也。案此如許說。至于山海經天嬰可以已痤，注癰痤也，此則壅腫之謂，與許說痤以腫同意也。從疒雝聲。於容切。

瘜　寄肉也。玉篇瘤息肉也。此其見于外者也。靈樞經有腸覃，歧伯謂之瘜肉，此其隱於內者也。從疒息聲。肉部腥下有息肉，當是古字。息肉殆與息壤相似。相即切。

癬　乾瘍也。元應曰今有乾溼兩種。史記越世家作癬。故釋名曰癬徙也，浸淫移徙處日廣也，故青徐謂癬為徙也。從疒鮮聲。息淺切。

疥　搔。句瘍也。依禮記釋文引補。一作瘙也，一作瘙瘍也，皆非也。易通卦驗人民疥瘙。瘙字緣疥亦

說文句讀　卷十四　七百九十九　、○折四十六　三

bì 痹　wěi 痿　zhì 痔　lín 痳　jiē 痎　shān 痁　nüè 瘧　lì 癘　xiá 瘕　jiā 痂

從疒。春秋繁露五行順逆篇民病疥搔，字與許同，是也。內則疾痛苛癢而敬抑搔之。注苛疥也。是知疥必癢，癢必搔，故一病兩名，或分言，或合言，又申之曰瘍也者，舉其統名也。後漢書鮮卑傳蔡邕曰夫邊垂之患，手足之蚧搔。則借蚧為疥。管子寡有疥騷。又借騷為搔。從疒介聲。古拜切。

痂　乾瘍也。謂已乾之瘍也。一引作乾瘡也。大徐作疥也，非。是急就篇痂疕疥癘癡聾盲竝舉之，知非一物也。南史劉邕耆痂。從疒加聲。古牙切。

瘕　女病也。玉篇作久病也。女似久之譌。羣書以瘕為女病者，素問任脈為病，男子內結七疝，女子帶下瘕聚。難經女子瘕聚。靈樞經石瘕生于胞中，寒氣客于子門。宋書徐文伯療宮人髮瘕。隋書經籍志徐文伯療婦人瘕一卷。然史記倉公傳女子薄吾生蟯瘕，中尉潘滿如亦生遺積瘕也。案靈樞經言瘕之由曰惡血當寫不寫，衃以留止，日以益大。所言雖主于女，然可知其積久乃成也。又華氏中藏經有癥瘕論曰癥者係於氣也，瘕者係於血也。許書有瘕無癥，急就篇亦然，蓋漢人不分為兩疾也。從疒叚聲。乎加切。

癘　惡疾也。論衡伯牛為癘。包氏注論語曰牛有惡疾。公羊解詁惡疾謂瘖聾盲癘禿跛傴不逮人倫之屬也。從疒厲省聲。大徐蠆省聲，非也。玉篇引說文力大切。孫洛帶切。俗作癩。

瘧　寒熱休作病。謂時寒時熱時休時作之病也。御覽引作熱寒并作，非。是瘧先寒後熱，不可言熱寒。或半日休半日作，或一日休一日作，不并作也。從疒從虐，虐亦聲。釋名瘧酷虐也。魚約切。

痁　有熱瘧。素問其但熱而不寒者曰癉瘧。從疒占聲。失廉切。春秋傳曰齊侯疥遂痁。昭二十年文。正義引梁元帝說改疥為痎。顏氏家訓亦從其說。左傳音義駁之曰案傳例因事曰遂，若痎已是瘧疾，何為復言遂痁乎。

痎　二日一發之瘧也。謂閒一日也。素問有閒二日至數日者。從疒亥聲。古諧切。本草作[疒皆]。

痳　小便病也。依元應引改。一作疝痛。聲類小便數也。玉篇小便難也。從疒林聲。力尋切。

痔　後病也。衆經音義痔匿後病也，謂溼匿也。匿亦作𧐐，蟲食後病也。案匿字恐本說文，為不解者所刪也。故選注引同今本。從疒寺聲。直里切。

痿　痹也。如淳注漢哀帝紀曰痿音蹞蹊。蹞蹊弩病，兩足不能相過曰痿。張揖曰痿不能行。師古曰蹞蹊弩名，見晉令。煩㦬二音。素問有漸于溼，肌肉濡漬，痹而不仁，發為肉痿。從疒委聲。儒佳切。

痹　溼病也。素問痹論痿論各為篇，古多痿痹連言，因痹而致痿。

說文句讀　卷十四　八百十二　、○折四十一　三二

bì 痺　piān 瘺　zhú 瘃　zhǒng 瘇　è ⿸疒盍　zhǐ 疻　wěi 痏　wěi ⿸疒巂　chān ⿸疒冄　nòng 癑　yí 痍　hén 痕　bān 瘢　jìng 痙

也。岐伯曰、風寒溼三氣襍至、合而爲痹也、從疒畀聲。必至切、案俗譌爲痺、而周官司弓矢之庳矢、爾雅釋鳥、鷯鶉、其雄鶛、牝庳、亦皆譌痺、痺 足气不至也。玉篇、足氣不至、轉筋也、從疒畢聲。毗至切、瘃 中寒腫覈也。手足中寒而腫、如有核也、從疒豖聲。陟玉切、瘺 半枯也。羣書皆作偏、王砅注素問曰、偏枯、半身不隨、尸子、禹生偏枯之疾、步不相過、人曰禹步、從疒扁聲。尚書大傳、禹其跳、湯扁、省形存聲字、荀子非相篇、禹跳湯偏、匹連切、瘇 脛气足腫。脛气蓋卽腳气也、淮南子、木氣多傴、岸下氣多腫、呂覽、重水所多尰與躄人、從疒童聲。時重切、俗作瘇、詩曰。既微且瘇。小雅巧言文、作尰、用籀文而變童爲重、毛傳、骭瘍爲微、腫足爲尰、⿺尢童 此篆各本譌、依韻譜籀文童字改、籀文瘇 從尢。⿸疒盍 跛病也。上文六篆皆足病、則跛字不誤、而集韻曰、疲病也、元應曰、病短氣曰⿸疒盍、段氏分爲古今義、是也、從疒盇聲也。讀若脅。又讀若掩。烏盍切、疻 毆傷也。漢書辥宣傳、遇人不以義而見疻者、與痏人之罪鈞、顏注急就篇、毆人皮膚腫起者曰疻、毆傷曰痏、從疒只聲。諸氏切、

痏 瘢也。依文選注引改、謂皮破血流也、倉頡篇、痏、毆傷也、與顏注急就同、與許說疻以毆傷異、許之毆傷、卽皮膚腫起也、西京賦、所惡成瘡痏、注、瘡痏謂瘢痕、從疒有聲。榮美切、⿸疒巂 創裂也。廣雅、⿸疒巂、裂也、俗作膴、玉篇、膴、瘡也、一曰。疾⿸疒巂。二字蓋誤倒、玉篇、一日疾也、從疒巂聲。以水切、⿸疒冄 皮剝也。桂氏曰、皮癢搔之則蛻、俗謂皮蛀、蓋皮中有小蟲也、從疒冄聲。讀若枏。又讀若襜。赤占切、𡰪 籀文⿸疒冄 從𡰪。尸部作𡰪、偶省一筆亦可、而冄𡰪韻部遠隔、未詳、癑 痛也。衆經音義、瘷、又作膿疼二形、聲類作癑、說文、瘷、動痛也、案此則說文無癑、後人以聲類增之、從疒農聲。奴動切、痍 傷也。公羊成十六年傳曰、王痍者何、傷乎矢也、從疒夷聲。經典多作夷、古文假借字、痍則後起之專字、以脂切、瘢 痍也。玉篇、創痕也、從疒般聲。薄官切、痕 胝。句、瘢也。肉部、胝、腄也、腄、瘢胝也、本文釋痕以胝、與肉部應、又申以瘢、與上文應也、通俗文、瘡瘢曰痕、從疒艮聲。戶恩切、痙 中寒體彊急也。依急就篇王氏補注引補、中風寒、四體強急、難用屈伸、從疒巠

tóng 痋　shòu 瘦　chèn 疢　dàn 癉　dǎn 疸　qiè ⿸疒夾　pǐ 痞　yì 痬　shù ⿸疒朮　pí 疲　qí 疷　zǐ ⿸疒朿　jí ⿸疒及　ài ⿸疒殹　lóng 癃

聲。其頸切、痋 動痛也。依元應引改、說見前癑下、元應曰、下里閒音騰、案謂跳動而痛也、從疒。蟲省聲。徒冬切、段氏曰、詩蘊隆蟲蟲、韓詩作鬱隆烔烔、劉成國作疼疼、瘦 臞也。從疒叜聲。所又切、疢 熱病也。左傳曰、季氏之愛我疾疢也、又曰、二三子閔于憂虞、則有疾疢、則疢祗是通名、而小弁疢如疾首、箋曰、疢猶病也者、蓋以惄焉如疛例之、平王是心病、故曰猶也、許君云熱、以其從火也、且首疾必熱病也、從疒從火。丑刃切、癉 勞病也。釋詁、癉、勞也、癉、病也、而詩板下民卒癉、傳云、癉、病也、正義云、癉病、釋詁文、釋文、癉、沈本作㿕、案本部不收㿕、是許君据本亦作癉也、顧釋詁分之、許君合之者、凡詩書言癉、未有眞是疾病者也、大東、哀我憚人、借憚爲之、從疒單聲。丁榦、丁賀二切、疸 黃病也。方書疸證有五、黃疸其一也、從疒旦聲。丁榦切、⿸疒夾 病小息也。玉篇又收瘱字、云病少氣、然則小息卽少氣之謂也、從疒夾聲。苦叶切、痞 痛也。御覽引作人病也、嚴氏曰、人疑內之譌、玉篇、痞、腹內結病、又收痃字、云補回切、癥結病也、從疒否聲。讀若鄙。符鄙切、痬 脈痬也。玉篇、痬、脈病也、又病相染也、案

病相染者、方書陰陽易也、而脈病似是脈瘍之譌、脈瘍疊韻、當是病名、方言、脈蜴、欺謾之語也、義雖不同、足徵其爲連語、廣雅、瘍、癡也、王氏疏證引說文而解之曰、脈瘍猶辟易也、吳語稱疾辟易、韋昭注云、辟易狂疾、筠案下文⿸疒朮狂走也、王氏說或得之、從疒易聲。羊益切、⿸疒朮 狂走也。廣雅、⿸疒朮、狂也、段氏引公羊傳、謂⿸疒朮怵同字、是也、從疒朮聲。讀若欻。當作欻、食聿切、疲 勞也。字通作罷、少儀注、罷之爲言勞也、從疒皮聲。符羈切、⿸疒朿 瑕也。左傳、余取余求、不女疵瑕也、蓋當作此⿸疒朿、從疒朿聲。側史切、疷 病不翅也。言病重也、故下文繼以疲瘚二字、翅者啻之借字、孟子、奚翅食重、爾雅釋詁、詩無將大車、白華傳皆曰、疷、病也、詩何人斯、易復卦、皆借祇爲疷、毛傳鄭注皆曰、祇、病也、從氏者譌、從疒氏聲。渠支切、⿸疒及 病劣也。力部、劣、弱也、繫傳、本草云、苟杞療虛疲病、謂疲疲無氣力也、從疒及聲。呼合切、⿸疒殹 劇聲也。劇當作勮、力部、勮、務也、勞、劇也、勉、尤劇也、劇、皆勮之譌、勮聲者、病甚而呻吟也、醫下云、殹、病聲、玉篇、⿸疒殹、呻聲也、從疒。殹聲。於賣切、癃 罷病也。廢疾也、言罷癃者、史記平原君傳、臣不幸有罷癃之病是也、言癃病者、漢

yì 疫 chì 瘛 duò 痑 duó 痥 liáo 𤻲 gù 痼 là 瘌 lào 癆 chài 瘥 shuāi 𤺊

書高帝紀年老癃病勿遣是也言罷病者左襄八年傳民不罷病是也從疒隆聲。力中切 㾆籀文癃省。曹全碑如此 疫民皆疾也。字林病流行也從疒役省聲。營隻切 瘛小兒瘛瘲病也。潛夫論嬰兒常病傷飽也哺乳太多則必掣縱而生癇藝文志有瘛瘲方從疒恝聲。嚴氏曰恝疑忿之重文尺制切 痑馬病也。謂疲極也廣雅痑疲也廣韻痑力極從疒多聲。丁可切 詩曰。痑痑駱馬。小雅四牡嘽嘽駱馬口部嘽下引之矣此蓋三家詩史記司馬相如傳衍曼流爛壇以陸離漢書壇作痑 痥馬脛瘍也。瘍玉篇廣韻皆作傷從疒兌聲。徒活切 一曰將傷。將小徐作持曰謂駱馬爲持馬所傷也持馬不詞或特馬之譌然亦不可解 𤻲治也。從疒樂聲。詩衡門可以樂飢鄭君破樂爲𤻲釋文洸云舊皆作樂字逸詩本有作疒下樂又板篇不可救藥韓詩外傳說苑引竝同然左襄二十六年傳曰不可救療療𤻲既同字則傳所稱或亦板之異文力照切 讀若勞。療𤻲或從尞。天官瘍醫注止病曰療方言愮療治也江湘交會謂醫治之曰愮或曰療 痼久病也。

從疒古聲。古慕切此字在此不次小徐在痥下仍不次癈下云固病也小徐即作痼病何不使之類列乎且元應曰痁久病也說文痼病也是謂說文作痼不作[illegible]然竊疑癈下之固爲是痁字乃後增也月令國多固疾論衡天且雨固疾發曹植髑髏說將嬰茲固疾然則作固自足見義何必從疒也 瘌楚人謂藥毒曰痛瘌。言飲藥之毒而痛謂之瘌大徐增曰字不于痛下而于痛上是讀方言不了也方言曰凡飲藥傳藥而毒南楚之外謂之瘌北燕朝鮮之閒謂之癆東齊海岱之閒謂之瞑或謂之眩自關而西謂之毒瘌痛也從疒剌聲。盧達切 癆朝鮮謂藥毒曰癆。廣雅癆痛也小徐謂下有飲字然既與瘌說異又遺傳藥一事不可從也從疒勞聲。郎到切 瘥瘉也。謂病瘳也從疒差聲。方言差愈也南楚病愈者謂之差或謂之瘳楚懈切又才他切案才他切別一義也瘥瘉皆謂瘳又皆謂病詩節南山天方薦瘥正月胡俾我瘉是也左昭十九年釋文瘥小疫也字林作殘 𤺊減也。此義與瘥同經典多借衰爲之論衡云創不衰愈是也而等衰之義因之以起左昭三十二年傳遲速衰序注衰差也九章算術差分即衰分也從疒衰聲。楚追切 一曰衰耗也。即衰耄也衆經

chōu 瘳 chī 癡 yù 瘉 mì 冖 guān 冠 jù 冣 dù 託

音義卷一出衰耄字而說之曰字體作𤺊同所𩙪反說文𤺊減也亦損也禮記年五十始𤺊𤺊解也今皆作衰下古文毫口二形今作耗同莫報反 瘉病瘳也。此義經皆作愈矣惟漢書用之高帝紀漢王疾瘉郊祀志於是上病瘉汲黯傳終不瘉從疒俞聲。以主切晉語東方之士孰爲瘉韋注瘉賢也宋庠曰愈字通吳語越聞愈章宋庠曰俞或爲愈 瘳疾瘉也。書金縢王翼日乃瘳從疒翏聲。敕鳩切 癡不慧也。從疒疑聲。丑之切不以瘳結部尾者癡爲心疾不可瘳而瘳也故以終篇桂氏曰玉篇瘛癡也瘛與瘌同山海經白鵺食之可以已痸又云人魚食之無癡疾據此則癡乃瘛病本書癡疑並訓騃乃不慧也筠案此說不必然姑存之○案本部列字多無倫次或後人亂之

文一百二　重七　桂氏補字附○列子黃帝篇釋文引說文痠疼痛也玉篇痠先丸切筠案痠音酸似即周禮疾醫注之酸削不必有專字然廣雅亦云痠痛也山海經風伯之山多痠石○文選謝靈運登臨海嶠詩顧望脰未悁李善注陸彥聲詩相望脰亦悁說文云⿸疒肙疲也⿸疒肙與悁通○衆經音義欬瀨經文作咳二形並

非體也說文瘶屰气也倉頡篇云齊部謂瘶曰欬卷二十二喘瘶蘇豆反說文瘶逆氣也案元應似誤周禮疾醫之嗽釋文云本又作欶然則說文無嗽蓋以欶攝之且所云欬咳竝非體亦誤欠部欬屰气也是欬嗽正字

冖覆也。冖即巾部幎字廣雅幎覆也周禮注以巾覆物曰幎案冥從冖聲幎又從冥聲其音亦一貫也從一下垂也。文字音義冖以巾覆物从一下垂莫狄切 凡冖之屬皆從冖。

冠絭也。所以絭髮。此以曡韻字釋命名之由也絭所以束臂冠所以束髮此象言之也 弁冕之總名也。此句質言之 從冖元。釋詁元首也冠禮祝辭始加元服 元亦聲。古丸切 冠有法制。從寸。春官司服夏官弁師所言是其事

冣積也。許君葢以聚爲邨落之專字經典所謂積聚皆以冣爲正字最下云一曰會則最亦有聚義但音轉耳經典中亦往往借最爲冣 從冖從取取亦聲。才句切

託奠酒爵也。廣韻同顧命釋文集韻引皆無酒字王肅注亦同 從冖託聲。本丁故反孫當故切 周書曰王三宿三祭三託是也。顧命文今作咤釋文云馬本作詫葢逐託之部位而又加丨也玉篇云本

或作吒、

文四

冂 重覆也。冂又加一、故曰重也、竊疑冃冃葢同字、古人作之有繁省耳、雖音有上去之別、古無此別也、以冕冕二字推之可見、從冂一。莫保切、凡冃之屬皆從冃。讀若艸苺苺之苺。桂氏曰、當作苺艸之苺、据艸部馬苺言也、宋本作艸苺苺、無之字、段氏曰、當作每、左傳原田每每、顧氏本作讀若苺苺之苺、與段氏說近、然如此則須改字、姑竝存之、

同 合會也。周禮大宗伯、時見曰會、殷見曰同、從冃從口。徒紅切、

青 幬帳之象也。六書正譌以肯為幢之正字、釋名、幢、容也、施之車葢、童童然、以隱蔽形容也、從冃。㞢其飾也。弢下云、犮垂飾、以中與㞢相似也、苦江切、

冡 覆也。經典借蒙為之、從冃豕。莫紅切、

文四

冃 覆也。顏延年拜陵廟詩、李注引冃覆也、竊以冒昧之義許既歸之冒、則覆冒之義、許當歸之冃、且冂覆也、冃重覆也、冃又加一、故補于此、小兒及蠻夷頭衣也。通鑑注引夷下有蒙字、案當作冡、小兒未行冠禮、蠻夷不知冠制、故以冃禦寒也、玉篇、裯、小兒頭衣、本作冃、集韻、冃亦作帽、從冂。二其飾也。莫報切、凡冃之屬皆從冃。

冕 大夫以上冠也。据士冠禮三加、至爵弁而止、是士無冕也、周禮、鄉大夫自元冕而下、孤自希冕而下、子男自毳冕而下、侯伯自鷩冕而下、公自衮冕而下、天子於衮冕之上、加大裘而冕、祀昊天上帝及五帝皆服之、享先王則衮冕、享先公饗射則鷩冕、祀四望山川則毳冕、祭社稷五祀則希冕、祭羣小祀則元冕、服十有二章、繅十有二旒、是為大裘之冕、服九章、繅九旒、是為衮冕、服七章、繅七旒、是謂鷩冕、服五章、繅五旒、是謂毳冕、服三章、繅三旒、是謂希冕、服一章在裳、無旒、是謂元冕、上得兼下、下不得兼上、邃延。垂瑬。紞纊。邃者深也、延冕之覆也、以版為骨、以三十升布衣之、廣七寸、長尺二寸、漆之、上元下朱、据其長謂之邃也、垂瑬見上文、紞所以縣纊也、纊卽瑱、白虎通、垂旒者示不見邪、纊塞耳、示不聽讒、從冃。免聲。三禮圖、冕前圓後方、前下後高、有俛伏之形、故謂之冕、亡辡切、古者

黃帝初作冕。出世本、

絻 冕或從糸作。覲禮注、今文冕皆作絻、

胄 兜鍪也。衆經音義、廣雅、胄、兜鍪也、中國行此音、亦言鞮鍪、江南行此音、從冃。由聲。直又切、

䩜 司馬法胄從革。字林作䩜、

冒 冡而前也。六韜、勇力冒將之士、疾擊其前、楚策、麋知獵者張罔前而驅己也、因還走而冒人、鮑注、犯人而來、從冃從目。莫報切、

𠕅 古文冒。

最 犯而取也。猶冡而前也、冡犯皆指冃而言、乃冒突冒犯之謂也、繫傳曰、軍功上日最、下日殿、又日會。此與聚同義、公羊隱元年傳、會猶最也、注、最聚也、最之為言聚、史記殷本紀、大最樂戲於沙丘、徐廣曰、最一作聚、從冃。取聲。義聲互相備也、祖外切、

覓 犯而見也、從冃從見也、臣鍇曰、義同於冒、沒黑反、說見見部覓下、

文五　重三　朱本無覓、而云文六重三、注本亦無覓、而作文六重二、

㒳 再也。經典皆作兩、從冂。闕。說見釋例、良獎切、易曰、參天㒳地。說卦文、葢孟氏易如此、凡㒳之屬皆從㒳。

兩 二十四銖為一兩。秦半兩錢作兩、漢書律歷志、一龠重十二銖、兩之為兩、又云、兩者、㒳黃鐘律之重也、二十四銖而成兩者、二十四氣之象也、從一㒳。合㒳為一也、㒳平分也。又申之以此者、淮南天文訓、十二銖而當半兩、衡有左右、因倍之、故二十四銖為一兩、此謂㒳字自中平分之、其形相對相當、一兩平分、各為一龠、其數亦相對相當也、㒳亦聲。良獎切、

㒼 平也。周禮鼈人注、互物、謂有甲㒼胡、龜鼈之屬、目部、瞞、從㒼、云平目也、從廿。五行之數、二十分為一辰。㒳㒼平也。從廿之上、當有從㒳字、隸㒳部、例應先出也、集韻則曰、五行數廿為一辰、有㒳㒼平、故從廿從㒳、段氏曰、五行之數、二十分為一辰、其法未聞、桂氏以史記日者傳有建除家、淮南天文訓詳之、容齋續筆謂之建除十二辰也、而日建除滿平定執破危成收開閉、十二日週而復始、如正月甲子朔、其日為開、五日戊辰為滿、六日己巳為平、至十七日庚辰為滿、十八日辛巳為平、故曰㒳㒼平也、如桂氏說、是以二十分為二十日、以滿為㒼、二十日而得滿平名㒳也、然與五行無涉、當闕之、筠案、十五行之數者、上文云從廿、廿者兩十字之合、此云十、則分而為二、以說之也、以十為五行之數者、易曰、天一地二、天三地四、天五地六、天七地八、天九地十、漢志言天以一生水、地以二生火、天以三生木、地以四生金、天以五生土、故說易

者以天一至天五爲五行生數，地六至地十爲五行成數，故曰十者五行之數。又云二十分爲一辰，兩萴平也者，與兩下云兩平分也同意。謂五行之數凡十，而一辰之數則廿分，廿爲二十，則兩兩相當而萴平也。**讀若蠻。**母官切。

文三

网 庖犧所結繩以田以漁也。依御覽引，稍易繫辭文。部中字先列通稱，自罩以下承以漁，自羅以下承以田，自罽至末，則借義矣。**從冂，下象网交文也。**易繫辭傳：以制器者尚其象。荀爽注：結繩爲网罟，蓋取諸離。此類是也。文紡切。**凡网之屬皆從网。**

罔 网或加亡。孟子作此字。

網 网或從糸。小徐無网字。案此乃罔又加糸也。

【篆】 古文网。玉篇作[illegible]，收之亾部，皆非也。冂之上象網，下象网之邊際，但未作目耳，亾乃聲也。

【篆】 籀文网。小徐本作籀文从冂，繫傳曰：冂與冂亦同。非也。若是從冂，不當作冈乎。一乃象下網形也。下網週网之口，以鎮或鉛爲押以墜之。

罨 罕也。玉篇曰：魚網。廣韻曰：鳥網。蜀都賦曰：罨翡翠。**從网，奄聲。**於業切。

罕 网也。史記天官書：畢曰罕車。是罕卽畢也。**從网，干聲。**呼旱切。

羂 网也。卽國策所謂係蹄也。聲類：羂，以繩係取獸也。**從网繯，繯亦聲也。**亦借繯爲之，呂覽：繯網置罘。字或作羂，省作罥。亦借絹，上林賦：羂騕褭。三蒼：罥，古文作羂，謂取獸繩也。後漢書馬融廣成頌：絹猭䝟。注：絹，繫也。古眩切。**一曰綰也。**謂羂一名綰也。糸部：綰，絹也。亦借絹爲羂。

䍙 网也。玉篇：雉網也。**從网，每聲。**莫桮切。

䍐 网也。廣韻：䍐，罥獸足網。**從网，巽聲。**思沇切。

【篆】 䍐或從足。[巽]逸周書曰：不卵不蹼，以成鳥獸。文傳解文，今作不麛不卵，以成鳥獸之長。**䍐者，羂獸足也，故從足。**

罙 冒也。詩釋文引如此，戴侗所見本同。小徐本作周也，集韻同。大徐又加行字，皆譌也。然訓冒則是動字，方說网名，不宜雜廁。段氏据玉篇、廣韻改爲网也，蓋是，惜無經典證之。**從网，米聲。**武移切。**詩曰：罙入其阻。**商頌殷武文。說詳存疑。

【篆】 罙或從㐭。

罩 捕魚器也。初學記曰：編細竹以爲之。釋器：籗謂之罩。**從网，卓聲。**都教切。

罾 魚网也。風土記：罾，樹四柱而張網于水中，如蜘蛛之網，方而不圓。**從网，曾**

聲。作騰切。

罪 捕魚竹网。繫傳引詩：畏此罪罟。桂氏又引罪罟不收，傳云：設罪以爲罟，是也。若是辠字之借，豈可言設罪乎。**從网，非聲。**徂賄切。**秦以罪爲辠字。**見辛部。

罽 魚网也。廣雅但云罔也。**從网，㓹聲。**居例切。**㓹，籀文銳。**小徐无。

罛 魚罟也。釋器同。**從网，瓜聲。**古胡切。**詩曰：施罛濊濊。**衛風碩人文。釋文云：濊濊，馬云：大魚网目大豁豁也。段氏曰：此可以正水部濊濊大部濊濊之譌。

罟 网也。此字在此失次，當繼部首之下。易本網罟並言。釋器云：緵罟謂之九罭，九罭，魚罔也。鳥罟謂之羅，兔罟謂之罝，麋罟謂之罞，彘罟謂之羉，魚罟謂之罛。足見罟其總名，而羅罛等皆其小號也。**從网，古聲。**公戶切。

罶 曲梁。本之毛傳，直解之也。釋訓：凡曲者爲罶。**寡婦之笱，**本之釋器，此乃古之諺語也。釋器作嫠婦，此作寡者，詩魚麗于罶傳曰：曲梁也，寡婦之笱也。卽孫叔然注釋器亦曰：其功易就，故謂之寡婦之笱。知古本原作寡也。且說文無嫠字，古書亦多作釐婦。**魚所留也。**此又以聲解之也。**從网留，留聲。**義聲互相備也。大徐誤增之。力九切。

𦌾 罶或從婁。**春秋國語曰：講罛𦌾。**

魯語：水虞於是乎講罛罶，取名魚。韋注：講，習也。

罜 罜麗，小魚罟也。亦見魯語。西京賦：設罜麗。**從网，主聲。**之庾切。段氏曰：古音獨。案吾鄉呼小酒器曰獨鹿，與罜麗同音。

麗 罜麗也。**從网，鹿聲。**盧谷切。

罧 積柴水中以取魚也。依說文韻譜改。古文苑蜀都賦注引此爲說文。毛詩、爾雅釋文則謂罧字出字林，各引一書，不得据之以爲說文無此字也。此字有潛、槮、槮、涔、橬諸體。詩：潛有多魚。傳云：潛，槮也。釋文云：槮，素感反。舊詩傳及爾雅本竝作米旁參。小爾雅云：魚之所息謂之橬。橬，槮也。謂積柴水中，令魚依之止息，因而取之也。郭景純因改爾雅從小爾雅作木旁參，霜甚反，又疏蔭反，又心廉反。字林作罧，音山沁反，義同。釋器：槮謂之涔。郭注：今之作槮者，聚積柴木於水中，魚得寒入其裏藏隱，因以薄圍捕取之。釋文與詩釋文大同。韓詩章句：涔，𥹂魚池也。太平御覽引爾雅作槮，引犍爲舍人云：以米投水中養魚爲槮也。筠案：毛詩多不同韓詩，許君所宗者毛也。許說既與郭氏同，焉知毛詩之槮非習韓詩者改之，因陸氏辨駁，遂相沿至今邪。要之許說與事實合，今無投米養魚之事也。卽兩存其說，亦不得謂罧出字林，非說文所有也。**從网，林聲。**所今切。

罠 釣也。御覽引作畋也。釋器：彘罟謂之羉。釋文：羉，本或作罠，釣也。

羅 luó　罬 zhuó　罿 chōng　䍖 fú　罻 wèi　罘 fú　䍓 hù　罝 jiē　䍢 wǔ　署 shǔ　罷 bà　置 zhì　罯 ǎn

文選七命、布飛羉、張修罠、旣竝舉之、非一物也、李善注引廣雅、罠、兔罟也、劉元注吳都賦云、罠、麋綱也、皆異義、案罠乃釣之別名、緡則釣魚之具、音雖同、不可合爲一字、從网。民聲。武巾切、

羅 以絲罟鳥也。釋器、鳥罟謂之羅、許不云鳥罟也者、郭注云、謂羅絡之、即許君意也、詩鴛鴦畢之羅之、用靜字爲動字、許兼動靜而說之也、從网。從維。魯何切、古者芒氏初作羅。世本、庖犧臣芒作羅綱、

罬 捕鳥覆車也。釋器、罬謂之罦、罦、覆車也、從网。叕聲。陟劣切、

輟 罬或從車。己見車部、

罿 罬也。釋器、繴謂之罿、罿、罬也、詩兔爰、雉離于罿、韓詩、施羅于車上曰罿、蓋韓嬰聞覆車之名、不知其制、肊爲之說也、郭氏解覆車曰、今之翻車也、有兩轅、中施罥、以捕鳥、案其名其制、今皆不改、從网。童聲。尺容切、

䍖 覆車也。釋器毛傳竝同。從网。包聲。縛牟切、詩曰。雉離于䍖。王風兔爰文、作或體罦、

罦 䍖或從孚作。

罻 捕鳥网也。王制、鳩化爲鷹、然後設罻羅、從网。尉聲。於位切、

罘 兔罟也。郭注子虛賦同、呂覽注則云、射鹿罟也、從网。否聲。縛牟切、隷作罘、

䍓 兔罟也。據上罟下罝補兔字、廣雅、罘、罟、兔罟也、罬即罝之譌、從网。互聲。胡誤切、

罝 兔网也。周南、兔罝、從网。且聲。本子余反、孫子邪切、

𦊘 罝或從糸作。糸當作組、

䨝 籒文罝。從虘。

䍢 牖中网也。繫傳曰、所謂网軒也、王逸注招魂曰、网戶、綺紋鏤也、從网。舞聲。文甫切、

署 部署。此其名目也、漢書項籍傳、部署豪傑、顏注、分部而署置之、各有所网屬也。此部署之訓義也、因解從网之意矣、六書故曰、魯語曰、文公欲弛孟文子之宅、對曰、署、位之表也、有司來命易臣之署、不敢聞命、署從网、蓋网之在綱、各有部屬、因以爲位署也、從网。自此以下、諸字之從网者、大抵當以包羅說之、者聲。常恕切、

罷 遣有辠也。遣者、縱也、縱舍之也、少儀、師役曰罷、從网能。薄蟹切、网、辠網也。依韻會引補、詩瞻卬、天之降罔、言有賢能而入网。即貫遣之。周禮曰。議能之辟。是也。网能義委曲、故疏解之、又引小司寇文以證之、鄭司農曰、若今時廉吏有罪先請是也、

置 赦也。轉注、從网。直聲。小徐駁聲字、大徐從而刪之、謬也、陟吏切、

罯 覆也。集韻、罯、罨、覆也、廣韻、罯、魚綱、從网。音聲。烏感切、

詈 罵也。詈見詩書、是周語也、罵見史記、是漢語也、桑柔、覆背善詈、無傳者、蓋秦時猶但言詈、從网。從言。力智切、网辠人。蓋网言爲詈、其義委曲、故疏解之、而故本殘闕、存此三字、遂文不成義、故小徐徑刪之也、

罵 詈也。從网。馬聲。莫駕切、

羈 馬絡頭也。元應引作革絡馬頭曰羈、玉篇、羈、馬羈頭、案今語如之、從网。從䭫。䭫、馬絆也。居宜切、馬部䭫、絆馬也、以爲動字、此馬絆也、則以爲靜字、似此是、

䩭 羈或從革作。

文三十四　重十二

詈 lì　羈 jī　罵 mà　襾 yà　覂 fěng　覆 fù　覈 hé　巾 jīn

襾 覆也。冂、覆也、襾之覆、則兼覂覆二義、謂反覆覆蓋之也、部中所轄三字、皆反覆義、惟覆兼覆蓋義、從冂上下覆之。六字句、冂是正冂、自上覆乎下、凵是倒冂、自下覆乎上、謂包物者反覆裹之也、上加一者、包物必有已時、故以一終之、此指事字也、呼訝切、凡襾之屬皆從襾。讀若晋。即亞部晋字也、彼注曰闕、可知是故書殘闕、讀者自加之也、

覂 反覆也。小徐无反字、非也、部首云覆也、是包覆、此恐疑似、故加反以別

之、陸子、五伯覂駕、六國摧輈、漢書五帝紀、夫泛駕之馬、顏注、泛、覆也、音方勇反、字本作覂、後通用耳、從襾。乏聲。方勇切、

覆 覂也。又部、反、覆也、詩雨無正、覆出爲惡、桑柔、覆俾我悖、傳竝曰覆、反也、從襾。復聲。敷救切、一曰。蓋也。艸部、蓋、苫也、苫、蓋也、左成二年傳、所蓋多矣、

覈 考實事也。依元應引改、然當作考事實也、漢書實事求是、似與此不同、考俗作拷、謂考因也、考其事、必得其實、乃謂之覈、襾笮邀遮其辭。得實曰覈。句似庾注、抑或許君自申上句也、襾笮邀遮、覈之之術、及得其實、始謂之覈、辭、詁者之辭也、繫傳曰、襾者反覆之也、笮、迫也、邀者、要其情也、遮者、止其詭遁也、案漢書總核名實、以核爲覈、故周禮其植物宜覈物、以覈爲核、依說文則以覈核爲果中之核、人皆借也、且說文、骨肉之覈也、㾗中寒腫覈、未嘗借核也、從襾。敫聲。下革切、

覈 覈或從雨。汪刻小徐本無此字、是也、從雨不成義、元應雖云覈又作覈、然引說文在下、

文四　重一

巾 佩巾也。內則、左佩紛帨、紛帨即帨帥也、故本部首帨帥二字、從冂。冂、覆也、周禮、冪人注、以巾覆物

网襾巾

fēn 帉　shuài 帥　shuì ⿱埶巾　bō 帗　rèn 帎　pán 幋　rú 帤　bì 幣　fú 幅

日丨。象糸也。王篇襻帥下幂。糸居銀切。凡巾之屬皆從巾。

帉　楚謂大巾曰帉。方言、大巾謂之帉。內則注、紛帨拭物之佩巾。今齊人有言紛者。釋文、紛或作帉。從巾分聲。撫文切。

帥　佩巾也。文字指歸、帥佩巾也。或作帨。字從巾。今借為將帥字。廣雅、帥巾也。續漢書、何進袁隗欲特表陳寔以不次之位。寔辭曰、久絕人事、帥巾待終而已。從巾𠂤聲。所律切。

帨　帥或從兌聲。召南毛傳曰、帨佩巾也。又音稅。亦借兌為之。釋名、兌上小下大、兌兌然也。或曰幘、形似幘也。賤者所著曰兌。案此省帨為兌、乃首飾之巾幘、與佩巾義異。

⿱埶巾　禮巾也。廣雅但曰巾也。從巾從埶。小徐作埶聲。桂氏段氏皆曰、篆當作⿱埶巾。說當作埶聲。鈕氏樹玉曰、篇韻皆作⿱埶巾。廣韻與摯鷙同音、則埶聲不誤。輸芮切。

帗　一幅巾也。此亦首飾之巾也。東觀漢記、鮑永幅巾而居。後漢苻融傳、融幅巾奮褎、談詞如雲。注、幅巾者、以一幅為之也。馮衍傳、審知更始已沒、乃幅巾降于河內。注、不加冠幘、但以一幅巾飾首而已。傳子、漢末王公多以幅巾為雅。是以袁紹之徒、雖為將帥、皆著縑巾。案帛幅二尺四寸、盡此一幅為之、故曰一幅巾。從巾犮聲。讀若撥。北末切。

帎　枕巾也。所以覆枕者。廣雅但曰巾也。從巾刃聲。而振切。

幋　覆衣大巾也。後漢儒林傳注引無大字。從巾般聲。薄官切。或以為首幋。幋字林作飾。當是帕頭之類、與上覆衣義異。

帤　巾帤也。蓋此物一名巾、一名帤、一名巾帤、亦曰帤巾絮。巾巾絮、又謂之冒絮。皆漢時俗語也。方言、幪巾也。嵩嶽之南、陳潁之閒、謂之帤。管甯別傳、恆布裳貉裘、惟祠著單布帤巾。高士傳作帤巾。漢舊儀、皇后親蠶獻繭、織室作祭服、其餘閒以作巾帤而已。史記周勃世家、太后以冒絮提文帝。應劭曰、帞額絮也。晉灼曰、巴蜀異物志謂頭上巾為冒絮。博物志、蜀人以帤巾為帽絮。從巾如聲。女余切。一曰幣巾。巾一作布、一作也、皆非。當作一曰敝巾。廣韻曰、幡巾。集韻引之作幡布、則是也。考工記注、帤讀為襦有衣絮之絮。釋文、絮本又作帤。周易作袽。虞氏注曰、袽、敗衣也。彼字從衣、故曰敗衣。此帤從巾、故當曰敝巾矣。繫傳引易濡有衣帤、又引黃庭經人閒紛紛臭如帤、曰、皆塞漏孔之故帛也、故以喻煩臭。

幣　帛也。聘禮記注、幣、人所造成、以自覆蔽、謂束帛也。從巾敝聲。毗祭切。

幅　布帛廣也。方言、周官之注、度廣為尋、幅廣為充。釋天、緇廣充幅。漢書食貨志、布帛廣二尺四寸為幅。從巾畐聲。方六切。

huāng ⿰巾巟　dài 帶　zé 幘　xún ⿰巾旬　pèi 帔　cháng 常　qún 帬　sàn 帴

⿰巾巟　設色之工、治絲練者。今考工記云、設色之工、畫繢鍾筐⿰巾巟。又云、⿰巾巟氏掌湅絲湅帛。練郎帛也。從巾巟聲。呼光切。一曰⿰巾巟隔也。王篇、⿰巾巟幪也、隔也。廣韻、⿰巾巟蒙掩也。謂巾冪之屬、可以掩覆者。案此即陸機挽歌所謂龍⿰巾巟也。讀若荒。句不纖⿰巾巟聲者、謂龍⿰巾巟字借荒為之也。釋言、蒙荒奄也。喪大記、緇荒。注、荒蒙也。在旁曰帷、在上曰荒、皆所以衣柳。

帶　紳也。男子鞶帶、婦人帶絲。鞶帶革部作帶鞶。如依之、則與帶絲為儷語。帶絲、御覽引之作絲帶。如依之、則與鞶帶為儷語。皆可也。內則、男鞶革、女鞶絲。許君改之者、禮蓋以鞶為名目、而以革絲為其質。許君則以帶為名目、而以鞶絲為其質。似異而實同也。象繫佩之形。謂上卝也。革帶以繫佩。帶必有巾。從重巾。謂下卝也。大帶垂紳、必兩端相竝、故從重巾。上象形而下會意、此象形之別種也。當蓋切。

幘　幘也。幘乃頤譌、抑或賾譌也。後漢輿服志、幘者賾也。頭首嚴賾也。案古無賾字、但作頤。頤幘同音、故以為訓。釋名、幘、賾也。下齊眉賾然也。廣雅疏證改為嫧也。女部、嫧、齊也。亦通。髮有巾曰幘。顏注急就篇、幘者、韜髮之巾、所以整賾髮也。常在冠下、或但單之。冠幘非一稱也。從巾責聲。側革切。

⿰巾旬　領耑也。從巾旬聲。相倫切。此帆之譌也。故玉篇廣韻皆無。

帔　宏農謂帬帔也。方言、帬、陳魏之閒謂之帔、自關而東謂之襬。從巾皮聲。披義切。

常　下帬也。毛傳、上曰衣、下曰裳。漢謂裳為帬、而冠之以下者、帬亦為在上者之名、故言下以別之。詳帬下。從巾尚聲。市羊切。

裳　常或從衣。

帬　下裳也。下裳乃帬之別名、與常下帬也當解為在下之帬者不同。此郎今之雲肩、六朝謂之訶棃子者也。方言、繞衿謂之帬。郭注、俗人呼接下、江東通言下裳。正與許合。廣雅、繞領帬也。郎方言之繞衿也。其為下裳之別名者、則方言有帔襬二名者是也。顏注急就篇、帬郎裳也、一名帔、一名襬、可證。釋名、帬、羣也、聯接羣幅也。緝下橫縫緝其下也。案裳乃可橫縫緝其下、若是繞領、則衆葉瓜分、不可橫緝、知其所云亦是裳也。從巾君聲。渠云切。

裠　帬或從衣。

帴　帬也。衣部、禮、帴也。廣韻、禮、帬也。廣雅、禮祓、祓禮也。玉篇、禮、小兒衣。一曰帔也。廣韻、帴、二幅。帔、一幅巾也。一曰婦人脅衣也。衣、小徐作巾。案此古今注所謂腰綵、隋唐所謂寶袜也。從巾戔聲。讀若末殺之殺。漢書谷永傳、末殺災異。小徐作椒榝之榝。爾雅釋木、椒榝。

zhōng kūn　　màn mì lán　　chóu　　wéi lián　　mù zhàng　　xiè bǐ
幒 幝　　幔 幎 㡡　　幬　　帷 嵰　　幕 帳　　幓 帗

覥裗。說文㩳作茦。所八切。

幝　幒也。釋名。褌，貫也。貫兩腳，上繫腰中也。顏注急就篇。袴之兩股曰襱。合襠謂之褌。方言。無祠之袴謂之襣。郭注。即犢鼻褌。從巾。軍聲。古渾切。

褌　幝或從衣。

幒　幝也。從巾。悤聲。職茸切。一曰帙。書衣也。

松　幒或從松作。方言作松。鹽鐵論作松。

㡡　楚謂無緣衣也。方言文。襤與衣部襤同。從巾。監聲。魯甘切。

幎　幔也。公食大夫禮。簠有蓋幂。鄉飲酒記。尊綌幂。士喪禮。幎目用緇。此其本義。皆小物也。淮南原道訓。舒之幎於六合。則譬況之詞也。從巾。冥聲。莫狄切。周禮有幎人。見天官。今作幂。

幔　幕也。段氏改爲幎。用轉注例。自通。然元應引亦作幕也。幎與幕皆在上之物。未始不通也。且廣雅。幔，覆也。與幎合。又云帳也。則與幕合。且幕下云覆食案亦曰幕。則與幂八尊六彝亦相近。或許以此見幔幕二字皆兼兩義。未可知也。從巾。曼聲。莫半切。

幬　禪帳也。釋訓。幬謂之帳。許言禪者。詩小星。抱衾與裯。傳曰。裯，禪被也。箋曰。牀帳也。衣部裯下云衣被。祗裯。蓋毛詩本作幬。特以衾例推之而曰禪被。鄭則以帳易之。許合釋訓毛傳而云禪帳耳。從巾。𠷎聲。直由切。

嵰　帷也。釋名。嵰，廉也。自障蔽爲廉恥也。禮緯。天子外屏。諸侯內屏。大夫以簾。士以帷。其簾當作此嵰。然則嵰帷制當小異。而許以帷說嵰者。爲其所施同也。從巾。兼聲。力鹽切。

帷　在旁曰帷。鄭注幕人及字林同。云在旁者。周繞之也。故釋名曰。帷，圍也。所以自障圍也。從巾。佳聲。洧悲切。

匿　古文帷。此謁而誤糸也。當爲幃之古文。玉篇匚部。匿。呼韋切。亦古幃字。

帳　張也。釋名。帳，張也。張施于牀上也。從巾。長聲。知諒切。

幕　帷在上曰幕。鄭注幕人云。在上曰幕。字林同。許加帷者。言其相須爲用也。天官敘官幕人注。幕帷覆上者。蒙覆食案亦曰幕。依御覽引補。方言。廣雅皆曰。幕，覆也。覆食案則未聞。從巾。莫聲。亦省作莫。史記廉頗傳李廣傳皆言莫府。索隱。兵門合施帷帳。故稱幕府。古字通用。遂作莫耳。慕各切。

帗　幓。句。裂也。帗也者。幓也。幓也者。裂也。一事而三名也。急就篇。帗敝囊橐不直錢。顏注。帗者幓殘之帛也。從巾。匕聲。卑履切。

幓　殘帛也。謂已經殘破之帛也。帗篆下但舉其名。此則總釋其義矣。廣韻。幓，餘也。衣部裂。繒餘也。其意正同。至於廣韻曰幓縷桃花。今製綾花。集韻曰幓縷。今時剪繒爲華者。是則殘其

shū　　tiè　　zhí jiān huī　　biāo yuān
㡏　　帖　　帙 㡘 幑　　幖 帵

帛以爲之。非既殘之帛。當爲引伸之義。從巾。祭聲。先列切。又所例切。

㡏　正耑裂也。正李燾本作繒。案義不相遠。總謂裂新帛之正端所以別于帗幓之爲殘帛也。然廣韻曰。㡏，裁殘帛也。則正如帗幓。又類篇曰。㡏，帛邊也。漢製以爲關門符信。然則即是繻也。漢書終軍傳。關吏與軍繻。蘇林曰。繻，帛邊也。舊關出入皆以傳。傳還。因裂繻頭合以爲符信也。案糸部繻下無此義。蓋許君以㡏字當之。左傳紀子裂繻字子帛。亦與正耑裂之義有合。春秋時無以繻爲符信之事。則祇是裂帛謂之㡏也。從巾。俞聲。山樞切。

帖　帛書署也。即今之書籤。詳木部檢下。從巾。占聲。他叶切。署謂檢署名也。小徐本有之。或挩。臣鍇曰。抑或是庾注。檢署名者。謂書檢之上題署本書之名也。

帙　書衣也。書卷既多。每部加帙。所以別也。衣部袠。書囊也。蓋又囊括此帙者矣。從巾。失聲。直質切。

袠　帙或從衣。

㡘　幡幟也。段氏謂當作幡識也。是也。廣雅。㡘，幡也。識。說已見言部。下文幑幖下幟字。皆據小徐韻譜改之。此無據。故未改。從巾。前聲。則前切。

幑　識也。古無幟字。祇作識。秋官大司馬注。號名者。徽識所以相別也。又司常注。屬謂徽識也。釋文。識音志。一音試。案試即幟之音。

幑識是複語。故高注齊策曰。幑，幟名也。以絳幑帛著於背。以識說幑。既廣二名矣。此乃說其制也。衆經音義。以絳帛等書著背上曰幑。詩六月。織文鳥章。箋云。織，幑織也。鳥章。鳥隼之文章。將帥以下衣皆著焉。正義云。今城門僕射所被。及亭長著絳衣。皆其舊象也。從巾。微省聲。許歸切。言可借也。春秋傳曰。揚幑者公徒。昭二十一年文。今作徽。禮記殊徽號。亦借徽爲幑也。若今救火衣然也。句。蓋庾注。以釋絳帛著背者。大徐誤謂以解左傳。則不可通。故刪之也。

幖　識也。字林同。衆經音義。幖，頭上幟也。所以相別也。通俗文。徽號曰幖。私記曰。幟字亦借剽。周禮肆師注。故書表爲剽。剽表皆謂徽識也。從巾。票聲。方招切。

帵　幡也。小徐本帵在帘下席上。傳引莊子云。孔子繙六經以說老子。疏曰。繙，帵亂取之也。案糸部。繙，冕也。借冕爲帵。此云帵，幡也。借幡爲繙。於轉注之中用假借之法。且玉篇說帵曰帵幡。廣韻說帵曰幡帵。二字疊韻。可顛可倒。以爲連語。信而有徵。特是玉篇雖失收幡字。而帵字次弟其上爲幖㡘二字。其下爲幑字。與大徐次序大同。彼三字皆以幡幟說之。則帵下之帵幡。帵乃衍文。幡則旛之借字。仍是旗幟也。即大徐列帵篆於幡篆之前。自與幡識也一義相應。於拭觚布無涉。從巾。夗聲。於袁切。

fān 幡　là 𢃳　jiān 𢅻　chǎn 幝　méng 幏　miè 幭　hū 幠　shì 飾　wéi 幃

幡 書兒拭觚布也。拭、段氏謂當作飾、嚴氏謂當作刷、印林曰、說解自用漢字耳、觚者、柧之借字也。增韻、今人呼幡布、內則所謂紛帨是也。顏注急就篇、觚者、學書之牘、或以記事、削木爲之、或六面、或八面、面者棱也、以有棱角、故謂之觚、今俗猶呼小兒學書簡爲木觚章、蓋古之遺語也。從巾。番聲。甫煩切。○一曰、幡、識也。依御覽引補、此謂幡與旛同也、釋名、旛、幡也、其貌幡幡然也、古今注、信幡、古之徽號也、所以題表官號、以爲符信、故謂爲信幡也。

𢃳 刜也。玉篇曰、刜、拂也、廣韻曰、拂箸、故桂氏段氏皆云刜當作拂、然刜擊也、拂過擊也、其義不相遠、今語器垢之堅厚者、以沙石磨之、謂之𢃳、或古之遺語、許君以其用力多、故言刜也、上幡下𢅻用力少、皆言拭。從巾。剌聲。盧達切。

𢅻 拭也。集韻、攕、拭也、𢅻蓋攕之近字、至于字林曰、幨𢅻、記則義與帖同、今作籤。從巾。韱聲。精廉切。

幝 車敝兒。依杕杜釋文引改、兒、一作也。從巾。單聲。昌善切。詩曰、檀車幝幝。小雅杕杜文、傳曰、幝幝、敝兒、釋文、幝、韓詩作緂、糸部緂、偏緩也。

幏 蓋衣也。方言、廣雅皆曰、幏、巾也、廣韻一東分爲二、幏、覆也、蓋衣也、又幏、穀幏、下引說文、一送合爲一、幏、幏穀、蓋巾也、許獨云衣者、蓋主詩蒙彼縐

絺而言、蒙當作冡、古字也、幏則後起之專字也、縐穀義近、故叚爲此說。從巾。冡聲。莫紅切。

幭 蓋幭也。蓋幭是覆語、抑或幭是衍文、詩韓奕、鞹鞃淺幭、傳云、幭、覆式也、疏云、幭字、禮記作幦、周禮作㡩、字異而義同、案許君蓋以幭爲通語、不但爲覆式之專名、故云蓋幭也、至于方言曰、襎裷謂之幭、注、即帊幞也、襎裷與幡帑同音、此句在衣服類中、未詳是何巾服、若周武帝所製之幞頭、則漢人無由見。從巾。蔑聲。莫結切。一曰禪被。

幠 覆也。士喪禮、幠用斂衾、士冠禮注、冔名出于幠、幠、覆也、釋詁、幠、有也、郭注引詩遂幠大東、今詩作荒、釋言、荒、奄也、注、奄奄、覆也。從巾。無聲。荒烏切。

飾 㕞也。地官封人、飾其牛牲、注、飾謂刷治絜清之也、左宣十二年傳、御下兩馬、注、兩飾也、正義、飾馬者、謂隨宜刷刮馬。從巾。從人。食聲。元應曰、飾、從巾飤也、然則當作從巾飤聲。讀若式。賞隻切。一曰、襐飾。漢書平帝后傳注、襐飾、首飾、在耳後、刻鏤爲之、餘見衣部襐下。

幃 囊也。離騷、蘇糞壤以充幃、王注、幃謂之幐、幐、香囊也、又案詩、親結其縭、傳曰、縭、婦人之禕也、母戒女、施衿結帨、釋器申此文曰、婦人之禕謂之縭、縭、緌也、孫炎曰、禕、帨巾也、蓋由毛以結帨申結縭、故謂禕爲帨也、郭注以爲香纓者、則以釋器以緌申縭、緌者係冠纓也、婦人無冠、故謂之香纓也、內則曰、男女未冠笄者、總角衿纓、皆佩容臭、而郭注以爲女子既嫁之所著、示繫屬于人、故孔疏駁之、案毛公別之曰婦人之禕、故李善曰、今之香囊、在男曰幃、在女曰縭、而毛公既解以帨、則與說文各明一義、誠如段氏所說、繫幃曰縭。依文選思元賦李注引補、注又申之曰、縭者、即繫囊之繩也、案糸部縭下無此說。從巾。韋聲。許歸切。

juàn 帣　zhǒu 帚　xí 席　téng 幐　fèn 𢅥　zhūn 帾　gé 㡊　fén 幩

帣 囊也。集韻、囊有底曰帣。今鹽官三斛爲一帣。廣韻、二石爲一帣。從巾。𢍏聲。居倦切。

帚 糞也。文選李注引同、借糞爲坴也。從又持巾埽冂內也。支手切。古者少康初作箕帚秫酒。世本曰、少康作箕帚秫酒、案此蓋古有成文、說文世本皆用之、又嫌于夏之少康、故下文特釋之、又曰、儀狄始作酒醪、變五味、少康作秫酒。少康。杜康也。葬長垣。文選注引王著與杜康絕交書曰、康字仲寧、或曰黃帝時宰人、號酒泉太守、段氏曰、此以文爲戲之言。

席 藉也。依御覽引改、藉者薦也、增韻、槀秸而薦莞蒲之曰席、王氏煦曰、周禮敘官司几筵注云、藉之曰席、儀禮士虞禮注云、藉、古文作席、是古席有藉音、故義依聲立。禮。天子諸侯席有黼繡純飾。

約舉周禮司几筵文、以爲從巾張本也、黼繡者、繡爲黼文也、是職兼有紛純、畫純、繢純、而但及黼純者、舉其最華者也、先鄭曰、紛讀爲和粉之粉、謂白繡也、純、緣也、後鄭曰、斧謂之黼、其繡白黑采、案先鄭則紛亦繡也、許蓋不從、故不及。從巾。庶省聲。王氏煦曰、庶、古讀如遮、易晉卦、蕃庶、鄭讀止奢反、正與藉音協、祥易切。

囧 古文席。從石省。

幐 囊也。眾經音義、幐謂通徼囊也、然漢書外戚傳中黃門田客持詔記盛綠綈方底、注、方底、盛書囊、形若今之筭幐耳、夫有底則非通徼矣、後漢書儒林傳借幐爲之、至于方言、幐、儋也、注云、今江東呼儋兩頭有物爲幐、則別一義也。從巾。朕聲。徒登切。

𢅥 以囊盛穀太滿而裂也。而、玉篇作墳、今人亦謂衣縫坼裂爲𢅥、不第囊也。從巾。奮聲。方吻切。

帾 載米䘥也。轉注、而又詳略互見、廣韻、帾、布貯、案貯當作䘥、謂形如䘥、而以布作之者也。從巾。盾聲。讀若易屯卦之屯。一無易下屯字。陟倫切。

㡊 蒲席䘥也。與甾部𢍰字訓義詳略互見、不曰𢍰也、而曰䘥也者、沿帾來也、其緣帾來奈何、曰帾以布爲之、故從巾、㡊以蒲席爲之、而從巾者、以其與帾同類也。從巾。及聲。讀若蛤。古沓切。

幩

mì 幦　mù 𢄼　xián 㡘　jià 幏　bù 布　tǎng 帑　néi 㡎

馬纏鑣扇汗也。段氏曰、以朱幩纏纏馬銜之上而垂之、從巾。賁聲。符分切。詩曰、朱幩鑣鑣。是也。衛風碩人文、傳云、幩飾也、人君以朱纏鑣扇汗、且以爲飾、鑣鑣盛皃、釋文、鑣馬銜外鐵也、一名扇汗、一名排沫、案陸說誤也、毛傳以扇汗爲幩之訓釋、後人因以爲幩之名、可也、移以爲鑣之名則不可也、

墀地以巾撋之也。涂地謂之墀、墀地者、己涂之地也、繫傳曰、漢制以形黍涂地曰丹墀、以黑黍涂地曰元墀、以巾撋之者、日久而汙、則以巾拭之也、羣書無撋字、廣韻作巾抲、集韻作巾撋、嚴氏曰、疑作撋、手部撋、拭也、故集韻類篇皆言以巾拭墀、字通作獿、漢書揚雄傳、獿人亡、則匠石輟斤而不敢妄斲、服虔曰、獿古之善涂塈者也、顔注、獿抆拂也、故謂涂者爲獿人、案嚴氏以抆拭爲本義、以涂塈爲引伸之義、正與許說合、先云巾撋是抆拭也、後云箸也、是涂塈也、從巾。夒聲也。段氏改篆作㡎、說作憂聲、案顔注漢書、獿音乃高反、又乃迴反、集韻、奴刀奴同二切、姑仍其舊。讀若水溫𪏽。乃昆切、𪏽奴案切、段氏說與此讀合、一曰箸也。廣韻、㡎塗著也、

金幣所藏之府也。依元應引補、帑一作布、一作帛、從巾。奴聲。乃都切、五經文字、帑、說文乃胡反、字林音儻、周成難字音蕩、地官掌節之英蕩、杜子春讀蕩爲帑、是漢人已作此讀、

枲織曰布。范子計然曰、古者庶人、老耋而後衣絲、其餘則麻枲而已、故曰布衣、從巾。父聲。博故切。

南郡蠻夷賨布也。後漢書之幏布、在巴郡南郡蠻篇中、後漢書注、賨字記引此文、皆無賨字、是也、傳曰、槃瓠之後輸布一匹、小口二丈、是謂賨布、廩君之巴氏、出幏布八丈二尺、然則賨幏雖皆以布爲賦之名、而其地不同、其數不同、不可合爲一也、從巾。家聲。古訝切。

布也。出東萊。從巾。弦聲。胡田切。㡘縣在東萊。句蓋庾注也、庾氏不察許意而注之、大徐又以爲無用而刪之、皆誤也、魏書地形志、㡘下注云、有弦城、然則縣本名弦、弦縣出布、因加巾爲㡘、後遂以㡘爲縣名、後漢以來地志、又變爲搃㡘怰三形、皆譌也、詳見釋例、

鬃布也。桂氏曰、猶今之油布、可以禦雨、廣韻集韻十遇作髮巾、一曰車衡上衣。桂氏曰、蓋所以遮蓋曲輈轒縳也、漢書黃霸傳、別駕主簿車、緹油屛泥于軾前、從巾。敄聲。讀若頊。此句小徐無、莫卜切、段氏曰、集韻六引此字、皆不云出說文、筠案、小徐列此字於部末、或是說文本無、後人据大徐本增入、

髤布也。此蓋漢制也、急就篇、革轖髤漆油黑蒼、顔注、革轖重革之幭、所以覆車笭也、髤漆者、以漆漆之、油者、以油油之、皆所以爲光色而御塵泥、其色或黑或蒼也、案此所髤者仍是革、許云布者、或以字從巾也、𢅏謂此巾猶巾車脂轄之巾、乃是動字、衹作覆字用耳、段氏曰、巾車曰、王之喪車犬㡜鹿淺㡜然㡜豻㡜、各用其皮也、大雅之淺幭、虎皮也、與玉藻之羔幦鹿幦、皆諸侯大夫士之吉禮也、曲禮之素幭、即士喪禮之白狗幦、大夫士之凶禮也、從巾。辟聲。莫狄切、周禮曰、駹車大幦。又引禮以見古之覆笭用革也、春官巾車云、木車犬㡜素車犬㡜、駹車然㡜、此作大者、然之殘字也、鄭君曰、故書駹作龍、許君與鄭君同、不從故書也、羣經幎幭幦通用、而幎又作㡜、既夕禮記注、古文幦爲幎、許君列幎幭幦于三處、各自爲義、亦與鄭君同、不從古文也、

當作𢂌、衣領耑也。依廣韻引補、玉篇同、從巾。耴聲。陟葉切、此字既譌爲㡇、校者見別本作𢂌、未敢改而附於末、故不得其次、且放隸爲篆、故譌𢂌爲㡇、今仍之以爲左證焉、

文六十二　重八

jiá 帢　fú 巿　zhé 𢂌

韠也。轉注通其名也、鄭注詩采菽曰、芾、太古蔽膝之象也、冕服謂之芾、其它服謂之韠、芾者、巿之或體、亦借黻爲之、上古衣。蔽前而已。巿以象之。說見韋部韠下、天子朱巿。諸侯赤巿。卿大夫蔥衡。白虎通、紼者蔽也、所以蔽前、天子朱紼、諸侯赤紼、詩云、朱紼斯皇、室家君王、又赤紼金舄、會同有繹、又赤紼在股、書曰、黼黻衣、黃朱紼、皆謂諸侯也、黃朱亦赤矣、大夫蔥衡、別于君矣、天子大夫赤紼蔥衡、士靺韐、案玉藻韠、天子朱、詩斯干箋、芾者、天子純朱、諸侯黃朱、皆與許說合、又玉藻、一命縕韍幽衡、再命赤韍幽衡、三命赤韍蔥衡、則詳言其等衰也、從巾。象其連帶之形。分勿切、凡巿之屬皆從巿。

篆文巿。從韋從犮。大徐曰、俗作紱、小徐本誤連于許說、蓋本有臣鍇曰而今佚也、衣部祓、一日蔽厀、糸部綬、韍維也、則謂綬又名韍、是秦漢閒義、非古義矣、

士無巿有帢。制如榼。缺四角。字林、帢、士服、制如榼、四角、蓋挩缺字也、士無巿有帢者、詩瞻彼洛矣正義、士朝服謂之韠、祭服謂之靺韐、制如榼缺四角者、玉藻及注曰、韠、天子直、四角直、無圜殺也、公侯前後方、殺四角、使之方、變于天子也、所殺者、去上下各五寸、大夫前方後挫角、圜其上角、變于君也、韠以下爲前、以上爲後、士前後正、士賤、與君同、不嫌也、正、直方之閒語也、天子之士則直、諸侯之士則方、爵弁服。士冠

bó 帛 jǐn 錦

禮爵弁服纁裳純衣緇帶韎韐其色韎。詩瞻彼洛矣韎韐有奭賤不得與裳同。士賤韐用一入之韎與裳用三入之纁不同也天子朱裳則朱市諸侯卿大夫赤裳則赤市鄭司農曰裳纁色依集韻引補七字小徐無許偁賈侍中者尊師也鄭君偁鄭司農者本族之前輩也外此皆偁名字且纁裳見儀禮矣增此句者為不與裳同作注解言纁與韎異也從市合聲。古洽切

韐 韐或從韋

文二　重二

帛 繒也。轉注從巾白聲。旁陌切凡帛之屬皆從帛。

錦 襄邑織文也。漢志陳留郡襄邑縣有服官陳留屬禹貢兗州故書曰厥篚織文正義曰漢世陳留襄邑縣置服官使制作衣服是兗州綫錦美也禹貢厥篚織貝鄭注貝錦名也凡為織者先染其絲乃織之則文成矣禮記曰士不衣織從帛。金聲。居飲切

文二

bái 白² xiǎo 皢 jiǎo 皎 xī 晳 pó 皤

白 西方色也。考工記畫繢之事西方謂之白大宗伯以白琥禮西方陰用事物色白。以上說字義也皆入之。以下說字形本句為從入張本而似有誤其意則謂物皆入于陰也從入合二。合者入二相連不斷與仌從入二一判然斷為兩體者異也陰數也。上文不見從二之意故申之旁陌切凡白之屬皆從白。

白 古文白。此則入包乎二與合義不殊

皢 日之白也。通作皦詩大車有如皦日從白堯聲。呼鳥切

皎 月之白也。從白交聲。古了切詩曰。月出皎兮。陳風月出文傳云皎月光也

晳 人色白也。詩君子偕老揚且之晳也從白析聲。先擊切

皤 老人白也。白一作皃一作色漢書敘傳營平皤皤注皤皤白髮皃也後漢書班固傳皤皤國老樊準傳朝夕皤皤之良從白番聲。亦借番為之史記秦本紀古之人謀黃髮番番則無所過太史公以詢茲黃髮番番良士為一人所謂從安國問故者如此今孔傳乃曰勇壯番番是以申伯番番解之也且漢書所有皤皤皆是用秦誓傳為偽託此亦一證薄波切易曰。賁如皤如。賁卦文此皤與賁對祇是白耳故王弼以或飾

hé 皠 ái 皚 pā 皅 jiǎo 皦 xì 㿡(㿡) xiào 皛 bì 㡀 bì 敝 zhǐ 黹 chǔ 䵺 fǔ 黼

或素說之不指人也。

皤或從頁作。

皠 鳥之白也。景福殿賦皠皠白鳥注皠與翯音義同從白隺聲。孟子引詩白鳥鶴鶴亦從隺聲也胡沃切

皚 霜雪白之皃也。依北征賦注引補從白豈聲。五來切

皅 艸華之白也。葩是累增字無異義也從白巴聲。普巴切

皦 玉石之白也。玉篇云珠玉白皃從白敫聲。古了切

㿡 際見之白也。見去聲玉篇云璧際見白也似據說文善本隙即其累增字從白上下小見之。七字一句見去聲言壁之際會之處或上或下小露白光則是有孔隙也不定所在故上下兩小大徐無之字元應引并見字無之則句意不完起戟切

皛 顯也。倉頡篇皛明也纂文通白曰皛陶詩皛皛川上平從三白。讀若皎。烏皎切

文十一　重二

㡀 敗衣也。廣雅㡀敗也然則是通語也許言衣者為其從巾也從巾。象衣敗之形。毗祭切

凡㡀之屬皆從㡀。

敝 帗也。此義於㡀從巾得之帗一幅巾也桂氏曰帗當作韍韍所以蔽前桂氏此說於韍蔽同音得之鄭注玉藻韍之言蔽也一曰。衣敗為敝。依慧苑引改敝以衣敗為兼義與㡀以敗衣為專義微不同從攴從㡀。㡀亦聲。毗祭切

文二

黹 箴縷所紩衣。衣蓋衍文或也字之譌衣部補紩衣也其詞重紩如此文則重衣矣補郎黹之累增字但言紩衣此言箴縷者為從丵省張本也釋言黹紩也廣韻曰鍼縷所紩不言衣也從㡀丵省。象刺文也。依韻會引補徐鍇曰丵眾多也言箴縷之工不一也陟几切凡黹之屬皆從黹。當有古文希說詳釋例

䵺 會五采鮮色也。依詩釋文引改采一作綵色一作皃從黹虘聲。創舉切詩曰。衣裳䵺䵺。曹風蜉蝣文今作楚楚傳云鮮明皃

黼 白與黑相次文也。考工記文釋器斧謂之黼書益稷正義半白半黑似斧刃白而身黑說苑士服黻大夫黼諸侯火天子山龍德彌盛者文彌縟中彌理者

fú 黻　zuì ⿰黹卒　fěn 黺

文彌章也、案覲禮、天子設斧依、檀弓、加斧于椁上、是吉凶皆用黼、從黹甫聲。方榘切、

黻　黑與青相次文也。考工記文、郭璞云、黻文如兩己相背、杜預王肅皆曰兩己相戾、書正義曰、黻刺爲兩己字、以青黑線繡也、桂氏曰、漢書韋賢傳、黼衣朱紱、顏注、黼衣、畫爲斧形、而白與黑爲彩也、朱紱、爲朱裳、畫爲亞文也、亞、古弗字也、故因謂之紱、字又作黻、其音同聲、馥據此知兩己之誤也、從黹犮聲。分勿切、

⿰黹卒　會五采繒也。集韻一引如此、一引作五采繒色也、俗作綷、史記司馬相如傳、綷雲蓋、注、綷、蓋有五綵也、從黹、綷省聲。段氏嚴氏皆云當作卒聲、是也、子對切、

黺　衮衣山龍華蟲。黺、畫粉也。益稷作服一節、說文解其字、無一不謬、惟元應引繪字、與尚書合、可知其它皆妄人所改、故遇此等字、皆引它說、不解許說、以其非許說也、鄭君注周禮司服曰、書曰、予欲觀古人之象、日月星辰山龍華蟲、作繢、宗彝藻火粉米黼黻希繡、此古天子冕服十二章、舜欲觀焉、筠案鄭君改繪爲繢、本之鄭司農、非也、許君說是、改絺爲希、是也、鄭君又說周制曰、九章、初一曰龍、次二曰山、次三曰華蟲、次四曰火、次五曰宗彝、皆畫以爲繢、次六曰藻、次七曰粉米、次八曰黼、次九曰黻、皆希以爲繡、又案春官司几筵注、鄭司農云、粉讀爲豳、又讀

爲和粉之粉、謂白繡也、玉篇、黺、綵也、廣韻、黺、綵文、是羣書未有以黺爲畫者、豈有許君之說而無述者、從黹、從粉省。衞宏說。方吻切、尚書釋文、粉米、說文作黺⿰黹米、徐本作⿰糸米、案傳述尚書之人、無徐氏、知徐本作⿰糸米一句、乃宋元人所記、謂二徐說文本有⿰糸米無⿰黹米也、今說文說黺⿰糸米爲二事、以陸氏所引⿰黹米字推之、兩字同從黹、則當爲一事、且不須它證、黺從黹而謂之畫、固已大謬矣、

文六

說文解字句讀弟七下　　曲沃裴驊校

句讀卷十四補正

廣韻、鬃麻榦也子矦切、然同從取聲、亦當是同字、二葉前八行側鳩切下增此

詩采菽、詩傳作采尗、詩說作采叔、而大叔于田、詩傳作大尗、詩說作大叔、皆無于田二字、二葉後二行裁豆總名下增此

能改齋漫錄曰、禮記內則、楚詞招魂、備論飲食、而言不及豉、史游急就篇乃有蕪荑鹽豉、史記貨殖傳、糱麴鹽豉千合、蓋秦漢以來始爲之、二葉後五行已有豉下增此

蘁莥雙聲、三葉前四行中國悉爲蘁下增此

古音古胡切、苽孤音竝同、狐瓠音雖轉、猶是同部也、三葉後四行古華切下增此

句讀補正〈卷十四　一

元包經大有曰、𠷎亼亼、四葉後四行是一字也下增此

廣韻、親古文作寴案、七葉後五行或作寴下增此

魯語、取名魚登川禽、而嘗之寢廟、九葉前四行臥也下增此注

廣韻分送宋爲兩部、巷唐韻亦然、小徐即因此刪之、十葉後三行小徐無此句下增此

元包經困卦、疒罹于憂注曰、疒音疾、十八葉前二行申倚也之故下增此

坐當作堊、二十一葉後三行昨禾切上增此

魯語、譬之於疾余恐易焉注、疾、疫癘也、二十四葉前十行又病相染也下增此

能改齋漫錄曰、事物紀原引世本曰、黃帝作旒冕、余以高承未見世本全文也、蓋世本云、胡曹作冕注云、胡曹黃帝臣也、筠案吳曾南宋高宗時人、是時尚有世本、二十八葉前一行出世本三字刪去以此易之

小雅裳裳者華、詩說作常常者華、三十四葉後三行市羊切下增此

說見衣部禮下、三十四葉後八行廣雅以下十三字刪去後九行一曰帗也下注十字全刪易之以此

又疑當作金幣之藏也、倉部云、穀藏也、广部府、文書藏也、庫、兵車藏也、廥、芻稾之藏、皆爲儷語、此亦當然、三十九葉前十行依元應引補下增此

幣帛同義、布則當是泉刀、三十九葉前十行一作帛下增此

又有賨錢、古以貝爲貨、故賨字從貝、南郡則但布無錢、故㡓字從巾。三十九葉後四行且其地不同上增此

句讀補正〈卷十四　二

箴者、鍼之借字、竹部箴綴衣箴也、金部鍼所以縫衣裳者也、其用本別、但以同聲通假、又案黹字之形、當以刺繡爲專義、糸部縫紩轉注、則是泛言縫衣、其事相近、故此亦言紩、四十二葉後六行不言衣也下增此

rén 人　bǎo 保（保）　tóng 僮　rén 仁

說文解字句讀弟八上

漢太尉南閣祭酒許氏記　安邱王筠撰集

相國壽陽祁春浦夫子鑒定　益都陳山嵋　晉江陳慶鏞　訂正

博山蔣其崙書篆

三十七部　六百一十一文　重六十三

凡八千五百三十九字

人　天地之性最貴者也。孝經聖治章、天地之性人爲貴、此籀文人。古文奇字人。對儿爲字人而言。象臂脛之形。臂脛凡四、而臂下垂、與脛相掩映、故二之也、如鄰切、凡人之屬皆從人。

僮　未冠也。玉篇引詩狂僮之狂也且。從人童聲。徒紅切、

保　養也。文王世子、入則有保、出則有師、保也者、愼其身以輔翼之而歸諸道者也。從人、從孚省聲。當云從古文孚、爪部孚下云古文孚從古文保、保亦聲、此豈得轉從孚省聲乎、博裦切、〔孚古文孚〕小徐無此句。○一曰。當也。元應引補、本部任、保也、女部㛐、保任也、卽當義、左襄二十一年傳、其子鬻不能保任其父之勞、

呆　古文保。此篆當刪、而子部孚下之古文孟當改爲古文保、說詳子部、

保　古文保不省。案此字似許君之誤、春秋左氏經、齊人來歸衛俘、杜注、公羊穀梁經傳皆言衛寶、此傳亦寶、惟此經言俘、疑經誤、案孚爲古文孚、則保定爲古文俘、古寶俘同聲、故左氏偶然借俘爲寶、許君尊左氏爲古文、鐘鼎文寶字亦作保、故采左氏保字、不系之寶下而系保下、以形相似也、否則保篆保傳寫之誤、太保彝作保、從呆從任、左傳見上文、齊侯甗作保、則從任子會意、亦可證、

仁　親也。謚法、貴賢親親曰仁、從人。中庸仁者人也、二聲。如鄰切、

忎　古文仁從千心作。當云從人心、鐘鼎文季字從人者多、從千者少、是其例、

𡰥　古文仁或從尸。尸仍是人、橫陳于上耳、以其字形平也、故又爲古文夷、嚴氏曰、辵部遲或作遟、蓋取尸聲、漢書以尸爲古夷字、皆仁從二聲之證、

qì 企　rèn 仞　shì 仕　jiāo 佼　zhuàn 僎　qiú 俅　pèi 佩

企　舉踵也。一作舉踵望也、字林亦無望字、踵當作歱、詩跂予望之、企與望自兩事也、從人止。〔聲〕元應曰、企從人從止、案企亦從人從足、不得言足聲也、本去跂切、孫去智切、

𠍯　古文企從足。

仞　伸臂一尋也。尋仞異名而同實、方言、度廣曰尋、杜注左傳、度深曰仞、是以考工記曰、廣二尋、深二仞謂之澮、特以廣深異其名、實無二也、大戴禮、舒肘知尋、鄭注考工記、張臂八尺、與許義同、至於鄭注儀禮曰、七尺曰仞、八尺曰尋、實與小爾雅四尺謂之仞、應劭曰、五尺六寸曰仞、同誤、日月之食、不勞迴護也、八尺。此注語也、尋下云、度人之兩臂爲尋、八尺也、於彼既明、此不須言、且衆經音義引說文、仞、謂申臂一尋也、故論語夫子之牆數仞、包曰、七尺曰仞、案元應不引八尺二字、知非許語、然引包注爲證、則是尋仞皆七尺矣、亦誤也、史記張儀傳索隱、七尺曰尋、段氏何不据之以駁寸部尋字說、從人。考工記、人長八尺、尺部云、周制、寸尺咫尋常仞諸度量、皆以人之體爲法、設仞是七尺、無從起數矣、又許君所舉六字、惟常是假借、尺從尸、尸卽人字之變、寸從又、又手也、從人之義猶隱、故於彼著之、仞直從人、故不復著之、刃聲。衆經音義曰、仞、今皆作刃、非也、案刃乃省形存聲字、亦不爲誤、而震切、

仕　學也。宀部宦、仕也、左宣二年傳、宦三年矣、服注、宦、官學士也、孔疏曰、曲禮云、宦學事師、則二者俱是學也、但宦者學仕宦、學者尋經義、以此爲別耳、從人。士聲。鉏里切、

佼　交也。佼卽交之累增字也、段氏曰、佼見管子、其訓皆交也、明法解曰、羣臣皆忘主而趨私佼、又曰、養所與佼而不以官爲務、又曰、小臣持祿養佼、不以官爲事、從人。交聲。下巧切、段氏曰、當依廣韻古肴切、

僎　具也。廣雅同、經典借撰譔選爲之、論語、異乎三子者之撰、孔安國注、撰、具也、釋文、撰、鄭作僎、讀曰詮、詮之言善也、案言部詮下云、具也、楚詞大招、聽歌譔只、王注、譔、具也、論語大夫僎、古今人表作選、從人。巽聲。士勉切、

俅　冠飾皃。釋言、俅、戴也、注引詩、戴弁俅俅、釋訓、俅俅、服也、注、謂戴弁服、字或作頍、廣蒼、頍、戴也、從人。求聲。巨鳩切、詩曰。戴弁俅俅也。毛詩周頌絲衣、戴作載、箋曰、載猶戴也、毛傳、俅俅、恭順皃、段氏曰、許以上文系屬衣言之、則俅俅亦當屬弁言之、故此用爾雅易傳義、而系下不易傳也、筠意終以毛傳爲是、載弁俅俅、與被之祁祁文法同、彼不言載、祁祁尚指人言之、況此言載乎、且俅祁雙聲、祁祁、舒遲也、俅俅、恭順皃、義亦相近、卽釋文云、俅、說文作絿、絿、急也、則是見所尊者齎遬之義、亦指人言、

佩　大帶佩也。一作大冠帶佩也、非也、巾部帶下云、

rú 儒　jùn 俊　jié 傑　wén 亻軍　jí 伋　kàng 伉　bó 伯

象繫佩之形。故此亦連帶言之也。佩繫于革帶。此言大帶者。渾言不別也。從人凡聲也。佩必有巾。故從巾。依初學記韻會引改補。乙轉。內則之言左右佩用也。無論男子婦人皆以紛帨爲首。故曰佩必有巾也。蒲妹切。巾謂之飾。王逸楚詞注。佩飾也。

儒　柔也。鄭目錄云。名曰儒行者。以其記有道德者所行也。儒之言優也。柔也。能安人。能服人。又儒者濡也。以先王之道能濡其身。術士之稱也。術者邑中道也。故曰道術。儒行曰。營道同術。天官大宰。儒以道得民。從人需聲。人朱切。

俊　材千人也。材一作才。此下或有過字。于是動字不須言過也。段氏曰。尹文子曰。千人才曰俊。萬人曰傑。淮南泰族訓曰。智過萬人者謂之英。千人者謂之俊。百人者謂之豪。十人者謂之傑。春秋繁露曰。萬人者曰英。千人者曰俊。百人者曰傑。十人者曰豪。皐陶謨鄭注曰。才德過千人爲俊。百人爲乂。高誘注呂覽孟秋紀曰。才過萬人曰桀。千人曰俊。王逸注懷沙曰。千人才爲俊。一國高爲桀。諸家說俊皆同。惟禮運及左傳宣十五年疏。皆引辨名記云。倍人曰茂。十人曰選。倍選曰俊。千人曰英。倍英曰賢。萬人曰桀。倍桀曰聖。其說不同。從人夋聲。子峻切。

傑　埶也。段氏曰。以疊韻爲訓。埶本種埶字。引伸爲埶力字。傑者言其勢傑然也。衞風毛傳曰。傑。特立也。材過萬人也。從人桀聲。渠列切。

亻軍　人姓也。從人軍聲。吾昆切。段氏曰。此篆必淺人所增。廣韻此字魂韻兩見。云女字。又姓。出纂文。筠案。說文解之以姓者。必上古帝王之姓。且必言其所由。豈有無義之字可以爲姓乎。雖字亦有無義者。必地名也。姓非其比。

伋　伋伋。行急也。衆經音義引如此。恐是彳部彶。急行也。譌作伋。然今本人名二字殊不成訓義。且桓十六年左傳急子。邶風新臺序作伋。則伋急同義。有明徵也。從人及聲。居立切。

伉　人名。段氏曰。非例也。筠案。下文健。伉也。犬部。犺。健犬也。則此當云健也。漢書宣帝紀。伉健習騎射。顏注。伉。强也。雖二字遠隔。健或系伉引伸之義。而非本義。則亦當云敵也。杜注左傳伉儷曰。伉。敵也。儷。偶也。莊子。萬乘之主。夫子未嘗不分庭伉禮。是亦敵體之意也。蔡邕釋誨。帶甲百萬。非一勇所伉。則抗扞之意。即伉健也。從人亢聲。苦浪切。論語有陳伉。段氏曰。論語作陳亢。字子禽。與爾雅亢鳥嚨故訓相合。作陳伉似非也。然古今人表陳亢陳子禽爲二人。筠案。前說是也。此句亦後人所增。以爲人名證。非許說也。若以古今人表證。則是篇不以士會范武子爲二人乎。

伯　長也。釋詁文。此統詞也。白虎通。伯者子最長。迫近父也。此一家之長

zhòng 仲　xiè 偰　yī 伊　qiàn 倩　yú 伃　zhōng 伀　xuān 儇　tán 倓　xùn 侚

也。王制。分天下以爲左右。曰二伯。此天下之長也。從人白聲。鐘鼎文伯皆作白。博陌切。

仲　中也。韓詩。仲中也。言位在中也。案文家積於叔。故伯夷考叔季載而外。無不偁叔者。則質家積于仲。當亦如此。是仲叔皆在中之名也。然叔乃借字。仲適從中。又仲中二字古互通。故以中說之。從人從中。中亦聲。此不知許例者增之。說義既曰中也。此但當曰中聲。直衆切。

偰　高辛氏之子。堯之司徒。殷之先也。高辛氏帝嚳也。契母曰簡狄。有娀氏之女。契蓋八元之一。堯典。帝曰。契汝作司徒。諸侯不得祖天子。殷不得祖帝嚳。以契爲祖。故曰殷之先。從人契聲。經典多借契爲之。禼則古文也。私列切。

伊　伊尹。殷聖人阿衡也。書君奭。成湯既受命。時則有若伊尹。格于皇天。在太甲時則有若保衡。鄭注。伊尹名摯。湯以爲阿衡。阿倚衡平也。伊尹湯所依倚而取平。以尹天下。故曰伊尹。太甲改曰保衡。保安也。言天下所取安。所取平。阿衡保衡。此皆三公之官。當時爲之號也。呂氏春秋。有侁氏女採得嬰兒于空桑。後居伊水。命曰伊尹。案居伊水。是以水爲姓也。尚書兩言尹躬。則尹其名也。尹治天下者。又部。尹。治也。釋言。尹。正也。從人尹聲。於脂切。

𠇸　古文伊。從古文死聲。

倩　人美字也。依韻會引補。古者字出于名。此則美其人輒字之曰倩也。朱邑傳。陳平雖賢。須魏倩而後進。師古曰。倩。士之美稱也。與許義合。至于江充字次倩。蕭望之字長倩。東方朔字曼倩。則以倩爲字矣。非許所云也。從人青聲。倉見切。東齊人謂壻爲倩也。方言。青齊之間。壻謂之倩。史記倉公傳。黃氏諸倩。

伃　倢伃。婦官也。漢書外戚傳。婦官十四等。倢伃視上卿。比列侯。韋昭曰。倢。承也。伃。助也。顏注昭帝紀。倢。接幸也。伃。美稱也。從人予聲。案倢自有專義。故它見。伃無它義。故獨出。後又變爲婕妤。以諸切。

伀　□志及衆也。竹君本顧本句首缺一字。蓋立字也。謚法。立志及衆曰公。公伀者。公之分別文也。從人公聲。職茸切。與公異音者。釋親。夫之兄爲兄公。注。今俗呼兄鍾。語之轉耳。是也。

儇　慧也。方言文。荀子。鄉曲之儇子。注。輕薄巧慧之子也。韓非子。今民儇詷智慧。從人睘聲。許緣切。

倓　安也。廣雅。倓。靜也。倉頡篇。倓。恬也。荀子。倓然見管仲之能足以託國也。從人炎聲。讀若談。徒甘切。

𠊏　倓或從剡。

侚　疾也。書泰誓。王乃侚師而誓。傳曰。侚。循也。正義曰。說文云。侚。疾也。循。行也。侚是疾行之意。故以侚爲

liè zhuàn bì liǎo bīn wěi guī gāi jiā yè
儠 僝 佖 僚 份 偉 傀 侅 佳 僷

徇。史記五帝本紀。黃帝幼而徇齊。裴駰曰。徇。疾。齊。速也。從人。旬聲。辭閏切。案莊當作徇。釋言。宣。徇。徧也。釋文。徇本又作侚。是也。

僷 宋衞之閒謂華奕麗曰僷僷。奕麗曰三字本之方言疏證。未詳所出。姑側書之。方言。奕。僷。容也。自關而西。凡美容謂之奕。或謂之僷。宋衞曰僷。注。奕僷皆輕麗之皃。從人。葉聲。與涉切。

佳 善也。其質本善曰佳。李延年歌。絕代有佳人。是也。從而善之亦曰佳。老子。佳兵者不祥。是也。從人。圭聲。古膎切。

侅 奇侅。非常也。字或作賌。淮南兵略訓。明於星辰日月之運。刑德奇賌之數。背鄉左右之便。此戰之助也。史記倉公傳作奇咳。漢書蓺文志作奇胲。皆借字。史記集解。奇音羈。或音該。言奇祕非常術也。從人。亥聲。古哀切。

傀 偉也。字林同。方言作儴。云盛也。注。言瓌瑋也。瓌即瓌。從人。鬼聲。公回切。周禮曰。大傀異烖。大司樂文。今作裁。鄭注。傀猶怪也。釋文。傀舊音怪。

瓌 傀或從玉。褱聲。玉篇。儴。聲類。傀字亦省作瓌。史記司馬相如傳。傚儴瓌琦。

偉 奇也。一作大也。與廣雅同。春官太卜。觭夢。杜子春云。觭讀爲奇偉之奇。從人。韋聲。于鬼切。

份 份份。文質備也。依元應引補。論語包咸注曰。彬彬。文質相雜之皃也。鄭注曰。彬彬。雜半皃也。從人。分聲。府巾切。論語曰。文質份份。雍也篇文。今作古文彬。

彬 古文份從彡林。林者從焚省聲。此句蓋後人增。彼以彬林聲異。遁詞于焚省。又忘說文作焚也。

僚 好皃。詩月出。佼人僚兮。毛傳文。從人。尞聲。力小切。

佖 威儀也。廣韻。佖。有威儀也。又曰。佖。威儀備也。案此蓋自爲一義。詩洪奧。有匪君子。釋文。匪。韓詩作邲。美皃。桂氏曰。邲即此佖也。從人。必聲。毗必切。詩曰。威儀佖佖。小雅賓之初筵文。今作怭怭。毛傳。媟嫚也。案此義與上義相反。知然者。本部前半字義皆美。後半字義皆惡。惟佖以美爲正義。故在此。雖與傞僛同出一詩。而不類聚于後也。

僝 具也。馬注尚書同。從人。孨聲。士戀切。讀若汝南潺水。小徐以字書無潺字也。改爲潺。不料說文無之。案當作僝。此自是以俗語正讀。說詳釋例。虞書曰。旁救僝功。也。小徐作方鳩僝功。丞部逑下引旁逑孱功。惠定宇曰。引書後人所加也。

儠 長壯儠儠也。壯一作狀。廣雅。儠儠。長也。從人。巤聲。良涉切。春秋傳曰。長儠者相之。是也。

jìng jiàn dàn hóng yǔ jí tōng sì qiáo tuǐ wēi nuó biāo
倞 健 僤 仜 俁 佶 侗 俟 僑 僓 倭 儺 儦

昭七年文。今云使長鬣者相。楚語說此事。亦云長鬣。蓋說文巤下云巤巤。鬣下云鬣鬣。與此儠儠皆形容之詞。故寫經者借鬣爲儠。韋昭杜預釋以美須。誤。

儦 行皃。詩吉日傳曰。趨則儦儦。行則俟俟。從人。麃聲。鄭風清人。駟介麃麃。傳曰。武貌。似當與載驅同意。皆是衆盛之皃耳。甫嬌切。詩曰。行人儦儦。齊風載驅文。傳曰。衆貌。

儺 行有節也。從人。難聲。諾何切。詩曰。佩玉之儺。衛風竹竿文。傳曰。儺。行有節度。

倭 順皃。廣韻作愼皃。段氏曰。梁時避諱所改。從人。委聲。於爲切。詩曰。周道倭遲也。小雅四牡文。傳曰。倭遲。歷遠之皃。韓詩作威夷。此別一義也。說文多以引經代一曰。

僓 嫺也。繫傳。僓。順也。簡易也。從人。貴聲。吐猥切。又魚罪切。一曰長皃。玉篇廣韻皆曰長好皃。

僑 高也。喬本訓高。加人仍爲高。以其從人也。故僑人取名焉。山海經。長股國。郭注。今伎家僑人。象此。列子注亦有僑人。彼足履直木長者七八尺。是寄寓木上也。而僑寓之義亦生焉。從人。喬聲。巨嬌切。

俟 大也。此本義也。從人。矣聲。牀史切。詩曰。伾伾俟俟。小雅吉日。儦儦俟俟。韓詩作駓駓騃騃。薛君章句曰。趨曰駓。行曰騃。與毛傳合。魯頌駉篇。以車伾伾。釋文。字林作駓。走也。

侗 大皃。莊子庚桑釋文。侗。本又作侗。大董反。又音慟。向敎動反。云。直而無累之謂。三蒼云。殼直皃。字林云。大也。從人。同聲。他紅切。詩曰。神罔時侗。大雅思齊文。今作恫。傳曰。恫。痛也。許引此以說假借。

佶 正也。從人。吉聲。巨乙切。詩曰。既佶且閑。小雅六月文。傳曰。佶。正也。馬正而從人者。馬之正由于人之正也。安其教訓。馬之正也。不失其馳。人之正也。猶閑者習也。馬之習由人駕御之也。

俁 大也。從人。吳聲。魚禹切。詩曰。碩人俁俁。邶風簡兮文。傳曰。俁俁。容皃大也。

仜 大腹也。段氏曰。與瑀音義略同。廣韻曰。身肥大也。廣雅。仜。有也。從人。工聲。讀若紅。戶工切。

僤 疾也。速也。從人。單聲。徒案切。周禮曰。句兵欲無僤。考工記廬人文。今作彈。注曰。故書彈或作但。鄭司農云。但讀爲彈丸之彈。彈謂掉也。案許說則但乃僤之譌。先鄭改字。許不改字也。

健 伉也。易乾。健也。天行健。君子以自強不息。淮南子。伉行以違俗。從人。建聲。渠建切。

倞 彊也。廣雅同。倞與勍競竝同。競下云。彊語者特以其從誩耳。從人。京聲。渠竟切。

ào 傲　yì 仡　jù 倨　yǎn 儼　cān 傪　lǐ 俚　bàn 伴　yàn 俺　xiàn 僩　pī 伾　cāi 偲　zhuō 倬　tǐng 侹

切。傲 倨也。與嫯、奡並同。從人敖聲。古多借敖爲傲。五到切。仡 勇壯也。公羊宣六年傳、祁彌明仡然從乎趙盾而入。景福殿賦、桿獸仡以麗陳。從人气聲也。魚訖切。周書曰。仡仡勇夫。是也。秦誓文。倨 不遜也。借遜爲愻也。從人居聲。弟子職、居句如矩。居句即考工記磬氏之倨句。漢書郅都傳、丞相條侯至貴居也。注、居慢讀與倨同。笱案居乃踞之古字。踞者不敬。故借爲倨。居御切。儼 昂頭也。昂當作卬。淮南本經訓、盤紆刻儼。高注、刻儼浮首虎頭之屬。從人嚴聲。書無逸、嚴恭寅畏。釋文、嚴、馬本作儼。魚儉切。一曰好兒也。一曰恭也。依韻會引補。詩陳風、碩大且儼。傳、儼矜莊兒。傪 好兒。從人參聲。倉含切。俚 賴也。依班馬字類引改。漢書季布傳、其畫無俚之至耳。晉灼曰、計畫無所聊賴。方言、俚、聊也。聊乃僇之借字。顏氏家訓、聞者辛苦無僇賴焉。亦借理爲俚。孟子、稽大不理于口。趙注、理、賴也。從人里聲。良止切。伴 大兒。大雅、伴奐爾游矣。傳、伴奐廣大有文章也。亦借胖爲之。大學、心廣體胖。注、胖猶大也。從人半聲。薄滿切。俺 大也。廣雅同。段氏曰、與奄義略同、其音亦當同。從人奄聲。於業切。廣韻於驗切。僩 武兒。荀子榮辱篇、陋者俄且僩也。注、僩與撊同。猛也。方言、晉魏之閒謂猛爲撊。從人閒聲。下簡切。詩曰、瑟兮僩兮。衛風淇奧文。毛傳、僩、廣大也。韓詩云、美兒。然釋訓曰、恂慄也。許君遂以武兒易古說。朱子從之。以其獨高于古也。乃朱子說赫兮咺兮不用許君說。吾甚惜之。伾 有力也。用駉篇毛傳。從人丕聲。敷悲切。詩曰、以車伾伾。魯頌駉篇文。偲 強力也。韻會引同。詩釋文引作強也。案當作勥也。今本分勥爲兩字。而大徐又譌爲彊耳。力部勥、迫也。論語、朋友切切偲偲。馬注、相切責之兒。正與勥迫義合。從人思聲。倉才切。詩曰、其人美且偲。齊風盧令文。傳曰、偲、才也。此又一義也。倬 箸。句。大也。詩倬彼甫田、韓詩作菿。云、卓也。即此倬也。許君既收菿于艸部、而說曰艸大矣。於倬加箸字、而不云箸也大也者、蓋倬彼昊天之類、箸意重。有倬其道之類、大意重。然箸者必大、大者必箸也。故作一而二、二而一之說。從人卓聲。竹角切。詩曰、倬彼雲漢也。大雅棫樸、雲漢並有此文。雲漢釋文云、倬、王云著也。棫樸傳云、倬、大也。侹 長兒。廣韻侹下云、侹侹、直也。通俗文、平直

péng 倗　shàn 傓　jǐng 儆　chù 俶　chōng 傭　ài 僾　fǎng 仿

曰侹。韓詩傷桀侹也。一曰箸地。箸、直略切。一曰代也。方言、侹、代也。江淮陳楚之閒曰侹。從人廷聲。他鼎切。倗 輔也。段氏曰、周禮士師掌士之八成、七曰爲邦朋。注曰、朋黨相阿使政不平者。故書朋作倗。鄭司農讀爲朋友之朋。按管子亦曰、練之以散羣倗署。注、倗猶曹也。皆即朋字。蓋朋黨字正作倗、朋則借字。從人朋聲。讀若陪位之陪。邑部鄘讀若陪。步崩切。傓 熾。句。盛也。釋言、煽、熾也。熾、盛也。煽者況詞、炙手可熱之謂也。盛乃質言之。從人扇聲。魯詩、閻妻扇方處。扇者古文借字。傓者專字。煽者俗字。方言、扇、助也。廣雅、扇、疾也。列子黃帝篇、扇赫百里。式戰切。詩曰、豔妻傓方處。小雅十月之交文。儆 戒也。戒下云、警也。警下云、戒也。戒、懼戒備二義。儆警皆有之。書洚水儆予。詩耿耿不寐。傳、耿耿猶儆儆也。皆戒懼義也。左成十六年傳、申宮儆備。又云、退舍于夫渠、不儆。皆戒備義也。從人敬聲。居影切。春秋傳曰、儆宮。是襄公九年、令司宮巷伯儆宮。又昭十九年傳、商成公儆司宮。俶 善也。經典皆借淑爲之。從人叔聲。昌六切。詩曰、令終有俶。大雅既醉文。傳曰、俶、始也。一曰始也。釋詁文。又曰、俶作也。段氏疑許所据既醉毛傳作俶善也。案既云令矣、令者善也。不當云善終有善。竊疑此句在引詩上、抑或一曰二字爲俶之譌。引詩而說之也。傭 均。句。直也。釋言、傭、均也。詩節南山、昊天不傭。傳曰、傭、均也。許君爲均字未顯。故以直伸之。直者、相當直也。玉篇廣韻皆曰、傭、均也、直也。不知許君意分而爲兩義矣。春官典同、正聲緩。鄭司農云、正者不高不下。鍾形上下正傭。賈疏以上下直正伸之。此乃傭引申之義。從人庸聲。齊策爲莒太史家庸夫。鮑注、庸、傭同。均直也。案傭保字見史記。乃後世借義。古無此名。而鮑注猶曰均直也。不增一也字。知許意也。余封切。僾 仿佛也。禮記祭義、僾然必有見乎其位。聲類、僾、音倚。僾俙、仿佛也。又云、僾俙。一作[illegible]。僾俙不明、莫如雲也。從人愛聲。烏代切。詩曰、僾而不見。邶風靜女文。今省形存聲作愛。傳云、愛、蔽也。釋言、薆、隱也。即詩義。又曰、僾、唈也。乃桑柔亦孔之僾者、㤅之借字。仿 仿佛相似。見不諦也。段氏依選注引改。從之。字林、仿、相佀也。佛、不審也。是知今本說文、乃以字林改之。又字林、[illegible]、仿佛、見不審也。從人方聲。妃罔切。㑂 籒文仿從丙。周禮、柄作枋。是丙方同韻。易林、㑂如旦饑。蓋借㑂爲怲也。心部怲、恝、皆曰憂也。引詩恝如朝飢、依毛改調爲朝。焦氏作旦。

人

fú 佛　xiè 僁　jī 僟　tuó 佗　hè 何　dān 儋　gòng 供　zhì 偫　chǔ 儲　bèi 備　wèi 位

亦同意。

佛　仿佛也。○段氏依玉篇改從之。從人弗聲。敷勿切。

僁　聲也。釋言文。玉篇：僁，小聲也。從人悉聲。私列切。讀若屑。桂氏曰：漢書武帝紀屑然如有聞，郭璞說銜斯切切作聲，卽屑屑。

僟　精謹也。謹，玉篇作詳。繫傳亦曰：幾，近詞也，切也，故爲精詳，是也。精詳謂稽察嚴密也。周禮：幾出入不物者。又曰：幾酒，謹酒。皆此義。從人幾聲。巨衣切。明堂月令曰數將僟終。呂覽同，今作幾。鄭、高皆曰：近也。又聘義曰：幾中而後禮成，亦同此。此別一義也。

佗　負何也。小雅：舍彼有罪，予之佗矣。傳曰：佗，加也。俗字作駄。徐鼎臣曰：案史記匈奴奇畜有橐佗，今俗譌誤，謂之駱駝，非是。從人它聲。徒何切。

何　儋也。玉篇：何，克負也。易：何天之衢，何校滅耳。詩：何蓑何笠，何戈與祋，何天之龍，百祿是何。從人可聲。石鼓文：其魚佳可。佳可卽惟何。元應曰：何，說文胡歌反，儋也。諸書胡可反，何，任也。今皆作荷也。一曰誰也。此借義，見言部誰下。

儋　何也。齊語：負任儋何。又作擔。左傳：弛于負擔。從人詹聲。都甘切。

供　設也。設者，施陳也。釋詁：供、峙、共，具也。從人共聲。俱容切。一曰供給也。似與設義

無別，或後人增也。曲禮：供給鬼神。左傳：敢不供給。

偫　待也。周語：偫而畚挶。韋注：偫，具也。齊策：今君到楚而受象牀，所未至之國將何以待君。高云：待猶共也。從人待聲。義聲互相備也。直里切。通作峙、庤。釋詁：峙，具也。舍人本作偫。詩臣工：庤乃錢鎛。傳：庤，具也。鄭注考工記引詩作偫。

儲　偫。句。此轉注也。具也。又申說偫字，謂說偫曰待也者，乃具之以待用也。文選曹子建詩注引偫，待也，一曰具也，卽逐此文以說偫也。選注又引儲，具也者，則去其轉注之偫字，但引其義也。又引作蓄也，又引作積也，蓋截引庾注一字也。謂蓄積以待用也。依選注引補，蓋庾注也。從人諸聲。釋名：諸，藏也。諸，儲也。藏以爲儲，待冬月用之也。直魚切。

備　慎也。所謂戒備也。左僖五年傳：凡分至啓閉，必書雲物，爲備故也。從人葡聲。葡者，具也。今皆作備。平祕切。

𠈌　古文備。

位　列中庭之左右謂之位。釋宮文。今少列字。庭當作廷。廷，朝中也。庭，宮中也。朝士掌外朝之位，司士掌治朝之位，太僕正治朝、燕朝之位，宮中無位也。從人立□。注本、竹君本皆空一格，蓋是聲字。許君蓋以位爲立之分別文也。小宗伯掌神位，注：故書位作立。鄭司農曰：古者立位同字。古文春秋經公卽位作公卽立。于

bìn 儐　wò 偓　quán 佺　chè 㒤　dí 仢　chái 儕　lún 倫　móu 侔　xié 偕　jū 俱　zǎn 儹

備切。

儐　導也。一作道。春官大宗伯作儐，曰：王命諸侯則儐。注云：儐，進之也。秋官司儀作擯，曰：掌九儀之賓客擯相之禮。注云：出接賓曰擯，入贊禮曰相。從人賓聲。堯典：寅賓出日。徐邈讀爲儐。史記作敬道出日。又賓于四門，鄭注：賓讀爲儐。必刃切。

擯　儐或從手作。

偓　佺也。佺似竣之誤。立部：竣，偓竣也。集韻竣音詮。案偓佺二字，玉篇亦相連出之，說偓曰：偓促，拘之見。案拘之見當作拘愚之皃，與竣伏意相近。再出佺字，乃曰：偓佺，仙人，食松子而眼方。蓋偓字訓不佳，當在後，後人移之此。小徐遂改其說曰：偓佺，古仙人名也。佺下云：偓佺也。於文雖順，恐非古本也。從人屋聲。於角切。

佺　偓佺，仙人也。見上林賦。此仙當作僊。從人全聲。此緣切。

㒤　心服也。從人聶聲。齒涉切。衆經音義：㒤，聲類作懾。廣雅云：懾，懼也。字書云：失常也。說文：心服也。案今本懾下云：服也。脫心字。此㒤乃以聲類懾入，故廣韻無之。

仢　約也。羣書作彴。廣韻：彴，橫木渡水。御覽曰：說文：榷，水上橫木，所以渡也。亦約也。今謂之略約。案此則彴榷約三名而一物也。釋天：奔星爲彴約。玉篇引作仢約。則疊韻爲一名也。爾雅釋文：彴，蒲博、步角、皮約三反。約，如字，又於詔反，又音握。從人勺聲。本音狄，孫徒歷切。

儕　等。句。輩也。等，齊簡也。輩，若軍發車百兩爲一輩。以說儕字，則其引伸之義也，故必兼言之，而後人不惑。元應引字林：儕，等也。又申之曰：儕猶輩類也。亦爲其祇一等字，涉疑似也。從人齊聲。兼意。仕皆切。春秋傳曰吾儕小人。宣十一年、襄十七年，並有此文。

倫　輩也。承儕字說也。曲禮：儗人必於其倫。從人侖聲。力屯切。一曰道也。小雅：有倫有脊。毛傳也。

侔　齊等也。字林同。亦承儕字說而加齊字，三字同義，故交互說之。從人牟聲。莫浮切。

偕　彊也。主引詩立義者，皆偕本一字，惟彊義爲皆字所無，故特出之。從人皆聲。周頌豐年：降福孔皆。荀勛東西廂歌：降福孔偕。古諧切。詩曰偕偕士子。小雅北山文。傳：偕偕，強壯皃。一曰俱也。此義經典屢見。

俱　偕也。段氏改偕爲皆，引白部皆，俱詞也，以證。蓋未加精思也。此自承一曰俱也來。偕俱互訓，而皆亦訓俱，所以見偕俱卽皆具之分別文。且釋詁、釋言有具皆而無俱偕，毛詩則有偕而無俱，知是秦漢閒字也。從人具聲。舉朱切。

儹　最也。最下云：又曰會。案會者，聚也。廣韻：儹，聚也。集韻：聚而計事曰最。段氏曰：木部欑、竹部籫，義皆相近。李善引揚雄覈靈賦曰：文王

併 bìng　傅 fù　伿 chì　俌 fǔ　倚 yǐ　仍 réng　佽 cì　依 yī　佴 èr　倢 jié　侍 shì　側 cè　傾 qīng　侒 ān　侐 xù　付 fù

之始起，浸仁漸義，從人贊聲。作管切

併　竝也。二字本同，非轉注也。儀禮注：古文竝，今文作併。從人幷聲。卑正切 ○ 一曰：併，聚也。依元應引補。王制：輕任幷，重任分。釋文：幷，本又作併。左襄十四年傳：孫文子幷于戚。釋文：幷，必政反。

傅　相也。玉篇：太傅、太保，相天子也。賈子曰：傅，傅之德義。又左傳：鄭伯傅王。杜注：傅，相也。案此即儐相，乃引伸之義。從人尃聲。方遇切

伿　惕也。廣雅：伿，愼也。玉篇：愼，心動也。從人式聲。恥力切　春秋國語曰：於其心伿然，是也。吳語文，今譌作戚。玉篇引亦作伿。

俌　輔也。釋詁：輔，俌也。案輔是借字。言部：誧，人相助也。從人甫聲。讀若撫也。芳武切

倚　依也。元應引作猶依倚也，似非。從人奇聲。於綺切

依　倚也。從人衣聲。於稀切

仍　因也。釋詁文。關中語，依類篇引補。從人乃聲。周禮司几筵：仍几。注：故書仍爲乃。先鄭云：乃讀爲仍。如乘切

佽　便利也。毛傳曰：利也。此加便字以定之者，恐涉疑似也。周時佽飛亦作茲非，能入水斬蛟，故秦佐弋官，漢武改名爲佽飛。從人次聲。

說文句讀　卷十五　七百十九、○折五十　十一

七四切。詩曰：決拾既佽。小雅車攻文。一曰：遞也。廣雅：佽，代也。方言：蒸，代也。郭注：今俗亦名更代作爲蒸。作也。戴東原曰：蒸當作佽。

佴　佽也。此承遞也一義，即次第之謂。釋言：佴，貳也。注：佴次爲副貳。司馬遷傳曰：僕又佴之蠶室。如淳曰：佴，次也。若人相次也。從人耳聲。仍吏切

倢　佽也。此承便利一義。廣雅：倢，疾也。案經典皆借捷爲之。廣韻：倢，斜出也。即左傳待我不如捷之速也。玉篇曰：詩云：征夫倢倢。倢倢，樂事也。即便利之義。今詩作捷。從人疌聲。子葉切

侍　承也。孝經釋文：卑在尊者之側曰侍。從人寺聲。時吏切

傾　仄也。轉注。從人從頁，頁亦聲。去營切

側　旁也。亦與仄通。曲禮：倒筴側龜。是也。赤仄又作赤側。從人則聲。阻力切

侒　宴也。從人安聲。侒即安字。烏寒切

侐　靜也。段氏曰：周頌：假以溢我。許作誐以謐我。左傳作何以恤我。尚書：惟刑之恤。伏生本作惟刑之謐。史記作惟刑之靜。莊子：以言其老洫也。恤、洫皆侐之假借。謐與侐古音同部，溢則誤字也。從人血聲。況逼切　詩曰：閟宮有侐。魯頌文。傳曰：侐，清淨也。淨乃靜之譌。

付　与也。小徐作予。二字本同。集韻作與。

人

傳 pīng　俠 xiá　儃 chán　侁 shēn　仰 yǎng　侸 shù　儽 lěi　侳 zuò　偁 chēng　伍 wǔ

非也。書高宗肜日：天既孚命正厥德。石經孚作付。漢書孔光傳引同。從寸持物以對人。當作從又持物以對人，物謂一也。方遇切

俜　俠也。大徐作使也。兩通。茲兩解之，然下文即俠篆，當以轉注爲是。桂氏曰：使也者，讀如使酒之使。詩大雅：莽云不逮。傳云：莽，使也。周頌：莫予莽蜂。爾雅作甹夆。本書：德，使也。夆，使也。俠也者，集韻、類篇引皆同。本書：甹，俠也。廣雅同。筠案：繫傳說俠曰：史記郭解任俠，自喜自傳之意也。從人甹聲。普丁切

俠　俜也。史記季布傳：爲氣任俠。如淳曰：相與信爲任，同是非爲俠。或曰：任，氣力也。俠，甹也。從人夾聲。胡頰切

儃　儃何也。小徐但云何也。增韻引作態也。案似當作儃佪態也。段氏曰：或當作儃佪。九章曰：欲儃佪以干祭。又曰：入溆浦余儃佪。王注：儃佪猶低佪也。洪興祖曰：儃，知然切。從人亶聲。徒干切

侁　侁侁往來行皃也。依元應引補。玉篇：侁，往來侁侁，行聲。詩曰：侁侁征夫。招魂：往來侁侁。注：侁侁，往來聲也。引詩同玉篇。從人先聲。所臻切

仰　舉也。廣雅同。一引作舉首也。從人從卬。當云卬聲。仰即卬之分別文。史記張耳陳餘傳：乃仰絕肮。漢書作乃卬絕亢。魚兩切

侸　立也。玉篇：侸，說文作侸，立也。其後收雜字

說文句讀　卷十五　八百十九、○折四十五　十二

中，又出侸字，云丁侯切。佔侸，輕薄也。廣韻同。從人豆聲。讀若樹。樹當作尌，言與尌同字也。廣韻：侸與尌同。蓋本之說文。玉篇：侸，今作樹。則明以樹爲後世借字。常句切

儽　垂皃。垂當作𠂹。老子王弼本：儽儽兮若無所歸。河上本作乘乘兮。乘似垂之譌。如史記引尚書，以訓義改本文也。從人纍聲。玉藻：喪容纍纍。鄭注：羸憊貌也。案纍蓋儽之省。有憂者垂頭喪氣也。落猥切　一曰：嬾解。廣雅：儽儽，疲也。段氏據此改篆，謂纍纍音形皆異。然其注儡字也，又引老子此文，蓋不甚異也。廣韻：儽，極困也。

侳　安也。從人坐聲。侳即坐之絫增字。則卧切

偁　揚也。即季布傳之游揚也。釋言：偁，舉也。注引尚書：偁爾戈。玉篇引左傳：禹偁善人。今皆借稱爲之。從人爯聲。爯者，舉也。偁蓋其累增字。處陵切

伍　相參伍也。易繫辭曰：參伍以變。荀卿曰：窺敵制勝，欲伍以參。韓非曰：省同異之言，以知朋黨之分，偶參伍之驗，以責陳言之實。又曰：參之以比物，伍之以合虛。荀子注引作伍之以合參。史記曰：必參而伍之。漢書曰：參伍其價，以類相準。從人。五聲。大徐作從五，不知許君意也。不曰五人爲伍，十人爲什，百長爲佰，而連參于伍，連保于什，連什于佰，明著其爲動字，非靜字也。乃不與俊傑二字類聚者，彼是名目而已。

shí 什 bǎi 佰 huó 佸 gé 佮 wéi 敚 zuò 作 yuàn 傆 jiǎ 假 qīn 侵 yù 儥

此則形中有義而義不盡于形故別廁之疑古切 什 相什保也。保者乎之借字繫傳說乎字曰五家爲乎使之相次比也許君以保況什謂什亦是相保任之意也吳起圖國篇鄉里相比什伍相保尉繚子伍制令軍中之制五人爲伍伍相保也十人爲什什相保也五十人爲屬屬相保也百人爲閭閭相保也史記商君傳令民爲什伍正義云或爲什保或爲伍保 從人十聲。是執切 佰 相什佰也。大司馬職曰五人爲伍伍皆有長据許君說則以伍什佰爲伍長什長佰長之名又以爲統率稽察之詞也周書太子晉解士率衆時作謂之曰佰尉繚子分塞令佰有分地營其溝洫而明其塞令使非百人無得通非其百人而入者佰誅之史記秦始皇本紀倔起于什佰之中漢書音義曰首出十長百長之中 從人百聲。博陌切 佸 會也。詩車舝德音來括傳云括會也釋文括本又作佸 從人昏聲。本口活反孫古活切 詩曰曷其有佸。王風君子于役文傳云佸會也 一曰佸。力皃。韻會引之 佮 合也。從人合聲。與攴部敆同古沓切 敚 妙也。說文無妙段氏改爲眇是也嚴氏曰說卦妙萬物釋文引王肅作眇文賦眇衆慮而爲言即用說卦眇者小也漢書張安世傳宣帝詔曰朕微眇時即書序舜在側微也精者必微故曰精微又眇引伸之義也今竝以微代敚 從人從攴。豈省聲。徐鉉曰豈字從敚省敚不應從豈省疑從耑省耑物初生之題尙敚也戴侗曰唐本敚在耑部曰敚見其耑也無非切 傆 黠也。從人原聲。魚怨切桂氏段氏皆曰傆即鄉原 作 起也。毛詩傳箋三禮鄭注多同此說 從人乍聲。鐘鼎文以乍爲作然則乍是上古通借字作是中古分別字則洛切 假 非眞也。桂氏駁此說蓋本之日知錄箌案此說直是後人所加至也以下當是原文 從人叚聲。古疋切 一曰至也。與彳部假同 虞書曰假于上下。堯典作格此義古頟切小徐駁此音箌則疑前一音 侵 漸進也。亦通浸史記武帝紀天子始巡郡縣侵尋於泰山封禪書作浸尋 從人又持帚。若埽之進也。七林切 又手也。此句小徐無似是庾注若許君則又部既訓爲手此不當重出 儥 賣也。小徐作見也段氏嚴氏皆主之桂氏則兩爲之說今從之賣也者字當作賣儥爲桑增字地官胥師注先後鄭皆訓儥爲賣司市注則訓儥爲買賈師一職則禁貴儥者訓爲賣凡國之賣儥訓爲買注又曰故書賣爲買案鄭君

hòu 候 cháng 償 jǐn 僅 dài 代 yí 儀 bàng 傍 sì 佀 pián 便 rén 任

不從故書作買而仍以買訓之故桂氏曰此如酤字亦買賣無定訓也是也司市正義謂鄭望文爲義非也見也者釋詁覿見也公羊傳穀梁傳士昏禮聘禮論語鄭注國語韋注皆同蓋儥者覿之古文也繫傳曰周禮借爲貨賣字賣音育證知見非寫譌特愉字下引論語私覿恐見部挩覿字故未敢定 從人賣聲。余六切 候 伺。句 望也。說文無伺伏覹覗三字下皆作司惟司是借字故以望申之若是伺不須申矣許君注淮南云候視也望也亦爲視字不了以望申之也曹風候人傳曰道路送賓客者案即周禮之候人毛公以盛世事說之也左宣十二年傳豈敢辱候人杜云謂伺候望敵者則以衰世事說之 從人矦聲。胡遘切 償 還也。以俗語說之 從人賞聲。食章切 僅 才能也。才慧苑引作纔借字也許君說𢦏亦曰木才乃引伸之義元應引字林僅財能也許君說況及撖亦借財鄭君賈逵韋昭皆借裁 從人堇聲。渠吝切地理志堇堇物之所有應劭注堇堇少也廣雅釋詁堇少也案堇當是古文借字广部廑少劣之居則後起之專字僅又廑之異文經典用廑字皆是少劣許君言居以字從广耳惟周語余一人僅亦守府一見僅字可知非古也互詳廑下 代 更也。一代則一謝是更易也書天工人其代之 從人弋聲。徒耐切 儀 度也。謂忖度也周語上下儀之無所比度淮南俶眞訓不可隱儀揆度案隱即爾雅隱占也之隱呂覽處方篇射者儀毫而失牆畫者儀髮而易貌注儀望也案非是又案小徐曰度法度也亦可通淮南修務訓設儀立表可以爲法則案此儀表之儀渾天儀陽儀陰儀皆其類 從人義聲。魚羈切小徐從人義義亦聲乃誤增也又有威儀之形句亦不知許君作威義而誤加箋記又轉譌不成文義也 傍 近也。李善注邱遲詩引作附也乃引彳部徬附行也非本文近者附近之近賈誼書成王之生仁者養之孝者强之四聖傍之 從人旁聲。步光切 佀 象。句 肖也。以象說似即繫辭象也者像此者也之意然象以獸名爲本義故以肖申之不直曰肖也而先之以象者肖者骨肉相似也謂祖父子孫一脈相傳則其狀相似若夫佀則通語也像下直云象也即是繫辭象也者像也故不待加字申之而自明也且許君說像意主招魂像設君室乃飾終之事故與偶弔二字相近而不與佀類聚 從人㠯聲。詳里切 便 安也。廣雅同 人有不便更之則安故從人更。依字統增則安二字語意乃完房連切 任 保也。廣雅同又保任竝云使也謂可保任而使之也

qiàn 俔　yōu 優　xī 僖　chǔn 偆　hùn 俒　jiǎn 儉　miǎn 偭　sú 俗　bǐ 俾　ní 倪

周禮大司徒令五家爲比使之相保注保猶任也保以保抱爲正義保其無它爲借義故曰猶許君不言猶者兩字遠隔足以明其爲借義也。從人壬聲。如林切。

俔　譬句諭也。言部譬諭也此謂俔譬同義即以譬之說說之然此是曉解人之意與諭之本義失也不同諭一引作譬非也。一曰聞見。引詩證譬諭意此句當在其下桂氏曰聞見當爲閒俔釋言閒俔也郭注左傳謂之諜即今之細作也馥案淮南齊俗訓譬俔之見風無須臾之閒定矣船上候風羽謂之俔能諜知風信也筠案如此則當作一曰俔閒也豈誤而后倒乎。從人見聲。苦甸切。詩曰俔天之妹。大雅大明文傳曰俔磬也釋文韓詩作磬磬譬也。

優　饒也。饒者餘也詩瞻仰傳曰優渥也箋云寬也皆有餘裕之謂。從人憂聲。於求切。一曰倡也人俳優者。句蓋庾注但有撓誤耳。

僖　樂也。元應曰嬉說文作僖故文選注引作嬉樂也謚法小心畏忌曰僖。從人喜聲。兼意。本虛之反孫許其切。

偆　富也。心部惷厚也宀部富厚也廣韻偆厚也富也春秋繁露春之言猶偆也偆者喜樂之見也此引申之義白虎通春之爲言偆偆動也此借偆爲蠢。從人春聲。尺允切。

俒　完也。廣韻

俒全也宀部完全也知俒爲完之絫增字。逸周書曰朕實不明以俒伯父。嚴氏曰朕實不明見大戒篇無以俒伯父句段氏曰俒當爲溷字之假借經史亦作慁筠案如段氏說則當引于說字形之後。從人從完。當云完聲乃合聲意互相備之例。胡困切。

儉　約也。廣雅儉禣也玉篇禣儉也約也。從人僉聲。巨險切。

偭　鄉也。鄉者嚮也今作向偭者面之分別文故玉藻唯君面尊注面猶鄉也鄭注召誥揹人皆云然反言之則爲背離騷偭規矩而改錯法言假則偭爲而此義亦作面項羽傳馬童面之。從人面聲。彌箭切。禮少儀曰尊壺者偭其鼻。許君於小戴記未嘗舉篇名少儀字或後增小徐本偭作面與今本同似引以證偭之同面大徐乃改之與篆文同。

俗　習也。玉篇俗習安也其義爲備所謂少而習焉長而安焉者也大司徒以俗教安注謂土地所生習也。從人谷聲。似足切。

俾　益也。俾與諱禪埤同經典多作裨而俾則訓使。從人卑聲。并弭切。此訓使之音也當符支切。一曰俾門侍人。莊氏述祖曰門侍人當是門持人之誤挾下云俾持也正用此義。

倪　俾也。阜部陴城上女牆俾倪也案俾倪增益于城之上而兩字爲名

kuí 僕

yì 億　shǐ 使　líng 伶　lí 儷　zhuàn 傳　guān 倌　jiè 价　zī 仔　yìng 倂　xú 徐

非倪一字之義釋魚左倪不類右倪不若則借爲睨字也特是小徐本俾倪二篆不連玉篇亦遠隔其說倪字曰莊子云和之以天倪倪自然之分也廣韻同恐本注俾也是傳譌當闕之。從人兒聲。五雞切。

億　安也。今字作億吳語億顏晉衆庶左傳曰不能供億曰心億則樂曰我盇姑億吾鬼神。從人意聲。於力切。

使　伶也。小徐作令集韻引同秦風寺人之令釋文韓詩作伶云使伶也三篇伶使也。從人吏聲。疏士切。

僕　僕左右兩視。僕字上下疑有闕文僕與目部睽通。從人癸聲。其季切。

伶　弄也。漢書司馬遷傳固主上所戲弄倡優畜之。從人令聲。郎丁切。益州有建伶縣。見漢志。伶倫人名也。此或庾注所以解弄字也繫傳伶人者弄臣也然古今人表作泠倫左傳鍾儀亦曰泠人釋文曰依字作伶。

儷　棽儷也。說見林部棽下段氏曰左傳伉儷杜注儷偶也許但取棽儷之訓於從人之意未合於全書大例未符恐非許書之舊。從人麗聲。呂支切。

傳　遽也。轉注說詳辵部。從人專聲。直戀切戀當作攣此傳述之音也廣韻傳注直戀切鄅馬知戀切。

倌　小臣也。小臣祇是臣之小者

未必是夏官之小臣衛文公草創國家不能備官也然小臣掌王之小命許君蓋謂使小臣傳命命御者駕車也其所以不同毛傳者亦謂是時不能備戎僕田僕之官也。從人官聲。古患切。詩曰命彼倌人。衛風定之方中文傳倌人主駕者。

价　善也。同毛傳釋詁介善也詩正義引作价。從人介聲。古拜切。詩曰价人惟藩。大雅板文。

仔　克也。廣雅同周頌敬之傳仔肩克也案仔肩是複語克部說曰肩也。從人子聲。子之切廣韻郎里切引說文克也本又音茲是謂說文本有兩音也。

倂　送也。古字從人爲凡送之通語今字從女爲妾媵之專稱易咸上象傳媵口說也虞本作媵云送也燕禮大射禮媵觚于賓。從人灷聲。說文闕灷字玉篇灷主倦切火種倂以證切鐘鼎無佚字皆借賸爲之其作賸者賸之省也許子簠曰用賸孟姜姜者許姓則此是賸女之器蓋倂是小篆之專字媵又隸字也。呂不韋曰有侁氏以伊尹倂女。見本味篇。古文以此爲訓字。段氏曰訓當爲揚檀弓杜蕢洗而揚觶注禮揚作媵揚舉也媵送也揚近得之燕禮媵觚于賓注云讀或爲揚蓋禮家舊讀媵爲揚許亦用禮家舊讀說也。

徐　緩也。音義皆與徐近史記齊世家田常執

chāng 倀 piān 偏 nǐ 儗 jiàn 僭 yàn 傿 bèi 倍 ruǎn 偄 rǎn 㒄 qū 伹 shēn 伸 bìng 併

簡公于徐州、索隱曰、徐廣音舒、其字從人、左氏作舒、說文作郤、魯世家作徐、釋天、四月爲余、孫炎本作舒、詩小明、日月方除、箋云四月爲除、從人。余聲。似魚切、

併，僻。句、窶也。僻一作併、非也、玉篇、併僻也、韻會引說文、併窶也、二書各舉許書之一義、以僻說併者、所謂屏處也、廣韻、併隱僻也、無人處、是也、申之以窶者、窶而後屏處于隱僻之地、富貴者必居通都大邑也、字統、併廁也、集韻、併旁側也、別自爲義、從人。屏聲。毗正切、

伸，屈伸。段氏謂其非說解之體、是也、舒下云、伸也、則此當云舒也、段氏謂此字不古、則有倣字從伸聲矣、案曳伸皆當爲申之分別文、申晨下皆曰神也、從人。申聲。失人切、

伹，拙也。戴侗曰、淮南子曰、使伹吹竽、今俗亦以拙鈍爲伹、廣雅、伹鈍也、從人。且聲。似魚切、段氏曰、集韻類篇千余切、與粗同音、即今粗笨字也、

㒄，意膬也。膬、耎易破也、從人。然聲。人善切、通俗文、痛聲曰俏、警聲曰㒄、㒄于簡切、一曰。意急而懼也。一曰。慹也。依玉篇引補、㒄慹同人善切、蓋二字通、

偄，弱也。廣雅同、三蒼、偄柔弱也、犬部、耎讀若畏偄、則偄又有畏義、楚策、鄭魏者、楚耎國、謂鄭魏畏楚也、而借耎爲之、漢書王吉傳、司馬遷傳、皆借耎、考工記、輈人、馬不契需、弓人、長者以次需、需皆耎之譌、廣韻有偄、蓋偄之異文、又有輭、蓋蒲輪字、又腝、腝疾、皆說文所無、從人從耎。當作耎聲、奴亂切、

倍，反也。緇衣、信以結之、則民不倍、漢以前書皆用反倍、借爲加倍、左傳、闘士倍我是也、而太甲曰、既往背師保之訓、用後世字、從人。咅聲。薄亥切、

傿，引爲賈也。與韓康伯不二價相反、引者、挽弓也、挽弓者必滿其量、因以爲張大斬固之名、後漢書崔寔傳、寔從兄烈入錢五百萬、得爲司徒、靈帝曰、悔不小靳、可至千萬、注、靳或作傿、說文、引爲價也、從人。焉聲。於建切、漢書每借傿爲鄢、

僭，假也。玉篇引作儗也、固與下文儗轉注、然作假更得其情也、左傳、惟器與名、不可以假人、又曰、假不反矣、是知託詞于假、其實則借也、從人。朁聲。子念切、

儗，僭也。此義多借擬爲之、從人。疑聲。亦借疑爲之、史記蘇秦傳、疑于王者、魚已切、一曰。相儗也。依韻會引改、相比儗也、曲禮、儗人必于其倫、

偏，頗也。侑書、無偏無頗、從人。扁聲。芳連切、

倀，狂也。廣雅同、此義多作猖、莊子、猖狂妄行、禮仲尼燕居、譬猶瞽之無相與、倀倀乎其何之、廣韻、倀倀失道皃、則引伸之義、從人。長聲。楮羊切、一曰。仆也。葉鈔本作什也、皆未

jì 伎 xián 伭 pì 僻 tiāo 佻 guāng 侊 cǐ 佌 diàn 佃 jiàn 俴 zhōu 侜 dào 儔 hōng 儚

詳、

儚，惛也。心部、惛、不憭也、懜、不明也、懜儚相近、釋訓、儚儚、惛也、段氏曰、儚當作懜、從人。夢聲。呼肱切、

儔，翳也。說已見羽部翳下、彼文及此文皆述釋言也、玉篇、儔、大到切、翳、隱蔽也、翳字句絕、廣二名也、隱蔽乃其義也、廣韻、儔、隱也、徒到切、此皆古義也、唐以後疇侶字作儔、古之音義皆廢、從人。壽聲。直由切、唐韻号部必有儔字、大徐熟習儔侶義、但檢尤部耳、

侜，有廱蔽也。宋版釋文引同、通志堂本引作壅、壅乃廱之今字、從人。舟聲。張流切、詩曰。誰侜予美。陳風防有鵲巢文、傳曰、侜張、誑也、釋訓同、郭曰、書曰、無或侜張爲幻、案毛說經、故云侜張、而後說之以誑、許直据字說之、故不同也、侜張雙聲、

俴，淺也。秦風小戎、俴收、傳曰、俴、淺也、釋言同、字又作帴、考工記則是以博爲帴、注、如俴淺之俴、從人。戔聲。慈衍切、

佃，中也。未聞、從人。田聲。堂練切、春秋傳曰。乘中佃。哀公十七年文、今作衷甸、鄭注小司徒亦作衷甸、謂一轅車也。依元應引補、蓋庾氏爲中佃作注也、廣韻引此而說之曰、古輕車也、杜注則曰、衷甸、一轅卿車、

佌，小皃。從人。囟聲。斯氏切、詩曰。佌佌彼有屋。小雅正月文、廣韻引同、今

本作佌、傳云、佌佌、小也、釋訓同、郭注、材器細陋也、

侊，小皃。段氏曰、小當作大、凡光聲之字多訓光大、無訓小者、筠案此由與佌連文而譌也、廣韻十一唐、侊、盛皃、從人。光聲。古橫切、春秋國語曰。侊飯不及一食。是越語、侊飯不及壺飧、韋注、侊、大也、案當作壺飧、壹飧見梁孝王世家、一飧見三國志賈詡注、史記淮陰侯傳、如淳注、小飯曰飧、侊飯不及壹飧者、盛饌非一時可具、不及小飯之療飢也、

佻，愉也。釋言、佻、偷也、說文無偷、心部、愉、薄也、是乃偷薄之正字也、從人。兆聲。土彫切、詩曰。視民不佻。小雅鹿鳴文、今作恌、傳曰、恌、愉也、佻乃傳寫之譌、說文無之、左昭十年傳、視民不佻、服注、示民不愉薄、是也、

僻，避也。二字本同、此以重文爲說解也、小徐本作辟、元應引亦然、非也、從人。辟聲。普擊切、詩曰。宛如左僻。魏風葛屨文、今作宛然左辟、上文避也者、邪僻也、是本義、此則遷延辟避矣、是引伸之義、釋文云、一婢亦反、說詳釋例、一曰。從旁牽也。左成五年傳、伯宗辟重、釋文、辟本又作僻、蓋即此義、

伭，很也。很下云、一曰盭也、盭下云、弼戾也、從弦省、心部、慈、急也、義亦相近、從人。弦省聲。胡田切、

伎，□與也。竹君本有空白一格、

yì 伿

chǐ 侈　ǎi 佁　sāo 傁　wěi 僞　kòu 佝

piào 僄　chāng 倡　pái 俳　shàn 僐　chán 儳　yì 佚　é 俄

桂氏曰、與讀如衆詞與也之與、趙宧光曰、伎同及、韓勑碑、有伎皇代、即有及、從人。支聲。渠綺切、案廣韻此音內收伎字云侶也、則是許說與也者、謂黨與也、其五寘伎傷害也、引詩曰鞫人伎忒、亦作忮、支義切、然則兩義不同音也、詩曰。鞫人伎忒。大雅瞻卬文、比別一義也、

侈　掩脅也。段氏曰、掩者掩蓋其上、脅者脅制其旁、凡自多以陵人曰侈、桂氏曰、袳衣張也、帹婦人脅衣笏不能擇其是非、似段說近之、從人。多聲。尺氏切一曰。奢侈也。侈一作泰、字林、侈、大也、賈誼書反儉爲侈、

佁　癡皃。司馬相如大人賦、沛艾赳螑仡以佁儗兮、張揖曰、佁儗不前也、字又作儓、廣韻、儓、儗癡皃、從人。台聲。讀若騃。謂可借騃爲佁也、秋官司刺注、惷愚、生而癡騃童昏者、夷在切、

傁　驕也。玉篇廣韻皆曰驕也、無傁字、竊疑本是傁傁驕也、今挩一字、傁繼佁下、驕蓋是嬌癡之嬌、說文無嬌、從人。蚤聲。穌遭切、

僞　詐也。釋詁、詐僞也、從人。爲聲。危睡切、

伿　惰也。段氏曰、醫經解㑊之㑊、當作此伿、從人。只聲。以豉切、

佝　務也。段氏据玉篇引楚詞佝愁、改此文爲佝瞀也、是也、又引羣書作瞉瞀、溝瞀、區霿、傋霿、怐愗、瞉霿、瞉瞀諸體、而曰其音皆寇茂、其義則謂愚蒙也、從人。句聲。苦候切、

僄　輕也。字與嫖同、方言、僄、輕也、楚凡相輕薄、或謂之僄、從人。票聲。匹妙切、

倡　樂也。三蒼、倡、俳也、謂作伎人也、依選注引、補庾注也、從人。昌聲。周禮樂師凡軍大獻、教愷歌、遂倡之、注、故書倡爲昌、案此借倡爲唱、而又省也、尺亮切、

俳　戲也。衆經音義、莊子、獻笑不及俳、俳者樂人所爲戲笑以自怡悅也、從人。非聲。步皆切、

僐　作姿態也。廣雅、僐、態也、從人。善聲。常演切、

儳　儳互。不齊也。段氏曰、周語、戎翟冒沒輕儳、注云、儳進退上下無列也、曲禮、長者不及、毋儳言、注云、儳猶暫也、左傳、聲盛致志、鼓儳可也、注云、儳巖、未整陳、皆不齊之意、表記、儳焉如不終日、亦同、又曰、今人作攙和字、當用此、案後漢書孔僖傳、鄰房生梁郁儳和之、是其證、從人。毚聲。士咸切、

佚　佚民也。漢書梅福傳、佚民不舉、書無逸、史記作無佚、從人。失聲。夷質切、一曰。佚。忽也。桂氏曰、本書、詄、忘也、或作佚、四子講德論、故美玉蘊于碱砆、凡人視之、怢焉、李善引廣蒼、怢、忽忘也、

俄　行頃也。頃、傾一字、言行者、謂其爲通語也、下文引詩、但舉一端以證之、從人。我聲。五何切、詩曰。仄

yáo 傜　jué 御

suō 傞　qī 僛　wǔ 侮　yì 傷　jí 㑵

弁之俄。小雅賓之初筵文、仄作側、箋云、側、傾也、俄、傾皃、

傜　喜也。通作繇、搖、釋詁、繇喜也、樂緯稽耀嘉、家給人足、酌酒鬱搖、注云、鬱搖、喜皃、從人。䍃聲。余招切、自關以西。物大小不同。謂之傜。方言、傜、衰也、自山而西、凡物細大不純者、謂之傜、注、言傜偏也、

御　徼御受屈也。屈當作詘、此乃說解既挩、獨存所引子虛賦也、氏部引楊雄賦、不用爲說解、此亦當然、況御者、即上林賦之窮極倦御、屈者、即上林賦之讋伏、御屈者、獸徼之受之者人、是御尚不得兼屈義、安得兼徼受義乎、史記司馬相如傳、徼御受詘、文選御作谻、郭璞曰、谻疲極也、司馬彪曰、徼谻遮其倦者、李善曰、受屈取其力屈也、詘與屈同、漢書趙充國傳、徼極遮擊之、顏注、徼要也、要其倦極者也、案徼極即是徼御、御本謂人、故字從人、借以言獸、安得用長卿全句爲說乎、特倦字不失于此、而在像僧之閒、亦不聯屬、恐有迻易、然考工記輈人注云、券、今倦字也、鄭云今、則倦字不古、力部既有券矣、又恐倦係後增、從人。卻聲。段氏曰、蘇林漢書注曰、谻音倦谻之谻、當作音倦御之御、桂氏曰、篆當作御、說當作谻聲、方言、谻、倦也、是也、筠案方言本作御、戴氏疏證、廣雅疏證、皆改爲谻、固是、而以改說文則不可、索隱徼谻受詘下、引說文曰、谻、勞也、燕人謂勞谻、案所引者、必部御字說也、若丮部谻、相踦谻也、無勞義、是知子虛之谻、同音借字也、蘇林說亦然、御御則一字、廣雅、御、極也、與困憊疲券爲一條、方言之御、即御御之異體、不須改也、其虐切、

傞　醉舞皃。從人。差聲。素何切、詩曰。屢舞傞傞。小雅賓之初筵文、傳云、傞傞、不止也、說文無屢、說見女部婁下、

僛　醉舞皃。從人。欺聲。去其切、詩曰。屢舞僛僛。傳云、僛僛、舞不能自止也、

侮　傷也。依元應引改、廣雅同、謂輕傷𢼸弄也。依元應引補庾注也、從人。每聲。文甫切、

㑄　古文侮從母。

傷　輕也。廣雅、傷與攴部敡同、蒼頡篇、傷、慢也、廣韻、傷、相輕慢也、從人。易聲。經典多以易代傷、以豉切、一曰。交傷。集韻引作易、案此有三說、一則繫辭交易而退、此貿易之說也、貝部、貿、易財也、是其證、廣雅釋詁、敡也條內、有移貿施三字、皆與此義近、蓋傷敡亦通、一則周頌、岐有夷之行、傳、夷易也、箋云、岐邦之君、有佼易之道、鄭君自引易知簡能以申之、疏又以佼健和易解之、一則公羊莊十三年傳曰、何以不日、易也、何注、易猶佼易也、相親信無後患之詞、案鄭何二說、由輕傷引申即得之、而於許書無證、或首說近之、

㑵　妎也。女部、妎、妒也、離騷、各興心而嫉妒、注、害色曰妒、害賢

曰㑵、從人疾聲。秦誓冒疾以惡之、借疾爲㑵、秦悉切、一曰毒也。玉篇引廣雅、㑵賊也、或用此義、

嫉 㑵或從女作。

俙 訟面相是也。面從背違、世情之常、訟則無取于面從也、玉篇、俙、解也、訟也、廣韻作俙、云訟也、或本文有闕誤、從人希聲。喜皆切、

僨 僵也。釋言文、郭云、卻偃、舍人曰、背踣意也、從人賁聲。匹問切、當方問切、

僵 偃也。謂卻偃(之)也。依元應引補、蓋庾注也、從人畺聲。居良切、

仆 頓也。謂前覆也。依元應引補、蓋庾注也、釋言、疐、仆也、吳越春秋、要離曰、臣迎風則偃、背風則仆、從人卜聲。芳遇切、

偃 僵也。小雅、或棲遲偃仰、偃仰複語也、特仰者不必偃、偃者則必仰耳、人之顛覆寢臥皆有之、以之言物、則論語草上之風必偃、鄉射禮偃旌、是也、祇是倒耳、物無前後之異也、從人匽聲。於幰切、

傷 創也。轉注、從人𥏫省聲。矢部作𥏫、桂氏謂當作𥏫、從矢從入、易聲、姑存之、式羊切、

倄 刺也。桂氏謂刺當作剌、戾也、段氏直攴爲剌、音盧達切、非也、小徐本倄在傷上、則當是擊刺之刺、刺而後傷也、下文一曰痛聲、亦因傷而痛也、從人肴聲。胡茅切、一曰痛聲。玉篇同、小徐作毒之、非也、顏氏家訓、蒼頡篇有倄字、訓詁云、痛而謼也、音羽罪反、今北人痛則呼之、聲類音于來反、今南人痛或呼之、案桂氏改來爲耒、蓋是、然此二切皆與肴聲不合、蓋變音也、今北人痛聲皆如胡茅切、

侉 備詞。備今作憊、謂疲極之詞、曰侉也、廣韻、侉、痛呼也、蓋引伸之義、從人夸聲。苦瓜切、

催 相擣也。桂氏曰、本書、擣、手椎也、椎當作推、從人崔聲。倉回切、詩曰、室人交徧催我。邶風北門文、今作摧、傳曰、摧、沮也、箋曰、刺譏之言、釋文、摧或作催、韓詩作讙、就也、桂氏曰、就當爲訧、筠案、許與韓毛鄭竝同、合參之乃得、

俑 痛也。與心部恫同、從人甬聲。本他紅切、大徐曰、又余隴切者、則木偶之俑之音也、

伏 司也。司、今作伺、左傳、憚有伏焉、應劭解張晏狙擊秦皇帝曰、狙、伺也、一曰伏伺也、狙之伺物、必伏而候之、故今云狙候、從人。犬司人也。此譬況之詞也、經典中伏字、未有涉及犬者、臥部說曰、從人臣、取其伏也、亦是譬況之詞、勿誤謂許意主言犬也、房六切、

促 迫也。經典多借趣爲之、從人足聲。七玉切、

例 比也。王制、必察小大之比以成之、注、己行故事曰比、比、例也、從人㔸聲。段氏以例字爲晚出

說文句讀 卷十五 七百五十四 、〇折四十七 卅二

蓋是也、禮記閒傳云、傳曰、罪多而刑五、喪多而服五、上附下附、列也、注、列、等比也、釋文、列、徐音例、本亦作例、案上附下附者、例無專條而援他例者是也、知此經以列爲例也、周禮司隸注、厲遮例也、釋文、例本作列、同音烈、案此以例爲列也、然則例祇是列之分別文、且皆音烈、大徐引唐韻力制切、則又音隨形變也、

係 絜束也。元應兩引同、又兩引作結束也、又曰、亦連綴不絕也、顏注漢書張釋之傳云、結讀曰係、吳語係馬舌、注、係、縛也、〇案係者系之絫增字也、系下云繫也、繫卽系之假借字、謂古作系、今借繫爲之也、彼云繫也、此云絜束也、合此兩說而其義始明、蓋絜者麻之一耑也、絜而束之、則不止一端矣、既聚多絜而束之、故厂在系上、厂者抴也、抴其系則提挈之象也、提挈則有所繫屬、故以今字之繫說之、系之增爲係、與系之增爲係同意、系自爲部、係在人部、系在子部、係在人部、皆不使類聚、亦同意、系有厂提系之上、系有八承子之下、八象兩手、提者亦用手、手者人之手也、故同在人部、八承子、爲會意定指事、厂提系爲形聲兼指事、兩體分明、故四字各在一部、而子部系下云古文孟、此傳寫之誤也、從人系聲。絫增字、故不云從系、大徐不知而增之、胡計切、

伐 擊也。書牧誓、不愆于四伐五伐六伐七伐、鄭注、一擊一刺曰伐、此正義也、詩伐木、禮伐鼓、皆引伸之義、從人持戈。房越切、一曰敗也。公羊傳、春秋伐者爲客、伐者爲主、何注、伐人者爲客、讀伐長言之、見伐者爲主、讀伐短言之、皆齊人語也、案長言卽擊也一義、短言與敗也義近、春秋說題辭、伐人者涉人國內、行威有所斬壞、伐之爲言敗也、案伐敗疊韻、小徐本有亦斫也句、案擊也足以包之、

俘 軍所獲也。賈逵曰、伐國取人曰俘、此正義也、書典寶序、俘厥寶玉、亦以軍所獲而名之、從人孚聲。芳無切、春秋傳曰、以爲俘聝。成三年文、

但 裼也。宋版衣部、裼、但也、其嬴程下、皆譌爲袒、袒、衣縫解也、非此義、從人旦聲。徒旱切、廣韻二十五寒、但音檀、語辭、又姓、案此兩義、今讀徒旦切、非、一曰徒也。聲類、徒、但也、空也、釋訓、襢裼、肉袒也、注、脫衣而見體、案見體則空體矣、仍是一義引伸此義、蓋後增、

傴 僂也。呂覽盡數篇、苦水所多尫與傴人、注、傴、脊疾也、案此謂傴爲天生之疾也、左傳、一命而僂、再命而傴、三命而俯、賈注、俯、恭于傴、傴恭于僂、此則以疾況其恭也、從人區聲。於武切、

僂 尪也。尪、曲脛也、此下僂也、然傴下云僂也、則謂背僂也、故淮南精神訓曰、子求病傴僂、脊管高于頂、從人婁聲。力主切、周公韈僂也。郎尪也、而未詳所出、或言背僂。白虎通、周公背僂是

說文句讀 卷十五 八百六十五 、〇折四十一 卅三

xiàng 像　zǔn 僔　tuō 侂　zhí 值　yǒng 傛　suī 倠　pǐ 仳　jiù 倃　jiù 咎　léi 儡　qiú 仇　lù 僇

謂強後成就周道輔于幼主。

僇 癡行僇僇也。釋詁：戮，病也。古字戮、僇通，僇蓋卽釋詁之戮，癡亦病也。從人。翏聲。讀若雡。力救切。一曰：且也。此義與心部憀同，當洛蕭切。經典借聊爲之，詩：聊與子同歸兮，箋云：聊猶且也。又聊與子謀，箋云：聊，且略之辭。

仇 讎也。釋詁：仇、讎、妃，匹也。妃，對也。詩：公矦好仇。左傳：怨偶曰仇。詩：無言不讎。周禮調人：父之讎，兄弟之讎。是仇讎之訓，美惡皆有之，而仇篆上下皆無美訓之字，則是謂怨家對頭也。從人。九聲。巨鳩切。

儡 相敗也。壞敗之皃。依選注引補，蓋庾注也。老子釋文：儡，敗也。無相字。寡婦賦：容貌儡以頓顇兮，李注引本文亦無。又引禮記：喪容儡儡。從人。畾聲。讀若雷。本洛罪切，孫魯回切。

咎 災也。卜部：殃，咎也。天火曰災，故左傳鄭伯效尤，其亦將有咎。孟子：不取，必有天殃。是知咎者，天降之罰也。從人。從各。人各相違，卽成罪咎。依元應引補。其久切。

倃 毀也。廣雅：倃，惡也。則倃者咎之分別文。玉篇：諮，毀也。則從言。從人。咎聲。其久切。

仳 別也。用毛傳。從人。比聲。芳比切。詩曰：有女仳離。王風中谷有蓷文。

倠 仳倠，醜面也。女部：婎，一曰醜也。婎蓋與倠通。楚詞九歎：仳倠倚于彌楹。注：仳倠，醜女也。淮南子：粉白黛黑，弗能爲美者，嫫母仳倠也。高云：皆醜皃。案仳倠旣與嫫母相儷，亦當是古之醜人，失傳耳。從人。隹聲。許惟切。

傛 不安也。手部：搈，動搈也。廣韻：搈，不安。又云：㨹搈，不安。從人。容聲。余隴切。一曰：華。傛華，婦官也。○玉篇：傛，與恭切。漢書：傛華，婦官名。又音勇，不安也。廣韻亦以兩義分屬兩音，今據補。外戚傳：傛華視眞二千石，比大上造。史記外戚世家作容華。

值 持也。元版韻會引如此，與陳風值其鷺羽毛傳合。今本作措也。案措下云：置也。不作值。從人。直聲。直吏切。一曰：逢遇。釋訓：逢、遇，見也。郭注：行而相值也。

侂 寄也。與言部託同。從人。庑聲。他各切。庑古文宅。此小徐語。

僔 聚也。王逸注離騷：總總猶僔僔，聚皃。廣雅：僔僔，眾也。字亦作撙，甘泉賦：齊總總撙撙，其相膠轕兮。注：總總撙撙，聚皃也。從人。尊聲。慈損切。詩曰：僔沓背憎。小雅十月之交文。今作噂，俗改也。左傳引亦作僔，是在齊魯韓毛之前者。釋文：噂，說文作僔。然則口部本無噂字也。箋云：噂噂沓沓，相對談語。以相對釋噂噂，以談語釋沓沓，正與許同。

像 象也。一引作似也，非也。繫辭：象也者，像也。許君倒用之耳。從人。象聲。讀若養字之養。據此讀，知今所謂式樣者，古曰式像也。莊列樣字皆作像，亦可證。徐兩切。

xiān 仚　xiān 僊　shēn 㑗　zhāo 佋　diào 弔　ǒu 偶　zāo 傮　juàn 倦

倦 罷也。罷同疲，倦同力部勌。禮少儀：師役曰罷。注：罷之爲言勞也。從人。卷聲。渠眷切。

傮 終也。段氏謂傮卽遒，古音同。案釋詁：酋，終也。郭引詩：嗣先公爾酋矣。又釋詁分終也、死也爲兩條，然則此終乃圖功攸終之終。從人。曹聲。作曹切。荀子富國篇：傮然要時務民。楊注：傮然，盡力皃。又引說文：傮，終也。

偶 桐人也。史記正義：偶，對也。以土木爲人，對象于人形也。亦借寓爲之，漢書郊祀志：木寓龍一駟。李奇曰：寓，寄也。寄生龍形于木也。顏注公孫賀傳：刻木象人之形謂之偶人。偶，並也，對也。列士傳言桐人，漢書江充傳言桐木人，越絕書：桐不爲器用，但爲偏。從人。禺聲。亦借禺爲之，封禪書：木禺龍車一駟。五口切。古蓋讀如語，漢光武帝賜矦霸書，偶所爲韻。

弔 問終也。曲禮：知生者弔，知死者哀。玉篇：弔生曰唁，弔死曰弔。古之葬者，厚衣之以薪。從人持弓，會敺禽也。吳越春秋：古者人民樸質，死則裹以白茅，投于中野。孝子不忍見父母爲禽獸所食，故作彈以守之。顏注急就篇曰：弔問者持弓會之，以助彈射也。多嘯切。

佋 廟佋

穆也。父爲佋，南面；子爲穆，北面也。從人。召聲。市招切。繫傳曰：說者多言晉已前言昭，自晉文帝名昭，改爲佋穆。段氏從之。然玉篇引之，則五代以前已有此文。但終是許君誤字，當用卪部卲。昭則同音借用也。經典釋文小宗伯之昭，宋版作之卲，小史昭穆或作卲，音韶。集韻四宵合佋、卲、昭爲一字，然从已非義，此如卷巽之從卪，曲其足也。玉篇卲有市昭切，廣韻以下無之，遂迷失此義耳。集古齋宗周鐘銘上言文武，下言卲王，不知卽是南征之昭王否。又曰用卲格，不顯祖考。此卲字定當讀昭矣。頌鼎、頌壺、頌敦皆曰王在周康卲宮，旦，王格大室。則佋以卲爲正，明白可據。寰盤又曰王在周康穆宮，旦，王格大室。則一王之廟自有昭穆之宮，與文爲穆、武爲昭無涉。故吳彝曰王在周成大室，曶鼎曰王在周穆王大□，是知廟制亦如明堂有九室，月令孔疏非誣。謂之昭宮、穆宮者，宮卽廟也。見詩采薇毛傳。

㑗 神也。似卽所謂人神每日輪居一體者。廣雅曰：孕、重、妊、娠、身、孎，㑗也。蓋別自一義。若是妊身字，必不廁于此。又案申、晨二字下皆曰神也，似㑗與申晨同字。從人。身聲。失人切。

僊 長生者僊去也。此義於經無徵，子書有之。小雅：屢舞僊僊。傳：數舞僊僊然。從人。從䙴，䙴亦聲。相然切。

屳 人在山上

bó 僰　yáo 僥　duì 儯　guàng 俇　huà 匕　yí 𠤕

皃。元應一引同，一引作人上山皃也。又曰：亦古文危字。案玉篇山部㞟五虧切，人在山上，今作危。夫㞟在隸則異，在篆則同，是㞟仚一字也。從人從山。呼堅切。桂氏曰：疑此爲僊之或體，後人亂之。聲類：仙，俗僊字。廣韻：仚，輕舉皃。筠案：果是僊字，則是後人竄入。

僰　犍爲蠻夷也。犍當作犍。文穎曰：夜郎、僰中皆西南夷，後以爲牂柯、犍爲二郡。徐廣曰：僰，羌之別種也。從人，水經注僰道縣下引地理風俗記曰：夷中最仁，有人道，故字從人。棘聲。王制西方曰棘，注：棘當爲僰，僰之言偪，使之偪寄於夷戎。釋文：棘又作僰。案此乃後人依注改經也。蒲北切。西部醅讀若僰。

僥　南方有焦僥。人長三尺，短之極也。魯語文。南方當依羊部羌下說作西南。焦僥，廣雅作僬僥。曹憲曰：說文無立人旁僬。大荒南經、海外南經皆有焦僥國。從人堯聲。五聊切。

儯　市也。廣韻曰：儯，市也。段氏從之，以爲兌換之正字。一宋本作帀，玉篇同。桂氏從之，曰：俗謂圜周曰儯。案皆以俗語說字，似非所安。竊謂大部以夷爲結尾，此其正也。羊、犬、虫三部不以羌、狄、蠻、閩結尾者，因以後諸字或從其比象之義、假借之義也。豸部不以貉結尾者，此因釋獸貉子貆，後人移之貆上也。若儯仍是人事，不當在僰、僥之下，似後人所增。至于俇，見楚詞，或校者据多本收之，附記于末。從人對聲。都隊切。

俇　遠行也。廣雅：俇，往也。又云：俇俇，遽也。楚詞魂俇俇而南征，注：俇俇，遑遽皃。從人狂聲。居況切。

文二百四十五　重十四

韻會引云：㒚，安也。從人㥯聲。案廣韻：㒚，依人也。於靳切。與㥯同。○御覽引云：儈，䮷馬也。聲類：儈，合市人也。

匕　變也。月令田鼠化爲鴽之類，皆當作匕。故大宗伯注曰：能生非類曰化，生其類曰産也。然封禪書曰：天子以爲化去不死。乃當是許君意之所主，故曰從到人，謂變化無常也。依元應引補。如丁令威化鶴之類。從到人。到俗作倒，玉篇引說文倒，仆也，知新附字久矣，非始于大徐。又案小徐部敘篇作匕，是也，如此方是倒人。呼跨切。凡匕之屬皆從匕。

𠤕　未定也。桂氏、段氏皆以未爲衍字，皆引詩靡所止疑、儀禮疑立以實之。案如此則與變化意正相反。凡字與部首相反者，必收之部末。𠤕與部首相繼，恐其說非也。玉篇此字作𠤕，魚其切，未定也。亦作疑，嫌也，恐也，擬也。又古文矢字。据此則𠤕與疑同，而各有別義。從匕。矢聲。似當依玉篇篆作𠤕，說作矢

聲。語期切。矢古文矢字。玉篇所云又古文矢字，蓋此句之本文，傳寫譌也。

zhēn 眞(真)　huà 化　bǐ 匕　chí 匙　bǎo 𠤬　qì 跂　qīng 頃　nǎo 𡿺

眞　僊人變形而登天也。許君收之匕部，故如此說之。秦始皇曰：吾慕眞人，自謂眞人，不稱朕。呂氏春秋、淮南子所說眞人，皆僊人也。惟莊子曰：眞者，精誠之至也。荀子勸學篇眞積力久則入，楊注：眞，誠也。此二事者，當是相傳古訓。說文字從眞聲者，凡十有五，惟示部[禛]爲意兼聲字，其說曰：以眞受福也。致祭之眞，非精誠而何？毛詩傳箋每訓愼爲誠，亦其證。從匕從目，從乚。乚音隱。八，所以乘載之。八字難解，當作下。側鄰切。

𡗜　古文眞。汗簡引作𡗜。

化　教行也。慧苑引作依教行曰化也，要皆天下化成之意。從人從匕，匕亦聲。呼跨切。

文四　重一

集韻、類篇引化，古作告。太元：陰陽敀告，其變赤白。

匕　相與比敘也。此言匕與比通。比敘者，比校而次敘之也。大射儀遂比三偶，注：比，選次之也。又注鄉射禮曰：比，選次其才相近者也。比敘則非一人，故曰相與。從反人。此說字形，別取周而不比之義，相比則反乎人道也。以上一說，是會意字。卑履切。匕亦所以[用比]取飯也。元應引：所以取飯也。陳祥道曰：匕之別有四：有

黍稷之匕，有疏匕，有挑匕，有喪匕。三匕以棘，喪匕以桑。少牢廩人之所摡，黍稷之匕也；饔人之所摡，牲體之匕也。牲體之匕，挑匕也。一名柶。見木部。以上別爲一義，蓋象形字也。凡匕之屬皆從匕。

匙　匕也。方言：匕謂之匙。從匕是聲。是支切。案經、注、史、漢皆無匙字，惟見于方言，蓋前漢末年語，當刪。

𠤬　相次也。大司徒令五家爲比，使之相保，注：保猶任也。疏：使五家相保不爲罪過。案保者𠤬之借字，此即保甲。五家爲比，故從匕。二五爲十，故從十。十五相保任，故曰相次。從匕從十。博抱切。[鴇從此]一曰十。此句似有譌，捝然大徐刪之則非也。人部什，相什保也，亦借保爲𠤬。然仍是五家爲保，連言什保，以見什爲動字耳。本文一曰十，或据𠤬從十，謂十家相𠤬，不必如周禮五家乎。

跂　頃也。小徐作傾，一字也。從匕支聲。去智切。解從匕也。詩曰：跂彼織女。小雅大東文，今作跂，傳云：隅皃。蓋織女三角形，不能正方也。

頃　頭不正也。禮記頭容直，注：不頃顧也，謂必中也。詩不盈頃筐，韓詩：頃筐，𢿱筐也。從匕從頁。仍是匕頭頃也之意。去營切。

𡿺　頭髓也。元命苞：人精在腦。腦，俗字。從匕。[匕]相匕著也。相匕之匕當作比。

yǎng 卬(卬)　zhuō 卓　gèn 艮　cóng 从

巛以象髮。此句尚可通，皆下云巛象髮謂之鬊，鬊卽巛也。或鬊下挩古文巛。囟象𡿺形。此句不可通。韻會引作囟象囟形，則尤不通。囟，頭會𡿺葢也。囟在外，是骨；𡿺在內，是髗。安得以囟象𡿺形？囟部已說曰象形，何事於此複言之？故知二本皆不通也。案二句當作從囟二字。囟部之𠙹，卽囟之譌。部曰鼠字，卽從古文囟，猶去部有重文𠫓，部中之疏卽從之也。乃鼠下亦不言從囟，則以古文既譌，校者檢之不得，故觸處皆改之也。奴皓切。

卬　望。句。小徐加也字，則非。欲有所庶及也。廣韻三十六養：卬，望也，欲有所度。非也。卬固是仰之古文，然以望說卬，非目有所望，乃忘有所望，故以欲有所庶及申之。庶，庶幾也。庶及，猶孟子書云幾及也。晉語重耳之卬君也，若黍苗之卬陰雨也。從匕從卪。伍岡切。詩曰：高山卬止。小雅車舝文，今作仰。引此以證本義。

卓　高也。法言：顏苦孔之卓。漢書祭遵傳：卓如日月。早匕爲𠦝，匕卪爲卬，皆同義。段氏改義爲意，是也。早匕爲卓者，早從日在甲上，本有高意，從而比之，是謂高也。匕卪爲卬者，有所仰企，循序漸進，故曰士希賢，賢希聖，聖希天，皆有節次，不容躐等也。同意者，謂從匕之意同。匕者比也，比者比而同之也。又案：早亦兼聲，故罩掉婥悼淖從卓聲。竹角切。卓　古文卓。

艮　很也。廣韻引作限也，今兩解之。很也者，鄭注易艮卦：艮之言很也。案此義與相匕不相下合。限也者，釋名：艮，限也。時未可聽物生，限止之也。此義與引易似合，然易不可曰艮其艮也。集韻引說文很也。玉篇不引，亦曰很也。從匕目。古恨切。匕目猶目相匕不相下也。匕目之義委曲，故解之。目相匕，謂目攝之也。一作目相上，似因不相下而譌。易曰：艮其限。艮九三爻詞。王注：限，身之中也。獨引此者，限從艮也。匕目爲艮。當作目匕爲艮。匕目爲眞也。匕，李燾作匕，謂變化也。仙眞爲人所不得見，故曰匕目。卓卬相類，故曰同意。艮眞相反，故不曰同意。桂氏曰：曾見古銅印文曰張青旨印，疑古有旨字。案其說謂艮旨正相顚倒，亦是同意。然單文孤證，又恐古銅模鏑難辨，未敢從也。

文九　重一

从　相聽許也。言部：許，聽也。西周策：寡人請以國聽。高注：聽，从也。說文凡云從某，大徐作从。唐以前書，玉篇而外，凡引說文皆作從。從，隨行也。部首猶祖禰，部中字猶子孫，皆隨從之也。從二人。周禮司儀釋文：从本又作從，同才用反，是混从從爲一也。疾容切。凡从之屬皆從从。

bìng 并　cóng 從

從　隨行也。辵部：隨，從也。檀弓：如有從而弗及。從辵从，从亦聲。慈用切。

并　相從也。釋詁：拼，從也。說文無拼，葢當作并。從从开聲。府盈切。桂氏曰：宋玉九辨以憐韻聲，甘泉賦以延韻成，同例。一曰从持二爲并。此謂篆作并，乃會意，非形聲也。秦權銘作并，秦量銘作并，二非物而可言持者，猶白部云從入合二也。韻會作从持二干爲并。案干戈篆作干，不作干也。

文三

bǐ 比　bì 毖

比　密也。論語：君子周而不比。二人爲从，一爲進言之人，一爲受言之人。大舜好問察邇，孔子擇善而從。反从爲比。从所不當从，故曰反。毗至切。凡比之屬皆從比。𣬅　玉篇作茈，則篆當作𣬅，於比之上加兩筆，猶𢀖從人，必於人之下加一筆也。古文比。

毖　愼也。釋詁文，毛詩傳箋並同。從比，必聲。兵媚切。周書曰：無毖于卹。大誥文，今作恤，二字本同。案無毖，毖也，猶之無念，念也。云爾。僞孔傳曰：無勞于憂，非也。

文二　重一

bèi 北　jì 冀

北　菲也。北於行爲水，於時爲冬。五行相生，至水而極；四時遞嬗，至冬而終。然水又生木，貞下起元，故艮在東北，爲萬物之所成終成始也。字體一人向右以成終，一人向左以成始。必從人者，人亮天功也。從二人相背。韋昭曰：北，古背字也。博墨切。凡北之屬皆從北。

冀　北方州也。小徐無州字，韻會引同。繫傳曰：冀州，北方之州也。大徐因而加之。案許意北方統名曰冀，猶言華夏耳。夏書曰：惟彼陶唐，有此冀方。直呼北方爲冀方也。雎，肉部膢下亦以冀州楚俗對言，冀州亦是北方之通名，而解冀字則不當言州。從北。舜分冀州爲幽并，皆在北方。異聲。几利切。

文二

qiū 丠(丘)

丠　土之高。丠山不以大小分，而以土石分。本句合。下句乃盡丠字之義，大徐加也，宋非。非人所

zhòng 眾(衆)　yín 乑　ní 屔　xū 虛

爲也。釋丠。絕高爲之京。非人爲之丠。言人力爲之者。雖絕高亦謂之京。不謂之丠。地自然生者。乃曰丠也。從北從一。去鳩切。一。地也。與山附于地同意。人居在丠南。故從北。解從北之意。此指一鄉一邑而言。中邦之居在崐崘之東南。說文無崐崘。當依河篆下作昆侖。下竝同。之當作丠。此又解從北之意。統天下而言。一曰四方高中央下爲丠。象形。見風俗通。前說謂丠字會意。此說謂是象形。故加一曰。孔子命名之義。卽出於此。孔子世家。禱于尼丠得孔子。生而首上圩頂。因名曰丘。字仲尼。索隱。孔子頂如反宇。反宇者。若屋宇之反。中低而四旁高也。案云象形。則當如古文岳作㕕。凡丠之屬皆從丠。韻會引作是也。古文從土。

大丠也。虛本大丠之通名也。崐崘丠謂之崐崘虛。此句證上句。與部首說中邦二句應。大荒西經。西海之南。流沙之濱。赤水之後。黑水之前。有大山。名曰昆侖之丠。海外南經。昆侖虛在其東。釋丠。三成爲崑崙丠。釋地。西北之美者。有崑崙虛之璆琳琅玕焉。古者九夫爲井。四井爲邑。四邑爲丠。引周官小司徒文。說丠之別義。司馬法曰。丠有戎馬一匹。牛三頭。是曰匹馬丠牛。丠謂之虛。承四邑爲丠而言。與部首說人居在丠南應。易升卦。升虛邑。馬注。虛。丠也。左傳。衞。顓頊之虛也。故爲帝丠。案人之居于虛也。不於其頂而于其坳。故得空虛之意。迨爲借義所奪。乃加土爲墟。然唐文曰梓澤丠墟。則又爲空虛之義矣。從丠。虍聲。丘如切。又朽居切。

反頂受水丠也。此與部首說四方高二句應。釋丠。水潦所止。泥丠。注。頂上洿下者。釋文。依字又作屔。玉篇引爾雅作尼。云本亦作泥。從丠。泥省聲。隸釋夏堪碑稱孔子爲仲泥。奴低切。

文三　重一

眾立也。周語。人三爲眾。云立者。据字形。三人竝立也。從三人。魚音切。凡乑之屬皆從乑。讀若欽崟。小徐無此句。謂讀若崟也。欽崟。眾經音義。廣韻皆作嶔崟。說文無嶔。卽公羊僖三十三年傳之嶔巖也。上林賦用之。曰嶔巖倚傾。郭璞曰。嶔巖。攲貌也。許君所据公羊。不同司馬長卿所据者。疊韻形容本無正字。其異體已具於釋例異部重文篇中。穀梁傳作巖唫。釋文。唫。本作崟。音吟。一音欽。許旣欽崟連文。是讀崟如吟也。嶔巖可以作欽崟者。後漢張衡傳。慕歷陵之欽崟。章懷注。欽崟。山皃。崟音吟。案卽是用公羊傳。與許君同一變體。

多也。釋詁文。從乑從目。目。眾意。此條目綱目之目。之仲切。

jù 聚　jì 臮　tǐng 𡈼　zhēng 徵　wàng 朢　yín 㸒

會也。帝王世紀。禹會塗山。當塗縣有禹聚。從乑。取聲。才句切。一曰邑落曰聚。五帝本紀。一年而所居成聚。正義。聚謂邨落也。

□□眾詞與也。竹君本句首空二格。似是某某眾詞爲句。與也自爲句。廣韻引作衆與詞也。則似空白當作與也二字。眾與詞也。謂衆人與一人。故別爲此詞也。複解與也。句。且以起從从也。字林。臮。及也。公羊隱元年傳。會及暨皆與也。其義爲與。其詞爲臮也。經典借暨洎爲之。禹貢。暨魚。史記漢書作臮。朔南暨。地理志引作臮。聲類。暨。古文作臮。從乑。自聲。其冀切。虞書曰。臮咎繇。堯典作暨皋陶。史記作與皋陶。漢書人表作咎繇。

古文臮。

文四　重一

善也。本書重從𡈼。云厚也。廣韻。重。善也。從人士。士。事也。申從士之意。以見其所以訓爲善也。一曰象物出地挺而生也。前說謂是會意。此說謂下從土。上半則象形。地卽土也。挺而猶曰挺

然。𡈼挺同音。他鼎切。凡𡈼之屬皆從𡈼。凡從𡈼者。小徐作𡈼。宗前說。大徐作壬。宗後說。

召也。釋言文。從𡈼。從微省。陟陵切。𡈼爲徵。似有闕文。集韻以𡈼爲徵之古文。案此當云古文以𡈼爲徵者。乃起下文之詞。行於微而聞達者卽徵之。依韻會引改。行於側微而聞達于家邦者。卽爲徵聘之所及也。

嚴氏曰。當作𢼸。水部澂從之篆。案玉篇作敳。上半尚不譌。集韻云。古作敳數壬。雖未能辨敳爲數之譌。然足見作數之非無本矣。古文徵。

月滿與日相望。臣朝君也。依元應六書故引改。月滿者。釋其名也。與日相望者。釋命名之由也。朢望疊韻。臣朝君者。解從臣之意也。邶風柏舟箋云。日。君象也。月。臣象也。從月。從臣。從𡈼。𡈼。朝廷也。省形存聲字。經典中多有。文字中少有。惟朢字以𡈼爲廷。爲變例。故特入之𡈼部。不入月部也。無放切。召鼎之旣朢。從臣明白。而省𡈼爲土。與毀同。楯妃彝毋敢望伯休。無專鼎旣朢。則互借。

古文朢省。太元。寇謹其戶。卽謹字。從古文朢。

近求也。謂浸淫而求之。由近及遠也。玉篇。㸒。濫貪也。從爪𡈼。𡈼。徼幸也。蓋鋌而走險之謂。行險以徼幸也。余箴切。

zhòng 重　liáng 量　wò 臥(卧)　jiān 監　lín 臨　nè 䁢　shēn 身　qū 軀　yī 㐆　yīn 殷

文四　重二

重 厚也。壬從土，土者地也，重濁爲地，厚德載物。從壬，東聲。柱用切。凡重之屬皆從重。

量 稱輕重也。從重省，曏省聲。呂張切。說見釋例。量 古文量。

文二　重一

臥 休也。休，息也。一作伏，緣下文而誤也。曲禮：寢毋伏。從人臣，取其伏也。臣象屈服之形，伏通。吾貨切。凡臥之屬皆從臥。

監 臨下也。大雅：皇矣上帝，臨下有赫。監觀四方。從臥，䘓省聲。古銜切。監 古文監從言。

臨 監臨也。釋詁：臨，視也。從臥，品聲。力尋切。

䁢 楚謂小兒嬾䁢。玉篇：楚人謂小嬾曰䁢。女部：嬾，一曰臥食。乃一字誤分爲二。彼謂嬾爲䁢，渾言之；此則嬾之小者曰䁢，別言之也。本不以大人小兒分也。桂氏曰：後漢書桓帝紀：監寐寤歎。劉陶傳：

不能監寐。袁紹傳：監寐悲歎。監疑䁢之譌。筠案：監假雙聲，監寐似卽假寐。從臥食。尼厄切。

文四　重一

身 躳也。轉注。象人之身。躳者脊也，而經典又以躳與身皆爲全體之名，故于說字形中附見之。抑此說謂爲象形字，下說謂爲形聲字，非騎牆也。此乃象形之別種，以形聲爲象形者也。從人，𠂆聲。依韻會引改。白虎通曰：中者身也。失人切。凡身之屬皆從身。

軀 體也。釋名：軀，區也，是衆名之大總，若區域也。骨部：體，總十二屬也，故曰衆名之大總。從身，區聲。豈俱切。

文二

㐆 歸也。與依同訓，則㐆卽古依字也。中庸：壹戎衣。鄭注：衣讀如殷，聲之誤也。齊人言殷聲如衣。從反身。徐鍇曰：古人所謂反身修道，於機切。凡㐆之屬皆從㐆。

殷 作樂之盛稱殷。公羊傳：五年而再殷祭。何注：殷，盛也。案大祭必用盛樂。從㐆，從殳。從身者，從其反身之義也。樂記曰：反情以和其

yī 衣　gǔn 袞　cái 裁

志。又曰：樂盈而反，以反爲文。注：反謂自抑止也。又曰：樂得其反則安。蓋樂不可以爲僞，故大章部濩皆反之於身，有是功乃作是樂也。從殳與殸之從殳同意。祇是搏拊戛擊之謂耳。於身切。易曰：殷薦之上帝。豫大象文。馬云：殷，盛也。

文二

衣 依也。人無羽毛鱗介，以衣爲所依也。二字疊韻。上曰衣，下曰裳。毛傳同。析言之則分衣裳，渾言之則曰衣。淮南修務訓：胡曹爲衣。氾論訓又曰：伯余作衣。高注皆曰：黃帝臣。象覆二人之形也。孫氏星衍曰：二人當爲二乚，乚，古文肱也。桂氏曰：喪服記：衣二尺有二寸。注云：此謂袂中也。言衣者，明與身參齊。二尺二寸，其袖足以容中人之肱也。於稀切。鐘鼎文皆作衣，與小篆同。小徐疑義篇作𠂢，不知何本。凡衣之屬皆從衣。

裁 制衣也。當作製也。下文：製，裁也。可證。從衣，𢦏聲。昨哉切。

袞 天子享先王，周禮司服：王之吉服，享先王則袞冕。卷龍繡於下裳。鄭仲師注司服曰：袞，卷龍衣也。鄭注詩九罭：袞亦以卷龍釋袞。而王制：三公一命卷。注曰：卷，俗讀也，其通則曰袞。又駁卷字者，謂卷是訓釋言龍形蟠阿也。纂禮記者直以

之代袞，則非也。繡于下裳，誤也。此繪于衣者。幅一龍，蟠阿上鄉。幅一龍，非也。蟠阿上鄉，謂龍曲體而卬首也。鄭注覲禮曰：其龍天子有升龍有降龍。又曰：上公袞無升龍。○說文於尚書繪繡事無一不謬，惟元應引繪字說不謬，然則諸謬皆妄人改竄，非許君原文。茲采鄭君說以補之。尚書予欲觀古人之象，日月星辰山龍華蟲作會宗彝藻火粉米黼黻絺繡。鄭注：會讀爲繪，絺讀爲黹，黹，紩也。自日月至黼黻凡十二章，天子以飾祭服。凡畫者爲繪，刺者爲繡。此繡與繪各有六，衣用繪，裳用繡。又注司服曰：古天子冕服十二章，王者相變，至周而以日月星辰畫于旌旗，而冕服九章。登龍于山，登火于宗彝，尊其神明也。九章，初一曰龍，次二曰山，次三曰華蟲，次四曰火，次五曰宗彝，皆畫以爲繢；次六曰藻，次七曰粉米，次八曰黼，次九曰黻，皆希以爲繡。則袞之衣五章，裳四章，凡九也。從衣，公聲。爾雅釋文曰：說文云從衣台。說文云從公衣。案此蓋許君原文，而從台當作台聲。積古齋吳彝袞，釋爲元袞，從台明白。然據說文則台卽沇之古文，據鐘鼎則公作台，不作公。故許君兼采從公衣之說。然知許君篆本作袞、並非收袞爲重文，既經挩佚，後人乃以重文代正文者。周官司服曰：公之服，自袞冕而下，如王之服。既云如王，則以王爲主，安得制字從公衣，故曰或云。恐後人妄生異議，而豫爲之防也。乃後人以隸

zhàn 襢　yú 褕　zhěn 袗　biǎo 表

改篆竝刪改許說始成巨謬矣然干祿字書衮衮上通下正佩觿增韻亦皆以衮爲正以袞爲俗則許說不終泯沒也古本切

襢　丹縠衣。詩君子偕老傳文也鄭注天官內司服則曰白衣又曰展衣以禮見王及賓客之服字當爲襢襢之言亶亶誠也案鄭君據本用借字作展故欲据玉藻襢記喪大記皆言襢衣以改之北堂書鈔引古詩細綺爲上襢 從衣亶聲。知扇切 衰者王服襢褕者后服故以冠部首

褕　翟羽飾衣。天官內司服之揄狄許所服据本蓋作褕翟褕者衣之名翟者衣之飾故詩其之翟也以翟一字爲名許則以褕一字爲名也翟羽飾衣本之毛傳先鄭則曰揄狄闕狄畫羽飾不從毛者蓋依王服之華蟲作繪以爲說抑或疑以羽飾衣涉奇衺也 從衣俞聲。羊朱切 一曰直裾謂之襜褕。方言襜褕江淮南楚謂之穜褣小爾雅作童容自關而西謂之襜褕釋名荊州謂襌衣曰布襦亦曰襜褕言其襜襜宏裕也顏注急就篇曰襜褕直裾襌衣也

袗　玄服也。不曰玄衣玄裳而曰玄服然則玄服卽袨服謂盛服也且是天子之盛服然泛言其盛非衣名故在后服襢褕之後蓋袗字於經典凡三見士冠禮兄弟畢袗玄鄭注袗同也古文袗爲均論語袗絺綌陸氏曰本又作袗孔曰暑則單服許君所主者蓋孟子之被袗衣也趙注

曰袗畫也爲天子被畫衣黼黻絺繡也案此据皋陶謨爲說然似誤太史公乃從安國問故者也其五帝本紀曰堯乃賜舜絺衣與琴蓋卽本之孟子而以絺易袗者雙聲字且明其義也若帝堯所賜者早是衣畫裳繡則予欲觀古人之象重巽申命何爲者知袗衣爲袨服者鄒陽上書吳王曰袨服叢臺之下服虔曰袨服大盛玄黃服也蓋天玄地黃古人以爲上色据服子慎以玄說袨則知玄是古借字袨則後作之專字也而連言黃者士冠禮玄端玄裳又曰黃裳可也是其義也鄭君曰古文袗作均案均亦有盛義多則盛也而均變爲袀猶之玄增爲袨矣左傳均服振振春官司几筵注純讀如均服之均則古本固作均也廣韻袀下引左傳均服而云字書從衣則本經不從衣可知是知在左傳則均爲正字袀爲後人分別字要之於袗無干也乃淮南齊俗訓尸祝袀袨越絕書不袀不玄王莽傳時莽紺袀服續漢輿服志皆服袀玄凡諸袀玄字皆士冠禮之袗玄也而字作袀者参勻同聲可借也閒居賦服振振以齊玄正用左傳而李注引說文曰袀玄服也直以用袀爲袗者多遂嫁之說文不可信也 從衣㐱聲。之忍切

裖　袗或從辰

表　上衣也。論語必表而出之孔曰加上衣也 從衣從毛。陂嬌切 古者衣裘故以毛爲表也。原制字之由因裘而

jīn 裣　qì 褄　lǚ 褸　rèn 衽　yǎn 裺　yǎn 褗　bó 襮　jí 襋　qiǎng 襁　lǐ 裏

起而字義則不主于裘故玉藻曰表裘不入公門是裘亦必加上衣也新序魏文侯問路人胡爲反裘而負芻對曰臣愛其毛文侯曰若不知其裏盡而毛無所恃邪

䙴　古文表從麃

裏　衣內也。邶風綠衣黃裏 從衣里聲。良止切

襁　負兒衣。衆經音義云博物志以爲織縷爲之廣八寸長尺二寸以負小兒于背上聲類謂之小兒被師古章懷謂之小兒繃亦借繈爲之曹全碑百姓繈負匡謬正俗引繈負其子而至 從衣強聲。亦借強爲之史記魯世家索隱強葆卽襁褓居兩切案此字當在後文襜字下

襋　衣領也。領者項也衣之領與項相當因以領之名被之故云衣領別嫌疑也廣雅襋謂之褗 從衣棘聲。己力切 詩曰要之襋之。魏風葛屨文

襮　黼領也。釋器黼領謂之襮注繡刺黼文以褗領士昏禮被纁黼注卿大夫之妻刺黼以爲領如今偃領矣 從衣暴聲。蒲沃切 詩曰素衣朱襮。唐風揚之水文傳云襮領也諸侯繡黼丹朱中衣

褗　褗領也。方言被謂之褗注卽衣領也玉篇褗被也褗褗也隱被也是知褗爲領之別名而一名褗領一名褗褗要之於後文之褗無涉大徐逕使相近爲不達也 從衣匽聲。於幰切

裺　褗謂之裺。云謂之者取奄覆之義卽玉篇褗隱被也之意 從衣奄聲。依檢切

衽　衣裣也。凡衣字在句首者皆衣之一端也此統下褸褄裣三字故言衣猶襋統下襮褗裺三字袪統下襃袂裏三字故均言衣所統之字卽不復言衣矣若字是全衣之名則衣字在句末襃褕等字之說是也喪服記衽二尺有五寸注衽所以掩裳際也上正一尺燕尾二尺五寸凡用布三尺五寸案此乃許說之所主也故釋名曰衽襜也在旁襜襜然也亦指衣裣而言然裳亦有衽公羊昭二十五年傳以衽受何注衽衣下裳玉藻衽當旁注衽謂裳幅所交裂也凡衽者或殺而下或殺而上衽屬衣則放而垂之屬裳則縫之以合前後上下相變 從衣壬聲。如甚切

褸　衽也。方言褸謂之衽又曰褸謂之袩釋器衣裗謂之祝注衣褸也齊人謂之攣邪疏褸本或作褸 從衣婁聲。力主切

褄　裣緣也。緣悅絹反衣純也純之允反又之閏反禮記深衣純袂緣純邊廣各寸半案言邊則衽在其中矣 從衣疌聲。七入切

裣　交衽也。漢石經青青子裣毛傳青衿青領也字又作襟爾雅衣皆謂之襟郭注襟交領也許云交衽者家訓書證篇古者斜領下連于衿故謂領爲衿段氏曰掩裳際之衽當前幅後幅相交之

fū 衭　huī 褘　xí 襲　páo 袍　jiǎn 襺　dié 褋

處、故曰交衽、從衣金聲。居音切、

衭 襲衭也。一曰前衿。依六書故引補、言襲衭一名前衿也、繫傳曰、衣衭卽衿也、今俗猶言之、案衣衭當作襲衭、謂南唐猶呼衿爲襲衭也、然此當是青青子衿之衿、非交衽之衿、廣韻曰、衭、衣前襟、是也、至如少儀夫襓、廣雅作衭襓、劍衣也、玉篇衭、襲袴也、皆非此義、從衣。夫聲。甫無切、

褘 蔽厀也。方言、蔽厀、江淮之閒謂之褘、或謂之袚、魏宋之閒謂之大巾、自關東西謂之蔽厀、齊魯之郊謂之袆、從衣。韋聲。亦借韋爲之、急就篇、裳韋不借爲牧人、王注、韋一作幃、裳正幅曰幃、案幃亦褘之借字、鄭語、王使婦人不幃而譟之、許歸切、周禮曰、王后之服褘衣。天官內司服文、謂畫袍。言此者、以別於褕之羽飾也、謂之袍者、婦人衣不殊裳也、先鄭注內司服曰、褘衣畫衣也、揄狄闕狄、畫羽飾、鄭君則以褘爲翬雉、揄爲搖雉、而曰王后之服、刻繒爲之形、而彩畫之、綴于衣以爲文章、褘衣畫翬者、揄翟畫搖者、闕翟刻而不畫、知先後鄭之說揄狄闕狄皆不從毛傳羽飾衣之說、惟許君從之、又案鄭君言刻、又言畫者、蓋卽今之緙絲也、玉篇糸部緙字兩見、輕革切、紩也、織緯也、案緙絲必畫、鄭君言不畫、或漢有此法、

襲 重衣也。玉藻、服之襲也、充美也、案襲衣加于裼衣之上、故曰重衣、從衣。龖省聲。似入切〇一曰。因也。樂記、三王異世、不相襲。曲禮、卜筮不相襲、〇一曰。左衽袍也。段氏曰、小斂大斂之前、衣死者謂之襲、士喪禮、乃襲三稱、注曰、遷尸于襲上而衣之、凡衣死者、左衽不紐、筠案二徐本、皆止左衽袍一義、則當與襚裞爲伍、不當在此、故以文選王命論廣絕交論二注所引冠于前、雖說曰重衣、而不與襺複類廁者、此是衣名、彼則泛言單複也、

𧟟 籀文襲不省。

袍 襺也。釋言文、方言、褒明謂之袍、注引廣雅、褒明、長襦也、從衣。包聲。薄褒切、論語曰、衣敝緼袍。子罕篇文、

襺 袍。句、衣也。業已轉注、而綴言衣者、此全衣之名也、說見上文衽下、從衣。繭聲。亦借繭爲之、雜記、子羔之襲也、繭衣裳、注、若今大襺也、古典切、以絮曰襺、以緼曰袍。上文轉注、此又言其別也、玉藻、纊爲繭、緼爲袍、糸部、纊、絮也、緼、紼也、紼、亂枲也、絮煖于緼、亦貴于緼、春秋傳曰、盛夏重襺。約舉襄二十一年文、今作繭、

褋 南楚謂禪衣曰褋。見方言、注引楚辭、遺余褋兮澧浦、漢書江充傳注云、禪衣、制若今之朝服中禪也、急就篇注云、禪衣、似深衣而褎大、然則禪衣者衣名也、故不與禪類次、從衣。枼聲。毛本如此、

mào 袤　guì 襘　jiǒng 褧　dī 衹　dāo 裯　lán 襤　duò 褍　dū ⿰衤毒　qū 袪

是也、篆文誤耳、方言廣雅皆作褋、徒叶切、

袤 衣帶以上。直計之也、南北曰袤、卽由此引伸之、從衣。矛聲。莫候切、一曰。南北曰袤。東西曰廣。廣雅、袤、長也、史記楚世家言廣袤、漢書匈奴傳言延袤、羽獵賦言周袤、卽周禮所謂廣輪也、

𧝓 籀文袤從楙。所從之[illegible]、五音韻譜作[illegible]、小徐作[illegible]、矛部之古文作[illegible]、此似當作[illegible]、

襘 帶所結也。從衣。會聲。古外切、春秋傳曰、衣有襘。昭十一年傳曰、衣有襘、帶有結、視不過結襘之中、所以道容貌也、杜注、襘、領會、結、帶結也、段氏曰、襘卽玉藻曲禮深衣之袷、視不過結襘之中、卽曲禮視天子不上于袷不下于帶、玉藻侍君視帶以及袷也、然則杜注得之、許合二者爲一、似誤、

褧 檾也。檾下引詩作檾衣、故以檾說褧、謂在物曰檾、在衣曰褧、雖有小別、可以通用也、詩曰、衣錦褧衣。衛碩人、鄭之丰同、示反古。中庸惡其文之著也、許說所本、從衣。耿聲。去潁切、

衹 衹裯短衣。方言、汗襦、自關而西、或謂之衹裯、自關而東、謂之甲襦、陳魏宋楚之閒、謂之襜襦、或謂之禪襦、從衣。氏聲。都兮切、

裯 衣被衹裯。依六書故引改、仍是衹裯、然非復衣名、而爲敝敗之詞矣、方言、南楚、凡人貧、衣被醜敝、謂之須捷、或謂之褸裂、或謂之襤褸、故左傳曰、篳路襤褸、案今本作藍褸、從衣。周聲。都牢切、

襤 裯謂之襤〔褸〕。仍是衣被衹裯之義、而但言裯者、以見一字卽成義也、蓋方言屢出之、許君匯于一處、各仍其本文、與他處立文小不同、楚詞九辯、被荷裯之晏晏、王注、裯、衹裯也、褸字衍文、校者用郭注增也、方言但云裯謂之襤、集韻引說文亦然、襤。無緣衣也。依韻會引補、此義又出方言、然是衣名、非藍褸之謂、方言、楚謂無緣之衣曰襤、巾部⿰巾監下說與此同、一字兩體也、乃方言又曰、襜褕以布而無緣、敝而紩之、謂之襤褸、案此條旣是衣名、又是敝敗、許君不復引之者、以上文已足見此義也、從衣。監聲。魯甘切、

褍 無袂衣謂之褍。方言文、從衣。惰省聲。徒臥切、

⿰衤毒 衣躬縫。躬者脊也、方言、繞緍謂之⿰衤萬裺、注、衣督脊也、案⿰衤萬卽⿰衤毒之異文、段氏曰、衣躬縫者、深衣云負繩及踝以應直、是也、從衣。毒聲。冬毒切、讀若督。考工記匠人注、分其督旁之脩、正義曰、名中央爲督、莊子、緣督以爲經、注、督、中也、筠案醫書、奇經八脈、督脈在脊、

袪 衣袂也。渾言之也、檀弓、鹿裘衡長袪、注、袪謂褎緣袂口也、從衣。去聲。去魚切、一曰。袪褱也。〔褱〕

huái huái mèi xiù
褢 褱 袂 褎

tuó duó xiè tuō chān bào
袉 襗 衸 袥 襜 𧝁

者褎也。玉篇、袪、袂也、衣裏也、其衣裏正與此相當、小徐本是也、大徐本既譌爲褎、遂加褎者褎也以伸之、校者以入小徐本、而改爲褎者褎也、則不可通、袪尺二寸。句首當有禮記曰三字、喪服記、玉藻皆有此文、引此者、以見袪與袂別也、鄭注儒行云、袂二尺二寸、袪尺二寸、春秋傳曰、披斬其袪。僖五年文、服注、袪、袂也、亦渾言之、

褎 袂也。方言、裪襴謂之袖、注、衣褾、江東呼碗、從衣采聲。似又切。玉藻、袂可以回肘、又字林、袂、複襦也、方言、複襦或謂之筩褹、郭注、褹即袂字耳、案此爲別義、袖 俗褎從由。

袂 袖也。從衣夬聲。彌弊切。

褢 袖也。班倢伃詩、出入君懷袖、一曰藏也。玉篇、褢、苞也、胷袵藏物也、抱也、在衣日褢、在手日握、從衣鬼聲。戶乖切。

褱 俠也。毛氏初印本作夾、段氏謂當作夾、夾、盜竊褱物也、俗謂蔽人俾夾是也、案小徐韻譜作挾、挾、俾持也、與俾夾意合、釋言、挾、藏也、國語注、在掖曰挾、然匚部說亦曰俠藏、借字也、姑仍之、前漢書地理志曰、褱山、案褱褢二字相亥、蓋謂同音各義、以袖也俠也爲主、褱實褢虛也、至於藏也與俠似、囊橐與袖似、兩一曰句或後增、從衣眔聲。戶乖切。一曰囊橐也。依類篇引補、方言、禪衣有褱者、趙魏之閒謂之袪衣、注、前施褎囊也、

𧝁 褎也。經典借懷抱爲之、士相見禮、中視抱、堯典、蕩蕩懷山襄陵、從衣包聲。薄保切。

襜 衣蔽前。釋器、衣蔽前謂之襜、郭注、蔽、鄣也、釋文作幨、云本又作襜、方言作祤、顏注急就篇、蔽鄣者、於衣裳上著之、以蔽前也、從衣詹聲。處占切。

袥 衣衸。衣當是褏之壞字、廣雅、衩、衸、袥、裱、膝也、玉篇、裱下云、裱膝、褏衸也、衸下又作刺膝、小徐衸下引字書、衸、補鄣褏、蓋即此義也、至於廣雅、袥、大也、玉篇、廣大也、漢白石神君碑、於是遂開袥舊兆、即今所用開拓字也、從衣石聲。他各切。

衸 袥也。從衣介聲。胡介切。

襗 絝也。玉篇、絝也、絝即絝之俗體、他書未有以襗爲絝者、秦風、與子同澤、鄭作襗、云褻衣近汗垢、案褻衣之近垢者、汗襦與絝而已、許君既以汗襦屬之衹裯、故以絝屬之襗也、廣雅曰、襗、長襦也、則與鄭君玉府論語注同、玉府注曰、燕衣服者、巾絮寢衣袍襗之屬、論語褻服注曰、褻衣、袍襗也、皆對朝祭之服而言、從衣睪聲。本大各切、孫徒各切、膠州人呼小兒之袍爲襗、袼音鐸落、又案段氏迻此字于褰字上、玉篇此字在褰字下、是其證、

袉 裾也。桂氏曰、裾當爲袪、方言、袿謂之裾、注云、或作袪、廣雅云、衣袖、此袪譌爲裾之證、史記、抴獨繭之褕袘、張揖曰、袘、袖也、

wéi duān tì bāo tǎn shào lóng qiān yú jū
褘 褍 褅 褎 襑 袑 襱 褰 衧 裾

司馬相如傳、揚袘卹削、徐廣曰、袘、衣袖也、筠案、此說較段氏有據、故用之、然袉不與袪相亥也、豈譌爲裾之後、校者乃迻之裾上邪、乃玉篇亦在裾下也、究當闕疑、從衣它聲。唐左切。一曰、論語曰、朝服袉紳。鄉黨文、有加字、袉作拕、雜記云、申加大帶于上、是也、引經說假借、故云一曰、

裾 衣裦也。依集韻、韻會引改、釋名、裾、倨也、倨倨然直、亦謂在後常見踞也、釋器、袚謂之裾、方言、袿謂之裾、郭並注之曰、衣後裾也、然未有以裦說之者、桂氏曰、裦當爲褎、淮南齊俗訓、楚莊王裾衣博袍、高注、裾、褎也、衣裾也、漢書音義、裾、直項也、五音集韻、衣袌曰裾、案此說較實、然如此說之、則動字也、上下文皆靜字也、玉篇、裾、袚也、袿也、衣裦也、凡三義、而衣裦之義最在後、從衣居聲。九魚切。讀與居同。韻會引、無此句、而有一曰衣後裾句、

衧 小徐作衧、玉篇先褎後衧、諸衧也。諸衧其名也、玉篇、褎、衣袍也、則其義也、謂其衣褎大也、後漢光武帝紀、皆冠幘而服婦人衣、諸于、襜褕、繡裾錦袴、注引前書音義曰、諸于、大掖衣、如婦人之袿衣、從衣亏聲。羽俱切。

褰 絝也。字林同、方言作襚、從衣寒省聲。去虔切。春秋傳曰、徵褰與襦。昭二十五年文、

襱 絝踦也。顏注急就篇、袴之兩股曰襱、

從衣龍聲。丈冢切。

襩 襱或從賣。桂氏曰、非也、玉篇以爲襡之或體、䙕謂襡之或體、說見襡下、

袑 絝上也。謂絝之上半也、廣雅、襣謂之袑、其襠謂之袑、後漢朱博傳、敕功曹官屬、多褎衣大袑、不中節度、自今掾吏衣皆令去地三寸、從衣召聲。市沼切。

襑 衣博大。從衣尋聲。他感切。

褎 衣博裾。淮南子、褎衣博帶、高注、褎衣、謂方與之衣、通鑑注、褎衣、大補、博裾之衣、漢王褎字子淵、博、見韓勅碑、陳褎字聖博、見孔宙碑、從衣采聲。采、古文孚也、古孚同聲、保博毛切、

褅 緥也。孟康曰、緥、小兒被也、李奇曰、小兒大藉也、從衣啻聲。他計切。詩曰、載衣之褅。小雅斯干文、釋文云、褅、韓詩作褅、案褅當作褅、許君所引、郎韓詩也、毛詩作裼、假借字、

褍 衣正幅。謂衣之有正幅無旁殺者也、玉篇云、正幅衣也、是也、猶鄉黨之帷裳矣、周禮元端素端、借端爲之、從衣耑聲。多官切。

褘 重衣兒。字林作幗、訓義則同、從衣圍聲。羽非切。爾雅曰、褘褘襀襀。嚴氏曰、當作懜懜、褘褘今此轉寫譌且倒耳、釋訓、儚儚洄洄、惛也、說文有懜無儚、釋文、儚字或作懜、邢疏引郭音義云、洄、本或作褘、音韋、潛夫論救邊曰、佪佪

fù 複　tí 褆　nóng 襛　dú 裻　chǐ 袳　yì 裔　fēn 衯　yuán 袁　diāo 裯　dié 褺　péi 裵

潰潰當何終極、段氏謂用爾雅文、其說亦通、古違同回、同音借用、尚書靜言庸違、潛夫論作靖言庸回、是也、抑或爾雅本作禬禬潰潰、潰字沿禬譌從衣、桂氏又引大元之恛恛、案皆是潰亂之義、禬既從衣、是借義也、

複 重衣也。釋名有裏曰複、無裏曰單、從衣。复聲。方六切 一曰褚衣。玉篇褚、裝衣也、顏注急就篇、褚之以緜曰複、

褆 衣厚褆褆。玉篇衣服端正皃、廣韻衣服好皃、並無此義、從衣。是聲。杜兮切

襛 衣厚皃。許君爲毛傳未允而改之也、改之者、爲二章計也、華如桃李、箋疏皆以華字承首章之棣、則詩人何厚乎桃李、何薄乎棣、而謂棣似桃李、且何愛乎棣、既託興于桃李、而尚牽連夫棣乎、蓋言何哉其衣若彼之襛乎、美如唐棣之華也、何哉其衣若彼之襛乎、美如桃李之華也、華如桃李、則倒句耳、其字不再見于經、且偏旁從衣、故許君專屬之衣、厚義則於農聲得之、說見酉部醲下、從衣。農聲。汝容切 詩曰。何彼襛矣。召南文、傳曰、襛猶戎戎也、韓詩作茙、俗本作襛、玉篇廣韻分爲兩字兩義、非也、

裻 新衣聲。一曰背縫。此義與禱同、左閔二年傳公衣之偏衣、晉語作衣之偏裻之衣、韋注裻在中、左右異色、故曰偏裻、從衣。叔聲。冬毒切

說文句讀 卷十五 七百六十三、○折四十 三九

袳 衣張也。經典借移爲之、表記衣服以移之、注云讀如禾氾移之移、猶廣大也、少牢饋食禮曰、主婦被錫衣移袂、注移袂者、蓋半士妻之袂以益之、從衣。多聲。尺氏切 春秋傳曰。公會齊侯于袳。桓十五年經文也、左氏作公會宋公衛侯陳侯于袲、公羊作公會齊侯宋公衛侯陳侯于侈、左無齊侯、今本脫也、玉篇廣韻皆有移袲兩體、

裔 衣裾也。衆經音義引此而曰、以雲孫爲苗裔、取其下垂之義、垂則在末、故顏注蓺文志曰、裔、衣末也、末則遠、故方言曰、裔、祖也、如曾祖曾孫之同詞也、又曰、裔夷狄之總名、注邊地爲裔、左傳裔焉大國、從衣。冏聲。余制切

𧘝 古文裔。

衯 長衣皃。子虛賦衯衯裶裶、郭注皆衣長皃、從衣。分聲。撫文切

袁 長衣皃。從衣。叀省聲。小徐袪妄篇作叀省聲、叀蓋叀之訛、叀之古文也、羽元切

裯 短衣也。桂氏曰、方言小袴謂之袗衧、袗衧即裯之音、從衣。鳥聲。都僚切 春秋傳曰。有空裯。嚴氏曰、疑即昭二十五年傳季公鳥、傳寫有衍誤也、

褺 重衣也。字林作褺、云複襦也、從衣。執聲。徒叶切、元應曰、疊又作褺、巴郡有褺江縣。漢志作墊江、孟康音重疊之疊、

裵

shǔ 襡　zhuó 𧞻　rú 襦　biǎn 褊　jiā 袷　dān 襌　xiāng 𧝓 (襄)　bèi 被　qīn 衾　xiàng 襐

長衣皃。段氏曰、此即子虛賦衯衯裶裶之裶也、若史記子虛賦弭節裵回、漢郊祀志神裵回若留放、乃長衣引伸之義、後漢書蘇竟傳注曰、裵回謂縈繞淹留、是也、俗作俳佪徘徊、從衣。非聲。薄回切、段氏逐此字與衯類次、是也、然長衣短衣諸字皆參錯、玉篇亦然、不勝逐也、

襡 短衣也。桂氏曰、短當爲裋、本書裋、豎使布長襦也、廣雅、襡長襦也、晉書夏統傳、妓女之徒服袿襡、音義云、襡連要衣也、三蒼作襡、與襩同、云長襦也、連屬衣也、釋名、襡屬也、衣裳上下相連屬也、玉篇襡下云短衣也、此乃宋人据本書加之、不知本書之襡、玉篇作襩、實一字也、本書襱下有或體作襩、玉篇以爲襡之重文、即本書襡之或體也、筠案、集韻以襡襩爲一字、從衣。蜀聲。讀若蜀。市玉切

𧞻 衣至地也。從衣。斲聲。本音斲、孫竹角切

襦 短衣也。段氏曰、方言襦西南蜀漢之閒謂之曲領、或謂之襦、釋名有反閉襦、有單襦、有要襦、顏注急就篇曰、短衣曰襦、自膝以上、按襦若今襖之短者、袍若今襖之長者、筠案、襦亦自有長者、廣雅、襡長襦也、是也、又見下文裋下、從衣。需聲。人朱切 一曰䚡衣。段氏曰、一曰與一名同、非別一義也、日部曰、安䚡、溫也、內則衣不帛襦袴、注、不用帛爲襦袴、爲太溫傷陰氣也、釋名、襦、耎也、言溫耎也、

說文句讀 卷十五 七百六十三、○折四十五 四十

褊 衣小也。小當作急、廣韻褊、衣急、心部急、褊也、從衣。扁聲。方沔切

袷 衣無絮也。喪大記君褶衣褶衾、注褶、袷也、玉藻帛爲褶、注有表裏而無著、從衣。合聲。古洽切

襌 衣不重也。元應引廣雅、襌薄也、有衣而無裏也、從衣。單聲。夏小正往耰黍襌、戴傳襌、單也、都寒切

𧝓 漢令。解衣而耕謂之襄。襄之從衣、經典不見此義、故引漢令說之、解之則除之矣、故詩牆有茨不可襄也、玁狁于襄、傳並云襄除也、釋言同、謚法辟地有德曰襄、亦近此意、從襄者、穰除厲殃也、穰則穗之去其粒者也、以此推之、則漢令必與古義比附、故許君用之、從衣。𤕦聲。息良切

𧟟 古文襄。

被 寑衣也。長一身有半。鄉黨篇鄭注、今小臥被是也、從衣。皮聲。平義切

衾 大被。釋名、衾、广也、其下廣大、如广受人也、從衣。今聲。去音切

襐 襐飾也。襐飾者、漢之恆言也、巾部飾、襐飾也、漢書外戚傳、襐飾將醫往問疾、急就篇、襐飾刻畫無等雙、注襐飾、盛服飾也、刻畫、裁制奇巧也、從衣。象聲。詩象服是宜、傳云象服、尊者所以爲飾、是知襐飾者、本之毛詩及傳、特加衣耳、徐兩切

yì 衵　xiè 褻　zhōng 衷　zhū 袾　jù 袓　bì 裨　fán 袢　zá 襍　wèi 褽　yù 裕

衵 日日所衣。常也。左宣九年傳皆衷其衵服以戲於朝。釋文說文云日日所衣裳也。字林同。又云婦人近身內衣也。從衣〔從〕日〔日亦〕聲。人質切。

褻 私服。王肅注論語褻服曰謂私居非公會之服也。字林褻衷衣也。則顏注漢書敘傳曰褻謂親身之衣也。從衣埶聲。私列切。詩曰是褻袢也。鄘風君子偕老文。今作紲。

衷 裏褻衣。上文釋褻字祇是私居之服耳。衷則私服之在中者。故言裏以別之。然衷爲衣名。經典不見。蒼頡篇衷別內外之詞也。亦是動字。從衣中聲。陟弓切。春秋傳曰皆衷其衵服。小徐無皆字。韻會引同。宣九年文。穀梁傳則云或衷其襦。案此衷與左襄二十七年傳楚人衷甲同。乃動字也。杜注左曰衷懷也。是也。范甯注穀梁曰衷者襦在中也。則與裏褻衣之義相近。

袾 好佳也。從衣朱聲。昌朱切。廣韻引字統朱衣曰袾。荀子富國篇袾裷。楊倞釋爲朱衣。葢猶之純赤曰絑。皆朱之分別文耳。好佳之說恐是後人所改。詩曰靜女其袾。裳下引亦同此。女部⿰女殳下則引作⿰女殳。毛傳曰姝美色也。女部姝⿰女殳下皆曰好也。與毛傳合。袾字從衣。似不合也。

袓 事好也。玉篇廣韻引並同。未詳其義。廣韻又曰袓嬻也。女部嬻白好也。廣雅袓好也。從衣且聲。才與切。

裨 接。句。益也。以接說裨者。字從衣。謂作衣者遇短材。別以布帛接之也。再以益申之者。既接之則有益于初也。從卑聲者。如鞞埤陴皆有益義。晉語所以紀綱齊國。裨補先君而成霸者也。其言裨補。與許說相近。覲禮注曰裨冕者衣裨衣而冠冕也。裨之爲言埤也。天子六服。大裘爲上。其餘爲裨。案此是引伸之義。尚非本義。從衣卑聲。府移切。

袢 衣無色也。依韻會引補。從衣半聲。博慢切。廣韻附袁切。一曰詩曰是紲袢也。云一曰者。是別義也。紲當依褻下作褻。此寫者緣今詩改之也。傳曰是當暑袢延之服也。疏謂延是熱氣。紲袢是去熱之名。竊意毛傳當暑解褻字。箋固以縐絺爲裏衣也。袢延解袢字。猶卷阿之伴奐。毛以廣大說伴。此袢似亦是廣大之義。絺而縐則不黏皮膚。故得寬大之義。讀若普。日部普。日無色也。故讀如之。普袢雙聲。

襍 五采相合也。依韻會引改。考工記畫繢之事雜五色。虞書以五采彰施于五色作服。從衣集聲。徂合切。

褽 衽也。士昏禮御衽于奧。注衽臥席也。案席所以藉體。故薦藉之義歸之。左哀十一年傳寘之新篋。褽之以元纁。杜注褽薦也。從衣尉聲。於胃切。

裕 衣物饒也。饒餘也。言衣又言物者。字從衣。故言衣。而經典中裕字未有涉及衣者。如詩綽綽有裕。中庸寬裕溫柔之類。故兼言物以見其爲通詞也。從衣谷聲。羊孺切。易曰有孚裕無咎。晉初九爻辭。罔孚裕无咎。段氏桂氏皆以有字爲誤。余作存疑已有說。今再詳所未備。本爻五句五義。晉如者。卦爲晉。故雖初在事外。亦欲晉。摧如者。二三皆陰柔小人。阻抑之也。貞吉者。與四陰陽正應。故其進也得正而吉。與四合德。故有孚。但席珍待聘。不可衒玉求售耳。故裕无咎。嚴氏乃以象傳駁之。案象曰裕无咎。未受命也。則是專解裕无咎。不關有孚。此如士子抱道未仕。未受章服之命。故得從容審慎。以觀時變。如其業經受命。則如大過上爻過涉之凶。不可咎矣。今本譌有爲罔。故其解之也。與上文重複。柰何以之駁說文乎。

bì 襞　gǎn 衦　liè 裂　ná 袈　zhàn 袒　bǔ 補　zhǐ ⿰衤黹　chǐ 褫

襞 韏衣也。埤蒼同。又曰今言襵疊是也。字林襞卷衣也。小徐韻譜同。葢謂襵疊卷曲也。廣雅襵襞也。又曰襞詘也。子虛賦襞積褰縐。張揖曰襞積簡齰也。顏注即今之褰襵。積俗作積。簡俗作襉。從衣辟聲。古止作辟。士冠禮素積。注積辟也。以素爲裳。辟蹙其要中。必益切。

衦 摩展衣。桂氏曰石部碫以石扞繒也。當作此衦。筠案衦之碫之。皆謂摩之也。展者不但展其襵縐。抑且展之使長。既經碫石之帛。其尺度必增于舊。從衣干聲。古案切。

裂 繒餘也。玉篇裂帛餘也。詩都人士垂帶而厲。傳云厲帶之垂者。箋云如鞶厲也。鞶必垂厲以爲飾。厲字當作裂。內則注云鞶小囊。則是鞶裂與詩云垂帶而厲紀子帛名裂繻字雖今異。意實同也。正義云桓二年傳作鞶厲。厲裂義同。鞶囊裂帛爲之飾。筠案裂是動靜相兼之字。許君之意與鄭君同。孔疏最明辨。若四分五裂之字。說文止作列。又案今之忠孝帶。是鞶厲遺象。從衣㓞聲。良辥切。齊語作裂。

袈 敝衣。當依玉篇作敝衣。袈與巾部帤糸部絮葢通用。皆即易既濟繻有衣袽之袽。虞注袽敗衣也。王注所以塞舟漏也。玉篇別出袽字。從衣奴聲。女加切。

袒 衣縫解也。太元天地開闢。宇宙祐袒。俗作綻。而以袒代但。內則衣裳綻裂。紉箴請補綴。注綻猶解也。從衣旦聲。丈莧切。

補 完衣也。完動字。從衣甫聲。博古切。

⿰衤黹 紩衣也。補乃黹之絫增字。從衣黹〔黹亦〕聲。豬几切。

褫 奪衣也。易訟卦或錫之鞶帶。終朝三褫之。侯果曰褫解也。李注東京賦引說文褫奪也。以賦云褫魄無取乎衣。故刪之也。字從衣。故許据易以爲說。其實通語也。從衣虒聲。直离切。讀若池。說文無池。當作拕。所以明借拕爲褫也。鄭本易作終朝三拕之。荀爽

luǒ 嬴　xī 裼　chéng 裎　xié 衺　xié 襭　jié 袺　zhuāng 裝　cáo 褿　yè 裛　guǒ 裹　zī 齌　shù 裋　yǔ 褔

日挖奪也、淮南人間訓、秦牛缺遇盜、挖其衣被、嬴袒也。袒、復古編作但、是也、經典借袒爲但、嬴、大戴禮作倮、羣書多借嬴、左傳正義、裸謂赤體無衣也、從衣嬴聲。郎果切裸嬴或從果。

裎袒也。袒當作但、韓策、秦人捐甲徒裎以趨敵、從衣呈聲。丑郢切裼但也。各本惟此不誤、人部、但、裼也、釋訓、襢裼、肉袒也、此無衣之裼也、玉藻、君衣狐白裘、錦衣以裼之、注云、袒而有衣曰裼、聘禮、裼降立、注、裼者、免上衣、見裼衣、此有衣之裼也、從衣易聲。先擊切

衺𧝝也。轉注、經典借邪爲衺、從衣牙聲。似嗟切

襭以衣衽扱物謂之襭。周南、薄言襭之、傳、扱衽曰襭、謂扱之以衽也、許君此說、即申毛義、手部、扱、收也、此謂以衣衽收物也、足部、跛、進足有所擷取也、引爾雅、跛謂之擷、案擷取連言、是不用擷字本義、引爾雅、即證本義也、今釋器作扱衽謂之襭、或後人以毛傳改之、郭注、扱衣上衽于帶、則曲禮曰、扱衽不入公門、問喪曰、親始死、扱上衽、交手哭、與郭義同、不與許義同、從衣頡聲。胡結切擷襭或從手。詩釋文、襭、一本作擷、同、

袺執衽謂之袺也。釋器文、詩、薄言袺之、從衣吉聲。格八切

說文句讀　卷十五　七百六十四　、○折四十五　四三

褿帴也。巾部、帴、帬也、廣雅、褿、帴、褯也、從衣曹聲。昨牢切、又七刀切

裝束也。裹也。依元應引補、許注淮南、亦曰裝束也、衆經音義、裝束、今中國人謂撩理行具、從衣壯聲。側羊切

裹纏也。詩、乃裹餱糧、左傳、以犀革裹之、從衣果聲。古火切

裛書囊也。廣雅、裛謂之袠、文選序、名溢乎縹囊、卷盈乎緗帙、從衣邑聲。於業切○一曰、裛纏也。依漢書注引補、玉篇、裛、囊也、纏也、後漢書班固傳、裛以藻繡、絡以綸連、文選琴賦、鏤會裛廁、

齌緶也。糸部、緶、緁衣也、廣雅、齌、緁也、從衣齊聲。經典以齊爲之、論語、攝齊升堂、孔安國曰、衣下曰齊、漢書朱雲傳引作齌、曲禮、兩手摳衣去齊尺、注、齊、謂裳下緝也、釋文、齊、本又作齌、即夷切

裋豎使布長襦。顏注貢禹傳曰、裋褐、謂僮豎所著布長襦也、說與許同、而連言裋褐者、蓋裋一名褐、合兩名爲一語也、列子注引許注淮南曰、楚人謂袍爲裋、玉篇、裋與襡同、方言、襜褕、江湘之閒謂之襡、羣書多言裋褐、亦有作短褐者、短似裋之誤、然方言又曰、襜褕其短者謂之裋褕、韋昭注王命論曰、裋、謂短襦也、然則裋本長襦、而亦有短者、猶襦下云短衣、而此又云長襦也、從衣豆聲。常句切

褔編

hè 褐　suō 衰　zú 卒(卒)　chǔ 褚　zhì 製

枲衣。趙注孟子、褐、枲衣也、從衣區聲。於武切、又於侯切一曰頭褔。桂氏引廣韻、褔、編枲頭衣、段氏謂頭褔、蓋即頭衣、玉篇、褔、頭衣也、次衣也、與此文次序同、段說蓋是、一曰、次裹衣。方言、繄袼謂之褔、注、即小兒次衣也、

褐編枲韤也。急就篇、鞮鞻卬角褐韤巾、注、褐謂編枲爲韤也、一曰粗衣也。列子注引同、御覽引作短衣、蓋裋衣之譌、高注淮南曰、褐、毛布、如今之馬衣、左定八年傳、謂之馬褐、從衣曷聲。胡葛切

衰艸雨衣。秦謂之萆。萆見艸部、又見木部椑下、萆下但云雨衣、此加艸者、固以字從衣不從艸、亦以見下文製衣、以布帛爲之也、經典以衰爲等衰、衰耄、喪衰之字、而加艸作蓑以別之、從衣象形。𠂒與冄之篆文同、此象艸形、彼象毛形、不相涉也、穌禾切𧘝古文衰。

卒隸人給事者衣爲卒。卒、衣有題識者。衣爲卒之衣、宋本或有或無、元應引之曰、隸人給事者曰卒、古以染衣題識、表其形也、御覽、韻會引、皆無衣字、桂段嚴三家皆欲依之、余已說于存疑篇、今再說之、韻會引有故從衣十句、如其言、是以隸書說字也、果從十、則入之十部、以周官百人爲卒說之、本之經典、豈不勝隸人之取僻義乎、無如卒字祇所從之衣是字、故許君委曲說之

說文句讀　卷十五　八百六十三　、○折四十　四四

曰、隸人給事者、衣爲卒、其衣曰卒、衣此衣者、即謂之卒、下文、褚、卒也、方言、卒或謂之褚、亦謂衣、此褚者、即謂之褚也、此句解卒字從衣也、卒衣有題識者、此句解卒字從丿也、惟是本文兩句、但說字義、未說字形、蓋挩從衣象形四字、周官秋官有司隸、所轄者五隸、皆罪人也、此外夏官有隸僕、鄭注曰、此吏而曰隸、以其事褻、然則卒衣題識、乃異其章服、以別其爲罪人也、隸人亦有不給事者、鄭注、謂之隸民、臧沒切

褚卒也。方言、卒謂之弩父、或謂之褚、注、言衣赤也、褚音赭、從衣者聲。丑呂切一曰製衣。製、玉篇、廣韻、皆作裝、是也、上文、複、一曰褚衣、故知此義當有裝衣之義、有三、顏師古曰、以緜裝衣曰褚、此其本義也、漢書南粵王傳、上褚五十衣、中褚三十衣、下褚二十衣、是也、因而謂所裝之絮爲褚、左傳、荀瑩在楚、鄭賈人將置諸褚中以出、是也、因而以衣裝於橐中、亦爲褚、左傳、鄭人歌子產曰、取我衣冠而褚之、杜注、褚、畜也、以子產上下有服、則僭越之衣不敢衣、遂藏于篋笥也、

製裁也。離騷、製芰荷以爲衣兮、從衣制聲。刀部、制、裁也、製即制之絫增字也、征例切、案褚下一曰製衣句、當在此、彼譌而此挩也、製衣者、謂衣名製也、左哀二十七年傳、成子衣製杖戈、注、製、雨衣也、是也、蓋說文原本、裁製二篆相次、迨裁下製字分爲制衣二字、而褚下一曰裝衣、又譌製衣、遂逸之使

相連屬也。袚 蠻夷衣。玉篇袚、蠻衣也、與襏同、韋注國語、襏、蠻夷服也、從衣犮聲。北末切、一曰蔽厀。見韠下、此義當分勿切、

襚 衣死人衣也。依左傳釋文引補、上衣去聲、左文九年經、秦人來歸僖公成風之襚、釋文云、說文作祱、云贈終者衣被曰祱、以此襚爲衣死人衣、筠案許君之意、謂襚與士喪禮之襲同義、又西京雜記、合德賀飛燕曰、謹上襚三十五條、是贈生人衣物亦曰襚也、與經訓乖異、從衣遂聲。徐醉切、春秋傳曰、楚使公親襚。襄二十九年文也、文九年經、定九年傳皆言襚、許君必引此者、爲其言親也、親襚者躬爲楚王著襲衣也、此乃臣子之禮、故公患之、用穆叔言、以桃茢祓殯、則君臨臣喪之禮、故楚人悔之、蓋許君即据此傳以定衣死人衣之說也、

⿰衤弔 棺中縑裏。段氏曰、喪大記、君裏棺用朱綠、用雜金鐕、大夫裏棺用元綠、用牛骨鐕、士不綠、三綠字皆褖之誤、從衣弔聲。讀若雕。都僚切、

祱 贈終者衣被曰祱。史記索隱引作贈終服也、公羊隱元年經曰、天王使宰咺來歸惠公仲子之賵、傳曰、車馬曰賵、貨財曰賻、衣被曰襚、許說之衣被曰祱、正用公羊文、特据字爲說、故加贈終者三字以明之耳、白虎通、襚之爲言遺也、衣被曰襚、春秋說題辭亦云、凡諸襚字、皆當作祱也、且由此知夏采故書之襚、即是遺之分別文、故鄭君從杜子春改之、許君亦不收也、漢書朱建鮑宣二傳皆有祱字、從衣兌聲。輸芮切、

褮 鬼衣。釋器、褮謂之襲、郭注、衣開孔也、玉篇、褮、鬼衣也、從衣熒省聲。讀若詩曰葛藟縈之。縈、艸部作蘽、於營切、一曰若靜女其袾之袾。桂氏引王君念孫曰、袾當作孌、段氏曰、之袾當作之靜、嚴氏說同、

䘰 車溫也。段氏曰、玉篇作車鞰䘰、廣韻曰、䘰、牛領上衣、蓋當作車溫䘰、從衣延聲。式連切、

褭 以組帶馬也。漢書百官公卿表、秦爵二十級、三曰簪褭、顏注、以組帶馬曰褭、簪褭言飾此馬也、字林、騕褭、良馬、從衣從馬。奴鳥切、

文一百一十六　重十一　本部次字頗無倫脊、貴者之衣在首、次以衣之一端之名、結以賤者之衣、死人之衣、車馬之衣、皆是也、惟其中襦襡、襦皆衣名、而列之虛字中、襌襃襱衵袒褻、皆一類之字、被衾褻皆一類之字、禪襘亦一類之字、而皆不類聚、案襡之或體襩、乃在襱下、大徐不知褻衵也、乃衵席之衵、而逐與衵襛類聚、由此推之、則前此之亂其次第者可想矣、

裘 皮衣也。從衣求聲。當云從古文求、又部厷下云從古文ㄙ、是其例、麗下云丽聲、不足爲例、巨鳩切、一曰象形。與衰同意。六字當在古文求下、捝誤在此、又加一曰二字、凡裘之屬皆從裘。

求 古文省衣。當云、古文裘象形、與衰同意、小徐本云古文求、此與衰意同、求乃裘之譌、裘則衰之譌、大徐以爲重複而改爲省衣、古文安能豫省篆文乎、淮南齊俗訓、今之裘與蓑孰急、見雨則裘不用、升堂則蓑不御、此代爲常者也、孟子樂正裘、古今人表作求、漢末有求仲、顏師古以爲裘氏之族、

⿰裘鬲 裘裏也。玉篇、⿰裘鬲、裘也、裏也、或爲褐、其衣部褐下云、裘裏也、則⿰裘鬲下之裘也、也字衍、詩羔羊之革、革似當作⿰裘鬲、從裘鬲聲。讀若擊。楷革切、

文二　重一

老 考也。敘文說轉注、舉考老以發例、故說老以考、說考以老也、凡轉注之在同部者、是建類一首、同意相受也、在異部者、雖非建類一首、仍是同意相受也、七十曰老。曲禮文也、此乃老字正解、從人毛匕。匕部說曰、變也、言須髮變白也。盧皓切、凡老之屬皆從老。

耊 年八十曰耊。當依秦風改作耋、乃與篆文合、八十曰耋、即毛傳也、劉熙、郭璞、王肅說同、何休曰六十、服虔曰七十、釋名、耋、鐵也、皮膚變黑色如鐵也、從老省至聲。徒結切、

⿱老蒿 年九十曰⿱老蒿。曲禮釋文、八十九十曰旄、旄本又作耄、同、惛忘也、本或作八十曰耋、九十曰旄、後人妄加之、案陸氏誤駁、有曰耋者、當爲古本、即許說所承用也、毛公車鄰傳云八十曰耋、而板篇傳八十曰耄、則傳寫譌也、王逸注楚詞及玉篇皆言九十、而杜預韋昭云八十、釋名言七十、亦無定文也、從老蒿省聲。莫報切、

耆 老也。鄭箋詩皇矣武篇、注射義竝同、不用曲禮六十曰耆之說、從老省。廣韻作耆、老不省、旨聲。渠脂切、

耇 老人面凍黎若垢也。依玉篇引改、詩黃耇台背、箋、耇、凍黎也、方言、黎、鮐、老也、燕代之北鄙曰黎、秦晉之郊陳兗之會曰耇鮐、郭注、黎言面色如凍黎、鮐言背皮如鮐魚、釋詁、耇、壽也、孫叔然曰、耇、面如凍黎色、如浮垢、老人壽徵也、從老省句聲。師奎父鼎、黃耇吉康、師器父鼎、黃句吉康、省作句、古厚切、

⿱耂占 老人面如點也。玉篇、老人面如墨點也、從老省占聲。讀若耿介之耿。丁念切、

⿱耂勿 老人行才相逮。夂部說曰、行遲曳夂夂、與此同意、段氏曰、才僅

也才相逮者兩足僅能相及言其行步遲小也。從老省易省行象。蜥易緣壁而行老人車輪曳踵似之故變其文曰行象此乃假借以爲會意者也。讀若樹。桂氏曰樹當爲封且行且封也常句切。

壽　久也。二字疊韻董子曰壽者讎也壽有短長由養有得失自行可久之道者其壽讎于久自行不可久之道者其壽亦讎于不久。從老省𠷎聲。殖酉切。

考　老也。一列子釋文考成子本作老成子。從老省丂聲。苦浩切凡與部首轉注者其字必在部首下如目人眼也卽繼之以眼目也此通例也況轉注之例但舉考老而考不繼老者以上文皆實字考則虛字也。

孝　善事父母者。詩六月張仲孝友傳善父母爲孝釋訓同。從老省從子子承老也。易有子考无咎象曰意承考也。老省亦聲。呼教切。

文十

毛　眉髮之屬。眉須二字下皆以毛說之。及獸毛也。此但指本部而言。象形。莫袍切。凡毛之屬皆從毛。

毴　毛盛也。周禮司裘鄭注仲秋鳥獸毴毨釋文毴音毛然會意形聲

皆不合恐卽是毴字許以爲氄毛之氄者鄭以爲毛毨之毛也鳥部辨訛雖是其比乃尚書音義又不言毛及氄有異文而覺部褎下又引作鳥獸褎毛不甚可解。從毛隼聲。而尹切又人勇切。虞書曰鳥獸毴髦。堯典文。

𣬚　獸豪也。釋畜未成豪狗郭注狗子未生𣬚毛者釋文𣬚謂長毛也。從毛倝聲。侯幹切。

毨　仲秋鳥獸毛盛可選取以爲器用。堯典鳥獸毛毨周禮司裘中秋獻良裘王乃行羽物鄭注良善也仲秋鳥獸毴毨因其良時而用之。從毛先聲。讀若選。與選取之說合故言之穌典切。

𣯫　以毳爲繝也色如虋故謂之𣯫虋禾之赤苗也。從毛㒼聲。莫奔切。詩曰毳衣如𣯫。王風文今作璊傳曰璊赬也釋文云說文作𣯫然則唐本固已如此然非也許君引詩與言虋禾之赤苗同意玉部璊下云禾之赤苗謂之虋璊玉色如之彼以虋證璊此兼以虋璊證𣯫耳不然璊字于經典它無所見許說璊玉色如之卽据王風爲言豈得引之從毛後人因上文以毳與毳衣同字妄以本篆改之是不識字人也。

氈　撚毛也。本書撚蹂也方言撚續也天官掌次掌皮皆有氈字。從毛亶聲。諸延切。

文六　小徐作文五無氈篆也淮南齊俗訓越人見毳不知其可以爲旃也史記匈奴列傳被旃裘案皆借旃字則許君所讀之周禮未必作氈疑無者是也。

毳　獸細毛也。天官掌皮注毳毛毛細縟者字林毳細羊毛也。從三毛。此芮切。凡毳之屬皆從毳。

𣰆　毛紛紛也。非分雙聲。從毳非聲。甫微切。

文二

尸　陳也。釋詁文又曰尸主也許君以陳攝之郊特牲尸陳也此祭祀之主詩祈父有母之尸饔此主饋也而傳曰尸陳也曲禮在棺曰尸此終主也而注曰尸陳也是陳本可該主也。象臥之形。各本篆作尸案當作𠂆橫陳之𠂆也有從之者始垂一足而作尸也式脂切。凡尸之屬皆從尸。

屍　偫也。考工記匠人凡行奠水先鄭以奠水爲停水與儲偫義近小徐引太元天地屍位注屍定也義亦近。從尸奠聲。堂練切。

居　蹲也。轉注。從尸古者居從古。上從字指字形言下從字指人事言上古未制禮之時其

人蹲居及制禮之後居雖不爲禮容而亦不在不敬之列玉篇引大戴禮獨處而踞是也九魚切。

踞　小徐作踞　俗居從足。小徐本此句下有一本從居句乃校語也卽指大徐本言汗簡又引古文作𡰣。

屓　臥息也。與鼾同字衆經音義曰西京賦云巨鼇贔屓薛綜注作力怒也贔說文作奰壯大也從三目三大屓說文作屓臥息也從尸從自聲音義蕢反。從尸自聲。許介切。

屑　動作切切也。方言迹迹屑屑不安也後漢書崔駰傳注屑屑猶區區也。從尸𠂈聲。本先節切孫私列切尚書多士大淫泆有辭釋文泆又作佾馬本作屑云過也案佾屑皆從𠂈聲𠂈几同體有臥立之分耳迻尸於左卽成佾矣。

展　轉也。詩關雎澤陂皆作輾轉釋文輾亦作展。從尸𡕰省聲。知衍切隸作展𡕰衣亦變爲展。

屆　行不便也。孫注釋詁郭注方言皆曰艐古屆字舟部艐船著沙不行也。一曰極也。釋言文然一義引伸爲二義詩節南山君子如屆傳曰屆極也蕩及采菽傳箋並同此卽郭注釋言有所限極之說也魯頌致天之屆箋云屆極也此極當與小雅後予極焉同意箋云極誅也是也然尚書殛鯀于羽山殛與上文流放竄同義衹是窮極之于羽山耳故洪範鯀則殛死傳曰放鯀至死不赦是極

kāo 尻　tún 𡱂　ní 尼　qì ⿸尸旨　qì ⿸尸臿　zhé ⿸尸乏　niǎn 㞋　zhěn 屒　xī 屖　fèi 屝　shī 屍

㢕同也、從尸凷聲。古拜切、

尻　脽也。元應引同、然曰脽音雖、足知脽本作脽矣、肉部脽、尻也、從尸九聲。苦刀切、

𡱂　髀也。髀、股外也、今俗連言之曰髀股、從尸下丌居几。徒魂切、

脽　𡱂或從肉隼。

臀　𡱂或從骨殿聲。釋名、臀、殿也、高厚有殿遻也、案此殿字當讀如𡱂、釋名說頟曰垠鄂、鄭注周禮說瑑曰圻鄂垠圻皆音銀、與殿疊韻、地官鄉師、巡其前後之屯、故書屯或爲臀、鄭大夫讀爲課殿、杜子春讀爲在後曰殿、

⿸尸旨　尻也。從尸旨聲。詰利切、

尼　從後近之。釋詁、卽、尼也、注、尼者近也、引尸子悅尼而來遠、然則尼祇是近、言從後者、於字形得之、尸是臥人、匕是反人、匕者比也、人與人比、是相近也、人在人下、是從後也、從尸匕聲。女夷切、

⿸尸臿　從後相臿也。玉篇從後相蹋也、集韻二十九葉㞒下云、屆㞒、從後蹋、一曰小步也、廣韻二十六緝屆下云、屆㞒、三十一洽屆下云、薄楔、三十二狎屆下云、薄屆、合而斷之、許說當云從後相屆也、玉篇之相蹋則其訓義也、廣韻二十六緝㞒下云、屆㞒前後相次也、相次又相蹋之訓義也、要之諸書屆下、或云屆㞒、或不云屆㞒、㞒下則無不云屆㞒者、知屆一字卽成義、㞒必兩字乃成義也、從尸臿聲。楚洽切、

⿸尸乏　屆㞒也。謂少也。依集韻引補、葢庾注也、廣雅、屆㞒、少也、從尸乏聲。直立切、

㞋　柔皮也。與䩏同字、從又申尸之後也。尸乃皮省也、䩏之古文□、葢從皮省從人、此亦當然、申者、展之使平也、㞋下云所以㞋申繒也、是也、又在尸下、故曰申尸之後、猶尼下云從後近之也、人善切、尸或從又。句上當大書㞋篆、而說之曰㞋或從又、又又皆手、乃柔皮之工之手也、疒部瘃之籀文痕、車部報皆從此㞋、則㞋之有或體㞋明矣、集韻、㞋、忍善切、說文柔皮也、㞋、尼展切、弱也、一曰柔皮也、雖未合爲一字、而其義固同也、

屒　伏皃。從尸辰聲。珍忍切、一曰。屋宇也。此說謂與宸同字、恐後人增也、

屖　屖遲也。釋詁作棲遲、陳風同、毛傳曰遊息也、從尸辛聲。先稽切、

屝　履屬也。玉篇、草屩也、字書、草曰屝、麻曰屨、皮曰履、黃帝臣於則所造、釋名曰屝以皮作之者、葢謂字從皮省也、儀禮喪服傳有菅菲、蕪蒯之菲、繩菲、字既借菲爲之、則是以艸作也、從尸非聲。扶沸切、

屍　終主。屍乃尸之分別文、經典以尸爲屍者無論、大司樂、屍出入則令奏肆夏、是以屍爲尸也、二字本同、故釋詁曰尸、主也、說屍仍曰主、言終者、釋詁

píng 屏　céng 層　wū 屋　xiè 屟　tú 屠

卒、終也、始死未有桑生、神仍依此、故曰終主、從尸死聲。式脂切、

屠　刳也。燕策、刳子腹及子之腸矣、從尸者聲。同都切、

屟　履中薦也。南齊書、江泌傳、晝斫屟、夜讀書、衆經音義云、屟、鑿腹令空、薦足者也、吳宮有響屟廊、然則屟以木爲之、而空其中也、從尸枼聲。穌叶切、

屋　居也。當作尻、從尸。尸所主也。此尸直作人字用、屋必有主人也、一曰。尸象屋形。⿸尸辟扁二字下皆云尸、從至。至所至止也。小徐作至所止、無下至字、是也、室下說可證、室屋皆從至。臺下亦云然、烏谷切、

□　籀文屋從厂。

□　古文屋。手部、握之古文□、葢從□□省聲而□易一握爲笑、鄭及蜀才作屋、詩夏屋渠渠箋云屋、具也、正義曰釋言文、案釋言、握、具也、二字固通用、然不可輒謂爲一字也、

屏　屏蔽也。艸部、藩、屏也、從尸并聲。必郢切、字與屛同、經典皆用此字、

層　重累也。依元應引改、今本作重屋、重屋乃樓也、此祇是重疊耳、然曾字足矣、此似後出字、從尸。曾聲。昨稜切、

文二十三　重五

說文解字句讀弟八上　曲沃仇連驥校

句讀卷十五補正

𠘧段茂堂本如此作是也、今但改部首以見例、而逼部偏旁可知矣、一葉前八行部首易此篆增此注

金刻作𠘧、象首及左臂左脛之形、不作右臂脛者、爲左所蔽也、許君据小篆說之、故漏言首、我前作釋例、亦沿此誤、一葉前九行自臂脛凡四至故二之也十七字刪去以此易之

案俊下段氏所引書作傑者三、作桀者亦三、則傑亦桀之絫增字、所謂美惡不嫌同詞也、三葉後一行桀列切上增此

玉篇廣韻皆主伉儷義、集韻十一唐、伉音岡、引後漢書、難經伉伉劉太常、三葉後七行亦敵體之意也下增此

論語釋文、陳亢音剛、又苦浪反、三葉後十行爲二人乎下增此

有侁氏女采桑原本挩桑字。四葉前九行

許君收倗字、似采之周禮故書、則篆當作倗、說當作崩聲、漢書王尊傳、南山盜帥倗宗、雖是人姓、足徵漢有倗字也、況管子先見乎、蘇林注曰、倗音朋、是用司農音也、晉灼則曰音倍、陪尾亦作倍尾、知二字古通、是晉用說文音也、八葉前四行朋聲下增此注

。九歌曰、偓促談於廊廟兮、王注、偓促、拘愚之貌、補注、偓促、迫也、一曰小貌、案下文促迫也、偓篆當與之類列、王注或即本之玉篇、又史記司馬相如傳之握齪、韓退之詩齷齪當世士、皆與偓促同意、十葉前六行恐非古本也下增此

抑以見彊爲借之專義、俱爲借之通義、而廁借于儕偷侔俱之間、則通義反是本義也、十葉後八行卽皆具之分別文下增此

止部疌疾也、則倢祇是絫增字、卽捷以軍獲得爲專義、而見於經者、大都是疾速、則與偕相似、亦是絫增字也、故經典偶見倢字、而疌遂無一存者、十一葉後五行子葉切上增此

李注卽引易妙萬物而爲言、是眇妙爲古今字。唐人猶知之、故盧諶贈劉琨詩曰、妙哉蔓蔦得託樛木、是用妙爲眇小之義者也、十三葉前十行卽用說卦眇者小也八字刪去以此易之

廣韻、覿徒歷切、乃小徐本亦云融六反、是朱翺與楚金乖異也、集韻二十三錫、亭歷切內覿見也、儥買也、各自爲義、他書則儥無笛音也、十四葉前三行余六切下增此

然似當云翳翳也。釋言儔翳也翳翳也。本是遞相訓釋。說文既分之兩部。自當以翳釋儔。明其爲異部重文。且羽部在前。人部在後。當於此總明釋言之義。且以見釋言立文之本次也。十八葉前二行玉篇上增此

釋訓釋文、仳仳、舍人云、形容小貌、十八葉前十行小皃下增此注

案鬱搖卽鬱陶、二十葉前一行釋詁下添鬱陶二字前二行喜皃下增此

足部踣、僵也、渾言之、無論卻偃前覆也、此則僨僵偃說用轉注、仆字別爲之說、四字相比、故析言之、二十一葉前四行方問切下增此

僨僵偃皆踣也、其面向天、仆亦踣也、其面向地、當列仆于偃之

後始爲以類相從、二十一葉前六行芳遇切下增此

雷是俗字又與畾聲複當刪、二十三葉前六行本洛罪切上增此

書序曰、殷始咎周、周人乘黎、祖伊恐、奔告于受、鄭注曰、二十三葉前八行廣雅二字刪去以此易之

又疑僃與迵遭字同音、似所謂終者、即星一週天之義、左傳、十二年矣、是謂一終、一星終也、是也、二十四葉前四行乃圖功攸終之終下增此

疑佔即吪、詩破斧四國是吪、傳吪、化也、正義以爲釋言文、而今釋言作訛、郭注引本詩亦作訛、訛乃化之古音、口部固收吪字矣、二十六葉前七行其變赤白下增此

元包經未濟卦、水火相北、二十八葉後五行古背字也下增此

元命包曰、士垂一人、詰屈折著、爲廷、案士垂一人、謂壬也、詰屈折著、謂㕛也、三十葉前九行從人士下增此注

心部憿幸也、三十葉後十行余箴切上增此

漢書律厤志、量者、龠合升斗斛也、權者、銖兩斤鈞石也、又曰、量多少者不失圭撮、權輕重者不失黍絫、故吾纂釋例、謂許說不當掍同、今得掍同者一事焉、能改齋漫錄引符子曰、或獻百二十年豕于燕昭王、王養之十五年、令衡官橋而量之、折十橋、豕不量、命水官浮舟而量之、其重千鈞、案此固以量言權者也。且志曰、度者、分寸尺丈引也、又曰、量多少者不失豪氂、與言量同謂之量多少、然猶讀呂張切也、尺部曰、寸尺咫尋常仞諸度量、直讀力讓切、是則量通于度。又通于權。益漢語如此矣。又如橋音居廟反、井上挈橰也、曲禮奉席如橋衡、是也、禮言橋衡、符子即呼衡爲橋、亦與借量以言權者同也。許君于權衡度量、各自立說、不似五行五色比物醜類、本可不疑、又禾部稱、銓也、是謂以權衡稱之、故其下文云其以爲重也、而淮南則曰其以爲量、且其下文說量曰、十二粟而當一分、十二分而當一銖、分銖連言、則亦非分寸之分、皆是權之數也、是又可證、三十一葉前三行稱輕重也下增此注○刪說見釋例四字

宀部寑、臥也、則段氏謂臥與寑異者非也、夕部夜、天下休舍也、與本文休也同義、釋名臥化也、精氣變化、不與覺時同也、案臥化疊韻、三十一葉前六行寑毋伏下增此

案下文之禱、即此袡、不知何以不類列、玉篇亦然、而皆有蔽膝一義、三十五葉前五行謂之袡下增此

或沿襛下說而誤、三十九葉前四行並無此義下增此

不與上文裾字類列、未詳、三十九葉後六行余制切下增此

玉篇、褿、衽也、益衽、席之衽也、巾部帴、一曰帗也、廣雅、袚䘴、褿也、袚䘴益同帗帴、廣韻帴則前切、小兒藉也、類篇即淺切、䘴也、玉篇褯䘵二字下、皆曰小兒衣也、集韻褯、慈夜切、其音如藉、則亦當是小兒藉也、玉篇巾部𢅋、早刀切、藉也、與褿七刀切雖異、而褯藉古通、或亦是小兒藉也、四十三葉後一行帴也下注十一字全刪以此易之

孟子齊疏之服、釋文作齋、四十三葉後七行即夷切上增此
字又作繕、韓詩、曾子禍衣縕繕未嘗完、四十四葉後八行遂藏於篋笥也下增此
○東京賦之言大儺也、曰丹首[元]製、注曰[元]製皁衣也、李氏引
續漢書赤幘皁製、案即方相氏之[元]衣也、豈以古人禮服多[元]
衣、故命爲製以改之乎、抑製即衣之別名乎、又或左傳成子衣
製、製即是[元]衣、杜因傳上文言雨、遂謂之雨衣乎、四十五葉前一行使相連
屬也下增此
檜之羔裘、詩傳詩說作羔求、四十六葉前五行此代爲常者也下增此
各本篆作𡰣。案當作𡰣。横陳之人也。既卧矣。何以豕其足。金刻
几有𠂊𠂊二形。股本長于肱。故既變爲𡰣。仍象其長也。仍少一

臂一脛者。論語曰寢不尸。包注偃卧四體。布展手足。似死人。邢
疏申之曰。孔子則當斂屈也。億鄭君注禮記曰。君子之卧當斂
屈也。邢氏本之。忘在某篇矣。惟既曰寢不尸。尸字乃象卧之形。
似相背者。尸字本象生人。而死人亦沿此稱也。且卧字亦不可
泥。部中惟眉展是卧。餘皆人之體。人之事。及所用之物。是仍以
尸作人字用也。式脂切、四十八葉前七行象卧之形下注二十九字全删以此易之
字當與屖相次、五十葉前三行穌叶切下增此

chǐ 尺　zhǐ 咫　wěi 尾

說文解字句讀弟八下

尺 十寸也。禾部曰：十二禾秒而當一分，十分而寸。然則寸以前，以禾秒爲法，不以人之體爲法也。人手卻十分動脈爲寸口。十寸爲尺。再推原于寸者，寸從又，又，手也。尺從尸，尸，人也。寸爲以人之體爲法之始，故重明之也。卻者，前卻之卻。自掔之横紋而卻之，適得一寸，爲寸脈；自肘之曲池穴上横紋而前之，至于掔之横紋，適得一尺，爲尺脈。許未及尺脈義，但于末句總言之。尺，所以指尺規榘事也。指尺者，指斥也。此與㫃部旌下曰旌進，旒下曰旒表同例。後漢書注曰：斥，指也。易尺蠖，考工記作斥蠖，是尺斥通用。周髀經曰：圓出于方，方出于矩，矩之股四寸，句三寸，徑隅五寸，圓則徑一寸者圍三寸，是用規榘者必以尺指斥之也。從尸從乙。乙，所識也。識當作職，耳部：職，記徵也。桂氏曰：乙，卽乚部之乚，鉤識也，音居月切。繫傳曰：漢書武帝讀東方朔上書，止輒乙其處，是以乙爲記識也。考工記輪人：凡斲轂之道，必矩其陰陽。注：矩謂刻識之也。案經謂識爲矩，是卽指斥規矩之證。昌石切。周制。寸尺咫尋常仞諸度量，皆以人之體爲法。已各具于本字下，此復總明之。寸尺諸字

祇是度，連言量者，漢語也。春官典瑞大鄭注亦云然。凡尺之屬皆從尺。

咫 中婦人手長八寸，謂之咫。中者，長短適中也。士喪禮苴絰大鬲注：鬲，搤也，中人之手搤圍九寸，與此仿佛。鄭志字作⿰犭只。周尺也。白虎通：夏法日，日數十也，日無不照，尺所度無所不極，故以十寸爲尺。殷法十二月，言一歲之中無所不成，故以十二寸爲尺。周據地而生，地者陰也，以婦人爲法，婦人大率奄八寸，故以八寸爲尺。案考工記玉人：璧羨度尺，好三寸以爲度。疏曰：上下一尺，廣八寸。是知周有兩尺，以十寸起數，而丈引生焉；以八寸起數，而尋常生焉。說詳釋例。從尺，只聲。諸氏切。

文二

尾 微也。疊韻而又可借之字也。史記五帝紀鳥獸字微，卽堯典之孳尾。古今人表尾生高、尾生晦，顏注：卽微生高、微生畝。從到毛在尸後。到，俗作倒。無斐切。古人或飾系尾，西南夷亦然。申明在尸後之說。尸者，人也。尾而從尸，故申說之。後漢書西南夷傳：槃瓠之後，好五色衣服，製裁皆有尾形。○一曰：

zhǔ 屬　qū 屈(屈)　niào 尿(尿)　lǚ 履　jù 屨　lì 𡳾　xù 𡳏　jué 屩　jī 屐

尾，交接也。依史記五帝紀集解引補。堯典鳥獸孳尾，廣韻七志：乳化曰孳，交接曰尾。案謂鳥獸雌雄相交也。凡尾之屬皆從尾。

屬 連也。釋名釋親云：屬，續也，恩相連屬也。段氏曰：鄭注司徒序官云：州黨族閭比者，鄉之屬別。凡言屬而別在其中，如秔曰稻屬是也；言別而屬在其中，如稗曰禾別是也。從尾，蜀聲。之欲切。

屈 無尾也。韓非子：鳥有翢翢者，重首而屈尾。高注淮南云：屈讀如秋雞無尾屈之屈。淮南屈奇之服，許君注曰：屈，短也；奇，長也。桂氏曰：古詩：我牛尾禿速。禿速卽屈之反語。從尾，出聲。九勿切。段氏曰：當衢勿切。

尿 人小便也。字林作屎。莊子、史記、漢書皆借溺。史記又謂之溲。左傳曰私，曰旋。從尾從水。奴弔切。

文四 朱竹君本、汪本作文三，無尿篆也，似是。

履 足所依也。履依疊韻。方言：絲作之者謂之履。詩君子所履，以靜字爲動字也。所履必于禮，故序卦云：履者，禮也。君子勤禮，斯偪履綏之矣。從尸。卽人也。從彳從夊。彳，小步也。履者所以步也。夊象人兩脛有所躧

也。凡履必兩。舟象履形。大小雖異，空其中以有所容則一也。此借形以相譬況。一曰尸聲。此泥尸爲死人者，故附其說于末。良止切。凡履之屬皆從履。

𩓥 古文履。從頁從足。

屨 履也。方言：自關而西謂之屨。中有木者謂之複舄。鄭注周官屨人云：複下曰舄，禪下曰屨。古人言屨以通于複，今世言屨以通于禪，俗易語反與。從履省，婁聲。九遇切。一曰鞮也。也一作屬。鞮，革履也。春官鞮鞻氏敘官注云：鞻讀如屨也。許不收鞻，蓋以屨鞻爲一字，而以鞮屨爲複語也。

𡳾 履下也。下，今謂之底。複下、禪下，今言厚底、薄底也。革部：靪，補履下也。從履省，歷聲。郎擊切。桂氏曰：聲類：𡳾，鞮屬。上文屨下云一曰鞮也，疑此𡳾下訓。

𡳏 履屬。從履省，予聲。徐呂切。

屩 履也。字又作繑、鞽、蹻。漢書卜式傳：布衣中蹻而牧羊。故諸家說屩多云草履。風俗通則曰木蹻。臣瓚曰：以繩爲蹻也。屩有耳有鼻，見宋書劉敬宣傳。從履省，喬聲。居勺切。

屐 屩也。元應引作履屬也。又曰：屐有草、有帛者，非止木也。宋書謝靈運常著木屐，上山則去前齒，下山則去後齒。釋名曰：帛屐，以帛作之，如屩者。不曰帛屩者，屩不可踐泥者也，屐踐泥者也。搜神記

zhōu 舟　yú 俞　chuán 船　chēn 彤　zhú 舳　lú 艫　wù 𦨴　zōng 艐

屐婦人圓頭、男子方頭、從履省支聲。奇逆切。

文六　朱竹君本汪本皆作文五、無屐篆也、古無屐名、疑無者是也、　重一

舟　船也。以漢名釋古名也、經不言船、古者共鼓貨狄。貨、世本作化、注云二人、黃帝臣也、古化貨通用、物理論作化孤、孤蓋譌字、發蒙記作伯益、案作益亦作化益、益狄聲近、蓋卽一人、惟大荒北經曰、番禺是始爲舟、墨子曰、巧倕爲舟、呂覽曰、虞姁作舟、皆不同、刳木爲舟、剡木爲楫、以濟不通。易繫辭文、象形。職流切。凡舟之屬皆從舟。

俞　空中木爲舟也。似有闕文、其意若曰、古者不知爲舟、見木之空中浮行水上、因悟而乘之、浸假刳木以爲之、浸假集衆材以爲之、故從亼、亼者集也、字與窬通、穴部、窬、空中也、淮南氾論訓、乃爲窬木方版以爲舟航、高注、窬、空也、方、竝也、從亼、從舟、從巜。巜、水也。猶云巜卽川也、嫌巜是小水、不足行舟、故重明之、羊朱切。

船　舟也。舟船轉注、而先俞于船者、正以俞乃自然之舟也、從舟、鉛省聲。段氏改爲㕣聲、是也、食川切。

彤　船行也。集韻、吳楚謂船行曰彤、玉篇以爲高宗彤

日之彤、非也、周頌絲衣箋、彤作融、見釋文、從舟彡聲。丑林切。

舳　艫也。蓋謂二字皆船之別名也、唐書楊元琰傳、與張柬之共乘艫江中、但單呼舳爲船者未見耳、段氏增之曰、舳艫也、則襄下直引漢令、此亦直引漢律可矣、何煩更費此詞。從舟由聲。直六切。漢律名船方長爲舳艫。此則兩字爲名也、段氏曰、長當作丈、史漢貨殖傳皆曰船長千丈、注者謂總計其丈數、蓋漢時計船以丈、每方丈爲一舳艫也、一曰舳舟尾也。依江賦注引補、艫下同、此又一字爲名也、方言、後曰舳、舳、制水也、注、今江東呼柁爲舳、

艫　舳艫也。承漢律、從舟盧聲。洛乎切。一曰艫船頭也。方言、首謂之閤閭、注、今江東呼船頭屋謂之飛閭、是也、艫閭古音同、李斐曰、舳、船後持柁處也、艫、船前頭刺櫂處也、

𦨴　船行不安也。段氏曰、方言說舟曰、僞謂之抗、抗、不安也、郭云、僞音譌、船動搖之皃也、抗吾敎反、按刖者正字、抗者假借字也、從舟從刖省聲。○桂氏段氏皆謂當有聲字、是也、易困卦劓刖、出部引作槷䡆、知古借刖爲䡆、秦誓作杌、廣雅、刖、危也、亦舉其借義也、刖者絕也、去不安義太遠、故不可直謂從刖省、五忽切。讀若兀。方言之抗、從兀聲也、

艐　船著沙不行也。

fāng 方　fú 服(服)　pán 般　fǎng 舫　zhèn 朕(朕)

依廣韻引補、漢書、踏以艐路兮、張揖曰、踏、下也、艐、著也、皆下著道也、從舟、㚇聲。子紅切。讀若莘。艸部、莘、阻史切、桂氏曰、釋詁、艐、至也、孫叔然曰、艐、古居字、徐廣曰、艐音介、

朕　我也。釋詁文、郭注、古者貴賤皆自稱朕、闕。案此原本殘闕、校者自加闕字也、人部佚、木部桊、皆云弁聲、則此亦曰從舟弁聲可矣、段氏以我也爲妄人補、其解當云舟縫也、引其師戴氏說曰、考工記函人曰、眡其朕、欲其直也、舟之縫理曰朕、故札續之縫亦謂之朕、其說自佳、然朕從舟、不當訓爲我、我從戈、將以何等兵器爲其本訓乎、直禁切、

舫　船師也。蓋本作舫人、船師也、讀者以下文既有而刪之、釋言、舫、舟也、又曰、舫、泭也、則借舫爲方也、若舫是舟、則當與俞船爲伍、不當在此、明堂月令曰舫人。月令、季夏命漁師、鄭注、今月令漁師爲榜人、舫榜同聲、榜假借也、張揖注子虛賦曰、榜、船也、月令曰、命榜人、榜人、船長也、習水者。嚴氏曰、蓋月令說、桂氏曰、許公解釋舫人之文、從舟方聲。甫妄切。

般　辟也。投壺曰、賓再拜受、主人般旋曰辟、主人阼階上拜送、賓般旋曰辟、案經般辟不連言、許說如之、論語足躩如也、包氏曰、盤辟皃也、則連言之、象舟之旋、從舟。投壺言般旋、釋言、般、還也、釋文、還音旋、故說之以旋、然從舟譬況之義、故先解其義而后

言從舟也、從殳。殳、所以旋也。殳非楫、不可如小徐本作殳令舟旋、但約略解之而已、此亦會意中之兩體各爲意者、北潘切。

古文般從支。

服　用也。詩板篇、我言維服、一曰車右騑、所以舟旋。右騑二字、似有誤、馬部說騑曰驂旁馬、鄭風、兩服上襄、兩驂雁行、則騑不可名服也、騑有二、亦不可指言右也、舟旋卽周旋、考工記、故書舟作周、從舟𠬝聲。房六切。

古文服從人。六書故云從卜、則篆當從卜作𦨈、諧聲字、

文十二　重二　衞風、曾不容刀、正義曰、說文作舠、小船也、釋文亦引之、字作䑠、○集韻二十阮、䑱、委遠切、說文、舟也、或作䑢、

方　併船也。周南、不可方思、邶風、方之舟之、毛傳、方、泭也、與許言船不同者、方祇是併、淮南子、窬木方版以爲舟航、是也、併船以爲之、與併衆木以爲之、其事同、毛言泭、泛言之、許言船、爲字從兩舟省也、齊語、方舟設泭、韋注、方、併也、字又作舫、釋言、舫、泭也、通俗文、連舟曰舫、併兩舟也、又作放、荀子、不放舟、不避風、則不可涉也、注、放讀爲方、惟方是併、故凡併皆

舟方

日方、鄉射記之方足、史記蘇秦傳之方軌、皆是也。郎子貢方人亦是、象兩舟省總頭形也。𠃌象兩舟省、兩故併也。丶在其上、是總攝其頭也。府良切。凡方之屬皆從方。

汸　方或從水。

斻　方舟也。後漢書方術李南傳、向渡宛陵浦里航、杜篤傳造舟于渭、北航涇流、注、航、舟渡也。說文航字在方部、今流俗不解、遂與杭字相亂者誤也。然詩一葦杭之、郡國志餘杭、舍杭登陸、因以爲名、皆借杭爲之也。字又作航、方言、舟自關而東、或謂之舟、或謂之航。又顏氏家訓曰、何法盛中興書乃以舟在二閒爲舟航字、謬。案亙字舟抵兩岸、乃緜亙之意、故說文以爲緪之重文、何氏用爲航字、乃客氣也。從方亢聲。胡郎切。禮天子造舟。諸侯維舟。大夫方舟。士特舟。禮無此文、蓋据大明造舟爲梁及毛傳謂周之禮如此也。箋亦云、天子造舟、周制也。殷時未有等制。爾雅釋水亦同此文、郭注比船爲橋是也。而釋文引郭圖云、天子併七船、諸侯四、大夫二、士一、則非也。比船爲橋、以河之廣狹爲度、不必于七也。

文二　重一

儿　仁人也。古文奇字人也。儿人一字、而解爲仁人者、以在下言之、凡能屈于萬物之下者、必其能包含徧覆者也。象形。如鄰切。孔子曰、在人下、故詰屈。凡從儿之字、皆以儿爲下體、故設言上體爲人而儿在其下也。玉篇作人在下、非。凡儿之屬皆從儿。

兀　高而上平也。長部云、兀者、高遠意也。從一在儿上。一在上、故曰上平。讀若夐。廣雅、夐、遠也。典引、上哉夐乎。五忽切。茂陵有兀桑里。茂陵縣屬右扶風。段氏曰、許多言鄉言亭、此言里者、蓋周秦舊名。

兒　孺子也。小徐作孩子也。孺、乳子也。孩、小兒笑也。三蒼、女曰嬰、男曰兒。從儿象小兒頭囟未合。魏校曰、囟、頂門也。子在母胎、諸竅尚閉、惟臍內氣、囟爲之通氣、骨獨未合。既生則竅開、口鼻內氣、尾閭爲之洩氣、囟乃漸合、陰陽升降之道也。汝移切。

允　信也。毛傳釋詁同。李巡注爾雅、沇州曰、沇、信也。亦以字從允也。從儿㠯聲。余準切。

兌　說也。易說卦文。書說命、禮記作兌命。呂覽、凡說者兌之也。荀子即用兌爲說、不苟篇、見由則兌而倨。從儿㕣聲。大外切。

充　長也。桂氏曰、長讀知亮切。玉篇、充、滿也。地官充人注云、充猶肥也。

高也。繫傳曰、去在儿上也。從儿育省聲。昌終切。

文六　六書故引唐本、亮、明也、從儿從高省。筠案、秦漢印統有徐亮印、篆作亮、然古印隨人指名、其果爲秦漢不可必也。錢竹汀曰、漢分隸往往以亮爲倞、蓋迻人旁於京下、本作亮、又省中一筆、遂爲亮爾。

兄　長也。玉篇、兄、昆也。白虎通、兄、況也。兄況于父。經典亦借兄爲況、小雅、況也永歎、釋文、況或作兄。大雅、倉兄塡兮、毛傳皆曰、兄、茲也。茲者益也。況者益詞也、乃省形存聲字。從儿從口。一引作口以制下。許榮切。凡兄之屬皆從兄。

兢　競也。二字形聲皆相近、許君蓋謂其同字也、然書闕有閒矣。從二兄。二兄競意。從丯聲。韻會引作丮聲。嚴氏曰、丮即丯之重文。筠案、丯爲兢聲者、雲漢次章用蟲宗宮躬與臨爲韻、是其比。讀若矜。矜亦爭兢意、公羊傳、矜之者何、猶曰莫若我也。居陵切。一曰兢敬也。聿部、肅、持事振敬也、戰戰兢兢也。

文二

先　首笄也。似有闕誤、當云婦人之笄也。內則、子事父母、婦事舅姑、皆言笄、鄭注、婦笄曰笄、今簪也。孔疏曰、謂婦人之笄、異於上男子笄縰、故於此始云笄今簪也、則與士冠禮男子爵弁笄、皮弁笄同、故鄭注冠禮亦云笄今之簪也。則喪服女子古笄尺二寸也。案竹部笄下云簪也、渾言之、此當析言之。從儿。匕象簪形。匕當作上、否則刪之、凡字形疑似者、許君例不出。側岑切。凡先之屬皆從先。

簪　俗先從竹朁。

兟　兟兟。銳意也。依集韻引改。玉篇同。釋名、簪、兟也。以兟連冠於髮也。案簪末銳、故從二先。從二先。子林切。

文二　重一

皃　頌。句。儀也。頌下云、皃也、是爲轉注。顧頌從頁、頁者首也、則頌据頭容色容口容而言耳。皃從人、則据全身言矣、故又申之以儀也。儀不作義者、用漢字、使人易曉。秋官司儀、詔儀容辭令揖讓之節。從儿。白象人面形。既不可以爲白黑之白、又不可杜撰一象人面之白、此讀者箋記于側、寫者誤入正文也。既云從儿、則所謂象人面形者不言可知矣。莫教切。凡皃之屬皆從皃。

貌　皃或從頁豹省聲。

貌

biàn 覍　gǔ 兜　dōu 兜　xiān 先　shēn 兟

籒文皃从豹省。此挩聲字耳。然與或體無異。不須出也。小徐作从豸而強爲之說。尤謬。

冕也。主爵弁而言。故說之以冕也。士冠禮記。禮記冠義。郊特牲。皆曰。周弁。殷冔。夏收。而王制內則皆曰。夏后氏收而祭。殷人冔而祭。周人冕而祭。是弁冕通稱之證也。故論語冕衣裳者。鄭本冕作弁。周曰覍。殷曰吁。夏曰收。口部不收冔。此文作吁。大雅。郊特牲釋文皆曰。字林作冔。白虎通作詡。詡吁皆大也。凡從于之字。多有大義。士冠禮注曰。弁名出於槃。槃大也。言所以自光大也。冔名出於幠。幠覆也。言所以自覆飾也。收言所以收歛髮也。从皃。象形。皮變切。

籒文覍。或从廾。上象形。言或者。籒文作覍作弁不定也。

或覍字。隷變爲弁。又作卞。

文二　重四

廱蔽也。杜篤論都賦。廱偃西戎。亦省大。詩。維塵雝兮。箋。雝猶蔽也。又作擁。內則。女子出門。必擁蔽其面。俗作壅。从儿。象左右皆蔽形。公戸切。凡兜之屬皆从兜。讀若瞽。桂氏曰。史

記。趙高瞽惑二世。又通作蠱。釋詁。蠱疑也。段氏曰。晉語曰。在位者獻詩。使勿兜。疑兜或當爲兆。韋曰。兜惑也。

兜鍪。首鎧也。古謂之胄。漢謂之兜鍪。特以此義與字形比附。故用爲說。驩兜雖見于經。然是人名。無由揣知古義也。从兆。从皃省。皃象人頭形也。此句如是。庾注。則尚可通。如是許說。則不可通。當侯切。

文二

前。句進也。先後與前後同也。然不行而進謂之歬。爲嫌於先亦是不行。故以進申之。漢書百官表。太子屬官有先馬。如淳曰。前驅也。國語曰。句踐親爲夫差先馬。先或作洗也。从儿。从之。之出也。出人頭地。是先也。穌前切。凡先之屬皆从先。

進也。段氏据五經文字。謂兟卽是甡甡其鹿之甡。桂氏謂經典中贊字。多係兟之借字。其說曰。書大禹謨。益贊于禹。曰。馥謂益進言于禹也。家語。游夏不能贊一辭。亦謂不能進一辭也。皋陶謨。贊贊襄哉。王肅云。贊贊猶贊奏也。案奏亦進意。趙策。旦日贊羣臣而訪之。謂進羣臣也。漢書東方朔傳。自贊曰。孔光傳。已刻侯印書贊。顏注竝云。贊。進也。从二先。所臻切。贊从此。此語爲桂氏所由悟人。故存而不刪。闕。或本有讀

tū 秃　tuí 穨　jiàn 見　shì 視　lì 覼　wēi 覣　nì 覞　luó 覶　lù 䚖　xuǎn 䙎　lián 覝

若某。或別有說。解校者見其爛壞不可辨。故自加闕字。

文二

無髮也。喪服四制。秃者不髮。穀梁成元年傳。季孫行父秃。明堂位注曰。齊人謂無髮爲秃。楬从儿。上象禾粟之形。取其聲。取粟爲秃之聲也。他谷切。凡秃之屬皆从秃。王育說。段氏曰。謂以上爲王育說也。桂氏曰。王育。漢章帝時人。作大篆解說。見唐元度十體書。蒼頡出見秃人伏禾中。因以制字。此說謂字是會意。廣韻引此爲文字音義。則是後人所附益也。未知其審。此句又附益之人自加之。竝不出文字音義矣。玉篇。秃。籒文秃字。疑秃卽秃之譌。

秃皃。从秃。貴聲。杜回切。詩卷耳。我馬虺隤。釋詁。虺穨病也。而詩釋文曰。隤。說文作穨。不引爾雅而引說文。則是所据本引此詩。今佚之也。

文二

視也。从目儿。目儿謂看人也。目是動字。古甸切。凡見之屬皆从見。

瞻也。部瞻臨視也。則二字小別。以視字易解。故聊具一說而已。曲禮。視瞻毋回。則複語也。从見。示聲。漢借示爲視。士昏禮。視諸衿鞶。注。視乃正字。今文作示。俗誤行之。曲禮。童子常視毋誑。注。視。今之示字。小雅。視民不桃。箋。視古示字也。神至切。

古文視。

亦古文視。

求也。段氏改爲求視也。集韻正如此。蒼頡篇。覛索視之皃也。玉篇同。从見。麗聲。讀若池。郎計切。

□好視也。句首空白。依竹君本。从見。委聲。於爲切。

旁視也。玉篇同。依此則字與睨同。小徐本作內視也。說之曰。自視也。依此則與睨異。然覞內視也。兩字遠隔。則小徐非也。从見。兒聲。五計切。

好視也。从見。𤔔聲。桂氏曰。𤔔非聲。覶聲如羅。晉書傳咸疏。臣所以不羅縷者。冀因結奏得從私願也。玉篇。覶覼縷委曲也。吳都賦。嗟難得而覼縷。俗作覼。非。洛戈切。

笑視也。廣韻。䚖。眼曲䚖也。通作睩。宋玉招蒐。蛾眉曼睩。目騰光些。从見。彔聲。力玉切。

大視也。字與矎同。从見。爰聲。況晚切。

察視也。漢高帝紀。廉問。顏注。廉察也。字本作覝。其音同耳。从見。炎聲。力鹽切。

gòu 覯　dān 䚀　míng 覭　qù 覻　cī 覟　piǎo 䚦　tí 䚣　lài 覾　lǎn 覽　dé 㝵　guān 觀　yùn 䚋

讀若鎌。鎌無所取、當作廉、所以發明假借也、䚋外博衆多視也。外博蓋外轉之譌、於讀若運知之、所視者衆多、故外轉以視之也、從見員聲。讀若運。王問切、觀諦視也。審諦之視也、穀梁傳曰、常事曰視、非常曰觀、從見雚聲。古玩切、𥋝古文觀從囧。㝵取也。曲禮臨財毋苟得、當作㝵、蓋自衛宏詔定古文官書㝵得二字同體、是以淆也、從見從寸。多則切、寸，度之。度其當取與否也、亦手也。見而手取之、依韻會引補、上二句但解從寸之義、此乃合見寸而說之、尚書高宗夢㝵說是也。依元應引補、夢當作寢、書序文、覽觀也。廣雅同、從見監、監亦聲。盧敢切、覾內視也。桂氏曰、本書睞、目謹也、詢讀若反目相睞、蒼頡篇內視曰睞、竝當作覾、從見來聲。洛代切、䚣顯也。廣韻䚣、現也、從見是聲。杜兮切、䚦目有察省見也。依集韻引改、小徐無省字、字林云、目有所察、竝通、䚦與目部䁘同、從見票聲。方小切、覟覟覻、闚觀也。玉篇覟、見也、盜視兒也、又屏廈盜視、與覟覻同、方言、

凡相竊視、南楚謂之闚、自江而北謂之覟、桂氏曰、覟即覟之或體、廣韻覟、覻也、通俗文、伏覟曰覻、覻通作狙、史記留侯世家、良與客狙擊秦皇帝博浪沙中、服虔曰、狙、伺候也、從見朿聲。七四切、玉篇覟屏皆此吝切、與吾鄉語同、覻拘覻、未致密也。言粗疏也、致即今緻字、覟覻二字、分合同義、業於覟下見之、故此但出別義、段氏于句上補覟覻也、亦可、從見虘聲。七句切、覭小見也。字僅見于爾雅、而爾雅以弗離釋覭髳、而皆是連語、許云小見、所以指實之也、小見者、覭髳猶溟濛、弗離猶迷離、皆依稀彷彿之詞、見之不瞭、故曰小也、從見冥聲。莫經切、爾雅曰、覭髳、弗離。釋詁文、弗作茀、郭注謂草木之叢茸翳薈也、茀離即彌離、彌離者蒙蘢耳、案上一句非下二句、是郭氏常引字林、不引說文、蓋未見說文也、是以望文為義、以致乖牾、䚀內視也。張壽碑、覘虎視、則字與眈同、從見甚聲。丁含切、字不與覘類聚、玉篇亦然、未詳、覯遇。句、見也。以遇釋覯、謂覯遘通也、辵部遘、遇也、是也、再申之以見者、覯從見與遘從辵小別也、釋詁、遘逢遇遻見也、則遘亦是見、詩亦既覯止、傳云、遇也、又莫予云覯、乃覯于京、傳並云、覯見也、毛公依文分訓、許君合為一說、而又分其義與形之遠近以為次第焉、從

fán 𧢃

yào 𧢱　chuāng 𧢄　yú 覦　jì 覬　mào 覒　chēn 䚕　yóu 䚯　mí 䚥　bìn 䚔　xū 覢　wéi 覹　chān 覘　kuī 𧢈

見、冓聲。古后切、𧢈注目視也。玉篇云、目駐視也、從見歸聲。渠追切、覘闚視也。依廣韻引改、檀弓晉人之覘宋者返、鄭注亦曰闚視也、從見占聲。敕豔切、春秋傳曰、公使覘之、信。成十七年文、覹司也。司今作伺、廣雅、覹、覗也、從見微聲。亦省作微、漢書郭解傳、使人微知賊處、注、微、伺問之也、無非切、覢暫見也。元應引此、又曰、不定也、闚中謂電曰覢電、案電固閃爍不定者也、玉篇覢、暫視也、從見炎聲。失冉切、春秋公羊傳曰、覢然公子陽生。哀六年文、此字亦不他見、許君即主此經而言、今字作闖、何注、出頭兒、依文訓之、不如許君於字音得義之為確也、䚔䚔𧢃、暫見也。𧢃下、今迻於此、從見賓聲。必刃切、𧢃䚔𧢃也。從見樊聲。讀若幡。附袁切、䚥病人視也。從見氐聲。讀若迷。莫兮切、䚯下視深也。似謂人所思深者、於其視之下見之也、本字似當以乃部卣字說參之、從見卣聲。讀若攸。以周切、䚕私出頭視也。字義與闖相似、

吾鄉之恆言也、從見彤聲。讀若郴。丑林切、覒突前也。元應引此而申之曰、猶輕觸直進也、又引國語、覒沒輕儳、賈逵曰、覒沒猶輕觸也、其書又有覒死、干覒云、今皆作冒、是知覒沒即冒昧、覒死即冒死、亦曰昧死、干覒即干冒也、又抵冒乃漢人恆言、見蟲部蝨下、漢書趙充國傳、抵冒渡湟水、顏注、抵冒、犯突而前也、從見冃。莫紅亡洪二切、小徐本從見冃聲、亡空反、皆非也、大徐冃部有覒字、說曰、犯而見也、從冃從見、此覒字從冃從見也、沒黑反、是也、元應兩引說文皆云、字從冃從見、玉篇本部及冃部皆收覒字、云莫勒切、元應同、師古注趙充國傳云、冒音莫北反、亦即此音、案字當在本部而當從冃、冒見一字曰見一意也、古分今合、冃是借義、故不可入冃部、覬钦。句、幸也。以钦說覬、謂其同字也、钦下云、幸也、故仍以伸之、元應李善皆引覬、幸也、不引钦字、是知說文句讀者、又作覬、廣雅、覬、企也、韓勑碑、莫不覬思嘆卬師鏡、從見豈聲。几利切、覦欲也。華嚴音義、覦謂有所冀望也、左襄十五年傳、能官人則民無覦心、廣韻覬覦、欲得也、左桓二年傳、是以民服事其上而下無覬覦、從見俞聲。羊朱切、字林羊住反、𧢄視不明也。與心部惷相近而小異、從見舂聲。丑龙切、一曰直視。𧢱視誤

也。廣韻曰覛不定也莊子胠篋外立其德而以爚亂天下者也其意與覦近從見龠聲。弋笑切

覺 寤也。桂氏曰寤有二義一曰知覺本書斆覺悟也孟子使先覺覺後覺是也一曰睡覺本書寱寐覺而有言曰寱詩王風尚寐無覺是也從見學省聲。古岳切一曰發也。漢書高帝紀有而勿言覺免顏注發者免其官

䚖 目赤也。孫淵如曰玉篇覤呼格切見也疑說文作目覤從見智省聲。才的切

靚 召也。廣雅召靚也又曰靚呼也廣韻靚古奉朝請亦作此字從見青聲。疾正切

親 至也。禮記謂父母爲至親莊子謂之大親說又見宀部寴下從見亲聲。七人切

覲 諸矦秋朝曰覲。勤勞王事也。勤也二字依段氏增大宗伯注覲之言勤也大行人秋覲以比邦國之功從見堇聲。渠吝切

覜 諸矦三年大相聘曰覜。許意葢謂諸矦之相覜與覜于天子無異詞也聘義天子制諸矦比年小聘三年大聘注云比年小聘所謂歲相問也三年大聘所謂殷相聘也案此言諸矦之相聘也春官典瑞注大夫衆來曰覜寡來曰聘秋官大行人殷覜以除邦國之慝案此言諸矦覜

于天子也然典瑞玉人言上下之禮覜聘連言之管子美爲皮幣以極聘覜于諸矦齊語以槩聘覜于諸矦所言者敵體之禮亦聘覜連言之知爲通語覜視也。釋詁文大宗伯殷覜曰視從見兆聲。他弔切

覒 擇也。玉篇詩曰左右覒之本亦作芼許君引之芼下從毛詩也覒葢出三家詩從見毛聲。讀若苗。莫袍切廣韻莫報切

覕 蔽不相見也。玉篇覕見也與此義略近莊子徐无鬼譬之猶一覕也釋文郭薄結反云割也向芳舌反司馬云暫見皃又甫莅反又普結反又初栗反案司馬彪曰暫見皃則與瞥過目也同音義甫莅一反則覕蔽疊韻故許君以蔽說覕也從見必聲。莫結切

覗 司人也。司今作伺本字當與覹相次上覕下覗不相比附從見它聲。讀若馳。式支切釋訓戚施面柔也釋文戚施字書作規頓同案頓當作覘玉篇規覘面柔也本部不收規葢許君不取此義

覨 目蔽垢也。從見毘聲。讀若兜。兜一作兆非也此讀發明假借目部眵下云一曰瞢兜謂眵一名瞢覨也當矦切

文四十五　重三

覞 竝視也。葢兼聽竝觀之意廣韻曰普視也從二見。弋笑切凡覞之屬皆從覞。

䚊 很視也。從覞肩聲。苦閑切齊景公之勇〔臣〕朱鈔汪刻小字徐本皆無臣字與左傳欒氏之勇也則亦子之勇也句法同顧本作士亦非有成䚊者。孟子作成覵趙注成覵勇果者也廣韻覵人名出孟子

䨘 見雨而止息。止一作比非也雨部需遇雨不進止需也從覞從雨。讀若欷。虛器切

文三

欠 張口气悟也。气悟御覽引作出气皆似不知許意者改之六書正譌作悟是也詩終風願言則疐釋文作疐引崔靈恩曰毛訓疐爲劫今俗人云欠欠劫劫是也人體倦則伸志倦則劫劫音丘據反玉篇云欠劫張口也筠案鄭注士相見禮曰志倦則欠夫志生于腎腎倦則气鬱故張口相引而出欠與嚏噫三字气皆不循其常故皆曰啎啎字少見故或譌悟或譌牾也象气從人上出之形。人當作儿字本從气從儿欲見以會意爲象形之法故言象不

言從去劒切凡欠之屬皆從欠。

欽 欠皃。山海經剛山多神其音如欽欠欽雙聲故釋名曰欠欽也開張其口脣聲欽欽也水仙操欽欽傷宮仙不還從欠金聲。去音切

𣤶 欠皃。從欠䜌聲。洛官切廣韻䜌迷惑不解理

欯 喜也。廣韻曰笑也與吾鄉俗語合從欠吉聲。許吉切

吹 出气也從欠從口昌垂切

口部已有此重出

欨 吹也。玉篇欨吹一曰笑意。一作笑皃也似非廣蒼欨欨樂也從欠句聲。況于切

歑 溫吹也。與嘘意近或通作呼尚書大傳陽盛則呼荼萬物而養之外也陰盛則呼吸萬物而藏之內也注呼荼氣出而溫呼吸氣入而寒從欠虖聲。虎烏切

𣢾 吹气也。從欠或聲。於六切玉篇火麥切者或本域之正文借爲疑或也

歟 安气也。八部余語之舒也與此相近廣韻歟嘆也玉篇歟語末詞亦皆安舒之意從欠與聲。論語與與如也即安气義抑與之與即語末詞以諸切

歙 翕气也。桂氏曰翕當爲歙說見歙下從欠脅聲。虛業切

歕 吹气也。玉篇歕歕氣也口含物歕散也從欠賁

xiē 歇　huān 歡　shěn 弞　xīn 欣　kuǎn 款　jì 𣢊　yù 欲　gē 歌　chuǎi 歂　zú 歠

聲。本敷悶切孫普寃切 息也。與惕同意。一曰。气越泄也。釋詁歇竭也郎此義廣韻歇氣洩也玉篇歇臭味消息散也方言歇涸也注歇泄氣 從欠。曷聲。許謁切 讀若香臭盡歇。此以俗語正讀也大徐以其不典而刪之繫傳引鮑昭曰薰歇烎滅 喜樂也。從欠。雚聲。呼官切 笑喜也。口部听笑皃言部訢喜也說見言部 從欠。斤聲。許斤切 笑不壞顏曰弞。壞顏猶曰解頤謂改其面之常度也字又作哂亦借矧三蒼哂小笑檀弓未嘗見齒注云言笑之微而大戴禮未嘗見齒盧注曰哂則齒見笑則矧見鄭注曲禮笑不至矧曰齒本曰矧大笑則見知鄭君破矧為齗與盧同與許異也 從欠。引省聲。式忍切玉篇欣弞歎三字相次與說文次弟正同其弞下云呼來切笑不壞顏也後收雜字中乃出弞字訓義亦同段氏定為後增而改篆從人已之已說曰已聲又調停其閒而以弞為小笑矧為大笑於許君鄭君兩無所背其說似無可議特廣韻十五灰十六咍無一從已聲之字而收弞于十六軫姑仍舊說之以俟再考 意有所欲也。字林款誠也意有所欲廣雅款款愛也江文通詩款睇在何辰 從欠。窾省聲。徐鍇曰窾塞也意有所欲而猶塞欵欵然也苦管切 款或從柰。隸亦正文從柰聲篆文如古文從祟聲

說文句讀　卷十六　七百八十　、〇折四十三　十三

幸也。此義與覬同字 從欠。气聲。居气切 一曰口不便言。此義與吃同字 貪欲也。段氏曰欲者衍字貪下云欲物也物亦衍字二字轉注六韜義勝欲則昌欲勝義則亡 從欠。谷聲。余蜀切 詠也。轉注藝文類聚引作詠詩曰歌詩園有桃傳曰曲合樂曰歌 從欠。哥聲。歌者哥之絫增字古俄切 歌或從言。口气引也。難經張世賢注曰欠氣相引也然欠之引是自然而引歂之引則勞苦倦極而疾息也與喘同字左傳鄭駟歂字子然然者嘫之省形存聲字 從欠。耑聲。讀若車輇。市緣切 歠歠也。玉篇歠作嗚聲類作嗚歠廣韻一屋子六切內收歠字曰取氣皃說文本才六切歠歠也別收歠字云歠歠口相就也案後文歠下云一曰口相就也歠字從口從就似口相就誠為歠歠之訓義今本第存名目也而玉篇歠下云口相就也不云歠歠又不敢遽斷大徐遂歠于歠上則非也玉篇兩字次第亦如小徐 從欠。鼀聲。才六切 俗歠從口從就。此字似後人增即因廣韻歠嗽口相就也遂從

zú 欶　qiān 欦　yí 歋　xiāo 歊　xū 欻　xī 欰　yáo 𣢾　xiào 歗　tàn 歎　xī 歖

而附益之 愁然也。玉篇曰欶欶悲皃廣韻同欶者怱也集韻曰欶愁然也一曰悲皃則是兩義也心部愁一曰憂也或愁然即是憂乎 從欠。尗聲。才六切 孟子曰曾西欶然。公孫丑篇文今作蹵趙注蹵然猶蹵踖也此蓋別一義非謂愁然之義也 含笑也。玉篇作欲女部妗善笑皃 從欠。今聲。丘嚴切 人相笑相歋瘉。當作手相笑曰歋瘉瘉小徐韻譜作揄亦通歋瘉固是連語然歋有專字瘉無專字玉篇作歋歈廣韻作歋歈皆非後漢書王霸傳市人皆大笑舉手邪揄之注曰說文曰歋歋手相笑也歋音弋支反歋音蹄或音由此云邪揄語輕重不同案章懷此注後人以廣韻改之汪文盛刻本作瘉 從欠。虒聲。以支切 歊歊气上出皃。依選注引補漢書揚雄傳滃雲而散歊烝敘傳曲陽歊歊亦朱其堂字亦作歊猶熇亦作熇也 從欠高。高亦聲。許嬌切 有所吹起也。蒼頡篇欻猝起也思元賦欻神化而蟬蛻兮舊注欻輕舉皃 從欠。炎聲。段氏曰篆當作欻從來聲 讀若忽。西京賦欻從背見薛綜注欻之言忽也許物切 欰欰。戲笑皃。羣書皆欰與嘻同音錢竹汀曰欰即婦子嘻嘻之嘻惟段

說文句讀　卷十六　七百九十一　、〇折四十四　十四

氏曰欰即今之嗤笑字是也文賦或受欰于拙目從山非義非聲足知為欰之譌矣李注曰或於拙目受蚩欰笑也欰與蚩同又注阮嗣宗詠懷詩引說文蚩笑也又注古詩十九首引說文嗤笑也所引者皆此欰字說因本文或借蚩字或作俗嗤字故改說文以就之 從欠。之聲。許其切段氏曰當赤之切 𣢾𣢾气出皃。從欠。䍃聲。余招切 吟也。案吟似當作吹口部嘯吹聲也繫傳歗者吹气出聲也然下文歎吟也兩字相比其義當同故吾友陳碩甫詩毛氏傳疏謂嘯歗本是兩字 從欠。肅聲。穌弔切文選嘯賦注籀文為歗在欠部足知口部歗係後人增 詩曰。其歗也歌。召南江有汜其嘯也歌王風中谷有蓷條其歗矣小雅白華歗歌傷懷釋文並云本又作嘯 吟也。樂記一唱而三嘆又云長言之不足故嗟歎之曹子建與吳季重書鳳歎虎視李注歎猶歌也 謂情有所悅。吟歎而歌詠。依選注引補蓋庾注謂與嘆各字也 從欠。鷬省聲。他案切 籀文歎不省。卒喜也。桂氏以為婦子嘻嘻之嘻蓋是也易釋文曰陸作喜喜案喜從口從壴歖從欠從壴口欠一也 從欠從喜。當作從壴此字各本譌然此篆大徐本不譌朱文藻本作

jiān 𣤷　jiào 𣤶　xì 𣤌　jiào 𣢊　kě 㵣　yǒu 歞　chù 歜　xī 欷　xū 歔　wū 歍　ǒu 歐　zì 㰣　xiè 欸

豈，汪本則譌，汲古刓改。不知與喜部譆也。許其切。

欸　訾也。桂氏段氏皆曰：訾當作呰。呰，苛也。玉篇：欸，呰也。一曰恚聲。注言始皇方獵六國而翦牙欸，注：牙欸，切齒而怒也。通作唉，說見言部誒下。從欠矣聲。凶戒切，又烏開切。

㰣　歐也。玉篇：㰣，歐也，嚘也。嚘下引老子：終日號而嗌不嚘。嚘，氣逆也。又云：歎，逆氣也。是謂嚘歎同字，與說文嚘字義別。蒼頡篇：嚘，㰣也。從欠此聲。前智切。

歐　吐也。眾經音義：歐，欲吐也。江南或謂歐爲喀。新序：袁旌目曰：嘻！汝乃盜也，何爲而食我？兩手據地而歐之，不出，喀喀然。喀又作咯，見晉語。從欠區聲。烏后切。

歍　心有所惡若吐也。心有所惡而噫嘔吒吒，其聲似歐吐之聲也。大荒北經：共工臣相繇九首蛇身，其所歍所尼，即爲淵澤。注：歍，歐，猶噴吒。而太元竈次七曰：脂牛正肪，不濯釜而烹，則歐歍之疾至。注：歐歍，吐逆聲。案此事則眞吐，而非若吐矣。從欠烏聲。哀都切。一曰口相就。一作一曰口响也。口部雖無响，然二說自同。王篇：响，亦噓吹之也。引老子曰：或响或吹。案今人撫育小兒往往歍之。

歔　欷也。二字雙聲，許君不以爲連語，而用轉注者，二字亦或單用也。眾經音義歔欷下引字林：涕泣也。蒼頡篇：泣飲聲也。案：飲聲者，所謂飲泣也。王篇：欷，泣餘聲也。亦

通。然似以意改之。從欠虛聲。朽居切。一曰出气也。此言與噓通也。

欷　歔也。漢書景十三王傳：臣聞悲者不可爲絫欷。亦作唏，史記：紂爲象箸而箕子唏。從欠希聲。香衣切。

歜　盛气怒也。從欠蜀聲。尺玉切。

歞　言意也。王篇同，集韻引作吉意也，蓋誤。從欠從鹵，鹵亦聲。讀若酉。與久切。

㵣　欲歠歠也。歠一作歠，兩通。今字以渴代㵣，以涸代渴。從欠渴聲。苦葛切。

𣢊　所謌也。從欠噭省聲。桂段嚴三家皆曰：噭當作敫。讀若叫呼之叫。小徐作讀若噭呼。古弔切。

𣤌　悲意也。從欠嗇聲。所力切。眾經音義引通俗文：小怖曰𣤌。公羊傳：𣤌然而駭是也，今本作色然。

𣤶　盡酒也。與釂同字。從欠樵聲。桂氏曰：樵疑作潐，本書：潐，盡也。水木易譌。子肖切。

𣤷　堅持意口閉也。集韻二十七咸𣤷下引同，其二十五沾𣤷注曰：持意堅固謂之𣤷，一曰口閉也。雖不引說文，然恐是說文古本引見它書者，乃兩義也。持意堅固則內楗也，口閉則外楗也。兩義皆與從欠相反，則字當在部末，而王篇亦在此。從欠緘聲。家語：金人三緘其口。與口閉意合。古咸切。

wā 㰪　qiàn 歉　hē 欱　kǎn 欿　kǎn 歁　shuò 欶　shà 歃　kūn 𣣭　shèn 㰮

㰮　指而笑也。段氏曰：呂覽：舜爲天子，轉轉㰮㰮，莫不載悅。高注：㰮㰮，動而喜也。又作陳陳殷殷無二切，皆譌字耳。㰮蓋即㰮字，轉寫從攴。吳都賦：東吳王孫，㰮然而咍。劉注：㰮，大笑皃。引莊周：齊桓公㰮然而笑。㰮即㰮字之異者，俗譌作䀼。從欠辰聲。讀若蜃。時忍切。

𣣭　昆干不可知也。昆于，玉篇作鰥于，廣韻作𣣭于，集韻引則同今本。案此以桓三譏聲之例，不須用本字也。于，一本作干，䋣意主昆于。木部梡棞與𣣭音義皆相近，頁部：頑，棞頭也，亦相近。昆于則與昆吾、昆侖、渾淪音義皆近，頑鈍無圭角，故曰不可知也。段氏作干，桂氏之意似亦主干，其說曰：昆干猶漫漶。廣韻：漫漶，不可知也。又作歡，云不可知也。亦省作鰥。楚詞天問：舜閔在家，父何以鰥。堯典所謂父頑是也。從欠鰥聲。古渾切。

歃　歠也。字書：嗟喋也。書亦作歃，謂以口微吸之也。亦歃血也。案：微吸者，凡飲皆謂之歃。酉部：醋，歃酒也。水部：㴸滭二字皆曰飲歃也，是也。歃血亦謂之飲。晉語：宋之盟，楚人固請先歃。韋注：歃，飲血也，是也。字又作唼。眾經音義：唼，埤蒼及聲類皆作唼，鴨食也。從欠臿聲。山洽切。春秋傳曰：歃而忘。隱七年文，而作如。服虔曰：如，而也。臨歃而忘其盟載之詞，言不精也。

欶　吮也。轉注。通俗文：含吸曰欶。字又作嗽。漢

書鄧通傳：文帝嘗病癰，通嘗爲上嗽吮之。從欠束聲。本山角切，孫所角切。

歁　食不滿也。廣韻：歁，食未飽也。玉篇歁下云：歁歁，不滿皃。從欠甚聲。讀若坎。若感切。廣雅：歁，貪也。本之方言，此別義。

欿　欲得也。孟子：附之以韓魏之家，如其自視欿然。從欠臽聲。他合切。讀若貪。王篇：口感、口含二切。貪惏曰欿。又詩：坎坎伐輪兮，漢石經作欿欿。

欱　歠也。一作啜也，非。此吾鄉語也。東都賦：欱野歕山。從欠合聲。本火合切，孫呼合切。

歉　歉食不滿。似是兩義，而經刪節。歉食者，嫌食也。嫌食固即不滿之意，而玉篇曰：歉，恨不出也；食不飽也。其食不飽即此歉食之謂，其恨不出即此不滿之謂也。廣雅：歉，少也。又云：貪也。其物本少謂之歉，少其物亦謂之歉，少之斯貪矣。集韻：𩟐，歉食也。玉篇：𩟐，嫌食也。管子形勢解：𩟐則不肥。秦權：秦斤秦量銘：嫌疑並作歉疑。通作嗛。國語：嗛嗛之食，不足狃也，不能爲膏，而祇離咎也。杜子春說周禮酒正引弟子職：周旋而貳，唯嗛之視。賈疏：弟子事師飲酒，周旋而副益其酒尊。嗛謂不滿，唯酒尊不滿者視之更益。從欠兼聲。苦簟切。

㰪　咽中息不利也。息上一有气字。吾鄉謂飯窒爲噎，與說文同；謂骨梗咽中爲㰪，則與說文異。而

kāng cì yù chù yǒu yǒu xī xì kài yì
⿰康欠 次 欥 歂 㰶 欲 歙 歖 欬 欭

與字從骨合。通俗文：大咽曰歆，則與吾鄉語合矣。大咽之咽，噎之借字，與咽喉之咽平聲異。從欠，骨聲。烏八切。

欭 嚘也。段氏曰：玉篇噎下引詩曰：中心如噎，謂噎憂不能息也。噎憂即欭嚘之假借字。不能息，謂气息不利也。玉篇嚘下引老子：終日號而嗌不嚘。云：嚘，气逆也。太元：柔兒于號，三歲不嚘。箬案：集韻：欭，氣逆。玉篇：歖，逆氣也。說文不收歖，以嚘攝之。從欠，因聲。乙冀切。

欬 屰气也。字林：欬，瘶也。天官疾醫：冬時有嗽上氣疾。注：嗽，欬也。上氣，逆喘也。案：玉篇：欬，上欶也。欶是借字，音桑奏反。瘶、嗽皆俗字。至于通俗文云：利喉曰謦欬，則以喉中有淡飲，作聲以出之，乃尋常事，非屰气之疾。從欠，亥聲。苦蓋切。

歖 且唾聲。且者，將也。通俗文：利喉曰謦欬，正合此字之義。雖作聲以利喉，而唾與否固不定，故曰且也。一曰小笑也。從欠，𣪊聲。許壁切。

歙 縮鼻也。歙與吸同音，其引气入內亦同，惟吸气自口入，歙气自鼻入，爲不同耳。吸者口無形，故曰內息也。歙者作意如此，則鼻有形，故曰縮鼻。縮者，蹴也。從欠，翕聲。許及切。丹陽有歙縣。陽當作楊。丹楊郡歙縣，二志同。

欲 蹴鼻也。蹴鼻即縮鼻也。然二字大異。辛部辠下云：辠人蹙鼻，苦辛之憂。欲字之意當與

相近。廣雅：欲，吐也。廣韻：欲，歐吐，或作咯。左哀二年傳：吾伏弢嘔血。釋文：嘔，本又作咯，吐也。從欠，咎聲。本其久切，孫於糾切。讀若爾雅曰：麐豭短脰。釋獸文。豭，今作麐。

㰶 愁皃。玉篇作欸，轉譌也。其說亦曰愁皃。其口部呦字注曰：亦作㰶。欠部則無㰶。廣韻則謂㰶與呦同，無愁皃一義矣。知說文呦之重文㰶，乃唐以後增。從欠，幼聲。於虯切。

歂 咄歂無慙也。一曰無腸意。嚴氏曰：腸當作知。耳部：聉，無知意也。明此亦知。從欠，出聲。讀若卉。丑律切。

欥 詮詞也。漢書敘傳：欥中龢爲庶幾兮。顏注：欥，古聿字。淮南詮言訓高注：詮，就也。就萬物之指以言其徵，事之所謂，道之所依也。從欠從曰。詩曰求厥章，曰爲改歲，漢書引作聿；曰喪厥國，見晛曰消，韓詩作聿；曰殯于京，郭注介疋引作聿；予曰有先後，予曰有奔奏，王注楚詞引作聿。案：曰者，欥之省形存聲字；聿者，假借字。曰亦聲。余律切。詩曰：欥求厥寧。大雅文王有聲文，今作遹，亦借字。

次 不前不精也。不前者，逗留不進也。左傳：凡師一宿爲舍，再宿爲信，過信爲次。精者，擇也。不擇則粗，是次也。從欠，二聲。七四切。古文次。

⿰康欠 飢虛也。飢當作饑。

xián yí xiàn xián chuò yǐn xīn qī
⿸厂次 羨 次 歠 㱃 歆 欺

句絕，謂⿰康欠爲凶饑之一名也。釋天說凶年，有饑饉荒荐四名。穀梁襄二十四年傳有嗛饑饉康大侵五名。又中之以虛者，釋其所以名爲⿰康欠也。范甯注曰：康，虛也。康者，穀皮中空無米，故從康之字皆空虛之義。方言：漮，空也。注：漮或作⿰康欠。釋詁：漮，虛也。釋文字又作⿰康欠。從欠，康聲。穀梁之康，省形存聲字也。苦岡切。

欺 詐欺也。段氏刪欺字，以成轉注。然言部：諆，欺也。設此云諆也，則文義不明，故連言詐欺，以明諆欺之爲重文也。從欠，其聲。去其切。

歆 神食气也。字林同。段氏曰：毛傳：歆，饗也。許不用者，嫌食部以鄉飲酒釋饗，故易其文。從欠，音聲。兼意。士虞禮：聲三。注：聲者，噫歆也。許今切。

文六十五　重五

㱃 歠也。隸作飲，參合篆古以成文也。釋名：飲，奄也，以口奄而引咽之也。所飲之物亦曰飲。酒正辨四飲：曰清，醫，漿，酏。漿人共六飲：曰水，漿，醴，涼，醫，酏。鄭注：膳夫涼作䣼。從欠，酓聲。於錦切。凡㱃之屬皆從㱃。古文㱃從今水。古文㱃從今食。此二古文所從之凡，毛本初印

作凡，孫本同。

歠 㱃也。曲禮：毋流歠。從㱃省，叕聲。昌說切。歠或從口夬。

文二　重三

次 慕欲口液也。字林同。三蒼作涎，云：小兒唾也。案：小兒唾是常事，慕欲口液是偶事，許君不言其常而言其偶者，所以統部中字也。又作㳄、唌。賈誼新書：垂㳄相告。束皙餅賦：行人失唌於下風。從欠從水。敘連切。凡次之屬皆從次。次或從侃。此篆當作□，小徐作□，玉篇同。籀文次。

羨 願欲也。依元應引改。選注引字林：羨，貪欲也。詩皇矣：無然歆羨。從次從羑。似當云從羑省。似面切。羑呼之羑，文王所拘羑里。蓋厶部增古文羑之後，校者作此無稽之說也。羊部：羑，進善也。厶部：羑，相訹呼也。其訓義美惡判然。或人見羑下有古文羑，遂以羑呼之義歸之羊部之羑，且以羊部羑下文王拘羑里之說嫁之厶部後增之羑，於是美惡無別矣。

⿸厂次 歠也。從次，厂聲。嚴氏曰：當作厂聲。

讀若移。以支切。

盜　私利物也。私有所利于它人之物也。左文十八年傳竊賄爲盜，盜器爲姦。從㳄。欲也。欲皿爲盜。依韻會引改。徒到切。

文四　重二

旡　㱃食屰气不得息曰旡。依集韻引。乙轉气爲㱃食所屰，因而不得喘息也。字通作㤅。詩桑柔，如彼遡風，亦孔之㤅。傳曰，㤅，唈也。釋言同。箋云，使人唈然，如鄉疾風，不能息。從反欠。欠長息也，反之是不得息也。居未切。今變隸作旡。凡旡之屬皆從旡。

旡　古文旡。

旤　逆惡驚詞也。依廣韻引改。逆，迎也，卽遻也。作屰非。遻惡而驚，其詞曰旤也。漢書五行傳雞旤牛旤，借爲禍也。字亦作𣢼。從旡咼聲。乎果切。讀若楚人名多夥。多部作錁。

𣄴　事有不善言𣄴也。言猶詞也，謂事有不善，其詞曰𣄴也。字統，事有不善曰𣄴薄。爾雅。𣄴薄也。汗簡云，古尒疋涼作𣄴，葢卽據此文也。案小爾雅涼薄也，或後人引之以爲許說注，抑或許說本作事有不善言𣄴薄也，爲字統所本，殘闕之後，後人補苴爲今本。

如玉篇云事有不善言也，竝𣄴字無之，是其比也。廣雅，𣄴禣也。曹憲云，𣄴良音，世人作𣄴禣之𣄴，水旁著京，失之矣。禣步各切，世人作禫禣之禣，艸下著溥，亦失之矣。筠案此論亦泥。經典本用借字，後始作爲專字者，此一端也。旣有專字而人仍借同音之字，或取其易識，或取筆畫減少者，此又一端也。苟無假借，何以爲六書。從旡京聲。力讓切。

文三　重一

說文解字句讀弟八下

曲沃崔紹聞校

句讀卷十六補正

詩、頍弁、詩傳詩說作頍弁、七葉前六行不定也下增此
或是覰字、集韻八戈、覣烏禾切、則覣覰疊韻、訓義又同、或是連
語、特無徵不信耳、八葉後五行依竹君本下增此
古今姓氏書辯證卷十七、引曾氏舊譜曰、曾子之子元、元生西、
西生欽、欽生㝵、九葉前五行多則切下增此
覭蔽。句不相見也。廣韻但云不相見皃、知蔽當絕句、此不
相見之由也、莊子徐无鬼、釋文覭有甫莅反、則覭蔽疊韻、由此
推之、覭葢與人部僾同義、許引詩僾而不見、郭注方言引詩作
薆、毛傳曰、薆蔽也、離騷曰、衆薆然而蔽之、此覭之義也、玉篇、覭、

覓也、葢謂不見而覓之也、已不同許說、至於徐无鬼曰、是以一
人之斷制利天下、譬之猶一覭也、郭象注曰、覭、割也、萬物萬形、
以一劑割之也、司馬彪注曰、覭、暫見也、釋文反語凡五、以郭注
屬之薄結反、以司馬注屬之芳舌反、集韻十六屑、兩收覭字、莫
結切者、引說文、四蔑切者、以爲瞥之重文、卽司馬注義也、非說
文義、十一葉後四行玉篇至故許君以蔽說覭也注全删以此易之
孟子所謂撫劍疾視也、十二葉前二行很視也下增此注
然亦究是事。字形則是以會意爲指事。十二葉後一行去劒切上增此

說文解字句讀弟九上

漢太尉南閣祭酒許氏記　安邱王　筠撰集

相國壽陽祁春浦夫子鑒定　益都陳山嵋　晉江陳慶鏞　訂正　博山蔣其崙書篆

四十六部　四百九十六文　重六十三毛孫鮑三本同毛後刓改三為四

凡七千二百四十七字

頁　頭也。當云首也。𩠐下云頁亦首也，此乃以𩠐下云𦣻也可證。從百從儿。胡結切。古文䭫首如此。頁本卽首字，博古圖郙敵䭫首作𩑋，是也。葢後漢已變為胡結切，故許君重明之。

凡頁之屬皆從頁。頁者䭫首字也。集韻不引此句，嚴氏以為校語，是也。然說初不誤，大徐改頁者為百者，是謂許說古文䭫首如此者，䭫同頁也。本句則謂百同首也，斯大誤矣。

頭　首也。當作頁也。趨下云走也，趧下云是也。凡字繼部首者，說解類然。從頁豆聲。度侯切。

顏　眉目之間也。桂氏曰：此本顯字訓義，今脫顯字，誤屬顏下，又失顏字訓也。集韻顯，說文眉目閒也，引詩猗嗟顯兮。筠案引詩者，謂說文引詩也。韻會顯，眉目閒也，引詩猗嗟顯兮。廣韻顯，眉目閒也。玉篇顯，詩云猗嗟顯兮，顯，眉目閒也。字或作睤。西京賦睤藐流眄，注云：睤，眉睫之閒，是也。至顏字義，見於諸書者，如廣雅顏，頟也。小爾雅顏，頟也。方言顏，頟也，東齊謂之頟，汝潁淮泗之閒謂之顏。詩君子偕老，揚且之顏也，傳云：廣揚而顏角豐滿。箋謂顏角，卽額角也。增韻頟角曰顏。宋策為無顏之冠，鮑注：冠不覆額曰無顏。春秋元命苞：顏之言氣畔也，陽立于五，故顏博五寸。筠案毛詩猗嗟名兮，傳曰目上為名，釋訓同，郭注眉眼之閒。雖韻會顏字下引說文如今本，不足為疑。從頁彥聲。五姦切。

𩕄　籀文顏。○𩑋者古文頁也，見博古圖。玉篇作䫀，屬首部，非也。

頌　皃也。漢書儒林傳，魯徐生善為頌，此頌皃之本義也。借為雅頌，詩序曰：頌者，美盛德之形容，以容說頌，以今字解古字也。容以盛受為本義，漢已借作容貌矣。鄭君詩譜曰：頌之言容，天子之德，光被四表，格于上下，無不覆燾，無不持載，此之謂容。鄭君曰頌之言容，則已較然為兩字。以下但就容字本義說之，與序似異而實同也。從頁公聲。余封切，又似用切。

𩔁　籀文。頌。○然則以容代頌者，乃額之省形存聲字也。地官鄉大夫和容，杜子春讀為和頌，謂二字通也。然又曰謂能為樂也，則仍以雅頌說之。

頊　頊顱也。玉篇引如此，是也。雖集韻曰頊、腦肨，羣書單用顱字者甚多，似本文以頊顱各為一名，下文始以頊顱為二名者。然古書無單用頊字者，葢單呼之則曰顱，緐呼之則曰頊顱，故廣雅曰頊顱謂之髑髏。此外亦不見言頊顱者。從頁乇聲。徒谷切。

顱　頊顱首骨也。從頁盧聲。洛乎切。

願　顚頂也。廣三名也。從頁𡿺聲。魚怨切。

顚　頂也。釋言文。後漢書蔡邕傳華顚胡老，注：華顚謂白首也。唐風首陽之巔，俗字也。言山則從山，秦風有馬白顚，何不言馬而從馬乎。至於顚沛，則蹎跋之借字，以聲為用，不取義也。從頁眞聲。都年切。

頂　顚也。廣韻頂，頂頻，頭上。頻乃挺切。從頁丁聲。都挺切。

𩒬　頂或從𩑋佀。玉篇作偕，非。

鼑　籀文頂從鼎。丁鼎疊韻，義亦通。漢書丁年，又曰春秋鼎盛。

顙　頟也。方言中夏謂之頟，東齊謂之顙。詩抑若揚兮，傳云：揚，廣揚。正義：揚是顙之別名，顙貴闊，故曰廣揚。易說卦震其于馬也為的顙，釋畜的顙白顛。從頁桑聲。蘇朗切。

題　頟也。詩麟之定，傳：定，題也。釋言：題，題也。趙策黑齒雕題，鮑注：刻其額。從頁是聲。杜兮切。

頟　顙也。釋名：頟，鄂也，有垠鄂也。從頁各聲。五陌切。俗作額。

頞　鼻莖也。字林同。廣韻頞，顱也。玉篇頞下云：漢高祖隆頞龍顏，今漢書作隆準，李斐曰準，鼻也。列子釋文：頞，鼻上也。孟子趙注蹙頞，愁皃，疏云：頞，鼻頸也。從頁安聲。本於達切，孫烏割切。

齃　頞或從鼻曷。史記蔡澤傳魋顏蹙齃。

頯　面權也。依韻會引補。古無顴字，故借權，恐人認為權衡字，故言面以定之。肉部朏，面頯也。易夬卦壯于頄，王注：頄，面權也。鄭作頯，頯，夾面也。從頁𡗗聲。渠追切。

頰　面旁也。面部輔，頰也。耳部聯，耳連於頰也。釋名：頰，夾也，兩旁稱也，亦取挾斂食物也。從頁夾聲。古叶切。

𩓮　籀文頰從𩑋。玉篇作蠟，非。

頣　頰後也。俗言耳根，當作耳頣。

hàn 頷　hán 顄　jǐng 頸　lǐng 領　xiàng 項　zhěn 頕　chuí 顀　péi ⿰不頁　yǎn 顩　yǔn ⿰尹頁　yūn 頵　hùn 顐　yán ⿰兼頁　shuò 碩

從頁㔾聲。古恨切。頷 顄也。方言頷頤頷也，南楚謂之頷，秦晉謂之頷。頤其通語也。從頁、合聲。胡感切。玉篇公荅切，引公羊傳絕其頷口也。又引說文乎感切顄也，乃宋人重修所增。直以今本公羊作絕其領，遂以領之音加于領耳。吾鄉呼魚腮曰領腮，正作公荅切。顄 頤也。說詳臣部。方言之領，玉篇引莊子千金之珠必在九重之淵而驪龍頷下，皆顄字之借，非領字之借也。從頁函聲。胡男切。頸 頭莖也。亢部云：人頸也。從頁至聲。居郢切。領 項也。段氏曰：項當作頸。引碩人、桑扈傳皆曰領頸也以證是也。案領如蝤蠐，自指全頸，不指頭後；桑扈之鶯然文章者，全在顄下赤毛，更不在頸後也。從頁令聲。良郢切。項 頭後也。洛神賦注引項頸也，玉篇項頸後也，合此兩書改之。顏注急就篇項爲頭後頭下也。從頁。工聲。胡講切。頕 項枕也。此骨受枕，故以枕名。迺有專字作頕，仍以枕說之，而連言頭以定之。醫經謂之玉枕。從頁冘聲。章荏切。顀 出額也。元應一引同，兩引作額出也。又云：今江南言顀頭肰。額乃以顀爲後枕高肰之名也。從頁隹聲。直追切。⿰不頁 曲頤也。集韻作頯，云曲頤兒。從頁。

不聲。薄回切。顩 䫡兒。桂氏曰：䫡當爲顩，顩見下文。字林：顩，醜也。狹面銳頤之兒也。文選解嘲顩頤折頞，韋昭曰：曲上曰顩。欺甚切。從頁僉聲。魚檢切。⿰尹頁 面目不正兒。玉篇云面不平，廣韻云面斜。從頁尹聲。余準切。頵 頭頵頵大也。從頁君聲。於倫切。顐 面色顐顐兒。毛本、玉篇竝同。兩朱氏鈔小徐本皆作顐兒，孫、鮑二本、李燾本、廣韻竝作顐顐兒。玉篇頁部顐引說文面色顐顐也，而黃部又收䵪，云粉切，說文曰面急䵪䵪也，䵪同上。廣韻顐顐與䵪同。案繫傳引詩芸其黃矣，古詩黃華葉衰芸，亦或音運，與此義近也。楚金兩引詩皆有黃字，然則䵪從黃，謂面色黃也，而其說則曰面急。集韻十九隱、二十一混皆收顐，皆曰顐顐面急。意者說文篆本作䵪，說本云面色䵪䵪也，從頁從黃，讀若隕。玉篇譌作面急，而集韻承之邪？至如顐顐字雖不它見，玉藻色容顐顐，注云憂思兒也。周禮保氏注鄭司農云車馬之容顐顐堂堂，疑莫能明，姑記以俟再考。從頁員聲。讀若隕。于閔切。⿰兼頁 頭頰長也。段氏曰當作頭陝而長兒。玉篇頭頰面長兒。頰亦譌字。桂氏說同。從頁兼聲。五咸切。碩 大頭也。依御覽引乙轉。因其從頁，故曰大頭耳。經

bān 頒　yóng 顒　qiāo ⿰羔頁　kuī 顝　yuàn 願　yáo 顤　qí 頎　ào ⿱敖頁　yuè ⿰岳頁　mèi ⿰㒵頁　líng ⿰霝頁　wài 顡　wán 頑　guī ⿰枝頁　kě 顆　kuò 頢

典碩皆訓大。詩簡兮碩人傳云大德也，白華碩人傳云妖大之人。從頁石聲。漢書律歷志石，大也。易往蹇來碩，或作石。常隻切。頒 大首兒。依魚藻釋文引改。類篇引同。玉藻大夫以魚須文竹，崔靈恩、何允本竝作頒。從頁分聲。布還切。一曰鬢也。孟子頒白，注：頒，斑也，頭半白曰頒。王制作班白。引魚藻所以證本義，此句當在其下。詩曰：有頒其首。小雅魚藻文。毛傳：頒，大首兒。又苕之華牂羊墳首，借墳爲之。顒 大頭也。從頁禺聲。魚容切。詩曰：其大有顒。小雅六月文。傳曰：大兒。⿰羔頁 大頭也。集韻、廣韻謂之顤。廣雅：顤，大也。從頁羔聲。口幺切。顝 大頭也。廣雅：顝，大也。段氏曰：思元賦顝羈旅而無友，舊注顝，獨也。此與丸部辨塊獨守此無澤之塊同，皆於音求之。從頁骨聲。苦骨切。讀若魁。骨魁聲不相近。案廣韻顝首大骨，或本是會意字，後人加聲。玉篇口骨、口回二切。願 大頭也。集韻：願，面短兒。從頁原聲。魚怨切。顤 高長頭。玉篇：顤顤，頭長兒。從頁堯聲。五弔切。頎 頭佳也。也一作兒。衛風碩人其頎，齊風頎而長兮，傳皆曰頎，長也。碩人傳曰：敖敖猶頎頎也。許君皆不

用者，以其從頁也。從頁斤聲。巨希反。讀又若鬢。又者，言此字兩讀也。⿱敖頁 ⿱敖頁顤，高也。廣韻⿱敖頁顤，高頭也。又云頭長。廣雅⿱敖頁顤，高也。從頁敖聲。五到切。⿰岳頁 面前岳岳也。岳岳一作⿰岳頁⿰岳頁。案此即相人術所謂五岳朝拱也。玉篇⿰岳頁⿰岳頁猶岳岳也。從頁岳聲。五角切。⿰㒵頁 昧前也。益謂冒昧而直前也。從頁㒵聲。莫佩切。讀若昧。以昧前說之，而讀又如之，然則冒昧是借字，當作㒵顯。⿰霝頁 面瘦淺⿰霝頁⿰霝頁也。從頁霝聲。郎丁切。顡 頭蔽顡也。集韻引此而申之曰：謂頭癡。案顡與下文顡同，且與耳部聵聲聵音同義近。衛太子蒯聵，蔽即蒯之古字。從頁豙聲。五怪切。頑 梱頭也。頑鈍無圭角之狀也。木部梱，梡木未析也；梡，梱木薪也。桂氏曰：左成十年傳鄭人立髡頑，髡頑即梱頭。從頁元聲。五還切。⿰枝頁 小頭⿰枝頁⿰枝頁也。桂氏曰：或與顡通。廣韻：顡，小頭。從頁枝聲。讀若規。又己恚切。段氏曰：徐云又者，謂居隨切矣，又有此切也。桂氏曰：讀若規者，⿰枝頁⿰枝頁謂小而圓也。廣雅：⿰枝頁，圓也。顆 小頭也。從頁果聲。苦惰切。頢 短面也。廣韻曰：小頭兒。

tǐng 頲 wěi 頠 hàn 頷 yuǎn ⿰爰頁 kuǐ 頍 mò ⿰𠬸頁 gù 顧 shùn 順 zhěn 顮 lǐn 顲 zhuān 顓 xū 頊 ǎn 顉 dùn 頓

從頁吾聲。五活切，又下栝切。

頲 狹頭頲也。借狹爲陜也。段氏曰：疑當作狹頭頲頲也。案玉篇、韻會引皆作狹頭也，無頲字，然足證段說之確。段氏又曰：借爲挺直之挺。釋詁：頲，直也。從頁廷聲。他挺切。當云他頂切。

頠 頭閑習也。借閑爲嫺也。釋詁：閑，習也。廣韻：頠，頭也。一曰閑習。許君不分爲兩義。耆字從頁，故凡目容、口容、聲容之閑習，皆以頭容統之也。釋詁又曰：頠，靜也。從頁危聲。語委切。

頷 面黃也。此云面黃，蓋是生質頗之面黃，乃由饑病。離騷之顑頷，則是同音假借。頷字非後增也。左傳借頷爲顉，今人借頷爲頤，皆不爲誤。知面黃爲生質者，顙以上皆靜字，頍以下皆動字，以是明之。從頁含聲。胡感切。

⿰爰頁 面不正也。從頁爰聲。于反切。

頍 舉頭皃。依詩釋文引改。玉篇、廣韻竝同。從頁支聲。丘弭切。詩曰：有頍者弁。小雅頍弁文。傳云：頍，弁皃。頍字僅見此詩，而許君不用毛傳者，以字從頁也。士冠禮缺項注：缺讀如有頍者弁之頍。

⿰𠬸頁 內頭水中也。內音納。案⿰𠬸頁與沒皆𠬸之分別文也，今專用沒。從頁𠬸，𠬸亦聲。烏沒切。

顧 還視也。還音旋。詩蓼莪：顧我復我。箋云：顧，旋視也。鄭注書序顧命曰：回首曰顧。臨終出命，故謂之顧。顧，將去之意也。阮籍詠懷詩：還顧望大梁。從頁雇聲。古慕切。

順 理也。釋名：順，循也，循其理也。易說卦：和順于道德而理于義。樂記：理發諸外而民莫不承順。從頁巛聲。食閏切。

顮 顏色顮顲，慎事也。執事敬慎，見於顏色，謂之顮顲也。從頁㐱聲。之忍切。

顲 顮顲也。從頁粦聲。良刃切。一曰頭少髮。玉篇：顮顲，頭少髮也。廣韻作須顲。

顓 頭顓顓謹皃。世本：昌意生高陽，是爲帝顓頊。顓者，專也；頊者，正也。言能專正天人之道也。叀部曰：專，小謹也。則專既與叀通，亦與顓通。段氏引淮南顓民注：言顓蒙。漢書言顓顓獨居一海之中，皆是。從頁耑聲。職緣切。

頊 頭頊頊謹皃。從頁玉聲。許玉切。

顉 低頭也。走部：趛，低頭疾行也。說文無低，當作氐。列子湯問篇：顉其頤則歌合律。注云：顉，曲頤也。桂氏曰：低頭則頤曲。廣雅：顉，動也。從頁金聲。五感切。春秋傳曰：迎于門者，顉之而已。依玉篇引改。補襄二十六年文。今本作頷，釋文：頷，本又作頷。頷蓋顉之譌也。杜注：搖其頭。非。

頓 下首也。周禮大祝九𢷎：二曰頓首。注云：頓首，拜頭叩地也。

fǔ 頫 shěn 頣 xié 頡 zhǎn ⿰善頁 zhuō ⿰出頁 hào 顥 fán ⿰樊頁 jìng ⿰爭頁

從頁屯聲。都困切。

頫 低頭也。集韻：俯首而聽謂之頫。廣韻頫下引辥綜曰：低頭聽。或作俯。公羊宣六年傳：俯而闚其戶。從頁兆聲。依韻會引改。嚴氏曰：頫，兆聲之轉，鄜從麃聲，可以比例。本音俯。孫方矩切。太史卜書頫仰字如此。揚雄曰：人面頫。

俛 俗頫字，從人免。案：當云免聲。白虎通：陽氣冕仰黃泉之下，萬物被施，前冕而後仰，故謂之冕。案：借冕爲俯，知其聲同矣。

頣 舉目視人皃。廣韻作眉。桂氏、段氏皆曰：舉眉，揚眉也。然檀弓曰：揚其目而視之。且舉目揚眉，相因之事也。從頁臣聲。式忍切。

⿰善頁 倨視人也。從頁善聲。旨善切。

頡 直項也。段氏曰：淮南修務訓：王公大人有嚴志頡頏之行者，無不憛悇癢心而悅其色矣。此頡頏正謂強項也。亢部䟘下云：直項莽䟘皃。淮南之頡頏，即說文之䟘也。若邶風：燕燕于飛，頡之頏之。傳曰：飛而下曰頡，飛而上曰頏。筠案：毛公解詩，別有體物之法，實則頏者頭也，作勢以下以上，其項未有不直者也。從頁吉聲。胡結切。

⿰出頁 頭頡⿰出頁也。頡⿰出頁蓋亦直項也。而頡⿰出頁直項也者，兩字同義，可單言，亦可連語，故兩字下各見一義也。素問曰：齒痛⿰出頁腫。雖非此義，而此字之單言有明徵也。從頁出聲。之出切。讀又若骨。此讀別是一義。集韻：⿰出頁，古忽切，音骨，面顴也。廣韻：⿰出頁，面秀骨。玉篇：漢高祖隆⿰出頁龍顏。漢書作隆準。應劭曰：準，權⿰出頁也。準也。廣雅：⿰出頁，頫也。顏注急就篇：⿰出頁，兩頰之權也。桂氏說。

顥 白皃。後漢書班固傳注引同，字林亦同。文選李陵書李善注引作白首皃也。別引聲類亦如此。從頁從景。徐鉉曰：景，日月之光明白也。胡老切。楚詞曰：天白顥顥。大招文。漢書音義引作昊白顥顥。廣雅：西方昊天。漢書禮樂志：西顥沆碭。注：沆碭，白氣之皃也。南山四顥，白首人也。高士傳：東園公、綺里季、夏黃公、角里先生，竝河內軹人，當秦之末，俱隱上洛商山。寰宇記曰：楚山、南山，曰商山，又名地肺山、楚山。揚雄解嘲曰：四皓采榮於南山。筠案：顥、皓古通。本部後半多不指言首，故本字遍其詞，曰白皃，而以楚詞四顥竝舉，聲類則專指人首言也。

⿰樊頁 大醜皃。從頁樊聲。附袁切。

⿰爭頁 好皃。從頁爭聲。疾正切。詩所謂顭首。段氏曰：顭首當作螓首，見衛風碩人。傳曰：螓首，顙廣而方。假令詩作顭首，則徑併詩句，不言所謂。案段氏之言甚辨，特忘說文無螓字。鄭箋：螓謂蜻蜻也。方言：蟬有文者謂之蜻蜻。爾雅：螓，蜻蜻。郭注方言云：有文者謂之螓。孫炎注引亦同。則知蜻顭

yǔ 頨　yǐ 顗　qiān 顅　kūn 顐　kū ⿰乞頁　lèi 頛　pǐ 顊　qì ⿰契頁　pō 頗　kuǐ ⿰鬼頁　yòu ⿰尤頁

疊韻。頨蠑雙聲。轉譌成蠑也。

頨　頨妍也。廣韻頨妍美頭。從頁翩省聲。集韻引無聲字，葢取翩其反而之義也。廣韻又曰頨，孔子頭也。繫傳曰書傳多言孔子反宇，作此頨字，云頭頂四崖峻起，象尼丘山。王矩切。讀若翩。桂氏曰翩當為翩。玉篇廣韻集韻竝音王矩切。

顗　謹莊皃。釋詁顗靜也。廣韻作靖，靖立竫也，竫亭安也。從頁豈聲。魚豈切。

顅　頭鬢少髮也。字與髟部鬜同。從頁肩聲。苦閑切。周禮數目顅脰。此引經說別義也。見考工記梓人為筍虡。鄭注曰顅長脰皃。故書顅或作牼。鄭司農云牼讀為鬜頭無髮之鬜。司農之說與頭鬢少髮正同，然知許義同鄭君不同司農者，指言頭鬢便非所以言鳥，且鳥雖有時而禿，本非常事，又不得以禿鳥為筍虡之華飾也。

顐　無髮也。集韻顐頹禿無髮也。玉篇顐頹禿。一曰耳門也。省作囷。樊氏相法，人耳囷長寸三分，壽百二十歲；一寸，壽百歲；如豆，生即死。耳門前有仙人杖，四理一百歲，三理八十，二理六十。瀕鄉記老子耳有三門。從頁囷聲。小徐韻譜繫傳篆皆從囷，說曰囷聲。玉篇以下諸書竝同。然據樊氏作囷，又謔呼耳門為倉門，當是古語，故不改。苦昆切。

⿰乞頁　禿也。廣雅同。通俗文白禿曰⿰乞頁。或借用抗。淮南齊俗訓親母為其子治抗禿，而血流至耳，見者以為其愛之至也。考工記作其鱗之而，注之而頰頷也。此別一義。從頁。气聲。本口沒反，又口忽反，孫苦骨切。

頛　頭不正也。段氏曰釋魚左倪不類，周禮類作靁，皆頛之假借字。從頁從耒。耒，頭傾也。亦聲。會意兼聲也。盧對切。讀又若春秋陳夏齧之齧。見昭三十三年。段氏曰又有此音，郎與左倪右倪之倪同也。

顊　傾首也。衆經音義顊面字下引作傾頭也。又引蒼頡篇不正也。廣雅衺也。淮南子云左顊右倪，是也。又俾倪字下云或作顊皃敧堄，而顊面下又以經文作俾為非。葢俾倪可用顊，而顊面不可用俾也。從頁卑聲。匹米切。

⿰契頁　司人也。司今作伺。一曰恐也。考工記輈人馬不契需，注云契怯。案契者⿰契頁之省形存聲字。從頁契聲。讀若楔。作禊者非。胡計切。

⿰鬼頁　頭不正也。從頁鬼聲。口猥切。廣韻⿰鬼頁大頭，廣雅⿰鬼頁大皃，皆與許義異。

頗　頭偏也。頗見于經者皆偏也，未有涉及頭者。尚書無偏無頗，左昭十六年傳刑之頗類。從頁皮聲。滂禾切。

⿰尤頁　顫也。字與疒部疚同。謂掉動不定也。依元應引補。葢庾注也。一作謂擅掉不正也。擅乃顫之譌，正字自通。不定必不正矣。從頁尤聲。元應一引作頰，兩引作煩。尤從又聲，疚亦從又聲。于救切。

hái 頦　qī ⿰其頁　mén ⿰昏頁　cuì 顇　lèi 頪　wài 顡　fán 煩　lǎn 顲　kǎn 顑　chàn 顫

疣　⿰尤頁或從疒尤。集韻以疣係之疚下，而⿰尤頁之重文作頄。

顫　頭不正也。元應引云：顫頄謂掉動不定也。葢檃括兩字引之。通俗文四支寒動謂之顫頄。從頁亶聲。之繕切。

顑　飯不飽面黃起行也。顑顲亦如頡頏，雙單皆成義也。廣韻顑苦感切，顲疲也，是兩字成義也。又有顑，呼唵切，食不飽，葢亦同字，則獨字成義也。或曰起行當作起坎。從頁咸聲。讀若戇。下感、下坎二切。

顲　面顑顲皃。亦借頷為之。離騷長顑頷亦何傷，王注顑頷不飽皃，案此義正與飯不飽相應。又聲類云顲面痱皃，廣韻顲面黃醜，則亦單字成義也。從頁㐭聲。盧感切。

煩　熱頭痛也。葢据字形立義也。左昭元年傳王于煩乃舍也，已無以生疾，其義略相近。從頁從火。一曰從焚省聲。焚當作焚，上說會意，下說形聲，亦取如惔如焚義也。然似涉牽強。附袁切。

顡　癡顡不聰明也。依廣韻引補。廣韻聉下云聉顡癡㒄皃，又聉下云聉顡無所聞也。從頁豙聲。五怪切。

頪　難曉也。從頁米。此一義也。從頁米，六書故引唐本云從迷省，葢謂頪卽先迷後得之迷也。目眯者東西易位，故曰難曉，故字從頁也。一曰。鮮白皃。從粉省。此又一義也，謂傳粉而面白也。此義未知讀若某。唐韻盧對切，則以類字從之定此音也。許君所訪通人得此二義，姑存疑案也。

顇　顦顇也。顦字傳寫之譌，大徐補顦篆，誤也。面部醮，面焦枯小也。玉篇引楚詞顏色醮顇。字又作憔悴。蕉萃，左昭七年傳或憔悴事國，成九年傳雖有姬姜無棄蕉萃。醮顇乃連語之異部者，而醮下單解之，顇則為連語，其故亦如頡頏。釋詁：顇，病也。大戴禮五帝德篇曰舜之少也惡顇勞苦。王莽傳引瞻卬之詩曰邦國殄顇。知顇字亦可單用也。從頁卒聲。秦醉切。

⿰昏頁　繫頭殟也。玉篇曰莊子云問焉則⿰昏頁然。⿰昏頁不曉也。案此與孟子王曰吾惛同意，乃⿰昏頁引伸之義。歺部殟，暴無知也，則正義也。言繫頭者，此殟須繫其頭也。今俗猶有然者。廣韻殟有二音，一烏俾切，病也；一陀骨切，心悶。此殟當烏俾切，即瘟疫之瘟。謂頭被繫無知也。依集韻引補，葢庾注也，似未達許君意。殟有各種，繫頭殟為其一種。此殟須繫其頭，因取名焉，非因頭被繫而⿰昏頁也。惟以無知說殟，足證今本殟下云胎敗也之謬耳。從頁昏聲。莫奔切。

頦　醜也。廣雅同。從頁亥聲。戶來切。

⿰其頁　醜

也。字與娸同。淮南精神訓：視毛嬙西施，猶頬魄也。列子仲尼篇：見南郭子，果若欺魄，而可與接。釋文：字書作頬。頬，人面醜也。從頁其聲。去其切。今逐疫有頬頭。字又作魌。鄭注夏官方相氏云：如今魌頭也。荀子非相篇：仲尼之狀，面如蒙倛。注：倛，方相也。其首蒙茸然，故曰蒙倛。筠案：注似誤。蒙倛，蓋謂蒙之以倛也。頬頭即今假面。蘭陵王之銅面具亦其類。子虛賦：蒙公先驅。韓侍郎云：四目爲方相，兩目爲倛。方相氏索室驅疫，而云今者，言猶存古制而異其名也。然西京賦：白虎鼓瑟，蒼龍吹篪。是漢人以爲戲具。

籲 呼也。召誥：以哀籲天。王肅注：以悲呼天也。從頁籥聲。羊戍切。讀與籥同。小徐无。商書曰：率籲衆戚。盤庚文。戚今作慼。

顯 頭明飾也。詩抑篇：無曰不顯。曲禮：不顯諫。鄭竝云：顯，明也。知顯乃㬎之分別文，經典所用之顯，皆㬎之義，無用本義者。從頁㬎聲。呼典切。

⿰頁頁 選。句 具也。以選釋⿰頁頁，謂其同字也。玉篇⿰頁頁或作僎，古文作選。具也者，乃巺之義。選從巺，故得具義。丌部曰：巺，具也。顨，巺也。顨從⿰頁頁，故亦得具義也。謂之具者，供具以待選擇也。從二頁。士戀切。筠案：⿰頁頁蓋與卪同字，二字皆士戀切。凡物必有副貳，乃可選擇。⿰頁頁從二頁，卪從二卩，形亦同也。巺從卪，選從巺，皆有具義，何獨卪無具義乎。附此說以俟質。

文九十三 核實九十二。蓋顯、頎二字本有，小徐尚有頎字，大徐竝此無之。然各本皆云九十三，大徐增顲字。毛斧季乃核實而改之曰文九十二。今補頎刪顲，實九十二。不補顯者，拙著之例，所補之字皆在本部都數之後也。

重八

百 人頭也。依玉篇引補。言人者，禽獸但言頭也。然亦通詞。左傳：惟余馬首是瞻。釋草：列蘋，豕首。象形。書九切。凡百之屬皆從百。

脜 面和也。玉篇引此而申之曰：野王案：柔色以蘊之，是以今爲柔字。從百從肉。嚴氏曰：當作肉聲。王氏煦曰：古讀肉如柔。讀若柔。說曰面和也，不曰面柔也者，爲其嫌于戚施面柔也。耳由切。

文二

面 顏前也。顏，頟也。顏前者，謂自頟以下，通謂之面也。面是大名，顏是小名。如頯下云面權也，頰下云面㫄

也。可知面之部位矣。從百，象人面形。句：指囗而言。屬詞不得不然。百統全頭而言，以囗包百外，所以區別其前半以爲面也。說詳釋例。彌前切。凡面之屬皆從面。

靦 面見也。桂氏曰：詩正義引作面見人。馥謂當作面皃也。釋言：靦，姡也。舍人云：靦，面皃也，謂自專擅之皃。李巡云：靦，人面姡然也。吳語：余雖靦然而人面哉，吾猶禽獸也。韋注：靦，面目之皃也。後漢書樂成靖王黨傳：有靦其面而放逸其心。注：言面姡然無媿。從面見，見亦聲。他典切。詩曰：有靦面目。小雅何人斯文。

𥇖 靦或從旦。

䩉 頰也。易咸：其輔頰舌。虞荀輔作䩉，云：耳目之閒稱䩉。馬融云：䩉，上頟也。淮南說林訓（見臣部）、修務訓：奇牙出，齺䩉搖。注：將笑則好齒出，齺䩉，頰邊文，婦人之媚也。案：奇牙即牙部之猗，虎牙也。高注好齒，非也。通作輔。詩：巧笑倩兮。傳云：倩，好口輔。通俗文：頰輔謂之嫿媚。從面甫聲。符遇切。

䩌 面焦枯小也。面焦者，即形爲義也。枯小，申明焦字。枯者血不華色也，小者氣不充體也。說又見頁部顦下。從面焦聲。意聲互相備也。即消切。

文四 重一

丏 不見也。臱下云：宀宀，不見也。寡下云：寡寡，不見也。丏與臱、寡蓋通，宀則借字也。象壅蔽之形。謂上下左右皆蔽也。𠑹僅蔽其左右耳。說文無壅，當依𠑹部說作廱蔽。彌兗切。凡丏之屬皆從丏。

文一

𦣻 與百同。依玉篇引補。是以不言從百也。古文𦣻也。依玉篇引改。謂古文百作𦣻也，猶子古文作孚。巛象髮，謂之鬊，彡部：鬊，鬊髮也。內則：三月之末，擇日翦髮爲鬊。然則鬊者，今所謂胎髮也。故𦣻與孚皆從巛，巛之形，蒙茸上向，正小兒初生之形。小篆作百者，人長則髮盤曲于頂也。鬊即巛也。句：蓋庾注。然非也。鬊、巛果是一字，則當收之彡部矣。𡿺下亦云巛象髮，與此同文，是也。孚下云從巛象髮也，從字乃後人誤增。言從而又言象，則文義不順。且許君云謂之鬊者，篆川作巛，隸坤作巛，川坤與春同韻，故曰謂之。言以其聲近而強名之也。與爾雅所謂之鏞相似，若一字也。而可曰謂之，則何不曰皆謂之百乎。書九切。凡𦣻之屬皆從𦣻。

䭫 下首也。與說頓同詞者，尚書君臣皆稽首，周禮大祝乃增頓首。頓者，到地即起；䭫者，少爲稽留。故字借稽。雖小別，而皆爲拜之重者，故其詞

同。大祝九拜，鄭注云：稽首，拜頭至地也。從首旨聲。康禮切。

𩠐 截也。戈部：㦰，斷也。廣雅：𣃔，斷也。從首從斷。當云斷聲。𣃔蓋斷之分別文。大丸、旨沇二切。𠜧 或從刀專聲。王篇亦謂𣃔剸同字。元應曰：剬，聲類作剸，則與刀部剬同矣。字林：剸，截也。一引作裁也。文王世子：其刑罪則纖剸。

文三　重一 竹君本、汪本皆無此兩字。無剸篆故也。蓋是。

県 到首也。到俗作倒，卽形爲義者。此字古義失傳也。賈侍中說：此斷首到縣県字。此是秦法，故不以爲正義而列于下也。廣韻県下引漢書曰：三族令先黥劓斬左右趾県首菹其骨，謂之具五刑。案県首始于秦，而縣字見于周禮，則県字不始于秦矣。借用梟字者，梟當磔。廣雅曰：県，磔也。故借之。古堯切。謂縣首於木上竿頭，以肆其辜也。依元應引補。蓋庾注也。王篇亦有此語，惟其字作大，句末有秦刑也三字。凡県之屬皆從県。

縣 繫也。易：縣象著明莫大乎日月。中庸：日月星辰繫焉。荀子正論篇：不足以縣天下。楊注：縣，繫也。音懸。從系持県。孟子曰：猶解倒懸也。徐鉉曰：此本是縣挂之縣，借爲州縣之縣。今俗加心別作懸，義

無所取。釋名：縣，縣也。縣係於郡也。胡涓切。

文二

須 而。句絕，依集韻引改。毛也。禮運孔疏引說文云：耐者，鬚也。鬚謂頤下之毛，象形字也。案耐是會意字，既云象形，則耐是而之譌。鬚則須之俗作也。而部既以須說之，卽須部以而說之，是謂轉注。又申之以毛者，毛部說以須髮，左傳亦曰二毛，又借而爲語助既久，故申之也。人身有竅卽有毛，其見說文者，眉，目上毛也；睫，目旁毛也，皆本所由生以定之。須頿䫇同生於口，又同在一部，故須下舉其異名，頿䫇下則舉所由生。若須云面毛，則眉何不云顏毛乎？乃於此改之於而，不依孔疏改之者，彼固作耐，且頰毛亦有據也。易曰：賁其須。疏曰：須上附於面。彼言面者，散文則通也。須是總名，故部中四字皆說之以須。釋名曰：頤下曰鬚，與髭髯相對立文，非也。從頁從彡。相俞切。凡須之屬皆從須。

頿 口上須也。左昭二十六年傳：至于靈王，生而有頿。釋名：口上曰頿。頿，姿也，爲姿容之美也。從須。此聲。卽移切。

䫇 頰須也。或省作𩑶，俗作髯。釋名見冄部注。後漢書輿服志：後世聖人見鳥獸有冠

角頰胡之象，遂作冠冕緌蕤以爲首飾。從須從冄，冄亦聲。案頿蓋冄之絫增字，當云從須冄聲。汝鹽切。

𩓣 須髮半白也。兼言髮者，其白相因也。案聲類：𩓣，霸兒。但言須，不及髮也。段氏曰：此孟子頒白之正字。𩓣與斑雙聲，是以漢地理志𩓣水縣，孟康音斑，蓋古𩓣讀如斑。從須卑聲。府移切。

𩑽 短須髮兒。髮一作鬆，蓋鬆之譌。玉篇、廣韻皆作鬆。段氏曰：西京賦說猛獸髬髵，薛曰：髬髵，作毛鬣也。髬卽𩑽字。須髮短則植，猛獸毛鬣植。從須否聲。說文韻譜篆作𩓸，玉篇同。注云：亦作𩑽。敷悲切。

文五

彡 毛飾畫文也。文當作彣。毛飾者，須髟是也；畫彣者，彤彰是也。說詳釋例。象形。所銜切。凡彡之屬皆從彡。

形 象形也。韻會引無形字，雖是而不得許君之意。今人之用形字也，以靜字爲本義，動字爲引伸之義。古人之制字也，則以動字爲本義。何也？人之形不止於須髮，而字從彡，可知說命曰：乃審厥象，俾以形旁求于天下。乃其本義。形者，圖畫也，故從彡。部首下所謂畫文也。而在天成象，在地成形，則引伸之義矣。是以篆文形字

動字也；說解象形也之形字，又是靜字，謂象其形也。從彡开聲。桂氏曰：當爲井聲。魏王基碑：綵析無形。齊隴東王感孝頌：炳煥存形。夢英篆書千文：形端表正。唐孫師範隸書孔廟碑：臣聞形氣肇分。形字竝從井。筠案：开聲之字，芬如亂絲，得桂氏正此形字，筠又識開字。刑，到也之刑，可謂爲會意。开者，平也。用法平也。而其他开聲之字，可徐理矣。戸經切。

㐱 稠髮也。借稠爲𩭼，取其易識也。髟部：鬒，髮多也。從彡人聲。之忍切。詩曰：㐱髮如雲。鄘風君子偕老文。今作鬒。傳云：鬒，黑髮也。如雲，言美長也。

鬒 㐱或從髟眞聲。左昭二十六年傳：有君子白皙鬒鬚眉。字又作黰。左昭二十八年傳：有仍氏生女，黰黑而甚美。正義曰：黰卽鬒也。

修 飾也。巾部：飾，㕞也。大學、釋訓皆說琢磨以自修，是知修身者，去其疵瑕，所以葆其天素，卽所以發其英華也。從彡攸聲。息流切。詩鴟鴞：予尾脩脩。羽部不收脩。茂堂詩小箋云：唐定本、宋監本、越本、蜀本皆作修修，唐石經、宋集韻、光堯石經皆作脩脩。說文魚尾鱐鱐，風俗通馬尾肅肅，與鳥尾修修聲義竝同。

彰 文彰也。文當作彣。彣彰者，采彰也。采部：綵，采彰也。釋言：𢼸，彰也。尚書：以五采彰施于五色。經典多借用文章。左隱五年傳：昭文章。考工記：青與赤謂之文，赤與白謂之章。從

diāo 彫　jìng ⿰青彡　mù 㣎　ruò 弱　wén 彣　yàn 彥(彦)　wén 文　fěi 斐

彡從章。章亦聲。諸良切、

彫 琢文也。字與琱同、釋器、玉謂之彫、又曰彫謂之琢、詩、追琢其章、傳云、追、雕也、金曰雕、玉曰琢、借雕爲彫、許用爾雅、不從毛傳分爲二事、從彡。周聲。都僚切、

⿰青彡 清飾也。元應引而申之曰、彰絜也、然則謂彰與靚相似也、是清字之譌已久、桂氏曰、清當爲青、此與彤同意、彤、丹飾也、青者、空青、曾青之類、寶石名也、從彡。青聲。疾郢切、

㣎 細文也。從彡。𡭴省聲。莫卜切、

弱 橈也。易曰、棟橈、本末弱也、洪範六極、六曰弱、玉篇、弱、尫劣也、上象橈曲。言上者、謂弓非弓矢之弓也、彡象毛氂橈弱也。弱物幷。故從二𢎗。王氏懷祖曰、龍之爲物至健、故反弓爲𢎗、[illegible]桼此亦用心之端、然說文反文多矣、皆取全字而反之、未有取其半而反之者、且如其說、則字當在龍部末、不當在此、惟𢎗非字、不當言從、說文中有類此者、皆後人改也、汪刻小徐本無𢎗字、葢本不在彡部、後人掇拾而附于此、竝改說解耳、說詳釋例、而勺切、

文九　重一

彣 䵰也。有部、䵰、有文章也、文章亦彣彰之省、左傳、言、身之文也、又曰、衣、身之章也、釋名、文者、會集衆采以成錦繡、會集衆字以成詞義、如文繡然也、此所說亦彣字義、一曰。青與赤雜。依集韻引補、葢所據考工記、青與赤謂之文、作此彣也、兼所以別彣于文、從彡。從文。無分切、凡彣之屬皆從彣。

彥 美士有文。人所言也。文當作彣、言彥疊韻、釋訓、美士爲彥、郭注、人所言詠、舍人云、國有美士、爲人所言、從彣。厂聲。魚變切、

文二

文 錯畫也。錯者交錯也、交錯而畫之、乃成文也、易繫辭、物相雜、故曰文、錯斯雜矣、詩、簟茀錯衡、傳云、錯衡、文衡也、史記越世家、翦髮文身錯臂左衽、注云、錯臂亦文身、以丹青錯畫其臂、象交文。無分切、凡文之屬皆從文。

斐 分別文也。分非雙聲、非部說曰、違也、⿱非己、別也、文必分別而後成章、故韓退之曰、其爲文也雜亂而無章、論語曰、斐然成章也、詩、洪奧、有匪君子、傳曰、匪、文章皃、釋訓作斐、許不用毛義者、解字與說經小異也、從

bān 辬　lí ⿱𠩺文　biāo 髟　fà 髮　bìn 鬢　mán 鬗　lán ⿱髟監　cuǒ ⿱髟差　quán 鬈　máo 髦

文。非聲。敷尾切、易曰。君子豹變。其文斐也。革卦文、今作蔚、

辬 駁文也。句、小徐作駁、借字也、辬駁雙聲、可爲連語、亦可單用、故以駁說辬、廣韻、斑、駁也、文也、辬同上、見說文、可以徵其句讀也、駁者、馬色不純也、辬則泛言斑斕之文、故又申之以文也、蒼頡篇、辬、文皃也、雜色爲辬、纂文、辬、華文、麗也、又借般賁爲之、內則、馬黑脊而般臂、漏、注、般臂、前脛般般然也、又注內囊、此文曰般臂、毛有文、郭注山海經引作斑臂、易賁卦、傅氏曰、古斑字、文章皃、高注呂覽、賁、色不純也、引詩、鶉之賁賁、從文。辡聲。布還切、

⿱𠩺文 微畫也。其畫之甚微肜也、刀部、剺、劃也、從文。𠩺聲。里之切、廣韻引字統、⿱𠩺文、微畫也、或此字說文本不收、故竹君本汪本皆無之、

文四　朱汪兩本皆文三

髟 長髮猋猋也。猋髟疊韻、借字以形容之、匡謬正俗引同、玉篇則作髟髟、可互證、勿据改也、通俗文曰、髮垂而髟、長笛賦、特麌昏髟、注云、髟、長髦則不特人髮偁髟也、一曰。白黑髮雜而髟。依選注引補、字林同、而者如也、而髟者、猶詩言綢直如髮、謂白黑髮雜而髟髟然也、秋興賦、斑鬢髟以承弁、云斑鬢、正是白黑髮雜也、

從長從彡。必凋切、又所銜切、匡謬正俗以讀髟爲杉爲謬、引字林方周反、案李善音匹料切、凡髟之屬皆從髟。

髮 根也。艸部、茇從犮聲、云艸根也、許說眉曰目上毛也、此不似玉篇曰頭上毛也者、偶然變文、如門、聞也、戶、護也之類、易解之字、多變例也、從髟。犮聲。釋名、髮、拔也、拔擢而出也、方伐切、𩬊 髮或從𦣻。𩠐 汲古初印如此、然金刻頁多作𩑋、此亦不合、古文髮。

鬢 頰髮也。釋名、須在頰耳旁曰鬢、其上聯髮曰鬢、鬢、濵也、濵、厓也、爲面額之厓岸也、從髟。賓聲。必刃切、

鬗 髮長也。漢書禮樂志、掩回轅、鬗長馳、如淳曰、鬗音樠、鬗鬗、長皃也、從髟。㒼聲。讀若蔓。母官切、

⿱髟監 髮長也。玉篇、⿱髟監、髮多也、集韻、⿱髟監、鬖髮長皃、廣韻、⿱髟監鬖、髮疏皃、從髟。監聲。讀若春秋黑肱以濫來奔。昭公三十一年經文、魯甘切、

⿱髟差 髮好也。廣韻、髮多皃、從髟。差聲。千可切、

鬈 髮好也。也、一作皃、與毛傳同、雜記、燕則鬈首、從髟。卷聲。詩、都人士、卷髮如蠆、又曰、匪伊卷之、髮則有旟、銜員切、詩曰。其人美且鬈。齊風盧令文、

髦 髮中毫者

mián 鬗　tiáo ⿱髟周　nǐ ⿱髟爾　póu ⿱髟咅　máo ⿱髟敄　jiǎn 鬋　lián 鬑　jié ⿱髟截　xī 鬄

也。依元應引補。毫，俗字，當作豪。爾雅釋文：毛中之長毫曰髦。從髟從毛，毛亦聲。既夕禮注曰：今文髦爲毛。是借毛爲髦也。莫袍切。

鬗　髮兒。衆經音義華鬘下曰：西國結鬘師多用蘇摩那華行列結之，以爲條貫，無問男女貴賤，皆此莊嚴，或首或身以爲飾妍，則諸經中有華鬘、市天鬘、寶鬘等，同其事也。字體從髟㒼聲，經文作鬘，非體。從髟㒼聲。讀若𠆢。說文每借𠆢爲㒼，㒼矊二字說中見之。莫賢切。

⿱髟周　髮多也。或借綢爲之。詩都人士：綢直如髮。從髟周聲。直由切。

⿱髟爾　髮兒。從髟爾聲。奴禮切。讀若江南謂酢母爲⿱髟爾。酢，今字作醋，此俗語也，故不改字。集韻則有專字作醾，云：麴糵謂之醾。

⿱髟咅　髮兒。玉篇：⿱髟咅，髮好也。從髟咅聲。步矛切。

⿱髟敄　髮至眉也。義本毛傳，經典皆借髦爲之。內則：拂髦。注云：髦用髮爲之，象幼時鬌，其制未聞。既夕禮記：既殯，主人脫髦。注云：兒生三月，鬋髮爲鬌，男角女羈，否則男左女右，長大猶爲之飾存之，謂之髦，所以順父母幼小之心。至此，尸柩不見，喪無飾，可以去之。髦之形象未聞。玉藻：親沒不髦。從髟敄聲。亡牢切。詩曰：紞彼兩髳。鄘風柏舟：髧彼兩髦。傳曰：髧，兩髦之兒。髦者，髮至眉。

髳　髳，或省。釋文：韓詩作髳。漢令有髳長。牧誓：庸蜀羌髳微盧彭濮。小雅：如蠻如髦。亦借髦爲髳。傳曰：蠻，南蠻也；髦，夷髦也。箋曰：髦，西夷別名。段氏曰：髳長見漢令。蓋如趙佗自偁蠻夷大長，亦謂其酋豪也。

鬋　女鬢垂兒。楚詞招魂：盛鬋不同制。又曰：長髮曼鬋。郭璞注上林賦「刻飾」曰：刻畫鬋鬢也。段氏曰：鬋主謂女鬢，不施于男子。曲禮「不蚤鬋」，士虞禮「蚤翦」，翦或爲鬋。鬋皆翦之假借字也。從髟前聲。作踐切。

鬑　鬋也。徐鍇韻譜作鬢垂兒。戴侗曰：今人有髮簾覆額，寡髮者用之，蓋鬑之類。玉篇：髻鬑，鬢髮疏薄兒。一曰長兒。玉篇曰髮長兒。而古詩陌上桑曰：鬑鬑頰有鬚。則以之言須，且曰頰有，是不長也。從髟兼聲。讀若慊。力鹽切。

⿱髟截　束髮少小也。依廣韻引補。少小，段氏改爲止小。又云：面小亦謂之⿱髟截止。案廣韻⿱髟截字注：⿱髟截止，小也。是⿱髟截止連語，小是解說，止小二字不連，姑存俟考。段氏又曰：通俗文：露髻曰⿱髟截。露髻者，漢人語，謂不用韜髮之縰，露髮爲髻也。士喪禮、喪服注皆言露紒，紒同髻。從髟截聲。子結切。

鬄　髲也。易既濟：婦喪其茀。釋文云：董作髢。鄘風：不屑髢也。鄭注周禮追師引作不屑鬄也。少牢饋食禮注：被錫讀爲髲鬄。古者或剔賤者刑者之髮，以被婦人之紒爲飾，因名髲鬄焉。此周禮所謂次也。從髟易聲。先彳切。又大計切。

髢　鬄或從也聲。

bì 髲　cì ⿱髟次　kuò 髺　pán ⿱髟般　fù ⿱髟付　mà ⿱髟莫　kuì ⿱髟貴　jiè ⿱髟介

髲　鬄也。鄘風疏引作益髮也。孔氏又解之曰：言人髮少，聚他人髮益之。案鬄、髲三字同義，比類觀之，自然明白。釋名：髲，被也。髮少者得以被助其髮也。詩：被之僮僮。傳：被，首飾也。蓋古無髲字，借用被也。從髟皮聲。平義切。

⿱髟次　用梳比也。比，今作篦。用梳比次第之以成髢，因謂之⿱髟次也。周禮作次，蓋古借字，⿱髟次則後起之專字。從髟次聲。士昏禮「女次」注：次，首飾也，今時髲也。周禮追師掌王后之首服，爲副、編、次。注：次，次第髮長短爲之，所謂髲也。七四切。

髺　絜髮也。絜者，約絜之也。衆經音義：髺謂括束髮也。士喪禮「髺髮」注：古文髺作括。又曰：髺用組。注亦曰：古文髺爲括。然則髺即髺之異文。小戴記之括髮，用古文也。莊子人間世：支離疏者，會撮指天。注云：頂椎也。會音活，向秀讀。然則會者，髺之省也。段氏曰：髺非喪服之專偁也，故士喪禮之用組，以組束髮也；深衣之用錦，以錦束髮也；喪服小記之始死括髮以麻，以麻束髮也；喪服之布總，以布束髮也；其他縞總、素總，以縞素束髮也。是皆得謂之髺。從髟昏聲。古活切。

⿱髟般　臥結也。以臥者，比象之詞。高聳者謂之髻，卑下者謂之⿱髟般。繫傳曰：古今注所謂槃桓髻。廣韻：⿱髟般，⿱髟般頭，曲髮爲之。安邱今有⿱髟般頭語。從髟般聲。讀若槃。薄官切。

⿱髟付　結也。結，宋本作髻。士冠禮：采衣紒。注云：古文紒爲結。鄭君用紒字，許君則用結字，故糸部不收紒。毛詩、周禮之副，蓋即⿱髟付也。詩：副笄六珈。傳云：副者，后夫人之首飾，編髮爲之。天官追師注：副之言覆，所以覆首爲之飾，其遺象若今步搖矣。後漢書注：副，婦人首服，三輔謂之假紒。廣雅：假結謂之鬠。從髟付聲。方遇切。

⿱髟莫　帶結。句。言帶結謂之⿱髟莫也。帶結者，西京賦注引作帶髻，謂以帶繞髻也。即李注所云以麻雜爲髻，如今撮者是也。頭飾也。依西京賦注引補。又申之以此者，恐嫌于左傳帶有結，故申之曰：帶結乃首上之飾也。廣韻：⿱髟莫，婦人結帶。類篇：⿱髟莫，袜額也。西京賦：朱⿱髟莫粹綜。注：絳帕額，露頂髻。從髟莫聲。莫駕切。

⿱髟貴　屈髮也。廣雅：⿱髟貴，髻也。急就篇：冠幘簪簧結髮紐。顏注：結髮謂作結，紐謂結之⿱髟貴也。案顏注得之。謂⿱髟貴其髮以爲髻也。安邱語屈之謂之⿱髟貴之，又一摺謂之一⿱髟貴，泛言之，不第謂髮也。從髟貴聲。丘媿切。

⿱髟介　簪結也。桂氏引王君念孫曰：太平御覽引說文云：髻，結髮也。廣雅：⿱髟介，髻也。曹憲注曰：案說文⿱髟介即籀文髻字也。是說文原有髻字，而⿱髟介爲其重文。士喪禮注：古文紒爲結。猶髻之或作⿱髟介也。今本云簪結也，乃後人所改。玉篇髻字注云：髮結也。⿱髟介字注云：同上。皆本于說

lú 髗　fú 髴　liè 鬣　róng 髶　chuí 鬌　shùn 鬊　qiān 鬝　tì 鬄　kūn 髡　tì 鬀

文、其下文云、說文古拜切、簪結也、則宋人以誤本說文竄入者耳、鈕案本部及走部趟下、言結者六、惟髻下結字、宋本作髻、士冠禮注亦云、古文紒爲結、可知結爲古文假借字、紒則後起之專字也。**從髟介聲。**古拜切。

鬣 髮鬣鬣也。集韻引作髮鬣鬐也、桂氏曰、鬐當爲髶、玉篇髶鬈髮亂皃、鈕案非也、鬣者巤之絫增字、巤下亦云巤也、士虞禮曲禮皆言剛鬣、明堂位夏后氏駱馬黑鬣、周人黃馬繁鬣、是則既有鬣字、遂不復用巤也、**從髟巤聲。**良涉切。

鬣 鬣或從毛。鬣 鬣或從豕。此蓋豕曰剛鬣之專字矣、通俗文、豬毛曰鬣、是後人加豕也、

髗 鬣也。廣韻、髗毛也、毛當作髦、**從髟盧聲。**洛乎切、篇海、鬣髗、髮起皃、

髴 髴若似也。桂氏曰、疑後人亂之、廣韻、髴婦人首飾、類篇、髣髴、髴髮亂皃、鈕案玉篇髣髴二字、注皆云髣髴、蓋直以爲仿佛也、竊疑髴若似也、固是後人語、即髴篆亦恐是後人增、**從髟弗聲。**敷勿切。

髶 亂髮也。從髟。茸省聲。玉篇作髶、集韻三鍾、髶髶、說文亂髮也、或從耳、似所據說文從茸、蓋篆既捝艸、說乃增省字、茸聲字義相近、不然、何不曰耳聲乎、而容切。

鬌 髮墮也。墮者落也、廣雅、鬌墮也、方言、鬌盡也、注云、鬌毛物漸落去之名、

案鬋落之髮謂之鬌、所餘不鬋者、因亦謂之鬌、內則、三月之末、擇日鬋髮爲鬌、男角女羈、注云、鬌所遺髮也、**從髟墮省聲。**直追切。

鬊 鬊髮也。鬊乃自落之髮、與鬌爲鬋落者不同、而云鬊髮者、其爲墮落同也、士喪禮、巾柶鬊蚤埋于坎、喪大記、君大夫鬊爪實于綠中、注云、鬊、亂髮也、漢書天文志、黑雲狀如猋風亂鬊、然廣雅曰、髮謂之鬊、皆下云巛象髮、謂之鬊、則鬊亦髮之通名也、**從髟䫗聲。**舒閏切。

鬝 鬢禿也。字林同、說已見顅下、段氏曰、明堂位注曰、齊人謂無髮爲禿楬、釋名曰、禿、無髮沐禿也、鬝頭生瘡曰瘕、鬝亦然也、鬝與楬皆即鬝也、鈕案鬝者後起之專字、以楬爲正、**從髟閒聲。**苦閑切、考工記釋文、鬝有苦瞎枯曷二反、明堂位釋文、楬有苦瞎苦八二反、

鬄 鬀髮也。金部、鉻、鬄也、亦借用鬄、曲禮注、髦馬、不鬄落也、詩魯頌、狄彼東南、箋云、狄當作剔、剔、治也、釋文引韓詩作鬄、云除也、案箋云當作剔者、省鬄爲剔也、後漢書馮魴傳注云、剔音他狄反、聲類曰、亦鬄字、音他計反、謂剃去髮也、**從髟從刀易聲。**他歷切。

髡 鬄髮也。楚詞涉江、接輿髡首、王注、髡、剔也、亦省鬄爲剔、周禮、髡者使守積、**從髟。兀聲。**苦昆切。

髡 或從元。元亦從兀聲、

鬀 鬄髮

zhuā 髽　fèi 𩬅　bàng 𩬊　hòu 后

也。鬄、韻會引小徐本作鬄、非也、鬀俗作剃、字林、剔、剃也、**從髟弟聲。**他計切。**大人曰髡。小人曰鬀。**小人一作小兒、鄭注周禮薙氏云、薙讀如鬀小兒頭之鬀、韓非子曰、嬰兒不剔首則腹痛、剔亦鬄之省也、**盡及身毛曰鬄。**以上三句、蓋庾注也、以髡鬀下皆言鬄、故區別之、蓋盡鬄身毛、惟回紇俗有之、古無此事、豈當有此字乎、

𩬊 髮也。廣韻、鬔𩬊、亂毛、玉篇、鬔𩬊、擴髮亂、皆似與許意不同、**從髟並聲。**蒲浪切。

𩬅 髴也。忽見也。玉篇有此句、無上句、**從髟彔聲。**芳未切。**彔、籀文魅。亦忽見意。**二句蓋後增、然此篆汲古初印不誤、說解則孫本顧本不誤、皆以此語定之、且鬼部之誤、亦以此語勘之、錄其功、故不删、

髽 喪結。禮記外傳、髽者、婦人有喪者、結去纚而紒曰髽、有布髽、有麻髽、挫折開散之名也、**禮。女子髽衰。**儀禮喪服、布總箭笄髽衰三年、注云、髽、露紒也、猶男子之括髮、斬衰括髮以麻、則髽亦用麻也、蓋以麻自項而前、交於額上、卻繞紒、如著幓頭焉、**弔則不髽。**文起下也、**魯臧武仲與齊戰于狐鮐。魯人迎喪者**皆髽、魯於是乎**始髽。**見左襄四年傳、本文闕捝不通、即以傳文補之、檀弓、魯婦人之

髽而弔也、自敗于臺鮐始也、注、臺當爲壺、字之誤也、時家家有喪、髽而相弔、禮、婦人弔服、大夫之妻錫衰、士之妻則疑衰、與皆吉笄無首素總、**從髟坐聲。**莊華切。

文三十八　重六

后 繼體君也。釋詁、后、君也、案典謨所有后字、皆一國之君、而非天下之君、蓋是時天子稱帝、諸侯稱后、尚無公侯伯子男之稱、五瑞亦不必是桓信躬蒲穀也、商書商頌所有后字、大率謂湯、是沿契在唐虞時偁后、因以爲天子之偁、猶晉三家稱主、分晉以後、猶稱主也、惟周尚文、故易傳毛詩、凡言后者、但主繼體而言、故許君本之以立說也、易大象率言君子、其言先王者六、比豫觀噬嗑无妄渙、所言者建國立朝作樂、皆開創之事也、其言后者二、泰之財成輔相、乃補偏救弊之事、非創始之事、姤之施命誥四方、亦承平之象也、兼言先王及后者一、復是也、先言先王、後言后、已較然可知、況觀言先王、言省方、復言后、言不省方、不省方者、正言其勤于省方也、立政篇所謂方行天下、至于海表、以覲光揚烈者也、苟非十二年展義之期、則施命誥之而已、此繼體之所有事也、惟離言大人者、兩明相繼、故統先王與后而槩謂之大人也、大雅文王有聲之篇、

其前四章先言文王後言王后毛傳皆主文王言之者曰王者追王也曰后者仍繼先公之侯服也其後四章先言皇王後言武王毛公于五章之皇王已以武王說之者武王有天下乃開創之君也是以下章武篇言太王王季文王謂之三后亦繼先公也王配于京傳即解以武王義與文王有聲同后之爲言後也故經典借后爲後、象人之形。謂后字通體象人形與卮部說之象人單指厂者不同、施令以告四方。故厂之。以下又分爲兩半說之此先說上半也姤大象后以施命誥四方易文有后字故用之金刻命字多作令厂推也明也是施令之意也、從一口。發號者君后也。此又說下半也惟辟作福作威令出于一故從一口也、○案許君說解桂氏段氏皆疑之然無疑也此字以會意爲象形與身字以形聲爲象形皆象形之變例彼云象人之身與此云象人之形同也皆指字之全體言彼云從人申省聲與此施令以下四句同彼分爲兩體此分爲三體也或疑后字何以象人形則說解中君字兩見固謂二字同義亦謂二字同形也君下云古文象君坐形與此云象人之形同也君下云尊也從尹發號故從口分爲兩半說之與此施令以下亦分爲兩半說之同也特彼有古文分說于兩字下故諸君子不疑此合說于一字下故疑之也胡口切、凡后之屬皆

從后。

㖃　厚怒聲。段氏曰諸書用呴字即此字也聲類曰呴嘷也俗作吼 從口后。后亦聲。直以后厚同聲而從之絕非君后本意與厚之古文垕從后同呼后切、

文二

司　臣司事於外者也。鄭風邦之司直傳曰司主也周禮六官大宰宗伯而外三官皆曰司司空雖闕亦見于他經皆在朝之臣而言外者於字形得之后右嚮司左嚮因以爲內外之分也司之引伸爲俗伺字伺察於外由此得義詞爲意內言外故屬本部而不入言部也、從反后。集韻后道寬惠司家褊急違於君也論語曰出納之吝謂之有司非君道也息茲切 凡司之屬皆從司。

詞　意內而言外也。徐鍇通論詞者音內而言外在音之內在言之外也韻會引之亦作音然似非是意內言外者謂不直說其意而於詞露之也是曰是非曰非其意如此其言亦如此也王于語助之詞則如曰是邪非邪意不定其爲是非而言固曰是非加兩邪字以爲助句之詞而其意見凡說解中詞字皆然已詳釋例 從司從言。司亦聲。段氏據字鑑改篆爲詈然宋本皆作詞李文仲則元人也故存其說而不改似茲切、

文二

卮　圜器也。莊子釋文引字略云卮圓酒器也、一名觛。名當作曰角部觛小觶也觶受四升而玉篇曰卮受四升應劭注漢書高祖紀云卮鄉飲酒禮器也古以角作受四升古卮字作觗据此則卮觶一字也、所以節飲食。爲從卩張本也爵取節節足足之義知凡酒器同此義也、象人。卩在其下也。⺈從反人厂與⺈略似故曰象人卩在人下言人飲酒當有節也章移切、易曰。君子節飲食。頤大象文說形既曰節飲食矣復引此以證者凡器皿字或象形或形聲此獨會意而人卩二字皆非木物故重明之、凡卮之屬皆從卮。

⿸卮專　小卮有耳蓋者。玉篇注廣韻引皆云小卮有蓋也顏注急就篇椯小卮也有蓋王注碑本作槫字當從卮說文⿸卮專小卮也有耳蓋者、從卮專聲。市沇切、

⿸卮耑　小卮也。廣雅⿸卮耑卮也、從卮耑聲。讀若捶擊之捶。手部揣一曰捶之亦以其音近而得此義也而瑞揣之從耑聲可無疑矣旨沇切專

耑一音則⿸卮專⿸卮耑當即一字集韻合爲一而先⿸卮耑后⿸卮專又別收⿸卮專字段氏曰急就篇皇象本槫榼椑榹槫即⿸卮專也顏師古急就篇椯榼椑榹椯即⿸卮耑也

文三　小徐文二無⿸卮耑篆、

卩　瑞。句、信也。卩與瑞一類之物皆所以爲信也玉部云瑞以玉爲信也下文玉卩即瑞鄭注周禮典瑞曰瑞節信也鄭以節釋瑞而以信申之與許以瑞釋卩而以信申之同意易序卦節而信之左文十二年傳不腆先君之敝器使下臣致諸執事以爲瑞節注節信也、守國者用玉卩。以下八句地官掌節司市秋官小行人之文玉卩者桓信躬蒲穀也、守都鄙者用角卩。鄭注謂諸侯於其國中公卿大夫王子弟於其采邑有所使亦自有節也、使山邦者用虎卩。土邦者用人卩。澤邦者用龍卩。掌節小行人皆有此文邦皆作國蓋許君据本固然必不故意改之以犯高帝諱也掌節此三句之下曰皆金也小行人曰皆以金爲之案許君之意使者謂天子使人于侯國也與鄭君不同、門關者用符卩、者字沿上文行也周禮界畫明白許君必不誤 貨

zòu zhuàn 卪 𠨍　xiè què juǎn xī 卸 卻 卷 厀　ě 厄　bì 𠨘　shào 卲　chǐ 卶　bì 𠨍　lìng 令

賄用璽卩，道路用旌卩。以上三句之下，小行人曰皆以竹爲之。案卩字今本皆作節。象相合之形。繫傳曰象半分之形。守國者其卩半在內，半在外。子結切。凡卩之屬皆從卩。

令　發號也。賈誼書：天子之言曰令，令甲令乙是也。從亼卩。亼衆而令之，所以卩制之也。力正切。

𠨍　輔。句信也。雖下云輔也，玉篇曰𠨍今作弼，故以輔說𠨍，以其從卩，故申之曰信也。且可省作比。釋詁：比，俌也。易彖傳：比，輔也。從卩從比聲。毗必切。虞書曰：𠨍成五服。古皋陶謨文，今作弼。

卶　有大度也。桂氏曰：通作奓。西京賦：心奓體泰。成公綏天地賦：偉二儀之奓闊。廣韻：𡖐，有大慶也。似誤。從卩多聲。讀若侈。充豉切。

𠨘　宰之也。從卩必聲。兵媚切。

卲　高也。法言曰：公儀子、董仲舒之才之卲也。又曰：賢皆不足卲也。從卩召聲。水經注汝水云：左傳齊桓公師于召陵。闞駰曰：召者，高也，其地邱墟，井渫數失，故以名焉。寔照切。

厄　科厄，木節也。科厄疊韻，木節之名也。其義蓋如礫砢。從卩厂聲。五果切。賈侍中說以爲厄，裹也。似是以裹說厄。玉篇曰：厄，果也，無肉骨也。厄果疊韻，又似

是連語，然有也字。無肉骨蓋別是一義，未詳。一曰厄，蓋也。玉篇無此義，似是器之蓋謂之厄。桂氏曰：厄當作卮，膊小厄有耳蓋者。

厀　脛頭卩也。素問：郄者，筋之府。從卩桼聲。息七切。俗作膝。

卷　厀曲也。厀與卷蓋內外相對。從卩𢍏聲。左莊二十三年釋文云：卷縣，字林丘權反，韋昭丘云反，說文丘粉反。案玉篇厀曲一義在渠圓切下，蓋是也。大徐居轉切。

卻　節欲也。欲字或羨或譌。廣韻：卻，節也。玉篇：卻，節卻也。從卩谷聲。去約切。

卸　舍車解馬也。夏官司戈盾注：舍，止也。典路辨其名物與其用說。注：說謂舍車也。漢章帝詔：騑馬可輟解，輟解之。從卩止午聲。司夜切。讀若汝南人寫書之寫。方言：發、稅，舍車也。郭注：舍宜音寫。然則卸與稅、舍同音。經典皆用說，說，卸也。今人用寫。曲禮：器之溉者不寫，其餘皆寫。是義本相近。

𠨍　二卩也。案此說則卯當是卩之重文，說已見頁部頭下。巽從此。闕。四字蓋後人加。士戀切。

卪　卩也。闕。小徐無此篆，蓋後人據𠨍從卪增之也。唐韻則候切。蓋謂卪卽節奏也。卯部繫傳曰：反覆卩之也。則謂反卩仍是卩，如𨾴從二臣相違，初無𦣞字也。

文十三

qīng 卯　pīng 艵　bó 艴　sè 色　yì 归　yìn 印

印　執政所持。句信也。玉篇：印，執政所持之也。又信也。之字蓋譌，而由此知爲兩句矣。元應引此文作玉信也，無執政所持四字。案印始于秦，堯舜時忠孝侯王印之說誣也。周禮有璽節，爲印之兆端，而不名曰印。漢舊儀曰：諸侯王印黃金橐駝鈕，文曰璽；列侯黃金印龜鈕，文曰印；丞相將軍黃金印龜鈕，文曰章；中二千石銀印龜鈕，文曰章；千石六百石四百石銅印鼻鈕，文曰印。知印未有用玉者也。執政所持者，執是政則持是印，每官各一，前官不付後官也。信也者，符卩瑞印一類之物，故皆以信說之。而璽亦說以印也。釋名：印，信也。從爪從卩。卩持之，故從爪。於刃切。凡印之屬皆從印。

归　按也。段氏曰：用印必向下按之，故字從反印。淮南齊俗訓曰：若璽之抑埴，正與之正，傾與之傾。璽之抑埴，卽今俗云以印印泥也。此抑之本義也。引伸之爲凡按之偁。內則：而敬抑搔之。注云：抑，按也。從反印。於棘切。

抑　俗归，從手𢑏。

文二　重一

色　顏气也。論語：正顏色。是气之發于顏者曰色也。面顏前也。孟子曰：其生色也，睟然見於面是也。逸周書：喜色油然以出，怒色厲然以侮，欲色嫗然以愉，懼色薄然以下，憂悲之色瞿然以靜。從人從卩。論語：正顏色，斯近信矣。所力切。凡色之屬皆從色。

古文色。

艴　色艴然也。韻會六月引同，五勿引作色怒也，似是。從色弗聲。蒲沒切。論語曰：色艴如也。韻會五勿、六月兩引皆無此文。𠂹部孛下已引色孛如也。又案玉篇曰：說文曰：色艴如也。孟子曰：曾西艴然不悅。所引孟子或本說文所引。

艵　縹色也。玉篇引楚辭：玉色艵以脫顏兮。今本作頩。神女賦：頩薄怒以自持兮。李注引廣雅：艵，色也。又引方言注：頩，怒色青皃。糸部：縹，帛青白色也。從色并聲。普丁切。

文三　重一

卯　事之制也。從卩卪。戴侗曰：唐本反卪爲卪。林罕曰：卩止，卪進也。凡卯之屬皆從卯。各本及玉篇皆然，與寅卯字同。廣韻作夘，而卿字從夘，集韻作夘，當改之以爲別。闕。段氏曰：謂闕其音也。今說

卩印色卯

jū 𠣾　bāo 勹　yì ⿱辟乂　bì 𨐨　bì 辟　qīng 卿

文去京切。玉篇、廣韻皆曰說文音卿，蓋肊以卿讀讀之。玉篇子兮切，取卩字平聲讀之；廣韻子禮切，取卩字上聲讀之。

卿　章也。卿章疊韻。白虎通曰：卿之爲言章也，章善明理也。六卿：天官冢宰、地官司徒、春官宗伯、夏官司馬、秋官司寇、冬官司空。見周禮。從卯皀聲。去京切。

文二

辟　法也。釋詁文。毛傳、字林、廣雅竝同。從卩從辛。節制其辠也。釋詁：辟，辠也。辠字亦從辛。從口。用法者也。釋詁：辟，君也。君制法者也，字亦從口。必益切。凡辟之屬皆從辟。

𨐨　治也。金縢釋文引作法也。諸君子皆喜偁之，特以攻孔傳爲僞，不知此傳不誤也。𨐨字乃辟之分別文，𨐨字則乂之分別文，若辟𨐨同說以法，則當目爲重文矣。從辟從井。荆下引易曰：井，法也。治之必以法。左傳：政不率法，而制于心，民各有心，何上之有。必益切。周書曰：我之不𨐨。金縢文。下文居東，所以治之也；罪人斯得，治之而得其主名也。

⿱辟乂　治也。釋詁：乂，治也。仍用古文假借字，⿱辟乂則專字也。釋詁釋文曰：乂字又作⿱辟乂。從辟，乂聲。魚廢切。虞書曰：有能俾⿱辟乂。堯典文，今作乂。史記作有使治者。

文三

勹　裹也。今借包爲勹。象人曲形，有所包裹。二句解字形。象人曲形，謂⺇字曲之而成⺇也。小徐作象人曲身形，義便不瞭。有所包裹者，字空中，故云然。直以包字代勹，此以今字說古字之法。布交切。凡勹之屬皆從勹。

𠣾　曲脊也。桂氏曰：廣韻：匔，曲脊皃；匔，謹敬之皃。玉篇：匔，巨六、丘六二切，曲脊也。又匔，丘六切，又丘弓切，匔匑，謹敬皃。又匑，巨弓切，匔匑。馥案：匔匑者，郎論語鞠躬。廣雅：匔匑，謹敬也。曹憲曰：上音丘六反，下音丘弓反。史記魯世家：周公匔匔如畏。徐廣曰：音窮窮。馥案：匔匑，郎匔匑之誤，非重文也。聘禮記：執圭入門，鞠躬焉，如恐失之。釋文云：窮，劉音弓，本亦作躳。筠案：以匔匑爲鞠躬是也。許君不收者，蓋所据論語本作匔躳如也。而曲脊祇是匔字之訓，初非以曲釋匔、以脊釋躳。蓋鄉黨中形容字，或重言，或連語，或一字，惟足躩如也與此略似，然先言足，不似此後言躳也。惟匔躳是形容之詞，故曰如也。以玉篇、曹憲之音推之，則二字可以同音，可以疊韻，可以雙聲，非鞠其躳也。從勹，籀省聲。巨六切。

匍　手行也。衆經音義、李注長楊賦皆引說文：匍匐，手行也。別引字林：匍，手行也；匐，伏也。然則今本乃以字林改也。今不改復者，匐下無可据，須杜撰也。詩兩言匍匐，禮問喪一言匍匐，他書或作蒲伏、扶服、蒲服，二字雙聲，以聲爲用，不能單字成義。字林誤也。從勹甫聲。薄乎切。

匐　伏地也。當云匍匐也。從勹畐聲。蒲北切。

匊　在手曰匊。元應引作撮也。案手部：掬，撮也。匊、掬同音也。然在字似兩字之誤。唐風：蕃衍盈匊。小雅：不盈一匊。傳皆曰：兩手曰匊。公羊宣十二年傳作掬，何注：以兩手曰掬。從勹米。居六切。

勻　少也。嚴氏曰：衆經音義引作調勻，一曰少也。疑此當云調勻，一曰少也。從勹二。嚴氏曰：疑當作二聲。案蓋以匕從二聲推之。羊倫切。

勼　聚也。繫傳曰：今爾雅有此字。案釋詁：鳩，聚也。釋文：鳩，說文作勼。或徐氏所据本作勼乎？左隱八年傳：君釋三國之圖以鳩其民。淮南地形訓：濁漳出于發包。包當作勼，字之誤也。山海經作發鳩。從勹九聲。居求切。讀若鳩。□竹君本有空白，蓋是同字，謂經典皆借鳩爲勼也。

旬　徧也。詩江漢：來旬來宣。傳曰：旬，徧也。釋言：宣、徇，徧也。郎釋此詩，而字作徇。史記五帝本紀：幼而徇齊。索隱曰：幼而才智周徧。十日爲旬。從勹日。從日難解，故先說之，而後言從也。勹日者，猶周禮言挾日，左傳言浹辰也。詳遵切。

𠣙　古文旬。○勻聲也。

勽　覆也。段氏以勽爲抱子抱孫之正字，桂氏以爲菢字，引禮雜記羽菢，正義云：菢謂蓋也。莊子齊物論：此之謂葆光。案二家皆据薄晧切說之也。然玉篇勽匕粉切，廣韻吻、号二部皆收之，一從人聲，一從勹聲也。蓋唐韻本然，大徐未檢吻部耳。從勹覆人。說義既曰覆矣，此又言覆者，勹象人曲形，勽似兩人重複，故重明之也。薄晧切。

匈　膺也。轉注。一本作聲也。玉篇：匈匈，沸撓聲。案撓似當作擾。然此當是兇兇之借字，不可以爲正義也。從勹，凶聲。許容切。

𦙄　匈或從肉佀。

匊　帀。句。徧也。帀下云周也，借周爲匊，故于此以帀說匊，然又申之以徧，而彼不申之者，孟喜注易益卦徧詞曰：周，帀也。案恆言曰匊帀，不曰帀匊，故于此申之也。詩崧高箋、天官司會、地官司徒注皆曰：周，徧也。旬之徧是周溥之徧，匊之徧是周遭之徧，故匊不與旬類聚，而與匌類聚。從勹舟聲。亦借舟爲之。孟郁修堯廟碑：委曲舟帀。舟、周亦通用。鄭箋詩大東云：舟當作周。又注考工記曰：故書舟作周。職

卯辟勹

gé 匌　jiù 匓　fù 𩫖　zhǒng 冢　bāo 包

流切。

帀也。廣雅同、段氏曰、釋詁曰、敆、郃、合也、郃乃地名、當爲匌字之假借、從勹從合。合亦聲。侯閤切。

飽也。從勹。𣪘聲。已又切、又乙庚切、民祭。句 祝曰厭匓。一祝作祀、非、厭當作猒、猒匓是複語、求神之猒飫也、繫傳曰、禮有陰猒陽猒、猒匓也、今禮作飫、

重也。借重爲緟、猶借復爲𩫖也、從勹。復聲。扶富切。

𩫖或省彳。集韻以匔爲古文、是也、玉篇𩫖今作復、段氏所据小徐本有匔無𩫖、汪刻則有𩫖無匔、

高墳也。釋名、冢、腫也、象山頂之高腫起也、釋山、山頂冢、鄭注春官冢人亦曰、象冢而爲之、皆先山冢、後冢墓、許以高墳爲本義、以從勹知之、高之引伸、爲凡大之偁、釋詁、冢、大也、從勹。豖聲。知隴切、

文十五　重三

兒生裹也。據玉篇、知包爲古胞字、故遂胞字說于此、衆經音義一引同、一引兒生衣也、一引兒生裹衣者、曰胞也、象人褢妊。巳在中。象子未成形也。二句說字形、嫌巳不象子形、故申言之、廣雅、四月而胞、七月而成、布交切、元气起于子。子。人所生也。上文言巳象子形、則巳似非字矣、然不以爲非字而出之者、巳於生子之義有合也、後漢時地支以子爲始、故推原于子、以爲說巳之緣起、子人所生也者、繫傳曰、子在北方、冬至夜半、一陽所起、故曰子人所生、男左行三十。女右行二十。俱立于巳。爲夫婦。承子人所生而言、自子而丑而寅、順行爲左行、凡三十而得巳、自子而亥而戌、逆行爲右行、凡二十而得巳、爲夫婦者、周禮媒氏、令男三十而娶、女二十而嫁、褢妊于巳。承象人褢妊而言、巳爲子。十月而生。未生爲巳、巳生爲子、故曰巳爲子、易本命曰、天一地二人三、三三而九、九九八十一、一主日、日數十、故人十月而生、男起巳至寅。女起巳至申。故男季始寅。女季始申也。容齋續筆曰、淮南子氾論訓云、禮三十而娶、許叔重注曰、三十而娶者、陰陽未分時、俱生于子、男從子數左行、三十年立於巳、女從子數右行、二十年亦立於巳、合夫婦、故聖人因是制禮、使男子三十而娶、女子二十而嫁、其男子自巳數左行十得寅、故人十月而生于寅、故男子數從寅起、女自巳數右行十得申、亦十月而生于申、故女子數從申起、筠案今本高誘注、與此全同、凡包之屬皆從包。

bāo 胞　páo 匏　jì 茍　jìng 敬　guǐ 鬼

兒生裹也。從肉。從包。匹交切、玉篇包部說曰、包、今作胞、而別收胞于肉部、則梁本說文包部無胞可知、元應引之、則唐本已有、然胞字不見于經、惟一見詩小弁毛傳、釋文胞音包、是不讀匹交切也、莊子庚桑楚、湯以胞人籠伊尹、是胞亦庖之異文、然易姤九二、包有魚、釋文包本亦作庖、鄭百交反、虞云白茅包之、荀作胞、然則胞終是包也、女部婎讀若胞、是許君收胞之證、然亦當在肉部、與雕字同例、

瓠也。轉注、詩匏有苦葉傳云、匏謂之瓠、從包。從夸聲。桂氏段氏皆曰、當云從瓠省、包亦聲、薄交切、包。取其可包藏物也。句蓋庾注也、若是許說、則當在從包句下、庾氏嫌包是胞胎、與匏不類、故注之、然各部從部首比象之義者殊多也、

文三　竹君本、汪本、皆作文二、然是抗匏篆、非無胞篆也、

自急敕也。段氏曰、急與茍雙聲、敕與茍疊韻、急者褊也、敕者誡也、釋詁、寁、駿、肅、亟、遄、速也、釋文云、亟字又作茍、同居力反、經典亦作棘、同、桂氏曰、經師說此字多誤爲從艸之苟、燕禮記、賓爲苟敬、注云、苟且也、假也、聘禮記、賓爲苟敬、注云、苟敬者、主人所以小敬也、大射儀注云、阼階上近君、近君則親寵、苟敬私暱之坐、詩抑、無易由言、無曰苟矣、莫捫朕舌、言不可逝矣、箋云、無曰苟且如是、馥案苟逝聲相近、若苟且之苟、則音不協矣、韓詩外傳、論語曰、君子於其言、無所苟而已矣、詩曰、無易由言、無曰苟矣、此亦以爲苟且、大學苟日新、鄭此苟今亦誤讀苟且、字通作亟、廣雅、亟、敬也、方言、自關而西、秦晉之閒、凡相敬愛謂之亟、從芉省。從包省。從口。段氏改此五字爲從勹口、是也、口猶慎言也。謂勹口猶緘口也、己力切、從芉。芉與義善美同意。句蓋庾注、故再言從芉、凡茍之屬皆從茍。

古文茍不省。桂氏曰、書洪範、敬用五事、古文尚書作茍用五事、漢書謁茍爲羞、

肅也。聿部、肅、持事振敬也、從攴茍。楚良臣余義鐘作[古文]、口在外、桂氏曰、南齊書、何敬容署名、敬字大作茍、小爲文、容字大爲父、陸倕戲曰、公家茍既奇大、父亦不小、馥案此雖戲言、亦誤爲從艸之苟、居慶切、

文二　重一

當作鬼、凡從甶者放此、人所歸爲鬼。釋訓、鬼之爲言歸也、韓詩外傳、鬼者歸也、精氣歸于天、肉歸于地、土、血歸于水、脈歸于澤、聲歸于雷、動作歸于風、眼歸于日月、骨歸于木、筋歸于山、齒歸于石、膏歸于露、毛歸于草、呼吸

mèi 鬽　bá 魃　xū 魖　chì 魅　pò 魄　hún 䰟　shēn 䰠

之氣復歸于人。從人。由象鬼頭。依集韻引補。鬼陰气賊害。從厶。檀弓。人死斯惡之矣。居偉切。凡鬼之屬皆從鬼。

䰠 示字依朱氏顧氏本。與鐘鼎同。鬼字依汗簡。以著從由之例。古文鬼從示。集韻以爲或體。

䰠 神也。謂䰠即神之別體也。山海經。青要之山。䰠武羅司之。郭注。䰠即神字。從鬼申聲。申部說曰。神也。風俗通義。傳曰。神者申也。食鄰切。

䰟 陽气也。左昭七年傳。人生始化曰魄。既生魄。陽曰魂。文子。天氣爲魂。地氣爲魄。白虎通。魂魄者何謂也。魂猶伝伝也。行不休於外也。主于情。魄者迫然著人。主于性也。鄭注大傳。陰陽之神曰精氣。情性之神曰魂魄。高注呂覽。陽精爲魂。陰精爲魄。內觀經。動以營身之謂䰟。靜以鎮形之謂魄。從鬼云聲。白虎通。魂者芸也。情以除穢。戶昆切。

魄 陰神也。從鬼白聲。白虎通。魄者白也。性以治內。普百切。

魅 厲鬼也。禮緯。顓頊有三子。生而亾去。一爲魅鬼。西山經。剛山是多神魑。注。魑或作魅。韋注國語曰。厲鬼。惡鬼也。祭法。王爲羣姓立七祀。有泰厲。諸侯爲國立五祀。有公厲。大夫立三祀。有族厲。從鬼失聲。丑利切。

魖 秏鬼也。依集韻引改。夊部。夔即魖也。夔木石之怪也。蒼頡篇。秏消也。詩雲漢。秏斁下土。韓詩。秏惡也。從鬼虛聲。亦借虛爲之。王延壽夢賦。批鬢毅。斫魅虛。朽居切。

魃 旱鬼也。大荒北經。有係昆之山者。有人衣青衣。名曰黃帝女魃。蚩尤作兵伐黃帝。黃帝乃令應龍攻之冀州之野。應龍畜水。蚩尤請風伯雨師。縱大風雨。黃帝乃下天女曰魃。雨止。遂殺蚩尤。魃不得復上。所居不雨。御覽引此文作妭。借字也。妭見女部。從鬼犮聲。薄撥切。周禮有赤魃氏。除牆屋之物也。今秋官作赤犮氏。省形存聲字也。鄭注。赤犮猶言捇拔也。主除蟲豸自埋者。案許君以此爲字之別義。故解說之。下文引詩。乃證本義。詩曰。旱魃爲虐。大雅雲漢文。傳曰。魃旱神也。

鬽 老精物也。左文公釋文引同。元應引作老物精也。蕪城賦注。顏注王莽傳亦云然。然非也。虫部。蝄蛧。山川之精物也。是知精物者。乃精气所成之怪物。非老物之精變化爲物也。春官。凡以神仕者。夏日至。致地示物鬽。左文十八年傳。以禦螭魅。服虔注曰。鬽人面獸身四足。好惑人。山林異氣所生。以爲人害。然則鬽有定形。非幻化所爲也。顧不直云精物而曰老者。抱朴子言老鬽。黃門從官驕罵陳蕃曰。死老魅。是古人言鬽。皆謂之老也。從鬼彡。彡。鬼毛。本莫媿切。孫密祕切。

魅 鬽或從未聲。

𩳁 古文。此篆與下篆互譌。而此句又有闕文也。此當云籀文鬽。從彖省。從尾省聲。髮䰂下皆曰。彔籀文鬽。可證。

𩳁 籀文。從彖首。從尾省聲。當云古文鬽。從鬼尾竝省。韻會引兩篆交易是也。但彔作彖。未詳孰是。

huà 䰥　hū 䰧　qí 𩴾　jì 鬾　chǒu 醜　pín 䰲　nuó 䰐　rú 䰭

鬾 鬼服也。衣部。褺。鬼衣也。一曰。小兒鬼。東京賦。八靈爲之震慴。況鬾蜮與畢方。薛注。鬾小兒鬼也。畢方父老神也。從鬼支聲。奇寄切。韓詩傳曰。鄭交甫逢二女鬾服。詩漢廣。薛君章句。游女謂漢神也。初學記引韓詩。鄭交甫過漢皋。遇二女。妖服佩兩珠。交甫與之言曰。願請子之佩。二女解佩與交甫。而褱之。去十步。探之則亾矣。回顧二女亦不見。

䰧 鬼皃。從鬼虎聲。虎烏切。

𩴾 鬼俗也。口口口口口。竹君本空白五格。始安記。吳越之境。其人好巫鬼。重淫祀。從鬼幾聲。渠衣切。一本渠希切。一本居衣切。淮南傳曰。吳人鬼。越人𩴾。漢書景十三王傳顏注引此文曰。荊人鬼。越人𩴾。漢書音義引呂氏春秋亦同。二書今竝作禨。字林。禨。祆祥也。史記索隱引列子。荊人鬼。越人禨。謂楚信鬼神。越信禨祥也。集韻。南方之鬼曰𩴾。一說吳人曰鬼。越人曰𩴾。案伽藍記。楊元愼罵山陰陳慶之曰。吳人之鬼。住居建康。又曰。若其寒門之鬼。然則元魏時猶呼吳人爲鬼也。

䰭 鬼鬽聲。䰭䰭不止也。從鬼需聲。奴豆切。廣韻。人朱乃侯二切。

䰥 鬼變也。從鬼化聲。呼駕切。案此字即是以爲專字耳。

䰐 見鬼驚詞。詞一作聲。同意。篆文䰐。人値鬼驚聲。玉篇。䰐驚敺疫癘之鬼也。從鬼。難省聲。難從堇聲。此不曰堇聲者。闕。經典借難爲䰐也。夏官方相氏帥百隸而時難。諾何切。讀若詩受福不儺。小雅桑扈文。今儺作那。傳曰。那多也。釋詁同。此或出三家詩。引此者。又闕經典借儺爲䰐也。論語禮記皆作儺。

䰲 鬼皃。從鬼賓聲。符眞切。

醜 可惡也。詩十月之交。亦孔之醜。傳云。醜惡也。左傳。惡直醜正。從鬼酉聲。鄭風。無我魗兮。從壽聲。昌九切。

文十七　大徐竝所補魋字計之也。言部。譙從魋聲。左傳。魋字婁見。補之自是。然說之曰神獸也。以與從鬼相黏合。則誤矣。釋獸。魋如小熊。竊毛而黃。字林。魋獸如熊。黃而小。

重四　桂氏段氏皆補魋字。桂氏曰。衆經音義。勦仕交反。便捷也。謂勁速勦健也。說文作魋。健也。廣雅。魋捷也。聲類。魋疾也。古文宛夢賦。撲苕蕘。注引玉篇。魋剽輕爲

fú 甶　wèi 畏　yù 禺　sī 厶　cuàn 篡　yòu 羑

害之鬼。汪刻朱鈔小徐本上作文十七，此作重三，則是損一重文益之正文。

甶 鬼頭也。象形。敷勿切。凡甶之屬皆從甶。

畏 惡也。廣韻同。案藥性畏與惡尚小異，畏者忌憚之意，惡者嫉忌之意，左傳合左師畏而惡之。從甶虎省。鬼頭而虎爪，可畏也。於胃切。

𢁧 古文畏省。

禺 母猴屬。段氏曰，爪部爲，母猴也，左傳魯公爲，檀弓作公叔禺人，可證爲禺是一物也。筠案釋獸寓鼠曰嗛，寓鼠者，承上文寓屬鼠屬二節而言，今本寓屬失于限斷，而鄭注司尊彝曰，蜼，禺屬，卬鼻而長尾，賈疏引爾雅禺屬以實之，寓或是借字，如木偶亦作寓禺之比，抑或是訛字，如詩斯干孔疏，尚引釋言冥窈也，而郭注本轉作冥幼也，是東晉播遷，書無善本，賈孔皆唐人，所据本轉不訛也，然郭本雖訛，猶但指獼猴之類，惟云寄寓木上，涉附會耳，而邵氏正義兼言或寄于穴，則更誤矣。案上文猶猱猨玃父三獸，確是禺屬，而閒雜諸獸之中，蓋倒亂已久，又案改禺爲寓之人，蓋以是篇不釋禺也，或是脫禺字一條，或猶禺雙聲，猶如麋善登木，猶卽禺字之譌，然犬部猶，玃屬也，固與雅訓比附，虫部蝯蠗下，皆云禺屬，蜼字繼其後，云如母猴，本草獼猴數種，都名禺屬是也。南山經招搖之山有獸焉，其狀如禺，注，禺似獼猴而大，赤目長尾。頭似鬼。從甶從内。從内者，寓屬之末句曰，闕洩多狃，狃卽上文其跡厹之厹，猴善攀援，其指爪有異，故從内。牛具切。南山經注，禺字音遇。

說文句讀 卷十七　七百七十四　○折三十六　二十九

文三　重一

厶 姦。句 衺也。女部，姦，私也，私者厶之隸字，故此文以姦說厶，乃轉注也，然又申之以衺者，姦之謂私，乃女子有所私，以其從女也，厶之謂姦，則凡不公不正者之通義矣，故又申之也，然厶既爲通義，則姦亦爲通義，姦先姦同是也。韓非曰，蒼頡作字，自營爲厶。引書以說字形，亦創例也，五蠹篇曰，古者蒼頡之作書也，自環者謂之私，背私者謂之公，案營環一義，皆繞帀之謂，私則傳寫之誤，無論自營自環，祇能爲厶，不能爲私也。息夷切。凡厶之屬皆從厶。

篡 屰而奪取曰篡。此指篡位而言，莊子秋水篇，帝王殊禪，三代殊繼，差其時，逆其俗者，謂之篡夫，然釋言，篡，取也，則亦爲取之通語，法言，鴻飛冥冥，弋人何篡焉。從厶。衆經音義，弑君之法，理無外聲，故從厶也。算聲。初宦切。

羑 相訹呼也。言部，訹，誘也，此加字以說之者，訹字不常見也，書費誓，誘臣妾，左僖十年傳，幣重而言甘，誘我也。從厶從羑。案當作羑聲，此由既增古文羑，遂改其文也，羊部，羑，進善也，此謂教之以善也，孔子善誘，詩天之牖民是也，羑從厶，謂誘之以惡也，史記勾踐世家曰，吳太宰嚭貪，可誘以利是也，二字天淵，不可以相從也。與久切。

誘 羑或從言秀。衆經音義引云，誘，導也，引也，教也，案導引二義，則進善與相訹呼皆得兼之，教義則進善得兼之。

𧥮 羑或如此。

𡕟 古文。徐鍇曰，羊部有羑，此重出。

文三　重三

wéi 嵬　wēi 巍

嵬 高而不平也。元應引如此，是也，李善引云，山石崒嵬，高而不平也，因南都賦言崒嵬，故加字引之，元應先出嵬崔而后引說文，自明白也。從山鬼聲。五灰切。凡嵬之屬皆從嵬。

巍 高也。方言同，隸作巍，亦省作魏，淮南本經訓，魏闕之高，上際青雲，高注，門闕高崇，嵬嵬然，故曰魏闕，桂氏曰，魏伯陽參同契後序曰，委時去害，依託丘山，循游寥廓，與鬼爲鄰，易運期說魏字云，鬼在山禾女連，此皆魏姓魏國從山之證。從嵬，

說文句讀 卷十七　三百九十七　、○折十八　三十

委聲。牛威切。中論引詩，惟山崔巍，今本作嵬，恐本是一字，分繫省耳，集韻八微，以巍爲正文，嵬爲省文，十五灰亦合爲一，而又單出嵬字。

文二

說文解字句讀弟九上　　曲沃楊恆校

句讀卷十七補正

心部㥑、從頁聲、㥑、卽今之憂字也、皆可證、一葉前十行是也二字刪去增此

下文頸頭莖也、二葉後六行類鼻頸也下增此

魏曹子建洛神賦尚曰靨輔承權、則秦漢可知。二葉後八行故言面以定之下增此

頨、頨妍也。大徐作頭妍也、玉篇、廣韻九麌、集韻二仙九麌引竝同、我依小徐者、則以廣韻二仙曰、頨、許緣切、頨妍、美頭、頨妍疊韻、似是說文古本如是、故用之也。從頁翩省聲。集韻引、脫聲字、然與翩字同收於𦄒延切內、知非從翩其反矣之義、葢自玉篇曰、頨、娉緣有矩二切、而廣韻集韻皆承之、其讀如翩者、承用說文也、其讀如羽者、据頨從羽以爲音也、廣韻二仙旣收、唐韻亦必有、大徐但引王矩切、則以習熟俗讀、未檢仙部也、惟羽字同音、故廣韻曰、頨、孔子頭也、繫傳曰、書傳多言孔子反宇、作此頨字、云頭頂西崖峻起、象尼丘山、筠案反宇字屢見文選、宇者檐也、瓦屋中伏而檐揚起、故曰反、以言聖容、則是況詞、若如所說、則頨卽是反、連言反頨則複、是郢書燕說也。讀若翩。桂氏曰、翩當作翑、玉篇廣韻集韻竝音王矩切、下二句將指翑字言耶、則羣書有劬矩二音、不音王矩切、若指頨字言、則廣韻集韻分收兩說、尚有可原、玉篇兩切竝出、無容不見、此君好爲不信、我多隱諱之、獨此字受其欺者十年、故發憤書之也

七葉前一行頨篆注全易

牛羊馬鹿㲋兔𠫓黽龜畕十部下、禽离𩠐三字下、皆云然、惟虫部言首、用尒疋釋魚本文也、然在經典、則爲通詞、九葉後五行刪然亦通詞四字以此易之

篆及說解、朱竹君本同、十三葉前八行無弱下刪字字增此

汪朱作文八、十三葉前十行文九下增此注

當作芇聲・十五葉後四行作踐切上增此

筠又案廣雅曰、篅觛卮也、有篅而無䉛、然則說文亦當有䉛而無篅也、小徐本是、二十葉後二行篅卽篅也下增此

案以印爲信、自秦而始、堯舜時忠孝侯印之說誣也。顧廣韻曰。左傳鄭大夫印段、出自穆公子印、以王父字爲氏。然則春秋時固有印字。特周禮謂之璽節。不謂之印。是知古義失傳、許君但以秦漢義說之也。二十二葉前三行案印始于秦至而不名曰印刪去以此補之

漢官印、以慮傂尺量之、大抵以寸爲度、大戴禮曰、布指知寸、二十二葉前六行故從爪上持之二字刪去以此補之

論語正顏色出辭氣、本是兩事、許君以气說色者、人之骨相有定、而氣色無定、隨其善惡之氣、卽發爲靜躁之色矣、二十二葉後一行論語至色也十五字刪去以此補之

卩部云、信也、言部信、誠也、色之從卩、祇是誠言其表裏如一、非色莊也、二十二葉後二行論語上增此

句首當增周禮二字、例見玉部璋下、二十三葉前二行六卿下增此注三行見周禮三字刪去

能改齋漫錄曰、唐李鼎祚連珠集、論五行之所始終、曰、水其系包在巳、其胎在午、火其系包在亥、木其系包在申、金其系包在寅、二十五葉前十行曰胞也下增此

孟子勿視其巍巍然、孫氏釋文作魏魏、曰音巍、丁云、當作巍、是不知其即一字也、三十葉前九行故曰魏闕下增此

shān 山　yuè 嶽　dài 岱　dǎo 島　náo 峱　yì 嶧

說文解字句讀弟九下

山　宣也。廣雅同。謂能宣散气。生萬物也。依莊子釋文引改補。蓋庾注也。左昭元年傳節宣其氣、注云宣、散也。釋名、山、產也。產生物也。有石而高。丘部云、土之高也。與此對文。無石曰丘、有石曰山。高則所同也。鄭注地官司徒曰、積石曰山。象形。所閒切。凡山之屬皆从山。

嶽　東岱。南靃。西華。北恆。中泰室。桂氏曰、此漢制也。武帝所定之五嶽也。據當時所祠者言之也。釋山云、泰山爲東嶽、華山爲西嶽、霍山爲南嶽、恆山爲北嶽、嵩高爲中嶽。此亦漢人所增益。郭景純信爲爾雅原文、不知武帝以前無此說也。釋山首云、河南華、河西嶽、河東岱、河北恆、江南衡。此乃周之五嶽。鄭注大司樂云、五嶽、岱在兖州、衡在荆州、華在豫州、岳在雍州、恆在幷州、是也。鄭志云、周都豐鎬、故以吳岳爲西岳。周家定以岳山爲西岳、不數嵩高。王者之所以巡狩所至。言之所至。韻會引無之所以三字。桂氏曰、唐虞五載一巡狩、尚書言四岳而不及中岳、以非巡狩所至也。至周禮始備五岳之名。白虎通曰、岳之爲言桷、桷功德。詩序、般、巡狩而祀四岳河海也。風俗通曰、中嶽嵩高也、王者所居、故不巡焉。从山。獄聲。五角切。

𡶳　古文嶽。象高形。𡶳與㞷同形者、岳大山也、大則丘壟必多、故四其上、不似小山聳然孤峙、一覽無餘。

說文句讀　卷十八　七百七十二　、○折三十五　一

岱　太山也。公羊傳作太山、釋山作泰山、地理志泰山郡博、岱山在西北。求山上、桂氏曰、職方之山、漢志皆爲注明、岱爲五岳長、何獨無注。求山上三字、當爲兖州山。从山。代聲。風俗通、岱宗、萬物之始、陰陽交代、後漢書安帝紀注、太山王者告代之處、爲五岳之宗、故曰岱宗。徒耐切。

島　海中往往有山可依止。曰島。依止二字、一引作居、島亦作隝、漢書司馬相如傳、阜陵別隝、又作隯、西京賦辥綜本、長風激于別隯。从山。鳥聲。禹貢、島夷皮服、鄭注、島夷東方之民、搏食鳥獸者也、王肅云、島夷東北夷國名也、正義曰、孔讀鳥爲島、釋文作島、云當老反、引馬云、島夷北夷國。都皓切。讀若詩曰蔦與女蘿。小雅頍弁文。

峱　山在齊地。依齊風釋文引刪。嚴氏曰、山水二部無加地字例。从山。狃聲。奴刀切。詩曰、遭我于峱之閒兮。齊風還文。于今作乎。釋文云、峱、崔集注作嶩。地理志引齊詩曰、子之營兮、遭我虖嶩之閒兮。顏注、字亦作嶩。元史、嶩嶩字子山。

嶧　葛嶧山在東海下邳。地理志東海郡下邳縣葛嶧山在西、古文以爲嶧陽。从山。睪聲。羊益切。夏書曰、嶧陽孤桐。夏、一引作尚。禹貢文。此嶧字从山。魯頌保有鳧繹、字从糸。地理志魯國騶縣故邾國、嶧山在北。字从山者同音假借、或混二山爲一、非也。

yú 嵎　yí 嶷　mín 㟭　jǐ 屼　jié 巀　niè 嶭　huà 崋　guō 崞　yáng 崵

嵎　封嵎之山在吳楚之閒、汪芒之國。魯語客曰、防風氏何守也。仲尼曰、汪芒氏之君也、守封嵎之山者也。韋昭以封嵎爲兩山、與許以爲一山不同。从山。禺聲。史記曰、汪罔氏之君、守封禺之山。罔者同音假借字、禺者省形存聲字。噳俱切。

嶷　九嶷山、舜所葬、在零陵營道。大荒南經、赤水之東有蒼梧之野、舜與叔均之所葬也。海內經、南方蒼梧之丘、蒼梧之淵、其中有九嶷山、舜之所葬、在長沙零陵界中。地理志零陵郡營道縣九嶷山在南。从山。疑聲。楚詞九歌九懷、秦始皇本紀、皆作九疑。水經注湘水云、基蟠蒼梧之野、峯秀數郡之閒、羅巖九舉、各導一谿、岫壑負阻、異嶺同勢、游者疑焉、故曰九疑山。筠案、作疑者古文也、作嶷者後起之專字也、故許君不云从疑。語其切。

㟭　山在蜀湔氏西徼外。地理志蜀郡湔氏道、禹貢崏山在西徼外、江水所出。史記汶山導江、汶嶓既蓺、汶山之陽、字竝作汶、封禪書又謂之瀆山。从山。敃聲。武巾切。

說文句讀　卷十八　八百○二　、○折四十一　二

屼　山也。或曰弱水之所出。弱當作溺。桂氏曰、此屼山即楚詞之窮石、十六國春秋謂之蘭門、漢張掖刪丹西南山也。廣韻屼、女屼、山名、弱水所出。馥案此誤也。九域志、女屼山在河南府壽安縣、神仙傳、葛仙翁於女几山學仙、馥謂別是一山、非弱水所出。从山。几聲。居履切。

巀　巀嶭山在左馮翊池陽。地理志左馮翊池陽縣、巀嶭山在北。顏注、巀嶭即今俗呼嵳峩山是也。筠案、巀嵳、嶭峩、皆雙聲。从山。截聲。才葛切。字又作嶻。見後漢書馮衍傳。章懷注、嶻嶭山一名嵳峩。

嶭　巀嶭山也。从山。辥聲。五葛切。

崋　山在宏農華陰。郡國志、宏農郡華陰、故屬京兆、有太華山。史記索隱、華山古文以爲敦物。从山。華省聲。胡化切。嚴氏曰、此篆恐後人所加。釋山釋文、華、字林作崋、不引說文。嶽下云西華、不云崋。又此字得从崋聲、而云華省聲、皆可疑也。筠案、岱繼嶽下、而崋不繼岱、與類聚亦可疑。

崞　山在鴈門。地理志鴈門郡有崞縣、字作崞。从山。𦎧聲。古博切。

崵　首崵山在遼西。依史記正義引補。史記伯夷列傳作首陽。集解引馬融曰、首陽山在河東蒲阪華山之北、河曲之中。正義云、曹大家注幽通賦云、夷齊餓于首陽山、在隴西首陽、又戴延之西征記、洛陽東北首陽

山

hù 岵　qǐ 屺　xué 嶨　áo 嶅　qū 岨　gāng 岡　cén 岑　yín 崟　zú 崒

山有夷齊祠，今在偃師縣西北。筠案：諸說馬氏爲近。伯夷就養西伯，途中偶乏資用耳。論語但言餓，則夷齊當是考終命，不由餓而死。太史公曰：由此觀之，怨邪非邪。已將傳曰一段埽除淨盡矣。許君云首崵山在遼西，不言爲夷齊所餓之地，不必以首崵之名牽合之也。且遼西卽孤竹之地，中子遂不顧恤，又何由叩馬乎？郢書燕說，皆由誤讀伯夷列傳致然。從山。昜聲。與章切。一曰嵎鐵崵谷也。鐵，毛本作銕。桂氏曰：土部作堣夷陽谷，列子作堣夷，又作隅夷，尚書考靈曜及史記作禺銕，夏本紀嵎夷索隱云：今文尚書及帝命驗竝作禺鐵，鐵，古夷字也。徐鍇曰：古文尚書夷作鐵，古文鐵作銕，故與夷相亂，後人譌作鐵。

岵 山有草木也。草當作艸，下同。釋山：多草木岵，無草木峐。釋名與許說同。而毛傳與之相反，疏以爲傳寫之誤，是也。王肅仲毛者也，其說岵屺亦同爾雅。從山。古聲。侯古切。詩曰：陟彼岵兮。魏風陟岵文。

屺 山無草木也。從山。己聲。墟里切。釋山作峐。釋文曰：三蒼、字林、聲類竝云猶屺字，音起。詩曰：陟彼屺兮。引之則作峐，是今本用借字也。釋名亦從石。

嶨 山多大石也。釋山：多大石礐。廣雅從山。學省聲。胡角切。

嶅 山多小石也。

釋山：多小石磝。許所據本從山也。從山。敖聲。桂氏、段氏皆曰：左宣十二年傳晉師在敖鄗之閒，晉語范獻子聘于魯，問具山、敖山，敖卽嶅，以多小石得名。五交切。

岨 石戴土也。釋名：石戴土曰砠。從山。且聲。七余切。詩曰：陟彼岨矣。周南卷耳文，今作砠。毛傳曰：崔嵬，土山之戴石者。石山戴土曰砠。釋山曰：石戴土謂之崔嵬，土戴石爲岨。鈕氏樹玉曰：毛傳、釋名、玉篇、廣韻皆同說文，則誤在釋山。

岡 山脊也。釋山、毛傳竝同。從山。网聲。古郎切。

岑 山小而高。釋山文。郭注言岑崟，案郭氏不誤而誤也。釋山省曰字耳。山大而高名曰崧，山小而高名曰岑，下文嶠、巒、巋竝放此，皆名目也。岑崟之岑，當讀去金切，則形容之詞也。郭注方言曰：岑崟，峻皃也，是也。不然者，下文崟篆說曰山之岑崟也，他部說解曰之者，皆有所區別之詞，乃岑崟二字，他事無同此音者，而亦曰之，卽與岑之單字爲山名者相別也。從山。今聲。鉏箴切。

崟 山之岑崟也。岑崟疊韻。張協詩：周文走岑崟，卽用左僖三十三年傳文王之所避風雨也。公羊傳作嶔巖，巖卽崟字，以巖崟音義皆同知之。穀梁倒之曰巖唫。衆經音義：嶔崟謂山阜之勢高倚傾也。案嶔巖、巖唫、嶔崟皆岑崟之異體。從山。金聲。魚音切。

崒

luán 巒　mì 密　xiù 岫　jùn 陖　duò 隓　zhàn 㟞　jué 崛

崒危。句高也。崒危疊韻。釋山未及上翠微，又曰崒者厜㕒。詩十月之交箋云：崒者崔嵬。案其音竝相近。從山。卒聲。詩漸漸之石：維其卒矣。箋云：卒者崔嵬。則是省形存聲字也。小徐韻譜用李舟切韻收崒于五支，云姊宜反。唐韻曰醉綏切者，遂入六脂也。廣韻則收之六術，云慈卹切矣。此亦音之流變也。

巒 山狹而高。依御覽引改。今本作山小而銳，蓋後人以埤蒼改之。徐敬業古意詩注引作小山而高，則與岑同矣，非也。釋山：巒山墮，蓋幾闕之文。御覽引爾雅曰：山狹而高曰巒，小曰墮。說巒與許同，說墮與毛公同，蓋從古本也。而漢書揚雄傳箋丘跳巒，顏注亦曰山小而銳曰巒。從山。䜌聲。洛官切。

密 山如堂者。釋山文。郭注：形如堂室者。引尸子曰：松柏之鼠，不知堂密之有美樅。詩終南：有紀有堂。大荒東經有大人之堂，注云：亦山名，形狀如堂室耳。從山。宓聲。美畢切。段氏曰：廣韻密下引說文山脊也，密下云山形如堂，蓋有誤。玉篇云密同密。

岫 山穴也。釋山：山有穴爲岫。郭注謂岩穴。許君之意，蓋恐人誤讀爾雅，謂有穴之山名曰岫也，故節其詞曰山穴，謂山之穴也。七啓：出山岫之潛穴。陶淵明文：雲無心以出岫。皆其明證。抱朴子曰：藏夜光于嵩岫。尤不能呼嵩山爲岫山矣。至如陸士衡詩：王鮪懷河岫。則又借爲地中孔穴之名矣。從

山。由聲。似又切。

窗 籀文岫從穴。

陖 高也。東京賦注引云：峻峭高也。乃引阜部陖陗高也，改爲峻峭耳。詩：駿命不易。聲借字也。大學作峻。從山。陖聲。峻者，陖之絫增字，故不言從陖。私閏切。

峻 陖或省。

隓 山之隓隓者。詩般：墮山喬嶽。傳曰：墮山，山之墮墮小者也。御覽引爾雅：小曰墮。玉篇：墮，小山也。皆襲毛傳而未合毛意，不及許君但用傳之上半句也。小序曰：般，巡守而祀四岳河海也。案墮山爲巡守所祀，則必亦是大山，惟毛公說經，既墮與喬對文，於嶽言喬，則一覽衆山小矣。說文據字爲說，欲目爲大，則恐人疑；欲用毛傳小字，則其實不合，而本文既無喬嶽以壓伏之，故第言其狀曰墮墮。卽廣韻徑說墮曰山高，亦非故與毛公立異也。字林：墮，山之施墮者。施蓋卽旇。玉篇：㢹旇，山卑長也。此卽墮墮之形狀也。後世封泰山者禪梁父，梁父卽墮山，泰山卽喬嶽，豈得目梁父爲部婁乎？於經一見之字，許必不得與毛異。從山。從憜省聲。憜一引作墮，然云隋聲可矣。徒果切。讀若相推落之墮。墮似當作陊。

㟞 尤高也。尤當作危。玉篇：㟞，危高皃。從山。棧聲。士限切。

崛 山短高也。廣韻：崛，山高而短。埤蒼：崛，特立也。史記：崛然獨立。從山。屈聲。

duò
嶞

wù 嵍　fú 岪　bēng ⿰山朋　kēng ⿰山巠　róng 嶸　zhēng 崝　é 峨　cuó 嵯　gào 峼　zuì 嶵　lěi 㠥　yán 嵒　yán 巖　lì 巁

屈無尾也，兼意。衢勿切。

巁　巍句高也。巍下云高也，此以巍說巁，謂其同義也，故再以巍之說說之。王篇廣韻字作巁，云巍也。從山蠆聲。虫部蠆，此從之而逐虫。于下耳二字皆力制切。讀若厲。

巖　岸也。御覽引作匡也，又申說曰山邊謂之匡，則舊本自是匡字。厂部說云山石之匡巖，亦二字連言之雙聲字也。然爾雅釋丘篇末附匡岸一條，曰望匡洒而高岸，又曰重匡岸，又總題之曰匡岸，則二字小異而大同也。六書故引作斥也。從山。嚴聲。五緘切。

嵒　山巖也。字林同。西京賦下嶄巖以嵒齬。從山。品聲。讀若吟。案此讀，是謂與崟厰同字也。唐韻五咸切，是謂與巖同字也。然巖從嚴聲，巖從厰聲，則亦不異。

㠥　嶵也。段氏改爲㠥辠山皃，是也。韻會引正如此，惜引之辠下耳。廣韻㠥辠山狀，集韻作嶸，云嵔嶸山貌，然亦是連語，不能單字成義也。從山。纍聲。落猥切。

嶵　山皃。段氏改爲㠥辠也，是也。魯靈光賦曰嵯峨嶵嵬，又曰巋嶵㠥崇，然皆是連語。從山。辠聲。徂賄切。

峼　山皃。一曰山名。從山。告聲。古到切。玉篇廣韻皆口沃切。

嶞　山皃。從山。墮聲。徒果切。

嵯　嵯峨。山高皃。韻會引此於峨下，今逐於此。楚詞招隱士山氣巃嵸兮石嵯峨，王篇巃嵸嵯峨皃。從山。差聲。昨何切。

峨　嵯峨也。從山。我聲。五何切。

崝　崝嶸。山高皃也。以字林補之。方言崝，高也。郭注崝嶸高峻之皃也。淮南繆稱訓岸崝者必陀，高注崝峭，是知漢人尚單用崝字。然楚詞遠游下崢嶸而無地兮，已連言崢嶸矣。王于字之作崢，或後人改之。從山。青聲。七耕切。

嶸　崝嶸也。從山。熒聲。戶萌切。白石神君碑作崢嶸。

⿰山巠　谷也。廣韻曰，⿰山巠，口莖切。或作硎，谷名，在麗山，昔秦密種瓜處。段氏曰，秦冬月種瓜谷中溫處，瓜實，因使諸生往視，說之，發機阬諸生，事見尙書正義所引衛宏詔定古文官書序，漢書儒林傳注、藝文類聚同，而師古作阬谷，正義及類聚作硎谷，實則⿰山巠谷也。從山。巠聲。戶經切。

⿰山朋　山壞也。左成五年傳山有朽壤而崩。從山。朋聲。北滕切。

⿰山朋　古文崩。從𠂤。

岪　山脅道也。謂山脅之路曰岪也。楚詞招隱士云，坱兮圠山曲岪。王注云，盤結屈也。段氏曰，結屈，許書作詰詘，山脅之道然也。從山。弗聲。符勿切。

嵍　山名。當云丘也。王篇嵍，亾刀切，丘也。詩邶風旄丘，釋文字林作嵍，云嵍丘也，亡周反，又音毛。山部又有嵍字，亦云嵍丘也，亡付反，又音旄。釋丘前高旄丘，案丘名而從山，是以不與諸山名類列。從山。敄聲。亡遇切。

shēn 屾　tú 嵞　cuī 崔　chóng 崇　jié 岊　zōng 嵏　yáo 嶢　qiáng ⿰山戕

嶢　焦嶢。山高皃。焦嶢疊韻。漢書揚雄傳作嶕嶢。從山。堯聲。古僚切。

⿰山戕　山陵也。從山。戕聲。慈良切。或本與陵類篇捝誤在此。

嵏　九嵏山，在左馮翊谷口。地理志，左馮翊谷口縣，九嵏山在西。從山。嵏聲。子紅切。段氏遂此篆于巀嶭之後，從玉篇也。

岊　陬隅，高山之節也。陬隅疊韻。不云陬岊者，猶說巘曰桓圭，用借字以曉人也。高山之節，解陬隅，郎爲從山卪張本也。吳都賦夤緣山嶽之岊。從山卪。讀若隅。以隅說之，而讀又如之，則岊即隅之異文矣。而羣書皆認爲從山卪聲，故唐韻子結切，今或以爲節彼南山之節。惟集韻收之十虞，云元俱切，是特識也。𡿨部丞下繫傳云隅爲山岊。

崇　嵬句高也。此猶之巁巍高也。但嵬高而不平也，崇則無不平意耳。詩序崇丘萬物得極其高大也。王於詩崧高維嶽，釋山山大而高崧，釋名山大而高曰嵩，許不收崧嵩字。韋注國語曰，古通用崇字是也。從山。宗聲。鉏弓切。

崔　高大也。依南都賦注引。乙轉齊風南山崔崔傳，高大也。從山隹。胙回切。小徐無此篆，其疑義篇曰，說文有摧、漼等字，而無此字，當是崔字之省。

文五十三　此大徐併所補峰篆計之也，實五十二。重四

屾　二山也。凡屾之屬皆從屾。所臻切。

嵞　會稽山。嵞字有兩說，而皆是山名，又皆屬禹事。此先言嵞山郎會稽山也。左傳禹會諸侯于塗山，魯語昔禹致羣神于會稽之山，二傳所說正是一事也。塗者涂之俗字，聲借爲嵞也。吳越春秋曰，禹登茅山以朝羣臣，乃大會稽，更名茅山爲會稽，以嵞山爲茅山，蓋傳聞異詞，而可知上古名嵞山，因禹會計乃改名也。一曰九江當嵞也。民以辛壬癸甲之日嫁娶。一曰者，會稽之外別有一山，亦名嵞山也。地理志九江郡當塗，應劭曰，禹所娶塗山氏國也。文字音義曰，嵞山古國名，夏禹娶之。元和志濠州鍾離縣下云，塗山在縣西九十五里，而郡國志當塗注引帝王世紀曰，禹會諸侯塗山，則是以當塗之塗山爲會稽之塗山，章懷誤也。呂氏春秋，禹娶塗山氏女，不以私害公，自辛至甲四日，復往治水，故江淮之俗以辛壬癸甲爲嫁娶日也。禹虛在山西南。從屾。余聲。同都切。虞書曰，予娶嵞山。此古皋陶謨約文也。本文

è 屵　àn 岸　yá 崖　duī 崔　pǐ 嶏　pèi 嶏　yǎn 广　fǔ 府

曰予創若時、娶于塗山、引此但證後說、

文二

屵　岸高也。廣韻曰高山狀 從山厂。厂亦聲。五葛切、疑屵即厂之累增字、厂有籀文𠪊從干聲、干卽葛之平聲也、凡屵之屬皆從屵。

岸　水厓而高者。水厓者、釋丘中厓岸一條所言皆水厓也、高者、釋丘曰、望厓洒而高岸、李巡孫炎皆訓洒爲陗、陗者斗絕之名也、詩新臺有洒、傳曰、洒高峻也、字通作顏、顧亭林曰、河渠書引洛水至商顏下、服虔曰、顏音崖、崖當作岸、漢書古今人表、屠岸賈作屠顏賈、是也、從屵干聲。五旰切、

崖　岸。句 高邊也。依元應引補、以岸釋崖者、釋丘題以厓岸、又曰重厓岸、許所据本葢作崖故以岸釋崖者、區別之詞也、厂部厓、山邊也、是山之邊爲厓、此云高邊、則水之邊而陗高者也、若山則高不待言矣、崖厓音同形又近、故特區別之、從屵圭聲。五佳切、

崔　高大也。依選注引補、崔卽崖之異文、說見崔下、從屵隹聲。都回切、

嶏　崩也。集韻引作[illegible]也、從屵。肥聲。列子黃帝篇、目所偏視、晉國爵

之、口所偏肥、晉國黜之、釋文云、肥、皮美切、說文字林皆作嶏、又作圮、皆毀也、字從其省、符鄙切、

嶏　崩聲。玉篇同、小徐作崩也、從屵。配聲。土部圮之重文醇、從配省聲、讀若費。蒲沒切、玉篇有嶏無嶏、段氏謂嶏卽嶏之或體、

文六

广　因广爲屋。趙宧光曰、广當爲厂、佩觿引作因巖爲屋、廣韻同、桂氏曰、因、就也、申屠蟠因樹爲屋、傅子管幼安因山爲廬、墨子、古之民未知爲宮時、就陵阜而居、象對刺高屋之形。對刺似是連緜字、卽形容高屋之詞、桂氏曰、刺、盧達切、埤蒼、庵、康也、玉篇、庵、廟也、廣雅、易、廟、庵也、桂氏又曰、广卽庵字、隸嫌其空、故加奄、變象形爲形聲、衡方碑有庵字、凡广之屬皆從广。讀若儼然之儼。魚儉切、

府　文書藏也。衆經音義引無文書二字、又引三蒼曰、府、文書財物藏也、天官小宰、五曰府、掌官契以治藏、注云、治藏、藏文書及器物、又大府玉府內府外府、地官之泉府、春官之天府、是知凡藏皆曰府、不可以文書藏與下文庫兵車藏廥芻藁之藏相對立

yōng 廱　xiáng 庠　lú 廬　tíng 庭

文也、又人之五藏六府、雖亦沿此得名、但藏實而府虛、其名不可互稱耳、從广。付聲。方矩切、

廱　辟廱。天子饗飲處也。依蓺文類聚引改補、食部、饗、鄉人飲酒也、說苑、辟廱、天子鄉飲之處、宋書禮志、晉武帝太始六年、帝臨辟廱、行鄉飲酒之禮、戴東原曰、詩靈臺四章於論鼓鐘、於樂辟廱、傳云、水旋丘如璧、曰辟廱、以節觀者、震案辟廱於經無明文、漢初說禮者、規放故事、始援大雅魯頌立說、謂天子曰辟廱、諸侯曰頖宮、如誠學校重典、不應周禮不一及之、而但言成均瞽宗、孟子陳三代之學、亦不涉乎此、他國且不聞有所謂泮宮者、周鼎銘曰、王在辟宮、獻工錫章、左氏春秋曰、鄭伯享王于闕西辟、史記曰、豐鎬有天子辟池、譙周曰、成王作辟上宮、此單言辟者也、周頌曰、于彼西雝、傳云、雝、澤也、古銘識有曰王在雝上宮、此單言雝者也、其曰辟上雝上、則以名池名澤而作宮其上、宮因水爲名也、趙岐注孟子雪宮云、離宮之名也、宮有苑囿臺池之飾、禽獸之饒、此詩靈臺靈沼靈囿、與辟廱連稱抑亦文王之離宮乎、閟燕則游止肄樂于此、不必以爲太學、于詩詞前後尤協矣、從广。雝聲。於容切、

庠　禮官養老。句末當有處也二字、孟子、庠者養也、庠養疊韻、王制、有虞氏養國老于上庠、養庶老于下庠、又曰、周人養庶老于虞庠、與下文殷曰庠不相應、葢許君所不用也、

夏曰校。殷曰庠。周曰序。漢書儒林傳同、孟子則曰殷曰序、周曰庠、從广。羊聲。似陽切、

廬　寄也。秋冬去。春夏居。此字當與廛類次、本字上下皆大人所居之名、不可以小民所居廁其閒也、大雅、于時廬旅、傳曰、廬、寄也、詩信南山、中田有廬、箋云中田、田中也、農人作廬焉、以便其田事、公羊宣十五年傳注曰、在田曰廬、在邑曰里、春夏出田、秋冬入保城郭、案在邑曰里、卽下文之廛也、至如衆經音義曰、廬、別舍也、黃帝爲廬以避寒暑春秋去之、冬夏居之者也、案此卽離宮、故與許說相反、從广。盧聲。力居切、

庭　宮中也。下文廇中庭也、與此上下相對、上直廇者曰庭、下直庭者曰廇、是以釋詁曰、庭、直也、易節卦、不出戶庭、案戶者房戶也、連戶言庭則庭在戶外、是堂上也、詩子有庭內、弗洒弗埽、又曰、洒埽庭內、案內者房中也、莊子逍遙游曰、大有徑庭、知徑在堂下、庭在堂上、相懸隔也、凡此皆謂庭爲宮中也、是以許君自敘曰、令說文字未央庭中、魏書江式傳作宮中也、然而玉篇曰、庭、堂階前也、者易節卦明夷卦皆門庭連言、周禮閽人亦然、雜記曰、禭者降受爵弁服於門內霤、受皮弁服于中庭、自西階受朝服、夫曰降則在階下矣、先言中庭而後言西階、則庭在平地無屋處矣、考工記、堂上度以筵、宮中度以尋、相對立文、則宮中爲周垣之中矣、

chú páo lǔ wǔ yǎ dùn liù
廚 庖 ⿸广虜 廡 庌 庉 廇

所以然者、上古複穴、廇在室中、故庭在室中、後世易之以宮室、廇在簷前、故庭之名因之而遂也、要之廷朝中也、平地無屋、故字不從广、庭、宮中也、卽遂其名于檐外、仍與堂近、故字從广、此則廷庭二字所以終不可爲一名也、從广。廷聲。特丁切、

廇 中庭也。庭曰宮中、此曰中庭者、堂上平地皆曰庭、故據戶牖之前東西序之間而謂之宮中也、廇似今之天窗所直者、祇一處、故曰中庭、言中於庭也、楚詞九歎制讒賊於中廇、分注云、中廇、堂中央也、古借霤、月令中央土、其祀中霤、注云、中霤猶中室也、土主中央而神在室、古者複穴、是以名室爲霤、釋名曰、室中央曰中霤、古者覆穴、後室之霤當今之棟下、直室之中、古者霤下之處也、以上三事、皆與中庭說合、皆與庭相直者也、至如雜記之門內霤、是路門也、且言內、卽必有外、是門檐溜雨之所、皆謂之霤也、又玉藻頤霤、孔疏曰、霤、屋簷、身俯故頭臨前、垂頤如屋霤、以上二事、則霤之名遂于檐前矣、○霤者古文借字、廇者中古所作之專字、左宣二年傳三進及溜、則俗字也、從广。畱聲。力救切、

庉 樓牆也。從广。屯聲。徒損切、

庌 廡也。此本義也、廣韻曰庌廳也者、則以庌無前牆、與聽事同也、釋名、庌、正也、屋之正大者也、通俗文、客堂曰庌、皆別義也、從广。牙聲。五下切、案牙古音吾、恐庌廡本是一字兩體、許君引周禮、依先鄭改訝爲庌、是庌字本不見於經、廡字雖見洪範、而林部引作無、則晉語曰不能蕃廡、亦當是本作無、因爲有無字所專、乃借廡以爲別、然必有本義而后有假借、可知廡字爲周秦所有、故兼有籀文、庌直是廡之或體、自牙字變爲五加切、始成兩字、然則家麻韻自後漢已萌芽也、周禮曰。夏庌馬。夏官圉師注云、故書庌爲訝、鄭司農云、當爲庌、元謂庌廡也、廡所以庇馬涼也、筠案此庌亦無前牆、故借此名也、

廡 堂下周屋也。堂下前三面皆有之、故曰周、東觀漢記、上在宣德殿南廡下、幽冀之人謂之庌。依元應引補、玉篇同、釋名幽作幷、眾經音義、今言廳庌是也、從广。無聲。文甫切、

𢋴 籀文廡從舞。

⿸广虜 廡也。玉篇、⿸广虜、府也、庵也、通作廬、戰國策、蘇秦說魏襄王曰、廬廡之數也、從广。虜聲。讀若鹵。郎古切、

庖 廚屋也。依史記正義引補、王制三爲充君之庖、注云、庖、今之廚也、冢宰敘官庖人注云、庖之言苞也、苞裹肉曰苞苴、從广。包聲。易姤九二、包有魚、釋文、包本亦作庖、薄交切、

廚 庖屋也。孟子始有廚字、是周初名庖、周末名廚也、皆申之以屋者、天官食官之長曰膳夫、主所事而言、內饔外饔亨人皆然、惟庖人主其屋而言

cì bìng yǔ kuài guǎng bì xù jiù kù
廁 庰 庾 廥 廣 廦 序 廄 庫

也、從广。尌聲。直株切、

庫 兵車藏也。初學記引、車下有所字、似非、藏、去聲、春秋文曜鉤、天潢、五帝車舍也、宋均注、舍、庫也、五帝車之庫、曲禮、在庫言庫、注云、庫謂車馬兵甲之處也、樂記、車甲釁而藏之府庫、月令、審五庫之量、蔡氏章句、一曰車庫、二曰兵庫、三曰祭器庫、四曰樂器庫、五曰宴器庫、從車在广下。苦故切、

廄 馬舍也。左莊二十九年傳、春新作延廄、書不時也、凡馬日中而出、日中而入、從广。㲃聲。居又切、周禮曰。馬有二百十四匹爲廄。廄有僕夫。四當爲六、元應引之已譌矣、夏官校人曰、乘馬一師四圉、三乘爲皁、皁一趣馬、三皁爲繫、繫一馭夫、六繫爲廄、廄一僕夫、注云、自乘至廄、二百十六匹、

𠣎 古文廄從九。元應引篆作皀、案此字從皀九聲、皀古文叀也、叀下云、叀馬則是止之之義、馬繫于廄中也、不言從皀者、固以㲃字從皀、且言從皀、則字當入叀部、今既在此、與分別部居之意不合、

序 東西牆也。釋宮、東西牆謂之序、書顧命正義引作東西廂、案廂當作箱、箱、序外之屋也、鄭注禮亦作牆、段氏曰、禮經謂階上序端之南曰序南、謂正堂近序之處曰東序西序、從广。予聲。徐呂切、說文無榭字、蓋以序攝之、古籍或借謝字、案孟子序者射也、論衡引詩于邑于序、又引作謝、與今本同、是序謝通用、然周子白盤作⿸广射、從广射聲、乃榭之古文也、

廦 牆也。與壁同、從广。辟聲。比激切、

廣 殿之大屋也。段氏曰、倉頡篇、殿、大堂也、廣雅、堂埤、合殿也、殿謂堂無四壁、漢書胡建傳注、無四壁曰堂皇是也、覆乎上者曰屋、無四壁而上有大覆蓋、是曰廣、從广。黃聲。古晃切、

廥 芻稾之藏。史記平準書、虛國倉廥以振貧民、天官書、胃爲天倉、其南眾星曰廥積、正義云、芻稾六星、在天苑西、主積稾草者、從广。會聲。古外切、

庾 水漕倉也。漢書孝文紀應劭注同、續漢書、太倉令主受郡國轉漕穀、案庾字見于經者、皆量名、乃斗部斞之借字也、故以漢事說之、卽倉無屋之義、既見于經、然云無屋、仍于從广不合、故但以爲別義、從广。臾聲。以主切、一曰。倉無屋者。三蒼解詁同、詩甫田、曾孫之庾、箋云、庾、露積穀也、周語、野有庾積、

庰 蔽也。廣韻、庰、隱僻也、無人處、通作屏、急就篇、屏廁清圂糞土壤、顏注、屏僻宴之名也、屏廁清圂、其實一耳、思元賦、坐太陰之屏室兮、李善曰、說文曰、庰、蔽也、屏與庰古字通、案顏氏不引尸部屏、蓋彼係後增、從广。幷聲。必郢切、

廁 清也。廣韻引作圊也、此以

yǐng zhì dǐ páng chá lián chǐ cōng huán chán
廮 庢 底 龐 庛 廉 㢋 㢔 庋 廛

今字代古字，使人易曉也。字林圊七情反。廣雅圊、圂、屛，廁也。從广。則聲。初吏切。

廛 一畝半。一家之居也。一畝半當作二畝半，此二畝半在邑，盧之二畝半在田。地官遂人夫一廛，田百畝。注云：廛，城邑之居。孟子所云五畝之宅，樹之以桑麻者也。廣雅：廛，凥也。東齊海岱之閒或曰廛，或曰踐。從广里八土。何休說井田之制曰：一里八十戶，八家共一巷。直連切。

庋 屋牝瓦下。桂氏依文解之，謂是屋棧，則庋者笮之別名也。廣韻二十七刪：庋，屋牡瓦名。段氏從之。然玉篇亦同說文，疑莫能明。一曰。維綱也。糸部纀，持綱紐也。音義相近。從广。閱省聲。閱當作閱，桂氏曰當作戈聲，後人以環戈音異，改爲閱省聲。讀若環。戶關切。

㢔 屋階中會也。繫傳及段氏說未詳孰是，竊疑連言屋階，則不主階而言，會者際也，階附于屋，或者屋階相際之處謂之㢔也。從广。悤聲。倉紅切。

㢋 廣也。此廣大之義也。廣雅：㢋，大也。從广。侈聲。考工記飾車欲侈，侈卽㢋之省形存聲字。尺氏切。春秋國語曰。俠溝而㢋我。吳語王孫雄曰：齊宋徐夷曰：吳既敗矣，將夾溝而㢋我，我無生命矣。韋注：㢋，擊。曰：㢋。案引此者，以代一日也。段氏曰：夾，古書多作俠。

廉 仄也。仄者側也。鄉飲酒禮設席于堂廉，注云：側邊曰廉。韓詩外傳：其廉不可劌也。廣雅：廉，棱也。以上皆正義也。詩抑維德之隅，傳云：隅，廉也。儒行砥礪廉隅，樂記廉以立志，注云：廉，廉隅也。廉隅本非一物，然經既借堂邊之廉以言人之介，故傳注亦通之也。從广。兼聲。力兼切。

庛 開張屋也。從广。秅聲。宅加切。吾鄉於人之張大不知斂抑者謂之庛，蓋此字之借義。濟陰有庛縣。地理志作秅，案當作⿱宀秅，從宀猶從广也。集韻作秖，是其比。

龐 高屋也。顏注急就篇：龐者，高屋之名。龐氏之先，貰產殷富，好爲室屋，鄉黨榮慕，謂之龐家，遂以立氏。從广。龍聲。薄江切。

底 山居也。段氏曰：山當作止。玉篇：底，止也，下也。廣韻：底，下也，止也。皆本說文。釋詁：底，止也。晉語：戾久將底，韋注：底，止也。左傳昭元年：勿使有所壅閉湫底，服注：底，止也。筠案：如此則止字句絕，居也乃申說之也。下文庢、廔皆訓止，以類聚也。一曰。下也。此卽高低之低，之正字。上部：下，底也。從广。氏聲。都禮切。

庢 礙。句。止也。石部：礙，止也。庢礙同意，又可以爲連語，故以礙說庢，又以礙之說說之也。俗作窒礙。七發曰：發怒庢沓，注云：言水初發怒，礙止而涌沸也。從广。至聲。陟栗切。

廮 安止也。從

jǐn yǒu fèi tuí lóu yì zhì shù bì bì bá
廑 庮 廢 㢈 廔 廙 庤 庶 庇 庳 废

广。嬰聲。於郢切。鉅鹿有廮陶縣。見漢志。

废 艸舍也。依詩甘棠釋文引補。玉篇無。同，又借拔及跋。左傳十五年傳：反首拔舍，杜注：拔，草舍。止鄘風：大夫跋涉，傳云：草行曰跋。從广。既云艸舍，無屋可知，知废是後起之專字，故不見於經。犮聲。蒲撥切。詩曰。召伯所废。召南甘棠文，今作茇，傳云：茇，草舍也。正義云：周禮仲夏教茇舍，注云：舍，草止也，軍有草止之法。然則茇者，草也，草中止舍，故曰茇舍。

庳 中伏舍也。葺屋正平，取其吐水疾也。瓦屋皆中伏，檐高，取明且爲觀美也。從广。卑聲。便俾切。一曰。屋庳。左襄三十年傳：宮室卑庳。引伸之，凡卑皆曰庳。周禮：其民豐肉而庳。或讀若逋。雙聲。

庇 蔭也。釋言文。舍人曰：庇，蔭也。或省作庀。左襄八年傳：以待彊者而庀民焉，釋文作庇。段氏曰：周禮注：庀，具也。左傳、國語亦有庀字，注或云具也，或云治也。攷周禮故書庀作比，許從故書，故說文無庀。從广。比聲。必至切。

庶 屋下衆也。釋詁：庶，衆也。許云屋者，以字從广也；云下者，兼釋字形。從广。炗。广下之光，照徹四壁，有衆意焉。古光、廣通用，又木部桄，充也，廣大充滿，皆有庶意。商署切。炗古文光字

庤 儲。句。置屋下也。人部：儲，偫也；偫，庤一字，故以儲說之。云置屋下者，字從广，且儲以待用，不可露積也。詩臣工：庤乃錢鎛，傳云：庤，具也。釋詁：峙，具也。借峙爲之，詩書亦多借峙。從广。寺聲。直里切。

廙 行屋也。巾部無帟字，此蓋是也。行屋者，張之如屋，用之行路也。天官幕人設重帟，注云：重帟，復帟也。鄭司農云：帟，平帳也。從广。異聲。與職切。

廔 屋麗廔也。繫傳曰：麗廔猶玲瓏也。長門賦、靈光殿賦皆作離樓。從广。婁聲。孟子離婁，卽麗廔也。洛侯切。一曰。穜也。今字作耬，然木部椴，穜樓也，借樓而不作廔。

㢈 屋從上傾下也。玉篇：㢈，厭也。厭今作壓。㢈謂棟折榱崩，覆壓于四壁中也。從广。隹聲。都回切。

廢 屋頓也。基址不堅，因而廢頓，廢頓則置于平地矣，故謂置爲廢。公羊傳曰：去其有聲者，廢其無聲者。鄭曰：廢，置也。莊子曰：廢一於堂，廢一於室。至於左定三年傳：廢於爐炭，雖亦借義，猶於本義爲近。從广。發聲。方肺切。

庮 久屋朽木。從广。酉聲。與久切。周禮曰。牛夜鳴則庮。臭如朽木。引天官內饔文以證，卽引鄭司農說以解之。鄭注內則曰：庮，惡臭也。

廑 少劣之居。廣韻：廑，小屋。經典多借爲僅。漢書賈誼傳：其次廑得舍人。顏注：廑與僅同，劣也。

广

zuī 厜　yá 厓　hǎn 厂　liáo 廫　xīn 廞　chì 㡿(斥)　jū 宜　yè 廅　miào 廟

公羊傳、僅逮是月也、何注、劣及是月也、字又作廑、射義葢廑有存者、釋文、廑又音僅、少也、從广、堇聲。巨斤切

廟 尊先祖皃也。句上似當有宗廟二字、尊以釋宗、皃以釋廟也、鄭注祭法曰、宗廟者先祖之尊皃也、詩清廟箋云、廟之言貌也、死者精神不可得而見、但以生時之居、立宮室象貌為之耳、從广、朝聲。眉召切

庿 古文廟。○士冠禮、筮于庿門、詩清廟釋文、廟本又作庿、古今字也、孝經釋文、廟本或作庿、

宜 人相依宜也。從广、且聲。子余切

廅 屋迫也。少所容也。屋中迫促從广、曷聲。於歇切

㡿 卻屋也。依元應引改、卻者舍車解馬也、而凡有所舍有所解皆偁之、葺屋既敝、斥去其舊艸、將更茨以新艸也、瓦屋既敝、斥去其破瓦、將更易以新瓦也、因而凡卻退之詞皆曰斥、漢書東方朔傳、斥而營之、思元賦、斥西施而弗御兮、舊注、斥、卻也、從广、屰聲。昌石切 俗作斥、

廞 陳輿服於庭也。天官司裘、大喪廞裘、飾皮車、春官司服、大喪共其廞衣服、夏官司兵、大喪廞五兵、注竝云、故書廞為淫、鄭司農云、淫讀為廞、廞、陳也、從广、欽聲。讀若歆。許今切 嚴氏曰、祛妄篇引陽冰云、今二徐偏旁皆改為彡、作彡、惟此及

厂部厥字漏改、

廫 空虛也。游天台山賦、李注引此文曰、寥、虛空也、因賦作寥而改之也、從广、膠聲。洛蕭切 案廫字不應在此、廞字已結部尾矣、或後人所附益、

文四十九　重三

厂 山石之厓巖、人可居。承广部說而言、象形。左之斗絕者山也、上之橫覆者厓也、土山不能橫出、故曰山石之厓巖、呼旱切 凡厂之屬皆從厂。

厈 籒文從干。厂葢古文、籒文漸趨于緐、故加干為聲、

厓 山邊也。阜部、陲、厓也、從厂、圭聲。五佳切 案崖岸二字設隸諸山部、而說之曰、從山厓聲、從山厈聲、於事甚易、許君不然者、葢以如是則崖岸卽厓厈之絫增字矣、許君說岸曰水厓、而崖承之、是崖岸皆主乎水也、說厓曰山邊、而厂下曰厓巖、是厓厈皆主乎山也、故入厂部、而說此四字竝云干聲圭聲、所以區別之也、

厜 厜㕒、山顚也。釋山、崒者厜㕒、釋文曰、本又作嵳峩、釋山又曰、山頂冢、釋言、顚、頂也、從厂、垂聲。姊宜切 案釋山釋文、厜㕒卽山部嵳峨之異體、垂差皆從𠂹聲、義字古音蛾、厜㕒本是八戈字、後乃轉入五支

xǐ 厗　lì 厤　lán 厱　lì 厲　jué 厥　zhǐ 厎　guǐ 厬　yín 厰　wéi 㕒

耳、集韻八戈、仍有厜峗厜㕒四字、此古音之未盡泯者、知𠂹垂亦本是八戈字、

㕒 厜㕒也。從厂、義聲。魚為切

厰 崟也。當作厰崟也、厰崟當讀如嚴吟、而作崟厰、五音集韻、崟厰、山厓狀也、又一曰。地名。此義與上義不異也、桂氏曰、僖三十三年穀梁傳、巖崟之下、顏謂卽厰崟、段氏曰、葢公羊傳殽之嶔巖是也、嶔葢卽厰字、鈞案二傳本一事、巖崟嶔巖相顚倒、仍是一義、且皆是形容殽地之險、因目之為地名耳、從厂、敢聲。魚音切

厬 仄出泉也。釋水、氿泉穴出、穴出、仄出也、又曰、水醮曰厬、水部氿下、引爾雅、水醮曰氿、正與郭本互易、桂氏曰、詩大東、有冽氿泉、傳云、側出曰氿泉、釋名、仄出曰氿泉、氿、軌也、流狹而長、如車軌也、此皆借氿為厬、厬氿聲相近、後漢書黃憲傳、譬諸氿濫、雖清而易挹、注云、爾雅曰、側出氿泉、正出濫泉、觱謂爾雅之氿泉、本是氿泉、氿泉亦側出、猶濫泉亦側出也、爾雅水醮曰厬者、後人既誤讀氿泉為氿泉、不得不改水醮之氿為厬矣、此互誤之原委也、鈞案、此章懷之誤、厬氿以聲說、非氿氿以形說也、果如桂說、大東之氿、說文之厬、皆當改為氿乎、從厂、晷聲。讀若軌。居洧切

厎 柔石也。鄭注禹貢曰、礪、磨刀刃石也、精者曰厎、晉語、斲其椽而礱之、加密石焉、韋注、密、密理石、謂砥也、先粗礱之、加以

密砥、從厂、氐聲。職雉切 ○一曰。平也。依元應引補、詩大東、周道如砥、傳云、貢賦平均也、孟子引此詩作厎、

砥 厎或從石。

厥 發石也。角部、觼從厥、云、角有所觸發也、廣雅作礮、云、發石、漢律有蹶張士、蹶、發石張挽強、從厂、欮聲。俱月切 案此字在此失次、當在屵下、

厲 旱石也。注、顏、漢書、厲用此文、旱石葢礪之別名、若與柔石對文、則旱字難解、詩公劉、取厲取鍛、箋云、取鍛厲斧斤之石、可以利器用、漢書梅福傳引論語、必先厲其器、從厂、蠆省聲。當作萬聲、說見力部勱下、力制切

厲 或不省。吾謂萬蠆一字、此亦足證、漢郭昊碑、策書褒厲、此勱厲之義、說文作勱、他書作勵、校官碑、初厲清肅、劉熊碑、賞進厲頑、隸省也、虫部之蠆、或沿隸而誤、

厱 厱諸、治玉石也。厱或借斂、易林、斂諸攻玉、羣書多作礛、礛礶、經音義、通俗文、細厲謂之礛礶、礛礶、礛礶治玉、礛礶治金、玉篇、礛礶、治玉之石也、青礪也、或作厱、從厂、僉聲。讀若藍。魯甘切 淮南說山訓、玉待礛諸而成器、高注、礛音盤、又注說林訓云、礛、一讀曰廉、

厤 治也。此治玉治金之治、謂磨厲之也、從厂、秝聲。郎擊切

厗 石利也。段氏曰、漢書馮奉世傳、器不犀利、如淳曰、今俗

广厂

hù ⿸厂古　tí 厗　lā ⿸厂立　yì ⿸厂兒　qín ⿸厂金　fū ⿸厂甫　cuò 厝　máng 厖　yuè 屵　xiá ⿸厂夾　zè 仄　pì ⿸厂辟

刀劍利爲犀，犀、屖雙聲假借。犀，宋本漢書作屖。從厂，異聲。讀若枲。胥里切。

⿸厂古　美石也。從厂，古聲。侯古切。

厗　唐厗，石也。唐厗雙聲，石名也。玉篇：厗，古銻字。金部：鍗銻，火齊。從厂，屖省聲。段氏曰：屖固辛聲，然則屖亦辛聲也。蓋古辛亦讀如今西。杜兮切。

⿸厂立　石聲也。段氏曰：謂石崩之聲。吳都賦曰：拉擸雷硍，崩巒弛岑。玉篇曰：⿸厂立，亦拉字。從厂，立聲。盧荅切。

⿸厂兒　石地惡也。段氏曰：集韻、類篇皆曰碣、⿸厂兒，石地。按石部曰：碣，石地惡也。二篆疊韻。從厂，兒聲。五歷切。

⿸厂金　石地也。從厂，金聲。讀若紟。巨今切。桂氏曰：魯有費⿸厂予父，⿸厂予卽⿸厂金。

⿸厂甫　石閒見。閒當作文，初以聲譌爲聞，再以形譌爲閒也。玉篇：⿸厂甫，石文見也。五音集韻：⿸厂甫，石文見兒。從厂，甫聲。讀若敷。芳無切。

厝　厲石也。字林同。摩也。上義是靜字，此義是動字。摩卽磨字。詩：如琢如磨。經典多作琢摩。釋器：厝謂之剒。釋文：剒本或作厝。從厂，昔聲。蒼各切，又七互切。案此字當與厎、厲、厭三字爲伍。詩曰：他山之石，可以爲厝。小雅鶴鳴文。今作錯，借字也。傳曰：錯，石也，可以琢玉。禹貢：錫貢磬錯。又詩：如切如磋。石部無磋字。瓦部甎下云：瑳垢瓦石也。小徐本瑳作磋，汲古遂依之刓改，非也。許君蓋以瑳擵之，或据左傳衞之石碏，謂碏爲厝之異文，則非也。漢石經作石踖，碏乃譌字。徐鉉引唐韻云：敬也。是其體譌而其義則未譌也。

說文句讀　卷十八　七百六十五　〇折四十六　十五

厖　石大也。也，一引作兒。方言：厖，深之大也。自關而西，秦晉之閒，凡大兒謂之厖。釋詁：厖，大也。左傳：民生敦厖。周語：敦厖純固。從厂，尨聲。莫江切。

屵　岸上見也。岸者，水厓也。水之厓自水中視之必見，若在陸地視之，大抵與高原平耳。其或見突兀而上見，則謂之屵。厂者，厓形，中在其上，故曰上見。從厂，從之省。徐鍇本作從之省聲。桂氏曰：當從出省聲。之、出形近易譌。集韻：屵，岸上出見兒。此從出之證。筠案：如此則是從出義，非從出聲矣。集韻十八藥更無它字從出聲也。嚴氏主之省聲，云之、躍聲之轉。段氏主之省，引豈部說曰：陳樂立而上見也。從中。案此說較妥，然固云從之省，不云從中也。讀若躍。以灼切。

⿸厂夾　辟也。與陝同。從厂，夾聲。胡甲切。

仄　側，句。傾也。人部：傾，仄也。此不直用轉注而先之以側者，側可以借爲仄也。考工記車人：行山者仄輮。注云：故書仄爲側。鄭司農云：側當爲仄。從人在厂下。阻力切。

仄　籀文仄。從夨，夨亦聲。

⿸厂辟　仄也。玉篇、廣韻同。從厂，辟聲。亦以辟代之。曲禮：辟咡詔之。注云：謂傾頭與語也。繫傳曰：左傳辟陋在夷，當作此⿸厂辟字。桂氏曰：辟陋卽堯典側陋。普擊切。

fèi 厞　yā 厭　wěi 厃　wán 丸　wěi ⿺丸咼　nuó ⿺丸而　fàn 奿

厞　隱也。釋言文。士虞禮：几在南，厞用席。注云：厞，隱也。于厞隱之處，從其幽闇。特牲饋食禮：厞用筵。雜記：甸人取所徹廟之西北厞薪，用爨之。皇氏曰：厞謂西北隅厞隱之處。字或作陫，楚詞九歌：隱思君兮陫側。從厂，非聲。扶沸切。

厭　笮也。厭，今字作壓。竹部：笮，迫也。在瓦之下，棼之上。本注之笮，但取在瓦之下之義，謂鎮壓也。春官巾車：厭翟。注云：次其羽使相迫也。漢書劉向傳：抑厭遂退。顏注：厭謂不伸也。至于漢書：秦始皇帝曰：東南有天子氣，於是東遊以厭之。案此自是壓勝之意。而王命論：秦皇東遊以厭其氣。李善引說文曰：厭，塞也。於冉切。案所引乃土部壓下一曰塞補也，非厭下有捝文也。且是謂以身當其氣也，非也。從厂。檀弓：死而不弔者，厭。注云：行止危險之下。猒聲。於輒切，又一剡切。一曰：伏也。合也。依集韻引補。伏也者，今字作魘。蒼頡篇：伏合人心曰厭。字苑曰：厭，眠內不祥也。山海經：服之不厭。注云：不厭夢也。合也者，周語：克厭天心。王命論：取舍不厭斯位。韋昭皆云：厭，合也。

厃　仰也。從人在厂上。魚毀切。一曰：屋梠也。秦謂之桷，齊謂之厃。段氏、嚴氏皆曰：桷當作梠。桂氏曰：字通作危。春秋後語：魏人將殺范痤，痤登危而說秦。喪大記注：危，棟上也。義雖小異，然亦當作厃。

說文句讀　卷十八　七百五十一　〇折四十一　十六

一　文二十七　重四

丸　圜也。依韻會引補。亦借圜爲丸，王叔和脈經中丸字，宋本多作圜。傾側而轉者。從反仄。仄下云：側傾也。傾側則不轉，以其有平面也。傾側而又轉者，以其無平面也，故從反仄。如走盤珠是也。漢書蒯通傳：猶如阪上走丸也。淮南時則訓：圜而不垸。高注：垸，轉也。胡官切。凡丸之屬皆從丸。

⿺丸咼　鷙鳥食已，吐其皮毛如丸也。從丸，咼聲。讀若骫。於跪切。

⿺丸而　丸之孰也。集韻七之：⿺丸而，人之切，摩丸之孰也。又收之八戈，引說文。玉篇、廣韻皆云：丸屬也。屬、孰音近，不定誰訛。從丸，而聲。奴禾切。玉篇：⿺丸而，胡官切，又如之切。一依丸作音，一依而作音。

奿　闕。芳萬切。此依丸作音。玉篇曰：說文云，其義闕也。集韻二十五願：奿，于願切。李舟曰：說文闕。孚萬切。內又收奿字，注云：女字。從丸，非意非聲，蓋奿之訛。然如此則屬女部。

文四

危在高而懼也。产危葢一字，分動靜耳。产，靜字也，人在厂上，登高臨深，人之仰之者代爲之慄矣，此但擬一可懼之象，故曰靜字；危，動字也，自知其可懼而懼焉，故卩之，是以經典中危字，多有似产字義者，用字尚茂密也。論語危言危行，鄭注：危猶高也。從产。韻會引此下有人在厓上句，案卽厂部产下之從人在厂上也。韻會四紙不收产字，則危從产之義不明，故割产字說以系從产之下，改厂爲厓者，以說解易本文也。說文則厂部已說，不得於此再加贅語。自卩止之。魚爲切。凡危之屬皆從危。

攲攲嶇。傾側不安。不能久立也。依元應引補。攲嶇二字，可單可雙，是以自部隓，攲也，是轉注也。魏都賦蹀攲其中，是也。此云攲嶇，是連語也。宋書盧陵王禕傳：徼幸攲嶇，幸得自免，是也。又作踦嶇，魏都賦：山阜猥積而踦嶇。今作崎嶇，見南都、西征二賦。桂氏曰：攲器當作攲，又作嶬，玉篇嶬下云：嶬嶇不正。從危。支聲。去其切。

文二

石山骨也。依字鑑引改，增韻同。物理論：土精爲石，石，氣之核也，氣之生石，猶人筋絡之生爪牙也。在厂之下。口象形。不云從厂而云在厂之下，爲○非字而發也。常隻切。凡石之屬皆從石。

磺銅鐵樸石也。淮南子：苗山之鋌，許君注曰：鋌，銅鐵璞也。金部：鋌，銅鐵樸也。說文無璞。管子地數篇：上有鉛者，其下有鉒銀，上有丹沙者，其下有鉒金，上有慈石者，其下有鉒銅，此山之見榮者也。案鉒卽磺。從石。黃聲。讀若穬。古猛切。俗作礦。

卝古文礦。當作磺，此增卝篆者，鹵莽茲不見篆文從黃也。周禮有卝人。見地官。段氏曰：鄭注云，卝之言礦也。賈疏云：經所云卝是總角之卝字，此官取金玉，於卝字無所用，故轉從石邊廣之字。五經文字曰：卝，古患反，見詩風，說文以爲古卵字。九經字樣曰：卝卵，上說文，下隸變。是說文卵字作卝，五經文字又云卝字林不見，可證卝變爲卵，始于字林。卝果是古文磺，則鄭何必云之言，賈何必云無所用哉。嚴氏曰：汗簡亦以卝爲卵字，則唐本卝在卵部，校者輒迻此耳。筠案元應曰：磺，古文⿰石卝、穬二形，疑卝是壞字，此⿰石卝既挩石，卵部遂刪卝矣。然玉篇磺下無⿰石卝，卵下亦無卝也。廣韻礦古文作鉀，古猛切；卝，金玉未成器也，呼瞢切，則二字疊韻而不同音，其義固同也。元應又曰：經文從金作鉀，非。所指者菩薩見實三昧經也。羣書既不一律，未敢決之。惟是磺下繫傳曰：周禮作卝，若下文有卝篆，既說之曰周禮有卝人，而猶作此言，是疊語也，是爲磺下無卝之确證矣。

碭文石也。地理志：梁國碭縣，山出文石。從石。昜聲。徒浪切。

碝石之次玉者。漢書司馬相如傳：碝石碔砆。張揖曰：皆石之次玉者。碝石白者如冰，半有赤色。傳又云：蜀石黃碝。郭璞曰：碝石黃色。詩：青青子佩，傳曰：士佩瓀珉。瓀，釋文作碝。從石。耎聲。而沇切。

砮石可以爲矢鏃。从部：族，矢鏠也。金部：鏃，利也。證以本文，知族鏃一字。從石。奴聲。乃都切。夏書曰。梁州貢砮丹。禹貢：荊州貢砮丹，梁州貢砮磬。案集韻引此注，第有國語，不及夏書，恐此係後增，是以外誤。春秋國語曰。肅慎氏貢楛矢石砮。見魯語，楛當作枯。寰宇記：挹婁國卽古肅慎，其人善射，弓長四尺，力如弩，矢用楛，長尺八寸，青石爲鏃。又云：勿吉國亦古肅慎地，矢皆石鏃，長二寸。閻百詩曰：肅慎氏卽今寧古塔，楡松枝枯，墮入混同江，化爲石，可作箭鏃，楡化者上，松次之。

礜毒石也。出漢中。淮南說林訓：人食礜石而死，蠶食之而不飢。高注：礜石出陰山。一曰能殺鼠。范子計然：礜石出漢中，色白者善。從石。與聲。羊茹切。

碣特立之石也。一引作立石也。東海有碣石山。桂氏曰：東海當爲勃海。伏琛齊地記：勃海郡東有碣石，謂之勃碣。地理通釋：秦築長城，起自碣石，此碣石在高麗界中，當名爲左碣石；其在平州南三十餘里者，卽古大河入海處，爲禹貢之碣石，亦曰右碣石。從石。曷聲。渠列切。

𥓮古文。碣。

磏厲石也。赤色。玉篇：磏，赤礪石。李時珍曰：俗偁爲羊肝石，因形色也。韓詩外傳：君子磏乎其廉而不劌也。繫傳引管子曰：不㧞者，痤疽之磏石。從石。兼聲。讀若鎌。力鹽切。

碬詩釋文引作碬，是也。厲石也。玉篇同。廣雅：礱、碬，礪也。亦與許說同。詩取厲取鍛，釋文本又作碬。毛傳云：鍛石也。箋云：鍛石所以爲鍛質也。葢鄭君以厲鍛對文，義當有別，故解爲椹質；許君以爲一物而小別，故以厲釋碬也。從石。段聲。此段字小徐不誤。案依許君解之，則碬是形聲字；依鄭君解之，則是段之絫增字。左傳字子石者，褚師段、印段、公孫段，皆古文也。殳部：段，椎物也。大徐引唐韻乎加切，固誤，然廣韻九麻收碬字，其說全同說文。九經字樣亦曰：碬，音霞，見春秋。知唐人多誤以段爲段也。字林碬大喚反，曹憲都玩反，陸德明丁亂反，皆是也。增韻九麻無碬字，二十九換有碬字。春秋傳曰。鄭公孫碬。

lì 礫　gǒng 碧　qì 磧　bēi 碑　zhuì 䃍　yǔn 磒　suǒ 䃉　què 硞　láng 硠　què 礐　qià 硈　kài 磕　kēng 硻

字子石。見襄二十七年。此碬字小徐亦不誤。桂氏曰：印段字子石，見襄三十年傳注。公孫段字伯石，見襄二十九年經注及三十年傳。本書以子石爲公孫碬字，襄二十七年傳二子石，杜云：二子石，印段、公孫段。

礫　小石也。一引作小礓石，非也。字林始有礓字，云礫也。釋山：多小石，磝。郭注：多礓礫。從石，樂聲。郎擊切。

碧　水邊石。廣韻：碧，水邊大石。又云：水㠀石也。從石，巩聲。居竦切。春秋傳曰：闕碧之甲。左傳昭十五年、定四年皆作鞏，杜注：闕鞏國所出鎧。

磧　水陼有石者。者，一引作也。字林：磧，小渚有石也。三蒼：磧，水中沙灘也。吳都賦：覲其磧礫而窺玉淵。劉注：磧礫，淺水見沙石之皃。從石。責聲。七迹切。

碑　豎石也。小徐本作豎石紀功德，而繫傳駁之，然謂碑字秦以來製，則又非也。聘禮：賓自碑內聽命。又曰：東面北上，上當碑南。注云：宮必有碑，所以識日景，引陰陽也。凡碑引物者，宗廟則麗牲焉。其材，宮廟以石，窆用木。祭義：君牽牲，既入廟門，麗于碑。檀弓：公室視豐碑。是知古碑有三用：宮中之碑，識日景也；廟中之碑，以麗牲也；墓所之碑，以下棺也。秦之紀功德也，曰立石，曰刻石，其言碑者，漢以後之語也。從石。卑聲。府眉切。

䃍　陊也。與隊同字。俗隊作墜。從石。

說文句讀　卷十八　七百七十三、○折四十六　十九

彖聲。徒對切。

磒　落也。釋詁：雖隕、磒連文，其實一字也。列子周穆王篇：王若磒虛焉。從石。員聲。于敏切。春秋傳曰：磒石于宋五。僖十六年經文。左穀作隕，公羊作賈。

䃉　碎石隕聲。上承磒篆，而字作隕，亦足明其爲同字也。從石。炙聲。所責切。

硞　石聲也。段氏曰：今爾雅釋言：硞，鞏也。郭云：硞然堅固。邢疏曰：硞，苦學切，當從告。說文別有硈，苦八切，石堅也。按邢語剖別甚精。釋文苦角切，當陸時字固未誤。五經文字曰：硞，口八反，又苦角反，見爾雅。是不知音理也。江賦曰：幽澗積岨，礐硞礐確。礐硞當上音學，下音角。從石。告聲。苦角切。

硠　硠硠。石聲。依韻會引補。史記司馬相如傳：礧石相擊，硠硠礚礚，若雷霆之聲。從石。良聲。魯當切。

礐　石聲也。廣韻：礐硞，水石聲也。從石。學省聲。胡角切。

硈　石堅也。從石。吉聲。格八切。一曰突也。

磕　石聲也。字林作礚，云大聲也。字指同。楚詞九懷：東注兮磕磕。九章：憚涌湍之礚磕。甘泉賦：登長平兮雷鼓礚。字又作溘，吳都賦：濞焉洶洶，隱焉溘溘。從石。盇聲。朱文藻鈔小徐本作蓋省聲，殆以闕羣書作礚也。口太切，又苦盍切。

硻　餘堅

chán 磛　lì 磿　yán 礹　què 确　kè 礊　qiāo 磽　é 硪　yán 碞　qìng 磬

者。樂記：石聲磬，磬以立辨。史記樂書：石聲硜，硜以立別。論語：鄙哉硜硜乎。釋名：磬，磬也，聲堅磬磬然。案磬、硜、聲皆硻之借字。論語：鏗爾。亦即此硻字。又作磸，見太元。從石。堅省聲。當作臤聲，臤，堅也。讀若鏗，是知硻即臤之絫增字也。口莖切。

磿　石聲也。玉篇：磿磿，石小聲。周禮遂師：及窆，抱磿。注云：磿者，適歷，執綍者名也。是借磿爲歷。史記樂毅傳：故鼎反乎磿室。國策作歷。從石。麻聲。郎擊切。

磛　礹石也。段氏曰：磛礹二篆之解，似當依玉篇更正。磛下云：磛礹，山石皃也。礹下云：磛礹也。乃合全書之例。上林賦之嶄巖，高唐賦之巉巖，皆即此二篆也。案碞下之磛碞，亦是。段氏又曰：古二篆分用者，小雅：漸漸之石。傳曰：山石高峻。則漸者磛之聲借字。節南山：維石巖巖。傳云：積石皃。釋文本或作巖。案巖者，巖礹之古字也。從石。斬聲。鉏銜切。

礹　石山也。從石。嚴聲。五銜切。

礊　堅也。從石。毄聲。楷革切。

确　礊石也。詩丘中有麻：瞻彼阪田。鄭箋皆云：墝埆。卽墝确也。公羊何注云：墝埆不生五穀曰不毛。其單言确者，犾部曰：獄，确也。召南傳曰：獄，埆也。淮南人閒訓：有寑丘者，其地确石而名醜。從石。角聲。胡角切。俗作確。

㱿　确或從㱿。

磽　礊石也。孟子：地有肥磽。趙注：磽，薄也。漢書賈山傳：地之磽者，雖有善種，不能生焉。顏注：磽确，瘠薄也。從石。堯聲。口交切。案玉篇磽字列确字前，當依之。

說文句讀　卷十八　八百十五、○折四十三　二十

硪　石巖也。玉篇作礒，云宜綺切，嶔崟崎嶬，石巖。其後收雜字中，乃出硪字，云音我，硪，山高皃。硪，五合切。從石。我聲。五河切。

碞　磛碞也。以嵒說碞，明乎其爲一字也。從石。品聲。五銜切。周書曰：畏于民碞。召誥文。讀與巖同。又明其與巖同字也。

磬　樂石也。匡謬正俗引同。禹貢：泗濱浮磬。疏曰：貢石而言磬者，此石宜爲磬，猶如砥礪然也。山海經：小華之山，其陰多磬石。注：可以爲樂石。秦繹山刻石文曰：刻茲樂石。或許君本之。禹貢以其器名其質也。然段氏据瑟下云弦樂，篇籟下皆云管樂，桂氏又据下文所說皆釋磬而不及石，以爲當作石樂。窃案本部葢經倒亂，故自磧以上皆石之本物，而碑繼其下，則石器也。自䃍以下皆石之事，自礫以下皆石器矣。而碣之當與磽确類列者，反在其下。玉篇㕓序尤亂，而別立磬字爲部首，不能据以校說文。似作石樂是也。從石殸。當云從石從籒文殸。小徐本作殸聲，則與褱從求聲、麗從丽聲同爲紕繆。然其句讀固不誤。今讀殸連下爲句，則益繆矣。象縣虡之形。謂声也。句首無声字者，非字則不出也。案此及

下句當遂之籀文下自明白矣殳擊之也。殳是字故出之且因以見上句指声而言也苦定切古者母句氏作磬。母當作毋風俗通引世本毋句作磬明堂位注引世本無句作磬

殸　籀文磬省。省字後人增篆文增之而作磬籀文不能豫知而省之也

硜　汗簡引作硜古文磬從巠。樂記石聲磬磬以立辨史記磬作硜

礙　止也。車部蹇礙不行也車部軔礙車也廣韻礙距也從石疑聲。五溉切

硩　上摘山巖空青珊瑚墮之。依宋版吳都賦注引改賦曰硩陊山谷劉注言其如硩摘而陊落山谷者從石折聲。丑列切周禮曰有硩蔟氏。秋官敘官硩蔟氏鄭司農云硩讀爲摘蔟讀爲爵蔟之蔟謂巢也鄭君曰元謂硩古字從石折聲

硟　以石扞繒也。桂氏段氏皆曰扞當作衦衣部衦摩展衣也廣韻硟衦繒石也又曰展繒石筠案許說則硟是動字廣韻則以爲靜字急就篇縹綟綠紈皁紫硟顏注硟以石輾繒色尤光澤也案此亦以爲動字從石延聲。段氏改篆從延尺戰切

碎　䃺也。桂氏段氏皆曰䃺當作糜米部糜碎也轉注從石卒聲。蘇對切

破　石碎也。從石皮聲。子華子曰韋革雖柔㩞之則裂礦石雖堅攻之則碎故古之制字爲之破而文亦如之案末二句詞不達意字爲之破者言其音讀也文亦如之者言從皮石會意也然從皮殊穿鑿許君以爲形聲字是也普過切

礱　䃺也。䃺謂䃺之也荀子性惡篇鈍金必將礱厲然後利注言夫有刃者礱諸小徐本篆作礲從石龍聲。盧紅切天子之桷椓而礱之。段氏曰椓當依類篇所引作斲穀梁傳引禮天子之桷斲之礱之尚書大傳其桷天子斲其材而礱之加密石焉大夫達菱士首本庶人到加注云礱礪之也晉語趙文子爲室斲其椽而礱之

研　䃺也。䃺似當作摩手部摩研也與此轉注然䃺經典作磨磨摩多通用詩如琢如磨釋文磨本又作摩釋器石謂之磨元應引作摩研下即䃺字或者故以䃺說研與手部以研說摩彼此互照則于轉注之中別寓通假之法亦有妙理從石开聲。五堅切

䃺　石磑也。淮南原道訓或大䃺堅高注䃺磑也從石靡聲。模臥切

磑　䃺也。䃺磑轉注而䃺下加石字者緣上支說解中䃺字是動字故曰石磑以見靜字乃其本義也從石豈聲。五對切古者公輸班作磑。衆經音義世本公輸班作磑磑北方名也江南呼䃺也

碓　所以舂

也。依玉篇補所以二字杵臼任手碓則任足又有水碓不勞人力杜征南作連機碓石虎作行碓于車上車動則木人踏碓從石隹聲。都隊切

碴　舂已復擣之曰碴。玉篇碴再舂也從石沓聲。沓者重沓也兼意徒合切

磻　以石箸隿繳也。小徐韻譜曰磻石可爲鏃楚策被礛磻引微繳折清風而抎矣史記楚世家作碆徐廣曰以石傳弋繳曰碆索隱曰碆作磻音播從石番聲。博禾切

䃴　斫也。字與櫡同釋器斫謂之鐯釋文鐯字又作櫡從石箸聲。張略切

硯　石滑也。一引作滑石也玉篇硯石滑所以研墨通作研江賦綠苔鬖髿乎研上李善曰研與硯同從石見聲。五甸切

砭　以石刺病也。此動字也素問曰砭石則靜字也猶箴本靜字而左傳官箴王闕則動字也左傳美疢不如惡石則直謂之石廣雅石鍼謂之紫玉篇砨同砭從石乏聲。方廉方驗二切

䃒　石地惡也。與㞕同訓孫氏鮑氏本皆作石也惡也玉篇䃒石也墒也竊疑當依此作地依玉篇作墒石地絕句言石地謂之䃒也墒也者通其名也言䃒又名墒也特說文有确墒而無墒耳從石鬲聲。鬲部無鬲而鐘鼎文有之故不改篆文下革切

砢　磊砢也。玉篇磊砢衆小石皃上林賦水玉磊砢張揖云磊砢魁壘皃從石可聲。來可切

磊　衆石也。字林同阜部陖磊也楚詞石磊磊兮葛蔓蔓古詩磊磊澗中石從三石。落猥切

文四十九　重五

○衆經音義磉桑朗反說文磉柱下石太平御覽引說文礩柱下石也古㠯木今㠯石案末二語見木部櫍下則是古謂之櫍漢謂之礩也墨子備城門篇韓非子十過篇皆作礩然則礩者漢時專字也廣雅云礎碣礩也案大徐新附有礩字如或御覽所引即是新附字則新附字在宋以前非大徐所附也○廣韻十二齊引說文磾染繒黑石出瑯邪山案集韻磾字說同廣韻而不引說文則所據者亦同二徐本然漢武帝時有金日磾證知古有磾字

長　久。句遠也。廣韻長久也遠也案久者縱言之商頌長發其祥箋云長猶久也遠者橫言之魯頌順彼長道箋云長遠也然中庸言悠遠又言悠久則無論爲久爲遠總是綿長不絕之意故用一也字以總承之從兀從匕。兀者高遠意也久則變匕。依六書故引改兀匕二義皆委曲故申說之亾聲。直良切

sì 肆　mí 镾　dié 镻　wù 勿

亾者倒亾也。句當是庾注、恐人不知亾聲爲何指也、故亾非字而出之、又作倒不作到也、徐鉉曰、倒亾、不亾也、長久之 凡長之屬皆從長。桂氏曰、本書敘于假借舉令長、案長字義、借義獨多、尙書咸建五長、周禮建其長、此借爲官長也、書立敬惟長、此借爲長幼也、易元者善之長、借爲宗長也、孟子無物不長、借爲生長也、易君子道長、借爲消長也、孟子今交九尺四寸以長、借爲長短也、論語長一身有半、借爲冗長也、釋文長、直亮反、文賦故無取乎冗長、世說王恭曰、恭作人無長物、皆此音、

長 古文長。長 亦古文長。

肆 極陳也。字隸作肆、詩或肆或將、或肆之筵、毛傳皆曰陳也、至於時邁肆于時夏、卽思文之陳常于時夏、溥中夏而陳之、豈不爲極乎、字從長、故言極也、書序肆命徂后、鄭注肆命者、陳政教所當爲也、案此亦極陳義、從長。崧高其風肆好、傳曰、肆長也、隶聲。息利切、

肆 或從髟。隸髟者、長髮猋猋也、此則但取長意、不取髮意、

镾 久長也。釋言毛傳皆曰、彌終也、彼說經故究其極而言之曰終、此說字從長、故原其始而鋪觀之曰久長、終之實難、豈不久長乎、玉篇曰、镾、今作彌、從長爾聲。武夷切、

镻 蛇惡毒長也。玉篇镻、蝁也、蛇毒長也、當依之、但不當有上也字、镻蝁者、釋魚文、郭注、蝮屬、大眼、最有毒、今淮南人呼蝁子、疏云、镻又名蝁、虫部蝁、镻也、與此轉注、蛇毒長也、乃其訓義、從長失聲。徒結切、

文四　重三

勿 州里所建之旗也。从部既引司常州里建旟矣、此當用大夫士建物、或者用大司馬鄉遂載物、而鄉遂謂爲州里邪、鄭彼注云、鄉遂、鄉大夫也、則舉大夫以該士也、象其柄及三游之形。文弗切、雜帛幅半異、顏氏家訓引無此語、蓋後人截取周禮雜帛二字、又杜撰幅半異以爲之解也、司常、雜帛爲物、注云、雜帛者、以白素飾其側、白、殷之正色、又云、大夫士建物、注云、大夫士雜帛言以先王正道佐職也、釋名、雜帛爲物、以雜色綴其邊爲燕尾、案漢人之解如此、則幅半異者、乃不學之人所爲也、所以趣民事。故悤遽者稱爲勿勿。上文說義說形之詞既具、此又舉其假借之義也、所以趣民事者、地官遂人、若起野役、則令各帥其所治之民而至、以遂之大旗致之、悤遽者、卤部、悤、多遽悤悤也、禮記祭義、勿勿乎其欲其饗之也、大戴禮曾子立事篇、君子終身守此勿勿也、鄭注盧注皆曰、勿勿猶勉勉也、晉人書翰中之勿勿、則悤遽義矣。○以上皆依顏氏家訓及韻會一東悤字注引改補、凡勿之屬皆從勿。

㫚 勿或從㫃。段氏曰、經傳多作物、蓋㫃之譌也、

yáng 昜　rǎn 冄(冉)　ér 而　nài 耏

昜 開也。桂氏曰、開謂明也、尙書明四目、韓詩外傳作開四目、北斗第六星曰開陽、從日一勿。桂氏曰、當作從旦、勿、旦者開陽也、勿在日旁爲冥、勿在旦下爲開、與章切、一曰飛揚。桂氏曰、本書旟、旌旗飛揚皃、揚、飛舉也、颺、風所飛揚也、釋名、陽、揚也、陽氣在外、發揚也、一曰長也。桂氏曰、漢書董仲舒傳、陽常居大夏、而以生育養長爲事、一曰彊者衆皃。

文二　重一

冄 毛冄冄也。段氏曰、冄冄者、柔弱下垂之皃、須部䫇從此、云頰須也、釋名、在頰耳旁曰髯、隨口動搖、冄冄然也、象形。而剡切、今作冉、凡冄之屬皆從冄。

文一

而 頰毛也。廣韻引同、玉篇亦同、師古注漢書曰、耏亦頰旁毛也、言亦者、指而爲頰毛而言也、應劭曰、完其耏鬢、案鬢者頰髮也、連言耏鬢、亦而爲頰毛之證、象毛之形。段氏曰、首畫象鼻端、次象人中、次象口上之頿、次象承漿及頤下者、如之切、假借爲語助、此後人增也、許君於借義皆見他字說解中、不出于本字下、又言詞不言語助也、周禮曰、作其鱗之而。考工記梓人文、注云、之而、頰領也、戴東原曰、鱗屬頰側上出者曰之、下垂者曰而、此以人體之稱施于物也、俗作髵、西京賦、猛毅髬髵、注、髬髵、作毛鬣也、或借耏字、孟康漢書注、師子有頓耏、師古曰、耏亦頰旁毛也、音而、凡而之屬皆從而。

耏 罪不至髡也。罪當作辠、史記索隱、漢令稱完而不髡曰耐、漢書刑法志、諸當完者、完爲城旦舂、筠案耏字、而彡皆具、是完全也、禮運、聖人耐以天下爲一家、注云、耐、古能字、正義曰、案說文云、耐者鬚也、桂氏曰、耐當爲而、此言而爲鬚、下言髡其鬚、謂之耏、鬚謂頤下之毛、象形字也、古者犯罪以髡其鬚謂之耐罪、故字從寸、寸爲法也、以不虧形體、猶堪其事、故謂之耐、古之能字爲此耐字、亦有誤、不安寸、直作而字、則易屯象云、宜建侯而不寧、及劉向說苑、能字皆爲而也、申鑒曰、化耏裁之、又曰、湯武不易民耏治、借耏爲而、無怪借而爲耐也、

從彡從而。而亦聲。奴代切、耐 或從寸。諸法度字從寸。漢書高帝紀、令郎中有罪耐以上請之、應劭曰、輕罪不至于髡、完其耏鬢、故曰耏、古耐字從彡、髮膚之意、杜林以爲法度之字皆從寸、後改如是、嚴氏曰、此篆與說解皆非舊文、韻會四支引云、杜林以法度字宜從寸、改爲耐、議以此十二字補于上文從而亦聲下、而刪耐篆、筠疑而耏直是一字、耏從而加彡、髵從而加髟、皆尙鬚鬍也、迨經典皆用而爲語詞、漢以耏爲罪名、於是分爲兩字、乃申鑒倂以耏爲語詞、而其爲一字明矣、且耐字雖見高帝紀、而應劭曰、杜林以爲法度之字皆從寸、是知杜林未達假借之理也、又曰、後改如是、則是杜本未改、後人依杜說改之、紀自作耏也、耐字出伯山杜撰、刪之亘是、而亦當台耏於而、

文二　重一

豕 彘也。通之也、竭其尾。故謂之豕。此又別之也、與後彘廢謂之彘、相對立文、竭負舉也、尾豕聲相近、象毛足而後有尾。段氏曰、毛當作頭四二字、讀與豨同。生部甤下、小徐本云豕聲、豨字、案豕聲者本文也、豨字者小注也、即指此讀與豨同也、大徐作豨省聲、非也、式視切、按今世字。發端言按、便非許語、況下文所辨、乃俗字、非篆文也、誤以豕爲彘。以彘爲豕。據下文、則此當云以豕爲豕、以彖爲豕、啄琢從豕而俗從豕也、漢書蠡吾侯、他書作蠡也、若就本文而強通之、則王莽傳曰、進其玉具寶劍、莽曰、欲獻其琢耳、服虔曰、琢音衞、顏氏曰、琢字本作璏、轉寫者譌也、琢自彫琢字耳、音篆也、藝文類聚引字林、琢、劍鼻玉也、與說文璏字說解同、以豕爲彘、或謂璏之作琢、當從豕作琢、非琢磨字也、何以明之。爲啄琢從豕。曲禮釋文、喙、吁廢反、又丁角反、是謂喙字又作啄也、禮器、大圭不琢、注、琢當爲篆、其字則與喙琢從豕相似、其流變則與蠡作蠡相似、蠡從彘。皆取其聲。以是明之。徐鍇曰、此語未詳、或後人所加、凡豕之屬皆從豕。豕 古文豕。

豬 豕而三毛叢居者。桂氏曰、本草嘉祐圖經、犀、其皮每一孔生二毛、此即三毛叢居義也、但豬非三毛叢居、當是豰字訓錯入豬下、而脫豰篆文也、左定十四年傳、盍歸吾艾豭、釋文云、艾、字林作豰、三毛叢居者、豰案玉篇、豰、老豬也、廣韻、豰、豭豕、又案方言、豬、關東西或謂之彘、或謂之豕、釋獸、豕子豬、郭云、今亦曰彘、江東呼豨、皆通名、從豕。者聲。陟魚切、周禮稻人、以瀦畜水、鄭注引司農說作瀦、其餘皆作豬、知經本作豬、禹貢孟豬、爾雅作孟諸、職方氏作

望諸、史記作明都、皆假借、故許君不收瀦、

㝅 小豚也。釋獸、貔白狐、其子㝅、或㝅字本在說豕文中、誤入貔下、或本書㝅本在部末、說曰小貔也、迻訛爲小豚、乃迻于前、二書必有一誤、蓋㝅是生字、訓義不能多也、從豕。㱿聲。步角切、桂氏、段氏皆曰、晉先穀當作此㝅、故稱彘子、非也、彘乃地名、蓋即周語流王于彘之彘、韋注曰、彘晉地、漢爲彘縣、屬河東、晉語有彘恭子、韋注曰、士魴也、食邑於彘、下文又目爲彘季、左襄十四年傳、彘裘注、裘士魴子也、是此邑前屬先氏、後屬士氏也、

豯 豚生三月。依初學記引乙轉、豯下同、玉篇、豕生三月日豯、方言、豬、其子或謂之豯、腹豯豯皃也。即以其狀爲之名也、從豕。奚聲。奚、大腹也、豯則專屬之豚耳、胡雞切、

豵 豚生六月。字林、豕生六月也、從豕。從聲。子紅切、一曰一歲日豵。依初學記引補、詩騶虞七月傳文也、尙叢聚也。豵叢疊韻、小豚皆從其母、故叢聚、

豝 牝豕也。召南、吉日傳文、釋獸同、左傳謂之婁豬、婁當音閭、豝當音苴、疊韻字、故騶虞豝虞爲韻、說詳釋例、從豕。巴聲。伯加切、一曰二歲豕。○依字林補豕字、能相把拏者也。依韻會引補、把拏與豝皆疊韻、詩曰。一發五豝。召南騶虞文、

豜 三歲豕。肩相及者。齊風韓詩毛詩、皆曰獸三歲曰肩、推大司馬鄭司農注曰、一歲爲豵、二歲爲豝、三歲爲特、四歲爲肩、五歲爲慎、肩相及者、謂及其母也、豜肩疊韻、且以豳經文借肩爲豜也、從豕。幵聲。古賢切、詩曰。並驅從兩豜兮。齊風還文、今作肩、釋文、本亦作豜、鄭注周官司馬、引詩獻肩于公、今豳風作豜、

豶 羠豕也。衆經音義引同、易豶豕之牙、崔憬曰、說文豶劇豕、今俗猶呼劇豬是也、虞翻曰、劇豬稱豶、案劇竝當作劇、然說文無之、易釋文引劉云、豕去勢曰豶、從豕。賁聲。符分切、案豶當在豭上、

豭 牡豕也。左傳謂之艾豭、郭注方言謂之豭斗、左隱十一年傳、鄭伯使卒出豭、行出犬雞、以詛射潁考叔者、哀五年傳、輿豭從之、則知古人詛盟、皆沿犧牲、母用牝之禮、從豕。叚聲。古牙切、

豛 上谷名豬豛。一引豬下有日字、然此古者謂年齡之例也、上谷、漢郡名、從豕。役省聲。營隻切、案豛當在豬下、

⿰豕隋 豶也。釋獸文、郭注、俗呼小豶豬爲⿰豕隋子、案分大小者、豕或生數月而騸、或數年而後騸也、從豕。隋聲。此篆竹君本作⿰豕隓、顧本雖同大徐、而右半刓改之迹顯然、蓋因隋聲而改之也、爾雅釋獸釋文出⿰豕隋字、而曰本今作⿰豕隋、案此四字、如係陸氏之語、則是

kěn 豤　yì 豷　huàn 豢　fū 豧　chú 狙　huán 豲　xī 豨　chù 豖　jù 豦

古本作豬隋唐閩本作豬也此四字如保宋人增則是唐本作豬宋本作豬也似篆當依竹君本而說當改爲隋省聲與惰婧一類特是玉篇廣韻皆豬爲正體隊同爲或體而不收豬未敢定之以水切

齧也。但此專屬豕耳。從豕。皀聲。康很切心部無懇字許君蓋以豤攝之漢書劉向傳歕豤豤數奸死亾之誅

豕息也。段氏曰豷與眉呬音義皆同而有人豕之別從豕。壹聲。許利切春秋傳曰。生敖及豷。襄四年文敖今作澆非也論語作奡亦部奡下引同又引尚書若丹朱奡今書奡作傲劉向引作敖管子若敖之在堯則作敖作奡皆是

豕息也。從豕。甫聲。芳無切

以穀圈養豕也。牛部犓以芻莝養牛也與此對文月令案芻豢注云養牛羊曰芻犬豕曰豢許君于犓不言羊于豢不言犬者以字從牛從豕也穀者豕所食圈者豕所處樂記豢豕爲酒注云以穀食犬豕曰豢鄭但言穀許加言圈者豢圈疊韻也楊倞注荀子榮辱篇曰豢圈也以穀食于圈中從豕。𢍏聲。胡慣切

豕屬。從豕。且聲。疾余切廣雅狙豕也

豕屬也。依六書故引改玉篇廣韻同今本作逸也韻會引作豕之逸也皆非從豕。原聲。胡官切周書曰。豲有爪而不敢以撅。周祝解文今爪作蚤二者皆叉之借字手部撅以手有所把也桂氏曰本無逸周書傳寫升逸字于注首故此脫耳讀若桓。當在原聲下

豕走豨豨。一引句末有聲也二字繫傳曰豨走且戲皃則所据本無聲字可知從豕。希聲。虛豈切古有封豨脩蛇之害。方言豬南楚謂之豨蓋以其走皃爲之名故許君列此義于後也然部首說云讀與豨同是豕豨同音故封豨又作封豕左傳申包胥曰吳爲封豕長蛇淮南本經訓逮至堯之時封豨脩蛇皆爲民害堯乃斷脩蛇于洞庭擒封豨于桑林

豕絆足行豖豖也。絆行皃案即豕之異文玉篇彡部豕丑玉切豕從豕繫二足。丑六切

鬭相丮不解也。謂豕與虎鬭泛言之也非此譬況之詞言猛如豕虎從豕虍。豕虎之鬭不相捨。句蓋廣注言鬭者不必是豕虎而字從豕虍者以其鬭不相捨故用以相況也強魚切讀若蘮蒘草之蘮。蘮蒘竊衣釋草文也說文無之段氏曰當作讀若蘮蘮蒘艸之蘮案蒘字各本同非說文例此句當是後增司馬相如說。豦。封豕之屬。案此義則從豕虍聲矣玉篇豦封豦豕屬也段氏曰上林賦𣟅蜚遽或作豦廣韻引作豦其即豦與

yì 豪　bīn 豩　yì 希　háo 豪　hū 𧱍　wèi 彙　sì 𧳘

一曰虎兩足舉。此義又當是從虍豕聲矣本字三義分崩離析非它字有正義借義之比惟第一義豕虍平停故首列之下二義則各重一偏又以字隸豕部故先列封豕義也

豕怒毛豎。爾雅翼說豪豬云見人則怒其豪白色盡露蓋是怒氣所發一曰殘艾也。蓋借艾爲刈也毅下云妄怒也似與此義近殘艾者蓋左昭二十年傳所云斬刈民力也桂氏曰艾當爲𣪠本書脫𣪠字寫者改作艾案如此則殘字難解從豕辛。辛五經文字云從豕辛辛辛同一難解魚既切

二豕也。豳從此。闕。伯貧切又呼關切玉篇火類切

文二十二　重一

詩漸漸之石箋云四蹄皆白曰駭釋文駭爾雅說文皆作豥釋獸四豴皆白豥釋文豥字林下才反

脩豪獸。俗作貄釋獸貄修毫郭注毫毛長段氏曰此與下文豪豕非一物顏氏注漢書曰豪豬一名希一曰河內名豕也。謂河內呼豕曰希非也河內漢郡名從彑。下象毛足。當云象足尾毛蓋即尾之譌凡希之屬皆從希。讀若弟。羊至切嚴氏曰篆體當作弟十五篇冣目作乃舊本也校者以多本彑部復有而誤仞爲二字因改此爲竝通部改之唯冣目漏改耳鈞案𨽁從彖聲亦是此體是確證象形字

籒文希。作者脩豪也夢英書部首作較此少一橫似是

古文希。不可斷其頭

豕屬。從希。㫚聲。呼骨切

豪豕鬣如筆管者。西山經竹山有獸焉其狀如豚而白毛大如笄而黑端名曰豪彘注云狟豬也夾髀有麤豪長數尺能以脊上豪射物亦自爲牝牡出南郡。漢郡名從希。高聲。乎刀切

籒文豪從豕。俗作毫

蟲也。似豪豬而小。依廣韻引補釋獸彙毛刺郭注今蝟狀似鼠眾經音義蝟有兔蝟鼠蝟史記龜策傳集解引郭璞曰蝟能制虎見鵲仰地從希。胃省聲。于貴切

或從虫作。蝟

希屬。從二希。息利切

古文𧳘。虞書曰。𧳘類于上帝。堯典文今作肆類者古文假借字示部禷後起之專字也引書于𧳘下而字作𧳘者或本在𧳘下後遂于此也且𧳘從二

㣇則𧰨從二希，乃鮑本作㣇𧰨，毛本作㣇𧰨，其文互異，又各自相異也。竹君本亦作㣇，而𧰨作𧰨，從兩古文，不從兩小篆。𧰨則作𧰨，則𢑚又希之變文也。知然者，𢑚部𧰨從希而籀文作𧰨，玉篇作肆，從㣇非聲，知為𢑚之譌也。要之說文傳久，不能無譌謬，留其閒隙以待善用心者，不可妄作聰明，改使齊同也。

文五　重五

彑　豕之頭。廣韻：彑，彙頭，亦引說文。玉篇：彑，彙類也。類亦頭之譌。象其銳而上見也。彑銳聲近。凡彑之屬皆從彑。讀若罽。罽從厠，厠籀文銳也。案此讀則與𧆞同音，居例切。

彘　豕也。後蹏廢，故謂之彘。此與豕部說對文，故依彼文增故字。天文家謂牽牛六星其蹏廢。士喪禮廢敦注云：廢敦，敦無足者。從彑矢聲。直例切。從二匕。彘足與鹿足同。凡三體四體之字，必盡說其義，而後及其聲。獨此從二匕退在矢聲下，又申說之者，彘以北為足，鹿以比為足，然祇是象足形，不能以北比為之足也。乃曰從二匕者，彘之從二匕，與𠈎從二人同法。𠈎之左人作𠤎，以見其相向夾輔也。此之左匕作𠃌，以見其為後蹏廢也。然恐

說文句讀　卷十八　七百九十二　、〇折三十五　二十九

人誤仞為比敘之匕，匕牲之匕，則彌誤矣。故申之曰彘足與鹿足同，以見𠃌之向外，不殊𠤎之向內也。設篆作𢑚，則但云象足形，必不云從二匕矣。以鹿下不云從比知之。

彖　豕也。從彑從豕。讀若弛。式視切。嚴氏曰：宋本作𢑚，即上部首希字也。重出。毛本改作彖，依小徐也。然亦恐未安。彑象豕頭，豕之一亦象頭，作彖則有兩頭，不合六書之體。筠案：玉篇彑部祇彘彖二字，豕部亦不收彖字。然彖字亦當依嚴氏以為衍文。蓋希與彖本是一字，一頭四足一尾，二篆同也，用筆小異耳。自部首作希，小徐改彖為彖，遂化一為二，大徐又增彖于部末，遂化二為三。即依今本，彖，豕也，式視切，是與豕音義皆同也。然有兩頭，如嚴氏所駁，則以鼠易之，文不可理解也。竹君本𧰨作𧰨，此希譌彖之證。𢑚作𢑚，此彖譌彖之證。部首作𢑚，竹君本注本目錄部敘竝同。顧本目錄作𢑚，與大徐同，此希彖一字之證。

𢑚　豕也。桂氏曰：或與豭通。方言：豬，北燕朝鮮之閒謂之豭，吳揚之閒謂之豬。從彑，下象其足。讀若瑕。乎加切。玉篇廣韻皆無此字。

彖　豕走也。玉篇：豕走悅也。從彑從豕省。彖從彑從豕，彖則從彑從豕省，古人制字，乃如此艸率乎？嚴氏曰：宋本作希，即上部首字也。毛本改作彖，亦即希字也。皆重出。小徐無此篆，最為善本，議依小徐刪而移豕走也之訓屬之𢑚篆下。𢑚從彑，下象其足，是豕走也。筠案：唐韻通貫切，此字之分為兩體兩義，實由此音而起。篆豭之音與通貫切合，而蠡愫之音與希羊至切合。桂氏段氏皆欲改為蠡愫矣，不知彖是象形字，不必定一音，猶之幵是指事字，幷從之，刑從之，幷亦從之，不必定一音也。

文五

豚　小豕也。字林同。方言：豬，其子或謂之豚，或謂之豯。從彖省。象形。五字當作從豕二字。𢑚即馬，則𧰨即豕矣。然即此從彖省，亦足徵部首當作𢑚矣。汪本作從希省，則亦改易之文也。竹君本仍作彖。河內名豕為彖，故從之。若是豕走，則是動字，豚無由從之也。從又持肉，以給祠祀也。示部：祭，從手持肉。祱以豚祠司命。案祭用小豕，亦貴誠之意。徒魂切。凡豚之屬皆從豚。玉篇作豚，集韻作豚。

豚　篆文豚。從肉豕。篆當作籀。爾雅釋文云：說文作豚，又云籀文也。案當云說文作豚，又云豚籀文也。玉篇：豚，籀文。

衞　豚屬。從豚衞聲。讀若罽。于歲切。案此讀與𧆞彑皆同音。

說文句讀　卷十八　六百九十五　、〇折三十四　三十

文二　重一

豸　獸長脊。行豸豸然。欲有所司殺形。形，釋文引作也。貍之將攫也，必伏，所以擬度之，欲其發而必中也。既伏則脊加長，不敢疾行，故曰豸豸然也。池爾切。司殺讀若伺候之伺。凡豸之屬皆從豸。

豹　似虎圜文。字林作貝文。貝蓋員之譌也。本草衍義：豹毛赤黃，其文黑，如錢而中空，比比相次。從豸勺聲。北教切。

貙　貙獌，似貍者。當云獌也，似貍者。後人以爾雅全句易之，而又不刪者字，遂不可解，則以彼忿犬部獌下已引此文也。本文若用全句，則似貙獌二字為名矣。字林：貙似貍而大，一名獌，甚明白也。若疑則犬部獌下云狼屬，則郭注曰：今山民呼貙虎之大者為貙豻。釋獸又云：貙似貍。郭注曰：今貙虎也，大如狗，文如貍。此類觀之，可以見矣。特釋獸貙似貍，乃重出之文也。從豸區聲。敕俱切。

貚　貙屬也。桂氏曰：即貙貚也。漢書稱貙豻。夏官射人士以三耦射豻侯，鄭司農云：豻者獸名也。獸有貙豻。從豸單聲。徒干切。

貔　豹屬。出貉國。字林同。下有一曰白狐句，恐說文亦有之。釋獸：貔，白狐。郭璞贊曰：貔蓋豹屬，亦曰執夷，白狐之云，似

chái 豺　yǔ 貐　mò 貘　yōng 鏞　jué 貜　nà 貀　hé 貈

是而非、郭氏誤以白狐爲狐之白者、可謂疏謬。舍人注曰、名白狐也、王爲明了、白狐祇是貔之別名也、從豸毘聲。房脂切。詩曰、獻其貔皮。大雅韓奕文。周書曰、如虎如貔。牧誓文、鄭注、貔一名曰豹、虎類、也、案曰似當作白、白豹、貔白狐也、貔、猛獸。此韓奕傳文也、在此不次、蓋本引詩而竝引毛傳、因引周書以爲猛之證、蓋以其猛、故謂士卒如之也、

豼　貔或從比作。

豺　狼屬、狗聲。字林、狼屬狗足、是也、聲乃寫誤、釋獸、豺狗足、史記司馬相如傳正義引說文曰、狼爪、蓋狼屬狗爪之挩文也、左文元年傳、子文謂越椒爲豺聲、昭二十八年傳、叔向之母謂伯石豺狼之聲、則豺狼聲相類、不得似狗、從豸才聲。士皆切。

貐　𤟹　貐似貙、虎爪、食人、迅走。釋獸文、似今作類、𤟹毛本作𤟹、說文竝無𤟹、釋文𤟹字亦作𤟹、或作窫、說文無窫、宀部有窫、爾雅邢疏引山海經窫窳、則又因窫而窳譌從宀也、辥綜西京賦注曰、窫窳、類貙、虎爪、食人、漢書揚雄傳、窫窳其民、應劭亦以釋獸說之、淮南本經訓、堯之時、窫窳爲民害、高注、窫窳獸名、狀若龍首、或曰似貍、善走而食人、從豸俞聲。以主切。

貘　似熊而黃黑色、出蜀中。字林同、此下有一曰白豹句、或說文亦本有之、釋獸、貘白豹、亦謂貘之別名曰白豹也、而郭注云、或曰豹白色者別名貘、六書故引字林、貘似熊而白、是皆郢書燕說也、出蜀中者、蜀都賦、戟食鐵之獸、劉注、貊獸毛黑白臆、似熊而小、以舌舐鐵、須臾便數十斤、出建甯郡也、案貊者貘之借字、從豸莫聲。莫白切。

鏞　猛獸也。段氏曰、鏞見上林賦、郭璞曰、鏞似牛、領有肉堆、即犎牛也、筠案、史記司馬相如傳作鏞、徐廣曰、獸類也、從豸庸聲。漢書作庸、余封切。

貜　𧳜貜也。羣書皆二字各爲一名、犬部𤞷下云、犬屬、上林賦、蛙貜飛蠝、字從犬、西山經、貜如、字從貜、郭璞贊曰、貜如之獸、鹿狀四觡、馬足人手、其尾則白、貌兼三形、攀木緣石、從豸矍聲。王縛切。

貀　獸無前足。字林同、下有似虎而黑句、釋獸、貀無前足、郭注、晉太康七年、召陵扶夷縣檻得一獸、似狗豹文、有角、兩足、即此種類也、或說貀似虎而黑、從豸出聲。女滑切。漢律、能捕豺貀、購百錢。釋獸、熊虎醜、其子狗、郭注引律曰、捕虎一、購錢三千、其狗半之、釋文、狗本或作豿、列子釋文說白豹曰、爾雅、熊虎醜、其子豿、豹熊虎之子也、筠案、狗者借字、豿者後起之專字、豹者譌字、不可謂熊虎之類、其子皆謂之豹也、

貈　似狐、善睡獸也。墨客揮犀、貉狀似兔、人或擊之、行數十步、輒睡、從豸舟

說文句讀　卷十八　八百十六　、〇折四十六　三十一

àn 豻　diāo 貂　mò 貉　huán 貆　lí 貍　tuān 貒　huān 貛　yòu 貁

聲。下各切、段氏曰、此切乃貉之古音、非貈之本音也、豳風貈貍裘爲韻、桂氏曰、本書㵍或作㵍、讀若狐貈之貈、爾雅釋蟲莫貈、御覽引鄭志荅王瓚、作莫貉、論語曰、狐貈之厚以居。鄉黨文、今作貉、釋文云、依字作貈、爾雅

豻　胡地野狗。字林同、陳國武注子虛賦云、豻、胡地野犬、似狐、黑喙、從豸干聲。周禮射人、士以三耦射豻矦、注云、大射禮豻作干、五旰切。

犴　豻或從犬。詩曰、宜犴宜獄。小雅小宛文、今作岸、釋文云、韓詩作犴、云、鄉亭之繫曰犴、鄭注射人云、讀如宜犴宜獄之犴、

貂　鼠屬。大而黃黑。元應曰、今人謂黑貂爲鴨盧貂、出胡丁零國。胡丁零者、胡其總名、丁零其一國之名也、後漢書東平獻王蒼傳注引此文無胡字、爾雅翼、丁零國、今人謂之貂零、魏書丁令在康居北、出貂鼠皮、鼲子皮、從豸召聲。都僚切。

貉　北方人也。豸種。依詩論語釋文引補、詩韓奕、其追其貊、奄受北國、漢書高帝紀顏注曰、貉在東北方、三韓之屬、皆貉類也、從豸各聲。莫白切。孔子曰、貉之爲言貉貉惡也。依書釋文引補。段氏遂本篆于部末、是也、

貆　貉之類。貉當作貈、釋獸、貈子貆、詩伐檀、胡瞻爾庭有縣貆兮、箋云、貉子曰貆、釋文、貉、依字作貈、從豸亘聲。胡官切。

貍　伏獸。似貙。大射儀注、貍之言不來也、埤雅、貍似貙而小、文彩斑然、脊閒有黑理一道、周禮射人以貍步張三矦、注、貍善搏者也、行則止而擬度焉、樂記左射貍首、舊說貍之取物、則伏下其頭、然後必得、言射亦必中、如貍之取物矣、從豸里聲。里之切。

貒　獸也。似豕而肥。依爾雅釋文引補、釋獸、貒子貗、郭注、貒豚也、一名貛、李時珍曰、貒、豬貛也、貛、狗貛也、二種相似而略殊、從豸耑聲。讀若湍。他耑切。

貛　野豕也。方言、貛、關西謂之貒、從豸雚聲。呼官切。

貁　禺屬。依元應引改、今本作鼠屬者、誤以貁爲鼬也、字林、貁獸名、如猴、卬鼻長尾、俗作狖、眾經音義云、狖古蜼字、字林余繡反、江東名也、又音余季反、建平名也、爾雅翼、蜼狖也、蜼讀如贈遺之遺、又讀如橘柚之柚、其作柚音者或爲狖、廣雅、狖蜼也、尾長四五尺、淮南齊俗訓、覽冥訓、說林訓、皆蝯狖連文、高注、狖、蝯屬、仰鼻而長尾、善旋。一引作善遊、案旋者舞也、北山經、歸山有獸焉、名曰驒、善還、注云、還、旋、旋舞也、其作遊者、謂騰擲也、水經注、江水云、僰道縣山多猶猢、似猴而短足、好遊巖樹、一騰百步、乘空若飛、從豸穴聲。桂氏曰、穴當爲宂、散之宂、本書𩗭從宂、廣韻、貁𩗭同音、余救切、筠案

說文句讀　卷十八　八百〇一　、〇折四十六　三十二

sì 𢑚　yì 易　xiàng 象　yù 豫

廣韻䖃謕從宂、此宂謕宂之例、集韻䖃有猇𤢑猇三重文、是宂謕宂又謕宂之例、䖃之當爲猇、無可疑者、特未可輒改耳、余救切、

文二十　重二

𢑚 作𢑚者非、然當作𢑚、如野牛而青色。依論語疏引補、南山經注、兕似水牛、青色、一角、重三千斤、其皮堅厚可以爲鎧。考工記、函人、兕甲六屬、又曰兕甲壽二百年、嶓冢之上其獸多𢑚。以上依御覽蓺文類聚引補、象形與禽离頭同。吾謂當作𢑚者、据此也、說詳釋例、徐姊切、凡𢑚之屬皆從𢑚。兕 當作兕、古文𢑚從儿。二字似後增、獸不得從人、虎之從人、不可爲例、

文一　重一

易 蜥易。蝘蜓。守宮也。釋魚文、虫部蝘字下析言之、象形。羊益切、祕書說曰。日月爲易。象陰陽也。此說是會意也、祕書者、緯書也、鄭志張逸問、禮注曰書說者、何書也、荅曰、尚書緯也、當爲注時、在文網中、嫌引祕書、故諸所牽圖讖、皆謂之說、日月爲易者、參同契云、離已日精、坎戊月光、案上經首以乾坤、對文、末即坎離、對文、下經首以咸恆、夫婦之卦、末即既濟未濟、坎離相交之卦、然以坎離爲日月、固見於說卦、而入卦之中、獨取坎離爲易、終是曲說、且易字下半固非月、乃路史曰、從勿者、月彩之散者也、尤爲曲說、陰陽當作侌昜、一曰。從勿。不言從日者、承上文也、然此說尤不可解、桂氏曰、尚書平在朔易、尚書大傳史記竝作伏物、凡易之屬皆從易。

文一

象 長鼻牙。南越之大獸。太康地記、秦滅六國、南開百越、置象郡、三季一乳字。依左傳疏引補、一作五歲一乳、太平廣記引古訓云、象孕五歲始產、象耳牙四足之形。耳當作鼻、不言尾者、或以其短邪、徐兩切、凡象之屬皆從象。

豫 象之大者。老子、豫兮若冬涉川、范應元注、豫、象屬、先事而疑、或借與字、曲禮、定猶與、疏曰、說文云、猶獸玃屬、與亦是獸名、象屬、此二獸皆進退多疑、人多疑惑者似之也、賈侍中說。不害於物。從象、予聲。羊茹切、𢊅 古文豫。

文二　重一

說文解字句讀第九下

曲沃郭瀚校

𢑚易象

句讀卷十八補正

山產疊韻兼雙聲、一葉前三行產生物也下增此

阜部陸墒同字、𡐦或𡐦之重文、五葉前十行徒果切下增此

筠案謂崔爲許君所收、則岨下既用毛傳、何以崔下嵬下皆不用毛傳、且崒下何以云崒危乎、謂非許君所收、何以從崔者有摧漼催䧼四字、無一從崔者乎、疑莫能明、六葉後一行當是崔字之省下增此

左閔二年傳立戴公以廬于漕、國而謂之廬、不成國也。秋官有野廬氏、此廬非民居、亦以其爲小屋而加此名也。地官遺人曰、凡國野之道十里有廬、即秦之亭也。黃帝時當草昧、去茅茨土階尙遠、故無怪其然。八葉後五行故與許說相反下增此

惟其中伏、故有反字矣、十二葉前五行且爲觀美也下增此

亦作庌、集韻四十禡亦收庌字、充夜切、與御疊韻、然則以御說庌、亦用音近之字也、十三葉前八行俗作斥下增此

漢書郊祀歌天門十一有寂漻、即今寂寥也、漻字見水部、十三葉後一行而改之也下增此

發石之車曰旝、見㫃部、十四葉後三行張挽强下增此

燕然山銘、封神丘兮建隆碣、知後漢已呼碑爲碣、然是以其特立而借之也、故碑不繼碣、而別列于後、十八葉後一行一引作立石也下增此

經典省作磨、天文志如蟻旋磨、二十一葉後八行礱磑也下增此

猶左傳之石田、二十二葉前九行石地䂓句下增此

砢字必連磊字以成義、通例當在磊字後、然磊字疊部首以成字、通例當在部末。然使說磊曰磊砢眾石也、則文義不順、故用變例、于砢下出其名目、于磊下出其訓義也。二十二葉後一行來可切下增此

筠案此說欠妥、物從勿聲、昜從勿、則聲意兩無所著、二十四葉前四行勿在旦下爲開下增此

許君不合者、或如豆部梪殳部𣪊之例、二十五葉前六行而亦當合耏於而下增此

○此古文與亥之古文同、則於此注之曰古文或以爲亥字足矣、何故重出、即亥而生子復從一起二語、亦可出之正文亥下、不必出之古文亥下也、究未知許君意云何、二十五葉後六行古文豕下增此注

段氏曰、鬬當作門、是也、二十七葉後七行非謂豕與虎鬬下增此

豕部曰、上谷名豬豭、與此對文、二十八葉前十行漢郡名下增此

○豸種之豸似是壞字。部首下說豸字屬指事、且不指一物而言。即爾雅曰有足謂之蟲、無足謂之豸、此是物矣。然亦泛言小蟲之屬、不專一物。小蟲亦不能與人交。本部中字皆是獸名。不可知爲何字之殘文矣。然內是一體而領部中全體之字。已是變例。豸以動字而領物名之字。尤是創例也。三十二葉前九行皆貊類也下增此

huán 𩡧　zhì 騭　mǎ 馬

說文解字句讀弟十上

漢太尉南閣祭酒許氏記　　安邱王　筠撰集

相國壽陽祁春浦夫子鑒定　　益都陳山嵋　晉江陳慶鏞　訂正

博山蔣其崘書篆

四十部　八百一十文　重八十七毛孫鮑三本同，毛後刓改七作入

凡萬四字

怒也。武也。馬古音姥，怒武皆疊韻，高誘讀怒如彊弩之弩，急就篇騏驪馳騁怒步超，夏官司馬鄭注云，馬者武也，言爲武者也，宋呼司馬爲司武，見左襄六年傳。象馬頭髦尾四足之形。頭髦者，小篆之髦連于頭，古籀文皆髦離于頭也，尾四足者，漢書石奮傳，石建曰書馬者與尾而五，今迺四，不足一，獲譴死矣，史須敦作，桂氏曰寫是五足也，知鐘鼎亦不盡足據，莫下切。凡馬之屬皆從馬。古文。馬。○桂氏曰寫者誤加彡，與籀文無別，籀文有髦，謂加彡，是古文無彡矣。籀文馬，與影同有髦。桂氏曰當云籀文馬與帬同，有髦，段氏依玉篇改作，而說之曰，古文從帬加髦，籀從勿加髦，故云二者同有髦也，筠案桂氏之說古文也，則騙之籀文從，固無髦也，二家之說本注也，桂氏于同字絕句，有髦爲句，段氏則籀文馬絕句，下五字爲句，皆非也，此篆當依小徐韻譜作，玉篇無尾，不可從也，說解則祇籀文馬三字爲本文，篆體既譌之後，校者加注，謂籀文與古文同體，二篆皆有髦，彼不知小篆之連于首者即髦也，是淺人之說也，蓋者古文，則古文之異者，故籀文騙從，籀文騇從，皆是古文，故籀從之也，特小篆盡從，故目爲小篆耳。

牡馬也。釋畜牡曰騭，郭注今江東呼父馬爲騭。從馬，陟聲。夏小正云，執陟攻駒，即月令執騰駒也，之日切，段氏曰當之翼切。讀若郅。小徐無此句，段氏曰，釋詁騭陞也，郭注引方言亦作騭，今方言訛作郅，蓋校者据誤本方言加此句。

馬一歲

說文句讀卷十九　五百八十六、○折十九　一

jū 駒　bā 馱　xián 驕

也。一引作馬一歲曰馬。從馬。一，絆其足。與豕同意，左傳魯子家羈字駒。讀若弦。玉篇有駭字，云馬一歲，案當從弦省聲，是指事字變爲形聲字也，小徐作讀若紘，非也，釋畜[元]駒，釋文[元]字林作駭，此玉篇所本也。一曰若環。戶關切。

馬二歲曰駒。三歲曰駣。蓋駣字篆佚而說存，寫者附之駒下也，夏官廋人教駣攻駒，鄭司農云，馬三歲曰駣，二歲曰駒，司農說校人亦然，經既有之，許君當收之，一也，御覽引說文曰，馬一歲曰馬，二歲曰駒，三歲曰駣，八歲曰馱，既連引其文，不當以他書羼入，二也，玉篇駣從高丈小二切，馬四歲也，三譌爲四，又以馱馽駒騧駣爲亥，亦是經後人倒亂，然不甚遠隔，且不在後收字中，亦足見說文本有此字，三也。從馬。句聲。舉朱切。

馬八歲也。一引作八歲曰馱，又謂之齠，見齒部。從馬。八聲。義聲互相備也，博拔切。

馬一目白曰瞯。二目白曰魚。釋畜文，今作瞯，廣韻瞯人目多白也，張協七命天驥之駿，眸瞯黑照，注云瞯馬目也，詩駉篇有驔有魚，傳云二目白曰魚，釋文二譌爲一，云字書作驓，字林作瞷，又引爾雅一目白瞯，二目白瞷，蓋亦因字林而然，瞷乃後來分別字也。從馬。閒聲。戶閒切，案此字可疑，釋畜釋文云，瞯本又作瞷，說文

說文句讀卷十九　八百○五、○折四十二　二

qí 騏　lí 驪　xuān 駽　guī 騩　liú 騮　xiá 騢

云戴目也，字林作驓，案說文果有驓字，陸氏何不引之，而引瞷字說，又引字林之驓乎，蓋驓係後增，玉篇廣韻皆有驓無驓，驓殆六朝字乎。

馬青驪，文如綦也。依元應引改，文一引作色，綦今本作博綦者，綦譌爲綦，校者妄增博也，詩小戎駕我騏馵，傳云騏綦文也，正義云色之青黑者名爲綦，馬名爲騏，知其色作綦文，駟篇有騂有騏，傳曰蒼祺曰騏，祺亦綦之譌也，書顧命四人綦弁，馬本綦作騏，云騏青黑色。從馬，其聲。渠之切。

馬深黑色也。字林同，詩駉篇傳曰純黑曰驪。從馬。麗聲。呂支切。

青驪馬。釋畜青驪駽，郭注今之鐵驄。從馬。肙聲。火懸切，段氏曰當火縣切。詩曰：駜彼乘駽。魯頌有駜文。

馬淺黑色也。即穆天子傳所謂盜驪也，漢舊儀丞相不勝任，使者奉策書駕騩騎馬，即時布衣步出府免爲庶人，丞相有他過，使者奉策書駕騅騎馬，即時步出府乘棧車牡馬歸田里思過，案騩也騅也駱也，皆黯淡無色之馬也。從馬。鬼聲。俱位切。

赤馬黑毛尾也。毛當依廣韻作髦，字林赤馬黑髦尾也，詩駉篇有駵有駱，傳曰赤身黑鬣曰駵。從馬。畱聲。釋畜釋文，駵字或作騮，即引說文字林以實之，力求切。

馬赤

zhuī 騅　luò 駱　yīn 駰　cōng 驄　yù 驈　máng 駹　guā 騧

白雜毛。釋畜彤白襍毛騢、魯頌毛傳同、從馬。叚聲。乎加切。謂色似鰕魚也。此必庾注也、鰕色青白、滿之以湯、乃赤白相間、庾氏以騢鰕同音、故為此說、而魯頌釋畜釋文竝引作馬赤白襍毛、文似鰕魚也、誤合為一說、非也、

騅 馬蒼黑雜毛。釋畜蒼白雜毛騅、駉篇毛傳同、顏師古素宗說文、而其注急就篇、漢書項籍傳竝同、乃戴侗以作黑為是、桂氏從之、曰烏騅是也、筠亦從之、則以若作蒼白、則與驄之青白無別也、韻會引馬蒼黑雜毛、又云一曰蒼白曰騅、或亦出說文、或自以毛傳附益之、皆未可決、從馬。隹聲。職追切、

駱 馬白色黑鬣尾也。鬣、一引作髦、釋文引譌作毛、然髦鬣一也、釋畜白馬黑鬣駱、郭引明堂位夏后氏駱馬黑鬣、詩駉釋文云、樊孫爾雅竝作白馬黑髦鬣尾也、案髦鬣重複、尾字則與許同、蓋釋畜本有尾字、後人据魯頌毛傳刪之、從馬。各聲。盧各切、

駰 馬陰白雜毛。黑喙。合二徐本用之、四牡毛傳陰白雜毛曰駰、釋畜同、郭注陰淺黑、今之泥驄、詩云黑喙者、殆以與驄之青白近似邪、然駰之黑喙宅無所見、究屬可疑、嚴氏曰、詩疏引孫炎云陰淺黑也、恐許亦有此語、轉寫脫落、僅存一黑字耳、段氏說同、從馬。因聲。於眞切、詩曰。有駰有騢。駉篇文、

驄 馬青白雜毛也。蓋今之菊花青也、東觀漢記、桓典為御史、常乘驄馬、京師畏憚、為之語曰、行行且止、避驄馬御史、從馬。悤聲。桂氏曰、六書故云驄馬蔥青色、本書總帛青色、爾雅青謂之蔥、此驄當從蔥省聲、倉紅切、

驈 驪馬白胯也。釋畜文、今胯作跨、魯頌毛傳同、然非也、胯股也、跨踞也、郭注跨髀間、從馬。矞聲。食聿切、詩曰。有驈有騜。駉篇文、騜作皇、是也、說文無騜、釋畜黃白騜、郭引詩騜駁其馬、然則騜字晉時所作、

駹 馬面顙皆白也。釋畜文、凡十七句、辨馬白色所在之異名、以膝上皆白惟馵始之、以面顙皆白惟駹終之、中惟駵驪言其身之色、其餘不言、此駹蓋青色馬也、史記匈奴傳、東方盡青駹馬、索隱云、青駹、青色馬也、易說卦、震為龍、釋文云、虞干作駹、虞云、蒼色、干云雜色、案雜色蓋据從尨得之、說見牛部牻下、從馬。尨聲。莫江切、

騧 黃馬黑喙。詩小戎毛傳文也、釋畜白馬黑脣駩、黑喙騧、當作黃馬黑脣犉、黑喙騧、郭注云、今之淺黃色者為騧馬、是郭本作黃、不作白也、釋文曰、駩、孫本作犉、云與牛同稱、本或作驎、音吝、說文不收駩驎二字、而牛部犉下云、黃牛黑脣也、則孫炎爾雅本正與許君據本同、而爾雅本同毛傳明矣、從馬。咼聲。古華切、段氏曰、宋明帝以騧字似禍、

piào 驃　pī 駓　tiě 驖　àn 䮗　dí 馰　bó 駁　zhù 馵　diàn 驔

改從瓜、遂於古音不合、桂氏曰、寰宇記、唐太宗十驥、八曰流金騧、

籀文騧從兩。

驃 黃馬發白色。發、一引作鬣、乃不解發字而改之、且不悟鬣即下文之髦也、發者、別內外之詞、謂其毛本黃而末白也、一曰。白髦尾也。謂黃馬而白鬣尾也、從馬。㶾聲。毗召切、

駓 黃馬白毛也。戴侗曰、唐本作黃馬白雜毛、桂氏曰、當云馬黃白雜毛也、釋畜駉傳皆云然、從馬。丕聲。敷悲切、宋版魯頌釋文、有駓下云、字林作駓、又伾伾下云、說文同、字林作駓、走也、然則本篆當作駓、說當作否聲、駓字則字林始收也、玉篇則云駓同駓、

驖 馬赤黑色。秦風駟驖孔阜、傳曰、驖驪也、案驖驪即月令之鐵驪、鄭注曰、色如鐵、玉篇曰、驖驪馬如鐵、赤黑色、然則許與毛鄭同義、毛傳以驪足驖、非以驪釋驖也、從馬。戴聲。漢書地理志車轔四戴、驖者後作之專字、戴者省形存聲字、他結切、詩曰。四驖孔阜。四今作駟、地理志亦作四、段氏曰、詩四牡四騏皆作四、惟駟介俴駟乃作駟、駟一乘也、故言馬四則但謂之四、言施乎四馬者、乃謂之駟、

䮗 馬頭有白發色。嚴氏曰、當作馬頭發白色、筠意當作馬赤頭發白色、即据大徐赤字、蓋說無本色、不得言發也、玉篇䮗馬白額至脣、廣韻同、從馬。岸聲。五旰切、

馰 馬白頟也。字林、馬白頟也、從馬。旳省聲。依韻會引改、旳者古文假借字、謂其圓如射的也、馰則後作之專字矣、故經典皆作的、秦風、有馬白顛、傳曰、白顛、的顙也、釋畜、的顙白顛、舍人云、的、白也、顙、額也、額有白毛、今之戴星馬也、齊民要術曰、白從額上入口、名俞膺、一名的顱、都歷切、一曰。駿也。字林作一曰駁、似是、下文即駁篆、易曰。為的顙。說卦傳文、日部引作旳、是也、引此者以證旳省聲、兼以見旳為馰之古文也、毛本作馰、非、

駁 馬色不純。一引字林同、元應引字林曰、班駁色不純也、案此通詞也、釋畜、駵白駁、詩東山傳同、正義曰、謂馬色有駵處、有白處、案此則一馬之專名也、從馬。爻聲。北角切、

馵 馬後左足白也。釋畜、後右足白驤、左白馵、又曰、郄上皆白惟馵、許所未用、從馬。二其足。馽下云、一絆其足者、一歲之馬、當調習之、故加絆、則一者象絆形也、此云二其足者、篆當作馵、二是指事、當指其後左足、今篆則併指前兩足矣、讀若注。之戍切、易曰。為馵足。當依今本作馵、爾雅玉篇同、說卦傳文、虞注、馬白後左足為馵、震為左、為足、初陽為白也、指事。此蓋小徐語挩失臣鍇曰耳、若許語則當在二其足下、且上下二篆外、概不言指事也、

驔

xiāo 驍　jùn 駿　jì 驥　ào 驁　fēi 騑　hàn 䮧　xí 騽　yàn 驠

驪馬黃脊也。桂氏曰，與騽下訓互誤，此當云馬豪骭也。陳啟源曰，詩駉有驔有魚，傳云，豪骭曰驔。正義云，釋畜四骹皆白驓，無豪骭白之名，傳言豪骭白者，謂豪毛在骭而白長也。如正義言，則傳豪骭下當有一白字，否則曰字當作白。馥案聲類，豪，長毛也。六韜，得犬戎氏文馬，豪毛。穆天子傳，天子之豪馬豪牛。筠案許君亦曰馬豪骭也，則毛傳無白字可知，蓋孔氏所据毛傳曰誤作白，遂附會其說耳。從馬，覃聲。讀若簟。徒玷切。

驠　馬白州也。釋畜白州驠，郭注，州，竅。廣雅，州、豚，臀也。北山經，倫山有獸焉，其川在尾上。桂氏曰，川者州之誤。段氏曰，州、豚同字，俗作尻。從馬，燕聲。於甸切。

騽　馬豪骭也。桂氏曰，當云驪馬黃脊。玉篇，騽，驪馬黃脊，又馬豪骭。馥案又云者乃宋人据誤本增入。釋畜，驪馬黃脊騽，郭云，脊，背。毛黃。釋文云，騽，說文作驔，音簟。字林云，又音譚。今爾雅本亦有作驔者，據此則驔騽二訓，唐本已誤。從馬，習聲。似入切。

䮧　馬毛長也。桂氏曰，廣韻，駭䮧，蕃中大馬，出異字苑。馥謂蕃馬毛長，故名䮧。段氏曰，多借翰字爲之。尚書大傳之西海之濱取白狐青翰，注曰，長毛也。文選長楊賦，翰林主人，注引說文，毛長者曰翰。從馬，倝聲。侯旰切。

騑　馬逸足也。玉篇，騑兔，古之駿馬也。廣韻，騑兔，馬

而兔走。左成二年傳，馬逸不能止，逸即騑。從馬，飛聲。漢書袁盎傳，騁六飛，馳不測山。甫微切。司馬法曰，飛衛斯輿。飛，集韻類篇竝引作騑。

驁　駿馬也。高注呂覽云，驁，千里馬名也。荀悅漢紀，成帝諱驁，驁之字曰俊。廣韻，驁，駿馬之俊。以壬申日死，乘馬者忌之。依御覽引補。謂壬申日勿乘馬也。從馬，敖聲。五到切。

驥　千里馬也。孫陽所相者。孫陽字伯樂，秦穆公時人。隋書經籍志，有伯樂相馬經。繫傳曰，舊多云，驥長鳴於蒲坂，伯樂見而識之也。筠案孫陽句與水部汨下屈原所沈之水句法同，蓋庾注也。穆天子傳之赤驥，雖非許君所及見，而論語有之，則其字已古，不得專屬孫陽。從馬，冀聲。几利切。天水有驥縣。段氏曰，地理志，天水郡冀縣。郡國志，漢陽郡冀縣，漢陽即天水也。史皆作冀，不作驥。左傳，冀之北土，馬之所生。許蓋援此說字形從冀馬會意，本作冀縣，淺人改之。

駿　馬之良材者也。良材，慧苑引作良才，元應引作才良。穆天子傳，天子之駿。從馬，夋聲。子峻切。

驍　良馬也。元應引作良馬驍名也，似有誤字，其意則謂駿驍同意，故類次耳。從馬，堯聲。古堯切。嚴氏曰，駉釋文引說文，駉作驍，又作駫，同。蓋六朝舊本堯聲

xiū ⿰馬休

wén 駇　cǐ 䮾　yàn 驗　huān 驩　lái 騋　jiāo 驕　zuī 騅

下有詩曰驍驍牡馬，段氏增此句，而以堯同之聲相遠駁之，疑本作詩曰四牡驍驍，爲崧高四牡蹻蹻之異文。筠不能決，姑竝存之。

騅　馬小皃。從馬，垂聲。讀若箠。之壘切。𠂹部遯從之，而馬旁在右。

𩥉　籀文騅。從𠂹。

驕　馬高六尺爲驕。桂氏曰，公羊解詁，天子馬曰龍，高七尺以上，諸侯曰馬，高六尺以上，卿大夫士曰駒，高五尺以上。馥案駒即驕，詩株林乘我乘駒，釋文作驕，引沈云，或作駒字，是後人改之。皇皇者華篇內同。從馬，喬聲。舉喬切。詩曰，我馬維驕。小雅皇皇者華文，今作駒。釋文云，本亦作驕。維，宋本及小徐作唯，集韻引作惟，與通例符。一曰，野馬。不受控制，故爲驕縱。

騋　馬七尺爲騋，八尺爲龍。釋畜，馬八尺爲駥。郭注，周禮曰，馬八尺以上爲駥。後漢書注引爾雅作龍，周禮庾人，馬八尺以上爲龍，七尺以上爲騋，六尺以上爲馬。案春官巾車龍勒，注云，龍，駹也。蓋寫爾雅者借駹爲龍，又聲轉譌爲駥也。又案釋文作馬八尺爲戎，云本亦作駥。上文絕有力駥，釋文云，本亦作戎，則是初訛作戎，後加馬旁。從馬，來聲。洛哀切。詩曰，騋牝驪牡。蓋本作詩曰騋牝三千，爾雅曰騋牝驪牡元，傳寫闕脫，讀者又據郭注刪元字。鄭注檀弓引爾雅騋牝驪牡元，又注

廋人，引爾雅騋牝驪牡元駒褭驂，賈疏云，騋中所有牝則驪色，牡則元色，兼有駒褭驂。竹書紀年，穆王八年，北唐來賓，獻一驪馬，是生騄耳。是驪牝足貴之證也。論語，敢用元牡，此牡元連文之證也。漢讀如此，豈得許君早同郭氏乎。

驩　馬名。名當作也，下放此。從馬，雚聲。呼官切。

驗　馬名。從馬，僉聲。魚窆切。識、籤、娄三字下皆用驗爲徵驗字，而今人謂當作譣，譣本之廣雅，亦殊拘泥。

䮾　馬名。從馬，此聲。雌氏切。

⿰馬休　馬名。從馬，休聲。許尤切。

駇　馬赤鬣縞身，目若黃金，名曰媽，吉皇之乘。周書王會解文，符瑞圖作吉黃，一名乘黃，亦曰飛黃，海內北經作吉量，李善注東京賦引作吉良。瑞應圖曰，騰黃，神馬，一名吉光。博物志譌爲古黃。六韜、淮南子，皆謂之雞斯之乘。周成王時，犬戎獻之。漢書王莽傳，天重以三能文馬，晉灼曰，許愼說文，文馬縞身金精，周成王時，犬戎獻之。嚴氏曰，精即睛，西晉古本如是，今作目若黃金，疑校者依王會篇及海內北經改也。從馬從文，文亦聲。羣書皆省作文。無分切。春秋傳曰，媽馬百駟。宣二年文，今作文。集韻引亦作文。畫馬也。王肅亦云然，言此者，所以別于吉皇也。西

zhī 馶　bì 駜　jiōng 駫　péng 騯　àng 䭵　xiāng 驤　mò 驀　qí 騎　jià 駕　fēi 騑　pián 駢

伯獻紂以全其身。此又是吉皇矣不在前者嫌與王會膠鬲也尙書大傳西伯旣來者紂囚之牖里散宜生遂之犬戎氏取美馬駮身朱鬣雞目者取九匹焉陳于紂之廷紂曰非子辠也崇侯也遂遣西伯伐崇

馶 馬彊也。通俗文彊健曰馶從馬。支聲。章移切

駜 馬肥也。玉篇廣韻五經文字同從馬。必聲。毗必切詩云有駜有駜。魯頌文傳曰駜馬肥彊皃

駫 馬盛肥也。廣韻馬肥盛也玉篇馬肥壯盛皃從馬。光聲。古熒切與駉同音詩曰。四牡駫駫。桂氏曰當爲駫駫牧馬詩駉釋文云駉說文作驍又作駫玉篇駫與駉同可與釋文互證詩駉駉牧馬傳云駉駉馬腹幹肥張也卽本書盛肥駉乃借字也

騯 馬盛也。從馬。旁聲。詩清人駟介旁旁則省形存聲字也釋文云王云旁旁彊也薄庚切詩曰。四牡騯騯。玉篇騯騯馬行皃今作彭然則許所偁者北山烝民之四牡彭彭也箋云彭彭行皃爲玉篇所本

䭵 䭵䭵。馬怒皃。廣韻卅七蕩䭵馬怒驚驚䭵也從馬。卬聲。廣韻十一唐䭵千里駒然則楚詞昂昂若千里之駒字本作卬乃䭵之省形存聲字後人以俗昂字改之吾浪切

驤 馬之低仰也。低仰當作氐卬從馬。襄聲。戴侗曰漢書交龍襄首借襄字息良切

驀 上馬也。吳都賦驀六駮從馬。莫聲。莫白切

騎 跨馬也。左昭廿五年傳公師展將以公乘馬而歸劉炫曰此騎馬之漸也顧亭林曰詩云古公亶父來朝走馬程大昌雍錄曰恐此時或已變乘爲騎不暇駕車從馬。奇聲。渠羈切

駕 馬在軛中。衆經音義引作四馬也又引字林馬在軛中曰駕又引三蒼載曰乘馬曰駕案詩駕彼四牡駕我乘馬古之兵車田車乘車皆四馬則言駕者卽四馬也或後人不解遂以字林易之乎特駢驂之說皆曰駕與此不甚合耳從馬。加聲。古訝切

𩣬 籒文駕。大車駕牛

騑 驂。句旁馬也。騑謂之驂其義則在旁之馬也服馬居中騑馬在旁詩小戎騧驪是驂箋云驂兩騑也從馬。非聲。甫微切

駢 駕二馬也。五經異義毛詩說天子至大夫同駕四士駕二禮王度記曰天子駕六諸侯與卿同駕四大夫駕三士駕二庶人駕一桂氏曰詩駕我騏馵釋文引王肅注駕兩馬者肅又云古者一轅之車夏后氏駕兩馬謂之麗殷益以一騑謂之驂周人又益以一騑謂之駟蓋謂麗卽駢也故凡對偶謂之駢麗段氏曰平帝本紀曰立軺併馬服虔曰立軺小車也併馬驪駕也按驪讀同伉儷併馬謂之驪駕亦謂之駢併駢皆從幷謂竝二馬也桂氏又引容齋續筆漢功臣表許盎以駢鄰說衞駢鄰者二馬曰駢謂竝兩騎爲軍翼也案此亦旁證從馬。幷聲。部田切

cān 驂　sì 駟　fù 駙　ě 騀　xié 䮠　pǒ 駊

驂 駕三馬也。左桓三年傳驂絓而止注云驂騑馬正義云說文云騑驂旁馬是騑驂爲一也初駕馬者以二馬夾轅而已又駕一馬與兩服爲參故謂之驂又駕一馬乃謂之駟故說文云驂駕三馬也駟一乘也兩服爲主以漸參之兩旁二馬遂名爲驂故總舉一乘則謂之駟專指騑馬則謂之驂筠案鄭風指言兩驂是孔疏確乎可信然周時仍有駕三馬之制則訓詁家所未言也筠清館史頌敦曰馬三匹積古齋吳彝亦云皆言王所賜也吳彝上文云鬯𠧟一卣元衮衣赤舄金車則與分陝之周召相似而馬止於三匹不似文侯之命馬四匹者蓋周初體制固然吳彝上文又云王在周成大室史頌敦亦曰王在宗周知是時必在康穆昭之朝否亦西周之世頌之官曰史則皁于吳而亦曰三匹且二器搨本我皆有之三字甚明白也毛詩惟四牡騑騑是西周詩四黃駟𩥇皆東周詩似西周賜馬皆止于三匹東周賜馬始四匹也然左莊十八年傳曰虢公晉侯朝王皆賜馬三匹旁馬曰驂。元應四引皆有此及下二句先言旁馬與騑下居說相應詩大叔于田兩驂如舞傳云在旁曰驂

右爲驂乘者。備非常也。此說爲別義居當作車史記衞世家靈公與夫人同車宦者雍渠參乘項羽本紀沛公之參乘樊噲者也字皆作參從馬。參聲。倉含切

駟 一乘也。乘亦駟也夏官校人乘馬一師四圉詩干旄良馬四之良馬五之良馬六之傳曰四之御四馬也五之驂馬五轡也六之四馬六轡也正義云四之謂服馬之四轡也加一驂馬益一轡故言五之也又加一驂更益一轡故六之也引伸之凡物四曰乘如乘矢乘皮乘韋乘壺皆是謂四馬爲駟也。依元應引補蓋庾注也從馬。四聲。息利切

駙 駙馬。副馬也。依後漢魯恭傳注引補漢百官公卿表奉車都尉掌御乘輿車駙馬都尉掌駙馬皆武帝初置晉尚公主者竝加之顏注駙副馬也非正駕車皆爲副馬從馬。付聲。符遇切一曰。近也。依初學記引補左傳傅于許借傅字爲之今人皆作附近辵部近下云附也則附亦可用一曰。疾也。少儀毋報往注云報讀如赴疾之赴然則鄭謂當作毋赴往許謂當作毋駙往

䮠 馬和也。廣韻馬性和也從馬。皆聲。戶皆切

騀 馬搖頭也。從馬。我聲。五可切玉篇騀在駊下說曰駊騀也是也

駊 駊騀也。玉篇駊騀馬搖

頭也。廣韻也作皃。又曰駊騀。馬惡行。從馬。皮聲。普火切。

駋　馬行皃。攀文作謌云。馬行也。或借陶。詩清人駟介陶陶。傳云陶陶驅馳之皃。從馬。召聲。土刀切。

篤　馬行頓遲。從馬。竹聲。冬毒切。

騤　馬行威儀也。從馬。癸聲。渠追切。詩曰。四牡騤騤。三凡見采薇傳曰彊也。桑柔傳曰不息也。烝民傳曰猶彭彭也。各隨文解之。許槩括之云馬行威儀。於疊韻取義也。

䮸　馬行徐而疾也。走部趣安行也。心部㥯趣步㥯也。蓋與䮸同意。但彼謂人。此謂馬耳。行徐而疾者。良馬也。亦有行疾而徐者。今謂之乾蹽腳。從馬。學省聲。於角切。玉篇䮸弋魚弋庶二切。馬行徐而疾。其次在騤篤之下。騣之上。後收雜字中。乃有䮸字。於角切。馬腹下聲也。集韻䮸羊諸切。說文馬行徐而疾。引詩四牡䮸䮸。類篇䮸羊諸羊茹二切。餘同集韻。段氏改篆為𩦂。說曰與聲。桂氏嚴氏竝同。是也。桂氏又曰。本書有䮸䮸二字。今以䮸之注。闕入䮸下。而闕䮸字注也。段氏亦補䮸篆于騫篆下。案玉篇後詩曰。四牡䮸䮸。段氏據集韻增字。大抵不足據。恐未可補也。類篇增此。嚴氏曰。王伯厚詩考亦引之。按即韓奕四牡奕奕。

駸　馬行疾也。字林同。廣雅駸駸疾也。從馬。侵

說文句讀卷十九　七百九十五。○折四十三　九

省聲。子林切。詩曰。載驟駸駸。小雅四牡文。傳曰駸駸驟皃。

馺　馬行相及也。桂氏曰。本書徑行皃。一曰此與馺同。案廣韻逭遝行相及也。遝即徑字。玉篇馺驕馬行皃。方言馺馬馳也。三輔黃圖馺娑宮。馺娑馬行疾皃。馬行迅疾。一日之間。徧宮中。言宮之大也。從馬。及聲。義聲互相備也。穌荅切。讀若爾雅小山馺大山峘。小徐本無大山峘。段氏從之。謂讀若為衍文。案水經注引爾雅大山曰宮。則固有三字為句者。段說似是。今釋山作岌。說文無岌字。

馮　馬行疾也。從馬。仌聲。房戎切。徐鉉曰。本音皮冰切。經典通用為依馮之馮。今別作憑。非是。筠案。依馮當作依凭。易詩馮河。借為淜也。今之馮姓。鄭之省也。

駬　馬步疾也。從馬。耴聲。尼輒切。

騃　馬行佗佗也。人部佗。勇壯也。走部趍。直行也。漢書司馬相如傳。佗以佁儗兮。張揖曰。佗舉頭也。西京賦羣獸駓騃。注引薛君韓詩章句曰。趍曰駓。行曰騃。或借俟。詩吉日儦儦俟俟。漢書馬融傳注引韓詩駓駓騃騃。從馬。矣聲。五駭切。西京賦注。駓音鄙。騃音俟。

驟　馬疾步也。廣雅驟犇也。案引伸之。為凡暴疾之偁。暴疾者必頻數。故又為頻數之偁。左成十八年傳。杞伯于是驟朝于晉。國語王子晉謂

師曠曰。太師何舉足驟。從馬。聚聲。鉏又切。

騔　馬疾走也。從馬。匃聲。古達切。

颿　馬疾步也。從馬。風聲。符嚴切。徐鉉曰。舟船之颿。本用此字。今別作帆。非是。

驅　馬馳也。當作馳馬也。孟子好馳馬試劍。蓋自颿以上。皆言馬行之速。驅馳以下五字。則言人御之使速也。革部鞭驅也。詩載馳載驅。又曰弗馳弗驅。其意皆主謂人。正義云。走馬謂之馳。策馬謂之驅是也。從馬。區聲。豈俱切。

敺　古文驅從攴。易比卦王用三驅。鄭本作敺。

馳　大驅也。廣韻馳疾驅也。詩不失其馳。是馳為縱送之名也。從馬。也聲。直離切。

騖　亂馳也。前漢書音義。直馳曰馳。亂馳曰騖。從馬。敄聲。亡遇切。

䮴　次弟馳也。言就列不亂也。集韻駕馴也。從馬。列聲。力制切。

騁　直馳也。左定八年傳。林楚怒馬及衢而騁。案衢為大路。可以直馳。從馬。甹聲。丑郢切。

駾　馬行疾來皃。緜詩正義引作馬疾行貌。從馬。兌聲。他外切。詩曰。昆夷駾矣。緜詩正義引作混夷駾矣。今詩同。孟子文王事昆夷。趙注引詩。昆夷兌矣。毛傳。駾突。鄭箋。惶怖驚走奔突。入此柞棫之中

說文句讀卷十九　七百十一。○折四十七　十

而逃甚困劇也。

駃　馬有疾足。玉篇駃馬疾走也。詩駉傳。驛驛善走也。釋文作善足。漢律置傳有高足中足下足。從馬。失聲。大結切。

駻　馬突也。桂氏曰。當為突馬也。漢書刑法志。是猶以鞿而御駻突。如淳曰。駻突。惡馬也。字或作馯。淮南氾論訓。是猶無鏑銜橛策錣而御馯馬也。高注。馯馬。突馬也。從馬。旱聲。侯旰切。

駧　馳馬洞去也。洞駧疊韻。集韻類篇竝引作馳駧去也。轉令人難曉矣。玉篇駧馬疾走。易乾鑿度。驅駧元化。從馬。同聲。徒弄切。

驚　馬駭也。國策襄子至橋而馬驚。從馬。敬聲。舉卿切。

駭　驚也。孔叢子馬方駭鼓而驚之。六轡不禁。從馬。亥聲。侯楷切。

駫　馬奔也。從馬。巟聲。呼光切。

騫　馬腹縶也。小徐縶作熱。廣韻同。縶傳曰。腹病騫損。詩曰。不騫不崩。古人名損字騫。段氏改作墊。固非。嚴氏疑作驚。案下文驚馬重皃。義固不類。即廣韻驚馬腳屈也。亦不言腹。當闕之。從馬。寒省聲。去虔切。

駐　馬立也。辵部遷。馬不行也。讀若住。東觀漢記梁商門無駐馬請謁之實。從馬。主聲。中句切。

馴　馬順也。史記五帝紀能明馴德。徐廣曰。馴古訓字。小司馬曰。史記

馴字、徐廣皆讀曰訓、訓順也、言聖德能順人也、洪範于帝其訓、史記作順、馬融同、從馬川聲。詳遵切、○一曰。養野鳥獸使服習謂之馴。依元應引補、夏官服不氏、掌養猛獸而敎擾之、掌畜、掌養鳥而阜蕃敎擾之、皋陶謨傳曰、擾順也、

駗驙。馬載重難也。駗驙字依玉篇補、毛本于難下刓補行字、玉篇同、集韻十七眞兩收、一引說文如宋本、一云駗驙馬載重難行皃、段氏嚴氏皆曰、重難聯文、姑竝存之。從馬㐱聲。張人切、

駗驙也。猶趁驙也、從馬亶聲。張連切、易曰。乘馬驙如。屯卦六二、屯如邅如、乘馬班如、宋刻釋文作亶、乃驙之省形存聲字也、馬季長作驙、云驙如、難行不進之皃、震爲馬馵足、故驙如也、

馬重皃。史記晉世家、惠公馬鷙不行、索隱云、謂馬重而陷之于泥、秦本紀、晉君弃其軍、與秦爭利、還而馬鷙、國語、晉師潰、戎馬還濘而止、桂氏曰、馬重易陷、陷則益重、○莊子在宥、天下始喬詰卓鷙、釋文、卓鷙、行不平皃、從馬。執聲。陟利切、

馬曲脊也。勹部、匊、曲脊也、通俗文、體不申謂之趜、從馬。鞠聲。巨六切、

犗馬也。夏官校人、攻特、先鄭注、攻特謂騬之、虔人、敎駣攻駒、後鄭注、攻駒、騬其蹄齧者、從馬。

乘聲。食陵切、騬、今謂之騸、蓋本是雙聲語轉、而又逐下一位耳、

系馬尾也。玉篇、馻、結馬尾、廣韻、馻、馬尾結也、段氏曰、結卽今之髻字、太元、車軨馬馻、可以周天下、范注、軨、轄、繫、馻、尾結也、釋文、馻音介、馬尾髻也、從馬介聲。古拜切、

擾也。依元應引改、一曰摩馬。當云擾、摩馬也、廣雅、騷、擾也、二字疊韻、又恆言也、若曰、騷之爲言擾也、其事則謂摩馬也、而騷擾之爲汎言、亦從此引申之矣、若分爲兩義、則自騬至馽、皆人攻治馬之字、不應騷以摩馬爲別義也、然元應引之曰、騷、擾也、又摩馬也、則自唐已誤、謂擾動也。依元應引補、蓋庾注也、故以擾易擾、詩大雅、徐方繹騷、傳云、騷、擾動也、從馬。蚤聲。穌遭切、

絆馬足也。依韻會引補、莊子馬蹄篇、連之以羈馽、釋文、崔云、馽、絆前兩足也、從馬。○其足。○卽音圍之口、口本當圍、因從之者加聲于中、故方之以便書寫、於此存其本形、若○非字、則不可讀、許君必不以之屬辭也、陟立切、春秋傳曰。韓厥執馽前。成二年文、今作韓厥執縶馬前、非也、前者進也、下文云、奉觴加璧以進、故此言前也、讀若輒。穀梁昭廿年傳、輒者何也、兩足不能相過、齊謂之綦、楚謂之䟡、衞謂之輒、釋文云、輒亦作縶、劉兆云、如見絆縶也、鄭注士喪禮、綦讀如馬絆綦之綦、

馽或從糸執聲。

馬銜脫也。後漢書崔寔傳、御委其轡、馬駘其銜、案、馬之狻者多吐其銜、從馬台聲。徒哀切、

奘馬也。依六書故引改、奘、魏都賦注引作壯、其義固同、然大部奘、駔大也、知駔奘義同、特駔專謂馬、奘則汎言耳、魏都賦、冀馬塡廏而駔駿、廣絕交論、附駔驥之旄端、從馬且聲。子朗切、畢氏以珣曰、駔從且聲、不得有此音、爾雅釋文、駔、在魯反、又子朗反、沈集注本作奘、音同、孫樊二本、竝作將且、而無奘駔、沈集衆本合爲一字、據釋文、此言是沈合將且爲一字、因有子朗之音、此諸書踳誤之由也、段氏曰、魏都賦注、引說文千助反、蓋出說文音隱、案今本多作子朗反、後人改也、桂氏曰、春官典瑞、考工記玉人、鄭注皆曰駔讀爲組、釋文、組音祖、此可定駔之本音、而知子朗之謬矣、一曰。馬蹲駔也。似是駿馬驕不行之意、淮南氾論訓注云、駔驕、駔、心部、怚、驕也、皆從且聲、聲同則義通也、一曰。市會。依類篇引補、廣韻、駔、會馬市、其文完備、後漢書郭太傳注、引說文、駔、會也、而說之曰、謂合兩家之買賣、如今之度市也、御覽駔儈類引說文、駔、馬也、似有闕誤、弁師、會五采、先鄭云、讀如馬會之會、蓋卽駔儈、

廏御也。顏注東方朔傳曰、騶本廏之御騶也、後以爲騎、謂之騶騎、漢書敘傳、滕公廏騶、

左襄廿三年傳、孟氏之御騶豐點、成十八年傳、程鄭爲乘馬御、六騶屬焉、月令、季秋、天子乃敎田獵、命僕及七騶咸駕、鄭注、七騶、謂趣馬、夏官校人、六趣馬一馭夫、從馬芻聲。側鳩切、

置。句、騎也。以置說驛、廣二名也、孟子、速于置郵而傳命、許白雲曰、馬遞曰置、步遞曰郵、再申之曰騎也者、謂乘馬也、古駕車用衡、不用鞌、晉師敗齊于鞌、若無單騎、何以有鞌字、是知楚子乘驛會師于臨品、祁奚乘驛而見宣子、楚人謂游吉曰、吾將使驛奔問諸晉而以告、凡此驛字、許君皆以爲單騎也、續漢書云、驛馬三十里一置、案三十里古之一舍也、如淳曰、律、四馬高足爲傳置、四馬中足爲馳置、下足爲乘置、一馬二馬爲軺置、急乘一馬曰乘也、案所偁者漢律、似與許說古義小異、從馬睪聲。羊益切、

驛。句、傳也。以驛解馹、謂所施同也、再申以傳也者、謂此是車非騎也、左成五年傳、伯宗辟重、曰辟傳、此車之明證、釋言、馹、傳也、舍人曰、馹、尊者之傳也、桂氏曰、昭五年左傳、楚子以馹至于羅汭、晉語、晉侯乘馹自下脫、會秦伯于王城、晏子春秋、齊君乘馹而自追晏子、此皆尊者之傳、從馬日聲。人質切、

傳也。元應引而解之曰、傳音知戀反、謂傳遞郵驛也、後漢書、隗囂傳、因數騰書隴蜀、從馬。朕聲。徒登切、一曰。犗騰。騬馬也。依初

táo xī　tuó méng　lǘ　luó tí　jué　bó shēn jiōng hé

騊 騱　驒 䮾　驢　驘 騠　駃　駮 駪 駉 騅

學記引改補、謂騋馬一名犉騰也、呂氏春秋三月紀、是月也、乃合累牛騰馬、游牝于牧、高注、累牛、父牛也、騰馬、父馬也、皆將羣游從牝于牧之野風合之、衆騰爲牡馬之名、則犉騰是騋馬之名也、騅 苑名。一曰馬白頟。從馬隺聲。下各切 駉 牧馬苑也。從馬冋聲。古熒切 詩曰在駉之野。此詩名爲駉、取此字也、駪 馬衆多皃。小雅駪駪征夫、傳曰、駪駪、衆多之皃、焱部桑下引詩莘莘征夫、則知毛詩借音同義近之字也、從馬先聲。所臻切 駮 獸如馬倨牙食虎豹。釋嘼文、詩晨風毛傳同、淮南本經訓作居牙、海外北經作鋸牙、周書王會篇、義渠以玆白、玆白者、若白馬、鋸牙食虎豹、孔注、玆白一名駮、從馬交聲。北角切 駃 駃騠馬父驘子也。驘子、初學記引作驢子、爾雅翼引作驢母、史記索隱引字林、馬父驘子、北狄之良馬也、案馬父驢母、與下文驘驢父馬母對、蓋是也、今本蓋以字林改之、通典、駃騠駿馬也、生七日而超其母、從馬夬聲。古穴切 騠 駃騠也。從馬是聲。杜兮切 驘 驢父馬母。古無騾、呂氏春秋愛士篇、趙簡子有兩白騾、或卽其始乎、漢書西域傳、驢非驢、馬非馬、若

說文句讀《卷十九　七百五十五。折四十五　十三

龜茲王所謂驘也、從馬贏聲。洛戈切 驘 或從贏。驢 似馬長耳。爾雅釋獸、雖有驢字、而非主言驢、鹽鐵論曰、騾驢馲駞、北狄之常畜也、中國所鮮知、漢初尚少驢、足知其字不古、卽釋獸秦人謂之小驢句、亦未必非後人增也、從馬盧聲。力居切 䮾 驢子也。纂文、驢、一曰漢驢、其子曰䮾、集韻、款致䮾鳴、從馬冢聲。莫紅切 驒 驒騱野馬也。也、一作蜀、漢書司馬相如傳、蛩蛩驒騱、郭注、驒騱駏驉類也、傳又曰、軼野馬、穆天子傳、野馬日走五百里、從馬單聲。代何切 一曰。驒青驪白鱗文如鼉魚也。釋嘼、青驪驎驒、郭注、色有深淺、斑駁隱粼、今之連錢驄也、依郭則經本作粼、依許則經本作驎、故不收驎字、韓詩字林皆云、驒白馬黑髦、則與駱同矣、非也、鼉、一引作鱓、鱓鼉同音、故以爲訓、騱 驒騱馬也。依韻會引刪 從馬奚聲。胡雞切 騊 騊駼北野之良馬也。釋畜、騊駼馬、野馬、郭注分爲二、據許說則一物、蓋騊駼馬、馬字衍也、字林、騊駼、北狄良馬也、一曰野馬、衛策、遺衛君野馬四百、高注、野馬、騊駼也、淮南主術訓、騎騕馬而服騊駼、高注、騊駼、野馬也、然則高誘呂忱、其讀爾雅也、皆同許君、從馬匋聲。

tú　駼

fǎ　jiàn　xiào　zhì　biāo

灋　薦　𢊁　廌　驫

徒刀切 駼 騊駼也。從馬余聲。同都切 驫 衆馬也。似挩行字、字林、驫、衆馬行也、吳都賦、驫駥驫矞、李注、衆馬走皃、從三馬。甫虯切、玉篇別有騁字、爲騁之古文、

文一百一十五　重八

釋畜、驪白雜毛、鴇、釋文引說文云、黑馬驪白雜毛、案鄭風大叔于田借用鴇、○藝文類聚引說文、驟、馬臥土中也、御覽引之、則以爲字林、韓詩外傳、其馬佚而驟吾園而食吾葵、案臥字亦不明了、廣韻曰、馬土浴是也、○集韻廿陌、騳、莫白切、獸名、說文、馲駞、一說似騾而小、十九鐸、馲、屋郭切、馲駞、畜名、未引說文、

廌 解廌獸也。似山牛而一角。依玉篇引刪、補、隋書禮儀志引蔡邕曰、解豸如麟、一角、神異經曰、如牛、又曰、一名任法獸、董巴輿服志、謂之神羊、論衡、謂之觟䚦、古者決訟令觸不直者。依玉篇引補、述異記、獬豸者、一角之羊也、性知人有罪、皋陶治獄、其罪疑者、令羊觸之、象形。宅買切 從豸省 旣云象形、則通體象形矣、安得云下半從豸省、況字之上半似鹿、張揖又謂其獸似鹿、何不云從鹿省乎、此由借豸爲廌者多、校者

說文句讀《卷十九　六百九十九。折三十八　十四

支綴其詞也、凡廌之屬皆從廌。𢊁 解廌屬也。篇海作麔、云瑞獸也、從廌孝聲。闕。孝、毛本作𡥈、與篆合、然玉篇作麔、廣韻作麔、字皆從孝也、小徐無闕字、此有者、蓋校者以𡥈孝二體難定、因加之也、孫鮑二本古孝切、毛本古𡥈切、玉篇爻孝呼教二切、薦 獸之所食艸。管子、薦艸多衍、則六畜易繁也、漢書景帝紀、如淳曰、莊周云、麋鹿食曰薦、一曰、草稠曰薦、深曰莽、漢書終軍傳、北胡隨畜薦居、或借荐字、左襄四年傳、戎狄荐居、服注、荐、艸也、言狄人逐水艸而居、徙無常處、劉炫引莊子、麋鹿食荐、從廌從艸。作甸切、積古齋嘉禮尊、銘曰、作壺尊用薦、其字作𧲜、蓋從豸薦聲、乃奉薦而進之專字、字彙尚收此字、引石鼓文、陸氏禮記釋文、郊特牲、雜記、皆有䕢字、未必非䕢字之譌、借說文不收、無以決之、古者神人以解廌遺黃帝。御覽引作獬廌、今據補解字、帝曰何食何處。曰食薦。夏處水澤。冬處松柏。御覽引作春夏處水澤、秋冬處竹箭松筠、水、廣韻引作川、灋 刑也。刑當作荆、荆下引易曰、井、法也、平之如水。從水。水部𤅊下云、與法同意、史記、張釋之曰、廷尉天下之平也、桓子新論、治獄如水、廌所以觸不直者去之。義已見部首下

矣此再言之者、起下從廌去之文也、左傳有僕區之法、有竹刑、是知刑灋者、即今律例也、廌去水三義、不相連貫、又與律例不甚符合、故分爲兩義說之、又不言去亦聲也、從廌去。依韻會引補方乏切、法　今文省。重文未有言今文者、此後人以隸書增入也、⿱亼正　古文灋。從亼正會意、亼者集也、

文四　重二

鹿　小徐類聚篇作鹿、與石鼓文鹿相似、是也、上象兩角兩耳、今本蓋以隸書改之、鹿非一角獸也、山獸也。依韻會引補、爾雅疏引作解角獸也、案解角見麠麋下、象頭角四足之形。盧谷切、鳥鹿足相似。從匕。桂氏曰、鳥當作㲋、㲋下云足與鹿同、從匕、韻會引作從比、案通體象形、不得又從比會意、㲋下云足與鹿同、不云從比、足以見例、凡鹿之屬皆從鹿。

麚　牡鹿也。釋獸、鹿、牡麚、牝麀、其子麛、其迹速、絕有力麉、本部首六字、即依此文次之、增麚字者、與麛一類也、然次當在麛下、麀在末者、石鼓文鹿字有角、麀字無角、蓋說文本亦如之、故麀在末、今本乃後人亂之、從鹿。叚聲。古牙切、案說文于四靈、龜自爲部、鳳亦冠鳥部之首、惟鹿爲部首、不能不序鹿、既畢、始及麟麐也、

以夏至解其角。月令、仲夏之月、鹿角解、案本文當在部首說解山獸也句下、釋獸、鹿牡麚牝麀、與麋牡麔牝麎對文、本書麋以冬至解其角句、不在麔下、而在麋下、則本文豈得不在鹿下、而在麚下乎、鹿性陽、故夏至陰生而角解、麋性陰、故冬至陽生而角解也、

麟　大牝鹿也。牝、小徐作牡、玉篇、麟、大麚也、筠案玉篇廣韻、皆麟麐爲一字、麐既是牝麒、則麟當是牝鹿、故未敢改之、陸璣詩疏、今幷州界有麟、大小如鹿、非瑞應麟也、故司馬相如賦射麋腳麟、潛夫論懼失麟鹿而獲艾猳、案云麟鹿者、謂大鹿也、從鹿。粦聲。力珍切、

䴨　鹿麛也。玉篇同、吳都賦譌作麑、李注引此文、無鹿字、楊雄蜀都賦、又譌作麃、從鹿。耎聲。讀若偄弱之偄。奴亂切、

⿸鹿速　鹿迹也。字林同、又云、一曰鹿子、釋獸省作速、釋文則作遬、從鹿。速聲。桑谷切、

麛　鹿子也。論語麛裘、玉藻注引孔子曰、素衣麛裘、從鹿。弭聲。莫兮切、

麉　鹿之絕有力者。玉篇、麗麛同、釋獸、鹿絕有力麉、麠絕有力豣、詩七月獻豣于公、正義云、釋獸釋鹿與麠、皆云絕有力、麉箋意蓋以豣爲鹿麠有力者也、案以豣之豣、本作麉、今以文義改、從鹿。幵聲。古賢切、

麒　仁獸也　此後人以公羊傳麟入也、元應曰、麟仁獸也、而後引說文曰麐身云云、以是知之、麐身。牛尾。一角。角頭有肉。不履生蟲。不折生艸。音中律呂。行中規矩。不入陷網。文章彬彬然。亦靈獸也。以上皆依元應引補、言靈獸者、麟鳳龜龍、謂之四靈也、郭璞贊曰、麐惟靈獸、卷阿毛傳曰、鳳皇靈鳥、亦同此意、案許說龜龍文、皆詳備、不應說麟獨簡略、且說苑廣雅、皆與此文大同、故知元應所引可信也、桂氏曰、史記司馬相如傳索隱引郭璞云、麒似麟而無角、蓋案傳記言一角、皆曰麟、不曰麒、或有麒麟竝舉、而無單舉麒者、據郭氏說、則麐身牛尾一角六字、當在麐下、後人改移于此、筠案獸以牡有角牝無角爲率、不知麟何以反背、又案言鳳皇者、先雄後雌、不應言麒麟者、舉牝遺牡、而論語但言鳳、周南春秋但言麟、爾雅亦但言麐、孟子始言鳳凰麒麟、疑古本單名、後世則兩字一名、訓詁家強分爲二也、從鹿。其聲。渠之切、

麐　牝麒也。張揖云、雄曰麒、雌曰麟、何法盛徵祥記、牡鳴曰游聖、牝鳴曰歸昌、從鹿。吝聲。力珍切、

麋　鹿屬也。顏注急就篇、麋似鹿而大、目上有眉、因以爲名也、案鐘鼎款識、眉壽多作麋壽、從鹿。米聲。武悲切、麋以冬

至解其角。依元應引補、夏小正、十有一月隕麋角、

麎　牝麋也。釋獸、麋、牡麔、牝麎、詩吉日、其祁孔有、箋云、祁當作麎、麎、麋牝也、某氏爾雅注引詩作麎、與鄭同、夏官大司馬注、先鄭云、五歲爲慎、後鄭曰、慎讀爲麎、從鹿。辰聲。植鄰切、

⿸鹿旨　大麋也。狗足。麋當作麞、釋獸、⿸鹿旨、大麃、旄毛狗足、眾經音義、⿸鹿旨似麞而大、猥毛狗足也、從鹿。旨聲。居履切、

麂　⿸鹿旨或從几。

麇　麞也。字林同、段氏曰、釋獸、麕、牡麌、牝麜、其子麆、許書皆無其字、蓋鹿旁皆後人所箸也、從鹿。囷省聲。居筠切、

麕　籀文麇不省。詩野有死麕、釋文作麏、云本亦作麕、又作麇、公羊哀十四年傳、有麕而角者、

麞　麋屬也。麋當作麇、廣雅亦譌、釋草落麋舌、釋文作麇、俱倫反、本或作麋、音眉、本草引作麇、音徂倫切、從鹿。章聲。考工記山以章、注、章讀爲獐、齊人謂麕爲獐、諸良切、

麔　麋牡者。從鹿。咎聲。其久切、此篆當在麋麎二篆之間、

麠　大鹿也。牛尾。一角。釋獸文、鹿作麃、是也、下文麃麠屬可證、自麔至麃五正文、皆麞也、惟麠挩誤廁其中耳、從鹿。畺聲。舉卿切、

麖　麠或從京。

麃　麠屬。字林同、陸

zhǔ 麈　ní 麑　xián 麙　líng 麢　guī ⿸鹿圭　shè 麝　yù ⿸鹿與　lì 麗　yōu 麀　cū 麤

璣詩疏、林慮山下人語曰、四足之美有麃、兩足之美有鵽。麃似鹿而小。從鹿、㶾省聲。薄交切。

麈　鹿屬也。大而一角。依御覽引改補。而、一引作力。字林、麈似鹿而大、一角也。張揖顏師古皆曰、麈似鹿而大、名苑、鹿之大者曰麈、羣鹿隨之、皆視麈所往、麈尾所轉爲準、於文主鹿爲麈、古之談者揮焉。從鹿、主聲。之庾切。

麑　狻麑、獸也。說見犬部狻下。穆天子傳作狻猊。從鹿、兒聲。五雞切。

麙　山羊而大者。細角。釋畜、羊六尺爲羬。釋文云、本亦作麙。西山經、錢來之山有獸焉、其狀如羊而馬尾、名曰羬羊。郭注、今大月氏國有大羊、如驢而馬尾。爾雅、六尺爲羬、謂此羊也。從鹿、咸聲。胡毚切。釋獸、熊虎醜、絕有力麙。案釋畜羊絕有力奮。奮、蓋本作麙、錯簡入于釋獸、因改彼文爲奮耳。蓋絕有力奮凡三見、雉也、雞也、皆鳥也、故能奮。羊則不能奮飛、豈宜有此名乎。

麢　大羊而細角。郭注釋獸云、麢羊似羊而大、角圓銳、好在山崖間。從鹿、霝聲。郎丁切。

⿸鹿圭　鹿屬也。從鹿、圭聲。古攜切。

麝　黑色麞。如小麋。臍有香。依御覽引改補。如小麋、似當作足如麋。釋獸、麝父麕足。從鹿、䠶聲。神夜切。

⿸鹿與　似鹿而大也。蜀都賦、麠麌鹿麝。從鹿、與聲。羊茹切。

麗　旅行也。旅、俗作侶。說苑、麒麟不旅行。段氏曰、古文丽、旅行之象也。周禮、麗馬一圉、注曰、麗、耦也。禮之儷皮、左傳之伉儷、說文之驪駕、皆其義也。鹿之性。見食急則必旅行。服虔左傳注、鹿得美草、呦呦相呼。淮南泰族訓、鹿鳴興於獸、而君子大之者、取其見食而相呼也。從鹿省。依五經文字引補。蓋篆本作䴡、省其角也。丽聲。當云從古文丽。郎計切。禮、麗皮納聘。蓋鹿皮也。士昏禮、納徵、元纁束帛儷皮。許君所謂納聘、蓋即謂此所据本作麗、與今本異。又士冠禮、主人酬賓、束帛儷皮、注云、儷皮、兩鹿皮也。聘禮、上介奉幣儷皮。案丽本象兩鹿皮之形、後來以爲不明了、始加鹿耳。

丽　古文麗。丽　汗簡引作丽、籀文麗字。

麀　牝鹿也。從鹿、從牝省。當云從鹿牝並省。石鼓文作麀、無角。於虯切。

麀　麀或從幽聲。元應以爲古文、似誤。

文二十六　重六

麤　行超遠也。從三鹿。倉胡切。○一曰。麤、大也。依公羊釋文引補。凡麤之屬皆從麤。

chén 䴕　chuò 㲋　chán 毚　xiě 䂕　jué 臭　tù 兔　yì 逸　yuān 冤

䴕　鹿行揚土也。三鹿旅行、故揚土。從麤從土。直珍切。

䴕　籀文塵。○土在上者、揚之象也。二之者、塊塵左右皆蔽也。鹿無足者、爲塵所蔽、見其大略而已、不審諦也。

文二　重一

㲋　獸也。似兔、青色而大。玉篇、犬部、㲋云、犬似兔、亦作㲋。中山經、綸山、其獸多閭麈麢㲋。郭注、㲋似兔而鹿腳、青色。象形。頭與兔同、足與鹿同。丑略切。凡㲋之屬皆從㲋。

㲋　籀文㲋。

毚　狡兔也。桂氏曰、狡當爲訬、經典竝作狡。詩巧言、躍躍毚兔。韓詩、趯趯毚兔。謂狡兔數往來、逃匿其迹。兔之駿者。與上句文義不貫、蓋庾注也。駿猶良也。新序、齊有良兔曰東郭㕙。齊策、夫韓國盧、天下之駿狗也。東郭㕙、海內之狡兔也。或曰、駿、犬也。從㲋兔。士咸切。

䂕　獸名。名當作也。從㲋、吾聲。讀若寫。王懷祖曰、寫古讀如湑、故詩蓼蕭、裳裳者華、車舝三篇、與湑語處爲韻。說文御從卸聲、卸從午聲、讀若汝南人寫書之寫、是則寫御午吾聲竝相近也。司夜切。

臭　獸也。廣雅、㚟、㹟也。曹憲、臭音決、㹟音烏郎反。郭璞云、今江東呼貉爲㹟獀。林、欲謂之㹟。玉篇、㹟、㹟、㚟也。或作㚟㚟、獸似貍也。字似狌狌。說文無狌、當作猩。周書王會、都郭以狌狌、狌狌若黃狗、人面能言。從㲋、夬聲。古穴切。

文四　重一

兔　獸名。名當作也。象踞、後其尾形。後、去聲。兔好蹲踞、與犬同性、故二字皆兩足、竝四爲二也。兔尾短、故曰踞後其尾、謂蹲踞之時、其足後于其尾也。湯故切。兔頭與㲋頭同已見㲋下、不煩重出、且足尾與覓同、何以不言。凡兔之屬皆從兔。

逸　失也。廣雅同、宋失即佚字。荀子哀公篇、其馬將失。論衡曰、不可以無鞭策者、以馬之有佚也。然則失佚通用、而逸亦通作佚。論語逸民、說文引作佚民。夷逸、漢石經作夷佚。書無逸、史記作無佚。從辵兔。夷質切。兔謾訑善逃失也。訑當作詑。謾詑皆欺也。逃失即逃佚、亦即逃逸也。左桓八年傳、隨侯逸、杜注、逸、逃也。兔陽不動、乘閒而逃、善售其欺也。

冤　屈也。屈乃曲之假借。廣雅、冤、曲

鹿　麤　㲋　兔

fàn 婏　fù 𪕊　huán 萈　quǎn 犬　gǒu 狗　sōu 獀　máng 尨　jiǎo 狡

也。從冂兔。於袁切。兔在冂下不得走善屈折也。依九經字樣引改。繫傳亦曰獸善屈折。善者多也。詩載馳女子善懷，箋云善猶多也。漢書岸善崩，善亦多也。

婏　兔子也。廣雅同。釋獸：兔子嬎。郭注：俗呼曰𧳜。釋文作嬎，云本或作婏。玉篇：𧳜，嬎也。字林：𧳜，兔子也。婏。疾也。此上當有一曰二字，蓋謂與𪕊同也。婏、𪕊雙聲。從女兔。芳萬切。釋文匹萬反，又匹附反。盧召弓曰：婏從兔得聲，當云芳遇反。廣韻婏在赴紐下，是也。

𪕊　疾也。玉篇：𪕊，急疾也。今作趚。趚，疾也。亦作赴。從三兔。闕。小徐无闕字。芳遇切。與馬部騈音義竝同。

文五　來兔字當在本部。以𣎵從木無頭推之，當是從兔不見尾，以見其爲逃兔也。

萈　山羊細角者。孟喜易：萈，山羊也。從兔足，𦫳聲。徐鉉曰：𦫳，徒結切，非聲，疑象形。筠案：丫其角也，目其首也，則足與尾也，似通體象形。凡萈之屬皆從萈。讀若丸。論語：夫子莞爾而笑。釋文：莞作莧。易莧陸夬夬，虞翻曰：莧如夫子莧爾而笑之莧。胡官切。繫傳曰：俗作𡡠。寬字從此　𦾓亦從此也。

文一

犬　狗之有縣蹏者也。桂氏曰：縣蹏在前足上。廣志：狗有縣蹏，短尾之號。傅元走狗賦：縣足鉤爪。甯戚相牛經：縣蹄欲得如入字。象形。宗周鐘猷字所從之犬亦象形。苦泫切。孔子曰：視犬之字如畫狗也。引以證象形。凡犬之屬皆從犬。

狗　孔子曰：狗，叩也。叩气吠以守也。字林：狗，家獸也。餘同本書。狗叩守三字疊韻。說文無叩字，當作扣，以繫傳若扣物知之。鈕氏樹玉曰：叩即邑部叩字，俗譌爲叩。孔龢校官碑竝作叩。案此亦可備一說。鄭注大傳曰：犬畜之以口吠守者也。從犬句聲。古厚切。

狻　南越人名犬獿狻。名犬者，謂犬也。一引作犬名，非。從犬夋聲。所鳩切。

尨　犬之多毛者。穆天子傳：天子之豪馬、豪牛、尨狗、豪羊。注云：尨，尨茸，謂猛狗。左傳五年傳：狐裘尨茸。注：尨茸，亂皃。從犬彡。莫江切。詩曰：無使尨也吠。召南野有死麕文。傳曰：尨，狗也。釋畜同。或曰：尨，狗也。即述毛傳，謂尨是狗之通名也。

狡　少犬也。依事類賦注引改。犬今作狗，非說文

nóng 獳　xiē 猲　xiǎn 獫　xiāo 獢　zhù 狂　bài 猈　yī 猗　jú 狊　yān 猹　mò 默　xīng 猩　cù 猝　xiàn 獫　hǎn 獙　wěi 猥　nǎo 獿

重別。釋畜：未成豪，狗。則言狗即是少矣。淮南俶眞訓：狡狗之死也，割之有濡。高注：狡，少也。從犬交聲。古巧切。匈奴地有狡犬，巨口而黑身。周書王會：匈奴狡犬。狡犬者，巨身四足。足，蓋尺之譌。白帖：匈奴獻豹犬，雖口赤，身四尺。豹蓋狡之譌。

獳　犬惡毛也。字林：獳，多毛犬也。纂文：獳、㹱皆多毛犬也。爾雅：旄毛。郭注：旄毛，猥長。從犬農聲。奴丁切。

猲　猲獢，短喙犬也。玉篇作獦獢。周處風土記：獫獢五魚狼牙。從犬曷聲。本火過反，孫許謁切，謁當作竭。詩曰：載獫猲獢。秦風駟驖文。今作歇驕。釋文本又作猲獢。爾雅曰：短喙犬謂之猲獢。釋畜短喙猲獢，許君增成其文以說詩，非今本有捝文也。

獢　猲獢也。從犬喬聲。許嬌切。

獫　長喙犬。見釋畜。一曰黑犬黃頭。依初學記引改。從犬僉聲。本力劍反，孫虛檢切。

狂　黃犬黑頭。從犬主聲。讀若注。之戍切。廣雅說犬屬有狂。

猈　短脛狗。脛，小徐韻譜作頸，與玉篇、廣韻合，而不改者，案猈即今之巴狗也，今人欲其足短，因以之妄意古人，字又從卑，或亦一證。從犬卑聲。薄蟹切。

猗　犗犬也。廣韻引爲字林。從犬奇聲。於离切。

狊　犬視皃。皃，一引作也。從犬目。小徐目下有聲字，而曰會意。毛本亦元有聲字而刓去之。孫鮑二本無。嚴氏曰：徹從育聲，可以比例。桂氏曰：倏從攸聲，讀若叔，是其例。案會意自是，亦不必委曲歸之形聲也。古闃切。

猹　竇中犬聲。從犬從音，音亦聲。乙咸切。

默　犬暫逐人也。暫，戴侗引唐本作潛。從犬黑聲。讀若墨。莫北切。

猝　犬從艸中暴出逐人也。依六書故引補。從犬卒聲。麤沒切。

猩　猩猩，犬吠聲。從犬星聲。桑經切。釋獸：猩猩小而好啼。許君未及此義。臭下云：似狌狌，而又不收狌字。海內南經作狌狌，大荒北經作猩猩。

獫　犬吠不止也。廣韻同。小徐本誤。從犬兼聲。讀若檻。胡黯切。一曰兩犬爭也。

獙　小犬吠。從犬敢聲。荒檻切。南陽新亭有獙鄉。兩漢志南陽無新亭，或新野、新都之誤。

猥　犬吠聲。集韻：猥，犬衆吠也。字林：猥，衆也。廣韻：猥，鄙也。皆別義。從犬畏聲。烏賄切。

獿　獿獀也。當云獿獀，犬駭吠也。從犬夒

xiāo 㺒　shǎn 㺑　jiǎng 獎　chǎn 㹽　shàn 狦　yán 狠　fán 𤢊　yí 狋　yín 㹞　shuò 獡　guǎng 獷　zhuàng 狀　zàng 奘　áo 獒

聲。女交切。

㺒 犬獿獿咳吠也。當云獿㺒也。小徐本㺒在類之下，大徐遂之此，正以獿㺒疊韻之連語也。集韻五爻虛交切內收㺒字，引如今本。何交切內又收之，云獿㺒駭大吠聲。於交、力交二切內皆收之，云㺒獿犬亂吠，則知疊韻字無倒正也。從犬翏聲。火包切。廣雅釋詁㺒獿猲也，雖別自一義，然足徵其爲連語。

㺑 犬容頭進也。漢書容頭過身。從犬參聲。山檻切。一曰賊疾也。廣雅㺑賊也，玉篇同，則疾係衍文。

獎 嗾犬厲之也。口部嗾使犬聲也，厲當作勸，力部勸勉力也，俗作勵，小爾雅獎率勵勸也。從犬將省聲。即兩切。

㹽 齧也。史記晉世家先縱齧狗。從犬戔聲。初版切。

狦 惡健犬也。從犬刪省聲。所晏切。廣雅狦狠也。

狠 吠鬭聲。玉篇、集韻竝作犬鬭聲。從犬艮聲。五還切。

𤢊 犬鬭聲。從犬番聲。附袁切。

狋 犬怒皃。漢書東方朔傳狋吽牙者，兩犬爭也。從犬示聲。本牛飢切，孫語其切。一曰犬難附。依集韻引改。代郡有狋氏縣。二志同。孟康曰狋音權，氏音精。讀又若銀。與孟康音合。古眞先韻通。段氏

曰或曰當作讀若銀，在下文從犬斤聲之下。

㹞 犬吠聲。玉篇㹞與狺同，楚詞九辨猛犬狺狺而迎吠㕧。從犬斤聲。語斤切。

獡 犬獡獡不附人也。玉篇獡獡犬不附人而驚皃。從犬舄聲。鄭注少儀有韓盧宋鵲，鵲舄同字，廣雅、桓譚新論皆作宋猉，集韻猉或作猎、獡，式略切。南楚謂相驚曰獡。方言獡驚也，宋衛南楚凡相驚曰獡。讀若愬。本句在此不亥，廣韻、集韻均不收之十一暮，段氏曰古愬讀如朔。案集韻引說文於鑠音下，其訓朱艮犬名者，乃音鵲，然則此讀謂其不正讀如舄也。

獷 犬獷獷不可附也。一引可下有親字。段氏曰呂氏春秋荊文王得茹黃之狗，說苑作如黃，廣雅犬屬有楚黃，廣韻作楚獚，經典釋文作楚獚，實一字也。漢書敘傳獷獷亡秦，滅我聖文，顏注獷獷麤惡之皃，言無親也。從犬廣聲。古猛切。漁陽有獷平縣。見漢志，孟康音鞏。

狀 犬形也。從犬爿聲。鉏亮切。

奘 妄彊犬也。從犬從壯。國策韓盧者天下之壯犬也。壯亦聲。徂朗切。

獒 犬如人心可使者。如，諸書引及字林竝作知，惟玉篇作如。案公羊宣六年傳靈公有周狗謂之獒，何注周狗可以比周之狗，所指如意者，案劭公所謂如意，即此如人心也。從犬敖聲。五牢切。春秋傳曰：公嗾夫獒。宣二年文。

nóu 獳　tà 狧　xiá 狎　niǔ 狃　fàn 犯　kuài 獪　cāi 猜　měng 猛　kàng 犺　qiè 㹤　lín 獜　juàn 獧　shū 倏　huán 狟　bó 犻

獳 怒犬皃。玉篇犬怒也。從犬需聲。讀若耨。廣韻搆擩謣譳竝屬耨紐，奴豆切，又乃侯切。

狧 犬食也。九家易犬火之精，畏水不敢飲，但舌舐水耳。漢書吳王濞傳狧糠及米。從犬從舌。舌亦聲。廣韻舌與渫蝶同收狎韻，他合切。讀若比目魚鰈之鰈。見釋地，魚部無鰈有鰨。釋地釋文鰈本或作鰨，玉篇狧與鰈同，說又見魚部鰨下。

狎 犬可習也。釋詁狎習也。從犬甲聲。詩芄蘭能不我甲，傳云甲狎也，釋文云韓詩作狎。書多方甲于內亂，釋文引鄭王竝作狎。胡甲切。

狃 犬性忕也。繫傳曰忕慣習也。詩大叔于田將叔無狃，傳云狃習也。左桓十三年傳莫敖狃于蒲騷之役，杜注狃忕也，正義云說文狃狎也，忕習也。從犬丑聲。女久切。

犯 侵也。從犬巳聲。防險切。

獪 狡獪也。桂氏曰狡當爲謑，本書謑謑獪，方言央亡嚜屎姡獪也，江湘之間或謂之無賴，或謂之獿，凡小兒多詐而獪謂之央亡，或謂之嚜屎，或謂之姡，姡娗也，或謂之獪，皆通語也。從犬會聲。古外切。

猜

恨。句。賊也。方言猜恨也，許君爲恨不足盡猜之情，故申之以賊，爲其必有所賊害也。史記吳起傳猜忍人也。從犬青聲。倉才切。

猛 健犬也。從犬孟聲。莫杏切。

犺 健犬也。從犬亢聲。苦浪切。

㹤 多畏也。釋名怯脅也，見敵恐脅。從犬去聲。去劫切。

怯 杜林說㹤從心。

獜 獜獜犬健也。依廣韻引補。從犬粦聲。力珍切。詩曰：盧獜獜。齊風盧令令，傳云盧田犬，令令纓環聲，許君盖用三家詩。桂氏曰漢志金城郡有令居縣，令音力延切，令獜聲近，借令字。

獧 疾跳也。廣韻獧躍也。一曰急也。玉篇獧與狷同，續漢書范丹自以狷急不能從容，常佩韋。說又見心部懁下。從犬睘聲。古縣切。

倏 犬走疾也。依韻會引補。從犬攸聲。讀若叔。式竹切。

狟 犬行也。廣韻作大犬也。從犬亘聲。胡官切。周書曰：尚狟狟。牧誓文，今作桓桓，鄭注桓桓威武也。三體石經作𧻚，亦借𧻚爲之。周子白盤銘曰𧻚二子白，盖以走字從犬，故借之也。

犻 過弗取也。玉篇犻犬過，集韻犻拂取也，桂氏曰犻犻竝猣

zhé 猲　yìn 㹜　bá 犮　lì 戾　dú 獨　xiǎn 獮　yù 𤞞　liè 獵　liáo 獠　shòu 狩　xiù 臭

之異文、段氏曰、疑當從犬宋聲。讀若孛。蒲沒切、

猲　犬開張耳合之曰犬過拂取也。兒。朱文藻曰、開當作門、從犬易聲。陟革切、

㹜　犬張齗怒也。從犬來聲。鈕樹玉曰、蓋聲之轉、寅從眞聲而讀若資、唐韻咍下次眞、葢茲聲之轉、讀又若銀。左傳厥愁、公羊作屈銀、魚僅切、

犮　犬走皃。依玉篇引乙轉、從犬而丿之。丿部曰、抴也、案抴曳同字、曳其足則刺犮也。蒲撥切、癶刺癶也、癶犮音義同、彼謂人、此謂犬、

戾　曲也。從犬出戶下。戾者身曲戾也。字林、戾曲也、字從犬出戶而身曲戾也、元應又引字林、乖戾也、案乖戾之義、許君以屬茲部盭字、此呂氏之蔬也、郎計切、

獨　犬相得而鬭也。是以不能朋聚也、從犬蜀聲。徒谷切、羊爲羣。詩、誰謂爾無羊、三百爲羣、犬爲獨也。方言、一、蜀也、注、蜀猶獨耳、以上二句、以羣之從羊、明獨之從犬、一曰北嚻山有獨𤞞獸。如虎白身豕鬣尾如馬。見北山經、白身下有犬首二字、當補、此獨𤞞所以並從犬也、證又見下文豰下、

𤞞　獨𤞞獸也。從犬谷聲。余蜀切、

獮　釋天、釋文、

獮、說文從繭、或作𤡬、從示、左隱五年傳釋文、引作獮、釋詁釋文云、說文或作𤢦、字並從土、小徐本示部有禰字、云、秋畋也、大徐新附禰字、云、親廟也、一本云古文𤢦也、嚴氏謂本部之𤢦當作𤢂、說當作繭聲、重文𤡬當作𤢂、𤡬不能定、姑並存之、秋田也。左隱五年傳、春蒐夏苗、秋獮冬狩、夏官大司馬、中秋教治兵、遂以獮田、從犬璽聲。息淺切、

𤡬　獮或從豕作。言異于獮之從犬也、宗廟之田也。故從豕示。又言從示之故、且以見𤡬字會意、異于獮之形聲也、穀梁傳、四時之田、皆爲宗廟之事也、

獵　校獵。逐禽也。依類篇引改、以校獵說獵者、以漢語釋古語也、孟子、獵較、即此較、校通、從犬巤聲。良涉切、

獠　獵也。釋天、宵田爲獠、郭注、管子曰、獠獵畢弋、今江東亦呼獵爲獠、或曰、即今夜獵載鑪照也、詩、大叔于田、火烈具舉、正義云、此爲夜獵、故持火炤之、從犬尞聲。力照切、

狩　火田也。依韻會引陸釋天、火田爲狩、孫炎曰、放火燒草、守其下風、王制、昆蟲未蟄、不以火田、故釋天又曰、冬獵爲狩、從犬守聲。書究切、易曰、明夷于南狩。明夷九三文、

臭　禽走。謂野禽逃走也、臭而知其迹者犬也。借臭爲齅也、荀子、臭之而無嗛于鼻、鄭注

huò 獲　bì 獘　xiàn 獻　yàn 豣　yào 獟　zhì 狾　kuáng 狂　lèi 類　dí 狄　suān 狻

地官迹人云、迹之言迹、知禽獸處、桂氏曰、葢在嶧縣見夜獵者、放犬入山、隨其後、犬臭露草、知貛貍所在、從犬從自。自、古鼻字、尺救切、

獲　獵所獲也。夏官大司馬、獲者取左耳、鄭注、獲得也、得禽獸者取左耳、當以計功、案此獲之本義也、至于手部捷、獵也、軍獲得也、則是春秋獲陳夏齧之獲、乃借義也、從犬蒦聲。胡伯切、

獘　頓。句、仆也。元應引作仆也、蹎也、案足部之蹎、跋也、即大雅蕩之顚沛、傳曰、顚、仆、沛、拔也、是知元應引仆也、而自以蹎也解之、蹎即是仆、非兩義也、人部仆、頓也、本用頓假借之義、故此以頓釋獘、而又以仆申之也、天官獸人、及獘田、大司馬、獘旗、檀弓、斃一人、表記、斃而後已、鄭注皆曰仆也、從犬敝聲。毗祭切、春秋傳曰：與犬犬獘。僖四年文、今作斃、

斃　獘或從死。案從死偏枯、故以爲或體、經典斃字、有死有不死、如鞌之戰射其右、斃于車中、又曰、韓厥俛定其右、若其已死、何定之、云、哀二年傳、鄭人擊簡子中肩、斃于車中、下文固曉然不死也、

獻　宗廟犬名羹獻。見曲禮、犬肥者以獻之。此字從犬、似涉偏枯、故引羹獻而復解之、如此、從犬鬳聲。許建切、

豣　獟犬也。廣韻曰、狂犬、案豣獟猘狂同意、從犬开聲。

五甸切、一曰逐虎犬也。初學記引字林如此、

獟　豣犬也。玉篇曰、猘狗也、從犬堯聲。五弔切、

狾　狂犬也。從犬折聲。征例切、春秋傳曰：狾犬入華臣氏之門。襄十七年傳曰、國人逐瘈狗、瘈狗入于華臣氏、氏者家也、之門二字、俗人誤增之、漢書引此傳作狾、哀十二年傳、國狗之瘈、亦作瘈、葢俗字也、又作猘、齧[illegible]、

狂　狾犬也。從犬㞷聲。巨王切、

𢗰　古文狂從心。㞷者古文㞷也、老子、馳騁田獵、令人心發狂、

類　種類相似。唯犬爲甚。種當作穜、狄下同、故從犬頪聲。力遂切、

狄　赤犬也。依初學記引補、此以字形說字義也、惟狄爲犬名、故在此、若以赤狄爲正義、則羌夷之類、皆在部末矣、赤狄本犬種。春秋宣三年、十五年、十六年、及左氏成三年傳、皆有赤狄、狄之爲言淫辟也。狄辟疊韻、豸部云、孔子曰、貉之爲言惡也、與此語例同、知此亦當云孔子曰、白虎通、狄者易也、辟易無別也、從犬亦省聲。當依九經字樣作赤省聲、若不兼意者則赦或作赦、赤亦固同聲也、徒歷切、

狻　小狗也。依御覽引補、○一曰狻麑如虥貓食

jué 玃 yóu 猶 jū 狙 hóu 猴 hù 縠

虎豹者。釋獸文、薛綜注西京賦、狻狻猊也、一曰師子、說文無貓字、虎部云、虎竊毛謂之虦苗、從犬夋聲。素官切、見爾雅。桂氏曰、後人加之、本書無此文例、

玃 大母猴也。依元應引補、抱朴子、獼猴壽八百歲變爲猨、猨壽五百歲變爲玃、色蒼黑。善攫持人。好顧盼。依元應引補、又引作善顧盼攫持人也、攫玃同音、且玃在瞿部、瞿、鷹隼之視也、與顧盼合、玃、佳欲逸走、從又持之、瞿瞿也、與攫持合、易林坤之觀、南山大玃、盜我媚妾、從犬。呂覽、狗似玃、玃似母猴、母猴似人、瞿聲。俱縛切、爾雅云、玃父善顧。釋獸文、今作貜、郭氏謂之貑玃、攫持人也、

猶 韻會引作猷、又引徐曰、今作猶、知今篆以隸改之、而說解中犬子爲猷、則漏改者也、玃屬也。一引云、獸名、多疑、崔浩云、猶、猨類也、卬鼻長尾、性多疑、釋獸、猶如麂、善登木、水經注江水云、焚道縣、山多猶猢、似猴而短足、好游巖樹、一騰百步、或三百丈、順往倒反、乘空若飛、從犬酋聲。以周切、一曰。隴西謂犬子爲猷。篆文同、猷猶一字、凡謀猷字、尚書作猷、毛詩作猶、

狙 玃屬。列子黃帝篇、宋有狙公者、愛狙、養之成羣、字又作狙、亦連呼之爲玃狙、玉篇、玃狙、獸名、桂氏曰、文十四年左傳、邾人辭曰、齊出玃且長、

玃且、邾定公名也、借且字、玃狙即玃狙、從犬且聲。親去切、玉篇且余切、段氏曰、自借爲覰字而後讀去聲、周禮蜡氏注、狙司、卽覰伺也、一曰。狙、犬也。暫齧人者。依選注引刪、謂伺間而猝出也、通俗文、伏伺曰狙、史記留侯世家、良與客狙擊秦皇帝博浪沙中、服虔云、狙、伺候也、晉語蘖優蠢羣、爲蠹事也、韋注、蠹蠹其無備、案蠹者暫之俗、其義與本書同、一曰、犬不齧人也。此文譌誤、玉篇曰、犬不絜也、

猴 夒也。從犬矦聲。乎溝切、

縠 犬屬。一引作類犬、䐁已上黃、䐁已下黑。食母猴。䐁當作要、豸部貜下云、縠玃也、是兩字爲名、羣書多一字爲名、蓋雙單皆可、故此不云、縠玃也、釋獸、貔、白狐、其子縠、釋文云、縠本又作縠、蓋二字相亂、故廣韻曰、縠、獸名、似豹而小、食獮猴、又名黃腰、漢書司馬相如傳、嶄胡縠蛫、郭璞注如本書、南都賦、縠玃猱珽、戲其巔、李善卽引本書以說之也、且縠玃卽是縠玃、玃又與獲相亂、從犬殻聲。讀若構。火屋切、或曰、縠似牂羊。出蜀北囂山中、犬首而馬尾。古文苑、蜀都賦、猶縠畢方、注引此四句、然非也、山海經無此文、北山經曰、北囂之山有獸焉、其狀如虎而白身、犬首馬尾彘鬣、名曰獨狢、上文獨篆下引之而少犬首字、蓋錯簡在此也、

láng 狼 pò 狛 màn 獌 hú 狐 tǎ 獺 biān 猵 biāo 猋 sī 獄 yín 㹜

王牂羊之說、雖無所徵、姑存之、

狼 獸似犬。依字林玉篇補獸字、銳頭白頰。高前廣後。一引頭下有而字、從犬良聲。魯當切、

狛 如狼。善驅羊。史記、辟使豺狼之逐羣羊也、從犬白聲。讀若蘗。匹各切、字又作䶃、甯嚴讀之若淺泊。泊當作洦、水部洦、淺也、

獌 狼屬。字林、獌、狼屬、一曰貙也、一曰句似亦本之說文、今挽也、謝靈運山居賦自注、獌似貙而長、狼之屬、從犬曼聲。舞販切、爾雅曰、貙獌似貍。釋獸文、

狐 䄏獸也。鬼所乘之。之、初學記引作也、爾雅正義元應廣韻引並無、桂氏曰、乘猶馮也、左傳、石不能言、或馮焉、有三德、其色中和、小前大後。大一作豈、死則首丘。元應引死必首丘、從之、乙轉、雖檀弓云狐死正丘首、此處立文不同、白虎通、狐死首丘、不忘本也、謂之三德。御覽白帖引皆有之、從犬瓜聲。戶吳切、

獺 形如小犬。水居食魚者也。依元應引改補、形當作獸、廣韻、獺、水狗也、從犬賴聲。他達切、

猵 獺屬。淮南子、養池魚者不畜猵獺、許君注曰、猵、獺類、博物志、猵頭如馬、腰已下似蝙蝠、毛嫩、大可五斤、

從犬扁聲。布玄切、本草圖經、獱音賓、或音編、

獱 猵或從賓。三蒼解詁、獱似青狐、居水中、食魚、

猋 犬走皃。楚詞九歌、猋遠舉兮雲中、王注、猋、去疾也、從三犬。甫遙切、衛殤公剽、古今人表作猋、

文八十三 重五

㹜 兩犬相齧也。從二犬。語斤切、凡㹜之屬皆從㹜。

獄 司空也。段氏曰、此空字衍、司者今之伺字、司獄壘韻、玉篇獄注云、察也、今作伺覗、桂氏曰、吳志周魴傳、看伺空隙、漢印有營司空丞、地理志、京兆尹船司空、顏注、本主船之官、遂以爲縣、淮南兵略訓、隧路亟、行輜治、賦丈均、處軍輯、井竈通、此司空之官也、高注、司空、補空修繕者、從㹜臣聲。息茲切、復說。復蓋人名、上脫其姓、獄司空。段氏曰、某復說獄司空、曰獄、別一義也、儒林列傳、太后怒曰、安得司空城旦書乎、徐廣曰、司空、掌刑徒之官也、如淳說、都司空、主罪人、應劭漢官儀曰、綏和元年、罷御史大夫官、法周制、初置司空、議者又以縣道官有獄司空、故復加大爲大司空、是則漢時有都司空、有獄司

空。皆主罪人。桂氏曰。廣韻、獄、犴獄相察。玉篇、獄、犴獄官也、察也。月令疏引焦氏荅崇精問曰。獄、漢曰若盧。魏曰司空。容齋續筆、漢獄名有水司空。掖受祕獄之名。文選潘岳關中詩。當乃明實。否則證空。李注。其言當者、明示以事實。其理否者、顯告之獄空。

獄　确也。埆也、召南行露傳文、今作埆、鄭駁異義曰、獄者、埆也、囚證于角核之處、周禮謂之圜土、從㹜從言。魚欲切、二犬所以守也。此言二犬、與㹜下言三日同、此別例也、部首以形系聯、部中字以義相屬、此定例也、惟㹜二㹜三之部首、其部中字或從其義、或從其形、許君偶然發例、使人隅反、

文三

鼠　穴蟲之總名也。此謂凡穴居者皆通名鼠、猶今俗言貂鼠貛鼠也、不但指本部而言、象形。繫傳、上象齒、下象腹爪尾、鼠好齧傷物、故象齒、書呂切、凡鼠之屬皆從鼠。

𪕋　鼠也。廣雅謂之白𪕋、玉篇、𪕋、白鼠、從鼠番聲。讀若樊。附袁切、或曰鼠婦。虫部、蟠、鼠婦也、玉篇、𪕋、一名負蠜蟲、筠案以鼠婦爲別義者、蟠𪕋與鼢蚡不同、鼢本是鼠、虫則統同之名也、蟠本是蟲、以其穴居、故借𪕋也、

䶅　鼠。出胡地。皮可作裘。鹽鐵論、中者罽衣金縷、燕𪕋代黃、從鼠各聲。下各切、

鼢　地中行鼠。伯勞之所化也。依釋獸釋文、邢疏、御覽引改、補字林作鼢、說與許同、方言謂之犂鼠、蓋謂其穿行地中、似犂耕也、一曰偃鼠。莊子、偃鼠飲河、不過滿腹、廣雅作鼴、陶隱居曰、鼴鼠一名隱鼠、一名鼢鼠、形如鼠大而無尾、黑色長鼻、甚强、長穿耕地中行、討掘即得、玉篇又作鼳、從鼠分聲。芳吻切、

蚡　鼢或從虫（分）。說文于重文之半異者、皆止言其半、

𪕹　𪕹令鼠。御覽引爾雅、鼮鼠、音𪕹、說文不收鼮字、蓋許君所据爾雅作𪕹鼠也、從鼠平聲。薄經切、

鼶　鼠也。釋獸文、郭注引夏小正、鼶鼬則穴、今大戴禮作鼬鼶則穴、淮南時則訓、季春之月、田鼠化爲鴽、高注、田鼠鼶鼠也、桂氏曰、鼶即鼶字、又作鼶、集韻、鼶鼶鼬鼠名、類篇鼶鼬、鼠名、從鼠虒聲。息移切、

𪖈　竹鼠也。如犬。劉欣期交州記、竹鼠如小狗子、食竹根、出封溪縣、闞人呼之爲鼬、從鼠丣聲。大徐作畱省聲者、蓋以今字作鼬而改之也、力求切、

鼫　五技鼠也。能飛不能過屋。孫叔然引作上屋、九家易說晉卦同、能緣不能窮木。九家易作極木、

能游不能渡谷。蔡邕勸學篇、能泅不能渡瀆、藝文類聚引說文游作浮、浮似汓之誤、然詩泳之游之、則作游自通、九家易曰游不度瀆、段氏曰、三句一韻、能穴不能掩身。勸學篇、能藏不能覆身、又本句在下句之下、孫炎引說文同、能走不能先人。勸學作絕人、段氏曰、二句一韻、此之謂五技。依詩碩鼠疏引補、荀子勸學篇、梧鼠五技而窮、注云、梧當爲鼫、蓋本誤爲鼫、傳寫誤爲梧耳、從鼠石聲。魏風碩鼠序說以大鼠、然鄭注晉卦鼫鼠、即引此詩、是碩乃鼫之借字、當隻切、

鼨　即豹文鼠也。即者、辨正之詞也、釋獸云、鼨鼠、豹文鼮鼠、郭讀豹文下屬、曰鼠文采如豹者、漢武帝時得此鼠、孝廉郎終軍知之、賜絹百匹、謝承後漢書、竇攸爲郎、世祖會百寮于靈臺、得鼠如豹文、問羣臣、攸曰、鼮鼠、詔曰、何以知、曰、見爾雅、案書如攸言、賜帛三百匹、敕諸王子從攸受爾雅、竇氏家傳及三輔決錄注竝同、案終軍竇攸、自是兩事、爾雅傳自西漢、非至後漢其業始顯也、唐書盧藏用傳、其弟若虛、在隴西、有獲異鼠者、豹文虎臆、大如拳、職方辛怡諫謂爲鼮鼠而賦之、若虛曰、非也、此許愼所謂鼨鼠豹文而形小者、一坐驚服、筠案、竇攸誤讀爾雅、與郭氏同、故許君云即以正之、而字林曰、鼨、豹文鼠也、蓋覩即爲繁文而刪之、惟元應引有、可謂一字千金矣、盧若虛說是、而又

爲調停之說、皆疏于說文之故、從鼠冬聲。職戎切、

𪕛　籀文鼨。從宂作。

䶑　鼠之屬也。從鼠益聲。於革切、

貖　䶑或從豸作。玉篇又作貖、見豸部、

鼷　小鼠也。春秋成七年、鼷鼠食郊牛角、博物志、鼷鼠之最小者、或謂之甘口鼠、謂其口甘、爲其所食者不知覺也、從鼠奚聲。胡雞切、

鼩　精鼩鼠也。釋獸、鼩鼠、郭注、小鼱鼩也、亦名䶂鼩、李巡曰、一名鼱鼠、從鼠句聲。其俱切、

鼸　䶃也。釋獸、鼸鼠、郭注、以頰裏藏食者、筠案、釋獸、寓鼠曰嗛、竊疑寓當作禺、嗛當是鼸之古字、夏小正傳、田鼠者嗛鼠也、可證、從鼠兼聲。丘檢切、案當與嗛同音、

䶃　䶃屬。從鼠今聲。胡男切、讀若含。口部、含、嗛也、仍是頰裏藏食之義、廣雅作䶃鼠、玉篇亦䶃䶃同字、然曰蜥蜴也、則與許異、

鼬　如鼠。赤黃色。尾大。食鼠者。釋獸郭注大同、從鼠由聲。余救切、鼬不與鼶類列、似非一物、抑或後人亂之、

䶂　胡地風鼠。廣韻、䶂、鼠屬、能飛、食虎豹、出胡地、周書王會、渠叟以䶂犬、䶂犬者、露犬也、能飛食虎豹、桂氏曰、䶂犬即䶂鼠、從鼠勺聲。之若切、筠聞極北有大鼠如象、

xióng 熊　néng 能　hú ⿰胡鼠　hún 鼲　zī 鼭　rǒng ⿰鼠宂

宂行地中，見風即死，其骨可以爲器。此云風鼠，或是其類。

⿰鼠宂 鼠屬也。廣雅鼵鼠、鼶鼠連文，蓋兩物。玉篇鼵，鼶鼠也，似誤讀廣雅。本部兩文亦遠隔。從鼠宂聲。而隴切。

鼭 鼠似雞，鼠尾。玉篇云：見即大旱。字或作蚩。東山經：栒狀之山有鳥焉，其狀如雞而鼠尾，其名曰蚩鼠。從鼠，此聲。即移切。

鼲 鼠出丁零胡，皮可作裘。魏略：丁零國出名鼠皮，白昆子、青昆子皮。王伯申曰：昆子即鼲子。後漢書鮮卑傳：鮮卑有貂、豽、鼲子，皮毛柔蝡，天下以爲名裘。從鼠，軍聲。乎昆切。

⿰胡鼠 斬⿰胡鼠鼠，廣雅作鼸鼳，漢書司馬相如傳作獑胡，史記作螹胡，西京賦作獑猢。黑身，白署若帶。署當作要。徐廣曰：似猨，黑身。張揖曰：獑胡似獮猴，頭上有髮，要以後黑。辥綜曰：獑猢，猨類而白，腰以前黑。手有長白毛，似握版之狀。之，一作也，句絕，狀字屬下句。繫傳曰：版，手版也。廣韻：手有長白毛，善超坂絕巖也。寰宇記引郡國志：樊道有獸，名獑猢，似猨而足短，一騰一百五十步，如迅鳥之飛。取此皮爲狐白之用，盈百方成。類蝯蜼之屬。從鼠，胡聲。戶吳切。

文二十　重三

說文句讀　卷十九　七百十四　、〇折三十八　卅九

能 熊屬。左傳釋文：昭七年黃能，云亦作熊。述異記：黃能即黃熊也。陸居曰熊，水居曰能。晉語：今夢黃能入於寢門。韋注：能似熊。足似鹿。不言從比者，本非從比也。且㠯以象其頭，肉以象其胷，此字與身字一類，兼會意形聲，以爲形，乃象形之別一類。從肉，㠯聲。桂氏曰：能與台、耐聲相近。樂記：故人不耐無樂。鄭注：耐，古書能字也。漢書鼂錯傳：揚粤之人能暑。顏注：能讀曰耐。天官書：三能即三台。釋魚：鼈三足能。竝讀奴來切。離騷能與佩爲韻，東方朔畫贊能與才爲韻，陸機挽歌能與思離爲韻。奴登切。能獸堅中，以下發明假借。繫傳曰：堅中，骨節實也。郭注爾雅貘白豹曰：骨節强直，中實少髓。故稱賢能。稱當作偁，下同。韓非十過篇：隰朋其爲人也，堅中而廉外。夫堅中則足以爲表，廉外則可以大任。桂氏曰：此言人之堅中可爲賢能也。而彊壯稱能傑也。急就篇：晏奇能。王氏補注：能獸多力，故有絕人之才者謂之能。凡能之屬皆從能。

文一

熊 獸，似豕，山居，冬蟄。詩斯干箋：熊羆有山。易通卦驗：小雪陰寒，熊羆入穴。從能，炎省

huǐ 燬　jùn 焌　xiǎn 燹　huǐ 𤈦　dá 炟　huǒ 火　pí 羆

聲。詩無羊、正月及襄十年衞卜禦寇之繇，皆以熊韻陵。王劭云：古文讀雄與熊者皆于陵反。羽弓切。凡熊之屬皆從熊。

羆 如熊，黃白文。釋獸文。黃白文者，言異于熊之黑色也。郭注：似熊而長頭高腳，猛憨多力，能拔樹。關西呼曰貑羆。從熊，罷省聲。大戴禮夏小正：九月能羆貊貉鼶鼬則穴。傳：嶲卿本能羆作熊羆。彼爲切。

⿰能皮 古文羆，從皮。篆似小誤，齊矦鐘能作⿰能皮。

文二　重一

火 燬也。此後人既增燬字，因改此文也。玉篇：火，𤈦也。蓋本之說文。𤈦下出燬字，云同上。方言：煤，火也。楚轉語也，猶齊言𤈦火也。郭注：煤，呼隗反；𤈦音毀。釋言：燬，火也。郭注：詩曰王室如燬。燬，齊人語。夫方言言𤈦，即不復出燬；釋言言燬，即不復出𤈦。其爲一字兩體，已曉然可見。且方言於𤈦之外增一煤，而不用釋言所出之燬，則所据爾雅作𤈦不作燬，亦可見矣。且郭氏曰燬齊人語，本之方言。廣韻：𤈦，齊人云火，亦本之方言。何以唐人所据方言與晉人不同邪？乃周南釋文曰：齊人謂火曰燬，字書作𤈦，說文同。或云：楚人名火曰煤，齊人曰燬，吳人曰𤈦。夫用方言之義，而又曰字書作𤈦，說文同，則𤈦燬非兩字可

說文句讀　卷十九　七百六十四　、〇折三十八　卌

知，而說文有𤈦無燬亦可知。乃又引或說，橫增吳人，而分𤈦燬爲二，則陸氏之不善決擇矣。南方之行。五行之屬南方者也。易離爲火。炎而上。洪範：火曰炎上。炎者，火光盛也；上者，其性上行，不能下也。象形。呼果切。凡火之屬皆從火。

炟 上諱。徐鉉曰：漢章帝名也。廣韻曰：火起也。從火，旦聲。伏矦古今注曰：炟之字曰著。謂諱炟字以著字代之。當割切。

𤈦 火也。從火，尾聲。許偉切。詩曰：王室如𤈦。周南汝墳文。後漢書列女傳引之，亦作𤈦。韓詩辥君章句：𤈦，烈火也。而毛詩反作燬者，此晉以後改字，林始收燬字。

燬 火也。從火，毀聲。許偉切。春秋傳曰：衞侯燬。僖廿五年經文。

燹 火也。字林：燹，逆燒。字統：燹，野火也。從火，豩聲。穌典切。

焌 然火也。或無火字，焌是物名，而謂之然，似誤。然下文云以焞焯龜，則是謂焞爲焌，早與鄭君懸合。此因字從火，周禮言龡，故謂之然火耳。從火，夋聲。子寸切，又倉聿切。周禮曰：遂龡其焌。春官華氏：掌共燋契，以待卜事。凡卜，以明火爇燋，遂龡其焌契，以授卜師。杜子春曰：燋讀如樵，謂所爇灼龜之木也。契謂契龜之鑿也。詩云：爰契我龜。鄭君引士喪禮曰：楚焞置于燋，在龜東。

liào 尞(寮)　rán 然　ruò 爇　fán 燔　shāo 燒　liè 烈　zhuō 炪　bì 熚

楚焞即契、燋即炬、焌讀如戈鐏之鐏、謂以契柱燋火而吹之也、契既然、以授卜師、用作龜也、又注大卜作龜曰、謂以火灼之、以作其兆也、案鄭君讀遂歙其焌契爲句、許君葢讀契以授卜師爲句、從子春以契爲鑿也、然二禮皆言卜事、周禮有焌契及燋、儀禮有楚焞及燋、別無他物、又鄭注既云燋焌用荆、又云楚焞即契、則焌契兩字爲名可知、言吹未詳、燋殆無餤之火乎、說又見後文燋下、**焌火在前以焞焯龜。**此許君說禮之詞也、在前未詳、以焞焯龜、即以焌灼龜也、以焞代焌、猶鄭君謂契爲焞矣、集韻以焞爲焌之或體、似即本之許鄭兩君、灼、灸也、卜部云、灼剝龜也、象灸龜之形、故知借焯爲灼、猶焯下引書、今本作灼、亦借字也、

尞　柴。句、**祭天也。**以柴說尞、轉注也、祭天則貭言之、說詳示部柴下、**從火從昚。昚古文慎字。祭天所以慎也。**本力召反、孫力照切、

然　燒也。孟子、若火之始然、孫炎字叔然、**從火肰聲。**如延切、俗作燃、**難　或從艸難。**徐鉉以爲重出、嚴氏曰、疑當作難、地理志、上郡高奴有洧水、可難、汗簡以難爲出史書、桂氏曰、或從艸難、當作或從難、篆文當作難、諸書省艸作難、引廣韻刑酷難炭、淮南說林訓槁竹有火、弗鑽不難、漢書五行志、見巢難盡墮地、筠案玉篇艸部難、草名、又難也、是謂難即然

矣、其火部不收難字、故删之而附辨于此、

爇　燒也。衆經音義、焫、而悅反、古文作爇、左昭廿七年傳、遂令攻郤氏、且爇之、**從火蓺聲。**蓺葢埶之重文、如劣切、**春秋傳曰爇僖負羈**小徐所引也、且少氏字、便不可通、葢傳寫挩之、見僖廿八年、

燔　爇也。一引作燒也、列子黃帝篇、藉芿燔林、**從火番聲。**附袁切、

燒　爇也。自然至燒、乃多字轉注之法、它部亦有、**從火堯聲。**式昭切、

烈　火猛也。桂氏曰、方言、烈、暴也、按蔡中郎聞燒桐火烈聲、知爲良木、火烈即暴也、戰國策聞弦者音烈而高飛、注云、烈猛也、賈逵左傳注、烈山、炎帝之號、**從火列聲。**良嶭切、

炪　火光也。類篇引作火不光也、桂氏曰、不字後人加、是也、段氏引集韻、炪、爩煙皃、以證不字、案此是別義、玉篇曰、火光也、爩也、分爲兩義、是也、鄭君解弖若觀火、謂觀爲熱、與許說貫注、葢古尚書義也、**從火出聲。**職悅切、**商書曰。弖亦炪謀。讀若巧拙之拙。**本句不繼出聲而繼引盤庚後者、葢是時尚書已作拙、而孔氏古文作炪、故許君既引古文、又言今本作拙者、乃以音讀易本文也、

熚　熚㶿火皃。小徐本作熚炥、玉篇同、明乎炥爲㶿之重文也、集韻、熚㶿火不時出而滅、一曰鬼火、

fú 㶿　zhēng 烝　fú 烰　xù 煦　hàn 熯　fú 炥　liáo 熮　lìn 閵

一曰火盛皃、**從火畢聲。**卑吉切、

㶿　熚㶿也。葢與觱沸同意、隨所從施而異其偏旁耳、**從火𤼽聲。𤼽籀文悖字。**敷勿切、

烝　火气上行也。特牲饋食禮、棗烝栗擇、或通作蒸、內則、魴鱮蒸、**謂熱气烝出上升也。**依元應引補、葢庾注也、**從火丞聲。**煑仍切、

烰　烝也。釋訓、烰烰烝也、桂氏曰、詩韓奕、炰鼈鮮魚、箋云、炰鼈、以火熟之也、正義云、案字書、炰毛燒肉也、缹烝也、服虔通俗文曰、燖煑曰缹、然則炰與缹別、而此及六月云炰鼈者、音皆作缹、然則炰與缹以火熟之、謂烝煑之也、馥案缹炰截然二義、不得強同、炰字音皆作缹者、釋文云、炰徐音甫九反、此即缹字音也、玉篇、缹、火熟也、鄭箋炰以火熟之、亦缹字義、是詩本作缹也、字書、炰毛燒肉、與本書炰毛炙肉同、陳啟源曰、毛燒不可施于鼈、炰作缹爲當、馥案、缹鼈者烝鼈也、缹即烰之異文、烰轉爲炰者、孚包聲相近、罦罘捊抱孵胞可證、公羊隱八年經包來、左傳作浮來、呂氏春秋烰人、即庖人、漢書楚元王傳浮邱伯、鹽鐵論作包邱子、是也、內則、魴鱮烝、雛燒、皇氏疏曰、魴鱮二魚皆烝熟之、雛是小鳥、火中燒之、觀此則魚烝鳥燒、原自判然、廣雅、熚謂之缹、陳氏煥曰、大射儀、羞庶羞、注有炮鼈膾鯉、釋文、炮、薄交反、或作炰、缹同音缶、此陸本作炮、而附炰缹字也、賈

疏單行宋本云、知有炰鼈膾鯉者、按六月詩云、飲御諸友、炰鼈膾鯉、故知有此也、此賈本作炰而釋以六月之炰也、今本炰炰皆譌炮、**從火孚聲。**縛牟切、**詩曰。烝之烰烰。**大雅生民文、今作浮浮、傳云、氣也、

煦　烝也。方言、煦、煆熱也、樂記注曰、以氣曰煦、**一曰。赤皃。**段氏曰、日部昫、日出溫也、古昫煦通用、煦葢日出之赤色、**一曰。溫潤也。**桂氏引小宛箋、煦嫗養之、段氏引韓詩章句、煦暖也、皆似不合、姑存之、**從火昫聲。**香句切、

熯　乾皃。此則與暵同字矣、而各書多如此、初學記引作烝火也、嚴氏以烰煦下皆云烝也、謂火爲衍文、桂氏則曰、烝火者、爆火也、通俗文、燥煑曰焦、是也、論衡、熯一炬火、爨一鑊水、**從火𦰩聲。**人善切、**詩曰。我孔熯矣。**小雅楚茨文、引此以明借熯爲戁也、毛傳釋詁皆曰、熯敬也、心部戁、敬也、

炥　火皃。從火弗聲。普活切、葢本在㶿下、挩誤在此、又別爲切音也、集韻、㶿敷勿切、或省作𤇿、亦作炥、

熮　火皃。廣韻、熮、火爛、玉篇、熸、熮也、集韻、熸燥也、**從火翏聲。**洛蕭切、**逸周書曰。味辛而不熮。**今本無之、吾鄉謂辛之不正者曰蓼辣、或即此熮、

閵　火皃。集韻、爓息火存謂之閵、**從火、𨳝省聲。讀**

yàn jiǒng yuè biāo hè jiǎo chán jiāo
㷳 熲 爚 熛 熇 烄 𤆍 燋

若⿱艹粦。艮刃切。集韻艮忍切中亦收之。㷳火色也。段氏曰：韓子齊伐魯索讒鼎，以其鳫往，齊人曰鳫也，魯人曰眞也。鳫葢即㷳之假借字，如今之作僞古物曰燒灋貨是也。筠案：上下文則火色者，火自具之色，非火所燒之色也。段說未確，姑存之。從火雁聲。讀若鳫。五晏切。熲火光也。釋詁：熲，光也。詩無將大車箋同。楚詞九思：神光兮熲熲。從火頃聲。古迥切。爚火光也。依初學記引改。廣韻：爚，煜燿，光明。又儵爚，光皃。呂氏春秋期賢篇：今夫爚蟬者，務在明其火，振其樹而已。桂氏曰：荀子作燿蟬。從火龠聲。以灼切。一曰熱也。玉篇：爍，爚也。集韻引博雅：爍，瀹也。玉篇：瀹，內菜湯中而出也。然則熱也者，謂爚瀹通。熛火飛也。元應引作飛火也。漢書張衡傳：揚芒熛而絳天兮。注引字林：熛，飛火也。三蒼：熛，迸火也。淮南說林訓：一家失熛，百家皆燒。從火㶾聲。元應曰：熛，古文作㶾。然則㶾本在熛下，與裘求、麗丽一例。今本㶾在燎熂之間，非其次也。乃玉篇兩字次第皆如說文，則其跳出久矣。本俾堯切，孫甫遙切。讀若摽。小徐作熛。熇火熱也。埤蒼：熇，熱皃也。從火高聲。火屋切。詩曰：多將熇熇。大雅。字或作嗃。易家人：嗃嗃。釋文：鄭云苦熱之意，劉作熇熇。

板文。傳云：熇熇然熾盛也。烄交木然也。玉篇：交木然之，以燎柴天也。從火交聲。古巧切。𤆍小爇也。玉篇：𤆍，燎也。從火干聲。畢氏以珣曰：覫從𤆍聲，讀若鎌，則干非聲矣。羊音飪，當作羊聲。方言：苂，眼明也。亦由羊而譌。覫當作覫，本才廉反，孫直廉切。詩曰：憂心𤆍𤆍。桂氏曰：當爲憂心如惔。節南山：憂心如惔。傳云：惔，燔也。釋文云：說文作𤆍。燋所以然持火也。莊子釋文：爝本亦作燋。司馬云：然也。向云：人所然火也。字林云：爝，炬火也，子召反；燋，所以然持火者，子約反。案字林分爝燋爲二，正同說文。持字兩書同，然疑是衍文。鄭注士喪禮無之，似是。苟謂持火爲人所持之火，則是炬矣。燋固即炬也。葢鑽燧出火，必有燋以傳之于薪，葢如今之火寸，以蒸稭藨石流黃作之者。下引周禮，始是炬矣。從火焦聲。即消切。當用字林子約切。周禮曰：以明火爇燋也。焌下所引華氏文，本句在其上，而兩字遠隔者，葢許君以禮文爲燋之別義也。士喪禮：楚焞置于燋，在龜東。鄭注：燋，炬也，所以然火者也。鄭君以炬說燋，與說文、字林之焞同字。葢楚焞用荆，荆木難然，故先以明火爇燋，燋即少儀執燭抱燋之燋。已然曰燭，未然曰燋也。弟子職之總，本部之㸑，竝即此物。麻蒸火壯，乃可以然焌契。且士喪禮曰：楚焞置于燋。兩

tàn zhǎ jiǎo bá huī tái
炭 ⿱𦍌火 敫 炦 灰 炱

物相須爲用，故重疊頓置之。而焞專爲灸龜之用，燋則常用之物，故以燋薦焞。且當未然之時，故可置。是篇又云：卜人抱龜燋。旣然則不可抱也。○集韻：華或作垂，引華氏。段氏遂引經作垂。氏葢謂說文不收華也。然垂乃邊陲之正字，似不合。當本是借筆字，隸不分艸竹也。鄭注序官華氏曰：燋焌用荆，華之類。設華即是荆，不言類矣。乃我以燋爲蒸，不從鄭者，葢燋焌同是荆，則不須多費此事也。炭燒木餘也。小徐本：燒木未灰也。眾經音義引釋名：火所燒餘木曰炭。從火屵聲。他案切。⿱𦍌火集韻引作⿱差火，從差不省。束炭也。從火差省聲。楚宜切。廣雅：⿱𦍌火，曝也。讀若齹。此可正齒部齹之誤。敫交灼木也。從火敎省聲。嚴氏曰：當作敎聲。敫者，敎之古文。讀若狡。古巧切。玉篇：敫與焌同。此亦重文之跳出者也。段氏曰：灰篆必上聯炭⿱𦍌火二篆，間以敫焌，決非古本。炦火气也。玉篇云：氣上也。從火犮聲。蒲撥切。案此字當在火色、火光諸字之後。灰死火餘㶳也。廣韻引作死火也。玉篇、九經字樣竝同。案㶳尙存性，灰則無性矣。漢書韓安國傳：死灰獨不復然乎。從火從又。又，手也。火旣滅，可以執持。呼恢切。炱灰炱

wēi xī wēi chén
煨 熄 烓 煁

煤也。炱煤二字，可單可雙。素問：黑如炲者死。此一字爲名者。呂覽任數篇：嚮者煤室入甑中。文選注引之，煤室作炱煤。是也。葢即許說所本。通俗文：積烟以爲炱煤。以及玉篇、廣韻，皆炱煤連文。本部無煤字，嚴氏疑當作墨。案西京雜記：武帝鑿昆明池，悉灰墨，無復塊土。陸士龍與兄書所謂石墨，即今之煤炭。鈕氏樹玉曰：北齊道興造像記附治疾方，有釜底墨。惟煤字見呂覽。又玉篇炱煤煨三字相次，因疑說文本有而挩之，不能決也。從火台聲。徒哀切。煨盆中火也。玉篇曰：盆中火。熝也者，盆中火，即述說文；熝，則廣其名也。集韻：熝，煨也。戰國策：犯白刃，蹈煨炭。從火畏聲。烏灰切。熄畜火也。謂火種也。從火息聲。息亦兼生息、滅息二義。相即切。亦曰滅火。莊子：爝火不熄。易曰：水火相熄。革卦釋文引。烓行竈也。字林同。從火圭聲。讀若冋。口迥切。李燾本同，嚴氏從之。毛本作讀若回，口迥切。桂氏從之，曰：徐鍇本音烏攜反。爾雅釋文云：郭音恚，字林口頴反。顧口井、烏攜二反。詩白華釋文云：音恚，又邱弭反，呂忱音口頴反。馥按：郭注方言音口類反，乃知頴爲類之譌。本書耿從耳，烱省聲。李燾本改作烓省聲。此皆王子韶、陸佃重修之謬，李燾仍其失耳。煁烓也。釋言文。郭注：今之三隅竈。

chuī 炊 hōng 烘 chǎn 燀 jì 齌 xī 熹 jiān 煎 áo 熬 páo 炮 ēn 㶼 zēng 熷 bì 煏

從火甚聲。氏任切。燀 炊也。廣雅同。從火單聲。充善切。春秋傳曰燀之以薪。昭廿年。炊 爨也。轉注。從火吹省聲。昌垂切。烘 尞也。殘字也。卬烘于煁、與光武對竈燎衣同事、安得用祭天之尞。釋言、毛傳皆曰烘燎也、是也。廣雅燎乾也、是其義。從火共聲。本巨凶、甘凶二反、孫呼東切。詩曰卬烘于煁。小雅白華文。齌 炊餔疾也。桂氏曰、餔當爲䬼、玉篇作餈。離騷反信讒而齌怒、王注、齌疾也。從火齊聲。在詣切。熹 炙也。桂氏曰、玉篇熹、熾也。月令湛熾必潔、淮南時則訓作湛熹。考工記鍾氏染羽以朱湛丹秫、三月而熾之。樂記天地訢合、注云、訢讀爲熹、熹猶烝也。李善注歸去來辭引聲類、熹亦熙字。廣雅熙、熾也。吳書陳熾字公熙。從火喜聲。許其切。煎 熬也。方言、煎火乾也、凡有汁而乾謂之煎。內則淳熬、煎醢加于陸稻上、沃之以膏、曰淳熬。從火前聲。子仙切。熬 乾煎也。鬻部、鬻熬也。方言、熬火乾也、凡以火而乾五穀之類、自山而東齊楚以往謂之熬。地官舍人共飯米熬穀。內則爲熬、捶之去其皽、編萑布牛肉焉、屑桂與薑以洒諸上而鹽之、乾而食之。從火敖聲。五牢切。

說文句讀 卷十九 七百七十六 、○折四十四 卅五

⿰麥敖 熬或從麥作。米部䊵、熬米麥也。廣雅從黍作䵂、云乾也。炮 毛炙肉也。廣韻炮合毛炙物也。詩瓠葉炮之燔之、傳云、毛曰炮。閟宮毛炰胾羹、傳云、毛炰豚也。地官封人注云、毛炮豚者、爛去其毛而炮之。漢書楊惲傳亨羊炰羔、顏注、炰、毛炙肉也、即今所謂爊也。從火包聲。薄交切。㶼 炮肉。肉乃炙之爛文。廣韻引作炮炙也、炙字是、然加也字則非也。衮者古語、炮炙者今語、以微火溫肉、乃其事實也、其事與炮炙二字皆相似、故合二字爲名。以微火溫肉也。五音集韻、衮埋物灰中令其熱也。廣雅衮、熻也、亦以近似之字解之。玉篇熻同衮。廣雅熅熅也、熅蒕溫之借字。從火衣聲。烏痕切。熷 置魚筩中炙也。廣韻熷、蜀人取生肉於竹中炙。從火曾聲。作滕切。⿱稫火 以火乾肉。天官籩人注曰、鮑者於煏室中糗乾之。賈疏曰、煏土爲室、非也。戴侗引作煏室。集韻煏或作稫、焙。案以火乾肉謂之煏、因而其室謂之煏室、蓋脩脯之類、於此室作之、與炰炙異。字又作𤏐、方言𤏐火乾也、凡以火而乾五穀之類、關西隴冀以往謂之𤏐。案子雲謂𤏐與煎熬一義、許君則煎熬泛言、煏則主謂肉、此其異也。從火稫聲。說文無稫字、當云稫省聲、故籒文下云不省。符逼切。⿱稫火 籒文

hú ⿰火隺 wèi 尉(㷉) mí 爢 làn 爤 yàng 煬 bào 爆

⿱稫火不省。元應曰、⿱稫火、古文𤏐⿱䝿火二形。爆 灼也。廣雅爆、爇也。又元應引爆灼也、而說之曰、謂皮散起也。古文⿰暴攴⿰月暴二形、案此則與皮部皰字音義同、雖是別義、然今俗謂火迸散爲爆、與皮散起之說相似。從火暴聲。蒲木切。煬 炙燥也。言炙之令燥也。方言、煬炙也。集韻、煬燥也。皆適得一偏。郭注方言曰、今江東謂火熾猛爲煬、則又一義。從火昜聲。余亮切。⿰火隺 灼也。從火隺聲。胡沃切。爤 火孰也。依詩疏引補。方言、爤熟也、自河以北趙魏之間火熟曰爤。從火蘭聲。郎旰切。鄭風明星有爛、宋版釋文作爤。燗 爤或從閒。爢 爤也。廣雅、爢熟也。或借糜字、孟子糜爛其民而戰之。又借靡字、客難至則靡耳、李注說文靡爛也、所引即此文、省形存聲也。從火靡聲。靡爲切。㷉 從上案下也。通俗文、火斗曰尉、引申之爲官名。漢書百官公卿表太尉、應劭曰、自上安下曰尉。韋昭辨釋名、廷尉縣尉皆古官也、以尉尉民心也。漢書車千秋傳尉安衆庶、顏注、尉安之字本無心也、是以漢書往往存古體字焉。從𡰥又持火。所以㷉申繒也。𡰥、古夷字、平也。後漢光武紀注、廷尉、尉平也。又持火者、手持尉斗也。晉書韓伯傳、母爲伯作襦、

說文句讀 卷十九 七百九十四 、○折四十四 卅六

令伯捉尉斗。申、展也。魏策衣焦不申。於胃切。俗作熨。⿱龜火 灼龜不兆也。灼龜即作龜也。雜記卜人作龜、注云、作龜謂揚火灼之以出兆、不兆者、兆不成也。從火從龜。即消切。春秋傳曰龜⿱龜火不兆。定元年、哀二年、皆云龜焦、不兆二字即上文重出於此。讀若焦。蓋許君所據左傳亦有作焦者、故言此以關之、見其爲同音借字也。又魏書諸帝子孫列傳、昔軒轅卜兆龜焦。灸 灼也。承上文灼龜言之。卜部說云、灼剝龜也、象灸龜之形、引申之以火艾灼病曰灸。莊子盜跖篇、某所謂無病而自灸也。後漢光武紀、敢灸灼奴婢論如律、免所灸灼者爲庶民。從火久聲。舉友切。灼 炙也。炙當作灸、轉注。楚詞七諫唐虞點灼而毀議、注亦譌灸爲炙。從火勺聲。之若切。煉 鑠。句 治金也。以鑠說煉者、所以明煉鑠之爲一事、兼明煉鑠之爲一字也。金部、鑠銷金也、鍊冶金也、仌部、冶銷也、此羅紋轉注之法、宋本冶作治、則不能展轉流通矣。且通俗文曰、𥗈磪治玉、磪冶金、是知冶金者磨瑩之謂、冶金者銷鑠之謂也。從火柬聲。郎電切。燭 庭燎大燭也。依蓺文類聚引改、小雅庭燎毛傳文也、一引大燭作火苣、殖庚注乎。燕禮、甸人執大燭于庭、閽人爲大燭于門外、注云、燭、燋也、

火

zǒng 熜　xiè 炧　jìn 㶳

疏云、古無麻燭而用荆燋、故少儀云主人執燭抱燋、鄭云未爇曰燋、但在地曰燎、執之曰燭、於地廣設之、則曰大燭、故詩云庭燎之光、毛云庭燎、大燭也、秋官司烜氏共墳燭庭燎、注云墳、大也、樹于門外曰大燭、于門內曰庭燎、案鄭君依經分言之、許君依毛傳合言之、乃燕禮于庭及門外皆言大燭矣、從火蜀聲。之欲切、

熜　然麻蒸也。弟子職錯總之法、橫于坐所、案此言執燭之禮、則總卽此熜、雖總是未然之蒸、此云然者、以字從火也、旣夕禮二燭俟于殯門外、注云燭用蒸、司烜氏墳燭、注云故書墳爲蕡、鄭司農云蕡燭、麻燭也、是先鄭謂蕡爲麢之借字、說又見艸部蒸下。從火悤聲。作孔切、

炧　燭㶳也。弟子職右手執燭、左手正櫛、櫛卽炧也、從火也聲。徐野切、

㶳　火餘也。火似燭之燹字、玉篇曰炧也、廣韻曰燭餘也、若作火餘、則與前文炭灰二篆說解相似、乃不類列者、此承上文炧字、專謂燭也、經典作燼、或借藎、詩桑柔具禍以燼、釋文曰本又作藎、燹曰災餘曰燼、蓋卽天火曰災之災、然已是泛言之、左成二年傳收合餘燼、吳語安受其燼、則全屬假借、謂火之餘木也。依元應引補、蓋庾氏据本已作火、故如此說之、玉篇亦曰火餘木、然如此則是炭矣、誤也、從火聿聲。徐鍇曰聿非聲、疑從聿省、徐刃切、一

liǎo 燎　biāo 㶾(票)　jiāo 𤓐　zāo 𤎖

曰。薪也。張景陽雜詩尺燼重尋桂、李注引本文、方言曰自關而東、秦晉之間燒薪不盡曰藎、

cuì 焠　rǒu 煣　fán 燓　lián 燫

焠　堅刀刃也。三蒼解詁焠作刀鋻也、史記天官書火與水合爲焠、漢書王褒傳清水焠其鋒、顏注焠謂燒而內水中以堅之也、從火卒聲。七內切、

煣　屈申木也。桂氏曰申當爲曲、玉篇煣以火屈曲木、廣韻煣烝木使曲也、筠案非也、木部柔下云木曲直也、言木性或曲或直、亦言木可曲可直也、故此文承之曰屈申木也、謂屈直木使之曲、申曲木使之直也、易繫辭揉木爲耒、漢書食貨志作煣、晏子夫車輪山之直木也、良匠揉之、其圓中規、案此皆謂煣直使曲也、考工記揉輈必齊、注揉謂以火槁之、矢部矯下云揉箭箝也、案此皆謂煣曲使直也、從火柔柔亦聲。人久切、

燓　燒田也。謂燒宿艸以田獵也、郊特牲季春出火爲焚也、注謂焚萊也、夏官司爟野焚萊、正義云大司馬仲春田獵、云火弊、鄭云春田主用火、因除陳生新、從火棥棥亦聲。附袁切、經皆作焚、

燫　火煣車網絕也。煣一引作燥、亦通、網一引作輞、則以今字改之、取易曉也、古謂之鞣、漢謂之網、考工記輪人牙也者以爲固抱也、鄭司農云牙謂輪鞣也、世間或謂之罔、書或作鞣、釋名輞网也、謂网羅周輪之外也、网罔網一字、賈疏謂古者車輞屈一木爲之、則必以火煣之、使直者爲圜、而火太燥烈、則木理絕矣、絕是燫之正解、車網者原其意也、將以之爲車網耳、非謂旣成之車網忽絕也、從火兼聲。力鹽切、周禮曰煣牙外不嫌。考工記輪人凡揉牙外不廉而內不挫、旁不腫、謂之用火之善、注云廉、絕也、鄭君與許君同意、廉祇是借字耳、牙木部作枒、

燎　放火也。元應引作燒田也、蓋誤引燓字義、然其事自同、書盤庚若火之燎于原、詩旱麓民所燎矣、箋云人燎燎除其旁草、正月燎之方揚、箋曰火田曰燎、則與犬部獠同義、從火尞聲。本力小反、

㶾　火飛也。說見熛下、周禮草人輕㶾用犬、釋文不誤、注云謂地之輕脆者也、從火𡨄與䙴同意。闕。小徐本云、從火㽞、與䙴同意、闕、繫傳曲解之、終無理實、與䙴同意者、䙴、升高也、與火飛意略近、故曰同意、然㽞有著而一無著、故曰闕、㽞非字、故刪之、然亦略可屬讀耳、不敢謂其必然、乃嚴氏曰、五經文字有西部、音卷、蓋㽞卽古䙴字、然則許君何不言從㽞而云同意乎、且囟臼一三字合之、何以得升高意乎、又玉篇襾部有西字、形亦相似、注云莫靈切、同也、案後來字書、率不顧字例之條、勿強不知以爲知、方昭切、

𤎖　焦也。字林𤎖燒木焦也、蒼頡篇𤎖燒木餘也、從火曹聲。作曹切、

𤓐　火所傷也。從火雥聲。卽消切、桂氏曰、雥古音屬尤幽侯韻、雥爲侵以下九部之入聲、古韻當分尤幽侯之字與侵以下九部入聲之字相配、錡于古今音皆不能通、姑錄桂氏之說、段氏書則人所共見、不復錄、

𤓐　或省。

zāi 烖　yān 煙　yè 焆　yūn 熅

烖　天火曰烖。左宣十六年傳文也、春秋桓十四年、僖廿年、襄九年、昭九年十八年、定二年、哀三年、皆書災、從火𢦏聲。祖才切、

灾　烖或從宀火。

災　籀文烖從巛。以火烖而從水、災之出、雖是形聲、亦涉嫌疑、易復卦有災眚、釋文作灾、云本又作災、鄭作烖、大徐本災在𤆎下、從小徐者、由小篆而籀而古、於理順也、

𤆎　古文烖從才。

煙　火气也。增韻煙、火鬱氣、從火垔聲。烏前切、

烟　煙或從因。

𡨴　籀文煙從宀。從古文𡋝而加火耳、今以爲從𡋝而加宀、則失其次弟、

𡋝　古文煙。

焆　焆焆烟皃。女部娟讀若煙火炔炔、篇海炔與焆同、從火肙聲。因悅切、

熅　鬱煙也。鬱與非鬱之意相似、彼謂不使出氣、此謂不使生光燄也、火壯則煙微、鬱之則煙盛、盛則烟熅交密矣、壺部引易天地壹壺、典引作烟熅、從火昷聲。於云切、

yào 燿　zhào 照

huī 煇　yù 煜　yì 熠　chǐ 炵　wěi 煒　zhuó 焯　bǐng 炳　tūn 焞　tán 燂　dí 炟

炟 望火皃。火光爗日的然而明故云望火皃、玉篇云望見火則失其情、從火旦聲。段氏據葉鈔宋本及五音韻譜作炟旦聲、鈕氏曰玉篇𤇾方立切、廣韻居立切、則炟從旦聲不誤、姑竝存之、都歷切 讀若駒顙之駒。駒當作旳、日部馬部兩引爲旳顙、旳如射旳、彭灼生目、此讀蓋兼意也、

燂 火熱也。熱是動字、謂以火溫之也、內則五日則燂湯請浴、注云、燂、溫也、從火覃聲。大甘切、又徐鹽切

焞 明也。從火𦎫聲。他昆切 春秋傳曰：焞燿天地。傳當作國語、此槩括其詞也、鄭語史伯曰、黎爲高辛氏火正、以淳燿敦大天明地德、光照四海、故命之曰祝融、崔瑗河間相張平子碑、實掌重黎厤紀之度、亦能焞燿敦大天明地德光照有漢、用國語也、作焞與許合、班固幽通賦、亥黎醇燿于高辛、案淳醇皆同聲借用、

炳 明也。字或作昞、廣雅、昞、明也、又通作邴、莊子大宗師、邴邴乎、梁簡文注、邴邴、明皃、從火丙聲。兵永切

焯 明也。李善注琴賦引說文灼明也、即此文、從火卓聲。之若切 周書曰：焯見三有俊心。今立政作灼、借字也、

照 明也。轉注 從火昭聲。之少切

煒 盛明皃也。依元應引補、下句同、漢書王莽傳、青煒登平、赤煒頌平、白煒象平、[元]煒和平、服虔曰、煒音暉、如淳曰、青煒、青氣之光輝也、亦赤也。下文引詩證此。從火韋聲。于鬼切 詩曰：彤管有煒。邶風靜女文、傳云、煒、赤皃、

說文句讀《卷十九 七百七十八 、○新四十五 三十九

炵 盛火也。從火多聲。昌氏切

熠 盛光也。字林云、光盛也、從火習聲。羊入切 詩曰：熠燿宵行。豳風東山文、傳曰、熠燿、燐也、燐、熒火也、宋本作熠熠、王伯厚詩考亦偁之、又張華勵志詩、熠熠宵流、注引毛傳、熠熠燐也、皆誤也、正義曰、熠燿者、螢火之蟲、飛而有光之皃、而本草云、螢火一名熠燿、本詩又云、倉庚于飛、熠燿其羽、豈倉庚亦名熠燿乎、

煜 燿也。元應一引作光燿也、埤蒼、光燿熾盛皃、從火昱聲。余六切

燿 照也。廣雅同、左昭三年傳、焜燿寡人之望、從火翟聲。弋笑切、俗作耀、

煇 光也。詩庭燎有煇、傳文也、春官眡祲掌十煇之法、鄭司農云、煇謂日光氣也、保章氏注云、日有薄食暈珥、釋文暈本又作煇、案暈卽日部暉、且司農以日光氣說煇、則煇暉一字、段氏曰、煇與光互訓、如易象傳、君子之光、其暉吉也、是也、析言之則煇光有別、如管輅荅劉邠云、不同之名、朝旦爲煇、日中爲光、玉藻揖私朝、煇如也、登車則有光矣、是也、從火軍聲。況韋切、俗作輝、

miè 烕　zào 燥　kàng 炕　jiǒng 炅　nuǎn 煗　xuān 煖　ào 燠　chì 熾　ruò 熱　guāng 光　xuàn 炫　yàn 爓　yè 爗　jiǒng 炯　kūn 焜　huáng 煌

易剛健篤實煇光、唐石經作輝、

煌 煌煇也。詩大明檀車煌煌、傳云、煌煌、明也、高唐賦、煌煌熒熒、奪人光精、從火皇聲。詩皇皇者華傳曰、皇皇猶煌煌也、胡光切

焜 煌也。上甘泉賦、樵蒸焜上、李注引字書、焜煌、火皃、從火昆聲。胡本切

炯 光也。案經無炯字、桂氏曰、或借扃字、襄五年左傳引逸詩、我心扃扃、杜注、扃扃、明察也、覆案玉篇、炯炯、明察也、本此、從火冋聲。古迥切

爗 盛也。從火曅聲。筠輒切 詩曰：爗爗震電。小雅十月之交文、

爓 火爓爓也。依元應引補、字林、火皃也、蜀都賦、高爓飛煽于天垂、從火閻聲。本音鹽、余廉切、俗作焰、

炫 爓燿也。集韻引作爛燿也、元應引作炫燿也、史記田單傳、牛尾炬火、光明炫燿、從火[元]聲。胡畎切

光 明也。釋名、光、晃也、晃晃然也、亦言廣也、所照廣遠也、從火在人上，光明意也。古皇切

古文光。

古文光。

熱 溫也。易稽覽圖、夏至之後三十日極溫、五經通義、日在牽牛則寒、在東井則暑、牽牛宿外遠人、故寒、東井宿內近人、故溫、從火埶聲。如列切

熾 盛也。釋言文、從火戠聲。昌志切

說文句讀《卷十九 七百三十四 、○新四十七 四十

古文熾。

燠 熱在中也。釋言、燠、煖也、是通語也、云在中者、蓋主詩不如子之衣安且燠兮、爲說、衣之燠、所以燠其身也、又堯典厥民隩、釋文引馬云、暖也、蓋謂隩爲燠之借字、入此室處、亦熱在中之意、從火奧聲。小明、日月方奧、傳云、奧、煖也、是省形存聲字、烏到切

煖 溫也。樂記、煖之以日月、東晳餅賦、三月之初、陰陽交際、寒氣既除、溫不至熱、別熱于溫、後世語也、與許不符、從火爰聲。況袁切、俗煖作暄、以煖爲煗、又別作暖、淮南墜形訓、羽風生煗介、煗介生鱗薄、鱗薄生煖介、足知煖煗不同、

煗 溫也。魯語、海多大風、冬煗、從火耎聲。乃管切

炅 見也。桂氏曰、見當爲光、廣韻、炅、光也、集韻作炅、云火光、竽案作光、則當在熱篆之前、而玉篇亥序大同、云、炴、古惠切、烓出皃、炅同上、又古迥切、案云烓出則更當在前矣、闕疑、又案集韻四十一迥、炅、䀙迥切、引說文見也、哭、火迥切、火光、非一字、從火日。古迥切

炕 乾也。漢書五行志、炕陽暴虐、顏注、炕陽者、枯涸之意、從火亢聲。苦浪切

燥 乾之也。依元應引補、易、燥萬物者莫熯乎火、許君蓋主此爲說、若火就燥、則不得云之、從火喿聲。穌到切

烕 滅也。從火

火

戌詩釋文引作戌聲威葢義兼聲字也淮南天文訓戌者滅也其他子者茲也丑者紐也無不以音訓者火死於戌陽气至戌而盡。淮南天文訓火生于寅壯于午死于戌三辰皆火也許劣切詩曰赫赫宗周褒似威之。似字依孫本小雅正月文今作姒說見女部姒下毛傳威滅也釋文威本或作滅左傳昭元年列女傳七皆引褒姒滅之案毛以今字釋古字而上文用滅字者此猶邶之谷風售卽讎之俗字皆寫經者之過

焅 旱气也。廣雅焅謂之熇廣韻熇焅熱今俗用酷與嚳同借一字從火告聲。苦沃切

燾 溥覆照也。周禮司几筵每敦一几注云敦讀爲燾覆也然則燾祇是覆而云照者字從火也天之所覆卽爲日月所照矣云溥者溥天之下也左襄二十九年傳如天之無不幬也賈本作燾中庸無不覆幬注云幬或作燾從火壽聲。徒到切

爟 取火于日官名葢烜字篆說皆幾闕但存取火于日四字校者妄附于此又以其不成句也自加官名二字不思許君無此語例也此人可謂至愚極陋矣舉火曰爟。夏官敘官司爟注云故書爟爲燋杜子春云燋當爲爟書亦或爲爟爟爲私火案杜以爲私火者司爟職云季春出火民咸從之季秋内火民亦如之此官所掌者

民火故爲私與司烜氏掌祭祀之火不同也許云舉火者爟與權通也呂覽本味篇湯得伊尹爝以爟火高誘注爟火者所以祓除其不祥置火于桔槔燭以照之爟讀若權衡之權漢書郊祀志通權火又曰權火舉而祠張晏曰權火烽火也狀若井挈皋其法類稱故謂之權火欲令光明遠照達于祀所也漢祀五畤于雍五里烽火如淳曰權舉也周禮曰司爟。掌行火之政令從火雚聲。古玩切依許義當讀如高誘音

熢 燧。句絕字當作[illegible]或作隧此轉注也候表也。候者高注淮南云縣燧邊候見虜舉烽是也形如桔槔故謂之表邊有警則舉火。漢書音義曰烽如覆米籅縣著桔槔頭有寇則舉之燧積薪有寇則燔然之索隱曰烽見敵則舉燧有難則焚烽主晝燧主夜許君合爲一事與此不同從火逢聲。敷容切

爝 苣火。句祓也。苣火者指其實也字林爝炬火也是也祓也者表其用也字之所以列于此而不與爝熄二字類廁也案呂覽舉難篇桓公郊迎客夜開門爝火甚盛淮南道應訓爝火甚盛皆爲通詞許則以祓除爲本義而苣火之說亦足該通詞之義矣從火爵聲。子肖切呂不韋曰湯得伊尹爝以爟火釁以犧豭。見本味篇又贊能篇曰管夷吾至齊境桓

公使人以朝車迎之祓以爟火釁以犧豭焉○案爟熭爝三字非常火也故綴屬于末許書原本葢終于此矣

熭 暴乾火也。謂曬之使燥也六韜日中不熭是謂失時從火彗聲。于歲切玉篇此字在焅之下葢說文本次也

烜 或與爟同。前人既以取火于日入之爟下後有讀者知取火于日爲司烜氏之次然誤謂許君原本如是也不敢直言其誤乃附烜字于部末而說之曰或與爟同或之者疑之也大徐改收之爟下說曰或從亘於是許君不識字矣秋官敘官司烜氏注云烜火也讀如衛侯燬之燬故書烜爲垣鄭司農云當爲烜經文司烜氏掌以夫遂取明火于日注云夫遂陽遂也案許君于爟字從司農不從故書作燋則知烜字亦從司農不從故書作垣也其音則玉篇況遠切是也釋訓赫兮烜兮陸本作烜云吁遠反光明宣著不與爟同音亦不音燬至其次第則玉篇在爟之後案當在爟之前此爲祭祀之火爟則民火也抑或司爟在夏官司烜在秋官故因以爲次第邪

熙 燥也。謂暴燥也依選注引補葢庾注也言曬之使燥以別于熹字炙之使燥也二字同音葢通用而有別郭璞鹽池賦熙金葩之融炎從火巸聲。許其切此字之次玉篇在熹之下葢許君原次大徐熹熙皆在末乃捝失而後人掇拾附記也注刻小徐本無熙字

文一百一十二　重十五小徐本熹煎之閒有炃炙二字炃固重出炙亦炃之譌字

炎 火光上也。字林炎火光也葢本之說文炎與上異義洪範火曰炎上王肅云火之性炎盛而升上是也詩雲漢傳曰炎炎熱氣也六韜熒熒不救炎炎奈何苔賓戲注引云炎火也謂光照也疑今本合許說庾注而一之又譌照爲上也附記之以俟再詳從重火。于廉切凡炎之屬皆從炎。

燄 火行微燄燄也。依元應引補玉篇燄火行兒廣韻燄火初著也書洛誥無若火始燄燄厥攸灼敘弗其絕漢書梅福傳引書作庸庸注云微小兒也從炎臽聲。以冉切

⿰炎舌 火光也。小徐本炎光也從炎舌聲。大徐曰舌非聲當从甜省以冉切

㷠 侵火也。小徐無火字皆未詳玉篇㷠火兒廣韻㷠火舒從炎亩聲。讀若桑葚之葚。力荏切

㶒 火行也。廣韻火上行兒從炎占聲。舒贍切

燅 於湯中瀹肉也。依元應引改於字廣韻引無元應兩引作熱廣韻瀹與鬻同既夕禮其實皆瀹注云米麥皆湛之湯有司徹乃燅尸俎注云燅溫也古文燅皆作尋記或作燖春秋傳若可尋也亦可寒也或借燗字郊特牲

xiè 燮　lín 粦　hēi 黑　lú 黸　wèi 䵳　àn 黯　yǎn 黶　yī 黳

血腥爓祭，注，爓或爲焫，今本作爛，或爲腤，玉篇：腤，瀹也，生熟半也。從炎，從熱省。小徐有聲字。徐鹽切。

燅或從炙作。

燮 當從羊作燮。大孰也。從炎，從又，即孰物可持也。羊聲。讀若溼。小徐韻譜三十帖，以燮爲燮之史文，下又出燮字，集韻則燮有籀文燮，是知燮字之譌已久，故並出之，而不敢改。二徐本說解皆曰從又持炎辛者，物熟味也，是宋以前久譌矣。然又部燮下大徐所引初不誤，然不據以改本注，則爲譌篆所蔽也。桂氏雖知之，而又欲逐之燮下，蓋重文在兩部之例，久已湮沒矣。蘇俠切。

粦 兵死及牛馬之血爲粦。粦，鬼火也。兵死者，死于刀兵也。列子天瑞篇：馬血之爲轉鄰也，人血之爲野火也。注云：說文作粦，又作⿰虫粦，皆鬼火也。淮南子曰：久血爲⿰虫粦也。案淮南氾論訓作久血爲燐，許君注曰：兵死之士，血爲鬼火。段氏曰：詩正義引陳思王螢火論曰：熠燿宵行，章句以爲鬼火，或謂之燐。章句者，謂薛君章句，是則毛韓無異說。或以釋蟲之熒火即炤當之，非也。從炎，舛聲。舛又作蹐，春粦疊韻。良刃切。徐鍇曰：案博物志：戰鬭死亡之處，有人馬血，積年化爲粦，著地入艸木，皆如霜露不可見，有觸者著人體便有光，拂拭即散無數，又有吒聲如煼豆。舛者人足也，言光行著人。案大徐蓋因此說而刪聲字。

說文句讀卷十九　七百十七　、○折三十四　四三

文八　重一

黑 火所熏之色也。韓康伯曰：黑，北方陰色。許君不然者，由字形立義也，從炎不可謂之北方色。從炎上出囪。呼北切。囪古窻字。小徐語也。窻乃窗之譌。凡黑之屬皆從黑。

黸 齊謂黑爲黸。法言：彤弓黸矢，亦借旅字，俗作玈。從黑盧聲。書文侯之命：盧弓一，盧矢百，古假借字也。黸則繼起之分別字。洛乎切。

䵳 沃黑色。說文無沃，當作渶，玉篇云：淺黑也，淺作渶，形近而譌也。蓋與下文黯深黑也對文。從黑會聲。惡外切。

黯 深黑也。字林同，一引作深慘也，慘蓋黲之譌，然如此則字不當在此。孔子世家：黯然而黑。左傳史黯，即蔡墨。從黑音聲。乙減切。

黶 中黑子也。依元應引補。漢書賈誼傳：廑如黑子之著面，顏師古曰：黑子，今中國通呼爲黶子，吳楚謂之誌，誌，記也。案黶乃黶之譌。從黑厭聲。於剡切。

黳 小黑子。然則黶其大者也。從黑殹聲。烏雞切。

dá ⿰黑旦　jiān ⿰黑箴　yàng ⿰黑昜　cǎn 黲　yǎn 黤　yǒu 黝　tūn 黗　qián 黚　jiān ⿰黑金　yuè 黦　chuā ⿱算黑　jiǎn ⿱幵黑

⿰黑旦 白而有黑也。字統：黑而有點曰⿰黑旦，又與亶通，古今人表熊亶，即楚世家熊⿰黑旦。從黑旦聲。當割切。五原有莫⿰黑旦縣。見漢志，如淳音切怛。

⿰黑箴 雖皙而黑也。從黑箴聲。古咸切。古人名⿰黑箴字皙。史記仲尼弟子列傳：曾蒧字皙，奚容箴字子皙。箴者省形存聲字，蒧者譌字也。論語曾點，同音借字也。左傳楚公子黑肱、鄭公孫黑，皆字子皙。

⿰黑昜 赤黑也。也，廣韻引作色。從黑昜聲。讀若煬。餘亮切。

黲 淺青黑色也。通俗文：暗色曰黲。玉篇：今謂物將敗時顏色黲黲也。從黑參聲。七感切。

黤 青黑也。纂文：黤黮，深黑也。漢書引詩：有黤淒淒。從黑奄聲。於檻切。

黝 微青黑色。周禮牧人：黝牲，守祧黝堊，二鄭皆曰：黝讀爲幽，幽，黑也。玉藻幽衡注云：幽讀爲黝。從黑幼聲。大戴禮誥志篇：幽，幼也。於糾切。爾雅曰：地謂之黝。黑飾地也。釋宮文，郭注。

黗 黃濁黑。黑，一作也，一作黷，並非。廣韻：黗，黑狀。段氏曰：廣雅：黗，黑也。黷，黃也。蓋二字音義同，偏旁異耳。檀弓鞸字亦同。從黑屯聲。他衮切。

黚 淺黃黑也。廣雅：黚，黑也。段氏曰：地理志犍爲郡黚水

說文句讀卷十九　七百四十　、○折四十六　四四

作此字，許水部作黔水，音同故也。從黑甘聲。巨淹切。讀若染繒中束緅黚。蓋有譌誤，糸部無緅，蓋捝文也。黚當如論語作紺，故云讀若。

⿰黑金 黃黑也。玉篇：⿰黑金，記林切，黃黑如金也。從黑金聲。兼意。古咸切。

黦 黑有文也。玉篇：黦與黦同。周禮染人：夏纁元，注云：故書纁作纁。王氏懷祖曰：淮南時則訓：天子衣苑黃，高注：苑讀登飴之登。春秋繁露：心腹宛黃，皆字異而義同。從黑宛聲。於月切。讀若飴登字。見豆部。案飴登誤倒，高注淮南既云登飴，太平御覽引蒼頡解詁：飽，飴中著豆屑也。飽即登，知此物以登爲主，故飴不可在登上。

⿱算黑 黃黑而白也。從黑算聲。初刮切。玉篇：纂在黚之前，可從。一曰短黑。廣韻：纂，短黑貌也。集韻：體瘁謂之纂。讀若以芥爲齏，名曰芥荃也。荃見艸部。

⿱幵黑 黑皴也。文選百辟勸進今上牋注引同，玉篇亦同。小徐皴作皺，本書無皴，皴字嚴氏曰疑作踊，然踊瘃足也，瘃中寒腫覈，其義不合。桂氏曰：當爲皯，皮部：皯，面黑气也。廣韻：⿱幵黑，黑皃，既云皃，則桂說或合。○段氏曰：戰國策：墨子百舍重繭，往見公輸般，借繭爲⿱幵黑。段氏意與嚴氏同，謂腳皴也，皆以音揣之。桂氏則謂是面皴。從黑幵聲。古典切。

diǎn xiá qián dǎn dǎng dú dǎn méi
點 黠 黔 黕 黨 黷 黵 黴

點 小黑也。釋器、滅謂之點、郭注、以筆滅字爲點、許君之意、葢亦猶此、從黑。占聲。多忝切、

黠 堅。句 黑也。集韻引作堅固也、非也、玉篇、黠、堅也、黑也、卽爲許書離句也、釋詁、劼、堅、固也、石部、硈、堅也、此從吉聲之字有堅義也、字在黑部、故謂之黑、以見分別部居之旨、實則古籍用黠字、祇有堅義也、漢書趙充國傳、以尤桀黠皆斬之、顏注、桀、堅也、黠、惡也、爲惡堅也、桂氏曰、當爲桀惡也、黠堅也、故以爲惡堅承之、又方言曰、慧、自關而東趙魏之間謂之黠、或謂之鬼、案人之鬼脈者、其意必堅、仍是一義引伸也、從黑。吉聲。胡八切、

黔 黎也。小徐作黧也、字林、黔、黧黑也、葢以字林改說文也、本部無黧字、釋鳥、倉庚、黧黃也、隹部作離黃、老部、耇、老人面凍黎若垢也、釋名、土青曰黎、似黎草色也、從黑。今聲。巨淹切、秦謂民爲黔首、謂黑色也。秦始皇本紀、廿六年、更名民曰黔首、應劭曰、黔亦黎黑也、祭義、明命鬼神以爲黔首則、正義曰、此孔子言、非當秦世、錄記之人在後變改之耳、周謂之黎民。大雅、雲漢、禮記大學、黎民、皆訓衆民、案許君以黎釋黔、因以黔首申黔、以黎民申黎、是黎卽黑也、然黎民見堯典、周王宗法古帝、秦人妄作、與新莽改郡縣名等耳、易曰。爲黔喙。說卦云、爲黔喙之屬、馬云、黔、黑也、鄭本作黚、

說文句讀 卷十九 八百二十七 、○折四十六 四五

黕 滓垢也。玉篇、黕、黕點、垢濁、楚詞九辯、或黕點而汚之、此用本義者、藉田賦、翠幕黕以雲布、李注、魏文帝愁霖賦、元雲黕其四塞、黕、黑貌也、此用借義者、從黑。冘聲。水部、沈、一曰濁黕也、同從冘聲、故同義、都感切、

黨 不鮮也。桂氏段氏皆曰、鮮當作鱻、非也、說解用隸字、與篆文不同例、又曰、楚詞遠游、時曖曃其曭莽兮、注云、日月晻黮而無光也、黨曭古今字、是也、緣借黨爲鄉黨、旣久、故加日以別之、從黑。尙聲。多朗切、

黷 握持垢也。與鄭注士昏禮以白造緇曰辱同意、垢不汚人、人自招垢、故曰握持、表記引易再三瀆、鄭注、瀆之言褻也、案褻固是媟之借字、然褻衣曰澤、爲其近汚澤也、亦垢意、從黑。賣聲。徒谷切、易曰。再三黷。蒙卦詞、今作瀆、崔憬曰、瀆、古黷字、言瀆者、古假借字、溝瀆之中、盡濁垢也、黷則後起之專字矣、洪範五行傳、若煩數溷瀆、或不精嚴、神不告也、案溷瀆亦是汚垢、要之於字爲引伸之義、書說命、黷于祭祀、時謂弗欽、公羊傳、亟則黷、黷則不敬、皆此義也、

黵 大汚也。廣韻、黵、大汚垢黑、通典、梁制、劫身皆斬、遇赦降死者、黵面爲劫字、從黑。詹聲。當敢切、

黴 物中久雨青黑。依韻會引補、廣雅、黴、黑也、又云、敗也、淮南說山訓、文公棄荏席、後黴黑、高注、黴音梅、從黑。微省聲。武悲切、

chù pán dài shū yù diàn dǎn yǎn qíng yǎn yī
黜 䵘 黱 儵 黓 䵎 黮 黭 黥 黬 黟

黜 貶。句 下也。玉篇、黜、貶也、下也、段氏曰、當作下色也、案書序、周公相成王、將黜殷、作大誥、鄭注、黜、貶退也、大雅、我位孔貶、傳云、貶、隊也、貝部、貶、損也、是黜貶二字、皆未有訓下者、段說葢是、爲從黑張本也、從黑。出聲。丑律切、

䵘 䵘姍下色。此下玉篇有兒字、䵘姍疊韻、從黑。般聲。薄官切、

黱 畫眉墨也。楚策、彼周鄭之女、粉白黛黑、黛一本作黱、從黑。朕聲。徒耐切、案朕聲不當隸十九代、或以今字作黛而然、嚴氏曰、六書故引唐本、黱或從代、桉御覽、謂說文黛作黱、則唐本黛字、或陽冰等補、

儵 青黑繒發白色也。驈下云、黃馬發白色也、與此發字同、從黑。攸聲。式竹切、

黓 羔裘之縫。釋訓、緎、羔裘之縫也、召南、亦作緎、從黑。或聲。或者域之正字也、詩釋文引孫炎云、緎、縫之界域、于逼切、

䵎 謂之垽。釋器、澱謂之垽、水部、澱、滓垽也、垽、澱也、則澱䵎同字、垽、滓也。從黑。殿省聲。當作𡱒聲、堂練切、

黮 桑葚之色。依元應引補、此主魯頌泮水而言、黑也。又申以此句者、謂魯頌借黮爲葚、實則黮爲黑之通稱也、春秋繁露、深察名號篇、有黮黮者、各返其眞、則黮黮者還昭昭耳、廣雅、黮、黑也、衆經音義、黮黮、不明淨也、皆泛言之、從黑。甚聲。本土感反、孫他感切、

黭 果實黭黯黑也。六書故引唐本、果實黭黯也、五音集韻、黭黯、果實壞兒、荀子彊國篇、黭然而雷擊之、注引說文、黭、黑色、從黑。弇聲。烏感切、

黥 墨。句 刑在面也。呂刑、謂之黥、秋官司刑、謂之墨、故以墨說黥也、高注秦策曰、刻其額、以墨實其中曰黥、從黑。京聲。渠京切、

剠 黥或從刀作。嚴氏曰、眹釋文、韻會八庚、引作剠、小徐本或從刀作、葢言或體不從黑而從刀也、筠案、廣韻、剠、剠玆同黥、玉篇則如今本、刀部、剠同掠、然竊謂嚴說是、呂刑、劓刵椓黥、堯典正義引夏侯等書、作臏宮劓割頭庶剠、許君葢用夏侯說也、經義述聞曰、宮劓割、當作宮割劓、宮割、皆淫刑也、頭庶者、涿鹿之譌也、尙書刑德放曰、涿鹿者、笮人顙也、黥者、羈笮人面也、然則墨刑在面謂之黥、在額謂之涿鹿、

黬 者忘而息也。者、當作然、玉篇、黬、黬然忘也、廣韻五十九鑑、黬、叫呼仿佛、黬然自得音黯去聲、方言、黬、忘也、廣雅同、從黑。敢聲。於檻切、

黟 黑木也。從黑。多聲。烏雞切、丹陽有黟縣。地理志、郡作丹揚、其屬有丹陽縣、郡國志則竝作陽、晉書地理作楊、九域志、歙州歙縣有黟山、圖經、

說文句讀 卷十九 七百七十九 、○折四十六 四六

黑

新安貢柿心黑木、黝之名縣、職此之山
桂氏曰、顏注漢志云黝音伊、字與黳同、

文三十七　重一

說文解字句讀弟十上

曲沃衞家駒校

句讀卷十九補正

彼云繫二足、不出一字、此出之者、兼對下文彖而言。此一象絆形。彼二是指事。均非數目之一二字。 二葉前一行與豖同意下增此

○本部自驥至驍。皆別其毛色。則宜以各色類聚。如釋畜自騧至騱。皆別其白之所在。是也。即如驪字。釋畜凡七見。本部無騱。駻釋文既引駻矣。又曰騱。本又作奚。則是後人加偏旁。均不計。騋以高大爲主。亦不計。其餘四字。當先出驪字。純色也。即繼以由驪而別之驈騽。再出駽字。淺于驪。故加青。即繼以由青驪而別之騏。如是乃有眉目。今騏在駽前。則無所承矣。 二葉後四行渠之切下增此

然則本篆當作駋、說當作否聲、駋字則字林始收也、 四葉前五行刪此二十字

鈕氏云、 七葉前九行爲玉篇所本下增此

惟方言曰、飛鳥曰雙、雁曰乘、則是乘匹之謂、是兩而非四也、 八葉後四行乘壺皆是下增此

彳部、徬、附行也、 八葉後八行則附亦可用上增此

然少儀又曰、聶而切之爲膾、注曰、先藿葉切之、復報切之、報正赴疾之義、鄭君固不用赴也、 八葉後九行當作毋騶往下增此

齊風載驅、詩傳詩說、皆作載毆、 十葉前五行鄭本作毆下增此

本字在此失次、 十葉後二行大結切下增此

卷阿言鳳皇、 十六葉前七行而論語但言鳳而字下增此

孟子始言麒麟。疑春秋以前單名麟。戰國以後始雙名麒麟。而麟又別立專字作麐。訓詁家强分以牝牡者。蓋以卷阿傳例推之。傳曰雄曰鳳。雌曰皇。因之爾雅曰鶠鳳。其雌皇。而鶠之不見于六經。猶之麒也。且鳳鶠兩名皆從鳥。皇祇一名。反不從鳥。設單言皇。人豈知爲何物。猶之無單言麒者矣。若謂所貴者當牝牡雌雄各一名。則鹿麋何貴。各有三名。而龜龍皆祇一名乎。 十六葉前七行孟子至强分爲二也刪去以此補之

字林之家獸也、未必不本之說文、無說解而突引孔子曰、亦非許例。嘼部獸下云、守備者、從嘼從犬、嘼者六畜之正字、本是家

獸、況從犬乎、 十九葉後五行鈕氏樹玉上增此

獶龙本疊韻、故義亦相近、 二十葉前三行字林上增此

雖艸部蕕字、亦左犬右酋、或如遷從䙴而易其左右、或如恒有或體恖、此亦有或體猶、既以之代正體而遂脫也、 二十五葉前七行則漏改者也下增此

釋文曰、字林云[馬青]騊、然則古單名騊、後漢則名精騊、晉又作[馬青]爲專字、孳育浸多、時代爲之矣、 二十八葉後五行一名鼷鼠下增此

毛詩庭燎是也、詩說誤用祭天之賁、以其與篆同體也、姑存之、 三十一葉前六行說詳示部祡下增此

字林 三十五葉前三行釋言毛傳下增此

集韻六豪收燋、以炙爲重文、正同此義、今語用火煨之是也、炙煨雙聲、三十五葉後五行 令其熱也下增此
似當云篆文𤓰、崗廣韻曰、𤓰籀文、以是知之、飛部先籀文䨲而後篆文翼、是其例、三十八葉後三行 或崗下增此注。
大徐以藿亘聲近。輒移烜以合于爟。竝改其說曰或从亘。合同而化。韓隙都泯。四十二葉前四行自大徐至或從亘十二字刪去以此補之
說靑赤白三部。正與韓說爲儷語。此獨 四十三葉後三行 不然者上增此
說見囧部、四十三葉後四行 呼北切上增此
魯頌釋文曰、驔說文字林皆作䮷、時審反、四十六葉後一行 他感切下增此

zhì 炙　shēn 燊　yíng 熒　yàn 焱　cōng 悤　chuāng 囪

說文解字句讀弟十下

在牆曰牖。在屋曰囪。三蒼解詁：窗，正牖也。牖，旁窗也。所以助明者也。案窗在上，故曰正。考工記注：每室四戶八窗，此窗即牖，散文通也。牖夾戶，故曰旁。或借蔥字，左定九年傳蔥靈，賈逵注：蔥靈，衣車也，有蔥有靈。象形。外其匡也，內其櫺也，上出之筆，乃起筆處耳，故古文無之。楚江切。凡囪之屬皆從囪。

囪或從穴。

古文囪。

多遽悤悤也。玉篇云：悤悤，多遽也。辵部：遽，窘也。勿部曰：故悤遽者稱勿勿。從心囪。悤悤今作匆匆，匆即囪之省文，蓋囪櫺縱橫糾結，事之窘迫者似之，故悤入囪部。不云從囪心而云從心囪者，爲亦聲故倒之。囪亦聲。倉紅切。

文二　重二

火華也。字林：火光也，則與炎同義。文選七啟：風厲焱舉。思玄賦：焱回回其揚靈。楚詞九章：陽焱焱而復顧。從三火。本鹽念切，孫以冉切。凡焱之屬皆從焱。

屋下鐙燭之光。繫傳引秦嘉詩：熒熒華燭。漢書敘傳：守麥奧之熒燭。顏注：熒熒，小光之燭也。從焱冂。六書故引云從冂從焱，一說冂聲。案力部勞下云：熒，火燒冂，用力者勞。若是冂覆之冂，何勞之有？蓋冂者界也，燭在室中，四壁即其界。戶扃切。

盛皃。廣韻：燊，熾也。從焱在木上。所臻切。讀若詩莘莘征夫。小雅皇皇者華文，彼作駪駪。國語、韓詩外傳竝作莘莘。本書無莘字。廣韻：侁，行皃，引詩侁侁征夫。莘。古文伷。伷似當作侁。一曰燊。以下兩一曰，蓋說義，非說音也。燊似當作燊，燊，盛也。特燊以焱爲主，謂火之熾盛；若解爲燊，則以木爲主，謂木之茂盛。曰役也。此即征夫行役之意，謂詩可作燊燊征夫也。然終恐其未必然，俟再詳。

文三

炮肉也。家語問禮篇注曰：炮之曰炙。從肉在火上。詩瓠葉二章：炮之燔之；三章：燔之炙之。傳曰：毛曰炮，加火曰燔，炕火曰炙。正義曰：炮是合毛而炮之；燔是燔燒之，故曰加火曰燔；炕，舉也，謂以物貫之而舉置于火上，以炙之。傳又曰：凡治兔之宜，鮮者毛炮之，柔者炙之，乾者燔之。正義解柔者炙之曰：若割截而柔者，則臠貫而炙之。若今炙肉也。然則毛分炮炙爲二義，而許君說炮曰毛炙肉也，又說炙曰炮肉也，交互說之，謂其事同也。炮說重毛，謂全物也；炙說重肉，謂臠割也，與毛不異。之石切。凡炙之屬皆從炙。

籒文炙。○桂氏曰：廣韻三燭：鍊，七玉切，弗鍊，炙具。馥謂鍊即鍊字。筠案：𠀤木垂華實也，蓋以肉貫弗似之，聲固不諧。

宗廟火孰肉。經典作燔者，省肉也；作膰者，省火也，與火部燔字異義。左襄二十二年傳：與執燔焉。釋文云：燔又作膰，祭肉也。異義：古春秋左氏說：脤，社祭之肉，盛之以蜃；宗廟之肉，名曰膰。今春秋公羊、穀梁說：生居俎上曰脤，孰居俎上曰膰。從炙番聲。附袁切。春秋傳曰：天子有事燔焉。左僖二十四年傳曰：宋，先代之後，於周爲客，天子有事膰焉。釋文曰：膰，周禮又作鐇字。以饋同姓諸侯。此語當在宗廟火孰肉句下。春官大宗伯：以脤膰之禮，親兄弟之國。案許言此者，舉其常禮也，而後引春秋傳之饋異姓者，則尊先代之特禮也。若在此，則文不相屬。

火炙之也。依元應引補。字林：燎，炙也。今說文本則以呂刪許也。眾經音義曰：今江北謂炙手足爲炙燎。從炙尞聲。力照切。讀若䭤燎。䭤燎蓋漢時恆言也，因有此讀，遂皆作燎，不作燎矣。後漢書：光武於竈上燎衣。是炙意也。

文三　重一

南方色也。大宗伯：以赤璋禮南方。考工記：畫繢之事，南方謂之赤。易通卦驗：離，南方也，夏至日中，赤氣出直離，此正氣也。從大火。抱朴子：火行爲赤。昌石切。凡赤之屬皆從赤。

古文赤。從炎土。桂氏曰：禹貢：厥土赤埴墳。釋文云：埴，鄭作戠，讀曰熾。馥案：蜀都賦：丹砂赩熾。劉淵林注引禹貢。李善注引鄭注：戠，赤也。馥謂：丹砂，赤土，此從土之義。

赤色也。管子地員篇：其種大苗細苗，赨莖黑秀箭長。尹注：赨，赤也。太元：蛷黃疑金。筠案：赨、彤同音，蓋純赤曰赨，以赤彡之曰彤，故從彡。經典中彤字，半爲赨之借。從赤蟲省聲。徒冬切。桂氏曰：詩蘊隆爞爞，徐邈音徒冬反，即此赨。詩變赤從火，而蟲則不省也。韓詩作烔。廣韻：烔，熱氣烔烔，出字林。廣雅：烔，熱也。或作𤆡。類篇：𤆡，赤色。烔變爲𤆡，猶赨變爲爞。爞、烔皆赨之別體，𤆡又烔之別體也。

日出之赤。從赤𣪊省聲。當作𣪊聲。火沃切。

面慙而赤也。方言：赧，媿也。秦晉之間凡媿而見上謂之赧。孟子趙注：赧赧，面赤心不正之皃也。從赤𠬝聲。女版切。周失天下於赧王。昭

說文句讀卷二十　六百五十七　、○折三十四　一

說文句讀卷二十　七百七十一　、○折三十九　二

nǎn 赧　hù 䞣　tóng 赨　chì 赤　liǎo 𤎯　fán 燔

yǎn 奄　jiā 夾　kuí 奎　dà 大　hè 赫　gàn 䞘　zhě 赭　chēng 經

襄王遝赧王于畏狐、帝王世紀、謚法無赧、正以微弱竊缺逃責、赧然慙媿、故號曰赧耳。

經 赤色也。士喪禮經裹、鄭注、經、赤也、釋器、一染謂之縓、再染謂之赬、糸部說縓以赤黃、則知經是赤矣、鄭君疑朱爲四入、則朱又深于赤。從赤巠聲。敕貞切。詩曰、魴魚經尾。周南汝墳文、今作赬、韓詩同、左哀十七年傳、如魚竀尾、杜注、竀、赤色。

赬 經或從貞。䞋 經或從丁。浾 經棠棗之汁或從水。案當云、經或從水、棠棗之汁、經或從水者、言其同訓赤色也、棠棗之汁者、言其專施于此赤色、異于經赬䞋之爲通詞也、故文八重五、既以赬䞋浾泟皆爲經之重文、而泟下云浾或從正、但以泟爲浾之重文、所以別同中之異也、此猶劦部文一重五、而恊勰協各自爲義、叶則但承協同例、此例本少、故玉篇廣韻集韻類篇、皆別浾泟于經、無一悟者。泟 浾或從正。

赭 赤土也。郭注山海經同、寰宇記、徐州彭城縣有赭土山、詩簡兮、赫如渥赭、箋云、赫然如厚傅丹、秦風、顏如渥丹、釋文、丹、韓詩作沰、沰、赭也。從赤者聲。之也切。

䞘 赤色也。從赤倝聲。讀若浣。浣者澣之或體、胡玩切。

赫 火赤皃。方言、炖、焃、煓、赫也、注云、皆火盛熾之皃。

從二赤。呼格切。

文八　重五

大 天大地大人亦大。易繫辭、易之爲書也、廣大悉備、有天道焉、有人道焉、有地道焉、大戴禮曾子大孝篇、天之所生、地之所養、人爲大矣。故大象人形。徒蓋切。古文大、他達切。也。此與介部說解相應、小徐本作古文人也、非是。凡大之屬皆從大。

奎 兩髀之閒也。廣雅、胯、奎也、莊子徐無鬼、豕蝨擇奎蹏曲隈乳閒、自以爲安室利處、天文書、西方十六星、象兩髀、故曰奎。從大圭聲。苦圭切。

夾 持也。大、受持者也、二人、持之者也、左僖二十六年傳、夾輔成王。從大俠二人。顏注漢書云、俠之言挾、以權力俠輔人也、書多方、爾曷不夾介乂我周王、注言作俠介、案篆體左右如匕、取兩人相向、以會左輔右弼之意、古狎切。

奄 覆也。釋言、蒙荒、奄也、郭注、奄、奄覆也、詩閟宮、奄有下國、奄有龜蒙、箋竝云、奄、覆。大有餘也。詩皇矣、奄有下國、傳云、奄、大也。又欠也。謂欠伸也、方言、奄、息也、李密陳情表、氣息奄奄、詩維此奄息。從大從

chún 奄

qì 契　bì 奰　xiè 奊　jiè 㚎　dī 奃　yǔn 㚃　pào 奅　zhì 臷　huò 奯　gū 㚉　huán 奆　kuā 夸

申。依檢切。申、展也。上文三說、皆有此意、莊子刻意篇、熊經鳥申。

夸 奢也。夸奢疊韻、吾鄉以爲連語、高注呂覽曰、夸詑而自大也。從大于聲。苦瓜切。

奆 奢奆也。奢奆蓋亦連語、本篆上承夸奢也、則奢奆蓋亦夸張之意、亦可倒之爲奆奢、秦詛楚文、宣奓競縱、奓者奢之籒文、則宣非奆之借字、卽奆之譌字、段氏據長發傳、桓、大也、謂桓爲奆之借字、亦通。從大、玉篇、奆、大口也。亘聲。胡官切。

㚉 㚉大也。桂氏曰、俗作㧓、徐鉉新附、㧓、橫大也、廣韻、㧓、寬也、昭二十一年左傳、小者不窕、大者不㧓、注云、窕、細而不滿、㧓、橫而不入也。從大瓜聲。烏瓜切。

奯 空大也。空音孔、謂孔竅大也、玉篇、奯、空也、大目也、廣韻、奯、大開目也、元應曰、豁、古文奯、眓、二形。從大歲聲。呼括切。讀若詩施罛濊濊。小徐本、類篇引竝如此、目部眓下、网部罛下、皆引施罛濊濊、段氏依之、以改本文、毛本作濊、水部所無、桂氏曰、本書濊下引詩、後人加之、此當爲詩曰施罛濊濊、謂罛目大也、後人加讀若字、筠意以段氏爲是、姑存異說、以備參考。

臷 大也。從大𢧢聲。直質切。讀若詩臷臷大猷。小雅巧言文、同字不得言讀若、當依今詩作秩秩、走部、趩從臷、云讀若詩威儀秩秩、可徵

也。

奅 大也。桂氏曰、謂空大也、木工鑿孔曰奅、或借奅字、晉書、古屐皆陰奅、今露奅。從大卯聲。匹貌切、漢書衛青傳、南奅侯、臣瓚曰、茂陵中書云、南奅侯、此本字也、師古曰、奅音普教反、奅亦同字。

㚃 大也。從大云聲。此下小徐本有讀若齳、說文無齳字、桂氏疑作齳、段氏則直改之、不如其已、魚吻切。

奃 大也。從大氐聲。都兮切。讀若氏

㚎 大也。方言、㚎、大也、東齊海岱之閒曰㚎、樊毅脩華嶽碑、受茲㚎福。從大介聲。釋詁、介、大也、易兌卦、介疾有喜、馬云、介、大也、詩小明、介爾景福、傳云、介、大也、經傳多有、皆古文借字、㚎則後起之專字。讀若蓋。古拜切。

奊 瞋大聲也。依廣韻引補、疑與睚眥之怨必報同意、卽孟子云、惡聲至、必反之也。從大此聲。火戒切。

奰 大也。奰蓋豴之異文、周頌、佛時仔肩、傳云、佛、大也、佛又奰之借字。從大弗聲。房密切。讀若予違汝弼。皋陶謨文、汝當作女、佛時仔肩、釋文、佛、鄭音弼。

奄 大也。從大屯聲。讀若鶉。常倫切。

契 大約也。天官小宰、聽取予以書契、先鄭云、書契、符書也、後鄭云、書契、謂出予受入之凡要、凡簿書之最目、獄訟之要辭、皆曰契、秋官司約、大

jié 奊　zè 夨　shǎn 夾　yì 亦　yí 夷

約劑書于宗彝、小約劑書于丹圖。許言大約者、字從大、故舉大以該小也。從大從㓞。㓞亦聲。合二徐本用之者、契栔一字也。栔下云刻也、故入㓞部、此云大約也、故入大部、而聲未嘗不諧也。苦計切。易曰、後代聖人易之以書契。繫辭文、世作代者、唐人避諱改之。鄭注、書之于木、刻其側爲契、各持其一、後以相考合。

【夷】平也。衆經音義、廣韻引皆同。許君本用毛傳也、不可刪。從大從弓。以脂切。東方之人也。後漢書東夷傳、夷者抵也、言仁而好生、萬物抵地而出。皇侃論語疏、東有九夷、一元菟、二樂浪、三高麗、四滿飾、五鳧臾、六索家、七東屠、八倭人、九天鄙。

文十八

【亦】人之臂亦也。手部、掖、臂下也。即亦之孳育字。有司徹、司馬朼羊亦、注云、亦著脊脅、皆一骨也。董斯張曰、蜀夾江縣酒官碑云、南由市入爲闤、北抵湖出爲亼。楊用修僅引廣韻亼即亦字、而未詳其義。按說文、人之臂亦也、即掖門也。程氏曰、書亦行有九德、謂以九德扶掖其行也。從大。此象人形之大、非大小之大、周頌噫嘻、已見大部奕下。象兩亦之形。此象形之變爲指事者也。亦在臂下曲隈之處、非如兩卻之自生一骨、兩乳之突起一肉、豈可以點象其形。蓋以點記兩臂之下、謂亦在是耳。羊益切。凡亦之屬皆從亦。

【夾】盜竊褢物也。說見衣部褢下。從亦有所持。俗謂蔽人俾夾是也。蔽人者、畏人見之、即上文所謂竊也。俾夾、即所謂褢物也。手部、挾、俾持也。段氏曰、曹大家用陝輸、趙壹傳作陝揄、疑陝即夾字。失冉切。宏農陝字從此。嚴氏以此爲校語、是也。然陝從兩人、隘也、與陝易淆、姑存之。

文二

【夨】傾頭也。玉篇、夨、今竝作側。广部、仄、側傾也。籀文仄從夨。人部、傾、側轉注、皆不言頭、此則緣字形而言頭也。從大象形。以天部說象形不申也推之、此當云象形不正也。蓋夨夭交尣四部、皆從大而小變之、故曰象交形、曰象偏曲之形、知此亦不得直云象形。然夨是左右傾側、非謂頭傾于左、猶尣之偏曲、不得以字屈布足、遂謂左足跛者不曰尣也。阻力切。凡夨之屬皆從夨。

【奊】頭傾也。類篇、奊、奊、頭衺態。桂氏曰、或借頡字。莊子胠篋篇、頡滑堅白、李云、頡滑、不正之語也。從夨吉聲。讀若子。古屑切。蒼頡篇云、佐佐也。

【奊】頭衺骫奊態也。謂頭衺之態曰骫奊也。骨部、骫、骨曲、骫奊也。段氏曰、左傳、齊慶奊字繩、以頭衺爲名、以繩直爲字、名字相應也。賈誼傳、奊詬無節、借奊爲謑。從夨圭聲。胡結切。

【吳】姓也、亦郡也。以二義爲本義、則不得從夨口。一曰、小徐无此二字。吳、大言也。方言、吳、大也。從夨口。五乎切。徐鍇曰、大言故夨口以出聲。詩曰、不吳不敖。依詩釋文引補。周頌絲衣文、傳云、吳、譁也。孔沖遠作娛。史記武帝紀引詩作虞、漢書郊祀志引詩不吳不敖。何承天纂文云、吳字誤、當作吳、從口下大、故魚之大口者名吳、胡化反、音話。案吳乃六朝俗字、何氏据以爲說、謬也。魯頌泮水、不吳不揚、箋云、吳、譁也。【𡗿】古文吳如此。似從口夨、夨、放也、與大言合。汗簡引作𡗿、似與何氏合、然王子吳鼎作𡗿、牧敢作𡗿、其大字不正、即是傾頭矣、不過小異篆文之下正而上曲耳、或且據汗簡以煽何氏之餘、重性䖵謬矣。

文四　重一　小徐本部末有昃字、云、日西也、從夨日聲、謬也、日部有昃字。

說文句讀卷二十　六百九十　、○折三十　五

說文句讀卷二十　七百二十二　、○折三十七　六

qiáo 喬　yāo 夭　xìng 㚔(幸)　bēn 奔

【夭】屈也。屈謂前後、字無前後、故向右屈之、然非反夨爲夭。從大象形。不申也。依元應引補。於兆切。凡夭之屬皆從夭。

【喬】高而曲也。釋詁、喬、高也。釋木、上句曰喬、句如羽喬、如木楸曰喬、槐棘醜喬、小枝上繚爲喬。案禹貢厥木惟喬、則喬是木高之專字、故云高而曲、木有此性、它物無此性也、而它物亦得借之、周頌嶞山喬嶽、而釋山銳而高嶠、許君不收也。又借橋字、鄭風山有橋松、釋文、橋本作喬、亦借驕字、史記顏高字子驕。從夭從高省聲。巨嬌切。詩曰、南有喬木。詩乃小徐所引、周南漢廣文、傳云、喬、上竦也。

【㚔】吉而免凶也。論語、罔之生也幸而免。獨斷、王仲任曰、君子無幸而有不幸、小人有幸而無不幸。從屰從夭。夭死之事。故死謂之不㚔。論衡幸偶篇、顏子早夭、孔子曰、不幸短命死矣、短命稱不幸、則知長命者幸也。胡耿切。

【奔】走也。釋言文。釋宮、中庭謂之走、大路謂之奔、則析言之。書武成、駿奔走、則通言之。從夭卉聲。博昆切。鈕氏曰、石鼓文作𡚶、字從犬、芔、案走亦從犬。與走同意、俱從夭。二語後人加也、說見釋例同意篇。

大亦夨夭

jiāo 交　wéi 㚃　jiǎo 絞　wāng 九　hú 尳　bǒ 𡯲　zuǒ 𡯴　yào 𡯸　gān 尲　jiè 尬　liào 尥　dī 𡰈

文四

交脛也。交州記、南定縣人、足骨無節、臥者更相扶、始得起、故山海經云、交脛人國、脚脛曲戾相交、所以謂之交趾。從大象交形。矢夭變大字之首、交允變大字之足、皆以會意爲指事、古爻切。凡交之屬皆從交。

衺也。轉注、亦借違字、左桓二年傳、昭德塞違、注云、謂閉塞邪違、又君有違德、論衡引作回德、詩厥德不回、傳云、回、違也、從交韋聲。羽非切。

縊也。轉注、繫傳引左傳絞縊以戮、哀二年文、其實許欲詞之簡耳、絞乃糾結之通詞也、士喪禮綪絞、注、絞所以收束衣服爲堅急者也、喪服絞帶、傳曰、絞帶者繩帶也、釋言、絢絞也、詩宵爾索綯、是茅亦謂之絞、不但糸也、從交從糸。交亦聲。古巧切。

文三

尣。句曲脛也。以尣釋尣、廣二名也、曲脛則其訓義也、從大象偏曲之形。九經字樣、大字象人形、屈其右足爲尣、烏光切。凡尣之屬皆從尣。汗簡引作、古文尣

從㞷。易大有、匪其尣、虞仲翔注、足尣體行不正、荀子正論篇、是猶傴巫跛匡、大自以爲有知也、注云、匡讀爲尪、廢疾之人、案匡亦從㞷聲、故借之、檀弓之尪、鄭以爲面鄉天者、此引申之義、人部僂下云、尪也、亦然、

厀病也。聲類、尳、骨差也、從尣從骨、骨亦聲。戶骨切、

蹇也。足部、跛、行不正也、蹇、跛也、此以蹇釋𡯲、所以見𡯲跛之爲一字也、易履卦釋文、跛、依字作𡯲、陸氏疏矣、從尣皮聲。布火切、

𡯴𡯴行不正。𡯴𡯴、小徐作𡯴𡯴、增韻𡯴𡯴、足偏廢、五音集韻、𡯴𡯴、足橫兒、案宋本及五音韻譜皆作𡯴𡯴、繫傳曰、行左戾、似亦本作𡯴𡯴、姑竝存之、從尣左聲。則箇切、

行不正也。從尣皀聲。讀若燿。弋笑切、

尲尬行不正也。依玉篇廣韻補三字、尲尬雙聲、從尣兼聲。古咸切、

尲尬也。從尣介聲。公入切、又古拜切、

行脛相交也。了部曰、尥也、了尥疊韻、蓋是連語、此字本謂人、下一義則謂牛、從尣勺聲。力弔切、牛行脚相交爲尥。集韻、牛行足外出也、玉篇、牛行後脛相交、此顧氏之疏也、若尥但謂牛、則字當在部末、

𡯲不能行。爲

xié 𡰝　yū 𡯹　léi 𡰚　hú 壺　yūn 壼　yī 壹　yì 懿　niè 㚔

人所引、曰𡰈𡰝。手部、提、攜也、曲禮、長者與之提攜、此特爲跛者異其文耳、從尣從爪。提攜必覆其手、是聲。都兮切、

𡰈𡰝也。從尣從爪巂聲。戶圭切、

股尪也。李陽冰曰、尪、體屈曲、從尣于聲。乙于切、

厀中病也。廣韻、𡰚𡰚、腰膝痛也、從尣贏聲。郎果切、玉篇力臥力爲二切、廣韻收去聲過部、平聲支部、

文十二　重一

昆吾圜器也。缶部云、昆吾作匋、則所作豈但一壺、昆吾蓋壺之別名也、而未詳所出、惟近人陳斌小海唱云、昆吾不如壺、亦未審所用何典、象形。戶吳切、從大象其蓋也。云象形、則通體象形矣、又言從大、特爲部分系聯言也、不然者象人形之大、大小之大、皆不可以爲蓋、凡壺之屬皆從壺。

壹壺也。從凶從壺。壺不得泄、凶也。臆增一壺字、於云切、易曰、天地壹壺。繫辭文、今本作絪縕、虞本作氤氳、廣雅及班固典引作烟熅、蔡邕注典引曰、烟烟熅熅、陰陽和一相扶皃也、張載注魯靈光殿賦曰、烟熅、天地之烝氣也、韓詩外

傳、陰陽相勝、氛祲細氳也、

文二

專壹也。桂氏段氏皆曰、專當作嫥、非也、且果是轉注、則當云嫥也、從壺吉聲。於悉切、凡壹之屬皆從壹。

專久而美也。釋詁毛傳皆曰、懿、美也、加專久者、蓋主詩民之懿德以爲言、秉彝有善無惡、是專也、彝者常也、从而後己、是久也、從壹從恣省聲。漢碑或省或否、乙冀切、

文二

所以驚人也。五經文字、㚔、所以犯驚人也、從大從羊。此謂字是會意、一曰。大聲也。此又謂是形聲也、嚴氏曰、𡙡摯等字皆音至、是大聲也、桂氏曰、大當爲羊、集韻引作芺、芺爲羊之譌、凡㚔之屬皆從㚔。一曰、讀若瓠。桂氏曰、當云讀若瓠讘、謂㚔聲如讘也、本書讘下云、河東有狐讘縣、漢書功臣表、瓠讘侯扞者、顏注、瓠讀與狐同、王子侯年表城陽項王子劉息、封瓠侯、顏云、瓠即狐字、是瓠讘即狐讘、嚴氏曰、姚云、瓠疑

交九壺壹㚔

duǒ 奲　shē 奢　jū 𥷚　bào 報　zhōu 盩　yǔ 圉　zhí 執　yì 睪

作執。地理志北海郡瓡縣，師古曰：瓡即執字，如姚此說。漢志當作瓡，從爪，爪，丮也，故瓡即執之變。一曰俗語以盜不止爲幸。幸讀若籋。小徐幸不重。尼輒切。

睪 司視也。何察罪人也。從橫目從幸。今吏將目捕辠人也。依五音集韻及廣韻引改。下同。桂氏曰：言今者，蓋舉當時所見也。凡吏出捕，輒將兩人，一通信息，謂之綫，一能識認，謂之眼。羊益切。

執 捕辠人也。書召誥：厥亡出執。從丮從幸，幸亦聲。之入切。

圉 囹圄，所以拘罪人。罪當作辠，下並同。囹圄，小徐作囹圉。許謂圉一名囹圄也。聖主得賢臣頌：昔者周公躬吐捉之勞，故有圄空之隆。此言圄者也。月令：省囹圄。此言囹圄者也。然亦有言囹圉者，東方朔傳：囹圄空虛，是也。案圉之言禦也。莊子：其來不可圉。言禦諸外也。囹圄則禦諸內也。從幸從口。魚舉切。一曰圉，垂也。釋詁文。詩孔棘我圉，我居圉卒荒，傳並同。一曰圉人，掌馬者。夏官圉人，掌養馬芻牧之事。

盩 引擊也。從幸攴見血也。張流切。扶風有盩厔縣。見漢志。元和志曰：山曲曰盩，水曲曰厔。

報 當罪人也。顏注急就篇：報者，處當罪人也。史記張釋之傳曰：廷尉奏當，一人犯蹕，當罰金。注云：當謂處其罪也。傳又曰：廷尉當是也。司馬彪百官志曰：廷尉掌平獄，奏當所應。凡郡國讞疑罪，皆處當以報。從幸從𠬝。𠬝，服罪也。小徐曰：𠬝音展，非也。𠬝從尸從又，𠬝從又從卩，治也。𠬝從服字從之，故曰服罪。博号切。

𥷚 窮治辠人也。依廣韻引改。竹君本句首有空格，或是𥷚字。𥷚窮是名目，治辠人是訓義。聘禮記之鞠窮，則謹敬也，其音相同，故區別之。鞠與窮，一聲之轉也。經史多作鞫及鞠。釋言：鞫，窮也。呂刑正義曰：漢世問罪謂之鞫。夏官小司寇：讀書則用法。先鄭曰：如今讀鞫已，乃論之。漢書張湯傳：訊鞫論報。顏注：鞫，窮也。謂窮覈之也。從幸人言竹聲。居六切。

𥷛 𥷚或省言。

文七　重一

奢 張也。依御覽引補。反儉曰奢。從大者聲。式車切。凡奢之屬皆從奢。

奓 籒文奢。西京賦：心奓體泰。李善引聲類云：奓，侈字也。昌氏切。東京賦：奢未及奓。亦分奢奓爲二，蓋魏晉間讀，非漢讀也。

奲 富奲奲皃。玉篇云：寬大也。從奢單聲。丁可切。黽部鼉亦從單聲。嘽下引詩嘽嘽駱馬，痑下引詩痑痑駱馬。玉篇又有𡗥者切，則是奢亦聲也。

文二　重一

gāng 亢　gǎng 𡕒　tāo 夲　hū 𠦪　bào 暴　yǔn 𡗥

亢 大徐新加標目作亢，夢英同，當從之。人頸也。言人者，爲從大張本，與目部人眼也不同意。漢書婁敬傳：夫與人鬬，不搤其亢，拊其背，未能全勝。張晏曰：亢，喉嚨也。釋鳥：亢，鳥嚨。郭注：亢即咽。從大省。亢訛作亢之後，俗人加省字也。諸部中從亢之字，大徐有沆笐邟伉沆魧抗吭八字，小徐韻譜加以狁炕迒伉四字。從亢者甚少，惟本部則二徐本皆從亢。然則從大者，謂亢也。下文象頸脈形，指中央一橫也。與交亢二部從大云云文法一律。若作亢，則以上半爲大省，尚有下半，則不象頸脈矣。夲作夲，赦作赦，可證。象頸脈形。漢書張耳陳餘傳：乃仰絕亢而死。蘇林曰：亢，頸大脈也，俗所謂胡脈也。古郎切。凡亢之屬皆從亢。

頏 亢或從頁。詩：頡之頏之。漢書揚雄解嘲：鄒衍以頡亢而取世資。文選作頡頏。廣韻頏引說文音剛。

𡕒 依段氏所據小徐本。直項莽𡕒皃。桂氏曰：莽𡕒以聲爲義，本書沆下云：莽沆，大水也。從亢從夋。夋，倨也。亢亦聲。岡朗切，又胡朗切。

文二　重一

夲 進趣也。莊氏述祖曰：柳宗元陸文通墓表：後之學者，窮老盡氣，左視右顧，莫得而夲。音土刀切。人或誤讀爲本末之本。從大從十。大十者，猶兼十人也。依廣韻引補。凡夲之屬皆從夲。讀若滔。土刀切。

𠦪 疾也。足部：𨀛，疾也。然則倏忽當作𨀛𨀛。從夲卉聲。呼骨切。拜從此。拜當作𢷎，然𢷎不亦從此乎。

暴 疾有所趣也。詩終風且暴，傳云：暴，疾也。廣雅：暴，猝也。荀子富國篇：暴暴如丘山。注云：卒起之皃。史記項羽本紀：何興之暴也。從日出夲廾之。嚴氏曰：當作從本暴省聲。顧氏本作從本口口。嚴說蓋得之。桂氏曰：從日出者，釋天：日出而風爲暴。夲廾之者，趣而承之也。暴本是及時急事之義。自周易僞暴客，周禮有禁暴氏，遂專爲暴虐。薄報切。

𡗥 進也。從夲從中。作𡗥，則𠦪者，𠦪之省文也。知者，𠦪，疾也，與進義合。說文餘字。秦子白盤曰：博伐𡗥𤞷。則博古圖寅盤作𡗥，可知𡗥爲籒文𡗥也。又秦子白盤：知詩采薇篇之玁狁，乃俗字也，故說文不收。允聲。余準切。易曰：𡗥升大吉。升卦文，今作允，案𡗥即允。

之案增字也故扵部𡘺下云允允進也是允本有進義

奏進也。似誤倒玉篇云進奏也書數奏以言奏庶艱食鮮食從夲從廾從中。中上進之義。但解中者中屮也以字象出形得進義假借故說之若屮則奉而進之不須說也則候切

古文奏。亦古文奏。嚴氏曰此蓋出說文續添從攴從古文采當是敽字上部𡱂古文作知亦字

皋气皋白之進也。此以字形說字義也白解上半進解下半之夲而如此立文者九皋皋門之類皆不能于字形中得其義故以下文所引二禮爲主白者氣之狀也進皋之之意也而連言皋白者皋卽有白義曰部皡從皋聲說曰晧旰而漢之四皓頁部曰南山四顥白首人也故日皋白從夲從白。夲亦聲。古勞切禮祝曰皋登謌曰奏故皋奏皆從夲。奏之爲進易知皋之爲進難知故舉奏以況皋也禮者儀禮也祝曰皋者士喪禮始死復魂之詞云皋某復鄭云皋長聲也登謌曰奏者燕禮有升歌之文而不言奏詩樂具入奏禮記歌者在上貴人聲也皋以招魂謌以奏技皆進意也故從夲周禮曰詔來鼓皋舞。皋告之也。又引周禮樂師文者士喪禮之皋乃是發語之聲此

皋舞乃眞進之之詞也經文作𪔕先鄭云𪔕當爲鼓皋當爲告呼擊鼓者又告當舞者持鼓與舞俱來也許從先鄭改𪔕爲鼓而不改皋爲告但釋之曰皋告之也者漢人皋告皆讀如嗥春官大祝來𪔕令皋舞注云皋讀爲卒嗥呼之嗥來嗥者皆謂呼之人史記漢高祖本紀爲亭長告歸之田服虔音嗥呼之嗥

文六　重二

放也。玉篇放散也案夰與本義近故相聯特夲者直言之夰者橫言之部中字各如其首從大而八分也。古老切凡夰之屬皆從夰。

舉目驚界然也。經典借瞿字玉藻視容瞿瞿梅梅正義云瞿瞿驚遽之皃雜記免喪之外行于道路見似目瞿聞名心瞿注云瞿然驚變也檀弓瞿瞿如有求而弗得又借矍字文選東京賦矍然失容李引說文驚視皃也又或作𢥠史記晏子𢥠然攝衣冠謝從夰從䀠。䀠亦聲。九遇切

嫚也。與傲嫯音義竝同從百從夰。夰亦聲。五到切虞書曰若丹朱奡。古皋陶謨文也今云無若丹朱傲釋文字又作奡朱似當作絑絑下云虞書丹朱如此讀若

傲。蓋言奡傲不但同義而𢑥奡之奡亦作傲𢑥部𢓸下引春秋傳生敖及𢓸古傲通作敖論語曰奡湯舟。憲問篇文湯今作盪洪注離騷引同又云奡卽澆也王注天問引作澆盪舟

春爲昦天。詩黍離疏引異義今尚書歐陽說春曰昊天夏曰蒼天尚書考靈曜東方昊天楚詞九思惟昊天兮昭靈陽氣發兮清明風習習兮和煖百草萌兮華榮元气昦昦。詩黍離傳云元氣廣大則稱昊天雨無正云浩浩昊天從日夰。夰亦聲。胡老切

驚走也。也廣韻作皃一曰往來皃。玉篇同從夰臦聲。○具往切周書曰伯臩。周本紀同今本作冏古今人表譌作㬩古文臦古文冏字也。段氏曰當作古文以爲冏字說頗直捷案集韻二十八梗臦俱永切闕人名周有伯臦通作冏㬩臩案㬩臩亦臩之譌字如其說則本文略可屬讀然恐其說卽因此譌文附會爲之也

文五

籒文大。改古文。古文作大籒文改爲亣亦象人形。亦者承古文象人形而言他達切凡大之屬皆從大。大徐新加標目亣下注以亣字與篆體合且與大隸作大有別則此兩大字及部中從大諸大字皆當作亣然大部說曰古文大也但注之曰他達切而不作亣集韻十二曷收此籒文大亦不作亣未敢改之又案六字鐘鼎文皆作亣秦器猶然新莽權乃有字蓋漢人改之以與亣字相避也筠清館周癸角卽奚字平安館㚖彝作又金文立位二字皆作均從大而不從亣惟從亣之𡗥釋山碑同又是小篆而非籒文也

大也。釋詁文從大亦聲。或省作亦詩噫嘻亦服爾耕箋奕大也羊益切詩曰奕奕梁山。大雅韓奕文傳曰奕奕大也

駔。句大也。奘駔皆名目大則其義也釋言奘駔也方言奘大也秦晉之間凡人之大謂之奘從大從壯。壯亦聲。易大壯大者壯也徂朗切

大白。句澤也。大白者以形解義此句言其色澤也者光潤也此句言其光芒也通兩句言之衹是白而有光耳從大從白。承大白而言古文以爲澤字。承澤也而言集韻廿陌直格切申收澤臭二字云說文光潤也古作臭蓋卽本之此文案許云古文以爲澤字是必自有音讀也則唐韻古老切不與澤同音亦必有所受之而玉篇廣韻皆有昌石切集韻又有

xī 奚　ruǎn 耎　yàn 𡘾　bì 奰

旋隻切、皆訓白澤、則音不必定用古老切也、至于白澤、亦謂白而光澤耳、若是獸名、則必著之矣、豈得以白澤二字了之乎、此所謂句讀之不知、惑之不解矣、

奚　大腹也。豕部豯、豕生三月、腹豯豯皃也、職方氏豯養、艸部藪下作奚養、黽部𪓰、從奚、此部皆大腹之物也、晉祁奚字黃羊、釋畜、播羊黃腹、山海經、丹熏之山有耳鼠、食之不脒、注云、脒、大腹也、見埤蒼、音采、從大。繇省聲。胡雞切、（繇籀文系字）

耎　稍前大也。從大。而聲。而沇切、讀若畏偄之偄。亦借爲偄、考工記、輈人、馬不契需、先鄭云、需讀若畏需之需、蓋隷書耎需皆變爲需、故耎譌爲需、

𡘾　大皃。從大。𠱠聲。𠱠讀若書卷之卷、乙獻切、或曰拳勇字。或、集韻引作一、拳當作捲、手部捲、气勢也、引國語有捲勇、一曰讀若傿。

奰　壯大也。衆經音義、奰古文作奰、經言力奰、謂作力怒也、詩云、不醉而怒曰奰、淮南地形訓、食木者多力而奰、水經注說孟門云、渾洪奰怒、又引華嚴開山圖曰、巨靈胡者、所謂巨靈贔屭、首冠靈山者也、說又見尸部屆下、從三大三目。二目爲𠱠。桂氏段氏嚴氏皆曰、𠱠當作𡘾、三目爲奰。益大也。以上三句、申言字形、三大三目、而字義所以爲壯大之故也、云益者、承𡘾大皃而言、一曰迫也。未聞、讀若易虙羲氏。詩曰。不醉而怒謂之奰。桂氏曰、謂謂若虙、或若奰也、大雅蕩篇、內奰于中國、傳云、奰、怒也、不醉而怒曰奰、按本書、𤸫滿也、𤸫謂氣滿怒也、詩當爲𤸫、本書言讀若𤸫、平祕切、

文八

fū 夫　guī 規

夫　丈夫也。大戴禮本命篇、丈者長也、夫者扶也、言長扶萬物也、從大一。以象簪也。御覽引云、從一、大象人形也、一象簪形、冠而既簪、人二十而冠、成人也、故成人曰丈夫、甫無切、周制以八寸爲尺。玉篇引、無以字、十尺爲丈。說見咫丈二字下、人長八尺。考工記文、故曰丈夫。淮南天文訓、古之爲度量、輕重生乎天道、黃鐘之律修九寸、物以三生、三九二十七、故幅廣二尺七寸、音以八相生、故人修八尺、凡夫之屬皆從夫。

規　有法度也。巨下云、規巨也者、連言之、則人自知規爲正圓之器、巨爲正方之器矣、巨是象形字、且規巨者、恆言也、說規曰有法度也者、規是會意字、從夫從見、不能得正圓之器之義、故以規度之義爲主、林部無下曰規模、𦯓部蒦下曰規蒦、是也、淮南時則訓、規者所以圓、萬物以寬、感動有理、發通有紀、優優簡簡、百怨不起、規度不失、生氣乃理、從夫從見。衆經音義、規、模也、字從夫從見、言丈夫之見、必合規矩、字統、丈夫識用、必合規矩、故規從夫也、居隨切、

bàn 㚘

㚘　竝行也。廣雅、𠑗、扶也、玉篇、𠑗與偶同、偶也、通作伴、楚詞九章、衆駭遽以離心兮、又何以爲此伴也、從二夫。（輦字從此）讀若伴侶之伴。人部伴、大也、無伴侶義、本書又無侶字、聲類、侶、伴侶也、陸璣詩疏、麟不侶行、說苑作麟不旅行、鈞案、讀若句、恐亦後人增也、薄旱切、

文三

lì 立　lì 𥫔　duì 竨　duān 端　zhuǎn 竱　sǒng 竦　jìng 竫　jìng 靖

立　住也。說文無住字、侸尌下皆云立也、集韻十遇、以尌侸爲一字、廚遇切、但不與住同字、從大立一之上。徐鉉曰、大、人也、一、地也、案立當作在、立是本篆、不當以之屬詞、力入切、凡立之屬皆從立。

𥫔　臨也。謂臨視之也、經典借涖、或作莅、釋詁、涖、視也、老子以道莅天下、釋文、莅、本無此字、說文作𥫔、從立。地官鄉師、以涖匠師、注云、故書涖作立、鄭司農云、立讀爲涖、涖謂臨視也、隶聲。力至切、

竨　磊竨。重聚也。磊竨疊韻、廣韻、竨、木實垂皃、或借敦字、小雅、敦彼行葦、傳云、敦、聚皃、從立。𦎧聲。丁罪切、

端　直也。廣雅、端、直、正也、從立。耑聲。多官切、

竱　等也。廣雅釋詁、竱、齊也、從立。專聲。廣雅釋言、竱、齊也、旨兖切、春秋國語曰。竱本肇末。齊語文、韋注、竱、等也、肇、正也、謂先等其本以正其末也、

竦　敬也。廣韻引國語、竦善抑惡、漢書東方朔傳、寡人將竦息而覽焉、或借聳字、楚語、昔殷武丁、能聳其德、至于神明、注云、聳、敬也、從立。從束。束自申束也。句見申部、亦聲。息拱切、

竫　亭安也。亭者、㝵之借字、而停之正字也、血部㝵、定息也、讀若亭、呂覽貴因篇、竫立安坐而至者、注云、竫、正也、亦與靖通、盤庚、自作弗靖、馬注、靖、安也、或與靜通、帝堯碑、竫恭祈福、蔡邕王子喬碑、靜躬祈福、從立。爭聲。疾郢切、

靖　立竫也。女部婧、竦立也、集韻、靖、竦立也、字林、靖、審也、立也、青部靜、審也、與字林說靖同、許又以竫說靖、是三字通用、從立。青聲。疾郢切、一曰細皃。亦與竫通、王逸注楚詞、引書諓諓靖言、公羊傳作諓諓善竫言、山海經有小人國、名靖人、列子云、東北極有竫人、長九寸、又借婧字、思元賦、舒訬婧之纖腰兮、舊注、訬婧、細署皃、

竢 待也。釋詁文。與䇃同字。俗用俟。晉語：質將善而賢良贊之，則濟可竢也。從立矣聲。牀史切。

竢或從巳。

竘 健也。段氏曰：淮南人閒訓：室始成，竘然善也。高注：竘，高壯皃。此與健之訓合。一曰：匠也。段氏曰：方言曰：竘，治也。吳越飾皃為竘，或謂之巧。廣雅：竘，治也。又曰：竘，巧也。此與匠之訓合。王煦曰：小爾雅：匠，治也。與方言竘治也合。筠案本句當在讀若句下，與逸周書相屬。從立句聲。讀若齲。丘羽切。段氏曰：高誘音口，郭璞同，許意讀若糗。廣韻麌厚二部兼收。逸周書有竘匠。嚴氏曰：文酌解：九柯十匠。柯即竘之誤。

竵 不正也。從立𠕒聲。火鼃切。廣韻：竵，物不正也。案與口部咼音義同，但彼專謂口，此則通語也。

竭 負舉也。豕部曰：竭其尾。案豕尾小，負于背上而翹然，以舉故從立。與周禮楬而璽之之楬，其形略相似，故同從曷聲。禮運：五行之動，迭相竭也。注云：竭猶負戴也。從立曷聲。渠列切。

䇓 待也。釋詁文。韻會引作立而待也，乃以繫傳為許語也。漢書翟方進傳有䇓字。從立須聲。經典率借須為䇓。易歸妹以須，書多方天惟五年須暇之子孫，汗簡引古文尚書作壐，論語樊須字子遲，易遲歸有時，陸績云：遲，待也。相俞切。

壐 或從芻聲。

䇔 痿也。尣部𡯃，𡯃中病也。類篇：䇔，羸弱立皃。從立㒼聲。力臥切。

竣 偓竣也。桂氏曰：本書佺，偓佺，仙人也。偓佺即偓竣，後人加仙人字。廣雅：竣，止也。或借浚字，書皋陶謨：夙夜浚明有家。傳云：浚，須也。從立夋聲。七倫切。○春秋國語曰：有司已事而竣。齊語文。今作已於事。韋注：竣，退伏也。或借逡字，釋言：逡，退也。郭注引外傳曰：已復于事而逡。疏引韋注：逡，伏退也。又借踆字，東京賦：千品萬官，已事而踆。李善引管仲曰：有司已事而踆。踆與竣同。

䇒 見鬼鬽皃。集韻：䇒䇒，鬼見也。從立從彔。彔亦聲。彔，籒文鬽字。此語固後人所增，然本篆多誤從彔，惟宋刻不誤，鬼部彔㬰注互易，皆賴此正之，錄其功，故不刪。讀若虙羲氏之虙。介部䖆讀若虙羲氏。案此音與鬽聲合。唐韻房六切，誤認為彔聲也。

䎎 驚皃。集韻：䇎，悚也。段氏曰：與猲音義同，猲見方言。從立昔聲。七雀切。

䇑 短人立䇑䇑皃。集韻：䇑與䙓同。案周禮典同注：鄭大夫讀陂為人短罷之罷。罷者，省形存聲字也。方言：䇑、䙓，短也。從立卑聲。傍下切。

竲 北地高樓無屋者。北地，郡名也。然此似謂北方青州樓多如城，上為埤堄。廣韻：竲巢，高。或作橧。禮運：夏則居橧巢。從立曾聲。七耕切。廣韻作滕、疾陵二切。

文十九　重二

竝 併也。釋言文。禮運：竝于鬼神。鄭注：竝，併也。說又見人部併下。從二立。蒲迥切。凡竝之屬皆從竝。

暜 廢。句。一偏下也。暜，廢也。釋言文。然其所謂㾱者，如詩勿替引之、左宣廿四年傳王替隗氏之類，皆全廢無復立者。許君以其與替字正義未合，故申之曰：一偏下。一偏下者，一邊下也。一邊下，仍有一邊不下，如曲禮立毋跛，注云：跛，偏任也。疏云：雙足竝立，不得偏也。與許意合。從竝白聲。他計切。

替 或從曰。

替 或從兟從曰。左傳：君盟替矣。三體石經作朁。

文二　重二

囟 當依繹山碑字作⊗。頭會𡿺蓋也。頭之會，𡿺之蓋也。會者，合也。家語本命解：三年顖合，然後能言。顖即俗囟字。方書：頂中央旋毛中為百會，百會前一寸半為前頂，百會前三寸即囟門。顖空也。依元應引補。謂囟又名顖空也，空古腔字。

象形。內則：男角女羈。注云：夾囟曰角。正義云：囟是首腦之上縫，故說文云十其字象小兒腦不合也。案此說與兒下說合。云十其字，固由乂非字而然，然許說象形字，無此文法，蓋陽冰說也。息進切。凡囟之屬皆從囟。

囟 或從肉宰。

𡿺 古文囟字。疑當作巛囟，𡿺字所從即此也。

巤 毛巤也。髟部鬣即巤之絫增字，此云毛巤，彼云髮鬣鬣也。毛巤與髮同意，靜字也。通俗文：豬毛曰巤。然此通言人，不專言物也。本注下文又云巤巤，與彼注鬣鬣同意，則兩字又皆可用為動字也。象髮在囟上及毛髮巤巤之形也。孔叢子：不以鬚眉美鬣為賢也。案美鬣是形容之詞，故此云象形。良涉切。此與籒文子字同。謂上半同也。

毗 人臍也。謂兩字各為一名也。肉部齎下云：毗，齎也。謂兩字合為一名也。從囟。囟取其气所通也。依玉篇引補。從比聲。房脂切。

文三　重二

思 容也。桂氏曰：春秋繁露：王者貌曰恭，言曰從，視曰明，聽曰聰，思曰容。容者，言無不容。容作聖，聖者設也。王

xī 息　xīn 心　lǜ 慮

者心寬大無不容則聖能施設事各得其宜也漢書五行志思心之不容是謂不聖思心者心思慮也容寬也孔子曰居上不寬吾何以觀之哉言上不寬大包容臣下則不能居聖位筠案容本作容故曰寬大曰包容後人因尚書作睿疑容字誤故作容幸容字之形未盡沒也尚書大傳五事曰心維思思之不容是謂不聖鄭注云容當爲睿睿通也書洪範思曰睿正義云王肅云睿通也書釋文引馬云睿通也是馬鄭王並作睿字鄭注洪範以凶短折爲思不睿之罰筠案凶短折皆促迫之象正與寬容反對吳太元二年八月朔大風華覈以爲役繁賦重區霿不容之罰也晉書五行志引此於思心不容下是吳時讀洪範猶作思曰容易臨卦象君子以教思無窮容保民無疆堯典欽明文思安安考靈曜作晏晏釋名安晏也天地以溫和覆載萬物故寬容覆載爲晏晏筠案此承上文思字釋晏字義從心囟聲。彙意韻會曰自囟至心如絲相貫不絕也息玆切。凡思之屬皆從思。

慮　謀思也。言部謀慮難曰謀○釋詁悠傷憂思也懷惟慮願念惄思也案本篇或引伸而增加之如粵于爰三節是也或交互而區別之如攸卻盍翕四節是也或一爲通語一爲專詞如永悠迥違遐遏闊釋之曰遠也繼以永悠迥遠釋之曰遐也是也未有如此兩節相比皆釋以思者說文心部悠憂也惕憂也惕

者本字傷者借字許說悠傷不言思則爾雅此節之思乃衍文也又案憂惟一致思有百慮故說文曰懷念思也惟凡思也慮謀思也念常思也是爾雅統之以思者許君皆區別之惟願是借字不計外惄在心部而說曰飢餓也一曰憂也夫釋言惄飢也汝墳傳惄飢意也則飢餓之說有本矣若小弁傳曰惄思也釋詁亦然則許說之憂也何所本乎意者釋詁本云悠傷惄憂也今跳出乎抑或據我心憂傷惄焉如擣以經文之憂正毛傳之思乎從思虍聲。良據切

文二

心　人心土藏。五經異義見肉部肺下管子人水也男女精合而水流行二月而咀咀者五味是五藏也酸生脾鹹生肺辛生腎苦生肝甘生心藏已具而後生五肉脾生髓肺生骨腎生筋肝生革心生肉肉已具然後生九竅脾爲鼻肝爲目腎爲耳肺爲口心爲下竅在身之中。象形。心在中央爲諸藏之主故其形正字亦象其正也息林切博士說以爲火藏。晉中興書博士之職博習舊聞訓教學徒夏小正傳曰大火者心也素問升明之紀其類火其藏心春秋元命苞心者火之精成于五故人心長五寸凡心之屬皆從心。

息　喘也。口部喘疾息也析言之此渾言之從心從自自亦聲。相卽切案息由鼻不由口口部訓息者七字惟喘喟二字與口有干涉與心絕無干不知何以從心

kuài 快　què 愨

qiè 㥦　kǎi 愷　miǎo 䫉　zhōng 忠　shèn 慎　yīng 應　dé 悳　zhǐ 恉　yì 意　xìng 性　qíng 情

情　人之陰气有欲者。一引作有所欲也樂記人生而靜天之性也感于物而動性之欲也禮運何謂人情喜怒哀懼愛惡欲七者弗學而能白虎通情性者何謂也性者陽之施情者陰之化也故鉤命決曰情生于陰欲以時念也性生于陽□以□理也從心青聲。疾盈切

性　人之陽气。性善者也。論衡本性篇董仲舒覽孫孟之書作性情之說曰天之大經一陰一陽人之大經一情一性性生于陽情生于陰陰氣鄙陽氣仁曰性善者是見其陽者也曰性惡者是見其陰者也從心生聲。論語孔注性者人之所受以生也息正切

意　志也。集韻不引此句蓋後人加之不可以後漢宋意字伯志遂謂二字同義嚴氏謂志當作恉可從从心察言而知意也。从者以之譌以心者說字之從心也察言者說字之從音也知意者又出全字也純是以形解義司部詞下云意內而言外也彼所謂意與此正同豈於志字之義有肖似乎從心從音。於記切

恉　意也。廣雅同本書敘曉學者達神恉從心旨聲。經典多借旨職雉切

悳　外得於人內得於己也。外得於人者多識前言往行以畜其德也內得于已者學記禮樂皆得謂之有德德者得也鄉飲酒義德也者得於身也故曰古之學術道者將以得身也從直從心。多則切

悳　當作悳直之古文作悳以此知之古文德。

應　當也。釋詁文詩賚我應受之左僖十年傳應乃懿德從心雁聲。於陵切應對之應乃當也引伸之義諾雁唉對四字下皆作應乃後人改之大徐据補應篆非也

慎　謹也。轉注從心眞聲。時刃切

昚　古文。慎○俗作昚

忠　敬也。鄭注小宰廉敬曰敬不解于位也從心中聲。賈誼書愛利出中謂之忠陟弓切

愨　謹也。東京賦民去末而反本咸懷忠而抱愨從心嗀聲。苦角切

䫉　美也。經典借藐字釋詁藐藐美也詩瞻卬藐藐昊天箋曰美也崧高旣成藐藐傳云美皃從心須聲。莫角切

快　喜也。字林同從心夬聲。苦夬切

愷　樂也。從心豈聲。苦亥切徐鍇曰豈部已有此重出

㥦　㤲心也。心本多作也漢書文帝紀天下人民未有㥦志字林作㥦云快也文賦㥦

niàn 念　fū 怤　xiàn 憲　chéng 憕　nǎn 戁　xīn 忻　zhòng ⿰忄重　yùn 惲　dūn 惇　kàng 忼　kǎi 慨　kǔn 悃　bì 愊

心者貴當。從心。匧聲。苦叶切。

念　常思也。方言文、詩文王無念爾祖、傳云、無念、念也。釋訓、勿念、勿忘也。從心。今聲。奴店切。

怤　思也。從心。付聲。甫無切。

憲　敏也。謚法、博聞多記曰憲。從心。從目。害省聲。許建切。

憕　平也。玉篇云、心平也。從心。登聲。直陵切。

戁　敬也。釋詁、戁、敬也。釋文云、戁、郭音罕。詩楚茨、我孔戁矣、傳云、戁、敬也。皆借戁爲戁。惟是戁字不見于他經、許君不當舍經訓而自立一說。詩長發曰、不震不動、不戁不竦、傳曰、戁、恐、竦、懼也。詩既曰不、則恐懼是震慴之惡語矣。然此承敷奏其勇言之、則當是臨事而懼之謂。震動者、震動恪恭也。戁竦者、戒慎恐懼也。四不字乃發語詞、猶清廟之不顯不承、與上章四不字不同義、許君恐人誤讀毛傳、故易之乎。從心。難聲。女版切。

忻　闓也。從心。斤聲。許斤切。司馬法曰、善者忻民之善、閉民之惡。今佚此文、引此者、以忻閉相儷、證其訓爲闓也。

⿰忄重　遲⿰忄重。依元應引改。字林、⿰忄重、遲也。今作遲重、省形存聲也。從心。重聲。直隴切。

惲　重厚也。今作渾厚。從心。軍聲。於粉切。

惇　厚也。釋詁文、堯典、惇德允元、史記作厚、經典多借敦字爲之。從心。享聲。都昆切。

忼　慨也。曹孟德短歌行、慨當以慷。慷者、忼之俗字、知忼慨二字可單可雙、許君於此、先出其單字義也。集韻、忼、志憝。從心。亢聲。苦浪切、又口朗切。一曰易忼龍有悔。一曰蓋承亢聲而言、謂亢聲讀爲平聲、亢龍讀爲去聲也。忼當依今本作亢、雖九經字樣引作忼、然明堂位鄭注、康讀爲亢龍之亢、固作亢也。

慨　太息也。文選北征、秋興二賦注引皆如此、玉篇同、此其單字義也。秋興注兼引字林曰、慨、壯士不得志也、乃知今本依呂氏刪節也。忼慨、壯士不得志於心。情憤恚也。依元應引補、此又出其雙字義也、不得志者、事境也、於心者、心境也、憤恚者、忼慨之未發者也。燕策、復爲羽聲忼慨、史記刺客傳同。從心。既聲。古漑切。

悃　愊也。玉篇、悃、志純一也。單字成義、楚詞卜居、悃悃款款樸以忠乎、亦用單字也。從心。困聲。宋本如此、他本篆從囷、說曰囷聲、非也。苦本切。

愊　悃愊。至誠也。依漢章帝紀注引改補。玉篇、廣韻竝同。漢書楚元王傳、發憤悃愊、後漢書章帝紀、安靜之吏、悃愊無華、論衡明雩篇、禮之心悃愊、樂之意歡欣、悃愊以玉帛效心、歡欣以鐘鼓驗意、雩祭請祈、人君精誠也。案愊字亦有單用者、後漢馮衍顯志賦、心愊意而紛紜、雖音義不同、亦足徵也。從心。畐聲。芳逼切。

yuàn 愿　huì 慧　liǎo 憭　xiáo 恔　yì 瘱　zhé 悊　cóng 悰　tián 恬　huī 恢　gōng 恭　jǐng 憼　shù 恕　yí 怡

愿　謹也。大司寇國刑、上愿糾暴、注云、愿、愨愼也。從心。原聲。魚怨切。此字當與愼愨類列、然下文恮憃愻三字、亦雜廁之。

慧　儇也。轉注。古文論語、好行小慧、鄭注、小慧謂小小之才智、魯論慧爲惠、今從古。漢書昌邑王、清狂不惠、亦借惠爲慧。從心。彗聲。胡桂切。

憭　慧也。玉篇、憭、意精明也。或通作了。後漢孔融傳、小而了了、大未必奇。從心。尞聲。力小切。

恔　憭也。玉篇、恔、黠也。從心。交聲。下交切、又古了切。集韻五爻、恔、說文憭也、三十一巧、恔字兩收、皆曰慧也、不引說文。三十六效、恔、恔竝出、引方言、快也。類篇引方言、恔、快也。孟子、於人心獨無恔乎。廣韻三十六效、恔、快也、出孟子。案今本孟子、方言皆作恔、豈說文本有恔恔二體、今捝其一乎。恔數可以爲比。

瘱　靜也。與瘞音義竝同。青部、靜、審也。方言、瘱、諦、審也。齊楚曰瘱、秦晉曰諦。從心。㾜聲。於計切。桂氏曰、文選五臣本神女賦、澹清靜其愔嫕兮、注云、嫕、一計切、李善本作嫕字、毛晉刻李善本作嫕、注云、淑善也。說文曰、嫕、靜也。蒼頡篇、嫕、密也。馥案、嫕、傳寫之誤、而此瘱字亦誤。本書、嫛、婗也、從女、殹聲。瘱當爲嫕、從心、嫛省聲。廣韻、嫕、於計切、婉嫕、柔順皃。張華女史箴、婉嫕淑愼、李善云、漢書曰、孝平王皇后、爲人嫕婉有節操、服虔曰、嫕音翳桑之翳。曹大家列女傳注、婉、柔和、嫕、深邃也。文選洞簫賦、其妙聲則清和厭瘱、李善引曹大家列女傳注、瘱、深邃也。五臣本作瘱、注云、李善本作瘱字。據此則嫕瘱混淆久矣。

悊　敬也。桂氏曰、口部有悊字、此當作悊、字之誤也。玉篇、悊、先歷切、慜也。廣韻、悊、先擊切、敬也。從心。折聲。陟列切。誤。

悰　樂也。廣雅同。魏文帝折楊柳行、端坐苦無悰。從心。宗聲。藏宗切。俗通慒、非。

恬　安也。漢書嚴安傳、心既和平、其性恬安。從心。甛省聲。徒兼切。

恢　大也。類篇引此而申之曰、謂志大也。出師表、恢志士之氣。字林、恢、大之也。從心。灰聲。苦回切。

恭　肅也。洪範、恭作肅。從心。共聲。經典多以共爲恭。俱容切。

憼　敬也。廣雅同。博古圖齊侯鐘、不敢弗憼戒、字從古文敬、心作㣺。從心。〔從敬〕敬〔亦〕聲。義聲互備、即不當言從敬、況憼者、敬之棄增字也、明此爲不知許例者所爲。居影切。

恕　仁也。孟子、彊恕而行、求仁莫近焉。從心。如聲。蒼頡篇、恕、如也。聲類、以心度物曰恕。商署切。

㣽　古文恕省。

怡　和也。內則、下氣怡色。元應引說文、熙怡、和悅也。

cí 慈　qí 忯　ēn 恩　quān 恮　dì 懘　yìn 憖　kuàng 懬　jiè 悈

葢以經文有熙怡字，因衍也。又引方言：怡，喜也。湘潭之間曰紛熙。亦與今本不同。從心。台聲。怡，古只作台。與之切。

慈　愛也。賈誼書：惻隱憐人謂之慈，反慈爲忍。從心。茲聲。疾之切。筠案本篆從茲，與石鼓同。葢艸部之茲也。若玄部茲，葢以音玄爲正，他字未有從之者，滋放此。

忯　愛也。釋訓：忯忯，愛也。李巡曰：忯忯，和適之愛也。從心。氏聲。巨支切。

恮　謹也。廣韻云：謹皃。從心。全聲。此緣切。

恩　惠也。詩鴟鴞：恩斯勤斯。傳云：恩，愛。從心。因聲。烏痕切。

懘　高也。鄭駟帶字子上，帶葢懘之省形存聲字。上部說曰：高也。從心。帶聲。爾雅釋宮釋文：嵽，高皃也。是亦從帶聲而訓高者。特計切。一曰。極也。王篇：嵽，極困也。廣雅：嵽，極也。嵽葢懘之別字。一曰。困劣也。集韻：嵽僀，困劣皃。嵽葢亦懘之別字，亦借滯字。左成十八年傳：命百官，振廢滯。

憖　閒也。依王篇引改。字林、廣韻竝同。段氏曰：當作肎也。詩十月之交：不憖遺一老。箋云：憖者，心不欲，自彊之詞也。正義云：說文云：憖，肎從心也。段氏曰：當是引憖肎也從心猌聲，誤以也字倒于從心之下，不成文理耳。桂氏曰：小爾雅：憖，願也。楚語：吾憖寘之于耳；以憖御人；憖庇州犂。韋注竝訓願。謹敬也。段氏曰：李善注

思元賦引字林此訓。玉篇引說文無此。韻會謹作愼。從心。猌聲。魚覲切。一曰。說也。思元賦：戴勝憖其既歡兮。舊注：憖，笑皃。字詁同。詩十月之交釋文引韓詩：憖，閒也。一曰。且也。依玉篇引改。應劭曰：憖，且詞也。春秋傳曰。昊天不憖。哀十六年文。云：昊天不弔，不憖遺一老。杜注：憖，且也。又曰。兩君之士皆未憖。文十二年文。杜注：憖，缺也。釋文引方言：憖，傷也。說苑至公篇載此事，作二軍之士皆未息。

懬　闊也。漢書元帝紀：衆僚久懬。顏注：懬，古曠字。曠，空也。不得其人，則職事空廢。書皋陶謨：無曠庶官。一曰。廣也大也。泮水釋文引無上也字。集韻則無大也及一曰寬也六字。此義亦借曠字爲之。廣雅：曠曠，大也。史記鄭世家：居曠林。賈逵曰：曠，大也。從心從廣。廣亦聲。亦借廣爲之。大司徒疏引馬融曰：東西爲廣，南北爲輪。釋文：廣音古曠反。士冠禮釋文：度廣狹曰廣，古曠反。懬，苦謗切。一曰。寬也。桂氏曰：寬當爲覺。韓詩：獷彼淮夷。辪君曰：獷，覺寤之皃。今詩憬彼淮夷。釋文云：說文作懬。本書臩字云：讀若詩獷彼淮夷之獷。据釋文所引，當作懬。

悈　飾也。當依增韻作飭。言部諆與悈同。釋言：悈，褊急也。葢整飭之則敎令嚴急，急是引伸之義，故許君不用。從心。戒聲。古拜切。司馬法曰。

yǐn 㥯　qìng 慶　xuǎn 愃　xùn 愻　sè 𡨄　xún 恂　chén 忱　wéi 惟

有虞氏悈於中國。中國當作國中。司馬法：有虞氏戒於國中，欲民體其命也；夏后氏誓于軍中，欲民先成其慮也；殷誓於軍門之外，欲民先意以待事也；周將交刃而誓之，以致民志也。

㥯　謹也。桂氏曰：謹當爲慬。本書無慬字，寫者改作謹。廣韻：慬，憂哀也。公羊傳：慬然後得免。筠案玉篇：㥯，憂也，謹也。廣韻上聲云：謹也；去聲引說文：謹也。則謹字不誤。且如桂說，則當廁于下文憂愁類矣。從心。𤔌聲。於靳切。

慶　行賀人也。大宗伯：以賀慶之禮親異姓之國。經既賀慶連言，故說文兩字轉注。乃不直云賀也而加行字者，以字從夊也。從心從夊。吉禮以鹿皮爲摯。故從鹿省。丘竟切。

愃　寬嫺心腹皃。嫺，列子力命篇釋文引作閑。閑者，閒之借字。案許君此說，特爲引詩立解，葢以毛傳、韓詩章句皆不得詩意，故本之大學威儀也之說，以成此詩不易之解也。力命篇注引鄭君注禮記曰：愃，寬綽皃。葢即本之許君。惜今禮記注闕之。說詳釋例存疑篇。從心。宣聲。况晚切。詩曰。赫兮愃兮。衞風淇奧文。韓詩作宣，省形存聲字。毛詩作咺，聲借字。

愻　順也。字林同。學記：不陵節而施之謂孫。劉向作愻。緇衣：恭以涖之，則民有孫心。注：孫，順也。惠氏棟曰：孫心當作愻。經典多借遜，亦省

作孫。從心。孫聲。蘇困切。唐書曰。五品不愻。堯典文。今作孫。尚書大傳作訓，五帝本紀作馴，皆借字。

𡨄　實也。堯典：欽明文思安安。鄭本作文𡨄。注云：道德純備謂之𡨄。考靈曜：堯聰明文𡨄晏晏。經典借塞字。詩燕燕：其心塞淵。釋文引崔集注：塞，實也。定之方中：秉心塞淵。箋云：塞，充實也。從心。塞省聲。葢是時經典已多借用塞者，故言此以闕之，不可改爲𡨄聲。先則切。虞書曰。剛而𡨄。皋陶謨文。今作塞。夏本紀作剛而實。冀缺謂陽處父剛而不實，是知剛者必貴乎𡨄也。

恂　信心也。漢書敘傳：李廣恂恂，實獲士心。詩多借洵字。溱洧：洵訏且樂。釋文云：韓詩作恂，字又作詢。釋詁：詢，信也。注引方言：宋衞曰詢。今方言作恂。漢宣帝諱詢，而說文不收，明乎其卽恂字也。從心。旬聲。相倫切。

忱　誠也。詩大明：天難忱斯。傳曰：忱，信也。言部諶下引作天難諶斯。釋詁：諶、誠皆曰信也。又曰：諶，誠也。是知忱諶通用，許說之誠也，與毛傳信也不異。從心。冘聲。氏任切。詩曰。天命匪忱。大雅蕩曰：天生烝民，其命匪諶。傳曰：諶，誠也。

惟　凡思也。方言文。凡者，最括而言也。下文懷、念，思也；想，冀思也；皆有著之思。惟則思之統詞，不拘一端，故曰凡。釋詁：懷、惟、慮、願、念、惄，思也。槪不區別。許君既于他字

huái 懷　lún 惀　xiǎng 想　suì ⿰忄彖　xù 慉　yì 意　guàn 悹　liáo 憀　kè 愙　sǒng 愯

區別之故於此不須區別者謂之凡也從心隹聲。以追切懷念思也。謂懷念同意也詩嗟我懷人兄弟孔懷伊可懷也之類多指人而言豈不懷歸聿懷多福之類則泛言其爲常常思念則一也然與念字不類廁知本部淆亂多矣從心褱聲。戶乖切惀欲知之皃。桂氏曰皃疑作思玉篇惀思也廣韻惀欲曉知也集韻思求曉知謂之惀或借論字詩於論鼓鐘傳云論思也又借綸字易繫辭故能彌綸天地之道釋文引京房云綸知也從心侖聲。盧昆切想冀思也。冀借字也覬欲皆其正字希冀而思之也從心相聲。息兩切⿰忄彖深也。有挩文玉篇廣韻皆曰意思深也從心彖聲。徐醉切元應曰遂古文⿰忄彖慉起也。從心畜聲。戴東原曰詩蓼莪拊我畜我箋訓畜爲起起如晉語世相起也之起韋注起扶持也詩畜我承拊我下拊撫摩也畜扶持也畜當作慉許六切詩曰能不我慉。邶風谷風文讀詩記董氏云孫毓王肅本作能不我慉今本作不我能慉傳云慉養也釋文云毛興也王肅養也說文起也桂氏曰孫毓引毛傳亦曰慉興也意滿也。或借臆字方言臆滿也從心啻聲。於力切一曰十萬曰意。張納功德

敍光乎意年或借啻字樊毅修華嶽碑垂曜啻齡經典皆借億字瓦當文有億年無疆則漢人已用之矣意籒文意。悹憂也。廣韻悹悹憂無告也詩傳云悹悹無所依案此二義竝出大雅板篇上悹悹詩及釋訓作灌灌說文作懽懽此說非也下悹悹詩作管管此說是也賈子新書天子不恤人民悹之後漢桓帝紀中常侍左悺注云郎悹字或作痯釋訓痯痯病也郭注賢人失志懷憂病也從心官聲。本工奐反孫古玩切憀憀然也。盖謂聊且如是也玉篇憀力周力彫二切賴也且也案此二義皆借聊爲之淮南兵略訓吏民不相憀高注憀賴也秦策上下相愁民無所聊高注愁則民無所聊賴詩出其東門聊樂我員箋云且留樂我員正義曰訓聊爲且從心翏聲。洛蕭切愙敬也。漢帝堯碑魯峻碑魏孔羨碑竝作愘經典作恪詩那執事有恪傳云恪敬也從心客聲。孔叢子恪敬也禮之如賓客也苦各切春秋傳曰以陳備三愙。襄二十五年文白虎通曰尚書虞賓在位不臣丹朱也商頌我有嘉客毛公無傳蓋以周頌振鷺已有傳也然彼傳云客二王之後忘其爲三恪猶鄭注虞賓云卽二王後也皆爲郊特牲尊賢不過二代所誤虞夏以前皆是實正豈如公羊說所云通夫三統乎愯

jù 懼　hù 怙　shì 恃　cóng 慒　wù 悟　wǔ 憮　ài 㤅　xǔ ⿰忄胥　wèi 慰　cuì ⿱𣪊心　chóu ⿱籌心　chóu 怞

懼也。衆經音義悚又作愯字林遑遽也從心雙省聲。漢書刑法志愯之以行從雙不省案所引者左傳聳之以行也息拱切春秋傳曰駟氏愯。昭十九年文今作聳杜注聳懼也廣韻引左傳作愯文選魏都賦曖焉相顧原注曖懼也左傳曰駟氏曖懼李善曰張以愯先壠反今本竝爲曖曖大視呼縛反桂氏曰李所謂張蓋張孟陽注今作劉淵林注懼恐也。轉注從心瞿聲。其遇切思古文。懼。怙恃也。釋言文從心古聲。侯古切恃賴也。衆經音義引韓詩無父何怙怙賴也無母何恃恃負也從心寺聲。時止切慒慮也。釋言文郭注謂謀慮也從心曹聲。藏宗切爾雅釋文慒音囚字書作悰然說文別收悰悟覺也。說見敎部斅下從心吾聲。五故切𢘐古文悟。憮愛也。廣雅同韓鄭曰憮。方言文又曰陳楚江淮之閒曰憐宋衛邠陶之閒曰憮或曰俺釋訓矜憐撫掩之也桂氏曰憮掩當爲憮俺集韻俺衣廉切愛也一曰不動也。段氏曰論語天子憮然孟子夷子憮然三蒼曰憮然失意皃也趙岐曰憮然猶悵然也皆於此義近從心無聲。文甫切

㤅惠也。論語或問子產子曰惠人也左傳子產卒子曰古之遺愛也從心先聲。先者欠部旡之古文也烏代切㤅古文。悉⿰忄胥知也。字與諝同玉篇⿰忄胥才智之稱也字林⿰忄胥⿰忄胥知也通俗文多意謂之忖⿰忄胥廣雅忖智也從心胥聲。私呂切慰安也。詩凱風緜傳同烝民箋亦同說又見火部熨下從心尉聲。於胃切一曰恚怒也。詩車舝以慰我心釋文載毛傳慰怨也王肅申毛爲怨恨之意韓詩作以慍我心慍恚也本或作慰安也是馬融義王肅云新昏指褒姒⿱𣪊心謹也。桂氏曰謹當爲慬慬勇也列子說符篇無以立慬于天下案桂氏此說以讀若毳推之謂毳卽憃也憃見下文精戇也雖未必然姑存之從心𣪊聲。讀若毳。此芮切⿱籌心⿱籌心箸也。廣韻引作籌箸也衆經音義卷廿引云躊躇猶豫也例卽此文段氏疑箸爲躇譌亦或有然桂氏引史記請借前箸爲陛下籌之果爾則字當在竹部矣留侯因漢王方食故借箸非籌算之策又名著也且有壺矢之籌可用不須特製從心⿱竹𠷎聲。嚴氏曰竹部有籌無⿱竹𠷎疑此篆當作⿱籌心說解當作籌聲否則竹部有脫文也直由切怞朗也。嚴氏曰朗當作動女部妯動也明此亦動桂氏引玉篇怞

tāo 慆　yǔ 惥　tuì ⿰忄隶　quān 悛　mù 慕　mào 懋　　yì ⿰忄曳　miǎn 愐　mù 慔　mín 忞　wǔ ⿰忄某

憂恐也。王襃九懷：永余思兮怞怞。從心。由聲。直又切。詩曰：憂心且怞。小雅鼓鐘文，今作妯，傳云：妯，動也。說見釋例存疑。

（⿰忄某）撫也。廣韻、集韻引皆無⿰忄某字。筠案：說文憮⿰忄某二字，正與爾雅互易，與氿厬一類。釋詁：⿰忄某，愛也。方言：憮，愛也。韓、鄭曰：憮。許君說憮同方言，是知釋詁之⿰忄某本作憮，揚雲與許君皆承之也。釋言：憮，撫也。郭注：憮，愛撫也。而許君曰⿰忄某撫也，是知釋言之憮本作⿰忄某，爲許君所承也。郭氏据誤本耳。從心。某聲。讀若侮。亡甫切。

自勉彊也。依韻會引補。玉篇、廣韻同。從心。文聲。武巾切。周書曰：在受德忞。立政文，今作其在受德敃。釋詁：敃，強也。讀若旻。不與文聲相繼，未詳。

勉也。釋訓：慔慔，勉也。從心。莫聲。莫故切。

勉也。釋詁作勔，云勔也。方言：自關而東，周鄭之閒曰勔釗。從心。面聲。彌殄切。

習也。桂氏曰：或作忕。釋詁：貫，習也。郭注：貫，貫忕也。釋文云：忕，音逝。張揖雜字音曳，云狃忕，過度。後漢馮異傳：狃忕小利。注云：狃忕，慣習也。公山不狃字子洩，洩借字，當作⿰忄曳。段氏改篆爲忕，曰詩四月正義、蕩釋文皆引說文忕習也。元應書卷十二云：忕又作⿰忄曳，引字林：⿰忄曳，習也。倉頡篇：⿰忄曳，明也。然則說文作忕，字林變作⿰忄曳也。又引犬部狃下曰犬性忕也以證。筠案：經典不見⿰忄曳字，可疑，而桂氏所云不狃字子洩，可据，姑存之。然玉篇洩同泄，則是唐人諱世改之也。王於倉頡⿰忄曳明也，則當作抴，厂部曰：抴也，明也，是已。厂抴一字，詳釋例。從心。曳聲。余制切。

勉也。古通茂。釋詁：茂，勉也。郭注：書曰茂哉茂哉。字又作懋，亦作忞，同。釋訓：懋懋，勉也。從心。楙聲。莫候切。虞書曰：惟時懋哉。堯典文，史記作惟是懋哉，大徐誤倒。

懋或省。

習也。徐鍇曰：愛而習玩，模範之也。從心。莫聲。莫故切。

止也。方言：悛，改也。左昭九年傳：爲是悛而止。從心。夋聲。此緣切。

肆也。方言：肆，欲爲⿰忄隶。從心。隶聲。他骨切。廣韻又他內切。

趣步惥惥也。與走部趩同。漢書敘傳：長倩惥惥。蘇林曰：惥惥，行步安舒也。桂氏曰：或借譽字。左昭二年傳：季氏有嘉樹焉，宣子譽之。服虔注：譽，游也。宣子游其下。夏諺曰：一游一譽，爲諸侯度。筠案：孟子作豫，趙注：豫亦游也。引左傳以證曰：晉范宣子豫焉。孫子兵法：雖優游暇譽，令猶行也。從心。與聲。余呂切。

說也。尚書大傳：師乃慆前歌後舞。鄭注：慆，喜也。或借陶字。檀弓：人喜則斯陶。注云：陶，鬱陶也。釋詁：鬱陶，喜也。詩王風：君子陶陶。傳云：陶陶，和樂皃。後漢書杜篤傳注引韓詩：陶，暢也。從心。舀聲。土刀切。

xiān 憸　jǐ ⿰忄卻　　nì 惄　yú ⿰忄禺　　guàn 懽　gān 忓　　xù 恤　　bó 怕　dàn 憺　　yān 懕

安也。釋訓：懕懕，安也。從心。厭聲。詩小戎：厭厭良人。傳云：厭厭，安靜也。於鹽切。詩曰：懕懕夜飲。小雅湛露文，今省作厭。韓詩作愔愔，辥君云：愔愔，和悅之皃。本部不收愔。

安也。謂憺然安樂也。依元應引補。蓋庾注也。楚詞九歌：蹇將憺兮壽宮。從心。詹聲。徒敢切。

靜也。謂恬然寂靜也。依元應引補。下同。本句蓋庾注也。老子：我獨怕兮其未兆。亦無爲自得也。本句蓋又是許說。元應引子虛賦：怕兮無爲，憺兮自持。案許君憺怕相連，正爲子虛作注，故必如元應乃合。若如今本以無爲說怕，則何不以自持說憺乎。從心。白聲。本匹白反，唐韻又葩亞切，則俗音也。

憂也。釋詁文。詩杕杜、祁父傳竝同。收也。桂氏曰：當爲救。玉篇：恤，救也。孫炎說爾雅恤憂云：恤，救之憂也。從心。血聲。亦省作血。易小畜：血去惕出。馬云：當作恤，憂也。辛聿切。

極也。廣韻平聲引此，去聲云：善也。玉篇：忓，古安切，擾也；又胡旦切，抵也，善也。諸說皆與極不合。桂氏曰：極者，疲也。本部：憊，憖也。玉篇：憊，極也；憖，極也。世說：顧和謁王導，導小極，對之疲睡。從心。干聲。古寒切。

喜歀也。玉篇：懽，悅也。廣雅：款，愛也。秦策：許楚漢中以懽之。高注：與楚漢中以喜之也。從心。雚聲。古玩切。案此下引爾雅之音也，喜款也之義當如玉篇呼官切。爾雅曰：懽懽愮愮，憂無告也。釋訓文。此以引經代一日也。爾雅作灌灌，即板篇老夫灌灌。釋文：灌本或作懽，愮本又作搖。說文無愮，此即中心搖搖也。爾雅以又本爲正，今說文又以誤本爾雅改之。板傳曰：灌灌猶款款也。蓋款曲之謂，乃喜款假借之義。黍離傳曰：憂無所愬。故爾雅合兩詩而說之曰：憂無告也。玉篇：愮，憂也。引詩：憂心愮愮。未詳。

懼也。字與娛同。琅邪朱虛有⿰忄禺亭。漢志琅邪郡朱虛縣。從心。禺聲。噳俱切。

飢餓也。餓當作意。汝墳毛傳：惄，飢意也。從心。叔聲。奴歷切。一曰：憂也。此句當在下文引詩之下，乃別一義也。詩小弁：我心憂傷，惄焉如擣。詩曰：惄如朝飢。周南汝墳文。毛詩作調，而說之曰：調，朝也者，謂調乃朝之譌也。五音韻譜作輖，非也。釋文：惄，韓詩作愵。說又見人部倆下。

勞也。司馬貞以⿰忄卻御爲一字，說詳人部御下。燕人謂勞⿰忄卻。依史記索隱引補。從心。卻聲。其虐切。

憸詖也。玉篇引作詖也，無憸字。廣韻譣下云：譣詖。譣憸字通。廣雅：譣，詖也。則

qì 愒　hū 憃　xiān 思　jí 急　biǎn 辡　jí 極　juàn 懁　xìng 悻　xián 慈

憸詖固連語也、廣韻憸下云、憸憸詖也、憸音獻、則又憸憸爲連語、經典多言險詖、卽憸詖也、詩卷耳敘、無險詖私謁之心、崔靈恩曰、險詖、不正也、漢書敘傳、趙敬險詖、**憸利於上佞人也。**憸利亦連語也、於廣雅疏證引之、改作干、葢是也、憸利干上、謂小小見事、輒以之干求於上也、書立政、國則罔有立政用憸人、馬注、憸利佞人也、盤庚相時憸民、馬注、憸利小小見事之人也、僞孔傳亦云憸利、知是漢時恆言、**從心僉聲。**息廉切、

息也。釋詁、憩、息也、舍人云、臥之息也、釋文云、憩本或作愒、同、詩甘棠、召伯所憩、釋文、憩本又作愒、民勞、汔可小愒、菀柳、不尚愒焉、**從心曷聲。**去例切、

精戇也。集韻、憃呼骨切、戇也、無精字、**從心毳聲。**千短切、玉篇、廣韻皆呼骨切、寢熟也、

疾利口也。書立政、國則罔有立政用憸人、釋文云、憸本又作思、思囧命、爾無昵于憸人、釋文云、憸本亦作思、然則憸思卽是一字、疾利口者、乃捷疾便利之口也、憸下云、憸詖也、蒼頡篇、詖、諂佞也、呂覽審分篇、諂諛詖賊巧佞之人、**從心從冊。**徐鍇曰、冊所言眾也、會意、案意甚回穴、段氏以爲刪省聲、則唐韻息廉切不合、**書曰、相時思民。**小徐本壹部錯出思字、作書曰、今從之、盤庚文也、今作憸、漢石經尚書殘碑作散、與段氏音合、但不得與憸同字、

褊也。字又作伋、淮南繆稱訓、伋于不已知者、不自知也、高注、伋、急也、**從心及聲。**釋名、急、及也、操切之使相逮及也、居立切、

憂也。廣雅同、**從心辡聲。**方沔切、**一曰急也。**言慈乃褊急之正字也、釋言、褊、急也、乃借字、亦借卞字、左傳、邾莊公卞急而好潔、杜注、卞急、躁疾也、卞之正字作弁、玉藻、弁行剡剡起屨、釋文、正義皆曰、弁、急也、

疾也。列子力命篇、繆忬情露、謰極淩誶、四人相與游于世、注引方言、極、急也、又云、疾也、淮南覽冥訓、安之不極、高注、極、急也、極又作悈、省作亟、悈亦省作戒、又借革棘爲之、釋言、悈、急也、釋詁、亟、疾也、鹽鐵論引詩六月、我是用戒、禮器引詩、匪革其猶、棘人欒欒兮、毛傳、棘、急也、正義曰、棘急、釋言文、彼棘作悈、**從心亟聲。**己力切、**一曰謹重皃。**桂氏曰、本書茍、自急敕也、極茍聲相近、

急也。獧下云、一曰急也、謂獧爲懁之借字也、論語狂狷、孟子作狂獧、廣韻、懁、急性、**從心睘聲。讀若絹。**古縣切、

恨也。桂氏曰、恨當爲很、孟子悻悻然、趙注引論語悻悻然小人哉、悻當爲婞、本書、婞、很也、論語作硜硜、當爲悻悻、鈕氏樹玉曰、孫宣公孟子音義引丁云、悻字當作婞、**從心巠聲。**胡頂切、

急也。謂人性急也、走部、趍、急走也、是其例、史記倉公傳、脈長而弦、亦近此意、**從心從茲、茲亦聲。**胡田切、**河南密縣有慈亭。**地理志、河南郡有密縣、地理志、東萊有㡭縣、郡國志作㡭、葢誤用慈字、

piào 慓　nuò 懦　rèn 恁　tè 忒　jù 怚　yì 悒　yù 悆　tè 忒

疾也。廣雅、慓、急也、史記高祖本紀、項羽爲人僄悍猾賊、漢書作慓、**從心票聲。**敷沼切、

駑弱者也。說文無駑字、女部、嬬、弱也、則此亦當云嬬弱也、以嬬說懦、言其字同也、再釋以弱、卽以嬬之說說之、駑者嬬之譌、者則衍文也、左僖二年傳、懦而不能強諫、釋文、懦本又作愞、乃亂反、又乃貨反、弱也、字林、愞音乃亂反、偄音讓丈反、云弱也、案陸氏意、謂字林之愞與懦同音、偄則與懦同義、而愞字非說文所有也、凡釋文音乃亂反者、皆當作愞、可推知矣、**從心需聲。**人朱切、

下齎也。未詳、**從心任聲。**如甚切、**一曰、念也。**後漢書班固傳、宜亦勤恁旅力、以充厥道、注云、說文曰、恁、念也、音人甚反、玉篇、恁如針切、信也、又如甚切、念也、廣韻同、廣雅、恁、思也、

失常也。玉篇、忒忒二字相連、各引說文、初不謂爲一字、而經典則借忒爲之、洪範、民用僭忒、又借貸字、月令、大酋監之、毋有差貸、注云、差貸、謂失誤、有善有惡也、**從心代聲。**他得切、

驕也。廣韻、怚與嫭同、憍也、方言注、怚音驕怚、嵇康詩、恃愛肆驕怚、**從心且聲。**子去切、

不安也。字林同、蒼頡篇、悒悒、不舒之皃也、離騷、忳鬱悒余侘傺兮、**從心邑聲。**亦省作邑、楚詞九章、氣於邑而不可止、史記商君傳、安能邑邑待數十百年、於汲切、

忘也。廣雅同、**嘾也。**段氏曰、嘾者、含深也、含深者、欲之甚也、淮南修務訓、高注云、嘾悇、貪欲也、賈誼新書匈奴篇、一國聞之者見之者、垂羨而相告、人悇憛其所自、按嘾憛悆悇、皆古今字、桂氏曰、嘾當爲憛、寫者以本書闕憛字、改爲嘾、集韻、憛、憂意、類篇、憛、惶遽也、楚詞七諫、心悇憛而煩冤兮、王注、悇憛、憂愁皃、賈誼書、佳態佻志、從容爲說焉、則雖王公大人、孰能無悇憛、養心而巔一視之、馮衍顯志賦、終悇憛而洞疑、李賢注引廣倉、悇憛、禍福未定也、梁書裴子野傳、性不憛憛、情無汲汲、或省作覃、廣雅、覃、悇、懷、憂也、筠案、二說雖異、參伍求之、可以明矣、**從心余聲。**羊茹切、**周書曰、有疾不悆。**金縢文、今作王有疾弗豫、釋文云、豫本又作忬、桂氏曰、忬、俗字、忬余通借、故悆變爲忬、**悆、喜也。**凡引經代一曰者、義常見則已、不常見者、則申之、此類是也、東京賦、膺多福以安悆、

更也。釋言、爽、差也、爽、忒也、兩文相比、案爽差也、卽忒失常也之義、爽忒也、卽此忒更也之義、孫炎解之曰、變雜不一、是也、易豫卦、四時不忒、虞注、忒、

tài hàn zhì　ài chōng　cǎi　zhuàng　yú　miè　yú xián
態 悍 忮　懝 惷　㥽　戇　愚　懱　愉 憪

差迭也。辵部迭、更迭也。瞻卬鞫人忮忒、傳云忒、變也。閟宮享祀不忒、箋云忒、變也。攴部變、更也。洪範衍忒、鄭本作貣、云卦象多變、故言衍貣也。從心。弋聲。他得切。

憪 愉也。廣韻曰、憪、心靜。段氏曰、此愉即下文愉愉如也之愉。從心。閒聲。戶閒切。

愉 薄也。詩鹿鳴、視民不恌、傳云恌、愉也。大司徒以俗教安、則民不愉、注云愉謂朝不謀夕也。經典多作偷、釋言恌、偷也。又借婾字、左襄三十二年傳、晉未可婾也、杜注婾、薄也。從心。俞聲。朱羊切。論語曰。私覿愉愉如也。鄉黨篇文、此引經代一曰也。鄭注愉愉、容色和也。引伸之為樂也。唐風他人是愉、傳曰愉、樂也。

懱 輕易也。謂相輕傷也。依元應引補。此許君省傷為易、庾氏以本字著明之也。廣雅懱、輕也。從心。蔑聲。亦省作蔑、易剝卦蔑貞凶、鄭云輕慢。左成十三年傳蔑死我君、正義云輕蔑文公、以為死無知矣。莫結切。商書曰。以相陵懱。今無此文。

愚 戇也。元應婁引作癡也、以轉注未之改。從心。從禺。禺。母猴屬。獸之愚者。依廣韻引補。然謂猴為愚、卽屬不經、況說偶以形聲而說愚以會意、是不覲字例之條而信口說之也。案當云從心禺聲。末二句則後人所增、當刪。麌俱切。

戇 愚也。字林同。從心。贛聲。陟絳切。段氏曰、師古張陳王周傳注曰、舊音下紺反、今音讀竹巷反。

說文句讀　卷二十　七百八十三　○折四十九　三十九

㥽 姦也。玉篇恨也、急也。廣韻恨也、皆無姦義。集韻又以㥽為猜之重文。案上下文皆愚戇之類、以㥽廁其閒、殊不次。從心。采聲。倉宰切。

惷 愚也。秋官司刺三赦曰惷愚、注云生而癡騃童昏者。淮南道應訓惷乎若新生之犢而無求其故。從心。舂聲。丑江切。

懝 騃也。騃者佁之借字、亦借儗為懝、見人部佁下。從心。從疑。疑亦聲。五溉切。一曰。惶也。桂氏曰、史記龜策傳、齋戒以待、譺然。索隱曰、求龜者齋戒以待、恆譺然也。筠案譺然者、恐求之不得也。

忮 很也。元應引作恨也、非。漢書地理志民俗懻忮、顏注忮、很也。從心。支聲。之義切。

悍 勇也。有力也。依元應引補。蒼頡篇、悍、桀也。從心。旱聲。或省作旱。史記賈誼傳、水激則旱、注云讀與悍同。侯旰切。

態 意也。玉篇態、意美也。眾經音義態、意姿也。司馬相如封禪書、旼旼穆穆、君子之態。從心。從能。桂氏曰、當作能聲。能讀如耐。他代切。姿之餘也。蓋庾氏以意也為不了、加此說也。大徐以為許說、則成謄語矣、故刪之也。

態 或從人。元應以態為古文、云字林同。

wàng
忘

dàng zì mán hū　xiè fú sǒng　duò xiè màn dàng
惕 恣 慲 忽　忦 怫 慫　憜 懈 慢 像

kuī chōng　dài guài
悝 憧　怠 怪

怪 異也。從心。圣聲。古壞切。

像 放也。華嚴音義以像為古惕字。從心。象聲。徒朗切。

慢 惰也。從心。曼聲。謀晏切。一曰。慢不畏也。日部暬曰、狎習相慢也。

怠 慢也。從心。台聲。徒亥切。

懈 怠也。釋言文。從心。解聲。亦省作解、詩夙夜匪解、天命匪解。古隘切。

憜 不敬也。韋元成傳、供事靡憜、顏注憜、古惰字。蓋以時所不用而古之也。從心。隋聲。徒果切。春秋傳曰。執玉憜。僖公十一年傳曰、天王使召武公內史過賜晉侯命、受玉惰。許受作執。按國語作晉侯執玉卑、蓋二書相涉之故。

惰 憜或省𠂤。

媠 古文憜。

慫 驚也。西京賦、怵悼慄而慫兢。從心。從聲。息拱切。讀若悚。說文無悚、當作竦。詩長發、不戁不竦、傳云竦、懼也。

怫 鬱也。字林、怫鬱、心不安之也。楚詞七諫、心怫鬱而內傷。從心。弗聲。亦省作弗、漢武帝瓠子歌、魚弗鬱兮柏冬日。符弗切。

忦 忽也。繫傳曰、忽略不省也。從心。介聲。呼介切。孟子曰。孝子之心不若是忦也。萬章篇曰、夫公明高以孝子之心為不若是恝、趙注恝、無愁之皃。張古黠切、丁音界。

說文句讀　卷二十　六百九十六　○折四十八　三十

忽 忘也。廣雅同。史記司馬相如傳、芒芒怳忽。從心。勿聲。呼骨切。

忘 不識也。識當作職、此不知許意者所改也。從心。亡聲。武方切。

慲 忘也。一曰。慲兜也。依集韻引補。蓋言忘謂之慲、亦謂之慲兜也。從心。㒼聲。母官切。

恣 縱也。詩檜風序、疾恣也、箋云、恣、謂戲不以禮也。書太甲、縱敗禮、注。從心。次聲。資四切。

惕 放恣也。依華嚴音義引補。方言婬惕、游也、江沅之間、謂戲為婬、或謂之惕、或謂之嬉。荀子修身篇、加惕悍而不順、注云、韓侍郎云惕與蕩同、謂放蕩兇悍也。書畢命、以蕩陵德。又借湯字、詩子之湯兮、傳云湯、蕩也。從心。易聲。徒朗切。一曰。平也。經典借蕩字、書洪範王道蕩蕩、齊風魯道有蕩、論語君子坦蕩蕩。

憧 憧憧。意不定也。依元應引補。易咸九四、憧憧往來。趙策、今王憧憧、乃輦建信以與強秦角逐。從心。童聲。尺容切。

悝 㖧也。㖧俗作嘲。東京賦、由余以西戎孤臣而悝秦穆公於宮室、注云、悝猶嘲也、與詼同。廣雅、詼、調也。從心。里聲。苦回切。春秋傳有孔悝。衛孔圉之子也、見哀十五年。一曰。病也。釋詁、悝、憂也、又曰、瘽、病也、舍人

心

mèng 懜　lán 惏　wàn 忨　kuò 懖　jiāo 憿　jì 悸　xié 懏　guǐ 恑　huǎng 怳　guàng 狂　jué 憰

云憂懮之病也、詩雲漢云如何里、釋文云本亦作瘇、爾雅作悝、竝同、王曰瘇病也、鈞案自唐以上、經典善本、皆在北方、故陸氏在隋所据爾雅本、多與許君符合、而郭氏在晉反異也、讀爾雅者、其加意於說文乎、

憰　權詐也。與言部譎同。從心矞聲。古穴切

狂　誤也。廣韻曰誤人也、然則與言部誑同。從心狂聲。居況切

怳　狂㊀之皃也。衆經音義韻會引、皆無之字、嚴氏曰當作恲兒、轉寫誤分爲二、又誤心爲之耳、說雖未必然、姑存之、廣雅、怳狂也、廣韻怳憿怳、玉篇憿怳驚兒、從心況省聲。當作兄聲、許往切

恑　變詐也。依元應引補、下同、經典借詭字、穀梁文六年傳詭辭而出、謂變異詐妄也、蓋庾注也。從心危聲。過委切

懏　有二心也。晉語懏民國移心焉、楚語民之精爽不懏貳者、韋注懏離也、貳二也、左傳皆借攜字、如招攜以禮之類、然內外傳皆出左氏、不應乖異、或讀者以懏字罕見、以音讀易本文、從心巂聲。戶圭切

悸　心動也。衆經音義屢引字林、悸心動也、說文气不定也、不知也、又曰悸古文痵、案疒部痵气不定也、說文悸本與痵同義、後人以字林改悸說邪、抑元應交互引之、以見其爲一字邪、從心季聲。其季切

說文句讀　卷二十　七百七十九　、〇折四十五　三十一

憿　幸也。玉篇憿行險也、與許君此說、皆用中庸小人行險以徼幸也、中庸古本蓋作憿、憿幸是連語、兩字同義、俗又作儌、衆經音義儌冀、儌冀幸也、得其旨矣、亦借僥字、班固弈旨、僥者有不遇、劣者有僥倖、王部垩下亦云徼幸、從心敫聲。古堯切

懖　拒善自用之意也。依盤庚釋文引補、說文無拒字、當作歫、王篇懖愚人無知也、案中庸愚而好自用、從心銽聲。古活切　商書曰今女懖懖。盤庚云今汝聒聒、馬融王肅云聒聒拒善自用之意也、

懖　古文懖從耳。今盤庚之聒、蓋聲之省文、鄭注尚書聒讀如聒耳之聒、聒聒難告之皃、

忨　貪也。廣雅同、從心元聲。五換切　春秋傳曰忨歲而𣤆日。傳字當作國語二字、段氏說是也、左昭元年傳翫歲而愒日、習部翫下已引之、晉語曰今忨日而𣤆歲、怠偷甚矣、韋注忨偷也、𣤆遲也、釋言㥏忨也、愒貪也、或借渴字、詩雲漢箋云時天旱渴雨、釋文作愒、云貪也、

惏　河內之北謂貪曰惏。方言河內之北謂惏曰殘、楚謂之貪、又曰叨惏殘也、陳楚曰惏、又左傳釋文引方言、殺人而取其財曰惏、左昭二十八年傳貪惏無饜、從心林聲。盧含切

懜　不明也。賈誼書行充其宜謂之義、

fèn 忿　xì 忥

yuān 悁　jì 忌　kuì 憒　wèi 𢡱　hūn 惛　chǔn 惷　náo 怓　mín 怋　huò 惑　xián 慊　qiān 愆

反義爲懜、俗作懵、江文通詩沿牒懵浮賤、李善引說文懵不明也、即此文也、周禮遂人注甿猶懵懵無知皃、釋文懵本又作懜、從心夢聲。夕部夢不明也、懜亦借夢爲之、詩視爾夢夢、視天夢夢、釋訓夢夢亂也、舍人云昏昏之亂也、武亙切

愆　過也。釋言、愆過也、亦失也。依元應引補、左哀十六年傳失所爲愆、從心衍聲。去虔切

𡨦　或從寒省。此與上文從寒省聲之寒、隸變同體、故彼字多借蹇、此字直不見經典、爲俗作僁、其無別也、

𠎝　籀文愆。詩蕩既愆爾止、釋文愆本又作僁、緇衣引詩不僁于儀、

慊　疑也。女部嫌一曰疑也、漢書趙充國傳、嫌得避慊之便、顏注慊亦嫌字、從心兼聲。戶兼切

惑　亂也。廣雅同、從心或聲。亦省作或、易文言、或之者、疑之也、論語辯惑、釋文云本亦作或、胡國切

怋　怓也。以怓釋怋、以亂釋怓、是兩字同義、而不於此總說之、曰怋怓亂也者、兩字非雙聲疊韻、但同義耳、與他連語不同、故引詩亦在怓下也、從心民聲。呼昆切、案集韻雖廿三魂收怋字、引說文、而十七眞亦收怋字、彌鄰切、亂也、

怓　亂也。從心奴聲。女交切　詩曰以謹惛怓。大雅民勞文、惛當作怋、宋版釋文云、

說文句讀　卷二十　七百四十九　、〇折四十九　三十二

惛、說文作怋、毛傳云惛怓大亂也、

惷　亂也。經典借惷字、釋言惷不遜也、郭注惷動爲惡不謙遜也、大誥曰惷茲惷、又曰今惷、從心春聲。尺允切　春秋傳曰王室日惷惷焉。昭二十四年文、云今王室實惷惷焉、實與惷皆借字也、一曰厚也。此義與偆同字、廣雅偆厚也、人部偆富也、

惛　不憭也。釋訓儚儚洄洄惛也、大戴禮曾子立事篇、怒之而觀其不惛也、燕策心惛然恐不能須臾、鮑注憂思昏惛、從心昏聲。呼昆切

忥　癡皃。字亦作疙、廣雅疙癡也、從心气聲。許既切

𢡱　寱言不慧也。廣雅𢡱寱也、左哀二十四年傳、是𢡱言也、釋文字林作𢡱、云夢言意不慧也、從心衛聲。于歲切

憒　亂也。依後漢何進傳注引補、元應引作亂煩也、案憿下云煩也、蓋牽連引之、或借潰字、大雅潰潰回遹、傳云潰潰亂也、從心貴聲。胡對切

忌　憎惡也。憎下云惡也、此謂忌憎同義也、惡當作諅、諅一曰畏諅、從心己聲。渠記切

忿　悁也。從心分聲。敷粉切

悁　忿也。二字轉注、是也、元應引云悁恚也、後漢陳蕃傳注引云悁恚忿、皆非也、戰國策張儀曰、秦忿悁含怒之日久也、史

心

記魯仲連鄒陽傳弃忿悁之節後漢書竇融傳忿悁之閒改節易圖是忿悁二字古人每連言之足徵其同義矣思元賦舊注引字林悁忿恨也李善引字林悁含怒也從心。肙聲。於緣切。一曰。悁邑。憂皃。依洞簫賦注引補。李賢注思元賦引作悁悁憂也攷工記廬人刺兵欲無蜎鄭司農讀爲悁邑之悁矣詩澤陂中心悁悁傳云悁悁猶悒悒也聲類悁憂皃也。

籒文悁。

恨也。廣韻引作很也。從心。黎聲。郎尸切。一曰。怠也。繫傳曰黎遲也故爲怠案辵部遲徐也意亦近。

恨也。大雅緜正義引作怒也非也恚恨也恨怨也怨恚也此多字相爲轉注之例三字旣已立的於是他字之釋以恚恨怨者其同其別可以意揣矣。從心。圭聲。於避切。

恚也。從心。夗聲。於願切。

古文。怨。段氏曰此篆體蓋有誤集韻類篇云古作㤪又班馬字類韻會皆引史記封禪書百姓怨其法字作惌筠案㤪體近是夕字在上耳惌字亦誤㔾字蓋夕之上誤斷爲死耳。

恚也。從心。奴聲。乃故切。

怨也。字林憝惡也法言楚櫢羣策而自屈其力注云櫢惡也通作譈方言譈憎所疾也宋魯凡相惡謂之譈憎若秦晉言可惡矣。從心。敦聲。徒對切。周書曰。凡民罔不憝。康誥文孟子引作凡民罔不譈則是今本捝兩字耳不得遠引凡民自得罪之凡民也。

怒也。元應引作怨也經典以怒解者詩柏舟慍于羣小毛傳也檀弓舞斯慍鄭注也論語人不知而不慍何晏注也以怨解者論語鄭注也詩緜不殄厥慍傳云慍恚也韓詩以慍我心辥君章句慍恚也案恚恨也恨怨也是亦以怨解慍也。從心。𥁕聲。於問切。

過也。左定五年傳吾以志前惡杜注惡過也。從心。亞聲。烏各切。

惡也。詩無庶予子憎傳云無見惡于夫人。從心。曾聲。作滕切。

恨怒也。恨一引作很。從心。市聲。蒲昧切。詩曰。視我怖怖。小雅白華視我邁邁傳云邁邁不說也釋文邁韓詩及說文竝作怖怖韓詩云意不說好也許云很怒也。

怒也。從心。刀聲。讀若顡。魚既切。桂氏曰本書瘛從恝聲徐鍇曰說文無恝字馥疑忍即恝之誤詩大東契契寤歎傳云契契憂苦也論語有心哉何晏云謂契契然也劉向九歎孰契契而委棟兮王逸注契契憂皃也契當作恝玉篇恝心事也集韻恝心有事也王煦曰忍讀若顡葳不可解似爲下文忍字之注脫誤至此耳且齊風甫田檜風羔裘俱詠忉忉不宜說文無

忉字竊謂忍即忉也筠案桂氏王氏兩說皆與怒也不合姑竝存之。

怨恨也。玉篇㥦恚也恨也怨也廣雅㥦恨也。從心。彖聲。此讀若弟之㣇也戶佳切。讀若膎。桂氏曰㥦悷音義同類篇悷戶佳切㥦悷心不平又乃計切恨也。

怨也。從心。艮聲。胡艮切。

怨也。釋言文穀梁莊三十一年傳財盡則怨力盡則懟注云懟恚恨也。從心。對聲。丈淚切。

悔恨也。恨者怨人之詞悔者自怨之詞故必連言之然詩雲漢宜無悔怒傳云悔恨也案此宣王望神罔時怨耳則悔亦爲怨人之詞。從心。每聲。荒內切。

小怒也。從心。壴聲。充世切。

心不服懟也。依元應引補廣雅蒼頡篇皆曰怏懟也此加心不服以原其情者言二字同而異也玉篇怏懟也不服也分爲兩義失之史記白起傳白起之遷其意尙怏怏不服有餘言或借鞅方言鞅懟也。從心。央聲。於亮切。

煩也。史記倉公傳故煩懣食不下則脈絡有過。從心。滿聲。御覽引華陀事云廣陵太守陳登得胃中煩滿魏志作煩懣莫困切。

懣也。元應引云憤滿也謂憤怒氣盈滿也。從心。賁聲。房吻切。

懣也。易乾卦遯世無悶孟子阨窮而不憫注云憫悶也。從心。門聲。莫困切。

失意也。元應引云惆悵失志也案悵下自有說解是不以連語盡其義也古單言惆者荀子禮論惆然不嗛注云惆然悵然也陸機嘆逝賦心惆然而自傷廣雅惆痛也連言惆悵者楚詞九嘆兩見後人多用之遂忘惆單字成義也。從心。周聲。敕鳩切。

□望□恨也。竹君本有兩空格元應引則如今本釋名望惘也視遠惘惘也。從心。長聲。丑亮切。

大息也。釋名氣愾也愾然有聲而無形也祭義出戶而聽愾然必有聞乎其嘆息之聲。從心。從氣。氣亦聲。氣同餼安得云從此後人加之本火既反孫許既切。詩曰。愾我寤歎。曹風下泉文箋云愾嘆息之意。

愁不安也。一引作愁不中也兩通一引作憂皃也非也謂懆與愁同義而加不安之意與愁異也毛詩古音考曰懆之與慘彼此互錯北山之慘慘劬勞慘慘畏咎宜讀懆月出之勞心慘兮抑之我心慘慘皆宜改而從懆。從心。喿聲。七早切。詩曰。念子懆懆。小雅白華文。

傷也。借傷爲慯也琴賦愴傷心。從心。倉聲。初亮切。

憯也。方言怛痛也詩勞心怛怛又中心怛兮傳

cǎn 慘

jiǎn ⿱簡心　yǐ 㥯　yīn 慇　mǐn 愍　xī 惜　cè 惻　bēi 悲　tōng 恫　qī 悽　cǎn 憯

云、怛、傷也。從心旦聲。得案切、又當割切。⿱旦心或從心在旦下。詩曰、信誓⿱旦心⿱旦心。衛風氓文、今作旦。傳云、信誓旦旦然。箋云、我其以信相誓旦旦耳、言其懇惻款誠。釋文、旦、說文作⿱旦心。表記引此詩、釋文云、字林作⿱旦心⿱旦心。釋訓、晏晏旦旦、悔爽忘也。釋文、旦、本或作⿱旦心。○嚴氏曰、小徐本⿱旦心從心旦聲。韻會十五翰引⿱旦心、憯也、從心旦聲。氓釋文、旦旦、說文作⿱旦心⿱旦心、蓋舊本但有⿱旦心篆、小徐眞本亦有⿱旦心無怛。大徐補收怛篆、後人復以大徐補小徐耳。議刪怛篆、而改此說解云、憯也、從心旦聲。詩曰、信誓⿱旦心⿱旦心。

憯　痛也。廣雅同。詩雨無正、憯憯日瘁。從心替聲。七感切。

慘　毒也。字林同。史記酷吏傳、惟慘酷斯稱其位矣。從心參聲。七感切。

悽　痛也。祭義、霜露既降、君子履之、必有悽愴之心。釋訓、哀哀悽悽、懷報德也。郭注、悲苦征役、思所生也。從心妻聲。七稽切。

恫　痛也。釋言文。八部、侗、痛也。書盤庚、乃奉其恫。詩思齊、神罔時恫。從心同聲。他紅切。一曰呻吟也。匡謬正俗、關中謂呻吟爲呻恫。段氏曰、前說可包後說。此等恐皆後人入也。

悲　痛也。廣雅同。從心非聲。子華子、古之制字者、非其心也、則失類而悲。府眉切。

惻　痛也。謂惻然心中痛也。依元應引補、蓋庚注也。從心則聲。初力切。

惜　痛也。廣雅同。從心昔聲。思積切。

愍　痛也。字詁、古文愍、今作閔。詩載馳序、閔衛之亡。釋文、閔、一本作愍。魯閔公、史記、漢書竝作愍、或作慜。蔡逝賦、慜城闕之邱荒。從心敃聲。眉殞切。

慇　痛也。詩正月、憂心慇慇。傳云、慇慇然痛也。從心殷聲。詩北門、憂心殷殷。釋文云、本又作慇。於巾切。

㥯　痛聲也。經典作偯。禮記閒傳、大功之哭三曲而偯。注云、偯、餘聲從容也。雜記、童子哭不偯。又云、中道嬰兒失其母焉、何常聲之有。注云、所謂哭不偯。釋文、偯、說文作㥯。從心依聲。釋訓、哀哀、懷報德也。裴瑜云、哀音依。甘氏星經、依烏、漢書天文志作哀烏。文心雕龍、哀者依也、悲實依心、故曰哀也。於豈切。孝經曰、哭不㥯。喪親章文、今作偯。注云、氣竭而息、聲不委曲。桓譚新論、古孝經千八百七十二字、今異者四百餘字。

⿱簡心　⿱簡心存也。嚴氏曰、當云⿱簡心⿱簡心在也。案⿱簡心蓋衍文。玉篇但引存也、釋訓、存存萌萌、在也。釋文、施云、朋反、字或作蕄。廣韻引爾雅、存存蕄蕄、在也、音武登切。玉篇艸部引亦然、音莫耕切。惟其心部⿱簡心下云、古限切。說文云、存也。或作蕄、又音萌。案此說原流甚明、萌、⿱簡心之譌。蕄、隸書艸竹不分也。蕄又譌萌、則邢疏所云萌字書

yōu 怮

chuò 惙　tán 惔　bǐng 怲　qióng ⿱鈞心　zhuì 惴　yàng 恙　jiá 忦　yún 愪　qiú ⿱咎心　yǐ ⿰忄虒　yòu 忧　gǎn 感　sāo 慅

作憓者是矣。蕄譌爲憓、又挽心也、因而音隨形變矣。惟是存也、與爾雅在也不符。釋詁、在、存、察也、則兩字同義。從心、簡省聲。古限切。讀若簡。繫傳曰、若尚書云簡在上帝之心。案此或謂尚書之簡、乃⿱簡心之借字邪。

慅　動也。陳風月出、勞心慅兮。毛傳無說。蓋許補之也。又借騷字。詩徐方繹騷、傳云、騷、動也。釋詁同。顏注賈誼傳曰、憂動曰騷。從心蚤聲。穌遭切。月出釋文、慅、七老反、憂也。一曰起也。

感　動人心也。易咸彖傳、聖人感人心而天下和平。從心咸聲。咸卦彖傳、咸、感也。古禫切。說文無憾字、左傳、漢書憾多作感。元應引字林、憾、不安也、則呂氏始收之。

忧　不動也。不字誤。玉篇、忧、心動也。廣韻、忧、動也。從心尤聲。讀若祐。于救切。

⿰忄虒　低⿰忄虒不憂事也。低⿰忄虒疊韻。集韻以⿰忄虒低爲一字、引爾雅、⿰忄虒、怙恃也。又曰、恃事曰⿰忄虒。從心虒聲。讀若移。移爾切。玉篇、余氏、余支二切。本部序字、訓義美者居前、惡者居後。大徐以低⿰忄虒之故、遂本篆於低篆下、非也。

⿱咎心　怨仇也。廣韻十八尤同。此四十四有⿱咎心、怨⿱咎心、則用玉篇也。從心咎聲。亦借咎爲之。書序、殷始咎周。傳云、咎、惡也。其久切。⿱咎心與人部㑋同。

愪　憂皃也。從心員聲。王分切。

怮　憂皃。廣韻、怮怮、憂也。玉篇、怮、憂懣也。從心幼聲。於虯切。

忦　憂也。五音集韻、忦、懂也。從心介聲。五介切。

恙　憂也。釋詁文。郭注、今人云無恙、謂無憂也。從心羊聲。余亮切。

惴　憂懼也。釋訓、惴惴、懼也。廣韻、惴、憂心也。從心耑聲。之瑞切。詩曰、惴惴其慄。秦風黃鳥文。說文無慄字、當作栗。

⿱鈞心　憂也。集韻、⿱鈞心或作忳。離騷、忳鬱邑余侘傺兮。王注、忳、憂皃也。從心鈞聲。常倫切。廣韻⿱鈞心收清部、玉篇巨營切。

怲　憂也。從心丙聲。兵永切。詩曰、憂心怲怲。小雅頍弁文。傳云、怲怲、憂盛滿也。

惔　憂也。從心炎聲。徒甘切。詩曰、憂心如惔。嚴氏曰、引詩蓋後人校改。節南山釋文、如惔、引說文作㷋、小熱也、卽火部之憂心㷋㷋也。雲漢釋文、如惔、引毛傳、燎也、引說文云、炎燎也、則六朝舊本炎聲下一曰炎燎也。詩曰、如惔如焚。筠案、炎燎也者、炎字句絕、謂會意、異于上文之形聲也。燎也、卽本之毛傳。又案、後漢書章帝紀、詔曰、如炎如焚。注引雲漢、亦作炎。

惙　憂也。易訟卦、患至掇也。鄭作惙、云、憂也。從心叕聲。陟劣切。詩曰、憂心惙惙。召南草蟲文。傳云、惙惙、憂也。釋

huàn 患 yōu 惪 qī 慽 qiǎo 悄 chōng 忡 xū 忓 lí 慈 hùn 慁 cuì 悴 yōu 悠 kǎn 惂 nì 愵 chóu 愁 shāng 傷

訓同、一曰意不定也。傷 憂也。釋詁悠傷憂思也釋文傷字書作傷從心殤省聲。桂氏段氏皆云殤當作傷蓋是也經典皆借傷為傷故言傷省聲以闕之式亮切

愁 憂也。恳下云愁也此不云恳也者篆籀用古文說解用隸體故癵下云桓圭義下云威儀也段氏嚴氏皆曰上下文憂字廿餘見皆當作恳蓋未達也。從心秋聲。士尤切

愵 憂皃。衆經音義愵思也傷也從心弱聲。奴歷切讀與惄同。惄下云一曰憂也方言愵憂也自關而西秦晉之閒或曰惄詩惄如調飢釋文惄本又作愵韓詩作愵桂氏曰愵當為惄

惂 憂困也。桂氏曰惂俗作輡集韻輡不得志也又作轗廣韻轗輡坎壈也輡轗不遇也從心臽聲。苦感切

悠 憂也。詩十月悠悠我里傳云悠悠憂也從心攸聲。亦省作攸詩雝雝悠悠我思釋訓儵儵嘒嘒罹禍毒也釋文云儵樊本作攸引詩攸攸我思以周切

悴 憂也。方言悴傷也宋謂之悴從心卒聲。讀與易萃卦同。秦醉切

慁 憂也。左昭六年傳主不慁賓杜注慁患也從心圂聲。胡困切一曰擾也。史記范睢傳是天以寡人慁先生徐廣曰亂先生也桂氏曰文選風賦注引字林溷亂也賦借溷字注所引實慁字訓也

慈 楚潁之閒謂憂曰慈。方言慈傷也楚潁之閒謂之慈慈當作慈許君所用卽此文也憂傷同義釋詁悝憂也悝亦慈之借郭注引詩悠悠我悝今詩作里釋文云本或作瘽從心𠭥聲。力王切

忓 憂也。從心于聲。于卽古吁字況于切讀若吁。言吁可借為忓也卷耳云何吁矣傳云吁憂也亦借盱為之釋詁盱憂也郭引詩云何盱矣釋文盱本或作忓同

忡 憂也。釋訓忡忡憂也字或作𢥞楚詞九歌極勞心兮𢥞𢥞從心中聲。敕中切詩曰憂心忡忡。召南草蟲小雅出車竝有此文

悄 憂也。詩月出勞心悄兮傳云悄憂也從心肖聲。親小切詩曰憂心悄悄。邶風柏舟文傳云悄悄憂皃

慽 憂也。後漢書王商傳居喪哀慽經典作慼書多方不冝感言于民從心戚聲。詩小明自詒伊慼傳云慼憂也左宣二年傳引作感倉歷切

惪 愁也。從心頁聲。頁古首字徐鍇曰惪形於顏面故從頁案曲禮下於帶則憂注云憂則低也惪自是聲義相兼之字戴侗引蜀本亦曰頁聲與小徐同韻會引亦同於求切

患 憂也。從心上貫吅。吅亦聲。桂氏曰從心上貫吅當為從心上毌串古文毌詩皇矣串夷卽緜之混夷昆毌聲相近本書瑻或作璭吅亦聲者後人加之筠案小徐通論篇曰於文心上串為患可證桂氏說然心上毌不能得患義直當是從心串聲耳胡丱切

𢝊 古文。患從關省。

𢟗 亦古文患。小徐通論篇云古文心臼臼為患臼揭人心也筠案串乃串字離析而作之博古圖周晉姜鼎串字釋為貫案貫毌一字毌及串皆串之省也

kuāng 恇 qiè 㥦 shè 懾 dàn 憚 dào 悼 zhé 慴 kǒng 恐 tì 惕 chù 怵 gǒng 供 hài 侅 huáng 惶 bù 悑

恇 怯也。廣雅同素問尺虛者行步恇然王注恇然不足從心匡、匡亦聲。禮器衆不匡懼省形存聲也去王切

㥦 思皃。玉篇廣韻引同衆經音義引作恐息也案謂恐懼而喘息也與上下文諸字義相類蓋從心夾聲。苦叶切

懾 失气也。衆經音義引字書懾失常也樂記柔氣不懾注云懾猶恐懼也從心聶聲。之涉切一曰服也。依元應引補字林懾服也說又見人部㒓下

憚 忌難也。桂氏曰難當為惡廣韻憚忌惡也本書忌憎惡也詩雲漢我心憚暑箋云憚猶畏也從心單聲。徒案切一曰難也。

悼 懼也。陳楚謂懼曰悼。段氏曰方言悛憮矜悼憐哀也齊魯之閒曰矜陳楚之閒曰悼趙魏燕代之閒曰悛自楚之北郊曰憮秦晉之閒或曰矜或曰悼按方言甚明了許易哀為懼未詳方言又曰悼傷也秦謂之悼皆不訓懼檜風中心是悼傳曰悼動也於懼義略近從心卓聲。徒到切

恐 懼也。釋詁文從心巩聲。丘隴切

𢖶 古文。恐

慴 懼也。釋詁文從心習聲。之涉切讀若疊。言可借疊為慴也詩時邁莫不震疊傳云疊懼也正義云釋詁文彼疊作慴音義同鹽鐵論引詩作慴

怵 恐也。玉篇云悚懼也從心朮聲。丑律切

惕 驚也。依元應引改易乾卦夕惕若厲釋文惕怵惕也鄭云懼也從心易聲。他歷切

𢡀 惕或從狄作。漢書王商傳無怵愁憂

供 戰慄也。慄當作栗廣雅供懼也釋詁戰慄懼也方言蛩供戰慄也荆吳曰蛩供蛩供又恐也從心共聲。戶工切又工恐切方言注亦曰蛩恭兩音

侅 苦也。衆經音義云通俗文患愁曰侅侅亦苦也恨也韓非子存韓篇若人之有腹心之病也虛處則侅然若居溼地從心亥聲。胡槩切

惶 恐也。從心皇聲。胡光切

悑 惶也。從心甫聲。普故切

怖 悑或從

zhí 慹　bèi 㥶（qì 懯）　jì 惎　chǐ 恥　tiǎn 㥏　cán 慙（tiǎn 忝）　nǔ 恧　zuò 怍　lián ⿺辶⿱車心（lián 憐）　rěn 忍　mǐ 㥝　yì ⿱乂心　chéng 懲　jǐng 憬

布聲。悑也。莊子田子方慹然似非人，漢書朱博傳以是豪强慹服。從心執聲。之入切。

㥶也。玉篇云極也。從心㲉聲。苦計切。

憊也。俗作憊，易遯卦象傳有疾憊也，鄭注憊困也，既濟三年克之憊也，虞注坊爲勞，故憊也。從心葡聲。蒲拜切。備或從疒作。

毒也。毒者害也，如左傳莫余毒也已之毒，左宣四年傳管蔡啟商惎閒王室，杜注惎毒也，以毒亂王室。從心其聲。渠記切。周書曰來就惎惎。諸家皆云疑卽秦誓未就予忌。

辱也。轉注。從心耳聲。敕里切。

青徐謂慙曰㥏。方言文，繫傳左思魏都賦曰㥏墨而謝。從心典聲。他典切。

辱也。釋言文。從心天聲。他點切。

媿也。轉注。從心斬聲。昨甘切。

慙也。方言山之東西自媿曰恧。從心而聲。女六切。

慙也。釋言愧慙也，莊子釋文引作怍慙也，或作㤰，荀子儒效篇無所儗㤰，注云謂無疑滯慙怍也。從心乍聲。依韻會引改，在各切。

哀也。從心粦聲。落賢切。

泣下也。經典借漣字，詩氓泣涕漣漣。從心連聲。力延切。易曰泣涕⿺辶⿱車心如。屯上六泣血漣如，易林坤之井泣涕漣洳。

能也。能讀爲耐，皇侃論語疏忍猶容耐也，詩漸漸之石箋云豕之性能水，釋文能奴代切，本又作耐。從心刃聲。而軫切。

厲也。一曰止也。經典省作弭，左襄二十五年傳自今以往兵其少弭矣。從心弭聲。讀若沔。彌兖切。

懲也。或省作乂，後漢書竇融傳其後匈奴懲乂，注云懲創也，說文云乂亦懲也，案此亦字承懲創也來，李賢自加之言，懲乂是複語也，又借艾字，詩小毖予其懲而毖後患，傳云懲艾也，釋文云艾字或作⿱乂心。從心乂聲。魚肺切。

⿱乂心也。衆經音義改革前失曰懲也。從心徵聲。直陵切。

覺寤也。從心景聲。俱永切。詩曰憬彼淮夷。此字在此不次，嚴氏曰泮水釋文憬彼引說文作懬，則六朝舊本引詩在懬下，又瞏讀若穬彼淮夷，穬亦懭之誤，文選齊安陸王碑注引韓詩獷彼淮夷，薛君曰獷覺寤之皃，據云覺寤，是韓亦作懭，今此憬篆似校者所加。

文二百六十三　重二十三　鮑本二十二。徐鉉補志字，云意也，從心𡳿聲，職吏切。

說文句讀《卷二十　六百八十六、○折四十六　三九

桂氏嚴氏皆補怢字，云蕩釋文四月疏左傳桓十三年疏釋言疏皆引說文怢習也，段氏則改愧爲怢，桂氏又補慬字。

ruǐ 繠　suǒ 惢

心疑也。魏都賦曰神惢形茹。從三心。易曰三則疑也，戰國策曰一心可以事百君，而二心不可以事一君。凡惢之屬皆從惢。讀若易云旅瑣瑣。又才規才累二切，云又者承讀若瑣而言。玉篇桑果切，又才累才規二切，魏都賦注說文而髓反，易者旅初六爻詞也。

垂也。左傳佩玉繠兮余無所繫之，旨酒一盛兮余與褐之父睨之，注云繠然服飾備也。桂氏曰盧諶時興詩繠繠芬華落，李善引字書繠垂也，馥謂詩借繠字，注依詩作繠，而所引則繠字也。筠案曲禮立視五巂，注云巂或爲繠。從惢糸聲。疑是系聲，篆說皆捝丿也，左傳繠繫睨爲韻，系繫同字。如壘切。

文二

說文解字句讀弟十下

曲沃王恩照校

說文句讀《卷二十

句讀卷二十補正

案囪部所以繼黑部者、以黑字從囪也、然則玉篇曰、又千公切、通孔也、竈突也、許君亦當著此義、火烟所由出、乃竈突之任、非囪牖之任也、或以先有宮室、後有竈突、故略之耶、至千公切、乃囪之古音、楚江則六朝變音、許君時或未必變也、一葉前四行楚江切下增此

浾從赤水會意、浾則從水正聲、惟其爲汁也。故以水爲主。而其小異於經可見矣。三葉前八行浾或從正下增此注

屰天者不天也、猶長部說曰、𠂆者倒亾也、大徐申之曰、倒亾、不亾也、六葉後七行從屰從天下增此注

㲋之從交也、可以行路況之、直行則愈行愈遠、必不交矣、迆邐而行、則能返其故處、是此交、如旅酬交錯之交、即辵部之迒也、七葉前五行從交下增此注

是知尣背偏曲。或俯或仰。皆謂之允。而九經字樣曰曲其右足者。特據字形言也。七葉後二行亦然下增此

以尪尫疊韻也、七葉後六行作尪尫下增此

壹壺者。疊韻連語也。以說文通例推之。壹下當云壹壺、專壹也、壺下當云壹壺也、獨此分居兩部、而文相銜接。故以名目訓義分之兩字下壺下但出名目、壹下但出訓義、故專壹也者非壹一字之訓也。猶之石部磊下當云磊砢、衆石皃也、砢下當云磊砢也、因磊當殿居部尾、故出名目於砢下、而出訓義於磊下、其例正同、皆變例也、夫壹壺者、天地訢合之氣也、天氣陽、地氣陰、本不相合、以成專壹、惟當地氣上騰、天氣下降、訢合相扶、固結交密、不復分其孰爲陰孰爲陽、斯專壹矣、故孔子以天地絪縕男女搆精比類爲言、乃舉人所知、使之推知所不能知也、段氏曰、元氣渾然、吉凶未分、故其字從吉凶在壺中會意、合二字爲雙聲疊韻、實合二字爲一字、是言也、非茂堂不能知、不能道也、惜不移此說於壹部、猶於許君之意未達一間、故用轉注通例改專壹爲嫥壹、果爾則但當云嫥也、不當連言嫥壹、筠前纂釋例、亦未知此、致多謬語、今幸知之、故文繁不殺以重明之、八葉後三行桂氏至嫥也二十二字全刪以此補之

案胡生牛頸之下、此借以言人、十葉前八行胡脈也下增此

平祕切、十三葉後一行處義氏下增此注

段氏謂不醉而怒、於壯義迫義皆近、似其說較安、十三葉後三行平祕切三字刪去增此

抑或息者氣也、氣壹則動志、若安神定息、則心亦循其常矣、息之從心、殆以是乎、十八葉前二行不知何以從心下增此

筠案收恤亦恆言、廣雅、收、振也、周官大司徒之六行有恤、注曰、恤、振憂貧者、二十六葉前八行恤救之憂也下增此

廣韻十三祭、𢡱字凡三見、魚祭切者、與寱同字、三十二葉後六行廣雅上增此

言部三十二葉後九行作謌下增此

注曰諄之潤反三十三葉前十行言可惡矣下增此

說文解字句讀第十一上

漢太尉南閣祭酒許氏記

安邱王　筠撰集

相國壽陽祁春浦夫子鑒定

益都陳山嵋　晉江陳慶鏞　訂正

博山蔣其崙書篆

二十一部　六百八十五文嚴氏曰五當爲四　重六十二

毛孫二本同毛後剜改二作三鮑本同嚴氏曰當作四

凡九千七百六十九字

水　準也。集韻準、數軌切、水準疊韻、白虎通水之爲言準也、尚書大傳、非水無以準萬里之平、考工記輈人輈注則利準、注云故書準作水、又栗氏爲量權之然後準之、注云準故書或作水、北方之行。白帖水冠五行之始、計倪子內經、元冥治北方、白辯佐之使主水、其字象衆泉竝流。中有微陽之气也。依五行大義引改補中有二字、一引同、釋水釋文引作著衆泉、謂四短畫也、微陽謂一長畫也、四陰一陽、故曰微、子華子陰之正氣其色黑、水陽也、而其伏爲陰、式軌切。凡水之屬皆從水。

汃　西極之水也。從水八聲。府巾切。爾雅曰、西至於汃國、謂之四極。釋地曰、東至於泰遠、西至於邠國、南至於濮鈆、北至於祝栗、謂之四極、釋文、邠本或作豳、文穎引亦作豳、廣韻汃西方極遠之國、列子湯問篇西行至豳、人民猶是也、注引爾雅、

河　水。句絕、水經注引浟水也、由此知之、水也者、謂水名也、說文不言某名、出敦煌塞外昆侖山。敦煌郡見漢志、此以地望表昆侖所在也、山當作虛、丘部云、昆侖丘謂之昆侖虛、釋水河出昆侖虛、色白、所渠幷千七百一川色黃、發原注海。釋水江河淮濟爲四瀆、四瀆者發原注海者也、釋名瀆獨也、各獨出其所而入海也、案許君於此發例、江淮濟下、但言入海而已、史記大宛傳、于寘之西水皆西流注西海、其東水東流注鹽澤、鹽澤潛行地下、其南則河源出焉、地理志金城郡河關縣、積石山在西南羌中、河水行塞外、東北入塞內、至章武入海、過郡十六、行九千四百里、從

水可聲。乎哥切。

泑　澤。在昆侖虛下。依御覽引補、言在者、以其爲澤也、括地志蒲昌海一名泑澤、一名鹽澤、亦名輔日海、亦名牢蘭、亦名臨海、在沙州西南、西山經不周之山、東望泑澤、河水所潛也、其原渾渾泡泡、郭注河南出昆侖、潛行地下、至葱嶺出于闐國、復分流岐出、合而東流注泑澤、已復潛行、南出于積石山、而爲中國河也、西次三經槐江之山、丘時之水出焉、而北流注于泑水、南望昆侖、其光熊熊、其氣渾渾、從水幼聲。讀與歛同。於糾切、

涷　水。出發鳩山。入於河。桂氏曰、水經注濁漳水云、漳水又東、陳水注之、水西出發鳩山、東逕余吾縣故城南、又東逕屯留縣故城北、又東流注于漳、故許愼曰、水出發鳩山、入關、從水章聲也、馥案陳水當爲涷水、章聲當爲東聲、入關當爲入壺關、漳水逕壺關縣故城西也、本書今作入於河、後人亂之、寰宇記八十川水出潞州長子縣界發鳩山、西南合沁水、此川長八十里、因名八十川、馥謂卽涷水、從水東聲。德紅切、桂氏曰、此水當與漳沁相交、

涪　水。出廣漢剛邑道徼外。南入漢。邑當作氏、漢書百官表、列侯所食縣曰國、皇太后皇后公主所食曰邑、有蠻夷曰道、然則地理志偁甸氏道、湔氏道、剛氏道、皆以其有氏而道之、漢書音義、徼塞也、以木柵水爲蠻夷界、地理志廣漢郡剛氏道、涪水出徼外、南至墊江入漢、過郡二、行千六十九里、從水咅聲。縛牟切。

潼　水。出廣漢梓潼北界。南入墊江。墊當作褺、校者以誤本漢書改之也、衣部褺下云、巴郡有褺江縣、地理志、廣漢郡梓潼、曰五婦山、馳水所出、南入涪、行五百五十里、應劭曰、潼水所出、南入墊江、案潼水卽馳水、水經又謂之梓潼水、以縣名水也、段氏曰、漢志墊江、應劭音徒浹反、孟康音重疊之疊、此縣爲嘉陵江渠江涪江會合之地、水如衣之重複、故曰墊江、觀應孟之音、則知漢書字固從衣也、又曰、按涪下曰南入漢者、言至墊江而入西漢水也、潼下曰南入墊江者、言入西漢水在墊江境也、曰入墊江者、其縣其水通名也、從水童聲。徒紅切、

江　水。出蜀湔氏徼外崏山。入海。湔氏下當有道字、崏當作㟭、繫傳引漢書、蜀郡湔氏道、崏山在西徼外、江水所出、東南至江都入海、過郡九、行七千六百六十里、荊州記、江出崏山、其源如甕口、可以濫觴、在益州建寧漏江縣、潛行地底數里、至楚都、遂廣十里、從水工聲。古雙切、

沱　江別流也。流字依段說補、說詳下文派下、召南江有沱傳曰、沱江之別者、釋水水自江出爲沱、又曰江爲沱、郭璞音義、沱水自蜀郡都安縣揃山與江別而更流、出崏

zhè 浙　é 涐　jiān 湔　mò 沫

山東別爲沱。言江出嶓山而東，卽派別爲沱也。小徐無出字，亦通。禹貢，嶓山導江，東別爲沱。毛氏晃曰，按地理志，南郡枝江縣，江沱在西，此荆州之沱也。蜀郡郫縣，江沱在西北，此梁州之沱也。凡江水別出皆名爲沱。此言東別爲沱，繼于岷山導江之下，是江始出而別流者，則當在梁州。詩言江有沱，其荆州之沱與。從水它聲。徒何切。○一曰陂也。初學記引云，池者陂也。說文無池字，而陂下云一曰沱也。可知所引卽沱下義，特從俗作池耳。月令毋漉陂池。左傳亥有臺榭陂池焉。陂池連用，複語也。

浙　江水東至會稽山陰爲浙江。會稽郡山陰。二志同。段氏曰，今俗皆謂錢唐江爲浙江，不知錢唐江，地理志、水經皆謂之漸江。江至會稽錢唐，古曰浙江。說文浙、漸二篆，分舉劃然。今則江故道不可考矣。桂氏則謂說解江水之上脫漸字。案浙篆在江、沱二篆之下，似段氏說是。然無徵不信，姑闕之。從水折聲。旨熱切。

涐　水也。出蜀汶江徼外。東南入江。蜀郡汶江，見漢志。汶者谿之借字也。水經江水云，涐水出徼外，經汶江道。呂忱曰，渽水出蜀。許慎以爲涐水也。出蜀汶江徼外，從水我聲。南至南安，入大渡水，大渡水又東入江。胡氏渭曰，禹貢和夷厎績，水經注引鄭說云，和夷，和上夷所居之地。和水卽涐水，和、涐聲相近，字從而變。地理志云，青衣縣，禹貢蒙山谿，大渡水東南至南安入渽。渽水出汶江縣徼外，南至南安，東入江，過郡三，行三千四十里。渽乃涐字之譌。和夷者，涐水南之夷也。從水我聲。據水經注，知許作涐，呂忱乃作渽。廣韻七歌曰，涐，水名，在汶江。此用說文也。十六咍又曰，渽，水名，出蜀。此用字林也。五何切。

湔　水出蜀郡綿虒玉壘山，東南入江。郡字衍文。說文於郡縣同名者，乃言郡縣以別之。且上下文皆言蜀不言郡也。地理志，蜀郡綿虒，玉壘山，湔水所出，東南至江陽入江，過郡三，行千八百九十里。又廣漢郡雒縣下云，章山，雒水所出，南至新都谷入湔。元和志，彭州導江縣，玉壘山在縣西北二十九里。從水前聲。子仙切。一曰手澣之。手，水經注引字林譌作半。之，集韻引作也。兩通。戰國策，汗明見春申君曰，君獨無意湔祓臣也。

沫　水出蜀西南徼外。東南入江。西南徼，江賦注引作西塞，與上下文例不符。徼外之下，一引有與青衣合句。案本文用漢溝洫志，似不必有。水經，沫水出廣柔徼外，東南過旄牛縣北，又東至越嶲靈道縣，出蒙山南，東北與青衣合，東入于江。桂氏曰，地理志青衣縣下所云蒙山谿，卽水經之青衣水；所云大渡水，卽北沫水。二水合流，會涐水入江，非自入江也。從水末聲。本武盍切，孫莫

wēn 温　qián 灊　jū 沮　diān 滇　tú 涂　yuán 沅　yān 淹

割切。顏注溝洫志云，沫音本末之末。

温　水出犍爲涪，南入黚水。依水經注引改。涪當作符。涪縣屬廣漢郡。地理志，犍爲郡符縣，温水南至鄨入黚水，黚水亦南至鄨入江。温水一名煖水，黚水一名烏江，一名涪江，一名涪陵江。從水昷聲。烏魂切。

灊　水出巴郡宕渠，西南入江。禹貢荆州、梁州皆云沱潛既道。地理志並作灊。史記夏本紀，沱涔已道。水經，潛水出巴郡宕渠縣，又南入于江。桂氏曰，酈氏誤以爲禹貢梁州之潛，故注多不合。筠案荆州之灊當依漢志，梁州之潛當依禹貢說，見下文潛下。史記之涔，則借字也。從水鬵聲。昨鹽切。

沮　水出漢中房陵，東入江。水經，沮水出漢中房陵縣，東南過臨沮縣界，又東南過枝江縣，東南入于江。字或借雎。中次八經，荆山之首曰景山，雎水出焉，東南流注於江。左定四年傳，涉雎及江。哀六年傳，江漢雎漳，楚之望也。從水且聲。子余切。

滇　益州池。馬注禹貢，沱，湖也。漢志，益州郡滇池縣，滇池澤在西北。華陽國志南中志，滇池縣，故滇國也，有澤水周迴二百里，所出深廣，下流淺狹如倒流，故曰滇池。子虛賦文成顚歌注云，益州滇池縣，其人能西南夷歌。顚與滇同。筠案司馬相如在漢初，尚用顚字，則知滇乃後起之專字，與木部槇一類。從水眞聲。都年切。

涂　水出益州牧靡南山，西北入澠。說文無澠字，當作繩。漢志，益州郡牧靡縣，南山臘谷，涂水所出，西北至越嶲入繩，過郡二，行千二十里。李奇曰，靡音麻，卽升麻，殺毒藥所出也。水經注，繩水出徼外。山海經曰，巴遂之山，繩水出焉，東南流分爲二水，其一水枝流東出，逕廣柔縣，東流注于江；其一水南逕旄牛道，至大莋，與若水合，自下亦通謂之爲繩水矣。又云，繩水又東，涂水注之，水出建寧郡之牧靡南山縣山，並卽草以立名。從水余聲。同都切。○一曰汙也。衆經音義引云，塗，汙也。說文無塗字，蓋當在此。汙下云，一曰涂也。與此轉注。又塗路，周禮亦作涂。後漢書班固傳，脩涂飛閣注，涂亦塗也。古字通用。

沅　水出牂牁故且蘭。東北入江。牁，俗字，當作柯。地理志，牂柯郡故且蘭，沅水東南至益陽入江，過郡二，行二千五百三十里。顏注，牂柯，係船杙也。且音苴，子閭反。段氏曰，東南當從說文作東北，過郡二當作三，謂牂柯、武陵、長沙國也。華陽國志，楚頃襄王時，遣莊蹻伐夜郎，軍至且蘭，椓船於岸而步戰，既滅夜郎，以且蘭有椓船牂柯處，乃改其名爲牂柯。從水元聲。愚袁切。

淹　水出越嶲徼外，東入若水。越嶲郡屬益州，二志同。嶲音先蘗反。東入若水，玉篇作東

wèi 渭　jīng 涇　táo 洮　ruò 溺

南入若水、與水經同。水經曰淹水出越巂遂久縣徼外。酈注云呂忱曰淹水一曰復水也。桂氏曰疑當爲姑復水。又按酈注云葉榆水逕姑復縣西、與淹水合。是淹先會葉榆而後入若也。漢志蜀郡旄牛縣、若水出徼外、南至大莋入繩。水經若水云、至會無縣、淹水東南流注之。從水奄聲。英廉切。

溺　水自張掖刪丹西至酒泉合黎、餘波入于流沙。張掖郡刪丹縣見漢志。馬融王肅皆言合黎流沙是地名。鄭君以合黎爲山名。禹貢山水澤地云、合黎山在酒泉會水縣東北。應劭曰弱水出張掖刪丹、此云自者、淮南子云弱水出窮石山。廣雅昆侖虛弱水出其西南陬。水經注河水云長老傳聞條支有弱水、亦未嘗見、故山部屼下云或曰弱水之所出。或者疑之也。鄭注禹貢曰凡言導者發源于上、未成流。凡言自者、亦發源于上、未成流。凡言至于者、或山或澤、皆非水名。西至酒泉合黎者、禹貢弱水既西。鄭注衆水皆東、此獨西流、故紀其西下也。又云導弱水至于合黎、餘波入于流沙。地理志居延縣、居延澤在東北、古文以爲流沙。禹貢錐指曰弱水正流入居延海、其餘波則入流沙、流沙非居延也。從水弱聲。禹貢導弱水、釋文弱本或作溺、唐陸淳春秋集傳纂例三傳經文差謬篇曰、襄公六年、宋華弱來奔、公羊弱作溺。而灼切。桑欽所說。蓋其說尚書之攷如

右也。地理志刪丹縣下云、桑欽以爲導弱水自此、蓋與許君所引爲一說。漢書儒林傳、欽字君長、孔安國古文尚書五傳而及欽。唐書以水經爲欽作、今水經無此文。桑、經典釋文作乘、

洮　水出隴西臨洮、東北入河。地理志隴西郡臨洮縣、洮水出西羌中、北至枹罕、東入河。水經河水篇云、又東過隴西河關縣北、洮水從東南來流注之。酈注引沙州記曰、洮水與墊江水俱出嵻臺山、山南卽墊江源、山東則洮水源。嵻臺、西傾之異名也。從水兆聲。土刀切。

涇　水出安定涇陽开頭山、東南入渭。地理志安定郡涇陽縣、开頭山在西、禹貢涇水所出、東南至陽陵入渭、過郡三、行千六十里、雍州川。顏注开音苦見反、又音牽。史記五帝本紀作雞頭、括地志作笄頭、與顏讀異者、從开之字、其音不一、皀由开字之讀本不一也。开頭山卽空桐山也、俗作崆峒。三秦記涇渭合流三百里、清濁不雜。從水巠聲。古靈切。雝州之川也。夏官職方雍州其川涇汭、桂氏曰本書載職方之浸、其言川者惟此一見、疑後人加之、

渭　水出隴西首陽渭首亭南谷、東入河。水經注同、地理志渭水東至船司空入河。從水胃聲。云貴切。杜林所說。與溺篆下桑欽所說同例、謂上文之說出於杜

huáng 湟　miǎn 沔　làng 浪　hàn 漢　yàng 漾

林也。鳥鼠山亦在隴西郡首陽縣、而其西五里乃爲南谷山、故區別之爲兩說也。夏書以爲出鳥鼠山。禹貢導渭自鳥鼠同穴、經連同穴爲名、許君但言鳥鼠者、禹貢至于鳥鼠、朱圉鳥鼠亦不連言同穴、或省文也。而說者頗異。西山經、海內東經、淮南地形訓、皆言渭出鳥鼠同穴之山。水經博物志皆言渭出鳥鼠山。鄭注禹貢曰鳥鼠之山有鳥焉、與鼠飛行而處之。又有止而同穴之山焉。水經注引地說曰鳥鼠山同穴之枝榦也。渭水出其中、東北流過同穴枝閒。此皆以鳥鼠與同穴各爲山也。爾雅釋鳥曰鳥鼠同穴、其鳥爲鵌、其鼠爲鼵。說文無鵌鼵字、蓋本無偏旁矣。雝州濅也。見職方氏注云、浸可以爲陂灌溉者、

漾　水出隴西氐道、東至武都爲漢。氐、酈道元引作獂、而駁之。今本作相、作柏、蓋獂之聲誤爲桓、再誤則爲相與柏也。集韻引作氐、與地理志水經合。志曰隴西郡氐道縣、禹貢養水所出。桂氏曰西漢出上邽之嶓冢、東漢出金牛之嶓冢、分屬二郡、違不相涉、蓋因東漢出于嶓冢、俗以西漢所出之山亦名嶓冢、後人不知有兩嶓冢、故諸說多誤、從水羕聲。余亮切。

瀁　古文漾從養聲。禹貢鄭本、史記夏本紀竝作瀁、地理志作養、省形存聲也。

漢　漾也。東爲滄浪水。禹貢嶓冢導漾、東流爲漢

又東爲滄浪之水。某氏傳曰泉始出山爲漾水、東南流爲沔水、至漢中東流爲漢水。地理志漾出隴西氐道、東流過武關山南、爲漢。出荊山東南爲滄浪之水、卽漁父所歌者也。從水難省聲。呼旰切。當云𦰩聲、

𤃬　古文漢如此。

浪　滄浪水也。滄浪者、蓋謂其水色蒼也。易說卦震爲蒼筤竹。義當同。隨所施而異其偏旁耳。南入江。禹貢文。地理通釋、漢入江處謂之沔口、永初山川記、沔口古文以爲滄浪水。案沔口卽夏口。從水良聲。來宕切。當如廣韻魯當切、

沔　水出武都沮縣東狼谷、東南入江。縣字衍文。下文溫澇淇漸洙沂、說解中之浩鄠共黟葢費、皆一字爲縣名、皆不言縣也。郡國志武都郡沮縣、沔水出東狼谷。地理志、武都郡沮縣、沮水出東狼谷、南至沙羡南入江、過郡五、行四千里、荊州川。案職方氏荊州其川江漢、而無沮。是沮卽沔也。酈道元曰沔水一名沮水。引闞駰曰以其初出沮洳然、故曰沮水。地里志武都郡武都縣、東漢水受氐道水、一名沔、過江夏、謂之夏水、入江。從水丏聲。彌兖切。或以爲入夏水。鄭注尚書引地理志瀁水至武都爲漢、至江夏爲夏水。桂氏曰按卽此沔水、然夏入沔、非沔入夏、水經沔水過江夏雲杜縣東、夏水從西來注之、

湟　水出金

城臨羌塞外。東入河。地理志、金城郡臨羌縣、西北至塞外、有西王母石室、僊海、鹽池、北則湟水所出、東至允吾入河。元和志、湟水出青海東北亂山中、東南流至蘭州西南、入黃河。從水。皇聲。乎光切。

qiān
汧

汧水。出右扶風汧縣西北。入渭。縣字衍文。地理志、右扶風汧縣、吳山在西、古文以爲汧山、雍州山。北有蒲谷鄉弦中谷、雍州弦蒲藪。汧水出西北、入渭。芮水出西北、入涇。詩芮阸、雍州川也。釋水、汧出不流。郭注、水泉潛出、便自停成汚池。十三州志、汧水出汧縣西北。水經注、汧水出汧縣之蒲谷鄉弦中谷、決爲弦圃藪。爾雅曰、水決之澤爲汧也。又云、汧水東南逕隃麋縣故城南、又逕都夷縣平陽故城南、又東流注于渭。字或作岍、禹貢導岍及岐、史記夏本紀道九山汧及岐、索隱、吳山職方謂之嶽山、郡國志謂之吳嶽山。從水。幵聲。苦堅切。

láo
澇

澇水。出右扶風鄠。北入渭。元和志、鄠縣牛頭山在上林苑中、西京賦云、繞黃山而款牛首、是也。澇所自出、潘岳關中記、涇渭霸滻豐鎬澇潏、上林賦所謂八川分流也。顏注漢書司馬相如傳、潦音牢、水名也、出鄠縣西南山潦谷、而北流入渭。水經、渭水又東過槐里縣南、又東澇水從南來注之。史記相如傳亦作潦、索隱、姚氏曰、潦或作澇、封禪書郊祀志皆作澇。從水。勞聲。魯刀切。

qī
漆

漆水。出右扶風杜陽岐山。東入渭。依水經注引改。水經、漆水出扶風杜陽縣俞山、東北入於渭。注云、山海經曰、羭次之山、漆水出焉、北流注于渭、蓋自北而南矣。尚書禹貢、太史公禹本紀云、導渭水、東北至涇、又東過漆沮、入於河。孔安國曰、漆沮、二水名矣、亦曰洛水也、出馮翊北。周太王去邠度漆、踰梁山、止岐下、故詩云、民之初生、自土沮漆。又曰、率西水滸、至于岐下。是符禹貢本紀之說。詩地理考引段氏曰、漆沮有二、皆出雍州、東入於渭、特有上流下流之別、詩漆沮入於渭之上流、書漆沮入於渭之下流。從水。桼聲。依水經注引迻於此。親吉切。一曰入洛。會洛入渭也。雍錄、漆在沮東、洛在漆沮東、漆至華原而西合沮、漆沮又東南至同州白水縣、乃合乎洛而南流合渭、三水雖分、而白水縣溷爲一流、故孔安國班固皆指懷德入渭之水爲洛水、而曰洛卽漆沮也。一曰漆城池也。未聞。桼邑下云、四方有水、自邕成池者、或漆水環繞漆縣、與它縣城隍由挑抉而成者異邪。然地理志曰、漆水在漆縣西、是未嘗環其縣也。

chǎn
滻

滻水。出京兆藍田谷。入霸。桂氏曰、當云水出京兆尹南陵藍田谷。本書以水所出之縣屬於郡下、此獨無縣、非例也。地理志、京兆尹南陵、沂水出藍田谷、北至霸陵、入霸水。霸水亦出藍田谷、北入渭。師古曰、茲水、秦穆公更名、以章霸功、視子孫。沂音先歷反。馥案、沂當爲沂、正作滻。玉篇、滻、大也、尢滿也。秦穆公欲以章霸功之開拓尢盛、故名滻水。後世讀滻爲桑故切、但主滻洞一義、遂不解先歷反爲何字矣。師古曰茲水者、師字衍文。寰宇記曰、古謂之茲水、卽本漢志。馥謂志當云古曰產水、滻作產、猶瀁作養、產茲形近致誤、視子孫下、當有師古曰三字、蓋先歷反乃顏所釋字音也。司馬相如傳、終始霸產、顏注、霸水出藍田谷、西北而入渭、產水亦出藍田谷、北至霸陵入霸。馥案、所謂產水、與沂水同。筠案、水經注引地理志曰、滻水出南陵縣之藍田谷、不言沂水者、檃括其詞也。未谷謂茲爲產譌、此其證。又渭水篇曰、又東過霸陵縣北、霸水從縣西北流注之。酈注曰、霸者水上地名也、古曰滋水矣、秦穆公霸世、更名滋水爲霸水、以顯霸功、與顏注全同、蓋師古曰之下、又有古曰二字、後人以爲衍文刪之。茲水自是霸水、非滻水也。從水。產聲。所簡切。

luò
洛

洛水。出左馮翊褱德。東南入渭。地理志、左馮翊褱德縣、洛水東南入渭。職方氏、雍州其浸渭洛、鄭注、洛出懷德。王伯厚曰、易氏曰、按漢志、左馮翊懷德縣、卽彊梁原之洛水、北條荊山在縣西、正洛水之源也。應麟按、懷德卽京兆之富平縣、今屬燿州、卽馮翊之地。從水。各聲。盧各切。雝州浸。詩小雅瞻彼洛矣傳云、洛、宗周溉浸水也。○一

曰洛出北地歸德北夷界中。入河。○此與上洛截然兩水、上洛在今陝西、此洛在今甘肅、故於上文改爲褱德、而迻歸德六字於此、又依漢志增補之、竝自補一曰於首、刪界字者、小徐本及漢志皆無之也。地理志曰、北地歸德縣、洛水出北蠻夷中、入河。乃職方氏冀州其浸汾潞、注云、潞出歸德。歸德當是誤字、而桂氏據之、以爲漢志洛字誤、又以羣書所言歸德之洛、皆爲潞字之誤。案潞爲冀州浸、若出甘肅、安能越大河而至冀乎。元和志、慶州洛源縣、本漢歸德縣地、屬北地郡、大業元年、改爲洛源縣、以洛水所出爲名。洛水源出白於山、一名女郎山、在縣北三十里。陳氏啟源曰、漢歸德、今慶陽府合水縣、隋置洛源於其東北、蓋指洛水之初入塞爲源、以名縣也。

yù
淯

淯水。出宏農盧氏山。東南入沔。桂氏曰、當云盧氏熊耳山。地理志、宏農郡盧氏縣、熊耳山在東、伊水出、東北又有育水、南至順陽入河、過郡二、行六百里。馥案、入河當爲入沔。水經、沔水東過褱陽縣北、又從縣東屈西南、淯水從北來注之。從水。育聲。地理志育陽縣、卽在淯水之陽也。糸部、絹、育陽染也。余六切。或曰出酈山西。桂氏曰、文有脫誤。晉書音義引字林、淯水出酈縣西北山中、南入漢。地理志、南陽郡酈縣、育水出西北、南入漢。中山經、支離之山、淯水出焉、南流注于漢。筠案、此與

rǔ 汝　yì 潩　fén 汾　guì 澮　qìn 沁　zhān 沾

盧氏之𣶒，原委竝異，蓋二水一名也。乃沮下但及楚水，不及周水，或本有而今脫矣。

汝　水出宏農盧氏還歸山，東入淮。地理志：汝南郡女陽縣，應劭曰：汝水出宏農，入淮。案此說與許同。志又曰：汝南郡定陵縣高陵山，汝水出，東南至新蔡入淮，過郡四，行千三百四十里。案此說與許異。水經：汝水出河南梁縣勉鄉西天息山。酈注曰：地理志曰出高陵山，卽猛山也。亦言出南陽魯陽縣之大盂山，又言出宏農盧氏縣還歸山。博物志：汝出燕泉山。竝異名也。今汝水西出汝陽縣之大盂山蒙柏谷，西卽盧氏界也。從水女聲。春秋說題辭：汝出猛山。汝之爲言女也。宋均注云：女取其生孕也。人渚切。

潩　水出河南密縣大隗山，南入潁。從水異聲。與職切。韻會引云：潩或作瀷。知當刪此而存彼者，瀷字之下，皆入汝潁及淮之水，地望所同，此一證也。淮南本經訓、覽冥訓字皆作瀷，此前漢時書也，二證也。廣韻曰：潩出文字音義，三證也。六書故云：潩，說文作瀷，四證也。惟是地理志、水經皆作潩，徐鍇韻譜潩瀷同字，或本是重文，而潩跳出于前，邪姑刪之。

汾　水出太原晉陽山。汾出晉陽山無考。地理志：太原郡晉陽，晉水所出，入汾。豈以互受得通稱邪。西南入河。左成六年傳：有汾澮以流其惡。杜注：汾水出太

原，經絳北，西南入河。郭注方言同。從水分聲。符分切。或曰出汾陽北山。地理志：太原郡汾陽縣北山，汾水所出，西南至汾陰入河，過郡二，行千三百四十里。北山經：管涔之山，汾水出焉。寰宇記作菅涔山，云其上多菅草，故以爲名。冀州浸。見職方氏。鄭注：汾出汾陽。

澮　水出河西霍山。段氏依漢志改爲水出河東彘霍山。志曰：河東郡彘縣霍太山在東，冀州山。禹貢：至于太岳。鄭注：今河東彘縣霍太山是也。西南入汾。水經：澮水出河東絳縣東澮交東高山，西過其縣南，又西南過虒祁宮南，又西至王澤，注于汾水。從水會聲。古外切。

沁　水出上黨穀遠羊頭山，東南入河。地理志：上黨郡穀遠縣羊頭山世靡谷，沁水所出，東南至滎陽入河，過郡三，行九百七十里。北山經：謁戾之山，沁水出焉。郭注：謁戾山在上黨郡涅縣，或曰出穀遠縣羊頭山也。寰宇記曰：羊頭山一名謁戾山。與郭說異。水經：沁水東南至滎陽縣北，東入於河。郭注山海經同。段氏曰：師古注漢志據唐時在懷州武陟入河，疑轉寫錯誤，非也。古水道與唐時不同耳。從水心聲。七鴆切。

沾　水出上黨壺關，東入淇。地理志：上黨郡壺關縣，沾水東至朝歌入淇。水經注：沾水出壺關縣東沾臺下。

lù 潞　zhāng 漳　qí 淇

一曰沾益也。廣雅同。俗作添。從水占聲。他兼切。

潞　水經注引闞駰十三州志曰：有潞水爲冀州浸，卽漳水也。上黨記：潞，濁漳也。縣城臨潞，潞城故城在潞城縣西。山西通志：潞州府潞城縣下云：潞水在縣東四十里，源出微子城，至西流里合漳水。水經注云：潞水卽漳水，然潞自有源流，合漳水，合後稱潞。筠案：潞州府卽漢上黨郡，在萬山中，固非甘肅之洛所能至，且潞水亦分東西，如洛之有二也。東潞卽今之張家灣，又沁、沾、潞、漳四篆竝列，皆上黨郡之水，不應潞獨爲歸德之水也。冀州浸也。見職方。本部諸言浸者，皆在厶聲之下，此因既挩說解，遂迻於上耳。上黨有潞縣。見漢志。又圖經云：後周於襄垣縣立潞州，以其浸汾潞爲名。此謂後周改以前之上黨郡爲潞州耳。然左傳潞子國已以浸爲名矣。又案此語蓋爛文，後人加字，使成句讀耳。蓋篆文下本云水出上黨，潞入漳，與沁、沾、漳下皆言出上黨云云同例。從水路聲。洛故切。

漳　濁漳出上黨長子鹿谷山，東入清漳。地理志：上黨郡長子縣鹿谷山，濁漳水所出，東至鄴入清漳。水經：濁漳水出上黨長子縣西發鳩山。酈注：漳水出鹿谷山，與發鳩連麓而在南，淮南子謂之發苞山，故異名互見也。毛晃禹貢指南：濁漳水一名降水，導河房北過降水，至於大陸是也。清

漳出沾山大要谷，北入河。沾下山上當有少字。地理志：上黨郡沾縣大黽谷，清漳水所出，東北至阜成入大河。水經曰：清漳水出上黨沾縣西北少山大要谷，至武安縣黍窖邑，入於濁漳。潛丘劄記曰：漢志濁漳入清漳，清漳至阜成入大河。阜成在今阜城縣東二十里，此與禹貢漳入河處不合，蓋河既從後之新道也。水經：清漳入於濁漳，東北過平舒縣南，東入海。平舒乃東平舒，今霸州大城縣，此又河既徙班氏以後之新道也。南漳出南郡臨沮。言所出，不言所入，闕文也。地理志：南郡臨沮縣，禹貢南條荊山在東北，漳水所出，東至江陵入陽水，陽水入沔。水經則曰入于沮。酈注曰：漢志非也。中山經：荊山，漳水出焉，而東南流注于睢。注云：荊山今在新城狋鄉縣南。漳水出荊山，至南郡當陽縣入沮水。左宣四年傳：師於漳澨。哀六年傳：江漢睢漳，楚之望也。從水章聲。地理志：至于衡章。諸良切。

淇　水出河內共北山，東入河。地理志：河內郡共縣，周共故國，北山，淇水所出，東至黎陽入河。禹貢：北過洚水。鄭注：今河內共縣北山，共水出焉，東至魏郡黎陽縣入河，近所謂降水也。降讀當如鄘降于齊師之降，聲轉爲共。蓋周時國于此地者惡言降，故改謂之共耳。筠案：夅共同音，故孟子曰：洚水者，洪水也。以同音字爲訓釋，故借共爲降也。十三州記：昔共伯復歸

wéi 洈　jǐ 泲　yǎn 沇　dàng 蕩

于國逍遙得意於共山之首、桂氏曰、共山卽北山。笱。桼共葢地名、山與水皆因以納稱、水又別名淇耳、或曰出隆慮西山。廣韻引上文、不引本句、玉篇用此說而未引說文、恐此句後人增、然此固別一水也、水經、淇水出河內隆慮縣西大號山、東過內黃縣南、爲白溝、屈從縣東北、與洹水合、又東北過廣宗縣東、爲清河、又東北過漂榆、入於海。從水其聲。渠之切。

蕩　水出河內蕩陰。東入黃澤。水經、蕩水出河內蕩陰縣西山東、又東北至內黃縣、入於黃澤、字林、林慮黃水、發源神囷之山谷、或省作湯、趙策、魏安釐王使將軍救趙、止于湯陰、羊部羑下云、文王拘羑里、在湯陰、或作蕩、廣韻、蕩徒郎切、水名、在鄴、今蕩陰縣單作湯。從水蕩聲。徒朗切。

沇　水出河東東垣王屋山。東爲泲。地理志、河東郡垣縣、禹貢王屋山在東北、沇水所出、東南至武德入河、軼出滎陽北地中、又東至琅槐入海、過郡九、行千八百四十里、郡國志亦作垣縣、桂氏曰、兩漢志竝單作垣、不稱東垣、鄭注職方、兗水出東垣、史記集解引鄭注禹貢、兗水出河東東垣王屋山、郭注山海經、亦稱東垣、劉昭注郡國志、引博物志、山在東、狀如垣、然則東字不誤、疑漢志傳寫脫漏、字或作衍、水經注濟水、又東逕原城南、東合北水、亂流東南注、分爲二水、一水東南流、俗謂之爲衍水、卽沇水也、衍沇聲相近、轉呼失實也、地理志導沇水東流爲泲、顏注、泉出王屋山、名爲沇、流去乃爲泲也、寰宇記、沇水東流至濟源縣、而名濟水。從水允聲。以轉切、隸作兖、再變而爲兗、史記夏本紀引禹貢、濟河維沇州。

沿　古文沇如此。徐鍇曰、口部已有此重出、段氏嚴氏據大徐此說、謂篆當作㕣、是也、然玉篇廣韻沇無重文、葢說文重文之在異部者、人多不知、故以口部字記于此、又有改爲沿者、不顧本部又有之也。

泲　沇也。東入于海。職方氏、兗州、其川河泲、地理志引禹貢、泲河惟兗州、浮于泲漯、達于泲、東流爲泲、自餘經典皆借濟字爲之、其作泲者、則多譌爲他字、盛氏百二曰、地理志卞縣下云、泗水至方與入泲、蕃縣下云、梁水至湖陵入泲、郡國志臨邑有泲瀆廟、諸泲字竝誤作沛、水經泗水篇、荷水過沛縣、酈注、許由隱于沛澤、縣葢取澤爲名、地理志、秦泗水郡、漢改沛郡、水經濟水篇、自沛縣以至睢陵、漢高祖爲泗上亭長、而稱沛公、沛皆當爲泲、左傳、齊侯田于沛、杜云、沛、澤名、此亦泲之譌、葢在泲水旁博昌相近之地也、禹貢、導沇水、東流爲濟、入於河、溢爲熒、東出于陶丘北、又東至于菏、又東北會于汶、又北東入于海。從水𠂔聲。子禮切。

洈　水出南郡高城洈山。東入繇。段氏曰、城、前志作成、水經

guàn 灌　huì 潓　kuāng 洭　zhā 溠

注作城、南成下曰、洈山、洈水所出、東入繇、繇水南至華容入江、過郡二、行五百里、桼繇水在江北、油水在江南、酈注油水篇、乃謂洈入油、葢江北之洈水繇水不可攷、乃以江南之油水當之也、山海經曰、宜諸之山、洈水出焉、南流注于漳。從水危聲。過委切。

溠　水在漢南。言在者、似許君未審知其源委也、後漢書馬融傳、浸以波溠、注云、水經注云、溠水出黃山、在今隨州棗陽縣東北、元和志、隨縣蚩北在縣北二十五里、溠水在北西四十里、九域志、隨州唐城縣有溠水。從水差聲。側駕切。荊州浸也。職方氏、豫州、其浸波溠、鄭注、春秋傳曰、楚子除道梁溠、營軍臨隨、則溠宜屬荊州、在此非也、丁小雅曰、溠實豫州浸、疑後人改說文以合職方注。春秋傳曰、脩涂梁溠。莊四年文、今本如鄭君所引、注云、溠水在義陽厥縣西、東南入鄖水、正義曰、釋例曰、義陽厥縣西有漈水、源出縣北、從縣西東南至隨縣入鄖水、杜以漈解溠、葢聲相近而字轉耳、水經注溳水云、溠水出隨縣西北黃山、南逕𣾰縣西、又東南逕隨縣故城西、楚武王伐隨、除道梁溠、謂此水也、又南流注于溳。

洭　水出桂陽縣盧聚。言縣者、郡縣同名也、水經、洭水出桂陽縣盧聚、東南過含洭縣、南出洭浦關、爲桂水、酈注曰、水出桂陽縣西北上𨹧山盧谿、爲盧谿水、東南流逕桂陽縣

故城、謂之洭水、地理志曰、洭水出桂陽、南至四會是也。山洭浦關爲桂水。段氏依水經改山字爲南出二字、是也、山卽出之殘字、海內東經、湟水出桂陽西北山、東南注肄水、水經注、洭水、山海經謂之湟水、桂水其別名也、地理志桂陽縣下、應劭曰、桂水所出、東北入湘、地理志、南海郡中宿還有洭浦官、桂氏曰、此如雲夢官、樓船官、陂官、湖官之官、水經作關。從水匡聲。去王切。

潓　水出廬江。入淮。洪氏亮吉曰、漢志廬江之決水、疑卽說文之潓水、以音近而淆、桂氏曰、徐邈讀決爲古惠反、則與潓聲近矣、又曰、入淮當爲入灌、此沿漢志之誤、漢志云、決水北至蓼入淮。從水惠聲。胡計切。

灌　水出廬江雩婁。北入淮。桂氏曰、地理志、廬江淮水出、又雩婁縣下云、決水北至蓼入淮、灌水亦北至蓼入決、二淮字竝當爲灌、水經注決水云、灌水導源廬江金蘭縣西北東陵鄉大蘇山、卽淮水也、許慎曰、出雩婁縣、俗謂之澮水、褚先生所謂神龜出於江灌之閒、嘉林之中、葢謂此水也、馥按、澮水卽決水、字異聲同、酈元謂灌水卽淮水、葢舍灌水不能別尋一淮水、又惑于誤本之漢志、難除淮水之目、遂遷就其說、以爲一水、北入淮者、當爲北入潓、水經注、灌水東北逕蓼縣故城西而北注決水、故地理志曰、決水北至蓼入淮、灌水亦至蓼入決、馥謂決水卽

zhēn 溱　mì 汨　xiāng 湘　lì 溧　pài 潷　líng 泠　jiàn 漸

濦水北至蓼入淮者當爲入灌。從水雚聲。古玩切。

漸　水出丹陽黟南蠻中東入海。地理志丹陽郡黝縣漸江水出南蠻夷中東入海顏注黝音伊本作黟其音同羅願新安志謂夷字衍又謂蠻中二字亦誤當作率山水經漸江水出三天子都北過餘杭東入於海注云山海經謂之浙江也元和志休寧縣漸江一名浙江源出縣東南橫彰山東流經歙縣又東南入睦州界。從水斬聲。慈冉切。

泠　水出丹陽宛陵西北入江。地理志丹陽郡宛陵縣清水西北至蕪湖入江徐鍇曰清泠同也。從水令聲。郎丁切。

潷　水在丹陽。言在者其源委不出此一郡也字或省作渒宋書長沙景王道憐傳芍陂有舊溝引渒水入陂寰宇記壽州六安縣渒水枕縣西門外三十步源出多智山。從水箄聲。匹卦切。

溧　水出丹陽溧陽縣。縣字衍言所出而不言所入蓋有闕文地理志丹陽郡溧陽縣溧水所出應劭曰溧水所出南湖也方輿紀要曰今溧水在今溧陽縣北四十里即永陽江也祥符圖經溧水承丹陽湖東入長蕩湖丹陽湖即應劭之南湖也張銑曰溧水即永陽江之上源大江之水南會于此江上有潴曰瀨渚又謂之陵水范雎說秦昭王子胥出昭關至陵水是也自瀨渚東流爲瀨溪入長蕩湖又分流東行爲吳王漕蓋五代時楊行密漕運所經也自東壩築而丹陽湖之水不復入於溧水永陽江之源流亦滋晦矣。從水栗聲。力質切。

湘　水出零陵縣陽海山北入江。依史記正義引補零陵郡縣同名故言縣地理志零陵郡零陵縣陽海山湘水所出北至酃入江過郡二行二千五百三十里陽海山郡國志作陽朔山郭注海內東經謂爲陽湖山水經注湘灕同源分爲二水南爲灕水北則湘川東北流。從水相聲。息良切。

汨　長沙汨羅淵也。段氏曰長沙下蓋脫羅字許例郡縣兼書前志長沙國羅後志長沙郡羅應劭曰楚文王徙羅子自枝江居此左昭五年傳楚子以馹至于羅杜注羅水名水經注湘水篇曰湘水又北汨水注之水東出豫章艾縣桓山西南逕吳昌縣北又西逕羅縣北謂之羅水又西逕玉笥山又西爲屈潭即汨羅淵也屈原懷沙自沈於此又西逕汨羅戍南西南注于湘春秋之羅汭世謂之汨羅口。從水冥省聲。莫狄切。屈原所沈之水。句蓋庾注許君無此語例大徐遂於前非也。

溱　水出桂陽臨武入匯。地理志桂陽郡臨武縣秦水東南至湞陽入匯水經溱水出桂陽臨武縣南繞城西北屈東流東至曲江縣安聶邑東屈西南流過湞陽縣出洭浦關與桂水合南入於海酈注云溱水導源縣西南北流逕縣西而北與武溪合山海經曰肄水出臨武西南而東南注於海入番禺西肄水蓋溱水之別名也入匯者地理志桂陽縣匯水南至四會入鬱林應劭曰桂水所出東北入湘徐廣曰湟水一名洭水出桂陽通四會亦曰匯水也水經溱水出洭浦關與桂水合桂氏曰桂洭之下流即匯水。從水秦聲。地理志作秦水側詵切。

shēn 深　tán 潭　yóu 油　mì 㵋　zhēn 湞　liù 溜　yì 瀷

深　水出桂陽南平西入營道。桂陽郡南平零陵郡營道二志同水經深水出桂陽盧聚西北過零陵營道縣營浦縣泉陵縣王燕室邪入於湘酈注呂忱曰深水一名邃水導源盧溪西入營水亂流營波同注湘津經書桂陽者縣本隸桂陽郡後割屬始興縣有盧谿盧聚山在南平縣之南九疑山東也段氏曰當作西入營不必有道字嚴氏曰西入營道猶敖入父城許有此語例不得改趙一清曰據水經當云西至營道入湘。從水罙聲。式針切。

潭　水出武陵鐔成玉山東入鬱林。林字衍地理志武陵郡鐔成玉山潭水所出東至阿林入鬱案阿林縣屬鬱林郡水經注溫水云潭水出武陵郡鐔成縣玉山東流逕鬱林郡潭中縣中留縣阿林縣右入鬱水地理志鬱林郡廣鬱縣鬱水首受夜郎豚水東至四會入海。從水覃聲。徒含切。郭注方言云潭水名音譚亦音淫。

油　水出武陵孱陵西東南入江。南當作北水經注孱陵縣有白石山油水所出水經油水出武陵孱陵縣西界東過其縣北又東北入于江江水篇云油水從西南來注之。從水由聲。以周切。

㵋　水出豫章艾縣西入湘。縣字衍文水經㵋水出豫章艾縣西過長沙羅縣西又西至磊石山入於湘水酈注磊石山在羅口北㵋水又在羅水南流注于湘謂之東町口者也又注湘水云湘水又北逕白沙戍西又北右會東町口㵋水也。從水買聲。莫蟹切。

湞　水出南海龍川西入溱。南海郡龍川縣二志同又桂陽郡湞陽縣下應劭曰湞水出南海龍川西入秦吳錄湞石山湞水所出水經溱水云過湞陽縣酈注溱水又西南歷皋口太尉二山之間是曰湞陽峽溱水出峽左則湞水注之水出南海龍川縣西逕湞陽縣南右注溱水。從水貞聲。陟盈切。

溜　水在鬱林。地理志鬱林郡中留縣顏注留水名音力救切郡國志作溜水經注溫水云鬱水右則留水注之水南出布山縣下逕中留入鬱。從水畱聲。力救切。

瀷　水出河南密縣大隗山東入潁。大隗山三字自潩下迻此縣字衍文東當

wǔ 潕　áo 滶　qìn 瀙　huái 淮

依瀷下說作南地理志河南郡密縣大騩山瀷水所出南至臨潁入潁元和志大騩山本具茨山黃帝見大隗于具茨之山此亦謂之大隗山瀷水源出于此水經注瀷水時人謂之敕水非也敕瀷音相類故字從聲變耳走部趩下云異聲讀若敕淮南高注云瀷讀如燕人强秦言敕同也然則時人謂之敕水正是漢音鄭氏誤以爲非也淮南本經訓淌游瀷減覽冥訓潦水旬月不雨則涸而枯澤受瀷而無源者案此二事廣韻水潦積聚之訓所由來也雖非本義特取爲字體作瀷證耳東入潁者水經云瀷水東南入于潁又潁水云潁水過汝南㶏強縣北瀷水洧水從河南密縣東流注之注云瀷水入焉非洧水也從水翼聲。與職切

潕 水出南陽舞陰東入汝。南陽郡舞陰縣二志同水經曰潕水出舞陰縣西北扶予山東過其縣南又東過西平縣郾縣定潁縣東入于汝鄭注山海經曰朝歌之山潕水出焉東南流注于滎扶予其山之異名乎滎水于舞陰縣北左會潕水水道稍西不出其縣南且邑號潕陰出南則爲陽也又注汝水云又東南流逕郾城西又東南流潕水注之從水。無聲。篆當從舞舞陰舞陽縣氏於水前志潁川郡舞陽縣下應劭曰舞水出南則水與縣皆作舞省形存聲字也水經則水與縣皆作潕蓋與說文竝傳誤也方輿紀要引舊志云潕水出泌陽縣北自平地湧出如飛舞然案謂字爲會意似涉附會而九域志曰沅州黔陽縣有潕水集韻亦曰潕或作㵲蓋古字之僅存者矣文甫切

滶 水出南陽魯陽入父城。南陽郡魯陽縣潁川郡父城縣二志同水經注汝水云汝水又逕郟縣故城南滶水注之水出魯陽縣之將孤山左昭十九年傳太子建居于城父注云城父今襄城城父縣戴東原曰城父縣當爲父城縣考楚之城父邑漢置縣改曰父城屬潁川郡晉屬襄城郡晉諸郡有城父縣漢屬沛郡是襄城之父城漢晉皆不■稱城父也從水敖聲。五勞切

瀙 水出南陽舞陽中陽山。舞陽當依漢志作舞陰中陽山水經注引同漢志作中陰山山海經曰蔵山水經曰上界山鄭注以爲皆山之殊目也入潁。似誤漢志中山經水經注並云入汝從水親聲。七吝切

淮 水出南陽平氏桐柏大復山東南入海。地理志南陽郡平氏縣禹貢桐柏大復山在東南淮水所出東南至淮陵入海過郡四行三千二百四十里桂氏曰淮陵水經作淮浦臨淮郡有淮浦縣禹貢云導淮自桐柏班氏則曰禹貢桐柏大復山連言之耳應劭亦曰桐柏大復山荊州記曰桐柏淮源涌發其中潛流三十里東出大復山南水經謂之胎簪山從水隹聲。戶乖切桂氏曰昭十二年左傳有酒如淮有肉如坻寡君中此爲諸侯師顏延之詩借無爵雉化何用充江淮去國還故里迷門樹蓬蔾古不讀戶乖切也故釋名曰淮圍也筠案漢志借淮爲潍是其明證。

zhì 滍　lǐ 澧　yún 溳　pèi 淠　yì 澺　xì ⿰氵囟

滍 水出南陽魯陽堯山東北入汝。水經同地理志魯陽下曰魯山滍水所出東北至定陵入汝集韻滍泜同字引說文左僖三十三年傳楚子上與晉師夾泜而軍杜注泜水出魯陽縣東經襄城定陵入汝襄十八年傳涉於魚齒之下杜注魚齒之下有滍水故曰涉水經注汝水云又東南逕定陵縣故城北水右則滍水左入焉從水蚩聲。直几切

澧 水出南陽雉衡山東入汝。地理志南陽郡雉縣衡山澧水所出東至郾入汝澧水經注作醴郾當依水經注作郾後漢書注引山海經曰雉山澧水出爲東曰衡山水經注汝水曰汝水又東得醴水口水出南陽雉縣亦云導源雉衡山即山海經云衡山也郭景純以爲南岳非也馬融廣成頌曰面據衡陰指謂是山在雉縣界故世謂之雉衡山寰宇記衡山即桐柏之連岡也。從水豊聲。盧啓切

溳 水出南陽蔡陽東入夏水。南陽郡蔡陽二志同水經曰溳水出蔡陽縣東南過隨縣西又南過江夏安陸縣西又東南入於夏鄭注溳水出縣東南大洪山山在隨郡之西南

竟陵之東北溳水出于其陰寰宇記左傳定四年吳從楚師及清發清發溳水之別名從水員聲。王分切

淠 水出汝南弋陽垂山東入淮。汝南郡弋陽縣二志同水經淮水篇曰淮水東過期思縣北又東北淠水注之水出弋陽南垂山西北流逕陰山關西北出山又東北流逕新城戍東又東北得詔虞水口又東北注淮俗曰白鷺水從水畀聲。匹備切又匹制切

澺 集韻類篇皆云說文作潩而玉篇廣韻但有澺字水出汝南上蔡黑閭澗入汝。汝南郡上蔡縣二志同水經注汝水篇曰汝水又東南逕新蔡縣故城南又東南左會澺水水上承汝水別流于奇雒城北爲黃陂東流于上蔡岡東爲蔡塘又東逕平輿縣故城南爲澺水又東南左迆爲葛陂又東出爲鮦水俗謂之三丈陂陂東注爲富水澺水正流自葛陂東南逕新蔡縣故城東而東南流注于汝筠案許君既著澺所出是自爲一水而鄭注以爲上承汝水是爾雅汝爲濆之外又有此別也或漢晉水道不同與從水意聲。於力切

⿰氵囟 水出汝南新郪入潁。或借細字地理志汝南郡細陽顏注居細水之陽故曰細陽細水本出新郪水經注引地理志細水出細陽縣東南入潁今無

qú 灈　yǐng 潁　wěi 洧　yīn 濦　guō 過

此文水經注潁水篇云細水上承陽都陂陂水枝分東南出爲細水細水又南逕細陽縣又東南逕細陽縣故城南又東南積而爲陂謂之次塘又東南流屈而西南入潁。從水囟聲。蘇計切。

灈　水出汝南吳房。入瀙。汝南郡吳房縣二志同地理志汝南郡灈陽下應劭曰灈水出吳房東入瀙也水經灈水出汝南吳房縣西北奧山東過其縣北入於汝酈注灈水東逕灈陽縣故城西東流入瀙水亂流逕其縣南又東入於汝水。從水瞿聲。其俱切。

潁　水出潁川陽城乾山東入淮。字林春秋釋例竝作乾山括地志晉地道記寰宇記引說文竝作陽乾山地理志潁川郡陽城縣陽乾山潁水所出東至下蔡入淮水經潁水出潁川陽城縣西北少室山東南至愼縣東南入于淮注云山海經曰潁水出少室山地理志曰出陽城縣陽乾山今潁水有三源奇發右水出陽乾山之潁谷中水導源少室通阜東南流逕負黍亭東與右水合左水出少室南溪東合潁水故作者互舉二山言水所發也案水道提綱言潁至陳州府南分爲二派一爲過河一爲沙河蓋卽釋水所云潁爲沙也。從水頃聲。余頃切。豫州浸。漢志引職方荊州浸曰潁湛通典亦引之而曰潁水出陽城乾山宜屬豫州在此非也。

洧　水出潁川

陽城山東南入潁。地理志潁川郡陽城縣陽城山洧水所出東南至長平入潁過郡三行五百里水經洧水出河南密縣西南馬領山東過習陽城西折入於潁注曰亦言出陽城山蓋馬領之統目焉習陽城西折入潁卽地理志至長平入潁者也。從水有聲。榮美切。

濦　水出潁川陽城少室山東入潁。地理志汝南郡濦強縣下應劭曰濦水出潁川陽城水經濦水出濦強縣南澤中東入潁酈注濦水出潁川陽城縣少室山東流於樂嘉縣入潁。從水㥯聲。於謹切。玉篇廣韻皆作濦元和志作溵。

過　水首受淮陽扶溝浪湯渠東入淮。依水經注引補漢志例言首受說文例言受惟過是言受之始加首字以明之下文不言可知矣漢志散敘本書類聚故例不同左傳正義云凡水首從水出謂之受流歸他水謂之入漢書之例爲然浪小徐作狼漢志二文竝出水經注引說文作蒗蕩渠師古注漢志上音浪下音徒浪反是知二字疊韻字體在所不拘惟說文無蒗字耳地理志淮陽國扶溝渦水首受狼湯渠東至向入淮過郡三行千里水經淮水云又東過當塗縣北過水從西北來注之酈道元曰蒗蕩渠百尺溝之別名也後漢書注汴渠卽蒗蕩渠也寰宇記莨宕渠卽汴河之別名。從水過聲。古禾切。

yì 泄　biàn 汳　zhēn 潧　líng 淩　pú 濮

泄　水受九江博安洵波北入氐。博安洵波當作博鄉芍陂地理志泚水北至壽春入芍陂酈注泚水云又東北逕博安縣泄水出焉水經泄水出博安縣北過芍陂西與泚水合西北入于淮酈注博安縣地理志之博鄉縣也泄水出是縣上承泚水於麻步川西北出歷濡溪謂之濡水水經淮水云又東北至九江壽春縣西泚水泄水合北注之趙氏一清曰九江不聞有氏水蓋泄水合泚水以入淮而或誤以爲入泚水經泚水篇云泄水從南來注之善長糾之曰泚陽無泄水蓋誤引壽春之泚泄耳因泚譌而爲氏。從水世聲。余制切。

汳　水受陳留浚儀陰溝至蒙爲雝水東入于泗。雝當作獲陳留郡浚儀縣二志同蒙縣二志皆屬梁國地理志河南郡滎陽縣下云卞水在西南梁國蒙縣下云獲水首受甾獲渠東北至彭城入泗水經云汳水出陰溝於浚儀縣北又東至梁郡蒙縣爲獲水餘波南入睢陽城中獲水出汳水於梁郡蒙縣北又東過蕭縣南睢水北流注之又東至彭城縣北東入於泗。從水反聲。皮變切地理志作卞後漢書作汴。

潧　水在鄭國。依廣韻引改桂氏曰後人加國字本謂山陽郡之鄭縣也詩釋文引本書亦無國字水經潧水出鄭縣西北平地酈注潧水出鄶城西北雞絡塢下

南注于洧詩所謂溱與洧者也世亦謂之爲鄶水也。從水曾聲。側詵切毛詩借溱爲之桂氏曰潧作溱者猶蜻首作螓首也箌案衞風碩人之螓首頁部引作顉首而音轉之理則與桂說不殊。詩曰潧與洧方渙渙兮。鄭風溱洧文此作潧者或從齊魯詩也鄭風釋文渙渙引說文作汎汎音父弓反案直是誤字不得曲爲之說荊楚歲時記引韓詩作溱作洹洹。

淩　水在臨淮。此文似有譌誤凡言在者其水不出其郡也凌水所出之凌縣於前漢屬泗水國後志屬廣陵郡若臨淮郡則後志之下邳國也水經注淮水篇云淮水左逕泗水國南凌水出凌縣東南逕其縣故城東而東南流注于淮是曰凌口。從水夌聲。力膺切。

濮　水出東郡濮陽南入鉅野。水經注秦始皇置東郡治濮陽縣濮水逕其南故曰濮陽也京相璠曰濮水故道在濮陽南地理志濮陽縣下應劭曰濮水南入鉅野桂氏曰水經瓠子河出東郡濮陽縣北河東至濟陽句縣爲新溝又東北過廩丘縣爲濮水酸謂此乃濮之枝渠地理志陳留郡封丘縣濮渠水首受泲東北至都關入羊里水酈注瓠子云北有都關縣故城縣有羊里亭瓠河逕其南爲羊里水釋例土地名哀二十七年傳濮下注云濮自陳留酸棗縣受河東北經濟陰至高平鉅野縣入濟史記衞世家石碏

tà 濕　chéng 淨　kuò 漷　luò 濼

與陳侯共謀因殺州吁于濮。索隱曰：賈逵云濮陳地。按濮水首受河，又受汴，汴亦受河，東北至離狐，分爲二，俱東北至鉅野入泲，則濮在曹衛之閒，賈言陳地，非也。若據地理志，陳留封丘縣濮水受泲，當言陳留水也。春申君傳王又割濮磨之北，集解云徐廣曰濮水北于鉅野。入泲。馥謂此皆濮渠也。從水僕聲。博木切。

濼 齊魯閒水也。曾鞏齊州二堂記，歷城之西有泉涌出，高或三數尺，其旁之人名之曰趵突之泉。蓋泉自渴馬之崖潛流地中而至此，復出也。其注而北則謂之濼水。水經注濟水云濟水又東北濼水入焉，水出歷城縣故城西南，泉源上奮，水涌若輪，又北流注于濟，謂之濼口也。從水樂聲。本匹沃反，孫盧谷切。春秋傳曰公會齊侯于濼。桓十八年經文。

漷 水在魯。春秋襄十九年，取邾田自漷水，杜注，漷水出東海合鄉縣，西南經魯國至高平湖陸縣，入泗。哀二年季孫斯、叔孫州仇、仲孫何忌帥師伐邾，取漷東田及沂西田。寰宇記費縣，漷水源出縣西南連青山下。水經注引京相璠曰薛縣漷水首受蓄縣，西注山陽湖陸。從水郭聲。苦郭切。

淨 魯北城門池也。池當作沱，淨蓋水名，因之爲池，即所謂四方有水自邑成池者也。公羊閔二年傳桓公使高子將南陽之甲立僖公而城魯，或曰自

說文句讀　卷二十一　八百九十二　、○折三十七　十九

鹿門至于爭門者是也，或曰自爭門至于吏門者是也。顧亭林曰淨門即以此水名，省文作爭爾。後人以瀞字省作淨，音才性切，而梵書用之。自南北史以下，俱爲才性之淨，而魯之淨門不復知矣。字或作埩，廣韻，埩，魯城北門池也。魯城連文，似是若北城門，尚似魯有南城北城也。從水爭聲。士耕切，又才性切。

濕 水出東郡東武陽。入海。郡國志東郡東武陽，濕水出，又平原郡高唐，濕水出，又平原有濕陰縣，應劭曰東武陽在武水之陽，水經注以武水即濕水。字或作漯，禹貢浮于濟漯，孟子瀹濟漯，又譌作隰，漢書王子侯表濕成侯忠，史記作隰，即西河之隰成縣。胡朏明曰漢志東郡東武陽縣下云禹治漯水東北至千乘入海，又平原郡高唐縣下云桑欽言漯水所出。今按禹引河自大伾山西折而北，循大陸東畔入海，而漯首受河自黎陽宿胥口始，不起東武陽也。水經注所敘河水自宿胥口又東右逕滑臺城，又東北逕黎陽縣南，又東北逕涼城縣，又東北逕五子胥廟南，又東北爲長壽津，河之故瀆出焉。河水又東逕鐵丘南，又東北逕濮陽縣北，又東北逕衛國縣南，又東逕鄄城縣北，又東北逕范縣之秦亭西，又東北逕委粟津，皆古漯水也。自周定王五年河徙從宿胥口東行漯川，至長壽津始與漯別，其津以西漯水之故道悉爲河所占，而上游較短矣。然河之故瀆不逕東武陽，亦不逕高

gē 菏　pāo 泡　sì 泗

唐，迨漢成帝建始末，河決館陶，由東武陽絕漯水而東北至高唐，又絕漯水東北至千乘入海，雖嘗塞治而故道猶存。王莽始建國三年復決于此，莽爲元城墓計，不隄塞，明帝永平中王景修之，遂爲大河之經流，自是委粟津以西漯水之故道又爲河所占，上游益短矣。漯水一出於武陽，再出于高唐，據成帝後言之耳。從水㬎聲。他合切。桑欽云出平原高唐。桂氏曰此出欽所作地理志，前志高唐縣下引之。

泡 水出山陽平樂東北入泗。地理志，山陽郡平樂侯國，泡水，東北至沛入泗，沛本或作泲。水經注泗水篇曰黃溝又東逕平樂縣，又東右合泡水，即豐水之上源也。水上承大薺陂，東逕貰城、已氏、郜城、單父諸縣，又東逕平樂縣，右合泡水，自下豐泡並得通稱矣。故地理志曰平樂泡水所出，又東逕豐縣故城南，沛縣故城南，東注泗。從水包聲。匹交切。

菏 菏澤。在泲陰定陶東。菏水。出山陽湖陵南。入泲。出字依書釋文引改，菏澤水三字不詞，故依水經補之。兼補入泲者，以其爲禹貢之貢道也。地理志濟陰郡下曰禹貢荷澤在定陶東，山陽湖陵下曰禹貢荷水在南。禹貢豫州導菏澤被孟豬，僞孔傳曰菏澤在胡陵，與今說文本同誤。又云又東至于菏，此謂菏水，非復菏澤矣，而僞孔傳曰菏澤

說文句讀　卷二十一　八百八十二　、○折三十九　二十

之水，尤誤也。胡朏明曰菏澤在陶丘之東北，相去不遠，濟水伏流至陶丘北，上奮馳波跳沫，東北匯于菏澤，又東北絕鉅野至琅槐入海者爲濟瀆，其一枝東南流，至湖陵入泗者，後人目之曰菏水。禹貢。浮于淮泗。達于菏。徐州文，水經注濟水篇引同，而今本譌爲河。案徐州達于菏，承青州之達于濟，菏首受濟也。青州之入濟，承兗州之浮于濟漯，達于河，帝都冀州三面距河也。從水苛聲。古俄切。

泗 受泲水東入淮。地理志，魯國卞縣，泗水西南至方與入泲，過郡三，行五百里，青州川。又曰泲陰郡乘氏縣，泗水東南至睢陵入淮，過郡六，行千一百一十里。王伯厚謂漢志有兩泗水，閻百詩曰泗一而已，安得復出乘氏。桂氏曰案水經濟水又東至乘氏縣西分爲二，其一水東南流，其一水從縣東北流入鉅野澤，酈注曰南爲菏水，北爲濟瀆。馥案漢志乘氏之泗水即泲水，泗既入泲，泲又南流爲菏，則竝受泗之通稱矣。說文受泲水，泲即東南流之菏水，漢志言入，說文言受，實不相背。說文泗次菏下，固有意也。水經泗下云又南過方與縣東，菏水從西來注之，酈注云菏水即濟水之所包注以成湖澤也，而東與泗水合于湖陵縣西六十里穀庭城下。馥謂此條若不與濟水參看，則漢志說文皆不可通。閻氏謂泗不得復出乘氏，疏矣。又案漢志出卞者，泗之源也，入泲者，乃其中流，非

水

shù 沭　　zhū 洙　　chán 澶　　yōng 灉　　huán 洹

末流也。乘氏有泗者，言入泲之後與泲合而東入淮，其合泲在乘氏，非謂泗出乘氏也。蓋泲卽菏，故金仁山謂泗水上可通菏，下可入淮也。說文祇言其受泲入淮，而不及其出汴一節者，或因此一節與洙水合流，故就其分流受泲處舉之與。桂氏又曰，東入淮者，地理志乘氏泗水東南至睢陵入淮。馥案乘氏以下之泗水，經以爲泲水，乃泲之枝流合于泗，而自乘氏入淮者，泗之經流也。本書謂受泲水東入淮者，泲之枝流，隨泗入淮，實泗入淮也。從水四聲。息利切。

洹水。在晉魯之閒。依水經注引改，在亦引作出。段氏曰：魯當作衞。嚴氏曰：當作魏。左成十七年傳：聲伯夢涉洹。杜注：洹水出汲郡林慮縣東北，至魏郡長樂縣入清水。釋例：洹水出汲郡林慮縣東北，至信城入張甲河。水經：洹水出上黨泫氏縣東，過隆慮縣北，又東北出山，過鄴縣南，又東過內黃縣北，東入于白溝。酈注：水出洹山，山在長子縣也。寰宇記：洹水出林慮山東平地。從水亘聲。羽元切。

灉河灉水也。在宋。釋水：水自河出爲灉。又云：灉反入。郭注：卽河水決出而復入者，河之有灉，猶江之有汜。筠案釋水：漢爲潛，江爲沱，過爲洵。許君之說潛、沱、洵也用之，惟說灉以河灉二字爲水之名，又以在宋指實其地。然則酈氏之注瓠子河也引說文此文，是河灉水卽瓠子之古名矣。從水雝聲。亦省作澭，而從俗作雍。淮南人閒訓：楚莊王勝晉于河雍之閒。列子黃帝篇：雍水之潘爲淵。注云：雍音擁。河水決出還復入也。又名曰雍沛。釋名：水從河出曰雍沛，言在河岸限內時見，雍出則沛然也。於容切。

澶澶淵水也。在宋。春秋襄二十年，盟于澶淵。三十年，會于澶淵，宋災故。杜注：澶淵在頓邱縣南，今名繁汙，此衞地，又近戚田。張晏謂之繁淵。范甯亦曰衞地。桂氏曰：寰宇記言澶淵在臨河縣東南，黎州東北。案臨河縣，魏東黎縣地。魏分汲郡置黎陽郡，所領有東黎縣。此非宋地。段氏曰：實衞地，而云在宋者，蓋以春秋宋災故而云然。從水亶聲。市連切。

洙水。出泰山蓋臨樂山，北入泗。地理志：泰山郡蓋縣臨樂于山，洙水所出，西北至蓋入池水。水經：洙水出泰山蓋縣臨樂山，西南至卞縣入于泗。酈注謂漢志之池爲泗之譌。桂氏曰：經言西南，誤。酈亦沿其誤。春秋莊九年冬，浚洙。杜注：洙水在魯城北，下合泗。釋例：洙水出魯國東北，西南入沇，水下合泗。馥案出字誤，當云經魯國東北也。西入沇水者，入泲也。泗泲合流，故曰入泗。又曰：泗在洙南，而曰北入者，臨樂山在陪尾之東，南洙水西北流，以入泗。至魯城北，復分流，洙在北，泗在南。從水朱聲。市朱切。

沭水。出琅邪東莞，沂山南入泗。地理志：琅邪郡東莞

xiáng 洋　　yí 沂

縣，術水南至下邳入泗，過郡三，行七百一十里，青州寖。顏注：術水卽沭水也，音同。水經：沭水出琅邪東莞縣西北山，東南過其縣東，又東南過莒縣東，又南過陽都縣東，入於沂。酈注：舊瀆入泗，非入沂也。元和志：沭水俗名漣水，出沂山東麓，自厚邱縣分爲二，今名南漣北漣也。青州寖。見職方氏，當在朮聲之下，蓋闕挩之後乃迻於此。從水朮聲。食聿切。

沂水。出東海費東，西入泗。水經注引此文，又曰：呂忱字林亦言是矣，然無可考。御覽引作入泗，無西字。水經作南入泗。寰宇記：沂水經下邳縣北分爲二水，一水於城北西南入泗水，一水經城東屈曲從縣南亦注泗，謂之小沂水。從水斤聲。魚衣切。一曰：沂水出泰山蓋。地理志：泰山郡蓋縣，沂水南至下邳入泗，過郡五，行六百里，青州浸。水經：沂水出泰山蓋縣艾山南，過下邳縣西南入於泗。筠案水經注引說文至斤聲而止，然則一曰以下八字，乃校者以其水道不合，用漢志水經改之也。青州寖。見職方氏。禹貢沂屬徐州，周則幷徐于青，故曰其川淮泗，其浸沂沭也。

洋水。出齊臨朐石膏山，桂氏曰：地理志齊郡臨朐縣，洋水所出，東北至廣饒入鉅定。顏注：洋音祥。馥案洋當爲𣲖，音瀰。水經：巨洋水出朱虛縣泰山，北過其縣西，又北過臨朐縣東，又北過劇縣西，又東北過壽光縣西，又東北入於海。酈注：泰山卽東小泰山也。巨洋水卽國語所謂具水矣。袁宏謂之巨昧，王韶之以爲巨蔑，亦或曰胸瀰，皆一水也，而廣其目焉。巨洋水自朱虛北入臨朐縣，又東北經委粟山，又東北，洋水注之。水西出石膏山西北石澗口，東南逕逢山祠西，又東南歷逢山下，卽石膏山也，而東北流，世謂之石溝水。東北流於委粟山北，而東注于巨洋，謂之石溝口。地理志：石膏山，洋水所出是也。巨洋水又西北流而注於巨淀矣。東北逕望海臺西，東北流，又東北注于海也。馥案：巨洋水竝當作𣲖。巨𣲖卽朐瀰也，巨蔑卽巨昧之轉音也，與𣲖聲相近。齊語：使海於有蔽，渠弭於有渚。賈侍中云：海，海濱也；渠弭，裨海也。馥謂渠弭卽巨昧，朐瀰之異稱，亦與𣲖聲相近。後漢書耿弇傳：追至鉅昧水上。注云：鉅昧，水名，一名巨洋水，在今青州壽光縣西。九域志：青州臨朐縣有洱水，齊乘云：洋水，今謂之洱河，出沂山西麓。馥謂𣲖洱聲亦相近。玉篇：𣲖，亾爾切，亦瀰字。類篇：瀰瀰，水盛皃，或作𣲖。馥謂二書雖不以𣲖爲水名，實有從羋之字矣。益都楊君峒曰：世謂陽水卽洋水，案陽水導源漢之廣縣，非出臨朐，川土不同，自非一水。詩泌之洋洋，河水洋洋，竝當爲𣲖𣲖，卽新臺之河水瀰瀰也。秋官萍氏禁川游者，注云：備波洋卒至，沉溺也。此洋字亦當爲𣲖，或曰𣲖字見於經傳，豈得無其字。馥曰：山海經昆侖之丘，洋水出焉，而西南流注于醜塗之

wèn 汶　wú 浯　wéi 濰　gài 溉　zhuó 濁

水水經注洋水導源巴山東北流入漢寰宇記洋州眞符縣本漢安陽縣地洋水出縣東巴嶺據此則固有洋水矣本書或有洋洋二文形相類遂去其一今以洋當洋字之訓猶鼏當鼎字之訓矣東北入鉅定桂氏曰先入巨洋合巨洋以入鉅定也水經注淄水又東逕巨定縣故城南征和四年漢武帝幸東萊臨大海三月耕巨淀卽此也縣東南則巨淀湖蓋以水受名也從水芊聲似羊切

濁水出齊郡厲嫗山厲當作廣嫗當作爲地理志齊郡廣縣爲山濁水所出東北至廣饒入鉅定水經注淄水云呂忱曰濁水一名溷水出廣縣爲山世謂之冶嶺山東北流注巨淀東北入鉅定集韻引無北字非也桂氏曰鉅定卽鉅澱濁水所注故成鉅澱釋名濁瀆也汁滓濆瀆也箌案淀卽澱之俗字從水蜀聲直角切

溉水出東海桑瀆覆甑山東北入海當作北海桑犢地理志北海郡桑犢縣覆甑山溉水所出東北至都昌入海水經溉水出塔山是山有二名天寶六載勅改爲溉源山從水旣聲古代切一曰灌也謂灌注也句依元應引補下蓋庾注灌以水名爲正義故申說之洞簫賦李注引作溉猶灌也慧苑引作溉灌濁水也皆非也梁典到溉字茂灌

濰水出琅邪箕屋山東入海地理志琅邪郡箕縣禹貢維水北至都昌入海過郡三行五百三十里兗州寖也鄭注禹貢引地理志濰水出琅邪箕屋山是志本云屋山許君承之今本挩也水經謂之濰山淮南謂之覆舟山寰宇記箕山在今縣北八十里箕縣蓋因山爲名徐州寖徐當依漢志作沇本部書寖者皆依職方職方無徐州也其兗州云其浸盧維班氏依字說之曰維兗州寖地理志又述職方之文曰浸曰盧濰而鄭君破爲雷雍者濰水所經不出今沂州青州萊州三府班氏沿職方而許君卽沿班氏鄭君之墓在吾安邱之礪阜鄭公鄉卽在濰水之上知其無由爲沇州浸也故破之夏書曰濰淄其道禹貢青州文說文無淄字地理志引作維甾蓋寫者誤加水旁周禮作菑艸部菑甾同字從水維聲以追切漢志作維者省借也作淮者猶之作維也其作惟者聲借也均不可謂之誤吾鄉以其字作淮也而謂之槐河俗語也何可爲典要

浯水出琅邪靈門壺山東北入濰地理志琅邪郡靈門縣壺山浯水所出東北入淮淮卽濰也三齊記昔者堰浯水灌田數萬頃今尚有餘堰而稻田畦畛在焉箌有別墅在浯之南南郚曰臨浯而水則變名鴻溝揭厲可涉無復餘堰矣從水吾聲五乎切

汶水出

xiáo 洨　zhǔ 渚　sī 虒　yú 渪　jìn 寖　chí 治

琅邪朱虛東泰山東入濰地理志琅邪郡朱虛縣東泰山汶水所出東至安邱入維維卽濰也齊乘臨朐縣沂山卽公玉帶請漢武所封之東泰山也箌案此爲青州之汶從水文聲亡運切桑欽說汶水出泰山萊蕪西南入泲此則徐州之汶也他汶皆不及者述征記曰泰山郡水皆名汶有北汶嬴汶柴汶牟汶皆源別流同是以許君舉桑欽一說以槩之也地理志泰山郡萊蕪縣原山禹貢汶水出西南入泲桑欽所言水經注濟水云李欽云汶水出泰山萊蕪縣西南入濟案李欽者桑欽之譌也禹貢浮于汶達于濟又導沇水云又東北會于汶

治水出東萊曲城陽丘山南入海城當作成地理志東萊郡曲成縣陽丘山治水所出南至沂入海玉篇作陽曲山從水台聲直之切

寖水出魏郡武安東北入呼沱水呼小徐作滹本部無之當依漢志作虖志曰魏郡武安縣寖水東北至信都國東昌入虖沱河職方氏幷州其川虖池元和志槃時縣本漢舊縣屬雁門郡泰戲山一名武夫山滹沱水出焉從水㝲聲廣韻引字林作寑不知所從蓋亡譌爲穴也子鴆切㝲籀文寖字小徐本無此句

渪水出趙國襄國之

西山東北入寖地理志趙國襄國西山渠水所出東北至任入濡案渠水卽渪水寰宇記邢州龍岡縣秦以爲信都縣項羽更名襄國漢因不改渪水一名禮水俗謂之百泉河源出縣東南平地以其導源總納衆泉合成一川故也又沙河縣本漢襄國縣地沙河卽渪水也郡國志牛缺遇盜於沙渪之閒玉篇渪今作虞從水禺聲噳俱切

虒水出趙國襄國東入渪地理志趙國襄國渪水東至朝平入渪案渪當是虒之譌依集韻引改從水虒聲息移切

渚水出常山中丘逢山東入渪地理志常山郡中丘縣逢山長谷諸水所出東至張邑入濁諸當作渚濁當作渪從水者聲章與切一曰小州曰渚爾雅釋水小州曰陼洲者俗字陼者借字也說文渚爲小州之專字陼爲陼丘之專字經典多通用召南江有渚傳云渚小洲也水岐成渚

洨水出常山石邑井陘山東南入于泜地理志常山郡石邑縣井陘山在西洨水所出東南至廮陶入泜井陘縣下應劭注曰井陘山在南音刑小徐作井陵山以陘爲誤殆非也從水交聲下交切舊志云上源四泉交合故謂之洨也師古曰音效又音爻祁國有洨縣郡國志沛

jǐ 濟　chí 泜　rú 濡　lěi 灅　gū 沽　pèi 沛

國浚、地理志、沛郡浚、應劭曰、浚縣、浚水所出、南入淮、此別一浚水也、師古曰、音肴、

濟　水。出常山房子贊皇山。東入泜。地理志、常山郡房子縣、贊皇山、石濟水所出、郡國志、常山國房子、贊皇山、濟水所出、段氏曰、前志石字疑衍、以說文風俗通後志正之、皆不當有石字、地理志、濟水東至廮陶入泜、風俗通謂入沮、或稱泜爲沮、從水。齊聲。春秋說題辭、濟、齊也、齊、度也、直也、子禮切、

泜　水。在常山。蓋有闕文、地理志、恒山郡元氏縣、沮水首受中丘西山窮泉谷、至堂陽入黃河、段氏曰、沮當作泜、北山經、敦與之山、泜水出於其陰、而東流注於彭水、注云、今泜水出中丘縣西窮泉谷、東注于堂陽縣、入於漳水、隋書地理志、房子有彭水、段氏曰、班志入黃河、亦當依郭作濁漳、攷水經注、濁漳過堂陽縣、而河水不徑堂陽、從水。氐聲。直尼切、蘇林音祗、晉灼音邸、司馬貞曰、今俗呼此水音如邸、

濡　水。出涿郡故安。東入淶。戴東原曰、易水篇注云、許愼曰、濡水入淶、淶卽巨馬之異名、與巨馬河注、巨馬河卽淶水也、正合、今水經注淶譌深、說文淶譌漆、涑二字、皆字之誤耳、地理志、涿郡故安縣、閻鄉、易水所出、東至范陽入濡、濡水亦至范陽入淶、水經注易水篇曰、易水逕范陽縣故城南、又東與濡水合、水出故安縣西北窮獨山南谷、東

流與源泉水合、又東南流、逕樊於期館西、荊軻館北、又東逕武陽城西北、又東逕紫池堡、又東得白楊水口、又東合檀水、又東南流、於容城縣西北大利亭、東南合易水、而注巨馬水也、從水。需聲。本女于反、孫人朱切、段氏曰、師古注漢書、於故安下云、濡乃官反、殊誤、漁陽郡白檀下、濡水出北蠻夷中、遼西郡肥如下、元水東入濡水、濡水南入海陽、此則酈注濡水篇所謂濡難聲相近、今謂之灤河者、音乃官反、是矣、其字蓋本作渜、譌而爲濡、

灅　水。出右北平浚靡南。浚當作俊、玉篇、水出俊靡縣南、水經注、鮑邱水云、庚水又西南流、灅水注之、水出右北平俊靡縣、東南流、世謂之車輦水、又東南流、謂之北黃水、又屈而爲南黃水、又西南入於庚水、庚水、世亦謂之爲柘水也、東入庚水。地理志、右北平郡俊靡縣、灅水南至無終、東入庚、無終縣下云、浭水、西至雍奴入海、顏注、浭音庚、所云入庚者、同一水也、從水。壘聲。力軌切、

沽　水。出漁陽塞外。東入海。漁陽郡縣同名、當有縣字、地理志、漁陽郡漁陽、沽水出塞外、東南至泉州入海、水經、沽水從塞外來、南過漁陽狐奴北、西南與濕餘水合、爲潞河、又東南至雍奴縣、爲笥溝、又東南至泉州縣、與清河合、東入於海、酈注、沽水出禦夷鎭西北丹花嶺下、從水。古聲。古胡切、

沛　水。

pèi 浿　huái 瀤　lěi 㶟　jū 𣿧　gū 泒　kòu 滱

出遼東番汗塞外。西南入海。見地理志、番汗音盤寒、從水。巿聲。普蓋切、

浿　水。出樂浪鏤方。東入海。應劭曰、樂浪、故朝鮮國也、朝鮮傳、復修遼東故塞、至浿水爲界、水經、浿水出樂浪鏤方、東南過臨浿縣、東入於海、從水。貝聲。普拜切、一曰出浿水縣。地理志、樂浪郡浿水縣、浿水、西至增城入海、酈道元是漢志、而非水經、

瀤　北方水也。北山經、獄法之山、瀤津之水出焉、而東北流注于泰澤、從水。褱聲。戶乖切、

㶟　水。出鴈門陰館累頭山。累者、纍之俗字、㶟既從纍、山名可知、段氏曰、沈約宋書曰、陰館、前漢作觀、後漢晉作館、按今前書不作觀、水經、㶟水出鴈門陰館縣、至漁陽雍奴縣西、入笥溝、酈注、笥溝、潞水之別名也、水經沽河云、又東南至雍奴縣西、爲笥溝、酈注、㶟水入焉、俗謂之合口也、或曰治水也。地理志、鴈門郡陰館縣、累頭山、治水所出、水經注、㶟水一曰治水、或省作台、漢書燕剌王旦傳、使人祠葭水台水、晉灼曰、地理志、台水在鴈門、從水。纍聲。力追切、

𣿧　水。出北地直路西。東入洛。羣書作沮、地理志、北地郡直路縣、沮水出東、西入洛、水經注引作出西東入洛、水經、沮水

出北地直路縣、東過馮翊祋祤縣北、東入於洛、酈注、濁水與沮水合、分爲二水、一水東南出、卽濁水也、至白渠與澤泉合、俗謂之漆水、又謂之爲漆沮水、入於渭水、其一水東出、卽沮水也、東逕粟邑縣故城北、又東北流、注於洛水、從水。虘聲。側加切、

泒　水。出鴈門葰人戍夫山。東北入海。嚴氏曰、泒卽呼沱合聲也、說文舊本、疑當言水出代郡鹵城、地理志、代郡鹵城、虖池河東至參合、入虖池別、周禮職方氏注、亦云出鹵城、今此作鴈門葰人、考葰人、西漢屬太原、東漢省入鹵城、晉復置葰人、屬鴈門、則鴈門葰人、乃晉人語、或校者以字林改說文、因涉晉事矣、戍夫山、山海經作泰戲、郭注作武夫、淮南地形訓作魯乎、皆聲相近、段氏曰、葰、如淳音瑣、師古音山寡反、史記周勃樊噲二傳作霍人、左傳襄十年之霍人也、又曰、泒水卽虖沱之源也、桂氏曰、水經、沽水與清河合、東入於海、清河者、泒河尾也、從水。瓜聲。古胡切、

滱　水。起北地靈丘。東入河。嚴氏曰、起北地、疑當作出代郡、地理志、代郡靈丘縣、滱水、東至文安入大河、幷州川、水經、滱水出代郡靈丘縣高氏山、酈注、卽嘔夷之水也、引山海經、高氏之山、滱水出焉、末流注于河者也、周禮職方氏注、嘔夷出平舒、諸家皆不言北地、惟北山經高是山注、今在北地靈丘縣、今者晉也、考靈丘、東漢省入

水

yú 瀩 xún 洵 tuō 涶 yān 漹 nǎn 湳 ní 泥 lái 淶

平舒，東魏天平二年復置，則晉無靈丘縣，而北地又遠在雍涼，郭璞謬不至此，蓋與校改說文者同出一手矣。筠案：本部皆言出，獨此及淶下言起，改易之迹顯然可觀。**從水寇聲。**苦候切。**滱水卽漚夷水，**漚當作嘔。**幷州川也。**案此二句蓋庾注也。若是許語，則當云一曰嘔夷水也。漯下云或曰治水也，是其例，不當云滱水卽嘔夷水也。幷州川句，則取之班志。職方主州言之，故言其川；說文主水言之，川必縣歷數郡，故不係諸一州。惟㵼必在一州，故言㵼不言川。惟淫下及此言之，故知爲庾注也。職方氏幷州其川虖池、嘔夷，鄭注嘔夷、祁夷與，出平舒。師古注地理志曰：嘔夷出平舒，本之鄭注，實非班旨也。班于靈丘之滱水曰幷州川，於平舒之祁夷水，不曰幷州川也。

淶 **水。起北地廣昌，東入河。**嚴氏曰：起北地當作出代郡。地理志代郡廣昌縣淶水東南至容城入河，幷州濡。水經：巨馬河出代郡廣昌縣淶山，巨馬河卽淶水。酈注謂卽濡水，所未詳也。**從水來聲。**洛哀切。**幷州㵼。**見職方。

泥 **水。出北地郁郅北蠻夷中。**地理志：北地郡郁郅縣，泥水出北蠻夷中。史記酈商傳：蘇駔軍於泥陽。正義云：泥谷水源出羅川縣東北泥陽，源側有泉，於泥中潛流二十餘步而流入泥谷。**從水尼聲。**奴低切。

湳 **西河美稷（保）東北水也。**保，文選潘岳關中詩注引作縣，蓋自加之。本部槪不言縣也。小徐無北字。水經注河水篇云：河水又左得湳水口，水出西河郡美稷縣，東南流。羌人因水以氏之。漢沖帝時，羌湳狐奴歸化，蓋其渠帥也。其水俗亦謂之爲遄波水。潘岳關中詩：虛皛湳德。李注：湳，羌號也。羌人因水爲姓。**從水南聲。**乃感切。

漹 **水。出西河中陽北沙，南入河。**水經汾水云：又南過大陵縣東。酈注云：汾水於縣左池爲鄔澤。廣雅曰：水自汾出爲汾陂。其陂東西四里，南北十餘里，陂南接鄔。地理志曰：九澤在北，幷州藪也。呂氏春秋謂之大陸，又名之曰嘔夷之澤，俗謂之鄔城泊。說文曰：漹水出西河中陽縣北沙，南入河，卽此水也。桂氏曰：中陽瀕河，故漹入河也。**從水焉聲。**乙乾切。桂氏曰：焉聲當爲烏聲，酈注所謂鄔澤也。廣韻漹水漹，集韻漹水名，篆譌從焉，音隨形變，謂讀乙乾切，實應讀安古切。酈引本書原作鄔，後人据誤本說文改爲漹。筠案：玉篇漹在湳下涶上，正同說文。廣韻漹水出西河，與玉篇同，集韻亦引說文，于漹下似當闕疑，未可輒斷。

涶 **河津也。在西河西。從水垂聲。**土禾切。

瀩 **水也。從水旟聲。**以諸切。

洵 **過水中也。**嚴氏曰：釋水：過爲洵。水經注引字林：洵，過水也。說文當言過水別也，與沱江別流也、澥郭澥海之別也語例同。筠案：過，集韻引作渦，雖俗字，亦足證也。水經注：過水受沙水於扶溝。九域志：金州洵陽縣有洵水。**從水旬聲。**相倫切。

nǒu ⿰氵乳 guǒ 淉 jū 涺 chì 淔
pò 洦 zhōng 汷 máng 浝 suǒ 溑 yīn 洇 yóu 沋 jì ⿰氵臮 qiè 淒 niàn 汈 shè 涻

xiè 澥 sì 洍 qiān 汘

涻 **水。出北囂山，入邙澤。**桂氏所据小徐本邙作邛，段氏作卬，亦誤。廣韻引文字音義曰：涻水出北囂山也。而北山經曰：北囂之山，涔水出焉，而東流注于邛澤。是涻譌涔也。又旄水亦曰注邛澤。**從水舍聲。**始夜切。

汈 **水也。**出上黨，依集韻引補。**從水刃聲。**乃見切。桂氏曰：廣韻汈，式羊切，音商，水名。竊謂當從办，轉寫譌從刃，音隨形變矣。王氏煦曰：梁梁皆當從办聲。

淔 **水也。**集韻曰：出潁川。**從水直聲。**恥力切。

淒 **水也。從水妻聲。**七接切。

涺 **水也。從水居聲。**九魚切。

⿰氵臮 **水也。從水臮聲。**其冀切。

沋 **水也。**廣韻曰：在高密。段氏曰：蓋卽左傳尤水，上文之治水也。**從水尤聲。**羽求切。

洇 **水也。從水因聲。**於眞切。小徐篆作涃，說曰困聲，苦悶反。玉篇、廣韻皆洇、涃兼收，竝云水名。且玉篇沋、洇相連，或小徐是邪。

淉 **水也。從水果聲。**古火切。

溑 **水也。**

從水貨聲。讀若瑣。穌果切。

浝 **水也。**桂氏謂卽瀧水，在梁鄒縣。水經注謂卽古之袁水。**從水尨聲。**莫江切。

⿰氵乳 **水也。從水乳聲。**乃后切。

汷 **水也。**廣韻作泈，云水名，在襄陽。**從水宍聲。**職戎切。（宍古文終字）

洦 **淺水也。**也當作兒。犬部狛甯嚴讀之若淺泊。顏氏家訓：嘗游趙州，見柏人城北有一小水，土人亦不知名。後讀城西門徐整碑云：洦流東指。吾案說文，（此）字古魄字也。洦，淺水兒。此水漢來本無名矣，直以淺兒目之，或當卽以洦爲名乎。**從水百聲。**匹白切。玉篇作湐。段氏曰：上下文皆水名，此字次弟不應在此，蓋轉寫者以從百從千類之。

汘 **水也。從水千聲。**倉先切。

洍 **水也。從水臣聲。**詳里切。案此切與祀同音。昊彝銘曰：昊其洍萬年無彊，蓋借洍爲祀也。**一曰詩江有洍。**汜下既引江有汜矣，蓋毛詩也。三家詩有作洍者，許君以爲汜之借字，故爲洍廣一義，而云一曰也。

澥 **郭澥，海之別（名）也。**宋本無名字。漢書音義：勃澥，海別枝名也。齊都賦注：海旁曰勃，斷水曰澥。或作渤澥。子虛賦：浮渤澥。五臣云：渤澥，海分支水名。史記索隱曰：崔浩云：勃旁跌也。旁跌出者，橫在齊北。應劭曰：海之橫

jiàng 洚　hóng 洪　ǎn 灪　pǔ 溥　hǎi 海　mò 漠

出者曰勃。初學記𢿱東海之別有勃澥。出說文。故東海共稱勃海。胡注通鑑楊僕從齊浮渤海以討朝鮮云。僕浮渤海。蓋自青萊以北。幽平以南。皆濱於海。其海通謂之渤海。非指渤海郡而言也。又稱少海。韓非子。齊景公與晏子游於少海。登柏寢之臺。又稱裨海。齊語。渠弭於有渚。韋注。渠弭。裨海也。從水解聲。胡買切。一說澥卽澥谷也。集韻類篇皆引作一曰澥谷也。阜部。⿰阝解。水衡官谷也。玉篇⿰阝解與澥同。漢書律歷志。黃帝使泠綸自大夏之西。昆侖之陰。取竹之解谷生其竅厚均者。斷兩節間而吹之。以爲黃鐘之宮。孟康曰。解。脫也。谷。竹溝也。取竹之脫無溝節者也。一說昆侖之北谷名也。

漠 北方流沙也。淮南時則訓。雁北鄉。高注。將至北漠中也。流沙。通鑑注曰。自陰山以北。皆大漠。有白漠。黑漠。石漠。或借幕字。漢書武帝紀。衛青將六將軍絕幕。臣瓚曰。沙土曰幕。一曰清也。釋言文。樊光曰。漠然清皃。李善引作寂也。又引作無爲也。楚詞遠遊。漠虛靜以恬愉兮。又云。野宋漠其無人。從水莫聲。慕各切。

海 天池也。見莊子消搖游。以納百川者。老子。滄海所以能爲百谷王者。以其下之。釋名。海。晦也。主承穢濁。其水黑如晦也。從水每聲。呼改切。

溥 大也。釋詁文。詩北山。溥天之下。從水尃聲。滂古切。

灪 水大至也。玉篇廣韻皆作大水至。從水闇聲。乙感切。

洪 洚水也。玉篇引無水字。是也。堯典。湯湯洪水方割。僞孔傳曰。洪。大。是不知釋詁之洪大也。乃引伸之義。故釋經異於孟子。非也。趙注孟子同此誤。古音洪洚同聲。故孟子以洪釋洚。許君本之。史記河渠書作鴻水。猶尚書大傳洪範作鴻範也。從水共聲。戶工切。

洚 水不遵其道也。孟子滕文公篇。書曰。洚水警余。洚水者。洪水也。趙注。尚書逸篇。水之逆行。洚洞無涯。故曰洚水也。洪。大也。告子篇曰。水逆行謂之洚水。洚水者。洪水也。案孟子曰水逆行。許君本之。故曰不遵其道。趙注之洚洞無涯。則以逆行而致然也。尚非洚之正解。孟子又曰。洪水橫流。氾濫於天下。夫橫流卽是逆行。是孟子說洪不異於說洚。故許君曰。洪。洚也。至於氾濫於天下。趙注之洚洞無涯。正與同義。故知許君得其正解。而邠卿尚未之得。況望文爲義之僞孔傳乎。從水夅聲。唐韻戶工切。此古音也。又下江切。此六朝音也。與僞孔傳合。而異于孟子。一曰洚下也。下當依玉篇作潰。洚潰也者。蓋卽釋言之虹潰也。虹者同聲假借字。今本作下也者。乃校者以僞孔傳改之也。孟子所引書。趙氏以爲逸篇。作僞古文者遂取以爲大禹謨。其字作降。祇

yǎn 衍　cháo 淖　yǐn 濥　tāo 滔　juān 涓　hùn 混

是聲借字。不爲誤也。水經注河水篇引禹貢曰。北過降水。而釋之曰。不遵其道曰降。亦曰潰。夫以不遵其道釋降。與許君正同。又云亦曰潰。足證玉篇所用爲說文古本矣。僞孔傳乃曰水性流下。故曰下水。正與孟子逆行橫流異矣。○小徐本洚篆之上。有洚篆云。大水也。從水夅聲。胡翁反。案卽洚字之譌衍也。

衍 水朝宗于海皃也。廣雅。衍。達也。易需于沙。衍在中也。虞注。衍。流也。筠案大徐本無皃字。固與淖字之訓無別。卽小徐本皃字。亦恐校者自加之。以與淖訓別也。竊疑本字說解。蓋挩佚。遂迻淖字說解于此也。案字形水在行中。與衍字水在行外異。當是卽形爲義。乃孟子水由地中行之說。上文洪洚二字。是氾濫之時。衍字則禹治水之後。其流順軌。朝宗于海。故下文繼以淖字也。從水從行。小徐作行聲。嚴氏曰。行衍聲之轉。勠讀若演。可以比例。筠案此字會意。衍則形聲。蓋未可比而同之。姑存嚴說。以淺切。

淖 朝也。水朝宗于海也。句蓋庾注也。嚴氏則曰。御覽引作朝也。當是古本。此作水朝宗于海。蓋涉上衍篆之說解而誤。筠案朝也之訓。兼括水之朝海。海之生潮而言。若主朝宗。則當別有潮字。禹貢。江漢朝宗于海。鄭注。江漢合爲一。共赴海。猶諸侯之同心尊天子而朝事之。詩沔彼流水。朝宗于海。箋云。水流而入海。小就大也。從水朝省聲。大徐不知聲義互相備之例。故删聲字。而又曰隸書不省。直遙切。

濥 水脈行地中濥濥也。也。玉篇引作然。嚴氏曰。云濥濥則然在其中。是也。行地中者。謂潛而未見之水也。川部。巠。水脈也。從川在一下。一。地也。江賦。潛濥之所汩淢。或通作演。周語。夫水土演而民用也。韋注。水土氣通爲演。演猶潤也。演則生物。民得用也。說苑。夫水土演而民用足也。土無所演。民乏財用。蜀都賦。演以潛沫。劉注。水潛行曰演。從水寅聲。弋刃切。

滔 水漫漫大皃。段氏曰。說文無漫字。當作曼曼。桂氏曰。小徐作水漫天皃。堯典。浩浩滔天。僞孔傳云。浩浩盛大若漫天。詩四月。滔滔江漢。傳云。滔滔。大水皃。從水舀聲。土刀切。

涓 小流也。也字竹君本無。而空白兩格。元應引字林。涓水小流也。又引作水小流涓涓然也。荀子法行篇。涓涓源水。不壅不塞。後漢書丁鴻傳。夫壞崖破巖之水。源自涓涓。從水肙聲。古懸切。爾雅曰。汝爲涓。桂氏曰。釋水。汝爲濆。又曰。汝有濆。筠案爲濆之濆。因有濆而誤也。當爲涓。

混 豐流也。孟子。源泉混混。漢書司馬相如傳。汨乎混流。顏注。混流。豐流也。案顏氏之說。多本之說文。郭璞水泉讚。琭出同歸。混混東會。集韻。混與滾同。○華嚴經音義引說文曰。混謂混沌。陰陽未分。共同一氣之皃。案不似許君

bì huàn yǎn sù chí ruì dàng
泌 渙 演 潚 漦 汭 潒

語例姑附記之慧苑又曰又作渾案山海經曰其源渾渾泡泡郭注水濆漏也是混作渾之證。從水昆聲。胡本切。

潒 水潒瀁也。淮南覽冥訓作瀇瀁漢明帝詔作滂瀁吳都賦海賦作沆瀁吳志薛綜傳作滉瀁皆與潒瀁同意廣雅浩浩潒潒流也。從水象聲。讀若蕩。此讀言假借也潒瀁今作蕩漾潒自瀁之象又堯典蕩蕩懷山襄陵。徒朗切。

漦 順流也。一曰水名也。從水𠩺聲。俟甾切。

汭 水相入也。字林同玉篇廣韻引作水相入皃史記正義引作水涯曰汭皆非也小水歸大水曰入比長絜大而相入者則別其名曰汭也水經注河水云歷山嬀汭二水出焉南曰嬀水北曰汭水尚書所謂釐降二女于嬀汭也孔安國曰居嬀水之內皇甫謐曰納二女于嬀水之汭馬季長曰水所出曰汭然則汭似非水名而今見有二水異源同歸渾流西注入於河桂氏曰異源同歸即水相入也所引馬注水所出當作水所入禹貢雍州涇屬渭汭馬注屬入也水所入曰汭又至于龍門西河會于渭汭閻百詩曰汭字解有作水北者有作水之隈曲者有作水曲流者有作水中州者總不若說文水相入也於渭汭爲確解左氏莊四年曰漢汭閔二年曰渭汭宣八年曰滑汭昭元年曰雒汭四年曰夏汭五年曰羅汭二十四年曰豫章之

說文句讀〈卷二十一　八百六十四　〇折四十四　卅二

汭二十七年曰沙汭定四年曰淮汭哀十五年曰桐汭水名下繫以汭者衆矣又何疑于禹貢詩邶風涇以渭濁傳云涇渭相入而清濁異莊四年漢汭王肅云汭入也。從水內聲。入下云內也內下云入也二字轉注則云水相入即足見其爲從內矣大徐不知聲義互相備之例且以莊四年漢汭杜元凱不知王肅說是而改之曰汭內也大徐誤信其說遂改之曰從內內亦聲非也。而銳切。

潚 深清也。字林同廣雅潚清也。從水肅聲。子叔切。集韻旣收潚於一屋而又收之二蕭爲瀟之重文先彫切中山經水經注湘水篇皆云瀟湘之浦詩風雨瀟瀟皆即此字大徐新附有瀟字誤。

演 長流也。釋名演延也言蔓延而廣也海賦東演析木。一曰水名。名當作也此義集韻音引。從水寅聲。以淺切。

渙 流散也。散不作㪔者隷字也易風行水上渙正義渙者散失之名詩繼猶判渙傳云渙散也老子渙兮若冰之將釋。從水奐聲。呼貫切。

泌 俠流也。魏都賦引作水駛流也駛俗駃字蓋駃之譌然新附字也玉篇泌狹流也廣韻五質泌水浹流然則俠狹皆浹之譌也釋言浹徹也玉篇浹遍也詩陳風泌之洋洋正義泌者泉涓流不已乃至廣大也或借毖字詩邶風毖彼泉水目部䀣下引詩作泌魏都賦泉毖漏而

kuàng cǐ liáo wāng pāng huò liú yù biāo xuàn iē guō
況 泚 漻 汪 滂 濊 瀏 淢 淲 泫 湝 活

自淚李注毖與泌同。從水必聲。兵媚切。

活 水流聲也。詩碩人河水洋洋北流活活傳云活活流也長笛賦汨活澎濞。從水𠯑聲。古活切當依玉篇改古末切廣韻括古活切活字繼其下蓋唐韻亦然大徐襲之忘活即本篆耳詩載芟實函斯活叏浯乚乚也水經有浯水許君省未及。

〓 活或從聒。

湝 水流湝湝也。詩鼓鐘淮水湝湝。從水皆聲。古諧切。一曰湝湝寒也。小徐本湝無重文。詩曰風雨湝湝。引此以證寒義也鄭風。

泫 湝流也。小徐作湝湝流水皆不可解祇當云流也後漢書張衡傳水泫沄而涌濤注云泫沄水流皃。從水玄聲。胡畎切。上黨有泫氏縣。見地理志。

淲 水流皃。廣雅淲淲流也。從水虎聲。皮彪切。詩曰淲沱北流。小雅白華作滮池北流。

淢 疾流也。淮南本經訓湍流瀷淢高注皆交畫水勢之皃南都賦滲淚淢汩江賦瀰淢濜湞。從水或聲。于逼切淢與川部𢦔益同。

瀏 流清皃。皃釋文引作也字林曰清流也。從水劉聲。力久切。詩曰瀏其清矣。鄭風溱洧文傳曰瀏深皃案毛意謂瀏其

說文句讀〈卷二十一　七百五十　〇折四十九　卅三

清者深而清也許意謂瀏其清者瀏然清也二家各自爲義非一說蓋冰初解時水雖清而有沫𣵺𣵺時則其清可鑑矣於此見許說體物之工。

濊 礙流也。韓詩流皃廣雅濊濊流也大部薉下引詩施罟濊濊小徐本宋刻大徐本皆然今本作濊濊非字。從水薉聲。呼括切。詩曰施罟濊濊。汪本作濊濊网部罛下引作施罛濊濊段氏以部末之濊篆易本篆所舉證皆是竊欲從之。

滂 沛也。滂沛雙聲廣雅滂滂沛沛流也。從水旁聲。普郎切。

汪 深廣也。玉篇廣韻皆曰水深廣也後漢書黃憲傳汪汪若千頃陂淮南俶真訓汪然平靜。從水㞷聲。烏光切。一曰汪池也。池當作沱通俗文停水曰汪池之污濁者也左桓十四年傳三十三年傳皆云周氏之汪。

漻 清深也。玉篇漻浩漻水清廣雅漻清也莊子天地篇漻乎其清也。從水翏聲。讀若牢。洛蕭切。

泚 清也。廣韻泚水清也。從水此聲。本且禮切孫千禮切。

況 寒水也。佩觿作寒冰。從水兄聲。詩常棣況也永歎傳云況茲釋文況或作兄桑柔倉兄塡兮傳云兄滋也釋文兄音況本亦作況大雅末篇職兄斯引傳云兄茲也釋文兄音況案矢部矤下云況詞也是知周人借兄

水

chōng 沖　fàn 汎　yún 沄　hào 浩　hàng 沆　jué 泬　pì 濞　zhuó 灂　xī 潝　téng 滕　jué 潏

至孔子十翼已借用況。許訪切。沖 涌搖也。上涌而兼旁搖，故曰沖融也。字或作沖，海賦：沖融沆瀁。從水中聲。讀若動。直弓切。汎 浮皃。詩二子乘舟：汎汎其景。傳云：如乘舟而無所薄，汎汎然迅疾而不礙也。廣雅：汎汎、氾氾，浮也。從水凡聲。本父弓反，孫孚梵切。沄 轉流也。從水云聲。讀若混。集韻：混淪，流水轉皃。王分切。一曰沆。依爾雅釋文引補。釋言云：沆也。郭注：水流漭沆。浩 澆也。段氏曰：當作沆也。案玉篇浩下云：浩，水盛也，大也。廣韻：浩汗，大水皃。從水告聲。胡老切。虞書曰：洪水浩浩。此堯典約文也。韻會謂說文引書浩浩洪水。沆 莽沆，大水也。羣書作漭沆。緣沆加莽，以水旁也。通俗文：水廣大謂之漭沆也。風俗通：沆，漭也。言乎涇涇漭漭，無涯際也。西京賦：滄池漭沆。薛注：漭沆猶洸瀁，亦寬大也。江賦：沆瀁皛溔。從水亢聲。胡朗切。一曰大澤皃。博物志：停水，東方曰都，一名沆。續述征記：齊人謂湖爲沆。泬 水從孔穴疾出也。釋水：氿泉穴出。桂氏曰：潏水一名泬水，以其涌出也。筠案：矞、穴同聲，故毛詩回遹，韓詩作回泬。或省作回穴。矞，以錐有所穿也，與穴義亦近。從水穴聲。大徐多從穴，小徐少聲字，皆非也。呼穴切。濞 水暴至聲也。吳都賦：濞焉洶洶。上林賦：滂濞沆溉。史記作澎濞沆瀣，司馬彪云：澎濞，水聲。從水鼻聲。匹備切。灂 水之小聲也。字林：灂，小水聲也。上林賦：瀺灂霣隊。高唐賦：巨石溺溺之瀺灂兮。段氏疑說文本有瀺篆。從水爵聲。士角切。潝 水疾聲也。依韻會引補。集韻：潝或作滃。上林賦：汨滃漂疾。從水翕聲。許及切。滕 水超涌也。江賦注引無超字，則是與涌轉注也。韻會引作水超踊也。超、踊下皆曰跳也，則是於此詳其狀，而涌下之滕也，即承此文也。二引皆逼勝於本文。玉篇引詩：百川沸滕。今詩用借字作騰。然傳曰：騰，乘也。則是月令累牛騰馬之騰，亦跳踊之意也。從水朕聲。徒登切。潏 水涌出也。依選注引補。上林賦：潏潏淈淈。應劭、晉灼注曰：潏，涌出聲也。李巡說爾雅曰：水泉從下上出曰涌泉。從水矞聲。矞，滿有所出也。古穴切。一曰：水中坻，人所爲爲潏。釋水：小沚曰坻，人所爲爲潏。釋文曰：按郭圖云：水中自然可居者爲洲，人亦於水中作洲而小，不可止住者名潏。潏，水中地也。一曰潏水名，在京兆杜陵。顏注漢書及寰宇記引皆無名字，是也。在，一引作出，

guāng 洸　bō 波　yún 澐　lán 瀾　lún 淪　piāo 漂　fú 浮　fàn 氾　làn 濫

非也。地理志：右扶風鄠縣，鄠水出東南，又有潏水，皆北過上林苑入渭。三輔黃圖：潏水在杜陵，從皇子陂西北流，經昆明池入渭。顏注上林賦曰：地理志鄠縣有潏水，北過上林苑入渭，而今之鄠縣則無此水。許慎云：潏水在京北杜陵，此即今所謂沈水，從皇子陂北流，經昆明池入渭者也。蓋爲字或從水旁穴，與冘字相似，俗人因名沈水乎。洸 水涌光也。此即字形爲義也。光，一引作貌，似非。水涌生光，即岳陽樓記浮光躍金也。江賦：澄澹汪洸。從水從光，光亦聲。當云從水光聲，聲義互相備也。而二徐本皆然，則羼入已久。古黃切。詩曰：有洸有潰。邶風谷風文。此引經代一曰也。毛傳：洸洸，武也。潰潰，怒也。重言以聲爲義，於本訓無涉。水經注洙水篇引呂忱曰：洸水出東平陽，上承汶水於剛縣西闡亭東。波 水涌流也。月賦注引無流字，非也。流而且涌，涌而仍流，是之謂波，與滕、涌二字義別。從水皮聲。博禾切。澐 江水大波謂之澐。段氏曰：四川南谿縣故碑云：大江在縣有揚澐灘。從水雲聲。王分切。瀾 大波爲瀾。釋水文。釋文作灡，假借。下文：灡，潘也。案釋水云：河水清且瀾漪，大波爲瀾，小波爲淪，直波爲徑。此釋魏風伐檀之首章，因及其二三章也。釋文：漪本又作猗，是也。毛詩作猗，漢石經魯詩殘碑作兮。說文無漪字。從水闌聲。洛干切。漣 瀾或從連。釋水釋文曰：瀾，李依詩作漣。毛傳：風行水成文曰漣。釋名：風吹水波成文曰瀾。瀾，連也，波體泛流相連及也。詩漸漸之石箋云：與眾豕涉入水之波漣。釋文：漣，一本作瀾。淪 小波爲淪。從水侖聲。力迍切。詩曰：河水清且淪漪。漪當作猗，語詞也。傳曰：小風水成文，轉如輪也。一曰：沒也。書微子：今殷其淪喪。水經注：碣石淪沒於洪波。漂 浮也。孫子兵勢篇：激水之疾，至於漂石者，勢也。從水票聲。本芳妙切，孫匹消切，又匹妙切。案漂及下文浮，皆當與汎類廁。浮 汎也。依海賦注引改。上文汎，浮皃，此又謂浮汎，亦通語也。越語：范蠡遂乘輕舟以浮於五湖。從水孚聲。縛牟切。氾 濫也。孟子曰：洪水橫流，氾濫于天下。此許君所主也。若楚詞卜居：氾氾若水中之鳧。漢書賈誼傳：氾乎若不繫之舟。皆借氾爲汎，非許義。謂普博也。依元應引補。蓋庾注也。從水巳聲。孚梵切。一曰淹。言氾亦謂之淹也。集韻：氾部淹，於贍切。沒也。淹篆下無此義，於此補之。漢書武帝紀：河水決濮陽，氾郡十六。淹或作渰。曹娥碑：爲水所渰。濫 氾也。西都賦注引作泛，誤。以此氾通汎，而又以

泓 hóng　湋 wéi　測 cè　湍 tuān　淙 cóng　激 jī　洞 dòng　瀿 fān　洶 xiōng　涌 yǒng

泛、易氾也。增韻：濫，水延漫也。字林：濫，氾濫也。管子地圖篇：濫車之水。注云：其水溓溓，能氾車。**從水監聲。**盧瞰切　**一曰濡上及下也。詩曰：觱沸濫泉。**濡上及下者，濫泉之義，此先釋之而後引詩以證也。詩小雅采菽、大雅瞻卬皆曰觱沸檻泉。觱者俗字，檻者借字也。傳曰：觱沸，泉出皃。檻泉，正出也。箋云：檻水正出，涌出也。觱沸，出皃。涌泉之源，所由者深。釋名作濫，曰：水正出曰濫泉。濫，銜也，如人口有所銜，口闓則見也。案借檻字者，謂如有檻遏束之，故濆薄而上涌也。箋云所由者深，言其所濆者高，由於深也，是以濡上及下矣。濡非濡漬之濡，乃易濡其尾之濡，謂沾濡也。所濆者高，則先濡其上而後及其下也。**一曰清也。**郭泰別傳：奉高之器，譬諸氾濫，雖清而易挹。

泓　下深皃。元應引作下潫大也，又引作下潫大皃。廣雅：泓泓，深也。吳都賦：泓澄奫潫。江賦：極泓量而海運。**從水宏聲。**烏宏切

湋　回也。本部淵，回水也；漩，回泉也。**一曰水名。**名當作也。漢書溝洫志：關中靈軹、成國、湋渠。注云：水出韋谷。元和志：武德三年分岐山縣置圍川縣，取湋川水為名，近代譌作圍。**從水韋聲。**羽非切

測　深所至也。深，動字，謂測之也。釋言：潛，深、測也。郭注：測亦水深之別名，似誤。玉篇：測，度也。廣深曰測。案當作度深曰測，且度高曰高，度長曰長，度深曰深，正一例。深所至者，謂深其深之幾何也。淮南說林訓：以篙測江，篙終而以水為測，惑矣。荅賓戲：懷氾濫而測深乎重淵。**從水則聲。**初側切

湍　疾瀨也。許注淮南云：湍，水疾也。楚詞九章：長瀨湍流，泝江潭兮。王注：湍亦瀨也。漢書溝洫志：水湍悍。顏注：急流曰湍。**從水耑聲。**他耑切

淙　水聲也。沈約詩：百丈注懸淙。高適詩：石泉淙淙。**從水宗聲。**藏宗切

激　水流礙衺疾急曰激也。依元應引補。水流礙，慧苑引作水文礙，非也。流有所礙，則其勢衺出，其氣疾急。孟子：激而行之，可使在山。**從水敫聲。**古歷切　**一曰半遮也。**字書：激，遮也。

洞　疾流也。馬部：駉，馳馬洞去也。西都賦：潰渭洞河。桂氏曰：水經有洞過水，亦謂其流疾也。**從水同聲。**徒弄切

瀿　大波也。元結引東泉詩：此流又高懸，瀿瀿在長空。**從水旛聲。**孚袁切

洶　涌也。上林賦：洶涌澎湃。羽獵賦：洶洶旭旭，天動地吸。**謂水波騰皃。**依選注引補。荅庚注也。騰者，滕之借字。**從水匈聲。**許拱切

涌　滕也。公羊昭五年傳：濆泉者何？直泉也。直泉者，涌泉也。論衡狀留篇：泉暴出者曰涌。**從水甬聲。**

湁 chì　涳 kōng　汋 zhuó　瀱 jì　渾 hún　洌 liè　淑 shū　溶 yǒng

余隴切　**一曰涌水在楚國。**方言：沅涌澆幽之語。注云：涌水今在南郡華容縣也。左莊十八年傳：閻敖游涌而逸。水經江水云：又東南當華容縣南，涌水入焉。酈注：水自夏水南通於江，謂之涌口。

湁　湁湒鬻也。下文湒，一曰鬻涌皃。小徐引上林賦：湁湒鼎鬻。玉篇引作湁潗鼎沸。又云：鼎沸，謂水微轉細涌也。其潗字下云：湁潗，水轉皃。周成雜字云：湁潗，水涉皃也。海賦：濆淪滀潗。筠案：上文洶涌二篆謂水大涌也，湁湒則謂水細涌也。要之皆謂流水，非鼎中爨水也。鬻葢本作沸，後人据上林改之。然沸篆遠隔在後者，泏、沸、濫三篆相次，殊不類。又畢沸濫泉，不成訓義，知是後人掇拾，失其次第。**從水拾聲。**丑入切

涳　直流也。從水空聲。哭工切，又苦江切

汋　激水聲也。釋名：井一有水一無水曰瀱汋。瀱，竭也；汋，有水聲汋汋也。**從水勺聲。**市若切　**一曰井一有水一無水謂之瀱汋。**釋水文。中山經：視山有井焉，名曰天井，夏有水，冬竭。超山其陽有井，冬有水而夏竭。元中記：貴州有漏汋，一日百盈百竭，應漏刻。

瀱　井一有水一無水謂之瀱汋。從水罽聲。居例切。段氏曰：已見上文，不當複舉。攷釋名作罽，不從水，說文當同之。瀱篆乃淺人所增耳。筠案：此說㞋是。然又有說焉，小徐本瀱字在汽、涸、消、潐、渴、潓之下，如或此字為許君所收，則當曰：瀱，渴也。一曰井一有水云云。汋雖在前，亦但當云一曰瀱汋也。說文兩字為名者，出其義於上字之下，乃通例也。大徐遂瀱於汋下，益之不通矣。

渾　混。句　**水流聲也。**水字諸引或有或無，要無連混字引之者。以混釋渾，乃義同音近之字也。混，豐流也。玉篇：渾，水濆涌之聲也。苟非豐流，安能濆涌？惟渾兼狀其聲，是為異耳。七發：沌沌渾渾。七命：溟海渾濩涌其後。**從水軍聲。**本後衮切，孫戶昆切　**一曰洿下皃。**元應一引作洿也，一引作汚也。然則是謂渾濁也。老子：渾兮其若濁。**一曰渾者測儀器也。**依御覽引補，謂渾天也。然文義似不順，姑存之。

洌　水清也。長笛賦注引云：洌，清也。誤以洌之義說洌也。廣雅：洌，清也。詩：洌彼下泉。有洌氿泉。傳皆說以寒。觀引易，則洌寒是兩義。**從水列聲。**良辥切　**易曰：井洌寒泉食。**井卦文。食字宋本或有或無，汲古本則後來刓補者。御覽、玉篇、風俗通、韻會引易，皆無食字。

淑　清湛也。湛連清言，則湛亦清耳，豈得泥沒也之本訓乎。**從水叔聲。**殊六切

溶　水盛也。字林：溶，水盛皃。甘泉賦：溶方皇于西清。注云：溶，盛皃。**從水容聲。**余隴切，又音容。

水

澂 chéng　清 qīng　湜 shí　潣 mǐn　滲 shèn　潿 wéi　溷 hùn　淈 gǔ　淀 xuán　漼 cuǐ　淵 yuān

澂清也。澂清皆動字也、考工記、㡛氏湅帛、清其灰而盝之、注云、清、澄也、澄者澂之俗字、易損卦大象懲忿、釋文云、鄭云清也、蜀才作澄、誼書、澄五湖而定東海、從水數聲。數者古文徵也、直陵切、清朖也。釋言、明、朖也、水清必明、故以朖釋清也、文子、清之言明、杯水見眸子、濁之言闇、河水不見泰山、澂水之皃。再申之者、本文澂仍是動字、而清則靜字也、故必申之、言澂之之後、水皃朖然清也、後漢書張衡傳、澂淟涊而爲清、從水青聲。七情切、湜水清見底也。依詩釋文引乙轉、廣雅、湜清也、從水是聲。常職切、詩曰。湜湜其止。鄁風谷風文、玉篇白帖、引詩竝同、案止如人而無止之止、湜湜者以水況人之詞、故箋曰持正皃、人能持正、如水之清也、惟鄭據本作沚、以小渚曰沚釋之、似與持正不貫、潣水流浼浼皃。集韻、潣與浼同、下文浼下、引詩河水浼浼、是許謂潣正而浼借也、從水閔聲。眉殞切、滲下漉也。一引作水下漉爲滲、云下漉者、下文漉、浚也、浚、抒也、是自上挹其水也、滲則自下泄其水、如葛巾漉酒是也、故曰下、衆經音義、滲、盡也、下漏曰滲、封禪書、滋液滲漉、或作盝、㡛氏清其灰而盝之、從水參聲。所禁切、潿不流濁也。

玉篇、潿、濁不流皃、廣韻、潿、水不流濁皃、從水圍聲。羽非切、溷亂也。玉篇、楚詞云、世溷濁而不分兮、溷、亂也、易噬嗑注、不溷乃明、釋文、溷、雜也亂也、通作渾、漢書劉向傳、賢不才渾淆、一曰、水濁皃。風賦、儌溷鬱邑、李注、儌溷、煩濁皃、從水圂聲。胡困切、淈濁也。法言吾子篇、惡淫辭之淈法度也、注云、淈濁也。從水屈聲。古忽切、一曰、滒泥。廣韻、淈、淈泥、廣雅、滒、淖也、楚詞漁父、何不淈其泥而揚其波、一曰水出皃也。史記樗里子傳、滑稽多智、正義云、滑讀爲淈、水流自出、言其智計宣吐如泉、流出無盡、淀回𣶒也。依元應引改、今本𣶒作泉者、唐人避諱改之、釋水、過辨回川、郭注、旋流、從水旋省聲。亦借旋爲之、李善注江賦、引淮南子注、九旋之淵至深、似沿切、漼深也。從水崔聲。七罪切、詩曰、有漼者淵。小雅小弁文、傳云、漼、深皃、淵回水也。荀子致仕篇、水深則回、列子黃帝篇、鯢桓之潘爲淵、止水之潘爲淵、流水之潘爲淵、濫水之潘爲淵、沃水之潘爲淵、氿水之潘爲淵、雍水之潘爲淵、汧水之潘爲淵、肥水之潘爲淵、殷敬順釋文、潘本作蟠、蟠、洄流也、從水。𣶒象形。左右岸也。中。象水皃。以革

瀰 mǐ　澹 dàn　潯 xún　泙 píng　泏 zhú　瀳 jiàn　漸 zhí　滿 mǎn　滑 huá　濇 sè　澤 zé　淫 yín

玄二篆說解推之、本注當云從水從𣶒、其象形以下十字、則當在𣶒篆下、烏懸切、𣶒淵或省水。淵從𣶒而𣶒又省水、是兩字之先後不定也、且中象水而旁又有水、豈有此等淵乎、故知淵者𣶒之絫增字也、𣶒者囦之變形也、囦古文淵。從囗水。小徐篆作囦、從小篆水字、它部從古文者、率作巛、李燾舊本作囦者、囗字分兩半書之也、它書多如此、曲者直之而又橫寫其水、斯成𣶒矣、濔水滿也。依詩新臺釋文引補、又知陸氏所据詩本作濔、文選沈約安陸昭王碑文、注引毛詩亦作濔、今本作瀰瀰、傳云盛皃、盧召弓曰、地理志、邶詩云、河水洋洋、字從芈姓爲聲、謂新臺也、從水爾聲。奴禮切、澹水搖皃也。依選注引補、漢書司馬相如傳、灑沈澹災、蘇林曰、言分其沈澹搖動之災也、七發、湍流遡波、又澹淡之、李善曰、澹淡、搖蕩之皃也、曹孟德樂府、水何澹澹、從水詹聲。徒濫切、潯旁深也。一引作水旁潯也、又引作水涯也、蓋以字林爲說文也、字林見七發注、江淹詩、秋榮冒水潯、從水尋聲。徐林切、泙谷也。玉篇曰谷名、廣韻曰水名、從水平聲。符兵切、泏水皃。此有闕文、玉篇廣韻皆曰、泏、水出皃、倉頡篇、水湢皃、字林云、泏、水定也、蓋亦譌字、文子道

原篇、原流泏泏、沖而不盈、從水出聲。竹律切、又口兀切、讀若窋。廣韻十一沒、泏、苦骨切、漚泏、瀳水至也。玉篇同、小徐也作皃、非也、字又作洊、易坎卦象水洊至、釋文曰、王作荐、釋言、荐再也、坎下坎上是再義、故孔子曰水洊至、許君據字說之、故但曰水至也、從水薦聲。讀若尊。又在甸切、言又者、蓋唐韻亦有尊音、大徐省之也、集韻、瀳、徂昆切、漸土得水沮也。沮似衍文、又似即沮洳之謂、謂水土相和而成泥也、惟集韻二十二昔、竹益切、內收漸字、引如今本、其直炙切內收漸字、云、土得水謂之漸、二十三錫、漸、亭歷切、水土和也、玉篇廣韻皆曰土得水也、從水。晢聲。讀若麮。竹隻切、滿盈溢也。從水㒼聲。莫旱切、滑利也。周禮食醫、調以滑甘、疏云、滑者通利往來、內則、滫瀡以滑之、注云、齊人謂滑曰瀡、從水骨聲。戶八切、濇不滑也。從水嗇聲。色立切、韻會十四緝引以爲澀之或體、衆經音義曰、濇、古文澀、今作澁、謂濇之古文作澀也、澤光潤也。左襄二十八年傳、慶封之東、澤可以鑑、考工記、㾜牛之角無澤、注云、少潤氣、從水睪聲。丈伯切、淫浸淫隨理也。繫傳曰、隨其脈理而

水

jiān 瀸　yì 泆　kuì 潰　lì 沴

漫漬也。從水垩聲。余箴切 一曰久雨爲淫。月令、淫雨蚤降、注云、淫、霖也、雨三日以上爲霖、

瀸 漬也。字林同、曲禮、四足曰漬、注云、漬謂相瀸汙而死、春秋莊十七年、齊人瀸于遂、公羊傳曰、瀸者何、瀸積也、釋文、積本又作漬、亦借漸字、詩氓篇、漸車帷裳、從水韱聲。子廉切 爾雅曰、泉一見一否爲瀸。釋水文、郭注、瀸、纔有皃、案此瀸與纖同意、謂纖微也、

泆 水所蕩泆也。蕩者滌之借字、釋名、水泆出所爲澤曰掌、水亭處如手掌中也、今兖州人謂澤曰掌也、禹貢、溢爲滎、鄭本溢作泆、史記同、從水失聲。夷質切

潰 漏也。漏者屚之借字、從水貴聲。胡對切 亦決也。字林、潰、旁決也、後漢書班固傳、潰渭洞河、注引蒼頡篇曰、潰、旁決也、一曰散也。依韻會引補、左文三年傳、沈潰、凡民逃其上曰潰、杜注、潰、衆散流移、若積水之潰、自壞之象也、○筠案決散二義、漏之引申義也、然既有引者、宵過而存之、

沴 水不和也。依五音集韻引改、沴祇是不和耳、而屬之水者、五行皆有沴、舉一以統其餘也、字又作㵢、莊子、陰陽之氣有沴、集韻引作㵢、從水㐱聲。郎計切 五行傳曰、若其沴佗。其當作六、一譌爲亓、再譌爲其也、若六沴作、洪範五

行傳文、申鑒引之曰、六沴作見、五行傳說曰、六氣相傷謂之沴、如淳曰、沴音拂戾之戾、義亦同、王氏觀國曰、古之論五行者、有六沴、謂金沴木也、木沴金也、水沴火也、火沴水也、金木水火沴土也、金木水火土沴天也、

qiǎn 淺　zhǐ 洔　shěng 渻

淺 不深也。詩、深則厲、淺則揭、從水戔聲。七衍切

洔 水暫益且止、未減也。猶云不增不減耳、益謂入益之、非此水流入彼水也、暫益者、不多益也、且止者、即止也、水經風日而後減、初益之時、未及減也、從水寺聲。直里切

渻 少減也。詩未減、故以少減之、渻承之、與女部媘同、一曰水門也。門似名之譌、蓋衍文也、玉篇云、水門名、廣韻集韻皆曰水名、從水省聲。左傳、省穡而用之、息幷切 一曰水出丘前、謂之渻丘。釋丘、水出其前、渻丘、

nào 淖　zuǐ 濢　rù 溽　niè 涅

淖 泥也。蒼頡篇、淖、深泥也、字林、濡甚曰淖、左成十六年傳、有淖於前、從水卓聲。奴教切

濢 小溼也。小當作下、玉篇廣韻皆曰、濢、下溼也、從水翠聲。遵誄切

溽 溽暑、溼暑也。依選注引補、月令、季夏之月、土潤溽暑、江賦、林無不溽、從水辱聲。月令釋文作辱暑、云本或作溽、溼也、而蜀切

涅 黑土在水中者也。孔安國注論語曰、涅、可以染皁者、言至白者染之涅而不黑、亦借泥字、史記屈原傳、皭然泥而不滓者也、泥讀如涅、即用論語涅而不緇、從水從土。日聲。桂氏曰、聲不相近、五經文字云、從日從土、馥案本書陧從毀省、五結切、疑涅從陧省聲、筠案染布帛爲深藍色、再以池中茲泥塗之、暴諸日而成緇、五經文字云從日、益謂此也、集韻十六屑、乃結切、內有腥、捏、程、湼四字、又有埕或作呈、㘿或作埕、篞或作篞、茎或作蕼、奴結切、

zī 滋　hū 淴　yì 浥

滋 竹君本如此、與心部㦽同、益也。左昭三年傳、庶民罷敝而宮室滋侈、二十六年傳、吾滋不從、杜注皆云、滋、益也、從水茲聲。小徐各本如此、艸部茲、艸木多益也、子之切 一曰滋。小徐本如此、水出牛飲山白陘谷、東入呼沱。地理志、常山郡南行唐、牛飲山白陸谷、滋水所出、趙一清曰、陸字譌、北山經、高是之山、滋水出焉、而南流注于虖沱、筠案水經注渭水篇說霸水曰、霸者水上地名也、古曰滋水矣、本部滻下云、入霸、於本字似當出其古名、

淴 作淴、桂嚴二家皆依廣韻所引、是也、段氏篆尙誤、青黑兒也。集韻、漬去色曰淴、從水曶聲。段氏改此曶爲昌、非也、曶自是隸體、且昌字玉篇斷爲兩體、本不合、呼骨切

浥 溼也。廣雅同、詩、厭浥行露、傳云、厭浥、溼意也、漢書司馬相如傳、踰波趨浥、郭璞曰、浥、陷也、

從水邑聲。於及切

shā 沙　lài 瀨　fén 濆

沙 水散石也。詩正義引作水中散石也、散石者、細碎之石也、從水少。水少沙見也。也、水經注引作矣、所加切 楚東有沙水。水經注渠水云、新溝又東北流逕牛首鄉北、謂之牛建城、又東北注渠、即沙水也、音蔡、許愼正作沙、音左、昭二十七年傳、令尹子常以舟師及沙汭而還、注云、沙、水名、地名曰沙汭、楚東地、

沚 譚長說沙或從尐。易需九二、需于沙、釋文云、沙、鄭作沚、沚即沙之形譌也、水經注云、音蔡、蔡當讀如二百里蔡之蔡、蔡尐聲相近、

瀨 水流沙上曰瀨。瀨、淺水也。依元應引補、慧苑引云、淺水流沙上曰湍、蓋引本文以說湍也、字林、瀨、水流沙上也、水淺流曰瀨也、楚詞九歌、石瀨兮淺淺、論衡狀留篇、湍瀨之流、沙石轉而大石不移、謝靈運過七里瀨詩、石淺水潺湲、史記南越傳、爲戈船下厲將軍、徐廣曰、厲一作瀨、從水賴聲。洛帶切

濆 水厓也。胡朏明曰、詩汝墳傳曰、汝、水名、墳、大防也、箋以爲汝水之側淮濆、傳云、濆、涯也、箋以爲淮水大防、毛鄭彼此互異、正義遂謂濆從水、墳從土、故其義有別、而其實不然、爾雅釋丘、墳、大坊、康成注大司徒墳衍云、水厓曰墳、酈道元以溢爲水側之濆、是知濆與墳字別而義同、其互異者、乃所以互相備耳、桂氏曰、本書坋

fèi 沸　zhǐ 沚　pǔ 浦　chún 漘　guǐ 氿　hǔ 汻　sì 涘

大防也、諸書借墳爲坋、李巡謂狀如墳墓、失之。從水賁聲。符分切 詩曰。敦彼淮濆。大雅常武文。今作鋪敦淮濆、常武又曰率彼淮浦、語句相似、許君記憶之誤也、後漢馮緄傳、敷敦淮濆、猶敷時繹思、左傳引作鋪時繹思也、

涘 水厓也。釋丘、涘爲厓、詩葛藟蒹葭大明傳竝云、涘、厓也、從水矣聲。牀史切 周書曰。王出涘。周頌思文正義引大誓云、惟四月、太子發上祭于畢、下至于孟津之上、太子發升舟、中流、白魚入于王舟、王跪取出涘以燎之、鄭注大傳曰、涘、涯也、王出於岸上燔魚以祭、

汻 水厓也。釋水文也、經典皆作滸、釋水又曰、淮爲滸、釋丘、岸上滸。從水午聲。呼古切

氿 水厓枯土也。廣韻用此說、玉篇則用爾雅、從水九聲。居洧切 爾雅曰。水醮曰氿。釋水、水醮曰厬、又曰氿泉穴出、穴出、側出也、詩大東有洌氿泉、傳曰、側出曰氿泉、應劭注漢書同、釋名、側出曰氿泉、氿、軌也、流狹而長、如車軌也、筠案、釋水釋文云、厬、字又作瀐、瀐即氿之異文也、軌亦從九聲、此必依爾雅作氿泉者、增其文以與之別也、許君引爾雅、所以證本義、水醮則土枯、無潤澤也、猶曰山有朽壤而崩矣、厬從厂、厂、山厓也、山厓之旁而生泉、豈不側出乎、毛詩之氿、同聲借字也、寫爾雅者、依毛詩改爲氿泉、斯

說文句讀 卷二十一 四二 八百三十六 〇折四十四

不得不改爲水醮曰厬矣、借者既多、遂奪正義、厬字又少見、故桂氏段氏皆以今本釋水爲正矣、嚴氏從許說、是也、

漘 水厓也。阜部、阬、水阜也、集韻阬亦有骨音、釋丘、夷上洒下不漘、孫叔然曰、平上陗下曰漘、詩葛藟、在河之漘、傳云、漘、水隒也、從水脣聲。常倫切 詩曰。寘河之漘。盖本引王風、傳寫譌在爲寘、說文無寘字也、集韻類篇、皆引作寘諸河之漘、韻會引作寘之河之漘兮、蓋皆以魏風伐檀改之、非古本也、

浦 水瀕也。詩常武、率彼淮浦、傳云、浦、涯也、呂覽召類篇、堯戰於丹水之浦、注云、浦、岸也、一曰厓也、述異記、上虞縣有石馳步、吳中有瓜步、江中有魚步、湘中有靈妃步、按、吳楚謂浦爲步、蓋語譌耳、從水甫聲。滂古切

沚 小渚曰沚。釋水、小渚曰沚、譌也、渚自是丘名、詩蒹葭宛在水中沚、傳亦曰小渚曰沚、或借洔字、穆天子傳、以飲于枝洔之中、郭注、水岐成洔、洔、小渚也、音止、從水止聲。釋名、沚、止也、小可以止息其上也、諸市切 詩曰。于沼于沚。召南采蘩文、傳云、沚、渚也、渾言之也、

沸 滭沸濫泉。小徐本滭沸、檻泉也、說文無滭字、濫下已引鬻沸濫泉矣、且單言沸、豈遂無義乎、詩、百川沸騰、傳云、沸出、然則說文爛捝說解、後人自加滭沸檻泉以爲之注、初不記濫下引詩固作鬻也、大

xíng 滎　yǐng 漥　wā 洼　nìng 濘　guǐ 湀　sì 汜　pài 派　cóng 潨

徐覺之、改爲畢、而檻亦改爲濫、於是泯沒其迹、於是滭沸連語之外、別無單字訓釋矣、從水弗聲。漢書司馬相如傳、滭弗宓汨、顏注、滭弗、盛皃也、案此由滭字從水、遂省爲弗也、分勿切、又方未切、

潨 小水入大水曰潨。申毛傳意、謂衆水相入、交會之處也、從水衆聲。徂紅切、衆字從罒而從之、字多作眾者、是由古人作篆於正中起筆、偶露一鋒、後人遂爲典要、惟以爲從血者、斯近人之鹵莽耳、詩曰。鳧鷖在潨。大雅鳧鷖文、傳曰、潨、水會也、

派 別水也。一引作水別流也、案當作水別也、𠂢下云、水之衺流別也、不過長言之耳、義與此同、下文汜下云、水別是也、木部枝下云、木別、禾部䅋下云、禾別也、皆可證、從水𠂢。從𠂢 𠂢亦聲。派即𠂢之桼增字也、故不當言從𠂢、說詳釋例、匹賣切、

汜 水別復入水也。派、水別也、江有沱、出於江而不復入也、汜亦江之別、而復入於江、故異其名、釋水、決復入爲汜、釋名、汜、已也、如出有所爲、畢已而還入也、筠案、水經注濟水篇、引爾雅濟別爲濋、洛水篇引洛別爲波、洙水篇引汶別爲闡、淮水篇引淮別爲滸、汝水篇曰、濆者、汝別也、皆與此言別同意、又濋瀾二字、許君不收、以鄭氏引作闡推之、或濋亦本不從水、從水巳聲。詳里切 詩曰。江有汜。召南

說文句讀 卷二十一 四三 八百三十一 〇折四十四

文、傳曰、決復入爲汜、許引此者、以證水別復入之義、一曰汜窮瀆也。瀆者匵之借字、匵之古文作鐀、釋丘曰、窮瀆汜、郭注、水無所通者、容齋續筆、水絕於已、故汜字之訓、說文以爲窮瀆、筠案、祀下云、祭無已也、則汜亦已止于一谷、不復能流出成川也、

湀 湀辟流水處也。釋水、湀闢流川、郭注、通流、廣韻、湀、泉水通川、筠案此承上文窮瀆而反之、從水癸聲。求癸切

濘 滎濘也。滎濘疊韻、文選七命、何異促鱗之游汀濘、李善引說文、濘、絕小水也、段氏謂其捝滎字、是也、亦云濎濙、漢書揚雄傳、梁弱水之濎濙兮、顏注、濎濙、小水之皃也、汀濘濎濙皆疊韻、從水寧聲。乃定切

洼 深池也。池者、沱之俗字、下放此、方言、洼、洿也、自關而東、或曰洼、莊子齊物論、似洼者、注、訓深、從水圭聲。一佳切、又於瓜切、

漥 清水也。元應引作小水也、桂氏曰、清當作積、集韻、濘、漥也、玉篇、漥、牛蹄迹水也、筠案依此說、則下文一曰窊也、四字成句、非兩義也、當再詳之、從水窐聲。一穎切、又屋瓜切、一曰窊也。此義謂漥與窊通也、玉篇、漥亦窊字、同、烏隱曰、漥或作窊、一瓜反、廣雅、漥、下也、老子、窪則盈、范應元注、當作窊、凹也、汙下也、地之窊下者、水趨之必盈、

滎 滎濘。絕小水也。依段氏補

水

huáng 潢　zhǎo 沼　hú 湖　zhī 汥　xù 洫　gōu 溝

滎濘字、字林、濙絕小水也。蓋亦挍濙濘字、韓詩外傳、滎澤之水、無吞舟之魚、字或作瀅、集韻、瀅、絕小水也。從水熒省聲。熒澤亦水名也、言熒省聲足以關之、戶扃切、小徐本滎字在此、大徐移之、乃不於濘上而於濘下、愈使人惑矣、故從小徐、以留其挍濙之迹。

潢 積水池也。大曰潢、小曰洿。依元應引補。方言、氾、洿、瀾、洼、洿也、注云、皆洿池也、荊州呼潢也、左隱三年傳、潢汙行潦之水、服虔曰、畜小水謂之潢、水不流謂之汙、行潦、道路之水、字或作湟、夏小正、湟潦生苹、傳云、湟、下處也、有湟然後有潦。從水黃聲。乎光切。

沼 小池也。依元應引。攷詩采蘩、正月傳皆曰、沼、池也、散文則通也、風俗通又曰、圓曰池、曲曰沼。從水召聲。之少切。

湖 大陂也。廣雅、湖、池也、阜部、陂、一曰池也、風俗通義、謹案傳曰、陂者繁也、言因下鍾水以繁利萬物也、今陂皆以溉灌、案繁皮古音皆如婁、故說陂以繁。從水胡聲。戶吳切。揚州浸有五湖。見職方氏。或謂揚州之湖有五、或謂五湖爲震澤、震澤即具區、皆非也、虞翻川瀆記、太湖東通松江、南通霅溪、西通荊溪、北通滆湖、東連韭溪、凡五道、謂之五湖、韋昭曰、五湖者、胥湖、蠡湖、洮湖、滆湖、就太湖而五、實一湖也、胡氏渭曰、揚州澤藪爲具區、其浸五湖、浸即後世所謂湖也、澤藪之水淺、或贏或縮、湖則渟蓄淵深、四時不改、今太湖自包山以西、水極淵深、即古之五湖、而平望八赤震澤之閒、水瀰漫而甚淺、則古之具區也。浸川澤所仰以溉灌也。承上文而釋浸、以爲渭澤浸之別、以此言浸之總說也、鄭注職方曰、浸可以爲陂灌溉者、風俗通曰、湖、川澤所仰以灌溉也、汾、潞、差、沭、沂、湛諸字下

汥 水都也。廣韻、汥、水都名、風俗通、水澤所聚謂之都、一曰、瀦、或作豬、禹貢、大野既豬、史記豬作都、鄭注檀弓曰、南方謂都爲豬。從水支聲。章移切。

洫 方十里爲成、成閒廣八尺深八尺謂之洫。考工記匠人文。依巜說增方字、然此上仍有闕文也、周禮以畎遂溝洫爲次、惟遂爲借字、許君說〈、溝、巜皆有文、如水瀆也之類、不應洫獨無之、且洫當在溝瀆之下、乃合先小後大之次、或借淢字、詩文王有聲、築城伊淢、傳云、淢、成溝也、箋云、方十里曰成、淢其溝也、廣深各八尺、正義云、淢洫音同、史記夏本紀、致費於溝淢。從水血聲。況逼切。論語曰、盡力于溝洫。一本于作乎。

溝 水瀆也。廣四尺深四尺。地官遂人、十夫有溝、考工記匠人、九夫爲井、井閒廣四尺深四尺謂之溝。從水冓聲。古侯切。釋名、水注谷曰溝、田閒之水亦曰溝、溝、構也、縱橫相交構也。

dú 瀆　qú 渠　lín 瀶　méi 湄　xíng 洐　jiàn 澗　yù 澳

侯切。

瀆 溝也。字與㵴同、呂覽、三月紀、導達溝瀆。從水賣聲。徒谷切。一曰邑中溝。元應引云、又邑中曰瀆也、案此謂邑落中水竇也、史晨碑、修理邑中大溝、論語、自經於溝瀆、安邱西南山中、有邨落名曰召忽、相傳以爲召忽死之之地。

渠 水所居也。渠居疊韻、史記有河渠書、河者天生之渠、渠者人鑿之、曰廝二渠以引其河、仍是河道、又曰鄭國渠、則後世溉田之溝渠矣。從水榘省聲。小徐作榘聲、曰榘省、柜字、段氏曰、堯廟碑以柜爲渠。彊魚切。

瀶 谷也。從水臨聲。讀若林。力尋切。一曰寒也。與仌部凜音義略同。

湄 水艸交爲湄。釋水文、詩蒹葭、在水之湄、傳云、湄、水隒也、字或作堳、廣雅、堳、厓也、又借麋字、詩巧言、居河之麋、傳云、水草交謂之麋、釋文、麋本又作湄、筠案、鐘鼎文多借麋爲眉、則湄作麋者、猶之省形存聲也。從水眉聲。釋名、湄、眉也、臨水如眉臨目也、武悲切、義聲互相備。

洐 溝行水也。地官稻人、以溝蕩水、注云、謂以溝行水也。從水行聲。戶庚切。

澗 山夾水也。釋山、山夾水澗、陵夾水澞、許不收澞、蓋本不從水也、易漸卦、鴻漸于干、釋文云、毛詩傳云、涯也、又云澗也、荀王肅曰、山閒澗水也。從水閒聲。古莧切。

一曰澗水出宏農新安東南入洛。洛當作雒、地理志、宏農郡新安、禹貢、澗水在東、南入雒、禹貢、雒水、出宏農郡上雒冢領山、東北至鞏入河、段氏曰、按地理志、禹貢、雒水字作雒、凡云伊水入雒、穀水入雒、澗水入雒、瀍水入雒、凡云上雒縣、雒陽縣、字皆不作洛也、且志文前後相應、此云禹貢雒水、則前文稱禹貢逾于雒、伊雒瀍澗既入于河、道雒自熊耳、古本必皆作雒、斷不作洛也、且志稱職方豫州川曰熒雒、雍州浸曰渭洛、二字分別畫然、可以證上稱禹貢亦必分別畫然、惟豫雒雍洛不同字、故北地歸德下云、洛水出北蠻夷中、直路下云、沮水出東西入洛、左馮翊褱德下云、洛水東南入渭、與雒字迥別、筠案、史記用禹貢、踰于雒、伊雒瀍澗、浮于雒、道雒自熊耳。

澳 隈厓也。其內曰澳、其外曰隈。宇與隩同、釋丘釋文曰、隩、本或作澳、案阜部隩下云、水隈厓也、以宇從阜、故言水、然仍厓連于隈、不似郭注讀厓內爲隩絕句也、案許君此說全用釋丘、而桂段嚴三家皆依邢氏、欲改爲其外曰鞫、非也、許讀釋丘隩隈厓三字三句、又以厓字統解隩隈二字、故下二句曰內爲隩外爲隈、但解隩隈二字、不解厓字者、以上文已解厓字也、又安得闌人鞫字乎、許君所以如此讀者、此節題以厓岸、首句曰望厓洒而高岸、說岸即以說厓也、承之曰夷上洒下不漘、謂厓之小別者、又

tān 灘　xué 澩　shàn 汕　jué 決　luán 灓

名滑也。再承之曰隩也、隈也，皆厓之別名也。乃又區別之曰：内爲隩，外爲隈。王明白也。自李巡本作外爲鞫，陸德明承之，又引字林作垠，云隈厓外也。案諸家之誤，皆因誤讀鄭箋而然。詩篤公劉芮鞫之卽，傳曰：芮，水厓也；鞫，究也。許君所讀者此耳，豈得以鞫爲厓之外乎。鄭箋云：芮之言内也，水之内曰隩，水之外曰鞫。鄭君以芮内鞫外對言，雖未詳所出，豈得據之以改爾雅乎。許君所定爾雅句讀最爲詳密，郭氏不知，妄爲離析，後人又坴附之，殊不合也。○○字林垠隈厓外也，自爲詩箋舉一專字，不得取以汨亂爾雅。○邢疏引毛傳曰：水之外曰鞫，必欲證成其謬，遂誣箋爲傳，亦著書者所當戒。從水奧聲。亦借用奧，詩瞻彼淇奧，大學引作澳。於六切。

澩　夏有水，冬無水，曰澩。釋山文。邢昺曰：山上汚下，夏有停潦，至冬竭涸者，名澩。從水學省聲。讀若學。胡角切。

澩　澩或不省。

灘　水濡而乾也。言爲水所濡以致乾枯也。桂氏曰：濡如濡濡之濡，乾如旱乾、水溢乾封縣之乾。從水鷬聲。本他安反，大徐引唐韻呼旰切，又它干切者，以詩作暵，暵字呼旰切也。廣韻引說文呼旰、他丹二切，葢宋時重修加之。詩曰：灘其乾矣。王風中谷有蓷文。今作暵，傳曰：暵，菸皃。許說水濡而乾，所以申毛也。艸部：蔫，菸

也。菸，鬱也。一曰痿也。葢艸傷于水，鬱幽之而氣不揚，雖未遽萎，而已失其性，漸卽於乾也。李巡說釋天涒灘曰：灘，單盡也。亦近此義。至於俗語沙灘，在爾雅則爲潬之通借字，而許不收潬，葢亦以灘攝之。釋水曰：潬，沙出。衆經音義引郭注：今江東呼水内沙堆爲潬，洛陽北河中有中潬池是也。五音集韻：潬，水中沙出，通作灘。河陽縣南有水潬城。

灘　俗灘從隹。當云灘或從難，難卽鷬之或體。

汕　魚游水皃。廣韻：汕，魚乘水上。從水山聲。所晏切。詩曰：烝然汕汕。小雅南有嘉魚文。傳云：汕汕，樔也。箋云：樔者，今之撩罟也。疏引釋器：樔謂之汕。而今本作罩，說文不收，此亦郭本之誤也。毛同爾雅，許引詩者，所以代一曰也。

汥　行流也。行，元應引作下，非也。行流者，行其流也。孟子：禹之行水也。尚書：予決九川距四海。從水支聲。本胡玦切，孫古穴切。案肉部肤讀若決水之決，然則行流之決、水名之決，不同讀也。廬江有汥水，出雩婁大別山。水經：決水出廬江雩婁縣南大別山，北過其縣東，又北過安豐縣東，又北入於淮。

灓　漏流也。葢卽今俗所謂控山水也。魏策：昔王季歷葬於楚山之尾，欒水齧其墓。姚伯聲云：說文：欒，漏流水。一曰漬也。墓爲漏流所漬，故曰欒水齧其墓。從水䜌聲。洛官切。

dī 滴　zhù 注　wò 沃　zé 㳻　shì 澨　jīn 津 (津)　píng 淜　héng 潢

一曰漬也。依集韻引補。

滴　水注也。魯靈光殿賦動滴瀝以成響。從水啻聲。都歷切。

注　灌也。詩豐水東注，與此義近。又曰：挹彼注茲，則泊下云灌釜也之義，乃灌之引伸義也。從水主聲。之戍切。

沃　溉灌也。經典作沃。衆經音義云：溉灌曰沃，亦澆也、漬也。左成六年傳：沃鐃而近鹽。服注：土平有溉曰沃。襄二十五年傳：井衍沃。賈逵曰：土平曰衍，有溉曰沃。列子黃帝篇：沃水之潘爲淵。注云：沃，水泉從上流下也。從水芺聲。烏鵠切。

㳻　所以攤水也。廱者，邕之借字。玉篇作壅。漢書五行志：廱河三日不流。王莽傳作邕。廣韻：浩，隁也。從水昔聲。所責切。漢律曰：及其門首洒㳻。段氏曰：葢謂壅水於人家門前，有妨害也。桂氏曰：史記貨殖傳：洒削，薄技也。洒削卽洒㳻。案小徐無門首二字。

澨　埤增水邊土人所止者。者，一引作也。胡朏明曰：水邊卽厓，埤增之土卽大防，防大故爲人所止也。左傳成十五年華元決睢澨，睢卽睢水，澨則其防也，故曰決。王逸注九歌西澨曰：水涯。杜預注左宣四年傳漳澨曰：水邊。義與說文合。從水筮聲。時制切。夏書曰：過三澨。禹貢文。史記索隱云：水經云三澨地名，在南郡鄀縣北。孔安國、鄭康

成以爲水名，在江夏竟陵之界，今竟陵有三參水，俗云是三澨水。禹貢山水澤地：三澨地在南郡邔縣北沱。酈注云：尚書曰：導漢水過三澨。地說曰：沔水東行過三澨，合流觸大別山阪。故馬融、鄭康成、王肅、孔安國等咸以爲三澨水名也。許慎言埤增水邊土人所止也。按左傳文十六年句澨、宣四年漳澨、定四年雍澨、昭二十三年薳澨，服虔或謂之邑，又謂之地。今淸水之濱有南澨、北澨，而諸儒之論，水陸相半，又無山源出處之所，不能辨其所在。筠案：許君引經，有證本義者，有廣一義者，此引不知何屬。

津　水渡也。渡本動字，此借爲靜字，故加水字以明之。古文苑漢津賦注云：都道所湊爲津。從水𦘔聲。將鄰切。

𦨈　古文津從舟淮。鈕氏樹玉曰：淮當是準之誤。

淜　無舟渡河也。主淜河而言，故指言渡河，不云渡水也。經典借馮字。釋訓：馮河，徒涉也。釋文：馮依字當作淜。小雅不敢馮河，傳曰：馮，陵也。易泰卦疏曰：無舟渡水，馮陵於河。從水朋聲。或借馮爲朋，詩百朋，六韜作百馮。皮冰切。嚴氏曰：衆經音義引說文：淜，涉渡水也。說文無淜字，疑卽淜之異文。

潢　小津也。言非舟車所湊也。或借潢字，天官書：旁有八星絕漢，曰天潢。亦省作橫，六韜軍用篇：天橫一名天船。從水橫聲。戶孟切。一曰：以船渡也。方言

水

fū 泭　dù 渡　yán 沿　sù 泝　huí 洄　yǒng 泳　qián 潛

方舟謂之橫、郭注、揚州人呼渡津舫爲橫、荊州人呼杭、音橫、戴東原曰、廣韻、荊州人呼渡津舫爲橫、今本方言注、橫與杭互譌、筠案此義與方部斻同、斻詩作杭、

泭　編木以渡也。詩漢廣不可方思、傳云、方、泭也、釋文云、泭本亦作游、又作桴、或作柎、並同、方言、泭謂之䈭、䈭謂之筏、筏秦晉之通語也、論語、乘桴浮於海、馬注、編竹木、大者曰栰、小者曰桴、字又作䈭、廣雅、䈭、筏也、從水付聲。芳無切、

渡　濟也。釋言、濟、渡也、從水度聲。亦省作度、方言、過度謂之涉濟、郭注、猶今云濟度、徒故切、

沿　緣水而下也。沿緣音義同、字林、從水而下曰沿、沿、順流也、沿亦緣也、禹貢、沿于江海、古文作均、鄭注、均讀曰沿、沿順水行也、或借巡字、古音沿巡亦疊韻、祭義、陰陽長短、終始相巡、注云、巡讀如沿漢之沿、從水㕣聲。與專切、春秋傳曰王沿夏。昭十三年文、

㴑　逆流而上曰㴑洄。秦風傳曰、逆流而上曰遡洄、順流而涉曰遡游、釋水同、涉作下、㴑向也。段氏曰、向當作鄉、是也、案鄉上鄉下、皆謂之鄉、故遡洄遡游、皆謂之遡、然單用遡字便是逆、詩、如彼遡風、杜注左傳、韋注國語、皆云逆流曰泝、水欲下違之而上也。韋連㴑字以解洄字、違回同義、故左傳、君有違德、論衡引作回德、從水

說文句讀《卷二十一　八百三　、○析四十三　四七

㡯聲。桑故切、

遡　㴑或從辵朔。朔聲也、言部、訴、或作愬、

洄　㴑洄也。毛傳、爾雅、皆云遡洄遡游、許既作㴑洄、卽當作㴑游矣、乃㴑下第當解㴑字、而連言㴑洄、其說洄也、又然似遡游別自有說者、何也、且毛傳、逆流而上、順流而涉、爲儷語、而許說逆流而上、乃與沿字說緣水而下、爲儷語、何也、邶風、泳之游之、下文汓字、與游相當、或許意以逆流解洄字、以而上解㴑字、無論乘舟徒涉、皆有之、言㴑游、則是泅於水中、不用舟楫、爲加一倍法、初非順流而下邪、果爾、則是以毛傳爾雅爲誤、故如此措詞、以辨正之也、記之以俟智者、從水回聲。戶灰切、

泳　潛行水中也。詩、不可泳思、傳云、潛行爲泳、釋水同、從水永聲。爲命切、

潛　涉水也。承潛行水中而言、廣雅、潛、沒也、一曰藏也。易、陽氣潛藏、詩、潛雖伏矣、從水朁聲。昨鹽切、一曰漢爲潛。釋水文也、大徐作漢水爲潛、遂不可通、釋水此例凡九句、皆承水自河出爲灉而言、漢爲潛者、水自漢出爲潛也、故水經注引洛別爲波、汝別爲濆、乃自加別字以著之也、水經注潛水云、潛水、蓋漢水枝分潛出、故受其稱耳、今爰有大穴、潛水入焉、通岡山下、西南潛出、謂之伏水、或以爲古之潛水、鄭康成云、漢別爲潛、其穴本小、水積成澤、流與漢合、大禹自導漢疏通

gàn 淦　fàn 泛　qiú 汓　lì 砅

卽爲西漢水也、故書曰沱潛既道、桂氏曰、此注在水經潛水下、經之潛當爲灊、酈注誤以爲禹貢之潛、故與經不符、而說此潛水、則了了矣、

淦　水入船中也。從水金聲。古暗切、一曰泥也。桂氏曰、本書、沇、濁戩也、諸書借沈字、莊子達生篇、沈有履、注云、沈、水污泥也、漢書刑法志、山川沈斥、顏注、斥卽斥鹵、沈卽川澤、風俗通、山澤之無水斥鹵之類也、

汵　淦或從今。

泛　浮也。漢書郊祀志、泛泛滇滇從高斿、從水乏聲。孚梵切、玉篇、渢、扶弓切、水聲、汎、同上、說文曰、浮皃、今爲氾濫字、孚梵切、氾、孚劒切、普博也、氾濫也、亦作泛、又扶嚴切、泛、孚劒切、流皃、廣韻一東、渢、房戎切、浮也、又孚劒切、渢、房戎切、宏大聲也、六十梵、汎、浮皃、泛上同、氾、濫也、案玉篇以渢汎爲一字、而與氾通、氾又與泛通、泛之流皃、與汎之浮皃不同也、廣韻則汎渢各爲一字、汎泛爲一字、氾獨自爲字、考左襄二十九年傳、美哉渢渢乎、杜注、渢渢、中庸之聲、說文既無渢字、此玉篇渢汎一字之可從也、經無泛字、至漢始見、如汎彼柏舟、亦汎其流、與泛字義不異、此廣韻汎泛一字之可從也、竊疑泛是漢字、許君誤分汎泛爲二、抑或泛字後增、故不與漂浮類次、而上淦下汓亦不相比附也、

汓　浮行水上也。吾鄉有三種、下者伏於水上、次者仰於水上、上者立於水中、一

說文句讀《卷二十一　八百六十五　、○析四十一　四八

足棹而一足步、能露其髀者、卽爲難矣、衆經音義曰、江南言拍浮爲汓、淮南說林訓、舟覆乃見善汓、經借游字爲之、以游從㫃汓聲也、詩、泳之游之、書、若游大川、周禮、禁川游者、祭義、舟而不游、從水從子。子者人也、似由切、古文或以汓爲沒字。汓、浮行水上也、與泳潛行水中也、本是儷語、而釋言曰、泳、游也、郭注、潛行游水底、則以爲一事矣、方言、潛、沈也、游也、郭注、潛行水底、亦曰游、左莊十八年傳、閻敖游涌而逸、案恐巴人見之、必潛行矣、古文借汓爲沒、則與休相似、同是人在水中也、大徐少文字二字、如其意則但云一曰沒也可矣、

泅　汓或從囚聲。言變會意爲形聲也、列子說符篇、人有濱河而居者、習於水、勇於泅、

砅　履石渡水也。鄉甯轄夫、卽呼此石曰厲、石或曰列石、猶厲山氏卽列山氏也、從水從石。力制切、詩曰深則砅。邶風匏有苦葉文、今作厲、傳云、以衣涉水爲厲、謂由帶以上也、釋文引韓詩、至心曰厲、鄭注論語云、由膝以上爲厲、爾雅釋水、濟有深涉、深則厲、淺則揭、揭者揭衣也、以衣涉水爲厲、繇膝以下爲揭、繇膝以上爲涉、繇帶以上爲厲、

濿　砅或從厲。釋水、深則厲、釋文曰、厲本或作濿、是知經典作厲者、濿之省文也、楚詞九歎、櫂舟杭以橫濿兮、注云、濿、渡也、由膝以上爲濿也、列子說符篇有一丈

wēi 渨　qī 淒　yāng 泱　wěng 滃　mò 沒　nì 休　yīn 湮　chén 湛　còu 湊

夫方將厲之注云厲涉水也史記司馬相如傳橫厲飛泉以正東正義云厲渡也後漢書班超傳超更從它道厲渡案以上三事則厲爲涉之通名不必履石不必以衣也

湊　水上人所會也。字林同廣雅湊聚也周書作雜解以爲天下之大湊注湊會也燕策士爭湊燕　從水奏聲。倉奏切

湛　沒也。漢書且從俗浮湛論衡明雩篇變復之家以久雨爲湛久暘爲旱旱應亢陽湛應沈溺左昭二十四年傳王子朝以成周之寶圭湛於河經典借沈字書沈潛剛克覲禮祭川沈釋天祭川曰浮沈　從水甚聲。宅減切　一曰湛水豫州浸。依地理志注引改職方氏荊州其浸潁湛鄭注潁宜屬豫州在此非也湛未聞丁氏杰曰襄十六年左傳楚公子格帥師及晉師戰于湛阪注云襄陽昆陽縣北有湛水東入汝水經注汝水云湛水出犨縣北魚齒山西北東南流歷魚齒山下爲湛方五十餘步東南逕蒲城北京相璠曰昆陽縣北有蒲城蒲城北有湛水者是也湛水又東於汝水九曲北東入汝周禮注曰未聞葢偶有不照也

𣲛　古文湛。

湮　沒也。廣雅同釋詁湮落也　從水垔聲。於眞切

休　沒也。玉篇引孔子曰君子休於口小人休於水今禮記緇衣作溺注覆沒不能自理出也方言出休爲抓

從水從人讀與溺同。闕經典借溺爲休也奴歷切

沒　沈也。沈者湛之借字小爾雅沈沒也唐石經左傳僖四年昭王南征沒而不復高注戰國策引同　從水𠬶聲。𠬶入水有所取也沒卽其分別文大徐誤改爲從𠬶莫勃切

渨　沒也。廣雅同　從水畏聲。烏恢切

滃　雲气起也。玉篇滃下云滃鬱川谷吐氣皃易林潼滃蔚薈扶首來會江賦氣滃渟以霧杳　從水翁聲。亦省作翁天官酒正盎齊注云盎猶翁也成而翁翁然葱白色烏孔切

泱　滃也。繫傳引漢武內傳七月七日泱鬱白雲起詩白華傳云英英白雲皃釋文云英韓詩作泱射雉賦天泱泱以垂雲或借盎字釋名盎齊盎滃也滃滃然濁色也　從水央聲。於良切

淒　雨雲起也。依初學記御覽引乙轉滃下放此雨雲者將雨之雲也初學記雨雲曰油雲雪雲曰同雲呂氏春秋有始覽山雲草莽水雲魚鱗旱雲煙火雨雲水波　從水妻聲。七稽切　詩曰有渰淒淒。小雅大田文今作萋萋傳曰雲行皃顏氏家訓引亦作萋漢書食貨志引有雖淒淒呂氏春秋引有晻淒淒黤晻皆渰之借字也小徐本此不引詩而引於渰下或說文古本渰在淒上依詩本文邪抑廣韻淒雲皃五音集韻淒雲與皃皆

sè 洓　zhuó 涿　huò 濩　lǎo 潦　cí 澬　jí 湒　shù 澍　bào 瀑　míng 溟　yǎn 渰

不言雨或許君之意亦然但以淒淒爲形容之詞後人因渰字而增之曰雨雲大徐遂迻渰下所引詩於淒下邪所未能決

渰　雨雲皃也。纂要雨雲曰渰雲亦曰油雲初學記渰雲陰皃引孟子油然作雲沛然下雨　從水弇聲。衣檢切

溟　小雨溟溟也。太元少上九密雨溟沐潤於枯瀆　從水冥聲。莫經切

洓　小雨零皃。零者霝之借字皃小徐作也　從水朿聲。所責切

瀑　疾雨也。經典省作暴釋天暴雨謂之涷郭注今江東呼夏月暴雨爲涷雨離騷云令飄風兮先驅使涷雨兮灑塵是也說苑飄風暴雨須臾而畢　從水暴聲。既以疾說之則篆當從暴說當作暴聲本蒲到切孫平到切　詩曰終風且瀑。邶風終風文毛詩作暴傳云暴疾玉篇暴疾風也或許引三家詩　一曰沫也。沫當依玉篇作沫蒼頡解詁沫瀆起曰瀑也　一曰瀑霣也。李善注江賦引之本注文弟依韻會引○

澍　上古時雨所以澍注萬物者也。依元應選注通鑑注引改補言上古者時雨則時雨而已而特異其名曰澍則以上古聖人不待閔雨而得之故命之曰澍而製此字也尸子曰神農氏治天下欲雨則雨五日爲行雨旬爲穀雨旬五日爲時雨

案此卽上古之時雨也注諸引多作生胡身之注通鑑曰說文曰雨所以澍注萬物故曰澍音注是知上古時雨不命他名而命之澍者澍者注也灌注之也淮南泰族訓曰若春雨之灌萬物也無地而不澍無物而不生是其義也一引萬作百一引者下有是字並通　從水尌聲。本之樹反孫常句切

湒　雨下也。字林湒雨聲湒湒也　從水咠聲。姊入切　一曰灊涌皃。皃小徐作也上文湁湒灊也字林湒灊也集韻湒潛沸聲

澬　久雨涔澬也。淮南主術訓時有涔旱災害之患高注涔久雨水潦也　一曰水名。名當作也水經澬水出零陵都梁縣路山　從水資聲。才私切又卽夷切

潦　雨水也。謂聚雨水爲涔潦也依元應引刪補下句葢庾注慧苑引作天雨也謂因天雨稸積之也詩于彼行潦傳云行潦流潦也　從水尞聲。盧皓切

濩　雨流霤下皃也。七命注引無雨流字七命溟海渾濩涌其後　從水蒦聲。胡郭切

涿　流下滴也。廣雅涿漬也方言瀧涿謂之霑漬周禮有壺涿氏　從水豖聲。竹角切　上谷有涿鹿縣。見漢志應劭曰黃帝與蚩尤戰於涿鹿之野又涿郡涿縣應劭曰涿水出上谷涿鹿縣

水

zài 洅 hàn 淊 cén 涔 yōu 瀀 rù 澤 hán 涵 chén 沈 méng 濛 wēi 溦 lǚ 漊 hào 滈 nài 渿 lóng 瀧

奇字涿從日乙。

瀧 雨瀧瀧皃。廣韻瀧瀧，涷沾漬。從水龍聲。力公切。

渿 渿沛也。五音集韻引同。玉篇渿渿沛水波皃。桂氏曰：司馬相如大人賦奔揚滯沛，蓋渿譌作滯。從水奈聲。奴帶切。

滈 久雨也。下文沈陵上滈水也。段氏曰：引伸爲水皃。上林賦翯乎滈滈，吳都賦滈汗六州之域。從水高聲。乎老切。

漊 雨漊漊也。謂密雨縷縷不絕也。從水婁聲。力主切。一曰汝南人謂飲酒習之不醉爲漊。依廣韻引補。玉篇漊飲酒不醉。增韻漊習醉不醒，非也。

溦 小雨也。五音集韻作溦，云浽溦小雨也。從水𢼸聲。據繫傳改。無非切。

濛 溦雨曰濛濛。依初學記引補。俗作濛。廣雅濛濛雨也。從水蒙聲。莫紅切。

沈 陵上滈水也。謂陵上凹處停潦也。小徐本滈作滴，韻會及吳均增修復古編竝同。元和志茂州汶川縣濕坂，樹木森沈，常有水滴，未嘗暫燥，故曰濕坂。從水冘聲。直深切，又尸甚切。一曰濁黕也。黑部黕，滓垢也。說詳上文淦下。

洅 雷震洅洅也。從水再聲。作代切。

淊 泥水淊淊也。從水臽聲。胡感切。一曰繅絲湯也。

涵 水澤多也。從水函聲。胡男切。詩曰：僭始既涵。元應引如此是也。案巧言釋文僭，毛側蔭反，鄭子念反，故許君引作譛，依毛公改字也。今本作僭，則校者依詩改之。傳曰涵，容也，則知許君偁詩乃爲涵廣一義。

澤 漸。句溼也。玉篇澤與洳同。許君以漸說澤，爲漸字廣一義也。詩氓漸車帷裳，沮洳者疊韻連語。三蒼沮，漸也，與此澤漸正同。沮洳二字分之合之，皆可釋以漸，申之以溼者，指其實也。詩魏風彼汾沮洳，傳云：沮洳，其漸洳者，則漸洳亦爲連語，羣書多有之。通俗文淹漬謂之瀸洳，則漸又聲轉爲瀸也。從水挐聲。人庶切。

瀀 澤多也。經典借優字。詩瞻卬傳云：優，渥也。易林：春多膏澤，夏潤優渥。從水憂聲。於求切。詩曰：既瀀既渥。小雅信南山文，今作優。

涔 漬也。江賦溶瀲爲涔，此義與濆合。然上文云久雨涔濆也，則涔自主積雨言，而濆涔兩篆分列兩處者，蓋濆主言雨水之多，涔主言雨之漸漬，故自滔至洽十一字皆霑濡之義，而涔在其中也。淮南俶真訓牛蹏之涔，高注：涔，潦水。水潦之年，大道上之積水。覽冥訓旱雲煙火，涔雲波水。說林訓宮池涔則溢，旱則涸。又主術訓見濆下，皆以涔旱對舉。從水。

zhì 滯 lè 泐 lián 濂 biāo 瀌 nóng 濃 qià 洽 què 㴨 wò 渥 zhuó 浞

岑聲。鉏箴切。一曰涔陽渚在郢。楚詞九歌望涔陽兮極浦。澧州志云：涔水爲岷江別派，從公安入境，爲四水口，又東南流過焦圻一箭河，至匯口入澧，故稱涔澧。

浞 小濡皃也。桂氏曰：小當爲水。廣韻浞，水濕。玉篇浞，漬也。廣雅濡，漬也。易林浞浞促促，塗泥至轂，浞譌爲促。從水足聲。士角切。

渥 霑也。詩簡兮傳云：渥，厚漬也。信南山既優既渥，既霑既足。考工記渥淳其帛，注云：渥與漚同。引左傳鄫人漚菅作繒人渥菅。從水屋聲。於角切。

㴨 灌也。灌乃浸灌滋潤之謂，與洪灌也不同。自涔以下七字同義。玉篇㴨，霑也，漬也。從水隺聲。口角切，又公沃切。

洽 霑也。依慧苑引補。如詩序漢廣德廣所及也之及。大禹謨好生之德洽于民心，正義洽謂霑漬優渥，洽于民心，言潤澤多也。從水合聲。大雅民之洽矣，傳曰：洽，合也。毛謂詩借洽爲合也。侯夾切。

濃 露多也。俗作𩃬。廣雅𩃬𩃬，露也。從水農聲。女容切。詩曰：零露濃濃。小雅蓼蕭文。傳云：濃濃，厚皃。

瀌 雨雪瀌瀌。從水麃聲。甫嬌切。案此篆當刪。直以角弓全句爲訓釋，與仌部一之日畢发、魚部烝然䱉䱉鮪鮍鮍同一乖剌。韓詩外傳作麃麃，蓋毛詩亦同。吉日儦儦，釋文云本作麃，亦可證。重言皆以聲爲義也。至於毛詩無傳，則似本有今脫。下章傳曰浮浮猶瀌瀌也，若前章無傳，何以稱焉。蓋駟介麃麃，傳云武皃，與此不合。朱幘鑣鑣，傳云盛皃；行人儦儦，傳云衆皃，義皆合，而又不同字也。

濂 薄冰也。桂氏曰：素問夏五月之病，至陰不過十月，陰陽交，期在濂水。馥按此言水始冰即死也。潘岳寡婦賦水濂濂以微凝，丁儀寡婦賦水濂濂而晨結。一曰中絕小水。玉篇廣韻皆曰大水中絕小水出也，蓋謂大水中道而絕流，有小水由之而出也。從水兼聲。本力簟反，又力檢反，[illegible]力鹽切。樓鑰、宋濂皆引唐本或從廉，是今挩重文濂。又曰淹也。依宋濂引唐本補。

泐 水石之理也。非謂水與石皆有理，亦非謂水中之石之理，祇是石之理耳。石之脈理曰泐，因其脈理而裂，亦因謂之泐。而言水者，石在地中水中，無論堅肥，無解裂者；惟石在地上，夏月烈日暴之，驟雨淋之，則肥者裂矣。其裂也必由其理，然物情如是，而水石之理四字似不達，或有闕誤矣。從水阞聲。阞，地理也。兼意。盧則切。周禮曰：石有時而泐。考工記文，而今作以。鄭司農云：泐謂石解散也。

滯 凝也。濂下不作薄仌，此不作冰也，皆許君說解用隸書之徵也。楚詞九章淹回水以凝滯。從水帶。

水

聲。直例切。汦著。句止也。字與土部坻同、坻箸也、知著當作箸、又當絕句也、止也又解箸字、左傳物乃坻伏、杜注、坻、止也、是也、於此已明、故土部坻但曰箸也、不復言止矣、顧左傳譌小沚曰坻之坻、廣韻四紙亦譌、汦則不譌、徐鍇引左傳物乃汦伏、從水。氏聲。直尼切、玉篇之是切、廣韻諸氏切、又收六脂旨夷切、但曰水名、恐是誤以爲上文常山之汦水、卽唐韻直尼切、亦與汦同音、恐亦大徐誤引也、⿰氵虢水裂去也。方言、⿰氵虢、激水也、鈎案甘肅水性剛、其激水灌田者、但累石以截其流、則水逆行入高田中、其不爲石礙者依舊順流也、是裂去之義、從水。虢聲。古伯切、澌水索也。字林同、方言、澌、索也、注云、盡也、蒼頡解詁、索、盡也、北征記、有索水、水易索盡、因名、從水。斯聲。亦省作斯、檀弓、我喪也斯沾、注、斯、盡也、息移切、汔水涸也。廣雅、汔、盡也、易未濟、小狐汔濟、濡其尾、无攸利、干寶曰、說文曰、汔、涸也、小狐力弱、汔乃可濟、未涸而濟之、故尾濡而无攸利也、從水。气聲。本巨乞反、孫許訖切、或曰。泣下也。或、一引作一、案汔盡雙聲、故義相近、然篇韻竝無此義、詩曰。汔可小康。大雅民勞文、傳曰、汔、危也、箋云、汔、幾也、鈎案引詩乃別一義、當以鄭箋幾也爲正、釋詁、譏、汔也、郭注、謂相摩近、孫叔然曰、汔、近也、亦引此詩、涸渴也。月令、八月水始涸、方言、盝、歇、涸也、注云、謂渴也、釋詁、揮、盝、歇、涸、竭也、釋文、竭作渴、是也、竭乃近人借字、從水。固聲。讀若狐貉之貉。下各切、⿰氵⿱鹵舟涸亦從水鹵舟。消盡也。釋名、消、削也、言減削也、從水。肖聲。相幺切、潐盡也。釋水、水醮曰厬、注、謂水醮盡、釋文、醮字或作潐、同、從水。焦聲。子肖切、渴盡也。地官草人、渴澤用鹿、注云、渴澤、故水處也、賈疏曰、水鍾曰澤、今澤云渴、明是故時停水、今乃渴、故曰故水處也、釋文、渴、其列反、書大誓傳曰、吉人渴日以爲善、凶人渴日以行惡、從水。曷聲。佩觿云、說文字林、渴音其列翻、唐韻苦葛切者、今音也、今以竭代渴、以渴代㵣、漮水虛也。爾雅音義引作水之空也、釋詁、漮、虛也、師古亦引作空也、淮南天文訓、十二歲一康、高注、康、空也、顏注急就篇、轑之言空也、然詩賓之初筵、酌彼康爵、箋云、康、虛也、穀梁襄二十四年傳、四穀不升謂之康、注云、康、虛、諡法解、康、虛也、欠部、歔、飢虛也、是知空虛同義、姑竝存之、從水。康聲。康者、穅之古字、穀皮無米則中空、故從之者皆有空虛意、苦岡切、溼幽溼也。詩王風、中谷有蓷、暵其溼矣、傳曰、鵻遇水則溼、箋申之曰、鵻之傷於水、始則溼

中而脩、久而乾、是知傳云鵻遇水則溼者、受其鬱幽也、故釋暵曰菸皃、菸者、鬱幽之意也、從一。所以覆也。覆土而有水。故溼也。凡皆所以釋幽字也、凡鬱幽物者、必有以覆之、覆土而有水、則不見風日、宜其溼矣、不云從水從土者、因文見之、許意特重其所由溼也、㬎聲。今以濕爲溼、失入切、湆幽溼也。佩觿同、廣雅、湆、溼也、五經文字、湆、幽淡也、似譌、從水。音聲。去急切、洿濁水不流池也。依元應引補、字林、濁水不流曰洿、謂行潦之水也、案洿池同物、但分清濁耳、孟子、數罟不入洿池、方言、氾、浼、濁、洿也、注云、皆洿池也、一曰。窊下也。窊借作窊、蜀志郤正傳、道有隆窊、長笛賦、愻懟窊圖、李注、窊圖、聲下貌、廣韻、圖下云、圖窊、聲下、上文渾下云、一曰洿下皃、亦省洿爲汙、服注左傳云、水不流謂之汙、孟子、汙不至阿其所好、從水。夸聲。哀都切、汙薉也。左宣十五年傳、川澤納汙、亦借洿字、方言、潤、洿也、廣雅作汙、從水。于聲。烏故切、一曰。小池爲汙。此義與洿同、周語、猶塞川原而爲潢汙也、韋注、大曰潢、小曰汙、史記賈生傳、彼尋常之汙瀆兮、索隱、汙、潢也、一曰。涂也。謂涂泥也、木部、杇、所以涂也、則塗墍茨塗丹雘之塗也、釋名、汙、洿也、如洿泥也、論衡效力篇、潢汙兼日不雨、泥輒見者、無所通也、湫隘。句下也。隘與廣對、下與高對、乃許君以隘釋湫、而又總釋湫隘爲窊下者、卽主所引傳以立言、傳云、湫隘囂塵、杜注分爲四事、許君合爲兩事者、以上文近市、下文爽塏知之、市豈必不在高地、而人烟叢密、外水易來、內水難泄、是湫由于隘也、趍市者多、則其聲諠譁、其走揚塵、是囂塵亦相因而至也、爽者明也、承囂塵而反之、塏者高燥也、承湫隘而反之、左氏本以爲兩事、杜氏豈得以爲四事乎、左昭十二年傳、湫乎攸乎、杜注、湫、愁隘、春秋傳曰。晏子之宅湫隘。依集韻所引、遂之於此、使與隘下之義相屬、而下文兩水名、亦得相屬也、昭三年傳曰、景公欲更晏子之宅、曰、子之宅近市、湫隘囂塵、不可以居、杜注、湫、下、隘、小、囂、聲、塵、土、許君乃截引兩字者、正以見湫隘之爲一事也、一曰。有湫水。在周地。未聞、安定朝那有湫泉。泉當作淵、唐人避諱改之、地理志、安定郡朝那、有湫淵祠、蘇林曰、湫淵方四十里、停水不流、冬夏不增不減、不生草木、水經注河水云、高平川水有五源、咸出隴山西、東水發源縣西南二十六里湫淵、淵在四山中、湫水北流、西北出長城、北與次水會、從水。秋聲。子了切、又卽由切、潤水曰潤下。此說義之詞、挩佚、第存引書一句耳、潤下是兩義、易傳曰、雨以潤之、

zhǔn 準　tīng 汀　nǔ 沑　fèn 瀵　cuǐ 滜　jìng 瀞　sà 泧　mò 瀎

又曰、潤萬物者莫潤乎水、是潤義也、孟子曰、水無有不下、此下義也、且漢書溝洫志、水行地下、湊潤上徹、然則潤且可及於上而可以潤下、說潤乎、火部說曰、炎而上、可以見例、從水閏聲。如順切

準　平也。莊子天道篇、平中準、大匠取法焉、漢書律歷志、繩直生準、準者所以揆平取正也、案此因水平曰準、因製平物之器謂之準也、漢武帝置平準官、史記有平準書、而凡平亦謂之準、易傳、易與天地準、鄭注、準平也、祭義、推而放諸東海而準、鄭注、準猶平也、從水隼聲。之允切、宋順帝名準、沈約宋書省作准、此桂氏說也、案汲古本兩體竝見、初非一律、

汀　平也。集韻引此而申之曰、謂水際平地、玉篇、水際平沙也、楚詞九歌、搴汀洲兮杜若、注云、汀、平也、從水丁聲。他丁切

汀或從平。

沑　水吏也。嚴氏曰、類篇引作水和也、本又作水利也、利卽和之爛文、此作吏誤、桂氏曰、吏當作文、玉篇、沑、女六切、泥也、泥當作泥泥、居六切、水文也、集韻、淑沑、水皃、廣韻、踧沑、水文聚、文選海賦、葩華踧沑、李注、踧沑蹙聚也、一曰。溫也。依類篇引改、桂氏曰、溫當爲溼、集韻、沑溼也、溼俗作濕、與溫形近而誤、沑別作滀、玉篇、滀、溼也、從水丑聲。人九切

瀵　水濅也。上文云、濅川澤所仰以灌溉也、釋水、瀵大出尾下、郭注、今河東汾陰縣有水、口如車輪許、濆沸涌出、其深無限、名之曰瀵、馮翊郃陽縣復有瀵、亦如之、相去數里而夾河、河之中陼上、又有一瀵、瀵源皆潛相通、在汾陰者、人壅其流以爲陂、種稻、呼其本出處爲瀵魁、尾猶底也、從水糞聲。讀若粉。本匹問切、孫方問切、〔爾雅曰。瀵大出尾下。〕此乃繫傳所引、且水經注引呂忱曰、爾雅異出同流爲瀵水、與今本異、釋文曰、水本同而出異、又與呂說不同、正不知許讀如何、

滜　新也。廣韻、滜、新水狀也、繫傳曰、詩新臺有漼、本此字、今詩作洒、釋文、洒、七罪反、韓詩作漼、音同、云鮮皃、從水辠聲。七辠切

瀞　無垢薉也。思元賦、澄淟涊而爲清、舊注、清瀞也、或借淨字爲之、詩閟宮有侐、傳云、侐清淨也、齊策、清淨貞正以自娛、從水靜聲。亦省作靜、東京賦、滌濯靜嘉、薛綜注、靜潔也、周語、靜其巾幕、韋注、靜潔也、鄭注雜記曰、拭靜也、疾正切

瀎　滅瀎。當作瀎泧、拭滅皃。說文無拭字、從水蔑聲。莫達切

泧　瀎泧也。玉篇云、泧瀎也、此上文所以譌爲滅瀎也、然終當作瀎泧者、說文於連語、必詳說於上字也、從水戉聲。讀若椒椴之椴。又火活切、案言又者、承讀若椴、大徐之苟簡也、玉篇、泧、桑結切、又呼括許月二切、桂氏曰、讀若椴者、

tāng 湯　àn 洝　jì 洎　nuǎn 渜　ér 洏　shuì 涗　guàn 涫　tà 涾　tài 汏　jiǎn 瀾

史記倉公傳、望之殺然黃、徐廣音蘇葛反、馥案、瀎泧、卽字林所謂抹摋也、釋名、摩娑猶抹摋、漢書谷永傳、末殺災異、

洎　灌釜也。徐廣注封禪書曰、灌水於釜中曰洎、音蔇、呂氏春秋應言篇、市邱之鼎以亨雞、多洎之則淡而不可食、少洎之則焦而不熟、左襄二十八年傳、去其肉而以其洎饋、正義曰、周禮士師職云、祀五帝則洎鑊水、鄭注、洎謂增其沃汁也、然則洎者添釜之名、添水以爲肉汁、遂名肉汁爲洎、從水自聲。其冀切、段氏曰、當依釋文其器反、

湯　熱水也。博物志、日中時如探湯、從水昜聲。土郎切

渜　湯也。士喪禮、渜濯棄于坎、注、沐浴餘潘水、古文渜作緣、荆沔之間語、疏曰、潘水旣經溫煑、名之爲渜、渜已將沐浴、謂之爲濯、從水耎聲。乃管切

洝　渜水也。從水安聲。烏旰切

洏　洝也。從水而聲。如之切一曰。煑孰也。肉部、胹、爛也、玉篇、洏、不熟而煑、或借濡字、內則、濡豚濡雞、注、濡謂亨之以汁和也、

涗　財溫水也。財者才之借字、說文又借材裁、今借纔、後漢書馬援傳、但使衣食財足、財溫者、不大熱也、月令、季夏溫風始至、是古謂大熱爲溫、從水兌聲。輸芮切〔周禮曰。以涗漚其絲。〕考工記㡛氏、以涗水漚其絲、注云、故書涗作湄、鄭司農云、湄水、溫水也、段氏曰、湄當作渜、集韻云、渜或作湄、是也、筠案鄭注言故書作湄、初不言何人所改、許君亦從改本作涗、而仍用先鄭之說、已不甚可解、且鄭君駁先鄭曰、涗水、以灰所泲水也、又司尊彝曰、盎齊涗酌、注曰、盎齊差清、和以清酒泲之而已、鄭君於此經不言故書涗作某、且郊特牲曰、醆酒涗于清、汁獻涗于醆酒、亦言酒事、許君不用未改之司尊彝、而用旣改之㡛人、亦不可解也、

涫　𤃡也。春秋繁露、蘭待繰以涫湯而後能爲絲、荀子解蔽篇、涫涫汾汾、孰知其形、注云、涫涫沸皃、從水官聲。古丸切酒泉有樂涫縣。見地理志、

涾　涫溢也。字與鬻部鬻同義、今河朔方言謂沸溢爲涾。嚴氏曰、今方言三字衍文、筠案此蓋庾注、故與許君語例不同、且涫下作𤃡、濫下作沸、分別明白、此亦不當作沸也、從水沓聲。徒合切

汏　淅瀾也。謂一事而三名也、一引云、汏洗也、汱者汏之譌、洗者淅之譌、莊子天下篇、泠汏於物、注云、猶沙汏也、後漢書陳元傳、洮汏學者之累惑、注、洮汏猶洗濯也、從水大聲。徒蓋切、又代何切、集韻亦收之八戈、玉篇廣韻則無平聲、

瀾　淅也。淮南要略訓、所以洮汏滌蕩至意、高注、洮汏、瀾也、從水簡聲。亦省作簡、秦策

xī 淅　jiàng 滰　sǒu 溲　jùn 浚　lì 瀝　lù 漉　pān 潘

筲練以爲揣摩，高注：筲，汏也。古限切。

淅　汏米也。詩釋文引無米字。通俗文：淅米謂之洮汏。士喪禮：祝淅米于堂，南面用盆。注云：淅，汏也。從水析聲。先擊切。

滰　浚乾漬米也。廣雅：滰，盝也。下文：漉，浚也。然此浚是滲漉，說見前滲下。從水竟聲。其兩切。孟子曰：孔子去齊，滰淅而行。萬章篇云：孔子之去齊，接淅而行。詩生民疏引此而說之曰：謂洮米未炊，漉之而去，言其疾也。

溲　渼汏也。依宋庠國語補音引改。渼者，比象其形也；汏者，其實也。說文通例，凡一義數字類聚者，大抵于首字詳說之，以下皆轉注。本文汏、濇、淅皆轉注，溲字結尾乃詳說之，猶手部揃、搣、批、抑皆轉注，王捽乃指實之，皆偶然變例也。謂之渼者，凡洮米皆自上溜下，其狀如汏也。上文滰下言漬米，米部糅下同，而知浸字誤者，洮汏取其去塵沙，浸之時甚少也。內則爲稻粉糅溲之以爲酏，注：糅溲，博異語也。糅讀與滫瀡之滫同。上文滫瀡以滑之，注：秦人溲曰滫。從水叜聲。詩生民：釋之叜叜。傳：釋，淅米也。叜叜，聲也。釋文：叜字又作溲，濤米聲也。爾雅作溞，音同。釋訓：溞溞，淅也。郭注：洮米聲。案字以叜爲古文假借字也，義以毛傳聲也爲正義，動字也。內則之溲，即說文之溲，又爾雅之溞，即內則之糅，皆非周初之字，亦非周初之義也。本是形容之詞，沿習久

則以爲名目。叜叜與浮浮一類，毛傳：浮浮，氣也。亦正字正義。釋訓：烰烰，烝也。說文用之，亦當是周末之專字專義也。字音則以廣韻疏有切爲正。國語：少溲于豕牢。韋注：少溲，小便也。補音曰：溲音騷，又驟之曰。按此字又有所鳩、所九二切。檢所鳩音者，亦訓便也；所九音者，說文解爲渼汏也。李舟切韻無騷音，從說文也。

浚　抒也。抒，挹也。左襄二十四年傳：而謂子浚我以生乎。杜注：浚，取也。從水夋聲。私閏切。

瀝　浚也。玉篇作漉也。瀝、漉雙聲。此浚也，是自上挹之。一曰滴瀝，則與滲下之漉、滰下之浚同意。從水歷聲。郎擊切。一曰水下滴瀝之也。依選注引補。魯靈光殿賦：動滴瀝以成響。滴瀝者，疊韻字也。史記滑稽傳：時賜餘瀝。則瀝即滴也。雖與字義合，而未合許君屬詞之意。惟通鑑曰：鄭漢章命取酒，割臂血瀝酒，共飲之。此事與許君意合。水下滴瀝之者，水下即是滴瀝，而所滴瀝者則別一物也。今本少之也二字，良由不知許意。

漉　浚也。月令：仲春之月，毋漉陂池。釋文：漉，竭也。從水鹿聲。盧谷切。小徐本鹿聲下有一曰水下皃也。案瀝下一曰句，小徐本無之。盝二字同義，故自彼迻於此也。

漉　漉或從彔。方言：盝，涸也。廣雅：盝，盡也。皆從渌而加皿。釋詁：盝，竭也。則從皿彔聲。

潘　淅米汁也。

lán 灡　gān 泔　xiū 滫　diàn 澱　yū 淤　zǐ 滓　niǎn 淰　yuè 瀹　jiǎo 𤄷　qǐng 漀

士喪禮：祝淅米于堂，南面用盆。管人盡階不升堂，受潘，煮于垼，用重鬲。又云：外御受沐入。注云：沐，管人所煮潘也。左哀十四年傳：使疾而遺之潘沐。注云：潘，米汁，可以浴頭。從水番聲。普官切。一曰潘水在河南滎陽。廣韻：周文王畢公之季孫食采於潘，因氏焉，出廣宗、河南二望。桂氏曰：地因水名，水在河南，故望出河南。

灡　潘也。地官稾人注：雖其潘灡戔餘，不可褻也。通作灡。內則：面垢，燂潘請靧。注云：潘，米灡也。從水蘭聲。洛干切。

泔　周謂潘曰泔。衆經音義：江北名泔，江南名潘。廣雅：泔，灡也。從水甘聲。古三切。

滫　久泔也。荀子勸學篇：蘭槐之根是爲芷，其漸之滫，君子不近，庶民不服。楊倞注：滫，溺也。桂氏曰：溺當爲溲，以溲爲小便，故變爲溺耳。淮南人閒訓：申椒杜茝，美人之所懷服也，及漸之於滫，則不能保其芳矣。高注：滫，臭汁也。箚案：此二事與久泔義合。泔久則酸臭也。然泔即謂之滫，內則滫瀡以滑之，注云：秦人溲曰滫。徐廣史記音義：滫者，淅米汁也。是也。因而洮汏亦謂之滫。鬲部䰞：一曰滫米器也。字或作糔。內則爲稻粉糔溲之，注云：糔讀與滫瀡之滫同。從水脩聲。息流切，又思酒切。

澱　滓滋也。同一物而三名也。與澳下云隈厓也文法同。澱與黑部䵎同。廣雅：澱謂之滓。釋器

澱謂之淀，因之多泥之湖亦曰澱。水經注：澱，陂水之異者也。字又作淀，亦省作定。漢志齊郡鉅定，水經注作巨淀，以縣東南有巨澱湖故也。古謂之奠，考工記匠人：凡行奠水。注云：奠水，停水也。從水殿聲。堂練切。

淤　澱滓濁泥也。言澱滓又名淤也。解以濁泥，兼爲澱滓二篆解也。一引無濁泥，非。字林：淤，澱滓也。今謂水中泥爲淤是也。上林賦：行乎州淤之浦。從水於聲。依據切。

滓　澱也。釋名：泥之黑者曰滓。從水宰聲。阻史切。

淰　濁也。從水念聲。乃忝切。禮運：龍以爲畜，故魚鮪不淰。注：淰之言閃也。

瀹　漬也。桂氏曰：士喪禮：管筲三，其實皆瀹。注云：皆湛之湯。饋謂猶內則湛諸美酒。箚案：釋艸釋文引字林：瀹，煑也。此借爲鬻也。從水龠聲。以灼切。

𤄷　釃酒也。詩伐木傳云：以筐曰釃。廣雅：釃，盝也。一曰浚也。此浚與滰下之浚同。從网從水。依段氏刪從字。兩言從則主從不分矣。网水者，猶云以葛巾漉酒也。焦聲。子小切。讀若夏書天用勦絕。似有挩文，否則後人增也。刀部剿下已引作天用剿絕其命矣。小徐作勦，從刀，尚合。大徐從力，尤誤。

漀　側出泉也。泉當作酒。玉篇：漀，出酒也。然側字亦當有。漀之爲言罄也。側出之，所以罄

xǔ 湑　miǎn 湎　jiāng 漿　liáng 涼　dàn 淡　tūn 涒　jiāo 澆　yè 液　zhī 汁

之也、釋名、漿猶傾也、側器傾水漿也、從水殸聲。去挺切、殸籀文磬字、小徐無、

湑 茜酒也。既茜之酒因亦謂之湑、士冠禮旨酒既湑、注云、湑、清也、詩鳧鷖爾酒既湑、箋云、湑、酒之泲者也、一曰浚也。與釃下一曰浚也同意、謂茜酒謂之釃、謂之湑、亦謂之浚也、浚與漉同意、浚酒即漉酒也、一曰露皃也。詩蓼蕭傳曰、湑湑然、蕭上露皃、從水胥聲。私呂切、詩曰有酒湑我。此證前二義也、詩小雅伐木文、傳曰、湑、茜之也、上章傳曰、以藪曰湑、正義曰、藪、草也、用茅、又曰零露湑兮。小雅蓼蕭文、此證後一義、

湎 沈於酒也。漢書樂志、湛沔自若、沔者湎之借字、湛者沈之正字、韓詩、夫飲之禮、不脫屨而即序者謂之禮、跣而上坐者謂之晏、能飲者飲之、不能飲者已、謂之醧、齊顏色均衆寡謂之沈、閉門不出客、謂之湎、從水面聲。詩蕩、天不湎爾以酒、釋文、飲酒齊色曰湎、即韓詩所謂齊顏色也、則面亦兼意、彌兗切、周書曰网敢湎于酒。酒誥文、

漿 酢漿也。謂酸漿也、周禮酒正之四飲、漿人之六飲、禮記玉藻之五飲、皆有漿、公食大夫禮、飲酒漿飲、注、飲酒、清酒也、漿飲、截漿也、從水將省聲。隷書不省、即良切、

𣲬 古文漿。

涼 薄也。此後人所改也、无部已引爾雅、涼、薄也、段氏曰、涼廁於此者、謂六飲之涼、與漿爲類也、鄭司農云、涼、以水和酒也、許當用大鄭說、從水京聲。呂張切、

淡 薄味也。或借啖字、史記叔孫通傳、呂后與陛下攻苦食啖、索隱云、按孔文祥云、與帝共攻冒苦難、俱食淡也、顏注漢書曰、啖當作淡、淡謂無味之食也、從水炎聲。徒敢切、

涒 食已而復吐之。似與齒部齝齸二字相類、然上下文皆人飲食之事也、孫叔然說爾雅曰、涒灘、萬物吐秀傾垂之皃、與許說略近、從水君聲。他昆切、爾雅曰太歲在申曰涒灘。釋天、文、高誘曰、涒、大也、灘、循也、萬物皆大循其情性也、

澆 沃也。元應引作灌漬也、不與沃類廁者、食部饋下云、以羹澆飯也、乃澆之本義、本篆上下、皆飲食字也、至於氾勝之書、湯有旱災、伊尹作爲區田、教民糞種、負水澆田、則引伸之義、從水堯聲。古堯切、

液 盡、句、潤也。依元應引補、盡液一物二名也、血部盡下云气液也、者气之所煦成液也、此云盡潤也者、盡之爲物、多潤澤也、字林、液、汁也、蒼頡篇、津、汁也、埶文志有湯液經法、從水夜聲。本夷石切、孫羊益切、

汁 液也。公食大夫禮、大羹湆不和、注、今文湆爲汁、士昏禮、大羹湆在爨、注、大羹湆、煮肉

gē 滒　hào 灝　yì 溢　xǐ 洒　dí 滌　jí 濈　shěn 瀋　shà 㵐　mǐ 渳　shù 漱　jiǒng 洞　cāng 滄　qìng 瀞

汁也、今文湆皆作汁、許不收湆、葢從今文、方言、斟、汁也、從水十聲。之入切、

滒 多汁也。淮南原道訓、甚淖而滒、高注、滒亦淖也、饘粥多瀋者曰滒、廣雅、滒、淖也、筠案、少牢饋食禮之普淖、鄭注、普淖、黍稷也、普、大也、淖、和也、竊謂以多汁說之、似亦可通、從水哥聲。讀若柯。古俄切、

灝 豆汁也。玉篇、灝、煮豆汁、從水顥聲。乎老切、

溢 器滿餘也。依慧苑引補、釋詁、溢、盈也、孝經、滿而不溢、所以長守富也、從水益聲。夷質切、

洒 滌也。字林、洒、濯也、左襄二十一年傳、在上位者洒濯其心、玉篇曰、今爲洗、晉謐贈陸機詩、吾子洗然、李善引莊子、吾洒然異之、從水西聲。先禮切、古文目爲灑埽字。夏官、隷僕掌五寢之埽除糞洒之事、注云、洒、灑也、鄭司農云、洒當爲灑、康成謂論語曰、子夏之門人小子、當洒埽應對、詩抑篇傳、東山箋皆曰、洒、灑也、

滌 洒也。大射儀、射人宿視滌、注云、滌謂溉器埽除、案鄭君兼言埽除者、詩七月、十月滌場、傳云、滌、埽也、鄭本之、從水條聲。徒歷切、

濈 和也。詩無羊、其角濈濈、傳曰、聚其角而息濈濈然、毛傳固有和義、然釋文曰、本又作䎀、亦作戢、玉篇廣韻皆曰、濈、和也、而玉篇又曰、䎀、牛多角、又角堅皃、或作戢、廣韻二十六

緝、䎀、角多皃、䎀上同、然則毛詩以戢爲正字、䎀䎀皆後作之專字、濈則借字、玉篇之牛多角、當作牛角多皃、以傳聚其角知之、王於說文濈字、與上文洒滌、下文瀋渳、皆不類、恐是後增、從水戢聲。阻立切、

瀋 汁也。釋名、宋魯人皆謂汁爲瀋、從水審聲。昌枕切、玉篇瀋在灝下、是也、本書葢後人亂之、春秋傳曰猶拾瀋也。哀三年傳、

渳 飲也。廣雅同、小徐作飲歃也、從水弭聲。耳部聵讀若渳水、緜婢切、

㵐 飲歃也。一事而三名也、飲歃二篆下皆曰歠也、歠下曰飲也、從水算聲。玉篇廣韻皆作㵐、從筭聲、衫洽切、又先活切、玉篇息面須芮二切、廣韻此芮息絹二切、一曰吮也。嚴氏曰、疑當在漱篆之欶聲下、欠部欶吮也、足以明之、

漱 盪口也。盪、思元賦注引作蕩、借字也、音隱云、漱、飯畢盪口也、江賦、漱壑生浦、從水欶聲。所右切、

洞 滄也。集韻、北燕謂禁曰洞、玉篇禁寒極、字或作洞、玉篇、洞、冷也、從水同聲。戶褧切、

滄 寒也。列子湯問篇、見仌部滄下、從水倉聲。七岡切、

瀞 冷寒也。廣韻、瀴瀞、冷也、廣雅、瀞、寒也、通作淨、方言、淬、寒也、注云、淬猶淨也、又云、瀴、淨也、注云、冷皃也、從水靚聲。七定切、

mù 沐 huì 沬 cuì 淬 yù 浴 zǎo 澡 xiǎn 洗 jí 汲 chún 淳 lín 淋 zì 漬 òu 漚 xiè 渫

淬 滅火器也。字與焠同，謂以器盛水，滅刀之火以堅其刃也。從水，卒聲。七內切。

沐 濯髮也。書顧命：王乃洮頮水，馬云：洮，洮髮也。從水，木聲。莫卜切。

沬 洒面也。漢書律歷志：王乃洮沬水，顏注：沬，洗面也。沬卽頮字也，字又作靧，內則：面垢，燂潘請靧。從水，未聲。荒內切。

頮 古文沬從頁。顧命釋文：頮，說文作湏，云古文作頮。漢書司馬遷傳：沬血飲泣，孟康曰：沬音頮。顏師古曰：沬，古頮字。頮，洒面也，言流血在面，如盥頮。玉篇：頮，洒面也。沬同上。湏，古文。案陸氏之說，是湏爲頮之殘字；顧氏之說，則如今本，未能定之。

浴 洒身也。論衡譏日篇：沐去首垢，洗去足垢，盥去手垢，浴去身垢。從水，谷聲。余蜀切。

澡 洒手也。蒼頡篇：澡，盥也。亦爲通語，儒行：澡身而浴德。從水，喿聲。子皓切。

洗 洒足也。內則：足垢，燂湯請洗。漢書黥布傳：王方踞牀洗。顏注：洗，濯足也。從水，先聲。穌典切。

汲 引水於井也。元應引無於井字。莊子至樂篇：綆短者不可以汲深。從水，及聲。大徐有從及，謬也。孔子曰：異乎水而上水，上水乃汲引之義，從及則主於異乎水矣。居立切。

淳 淥也。段氏曰：內則、考工記注皆曰：淳，沃也。按𢿡氏而沃之，卽上文之渥淳其帛也。嚴氏曰：當作淥也。韻會引作淥也，卽淥字。桂氏曰：襄二十五年左傳：表淳鹵。鹵謂鹹地，淳謂漏地。從水，𦎫聲。常倫切。

淋 以水沃也。字林同。筠案：自淥至𢿡，皆滌器滌衣之事，則淋亦當然，故不與沃篆類廁，且不直云沃也，而加以水二字，明乎其非溉灌矣，則沃卽𢿡氏而沃之之沃，特淋之爲滌衣滌器，無典可徵耳。從水，林聲。力尋切。一曰淋淋，山下水皃。小徐皃作也。七發：洪淋淋焉，若白鷺之下翔。李注曰：說文曰：淋，山下水也。案七發言淋淋，而李引說文不曰淋淋，似今本衍一淋字。蓋言淋淋則當言皃，言淋則當言也。三蒼解詁：淋，漉水下也。

漬 漚也。謂水浸潤物也。依元應引補。蓋庾注也。通俗文：水浸曰漬。從水，責聲。前智切。

漚 久漬也。段氏曰：言久漬者，略別於漬也。考工記㡛氏：以涗水漚其絲。注云：漚，漸也。楚人曰漚，齊人曰涹。案此漚之正義也。陳風：可以漚麻。傳曰：漚，柔也。謂漚其麻而使之柔，柔非漚之正訓。從水，區聲。烏候切。

渫 除去也。南都賦注引作去除也，則去字上聲讀。易井：渫不食。荀爽云：渫，除去穢濁，清潔之意也。琴賦注引說文：洩，除去也。卽此。又從水，枼聲。私列切。東都賦：士怒未渫。渫卽渫，唐

說文句讀 卷二十一 七百八 。折四十八 卒

huàn 澣 zhuó 濯 sōu 涑 pì 澼 lǒng 瀧 sǎ 灑 xùn 汛 rǎn 染 tài 泰 yán 潤 zàn 灒

人避諱改之，曲禮葱渫亦然。

澣 濯衣垢也。俗作澣。詩：薄澣我衣。箋：澣謂濯之耳。從水，榦聲。胡玩切。

浣 今澣從完。法下云今文，此益同之，乃校者所箋記，寫者誤列之正文耳。

濯 澣也。禮記：衣冠濯澣以朝。此濯衣也。詩泂酌：可以濯罍。此濯器也。從水，翟聲。直角切。

涑 澣也。衆經音義：濯生練曰涑，去舊垢曰浣。一云：以手曰涑，以足曰浣也。通作漱。公羊莊三十一年傳：臨民之所漱浣也。何注：無垢加功曰漱，去垢曰浣，齊人語也。曲禮：諸母不漱裳。從水，束聲。速侯切。河東有涑水。左成十三年傳：伐我涑川。水經：涑水出河東聞喜縣東山黍葭谷。酈注：涑水一名洮水。案左昭元年傳：宣汾洮。卽此涑水。又注河水云：涑水又西南流，注於河。

澼 於水中擊絮也。廣雅：漂，澼也。方言：澼，漂也。考工記弓人注：剽讀爲湖漂絮之漂。越絕書：子胥至𣹈陽界中，見一女子擊絮于瀨水之中。桂氏曰：莊子曰：洴澼絖。玉篇無澼字，洴下云：水澼也。澼卽潎之異文。從水，辟聲。匹蔽切。

瀧 涂也。從水，從土，尨聲。讀若隴。又亡江切。土部已收，此重出。

灑 汛也。衆經音義：通俗文：以水掩塵曰灑，謂以水灑散之也。弟子職：實水於盤，攘臂袂及肘，堂上則播灑，室中握手。從水，麗聲。本所買切，孫山豉切。

汛 灑也。劇秦美新：況盡汛埽前聖數千載功業。從水，卂聲。息晉切。

染 以繒染爲色也。竹君本色字上空白一格，或是采字。天官有染人，呂氏春秋有當染篇。從水，杂聲。而剡切。徐鍇曰：說文無杂字，裴光遠云：從木，朩者所以染，梔茜之屬也，從九，九者染之數也。未知其審。嚴氏曰：杂卽朶，古盇字，在竹部，朶從九，九聲，九染聲之轉。考工記但有七入，九非染數，裴說謬。桂氏曰：漢銅印文作𣲙，從朵。筠案：𢸮篆多不足據，況朵亦非聲。

泰 滑也。左傳汏輈，唐石經作汏，借汏爲泰也。廣韻：太，過也。宣四年傳曰：伯棼射王，汏輈。杜注：汏，過也，箭過車轅上。昭二十七年傳曰：齊子淵捷射洩聲子，中楯瓦，繇朐汏輈。注云：汏，矢激。字與达通。廣韻：达，足滑。洞簫賦：順序卑达。李善引字林：达，滑也。從廾水，大聲。他蓋切。徐鉉曰：本音他達切。

夳 古文泰如此。玉篇收之亠部，云今作泰。

潤 海岱之閒謂相汙曰潤。本之方言。從水，閻聲。余廉切。

灒 相汙灑也。依元應引補。衆經音義：灒，又作濺、𣿅二形，同，子旦反。史記：五步之內，以血濺大王衣。作濺。楊泉物理論云：惡不知味而唾𡃟。作𡃟。江南行此音，山東音湔。

說文句讀 卷二十一 七百八十九 。折四十三 卒

niè 瀻　liàn 湅　shān 潸　tì 涕　qì 泣　hàn 汗　tì 洟　dòng 湩　chóu 㵞　měi 浼

子見反。通作淺。士虞禮注，槃以盛棄水，爲淺汙人也。又通作澗。左僖二十三年傳：奉匜沃盥，既而揮之。杜注：揮，澗也。一曰。**水中人也。**中，去聲。案本句蓋是庚。洼一曰二字當作謂。**從水贊聲。**則旰切。

浼　汙也。方言：浼，汙也。東齊海岱之間曰浼。案此汙乃汙蟻之汙，故廁於此。大徐遂之涹下汙上，則誤以爲潢汙之汙矣。**從水免聲。**武皋切。**又水流平皃。**依■■引補。**詩曰：河水浼浼。**邶風新臺文。傳曰：浼浼，平地也。案此別爲一義，當在引孟子下。**孟子曰：汝安能浼我。**公孫丑篇文。此證本義。

㵞　腹中有水气也。從水從愁，愁亦聲。士尤切。賈誼容經：喪紀之志，漻然愁然，憂以湫。

湩　乳汁也。玉篇：江南人呼乳爲湩。列子力命篇：乳湩有餘。穆天子傳：具牛馬之湩，以洗王之足。**從水重聲。**多貢切。

洟　鼻液也。易萃卦：齎咨涕洟。鄭注：自目曰涕，自鼻曰洟。或以涕爲洟。素問：泣涕者，腦也；腦者，陰也；髓者，骨之充也。故腦滲爲涕。王砅注云：鼻竅通腦，故腦滲爲涕，流於鼻中矣。又作鮷。三蒼：鮷，鼻液也。**從水夷聲。**本敕計切，孫他計切。

汗　身液也。依御覽引改。後漢書胡廣傳：政令猶汗，往而不反。注云：易曰：渙汗其大號。劉向曰：汗出而不反者也。**從水干聲。**侯旰切。

泣　無聲出涕者曰泣。詩雨無正：鼠思泣血。傳曰：無聲曰泣血。魯語：無洵涕。韋注：無聲涕出爲洵涕也。**從水立聲。**去急切。

涕　泣也。詩澤陂：涕泗滂沱。傳云：自目曰涕，自鼻曰泗。**從水弟聲。**他禮切。

潸　涕流皃也。字林：潸，淚下皃也。**從水散省聲。**本山宴反，孫所姦切。**詩曰：潸焉出涕。**小雅大東文。

湅　瀹也。案此字當與汏淅相次。段氏曰：即㡛氏之湅絲、湅帛。已湅之帛曰練。糸部練下云：湅繒也。是也。湅之以去其瑕，如瀹米之去秠，故許以瀹釋湅，而不與瀹爲伍。案如此，則當與濯涑相次。總之不當在此也。桂氏曰：或通作練。七發：灑練五藏。李注：練猶汏也。**從水柬聲。**郎甸切。

瀻　議辠也。字或作讞。文王世子：獄成，有司讞於公。論衡定賢篇：事之難者，莫過於獄，獄疑則有請讞。續漢書百官表注云：治書侍御史選明法律者爲之，凡天下諸讞疑事，掌以法律當其是非。後漢書裴楷傳注：廣雅曰：讞，疑也。謂罪有疑者讞於廷尉也。**從水獻聲。**兼意字，亦省作獻。魯頌：淑問如皋陶，在泮獻囚。正義云：所囚者服罪之人，察獄之吏當受其辭而斷其罪，故使善聽獄如皋陶者獻之。魚列切。**與法同意。**當作灋，指從水而言。

lòu 漏　pàn 泮　cáo 漕　miè 滅　jiǎn 減　yú 渝

渝　變。句。汙也。玉篇：渝，變也，汙也。易：成有渝。詩：舍命不渝。蔽天之渝。左傳：專之渝。凡傳箋、杜預、王弼注，無不用釋言渝變也者。許君特申之以汙，爲其從水也。布帛受溼則色汙矣。韓詩外傳：夫五色雖明，有時而渝。後漢書班固傳：光藻朗而不渝爾。**從水俞聲。**羊朱切。**易曰：渝安貞。**依■引補。訟九四爻詞。**一曰：渝水。出遼西臨渝，東出塞。**地理志：遼西郡臨渝縣：渝水首受白狼，東入塞外。案入當依說文作出。其交黎縣下云：渝水首受塞外，南入海。是其明證。水經注小遼水云：白狼水又東北出，東流分爲二水，右水疑即渝水也。西南循山逕一故城西，世以爲河連城，疑是臨渝縣之故城，王莽曰馮德者矣。

減　損也。詩巧言：僭始既涵。韓詩作減，云：減，少也。**從水咸聲。**古斬切。

滅　盡也。釋詁文。**從水威聲。**滅者，威之絫增字，說見火部威下。亡列切。

漕　水轉穀也。依韻會引改。平準書索隱亦引之。又曰：一云車運曰轉，水運曰漕。周書文傳解：是故土多發政，以漕四方，四方流之。漢書武帝紀：穿漕渠通渭。如淳曰：水轉運曰漕。**從水曹聲。**在到切。**一曰：人之所乘及船也。**似有捝誤。漢書趙充國傳：臣前部士入山，伐林木大小六萬枚，皆在水次，冰解漕下。顏注：漕下，以水運木而下也。

泮　諸侯饗射之宮也。饗，大徐作鄉，誤。广部廱下云：天子饗飲辟廱。亦作饗也。大雅行葦言天子之禮，首末皆言饗，中言射，與大射禮合。魯頌泮水言諸侯之禮，在泮飲酒言饗，箋云：徵先生君子與之行飲酒之禮，而因以謀事也。又曰：角弓其觩，束矢其搜。傳曰：觩，弛皃。蓋毛公寓不戰屈人之意，故云弛，而泮宮固習射之地也，以鄉射禮推之可知。字又作頖，見小戴記。又借畔字。史晨碑、益州太守高朕修周公禮殿記，皆作畔宮。**西南爲水，東北爲牆。**泮水箋曰：辟廱者，築土雝水之外，圓如璧，四方來觀者均也。泮之言半也，蓋東西門以南通水，北無也。白虎通：半者，象璜也。獨南面禮儀之方有水耳。**從水從半，半亦聲。**普半切。

漏　以銅盆受水刻節，晝夜百刻也。依選注引補。受，一引作盛。刻節，一引作分時。案謂分一時爲八刻也。刻節者，詩東方未明傳云：挈壺氏掌漏刻者。正義云：刻謂置箭壺內，刻以爲節，而浮之水上，令水漏而刻下，以記晝夜昏明之度數也。案刻以爲節，即許所謂刻節，抑或有闕文矣。周禮挈壺氏：凡軍事縣壺以序聚欜，皆以水火守之，分以日夜。注：以火守壺者，夜則明火視刻數也。分以日夜，異晝夜漏也。漏之箭，晝夜共百刻，冬夏之間，有長短焉。太史立成法，有四十八箭。顧亭林曰：麻家有大刻、有小刻、初一初二初三初四正一正二正三正四、謂之大刻、合一日計之、得九十六刻、其不盡者、置一初初於初一之上、置一正初於正一之上、謂之小刻、每刻只當大刻六分之一、合一日計之、爲初初者十二、爲正初者十二、又得四大刻、合前爲百刻、從水屚聲。盧后切、

澒 丹沙所化爲水銀也。繫傳引淮南子、有黃澒青澒赤澒白頭园澒高注、白頭水銀也、本草、水銀一名汞、生符陵平土、出於丹沙、陶隱居曰、今水銀有生熟、此云生符陵平土者、是出朱沙腹中、亦別出沙池、皆青白色、最勝、出於丹沙者、是今燒粗米朱沙所得、色小白濁、不及生者、從水項聲。呼孔切、俗作汞者、蓋省頁則同江、因遂工於水上也、

萍 苹也。水艸也。從水苹、苹亦聲。薄經切、增此字者、可謂不學矣、唐石經釋草、苹、蓱、是也、今本作萍蓱、釋文作苹萍、云萍本或作蓱、詩鹿鳴傳云、苹、蓱也、卽釋草文、而釋文曰蓱、本又作萍、惟秋官萍氏釋文、不言有異本、而鄭注引爾雅萍蓱、釋文曰、萍本亦作苹、然則注本作苹、恐經亦本作苹也、月令季春萍始生、釋文作蓱、鄭注又引作蓱、蓱、釋文不言萍有別本、蓋萍者蓱之俗字、時世所便、故蓱或作蓱、苹亦或作萍也、且以字體論萍字、水艸兼從、而以艸爲主、水爲從、設許君收之、當入艸部、爲蓱之重文矣、豈得在此、

汩 治水也。釋詁、淈、治也、郭注、淈、書序作汩、音同耳、案郭意謂書序借汩爲淈、然許意則謂釋詁借淈爲汩也、詩泮水屈此羣醜、箋云、屈、治也、正義云、屈治、釋詁文、彼屈作淈、某氏引此詩、是音義同也、書序、帝釐下土、方設居方、別生分類、作汩作、周語、决汩九川、韋注、汩、通也、宋庠曰、汩音骨、案非也、當卽此從曰之汩、天問、不任汩鴻、師何以尚之、王注、汩、治也、鴻、大水也、惟洪範汩陳其五行、僞孔傳以亂訓汩、則美惡不嫌同詞也、從水曰聲。于筆切、

濊 水多皃。李善注長笛賦引之、皃作也、從水歲聲。呼會切、案水事既畢、而以治水之汩字爲殿、此一定之章法也、此下不應有字、而小徐本濊淉洽湯四字、皆在汩下、大徐遂淉洽湯附其義近之字、惟濊在汩上、段氏刪濊篆、而以濊當之、是也、注刻小徐本濊下引詩、猶作濊濊也、

文四百六十八 實四百六十四 重二十三 實二十四、○文選魏都賦注引說文、濤、大波也、○韻會引徐鍇本、瀉、水名、從水、爲聲、又云出河東虞鄉縣歷山西、西流至蒲坂、本書有嫣無瀉、○文選盧子諒詩注引說文曰、泊、無也、案卽心部怕無爲也、改怕爲泊、又刪爲字耳、

說文解字句讀弟十一上

安邱王鵬超校

句讀卷二十一補正

本部凡古文水皆作巛、谷部濬門部闊皆然、又益字從巛、頻字從☵、直是坎卦中之☵、尤異矣、而巛巛☵☵許君皆不敢爲重文者、則以巛由囦而變、益取字形匹配、故盥字有臼夾水、卽不能橫書矣、頻則以地狹而成坎象也、巛字最無理、實巛是兩川、與巛疑似、直是傳寫者以其是古文也、創此詭異之形、小徐一切從巛、鐘鼎文亦但作巛、是可徵也、且流涉二字下、皆云篆文、則𣻅𣻅非古卽籀矣、初不從巛、亦可謂捉衿見肘也、一葉後三行凡水之屬皆從水下增此注

○許君但說陝西甘肅之洛、是河南之雒本不從水也、史記逾于雒、伊雒瀍澗浮于雒、東過雒汭、導雒自熊耳、羽部曰、伊雒而南、雉五采皆備曰翬、所本者皆古文禹貢爾雅也、今本皆作洛、葢後人改之、又弓部曰、雒陽名弩曰弴、乃魚豢魏略曰、漢火行忌水、故去洛水而加隹、是說也、學者多喜稱之、然天子以天下爲家、何不取地名之從水者而盡改之、但規規於目前之洛、且漢字卽從水、何不改國號、又火剋金而劉從金、何不改國姓、以避之乎、段氏說見後文澗篆下、八葉後六行以名縣也下增此

納新河朔訪古記云、呂忱字林、許愼說文、皆云洹水出晉魯之間。又言林慮黃水發源神囷之山谷。東流至谷口。潛入于地下。東北十里。復出于柳渚。筠案又言二字。似謂說文字林竝有此說。而今本初無此文、且說文亦無此文例。又納新乃元人。是元時字林尙未亾也。二十一葉前八行羽元切下增此

出齊郡屬嫣山、○刪郡字者、上文洋下但言齊、二十三葉前四行郡字加□屬嫣山下補此注

筠案後漢佛法入中國、何故山以塔名、得無卽是覆甑山、後人別立此名乎、二十三葉前九行勳改爲濺源山下增此

又有妄人曰、四瀆之淮、從隹鳥之隹、靑州之濰、從佳善之佳、自古字書韻書、竝無從佳聲之字也、說又見上文淮下、二十三葉後八行何可爲典要下增此

○江有汜首章言汜、取水決復入之義、望嫡終能容之也、二章言渚、渚固猶在江中也、三章言沱、沱之爲言他也、終于別流、不復合也、然嘯歌傷懷、念彼碩人、是終不忘嫡也、四十二葉後一行以證水別復入之義下增此

史記夏本紀致費於溝減、二句在四十三葉後八行移於九行泰伯篇文下

筠說見上文洛下、四十四葉後六行筠案至熊耳刪去增此

一曰泥也、四十八葉前二行此句下注全刪

當依玉篇增、又直林切、惟玉篇、湛直斬切、水名、又沒也、是說文兩義同此一音、而廣韻集韻、皆別收之侵部、則是後人分爲兩音也、四十九葉前五行宅減切下增此

集韻又收之四江、音雙、與今俗語合、五十一葉前二行力公切下增此

莊子達生篇、沈有履、注云、沈、水汙泥也、漢書刑法志、山川沈斥、顏注、斥卽斥鹵、沈卽川澤、五十一葉前十行說詳上文㳂下六字刪去增此

zhuǐ 沝　liú 㳅　shè 𣻜　pín 瀕

說文解字句讀弟十一下

沝　二水也。闕。既釋以二水也，而又云闕者，蓋沝即水之異文，許君未得確據，故不質言之，而與白亦自字、㡿與𣓕同異文也。集韻曰：閩人謂水曰沝，則謂水沝爲兩字。安康王玉樹松亭曰：鄦氏易坎爲水，水作沝，郭忠恕佩觿集音義一而體別，水爲沝，火爲㷊，是水與沝音義竝同。筠案此說最精。凡疊二成文者，如叕㸚棘兟卯屾豩𩺰斦等字，皆當與本字無異，惟沝之即水有據，故於此發之。唐韻之壘切，未可據也，說詳釋例。凡沝之屬皆從沝。

㳅　水行也。字林同，謂水之自行也。㳅下云行流也，則謂人之行之也。從沝㐬。力求切。㐬，突忽也。從㐬之借義，故伸之。㐬突同音，㐬忽疊韻，即此以突說㐬，足徵㐬突之非一字矣。

流　篆文㳅從水。

𣻜　徒行厲水也。厲者，濿之省文也，詩匏有苦葉亦然。許君此說與毛傳、爾雅同，然則段氏曰履石渡水、與深則砅截然二事，信有徵矣。從步沝。時攝切。

涉　篆文𣻜從水。流下之𣻜，及此𣻜，小徐作流、涉，今改之。

說文句讀《卷二十二　七百十二　、○折三十二　一

文三　重二

瀕　水厓也。元應引字林，濱，水崖也。知呂氏已收濱字。人所賓附。頻賓疊韻。大雅池之竭矣，不云自頻，傳云：頻，厓也。箋云：頻當作濱，厓猶外也。釋文云：張揖字詁云：頻，今濱。則瀕是古濱字。禹貢海濱廣斥，泗濱浮磬，漢志作瀕。師古注：瀕，水涯也，音頻，又音賓。頻蹙不前而止也。頻有頻厓、頻蹙二義，許君牽連說之。人所賓附，伸水厓之義；欲涉必至其瀕也。頻蹙不前，又伸賓附之義；或深涉，或寒涉，故既已賓附，而又頻蹙也。桂、段、嚴三家皆曰當作顰戚，戚字是，顰字非也。嚴氏曰：說文無蹙字，考工記無以爲戚速也，注引春秋傳，操之爲已蹙矣，知戚即蹙。桂氏曰：易復卦頻復，注云頻蹙之皃。釋文作戚，憂也。孟子己頻顣曰。筠案此又因頻而顣加頁也。許君所以言頻蹙者，即所以關孟子，即詩桑柔曰：國步斯頻。傳曰：頻，急也。亦頻蹙引伸之義。鄭君改毛曰：頻猶比也，哀哉國家之政，行此禍害，比比然。案頻字隸變爲瀕、濱、頻三字，而頻獨爲頻數之義，鄭君於此字小疏，故說不云自頻，則破之爲濱，說桑柔以比比也。然比比之義，又急義之引伸，但言各有當耳。從頁從涉。符真切。慧苑引云：渡水句岸，水紋叢皺，亦謂之頻蹙。案此三句，似當在從涉之下，然紋皺二字，說文竝無，

pín 顰　quǎn 𡿨

疑是文綱之誤，又疑是庾注，姑附于此。凡頻之屬皆從頻。

顰　涉水顰蹙也。或作嚬、顰，又借矉爲之。陸機百年歌：呼吸嚬蹙反側難。方言：顰，蹙也。注音頻。莊子天運篇：西子病心而矉其里。從頻卑聲。字有分別文，今人多不知，故說此字多誤。或謂當云從頻從卑，頻亦聲；或謂讀當如卑，以唐韻符眞切爲誤，皆非也。許君說頻以水厓爲本義，以顰蹙爲引伸之義，其說顰也，則以顰蹙爲義，可知顰爲頻之所孳育，但分其頻蹙之義，不能當水厓一義矣。凡分別文之在異部者，定以本字爲聲，使之與會意字異也。此在同部，不得不云從頻，而以雙聲之卑爲聲，許君本不謂讀如卑也。易頻復，釋文本又作嚬，嚬眉也，鄭作顰，音同，馬云憂頻也。巽九三頻巽吝，釋文解王注之頻顣曰：此同鄭意。案陸氏說，則鄭君解頻復、頻巽，皆以顰蹙說之也。段氏曰：易頻復，王弼、虞翻、侯果皆以頻蹙釋之。易音義曰：鄭作顰。幸晁氏以道古周易、呂氏伯恭古易音訓所據音義皆作卑，晁云：卑，古文也。今文作顰。筠案諸家作頻，仍用古文也；鄭君作卑，省形存聲字也。今人誤認頻顰爲兩字，故其說多滯。

文二

說文句讀《卷二十二　、八百十二　、○折三十三　二

𡿨　水小流也。詩節南山正義引此而申之曰：言水小不能自通，須人甽引之，則甽是壟中小水之名。筠案：𡿨字省巛之外四筆，獨存中一筆，故云水小流，與省木爲木、爲片同例。不言從水省，似有闕文。周禮匠人爲溝洫，相廣五寸。小徐作俗耜字。二相爲耦，一耦之伐，廣尺深尺，謂之𡿨。倍𡿨曰遂。大徐作倍𡿨謂之遂，下文三句，考工記亦皆作謂之，許君皆改作曰者，此乃說字之法宜然。謂之𡿨者，此本字也，故仍考工之舊。自倍𡿨曰遂以下，本可不用，然巜部即繼𡿨部之後，論字形則倍𡿨成巜，而義殊不然，故再引四句以明之，而改四謂之字皆作曰字，以劃清賓主。乃再倍之則成巛字，而不連言之者，自𡿨至巜，皆人力爲之，川則天生之，且千夫之地，方百里，豈有許大而無川者？匠人爲溝洫，但據所掌而言耳。巜下不云從二𡿨，川下不云從三𡿨，皆爲其形相嬗，而義則否也。倍遂曰溝。倍溝曰洫。倍洫曰巜。約舉考工記文也。其𡿨作甽，巜作澮。許君特以明𡿨巜巛三字相次之意，未必所据本即然。川下引書濬𡿨巜距川，谷部又引容畎澮距川，可證。鄭注天官染人引禹貢羽畎夏狄，字與考工同誤。川者大名也，大可統小，故可用爲通詞，作畎則𡿨巜無別矣，故知非也。地官遂人：凡治野，夫間有遂，遂上有徑，十夫

jīng 巠　chuān 川　lín 粼　kuài 巜

有溝、溝上有畛、百夫有洫、洫上有涂、千夫有澮、澮上有道、萬夫有川、川上有路、以達于畿、凡〈之屬皆從〈。姑泫切、

古文〈從田從巛。段氏曰、古文疑當作籒文、蓋〈巜皆古文也、田中之溝也。依漢章帝紀注引改此句、承從田從川而申說之、恐人直認爲川也、鄭注匠人曰、壟中曰甽、其語尤爲分明、

篆文〈從田犬聲。六畎而爲一畝。猶云六尺爲一畝也、司馬法六尺爲步、步百爲畝、又曰、壟上曰畝、壟中曰甽、是知一畝三壟三畎、食貨志云、趙過能爲代田、一畝三畎、歲代處、故曰代田、古法也、后稷始爲甽田、案今年種此三畎、而稍耨壟艸以附苗根、則壟平矣、明年以畎爲壟、以壟爲畎、而仍種于畎中、則地有餘力、故曰代也、

文一　重二

水流澮澮也。言水流者、承〈水小流也而言、巜倍于〈、其流大也、言澮澮者、澮爲水名之專字、而不借用巜、巜爲同閒之溝之專字、而通用澮、故以澮說巜也、地官稻人以澮寫水、注云、澮、田尾去水大溝、釋名注、溝曰澮、澮、會也、小溝之所聚會也、方百里有巜。依韻會引改、廣二尋、深二仞。考工記匠人文、凡巜之屬皆從巜。讀若儈同。儈當作澮、猶恐人不知巜澮之爲一字也、故指實之、古外切、

水生厓石閒粼粼也。依江賦注引補、詩揚之水、白石粼粼、傳云、粼粼、清澈也、從巜粦聲。本力因切、孫力珍切、

文二

貫穿通流水也。又承巜而言、其流愈大、故增巜爲巛也、川貫疊韻、川穿同音、桂氏段氏皆謂貫當作毌、不知隸字但用貫也、李巡注爾雅、水流而分、交錯相穿、故曰川也、虞書曰、濬〈巜距巛。古皋陶謨文、今作畎澮、鄭注曰、畎、田閒溝也、澮、所以通水于川也、距當作歫、言深〈巜之水會爲巛也。依釋木疏引補、引書而又釋之者、所以明〈巜巛三部相次、特以字形遞增之故、唐虞除水患而兼收其利、周則但享其利矣、故其制加詳、不必遂溝洫之名、唐虞已有、凡巛之屬皆從巛。昌緣切、

水脈也。永下云、象水巠理之長、從巛在一之下。一、地也。濥下云、水脈行地中濥濥然、壬省聲。古靈切、

huāng 巟　huò 𡿧　yù 𡿯　liè 𡿪　yōng 邕　kǎn 侃　zāi 𡿦

一曰水冥巠也。或作溟涬、玉篇、溟涬、水盛皃、古文巠不省。

水廣也。桂氏曰、通作荒、桓十五年左傳、莫敖縊于荒谷、盛宏之荆州記、汪陵縣東有三湖、湖東有水名長谷、水經注、湖水東通荒谷、從巛亡聲。呼光切、易曰、包巟用馮河。泰卦文、今作荒、釋文、漢書竝作㠩、馮者溯之借字、

水流疾𡿧𡿧也。依六書故引補、字與水部淢同、從巛或聲。于逼切、

水流也。字與水部汩同、許君各舉一義耳、是以補亾詩注引字林、汩、深水也、釋水釋文引字林、汩、水聲急也、皆𡿯字義也、惟廣雅𡿯𡿯、流也、如此文耳、繫傳引相如賦、汩乎順流、方言、汩、疾行也、注云、汩汩、急皃、楚詞九歎、江湘油油、長流汩兮、南都賦、滲淚淢汩、從巛曰聲。于筆切、

水流𡿪𡿪也。桂氏曰、歺、歺、分流也、本書、瀱、水裂去也、裂當爲歺、從巛歺省聲。良辥切、

四方有水自邕成池者是也。依廣韻引改、漢書王莽傳、邕河水不流、經典借雝字、雝亦作雍、水經注、雍奴縣、四方有水曰雍、不流曰奴、秋官敘官雍氏注云、謂隄防止水者、王制、辟雍、圓如璧、壅以水、詩振鷺于彼西雝、傳云、雝、澤也、又借廱、漢書五行志、廱河三日不流、

從巛從邑。讀若雝。以闕借雝爲邕也、於容切、籀文邕如此。平安館鄭饔遼父鼎、饔作、從此文也、

剛直也。廣韻、侃、強直也、從㐰。㐰古文信　坎卦象曰、水流而不盈、行險而不失其信、從巛。取其不舍晝夜。字在川部、而先言從㐰、後言從川、且加解注者、侃字若入人部、則從口難爲解、故立文如此、當云川亦聲、空旱切、論語曰、子路侃侃如也。先進篇文、誤子貢爲子路、記憶之誤也、案此章言侍側、自不當言從口、若引鄉黨與下大夫言侃侃如也、則可入之人部、說之曰、從人口川聲、而許君不然者、是篇孔安國注曰、侃侃、和樂之皃、誾誾、中正之皃、許君皆改其解、而不欲與先儒爲難、故引先進、而闇下竝此不引、以泯其迹、

害也。火部烖下云、天火曰烖、則此巛謂水害也、左莊十一年傳、宋大水、曰、天降之災、是也、烖在火部而曰天火者、所以別於人火曰火也、此在川部、又無事於區別、故直謂之害、而不曰水害也、玉篇曰、天反時爲巛、左宣十五年傳文也、彼作災、杜注、寒暑易節、釋文不言有作巛之本、恐顧氏自改之、是以巛爲通稱也、非許君意、不見其說字形曰從一雝川、且引左氏以明之乎、從一雝巛。此亦借雝爲邕也、國語、爲川者決之使導、一安能雝川、此以一象隄防之形也、孟子

zhōu 州　quán 泉　fàn 𩏺　yuán 厵　xún 灥

曰無曲防、祖才切、春秋傳曰巛雝爲澤凶。宣十二年傳之約文也、水中可居者曰州。釋水文、漢書地理志十二州、顏氏亦以此文注之、周繞其旁。從重巛。周者匊之借字、周州疊韻、職流切、皆堯遭洪水民居水中高土故曰九州。大小不嫌同詞、此先舉州之大名也、禹貢記九州之界、其以水爲界者、兗揚雍三州、加以爾雅兩河閒曰冀州、是四州也、兼山水者、青徐豫梁四州、但以山爲界者、荊州而已、故字從重川、取其多者論之、詩曰在河之州。此又舉州之小名也、今關雎作洲、乃俗別也、此一水而非重川、但周繞其旁耳、鄭注禮記、引虞書流共工于幽州、一曰州疇也各疇其土而生也。此別一說也、於從重川無涉、風俗通云、周禮五黨爲州、州、疇也、案疇當作𠷎、巛𠷎皆有環繞之狀、又是疊韻、故以爲說也、各疇其土而生者、各耕治其田以謀生也、荀子君道篇、文王倜然乃舉太公于州人而用之、管子、羣萃州處、皆借州爲疇、

古文州如此。博古圖齊侯鎛鐘同、此齊侯鎛鐘作、

文十　重三

說文句讀　卷二十二　五

水原也。水者、指水部自汃至海凡水名字而言、發源注海者固有泉、首尾不出一縣者、亦必有泉、許君之意、不謂趵突泉珍珠泉之類也、故說字形曰象水流出成川形、象水流出成川形也。上半象泉、下半似川字、要是全體象形、非從川也、疾緣切、凡泉之屬皆從泉。

泉水也。段氏曰、淮南書云、莫鑒於流潦而鑒於澄水、許注云、楚人謂水暴溢爲潦、潦卽𩏺字、桂氏曰、徐鍇曰、阪泉蓋本此字、僖二十五年左傳、遇黃帝戰於阪泉之兆、從泉𢿱聲。讀若飯。符萬切、

文二

三泉也。闕。詳遵切、凡灥之屬皆從灥。

水泉本也。泉、玉篇作原、是也、原卽本字、本則汎詞、左昭九年傳、木水之有本原、以本承木、以原承水、而孟子源泉混混、又曰有本者如是、則本亦汎詞也、從灥出厂下。愚袁切、

篆文厵省。俗字作源、而以原代邍、

文二　重一

yǒng 永　yàng 羕　pài 𠂢　mài 𧖴　mì 覛

水長也。釋詁方言皆曰、永長也、毛詩傳箋竝同、許君加水者、兼說字形也、永篆與水篆相似、但屈曲引長之耳、且羕下亦云水長也、又同引一詩、但殊其音以爲別、而後永羕二字之古合今分、源流了然矣、象水巠理之長永也。于憬切、詩曰江之永矣。周南漢廣文、凡永之屬皆從永。

水長也。釋詁、羕長也、許君加水者、從永字說解而加之也、齊侯鎛鐘銘、子子孫孫、羕保用亯、此永羕一字之證、許君不合爲一者、釋詁長也一條內、永羕竝出、則羕爲永之分別文、由來久矣、許君亦兩列之、使人自悟可耳、或借養字、夏小正、時有養日、時有養夜、從永羊聲。余亮切、詩曰江之羕矣。前引毛詩、此引韓詩也、登樓賦、川既漾而濟深、李善引韓詩江之漾矣、薛君云、漾長也、案賦借漾爲羕、注卽改羕爲漾以就之、李氏每有此謬、

文二　汲古初印作三、孫鮑二本皆闕此兩字、

水之衺流別也。釋水曰、水自河出爲灉、濟爲濋、汶爲灛、洛爲波、漢爲潛、淮爲滸、江爲沱、過爲洵、潁爲沙、汝爲濆、凡此皆所謂別也、出於大水而別流也、謂之衺流者、如河之正流爲正、灉之自河出者、覛河爲衺、非謂河流必

說文句讀　卷二十二　六

正東正西、灉流必傾衺也、既已別出、卽是分𠂢、猶之別子爲祖矣、𧖴覛二字、說皆曰衺、故不入血部見部、從反永。言反猶言衺也、徐鍇曰、永長流也、反卽分𠂢也、匹卦切、𠂢字見金刻者、皆卽永字古文、不論反正也、凡𠂢之屬皆從𠂢。讀若稗縣。縣屬琅邪郡、小徐作讀若蜀稗縣、非也、蜀祇有郫縣、音疲、

血理之分衺行體中者。𧖴如木石之有理、故曰血理、幕絡一體、故曰衺行、凡十二經𧖴、奇經八𧖴、史記正義曰、寸口、脈之大會、手太陰之動也、人一呼、脈行三寸、一吸、脈行三寸、呼吸定息、脈行六寸、人一日一夜、凡一萬三千五百吸、脈行五十周於身、漏水下百刻、營衛行陽二十五度、行陰二十五度、爲一周也、故五度復會於手太陰、寸口者、五藏六府之所終始、故法於寸口也、從𠂢從血。莫獲切、

𧖴或從肉。輟耕錄引無求子云、脈之字從肉從𠂢、又作𧖴、蓋脈以肉爲陽、𧖴以血爲陰、

籀文𧖴。

衺視也。廣雅、覛、視也、釋詁、覛、相也、郭注、覛謂相視也、周語、古者太史順時覛土、西京賦、覛往昔之遺館、韋昭薛綜注皆曰、覛、視也、許君獨加衺者、以其從𠂢也、脈亦從𠂢、而入之目部、說曰從目𠂢聲、此不入見部者、覛之義蓋如䁥而視之之䁥、義取於審諦、故曰衺視、從𠂢從見。莫狄切、

川泉灥永𠂢

jùn 睿　qiān 谸　hóng 谹　lóng 𧯅　liáo 豂　huò 豁　xī 谿　gǔ 谷

籀文叡。小徐篆作□，籀以□易其左，推之，此亦當然，故從大徐。

文三　重三

谷　泉出通川爲谷。案當作谷，小徐部首作谷，而部中字皆從谷，大徐亦有三字從谷，是也。元應引作水之通川者曰谷。釋水：水注川曰谿，注谿曰谷。邢疏曰：水注川曰谿，是澗谿之水注於川也；注谿曰谷，謂山谷中水注入澗谿也。案此說與許合。詩有空大谷，在彼空谷，則谷是山澗，故此文云出，下文云半見也。從水半見，出於口。半見者，謂𠔌也。𠔌者，𡿨省乚也。不類者，猶𡵂之𡿨變爲𠫔也。谷之形少增于𠔌，𠔌下云從水敗皃者，由陷泥，故云然。酉正如𠔌，固曰水半見於上矣。其半見奈何？曰：山蔽之也。即此足徵篆之當作谷矣。出於口者，猶云山猶有口也。鄭子眞居谷口。古祿切。凡谷之屬皆從谷。

谿　山瀆无所通者。承上文泉出通川爲谷而言。釋山：山瀆無所通谿。瀆，古文；瀆，借字也。郭注：所謂窮瀆者。釋邱：窮瀆，汜。郭注：水無所通者。從谷奚聲。苦兮切。

豁　通谷也。玉篇：無所不流曰通也。上林賦：谽呀豁閜。宜春宮賦：通豁乎谽谺。水經注引爾雅：通谷者豁。郭景純曰：豁，水邊通谷也。從谷害聲。呼括切。

豂　空谷也。廣雅：豂，空也。詩：在彼空谷，韓詩作穹谷。薛君章句：穹谷，深谷也。從谷翏聲。洛蕭切。

𧯅　大長谷也。漢書司馬相如傳：巖巖深山之谾谾兮。晉灼曰：谾音籠，古𧯅字也。蕭該音義曰：谾，或作𧯅，長大皃也。從谷龍聲。讀若聾。盧紅切。

谹　谷中響也。法言問道篇：或問大聲，曰：非雷非霆，隱隱谹谹，久而愈盈。王簡棲頭陀寺碑：夫幽谷無私，有至斯響。孫楚笑賦：亢洪聲於通谷。從谷厷聲。戶萌切。

谸　望山谷谸谸青也。高唐賦：仰視山顛，肅何千千。李善注引說文曰：谸，望山谷芊芊青也。千與芊古字通。案此李氏之誤。千者，谸之省形存聲字。說文不收芊字，不應此作芊芊。列子：美哉國乎，鬱鬱芊芊。恐是後人改。潘岳藉田賦：碧色肅其千千。即用高唐賦。五臣本作芊，非。從谷千聲。倉絢切。

睿　深，句。通川也。濬，深也，釋言文。通川，其訓釋也。言釋言曰濬深也者，謂川淺則不通利，深之所以通之也。川部引書而釋之曰：言深濬巜巜之水會爲川也。深濬連文，與此同意。鄭氏易恆初六：濬恆。象曰：始求深也。通作浚，春秋浚洙。從𣦻谷。𣦻，殘也。谷，阬坎意也。依韻會引改。私閏切。桂氏曰：本書敘從𣦻從谷，此睿、叡之半體

bīng 仌　níng 冰　qìng 凊　líng 滕　lǐn 凜　dòng 凍　sī 凘　diāo 凋

虞書曰：睿畎澮距川。嚴氏曰：川下所引，古文書也。此蓋今文。

濬　睿或從水。

𣽎　古文睿。𣦻部：叡，濬明也，通也。古文作睿。

文八　重二

仌　凍也。通之也。月令孟冬：一候水始冰，二候地始凍。孟春：一候東風解凍，三候猶曰魚上冰。夏小正則云魚陟負冰。是仌屬水，凍屬地。初結之時，仌先而凍後；消釋之時，凍先而仌後。地氣煖，水氣寒故也。象水凝之形也。之，小徐袪妄篇作冰。考工記：水有時以凝。筆陵切。凡仌之屬皆從仌。

冰　水堅也。竹君本如此。冰當作仌。易象：履霜堅冰，陰始凝也。馴致其道，至堅冰也。月令季冬之月：冰方盛，水澤腹堅。案經典皆以冰爲仌，冰則作凝矣。其有存者，則釋言：冰，脂也。孫叔然本作凝。郭引莊子云：肌膚若冰雪。冰雪，脂膏也。漢書五行志：冶鑄金鐵，金鐵冰滯涸堅，不成者衆。劉敞曰：冰音凝。從水仌。魚陵切。晏子曰：陰冰凝，陽冰厚五寸者，寒溫節也。唐李陽冰之名本此，今人乃呼爲李陽凝。夫陽則豈有凝者？且李氏善書，而篆體最荒，不可以所作爲正體也。

凝　俗冰從疑。

凜　寒也。俗作凜。風俗通：暑則鬱蒸，寒則凜凍。從仌廩聲。力稔切。

凊　寒也。曲禮：冬溫而夏凊。呂氏春秋仲春紀：大熱在上，民清是走。有度篇：冬不用翣者，非愛翣也，凊有餘也。從仌青聲。七正切。

凍　仌也。轉注。風俗通：冰壯曰凍。從仌東聲。多貢切。

滕　仌出也。嚴氏曰：出即朱書五出六出之出。毛詩、韓詩皆曰仌室也。以室訓滕陰之陰，猶諒陰爲凶廬。今此但訓滕，故云冰出也。筠案：天官凌人掌冰，正歲十有二月令斬冰，三其凌。夫三其凌，以備消釋也。是直呼冰爲凌。而九州記之言黃河之水也，十二月曰盛凌水，則用其正義。蓋冰之初結，中起一骨，其外條條如雪花之出。從仌朕聲。力膺切。詩曰：納于滕陰。豳風七月文。今作凌。傳曰：凌陰，冰室也。案以冰訓凌，以室訓陰。故三輔黃圖曰：凌室在未央宮。是漢名曰凌室也。

凌　滕或從夌。七月釋文曰：說文作滕。似說文無凌。

凘　流仌也。後漢書王霸傳：及至虖沱河，候吏還白河水流澌。案此十月時也，再結則候狐蹤而渡矣。楚詞九歌：流澌紛兮將來下。王注：流澌，解冰也。案此謂二月時也，過此則融而爲水矣。黃河歲歲如此，它水則不盡然。從仌斯聲。息移切。

凋　半傷也。艸木零落有漸

冬 dōng　冶 yě　滄 cāng　涵 hán　冷 lěng　滭 bì　泼 fú　溧 lì　瀨 lài

故曰半傷。論語作彫，何晏謂松柏小彫傷。釋文云：依字當作凋。從仌周聲。都僚切。

冬 四時盡也。一引作終也，盡也。冬終疊韻。白虎通：冬之爲言終也。從仌從夂。夂亦聲。都宗切。夂古文終字。

𠔀 古文冬從日。月令曰：窮于次。左傳：趙衰，冬日之日也。

冶 銷也。元應引作燒也。三蒼：冶，銷鑠也。遭熱卽流，遇冷卽合，與冰同意，故字從冰。海賦：陽冰不冶。五臣注：冶，銷也。從仌台聲。羊者切。案孟子言陶冶，董仲舒策曰：若金之在鎔，惟冶者之所鑄。則冶以銷金爲正義。海賦所言，乃借義也。蓋冶字本在部末，誤跳在此。

滄 寒也。漢書枚乘傳：欲湯之滄，一人炊之，百人揚之，無益也。不如絕薪止火而已。字與滄同。列子湯問篇曰：初出滄滄涼涼。注：滄，本又作滄。周書周祝解：天地之道有滄熱，善周道者終無竭。孔晁注：滄，寒也。釋文云：桓譚新論亦述此事，作滄涼。從仌倉聲。初亮切。

冷 寒也。從仌令聲。魯打切。

涵 寒也。廣雅同。二字雙聲。從仌函聲。胡男切。

滭 風寒也。詩七月釋文：觱，說文作滭。初不言發，說文作泼。兩字相比，豈容不見？且下文云栗烈，說文作颲颲，陸氏固並言之也。從仌畢聲。卑吉切。

泼 一

之日滭泼也。七月：一之日觱發。傳曰：觱發，風寒也。從仌犮聲。分勿切。

溧 寒皃也。尚書：蘷蘷齋慄。石經作栗。玉篇栗下云：栗冽，寒皃。冽下云：寒氣也。其訓一同說文，一同毛傳，騎牆之說，恐係宋人重修改易。且毛傳：觱發，風寒也。栗烈，寒氣也。疏曰：仲冬之月，待風乃寒；季冬之月，無風亦寒。故異其文。其說是也。許君何故改之？且何不云栗冽寒皃乎？從仌臬聲。力質切。

瀨 寒也。從仌賴聲。洛帶切。嚴氏曰：篆體當作𠗨，說解當作寒皃。從仌冽聲。大東疏：二之日栗冽，引說文：冽，寒貌，故字從冰。玉篇凓字下正是冽字，無瀨字。廣韻亦有冽無瀨，則瀨必冽之譌。七月釋文又引說文作颲颲，風雨暴疾也。颲，烈風也。不引詩，與毛傳寒氣亦不合，恐釋文誤也。段氏直改篆爲冽，桂氏則不議改而議補𥨑，恐皆非也。東山鄭箋云：古者聲栗裂同也。栗裂既同，則栗烈亦同。雙聲字也。凡形容之詞有二：重言、連語是也。重言有二：關關取音，喈喈取義，其多寡差相當。連語有二：雙聲、疊韻。大都取音，如窈窕、綢繆者鮮矣。觱發、栗烈，自足見意，豈許君所見毛詩獨作滭泼溧冽，它人傳本無一同，豈盡妄人改之乎？且詩下泉、大東，字皆作冽，而疏引七月作冽，及疏七月又不辨正作冽，何也？長笛賦注引說文：冽，清也。卽是水部洌，水清也。苟以取便，已說而已。王逸九思曰：北風兮潦洌。字亦

雨 yǔ　靁 léi　霣 yǔn　霆 tíng

從水也。吾於滭泼溧瀨四字，一切不信爲許君所收，特無據以刪之耳，不復能爲之塗附也。

文十七　重三

雨 水從雲下也。初學記引釋名：雨，水從雲下也。雨者，輔也。言輔時生養。與今本釋名不同。董仲舒雨雹對：二氣之初蒸也，若有若無，若實若虛，若方若圓，攢聚相合，其體稍重，故雨乘虛而墜。一象天，冂象雲，水霝其閒也。桂氏曰：𣎳，水也。石鼓文作雨，丨不出冂。王矩切。凡雨之屬皆從雨。

𠕲 古文雨。王篇：雨，古文。𠕲亦古文，出說文。案出說文，其總目上兩字邪？抑雨字不出說文邪？案本部大徐從雨者四字，小徐概從雨。

靁 陰陽薄動靁雨生物者也。段氏曰：靁雨二字不詞，依韻會刪。穀梁傳：陰陽相薄，感而爲雷。易繫辭：動萬物者莫疾乎雷。解卦象曰：天地解而雷雨作。雷雨作而百果草木皆甲坼。洪範五行傳：雷二月出地，百八十日雷出，則萬物出；八月入，地百八十日雷入，則萬物入。從雨畾，象回轉形。嚴氏曰：韻會引作畾聲，無象回轉形四字。案靁從畾聲，亦猶裘從求聲之比。畾者，靁之省也。象回轉形，當在靁下。魯回切。

𩆀 古文靁。

𩇓 亦古文靁。嚴氏曰：當作⊗⊗。靁下云：靁閒有回，回，靁聲也。知古文無回矣。汗簡引作⊗⊗，韻會引古作畾。筠案：⊗⊗，如世所畫靁鼓形，四面旋繞，故曰象回轉形也。地官鼓人鄭注：靁鼓，八面鼓也。案靁動八方，故以八面象之。作字則不相宜，故回之以回正。椀回隅也。作畾者，變邪爲正也。作畾者，省之也。諸部從畾者，皆當從畾省。玉篇畾部：畾，音雷，田閒也。於此無涉。

𩆂 籀文靁。畾閒有回。回，靁聲也。畾字依桂氏補。案古文既改，則畾不成字，是以校者刪之也。桂氏曰：詩：虺虺其雷。傳云：暴若震雷之聲虺虺然。韻謂虺虺猶回回也。

霣 雷起出雨也。依玉篇增三字者，玉篇此句下繼以齊人謂雷曰霣，知其本述說文也。校者疑雷起出雨爲不詞，遂刪之耳。不知陰陽纏固之時，得雷而散，乃解散而成雨也。齊人謂靁爲霣。此直以霣爲雷之別名矣，與本義小異。廣雅：霣，雷也。從雨員聲。于敏切。一曰雲轉起也。霣、雲音相近，回爲雷聲，回象雲回轉形，回形義皆相近，故得此義。讀若昆。大徐無此句，蓋後人增也。玉篇爲閔切。廣韻收之十六軫，于敏切。集韻乃兼收之十七準、二十三魂。與昆同音，蓋所據說文已有此句，而韻會又但收于軫部。

𩅴 古文霣如此。

霆 靁餘聲

líng 霝　báo 雹　xiàn 霰　xiāo 霄　xuě 雪　zhèn 震　diàn 電　zhá 霅

也。鈴鈴所吕挺出萬物者也。元應引無也鈴鈴三字。案鈴鈴所以狀其聲也。霆鈴同韻，霆挺同音。易繫辭：鼓之以雷霆。釋文：京云：霆者雷之餘气，挺生萬物也。釋天：疾雷為霆霓。郭注：雷之急擊者謂霹靂。北堂書鈔引作疾雷謂之霆。從雨廷聲。特丁切。

霅　霅霅，震電皃。字林同。漢書敘傳：游說之徒，風颺電激，竝起而救之，其餘猋飛景附，煜霅其間者，葢不可勝載。馬融廣成頌：雷爾雹落。霅音素洽反。從雨譶省聲。丈甲切。一曰：霅，眾言也。與譶音義皆近。吳都賦：歡霅驚捷。

電　陰陽激燿也。謂陰陽相激而有燿也。元應曰：關中名覞電，吳人名礔礰。河圖：陰陽相薄為雷，陰激陽為電。董仲舒雨雹對：雷，其相擊之聲也；電，其相激之光也。從雨申聲。虹之籒文從申，云申電也，知申是古電字，電則後起之分別文，凡分別文例言厶聲。堂練切。

𩆕　古文電如此。

震　劈歷振物者口。空格當作也。劈歷者，震之別名也。左昭四年傳：雷出不震。正義曰：言有雷而不為霹靂也。洪邁曰：辟歷二字古不從雨。釋名曰：震，戰也，所擊輒破，若攻戰也。又曰：辟歷，辟，析也，所歷皆破析也。震振疊韻。詩：薄言震之，韓詩作振。公羊傳：震之者何？猶曰振振然。振物者，國語曰：陰陽分布，震雷出

滯。從雨辰聲。章刃切。春秋傳曰：震夷伯之廟。僖十五年。

𩆣　籒文震如此。

雪　凝雨說物者也。淮南天文訓：陽氣勝則散而為雨露，陰氣盛則凝而為霜雪。說物者，雪說聲相近。易說卦：說萬物者莫說乎澤。許說葢用其意。從雨彗聲。相絕切。

霄　雨霓為霄也。釋天文。今本句末衍雪字。葢霄霓一物二名，非如稷雪為譬況之詞，必加雪字乃明也。郭注：霰，冰雪雜下者，亦借消字。文選注引韓詩薛君章句：霰，霙也，故謂之消雪。爾雅郭注宋槧本亦作消雪。消者，散也，詩疏所謂消散而下也。從雨肖聲。相邀切。齊語也。

霰　稷雪也。稷，一引作積，非也。埤雅：霰，閭俗謂之米雪。尚書粉米傳云：粉若粟冰。詩頍弁：如彼雨雪，先集維霰。傳云：暴雪也。春秋穀梁說：雹者陰脅陽之象，霰者陽脅陰之象也。從雨散聲。穌甸切。

霓　霰或從見。

雹　雨仌也。魏書靈徵志洪範論曰：陽之專氣為雹，陰之專氣為霰。此言陽專而陰脅之，陰專而陽脅之，不能相入，則轉而為雹。從雨包聲。蒲角切。

𩂣　古文雹如此。品象星形，亦象雹形者，外圓則同。星之●以象其精光，雹之●以象其內有空也。

霝　雨零也。

zhān 霑　jiān ⿱雨僉　yǔ ⿱雨禹　zī ⿱雨眞　yín ⿱雨㐺　lín 霖　hán ⿱雨函　lián ⿱雨兼　chén 霃　zhōng ⿱雨眾　jiān ⿱雨戔　suān ⿱雨酸　mù 霂　mài 霢　sī ⿱雨鮮　líng 零　luò ⿱雨各

依廣韻引改。霝零轉注，而加雨字者，以別於艸木之為蘦落也。石鼓文：霝雨奔流。從雨吅象雨零形。依廣韻引補。吅非字而出之者，為其嫌於品字也。郎丁切。詩曰：霝雨其濛。豳風東山文，今作零，經典皆借之。

⿱雨各　雨零也。零當作霝。廣韻引作零，非。從雨各聲。盧各切。

零　餘雨也。御覽引作徐雨，玉篇、廣韻竝同。初學記引纂要：徐雨曰零雨。猶以今語謂餘曰零，或沿古語，故不改。從雨令聲。郎丁切。

⿱雨鮮　小雨財零也。財，小徐作裁，一引作纔。韻會引徐鍇本：小雨裁霽也。從雨鮮聲。讀若斯。釋詁：鮮，善也。釋文：鮮本或作鱻，沇云古斯字。詩瓠葉箋云：今俗語斯白之字作鮮，齊魯之間聲近斯。禹貢析支，大戴禮作鮮支。息移切。

霢　霢霂，小雨也。釋天、毛傳同。釋名言：裁霢歷霑漬，如人沐頭，惟及其上枝而根不濡也。從雨脈聲。莫獲切。

霂　霢霂也。從雨沐聲。亦省作沐。太元少上九：密雨溟沐，潤于枯瀆。莫卜切。

⿱雨酸　小雨也。從雨酸聲。素官切。

⿱雨戔　微雨也。微當作溦。字又作⿱雨戔。集韻：細雨謂之⿱雨戔。從雨戔聲。又讀若芟。小徐无又字。子廉切。

⿱雨眾　小雨也。從

雨眾聲。職戎切。明堂月令曰：⿱雨眾雨。禮記月令：淫雨蚤降。鄭注：今月令曰眾雨。未知眾為⿱雨眾之傳譌邪，抑許所見為完本，鄭所見則省形存聲字邪。釋草：眾，秫；樂，貫眾。釋文：眾竝音終。又韓眾亦作韓終。

霃　雲久陰也。依初學記引補。從雨沈聲。亦省作沈。月令：季春行秋令，則天多沈陰。直深切。

⿱雨兼　久雨也。纂要：久雨曰苦雨。從雨兼聲。力鹽切。

⿱雨函　久雨也。廣雅：⿱雨函，霖也。從雨函聲。胡男切。

霖　凡雨三日已往為霖。左隱九年傳文。今雨下有自字。月令見水部淫下。從雨林聲。力尋切。

⿱雨㐺　霖雨也。經典皆借淫字為之。南陽謂霖⿱雨㐺。猶之古者謂年齡也。一引作南陽名霖雨曰⿱雨㐺。從雨㐺聲。銀箴切。銀當作鉏。

⿱雨眞　雨聲也。從雨眞聲。即夷切。讀若資。玉篇：⿱雨眞，雨聲。霣同上。水部：濆，久雨涔濆也。

⿱雨禹　雨皃。北方語也。集韻：北方謂雨曰⿱雨禹，呂靜說。從雨禹聲。讀若瑀。王矩切。此音與雨同，非也。玉篇尤句切，集韻火五切。

⿱雨僉　小雨也。從雨僉聲。子廉切。

霑　雨䨒也。眾經音義：霑，濡也。三蒼：霑，漬也。從雨沾聲。

rǎn ⿱雨染　liù 霤　lòu 屚　gé 䨣　jì 霽　qī 霋　kuò 霩　lù 露　shuāng 霜　wù 霚

張廉切。

⿱雨染 濡也。小徐作霑也。從雨染聲。亦省作染。文賦終流離於濡翰，五臣注濡染也。而剡切。

霤 屋水流下也。依元應引補。潘岳悼亡詩晨霤承簷滴，李注引云霤屋承水也。如此則霤是今之閤漏。然恐非也。葢據屋言之謂之屚，據雨言之謂之霤。說見广部廇下。從雨畱聲。力救切。

屚 屋穿水入也。此泛言之也。屋漏借以爲名，而又借漏爲之。釋名西北隅曰屋漏。禮每有親死者，輒撤屋之西北隅薪，以爨竈煑沐，供諸喪用。時若值雨則漏，遂以名之也。從雨在尸下。尸者，屋也。盧后切。

䨣 雨濡革也。謂革爲雨所濡也。而桂氏曰當作雨濡䨣也，謂澱滓霑濡也。集韻滓、陂濼也。又云濼或作滓。玉篇滓雨也。濼陂、濼也。山東名濼，幽州名澱。筠案如此則䨣當在部末矣。然其說乃用心者所不廢，姑存之。從雨革聲。聲意互相備也。匹各切。讀若膊。

霽 雨止也。爾雅注今南陽人呼雨止爲霽也。從雨齊聲。子計切。

霋 霽謂之霋。釋天濟謂之霽，此葢郎其文。洪範曰霽，鄭本作曰濟。此濟謂之霽之證。霋則无證。從雨妻聲。七稽切。

霩 雨止雲罷皃也。六書正譌廓霩開朗皃，別作廓廓，竝非。廣雅廓，空也。楚詞遠游上寥廓而無天。淮南天文訓道生于虛霩。從雨郭聲。苦郭切。

露 潤澤也。句意不完。據霝下言生物，霆下言挺出萬物，震下言振物，雪下言說物，霜下言成物，則此當云所以潤澤萬物者也。釋名露，慮也，覆慮物也。詩蓼蕭箋云露者天所以潤萬物。五經通義和氣津液凝爲露，露從地出。從雨路聲。洛故切。

霜 喪也。釋名霜，喪也，其氣慘毒，物皆喪也。成物者也。京房氣候霜成就萬物。秦風蒹葭傳曰白露凝戾爲霜，然後歲事成。從雨相聲。所莊切。

霚 地气發天不應也。釋天地氣發天不應曰霚，霧謂之晦。釋文霧字林作霧，本亦作霧。筠案霧謂之晦，當在天氣下地不應曰雺之下。許君說霧曰霧，晦也，是其徵也。字林之霧，則霧之訛，故曰本亦作霧也。爾雅之霧，既用其籀文雺；說文之雺，又譌爲霚之籀文，遂難考正。從雨敄聲。亡遇切。俗作霧。

雺 籀文霚省。桂氏曰釋天天氣下地不應曰雺，地氣發天不應曰霧，霧謂之晦。郭注雺言蒙昧，霧言晦冥。玉篇雺與霧同，天氣下地不應也；霧與霧同，地氣發天不應也，與爾雅同。廣韻一東雺莫紅切，天氣下地不應曰雺，霧霰竝上同。五十候雺莫候切，注同一東。十遇霧，元命包曰陰陽亂爲霧，爾雅曰地氣發天不應曰霧，霰上同，見說文。五經文字霚雺霧三同，竝莫候反，地氣發天不應。上說文，中籀文，下經典相承隸變。霧莫弄反，天氣下地不應，霧，晦也。爾雅釋文竝作霧。馥案雺當依廣韻與霧同，非霚之籀文也。洪範曰蒙，傳曰蒙，陰闇。正義云雺聲近蒙，王肅曰霚，天氣下地不應，闇冥也。鄭注雺者，氣不釋，鬱鬱冥冥也。周禮注引作曰蟊。尚書大傳厥咎雺，注云雺，冒也。君臣心有不明，則相蒙冒矣。易稽覽圖雺者，霧也。李善文選注雺與蒙同。惠氏棟曰尚書曰蒙，徐邈音亡鉤反，明本字作雺。凡此皆雺與霧同之證也。

méng 霿　mái 霾　ní 霓　diàn 䨮

霾 風雨土也。釋天風而雨土爲霾。孫叔然曰大風揚塵土從上下也。從雨貍聲。莫皆切。詩曰終風且霾。邶風終風文。

霿 天气下地不應曰霿。段氏曰霿，釋名作蒙。開元占經作濛。釋名曰蒙，日光不明，蒙蒙然也。開元占經引郗萌曰在天爲濛，在人爲霧，日月不明爲濛，前後人不相見爲霧。按霚與霿之別，以郗所言爲確。許以霿系天气，以霚系地气，亦分別井然。大抵霚下霿上，霚溼霿乾。霚讀如務，霿讀如蒙。霚之或體作霧，霿之或體作蒙，不可亂也。筠案洪範雨霽蒙驛克，鄭康成本作雨濟圛霿克。

霿 晦也。釋天霧謂之晦，霿譌爲霧。釋言晦，冥也。漢書五行志傳曰思心之不睿，是謂不聖，厥咎霿。晉書天文志凡連陰十日，晝不見日，夜不見月，亂風四起，欲雨而無雨，名曰蒙。從雨瞀聲。莫弄切。

霓 屈虹青赤或白色。段氏曰屈當作詘，固與許書例合。然以霓爲屈虹，則是虹爲不屈之霓也，於物情不合。屈葢詘之譌。釋天蜺爲挈貳，郭注蜺，雌虹也。楚詞建雌虹之采旄，虛雌霓之標顛。青赤或白色，言青赤者其正色，或偶作白色也。尚書考靈曜注云日旁白者爲虹，青赤者爲霓。播尼雨賦收絳霓於漢陰。楚詞天問白蜺嬰茀。陰气也。御覽引作陰陽氣也。案春秋元命苞曰虹霓，陰陽之精。釋天邪疏引音義云虹雙出，色鮮盛者爲雄，雄曰虹；闇者爲雌，雌曰蜺。虹是陰陽交會之氣，純陰純陽則虹不見。然釋文邪疏引說文皆作陰气也，或郎以雌雄爲陰陽乎，姑兩存之。從雨兒聲。五雞切。廣韻霓五結切。增韻范忠文公鎮試學士院詩用彩霓字，學士以沈約郊居賦雌霓連蜷讀霓爲入聲，謂鎮爲失韻。釋名霓，齧也。𨸏部隉讀若虹蜺之蜺。

䨮 寒也。九經字樣䨮音店，寒也。傳曰䨮隘。桂氏曰寒當爲塞，本書隉，塞也。筠案此說由九經字樣悟入，然如此則字不當從雨，姑存之。從雨執聲。都念切。或曰早霜也。此尚爲第二義，足知不作塞也矣。讀若春秋傳曰墊阸。桂氏曰成十年、襄九年左傳竝作墊隘，本書墊下亦引作墊隘。九經字樣云傳云䨮隘，經典相承作墊。馥案本書當云春

yīn 霒　yún 雲　yù 䨞　xū 需　yú 雩

秋傳曰𩅦阬後人加讀若字又改𩅦爲墊筠案段氏謂唐元度爲杜撰亦恐未然葢是借字

雩 夏祭。服注左傳雩夏祭天名也雩遠也遠爲百穀求膏雨也樂于赤帝。樂謂舞也舛部舞樂也月令仲夏之月大雩帝用盛樂春官司巫若國大旱則帥巫而舞雩春秋文耀鉤太微宮有五帝座星赤帝曰赤熛怒以祈甘雨也。月令大雩帝注云雩吁嗟求雨之祭也左傳龍見而雩服注龍角亢也謂四月昏龍星體見萬物始盛待雨而大故雩祭以求雨也從雨于聲。于卽古吁字又檀弓易則易于則于故諸家或曰吁嗟或曰迂遠皆於于聲得義也羽俱切

𦐿 雩羽舞也故或從羽。集韻雩緝羽也雩祭所執釋訓舞號雩也地官舞師教皇舞率而舞旱暵之事案皇舞說見羽部翌下

需 須也。易需卦彖文也今作須者省形存聲字小徐引左傳需事之下也哀六年文又十四年傳曰需事之賊也遇雨不進而止須也。覞部覰見雨而止息與此皆非雨事也故在部末易雜卦需不進也從雨而聲。顧亭林曰需從而聲者葢讀而爲如也故耎亦從而聲桂氏曰需鄭氏易作秀丞陽氣秀而不直前歸藏易作溽本書檽讀若檽是需秀溽聲相近相俞切易曰雲上于天需。需卦象文干寶曰需坤之

說文句讀　卷二十二　七百卆　、○折四十一　十五

遊魂也雲深在天而雨未降翱翔東西須之象也

䨞 水音也。集韻引此而申之曰䨞通作羽玉篇羽北方名羽音在冬時漢書律歷志五聲羽爲水月令三冬皆曰其音羽案字又借翆金石索楚曾侯鐘背有翆反宮反四字五音舉其二葢此鐘所中之音也言反者或如清商清角之類乎從雨羽聲。王矩切

文四十七 今本七作六　重十一

雲 山川气也。繫傳禮曰山川出雲呂氏春秋山雲草莽水雲魚鱗從雨。此小篆之失也雲雨同類而不同物鄉雲需雲此不雨之雲也且先雲而后雨雨不當爲雲所從此云爲借義所專加雨以爲別耳云象雲回轉形也。本書沄轉流也回回也詩昏姻孔云傳曰云旋也釋名雲猶云云衆盛意也又言運也運行也王分切凡雲之屬皆從雲。

云 古文雲。秦策楚燕之兵云翔不敢校史記作雲翔呂覽季春紀雲氣西行云云然案此以本字爲形容之詞卽所謂象雲回轉形也

𠄔 亦古文雲。段氏曰此最初古文象回轉之形倒之則爲云

霒 雲覆日也。釋天弇日爲蔽雲相雨書曰上有冠雲四方黑者大雨筠案霒昜者

tǎ 鰨　nà 魶　qū 魼　ér 鮞　duò 鰖　yú 魚

天地之氣也陰陽者山水之南北也今通用從雲今聲。於今切

侌 古文霒。眉

𠆤 亦古文霒。

文二　重四

魚 水蟲也。特牲饋食禮魚十有五注云魚水物以頭枚數陰中之物取數于月十有五日而盈象形。語俱切魚尾與燕尾相侶。恐人疑爲從火也角下云角與刀魚相似則恐人疑爲從刀也凡魚之屬皆從魚。

鰖 魚子已生者也。集韻魚初化曰鰖從魚憜省聲。當作隋聲徒果切

䲔 籀文鰖。葢從隓省聲

鮞 魚子也。魯語魚禁鯤鮞韋注鯤魚子鮞未成魚也。段氏曰爾雅曰鯤魚子也鯤小魚也爲韋所本許無鯤字者以北包之據內則之卵醬也有鮞無鯤者鯤從繩省聲之與蒸合音最近鯤者鮞之俗字也是說也筠未能見其必然然亦用心者所不廢也一曰魚之美者有東海之鮞。呂氏春秋本味篇文高注鮞魚名也從魚而聲。如之切讀若而

魼 魚

說文句讀　卷二十二　七百七土　、○折三十九　十六

也。玉篇廣韻皆以魼鰈爲一字釋地東方有比目魚焉不比不行其名謂之鰈上林賦禺禺魼鰨郭注魼比目魚狀似牛脾細鱗紫色兩相合乃得行從魚。去聲。去魚切桂氏曰疑魼下有或體鰈字傳寫脫漏本書狧讀若比目魚鰈之鰈筠案釋地釋文云鰈本或作鰨同音牒又勑臘他盍二反然則狧下之鰈或後人改上林賦魼鰨或兩名合爲一語

魶 魚似鱉無甲有尾無足口在腹下。玉篇魶魚似鱉無甲魶奴臘切鯨也廣韻魶魚名似鱉無甲有尾口在腹下集韻二十七合魶下引說文二十八盍魶有重文鰨云魚名鯢也似鮎四足聲如嬰兒郭璞說史記司馬相如傳禺禺鱋魶徐廣曰魶一作鰨北山經決決之水其中多人魚其狀如鯑魚四足其音如嬰兒郭注或曰人魚卽鯢魚也似鮎而四足然則魶鰨是兩物廣韻合部之魶乃誤字也雖釋魚曰鯢大者謂之鰕異物志曰鯢魚有四足如龜而行疾有魚之體而以足行故曰鰕魚含水仰天不動小鳥就飲因而吞之案似龜雖與似鱉無異然四足不可謂之無足含水仰天亦非口在腹下者所能也然則與鰨一字與鯢一物之魶不可以爲魶也從魚納聲。奴荅切

鰨 虛鰨也。繫傳引字書鰨魚似鮎四足漢書上林賦魼鰨史記作鱋魶鱋魶本部竝無葢所據上林賦作

zùn 鱒　lín 鱗　yóng 鰫　xū ⿰魚胥　wěi 鮪　gèng ⿰魚亙　méng 鯍　luò 鮥　gǔn 鯀　guān 鰥　lǐ 鯉

虛鰨也，鮭則別自一物耳。從魚𦐇聲。土盍切。

鱒　赤目魚也。豳風九罭之魚鱒魴，傳云：鱒大魚也。陸璣疏云：鱒似鯶而鱗細，赤眼，多細文。釋魚：鮅，鱒。爾雅翼：鱒魚目中赤色一道橫貫瞳，喜獨行，極難取，見網輒遯。從魚尊聲。慈損切。

鱗　魚也。從魚粦聲。力珍切。集韻：鱗通作鱗。周禮大司徒釋文：鱗物，劉本作鱗，音鱗。蓋書鱗為鱗，而譌為鱗也，即集韻所本。

鰫　魚也。鄭注內則云：今東海鰫魚有骨名乙，在目旁，狀如篆乙，食之鯁人不可出。集韻：鰫似鰱而黑。從魚容聲。余封切。

⿰魚胥　魚也。北山經：滑水其中多滑魚，其狀如鱓，赤背，其音如梧，注作⿰魚胥魚。從魚胥聲。相居切。

鮪　鮥也。桂氏曰：鮥當為鮥，說見鮥下。詩衛風毛傳云：鮪，鮥也。釋文云：鮪似鱣，大者名王鮪，小者名叔鮪。沇云：江淮閒曰叔，伊洛曰鮪，海濱曰鮥。博物志：河陰岫穴出鮪魚焉。案岫穴謂鞏穴也。周禮春獻王鮪。天官𩊂人文。夏小正二月祭鮪，月令、呂氏春秋、淮南子皆云季春薦鮪。從魚有聲。榮美切。

⿰魚亙　⿰魚亙鯍也。羣書作⿰魚亙，鱣。史記司馬相如傳⿰魚亙鱣蟖離，郭璞曰：⿰魚亙鱣，鮪也。李奇曰：周洛曰鮪，蜀曰⿰魚亙鱣，出鞏山穴中，三月遡河上，能度龍門之限，則為龍矣。周禮謂之⿰魚亙。段氏據李

奇注改作周雖謂之鮪，蜀謂之⿰魚亙鯍。從魚恆聲。古恆切。

鯍　⿰魚亙鯍也。從魚巟聲。武登切。段氏曰：古音當讀如荒，蓋鯍從巟而讀如荒。段氏即以此推之，而變為鱑者，猶蘉音荒也。

鮥　叔鮪也。釋魚：鮥，鮛鮪。釋文曰：鮥，字林作鮥，巨救反。叔，字林作鮛。釋魚又曰：鮥當⿰魚亙。釋文曰：鮥，字林作鮥，音格，云當⿰魚亙也。案說文與爾雅互易之字，如沇鬳霰霧識職之類，而鮥鮥二字獨與爾雅同，與字林異，或後人改之。從魚各聲。盧各切。

鯀　魚也。玉篇曰：大魚也。從魚系聲。古本切。案吳語作鮌，拾遺記言禹父鮌化為元魚，即由字形附會也。知篆當作鮌，說當作弦省聲，詳見釋例。

鰥　魚也。詩敝笱：其魚魴鰥。傳云：鰥，大魚。孔叢抗志篇：衛人釣於河，得鰥魚，其大盈車。從魚眔聲。古頑切。

鯉　鱣也。釋魚文。舍人曰：鯉一名鱣。郭注曰：鯉，今赤鯉魚。鱣，大魚，似鱏而短鼻，口在頷下，體有邪行甲，無鱗，肉黃，大者長二三丈，今江東呼為黃魚。詩魚麗釋文云：毛及前儒皆以鮎釋鰋，鱧為鯇，鱣為鯉，唯郭注爾雅是六魚之名，今目驗毛解與世不協，或恐古今名異，逐世移耳。桂氏曰：此說最為平愼。毛傳、說文、舍人、孫叔然並同，未可據今而疑古也。鯉本鱣屬，今之鯉魚謂之赤鯉，猶鱏本大魚，今之鱏魚謂之蛇鱏，皆冒大魚之

zhān 鱣　zhuǎn 鱄　tóng 鮦　lǐ ⿱蠡魚　lóu ⿰魚婁　qiàn 鰜　chóu 鯈　biān 鯾　tǒu ⿰魚豆　fáng 魴　xù 鱮

名。高注淮南云：鮪似鯉而大。李奇注史記：鮪能度龍門之限則為龍。馥謂俗誤以為赤鯉上龍門也。從魚里聲。良止切。

鱣　鯉也。詩碩人四月傳箋竝同。周頌有鱣有鮪，傳曰：鱣，大鯉也。古今注：鯉之大者曰鱣，鱣之大者曰鮪。陸璣疏曰：出江海，三月中從河下頭來上，身形似龍，銳頭，口在頷下，背上腹下皆有甲，縱廣四五尺，今於盟津東磧上釣取之，大者千餘斤。案陸疏與郭注大同。從魚亶聲。張連切。

鱣　籒文鱣如此。以鰌之籒文從鱣推之，知此亦當然。

鱄　魚也。士喪禮魚鱄鮒九。呂覽本味篇：魚之美者，洞庭之鱄。鱄乃鱄之譌。廣韻：鱄出洞庭湖。從魚專聲。旨兖切。郭璞音鱄如圖扇之團。

鮦　魚也。釋魚：鯉大鮦，小者鮵。注云：今青州呼小鱺為鮵。從魚同聲。直隴切。玉篇：鮦，鮦也。不妨別有此義，桂氏輒以東海之鮦蟹為正義，則字當與鯇鮦相次矣。本字上下皆魚名，無介蟲也。一曰⿱蠡魚也。韻會引作鱧。釋魚：鱧。郭注：鮦也。皆誤以鱧為⿱蠡魚。讀若絝襱。地理志汝南郡鮦陽，孟康曰：鮦音紂紅反。廣韻、集韻皆與紂同音，蓋所據漢書爛挩紅反二字也。

⿱蠡魚　鮦也。或省作蠡。本草：蠡魚一名鮦魚。陶云：今皆作鱧字。韓詩外傳：⿱蠡魚躍蛟奮。戴侗曰：⿱蠡魚之摯者，鱗黑駮，首左右各有竅如七星。埤雅：諸魚惟

此魚膽甘可食，一名文魚，與蛇通氣，其首戴星，夜則北嚮，蓋北方之魚也。從魚蠡聲。盧啓切。

⿰魚婁　魚也。一曰鯉也。一名鰜。不云一曰鰜者，故意變文以與上句別也。鯉是借名，鰜是本名。玉篇：⿰魚婁，大青魚。桂氏曰：所謂青鯉也。古今注：兖州人謂青鯉為青馬。此謂三十六鱗之鯉。從魚婁聲。洛侯切。

鰜　⿰魚婁也。從魚兼聲。古甜切。

鯈　魚也。釋魚：鮂，黑鰦。郭注：即白鯈魚，江東呼為鮂。莊子秋水篇：鯈魚出游。釋文：白魚也。荀子榮辱篇：鯈鉢者，浮陽之魚也。楊倞注：鯈鉢，魚名，浮陽謂此魚好浮於水上而就陽也。字又作鰷鰷，詩頌鰷鱨鰋鯉，箋云：鰷，白鰷也。從魚攸聲。直由切。

⿰魚豆　魚也。從魚豆聲。天口切。

鯾　魚也。爾雅釋文曰：鯿，字又作鯾。字林云：魚也。案魚似魴而大，腹細而長，襄陽耆舊傳槎頭縮項鯿魚。從魚便聲。房連切。

鯿　鯾或從扁。

魴　赤尾魚也。字林同。詩汝墳：魴魚赬尾。傳云：魚勞則尾赤。正義曰：魴魚尾本不赤，赤故為勞也。桂氏曰：此誤也，曾在沅江得一魚，鱗白肉細而尾赤，真魴魚也。從魚方聲。符方切。

鰟　籒文魴從旁。玉篇亦曰籒文。

鱮　魚也。詩：其魚魴鱮。箋云：鱮似魴而弱

xún cháng huà lǐ pī huà mán lí jì qíng fù yǒu pī lián
鱏 鱨 鰈 鱧 魾 鱯 鰻 鱺 鰿 鯖 鮒 魩 鮍 鰱

鱮。陸疏云：鱮似魴，厚而頭大，魚之不美者，故俚語曰：网魚得鱮，不如啗茹。從魚，與聲。徐呂切。

鰱 魚也。陸璣詩疏：鱮，其頭尤大而肥者，徐州人謂之鰱。從魚，連聲。力延切。

鮍 魚也。玉篇：鮍，鰨魚也。鰨魚名。從魚，皮聲。敷羈切。

魩 魚也。廣雅：鱃、魩、鱮，鰌也。玉篇：魩，鱮魚也。許君之列字也，魩與鰌及鱮皆不類聚，未審以爲何魚。從魚，幼聲。讀若幽。於糾切。

鮒 魚也。字見易井卦及少牢饋食禮。張揖、王逸、顏師古皆謂鮒爲鰿。說文鰿作鰿，然亦有鰿字間之，初不類列。從魚，付聲。符遇切。

鯖 魚也。尚書大傳曰：大都鯖魚。鄭注：大都，明都。鯖魚，今江南以爲鮑。從魚，巠聲。仇成切。

鰿 魚也。唐本草云：鯽魚一名鮒魚。蜀本注云：形亦似鯉，色黑而體促，肚大而脊隆。從魚，脊聲。資昔切。字又作鰿，今亦借鯽爲之。講古音者以鯽爲謬，然脊令亦作鶺鴒，豈亦不知古音者所作乎。

鱺 魚也。玉篇：鱺魚似蛇，無鱗甲，其氣辟蠹蟲也。趙辟公雜說：凡聒抱者，鶴、鸛雀也；影抱者，黿鼉鼈也。有鰻鱺者，以影漫於鯉魚，則其子皆附鯉之鬐鬣而生，故謂之鰻鱺也。從魚，麗聲。郎兮切。

鰻 魚也。廣韻：鰻，鰻鯠魚也。案鰻鯠蓋即鰻鱺之轉語。從魚，曼聲。母官切。

鱯 魚也。本草蜀本圖經：鮧魚有二種，口腹俱大者名鱯，背青而口小者名鮎。從魚，蒦聲。讀若瓠。胡化切。

魾 大鱯也。其小者名鮡。釋魚：魾，大鱯，小者鮡。郭注：鱯似鮎而大，白色。釋魚又曰：鰲鯠。郭云未詳。釋文云：鰲，廣雅云：魾、鰲鯠。郭音來。埤蒼云：鰲鯠，魾也。字林作鯠，音七。從魚，丕聲。敷悲切。

鱧 鱯也。字林：鱧，鰈也。從魚，豊聲。盧啓切。

鰈 鱧也。廣雅：鮎、鰈也。大鰈謂之鰋。詩魚麗于罶魴鱧傳云：鱧，鮦。正義云：釋魚云：鱧，鯇。舍人曰：鱧名鯇。郭璞曰：鯉鮦。偏檢諸本，或作鱧鯉，或作鱧鯇。若作鮦，似與郭璞正同，又與舍人有異；或有本作鱧鰈者。筠案：正義所舉諸本作鱧鯇、鱧鰈者，與許君舍人同，蓋毛傳本文也。作鱧鮦、鱧鯉者，則後人以郭注改毛也。鱧、鱯音近，是以致誤。從魚，果聲。胡瓦切。

鱨 揚也。魚麗毛傳文。陸疏云：鱨，一名揚，今黃頰魚，似燕頭魚身，形厚而長大，頰骨正黃，魚之大而有力解飛者。徐州人謂之揚。今江東呼黃鱨魚，亦名黃揚魚。從魚，嘗聲。市羊切。

鱏 魚也。字林：鱏，長鼻魚也，重千斤。字或作鱘。從魚，覃聲。余箴切。傳曰：伯牙鼓琴，鱏魚出聽。孫卿子：昔者瓠巴鼓瑟而鱏魚出聽，伯牙鼓琴而六馬仰秣。字通作淫。淮南說山訓：伯牙鼓琴，淫魚出聽。高注：淫魚喜音，出頭於水而聽之。淫魚長頭，身相半，長丈餘，鼻正白，身正黑，口在頷下，似鬲獄魚而身無鱗，出江中也。

wēng
鰯
huàn
鯇
xiàn cén lài tí yǎn nián tuó jì tuō qiū xí ní
鮨 鰺 鱑 鮷 鰋 鮎 鮀 鮆 魠 鰌 鰼 鯢

鯢 刺魚也。朱竹君鈔本「刺魚也」三字作「口也」兩字，空白。似當如注本作鯻。然惟集韻十二曷有鯻字，郎達切，魚名，或書作鯻。玉篇：鯢，大魚，似鮎，四足，聲如人。然宋玉對楚王問：尺澤之鯢。莊子庚桑楚：尋常之溝，巨魚無所還其體，而鯢鰌爲之制。又云：趣灌瀆，守鯢鮒。則皆謂小魚，而下文鱷說之鯢字，則又大魚也。從魚，兒聲。五雞切。

鰼 鰌也。釋魚文。孫炎曰：鰼，尋也，尋習其泥，厭其清水。從魚，習聲。似入切。

鰌 鰼也。字林：鰌似鱓而短小也。從魚，酋聲。七由切。

鯇 魚也。郭注爾雅：鯇，今鯶魚，似鱒而大。從魚，完聲。戶版切。

魠 哆口魚也。廣雅：鰔、鮔、河魠、魧、鱃，魠也。韓詩外傳：魚之哆口垂腴者，魚畏之。史記上林賦：鰅、鰫、鰬、魠。漢書音義郭璞曰：魠，鰄也，一名黃頰。從魚，乇聲。他各切。

鮆 刀魚也。飲而不食。依韻會引乙轉。字林同。九江有之。釋魚：鮤，鱴刀。郭注：今之鮆魚也。江賦：鯪鮆順時而往還。李注：常以三月八月出，故曰順時。從魚，此聲。祖禮切。

鮀 鮎也。本草蜀本圖經云：有三種，口腹俱大者名鱯，背青而口小者名鮎，口小背黃腹白者名鮠，一名河狏。三魚並堪爲臛，美而且補。從魚，它聲。徒何切。

鮎 鰋也。釋魚：鰋、鮎。孫叔然曰：鰋，一名鮎。詩詁今詳鮎狀，腹平著地，故得偃名。從魚，占聲。奴兼切。

鰋 鮀也。從魚，妟聲。於幰切。

鰋 鰋或從匽。

鮷 大鮎也。段氏曰：此字詩、爾雅釋文、廣韻作鮧，從夷。文選蜀都賦及玉篇作鮷。未知孰是。筠意似當從夷。鮎之爲言黏也，黍部：黏，相箸也。鮧之爲言洟也，水部：洟，鼻液也。其魚多次，故得此名。字又作鯷。郭注爾雅：鮎別名鯷。江東通呼鮎爲鮧。從魚，弟聲。杜兮切。

鱑 魚也。桂氏曰：通作賴。本草：黃賴魚，一名鉠軋，無鱗。埤雅：鉠軋魚，其膽春夏近上，秋冬近下。俗謂即黃頰魚，羣游作聲軋軋，故又名鉠軋。從魚，賴聲。洛帶切。

鰺 魚也。南越志：鱏，鰺屬也。韓詩外傳：瓠巴鼓琴，鰺魚出聽。從魚，朁聲。鉏箴切。

鰯 魚也。本草：漳州海中有海鰯魚，取其糞乾之，盛器可辟蠅。從魚，翁聲。烏紅切。

鮨 魚也。山海經：留水南流注於河，其中有鮨父之魚，其狀如鮒魚而彘身，食之已嘔。異苑：諸魚欲產，鮨魚輒以頭衝其腹。

jú 鮈　bèi 鮇　qiè 鯜　qū 鰸　lǔ 鱸　fén 魵　miǎn 鮸　shàn 鱓　zōu 鯫　guì 鱖

鮥魚自生亦更相撞觸，俗謂衆魚之生母。從魚。各聲。戶賺切

鱖 魚也。爾雅翼鱖魚巨口而細鱗，鬐鬛皆圓，黃質黑章，皮厚而肉緊，特異常魚。凡牛羊之屬有肚故能嚼，魚無肚不嚼，鱖有肚能嚼。從魚厥聲。居衛切。南人謂之桂魚，北人謂之季花魚，皆聲轉也。

鯫 白魚也。桂氏曰：史記貨殖傳鯫千石，鮑千鈞，正義云：鯫謂雜小魚也，鮑白䱒。案當云鮑謂雜小魚也，鯫白魚也。字或作鰷，玉篇鰷白魚也。從魚取聲。士垢切

鱓 魚也。皮可以爲鼓。呂氏春秋顓頊令鱓先爲樂倡，鱓乃偃寢，以其尾鼓其腹。太史公自序鼉鱓與處。桂氏曰：今所食鱓魚，其形似蛇，名爲蛇鱓。後漢書楊震傳蛇鱓卿大夫服之象也。文選李斯上書樹靈鼉之鼓，字通作鼉。周書王會會稽以鼉，注云其皮可以冠鼓。筠案許說似誤，魚也自爲一義。虫部蟬下云非蛇鱓之穴無所庇，此乃魚也。皮可以爲鼓，此乃與鼉通之鱓也。可食之鱓豈可爲鼓？或皮可句上本有一曰字，而今挩邪？然黽部鼉字初無冒鼓之說，終恐是許誤。從魚單聲。後漢書馬融傳右提蛟鼉與淵鼉爲韻，大徐引唐韻常演切，則但舉蛇鱓一義，而漏爲鼓之音也。集韻鼉唐何切，或作鱣鱓。

鮸 魚也。大業拾遺錄鮸魚大者長四五尺，鱗細紫色，無細骨，不腥。出薉邪

頭國。案薉蓋其大名，邪頭蓋薉之一種也。寰宇記薉國亦朝鮮之地，魏志夫餘國其印文言薉王之印，國有故城名薉城，蓋本濊貊之地，而夫餘王其中。漢志樂浪郡有邪頭昧。從魚免聲。亡辨切。徐鍇曰今人音敏。

魵 魚也。出薉邪頭國。釋魚魵鰕，郭注魵出薉邪頭國，見呂氏字林。字通作斑，魚豢魏略薉國出斑魚皮，漢時恆獻之。從魚分聲。符分切

鱸 魚也。出樂浪潘國。樂浪郡名，即周書王會之良夷。潘，小徐作番，番即真番也。從魚虜聲。郎古切

鰸 魚也。狀似鰕。［無］足。長寸。大如叉股。無字依集韻刪。蓋謂其足之長則寸，大則如釵股，此其異於鰕者也。出遼東。從魚區聲。豈俱切

鯜 魚也。出樂浪潘國。釋魚鰝鯜鱖歸，郭注小魚也，似鮒子而黑，俗呼爲魚婢，江東呼爲妾魚。從魚妾聲。七接切

鮇 魚也。出樂浪潘國。北山經敦水其中多鮇鮇之魚，食之殺人。從魚朮聲。博蓋切

鮈 魚也。出樂浪潘國。從魚匊聲。居六切。一曰鮈魚出江［東］有兩乳。一曰溥浮。晉書音義引說文字林皆云出江，不言江東，亦不言九江，蓋別

xiān 鮮

jiāo 鮫　fù 鰒　bà 鮊　tái 鮐　zéi 鰂　yōng 鱅　yóng 鰅　lì 鱳　shā 魦

於出樂浪之海也。廣雅鱄鮬鯆也，玉篇鱄普乎切，鮬覆浮切，鱄鮬魚一名江豚，欲風則踊。一名江豚，多膏少肉。依晉書音義引補。

魦 魚也。出樂浪潘國。六書故魦海中所產，以其皮如沙而得名，哆口無鱗，胎生，其類尤多，大者伐之盈舟。從魚沙省聲。所加切

鱳 魚也。出樂浪潘國。從魚樂聲。盧各切

鮮 魚也。出貉國。從魚羴省聲。相然切

鰅 魚也。皮有文。史記鰅鱅鰒魠，徐廣曰鰅音娛，皮有文，出樂浪。又曰禺禺魼鰨，郭璞曰禺禺皮有毛，黃地黑文。出樂浪東暆。見日部。神爵四年。初捕取輸考工。神爵，漢宣帝年號。廣雅疏證曰：續漢書百官志考工令一人，主作兵器弓弩刀鎧之屬，然則鰅魚之輸考工，蓋用其皮飾兵器也。詩采薇象弭魚服，陸疏曰魚服魚獸之皮也，魚獸似豬，東海有之，一名魚貍，其皮背上斑文，腹下純青，今以爲弓鞬步叉者也。從魚禺聲。魚容切。周成王時。揚州獻鰅。周書王會揚州禺禺，省形存聲字也。

鱅 魚也。張融海賦魚則何羅鱅鮨，戴侗曰今海魚肉如彘謂之鱅。東山經樕𧒽之山，食水出焉，而東北流注於海，其中多鱅鱅之魚，其狀如犂牛，其音彘鳴。陳藏器本

草鱅魚嶺南人作鮑魚。從魚庸聲。蜀容切

鰂 烏鰂魚也。玉篇鰂又作鱡，羣書作賊。南越志烏賊魚常自浮水上，烏見以爲死，便往啄之，乃卷取烏，故謂之烏賊，今雅烏化爲之。本草圖經能吸波噀墨，使水匿形。又曰形若革囊，口在腹下，八足聚生口旁，只一骨，厚三四分，又有兩鬚如帶，可以自纜。從魚則聲。昨則切

鯽 鰂或從即。

鮐 海魚也。鹽鐵論萊黃之鮐不可勝食。釋詁鮐背壽也，舍人曰背若鮐魚也。從魚台聲。本待來切，孫徒哀切。

鮊 海魚也。廣雅鮊鱎也，桂氏曰此魚無鱗，燕尾，大者長七八尺，其子可鹽藏，登萊人重之。新字林云魚子脯曰膹子。從魚白聲。旁陌切。廣韻四十禡作鮁，白駕切，與今俗語合。讀若書白不黑。段氏曰太元昆次三曰昆白不黑，不相親也，疑用此語。或曰當作讀若書才生霸，即哉生魄也。

鰒 海魚也。焦氏筆乘顏之推云鰒即石決明，肉旁一年一孔，至十二孔而止，以合歲數，登州所出，其味珍絕。然漢以前未聞其貴，至王莽欲敗時，但飲酒啗鰒魚，而光武時張步據青徐，遣使詣闕上書，獻鰒魚，又臨淄太守吳良賜鰒魚百枚，則兩漢時已自珍之。從魚复聲。蒲角切

鮫 海魚也。皮可飾刀。陳

jīng 鱷　gěng 鯁　xīng 鮏　lín 鱗　sāo 鱢　qí 鮨　zhǎ 鮺　qín 魿　bào 鮑　líng 魿　xiā 鰕

器本草沙魚一名鮫魚子隨母行驚即從口入母腹其魚狀貌非一皮上有沙堪揩木如木賊也吳都賦扈帶鮫函五臣云鮫函者以鮫皮飾刀鞘今刀鞘多用沙魚皮從魚交聲。古肴切然魦鮫兩篆遠隔或許君不識海錯致然

鱷海大魚也。許君注淮南子曰鯨魚之王也古今注鯨海魚也大者長數十里小者長數十丈一生數萬子常以五月六月就岸邊生子至七八月導引其子還入海中鼓浪成雷噴沫成雨水族驚畏之皆逃匿莫敢當其雌曰鯢大者亦長數十里眼睛爲明月珠從魚畺聲。渠京切春秋傳曰取其鱷鯢。宣十二年文

鯨鱷或從京。

鯁魚骨也。後漢來歙傳注食骨留咽中爲鯁然則借鯁爲骾也從魚更聲。古杏切

鱗魚甲也。從魚粦聲。力珍切

鮏魚臭也。從魚生聲。桑經切此字當刪通俗文曰魚臭曰胜則胜字足以攝之矣急就篇肌臠脯腊魚臭腥則借腥爲胜也何須爲魚專作一字

鱢鮏臭也從魚喿聲蘇遭切周禮曰膳膏鱢

刪之之故已具釋例刪篆篇今補一說曰凡云膳膏者以其脂膏爲煎和之用也以魚膏煎物不特於經無見即海濱之人未之有也故雖晏

子春秋廣雅皆有此字吾不信許君收之也

鮨魚胳醬也出蜀中。釋器魚謂之鮨郭注鮨鮓屬公食大夫禮牛鮨注云內則謂鮨爲膾然則膾用鮨博物志西羌仲秋月取赤頭鯉以爲鮨廣志武揚小魚大如針號一斤千頭蜀人以爲醬從魚旨聲。旨夷切一曰鮪魚名。一引云一曰魚名鮪也蓋謂鮪一名鮨也

鮺藏魚也。天官膳夫共祭祀之好羞注云若荊州之鮺魚字亦作鮺俗作鮓從魚差省聲。亦省作差衞庾公差字子魚側下切南方謂之魿北方謂之鮺。

魿鮺也從魚今聲。徂慘切廣雅作鯵一曰大魚爲鮺小魚爲魿。此與鮺下互相備也玉篇大魚爲鮓小魚爲鯵戴侗曰越人以大者爲鮺細者爲鮺

鮑饐魚也。戴侗引作瘞魚也嚴氏曰瘞魚即今窨魚釋名曰鮑魚鮑腐也埋藏淹使腐臭也玉篇謂之裛魚本草謂之鮑魚音皆相近論語識漸於蘭則芳漸於鮑則臭從魚包聲。薄巧切

魿蟲連行紆行者也。此字此說均可疑鄭注考工記曰連行魚屬紆行蛇屬依經分爲兩種許不應合而爲一且廣韻魿魚連行兒令連聲通也紆行何以稱魿從魚令聲。郎丁切

鰕

qú 鱹　hào 鰝　jiù 鮥　háng 魧　bǐng 鮩　jí 鮚　bì 鮅　hóu 鯸　diāo 鯛　zhuó 鯙　bō 鮁　fū 鮇　qí 鯕　zhào 鮡　huà 魤

魵也釋魚魵鰕許君列魵于魚名中而以鰕鰝相次仍說以魵者謂魵亦爲鰕之別名也玉篇鰕魵也長須蟲也從魚叚聲。乎加切

鰝大鰕也。釋魚文郭注鰕大者出海中長二三丈鬚長數尺今青州呼鰕魚爲鰝從魚高聲。胡倒切

鮥當互也。釋魚鮥當魱類篇謂即鱘魚段氏曰依許氏立文之例求其義自鰕至鮚六字皆字從魚而實非魚者故殿魚部之末許說爲何物不可知而必與郭說異從魚各聲。其久切

魧大貝也。見釋魚郭注書大傳曰大貝如車渠車渠謂車輞釋文云魧字林作蚢云大貝也江賦紫蚢如渠從魚亢聲讀若岡。古郎切一曰魚膏。淮南萬畢術取蚢脂爲鐙置水中即見諸物

鮩蚌也。從魚丙聲。兵永切廣韻鮩與蠯蠯同

鮚蚌也。地理志會稽鄞縣有鮚埼亭顏注鮚長一寸廣二分有一小蟹在其腹中埼曲岸也其中多鮚故以名亭字或作蛣江賦璅蛣腹蟹從魚吉聲。巨乙切漢律會稽郡獻鮚醬三斗。王應麟漢制考引同

鮅魚名也從魚必聲。毗必切段氏据許君列字之例謂自鮅至鮀十篆皆後增是也故其中有六字皆曰魚名二徐本同亦一證也惟釋

魚鮅鱯不知許本作何字耳

鱹魚名從魚瞿聲。九遇切玉篇無此字

鯸魚名。從魚侯聲。乎鉤切廣志鯸魚一名河豚段氏曰吳都賦鯸鮐當是本作侯鮐故與王鮪相儷廣雅鯸鮧即侯鮐之俗字也假令許錄鯸字則當廁鮐篆之上

鯛魚骨耑脃也從魚周聲。都僚切玉篇廣韻皆曰魚名案脃字亦非許書本有

鯙烝然鯙鯙從魚卓聲。都教切詩南有嘉魚烝然罩罩與烝然汕汕一例不聞汕字從魚也且突擧經文以爲說解亦非許例

鮁鱣鮪鮁鮁從魚犮聲。北末切毛詩鱣鮪發發古文借字也韓詩作鱍後加偏旁也玉篇無鮁鮁二字荀子榮辱篇鯈鉢者浮陽之魚也注今字書無鉢字蓋當爲鮁說文云即鱣鮪鮁鮁字蓋鯈魚一名鯈鮁据此知唐本說文已有鮁字

鮇鯕魚出東萊從魚夫聲。甫無切廣韻鮇下云鮇鯕魚名

鯕魚名也從魚其聲。渠之切玉篇鯕鮇鯕

鮡魚名也從魚兆聲。治小切鮀篆說中見此字而不類列知此字許所本收挩佚之後或拾補之而不附鮀鱯竝其說解亦非許例矣

魤魚名也廣韻魤五禾切魚名集韻鮀與魤同二字蓋皆

xiān 鱻　yú 𩺰　yú 𤁮　yàn 燕　lóng 龍　líng 龗　kān 龕　jiān 䶬

魤之異文。從魚七聲。呼跨切。

鱻 新魚精也。天官𢿱人辨魚物爲鱻薨。通作鮮。古皋陶謨暨稷播奏庶艱食鮮食。鄭本作鱻。云鱻食謂魚鼈也。從三魚。不變鱻。案文義不完。似有捝字。徐鍇曰。三衆也。衆而不變是鱻也。相然切。

文一百三　重七

𩺰 二魚也。闕。語居切。凡𩺰之屬皆從𩺰。

𤁮 捕魚也。馬注繫辭曰。取魚曰漁。周禮有𢿱人。從𩺰從水。𩺰亦聲。語居切。呂氏春秋季夏紀漁師注。漁讀如相語之語。季冬紀注。漁讀如論語之語。是高誘讀漁爲牛據切也。唐韻語居切。是今音。非漢音。

漁 篆文𤁮從魚。

文二　重一

燕 元鳥也。月令。仲春之月。元鳥至。仲秋之月。元鳥歸。籋口布翄枝尾。御覽引作岐尾。象形。總承上三句而言。於甸切。凡燕之屬皆從燕。

文一

龍 鱗蟲之長。論衡。傳言鱗蟲三百。龍爲之長。能幽能明。能細能巨。初學記引作能小能大。能短能長。四句一韻。春分而登天。秋分而潛淵。二句一韻。潛淵或引作入川入池者。皆避唐諱也。賈誼書。龍之神也。能與細細。能與巨巨。能與高高。能與下下。吾故曰龍變無常。能幽能章。後漢書張衡傳。夫元龍迎夏則淩雲而奮鱗。樂時也。涉冬則淈泥而潛蟠。避害也。從肉。象飛之形。謂𠂤也。韻會引作從肉𠂤。肉飛之形。六書故引作從肉。從飛及童省。皆謬也。童省聲。力鍾切。凡龍之屬皆從龍。

龗 龍也。從龍霝聲。郎丁切。

龕 龍皃也。從龍合聲。各本同。戴侗引唐本從今聲。玉篇作龕。從今。九經字樣增韻皆曰。從今聲。俗從合。誤。釋言。洵龕也。釋文云。字或作含。唐韻正曰。合。平聲則音含。釋名。含。合也。合口停之也。後漢輿服志。闔之言函也。口含切。

䶬 龍耆脊上䶬䶬也。耆一本作鬐。彡部不收。上喪禮載魚左首進鬐。注曰。鬐。脊也。古文鬐爲耆。然則許不收鬐。亦依古文假借。集韻。䶬。龍背堅骨。從龍幵聲。古賢切。

tà 龖　fēi 飛　yì 𩙣　fēi 非　fěi 𩇧　mǐ 靡　kào 靠　bī 陛

切。

龖 飛龍也。玉篇。飛龍皃。廣韻。龍飛之狀。從二龍。讀若沓。徒合切。

文五

飛 鳥翥也。白虎通。鳥所以飛者何。鳥者陽也。飄輕故飛也。象形。案此指事字也。徐鍇曰。上旁飞者。象鳥頸。頸長毛。卂部云。從飛而羽不見。則卂者。羽字兩向書之也。字象直刺上飛之形。甫微切。凡飛之屬皆從飛。

𩙣 翄也。轉注。從飛異聲。號叔大林鍾。嚴在上。異在下。詩有嚴有翼。翼本借字。則異亦借字。亦可謂之省形存聲。附記之。與職切。籒文翼。玉篇同。以此語推之。則重文之在兩部者。必有此語也。李善注嘯賦曰。籒文爲歗。在欠部。則知欠部歗字下必曰。籒文嘯也。又部燮下云。籒文燮從羊。炎部燮下轉無此語。今𩙣翼同部。亦有此語。則知被刪者多矣。獨幸小徐存之也。

翼 篆文𩙣從羽。西都賦注引云。翼。屋榮也。木部榮下云。屋梠之兩頭起者爲榮。但無翼字耳。儀禮鄭注。榮。屋翼也。

文二　重一

非 背。句。違也。依𢎢安篇補。下同。以背說非者。與北部說云從二人相背同意。北非兩篆之形。皆左右相背也。違字乃正解之。左傳。非相違也。而相從也。與此違字同意。從飛下翄。取其相背也。飛篆之形。羽皆向上。非字則上二筆向上。下二筆向下。故曰下翄。此翄不指全翼言也。此又謂上下相背。與上文左右相背亦異。甫微切。凡非之屬皆從非。

𩇧 別也。八部云。別也。象分別相背之形。文部斐下云。分別文也。皆與此同意。𩇧字之聲。亦有分別義。天官大宰。匪頒之式。先鄭曰。匪。分也。稾人後鄭注。匪讀爲分。從非己聲。似兼會意。非己者。猶兩己相背爲弜。非尾切。

靡 披靡也。㫃部旇下云。旗旇披靡也。小徐韻譜作旇。其實一也。從非麻聲。文彼切。

靠 □□相違也。依朱竹君本。空白二格。玉篇。靠。口告、巨焉二切。靠理相違也。從非告聲。苦到切。

陛 牢也。廣韻兩引同。韻會引作陛牢謂之獄。玉篇云。陛牢也。然則陛牢二字爲名。所以拘辠人也。廣韻一引無人字。一引有。玉篇亦有。而韻會八薺引作所以拘非也。與今本同。八薺引增韻亦同。此必書辠爲罪。因譌拘非。語纖仄不可從。元應引家語。太子周陛執之。從非陛省聲。邊兮切。俗作狴。

文五

卂 疾飛也。從飛而羽不見也。與省木爲朩爲片同例。息晉切。凡卂之屬皆從卂。

煢 回飛疾也。回之義於從營得之。會經晨風向風搖翅，其回迅疾。從卂。從營省聲。義兼聲也。渠營切。

文二

說文解字句讀第十一下

曲沃受業蘇廷直校

說文句讀　卷二十二　一四二　〇折四　三七

句讀卷二十二補正

○本部所轄祇覛字。而以覛爲衇之分別文。永部所轄祇羕字。而以羕爲永之分別文。今人未必能信。然衇下云衇覛。覛下卽云覛覛。形異而義不能異也。且聲亦初不異也。永羕同詁。又同引一詩。惟音微異。而陽庚古通。本詩之永泳廣方是也。既無不同矣。卽當目爲重文。何故分爲兩字。曰、以形別之。實以方言別之也。毛韓所居之地不同。毛所傳者古文。韓讀永如羊。卽加羊以爲聲。此如日部晛㬅𣋑三字。益同出角弓篇。許君雖類廁之。而不目爲重文也。我前纂分別文。固猶未見及此矣。二葉前九行故其說多滯下增此

孟子、舜流共工于幽州、鄭注禮記、引書猶作州、可知今本作洲、必俻包所改、五葉前六行鄭注至幽州十三字删去以此補之

金刻多云永保用亯、而六葉前四行而加之也下增此

說見卜部貞下、十葉後十行古文貞如此下增此注

然則今本爾雅衍霓字也。且郭注霹靂之說、許君以之說震、而餘聲鈴鈴、意近京房、是不用爾雅疾雷之說十一葉前三行謂之霆下增此

虹之籀文從[illegible]、依此則篆當作[illegible]、申之籀文作[illegible]、依此則說當作籀文、二者必居一於此矣、合申部及又部[illegible]虫部[illegible]諸說參觀自得、十一葉前八行古文電如此下增此注

與上文㲋音義皆同、而集韻亦分收之、十二葉後十行子廉切下增此

筠案覆慮卽覆露也、露慮音近、故以慮釋露、晉語、是先主覆露子也、韋注、露潤也、十三葉後三行覆慮物也下增此

筠案廣韻四十九宥、宿留音秀、溜停待也、秀與宿同音、故鄭君曰秀而不直前、十五葉前十行聲相近下增此

筠案下文、鮎鰋也、用魚麗毛傳、固不似郭注以爲兩魚矣、然又云、鱧鱯也、當依字林作鰈也、鰈下云鱧也、可證此一魚也、閒五字而后出鯇字、是又不以鱧鯇爲一魚也、桂氏說尚未可盡信、十八葉前一行赤鯉上龍門也下增此

案圖經合鱯鮎爲一魚、似與許君異義、本文以鱯魱爲一魚、下文以鮀鮎鰋鮷爲一魚、較然兩物也。十九葉後二行口小者名鮎下增此

似當依之、十九葉後四行鱧鰈也下增此

案人部偃僵也、謂仰踣者也、此以腹平著地爲偃、是誤以偃爲伏也、二十葉後三行故得偃名下增此

古今姓氏書辨證、十九侯鯫氏下云、徂鉤切、韻譜音士九切、誤矣、風俗通有人姓鯫名生、說文云、小人之後、以爲卑小人之稱、謹按張良傳沛公曰、鯫生說我云云、謂鄙食其也、服虔曰、鯫生、小人、筠案玉篇無鯫、而鯫在鰍下鱓上、與說文鰍鯫鱓次第同、曰徐垢切、廣韻十九侯四十五厚皆收鯫、集韻亦然、而引說文于厚部、曰白魚也、一曰小也、以辨證所引說文推之、似一曰小也亦引自說文、然小人之後、不成文義、亦不得以士九切爲誤、

二十一葉前四行
士垢切下增此

元包經震卦龖之赫、霆之砉、二十六葉前一行
龍飛之狀下增此

說文從龖省聲者二、言部讋、衣部龔、是也、其籀文皆不省．國策趙左師觸讋、史記作龍、益初則省形存聲、後又省併二龍爲一也、家語子路初見篇王事若龍、注、龍宜爲讋、前後相因也、案讋益龔之訛、本文曰若、龔是衣、乃可謂之若、注言相因、亦沿襲、禮之謂也、要之龖字緐重、故皆省而爲龍、二十六葉前一行
徒合切下增此

yǐ 乙　kǒng 孔

說文解字句讀弟十二上

漢太尉南閣祭酒許氏記　　安邱王　筠撰集

相國壽陽祁春浦夫子鑒定　　益都陳山嵋　晉江陳慶鏞　訂正

博山蔣其崳書篆

三十六部　七百七十九文毛孫鮑三本同毛後剜改七十九作八十一

重八十四三本同毛後剜去四字

凡九千二百三字

燕。句乙。依廣韻引改句絕、元鳥也。釋鳥巂周燕燕鳦、隹部巂周燕也、是以上三字爲一物也、此云燕乙、是以下兩字爲一物也、許讀異於郭讀、而小徐本作燕燕、則依郭讀改之也、申以元鳥者、兼釋商頌、且以明其於周燕無涉也、齊魯謂之乙。郭注、初學記、皆曰齊人呼乙、取其鳴自謼。鳴一作名。句指字音而言象形也。句指字形而言、此字之形簡、燕字之形詳、莊子呼爲意而、俗作鷾鴯、則但取其鳴自謼矣、徐鍇曰、此與甲乙之乙相類、其形舉首下曲、與甲乙字少異、鳥轄切凡乙之屬皆從乙。乙或從鳥。邶風傳云、燕燕鳦也、釋文、鳦音乙、本又作乙、郭鳥拔反、釋鳥釋文、鳦音乙、本或作乙、或音軋、案隋時尙有作乙之本、則許所據毛詩爾雅、其不作鳦可知、恐鳦篆係後增也、又案陸氏誤認爲甲乙字、故小徐鄭重分明之也、

說文句讀卷二十三　六百○三　、○折三二　一

通也。太元經、孔道夷如、注云、通道也、嘉美之也。依韻會引補、若曰通則通耳、乃謂之孔者、嘉美之、故爲此美而大之之詞也、蓋通也之義與從乙從子似無涉、字形之子與乙又似無涉、故言此以起下文、從乙從子。康董切乙、請子之候鳥也。乙至而得子、嘉美之也。離騷、簡狄在臺嚳何宜、元鳥致貽女何嘉、注云、言簡狄侍帝嚳於臺上、有飛燕墮其卵、嘉而吞之、因生契、月令鄭注見下文、古人名嘉字子孔。再言此者、重爲嘉美證也、古人名字相應、設孔無嘉義、古人何爲如此、總由字形字義不甚符合、故反復申明之、楚成嘉、鄭公子嘉、皆字子孔、春秋經宋孔父、

rǔ 乳　fǒu 不　fǒu 否　zhì 至

左傳曰、孔父嘉、何休云、經稱字、孔子以王父字爲氏、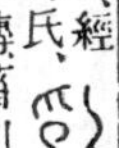人及鳥生子曰乳、蒼頡篇、乳、字也、字、養也、謂養子也、史記倉公傳、菑川王美人懷子而不乳、周書時訓解、大寒之日、雞始乳、獸曰産。當云嘼曰犍、牛部犍下云、畜牲也、嘼部云、犍也、方言、凡人嘼乳而雙産謂之釐孳、從孚從乙。當乙轉以清主從、且孚字在爪部、以菢卵爲義、則乳字兩體、皆主鳥而言、於人無涉、故下文再申乙字、而主切乙者元鳥也。明堂月令。元鳥至之日、祠于高禖以請子、故乳從乙。月令、仲春之月、元鳥至、至之日、以大牢祠于高禖、天子親往、注云、燕以施生時來、巢人屋宇而孚乳、嫁娶之象也、媒氏之官以爲候、高辛氏之世、元鳥遺卵、娀簡吞之而生契、後王以爲媒官嘉祥、而立其祠焉、請子必以乙至之日者、乙春分來、秋分去、開生之候。鳥部焉下云、燕者請子之候、謂請子者以之爲候也、此云開生之候者、但承春分來而言、開生卽發生也、與鄭君云施生同意、萬物皆生于春分、故請子以爲候矣、元鳥氏。帝少昊司分之官也。淮南地形訓、燕雁代飛、注云、燕春分而來、雁春分而去、燕秋分而北、雁秋分而南、文子、陰陽調日、日夜分、故萬物春分而生、秋分而成、生與成必得和之

說文句讀卷二十三　七百○八　、○折三一　二

精、陰陽交接、乃能成和、左昭十七年傳、元鳥氏、司分者也、少昊、當依左傳作少皞、女部嬴下、亦曰少皞、

文三　重一

鳥飛上翔不下來也。據字形以說字義也、呂氏春秋、羣鳥翔而不下、周禮有服不氏、雖養猛獸之官、義亦相近、從一。一猶天也。一引無猶字、非也、一不可謂之天地、但在上則象天、在下則象地耳、詩有鳥高飛亦傳于天、象形。小徐作巿象形、巿非字、不可出也、實是指事字、方久切、玉篇甫負府牛二切、亦不收入聲、可見不否二字本同音也、凡不之屬皆從不。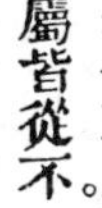不也。卽以部首說之者、明否爲不之分別文也、但分其可否一義、而鄂不華不、注、自作不也、從口從不、不亦聲。方久切

文二

鳥飛從高下至地也。與不部說解爲儷語、故下文合兩字解之、春秋雨螽、何休云、本飛從地上而下至也、易臨卦、至臨、虞注、至、下也、從一。一猶地也。象形。脂利切不上去而至下

xī 西　rì 臸　tái 臺　chì 𦤺　zhēn 臻　dào 到

來也。不至二字之義，許君特據字形說之，於經無徵，故復合二字以爲說也。言不至二字正相顛倒，不字之形向上而去，至字之形向下而來也。書大誓逸篇：有火自上復于下，至于王屋，流之爲雕，五至，以穀俱來。中候合符后注云：赤烏五至，猶五來。夏小正：來降燕乃睇。傳云：降者，下也。言來者何也？莫能見其始出也。凡至之屬皆從至。

到　古文至。從一，土猶一也。

到　至也。釋詁文。字林：至，到也。從至，刀聲。都悼切。

臻　至也。釋詁：薦、摯，臻也。郭注：薦，進也；摯，至也。故皆爲臻。臻，至也。易坎象傳：水洊至。釋文引京房本作水臻至。從至，秦聲。側詵切。

𦤺　忿戾也。從至，至而復孫。孫，遁也。釋名：孫，遜也。遜遁在後生也。此雖子孫之孫，而經典亦借孫爲遜。春秋莊元年：夫人孫于齊。公羊傳：孫者何？孫猶孫也。何注：孫猶遁也。穀梁傳：孫之爲言猶孫也。范注：孫，遁而去。本之二反。孫，丑利切。周書曰：有夏氏之民叨𦤺。多方文。今作懫。𦤺讀若摯。同。𦤺字緣上文而衍也。既夕禮注云：輖，摯也。釋文摯作𦤺，引字林竹二反。云同者，蓋謂古字通用也。

臺　觀。句四方而高者也。左襄三十一年傳：無觀臺榭，則臺觀異制，而許君以觀釋臺者，謂雉門兩觀也。服注左傳曰：天子有靈臺，諸侯有觀臺。左僖五年傳：公既視朔，遂登觀臺以望。五經異義公羊說：天子有靈臺以觀天文，有時臺以觀四時施化，有囿臺以觀鳥獸魚鼈。諸侯當有時臺、囿臺，諸侯卑，不得觀天文，無靈臺。由是言之，則臺觀之用同也。禮器：天子諸侯臺門。鄭注：闍者謂之臺。左宣四年傳：邾子在門臺。門部闍下云：門觀也。由是言之，闍謂之臺，闍謂之觀，其制亦不異也。四方而高曰臺，釋宮文也。許君又申之以此者，觀卽象魏，而離宮別館亦有之，如衞有昆吾之觀，楚有高唐之觀是也。從至，從高省，與室屋同意。室屋二字下皆云至所止也。之聲。徒哀切。

臸　到也。從二至。晉字仍茲還字，則重人質切。

文六　重一

西　鳥在巢上也。象形。己象鳥形，囟象巢形。實指事字也。先稽切。日在西方而鳥西，故因以爲東西之西也。白虎通：西方者，遷方也，萬物遷落也。凡西之屬皆從西。

棲　俗西從木妻。玉篇收栖不收棲，恐此係後人所增。段氏曰：詩可以棲遲，漢嚴發碑作衡門西遟。

xī 䙓　lǔ 鹵　cuó 𪉖　xián 鹹　yán 鹽

卥　古文西。

卤　籒文西。

䙓　姓也。從西，圭聲。戶圭切。從段氏說刪之。又案：小徐曰：張說梁四公子記有䙓闖，今本作闖。玉篇不收䙓字。廣韻：蜀，姓也，梁四公子蜀闖之後。又云：毒，姓也。崔，姓也，出纂文。䙓姓出說文。然四字皆音畦，殆卽一字。梁四公子本亡，是公故傳者不同，而其字皆不可以理解，不足深辨也。集韻十二齊合蜀崔毒三字爲一，而不收䙓。

文二　重三

鹵　西方鹹地也。案此鹹字當卽是鹼字。鹼地者，今之通語。左襄二十五年傳：表淳鹵。賈逵云：淳，鹹也。春秋昭元年：晉荀吳帥師敗狄于大鹵。公穀作太原。穀梁傳曰：中國曰大原，夷狄曰大鹵。故字從西省。西省二字當作卤下一字。象鹽形也。郎古切。天生曰鹵，人生曰鹽。因上文言象鹽形，故牽連解之。漢書食貨志：原陵淳鹵之地。晉灼曰：舄鹵之地，不生五穀也。案煑海爲鹽，故曰人生。然亦通稱草鹽、石鹽，皆天生者。〇以上皆依元應引補。安定有鹵縣。見地理志。此爲西方鹹地證也。東方謂之㡿，西方謂之鹵。

此言東方亦有鹹地，但名㡿不名鹵也。元應引作鹽在正東方，鹵在正西方。一引無兩正字，皆不及本文明晳。禹貢：青州海濱廣斥。夏本紀作廣潟。徐廣曰：一作澤，一作斥。史記河渠書：漑澤鹵之地。索隱曰：澤，一作舄，本或作斥。然則潟卽斥字，舄又省之。釋言之滷，卽鹵字也。凡鹵之屬皆從鹵。

𪉖　鹹也。廣雅同。從鹵，差省聲。昨何切。河內謂之𪉖。曲禮：鹽曰鹹鹺。注云：大鹹曰鹺。今河東云。沛人言若虘。謂沛人亦謂之𪉖，特其言之也，則音如虘耳。沛國有酇縣，然唐韻虘酇皆昨何切，與鹺無異音。集韻尚收此三字於八戈，皆引說文。九麻鉏加切內但收酇字，云地名。豈漢時已有家麻韻邪？抑許君讀蒫如蘆，本不與虘同音邪？則集韻十三佳、十四皆，茲有差字，其從之者，則蒫槎皆鉏佳切，剷膗䐋皆初佳切，蘆搓皆初皆切。

鹹　銜也。以疊韻說之，鹹味長，故銜而咀味之。釋言：滷、矜，鹹苦也。北方味也。月令：孟冬之月，其味鹹，盛德在水。從鹵，咸聲。胡毚切。

文三

鹽　鹹也。以疊韻說之者，鹹乃鹽之味，猶之酸下云酢也。酢乃酸之質，盡人所知，不待質言，與門聞也、戶護也

gǔ 盬　jiǎn 鹼　hù 戶

同爲說解之變例，不可改也。從鹵，監聲。余廉切。古者宿沙初作煮海爲鹽。依廣韻引補。字林作夙沙，小徐同。羣書皆有之。世本：宿沙作煮鹽。宋忠注以爲齊靈公臣，是以爲夙沙衞也。說苑：夙沙之民，自攻其主而歸神農。則知夙沙是國名，衞則以國氏者也。魯連子：宿沙瞿子善煮鹽，使煮積沙，雖十宿沙不能得也。寰宇記：安邑縣鹽宗廟在縣東南十里。按呂忱云：宿沙氏煮海，謂之鹽宗，尊之也。以其滋潤生人，可得置祠。凡鹽之屬皆從鹽。

盬　古河東鹽池。桂氏曰：古當作苦也。二字，鹽苦聲相近。周禮苦鹽，杜子春讀苦爲盬。潛夫論：苦成城名也，在鹽池東北。後人書之或爲枯，齊人聞其音，則書之曰車。敦煌見其字，呼之曰車城。其在漢陽者，不喜枯苦之字，則更書之曰古城氏。地理志：河東郡安邑縣，鹽池在西南。穆天子傳：戊子，至于盬。注：盬，鹽池，今在河東解縣。水經注涑水篇云：鹽池，許慎謂之盬。呂忱曰：夙沙初作煮海鹽，河東鹽池謂之盬。袤五十一里，廣七里。七，水經注引作六。周百一十六里。六，水經注涑水篇引作四。又曰：今池水東西七十里，南北十七里。魏都賦注：猗氏南鹽池，東西六十四里，南北七十里。郡國志注引楊佺期雒陽記：河東鹽池，長七十里，廣七里。數說不同，隨代有變也。水經注曰：紫色澂渟，潭而不流，水出石鹽，自然印成，朝取夕復，終無減損。山海經謂之鹽販之澤也。從鹽省，古聲。公戶切。

說文句讀　卷二十三　五　八百○三　、○新三十六

鹼　鹵也。從鹽省，僉聲。魚欠切。此後世字也。幸附此字之人鹵莽，不知入之鹵部，而謂之從鹽省，故吾得以投閒抵隙也。古通用鹻。本草：鹵鹻生河東鹽池。唐本注云：此是鹻土名鹵，今人熟皮用之。又玉篇有鹼字，廣韻分鹼鹻爲二，集韻韻會則合爲一，然皆不引說文，亦一證。

文三　竹君本作文二，且在魚欠切之下，不似他部跳行書之，皆鹼字後增之證。

戶　護也。字不須說，故以疊韻說之。左傳曰：勇夫重閉。則戶者所以防盜也，故引伸其義爲止。左宣二十一年傳：屈蕩戶之。杜注：戶，止也。邑部扈下繫傳引作屈蕩扈之，兼引杜注扈止也，雖誤改傳文以就本字，然證知俗本左傳作戶之爲謬也。漢書樊噲傳：詔戶者無得入羣臣。王嘉傳：坐戶殿門失闌免。公羊宣六年傳：勇士入其大門，則無人門焉者；入其閨，則無人閨焉者。與戶者同意。半門曰戶。象形。半門曰戶，是字從半門會意也。又曰象形，豈騎牆之見乎？與門下云從二戶象形，合而讀之，自知其意。侯古切。凡戶之屬皆從戶。

㦿　古文戶從木。疑是許說挩佚，後人見其在戶下，遂命爲戶之古文。衆經音義云：㦿，又作櫳，同，戶減反。通俗文：小戶曰㦿。字書：㦿，窗也。元應，唐初人也，其書恪遵說文，豈有說文以爲古戶字而不引之之理？汗簡則引之者，郭忠恕與二徐同時，所據本同也。廣韻五十三豏：㦿，苦減切，牖也，一曰小戶。用元應所引兩說，又收㦿字，與戶同音，亦足徵㦿之不讀如戶。然則玉篇以㦿爲戶之古文，恐亦宋人增也。

fēi 扉　shàn 扇　fáng 房　tì 戾　è 戹　zhào 肁　yǐ 扆　qù 𢩢

扉　戶扇也。左襄二十八年傳：子尾抽桷擊扉三。杜注：扉，門闔也。從戶，非聲。甫微切。

扇　扉也。依韻會引補。月令：乃修闔扇。注云：用木曰闔，用竹葦曰扇。從戶，從翄省。戴侗曰：唐本從羽。案：羽，鳥長毛也，是謂六翮也。翄，翼也。翼必兩，兩扇似之。式戰切。

房　室在旁也。似當作在室旁也。古人宮室之制，前堂後室，室之左右爲東房西房。房旁疊韻。古又借方爲旁。從戶，古之房室皆用戶，廟門大門始用門。方聲。符方切。

戾　輜車旁推戶也。桂氏曰：字林：軿車有衣蔽無後轅者謂之輜。復謂有衣蔽，故有旁推戶也。杜注左傳：蔥靈，輜車名。正義：蔥靈車前後有蔽，兩旁開蔥，可以觀望。蔥中豎木謂之靈。今人猶名蔥木爲靈子。從戶，大聲。讀與釱同。徒蓋切。

說文句讀　卷二十三　六　八百五十一　、○新三十九

戹　隘也。阜部云：隘，陋也；陋，阸陝也。是知阸者戹之絫增字也。雖阸下云塞也，似不同者，然阸塞仍指可守之險而言，不異也。故經典皆用阸而不用戹，即如史記律書：後且擁兵阻阸。漢書諸侯王表：至虖阸陋河洛之閒。應劭曰：阸者，狹也。皆此隘也之義。從戶，蓋如史記梁孝王世家爭門措指之意，故從戶。索隱：措音迮，謂爲門扇所笮。乙聲。蓋從燕乙之乙，與軋同意。於革切。

肁　始開也。釋詁：肇，始也。始是正義，連言開者，爲其從戶也。廣雅：肁，開也。蓋本之說文。戈部肇以擊爲正義，而漢和帝諱肇，伏侯古今注：諱肇之字曰始。是知經典本借肇爲肁，轉寫譌而爲肇，浸尋屚入攴部，說曰擊也，遂莫敢診視矣。從戶，從聿。大徐曰：聿者，始也。案經用聿爲發語之詞，未見其有始義，而小徐本作聿聲，又似不諧，姑闕之。治小切。

扆　戶牖之閒謂之扆。釋宮文。今作牖戶，御覽引說文亦然。覲禮作戶牖，云天子設斧依于戶牖之閒。士虞禮：負依南面。注：戶牖之閒謂之依。釋宮注云：窗東戶西也。禮云斧扆者，以其所在處名之。顧命：狄設黼扆綴衣。牖閒南嚮。傳云：扆，屏風，畫爲斧文，置戶牖閒。從戶，衣聲。於豈切。

𢩢　閉也。士喪禮：君使人弔，徹帷。注云：徹帷𢩢之，事畢則下之。疏曰：云徹帷𢩢之者，謂褰帷而上，非謂全徹去。釋文曰：𢩢，劉羌據反，閉也。雜記上：朝夕哭，

jiōng
扃

不帷。注云：緣孝子心欲見殯肂也。既出則施其扆，鬼神尚幽闇也。疏引士喪禮注，而曰此注會儀禮注也，則扆是褰舉之名。初哭則褰舉，事畢則施下之。釋文曰：扆，字林戶臘反，閉也。纂文云古闔字。玉篇羌據、公荅二反，云閉也。閉即閉字。然與字林不異。毛刻注疏引作闔也，今玉篇作閉戶聲。案許鄭兩君之說相反，不可強合爲一。從戶，劫省聲。當云去聲，此由劫下挩去聲，校者遂觸處改之。口盍切。

扃 外閉之關也。王篇引同，李善注南都賦引作門之關也，蓋不解而改之。扃與木部楗，蓋內外相對，皆關閉之器。在門內者謂之楗，在門外者謂之扃也。本文既云外矣，楗，歫門也，上文云檢，歫也，凡檢歫者必在內也。許君之意，蓋主曲禮入戶奉扃以立言。曲禮鄭注：奉扃，敬也。蓋下文兼言戶開、戶闔，而本文自主闔言之，開則無事於奉扃也。必奉之者，以手猛推門，或有所擊撞，則有聲而駭人。奉扃則有所把握，故曰敬也。乃孔疏曰：凡常奉扃之時，必兩手向心而奉之。今入戶雖不奉扃，其手若奉扃然。釋文則曰：扃，何云關也，一云門扇上鐶鈕。知孔氏、陸氏皆謂扃在門內，故疏作比象之詞，釋文以爲鐶鈕，作勉強附會之說也。然老子曰：無關楗而不可開，則楗在門內可知。乃莊子從手作揵。其庚桑楚曰：外韄者不可繁而捉，將內揵；內韄者不可繆而捉，將外揵。注云：揵，閉塞也。案云內揵、外揵，則知在門內之楗

可以兼在外之扃，豈在外之扃不可兼在內之楗？散文則通也。且可以門部閉闔徵之：閉闔同義，而闔下獨云外閉也，即閉此扃也。可知閉闔即主揵言也。呂覽君守篇：中欲不出謂之扃，外欲不入謂之閉。雖用扃爲動字，其義亦與許同。今山西人門外皆作扃，雖大門亦然，蓋孔氏、陸氏未見此制，故疑之也。從戶，冋聲。古熒切。

文十 重一

此部次序不合。扉扇居首，其本物也；房繼之，戶之所施也；扃當繼之，持戶者也；肁扆當繼之，其本事也；扆當繼之，近戶之物也；戹當繼之，戶之比象之事也；戾當終之，此戶在車，且當是秦漢物也。

chāng mén
閶 門

門 竹君本如此，是也。顧氏本改爲門，以應從二戶之說，不知鐘鼎文從戶之字固作戶也，小篆既戶門異體，不須改歸一律。聞也。從二戶，象形。莫奔切。凡門之屬皆從門。

閶 天門也。段氏增閶闔於句上，是也。楚詞：叫帝閽使開關兮，倚閶闔而望予。王注：閶闔，天門也。夏小正：四月初昏南門正。傳云：南門者，星也。王希明曰：南門，天之外門也。從門，昌聲。尺量切。楚人名門曰閶闔。小徐無曰字，亦通。言此者，以見不但爲天門之名也。言楚人者，蓋據離騷。實則始偁于吳，吳越春秋：子胥爲吳造大城，立閶闔者，象天門通閶

guī hóng yán wéi
閨 閎 閻 闈

閶風也。孫權記注：閶門，吳西郭門，夫差作。案八風，西方曰閶闔風，故以名西門。漢初遂以爲南門之稱。三輔黃圖：宮之正門曰閶闔。注云：閶闔，天門也。宮門名閶闔者，以象天門也。白虎通作昌盍風，然說之曰戒收藏也，則仍取門爲義。

闈 宮中之門也。釋宮文。周禮保氏使其屬守王闈，注：闈，宮中之巷門。王居明堂禮：東南稱門，西北稱闈。從門，韋聲。羽非切。

閻 閻謂之樀。即釋宮文也。木部檐下引作檐，與今本同。玉篇引語林：大夫向閻而立。案即吳語之大夫向檐。韋注：檐謂之樀。樀，門戶。樀，廟門也。小徐本檐下亦有此語，但譌廟爲朝耳。惟是檐字從木，故以戶樀爲正義，以廟門爲兼義，郭注釋宮曰屋梠是也。本字從門，故以廟門爲正義。蓋爾雅原有兩本，許君隨文說之，不相妨也。從門，詹聲。余廉切。

閎 巷門也。釋宮：衖門謂之閎。李巡曰：閎，衖頭門也。郭注引左傳盟諸僖閎。釋文：衖，聲類以爲巷字。集韻以鄉衖爲一字。從門，厷聲。戶萌切。

閨 特立之門也。依元應引改。云特立者，門之上必有屋覆之，此則洞房連閣，有牖以區其院落，有門以通其往來，上無屋覆，故特立也。釋宮：宮中之門謂之闈，其小者謂之閨。上圜下方，有似圭。淮南氾論訓：夫醉者俛入城門，以爲七尺之閨也。案

lǘ hàn tà gé
閭 閈 闒 閤

城門亦上圜下方，故醉者誤以爲閨。從門，圭聲。圭乃比象之詞，且意與聲互相備。小徐從門圭，圭亦聲，非也。古攜切。

閤 門旁戶也。釋宮：小閨謂之閤。說苑：景公正晝，乘六馬，御婦人以出正閨。桂氏曰：言正閨者，別於旁戶也。漢書公孫宏傳：開東閤以延賢人。顏注：閤者，小門也，東向開之，避當庭門而引賓客，以別於掾史官屬。從門，合聲。古沓切。

闒 樓上戶也。廣韻：闒，門樓上屋也。段氏曰：齊風傳曰：闥，門內也。許書無闥，闒即今闥字。西京賦說神明臺曰：上飛闥而仰眺。西都賦說井幹樓曰：排飛闥而上出。此二闥皆樓上戶，在高處，故名之曰飛。從門，𦐇聲。徒盍切。字林：闒茸，不肖也。

閈 閭也。依集韻引改。風俗通：閈，城外郭內之里門也。閈，扞也，言爲人藩屏，以扞難也。漢書敘傳：綰自同閈。應劭曰：楚名里門爲閈。段氏曰：惟左傳高其閈閎，用爲凡門之偁。從門，干聲。侯旰切。汝南平輿里門曰閈。許君汝南人，故聞其語。平輿屬汝南郡，見漢志。

閭 里門也。武成疏引作族居里門也。史記曹世家：令軍毋入釐負羈之宗族閭。然宗族有閭，非閭但爲宗族設也。地官族師：四閭爲族，則異姓而比鄰亦謂之族。然是四閭且八閭爲聯，又不爲族矣。字林亦曰里門也，是也。秋官有修閭氏。案今邨頭建閭，即閭之遺製。

yán 閻　huì 闠　yīn 闉　dū 闍　què 闕　biàn 閞　xiè 閉

從門。呂聲。力居切。周禮曰。五家爲比。五比爲閭。閭。侶也。二十五家相羣侶也。引大司徒文而釋之。以音解其義。羣侶。元應引作伴侶。說文竝無。說苑云。麕不旅行。蓋當作旅。地官閭胥。鄭司農云。二十五家爲閭。詩無踰我里。傳云。二十五家爲里。

閻　里中門也。言中者。以見閻之爲里外門也。史記萬石君傳。萬石君徙居陵里。內史慶醉歸。入外門不下車。所謂外門。蓋閭門也。後漢書班固傳。閭閻且千。廣雅。閻謂之衖。案今巷口柵欄。卽閻之遺製。從門。臽聲。余廉切。

壛　閻或從土。

闠　市外門也。御覽引云。闤闠。市門也。井也。纂要。市巷謂之闤。市門謂之闠。古今注。市牆曰闤。市門曰闠。西京賦。通闤帶闠。綜注。闤。市營也。闠。中隔門也。劉逵蜀都賦注曰。闤。市巷也。闠。市外內門也。莫不分爲兩事。又諸家皆有闤字。或許書本有而今捝也。從門。貴聲。胡對切。

闉　城曲重門也。鄭風正義引云。闉闍。城曲重門。又申之曰。謂闉爲曲城。案增闍闉二字。謬也。然謂許君謂闉爲曲城。則知此二字沿詩誤加。所据說文本無此兩字也。九經字樣。闉。城曲重門也。桂氏曰。孫子謀攻篇。攻城之法。距堙三月而後已。注云。距堙者。踊土稍高而前以附其城也。馥案築土攻城。有似於闉。故曰距堙。堙卽闉。尉繚子。乘闉發機。是也。從門。垔聲。於眞切。詩曰。出其闉闍。鄭風出其東門文。傳云。闉。曲城也。闍。門臺也。疏曰。闍是門外之城。卽今之門外曲城是也。

闍　闉闍城門臺也。集韻引云因闍城門臺也。因字雖誤。證知据本有此二字。雖有之。終是誤增。與詩正義同謬也。釋言。闍。臺也。釋宮。闍謂之臺。孫叔然曰。闍。積土如水渚。所以望氛祥也。鄭箋雖破闍爲都。然禮器天子諸侯臺門。鄭注云。闍者謂之臺。仍與諸家同也。未有以闉闍爲一事者。許君不得獨成此謬也。從門。者聲。當孤切。

闕　門觀也。闕屬於門。故曰門觀。釋宮。觀謂之闕。孫叔然曰。宮門雙闕。舊章懸焉。使民觀之。故謂之觀。古今注。闕。觀也。古每門樹兩觀於其前。所以表標宮門也。其上可居。登之則可遠觀。故謂之觀。釋名。闕。缺也。在門兩旁。中央缺然爲道也。周禮五官皆言縣灋於象魏。注云。象魏。闕也。從門。欮聲。去月切。

閞　門欂櫨也。言門者。別於格枅爲室中柱上之構櫨也。釋宮。閞謂之槉。郭注。柱上欂也。又曰。栭謂之楶。郭注。卽櫨也。案以許說郭注及木部格枅諸字之說參之。知此物可雙名曰欂櫨。亦可單名曰欂曰櫨也。字或作枅。玉篇。枅。門柱上欂櫨也。從門。弁聲。皮變切。

閉　門扇也。廣雅。閉。扉也。扇。小徐作扉。從

hé 闔　niè 闑　yù 閾　làng 閬　pì 闢　wěi 闈　chǎn 闡　kāi 開

門。介聲。胡介切。

闔　門扉也。釋宮。闔謂之扉。左僖二十年傳。凡啓塞從時。服注曰。闔扇所以開。鍵閉所以塞。月令。仲春修闔扇。孟冬修鍵閉。繫傳曰。左傳曰。旋於門中。以枚數闔。謂以鞭數扉之版也。案此則扉之衆材。均謂之闔矣。從門。盍聲。胡臘切。一曰閉也。玉藻。閏月則闔門左扉。後漢書班固傳。張千門而立萬戶。順陰陽以開闔。一曰。合也。依元應引補。

闑　門梱也。釋宮。橜謂之闑。注云。門閫。曲禮。出入君門。由闑右。士冠禮注。古文闑爲槷。說文不收槷。從今文也。若考工記之置槷以縣。許君蓋以臬攝之。從門。臬聲。釋宮。樴謂之杙。在地者謂之臬。郭注。卽門橜也。案臬者。省形存聲字。魚列切。

閾　門榍也。木部。榍。門限也。皁部。限。一曰門榍。釋宮。柣謂之閾。左僖二十二年傳。見兄弟不踰閾。從門。或聲。于逼切。論語曰。行不履閾。鄉黨文。

𨵰　古文閾從洫。說見疒部臧下。

閬　門高也。甘泉賦注引作高大之皃也。字林。閬。高皃。阜部。阬。閬也。漢書揚雄傳。閌閬閬其寥廓兮似紫宮之峥嶸。案阬閬可分可合。閌則沿閬從門。新附有之。詩皋門有伉。自從人也。且阬閬與㝩㝗相近。特據其中之空曠言之曰㝩㝗。據其外之高聳言之曰阬閬。是小別耳。從門。良聲。來宕切。巴郡有閬中縣。見漢志。

闢　開也。釋言。開。闢也。案二字小異。開舉事本。故古文作開。兩手執扃以開之也。闢舉事末。故古文作闢。兩手向外推其扇以附于牆。且無扃形也。從門。辟聲。左宣二年傳。晨往。寢門闢矣。國語作辟。房益切。

𨵶　虞書曰。闢四門。古堯典文。從門。從𠔏。此文似有誤。引書作闢。則當在小篆下矣。如果在此。則當云古文闢從𠔏。虞書曰。闢四門。玉篇因云。闢。古文也。若夫從門。則已見小篆下。不須複出。

闈　闢門也。衆經音義云。字詁。闈。今作闢。同。三蒼。闈。小開門也。字林。闈。開也。闢也。廣雅。闈。開也。從門。爲聲。韋委切。春秋國語曰。闈門而與之言。魯語。公父文伯之母。季康子之從祖叔母也。康子往焉。闈門與之言。皆不踰閾。

闡　開也。聲類。闡。大開也。從門。單聲。昌善切。易曰。闡幽。繫辭文。韓注。闡。明也。

開　張也。道德經。將欲翕之。必固張之。孔子弟子琴牢。字子開。亦字子張。從門。从幵。小徐作幵聲。皆非也。小篆仿古文𨳿之形而變之。遂與幵字相似。苦哀切。

𨳿　古文開。宋版尚書音義。費誓序。東郊不開。陸氏曰。舊讀皆作開。馬本作開。開字譌。通志堂本作開。是也。案開字較開少一筆。玉篇

kǎi 闓　xiǎ 閜　yā 閘　bì 閟　gé 閣　jiàn 閒　ě ⿵門阿　è 閼

以爲闕之古文故馬作闕也今本作不開固誤然陸云舊讀則誤自六朝非衛包所改

闓 開也。方言開戶楚謂之闓注云亦開字也案郭氏小誤果是一字子雲不當區別之開之與闓當是義同而音小別耳然二字亦通用易繫辭開物成務王肅本作闓衆經音義闓口哀反 從門。豈聲。苦亥切

閜 大開也。廣雅閜開也與許君意同皆謂開門也廣韻閜大裂則不主謂門 從門。可聲。火下切 大桮亦爲閜。方言閜桮也其大者謂之閜字又作盃借雅東觀漢記今日歲首請上雅壽注雅酒閜別作盃廣雅盃杯也

閘 開閉門也。蓋卽今所謂閘可蓄可洩時開時閉之門也 從門。甲聲。烏甲切

閟 閉門也。詩閟宮及載馳我思不閟傳竝云閟閉也是由閉門而引申之之義也左閔二年傳今命以時卒閟其事也亦然 從門。必聲。兵媚切 春秋傳曰。閟門而與之言。段氏曰六字當是閟而以夫人言之誤見左傳僖三十二年

閣 所以止扉也。也小徐作者釋宮所以止扉謂之閎郭注門辟旁長橛也左傳曰高其閈閎閎長杙卽門橛也釋文云本亦作閣音各案郭所引傳在襄三十一年其釋文云爾雅本止扉之名或作閣字案晉時南方經典無善

本所據本作閣故引傳閈閎以證北方善本至唐猶存故陸氏據以駁之然未能直言其誤於是今人欲改左之閎爲閣則又誤也爾雅自作閣左傳自作閎也郭注云門辟者辟卽闢之省謂門開也旁長橛者謂門開之後兩旁地下有孔以橛通其中以止其扉使之不動今都城各門皆然 從門。各聲。古洛切

閒 隙也。小爾雅廣詁同有隙則空閒矣故引伸之爲閒暇 從門從月。徐鍇曰夫門夜閉閉而見月光是有閒隙也古閑切

閒 古文閒如此。案本篆似當作閒外卽月也左半象月形右半則月光之發舒者非從外也恆之古文亙亦然從二從月非外之左爲月右爲心也朱文藻鈔小徐本作亙亦然彼說云古文恆從月謂以月易舟心二字也此不言從某則外卽是月但字體小異也嚴氏曰汗簡引作開按開從幵聲古文患從此其說似誤

⿵門阿 門傾也。玉篇引上林賦坑衡閜砢今本閜譌閜史記索隱引郭璞云抗衡閜砢者揭櫱傾攲皃也廣韻閜砢欲傾皃 從門。阿聲。烏可切

閼 遮攤也。閼與遏同義彼從辵故曰微止此從門故曰遮攤攤者邕之借字小徐作壅則俗字也釋天太歲在甲曰閼逢李巡曰萬物鋒芒欲出擁遏未通漢書景十三王傳今臣雍閼不得聞顏注雍讀曰壅壅塞也遏猶止也釋天

zhuǎn ⿵門繇　yà ⿵門曷　xiàng ⿵門鄉　lán 闌　xián 閑　bì 閉　ài 閡　àn 闇　guān 關　yuè ⿵門龠

在卯曰單閼淮南天文訓作單過春秋繁露引書閼密八音 從門。於聲。烏割切

⿵門繇 開閉門利也。弓部⿰弓繇弓便利也二字同聲故同義 從門。繇聲。桂氏曰繇當作䌛繇隨從也隨從故利當云從門從繇門亦聲段氏曰當音由唐韻乃旨沇切未詳鈞案繇葢䌛之重文今挩耳玉篇亦之羨止兗二切則桂氏云門亦聲或有然也 一曰縷十紘也。糸部緯十縷爲綹段氏曰紘疑當作總漢律曰綺絲數謂之絩布謂之總總者謂布縷之數八十縷爲一總

⿵門曷 門聲也。廣韻⿵門曷門扇聲韓愈征蜀聯句抉門呀拗⿵門曷 從門。曷聲。乙鎋切

⿵門鄉 門響也。桂氏段氏皆曰響當作鄉釋宮兩階閒謂之鄉小徐引作謂之⿵門鄉集韻同似卽本之小徐也郭注人君南鄉當階閒吳都賦肅肅階⿵門鄉注兩階閒曰⿵門鄉 從門。鄉聲。許亮切

闌 門遮也。遮一本作越字鑑引同似謂必越此闌乃得入門然經典無徵廣雅闌遮也孝經鉤命訣先立春七日勅門闌無關鑰以迎春之精字又借蘭漢書王莽傳與牛馬同蘭顏注蘭謂遮蘭之若牛馬蘭圈也 從門。柬聲。洛干切

閑 闌也。牛部牢閑養牛馬圈也引伸其義爲防閑易文言閑邪存其誠又家人閑有家馬融曰閑闌也 從門中有

木。韻會引作以木歫門也戶閒切

閉 闔門也。轉注文子聖人法蠡蜂而閉戶 從門。才。所目歫門也。月令修鍵閉正義引何氏曰鍵是門扇後樹兩木穿上端爲孔閉者將扃關門以內孔中博計切

閡 外閉也。晉灼說同後漢書隗囂傳又多設支閡注云支柱障閡曹植求通親親表隔閡之義殊於胡越 從門。亥聲。五溉切

闇 閉門也。梁書樂藹傳或譖藹廨門如市刺史遣覘之方見藹閉閣讀書 從門。音聲。烏紺切

關 目木橫持門戶也。通俗文謂之㮰聲類關所以閉也左傳臧孫紇斬鹿門之關呂氏春秋孔子之勁舉國門之關而不肎以力聞 從門。𢇍聲。古還切

⿵門龠 關下牡也。關橫設之⿵門龠直設之而承關之下關有孔以受⿵門龠故曰⿵門龠下牡也以木爲之蔡邕月令章句云鍵⿵門龠牡也所以止扉或謂之剡移顏氏家訓亦作剡移百里奚妻琴歌則曰炊扊扅夫可炊則是木矣五行志章城門門牡自亡南史梁元帝紀江夏宮南門鑰牡飛亦皆木也字又作鑰借籥而以金作之者亦承用此名方言戶鑰自關而東陳楚之閒謂之鍵自關而西謂之鑰衆經音義引作⿵門龠月令修鍵閉注云鍵牡閉牝也正義云凡鎖器入者謂之牡受者謂之牝淮南時則訓修楗閉慎管籥

tián 闐　táng 闛　yān 閹　hūn 閽　kuī 闚　lán 闌　zhèn 𨳇　shǎn 閃　yuè 閱

注𨱍鎖須閉鎖筒管籥鎖匙從門龠聲。以灼切。闐盛皃也。桂氏曰當云闐闐盛皃本書嗔盛氣也引詩振旅嗔嗔今詩作闐闐爾雅釋天亦然廣雅闐闐盛也從門眞聲。待季切。闛闛闛。盛皃也。段氏曰揚雄賦西馳闛闔此段闛爲閶也大司馬注鼓聲不過閶此段閶爲闛闛卽鼓部之鼜也鼜聲不過闛闛卽鼓部之鼜也從門堂聲。論語堂堂乎張也徒郎切。閹豎也。周禮內豎注曰豎未冠者御覽引說文閹門豎也非也宮中閹。昏閉門者也。依元應引改周禮酒人邊人醢人醯人鹽人冪人內小臣寺人內豎縫人春人饎人槀人守祧凡十四職皆有奄故許君說之曰豎又以字從門故申說之其實經未言閹司門也惟鄭注曰閹精氣閉藏者今謂之宦人也主閉門戶故曰閹從門奄聲。周禮作奄省形存聲字英廉切閽常以昏閉門隸也。天官閽人掌守王宮之中門之禁注云閽人司昏晨以啟閉門者中門於外內爲中正義云掌戮墨者使守門宮者使守內天子五門雉門爲中門是雉門以內用奄庫門以外用墨秋官司隸罪隸蠻隸閩隸夷隸貉隸皆盜帑及俘獲者皆有守王宮之責此外以隸名官者惟夏官隸僕以其職事煩辱而名之非罪人也從門昏聲。意聲互相備呼昆切闚閃也。與窺同窺小視也豐卦闚其戶釋文引李登云小視字林窺傾頭門內視也旣於門取義是卽闚也從門規聲。去隓切闌妄入宮掖也。三輔黃圖掖門在兩旁如人臂也漢宮中謂之禁中謂宮中門閤有禁非侍衛通籍之臣不得妄入春秋決獄兵所居比司馬闌入者髡從門䜌聲。洛干切讀若闌。言此者明假借也賈誼書天子門曰司馬闌入者爲城旦漢書成帝紀闌入尚方掖門汲黯傳而文吏繩以爲闌出財物如邊關乎應劭曰闌妄也臣瓚曰無符傳出入爲闌也西域傳今邊塞未正闌出不禁𨳇登也。小徐作聲也從門二。二古文下字嚴氏曰篆體當作𨳇說解當作從門二六書故云徐本從丅唐本從丄桉偏旁在門上知非下字佳部闔從𨳇省聲籀文作𨳇徐本尚從二則門部𨳇部從二者誤也讀若軍敶之敶。直刃切閃闚頭門中也。元應引作窺頭貌也又引字書作覘從人在門中。失冉切閱具數於門中也。數上聲字林閱具數也廣雅閱數也案具數者謂數算之也郊特牲然後簡其車賦而歷其卒伍注云簡歷謂算具陳列之也書呂刑閱實其罪正義云簡練核實左襄二十五年傳數甲兵

què 闋　kàn 闞　kuò 闊　mǐn 閔　chèn 闖　ěr 耳　zhé 耴　diān 貼　dān 耽　dān 聃

杜注數閱之春秋大閱賈逵曰簡車馬於廟也許君曰於門中者用師說也從門兌聲。弋雪切闋事已閉門也。元應引作事已曰闋索隱引作闋事已也然則閉門二字後人以字從門增之也詩節南山俾民心闋傳云闋息也大射儀樂闋注云闋止也從門癸聲。傾雪切闞望也。廣雅同字或作瞰東都賦瞰四裔而抗巍從門敢聲。苦濫切闊疏也。後漢書馬融傳憲令寬賒文禮簡闊從門活聲。苦括切閔弔者在門也。劉向與子歆書晝生有言弔者在門賀者在閭詩東山序序其情而閔其勞從門文聲。眉殞切𢙶古文閔從思民。兩朱氏鈔小徐本作𢙶玉篇收之思部作𢙶汗簡引作𢙶則是從心昏聲也或誤集韻引說文以𢙶爲愍之古文玉篇𢙶古文愍闖馬出門皃。公羊哀六年傳開之則闖然公子陽生也何注闖出頭皃釋文引字林馬出門皃案許引公羊於覫下從馬在門中。讀若郴。丑禁切

文五十七　重六豐卦釋文引字林閴靜也孟作窒然則字林始收閴許君從孟不從馬也

耳主聽也。當增者字顏注急就篇耳主聽者也顏氏主說文蓋所据者完本也象形。而止切凡耳之屬皆從耳。耴耳垂也。列子貊越之東有輒休之國釋文云輒說文作耴耳垂也蓋儋耳之類是也吾鄉呼耳輪爲耳垂似此及貼耽下三垂字皆同此解若聽則是人爲之故曰垂耳謂垂其耳也從耳下𠂹。象形。象其垂也陟葉切春秋傳曰。玉篇引無此句秦公子耴。耴者。其耳下𠂹。故以爲名。玉篇引亦作耴大徐作輒嚴氏曰左傳無此文秦亦無公子輒惟鄭子耳始見襄八年傳郎襄十年經之鄭公孫輒也疑當言春秋傳有鄭公孫耴者其耳下𠂹故以爲名貼小𠂹耳也。玉篇引作小耳垂篇海引作小耳垂皃疑皆非廣雅貼耳小垂當從之與下文耽耳大垂也爲儷語從耳。占聲。丁兼切耽耳大𠂹也。淮南墜形訓夸父耽耳在其北高注耽耳耳垂在肩上從耳。冘聲。丁含切詩曰。士之耽兮。衛風氓文傳曰耽樂也蓋借耽爲媅也聃耳曼也。廣韻聃耳漫無輪史記老子名耳字伯陽謚曰聃索隱云許慎云聃耳漫也故名耳字聃今作字伯陽非正也老子碑銘聃然老旄之貌也曾子問

吾聞諸老聃注云老聃古壽考者之號也。從耳冉聲。他甘切。聃或從甘。

垂耳也。從耳詹聲。都甘切。衆經音義卷一十五皆出聸耳而說之曰：丁藍反，說文：垂耳也。經文作耽，丁含反，說文：耳大也。雖少垂字，然既區別引之，則謂說文祇有耽字，後人增入聸字者，非也。且左傳鄭之祝聃，史記鄭世家作祝瞻，瞻當是聸之譌，是聸又與聃通。南方有聸耳之國。或借儋爲之，大荒北經有儋耳之國，任姓。後漢書南蠻傳：珠崖、儋耳二郡，其渠帥貴長耳，皆穿而縋之，垂肩三寸。杜篤傳謂之緩耳。水經注溫水云：儋耳卽離耳也。

耳□□箸頰也。竹君本空白二格，似是耿耿二字。犬部猲，犬猲猲不附人也，與此語例同。楚辭：曾頰倚耳，曲眉規。從耳，烓省聲。古杏切。杜林說：耿，光也。從光，聖省。烓，形聲字也，耿字從火，何由知爲烓省？許君以其難通也，故又引杜說以爲會意，從光聖省者，光聖竝省也。書云：覲文王之耿光，故從光省；文王，聖人也，故從聖省。然耿字不專爲文王作也，許君列此兩說，皆存疑也。凡字皆左形右聲，杜說非也。此語之陋，凡有數端：不知兩說皆不通，第見杜說在後而駁之也。周官保氏賈疏分形聲爲六等，猶不能備，況但舉一端乎？本部有六字，皆下形上聲，竝不能見也，二也。又鼂字下亦駁杜說，是此人不喜伯山，一遇其說，卽駁之而已。許君未嘗駁舊說也。

卽連也。依元應引補。卽者，以合倂之詞爲區別之詞也。段氏謂聯爲連之古字，連爲輦之古字，是也。然許君區別之者，恐人合輦聯爲一字也。辵部連下云：負連也者，連是古語，負撻是漢語，而古無撻字，故仍作負連，要是擔運之義，此自爲一事。聯卽連也者，周謂之聯，漢謂之連，借用負連之字，而改力展切之音，此則連屬之義，又自爲一事。春官巾車：連車組輓。釋文如此，說曰：音輦，本亦作輦。鄭注：人輓之以行，是連車仍以負連得名也，此連輦一字之說也。天官八灋三曰官聯，鄭司農云：聯讀爲連，古書連作聯，聯謂連事通職，相佐助也，此聯連一字之說也。從耳，耳連於頰也。從絲，絲連不絕也。會意字也，而意不可會，故兩分說之。力延切。

耳鳴也。楚詞：耳聊啾而憭慌。注云：聊啾，耳鳴。集韻：膠與聊同。膠嘈，耳鳴也。王延壽夢賦作聊嘈。從耳卯聲。洛蕭切。

通也。風俗通：聖者，聲也，通也，言其聞聲知情，通於天地，調暢萬物。白虎通：聖者，通也，道也，聲也，道無所不通，明無所不照，聞聲知情。書無逸：此厥不聽。漢石經聽作聖。汗簡耳字釋云：聽亦作聖。從耳呈聲。式正切。

察也。

洪範五事四曰聽，傳云：察是非。從耳悤聲。倉紅切。

聆也。釋名：聽，靜也，靜然後所聞審也。從耳悳。書大甲：聽德惟聰。從壬聲。他定切。

聽也。淮南齊俗訓：所居聆聆。高注：聆聆，意曉解也。從耳令聲。郎丁切。

記微也。字林同，言記職其微眇也。白虎通：智者，知也，獨見前聞，不惑于事，見微者也。經典職守、旗幟、知識三義，說文竝作識，說見識下。經典記識一義，說文作職，證見艸部蔡、史部事、此部蔡竹部箋下。段氏曰：周禮職方，亦作識方，未詳所本，姑記俟考。從耳，案聲入心通，受之者耳，故從耳。論語曰：耳順。曰：默而識之。易曰：知以藏往。戠聲。之弋切。

讙語也。字林：聒，讙語也。蒼頡篇：聒，擾耳孔也。抱朴子：春蛙長譁，而醜音見患於聒耳。從耳昏聲。古活切。

張耳有所聞也。蒼頡篇：聥，驚也。從耳禹聲。王矩切。

音也。轉注，音下既析言之，故此不復析也。從耳殸聲。書盈切。殸籒文磬。小徐無。

知聲也。孟子：聞其樂而知其德。案大學：聽而不聞，是知聽者耳之官也，聞者心之官也，故廣雅曰：聞，智也。從耳門聲。無分切。

古文聞從昏。

訪也。洪範：王訪于箕子。言部曰：汎謀曰訪。從耳甹聲。匹正切。

無聞也。從耳龍聲。龍無耳，以角聽。盧紅切。

生而聾曰聳。聳字各本同，隸書不省也。玉篇引國語：聽無聳也。方言：生而聾，陳楚江淮之間謂之聳，荆揚之間及山之東西雙聾者謂之聳。從耳，從省聲。息拱切。

益梁之州謂聾爲聹。廣雅：聹，聾也。方言：半聾，梁益之間謂之聹。秦晉聽而不聞，聞而不達，謂之聹。方言、字林竝同，惟作聽而不聰爲異。從耳宰聲。作亥切。

生聾也。許君用其師說也。衆經音義：國語：聵不可使聽。賈逵曰：生聾曰聵。一云：聾無識曰聵。從耳貴聲。五怪切。

聵或從欳。

聵或從豙作。玉篇、廣韻皆有聲無聵，聵與頁部顡同，從豙聲，義亦極近。

無知意也。郭注方言秦晉謂之聉曰言聉無所聞知也。集韻：聉，顡無志皃。從耳出聲。讀若孽。當作孼。五滑切。

墮耳也。蓋謂因病而墮也，故小徐本明在聉上。方言云：墮耳者明也。刀部之刵，則刑耳之名。大徐列此篆於聅下，則是與刵爲異部重文矣，非也。從耳月聲。魚厥切。

吳楚

niètiē qín mǐ guó chè
聶 聑 耹 ⿸麻耳 聝 聅

之外凡無耳者謂之⿰耳闋。从耳闋聲。五滑切。讀若斷耳爲盟。桂氏曰、盟當爲明。方言、聾之甚者、秦晉之間謂之⿰耳闋、吳楚之外郊凡無耳者亦謂之⿰耳闋、其言⿰耳闋者、若秦晉中土言聵耳者明也。明、俗本譌作明。筠案、斷亦當依方言作聵。

聅 軍法以矢貫耳也。左傳二十七年傳、子玉治兵于蔿、鞭七人、貫三人耳。蓋即謂此。疏以耳爲助句、非也。从耳从矢。恥列切。司馬法曰、小罪聅之、中罪刖之。刖似當作刵、刀部、刵、斷耳也。大罪剄之。罪竝當作辠。

聝 軍戰斷耳也。玉篇引作戰而斷耳也。字有生死兩說、詩皇矣、攸馘安安、傳曰、馘、獲也。不服者、殺而獻其左耳、曰馘。王制、以訊馘告、注云、訊馘所生獲斷耳者。春秋傳曰、以爲俘聝。成三年文、人部俘下引同、毛氏刓改爲馘。从耳或聲。古獲切。

馘 聝或从首。字林、截耳則作耳旁、獻首則作首旁、王制注云、馘或爲國、蓋誤字也。斥彰長田君碑、討馘畔夷、漢隸字原曰、即馘字、案兩體皆聲而無義、此漢時杜撰之俗字也。

⿸麻耳 乘輿金飾馬耳也。廣韻五支四紙皆云乘輿金耳、段氏從之、嚴氏曰、耳者車較也、即詩重較、金耳即西京賦倚金較、荀子禮論、史記禮書皆云彌龍、徐廣曰、乘輿車、金薄繆龍、爲輿倚較、彼彌字即⿸麻耳也。从耳麻聲。讀若渳水。一曰若月令靡艸之靡。亡彼切。

說文句讀　卷二十三　十七

耹 國語曰、回祿信於耹遂。闕。段氏曰、國語今見周語、闕者、謂其義其音其形皆闕也。韋注、回祿、火神、再宿爲信、耹遂、地名。宋庠音禽。後漢書楊賜傳引作黚遂、黚亦今聲也。而說苑引國語作亭遂、竹書帝癸三十年作聆隧、災是其字從令從今不可定。而許書此篆或後人所偶記、註於此者。筠案、段氏說甚細。惟是小徐本、聅馘⿸麻耳耹四字、皆在聶篆之下、明是後人附益、其或自增之、而注以闕邪、抑或据補之本、先已斷爛、耹下但存所引國語、而說義說形之詞皆亡、遂注以闕邪。且許君必偁春秋國語、而此不云春秋、是其上題有闕文矣。巨今切。

聑 安也。長笛賦曰、瓠巴聑柱、字或作怗。晉書謝朏傳、羣情怗然、又作帖及貼。从二耳。本丁篋切、孫丁帖切。

聶 附耳私小語也。諸引無私字、字或作囁、史記魏其武安傳、乃效兒女子呫囁耳語、集韻引韋昭曰、呫囁、附耳小語聲。从三耳。尼輒切。

文三十二　重四　汪氏、顧氏、小徐本、皆多[illegible]字、然皆云重四。○桂氏補聄及重文聀、韻會引說文、聄、告也、从耳、㐱聲、或作聀、玉篇、聀、之忍切、埤蒼云、告也。禮記曰、聀于鬼神、亦作聄、案禮記作畛、廣韻十二齊、聅、苦圭切、說文云、耳不相聽。

zhǎng
掌
zhǐ mǔ shǒu yí yí
指 拇 手 巸 𦣝

𦣝 顄也。轉注。象形。金刻作[glyph]、楚詞大招、謂之靨輔、淮南子、靨輔在頰則好、在顙則醜、高注、靨輔、頰上窐也。[glyph]之外、象頤、中一筆象窐、乃禮運孔疏曰、鬚謂頤下之毛、莊子曰、驪龍頷下、其意皆與今語頷頦同者、蓋面止兩骨、鼻以上一骨、口以下一骨、故以頷頦統目其骨也。與之切。凡𦣝之屬皆从𦣝。

頤 篆文𦣝从頁。

𩠐 籒文𦣝从首。

巸 廣𦣝也。經典借熙爲之、而但取廣義、不取𦣝義也。周頌昊天有成命、傳曰、熙、廣也。左襄二十九年傳、廣哉熙熙乎。从𦣝巳聲。與之切。

[glyph] 古文巸从戶。九經字樣、尼戺、上說文、下經典相承、知唐本戶在巳上。徐鉉曰、今俗作牀史切、以爲階戺之戺。段氏曰、人體字、當从尸、階戺則借以爲名也。

文二　重三

說文句讀　卷二十三　十八

手 拳也。象形。書九切。凡手之屬皆从手。

[glyph] 古文手。

掌 手中也。增韻、掌、手心也、謂指本也。从手尚聲。諸兩切。

拇 將指也。拇爲手巨擘、而足大指亦沿此稱也。經傳無異詞。解卦、解而拇。王云手大指、陸云足大指、咸卦、咸其拇、馬鄭薛云、足大指、釋訓、履帝武敏、武迹也、敏、拇也、郭注、拇迹大指處、楚語、至于手拇毛脈、韋注、拇、大指也、將指之爲手大指也、蓋自許君倡之、韋昭王肅顏師古皆沿之、顏注急就篇曰、拇、大指也、一名將指、是也。將指之爲手中指也、則自鄭君倡之、杜預賈公彥孔穎達沿之、鄉射禮、凡挾矢、於二指之間、橫之、鄭注、此以食指將指挾之、大射禮設決朱極三、注云、三者、食指將指無名指、左定四年傳正義云、定十四年左傳、闔閭傷將指、注云、其足大指、見斬足之用力、大指爲多、手之取物、中指最長、故足以大指爲將指、手以中指爲將指是也。許君既以將指說拇、吾知其不謂中指者、莊子云、駢拇枝指、人指生歧、非巨擘即小指、未有生於中指者也。即鄭君以中指爲將指、亦必不以中指爲拇也、至於鄉射記賈疏云、第三指爲將指、左傳闔閭傷於將指是也、則大謬也。从手。母聲。咸初解四之拇、釋文云、荀作母、云陰位之尊、則是不以爲指也。莫厚切。

指 手指也。大指爲拇指、二

耳𦣝手

yī 揖　yì 撎　qiān 攐　kōu 摳　shuò 揱　xiān 攕　wàn 掔　quán 拳

爲食指，三爲中指，四爲無名指，五爲小指。言手者，以手統足也。從手。旨聲。職雉切。

拳手也。玉篇拳屈手也。此用轉注者，以其易解也。凡字與部首轉注者，如趨踞眼內之類，無不繼部首之下，此獨不然，亦足明其異。從手。𢍏聲。巨員切。

掔手掔也。士喪禮設決麗于掔，注：掔，手後節中也。古文掔作捥。許君不收捥，從今文也。抑此掔字，惟黃氏叢書所翻宋槧儀禮不誤，他本皆譌爲下文掔固也之掔。左傳涉佗捘衛侯之手及捥，則用古文。揚雄曰：掔，握也。聲類：擥也。三蒼：擥亦牽字，苦田反，引前也。淮南主術訓瞋目扼掔，高音捧。江淹麗色賦不掔衛帶，斐壽碑捥髮傳業。從手。取聲。烏貫切。

攕好手皃也。詩曰：攕攕女手。戈部𢦏下亦引此詩，則今魏風葛屨作摻摻者，傳寫之譌也。毛傳曰：摻摻猶纖纖也。韓詩卽作纖纖，辥君章句：纖纖，女手皃。𢥢古詩又曰纖纖出素手，則知秦漢閒借纖爲攕。纖者，細也。從手。韱聲。本山廉反，孫所咸切。

揱人臂皃也。玉篇曰長臂皃。從手。削聲。所角切。周禮曰：輻欲其揱尒。考工記輪人曰：望其輻，欲其揱爾而纖也。注云：揱，纖殺小皃也。鄭司農讀爲紛容揱參之揱，康成讀如桑螵蛸之蛸。段氏曰：紛容揱參，出上林賦。筠案：今作粉溶蒳蔘者，後人改也。其下句曰猗狔從風，先鄭注考工又引之曰倚移從風，猶之此也。

摳繑也。糸部：繑，絝紐也。摳而訓繑，未詳何義。一曰：摳衣升堂。似有闕文。曲禮摳衣趨隅，論語攝齊升堂，蓋許君用此二事以爲說，而賸此四字也。從手。區聲。口侯切。

攐摳衣也。廣雅：攐，摳也。淮南人閒訓：江之始出於岷山也，可攐裳而越也。從手。寋聲。鄭風褰裳涉溱。去虔切。

撎拜。句。舉手下手也。依西征賦注引補。以拜釋撎者，謂撎爲九拜之一也。春官大祝九曰肅拜，鄭司農曰：但俯下手，今時撎是也。舉手當作舉首。字林：撎，舉首下手。案誚首、頓首皆首與手俱下，卽空首不至地，亦俯首，不得舉首。撎則但下其手也。漢書高帝紀酈生不拜長揖，則借揖爲撎，與今人同。從手。壹聲。於計切。

揖攘也。秋官司儀土揖、時揖、天揖，皆本義。公羊僖二年傳：獻公揖而進之。何注：以手通指曰揖。案通指者，達意也。此則引伸之義。至於鄉射禮揖弓，注云：揖猶推之也。此雖借義，然下文曰攘推也，其意正同。從手。咠聲。伊入切。一曰：手箸胷曰揖。鄉飲酒禮主人揖衆賓，賓厭介，介厭衆賓。鄭注：賓之屬相厭，變於主人也。推手曰揖，引手曰厭。今文皆作揖。許君從今文，故上文曰攘也，卽推手之謂。此云手箸胷，卽引手之謂。案許君所以不從古文作厭者，揖厭總是手當心，但有小前小卻之分，故不別其名也。

liǎn 撿　bài 𢷎　gǒng 拱　ràng 攘

攘推也。漢書禮樂志盛揖攘之容，藝文志合於堯之克攘，司馬遷傳小子何敢攘焉，又進攘之道，顏注竝曰：攘，古讓字。堯典允恭克讓，鄭注：推賢尚善曰讓。從手。襄聲。汝羊切。

拱斂手也。桂段嚴三家皆曰斂當作撿，非也。如是則當作撿也，不當連言手。凡轉注之例，必義皆衆箸乃用之。若少有疑，則不用也。支部：斂，收也。收斂其手，卽論語疏所謂沓手也。於此既明，而後撿下曰拱也，人可以曉然矣。大抵拱揖同是手當心，揖有前卻，拱則不動。故孔子與門人立，拱而尚右。玉藻臣侍於君垂拱，武成垂拱而天下治，是知無事而拱，上下同詞也。行而張拱曰翔。從手。共聲。居竦切。

撿拱也。漢書翟布傳陰拱而觀其孰勝，顏注：斂手曰拱。從手。僉聲。良冉切。

𢷎首至地也。桂氏曰：首當爲手。增韻：拜，手至地，若首至地則是𡿺首矣。古文從兩手下，可知首字之誤。賈誼書拜以磬折之容，吉事上左，凶事上右，隨前以舉，項衡以下，寀速毋遲，背項之狀如屋之立，拜容也。從手。𠦬聲。博怪切。

拜今拜字卽仿此作之，然兩手一下一不下矣，似當作𢱭。揚雄說：拜從兩手下。拜當作𢱭，下同。

𢱭古文拜。從二手。案篆當是從比從二手。比二手者，竝二手也。此字舉事本，拜從兩手下，則舉事末也。乃說但云從二手，汗簡引作𢱭，正從二手矣。乃㠯之重文𢱭亦從二手也。蓋拜𢱭二字皆出揚雄，正以其相似，故區別之耳。

捾搯捾也。搯捾蓋漢時恆言，乃複語也。故搯篆下單言捾也以明之。元應引同，小徐亦作搯指也，則又誤也。目部𥈏，捾目也。埤蒼：搯，抓也。三國典略：劉愨常有飛書謗毀，梁王怒曰：劉愨似衣中蝨，必須搯之。世說：顧雍以爪搯掌，流血霑襟。魯語無搯膺，韋注：搯，叩也。長笛賦搯膺擗摽。從手。官聲。烏括切。一曰：援也。廣雅：捾，取也。詩無然畔援，正義云：援是引取。增韻：捾，取也，援也。

搯捾也。元應曰：中國言搯，江南言挑。從手。舀聲。土刀切。周書曰：師乃搯。搯者，搯兵刃以習擊刺也。依詩釋文引改補。書者，大誓逸篇。引而說之者，此別一義。又尚書大傳作慆，蓋許時已有別本譌作慆，故爲之鄭重分明也。鄭君注曰：慆，喜也。則以是時皆譌本，而下文又曰前歌後舞，故如此解之。詩曰：左旋右搯。鄭風清人文。又引此者，再爲搯兵刃以習擊刺作證也。搯今作抽，二韻古通。

𢪏攤也。廣韻：𢪏，抱持。從手。巩聲。居竦切。案云巩聲，不云從巩，正

tuī 推　zùn 捘　pái 排　jǐ 擠　dǐ 抵　cuī 摧　lā 拉　cuò 挫　fú 扶　jiāng 将　chí 持　qiè 挈　qián 拑

合重文在兩部之例、故知丮部𢪎字爲重出、惟在此不次、則後人亂之、推 排也。漢書朱買臣傳、相推排成列、地理志、上郡推邪縣、莽曰排邪、從手隹聲。他回切、捘 推也。從手夋聲。子寸切、春秋傳曰、捘衛侯之手。定八年文、杜注、捘、擠也、排 擠也。禮少儀、排闔、史記樊噲傳、乃排闥直入、從手非聲。步皆切、擠 排也。左昭十三年傳、小人老而無子、知擠於溝壑矣、定八年正義解此文曰、謂被推入坑也、從手齊聲。子計切、抵 擠也。夏小正傳、抵猶推也、漢書田延年傳、抵曰無有是事、注云、抵、拒諱也、從手氐聲。丁禮切、風賦注引、抵觸也、乃牛部牴下說也、不言賦借抵爲牴、而直引之、足以誤人、摧 擠也。廣雅、摧、推也、從手崔聲。昨回切、一曰挏也。一曰折也。楚詞九思、魁壘擠摧兮常困辱、注云、擠摧、折屈也、拉 摧也。史記索隱引同、衆經音義曰、拉或作搚同、力荅反、說文、拉、敗也、案下文摺、敗也、豈元應謂拉同摺、卽引摺之說邪、然下文拹、摺也、一曰拉也、玉篇、拉、折也、引左氏傳拉公幹而殺之、然則卽云摧也、亦是摧折之義、而非推排之義、小徐本拉在抈之下、似得其次、而下文之挫在摧之下、又不得其次、

說文句讀　卷二十三　七百八十一　、○折四十一　圭

且上文推排擠抵四字、小徐在搑擣之下、皆非佳語、大徐不逐推捘于後、而逐排擠抵摧於前、大非許君例、然本部雜亂太甚、姑依大徐、讀者無爲所或可也、從手立聲。盧合切、挫 摧也。元應引同、文賦注引作折也、蓋展轉引摧字說也、從手坐聲。則臥切、扶 左也。左部云、手相左助也、漢書高帝紀、不如更遣長者扶義而西、注云、以義自助也、從手夫聲。防無切、𢽿 古文扶從攴。将 扶也。經典皆借將、詩無將大車、箋云、將猶扶進也、左莊二十一年傳、鄭伯將王、自圉門入、史記司馬相如傳、補過將美、從手。爿聲。七良切、持 握也。下文十九字、皆持之細目、故以持領之、說之曰握也者、蓋握字本次揮字之下、首以持、終以握、故說持以握、兩頭筦攝之、其實握者搤持也、是持之一種、不似持之爲統詞也、知握當在末者、以把下云握也、知之、從手寺聲。直之切、挈 縣持也。下文提挈也、王制、班白者不提挈、說以縣者、提是物則物向下、有似倒縣、故曰縣、釋名、挈、結也、結、束也、束持之也、其說非也、荀子勸學篇、若挈裘領、是也、縣是比象之詞、非眞縣系之、從手。韧聲。苦結切、拑 脅持也。謂以肘拑制於脅下也、與夾之亦有所持、匸之衺徯、蓋同意、

shé 揲　zhì 摯　cāo 操　jú 挶　qín 捦　bó 搏　jù 據　shè 攝　nán 抩　bù 抪　xié 挾

從手甘聲。巨淹切、揲 閱持也。易釋文曰、揲猶數也、程氏瑤田曰、說文、揲、閱持也、匹、四丈也、八揲一匹、不有說文、則易繫辭揲之以四、以象四時、不知揲爲閱持、兩手閒容五尺矣、從手枼聲。食折切、摯 握持也。桂氏曰、釋詁、拱、執也、執卽摯、從手執聲。脂利切、桂氏曰、本書摯下云、一曰至也、此四字當在摯下、釋詁、摯、臻也、注云、摯、至也、疏云、執摯所以表至也、書西伯戡黎、六命不摯、傳云、言受大命者、何不至也、詩關雎傳、雎鳩、摯而有別、箋云、摯之言至也、汝南平輿有摯亭、後漢郡國志注引、操 把持也。詩兔爰箋云、急者有所躁蹙也、正義云、躁、定本作操、從手。喿聲。七刀切、挶 爪持也。爪下云、丮也、覆手曰爪、通俗文、手把曰擢、案把俗作爬、謂以手抓之也、衆經音義、𠩺、字宜作擢、同、蒼頡篇、擢、搏也、荀子哀公篇、鳥窮則啄、獸窮則擢、或借攫、莊子徐無鬼篇、委蛇攫抓、淮南覽冥訓、鷙攫老弱、高注、攫、搏也、從手瞿聲。居玉切、捦 急持衣裣也。玉篇曰、急持衣裣、行也、行字衍、蓋鈙捦同字、攴部衹一鈙字、故渾言之曰持也、此方區別持之類、而捦裣又同從金聲、故云然、三蒼云、捦、手捉物也、是也、經典皆借用禽、故俗作擒、從手金聲。巨今切、

說文句讀　卷二十三　七百八十四　、○折四十六　圭

㩒 捦或從禁。搏 索持也。段氏改索爲索、曰、入室搜爲索、周禮、環人、搏諜賊、射人注、貍善搏者也、行則止而擬度焉、其發必獲、段說是也、呂氏春秋首時篇、伍子胥說之半、王子光舉帷搏其手、注云、搏、執、子胥之手、案此事亦本義、至於左莊十一年傳、公右顓孫生搏之、則引伸之義、從手尃聲。補各切、一曰至也。據 杖持也。論語、據於德、何晏云、據、杖也、晉語、無所據依、韋注、據、杖也、亦借据、揚雄傳、三摹九据、晉灼曰、据、今據字也、案公羊何注皆作据、從手豦聲。居御切、攝 引持也。論語、攝齊升堂、正合本義、至於左昭二十六年傳、晉爲不道、是攝是贊、晉語、若下攝上、與上攝下、杜注韋注皆曰、攝、持也、則與引義不甚合、從手。聶聲。書涉切、抩 并持也。玉篇廣韻皆曰併持也、從手冄聲。他含切、抪 捫持也。從手布聲。依下一義則兼意、普胡切、○一曰、布也。衆經音義曰、字書、抪、敷也、謂敷舒之也、說文、抪、布也、今皆作鋪、鋪、陳也、案元應之意、謂當作抪陳、鋪則借字也、挾 俾持也。釋名、挾、夾也、在旁也、吳語、挾經秉枹、韋注、在掖曰挾、從手夾聲。大部夾下云、持也、從大俠二人、是知夾聲兼意、云俾持者、人部俾、一曰門侍人、

ná 拏　bǎ 把　è 搹　dàn 撣　wò 握　liè 擸　lǎn 擥　mén 捫

莊氏謂當作門持人是也。門持人卽左傳收禽挾囚之謂也。而桂氏曰：亦部夾下云盜竊褱物也，從亦有所持，俗謂蔽人俾夾是也。馥謂俾夾卽俾持，疑挾從夾。劉熙言在旁，韋昭言在掖，皆從夾之義。案其說爲用心者所不廢，然非也。蔽人俾夾乃俗語，不可以爲俾之古義。若据此改挾，則夾之從大俠二人，乚下云衺徯有所俠藏也，皆借俠爲挾，且乚義正同俾持，亦將改俠從夾邪。挾音胡頰切，經典無異音，段氏改篆而仍用此音，則亦進退無所據也。

捫　撫持也。字林同。案此用撫一曰循也之義。廣韻曰捫以手捫持。案捫揗也，揗摩也，與循同義。聲類曰捫摸也是也。從手門聲。莫奔切　詩曰：莫捫朕舌。大雅抑文。傳曰捫持也。

擥　撮持也。撮一曰兩指撮也，此其引伸之義，謂總撮之也。樂記竹聲濫，濫以立會，注云濫之意猶擥聚也。漢書陳湯傳擥城郭之兵，顏注擥總持之也。俗作攬，釋名攬斂也，斂置手中也。從手監聲。盧敢切

擸　理持也。玉篇擸捋持也。通作獵，史記日者傳獵纓正襟危坐，索隱曰獵攬也。又通作躐，後漢書崔駰傳當其無事則躐纓整襟，注云此字宜從手。廣雅云擸持也，言持纓整襟俛其容止。從手巤聲。良涉切

握　搤持也。鄉射禮箭籌長尺有握，注云握本所持處也。從手屋聲。於角切

𡒪　古文握如此。淮南子𡒪無所鑒謂之狂生，高注𡒪持也，𡒪古握字也。

撣　提持也。太元何福滿肩，提禍撣撣。從手單聲。讀若行遲驒驒。此蓋俗語狀行遲者曰驒驒也。否則是嘽嘽駱馬之異文，口部嘽下、疒部疹下皆引之，或三家有作驒驒駱馬者乎。毛傳曰馬勞則喘息，既已勞矣，行能不遲乎。徒旱切

把　握也。衆經音義引云握也，持也，單手曰把。從手巴聲。博下切

搹　把也。喪服傳曰苴絰大搹，注云盈手曰搹，搹扼也，中人之扼圍九寸。從手鬲聲。士喪禮苴絰大鬲，注云鬲搤也，中人之手搤圍九寸。讀若戹。於革切

扼　搹或從戹。据鄭以扼說搹，又以搤說鬲，則扼當爲搤之重文，然搹搤音義亦同，但有動靜之分耳。後漢書班固傳扼猛噬，注云說文曰搤捉也，音戹，搤與扼通。案此說則其通可知，其別亦可知矣。

拏　牽引也。史記霍去病傳漢匈奴相紛拏，注云相牽也。後漢書馮衍傳禍拏未解，兵連不息，注云拏謂相連引也。長笛賦挼拏捘臧，李善引蒼頡篇拏捽也。引也通作挐，莊子漁父丈挐而引其船，宋玉九辨枝煩挐而交橫，漢書嚴安傳禍挐而不可解，顏注挐相連引也。揚雄解嘲攫挐者存，注云妄有搏執牽引也。長笛賦注引說文挐索持也，蓋卽

fǔ 拊　póu 掊　pāi 拍　yuàn 掾　shǔn 揗　kòng 控　àn 按　zhé 𢫦　yè 擫　shě 捨　chī 摛　niān 拈　tí 提　xié 攜

挐下之持也，而又誤用搏下之索持也，殆不可據。廣韻九魚挐下云牽引，正與挐之說解同，而九麻挐亦曰牽也。韻會六魚挐引說文持也，又牽引也，且云或作拏；又麻韻禮韻舊出挐字，今正，然其六麻仍出挐字，引說文如今本。案挐拏二字今互易其訓義，非說文傳譌也，段氏乃互易其篆文，尤誤。從手奴聲。女加切。韻會故爲奴加切。一曰巴也。元槧韻會引如此。把之爛文也。豕部豝一曰二歲能相把挐也。

攜　提也。曲禮長者與之提攜，注云提攜謂牽引將行。案將亦幷之借字。從手巂聲。戶圭切

提　挈也。曲禮提者當帶，釋名提地也，臂垂所持近地也。從手是聲。杜兮切

𢫦　拈也。六書故捓，今作捻。從手耴聲。丁愜切

拈　𢫦也。釋名拈黏也，兩指翕之黏箸不放也。從手占聲。奴兼切

摛　舒也。漢書敘傳摛藻如春華，字林作攡，云舒也。大元幽攡萬類而不見形。從手离聲。丑知切

捨　釋也。此舍之分別文也，故經典皆用舍。釋詁廢稅赦舍也，皆釋散之意。從手舍聲。書冶切

擫　一指按也。韓子田連成竅天下善鼓琴者也，然而田連鼓上，成竅擫下，而不成曲。淮南泰族訓所以貴扁鵲者，貴其擫息脈血知病之所從生也。從手厭聲。亦省作厭，笙賦厭焉乃揚，李注厭亦作擫，謂指擫也。於協切

按　下也。印部归有重文抑，云按也。通作案，火部熨從上按下也，大徐按作案。從手安聲。烏旰切

控　引也。毛傳文。左襄八年傳無所控告。從手空聲。苦貢切　詩曰：控于大邦。鄘風載馳文。匈奴名引弓曰控弦也。依元應引補。又引匈奴作突厥。漢書婁敬傳控弦四十萬。

揗　摩也。廣韻揗手相安慰也。漢書高帝紀因拊其背，顏注拊謂摩揗之也。通作循，史記晉世家子反收餘兵拊循欲復戰。從手盾聲。食尹切

掾　緣也。二字疊韻，義則未詳。案玉篇以掾揗拍拊爲次，與說文大同，或緣亦循緣之意，與拊揗同也。從手彖聲。以絹切

拍　拊也。郭注釋訓曰撫掩猶撫拍，謂慰恤也，與許君意合。拍卽俗拍字。至於釋名曰拍搏也，手搏其上也，則與尚書搏拊琴瑟同意，非許君揗掾拍拊四字類聚之意也。從手百聲。普百切

拊　揗也。小雅拊我畜我。從手付聲。芳武切

掊　把也。史記索隱引作抱也，六書故引唐本作捊也。案捊之或體作抱，云引取也，則其義固通，然刀部剖下云掊把也，則知作把爲正字，把讀如杷，非把握字也。

miè jiǎn shān è zhuō zé lún chā cuò liáo luō
搣 揃 挻 搤 捉 擇 掄 插 措 撩 捋

衆經音義卷十六引說文掊把也卷四曰手把曰抱皆足證他卷中有作手杷曰棓者誤也漢書郊祀志掊視得鼎注云掊手把土也貢禹傳農夫捽草把土注云把手掊之也、從手咅聲。父溝切。今鹽官入水取鹽曰掊。後漢書百官志注引胡廣曰鹽官掊坑而得鹽。

捋 取易也。容易之義亦有輕易之義詩芣苢薄言捋之傳云捋取也桑柔捋采其劉從手寽聲。受部寽五指捋也以捋說寽則捋爲寽之絫增字可知此等字不可以爲會意故歸之形聲實則聲爲主形爲從也勿誤分爲兩字郎括切一曰。劣也。嚴氏曰許蓋言捋亦以爲劣字衆經音義卷十一劣古文捋同或云捋劣以同聲爲義或云劣疑采之誤木部采捋取也轉相訓

撩 理之也。依元應引補廣雅撩理也他書率借繚及料但仍音聊耳莊子盜跖篇繚意絕體而爭此釋文繚理也通俗文理亂謂之繚理晉書王羲之傳比當相料理謂撩捋整理也蓋庾注也依元應引補從手尞聲。洛蕭切

措 置也。禮器措則正注云措置也通作錯易繫辭苟錯諸地而可矣從手昔聲。倉故切

插 刺內也。內音納入部內下云入也刺內者謂直刺而納於其中也玉篇廣韻竝云刺入也急就篇捃穫

秉把插捌杷顏注插者擔也兩頭鐵銳所以插刺不束而擔之也從手臿聲。依韻會引改楚洽切

掄 擇也。晉語君掄賢人之後有常位於國者而立之亦掄逞志虧君以亂國者之後而去之從手侖聲。盧昆切一曰。從手貫也。從手沿上而衍廣韻引無廣雅釋言掄貫也又曰貫穿也

擇 柬選也。釋詁流差柬擇也從手睪聲。丈伯切

捉 搤也。從手足聲。側角切一曰。握也。繫傳引左傳叔武聞君至捉髮走出漢書王襃傳周公躬吐捉之勞注云一飯三吐食一沐三捉髮古詩君子行一沐三握髮

搤 捉也。史記周本紀養由基釋弓搤劍曰客安能教我射乎漢書揚雄傳搤熊羆後漢書荀彧傳搤其喉而不得盡兩注皆曰搤捉持之也從手益聲。於革切

挻 長也。廣雅同老子挻埴以爲器釋文引字林挻長也繫傳引詩松桷有挻案木部梴下引此詩段氏以梴爲後人竄入從手延聲。段氏曰延當作㢟式連切

揃 搣也。急就篇沐浴揃搣寡合同顏注揃搣謂鬄拔眉髮也蓋去其不齊整者士喪禮蚤揃如他日注云斷爪揃鬊也從手前聲。即淺切一曰。竊也。

搣 批也。廣韻搣手拔衆經音義捉頭曰搣除

póu dì jū cuō zuó jí zǐ
捊 摕 ⿰扌鞠 撮 捽 揤 㧘

毁曰搣字統搣搣也俗謂之捉頭廣雅搣捽也莊子外物篇皆搣可以休老釋文亦作揃搣玉篇曰莊子云揃搣拔除也從手威聲。亡列切

㧘 捽也。廣雅同衆經音義批謂取著也通俗文挈挽曰批從手此聲。側氏切衆經音義引說文批撅也謂撅撮取也案撅見毛傳說文無之說詳揭下玉篇撅下引漢書注撅謂拘持之也西京賦批獝狘注云搏撮猛獸皃筠案自揃至捽五字同意以上諸說皆不合蓋下文⿱此手字說也㧘⿱此手同體故以㧘爲⿱此手西京賦語尤與助我舉⿱此手合以其字作批也姑記於此

揤 捽也。從手即聲。子力切魏郡有揤裴侯國。地理志魏郡即裴侯國莽曰即是案莽以裴從非故改爲是應劭地理風俗記亦作即漢書王子侯表揤裴戴侯道字作揤

捽 持頭髮也。元應一引作手持頭髮曰捽楚策吾將深入吳軍若仆一人若捽一人鮑注捽持頭髮也淮南氾論訓至其溺也則捽其髮而拯從手卒聲。昨沒切

撮 四圭也。漢書音義孟康曰六十四黍爲圭孫子算經六粟爲一圭十圭爲一撮十撮爲一抄隋書引作六粟爲圭十圭爲抄十抄爲撮夏侯陽算經十粟爲一圭從手最聲。倉括切一曰。兩指撮也。桂氏曰兩當爲三兩指爲拈三指爲撮漢書律

歷志量多少者不失圭撮應劭曰圭自然之形陰陽之始也四圭曰撮三指撮之也字林撮手小取也

⿰扌鞠 撮也。小徐篆作掬韻會曰匊本作掬廣韻則鞠之重文作掬而匊自爲一字詩詁兩手曰匊屈掌曰匊則均與匊之訓撮者異也。從手鞠省聲。小徐鞠省聲居六切

摕 撮取也。西京賦摕飛鼯薛注捎取之也埤蒼禁挑取也釋名撮捽也暫捽取之也晉書張載傳青骹繁霜摯于籠中何以效其撮東郭于韝下也從手帶聲。讀若詩螮蝀之螮。鄘風文都計切桂氏曰文賦意徘徊而不能揥李注云說文揥取也佗狄切協韻佗帝切案本書無揥字玉篇揥與禁同撮取也與戴所見唐本同筠案玉篇無此說姑記俟考

摕或從折從示。折當作斯說文無從斯之字朱竹君本惟此一字從斯可知它字亦皆鹵莽者改之矣○又兩手急持人也。依玉篇增又字所以區其爲別一義也○小徐本此下有古文𢓊張次立以爲從字朱氏文藻謂𢓊字之譌衍說詳繫傳梂銖

捊 引取也。段氏改爲引堅也是也玉篇引作引聚也亦是也詩緜捄之陾陾箋云捄捊也築牆者捊聚壤土盛之以虆釋文云爾雅云聚也說文引取土案取土當合爲堅土部堅土積也從手孚聲。步侯切

pō jiē　　dǎng jìn　　zhèn　　chéng shòu　　yǎn
抪 接　　攩 㨨　　挋　　承 授　　揜

詩曰。原隰捊矣。小雅常棣文。今作裒。釋詁。裒。聚也。釋文。裒本或作桴。桴乃捊之譌。易謙象。君子以裒多益寡。釋文。裒。鄭荀董蜀才作捊。云取也。字書作掊。集韻。捊或從包。從不。又云。捊。掬也。史記索隱云。案禮運汙尊而抔飲。鄭氏曰。抔。手掬之。積古齋延光四年耿氏鐙有張裒。則後漢已有裒字。故寫經者用之。

抱 捊或從包。此元應引。又曰。通俗文作掊。手把曰掊也。徐鉉曰。今作薄報切。以爲裒。裒字非是。

捦 自關吕東。謂取曰捦。方言。掩、索取也。自關而東曰掩。自關而西曰索。或曰狙。許所據方言蓋作捦。曲禮。大夫不掩羣。正義云。不可掩取之。蓋二字同音。故通用。從手。弇聲。衣檢切。一曰。覆也。此謂掩爲弇之絫增字。而亦與奄通。又借掩也。釋言。弇。蓋也。阝部用之。大部。奄。覆也。正同此義。禮器。豚肩不揜豆。用正字。聘義。瑕不揜瑜。月令。處必揜身。皆用借字。

授 予也。魯語。今日必授。韋注。授。予也。從手。受聲。殖酉切。

承 奉也。謂授之人也。小雅。承筐是將。箋云。承猶奉也。受也。謂受諸人也。禮運。是謂承天之祜。正義云。受天之祜也。○說文一字數義者。正義在前。餘義在後。且加一曰。其雜陳者。或後人刪一曰。或義係後增。惟此貢之於上。受之於上。皆曰承。於字形求之皆合。故不分主從。惟是奉下云承也。故先之耳。從手從卪從収。戴侗曰。唐本從手從丞。張參曰。從手從丞。說文無丞字。漢書有之。五經文字曰。丞時證反。唐嵩陽觀碑有𢍏字。上從丞。下從手。雖未必可信。附記以備一說。署陵切。

挋 給也。給者相足也。孟子。補不足。助不給。案此給也一義。挋蓋與振通。大司徒曰振窮。士喪禮注。古文挋皆作振。是也。俗借賑。廣韻。賑。贍也。給也。從手。臣聲。章刃切。一曰。約也。未詳。○桂氏曰。挋當有拭義。釋詁。挋。拭。刷。清也。喪大記。挋用浴衣。注云。挋。拭也。士喪禮。乃沐櫛。挋用巾。注云。挋。晞也。清也。

㨨 拭也。拭。漢字。卽飾字也。字林。㨨。技拭也。玉篇。㨨。清也。集韻。㨨與挋同。周禮遺人。以恤民之囏阨。注云。故書囏阨作㨨阨。案囏㨨同從堇。故借之。從手。堇聲。居焮切。

攩 朋羣也。經典皆作黨。鳥部。朋下云。故以爲朋黨字。亦作黨。六韜。友之友謂之朋。朋之朋謂之黨。黨之黨謂之羣。案此則朋羣也者。複語也。又案攴部。𢾗。朋侵也。疑此羣乃𢾗之省。形存聲字。泰誓。朋家作仇。脅權相滅。黃石公三略。羣吏朋黨。各進所親。招舉姦枉。抑挫仁賢。余以字從手。故疑其是此義。姑存以俟質。從手。黨聲。多朗切。

接 交也。孟子。其交也以道。其接也以禮。從手。妾聲。子葉切。

抪 推也。小徐韻譜如此。玉篇引同。廣韻十三末。抪

guàn zhǐ　　chuǎi mín　　fǔ zhāo　　dòng
摜 抧　　揣 㨉　　撫 招　　挏

下云。推抪。蓋下文捫字義相類。故相次。今本譌作㨨也。段氏遂迻之㨨篆之後。益誤矣。從手。𣎵聲。普活切。

挏 擁。句。引也。韻會兩引。一同。一作推引也。則啗廣韻之誤也。字書。挏。擁也。引也。蓋撞挏之器重。須兩手抱之。故曰擁。須往來推引之。故曰引也。玉篇引呂氏春秋。百官挏擾。挏。動也。淮南俶眞訓。撢掞挻挏。注云。擁引來去不定也。從手。同聲。徒總切。漢有挏馬官。作馬酒。地理志。太原郡有家馬官。百官公卿表。武帝太初元年。更名家馬爲挏馬。應劭曰。主乳馬。取其乳汁挏治之。味酢可飲。因以名官。如淳曰。主乳馬。以韋革爲夾兜。受數斗。盛馬乳。挏取其上肥。因名曰挏馬。官禮樂志注。李奇曰。以馬乳爲酒。撞挏乃成也。顏注。挏音動。馬酪味如酒。而飲之亦可醉。故呼馬酒也。

招 手呼也。廣雅同。呼者。評之借字。詩。招招舟子。傳云。招。號召之貌。正義云。號召必手招之。從手。召聲。口部。召。評也。則兼意。王逸注招魂曰。招者召也。以手曰招。以言曰召。止搖切。

撫 安也。廣雅同。從手。無聲。芳武切。一曰。揗也。玉篇。韻會引皆無此語。今亦未得其證。一曰。循也。此義謂撫與拊通。而循亦揗之借字也。繫傳曰。尚書撫于五辰。循于五時也。左宣十二年傳。王巡三軍。拊而勉之。注云。拊。撫慰勉之。齊策。內牧百姓。循撫其志。

𢼊 古文撫。從辵亡。攴部。𢻰。撫也。讀與撫同。則是𢻰𨑒同也。

㨉 撫也。段氏改撫下說作一曰揗也。說此文曰。此承上訓揗之撫而言。今人所用抆字。土部。墀下所用撋字。皆卽㨉字也。筠案。元應引字林。抆。拭也。從手。昏聲。武巾切。一曰。摹也。謂規摹之也。

揣 量也。鬼谷子揣篇。古之善用天下者。必量天下之權。而揣諸侯之情。從手。耑聲。衆經音義。揣音都果反。北人行此音。又初委反。江南行此音。嚴氏曰。鵩鳥賦。何足控摶。如淳曰。摶或作揣。是揣摶同聲。筠案。危部。𡮢。讀若捶擊之捶。足以間執小徐之口矣。度高曰揣。方言文。左昭三十二年傳。揣高卑。注云。度高曰揣。度深曰仞。釋文。揣。丁果反。莊子知北遊司馬彪注云。捶者。玷捶鉤之輕重也。釋文。玷。丁恬反。捶。丁果反。案玷捶。廣韻作敁敠。類篇作敁掇。卽量也之義。而捶與揣同音。一曰。捶之也。一引無之字。此義卽於音得之也。木部。檔。箠也。指器而言。揣捶則以用器言也。老子。揣而梲之。注云。揣治擊也。

抧 開也。桂氏曰。抧或作㩴。廣雅。㩴。開也。從手。只聲。讀若抵掌之抵。諸氏切。

摜 習也。摜與辵部遦皆貫之分別文。古有習貫之語。而無專字。借貫爲之。後乃作遦摜以爲專字。寫經

tiāo 挑　piāo 摽　jiá 扴　sāo 搔　zhì 擿　tóu 投

者苦其繁，故今本仍作貫也。左宣六年傳以盈其貫，杜注貫猶習也。正義云詩稱射則貫兮，先儒亦以爲習字。亦作串，釋詁串貫習也。衆經音義串古文作摜遦二形，又作慣。華嚴經音義鄭箋詩曰摜習也。字宜從才，今經本從豎心者，俗通用也。從手。貫聲。古患切 春秋傳曰。摜瀆鬼神。昭二十六年文，今亦作貫。

投 擿也。殳部毀爲投之古文。詩抑投我以桃，箋云投猶擲也。從手。殳聲。度侯切

擿 搔也。骨部䯤骨擿之可會髮者，蓋卽後世之搔頭也。史記張儀傳集解云駟案笄婦人之首飾，如今象牙擿。後漢書輿服志簪以玳瑁爲擿，其擿有等級焉，通作摘。釋名揥摘也，所以摘髮也。詩君子偕老象之揥也，傳云揥所以摘髮也。釋文云摘本又作擿。從手。適聲。直隻切 案此乃投也之音，搔也當音他狄切。衆經音義引字林他狄反擿除也，又呈亦反投擿也，兩義分屬兩音是也。一曰。投也。莊子胠篋篇擿玉毀珠，崔云擿猶投棄之也。左昭五年傳受其書而投之，史記索隱擿與擲同，古字耳。

搔 刮也。元應引如此，又引亦誤作搯也。廣韻搔爬刮。詩靜女搔首踟躕，內則疾痛苛癢而敬抑搔之，注云搔摩也。西京雜記有搔頭馬，部騷摩馬也，義同故借。從手。蚤聲。穌遭切

扴 刮也。廣韻扴揩扴物

也。韓愈文刮垢摩光。廣雅揩摩拭也。易豫卦介于石，馬作扴，云觸小石聲，鄭作砎，云謂磨砎也。從手。介聲。古黠切

摽 擊也。左哀十二年傳長木之斃無不摽也，杜注長木斃踣於地，不擇物而後摽擊。字或作拋，後漢書袁紹傳曹操發石車擊紹，注云卽今拋車也。公羊傳曰曹子摽劍而去之。從手。票聲。符少切，左傳釋文敷霄、普交二切 一曰。挈闓牡也。闓牡見門部

挑 撓也。張晏漢書注同。莊子大宗師登天游霧撓挑無極，漢書高帝紀卽漢王欲挑戰，愼勿與戰，臣瓚曰挑戰擿撓敵求戰也。小徐韻譜四豪挑撓也，二十九篠又收挑云輕弄也，蓋別用李舟說，非本之說文，而義亦相通。蓋謂挑撓與姚嬈通用也。女部姚嬈也，嬈戲弄也。史記司馬相如傳以琴心挑之，索隱曰張揖曰挑嬈也，以琴中嬈之。挑音徒了反，嬈音如了反。從手。兆聲。土凋切 一曰。摷爭也。摷者拘擊也，此加爭字，則摷爭連文，明其不用本義也，其義未聞。通俗文捊取曰摷，雖不可以證摷爭，然足徵摷字多別義矣。春秋國語曰。卻至挑天。周語曰晉之克也，天有惡於楚也，故儆之以晉，而卻至佻天以爲己力，不亦難乎。韋注佻偷也，偷天功以爲己力。案許引國語見挑又有偷義也，或與摷爭義近，非證撓也一義。○一曰。抉也。元應引如此，又

xiá 搳　xié 拹　cán 擊　zhāi 摘　qià 擖　jū 据　jū 挶　rǎo 擾　náo 撓　jué 抉

申之曰以手挑抉出物，嚴氏欲以易撓也之義，以下文卽抉字也。然挑撓旣有證據，故附于末以爲別義。

抉 挑也。史記吳世家抉吾眼置之吳東門，以觀越之滅吳也。從手。夬聲。於說切

撓 擾也。擾者擾之俗字。廣雅撓亂也。左成十三年傳撓亂我同盟，淮南說林訓使水濁者魚撓之。謂撓攪也。依元應引補，蓋庾注也。聲類撓攪也。從手。堯聲。奴巧切 一曰。捄也。廣二名也

擾 煩也。檜風匪風毛傳亨魚煩則碎，治民煩則亂，是許說煩字所本。蓋以手攪物，必非一擾而止，故曰煩。猶蔦覃毛傳汚煩也，亦謂反覆挼莎之也。左襄四年傳德用不擾。從手。夒聲。而沼切 一曰。順也。依集韻引補。周官太宰以擾萬民，因而物之順乎我亦謂之擾。職方氏六擾，五擾四擾是也。

挶 戟持也。此爲鴟鴞毛傳作注也，故不作丮持。丮部曰持也，讀若戟，是戟卽丮之借字也。漢書揚雄傳則不能擑膠葛，注云擑挶也，是擑乃漢字，許君不收。蕭該音義引字林挶擑持也，知呂氏始收之。從手。局聲。居玉切

据 戟挶也。句首當增拮据二字。鴟鴞毛傳拮据擑挶也，四字各爲連語，不可獨字成義。正義云擑挶謂以手爪挶持草也，兩字分說，已失其義。小徐乃鑿說戟字，尤遠矣。釋文曰擑本又作戟，蓋秦時無

撠字。從手。居聲。九魚切

擖 刮也。廣雅擖搔也，廣韻擖刮聲也。從手。葛聲。口八切 一曰。撻也。

摘 拓果樹實也。桂氏曰當云拓樹果實也。字林摘除也，蒼頡篇摘以指摘取也。後漢書張衡傳拓若華而躊躇。從手。啻聲。他歷切，又竹厄切。段氏謂宋本竹歷切，今本改竹厄以同廣韻，又曰他歷則爲擿之音矣。筠案文選閒亦借擿爲摘。一曰。指近之也。近疑當作斥，指斥卽指摘也。舞賦摘齊行列，李注指摘行列，使之齊整。

搳 擖也。從手。害聲。胡秸切。小徐本此篆在擖篆上。

擊 暫也。玉篇擊山甘切，斬取也，又才甘切，說文云暫也。廣韻平聲引說文暫也，上聲注斬取，然暫也殊不可解。列子有擊字，注云同暫。走部趣字玉篇作擊，云不久也，是亦以擊爲暫也。或擊亦暫之異文，從手之難解，猶之從足從走之難解邪。然與上下文諸字殊不類。桂氏曰暫當爲槧，削也。禮器有摲而播也，注云摲之言芟也。淮南兵略訓剡摲筡，案集韻在敢切，云擊也。從手。斬聲。昨甘切。竹君本篆作摲

拹 摺也。字或作搚。廣雅搚折也。從手。劦聲。虛業切 一曰。拉也。小徐本作擸，似當作邋。辵部邋搚也。吳都賦拉擸雷硠，注云拉擸木摧傷之聲。公羊莊元年傳搚幹而殺之，何

zhé 摺　jiū 揫　lōu 摟　yǔn 抎　pī 披　chì 摩　zì 𢫬　diào 掉　yáo 搖　róng 搈

注擿折聲也釋文擿本又作揥亦作拉　摺　敗也　廣雅摺折也史記魯世家使公子彭生抱魯桓公因命彭生摺其脅漢書注晉灼曰摺古拉字　從手習聲　之涉切　揫　束也　方言斂物而細謂之揫鄉飲酒義秋之為言愁也鄭注愁讀為揫揫斂也　從手秋聲　卽由切　詩曰百祿是揫　商頌長發文今作遒傳云遒聚也是以遒為揂之借字也豳風破斧傳曰遒固也則以遒為揫之借字由束義引伸卽得固義廣韻揫固也　摟　曳　句　聚也　小徐曳下雖多也字然足徵是兩句詩山有樞弗曳弗婁傳曰婁亦曳也玉篇詩曰弗曳弗摟摟亦曳也許君卽主此詩而言為曳字下無聚義故以曳說摟再以聚通釋摟曳也釋詁摟聚也郭注摟猶今言抅摟聚也孟子趙注摟牽也　從手婁聲　亦省作婁詩角弓式居婁驕箋云婁斂也洛侯切　抎　有所失也　齊策寡人愚陋守齊國惟恐失抎之呂氏春秋秦穆公之甲抎者七札　從手云聲　于敏切　春秋傳曰抎子辱矣　成二年文今作隕借字也亦借抎為隕呂氏春秋季夏紀昭王抎於漢中高注抎隊音曰顛隕之隕　披　從旁持曰披　士喪禮設披注云披絡柳棺上貫結于戴人君旁牽之以備傾虧又執披者旁四人

注曰前後左右各二人周禮司士大喪作六軍之士執披鄭司農云披者扶持棺險者也天子旁十二諸侯旁八大夫六士四檀弓孔子之喪設披注云披柩行夾引棺者　從手皮聲　敷羈切　摩　引而縱之曰摩　依爾雅釋文引補海賦注引云掣引而縱也合引與縱而後謂之摩詩板釋文摩本又作掣釋訓甹夆掣曳也郭注謂牽挽釋文掣本或作摩詩小毖莫予荓蜂傳云荓蜂摩曳也王肅云莫之藩援孫毓云無肎牽引扶助我　從手瘛省聲　漢書音義服虔曰瘛音摩引之摩尺制切　𢫬　積也　二字疊韻說詳上文批下　從手此聲　本士賣反孫前智切　詩曰助我舉𢫬　小雅車攻文今作柴傳云柴積也　一曰擷頰旁也　擷下云批也此謂𢫬與批通也　掉　搖也　楚語夫邊境者國之尾也譬之於牛馬處暑之既至虻𧏡之既多而不能掉其尾賈注掉搖也　從手卓聲　徒弔切　春秋傳曰尾大不掉　昭十一年文　搖　動也　考工記矢人夾而搖之以眡其豐殺之節也　從手䍃聲　余招切桂氏曰篆當作搖說當作䍃聲漢書天文志星搖者民勞也史記建元以來王子侯者年表千鐘侯劉搖漢表作搖俗本誤為搖　搈　動搈也　廣韻搈不安繫

zhì 擿　jiū 揂　qiān 掔　féng 捀　yú 擧　yáng 揚　jǔ 舉　xiān 掀　qì 揭

傳引淮南子動搈無形之域　從手容聲　余隴切　擿　當也　廣雅同玉篇擿亦作值田部當田相值也人部值一曰逢遇引伸之卽得相當之義　從手貳聲　本直二反孫直異切　揂　聚也　經典借遒及揫詩長發百祿是遒傳云遒聚也釋詁揫聚也後漢書馬融傳揫斂九藪之動物注揫聚也　從手酉聲　卽由切　掔　固也　釋詁文郭注掔然亦牢固之意莊子徐無鬼君將黜耆欲掔好惡則耳目病矣俗作慳增韻慳固也悋也說文作掔　從手臤聲　苦閑切　讀若詩赤舄掔掔　己部巹下又引作己己呂氏讀詩記引董氏云崔靈恩集注几几作掔掔案此或出三家詩　捀　奉也　此蓋以重文為說解也奉亦從手丰聲與捀字大同又奉者承也其俗字作捧而集韻云捧兩手承也與捀同然則捀與奉同矣　從手夆聲　敷容切　擧　對舉也　舁部說曰共舉也廣韻舁與擧同眾經音義蒼頡篇擧舉也對舉曰擧也字又作輿眾經音義又曰擧對舉之也宋書陶潛傳使一門生二兒擧籃輿　從手與聲　以諸切　揚　飛舉也　一引同一引作高舉也字從手似不當言飛姑兩說之高舉也者鄉射禮南揚弓鄭注揚猶舉也檀弓杜蕢洗而揚觶明堂位各揚

其職注茲云揚舉也飛舉也者詩沔水載飛載揚魚麗傳云鱨揚也陸璣疏云魚之大而有力解飛者徐州人謂之揚又字從昜勿部昜下云一曰飛揚　從手昜聲　與章切　敭　古文揚從攴　舉　對舉也　鼎部鼏下云以木橫貫鼎耳而舉之案惟此舉須兩人相對其他經典中舉字祇是高舉而已許言對舉者蓋與在舁部舁共舉也故主此義舁俗謂之擡廣韻擡舉也　從手與聲　居許切　一曰輿也　小徐本有此句韻會引同嚴氏曰輿疑舉之誤鈐則疑此句本在擧下挩誤在此蓋小徐本舉篆在部末非其次大徐迻之類聚於此而疑輿也之訓為不倫遂刪之也案繫傳曰輿舉也增韻舉兩手對舉之車干寶注周禮曰對舉曰輂據此三事證知舉輿之義同也且與輿相似者亦謂之舉鄭注既夕禮曰掀今之輂也是也　掀　舉出也　蓋卽據左氏而言不然掀乃今之恆言廣韻掀以手高舉是也正不必有所出也　從手欣聲　虛言切　春秋傳曰掀公出于淖　成十六年文　揭　高舉也　邶風匏有苦葉淺則揭傳揭褰衣也漢書陳項列傳揭竿為旗西京賦豫章珍館揭焉中峙　從手曷聲　去例切又基竭切詩匪風云匪車偈兮說文無偈字詩疏曰偈偈輕舉之兒是與高舉同義也

手

shāo 捎　jiǎo 撟　fěn 扮　gāng 扛　zhèn 振　zhěng 抍

漢書王吉傳、韓詩外傳、皆作揭。揭知詩本不作優。**抍**（上）**舉也。**易艮卦、不拯其隨、馬本作抍、云、抍、舉也、**從手。升聲。**本音烝上聲、謂上舉也、救助也、出溺也。元應連引此三句、而發端言謂、則是庚注也、易明夷釋文引舉也、則許說本文也、許第云舉、故庚氏別之以上、今本以上舉也、易許說而删救助兩義、於是李注文選、廣引出溺爲拯、遂無所出矣、左昭十一年傳、是以無拯、杜注、拯、猶救助也、孟子、民以爲將拯己於水火之中也、注、拯、拔也、此救助之證、左宣十二年傳、目於眢井而拯之、方言、抍、拔也、出休爲抍、此出溺之證、然此二義者、上舉之引伸義也、故知爲庚氏之說矣、**易曰。抍馬壯吉。**明夷六二、渙初六、皆曰用拯馬壯吉、此傳寫挩用字也、易釋文云、拯、子夏作抍、抍、取也、案、取當作救、王肅云、拔也、鄭云、承也、案、承拯字通、艮卦不拯其隨、釋文出不承、而說之曰、音拯救之拯、列子黃帝篇、使弟子竝流而承之、注云、承、音拯、案、字林作抍、孔彪碑有抍馬、今易作拯、蓋唐開成以後所定也、**撜　抍或從登。**淮南齊俗訓、子路撜溺、高注、撜、拯同、舉也、升出溺人、**振　舉救也。**元應引作舉也、韻會引作舉救之也、案舉也、蓋古本、救之也則庚注、自掀至振、皆承上舉字、庚氏乃區別之、後人以庚注易許說、取其易讀也、地官大司徒、三曰振窮、注云、振窮、抍救天民之窮者也、匡謬正俗、史籍所云振給、振貸、盡當爲振字、今作文書者、以其事涉貨利、輒改振爲賑、說文、賑、富也、何得輒相混雜、**從手。辰聲。**章刃切。**一曰奮也。**釋言、振、訊也、郭注、振者奮迅、釋蟲、螽醜奮、注、好奮迅作聲、邶風傳曰、莎雞羽成而振訊之、曲禮、奮衣由右上、注云、奮、振去塵也、說又見下文揮下、**扛　橫關對舉也。**後漢書費長房傳注引作兩人對舉曰扛、金部鉉、舉鼎具也、儀禮釋文云、鉉、劉昌宗音關、廣韻引秦武王扛龍文之鼎、廣雅、扛、舉也、**從手。工聲。**古雙切。**扮　握也。**段氏曰、大元曰、地則虛三以扮天之十八也、扮猶弅也、**從手。分聲。**房吻切、此字在此不倫、**讀若粉。撟　舉手也。**釋獸釋文引無手字、釋獸、人曰撟、注云、頻伸夭撟、案此謂人之欠伸舉其兩手也、然凡舉亦謂之撟、晏子、撟魯國化而爲一心、韓非作舉魯國盡化爲一、**從手。喬聲。**居少切。**一曰撟擅也。**衆經音義、撟、擅也、假詐也、字從手、今皆作矯也、秋官士師、撟邦令、注、稱詐以有爲者、漢書高五王傳之撟制、即矯詔也、武帝紀之撟虔、即呂刑之矯虔也、**捎　自關已西。凡取物之上者爲撟捎。**方言、撟捎、選也、自關而西、凡取物之上、謂之撟捎、注云、此妙擇積聚者也。**從手。**

tuō 挩　shī 失　sǔn 損　nǐ 擬　kuí 揆　shàn 擅　biàn 拚　wò 擭　pán 搫　yú 揄　rǔ 擩　yǒng 擁

肖聲。所交切。**擁　抱也。**抱者、褱之借字、吳語、擁鐸拱稽、注云、擁、抱也、**從手。雝聲。**亦省作雍、漢書夏侯嬰傳、面雍樹馳、注云、南方謂抱小兒爲雍、雍讀曰擁、於隴切、**擩　染也。**公食大夫禮、賓升席坐、取韭菹以辯擩于醢、上豆之間祭、注云、擩、猶染也、**從手。需聲。**而主切。**周禮曰。六曰擩祭。**春官大祝文、鄭司農云、擩祭、以肝肺菹擩鹽醢中以祭也、字或作㨎、見特牲饋食禮及少牢饋食禮、然似隸變之譌、玉篇不收也、以六日非例、恐是後人所加、**揄　引也。**漢書司馬相如傳、揄紵縞、張揖曰、揄、引也、七發、揄流波、李注、引流波以自潔、**從手。俞聲。**本音頭、孫羊朱切。**搫　搫擭不正也。**玉篇、搫、步波、步丹二切、手不正也、**從手。般聲。**薄官切。**擭　搫擭也。從手。蒦聲。**一虢切。**一曰。布擭也。**廣韻、布擭、猶分解也、**一曰。握也。**衆經音義引廣雅、擭、持也、西京賦、擭獑胡、薛注、謂握取之也、**一曰。搤也。**大徐無此句者、蓋以握下云搤持也、謂此義與上握也複、而删之也、然握下二十餘字、乃出捉字、云搤也、一曰握也、搤下云捉也、其義與握同而不類列者、蓋搤握同形而異情、自挐至擇十八字皆區別持之之法、皆謂執持而已、惟捉是捕捉之意、搤則搤吭拊背之謂、非平常持物也、**拚　拊手也。**元應引作拍手曰拚、本部有拍無拍、楚辭天問、鼇戴山抃、何以安之、注云、手拍曰拚、呂氏春秋古樂篇、帝嚳乃令人拚、注云、兩手相擊曰拚、**從手。弁聲。**亦省作弁、漢書酷吏傳、吏皆股弁、顏注、股戰若弁、弁、謂撫手也、皮變切、俗作抃、**擅　專也。**詩狡童傳、權臣擅命也、箋云、擅命、專也、**從手。亶聲。**時戰切。**揆　葵也。**揆字孰、故以本字之借字說之、且爲葵字廣一義、戴侗引唐本作度也、非也、釋言、葵、揆也、揆、度也、郭引詩、天子揆之、詩固作葵、又板篇、則莫我敢葵、**從手。癸聲。**求癸切。**擬　度也。**元應引作比也、度也、案比也一義、當屬儗字、即一曰相疑之義也、曲禮、儗人必於其倫、注云、儗、猶比也、易曰、擬諸形容、又曰、擬之而後言、皆度義、**從手。疑聲。**亦省作疑、士相見禮、不疑君、注云、疑、度也、魚已切、**損　減也。**轉注、**從手。員聲。**蘇本切。**失　縱逸也。**依玉篇引補、免部、逸、失也、此不直用轉注、而以縱字定之者、爲逸字義多、恐其疑似也、荀子哀公篇、其馬將失、漢書王莽傳引書遏失前人光、皆用失爲逸、今字作佚、人部、佚、佚民也、非縱逸之義、**從手。乙聲。**式質切。**挩　解挩也。**諸引無挩字、然有之自通、古多借說及稅、今則借脫、然老子善

yuán 援 qián 搴 suō 摍　gēng 揯 huàn 擐 duó 掇 shí 拾 jùn 攈　zhí 拓 shēn 扟　jué 攫 zhā 担 shū 抒　yì 挹 bō 撥

抱者不挩、注、挩一作脫、公羊昭十九年傳、復加一飯則脫然愈、是古亦借脫也。從手兌聲。他括切。

治也。詩長發、玄王桓撥、傳云、撥、治也、公羊哀十四年傳、撥亂世反諸正。從手發聲。北末切。

抒也。元應引云、挹、斟也、抒也、又引抒字云、挹也、挹、斟酌也、案斗部㪺、挹也、或元應增成其義也、華嚴經音義引珠叢曰、凡以器斟酌於水謂之挹。從手邑聲。於汲切。

挹也。通俗文、汲出謂之抒、管子禁藏篇、抒井易水。從手予聲。神與切。

挹也。方言、担、摣、取也、南楚之閒、凡取物溝泥中謂之担、亦謂之摣。從手且聲。側加切、段氏曰、担摣實一字。讀若樝棃之樝。方言注同。

扟也。段氏曰、蒼頡篇曰、攫、搏也、通俗文曰、手把曰攫、淮南子曰、鳥窮則搏、獸窮則攫、案衆經音義引說文同、而注之曰、扟、居逆切、是其所據說文作丮、轉寫譌作扟耳、丮者持也、筠案玃下云、攫持人、揭下云、戟持也、皆可爲段說證、玉篇攫字在持揣操之閒、而扟在部末、小徐抒攫担扟爲次、大徐又逡使相就、其錯乃成。從手矍聲。居縛切。

從上挹取也。依元應引補、通俗文、從上取曰扟、案此吾鄉之恆言。從手丮聲。讀若莘。所臻切。

說文句讀 卷二十三 七百四十一 、〇折四十八 三五

拾也。有司徹、乃摭于魚腊俎、禮器、有順而摭也。陳宋語也。方言、摭、取也、陳宋之閒曰摭。從手石聲。之石切。

拓或從庶。

拾也。漢書刑法志、攈摭秦法、或從攟、文廌魯語、收攟而烝、或作捃、漢書蓺文志、捃摭遺逸。從手麇聲。居運切。

掇也。左昭三年傳、猶拾瀋也。從手合聲。是執切。

拾取也。易訟卦象、患至掇也、王肅云、若手拾掇物然。從手叕聲。本猪劣切、孫都括切。

貫也。廣韻謂此說出文字指歸。從手睘聲。胡慣切。王制注、擐衣、釋文云、依字作擐、字林云、擐、擐臂也、先全反。春秋傳曰、擐甲執兵。成二年文、杜注、擐、貫也。

引急也。廣韻引淮南子曰、大弦揯則小弦絕也、又考工記弓人、揯角而短、注云、揯讀爲揯、揯、竟也、案此則揯與亙通、廣韻、亙、竟也。從手恆聲。古恆切。

蹴。句 引也。以蹴釋摍、謂摍縮通也、糸部、縮、蹴也、廣雅、摍、引也、詩巷伯傳曰、蒸盡、縮屋而繼之、釋文、縮又作摍、正義、縮謂抽也、周語、縮取備物、韋注、縮、引也。從手宿聲。所六切。

相援也。從手虔聲。巨言切。

引也。儒行、舉賢援能。從手爰聲。雨元切。

zhuó 擢

nuò 搦 hàn 撼　piē 撆　ruó 挼　tàn 撢 tān 探　qiān 搴 tǐng 挺 luán 攣　dǎo 擣 yà 揠 bá 拔　chōu 㨨

引也。左宣十二年傳、每射抽矢菆、杜注、抽、擢也、通作紬、漢書谷永傳、燕見紬繹、以求咎衍、顏注、紬讀曰抽。從手畱聲。敕鳩切。

㨨或從由。九經字樣以抽爲隸省、則此篆或唐以後增。

㨨或從秀。

引也。蒼頡篇、擢、抽也。從手翟聲。直角切。

擢也。小爾雅、拔根曰擢。從手犮聲。蒲八切。

拔也。方言、揠、拔也、東齊海岱之閒曰揠、注、今呼拔草心爲揠。從手匽聲。烏黠切。

手椎也。木部、椎、擊也、齊謂之終葵、此椎則動字、謂以手椎之也、又疑當作催、人部、催、相擣也。從手𠷎聲。都皓切。一曰築也。轉注、鄭注內則云、擣、擣熬穀。

係也。玉篇、攣、綴也、易小畜、有孚攣如、馬曰、連也、虞曰、引也、正義曰、相牽繫不絕之名也、易林、一牛九鎖、更相牽攣。從手䜌聲。呂員切。

拔也。吳語、挺鈹搢鐸、韋注、挺、拔也。從手廷聲。本達鼎切、孫徒鼎切。

拔取也。一引無拔字、字或作搴、釋言、芼、搴也、郭注謂拔取菜、釋文與攓同、玉篇亦譌作搴、或作攓、列子天瑞篇、攓蓬而指、注云、攓、拔也。南楚語。方言、攓、取也、南楚曰攓。從手寒聲。九輦切。楚

說文句讀 卷二十三 七百三十二 、〇折五十二 三六

詞曰、朝搴批之木蘭。批、不知何字之誤、離騷、朝搴阰之木蘭兮、王注、搴、取也、阰、山名、埤蒼、阰、山在楚、阜部未收批、則攓之俗作。

手遠取曰探。元應兩引如此、又申之曰、摸也、釋詁、探、取也、注、探者、摸取也。從手罙聲。他含切。

探也。戴侗引唐本作揬也、衆經音義云、串戶、通俗文作串、謂門串也、蒼頡篇作撢戶、撢、持也、王彪關中賦云、外戶不撢是也、易是類謀、撢思王綸、注云、撢猶秉持也、周官撢人、注云、主撢序王意以語天下、釋文云、撢與探同。從手覃聲。他紺切。

摧也。依元應引改、玉篇、挼、撋、摧物也、周南、薄汙我私、傳云、汙、煩也、箋云、煩撋之、用功深、字或作挼、特牲饋食禮、祝命挼祭。從手委聲。奴禾切。一曰兩手相切摩也。即挼挱也、鄭君注禮作挼莎、又云摩莎、摩沙。

別也。桂氏曰、別當作引、廣韻、撆、引也。從手敝聲。芳滅切。一曰擊也。廣雅、字林竝同、女部、嫳讀若擊撆。一曰拂也。依韻會引補、三蒼、撆、拂也、漢書揚雄傳、浮蔑蝃而撆天、顏注、撆、拂也、洞簫賦、撆涕抆淚、李注引說文、撆、拭也、拂拭同義。

搖也。元應引作撼、搖也、誤以俗字易之也、李注長門賦同誤。從手咸聲。胡感切。

按之也。

手

jǐ 掎　huī 揮　mó 摩　pī 𢱧　jiǎo 攪　zhuàng 撞　rǒng 搑　yīn 㧢　rēng 扔　kuò 括　hē 抲

依元應引補漢書敘傳搦朽摩鈍顏注搦按也魏都賦搦秦起趙 從手弱聲。尼革切釋文女角切

掎 偏引也。小徐作偏引一曰踦也一本作偏引一足也陳琳檄注引作戾足也皆非也說詳釋例詩小弁伐木掎矣傳曰伐木者掎其顛秋官翨氏掌攻猛鳥各以其物爲媒而掎之注云鳥來下則掎其腳 從手奇聲。居綺切

揮 奮也。釋詁揮竭也郭注揮振去水曲禮飲玉爵者弗揮注振去餘酒曰揮 從手軍聲。許歸切

摩 研也。衆經音義引爾雅石謂之摩郭璞曰玉石被摩猶人自修飾也案此作研也而小徐增揅字亦爲不智矣 從手麻聲。莫鄱切

揅 摩也從手研聲 禦堅切 大徐各本李燾本皆無此字毛刻補於部末据小徐也易繫辭聖人之所以極深而研幾也釋文蜀才作揅廣雅揅摩也又云𥂕揅也是知揅者魏晉間俗字也

𢱧 反手擊也。李注琴賦兩引一引同一引作批批者𢱧之俗字也左莊十二年傳批而殺之注云手批之也玉篇衆經音義竝引左傳作𢱧左釋文引字林批擊也孚迷孚節二反是字林已收批字 從手𣬈聲。匹齊切

攪 亂也。毛傳文 從手覺聲。古巧切 詩曰。祇攪我心。是也。依元應引補小雅何人斯文祇字各本同元應引亦同然韻會引作祇與唐石經同玉篇衣部祇之移切適也是古人皆借緹之重文祇近代乃借神祇之祇

搑 推擣也。玉篇推而擣也廣韻推擣兒也 從手。茸聲。亦省作茸漢書司馬遷傳而僕又茸之蠶室顏注茸音人勇反推也謂推致蠶室之中也而隴切

撞 丮擣也。丮當作丮元應引作戟西京賦竿殳之所揘畢辥注揘畢猶撞扨也字或作摏左文十一年傳摏其喉以戈 從手。童聲。宅江切

㧢 就也。㧢者因之絫增字 從手。因聲。於眞切

扔 因也。扔者仍之分別字字與㧢相比不說之曰㧢也者正以見㧢卽因也字林扔就也數也原也老子爲之而莫之應則攘臂而扔之 從手。乃聲。如乘切

括 絜也。絜麻一耑也此非用其本義玉篇絜結束也是此義也髟部髻絜髮也亦此義髻髮禮經作括髮詩車舝德音來括傳曰括會也辥君韓詩章句括約束也戴侗引蜀本有結也二字案此乃絜之訓釋或庾注也廣雅括結也鄭注大學絜猶結也 從手。昏聲。古活切

抲 抲撝也。玉篇但云撝也 從手。可聲。虎何切 周書曰。盡執抲。此下小徐有獻字酒誥盡執拘以歸于周拘者抲之譌本書敘云苛之字止句也句亦可之譌

bò 擘　huī 撝　huò 捇　lè 扐　jì 技　mó 摹　zhuō 拙　tà 搨　tuán 摶

擘 撝也。玉篇擘裂也內則塗皆乾擘之少儀羞濡魚者進尾注云擗之由後鯁肉易離也乾魚進首擗之由前理易析也 從手。辟聲。亦省作辟孟子妻辟纑皇甫謐高士傳作擗喪大記絞一幅爲三不辟正義云古字假借讀辟爲擘也博厄切

撝 裂也。元應申之曰謂手擗開也馬融廣成頌撝介鮮 從手。爲聲。許歸切段氏曰歸當作規 一曰。手指也。也小徐作撝木部桵讀爲指撝本書敘曰以見指撝易謙卦撝謙王注指撝皆謙

捇 裂也。廣雅同 從手。赤聲。秋官赤犮氏注云赤犮猶捇拔也是鄭君謂赤犮爲省形存聲字 呼麥切

扐 易筮。再扐而後卦。此捝佚說義之詞獨存引經也易釋文扐馬云指間也字既從手則此爲正義許君當同之玉篇曰凡數之餘謂之扐此則引伸之義也易曰歸奇于扐既是奇零則爲餘也卦今本作掛釋文云京作卦云再扐而後布卦案掛字誤也繫辭先云掛一以象三掛者掛于小指閒也在再扐之前若再扐之後則虞翻所云成一變則布卦之一爻者也安得復掛乎字又作芀大元芀餘於芀又王制祭用數之仂喪用三年之仂許君不收仂蓋亦借扐 從手。力聲。盧則切

技 巧也。轉注 從手。支聲。渠綺切

摹 規也。漢書高帝紀規摹宏遠矣鄭展曰若畫工規摹物之摹 謂所規倣也。依韻會引補蓋庾注也 從手。莫聲。莫胡切

拙 不巧也。釋名拙詘也使物否詘不爲用也 從手。出聲。職說切

搨 縫指搨也。繫傳曰今射搨縫衣所用捍鍼也以韋爲之案射搨卽衣工指套之名衆經音義指搨古文鞜說文指搨也一曰韋搨也今之射韝是也又指鞜今作搨說文指搨以皮爲之今射韝是也元應兩言今射韝是唐初名爲射韝然與韋部韝無涉 以皮爲之。依元應引補 一曰。韜也。此謂指搨之別名曰韜也小徐作一曰韋韜元應引作韋搨玉篇搨韋韜也義皆不誤於文則非也亦與韋部韜無涉要皆套物之物故通其名搨今謂之套韜則其平聲搨則其入聲也金部錔與搨同意隨所施而異其偏旁耳 從手。沓聲。讀若眔。徒合切

摶 圜也。集韻申之曰謂以手圜之通俗文手團曰摶然案考工記矢人凡相笴欲生而摶弓人紾而摶廉梓人爲筍簴摶身而鴻盧人刺兵摶注竝云摶圜也輪人侔以行山則是摶以行石也注云摶圜厚也然則摶自是周秦閒圜字許君以古義說之非動字至於鵩鳥賦之何足控摶則作動字用矣蓋漢義也衆經音義一引同一引作圜也或卽以本字之

hú 摑 jū 捄 jié 拮 hú 搰 jué 掘 yǎn 掩 gài 摡 xū 揟 bō 播

異文爲說解也。從手專聲。度官切。

摑 手推之也。桂氏曰：推當爲椎。集韻：摑或作捆。孟子：捆屨。趙注：捆猶叩也。從手囷聲。戶骨切。

捄 盛土於梩中也。木部：相或作梩，梩從土，輂也。大雅緜傳曰：捄，虆也。箋曰：捄，捊也。築牆者，捊聚壤土，盛之以虆，而投諸版中。釋文：虆字或作樏，或作蘲。劉熙云：盛土籠也。從手求聲。舉朱切。一曰擾也。上文撓，擾也，一曰捄也。案本句當在引詩下。引詩以證前義，不當以本句閒之。詩曰：捄之陾陾。大雅緜文。嚴氏曰：詩考引作捄之仍仍，列于異字異義。蓋厚齋所據本捄下引詩與𨸏部不同。今檢宋本無作仍仍者，未知其審。筠案：廣雅：衆也。一條，仍仍登登相連，即釋此詩也。陾當作陑，說見𨸏部。

拮 手口共有所作也。依元應引補。案拮据撠三篆，蓋本相聯屬，今本離析，遂難解矣。玉篇尚相附近。從手吉聲。古屑切。詩曰：予手拮据。豳風鴟鴞文。傳云：拮据，撠挶也。韓詩：口足爲事曰拮据。

搰 掘也。左哀二十六年傳：掘褚師定子之墓。釋文：掘本作搰。玉篇引左作搰。云：掘也。吳語：狐埋之而狐搰之，是以無成功。注：搰，發也。或作扣。列子說符篇：俄而扣其谷而得其鈇。注云：扣，古掘字。玉篇：扣亦搰字，穿也。廣雅：扣，掘也。從

手骨聲。戶骨切。

掘 搰也。段氏曰：凡字書韻書謂掘亦作闕者，似是而非也。左傳闕地及泉，闕地下冰而牀焉，國語闕爲深溝，通於商魯之閒，韋云：闕，穿也。凡云闕者，皆謂空之，與掘義別。謂以物發地也。依元應引補。蓋庾注也。從手屈聲。衢勿切。

掩 斂也。小上曰掩。說已見鼎部鼏下。左傳正義曰：考工記輿人曰：棧車欲弇。弇者，謂上狹下闊也。案掩弇奄弇通借，互見弇下。從手奄聲。衣檢切。

摡 滌也。少牢饋食禮：雍人摡鼎匕俎于雍爨，廩人摡甑甗匕與敦于廩爨。天宮世婦：帥女宮而濯摡。注云：摡，拭也。從手既聲。古代切。詩曰：摡之釜鬵。檜風匪風文。今作溉，傳云：溉，滌也。釋文：溉本又作摡。

揟 取水具也。小徐韻譜如此，玉篇廣韻同。大徐具作沮。嚴氏曰：以偏旁求之，禴，祭具也，則沮字誤。從手胥聲。相居切。武威有揟次縣。見地理志。孟康曰：揟，子如反；次，音恣。

播 穜也。書大誥：厥父菑，厥子乃弗肯播，矧肯穫。從手番聲。補過切。一曰布也。此前義之引伸耳，故尚書播時百穀，傳曰：播，布也。惟盤庚王播告之修，則專是布散義。

𢽳 古文播從攴。嚴氏曰：汗簡引作□，又引作

zhì 挃 zhì 摕 wù 抏 yuè 抈 jiū 摎 tà 撻 líng 捘 pēng 抨 quán 捲

敵云：別本作此。大徐敵，即郭所見別本也。桂氏段氏皆引九歌：𡰪芳椒兮成堂。洪注：𡰪，古播字。案釆部番之古文作𤰈，𡰪即其字，以𡰪爲播，乃省形存聲字也。尚非一字。朱龜碑亦云：口𡰪嶶馨。

挃 穫禾聲也。釋訓：挃挃，穫也。通作銍。釋名：銍，銍斷穗聲也。從手至聲。陟栗切。詩曰：穫之挃挃。周頌良耜文。傳云：挃挃，穫聲。

摕 刺也。干部：羊，撥也。刺，直傷也。羊從倒入，二與直傷近。從手致聲。陟利切。一曰刺之財至也。廣雅：撥，至也。方言：撥，到也。漢書揚雄傳：洪臺崛其獨出兮，撥北極之嶟嶟。應劭曰：撥，至也。史記孝文本紀：太僕見馬遺財足。索隱：財字與纔同。

抏 動也。詩正月：天之抏我。傳云：抏，動也。考工記輪人：輪廣而轂淺，則是以大抏，雖有良工，莫之能固。從手兀聲。五忽切。

抈 折也。大元羨上九：車軸折，其衡抈。晉語：其爲德也深矣，其置本也固矣，故不可抈也。韋注：抈，動也。段氏曰：按韋注謂抈爲抏之借字。從手月聲。魚厥切。

摎 縛殺也。門部鬭，經繆殺也。案廣韻鬭摎皆音劉，則二字本同。繆又摎之借字也。廣韻：摎，絞縛殺也。摎即絞，故鬭下謂之經。引伸之則爲通詞。喪服曰：絞帶。又曰：殤之經不摎垂。注云：不絞其帶之垂者。檀弓作繆經，注曰：繆讀爲不摎垂之摎。至於廣雅蒼頡篇皆曰：摎，束也。則又借摎爲繆，詩綢繆束薪是也。從手翏聲。居求切。

撻 鄉飲酒，罰不敬，撻其背。鄉飲酒禮不言撻，鄉射禮記：射者有過則撻之。案射義曰：卿大夫士之射也，必先行鄉飲酒之禮，故許君連言之也。春官小胥注曰：撻猶抶也，抶以荊扑。然則即是學記之夏楚二物也。從手達聲。他達切。

𢷎 古文撻。周書曰：𨔲以記之。嚴氏曰：皋繇謨文，周字校者誤加。

捘 止馬也。廣雅：捘，止也。廣韻同，皆不言馬。集韻：劾，止馬也。劾蓋俗捘字。從手夌聲。里甑切。

抨 彈也。元應引而說之曰：謂言抨毛抨弓等也。又云：今謂彈繩墨爲拼，仲長統昌言：繩墨得拼彈是也。字林：彈，拼也。拼使戰動，掉彈也。玉篇：拼與抨同。引伸之則劾有罪亦曰抨彈。從手平聲。普耕切。

捲 气勢也。力部：勸，气也。气壯則有勢，故曰气勢。字或借拳。詩巧言：無拳無勇。傳曰：拳，力也。宋書黃回傳：回拳捷果勁，有力兼人。通作鬈、權。齊風：其人美且鬈。箋云：鬈讀爲權。權，勇壯也。從手卷聲。巨員切。春秋國語曰：予有捲勇。諸引同，然予當作子，齊語有拳勇股肱之力。大部奰下云：或曰拳勇字。史記孫吳傳：夫解雜亂

xī 扱 jiǎo 攪 āi 挨 pū 撲 qiào 擊 diǎo 扚 chì 抶 zhǐ 扺 yǎng 抰 bǔ 捊(㨃) bǎi 捭 chuí 捶 què 搉 yǐng 摬 fú 拂 kēng 摼 dǎn 抌

紛糾者不控捲、帣隱捲卽拳也、一曰。捲收也。此卽大徐所駁捲舒之捲也、史記張儀傳席捲常山之險、扱收也。曲禮以箕自向而扱之、至于芣苢毛傳扱衽曰襭、大射儀搢三挾一个注云搢扱也、則皆插之借字、從手。及聲。楚洽切、曲禮注扱讀曰吸、攪拘擊也。拘元應引作相、廣雅但云擊也、玉篇廣韻同、從手。巢聲。子小切、挨擊背也。列子黃帝篇攩拯挨抌、注云挨推也、抌方言擊背也、桂氏曰當云挨擊背也、抌方言推也、從手。矣聲。於駭切、撲挨也。通俗文連杖曰撲、華嶠後漢書尚書近臣乃至捶撲牽曳、字林手相搏曰撲也、撲打也、從手。菐聲。蒲角切、擊旁擊也。莊子至樂篇撽以馬箠、字或作擊、公羊宣六年傳、公怒以斗擊而殺之、何注謂旁擊頭項、從手。敫聲。苦弔切、扚疾擊也。廣韻扚擊、從手。勺聲。本丁了反、孫都了切、抶笞擊也。左文十八年傳歜以扑抶職、襄十七年傳子罕親執扑以行築者、而抶其不勉者、從手。失聲。丑栗切、扺側手擊也。依廣韻引補、秦策扺掌而談、鮑注扺側擊也、從手。氏聲。諸氏切、本音紙、抰以車鞅擊也。

說文句讀 卷二十三 七百 、○折四十五 四十三

桂氏曰、鞅有馬鞅牛鞅車鞅、隋煬帝幸江都、宮女攀車借別、指血染鞅、此車鞅也、從手。央聲。於兩切、捊衣上擊也。擊、集韻引作攴、案此謂振去衣上塵也、從手。保聲。方苟切、捭兩手擊也。元應一引作兩手振擊也、吳都賦拉捭摧藏、注云兩手擊絕也、案拳法有曰雙耳擊者、可以殺人、殆卽擊絕之謂也、從手。卑聲。本希買切、孫北買切、元應曰擺字書作捭、捶以杖擊也。鄭注月令掠謂捶治人、從手。垂聲。之壘切、或曰。摘也。搉敲擊也。推敲壘韻、漢書五行志搉其眼以爲人彘、注云搉謂敲擊去其精也、從手。隺聲。苦角切、摬中擊也。中去聲、玉篇摬傷擊也、從手。竟聲。一敬切、拂過擊也。徐鍇曰擊而過之也、刀部刜擊也、與拂相似、從手。弗聲。敷勿切、摼擣頭也。玉篇曰、撞也、從手。堅聲。口莖切、讀若論語鏗爾舍瑟而作。先進篇文、金部無鏗字、而攴部云讀若鏗鏘之鏗、瑟、段氏謂舊抄繫傳作琴、又引玉篇捔下引論語捔爾舍琴而作、姑存之、不審信也、抌深擊也。攴部㪙下擊上也、廣韻㪙深擊、然則抌㪙一字、先深壘韻、段氏

huǐ 㩧 jī 擊 hàn 扞 kàng 抗 bǔ 捕 cè 籍 niǎn 撚 guà 挂 tuō 拕 tú 捈 yè 抴

曰刺客列傳左手把其袖、右手揕其匈、揕卽抌字、從手。冘聲。竹甚切、讀若告言不正曰抌。一無告字、告言不正曰抌、不見經典、則是俗語也、以俗語定讀、鄭注周易三禮、高注淮南、以及史漢文選注、多有之、匆疑其不異字也、㩧傷擊也。廣韻擊手擊傷也、從手。毀聲。許委切、擊攴也。攴部曰小擊也、此渾言之、尚書擊石拊石、從手。毄聲。古歷切、扞忮也。小徐作伎、故桂氏段氏皆以爲枝字之譌、枝格卽抗扞也、然慧苑曰扞字聲類作捍、元應引說文捍止也、蔽也、亦衛也、莊子釋文引說文捍抵也、於義皆通、而其說不一、無所適從、姑竝識之、從手。干聲。侯旰切、抗扞也。既夕禮抗木橫三縮二、注云、抗禦也、從手。亢聲。亦省作亢、左傳以亢其讎、注云亢猶當也、苦浪切、杭抗或從木。徐鉉曰今俗作胡郎切、捕取也。轉注、顏注急就篇捕收掩也、從手。甫聲。薄故切、刺也。字或作擉、莊子則陽篇冬則擉鼈於江、籍魚鼈之器曰銛、初學記銛取黿鼉也、見何承天纂文、銛鐵有距、施竹頭、以之擲黿鼉、謂竹木圍繞叉刺也。依列子釋文引補、蒰庾注也、從手。籍省聲。

說文句讀 卷二十三 七百八十五 、○折四十四 四十二

亦省作措、淮南繆稱訓猿狖之捷來措、高注措刺也、士革切、周禮曰。籍魚鼈。天官鼈人文、鄭司農曰籍謂以杈刺泥中搏取之、周禮、徐鍇本作春秋國語、案魯語擉魚鼈以爲夏槁、韋注擉擭也、東京賦毒瑁不簇、辟注不以叉擉取之也、撚執也。桂氏曰執當爲孔、顏注急就篇索總謂切撚之令緊者也、從手。然聲。乃殄切、一曰蹂也。此爲生民毛傳作注也、詩曰或簸或蹂、傳曰或簸糠者、或蹂黍者、疏以蹂踐說之、非也、舂揄簸蹂四事相連、蹂不得別爲一事、既簸之矣、猶有著米之糠、以手著箕挼之、謂之蹂、故許君以撚說之、毛公謂之黍者、以其帶糠而名之耳、手足不嫌同詞、如拇爲手足大指之通名是也、鄭君亦誤、惟賴許君明之、挂畫也。葉本及字鑑引竝同、毛本小徐本皆作畫也、戴侗引唐本作縣也、小徐韻譜同、玉篇云懸也、易繫辭掛一以象三、少牢饋食禮挂于季指、皆與縣義合、桂氏曰畫疑作劃、耒部耕下云耕叉可以劃麥篛、案諸本各異、姑具列之、從手。圭聲。古賣切、拕曳也。廣雅拕引也、漢書嚴助傳拕舟而入水、從手。它聲。託何切、捈臥引也。法言問神篇捈中心之所欲、注、捈、引也、從手。余聲。同都切、抴捈也。元應引作引也、又云謂牽引也、小徐韻譜抴臥引苟

手

biàn 揙　juē 撅　lú 攎　ná 挐　wèn 搵　gé 挌　péng 搒　gǒng 拲　zōu 掫　juān 捐　bīng 掤　yū 扜　huī 麾

子非相篇故君子之度己則以繩絶人則以抴注云抴牽引也從手世聲。余制切

揙 撫也。今本皆作搏也玉篇同廣韻揙揙擊從手扁聲。婢沔切

撅 以手有所把也。廣雅撅搔也把今作爬廣韻爬搔也或作把從手厥聲。居月切

攎 挐持也。集韻拔攎收斂也又曰莎或作拔莎攎收亂艸案此吾鄉之偃言或轉音為婆羅集韻八戈攎亦作攞釋名攎叉也五指俱往也從手盧聲。洛乎切

挐 持也。此義今作拏說見上文挐下又見女部娩下從手如聲。女加切此音非也小徐韻譜依李舟切韻收挐於九魚女余反收挐于十麻女加反水部濘字從挐音人庶切亦可證一曰。誣也。桂氏曰馥謂即誣訟

搵 沒也。廣雅搵抐擩也字林搵抐沒也廣韻搵抐按物水中眾經音義搵亦入也謂以物入水中曰搵也從手昷聲。烏困切

搒 掩也。從手旁聲。北孟切

挌 擊也。經典借用格後漢書陳寵上疏斷獄者急於篣格酷烈之痛注云篣即榜也古字通用聲類曰笞也說文曰格擊也案篣字有異即證明之則格本從手可知從手各聲。古覈切

拲 兩手共同械也。共同者複語也

大徐刪共字輒增從共矣從手共聲。居竦切周禮曰。上皋梏拲而桎。秋官掌囚文鄭司農云拲者兩手共一木也

桊 拲或從木。

掫 夜戒守有所擊也。從手。取聲。子侯切春秋傳曰。賓將掫。昭二十年文賈注掫謂行夜春官鎛師凡軍之夜三鼜皆鼓之杜子春云春秋傳所謂賓將趨者音聲相似疏曰云音聲相似者趨與鼜皆是夜戒守也案夏官掌固注又作賓將趣是則掫謞趣因謞趨也

捐 棄也。轉注從手肙聲。與專切

掤 所以覆矢也。毛傳文字或借冰左昭二十五年傳公徒釋甲執冰而踞賈注冰櫝丸蓋也從手朋聲。筆陵切詩曰。抑釋掤忌。鄭風大叔于田文

扜 指摩也。依玉篇引改摩者摩之省文從手亏聲。億俱切山海經有人方扜弓射黃蛇

麾 旌旗。逗所以指摩也。依廣韻引改摩本旌旗之統名而亦為指摩之字許君以其字從手也故和合兩說以為解經典皆作麾左成十六年傳楚人謂夫旌子重之麾也此旌旗之證鄭注春官旄人云旄旄牛尾舞者所持以指麾此指麾之證字或借戲淮南子桀之力能推移大戲注大戲軍之大旗從手。靡聲。

jié 捷　kòu 扣　hùn 掍　sōu 搜　huàn 換　yè 掖

許為切

捷 獵也。二字疊韻月令章句獵捷也言以捷取之軍獲得也。春秋僖二十一年楚人使宜申來獻捷穀梁傳曰捷軍得也從手疌聲。疾葉切春秋傳曰。齊人來獻戎捷。莊三十一年經文杜注捷獲也穀梁傳云軍得曰捷段氏曰左氏公穀皆作齊侯按作人近是不必親來

扣 牽馬也。左襄十八年傳太子與郭榮扣馬呂氏春秋仲秋紀韓原之戰梁由靡已扣繆公之左驂矣從手口聲。苦后切

掍 同也。方言文漢書揚雄傳形之美者不可掍於世俗之目洞簫賦掍其會合注云同於會合之處從手昆聲。日部昆同也古本切

搜 眾意也。廣雅搜眾也一曰。求也。方言搜求也秦晉之間曰搜字或作廋廣雅廋求也從手叜聲。所鳩切詩曰。束矢其搜。魯頌泮水文傳曰搜眾意也

換 易也。易者傷之省形存聲字謂更易也。依元應引補蓋庾注也從手奐聲。胡玩切

掖 以手持人臂投地也。左傳釋文引無投地字玉篇不引亦無詩衡門序誘掖其君箋掖扶持也左僖二十五年傳二禮從國子巡城掖以赴外殺之正義云謂持其臂投之城外也增投地字者或緣此事

從手。夜聲。羊益切一曰。人臂下也。此謂掖為亦之絫增字也左傳正義云掖本持臂之名遂謂臂下脅上為掖是因名轉而相生也段氏疑臂下之義非古不記門部闕下云妄入宮掖乎史記商君傳千羊之皮不如一狐之掖俗作腋廣雅胳謂之腋

文二百六十五　重十九

嚴氏曰遵大路疏引說文摻此音反斂也或疑隸書操似摻則摻疑即操或又謂攕攕女手今詩作摻則摻疑即攕余按疏引摻後竝引說文操此遙反奉也葛屨疏別引說文攕好手則摻非操攕之誤議補○又曰眾經音義引說文揞摩拭也西京賦注引字林揞摩也議補○桂氏曰徐鍇曰詩可與晤言傳云晤對也考之說文則當作捂字捂相當也蓋詩假借晤字馥案既夕禮若無器則捂受之疏云對面相逆受也筠案捂或牾之謞牾逆也今人作抵牾謞從牛是其比○韻會引鍇本云押署也從手甲聲又引鍇曰今人言文字押署是也○史記索隱引擱大木栅也集韻音戶版反玉篇廣韻無此文○李善注思元賦引揵豎也後漢書張衡傳注揵豎也廣韻揵舉也○筠案孟子滕文公上捆屨孫氏音義云許叔重云捆織也不知所引

者。說文邪抑淮南注邪。

𠂹 背吕也。象脅肋形也。古懐切。凡𠂹之屬皆从𠂹。讀若乖。乖者茶之俗字。戴侗曰唐本作𡘋从夭。李陽冰曰𡘋背心也。手足之所不及故謂之𡘋。夭背文从肉文。筠說見釋例。

脊 背吕也。釋名脊積也。積續骨節脈絡上下也。从𠂹从肉。資昔切。

文二

說文解字句讀弟十二上

曲沃王恩燿校

說文句讀 卷二十三 一百二十一 、○折六 墅

句讀卷二十三補正

疑是許說挩佚、後人見其在戶下、遂命爲戶之古文也、戶而加木、不成爲古文、衆經音義云、杘、又作㯬、同、戶減反、通俗文、小戶曰杘、字書、杘、窗也、元應恪遵說文、此獨不引、是可徵也、而㯬當作槏、木部、槏、戶也、苦減切、廣韻五十三豏、杘、牖也、一曰小戶、㮮、不安、槏、牖旁柱也、分爲三字、而十姥戶下無杘、集韻豏部、合槏、杘、㮮爲一、引說文戶也、亦有牖邊柱義、但無不安義、姥部則戶下收杘、而汗簡已先之矣、知是後周始誤、乃玉篇亦有之、恐是宋人重修所增、不然者、何廣韻尚無而集韻始有乎。六葉前一行古文戶從木下註全刪以此易之

刀部刵、斷耳也、是常刑、故此加軍戰以別之。而田獵之獲者取左耳、亦緣此起矣。十七葉前六行戰而斷耳也下增此

似有挩文、掔爾乃形容纖之皃也、且承上文攕字、許君所据考工、或亦從手不從糸、十九葉前九行考工記上增此

或是攘字之譌、十九葉後二行未詳何義下增此

○下文十八字之說、其區別之字不在手部者、縣脅閔爪急索杖引幷俾理凡十一字、固無論、其把撮提三字、雖從手、然在持類之外、亦無論。惟摯下云握持也、抪下云捫持也、握捫二字、則皆在持類。乃握下云搤持、而不曰摯持也、捫下云撫持、而不云抪持也、搤撫二字、又不在持類、既分別持之種族、卽不當用轉

注。若用轉注、卽不當相乖違。今據女部嫢讀若摯同、則本部摯字。是周禮六摯也。當言奉持。皮帛固不可握。雉是乾物。亦奉之足矣。曲禮曰、飾羔雁者以繢、固以布帛束之、恐其飛走也。卽雉鶩無飾、亦當束之以妨其竄逸、不但握之而已。故云當言奉持也。抪則無徵、闕之、二十一葉後八行知之下增此

葢謂料理而持之也、擸料雙聲、二十三葉前八行玉篇上增此注

玉篇亦然、故集韻曰、舊說無切語、葢自唐以前、拯部收字甚少也、乃自玉篇以至集韻、拯皆有蒸音、今韻則蒸部不收、遂無知之者、三十三葉前二行本音蒸上聲下增此

此義與上義反、謂自能振訊、不恃人舉救者也、三十三葉後二行釋言上增此

注

○孟子巨擘。趙注曰大指也。此以大釋巨。以指釋擘也。爾雅釋蟲。蝮首大如擘。郭注頭大如人擘指。則謂擘爲拇也。虫部既用爾雅。則本字當釋以指。葢撝下一曰手指也。本在擘下。上文指下云手指也。可證。撝下則當云一曰指撝也。迨彼文既譌。此文遂刪耳。三十八葉前三行博厄切下增此

許君所据匪風作摡。則所据毛傳亦必作摡。故此全録傳文耳。且釜鬵之爲器。滌之卽可。無取乎拭。然當兼訓以拭。乃足該括他經。天官世婦帥女宮而濯摡。注。摡、拭也。葢經既濯摡連文。則是先滌之。再拭之也。少牢饋食禮。雍人摡鼎匕俎於雍爨。廩人

概甑甗匕與敦于廩爨司宮概豆籩勺爵觚觶几洗篚于東堂下鄭注曰凡概者皆陳之而後告絜鄭君未破概字故敖氏曰概猶拭也既筮日而宗人命滌則有司於祭器皆已濯之矣故至此但概之爲去塵也案敖長善說甚精細且洞酌毛傳亦有拭義二章可以濯罍傳曰濯滌也此如筮日命滌也三章可以濯溉釋文雖不言溉有作概之本然傳曰溉清也爾雅曰拭清也洞酌釋文曰清才性反是清卽瀞字且三章傳繼二章傳以立言必不滌而又滌也然則詩之濯溉卽世婦之濯概此如雍廩司宮之所概也三十九葉後五行滌也下少牢至拭也刪去以此易之

筠案太元之抈是靜字謂自折也晉語之抈是動字謂折之也吾鄉言抈但有折之一義四十葉前八行抗之借字下增此

筠案書是通詞足爲吾說證四十葉後五行誤加下增此

葢是也此與下文擊篆莞轄于首尾而在中間之十六字則區別之以爲擊之細目也四十一葉前三行廣韻同下增此

自操以下十七字其十五皆說之以擊撲承挨故不言擊挃擣頭也爲上文擣字廣一義其實則擊也故以擊篆總收之與上文先出持篆而后繼以訓持之十八字正相顚倒似彼是也四十二葉前四行古歷切下增此

案此字訓把而非把字本義又與掊之訓把者相似而不同與下文攎挐正同故類聚於此四十三葉前三行居月切下增此

攎挐句持也攎挐疊韻持卽挐下之持此持與前持篆以下二十字不同故不與類聚四十三葉前三行持也下增此注

玉篇廣韻引皆如此則其誤久矣然何不次掩之後而次挌之前然則掩也當作挌也搒挌卽陳寵傳搒格之專字故挌下云擊也而不與上文自操至擊十八字類聚者以此爲捶擊罪人之字故別出于後也廣韻搒笞打是其正義漢書張耳傳吏搒笞數千四十三葉前八行掩也下增此注

廣韻北孟切中收榜字不收搒字收之十二庚薄庚切中音彭是也四十三葉前八行北孟切下增此

公羊莊三十一年何注曰戰所獲物曰捷穀梁僖二十一年傳曰捷軍得也然則獲得同義當衍其一據人部俘下云軍所獲也則此亦當然顧所謂獲者不必俘也孔疏所引襄八年傳獲司馬燮獻于邢丘此固俘已又引襄二十五年鄭入陳傳稱司徒致民是不以俘囚歸也亦云子產獻捷于晉然則無囚而獻其功空有器物亦稱捷也筠案詩采薇一月三捷毛傳捷勝也此似捷之正義既已勝之則在泮獻囚所獲者人也湯伐三朡俘厥寶玉所獲者重器也穀梁以戎捷爲戎菽恐不足道也乃許君以獲釋捷者葢春秋兩書獻捷而子產獻捷之詞曰用敢獻功功之獻必有所藉手故以獲當之耳四十四葉前一行春秋僖二十一年至軍得也刪去以此易之

左傳釋文引、無投地字、玉篇不引亦無、案許君既用人臂下一義。則禮記儒行曰。衣逢掖之衣。是此義也。何不列之拳擊二篆之後。許君又以持字說之。則詩衡門序曰。誘掖其君。孔疏曰。誘謂在前導之。掖謂在旁扶之。是此義也。何不列之扶將二篆之後。或持類之中。然則以其訓義不美而廁之於末也。葢以禮至事爲主矣。左僖二十五年傳。禮至爲銘曰。余掖殺國子。莫余敢止。杜注。惡其不知恥。詐以滅同姓。而反銘功於器。是也。又傳之上文曰。二禮從國子巡城。掖以赴外殺之。其增投地字者或亦沿此。四十四葉前九行左傳釋文引至或緣此事刪去以此易之

yíng 嬴　jí 姞　jī 姬　jiāng 姜　xìng 姓　nǚ 女

說文解字句讀弟十二下

女 婦人也。大戴禮本命篇、女者如也、女子者、言如男子之教而長其義理者也、故謂之婦人、象形。段氏曰、蓋象揜斂自守之狀、尼呂切、王育說、凡女之屬皆從女。

姓 人所生也。白虎通、姓生也、人稟天氣所以生者也、左昭四年傳、問其姓、對曰、余子長矣、釋文、女生曰姓、姓謂子也、曲禮、納女于天子曰備百姓、注云、姓之言生也、古之神聖人母感天而生子、故曰天子。鄭注喪服傳、始祖者感神靈而生、若稷契也、莊三年穀梁傳、獨陰不生、獨陽不生、獨天不生、三合然後生、故曰母之子也可、天之子也可、因生以爲姓。此謂天子之姓也、下文姜姬姚下皆云因以爲姓、承此文也、論衡詰述篇、夏吞薏苡而生、則姓爲苡氏、商吞燕子而生、則姓爲子氏、周履大人迹而生、則姓爲姬氏、潛夫論、昔堯賜契姓姬賜禹姓似、大雅大明注、莘、大姒國也、七經孟子考文云、古本姒作似、爾雅釋親之娣姒、廣雅作娣似、爾雅邢疏引同、火部烕下、引詩褒似烕之、平津本如此、知禹之姓以似爲正、故許君不收姒、從女生、生亦聲。亦省爲生、定四年、蔡大夫公孫生、公穀皆作公孫姓、息正切、春秋傳

曰、天子因生以賜姓。隱八年文、引此者、謂天子賜諸侯以姓也、傳曰、天子建德、因生以賜姓、胙之土而命之氏、杜注、立有德以爲諸侯、因其所由生以賜姓、謂若舜由嬀汭、故陳爲嬀姓、報之以土、而命氏曰陳、

姜 神農居姜水、因以爲姓。左昭十七年疏曰、帝系世本皆謂炎帝即神農氏、炎帝身號、神農代號也、晉語、黃帝以姬水成、炎帝以姜水成、成而異德、故黃帝爲姬、炎帝爲姜、水經注渭水云、岐水又東逕姜氏城南、爲姜水、從女羊聲。居良切、

姬 黃帝居姬水、因以爲姓。帝王世紀、黃帝有熊氏、少典之子、姬姓也、生壽邱、長於姬水、從女𦣞聲。居之切、

姞 黃帝之後伯鯈姓也。眾經音義、范甯曰、南燕姞姓、在鄭衛之間、宣三年左傳、黃帝之子伯鯈封南燕、后稷妃家。妃音配、左宣三年傳、鄭文公賤妾曰燕姞、夢天使與己蘭、曰、余爲伯鯈、余而祖也、以是爲而子、既而生穆公、名之曰蘭、石癸曰、姞吉人也、后稷之元妃也、今公子蘭、姞甥也、天或啟之、古今人表云、姞人弃妃、從女吉聲。亦省作吉、詩都人士、謂之尹吉、箋云、吉讀爲姞、周室昏姻之舊姓也、巨乙切、

嬴 帝少皞之姓也。晉語、黃帝之子青陽爲己姓、韋注、青陽、金天氏帝少昊也、則少皞自是己姓、

hào 㚧　niàn 嫸　shēn 姺　yún 妘　guī 嬀　yáo 姚

史記鄭世家、秦嬴姓、伯翳之後也、潛夫論、少皞氏有才子八人、後嗣有皋陶、其子伯翳、能議百姓、以佐舜禹、擾馴鳥獸、舜賜姓嬴、然則少皞之後伯翳乃姓嬴、或許說本云、帝少皞之後姓也、今挩後字乎、秦徐江黃郯莒皆嬴姓、從女羸省聲。非也、當作羸聲、一字兩聲者、說文燹從豩聲、關又從燹聲、隊從㒸聲、墜又從隊聲、幵且有笄汧刑三聲矣、不得以今音拘攣之也、以戍切、

姚 虞舜居姚虛、因以爲姓。帝王世紀、瞽瞍妻曰握登、生舜于姚虛、故姓姚氏、從女兆聲。余招切、一曰、姚嬈也。依韻會引改、荀子非相篇、莫不美麗姚冶、注引說文、姚美好皃、案所引蓋與嬈也相當、嬈嬥也、嬥直好皃、方言廣雅皆曰、姚娧好也、說苑指武篇、美哉德乎、姚姚者乎、桂氏曰、詩佻佻公子、韓詩作嬥嬥、則佻佻當作姚姚、通作窕、荀子禮論、故其立文飾也、不至于窕冶、注云、窕讀爲姚、姚冶、妖美也、史篇以爲姚易也。桂氏曰、易當爲傷、傷輕也、集韻、春秋傳、楚師輕窕、或作姚、

嬀 虞舜居嬀汭、因以爲氏。小徐作姓、非也、舜姓姚、所謂因生以爲姓也、氏嬀則猶之龐季鄭般、以地望爲稱耳、至武王賜胡公姓嬀、乃以遠祖之氏爲姓矣、堯典、釐降二女于嬀汭、正義云、嬀水在河東虞鄉縣歷山西、西流至蒲坂縣南、入于河、舜居其旁、周武王賜陳胡公

之姓爲嬀、爲舜居嬀水故也、從女爲聲。居爲切、

妘 祝融之後姓也。段氏曰、祝融者、顓頊之子黎也、國語曰、其後八姓、己董彭秃妘曹斟芈也、妘姓鄔鄶路偪陽是也、又世本云、鄅妘姓也、潛夫論、妘姓之後、封於鄅、襄十年左傳正義云、依鄭語及世本、皆云偪陽妘姓、是祝融之孫陸終第四子求言之後、從女云聲。王分切、

𡞉 籀文妘、從𩱧。員、籀文作鼑、不見部首下、而此及姻之籀文、奴婁之古文皆從之、其姚嫋之籀文、妻之古文、又從女、小徐一切、從女、金文有作中者、似中、

姺 殷諸侯爲亂、疑姓也。史引、疑路作者、則當八字一句、篇海引作疑、則當上五字句、下三字句、謂姺爲國名、疑其姓也、然疑姓無考、字又作侁莘㜪三體、路史侁、殷諸侯爲亂者、呂覽本味篇、有侁氏以伊尹媵女、說苑、伊尹故有莘氏媵臣也、漢書、殷之興也、以有娀及有㜪、顏注、㜪音詵、從女先聲。所臻切、小徐思典反、春秋傳曰、商有姺邳。昭元年文、竹書紀年、外壬元年、邳人侁人叛、河亶甲五年、姺人入于班方、彭伯韋伯伐班方、姺人來賓、

嫸 人姓也。以下三字皆云人姓、謂常人之姓、不能確指其所由也、姓苑、蒼梧有嫸氏、從女然聲。奴見切、

㚧 人姓也。桂氏曰、高麗有㚧姓、

qī 娸　chà 奼　méi 媒　shuò 妁　jià 嫁　qǔ 娶　hūn 婚　yīn 姻　qī 妻

從女丑聲。呼到切。商書曰無有作㚻。洪範文、今作好。娸 人姓也。從女其聲。去其切。杜林說娸醜也。此謂與䫏通也。漢書枚皐傳、故其賦有詆娸東方朔、顏注、娸醜也。敘傳朱雲作娸、顏注、雲欲斬張禹、是爲醜惡之娸。或曰讀若近。近似迃之譌。奼 少女也。玉篇、美女也、廣韻、嬌奼也。從女乇聲。坼下切。玉篇曰又音姤。案奼當與嫵媚類列、在此不次。媒 謀也。謀合二姓也。地官媒氏注云、媒之言謀也、謀合異類、使和成者。從女某聲。莫桮切。妁 酌也。斟酌二姓也。丁公著曰、媒氏酌二姓之可否。從女勺聲。市勺切。嫁 女適人也。白虎通、嫁者家也、婦人外成、以出適人爲家。公羊隱二年傳、何注、婦人生以父母爲家、嫁以夫爲家、故謂嫁曰歸。從女家聲。古訝切。娶 取婦也。取去聲、以取釋娶、明娶爲取之分別文也、易卦爻皆作取女、是古文借字、孟子作娶、則後作也、易言取女吉勿用取女、是不定之詞、故言女、許主言娶、故言婦也。從女取聲。分別文例、不言從取、大徐誤增之。七句切。婚 婦家也。下文姻壻家也、此二語者、與爾雅釋親云壻之父爲姻婦之父爲婚、似不同、然與士昏記注曰、女氏稱婚、壻氏稱姻、則其義正同、氏卽家也、蓋許鄭兩君以釋親二語不了、故改之也、然釋親又云、婦之黨爲婚兄弟、壻之黨爲姻兄弟、此二語則了、邢疏引曾子問、不得嗣爲兄弟、仍指婚之父女之父而言、非謂其黨、概曰兄弟也。從女昏聲。義聲互相備、小徐無聲字、則又非也。呼昆切。禮。元應引有記字、非也。下文乃約士昏禮以爲言耳。娶婦以昏時入。依元應引補。案士昏禮、婦至卽行三飯三酳之禮、禮畢而燭出、足知其入爲昏時、又記曰、凡行事必用昏昕、注、用昏壻也。婦人陰也。故曰婚。元應引作故曰昏、似當作故用昏、此解娶婦以昏時之故也、士昏禮、鄭目錄云、士娶妻之禮、以昏爲期、因而名焉、必以昏者、陽往而陰來。籒文婚 籒文婚如此。嚴氏曰、又當作囟、姻 壻家也。左定十年傳、荀寅范吉射之姻也、杜注、荀寅子娶吉射女。女之所因。故曰姻。鄭注經解云、壻曰昏、妻曰姻、案鄭君不宜忽異、或壻妻二字傳寫互譌。從女因聲。案昏因古字、婚姻後作、儀禮有昏禮、不作婚禮、白虎通、婦人因夫而成、故曰因、詩云、不惟舊因、謂夫也、案此所引小雅不思舊姻也、上二章皆言昏姻、或古本亦作因。於眞切。籒文姻 籒文姻從𡰥。見周禮。妻 婦。句。與己

fù 婦　fēi 妃　pì 媲　rèn 妊　shēn 娠　chú 媰　fàn 嬎

齊者也。以婦釋妻、謂一人兩名也、申之以與己齊、言其別也、釋親一篇、凡據妻言之皆曰婦、繫夫言之皆曰妻、論語、君稱之曰夫人、夫人自稱曰小童、卽其義也、內則、聘則爲妻、注云、妻之言齊也、以禮聘問、則得與夫敵體、從女從屮。二字似當刪。從又。又持事。妻職也。屮聲。七稽切。古文妻 古文妻從肖女。肖古文貴字。桂氏嚴氏皆曰、汗簡引作古文妻、玉篇亦作㚸、段氏直改篆文、聯玉圖名豐告鈞曰、都察院爰書中、有安徽人姓肖、婦 服也。白虎通、婦者服也、服于家事、事人者也。從女持帚灑埽也。曲禮、納女於大夫、曰備埽灑。房九切。妃 匹也。釋詁文、妃本音配、故借配、易豐卦、遇其配主、釋文云、鄭作妃、大戴禮、配以及配、小戴作妃、樊光注爾雅、引詩天立厥妃、是也、妃本匹耦之通名、故詩序曰、關雎后妃之德也、后妃者、后之妃也、釋詁、后、君也、詩書皆然、而曲禮曰、天子之妃曰后、案思齊篇言大任周姜大姒、作詩在武王追王之後、未有稱后者、后字見虞書者皆諸侯、故商頌曰商之先后、下武文王有聲皆兼稱王后、是沿夔稷契爲侯時之舊稱、卽以爲天子之稱矣、苟以天子之稱稱天子之妃、是以男子之稱稱婦人也、然王及后世子、周官屢見、春秋王后字亦兩見、知此稱創始于周公、而孔子因之、然其所以立此稱之故、則非末學所能窺測矣。從女己聲。芳非切。此後世之音、媲 妃也。字林、媲配也、用借字、釋詁、妃、媲也、郭注、相偶媲也、從女毘聲。匹計切。妊 孕也。字又作姙、見後漢書章帝紀、又借任、見大戴禮保傅篇、從女從壬。壬亦聲。壬部曰、象人褱妊之形。如甚切。娠 女妊身動也。衆經音義、懷胎爲娠、漢書孟康曰、妊音身、今多以娠作身、兩通也、詩云、大任有娠、是也、釋詁、娠動也、郭注、娠猶震也、詩生民、載震載夙、傳云、震動也、左昭元年傳、當武王邑姜方震太叔、注云、女懷胎爲震、從女辰聲。失人切。左傳釋文、娠音震、又音身、春秋傳曰后緡方娠。哀元年文、一曰官婢女隷謂之娠。方言、燕齊之間、官婢女廝謂之娠、郭注、娠音振、女廝婦人給使者、媰 婦人妊身也。身、玉篇同、娠下亦云妊身、廣韻引作妊娠、廣雅、媰㑳也、崔瑗清河王誄、惠于媰孀、或作㑳、玉篇、㑳任身也、從女芻聲。側鳩切。周書曰至于媰婦。梓材文、今作屬、嬎 生子齊均也。纂要、齊人謂生子曰嬎、或作娩、方言、抱娩、耦也、荆吳江湖之閒曰抱娩、宋潁之閒或曰娩、注、娩、芳萬反、一作嬔、從女從生。免聲。小徐作從女㝃聲、本書无

女

yī 嫛　ní 婗　mǔ 母　yù 嫗　ǎo 媼　xǔ 姁　jiě 姐　gū 姑

嬔字篆從兔而說曰兔聲、蓋校者疑其不諧而改之也、說別見、芳萬切。讀若幡。衆經音義、蕃息、蕃謂滋多也、息塞滿也、今中國謂蕃息爲嬔息、音芳萬反、又云、尚書庶草蕃廡、孔安國曰、蕃、滋也、謂滋多也、周禮以蕃鳥獸、鄭元曰、蕃、息也、今中國謂蕃息爲嬔息、音芳万反、周成雜字曰、嬔、息也、同時爲一息、廣韻、嬔、嬔息也。

婗也。本文互訓、婗篆下云、嫛婗也、則是曡韻連語、互文見意也、故小徐韻譜婗下云、兒始生、廣雅釋親亦云、婗、子也、皆單字成義、而釋名玉篇廣韻則皆嫛婗連文也、釋名曰、人始生曰嫛兒、或曰嫛婗、雜記曰、中路嬰兒失其母、鄭注、嬰猶鷖彌也、孟子、反其旄倪、趙注、倪、弱小繄倪者也、案鷖彌繄倪、皆嫛婗之借字、要是形容之詞、以聲爲義、故單字連文、祇是長言短言之分、若釋名曰、嫛、是也、言是人也、婗、其嘷聲也、故因以名之、恐非、大約曡韻雙聲皆不可以義求之、從女殹聲。烏雞切。

嫛婗也。從女兒聲。五雞切。一曰婦人惡皃。桂氏曰、此六字當在嫛下、殹爲惡皃、猶圣下以壬爲朝廷也、本書醫下云、殹、惡姿也。

牧也。二字曡韻、廣雅同、方言、牧、飤也。從女象褱子形。褱當作褱、釋名、母、冒也、含已生也、筍案象褱子形、則篆當作、今出者以爲姿媚也、且是孿生之象、故兩之。一曰象乳子也。

一引作象乳形、廣韻引蒼頡篇云、其中有兩點者、象人乳形、豎通者、卽音無、段氏曰、此就隸書釋之也、莫后切。

母也。樂記、煦嫗覆育萬物、注、□氣曰煦、□體曰嫗、是嫗固有母意、然直偁母曰嫗、始見漢書嚴延年傳、前此未有、許君以字從女、直截說之耳、從女區聲。衣遇切。

女老偁也。女、小徐作母、兩通、作女者、韋昭曰、媼、婦人長老之稱、文穎曰、幽州及漢中皆謂老嫗爲媼、史記索隱、媼是婦人之老者通號、故趙太后自稱媼、及劉媼衛媼之屬是也、漢書高帝紀、母媼、孟康曰、媼、長老尊稱也、作母者、禮樂志、媼神蕃釐、后土富媼、張晏曰、媼、老母稱也、坤爲母、故稱媼。從女𥁕聲。讀若奧。烏皓切。武威有媼闈縣。漢志闈作圍。

嫗也。廣韻、姁姁、嫗嫗、然則姁嫗卽樂記之煦嫗。從女句聲。況羽切。

蜀人謂母曰姐。廣韻、姐、羌人呼母、集韻、毑、母也、或作姐。淮南謂之社。淮南子云、西家子謂其母曰社。從女且聲。茲也切。讀若左。桂氏曰、大园睟惡無善終、不可佐也、睟終之貞、誠可嘉也。

夫母也。釋名亦云、皆據釋親婦稱夫之父曰舅、稱夫之母曰姑也、然舅爲假借通稱、則姑亦當然、釋親又曰、母之𢍏弟爲舅、父之姊妹爲姑、乃其本稱也、故白虎通曰、

wēi 威　bǐ 妣　zǐ 姊　mèi 妹　dì 娣　wèi 媦　sǎo 嫂　zhí 姪

尊如父而非父者舅也、親如母而非母者姑也、故稱夫之父母爲舅姑也、此說爲是、許君姑舉其一端耳。從女古聲。徵兼意、古部云、故也、白虎通云、舅者舊也、姑者故也、舊故之者、老人之稱也、古胡切。

姑也。廣雅、姑謂之威、桂氏曰、威姑、君姑也、本書若讀若威、易順以從君也、與蔚爲韻、詩采芑、蠻荊來威、與犹爲韻、逸周書合閭立教、以威爲長、以閭胥爲君也、釋親、舅姑在則曰君舅君姑。從女戌聲。小徐本作戌聲、而復以會意釋之、於非切。漢律曰婦告威姑。

歿母也。釋名亦云、然釋親曰、父爲考、母爲妣、郭注、禮記曰、生曰父母妻、死曰考妣嬪、今世學者宗之、案尚書曰、大傷厥考心、事厥考厥長、聽祖考之彝訓、如喪考妣、公羊傳曰、惠公者何、隱之考也、仲子者何、桓之母也、蒼頡篇曰、考妣延年、書曰、嬪于虞、詩曰、聿嬪于京、周禮有九嬪之官、明此非死生之異稱矣、桂氏引冀州從事郭君碑、哀哀考妣、追惟賣靈、卜商號咷、喪子失明、則知後漢猶以爲通稱、若大司樂之先妣、注以爲姜嫄、此則旣歿者然、詩亦右父母歿、亦稱母也。從女比聲。卑履切。

籀文妣省。

女兄也。釋親、男子謂女子先生爲姊、後生爲妹、謂之兄者、假借之稱、孟子、彌子之妻與子路之妻兄弟也。從女𠂔聲。將几切。

女弟也。此本偁也、小徐本作夫之女弟也、繫傳云、曹大家女誡所謂嫂妹也、案此見後漢書曹世叔妻傳中、是篇標題曰和叔妹第七、案叔謂夫之弟、妹謂夫之妹、亦假借之稱也、其傳末有昭女妹曹豐生、則是大家稱妹從俗稱之、范蔚宗稱女妹、用爾雅古稱也、釋親、夫之女弟爲女妹、然謂之女妹、亦小別於姊妹矣。從女未聲。莫佩切。

女弟也。白虎通及鄭注士昏禮竝同、然妹下之女弟、據男子謂女子之後生者言、此據女子謂其媵言、釋親、女子同出、謂先生爲姒、後生爲娣、郭注、同出、謂俱嫁事一夫、公羊傳曰、諸侯娶一國、二國往媵之、以姪娣從、娣者何、弟也、此卽其義也、案妯娌亦借此稱、儀禮喪服注云、娣姒婦者、兄弟之妻相名也、長婦謂穉婦爲娣婦、娣婦謂長婦爲姒婦。從女弟聲。娣者弟之分別文也、大徐誤增從弟、徒禮切。

楚人謂女弟曰媦。郎據公羊而言、然釋親郭注、今謂兄爲冢、妹爲媦、纂文、河南人云、妹、媦也、則浸假爲通偁矣。從女胃聲。云貴切。春秋公羊傳曰楚王之妻媦。桓二年文。

兄妻也。釋親、女子謂兄之妻爲嫂、但據一端、故許君通之、禮記、嫂不撫叔、叔不撫嫂。從女叜聲。鄭注喪服曰、嫂者尊嚴之稱、嫂猶叜也、穌老切。

yí 姨　ē 娿　mǔ 娒　gòu 媾　chǐ 姼　bá 妭　xī 㜎　bì 婢　nú 奴

兄之女也。字林同。蕊本之公羊莊十九年傳曰。姪者何。兄之子也。本不了當。許君以字從女也。而改子爲女。彌不該備矣。姪之從女。由謂之者起。不由所謂者起。喪服傳。謂吾姑者。吾謂之姪。釋親。女子謂晜弟之子爲姪。子兼男女。左傳。繼室以其姪。則女子也。又曰。姪其從姑。謂太子圉也。則男子也。從女至聲。徒結切。

姨　妻之女弟同出爲姨。呂覽長攻篇。蔡侯曰。息夫人。吾妻之姨也。高注。妻之女弟爲姨。釋親。妻之姊妹同出爲姨。郭注。同出謂俱已嫁。從女夷聲。以脂切。

娿　女師也。詩葛覃傳曰。古者女師教以婦德婦言婦容婦功。祖廟未毀。教于公宮三月。祖廟既毀。教于宗室。從女加聲。烏何切。杜林說加教於女也。謂伯山以爲會意字。異於上說之形聲也。讀若阿。言此以關假借。史記范睢傳。不離阿保之手。借阿爲娿也。

娒　女師也。字林同。然似當依玉篇作母師也。設與娿同訓。則此云娿也可矣。列女傳有魯母師。何注公羊傳曰。禮。后夫人必有傳母。選老大夫爲傳。選老大夫妻爲母。字或作姆。內則。姆教婉娩聽從。鄭注。婦人五十無子。出不復嫁。以婦道教人。若今時乳母也。從女每聲。莫后切。讀若母同。此即言其可借也。

媾　重婚也。史記。申駱重婚。衆經音義。國語。今將婚媾。賈逵曰。重婚曰媾。媾。厚也。從女冓聲。易屯釋文。媾本作冓。鄭云。猶會。本或作構者非。案鄭君所据之本作冓。故以會釋之。仲春之月。令會男女。是也。云猶者。冓乃構之古字。冓材爲室。是其本義。合二姓爲婚姻。則借義也。許君爲鄭君前輩。豈有所据之本反作媾者。馬融賈逵皆云重婚。是据俗字作媾說之。然鄭君不冝苟同其師。許君何獨苟同其師乎。且果收此字。則當在婚姻之下。不當在此。別本作構。正足爲證。陸氏非之。亦誤。古候切。易曰。匪寇婚媾。屯六二爻詞。

姼　美女也。漢書敘傳。姼姼公主。乃女烏孫。顏注。姼姼。好皃也。從女多聲。尺氏切。

𡛗　姼或從氏。

妭　婦人美也。廣韻引也作皃。小徐本作美婦也。玉篇引同。從女犮聲。蒲撥切。

㜎　女隸也。周禮作奚。天官酒人。奚三百人。鄭注。古者從坐男女沒入縣官爲奴。其少才知以爲奚。漢書刑法志。鬼薪白粲一歲爲隸臣妾。顏注。男子爲隸臣。女子爲隸妾。從女奚聲。胡雞切。

婢　女之卑者也。檀弓。使吾二婢子夾我。注云。婢子。妾也。至於曲禮。自世婦以下。自稱曰婢子。左傳。秦穆姬亦自稱婢子。則謙詞也。從女從卑。卑亦聲。此後人增之。當云從女卑聲。便俾切。

yì 㚤　qián 媊　wā 媧　sōng 娀　é 娥　yuán 嫄

奴　奴婢皆古之辠人也。一引作男人罪曰奴。女人罪曰婢。從女又聲。乃都切。周禮曰。其奴男子入于辠隸。女子入于舂稾。秋官司厲文。鄭司農云。謂坐爲盜賊而爲奴者。輸於罪隸舂人稾人之官也。由是觀之。今之爲奴婢。古之罪人也。

𠈌　古文奴從人。

㚤　婦官也。廣韻。漢有鉤弋夫人。居鉤弋宮。漢書作弋。從女弋聲。與職切。

媊　甘氏星經曰。史記索隱曰。天官書曰齊甘公。藝文志。六國時楚有甘公。齊楚不同。徐廣曰。甘公名德。抱朴子辯問篇。子韋甘均占候之聖也。桂氏曰。漢書張耳陳餘傳。甘公曰。漢王之入關。五星聚東井。據此則甘公秦漢閒人。非六國楚之甘公矣。疑是二甘公。在楚者名均。在齊者名德。太白號上公。妻曰女媊。玉篇作太白上公妻号女媊。天官書曰。太白。大臣也。其號上公。女媊居南斗。食厲。小徐無女媊。玉篇同。左傳。鬼有所歸。乃不爲厲。天下祭之。謂之朙星。釋天。明星謂之启明。封禪書地理志。陳倉有上公明星祠。蓋即祭女媊也。女媊蓋如四餘之類。非有此星。祭之者以其食厲也。謂之明星者。以太白之號被之也。從女前聲。昨先切。

媧　古之神聖女。帝王世紀。女媧。風姓也。一號女希。是謂女皇。列子曰。伏羲女媧。蛇身而人面。有大聖之德。化萬物者也。媧化疊韻。曹植女媧贊。神化七十。何德之靈。大荒西經。有神十人。名曰女媧之腸。注云。女媧一日中七十變。其腹化爲此神。從女咼聲。古蛙切。

𡞬　籒文媧從䰙。

娀　帝高辛之妃偰母號也。詩長發傳曰。有娀。契母也。故許君本之。謂之爲號。皆謂有娀與姜嫄一例也。箋云。有娀氏之國。亦始廣大。此破毛傳。謂有娀與有邰一例也。正義云。有娀。契母之姓。婦人以姓爲字。似合毛鄭爲一說。或誤。從女戎聲。息弓切。詩曰。有娀方將。

娥　帝堯之女舜妻娥皇字也。帝王世紀。舜年二十。始以孝聞。堯以二女娥皇女英妻之。古今人表。英作䓯。竹書。偁娥皇曰后育。帷尸子曰。妻之以媓。媵之以娥。分爲二人。字又作媓。是爲異說。從女我聲。五何切。秦晉之閒謂好曰娙娥。依史記索隱引補。方言。娥。好也。秦曰娥。秦晉之閒。凡好而輕者謂之娥。案此挩娙字也。史記外戚世家索隱引方言。美貌謂之娙娥。

嫄　台侯之女。周棄母字也。台當作邰。見邑部。詩生民。時維姜嫄。傳云。姜。姓也。后稷之母。配高辛氏帝焉。韓詩章句曰。姜。姓。原。字。史記亦作原。許君以

jiǔ 㚴　yú 嬩　yān 嬮　huà 嫿

yàn 嬿　ē 婀　xū 嬃　jié 婕　líng 孁　liáo 嫽　yī 㛄　zhōu 婤　è 姶　jǐ 妀　tǒu 妵　èr 㛅　shǐ 始　mèi 媚　wǔ 嫵　měi 媄

毛傳未說嫄、故承用韓詩、以爲字也、鄭箋則以爲名、從女原聲。愚袁切、

嬿　女字也。從女燕聲。於甸切、毛詩燕婉之求、韓詩作嬿婉、嬿婉、婉好皃、見西京賦注、

婀　女字也。從女可聲。讀若阿。烏何切、

嬃　女字也。史記呂后本紀有呂嬃、是漢初人猶以爲字也、從女須聲。天文有須女、相俞切、楚詞曰女嬃之嬋媛。離騷、又嚴氏曰、說文無嬋字、當作撣援、楚詞章句、嬋媛猶牽引也、一作撣援、賈侍中說楚人謂姊爲嬃。一無人字、姊一引作女、非賈說、蓋卽釋離騷也、鄭志答冷剛曰、須、才智之稱、故屈原之姊以爲名、鄭注易歸妹以須、亦曰須、有才知之稱、郡國志、秭歸縣、屈原鄉里、屈原暫歸、其姊女須聞原還、亦來喻之、因曰姊歸也、

婕　女字也。從女疌聲。讀若接。子葉切、顏注漢書曰、倢伃、字或從女、其音同耳、

嬩　女字也。從女與聲。讀若余。以諸切、

孁　女字也。從女霝聲。郎丁切、段氏曰、漢婦官十四等、中有娛靈、靈蓋可作孁、

嫽　女字也。方言、釥嫽、好也、漢書西域傳、楚主侍者馮嫽、從女尞聲。洛簫切、

㛄　女字也。從女衣聲。讀

若依。以此讀推之、十四等中充依、依蓋㛄之借字、於稀切、

婤　女字也。從女周聲。職流切、

姶　女字也。從女合聲。烏合切、春秋傳曰嬖人婤姶。昭十七年文、一曰無聲。

妀　女字也。史記殷本紀、紂嬖於婦人、愛妲妀、平安館有番妀齋鬲、從女己聲。居擬切、

妵　女字也。從女主聲。天口切、繫傳曰、春秋左傳、宋華妵、人名也、案見昭二十一年、

㚴　女字也。從女久聲。舉友切、廣韻曰、亦作妐、

㛅　女號也。號字後人所改、玉篇廣韻、皆曰女字、從女耳聲。仍吏切、

始　女之初也。釋詁、初始也、此言女者、以字從女也、從女台聲。詩止切、

媚　說也。詩駟鐵、公之媚子、箋云、使君臣和合也、史記上林賦、嫵媚姌嫋、索隱引埤蒼、嫵媚、說也、從女眉聲。美祕切、

嫵　嫵媚也。玉篇引如此、是也、一字可單可雙、故如是列字、如是立文也、通俗文、姸美曰嫵媚、字又作娬、見廣雅、又借憮、漢書張敞傳、長安中傳張京兆眉憮、蘇林曰、憮音嫵、案此單言嫵者也、從女無聲。文甫切、

媄　色好也。從女美聲。媄者美之分別字、故左傳欒懷

duò 嫷　xù 㜅　hǎo 好　shū 姝　xìng 嬹　shū 㚤　jiǎo 姣　yuān 嬽　tuì 娧　miáo 媌　wān 婠　xíng 娙　zàn 㜺

子美而有勇力、名之曰棄、長而美、無不用美者、大徐增從美、非也。無鄙切、

㜅　媚也。或省作畜、呂氏春秋離俗覽、周書曰、民善之則畜也、不善則讎也、高注、畜、好也、孟子、畜君者好君也、通俗文、不媚曰㜅、不字或衍、或美惡不嫌同詞、從女畜聲。丑六切、

嫷　南楚之外謂好曰嫷。方言、嫷、美也、南楚之外曰嫷、郭注、言婑嫷也、或借憜之古文嫷、列子楊朱篇、穆之後庭比房數十、皆擇稚齒婑嫷者以盈之、從女隋聲。徒果切、大徐曰、唐韻作妥、

姝　好也。慧苑引作色美也、邶風傳曰、姝、美色也、字林曰、姝、好皃也、從女朱聲。昌朱切、

好　美也。此不作媄、亦可證其爲分別文矣、淮南子、不待脂粉、西施陽文也、許注、陽文、楚之好人也、從女子。以色事人者、婦人之事、小徐牽及子、子者男子之美稱、非也、呼皓切、

嬹　說也。潘岳關中詩、如熙春陽、李注、引爾雅、熙、興也、又引說文、興、悅也、以解爾雅、所引卽此文、不作嬹者、李氏之謬也、爾雅借熙興爲嬹、嬹下文嬰、說樂也、從女興聲。許應切、

嬮　好也。廣雅同、廣韻、嬮婹、美女、從女厭聲。於鹽切、

㚤　好也。從女殳聲。昌朱切、詩曰靜女其㚤。邶風靜女文、今作姝、又衣部祩下、裻下、引之皆作祩、

姣　好也。方言、娥㜲、好也、自關而東、河濟之間、或謂之姣、楚詞、嫫母姣而自好也、字又作佼、鄭注洪範考終命曰、謂皆生佼好以至老也、從女交聲。胡茅切、當古巧切、玉篇、姣、戶交切、婬也、案此左傳失位而姣之姣、又音狡、媚也、乃與本書義合、

嬽　好也。上林賦、柔嬈嬽嬽、史記作嬛嬛、索隱云、骨體耎弱長豔皃、張揖云、嬽嬽猶婉婉也、引廣雅、嬽嬽、容也、今廣雅作嬛、從女𢍜聲。委員切、繫傳曰、此今人所書娟字也、讀若蜀郡布名。桂氏曰、蜀布有筩中黃潤、蓋讀若潤筩、說見釋例、

娧　好也。神女賦、倪薄妝、李注引說文、倪、好也、與娧同、注中倪娧互譌、謂說文之娧、與賦之倪同也、方言、姚、娧、好也、從女兌聲。本他外切、孫杜外切、

媌　目裏好也。通俗文、容麗曰媌、方言注、今關西人謂好爲媌、列子周穆王篇、簡鄭衛之處子、娥媌靡曼者、從女苗聲。莫交切、

嫿　靜好也。說見下文姽下、從女畫聲。呼麥切、

婠　體態好也。依廣韻引改、通俗文、容媚曰婠、從女官聲。讀若楚郤宛。一完切、

娙　長好也。一引作長也、好也、非是、玉篇、娙、身長好皃、史記蘇秦傳、後有長姣美人、從女巠聲。五莖切、

㜺　白好也。

女

luǎn wǎn wǎn dòng yān rǎn niǎo xiān míng
孌 婉 ⿱夗女 ⿰女同 嫣 姌 嫋 孅 嫇

廣雅但云好也、又聲類、⿰女贊婍也、通俗文、服飾鮮盛謂之⿰女贊⿰女贊、皆別義、從女。贊聲。則旰切。或曰。不謹也。集韻⿰女贊、一曰不恭、

孌 順也。廣韻、孌、從也、從女。𤔔聲。力沇切。詩曰。婉兮孌兮。齊風甫田文、婉當作⿱夗女、校者依今詩改也、傳云、婉孌、少好兒、

孌 籀文孌如此。下文孌字下、蓋本有籀文以爲孌字句、校者又据今齊風作孌、遂增於此、然唐初本固無此字也、知者、陸士衡於承明作與士龍詩言婉孌、李注不引此孌順也、乃引後文孌慕也、不知隸書之婉孌、於篆爲⿱夗女孌、不免於疏、然足徵所据本孌下無此籀文也、既有之矣、便當留之以爲左證、李燾本毛刻本徑删之、而又不删婉字、則愈謬也、

⿱夗女 婉也。此乃以隸解篆之法、謂篆書⿱夗女字、於隸則作婉也、玉篇婉、⿱夗女同、是也、古經中婉字、皆當作⿱夗女、惟燕燕婉當作嬿婉、從女。夗聲。於阮切。

婉 順也。此取之新臺毛傳、從女。宛聲。於阮切。春秋傳曰。太子痤婉。襄二十六年傳曰、棄生佐惡而婉、太子痤、美而很、此人亂道、是荒經蔑古之人也、○凡說文之例、同字而異部者、多以重文爲說解、如竝併也、暘傷也、是也、芊萍一字、同部而轉注者、以萍有大篆從𦭝之異也、惟雔字當本在隹部、從隹、昔聲、兩體分明、許君重形、必使異部、故曷下云雔也、後人遂雔於曷下、固誤、然直目爲重文、其閒隙易爲尋見、此則婉字別爲說解、遂無一人不受其欺者、然豈有音義皆同而不爲一字者乎、

⿰女同 直項兒。小徐作項直兒也、玉篇廣韻竝同、從女。同聲。他孔切。

嫣 長兒也。玉篇曰、長美兒、文選嫣然一笑、注引王逸云、嫣、笑兒、從女。焉聲。於建切。

姌 弱長兒。嘯賦注引、冉、弱長貌、即此文、上林賦、嫵媚姌嫋、郭注、姌嫋、細弱也、段氏曰、毛詩曰、荏染柔意也、荏染即姌也、桂氏曰、俗字嬝娜、即嫋姌、從女。冄聲。而剡切。

嫋 姌也。廣韻、嫋嫋、弱也、傅毅舞賦、婑蛇姌嫋、楚詞九歌、嫋嫋兮秋風、從女。弱聲。姌下云、弱長兒、即足見其兼意矣、奴鳥切、

孅 鋭。句細也。廣韻云、鋭也、細也、金部、鋭、芒也、錐、鋭也、以鋭釋孅、則孅與俗尖字相似、再以細釋鋭、則孅字可通、思[元]賦、紓訬婧之孅腰兮、是也、漢書司馬相如傳、嫵媚孅弱、顏注、孅、細也、顏氏恪遵說文、此不云鋭者、知其爲譬況之詞、故刪之也、從女。韱聲。息廉切。

嫇 嬰嫇也。嬰、小徐作⿱䀠女、皆嫈之聲譌也、廣韻、嫈嫇、新婦兒、又作嫈嫇、楚詞九思、蘅芷凋兮嫈嫇、從女。冥聲。莫經切。一曰。嫇嫇。小人兒。當作一曰嫈嫇、小心態也、元應出嫈嫇而說之曰、字林、乙莖茫莖反、心態也、亦細視也、兩引同、案亦捝小字、本部嫈下云、小心態也、蓋嫈嫇疊韻、當是形容之詞、嫈下當云嫈嫇、小心態也、嫇下當云嫈嫇也、迨傳寫離析、遂隔嫈下、但存訓義、嫇下但存名目、而嫈又譌嬰、遂乖隔矣、有以完本校之者、記其下曰、一曰嫈嫇、小心態也、此一曰乃校者之詞、謂一本如此也、又經傳寫轉譌、遂不可解、然此譌蓋在唐以前、故元應但引字林、而其本亦譌、元應素以說文爲主、此不引之、是可徵也、

yáo xuān guǐ wěi wǒ
媱 嬛 姽 委 婐

媱 曲肩行兒。楚詞九思、音案衍兮要媱、注、要媱、舞容也、山海經、姑媱山在帝臺東、帝女死、化爲䔄草、服之媚於人、方言、江沅之閒、謂戲爲媱、從女。䍃聲。余招切。

嬛 材緊也。繫傳曰、張衡賦所謂嬛材也、心部、懁、犬部、獧、竝云急也、上林賦、便嬛綽約、郭注、便嬛、輕利也、從女。瞏聲。許緣切。春秋傳曰。嬛嬛在疚。哀十六年文、今作煢煢、余在疚、孔子世家引同、周禮太祝注、鄭司農引作嬛嬛余在疚、周頌、嬛嬛在疚、匡衡傳引作煢煢在疚、宀部、宂下、引作煢煢在宂、說文無疚字、詩杕杜釋文、睘睘本亦作煢煢、

姽 閑體行姽姽也。釋詁、閑、習也、神女賦、素質幹之醲實兮、志解泰而體閑、既姽嫿於幽靜兮、又婆娑乎人閒、許君之說、即自賦出、意者姽姽本作姽嫿、而姽嫿二篆、本自相連、故李注引說文、姽嫿好兒、即嫿下之靜好也、然兩篆說解、不可合併、意者各自爲義、而兩篆則相聯屬乎、從女。危聲。過委切。

委 委隨也。委隨疊韻、即詩羔羊之委蛇也、劉熊碑、卷舒委隨、莊子庚桑楚、與物委蛇、而同其波、長言之則爲詩之委委佗佗、毛傳曰、委委者、行可委曲從迹也、佗佗者、德平易也、唐扶頌、在朝逶隨、衡方碑、禕隋在公、皆委隨之變體、從女。禾聲。顧亭林曰、委、古音於戈反、案捼從委聲、婐讀若委、皆其證、於詭切、

婐 㛈也。㛈下之婐㛈弱也、似當在此、㛈下但當云婐㛈也、雖果敢女侍、婐不連㛈即成義、大元、曹次六、曹曹之離、不宜熒且、㛈注云、㛈、小貌、㛈不連婐亦成義、又桂氏曰、廣雅、㛈、好也、據曹憲音牛委五果二切、則當爲㛈字、笱謂即如此說、婐下云㛈也、則㛈下當云好也、而何以云婐㛈乎、古樂府、珠佩婐㛈、戲金闕、從女。果聲。烏果切。一曰。果敢也。果當作婐、左傳、殺敵爲果、蒼頡篇作惈、案嬾婧從女、果敢字似不宜從女、大徐本無此句、蓋疑而刪之也、一曰。女侍曰婐。讀若騧。一曰若委。二句似當在果聲下、未必但爲女侍一義之音、讀若委者、玉篇、婐㛈、委兒也、案委兒謂委隨之兒、釋名、委萎也、萎䔢就之也、孟軻曰。舜爲天子。二女婐。盡心篇文、引之以證女侍義、今作果者、省形存聲字、

tiǎo 嬥　huá 姡　qí ⿱齊女　fá 妭　xuán 嫙　jìng 姘　jìng 婧　jiǎo ⿰女篕　xiān 妗　chān ⿱沾女　chān 姑　nuǒ 㛂

也、趙注、果侍也、以堯二女自侍、㛂　婐㛂也一曰弱也。廣韻、婐㛂身弱好皃、通俗文、肥骨柔弱曰

婐、娜娜即㛂之俗字、從女厄聲。五果切、段氏曰、當依廣韻奴果切、姑　小弱也。從女占

聲。齒懾切、一曰女輕薄善走也。廣韻、姼下云、姑姼、輕薄皃、讀若占。此句在此尚可通、大徐加

或字、愈不可通、一曰多技藝也。藝當作蓺、⿱沾女　妗也。集韻、⿱沾女妗、女輕薄皃、當據以補苴此文、又

姑下女輕薄善走一義、讀若占、蓋與⿱沾女通、從女沾聲。亦省作沾、史記竇嬰傳、魏其者沾沾自喜、注云、沾沾、輕薄也、丑

廉切、一曰、妗⿱沾女喜笑皃。集韻引如此、蓋即妗下之一曰善笑皃、挩佚在彼也、云妗⿱沾女者、二字疊韻、顛之倒之

皆同意也、玉篇、⿱沾女妗、美笑皃也、美善喜三字、未詳孰是、類篇引同集韻、妗　⿱沾女妗也。從女今聲。

火占切、一曰善笑皃。⿰女篕　竦身也。玉篇作皃、從女篕聲。居天切、讀若

詩曰糾糾葛屨。廣雅、⿰女篕、糾、材也、婧　竦立也。依此說、則當與靖通、立部、靖、立竫也、音同義當

相似、然思元賦李注引云、婧、妍婧也、財性切、一音精、案此則婧字不與上⿰女篕字一類、而與下姘字一類、或緣竦身而譌爲竦立

說文句讀　卷二十四　十三

乎、鈕氏樹玉曰、婧、廣韻收平上去三聲、上聲爲姘之重文、從女青聲。七正切、繫傳曰、列女傳、齊有女婧、一曰。

有才也。集韻、婧、女有才也、讀若菲菁。此讀專屬有才、李善所引一音精、即此也、姘　靜也。

桂氏曰、靜當爲瀞、廣雅、姘、潔也、廣韻、姘、女人貞絜也、詩、靜女傳云、貞靜也、女德貞靜而有法度、從女井聲。疾正切、

妭　婦人皃。小徐韻譜、妭、好皃、廣韻、妭、好也、從女犮聲。房法切、嫙　好也。小徐

作好女也、非是、齊風、子之還兮、釋文、還、韓詩作嫙、嫙、好皃、玉篇同、從女旋聲。似沿切、⿱齊女　材也。

廣雅、⿱齊女、好也、玉篇、側皆切、有⿱齊女季女、從女齊聲。本子奚切、孫祖雞切、姡　面醜也。詩有靦面目、傳

云、靦、姡也、釋文、姡、面醜也、說文亦同、疏引說文、婳、面靦也、疏譌也、廣韻十三末、姡、戶括切、姡、靦也、此用毛傳、釋言也、十五鎋、姡、

下刮切、面醜、此用說文也、二十七銑、靦、面慙、正與面醜相應、釋言、釋文云、孫李云、靦、人面姡然也、越語、范蠡曰、余雖靦然而人

面哉、吾猶禽獸也、後漢書樂成靖王黨傳、有靦其面、注云、靦、姡也、言面姡然無愧、是凡用靦姡字者、皆非佳語、豈得不謂之醜

乎、從女昏聲。古活切、嬥　直好皃。廣雅、嬥嬥、好也、聲類、嬥、細䙴皃、詩大東、佻佻公子、毛傳、佻

dān 媅　xī 娭　yú 娛　qiān ⿱臤女　yí ⿱巸女　xián 嫺　wù 婺　shì 媞　guī 嫢

佻、獨行皃、釋文、佻佻、韓詩作嬥嬥、往來皃、案許說與毛韓不同、蓋齊魯詩說、從女翟聲。徒了切、一曰嬈

也。轉注、廣韻、嬥、嬥嬈、不仁、嫢　媞也。媞似當作徥、方言、嫢、細也、自關而西秦晉之閒、凡細而有容謂之嫢、

或曰徥、郭注、嫢嫢、小成貌、又注或曰徥云、言徥徥也、案許君以秦晉謂細嫢、匾別於後、以爲別義矣、而吾疑媞也與或曰徥相

當者、徥下引爾雅、徥、則也、則者法則也、本字從規、規者有法度也、子雲合細與有容爲一義、許君分爲二義、有容者、有婦容也、

婦容即法則也、下文秦晉謂細嫢、則但是細義、不連有容、緣媞字即在下文、故讀者改爲媞也、集韻曰、嫢、婦人審諦皃、即本此

以爲說也、從女規聲。讀若癸。居隨切、秦晉謂細爲嫢。葉本無爲字、與古者謂年齡句法同、

媞　諦也。楚詞七諫、西施媞媞而不得見兮、王注、媞媞、好皃也、引詩好人媞媞、詩葛屨作提提、傳云、提提、安諦

也、正義以爲釋訓文、釋訓、媞媞、安也、郭注、好人安詳之容、檀弓、吉事欲其折折爾、注云、安舒皃、釋文、大兮反、折即提也、從

女是聲。承旨切、廣韻收媞于十二齊、云、說文又時介切、一曰妍黠也。廣韻、媞、美好皃、方言、姣媞、欺謾也、

一曰江淮之閒謂母曰媞。廣韻述此義、婺　不繇也。段氏曰、繇者隨從也、不繇

說文句讀　卷二十四　十四

者、不隨從也、案如此說之、則與上下諸字不類、玉篇、婺、婦人皃、則相聯屬、從女敄聲。亡遇切、嫺　雅

也。漢書司馬相如傳、雍容嫺雅、後漢書馬援傳、辭言嫺雅、從女閒聲。亦省作閒、登徒子好色賦、玉爲人體皃閑

麗、又借閑、琴賦注引說文、閑、雅也、即嫺字、說戶閒切、⿱巸女　說樂也。經典借熙、及喜爲之、釋詁、歋熙、興也、樂記

鄭注、興之言喜也、歆也、孔疏引爾雅、歆喜興也、本部嬉說也、老子、天下熙熙、從女巸聲。許其切、⿱臤女

美也。從女臤聲。苦閑切、娛　樂也。字詁、古文虞、今作娛、謂古文用借字、小篆始有專字耳、特

說之太直捷、遂使人疑娛字爲後人羼入、從女吳聲。噳俱切、娭　戲也。謂嬉戲也、弋部、戲下不見

此義、於此補之、楚詞招魂、娭光眇視、目曾波些、王注、娭、戲也、九章、屬貞臣而日娭、王注、委政忠良而游息也、漢書禮樂志、神來

晏娭、庶幾是聽、從女矣聲。遏在切、玉篇許基切、廣韻許其切、一曰卑賤名也。此義當遏在切、毋部

毐、讀若娭、通俗文、醜稱曰娭、廣韻、娭、婦人賤稱、廣雅、娭、婢也、媅　樂也。衆經音義引作妉、樂也、釋詁、妉、樂也、

或本有重文妉、今挩佚邪、通作湛耽、詩常棣、和樂且湛、韓詩云、樂之甚也、中庸引作耽、從女甚聲。據韓詩、則兼意、

zhì 𡠗　pín 嬪　xiān 嬐　chuò 娕　zé 嫧　rú 如　zhuān 嫥　rǎn 媣　yǎn 媕　wǎn 婉　zhú 孎　dí 嫡　wěi 娓

丁含切。娓 順也。廣雅同。詩誰侜予美，釋文，美，韓詩作娓，音尾，娓，美也。從女尾聲。無匪切。讀若媚。大雅卷阿傳云，媚，愛也。與順也義近。嫡 孎也。從女啻聲。都歷切。嫡庶字古皆借適，近乃借嫡。孎 謹也。集韻，嫡孎，女謹順皃。廣韻，孎，謹孎。從女屬聲。段氏曰，祭義洞洞乎屬屬乎如弗勝。廣雅，洞洞屬屬，敬也。屬蓋孎之省。之欲切。玉篇知玉切。廣韻陟角切。讀若人不孫爲孎。此以俗語明音也。故與本義正相反。小徐作爲不孎，非也。婉 宴婉也。說見目部暥下。暥婉疊韻連語。說解已見目部，故此但出其名目也。許君蓋据毛詩古本。韓詩云，嬿婉，好皃。字已非古。今詩作燕婉之求，則用韓詩而省女旁矣。後出之字，時世所便。故嫛兮嫡兮，亦改嫛爲婉。依許則嫛嫡，順也。暥婉，目相戲也。二義迥別。字或作婏。內則姆教婉娩聽從，注云，婉謂言語，娩謂容貌。鄭注九嬪曰，婦容婉娩。玉篇，婉，音鴛，婉娩，美也。與許義亦近。從女宛聲。於願切。媕 女有心媕媕也。從女弇聲。衣檢切。下文嫛，媕嫛也。媣 諟也。玉篇廣韻竝云媞也。雖諟媞同義，然作媞爲切近。從女染聲。而剡切。嫥 壹也。壹下云專壹也，不曰嫥也。以符轉注常例者，蓋古衹有專字，嫥則後起之分別文，但爲女子而設。然韓詩窈窕貞專，皃此主謂女子，而不作嫥，何況琴瑟專壹之類乎。此既有分別文，而人仍用借字者也。或借剸，見荀子榮辱篇。亦借摶，見易繫辭釋文。亦借顓，見漢書樊噲傳。從女專聲。職緣切。一曰嫥嫥。此下有挩文。玉篇廣韻皆云可愛之皃，當取以補其闕。如 隨從也。依韻會引乙轉。婦隸二字下，皆曰隨從也。釋名，女，如也。婦人外成如人也。故三從之義，少如父教，嫁如夫命，老如子言。從女從口。人諸切。嫧 齊也。集韻，嫧娕，齊謹也。案嫧娕雙聲。方言，嫧嫧，鮮好也。南楚之外通語也。從女責聲。側革切。娕 謹也。廣韻，娕，恭謹皃。從女束聲。讀若謹敕數數。此以俗語正讀者，不當求其所出。測角切。嬐 敏疾也。司馬相如大人賦，嬐浸潯而縱高兮，紛鴻涌而上厲。從女僉聲。息廉切。一曰莊敬皃。小徐无敬字，然似莊字爲後增。既云上諱，不宜用之。廣韻五十琰，嬐，魚檢切，嬐然，齊也。嬪 服也。釋詁，賓，服也。天官注，故書嬪作賓。釋名，天子妾有嬪，嬪，賓也，諸妾之中見賓敬也。釋親，嬪，婦也。本部婦，服也。從女賓聲。符眞切。⿱執女 至也。字統同。經典皆借摯。至一訓到。釋詁，摯，臻也，是也。至一訓

說文句讀　卷二十四　七百九十四、〇折四十七　十五

suō 娑　pó 媻　gū 嫴　shàn 嬗　yàn 妟　tà ⿰女沓

極。考工記，凡甲鍛不摯則不堅，是也。從女執聲。脂利切。周書曰，大命不⿱執女。周當作商，見伐耆二字下。⿱執女，今作摯，釋文云，本又作⿱執女。案史記作至，則引此者以證至也之義。讀若摯同。本句在此者，以闕上下兩引經皆借摯爲⿱執女也。一曰虞書雉⿱執女。堯典，一死贄，釋文，贄本又作摯。引此以爲別義。小徐无一曰，非也。然大宗伯六摯，注云，摯之言至也，則仍是一義引伸。⿰女沓 俛伏也。廣韻，⿰女沓，安皃。從女沓聲。他合切。一曰服意。依集韻引改。廣韻引作意伏也，亦非。妟 安也。宀部宴，安也，從妟聲。然則宴者，妟之絫增字也。廣雅釋蟲，盤蝥，妟青也。御覽引吳普本草，斑貓一名妟青。然則又與妟通。從女日。文不成義。然小徐從女妟省聲，則尤不可通。蓋此字本不可解，故玉篇第云烏澗切，竝無訓義也。孫烏諫切。詩曰。竹君本作詩經曰。漢人安得有此語。然則此詩不知誰何所加，不必曲爲之解。以妟父母。桂氏曰，詩無此文，是也。段氏謂是周南歸寧父母之異文，其說難通。嚴氏曰，吉日文二章天子之所，三章以妟父母，四章以御賓客，語有倫次。詩作以燕天子，涉上天子而改耳。案此說尚通，究當闕疑。嬗 緩也。廣韻集韻引竝同。玉篇不引，亦同。然似當作媛也。媛下引楚詞女嬃之嬋媛。新附始有嬋字，蓋嬋者嬗之隸字，猶嬗讓之借禪也。特無典以證之，又媛字遠隔在後耳。至於緩也之義，經典借嘽字。樂記，其樂心感者，其聲嘽以緩。釋文，嘽，寬綽也。列子，嘽緩憋懯。從女亶聲。時戰切。一曰傳也。漢書律歷志，堯嬗以天下。顏注，嬗，古禪讓字也。賈誼傳，形氣轉續，變化而嬗。蘇林曰，相傳與也。孟子作禪。漢書異姓諸侯王表作禪。法言作嬗。荀子正論篇作擅。皆借字。嫴 保。句任也。據公羊疏，漢律卽有保辜，保辜複語也。故許君以保說嫴，而再以任申之者，人部保，養也，任，保也。然二字遠隔，知任保也之保，不用養也本義，而與此保嫴同義。衆經音義，保，當也，任，保也。言可保信也。其說與本文合。從女辜聲。亦省作辜。公羊襄七年經，鄭伯髡原如會，未見諸侯，卒于操。傳曰，其大夫弒之。何注，古者保辜，辜內當以殺君論之，辜外當以傷君論之。顏注急就篇曰，保辜者，各隨其狀輕重，令毆者以日數保之，限內致死，則坐重辜也。古胡切。媻 奢也。言奢張也。釋詁，般，大也。從女般聲。薄波切。經作婆者，桂氏曰，樂府楊婆兒謌，爲楊扳兒。西域有朱俱波國，亦名諸居槃國。此般波相通之證。一曰小妻也。段氏曰，小妻字見漢書枚乘傳、外戚傳、佞幸傳，後漢書陽球傳。嚴氏曰，韻會引一曰老女偁，小妻卽老女之譌。娑 媻娑舞也。据釋訓增兩字。李巡

說文句讀　卷二十四　八百五十六、〇折四十四　十六

yòu 姷　jūn 姰　zī 姕　jì 妓　yīng 嬰　càn 㛪　yuàn 媛

曰婆娑盤辟舞也。案婆一字即成義，娑必連婆乃成義，故詩曰婆娑。其下鄭志曰刻畫鳳皇之象於尊，其形婆娑然。未有單言娑者。**從女沙聲。**亦省作沙，詩閟宮毛傳犧尊有沙飾也，正義沙即娑之字也。素何切 **詩曰市也媻娑。**陳風東門之枌文。

姷　耦也。廣雅侑耦也。案楚茨以妥以侑，毛傳侑勸也，而周禮宮正以樂侑食，鄭注侑猶勸也，云猶則非正義，故許君云耦，然亦非妃耦之意，蓋鄭君所云相人耦也。相人耦者，親昵之意。釋詁酬酢侑報也，疏酬六尸有親昵意，即有比耦意。**從女有聲。讀若祐。**于救切

侑　姷或從人。

姰　鈞適也。鈞適即均敵也。左閔二年傳內寵竝后，外寵二政，嬖子配適，大都耦國，皆所謂均敵也。**謂男女併也。**句蓋庾注，大徐刪謂字，謬也。許說渾含，故庾氏的指之曰女不下于男而與之併也。如姰之女壯，是以從女。**從女旬聲。**釋言洵均也，即聲可以得義。居勻切 **讀若句。**大徐无此句。

姕　婦人小物也。繫傳曰物猶言人物也，非也。嚴氏曰物當作弱，形近而譌。上文姑，小弱也。此說是，而當云姕妓婦人小弱也，說詳釋例。**從女此聲。**即移切 **詩曰屢舞姕姕。**玉篇亦引之。段氏謂即屢舞傞傞，桂氏謂即屢舞僛僛，然人部皆引之，各如今本。說文無屢字，賓之初筵釋文云本作婁，角弓式居婁驕，釋文王力住反，數也。

說文句讀〈卷二十四　八百○六、○折四十三　七

妓　婦人小物也。當作姕妓也。**從女支聲。**渠綺切 **讀若跂行。**跂者蚑之借字，虫部曰凡生之類行皆曰蚑。淮南原道訓跂行喙息，漢書禮樂志跂行畢逮，顏注有足而行者稱跂行。

嬰　繞也。依選注屢引改。衆經音義嬰猶纏繞也。漢書嬰城固守，音義曰以城自繞也。**從女賏。賏，貝連也。**依韻會引改。貝部賏下云頸飾也，於此乃別爲之說者，言連則與繞義近也。當云賏亦聲。於盈切

㛪　三女爲㛪。詩綢繆見此粲者，釋文粲字林作㛪。廣韻㛪下引詩傳三女爲㛪，今本作粲。**㛪，美也。**周語密康公遊於涇，有三女奔之，其母曰必致之王。夫獸三爲羣，人三爲衆，女三爲粲。夫粲，美物也。衆以美物歸女，而何德以堪之。**從女𣦼聲。**倉案切

媛　美女也。郿風毛傳美女爲媛，釋訓同。**人所欲援也。**句釋從爰也。爰援一字。孫叔然釋爾雅曰君子援助。鄭君箋詩云媛者邦人所依倚以爲援助也。釋文云韓詩作援。案楚詞嬋媛一本作撣援，或媛亦後起之專字。**從女爰聲。**王眷切 **爰於也。**一本作爰引也，皆校者妄增。**詩曰邦之媛兮。**郿風君子偕老文。兮今作也。說文又引玉之瑱兮。

pìn 娉　lù 娽　zhuāng 妝　liàn 孌　xiè 媟　dú 嬻　zhuó ⿱窡女

娉　問也。集韻引此而解之曰謂昏禮問名。辛部妾下云不娉也。尹文子齊有黃公者，二女皆國色，以其美也，常謙辭毀之，醜惡之聲遠布，而一國之人無敢娉者。通作聘，內則聘則爲妻。**從女甹聲。**匹正切

娽　娽娽隨從之皃也。史記平原君傳王劭注引如此，是傳作錄錄。廣韻引之，則亦作娽娽。馬援傳作陸陸，莊子漁父作祿祿，晉書作碌碌，皆聲借字。**從女彔聲。**力玉切

妝　飾也。廣雅妝飾也。**從女牀省聲。**牀下云爿聲，此亦當然。側羊切

孌　慕也。孌今字作戀，又借孌。漢書外戚李夫人傳孌孌顧念我，顏注孌讀曰戀。**從女䜌聲。**力沇切

媟　嬻也。字與嬻同。說則彼詳此略。方言媟狎也。通俗文相狎習謂之媟嬻也。**從女枼聲。**私列切

嬻　媟嬻也。字與遺同，說解亦同。媟嬻同義，可單可雙。媟下云嬻也，謂其單字各成義，本字下則舉複語。**從女賣聲。**徒谷切

⿱窡女　短面也。桂氏曰玉篇作娺，短面皃。集韻頢頭短。本書頢，短面也。段氏曰淮南書曰聖人之思脩，愚人之思叕，高注叕短也。方言叕短也，注蹶叕短小皃。叕蓋形聲兼會意。鈕案聲同者意多相近，不可以爲會意，然其說則用心者所不廢也。**從女窡聲。**丁滑切

說文句讀〈卷二十四　七百七十五、○折四十九　十六

嬖　便嬖愛也。嬖小徐作辟，與論語同，省形存聲字。玉篇引作便僻也，無愛字，非也。便嬖其名目，愛其義訓也。嬖妾、外嬖，皆愛幸意。**從女辟聲。**博計切

嫛　難也。廣韻嫛意難。段氏曰大東傳曰契契憂苦也，擊鼓傳曰契闊勤苦也。按契與嫛音近，廣韻嫛音契。**從女毄聲。**苦賣切

妎　妒也。人部傢妎也。釋言苛妎也，郭注煩苛者多嫉妎。**從女介聲。**胡蓋切

妒　婦妒夫也。離騷各興心而嫉妒，王注害賢爲嫉，害色爲妒。**從女戶聲。**當故切

媢　夫妒婦也。三蒼解詁媢丈夫妒也。史記黥布傳妒媢生患，索隱曰一云男妒曰媢。潛夫論賢難篇夫國不乏於妒男也，猶家不乏於妒女也。**從女冒聲。讀若胞。**莫報切 **一曰相視也。**此義蓋謂與瞐通也。目部瞐，氐目視也。小徐本作梅目相視也，梅乃媢之譌。一曰下多再出本字而後說之，小徐多有，大徐誤刪之。或以玉藻視容梅梅當之，梅梅乃形容之詞，豈可用一梅字，且是喪容，與從女無涉。韻會引作目不相視也，尤非。

⿰女芺　巧也。廣雅妖巧也，俗省艸也。上林賦妖冶嫺都，李注引字書妖巧也。**一曰女子笑皃。詩曰桃之⿰女芺⿰女芺。**小徐本詩曰桃之⿰女芺⿰女芺，女子笑皃，則兩句祇是

nìng 佞　yīng 嫈　lào 嫪　hù 婟　zī 姿　jù ⿰女虘　fáng 妨　wàng 妄　tōu 媮　hù ⿱汚女　shào 娋

一義犬徐則先出訓義而後以詩證也惟是木部枖下引詩桃之枖枖廣韻引之此所引詩廣韻則不引疑此引詩爲後人加也且衆經音義卷十五引云娱巧也又女子壯皃淑好也壯當作狀疑笑亦狀之譌又捝淑好也三字 從女芺聲。於喬切

佞 巧讇高材也。博物志堯時有指佞草然古無佞字虞書但有任人孔王故釋詁曰任壬佞也言唐虞之任或省作壬即後世之佞字也孔子曰禦人以口給是其巧也又曰友便佞是其讇也然或人惜仲弓之不佞是直以爲高材矣晉語夷吾不佞則孔子之前已以佞爲德故國策屢見不佞之語許君以其非古也而以高材屬之巧讇然終涉於調停矣 從女仁聲。六書故同又引晉語以證之曰謠曰佞之見佞果喪其田佞與田韻是仁聲也春秋王子佞夫亦作年夫元應引云佞口才也亦德之稱也字從女從仁不知誤以何書當說文又引如今本王煦曰佞與王古音義竝同爾雅王佞也舜典難任人史記作遠佞人臯陶謨巧言令色孔王史記作巧言善色佞人筠別有說見釋例乃定切

嫈 小心態也。說見上文嫇下 從女熒省聲。亦借榮爲之戰國策聶政之姊嫈史記作榮烏莖切

嫪 婟也。衆經音義出戀嫪而說之曰說文嫪婟也聲類嫪惜也又解之曰謂戀不能去也廣韻嫪悋物玉篇嫪難也 從女翏聲。郎到切

婟 嫪也。衆經音義又引聲類嫪婟戀惜不能去也爾雅邢疏釋文皆引聲類婟嫪戀惜也蓋兩字一義故可單可雙可顛可倒釋鳥鶨澤虞郭注今婟澤鳥常在澤中見人輒鳴喚不去釋文云廣雅婟妒也字書作嫭同案今廣雅作嫭人物志犯其所乏則婟以惡犯婟則妒 從女固聲。胡誤切

姿 態也。釋名姿資也資取也形貌之稟取爲資本也 從女次聲。即夷切

⿰女虘 驕也。與心部怚同繫傳引嵇康詩恃愛肆⿰女虘然唐本即作姐李注引說文姐嬌也即此文說文無嬌字繁欽與魏文帝牋謇姐名倡李注以姐爲⿰女虘之假借 從女虘聲。將預切

妨 害也。廣雅同 從女方聲。敷方切

妄 亂也。易无妄史記作无望 從女亡聲。巫放切

媮 巧黠也。廣雅媮巧也字書鬼黠偭慨也 從女俞聲。託侯切

⿱汚女 ⿱汚女鹵。曡韻鹵玉篇作擄 貪也。從女汚聲。亦省作汚賈子新書放理潔靜謂之行反行爲汚胡古切

娋 小小侵也。嚴氏曰小小見王莽傳玉篇廣韻作小娋侵也亦通 從女肖聲。息約切案此音蓋以娋爲侵削之專字而玉篇所效切廣韻所教切十八藥則不收推其音則謂稍稍蠶食之也廣雅娋犯侵也曹憲音注娋索敎反似唐韻誤

duò ⿰女朵　chōu 妯　xián 嫌　shěng ⿰女省　chuò 婼　xìng 婞　piè 嫳　zhǎn 嫸　zhuó 娺　ǎn 嬒　ē 娿　yán 妍　wā 娃

⿰女朵 量也。⿰女朵與揣音義竝同集韻揣或作挆廣雅挆量也說又見手部揣下 從女朵聲。丁果切

妯 動也。釋詁文詩鼓鐘憂心且妯方言妯擾也人不靜曰妯注云謂躁擾也 從女由聲。徒歷切廣韻丑鳩切

嫌 不平於心也。此義與慊通玉篇慊切齒恨也坊記貴不慊於上注慊恨不滿之貌也慊或爲嫌 從女兼聲。戶兼切 一曰疑也。此義則與慊一字

⿰女省 減也。字與渻同皆省之分別文也說文從亼省及亼省聲皆但作省 從女省聲。所景切

婼 不順也。玉篇婼不從也 從女若聲。釋言若順也與婼正相反丑略切 春秋傳有叔孫婼。見昭七年經

婞 很也。離騷王注同孟子悻悻然見於其面趙注既云狷急又引論語悻悻然小人哉說文無悻字蓋當作婞 一曰見親□。空白當是婞字漢書有佞幸傳然下引楚詞所以證很義本句當在其下 從女幸聲。胡頂切 楚詞曰鯀婞直。離騷曰鮌婞直以亡身兮鮌字是說見魚部

嫳 易使怒也。廣雅嫳怒也字或作憋方言憋惡也郭注憋怤急性也又

省作敝後漢書董卓傳羌胡敝腸狗態章懷注引續漢書敝作憋 從女敝聲。讀若撆擊。見手部匹滅切

嫸 好枝格人語也。謂儳言也 一曰靳也。廣韻嫸偏枝左傳注曰戲而相媿曰靳 從女善聲。旨善切

娺 疾悍也。謂剽悍也廣韻娺疾也玉篇娺怒也 從女叕聲。讀若唾。丁滑切

嬒 含怒也。廣韻譌作嬒云嬒害惡性也 一曰難知也。從女會聲。五感切 詩曰碩大且嬒。陳風澤陂文毛作儼傳云矜莊皃釋文云一本作曮太平御覽引韓詩作嬒嬒重頤也廣雅釋詁曰嬒美也則許君引詩乃別一義也然洛神賦曰歛薄怒以自持亦或有合

娿 媕娿也。宋本媕作陰集韻引同而申之曰謂媕娿不決則知是字譌也子華子媕娿脂韋者日至于君之前韓愈詩詎肎感激徒媕娿 從女阿聲。集韻⿰言奄阿語不決蓋⿰言奄阿即媕娿烏何切

妍 技也。釋名妍研也研精於事宜則無蚩繆也蚩癡也 一曰不省錄事也。從女开聲。五堅切 一曰難侵也。讀若研。一曰慧也。增韻慧妍黠也 一曰安也。

娃 圜深目皃也。字別作眭新附有之廣韻眭目深惡

婆 shǎn　妜 yuè　孈 huì　⿰女恚 huì　嫼 mò　娍 yuè　嫖 piào　㛗 qiē　姎 yāng　媁 wéi　婎 huī　⿰女弦 xián　媥 piān　嫚 màn　⿰女臿 chā

皃。從女圭聲。於佳切。或曰吳楚之閒謂好娃。方言，娃，美也。吳楚衡淮之閒曰娃，故吳有館娃之宮。

婆　不媌。句。前卻陵陵也。下句申上句。玉篇曰，不媚也。前卻陵陵然也。從女。陝聲。後漢書曹世叔妻傳，動靜輕脫，視聽陝輸。注，陝輸，不定皃。失冉切。

妜　鼻目閒皃。廣韻，鼻目閒輕薄曰妜也。從女戉聲。於說切。讀若煙火炔炔。漢有炔姓，而火部不收者，漢時俗字也。篇海炔與焆同。焆焆，煙皃。桂氏曰，廣韻，妜，娟也。新附有娟字，蓋娟卽妜之俗字。案上文嫚下別有說。

孈　愚戇多態也。從女。嶲聲。讀若隓。式吹切。玉篇右尒尤卦二切。廣韻移爾切，多態。胡卦切，愚戇，又多態也。

⿰女恚　不說皃也。⿰女恚者恚之絫增字。從女恚聲。於避切。

嫼　怒皃也。廣韻，嫼，烏黠切，嫉怒。通作赫。詩，王赫斯怒。箋，赫，怒意。從女。黑聲。呼北切。

娍　輕也。廣雅同。從女。戉聲。王伐切。

嫖　輕也。字與僄同。廣韻，嫖，身輕便也。從女。㶾聲。漢票姚校尉霍去病，票姚讀如飄搖，謂輕疾也。荀悅漢紀作票鷂。匹招切。

㛗　訬疾也。段氏曰，訬者，訬擾也。漢書述曰，江都輕訬，謂輕薄爲訬也。㛗與訬雙聲。又女字也。穆天子傳，盛姬之喪，叔㛗爲主。從女。坐聲。昨禾切。廣韻側伽、蘇禾二切。

姎　女人自偁姎。句。我也。釋詁，釋文引作女人稱我曰姎。釋詁，卬，我也。郭注，卬猶姎也，語之轉耳。釋詁又曰，陽，予也。注引魯詩云，陽如之何。今巴濮之人自稱阿陽。從女央聲。烏浪切。

媁　不說皃。玉篇美也。廣韻醜也。說各乖異，而是部韙之籀文愇。玉篇怨恨也。廣韻引字書恨也，反與媁相近。愇也。似挩一曰字。玉篇云，自恣也。從女。韋聲。羽非切。

婎　姿婎。姿也。桂段嚴三家云，姿婎卽姿睢，姿也當作恣也。案媁下云，恣也，亦一證。集韻，姿婎，自縱皃。從女隹聲。許惟切。一曰，醜也。蓋與倠通。人部倠，仳倠，醜面。

⿰女弦　有守也。玉篇作婱，廣韻同。云，婦人守志。從女。弦聲。胡田切。

媥　輕皃也。廣雅，媥，輕也。廣韻，媥，身輕便皃。漢武帝李夫人歌，翩何姍姍其來遲。蓋借翩爲媥。從女。扁聲。芳連切。

嫚　侮易也。易不作傷者，隸字作易也。漢書高帝紀，陛下嫚而侮人。顏注，嫚，易也。今通用慢。從女。曼聲。謀患切。

⿰女臿　疾言失次也。從女。臿聲。丑聶切。讀若懾。懾與怯義相近，蓋本

嬬 rú　婄 pōu　嬯 tái　嬋 niǎn　嫪 cǎn　婪 lán　嬾 lǎn　婁 lóu　娎 xiè　婡 qiè

有一曰怯也。今佚之耳。廣雅，㛼，怯也。

嬬　弱也。此義與懦同。一曰下妻也。廣雅，妻謂之嬬。荀爽易歸妹以嬬。陸續云，嬬，妾也。左襄二十三年傳，下妾不得與郊祀。杜注，下猶賤也。下妻字見漢書王莽傳、後漢書光武紀。從女。需聲。相俞切。

婄　不肖也。廣雅，婄，醜也。從女。咅聲。讀若竹皮箁。匹才切。本篆惟竹君本、小徐韻譜厚部不誤，顧本同，而仍譌爲否聲。

嬯　遲鈍也。玉篇，嬯，鈍劣也。字又作儓。方言，儓，農夫之醜稱也。南楚凡罵庸賤謂之田儓。注云，㒓儓，駑鈍皃。或曰僕臣儓，亦至賤之稱也。案左傳作臺。從女臺聲。徒哀切。闒嬯亦如此。未詳。桂氏曰，玉篇，闒[illegible]，不肖也。蓋案，不肖言醜也。莊子，衛有惡人哀駘它。釋文，哀駘，醜皃。廣韻，駘，疲也，鈍也。駘嬯聲相近。

嬋　下志貪頑也。集韻，嬋，貪頑也。一曰志下。從女。覃聲。讀若深。乃忝切。玉篇失衽切，廣韻失任切。

嫪　婪也。玉篇，嫪，婪嫪也。或借慘。廣雅，慘，貪也。從女。參聲。七感切。

婪　貪也。字與惏同。離騷，衆皆競進而貪婪兮。王注，愛財曰貪，愛食曰婪。從女。林聲。盧含切。杜林說，卜者黨相詐驗爲婪。讀若潭。

嬾　懈。句。怠也。懈與嬾同義，故仍以懈之說說之。字又作孏。方言注，今隴右人名孏爲㤢。一曰，臥食也。臥食當作餐臥。部云，楚謂小兒嬾餐。彼析言之，此渾言之。四字一句，謂嬾一名餐也。從女。賴聲。洛旱切。

婁　小徐作婁，上從毋。空也。顏師古曰，婁，古屢字。論語，回也其庶乎，屢空。從毌中女。小徐毌作母，而曰，母一作毌。然皆文不成義，不敢強解。繹山碑數字從𡡍，與似臾字冃似肉字，然亦不可解。洛侯切。空之意也。小徐句首有婁字，似非。此句似解從毌中女之義。一曰，婁務，愚也。桂氏曰，玉篇，怐愗，愚皃。楚詞九辯，直怐愗以自若。怐愗卽婁務。左傳莒有務婁。

𡡍　籀文婁。從人中女臼聲。汗簡引史書作𡡍，則從女從中臾聲也。玉篇不收此字。

古文婁如此。汗簡引作𡝋。

娎　娎婡也。雙聲連語也。不同常例者，娎字義少，婡字義多也。但出名目，不加疏解者，廣雅，娎，喜也。廣韻，娎，喜皃。則娎婡仍是得志之皃，已見婡下，故此不言。從女。折聲。許列切。

婡　得志婡婡也。此義廣韻若協切，與懕同音。心部，懕，快也。從女。夾聲。呼帖切。一曰，婡，息也。疒部，㾜，病息也。集韻，㾜，喘息。音義皆相近。一曰少气也。此義廣韻呼牒切，又也作

niǎo 嬈 huǐ 嫛 shān 姍 cù 媨 mó 嫫 fēi 婓 ráng 孃 huì 嬒 ruǎn 媆 yàn 媕 làn 㜮

皃。集韻：娭，氣劣皃。

嬈 苛也。苛，煩也。句蓋庾注。嫌苛訓小艸，故說之也。唐書循吏傳：革苛嬈之風。一曰擾也。謂煩擾。戲弄也。句蓋庾注。以上五句，元應連引之，故推知是許說、庾注相雜也。淮南原道訓：其魂不躁，其神不嬈。高注：嬈，煩嬈也。俗作嫐。嵇康與山濤書：足下若嫐之不置。李注：嫐，擿嬈也。音義與嬈同。從女堯聲。奴鳥切。一曰嬈也。轉注。集韻：嬈，不仁也。廣韻嬈下云：嬈嬈，不仁。

嫛 惡也。言部：詆，相毀也。彼省嫛為毀，此借惡為詆，皆用隸書假借字，此轉注之別派也。一曰人皃也。集韻引作一曰女字。從女毀聲。許委切。

姍 誹也。漢書佞幸傳：顯恐天下學士姍己。顏注：姍，古訕字。異姓諸侯王表：秦自任私智，姍笑三代。一曰。女臭也。未詳。從女刪省聲。王煦曰：冊，集韻音訕，不煩從刪省。珊、刪、典、冊放此。各注閒取會意，然當兼取其聲。所晏切。一曰姍翼便也。未詳。桂氏引子虛賦：便姍嫳屑。

媨 醜也。一曰老嫗也。嫗，集韻引作女。從女酋聲。讀若蹴。七宿切。玉篇作媨，羊久切。

嫫 嫫母，古帝妃，都醜也。玉篇引作鄙醜也，元應引作醜者也。桂氏曰：都醜卽新序所謂極醜無雙，都者大也。又作篤字。晉書

說文句讀 卷二十四 七百五十三、〇折四十四 三三

葛洪傳：飾嫫母之篤陋。漢書古今人表：嫫母，黃帝妃，生蒼林。通鑑注引作嫵母。荀卿詩、四子講德論皆作嫫姆。從女莫聲。莫胡切。

婓 往來婓婓也。廣韻：婓婓，往來皃。漢書揚雄傳：婓婓遲遲而周邅。蓋用小雅四牡騑騑，周道倭遲也。毛傳曰：騑騑，行不止之皃。與婓音義皆同。從女非聲。芳非切。一曰大醜皃。

孃 恇孃。煩擾也。依元應引補。下同。楚詞：遭此世之恇孃兮。許君卽偁此文而說之也。謂煩恐惶遽也。句蓋庾注，恐字似誤。一曰肥大也。此義與肉部膿通。從女襄聲。女良切。

嬒 女黑色也。通俗文：可惡曰嬒。黑部：⿰黑會，沃黑色也。從女會聲。古外切。詩曰：嬒兮蔚兮。艸部薈下引如今本。段氏曰：此或三家詩，或本作讀若詩曰薈兮蔚兮，今有奪奪。

媆 好皃。廣雅：媆，好也。從女耎聲。而沇切。徐鉉曰：案切韻又音奴困切。今俗作嫩，非是。筠案：媆既訓好，則當與姣、妓等字類聚，而玉篇上不承嬒，下則亦連媕嬒，蓋皆經倒亂矣。

媕 誣挐也。字或作䛳。廣雅：䛳，挐也。方言：挐，或謂之䛳。注：言誣䛳也。又曰：誣䛳，與也。吳越曰誣，荊齊曰䛳與，猶秦晉言阿與也。從女奄聲。依劒切。

㜮 過差

jiān 姦 nuán 奻 kuì 媿 zhuì 娷 nǎo 𡠖 nào 婥 tǐng 娗 bàn 姅 jiān 奸 pīn 姘 yín 婬 ào 嫯

也。經典借濫為之。商頌：不僭不濫。傳曰：賞不僭，刑不濫也。樂記鄭注：濫，僭差也。呂覽權勳篇：虞公濫于寶與馬而欲許之。注：濫，貪也。從女監聲。盧瞰切。論語曰：小人窮斯㜮矣。衛靈公篇文。今作濫。注：濫，溢也。

嫯 侮易也。字與傲、奡並同。又說解與嫚同而不類聚，亦倒亂也。從女敖聲。詩：桑扈彼交匪敖。五到切。

婬 私逸也。釋言：逸，過也。五經文字：婬泆之婬，經典多用淫字。從女㸒聲。余箴切。

姘 除也。詩作之屏之。大學迸諸四夷，皆借字。從女并聲。普耕切。漢律：齊人予妻婢姦曰姘。桂氏曰：齊當為齌，謂齌日不近女。廣韻：齌，與女交罰金四兩曰姘。蒼頡篇：男女私合曰姘。筠案：依此說，則人當作曰。

奸 犯婬也。集韻引無婬字，是也。婬義自屬姦字。五經文字、小爾雅廣言並云：奸，犯也。繫傳引左傳：臣奸旗鼓。又僖七年傳：子父不奸之謂禮。宣十二年傳：事不奸矣。襄十四年傳：君制其國，臣敢奸之。漢書溝洫志：使神人各得其所而不相奸。是經典所有奸字，未有涉及婬者也。從女從干，干亦聲。奸者干之系增字，但當云從女干聲。古寒切。

姅 婦人汙見也。句首當有姅變字。見音現。如水忽伏忽見也。釋名謂之月事。神

說文句讀 卷二十四 七百四十八、〇折四十三 三四

仙服食經謂之月客。客亦見意，不常至也。或謂之天癸，或曰桃花癸水，或曰入月。從女半聲。博幔切。漢律曰：見姅變不得侍祠。續漢書禮儀志：齋日內有汙染，解齋。

娗 女出病也。趙宧光曰：方書女婦下疾陰娗。從女廷聲。徒鼎切。

婥 女病也。從女卓聲。女教切。

娷 諉也。字與諈同。從女垂聲。竹恚切。

𡠖 有所恨痛也。從女𡿺省聲。奴皓切。今汝南人有所恨言大𡠖。眾經音義卷十三引無大字。

媿 慙也。釋言文。從女鬼聲。俱位切。

愧 媿或從恥省。段氏曰：卽謂从心可也。案：本注誠同穴然。玉篇耳部：聭，俱位切。說文與媿同，慙也。據此則說文本有聭字，耳義與慙遠，故說之曰從恥省。但愧字屢見經典，不應不收。其為愧挩說解、聭挩篆文，合兩為一邪？抑本不收愧，後人以聭字少見而改之邪？

奻 訟也。從二女。周易睽彖曰：二女同居，其志不同行。革彖曰：二女同居，其志不相得。女還切。

姦 私也。私者厶之隸字。厶部曰：姦衺也。案：姦有二義，皆可以私統之。左莊二年傳：夫人姜氏會齊侯于禚。書姦也。此私逸之謂也。成十七年傳：亂在外為姦

méng 氓　mín 民　ǎi 毐　wú 毋

在內爲執。此自營爲厶之謂也。從三女。易林履之既濟三女成姦。古顏切　古文姦從心。旱聲。

文二百三十八　重十三

毋　止之詞也。依曲禮釋文引補。下竝同。士昏禮夙夜毋違命。注古文毋爲無。案無者借字。鄭君依今文之正字。其字從女。內有一畫。象有姦之者。禁止之。勿令姦。勿亦毋之借字。許說當止於此。古人云毋猶今人言莫也。二句似是庾注。凡毋之屬皆從毋。武扶切

毐　士之無行者。依顏注五行志引改。言士者以字從士也。言無者以字從毋也。史記毐借毋爲有無字。唐竇懷貞謀逆。戮尸。改姓毐氏。以無行之名被之也。從士從毋。遏在切　賈侍中說。史記索隱引王劭說此四字屬下。段氏以爲屬上。蓋是。秦始皇母與嫪毐淫。秦始皇本紀索隱引與作予。坐誅。故世罵淫曰嫪毐也。事見史記呂不韋傳。索隱云嫪姓毐字。顏注五行志云嫪姓毐名。又曰嫪毐。許

慎作嫪毐。與今史記漢書本文不同。桂氏曰。戰國策韓有嫪留。史記建元以來矦者年表有嫪世樂。南越傳邯鄲嫪氏。漢書作嫪。廣韻魏有河內太守嫪尙。佩觿集嫪毐變嫪。其順非有如此者。注云嫪音劉。是作嫪郎到翻非。讀若娭。佩觿集毐身改翻。嫪毐。

文二

民　衆萌也。民字不須解。故借萌爲氓以解之。而言衆以見其爲借。衆經音義曰。萌古文氓。案萌冥昧皃也。言衆庶無知也。引漢書氓氓羣黎也。從古文之象。與革弟同例。彌鄰切。案民亦人之通稱。詩曰厥初生民。謂始祖也。曰民之初生。由子孫以溯先人也。曰先民有作。猶云昔吾有先正也。曰民之秉彝。則統上下言之也。是以曰黎民。曰下民。曰齊民。特爲賤者區別其詞。許君主謂小民者。經典中此義爲多也。凡民之屬皆從民。　大徐作□。小徐作□。今合兩本而從之。欲其象人形也。古文民。

氓　民也。從民亡聲。武庚切　讀若盲。賈誼書民之爲言萌也。萌之爲言盲也。孝經援神契民者冥也。春秋繁露民者瞑也。

yí 乁　yì 弋　yì 𠂆　fú 乀　fú 弗　yì 乂　piě 丿

文二　重一

丿　右戾也。自右而曲於左也。象左引之形。謂向左引之也。徐鍇曰。其爲文舉首而申體也。房密切　凡丿之屬皆從丿。

乂　芟艸也。轉注。經多借艾爲之。而借乂爲嬖。從丿從乀相交。魚廢切

刈　乂或從刀。

弗　撟也。周禮士師撟邦令。與左傳祝史矯舉以祭語意同。此撟也。非舉手之本義。經多以弗爲不。而借拂佛爲弗。詩大雅四方以無拂。箋云拂猶佹也。言無復佹戾者矣。曲禮獻鳥者佛其首。注云佛戾也。惟賈子過秦下云盡忠弗過。用此字之本義。從丿從乀。乂從丿乀相交。弗之八則丿乀相背也。玉篇弗古文作𢎗。鄭君所謂兩已相背者也。乀亦聲。從韋省。徐鍇曰。韋所以束枉戾也。分勿切

乀　左戾也。自左而戾之向右也。從反丿。讀與弗同。分勿切

文四　重一

𠂆　抴也。𠂆蓋抴之古文。故以抴說之。抴捈也。捈臥引也。爭從𠂆引也。犮從犬而𠂆之。曳其足則剌犮也。弟曳

竝從𠂆。曳亦𠂆之絫增字。明也。五音集韻𠂆施命也。本書后從𠂆。云施令以告四方。故𠂆之。象抴引之形。徐鍇曰。象𠂆狀而不舉首。余制切　凡𠂆之屬皆從𠂆。虒字從此　玉篇云虒身字竝從此。掛一漏萬。皆校者所加之臆語。

弋　橜也。木部橜樴下竝云弋也。考工記匠人置槷以縣。注云故書槷或作弋。杜子春云槷當爲弋。案許君不收槷字。以臬弋二字皆足攝之。象析木銳衺著形。謂析木之末使之銳而衺著於牆也。著直略切。然當作箸。說文無著字。凡附著字皆作箸。氏部云𠂆箸是也。從𠂆。象物挂之也。玉篇杙所以挂物也。案本字亅象弋形。乀象所著之牆。𠂆則物挂之。與職切

文二

乁　流也。桂氏曰。釋言流覃也。疏云謂水之流必相延及。通作移。禮大傳絕族無移服。疏云在旁而及曰移。言不延移及之。筠案此說與從反𠂆合。竊疑器之嘴謂之流。乁似象形字。從反𠂆。弋支切　讀若移。玉篇乀作乀。云移也。桂氏曰。通作移。卽本之此。〇案本句小徐在凡乁之屬皆從乁下。說文部首下有讀若者皆然。余重疑之。故從大徐。

以存異同之迹。凡乁之屬皆從乁。

也 女陰也。象形。此下小徐有乁聲、余竝疑之、說見釋例、羊者切、

也 秦刻石也字。今存瑯邪碑如此、顏氏家訓載秦權亦然、積古齋秦斤銘借殹字為之、

文二 重一

氏 巴蜀名山岸脅之堆旁箸欲落墮者曰氏。說文無堆字、段氏改為𠂤、是也、𠂤、小阜也、山之岸脅、有小阜在旁附箸之、將欲落墮、巴蜀方語謂之氏也、氏崩。聲聞數百里。漢書揚雄傳、響若阺隤、應劭曰、天水有大阪、名曰隴坻、其山堆旁箸、崩落作聲、聞數百里、故曰阺隤、象形。繫傳、乚、堆之形、乁聲。以前部之首為聲也、大徐篆作氏、則非乁聲、承旨切、凡氏之屬皆從氏。揚雄賦。響若氏隤。繫傳解嘲之文、古通謂之賦、筠案引此以證本義、與從氏者無涉、而在凡氏句下、亦可疑、

氒 木本也。列子黃帝篇厥株駒、釋文云、厥、本或作橛、說文作氒、木本也、厥株駒、亦枯樹本也、從氏而大於末也。詞雖不甚可解、其意則謂氒之豎筆、貫一直下者本也、至地上則生枝葉、芘蔭甚廣、是大於末也、大於末、猶言至末乃大耳、然不言從一、知闕誤多矣、讀若厥。言此以闕假借也、居月切、

文二

氐 本也。小徐有此句、而在至也句下、韻會引在至也句上、是也、釋訓、柢、本也、釋天、天根、氐也、衆經音義、爾雅音義、天根、為天下萬物作根也、孫叔然曰、角亢下繫于氐、若木之有根也、詩節南山、維周之氐、傳云、氐、本、或借邸、釋器、邸謂之柢、周禮典瑞、四圭有邸、鄭司農云、爾雅曰、邸、本也、至也。天官書、氐四星、東方之宿、氐者言萬物皆至也、案此義即本也引伸之義、又不云一曰、恐是兩本、小徐湊合之、大徐則誤用譌本也、從氏下箸一。氒之氏下貫一、則本者地下之根也、氏之氏下箸一、則本者地上之幹也、詩云、本支百世、本與支對、是謂幹也、一。地也。丁禮切、凡氐之屬皆從氐。

⿰氐垔 臥也。玉篇、⿰氐垔、仆也、廣韻、⿰氐垔、⿰氐失、疑臥字譌、從氐。垔聲。於進切、

⿰氐失 觸也。牛部、牴、觸也、但彼以為聲者、此以為義耳、廣韻、⿰氐失、陟栗切、手拔物也、從氐。失聲。徒結切、

⿱𦥑氐

繫傳、今字書云、音皓、誤也、廣雅、⿱𦥑氐、誤也、曹憲音乎孝反、玉篇引聲類、⿱𦥑氐、誤也、家本無注。繫傳曰、一本云許氏無此字、此云家本無注、疑許慎子許沖所言也、筠案沖上說文時、許君故在、安得作此言、此皆校者詞也、⿱𦥑氐字蓋後增、從氏不能得誤義、然必如小徐本、乃得緣以用心、大徐乃沿許君詞例而注之曰闕、於是無隙可乘矣、甚矣其謬也、

文四

戈 平頭戟也。考工記、冶氏、戈廣二寸、內倍之、胡三之、援四之、注、戈、今句孑戟也、或謂之雞鳴、或謂之擁頸、內謂胡以內接柲者也、長四寸、胡六寸、援八寸、又云、戈句兵也、主於胡也、少儀、戈有刃者櫝、桂氏曰、案方言、凡戟而無刃、秦晉之閒謂之孑、吳揚之閒謂之戈、是戈有有刃無刃之別、陳氏啟源曰、戈戟皆句兵、但小枝向上為戟、平之為戈、微有不同、故戈亦蒙戟名、而以句孑別之、句孑者、以其橫安刃、不向上而鉤也、從弋一橫之。此後人所增也、厂部、弋、橜也、木部、梱、門橛也、皆短木也、考工記、廬人為廬器、戈柲六尺有六寸、安得目為弋乎、若謂一橫之指平頭而言、則何以橫於弋之中而不橫於上、且此從弋從一、則會意矣、下文又云象形、則騎牆矣、鐘鼎文有作戈者、其本形也、華嚴經音義曰、戈形旁出一刃也、戟形旁出兩刃也、是也、許君特以戈形似弋、系聯於此、後人遂增此蹇言、象形也。古禾切、凡戈之屬皆從戈。

肇 上諱。後漢書和帝紀、孝和皇帝諱肈、伏侯古今注曰、肈之字曰始、肈音兆、臣賢案、許慎說文肈音大可反、上諱也、但伏侯許慎竝漢時人、而帝諱不同、蓋應別有所據、筠案、章懷誤也、漢時無反語、蓋出音隱、且大可亦恐是譌字、漢既諱肈而代以始、自是依釋詁肈始也、此義於說文作肁、攴部、肈、擊也、則後世所增之字也、徐鍇曰、案李舟切韻云、擊也、從戈、肁聲、直小切、

戎 兵也。月令、以習五戎、注、五戎謂五兵、弓矢殳矛戈戟也、從戈甲。如融切、

戣 兵也。字林同、從戈。癸聲。渠追切、周禮。侍臣執戣。立于東垂。依韻會迻之於此、禮、小徐作制、案當作書、顧命、一人冕執戣、許君小改其文、便于曉人也、鄭君云、戣瞿、蓋今三鋒矛、王肅則曰皆平器之名、古制失傳、故許君但云兵也、而不言其為何兵、

⿰旱戈 盾也。經典皆借干、書、舞干羽于兩階、明堂位、朱干玉戚、從戈。旱聲。玉篇、廣韻、皆古寒切、而唐韻侯旰切者、釋言、干、扞也、詩、公侯干城、傳云、干、猶扞也、左成十二年傳、郤至說此詩、直曰扞城、其引詩仍作干城、釋文、干、戶旦反、本亦作扞、又如字、古無四聲、隨人讀之耳、不須苦爭、

zhàn 戰　yù 或　dié 戜　xì 戲　shù 戍　zéi 賊　jiá 戛　jǐ 戟

戟有枝兵也。考工記，冶氏戟廣寸有半寸，內三之，胡四之，援五之，倨句中矩。注，今三鋒戟也。莊四年左傳正義曰，方言云，戟謂之孑。郭璞云，取名於鉤孑也。戟是擊刺之兵，又有上刺之刃，又有下鉤之刃，故以鉤孑爲名也。廣雅，匽戟謂之雄戟。增韻，雙枝爲戟，單枝爲戈。從戈，倝聲。嚴氏曰，子虛賦，戟罰協韻，是倝聲也。紀逆切。周禮，戟長丈六尺。此許君說周禮也，非引其文。考工記，車戟常。注，八尺曰尋，倍尋曰常。讀若棘。所以關假借也。明堂位，越棘大弓。左隱十一年傳，子都拔棘以逐之。注竝訓棘爲戟。昭十年傳，而反棘焉。注云，戟里亭。東京賦，立戈迆戛。

戛戟也。從戈，從百。考工記，冶氏爲戟，但言胡；桃氏爲劍，乃言首。戛或緣戈之平頭而從百邪。古黠切。讀若棘。小徐戟下無此句，而本字有之，此大徐補於彼而忘刪此也。

賊敗也。左傳，毀則爲賊。從戈，則聲。依左氏，則兼意。昨則切。戴侗力辨盜賊之不同，亦殊不必。寇賊姦宄，尚書已連言之矣。左文十年傳，杜注，陳楚名司寇爲司敗。賊既訓敗，即與盜同，但當分孰爲正義，孰爲借義耳。

戍守邊也。詩序，采薇，遣戍役以守衛中國。從人持戈。持乃傳寫之誤。廣韻云，從人荷戈也。蓋据說文古本。伐下云，從人持戈，持戈者擊刺之事，荷戈者備

豫不虞耳。且詩曰，彼候人兮，何戈與祋。祋即殳也。彳部，役，戍邊也。古文作役，從殳從人，與詩合，亦與本文闕會也。傷遇切。

戰鬭也。不作門者，說解用隸書也。樂記，怒有戰鬭。從戈，單聲。之扇切。

戲三軍之偏也。凡非元帥則曰偏。左傳，彘子以偏師陷。又曰，司馬令尹之偏是也。偏之名曰戲，其旗曰麾，而聲同可借。鄭之戰，子重將右，欒鍼曰，楚人謂夫旌，子重之麾也。麾即麾之俗。由此知偏各有旗也。史記項羽本紀，諸侯罷戲下，各就國。顏注，戲，軍之旌旗也。案此自是大將之旗，與古義小不同。一曰兵也。蓋謂兵器名也。未聞。御覽引作弄也，則是左僖二十八年傳，請與君之士戲也。天官玉府，掌王之金玉玩好兵器。鄭注，此物皆式貢之餘財所作。疏曰，上大府云，式貢之餘財以共玩好之用。彼玩好之中，兼有金玉兵器。錡案，即作弄，亦當指兵器而言，乃與從戈有合。至於戲弄常語，已見女部嬈下，不當以爲正義也。從戈，䖒聲。香義切。集韻虛宜切，似是古音。故伏犧，樊敏碑作宓戲。

戜利也。一曰剔也。說文有鬄無剔。從戈，呈聲。徒結切。鐵之或體鐵從之。

或邦也。慧苑引作封也。古邦封同聲相借。論語，在邦域之中。即在封域之中也。惠氏棟曰，大戴禮，大道邠或。書微子，殷其弗或亂正四方。皆訓域也。從口。音圍。

zāi 𢦏　wǔ 武　jiān 𢦼　jiǎn 戩　yǎn 戭　kān 戡　lù 戮　qiāng 戕　kān 𢦟　jié 截

從戈以守一。一，地也。于逼切。

域或又從土。此分別文之在同部者也。不入之土部者，二字音義皆別矣。苟分隸之，孰知其爲一字。若音義同者，則異其部，以妨字形傳譌，各有取意，非一端也。

截斷也。轉注。商頌，九有有截。箋，九州齊壹截然。從戈，雀聲。昨結切。

𢦟殺也。釋詁，戡，殺，克也。與今書同。從戈，今聲。口含切。商書曰，西伯既𢦟黎。邑部引西伯戡𨛫，彼引于𨛫下，則不譌爲黎。此引于戈下，則不譌爲戡。後人習孰時字，妄改許書，其無隙可乘者，不可究詰矣。

戕槍也。段氏以槍之本義說之，既似未合。桂氏曰，槍疑作牄，牄言自外來也。亦恐未安。類篇，刻木傷盜曰槍，又於古無徵，闕之。他國臣來弑君曰戕。春秋宣十八年，邾人戕鄫子於鄫。賈逵曰，邾使大夫往殘殺之。左傳，凡自虐其君曰弑，自外曰戕。襄三十一年左傳，閽戕戴吳。案閽，越俘也。見二十九年。戴吳，吳子餘祭也。從戈，爿聲。在良切。

戮殺也。轉注。鄭注秋官掌戮曰，戮猶辱也，既斬之，又辱之。韋注晉語曰，陳尸爲戮。昭四年傳，將戮慶封，則是先辱而后殺也。從戈，翏聲。力六切。

戡刺也。字或作揕。史記刺客傳，臣左手把其袖，右手揕其胷。索隱，揕謂以劍刺其

胷也。從戈，甚聲。竹甚、口含二切。

戭長槍也。案此云長槍，以別於戕下之槍，則玉篇，槍，木兩頭銳也，即此說也。然是兵器，在此不次。字或作鏔。方言，凡戟而無刃，秦晉之閒謂之釨，或謂之鏔。從戈，寅聲。弋刃、以淺二切。春秋傳有擣戭。見文十八年。擣作檮。釋文，直由反。韋昭音桃。玉篇，戭，擣也。古今人表，檮戭，顏音疇演。

𢦏傷也。從戈，才聲。祖才切。

戩滅也。從戈，晉聲。即淺切。詩曰，實始戩商。魯頌閟宮文。今作翦。傳云，翦，齊也。箋申之曰，斷也。蓋釋言曰，劑，翦，齊也。郭氏以翦刀說之，故說文此義不在翦下，而在歬下，曰，齊斷也。是既用釋言，而又申之以斷，與箋懸合也。鄭又注周禮翦氏曰，翦，斷滅之言也。詩云，實始翦商，是知詩言武王之翦商，太王實始之。此乃本朝臣子頌揚之常語，不足致疑。曹全碑，武王秉乾之機，翦伐殷商，明以翦商屬之武王。是漢人說詩固如此也。

𢦼絕也。文王世子，其刑罪則纖剸。纖蓋𢦼之借字。一曰田器。從从持戈。古文讀若咸。古文未詳，似是衍字。一曰讀若詩云，攕攕女手。說見手部。子廉切。

武楚莊王曰，夫武，定功戢兵，故止戈爲武。楚莊舉七德，此取其二者。

戈

jí 戢　zhī 戠　cán 戔　yuè 戉　qī 戚

定功而后戢兵，戢兵即是止戈，其乇與止戈不合，故不取也。然門聞戶護，雖不須說之字，亦必說之，此獨無說，乃闕佚也。釋名：武，舞也，征伐動行，如物鼓舞也。文甫切。

戢 藏兵也。左隱四年傳：夫兵猶火也，弗戢將自焚也。襄二十四年傳：兵不戢，必取其族。周語：夫兵戢而時動，動則威，觀則玩，玩則無震。從戈咠聲。阻立切。詩曰：載戢干戈。周頌時邁文。傳云：戢，聚也。然藏之武庫，斯聚於一處矣，仍是一義。

戠 闕。博古圖周敔敦，戠釋爲戠，其文曰：戠首百，執俘白雒孚人三百。下文又曰：敔告禽戠百，俘白承此文也。然則戠首百，謂殺百人也；獲者取左耳，故曰戠。執俘白雒孚人三百，謂俘三百人也，故曰禽。從戈從音。此固非許君原文，而小徐本更不可通，直不知職識二字說文與經典互易矣。易豫卦朋盍簪，釋文云：虞作戠，戠，叢合也。書禹貢厥土赤埴墳，釋文：埴，鄭作戠，徐鄭王皆讀曰熾。正義云：戠埴音義同。桂氏曰：周禮牛人以授職人，鄭云：職讀爲樴。疏云：充人置樴入地之時，樴樴然作聲，故以聲名其官。覆據賈說，疑職樴竝當作戠，以字從音也。之弋切。

戔 賊也。然則殘者戔之絫增字也。易束帛戔戔，子夏傳作殘。地官槁人注曰：雖其潘瀾戔餘不可褻也。釋文：戔本亦作殘。從二戈。徐鍇曰：兵多則殘也，故從二戈。昨干切。周書曰：

戔戔巧言。秦誓截截善諞言，言部引之，公羊傳作諓諓善竫言，王逸注九歎引作諓諓靖言，戔戔又諓諓之省，巧蓋諞字。

文二十六　重一

戉 大斧也。字林：戉，玉斧也。書牧誓王左杖黃鉞，釋文：本又作戉。漢書天文志：東井西曲星曰戉。史記天官書作鉞。呂氏春秋甯戚，淮南子作甯越，是知本作甯戉，越則借字，戚則譌字。從戈乚聲。王伐切。司馬法曰：夏執玄戉，史記周本紀集解亦引之。宋均曰：玄鉞用鐵，不磨礪。殷執白戚，後漢書輿服志引殷執白戉。六書精蘊：戉，戉之白者，爲之錫劑，以文之，不專用武也。司馬法：殷執白戉。周左杖黃戉，右把白旄。把，書作秉。司馬法：周左執黃鉞，右執白旄，所以示不進者審察斬殺之威也。古今注：金斧黃鉞，鐵斧玄鉞。凡戉之屬皆從戉。

戚 戉也。詩公劉干戈戚揚，傳曰：戚，斧也；揚，鉞也。段氏曰：依毛傳，戚小於戉，揚乃得戉名。左傳戚鉞秬鬯，文公受之，戚鉞亦分二物。許則渾言之耳。鈞案：戚隸戉部，故云然。從戉尗聲。倉歷切。

文二

yí 義　wǒ 我　jué 亅

我 施身自謂也。言施之已身，而自偁也。或說。我頃，句。頓也。此謂俄者，我之絫增字也。人部：俄，行頃也；仆，頓也。俄頃是複語，以爲頓仆，自是，即云俄頃是須臾，則頓亦小止之意。從戈從𠂇。𠂇，手，竝割戈字之半畫，殊爲鹵莽。五經文字云：從戈從扌，扌，古垂字。所據說文善於今本矣。然其所以然者，我即𢦏字，以𠂇田𠂇之中，而又小變以爲麥。媚耳。五可切。𠂇，古文垂字。垂者，下𠂇字也。一曰古文殺字。一曰下當有我字，非謂𠂇是古殺字。泰誓：我伐用張，孟子引作殺。凡我之屬皆從我。

𢦐 古文我。𠂇乃𠂇字也。𠂇部但有古文𢦏，未出此𠂇字，然周子白盤義字從𢦏，𠂇即𠂇，說見刀部𢦏字下。玉篇作𢦏，此即作我之漸矣。

義 已之威儀也。威義字見虢叔大林鐘，許君作威儀者，此以隸字說篆文之法也。而諸君子皆曰儀當作義，甚矣人之難曉也。惟嚴氏不出此語耳。云已者，爲字從我也。書文矦之命父義和，鄭注：義讀爲儀。呂刑鴟義姦宄，鄭注訓義爲狀。地官司徒、春官肆師注竝云：故書儀爲義。鄭司農云：義讀爲儀，古者書儀但爲義，今時所謂義爲誼。少儀：言語之美，朝廷之美，祭祀

之美，車馬之美。注云：美皆當爲儀字之誤也。凡經典中義字未加人旁者，備見經義述聞。從我從羊。從羊之意，已見美、譱、𦍌三字下矣。而韻會引此文云：從我美省，我者己也，人言之己斷之爲美也。案以義爲斷制，正是後世之說，與許不合。廣韻宜寄切，非也，當魚羈切。春秋繁露仁義法篇：以仁安人，以義正我，故仁之爲言人也，義之爲言我也。然則以義代誼，自董子始，然曰義之爲言我，知其讀如俄，猶是古音也。

羛 墨翟書義從弗。嚴氏曰：從弗當作如此。鼎彝銘我作𢦐，義作羛，知此下體仍是我字，非弗。魏郡有羛陽鄉。郡國志：魏郡內黃有羛陽聚，又見光武紀注，以左傳戲陽當之。讀若錡。召南釋文：錡，其綺反。今屬鄴，本內黃北二十里鄉也。蓋庾注注也。

文二　重二

亅 鉤逆者謂之亅。鉤則鉤耳，謂之逆者，蓋倒鬚鉤也。釣魚用之逆者，隸字帝乃本字。象形。衢月切。玉篇引同，蓋宋人重修時所加，即据大徐本也。凡亅之屬皆從亅。讀若橜。此讀所以闕假

jué 𠄌　qín 琴　sè 瑟　yǐn 乚　zhí 直(直)

借也史記司馬相如傳猶時有銜橜之變集解引徐廣云鉤逆者謂之橜索隱引周遷輿服志云鉤逆者爲橜此皆借橜爲亅也

鉤識也。識當作職褚先生補滑稽傳東方朔上書凡用三千奏牘人主從上方讀之止輒乙其處案乙即此𠄌字也丶部云有所絕止丶而識之也與鉤識同意丶則絕句𠄌則分章也從反亅。象形。依廣韻所引補此二字不嫌於騎牆者此與也隸乀部而曰象形同一變例也鉤以金爲之𠄌之鉤識則以筆畫之其義初不相蒙特以字形相似而相屬耳讀若捕鳥罬。居月切玉篇引之說同上

文二

禁也。白虎通風俗通竝同疊韻字也神農所伭。帝王世紀炎帝神農氏作五弦之琴洞越。洞者迵之借字迵達也宀部宧下云洞屋是也鄉飲酒禮二人皆左何瑟後首挎越燕禮小臣左何瑟面鼓執越注云越瑟下孔也練朱五弦。樂記清廟之瑟朱弦而疏越注練朱弦也練則聲濁周加二弦。廣雅神農氏琴長三尺六寸六分上有五弦曰宮商角徵羽文王增二弦曰少宮商新論則曰文王武王各加一弦以爲少宮少商象形也。巨今切

凡琴之屬皆從琴。古文琴從金。

庖犧所伭。北堂書鈔引世本庖犧氏作瑟瑟潔也使人精潔於心淳一於行也弦樂也。許君於樂器概謂之樂竹部筑似箏五弦之樂也箏鼓弦筑聲樂也於瑟直云弦樂者樂器之弦莫多於瑟也簫下云管樂此云弦樂管弦即八音之絲竹也琴下不云弦樂者已云五弦二弦也風俗通謹案世本宓羲作瑟八尺一寸四十五弦黃帝書泰帝使素女鼓瑟而悲帝禁不止故破其瑟爲二十五弦禮圖云雅瑟長八尺一寸廣一尺八寸二十三弦其常用者十九弦頌瑟長七尺二寸廣尺八寸二十五弦盡用之從琴必聲。所櫛切

古文瑟。玉篇作䨱何願船曰古文以琴從瑟篆文以瑟從琴玉篇誤

文二　重二

匿也。象迟曲隱蔽形。迟曲見辵部隱蔽見𠂤部於謹切凡乚之屬皆從乚。讀若隱。此讀則謂乚隱爲古今字也乚指事其體簡隱形聲其體繁

正見也。左襄七年傳正直爲正正曲爲直從十目乚。十目所視無微不見爰得我直矣除力切

古文直或從木。卣即直又加木也四目一字說見釋例言或者古文亦作直也從木與集同意

文二　重一

說文句讀　卷二十四　卅三

wáng 亾(亡)　zhà 乍　wàng 望　wú 無(無)　gài 匃

逃也。轉注從入乚。武方切凡亡之屬皆從亡。

止也。一曰亡也。曰字譌或當作止或當作礙本句以字形曰止也之義即起下文說字形也從亡從一。有所礙也。以此句推之則一曰亡也當作一止亡也本句所以申之也一字安能止物故以有所礙說之謂其非一字也如毋之從一既象姦之形又象止之之意與此同也鉏駕切

出亡在外。望其還也。齊策女朝出而晚來則吾倚門而望女暮出而不還則吾倚閭而望從亡。朢省聲。巫放切

亡也。此以古逋之字爲訓詁也無之字論語借亡及毋爲之而多爲後人改惟曰知其所亡亡而爲有讀者以爲失亡之字得不改毋意毋必毋固毋我讀者以爲禁止之字得不改釋文猶有毋倦毋欲速今竝作無從亡。無聲。金文皆借森字爲之小篆加亡爲別武扶切

奇字無。古文奇字其無如此作周易注疏本作无釋文說乾之九三无咎曰易內皆作此字案王弼所用費直本也羣書治要則皆作無且以卦詞大象爻詞小象象傳爲一次而象傳又或在爻象之上初不一律風俗通引即鹿無虞荀子淮南子竝引括囊無咎無譽與魏文貞所據本同不知所用者何家之本記之俟質通於元者。此說字形也元之丿在二之下无之丿通於二之上故云然虛無道也。易曰元者善之長也則元者道也又曰神无方而易无體則无亦道也元无既竝是道故制字通於元而爲无王育說。繫傳云王述易釋文引同唐元度十體書曰周宣王太史籀始變古文著大篆十五篇秦焚詩書唯易與史篇得全逸王莽亂此篇亡失建武中獲九篇章帝時王育爲作解說所不通者十有二三天屈西北爲无。此字形之又一說■蓋以九字推之也大而偏曲之則成亢天而屈之豈不爲天乎春秋元命包天不足西北

气也。借雲气字爲气求也今省作乞通俗文求願曰匃字體從人從亡言人有亡失則行求乞也亡人爲匃。此說字形也晉文公出亡乞食於野人伍子胥出亡匃食於吳市古代切逯安說。言此說字義字形之詞皆出於逯安也

文五　重一

說文句讀　卷二十四　卅四

匸　衺徯，此俠藏之名目也。有所俠藏也。俠，玉篇作挾。釋言：挾，藏也。然說文屢以俠爲挾。匸與囗相似，囗私取物，縮藏之；夫挾之脅下而藏之，則所挾之物必斜向矣，故名之曰衺徯。从乚，上有一覆之。乚者隱蔽之所也，再以一覆之，則藏矣。一蓋肱象也，挾之脅下而以肱掩之也。胡禮切。凡匸之屬皆从匸。讀若徯同。言匸可作徯也，是以云衺徯，不云衺匸。

區　踦區。疉韻，此亦名目也。藏匿也。匿，小徐作隱，韻會引同。左昭七年傳作僕區之法，服虔云：僕，隱也；區，匿也。爲匿亡人之法也。荀子大略篇：言之信者，在乎區蓋之間。注云：區，藏物處。从品在匸中。品，衆也。品部曰衆庶也，此不須複出，或庚注乎？豈俱切。

匿　亡也。釋詁：匿，微也。注：微謂逃藏也。从匸，若聲。女力切。讀若羊騶箠。此下當有之笍二字。竹部：笍，羊車騶箠也。桂氏曰：慝从匿聲，詩瞻卬三章慝與背爲韻，嚴氏說亦同。段氏曰：當云讀若羊箠鏊之鏊。

㔷　側。句。逃也。㔷，此爲堯典側陋作注也，許君据本蓋作側㔷，故以側釋㔷。㔷謂其爲複語也，再以逃總釋側㔷也。不於側下見此義者，側字廣，㔷字狹也。舜典序曰：虞舜側微。微亦逃也。玉篇曰：側㔷也。得許君之意而失其詞。从匸，丙聲。桂氏曰：丙疑作㐁，本書㐁，他念切，讀若三年導服之導。㐁、丙聲相近。段氏曰：艸部茜从西聲，而讀若陸，陸、漏音相近。嚴氏曰：丙、陋聲之轉。微子攘竊，史記宋世家作陋淫，是丙聲也。盧候切。一曰㔷，箕屬。

匽　匿也。廣韻：匽，隱也。周禮宮人爲其井匽，鄭司農云：匽，路廁也。燕策：鑄諸侯之象，使侍屏匽。从匸，妟聲。於蹇切。

医　盛弓弩矢器也。医但盛矢，而連言弓弩以定之者，字上承匽，匽是廁，恐人疑矢爲菌之借字也。玉篇：医，所以蔽矢也。廣雅：医，矢藏也。从匸从矢。既爲器名，安知其非从匸？蓋所引之國語，今本作翳，翳者隱蔽也。玉篇亦以蔽釋医，医、蔽疊韻，是医字取俠藏之義，故从匸。矢亦聲。於計切。春秋國語曰：兵不解医。齊語：甲不解纍，兵不解翳，弢無弓，服無矢。韋注：纍所以盛甲也；翳所以蔽兵也；弢，弓衣；服，矢服也。

匹　四丈也。小爾雅：五尺謂之墨，倍墨謂之丈，倍丈謂之端，倍端謂之兩，兩謂之匹。禮雜記：納幣一束，束五兩，兩五尋。注：八尺曰尋，五兩兩五尋，則每卷二丈也，合之四十尺，今謂之匹，猶匹偶之云與。左閔二年傳：重錦三十兩。注：以二丈雙行，故曰兩。从匸八。八揲一匹。廣韻：揲，摺揲。筠案：古之布帛，自兩頭卷之，一匹兩卷，故古謂之兩，漢謂之匹也。許君則謂自兩頭摺之，每摺五尺，一頭四摺，盈

爲从八而云然也，勿泥。八亦聲。普吉切。案匹字，曶鼎作□，吳彝作□，史頌敦作□，皆不可解。小篆改之，仍不可解，毋怪許說之支詘也。

文七

匚　受物之器。廣韻：受一斗曰匚。聘禮：夫人使下大夫勞以二竹簋方。注云：竹簋方者，器名也，以竹爲之，狀如簋而方也，如今寒具筥，筥者圜，此方也。象形。當側觀之。府良切。凡匚之屬皆从匚。讀若方。故聘禮作方也。又案此字正方，或古者方圜字卽作匚邪。

匚　籀文匚。

匠　木工也。考工記：攻木之工七，輪輿弓廬匠車梓。从匚从斤。斤，所以作器也。疾亮切。

匧　械藏也。謂匧之械之，皆收藏之謂也，故玉篇曰：匧，械也。从匚，夾聲。苦叶切。○一曰笥也。依選注轉注引補。謂匧爲笥之別名也。珏部𤥎下云：車笭閒皮篋，古者使奉玉以藏之。儀禮注：隋方曰篋。班婕妤詩：弃捐篋笥中。

篋　匧或从竹。

匡　飯器。集韻引作飤器。筥也。謂二器方圓雖異，而名亦通呼也。筥者，籧之借字。竹部：籧，飤牛筐也。方曰筐，圓曰籧。方言卽借筥爲之，曰：筥，淇衛之閒謂之牛匡。从匚，㞷聲。去王切。

筐　匡或从竹。

匜　似羹魁。句。以匜下器似竹筐推之，則此上亦當有器字。斗部：魁，羹斗也。柄中有道，可以注水酒。梁正三禮圖：匜受一斗，流長六寸，漆赤中，諸侯以象飾，天子以黄金。既夕禮：槃匜，匜實于槃中，南流。注：盤匜，盥器也。流，匜口也。衆經音義、廣韻皆云可以注水，小徐有酒字，韻會上聲引有，平聲無。內則：敦牟卮匜，非餕莫敢用。注：卮匜，酒漿器。从匚，也聲。案彝器皆作也，語助奪之，小篆加匚爲別耳。金文已見釋例。又筠清館齊侯匜作□，叔姬匜作□，隸當作盘，字書所無。王莽注水匜始作□，其也似心，乃剝蝕也。移爾切。

匴　淅米籔也。見竹部籔、籅二字下。字或作匴。方言：炊籅或謂之匴。集韻：匴與匴同。从匚，算聲。穌管切。

⿷匚贛　小桮也。木部：桮，匵也。桂氏曰：釋器：小罍謂之坎，坎、⿷匚贛聲相近。从匚，贛聲。古送切。廣韻又音感，是也。

櫝　⿷匚贛或从木。

匪　器似竹篋。當云竹器似篋。此字經典皆借篚，其僅存者，春官肆師：其設匪罋之禮。而鄭君注云：豆實實于罋，簋實實于篚。匪其篚字之誤與？是鄭君以車笭之篚爲匡匪，而以匡匪之匪

cāng ⿷匸倉　tiáo ⿷匸攸　yì ⿷匸異　hū ⿷匸曶　yǔ 匬　guì 匱　dú 匵　xiá 匣　huì 匯　jiù 匛　dān 匰

爲是非、徇俗而違古也。又士冠禮篚實、鄭注、篚、竹器如笭者、此雖仍是匡匪、而曰如笭、則與竹部篚車笭也相涉、葢匪似車笭、故篚字從匪、經典即借篚爲匪、迨借匪爲非、既久、而車笭之義無用、遂迷失本來耳。從匸、非聲。非尾切。逸周書曰、實玄黃于匪。今見孟子滕文公篇、其字作篚、今武成篚厥玄黃、亦從竹、然孟子上文云篚厥元黃、宋孫宣公音義出匪厥、而說之曰、丁公著云、義當作篚、此作匪、古字借用、下同、則是宋本兩篚字皆本作匪、後人用丁說改之、至于武成、乃僞古文、更不必論、

古器也。從匸、倉聲。七岡切。

田器也。廣雅、瓯、畚也、葢謂與斛同字也、桂氏段氏皆謂與筱同字、似是。從匸、攸聲。徒聊切。

田器也。從匸、異聲。與職切。玉篇、匷、大鼎也、廣韻、匷、大鼎也。

古器也。從匸、曶聲。呼骨切。

甌匬器也。從匸、俞聲。度侯切。玉篇、匬、余主切、器、受十六斗、聘禮記、十六斗爲籔、注云、今文籔爲逾、或玉篇以匬爲逾也、荀子大略篇、流丸止於甌臾、此雖指謂地之汚下者、然與甌匬聲同、則義亦相似。

匣也。一引作匵也、亦通、易林蒙之坤、金玉滿匵、字或作鐀、漢書司馬遷傳、紬石室金鐀之書、從匸、貴聲。求位

切。

匵也。字與木部櫝同、後漢書周榮傳、藴匵古今。從匸、賣聲。徒谷切。

匣也。一引作匱也。謂盛刀劍者也。依元應引補、葢庾注也。從匸、甲聲。胡甲切。

器也。從匸、淮聲。胡罪切。

棺也。曲禮、在牀曰尸、在棺曰柩。從匸、從木、久聲。白虎通、柩之爲言究也、久也、不復章也、案此則兼意、巨救切、段氏據玉篇改篆爲匛、偉識也、而仍附柩爲或體、則非也、玉篇柩字、自在木部、設許君收柩字、亦當在木部、說文重文在兩部之例、段氏未之知也、竊謂玉篇包部無胞字、而說文有之、此後人以隸書增之、初不覺其爲一字也、匛之作柩、則以隸書改之而遂刪篆文、以彼知其爲一字也、

籀文柩。此下小徐有如此二字、非也、凡言如此者、大都不知所從者也、此則從匸舊聲、無可疑也、春官大師帥瞽而廞作匶謚、

宗廟盛主器也。從匸、單聲。都寒切。周禮曰、祭祀共匰主。春官司巫文、杜子春曰、匰、器名、主、謂木主也、

文十九　重五

qū 曲　qū 𠚕　tāo ⿱舀曲　zī 甾　chā 疀　běn 畚　píng ⿰甾并　lú ⿸虍甾　wǎ 瓦

廣韻集韻引、皆作凵、與夢英篆同、是也、匚之籀文匚、仰之則凵也、象器曲受物之形也。此說字形之詞也、句首葢本有說義之詞、既經挩佚、遂不知曲爲何器矣。丘玉切。凡曲之屬皆從曲。或說曲、蠶薄也。謂與艸部䒼同也、呂氏春秋季春紀、具挾曲蒙筐、注云、曲、薄也、青徐謂之曲、受桑器也、淮南時則訓季春之月、具撲曲筥筐、許君注曰、曲、葦薄也、

古文曲。無極山碑、旁宛凸隈、

骫曲也。廣雅同、斥彰長田君碑、廣平夏亟陽令、漢官印有騎部凸督、隸亦作曲、釋名、曲、局也、相近局也、從曲、玉聲。丘玉切。

古器也。桂氏曰、或作⿱竹舀、篆文、趙代以筥爲⿱竹舀、玉篇、⿱竹舀、牛筐也。從曲、舀聲。土刀切。

文三　重一

東楚名缶曰甾。太史公曰、自彭城以東、東海吳廣陵、此東楚也、宁部𡩣下云、甾、缶也、象形也。側詞切。凡甾之屬皆從甾。

古文甾。

斛也。古田器也。釋器、斛謂之疀、郭注、皆古鍬插字、斗部引作斛、謂之疀、方言借臿爲之、釋名世說借鍤爲之、從甾、疌聲。楚洽

切。桂氏曰、文十四年左傳、晉姬生捷菑、按即疀甾、

⿰甾并屬、蒲器也。蒲卷耳、釋文引作草、所以盛糧。依左傳正義引改、周禮挈壺氏、挈畚以令糧、鄭司農云、縣畚於所當稟假之處、令軍望見、知當稟假於此下也、畚所以盛糧之器、故以畚表稟、案許君舉其用之一端耳、左宣十一年傳稱畚築、襄九年傳陳畚揭、皆版築盛土之籠、從甾、弁聲。布忖切。

⿰巾及也。見巾部、廣雅、⿰甾并、畚也、從甾、并聲。薄經切。杜林以爲竹筥、揚雄以爲蒲器。讀若軿車。

番也。玉篇、⿸虍甾、飲器也、從甾、虍聲。洛乎切。讀若盧同。此謂其字同也、漢書食貨志、作官酒、以二千五百石爲一均、率開一盧以賣、臣瓚曰、盧、酒瓮也、言開一瓮酒也、

籀文⿸虍甾。

篆文⿸虍甾。先籀后篆、足知⿸虍甾是古文、

文五　重三

土器已燒之總名。廣韻引周書、神農作瓦器、抱朴子、燒泥爲瓦、言總名者、部中字惟甍與屋瓦近、餘皆言瓦器。象形也。既是總名、形何由象、不似艸木鳥鼠之爲總名者也、繫傳曰、象乙乙交相任受也、則以

fǎng 瓬　zhēn 甄　méng 甍　zèng 甑　yǎn 甗　yí 瓵　dàng 瓽

字分爲兩乚字，而以屋瓦牝牡相銜說之，頗涉附會，姑存之。五寡切。凡瓦之屬皆從瓦。

周家摶埴之工也。摶，唐石經同，引說文者多作搏，所据者考工記摶埴之工陶旊鄭注摶之言拍也，埴黏土也。釋文摶李音團，劉音博。筠案音團是也，說已見釋例，茲再舉證焉。淮南子陶人之克埏埴，許君注埏揉也。老子埏埴以爲器，河上公注埏和也。案埏者，作器之先揉和其埴，使之融洽也。摶者，作器之時，置埴於運均之上，旋轉如風以成器也。控摶而成之，豈拍摶而成之哉。儒者不察物情而意揣爲之說，庸有當邪。從瓦方聲。分兩切。讀若抵破之抵。顧鈔本作扺破之扺。此等字蓋非許君所及見。考工記注先鄭讀旊爲甫始之甫，後鄭讀爲放於此乎之放。許云方聲，則讀同後鄭。今公羊傳作昉於此乎。

匋也。玉篇匋人作瓦器謂之甄土也。漢書董仲舒傳猶泥之在鈞，唯甄者之所爲。從瓦垔聲。居延切。

屋棟也。左襄二十八年傳子之援廟桷動於甍，正義曰：張衡西京賦曰甍宇齊平，言諸屋棟簷高下等也。說文甍屋棟也，梁也，是又名爲梁。此是屋上之長材，椽所憑依者也，今俗謂之屋脊。筠不据補梁也句者，爲其名之不正也。釋宮宲廇謂之梁，其上楹謂之梲，棟謂之桴。案梁上有梲，棟上豈能有梲，則較然二物可

知。今俗呼棟爲脊檁，而相宅書謂之梁，不知是何妄人以之增於許書也。從瓦。徐鍇曰：所以承瓦，故從瓦。夢省聲。莫耕切。

甗也。字與鬲部䰛同。彼承鬵，故曰鬵屬；此乘甗，故曰甗也。字林甑炊器也。方言甑自關而東謂之甗。聲類甑又作𩰤。從瓦曾聲。子孕切。

籒文甑從䰜。惟顧鈔本篆文不誤。

甑也。一曰穿也。甑也者，通其名也；一穿者，言其別也。考工記甑七穿，記又曰陶人爲甗，鄭司農云無底甑。釋名小山別於大山曰甗，甗甑一空者，甗形孤出處似之也。詩公劉陟則在巘，釋文巘本又作甗。鄭注少牢饋食禮甗如甑，一孔。從瓦鬳聲。魚蹇切。讀若言。郭注方言、毛詩釋文皆曰甗音言。

甌瓿謂之瓵。釋器文。郭注瓿甊小甖，長沙謂之瓵。六書故瓵與瓶同，古語借書一瓶還書一瓶。瓦器受斤八六合。依貨殖傳索隱引補。斤八益八升之譌，抑或本句當作受斗六升。從瓦台聲。亦借用台。史記貨殖傳蘗麴鹽豉千合，徐廣曰或作台，器名有瓵。孫叔然云瓵瓦器受斗六升。台當爲瓵，音貽。與之切。

大盆也。廣韻曰大瓮。金部鐺，瓽也。漢書揚雄酒箴曰爲瓽所轠。吳越春秋句踐送吳王甘蜜九党，徐天祐曰党當爲瓽。從瓦尚

ōu 甌　wèng 瓮　xiáng 瓨　líng 瓴　wǎn 㼝　pí 㼰　biān 甂　bù 瓿　pì 甓　róng 㼸　zhòu 甃　qì 甈

聲。丁浪切。

小盆也。字林同。方言甌陳魏宋楚之閒謂之甂，自關而西謂之甂，其大者謂之甌。從瓦區聲。烏侯切。

罌也。方言甀瓮瓿甊甖也。自關而西晉之舊都河汾之閒，其大者謂之甀，其中者謂之瓿甊。自關而東趙魏之郊謂之瓮，或謂之甖。案甖同罌。從瓦公聲。烏貢切。

似罌長頸受十升也。字與缶部缸同。史記貨殖傳醯醬千瓨，徐廣曰瓨長頸罌。字又作瓷，齊民要術有蒲桃瓷。至於方言曰瓬甖也，靈桂之郊謂之瓬，郭注瓬音岡。案瓬或別是一物，亢工之聲不通也。從瓦工聲。讀若洪。小徐作翁。古雙切。

小盂也。字與皿部盌同。從瓦夗聲。烏管切。俗作椀。

甕似瓶者也。依漢書音義引改補。史記高祖本紀譬猶居高屋之上建瓴水也，如淳曰瓴盛水瓶也。從瓦令聲。郎丁切。

罌謂之㼰。罌當作罃。小徐韻譜㼰罃也。廣雅同。方言罃謂之㼰。從瓦卑聲。部迷切。

似小瓿。大口而卑用食。似衍文。下文瓿甂也，此言小以著其別足矣，若言似，則瓿亦不知爲何物矣。卑當作庳。顏氏遵說文者也，其注急就篇曰甂瓦杅也，其形大口而庳。說苑魯有儉者瓦鬲煑食以進孔子，孔子

歡然而喜。弟子曰：瓦甂陋器也，煑食薄膳也，而先生何喜如此乎。從瓦扁聲。芳連切。

甂也。方言作瓿甊。許君不收甊字者，二字疊韻，猶之部婁，不必有專字，亦可單可復。揚雲采之輶軒，不必盡是古字。從瓦音聲。蒲口切。

器也。廣雅㼸瓶也。從瓦容聲。與封切。

瓴甓也。瓴當作令。禮運合土，鄭注瓦瓴甓及甒大，釋文作令甓，是也。陳風傳曰甓瓴甋也，釋文作令適。土部墼下云瓴適也，瓴亦當作令，不得藉口本部有瓴也。蓋令適爲古名，故秦毛公用之，許說墼承之；令甓爲漢名，故鄭君注禮運注考工皆用之，許君此注亦用之。釋宮瓴甋謂之甓，郭注甂甎也，今江東呼瓴甓。釋文云詩傳作令適。案今本詩傳之改，卽由釋宮矣。長門賦、廣雅、九章筭術皆有瓴甓。從瓦辟聲。扶歷切。詩曰：中唐有甓。陳風防有鵲巢文。讀若蘗。

作井壁也。韻會引云作井甓也，今據補作字。字林云井壁也。易井甃无咎，修井也，孔子以修釋甃，知甃是動字。釋文曰馬云爲瓦裹下達上也，干云以甎壘井曰甃。案馬注爲字似當作以。裹下達上者，甃井自下起，周裹其下以達於上也。云裹者，井壁圓，異於四壁之有隅也。從瓦秋聲。側救切。

康瓠謂之甈。康瓠破罌

甎補釋器一句者非此不明也瓿下但有釋器文而挩許說也。知此亦但存許說而挩釋器文也其釋文云康孫郭如字字書埤蒼作甎李本作光字林作甋口光反史記賈誼傳斡弃周鼎兮而寶康瓠漢書音義鄭氏曰康瓠瓦盆底也。從瓦。臬聲。魚列切廣韻五計切玉篇邱滯切

甈或從埶。

瑳垢瓦石也。瑳小徐作磋說文無磋字淇奥如切如磋羣書治要作瑳御覽引韓詩作錯釋器象謂之磋論衡引作象曰瑳是知以瑳爲正段氏依㑥厂部厝下引詩謂當作厝則不如依韓詩作錯矣廣韻甐瓦石洗物又甐瓦洗器或作䃂西山經錢來之山其石多洗石注澡洗可以䃂體去垢圿又作䃂方言注䃂錯也從瓦爽聲。初兩切

蹈瓦聲甎甎也。合從二徐本又據玉篇增一甎字元應引作蹈瓦聲躐躐也則與髟下云長髮猋猋也玉篇作長髮髟髟也其例正同廣韻甎躐皆良涉切也特說文無躐字故依玉篇從瓦耎聲。零帖切

冶橐榦也。依五音集韻引改冶橐者鍛者所用風匣也榦其柄也今以木爲之古以韋爲之廣韻瓵排囊柄也月瓦形近致誤排是正字眾經音義有排橐鞴鍛鞴五形鞴借字餘皆後作又有火排鼓橐鼓韝排筒四名云鍛家用吹火令熾者也瓵或作檜集韻檜冶橐榦從瓦今聲。胡男切

說文句讀　卷二十四　七百六十八、〇二十五　卌一

碎也。此以異部重文爲說解也甐下云甐也與此同例。從瓦卒聲。蘇對切

敗也。集韻引同小徐作敗瓦也從瓦反聲。布綰切一曰牝瓦。依集韻引補玉篇瓪牝瓦也與瓬牡瓦也相應廣雅瓪牡瓦也非也广部庌屋牝瓦下

文二十五　重二

以近窮遠。故曰弓也。依元應引補古音弓如肱故小戎閟宮弓與縢興音乘綅增懲承爲韻論語堯曰篇窮與躬中終爲韻呂部躬下收俗躬字從弓聲於此又以窮說弓然則弓之變音如躳其在後漢乎考工記榦也者以爲遠也象形。居戎切古者揮作弓。唐書宰相世系表少昊第五子揮始制弓矢賜姓張氏宋忠以揮爲黃帝臣廣韻以揮爲軒轅第五子孫卿子云倕作弓墨子云羿作弓說各不同周禮夏官司弓矢文也六弓。王弓弧弓以䠶甲革甚質。今本作以授射甲革椹質者夾弓庾弓以䠶干侯鳥獸。今本以授射豻侯鳥獸者唐弓大弓以授學䠶者。今本下有使者勞者凡皆徑省其文非所据本異也惟許君不收椹字以甚爲正豻侯夏官射人同而大射儀曰大侯九十參七十干五十鄭注干讀爲豻其注射人曰大射禮豻作干然則鄭君所据周禮異於儀禮許君所据則同乎六弓之別見考工記弓人凡弓之屬皆從弓。

畫弓也。詩行葦作敦弓傳云畫弓也天子畫弓荀子大略篇天子彫弓諸侯彤弓大夫黑弓注云彫謂彫畫爲文飾何注公羊傳云禮天子雕弓諸侯彤弓大夫嬰弓士盧弓陸德明云嬰弓見司馬法兩京賦彤弓斯𣪊䢵云彫弓謂有刻畫也彊彫聲之轉詩敦琢其旅釋文敦徐又音彫周禮司几筵每敦一几注敦讀爲燾從弓𦎫聲。都昆切

弓無緣。釋器弓有緣者謂之弓無緣者謂之弭孫叔然曰緣謂繳束而漆之弭謂不以繳束骨飾兩頭者也郭注緣者繳纏之即今宛轉也桂氏曰宛轉乃無緣之弭御覽引淮南子宛轉弓今之弭弓是也鄴中記石虎女騎皆手持雌黃宛轉角弓角弓亦弭也既夕禮記弓矢之新沽功有弭飾焉注云無緣者謂之弭弭以骨角爲飾禮記右手執簫注云弭頭也可以解轡紛者。轡紛者一引誤作騷觚也詩采薇象弭魚服傳云象弭弓反末也所以解紒也箋云弭弓反末彆者以象骨爲之以助御者解轡紒宜滑也釋文紒音計又音結本又作紛芳云反案作紛者正許君所據之本從弓耳聲。緜婢切

說文句讀　卷二十四　八百三十三、〇四十四　卌二

弭或從兒。

角弓也。也廣韻作兒蓋本之詩釋文小雅騂騂角弓釋文云騂說文作弲音火全反案解下引詩解解角弓蓋釋文偶誤若作弲而釋爲角弓兒則當在後虛字中何以上弲下弧皆弓名乎雒陽名弩曰弲。蓋即弮字漢書司馬遷傳張空弮李奇曰弮弓也從弓肙聲。烏縣切

木弓也。易繫辭弦木爲弧賈誼書爲王太子懸弧之禮東方之弧以梧南方之弧以柳中央之弧以桑西方之弧以棘北方之弧以棗從弓瓜聲。戶吳切一曰往體寡來體多曰弧。考工記弓人往體寡來體多謂之王弓之屬夏官司弓矢爲天子之弓合九而成規正義云天子之弓王弧之屬也

弓反也。謂弛之而反也至于詩曰翩其反矣傳曰不善紲縶巧用則翩然而反是謂弓體彆戾發矢之時忽然挩弦而反也與此不同從弓召聲。尺招切詩曰彤弓弨兮。小雅彤弓文傳曰弨弛也

弓曲也。廣韻同從弓雚聲。本音權廣韻同孫九院切

弓弩耑弦所居也。蔡邕黃鉞銘弓不援彄夏官繕人抉拾注云詩家說或謂抉爲引弦彄也桂氏曰彄管弦者也筆管亦謂

nǔ 弩 tāo 弢 xǐ ⿰弓璽 chí 弛 hóng 弘 yǐn 引 wū 弙 wān 彎 qiáng 彊 péng 弸 jué 彏 yáo ⿰弓繇 zhāng 張

之彄。內則注：管，筆彄。又詩箋云：韘所以彄沓手指。案：彄沓者，冒其上也，與筆管之意相似。從弓，區聲。恪侯切。

⿰弓繇 弓便利也。從弓，繇聲。讀若燒。弋招切。

張 施弓弦也。詩吉日：既張我弓。考工記：弓人寒奠體，則張不流。曲禮：張弓尚筋，弛弓尚角。雜記：張而不弛，文武不能也；弛而不張，文武弗爲也。注：弓弩久張之則絶其力，久弛之則失其體。從弓，長聲。陟良切。

彏 弓急張也。尸子：鴻鵠在上，扜弓彏弩待之。漢書揚雄傳：彏天狼之威弧。從弓，矍聲。許縛切。

弸 弓彊皃也。太元：止次八，絶弸破車。注：弸，弦彊皃。從弓，朋聲。父耕切。

彊 弓有力也。六韜：太彊必折，太張必缺。史記絳侯世家：材官引彊。注：能引彊弓，如今挽彊司馬也。從弓，畺聲。巨良切。

彎 持弓關矢也。左昭二十一年傳：將注，豹則關矣。注云：注，傳矢；關，引弓。釋文：關本或作彎。石鼓文：𢏳𢏳角弓。義雖小異，亦關之省也。惠氏棟曰：鄉射禮不貫不釋，注云：古文貫作關。呂氏春秋中關而止，謂關弓弦正半而止，即儀禮所謂不貫也。從弓，䜌聲。烏關切。

引 開弓也。考工記：維體防之，引之中參。從弓丨。余忍切。

說文句讀 卷二十四 七百六十一、〇四七 四三

弙 滿挽弓有所鄉也。依集韻引補。又引鄉作向，非古也。廣雅：弙，張也。或借扜字。大荒南經：有人方扜弓射黃蛇。注：扜，挽也。尸子借杅字，見彏下。鄉亦作嚮。史記伍子胥傳：伍胥貫弓執矢嚮使者。從弓，于聲。哀都切。

弘 弓聲也。段氏曰：集韻：弸弦，弓聲。或作㢬。案：弦張皆即此篆也。甘泉賦蘇注：㢬音宏。從弓，厶聲。厶，古文肱字。小徐語。胡肱切。

⿰弓璽 弛弓也。從弓，璽聲。斯氏切。

弛 弓解也。鄉射禮：右加弛弓于其上。注：執弛弓，言不能用之也。從弓，也聲。施氏切。

𢑏 弛或從虒。

弢 弓衣也。字林同。段氏曰：左傳多言弢。詩言韔，秦風傳曰：韔，弓室也。鄭風作鬯，傳曰：鬯弓，弢弓也。又謂之韣，少儀曰：弓則以左手屈韣執拊，是也。以韋爲之，故可屈。又謂之鞬，見革部。從弓，從叏。或省作叏。集韻：橐叏也。土刀切。叏，垂飾，與鼓同意。大徐本鼓字譌從支，此足正之。廣韻：叏，罯鼓大頭名。

弩 弓有臂者。釋名：弩，怒也，有勢怒也。其柄曰臂，似人臂也。鉤弦者曰牙，似齒牙也。牙外曰郭，爲牙之規郭也。下曰懸刀，其形然也。合名之曰機，言如機之巧也，亦言如門戶之樞機，開合有節也。筠案：劉氏說機誤，許君曰主發謂之機，是也。從弓，

gòu 彀 guō 彉 bì 彃 dàn 彈 fā 發 yì 芎

奴聲。奴古切。周禮四弩：夾弩、庾弩、唐弩、大弩。見司弓矢。又云：凡弩，夾庾利攻守，唐大利車戰、野戰。

彀 張弩也。一引作張弓弩也，一引作張弓曰彀。案：自兼弓弩，然非許君例也。本部弓弩彈三物分三節，弢以上皆弓事，彉以上皆弩事，彈、䠶也，矢部䠶下兼言弓弩，故以彈雙承之。彈不用矢，故最後。芎是䠶官，故結部尾。惟發不繼彈，似後人亂之。小徐本在芎下，尤非。此大徐迻置而失其部位耳。且漢以前皆言彀弩，不言彀弓也。孟子：羿之教人射，必至於彀。注：彀，張弩付的者。六韜：力能彀八石弩。漢書馮奉世傳注：劉德曰：彀者，謂能張弩者也。從弓，㱿聲。古候切。

彉 滿弩也。字或作彍。孫子兵勢篇：勢如彍弩，節如發機。漢書吾丘壽王傳：民不得挾弓弩，十賊彍弩，百吏不敢前。顏注：引滿曰彍。從弓，黃聲。苦郭切。讀若郭。漢書音義：張晏曰：彍音郭。

彃 䠶也。從弓，畢聲。卑吉切。楚詞曰：芎焉彃日。天問：羿焉彃日？烏焉解羽？注：淮南言：堯時十日並出，草木焦枯，堯命羿仰射十日，中其九日，日中九烏皆死，墮其羽翼，故留其一日也。郭注山海經引歸藏：羿善射，畢十日，果畢之。畢者，彈之省。

彈 行丸也。一引云：彈之，謂行丸者也。案：似是庾注。字林：彈，行丸者。左宣二年傳：從臺

說文句讀 卷二十四 八百〇八、〇三十九 四四

上彈人而觀其辟丸也。公羊傳：引彈而彈之，已趨而辟丸。從弓，單聲。徒案切。

𢏸 汗簡引作𢏸。玉篇無之。彈或從弓持丸。

發 䠶發也。楚策：其君好發者，其臣決拾。從弓，癹聲。方伐切。

芎 帝嚳䠶官也。賈逵曰：帝嚳賜芎彤弓素矢，封之於鉏，歷虞夏。筠案：左傳：有窮后羿。邑部：窮，夏后時諸侯夷羿國也。則是竊其國名，羿其君名也。傳又曰：后羿自鉏遷于窮石，則國本名鉏，後改爲窮也。然案之傳記，似羿遂爲子孫之姓，如鬻熊子孫姓熊之比。故淮南本經訓曰：堯乃使羿誅鑿齒於疇華之野，殺九嬰於凶水之上，繳大風於青邱之澤，上射十日而下殺猰貐，斷修蛇於洞庭，擒封豕於桑林。此堯時之羿也。大荒北經：帝俊賜羿彤弓素矰，以扶下國。此舜時之羿也。廢太康者亦曰羿，則夏中葉之羿也。堯爲帝嚳子，是時尚當有羿，舜則遠矣，夏尤遠矣，而皆名羿，豈有百世一名者乎？此許君所以以爲官名也。夏少康滅之。謂滅其國也。左傳曰：有窮由是遂亡，是也。至於夷羿之身，則爲寒浞所殺，少康所滅者，浞之二子耳。從弓，幵聲。五計切。論語曰：芎善䠶。憲問篇文。今作羿。善射，羽部羿下云：羽之羿風，亦古諸侯也。固謂羿芎同字矣。

弓

jiàng 弜　bì 弼　xián 弦　lì 盭　yāo 訬　yì 緆

文二十七　重三　采薇釋文及疏引云彎弓戾也。

[篆]彊也。謂弜彊一字也。華陽國志秦昭襄王時白虎爲害，於是夷作白竹弩射殺白虎。夷今所謂弜頭虎子者也。從二弓。此是虛象非實事。弓本彊有力，二弓則尤彊矣。於詩交韔二弓無涉。其兩切。華陽國志有其兩、翹移、渠羈、渠良四切。凡弜之屬皆從弜。闕。或者本有讀若彊，挩佚之後，校者自加闕字，故大徐本無之。

[篆]輔也。重也。釋詁：弼，俌也。又曰：弼，重也。案人部：俌，輔也。則俌爲左輔右弼之正字，輔爲借字。本文輔也，則是借車之輔以爲弓之輔，與彼義不同。然當云輔重也，不當有上也字。玉篇𠨘今作弼。卪部𠨘，輔信也。𠨘弼同字，故皆以輔說之。𠨘從卪，故申之曰信；弼從二弓，故申之曰重。皆是一義，非兩說也。荀子注：弼所以輔正弓弩者也。案輔正之則竹閉與弓相重複，故曰重。引而伸之，則尚書大傳古者天子左曰輔，右曰弼，可正而不正，責之輔；可揚而不揚，責之弼。從弜西聲。西讀若誓。房密切。

[篆]弻或如此。小徐本云古文弼如此。[篆][篆]並古文弼。小徐本𢐗亦古文弼，𢐀弼或如此。玉篇無𢐀，而力部有𠢞，云古弼字。案周頌作佛，孟子作拂，字皆從弗。

說文句讀　卷二十四　七百二十六、〇四十

文二　重三

[篆]弓弦也。字從弓，故言弓耳。云象絲軫，則琴瑟弦可知。經典及說文皆無絃字。從弓，象絲軫之形。軫者紾之借字。方言：軫，戾也。許君注淮南云：軫，縛也。胡田切。凡弦之屬皆從弦。

[篆]弼戾也。桂氏曰：弼戾猶弗盭也。廣雅：盭，借也。鄭注曲禮：佛，戾也。從弦省，從盭。郎計切。盭，引戾之也。段氏改爲盭了戾之也，而曰淮南原道訓注曰：抮艴，了戾也。方言：軫，戾也。注謂相了戾也。王砅注素問、段成式酉陽雜俎皆用了戾。今淮南注了戾，道藏不誤，而俗刻作引戾，與此誤正同。讀若戾。以戾說之，而讀又如之，則是一字也。漢書張耳陳餘傳顏注：盭，古戾字。

[篆]急戾也。從弦省，少聲。於霄切。一曰：小意。依集韻引補。玉篇：訬，𧺆，小貌也。集韻十七薛：緆譌作緆，云：訬緆，不成約而急，一曰小意。

[篆]不成，逗遂急戾也。廣韻十三祭：緆亦譌作緆，云：急也，一曰不成也。然則許謂人性躁急者，所作不成，遂致急戾也。又案：訬緆皆訓急戾，字又雙聲，集韻合爲一事，則是連語。從弦省，曷聲。讀若瘞葬。於罽切。

xì 系　sūn 孫　mián 緜　yáo 繇

文四

[篆]繫也。謂繫可借爲系也。春官小史奠繫世，世本有帝系篇，唐書宰相世系表，即作系。易繫辭釋文：繫，徐胡詣反，本系也；又音係，續也。字從毄，若直作毄下糸者，音口奚反。非陸氏此說，是不知假借也。釋名：系，繫也，相連繫也。從糸，丿聲。丿，段氏改爲厂，是也。乃抴引之厂，非右戾之乁。胡計切。凡系之屬皆從系。

[篆]系或從毄處。

[篆]籒文系從爪絲。

[篆]子之子曰孫。釋名：孫，遜也，遜遁在後生也。從子從系。系，續也。謂繼續乎子也。思魂切。許君不收孫于子部，蓋訂正之意也。周公彝鐘立盨皆作𢇛，從糸明白；乙公鼎作𢇛，從古文糸，亦明白；伯季簋作𢇛，則從糸而省；𣪠尊作𢇛，陳矦敦作𢇛，仲駒父敦𢇛𢇛，字在小篆爲幺，在鐘鼎文爲玄，幺義尚合，元義則不合。若謂糸即絲字，孫絲雙聲，則嫌其迂曲。惟銘文之作𢇛者最多，稍妃彝作𢇛，系皆在臂之下，因得系屬之義，而知小篆之從系，非漫改古文也。遂收之系部，以表之，逸篆篇說誤。

[篆]緜聯。句微也。文選非有先生論：綿綿連連，殆哉世之不絕也。注引說文曰：綿，聯微也。案此第引說解，非連篆文引之。知然者，緜聯疊韻，聯連一字，引緜聯以釋綿綿連連，引微也以釋不絕。詩緜緜瓜瓞正義云：微細之辭。則知重言與連語無異也。說苑：緜緜不絕。從系從帛。武延切。

[篆]隨從也。史記高祖本紀：常繇咸陽。應劭曰：繇，役也。從系，䍃聲。兼意。戴侗引唐本䍃從也，玉篇、廣韻同。余招切。案羣書作繇，說文亦有數字從繇，蓋本有重文繇，今挩耳。

說文句讀　卷二十四　五百文、〇二十一　𦉪

文四　重二

說文解字句讀弟十二下

曲沃受業衞天鵬校

句讀卷二十四補正

古今姓氏書辯證曰、娸氏見姓苑、三葉前一行入姓也下增此注

下文㪣一曰老嫗也亦是通偁、五葉後三行直截說之耳下增此

母、大徐作女非也本部自母至姚皆母也。漢書禮樂志、媼神蕃釐、又曰后土富媼、張晏曰、媼老母稱也、坤爲母、故稱媼、高帝紀、母媼、孟康曰、媼長老尊稱也、然亦爲通稱。韋昭曰、媼婦人長者之稱、史記索隱媼是婦人之老者通號、故趙太后自稱媼、及劉媼衛媼之屬、是也、五葉後三行女老偁也女改作母小注全刪以此易之

特漢呂后字娥姁、許君不列之女字類而列之媼下、又說之以嫗、或姁亦母老偁乎、今未得其證、五葉後七行卽樂記之煦嫗下增此

句讀補正　卷二十四　一

乃許君云爾者取其爲一家眷屬耳。故下文繼以威姑也。若主父之姊妹立說則婦人外成當列之姊上。不當在此。六葉前一行此說爲是下許君句刪去增此

元包經蠱卦、妭媚于宮、七葉後七行玉篇引同下增此

案此讀則妸與上文妴下文娿同音、然集韻分收之、不謂爲一字、惟妸婀注云、說文女字也、或不省、殆以妸爲阿省聲耶、然可聲自諧、九葉前三行烏何切上增此

漢書刑法志曰、窮斯濫溢、是所据亦如今本、二十四葉前二行濫溢也下增此

筠清館秦量銘同、二十七葉前二行秦權亦然下增此

氏星亦有本名。周語本見而草木節解。韋注。本氏也。二十七葉後四行天根氏也下增此

○我字凡三說、施身自謂也、經典皆此義、而左𠂢右戈、不能得此義也、我頃又一義、亦於𠂢戈無干、一曰古殺字、則有戈義矣、然𠂢非義非聲、終不可說也、故三義竝列、不能別白而定一尊、三十二葉前六行孟子引作殺下增此

以勹爲人者、勹部曰象人曲形也、頌彝匋作㐀、從亾人、三十四葉後八行此說字形也下增此

筠案郭注誤、甌瓿謂之瓵者、謂甌也瓿也通謂之瓵也。然此爲統名。若其異者則受斗六升。是瓵之制也。下文甌、小盆也、考工記、盆實二鬴、是大器也、此云小、或與受斗六升者近、要皆盛物

句讀補正　卷二十四　二

之器也。甂下云用食、則瓿亦當然、是食器也。此言其別也。乃郭注云瓿甊則舉瓿而遺甌、又釋以小甖、則承用方言之誤也。缶部罌缶也、顏師古曰、罌缻之大腹者也、必頸細而後見腹之大。許君說甌以盆、則是侈口。說甂以大口、尤其明證。況列女傳謂小器可投台中、若口小何以納之。是瓵侈罌斂、不可同也。方言曰、缶謂之瓿甌、郭注、卽盆也。此則同許義。瓿甌卽瓿甊、皆疊韻字、方言又曰、甂其大者謂之甌、則甌卽是瓿、且卽是瓵矣、亦同許義。六書故所用者亦郭氏爾雅注也、然廣韻集韻、𦈡隸六脂、瓵隸七之、音義竝異、非一字也、三十九葉後七行還書一𦈡下增此

列女傳曰、斂小器、投諸台、台亦卽此瓵、三十九葉後九行台當爲瓵音貽下增此

皿部盇、小甌也、四十葉前一行字林同下增此

○地官牧人凡外祭毀事、注、故書毀爲甈、杜子春曰、甈當爲毀、毀謂副辜侯禳毀除殃咎之屬、然則仍是毀壞之意、與破罌近、是尒疋釋甈本之周禮故書、從可知說文所收不見經典之字。皆後人改之。四十一葉前二行瓦盆底也下增此

玉篇丁幺丁昆二切、天子弓也、廣韻同、行葦釋文、敦音彫、徐又都雷反、四十二葉前六行都昆切下增此

案以上諸說、以之解經則合、以解許說則未合、果爾則當云持矢關弓也、何以云持弓關矢乎、許君葢曰彎者關也。關如字讀。左手持弓。右手以栝關之弦上也。此射之始事。故受之以引。開

弓也。謂初開也。此射之中事。再受之以弙。滿弓有所鄉也。謂引滿也。此射之終事。是一定之次第。諸說則謂彎卽是弙。渾言不別矣。勿以之混許說。四十三葉前九行不貫也下增此

集韻引滿下有挽字、非是、滿弓者、引滿其弓也、彉下云滿弩、立文正同、且挽在滿前、不在挽後、四十三葉後一行滿下挽字刪去有所鄉也下刪依集韻引補五字增此又引鄉作向下非古也改作亦非古

案羣書所云張弩、與許君同意、謂引弩也、孟子曰君子引而不發、是也、部首下所引賜揮姓張氏、亦同此意、至於上文張、施弓弦也、於此無涉、四十四葉前五行謂能張弩者也下增此

chún 純　miǎn 緬　xù 緒　yì 繹　sāo 繅　jiǎn 繭　mì 糸

說文解字句讀弟十三上

漢太尉南閣祭酒許氏記　安邱王　筠撰集

相國壽陽祁春浦夫子鑒定　益都陳山嵋　晉江陳慶鏞　訂正

傅山蔣其崙書篆

二十三部　六百九十九文（毛孫鮑三本同、毛後剜改作七百、嚴氏曰、今毛本實七百三字、則重百二十二）　重一百二十三（三本同、毛後剜改三作四、嚴氏曰、今實一百二十、補刻蚌陷二）

凡八千三百九十八字

細絲也。（廣雅、糸、微也）象束絲之形。（莫狄切）凡糸之屬皆從糸。讀若覛。

古文糸。

繭　衣也。（衆經音義、繭、蠶繭絲也、春秋考異郵、蠶陽物、火惡水、故食而不飮、陽立於三春、故蠶三變而消死於七、三七二十一日而繭）從糸從虫。芇聲。（此韻會引、字鑑引如此、引篆作𦄏、竹君本同、說作𦄏省聲、魏受禪表作𦄏、左虫右糸、六書故引唐本從芇、蒼頡解詁曰、繭、未繅也、字從虫從糸芇聲、芇音眠、五經文字說大同、古典切）

古文繭從糸見。

繹繭爲絲也。（祭義釋文引作抽繭出絲也、淮南泰族訓、繭之性爲絲、然非得工女煑以熱湯而抽其統紀、則不能成絲、字或作繰繅）從糸。巢聲。（穌遭切）

繹　抽絲也。（抽通作紬、漢書谷永傳注、紬繹者、引其端緒也）從糸。睪聲。（羊益切）

緒　絲耑也。（方言、緤、末、紀、緒也、南楚皆曰緤、或曰端、或曰紀、或曰末、皆楚轉語也）從糸。者聲。（徐呂切）

緬　微絲也。（穀梁莊三年傳、改葬之禮緦、舉下緬也、六書故、今之絲者、別其絲最細者爲緬、次曰大緬）從糸。面聲。（弭沇切）

純　絲也。（士冠禮、純衣、鄭注、絲衣也、餘衣皆用布、惟冕與爵弁服用絲耳、賈疏、鄭解純字、或爲絲、或爲色、昏禮、女次純衣、注云、絲衣、以下文有畢袗元、色理自明、絲理不明、故以絲理解之、周禮媒氏純帛無過五兩、注云、純實緇字也、以經云純帛、絲理自明、故爲色解之）從糸。屯聲。（常倫切）論語曰。今也純儉。（子罕篇文、孔安國注、冕、緇布冠也、古者績麻三十升布以爲之、純、絲也、絲易成、故從儉）

huāng 絖　huà 絓　dī 紙　hé 紇　kāi [糹皆]　xiāo 綃

綃　生絲也。（韻會引作生絲繒也、段氏曰、今按言繒名、則非其次、依鄭君則實繒名、當云生絲也、一曰繒名、桂氏曰、廣雅、縑絡綃也、案綌、粗緒也、緜未練治纑也、此與生絲義合、禮記玉藻、元綃衣以裼之、注、綃、絹屬也、通作宵、士昏禮、姆纚笄宵衣、注、宵讀爲詩素衣朱綃之綃、詩素衣朱繡、箋、繡當爲綃、魯詩作綃、云綃綺屬）從糸。肖聲。（相幺切）

[糹皆]　大絲也。從糸。皆聲。（口皆切）

絖　絲曼延也。從糸。巟聲。（呼光切）

紇　絲下也。從糸。气聲。（下沒切）春秋傳有臧孫紇。（見襄二十二年）

紙　絲滓也。從糸。氏聲。（都兮切）

絓　繭滓絓頭也。（謂繭之滓名曰絓頭也、廣韻、絓、惡絲、釋名、絓、挂也、挂于杖端、振舉之也、顏注急就篇云、紬之尤粗者曰絓、繭滓所抽也）一曰牽縭。（依御覽引補、謂絓頭又名牽縭也、釋名、煑繭曰莫、莫、幕也、貧者著衣、可以幕絡絮也、或謂之牽離、煑熟爛牽引使離散、如綿然也、筠案、絓與後文繫䌟大同、但絓謂絲之粗者、繫䌟謂絮之粗者、故分列兩處、玉篇、䌟、絓䌟也、案絓䌟即繫䌟也、廣韻、繫䌟、惡絮、繫䌟與牽縭牽離、亦非異語、其物相似、故其名通也）一曰以囊絮練也。（以囊盛絮而湅治之也）從糸。圭聲。（胡卦切）

zhì [糹式]　zhī 織　jīng 經　suì 維　yào 纅

纅　絲色也。從糸。樂聲。（以灼切）

維　著絲於筟車也。（六書故、筟車、紡車也、著絲于筳、著筳于車、踏而轉之、所謂紡也、方言、維車、趙魏之閒謂之轣轆車、東齊海岱之閒謂之道軌、又云、車下鉄、（鉄同紩）陳宋淮楚之閒謂之畢、注云、鹿車也、考工記、天子圭中必、注、必讀如鹿車縪之縪）從糸。崔聲。（穌對切）

經　織從絲也。（依御覽引補、與緯說對文、從同縱、詩衡從其畝是也、韓非外儲說、吳起使其妻織組、而幅狹于度、吳子使更之、其妻曰、吾始經之、而不可更也）從糸。巠聲。（九丁切）

織　作布帛之總名也。（本部自繒以下、皆言帛、自纑以下、皆言布、而各以絲麻所爲之物附其後、然不甚分明、如緦布乃在絲類、蓋後人倒亂之、布之質用麻、而諸字皆從糸、猶苔芑皆穀名而從艸、相似之物、古人不甚別其貴賤也）從糸。戠聲。（之弋切）

[糹式]　樂浪挈令。織從糸從式。（樂浪、漢幽州郡名也、挈即券契之契、詰計切、魏略、文帝詔曰、代郡黄布爲細、樂浪練爲精）

wěi 緯　tǒng 統
rèn 紝　zòng 綜　liǔ 綹　yùn 緷　huì 繢　jì 紀　qiǎng 繈　lèi 類　dài 紿

漢書溝洫志內史稻田租挈重其議減注租挈收田租之約令也張湯傳有廷尉挈令注在板挈也挈獄訟之要也後漢書應劭傳作廷尉板令史記又作絜令又有光祿挈令見燕王旦傳

紝　機縷也。韻會沁部引作絡縷也別引廣韻織縷增韻機縷疑絡字是特絡字下無此義耳今誦以篗收絲爲絡絡之者將以爲經也醫方言經絡意亦相似通俗文單展曰紝禮內則織紝組紃左成二年傳賂之以執斲執鍼織紝皆百人服注織紝治繒帛者　從糸壬聲。如甚切廣韻收之侵部如林切又收沁部汝鴆切

絍　紝或從任。

綜　機縷也。止部疌機下足所履者即所以抑揚此綜者也列女傳魯季敬姜傳推而往引而來者綜也眾經音義三晉綜理經也謂機縷紀領絲者也綜理也領理之也　謂機縷持絲交者也。依元應引補蓋庾注也機縷也一語本不了又與紝字說複蓋有捝文故庾氏補之持絲交者經不交則無以含緯以綜抑揚其經則絲交也　從糸宗聲。子宋切

綹　緯十縷爲綹。集韻絲十爲綸綸倍爲綹以絲計非以緯計即玉篇緯十絲曰綹綹固與縷不異矣然緯上下宛轉縈繞而成納入梭中一枚只一絲也豈十枚曰綹邪今蕬絲廝一束爲一綹緯一枚曰一穗　從糸咎聲。讀若柳。力九切

說文句讀　卷二十五　七百五十五、折四十三　三

緯　織橫絲也。木部杼機之持緯者也　從糸韋聲。云貴切

緷　緯也。雙聲語轉也字林緷大束也則爾雅百羽謂之緷之訓也　從糸軍聲。王問切本音運孫

繢　織餘也。御覽引作繢餘也案織之所餘今呼爲機頭若繢之所餘可以別繢若不可繢則是亂麻當名爲纑紼矣　從糸貴聲。胡對切

統　紀也。淮南泰族訓見繅字下　從糸充聲。他綜切

紀　絲別也。杙橑正義引作別絲也非也絲別也與𠂢水之衺流別也同意禮器紀散而衆亂注紀絲縷之數有紀說苑袁氏之婦絡而失其紀然則紀者端緒之謂也故方言曰紀緒也　從糸己聲。居擬切

繈　觕類也。說文無觕段氏改爲觕是也經典皆譌公羊莊十年傳觕者曰侵精者曰伐何注觕麤也呂氏春秋其器高以觕月令作粗漢書藝文志庶得麤觕廣韻繈絲有類類粗絲也　從糸強聲。居兩切

類　絲節也。通俗文多節曰纇老子夷道若纇范應元注纇絲節也左昭二十八年傳忿纇無期杜注纇戾也又十六年傳刑之頗類服虔讀類爲纇云不平也　從糸頪聲。盧對切

紿　絲勞即紿。勞增韻作縈似是與緣同義而不類聚殊可疑也即字亦

nà 納　fǎng 紡　jué 絕　jì 繼　xù 續
zuǎn 纘　shào 紹　chǎn 繟　tīng 䋼　zòng 縱　shū 紓

疑誤絲勞即紿許君無此語例　從糸台聲。徒亥切

納　絲溼納納也。劉向九歎衣納納而掩露王注納納濡溼皃老子夷道若纇王弼注纇納也　從糸內聲。奴荅切

紡　網絲也。網戴侗引作网又引蜀本作拗嚴氏曰拗字見班固傳說文無玉篇云紡絲也案網似借爲動字急就篇綦繡繩索絞紡纑注紡謂紡切麻絲之屬爲纑縷也　從糸方聲。妃兩切

絕　斷絲也。孟子絕長補短王制作斷長補短　從糸從刀從卩。情雪切

𢇍　古文絕象不連體絕二絲。篆當從二𢆶今作二丝誤絕二絲之絕亦似誤漢書路溫舒傳𢇍者不可復屬注𢇍古絕字

繼　續也。釋詁續繼也　從糸𢇍。韻會引作𢇍聲案以ㄥ從古文ㄥ推之此當云從古文𢇍裘從求聲麗從丽聲之例不可用如因在口部捆在手部則云因聲所以表其爲棻增字也若裘麗與𢇍則同部者也言非一端各有當也古詣切　一曰反𢇍爲繼。此篆捝而說存也當出古文𢇍而注之曰古文反𢇍爲𢇍莊子至樂篇得水則爲𢇍陳碧虛註引說文反𢇍爲𢇍陳氏乃北宋人也

續　連也。禮深衣續衽鉤邊注續猶屬也　從糸賣聲。似足切

賡　古文續從庚貝。釋詁賡續也郭注引書乃賡載歌詩大東西有長庚傳云庚續也庚通作更史記平準書悉巴蜀稅賦不足以更之韋昭曰更續也檀弓季子臬葬其妻犯人之禾申祥以告曰請庚之注云庚償也案庚之與更之同義鄭注云償者據事直解之也

說文句讀　卷二十五　七百五十五、○折四十五　四

纘　繼也。風雅中庸中纘字毛傳鄭注皆云繼也釋詁纂繼也　從糸贊聲。作管切

紹　繼也。釋詁文樂記紹繼也注舜樂名也韶之言紹也言舜能繼紹堯之德周禮曰大韶　從糸召聲。市沼切　一曰紹緊糾也。或曰舒夭紹兮之紹當依此解之舒者夏徵舒也

𦀚　以此形推之蓋本作卲召字平列之也小徐本作卲諸引同然糸古文作𢆶　古文紹從卲。卲當作卲玉篇作綤亦誤

繟　此糸作先蓋少　溫之邪說未盡改也　偏緩也。偏者一偏也偏緩者考工記所謂一方緩一方急也毛詩檀車幝幝傳云幝幝敝皃釋文幝韓詩作繟　從糸羨聲。昌善切

䋼　緩也。廣雅同　從糸盈聲。讀與聽同。他丁切

綎　䋼或從呈。

縱　緩也。一曰舍也。手部失縱也廣雅縱置也　從糸從聲。足用切

紓　緩也。詩采菽彼交匪紓傳云紓緩也

yū rán 紆 繎　xiān xìng 纖 緈　miáo xì 緢 細　cī 縒　fán 繙　suō 縮　jí wèn 級 紊

或借抒。左文六年傳。難必抒矣。服本作紓。從糸予聲。傷魚切。

繎　絲勞也。集韻。絲難理曰絲勞。廣韻。繎絲難理。急就篇丞栗絹紺縉紅繎。黃注。繎絲勞也。玉篇。繎絲縈也。似非。從糸然聲。如延切。

紆　詘也。或引作屈。以時行字改之也。案此義紆與縈同。廣雅。縈紆。索也。從糸于聲。億俱切。一曰縈也。謂紆亦謂之縈也。西都賦注引云。縈紆。猶回曲也。

緈　直也。似與婞同義。然不應廁此。廣韻云。絓緈。亦不可解。從糸幸聲。讀若陘。胡頂切。

纖　細也。方言。纖。小也。自關而西。秦晉之郊。梁益之閒。凡物小者或曰纖。繒帛之細者謂之纖。從糸韱聲。息廉切。

細　微也。從糸囟聲。穌計切。

緢　旄絲也。廣韻四宵引同。三十一巧。緢。旄也。又絲也。則分旄絲也為兩句。三十六效。緢。旄雜絲也。說文音苗。則又謂旄中雜以絲也。案周禮有旄人。是知旄其本物也。用為旄幢。則謂之旄。言其旄絲之細。則謂之緢。同是一物。故字音大同。從糸苗聲。武儦切。周書曰。惟緢有稽。呂刑文。今作貌。薛季宣古文訓作緢。此借義也。謂察獄析及秋毫也。

縒　參縒也。類篇引此而說之曰。謂絲亂皃。廣韻五支收之。音義與此同。又收之十九鐸。云。

倉各切。縒綜。亂也。案縒綜即錯綜也。玉篇則但有且各切一音。云參縒也。亦作錯。案此讀參為參伍之參。與十九鐸同。又案下文繙縮紊三字。皆言亂而不主於絲。似當依玉篇音。與竹部之篸差。木部之槮差。蓋不同也。從糸𢀩聲。楚宜切。

繙　冤也。小徐韻譜如此。冤之俗字作冕。因譌為冕。旐字巾部。帑。幡也。彼借幡為繙。此借冤為帑。二字疊韻轉注。又為連語。集韻類篇皆曰。繙紑。亂也。是也。紑又帑之別體。莊子。於是繙經以說老冊。注。繙帑。亂取之也。釋文引司馬彪曰。繙。煩冤也。從糸番聲。附袁切。

縮　亂也。釋詁。縱縮。亂也。郭注。縱放掣縮。皆亂法也。案以從糸推之。治絲同度。而其中有縱弛者。則其度長矣。有收縮者。則其度短矣。長短不齊。故亂。通俗文。物不申曰縮。然則亂乃引伸之義。許君特以其為雅訓而用之耳。從糸宿聲。所六切。一曰蹴也。謂縮一名蹴也。與縞下一曰蹴也同意。說見縐下。

紊　亂也。從糸文聲。亡運切。商書曰。有條而不紊。盤庚文。疏曰。紊是絲亂。

級　絲次弟也。弟一引作序。案當云絲之次弟也。弟部云。韋束之次弟也。豊部豑下云。爵之次弟也。此三句乃儷語。同一次弟。隨所施而異其詞耳。之者。分別之詞。貝部貤。重次弟物也。顏注漢書景帝紀引作物之重次弟

fù 縛

zǒng 總　jú 𦃇　yuē 約　liǎo 繚　chán 纏　rào 繞　zhěn 紾　xuàn 繯　biàn 辮　jié 結　gǔ 縎　dì 締　bēng 繃

也。亦可證。從糸及聲。居立切。

總　聚束也。謂聚而束之也。喪服傳。布總。注。總。束髮。顏注急就篇。總以絲縷為之。所以束髮也。案字從糸。則此為本義。禹貢之總。則無取于糸矣。廣雅。總。聚也。則不言束矣。詩百祿是總是也。從糸悤聲。作孔切。

𦃇　約也。廣雅。𦃇。連也。廣韻。𦃇靴。𦃇子。纏連者。從糸具聲。居玉切。

約　纏。句束也。玉篇。約。束也。纏也。下文三字皆是纏。故此亦曰纏。而小別於下三字者。則束也。故申之。詩斯干。約之閣閣。傳。約。束也。從糸勺聲。於略切。

繚　纏也。元應引云。繞也。纏也。謂相纏繞也。案纏繞只是一義。不得用兩也字。丩部云。相糾繚也。一曰瓜瓠結丩起。是知繚繞只是糾纏。不作結束。故約下特申之曰束。所以別同中之異也。從糸尞聲。盧鳥切。

纏　繞也。從糸廛聲。直連切。

繞　纏也。從糸堯聲。而沼切。

紾　轉也。考工記。老牛之角紾而昔。鄭司農云。紾讀為抮縳之抮。釋文。紾。許慎尚展反。又徒展反。與注抮縳之抮同。角絞縳之意。縳。徒轉反。手部不收抮。是許君不用仲師說。孟子。紾兄之臂。趙注。紾。戾也。通作軫。見弦部。從糸㐱聲。之忍切。

繯　落也。集韻引作絡也。段氏曰。古段落不作絡。謂包絡也。莊

子落馬首。漢書虎落。皆作落。馬融傳曰。繯橐四野之飛征。李引說文。繯。落也。又引國語。繯於山有牢。賈注。繯。還也。筠案。還當音患。集韻三十諫。還。胡慣切。繞也。通作繯環。又案木部棢。落也。與此相近。院落邨落。皆有所包絡也。從糸瞏聲。胡畎切。李賢又胡串反。

辮　交織也。後漢張衡傳注引如此。蒼頡篇。思元賦舊注。竝同。元應一引作交織之也。一引作交也。織也。一引作交辮也。通俗文。織繩曰辮。思元賦。辮貞亮以為鞶兮。鹵簿令。羊車小吏。竝辮髮。通作編。漢書終軍傳。解編髮。從糸辡聲。頻犬切。

結　締也。漢書五行志。帶有結。注。締結之結。從糸吉聲。古屑切。

縎　結也。楚詞九思。心結縎兮折摧。或作愲。漢書息夫躬傳。心結愲兮傷肝。從糸骨聲。古忽切。

締　結不解也。與下文紐字對文。秦始皇本紀。合從締交。老子。善結無繩約而不可解。從糸帝聲。特計切。

縛　束也。轉注。從糸尃聲。符钁切。

繃　束也。廣雅同。從糸崩聲。補盲切。墨子曰。禹葬會稽。桐棺三寸。葛以繃之。節葬篇文。凡三見。皆作緘。御覽引作繃。帝王世紀亦作繃。桂氏曰。緘即繃也。釋名。棺束曰緘。緘。函也。古者棺不釘也。喪大記。大夫以咸。注。咸讀

jié ⿰糸集
tiào 絩 wèi 緭 zēng 繒 zhōng 終 wán 紈 bì 縪 chēn 綝 jǐ 給 luò ⿰糸羸 pài ⿰糸𠂢 jiōng 絅 qiú 絿

爲緘。齊人謂棺束爲緘，說苑，昔堯之葬者，空木爲櫝，葛藟爲緘，字或作窾，廣韻，窾，束棺之下。絿　急也。從糸，求聲。巨鳩切。詩曰：不競不絿。商頌長發文，傳，絿，急也。嚴氏曰，引詩疑校者所改，絿，衣釋文，俅引說文作絿，蓋六朝舊本作詩曰載弁絿絿，箌案人部俅下已引詩戴弁俅俅矣，豈彼又校者增邪。絅　急引也。廣雅，絅，急也。從糸，冋聲。古熒切。⿰糸𠂢　散絲也。不作㪔者，隸通作散也。廣韻，⿰糸𠂢，未緝麻也，新居書禮儀志，始死，浴尸之儀，沐巾一，浴巾二，用絺若⿰糸𠂢。從糸，𠂢聲。匹卦切。⿰糸羸　不均也。集韻引，篆作⿰糸羸，從立部之羸，引此不均也，又云，一曰絲節也，與纇絲節也同意。⿰糸羸纇雙聲。從糸，羸聲。力臥切。給　相足也。左僖十三年傳，敢不供給。從糸，合聲。居立切。綝　止也。廣雅同，字從糸，則止也，蓋謂緘綿之訖止也，釋詁，綝，善也。從糸，林聲。讀若郴。丑林切。縪　止也。許君說畢以田罔爲正義，則月令以畢春氣，凡類此者皆當作縪矣，顧字從糸，則當以喪冠外畢爲正義，鄭注之鹿車縪，見縪篆下，義似未合。從糸，畢聲。卑吉切。紈　素也。別二名也，班倢伃詩

新裂齊紈素，夜語也。古詩，被服紈與素，則分爲二。顏注急就篇，紈即素之輭細者，地理志有冰紈，賈逵說左傳，肅霜云，色如霜紈。從糸，丸聲。胡官切。終　絿絲也。釋詁，求，終也，地官牛人，求牛注，求，終也，終事之牛，謂所以繹者也。案其義雖異，而可證求聲有終義也。從糸，冬聲。職戎切。𠔀　彝器銘皆作𠔀，此或傳訛，或別有此體。古文終。⿰糸集　合也。從糸從集，當作集聲。讀若捷。姊入切。繒　帛也。轉注。字林，繒，帛總名也。謂帛之總名曰繒也。蓋庾注也，元應引如此，慧苑引云，繒，謂帛之總名也。從糸，曾聲。疾陵切。繒　籀文繒，從宰省。揚雄以爲漢律，祠宗廟丹書告也。依韻會補也字。禮說丹圖者，丹繒也。緭　繒也。廣韻，緭，緭繒也。從糸，胃聲。云貴切。絩　綺絲之數也。算經，黃帝爲法，數有十等，謂億兆京垓秭壤溝澗正載，案兆蓋絩之省，絲數繁多，故謂之絩，非必果是十億也。漢律曰：綺絲數謂之絩，布謂之總。總者稯之借字，禾部云，布之八十縷爲稯，詩素絲五總，又借緵，詩陳風，越以緵邁，傳，緵，數。正義，緵謂麻縷每數一升而用繩紀之，故緵爲數，王肅云

shī 纚 gǎo 縞 liàn 練 tí 綈 jiān 縑 juàn 縳 hú 縠 qǐ 綺

緵數，績麻之縷也。緵組謂之首。司馬紹統輿服志，乘輿黃赤綬，五百首，諸侯王赤綬，三百首，相國綠綬，二百四十首，公侯將軍紫綬，百八十首，九卿中二千石青綬，百二十首，千石六百石黑綬，八十首，四百石三百石二百石黃綬，六十首，凡先合單紡爲一系，四系爲一扶，五扶爲一首，五首爲一文。從糸，兆聲。治小切。綺　文繒也。元應引有文曰綺，慧苑引帛有邪文曰綺也，釋名，綺，攲也，其文攲邪，不順經緯之縱橫也，有杯文，形似杯也，有長命，其綵色相間，皆橫終幅，此之謂也。有棊文，方文如棊也。從糸，奇聲。祛彼切。縠　細縳也。御覽引作細繒也，聲類，縳今作絹字，廣雅，縠，絹也，天官內司服注，素沙者，今之白縳也，今世有沙縠者，名出於此，衆經音義，縠似羅而疏，似紗而密者也。司馬相如傳有霧縠，三禮圖有綠縠。從糸，𣪊聲。胡谷切。縳　白鮮色也。桂氏曰，色當爲支，廣雅，鮮支，絹也，衆經音義引纂文云，白鮮支，絹也，箌謂當作鮮卮，史記貨殖傳千畝之卮茜，索隱，卮音支，鮮支也，卮色以形近而誤，縞下放此。從糸，專聲。本居掾反，孫持沇切。縑　并絲繒也。今之雙絲繭，蓋即其類，釋名，縑，兼也，其絲細緻，數兼於布絹也，顏師古曰，縑即今之絹也。從糸，兼聲。兼意。古甜切。綈

厚繒也。釋名，綈，似蝷蟲之色，綠而澤也。顏注急就篇，綈，厚繒之滑澤者也，重三斤五兩，今謂之平細。案御覽引有赤黃色也四字。賈誼傳謂文帝自衣皁綈，鹽鐵論有素綈，鄭中記有青綈白綈緋綈黃綈綠綈紫綈，雖不盡是漢事，然足徵綈不但赤黃色也。從糸，弟聲。杜兮切。練　湅繒也。已湅之繒謂之練，因而借練爲湅，麻部䊵，未練治纑也，是也。釋名，練，爛也，煮使委爛也。考工記，㡛氏湅帛，書暴諸日，夜宿諸井，是謂水湅。天官染人，春暴練。從糸，柬聲。郎甸切。縞　鮮色也。桂氏曰，色當爲支，地理志，司馬相如傳，顏注並云，縞，鮮支也，今之所謂素者，廣雅，素，總，鮮支，縠，絹也，小爾雅廣服，繒之精者曰縞。從糸，高聲。古老切。纚　粗緒也。字不與緒類列，不能謂爲緒之粗者，且自綺至緵十二字皆繒帛之名，故段氏疑粗緒爲繒名，然又無所出，綱目集覽引說文，纚，粗絲經緯不同者，然王幼學元人也，今宋版皆作粗緒也，玉篇作纚從小篆璽云，粗細經緯不同者，與王氏所引只差絲作細耳，或是說文原文，謂或粗經細緯，或細經粗緯，則名爲纚邪，則是捝去經緯不同者五字，而又譌細爲緒也。又案廣韻曰，纚，繒似布，又疑粗緒或粗繒之譌，字或作纚，顏注急就篇，絁即今之生紬也，字又作絁，史記索隱，絁，今之絁也，韻會引粗緒也下有一曰繒屬四

qī 緀　huì 繪　xuàn 絢　xiù 繡　màn 縵　líng 綾　qǐ 綮　chóu 紬

字案絁既是綈、綈卽絡也、今區別之、將無粗紬是別一物邪、又疑韻會或引他書、姑記於此、從糸璽聲。式支切、

紬 大絲繒也。任氏大椿曰、唐六典織染署、凡織紝之作有十、一曰布、二曰絹、三曰絁、四曰紗、五曰綾、六曰羅、七曰錦、八曰綺、九曰繝、十曰褐、紬線之作有四、一曰紬、二曰線、三曰弦、四曰綱、別紬于織紝之作、而紬與線爲類、考急就篇注、抽引蠶繭緒紡而織之曰紬、紬既先紡而後織、則質近于線、今時有線紬、或其遺制焉、從糸由聲。直由切、

綮 緻繒也。小徐韻譜如此、玉篇同、然說文無緻篆、素部說中有之、緻繒名綮、亦未之前聞、二徐本皆作㩻、則當與縫紩組繕爲伍、不應在此、意者是刺繡衣料邪、然亦未之前聞、姑記俟考、一曰徵幟信也。有齒。此謂棨與棨通也、木部棨傳信也、韻會棨形如戟、有𢆶書之吏執爲信幟、當作識、小徐韻譜徽下云識也、刻之故有齒、漢書文帝紀注、棨者刻木爲合符也、從糸。啓省聲。依韻會引改補、康禮切、

綾 東齊謂布帛之細者曰綾。依韻會引補方言文、從糸夌聲。力膺切、

縵 繒帛無文者也。依元應引補、春秋繁露、庶人衣縵、春官巾車、孤乘夏縵、疏、縵者亦如縵帛無文章、從糸曼聲。莫半切、漢律

曰。賜衣者縵表白裏。

繡 五采備也。考工記、五采備謂之繡、而系之畫繢之事、故初學記引而區別之曰、此言刺繡、衣所用也、而言衣亦誤、詩曰黼衣繡裳是也、然大舜曰黼黻希繡、而此言黼衣、晏子春秋亦曰公衣黼黻之衣、素繡之裳、蓋相去千數百年、不必盡如古所云也、從糸肅聲。息救切、

絢 文成曰絢。○此字林說也、或本之說文、故取以補其闕、鄭君注禮曰、采成文曰絢、注論語曰、文成章曰絢、詩云。素以爲絢兮。此說解既捝、校者逐之此也、通例皆在厶聲之下、詩見論語八佾篇、此卽自論語轉引也、馬注、絢、文貌也、從糸。句聲。許掾切、九經字樣、絢絢下云、上說文、從筍聲、

繪 五采曰繪、繪畫也。元應引如此、與尚書合、與羣書皆合、說詳釋例、韻會引一曰畫也、於上文績字下、蓋誤、周禮禮記借績爲繪、虞書曰。山龍華蟲作繪。古皋陶謨文、今作會、省形存聲字也、釋文云、馬鄭作繪、鄭注、繪、畫也、論語曰。繪事後素。鄭注、繪、畫文也、凡繪畫先布衆色、然後以素分布其間、以成其文、從糸。會聲。黃外切、

緀 白文皃。白、廣韻類篇增韻韻會並作帛、詩曰。緀兮斐兮。成是貝錦。小雅巷伯文、今作萋、傳、萋斐文

mǐ 絲米　juàn 絹　lǜ 綠　piǎo 縹　yù 䋖　zhū 絑　xūn 纁　chù 絀　jiàng 絳　wǎn 綰　jìn 縉　qiàn 綪

章相錯也。從糸妻聲。七稽切、

絲米 繡文如聚細米也。此云繡、與尚書合、而玉篇曰絲畫文若聚米、黹部黺、畫粉也、皆非也、鄭注尚書大傳、引書藻火黺絲、從糸從米。米亦聲。今尚書省作米、莫禮切、

絹 繒如麥稍。麥既熟、其稍色黃而明、絹自有此色、不待染而成也、玉篇、絹、生繒也、從糸肙聲。不云稍省聲者、爲其穿鑿也、吉掾切、

綠 帛青黃色也。綠衣毛傳曰、綠、間色、玉藻正義曰、五方間色、綠紅碧紫騮黃是也、木青剋土黃、東方間色爲綠、綠色青黃也、火赤剋金白、南方間色爲紅、紅色赤白也、金白剋木青、西方間色碧、碧色白青也、水黑剋火赤、北方間色紫、紫色黑赤也、土黃剋水黑、中央間色騮黃、騮黃色黃黑也、從糸。录聲。力玉切、

縹 帛青白色也。釋名、縹猶漂、漂淺青色也、有碧縹、有天縹、有骨縹、各以其色所象言之也、從糸。𤐫聲。敷沼切、

䋖 帛青經縹緯。玉篇、䋖、青經白緯也、一曰育陽染也。經典言字之所以從育也、然水部作淯、邑部鄖、南陽淯陽鄉、從糸育聲。余六切、

絑 純赤也。經典但作朱、詩七月、我朱孔陽、鄭注周易、朱深曰赤、虞書丹朱如此。亦部㬉下亦作丹朱、薛季宣書古文訓作丹絑、

從糸。朱聲。章俱切、

纁 淺絳也。釋器、三染謂之纁、李巡云、三染其色已成爲絳、鄭注周易、黃而兼赤爲纁、從糸。熏聲。許云切、

絀 絳也。依集韻引改、玉篇、絀、紩也、廣韻、絀、縫也、史記趙世家、卻冠秫絀、徐廣曰、戰國策作秫縫、亦縫紩之別名、此蓋言其女工箴縷之粗拙也、桂氏曰、秫卽鉥、謂鍼也、說又見金部鉥下、從糸。出聲。丑律切、桂氏曰、絀字不當次于此、因縫譌爲絳、後人移就纁絳二文之閒、

絳 大赤也。吳都賦、綸組紫絳、劉注、絳、絳草也、出臨賀郡、可以染、從糸。夅聲。古巷切、

綰 惡也絳也。依段氏刪也字、或卽今之木紅也、從糸。官聲。烏版切、一曰絹也。絹者羂之借字、然似後人所改、玉篇曰、羂也、网部羂、一曰綰也、讀若雞卵。

縉 帛赤色也。後漢蔡邕傳注、引作赤白色也、蓋是玉篇、縉、帛赤白、廣韻、縉、淺絳色、顏注急就篇、縉、淺赤色也、春秋傳曰。縉雲氏。正義引字書、縉、赤繒也、曰當作有、見文十八年、禮有縉緣。禮有縓緣而無縉緣、集韻韻會皆不引此句、豈刪之邪、抑本係衍文邪、從糸。晉聲。卽刃切、

綪 赤繒也。以茜染。故謂之綪。精茜同音、左定四年傳、分康叔以綪茷、注、綪茷、大赤、取染

shān 纔　zī 緇　zǎo 繰　qí 綥　gàn 紺　cōng 繱　hóng 紅　zǐ 紫　quàn 縓　tǐ 緹

草名也。樂記其精有裰、注、精讀如蒨旆之蒨、蒨染赤色者也。孔疏引精茷以解之、從糸青聲。倉絢切、

緹 帛丹黃色也。字林同。諸引同。元應屢引一作謂帛赤黃色也。顏注急就篇緹黃赤色也。周禮草人赤緹用羊、注、赤緹縓色也。從糸是聲。他禮切、

紙 緹或從氏。失著從衣、

縓 帛赤黃色。釋器釋文引作帛黃赤色。廣雅縓謂之紅。喪服記縓緣注、縓淺絳也。一染謂之縓。再染謂之經。三染謂之纁。釋器文。經今作赬。考工記注引再染謂之竀。從糸原聲。七絹切。

紫 帛青赤色。顏注急就篇同。段氏曰、青當作黑、似是、然紺下之深青亦謂黑為青、與今俗語同。從糸此聲。將此切、

紅 帛赤白色。易書詩周禮儀禮皆無紅字、惟春秋有昭八年蒐于紅、論語有紅紫、蓋古謂之絳、周末謂之紅、工夅二音相近。故漢外戚恩澤侯表有紅侯、小顏疑為絳侯、從糸工聲。戶公切

繱 帛青白色。小徐韻譜有白字、玉篇同。從糸蔥聲。釋器青謂之蔥。倉紅切藉田賦注引說文音蔥。

紺 帛深青而揚赤色也。依選注引補。深、元應一引作染、非也。揚者發揚也。赤浮于青之

上也。淮南修務訓抑黑質揚赤文、從糸甘聲。古暗切、

綥 段氏改作綥、是也。帛蒼艾色。毛傳同。六書故引作艾蒼色。經典皆作綦。書顧命綦弁、疏引鄭康成云、青黑曰綦。從糸畀聲。渠之切。詩云。縞衣綥巾。鄭風出其東門文、今作綦。未嫁女所服。詩毛傳云、綦巾、蒼艾色、女服也、一曰。不借綥。廣雅、不借、履也。其紟謂之綦。王氏疏證曰、釋名云、不借、齊人云搏腊、搏腊猶把鮓、麤貌也、案此說是搏腊疊韻字、轉之則為不借、非不假借於人之謂也、士喪禮夏葛屨、冬白屨、皆繶緇約純、組綦繫於踵、注、綦、屨係也、所以拘止屨也、又作薄借、周禮弁師注、璂讀如薄借綦之綦、

繰 帛如紺色。廣韻、紺色曰繰、廣雅、繰、青也、或曰深繒。深似染之譌、又似衍文、又似有挩文、廣雅、繰謂之纅、從糸喿聲。親小切、讀若喿。

緇 帛黑色也。小徐韻譜作黑紺色、增韻引同。廣雅、緇謂之皁、釋名、緇、滓也、泥之黑者曰滓、此色然也、論語、涅而不緇、史記屈賈傳作泥而不滓、考工記鍾氏染羽、七入為緇、從糸甾聲。側持切、

纔 帛雀頭色。士冠禮爵弁服、注、爵弁者冕之次、其色赤而微黑、如爵頭然、或謂之緅、春官巾車漆車雀飾、注、雀黑多赤少之色韋也、疏、雀即緅也、考工記鍾氏染

xū 繻　tān 緂　fóu 紑　lì 綟　tǎn 䋦

羽、三入為纁、五入為緅、注、染纁者三入而成、又再染以黑則為緅、緅、今禮俗文作爵、言如爵頭色也、桂氏曰、纔緅聲相近、猶禫服作導服、一曰。微黑色如紺。纔淺也。纔之訓淺、猶竊之訓淺也、皆雙聲字、桂氏曰、言淺於紺也、引伸之則甫爾為纔、漢書鼂錯傳、遠縣纔至、顏注、纔淺也、猶言僅至也、讀若讒。從糸毚聲。依通例當乙轉、士咸切、

䋦 帛騅色也。韻會引作騅、非也、⿱艹剡下一曰騅、大徐亦譌作雖、釋言、菼、騅也、注、詩曰、毳衣如菼、菼草色如騅、在青白之閒、釋文、如騅馬色也、從糸剡聲。土敢切、詩曰。毳衣如䋦。王風大車文、今作菼、傳云、菼、騅也、蘆之初生者、箋、菼、薍也、毳衣之屬、衣繢而裳繡、皆有五色焉、其青者如騅、疏引鄭荅張逸曰、騅、鳥青、非草名、薍亦青、故其青者如騅、筠案、傳箋騅字竝當作隹、詩釋文、騅、本或作萑、音隹、亦非也、釋鳥、隹其、鴂鴀、釋文、隹、如字、旁或加鳥、非也、而疏引舍人說、即譌作騅、說文鳥部騅、小徐韻譜作鵻、玉篇同、本與隹無涉、後人寫毛傳者、見蘆之初生、即加艸作萑、此釋文所引之本也、又見鄭志、即又改為騅矣、竝改箋之隹為騅矣、不知釋言云菼騅也者、騅馬之色如隹、故從隹、此以鳥況馬也、爾雅則轉以馬況草也、菼騅也之下、即繼之曰菼薍也者、恐人疑騅也之詞、別二名以指實之也、毛公說詩、祇當云菼、隹也、直以鳥

況之、故申之曰蘆之初生者、猶釋言申之以薍也、艸部⿱艹剡下云萑之初生、知詩釋文之萑、不為萑之譌者、⿱艹剡下又曰、一曰騅、以此知之、又案引詩當作如⿱艹剡、此以⿱艹剡䋦同從剡聲證其色之同耳、若作如䋦、則是繡文之色如帛之色、似乎不詞、

綟 帛戾艸染色。戾當為䓞、艸部、䓞、可以染留黃、韻會引作艾、亦譌、不得藉口晉灼似艾之說、玉篇、綟、綠也、後漢輿服志注、徐廣曰、金印綟綬、綟音戾、草名也、以染似綠、漢百官公卿表、諸侯王金璽盭綬、如淳曰、盭音戾、綠盭也、以綠為質、晉灼曰、盭、草名也、似艾、可染綠、因以為綬名、從糸戾聲。郎計切、

紑 白鮮衣皃。白當依毛傳作絜、玉篇曰、鮮潔、廣韻曰、鮮、皆不言白也、從糸不聲。匹丘切、詩曰。素衣其紑。周頌絲衣文、傳、絲衣、祭服也、紑、絜鮮皃、段氏曰、素恐譌字、此謂士爵弁元衣纁裳、非白衣也、筠案、此說是、通典引劉向五經通義、詩曰絲衣其紑、會弁俅俅、

緂 白鮮衣皃。白字亦似譌、從糸炎聲。充三切、謂衣采色鮮也。此蓋庾注之存者、言采色、則非白明矣、玉篇亦祇此義、

繻 繒采色。玉篇、繻、綵也、廣雅、繻、色也、左傳有紀裂繻、字子帛、從糸需聲。相俞切、讀若易繻有衣。此譌挩之文、既濟六四、繻有衣

rù 縟 xǐ 纚 hóng 紘 dǎn 紞 yīng 纓 yǎng 紻 ruí 緌 gǔn 緄 shēn 紳

緻下文絮引易需有衣絮此當依之不嫌與需聲複者此需讀若繻故今本依聲改爲繻鄭注考工記引作繻有衣絮亦可見

縟 繁采飾也。西京賦采飾纖縟許君即述其語也其注引說文縟繁采飾也繁當作緐從系辱聲。而蜀切

纚 冠織也。段氏曰冠織者爲冠而設之織成也凡緇布不須翦裁而成者謂之織成顏注漢書江充傳纚織絲爲之即今方目紗是也士冠禮纚廣終幅長六尺注纚今之幘梁也終充也纚一幅長六尺足以韜髮而結之矣內則作縰注云韜髮者也從系麗聲。所綺切謂以縚帛韜髮。蓋庾注也集韻韻會類篇引之

紘 冠卷維也。李善注歐陽建詩引作維也玉篇紘冠卷維也緌纓二篆下皆言維與此同意皆維持之謂也玉藻縞冠元武注武冠卷也古者冠與卷殊釋文卷起權反詩葛覃傳云公侯夫人紘綖釋文紘纓之無緌也從下仰屬於冠士冠禮贊者卒紘注紘謂繫屬之夏官弁師玉笄朱紘注以朱組爲紘也紘一條屬兩端於武雜記管仲朱紘注冠有笄者爲紘紘在纓處兩端上屬下不結從系厷聲。戶萌切

紭 紘或從宏。

紞、冕冠塞耳者。言所以懸塞耳也塞耳即充耳大戴禮黈纊塞耳是也魯語王后親織元紞注紞所以縣瑱當耳者詩葛覃釋文紞織五采如縚狀用懸瑱也齊風充耳以素乎而充耳以青乎而充耳以黃乎而箋素青黃謂所以懸瑱者或名爲紞織之人君五色臣則三色而已從系冘聲。都感切

纓 冠系也。後漢書楊彪傳注引作冠索也史記衛世家正義纓冠緌也段氏曰以二組系於冠卷結頤下是曰纓與紘自下而上系于笄者不同冠用纓冕弁用紘玉藻元冠朱組纓天子之冠也緇布冠繢緌諸侯之冠也元冠丹組纓諸侯之齊冠也元冠綦組纓士之齊冠也從系嬰聲。於盈切

紻 纓卷也。革部鞅頸靼也紻亦在頸故同從央聲卷起權反環繞於頸故曰纓卷類篇纓謂之紻案纓央雙聲從系央聲。於兩切

緌 系冠纓也。小徐韻譜系作繼玉篇系繼也此言冠纓既結繼乎結之下者謂之緌也詩南山冠緌雙止內則冠緌纓注緌者纓之飾也正義結纓頷下以固冠結之餘者散而下垂謂之緌玉藻有事然後緌檀弓喪冠不緌從系委聲。儒佳切

緄 織成帶也。依七啓注引補玉篇緘下云織緘也緘雖俗字足徵織成是名目也東觀漢記鄭遵破匈奴上賜金剛鮮緄帶一具然詩小戎竹閉緄縢傳緄繩也此乃古義不知許君何以不用從系昆聲。古本切

紳 大帶也。玉藻紳長制士

shòu 綬 chǎn 繟 zǔ 組 guā 緺 nì 縌 zuǎn 纂 niǔ 紐 guān 綸 tīng 綎

三尺有司二尺有五寸子游曰參分帶下紳居二焉從系申聲。失人切

繟 帶緩也。廣韻繟寬綽通作嘽樂記其樂心感者其聲嘽以緩從系單聲。昌善切

綬 韍。句言秦漢時綬亦謂之韍維也。通解綬韍二字言所以維持其印也韍之俗字作紱字林紱紱也蒼頡篇紱綬也急就篇綸組縌綬以高遷顏注綬者受也所以承受環印也亦謂之璲漢書陳遵傳羞汙印韍顏注此韍謂印之組也釋器璲瑞也郭注詩曰鞙鞙佩璲璲者玉瑞又曰縌綬也注即佩玉之組所以連繫瑞玉者因通謂之縌後漢輿服志古者君臣佩玉尊卑有度上有韍貴賤有殊佩所以章德服之衷也韍所以執事禮之共也三代同之五伯迭興戰兵不息佩非戰器韍非兵旗於是解去韍佩留其係璲以爲章表故詩曰鞙鞙佩璲此之謂也韍佩既廢秦乃以采組連結於璲光明章表轉相結受故謂之綬漢承不改從系受聲。殖酉切

組 綬屬。士冠禮緇組紘注有笄者屈組爲紘垂爲飾無笄者纓而結其條玉藻天子佩白玉而元組綬公侯佩山元玉而朱組綬大夫佩水蒼玉而純組綬世子佩瑜玉而綦組綬士佩瓀玟而縕組綬組綦小者。以爲冠纓焉。依李注薦禰衡表及輿服志注引改補禮記元冠綦組纓士之齊冠也從系且聲。則古切

緺 綬紫青色也。依後漢西域傳注補何承天云緺音媧青紫色綬漢舊儀承相列侯將軍金印紫緺綬從系咼聲。古蛙切

縌 綬維也。顏注急就篇縌者綬之系也言其迎逆綬也董巴輿服志自青綬以上縌皆長三尺二寸與綬同采而首半之綬者古佩璲也佩綬相迎受故曰縌自黑綬以下縌皆長三尺與綬同采而首半之從系逆聲。宜戟切

纂 似組而赤。漢書景帝紀注引作赤組也齊語縷纂以爲奉韋注纂織文也從系算聲。作管切

紐 系也。玉藻弁紐約用組正義紐謂帶之交結之處以屬其紐約者謂以物穿紐約結其帶一曰結而可解。對結不解而言顏注急就篇凡結之可解者曰紐從系丑聲。本女九切

綸 糾青絲綬也。西都賦注御覽引皆有糾字後漢仲長統傳注王符傳注引皆無急就篇注亦有郭注釋草曰綸今有秩嗇夫所帶糾青絲綸續漢書輿服志百石青紺綸一采宛轉繆織長丈二尺桂氏曰繆織即糾也從系侖聲。古還切詩采綠言綸之繩釋文音倫案亦取糾義亦當音鰥

綎 系綬也。桂氏曰後漢書蔡邕傳端委搢綎注綎系綬也或作鞓集韻鞓系綬也又作裎方言佩紟謂之裎注所以系玉佩帶

zūn 縛　bǎo 緥　qiāo 繑　kù 絝　pú 纀　yuàn 緣　jīn 紟　bó 㬥　suì 繐　huán 絙

也。廣雅疏證曰、古者佩玉、有綬以上系於衡、衡上復有綬以系於革帶。段氏曰、系當作綠。廣韻曰、綠綬帶綎。玉篇曰、綠綎綬也。從糸廷聲。他丁切。

絙　綬也。張次立本如此。玉篇、絙、絙綬也。從糸亘聲。胡官切。

繐　細疏布也。喪服繐衰者何、以小功之繐也。注、凡布細而疏者謂之繐、今南陽有鄧繐。檀弓、繐衰繐裳、非古也。注、非時尚輕涼、慢禮。從糸惠聲。釋名、繐、惠也。齊人謂涼爲惠、言服之輕細涼惠也。私銳切。案下文緝款以下、乃言布、繐不應跳出在此。嚴氏曰、細疏布也、當作蜀細布也。以繒爲重文。衆經音義引、繐、蜀白細布也。御覽引、繐、蜀布也。皆與繒之說解相當、明是繒卽繐字。王篇廣韻竝以繒爲繐之重文。

㬥　頸連也。段氏曰、頸當依王篇作領。玉篇又云、亦作䙡。詩唐風毛傳、䙡、領也。此云領連也者、蓋後漢呼領曰領連。從糸暴省聲。補各切。

紟　衣系也。方言見綎下。少儀、甲不組縢。注、組縢以組飾之及紟帶也。玉篇、紟與紷同、結帶也。釋名、紟、亦禁也、禁使不得解散也。釋器、衿謂之袸。注、衣小帶。又云、佩衿謂之褑。注、佩玉之帶上屬。從糸今聲。居音切。

絵　籀文紟從金。玉篇籀文作絵。

緣　衣純也。釋器、緣謂之純。注、衣緣飾也。釋文、純、之閏反、又章允反。士冠禮、服纁裳純衣。注、純衣、絲衣也。深衣、純袂緣純邊、廣各寸半。既夕禮注、飾裳在幅曰綼、在下曰緆。從糸彖聲。以絹切。

纀　裳削幅謂之纀。釋器文。郭注、削殺其幅、深衣之裳也。鄭注深衣云、裳六幅、幅分之以爲上下之殺。又注玉藻云、衽謂裳幅所交裂也。凡衽者或殺而下、或殺而上、是以小要取名焉。衽屬衣則垂而放之、裳則縫之以合前後、上下相變。從糸僕聲。博木切。

絝　脛衣也。又曰襗、曰褰、絝上曰袑、絝踦曰襱、皆見衣部。又曰幝、曰幒、見巾部。史記趙世家、趙朔夫人置兒絝中。漢書外戚傳、雖宮人使令皆爲窮絝、多其帶。顏注、絝古袴字、窮絝卽今之緄襠袴也。從糸夸聲。苦故切。

繑　絝紐也。從糸喬聲。牽搖切。

緥　小兒衣也。列子釋文引博物志、緥、織縷爲之、廣八寸、長尺二、以約小兒於背上。互見衣部褓下。從糸保聲。漢書司馬相如傳作緥保。博抱切。俗作褓。

縛　薉貉中女子無絝、以帛爲脛空、用絮補核、名曰繜衣、狀如襜褕。廣韻、濊貉、夫餘國名。急就篇、襌衣蔽膝布母繜。顏注、布母繜者、薉貉女子以布爲脛空、用絮補核、狀如襜褕、薉貉者、東北之夷也。說者或云母繜布名、非也。王注、江東謂鶬鶬爲布母、布母繜小衣也、猶犢鼻。從糸尊聲。子昆切。

bō 紴　tāo 絛　yuè 絨　zōng 縱　xún 紃　chóng 緟　rǎng 纕　zuī 纗　gāng 綱

紴　條屬。段氏曰、急就篇絨緞紃三字相聯、必三者爲一類也、緞蓋被之譌。從糸皮聲。博禾切。讀若被、或讀若水波之波。王篇、紴、水波錦文。

絛　扁緒也。亦作編緒、偏諸。廣雅、編緒、緣也。漢書賈誼傳、爲之繡衣絲履偏諸緣。服虔曰、偏諸如牙條、以作履緣。傳又云、白縠之衣、薄紈之裏、緁以偏諸。晉灼曰、以偏諸緁著衣。王基曰、色不雜不成爲縧。從糸攸聲。土刀切。

絨　采彰也。采彰蓋如扁緒、乃絨之別名也、所以冬爲采彰者。虞書、以五采彰施于五色。鄭注、性曰采、施曰色。未用謂之采、已用謂之色。字又借越。鹽鐵論、紈裏紃下、越端縱緣。案縱蓋卽縱。一曰車馬飾。顏注急就篇同。其注漢書曰、偏諸若今之織成、以爲要襻及褾領者也。古謂之車馬裘、其上爲乘車及騎從之象。案車馬飾蓋一名車馬裘。從糸戉聲。王伐切。

縱　絨屬。顏注急就篇、總、一曰絨屬也、所以縱飾衣裳也。字或作縱。音義皆同。案顏氏此說、殆以詩素絲五總、毛傳未愜、欲以此說易之乎。從糸從、從省聲。足容切。

紃　圜采也。字林、紃、圜縧縧也。顏注急就篇、紃、縧履之圓條也。雜記、紃以五采。注、紃施諸縫中、若今時條也。士冠禮、青絇繶純。注、繶、縫中紃也。從糸川聲。詳遵切。

緟　增益也。增下云、益也。然緟者重之分別文、增者曾之分別文。特經典緟仍作重、增不作曾耳。緟增義同而音無干、故增益祇是複語、不分兩句。從糸重聲。直容切。

纕　援臂也。援臂乃纕之別名、亦曰攘臂。下文、絭、攘臂繩也。孟子、馮婦攘臂下車、是也。玉篇、纕、繩也、收衣袖絭。案此皆正解。至於王制、贏股肱。鄭注謂捋衣出其臂脛、則別是一事、與纕無涉。乃廣韻曰、揎袂出臂曰攘、誤解馮婦攘臂矣。說詳釋例。從糸襄聲。汝羊切。

纗　維綱中繩。釋例已有說、今別爲說。㝎維字句絕、謂其通用也。纗維之用本同。又云或讀若維、則聲亦同。巂佳二聲不同部、今人所分、不得以之拘古人。綱中繩者、縛綱之中之小繩也。歷歷束之、爲數至多、所以合綱與押于網者、特此纗也。每押用兩纗、若百押則須二百纗矣。本注綱但指網、不兼矦綱、矦綱不用纗也。知爲小繩者、李注思元賦引云、繫幃曰纗、幃一名縭。爾雅、婦人之幃謂之縭、今之香囊、在男曰幃、在女曰縭。然則纗者卽系囊之繩也。說文曰、纗、綱中繩。案纗以系香囊、則其小可知。又李善但引綱中繩、則維自爲句、非本無維字也。從糸巂聲。讀若畫、或讀若維。戶圭切。廣韻胡卦切。

綱　維紘繩也。詩棫樸正義引作網紘也。

shàn 繕 zhàn 組 ruǎn 緛 zhì 紩 qiè 緁 féng 縫 xué 紌 xiàn 綫 lǚ 縷 qīn 綅 yún 縜

按之物情。皆合。今爲兩說焉。維紘繩也者。謂綱之底綱也。綱者其名。繩者其質。紘。冠卷維也。紘繞項下。其形圓。网之下口亦正圓。故曰之爲紘也。綱帀于网口。故曰維紘繩。网紘也者。謂网之上綱也。紘止一條。綱亦一條。故以名之。書盤庚。若網在綱。有條而不紊。謂上綱也。手所提也。棫樸箋云。張之爲綱。謂底綱也。若上綱則不能張也。從糸。岡聲。古郎切。

㭃 古文綱。顧氏改作㭃。是也。從木從古文糸。此則底綱也。大綱以木爲椑。兩端有渠。以攜縛網于綱。則合三爲一。

縜 持綱紐也。此謂矦綱。若網綱則無所用縜矣。考工記梓人。上綱與下綱出舌尋。縜寸焉。注。綱所以繫矦于植者也。鄭司農云。連矦繩也。案二說相須乃備。矦以布爲之。其邊卽包綱在內。故經曰出。先鄭曰連也。出外之尋。繫之於植。而矦張矣。先鄭又曰。縜。籠綱者。縜讀爲竹中皮之縜。案縜蓋作成之紐。套於植上。綱穿紐中而結之。大射儀。中離維綱。注。矦有上下綱。其邪制躬舌之角者爲維。或曰。維當爲絹。絹綱耳。釋文。劉矦犬反。又于貧反。夫于貧乃縜之音。是鄭注傳寫譌也。從糸。員聲。爲贇切。周禮曰。縜寸。徐鉉曰。縜長寸也。

綅 縫綫也。小徐韻譜如此。玉篇同。廣韻二十一侵。綅。縫綫。閟宮釋文正義引皆無縫字。非。謂之縫綫者。綫縷綫紩相連。皆可以縫衣之綫也。故以縫篆承之。下文纑布縷也。乃單縷。可織不可縫。故遠隔在後。非以絲麻別之也。從糸。侵省聲。子林切。詩曰。貝冑朱綅。魯頌閟宮文。傳云。朱綅。以朱綅綴之。

縷 綫也。從糸。婁聲。力主切。

綫 縷也。考工記鮑人。察其線。欲其藏也。注。故書線或作綜。杜子春云。綜當爲糸旁泉。讀爲絤。謂縫革之縷。案隸書泉似宗。從糸。戔聲。私箭切。

線 古文綫。

紌 縷一枚也。從糸。穴聲。乎決切。

縫 以鍼紩衣也。天官縫人。掌王宮之縫線之事。從糸。逢聲。符容切。

緁 緶衣也。漢書賈誼傳注。晉灼曰。以偏諸緁著衣也。從糸。疌聲。七接切。

䌖 緁或從習。

紩 縫也。元應引如此。玉篇同。顏注急就篇。納刺謂之紩。從糸。失聲。直質切。

緛 衣戚也。集韻引戚作縬。徐鍇韻譜作縬。玉篇作蹙。鄭注鄉飲酒禮。古文縮作蹙。詩鄭風箋曰。縐絺絺之蹙蹙者。案本字在此不次。而玉篇亦在此。從糸。耎聲。而沇切。

組 補縫也。崔寔政論。補組缺壞。古豔歌行。故衣誰當補。新衣誰當綻。賴得賢主人。覽取爲我組。從糸。旦聲。丈莧切。

繕 補也。廣推

biē 𥿍 huī 徽 shān 縿 yī 繄 gōu 緱 lí 縭 léi 纍 xiè 絬

同。珠叢。凡治故造新。皆謂之繕也。從糸。善聲。詩叔于田序。繕甲治兵。箋。繕之言善也。時戰切。

絬 玉篇。絬。堅也。廣韻。絬。堅絬。論語曰。絬衣長。短右袂。鄉黨文。今作褻裘長。孔注。私家褻裘長。主溫。段氏曰。許偁之者。說假借也。筠案當在舌聲之下。從衣。舌聲。私列切。

纍 綴得理也。叕部。綴。合箸也。合箸得其理。則有條不紊。樂記。纍纍乎端如貫珠。一曰。大索也。漢書李廣傳。以劍斫絕纍。顏注。纍。索也。通作羸。易大壯。羸其角。釋文。馬云。大索也。鄭虞作纍。省作累。孟子。係累其子弟。俗加糸作縲。論語。雖在縲絏之中。孔安國曰。縲。黑索也。從糸。畾聲。力追切。

縭 以絲介履也。釋言。縭。介也。釋文。介音界。李孫顧舍人本竝云。縭。羅也。介別也。案集韻。褵或作縭。非此所施。褵當作縭。縭羅雙聲。言羅絡之也。介別疊韻。言界畫之也。桂氏曰。此縭與釋器釋水之縭不同。郭氏竝訓爲繫。失之。天官屨人。爲屨有絇有繶有純者飾也。又云。赤繶黃繶。注。以赤黃之絲爲下緣。從糸。离聲。力知切。

緱 刀劒緱也。廣韻。緱。刀劍頭纏絲爲緱。史記孟嘗君傳。馮先生甚貧。猶有一劍耳。又蒯緱。從糸。矦聲。古矦切。

繄 戟衣也。桂氏曰。古今注。所謂油帛而韜之。從糸。殹聲。烏雞切。一曰。赤黑色繒。玉篇云。青黑繒。春官巾車。安車彫面鷖總。注。鷖或作繄。鄭司農云。鷖讀爲鳧鷖之鷖。鷖總者。青黑色。以繒爲之。

縿 旌旗之游也。漢書司馬相如傳。垂旬始以爲幓兮。張揖曰。幓。旒也。案幓卽縿。旒卽游。後漢書輿服志注引此賦。竝引注曰。葆下旒也。皆與許說同。然鄭注巾車云。大常九旗之畫日月者。正幅爲縿。斿則屬焉。正義。正幅爲縿者。爾雅文。知斿則屬焉者。爾雅云。纁帛縿。練旒九。縿旒用物不同。旒又有數。明知別屬可知也。又覲禮正義。爾雅說旌旗。正幅爲縿。詩干旄。素絲紕之。注。素絲者。以爲縷以縫紕旌旗之旒縿。或以維持之。正義。縿謂繫於旌旗之體。旒謂縿末之垂者。釋天云。纁帛縿。郭璞曰。衆旒所著。孫炎曰。爲旒于縿。是也。案以諸說推之。似許說有挩誤。從糸。參聲。所銜切。

徽 衺幅也。桂氏曰。周禮巾車注。正幅爲縿。然則衺幅所謂幅胡也。禮記大傳。殊徽號。王肅曰。徽謂旌旗斿也。周禮司常。掌九旗之物名。各有屬。注。屬。謂徽識也。揚雄校獵賦。徽車輕武。注。有徽幟之車也。一曰。三糾繩也。後漢書西羌傳引。無三字。文選西征賦注。引作大索也。漢書揚雄傳。免於徽索。案糾。三合繩也。三糾之。卽是大索矣。從糸。微省聲。許歸切。

𥿍 扁緒也。不與條類廁。而下文皆言一繩。集韻。𥿍。編繩。其說似合。

rèn 紉　shéng 繩　zhēng ⿰糸爭　yíng 縈　qú 絇　zhuì 縋

曰。弩腰鉤帶。腰俗要字。玉篇：縈，結也。似與此義合。從糸。折聲。幷列切

紉　繟繩也。繟，字鑑引作繟。案紉有續麻之義，而無抽絲之說。方言：續，楚謂之紉。玉篇：紉，繩縷也。展而續之，是也。繟葢當作禪，廣韻則作單。字林：單繩曰紉。楚詞惜誓：并紉茅絲以爲索。注：單爲紉，合爲索。從糸。刃聲。女鄰切

繩　索也。小爾雅：大者謂之索，小者謂之繩。顏注急就篇：麻絲曰繩，草謂之索。從糸。蠅省聲。食陵切

⿰糸爭　紆未縈繩。類篇、韻會引未作朱。六書故引紆木縈索也。士喪禮釋文引縈繩也。衆經音義引同。又云：江沔之閒謂縈收繩爲⿰糸爭。筠未能定。釋例依文說之，今別爲說曰：當作紆木縈繩也。紆字句絕。紆下云：一曰縈也。此謂紆與⿰糸爭同義也。木縈繩者，以曲木縈收其繩也。廣雅：⿰糸爭，紆索也。士喪禮：陳襲事于房中，西領南上不綪。注：綪讀爲⿰糸爭，屈也。江沔之閒謂縈收繩爲⿰糸爭。史記楚世家：王綪繳蘭臺。徐廣曰：綪，縈也，音爭。一曰急弦之聲。韻會、六書故引無之字。從糸。爭聲。讀若旌。側莖切

縈　收韏也。韏，段氏依韻會、玉篇改爲卷。案手部：捲，一曰捲收也。卽此收卷也。通俗文：收績曰縈。從糸。熒省聲。於營切

絇　纑繩絇也。段氏曰：絇，糾合之謂。以讀若鳩知之，謂若纑若繩之合少爲多皆是也。桂氏曰：玉篇緂下云：絇緂，繩索也。集韻：紗褐理絲未成，絇急戾也。司空圖曰：鄰女自嬉，補袖而舞，色絲屢空，續以麻絇。筠案二家之說皆似未合，雖纑繩絇之說與篇韻絲絇相近，而纑繩之用不同，連之似不成語。且句部云：曲也。本部三字及翑、朐、痀、㪺、軥、雊六字，皆以鉤曲爲義。絇亦句聲，亦當從同。同士冠禮鄭注：絇狀如刀衣鼻，在屨頭。拔氏曰：絇取曲中之義而名之，綴于屨頭以爲飾也。案是篇有青絇、繶絇、黑絇。玉藻曰：童子不屨絇。釋器曰：絇謂之救。郭注：救絲以爲絇。案士冠禮注曰：絇謂之拘。似卽述爾雅，則郭注亦當云拘絲以爲絇，救拘在古疊韻，今則雙聲，傳寫譌也。以婁見于經之義，許君不用，而用僻義，殊不可解。將謂篇韻絲絇之說本之說文古本，則自紉至絭六篆說皆言繩，又似不誤，不敢強解也。從糸。句聲。天官屨人：青句。鄭注：句當爲絇。案此省形存聲字也。讀若鳩。其俱切。玉篇俱遇切：絲絇也。又音衢，屨頭飾也。廣韻同。集韻亦無鳩音。然句從丩聲，丩鳩同聲。

縋　以繩有所縣鎮也。元應引有鎮字，又申之曰：謂縣重曰縋。通俗文：縣鎮曰縋。是也。案簾押曰銀蒜，與此相似，此爲本義。引左是借義，校者因引左，謂既縋入，何爲又鎮以物，故刪之。而左僖三十二年傳：夜縋而出。昭十九年傳：夜縋而登。無用本義者，刪者所以不疑也。春秋傳曰。夜縋

說文句讀《卷二十五　八百六十一　、○折四十四　九

quàn 絭　jiān 緘　téng 縢　biān 編　wéi 維　bèi 絥　zhēng ⿰糸正　xié 紻　fán 緐　jiāng 繮　fēn 紛

納師。昭十年文。從糸。追聲。持僞切

絭　攘臂繩也。廣雅：絭謂之攘。足證吾縷下說矣。絭通作帣。史記淳于髠傳：帣韝鞠𦜮。徐廣曰：帣，收衣褎也。與玉篇縷下收衣袖絭之說合。廣韻：絭，束腰繩也。亦足相證。從糸。𢍏聲。居願切

緘　束篋也。字林同。莊子胠篋篇：則必攝緘縢。釋文引崔云：約也。亦省作咸。喪大記：君封以衡，大夫以咸。鄭注：咸讀爲緘。今齊人謂棺束爲緘繩。又注周禮冢人云：凡封用綍，大夫以咸。從糸。咸聲。古咸切

縢　緘也。鄭注尚書金縢曰：凡藏祕書，藏之於匱，必以金緘其表。詩小戎：竹閉緄縢。傳：縢，約也。閟宮：朱英綠縢。傳：縢，繩也。正義：約之以繩，非訓縢爲繩，然以其用轉而名其物者亦有之。如邪幅謂之行縢，見詩采菽箋。行縢亦曰行纏，見秦策鮑注。從糸。朕聲。徒登切

編　次簡也。字林：以繩次物曰編。孔子世家：讀易韋編三絕。從糸。扁聲。布懸切

維　車蓋維也。考工記輪人爲蓋，未嘗言維，而曰良蓋弗冒弗紘。蓋紘卽維也。紘下云：冠卷維也。則維紘同意。釋天：旌旂章曰維以縷。郭注引周禮：六人維王之大常。案見夏官節服氏。注：維，維之以縷。王旌十二旒，兩兩以縷綴連，三人持之。案兩兩綴連，則是橫維之。是知蓋之維，所以維其弓也。今之傘固然。淮南子原道訓高注：小車蓋四維謂之紘繩。從糸。隹聲。以追切

說文句讀《卷二十五　七百七十　、○折四十二　廿

絥　車絥也。桂氏曰：字或作⿰革伏。釋名：⿰革伏，伏也，在前人所伏也。顏注急就篇：⿰革伏，韋囊，在車中人所憑伏也，今謂之隱囊。又或作鞴。廣雅：鞴謂之軾。從糸。伏聲。史記酷吏傳：同車未嘗敢均茵伏。徐廣音義曰：伏，軾也。案伏卽絥之省。平祕切

𦽃　絥或從艸。桂氏曰：此與茵從艸同。

鞴　絥或從革葡聲。此與茵或從革同。

⿰糸正　乘輿馬頭飾也。小徐韻譜如此，韻會引同。段氏於句首增⿰糸正紻二字。從糸。正聲。諸盈切

紻　⿰糸正紻也。從糸。夾聲。胡頰切

緐　馬髦飾也。經典皆作繁。左成二年傳：請曲縣繁纓以朝。杜注：繁纓，馬飾。從糸。每聲。附袁切　春秋傳曰。可以稱旌緐乎。哀二十三年文。今作其可以稱旌繁乎。注：繁，馬飾繁纓也。

䋣　緐或從㝨。㝨，籒文弁。

繮　馬紲也。廣雅：靮謂之繮。字或作韁。釋名：韁，疆也，繫之使不得出疆限也。從糸。畺聲。居良切

紛　馬尾韜也。弓部弭下云：弓無緣，可以解轡紛者。似卽此紛。釋名：紛，放也，防其放弛以拘之也。書費誓：敽乃干。傳曰：施汝楯紛。王肅云：敽楯當有紛繫持之。從糸。

zhòu 紂　qiū 緧　bàn 絆　xǔ 顈　zhèn 紖　xuàn 縼　mí 縻　xiè 紲　mò 纆

分聲。撫文切。

紂　馬緧也。方言：車紂，自關而東周洛韓鄭汝潁而東謂之緻，或謂之曲綯，或謂之曲綸；自關而西謂之紂。從糸，肘省聲。除柳切。

緧　馬紂也。考工記輈人：必緧其牛後。注：故書緧作緵。鄭司農云：緵讀爲緧。關東謂紂爲緧。案宋槧釋文如此，今注疏釋文皆誤。許君不收緵，從先鄭也。筠案：今制馬用緧，以其肩闊也；驢騾用紂，加以木，以其肩狹也。皆用革，不用絲。古無驢騾也。從糸，酋聲。七由切。

絆　馬縶也。轉注。詩白駒：縶之維之。有客：言授之縶，以縶其馬。傳、箋皆曰：縶，絆也。字又作靽。左僖二十八年傳：羈靮鞅靽。從糸，半聲。博幔切。

顈　絆前兩足也。小徐韻譜作絆牛馬前足。廣雅：顈，絆也。莊子馬蹄篇：連之以羈㬎。釋文：㬎，司馬、向、崔本竝作顈，崔云：絆前兩足也。玉篇作䋿，先酒切，絆前兩足也。後收雜字中又出顈字，相俞切，注同。從糸，須聲。相主切。漢令：蠻夷卒有顈。段氏曰：殊下云：蠻夷長有罪當殊之。此應云：蠻夷卒有罪當顈之。

紖　牛系也。字林同。元應引作牛索也。周禮封人作絼，先鄭云：絼著牛鼻繩，所以牽牛者，今時謂之雉，與古者名同。後鄭云：絼字當以豸爲聲。釋文：絼本又作紖。檀弓：申生雉經。正義：雉，牛鼻繩也。從糸，引聲。讀若矤。直引切。

縼　以長繩繫牛也。玉篇：縼，以長繩繫牛馬放之。從糸，旋聲。本徐絹切。孫辭戀切。

縻　牛轡也。晉書音義同。然轡字似誤。牛部牽下云：象引牛之縻。史記索隱：縻，牛紖也。蒼頡篇：縻，牛韁也。其說皆是。郎漢官儀曰：馬云羈，牛云縻。亦謂羈施之馬，縻施之牛耳，非謂牛之羈曰縻也。羈，馬絡頭也；牛不用籠頭。竹君本轡字空白，或本書殘闕，後人以意補之。又韻會引有一曰繫也句。案廣韻：縻，繫也。廣雅：縻，係也。然用靜字爲動字，常事也。抑或郎用廣韻矣，不須補。從糸，麻聲。靡爲切。

䋷　縻或從多。麻古音磨，多同部。

紲　系也。詩小戎疏引作繫。左僖二十四年傳釋文引同，而宋版作係。衆經音義：紲，馬韁也，所以繫制畜牲者，皆曰紲。紲，繫也。晉語：從者爲羈紲之僕。韋注：馬曰羈，犬曰紲。少儀：犬則執緤。離騷：登閬風而緤馬。五經文字：緤本從世，緣廟諱偏旁，今經典共準式例變。從糸，世聲。私列切。春秋傳曰：臣負羈紲。左僖二十四年文。今作紲。服虔以爲犬韁，杜預以爲馬韁。

緤　紲或從枼。

纆　索也。經典作纆。字林：糾，兩合繩；纆，三合繩。五經文字：三股曰徽，兩股曰纆，又省作墨。漢書揚雄傳：徽以糾墨。顦注：徽、糾、墨皆繩也。從糸，黑聲。莫北切。

gēng 緪　yù 繘　gěng 綆　ǎi 絠　zhuó 繳　bì 繴　mín 緡　xù 絮　luò 絡　kuàng 纊

緪　大索也。字林同。或作絙。魏志王粲傳：兩岸引竹絙爲橋。一曰急也。手部揯，引急也。楚詞九歌：絙瑟兮交鼓。注：絙，急張弦也。淮南繆稱訓：大弦絙則小弦絕矣。注：絙，急也。從糸，恆聲。古恆切。

繘　綆也。易井卦：汔至亦未繘井。又曰：井收勿幕。虞注：收謂以轆轤收繘也。繘，耑木曰橥，見木部。從糸，矞聲。余聿切。

䌇　古文，從絲。

𦅾　籒文繘。從臼者，徒手引之，不用鹿盧也。

綆　汲井綆也。元應引綆作繩。方言：繘，自關而東周洛韓魏之閒謂之綆，或謂之絡；關西謂之繘。左襄九年傳：具綆缶。莊子至樂篇：綆短者不可以汲深。從糸，更聲。古杏切。

絠　彈彄也。彈無簫，故別爲名也。廣雅：彄謂之絠。從糸，有聲。弋宰切。又古亥切。

繳　生絲縷也。左傳正義引無縷字。李注西京賦引作生絲繒也。繒蓋矰之誤。且知說文有兩本不同：詩正義云：說文繳謂生絲爲繩也，此所據之本作生絲縷也，故如此注之。李注文賦引云：謂縷繫矰矢而以弋射，此所據之本作生絲矰也，故如此注之。漢書司馬相如傳：孅繳施。從糸，敫聲。之若切。

繴　繴謂之罿，罿謂之罬，罬謂之罦。捕鳥覆車也。與釋器大同。說見网

部。從糸，辟聲。博尼切。

緡　釣魚繁也。釋言：緡，綸也。注：詩曰：維絲伊緡。緡，繩也。詩采綠：之子于釣，言綸之繩。箋：綸，釣繳也。從糸，昬聲。武巾切。吳人解衣相被謂之緡。大雅抑篇：荏染柔木，言緡之絲。傳：緡，被也。方言：緡、緜，施也。秦曰緡，趙曰緜，吳越之閒脫衣相被謂之緡緜。案許君但曰謂之緡者，蓋緡緜在古爲疊韻，在今爲雙聲，故可單可雙也。小雅緜蠻黃鳥，大學作緡蠻。

絮　敝緜也。韻會引徐鍇曰：精者曰緜，繭內衣護蛹者與其外膜緒雜爲之曰絮。釋名：絮，胥也，胥久能解落也。從糸，如聲。息據切。

絡　絮也。楚詞招魂：秦篝齊縷，鄭緜絡些。一曰麻未漚也。不甚可解。刈麻之後，芟其枝葉，即漚之，漚熟而析其皮，仍謂之麻。未漚之時，既不可用，且旋刈旋漚，其未漚爲時無幾，不知何以有專名也。從糸，各聲。盧各切。

纊　絮也。元應一引同，一引云：纊，緜也，絮之細者曰纊。御覽引作縕也。案此似有兩本。其作絮者，禹貢：纖纊，史記作纖絮；玉藻：纊爲繭，雜記注引作絖爲繭；莊子逍遙遊：世世以洴澼絖爲業，釋文引李云：絖，絮也；水部漱下云：於水中擊絮也。此其證也。作緜者，玉藻：纊爲繭，喪大記：屬纊，鄭注皆曰：纊，謂今之新緜。此其證也。至於縕則亂麻，不當借其名。從糸

fū 紨　lú 纑　jì 績　cì 絘　jī 緝　lí 䌌　jì 繫　rú 絮　fǔ 緍　zhǐ 紙

廣聲。苦謗切。春秋傳曰：皆如挾纊。宣十二年文。杜注：纊，緜也。絖　纊或從光。

紙　絮一笘也。笘者箔之殘字。竹部：箔，蔽絮簀也。後漢書宦者傳：自古書契多編以竹簡，其用縑帛者謂之爲紙。縑貴而簡重，竝不便於人。倫乃造意，用樹膚、麻頭及敝布、魚網以爲紙，天下咸稱蔡侯紙。古今字詁：紙，今其字從巾。從糸氏聲。諸氏切。

緍　治敝絮也。廣韻：緍，緍緜。從糸咅聲。芳武切。

絮　絮緼也。易釋文引無絮字。一曰敝絮。易及公羊釋文引皆如此。緍下言敝絮，此承之也。從糸奴聲。女余切。易曰：需有衣絮。既濟六四：繻有衣袽。釋文：袽，絲袽也。說文作絮。案當作絮。子夏作茹，京作絮。考工記弓人鄭司農云：帤讀爲襦有衣絮之帤。釋文：帤本亦作絮。帤，韻會引黃庭經：人間紛紛臭如帤。又呂覽仲春紀：以茹魚去蠅，蠅愈至。注：茹讀茹船漏之茹，字茹臭也。案此子夏作茹之證。茹、帤皆卽絮。

繫　繫䌌也。廣雅：𢅥㡜謂之帖。疏證曰：廣韻引埤倉云：𢅥㡜，赤紙也。漢書外戚傳：赫蹏書。應劭注云：赫蹏，薄小紙也。顏師古注云：今書本赫字或作擊。說文之繫䌌與𢅥㡜、赫蹏、擊蹏竝同。筠案：懷祖先生蓋以音揣測得之。一曰惡絮。繫䌌讀如谿黎，疊韻字。此其名目也，惡絮則其實也。廣韻十二齊、一先皆曰：繂䌌，惡絮。則繂䌌又其別名也。從糸毄聲。古詣切。此借繫爲糸之音。糸下云：繫也，是也。繫䌌之義當如周易釋文音口奚反。

䌌　繫䌌也。一曰維也。當依玉篇作一曰維䌌也。亦疊韻字，乃繫䌌之轉語也。從糸虒聲。郎兮切。

緝　績也。詩八月：載績。傳云：載績，絲事畢而麻事起矣。許君列字亦先絲而後麻。孟子妻辟纑，趙注：緝績其麻曰辟。從糸咠聲。七入切。

絘　績所緝也。句。然玉篇似有誤。玉篇：絘，績也，所以緝也。則績所緝也似是兩緝者尤誤。凡績孰非所未緝者乎？案緝、績一義，而絘廁其間，正所以明之也。蓋謂先緝之者，今又績之也。先緝爲單線，今謂之麻燃；再績爲合線，今謂之麻線。故曰績所緝也。從糸次聲。七四切。

績　緝也。字林同。陳風：不績其麻。從糸責聲。則歷切。

纑　布縷也。言布之縷謂之纑也，今語猶然。孟子：妻辟纑。劉熙注：練絲曰纑。趙注：練麻曰纑。左昭十九年傳：紡焉以度而去之。劉炫云：紡謂紡麻作纑，爲布作纑之法，有小繩紀其升縷。從糸盧聲。洛乎切。

紨　布也。一曰粗紬。廣雅：紨，紬也。類篇：大絲曰紨。從糸付聲。防無切。

xī 緆　sī 緦　zhù 紵　quán 絟　zhòu 縐　xì 綌　chī 絺　suì 繐

繐　蜀白細布也。衆經音義：繐又作縳、繐二形。說文：蜀白細布也。凡布細而疏者謂之繐。案上句是專名，下句是統名，兼爲喪禮繐衰分疏之也。從糸彗聲。詳歲切。

絺　細葛也。詩葛覃：爲絺爲綌。傳：精曰絺，麤曰綌。從糸希聲。丑脂切。

綌　粗葛也。上文細葛及此文、玉篇竝同，不謂之布者，以麻爲之者謂之布，以葛爲之者仍謂之葛，所以別也。從糸谷聲。綺戟切。㠿　綌或從巾。禮記：浴用二巾，上絺下綌。又削瓜，巾以絺，巾以綌。

縐　絺之細者也。依御覽引補。詩曰：蒙彼縐絺。鄘風君子偕老文。傳云：絺之靡者爲縐。正義：絺者以葛爲之，其精尤細靡者縐也。言細而縷縐。玉篇：縐，纖也。一曰蹴也。此義與鄭箋同。箋曰：縐絺，絺之蹙蹙者。然縐亦通名，不必絺也。史記司馬相如傳：襞積褰縐。注：褰縐，縮蹙。從糸芻聲。側救切。

絟　細布也。漢書景十三王傳：繇王閩侯亦遺建荃葛。蘇林曰：荃音詮。細布屬也。顏注：許慎云：絟，細布也。字本作絟，蓋今南方箭布之屬皆爲荃也。從糸全聲。此緣切。

紵　檾屬也。元應引同。又云：亦草名也，作布細而白者也。南都賦苧字兩見，前注引作可以爲索，後注引作麻屬。案許君列紵於布類，則意主禹貢厥貢漆枲絺紵而言，不主陳風可以漚紵而言。地理志引禹貢，顏注：紵，織紵爲布及練也。是其義也。所謂𦃽屬，亦指衣而言。𦃽部𦃽下引詩衣錦𦃽衣是也。細者爲絟，粗者爲紵。典枲曰：掌布緦縷紵之麻草之物。注：白而細疏曰紵。則以紵爲細布，但疏而不密織耳，與許不同。又案經文以麻草爲其質，以紵爲布名，與許說同。從糸宁聲。直呂切。

䊵　紵或從緒省。亦通作緒。通典云：晉俳歌云：交白緒，節節爲雙。吳音呼緒爲紵，宜卽白紵也。字又作緒。韓詩曾子褐衣縕緒未嘗完。

緦　十五升抽其半布也。依段氏增抽其半三字。禮記閒傳：緦麻十五升去其半。儀禮喪服傳：緦者十五升抽其半，有事其縷，無事其布曰緦。雜記：朝服十五升，去其半而緦，加灰錫也。注：緦精麤與朝服同，去其半則六百縷而疏也。一曰兩麻一絲布也。鄭注喪服傳曰：謂之緦者，治其縷細如絲也。或曰有絲。朝服用布，何衰用絲乎？案鄭君所駁，蓋相傳之說，與許君同。從糸思聲。息茲切。

𢇁　古文緦。從糸省。此譌文也，當云從囟聲。

緆　細布也。常服喪服皆有錫，故渾言細布以統之。大射儀：冪用錫若絺。注：錫，細布也。今文錫或作緆。燕禮：冪用綌若錫。注：

tóu 緰　cuī 縗　dié 絰　biàn 緶　huà ⿸厂系　běng ⿰糸封　liǎng 緉

今文鍚爲緆。淮南齊俗訓：弱緆羅紈。高注：弱緆，細布。修務訓：衣阿錫。列子：衣阿緆。子虛賦：被阿錫。此皆常服也。春官司服：王爲三公六卿錫衰。喪服傳曰：錫者何也？麻之有錫者也。錫者，十五升抽其半，無事其縷，有事其布，曰錫。注：謂之錫者，治其布使之滑易也。此皆喪服也。從糸。易聲。先擊切。

𦆝 緆或從麻。

緰 緰貲布也。此由常服之錫牽連及之，非喪服也。顏注急就篇：緰帊，緆布之尤精者也。說文無帊字，即此緰貲。從糸。俞聲。度侯切。

縗 服衣。此殘闕之文也。禮記雖有服問篇，然此當言喪服。禮雖言斬衰齊衰，然亦言其異於常服者。其下或斬或齊，其胸則有衰也。況乎解字，豈可直呼縗爲衣，且下文長六寸博四寸，豈有如此之衣乎？左襄十七年傳：齊晏桓子卒，晏嬰麤縗斬。注：麤，三升布。長六寸。博四寸。直心。禮喪服記曰：衰長六寸，博四寸。注：廣袤當心也。前有衰，後有負版，左右有辟領，孝子哀戚無所不在。從糸。衰聲。三禮皆作衰。左襄三十一年傳：三易衰。釋文：衰本又作縗。倉回切。陸氏曰：縗，西雷反，又西河反。然則縗亦音蓑。

絰 喪首戴也。喪服苴絰注：麻在首在要皆曰絰。絰之言實也。明孝子有忠實之心。首絰象緇布冠之缺項，要絰象大帶。案許君但言首者，或由男子重首，婦人重要之義，故如此邪？抑有闕文邪？從糸。至聲。徒結切。

緶 交亮也。吾鄉交亮以爲經，謂之辮。辮，交織也，與緶音義皆相似。一曰。緁衣也。轉注。玉篇：緶，交縫衣也。案此義吾鄉諺語有之，交兩幅之邊，對合縫之，故玉篇曰交縫。從糸。便聲。房連切。

⿸厂系 履也。方言：絲作之者謂之履，麻作之者謂之不借，或謂之屨，或謂之⿸厂系。一曰。青絲頭履也。集韻引無一曰字，或庾注也。青絲頭者，蓋士冠禮之青絇也。讀若阡陌之陌。說文無阡陌字，漢書地理志：商鞅開仟佰。是知漢字只作仟佰也。案本句當在戶聲下，或後人所增，故不得其次。從糸。戶聲。亡百切。戶陌聲不相近。玉篇亦作⿸厂系，乎瓦切。廣韻則作⿸厂系，從尸，胡瓦切。小徐韻譜收⿸厂系於十一模，戶吳切。集韻模部亦收之，又收二十陌，則作⿸厂系，引說文。然使字果從尸，則尸部屝屨二字正其類也，⿸厂系何不與之類聚乎？

⿰糸封 亮履也。顏注急就篇：⿰糸封，圓頭掩上之履也。荀子正論篇：菲對屨。注：菲，草屨也。對當爲⿰糸封，⿰糸封，亮也。慎子作⿰糸封。桂氏曰：慎子君人篇：有虞氏之誅，以後⿰糸封當刖。從糸。封聲。博蠓切。

緉 履兩枚也。秦嘉與婦書：今致龍虎組緹履一緉。詩南山：葛屨五兩。但作兩，或借量，見列仙傳、風俗通。一曰。絞也。通志引作一曰緉絞也，蓋誤引方

jié 絜　móu 繆　chóu 綢　yùn 緼　fú 紼　bēng 絣　bǐ 紕　jì 罽　yì 縊　suī 綏

言也。方言注云：絞，謂履中絞也。從糸從兩。兩亦聲。力讓切。

絜 麻一耑也。字林同。段氏曰：一耑猶一束也。筠案：絜之爲言挈也，束之便於提挈。上文絜，絜緼也。玉篇：纑，麻一絜也。從糸。㓞聲。古屑切。

繆 亮[之]十絜也。廣韻二十幽引無之字。案亮十絜也，與上文麻一耑也爲儷語。又十八尤：繆，絲千累，蓋寫譌。一曰。綢繆。詩綢繆束薪傳：綢繆猶纏緜也。從糸。翏聲。武彪切。

綢 繆也。韻會引作綢繆也。今仍舊者，詩：綢直如髮。楚詞九歌：薜荔拍兮蕙綢。本書敘曰：五曰繆篆。皆單用之。從糸。周聲。直由切。

緼 紼也。元應引云：緼，紼，亂麻也。此竝引紼之說解也。論語：衣敝緼袍。孔注：緼，亮著也。皇侃疏：亮，麻也。以碎麻著衣也。故麻曰緼，故絮亦曰緼。漢書東方朔傳：衣緼無文。顏注：緼，亂絮也。左傳：治絲而棼之。注：絲見棼緼，益所以亂。從糸。昷聲。於云切。

紼 亂麻也。玉篇同。小徐韻譜作亂絲也。不從之者，衣部說曰：以絮曰襺，以緼曰袍。夫既別緼于絮，則當爲麻矣。且列子曰：田夫衣緼賡。尤可證。玉藻：纊爲繭，緼爲袍。注：纊，新緜也。緼，今之纊及故絮也。異於許說，然許說有他證。從糸。弗聲。分勿切。

絣 氐人殊縷布也。漢志：武都郡。應劭曰：故白馬氐。

華陽國志曰：武都郡有氐傁。漢書揚雄傳：絣之以象類。宋祁校本引字林：絣，縷布也。元應引字林：絣，無文綺也。案字林既云縷布，則殊或衍文。縷者，綫也，或似今之𥿻連布。從糸。并聲。北萌切。

紕 氐人𦄢也。後漢書西南夷傳：其人能作旄氈、班罽、青頓、毞毲、羊羧之屬。注：周書伊尹爲四方獻令曰：請令以丹青白旄紕罽龍角神龜爲獻。纂文：紕，氐罽也，音卑疑反。毞即紕也。讀若禹貢玭珠。玉部玭之重文蠙下引作蠙珠。從糸。比聲。三句當乙轉。卑履切。

罽 西胡毳布也。漢書扶南傳：安息國出五色罽。羣書率省作罽，或譌作罽。釋言：毳，罽也。郭注：毛毳所以爲罽。李巡本毳作毳。禹貢：熊羆狐狸織皮。顏師古曰：言貢四獸之皮，又貢雜罽。蘇軾曰：以罽者曰織，以裘者曰皮。從糸。罽聲。居例切。

縊 經也。廣韻：縊，自經死也。荀子彊國篇：救經而引其足也。從糸。益聲。於賜切。春秋傳曰：夷姜縊。桓十六年。

綏 車中靶也。廣韻引如此。玉篇、增韻同。廣雅：靶謂之綏。詩韓奕：淑旂綏章。箋：綏所以登車，有采章也。革部：靶，轡革也。是靶乃轡之專名，而又爲綏之別名，故云車中以別之。從糸從妥。嚴氏曰：當作妥聲。妥即娷。桂氏曰：本書無妥字，轉寫脫漏。釋詁：妥，止也。又安坐也。詩楚茨：以妥以侑。

yí 彝

傳、妥安坐也、士虞禮、特牲饋食禮、少牢饋食禮皆云、主人拜妥尸、通作綏、士相見禮、妥而後傳言、注、妥安坐也、古文妥爲綏、曲禮、國君綏視、又大夫則綏之、注竝云綏讀爲妥、筠案上文自維以下、十一正文、三重文、皆車馬之飾、綏字不與類列、而在此、非其次也、明是後人所補、案天官夏采王制明堂位鄭注、皆云綏當作緌、竊疑直是一字、說已見釋例補、息遺切、

彝 宗廟常器也。以常說彝、兼明借彝爲常之由也、詩烝民、民之秉彝、傳曰、彝常也、左襄十九年傳、且夫大伐小、取其所得以作彝器、注、彝常也、謂鐘鼎爲宗廟之常器、 從糸、糸綦也。桂氏曰、綦當爲素、古文從素、玉篇彝屬素部、 廾持米器中實也。彑聲。以脂切、 此與爵相似。彝爵皆酒器、爵從鬯、鬯之必即米也、從又與廾皆手也、爵上半象雀形、韻會云、彝從彑象形、案鼎彝多作鬻發文、彑蓋象之、金刻作彝者最多、中象鳥形、左則三點兩點不等、蓋米形、下從収與小篆同、則尤與爵似也、又案遣小子敦作彝、拍盤作彝、戾彝作彝、皆從糸、未見從彑者、似小篆變錯、 周禮六彝、雞彝鳥彝黃彝虎彝蜼彝斝彝、以待祼將之禮。見春官司尊彝、 彝 彝 皆古文彝。

文二百四十九　重三十一

大徐補綦字、以爲綥之或體、玉部璂、艸部綦、皆從綦、○桂氏補緅字、黑部黝讀若染繒中束緅紺、字林緅、帛青色、廣雅緅、青也、周禮五入爲緅、注、今禮俗文作爵、言如爵頭色也、又注士冠禮、爵弁如爵頭、然、或謂之緅、論語君子不以紺緅飾、

sù 素

素 白緻繒也。桂氏曰、本書無緻字、古作致、本書靚下云、抅靚未致密也、纂文都致布名、禮器德產之致也、精微、注、致致密也、呂覽孟冬紀、必功致爲上、詩假樂箋、威儀致密、無所失、都人士箋、性情密致、鶡羽傳、不攻緻、正義云、定本皆作致、釋文本或作致、范子計然、白素出三輔、匹八百、 從糸𠂹、取其澤也。𠂹既非聲、不得不以爲會意、故委曲說之曰、光澤者必細致、細致者必茬弱、茬弱則下𠂹也、桑故切、 凡素之屬皆從素。漢碑作素、其首左向、雖無論𠂹𠂹、皆足象花葉下𠂹之形、然𠂹之下𠂹者向左、若右向則爲𠂹礙矣、蓋左向是周子白盤𣳣作素、上半從𠂹、亦左向、

lù 繂　yuè 約　jú 𦃃

𦃃 素屬。從素収聲。居玉切、

約 白約縞也。廣雅、約練也、又曰、縞謂之約、急就篇鬱金半見緗白約、顏注、白約、謂白素之精者、其光約約然也、 從素勺聲。以灼切、

繂 素屬。廣雅、繂、素也、 從素率聲。所律切、

huǎn 𦂽　chuò 繛

繛 𦂽也。論語孟公綽、釋文、本又作繛、釋訓、綽綽爰爰、緩也、詩寬兮綽兮、 從素卓聲。昌約切、

綽 繛或省。

𦂽 繛也。用轉注者、糸部紓、緩也、其義已明也、 從素爰聲。王風有兔爰爰傳、爰爰緩意、胡玩切、

緩 𦂽或省。

文六　重二

sī 絲

絲 蠶所吐也。小徐韻譜云、蠶所作、 從二糸。息茲切、 凡絲之屬皆從絲。

pèi 轡

轡 此傳寫者改之、石鼓文作轡、說文當作轡、蓋轡之籀文、餘詳釋例、 馬轡也。詩六轡在手、 從絲從叀。當云從叀、五經文字謂說文作轡、亦多一畫、兵媚切、 與連同意。連當爲叀、叀部叀、礙不行也、從叀、引而止之也、案轡從叀、亦控制之、使不妄馳也、故同意、 詩曰、六轡如絲。小雅皇皇者華文、

guān 𢇁

𢇁 織絹从糸貫杼也。从當依玉篇作以、廣韻以絲貫杼爲𢇁、 從絲省。省字後人加之、此自從古文𢇁耳、 卝聲。桂氏曰、齊風甫田卝兮、宋本釋文作卝、五經文字、九經字樣、皆引說文卝、古卝字、古還切、

文三

shuài 率

率 捕鳥畢也。畢田网也、其小而僅可捕鳥者謂之率、廣雅畢作罼、云率也、 象絲网。上下其竿柄也。有竿撐之、有柄持之也、所律切、 凡率之屬皆從率。

文一

huǐ 虫

虫 一名蝮。名當作曰、 博三寸。首大如擘。指 爾雅釋文、史記正義、漢書田儋傳注、引無指字、字林同、釋魚、蝮虺、博三寸、首大如擘、郭注、身廣三寸、頭大如人擘指、此自一種蛇、名爲蝮虺、案郭以蝮虺二字爲名、以別於大蛇之虺、故曰此自一種蛇、是由不知虺爲虫之借字、所据爾雅、乃俗本也、邢疏引舍人曰、蝮一名虺、江淮以南曰蝮、江淮以北曰虺、孫叔然曰、江淮以南、謂虺爲蝮、皆二字各名、唐之去晉遠矣、而陸氏釋文、猶作蝮虫、云蝮字亦作蝮、此蛇色如綬、鼻上有針、大者百餘斤、又一名反鼻、鼻一孔、虫卽虺字也、案蝮大蛇也、非虺之類、本今作虺、筠案此則陸氏及見古本、與說文同、所謂本今作虺、則郭注本也、故吾謂自唐以前、南方經籍、無善本、顏注田儋傳、亦辨蝮虺爲二物、皆俗本爾雅爲之蔽也、象

yǐn 螾　qǐn 螼　rán 蚦　téng 螣　fù 蝮

其臥形。許偉切、物之微細。以下別自一義、謂虫卽蟲字也、以本書蟲、是或介之一也、魚鼈皆曰水蟲、然魚則鱗而鼈則介也、龍鱗甲蟲之長、而統謂之微細者、物蓋兼人而言、人大則物微細也、乃月令鄭注、人爲倮蟲之長、則人亦或偁蟲、或行或飛。依爾雅釋文引補、韻會引作或羽、案本句統謂羽蟲、大司樂注云、羽物既飛、又走是也、或毛或蠃。或介或鱗。以虫爲象。謂五方之物、皆以虫爲象也、月令春蟲鱗、夏蟲羽、中央蟲倮、秋蟲毛、冬蟲介、大司徒則云毛物鱗物羽物介物蠃物、本文亦上言物、下言虫也、虫蟲一字、說見釋例、凡虫之屬皆從虫。

蝮　虫也。漢書田儋傳、蝮蠚手則斬手、蠚足則斬足、何者、爲害於身也、陳藏器云、蝮蛇形短、鼻反、錦文、亦有與地同色者、著足斷足、著手斷手、不爾、合身糜潰、筠案此與許說同、郭氏音義、別載一種蛇云、今蝮蛇、細頸大頭、焦尾、色如艾綬文、文閒有毛、似豬鬣、鼻上有針、大者長七八尺、一名反鼻、此卽釋文所謂大蛇也、從虫。复聲。芳目切、

螣　神蛇也。釋魚、螣螣蛇、注、龍類也、能興雲霧而遊其中、或借騰、淮南覽冥訓、前白螭、後奔蛇、高注、奔蛇、騰蛇、許注、奔蛇、馳蛇、是也、或曰、淮南人呼此蛇爲蟒騰、義亦通、從虫。朕聲。徒登切、釋魚、

螣蛇、釋文說上螣字云、直錦反、字又作朕、說下螣字云、字又作騰、又作䲢、並同、徒登反、字林云、神蛇也、愼子云、螣蛇遊霧、案上螣音朕、爲其名、下螣音騰、爲飛騰之蛇、似非、

蚦　大蛇可食。北戶錄、蚦蛇大者長十餘丈、圍可七八尺、異物志、蚦蛇食鹿出骨、與巴蛇同、唐注本草、蚦蛇今出桂廣已南高賀等州、亦有將肉爲膾、以爲珍味、字或作䗺、淮南精神訓越人得䗺蛇、以爲上肴、元和志、福州貢蚦蛇膽、從虫。冄聲。人占切、

螼　螾也。釋蟲、螼蚓、蜸蚕、郭注、卽蛩蟺也、江東呼寒蚓、邢疏、螼蚓一名蜸蚕、許說則螼一名螾、而未收蜸蚕二字、蜸蚕又不見他書、其爲衍文譌字、不可知矣、孟子但言蚓、趙注則曰蚯蚓、高注淮南時則訓曰、邱螾、蠶蟥也、作邱是也、郭注方言所謂螾場謂之坦也、漢志、巴郡朐忍縣、顏注、朐音劬、曹全碑亦作朐忍、後漢書吳漢傳注、引十三州志、朐音蠢、䏰音閏、其地下溼、多朐䏰蟲、因以名焉、本草、蚯蚓、巴人謂之朐䏰、此皆字隨意變、不足究也、從虫。寅聲。弃忍切、

螾　側行者。考工記、卻行、仄行、注、卻行、螾衍屬、仄行、蟹屬、釋文、爾雅云、螾衍入耳、郭璞云、蚰蜒也、案此蟲能兩頭行、是卻行、劉云、或作衍蚓、衍音延、今曲蟮也、筠案此則不定是蚰蜒、是曲蟮、又釋文卻行、羌略反、劉去逆反、案劉音則字當從卩、卻者仰也、仰身而行、蟮則然也、許說之側行、蓋與梓人仄行無涉、下文說蟹曰旁行、梓人固無旁行也、蚓形圓、又無足、無論上下左右、隨其所値、皆能蜿動、是謂側行、猶之丸字從反仄矣、從虫。寅聲。韻會引、篆作螾、說作寅聲、余忍切、

蚓　螾或從引。淮南子、蚯螾出、月令作蚓、

wēng 螉　zōng 蜙　xiǎng 蠁　diāo 蛁　cuì 𧒭　yǒng 蛹　guī 螝　huí 蛕　náo 蟯　suī 雖　huǐ 虺

螉　螉蜙。蟲在牛馬皮者。字林、螉蜙、似蠅、蟲在牛皮者、蓋捝馬字、廣韻、螉蜙、小蟲生牛馬皮中也、玉篇亦有馬字、從虫。翁聲。烏紅切、

蜙　螉蜙也。從虫。從聲。子紅切、

蠁　知聲蟲也。釋蟲、國貉、蟲蠁、廣雅、土蛹、蠁蟲也、玉篇、蠁、禹蟲也、埤雅、蠁善令人不迷、引類從云、帶蠁醒迷、從虫。鄉聲。許兩切、

蚼　司馬相如說。蠁從向。芎藭下、皆云司馬相如說、今據補、

蛁　蟲也。廣韻、蛁蟟、茆中小蟲、段氏駁玉篇蛁蟧之說、謂單名雙名、不得牽混、其說是、而非此所施、此乃古名蛁、後名蛁蟧、蛁蟟耳、非謂此卽蟪蛄也、釋木、諸慮山櫐、釋蟲、諸慮奚相、一木一蟲、皆名諸慮、是其比矣、從虫。召聲。都僚切、

𧒭　蟲也。從虫。𣪠聲。祖外切、

蛹　繭蟲也。埤雅、蛹者蠶之所化、蠶者蛹之所化、古文苑、短人賦、繭中踊兮蠶蠕須、注、踊今作蛹、從虫。甬聲。余隴切、

螝　蛹也。釋蟲

文、郭注、蠶蛹、孫叔然曰、螝卽是雄、蛹卽是雌、筠案吾鄉諺語、凡草木蟲之有繭自裹者、皆謂之蛹、無繭者皆謂之螝、如蜻蜓在水中未蛻時、及蟬之爲復育時、皆名之、又顏氏家訓、莊子螝二首、螝卽古虺字、見古今字詁、案此別爲一義、從虫鬼聲。胡罪切、讀若潰。爾雅釋文引字林音潰、

蛕　腹中長蟲也。靈樞經有蛟蛕、字或作蛔、關尹子、我之一身、內變蟯蛔、外烝蝨蚤、玉篇、蚘與蛕同、從虫。有聲。戶恢切、

蟯　腹中短蟲也。史記倉公傳有蟯瘕、華氏中藏經、蟲有伏、蛇、白、肉、肺、胃、赤、弱、蟯之九名也、從虫。堯聲。如招切、

雖　似蜥蜴而大有文。蜴當作易、有文二字、依韻會引補、五音集韻亦有之、從虫。唯聲。息遺切、

虺　虺以注鳴。此本草所謂石虺也、玉篇譌爲戶虺、注者喙也、釋天、咮謂之柳、史記律書謂之注、漢書天文志、柳爲鳥喙、考工記梓人、以注鳴者、注云精列屬、與許不同、詩曰。胡爲虺蜥。小雅正月文、蜥今作蜴、釋文、字又作蜥、陸璣疏曰、虺蜴一名蠑螈、水蜴也、或謂之蛇醫、如蜥蜴、青綠色、大如指、形狀可惡、從虫。兀聲。許偉切、筠案陸璣以虺蜴與蠑螈爲一物、但水陸異名耳、竊疑虺蚖卽是一字、兩注皆云以注鳴、元卽從兀聲、詩虺蜥、又連文、衆經音義卷十

八云蚖諸經亦作虺又云蚖善魅人然則亦毒物也釋魚蝮虺許君作蝮虫借虺爲虫蚖亦由此乎

蜥易。守宮也。依御覽引補陶隱居云其類有四種一大形純黃色爲蛇醫亦似蛇醫小形長尾見人不動名龍子次者小形而五色尾青碧可愛名蜥蜴並不螫人一種喜緣籬壁名蝘蜓形小而黑乃言螫人必死而未嘗聞中人從虫析聲。先擊切

守宮在壁曰蝘蜓。在艸曰蜥易。依元應引補易部亦以三名爲一物此雖別之仍互言之以其形不相遠也廣韻引字林在艸作在洲方言守宮其在澤中者謂之蜥易從虫匽聲。於殄切

蝘或從虫。

蝘蜓也。從虫廷聲。徒典切桂氏曰本書鄭從奠聲鎣從熒省聲讀若銑蚻讀若騁音丑善切祭義注云蘊當爲馨聲之誤也詩釋文町他典反郊特牲注祉或爲省釋文省思淺反漢書五行志童謠燕燕尾涏涏張公子時相見顏讀涏爲徒見反玉篇涏徒冷切洪涏小水皃也又徒見切涏涏好皃一曰螾蜓。

榮蚖蛇醫。法言龍蟠於泥蚖其肆矣淮南萬畢術取蚖膏爲燈置水中即見諸物案此皆單呼爲蚖鄭君作榮原爾雅釋文同許君作榮蚖蓋所据釋魚固然今本作蠑螈李時珍曰蛇醫又名蛇師蛇舅母水蜥

蜴蛇有傷則銜草以敷之以注鳴者。考工記以胷鳴者注榮原屬釋文胷于本作骨云骹屈屬也案骹屈當合爲鼈賈馬作胃賈云靈蠵也案許以蚖虺爲一物故皆曰以注鳴而蠵下云以胃鳴者用本師說也從虫元聲。愚袁切

蠸蟲也。釋器蠸輿父守瓜郭注今瓜中黃甲小蟲喜食瓜葉故曰守瓜案許說則蠸與輿父與守瓜一物三名邪疏非一曰大螫也。讀若蜀都布名。嚴氏曰都當作郡女部婐讀若蜀郡布名蒟案蜀都賦云筒中黃潤一端數金然言蜀都則度詞也從虫雚聲。讀若句當在此下巨員切

蟲食穀心者。依藝文類聚引改釋蟲食苗心螟食葉蟘食節賊食根蟊京房易傳臣安祿位茲謂貪厥災蟲食根德無常茲謂煩蟲食葉不絀無德蟲食本與東作爭茲謂不時蟲食莖蔓惡生孼蟲食心陸璣詩疏螟如虸蚄而頭不赤吏冥冥犯法。即生螟。李巡曰食葉心爲螟言其姦冥冥難知也從虫從冥冥亦聲。五音韻譜作從虫冥聲又螟蛉案從虫冥聲與聲義互相備之例合下文自有螟蠕則作蛉非莫經切

埤雅詩釋文引皆作蟘左傳正義引爾雅亦作蟘蟲食苗葉者。苗爾雅釋文引作草吏乞貸則生蟘。貸當作貣下同釋文引吏乞貸

即生貣即字與螟下同古則即通用廣韻貣蟘同從虫從貣貣亦聲。徒得切詩曰。去其螟蟘。小雅大田文今作螣陸疏螣蝗也

蝨子也。淮南說林訓湯沐具而蟣蝨相弔一曰。齊謂蛭曰蟣。此蟣讀如祈見爾雅翼從虫幾聲。居稀切

蟣也。釋魚文注今江東呼水中蛭蟲入人肉者爲蟣釋文案說文今俗呼爲馬蜞亦名馬耆即楚王食寒葅所得而吞之能去結積也笥案今俗以下不似說文語蓋有挩文也賈誼新書楚惠王食寒葅而得蛭遂吞之是夕也惠王之後而蛭出其久病心腹之積皆愈從虫至聲。之日切

蛭蝚至掌也。釋蟲文李燾本毛扆初刻本皆無至掌字釋魚釋文蛭本草謂之水蛭一名蚑一名至掌然釋蟲已有蛭蝚至掌郭云未詳依本草即是水蛭也廣韻蛭蛭蝚從虫柔聲。耳由切

蛣蚰蝎也。釋蟲蝎蛣蝠注木中蠹蟲又云蝎桑蠹注即蛣蝠從虫吉聲。去吉切

蛣蚰也。從虫出聲。區勿切

白魚也。釋蟲文注衣書中魚一名蛃魚酉陽雜俎謂之壁魚云嘗見壁上白瓜子化爲白魚因知列子言朽瓜爲魚之義從虫覃聲。余箴切

丁蛵負勞也。桂氏曰丁蛵二字疑後人所加釋蟲莫貈蟷蜋蛑蛵負勞郭注以蛑爲蟷蜋云孫叔然以方言說此義亦不了案方言蟷蜋謂之髦或謂之虰是孫氏以虰屬蟷蜋從方言也郭氏亦以虰屬下許氏漢人無此讀也原衹負勞二字後人按郭注加虰蛵又因本書無虰字改爲丁玉篇蛵負勞無丁蛵二字徐鍇韻譜同郭注虰蛵負勞曰或曰即蜻蛉也江東呼狐棃所未聞案或曰及所未聞是郭氏本疑之許亦不與蜻蛉類廁未詳是何物從虫巠聲。戶經切

毛蠹也。釋蟲文注云即蛓集韻蜭本作蜭類篇蜭毒蟲名從虫臽聲。乎感切

蟲也。當云毒蟲也韻集玉篇皆云然鄭公孫蠆字子蟜從虫喬聲。居夭切

毛蟲也。釋蟲蠌蛅蟴郭注蛓屬也孫叔然云八角螫蟲通志蛓蟲曰蜭毛能螫人本草雀甕蛅蟖房也從虫𢦏聲。千志切讀若笥。爾雅釋文御覽皆引之

蠆也。史記律書北至于奎奎者主毒螫殺萬物也徐廣曰奎一作蠤從虫圭聲。烏蝸切玉篇口圭切廣韻苦圭切

畫也。從虫氏聲。巨支切

竹君本小徐韻譜皆如此集韻韻會引竝同厹部蠆厂部厲皆從蠆毒蟲也。字林蠆行毒蟲

qiú 蝤　qí 齏　hé 蝎　qiáng 强　qí 蚚　shǔ 蜀　juān 蠲

也。通俗文：長尾爲蠆，短尾爲蠍。蠍毒傷人曰蛆。張列反。字或作蠆。齊公孫蠆字子尾。詩都人士：卷髮如蠆。箋：蠆，螫蟲也。尾末揵然。案蠍字後作，故許不收。象形。當云從虫萬聲。此篆譌之後，校者遷就其詞也。丑芥切。

小徐韻譜作蠤，集韻引同。左傳二十二年釋文：蠆，字林作蠤。則似說文本無或，以字林增。至於蠤，自是隸體。漢李翊夫人碑：飛蠭蠤兮害仁良。隸釋曰：以蠭蠤爲蠭蠤。蠆或從蚰。此亦作蠆，不作萬也，足徵萬是殘字。

蝤蠐也。卽蛣蚰也。詩碩人：領如蝤蠐。傳：蝤蠐，蝎蟲也。案吾鄉仍呼蝎蟲，與毛公同。生木中，化爲天牛。石中偶有之，曰石蝎蟲。從虫，酋聲。字秋切。

齏蠤也。釋蟲：蟦，蠐螬。注：在糞土中。孫叔然謂之蟦蠐。本草同。方言呼爲蟦，孟子呼爲螬。博物志：蟦螬以背行，駃於用足也。從虫，齊聲。徂兮切。齏一字而兩名，故列於此。實則形似蝎，而迴非一物。或曰蟦化秋蟬，則尤與天牛異。

蝤蠐也。見釋蟲。𧊒部：過，讀若桑蟲之蝎。案桑白蟲，但入藥爲異，形與它蝎蟲同，化爲天牛，亦同。從虫，曷聲。胡葛切。

蚚也。釋蟲文。通志：强，牛蝱，蠅類，嗽牛馬血。釋蟲又云：强醜捋。郭注：以腳自摩捋。李巡、孫叔然云以口捋其翅，非也。從虫，弘聲。嚴氏曰：易林革之渙：傷强弘，協韻。巨良切。

說文句讀　卷二十五　七百八十六　○析四十三　三三

籀文强。從蚰從彊。

强也。從虫，斤聲。巨衣切。

葵中蠶也。廣韻引作葵中蟲也。釋蟲釋文引作桑中蟲也，蓋誤。淮南說林訓：蠶之與蠋，狀相類而愛憎異。莊子庚桑楚：奔蜂不能化藿蠋。司馬彪云：藿蠋，豆藿中小青蟲也。釋蟲：蚅，烏蠋。郭注：大蟲如指，似蠶。案卽韓奕毛傳之厄，烏蠋，故許不收。蚅，桂氏曰：釋蟲：欒，蘭欒。木不生蠶，當作蘖。蘖，皃葵也。其蠶卽此蜀。茙葵亦名蜀葵，當因蜀蠶得名。從虫。上目象蜀頭形。上卽謂目也。云上又云目則複，云目是會意又云象形則背。中象其身蜎蜎。中謂勹也。市玉切。詩曰：蜎蜎者蜀。豳風東山文。今作蠋。傳：蜎蜎，蠋皃。蠋，桑蟲也。詩詁：蜀本從虫，又ㄣ虫，俗字也。爾雅翼：葵中蟲亦食於藿，似蠶，不食桑。詩云桑野者，葵藿之下，亦桑野之地也。

馬蠲也。又有馬蜒、馬蛓蠶蛆、蛆蝶、馬陸、馬蠸、馬蚿、馬蚈，八名，而馬蜒又作馬蚰、馬軸，見廣雅、方言、本草、淮南兵略訓注。釋蟲：蛝，馬蝬。郭注：馬蠲蚐。本草：馬蚿一形如蚟蚓，紫黑色，觸之卽側臥如環，故又名刀環。博物志：馬蚿一名百足，中斷則首尾異行而去。通志云：所謂百足之蟲，至死不僵者，此也。從虫，目益聲。勹象形。當云從蜀益聲，因不立蜀部，故其詞如此，勿深泥也。韻會引作從虫益聲，勹象形，尤謬。古懸切。

bī 螕　huò 蠖　yuán 蝝　lóu 螻　gū 蛄　lóng 蠪　yǐ 蛾

明堂月令曰：腐艸爲蠲。御覽馬蚿下引明堂月令、呂覽六月紀：腐草化爲蚈。高注：蚈，馬蚿也。蚈讀如蹊徑之蹊，幽州謂之秦渠。一曰螢火也。淮南時則訓注大同。案此兩說也。許君如承馬蠲言之，則如前說也；或引經以代一曰，則如後說也。本草綱目云：螢有三種：一種能飛有光，乃芧根所化，呂氏月令腐草爲螢是也；一種長如蠶，尾後有光，無翼，乃竹根所化，明堂月令腐草爲蠲是也；一種水螢，居水中。

齧牛蟲也。玉篇：螕，牛蝨也。元應曰：今牛馬雞狗皆有螕也。通俗文：狗蝨曰螕。從虫，毘聲。邊兮切。

尺蠖，屈信蟲也。依御覽引改，與易繫辭合。爾雅翼：尺蠖狀如蠶而絕小，行則促其腰，使首尾相就，乃能進步，屈中有伸，故曰屈伸。如人以手度物，移後指就前指之狀，古所謂布指知尺者，故謂之尺蠖。考工記作斥蠖。從虫，蒦聲。漢書律歷志：尺者蒦也。烏郭切。

復陶也。釋蟲：蝝，蝮蜪。俗改也。國語：蟲舍蚳蝝。韋注：蝝，蝮蜪也，可以食。劉歆說：蝝，蚍蜉子也。韻會云：劉歆以蝝爲蚍蜉之有翼者，食穀爲災，黑眚也。祭統：蚳醢。注：蚳，蝝之屬。說苑：蠹蝝仆柱梁。董仲舒說：蝗子也。李巡說爾雅云：蝝，蝗子也。郭注：蝗子未有翅者。漢書五行志：董仲舒、劉向以爲蝝，螟始生。春秋

說文句讀　卷二十五　八百四十七　○析四十七　三四

宣十五年冬，蝝生。何注：蝝卽蠜也。始生曰蝝，大曰蠜。筠案：許說先舉爾雅之名，又引劉董兩說，不決之詞也。從虫，彖聲。與專切。

螻蛄也。淮南時則訓：孟夏之月，螻蟈鳴。注：螻，螻蛄。從虫，婁聲。洛侯切。一曰：螜，天螻。釋蟲文。本部無螜字，蓋挩佚也。郭注以爲螻蛄，非也。許云一曰，則其爲別義明矣。夏小正：三月螜則鳴。傳云：螜，天螻也。方言：蠀螬自關而東或謂之蝤蠀，或謂之天螻。許說殆謂此乎。

螻蛄也。從虫，古聲。古乎切。

蠪丁螘也。依段氏增蠪字。釋蟲：蠪，朾螘。玉篇蠪下云：蠪虰蟲。虰下云：蠪虰也。廣韻蟻下云：蠪蟻，螘也。從虫，龍聲。盧紅切。

羅也。釋蟲文。郭注：蠶蛾，非也。蚰部：蠶或作蛾，乃是蠶蛾。蛾古字，螘漢字，故許篆作蛾，說解則皆用螘字也。學記：蛾子時術之。注：蛾，蚍蜉也。左僖十五年傳：蛾析。釋文：本或作蟻。楚詞天問：蠭蛾微命力何固？海內北經：朱蛾其狀如蛾。注：蛾，蚍蜉也。史記五帝本紀：淳化鳥獸蟲蛾。是漢初以前書多用蛾者，閒亦作蟻。古讀義亦如俄也，而他經概不用螘，惟爾雅用之，明是魏晉閒人改。豈古讀如愷，與我聲不近，是語轉之後，字隨音變，螘蛾是一物，非一字也。鹵莽者見說解中皆作螘，增一螘篆，而許君之志晦矣。蛾又名羅者，與莪一名蘿同，皆聲近字也。而小雅蓼莪

yǐ 螘　chí 蚳　fán 蠜　shuài 蟀　mián 蝒　dāng 蟷　náng 蠰　láng 蜋　xiāo 蛸　píng 蛢　huáng 蟥　yù 蟠　shī 𧓔

漢司隸校尉魯峻碑作蓼義，可爲蛾又作蟻證。從虫，我聲。五何切。

螘　蚍蜉也。從虫，豈聲。魚綺切。

蚳　螘子也。釋蟲：蚍蜉，大螘；小者螘。其子，蚳。注：蚳，蟻卵也。天官鼈人：祭祀共䗪蠃蚳。注：蚳，蛾子。夏小正二月，抵蚳。傳：蚳，螘卵也，爲祭醢也。從虫，氏聲。直尼切。周禮有蚳醢。見天官醢人，內則亦有。讀若祁。郭注方言，建平人呼蚳音侈。籀文蚳從䖵。朱鈔本如此。者，古文辰也。古文蚳。從辰土。

蠜　自蠜也。自蠜，似與釋蟲之草蠜、負蠜相當，然當是自螽之譌。詩草蟲傳曰：阜螽，蠜也。草蟲，常羊也。釋蟲：阜螽，蠜。郭引詩：趯趯阜螽。陸疏：今人謂蝗子爲螽子。玉篇云：即蚣蝑。釋蟲又曰：草螽，負蠜。郭引詩：喓喓草蟲。陸疏：小大長短如蝗，奇音青色，好在茅草中。從虫，樊聲。附袁切。

蟀　悉蟀也。釋蟲：蟋蟀，蛬。注：今促織也。古今注：蟋蟀，一名吟蛬。許不收蛬字，今借蛩爲之。從虫，帥聲。所律切。釋蟲釋文：蟀本或作䗨，其蜻蛚下引字林云：蟋蟀也。或呂氏收此俗字乎。

蝒　馬蜩也。釋蟲文。方言誤絕蝒馬爲句，許君正之。凡大者言馬。桂氏曰：玉篇蝒與蚂同，本書蚂次于蜩蟬諸字下，以類相次，而蝒獨廁於此，疑後人亂之。蝒當爲蚂之正文。從虫，面聲。武延切。

說文句讀《卷二十五　七百五十四　、○折四十八　丟

蟷　蟷蠰，不過也。見釋蟲。注：螗蜋別名。從虫，當聲。都郎切。

蠰　蟷蠰也。從虫，襄聲。汝羊切。

蜋　堂蜋也。釋蟲作螗蜋，他書作螳蜋。螳，俗字。從虫，良聲。魯當切。一名蚚父。宋槧爾雅釋文引如此。郭注云：有斧蟲。高注呂覽仲夏紀：兗州謂之拒斧也。皆蚚父之意。

蛸　蟲蛸，堂蜋子。釋蟲：不過，蟷蠰，其子蜱蛸。注：一名蟳蟭，今膠州人言如此。鄭注月令作螵蛸，本草同。從虫，肖聲。相邀切。

蛢　蟠蟥，以翼鳴者。釋蟲：蛂，蟥蛢。注：甲蟲也，大如虎豆，綠色，今江東呼蟥蛢。案郭氏据本蟠譌爲蛂，又誤斷蟥蛢爲句，皆當依許正之。考工記梓人以翼鳴者注：翼鳴，發皇屬。發皇即蟠蟥也，鄭讀與許讀同。從虫，幷聲。薄經切。

蟠　蟠蟥也。從虫，矞聲。余律切。

蟥　蟠蟥也。從虫，黃聲。乎光切。

𧓔　蛄𧓔，強芈也。蛄，集韻、類篇引作姑。釋蟲：蛄𧓔，強蛘。注：今米穀中蠹小黑蟲，建平人呼爲蛘子。疏引方言：蛄施謂之強蛘。今米穀中小黑蠹蟲也，江東謂之蛒，音加。建平人呼蛘，音芈。楚姓芈。御覽引郭注作芈子，音米。是也。釋文：蛘，郭音芈，亡婢反，本或作芈。說文作羊，字林作蛘，弋

zhān 蛅　xiàn 蜆　féi 蜰　jué 蝍　guǒ 蝸　luǒ 蠃　líng 蠕　jiá 蛺　dié 蜨　chī 蚩　bān 盤　máo 蝥　fán 蟠　yī 蛜

丈反。云搔蛘也。案陸氏謂說文作羊，蓋据誤本。引字林尤誤，當從郭音。從虫，施聲。式支切。

蛅　蛅斯，墨也。釋蟲：蟔，蛅蟖。注：蛓屬也。今青州人呼載爲蛅蟴。從虫，占聲。博物志作占斯。案載不類列而遠隔，在前或蛅亦後增。職廉切。

蜆　縊女也。釋蟲文。御覽引異苑：縊女蟲也，一名蜆，長寸許，頭赤身黑，恆吐絲自懸。從虫，見聲。胡典切。

蜰　盧蜰也。釋蟲：蜚，蠦蜰。注：蜚，即負盤臭蟲。監本郭注蜚作蜰，舍人、李巡皆曰：蜚蠦，一名蜰。非也。說文見蟲部蠹下。從虫，肥聲。符非切。

蝍　渠蝍。御覽引作蜣蜋。說文無蜣字。嚴氏曰：當作蝍蜋。玉篇：蝍，即蜣。一曰天社。廣雅：天社，蜣蜋也。從虫，卻聲。其虐切。

蝸　蝸蠃，蒲盧。釋蟲文。蝸作果。注：即細腰蠭也，俗呼爲蠮螉。細要土蠭也。爾雅釋文。今俗呼細腰小蠭爲蠮螉，在物中作房，用土爲隔是也。天地之性，細要純雄無子。𪓰部云：天地之性廣肩無雄，與此對文。淮南地形訓：凡人民禽獸萬物貞蟲，各有以生。注：貞蟲，諸細要之屬。列子天瑞篇：純雄其名大腰，純雌其名穉蜂。詩曰：螟蠕有子，蝸蠃負之。小雅小宛文。蠕今作蛉，蝸今作蜾。箋：蒲盧取桑蟲之子，負持而去，煦

說文句讀《卷二十五　七百二十五　、○折五十　美

嫗養之，以成其子。從虫，蝸聲。古火切。

蜾　蝸或從果。

蠃　蜾蠃也。從虫，蠃聲。郎果切。一曰虒蝓。釋魚：蚹蠃，螔蝓。注：即蝸牛也。說文無蚹字，且此文亦但作蠃虒蝓。鄭注士冠禮、天官醢人、鼈人皆云：蠃，螔蝓。即釋魚蠃小者蜬。亦不言蚹。蚹蠃本作附，謂其有所附麗而行也。

蠕　螟蠕，桑蟲也。釋蟲文。今作蛉。注：俗謂之桑蟃，亦曰戎女。從虫，霝聲。郎丁切。

蛺　蛺蜨也。此名於經子無徵，莊子、列子皆曰：烏足之根爲蠐螬，其葉爲胡蝶。胡蝶者，胥也。廣雅：蛺蜨，蟼蛈也。從虫，夾聲。兼叶切。

蜨　蛺蜨也。從虫，疌聲。徒叶切。俗作蝶。

蚩　蟲也。從虫，之聲。赤之切。

盤　盤蝥，毒蟲也。本草作斑猫。一名斑蚝，一名龍蚝，甘辛有毒。廣雅：盤蝥，㬹青也。從虫，般聲。布還切。

蝥　盤蝥也。從虫，敄聲。莫交切。

蟠　鼠婦也。御覽引作蟠蝜鼠婦也。似非。鼠部：𪖔，或曰鼠婦，是其證。釋蟲：蟠，鼠負。注：瓮器底蟲。從虫，番聲。附袁切。

蛜　蛜威，委黍。委黍，鼠婦也。蛜當作伊。詩東山：伊威在室。傳：伊威，委黍也。陸疏：伊威，一名委黍，一名鼠婦，在壁根下甕底土

jué 蚗 mián ⿰虫丏 xī 螇 ní 蜺 chán 蟬 tiáo 蜩 huáng 蝗 zhè 蟅 xū 蝑 sōng 蜙

中生、似白魚者是也。從虫。伊省聲。當作尹聲、於脂切、

蜙 蜙蝑，春黍。依詩釋文引補以股鳴者。考工記注云、股鳴、蜙蝑動股屬、詩七月、斯螽動股、陸疏、楊雄云、春黍也、幽州人謂之春箕、五月中、以兩股相切作聲、聞數十步、釋蟲、蜇螽、蜙蝑、注、蜙蝑也、釋文、蜇本又作蟴、從虫。松聲。息恭切、周南螽斯釋文、蚣、字林作蜙、先凶反、許慎思弓反、然則說文但作蚣、其蜙字則後人以字林增入也、

蚣 蜙或省。

蝑 蜙蝑也。從虫。胥聲。相居切、

蟅 蟲也。段氏改蟲爲螽、而曰、方言曰、蟒、宋魏之間謂之蚮、南楚之外謂之蟅蟒、或謂之螣、郭注、即蝗也、蟅音近詐、蟒音莫梗反、亦呼蚱蜢、按即今北人所謂螞蚱、江南人謂之蝗蟲、許書上文曰蜙蝑、下文曰蝗、蟅亦蝗也、故列字之次如此、若廣雅本草所云蟅者、皆非許意、案廣雅、負蠜、蟅也、本草、䗪蟲、一名土鼈、從虫。庶聲。之夜切、

蝗 螽也。轉注、眾經音義、小曰蝩、大曰蝗、魚子化作也、又曰、今江北通謂螽蝗之類曰蝩、亦曰簸蝩、一名螽蜇、一名蜙蝑、從虫。皇聲。爾雅釋文、蝗、字林音皇、說文榮庚反、孫乎光切、

蜩 蟬也。詩及爾雅皆言蜩、毛公乃言蟬、呂氏月令亦言蟬、知蟬是秦字、夏小正之寒蟬、似後人改、月令注、寒蟬、寒蜩、案方言寒蜩注曰、

月令亦曰寒蜩鳴、從虫。周聲。徒聊切、詩曰。五月鳴蜩。豳風七月文、

蚒 蜩或從舟。

蟬 以旁鳴者。考工記梓人文、注、旁鳴、蜩蜺屬、疏、蟬鳴在脅、從虫。單聲。本時延反、孫市連切、

蜺 寒蜩也。釋蟲文、注、寒螿也、似蟬而小、青色、許注淮南云、寒螿、蟬屬也、方言、蜺謂之寒蜩、郭注以釋蟲駁之、案蜺蟜雙聲、字隨語變耳、從虫。兒聲。五雞切、

螇 螇鹿，蛁蟟也。說文無蟟字、似當作蛁遼也、革部鞀下云、鞀遼也、可證、短言之則曰鞀蛁、長言之則曰鞀遼、蛁遼耳、吾鄉呼此物曰都遼、都遼正切蛁字也、釋蟲、蜓蚞、螇螰、說文亦無蚞螰、皆後加偏旁、方言、蛥蚗、齊謂之螇螰、楚謂之蟪蛄、或謂之蛉蛄、秦謂之蛥蚗、自關而東謂之虭蟧、或謂之蝭蟧、或謂之蜓蚞、案虭蟧即蛁蟟、莊子釋文作蛁蟧、夏小正傳、寒蟬也者、蝭蠑也、蝭蠑又蝭蟧之轉語、楚詞招隱士、蟪蛄鳴兮啾啾、王注、蜩蟬得夏喜呼號也、秋節將至、悲嘹噍也、嘹噍則蛁蟟之訓釋也、從虫。奚聲。胡雞切、

蚗 蛥蚗，蛁蟟也。蛥蚗、即方言蛥蚗也、蛥當音移、從虫。夬聲。於悅切、

⿰虫丏 蚗蟬屬。依廣韻引改、說見前蝒下、讀若周天子赧。句當在丏聲下、從虫。丏聲。武延切、案蚗有

qí 蚑 ruǎn 蝡 qù 蜡 liè 蛶 shěng ⿰虫省 xiāo 蟰 ruì 蜹 lüè ⿰虫京 měng 蠓 líng 蛉 jīng 蜻 liè 蛚

蛥蚗、⿰虫丏蚗、兩名而兩物、猶蜻有蜻蛚、蜻蛉、兩名而兩物、故其列字如此、

蛚 蜻蛚也。字林、蜻蛚、蟋蟀也、鄭注考工記曰、以注鳴者、精列屬、案其名偶同、蓋非一物、蟋蟀以翼鳴也、從虫。列聲。良薛切、

蜻 蜻蛚也。從虫。青聲。子盈切、

蛉 蜻蛉也。楚策、王獨不見夫蜻蛉乎、六足四翼、飛翔乎天地之閒、亦單名蜻、呂覽精喻篇、海上之人、有好蜻者、注云、蜻蜓、又名蟌、淮南說林訓、水蠆爲蟌、注、蟌、青蜓也、案水蠆似非蜻蜓點水乃生子也、其形似蠆、蛻爲蜻蜓、未蛻時、吾鄉呼爲蜻蜓蛻、從虫。令聲。郎丁切、一名桑根。李燾本無此句、或後人以字林羼入、引見爾雅釋文、然訛根爲根、蜻蛉語轉爲桑根、皆疊韻字、

蠓 蠛蠓也。說文無蠛字、當作蔑、淮南修務訓、手若蔑蒙、漢書司馬相如傳、蔑蒙踊躍、郭璞圖讚曰、小蟲似蚋、風春雨磑、從虫。蒙聲。莫孔切、

⿰虫京 蟝⿰虫京也。蟝⿰虫京即渠略、釋蟲、蜉蝣渠略、一曰蜉游。說文無蝣字、依平津本作游、夏小正作浮游、朝生莫死者。此用毛傳、謂其雌者也、淮南曰、三日而死、謂其雄者也、生荒地中、郭注爾雅方言、皆曰生糞土中、樊光亦謂之糞土蝎蟲、非也、說詳釋例、從虫。京聲。离灼切、

蜹 秦晉謂之蜹。楚謂

之蚊。元應引作秦人謂之蜹、楚人謂之蚊、後漢書崔駰傳注、引作秦謂之蜹、楚謂之蚊、夏小正、八月丹鳥羞白鳥、傳、丹鳥也者、謂丹良也、白鳥也者、謂蚊蜹也、皇侃說、丹良、螢火、從虫。芮聲。而銳切、

蟰 蟰蛸，長股者。詩七月、蟰蛸在戶、傳、蟰蛸、長踦也、釋蟲同、郭注、小鼅鼄長腳者、俗呼爲喜子、古今注作長蚑、陸疏謂之喜母、從虫。肅聲。穌彫切、詩釋文、蠨音蕭、說文作蟰音夙、

⿰虫省 蟲也。類篇云、似蟬、從虫。省聲。息正切、

蛶 商何也。釋蟲作蟐、釋文、蟐、失羊反、字林之亦反、集韻蟐音隻、引字林、蟲名、蟐式羊切、引爾雅蟐蟐何、一曰蜥蜴類、段氏曰、字林近古、之亦反則字本作蟐、而許書當作啻何矣、從虫。寽聲。力輟切、

蜡 蠅胆也。胆見肉部、案初生曰蜡、長大曰胆、周禮。蜡氏掌除骴。見秋官、注云、蜡、骨肉腐臭蠅蟲所蜡也、蜡讀如狙司之狙、從虫。昔聲。鉏駕切、

蝡 動也。羣書多譌作蠕、論衡齊世篇、蜎飛蠕動、跂行喙息、元應引說文亦作蠕、別引字林、蝡、虫動也、虫當作蟲、從虫。耎聲。而沇切、

蚑 徐行也。依洞簫賦注引補、凡生之類，行皆曰蚑。選注四引、竝同、生似蟲之譌、淮南修務訓、蚑行蟯動之蟲、或借跂字、見女

chī 螭　jiāo 蛟　shí 蝕　yǎng 蛘　è 蝁　shì 螫　hē 蠚　tuì 蛻　shàn 蝙　yú 螸　chǎn 蚩　xuān 蠉

部妓下。從虫支聲。巨支切。蟲行也。淮南原道訓蠉飛蝡動，注，蟲行動貌。從虫瞏聲。香沇切。蟲曳行也。類篇引作蟲名。案蟲名不當在此，又與曳行不貫。曳當作申，如尺蠖然。玉篇，蚩，蟲伸行，廣韻同。從虫屮聲。讀若騁。革部鞹讀若騁蛪。丑善切。螽醜螸。毛本改螽爲蠭，非也。釋蟲，蠭醜螸，釋文，蠭施乾作螽。垂腴也。腴，腹下肥也。螽與蜂皆然。孝經援神契，蠆垂芒，腴注毒在後，故言垂芒。腴，案蠆但有芒耳，此非許意。從虫欲聲。余足切。蠅醜蝙。釋蟲但作扇。雖釋文曰說文作蝙，終恐此篆係後人加。搖翼也。郭注，好搖翅。從虫扇聲。式戰切。蛇蟬所解皮也。論衡論死篇，蟬之未蛻也爲復育。淮南精神訓，蟬蛻蛇解。從虫稅省聲。韻會引有聲字。然當作兌聲。輸芮切。螫也。字林作蠚，云蟲行毒也。漢書刑法志，百姓新免毒蠚。從虫若省聲。呼各切。蟲行毒也。詩小毖，自求辛螫。從虫赦聲。施隻切。衆經音義，螫式亦反，關西行此音，又音呼各反，山東行此音。案呼各切則與蠚同字矣。吾鄉謂蟲行毒曰蛆，知列反，謂受螫而痛曰蠚。蚗

也。毛本作虵屬，非也。說見長部镻下。從虫亞聲。烏各切。搔蛘也。元應引此，又引禮記蛘不敢搔以證，又云今皆作癢，近字也。案釋蟲，蛄蠪強蛘，釋文字引字林作蛘，云搔蛘也。蓋陸氏字學頗疏，並非。說文無蛘字，字林始收之，亦非。字林作強蛘也。從虫芊聲。余兩切。敗創也。言皮肉敗壞而成瘡痏也。創，古瘡字。因而以藥食其惡肉，亦謂之蝕。出天官瘍醫注。日月食，古亦作蝕。漢書日月薄蝕，韋昭注，氣往迫曰薄，虧敗曰蝕。從虫人食，食亦聲。五字當作飤聲。乘力切。龍之屬也。韻會引云龍屬，無角曰蛟，而從虫交聲四字，亦繼此下。池魚滿三千六百，蛟來爲之長，能率魚而飛。藝文類聚引魚滿三千六百年，蛟爲之長，率魚而飛去。御覽引魚滿三千六百歲。齊民要術，陶朱公養魚經云，魚滿三百六十，則蛟龍爲之長，而將魚飛去。內鼈則魚不復去。爾雅翼亦引此經，謂鼈爲神守。置笱水中，卽蛟去。從虫交聲。古肴切。若龍而黃也。北方謂之地螻。荀子賦篇，螭龍爲蝘蜓，注云，地螻，又有赤螭，見漢書司馬相如傳。從虫离聲。丑知切。或云無角曰螭。廣雅，無角曰𧊜龍。玉篇，𧊜，今作螭。

wō 蝸　pí 螷　gé 盒　shèn 蜃　lián 螊　lún 蜦　qiú 虯

龍子有角者。韻會引作龍子無角者，李注甘泉賦引作龍無角者。然廣雅，有角曰蘢龍，蘢卽虯。漢書司馬相如傳，六玉虯，張揖曰，龍子有角曰虯。從虫丩聲。渠幽切。蛇屬也。黑色，潛于神淵之中，能興雲致雨。依江賦注引改補。許注淮南云，黑螾，神蛇也，潛于神泉。淮南齊俗訓，蟻牛騂毛，宜於廟牲，其於致雨，不若黑螾。從虫侖聲。讀若戾艸。當作莀州。力屯切。蜦或從戾。秦江賦云，蜦蟳鸎蝞，李善既引蜦下說矣，賦又云，神蜧蝹蜦以沈游，李善又引說文曰，蜧，蛇屬也。同在一篇，何以如此，俟再詳之。海蟲也。長寸而白，可食。玉篇，螊，小蚌，可食。廣韻作蠊。集韻名以蠊蛾。晉書音義引字林，蠊蠘，海蟲，長寸，可食。晉書夏統傳，或至海邊拘蠊蠘以資養。從虫兼聲。讀若嗛。力鹽切。雉入海化爲蜃。廣韻引作雉入水所化。字林，蜃，雉入海所化也。月令，雉入大水爲蜃，注，大水淮也。大蛤曰蜃。夏小正，十月，雉入于淮爲蜃。傳，蜃者蒲盧也。晉語，雀入于海爲蛤，雉入于淮爲蜃。從虫辰聲。時忍切。蜃屬。有三種。以下皆依爾雅釋文藝文類聚所引改補。皆生於海。盒蠣千歲

雀所化也。月令，鴻雁來賓，爵入大水爲蛤。高注呂覽，以賓屬下讀，云賓爵，老爵也，栖宿于人堂宇之間，有似賓客。秦人謂之牡蠣。字林，蛤，燕雀所化也。秦曰牡礪。礪亦蠣之訛。海盒百歲燕所化也。陶隱居云，燕鴽戶有北向及尾倔色白者，皆是數百歲燕。淮南子，燕入水爲盒。魁盒，一名復絫老服翼所化也。本草圖經引說文曰，魁盒卽是伏翼所化，故一名伏老。案伏老與此復絫老三字相當，誤斷其句也。釋魚，魁陸，注，本草云，魁狀如海蛤，圓而厚，外有理縱橫，卽今之蚶也。陶隱居云，是老蝙蝠所化。復絫，山海經作僕纍，又作蠛螺。從虫合聲。古沓切。階也。集韻引作螷字。字林，螷，小蛤也。釋魚，螷，注，今江東呼蚌長而狹者爲螷。天官，鼈人，醢人，皆有螷。脩爲螷，圜爲蠣。蠣，爾雅疏、集韻、增韻、復古編竝引作注云，蛤也，蠣似非。今呼長者爲蟶而圓者猶爲蠣也。本草謂蟶卽蝏蠊，蟶蒲幸切。廣韻亦收螷于三十九耿，與蟶同音，卽一字。本草又謂蟶長六七寸，則是今之筆管蟶也。從虫庳聲。蒲猛切。俗作鮍，或作蠯。蝸蠃也。上文蠃下既云虒蝓矣，此又以蝸蠃爲名者，二字疊韻，可單可雙。士冠禮，蠃醢，注，今文蠃爲蝸。案今人俗語猶合兩字一義者爲一語，如能耐，做作，是也。故吳語又謂之蒲蠃

xié 蠵　má 蟆　há 蝦　jú 蝌　fú 蚨　zhé 蟄　liú 蟉　yōu 蚴　shàn 蟺　yuān 蜎　yú 蝓　lì 蠇　bàng 蚌

蒲蠃卽夏小正之蒲盧，盧蠃聲轉也。從虫咼聲。古華切。
蚌　蜃屬。雪賦注引屬作也。釋魚蚌含漿，郭注蚌卽蜃。從虫丰聲。步項切。
蠇　蚌屬。似螊微大，出海中，今民食之。案蠇有兩種，本草之牡蠣，吾鄉謂之蠣㨫，其爲物族處而定居也。此云蚌屬者，吾鄉所謂走蠣，大如田蠃，負殼而行，其可食則一也。從虫萬聲。讀若賴。力制切。
蝓　虒蝓也。廣雅蠡蠃蝸牛螔蝓也。從虫俞聲。羊朱切。
蜎　肙也。依集韻引改，此以母釋子之法也。肙字從肉蟲無骨也，從口者，肙掉尾向首其曲如環也。蜎再加虫，是肙所孳育也。井中蟲。依韻會引增，此乃釋其義也。釋魚蜎蠉注，井中小蛣蟩赤蟲也。考工記廬人注，蜎亦掉也，謂若井中蟲蜎之蜎。字林蜎蟲皃也，則据詩蜎蜎者蜀以爲說也，與許君異。從虫肙聲。狂沇切。
蟺　夗蟺也。集韻引夗作蛩，說文無之。揚雄傳作宛延，段氏謂爲凡蟲之宛曲之狀是也。釋蟲螼蚓豎蠶注，廣雅、古今注、衆經音義或作蛩蟺，或作蜜蟺、蜿蟺，皆云卽蚯蚓。案蚓有此名，亦以宛曲之狀名之耳。蟺不與螾篆相繼，知許不謂蚓之別名。從虫亶聲。常演切。
蚴　蚴蟉也。大人賦驂赤螭青虯之蚴蟉蜿蜒。玉篇蚴與蚴同，漢書司馬相如傳青龍蚴蟉於東廂。從虫幽聲。於虯切。
蟉　蚴蟉也。從虫翏聲。力幽切。
蟄　藏也。蟲至冬卽蟄隱不出也。獸之淺毛者亦蟄，熊羆等是也。元應妻引皆同，惟末句不似許君語例耳。從虫執聲。直立切。
蚨　青蚨，水蟲，可還錢。廣雅蟱蜗魚伯青蚨也。淮南萬畢術青蚨還錢，青蚨一名魚伯，以其子母各等，置瓮中，埋東行陰垣下，三日復開之，卽相從。以母血塗八十一錢，亦以子血塗八十一錢，以其錢更互市，置子用母，置母用子，錢皆自還也。搜神記南方有蟲名蟱蜗，如蟬而大，辛美可食，其子如蠶種，取其子歸，則母飛來，雖潛取必知處。殺其母塗錢，子塗貫，用錢則自還。初學記作青皃。從虫夫聲。房無切。
蝌　蝌鼀，詹諸。說見黽部。以脰鳴者。考工記梓人文，注云鼀黽。從虫匊聲。居六切。
蝦　蝦蟆也。本草蝦蟆一名蟾蜍，一名去甫。桂氏曰，釋蟲不蜩王蚥，蝌鼀不蜩聲相近，王蚥當爲去蚥。衆經音義山東謂之去蚥，江南俗呼蟾蠩。從虫段聲。乎加切。
蟆　蝦蟆也。釋蟲蟼蟆，是則蟆自爲名，不必連蝦也。從虫莫聲。莫遐切。
蠵　大龜也。漢書禮樂志馮蠵切和疏寫平，知蠵一字爲名。羣書作觜蠵、靈蠵，則其別名也。角部觜下云觜觿，則觜星之別名，與此無異。釋魚二曰靈龜，注涪陵郡出大龜，甲可以卜，緣中文似瑇瑁，俗呼爲靈龜，卽今觜觿龜，一名靈蠵。案觿蠵皆蠵之譌。漢書揚雄傳應劭曰，蠵，大龜也，雄曰毒冒，雌曰觜蠵。以胃鳴者。說見上文蚖下。從虫嶲聲。戶圭切。司馬相如說蠵從敻。玉部瓊或作璚。

wǎng 蛧　è 蝉　yù 蜮　guǐ 蛫　xiè 蠏　jiàn 螹

螹　螹離也。上林賦鰅鰫螹離，司馬彪曰螹離魚也。廣韻螹蠊蟲名。從虫斬聲。不云斬聲者，上林賦之螹離，漢書作漸離，史記有高漸離，皆借漸爲螹，故云漸省聲以闕之。慈染切。
蠏　水蟲也。依元應引補。有二敖八足。元應引無有字，敖作螯，皆非。言有者，謂其非無爲穴之具，起下非蛇鱓之穴無所庇也。說文無螯字，螯廣韻作螯。敬齋古今注，荀卿子謂蟹六跪而二螯，楊倞云跪足也。韓子以刖足爲刖跪。許叔重號爲博物，而亦以蟹爲六足者，非不識蟹，蓋循荀子之說而忘其誤耳。案此則今本之八足，乃後人核實而改之。旁行。孝經援神契蟹二螯兩端旁行，注螯猶兵也，小蟲而欲兩端自衛，故使旁行也。非蛇鱓之穴無所庇。荀子勸學篇蟹二螯八足，非蛇䱇之穴無所寄託者，用心躁也。爾雅翼鱓似蛇，亦名蛇鱓。周書王會甌人食蛇鱓。從虫解聲。胡買切。
蠏　蟹或從魚。
蛫　蟹也。本草圖經蠏之類甚多，六足者名蛫，有大毒，不可食。廣雅蜅蟹蛫也，其雄曰鱇鱐，其雌曰博帶。從虫危聲。過委切。
蜮　短狐也。似鼈三足，以气䠶害人。詩何人斯爲鬼爲蜮，傳蜮短狐也。案陸璣疏、博物志、玄中記、抱朴子等書，蜮一名射工，一名射影，一名祝影。蟲背有甲，頭有角，有翼能飛，無目而利耳，口中有橫物如角弩，聞人聲以氣爲矢，因水而射人，或曰含沙射人，中人卽發瘡，中影者亦病。鴛鸗、鸗鷟、蟾蜍悉食之，畏鸗鸗，飛則蜮沈。從虫或聲。于逼切。
蟈　蜮又從國。秋官蟈氏先鄭注蟈讀爲蜮，蜮，蝦蟇也。淮南子螻蟈鳴注，蟈，蝦蟇也。是知蝦蟇之蟈可作蜮，則短狐之蜮可作蟈。
蝉　似蜥易，長一丈。博物志南海有鰐魚，狀似鼉，斬其頭而乾之，去齒更生，如故者三乃止。異物志鰐長二丈餘。水潛吞人卽浮。爾雅翼鰐魚食旣飽，浮出水上，若昏醉之狀。出日南。郡名也。据梁書云蒼梧以南及外國皆有。又云一目四足，喙長六七尺，兩邊有齒如刀劍。從虫屰聲。吾各切。今作鰐鱷。
蛧　蛧蜽，山川之精物也。左宣三年傳作罔兩，服虔云木石之怪，杜

liǎng 蜽　yuán 蝯　zhuó 蠗　wèi 蜼　gǒu 蚼　qióng 蛩　jué 蟨　biān 蝙

注云水神、夏官方相氏作方良、孔子世家作罔閬、今作魍魎、淮南子說。依韻會引改、蛧蜽狀如三歲小兒。赤黑色。赤目。長耳。美髮。衆經音義引之、赤目下有赤爪二字、從虫网聲。文兩切、國語曰。木石之怪夔蛧蜽。魯語、木石之怪曰夔蛧蜽、水之怪曰龍罔象、韋注、蛧蜽、山精、好斆人聲而迷惑人也、賈逵注、罔兩罔象、言有夔龍之形而無實體、皆虛無也、案賈各以三字爲一物、許如韋、以爲兩物、且云精物則是山魈木客之類、杜注亦非也、

蛧蜽也。從虫兩聲。良獎切、

善援。禺屬。釋獸、猱蝯善援、管子形勢解、緣高出險、猱蝯之所長而人之所短也、故曰、隊岸三仞、人之所大難也、而猱蝯飲焉、御覽引作禺屬、音扶沸切、孝子傳、猨禺屬也、或黃或黑、通肿輕勤、善緣能於空處輪轉、從虫爰聲。雨元切、干祿字書、猨俗、猨通、蝯正、

禺屬。史記司馬相如傳、蛭蜩蠼蝚、字或作玃、玉篇、玃似獼猴而黃、從虫翟聲。直角切、

如母猴。卬鼻長尾。釋獸、蜼、卬鼻而長尾、注、蜼似獼猴而大、黃黑色、尾長數尺、似獺、尾末有岐、鼻露向上、雨卽自縣於樹、以尾塞鼻、或以兩指、從虫隹聲。字林、蜼、餘繡反、江東名也、又音餘季反、建平名也、衆經音義、貐、古文作蜼、

北方有蚼犬食人。海內北經、蚼犬如犬、青色、食人從首始、注、蚼音陶、或作蚼、音鉤、從虫句聲。古厚切、

蛩蛩。獸也。釋地、有邛邛岠虛、穆天子傳亦連言之、惟岠作距、爲異、海外北經、單言蛩蛩、王會解、呂覽、單言距虛、漢書司馬相如傳、蹷蛩蛩、轔距虛、張揖曰、蛩蛩、青獸、狀如馬、距虛、似贏而小、郭璞曰、距虛卽蛩蛩、變文互言耳、新論、蛩蛩巨虛、其實一獸、因其詞煩、分而爲二、一曰。秦謂蟬蛻曰蛩。玉篇、蛩、蟬蛻也、從虫巩聲。渠容切、

鼠也。集韻、蟨、居衞切、鼠也、一曰西方有獸。前足短。與蛩蛩巨虛比。其名謂之蟨。釋地、西方有比肩獸焉、與邛邛岠虛比、爲邛邛岠虛齧甘草、卽有難、邛邛岠虛負而走、其名謂之蟨、注、呂氏春秋曰、北方有獸、其名爲蟨、鼠前而兔後、趨則頓、走則顛、然則邛邛岠虛亦宜鼠後而兔前、前高不得取甘草、故須蟨食之、今鴈門廣武縣、夏屋山中有獸、形如兔而大、相負共行、土俗名之爲蟨鼠、案蟨鼠之名、則許君鼠也之說、殆仍卽此物、從虫厥聲。居月切、

蝙蝠也。古今注、蝙蝠、一名仙鼠、一名飛鼠、五百歲色白腦重、集物則頭垂、謂之倒挂蝙蝠、食之神仙、從虫扁聲。布懸切、

fú 蝠　mán 蠻　mǐn 閩　hóng 虹　dì 螮　dòng 蝀　niè 蠥

蝙蝠。服翼也。服、廣韻引作伏、孝經援神契、蝙蝠伏匿、故夜食、廣雅、伏翼、飛鼠、仙鼠、𧌒蟔也、唐本草注云、伏翼以其晝伏有翼爾、方言、新序、皆作服翼、與爾雅釋鳥同、從虫畐聲。方六切、

南蠻。蛇穜。王制、南方曰蠻、禹貢、三百里蠻、馬注、蠻、慢也、禮簡怠慢、來不距、去不禁、鄭注、蠻者、聽從其俗、羈縻其人耳、故云蠻、蠻之言緍也、白虎通、蠻、虫難化、執心違邪、從虫䜌聲。羌下云、南方蠻閩從虫、莫還切、

東南越。蛇穜。史記東越傳、閩越王無諸、注、東越之別名、夏官職方氏七閩、注、閩蠻之別也、國語曰、閩芈蠻矣、漢書高帝紀、亡諸身帥閩中兵、以佐滅秦、顏注、閩越、今泉州建安是其地也、其人本蛇穜、故其字從虫、劉君燕庭曰、福州城內有蛇民、服飾與平民異、其丁甚少、省城以外無之、然則今之閩人、皆四方僑寓之人也、從虫門聲。武巾切、

螮蝀也。釋天、螮蝀謂之雩、螮蝀、虹也、狀似蟲。從虫工聲。戶工切、明堂月令曰。虹始見。在季春、蔡氏章句、雄曰虹、雌曰蜺、京房易傳、蜺四時有之、惟雄虹見藏有月、

籀文虹從申。申。電也。象電光閃爍屈曲之狀、然則電字小篆加雨耳、分別文也、申部不見此義、於此見之、虹與電相似、故從之、

螮蝀。虹也。釋天文、詩作蝃、從虫帶聲。都計切、

螮蝀也。從虫東聲。多貢切、

衣服歌謠艸木之怪。謂之祅。禽獸蟲蝗之怪。謂之蠥。蠥、災也。依元應引補、漢書五行志、凡草物之類謂之妖、妖猶夭胎、言尚微、蟲豸之類謂之蠥、蠥則牙櫱矣、何休膏肓、昔周公之隆、天不出妖、地不出蠥、從虫辥聲。魚列切、

文一百五十三　重十五

廣韻、蛤、土來切、說文云、黑貝、亦珠蛤、案爾雅釋魚、貽貝、注、黑色貝也、釋文、貽、本又作胎、字林作蛤、云黑貝也、由此推之、許君所據釋魚蓋作胎、廣韻誤以字林爲說文也、

說文解字句讀弟十三上

鄉甯安業王席珍校

句讀卷二十五補正

繹、承以緒者、抽之則端緒出也、一釜之繭甚多、但抽一緒、而他繭牽連及之矣、一葉後七行方言上增此

滓是惡絲之別名、非用澱滓濁泥之本義、但此絲既養、亦爛如泥耳、葢蠶作繭時先吐絲于蔟中艸上、使有所綴屬、其狀稀疏鬆浮、於內作繭、始堅好也、此云絲滓、絓下云繭滓、似有別者、然擇繭時、於其鬆浮者、已別擇而各湅之、與下文絓頭義合、其擇之不盡者甚少、絲之滓固無多也、不知何以有異名、是則織當問婢矣、二葉前七行絲滓也下增此注

別絲也。依棫樸正義引乙轉、葢絲之言統言紀。與麻之言絜

言繆。及禾部所云布之八十縷爲稯。意皆同。而所指不同。稯者。所統紀之物之數也。統紀者所以別其稯者也。古之布帛幅廣二尺四寸。其爲八寸者三。是以八起數也。故縷亦以八爲率。朝服用十五升布。升卽是稯。其爲八十縷者凡十五。麻冕倍之。其爲八十縷者凡三十。故其初之經之也。每一稯必別以一縷橫束之。以免錯亂。是之謂統紀。禮器曰。衆之紀也。紀散而衆亂。鄭注。紀者絲縷之數有紀也。鄭言絲縷。故知布帛同此數矣。說苑曰。袁氏之婦絡而失其紀。苟非別一縷也。禮器何以云散。說苑何以云失哉。三葉後五行絲別也改作別絲也小注棫樸至緒也全删以此易之

木部朱下云赤心木。此云純赤也。是其義不異。然絑既從糸。則是染朱之赤。非天生之赤矣。乃上下文說解皆言帛。而絑纁絳綰。介乎其中。獨不言帛。未詳何故。又鄭君疑朱爲四入、是謂朱赤別也。而許君說朱絑皆曰赤。赤部曰南方色也。南方七宿曰朱鳥。葢亦不別也。十葉後一行章俱切下增此

黹部云箴縷所紩衣、衣部褍、紩衣也、十七葉後七行謂之紩下增此

○案自維至緡通爲一類。維紙皆車所用之物、因及馬牛所用之物、而汲綆弋釣之物亦附焉、惟緆緬二字似失次、緆以麻作之緬以艸或竹作之、似當在末、否則當繼繩下、卽綌縼縻亦未必用絲也、二十葉後一行以追切下增此

䋿亦省作䋿。吳都賦䋿麋麖。李注。䋿。絆前兩足也。引莊子曰連

之羈䋿。音聳。集韻兩收于九嘆二腫。須聳雙聲。二十一葉前七行注同下增此

○自此至〓皆絜事、二十二葉後五行息據切下增此

○自此至絣皆麻事而紕繝二字因絣而及之、二十三葉後四行七入切下增此

字又作緒、韓詩曾子褐衣緼緒未嘗完、二十四葉後五行注末删此三句

孟子、齊疏之服、注、齊疏、齊衰也、釋文作齊綀云、或作衰、二十五葉前八行本又作綀下增此

○此亦布也、而不與上文諸布名類聚者、以其爲夷狄之物、故與紕繝連文、二十六葉後二行北萌切下增此

宗廟之器。彝居其一。而曰常器。則似几器之通名。乃下引周禮。

則又爲一器之專名。左襄十九年傳曰、大伐小、取其所得以作彝器、杜注彝常也。謂鐘鼎爲宗廟之常器、案傳及注意、亦謂彝是通名也。故積古齋鈞清館所有款識、彝之屬其銘往往連言尊。祖己彝曰尊彝、雝作癸彝曰寶尊彝是也。尊之屬其銘往往連言彝。叀尊曰尊彝、繼彝曰宗彝、商員父尊曰寶尊彝是也。且夫尊彝皆酒器也。凡酒器之銘。亦通謂之尊。謂之彝。周叟季壺曰尊壺、彭姬壺曰壺尊、作祖壺曰彝、大壺曰寶彝、父辛卣曰彝、邑卣曰寶彝、父丁卣曰尊彝、咎父癸卣曰寶尊彝、周寰卣曰寶尊器、獸爵曰寶彝、商爵曰尊彝、叔匜爵曰寶尊彝、父舟斝曰尊彝、子變兕觥曰彝、周父丁角曰寶彝、庚申父丁角曰尊彝、然則

至小之酒器。亦皆沿襲尊彝之名也。乃宗廟他器、亦多沿用之。曾侯鐘曰宗彝、母乙鼎曰尊鼎、周小子射鼎曰寶尊、伯申鼎曰寶彝、穆父丁鼎曰寶尊彝、夫鐘鼎之爲重器、豈下於尊彝哉。乃鐘鼎銘文謂之尊彝。尊彝銘文曾不謂之鐘鼎。卽諸器亦皆假名尊彝。而不假名鐘鼎。抑又何也。則有兄光敦曰尊敦、伯尊敦曰寶尊敦、周專𣪘敦曰寶尊彝、周工鬲曰寶彝、姬𨥷母鬲曰尊鬲、周太師盧豆曰尊豆、凡皆宗廟之器也。乃日用之器亦沿用之。冊父考盉曰寶尊、諸女匜曰尊彝、周竝匜曰寶尊彝、周甗曰寶彝、周雷甗曰寶尊彝、拍盤曰彝、若夫戚者、征伐所用、非常器也。而商戚曰彝。直是相沿既久。不顧其安者矣。然其所以如此

者何也。曰許君之所以詁爲常器者。卽由于此也。蓋大舜言宗彝。而謂之觀古人之象。則宗彝之作。必在唐虞以前。其餘諸器。多在其後。故皆沿用其名也。宗彝卽尊彝、左傳伯宗亦作伯尊、可證、僞孔傳釋宗爲宗廟、非是、而金文之言宗彝者、惟繼彝曾矦鐘兩見而已。知是上古之語。商周間則多言尊彝也。惟彝之訓曰常。故不但諸器用之。卽彝倫彝訓。皆取名于彝。尊親尊賢。皆取名于尊。是身心性命之學。無不沿用之也。然則酉部曰、尊、酒器也、何不言常器曰、互相備也。許君於此兩字。皆說以周禮。不虞讀者之惶惑也。於此曰宗廟常器。則尊亦可知。于彼曰酒器。則彝亦可知。惟彝之見於經者。多訓爲常。尊則未有常義。故

兩處說解不可互換。二十七葉前四行宗廟常器也下小注全刪以此易之

當在黃彝上。此傳寫誤倒之、春官司尊彝曰、春祠夏禴、祼用雞彝鳥彝、其朝踐用兩獻尊、其再獻用兩象尊、秋嘗冬烝、祼用斝彝黃彝、其朝獻用兩著尊、其饋獻用兩壺尊、追享朝享、祼用虎彝蜼彝、其朝踐用兩大尊、其再獻用兩山尊、鄭注、雞彝鳥彝謂刻而畫之。爲雞鳳皇之形、斝讀爲稼、稼彝畫禾稼也、黃彝黃目尊也、郊特牲曰、黃目鬱氣之上尊也、追享朝享謂禘祫也、蜼禺屬卬鼻而長尾、其六尊之說已引之酉部尊下、二十七葉前九行斝彝下增此

小宗伯文也、祼、鄭本作果、曰果讀爲祼、或許君所見者完本、鄭君所見者則省形存聲字也、彼無之禮二字、酉部尊下引以

待祭祀賓客之禮、彼亦無之禮字、葢許君增成其文以曉人。非據本與鄭異也。又案官名司尊彝、其文曰、掌六尊六彝之位、皆尊在彝上。金文亦未有言彝尊者也。然是職所言祠禴嘗烝追享朝享之所用、則彝在尊上。又曰、凡六彝六尊之酌、小宗伯亦先言辨六彝、後言辨六尊。案敘官鄭注曰、彝亦尊也。鬱鬯曰彝、然則彝是尊之別。故其文先後不定也。二十七葉前十行以待祼將之禮下小注六字刪去以此易之

此鮑本也、與毛氏剜改本同、孫本九作八、毛氏初印本同、二十七葉後一行文二百四十九下增此注

差字亦從𠂹、齊侯甔𦍒字、其𠂹亦右向、而漢隸𦍒字、其首則左

向、周子白盤𣪘作𦍒、其𠂹亦左向、葢反之正之、祇是一字也。若禾字之穗向左而下垂、禾字之杪向右而上指、則不可左右隨作矣。乃小篆反𠂹為𠂹、而金文則同是𠂹字。此則籀文篆文之異也。二十七葉後七行凡𥿂之屬皆從𥿂下小注全刪以此易之

玉篇、蠆注曰、或作蠇、䖵部又出蠆字、廣韻注亦不出、集韻始竝出蠆蠆、而均不收蠆蠆、三十三葉前三行或以字林增下增此至於二字刪改作案字

籀文似當作古文、申部籀文作𦥔不作𢆯也。然籀文偶有從古文者、亦理所宜有、四十四葉前十行故從之下增此

máo 蟊 zhuō 蠿 zhǎn jié 蠽 zhōng 螽 shī 蝨 zǎo 蚤 é cán 蠶 kūn 蚰

說文解字句讀弟十三下

蟲之總名也。廣雅釋天曰四月蚰蟲不育許沖表曰鳥獸蚰蟲夏小正昆小蟲傳曰昆者衆也由魂魂也者動也小蟲動也案由傳嵇卿本作猶 從二虫。古魂切 凡蚰之屬皆從蚰。讀若昆。所以關經典借昆爲蚰也固是聲借然昆下曰同也小蟲之蚑行蠉動其類大同故借之月令昆蟲未蟄鄭注昆明也與許義異

任絲也。蠶任疊韻廣韻乃曰吐絲蟲淮南覽冥訓蠶珥絲而商弦絕注蠶上下絲於口爲珥絲 從蚰朁聲。昨含切

蠶化飛蛾也。依廣韻引改補古今注繭生蛹蛹生蛾 從蚰我聲。五何切今䖸作蛾虫部我聲之蛾作蟻相承失也

䖸或從虫。

跳蟲。齧人者也。依莊子音義改補曹植曰得蚤者莫不糜之齒牙爲害身也 從蚰叉聲。子皓切 叉古爪字 叉爪本非一字

蚤或從虫。

齧人蟲。抱朴子蚤蝨攻君臥不獲安杜夷幽求齧蚊絆蚤刿蟣屠蝨 從蚰。卂聲。所櫛切俗作虱元應曰山東及會稽人皆音色

蝗也。春秋桓五年螽穀梁云螽蟲災也范云螽蚣蝑之屬 從蚰。夂聲。職戎切 夂古文終字

螽或從虫衆聲。公羊春秋桓五年蝝春秋佐助期螽之爲蟲赤頭甲身而翼飛行陰中陽也螽之爲言衆暴衆也

蟲也。從蚰。展省聲。知衍切

小蟬。句 蜩也。釋蟲蠽蜻蜻蠽茅蜩二句相連蓋一類而別也郭注蠽曰如蟬而小方言曰有文者謂之蠽夏小正曰鳴蠽虎懸又注蠽曰江東呼爲茅截似蟬而小青色是郭氏亦依經釋爲兩物也方言蟬其小者謂之麥蠽郭注如蟬而小音札今關西呼麥蠽方言又曰蜩蟧謂之蓋蜩郭注江東呼爲蓋蠽也是子雲景純亦以爲兩物也桂氏段氏因郭注麥蠽蓋蠽一字之同謂爲一物遂謂蠽蠽一字案周禮大宗伯札讀爲截夫曰讀爲其非一字明矣許不收蠽者今夏小正四月鳴札札者寗縣也蓋與許君据本同即郭本縣謌爲俗懸字知爾雅亦本不作蠽也 從蚰。截聲。子列切

蠿蟊。作罔蛛蟊也。釋蟲次蟗鼅鼄鼅鼄鼄蝥釋文蝥說文作蟊音蒙案方言亦作鼅蝥皆同音通借本非一字也郭注蝥音無 從蚰。𢇍聲。側八切 𢇍古絕字

蠿蟊也。從蚰。矛聲。莫交切集韻引篆作蟊與爾雅釋文引異蓋誤

說文句讀 卷二十六 一

níng 寍 xiá cáo 螬 pí 蜱 fēng 蠭 mì 蠠 qú 蠷 wén 蟁 méng 蝱 dù 蠹 lǐ 蠡

蟲也。廣韻曰螻蛄 從蚰。寍聲。奴丁切

齏螬也。從蚰。曹聲。財牢切

螻蛄也。方言南楚謂螻蛄爲蛞螻蛞蓋即蠚 從蚰。牽聲。胡葛切

螵蛸也。從蚰。卑聲。匹標切 元應曰螵與蜱同

蜱或從虫。

飛蟲螫人者也。方言蠭燕趙之閒謂之蠓蝓 從蚰。逢聲。敷容切

古文省。當云古文蠭從夆

蠭甘飴也。言蜂之所作甘如飴也裴松之表蜜蠭以兼采爲味故能甘踰本質 一曰。螟子。即今所謂蜜蟲也久陰則生於秫葉說見釋例兩朱氏本皆無子字 從蚰。鼏聲。彌必切 藥鈔小徐本篆作蠠則似螟之重文玉篇蠠蠠兩形釋詁蠠沒勉也釋文蠠本或作蠠說文曰蠠古蜜字詩谷風黽勉同心文選注引韓詩蜜勿同心十月之交黽勉從事漢書劉向傳作密勿從事

蠠或從宓。

蠷螋也。從蚰。巨聲。強魚切

齧人飛蟲也。東方朔別傳長喙細身晝亡夜存嗜肉惡烟爲掌指所捫臣朔愚戇名之曰蟁 從蚰。民聲。無分切

蟁或從昏。以昏時出也。

俗蟁從虫從文。

齧人飛蟲也。此小蚊非牛蝱也楚策言蜻蛉俯啄蚊虻而食之若是牛蝱則大者長寸許色蒼黑小者亦大於青蠅青頭而身灰白非蜻蛉所能食也淮南說林訓孑孓爲蟁通俗文蜎化爲蟁釋魚蜎蠉注井中小赤蟲一名孑孓故四子講德論曰蝱蟁終日營營不能越階序若牛蝱則狂飛徧野矣 從蚰。亡聲。武庚切

木中蟲。文子朮生蠹還自食案即蝎蟲也而論衡曰桂有蠹桑有蝎則各有主名矣字林蠹木中蟲也穿食人器物者也則是又爲通名也 從蚰。橐聲。當故切

蠹或從木。象蟲在木中形。形字蓋後增此字會意兼指事豈得謂之象形 譚長說。

蟲齧木中也。玉篇蠡薄之而欲破也案此即爲孟子作注謂鐘鈕被磨欲絕猶蟲齧木漸至於薄而欲破也孟子以追蠡趙注追鐘鈕也鈕擘齧處深矣蠡蠡欲絕之貌也案臺卿重言之曰蠡蠡則蠡爲動字可知而集韻曰蠡蟲名蓋誤也 從蚰。彖聲。盧啟切 嚴氏曰彖體當作彖說解當作彖聲彖下云蠡從彖取其聲謂從訓彖之彖也今此作蠡則與古文重出斗部斡蠡柄也臣鍇按蠡所以抗也小徐寫本刻本皆作蠡

古文蠡。汗簡引作明是

說文句讀 卷二十六 二

從讀若弟之𢑚矣、彖卽𢑚之異文、自彑部末增彖字、人遂疑彖之非聲矣、

多足蟲也。鄭注赤犮氏、淮南說林訓皆單謂之蛷、博物志蛷螋溺人影隨所在生瘡、廣雅、蛷螋、蛷蛷也、衆經音義務求謂之蚑蛷、關西呼蛷溲爲蚑蛷、王篇作蠼螋、皆二名、從蚰、求聲。巨鳩切、

蛷或從虫。亦省作求、赤犮氏釋文、求、本或作蛷、然則鄭注原作求也、

蚍蠹也。方言、蚍蜉、齊魯之閒謂之蚼蟓、西南梁益之閒、謂之玄蚼、燕謂之蛾蛘、注、蚼蟓音駒養、玄蚼、法言云玄駒之步、是蛾蛘音蟻養、從蚰、𩫖聲。縛牟切、

蠹或從虫、從孚。

蟲食也。集韻、蠹蟲食創也、疑此挩創字、桂氏曰、食當作蝕、從蚰、雋聲。子兗切、

蟲動也。釋詁、蠢動也、又云、蠢作也、注、蠢動作也、鄉飲酒義、春之爲言蠢也、注、蠢動生之皃也、詩、采芑蠢爾蠻荊、傳、蠢動也、從蚰、春聲。尺尹切、

古文蠢從𢦏。魏三體石經粵茲𢦏、今王室實、𢦏𢦏焉、周書曰、我有𢦏于西。大誥、有大艱于西土、西土人亦不靜、越茲蠢、段氏曰、蓋許槩栝其詞如此也、

文二十五　重十三　釋蟲、蟁、飛蟘、釋文作蟘、云、說文字林從蚰、蚰蓋蚰之譌、

有足謂之蟲。無足謂之豸。釋蟲文、從三虫。爾雅釋文、三虫爲蟲、有足者也、直弓切、凡蟲之屬皆從蟲。

蟲食苗根者也。依藝文類聚引改、補、經典皆從蚰作蟊、詩桑柔、降此蟊賊、箋、蟲食苗根曰蟊、釋蟲、蟊、食根蟊、從蟲、象其形。桂氏曰、當云矛聲、本從古文矛、傳寫譌謬、後人不識、遂改諧聲爲象形、筠案象其形、韻會引作象形、衣部袤之古文褎、從、五音韻譜從、糸部緕之古文䋎、亦從、蟊者古文矛、矛部之古文𢦏、從又加戈、從者、省三點、莫浮切、吏抵冒取民財則生蟊也。依釋文引補、李巡曰、蟊食禾根者、言其稅取萬民財貨、故云蟊也、左文十八年傳、冒於貨賄、晉語、有冒上而無忠下、注、冒、抵冒、言貪也、風俗通、氐羌抵冒貪饕、至死好利、案許君說螟蟘蟊三字、其詞相儷、明是爲爾雅食苗心螟四句作注、唯賊是借字、故不及、今引李巡說補之、曰、食禾節者、言貪狠、故曰賊也、

蟊或從敄。徐鍇曰、虫部己有、莫交切、作盤蝥蟲、此重出、筠案、廣韻曰、蝥、說文本又作蟊、夫云本又作、則是說文兩本不同、今本則校者湊合也、左成十三年傳、帥我蝥賊、昭三十二年傳、蝥賊遠屏、杜注、食根曰蝥、案此自是同聲假借耳、毛本增蛑爲蝥之古文、亦猶此矣、

古文蟊從虫從牟。詩大田釋文、蟊、本又作蛑、漢張壽碑、蛑賊不起、

蚍蜉。大螘也。釋蟲文、從蟲、毗聲。房脂切、

蠹或從虫、比聲。

蟁也。從蟲、㒼聲。武巾切、玉篇力刃切、廣韻良刃切、月令鄭注、引夏小正傳曰、白鳥者謂閩蚋也、案閩亦武巾切、故借閩爲蟁、而釋文曰、閩音文、誤也、

臭蟲負蠜也。釋蟲見虫部蟁下、隱元年左傳、有蜚、注、蜚、負蠜也、孔疏曰、此蟲一名負盤、漢書及此注、多作負蠜者、釋蟲云草螽負蠜、彼則歲時常有、非灾蟲也、蓋相涉誤爲蠜耳、筠案許說亦作蠜、或誤或借、要之于草螽無涉、顏注漢書五行志、蜚謂負蠜也、蜚亦作蟁、其音同耳、爾雅翼、蜚者負盤臭蟲也、似䗪而輕小能飛、生草中、好以清旦集稻上、食稻花、又其氣臭惡、能熯稻、使不蓄、從蟲、非聲。房未切、

蠹或從虫。

腹中蟲也。段氏曰、中蟲皆讀去聲、廣韻集韻皆曰、蠱直衆切、蠱食物也、亦作蚛、腹中蟲者、謂腹內中蠱食之毒也、秋官庶氏掌除毒蠱、注、毒蠱蠱物而病害人者、顧野王輿地志、江南數郡、有畜蠱者、主人行之以殺人行食飲中、人不覺也、其家絕滅者、則飛游妄走、中之則斃、謂行蠱毒也。依元應引補、蓋庾注也、虫部蛕、腹中長蟲也、蟯、腹中短蟲也、本文與之疑似、故注之、春秋傳曰、皿蟲爲蠱。晦淫之所生也。昭元年文、傳曰、女陽物而晦時、淫則生內熱惑蠱之疾、許君約其文也、案苗人行蠱者、聚諸毒蟲於一器中、互相噉食、所餘一蟲卽蠱矣、許引皿蟲爲蠱、乃蠱字正義、而又引晦淫所生者、廣一義也、傳又曰、在周易、女惑男、風落山、謂之蠱、釋詁、蠱疑也、是其義、梟桀死之鬼亦爲蠱。此又廣一義也、梟當作梟、県之借字也、桀者、磔之古字也、桀部說曰、磔也、是也、史記封禪書、秦德公作伏祠、磔狗邑四門、以禦蠱菑、索隱曰、按樂彥云、左傳皿蟲爲蠱、梟磔之鬼亦爲蠱、故月令云大儺旁磔、注云、磔、攘也、厲鬼亦爲蠱、將出害人、旁磔於四方之門、桂氏曰、風動蟲生、故磔狗止風、以禦蠱、鄭司農注大宗伯曰、若今時磔狗祭以止風、從蟲、從皿。皿、物之用也。易林、觀之困、三蟲作蠱、杜注、皿蟲爲蠱、曰、皿、器也、器受蟲害者爲蠱、虞注蠱卦曰、蠱者事也、備物致用、公戶切、字林、蠱音固、仍同此義、聲類、弋者切、音冶、則別一義也、易冶容誨淫、太平廣記引作蠱容誨婬、南都賦、侍者蠱媚、五臣注作冶媚、

piāo 飄　biāo 飆　xuè 䬂　liáng 䬆　fēng 風

文六　重四

八風也。東方曰明庶風。東南曰清明風。南方曰景風。西南曰涼風。西方曰閶闔風。西北曰不周風。北方曰廣莫風。東北曰融風。樂記八風從律而不姦注八風從律應節至也左氏傳夫舞所以節八音而行八風服注八卦之風也乾音石其風不周坎音革其風廣莫艮音匏其風融震音竹其風明庶巽音木其風清明離音絲其風景坤音土其風涼兌音金其風閶闔易通卦驗曰立春調風至春分明庶風至立夏清明風至夏至景風至立秋涼風至秋分閶闔風至立冬不周風至冬至廣莫風至白虎通調風作條風條者生也明庶者迎衆也清明者芒也景者大也言陽氣長養也涼寒也陰氣行也閶闔者咸收藏也不周者不交也言陰陽未合化矣廣莫者大莫也開陽氣也段氏曰許終于融風者依易八卦之次終于艮也風動蟲生。故蟲八日而化。春秋考異郵二九十八八主風精爲蟲八日而化風列波激故其命字從虫虫之爲言屈中也從虫凡聲。毛詩風與心南爲韻方戎切凡風之屬皆從風。古文風。

北風謂之䬆。釋天北風謂之涼風釋文本或作古䬆字從風。涼省聲。詩曰北風其涼涼者古文通用字也䬆者小篆專字也故云涼省聲以關之陸氏以䬆爲古不知涼之尤古也呂張切

小風也。也王篇作皃韻會六月引作䬂風也一曰小風謂之䬂廣韻則六月收䬂十七䔖收䬂㚒部說曰讀若䬂從風。朮聲。翾聿切

扶搖風也。初學記引作疾風也蓋其本文殆又引爾雅曰扶搖謂之飆以證今本則刪節之文耳漢書司馬相如傳歷駭猋顏注猋謂疾風從下而上也思玄賦乘猋忽兮馳虛無猋卽飆忽卽飆下文飆疾風也猋忽連文當同意卽依釋天扶搖謂之猋則李巡曰扶搖暴風從下升上故曰猋猋上也詩終風且暴傳曰暴疾也則李巡曰暴風仍是疾風也從風。猋聲。甫遙切案甫遙卽扶搖也

飆或從包。後漢書班固傳風颮雷激又云颮颮紛紛注說文曰颮古飆字

回風也。詩匪風飄兮傳迴風爲飄釋天同郭注旋風也案飆飄疊韻其義亦近莊子逍遙游摶扶搖羊角而上者九萬里司馬彪云風上行謂之扶搖風曲上行若羊角然謂之羊角然則一類而小別也是以詩何人斯其爲飄風傳云飄風暴起之風老子曰飄風不崇朝此皆借飄爲飆

yáng 颺
tā 它　liè 颲　lì 䬆　yù 䬃　wèi 颵　hū 䬍　liú 飂　sà 颯

也月令猋風暴雨總至注云迴風爲猋釋文猋本又作飄此則借飆爲飄也從風。票聲。撫招切

翔風也。小徐作翔風風賦注引作風聲廣韻同楚詞九歌風颯颯兮木蕭蕭風賦有風颯然而至此風聲之證江賦八風不翔春秋考異郵八風以節翱翔此風稱翔之證惟翔亦回也與飄回風也不殊從風。立聲。穌合切

高風也。潘岳西征賦吐清風之飂戾從風。翏聲。莊子齊物論而獨不聞之翏翏乎釋文翏翏長風聲也李本作飂力求切

疾風也。玉篇䬍與颮同廣雅䬍風也從風從忽。思玄賦借忽爲䬍忽亦聲。呼骨切

大風也。廣雅廣韻云風聲從風。胃聲。王忽切

大風也。庾闡海賦回䬃洪溈恨賦但聞悲風䬃起從風。曰聲。于筆切段氏改篆從日說曰日聲

風所飛揚也。風賦激颺熛怒從風。昜聲。與章切

風雨暴疾也。水部瀑疾雨也引詩終風且瀑從風。利聲。讀若栗。力質切

烈風也。以烈說颲謂其通借也尚書烈風雷雨弗迷正義論語稱孔子曰迅雷風烈必變書傳稱越裳之使久矣天之無烈風淫雨則烈風

是猛疾之風非善風也風俗通猛風曰颲從風。列聲。良嶭切讀若列。列當作烈詩七月二之日栗烈釋文云說文作颲颲卽據此颲讀若栗颲讀若烈也仌部云二之日栗瀨姑置勿論卽據風雨暴疾推之隆冬當言風雪不當言風雨且毛傳觱發風寒也栗烈寒氣也於時序正合二之日言風已不得其情況雨乎陸氏讀說文頗疏勿泥也

文十三　重二

虫也。言小時名虫大則名蛇也此虫亦借用虺而非復一名蝮之虫矣吳語爲虺弗摧爲蛇將若何韋注虺小蛇大也案虺卽此虫蛇卽此它從虫而長象冤曲𡱂尾形。二句說字形虫長大則爲它故曰從虫而長且較曲折多也下句則但據本字言之非曰上句以爲會意下句又謂象形也託何切上古艸居患它。故相問無它乎。韓子上古之世人民少而禽獸多不勝禽獸蛇虺有聖人作構木爲巢以避羣害風俗通無恙俗說疾也凡人相見及書問者曰無疾邪按上古之時草居露宿恙噬蟲也食人心凡相勞問者曰無恙乎非爲疾也案此說與許君意同特所傳者異耳凡它之屬皆從它。

它或從虫。後漢書儒

林傳𠂤委它乎其中。案委它卽周南之委蛇也。

文一　重一

龜　舊也。二字疊韻。漢書地理志龜茲，應劭音邱。廣韻龜居求切。書無逸舊爲小人，史記作久。五行傳云龜之言久也。論衡引孔子曰龜之爲言舊也。外骨內肉者也。考工記梓人鄭注與此同意。從它。象形字而兼會意，故特明之。龜頭與它頭同。申說從它之故。以其頭同形也。天地之性廣肩無雄。又申說頭之所以同也。埤雅廣肩無雄，與蛇爲匹，故龜與蛇合，謂之玄武。博物志大腰無雄，龜鼉類也。無雄與蛇通氣則孕。龜鼈之類以它爲雄。象足甲尾之形。左象足，右象甲有文，下象尾也。居追切。凡龜之屬皆從龜。

古文龜。此則純象形矣。莊氏述祖曰，逸周書嘗麥篇宰乃承王中升自客階，又云作筴執筴從中，又云宰坐尊中。案三中字竝當作龜，王中謂王龜。

𪛆　龜名。集韻引作𪛆。名當作也。從龜。𠔃聲。徒冬切。𠔃古文終字

䶆　龜甲邊也。邊者緣也。公羊傳龜青純，何注純緣也，謂緣甲䫏也。千歲之龜青䫏，明乎吉凶也。雜記其輤有裧，注輤載柩將殯之車飾也，裧謂鼈甲邊緣緇布裳帷圍棺者也。段氏曰䫏者䶆之省，䶆之假借字。從龜。冄聲。汝閻切。天子巨䶆尺有二寸。諸侯尺。大夫八寸。士六寸。出禮三正記，見白虎通引。巨當作岠，漢書食貨志元龜岠冉長尺二寸，孟康曰冉龜甲緣也，岠至也，度龜兩邊緣尺二寸也。亦通用巨，論衡狀留篇龜生三千歲青邊緣巨尺二寸。

文三　重一

黽　鼃黽也。許既以鼃黽說黽，則鼃黽非兩物矣。秋官蟈氏掌去鼃黽，先鄭曰鼃黽蝦蟆屬，書或爲掌去蝦蟆，是許君所本也。廣雅鼃蟈長股也，亦不別爲兩種。從它。象形。日象其腹。莫杏切。黽頭與它頭同。申從它之故。凡黽之屬皆從黽。

籀文黽。八象其股。

鼈　介蟲也。依藝文類聚引改。月令其蟲介，注介甲也，龜鼈之屬。鄭注考工記云內骨鼈屬。從黽。敝聲。并列切。

黿　大鼈也。張揖曰黿似鼈而大。從黽。元聲。愚袁切。

鼃　蝦蟆也。王逸韋昭說竝同。吳越春秋道見鼃張腹而怒，其義亦同。而鄭注蟈氏曰，蟈今御所食蛙也，齊魯之閒謂鼃爲蟈。字林鼃似蝦蟆。顏注急就篇鼃一名螻蟈，色青，小形而長股。皆依鄭君區別爲兩種。從黽。圭聲。烏媧切。

鼀　圥鼀詹諸也。虫部蝍下云蝍鼀詹諸，下文又云䵹鼁詹諸也，釋魚云鼁鼀詹諸，豈皆異名邪，抑有譌邪，余不能知。其鳴詹諸。其皮鼀鼀。其行圥圥。毛鄭詩考正曰，當云鼀䵹詹諸也，其鳴詹諸，其皮䵹䵹，其行鼀鼀然。又曰鼀䵹之鼀，說文但用圥，則是當作圥䵹詹諸矣。此云其皮䵹䵹，其行鼀鼀，正與下文其行鼁鼁䵹䵹相牾矣。又曰其皮鼀鼀，其行施施，則正當云其行鼁鼁矣。是戴氏之說未可從也。經義述聞主爾雅改此文曰，去鼁詹諸也，其鳴詹諸，其皮鼀鼀，其行去去。又云去去之言祛祛也。又引羣書以證之，究亦無以見其必然，余未敢定也。從黽。從圥。圥亦聲。七宿切。

䵸　鼀或從酋。戴氏曰䵸七宿切，鼀力竹切，說文誤竝爲一字。桂氏從之，謂其說解當曰鼀䵸也，從黽酋聲。筠案鼀或作䵸，正與下文䵹鼁相貫，則是上文當云鼀鼁詹諸也，其鳴詹諸，其皮鼀鼀句，亦其行鼁鼁然。如此則鼁下不當再言詹諸，而言其行鼁鼁句，亦爲贅設矣。疑終是三名也。

䵹　䵹鼁詹諸也。尚書大傳濟中詹諸，注詹諸䵹鼁也。詩曰得此䵹鼁。邶風新臺文，今作戚施。薛君韓詩章句，戚施蟾蜍，喻醜惡也。言其行䵹䵹。王風將其來施施，孟子施施從外來。從黽。爾聲。式支切。

鼉　水蟲也。似蜥易。長丈所。依御覽引改補丈所二字。卽丈許也。陸璣詩疏鼉形似水蜥易，四足，長丈餘，生卵大如鵝卵，甲如鎧甲，其皮堅可以冒鼓。從黽。單聲。徒何切。

鼷　水蟲也。薉貉之民食之。集韻䶂鼷鼉類，似蜘蛛，出遼東，土人食之。桂氏曰寰宇記所稱蝦蟆脂是也。從黽。奚聲。胡雞切。

䵶　鼅屬。頭有兩角。出遼東。玉篇作䶜䶜二形，云其拘切，鼅屬。又音鉤。鼅下云䶜鼅似龜而大，文如瑇瑁，可飾物。廣韻十虞作䶜，引說文；十九侯作䶜，說同玉篇。是䶜與鼅兩物，兩音也。從黽。句聲。其俱切。

蠅　營營青蠅。蓋後人所增。先引經而後爲之訓釋，說文無此例。雖爻部引同，而言部營下引作營營青蠅。蟲之大腹者。言其所以入黽部也。從黽從虫。余陵切。

鼅　鼅鼄。鼄蝥也。段氏增鼄字，從之。蛛部蠿下云蛛蝥，爾雅方言皆曰鼅鼄鼄蝥。從黽。智[illegible]聲。陟离切。

蜘　鼅或從虫。

鼄　鼅鼄也。從黽。朱聲。陟輸切。

jí 亟　èr 二　duàn luǎn 毈 卵　cháo 鼂

蟲鼂或從虫。

鼂匽鼂也。臨海水土異物志、鼂似鼊鼊、一名匽鼂、一枚有三斛膏、異魚圖贊、鼂鼊海鰌、名曰匽鼂、一枚剖之、有三斛膏、廣韻九麻、鼂鼊、似鼂鼊、生海邊沙中、肉甚美、多膏、李注江賦、鼂鼊與鼂鼊相似、大如簦、生乳海邊白沙中、又廣韻二十三錫、鼂鼊、似龜而漫胡、無指爪、其甲有黑珠、文如玳瑁、可飾物、案此似别一物、然亦相似、故其名相涉、讀若朝。此句不在從旦下者、本字之形不甚可解也、史記鼂錯、漢書作朝錯、揚雄說匽鼂蟲名。玉篇、蝘鼂蟲、廣韻引蒼頡篇、鼂蟲名、杜林以爲朝旦。［非是］楚詞九章、甲之鼂吾以行、王注、鼂旦也、天問、胡維嗜欲不同味而快鼂飽、漢書嚴助傳、鼂不及夕、案非是二字、後人加之、從黽從旦。以利曹孛三字、說解推之、此當云、揚雄說匽鼂蟲名、從黽、杜林以爲朝旦、從旦、凡兩體不相黏連者、無不分爲兩義說之也、然亦許君例不駁小篆、致此周章耳、古文鼂從黽聲、小篆省匕爲一、遂不成爲聲、猶之古文萬從厹、小篆作萬、省𠘧爲一、遂不成爲形、卽觀廣韻作鼂、而又以鼂爲古文、則古今流變、居然可知矣、直遙切、俗作鼂、

鼂篆文從皀。玉篇以爲古文是也、段氏嚴氏皆曰、篆當從日部之𣅀、讀若窈、形聲字也、筠案小篆從旦、廣韻從日、亦足見其是皀非𣅀也、

文十三　重五

卵凡物無乳者卵生。莊子知北遊、九竅者胎生、八竅者卵生、呂覽本味篇、流沙之西、丹山之南、有鳳之丸、注、丸、古卵字、也、謂二處有鳳皇之卵、象形。盧管切、凡卵之屬皆從卵。

毈卵不孚也。淮南原道訓、鳥卵不毈、注、卵不成鳥曰毈、說又見爪部孚下、從卵。段聲。亦省作段、管子五行篇、然則羽卵者不段、徒玩切、

文二

二地之數也。案繫辭、天數五、一三五七九也、地數五、二四六八十也、許以地數專屬之二者、四六八十、皆由二積之、且二之爲耦、最明白也、從偶。偶當作耦、小徐從偶一、非也、一爲陽、二爲陰、合兩陽不能爲一陰也、且一二卽是卦爻之單坼、在卦則作一、在字則爲二、皆同意也、繫辭曰、陽卦奇、陰卦耦、故云從偶、三部曰、從三數、不曰從三一、亦同意、許君蓋謂一二三皆獨體之文、而至切、凡二之屬皆從二。

弍古文二。

亟敏。

héng 恒　xuān 亘　fán 凡　dǔ 竺

句、疾也。此以敏釋亟、而又以敏之義申之也、攴部、敏、疾也、案敏捷爲亟、亟之本義、左昭五年傳、屑屑焉習儀以亟、是也、若詩經始勿亟、亟其乘屋、則與心部極字義近、左定五年傳、歸粟于蔡以周亟、則又與革部極字義近、皆引伸之義也、至于左隱元年傳、亟請于武公、則釋詁亟與屢數同訓疾也、是也、乃引伸矣、從人從口從又從二。二天地也。徐鍇曰、承天之時、因地之利、口謀之、手執之、時不可失、疾也、筠案、部首下、既曰地之數矣、乃此說二以天地、恒亘下又說二以上下、則于地之數無干也、凡下又說二以偶、則于數有干、于地無干也、竺下無說者、一加一爲二、加倍則厚也、皆據字形而合爲一部耳、紀力切、又去吏切、

恒常也。詩小明箋同、廣雅、常山謂之恒山、此由漢文帝諱恒、以訓義改之、從心從舟在二之閒。胡登切、上下一心以舟施恒也。字形似不比附、故覆解之、上下謂二也、施當作旋、舟部般、象舟之旋、服所以舟旋、

𠄨依朱文藻本、汗簡引之月部、作𠄨、古文恒從月。上下仍從二、外則月之異文也、詩曰如月之恒。小雅天保文、恒當作𠄨、此校者以今本改之也、設詩本作恆、則傳曰恒弦、箋曰月上弦而就盛、何以確知恒之爲上弦乎、釋文曰、本亦作緪、此則既用小篆恒之後、讀者疑之、

故以古鄧切之緪易之、第取其音之諧、而不知古字本作𠄨也、或曰、如此則許何以𠄨爲恒之古文、曰、此如或爲域之古文、同也、於古則同、於今則異耳、玉篇月部、𣍺、古鄧切、月去也、去乃弦之譌、此又後起之分别文矣、

亘求亘也。謂有求而亘回也、人求一物而忘其所在、則必上下盤旋以搜索之、字通作桓、易屯卦、磐桓、釋文、磐、又作盤、槃、馬融曰、槃桓、旋也、案槃亦般之借字、禹貢、西傾因桓是來、鄭注、桓是隴阪名、其道盤桓旋曲而上、故名曰桓、從二從回。須緣切、

［回古文回］象亘回形。韻會引作象風回形、徐鍇曰、回、風回轉、所以宣陰陽也、桂氏引尚書大傳、八風回回、以爲之證、非也、亘回者、回環也、鐘鼎文有𡆥𡆥諸形、土部垣之籀文從𡆥、是知小篆省之爲亘、許君據小篆說之耳、不可再支離其說、上下。所求物也。上下謂二也、卽謂之前後左右、均無不可、特據字之部位、謂之上下耳、

竺厚也。釋詁、篤、竺、厚也、案篤卽竺之借字、厚亦㫗之借字、書微子之命、曰篤不忘、釋文、篤、本又作竺、汗簡古論語、篤作竺、屈原天問、稷維元子、帝何竺之、注、竺一作篤、從二。竹聲。冬毒切、

凡最括而言也。最下云、一曰會、括下云、絜也、最括而言者、撮舉之詞也、云而言者、易曰、神也者、眇萬物而爲言、是也、三蒼、凡、數之總名也、

tǔ 土 dì 地 kūn 坤 gāi 垓

天官小宰、二曰師、掌官成以治凡、注、治凡、若月計也、春官御史掌贊書凡數、注、自公卿以下胥徒凡數、及其見在空缺者、公羊傳、一事而再見者、前目而後凡也、又曰、會猶最也、何注、最、聚也、**從二。偶也。**偶當作耦、部首下既云從耦矣、此復言之者、奇則無凡、耦祇是多耳、十百千萬皆耦也、**從乃。**數有耦則有及、此當是及之第一古文乁、以汗簡知之、顧鈔小徐本作乁、蓋据段氏說而私改之、浮芝切、

乃 古文及字徐鉉曰、凡本从二从古文及、左旁不當引筆下垂、鈕樹玉曰、汗簡作乁、云出王庶子碑、古文四聲韻同、

文六　重二

土　地之吐生物者也。釋名、土、吐也、能吐生萬物也、**二象地之下、地之中。物出形也。**二亦衍文也、二者地之數、非地之形、象字統攝下三句、它魯切、金木水火四部、皆言某方之行、惟土下不言中央之行、蓋以萬物生于土、復歸于土之故、**凡土之屬皆從土。**

地　元气初分、輕清陽為天、重濁陰為地。論衡談天篇、元氣未分、渾沌為一、及其分離、清者為天、濁者為地、廣雅、太初、氣之始也、生於酉仲、清濁未分也、太始、形之始也、生於戌仲、清者為精、濁者為形也、太素、質之始也、生於亥仲、已有素樸而未散也、三氣相接、至於子仲、剖判分離、輕清者上為天、重濁者下為地、中和為萬物、**萬物所陳列也。**經典皆借陳為敶、許亦用之、從隸法也、陳與地雙聲、與田疊韻、故皆以陳說之、**從土也聲。**徒四切、

墬　籀文地從隊。希讀若弟、知隊之所以從希聲、即知墬之所以從隊聲矣、文選北征賦、登鄣隧而遙望兮、李注、隧或為墬、說文曰、墬、古文地字也、

坤　地也。易之卦也。此兩說也、故用兩也字、然知許君合兩說為一者、不說以地、則下從土無著、而坤自是卦名、非地之別名也、試觀八卦之名、㢲下的指之、以今本借用同音之巽也、艮下猶引艮其限、然皆不以為正義、其五卦則竝無引易之詞、即知此以地為正義之故矣、**從土從申。土位在申。**如此說之者、主卦而言也、若主地而言、則當云從土申聲矣、易說卦、坤也者地也、萬物皆致養焉、故曰致役乎坤、案上文以離為南方之卦、下文以兌為正秋、則坤位西南可見矣、故坤卦曰西南得朋、易乾鑿度、陰始於巳、形於未、據正立位、故坤立在西南、陰之正也、苦昆切、易釋文、坤本又作巛、巛今字也、案漢碑巛字屢見、蓋隸書也、故說文不收、

垓　兼垓八極地也。垓當

ào 墺 yú 堣 mù 坶 pō 坡 jūn 均 píng 垩

作晐、日部、晐、兼晐也、此以疊韻為訓、淮南本經訓、紀綱八極、釋地之四極、言四正也、加以四隅、故曰八極、**從土亥聲。**古哀切、**春秋國語曰。天子居九垓之田。**今本作晐、鄭語曰、王者居九晐之田、收經入以食兆民、韋注、九晐、九州之極數也、又楚語、天子之田九晐、以食兆民、韋注、九晐、九州之內、有晐數也、食兆民、民耕而食其中也、段氏曰、韋云有晐數者、即風俗通千生萬、萬生億、億生兆、兆生經、經生垓、

墺　四方之土可定居者也。依李注西京賦引補、玉篇、墺、四方之土可居、夏書曰、四墺既宅、本亦作隩、廣韻、墺、四墺、四方土、**從土奧聲。**漢書地理志、引書四奧既宅、於六切、玉篇、於報於六二切、

𡋿　古文墺如此。嚴氏謂從釆之古文𠂹、案許君於古文、言如此者、大氏不知所從者也、玉篇、垗垞竝古文、或本有垞字而今捝之、

堣　堣夷在冀州陽谷。桂氏曰、列子亦作堣夷、尚書後案曰、堯典宅嵎夷、曰暘谷、馬季長曰、嵎、海隅也、夷、萊夷也、據說文山部土部、嵎夷乃在冀州遼西、後漢書則以為遼東樂浪三韓之地、二說大同小異、但寅賓出日、自當於正東之青州、不必就東北冀州之遼水東西、恐當以馬說為定、蓋青州上言嵎夷、下言萊夷、馬以經解經最確、**立春日日值之而出。**廣韻、堣夷、日所出處、段氏曰、許所聞尚書古義如此、**從土禺聲。**噳俱切、**尚書曰。宅堣夷。**堯典文、今作嵎、蓋衛包改之、嚴氏曰、此及圍下亜下偁尚書、乃說文舊本也、

坶　朝歌南七十里地也。書釋文引云、地名、在朝歌南七十里、倒其文也、說文不言某名、括地志、紂都朝歌故城、在衛州東北七十三里、今衛州城、即殷牧野之地、周武王伐紂築也、水經注清水篇曰、郡國志曰、朝歌縣南有坶野、竹書紀年曰、周武王率西夷諸侯伐殷、敗之于坶野、詩所謂坶野洋洋、檀車煌煌者也、詩大明正義曰、書序注云、牧野、禮記及時(時當作詩)即大明作坶野、古字耳、今本又不同、案孔氏所謂不同、言大明及大傳樂記皆作牧也、然大明箋引牧誓、釋文作坶、汲古引作坶、**從土母聲。**莫六切、字林音母、**周書曰。武王與紂戰于坶野。**此牧誓序文、玉篇引書、武王伐紂、至于坶野、

坡　阪也。桂氏所據小徐本作陂也、則是以異部重文為說解也、自部云、坡者曰阪、又曰、陂、阪也、**從土。皮聲。**滂禾切、

垩　地平也。廣雅、坪、平也、**從土。平聲。**意聲互相備、皮命切、

均　平。句、**徧也。**玉篇、均、平也、徧也、廣韻但曰平也、案平乃均之本義、詩節南山、秉國之均、傳曰、均、平、是也、蓋字從土、當以夏小正農率均田為

正義釋訓，畇畇，田也。釋文引字林，均均田也。是知畇卽均之異文，故田部不收畇也。毛傳，畇畇，墾辟皃。夫墾之欲其平，而一墾無不墾矣，故申之以徧。大司徒以土均之灋均齊天下之政是也。從土匀聲。玉篇雖曰匀徧也，說文但曰匀少也，故知大徐本非是。居匀切。

壤　柔土也。自此以下六字言土之剛柔，皆据其本性而言也。禹貢，厥土惟白壤，馬注，壤，天性和美也。玉篇，地之緩肥曰壤。是其義。若夫大司徒辨十有二壤之物，則以壤爲土之別名。又九章算術，穿地四爲壤，五爲堅。注，壤謂息土，堅謂築土。張華曰，凡土三尺已上爲壤，三尺已下爲土。則以上下言之，謂常耕治者爲壤矣。從土襄聲。如兩切。

塙　李燾本作塙，集韻引同。堅不可拔也。蓋卽乾文言確乎其不可拔也。釋文曰，鄭云，堅高之皃。說文云，高至。繫辭，夫乾確然，釋文，馬韓云，剛皃。說文云，高至。案冂部，隺，高至也。引易，夫乾隺然。是知繫辭作隺是本字，文言作塙是譬況字。今本皆作確。陸氏以繫之確說文作隺也，遂肊揣文言之確說文亦作隺，而亦以高至說之，竝非所据。兩文皆作隺也，勿爲所誤。從土高聲。苦角切。小徐口肴反。

墽　磽也。謂二字通也。淮南地形訓言肥墽，孟子言肥磽，皆謂土性之美惡也。從土敫聲。口交切。

壚　黑剛土也。依禹貢釋文引補。自部，隉，耕以臿浚出下壚土也。此雖以上下論，非言土之本性，然與本文比附。齊民要術引氾勝之書，春地氣通，可耕堅硬強地黑壚土。顏注地理志，壚謂土之剛黑者也。皆與許說合。然竊億許君之意，似据禹貢、草人以爲說。禹貢豫州，下土墳壚。地官草人，埴壚用豕。鄭注，埴壚，黏疏者。釋名，土黑曰盧，盧然解散也。案解散與疏合。顧經合埴壚爲一名，鄭合黏疏爲一說者，下土之性固然，見雨則黏如餻，乾則如灰，以之築牆，不二十年卽須改築。許說似誤。從土盧聲。洛乎切。

垟　赤剛土也。草人，騂剛用牛。故書騂爲挈，杜子春云，挈讀爲騂，謂地色赤而土剛強也。案騂蓋騂之譌。故許說曰騂省聲。又騂是借字，故杜說騂以赤，而別說剛以強。垟是專字，故許以赤剛二義說之也。從土，觲省聲。解當作騂，校者以馬部無騂而改之也。小徐疑義篇說文垟字注云，從土騂省聲，而無騂字，亦脫誤。息營切。

埴　黏土也。禹貢，厥土赤埴墳，夏本紀同。考工記，摶埴之工，二鄭君及徐廣注，皆與許同。從土直聲。常職切。

坴　土塊坴坴也。廣韻，坴，大塊。從土圥聲。讀若逐。逐，小徐作速。嚴氏曰，古音六逐同類，速則聲之轉也。力竹切。一曰坴梁地。言坴梁者地名也。小徐及段氏曰，始皇本紀，三十三年，發諸嘗逋亡人贅壻賈人，略取陸梁地，爲桂林、象郡、南海，以適遣戍。字作陸。大徐無地字。桂氏曰，甘泉賦，飛蒙茸而走陸梁，注，陸梁，亂走貌。字亦作陸。

堚　墣也。依五音集韻引改。從土軍聲。戶昆切。洛陽有大堚里。集韻，大堚，里名，在洛陽，呂靜說。段氏曰，漢王子侯表，土軍侯郢客，顏注，土軍，西河之縣。說者以爲洛陽土軍里，非也。按二亘里乃大堚里之誤。

墣　塊也。許君注說林訓同。吳語，王寐，洎人疇枕王以墣而去之。淮南人閒訓，塘漏若鼷穴，一墣之所能塞也。說林訓，七勝水者，非以一墣塞江也。從土菐聲。匹角切。

圤　墣或從卜。

凷　堅土也。依元應引改。上下文三字，皆說曰塊，當於本字核其實也。喪大記，寢苫枕凷。禮運，蕢桴而土鼓，注，蕢讀爲凷，聲之誤也。從土，一屈象形也。與冂從一下來相反。若對切。

塊　俗凷從土鬼。儀禮、爾雅、莊子釋文、釋言疏皆引云，塊，俗凷字也。案坴、墣、凷、堛四字相比，設彼三字說皆作凷，校者不容改之。此亦說解用隸字之證。

堛　凷也。釋言，塊，堛也。鄭注既夕禮記、禮運竝同。從土畐聲。芳逼切。

堫　種也。廣雅，稯，種也。廣韻，稯，種也，與堫同。然韻會引作蕹也，似是。蓋既改作種，遂刪不耕而種也。從土嵏聲。子紅切。一曰內其中也。內音納。一曰不耕而種。依韻會引補。吾鄉稷麥卽種豆，皆不耕也。集韻，不耕而種謂之堫。

塍　稻田中畦埒也。依爾雅釋文、韻會引補。蒼頡篇，塍，畦也。釋丘，如棄者棄丘，郭注，或云棄者謂稻田塍埒也。從土朕聲。食陵切。

坺　治也。謂治田也。眾經音義，墢又作坺，引考工記，耜廣五寸，二耜爲耦，一耦之坺，廣一尺，深一尺。鄭元曰，兩人併發之，其隴中曰畎，畎上曰墢，墢之言發也。國語，王耕一墢。集韻又作垡。一曰臿土謂之坺。元應引作一鍤土謂之坺。案當作一曰一臿土謂之坺。此別一義也。厽部云，絫坺土爲牆壁，卽此義。臿，篆文作𨱆，漢人借臿，六朝借鍤，劉伶荷鍤是也。一臿土者，吾鄉之莎墼也。沮洳生莎之處，以臿裁其泥爲正方，發而乾之，可以絫牆。其廣之度如臿之廣，故曰一臿土。廣韻，坺，一臿土也。詩曰，武王載坺。商頌長發文，今作旆。繫傳曰，今詩作伐，伐蓋茷之壞字。魯頌，其旂茷茷，左傳，精茷是也。荀子引詩作發，亦聲借字。段氏曰，許引此詩，偁經說假借之例。一曰塵皃。廣雅，坺，塵也。博物志，吳人謂塵土爲坺坱。從土犮聲。蒲撥切。當如元應扶發反。所引一耦之坺，今本作伐，吾鄉諺語正同。

坄　陶竈窻也。陶當作匋。匋窯，古今字。缶

jī 基　yuán 垣　yì 圪　dǔ 堵　liáo 壣　bì 壁　yè 堨　liè 埒　kān 堪

部匋、瓦器竈也、穴部窯、燒瓦竈也、廣雅、窯謂之竈、其窻謂之埮、穴部窻、通孔也、士喪禮、甸人爲垼于西牆下、注云、塊竈、喪大記、甸人爲垼于西牆下、注云、取西牆土爲塊竈、皆從役不省、旣夕禮記、垼用塊、注、古文垼爲役、則省形存聲字也、鄭云塊竈、不云窻者、倉卒之閒、以塊爲竈、粗略、如窯、故取其名、凡竈無不通孔以出烟者、故略之而不言、從土役省聲。營隻切、

基　牆始也。謂牆之始也、釋詁、基、始也、故許的指以證明之、今之坒牆者、必埋石地中以爲基、類篇引作牆也、一日始也、本也、失之、從土其聲。居之切、

垣　牆也。釋名、垣、援也、人所依阻以爲援衞也、從土亘聲。雨元切、

⿰𩫏亘　籀文垣從𩫏。本部從𩫏者三字、蓋從墉之古文𩫏、若五篇部首之𩫏、則城郭字也、

圪　牆高大皃也。依元應引補大字、與毛傳合、詩曰、崇墉圪圪。大雅皇矣文、今作仡、傳曰、仡仡猶言言也、上章傳曰、言言、高大也、鄭箋言言猶孼孼、將壞貌、未釋仡仡、蓋亦同言言矣、然左傳宋子魚言、文王伐崇、三句不降、復伐之、因壘而降、是文王降服其心、不必破壞其城也、毛許說同、得之、從土气聲。魚迄切、

堵　垣也。垣曰堵、猶竹曰箇、木曰枚、故禮記曰、觀者如堵牆、儒行曰、環堵之室、注云、面一堵也、則是一室四堵

也、然堵亦遂爲垣之別名、漢書高帝紀、吏民皆按堵如故、應劭曰、堵、牆堵也、五版爲堵。詩鴻雁之子于垣、百堵皆作、傳、一丈爲板、五板爲堵、五經異義、戴禮及韓詩說、八尺爲板、五板爲堵、五堵爲雉、板廣二尺、積高五板爲一丈、五堵爲雉、雉長四丈、古周禮及左氏說、一丈爲板、板廣二尺、五板爲堵、一堵之牆、長丈高丈、三堵爲雉、一雉之牆、長三丈高一丈、以度其長者用其長、度其高者用其高也、諸說不同、從土者聲。當古切、

⿰𩫏者　籀文堵從𩫏。

壁　垣也。釋名、壁、辟也、辟禦風寒也、從土辟聲。比激切、比當作北、

壣　周垣也。周者匊之借字、勹部匊、帀也、韋注吳語曰、周、繞也、西都賦、繚以周牆、薛綜注西京賦曰、繚、垣、猶繞了也、從土尞聲。力沼切、

堨　壁閒隙也。堨、隙、聲相近、從土曷聲。讀若謁。魚列切、廣韻、烏曷切、

埒　庳垣也。顏注急就篇、今之圍、或爲短牆、蓋埒之謂也、周禮掌舍、爲壇壝宮、注、謂王行止宿平地、築壇、又委壝土、起堳埒以爲宮、五音集韻、馬埒、謂於外作短垣繞之也、從土寽聲。力輟切、

堪　地突也。從土甚聲。口含切、淮南子曰、堪輿行雄以起雌、許注、堪、天道、輿、地道也、李陵答蘇武書、功難堪矣、李注曰、說文作戡、

kū 堀　táng 堂　duǒ 垛　diàn 坫　lǒng ⿱浝土　jìn 墐　xiàn 垷　xì 墍

戡、勝也、此堪是地名、經傳借用、案戈部戡、刺也、此堪亦無地名之說、

堀　段氏改作堀、是也、突也。掘發其土、突然高起、如蟻封蚓場之類、引詩卽證本義、王命論所謂蝈起、蓋堀引伸之義、詩曰、蜉蝣堀閱。曹風蜉蝣文、今作堀、箋云、掘閱、掘地解閱、謂其始生時也、蜉蝣說見虫部蟟下、從土屈省聲。小徐无省字、是也、此改篆者所增也、苦骨切、

堂　殿也。謂古所謂堂、漢謂之殿也、凡無室者、皆謂之堂、釋宮、有室曰寢、無室曰榭、孫叔然曰、但有堂也、李巡曰、但有大殿無室、摯虞決疑要注、殿則有階陛、堂有階無陛、從土尚聲。徒郎切、

⿱尚⿱高土　古文堂如此。

⿱高省土　籀文堂從高省。釋名、堂、猶堂堂、高顯皃也、

垛　堂塾也。說文無塾、錢竹汀曰、當作𡌵、字林、𡌵、門側堂也、攷工記、門堂三之二、室三之一、鄭注、門堂、門側之堂也、釋宮、門側之堂謂之塾、然塾之名垛、他無所見、而塾之作𡌵、則有可徵、後漢書劉縯傳、畫伯升像於塾、旦起射之、東漢記、續漢書、竝作𡌵、𡌵、射臬也、臬不以土爲之、而取其形似、以爲垛名、故曰、堂𡌵也、釋宮曰、垝謂之坫、郭注、在堂隅、坫、墆也、釋文、墆或作埵、丁果反、桂氏曰、埵卽垛之別體、纂文、吳人以積土爲垛、通俗文、積土曰垛、愚案垛在堂隅、而亦名爲坫、故其列字次弟、在堂坫二篆之閒、從土

朶聲。丁果切、

坫　屛也。爾雅釋文、引作屛牆、尸部屛、屛蔽也、郭注爾雅、坫、墆也、玉篇、墆、墆翳、隱蔽貌、士虞禮、饌于西坫上、注云、坫在堂角、桂氏曰、本書謂堂角之坫、非兩楹之坫也、陳氏禮書、坫之別凡有四、記曰、反坫出尊、論語曰、邦君爲兩君之好、有反坫、此反爵之坫也、記曰、崇坫康圭、此奠玉之坫也、記又曰、士於坫一、此庋食之坫也、士冠禮、爵弁皮弁緇布冠、各一匴、執以待于西坫南、大射、將射、工遷于下、東坫之東南、士喪禮、牀第夷衾、饌于西坫南、旣夕禮、設棜于東堂下、南順、齊于坫、此堂隅之坫也、從土占聲。都念切、

⿱浝土　涂也。此涂泥之涂也、垷至二篆下放此、皆靜字、墍墐二篆下涂字、則梓材塗墍之塗也、皆動字、墐字下涂字、則動靜兼之、且凡靜字皆可爲動字也、通俗文、泥塗謂之浝澒、從土浝聲。本木貢切、孫力踵切、

垷　涂也。廣雅同、從土見聲。胡典切、

墐　涂也。墐乃堇之分別文、堇本靜字、可以用爲動字、既有墐字、故用堇爲動字者、不見於羣書、內則、謹塗、鄭讀謹爲墐、此用爲靜字也、詩七月、塞向墐戶、傳、墐、塗也、月令、蟄蟲咸俯在內、皆墐其戶、注、墐、塗閉之、皆用爲動字、從土堇聲。渠吝切、

墍　仰涂也。周書梓材、若作室家、既勤垣墉、惟其塗墍茨、案今人於櫋之上以葦爲笮、笮上塗以泥、泥

è 堊　chí 墀　jī 墼　fèn 坌　zài 在　sǎo 埽　zuò 㘴(坐)　zhǐ 坻　tǎn 坦　tián 填

乾乃茨以草屋成之後笮之下始塗以泥故仰涂也漢書揚雄傳獿人亡則匠石輟斤而不敢妄斲服虔曰獿古之善塗塈者也施廣領大袖以仰塗而領袖不汚從土既聲。其冀切

堊 白涂也。西山經大次之山其陽多堊注堊似土色甚白吳普本草白堊一名白墡蒼頡篇堊白土也因而以堊飾牆亦曰堊釋宮地謂之黝牆謂之堊春官守祧其祧則守祧黝堊之或以蜃灰代堊考工記匠人白盛注蜃灰也盛之言成也以蜃灰堊牆所以飾成宮室又有黃堊見山海經孟門之山從土亞聲。烏各切

墀 涂地也。謂以丹塗地。依慧苑引補蓋庾注也從土犀聲。直泥切禮。天子有赤墀。依廣韻引補段氏曰蓋出禮緯含文嘉之文云有者不盡赤也後庭則黑墀西都賦元墀釦砌五臣注元墀以漆飾墀漢書梅福傳涉赤墀之途魏都賦丹墀臨猋劉注以丹與蔣離合用涂地也西京賦五臣注丹墀階也以丹漆涂之

墼 瓴適也。詩中唐有甓傳作合適蓋正字也瓦部云瓴甓則漢名也釋宮作瓴甋廣雅瓴甋甋甓也則後起之俗字也一曰未燒者。依玉篇引改韻會引作一曰未燒磚也則不特說文作專斯千釋文出毛傳作專即玉篇廣韻亦但有瓴甋也案前說瓴適謂墼即是塼隸續載永初官墼是

也後說未燒則京師謂之土坯吾鄉謂之墼後漢書周紆傳紆廉潔無資常築墼以自給從土毄聲。古歷切

坌 糞除。即芈部糞下之糞除也埽棄也。又申之者下文即埽篆也以上五字依元應引改字又作拚攢少儀汜埽曰埽埽席前曰拚詩於粲洒埽箋粲然已洒攢矣從土弁聲。方問切讀若糞。同。若字依大徐同字依小徐言即是一字也

埽 棄也。從土從帚。小徐帚聲穌老切

在 存也。釋詁文釋訓存存在也聘禮記子以君命在寡君即大行人所云歲徧存也左襄二十六年傳吾子獨不在寡人注在存問之從土才聲。昨代切

㘴 止也。廣雅同從土從畱省。徂臥切土所止也此與畱同意據韻會引此二句冠以徐曰知此是小徐語但今袪妄篇作與在同意小異耳今小徐本在篆下有云此與坐同意則又以此句移於彼矣

坐 古文㘴如此。

坻 箸止也。依韻會引補水部泜箸止也箸直略切謂有所附箸而止左昭二十九年傳物乃坻伏注坻止也從土氏聲。諸氏切

填 塞也。玉篇引賈逵說如此字與窴同從土眞聲。陟鄰切今待季切

坦 安也。

bì 坒　dǐ 堤　xūn 壎　fēng 封　xǐ 璽　mò 墨　huán 垸

管子坦坦之利不以功坦坦之備不爲用故存國家定社稷在卒謀之閒耳從土旦聲。他但切

坒 地相次比也。吳都賦商賈駢坒李善引許注淮南曰坒相連也五臣注坒次也衛大夫貞子名坒。嚴氏曰北宮貞子名喜褚師聲子名坒疑此貞子當作聲子也從土比聲。亦省作比漢書諸矦王表諸矦比境周市三垂顏注比謂相接次也毗至切

堤 滯也。段氏曰此篆與坻篆音義皆同國語曰戾久將底底箸滯淫左傳曰勿使有所壅閉湫底杜云底滯也釋詁底底皆訓止也底字與坻坧字音雖別而義略同從土是聲。丁禮切

壎 樂器也。以簫鑛琵三字說解推之此當云土樂也即日下有以土爲之則亦當云樂也筑箏說可證此及敔字皆云樂器不合許例以土爲之六孔。詩何人斯伯氏吹壎傳土日壎亦作塤風俗通詩云天之誘民如塤如篪塤燒土也圍五寸半長三寸半有四孔其二通凡爲六孔釋樂大塤謂之嘂郭注大者如鵝子銳上平底形如秤錘小者如雞子從土熏聲。白虎通壎在十一月壎之爲言熏陽氣于黃泉之下熏烝而萌況袁切

封 爵諸矦之土也。之土二字似衍元應引字林但云爵諸矦也地官封人凡封國設其社稷之壝

封其四疆從土㞢寸。府容切寸其制度也。申寸字以起下文以公矦百里伯七十里。子男五十里。用孟子不用周禮蓋以賈子衆建諸矦而少其力推之知其當然

𡊀 籀文封從丰。

𡉘 古文封省。當作古文封從土㞢省聲籀文從古文而㞢不省篆文亦從古文而加寸也。

璽 王者之印也。舉漢制以爲說者所謂事從君舉也卩部引周禮貨賄用璽卩既僃古義故此無嫌矣漢書高帝紀封皇帝璽符節應劭曰璽信也古者尊卑共之左傳襄公在楚季武子使公冶問璽書追而與之秦漢尊者以爲信羣下乃避之韋注魯語曰古者大夫之印亦稱璽所以主土。起下從土句也玉篇引無所字御覽引作以守土從土爾聲。斯氏切

璽 籀文璽從玉。

墨 書墨也。言書者以別於黱也汲太子妻與夫書曰弁致上書墨十蝶從土從黑黑亦聲。赤之古文烾從炎土墨從㷊土者蓋鍾氏染羽由赤入黑又疑石墨自古有之也莫北切

垸 以桼和灰丸而髹也。灰骨灰也衆經音義引通俗文燒骨以桼曰垸又引蒼頡解詁垸以桼和之考工記輪人既摩革色青白謂之轂之善注謂丸桼之乾而以石

土

diàn kǎn　dié　yōng　chéng shí　zhǔn　xíng
墊 坎　堞　墉　城 塒　埻　型

摩平之。桼部䰍下云，桼垸已，復桼之。列子，棄垸以爲丸。地官角人注，骨入漆垸者。元應曰，垸又作髋，江南名髋，北人名髋。從土完聲。胡玩切。一曰補垸也。廣韻，垸，桼補垸也。

型 鑄器之法也。集韻引舊說，以土爲法曰型，以金爲法曰範，以木爲法曰模。說又見竹部笵下。從土刑聲。詩儀刑文王，刑于寡妻，傳竝云，刑法也。知刑本作荆，型之省形存聲字也。作刑者，相承失也。戶經切。

埻 射臬也。衆經音義通俗文，射堋曰埻，埻中木曰的。射侯以熊虎之皮飾其側，方制之以爲埻臬。呂覽本生篇，萬人操弓，共射其一招，招無不中。注，招，埻的也。別類篇注，招，埻藝也。案藝同臬，猶槷俗作㙯也。後漢書齊武王縯傳，畫伯升像于埶，埶蓋亦藝之譌。從土𦎫聲。周官司裘注，侯以皮飾其側，又方制之以爲𦎫，釋文，𦎫又作準。案𦎫或埻之殘字，抑是省形存聲字，皆未可知，而詩正義引作質，云質者正也，誤矣。之允切。讀若準。謂其可借也。木部臬，射準的也。

塒 雞棲于垣爲塒。釋宮，雞栖於弋爲榤，鑿垣而栖爲塒。案所釋者王風也。從土時聲。市之切。

城 㠯盛民也。盛者，宬之借字。繫傳引古今注，城，盛也，所以盛受人物。從土從成，成亦聲。盛亦省作成，證見皿部盛下。氏征切。

𩫖 籀文城從𩫖。

墉 城。句垣也。廣韻，墉，城也，垣也。許君合兩義爲一者，城亦祇是垣也。鄭注王制曰，小城曰墉。易解卦馬注，詩皇矣、良耜毛傳，左襄九年傳杜注，皆曰墉，城也。釋宮，牆謂之墉。梓材，既勤垣墉。馬注，卑曰垣，高曰墉。從土庸聲。亦省作庸，詩崧高，以作爾庸，傳，庸，城也。釋文，本亦作墉。王莽改附庸爲附城。余封切。

𩫖 古文墉。嚴氏曰，玉篇𩫖部、集韻三鍾、韻會二冬，皆作𩫖。玉篇己有𩫖字，以爲城郭之郭，今此必𩫖之爛文。桂氏亦同此說，而未敢刪者，玉篇𩫖下云，古文墉，亦作𩫖，且本部三籀文，自部陴之籀文𩫖，從墉則合，從郭則乖，城而從郭，則尤乖矣，姑仍之。

堞 城上女垣也。衆經音義引釋名，或言女牆，言其卑小，比於城，若女子之於丈夫也。或言堞，取其重疊之義也。筠案，自部謂之俾倪，俾倪卽睥睨也，似取闚觀女貞之意。左襄二十五年傳，吳子門焉，牛臣隱於短牆以射之，是也。從土葉聲。徒叶切。

坎 陷也。說卦文。從土欠聲。苦感切。

墊 下也。莊子外物篇，然則廁足而墊之致黃泉。釋文，司馬崔云，墊，下也。筠案，下者，陷而下也。故墊篆繼坎陷也之下。書，下民昏墊。鄭注，墊，陷也。漢書王莽傳，武功中水鄉民三舍墊爲池。從土執聲。都念切。春秋傳

pí
埤
duǒ chù jì　kū sài　fù　zēng　cí hè　zhí　chí
埵 埱 垍　圣 塞　坿　增　垐 垎　㙷　坻

曰墊隘。成六年、襄九年、二十五年，凡三見。雨部霸下引作墊阸。

坻 小渚也。集韻引作小陼也。釋水，小洲曰陼，小陼曰沚，小沚曰坻。水部渚下引作小州曰渚。白帖，釣魚不得由守坻不堅。詩甫田，如坻如京，箋，坻，水中之高地也。從土氏聲。直尼切。詩曰宛在水中坻。秦風蒹葭文，傳，坻，小渚也。

汷 坻或從水從夊。

渚 坻或從水耆。

㙷 下入也。玉篇，㙷，墊也。廣雅作墊，日下也。段氏曰，此與下墊曰陷義略同。又曰，吳都賦，埔㙷鱗接，李注，埔㙷，枝柯相重疊皃也。按太冲之埔㙷，卽許書之屠尼，楚立、除立二切。從土㬎聲。敕立切。

垎 水乾也。玉篇、廣韻皆曰土乾也。從土各聲。胡格切。一曰堅也。齊民要術，凡下田停水處，燥則堅垎，溼則汙泥。

垐 以土增大道上。玉篇引上作也。從土次聲。疾資切。

𡋫 古文垐從土卽。虞書曰，龍朕堲讒說殄行。堯典文。釋文，堲，徐在力反。堲，疾惡也。引書別白一義，故解之以明假借。

增 益也。釋言文。說苑，以一累壤增太山，不能益其高。從土曾聲。曾下雖云詞之舒也，而會下則曰，曾，益也，知增卽曾之分別文。

作滕切。

埤 增也。詩北門，政事一埤益我。從土卑聲。符支切。

坿 益也。呂覽十月紀，坿城郭。高注，坿，益也。月令，坏城郭。鄭注，坏，益也。七月紀，坿牆垣。高注，坿猶培也。案經典多作附益，又通作坏。月令，蟄蟲坏戶。周書時訓解作附戶。從土付聲。符遇切。內則，爲稻粉糔溲之以爲酏，以付豚。案此付與如塗塗附之附同。車部軵字說解亦用付，是知古者附益本無專字，坿蓋後起之專字也。

塞 隔也。明堂位，四塞世告至。注，四塞謂夷服、鎮服、藩服，在四方爲蔽塞者。從土𡨄聲。先代切。

圣 汝潁之閒謂致力於地曰圣。許君偁其鄉語者，古有圣字，而其義不見經典也。廣韻苦骨切內又收勂字，云力作，或卽圣之異文。從土從又。讀若兔窟。說文無窟，當作堀，苦骨切。

垍 堅土也。從土自聲。讀若臮。其冀切。以下五字在此不次，當與壤墒諸字類廁。

埱 气出於土也。釋詁，俶，作也，與此義近。一曰始也。釋詁，俶，始也。從土叔聲。昌六切。

埵 堅土也。堅或堅之譌。元應引字林，埵，聚土也。淮南說林訓，竊穴者託埵防，便也。案防固聚土之堅者也。字又借埰，纂文，吳人以積土爲埰，埰，堅也。從土垂聲。

jīn 埐 jù 堅 dǎo 壔 péi 培 zhēng 埩 zhàng 墇 cè 堋 yín 垠 shàn 墠 chǐ 垑 lěi 壘 guǐ 垝 pǐ 圮

讀若朶。丁果切。埐 地也。從土。侵省聲。子林切。堅 土積也。捊丁云，引堅也，用爲動字也。此云土積，則本靜字也。從土。聚省聲。不云取聲者，關經典皆作聚，不作堅也。才句切。壔 保也。玉篇引作堡，乃以時行字易之也。檀弓公叔禺人遇負杖入保者息。月令四鄙入保，注：杳云都邑小城日保。九章算術今有方堢壔，李淳風注：堢者，堢城也；壔謂以土擁木也。廣雅：壔，隄也。一日高土也。從土。𠷎聲。都皓切。讀若毒。李淳風云壔音丁老反，又音𧖅。培 培敦。土田山川也。繫傳。左傳分之土田培敦，命以伯禽，封于少昊之墟，注：培，增也。詩日錫之山川，土田附庸也。此總兩說也。老子或培或墮，傳奕引字林：培，益也。案許君亦當有此說，而後引詩與左乃合。通例今本蓋有挩文。從土。咅聲。薄回切。埩 治也。玉篇埩，耕治也。從土。爭聲。疾郢切。墇 擁也。擁當作廱。玉篇引國語：縣墇洪水。逼作障。釋言：障，畛也。郭注：謂壅障。從土。章聲。之亮切。堋 遏遮也。從土。則聲。初力切。垠 地垠咢也。依元應書卷七引補。卷八引作地垠岸也。後漢書班固傳注引作界也。玉篇圻，圻咢也。集

韻，土有起迹日垠。七命：旌拂霄堮，軌出蒼垠。從土。艮聲。本魚斤切。一日岸也。廣韻：圻，曲岸也。廣雅：垠，厓也。圻 垠或從斤。墠 野土也。似有挩誤。段氏引左傳楚公子圍逆女于鄭，鄭人請墠聽命。楚人日：若野賜之，是委君貺于草莽也。可見墠必在野也。案以此證野字固是，然野土相連不成詞也。周書爲三壇同墠。祭法注：封土日壇，除地日墠。鄭風東門之墠，傳：除地町町者。從土。單聲。常衍切。垑 恃土地也。依小徐韻譜本、廣韻同。釋言：恀，恃也。蓋與此文相當。心部不收恀。郭注：今江東呼母爲恀。邵氏正義引荀子儉然恀然，楊注：恀然，恃尊長之貌。則恀又爲恃之轉語。從土。多聲。尺氏切。壘 軍壁也。曲禮：四郊多壘。夏官量人營軍之壘舍，注：軍壁日壘。史記白起傳：趙軍逐勝，追造秦壁。從土。畾聲。力委切。垝 毀垣也。詩日：乘彼垝垣。衛風氓文。釋詁：垝，毀也。管子霸形篇：水深滅垝。從土。危聲。過委切。𨸹 垝或從𨸏。圮 毀也。釋詁文。釋言：圮，覆也。書序：祖乙圮于耿。從土。己聲。符鄙切。𨸹 圮或從手。配省非聲。謂配省及書日：方命圮族。堯典文。史記作負命毀族。

yǎng 坱 lǒu 塿 méi 塺 chè 坼 xià [土+虖] kě 坷 huài 壞 yā 壓 huǐ 毀 kǎi 塏 kuàng 壙 gěng 埂 qiàn 塹 yīn 垔

非皆聲也。廣韻：𨸹，覆也。或作𡰪，𡰪部：𡰪，崩也。垔 塞也。廣雅同。史記秦始皇本紀：塹山堙谷，亦作堙。周語：墮高堙庳。從土。𡇒聲。於真切。尙書日：鯀垔洪水。洪範文。今作鯀陻洪水。鯀乃正字。漢開母石闕、周憬碑並作鯀。𨺣 垔或從𨸏。𡐛 古文垔如此。塹 阬也。左襄十九年傳：乃溝公宮。賈注：溝，塹也。昭十七年傳：環而塹之及泉。一日大也。蓋與壙同意。從土。斬聲。七豔切。埂 秦謂阬爲埂。蒼頡篇：埂，小坑也。從土。㝗聲。讀若井汲綆。古杏切。壙 塹穴也。通俗文：巨塚謂之壙。周禮喪祝及壙，說載除飾，注：壙謂穿中也。一日大也。賈誼新書：天下壙壙然。從土。廣聲。苦謗切。塏 高燥也。左昭三年傳：請更諸爽塏者。從土。豈聲。苦亥切。毀 缺也。毀之而後缺，缺非毀之正訓，當作數也。攴部：數，毀也。釋詁：虧、壞、圮、垝，毀也。從土。毀省聲。許委切。𡍚 古文毀從王。壓 壞也。未聞。鎮也。依元應引補。金部：鎮，博壓也。一日塞補也。文選王命論注引作塞也。蓋𢿱塞之義也。從土。厭聲。烏狎切。

壞 敗也。當作退也。叀部：退，數也。廣韻：壞，自破也。春秋文十三年：大室屋壞。從土。褱聲。下怪切。𡒢 古文壞省。𣀔 籀文壞。徐鉉日：攴部有數，此重出。案此說是也。爾雅釋文：說文云壞，敗也，籀文作數。案陸氏失著數在攴部耳。文選嘯賦注：籀文爲數，在欠部。是知說文重文有在兩部者。餘詳攴部數下。坷 坎坷也。玉篇：坎坷，不平。從土。可聲。康我切。梁國寧陵有坷亭。地理志：寧陵屬陳留郡。郡國志屬梁國。蔡邕於柯亭見好竹，取作笛，或即此坷亭也。[土+虖] 坼也。與罅同。或彼主言瓦器之破，此則地之坼裂，牆之隙壞乎。從土。虖聲。呼訝切。𨻶 [土+虖]或從𨸏。坼 裂也。裂者，列之借字。呂覽十一月紀：地始坼，注：凍裂也。從土。㡿聲。丑格切。詩日：不坼不疈。大雅生民文。釋文作坼。干寶搜神記：前志所傳，修己背坼而生禹，簡狄胸剖而生契。詩云不坼不副，無災無害。原詩人之旨，明古之婦人常有坼剖而產者矣。坱 塵埃也。見坺下。從土。央聲。於亮切。塺 塵也。淮南子：揚堁而弭塵。許注：堁，塵塺也。王褒九懷：霾土忽兮塺塺。從土。麻聲。亡果切。塿 塺土

土

dié 垤　pī 坏　yì 壇　gòu 垢　yìn 垽　yī 堅　āi 埃　fèi 坒　fèn 坋

也。集韻十九矦引同。玉篇、廣韻、祇有培塿一義。且讀上聲。又玉篇塿字與塵壂等字相去甚遠。本書上下文六字。二訓塵埃、四訓塵。塵土二字。文法不類。亦且不詞。廣雅。塿。土也。與㟯嵝埴壚等字類聚。其釋詁塵也一條內無塿字。王氏疏證引本文改爲歷土也。引管子地員篇赤壚歷彊肥。尹知章注云。歷。疏也。且說之曰。歷塿一聲之轉。歷之言歷歷。塿之言婁婁也。地員篇觳土之狀婁婁然。注云。婁婁。疏也。笏案所引赤壚。壚塿雙聲。未可徑以爲一字。且歷土仍不詞。非上文柔土剛土黏土覩名知義者比。且歷從厤。厤從秝。秝下說以稀疏。甘部厤下說厤曰調也。此不加疏解而直曰歷土。是廋詞也。姑存之以俟再詳。從土。婁聲。洛矦切。

坋　元應引作坌。玉篇坌下云塵也。此下即出坋字。謂與禹貢黑墳之墳同。雖又全引說文。當是宋人所增。蓋墳下既引爾雅墳大防矣。是謂與黑墳異字也。塵也。通俗文埻土曰坌。從土。分聲。房吻切。一曰。坋大防也。釋丘。墳。大防。詩汝墳、淮濆。皆借字。

坒　塵也。玉篇。坒。塵也。從土。比聲。房未切。

埃　塵也。通俗文。夾塵曰埃。從土。矣聲。烏開切。

堅　塵埃也。從土。殹聲。烏雞切。

垽　澱也。釋器。澱謂之垽。又見澱擧二篆下。從土。沂聲。魚僅切。

垢　濁也。淤下云。澱滓濁泥。從土。后聲。古厚切。

壇　天陰塵也。謂天陰而雨塵也。御覽引作天陰沈也。玉篇引作天陰塵起也。皆非。詩曰。壇壇其陰。邶風終風文。今作曀。日部曀下引詩。蓋後人加之。從土。壹聲。於計切。

坏　丘一成者也。依水經注河水篇改。小徐韻譜作山一成。誤以釋山改之也。今本作丘再成。又誤以尚書僞孔傳改之也。許君此說。即主禹貢之大伾而言。謂之丘者。以字從土也。丘山不以大小分。而以土石分。故改釋山文也。禹貢正義曰。鄭康成云。大伾在修武武德之界。張揖曰。成皐縣山也。漢書音義有臣瓚者。以爲修武武德無此山也。成皐縣山又不一成。今黎陽縣山臨河。豈不是大伾乎。瓚說當然。桂氏曰。群士龍曰。大伾山。許慎說。今黎陽之黎山。群引許說。或出淮南注。又在瓚之前矣。隋書地理志、元和志、寰宇記。皆用瓚說。一曰。瓦未燒者曰坏。此元應所引字林也。輒以之補說文者。惡其不文也。瓦者。土器之總名。齊民要術。凡甕七月坏爲上。從土。不聲。芳桮切。後漢書和帝紀。百岯山。注引爾雅。山一成曰岯。又云。東觀記作坏。竝音乎眉反。

垤　螘封也。方言。蚍蜉。其場謂之坻。或謂之垤。又云。楚郢以南。蟻土謂之封垤。中齊語也。從土。至聲。徒結切。

說文句讀　卷二十六　八百二十三　、○折四十二　三三

qū 坥　juǎn 埍　kū 𡎼　yì 瘞　bèng 堋　zhào 垗

詩曰。鸛鳴于垤。雚部雚下引作雚。是也。毛傳。垤。蟻塚也。

坥　益州部謂螾場曰坥。玉篇引無州字。郡國志。自漢中至犍爲屬國。郡國十二。益州刺史部也。方言。梁宋之閒。蚍蜉犁鼠之場謂之坻。螾場謂之坥。注。螾。蛐蟺也。其糞名坥。段氏曰。疑方言宋當作益。案方言卷六。坻。坥。場也。郭注。場音傷。卷十。垤。封場也。楚郢以南。蟻土謂之封。卷十一。蚍蜉。其場謂之坻。玉篇。塲。始羊切。封塲也。又耕塲。廣韻亦收塲字。云耕塲。又作暘。案塲乃方言場之分別文也。封塲者。即方言之蟻土。蚓無封土。故郭注以糞當之。耕塲者。今猶言之。其溝謂之塲溝。從土。且聲。七余切。

埍　徒隸所居也。一曰。女牢。今京師有此語。但不專謂女耳。一曰。亭部。段氏曰。蓋謂鄉亭之繫也。韓詩。宜犴宜獄。云。鄉亭之繫曰犴。朝廷曰獄。從土。肙聲。讀若䆆。古泫切。

𡎼　囚突出也。從土。㱿聲。胡八切。

瘞　幽。句。薶也。釋言。瘞。幽也。此引之而又以薶指實之也。釋天。祭地曰瘞埋。周禮司巫。凡祭祀守瘞。從土。㾜聲。於罽切。

塴　喪葬下土也。小爾雅。下棺謂之窆。塴窆謂之封。從土。朋聲。方鄧切。春秋傳曰。朝而堋。左昭十二年文。今作塴。

說文句讀　卷二十六　八百二十　、○折四十六　三四

禮謂之封。既夕禮。乃窆。注。今文窆爲封。案許從今文。鄭從古文。故檀弓。於其封也。又縣棺而封。注竝云。封當爲窆。窆。下棺也。春秋傳作堋。而地官遂人、夏官太僕。鄭司農竝云。窆謂下棺時。禮記謂之封。春秋謂之堋。皆葬下棺也。聲相似。知先鄭於禮亦主封字。不改讀也。許君從之。鄭君改之者。蓋以孔子曰。古也墓而不墳。又曰。於是封之。崇四尺。則封主起冢而言。周禮所謂邱封之度也。鄭君別嫌。故改從古文。周官謂之窆。說已見上。虞書曰。堋淫于家。亦如是。段氏曰。此傳皐陶謨說段借也。謂段堋爲朋。其義不同。而形亦如是作也。朋淫。即羣居終日。言不及義。恒舞于宮。酣歌于室也。後漢孝明八王傳作風淫于家。

垗　畔也。釋言。兆。域也。即垗之省也。禮含文嘉注云。兆者。作封畔兆域也。爲四時界。祭其中。時見田部。爲四時界者。四面作時以爲之界也。言祭者。爲下文引禮張本耳。其實有垠堮者。皆謂之兆也。郊特牲。兆於南郊。此郊天之兆也。肆師。掌兆中廟中之禁令。注。兆。壇塋域。此凡大小祭祀皆有兆也。士喪禮。兆南北面。此墓兆也。晏子。景公爲路寢之臺。晏子令吏遠其兆。此臺之兆也。元鳥。肇域彼四海。箋。肇當作兆。兆域。正天下之經界。此以邊陲爲兆也。乃至琢下云。兆琢。則至小之垠堮亦謂之兆也。從土。兆聲。治小切。周禮曰。垗五

帝於四郊。小宗伯文。今作兆。注：兆，爲壇之營域。五帝，蒼曰靈威仰，大昊食焉。赤曰赤熛怒，炎帝食焉。黃曰含樞紐，黃帝食焉。白曰白招拒，少昊食焉。黑曰汁光紀，顓頊食焉。賈逵周禮解詁：東郊木帝太皡，八里。南郊火帝炎帝，七里。西郊金帝少皡，九里。北郊水帝顓頊，六里。中兆黃帝之位，于南郊之季，故曰兆五帝於四郊也。

塋 墓地。依文選李注引改。春官冢人：守墓禁。注：禁所謂塋限。從土。營省亦聲。營者兆域之謂也。余傾切

墓 兆域也。依御覽引改。冢人辨其兆域。曲禮：適墓不登壟。注：壟，冢也。墓，塋域。檀弓：墓而不墳。注：墓謂兆域，今之封塋也。從土。莫聲。莫故切

墳 墓也。此渾言之也。檀弓：墓而不墳。注：土之高者曰墳。從土。賁聲。符分切

壠 丘壠也。小徐韻譜作丘也。御覽選注引同。曲禮：爲宮室不斬於丘木。注：丘，壠也。案丘壠同義，故亦用爲連語。鄭注冢人云：冢，封土爲丘壠。楚詞七諫：封比干之丘壟。王注：小曰丘，大曰壟。從土。龍聲。力踵切 孟子龍斷，趙注：壠斷而高者也。貝部買下引作壟斷，則今本是殘字，因知壟亦厓岸之通稱，而字書韻書皆遺此訓，壠字亦無此訓。

壇 祭場也。獨斷：壇謂築土起堂。書金縢：爲三壇同墠。馬注：壇，土堂。公羊莊十三年傳何注：土基三尺，土階三等曰壇。從土。亶聲。徒干切

場 祭神道也。道字未詳。玉篇引國語：屏攝之位曰壇，壇之所除地曰場。一曰山田不耕者。一曰治穀田也。豳風：九月築場圃。蓺種樹菜果，則謂之圃；踐禾稼，則謂之場。周禮場人注：場，築地爲墠。從土。昜聲。直良切

圯 東楚謂橋爲圯。史記留侯世家：良嘗閒從容步游下邳圯上。徐廣曰：圯，橋也。東楚謂之圯。從土。巳聲。與之切

垂 遠邊也。釋詁：疆、界、邊、衛、圉，垂也。公羊宣十二年傳：寡人無良邊垂之臣。秦策：今大國之地半天下，有二垂。鮑注：西北二邊。荀子臣道篇：邊境之臣處，則疆垂不喪。注：垂與陲同。案此以今字釋古字也。從土。𠂹聲。是爲切

圭 瑞玉也。上圜下方。玉部：瑞，以玉爲信也。大宗伯以玉作六瑞，以等邦國。聘禮記注：圭，所執以爲瑞節也。又曰：圭剡上象天，圜地方也。應劭曰：圭，自然之形，陰陽之始也。公執桓圭，九寸。侯執信圭，伯執躬圭，皆七寸。此合大宗伯、考工記玉人之文而用之。桓，玉部作瓛。鄭注則曰：桓圭葢以桓爲瑑飾。信當爲身，聲之誤也。身圭、躬圭葢皆象以人形爲瑑飾，文有麤縟耳，欲其慎行以保身。子執穀璧。男執蒲璧。皆五寸。雖是璧非

圭，然其爲瑞則一也，故連及之。鄭注：穀所以養人，蒲所以安人。二玉葢或以穀爲瑑飾，或以蒲爲瑑飾。圭以封諸侯。再言圭者，以上文言蒲穀也。圭是玉，何以字從重土？故言封。春秋定八年：盜竊寶玉大弓。穀梁傳：寶玉者，封圭也。漢書司馬相如傳：析珪而爵。如淳曰：析，中分也。白藏天子，青在諸侯也。從重土。古畦切 楚爵有執圭者。楚子僭稱王，縣尹稱縣公，故僭稱執圭也。楚策兩言執珪，齊策言上執珪，見周策之景翠，莊辛、呂覽之茲飛，淮南之子發，說苑之鄂君子皙，皆楚之執圭者也。高注淮南曰：楚爵功臣，賜以圭，謂之執圭，比附庸。史記張儀傳：楚人不勝，列侯執珪死者七十餘人。

珪 古文圭從玉。

堀 兔堀也。從土。屈聲。苦骨切 圭重部首，所以結部尾也。堀字安得在其下？此堀譌爲堀，後人校得堀字，因附於末也。說解異者，與艸部莦字同例。

文一百三十一　重二十六　玉篇引說文：塔，西域浮屠也。此宋人重修以新附字羼入也。

垚 土高也。韻會：垚，積累而上，象高形。從三土。吾聊切 凡垚之屬皆從垚。

堯 高也。風俗通：堯者，高也，言其隆興焕炳，最高明也。白虎通：堯猶嶢嶢，至高之皃。從垚在兀上。高遠也。垚兀皆訓高，堯合爲一，則彌高矣，故申言之。吾聊切

堯 古文堯。

文二　重一

堇 黏土也。內則：塗之以謹塗。注：謹當爲墐，聲之誤也。墐塗，塗有穰草也。玉篇引禮：堇塗。塗有穰草也。是所據鄭注作堇。然鄭謂穰艸和泥爲墐，許謂天性自黏爲堇。通鑑：楊行密圍廣陵，城中無食，以堇泥爲餅食之。注：堇泥，黏土也。案燕子營巢用堇泥。從土。從黃省。黃土性黏。巨斤切 凡堇之屬皆從堇。

[古文堇] 古文堇。從黃不省。

堇 亦古文堇。嚴氏曰：此葢出說文續添。

艱 土難治也。釋名：艱，根也，如物根也。從堇。土之彊檗者，或晨耕倘塗泥，莫耕輒起塊者，由其性黏也。艮聲。古閑切

艱 籀文艱從喜。字見周禮及史記楚世家。從喜者，似節卦說以行險之意。

文二　重三

里　居也。詩將仲子十月、毛傳皆云然。酒誥則連言里居。猶後世言邑落耳。風俗通、五家為軌、十軌為里。里者止也。五十家共居止也。與周禮五家為鄰、五鄰為里異。從田從土。方里而井、民居皆在公田之中、故其立字如此。小徐本有一曰土聲也五字、必李陽冰之謬說也。良止切。凡里之屬皆從里。

釐　家福也。釐祇是福、言家者、為其從里也。通志引作蒙福也、葢不知而改之。釐者、飲酒受胙之謂、受福於祖宗、故曰家福。漢書文帝紀、祠官祝釐。如淳曰、釐、福也。渾言之也。韋昭曰、祭鬼神之餘肉曰釐。質言之也。史記賈誼傳、孝文帝方受釐。徐廣曰、祭祀福胙也。應劭曰、釐、祭餘肉也。諸家說同、可無疑矣。然究是漢義。大雅釐爾女士、傳曰、釐、予也。又曰釐爾圭瓚、傳曰、釐、賜也。此是古義、而從里不能得此義、故許君姑舍之。從里𠩺聲。里之切。史記魯釐公、借為僖、故或讀受釐為僖。然毫釐禮記作豪氂、本是兩字、不必以音別之。

野　郊外也。釋地、邑外謂之郊、郊外謂之牧、牧外謂之野。冂部云、邑外謂之郊、郊外謂之野。詩魯頌傳曰、邑外曰郊、郊外曰野。俱無郊外謂牧之文。周禮委人、旅師注竝云、野、謂遠郊以外也。詩出車、于彼牧矣。又曰、于彼郊矣。箋云、牧地在遠郊。葢釋地古本原無郊外謂之牧、後人据出車增之。鄭所据者、地官載師也。從里予聲。羊者切。

埜　古文野。從里省從林。篆說皆似誤。汗簡引作埜、從土從林。漢書地理志畫埜分州、顏注、埜、古野字。與汗簡同。且從里省三字、小徐無之、或大徐所增。

文三　重一

田　陳也。釋地、郊外謂之牧。釋文、李本牧作田。字釋云、田、敕也、謂敕列種穀之處。敕音陳。案、三敕字皆𢾾之譌。史記田敬仲完世家、敬仲之如齊、以陳字為田氏。樹穀曰田。元應引作樹稻穀曰田也。月令章句、穀田曰田。禹貢厥田惟中中。鄭注、能吐生萬物者曰土、據人功作力競得而田之、則謂之田。象形。齊民要術、韻會引皆如此。待年切。從口從十　齊民要術、篇海引皆如此。韻會引無上從字。然知非許語者、既云象形、不得又謂之會意。故知此句後人增之、以起下文、不知本文自明、不須增也。阡陌之制也。阡陌者、隸字也、不得謂篆文無之、即為許君所不用也。史記商君傳有阡陌字。漢書地理志作仟佰。人部亦有佰無仟也。段氏改為千百、雖違許君篆籀從古、說解用隸之旨、然自與鄭君合。周禮肆師注、貊讀為十百之百。釋文、貊、鄭音陌。據陸氏說、則注本是千百之百、即是阡陌之陌、故曰音陌也。凡田之屬皆從田。

町　田踐處曰町。左襄二十五年傳、町原防。杜注、隄防閒地、不能方正、如井田別為小頃町。正義、急就篇云、頃町界畝、是町亦頃類。衆經音義引蒼頡篇、町、田區也。案、田畔必有畦埒、為人所踐、特以其不方正、不能名曰徑術、故別名之曰町。左傳正義引作田殘處、誤也。從田丁聲。他頂切。

畽　城下田也。玉篇、畽、城外隍內地也。博物志、海陵縣多麋、千萬為羣、掘食草根、其處成泥、名曰麋畽。民隨而種、不耕而穫、其收百倍。字或作堧。漢書翟方進傳、城郭堧及園田過更。張晏曰、堧、城郭旁地。一曰畽郤也。段氏改也為地。而曰、曲禮郤地、即隙地也、是也。言此者、謂不但城下之郤地謂之畽、凡為郤地者、概謂之畽也。漢書申屠嘉傳、南出者、太上皇廟堧垣。服虔曰、宮外垣餘地也。案、此附乎廟之郤地也。食貨志、趙過試以離宮卒田其宮堧地。顏注、堧、餘地。案、此附乎宮之郤地也。河渠書、溝洫志皆云、故盡河堧棄地。韋昭曰、河堧、謂緣河邊地。案、此附乎河之郤地也。字亦作壖。耎需二字多互譌。從田耎聲。而緣切。

疇　耕治之田也。川部、州、疇也。各疇其土而生之。孟子、易其田疇。從田𠃬、象耕田溝詰屈之形。合二徐本用之。直由切。

𠃬　疇或省。此後人改也。凡象形者必古文。

口部𠷎下云、𠃬、古文疇。雖後人校語、亦可信也。凡小篆增于古文者、裘求、麗丽之說皆謬。惟厷𠃋之說、當是許君原文。以例推之、𠷎下當云、從田、從古文𠃬。𠃬下當云、古文疇、象耕田溝詰屈之形。古蓋作𠃬。田當既耕既耰之後、正作此形、為者整齊之、遂不肖也。

𤲞　燒種也。玉篇、𤲞、田不耕燒種也。廣韻、𤲞、田不耕而火種。月令季夏燒薙行水、利以殺草、可以糞田疇、可以美土疆。齊民要術、凡開荒山澤田、皆七月芟艾之、草乾即放火。越絕書、吳北野胥主𤲞者、吳王女胥主田也。晉書殷浩傳、開江西𤲞田千餘頃、以為軍儲。從田翏聲。力求切。漢律曰、𤲞田茠艸。

畬　二歲治田也。據小徐韻譜改。嚴氏曰、无妄釋文、畬、引馬融曰、田三歲也。復引說文云、二歲治田也。是六朝舊本一作二歲、今作三歲者、校者據釋地、采芑保介傳改耳。坊記注、田一歲曰菑、二歲曰畬、三歲曰新田。則鄭與許合也。桂氏曰、詩箋一歲為菑、始反艸也。二歲為畬、漸和柔也。三歲曰新田、謂已成田而尚新也。經義述聞曰、虞注无妄亦曰、田在初一歲曰菑、在二歲曰畬。㪺重仲翔說畬字、竝同鄭注。則鄭必別有所本、非誤記爾雅。從田余聲。以諸切。易曰、不菑畬田。桂氏、段氏皆曰、田當作凶。坊記易曰、不耕穫、不菑畬、凶。

𤲓　和田也。考工記、車人為耒、柔地欲

jī 畿　diàn 甸　mǔ 畮　cuó 𤰞　jī 畸

句庛、此土性本柔和者也。孫叔然爾雅注、新田、新成柔田也。此謂耕熟之田爲柔田也。䐉字從田、當主後說。從田柔。柔亦聲也。耳由切。鄭有䐉地名也。鄭語史伯對桓公曰、若克二邑、鄢蔽補丹依䐉歷華、君之土也。韋注、言克虢檜、則此八邑皆可得也。桂氏曰、鄭詩譜引國語作疇。

畸　殘田也。繫傳謂田奇零也。墨子有見於齊無見於畸。注、畸謂不齊也。從田奇聲。居宜切。

𤰞　殘薉田也。依集韻、韻會引補。從田差聲。昨何切。詩曰。天方薦𤰞。小雅節南山文。殘也。當云𤰞、疫也。謂詩借𤰞爲瘥也。今本作瘥者、蓋沿傳箋改之、傳云瘥病、箋云疫病。

畮　六尺爲步、步百爲畮。司馬法文。馬融注論語引云、六尺爲步、步百爲畮、畮百爲夫、夫三爲屋、屋三爲井、井十爲通、通十爲成、成出革車一乘。鄭射禮注、武、迹也。中人之迹尺二寸。疏曰、漢禮云、五武成步、步六尺、或據此而言也。秦田二百四十步爲畮。秦田二字、韻會引作秦孝公制四字。一位算法云、案千乘之國、周之制度、司馬法六尺爲步、步百爲畮、是古之制也。秦孝公時、商鞅獻三術、內一開通阡陌、以五尺爲步、二百四十步爲畮、案漢因秦制、故及之。從田每聲。莫厚切。

畞　畮或從田十久。桂氏曰、詩履帝武敏、釋文引樊爲舍人敏作畮、䪨案畮敏聲相近、敏古讀武鄙切、漢書敘傳、宣之四子、淮陽聰敏、舅氏蘧篨、幾陷大理、今讀畮作莫厚切者誤也。徐氏以畮爲久聲、久古音苟起切、宋玉招魂、久與里韻、生民詩、敏與止韻、是也。

甸　天子五百里內田。禹貢五百里甸服、傳云、規方千里之內、謂之甸服、爲天子服治田、去王城四面五百里。王制千里之內曰甸、鄭疑許說有挩文、甸畿同義、而言各有主、畿下申以逮近、所以區別之也。本文若申言其義、則信南山、韓奕傳皆曰、甸、治也。若兼申言其音、則稍人注引韓詩、維禹甸之、均可用也。從田包聲。當云從勹、堂練切。

畿　天子千里地。卽是天子五百里內田、彼據一面言之、謂之五百里、此據四至言之、謂之千里、彼主服治田而言、故曰甸、此主封疆之界而言、故曰畿也。商頌、邦畿千里、傳曰、畿、疆也。地理志、初洛邑與宗周通封畿、東西長南北短、短長相覆千里、尚書大傳引詩、邦圻千里、圻、垠堮也。凡邊際皆曰圻、玉篇、𡍐圭有圻鄂、是也。㠯逮近言之。則言畿也。再申之者、以音明其義也。逮者、及也。逮近者、納總之百里、近王城而相及、納銍之二百里、近百里而相及、納秸粟米者、又轉遞相及也。大司馬九畿注云、故書畿爲近、鄭司農曰、近當言畿、矦甸男采衞蠻夷鎭藩、皆曰畿、亦以其遞相傳近而名之也。畿近音相轉、猶借圻爲畿也。從田。幾省聲。亦借幾爲畿、郊特牲、丹漆雕幾之美、注、幾謂漆飾沂鄂也。釋文、幾、巨依反、案沂鄂卽圻鄂、以土部垠圻二字注參之、自明。畿、巨衣切。

zhì 畤　zhěn 畛　zhuì 畷　gǎng 畂　jiè 畍　pàn 畔　wǎn 畹　qí 畦

畦　田五十畮曰畦。王逸注離騷、引蜀都賦劉注引班固說亦同。孟二、圭田五十畮、劉熙注孟子、今俗以五十畮爲大畦、二十五畮爲小畦。從田圭聲。戶圭切。

畹　田三十畮也。班固說同、王注離騷曰、十二畮爲畹、或曰田之長爲畹也。玉篇、秦孝公二百三十步爲畮、三十步爲畹、桂氏曰、三十步卽田之長也。從田宛聲。於阮切。

畔　田界也。左襄二十五年傳、行無越思、如農之有畔。顏注急就篇、畔、分半田之際也。九章算術、𢾃田正廣六十五步、一畔從一百步、一畔從七十二步。詩、伋隰則有泮、箋、泮讀爲畔。從田半聲。薄半切。

畍　境也。境俗字、當作竟、下同。曲禮、入竟而問禁、左莊二十七年傳、卿非君命不越竟。從田介聲。古拜切。

畂　境也。廣雅、畂、竟也。一曰陌也。趙魏謂陌爲畂。從田。亢聲。淮南子地形訓高注、常山人謂伯爲亢、案伯卽陌、亢卽畂。古郎切。

畷　兩陌閒道也。廣六尺。顏注急就篇、畷、兩佰閒壟道也。郊特牲、饗農及郵表畷、注、郵表畷、謂田畯所以督約百姓於井閒之處也。吳都賦、其四野則畛畷無數、李注、畛畷、謂地廣道多也。舊井田閒有畷有畛。從田叕聲。本知衞切、又陟劣切。

畛　井田閒陌也。桂氏曰、畷畛皆道也。釋言、障、畛也。釋文、畛、田閒道。詩載芟、徂隰徂畛、箋、畛、謂舊田有徑路者。地官遂人、十夫有溝、溝上有畛、注、溝廣深各四尺、畛容大車。從田㐱聲。之忍切。

畤　天地五帝所基止祭地也。語頗詰屈、似經刪倂、其意若曰、時者祭天地五帝之地也。時者、止也。其制壇而不屋、但有基止、故謂之時。漢書郊祀志顏注曰、如種韭畦之形、於畦中各爲一土封、是也。繫傳、祭地、所祭之地也。漢書音義孟康曰、時音止、神靈之所止也。漢舊儀、元年祭天、二年祭地、三年祭五帝於五時。從田寺聲。周市切。右扶風雝有五時。地理志文、史記封禪書、唯雍四時上帝是尊、索隱、案四時據秦舊而言、秦襄公始列爲諸矦、而作西時、文公卜居汧渭之閒、而作鄜時、皆非雍也。至秦德公卜居雍、而後宣公作密時、祠青帝、靈公作上時、祠黃帝、下時、祠炎帝、獻公作畦時、祠白帝、是爲四、幷高祖增黑帝而五也。好時鄜時。皆黃帝時築。依韻會引改、此說未詳所本、封禪書言秦文公立鄜時、而曰自未作鄜時也、而雍旁故有吳陽武時雍東有好時，皆廢無祠。或曰，自古以雍州積高，神明之隩，故立時郊上帝，諸神祠皆聚。云蓋黃帝時嘗用事，雖晚周亦郊焉。其語不經見，搢紳者不道。案太史公所駁，許君或別有據，抑以本朝所尙，故推尊之邪。**或曰，秦文公立也。**見封禪書，在雍縣南。

略　經略土地也。左傳隱五年，吾將略地焉。僖十六年，會于淮，謀鄫，且東略也。宣十一年，略基址。十五年，晉侯治兵於稷，以略狄土。皆動字也。與許說同。莊二十一年，王與之武公之略。僖十五年，東盡虢略。成二年，侵敗王略。昭七年，天子經略，諸侯正封，封略之內，何非君土。皆借動字為靜字也。昭七年杜注誤。**從田，各聲。**离約切。

當　田相值也。值當爲直。廣雅，當，直也。韓詩，賓維我直。相當直也。國語，史黯謂趙文子曰，臣敢煩當日。韋注，當日，直日也。**從田，尚聲。**都郎切。

畯　農夫也。釋言文。孫叔然曰，農夫，田官也。郭注，今之嗇夫是也。案以田畯爲嗇夫，本之詩甫田箋。詩噫嘻，率時農夫。箋，率是主田之吏。周官籥章，龡豳雅，擊土鼓，以樂田畯。鄭司農云，古之先教田者。桂氏曰，案此是古有田畯之名，周因之也。段氏曰，亦謂之田。月令，命田舍東郊。鄭曰，田謂田畯，主農之官也。亦謂之農。郊特牲，大蜡饗農。鄭曰，農，田畯也。田畯教田之時則親而尊之，詩三言田畯至喜是也。死而爲神則祭之，周禮之樂

說文句讀　卷二十六　八百六十七　○析四十五　圭

田畯，大蜡饗農是也。**從田，夋聲。**子峻切。

甿　田民也。字與氓同，周禮作此字。地官遂人注云，變民言甿，異外內也。甿猶懵懵，無知貌也。邶風氓篇，氓之蚩蚩。**從田，亡聲。**武庚切。

疄　轢田也。足部，蹸，轢也。汜勝之書，望杏華落，復耕之，輒藺之。案藺卽躪之省。上林賦，車徒之所閵轢。字或作轔。漢書灌夫傳，轢轢宗室。注，轔轢，蹈踐之也。艸部蔆或作遴。**從田，粦聲。**良刃切。

畱　止也。王風，彼留子嗟，是止人也。離騷，又何可以淹畱，是自止也。**從田，丣聲。**桂氏曰，古泉布漢印作畱，從丣聲。力求切。

畜　田畜也。田畜者，漢之恆言，兼以明字之從田矣。史記貨殖傳，富人爭奢侈，而任氏獨折節爲儉，力田畜。田畜人爭取賤賈，任氏獨取貴善。非田畜所出弗衣食。戴侗曰，周官牧人掌牧六牲而阜蕃其物。小司徒經土地而井牧其田野。鄭司農曰，井牧者，春秋傳所謂井衍沃，牧隰皋也。按古人言井牧，猶漢人言田畜也。上古畜而不田，中古田畜兼之。衍沃之地宜稼，故井之；隰皋水艸所生，則牧馬。**淮南子曰，玄田爲畜。**案當作𢆶田爲畜，謂𢆶繫之於田也。篆亦當作𢆶田，從叀之古文𢆶叀。部叀下云，從叀，引而止之也。叀者如叀馬之鼻，是其義。漢書景帝詔，農桑毄畜。注，食養之畜。案毄，古繫字。繫之者，恐其逸也，是其證。丑六切。

𤲯　魯郊禮，畜從田，從玆。魯郊禮見鳥部，言此禮之文，其畜字如此作也。玉篇引無從田，故刪之。沿上畜字可知也。**玆，益也。**艸部，茲，艸木多益也。据此則篆當作𤲯，小篆省其半。淮南以爲玄止之玄，已小誤。今本變從茲，茲皆亦改從𢆶，則尤誤也。

疃　禽獸所踐處也。釋名，踐，殘也。使殘壞也。詩行葦，牛羊勿踐履。**詩曰，町疃鹿場。**豳風東山文，今作疃。傳，町疃，鹿迹也。釋文，疃本作疃。釋獸，麇其跡躔。注，腳所踐處。又云，鹿其跡速。郭無注，沿上可知也。案町疃雙聲，毛公又合釋之。許君雖分收之，而皆以踐處爲訓，豈以人物別之邪。然町字繼部首之下，卽已非例，其餘列字，亦多雜亂，恐非元次也。**從田，童聲。**土短切。

暢　不生也。桂氏曰，不當爲木。本書蕩從此，云艸茂也。廣雅，暢，長也。或作暢。月令，命之曰暢月。注，暢猶充也。按本書，充，長也。**從田，昜聲。**丑亮切。秦始皇本紀有暢字，魏邑名。徐廣音場，索隱音暢。宋關澮本夏小正，正月始用暢。

文二十九　重三

畕　比田也。疑畕是古文，畺疆皆其絫增字。顏注急就篇，疆，比田之界也。**從二田。**居良切。**凡**

說文句讀　卷二十六　七百二十一　○析三十八　圭

畕之屬皆從畕。闕。

畺　界也。地官載師，以大都之田任畺地。注，五百里王畿界也。春官肆師，與祝侯禳于畺及郊。注，畺，五百里，遠郊百里，近郊五十里。**從畕。三，其界畫也。**畫下云，界也。象田四界，聿所以畫之。古今注，封疆畫界者，封土爲臺，以表識疆境也。畫界者，於二封之間，又爲壝埒，以畫分界域也。居良切。

疆　畺或從土，彊聲。衆經音義引廣雅，畺場，界也。今本作疆場。積古齋史賓鉼、史伯碩父鼎，皆省疆爲彊。

文二　重一

黃　地之色也。易文言，天玄而地黃。禹貢，雍州厥土惟黃壤，厥田惟上上。林之奇曰，物得其常性者最貴。土色本黃，故黃壤爲田之上上。**從田，從炗。**釋名，黃，晃也。象日光色也。**炗亦聲。**乎光切。炗，古文光。**凡黃之屬皆從黃。**

灮　古文黃。

䵟　赤黃也。類篇作赤黃色也。案下文說解皆有色字。又案黊䵧黇字皆從黃，則以黃爲主，故廣雅於黊䵧黇三字直謂之黃，惟少䵟字耳。五方間色各一，中央間色既以土剋水而爲騮黃矣，此則赤黑青白兼有四方之間色者，萬物生于土也。且騮黃之名出禮記孔疏，蓋漢謂之䵸，唐人

改之耳。四字皆謂以黃而兼他色。段氏皆以微說之。非也。一曰。輕易人。䵺姁也。易即傷字。桂氏曰。䵺姁即佔偓。字書。佔偓。輕薄也。佔丁兼切。偓丁候切。從黃夾聲。桂氏曰。篆當從夾。說當作夾聲。許兼切。

䵼 黃黑色也。段氏改爲黑黃。蓋以上下文赤黃青黃白黃例推之也。且黑部黗。黃黑也。彼以黑爲主。則黃在黑上。知此亦黑在黃上矣。商子禁使篇。今夫幽夜。山陵之大而離婁不見。清朝日𣉠。則上別飛鳥。下察秋毫。故目之見也。託日之勢也。鶴林玉露謂日爲黃。緜䙅則日可謂之黃。但無黑義耳。從黃耑聲。他耑切。

䵹 青黃色也。從黃有聲。呼辠切。

黇 白黃色也。從黃占聲。他兼切。

黊 鮮明黃也。廣雅。黊。黃也。衆經音義。黊。鮮明也。詩。倉庚于飛。熠燿其羽。傳。熠燿。鮮明也。釋鳥。倉庚。鵹黃也。注。其色鵹黑而黃。從黃。圭聲。戶圭切。

文六　重一　後漢書儒林傳。乃更修黌宇。注引說文。黌。學也。此或出說文續添。說文無學部。入黃部則非理。說文新附考。謂古通用橫字是也。

男 丈夫也。白虎通。男。任也。任功業也。字從田力。依玉篇補。那含切。九經字樣。𤰕男。上說文。下隸變。筠案。今不符者。蓋甥舅二字。本以竝書不便。遂田於力上。校者見其例不一。遂併部首改之。然師寰敦亦作𤰕。言男用力於田也。集韻引。無男字。盤庚。若農服田力穡。方言。宋魯謂力曰旅。旅。田力也。凡男之屬皆從男。

舅 母之兄弟爲舅。見釋親。彼作晜弟。詩。我送舅氏。傳亦同此。而作昆弟。妻之父爲外舅。釋親文。案外舅者。釋親又曰。婦稱夫之父曰舅。外字對此立言也。從男臼聲。其久切。

甥 謂我舅者吾謂之甥也。釋親文。儀禮喪服傳同。此以舅甥對言。尊卑詞也。而釋親又曰。姑之子爲甥。舅之子爲甥。妻之晜弟爲甥。姊妹之夫爲甥。則甥又爲敵體相呼之稱。謂我甥者。不必謂之舅矣。許君不及此異義者。蓋釋親又曰。母與妻之黨爲兄弟。且申之曰。婦之黨爲婚兄弟。壻之黨爲姻兄弟。舅之子。是母之黨也。既爲兄弟。則姑之子亦當報之曰兄弟矣。妻之晜弟。是婦之黨也。既爲婚兄弟。即姊妹之夫。亦當報之曰姻兄弟矣。既爲兄弟而又互相甥。此名之不正也。且婚姻之稱兄弟。其見于經者。曾子問曰。壻之伯父。致命女氏曰。某之子有父母之喪。不得嗣爲兄弟。公羊傳曰。宋蕩伯姬來逆婦

兄弟辭也。穀梁傳曰。公娶齊。齊繇以爲兄弟友之。其見箋注者。小雅伐木。兄弟無遠。箋云。兄弟。父之黨。母之黨。喪服。緦麻三月者。姑之子。鄭注。外兄弟也。經又曰。舅之子。鄭注。內兄弟也。其互相甥之說。則不見于經。並不見於注。乃郭注。姑之子爲甥一節云。今人相呼。蓋依此。是晉時猶有互相甥者。是必一地之方言。爾雅本出衆手。故互相牴牾也。許君但用其有徵者而已。從男生聲。所更切。

文三

力 筋也。轉注。象人筋之形。林直切。治功曰力。夏官司勳文。能圉大災也。國語祭法文。引以釋治功曰力也。凡力之屬皆從力。

勳 能成王功也。司勳。王功曰勳。注。輔成王業。若周公。史記高帝功臣年表。以德立宗廟定社稷曰勳。從力熏聲。許云切。

勛 古文勳從員。周禮故書勳作勛。鄭司農曰。勛讀爲勳。

功 以勞定國也。司勳。國功曰功。注。保全國家。若伊尹。又注事功曰勞。云。以勞定國。若禹。從力工聲。皋陶曰。天工人其代之。即舜所謂惟時亮天功也。故周禮肆師鄭注。古者工與功同字。然則功乃工之分別文。古紅切。

助 左也。釋詁。左。右。助。勴也。左。俗作佐。啖助字叔佐。從力且聲。牀倨切。

勴 助也。釋詁省作勴。從力從非。慮聲。良倨切。

勑 勞勑也。經典釋文條例云。來旁作力。俗以爲約勑字。說文以爲勞徠之字。經典多省作來。釋詁。勞。來。勤也。郭引詩。職勞不來。釋文。來。本又作勑。詩江漢。來旬來宣。箋。來。勤也。釋文。鄭音賚。孟子。放勳曰。勞之來之。從力來聲。洛代切。

劼 愼也。釋詁。劼。固也。許君不用而曰愼也者。蓋釋詁。毖。愼也。許君引書劼毖以證。謂劼毖是複語也。從力吉聲。巨乙切。爾雅釋文若黠反。郭苦八反。玉篇同。廣韻恪八切。巨乙非也。或曰非力刀也。此語疑後增。大徐無之。經典皆從力。無從刀者。周書曰。汝劼毖殷獻臣。酒誥文。小徐本韻會引皆無汝字。讀若覃。不知爲何字之譌。姑仍之。

務 趣也。句。疾也。依元應引補。走部。趣。疾也。此謂務趣同義。故再以趣之說說之也。淮南脩務訓。聖人知時之難得。務可趣也。孟子。當務之爲急。從力敄聲。亡遇切。

勥 迫也。中庸。或勉強而行之。案此謂自迫。強者古假借字。勥則後起之專字也。從力。強聲。巨良切。

mài 勱　jué 𠢕　qíng 勍　jìng 勁　miǎn 勉　shào 劭　xù 勖　quàn 勸　shēng 勝　chè 勶

切，玉篇巨兩切，廣韻平上皆收。彊古文勥從彊。孟子彊而後可，案此謂迫人，彊亦古假借字也。

勱勉力也。眾經音義：勱，彊也。謂自勸彊也。字或作勵。埤蒼：勵，強也。勉也。釋名：勵，勸也。從力萬聲。莫話切。周書曰：用勱相我邦家。立政文。釋文：勱音邁。桂氏曰：莊八年左傳引夏書皋陶邁種德，杜注稱皋陶能勉種德，邁，勉也。僖二十八年傳距躍三百，注：百猶勵也。釋文作勱，音邁。筠案：俗刻杜林合註本反有作勱者，又因此知厲邁竝從萬聲，今作蠆省聲者，因重文蠆遷而遷就其說。讀與厲同。大徐作讀若萬，則與萬聲複，然此句當襍萬聲之下，所以明假借也。左哀十一年傳宗子明與閻邱明相厲也，注云相勸厲，則是借厲為勱也。

𠢕勥也。玉篇、廣韻竝引作強力也，乃勥字罕見，誤分為二也。小徐本作強也，廣雅同，則勥字省形存聲也。元包經勥佐佐，趯欻欻，犫勥葢郎。屈強，漢書陸賈傳乃欲以新造未集之越屈強於此。通鑑注：屈強，梗戾不順從貌。又作倔強。從力厥聲。瞿月切。

勍彊也。與人部倞葢同。廣雅：勍，勍武也。春秋傳曰：勍敵之人。僖二十二年文。從力京聲。渠京切。

勁彊也。呂覽慎大篇：孔子之勁，舉國門之關，而不肎以力聞。從力巠聲。

吉正切。

勉彊也。眾經音義引作強也。國語：父勉其子，兄勉其弟。案本注彊字當是彊之省，與上文勱勥同意，故下文列劭勖勸也，而勍勁二字說解之彊則謂力所不及義與弱對，不知何以間廁其閒，而玉篇次第亦同。而強行事也。依元應引補，葢庾注也。從力免聲。亦省作免，漢書谷永傳閔免遁樂，顏注：閔免猶黽勉也。亡辨切。

劭勉也。釋詁文。漢書成帝紀：先帝劭農。晉灼曰：劭，勸勉也。從力召聲。讀若舜樂韶。樂記韶作招，知二字同音。寔照切。

勖勉也。釋詁文。詩燕燕：以勖寡人。士昏禮記：勖帥以敬先妣之嗣。毛傳、鄭注皆曰：勉也。從力冒聲。亦省作冒，書君奭迪見冒聞于上帝，馬本冒作勖，勉也。顧命：爾無以釗冒貢于非幾。釋文：冒，馬、鄭、王作勖。許玉切。周書曰：勖哉夫子。牧誓文，史記作勉哉夫子。

勸勉也。禮表記：使民有所勸勉愧恥以行其言。從力雚聲。去願切。

勝任也。詩元鳥：武王靡不勝。傳：勝，任也。從力朕聲。識蒸切。

勶發也。左襄二十八年傳：陳無宇濟水而戕舟發梁。從力從徹，徹亦聲。徹，通也。此不當言從徹，後人加之也。詩：徹我牆屋。徹彼桑土。儀禮有司徹。曲禮：客徹重席。左襄九年傳：徹

---

liè 劣　lù 勠　xiàng 勨　dòng 動　lèi 𠡍　láo 勞　jù 勮　kè 勀　yì 勩　jiǎo 勦　juàn 券　qín 勤

小屋。皆古文假借字也。勶則後起之分別字也。許君於分別字皆但言聲，恐人以經典為省形存聲也。讀者不知，妄為增之。丑列切。俗作撤。

勠并力也。依廣韻增韻引政後漢書劉虞傳注引云：勠力，并力也。國語：勠力一心。賈逵注：勠力，并力也。中山策：勠力同憂。高注：勠力，勉力也。通作戮。書湯誥：與之戮力。齊語：與諸侯戮力同心。韋注：戮，并力也。從力翏聲。力竹切。桂氏曰：左成十三年傳釋文：戮，相承音六，嵇康力幽反，呂靜字韻與飂同，字林音遼。湯誥釋文：戮，舊音六，又力彫反，說文力周反。覆案文賦：非余力之所戮，與留流求抽尤由為韻。

勨繇緩也。廣雅：勨，動也。釋名：緩，浣也。斷也。持之不急，則動搖浣斷，自放縱也。從力象聲。余兩切。讀若演。嚴氏曰：演，勨聲之轉。衍從行聲可以比例。

動作也。釋詁文。震動恪恭，郎振作也。從力重聲。徒總切。𨔝古文動從辵。

𠡍推也。埤蒼作礧，云：推石自高而下也。子虛賦：礧石相擊。從力畾聲。盧對切。

劣弱也。洪範六曰弱，傳云：尪劣。從力少。力輟切。

勞劇也。說文無劇字，當作勮。史記屈原傳：勞苦倦極。從力，熒省。熒火燒冂也。用力者勞。字形不可解，許君委曲以通之。魯刀

切。

𢡕古文勞從悉。汗簡作𢡕，云見舊說文。嚴氏曰：當作𢡕，從熒不省，小徐作古文勞如此，無從悉二字。筠案：玉篇作𢡕，且古文果作勞，則當云古文勞從熒不省矣。凡言如此者，皆謂其形不可解說也。

勮務也。唐扶頌：察能治勮。俗作劇。華嶠後漢書：方春向農，民多劇務。○一曰：甚也。文選北征賦、王粲、陸機詩李注三引：劇，甚也。太公陰謀：馬不可極，民不可劇。馬極則蹶，民劇則敗。從力豦聲。其據切。

勀尤極也。各本及集韻、類篇引皆同。極者，勮之借字。小徐作劇，則俗字也。勀俗作剋。眾經音義：苛剋，尤劇也。亦煩擾也。從力克聲。苦得切。

勩勞也。釋詁文。通作肄。詩谷風：既詒我肄。傳：肄，勞也。釋文：肄，爾雅作勩。從力貰聲。余制切。詩云：莫知我勩。小雅雨無正文。

勦勞也。從力巢聲。子小切，又楚交切。春秋傳曰：安用勦民。宣十二年云：無及于鄭而勦民，焉用之。昭九年云：焉用速成，其以勦民也。許君檃括其詞。杜注竝云：勦，勞也。

券勞也。王氏煦曰：漢涼州刺史魏元丕碑：施舍弗券。鄭注考工輈人云：惓或作券，今倦字也。從力𢍏聲。渠卷切。字與人部倦同，亦作勌。

勤勞也。釋詁文。勞苦、勞來二義，

力

jiā 加　háo 勢　yǒng 勈　bó 勃　piào 勡　jié 劫　chì 飭　hé 劾　mù 募　xié 劦

從力堇聲。巨巾切

加 語相增加也。言部誣，加也。譄，加也。左僖十年傳欲加之罪其無辭乎。從力從口。古牙切

勢 健也。衆經音義出豪貴而說之曰古文勢同胡刀反說文勢健竊疑勢即勢之譌故不補而記於此。從力敖聲。五牢切非也當依元應音。讀若豪。經典作豪傑借字也故言此以闕之。

勈 气也。元應引云勇亦悍也案心部悍勇也元應顛倒引之手部捲气勢也引國語有捲勇。從力甬聲。余隴切

勇或從戈用。

古文勇從心。

勃 排也。桂氏曰謂安排也莊子大宗師安排而去化王勃字子安。從力孛聲。蒲沒切

勡 劫也。與刀部剽同字林勡劫人也。從力票聲。匹眇切

劫 人欲去以力脅止曰劫。儒行劫之以衆顏注漢書劫謂威脅之。或曰以力止去曰劫。或曰者校者之詞故與前義不異小徐本作以力去曰劫強分爲兩義試思劫者非禮之事也若不受人之劫而以力去豈得謂之劫乎。從力去聲。○依韻會補三字又肊補聲字者犬部㹤或作怯從去聲故補之金部鉣下云劫省聲後人誤改也居怯切

飭 致堅也。易雜卦蠱則飭也攷工記審曲面埶以飭五材。從人從力食聲。當云從力飤聲恥力切。讀若敕。易噬嗑象先王以明罰敕法蓋借敕爲飭。

劾 法有辠也。急就篇誅罰詐僞劾罪人顏注劾舉案之也有罪則舉案然劾字不見於經蓋漢法也周禮鄉士異其死刑之辠而要之注要之爲其罪法之要辭如今劾矣呂刑正義云漢世問罪謂之鞫斷獄謂之劾。從力亥聲。胡槩切宋庠曰劾字有三音集韻作胡改切說文作胡代切玉篇諸韻作胡得切

募 廣求也。光武紀注引作廣求之也蒼頡篇募問求也。從力莫聲。莫故切

文四十　重六

劦 同力也。桂氏曰當云同力之和。從三力。胡頰切 山海經曰。惟號之山。其風若劦。北山經錞于毋逢之山北望雞號之山其風如颸郭注颸急風貌也音戾或云飄風也案颸從風則即是風矣則何以曰若曰如乎故知許所据者爲古本也 ○劦。急也。玉篇劦注全同說文而其風若劦句下有急也二字然則許引山海經者廣一義故再加注以明之元應引云同力也亦急也部位小誤然證知本有此句 凡劦之

xié 恊　xié 勰　xié 協

屬皆從劦。

恊 同心之和也。從劦從心。不云劦亦聲凡會意兼聲而聲即是部首者則退部首在下如茻部莽下云從犬從茻茻亦聲是也至於恊勰協三字則祇是劦之分別文故曰重五則仍是劦字矣故不煩再著其聲大徐仍引唐韻胡頰切者同心同思衆之同和仍有小區別惟叶叶下始不引胡頰切耳小徐亦劦協勰協皆羊帖反叶叶則無反切皆精審今人不知者則以此例最少惟赤部經下四重文與此同耳玉篇心劦二部皆不收恊字或如今人以協爲恊之譌邪然經典協恊閒出亦莫能諟正也繫傳引尚書三后協心。

勰 同思之和。釋詁勰和也廣韻勰思也。從劦從思。胡頰切

協 衆之同和也。釋詁協和也堯典協和萬邦亦與洽通詩洽比其鄰左僖二十二年傳引詩作協。從劦從十。徐鉉曰十衆也是也小徐作十聲韻會引同不知一字兩半皆義皆聲者許說必不及其聲嫌其厖雜也即爲叶叶二字計則衆口一詞亦是協和矣胡頰切

叶 古文協從口十。春官太史協事注故書協作叶陸德明本作汁云汁音執又音協秋官大行人注故書協辭命作叶詞命鄭司農云叶當爲汁詞當爲辭書或爲叶辭命尚書協時月白虎通引作叶大傳引書不叶于極。

旪 叶 或從曰。漢書五行志叶用五紀應劭曰叶合也顏注叶讀曰叶和也。

文一　重五

說文解字句讀弟十三下　　曲沃受業張鳳梧校

句讀卷二十六補正

依此則蝨蛸疊韻爾雅釋文音禪、又婢貽反、則是雙聲、二葉前三行螵與螵同下增此

緯略曰東方朔蚊賦曰名之曰民、又引紫姑神蚊賦曰、秦謂之蚊、楚謂之民、高似孫斷之曰、此用東方朔賦中字也、筠案以字形論則民者蝨之省形存聲字也、以字音論則是蠹之假借字也、四葉前五行誤也下增此

筠案上言八極、猶云四至八到、謂其廣輪也。此言九垓、則指納貢賦者。核其實數也。十二葉前四行經生垓下增此

漢志引左傳、重耳過衛五鹿、乞食于壄人、壄人舉凷而與之、案

此出晉語、今本壄作野、凷作塊、十四葉前七行聲之誤也下增此

此及下文堀、皆訓以突、堀卽今之窟字、窟者孔穴也、然則兩突字皆當訓以穿、左襄二十五年傳、鄭子展子産伐陳、宵突陳城、杜注突穿也、是也、此云地突、而堀下但言突、似此大而彼小、彼但是竈突之類、此則左襄三十年傳、鄭伯有爲窟室而夜飲酒、殆相近也、然典籍堪字無此訓、以音求之、堪龕同音、方言、鋡龕、受也、齊楚曰鋡、揚越曰龕、受盛也、猶秦晉言容盛也、窟室有所容受、故肊揣如此、十五葉後九行地突也下增此注十行口含切下小注全刪

此蓋狡兔三窟、曲突徙薪之類、然揣許君之意、似卽據所引詩以爲說、蓋蜉蝣生於荒地、穿一孔穴而突出、不似蟻封蚓塲、穴外堆土也、鄭武公名掘突、或取此義、十六葉前一行突也下注全刪以此易之

圭下云圭以封諸侯、本文變封言爵者、避本篆、且以起下公侯云云也、元應引字林、但云爵諸侯也、少之土二字、非是、土卽下文百里云云也、左定四年傳曰、封魯於少皞之虛、封衞於殷虛、封唐於夏虛、是封圭土田而言、艸部萑下引禮曰封諸侯以土、雖圭謂社、亦可證、十八葉前十行自之土二字似衍至爵諸侯也十七字刪去以此補之

依朱文藻鈔小徐本、今各本從非者、乃小徐祛妄篇所駁李少溫之說、改之未盡者也、二十一葉後十行篆改作[illegible]增此注於下

此及下文壇、仍承上文塵類言之、不知埊字何以間隔其間、莊子、仿偟乎塵垢之外、楚詞哀時命、不獲世之塵垢、屈原列傳、蟬

蛻於濁穢、以浮游塵埃之外、不獲世之滓垢、皆以塵垢比類言之。然則濁者、不潔之謂、水部瀞、無垢薉也、二十三葉後一行淤下至濁泥七字刪去以此易之

終風三章曰終風且曀、毛傳、陰而風曰曀、爾雅釋天文也、案皆多風字、上言終風、此不當再言風、如二章終風且霾、爾雅曰、風而雨土爲霾、毛傳但云雨土也、是也、然霾旣是雨土、則許君說壇、不當言塵、四章曀曀其陰、則許君但當云陰、或以字從土、而還就其說耶、御覽引本注作天陰沈也、或是、玉篇引作天陰塵起也、亦似非、知日部曀字當刪者、衆經音義卷十七五曀下云、古文壇同、知曀爲後作之字、又引釋名曰、曀、翳也、使日光不明

淨也、二十三葉後一行天陰塵也下小注刪去以此易之

左哀十四年傳司馬牛致其邑與珪焉而適齊、杜注、珪、守邑符信、然則中國亦有之、不但楚也、但周禮曰、守都鄙者用角節、此固不合、二十六葉前五行、七十餘人下增此

野字當有田廬一義乃與從里關合。廣韻八語、野、田野、墅、田廬、二字竝承與切毛晃韻增、野、古墅字、詩叔于田、野馬武爲韻、小明、土野暑苦雨罟爲韻、然則野者。墅之古字也。墅者。野之古音也。二十七葉前十行從里下增此注

小徐无從里省案此絲篆從里而謂之省耳、即從土亦可、從林者、始以野外謂之林耶、乃汗簡引作埜、從古予字、漢書地理志、

畫埜分州、顏注、埜、古野字、葢隸譌予爲矛、汗簡又因隸造篆耳、矛聲不諧、且有篆文下予聲可徵也、二十七葉後一行從里省從林下注全刪以此易之

雖釋名曰、踐、殘也、然嫌其詰屈、二十八葉前三行刪誤也二字以此補之

田統大勢而言之、故田字內外皆象阡陌、一畝之田、竝無阡陌、何以從十、葢鐘鼎文十作十橫短而直長、廣一步長百步爲一畮、亦橫短而直長、是以從十、二十九葉後一行田十久下增此注

yán wù liáo yín
鉛 鋈 鐐 銀

jīn
金

說文解字句讀弟十四上

漢太尉南閣祭酒許氏記

相國壽陽祁春浦夫子鑒定

安邱王　筠撰集

益都陳山嵋　訂正
晉江陳慶鏞

博山蔣其崘書篆

五十一部　六百三文毛孫鮑三本同毛後刓改三作四　重七十四

凡八千七百一十七字

金 五色金也。統下文白金青金赤金黑金而言、黃爲之長。史記平準書、金有三等、黃金爲上、白金爲中、赤金爲下、禹貢揚州貢金三品、王子雍注、金銀銅也、葢本此。久薶不生衣。衣者、酉部醭、生衣也、是其比、抱朴子金丹篇、黃金埋之、畢天不朽、百鍊不輕。鍊、初學記御覽事類賦竝引作陶、晉起居注、金剛百陶不消、漢官儀、金取堅剛、百鍊不秏、以上二句、言黃金之德、從革不違。見洪範、泛言五金之用也、西方之行。白虎通、金在西方、西方者陰始起、萬物禁止、金之爲言禁也、生於土。從土。尚書帝命驗、土者金之父也、左右注、象金在土中形。注者、點也、今聲也。居音切 凡金之屬皆從金。

金 古文金。鐘鼎文多同此、亦有作金者、又有金金金金金金諸體

銀 白金也。史記平準書、虞夏之幣、金爲三品、或黃或白或赤、從金艮聲。語巾切

鐐 白金也。釋器、白金謂之銀、其美者謂之鐐、字林、鐐、美金也、從金尞聲。洛蕭切

鋈 白金也。詩小戎傳箋竝同、廣雅、白銅謂之鋈、從金芺㟲聲。烏酷切

鉛 青金也。尚書青州貢鉛、是也。衆經音義卷六卷十七、皆連引之、故據補、一曰。錫之類也。廣韻連上青金也引之、故據補、顏氏最精於說文、其注急就篇地理志、皆曰鉛青金也、其注漢書景十三王傳、曰鉛者錫之類也、各就其文之所宜而分用說文之說也、葢鉛有爲銀之母者、地理志、葢州郡

yǐn
鈏

xiǎn fén lòu tiáo kǎi tiě lián tóng xī
銑 鐼 鏤 鋚 鍇 鐵 鏈 銅 錫

律高縣出銀鉛、是也、吾安邱亦產此、有但爲鉛者、元和志、廣州化蒙縣鉛穴山、出鉛錫、是也、從金㕣聲。與專切

錫 銀鉛之閒也。顏注急就篇、錫一名鈏、在銀鉛之閒、卽今白鑞也、從金易聲。先擊切

鈏 錫也。釋器、錫謂之鈏、玉篇則區別之曰、鈏白錫也、從金引聲。羊晉切

銅 赤金也。孟康注食貨志、赤金、今丹陽銅也、神異經、八金山下四丈、得丹陽銅、張華曰、此銅與金相似、元和志、當塗縣赤金山、在縣北十里、出好銅、與金類、從金同聲。徒紅切

鏈 銅屬也。漢書食貨志、鑄作錢布、皆用銅、殽以連錫、孟康曰、連、錫之別名也、李奇曰、鉛錫璞名曰連、應劭曰、連似銅、顏注、孟李二說皆非也、許愼云、連、銅屬也、然則以連及錫雜銅而爲錢也、此下又云、能采金銀銅連錫、益知連非錫矣、從金連聲。力延切

鐵 黑金也。月令、孟冬駕鐵驪、注云、色如鐵、從金𢧜聲。天結切

鐵 鐵或省。

銕 古文鐵從夷。

鍇 九江謂鐵曰鍇。字書、鍇、鐵好也、南都賦、銅錫鉛鍇、方言、鍇、堅也、桂氏曰、九江楚地、故徐鍇字楚金、從金皆聲。苦駭切

鋚 鐵也。一曰轡首銅也。經作鞗、詩載見、

鞗革有鶬、箋、鞗革、轡首也、鶬、金飾皃、從金攸聲。宰辟父敦、伯姬鼎、鞗革作攸勒、攸者鞗之省、勒者革之正也、以周切

鏤 剛鐵也。此謂本是靜字也、僅見禹貢、乃生成之物、若夏侯陽算經所云、鍊黃鐵爲剛鐵、此雖百鍊之剛、不足以當鏤之名、又夢溪筆談云、用柔鐵屈盤之、而以生鐵陷其閒、泥封鍊之、鍛令相入、謂之團鋼、亦謂之灌鋼、此乃僞鋼耳、案此尤不足道也、可以刻鏤。此又謂以靜字爲動字也、經傳多有之、詩小戎、虎韔鏤膺、韓奕、鉤膺鏤鍚、箋、刻金飾之、釋器、金謂之鏤、又曰、鏤、鋑也、注、刻鏤物爲鋑、從金婁聲。盧候切 夏書曰。梁州貢鏤。見禹貢、鄭注、剛鐵、可以刻鏤也、一曰鏤釜也。方言、鍑、江淮陳楚之閒謂之錡、或謂之鏤、廣雅、鏤、鬴也、

鐼 鐵屬。從金賁聲。火運切 讀若熏。熏、小徐作訓、

銑 金之澤者也。釋器、絕澤謂之銑、注、銑卽美金、言最有光澤也、國語、玦之以金銑者、謂此也、從金先聲。穌典切 一曰小鑿。通俗文、鑿銳曰銑、集韻、銑、鋧、小鑿也、案銑鋧見陳書蕭摩訶傳、一曰鐘下兩角謂之銑。考工記、梟氏爲鐘、兩欒謂之銑、注、銑、鐘口兩角、大徐本云、鐘兩角謂之銑、葢改許說以就鄭注、案梟氏下文云、銑閒謂之于、于上謂之鼓、鼓上

xiǎo ⿰金曉 dìng 鋌 duàn 鍛 jiá 鋏 róng 鎔 ráng 鑲 gù 錮 dīng 釘 liàn 鍊 shuò 鑠 xiāo 銷 zhù 鑄 lù 録 lí 鑗 jiàn 鋻

謂之鉦，鉦上謂之舞，皆指鐘之兩面正中而言，則銑不得在中閒。許云其閒者，蓋與三閒五架之閒相似，謂其界畫也。古鐘口如棗核形，兩銑起銳角，上下線直，爲兩面之閒介也。

鋻　剛也。三蒼解詁：鋻，焠刀作鋻也。從金臤聲。古甸切。

鑗　金屬也。玉篇：鑗與鏊同。集韻：鏊，黑金也。一曰剝也。刀部：剺，剝也。則此一義與之同字。史記：自鑗面皮。廣雅：剺，剺也。玉篇：剺，直破也。從金黎聲。郎兮切。玉篇、廣韻鑗力脂切。

録　金色也。荀子性惡篇說劍云：文王之錄。以色爲名。從金彔聲。力玉切。

鑄　銷金也。顏注急就篇：凡金銕銷冶而成者謂之鑄。從金壽聲。之戍切。

銷　鑠金也。秦始皇本紀：收天下兵，聚之咸陽，銷以爲鐘鐻。從金肖聲。相邀切。

鑠　銷金也。國語：衆口鑠金。賈注：鑠，銷也。從金樂聲。書藥切。

鍊　冶金也。冶，李注江文通詩引作化；火部：煉，鑠冶金也。則煉鍊同字。從金柬聲。郎甸切。

釘　鍊鉼黃金也。說文無鉼，當作餅。釋器：鉼金謂之鈑。釋文：鈑本亦作版。秋官職金：旅上帝則共其金版。注：鉼金謂之版。即知爾雅之鈑爲版之譌，知古必借餅，後世則作鉼爲專字者。餅版者，皆取其形以爲名也。今所謂錠即此釘也。趙宋謂之笏。梁書武陵王紀傳：黃金一斤爲餅，百餅爲蹻。從金丁聲。當經切。

錮　鑄塞也。成二年左傳正義：銕器穿穴者，鑄鐵以塞之，使不漏。從金固聲。古慕切。

鑲　作型中腸也。型者，鑄器之法也。繫傳：鑄鐘鏞屬，使內空者，於型範中更作土模，所以後郤流銅也，又若果實之穰。案：謂之腸者，以其在內也。如鄭注禮記謂松柏赤心爲黃腸也。今人謂之胎，與腸皆譬況之名。從金襄聲。汝羊切。

鎔　冶器法也。漢書董仲舒傳：猶金之在鎔，唯冶者之所鑄。顏注：鎔謂鑄器之範也。從金容聲。余封切。

鋏　可以持冶器鑄鎔者也。繫傳：今銕夾持鑄鍋者。從金夾聲。讀若漁人莢魚之莢。一曰若挾持。古叶切。

鍛　小冶也。殳部：段，椎物也。繫傳：椎之而已，不銷，故曰小冶。說苑：鍛劒戟以爲農器。從金段聲。鍛乃段之絫增字。考工記：攻金之工六，築冶鳧㮚段桃。丁貫切。

鋌　銅鐵樸也。淮南子：苗山之鋌。許注：鋌，銅鐵璞也。是知樸者古文通借字，璞者後作之專字也。論衡率性篇：世稱利劍有千金之價，其本鋌山中之恒銕也，冶工鍛鍊，成爲銛利。從金廷聲。徒鼎切。

⿰金曉　鐵

qiáo 鐈 suì 鐩 jiàn 鑑 zhōng 鍾 xíng 鈃 chǐ 鉹 jìng 鏡

文也。集韻：鐵有文謂之⿰金曉。從金曉聲。呼鳥切。

鏡　景也。詩謂之鑒，書省作監，鏡蓋秦漢字也。不須解，故以疊韻說之。景，葛洪字苑作影，衛包改尚書用之。從金竟聲。漢鏡銘皆作竟。居慶切。

鉹　曲鉹也。崔靈恩引作曲也。一曰鬵鼎也。凡一曰句，多依小徐，遂之某聲下；本句則大徐本在多聲下，又依小徐遂於上者，竊謂多聲與讀若摛相連，其詞順。又疑曲鉹當是名目，本部自鏡以下皆器名，不當如崔靈恩所引以曲釋鉹也。蓋謂其名曰曲鉹，一名曰鬵，而又釋之以鼎也者。鬲部：鬵，鼎大上小下，若甑曰鬵是也。廣韻：鉹，甑也。釋器：鬵，鉹也。曲鉹雖無徵，或是許君時方言也。從金多聲。尺氏切。讀若摛。一曰詩云：侈兮哆兮。毛氏刊改作哆兮侈兮。小徐本作讀若摛，一曰若詩侈兮之侈同。董逌曰：詩哆兮侈兮，說文作鉹兮哆兮。崔靈恩詩集注：侈兮哆兮，說文作鉹兮哆兮。

鈃　似鍾而頸長。莊子釋文引字林：鈃似小鍾而長頸。又云：似壺而大。廣韻：鈃，酒器，似鍾而長頸也。桂氏曰：諸說皆以爲酒器，五經文字以爲樂器。從金幵聲。戶經切。

鍾　酒器也。孔叢子：平原君與子高飲，強子高酒，曰：昔有遺諺，堯舜千鍾，孔子百觚。從金重聲。職容切。

鑑　大盆也。瓦部：甇，大盆也。廣雅：甇，鑑也。天官凌人：春始治鑑。又云：祭祀共冰鑑。注：鑑如甀，大口，以盛冰。從金監聲。革檻切。一曰鑑諸也。桂氏、段氏皆曰鑑下當增方字，据司烜氏注也。案：諸之與鐩，皆一字爲名，一銅一鐵，一圓一方，一取火于日，一取水于月，其質其形其用皆判然不相假，而皆以之供祭祀，故諸之名亦假于鐩，而謂之陰鐩。此既曰陰，而鐩始增之曰陽鐩矣。然周禮曰夫遂，夫是發語詞。考工記：金錫半謂之鑒燧之齊。但言燧，則此何必不但言諸？且方諸者，對鐩之圓而言，不過方諸亦稱陰鐩，而陽鐩不稱圓諸耳。方則其形，諸則其名。且諸是漢名，鑑乃古名，方言豈有定哉？許君汝南人，其地單呼爲諸；鄭君北海人，其地絫呼爲方諸，不須生疑。可以取明水于月。秋官司烜氏：掌以鑑取明水於月。注：鑑，鏡屬，取水者，世謂之方諸。魏名臣奏高堂隆曰：陽符一名陽燧，取火於日；陰符一名陰燧，取水於月。並入銅作鏡，名曰水火之鏡。

鐈　似鼎而長足。廣雅：鐈，鬷也。從金喬聲。巨嬌切。

鐩　陽鐩也。衆經音義：陰鐩出水，陽鐩出火。陽鐩，五石之銅精，圓也；陰鐩以銕，方也。字或作燧。淮南天文訓：陽燧見日，然而爲火。許君注云：陽燧，金也。取金杯無緣者，熱摩令熱，日中時，以當日下，以艾承之，光則然得火也。字又借遂。秋官司烜氏：掌以夫遂

xíng 鋞　huò 鑊　xī 鑴　fù 鍑　móu 鍪　tiǎn 錪　cuò 銼　xíng 鉶　luó 鑹　hào 鎬　āo 鏖　yáo 銚　dòu 鋀

取明火于日、注、夫遂陽遂也、從金隊聲。徐醉切、本篆集韻引作鐩、以鑒爲或體、蓋是秋官之遂、古文假借字、鐩則分別字也、

鋞　溫器也。圜而直上。依廣韻集韻引補、從金巠聲。戶經切、

鑴　甇也。從金巂聲。戶圭切、廣雅、鑴、鼎也、玉篇、鑴、大鑊也、

鑊　鑴也。天官膳夫亨人掌共鼎鑊、注、鑊所以煮肉及魚腊之器、淮南說山訓注、有足曰鼎、無足曰鑊、字又借濩、周南是刈是濩、傳、濩煮之也、爾雅釋訓同、陸本作是乂是鑊、邢疏以煮之於鑊、故曰濩煮、非訓濩爲煮、從金蒦聲。胡郭切、

鍑　如釜而大口者。御覽元應引皆作如釜而大口、三蒼、鍑、小釜也、從金复聲。方副切、

鍪　鍑屬也。顏注急就篇、鍪似釜而反脣、一曰、鍪者、小釜類、即今所謂鍋也、亦曰鏉鑼、從金敄聲。莫浮切、〇一曰鞮鍪首鎧也。依李注長楊賦引補、

錪　朝鮮謂釜曰錪。方言、鍑、北燕朝鮮洌水之閒、或謂之錪、從金典聲。他典切、

銼　銼鑹、依御覽引補、玉篇同、鍑也。聲類、銼鑹小釜也、亦土釜也、一名鍋錥、衆經音義、廣雅、鍋錥謂之銼、亦曰鈳鏻、纂文、秦人以鈷鏻爲銼鑹、亦作鏉鑹、見鍪下、集韻、鏉與銼同、從金坐聲。昨禾切、

鑹　銼鑹也。從金贏聲。魯戈切、

鉶　器也。聘禮注、鉶羹器也、舊三禮圖、鉶鼎受一升、兩耳三足、高三寸、有蓋、士以鐵爲之、大夫以上銅爲之、諸侯飾以白金、天子飾以黃金、漢書司馬遷傳、堯舜飯土簋、歠土鉶、從金刑聲。天官、內饔、凡掌共羞脩刑膴胖骨鱐、注、刑、鉶羹也、案刑乃鉶之訛、戶經切、

鎬　溫器也。從金高聲。乎老切、武王所都鎬在長安西上林苑中。字亦如此。詩、鎬京辟雍、傳、武王作邑于鎬京、三輔黃圖、鎬在昆明池之北、史記索隱、豐文王所作邑、在鄠縣東去鎬二十五里、

鏖　溫器也。廣雅、鏖、鬴也、一曰金器。從金麀聲。於刀切、讀若奧。案此讀則鏖即鑿也、鑿面圓而平、三足高二寸許、廣韻、鑿、五到切、餅鑿、

銚　溫器也。似鬲上有鐶。依元應引補、說文無鐶、當作環、元應曰、銚、余招反、廣雅、銷謂之銚、山東行此音、又徒弔反、今江南有銅銚、形似鎗而無腳、上加踞龍爲襻也、字林、鐎、似銚無緣、然則銚有緣、與鐎異、而元應以鐎爲銚之古文、誤也、從金兆聲。以招切、一曰田器。說見錢下、

鋀　酒器也。從金豆象器形。當云從古文豆、大口切、

jiāo 鐎　xuān 鋗　wèi 鏏　jiàn 鍵　xuàn 鉉　yù 鋊　yìng 鎣　jiān 鑯　dēng 鐙　dìng 錠

豆　鋀或省金。當云古文鋀象形、

鐎　鐎斗也。言此器一名鐎、一名鐎斗也、且又轉音而名刀斗、聲類、鐎、溫器也、博古圖、盉不梁而把曰鐎斗、漢書李廣傳、行無部曲、不擊刀斗自衞、孟康曰、以銅作鐎器、受一斗、晝炊飯食、夜擊持行、名曰刀斗、案刀俗作刁、從金焦聲。即消切、

鋗　小盆也。廣雅、鋗謂之銚、從金肙聲。火懸切、

鏏　鼎也。廣韻曰、大鼎、字或作鑴、淮南說林訓、水火相憎、鏏在其閒、五味以和、高注、鏏、小鼎、又曰、鼎無耳爲鏏、從金彗聲。讀若慧。于歲切、

鍵　鉉也。字林同、從金建聲。渠偃切、一曰車轄。尸子、文軒六駃、是無四寸之鍵、則車不行、

鉉　舉鼎具也。手部、扛、橫關對舉也、從金玄聲。胡犬切、易謂之鉉。鼎卦六五、鼎黃耳金鉉、上九、鼎玉鉉、馬云、鉉、扛鼎而舉之也、干寶曰、凡舉鼎者鉉也、禮謂之鼏。說見鼎部鼏下、

鋊　可目句鼎耳及鑪炭也。可當作所、句音鉤、小徐韻譜、鋊、鼎耳句、廣韻、鋊、炭鉤也、從金谷聲。讀若浴。余足切、一曰銅屑也。漢書食貨志、令半兩錢、法重四銖、而姦民或盜摩錢質以取鋊、

鎣　器也。集韻、鎣、冶器也、以金爲之、又釋鳥、郭注、鸊鷉膏中鎣刀、釋文曰、鎣、本今作瑩、瑩、磨瑩也、案此乃借義、從金熒省聲。烏定切、讀若銑。廣韻、鎣、飾也、釋器、弓以金者謂之銑、郭注、以金飾弓之兩頭也、

鑯　鐵器也。段氏曰、蓋銳利之器、郭注爾雅、用爲今之尖字、丘鑯頂者、從金韱聲。子廉切、一曰鐫也。集韻、鋟或作鑯、刻也、公羊定八年傳、睋而鋟其板、釋文、鋟本又作鑯、

錠　鐙也。從金定聲。丁定切、

鐙　錠也。公食大夫禮、大羹湆不和、實于鐙、宰右執鐙、左執蓋、由門入、注、瓦豆謂之鐙、祭統、夫人薦豆執校、執醴授之執鐙、注、校、豆中央直者也、鐙、豆下跗也、執醴者以豆授夫人、執其下跗、夫人受之、執其中央直者、筠案儀禮所說、則鐙是瓦豆之名、禮記所說、則是豆下跗一體之名、繫傳引爾雅、瓦椏謂之鐙、注、即膏鐙也、又引楚辭、蘭膏明燭華鐙錯、以證之、今本爾雅作登、與詩于豆于登合、小徐所引則與鄭君引同、雖說以膏鐙、與儀禮異、然似正是許君意、蓋豆部弆下云、禮器也、讀若鐙同、似許君所據爾雅作瓦豆謂之弆、故曰禮器也、謂非膏鐙之常用器也、云讀若而又云同、則知所據儀禮亦借鐙爲弆、與鄭君據本同、故曰同、以見儀禮之爲假借也、王說錠鐙二字、則用轉注、以漢制說之者、錠字不見於經也、故聲類曰、有足曰錠、無足曰鐙、亦以之爲膏鐙、與許說同、廣韻乃

曰豆，有足曰鐙，無足曰錠，不思經有鐙字，無錠字。博古圖乃有此器，遂膠葛不通矣。若夫祭統之鐙，乃豆之臂，更不得以此駁無足曰鐙之說也。從金登聲。都滕切。俗作燈。

鏶 鍱也。廣雅：鏶謂之鍱。從金集聲。秦入切。

鍓 鏶或從咠。

鍱 鏶也。齊謂之鍱。繫傳：今言鐵葉也。衛公兵法：車弩以鐵鍱爲羽。案齊謂之鍱，說文中此類語皆本之方言，而方言無此語，蓋挩佚也。從金枼聲。與涉切。

鏟 鏶也。從金產聲。初限切。一曰平鐵也。元應曰：鏟又作剗，聲類：剗，平也。方刃施柄者也。蒼頡篇云：削平也。纂文：養苗之道，鉏不如耨，耨不如剗。剗柄長三尺，刃廣二寸，以剗地除草。

鑪 方鑪也。元應曰：凡盛火之器曰鑪。鹽鐵論：鑠金在鑪，莊蹻不顧。從金盧聲。洛乎切。俗作爐。

鏇 圜鑪也。段氏曰：古文苑美人賦：金帀熏香。說者以爲圜鑪。從金旋聲。辭戀切。

鍗 器也。集韻：鍗，釜屬也。從金虒聲。杜兮切。

鐪 煎膠器也。廣雅：鐪，鏕也。從金虜聲。郎古切。

釦 金飾器口。漢舊儀：宗廟三年一大祫，高祖黃金釦器，大官尚食用黃金釦器，中官私官尚食用白銀釦器。鹽鐵論：今富者銀口黃耳，金罍玉鍾。漢書西都賦：元墀釦切。文選切作砌。從金從口，口亦聲。苦厚切。

錯 金涂也。漢書食貨志：錯刀以黃金錯其文。從金昔聲。倉各切。

䥏 鉏䥏也。廣韻：鉏，鋙不相當也。齒部：齟齬，齒不相值也。與此同意，字又借牙。考工記玉人注中有鉏牙，古讀牙如吾也。案上下文皆器名，鉏䥏雖疊韻，似不當是形容之詞。疑鉏䥏者鋸之別名也。丵部業下言鋸齒，又言鉏䥏，雖疊韻，似不當是形容之詞。疑鉏䥏者鋸之別名也。

言鉏鋙矣。玉篇：䥏，樂器。蓋謂䥏卽敔也。然下文錡，鉏䥏也，則難通矣。闕之。從金御聲。魚舉切。

鋙 䥏或從吾。

錡 鉏䥏也。豳風：又缺我錡。傳：鑿屬曰錡。韓詩：木屬曰錡。筠又疑錡卽鋸。從金奇聲。魚綺切。廣韻、集韻五支四紙竝收。江淮之閒謂釜曰錡。召南：維錡及釜。傳：有足曰錡，無足曰釜。方言：鍑，江淮陳楚之閒謂之錡。注：或曰三腳釜也。

鍤 郭衣鍼也。集韻：鍤，綴衣鍼。玉篇：鍤，長鍼也。案郭者匡圍也。製衣者平鋪其衣，以長鍼週而連綴之，然後可施功也。從金臿聲。楚洽切。

鉥 綦鍼也。桂氏曰：廣雅：緦，針也。廣韻：緦，連鍼也。緦鍼卽綦鍼。管子輕重甲篇：一女必有一刀、一錐、一箴、一鉥。注：鉥，長針也。通作秫。戰國策：鯷冠秫縫。注：秫，綦鍼也。史記趙世家：卻冠秫絀。集解：徐廣曰：鉥

者綦鍼也。古字多假借，故作秫絀耳。此蓋言其女功箴縷之麤拙也。從金朮聲。食聿切。

鍼 所以縫也。依元應引補。蕭該漢書音義引字林：鍼，所以縫也。然則今本乃以字林刪說文也。從金咸聲。職深切。俗作針。淮南說山訓：先針而後縷，可以成帷；先縷而後針，不可以成衣。

鈹 大鍼也。元應曰：醫家用以破癰也。靈樞經：鈹針者，末如劍鋒。從金皮聲。敷羈切。一曰劍如刀裝者。此五字，左昭二十七年傳正義、釋文皆引作劍也二字。襄十七年、定八年、哀十一年傳皆見此字。

鎩 鈹有鐔也。漢書陳勝項籍傳：不敵於鉤戟長鎩。顏注：鎩，鈹也。一曰鋋，似兩刃刀。文選西京賦李注引此。辭綜亦有此說，而知是說文者，以賦無鋋字知之。李注辨亾論云：鎩，長刃矛刀之類也。案一曰鋋者，謂鎩一名鋋也。從金殺聲。所拜切。

鈕 印鼻也。漢舊儀：皇帝六璽，皆玉螭虎鈕。丞相、列侯、將軍金印，中二千石、二千石銀印，皆龜鈕。六百石、四百石以上，皆銅印鼻鈕。從金丑聲。女久切。

𤤚 古文鈕從玉。

銎 斤斧穿也。穿，詩釋文引作空。玉篇同。空者孔也。然穿字亦雅，故未改。詩破斧傳曰：隋銎曰斧。案隋者橢之省，長圓形也。七月傳云：斨，方銎也。方言：矛骹謂之銎。注：卽矛刃下口，音凶。案空其中以受柄者，皆謂之銎。從金巩聲。曲恭切。

鈭 鈭錍，斧也。玉篇引此文，倒之作錍鈭，亦通。二字疊韻，蓋謂其短也。方言：㜸矲，短也。廣雅：錍鈭，短也。從金此聲。卽移切。

錍 鈭錍也。從金卑聲。府移切。

鏨 小鑿也。通俗文：石鑿曰鏨。從金從斬，斬亦聲。藏濫切。

鐫 穿木鐫也。廣雅：鐫謂之鏨。從金雋聲。子全切。一曰琢石也。石一作玉。方言：鐫，琢也。晉趙謂之鐫。注：謂鏨鐫也。淮南本經訓：鐫山石。高注：鐫，猶鑿也。讀若瀸。句當繼雋聲。瀸當作鑯。鑯下云：一曰鐫也。鐫鑯雙聲，依許說則一字也。

鑿 穿木也。李注長笛賦引同。然當作穿木鑿也，以穿木鐫也例推之可知。顏注急就篇云：鑿所以穿木也。亦通。尸子：利錐不如方鑿。因而所鑿之孔亦謂之鑿。史記孟荀列傳：持方枘欲內圜鑿，其能入乎。從金糳省聲。在各切。

銛 臿屬也。臿者鍤之借字。從金舌聲。韻會引從金甛省聲。息廉切。讀若棪。秦始皇本紀：非錟于句戟長鎩也。注：錟一作銛。桑欽讀若鎌。當作鐮。

鈂 臿屬也。從金冘聲。讀

guǐ 鍦　piě 鐅　jiǎn 錢　jué 钁　qián 鈐　duò 鏅　pō 鏺　tóng 鉵　chú 鉏　bēi 䥯　lián 鎌　qiè 鍥　zhāo 鉊

若沈。直深切。鍦 臿金也。謂臿頭金也。字或作鍦。方言：臿或謂之鍦。從金危聲。過委切。一曰。鍦。鐅。鐵也。銕之光澤者也。讀若跛行。跛，小徐作毀，句當繼危聲下。鐅 河內謂臿頭金也。廣雅：鏵、鍬、鐅也。郭注方言：江東又呼鍬刃爲鐅。從金敝聲。芳滅切。錢 銚也。古田器。以銚直解之，而又云古田器者，謂後世但謂之銚，不復謂之錢也。臣工之詩在周初，一見此名，管子在周末，其禁藏、海王二篇皆言銚，注云：大鋤謂之銚。何犿注韓非八說篇曰：銚，耨，刻削之器也。從金戔聲。即淺切，又昨先切。詩曰：庤乃錢鎛。周頌臣工文。傳：錢，銚也。正義：世本云：垂作銚。宋仲子注：銚，刈也。然則銚，刈物之器也。一曰貨也。謂泉幣也。漢書食貨志：周景王鑄大錢，文曰寶貨。钁 大鉏也。其用與鉏同，其形與鉏異，老圃用之，其名不改。廣雅：欘謂之钁。爾雅：斫謂之欘。郭注：钁也。案可以斫地，因名曰斫。高注淮南齊俗訓云：钁，斫屬。從金矍聲。居縛切。鈐 鈐鏅。大犂也。犂當作𨫎，急就篇作鈐鐳，顏注：大犂之銕。三蒼：鏟鏅，犂也。一曰類梠。當作相類。廣雅：鈐鏅謂之⿰金蟲。⿰金蟲即下文鉵字。從金今聲。巨淹切。鏅 鈐鏅也。

玉篇作鏅，云：犂錧也。廣韻同。從金隋聲。徒果切。鏺 兩刃，有木柄，可以刈艸。廣雅：鏺，鎌也。六韜：春鏺草棘。從金發聲。讀若撥。普活切。鉵 梠屬也。廣韻：鉵，大鉏。史記高祖本紀：從杜南入蝕中。索隱引說文：鐳，器名也，地形似器，故名之，音力也。嚴氏曰：疑鐳與蝕相當，然音義皆異，所未審也。桂氏亦引索隱，直改鐳爲蝕。從金蟲省聲。廣雅作⿰金蟲，不省。見鈐下。徒冬切。讀若同。鉏 立嫭斫也。依御覽廣韻引改。謂立嫭所用之斫也。蒼頡篇：鉏，茲其也。釋名：鋤，助也，去穢助苗長也。齊人謂其柄曰橿，橿然正直也。頭曰鶴，似鶴頭也。筠案：許說與钁下說相應，然是漢義。鋤鑄二篆下之鉏鋤，乃古義也。廣韻收此義於八語，牀呂切。詳見存疑。從金且聲。士魚切。䥯 梠屬也。六書故：䥯，臥兩耒，著齒其下，人立其上而牛輓之，以摩田也。從金罷聲。讀若嬀。彼爲切。鎌 鍥也。方言：刈鉤，自關而西或謂之鉤，或謂之鎌，或謂之鍥。從金兼聲。力鹽切。俗作鐮。鍥 鎌也。戴侗引蜀本作刈鎌也。又曰小鎌，南方用以刈穀。從金契聲。苦結切。鉊 大鐵也。此固不可通，然小徐及汲古本作大鎌也，則與張徹說複，姑仍

zhì 銍　zhèn 鎮　chān 鉆　zhé 銸　qián 鉗　dì 釱　jù 鋸　zān 鐕　zhuī 錐　chán 鑱　ruì 銳　màn 鏝　zuàn 鑽

之。釋名：銍，穫禾鐵也。則銍亦謂之銕，今鉊、銍二篆相次，或鉊爲銍之別名乎？然銍仍是鎌也。從金召聲。止搖切。鎌或謂之鉊。張徹說。方言：刈鉤，江淮陳楚之閒謂之鉊。許君不云揚雄說而云張徹說，亦可疑。銍 穫禾短鎌也。顏注急就篇：銍，刈黍短鎌也。然詩臣工：奄觀銍艾。又以之刈麥矣。禹貢：納銍。鄭注：斷去稾。從金至聲。陟栗切。鎮 博壓也。鈕氏樹玉曰：衆經音義婁引作壓也，篇韻同，則博字或後人加。桂氏曰：壓當爲厭。本書：厭，笮也。徐鍇曰：笮，鎮也。昭二十六年左傳：將以厭衆。周語：是陽失其所而鎮陰也。韋注：爲陰所鎮笮也。通作填。說苑：今三川震，是陽失其所而填陰也。從金眞聲。陟刃切。鉆 鐵銸也。春官典同注：飛鉆涅齵。疏云：鬼谷子有飛鉗篇。夏官射鳥氏注：幷夾，鍼箭具。釋文：沈云：鍼或作鉆。後漢書陳寵傳：詔有司絕鉆鑽諸慘酷之科。注引蒼頡篇：鉆，持也。筠案：手部拈、掫轉注，與此鉆、銸轉注同意。謂鑷取物也。依元應引補，蓋庾注也。顏注急就篇：鉆，以銕有所鑷取也。從金占聲。敕淹切。一曰膏車鐵鉆。玉篇：鑷與銸同，車綦也。銸 鉆也。釋名：鑷，攝也，攝取髮也。從金耴聲。陟葉切。鉗 以鐵有所劫

束也。漢書刑法志：當黥者，髡鉗爲城旦舂。晉律：鉗重二斤，翹長一尺五寸。從金甘聲。巨淹切。釱 脛鉗也。依御覽引改。顏注急就篇：以銕錔頭曰鉗，錔足曰釱。韋昭曰：釱，以銕爲之，著左趾，以代刖也。從金大聲。特計切。鋸 槍唐也。集韻：槍搪，鋸也。列女傳：錯者所以治鋸也，鋸者所以治木也。從金居聲。居御切。鐕 可以綴箸物者。廣韻：鐕，無蓋釘。喪大記：君裏棺用朱綠，用雜金鐕；大夫裏棺用元綠，用牛骨鐕。注：鐕，所以琢著裏。從金朁聲。則參切。錐 銳也。史記平原君傳：譬若錐之處囊中，其末立見。從金隹聲。職追切。鑱 銳也。元應引此而曰：今江南猶言鑱刺也。又曰：鑱，以錐刺物者也。又曰：鑱謂有刃斲鑿者也。從金毚聲。士銜切。銳 芒也。元應引此而申之曰：言利如芒也。俗作鋒鋩。從金兌聲。亦省銳爲兌。天官書：天欃長四丈，末兌。以芮切。𠛱 籒文銳從厂剡。從剡，厂聲。刀部：剡，銳利也。鏝 鐵杇也。釋宮：鏝謂之杇。郭注：泥鏝。說詳木部。從金曼聲。母官切。槾 鏝或從木。徐鉉曰：木部已有此，重出。鑽 所以穿也。元應引作所以用穿物者。

huán 鍰　lüè 鋝　zhū 銖　quán 銓　lǜ 鑢

也、方言、鑽謂之鍴、禮含文嘉、燧人始鑽木取火、從金贊聲。借官切、此穿也之音、至所以穿也之音、則廣韻二十九換、

鑽子算切、錐鑽、鑢 錯銅鐵也。廣雅、鑢、磨也、詩抑箋云、玉之缺、尚可磨鑢而平、考工記、磬氏已上則摩其旁、注、摩鑢其旁、字又作鋁、鑢、廣雅、鋁謂之錯、考工記注、磨鑢之器、案錯有磨義、本字下不見、於此補之、詩可以為錯、广部引之作厝、從金慮聲。良據切、

銓 衡也。聲類、銓所以稱物也、禾部、稱、銓也、漢書王莽傳、考量以銓、注云、銓、權也、釋言、坎、銓也、樊光注、坎、水也、水性平、銓亦平也、從金全聲。此緣切、

銖 權十分黍之重也。儒行釋文引作權分十黍之重、桂氏曰、禾部稱下云、其以為重、十二粟為一分、十二分為一銖、玉篇、銖十二分也、馥謂本書當云、權十二分黍之重也、筠案此說蓋是、不可以鋝下說繩之、蓋云權十二分黍之重者、謂以重十二分之黍施之於權、則為一銖也、許君蓋以律數十二、故十二粟為分、十二分為銖、由此而進之、十二銖為一龠、兩之為兩、皆以十二起算、其勢順也、故與漢書律歷志不同、志曰、權輕重者不失黍絫、應劭曰、十黍為絫、十絫為銖、志又曰、一龠容千二百黍、重十二銖、兩之為兩、二十四銖為兩、程氏瑤田曰、漢唐食貨志、並以銖為百黍之重、今閱說苑云、十六黍為一豆、六豆為一銖、則銖為九十六黍、筠案皆異于許說、然足知古言銖者、初非一說而已也、從金朱聲。市朱切、

鋝 十一銖二十五分銖之十三也。一字小徐韻譜已有、銖字依呂刑釋文引補、字或借選、饌、率為之、漢書蕭望之傳、有金選之品、應劭曰、選音刷、金銖兩名也、顏注、音刷是也、字本作鋝、鋝即鍰也、其重十一銖二十五分銖之十三、尚書大傳、夏后氏不殺不刑、死罪罰二千饌、史記周本紀、其罰百率、注、率即鍰也、桂氏曰、鍰當作鋝、玉篇、鋝與鋝同、從金寽聲。力輟切、周禮曰。重三鋝。考工記冶氏文、注、鄭司農云、鋝、量名也、讀為刷、康成謂、許叔重說文解字云、鋝、鍰也、今東萊稱、或以大半兩為鈞、十鈞為環、環重六兩大半兩、鍰鋝似同矣、則三鋝為一斤四兩、筠案鄭君所引、即是下文鍰鋝也、以經言鋝、故倒引之、此引用之活法、非本文捝鍰也二字、北方以二十兩為鋝。桂段嚴三家皆云、當作為三鋝、六書故引作為一鋝、一必三之誤、鄭君曰、鋝六兩大半兩、則二十兩為三鋝也、筠案此句、解周禮之三鋝、自當有三字、考工所言、乃戈戟之頭也、若二十兩為一鋝、則戈頭重六十兩矣、豈人所能用乎、許君以北方區別之、恐是引漢時俗語、尚有以鋝為權名者耳、非解周禮也、

鍰 鋝也。呂刑釋文引作六鋝也、嚴氏曰、蓋開寶重修、依李陽冰廣說文改與

說文句讀　卷二十七　合八　、○折四十　十一

zī 錙　chuí 錘　jūn 鈞　bā 鈀　zhuó 鐲　líng 鈴　zhēng 鉦　náo 鐃　duó 鐸　bó 鎛

古今尚書說皆不合、職金疏引歐陽夏侯說、六兩為鋝、賈逵曰、俗儒以鋝重六兩、蓋即指此、小爾雅亦然、從金爰聲。戶關切、虞書曰。依韻會引刪、罰百鍰。呂刑文、

錙 六銖也。高注淮南說山訓曰、六銖曰錙、八銖曰錘、與許說合、又注詮言訓曰、六兩曰錙、倍錙曰錘、鄭注儒行曰、八兩為錙、風俗通義曰、銖六則錘、二錘則錙、二錙則兩也、皆與許說異、從金甾聲。側持切、

錘 八銖也。從金垂聲。直垂切、

鈞 三十斤也。家語正論解注、三十斤謂之鈞、鈞四謂之石、石四謂之鼓、從金勻聲。居勻切、

銞 古文鈞從旬。

鈀 兵車也。玉篇、鈀、候車也、從金巴聲。伯加切、司馬法曰。晨夜內鈀車。引此以證兵車也、今無此文、一曰鐵也。依韻會迻於此、桂氏曰、鐵當作鐵、廣雅、鈀、鏵、鍤也、方言、凡箭其廣長而薄鐮者、謂之錍、或謂之鈀、箭、

鐲 鉦也。地官鼓人、以金鐲節鼓、注、鐲、鉦也、形如小鐘、軍行、鳴之以為鼓節、從金蜀聲。直角切、軍法。司馬執鐲。大司馬職、公司馬執鐲、杜子春云、公司馬謂五人為伍、伍之司馬也、

鈴 令丁也。三字疊韻、故以令丁為鈴之別名、廣雅、鐲、鈴也、則鈴與鉦同類、左傳謂鉦為下寧、猶之此也、從金令聲。郎丁切、

鉦 鐃也。似鈴。柄中上下通。漢書平帝紀、應劭注同、廣雅、鈴、鉦也、詩采芑、鉦人伐鼓、傳、鉦以靜之、從金正聲。諸盈切、

鐃 小鉦也。地官鼓人、以金鐃止鼓、注、鐃如鈴無舌、有柄、執而鳴之、以止擊鼓、從金堯聲。女交切、軍法。卒長執鐃。見大司馬、

鐸 大鈴也。鼓人、以金鐸通鼓、注、鐸、大鈴也、振之以通鼓、北堂書鈔引三禮圖、鐸以銅為之、木舌為木鐸、金舌為金鐸、從金睪聲。徒洛切、軍法。五人為伍。五伍為兩。兩有司馬執鐸。並見大司馬、依集韻韻會引補、有字蓋言軍法、則是用經、非引經也、若直言兩司馬、則人不知所謂、故以五人為伍、五伍為兩引起之、云兩有司馬、而後與大司馬小司馬別也、由此知鐲字下司馬執鐲、亦必有疏解之文、為後人刪削也、

鎛 大鐘。指其實也、春官鎛師注、鎛似鐘而大、淳于之屬。況其形也、鼓人以金錞和鼓、注、錞、錞于也、圓如碓頭、大上小下、樂作鳴之、與鼓相和、疏云、錞于之名、出於漢之大予樂官、筠見淳于大小二器、大者高三尺半、圓徑二尺餘、小者高八九寸、圓徑三四寸、皆有蓋、蓋上蹲一虎、所以應鐘磬也。表其用也、合三句乃足以

說文句讀　卷二十七　方五六　、○折四十五　十二

yōng 鏞 zhōng 鐘 bó 鎛 fāng 鈁

盡其制故以一也字總承之隋書樂志鎛鐘每鐘懸一簨簴各應律呂之音卽黃帝所命伶倫鑄十二鐘和五音者也堵以一。金樂則鼓鎛應之。以一字依集韻引改堵以一者左右兩堵各一鎛領之也鄭注大射儀曰周禮曰凡縣鐘磬半爲堵全爲肆有鐘有磬爲全許說與鄭說異者蓋據大射儀以爲言其文曰樂人宿縣于阼階東笙磬西面其南笙鐘其南鎛皆南陳案此東一堵也又云西階之西頌磬東面其南頌鐘其南鎛皆南陳案此西一堵也每堵鐘磬皆編十六枚于一虡而各有一鎛故曰堵以一也故上文所以應鐘磬者謂東階之鎛與笙磬笙鐘應西階之鎛與頌磬頌鐘應也然又云金樂則鼓鎛應之者金樂猶春官鐘師之金奏左傳亦曰金奏作于下金以聲之故重之而言金也抑此句又不主大射儀而言大射儀疏曰書傳云天子出撞黃鐘之鐘右五鐘皆應入則撞蕤賓之鐘左五鐘皆應案此所奏蓋王夏也鍾師掌金奏凡樂事以鍾鼓奏九夏注金謂鍾及鎛是知金樂則鼓鎛應之者主言金則但有鐘而無磬且鄭以金兼鐘鎛許以金單指鐘而鼓與鎛皆應鐘之器義微不同從金薄聲。周禮借鎛匹各切

大鐘謂之鏞。釋樂文大雅毛傳同從金庸聲。商頌庸鼓有斁傳大鐘曰庸案或是省形存聲字或是時未制鏞字借庸爲之而尚書笙鏞以閒已在唐虞之世或不出自古文邪余封切

樂鐘也。釋樂釋文引作樂器也皆非許說之例段氏曰當作金樂也是也秋分之音物穜成。故謂之鐘。段氏依鼓笙管三篆說解增此四字是也桂氏亦云然五經通義鐘者秋分之氣萬物至秋而成至冬而藏堅成不滅絕莫如金故金爲鐘相繼不絕也從金童聲。職茸切古者垂作鐘。宋書樂志鐘者世本云黃帝工人垂所造

鐘或從甬。亦省作甬鐘鼎款識有谷口銅甬

方鐘也。從金方聲。府良切

鎛鱗也。段氏以也爲衍字謂本句其名下句其義也余初以爲然乃桂氏曰淮南俶眞訓作鎛鮮玉篇作鎛解獸似人懸鐘橫木也字或作鏄類篇鏄獸名似人有翼筠案此說是也鱗鮮解三字相似不知孰爲正也鐘上橫木上金華也。繫傳曰鐘筍上飾今儀制令所謂博山也段氏曰攷工記云鱗屬以爲筍明堂位云夏后氏之龍簨虡注云飾簨以鱗屬又於龍上刻畫之爲重牙然則橫木刻爲龍而以黃金涂之光華爛然是之謂鎛鱗筠案二說皆爲所愚也不曰簨上不曰虡業上而曰鐘上橫木上何其雜湊而鄙俗也此必非庾注乃讀者妄意以加之耳從金尃聲。補各切一曰田器

huáng 鍠 chēng 鎗 zhēng 錚 tāng 鏜 cōng 鏓

也詩曰庤乃錢鎛。臣工文傳鎛耨也艮耜其鎛斯趙箋以田器刺也考工記段氏爲鎛器廣雅鎛鉏也

鐘聲也。字書鍠鍠樂之聲也釋訓鍠鍠樂也釋文作諻諻長笛賦錚鐄謍嗃李注鐄與鍠同從金。皇聲。乎光切詩曰鐘鼓鍠鍠。周頌執競文風俗通引漢書禮樂志引竝同今本作喤喤傳喤喤和也

鐘聲也。淮南說山訓范氏之敗有竊其鐘負而走者鎗然有聲後漢書馬融傳鍠鍠鎗鎗奏于農郊大路之衢從金倉聲。楚庚切

金聲也。李注長笛賦引同後漢書劉盆子傳卿所謂錚中錚錚注云說文云錚錚金也錚之錚錚言徵有剛利也說苑干將鏌鋣拂鐘不錚潘岳藉田賦衝牙錚鎗連用之矣從金爭聲。側莖切玉篇云錚同鎗然

鼓鐘之聲也。依廣韻引乙轉從金堂聲。土郎切詩曰擊鼓其鏜。嚴氏曰疑校者所加鼓部引擊鼓其鼜

鎗鏓也。段氏以學記春容說之春容疊韻鎗鏓雙聲鏓與春容又疊韻也而鎗鏓二字古無連用者故桂氏以酒鎗說之廣韻鎗鼎類與鐺同然古無訓鐺爲鐺者則其說亦無據小徐本鏓篆在鏜下大徐迻之鎗下故段氏於鎗篆說增鎗鏓二字也案自鍠以下六字皆訓聲不當閒以器名又玉篇自鎛至鐔次序竝同小徐故依之以存疑竇俟後人致思焉從金悤聲。倉紅切一曰大鏧平木者。集韻引云一曰大鏧一曰平木剗案說文無剗字玉篇云大鏧平木器馬融長笛賦鏓硐隤墜李注說文云鏓大鏧中木也然則以木通其中皆曰鏓也蘇董切段氏依以改之案通其中者鏧以金爲之以木爲柄其柲圜而深故曰以木通其中也大抵此說是而玉篇集韻之說亦竝存之

qìng 鏧 xín 鐔 mò 鏌 yé 釾

金聲也。從金輕聲。苦定切讀若春秋傳曰鏧而乘它車。昭二十六年文今作鏧同聲而誤也杜注一足行足知所据本固作鏧矣說文本有蹵字說見足部蹴下

劒鼻也。考工記謂之劍首莊子釋文徐謂之劍鐶司馬謂之劍珥三蒼韻集謂之劍口顏注漢書韓延壽傳謂之劍喉又注急就篇曰鐔劍刃之本入把者也考工記桃氏注先鄭云莖謂劍夾人所握鐔以上也徐鍇曰劍鼻人握處之下也從金覃聲。徐林切廣韻收侵覃二部

鏌釾。大戟也。御覽引同段氏曰史記趙良司馬相如皆云干將之雄戟張揖曰吳王劍師干將所造者也然則干將莫邪古說皆謂戟矣從金莫聲。慕各切

鏌釾也。從金牙聲。古讀牙同吾與莫疊韻以遮切

biāo 鏢 sà 鈒 chán 鋋 yǔn 鈗 shī 鉈 cōng 鏦 tán 錟 fēng 鏠 duì 錞

鏢 刀削末銅也。削者刀鞞也私妙切廣韻鏢刀劍鞘下飾也從金𤾑聲。撫招切

鈒 鋋也。史記商君傳持矛而操闟戟者旁車而趨索隱闟亦作鈒文選藉田賦瓊鈒入蘂五臣注以玉飾鋋也從金及聲。穌合切

鋋 小矛也。李注西京賦引作小戈也桂氏曰鋋可擿非戈也方言矛吳揚江淮南楚五湖之閒謂之鍦或謂之鋋顏師古曰鋋鐵把短矛也晉書朱伺傳賊舉鋋擿伺伺逆接得鋋反以擿賊從金延聲。市連切

鈗 侍臣所執兵也。從金允聲。余準切周書曰一人冕執鈗。顧命文岳珂九經三傳沿革例諸本皆作銳獨越中注疏於正文作鈗爾漢書揚雄傳充鋋瘢耆張佖曰充鋋合作鈗鋋讀若允。小徐无此句而不刪之者竊疑是讀若沇之譌卽以揚雄傳推之

鉈 短矛也。荀子議兵篇宛鉅鐵鉈慘如蠡蠆注鉈與鏦同矛也從金它聲。繫傳曰今又音蛇晉書丈八鉈矛左右盤槊云又音蛇是讀爲徒河切也大徐乃引唐韻食遮切何也然蛇古音亦徒河切

鏦 矛也。廣雅同淮南兵略訓修鍛短鏦高注亦同漢書吳王濞傳使人鏦殺吳王孟康曰方言戟謂之鏦今方言矛或謂之鏦從金從聲。七恭切。徐鉉曰今音楚江切

說文句讀卷二十七　十五

錄 鏦或從彖。從彖二聲不能通轉此許說挩佚校者以其在鏦下自加此注也王篇亦同則其誤久矣桂氏曰字詁古文鏦鑽二形今作穳鑹亂反小矛也衆經音義廣雅穳謂之鋋鋋小矛也今江湘以南溪人工用穳鏦段氏曰錄與鏦當是各字而同義從金彖聲

錟 長矛也。方言錟謂之鈹注今江東呼矛爲鈹廣雅錟矛也史記錟戈在後則用爲銛利字從金炎聲。讀若老聃。徒甘切

鏠 兵耑也。亦謂之末見左定十年傳亦謂之芒俗作鋒從金逢聲。敷容切

錞 矛戟柲下銅。言矛戟者本之曲禮以與鐏別也柲者柄也說見木部柲欑及竹部籚下詩釋文引少柲字非也元應但引此五字無下文鐏字知其句讀也淮南原道訓刃犯難而錞無患者以其託於後位也案淮南謂之後許謂之下而曲禮鄭注旣謂之底又曰三兵鐏鐓雖在下猶爲首也者猶鋒謂之耑亦謂之末也古兵皆用銅錞鐏不異而必指言之者柲以積竹爲之故云柲下銅鐏也。詩釋文引亦有鐏字通其名也鐏字毛詩作錞傳曰錞鐏也曲禮作鐓廣雅鐓鐏也先鄭注盧人曰晉謂矛戟柲下銅鐏也是知矛戟之底亦謂之鐏蓋錞鐏晉三字疊韻故通用從金臺聲。徒對切詩曰。厹矛沃錞。秦風小戎文今作鋈錞沃者鋈之省錞者鐏之俗

zùn 鐏 liú 鏐 hóu 鍭 dí 鏑 kǎi 鎧 hàn 釬 yā 錏 xiá 鍜 jiàn 鐗 gāng 釭

鐏 戈柲下銅也。據曲禮增戈字以與錞下說對文曲禮進戈者前其鐏進矛戟者前其鐓注後刃敬也銳底曰鐏取其鐏地平底曰鐓取其鐓地考工記戈柲六尺有六寸從金尊聲。徂寸切

鏐 弩眉也。從金翏聲。力幽切一曰黃金之美者。釋器黃金謂之璗其美者謂之鏐注鏐卽紫磨金林邑記又謂之揚邁金禹貢梁州貢璆鄭本作鏐云黃金之美者謂之鏐書釋文引韋昭曰紫磨金是梁州所貢知今本誤廣韻說鏐鐐皆曰紫磨金然爾雅旣別爲二矣

鍭 矢。金鏃翦羽謂之鍭。釋器文詩行葦四鍭旣鈞傳鍭矢參亭考工記矢人鍭矢參分一在前二在後旣夕禮作猴從金侯聲。乎鉤切張次立所据小徐本無鍭字故段氏欲刪鍭而以其訓義歸諸羽部之猴然鍭見大雅考工爾雅穀梁傳方言未可以一見儀禮者奪之也且爾雅曰金鏃翦羽謂之鍭骨鏃不翦羽謂之志是語也卽釋旣夕禮記也記曰猴矢骨鏃短衞鄭注示不用也生時猴矢金鏃記又曰志矢亦短衞鄭注無鏃短衞亦示不用生時志矢骨鏃賈疏短衞卽翦羽也案鄭君據爾雅以說儀禮則知羣經皆作鍭者生人所用以金鏃而字從金也死後骨鏃則無金但翦羽如生時故以

說文句讀卷二十七　十六

猴字從羽而借之也且記云志矢亦短衞則知釋器當云骨鏃亦翦羽不字乃亦字之譌而段氏謂許說不翦羽爲無羽案爾雅所說生人所用也明器有短衞用器反無羽不能發也又疑賈疏亦太直捷凡矢羽必翦取其齊同記云短者短於生時也猶之琴瑟張而不平矣

鏑 矢鏠也。衆經音義箭金鏃也關西名箭金山東名箭足或言鏑漢書陳勝項籍傳銷鋒鍉如淳曰鍉音鏑箭足也從金啻聲。都歷切

鎧 甲也。亦曰函亦曰介書說命正義云經傳無鎧與兜鍪蓋秦漢以來始有此名從金豈聲。苦亥切

釬 臂鎧也。初學記臂鎧謂之釬管子戒曰弛弓脫釬韓策甲盾鞮鍪鐵幕注鐵幕以鐵爲臂脛之衣從金干聲。侯旰切

錏 錏鍜頸鎧也。廣雅錏鍜謂之鉅鍜集韻鍜頸鉗也漢書刑法志三屬之甲蘇林曰三屬者兜鍪也盆領也髀褌也案盆領蓋卽頸鎧從金亞聲。烏牙切

鍜 錏鍜也。從金叚聲。乎加切

鐗 車軸鐵也。軸之過軎皆鑿寸長小方槽納方鐵于中以與釭相敵也釋名鐗閒也閒釭軸之閒使不相摩也此說最明了脂車卽脂此鐗故吳起治兵篇曰膏鐗有餘則車輕人從金閒聲。古莧切

釭 車轂中

shì 銴　xì 鈘　luán 鑾　huì 鉞　yáng 鍚

鐵也。元應兩引作口、一引作頭頭字尙不甚切故用口字且此其所以謂爲中也口者銜軸之處每一轂內外兩口皆有釭釭之形可以考工記璋邸射比擬之方言車釭齊燕海岱之閒謂之鍋或謂之錕自關而西謂之釭盛膏者乃謂之鍋從金工聲。古雙切

銴車樘結也。車樘者車上之樘也考工記棠讀如車箏之棠字又作棠釋名棠蹝也在車兩旁蹝轄使不得進卻也說文新附字轄車幔也案今有此制結者樞紐之謂所以張弛其樘也從金折聲。讀若誓。時制切一曰銅生五色也。此所謂衣也金下云久蘊不生衣

鈘乘輿馬頭上防釳。漢雜事漢有天下其衣冠車馬器械百物日乘輿防羣書多作方防釳者其名下文言其制插以翟尾鐵翮象角。鳥部鷸走鳴長尾雉也乘輿以爲防釳著馬頭上髼綜注東京賦方釳謂轅旁以五寸鐵鏤錫中央兩頭高如山形而貫中以翟尾結著之轅兩邊恐馬相突也獨斷方釳有三孔插翟尾其中諸書皆云翟尾許獨以翟尾鐵翮連文者𢾭詞亦連言之今謂春生之鴿其翮爲夏日所暴其力强猛俗謂之鐵翅意葢猶此云象角者司馬彪輿服志注引顏延之幼誥日釳乘輿馬頭上防釳角所以防網羅釳以翟尾鐵翮象之也所以防网羅釳去之也。集韻釳乘輿馬首刀所以割網羅桂氏日釳去當爲钊去釳钊聲相近本書钊斷也從金气聲。許訖切

鑾人君乘車四馬鑣八鑾鈴。說解之首似當增鈴也二字廣雅和鑾鐲鐸鉦鐃鍾鎛鈴也說文鐲鉦鐃鐸與鈴類聚尙有兩字說以鈴此下卽繼以鎛鍾之類葢亦以爲相似之物也惟鑾是車馬飾類獨跳在此不說以鈴而下突言鑾鈴似非屬詞之體詩烈祖八鸞鶬鶬箋鸞在鑣四鑣則八鸞蓼蕭和鸞雝雝傳在軾日和在鑣日鸞正義和亦鈴也以其與鸞相應和故載見日和鈴央央是也象鸞鳥之聲。禽經鸞音如鈴鑾鑾然也周之文物大備法車之上綴以大鈴如鸞之聲也後改爲鑾和則敬也。荀子正論篇和鸞之聲步中武象騶中韶護以養耳賈誼書登車則馬行而鸞鳴鸞鳴而和應和則敬從金從鸞省聲。洛官切

鉞車鑾聲也。董彥遠謝除正字啟隸體散亾共守鸞聲之鉞鉞從金戉聲。呼會切徐鉉日今俗作鐬以鉞作斧戉之戉非是案王篇鐬呼會切鈴聲鉞于月切斧也亦作戉詩曰鑾聲鉞鉞。庭燎泮水皆日鸞聲噦噦前傳日徐行有節也後傳日言其聲也禾菽日鸞聲嘒嘒傳日中節也桂氏日鉞噦聲相近目部眓讀若詩日施罛濊濊

鍚馬頭飾也。春官巾車重翟鍚面先鄭云鍚馬面鍚又云玉路鍚樊纓注鍚馬面當顱刻金爲之所謂鏤鍚也案面者顱之省鍚纓於顱上集韻顱馬轡當面皮從金陽聲。與章切詩曰鉤膺鏤鍚。大雅韓奕文今作鍚箋眉上日鍚一曰鍱車輪鐵也。言鍱亦有謂之鍚者則傳輪之鐵之專名也鍚讀如朱干設鍚之鍚今謂之鐵瓦

xián 銜　biāo 鑣　jié 鉣　fū 鈇　diào 釣　zhì 鏊　láng 鋃　dāng 鐺　méi 鋂

銜馬勒口中也。似當云馬勒口中鐵也勒乃絡銜之革其三直鐵有紐相牽者乃謂之銜秦策伏軾撙銜高注銜勒也渾言之耳從金從行。戶監切銜者行馬者也。釋從行之意鹽鐵論今之治民者若御拙馬行則頓之止則擊之身創於箠吻傷於銜

鑣馬勒旁鐵也。文選劉越石荅盧諶詩李注引如此其注南都賦七命又引作馬銜也如今本案銜在口中鑣在口旁勒繫于鑣詩碩人傳云人君以朱纏鑣扇汗且以爲飾釋文鑣馬銜外鐵也一名扇汗又日排沫從金麃聲。補嬌切

𩤚鑣或從角。

鉣組帶鐵也。衣部褱以組帶馬也葢卽今之肚帶鉣則肚帶有舌之環也今謂之鐵子從金劫省聲。此不知音者所改也當作去聲居怯切怯在大部正文作狌亦從去聲也讀若劫。

鈇莝斫刀也。元應引如此下句葢庾注也古謂之鈇許君時謂之莝斫庾氏時謂之莝刀故各舉當時之名以說古名也今本合許說庾注爲一句者由不知斫爲物名祇知其爲動字也斫之爲物名見前鏤下又斤部斧斫斲三字下皆云斫也是其證後漢書獻帝紀注引作莝刀也此引庾注也馮魴傳注引作莝刃也刃又刀之譌顏注尹翁歸傳云斫莝刃也王篇云剉斫刀皆相沿之誤刀之用在切鈇之用在斫不可混同鈇今謂之鍘鍘牀古謂之椹質又謂之稾砧從金夫聲。甫無切

釣鉤魚也。孔安國注論語釣者一竿釣也從金勺聲。多嘯切

鏊羊箠也耑有鐵。鐵當作鐵廣雅鐵銳也鏊又謂之鐵說詳竹部笍下從金執聲。讀若至。脂利切

鋃鋃鐺，瑣也。華嶠後漢書董卓收崔鈞父烈下之郿獄鋃鐺漢書王莽傳以鐵鎖琅當其頸顏注琅當長鎖案琅當卽鋃鐺說以長鎖固不誤然鐵鎖琅當相連似不可如此說之琅當疊韻葢形容拘係牽曳之狀唐人小說明皇幸蜀雨中聞鈴問何聲優人對日三郎郎當鋃鐺亦可推知也從金良聲。魯當切

鐺鋃鐺也。從金當聲。都郎切

鋂大瑣也。詩疏引作環也案當作大環也廣韻鋂大鐶、

金

jué 鈌　luò 鉻　lěi 鑸
liú 鎦　shòu 鏉　zú 鏃　zhǎn ⿰金亶　guā 銛2　tà 錔　chāo 鈔　quān 鐉　pū 鋪　xì 鎎　wěi 鍡

一環貫二者。毛傳文。疏云、謂一大鐶貫二小鐶也。從金每聲。莫桮切。詩曰、盧重鋂。齊風盧令文。鍡 鍡鑸。不平也。莊子庚桑楚作畏壘、史記作畏累、後漢文苑傳作碨磥。從金。畏聲。烏賄切。鑸 鍡鑸也。從金。壘聲。洛猥切。鎎 怒戰也。從金。氣聲。許既切。春秋傳曰。諸侯敵王所鎎。文四年文、今作愾、杜注、愾、恨怒也、詩彤弓箋引亦作愾、釋文云、說文作鎎、鋪 箸門鋪首也。李注舞賦引、鋪作拺、非也。羣書皆言鋪首、無拺首、三輔黃圖、金鋪玉戶、注、金鋪、扇上有金華、中作獸及龍虵、鋪首以銜環也。箸、知略切、從金。甫聲。普胡切、鐉 所㠯鉤門戶樞也。其形如鉤而長爪、爪箸于門匡、樞納其中、以利開闔、吾鄉猶用此物、京師則橫板鑿孔以納樞、南方亦然、故不知鐉爲何物、一曰。治門戶器也。從金。巽聲。此緣切、鈔 叉取也。司馬彪云、物根在土、際布在水、就水上視之不見、鈔之可得、通俗文、遮取謂之鈔掠、乃引伸之義、從金。少聲。楚交切、俗作抄、錔 㠯金有所冒也。元應引作以金銀有所覆冒也、左昭二十五年傳、郈氏爲之金距、服

說文句讀《卷二十七　七百四十二　、○析四十六　十九

注、以金錔距、從金。沓聲。亦省作沓、漢書外戚傳、切皆銅沓冒、顏注、沓冒其頭也、他荅切、元應他弔切、是知古所謂錔、卽今所謂套也、銛 斷也。廣雅同、劀銛音義竝同、言部話或作譮、是其比、從金。昏聲。古活切、鉻 鬄也。廣韻引作鬄也、曲禮、乘髦馬、注、髦馬、不鬄落也、從金。各聲。盧各切、⿰金亶 伐擊也。集韻、齊謂鍫曰⿰金亶、字或作剗、玉篇、剗、伐擊也、從金。亶聲。旨善切、鏃 利也。鏃者、族之絫增字、釋名、鏃、族也、金鏃骨鏃、見釋器、莊子釋文引三蒼、鏃、矢鏑也、元應引字林、鏃、箭鏑也、言利者、矢鋒取其銛利也、從金。族聲。作木切、鈌 刺也。廣雅同、從金。夬聲。於決切、鏉 利也。廣韻、鏉下云、鏽利、鏽下云、鏉鏽、集韻、鏉或作鏤、先侯切、彫也、從金。敕聲。所右切、鎦 殺也。釋詁、劉、殺也、書盤庚、重我民、無盡劉、周頌、勝殷遏劉、傳竝云殺也、從金。丣聲。力求切、徐鍇曰、說文無劉字、偏旁有之、此字又史傳所不見、疑此卽劉字也、從金從丣、刀字屈曲、傳寫誤作田爾、筠案說文有劉瀏、自必有劉、然以鎦爲劉之譌、則非也、劉國姓也、不可以殺詁之、許君曰、鎦殺也、謂經典訓殺之劉、皆鎦之借字也、其收劉字、在刀部金部、雖未可決知、然必以顧命一人

tí 銻
nèi 錗　qí ⿰金朿　dùn 鈍　táo 錭　róu 鍒　duī 鐓　é 鈋　táng 鎕　jù 鉅　mín 鍲

冕執劉說之、僞孔傳曰、劉、鉞屬、鄭注、蓋卽今鑱斧、廣雅釋器、劉、刀也、似卽釋顧命、然則劉以器名爲古義、故周有公劉、如唐虞夏殷以器爲名也、豈可名公殺乎、劉篆既佚、後人皆以鎦字當之、失許君意矣、積古齋晉銅尺銘云、鎦歆銅尺、則知晉人以鎦爲劉、劉宋武帝使劉誕姓留氏、則是以同音之字代、鍲 業也。廣雅、䝨本也、鍲稅也、玉篇、䝨本作鍲、業也、算稅也、史記貨殖傳、田農拙業也、賣漿小業也、賈人占鍲。史記平準書、各以其物自占、索隱、度其財物多少、爲文簿送之官也、占、音之贍反、漢書昭帝紀、罷榷酤官、令民得以律占租、如淳曰、律、諸當占租者、家長身各以其物占、占不以實、家長不身自書、皆罰金二斤、沒入所不自占、及賈錢縣官也、或借緡字爲之、見漢書張湯傳及食貨志、說者以爲錢貫、失之、從金。昏聲。武巾切、鉅 大剛也。段氏曰、孫卿議兵篇曰、宛鉅鐵鍦、慘如蠭蠆、史記禮書本之曰、宛之鉅鐵施、鑽如蠭蠆、徐廣曰、大剛曰鉅、筠案元應曰、字林、巨大也、說文巨大作鉅也、元應以此有大字、故以爲正、其實兩字皆假借也、從金。巨聲。其呂切、鎕 鎕銻。火齊也。玉部曰、玫瑰、火齊也、石部曰、唐厈、石也、玉篇、厈、古銻字、然則唐厈者、鎕銻之古字、而玫瑰之別名也、吳都賦李注引異物志曰、火齊如雲母、重沓而可開、色黃赤似金、出日南、東觀

說文句讀《卷二十七　八百一十八　、○析四十五　二十

漢記作磄磃、從金。唐聲。徒郎切、銻 鎕銻也。從金。弟聲。杜兮切、鈋 鈋圜也。集韻、類篇、韻會引竝同、廣韻、鈋、刓也、去角也、楚詞九章、刓方以爲圜、通作訛、漢書韓信傳、刻印刓、忍不能予、蘇林曰、手弄角訛、不忍授也、刓或作抏、食貨志注、抏訛也、謂摧挫也、從金。化聲。五禾切、鐓 下垂也。桂氏曰、玉篇、鐓、徒對切、馥案北方行此音、謂以重物繫布帛絲縷、使下垂也、通作錘、太元、錘以玉環、一曰。千斤椎。段氏曰、若今衆舉以築地者是也、秦始皇造銕鐓、重不可勝、刻作力士像以祭之、鐓乃可移動、若朱亥袖四十斤銕椎、張良爲銕椎重百二十斤、皆其細也、從金。敦聲。都回切、鍒 鐵之耎也。謂鐵中之柔耎者也、今亦有之、名曰鍒銕、從金。柔聲。鍒蓋柔之分別文也、故依小徐、耳由切、錭 鈍也。集韻、錭與鍋同、五音集韻、鍋鍡鈍也、從金。周聲。徒刀切、鈍 錭也。漢書賈誼傳、莫邪爲鈍兮、鉛刀爲銛、古亦借頓爲之、從金。屯聲。徒困切、⿰金朿 利也。段氏曰、周易喪其資斧、子夏傳及衆家竝作齊斧、應劭云、齊、利也、然則⿰金朿爲正字、齊爲叚借字、從金。朿聲。讀若齊。徂奚切、錗 側意也。段氏謂卽今之

金

歪字、然咼竵二字皆訓不正、李舟切韻皆苦媧反、乃當是今之歪字、從金委聲。女恚切、

文一百九十七　重十三

幵 平也。象二干對構。廣韻引、無象字、非也、本句解字形、不可不言象、且干篆作𢆉、不作干、此則謂干戈之干、故不言從而言象也、又引構作舉、上平也。廣韻蓋是兩干平列、未當交構、且言對即不當言構、不引、似是因上文平也而衍、然二干對舉、則其上必平、文義亦合、姑存之、古賢切、徐鍇曰、幵但象物平、無音義也、楚金此語、以麗幵鳱研妍䴇在先韻、笄形刑邢鈃在清青韻、栞在寒韻、䴇笄枅在齊韻、不得其說、遂謂之無音義、然云幵象物平、即是義矣、孰有義豈有無音者乎、凡幵之屬皆從幵。

文一

勺 枓也。依元應引補、此轉注。所以挹取也。段氏依顏氏增所以二字、姑從之、然似元應所引爲本文、此句乃庾氏注也、若是許說、則枓下不當有也字、此義廣韻音酌、公羊僖八年傳蓋酌之也、何注、酌、挹也、詩、維北有斗、不可以挹酒漿、士冠禮、勺觶角柶注、勺、尊升、所以斟酒也、風俗通、周公作勺、勺言能斟勺先祖之道也、案勺蓋即周頌之酌、象形。謂勺也、中有實。謂一也、與包同意。謂包之已象子在胞中形、與勺之一象酒在勺中形、均非字也、籀謂與甘同意、甘之中皆非一二之一、祇是其中有物耳、之若切、凡勺之屬皆從勺。

与 賜予也。貝部、賜、予也、予部云、推予前人也、一勺爲与。句解字形也、經典借與爲与、与者以上視下之詞、勺、酌也、曲禮、與人者不問其所欲、蓋斟酌而與之也、故曰一勺爲与、余呂切、此与與同。小徐本此即與同、祛妄篇與予皆同、皆非也、當云此與予同、與乃黨與、不得同与也、

文二

几 踞几也。踞几似是漢語、以今名說古名也、急就篇、簡札檢署槧牘家、顏注、家、伏几也、今謂之夾膝、其語意與木文相似、若以蹲踞之几說之、則尸部居下云、從尸下丌居几、本部凥亦從几、或亦可通、象形。居履切、周禮五几、玉几、彫几、彤几、髹几、素几。春官司几筵掌五几、王左右玉几、諸侯右雕几、筵國賓左彤几、

甸役右漆几、凡喪事右素几、凡几之屬皆從几。

凭 依几也。書釋文引作依倚也、字林同、張華有依几銘、從几從任。皮冰切、周書曰、凭玉几。顧命文、今作憑、衞包改之、讀若馮。句當在從任下、經典借馮爲凭、故言此以關之、詩卷阿、有馮有翼、箋、馮、馮几也、

凥 処也。經典借居爲之、從尸得几而止也。曲禮、坐如尸、曹憲注廣雅云、凥、古愚反、案說文從尸几聲、筠案如此、則當在尸部矣、未能詳也、九魚切、孝經曰、仲尼凥。開宗明義章文、今作居、顏氏家訓、仲尼居三字之中、兩字非體、三蒼尼旁益丘、說文尸下施几、筠案此亦用意之過、兒當是後作之分別文、与夏堪碑作仲泥者相似、其義則因反頂受水來也、居是聲借、不足詫異、凥謂閒凥如此。孝經釋文、鄭康成云、凥、凥講堂也、王肅云、閒居也、孔安國云、靜而思道也、禮記孔子閒居、鄭目錄云、退燕避人曰閒居、

処 止也。詩殷其靁、黃鳥、四牡傳皆曰、處、居也、與上文凥處也正相轉注、許君不用之者、蓋毛傳居字、皆居蹲也之居也、惟江有汜、毛傳竝云、處、止也、是許君所本、從夂得几而止。昌與切、

處 処或從虍聲。處當作処、

文四　重二

且 薦也。且當是俎之古文、故從几、乃俎下別爲說解者、此如豆部梪字、亦別爲說解也、薦、藉也、丌部云、薦物之丌、是也、從几、足有二橫。橫同桄、詩閟宮、籩豆大房、箋、大房、玉飾俎也、其制、足閒有橫、下有跗、似乎堂後有房然、案橫又謂之距、明堂位、俎、有虞氏以梡、夏后氏以嶡、殷以椇、周以房俎、注、嶡之言蹷也、謂中足爲橫距之象、周禮謂之距、案少牢饋食禮、腸三胃三長皆及俎距、是儀禮亦謂之距、一其下地也。依閟宮箋、則一其跗也、子余切、又千也切、凡且之屬皆從且。

且 古文㠯爲且、又㠯爲几字。玉篇作且、

俎 禮俎也。此區別之詞也、且所以薦、又用爲几字、亦所以薦體、則祭器之俎亦在其中矣、而經言祭器者、皆作俎、不作且、以其皮祭肉而從半肉、別作此專字也、故曰禮俎、言不爲常器之通名也、左隱五年傳、鳥獸之肉、不登於俎、則君不射、注、俎、祭宗廟器、從半肉在且上。段氏曰、魯頌傳曰、大房、半體之俎也、按半體之俎者、少牢禮、上利升羊載右胖、下利升豕右胖、載于俎、是也、筠案許說疑篆本作⿱肉且、如今篆、則肉不在且上、似後人移使平列也、側呂切、

fǔ 斧　zù 𠭴　jīn 斤　qiāng 斨　zhuó 斫　qú 斪　zhú 斸　zhuó 斲　yǐn 釿

𠭴且往也。詩、且往覬乎、辵部退、往也、籀文從虘、檀弓說祖奠云、夫祖者且也、從且𠭴聲。昨誤切

文三　重一

斤斫木也。元應兩引斫木也、李注長笛賦引同、小徐作斫木斧也、字鑑引同、筠案本作斫也、或據下文斫擊也、謂是動字、乃以意增木字、又有覺其不通者、乃增斧字、然斧篆下固云斫也、則未增者也、斤之刃横、斧之刃縱、其用与鋤钁相似、不与刀鋸相似、故云斫也、元應引賈逵國語注、斤、钁也、象形。舉欣切凡斤之屬皆從斤。

斧斫也。辥翊異物志、江東呼斧斤爲錯、桂氏曰、錯斫聲之轉、從斤父聲。方矩切

斨方銎斧也。破斧傳曰、隋銎曰斧、七月傳曰、斨、方銎也、鶡冠子世兵篇、楕枋一術、奚足以游、陸佃注、楕讀如隋銎之隋、枋讀如方銎之方、從斤爿聲。七羊切詩曰又缺我斨。豳風破斧文、

斫擊也。上下文說解中斫字、皆靜字、及其說斫字也、乃以爲動字、何也、葢刀自成爲刀、不爲矛戟之通名、斫亦自成爲斫、而又爲斤斧之通名、刀之用有切割、諸名、斫之用則仍名爲斫、故其序字也、在斧斨之下、斪斸之上、不在後文動字中、卽足見其爲器名矣、

說文句讀　卷二十七　七百八十八　、○析四　卅三

從斤石聲。之若切

斪斫也。玉篇、斪、鉏屬、釋器、斪斸謂之定、考工記注、引作句欘、句者斪之省、欘與斸同字、乃合二名爲一語、許則析言之、見其本是兩名也、從斤句聲。其俱切

斸斫也。与木部欘同字、山海經、縣斸之山、注云、音如斤斸之斸、國語、惡金以鑄鉏夷斤欘、賈注、斤、钁也、金部钁、大鉏也、案斤斸斤欘、皆連言之、猶之連言斪斸矣、廣韻斸与钃同、荀子榮辱篇、所謂以狐父之戈钃牛矢也、注、或讀钃爲斫、案此則借钃爲動字、猶之借斫爲動字矣、從斤屬聲。陟玉切

斲斫也。左成二年傳、賂之以執斲、注、執斲、匠人、案斲可執、則亦器名也、而尚書梓材、旣勤樸斲、楚詞九歌、斲冰兮積雪、皆用爲動字、從斤㽙聲。竹角切、案鬭從斲聲、足徵斲之從㽙聲、景福殿賦、以斲与趣附、注爲韻、注引說文曰、斲、竹句切、所引葢音隱之文、

𣃔斲或從畫從丮。段氏嚴氏皆曰、當依玉篇作𣃔、從丮畫聲、案丮部又收之、仍作𣃔、或後增邪、抑謂以墨畫之而後斲、本是會意字邪、元應以𣃔爲古文、

釿劑斷也。小徐无斷字、元應引同、又申之曰、劑、剪刀也、子隨反、玉篇廣韻皆云、劑也、案釋言、劑、翦齊也、注、南方人呼翦刀爲劑刀、此卽元應所本也、然則釿者剪刀之別名、從斤金。宜引切、不收之、金部說之曰從

suǒ 所　sī 斯　zhuó 斮　duàn 斷　luǒ 𣂪　xīn 新　yín 斦

金斤聲者、以其用與斫類也、惟鈇亦斫類、則非金部無可入矣、

所伐木聲也。顏注急就篇、所所、斫木聲也、從斤戶聲。疏舉切詩曰伐木所所。小雅伐木文、今作許許、許音所、亦從戶聲、漢書疏廣傳、數問其家金餘尚有幾所、顏注、幾所猶言幾許、

斯析也。吕覽報更篇、趙宣孟見桑下餓人、与之脯一胊、曰、斯食之、注、斯、析也、字或作廝、公羊傳、廝役扈養、史記張耳傳、廝養卒、漢書、斯輿之卒、韋昭曰、析薪曰斯、炊烹曰養、從斤其聲。息移切詩曰斧以斯之。陳風墓門文、

斮斬也。字林同、楚詞、羌兩足以畢斮、從斤昔聲。側略切

斷截也。轉注、從斤從㡭。徒玩切㡭古文絕。

𠮉古文斷從皀。皀古文叀字。周書曰、𠮉𠮉猗無佗技。秦誓文、今同小篆、佗當作它、鄭注大學、斷斷、誠一之貌、

㫁亦古文斷。

𣂪柯擊也。柯、廣韻作相、集韻類篇𣂪下云、𣂪斫、掣也、掣似擊之譌、𣂪斫疊韻、或說文本云、𣂪、柯擊也、今挩一字乎、從斤良聲。來可切

新取木也。薪者新之絫增字、詩七月、采荼薪樗、固以薪爲動字也、從斤亲聲。息鄰切

斦二斤也。闕。凡疊二成文、而說解卽以字形爲之義者、例皆云闕、大徐增從二斤、不知而作也、語斤切

說文句讀　卷二十七　七百　、○析四十一　卅四

文十五　重三

dǒu 斗　hú 斛　jiǎ 斝　liào 料

斗十升也。象形。依廣韻引乙轉、古斗有柄、故北斗、南斗、天市垣中斗、柄雖一二三不等、無不有也、特言之者、葢今斗無柄、自漢而然、當口切、凡斗之屬皆從斗。

斛十斗也。見聘禮記、漢書律歷志、量者、躍於龠、合於合、登於升、聚於斗、角於斛、從斗角聲。律歷志、斛者、角斗平多少之量也、案此借角爲斛也、月令、角斗甬、胡谷切、

斝玉爵也。夏曰醆、殷曰斝、周曰爵。三句見詩行葦、洗爵奠斝、毛傳、醆、大徐作琖、說文竝無、嚴氏曰、周禮量人注、引明堂位、夏后氏以琖、釋文、琖、劉本作湔、知古借湔字爲之、從斗。詩、酌以大斗、冂象形。與爵同意。爵下云、取其鳴節節足足也、吅與之同意、黃長睿曰、斝比爵但無咮尾、夏官量人注、先鄭云、斝讀如嫁、要之嫁、後鄭云、讀如嘏尸之嘏、古雅切、或說斝受六升。御覽引十六升、十字衍文、

料量也。史記孔子世家、嘗爲季氏吏、料量平、從米在斗中。讀若遼。洛蕭切

tiāo ⿰庣斗　dòu 斣　pāng ⿰旁斗　juàn ⿰䜌斗　bàn 料　jū ⿰㬰斗　xié 斜　zhēn 斟　jiào 斠　kuí 魁　wò 斡　yǔ 斞

斞 量也。量去聲通作庾庾有二法廣雅鍾十曰斞此大數也考工記陶人庾實二觳豆實三而成觳此小數也。從斗。臾聲。以主切。周禮曰。桼三斞。依集韻類篇引改考工記弓人文鄭注斞輕重未聞則是以爲權名也許君以爲量名然引此乃別一義與上說二法均不合。斡 蠡柄也。蠡瓢也瓢柄名斡無考蓋合蓋以瓢代酒斗故從斗。從斗。倝聲。烏括切匡謬正俗云聲類字林皆音管賈誼服鳥賦斡流而遷張華勵志詩大儀斡運其義皆訓轉楚詞筦維焉繫卽借筦爲斡。揚雄杜林說皆目爲軺車輪斡。軺集韻引作輕類篇斡轂耑也案此義于從斗太遠故列爲別義。魁 羹斗也。匚部匜似羹魁春秋運斗樞北斗七星第一至第四爲魁第五至第七爲杓合爲斗。從斗。鬼聲。苦回切。斠 平斗斛量也。大徐本元應引皆無量字而依小徐者廣雅亦曰斠量也然則龠合升斗斛謂之五量而平斗斛之器亦因以得量之名也斠蓋槩之別名經典借角字爲之又用靜字爲動字也管子七法篇曰角量也亦足徵斠之名量也又通作講漢書蕭何傳講若畫一。從斗。冓聲。古岳切。斟 勺也。此用勺部挹取之義楚詞天問彭鏗斟雉帝何饗注斟酌也風俗通

說文句讀　卷二十七　七百八十七　、〇折四十四　卅五

見勺部。從斗。甚聲。職深切。斜 抒也。依廣韻引改篆文斜抒水斗也集韻捈抒也通作斜廣雅賒抒也。從斗。余聲。讀若荼。似嗟切。⿰㬰斗 挹也。廣雅⿰㬰斗抒也詩大東傳挹⿰㬰斗也士冠禮注見勺部詩賓之初筵賓載手仇箋仇讀曰⿰㬰斗。從斗。㬰聲。舉朱切。料 量物分半也。段氏曰漢書士卒食半菽孟康曰半五斗器名也王邵曰言半量器名容半升也今按半卽料也廣韻料注五升然則孟康語升謂斗王邵語斗謂升也字從半斗卽以五升釋之許意不爾。從斗。半亦聲。義聲互相備本不必言亦或許君偶然變文故依小徐。博幔切。⿰旁斗 量物溢也。從斗。旁聲。普郎切。⿰䜌斗 抒漏也。元應兩引如此三引作滿如今本知漏是者其所出佛經字曰⿰䜌斗空曰⿰䜌斗取曰⿰䜌斗水曰抒船引通俗文汲取曰⿰䜌斗自說之曰⿰䜌斗舀也卷十五舀漏下云⿰䜌斗舀也足以明之段氏引汪元亮曰今賣酒家汲酒於甕中之器名曰酒端傾入於扁篼而注于酒缾是其物也。從斗。䜌聲。俱願切。斣 相易物俱等爲斣。從斗。蜀聲。昌六切。⿰庣斗 斛旁有⿰庣斗。廣韻⿰庣斗斗旁耳或作庣漢書律歷志量者龠合升斗斛也其法用銅方尺而圜其外旁有

kài 穚

jīn 矜　zé 矠　láng 䂆　máo 矛　shēng 升

庣焉鄭氏曰庣過也算方一尺所受一斛過九氂五豪然後成斛顏注庣不滿之處也隋書律歷志祖沖之以圓率考之斛當徑一尺四寸三分六氂一豪九秒二忽庣旁一分九豪有奇。從斗。庣聲。說文無庣桂氏段氏皆謂當作庣段氏謂卽窕字。土雕切。一曰突也。桂氏曰突當爲宎本書宎穿也廣雅𥥛穿也。一曰⿰庣斗利也。集韻⿰庣斗与銚同鹽鐵論犀銚利鉏呂氏春秋長銚利兵。尒疋曰⿰庣斗謂之疀。釋器文今作廁右半訛左半是也篆文少點文選注引爾雅鍬謂之鍤。古田器也。甾部疀金部銚下皆云然。升 十龠也。桂氏曰當爲二十龠廣雅龠二曰合合十曰升律歷志合龠爲合十合爲升律呂新書合龠爲合合兩龠也說苑則曰千二百黍爲一龠十龠爲一合十合爲一升。從斗。亦象形。識蒸切。

文十七　案斗斛之下當繼以斞斠二字本物也斝斡魁次之酒斗羹斗也料料斜次之皆斗斛事也斟斜⿰㬰斗⿰䜌斗次之酒水事也斣泛言次之⿰庣斗者斗斛之一體升分部首爲十分終焉今本次第不合而玉篇亦無大異

矛 酋矛也。建于兵車。長二丈。見考工記然記又有夷矛先鄭以酋爲發聲鄭君曰酋夷

說文句讀　卷二十七　八百　、〇折四十一　卅六

長短名酋之言遒也酋近夷長矣案遒者迫也酋近夷長者言酋矛之長迫近于夷矛之長也許不言夷矛者蓋有闕文焉或謂兵車不建夷矛故不言非也案考工記言車有六等之數固終於酋矛常有四尺然夏官司兵建車之五兵先鄭曰五兵者戈殳戟酋矛夷矛案有夷矛而後成爲五設去夷矛而增弓矢以爲五則不得言建也清人箋云二矛酋矛夷矛也魯頌二矛重弓箋云備折壞也不言酋矛夷矛亦謂已見清人也而正義据考工記攻國之兵用短守國之兵用長謂清人是夷矛閟宮是酋矛已不必然況許君說字不當舉一而廢一也。象形。案𠰭當是古文矛從古文之象𢦏當在𠰭後糸部穚之古文從𠰭省三點耳。莫浮切。凡矛之屬皆從矛。𢦏 古文矛從戈。桂氏曰字林矛有二橫曰戟穚是矛亦橫出刃者故從戈戈者句兵也陳氏禮書曰自考工言之則爲刺兵自說文言之則爲句兵蓋矛之爲器上銳而旁句上銳所以象物生之芒旁句所以象物生之句。䂆 矛屬也。廣韻曰短矛。從矛。良聲。魯當切。穚 矛屬。廣雅䂆穚也。從矛。害聲。苦蓋切。矠 矛屬也。從矛。昔聲。讀若笮。士革切魯語矠魚鼈本書作𥳺。矜 矛柄也。方言矛其柄謂之矜注今

字作矡。方言又曰：矜謂之杖。注：矛戟矡，即杖也。從矛今聲。居陵切，又巨巾切。段氏、桂氏、嚴氏並從令。嚴氏曰：華嚴音義引說文字統：矜，怜也。皆從矛令。若從今者，矛柄也。玉篇二字皆從矛令，無矛今者也。如慧苑說，則舊玉篇有矜無矜，舊說文有矜復有矜。兄部兢讀若矜，是矜字。𠂤部𡹎讀若矜，當作矜。詩居以凶矜、何人不矜、寧不我矜，從令乃協韻，從今不協韻。說文無怜字，據慧苑先引毛傳矜憐也，知怜即憐。然訓憐之字何緣從矛？惟依詩協韻改矜篆爲矜，或可耳。

䂇 刺也。廣雅同。考工記廬人：凡爲酋矛，三分其晉圍，去一以爲刺圍。先鄭云：刺謂矛刃胷也。從矛丑聲。女久切。

文六　重一

車 輿輪之總名也。篆之中央其輿也，兩一其輪也，丨則屬乎輪之軸也。大車用轅，小車用輈，其制不一。且今日河南尚多無轅車。夏后時奚仲所造。尸子、墨子、淮南、呂覽皆云然。然易大傳言服牛乘馬，引重致遠，屬之黃帝、堯、舜，雖不言車，而言引重，即是車矣。鄭氏六藝論：黃帝佐官有七人，奚仲造車。然則黃帝時自有奚仲，夏后氏之車正与之同名耳。荀子解蔽篇：奚仲作車。注：奚仲，夏禹時車正。黃帝時已有車服，故謂之軒轅。此云奚仲者，亦改制耳。象形。鐘鼎車字屢見，是小篆本之古文。尺遮切。凡車之屬皆從車。

𨏖 籀文車。此蓋傳譌。商辝父癸卣作𨏖，周吳彝作𨏖，皆有輪輈衡及駕馬之形。今斷其輈衡及兩馬而爲戔，非義所安。

軒 曲輈藩車也。元應引同。漢書景帝紀注據許慎、李登說：轓，車之蔽也。又引左傳以藩載欒盈。然則說文本有轓字，以爲車蔽之專字，左傳之藩則古文叚借字也。云曲輈者，言曲輈而有箱者謂之軒也。後漢輿服志注：車有轓者謂之軒。詩韓奕：簟茀錯衡。箋：簟茀，漆簟以爲車蔽，今之藩也。從車干聲。虛言切。

輜 軿。句衣車也。前後有蔽。定九年左傳正義引如此。釋文但引衣車也。宣十二年正義引：輜，一名軿，前後蔽也。皆摘引之，故不同。嚴氏曰：輜與軿皆衣車，屬衣車前戶，輜旁戶。輜載重，軿載輕。戶部房，輜車旁推戶也。釋名云：衣車，前戶。又云：輜車，載輜重，臥息其中之車。軿車，四面屏蔽。輜軿之形同，有邸曰輜，無邸曰軿。宋書禮志五引字林：軿車有衣蔽，無後轅，其有後轅者謂之輜。後轅即釋名之邸矣。從車甾聲。側持切。

軿 輜車也。集韻、韻會引作輕車也。後漢袁紹傳注引作衣車也。

案蒼頡篇同。重曰輜。輕曰軿。依韻會引補。輜下渾言之，此則別同中之異也。釋名：軿，屏也，四面屏蔽。春官車僕掌苹車之萃。注：苹猶屏也，所用對敵自蔽隱之車也。杜子春云：苹車當爲軿車，是也。從車并聲。薄丁切。

輼 臥車也。楚漢春秋：淮陰武王反，上自擊之，上體不安，臥輼車中。通作溫。史記齊世家：桓公之中鉤，佯死以誤管仲，已而載溫車中馳行。從車𥁕聲。烏魂切。

輬 臥車也。史記：始皇崩於沙丘，棺載輼涼車中。漢書霍光傳：載光屍柩以輼輬車。孟康曰：如衣車，有窗牖，閉之則溫，開之則涼，故名之輼輬車也。顏注：輼輬本安車，可以臥息，後因載喪，飾以柳翣，故遂爲喪車耳。輼者密閉，輬者旁開窗牖，各別一乘，隨事爲名。後人既專以載喪，又去其一，總爲藩飾，而合二名呼之耳。從車京聲。呂張切。

軺 小車也。史記季布傳：軺車。索隱曰：案謂輕車，一馬車也。曲禮：乘安車。注：安車，坐乘，若今小車也。從車召聲。以招切。

輕 輕車也。埤蒼：輕車，轅兩尾。桂氏曰：其用有二。楚詞九辯：前輕輬之鏘鏘兮。招魂：軒輬既低。注：軒輬，皆輕車名也。此言坐乘輕小之車也。春官車僕掌輕車之萃。注：輕車，所用馳敵致師之車也。孫子作戰篇：馳車千乘，革車千乘。注：馳車，輕車也。革車，重車也。此言軍旅之輕車也。筠案：東觀漢紀：段熲徵還京師，乘輕車，介士鼓吹。是知本是兵車，後用爲乘車，以始見周禮知之。從車巠聲。去盈切。

輶 輕車也。從車酋聲。以周切。詩曰：輶車鑾鑣。秦風小戎文。鑾作鸞。傳：輶，輕也。

輣 樓車也。依後漢光武紀注引改。陳書高祖紀：萬弩齊張，高輣之所非敵。史記衡山王傳注：徐廣曰：輣車，戟車也。左宣十五年傳：登諸樓車。注：樓車，車上望櫓。漢書敘傳注：鄧展曰：輣，兵車名也。從車朋聲。薄庚切。

軘 兵車也。左傳宣十二年、襄十一年皆有之。從車屯聲。徒魂切。

䡴 陷敶車也。古作衝。詩皇矣：與爾臨衝。傳：衝，衝車也。疏：衝者，從旁衝突之稱。兵書有作衝車之法，墨子有備衝之篇。釋文：說文作䡴，云陷陣車也。從車童聲。尺容切。

轈 兵車高如巢。依左傳釋文所引。字林同。玉篇、廣韻亦作若巢，但無高字耳。㠯望敵也。衛公兵法：以八輪車上樹高竿，竿上安轆轤，以繩挽板屋上竿首，以窺城中。亦謂之巢車，如鳥之巢，即今之板屋也。從車巢聲。鉏交切。春秋傳曰：楚子登轈車。成十六年文，今作巢。然當是古本。轈當是後起之專字也。

輿 車輿也。考工記：輿人爲車。注：輿人專作輿，而言爲車者

jué 較　lù 輅　shì 軾　fàn 軓　màn 幔　jí 輯

車以輿爲主也。顔注急就篇著輪曰車，無輪曰輿。從車舁聲。以諸切。亦作轝。一曰車無輪曰輿。依元應引補。案無輪則人舁之矣，故從舁。又元應引云：車輿也，亦總稱車曰輿。一曰車無輪曰輿。卷十四如此。卷六引無亦總句，且不似許君語例，故不補。然易說卦坤爲大輿，又大車以載，子夏、蜀才作大轝，是總稱也。

輯　車輿也。桂氏曰：列子湯問篇齊輯乎轡銜之際，注云：說文云：輯，車輿也。此言造父善御，得車輿之齊整在於轡銜之際。殷敬順釋文及荀子注所引竝同。王君念孫曰：輿者，軫、輢、軹、轛之總名，輯衆材而爲之，故謂之輿。輿與輯同義，故輿或謂之輯。說文輿、輯二字相承，良有以也。今本作車和輯也，則與輿字意不相屬矣。段氏曰：大元礥上九崇崇高山，下有川波，其人有輯航，可與過。測曰：高山大川，不輯航不克也。此輯謂輿。從車咠聲。秦入切。

幔　衣車蓋也。巾部：幔，幕也。則与幔之用同。拾遺記周穆王有鸞章錦幔，或卽幔也。從車曼聲。莫半切。

軓　車軾前也。周禮大馭祭軓，輢人軓前十尺，少儀祭左右軌范，杜子春、先後鄭皆曰：謂軾前也。詩小戎陰靷鋈續，傳：陰，揜軓也。從車凡聲。音範。大馭鄭注：故書軓爲範。輢人注：書或爲軋。周禮曰：立當前軓。大行人文，今作疾。論語疏引大行人注：侯伯立當前侯。胡下、詩蓼蕭疏亦引作前侯，自唐石經以下譌爲疾。

軾　車前也。徐野民輿服志：軾，車前隱膝也。從車式聲。釋名：軾，式也，所伏以式所敬者也。案論語、考工作式，乃古文叚借字；左傳作軾，後起之專字。賞職切。

輅　車軨前橫木也。既夕禮賓奉幣當前輅致命，注：輅，轅縛，所以屬靷。疏謂以木縛於轅上，以屬靷而輓之。淮南兵略訓百姓之隨逮肆刑、挽輅首路死者，一旦不知千萬之數，注：輅，輓輦橫木也。漢書婁敬傳敬脫輓委輅，蘇林曰：輅音凍洛之洛，一木橫遮車前，二人輓之，一人推之。桂氏曰：按既夕注言設前後輅，又有後轅，是知有推之者。字或作䡾。字書：輅，胡格反，輓車當胷橫木也。從車各聲。洛故切。段氏曰：當依蘇林、孟康、廣韻音胡格反，近代用輅爲路車字。

較　車輢上曲銅鉤也。鉤依嚴氏所引羣書補。玉篇較与較同。古今注：重耳，古重較也，文官青耳，武官赤耳。或曰重較在車藩上，重起如牛角，故云重較耳。詩淇澳猗重較兮，傳：重較，卿士之車。考工記輿人爲車，以其隧之半爲之較崇，注：較，兩輢上出式者。後漢書輿服志注：說文曰：橫，文畫蕃。蕃，箱也。通俗文曰：車箱爲較。詩詁：車廣六尺四寸，深四尺，軾去輿高三尺三寸，較去軾又二尺二寸，較軾通高五尺五寸。段氏曰：較高於軾，高處正方有隅，故謂之較。較之言角也。故許云

sè 轖　chūn 輴　zhé 輒　yǐ 輢　zhuì 轛　fǎn 軬

車上曲鉤，言句中鉤也。其飾則崔豹云文官青耳，武官赤耳；西京賦云戴翠帽，倚金較；荀卿及史記禮書云彌龍以養威，彌，許書作靡，解云乘輿金耳也。皆謂較爲龍形，而飾以金。司馬氏輿服志乘輿金薄繆龍爲輿倚較，是其義也。從車爻聲。古岳切。積古齋吳彝作𨏥，亦足爲籀文車證。

軬　車耳反出也。反出，故用曲鉤。廣雅：轓謂之軬。漢書景帝紀令長吏二千石車朱兩轓，千石至六百石朱左轓，應劭曰：車耳反出，所以爲之藩屏，翳塵泥也。如淳曰：轓音反。小車兩屏也。漢官儀引里語仕宦不止車生耳，漢鏡銘作吏高遷車生耳。從車反聲。義聲互相備。府遠切。

轛　車橫軨也。從車對聲。鄭君曰：轛者，以其鄉人爲名。追萃切。周禮曰：參分軹圍，去一以爲轛圍。考工記輿人文。注：轛，式之植者衡者也。鄭司農云：轛謂車輿軨立者也，立者爲轛，橫者爲軹，書轛或爲輴。段氏曰：許君軹下云車輪小穿，不言別義，而此引三分軹圍之文，令學者疑焉，其疏也。

輢　車旁也。鄭注考工記戈殳戟矛皆插車輢，趙策臣恐秦折王之輢也，鮑注：輢，一作輢，車旁也。段氏曰：前者對之，故曰轛；旁者倚之，故曰輢。輢之上曰較。從車奇聲。於綺切。

輒　車兩輢也。不直言輢也者，由從耴取義也。耴，耳下垂也。耳必兩。從車耴聲。陟葉切。

輴　車約輴也。段氏曰：巾車職云孤乘夏篆，大鄭曰：夏，赤也。夏篆，轂有約也。康成謂夏篆，五采畫轂約也。玉裁謂鄭說夏篆卽詩之約軝，毛公所謂長轂之軝朱而約之也。但許君篆作輴，以約輴系之輿，下文以約軝系之轂，与二鄭迥異。依許意，葢謂轛、輢、軨等皆有物纏束之，謂之約輴。筠案：段氏以約輴爲曡字，葢是猶曰車約謂之輴耳。玉篇之約輴，廣韻皆無此義，葢亦不能知也。又木部欙下引虞書澤行乘輴，書傳作泥乘輴，廣韻輴同輴，本文亦不及此義。從車川聲。敕倫切。周禮曰：孤乘夏輴。春官巾車文。注：故書夏篆爲夏緣。鄭司農云：緣，緣色。或曰夏篆。案此則古本原不一也。考工記輪人陳篆必正，注：篆，轂約也。鄭未言故書有異，然則注巾車卽据此文也。一曰下棺車曰輴。玉篇同。檀弓菆塗龍輴，注：輴車載柩，而畫龍爲輴，故曰龍輴。案士喪禮注：士用輁軸，大夫諸侯以上有四周，謂之輴，天子畫之以龍。然則畫龍固不達于下，而車約輴固畫也，其名或由此起。

轖　車籍交革也。依七發李注引改。玉篇、廣韻引字書、顔注急就篇竝同。段氏改藉爲籍，而曰：攷工記棧車欲弇，注曰：爲其無革輓，不堅，易坼壞也。飾車欲侈，注曰：飾車，革輓輿也。大夫以上革輓輿。巾車職士乘棧車，注曰：棧車不革輓而漆之。王之玉路、金路、象

róu 輮　fù 輹　zhóu 軸　mǐn 𨏥　bú 轐　zhěn 軫　yǐn 輑　líng 軨

路皆以革鞔而有金玉象之飾因有金玉象之名革路鞔之以革而漆之無他飾故稱革路木路不鞔以革漆之而已故稱木路凡革鞔謂之轖故急就篇曰革轖髤漆油黑蒼。從車嗇聲。所力切。

軨　車轖閒橫木也。上文轖車橫軨也木部橫闌木也玉篇軨車闌也顏注急就篇軨車前曲欄也案植者謂之軹軨橫交於軹故謂之橫木楚詞九辯倚結軨兮長太息涕潺湲兮下霑軾從車令聲。郎丁切。

𨍭　司馬相如說軨從靁。

輑　軺車前橫木也。集韻引無軺字從車君聲。讀若帬。又讀若褌。牛尹切。

軫　車後橫木也。鄭注考工記兩見顏注急就篇竝同詩小戎傳收軫也疏以爲前後兩端之橫木戴侗曰軫輿下四面木匡合成輿者也考工記曰軫之方也以象地也又曰六尺有六寸之輪軹崇三尺有三寸也加軫與轐焉四尺也又曰輪人爲蓋弓四尺謂之庇軫按軫乃四面木獨以爲輿後橫木者非也使軫獨爲輿後橫木則不得言方以象地且軫之兩旁木加于軸故曰加軫與轐爲四尺若輿後橫木安能加軸轐之上乎且庇軫庇輿庇軹皆指左右兩旁而言非指輿後而言況記言五分其軸閒以其一爲之軸圍若獨爲輿後橫木則不得言閒矣從車㐱聲。之忍切。

轐　車伏兔也。考工記輈人自伏兔不至軓七寸又曰十分其輈之長以其一爲之當兔之圍注輈當伏兔者也從車菐聲。博木切。周禮曰加軫與轐焉。考工記文先鄭云轐謂伏兔也左傳正義云子夏易傳轐車下伏兔也今人謂之車屐易小畜輿說輹鄭作轐案此以其用之同遂通其名耳其實小車用轐故許說用輈人之伏兔大車用輹易大壯曰壯于大輿之輹許說輹亦不曰轐也

𨏥　車伏兔下革也。与革部鞼同義廣韻轒車鞁兔下軛也從車𡚁聲。𡚁古昏字乃是䌸文婚字讀若閔。眉殞切。

軸　持輪也。顏注急就篇軸所以穿轂而轉也釋名軸抽也入轂中可抽出也從車由聲。直六切。

輹　車下縛也。依韻會引改馬融說易同釋名輹伏也伏于軸上也又云縛在車下與輿相連縛也案縛蓋卽革部之轉從車复聲。芳六切。易曰輿脫輹。小畜輿說輻釋文本亦作輹馬云車下縛也鄭云伏菟正義引鄭注曰謂輿下縛木與軸相連鉤心之木是也大畜亦曰輿說輹足徵小畜之訛

輮　車輞也。輞當作網木部㭊木可作大車輮火部爣火㸆車網絕也考工記輪人牙也者以爲固抱也先鄭云牙謂輪輮也世閒或謂之罔書或作輮是知牙与輮爲古名罔爲漢名車人又謂之渠釋木釋文引字林輞輮也輮音渠然則字林始有專字也。從車柔聲。亦省作柔鹽鐵論古者椎車無柔人九切。

𨎮　車輮規也。段氏曰此作輮之范也大戴禮勸學篇木直而中繩輮而爲輪其曲中規枯暴不復挺者輮使之然也集韻𨎮䡝規車輞則也案考工記曰規之以眂其圜与𨎮字義合又曰萬之以眂其匡注曰等爲萬蔞以運輪上輪中萬蔞則不匡刺案此謂取其平正耳集韻杜撰非也。一曰一輪車。從車熒省聲。讀若熒。渠營切。

輪　有輻曰輪。無輻曰輇。鄭君注旣夕記雜記兩引此文案有輻者今之活頭車也無輻者今之夯頭車也夯頭車能任重故鄭注士喪禮以輇爲載柩車也從車侖聲。力屯切。

轂　輻所湊也。老子三十輻共一轂從車𣪊聲。古祿切。

輥　轂齊等皃也。從車昆聲。古本切。周禮曰望其轂欲其輥。考工記輪人文彼作眼注眼出大貌也先鄭云眼讀如限切之限釋文眼限竝音魚懇反

軝　長轂之軝也以朱約之。廣雅軝謂之轂注篆轂約也蓋以皮纏之而上加以朱漆也從車氏聲。渠支切。詩曰約軝錯衡。小雅采芑商頌烈祖竝有此文

𨊻　軝或從革。戴東原曰考工記幬必負榦鄭注幬負榦者革轂相應無贏不足軝卽記之幬革朱其革以幬其榦故曰朱而約之惟長轂盡飾若大車短轂則無飾故曰長轂之軝

軹　車輪小穿也。考工記輪人爲輪五分其轂之長去二以爲賢去三以爲軹先鄭云賢大穿軹小穿詩詁車軸之耑毌轂者名爲轊轂末之小穿容轊者名爲軹從車只聲。諸氏切。

軎　車軸耑也。方言車轊齊謂之轊注車軸頭也從車象軎之形。〇象軸頭正圓形于濊杜林說。轂轄也。依御覽引補轄當作錯見金部詞亦未備錯冒於轊非轊謂之錯且下文自有轄也

轊　軎或從彗。又作轉見漢書司馬相如傳

輻　輪轑也。詩員于爾輻箋輻謂輪中木之直指者下有菑以指輞上有爪以湊轂從車畐聲。方六切。

轑　蓋弓也。釋名轑蓋叉也如屋構橑也考工記蓋弓二十有八一曰輻也。從車尞聲。盧皓切。

軑　車輨也。方言輨軑鍊鏅關之東西曰輨南楚曰軑趙魏之閒曰鍊鏅從車大聲。特計切。

輨　轂耑沓也。

qióng 𨎮　lún 輪　gǔ 轂　gǔn 輥　qí 軝　zhǐ 軹　wèi 軎　fú 輻　lǎo 轑　dì 軑　guǎn 輨

yuán 轅　zhōu 輈　jú 暈　yuè 軏　è 軶　hún 輝　qú 軥

沓，小徐作鍣，沓乃省借字。顏注急就篇：輨，轂端之錔也。從車官聲。古滿切。

轅　輈也。鄭注考工記曰：輈，車轅也。廣雅：轅謂之輈。皆以用之同而通其名也。然轅直而輈曲，轅兩而輈一，轅施之大車以駕牛，輈施之小車以駕馬，固不同也。且軫軝轐轑輪軨輗軏，許君皆不合之，獨于轅輈轉注，亦不可解。從車袁聲。雨元切。

輈　轅也。從車舟聲。張流切。

䡇　籀文輈。

暈　直轅車轒也。廣韻引也上有縛字，玉篇亦曰直轅縛也，皆不思之誤。革部轐或作轒，云車衡三束也。曲轅轒縛，直轅暈縛。於彼已明，故於此云直轅車之轒，則謂之暈，猶云曲轅車之暈，則謂之轒耳。乃交互以明之，非有挩文誤宋。從車具聲。居玉切。

軏　車轅耑持衡者。桂氏曰：字或作軏。論語：大車無輗，小車無軏，其何以行之哉。包注：輗者，轅端橫木以縛軛；軏者，轅端上曲鉤衡。戴君震非之曰：韓非外儲說：墨子曰，吾不知爲車輗者巧也，用咫尺之木，不費一朝之事，而引三十石之任。案：大車鬲以駕牛，小車衡以駕馬，其關鍵則名輗軏。轅所以引車，必施輗軏然後行。信之在人，亦交接相持之關鍵，故以輗軏喻信也。包氏以蹄丈之輈、六尺之鬲，而當咫尺之輗軏，疏矣。馥按：鄭注論語：軏因轅耑著之。筠案：本篆說解與輗下全同，乃彼言大車，此不言小車者，蓋乘車、田車、兵車，皆謂之小車。此尊者所乘，故列之于前。自軒至轈，皆車之名目，而軺下獨云小車者，此小車之小者也。自輿至輈，皆車之一物；自衡至輨，皆車之一事。雖其物其事，有小車所專者，亦有兩車所兼者，以貴統賤，皆但言車也。自軨至輂，皆大車矣。自輂至輓，或不用馬牛，或字不吉祥，或名出假借，皆雜廁部末，此其次第也。惟轒轅皆大車之物，跳在小車物中；輂是小車之物，跳在事中；轉輪二字皆大車事，輂又是小車事，皆失次耳。從車元聲。魚厥切。

軶　轅前也。謂轅端壓牛馬領者也。依元應引補。蓋庾注也。包注論語：衡，軶也。是謂一物兩名也。說苑：孫叔敖相楚三年，不知軶在衡後。顏注急就篇：軶在衡上。皆似誤。考工記輈人：衡任。注：衡任，謂兩軶之間也。疏：服馬有二，一馬有一軶。軶者，尼馬領，不得出也。韓詩外傳：百里奚爲一軶車，見秦穆公。此則一服馬者也。從車戹聲。於革切。

輝　軶軥也。桂氏曰：木部楎，犂上曲木，犂轅。輝亦曲木也。從車軍聲。乎昆切。

軥　軶下曲者。左襄十四年傳：射兩軥而還。服注：軥，車軶也，兩軶叉馬頸者。杜注：軥，車軶卷者。詩韓奕傳云：厄，烏蠋也。爾雅：蚅，烏蠋。蓋軥象蠋形，故以名之。又謂之烏啄。釋名：烏啄，向下叉馬頸，似烏開口向下啄物時也。亦借朐爲之，

yǐ 轙　fǔ 輔　nà 軜　juàn 衛　chéng 䡕　zài 載

左昭二十六年傳：繇朐汰輈。服注：朐，車軶兩邊叉馬頸者。釋文：朐本又作軥。從車句聲。古候切。玉篇：渠拘、公矦、公豆三切。

轙　車衡載轡者。段氏曰：釋器曰：載轡謂之轙。郭注：車軶上環，轡所貫也。四馬八轡，除驂馬內轡納于軾前之觼，在手者惟六轡。驂馬外轡，復有游環以與服馬四轡同入軶上大環，以便總持。大環謂之轙。從車義聲。魚綺切。

钀　轙或從金獻。繫傳、爾雅：鑣謂之钀。載轡謂之轙。然則钀與轙異，疑此說文本脫誤。桂氏曰：钀當爲钀之或體，後人亂之。筠案：玉篇金部：钀，魚傑切，鑣也。廣韻、集韻、韻會皆分收钀钀二字，然則自是金部字，挩誤在此耳，未可皮傅而合爲一。

輔　春秋傳曰：輔車相依。僖五年文。此二句當在甫聲下。許說挩佚之後，後人逐之。此也傳曰：諺所謂輔車相倚，脣亡齒寒。乃連用譬喻，傳又曰：不如小決使導，不如吾聞而藥之也。此與相似。自輔制失傳之後，於是注家合兩喻爲一事。淮南人間訓：夫虞之與虢，若車之有輪，輪依于車，車亦依輪。韓非十過篇：夫虞之有虢也，如車之有輔，輔依車，車亦依輔。呂覽權勳篇：虞之與虢也，若車之有輔也，車依輔，輔亦依車，虞虢之勢是也。先人有言曰：脣竭而齒寒。皆與左氏同意。而高注淮南亦曰：車牙也；輔，頰也。與杜注同誤。惟小雅正月曰：其車既載，乃棄爾輔。傳曰：大車既載，又棄其輔也。詩又曰：無棄爾輔，員于爾輻。傳曰：員，益也。疏云：大車，牛車也。爲車不言作輔，此云棄輔，則輔是可解脫之物，蓋如今人縛杖於輻以防輔車也。筠案：今人以小車載大石者，兩輻之間加一木拄其轂與牙，而繩縛於輻以爲固，蓋其遺象。從車甫聲。扶雨切。人頰車也。此後人据杜注增，不知面部自有酺字也。大徐遂此篆於部末，又刪春秋傳曰二句，而以此句代之，遂若輔之從車，乃從其叚借之義者。此粗心而又不能闕疑也。

軜　驂馬內轡繫軾前者。大戴禮盛德篇：故六官以爲轡，司會均人以爲軜。盧辯注：軜在軾前，縠六轡之餘。通作納。荀子正論篇：三公奉軶持納。注：納与軜同，謂驂馬內轡繫軾前者。從車內聲。奴荅切。詩曰：洨以觼軜。秦風小戎文。洨作鋈。箋：軜繫於軾前。

衛　車搖也。從車從行。一曰衍省聲。小徐本從車，從衍省聲。古絢切。

䡕　軺車後登也。蓋乘石之類。段氏曰：廣韻十六蒸、四十二拯皆曰：䡕，軺車後登。出字林。恐是呂氏後增之字，古車無不後登者。從車丞聲。讀若易拼馬之拼。說見手部。署陵切。

載　乘也。桀部：乘，覆也。然則許君之意主詩不輸爾載而言，謂車上之物壓覆其車也。易大車以載，則主車而言，

jūn 軍　bá 軷　fàn 範　niè 𨏥　xiá 轄　zhuǎn 轉

言乃引伸之義。從車戋聲。作代切。

軍　圜圍也。廣雅：軍，圍也。地官鄉師：大軍旅會同，正治其徒役與其輂輦。注：輂駕馬，輂人輓行，止以爲藩營。四千人爲軍。此傳寫挩誤耳，當依周禮萬有二千五百人爲軍。段氏據元應引字林如此，遂歸過於呂氏。案元應引字林云：軍，圍也。四千人爲軍，二千五百人爲師。又引字林：五百人爲旅。其說師旅固與許君同宗周禮也。從車從包省。非也。元應曰：勹車爲軍，帀自爲師，皆字意也。舉云切。軍兵車也。句似贅設。段氏改作車兵車也，亦未是。意者漢人用騎不用車，故云然邪？然漢書衞青見匈奴，以武剛車自環爲營，固亦用車也。

軷　出將有事於道，必先告其神。鄭注大馭云：詩曰：載謀載惟，取蕭祭脂，取羝以軷。詩家說曰：將出祖道，犯軷之祭也。聘禮曰：乃舍軷，飲酒于其側。禮家說亦謂道祭。案亦謂之道。曾子問：道而出，是也。風俗通：共工之子曰修，好遠遊，故祀以爲祖神。祖者，徂也。立壇四通，樹茅目依神爲軷。月令：其祀行。注：行在廟門外之西，爲軷壤，厚二寸，廣五尺。獨斷作厚二尺。左昭十八年傳：巡羣屛攝。鄭衆云：束茅以爲屛蔽，祭神之處。既祭，犯軷轢牲而行爲範軷。大馭犯軷。注：行山曰軷。犯之者，封土爲山象，以菩芻棘柏爲神主，既祭之，以車轢之而去，喻無險難也。杜子春云：軷爲祖道，轢軷磔犬也。從車犮聲。蒲撥切。詩曰：取羝以軷。大雅生民文。箋：取蕭草與祭牲之脂，爇之於行神之位，馨香既聞，取羝羊之體以祭神。

範　範軷也。從車笵省聲。大徐音犯，廣韻防錽切。讀若犯同。據大馭借犯爲範而言。

𨏥　載高皃也。載去聲。廣韻：𨏥，車載高也。段氏曰：衞風庶姜孽孽，毛云：孽孽，盛飾。韓詩作𨏥𨏥，長皃。呂覽：宋王作爲孽臺。高誘曰：孽當作𨏥。詩曰：庶姜𨏥𨏥，高長皃。然則韓爲本字，毛爲假借字。爾雅：蓁蓁、孽孽，戴也。亦載高之意也。西京賦：飛檐𨏥𨏥。從車，獻聲。五葛切。

轄　車聲也。此篆後人加也。舛部：舝，車軸耑鍵也。左昭二十五年傳：昭子賦車轄。則轄卽舝之重文。重文之在兩部者，說文甚多，而知此爲後增者，以車聲之說知之。小雅車舝傳曰：閒關，設舝也。語不了。朱子詩傳云：閒關，設舝聲也。蓋朱本毛傳原有聲字，此人以之說轄，而又遁辭於車聲舝之聲，非車之聲。又設舝聲以釋閒關，非以釋舝也。從車害聲。胡八切。一曰轄，鍵也。是說也，或增篆者支綴其詞，或校者知之而不敢刪，姑爲正之，皆不可知矣。

轉　運也。文子：轉輪而無窮，象日月之運行。公羊傳：三卜之運也。注：運，轉也。小徐本運作還，案

shū 輸　zhōu 輖　bèi 輩　yà 軋　niǎn 輾　lì 轢　guǐ 軌　zōng 𨎮　yì 軼　kēng 𨍰　zhì 𨏖　kuáng 軭　rèn 軔

還音旋。轉、運、還轉皆疊韻，而知大徐是者，下文郎輸字，知許意主轉漕而言。水部：漕，水轉穀也，是也。漢書趙充國傳：絶轉道。注：轉道，運糧之道也。從車專聲。知戀切。

輸　委輸也。漢三輔有委輸官，千乘郡有均輸官。尚書郎主錢帛貢獻委輸。後漢張純傳注：委輸，轉運也。從車俞聲。式朱切。

輖　重也。玉篇：輖，重載也。既夕禮記：志矢一乘，軒輖中。注：輖，摯也。凡爲矢，前重後輕。考工記廬人：大車之轅摯。注：摯，輖也。又云：車不反覆。注：反覆，猶軒輖。既夕釋文引字林：輖，重也。一曰摯也。從車周聲。職流切。

輩　若軍發車，百兩爲一輩也。六韜：五車一長，十車一吏，五十車一率，百車一將。從車非聲。補妹切。

軋　報也。通俗文：車轢曰軋。從車乙聲。乚燕之乚。烏轄切。

輾　轢也。集韻：報，轉輪治穀也。從車艮聲。尼展切。

轢　車所踐也。史記司馬相如傳：觀徒車之所轔轢。漢書灌夫傳：轔轢宗室。從車樂聲。歷各切。一宋本作郎擊切。

軌　車徹也。詩釋文、衆經音義皆引作轍，乃以俗字易古字，使人易曉也。漢書文帝紀：結徹於道。陳平傳：門外多長者車徹。從車九聲。居洧切。

𨎮　車迹也。古尚無蹤字，豈得有𨎮字，葢後增也。從車從省聲。詩羔羊毛傳：委蛇，行可從迹也。知蹤跡古止作從迹。卽容切。

軼　車相出也。三蒼：軼，從後出前也。從車失聲。夷質切。

𨍰　車𨍰鈏聲也。𨍰鈏於古音爲疊韻。廣韻：𨍰，車聲。衆經音義引云：𨍰，堅也。又謂𨍰搏鏗一字。蓋元應誤以𨍰輦爲一字，非本文。挩堅也一義。從車眞聲。讀若論語鏗爾舍瑟而作。說文无鏗。一曰讀若掔。苦閑切。

𨏖　抵也。小徐韻譜：𨏖，車低也。繫傳曰：潘岳曰：如𨏖如軒。軒，舉也。證知低也爲是。特說文無低，當作氐耳。雖文選潘岳射雉賦作如輊如軒，不足疑也。玉篇：𨏖與輊同。前頓曰𨏖，後頓曰軒。廣韻：𨏖與輊同，車前重也。詩六月：戎車既安，如輊如軒。傳云：輊，𨏖。從車執聲。祁刻小徐本、小徐韻譜皆作𨏖，從執聲。集韻引同。玉篇、廣韻竝同。大徐從埶，非。陟利切。

軭　車戾也。廣雅：軭，輆也。從車匡聲。亦省作匡。考工記輪人：察其菑蚤不齵，則輪雖敝不匡。又云：萬之以眡其匡也。注：輪中萬蔞，則不匡剌也。巨王切。

軔　礙車木也。依詩小旻正義引補。漢書揚雄傳：既發軔于平盈兮。服虔曰：軔，止車之木，將行故發去。從車刃聲。而振切。字林如戰反。段氏曰：按此篆大徐在輮篆之前者，輮下

chuò 輟 qǐ ⿰車多 jí 轚 shuàn ⿱𥫗⿱目⿱車廾 kě 軻 kēng ⿱殸車 rǒng 軵 quán 輇 ní 輗

輞譌作輖、遂先之以輖也。

輟 車小缺復合者也。從車叕聲。陟劣切。

⿰車多 礙也。廣雅同。從車多聲。康禮切。

轚 車轄相擊也。轄當作轊、轂梁昭八年傳、流旁握、御轚者不得入、注、流旁握、謂車兩轊頭各去門邊空握、握四寸也、轚挂則不得入門、詩車攻傳、閒容握、驅而入、轚則不得入。從車從轂。轂亦聲。古歷切。周禮曰、舟輿轚互者。秋官野廬氏文、注、舟車轚互、謂於迫險處也。

⿱𥫗⿱目⿱車廾 治車軸也。玉篇篹、篹車軸也、今俗語猶然、亦謂之鏇、玉篇鏇、圓轆轤也、車工使軸轉于刃上、不規自圓也。從車算聲。所眷切。

軻 接軸〔車〕也。小徐韻譜無車字、元應引同、增韻、軻、車接軸。從車可聲。康我切。

⿱殸車 車堅也。桂氏曰、廣雅、⿰車貞、⿱殸車也、衆經音義說文、⿰車貞、堅也、廣雅、⿰車貞⿰車貞然堅也、覆謂⿰車貞卽⿰車貞之誤、文⿰車貞乃⿱殸車之或體。從車殸聲。口莖切。

軵 反推車令有所付也。付讀爲附、麗之附、車已卸而未入庫、姑推其轅以付於宇下、不使當道礙人、云反推者、猶輂下云卻車抵堂也、繫傳引春秋後語、牽受推軵、儀不如秦也、蒼頡篇推、軵也、易乾坤鑿度、坤大軵、庖羲氏曰、坤軵於乾、案此用軵爲附也。從車從

付。讀若茸。而隴切。桂氏曰、茸、小字本徐鍇本李燾本、竝作胥、誤也、廣韻、軵、推車、或作搑、漢書馮奉世傳、再三發軵、如淳曰、軵、推也、音而隴反、淮南氾論訓、相戲以刃者、大祖軵其肘、高注、軵、擠也、軵讀近茸、急察言之、又覽冥訓、軵車奉餉、注、軵、推也、軵讀若楫拊之拊、覆謂當云讀若揖拊之揖、本書揖、推擣也。

輇 蕃車下庳輪也。桂氏曰、五經文字、輇、蜃車下卑輪也、覆案地官、蜃車、人輓之以行、凡輓車皆用輇、春官、輂車組輓、注、爲輇輪、人輓之以行、旣夕記注云、其車之蜃狀如牀、中央有轅、前後出、設前後輅、蜃上有四周、下則前後有軸、以輇爲輪、覆案前後有軸、則四輇矣、東京賦所謂重輪也、今大河南北、有無轅車、四輪、其輪無輻而庳、柩車有後轅後輅、是有人推之、雜記注、輇崇蓋半乘車之輪、正義、考工記、乘車之輪六尺有六寸、今云半之得三尺有三寸也。從車全聲。讀若饌。雜記載以輲車、注、輲讀爲輇、或作槫、周禮又有蜃車、天子以載柩、蜃輇聲相近、其制同乎、喪大記、大夫喪用輴、士葬用國車、注、輴當爲載、以輇車之輇、聲之誤也、輇字或作團、是以又誤爲國、輇車、柩車也、旣夕記、遂匠納車于階間、注、車、載柩車、周禮謂之蜃車、雜記謂之團、或作輇、或作槫、聲讀皆相附耳、未聞孰正。市緣切。一曰無輻也。謂不必是庳、但無輻卽謂之輇矣、今猶有此制。

輗 大車

kuáng 軖 wǎn 輓 niǎn 輦 chái ⿱差車 jú 輂 yuān ⿰車宛 fén 轒 zhēn 轃 dǐ 軧

轅耑持衡者也。桂氏曰、戴侗曰、轅端橫木卽衡也、輗乃持衡者、廣雅、軥謂之輗、覆案軥卽墨子所謂咫尺之木、太元閑次三、關無鍵、盜入門也、拔我輗軏、貴以信也、論語皇侃義疏、引鄭注、輗穿端著之、軏因轅端著之。從車兒聲。五雞切。

⿰車宜 輗或從宜。

棿 輗或從木。小徐本原無此二重文。

軧 大車後也。以別于小車之軫也、考工記不言軧、惟輈人曰、不援其邸、軧葢邸之專字也、集韻、軧、陳尼切、車兩尾。從車氏聲。丁禮切。

轃 大車簀也。類篇又將先切、轃、大車簀。從車秦聲。讀若臻。側詵切。

轒 淮陽名車穹隆爲轒。依集韻引補、桂氏段氏皆以葢弓說之、案方言之簹籠、釋名之強隆、固與穹隆聲近、然許曰車穹隆、不曰葢穹隆、且引淮陽之語、則是漢語也、繫傳、六韜曰、夫攻城圍邑、則有轒轀臨衝、漢書作轒轀、案攻城之車高、故得此名、且集韻引此文、倒之曰隆穹、漢書季布傳、置廣柳車中、李奇注、廣柳、大隆穹也、方言注云、今通呼車弓爲篷、案此則與今人呼車篷同意、非古之葢弓明矣、且經無轒字、恐是秦漢閒字也。從車賁聲。符分切。

⿰車宛 大車後壓也。壓、玉篇作猒、不可解、集韻引作屬、亦未詳、御覽引作掩、似掩蔽之意、或小車之第、大車謂之輐乎。從車宛聲。於云切。

輂 大車駕馬也。史記淮南厲王傳注、徐廣曰、大車駕馬曰輂、地官鄉師注、輂、駕馬、輂人輓行、所以載任器也、左襄九年傳、陳畚挶、杜注、挶、土轝、釋文作輂、九錄反。從車共聲。居玉切。

⿱差車 連車也。連車葢猶言屬車、車相連屬、有差等也、繫傳引左傳、⿱差車車絓黜、案以差車爲官名、葢職在差次衆車者也。一曰卻車抵堂爲⿱差車。東京賦、皇輿宿駕⿱差車於東階、薛注、⿱差車之言卻也、謂卻於東階下、天子未乘之時也。從車。從差省聲。讀若遟。士皆切、李善音柴。

輦 人輓車也。依元應引補、詩黍苗、我任我輦、箋、有輓輦者、釋訓、徒御不驚、輦者也、書王朝步自周、黃公紹曰、步、步輦也、謂人輓而行、不駕馬也、說詳辵部連下。從車從扶在車前引之也。扶下云、竝行也、是扶乃古件字、本文不取本義、祇是兩人耳、易林復之旅、二人輦車。力展切。

輓 人引車也。依元應引補、左襄十四年傳、或輓之、或推之、注、前牽曰輓。從車免聲。無遠切。

軖 紡車也。廣雅、軖謂之篗、集韻、軖、繀輪也。從車𡉚聲。讀若狂。巨王切。一曰一輪車也。輦下亦云、葢陽庚二部多通用、故一器而兩名。

轘　車裂人也。裂當作列、斬下同、從車睘聲。胡慣切、春秋傳曰。轘諸栗門。宣十一年文、又襄二十二年傳、轘觀起於四竟、注車裂以徇、斬　截也。以斧鉞若今要斬也、從車從斤、斬法車裂也。側減切、輀　喪車也。寡婦賦李注引作輀者、玉篇廣韻、皆輀輀同字、故羣書多譌爲輀、然李善固曰音而也、釋名輿棺之車曰輀、輀耳也、縣於左右前後、銅魚搖絞之屬、耳耳然也、從車而聲。如之切、轟　轟轟羣車聲也。依元應引補、玉篇、轟與輷同、車聲、史記蘇秦傳、輷輷殷殷、從三車。呼宏切、

文九十九　重八

𠂤　小𨸏也。𠂤小於𨸏、故字形減於𨸏、俗作堆、長安有高望堆、見潘岳西征賦、南鄭城有漢武堆、見梁州記、又作垍、益州記、青衣神號爲雲垍、班固以爲離垍、或借追、冠義、毋追、夏后氏之道也、注、毋發聲也、追猶堆也、夏后氏質、以其形名之、象形。都回切、凡𠂤之屬皆從𠂤。峊　危高也。廣韻嵲下云、嵲峊高皃、嵲峊疊韻、

說文句讀《卷二十七　四百七　八〇折二十四　三九

從𠂤屮聲。讀若臬。魚列切、官　吏。句、謂官吏同意也、事君也。吏下云治人、此云事君、互文也、吏從一、當言事君一心、可以事百君也、官從𠂤、𠂤猶衆也、當言治人、羣策羣力也、許君不然者、正互文以見意也、從宀。玉藻在官不俟屨、注官謂朝廷治事處也、許君不以此說之、而入之𠂤部者、從𠂤義難說也、從𠂤。𠂤猶衆也。此與師同意。師下云、𠂤衆意也、古丸切、

文三

說文解字句讀弟十四上　曲沃受業郭受祺校

句讀卷二十七補正

下文鋻、銅生五色也、集韻、鏉鏞、銕上衣、又曰、鏉鏽、銕上衣、銀鉛亦生衣、名則未聞、一葉後一行是其此下增此

鑲之爲言瓤也。在內之名也。三葉後三行鑄器之法也下增此

案鎔在器外、鑲在器內。兩物相須而成一型。三葉後五行鑄器之範也下增此

夏官司弓矢、大射共幷夾、注、幷夾、矢箙也、射人矢在侯高、則以幷夾取之、注、幷夾、鍼箭具、案幷夾與鋏、雖是兩物、而其用相似、其名亦相似、即下文之銕鋏也、三葉後六行夾聲下增此注

案鑄而成者、今謂之生銅生鐵、鍛而成者、今謂之熟銅熟鐵、三葉後八行鍛釰戟以爲農器下增此

案許君說鑑、既曰可以取明水於月、則其說鑑也、亦當云可㠯取明火於日、蓋傳寫挩之、五葉前一行陽遂也下增此

。案銖以下五字皆屬權。而獨於銖言權者。漢律歷志曰、權者、始於銖、兩於兩、明於斤、鈞於鈞、終於石、兩斤石等字皆不在本部、而銖又居五權之首、故目之以權。即人類推之也。志曰明於斤者、爾雅曰、斤斤明明、察也、是斤本有明義、十一葉後一行而已也下增此

案此說、於義則是、於文則非、銑去之、即是斷去之也、況本句上言防下言銑。正釋所以名爲防銑之故。何可改之。不獨刉音膾、與銑不同音也、十七葉後一行刉斷也下增此

當云從鸞省亦聲、十七葉後七行從鸞眉聲下增此注

謂㓞束也、但此㓞以外內言、如束涇薪不留餘地也、上文鉗下云㓞束、則以彼此言之、如鍋破器、不使脫離也十八葉前十行讀若㓞下增此注

縪略引說文。門扇鐶謂之鋪首。說文無鐶。當作環。且當云門扇銜環。十九葉前五行著門鋪首也下增此注

申培公詩說、酌作勺、二十一葉後二行盎即周頌之酌下增此

謂掌距其足也、二十二葉後四行又謂之距下增此

家之古讀如姑、從叚之古讀則如姑如胡、不一律、要皆疊韻字也、後鄭必破先鄭、豈是塙讀、家已變爲今音乎、抑讀椵變爲今音乎、二十四葉後九行讀如椵尸之椵下增此

輣兵車也。玉篇廣韻竝同、鄧展注漢書亦同、史記衡山王傳徐廣注曰、戟車也、戟亦兵也、蓋以下四篆皆兵車、以此領之。雖漢光武紀曰、衝輣臨城、章懷注引說文曰、輣、樓車也、似不同者、然陳書高祖紀曰、萬弩齊張、高輣之所非敵、蓋謂攻者用輣、守者用弩也、既言高、即可以言樓、仍是兵車、至若左宣十五年傳楚子登解揚於樓車、則與下文轈同義矣、由徐廣鄧展之說、推許君意、似輣即與爾臨衝之臨、傳曰臨、臨車也、衝、衝車也、而未詳其制、詩之衝、許君既作幢矣、吾又疑輣即臨者、臨衝、韓詩作隆衝、淮南子曰、隆衝以攻、今之刀車、方箱兩輪而轅在後、前障牛皮、皮上多作孔穴、自後密布刀槍出孔外、或與輣相似、即

以音論朋聲六部品聲七部、亦段氏所謂合音最近者也、二十八葉後三行樓車也改作兵車也小注全刪以此易之

轈兵車。依字林淺車于高上、知非兵高車絕句者、車高則無馬可駕也、然與轒輼下言兵車小異、彼是一物、此則車是一物巢別一物也、本句先說左牛之車、。高加巢。此說右牛之巢也、夏官射鳥氏矢在侯高、與本文高字同意、高者上也、不云上者、恐人讀兵車上加巢五字絕句也、加當讀如架、說見言部誣下、六韜曰、視城中則有飛樓、玉篇、櫓城上守禦望樓、韻會、戰陳高巢車亦為櫓、然則攻守並有望樓也、顧今之守城望樓、獨木為柱、上施板屋、下埋于地、有高至十二丈者、据衛公兵法則

巢車亦用獨木、左傳正義釋文、引作高如巢、字林同、玉篇廣韻皆云若巢、段氏從之、我仍用二徐本者、葢作如則巢是譬況之空言、作加則巢是譬況之的名、上所加之板屋、更無他名、即呼之為巢、故左氏云巢車也、。㠯望敵也。此句言其用也、合以上三句、而轈之義始備、二十八葉後七行轈篆下兵車至㠯望敵也刪去以此易之此下接衛公兵法而輒下之當言輣者、亦與輗下同言輳。三十三葉前三行轉注下增此下亦不可解句亦字改作均字

左傳莊公十年。下視其轍。登軾而望之。左傳多古字古言。何以轍軾皆俗字。晉蔡洪圍棊賦曰。登軾望軼。所据必左氏。作軼是。惟軾仍俗耳。莊子人間世。螳蜋怒臂以當車軼。今本軼亦作轍。可證左氏亦後人改。雖本傳下文曰。視其轍亂。望其旗靡。則登軾所望者本非轍。然記憶之誤。古人多有之。三十六葉前十行長者車徹下增此

fù 𨸏 líng 陵 lè 阞 hùn 𨻐 yīn 陰 yáng 陽 ē 阿 lù 陸 bēi 陂 bǎn 阪 zōu 陬 yú 隅 xiǎn 險

說文解字句讀弟十四下

𨸏 大陸。釋地、高平曰陸、大陸曰阜、大阜曰陵。李巡曰、高平、謂土地豐正、名爲陸、大陸、謂土地高大、名曰阜、阜最高大爲陵。山無石者。言山与邱陵之所以異名者、在於有石無石、不在大小也。釋名、土山曰阜。象形。房九切。凡𨸏之屬皆從𨸏。

𨸐 古文𨸏。

陵 大𨸏也。釋名、陵、隆也、體高隆也。從𨸏夌聲。力膺切。

𨻐 大𨸏也。從𨸏鯀聲。胡本切。

阞 地理也。謂地之脈理也。攷工記匠人、凡溝逆地阞、謂之不行。注、阞謂脈理、不行、謂決溢也。禹貢導山、馬融以爲三條、導岍爲北條、西傾爲中條、嶓冢爲南條。鄭康成以爲四列、導岍爲陰列、西傾爲次陰列、嶓冢爲次陽列、岷山爲正陽列。從𨸏力聲。盧則切。

陰 闇也。二字通、書高宗梁闇、論語作諒陰、魯世家作亮陰。水之南、山之北也。繫傳、山北水南、日所不及。從𨸏侌聲。於今切。

陽 高明也。與闇對文、而不云水之北、山之南也、知有挩文矣。秋官柞氏疏引爾雅曰、山南曰陽、山北曰陰、今本亦無之。從𨸏昜聲。與章切。

陸 高平地。從𨸏從坴、坴亦聲。力竹切。

𨺨 籒文陸。

阿 大陵曰阿。釋地、毛傳竝同。從𨸏可聲。烏何切。一曰阿、曲𨸏也。衆經音義、韓詩、曲京曰阿。阿謂山曲隈處、詩緜蠻、止于丘阿。傳、丘阿、曲阿也。有卷者阿、箋、有大陵卷然而曲。

陂 阪也。字与土部坡同。從𨸏皮聲。彼爲切。一曰沱也。慧苑引說文、穿地通水曰池、畜水曰陂也。案此乃月令毋漉陂池鄭注也、初學記引沱、陂也、即此文顛倒引之耳。元應曰、陂、山東名爲濼、亦名晥。

阪 坡者曰阪。釋地、秦風毛傳、皆云陂者曰阪、盆徵二字之同、郭注云、陂陀不平。從𨸏反聲。府遠切。一曰澤障也。詩彼澤之陂、毛傳文、周語、陂障九澤、又云、澤、水之鍾也、陂唐汚庳、以鍾其美。一曰山脅也。山脅見山部弟下、小雅阪田箋曰、崎嶇境埆之處也。

陬 阪隅也。承上阪字言耳、廣雅、陬、隈也、則水厓亦曰陬也。玉篇、廣韻皆曰陬隅、然阪非陬之謁、二字疊韻、可單可雙。從𨸏取聲。子侯切。

隅 陬也。笙賦李注引作曲也、似誤、宋策、有雀生䲰於城之陬、鮑注、城隅也、山部㟵乃隅之重文。從𨸏禺聲。噳俱切。

險 阻。句、難也。險阻一事而兩名、難則其義也、險言其體之峻絕、阻言用之隔閡、內外之詞也。玉篇、險、難也、阻也、易蹇彖傳、蹇、難也、險在前也。從𨸏僉聲。虛檢切。

xiàn 限 zǔ 阻 duì 陮 wěi 隗 yǔn 阭 lěi 𨺅 qiào 陗 jùn 陖 dèng 隥 lòu 陋 xiá 陝 zhì 陟 xiàn 陷 xí 隰 qū 䧢 tuí 隤

限 阻也。高注淮南云、羊腸阪、是太行孟門之限。從𨸏𥃩聲。乎簡切。一曰門榍。木部、榍、限也。玉篇、限、閾也。

阻 險也。險下已云難也、故此不復申之、釋詁、毛傳竝云、阻、難也。從𨸏且聲。大射儀、且左還、毋周、注、古文且爲阻。側呂切。

陮 陮隗高也。即周南之崔嵬。從𨸏隹聲。莊子、山林之畏隹、隹即陮之省。都辠切。

隗 陮隗也。從𨸏鬼聲。五辠切。

阭 高也。一曰石也。從𨸏允聲。余準切。字或作阮、見集韻。

𨺅 磊也。段氏曰、磊、𨺅猶磊礧也。從𨸏絫聲。洛猥切。

陗 陵也。淮南子、岸陗者必陁、許注、陗、峻也。通俗文、陵阪曰峭、山陵險陖、亦謂之峭也。從𨸏肖聲。七笑切。

陖 陗。轉注。高也。總說陵陗二字、史記索隱、陗、峻也、高也。從𨸏夋聲。私閏切。

隥 仰也。元應引廣雅、隥、履也、下依之而上者也。穆天子傳、天子南還、升于三道之隥、三蒼、隥、小阪也、或作墱、魏都賦、墱道邐倚以正東。從𨸏登聲。都鄧切。

陋 阸陝也。阸當作戹、戶部、戹、隘也。下文陝、隘也、二字同義、而漢書刑法志、秦人其生民也陿阸、郊祀志、行溪谷中、阸陝且百里、皆借阸爲戹。從𨸏㔷聲。盧候切。

陝 隘也。上林賦、赴隘陝之口、字或作陿。從𨸏夾聲。侯夾切、俗作峽。

陟 登也。夏小正傳云、陟、升也、古升登通用。從𨸏從步。竹力切。

𨺻 古文陟。

陷 高下也。謂高者忽陷而下也、今猶有地陷之事。從𨸏從臽、臽亦聲。戶猪切。一曰陊也。元應引作墮。

隰 阪下溼也。釋地曰、下溼曰隰、又曰、陂者曰阪、下者曰隰、許君謂下句承上句、而兼以下溼句說之也、阪既偏陂、則承其下流者、自爲水潦所歸矣。從𨸏㬎聲。似入切。

䧢 𢻫也。韻會引作𢻫䧢、然固有單用者、漢書諸侯王表、至虖戹䧢河洛之閒、應劭曰、䧢者、踦䧢也。從𨸏區聲。豈俱切。

隤 隊下也。玉篇、隤、壞隊下也、故依之、乙轉、然仍當依以補壞字、隤壞一聲之轉、故以壞說隤、所以博其異名、隊下乃說其義也、葢隤隊二文同義、皆自壞之詞、下文隓陊二文同義、皆用力敗之之詞、集韻、嶞陊一字、是又同音也、且四字同義、隊陊又雙聲、惟自然用力、是其別耳、若分兩偶而各別之、則隊與隓皆舉事本、故曰從高墮、曰敗

kēng 阬 duò 陊 qīng 䧢　huī 隓 zhì 阤　niè 隉 yǔn 隕 jiàng 降 zhuì 隊

是自上下下之詞，自其始而言之，且以陊之重文嫷說隊，是其義同也。隤與陊皆舉事末，故曰隊下，曰落，是旣經到地也。故以隊說隤，而復以下實之。雖隓陊之閒閒以隤，恐係傳寫改。遂玉篇隓字在後收雜字中，又重出肉部隋字，而以墮爲重文，亦當是後人改。從𠂤貴聲。杜回切。

隊 從高墮也。考工記般畞而馳不隊。俗作墜。釋詁墜落也。釋文墜本又作隊。從𠂤㒸聲。徒對切。當云直類切。

降 下也。釋言文。從𠂤夅聲。古巷切。

隕 從高下也。依元應引補。書湯誥若將隕于深淵。從𠂤員聲。于敏切。易曰有隕自天。姤九五爻詞。

隉 危也。出部云槷䰜不安也。据下文引書，則是彼借槷爲隉，書借阢爲䰜也。長笛賦又借刖爲䰜。說詳出部䰜下。從𠂤從毀省。五結切。徐巡以爲隉凶也。後漢杜林傳曰沛南徐巡始師事衛宏，後更受林學。林於西州得桼書古文尚書一卷，以傳衛宏、徐巡。段氏據此謂巡說秦誓如此。然杌隉是連語，不宜摘說一字，恐未必是說書。賈侍中說隉法度也。書康誥汝陳時臬。據賈說，是書借臬爲隉也。徐賈二說與從𠂤無涉。班固說隉不安也。不安卽是危，而別爲兩說，所未詳也。周書曰邦之阢隉。秦誓文。引之以證班說。阢作杌。讀若虹蜺之蜺。雨部作霓。漢書天文志抱珥垂蜺，如淳曰蜺讀若齧。

阤 小崩也。長笛賦李注引淮南許注曰阤落也。直紙切。又引字林阤小崩也。恐今本或以字林改許說也。周語是故聚不阤崩，而物有所歸。韋注大曰崩，小曰阤。說苑山以小阤而大崩。從𠂤也聲。丈爾切。

隓 敗城𠂤曰隓。春秋定十二年叔孫州仇帥師墮郈，杜注墮毀也。患其險固，故毀壞其城。周語不墮山。荀子議兵篇猶以錐刀墮太山也。從𠂤𡍮聲。說文無𡍮字。許規切。

𡐦 篆文隓如此。桂氏曰本書隋從隓省，此又從隋，必有一誤。鈞案嫷是篆文，則隓非古卽籀。余所輯展轉相從篇，皆此類，不必疑。

䧢 仄也。下仄云側傾也，則仄与側通，傾与頃通可知。從𠂤頃聲。䧢者頃之分別文，故依小徐去營切。

陊 落也。字林同。玉篇陊小崩也。從𠂤多聲。本直氏反，孫徒果切。

阬 閬也。土部塹阬也，又云秦謂阬爲埂。攴部峪下云阬坎，則知阬祇是阬谷，至今猶言之，漢時可知，字不須解，故以疊韻說之。漢書揚雄傳閬閬其寥廓兮，注閬閬空虛也。釋詁阬阬虛也，注阬阬謂阬塹也。許以閬說之，猶釋詁以虛說之也。從𠂤亢聲。客庚切。俗作坑。

yǐn 隱

bù 附 xíng 陘 zhǐ 阯　dī 隄 fáng 防　dú 隫

隫 通溝以防水也。從𠂤賣聲。徒谷切。讀若瀆。小徐作讀若洞，非也。此謂隫瀆通用耳。鄭注大司徒曰注瀆曰川，疏曰謂以瀆中水注入川。案川卽萬夫有川之川，隫卽是溝洫之別名耳。旣注川，是通溝也。可以寫水，是防水也。

𨽵 古文隫從谷。釋丘窮瀆氾，注水無所通者。

防 隄也。周禮稻人以防止水，注防瀦旁隄也。從𠂤方聲。符方切。

埅 防或從土。俗省作坊。

隄 唐也。周語陂唐汙庳以鍾其美，韋注唐隄也。宋庠曰唐如字，俗本作塘。說文無塘字。桂氏曰淮南說山訓壞唐以取龜，漢書地理志會稽錢唐縣竝作唐。鈞案釋宮廟中路謂之唐，詩中唐有甓，陂唐有路可行，故借此名耳。呂氏春秋孟夏紀治唐圃，注唐隄，以壅水。從𠂤是聲。都兮切。

阯 基也。藉田賦結崇基之靈阯。從𠂤止聲。止下基也，則阯者止之絫增字。諸市切。

址 阯或從土。

陘 山中絶曰陘。御覽引如此。釋山山絶陘，注連山中斷絶。左襄十五年傳杜注海陘魯隘道。從𠂤巠聲。戶經切。

附 附婁小土山也。或作培塿。易林土瘠痠薄，培塿无柏。從𠂤付聲。符又切。春秋傳曰附婁無松柏。襄二十四年文。今作部婁。風俗通引作部婁，又曰部者阜之類也，今齊魯之閒田中少高卬名之爲部矣。鈞案吾鄉呼爲部蓋。

阺 秦謂陵阪曰阺。漢志隴西郡應劭曰有隴阺在其西也。後漢書寇恂傳復助囂拒隴阺。從𠂤氏聲。本丁兮切，孫丁禮切。

阢 石山戴土也。山部岨石戴土也。周南卷耳傳石山戴土曰砠。然則阢者岨之別名。從𠂤從兀兀亦聲。五忽切。

隒 崖也。西京賦注引作厓也。案二字本通。辥綜注西京賦金隄謂以石爲邊隒。詩葛藟傳漘水隒也，蒹葭傳湄水隒也，疏隒是山岸，湄是水岸，故曰水隒。釋山重甗隒，釋文引字林隒山形似重甑，此別爲一義。從𠂤兼聲。讀若儼。魚檢切。

阸 塞也。史記漢興以來諸侯年表乘其阸塞地利。從𠂤戹聲。於革切。

隔 障也。西京賦注引作塞也。賦曰隴坻之隘，隔閡華戎。從𠂤鬲聲。亦省作鬲。史記大宛傳鬲漢道焉，漢書辥宣傳西州鬲絶。古覈切。

障 隔也。漢書張湯傳居一障閒，注謂塞上要險處築城以爲障蔽。字亦作鄣。祭法鯀鄣洪水而殛死。從𠂤章聲。之亮切。

隱 蔽也。左襄廿三年傳踰隱而待之，注隱短牆也。從𠂤㥯聲。於謹切。

ào 隩

隩

zhēng fù kū yuán shù yī juǎn wú　shǎn yī lǒng xiè qiǎn wēi
陙 陚 [阝告] 阮 隃 陭 [阝卷] [阝無]　陝 [阝衣] 隴 [阝解] 𠳋(䜌) 隈

水隈。句崖也。博三名也字與水部澳同彼第云隈厓也此加水者以字從𨸏也釋厓隩隈厓內爲隩外爲隈從𨸏奧聲。烏到切

隈 水曲。釋其義也隩也。言二名一實也李注七發斤竹澗詩竝引作水曲也知其句讀故予取所求此承上文隩篆言之故及隩李氏則無取乎隩也淮南原道訓舜釣于河濱朞年而漁者爭處湍瀨以曲隈深潭相予從𨸏畏聲。本一由反孫烏恢切

𠳋 𠳋商小塊也。從臾𨸏。去衍切徐鉉曰臾古文蕢字

[阝解] 水衡官谷也。未詳水衡官見漢書百官公卿表水部澥一說即澥谷也葢即漢書律歷志所云黃帝使泠綸取竹之解谷孟康曰一說昆侖之北谷名也此之[阝解]谷似與彼不同從𨸏解聲。胡買切一曰小谿。張衡西京賦擿漻澥

隴 天水大阪也。漢書地理志天水郡應劭曰天水有大阪名曰隴阪禹貢梁州西傾因桓是來鄭注桓是隴阪名其道盤桓旋曲而上故曰桓是今其下民謂是阪曲爲盤也從𨸏龍聲。力鍾切

[阝衣] 酒泉天[阝衣]阪也。[阝衣]宋本譌作依酒泉郡天[阝衣]縣以阪得名見地理志從𨸏衣聲。於希切

陝 宏農陝也。古虢國。元應引云今宏農陝縣古之虢國是也括地志陝原在陝州陝縣西南廿五里分陝從原爲界公羊隱五年傳自陝而東者周公主之自陝而西者召公主之王季之子所封也。顏注急就篇虢叔周王季之子也受封於虢今陝州陝縣是也從𨸏夾聲。失冉切

說文句讀　卷二十八　七百二十一、○拆四十三　五

[阝無] 宏農陝東陬也。王篇[阝無]陝縣此及陵下陬字未詳何義或阪之譌從𨸏無聲。武扶切

[阝卷] 河東安邑陬也。陬王篇作隅廣韻集韻作聚名從𨸏𢍏聲。居遠切

陭 上黨陭氏阪也。漢志上黨郡陭氏縣左文七年傳晉敗秦師于令狐即其地從𨸏奇聲。於离切

隃 北陵西隃鴈門是也。釋地文鴈門山一名句注一名西陘對東陘而言也故亦單名隃見穆天子傳從𨸏俞聲。傷遇切

阮 代郡五阮關也。漢書成帝紀後漢書烏桓傳同地理志作五原關從𨸏元聲。讀若昆。虞遠切

[阝告] 大𨸏也。一曰右扶風郿有[阝告]𨸏。從𨸏告聲。苦沃切既以大阜爲正義乃不與陵陬類廁恐後人所加

陚 丘名也。釋丘堂途梧丘釋文梧五故反與陚音相近從𨸏武聲。方遇切

陙 丘名也。

yán zhào táo chén　zhǔ huī dīng
阽 [阝召] 陶 陳　陼 [阝爲] [阝丁]

從𨸏貞聲。陟盈切

[阝丁] 丘名也。釋丘左澤定丘與[阝丁]音相近從𨸏丁聲。當經切讀若丁大徐刪也字便不可通昧者且於邑部增𨚷字矣

[阝爲] 鄭地。句阪也。言[阝爲]者鄭國地名也地名而不從邑者以其本是阪名因爲地名也從𨸏爲聲。許爲切釋文于詭反春秋傳曰將會鄭伯于[阝爲]。見襄七年經三傳皆作鄬穀梁釋文本又作[阝爲]

陼 如渚者陼丘。釋丘文彼作如陼釋名同皆非也小洲曰渚此丘如之以其爲丘也故易水以阜而作陼也從𨸏者聲。當古切水中高者也。小徐本在此是也此葢庾注句首當有渚字葢言水中之高者爲渚渚爲許說如字疏解也大徐迻之前者則以郭注曰水中小洲爲陼釋名曰如陼者陼丘形似水中之高地隆高而廣也不知水部引爾雅小洲曰渚引釋水也此水中之渚也於此又引如渚者陼丘引釋丘也此地上之陼也郭氏膠葛爲一則不可通劉氏曰形似水中之高地不曰如水中之渚以字作如陼致此支詘也越語曰鼃黽之與同陼則直以陼爲渚

陳 宛丘也。釋丘陳有宛丘又曰宛中宛丘又曰丘上有丘曰宛丘舜後嬀滿之所封。詩譜陳者太皡虙戲氏之墟帝舜之冑有虞閼父者爲周武王

說文句讀　卷二十八　七百二十三、○拆三十八　六

陶正武王賴其利器用與其神明之後封其子嬀滿于陳都於宛丘之側是曰陳胡公從𨸏從木申聲。直珍切

𨸏 古文陳省木。

陶 丘再成也。依漢書注引乙轉釋丘再成爲陶丘在濟陰。濟當作泲此依漢志也志曰濟陰郡定陶縣禹貢陶丘在西南陶丘亭從𨸏匋聲。徒刀切夏書曰東至于陶丘。禹貢文今作東出于陶丘北桂氏曰李善顏師古引本書亦無北字竝無于字丘古文作埜或以埜之一字譌爲丘北二字與鄭注導水云言會者皆是水名言至于者或山或澤皆非水名據此則鄭本亦作至于禹貢下文云又東至于菏是先至于陶丘又至于菏也陶丘有堯城。堯嘗所居之。後居於唐故堯號陶唐氏也。依高帝紀注文選注增刪

[阝召] 耕以臿浚出下壚土也。臿者鍬之借字浚者深取也易恆象傳浚恆之凶始求深也杜注左傳浚取也壚者黑剛土也謂地下有壚土則性不和柔禾不暢茂耕者以臿浚而出之也一曰耕休田也。周禮有一易之田再易之田從𨸏從土召聲。之少切

阽 壁危也。見於羣書者皆但言危此云壁者或以其從阜也漢書文帝紀或阽於死亡如淳曰

𨸏

chú 除　jiē 階　zuò 阼　bì 陛　gāi 陔　jì 際　xì 隙　péi 陪　zhuàn 隊　réng 陾

阽近邊欲墮之意。後漢書張衡傳：阽焦原而跟止。注：尸子曰：莒國有石焦原者，廣尋，長五十步，臨百仞之谿，莒莫敢近也。有以勇見莒子者，獨卻行劑踵焉。從𠂤占聲。余廉切。裴注魏志引漢書注：阽音鹽。

除 殿陛也。陛，御覽引作階。摯虞決疑要注：凡大殿乃有陛，堂則有階無陛也。右墄左平，平者以文塼相亞次，墄者爲階級也。前漢蘇武傳：扶輦下除。注：除謂門屏之閒。然則除亦漢名，以字從阜，故不用古義也。從𠂤余聲。直魚切。

階 陛也。尚書大傳：大師奏雞鳴於階下。注：階，陛也。葢古名階，後名陛，因而專爲殿陛之名也。經文無陛字可見。從𠂤皆聲。古諧切。

阼 主階也。鄭注士冠禮云：阼猶酢也，東階所以荅酢賓客。郊特牲：適子冠於阼。從𠂤乍聲。昨誤切。

陛 升高階也。元應引同，又引階作陛，同小徐。釋名：陛，卑也，有高卑也。天子殿謂之納陛，言所以納人言之階陛也。陛字始見於戰國策，葢秦語。從𠂤坒聲。旁禮切。

陔 階次也。廣韻：陔，殿階次序。漢書郊祀志：壇三陔。注：陔，重也。三陔，三重壇也。從𠂤亥聲。古哀切。

際 壁會也。謂版築相交之處也。從𠂤祭聲。子例切。

隙 壁際孔也。孔字，鑑引作空，兩通。文選注引作壁縫也，亦通。又引作壁際也，無孔字，則不通矣。葢際爲壁會，只是交會之處，不必有孔也。其有孔者謂之隙，左傳云牆之隙壞是也。從𠂤從𡰯，𡰯亦聲。雪賦注引字林：隙，際孔，從阜旁二小夾日也。案：二小夾日，乃周伯琦之邪說，呂氏豈得如此，疑爲誤。綺戟切。

陪 重土也。左定二年傳：分之土田陪敦。注：陪，增也；敦，厚也。從𠂤咅聲。薄回切。一曰滿也。一曰陪臣。陪，備也。左僖十二年傳：陪臣敢辭。服注：陪，重也。諸侯之臣於天子，故曰陪臣。

隊 道邊庳垣也。廣雅：隊，垣也。從𠂤彖聲。徒玩切。

陾 築牆聲也。從𠂤耎聲。本音而孫如乘切。詩云：捄之陾陾。大雅緜文。案玉篇捄下引詩捄之陑陑，阜部陾下云築牆聲，後收字有陑，云如之切，地名。廣韻七之合陑陾陑爲一字，而十六蒸不收陾，然則字本作陑，玉篇改作陾，宋人重修，反附陑於後收字中，是以廣韻合爲一也。且築牆聲之訓，亦是希馮誤記，漫加此義，不悟築之登登，乃言築，本句尚在度之薨薨上也。說文捄下云盛土于梩中也，正仲毛傳，說本字安得與傳立異？是後人依玉篇改篆文陑爲陾，卽竝以玉篇之說爲許說也。毛傳曰：陾陾，衆也。許說雖不必盡同，要之不得如今本從而聲而讀如仍者。依公羊傳乃難乎而，則聲當微異，若

pí 陴　huáng 隍　qū 阹　chuí 陲　wǔ 隖　yuàn 院　lún 陯　chún 陙　jiàn 䧖　fù 𨺅　jué 𨺉

耳孫卽是仍孫，則而與仍雙聲可通。

陴 城上女牆俾倪也。左傳言守陴者，是女牆；言登陴者，則是城垣之通名。又名曰俾倪者，猶令丁爲鈴，終葵爲椎也。集韻作埤堄，則專字矣。釋名：城上垣曰睥睨，言於其孔中睥睨非常也。則取義矣，古人之意不必然也。從𠂤卑聲。符支切。

𩫖 籒文陴從𩫖。

隍 城池也。有水曰池，無水曰隍。釋詁：隍，虛也。注：隍，城池無水者。釋言：隍，壑也。舍人云：隍，城池也；壑，溝也。從𠂤皇聲。乎光切。案：隍葢與潢同，卽夏小正湟潦生苹之湟，亦是一字也。其音同，其爲窪下處亦同，而必專屬之城者，以易爲據；潢則以左氏爲據耳。隱三年傳曰：潢汙行潦之水。杜注曰：行潦，流潦。所本者，采蘋、洞酌毛傳也。然愚以孔疏爲長。采蘋及左傳疏皆云行者道也，洞酌疏亦同此意。是知潢汙行潦者，潢中之汙、道上之潦。汙潦一物，惟在潢中者不流，在道上者仍流耳。易曰：城復于隍。泰上六爻詞。釋文：隍，城壍也。

阹 依山谷爲牛馬圈也。漢書司馬相如傳：江河爲阹。郭璞曰：因山谷遮禽獸爲阹。揚雄傳：以罔爲周阹。李奇曰：阹，遮禽獸圍陣也。吳都賦：阹以九疑。五臣注：阹，欄也，因山谷以遮獸也。從𠂤去聲。去魚切。

陲 危也。從𠂤垂聲。是爲切。

隖 小障也。通俗文：營居爲隖。或作鄔。文選長笛賦序：獨卧郿平陽鄔中。李注：鄔，聚邑之名也。引說文此文，而曰在阜部。又作塢，後漢書樊準傳：修理塢壁。皇甫規傳：覆沒營塢。注竝引此文。一曰庳城也。字林：隖，小城也。從𠂤烏聲。安古切。

院 堅也。桂氏曰：詩溥彼韓城，燕師所完。襄三十一年傳：繕完葺牆。又云：是以令吏人完客所館。孟子：完廩。皆堅固意。本書完下云：古文以爲寬字。完既爲寬，則院爲堅完之本字矣。從𠂤完聲。王眷切。當讀如完。宀部以院爲寏之或體，棱者之過也。

陯 山𠂤陷也。玉篇：陯亦作淪。從𠂤侖聲。盧昆切。

陙 水𠂤也。繫傳若濱岸也。從𠂤辰聲。食倫切。

䧖 水𠂤也。從𠂤戔聲。慈衍切。

文九十二　重九

𨺅 兩𠂤之閒也。依此義，則𨺅卽大風有隧之隧。從二𠂤。小字本、李燾本、小徐韻譜、廣韻皆房九切，繫傳符救反，汪本符九反，毛本似醉切，當本之夢英。凡𨺅之屬皆從𨺅。闕。

𨺉 𠂤突

也。小徐韻譜曰穿也穴部窔穿也從𨺅夬聲。於決切篆似當依玉篇廣韻作𨽌說當云夬聲所冀切說見釋例異部重文篇

𨼹 陋也。離騷路幽昧以險隘從𨺅𦳒聲。𦳒者譬況之詞國策韓天下之咽喉烏懈切〈𦳒籀文嗌字〉小徐無

𨼹 籀文𨼹從𨺅益。朱竹君本篆作𨼹說曰篆文𨼹從𨺅案此當本是兩重文當先出𨼹篆說曰籀文𨼹從益再出𨼹篆說曰篆文𨼹從𨺅漢書百官表𦳒作朕虞顏注𦳒古益字

𨻐 塞上亭守湊火者也。孟康曰湊如覆米箕縣著挈皋頭有寇則舉之燧積薪有寇則燔然之也從𨺅從火遂聲。集韻引篆作𨽌則從豕聲徐醉切

𨽌 篆文𨻐省。

文四　重二

厽 絫坺土爲牆壁。賈誼新書翟王之自爲室也堂高三尺壤陛三絫象形。力軌切

凡厽之屬皆從厽。

絫 增也。漢書景十三王傳臣聞悲者不可爲絫欷注絫重也司馬相如傳絫臺增成顏注絫古累字案今作累者乃借纍爲之又省之也從糸厽。厽亦聲。力軌切○一曰

絫十黍之重也。應劭曰十黍爲絫十絫爲銖夢溪筆談唐書開元錢重二銖四參今蜀郡亦以十參爲一銖乃古絫字恐相傳之誤耳筠案玉篇厽下云尚書以爲參字七貪切然則借厽爲參因之借參爲絫此好奇之過非寫誤也

垒 絫墼也。絫廣韻集韻引作垒非也玉篇云累也可證以絫說厽及垒所以見絫垒皆厽之分別文耳從厽從土。厽亦聲力軌切

文三

四 陰數也。易乾鑿度孔子曰陽三陰四位之正也象四分之形。口象四方說苑發於一成於二備於三周於四是也八以分之息利切

凡四之屬皆從四。

𠃢 古文四如此。

亖 籀文四。觀禮四享鄭注四當爲三古書作三四或皆積畫字相似由此誤又注聘禮亦云左昭十二年傳是四國者專足畏也劉炫亦如鄭說然賈子新書亦載楚靈王此事云我欲大城陳蔡葉與不羹是知左傳本有葉與二字劉說誤也卽杜注曰四國陳蔡二不羹亦据脫本說之

文一　重二

宁 辨積物也。此積貯之正字也積物必有器所以辨其種族也器与器相交則所空之地皆有隅故此字中央作六角形象形。直呂切

凡宁之屬皆從宁。

𡬷 當作𡬷 𢄍也。所以載盛米。玉篇引無載字然巾部𢄍載米𡬷也固云載矣字亦借貯新序周諺曰囊漏貯中從宁從甾。甾缶也。從宁，宁亦聲。陟呂切

文二

叕 綴。以綴說叕則綴者叕之分別文也不然則綴隸糸部矣聯也。廣雅作連古今字也檀弓殷主綴重焉注綴猶聯也象形。陟劣切

凡叕之屬皆從叕。

綴 合箸也。元應兩引同一引作合合著也案謂連合使之相著也內則紉箴請補綴立政綴衣正義衣服必連綴著之從叕從糸。叕亦聲。陟衛切綴兆仍讀陟劣切

文二

亞 醜也。經典通作惡書洪範六極五曰惡傳云醜陋也鄭注容毀故致惡也五行傳云貌不恭之罰也詛楚文亞馳禮記作惡池史記盧綰孫他之封惡谷矦漢書作亞谷象人局背之形。詩正月不敢不局傳局曲也案曲者謂傴僂也衣駕切賈侍中說以爲次弟也。釋言亞次也許君列爲別義者或以與字形不甚比附邪然亞字闌干卽其形可以得次弟義也易繫辭言天下之至賾而不可惡也釋文荀作亞亞次也尚書大傳王升舟入水鼓鐘惡觀臺惡將舟惡宗廟惡鄭注惡讀爲亞亞次也

凡亞之屬皆從亞。

𢀳 闕。此許說挩佚校者自加闕字也丙部云讀若𢀳豈有有音無義之字乎不屬日部而屬亞部其爲亞之分別文可知衣駕切

文二

五 五行也。釋名五行者五氣也於其方各施行也從二。陰陽在天地閒交午也。當云從二從古文乂其陰陽在天地閒交午也當遂之以說乂字鄭注大射儀云一縱一橫曰午服虔曰堯作誹謗木於

橋梁交午柱頭、維南子、五行子生母曰義、母生子曰保、子母相得曰專、母勝子曰制、子勝母曰困、疑古切。凡五之屬皆從五。

㐅 古文五如此。子華子、五居中宮、數之所由生、一縱一橫、數之所由成、

文一　重一

六 易之陰數、變於六、正於八。言易之陰數有六有八、不變者謂之八、變者謂之六也。八部不在此、故連言之、下文七九兩部相繼、即不復如此說之、鄭注乾鑿度曰、陽動而進、變七之九、象其氣息也、陰靜而退、變八之六、象其氣消也、易乾卦正義云、張氏以爲陽數有七有九、陰數有八有六、但七爲少陽、八爲少陰、質而不變、爲爻之本體、九爲老陽、六爲老陰、文而從變、故爲爻之別名、段氏曰、公子重耳筮得貞屯悔豫、皆八、董因筮得泰之八、穆姜筮得艮之八、凡陰不變者爲八也、從入從八。入即退之義、力竹切。凡六之屬皆從六。

文一

七 陽之正也。段氏曰、凡筮、陽不變者當爲七、但左傳國語未之見、從一。微陰從中衺出也。一者陽也、陽中有陰、故爲少陽、親吉切。凡七之屬皆從七。

文一

九 陽之變也。易乾卦初九正義云、老陰老陽皆變、周易以變者爲占、所以老陽數九、老陰數六者、以揲蓍之數、九過揲則得老陽、六過揲則得老陰、象其屈曲究盡之形。屈曲當作詰詘、說文語例如此、漢書律歷志、九者所以究極中和、爲萬物元也、舉有切。凡九之屬皆從九。

馗 九達道也。詩施于中逵、韓詩作馗、薛君章句、中馗、馗中九交之道也、釋宮、九達謂之逵、佀龜背、故謂之馗。龜馗古今音皆疊韻、釋宮郭注曰、四道交出、復有旁通、此即似龜背紋矣、從九首。道亦從首、首亦聲也、渠追切。

逵 馗或從辵坴。馗高也。故從坴。夂部夌下云、夌、高也、陸從坴、高平地也、故坴亦有高義、

文二　重一

厹 獸足蹂地也。西都賦、蹂躪其十二三、李善引字林、蹂、踐也、象形。此雖指厶而言、韻會引句首有厶字、則非也、九聲。人九切。尒疋曰、狐狸貛貉醜、其足蹞、其迹厹。釋獸、狸狐貒貈醜、其足蹯、其迹內、郭注、內、指頭處、周禮注引爾雅作貉狐貒貈、疏云、鄭君所讀爾雅爲貉、不爲貍也、凡厹之屬皆從厹。

蹂 篆文厹從足柔聲。衆經音義、蹂古文作厹、爾雅釋文云、內字林或作狃、釋獸、闕洩多狃、注、說者云、腳饒指、案此假迹以名指也、

禽 走獸總名也。不言鳥獸總名者、凶不象鳥頭也、犬部臭下言禽走、爪部爲下謂之禽、左宣十二年傳、攝叔麋曰、獻禽之未至、趙策、虎將即禽、禽不知虎之即己也、而相鬭兩罷而歸其死於虎、漢書蒯通傳、野禽殫、走犬烹、此皆但謂走獸者也、若夫屯象傳、即鹿無虞、以從禽也、李鼎祚曰、案白虎通、禽者何、鳥獸之總名、即比卦九五爻辭、王用三驅失前禽、是其義也、詩車攻傳云、不成禽不獻、禽雖多、擇取三十焉、天官獸人及弊田、令禽注于虞中、此皆通指鳥獸者、頭象形。當作象頭形、繫傳、凶、頭象也、案當作凶、石鼓文作禽、從厹。今聲。巨今切。

禽离兕頭相佀。豕部亦云然、從知當作

离 山神、獸形。依文選注引改、言山神而形如獸也、經典借螭、左宣三年傳、螭魅罔兩、文十八年傳、投諸四裔、以禦螭魅、賈注、釋文皆曰、螭、山神、獸形、從禽頭、從厹屮聲。王煦曰、屮讀若徹、檀弓、奠徹、鄭讀徹爲池、實古音通轉之證、呂支切。歐陽喬說、离、猛獸也。李注西都賦引歐陽尚書說如此、漢書儒林傳作歐陽高、周禮正義引服氏左傳注、螭、山神、獸形、或曰如虎而噉虎、

萬 蟲也。字林、萬、蟲名也、蠆屬閩許、萬者蠍也、疑萬即古蠆字、虫部蠆乃其分別文也、篆象形從厹。無販切。

禹 蟲也。王篇、蠁、禹蟲也、說見虫部蠁下、象形從厹。王矩切。

𠃓 古文禹如此。漢書藝文志、大命三十七篇、傳言禹所作、顏注、命、古禹字、

𥝋 周成王時州靡國獻𥝋𥝋、人身反踵、繫傳、腳跟在前也、自笑、笑即上脣弇其目。即集韻引作則、本草拾遺曰、𥝋𥝋見人喜笑則上脣掩其目、人以釘釘著額、任其奔馳、俟死而取之、食人。以上見周書王會篇、郭璞云、亦見尚書大傳、北方謂之土螻。西山經說土螻、狀如羊而四角、疑即象四角形、尒疋云、𥝋𥝋如人、被髮。釋獸、狒狒如人、被髮迅走、食人、郭注、梟羊也、山海經曰、其狀如人面長脣、黑身有毛、反踵、見人則笑、交廣及南康山中、亦有此物、大者長丈許、俗呼之曰山都、象形、從囟從内。讀若費。本扶

味反。一曰鸓鸓一名梟陽。陽小徐作羊、兩本皆有引者、初學記引此下有如鹿善登木、案此五字、釋獸屬之猶在此、恐非、

蟲也。象形。从厹。本部言象形者、皆在從厹上、此變例也、諸字皆一物之全形、厹則物一節之形也、特以字形相似、類集爲一部耳、若先言從厹、便非理實、故㕚部字、概不言從㕚省、亦同此意、大徐繩以常例而倒置之、非也。私列切、讀若偰同。若字從小徐、同字從大徐、言禼卽偰之古文耳、漢書契多作禼、廣韻禼殷祖也、

古文禼。釋文狒字又作鸓、或作禺、然則㕚以象其四角、巛則象其髮、是知禺者鸓之古文、非禼之古文、吳都賦禺禺笑而被格、李注禺禺梟羊也、案鸓鸓是怪物、當在部末、小徐在禹上、亦非也、

文七　重三

牲也。釋畜釋文畜本又作嘼、又引字林嘼產也、說文嘼牲也、今本說文作犍也、乃後人以字林改之、嘼畜一字兩體、嘼下云魯郊禮畜、知卽是六畜矣、匡謬正俗、謂當作六嘼、畜養斯亦用意之過耳、象耳頭足厹地之形。許救切、古文嘼下從厹。此篆抗而說存也、當作𠀀小篆之古變錯、不足象厹地之形、凡嘼之屬皆從嘼。

守備者。從犬嘼。嘼亦聲。犬能守備、故主犬言之、然不入犬部者、獸以見用於人者爲主、野獸從而偁之、故入嘼部、廣韻引字林曰、兩足曰禽、四足曰獸、雖與釋鳥合、而與禽下說以走獸不合、又是泛言之、非許君收獸于嘼部之旨、舒救切、

文二

位東方之孟。言位者、十榦有定位、十二支則不言位矣、之孟未詳、案甲丙庚壬下、言東南西北、而乙丁辛癸下、言春夏秋冬、作互相備之詞、豈此言之孟、以見丙庚壬之皆爲孟、兼以見乙丁辛癸之爲仲邪、陽气萌動。漢章帝詔、方春生養萬物莩甲、宜助萌陽、以育時物、從木戴孚甲之象也。猶云象木戴孚甲之形耳、而云從者、猶三下云從三數、二下云從耦、不可眞謂甲從木也、釋名、甲、孚也、萬物解孚甲而生也、古狎切、大一經曰。頭玄爲甲。藝文志陰陽家有太壹兵法一篇、五行家有泰一陰陽二十三卷、泰一二十九卷、又天文家、雜占家、方技家、以泰壹名者、凡五、不知此太一經何屬也、韻會引太一經頭玄爲甲、似謂頭玄象天色也、集韻引作人頭空爲甲、似誤、甲象

人頭。許以十榦象人體、猶緯書以八卦配人體也、乾坤鑿度云、乾爲頭首、坤爲胷腹、兌口離目艮手震足、大一經曰三句、韻會引之在徐曰之下、則是小徐所引也、集韻雖引之、而大一經曰四字、作一曰二字、故下文具列其異同之處、使讀者致思焉、凡甲之屬皆從甲。古文甲始於一。見於十。成於木之象。未詳其義、姑用大徐本、

文一　重一

象春艸木冤曲而出。合義與形而說之、故發端言象、月令春三月、皆云其日甲乙、鄭注曰、乙之言軋也、萬物皆解孚甲、自抽軋而出、陰气尚彊其出乙乙也。申言冤曲之故也、文賦注引作然、史記律書、乙者、言萬物生軋軋也、於筆切、與丨同意。繫傳曰、丨音徹、是知丨爲中之訛、中艸木之初也、故有出意、屯從中、象艸木之初生、屯然而難、故中亦有難意、乙承甲象人頸也。以下皆蒙大一經曰言之、韻會引此二句、亦在徐曰之下、集韻則自此至癸、一切不引、凡乙之屬皆從乙。

上出也。桂氏曰、隺從隹上欲出冂、引易夫乾隺然、從乙。乙物之達也。此但取出意、不取難意、故復解之、九經字樣、乾上從倝、下從乙、乙謂草木萌甲、抽乙而生、倝聲。渠焉切、又古寒切、

籀文乾。

治也。釋詁文、郭引論語予有亂臣十人、從乙。乙治之也。去本意遠矣、故復解之、從𤔔。當云𤔔聲、亂者𤔔之絫增字也、故彼云受治之、此云乙治之、郎段切、

異也。後漢書陳重傳、舉尤異、從乙又聲。徐鍇曰、乙欲出而見閡、見閡則顯其尤異也、羽求切、

文四　重一

位南方也。月令夏三月、皆曰其日丙丁、注、日之行、夏南從赤道、萬物成炳然。鄭注月令、丙之言炳也、萬物皆炳然著見而強大、陰气初起、陽气將虧。從一入冂。一者陽也。五月於卦爲姤、以一陰遇五陽、律中蕤賓、言陰氣蕤于下、陽喜其作至而賓之也、繫傳、冂猶門也、易曰、乾坤其易之門、陽功成將入于冂也、兵永切、丙承乙象人肩也。此二句、韻會亦不引、凡丙之屬皆從丙。

文一

丁 夏時萬物皆丁壯成實。釋名、丁、壯也、物體皆丁壯也、象形也。當經切、丁承丙象人心也。韻會引此二句、則在徐曰之上、戊庚辛竝放此 凡丁之屬皆從丁。

文一

戊 中宮也。月令、中央土、其日戊己、象六甲五龍相拘絞也。拘音鉤、六甲者、漢書日有六甲、是也、惠氏棟曰五六、天地之中、故云六甲五龍相拘絞、龍、辰也、辰有五子、故云五龍、莫候切、戊承丁象人脅也。凡戊之屬皆從戊。

成 就也。從戊丁聲。氏征切

㦳 古文成從午。

文二　重一

己 中宮也。象萬物辟藏詘之形也。詘上似挽詰字、萬物生於土、復歸于土、其盤辟收斂、作詰詘之形、己字象之也、白虎通、己者屈、神起、月令、其日戊己、注、己之言起也、其含秀者抑屈而起、雖異許說、可推知也、居擬切 己承戊象人腹也。此二句韻會不引、而所引徐說有此意、 凡己之屬皆從己。

𢀒 古文己如此。此己與三相似、故己亥譌三豕、事見呂氏春秋察傳篇及孔子家語

巹 謹身有所承也。昏義釋文引字林、巹身有所承也、案巹謹同音、巹則轉音矣、承丞音同義近、 從己丞。讀若詩云赤舄几几。依昏義釋文引改特、彼挽一几字、居隱切

㠱 長踞也。依類篇引改、玉篇亦云、知與足部跽同字、 從己其聲。暨己切 讀若杞。類篇、㠱古國名、衞宏說與杞同

文三　重一

巴 蟲也。或曰食象蛇也。海內南經、巴蛇食象、三歲而出其骨、郭璞注引楚詞曰、有蛇吞象、厥大何如、又贊曰、象實巨獸、有蛇吞之、越出其骨、三年爲期、厥大何如、屈生是疑、 象形。伯加切 凡巴之屬皆從巴。

𢀳 捲擊也。捲者反手擊也、 從巴帚。闕。闕、小徐作聲、非也、葢此字無可隸之部、故附之此而謂之闕、巴帚二字皆與擊義不相比附也、段氏謂當是從帚巴聲、以唐韻博下切推之耳、然捲擊以手、帚固非手也、且玉篇市昭切、擊也、廣韻博下切、丙不收、而四宵收䎽字、市昭切、擊也、葢卽此字、要之召聲雖諧、而說文不立帚部、終以闕之爲是

文二

庚 位西方。月令、秋三月、皆曰其日庚辛、律歷志、斂更于庚、 象秋時萬物庚庚有實也。鄭注月令、庚之言更也、辛之言新也、萬物皆肅然改更、秀實新成、史記、漢文卜得兆正橫、其繇曰大橫庚庚、古行切 庚承己象人齎。凡庚之屬皆從庚。鐘鼎文作[illegible][illegible]二形、小篆分之耳、與[illegible]汗簡作[illegible]同法、

文一

辛 秋時萬物成而孰。釋名、辛、新也、物初新者、皆收成也、 金剛味辛也。又辛痛卽泣出。依集韻引補、葢成孰之義与一辛之形不相比附、故委曲引伸而傳合之、燮下云辛者物孰味也、故由成孰而得金剛味辛之義、含辛則泣、辛痛亦泣、有罪之人必辛痛遷相引伸、乃得從一辛之形、 從一從辛。辛、辠也。鐘鼎辛字或作[illegible]、息鄰切 辛承庚象人股。凡辛之屬皆從辛。

辠 犯法也。辟下云、法也、從卩從辛、卩制其辠也、 從辛從自。自、古鼻字、徂賄切 言辠人蹙鼻苦辛之憂。亦以形義不相比附、故申說之 秦以辠似皇字、改爲罪。風俗通亦云

辜 辠也。釋詁文、莊子則陽篇、至齊見辜人焉、 從辛古聲。古乎切

𣦆 古文辜從死。周禮、殺王之親者辜之、注、謂磔之、經典皆借辥爲之、

辥 辠也。玉篇、辥、从刑也、 從辛嶭聲。私列切

辤 不受也。易釋文引作受、 從辛從受。受辛宜辤之。辛者辤、似茲切

辝 籒文辤從台。

辭 訟也。小司寇、辭聽、呂刑師聽五辭、大學、無情者不得盡其辭、皆用本義、 從𤔔辛。𤔔辛猶理辜也。依小徐通論下卷補、似茲切、𤔔理也小徐無此句、已見受部、不須複說、

嗣 籒文辭從司。鐘鼎文皆用爲司、奎父鼎[illegible]是司馬也、又曰[illegible]是司乃父官也、又省口作[illegible]、見允盉

biǎn 辡　biàn 辯　rén 壬　guǐ 癸

文六　重三

辡　辠人相與訟也。桂氏引禮三朝記、哀公曰、寡人欲學小辡以觀於政、其可乎。案所引者、張揖上廣雅表也、其下文云、孔子曰、爾雅以觀於古、足以辯言矣。夫哀公曰辡、孔子曰辯、足徵是一字、故辯辨辧皆在他部、而辯獨在本部。所引在今大戴禮小辨篇中、辡辯皆作辨。從二辛。方免切。凡辡之屬皆從辡。

辯　治也。易訟卦、其辯明也、是本義。樂記、其治辯者其禮具、則泛言辯治之義。曲禮、分爭辯訟、非禮不決、則與辡字同義。知辯卽辡之絫增字、故辡不見于經。從言在辡之閒。符蹇切。

文二

壬　位北方也。月令、冬三月、皆曰其日壬癸。注、壬之言任也、癸之言揆也、時萬物懷任於下、揆然萌芽。陰極陽生。釋天、十月爲陽。故易曰、龍戰于野。坤上六爻詞。文言曰、爲其嫌于无陽也、故稱龍焉。戰者接也。釋易以起裹妊也。亥下云、十月微陽起、接盛陰。釋名、壬、妊也、陰陽交、物懷妊、至子而萌也。象人裹妊之形。壬字金文作王、是大腹形也。如林切。承亥壬以子生之敍也。嚴氏曰、據通釋、辛陰氣成就、乃能承陽以有生、故曰承辛生子也、則小徐原作承辛壬。筠案此以方位言也、支之亥與榦之壬同居北方、亥之下卽是子。亥者裹子咳咳也、壬卽妊、謂身震動欲生也、生則爲子矣、故曰生之敍也。壬與巫同意。巫下云、與工同意。工者、象人有規巨也、則工祇是人形。巫加兩裒舞形、壬於工中加一以象孕子之形、與巫於工中加从以象裒形同意。壬承辛。象人脛。脛任體也。上文据方位而言、故以妊說壬。此又据太一經指人身而言、故又以任說壬也。律書、壬之爲言任也、言陽氣任養萬物於下也、與此義相近。韻會不引此三句。凡壬之屬皆從壬。

文一

癸　冬時水土平、可揆度也。釋名、癸、揆也、揆度而生、乃出之也。象水從四方流入地中之形。居誄切。癸承壬、象人足也。韻會引此二句、又在徐曰之下、竊疑此等竝是小徐說也。凡癸之屬皆從癸。

𤼭　籀文。𤼭。從癶從矢。𤼭、小徐作癸、今以例改之。小徐作矢聲、韻會引同。案榘從矢、矢者其中正也、亦有揆度之義。

zǐ 子　yùn 孕　miǎn 㝃　zì 字　gòu 穀　luán 孿

文一　重一

子　十一月陽气動、萬物滋。十一月之上當云孳也。此以丑下云紐也、而下文不見紐字推之、否則當云滋也。此以寅下云髕也、而下文再見髕字推之。律書、子者滋也、言萬物滋於下也。釋名、子、孳也、陽氣始萌、孳生於下也。入以爲偁。入當作人。子者男子之美偁也。許君以千支類聚、故以子月爲正義、男子爲借義、不可附和、亦不須駁正也。象形也。李陽冰曰、子在襁緥中、足併也。卽里切。凡子之屬皆從子。

古文子。從巛、象髮也。從字當刪、巛非字、不可言從。觀籀文子下從囟有髮句、益可見。召伯虎敦銘作𢀈。

籀文子。從囟、有髮、臂脛在几上也。

孕　竹君本如此、是也。說解之從几、益後人改、桂氏說是。裹子也。詩大明、大任有身。傳、身、重也。箋、重謂懷孕也。從子几。徐鍇曰、取象於裹妊也。桂氏曰、几與秀下朶上竝同、象形也。衆經音義、孕從子從乃聲、似誤。復古編、几音市朱切、尤誤。玉篇、古文作腪、汗簡古文尙書以黽爲孕。管子五行篇、黽婦不銷弃、或作媊。太元、媊其膏。又借繩。秋官薙氏、秋繩而芟之。注、含實曰繩。釋文、繩音孕。以證切。

㝃　生子免身也。省作免。越語、將免者以告。韋注、免、乳也。漢書外戚傳、婦人免乳大故、今皇后當免身。從子從免。免者挽文也、當在免部、從免而省其尾、以會解免之意、不得如徐鍇作遁詞也。芳萬切。徐鉉曰、今俗作亡辯切。案芳萬切、則與女部嬎音同義近。

字　乳也。易、女子貞不字、十年乃字。堯典、鳥獸孳尾、史記作字微。愛也。此似引伸之義、然繫傳既引經分釋之、姑存弗刪。從子在宀下、與宀部安宂二字說解相儷。子亦聲。疾置切。

穀　乳也。左宣四年傳、楚人謂乳穀、唐石經作穀。論語令尹子文注、孔安國曰、姓鬭、名穀、字於菟。皇氏曰、楚人謂乳爲穀、謂虎爲於菟、此兒爲虎所乳、故名之曰穀於菟也。字或作𤕤、見廣雅。從子𣪊聲。古候切。一曰穀瞀也。目部瞀下不見此義、於此補之。疊韻字也。段氏曰、荀子儒效篇作溝瞀、漢書五行志作傋霿、楚詞九辯作怐愗、廣韻五十候作怐愗、又作㲄瞀、又作穀瞀、其字皆上音寇、下音茂、其義皆謂愚蒙也。

孿　一乳兩子也。方言、陳楚之閒、凡人嘼乳而雙產、謂之釐孿、秦晉之閒謂之健子、自關而東趙魏之閒謂之孿生。字又作孿、元

rú 孺　jì 季　mèng 孟　niè 孼　zī 孳　gū 孤　cún 存　jiào 季　yí 疑

應引字林，孿雙生也。從子。䜌聲。呂患切。

孺　乳子也。卽孺子也。以疊韻字代之耳。杜子美詩：惟有乳下孫是也。一曰輸孺。尚小也。依廣韻增刪。段氏曰：輸孺疊韻。方言十二曰：儒輸，愚也。郭注：儒輸猶㥏選也。輸孺卽儒輸也。荀子脩身篇：偷儒憚事。偷儒卽輸孺。從子。需聲。而遇切。

季　少偁也。武王母弟八人，管叔以下皆偁叔，唯冉季載一人偁季，以其最少也。從子。從稚省。稚亦聲。說文有穉無稚，卽今本毛詩尙作穉，知此爲後人誤改。居悸切。

孟　長也。白虎通：適長稱伯，庶長稱孟。從子。皿聲。莫更切。

古文孟。人部保之古文𠈃，嚴氏以爲桜者所加，是也。孚從子會意，八則指事，兩手抱子狀也。說文重文多在兩部，桜者增孚於人部，而此部未刪，其字在孟下，卽以爲古文孟，尙不如增歠于口部，而欠部未刪，猶以吟也說之也。又案鐘鼎文保字作𤓰𠈃者固多，然王子吳鼎作保，司寇壺作𠈃，如𠈃爲古文孟，保安得從之？鐘鼎孟字如小篆，惟積古齋孟申鼎作𡥜，似是偶加八以爲彣飾，與孟姬鼎作孟相似，不能謂孚亦古文孟也。且單文孤證，不能勝衆。

孼　庶子也。公羊傳則是臣僕庶孼之事也，注：庶孼，衆賤子，猶樹之有櫱生。從子。辥聲。魚列切。

孳　汲汲生也。玉篇引云：孳孳汲汲也。元應引同。鍇案當云生也，一曰孳孳汲汲也。蓋孳從子，子之爲言孳也，敘曰：字者，言孳育而浸多也。堯典：鳥獸孳尾，豈可少生也一義？至孟子孳孳爲善，則借孳爲孜矣，汲汲乃彶彶之聲借字。從子。茲聲。注本如此，則篆當從艸部茲。艸木多益也。子之切。

籀文孳從絲。

孤　無父也。左傳：孤斬焉在衰絰之中。案喪凶禮也，列國有凶稱孤之禮，蓋由此起。從子。瓜聲。古乎切。

存　恤問也。大行人：王之所以撫邦國諸侯者，歲徧存。小行人：存頫省聘問，臣之禮也。釋詁：在、存、省、士，察也。秦策：無一介之使以存之，注：存，勞問也。從子。才聲。小徐作在省，繫傳：在亦存也。聘禮記：子以君命在寡人。徂尊切。

季　放也。集韻引此而申之曰：謂放效也。從子。爻聲。古肴切。玉篇公孝切。說文又音交。

疑　惑也。易文言：或之者，疑之也。或，古惑字。孟子：無或乎王之不知也。從子止匕。矢聲。鉉引鍇曰：矣，古矢字。諸家据此謂匕矢二字乃矣字誤分爲二，且据匕部𣬉字下亦有此語也。筠當年亦見及此，今案繫傳曰：幼子多惑也，此句解字從子也；又曰：止不通也，此句解字從止也；又曰：𠃊反比之也，比當依鉉引作匕，謂𠃊非人字，乃反匕字也，此句解字從匕也。是錯謂合子止匕三字以會意。又曰：矢聲，此句乃謂諧聲。如此明白，而其兒顚倒其序，又橫加矣古矢字一句，不知此等語皆後人增，可疑則闕之，不宜塗附。語其切。

文十五　重四

liǎo 了　jié 孑　jué 孓　zhuǎn 孨　chán 孱　nǐ 孴

了　尥也。依集韻引補。了尥疊韻字也，猶方言曰：佻，縣也。郭注：了佻，縣物皃。了佻亦疊韻，皆連語也。連語以聲爲義，了尥雖是本義，然不必是牛行腳相交也。方言：軫，戾也。郭注：相了戾也。許注淮南原道訓：捻，了戾也。酉陽雜俎：野牛其角相了戾。以此推之，則凡糾纏不順理者，皆謂之了尥矣。從子無臂。象形。集韻引無象字，然象形二字竝當刪。蓋經典無了字，方言曰：了，快也。秦曰了，殆秦始有此字，故後漢書孔融傳曰：小而了了，則了字屬事不屬物，安得有形可象？許說了尥，亦是事也。木部㰀之古文𣎳，從木無頭，是從子無臂例也。今不刪者，蓋部中兩字皆云象形，故此不得不然。盧鳥切。凡了之屬皆從了。

孑　無右臂也。字林同。大荒西經：有人名曰吳回，奇左，是無右臂，注：卽奇肱也。從了。乚象形。乚乃後人所增，以致不通，刪之自無窒礙。居桀切。

孓　無左臂也。字林同。廣韻作孓。大荒西經：有人焉，是顓頊之子，三面一臂，注：無左臂也。廣雅：孑孓，蜎也。釋魚：蜎，蠉。郭注：井中小蛣蟩，赤蟲。案孑孓借言人者以名蟲，蛣蟩又後作之專字。從了。亅象形。居月切。

文三

孨　謹也。經典借孱爲之。大戴禮曾子立事篇：君子博學而孱守之。史記張耳傳：趙相貫高曰：吾王孱王也。章昭曰：孱，仁謹皃。從三子。凡孨之屬皆從孨。讀若翦。子翦雙聲，則子亦聲也。旨兗切。

孱　迮也。謂迫笮也。集韻：孱，㚯窘也。今俗有孱㥏語。從孨在尸下。尸字祇作人字用，謂三小兒而以一大人筦轄之。一曰孨聲。似當云孨亦聲。士連切。一曰呻吟也。

孴　盛皃也。魯靈光殿賦：芝栭欑羅以戢孴，李注：戢孴，衆皃。從孨從日。繫傳曰音越詞也。讀若薿薿。似讀若詩曰黍稷薿薿之殘文，小徐則但云讀若薿。艸部：薿，茂也。則音亦兼義。一曰若存。魚紀切。繫傳今音女立反，李善音乃立反。

籀文孴從二子。一曰晉卽奇字晉。但言從二子，不言日之異於日，似挩漏說

㘝爲𠙵之譌、則不應爲奇字晉矣、當闕疑、毛本刓改曰爲日、則讀從二子一日句絕、非也、積古齋召妊敢作𠫓、口日同意、

文三　重一

𠫓 不順忽出也。去忽疊韻、去祇是忽出、凡忽出者必不順、故加不順二字、雖由到子之到而生、然非指不孝子而言、設許君以去爲不孝子、則當云𠫓不孝子突出不容於內也、而引易以實之、何須詞費乎、從到子。他骨切、易曰、突如其來如。離九四爻詞、引此者、以字義字形、不甚比附、故引此以附合之、突去同音、故用之、且不違引下文、知非餔王莽之糟也、漢書匈奴傳王莽作焚如之刑、如淳曰、焚如死如弃如者、謂不孝子也、不畜於父母、不容於朋友、故燒殺弃之、莽依此作刑名也、案莽誤解經文、如氏阿附之、讀說文者乃據以爲說、且疑其說出于孟喜、重紕貤謬矣、不孝子突出不容於內也。再申易以應忽出之義、凡𠫓之屬皆從𠫓。

㐬 去或從到古文子。華部篆文棄從㐬、說曰㐬逆子也、似與王莽說比附、然曰從𠬞推華棄之、而不云從𠬞推華棄㐬、下文始別解㐬字、蓋以古籀文皆從去、則㐬固非誤、特借此以會當棄之意、非謂所棄者逆子也、不然則后稷之見棄豈以其逆乎、𣏟部㯻從㐬、說之曰突忽也、正與去下忽出突如相應、豈水亦有不孝義乎、小徐本、不容於內也之下、云去卽易突字也、大徐迻之此者、蓋謂去不能譌爲突、妄意突爲㐬之譌、故迻之也、不知許君本引經以解義、非引經以證字、讀者誤會、遂加此句、後人遂以爲許說、設果出許君、卽必引作去如其來如矣、

（卽易突字）

育 養子使作善也。作、元應引作從、玉篇同、釋詁、育、養也、晉語、育門子、注、育、長也、長育其材、孟子、中也養不中、才也養不才、從去肉聲。余六切、虞書曰、教育子。古堯典文、揚雄宗正箴、鄭注大司樂並同、今作胄、釋文引馬云、胄、長也、教長天下之子弟、案釋詁、育、長也、詩谷風生民傳並同、馬訓以長、知所据本亦作育、史記作教穉子、桂氏曰、釋言、鞠、穉也、郭音義云、鞠、一作毓、

毓 育或從每。易蠱卦、君子以振民育德、釋文、王肅作毓、古育字、

疏 通也。与延音義同、故多借疏爲延、實則禹疏九河、是疏之正義、通之則其物通矣、故禮記云、朱弦而疏越、大戴記作通越也、既通則相去疏闊、而遠意生焉、李注陸機連珠、引作通也、遠也、此讀說文者誤增遠也字、李氏不察而連引之、胡刻無遠也句、從㐬從疋、疋亦聲。所菹切、

文三　重二

丑 紐也。律書、丑者紐也、言陽氣在上未降、萬物厄紐未敢出、十二月、萬物動、用事。淮南天文訓、太陰在丑、歲名曰赤奮若、高注、奮、起、若、順也、陽奮物而起、無不順其性、赤、陽色、用事者、月令季冬、命農計耦耕事、注、明大寒氣過、農事將起也、象手之形。敕九切、時加丑、亦舉手時也。又以一日言之、與晨從臼同意、云時加丑者、漢人語也、吳越春秋、時加于巳、餘詳食部餔下、凡丑之屬皆從丑。

䏔 食肉也。類篇䏔、肉善者、從肉丑、丑亦聲。女久切、

羞 進。句、獻也。羞、進也、釋詁文、夏小正戴傳、天官膳夫先鄭注並同、許君申之以獻、爲其疑於進退字也、於此既明、故下文云所進、不連獻言之、從羊、羊、所進也。從丑、丑亦聲。息流切、案䏔羞二字同意、類聚䏔食肉也、則天官內則之羞、是其本義、當收之羊部、与美字類聚、羞進獻也、則當收之肉部、与饍主給膳也、是也、而不然者、許君說丑以手、食之進之皆用手、故收之丑部、以證手義、

文三

寅 髕也。徐鍇曰、髕、斥之意、人陽气銳而出上、閡於宀、臼所以擯之也、正月、陽气動、去黃泉、欲上出、陰尚彊。象宀不達、髕寅於下也。淮南天文訓、寅則萬物螾螾也、律受太蔟、太蔟者、湊而未出也、干寶說易云、正月之時、陽氣上達、故屯爲物之始生、蒙爲物之穉也、弋眞切、凡寅之屬皆從寅。

𡥼 古文寅。繫傳、重陽相亥、出於土也、

文一　重一

卯 冒也。二月、萬物冒地而出。釋名、卯、冒也、載冒土而出也、律歷志、冒茆于卯、象開門之形。增韻、戼從兩戶相背、日出於戼、闢戶之時也、與丣不同、丣從兩闔戶、上畫連、日入於丣、闔戶之時也、莫飽切、故二月爲天門。天官書、蒼帝行德、天門爲之開、凡卯之屬皆從卯。

𨚲 古文卯。

chén 辰　rǔ 辱　sì 巳　yǐ 㠯

文一　重一

辰　震也。三月陽气動，靁電振，民農時也。律書：辰者，言萬物之蜄也。桂氏曰：蜄當爲踬，踬，動也。晉書樂志：三月爲辰，辰，震也，謂時物盡震動而長。月令：二月雷乃發聲，始電，至三月而大振動。民農持者，謂民務農力穡之時也。物皆生，從乙，乾下云：乙，物之達也。匕，象芒達，言不從變匕之本義也。方言：達，芒也。注：謂草秒芒射出。厂聲也。厂當作厂，身亦從厂聲，植鄰切。辰，房星，天時也。從二。論常例，本句當在厂聲之上，以從上難解，其詞與從乙從匕不類，故再提辰字而單說之，即示部天垂象之說也。以辰代農者，經典皆然。釋天：大辰，房心尾也。大火謂之大辰。郭注：龍星明者以爲時候，故曰大辰。大火，心也，在中最明，故時候主焉。二，古文上字。凡辰之屬皆從辰。　古文辰。上部云：古文從一，篆文從二。

辱　恥也。從寸在辰下。而蜀切。失耕時，於封畺上戮之也。寸，法度也。廣雅：戮，辱也。呂覽孟春紀：皆修封畺。注：起其疆畔。紀督脩𡑿於疆下也。辰者，農之時也。故房星爲辰，田候也。申明失耕時之說，故義已見部首下而覆舉之。

文二　重一

巳　巳也。巳即部中　字，漢書作目，史記作以，及已，篆惟一形，隸有三體。以巳說巳者，示部祀，祭無巳也；攴部改，讀若巳，皆篆從巳午字，說用巳止字，是其徵也。或謂巳巳也，乃以本字爲說解。案此例說經有之，許君於異部重文有之，如竝，併也；併，竝也，是也。同部則無之，惟舄，䧿也，䧿即其重文，此本在隹部，後人迻附也。若字形不異者，許君無之。四月，陽气已出，陰气已藏。四月之卦爲乾，純陽無陰，言此者，字義與字形不大比附，故言此以引起之也。萬物見成文章，故巳爲蛇。易：相見乎離，萬物皆相見。巳與離近，故曰萬物見。考工記：畫繢之事，鳥獸蛇。注：所謂華蟲也，在衣。蟲之毛鱗有文采者。吳越春秋：越在巳地，其位蛇也。象形。象蛇形也。詳里切。凡巳之屬皆從巳。

㠯　用也。易師卦彖：能以衆正。從反巳。巳，已也；已，止也。用則不止也。字義與巳反，故字形亦與巳反。羊止切。賈侍中說：㠯，意㠯實也。象形也。小徐類聚篇曰：㠯爲薏㠯。桂氏據艸部蓄苢，謂此當作㠯蓄㠯實也。案此則㠯字句絕，蓄㠯實也爲說解。嚴氏說同，惟蓄作薏耳。案如此則與象形合，然艸部因作蓄苢，即謂彼爲傳寫譌㠯爲苢，而㠯蓄㠯實也，豈非其艸名蓄㠯，其實單名㠯乎？段氏解己意爲己身之意，己實謂己堅實，㠯篆上虛下實，由虛而實，指事亦象形也。案亦調停之詞。愚意賈說謂㠯字當屬戊己之己部，　而屈其尾以入其腹，則爲　，是己意己實之象，然是會意非象形，姑竝存之以俟知者。○白虎通：禹姓姒氏，祖以億生。論衡亦曰：夏吞薏苡而生，則姓爲苡氏。案億當作薏，苡氏當作以氏。女部不收姒字，知古本作㠯，說又見女部姓下。

文二

wǔ 午　wǔ 啎　wèi 未　shēn 申

午　啎也。廣雅：午，仵也。淮南天文訓：午者，忤也。仵、忤皆啎之俗體。五月陰气午逆陽，冒地而出也。繫傳：人爲陽，一爲地，丨爲陰气貫地，午逆陽也。釋名：午，仵也，陰氣從下上，與陽相仵逆也。月令：仲夏陰陽爭。注：爭者，陽方盛，陰欲起也。案午屬指事，而許君不言，蓋有闕文。疑古切。此與矢同意。段氏曰：矢之首與午相似，皆象貫之而出也。凡午之屬皆從午。

啎　逆也。夊部：夅，啎也。衆經音義：忤，又作啎、遻，三形同。釋詁：遘、逢、遇、遻，遻也。辵部：遻，相遇驚也。引伸爲啎逆不順之義。高唐賦：陬互橫啎。李注：啎，逆也。字或作許。呂覽明理篇：夫亂世之民長短頡許，百疾。高注：許猶大許逆也。既無節度，大逆爲變詐之疾也。俗作牾。從午，吾聲。五故切。

文二

未　味也。六月滋味也。六月之下，蓋有闕文。律書：未者，言萬物皆成，有滋味也。許君蓋用其文。五行木老於未。淮南天文訓：木生於亥，盛於卯，死於未。許君言此者，以字義是味，字形是木茂盛之狀，故言此以引起之。象木重枝葉也。無沸切。凡未之屬皆從未。

文一

申　神也。申、晨、伸、倠一體相嬗，身、倠一體相嬗，六字又同音。申、晨、倠又同訓曰神，然當分爲兩義，本注之神與倠同義，蓋精神魂魄之神。白虎通曰：申者，身也。下文云從臼自持，與　下云人要自臼，其詞正同。是知申身二字，同象人形，而官骸必有神魂主之，故申倠同訓以神。至于風俗通曰：神者，申也，則是屈伸之義，反不與許君同意，乃是晨伸倠之義也。

yè 曳　yú 臾　yìn 䡛

七月。陰气成。繫傳七月三陰故曰陰气成。體自申束。所以起字者。挐斂之意。漢人相傳之故訓也。釋名。申。身也。物皆成其身體。各申束之使備成也。淮南道應訓。約車申轅。注。申。束也。內則鄭注。紳。大帶。所以自紳約也。案紳約亦即申束。從臼。自持也。失人切。吏目餔時聽事。申旦政也。仍承神也言之。然與㬰下云神也。㑺下云理也。通爲一義。與上文之說別。故在說字形之後。廣雅篇韻皆曰。申。伸也。是但知此義也。說㬰以神。乃謂神有㑺理之義。非謂㬰有神明之義。釋詁。神。治也。即許君所本。事須㑺理。必有委折。當反覆窮究之。故釋詁又曰。申。神。重也。郭氏葢以爲鬼神。故于此兩條皆曰未詳。餔者。日加申時食也。申旦政者。子產所謂朝以聽政。夕以修令。敬姜所謂卿大夫朝攷其職。夕序其業也。凡申之屬皆從申。申 古文申。段氏依申篆改爲申。本有小誤。且申申皆古申字。不可偏廢也。積古齋嘉禮尊。神保是皀。神從申。甲午簋。吉申明神神鑒。是德。一從申。一從申。然則許君少收乙字耳。申申固自是古文也。申 籀文申。案以申而整齊之則作申。再整齊之則作申。更加偏旁則人部伸。又部㬰。仍即此字。

䡛 擊小鼓引樂聲也。集韻引無聲字。詩有瞽。應田縣鼓。箋。田當作𣐈。𣐈。小鼓。在大鼓旁。應鞞之屬也。聲轉字誤。變而作田。鄭注周禮大師引詩應𣐈縣鼓。從申。柬聲。羊晉切。周禮曰。小樂事鼓䡛。春官小師文。今作𣐈。讀若引。句當繼柬聲之下。春官大師。令奏鼓𣐈。鄭司農曰。𣐈。小鼓也。先擊小鼓。乃擊大鼓。小鼓爲大鼓先引。故曰𣐈。𣐈讀爲道引之引。

臾 束縛捽抴爲臾。段氏於句末增臾字。余本從之。又疑臾曳爲可單可雙。且或是轉注。故仍之。束縛捽抴者。束縛其人。捽持其髮而拖之也。自楊慎以史記瘐从獄中。爲當作此字。段氏用之。似于情事不合。從申從乙。乙當作乚。此反厂之乚也。羊朱切。

曳 臾曳也。元應引作申也。牽也。嚴氏謂申爲臾之譌。是也。案此謂曳義同臾。復以牽也總承臾曳而申明之。然玉篇亦如元應。故未敢改。又史記淮南衡山傳。日夜從容王。漢書作縱臾。從容疊韻。縱臾雙聲。皆從慂之古字也。臾曳亦雙聲。則雙單皆可用矣。從申。丿聲。丿當作厂。厂部云。抴也。象抴引之形。竊意厂即曳之古文。余制切。

文四　重二

fàn ⿱弁酉

shī 釃　tú 酴　yùn 醖　niàng 釀　yín ⿰酉甚　méng ⿰酉冡　jiǔ 酒　yǒu 酉

酉 就也。酉乃古酒字也。故律歷志曰。留孰於酉。天文訓曰。酉者。飽也。留飽皆與酉爲疊韻。許君不用而獨與酒篆下就也同用一義。足見其意矣。癸季良壺云。酉酉。齊侯甒云。酉酉。皆旨酒也。而鐘鼎卯酉字及尊鄭所從之酉。有酉酉酉酉酉酉酉諸形。惟然虎彝作酉。與小篆近。莽器亦多作酉。間有作酉者。丣字不見古器銘。八月黍成。可爲酎酒。以八月與十二支之酉黏合。仍以酎酒應就也之說者。許君據小篆說之。理當有此支詘也。象古文酉之形也。酉當作丣。與久切。凡酉之屬皆從酉。

丣 汗簡引作丣。從卯之古文丣。故云從一丣也。古文酉。從一丣。依類篇引補。丣爲春門。萬物已出。丣爲秋門。萬物已入。丣部云。二月爲天門。此承而推演之。左僖五年傳。凡分至啟閉。必書雲物。服注。啟。立春夏也。陽氣用事爲啟。閉。立秋冬也。陰氣用事爲閉。從一。閉門象也。丣即丣字。鐘鼎卯字皆作丣。小篆曲其上以爲姿耳。故說曰象開門之形。不曰從兩戶相背也。

酒 就也。所以就人性之善惡。詩人之齊聖飲酒溫克。彼昏不知。壹醉日富。從水從酉。酉亦聲。子酉切。一曰造也。吉凶所造也。御覽引所下有起字。小徐作造起。事類酒賦引有起無造。初學記引亦作起造。古者儀狄作酒醪。禹嘗之而美。遂疏儀狄。見戰國策。杜康作秫酒。見博物志。亦見巾部帚下。

⿰酉冡 麴生衣也。齊民要術造笨麴餅法。麴成。打破看餅內乾燥。五色衣成。便出曝之。從酉。冡聲。莫紅切。

⿰酉甚 孰麴也。生衣即孰矣。從酉。甚聲。余箴切。

釀 醖也。作酒曰釀母也。元應引此而申之曰。釀。頭也。案廣雅曰。醖醸釀。酘也。曹憲云。酘音豆。集韻引字林。酘。重釀也。北堂書鈔引酒經云。𨢊醽九投。澄清百品。然則投即廣雅所謂酘也。元應謂之頭者。葢初釀之名。再以此酒釀之。如以母生子。故謂之母。今本無母也二字。葢不知者刪之。元應又引三蒼。米麴所作曰醸。從酉。襄聲。女亮切。

醖 釀也。南都賦。酒則九醖甘醴。從酉。昷聲。於問切。

⿱弁酉 酒疾孰也。廣韻。酴。一宿酒。從酉。弁聲。芳萬切。

酴 酒母也。段氏曰。米部。𥻗。酒母也。此酴亦訓酒母。則今之酵也。玉篇曰。麥酒不去滓飲也。案髟部鬗下言酢母。從酉。余聲。讀若廬。同都切。

釃 下酒也。詩伐木。釃酒有藇。傳。以筐曰釃。以藪曰湑。釋文。釃謂以筐

juān lì lǐ láo chún rǔ zhòu
䣭 䤚 醴 醪 醇 醹 酎

àng nóng róng gū zhī làn
醠 醲 䤊 酤 䤄 醶

盞酒疏。藪艸也。從酉麗聲。所綺切。一曰醇也。

䣭 䤚酒也。玉篇䤚以孔下酒也。齊民要術粟米爐酒以冷水澆筒飲之䤚出者歇而不美。從酉肙聲。古懸切。

䤚 䣭也。玉篇䤚漉酒也。從酉鬲聲。郎擊切。

醴 酒一宿孰也。漢書楚元王傳穆生不嗜酒元王每置酒常爲穆生設醴顏注醴甘酒也少麴多米一宿而熟。從酉豊聲。盧啟切。

醪 汁滓酒也。後漢書寇恂傳注引作兼汁滓酒也。元應引作有滓酒也。鄭注酒正曰醴猶體也成而汁滓相將。詩七月爲此春酒傳春酒凍醪也。從酉翏聲。魯刀切。

醇 不澆酒也。顏注漢書袁盎傳醇者不雜言其醲也。內則稻醴清糟黍醴清糟粱醴清糟。注糟醇也清泲也。從酉享聲。常倫切。

醹 厚酒也。從酉需聲。而主切。詩曰。酒醴惟醹。大雅行葦文。傳醹厚也。

酎 三重醇酒也。謂以酒釀酒至再至三也。嵇康酒賦重酎王清淵凝冰潔。從酉肘省聲。依戴侗引蜀本改除柳切玉篇陟又切廣韻集韻韻會祇收于去聲。朙堂月令曰。孟夏天子飲酎。依蜀本改今月令同鄭注酎之言醇也謂重釀之酒也春酒至此始成呂覽記此禮亦在孟夏紀若夫三輔黃圖之言酎金也曰酎正月作酒八月成三重釀醇酒也則是仲秋蓋自是漢禮

說文句讀　卷二十八

醠 濁酒也。周禮酒正作盎鄭注盎猶翁也成而翁翁然蔥白色如今酇白矣案白則濁矣而淮南說林訓曰清醠之美高注醠音甕清酒也其義異其字亦小異或非一字邪。從酉盎聲。烏浪切。

醲 厚酒也。三蒼醇醲也。從酉農聲。洪範農用八政鄭讀農爲醲女容切。

䤊 酒也。從酉茸聲。段氏改篆從耳說曰耳聲桂氏曰玉篇廣韻皆有䤊無醋而集韻類篇引說文作醋字林作醋非也而容切。一曰酒重釀者。依集韻類篇引補。

酤 一宿酒也。一曰買酒也。詩伐木無酒酤我傳酤一宿酒也箋酤買也案一曰五字似後增伐木釋文酤毛音戶一宿酒也說文同鄭音顧又音沽買也據此則隋本說文無此五字。從酉古聲。古乎切。

䤄 酒也。玉篇䤄酒厚也。從酉晢省聲。陟离切。

醶 泛齊行酒也。泛齊雖見周禮而泛齊名醶則無出典說文又有氾無泛疑當云氾行酒也以氾說醶疊韻爲訓猶孟子言氾濫也中以行酒指其實也廣韻醶下云醶觴郎江源可以濫觴之說行酒猶云浮白矣特此字不與

gǎn kù yǎn dàn pò pèi yì zhuó jiào
䤗 酷 酓 醰 䣪 配 𨠖 酌 醮

jǐn yìn chóu
醑 酳 醻

酌類廁或後人亂之如醨不與醇醲類廁是其比也。從酉監聲。盧瞰切。

䤗 酒味淫也。繫傳淫長也。玉篇淫作苦。從酉贛省聲。古禫切。讀若春秋傳曰。美而豔。桓元年文十六年皆有此文。

酓 酒味苦也。玉篇同。從酉今聲。咽嗛反。

酷 酒厚味也。廣韻引作酒味厚也書正義說文云酷酒厚味也酒味之厚必嚴烈人之暴虐與酒嚴烈同故謂之酷筠案借酷爲嚳耳不可望文爲義。從酉告聲。苦沃切。

醰 酒味苦也。各本及集韻引竝同小徐作甛長味也此以字林改說文也洞簫賦良醰醰而有味李注引字林醰甛同長味也。從酉覃聲。徒紺切。玉篇又大含切。

䣪 酒色也。廣韻䣪酒氣又醱蒲撥切亦訓以酒氣與字林同。從酉朩聲。普活切。

配 酒色也。玉篇後收字中有醅字云酒色案醅者土部圮之重文也。從酉己聲。滂佩切。

𨠖 酒色也。從酉弋聲。與職切。

酌 盛酒行觴也。玉篇同然盛字似挹斟等字之誤說見勺部禮記投壺命酌曰請行觴。從酉勺聲。之若切。

醮 冠娶禮祭也。此後人妄刪之文也玉篇醮冠娶妻也禮祭也當是據說文原本所謂冠者士冠禮若不醴則醮用酒三加凡三醮注酌而無酬酢曰醮是也所謂昏者士昏禮父醮子命之迎婦嫡婦則酌之以醴庶婦使人醮之酌之以酒是也所謂禮祭者廣雅醮祭也文選高唐賦醮諸神禮太一李注醮祭也此則後世之事於經無徵也。從酉焦聲。子肖切。

𥙚 醮或從示。此字蓋後作以爲禮祭一義之專字也。

醑 歃酒也。從酉晉聲。子朕切。

酳 少少歙也。玉篇酳與酳同桂氏段氏皆曰士虞禮注少牢禮注皆云古文酳作酌特牲注云今文酳皆爲酌三酌字必皆酌之字誤其一云今文者則古文之誤許用古文禮故作酌禮記多用今文故作酳士昏禮注酳漱也酳之言演也安也曲禮主人未辨客不虛口注虛口謂酳也釋文以酒曰酳以水曰漱。從酉勻聲。勻少也兼意余刃切。

醻 獻醻主人進客也。連獻言之者獻酢酬三者爲燕禮之全也皇侃論語義疏初主人酌酒與客曰獻賓飲獻畢而酌與主人曰醋主人飲醋畢又酌與賓曰酬詩楚茨獻醻交錯箋始主人酌賓爲獻賓既酌主人主人又自飲酌賓曰醻瓠葉酌言醻之傳醻道飲也箋主人既卒酢爵又酌自飲卒爵復酌進賓猶今俗之勸酒。從酉𠷎聲。

說文句讀　卷二十八

市流切、醻或從州。醋客酌主人也。從酉昔聲。在各切、許君說醋酢二字、與今人音義互異、似許君亦誤、案有司徹、祝洗酌授尸、尸以醋主婦、注云、今文醋曰酢、特牲饋食禮、祝酌授尸、尸以醋主人、注云、古文醋作酢、夫今文古文、醋酢互用、則是一字兩體也、且有司徹又曰、祝酌授尸、尸以醋主人、其字從昔、上文又云、受三獻爵酌以酢之、其字則從乍、又鄉射禮、賓實爵主人之席前東南面酢主人、其字亦從乍、又周禮司尊彝、諸臣之所昨也、注、昨讀爲酢、昨亦從乍、故破讀爲酢、此漢人用酢爲醋之證、所宗者儀禮、醋酢互見也、況古者名醋不名酢、疑漢人始呼醋爲酢、許君始分醋爲酬醋、酢專爲醋之名耳、醓飲酒俱盡也。說見釂下、從酉监聲。迷必切、釂飲酒盡也。曲禮、長者舉未釂、少者不敢飲、注、盡爵曰釂、從酉。嚼聲。此發明假借也、小徐作爵聲、韻會引同、非是、史記游俠傳、與人飲、使之嚼、徐廣音子妙反、盡酒也、漢書作釂、說苑、飲不嚼者、浮以大白、續漢書五行志、嚼復嚼者、京都飲酒相强之詞也、西都賦注引說文、釂子曜切、孫子肖切、酣樂酒也。依御覽引乙轉、衆經音義、漢書應劭曰、不醉不醒曰酣、一曰樂酒曰酣、楚詞章句、引詩樂酒今昔、從酉從甘。尚書甘酒嗜音、甘亦聲。胡甘切、

酖樂酒也。詩借湛爲之、大雅抑篇、荒湛于酒、箋、湛樂于酒、從酉。冘聲。丁含切、醧私。句宴飲也。字林同、醧與食部饇一字、私者、醧之別名、釋言毛傳皆曰、飫私也、詩楚茨、諸父兄弟、備言燕私、是也、常棣、飲酒之飫、魏都賦注引韓詩、飲酒之醧、韓詩云、夫飲之禮、不脫屨而即序者、謂之禮、跣而上坐者、謂之宴、能飲者飲之、不能飲者已、謂之醧、角弓、如食宜饇、字與飫同、從食、從酉。區聲。依據切、醵會飲酒也。禮器、周禮其猶醵與、注、合錢飲酒爲醵、王居明堂之禮、仲秋乃命國醵、從酉。豦聲。其虐切、酟醵或從巨。酺王德布大飲酒也。史記索隱引作王者布德大飲酒也、顏師古曰、酺之爲言布也、周禮族師、春秋祭酺、注、酺者、爲人物災害之神也、族無飲酒之禮、因祭酺而與其民以長幼相醻酢焉、詩良耜箋云、又有祭酺合醵之歡、漢書音義、文穎曰、漢律、三人已上、無故羣飲、罰金四兩、今恩詔橫賜、得令聚會飲食五日、酺、布也、言天子布恩于天下、從酉甫聲。薄乎切、醅醉飽也。從酉咅聲。讀若僰。匹回切、廣韻匹尤切、又普裴切、醉卒也。御覽引作酒卒曰醉、各卒其度量。

不至於亂也。諸葛亮誡子曰、主意未殫、賓有餘眷、可以至醉、無至迷亂、一曰。酒潰也。從酉卒。當云卒聲、將遂切、醺醉也。從酉熏聲。許云切、詩曰。公尸來燕醺醺。大雅鳧鷖、公尸來止熏熏、傳、熏熏、和說也、箋、不敢當王之燕禮、故變言來止、恐字既譌、鄭君曲解之也、豈有上四章皆云來燕、末章始不敢當乎、釋文、熏、說文作醺、醟酗酒也。依書釋文引補、通俗文、酗酒曰醟、漢書敘傳、中山淫醟、從酉。熒省聲。爲命切、酗醉醟也。醉、書釋文引作酒、漢書趙充國傳、湯數醉酗羌人、顏注、即酗字也、醉怒曰酗、書微子、我用沈酗于酒、傳、酗醟、無逸傳云、以酒爲凶謂之酗、從酉。句聲。香遇切、醒病酒也。一曰醉而覺也。依詩疏引刪、疏引此而申之曰、言既醉得覺而以酒爲病、故曰病酒也、節南山、憂心如醒、傳、病酒曰醒、從酉。呈聲。直貞切、醫治病工也。天官有醫師、食醫、疾醫、瘍醫、謂之工者、考工記守之世謂之工、曲禮、醫不三世、不服其藥、史記扁鵲傳曰、良工取之、殹惡姿也。醫之性然。凡精于小道者、其性多乖戾、女部、嫛婗也、婗、婦人惡皃、得酒而使。從酉。使如君臣佐使之使、於其切、王育

說。目上文也、一曰。殹病聲。酒所以治病也。此又一說也、據病者言、不據治病者言矣、殹病聲者、謂殹爲瘞之省、疒部、瘞、劇聲也、射義、酒者所以養病也、周禮有醫酒。此又一說也、竊欲以此爲字之正義、從酉、殹聲、不須委曲說以會意也、天官酒正、四飲、二曰醫、注、醫、即內則或以酏爲醴者、古者巫彭初作醫。海內西經、開明東有巫彭、巫抵、巫陽、巫履、巫凡、巫相、注、皆神醫也、世本曰、巫彭作醫、○衆經音義引云、醫治病工也、醫之性得酒而使、故字從酉殹聲、古者巫彭初作醫、殹亦病人聲也、酒所以治病者、藥非酒不散也、二十四卷又引云、醫治病工也、醫之性得酒而使、藥非酒不散、故字從酉殹、病人聲也、案前引文義似順、姑記於此、莤禮祭。束茅加于祼圭而灌鬯酒。是爲莤。象神歆之也。亦借縮字爲之、郊特牲、縮酌用茅、明酌也、玉部有瑒圭、此云祼圭者、以下云灌鬯酒之故、示部、祼、灌祭也、歆者、神食气也、天官甸師、祭祀共蕭茅、注、鄭大夫云、蕭字或爲莤、莤讀爲縮、束茅立之祭前、沃酒其上、酒滲下去、若神飲之、故謂之縮、縮、浚也、康成謂縮酒、泲酒也、從酉從艸。所六切、春秋傳曰。爾貢包茅不入。王祭不供。無以莤酒。僖四年文、今作縮、一曰。莤榼

說文解字句讀弟十四下

lèi tú mú hǎi jiàng yǐ cù yàn zài suān chǎn lí
酹 ⿰酉俞 ⿰酉敄 醢 醬 酏 酢 醶 𢧢 酸 ⿰酉韱 醨

上塞也。桂氏曰：塞，榼口者，所以湑酒。本書榼，酒器也。湑，莤酒也。詩伐木有酒湑我，傳湑，莤之也。箋王有酒則泲莤之。釋文謂以茅泲之而去其糟也。段氏曰：以艸窒榼上孔曰莤。醨 薄酒也。楚詞漁父何不餔其糟而歠其醨。從酉离聲。讀若離。呂支切。⿰酉韱 酢也。廣雅同。廣韻曰醋味。從酉韱聲。初減切。酸 酢也。廣雅同。皿部醯，酸也。許君以酸爲醋之別名。葢以曲直作酸，爲引伸之義。從酉夋聲。素官切。關東謂酢曰酸。⿰酉畯 籀文酸從畯。𢧢 酢漿也。酒正辨四飲之物，三曰漿。注漿，今之𢧢漿也。禮運以爲醴酪，注酪，酢𢧢。從酉𢦏聲。徂才切。醶 酢漿也。廣雅醶，酢也。從酉僉聲。魚窆切。俗作釅。酢 醶也。齊民要術有作酢法，云酢者今醋也。從酉乍聲。倉故切。酏 黍酒也。內則黍酏，注釀粥爲醴。又注酒正云凡醴濁釀酏爲之，則少清矣。從酉也聲。移爾切。一曰甜也。呂覽重已篇其爲飲食酏醴也，注酒正二曰醴齊。醴者以糵與黍相釀，不以麴也，濁而恬耳。案恬即甛。鄭注酒正亦以醴齊爲恬酒。賈侍中說酏爲䤋清。酒正四飲，四曰酏，注酏，今之粥。內則

說文句讀《卷二十八 七百四十五 、○折四十八 圭

有黍酏，飲粥稀者之清也。內則黍酏，注酏，粥也。又云饘酏。釋文饘，厚粥也；酏，薄粥也。醬 醢也。廣雅同。釋名醢多汁者曰醯。天官膳夫凡王之饋醬用百有二十罋，注醬謂醯醢也。王舉則醢人共醢六十罋，醯人共醯物六十罋。案鄭君以醢人醯人兩職所云六十罋合爲膳夫百二十罋之數，葢以醯人職云凡醯醬之物，世子之醬齊菹醬字凡兩見，故以醯爲醬也。案許君云醬，醢也；醢，肉醬也；醯，酸也；作醯以鬻以酒，而不言以肉，則醯即醋矣，與鄭說不可合爲一。從肉從酉，酒以和醬也。爿聲。即亮切。□ 小徐作□，案當作□，小臣繼彝酉作百。古文醬如此。□ 籀文醬如此。醢 肉醬也。釋器肉謂之醢。聘禮醯醢百罋，醯在東，注醯，穀，陽也；醢，肉，陰也。案此說與許同。從酉𥁑聲。呼改切。□ 籀文醢如此。⿰酉敄 ⿰酉敄⿰酉俞，榆醬也。四民月令，榆莢色變白，可作⿰酉敄⿰酉俞。齊民要術有作榆子醬法，治榆子仁一升，擣末篩之，清酒一升，醬五升，合和一月，可食之。從酉敄聲。莫候切。⿰酉俞 ⿰酉敄⿰酉俞也。從酉俞聲。田候切。段氏曰：⿰酉敄⿰酉俞或音茂逗，或音牟頭，或音模塗，皆疊韻也。酹 餟轉注祭也。字林以酒沃地曰酹。後漢書橋元傳不以

zūn qiú rǎn jiàn liáng jú bì
尊(尊) 酋 ⿻冉酉 ⿱漸酉 ⿰酉京 ⿰酉矞 ⿰酉畢

斗酒隻雞過相沃酹。從酉寽聲。郎外切。⿰酉畢 擣榆醬也。玉篇⿰酉畢，匕一切，飲酒俱盡也；⿰酉敄⿰酉俞也。或作□。廣雅□，醬也。集韻□□，醬也。從酉畢聲。蒲計切。⿰酉矞 醬也。廣雅同。玉篇⿰酉矞，□醬也。從酉矞聲。居律切。⿰酉京 雜味也。段氏曰：廣雅⿰酉京，醬也。疑雜味下本有醬字，故廁於此。若六飲之涼，則已見水部。從酉京聲。力讓切。⿱漸酉 闕。慈冉切。案闕字校者所加。玉篇□□，味薄也。葢顧氏据本未闕也。集韻則曰說文闕，一曰醬也，一曰□□味□，字又作□□。廣韻□，食薄味也。集韻□或作□，嘗食也，一曰□□味□。類篇□醬也。⿻冉酉 闕。而剡切。玉篇□□也。集韻□說文闕，一曰□□味□，一曰醬也。類篇同。

文六十七　重八

酋 繹酒也。方言酋，熟也。自河以北，趙魏之間，久熟曰酋。案多下云夕者相繹也，重夕則久，故夕昔通用。詩樂酒今夕，楚詞章句引作昔，是也。是以周禮謂之昔酒。天官酒正一曰事酒，二曰昔酒，注事酒，今之醳酒也；昔酒，今之酋久白酒，所謂舊醳之酒也。郊特牲舊澤之酒，注澤讀爲醳，舊醳之酒謂昔酒也。釋名醳酒，久釀酉澤也。又云酒，酉也，釀之米麴酉澤

說文句讀《卷二十八 七百七十二 、○折四十七 圭

久而味美也。案繹及澤，古文假借字，醳則後作之專字也。從酉，水半見於上。酋字之形與谷從水敗皃同。水半見於上之語，與谷從水半見出於口同，而酋字之義則與酒同。釋名酒，酉也。下文之大酋，即酒正也。特以酒從水，酋即從半水以相避耳，不可泥半水生義。字秋切。禮有大酋，掌酒官也。月令仲冬乃命大酋，注酒熟曰酋，大酋者，酒官之長。凡酋之屬皆從酋。尊 酒器也。從酋廾以奉之也。祖昆切。周禮六尊：犧尊、象尊、著尊、壺尊、太尊、山尊，以待祭祀賓客之禮。春官小宗伯辨六尊之名物，以待祭祀賓客。案六尊見司尊彝職，注曰鄭司農云獻讀爲犧，犧尊飾以翡翠，象尊以象鳳皇，或曰以象骨飾尊。著尊，著略尊也，或曰著尊，著地無足。壺者，以壺爲尊。春秋傳曰尊以魯壺。大尊，大古之瓦尊。山尊，山罍也。志林先代不識犧尊，魏明帝時，魯郡於地中得齊大夫子尾送女器，有犧尊，作犧牛形，自爾乃知其形。博古圖有犧尊、象尊，皆全體象形。禮圖於圓尊之上作犧及象形，非也。尊 尊或從寸。此篆後人加也。士喪禮冪奠用功布，注古文奠爲尊。特牲饋食禮舉觶者洗酌于其奠，石經奠作尊。案尊從廾，奠從丌，隸廾作大，丌作六，形似易譌，故改爲寸以別之，是以廣

酉 酋

韻二十三寬、尊、説文曰、酒器也、本又作算、則知所据説文有兩本、一本已改從寸、一本未改從廾也、云本又作、則非重文可知矣、是以釋器釋文引説文云、字從酋寸、酒官法度也、竝不復及從廾之尊、知所据者已改之本也、校者掇拾兩本、而目爲重文、豈其然乎、曹憲文字指歸曰、檢字無此從缶從木者、説文云、字從酋寸、酒官法度也、今之尊卑、從此得名、故尊亦爲君父之偁、是曹氏据本亦如陸氏、皆不知爲隸書而從爲之辭、○説文從寸之字十、無一從尊者、

文二　重一

xū
戌

戌　滅也。淮南子白虎通竝同、史記律書、戌者、言萬物盡滅、故曰戌、然段氏改爲威也、是也、火部威、陽气至戌而盡、九月。陽气微。萬物畢成。陽下入地也。鄭注周易、建戌之月、陽氣既盡、律歷志、畢入於戌、又云、亡射、射、厭也、言陽氣究物、而使陰氣畢剝落之、終而復始、無厭已也、位於戌、在九月、五行土生於戊。盛於戌。爲説字形張本也、淮南天文訓、土生于午、壯於戌、死於寅、魏臺訪議、高堂隆曰、土始生於未、盛於戌、終於辰、皆與許説異、從戊含一。辛聿切、凡戌之屬皆從戌。

hài
亥

文一

亥　荄也。廣雅同、律書、亥者、該也、言陽氣藏於下、故該也、律歷志、該閡於亥、筠案、自夏以前、皆正月建寅、商建丑、周建子、皆用三微之月、秦建亥、漢初沿之、然亥萬物閉藏、但存根荄、不可用也、又案、爾雅歲名、始於攝提格、終於赤奮若、鄭注䛷蓺氏用之、淮南王、前漢人、天文訓之言十二月也、首云斗指寅、則萬物螾、末云丑者紐也、其言歲也、曰太陰元始、建于甲寅、一終而建甲戌、二終而建甲午、三終而復得甲寅之元、是仍用甲歷起于甲寅之説也、張揖、魏人也、廣雅釋天曰、甲乙爲榦、寅卯爲支、仍用古説、其下文言日辰占國之衛、又始于子、周、終于亥、燕、則與許君始子終亥同矣、余究不知此説始於何人也、十月。微陽起。接盛陰。從二。二古文上字。上、上聲、詩采薇、歲亦陽止、箋、十月爲陽、時坤用事、嫌於無陽、故以名此月焉、正義、其實陰陽恆有、詩緯曰、陽生酉仲、陰生戌仲、是十月中兼有陰陽也、一人男。一人。女也。男女者、所裹之子也、從乙。此言從、則下文不得言象、且甲乙、燕乙、二字義皆不合、象裹子咳咳之形。乚在二人之左、裹之之狀也、咳與荄皆以同音爲義、而咳則不取本義、雖咳亦通作該、前漢律歷志曰、該藏萬物、似與裹子義合、然咳咳重言之、似指胞中拳曲之狀、胡改切、春秋傳曰。亥有二首六身。襄三十年文、凡亥之屬皆從亥。亥　積古齋師旦鼎、亥釋作亥、與此文相近、古文亥。亥爲豕。與豕同意。亥爲豕、與巳爲蛇同、衛家以三十六禽、配十二辰、是也、小徐祛妄篇、引李陽冰説古文亥本象豕、減一畫爾、是字形尚微不同、故曰同意、亥而生子。復從一起。始一終亥、亥反于一、循環無端矣、春秋元命包、陰陽之性以一起、人副天道、故一生子、

文一　重一

説文解字句讀第十四下

翼城焦騰鳳校

句讀卷二十八補正

漢律歷志、權輕重者不失黍絫、第九葉後一行應劭曰上增此

臼巤囟之訛、十二葉後十行從臼從内下增此注

我初据爾雅釋文以巤爲鬣之重文、今知非也。釋文曰。𩯭字又作鬣。或作巤。同。引吳都賦鬣笑而被格。案文選吳都賦卽作巤。集韻鬣有或體巤。知其采白釋文。本非采自說文也。玉篇廣韻鬣皆有古文巤。與說文同。集韻鬣有或體巤。不過字體錯誤。亦不與說文異。至於𩯭字。廣韻同。玉篇則作巤。疑是說文傳寫脫巛。巛者所謂髮也。囟者頭也。臼者四角也。並非從臼内者。足也。玉篇廣韻皆有兩重文。𩯭字兩書同。玉篇之巤。廣韻則作巤。

一合其下臼爲田。一合其上臼爲田。要皆涉筆之變。釋文集韻誤也。舛部舝從巤省聲。是禼則諾。是𩯭則乖。其明證也。○玉篇。禼禹相連。而巤在部末。當是說文原次。小徐列巤於禹上。亦可徵其爲倒亂也。十三葉前五行古文禼下注全删以此易之

句首似當增任字、穆天子傳守犬七十、郭注、任守備者、十三葉後一行守備者下增此注

積古齋商庚觶作𠂤、有垂實之象、十六葉前五行𠂤行切上增此

周語、皐不由晉、十六葉後二行冃制其皐也下增此

敘曰、守者、言孳乳而寖多也、是文字猶從本義引申之、十八葉後四行作字徵下增此

段氏曰、當云妃省聲、二十八葉前八行滂佩切上增此

曰其朝踐用兩獻尊、三十二葉後六行見司尊彝職下增此

說文解字弟十五此許君自敘其書也葢放太史公自序爲之是篇云爲太史公書索隱引桓譚說以太史公爲東方朔所署而又駁之是也漢人稱父爲公朔不可稱談爲父也索隱又曰葢遷自尊其父著故通稱之曰公或云遷外孫楊惲所稱事或當爾也案小司馬前說可施之爲太史公書一句父統子業也後引或說可施之太史公自序必不得自稱父也以彼例此則本卷亦當以許君自敘名篇云弟十五亦非也既爲自敘不得沿本書之次弟敘固云此十四篇後漢書儒林傳亦曰十四篇是也如太史公自序在百三十篇之外也許沖表雖曰十五卷乃進書時使齎呈者稽其卷軸非輒以自敘當說文也

漢太尉祭酒許愼記十四篇皆有此文固皆後人所加而其加已久故辟綜目此書爲許氏記字也然所記者文字本篇祇是敘故記字加于十四篇則是加之本篇則非也姑仍其舊不復加南閣字

古者庖犧氏之王天下也。帝王世紀庖犧氏風姓也取犧牲以充庖廚故號庖犧氏是爲犧皇後世音謬故謂之宓犧顏氏家訓孔子弟子虙子賤爲虙犧之後俗字亦爲宓孟康漢書古文注宓今伏字皇甫謐云伏羲或謂之宓羲考諸經史緯候無宓羲之號孔子弟子虙不齊後人云濟南伏生卽子賤之後是知虙與伏古字通用後誤以爲宓也潛夫論大人迹出雷澤華胥履之生伏羲其相日角世號太皞都於陳仰則觀象於天俯則觀法於地。仰當作卬法當作灋特敘用隸書不必盡依篆文雖下文有竊卬景行律令異灋亦不必一律故本篇所用隸字多不正之。視鳥獸之文與地之宜。近取諸身。遠取諸物。於是始作易八卦。禮含文嘉伏羲德洽上下天應之以鳥獸文章地應之以龜書伏羲乃則象作易卦六藝論虙羲作十言之教曰乾坤震巽坎離艮兌消息無文字謂之易筠案孔子贊易序列聖所作首以八卦而別言書契明非一事許君則謂卦有奇耦卽文之祖故推本於伏羲氏其序字也前七篇首一部放易上經首乾坤也後七篇首八部放易下經首咸恆也易終於未濟以見其無窮盡說文終於亥亥而生子復從一起以見其循環無端亦所以放之也太史公放春秋而作史記許君放周易而作說文皆宗述而不作之義非如太元法言吳楚僭王之比㠯垂憲象。憲象者法象也釋詁憲法也易法象莫大乎天地易通卦驗虙羲作易無書以畫示張彥遠名畫記顏光祿云圖載之意有三一曰圖理卦象是也二曰圖識字學是也三曰圖形繪畫是也及神農氏。禮含文嘉神者信也農者濃也始作耒耜教民耕種美其衣食德濃厚若神故爲神農也結繩爲治而統其事。言上古結繩而治庖犧神農皆治之也繫辭易之興也其於中古乎虞注興易者謂庖犧也庖犧爲中古則庖犧以前爲上古黃帝堯舜爲後世聖人庶業其繁。其同荀卿書之緐猶極也繁者緐之隸字飾僞萌生。論衡齊世篇語稱上世之人質樸易化下世之人文薄難治故易曰上古之時結繩以治後世易之以書契先結繩易化之故後書契難治之驗也黃帝之史倉頡。倉汗簡略敘引作蒼句下有史亦云史臣蒼頡沮誦九字葢舊注也段氏曰廣韻云倉姓倉頡之後則作蒼非也春秋孔演圖倉頡四目是謂竝明晏氏類要倉頡姓侯岡氏馮翊人黃帝史官造書契見宋宇記衛恆四體書勢云沮誦倉頡與汗簡顚倒廣韻九魚沮下云人姓世本云沮誦蒼頡作書竝黃帝時史官見鳥獸蹏迒之迹。知分理之可相別異也。淮南子史皇產而能書高注史皇蒼頡生而見鳥迹知箸書案書字從者白部者別事詞也初造書契。尚書正義引鄭注周易書之于木刻其側爲契各持其一後以相考合張懷瓘書斷古文者黃帝史蒼頡所造也仰觀奎星圜曲之勢俯察龜文鳥迹之象采衆美合而爲字是曰古文法苑珠林古造書凡有三人長名曰梵其書右行次日佉盧其書左行少者倉頡其書下行筠案三人各居一方安論長幼此與僞孔子爲儒童菩薩皆彼教中謾語筠未見左行書回民番經暹羅其書皆右行百工以乂。魏書江式傳作百工以敘五經文字敘作百官以理萬品以察。江式傳作萬品以明五經文字敘品作人葢取諸夬。夬揚于王庭。五經文字敘夬決也王庭孚號決之大者決以書契也言文者宣教明化於王者朝廷。言者推孔子之意如此也伏羲畫卦卽自重爲六十四卦則作書契時固有夬矣而揚于王庭則文王所繫之詞黃帝時無由取之且象傳曰揚于王庭柔乘五剛也於文字無涉故知許君意謂孔子言葢取諸夬卽斷章以取揚于王庭之義也漢書蓺文志易曰上古結繩以治後世聖人易之以書契百官以治萬民以察葢取諸夬夬揚于王庭言其宣揚於王者朝廷其用最大也君子所以施祿及下居德則忌也。桂氏曰則忌當爲明忌王弼易作明忌故說云居德以明禁筠案居猶奇貨可居之居文言寬以居之文字可以居德者多識前言往行以畜其德也可以明忌者令行禁止之意周禮五官皆言縣書象魏是也居德所以修己明禁所以新民倉頡之初作書。葢依類象形故謂之文。其後形聲相益。後漢祭祀志注引後作有。卽謂之字。象形指事皆文也、會意形聲皆字也、許君各舉一端以見例。困學紀聞引王文公云、文者奇耦剛柔雜比以相承、如天地之文、故謂之文。字者始于一而生于無窮、如母之字子、故謂之字。顧亭林曰、春秋以上言文不言字、秦始皇琅邪刻石、始曰同書文字。周禮外史注、古曰名、今曰字。儀禮注、名、書文也。今謂之字。此則字之名自秦而立、自漢而顯。文者物象之本也。依書疏引補。字者言孳乳而浸多也。物象之本者、物有本然之象、文如之也。字皆合體、合二者其常也、從而益之、至合七而止、則其變也。說文九千餘字、合象形指事僅三百八十餘字、會意則一千二百餘字、其餘皆形聲矣、是孳育者多也。箸於竹帛謂之書。書者如也。御覽引云、依類象形之謂文、形聲相益之謂字、著於竹帛之謂書。蜀都賦曷策篆素、五臣注、策、竹簡也、素謂帛也。御覽引孝經援神契、奎主文章、倉頡文字者、總而為言、包意以名事也、分而為意、則文者祖父、字者子孫、得之自然、備其文理、象形之屬、則謂之文、又因而滋蔓、母子相生、形聲會意之屬、則謂之字、字者言孳乳浸多也、題於竹帛謂之書、書者如也、舒也、紀也。㠯迄五帝三王之世、改易殊

體。封于泰山者七十有二代、靡有同焉。史記封禪書、管仲曰、古者封泰山禪梁父七十二家。桓譚新論、泰山之上有刻石凡千八百餘處、而可識者七十有二。周禮八歲入小學、保氏教國子先㠯六書。地官保氏掌養國子以道、教之六藝、五曰六書。一曰指事。指事者、視而可識、察而見意。依顏注藝文志改。指事、藝文志作象事、保氏注作處事。上下是也。衛恆曰、在上為上、在下為下。二曰象形。象形者、畫成其物、隨體詰詘、日月是也。衛恆曰、日、滿月虧、象其形也。三曰形聲。衛恆曰、以類為形、配以聲也。藝文志作象聲、保氏注作諧聲。形聲者、以事為名、取譬相成、江河是也。保氏疏、江河皆以水為形、以工可為聲。四曰會意。藝文志作象意。會意者、比類合誼、㠯見指撝、武信是也。衛恆曰、止戈為武、人言為信。五曰轉注。轉注者、建類一首、同意相受、考老是也。注、卽挹彼注茲之注。老下云考也、考下云老也、彼此相為灌注而自明也。六曰假借。桂氏曰、當為叚借。衛恆曰、假借者、數言同字、其聲雖異、文義一也。史記正義引鄭君曰、其始書之也、倉卒無其字、或以音韻比方假借為之、趣於近之而已。假借者、本無其字、依聲託事、令長是也。徐鍇曰、令所以使令、或長於德、或長於年、皆可為長、故因而借之。筠案、此尚是有義之借、其純乎依聲者、如某本果名、借為誰某是也。及宣王太史籀箸大篆十五篇。藝文志、史籀十五篇、周宣王太史作、建武時亾六篇矣。與古文或同或異。書斷、大篆者、周宣王大史史籀所作也、始變古文、或同或異、謂之為篆、篆者傳也、傳其物理、施之無窮。至孔子書六經、左丘明述春秋傳、皆㠯古文、厥意可得而說也。依汗簡引補。衞恆傳、漢武時、魯恭王壞孔子宅、得尚書、春秋、論語、孝經、時人不復知有古文、謂之科斗書。漢成帝時、劉歆校祕書、見府中古文春秋左氏傳、大好之、傳多古字古言。服虔注左氏云、古文篆書、一簡八字。論衡案書篇云、春秋左氏傳者、蓋出孔子壁中、孝武皇帝時、魯王壞孔子教授堂以為宮、得佚春秋三十篇、左氏傳也。筠案、厥意指字義而言、孔子左氏旣用古文、字義自然可說、所以起下文秦用小篆、漸有違失、又有隸書、更多乖異、故曰古文由此絕、正與此語相應。其後諸侯力政、借政為征也、汗簡作征。不統于王。

惡禮樂之害己、而皆去其典籍。藝文志、禮經三百、威儀三千、及周之衰、諸侯將踰法度、惡其害己、皆滅去其籍。分為七國。韓趙魏燕齊楚秦。田疇異畮。王制、古者以周尺八尺為步、今以周尺六尺四寸為步、古者百畮、當今東田百四十六畮三十步。車涂異軌。周制徹廣八尺、考工記、匠人經涂九軌、環涂七軌、野涂五軌、環涂以為諸侯經涂、野涂以為都經涂。律令異灋。如商鞅定變法之令。衣冠異制。如趙武靈王好奇服。言語異聲。如鄭注三禮、齊秦楚人語。文字異形。今所存刀布、其文不合古籀者、皆列國之異形。秦始皇帝初兼天下、丞相李斯乃奏同之、罷其不與秦文合者。秦始皇本紀、二十六年、書同文字。斯作倉頡篇。藝文志、蒼頡一篇、班氏自注曰、上七章、秦丞相李斯作、爰歷六章、車府令趙高作、博學七章、太史令胡毋敬作。案此則班氏通目三書為倉頡篇、許君則據其本名分為三。又班氏所收小學凡十家、而本篇舉史籀蒼頡訓纂、不及其他、蓋慎之也。又班氏言凡一百二章、無復字、案一章六十字、則不足九千之數、又無重文、知許君又益以壁中書及左氏傳、郡國鼎彝、乃得正文重文之數。中車府令趙高作爰歷篇。伏儼

曰中車府令主乘輿路車者也。劉奉世曰、趙高作爰歷、獄吏用之。桂氏曰、張湯傳爰書訊鞫論報、太史令胡毋敬作博學篇。司馬彪曰、太史令掌天時星厤、胡毋、姓也、公羊音義、史記索隱、毋皆音無、江式曰、李斯破大篆爲小篆、造倉頡九章、趙高造爰歷六章、胡毋敬造博學七章、後人分五十五章爲三卷、上卷、王哀帝元壽中、揚子雲作訓纂爲中卷、和帝永元中賈魴接記滂喜、爲下卷、故稱三蒼、雖以倉頡爲名。依汗簡引補本句、兼承爰歷博學、非但承倉頡篇、玉海引嚴氏論倉頡篇曰、其篇雖名祖倉頡、而實異史籀、皆取史籀大篆、或頗省改。所謂小篆者也。謂名曰倉頡、實用大篆、而又或省其緐、或改其形也、水經注、大篆、史籀創著、平王東遷、文字乖錯、秦之李斯及胡毋敬又改籀書、謂之小篆、是時秦燒滅經書、滌除舊典。大發隸卒興役庶官獄職務繁、依汗簡引改、皆見始皇本紀、初有隸書。以趣約易。而古文由此絕矣。徐鍇曰、王僧虔云、秦獄吏程邈善大篆、得罪繫雲陽獄、增減大篆、去其繁複、始皇善之、出爲御史、名其書曰隸書、班固云、謂施之於徒隸也、即今之隸書、而無點畫俯仰之勢、大史公自序、周道既廢、秦撥去古文、焚滅詩書、自爾秦

書有八體。初學記、秦焚燒先典、乃廢古文、更用八體、一曰大篆、周宣王史籀所作也、二曰小篆、始皇時、李斯趙高胡毋敬所作也、大小篆竝簡策所用也、三曰刻符、施於符傳也、四曰摹印、施於印璽也、五曰蟲書、爲蟲鳥之形、施於幡信也、六曰署書、門題所用也、七曰殳書、銘於戈戟也、八曰隸書、秦始皇時程邈所定、以行公府也、一曰大篆。漢書謂之史書、二曰小篆。三曰刻符。即周禮掌節之符、但此刻字耳、江式表作刻符書、四曰蟲書。即下云鳥蟲是也、五曰摹印。蕭子良以刻符摹印合爲一體、徐鍇以爲符者竹而中剖之、字形半分、理應別爲一體、摹印屈曲塡密、則秦璽文也、子良誤合之、六曰署書。蕭子良云、署書漢高六年蕭何所定、以題蒼龍白虎二闕、羊欣云、何覃思累月、然後題之、七曰殳書。徐鍇曰、書於殳也、殳體八觚、隨其勢而書之、八曰隸書。即下文左書、漢興有艸書。衞恆曰、漢興而有艸書、不知作者姓名、至章帝時、齊相杜度號善作之、尉律。董彥遠謝除正字啓、尉律四十九類書益己亾、王應麟曰、尉律者、廷尉治獄之律也、漢書昭帝紀注引尉律、太平御覽引廷尉決事、學僮十七已上始試。學記、比年入學、中年考校、案中年者、閒一年也、古人十五入大學、閒一年而校試之、則十七矣、尉律始試之期與古同、諷籀書九千字、乃得爲吏。案三倉六十字爲一章、凡五十五章、以此推之、大篆十五篇、蓋亦斷六十字爲一章、十章爲一篇、十五篇則九千字也、吏、蓺文志作史、是也、後漢書杜詩傳、臣伏自惟忖、本以史吏一介之才、注、史吏、謂初爲郡功曹也、案此則作吏亦通、又曰八體試之。前試謂倍文、此試則作字也、蓺文志作六體、困學紀聞、六體非漢興之法、當依說文改六爲八、郡移太史幷課。然則前之兩試皆在郡、郡所取者皆移之大史、而合幷諸郡所移者課試之也、移者迻之借字、漢官儀、歲終郡試、最者以爲尚書史。最者、殿最之最、蓺文志、課最者以爲尚書御史史書令史、韋昭曰、若今尚書蘭臺令史也、吳仁傑曰、史書、大篆也、太史籀所作、益太史課試善史書者以補史書令史、而分隸尚書及御史也、書或不正、輒舉劾之。急就篇、誅罰詐僞劾罪人、顏注、劾、舉案之也、百官志曰、民曹尚書主凡吏上書事、又曰、侍御史受公卿郡吏奏事、有違失者、舉劾之、蓺文志、吏民上書、字或不正、輒舉劾、今雖有尉律不課、小學不修、莫達其說久矣。論衡別通篇、孝明之時、讀蘇武傳、見武官名曰栘中監、以問百官、百官莫知、夫倉頡之章、小學之書、文字備具、至於無能對聖■之問者、孝宣

皇帝時召通倉頡讀者、張敞從受之。蓺文志、倉頡多古字、俗師失其讀、宣帝時徵齊人能正讀者、張敞從受之、傳至外孫之子杜林、爲作訓故、涼州刺史杜業。荀悅漢紀亦作業、漢書杜鄴傳、鄴字子夏、本魏郡繁陽人也、從茂陵、其母張敞女、鄴從敞子吉學問、得其家書、吉子竦又從鄴學、亦著于世、鄴子林亦有雅材、其正文字過於鄴竦、沛人爰禮。于部平下引其說、講學大夫秦近。講學大夫、莽所置官名、見後漢書徐防傳、秦近未見、漢書儒林傳有信都秦恭延君、桓譚新論有秦近君、亦能言之。孝平皇帝時、徵禮等百餘人、令說文字未央廷中、以禮爲小學元士。黃門侍郎楊雄。本傳、奏羽獵賦、除爲郎、給事黃門、桂氏曰、西京雜記、凡子雲姓皆從木、不知原文如此、抑傳寫誤邪、吳仁傑曰、子雲自序其先食采于晉之楊、號曰楊侯、案晉有兩楊氏、霍楊韓魏、皆姬姓也、此楊侯之國、出自有周支庶、爲晉所滅者也、晉語楊食我生、此則晉大夫食采於楊、王食我而滅者也、食我滅而楊侯之後獨存、故子雲以爲裔出、今千姓編有從木之楊、而無從手之揚、陸法言字書、從木之楊、注云、本自周宣王子、幽王邑諸楊、號曰楊侯、後幷于晉、因爲氏、與子雲自序同、然則子雲伯起皆是楊木

之揚、明矣。馥案隸釋所載楊震碑、其字從木、楊修稱修家子雲、是子雲與修同姓、故鄭固碑楊烏、楊字亦從木、采以作訓纂篇。蓺文志、至元始中、徵天下通小學者以百數、各令記字於廷中、揚雄取其有用者以作訓纂篇、順續倉頡、又易倉頡中重複之字、凡八十九章。凡倉頡已下十四篇、凡五千三百四十字。桂氏曰、十四篇、八十九章、每章六十字、正合五千三百四十之數、羣書所載、略存之矣。蓺文志、六蓺羣書所載略備矣。及亡新居攝、使大司空甄豐等校文書之部。自以為應制作、頗改定古文。王莽傳、豐子尋、手理有天子字、莽解其臂入視之、曰此一大子也、或曰一六子也、六者戮也、明尋父子當戮死也。桂氏曰、豐妄改古文、戮死宜也。江式表云、及亡新居攝、自以應運制作、使大司空甄豐校文字之部、頗改定古文、據此是謂王莽自以為應運而興、當如秦始皇創作一種字也、據本文則謂甄豐應制而作、遂改古文、兩書乖違、不知江式改此文邪、抑本文傳寫倒置邪。時有六書。一曰古文。孔子壁中書也。尚書正義、孔子壁內古文、卽倉頡之體、故鄭康成云、書初出屋壁、皆周時象形文字、今所謂科斗書、以形言之為科斗、指體卽周之古文。桂氏曰、晉

書束皙傳、有人於嵩高山下得竹簡一枚、上有兩行科斗書、晳曰、此漢明帝顯節陵中策文也。檢驗果然。馥謂漢用古文、此亦可證。二曰奇字。卽古文而異者也。說文无下、儿下、凡兩見、楊雄傳云、劉歆之子棻嘗從雄學奇字。三曰篆書。卽小篆。秦始皇帝使下杜人程邈所作也。桂氏段氏皆曰、此十三字、當在下文左書卽隸書之下、是也。下杜、江式傳同、張懷瓘作下邽、庾肩吾書品作下邳。說文無邈字。四曰左書。卽秦隸書。崔瑗草書體、爰暨末葉、典籍彌繁、人之多僻、政之多權、官事緐蕪、勦其墨翰、惟作佐隸、舊字是刪。五曰繆篆。所以摹印也。黃庭堅曰、繆讀如綢繆束薪之繆、漢以來符璽印章書也。六曰鳥蟲書。所以書幡信也。幡當作旛、古今注、信幡古之徽號也、所以題表官號以為符信、故謂為信幡也、用鳥書取其飛騰輕疾也。壁中書者。家語以為孔騰所藏、漢紀尸敏傳以為孔鮒所藏、隋志史通皆以為孔惠所藏。魯恭王壞孔子宅。桂氏曰、蓺文志、武帝末、魯恭王壞孔子宅、案恭王薨於元朔元年、是武帝在位中年、不得云末、又案五鳳二年石刻、為魯三十四年、此時魯王已屬恭王之孫、則恭王安得至武帝末乎、而得禮記。桂氏曰、江式傳無記字、儀

禮亦稱禮記、初出時但稱逸禮、禮經無此目、武氏億曰、爾雅釋言郭注引禮記曰、厞用席、釋詁注引禮記曰、妥而後傳言、釋草注引禮記曰、茝蘪之有實者、宋張淳儀禮識誤序云、出於孔氏之宅壁者曰禮、河閒獻王之得先秦古書者曰禮記、禮者今之儀禮、記者今儀禮之記、時未有儀禮之名也、億因知景純引為禮記、定名指歸、實有所自、葢迄兩漢以來、皆指儀禮為禮記、鄭康成箋詩采蘩引少牢饋食禮亦作禮記、主婦鬄是其證、但出孔壁時尚未有禮記之偁也。尚書。論衡正說篇、魯恭王壞孔子教授堂以為殿、得百篇尚書於牆壁中、武帝使使者取視、莫能讀者。春秋。蓺文志、春秋古經十二篇。論語。正說篇、論語者、不知本幾何篇、武帝發取孔子壁中古文、得二十一篇、齊魯河閒九篇、凡三十篇、宣帝下太常博士、時尚稱書難曉、名之曰傳、後更隸寫以傳誦、初孔子孫安國以教魯人扶卿、始曰論語、今時稱論語二十一篇、又失齊魯河閒九篇。孝經。尚書敘、魯共王好治宮室、壞孔子舊宅以廣其居、於壁中得先人所藏古文虞夏商周之書及傳論語孝經、皆科斗文字、正義云、凡書非經、則謂之傳、漢武帝謂東方朔云、傳曰時然後言、人不厭其言、漢東平王劉雲與其太師策書云、傳曰陳力就列、不能者止、成帝賜翟方進策書云、傳曰高而不危、所以長守貴也、是漢世通謂論語孝經為傳也、桂氏曰、陳寔碑傳曰、郁

郁乎文哉、亦以論語為傳。又北平侯張蒼獻春秋左氏傳。蒼、依汗簡引改。蓺文志、左氏傳卅卷。郡國亦往往于山川得鼎彝。其銘卽前代之古文。皆自相侣。言孔壁所得、張蒼所獻、皆為古文、而山川所出器銘、皆與之相似、可以助證者也。說文不收銘、嚴氏曰、汗簡引無其銘二字、又皆字下空白、葢舊本爛闕、二徐臆補自相似三字、筠案江式表云、又北平侯張蒼獻春秋左氏傳、書體與孔氏相類、卽前代之古文矣、葢約舉此文、而詞較明晰。雖叵復見遠□其詳可得略說也。說文無叵字、嚴氏曰、汗簡引雖頗復見而遠下空白一字、葢舊本爛闕、二徐臆補之、筠案雖頗復見遠□其詳、此七字恐尚有譌誤、難為句讀、大意若曰、壁經器銘、固是古文、而古文之數、未必遂盡于此、然其形其音其義、確有可據者、固可得略而說之也、其詳不可屬下為句、言詳不得又言略矣。而世人大共非訾、以為好奇者也。非毀說古文者為好奇也。故詭更正文、鄉壁虛造不可知之書。變亂常行。以燿於世。下文說字解經、以字斷法、是兩項、本文總提之、鄉音向、鄉壁猶面牆也、不可知者、謂不能卽其形以說其義也。諸生競逐說字

解經。競逐者所謂一犬吠形百犬吠聲也解經必須說字然以所造不可知之書則其解經愈謬矣如下文所陳是也諠稱秦之隸書爲倉頡時書。云。父子相傳何得改易。此先總括諸生之說又舉其言以實之也覈其所習故以秦隸爲倉頡作言倉頡所作本非古文也其言曰倉頡作隸之後時人學之父以傳子則自時厥後永永年代皆爲父子相傳何得有改古文而易以大篆改大篆而易以小篆之理作此說者竝不知小篆八分與隸書同出始皇時故許君斥爲啚夫也乃猥曰。猥曲也此以下乃舉所虛造以實之所謂不可知之書也馬頭人爲長。謂長字上半爲馬頭下半爲人字玉篇長有古文兲與此說相似人持十爲斗。漢光和斛銘斗字作叶卄二形卽同此說虫者屈中也。春秋考異郵虫之爲言屈中也詩桑柔征以中垢韓詩外傳引作往以亜垢廷尉說律至以字斷法。左傳曰多有是說而後及其太人譜生吠形廷尉吠聲矣說律當以字義不得如下文以字形也苛人受錢。此廷尉先引律文也陳羣新律敘令乙有呵人受錢科苛之字。止句也。句當作可言其謂苛爲訶而以止可說之也廣韻訶止也玉篇訶古文訶若此者甚眾。春秋元命包乙力于土爲地刑之字刀守井也穿鑿之詞不可勝計皆不合孔氏古文謬於史籀。通結上文俗儒啚夫翫其所習蔽所希聞。此及下文又推究其所以然不見通學未嘗覩字例之條。經之者五百四十部緯之者六書此之謂條怪舊埶而善野言。劉歆曰信口說而背傳記是末師而非往古以其所知爲祕妙究洞聖人之微恉。妙當作眇微當作散此又言其習非勝是小言破道也又見倉頡篇中幼子承詔因曰古帝之所作也其辭有神僊之術焉。幼子承詔蓋倉頡篇中之一句幼子蓋指學僮承詔蓋謂承師之教告俗儒不知是篇爲李斯作因後世謂君命爲詔遂謂是篇爲古帝作旣由倉頡而遂之黃帝卽生且戰且學仙之說矣其迷誤不諭。豈不悖哉。自世人大共非訾至此指斥時人之謬孟子云豈好辯哉予不得已也許君同此意今所存漢碑誤字滿紙此許君所以不得不作也書曰予欲觀古人之象。皋陶謨文言必遵修舊文而不穿鑿孔子曰吾猶及史之闕文今亡矣夫。論語衞靈公篇文蓋非其

不知而不問。魯語雖有此文然問似當作闕後漢書徐防傳孔子曰吾猶及史之闕文疾史有所不知而不肎闕也今不依章句妄生穿鑿以遵師爲非義意說爲得理尋許君此段文意與防說大略同人用己私。是非無正。巧說衺辭使天下學者疑。蓺文志古制書必同文不知則闕問諸故老至于衰世是非無正人用其私故孔子曰吾猶及史之闕文也今亡矣夫蓋傷其寖不正蓋文字者經埶之本王政之始。歬人所以垂後後人所以識古。故曰本立而道生。知天下之至嘖而不可亂也。嘖今易繫辭作賾口部嘖字繫傳曰春秋左傳曰嘖有繁言然則嘖又訓至也故太玄經探賾索隱之賾皆作嘖而說文無賾字也隋書經籍志敘經籍也者其爲用大矣不疾而速不行而至今之所以知古後之所以知今其斯之謂也今敘篆文合以古籀。字以孳育而多故篆文多於古籀此許君所爲先篆於古籀也其但有篆文者是未變者也非許君所識古文如此寥落博采通人至于小大。所引孔子說當與經同例不得在通人之列其楚莊王韓非司馬相如淮南王董仲舒京房劉歆楊雄爰禮尹彤逯安王育張林莊都歐陽喬黃顥譚長周成官溥張徹甯嚴桑欽杜林衞宏徐巡班固傳毅凡二十七人之說惟賈逵師也偁侍中而不名信而有證。稽譔其說。證者徵之借字中庸雖善無徵鄭注徵或爲證左傳君子之言信而有徵譔小徐作撰手部所無案當作僎僎具也必其說確有據依乃稽考而僎具之將以理羣類。許沖表云天地鬼神山川艸木鳥獸蚰蟲雜物奇怪王制禮儀世間人事靡不畢載解謬誤。破除俗儒啚夫之說曉學者達神恉。發揮倉頡之神恉也分別部居不相雜廁。急就篇分別部居不雜廁顏注前後之次以類相從種別區分不相間雜也筠案急就以字義部居說文以字形部居獨出千古後世所宗萬物咸覩靡不兼載厥誼不昭爰明以諭。謂引經以證之也故下文遂列所本之經師其偁易孟氏。案經典釋文商瞿子木受易於孔子九傳而至孟喜喜東海蘭陵人書孔氏。後漢儒林傳孔僖魯國魯人也自安國以下世傳古文尚書筠案今之孔傳朱子疑爲謟作今考說文所引尚書其爲史記所有者其說必同而孔傳與之異司馬遷嘗從安國問故則許君所據孔傳必非今本詩毛氏。齊魯韓三家漢時皆立于學官而毛未立石經亦主魯詩許獨宗毛者以其爲古文也引惄如朝飢譬彼瘣木皆依

毛改字、足以明之。蓋魯詩者申公受之浮丘伯、齊詩始於轅固生、韓詩始于韓嬰、皆肇始於漢、不出自聖門、獨毛公爲子夏四傳弟子、大毛公亨、河閒人、授趙人小毛公萇、萇爲河閒獻王博士、付受有自、故許君用之。禮。卽儀禮也。周官。今周禮。春秋左氏。許引左氏、直謂之春秋傳、至於春秋公羊傳、春秋國語、皆有區別矣、故所引春秋、亦謂之春秋傳、蓋謂不用公穀經文也。論語。孝經。己見上文、孝經又見許沖表、皆古文也。結明偁之之故、其於所不知。蓋闕如也。書中所有闕字、皆出於此、然有許君所書者、有𢇍素爛挩、後人沿例增之者、當分別觀之、

說文解字弟一此句當是許君原文、以此十四篇句知之、然當繼蓋闕如也之下、不當跳行、一部卽當繼弟一之下、亦不當跳行、以下十三篇竝放此、其戌亥二部首之下、卽當繼以此十四篇句、亦不當跳行、此篇放太史公自序、不過彼每篇有論斷、此但有部首爲異耳、不可使之破碎也。每部首下云部一部二、以至部五百四十、小徐各本皆無之、是也、設本有此文、則郭忠恕與夢英書謂部首五百三十九字、林罕云偏旁五百四十一字、張美和序增補復古編云、說文以五百四十二字爲部、何以如此之參差乎、且三篇㕯只二部、小徐先只後㕯、與正文同、毛氏剏改從之、孫鮑二本、先後兩目仍作㕯只也、

五篇冎畐二部、小徐先畐後冎、正文同、八篇丘从二部、小徐部敍篇先从後丘、而其正文及目錄、又同大徐、又臥身㐆衣裘老毛毳尸尺尾十一部、部敍篇以裘老毛毳尸尺尾臥身㐆衣爲次、而其正文及目錄、又同大徐、九篇首県二部、部敍篇先県後首、而其正文及目錄、又同大徐、將無張次立校繫傳時、以大徐改小徐乎、設本有一二三四之次、則部首何以有增減、次弟何以有顛倒、且此爲大綱、尙有增減顛倒、則各部所收之字、必有增減顛倒、㮣可知矣、姑發其端、以俟細心人考之、毋視說文爲完書也、今於部一部二等字、一切刪之、惟篆體之誤、皆依其舊不復使與正文畫一、亦所以留其閒隙、以啓人用心之端。夢英篆書說文部首、開卷標題五百四十字、核實正符、惟較之今本少丶部、多子部、而附刻郭忠恕書、則曰五百三十九字、蓋夢英書以贈恕先者、別自一本、非今之石刻所少之部、蓋林部也小徐部敍篇有林部、而正文則合于木部、汪氏馬氏顧氏本目錄皆少林部、而顧本正文別爲兩部、亦可謂捉襟見肘也、乃恕先此書夢英所書惠休詩後、又刻之、則曰五百四十一字、又與林罕同者、蓋夢英校得丶部、增於所書部首五百四十之中、故溢一數也、若張美和所云五百四十二部、蓋如六書故所云唐本有卝部邪、然恕先書曰、今點檢偏旁少晶惢至龜弦五字、故知林氏虛誕、据此則林罕本當是五百三十五部、乃反溢一數則所分析而出之六部、又不知自何部來也、卽吾所說之林部亦不可信也。夢英書部首、署咸平二年、宋眞宗之二年也、歲在己亥、又書惠休詩篆書、署曰乾德五年、楷書署曰丁卯年、篆此宋太祖卽位之八年也、前乎己亥者三十二年、何以書於前者校原額多一部、書於後者反少一部乎、且贈詩之人有希夷先生陳摶、案圖南之得賜號、在太宗元年、後乎丁卯者九年、夢英安得而豫書之、將無舄詩在前而贈詩及恕先書、皆後來補刻耶、

一　丄　示　三　王　玉
玨　气　士　丨　屮　艸
蓐　茻

說文解字弟二

小　八　釆　半　牛　犛
告　口　凵　吅　哭　走

止　癶　步　此　正　是
辵　彳　廴　㢟　行　齒
牙　足　疋　品　龠　冊

說文解字弟三

㗊　舌　干　𧮫　㕯　只
句　丩　古　十　卅　言
誩　音　䇂　丵　菐　𠬞
𠬜　共　異　舁　𦥑　䢅
爨　革　鬲　䰜　爪　丮
鬥　又　𠂇　史　支　𦘒

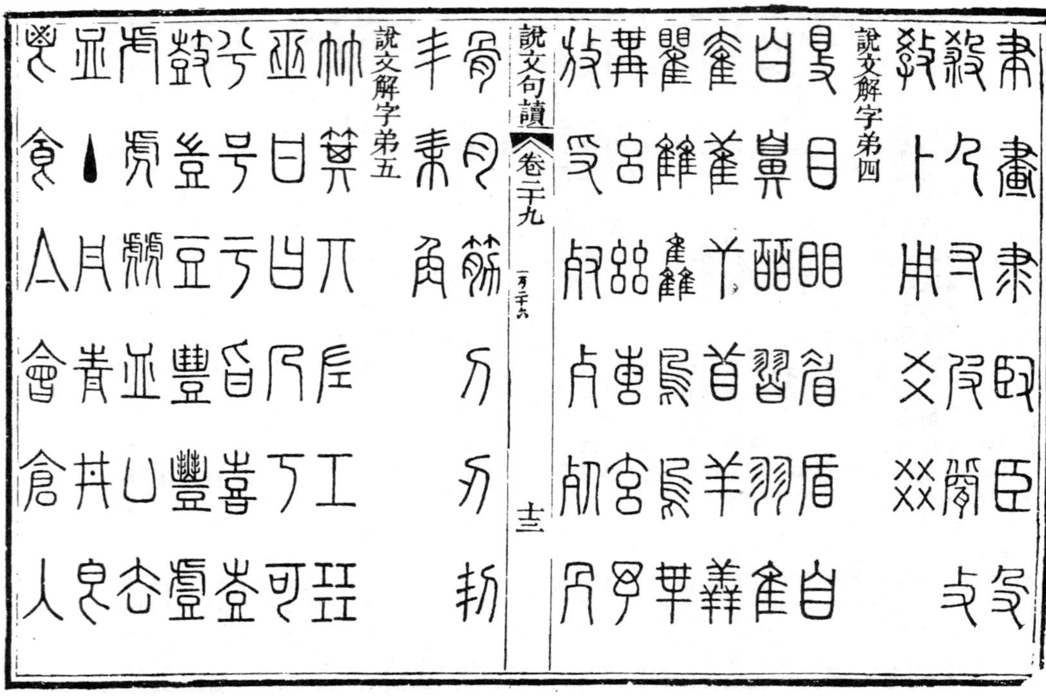

說文解字弟四

說文句讀 卷二十九 一万一千六 卅三

說文解字弟五

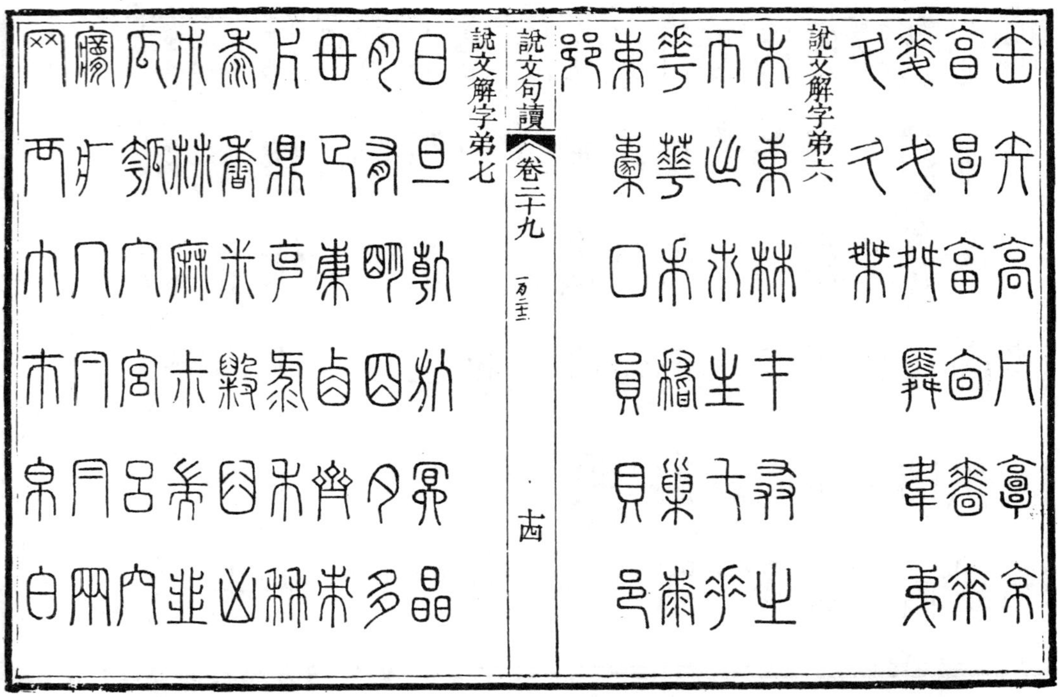

說文解字弟六

說文句讀 卷二十九 一万三 卅四

說文解字弟七

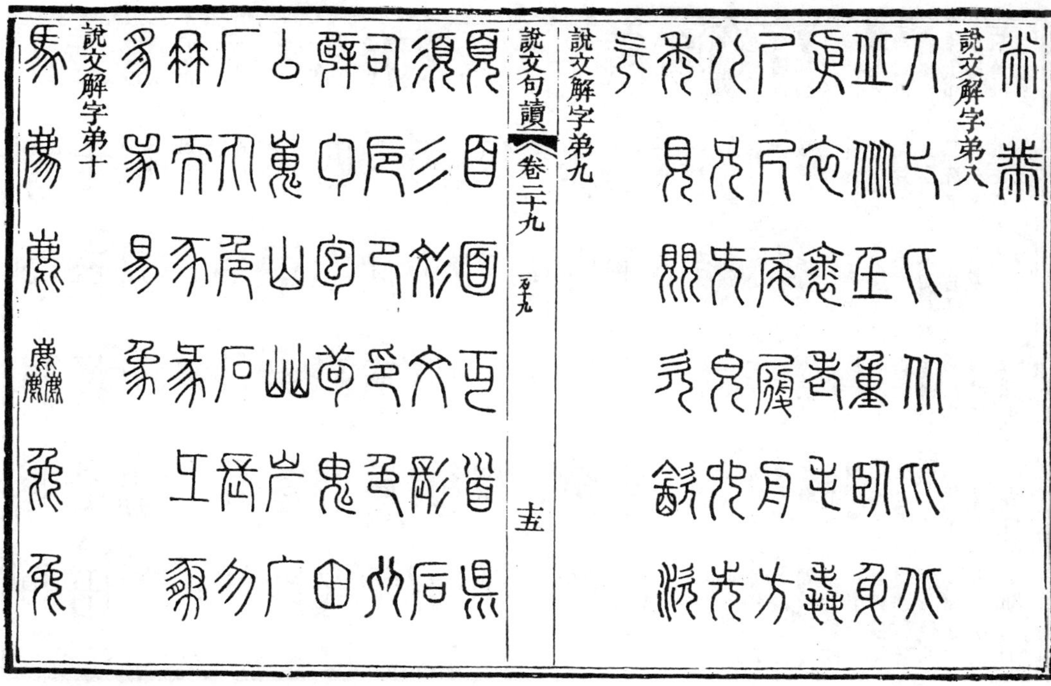
說文解字弟八
說文解字弟九
說文句讀 卷二十九
一百五十九
十五
說文解字弟十

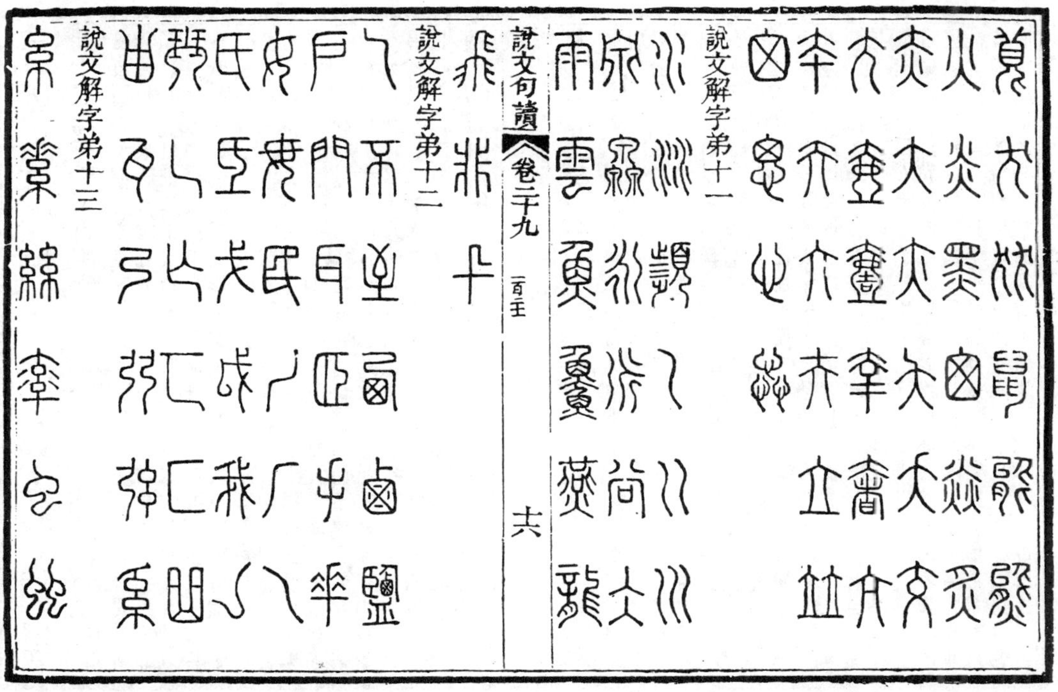
說文解字弟十一
說文句讀 卷二十九
一百六十
十六
說文解字弟十二
說文解字弟十三

蚰 風 它 龜 黽 卵
二 土 垚 堇 里 田
畕 黃 男 力 劦

說文解字弟十四

金 幵 勺 几 且 斤
斗 矛 車 𠂤 𨸏 𨺅
厽 四 宁 叕 亞 五
六 七 九 禸 嘼 甲
乙 丙 丁 戊 己 巴
庚 辛 辡 壬 癸 子
了 孨 𠫓 丑 寅 卯
辰 巳 午 未 申 酉
酋 戌 亥

敘曰　小徐作後敘曰、段氏迻之篇首古者庖犧氏之上、皆不知為後人所增、以其在後而增後字、茂堂以為不通而迻之也、案許君此敘本擬太史公自序而作、而增敘曰者、與改太史公曰者其誤正同、自古者庖犧氏至理而董之、本是一篇、其目錄亦當連接書之、不當斷絕、猶太史公自序、自昔者顓頊至百三十篇亦是一篇、讀史記者、分之以便初學、於是諸神受紀斷為一篇、自黃帝始斷為一篇、以後一紀一表一書一世家一列傳、無不斷為一篇、而零星破碎矣、所云太史公尤為駭異、惟談為太史公、相連又有兩太史公、皆史記原文也、索隱曰、遷所著書、尊其父云公、是知太史是官名、公是父稱、三字本非成語、此後太史公曰先人有言以下、太史公字凡六見、惟靡不畢集太史公、太史公仍父子相續、乃指談而言、其餘太史公及太史公曰、皆當作太史遷及太史遷曰、以彼之妄改、證此之妄增、可以決矣、此十四篇五百四十部九千

三百五十三文。今九千四百三十一、重一千一百六十三。今一千二百七十九、解說凡十三萬三千四百四十一字。今十二萬二千六百九十九、其建首也。建、立也、謂立五百四十字為首也、前說轉注曰建類一首、即此建首、立一為耑。與下文畢終於亥相呼應、謂建首始一終亥也、方吕類聚。自此以下六句、皆言部敘之意、本句謂以義相次也、如自人以下六十二部、皆言人、自豕以下、二十部皆言獸、是也、物以羣分。此謂以形相次也、如耳𦣝以下七部、皆謂人、而不與人部類列、燕尾似魚尾、即在魚部後、不與隹鳥相次、是也、同條牽屬、共理相貫。此承類聚而言、字既同義、則如由本生枝、由枝生葉、自然條理相聯貫矣、雜而不越、據形系聯。此承羣分而言、如言人者六十二部、而古文奇字人、而不與人部相繼者、以自兒以下十八部、皆從儿也、此本以義相次、而仍以形相次、如此則許君重形可知、其所以重形者、後漢字形譌誤、故許君矯其枉也、且如玉篇、固以義相次矣、而其斷不能以義者、於是帰之篇末、散亂無統、是雜而越矣、故知許據形之妙也、乏部遞下、引易雜而不遞、引而申之、吕究萬原。上六句分而言之、此乃合五百四十部而通言之也、畢終於亥、知化窮冥。徐鍇曰、亥則物之該盡、故曰窮冥也、于時大漢、聖德熙朙。詩、學有緝熙于光明、承天稽唐。承天者、奉天承運也、稽唐即稽古同天之義、謂漢以堯為祖也、敷崇殷中。敷、布也、崇、高也、峻德、即崇親族平章協和、即德之所敷也、殷中即以殷仲春、以殷仲秋、舉春秋以該冬夏也、堯以若天授時為首政、敷崇殷中、即稽唐之實也、此言漢和帝敬天勤民、是以有下文之事、遐爾被澤、渥衍沛滂。德盛者必下究也、廣業甄微、學士知方。武王永清大定、而後偃武修文、故先言帝澤沛滂、而後及文字也、光武帝立五經十四博士、初建三雍、是謂廣業、肅宗大會諸儒於白虎殿、考詳同異、是謂甄微、唱之自上、故人知所向方也、探嘖索隱、厥誼可傳。誼、古義字、謂文字之義當及此時傳之也、粵在永元、困頓之季。漢和帝永元十二年、歲在庚子、釋天曰、太歲在子曰困敦、然又曰在庚曰上章、此不云上章、困頓者、自春秋時已然、離騷、攝提貞於孟陬兮、第舉歲名之寅也、呂氏春秋敍意篇、維秦八年、歲在涒灘、第舉歲名之申也、惟史記曆書、太初元年、年名焉逢攝提格、兼舉歲陽歲名、則以黃帝初定歷時、以甲寅為首、是年正得甲寅、故舉之、若尋常屬詞、則不然也、孟陬之月。釋天、正月為陬、歷書、月名

畢聚聚卽陬畢聚者甲寅也亦兼舉月陽月名此云孟陬第舉月名與離騷同朔日甲申。嚴氏曰小徐作甲子誤此一節傳元年申神辛藩靈瀕門山協韻以術推之是年七月辛亥朔日有餘之有閏四月則正月甲申朔也鈞案漢書律歷志曰天施復于子地化自丑畢於辰人生自寅成於申故歷數三統天以甲子地以甲辰人以甲申李奇以爲甲子甲辰甲申乃三代之正月朔日然則許君言困頓者卽謂天施復于子也孟陬甲申者卽謂人生自寅成于申也天人協應文字乃定一旦垂型千秋取正豈偶然哉曾曾小子。曾益也孫系於子曾益於孫爾雅元孫以下詩書無之書稱有道曾孫周王發對天之詞也詩凡對祖而言者無論遠近槩曰曾孫左哀二年傳曰曾孫蒯聵敢昭告皇祖文王烈祖康叔文祖襄公蒯聵乃襄公之孫其於文王康叔則數十世矣又荀偃禱河偁其君曰曾臣彪曾曾者許君之創詞也祖自炎神。炎帝神農氏縉雲相黃。縉雲氏見左文十六年傳服虔注黃帝氏以雲紀曰其夏官爲縉雲氏賈逵曰縉雲氏姜姓也炎帝之苗裔當黃帝時任縉雲之官也共承高辛。國語堯命禹治水共之從孫四岳佐之賈逵注共共工也國語又曰共工氏虞於湛樂賈注共工炎帝之後姜姓也顓頊氏衰共工氏侵陵諸侯與高辛氏爭王也許君云承者諱其爭王之事言

當高辛時爲諸侯也太岳佐夏。佐當作左左隱十一年傳許太岳之亢也注太岳神農之後堯四岳也國語共之從孫四嶽佐伯禹皇天嘉之胙禹以天下賜姓曰姒氏曰有夏胙四岳國命爲侯伯賜姓曰姜氏曰有呂呂叔作藩。武王封文叔於許穆王時有呂刑篇孝經引作甫刑蓋呂侯後爲甫侯也故王風曰戍申戍甫戍許則三國一也俾侯于許。不作鄦者假借相傳已久也不及太公望者許君自敘得姓之由不旁及也云呂叔作藩俾侯于許則文叔者許君之祖也十道志許州許昌郡禹貢豫州之域周爲許國案春秋時爲鄭所得呼爲舊許左襄十一年傳晉荀罃東侵舊許是也楚靈王曰皇祖舊許是宅鄭人貪賴其田而不我予世祚遺靈。祚者胙之俗字本句通結炎神以下言其源遠流長也靈與藩瀕爲韻者詩采苓采苓首陽之顛自彼徂召。宅此汝瀕。召者汝南召陵也左成十五年傳許靈公畏偪於鄭遷於楚唐書宰相世系表秦末有許猗隱居不仕曾孫毗漢侍中太常生德字伯饒安定汝南太守因居平輿竊卬景行。敢涉聖門。其宏如何。節彼南山。欲罷不能。既竭愚才。惜道之味。聞疑載疑。穀梁傳春秋信以傳信疑以傳疑少儀毋身質言語鄭注質成也聞疑則傳疑若成

之或有所誤也演贊其志。次列微辭。文王演易孔子贊易次列者次弟陳列之也言演贊造字之志而次列其微妙之詞也知此者稀。儻昭所尤。說文無儻當作黨漢書黨可以徼幸尤者訧之省庶有達者。理而董之。釋詁董正也。○本篇凡三章自其建首也至知化窮冥爲一章發明部敘之義于時大漢至厥誼可傳爲一章言遇稽古右文之世當作此書也粤在永元至篇末爲一章自言神明之後能知古義故作此書也而其用韻也凡四耑分貫聯原爲一韻冥明唐中湯方爲一韻傳元年申神辛藩靈瀕門山爲一韻能才疑志辭尤之爲一韻顧知化窮冥爲第一章之結語厥誼可傳爲第二章之結語而竝連下文爲韻者此如坤卦象傳君子攸行本爲先迷失道之起語而上疆下常相爲韻遂若爲柔順利貞之結語然猶可曰古陽庚通貞字卽是韻也乃如弟子職日至子食時必不可與下文饋悖爲韻是仍與上章疑之起爲韻也是知古人行文與用韻本是兩事不必義既盡而後轉韻故能字轉韻義固不盡也中字亦入韻者訟卦彖傳中與成正爲韻召陵萬歲里。郡國志一里百家里魁掌之公乘。徐鍇曰漢因秦制二十等爵公乘第八荀綽曰吏民爵不

得過公乘公乘者軍吏之爵祿最高者也艸莽臣冲稽首再拜。稽篇末作䭫段氏曰冲本從俗後人或以古字改之上書皇帝陛下。臣伏見陛下神明盛德。承遵聖業。上考度於天下流化於民。先天而天不違。後天而奉天時。萬國咸寧。神人吕和。猶復深惟五經之妙。皆爲藻制。論衡程材篇董仲舒表春秋之義稽合于律無乖異者然則春秋漢之經孔子制作垂遺於漢韓敕碑孔子近聖爲漢定道孔龢碑孔子大聖則象乾坤爲漢制作桂氏曰諸說出于中候演孔圖皆讖緯不經之談鈞案此說甚正然其始也儒者懲秦火恐五經之不行故言其合于漢律所以爲經重也其既也謂孔子爲漢制作所以爲漢重也不知其意則非惟病漢亦病孔子矣博采幽遠。窮理盡性以至於命。先帝詔侍中騎都尉賈逵修理舊文。桂氏曰永平中逵上言左氏與圖讖合明劉氏爲堯後明帝嘉之歷遷侍中領騎都尉段氏曰賈逵字景伯扶風平陵人也九世祖誼父徽從劉歆受左氏春秋兼習國語周官又受古文尚書于塗惲學毛詩於謝曼卿逵悉傳父業尤明左氏國語爲之解詁五十一篇章帝使出左氏

傳大義長於二傳者其條奏之又詔撰歐陽大小夏侯尚書古文同異集爲三卷復令撰齊魯韓詩與毛氏異同幷作周官解故殊藝異術王教一耑苟有可㠯加於國者靡不悉集。段氏曰和帝紀云十三年春正月丁丑帝幸東觀覽書林閱篇籍博選術藝之士以充其官此皆用侍中說爲之安帝永初四年詔謁者劉珍及五經博士校定東觀五經諸子傳記百家藝術整齊脫誤是正文字此安帝之繼述先帝也。易曰窮神知化。悳之盛也。書曰人之有能有爲使羞其行而國其昌。引易以美其君之重經術引書以美其君羅致明經之士也結上文以起下文臣父故太尉南閣祭酒愼。故者已去官之詞桂氏曰本書成於永元十二年是時張酺爲太尉酺汝南人章帝爲太子從受尚書時爲東郡太守漢書百官志太尉掾史屬二十四人漢舊儀太尉西曹掾秩比四百石胡廣注漢官篇武帝時丞相設四科以辟人德行高妙爲第一科補南閣祭酒段氏曰太尉南閣祭酒謂太尉府掾曹出入南閣者之首領也陳元爲司空南閣祭酒見經典釋文言南閣以別於他曹本從逵受古學。隋書經籍志言五經者皆憑讖爲說惟孔安國毛公王璜賈逵之徒獨非之故因漢魯恭王河閒獻

王所得古文參而攷之以成其義謂之古學段氏曰逵卒於永元十三年桂氏曰永元十一年賈逵與魯丕黃香說經相難是許氏書成之日逵尚在葢聖人不空作皆有依據。春秋說聖人不空生受命而制作今五經之道昭炳光明而文字者其本所由生自周禮漢律皆當學六書貫通其意。上文言五經此但舉周禮又以漢律竝論者以其爲經世之書也周禮古文杜子春始能通其讀說文多引漢律漢令恐巧說衺辭使學者疑。潘徽韻纂敘雖復周禮漢律務在貫通而巧說衺辭遞生同異。愼博問通人考之於逵作說文解字六藝羣書之詁皆訓其意而天地鬼神山川艸木鳥獸蚰蟲雜物奇怪王制禮儀世閒人事莫不畢載凡十五卷十三萬三千四百四十一字愼前以詔書校書東觀。段氏曰此事不見本傳案儒林傳云太后詔劉珍與劉騊駼馬融校定東觀五經諸子傳記百家藝術整齊脫誤是正文字馬融傳亦云永初四年拜爲校書郎中詣東觀典校祕書葢此時分司其事者史不盡載許

亦其一也華嶠後漢書學者稱東觀爲老氏藏室教小黃門孟生李喜等。元帝之世史游爲黃門令董巴輿服志曰禁門曰黃闥中人主之故曰黃門㠯文字未定未奏上今愼已病遣臣齎詣闕愼又學孝經孔氏古文說古文孝經者孝昭皇帝時魯國三老所獻。王應麟曰漢志云孝經孔氏壁中古文則與尚書同出也葢始出於武帝時至昭帝時乃獻之建武時給事中議郎衞宏所校。衞宏字敬仲東海人皆口傳官無其說。藝文志孝經長孫氏說二篇江氏說一篇翼氏說一篇后氏說一篇安昌侯說一篇獨不言孔氏說故云官無其說謹撰具一篇幷上臣沖誠惶誠恐頓首頓首死辠死辠臣𥄂首再拜㠯聞皇帝陛下建光元年。徐鍇曰建光元年漢安帝之十五年歲在辛酉九月己亥朔二十日戊午上。嚴氏曰此校者誤改當作九月己卯朔二十日戊戌上以術推之去年七月乙酉朔日有蝕之是年正月壬午朔二月壬子朔三月壬午朔四月辛亥朔五月庚辰朔六月庚戌朔七月己卯朔八月己酉朔九月己卯朔安紀戊子幸

衞尉馬石府初十日也五行志己丑地震十一日也此云己亥乃二十一日矣戊午在明月召上書者汝南許沖。郡國志汝南郡在雒陽南六百五十里詣左掖門外會。朱本無外字韋逊兩京新記東都皇城南面三門東左掖門三輔黃圖掖門在兩旁如人臂掖也令幷齎所上書十月十九日中黃門饒喜。百官志中黃門冗從僕射一人六百石中黃門比百石㠯詔書賜召陵公乘許沖布四十匹卽日受詔朱雀掖門。古今注永平二年十一月初作北宮朱雀南司馬門蔡質漢官儀衞士候朱爵門外傳雞鳴於禁中敕勿謝。

說文解字弟十五

鄦寗王席珍校

句讀卷二十九補正

子部曰萬物滋、此又以孳說字、故管子曰嗟兹乎、尚書大傳則曰嗟子乎、沈氏創四聲、而展轉流通之機滯矣、三葉前七行是孳育者多也下增此

說文附錄一卷

說文部首表所以發部首相次之故特以不能羼入正文而附於此故先之次以許君事蹟考紀先師之始末也次以嚴氏校議毛氏桂氏所輯錄以爲羽翼也終以小徐系述大徐敘表者二徐於說文雖疏然後人得見此書則其功也小徐書成於南唐大徐書成於北宋以說文爲主故不嫌以弟先兄

說文部首表 部首本作字原今改　蔣和撰　王筠校正

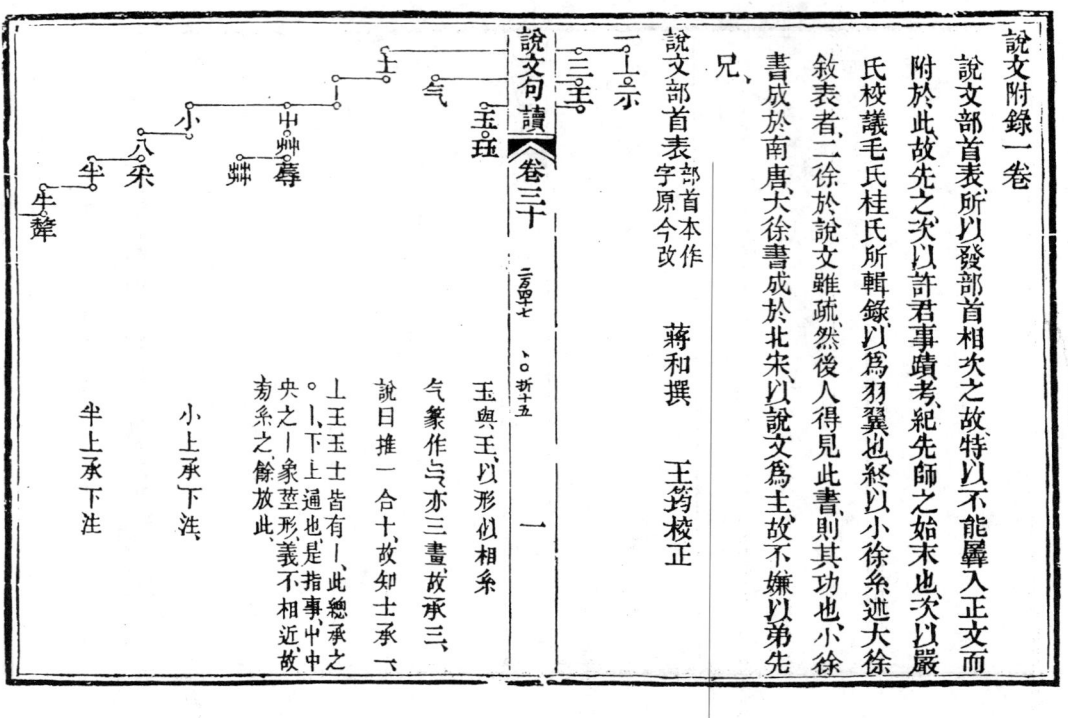

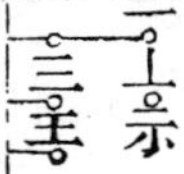

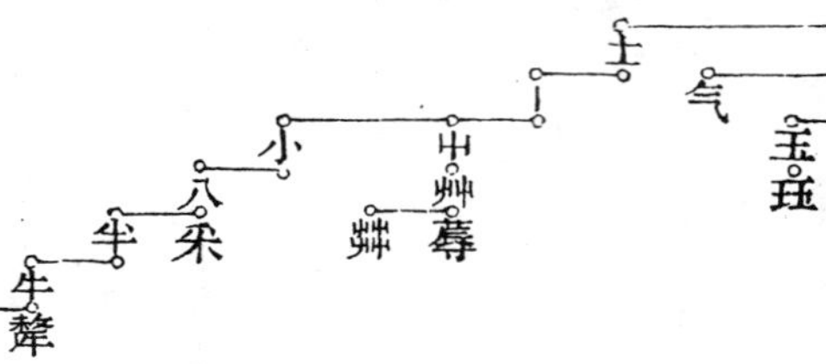

玉與王以形似相系

气篆作气亦三畫故承三

說曰推一合十故知士承一

丄王玉士皆有丨此總承之○丨下上通也是指事中中央之丨象莖形義不相近故旁系之餘放此

小上承下注

半上承下注

一字而牽連數篇者○識之

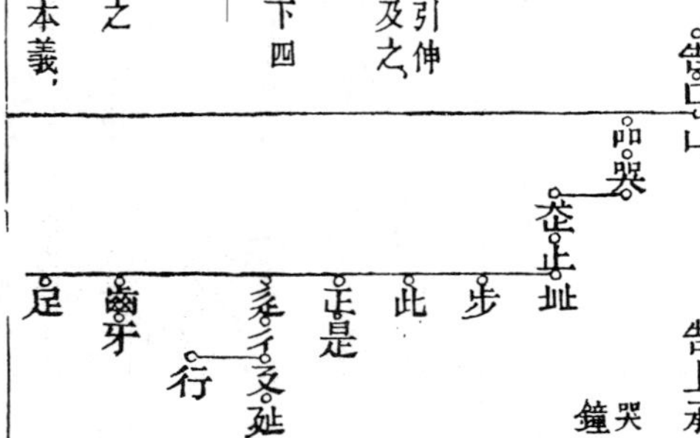

告上承下注

哭上承下注董武鐘起字從犬

此正二部從止引伸之義是部因正及之

辵歸本義彳以下四部因彳及之

齒從止聲牙附之

足疋二部又歸本義

鐘鼎無龠字而龡字有[古文字形]六體末二體直是龠之省矣皆從吅無從品者然龠固三孔蓋小篆核實而增之

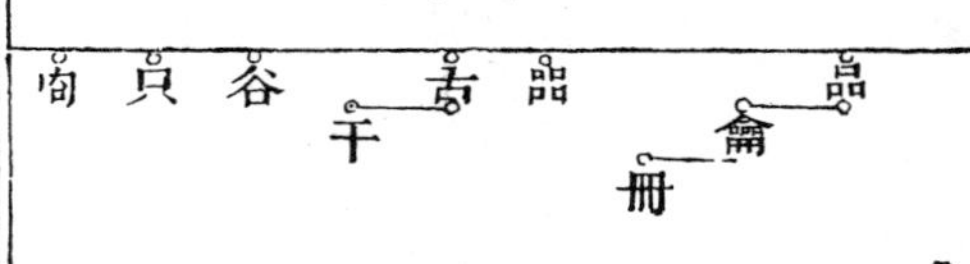

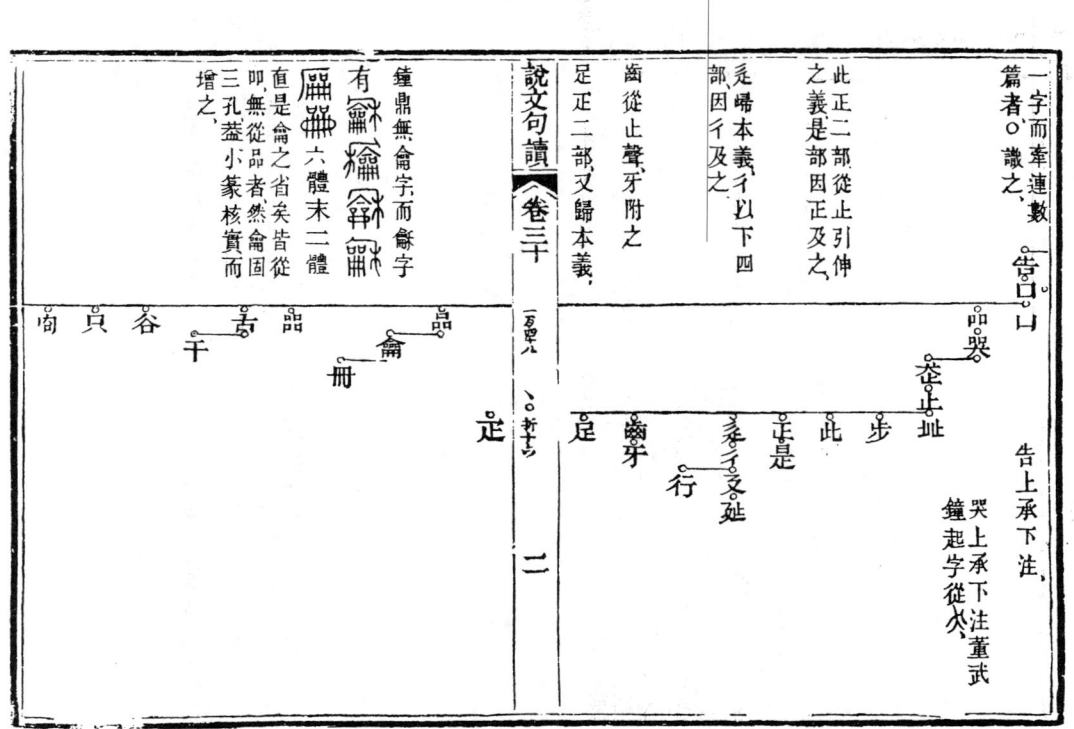

言從辛聲

菐上承下注

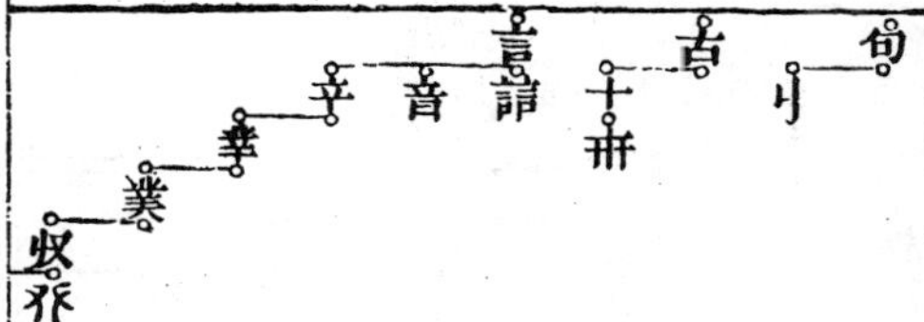

丵義不承辛、特以形似相系、

㚘下云臼象持甑、謂㚘爲甑也、鬲部鬳下云鬲屬、瓦部甗甑也、然則甑鬲一類之物、故鬲承㚘、

臼字兩爪相對、故爪承之、孔字義承爪、形則不承、故亦旁系之、奴字從ㄓ又、故又ㄓ二部承奴、然又ㄓ皆

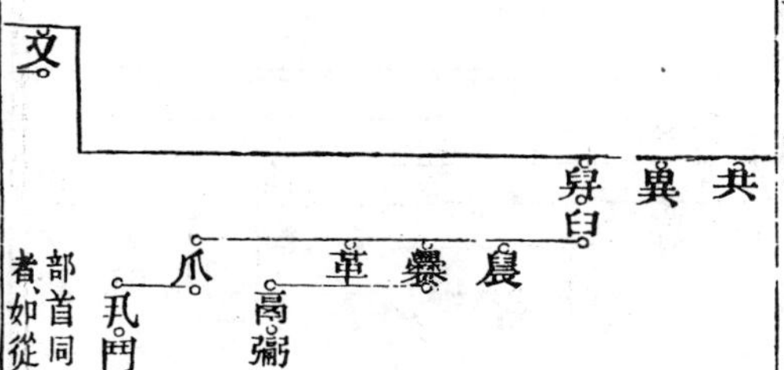

兼從廾臼

古文從臼

部首同意而遞相承者、如從亼者有倉亩

手也、有手而后有収、故反之在上、

蔣氏曰聿從手持竹、筠案有此說、不意有先我得之者、小篆畫從聿、古文畫從聿、兼承上兩部、

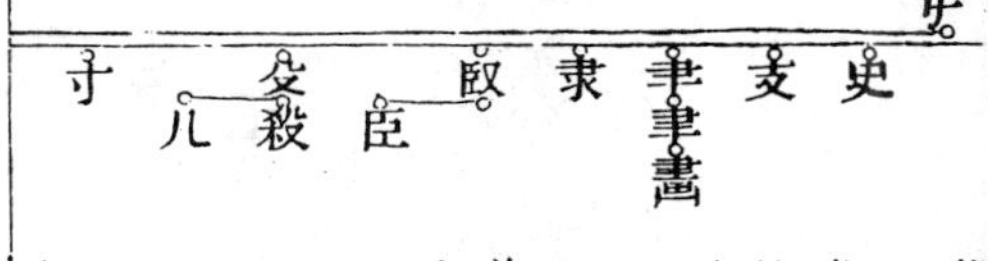

等部、是亼亦象屋形故宀部遙承之、大介同字、亦間十二部而遞相承也、獨此ㄓ部、不使冠下文左部之上、而與又連敘者、蓋從又之字、大率有手義、故口部右字直說之曰助也、而從右之祐、亦曰助也、皆不見手字、惟說左曰手相左助也、獨表其爲手、則以部中差字、不但無手義、且與助相反也、故使又ㄓ兩部相

䰜從皮省、則當作䰜、𤿎與㞋相似、因譌

連以表其爲手形、設遙對則不分明、

卜分攴之半、

爻分教三分之一

旻上承下注、

目自曲線橫系者、連類而及也、下放此、

自白一字、故鼻從自而在白下、

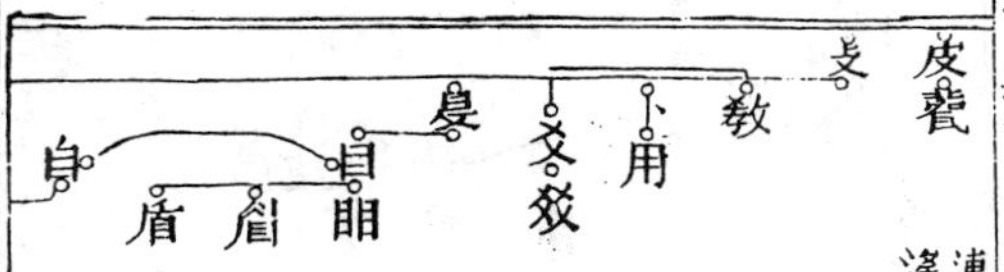

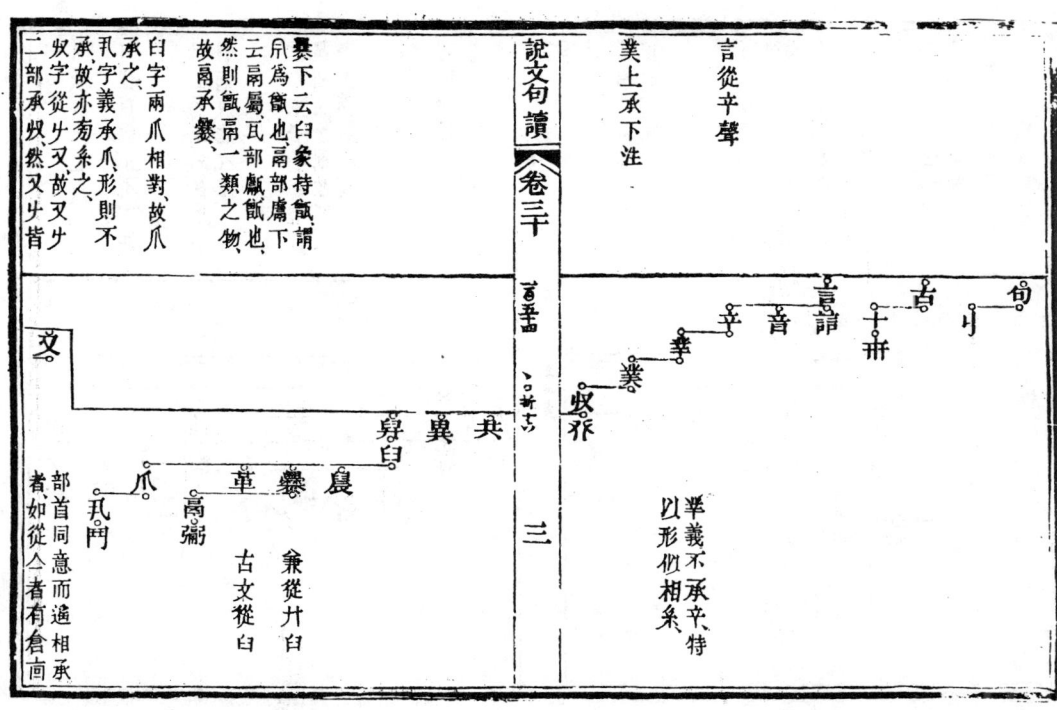

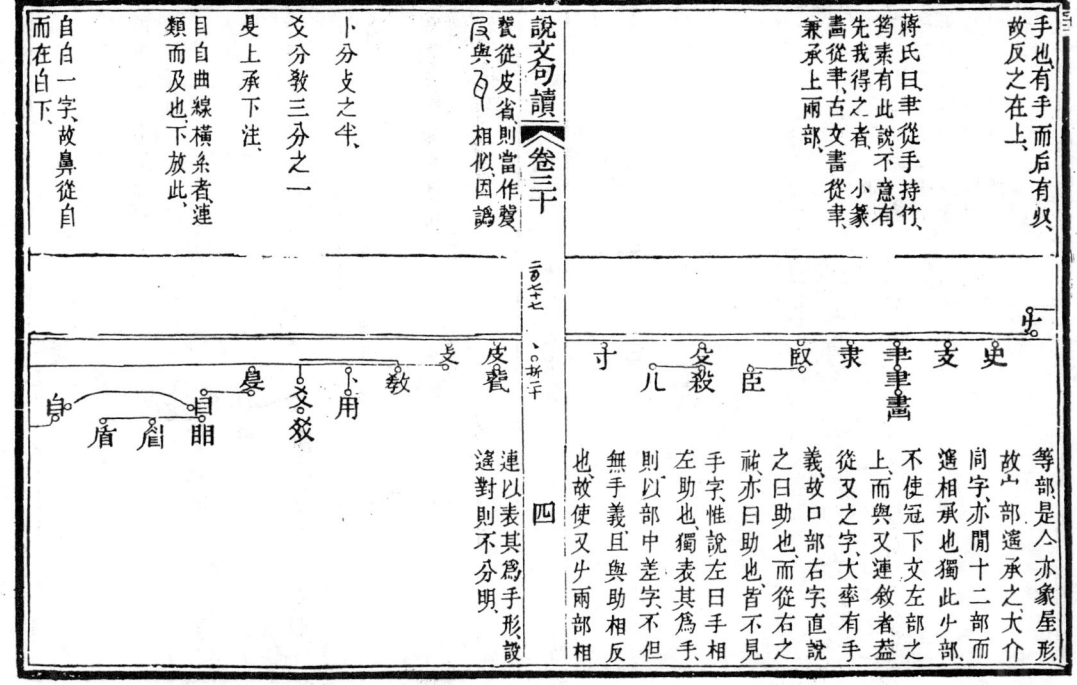

皕承白部之百。
習從白聲，上承下注。
羽生于隹，故隹系于羽而反之在上。
𦫳亦生于羊，爲雈萑瞿相系之地，故不反于上而系其首。
瞿兼承䀠部。

說文句讀 卷三十 一百七十九 、○折十六

隹烏一物而兩名，故使遙與相對。
畢者捕鳥之网，其字從華，故華繼隹烏之後。
冓者古構字也，易曰男女構精萬物化生，故幺承之。幺者子在胞中初成之形也。
𠄢之篆文與叀之古文相似。
予篆與幺相似。

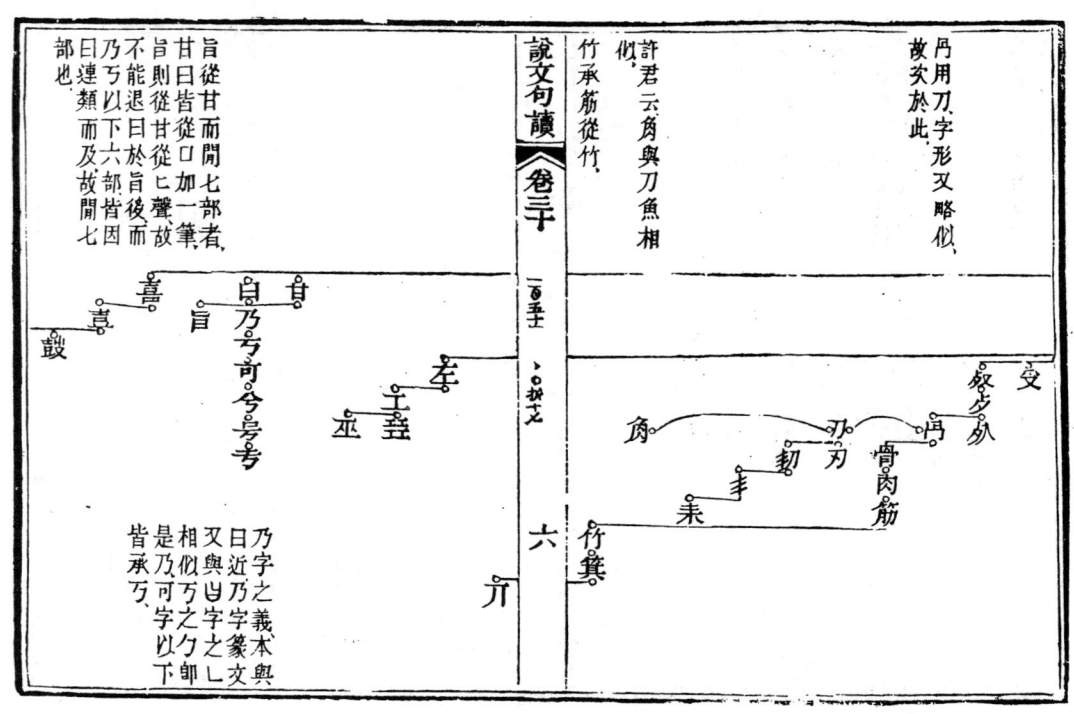

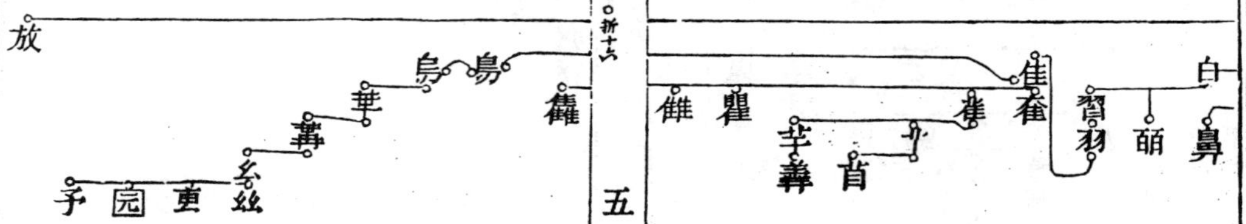

五

冎用刀，字形又略似，故次於此。
許君云角與刀魚相似。
竹承筋從竹。

說文句讀 卷三十 一百五十一 、○折十七

旨從甘而間匕部者，甘曰皆從口加一筆，旨則從甘從匕聲，故不能退曰於旨後，而乃丂以下六部皆因曰連類而及，故間匕部也。

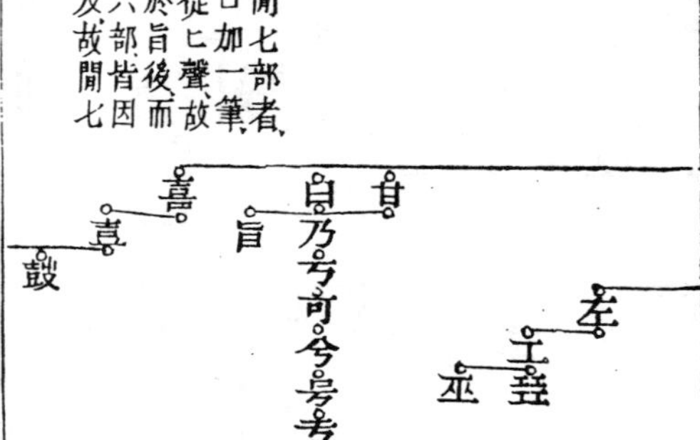

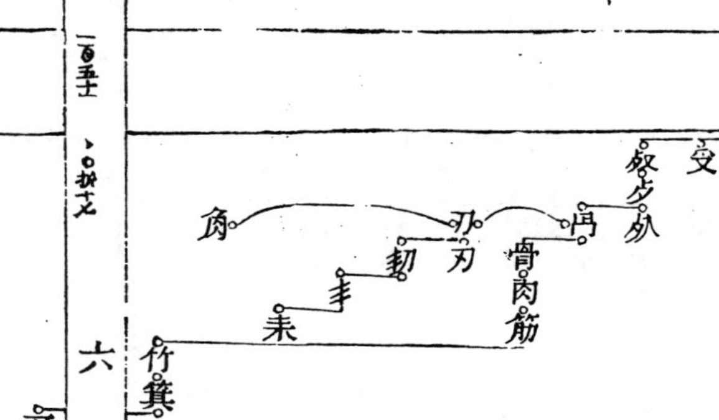

六

乃字之義本與曰近，乃字篆文又與𠘧字之乚相似，丂之勹卽是乃，可字以下皆承丂。

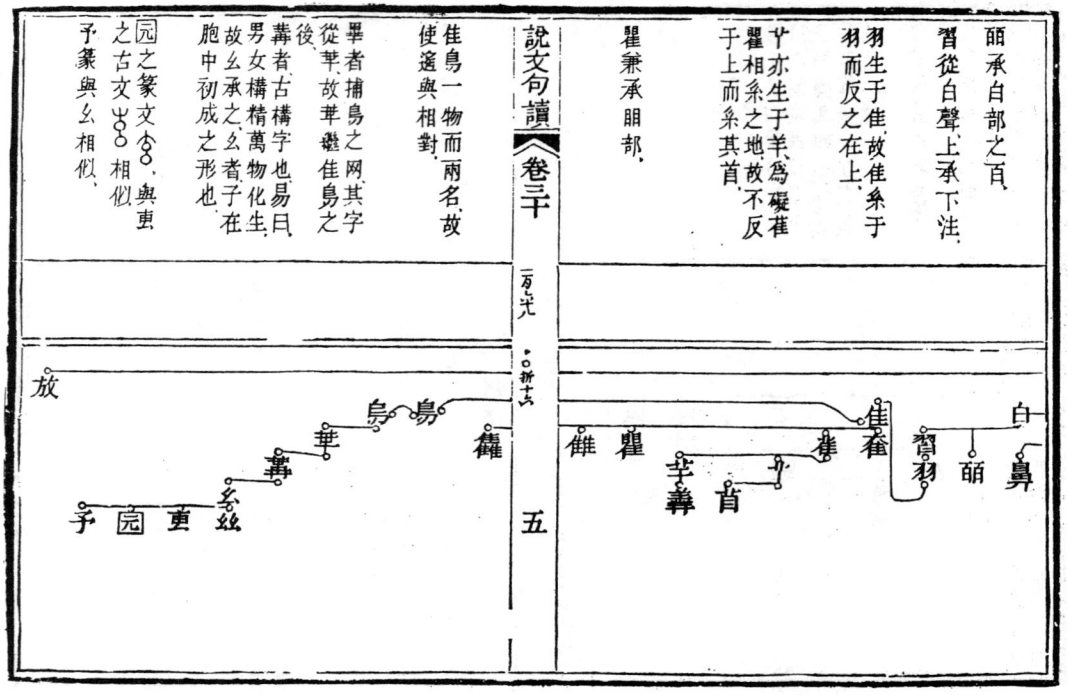

壴豈于豆無涉，盉從其比象之義也。豆形中細而上下闊，有卓立之象，尌下云立也是也，非眞豆，故旁系之。

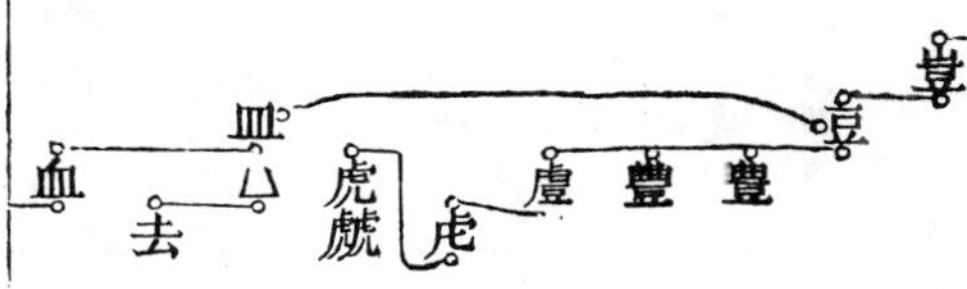

虘上承下注。

皿與豆皆器也，凵以類聚，皿以形從。

虍者虎皮也，故虎反于上。

說文句讀　卷三十　三百七之　〇折十七　七

丹之一，円井之・，皆與丶相似。

皀篆當作皀，亦以其中一點類聚。

皀從皀之半，食從皀之全。食部所有古文皆從皀不從皀，倉字小篆亦作倉不作倉，足徵皀之本作皀，⊙乃皮中有米之象。

皀之柔即米也，亦皀之類。

亼象三合之形，非從入一也。八部繼之者，以形系之。缶矢二部上體皆似入，實則象形字。

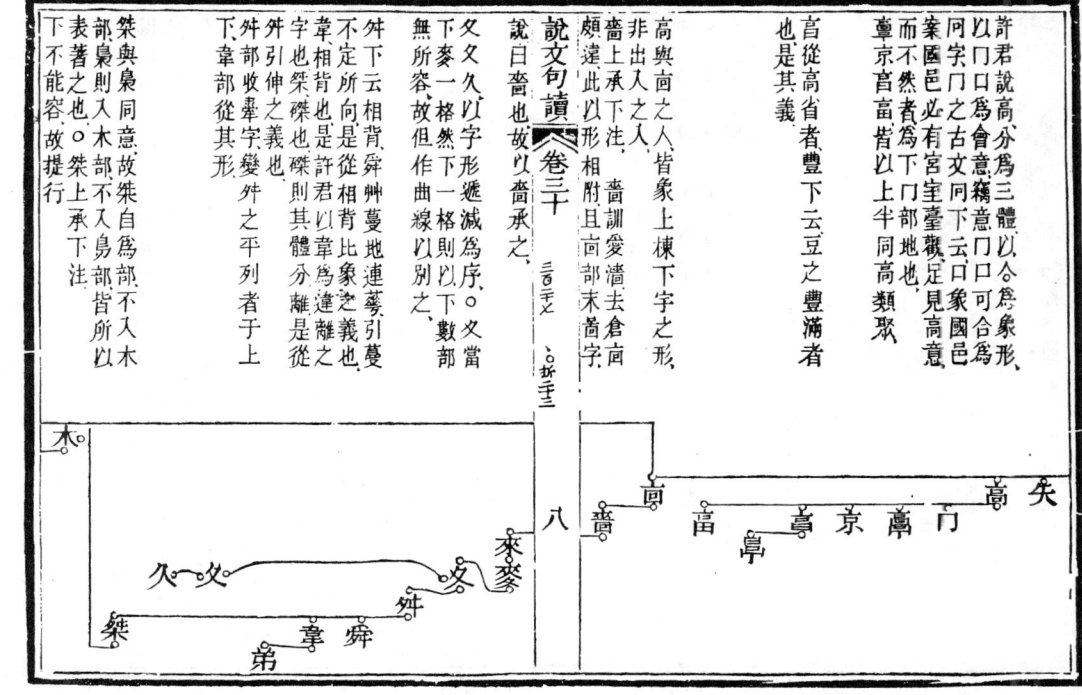

許君說高分爲三體，以合爲象形，以冂口爲會意。竊意冂口可合爲同字，冂之古文同下云口象國邑，案國邑必有宮室臺觀，足見高意。而不然者，爲下冂部地也。

亭京亯亳皆以上半同高類聚。

亯從高省者，豐下云豆之豐滿者也，是其義。

高與亩之入，皆象上棟下宇之形，非出入之入。

亩上承下注。嗇訓愛濇，去倉亩頗遠，此以形相附，且亩部末啚字說曰嗇也，故以嗇承之。

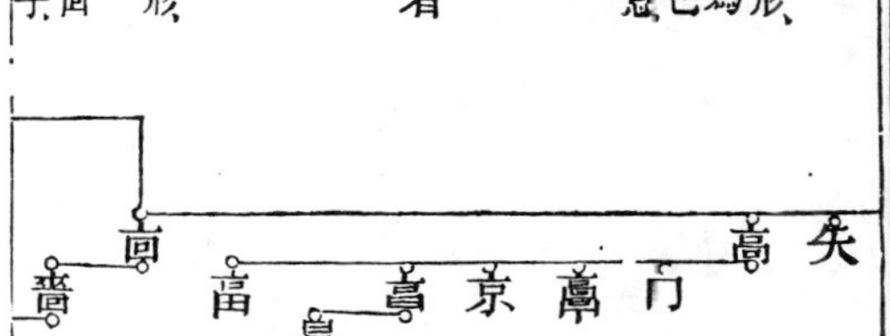

說文句讀　卷三十　三百二十之　〇折十三　八

夊夂久以字形遞減爲序。〇夊當下麥一格，然下一格則以下數部無所容，故但作曲線以別之。

舛下云相背，舜艸蔓地連蔓，引蔓不定所向，是從相背比象之義也。韋相背也，是許君以韋爲違離之字也。桀磔也，磔則其體分離，是從舛引伸之義也。

舛部收舝字，變舛之平列者于上下，韋部從其形。

桀與梟同意，故桀自爲部，不入木部，梟則入木部，不入鳥部，皆所以表著之也。〇桀上承下注，下不能容，故提行。

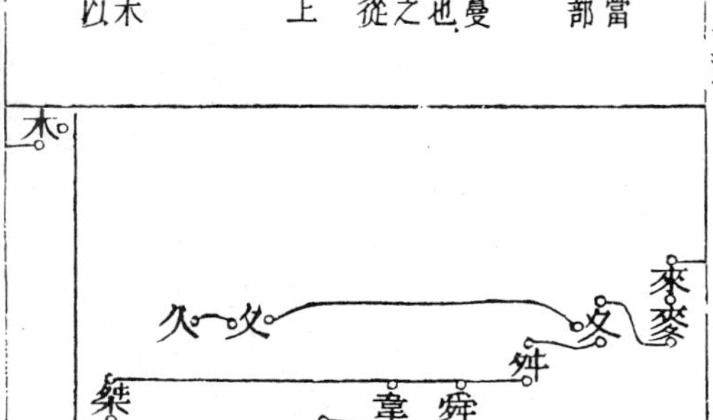

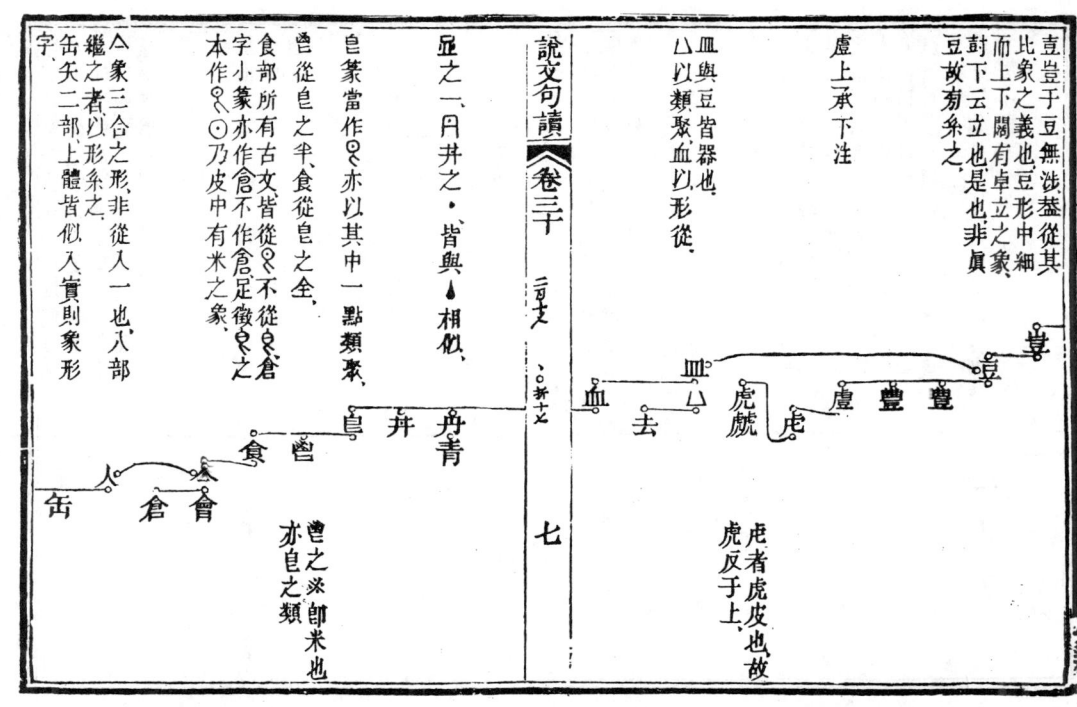

從木者，直至瓜瓠乃止，試觀許說、木下云從屮，才出𣎵生𠂹𠌶𢎘𠧪八部下，皆兼言艸木，㞢乇二部下皆言艸，齊部下言禾麥，則知凡屬植物，許君皆以木統之、

㞢出二部，字義主謂人，而字形則借艸木以指之，故降一格，而仍系之木、

生字較㞢字多一畫，而不系之㞢者，字義主艸木也、

𠂹之古文□從乇、𠌶華一字、

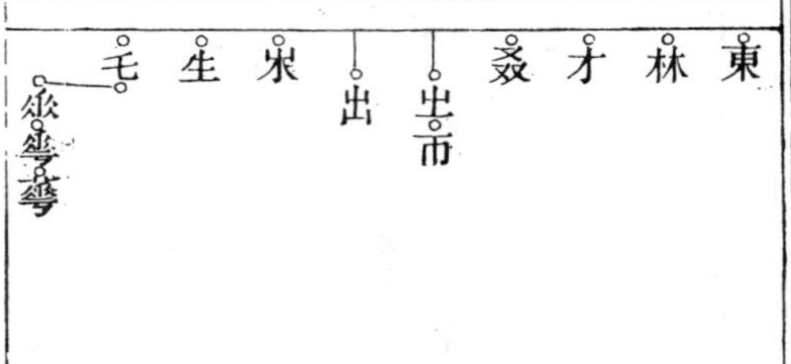

禾稽一字，猶自白、㒼大、介皆一字而分爲兩部，許君以當時字形、譌謬特甚，故重形如此、

印林曰、口當作○、且當是古圍字、故員字從其聲，筠案，日下云從口、而古文作⊖，其形正圓，足證吾友之說，而古人借員爲圓，乃以○字太簡，加貝爲之，非省圓之口也，○束從口，橐從束圂聲，圂在口部，故以口承橐，此口當讀如圍，圍繞之、是束義、

日只是象形，而許說曰從口一，卽由部分牽屬而然、

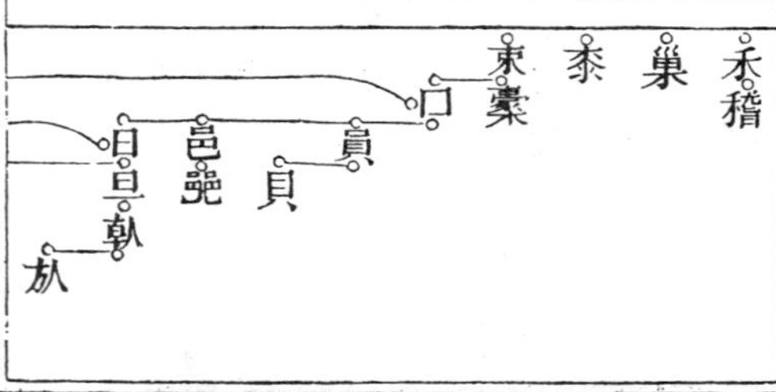

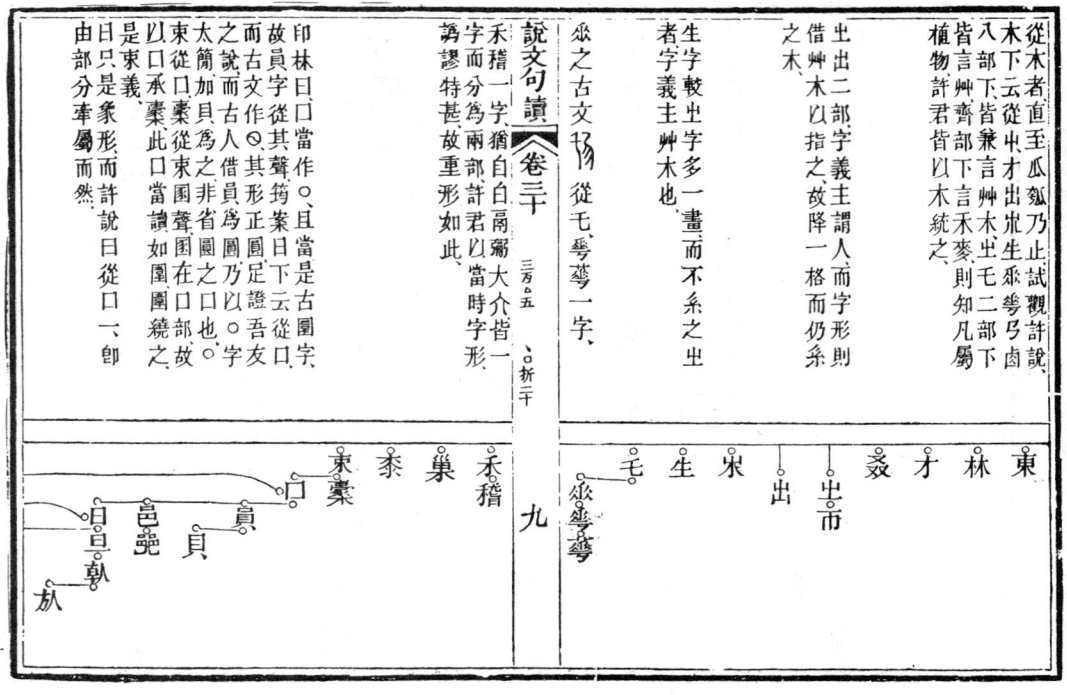

因日而及月，以類相聯，故曲線系之、

毌從口之形，從貝之意、

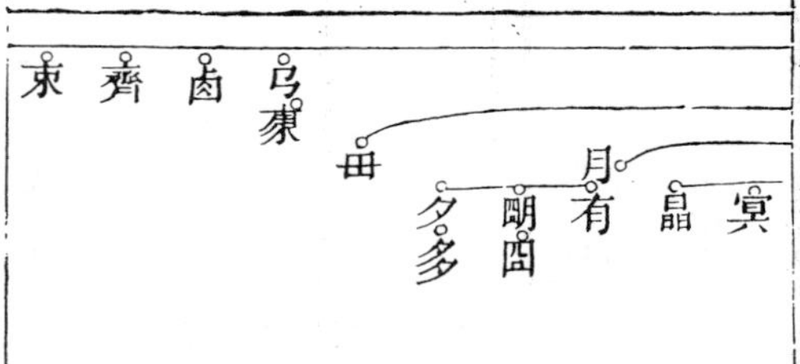

鼎下云、象析木以炊、謂爿片是木字析爲兩，遂成反正兩片字也，故系之片下，竊意鼎是全體象形字、克字象刻木，彔訓刻木，又克之古文𠅏下半與彔相似，故相次、禾部說解云從木、

臼系以凶，固據字形，然凵卽窠臼之象，㐅則柞鄂之象，陷於阱中則凶矣，臽字亦從臼，其說曰春地坎可臽人，凶字說曰象地穿交陷其中，則是凶部承臽字也、

𣏟麻一字，惟說文玉篇云然，他書

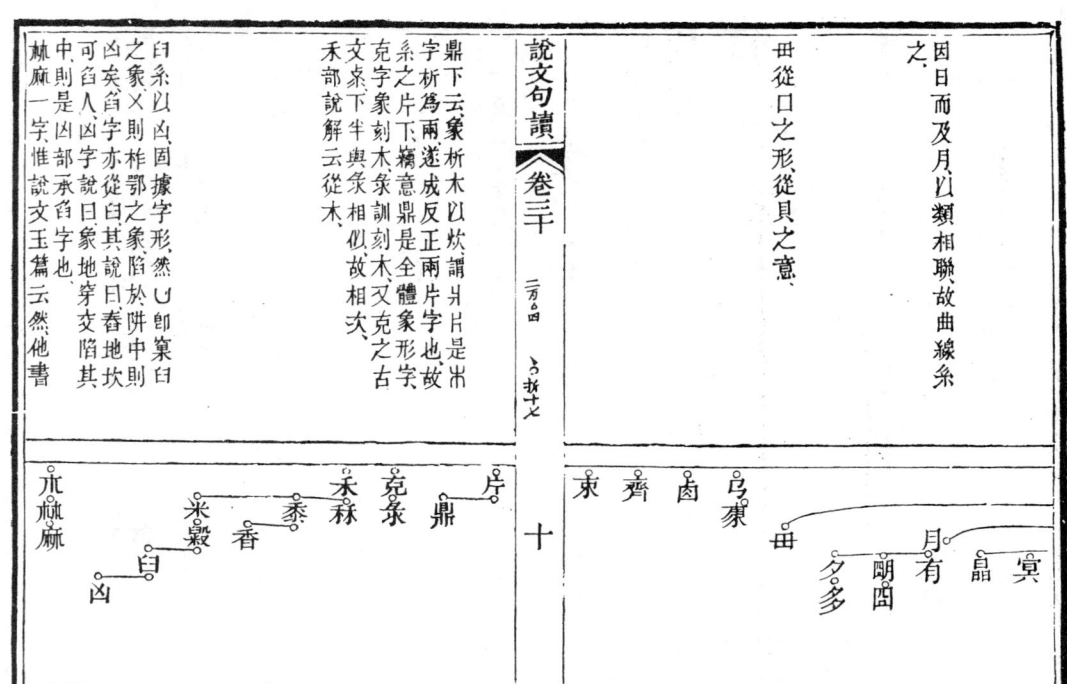

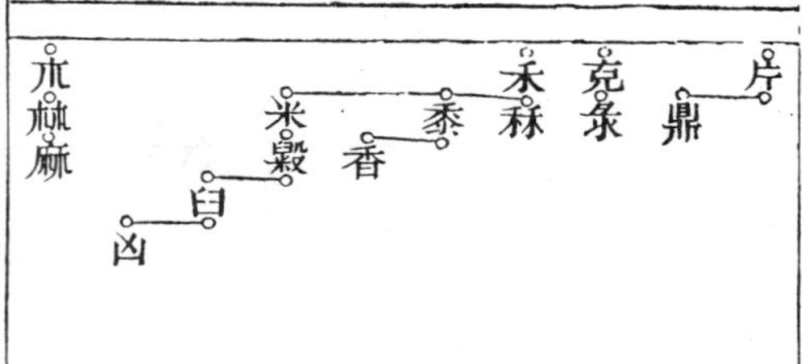

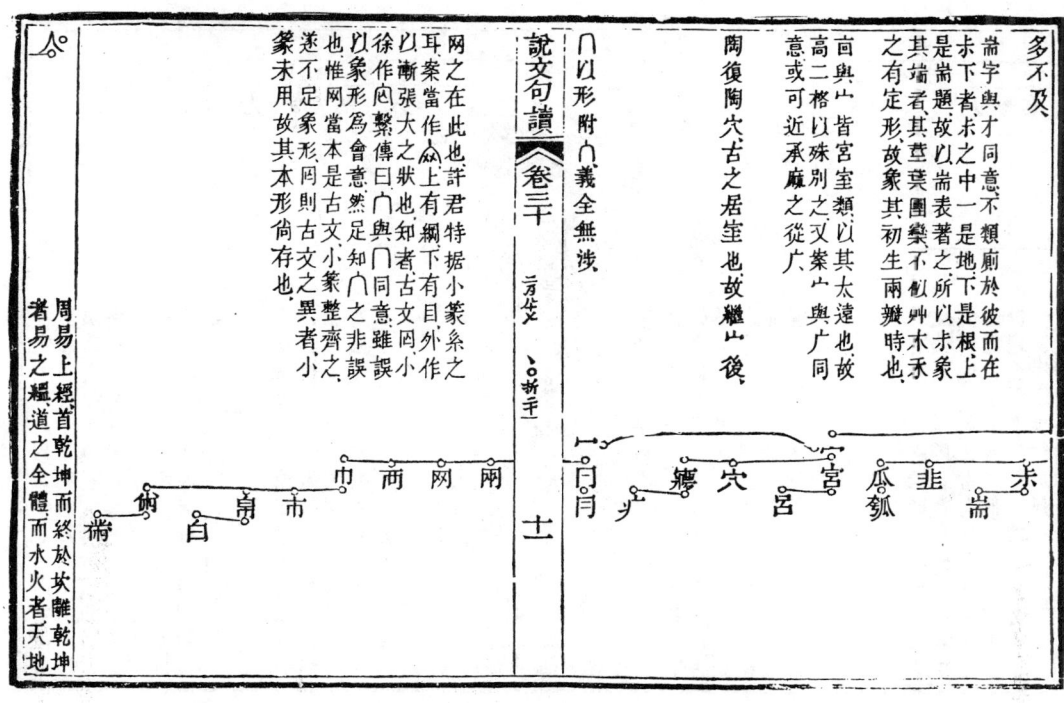

多不及、
耑字與才同意、不類𠂔於彼而在尗下者、尗之中一是地、下是根、上是耑題、故以耑表著之、所以尗象其端者、其莖葉團欒、不似艸木豕之有定形、故象其初生兩瓣時也、
宀與宀皆宮室類、以其太遠也、故高二格以殊別之、又案宀與广同意、或可近承㢈之從广、
陶復陶穴、古之居室也、故繼宀後、
冂以形附冂、義全無涉、

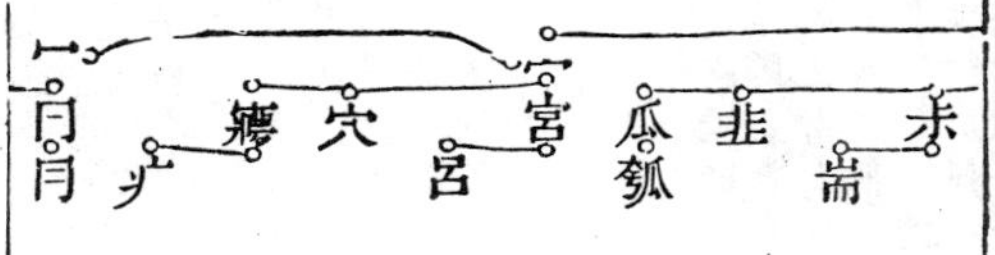

网之在此也、許君特据小篆系之耳、案當作㒳上有网下有目外作以漸張大之狀也、知者古文网小徐作𦉪、繫傳曰冂與冂同意、雖誤以象形爲會意、然足知冂之非誤也、惟网當本是古文小篆整齊之、遂不足象形、网則古文之異者、小篆未用、故其本形尙存也、

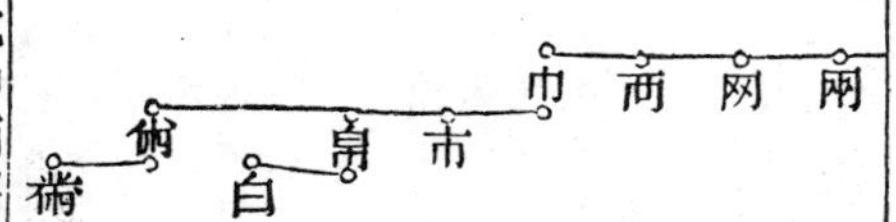

周易上經、首乾坤而終於坎離、乾坤者易之縕、道之全體、而水火者天地

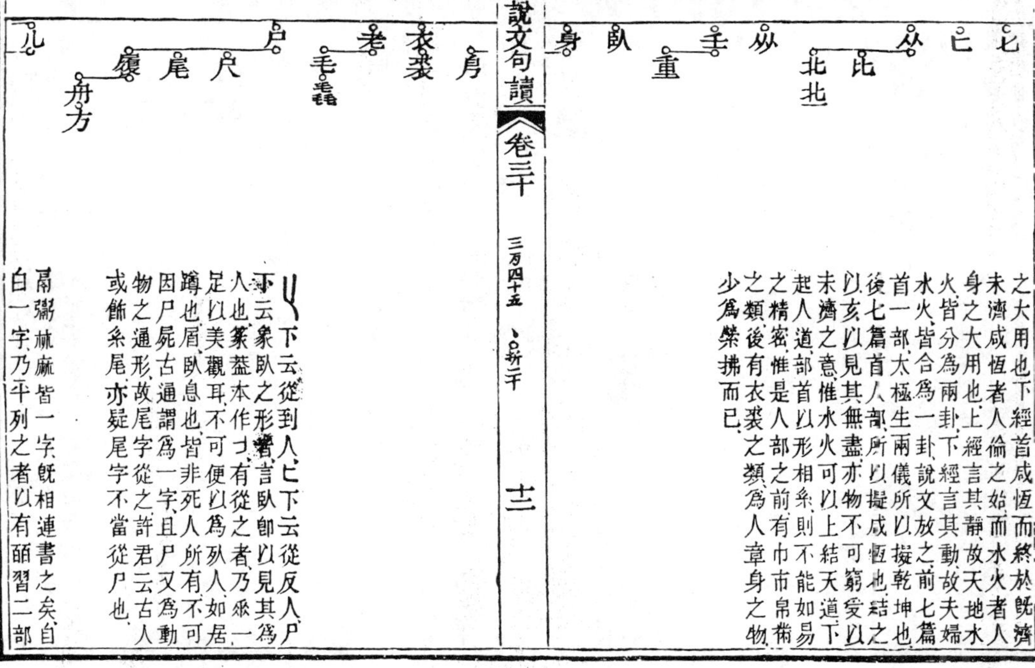

之大用也、下經首咸恆而終於既濟未濟、咸恆者人倫之始、而水火者人身之大用也、上經言其靜、故天地水火皆分爲兩卦、下經言其動、故夫婦水火皆合爲一卦、說文放之、前七篇首一部、太極生兩儀、所以擬乾坤也、後七篇首人部、所以擬成恆也、結之以亥、以見其無盡、亦物不可窮、受以未濟之意、惟水火可以上結天道、下起人道、部首以形相系、則不能如易之精密、惟是人部之前有巾市帛黹之類、後有衣裘之類、爲人章身之物少爲紫拂而已、

下云從到人、匕下云從反人、尸下云象臥之形、者言臥卽以見其爲人也、篆蓋本作𠃌、有從之者、乃㞋一足以美觀耳、不可便以爲死人如居蹲也、眉臥息也、皆非死人所有、不可因尸屍古通謂爲一字、且尸又爲動物之通形、故尾字從之、許君云古人或飾系尾、亦疑尾字不當從尸也、

㕯𩰲𣏟𣏟皆一字、既相連書之矣、自白一字、乃平列之者、以有皕習二部

兒 兂 皃 兜 先 禿 見 覞 欠 㱃 次

旡

頁 百 首 面 丏 県

須 彡 彣 文 髟

后 司 卮

從之，故區別以醒目也。人儿一字，乃系儿于人，不平列者，以有后勹等字，仍系人限于地也。大介一字，百首一字，列法皆同。自白、㱐𦣻一字，頁百一字，則同鬲䰜。○兩部首同字者凡六偶，三部首同字者，頁百首也，以五百四十部首為字源者，觀此可以爽然矣。

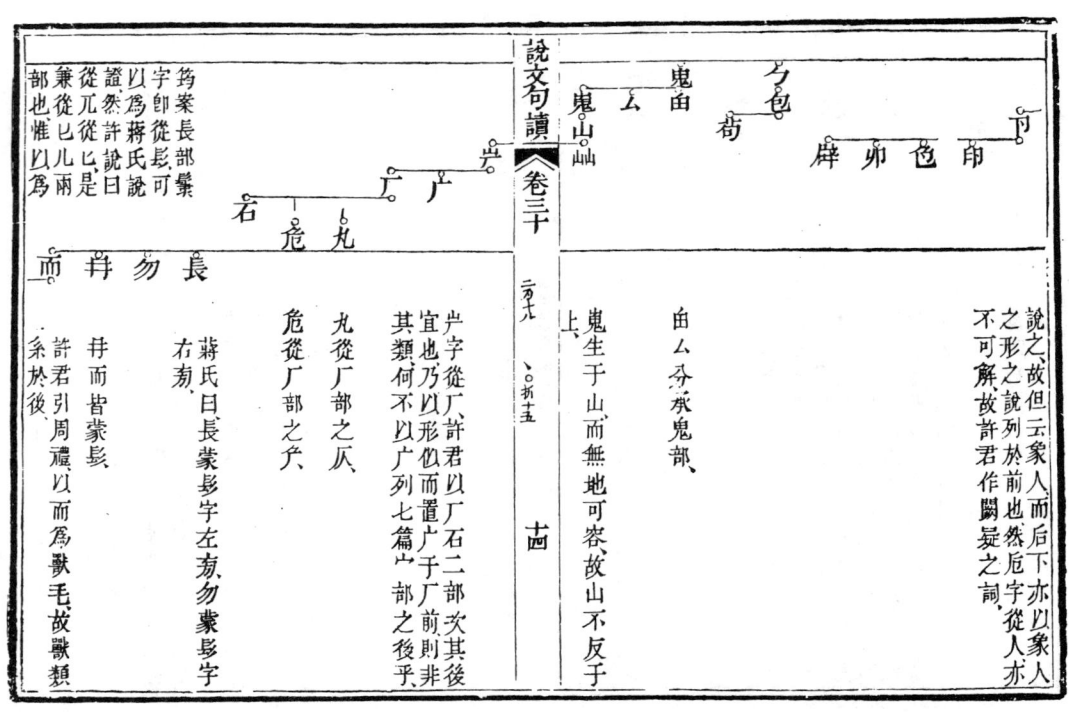

玉篇，秃有籀文秃，竊意小篆本當如之，傳寫譌屮為禾耳。許君所據固如此，故采兩說，而究疑之也。周伯琦故為禾㐅，云從木聲，則杜撰矣。

頁為首之古文，今無此讀。

首与百同，而閒以面丏二部者，面字從全百，猶可在後，丏則与兜一類，皆壅蔽其面之狀，故兩字皆以廱蔽說之，然兜從儿明白，丏則是指事，不在面下，則人不知所蔽者謂何，故必相連而及。又有從到首之県在下，故首不与百相連。

后字，許君作兩說，前說謂𠂆象人形，葢以刀字轉其上體向左，下體向右，而後成𠂆，前文到人反人卧人，皆無此體，故云象人之形，不云從人也。此說謂上𠂆下口是兩體，下文又分𠂆一口為三體，然卮部不可分為𠂆一

卩 印 色 卯 辟

勹 包 茍

鬼 由 厶 嵬 山 屾

屵 广 厂 丸 危 石

長 勿 冄 而

說之，故但云象人，而后下亦以象人之形之說列於前也。然卮字從人亦不可解，故許君作闕疑之詞。

甶厶𠫓承鬼部。

鬼生于山而無地可容，故山不反于上。

屵字從厂，許君以厂石二部次其後宜也，乃以形似而置广于厂前，則非其類，何不以广列七篇宀部之後乎。

丸從厂部之仄。

危從厂部之产。

蔣氏曰，長蒙髟字左旁，勿蒙髟字右旁。

冄而皆蒙髟。

許君引周禮，以而為獸毛，故獸類系於後。

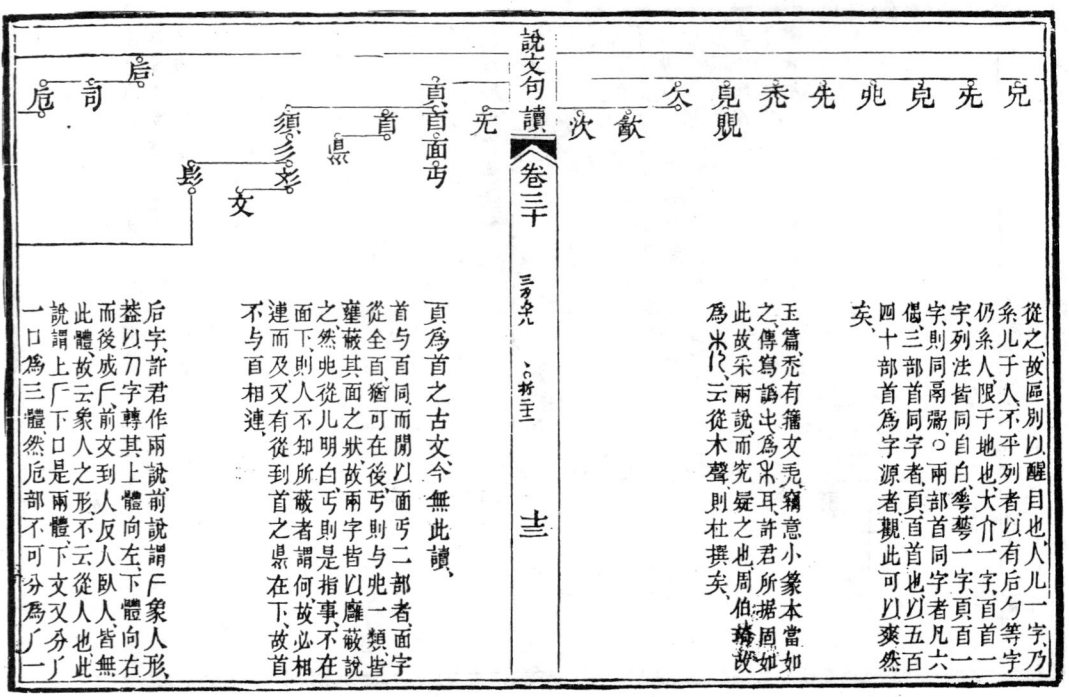

鈞案長部彙字即從髟，可以為蔣氏說證，然許說曰從兀從匕，是兼從匕儿兩部也，惟以為

勿承彡、彡之則下文冄而兩部、皆毛髮之類、與彡閱合、而勿以雜帛爲之、不似旌旐之用毛也、然不用蔣說、而謂㫃字承七篇之旂、則何不以㫃、勿繼㫃後、且許君分前七篇後七篇、各自聯屬、不應越界、若謂旗旒長、故繼長後、亦涉牽强、闕如可也、

豕 豩
彑 豚
豸 𤉡 易 象 馬 廌 鹿 麤

自豕以下皆獸類、而豸𤉡易象馬廌象體下半、皆與豕相似、惟或無尾爲異、鹿麤從比爲一類、兔莧省於鹿麤爲一類、犬又省於兔莧、惟鼠形不類耳、能亦從比、不與鹿麤類列、留爲上承下注用也、

㲋 兔 莧 犬 㹜 鼠 能 熊
火 炎 粦 焱 囪

熊上承下注、

炙 赤
大
亦 夨 夭 交 尣 壺 壹 懿 㚔 奢 亢 夲 夰 亣 夫 立 竝 囟 思

赤上承下注、

大以大小爲本義、而以人身張大取象、故亦尣囟心囟三字、皆人之一體、而列於此、夨天交尣立皆人事、亦列於此、其餘則皆大小之大矣、惟壺字用之爲盇、則是借指事爲象形也、皿部盇字亦以大爲盇、

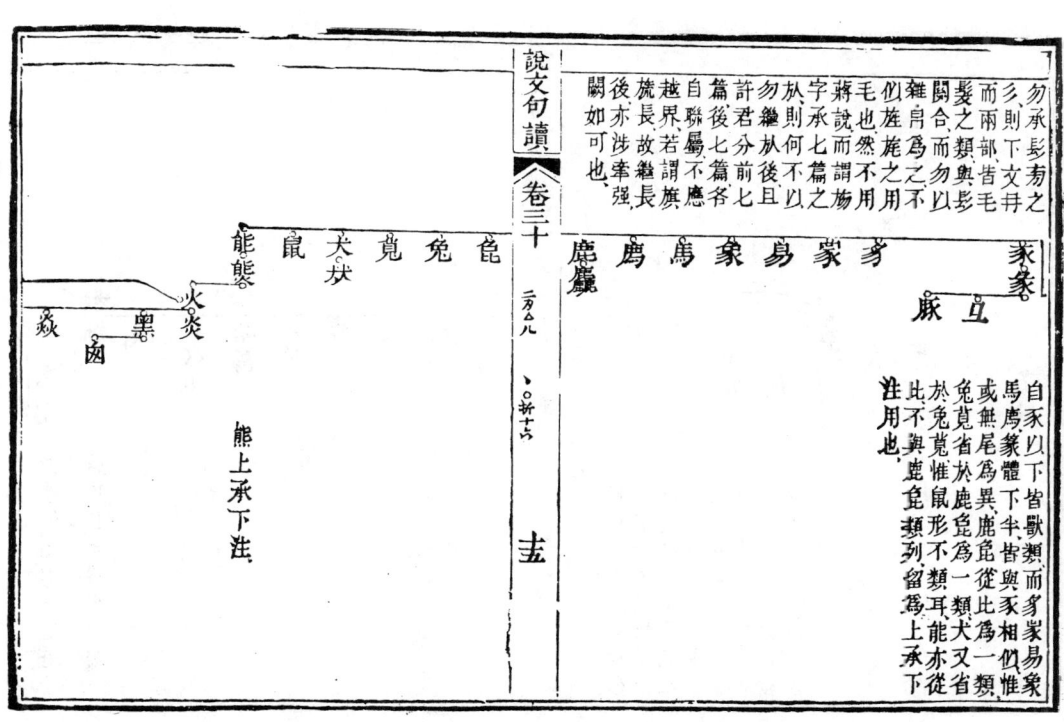

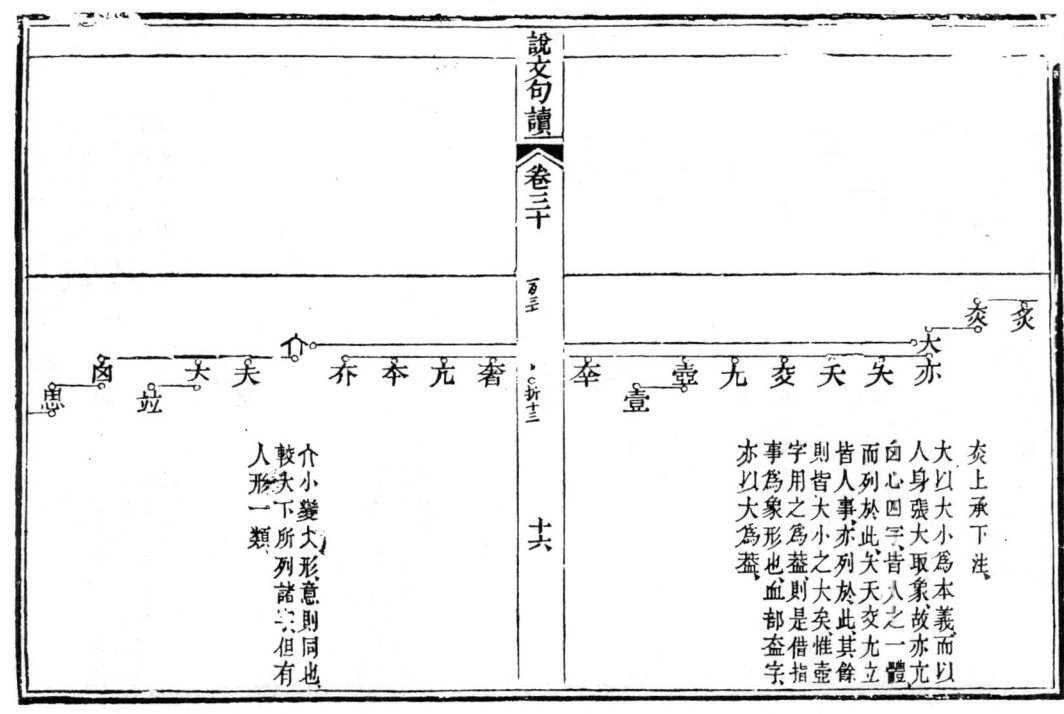

亣小變大形、意則同也、較大下所列諸字、但有人形一類、

心 惢

思生于心，故反之在上。

沝 頻 𡿨 巜 川 泉 灥 永 𠂢 谷 仌 雨 雲

蔣氏曰，水從火連類。

雨與水以類相從，古文本不從水。

魚 𩺰 燕 龍 飛 非 卂 乞 不 至 西 鹵 鹽

燕附於魚，以尾相似，故龍仍以鱗蟲承魚，燕與龍皆能飛，故以飛雙承之。乞即是燕，古今異名耳，一物而非一字，又為龍字所礙，不可平系之，故交系其首。

上文西字從鹵，鹵與戶皆施于房，鹵在戶之西，故戶系於西。門部說曰聞也，即所以牽屬耳部，然其物不類，故曲線系之。

戶 門 耳 𦣞 手 𠦬

以下四部，與上文夾亢囟心一類，皆人之體，故使遙與相對，同列一格。

女 毋 民 丿 𠂆

民之古文𠈇，上半從毋，毋從女，丿者古文民之末筆。

𠂆似人。

乁 氏 氐 戈 戉 我 亅 琴 乚 亡 匸 匚

戈從𠂆部之弋。

戉從乚聲，乚屬亅部。珡字下半，與乚乚相似，又與戈同為器用，故次此。

乚與乚相似

匸與匚相似。

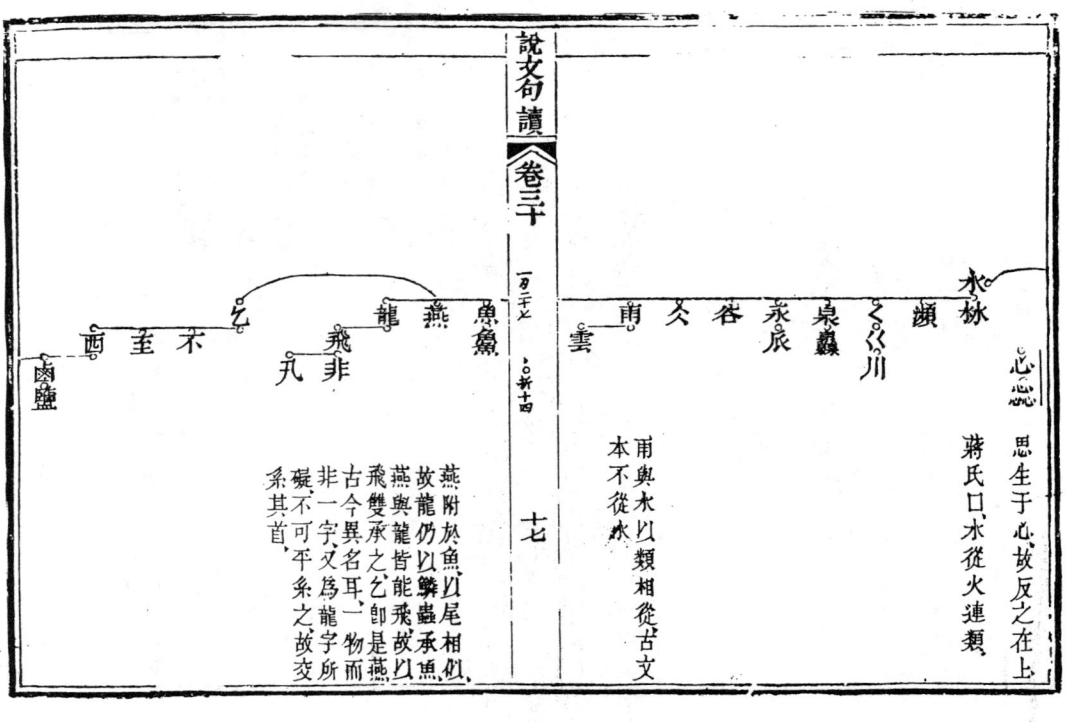

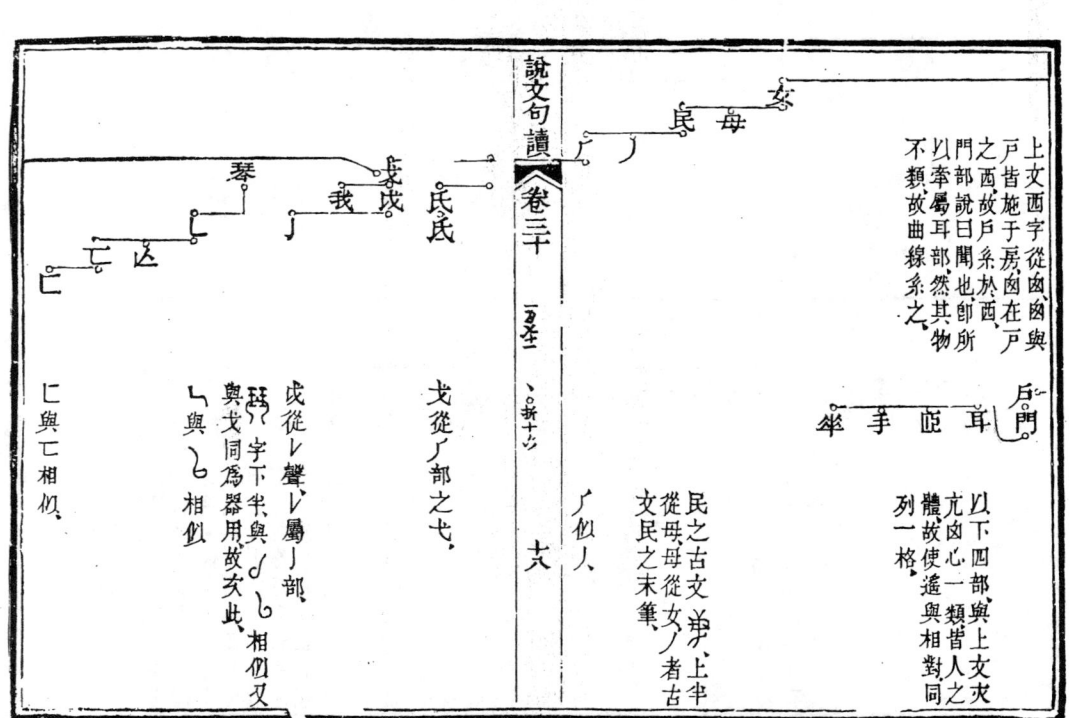

曲　甾　瓦　弓　弜　弦　系　糸　素　絲　率

匚者器也故自曲以下仍列諸器以繼之

甾瓦器也故受之以瓦

蔣氏曰自戈至弦並器用類

弦之古文象弦形與系之古文其形本同但所象異物耳故以系繼弦而間以系部者系遠承厂字得聲也

率乃捕鳥之网而虫部說五方之物曰或行或飛是以鳥冠之也故兩部相聯邪姑斷之以示闕疑

虫　蚰　蟲　風　它　龜　黽　卵　二　土　垚　堇　里

小時名虫大時名它一物而非一字故次系其首與燕乙同

蟲以風化而風字以虫為形是母從子也

卵篆分而為二故二承之卵之裏黃如天之包地是亦兩儀之象也

段氏曰卵象黽下體之形而次之案它龜皆卵生

二為地數故土承之

由　畕　黃　男　力　劦　金　幵　勺　几　且　斤　斗　矛　車　𠂤　𨸏　𨺅　厽

蔣氏曰幵度地平之具用水以望也勺取水具几取平義在地且從几斤金所成斗勺之屬矛斤屬車地所載筠案仲偁之意以此八部系之土部

筠案幵度地平之具不審所本即或有本亦木器也何以在金後勺几且斗車皆木器斤矛則金木兼之何以幵在金後而不與十二篇諸器名類廁乎不得其意之所在故使八部自相牽連以示闕疑

四　宁　叕　亞　五　六

四篆二

段氏曰亞略似四叕略似亞亞略似叕

五以下皆篆四

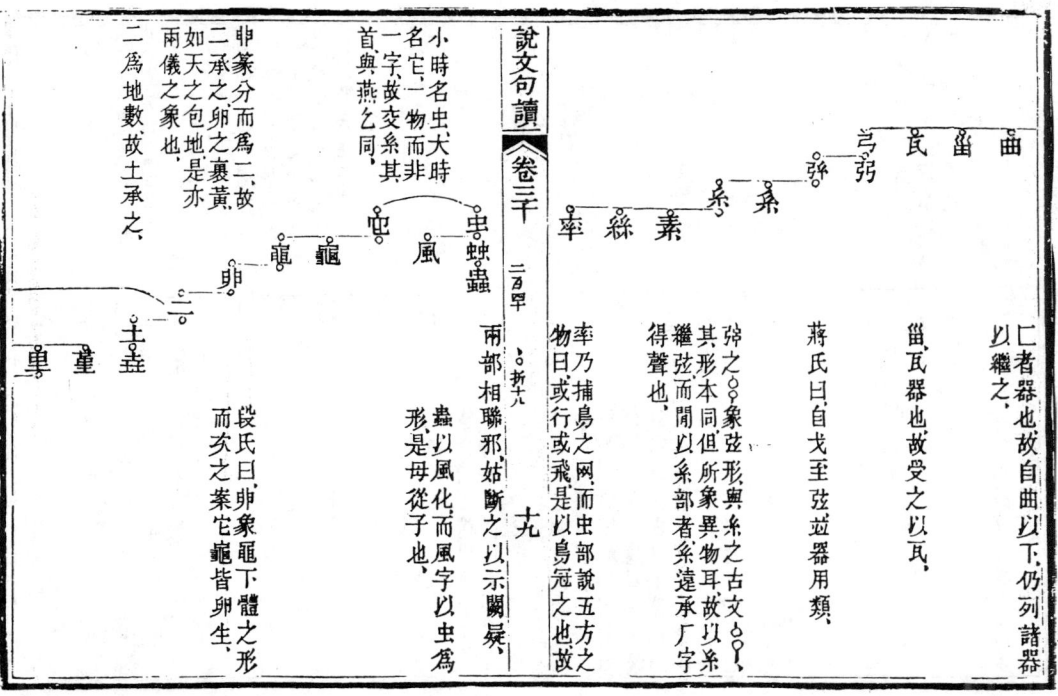

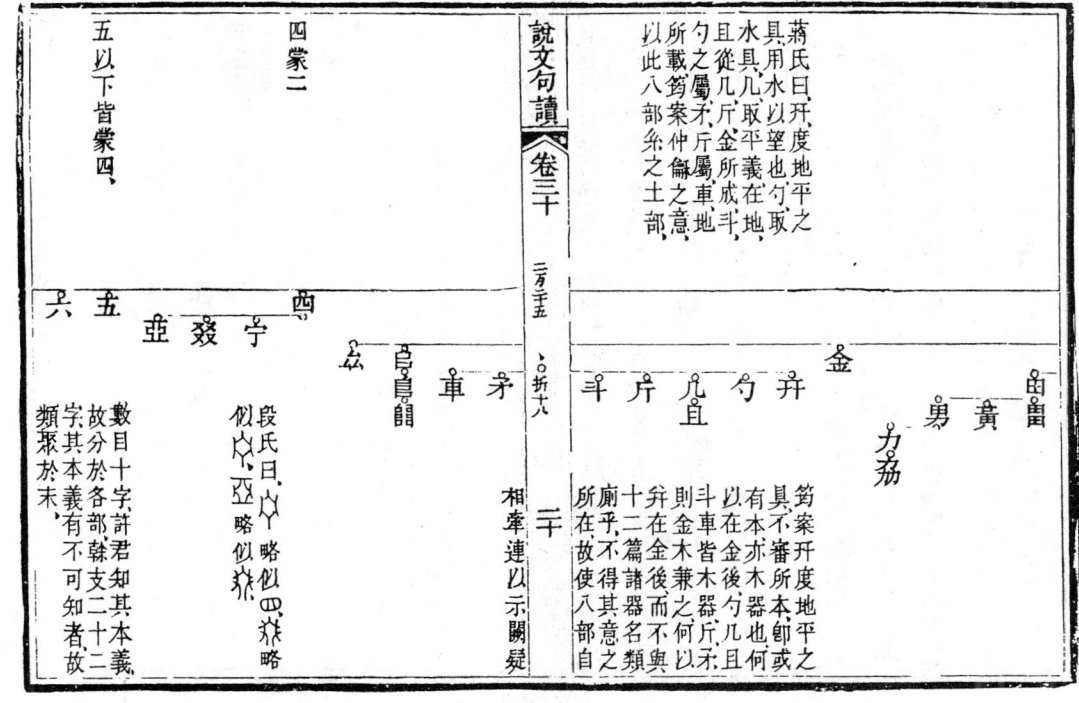

數目十字許君知其本義故分於各部其支二十二字其本義有不可知者故類聚於末

說文句讀　卷三十　二百二十八　○十五　三十

古文嘼從厹，故系於厹。小篆省之便不似。

陰變於六，陽變於九，至九六而陰陽合會矣，故以榦支終焉。此二十二字者，衹可爲父子兄弟，不可以爲系之。今也故蔣氏直系之，皆平列之。

榦之戊己庚辛，支之寅辰戌亥，皆不甚可解，此許君所以類聚也。

七　九　厹　嘼　甲　乙　丙　丁　戊　己　巴　庚　辛　辡　壬　癸　子　了　孨　𠫓　丑

楚金祛妄篇巴篆作𢀳，引陽冰曰，從巳中一，不合。

次己下，是知李氏据本作𢀳，與夢英所書同，今本作巳，則字形似己，不似𢀳，少溫不應目眯也。然許君既次之己下，蓋巳乃是本形，𢀳則傳寫之譌，小徐作𢀳，又連之也。其正文及部敘仍作巳。

丑蓋古杽字，以會意定象形字也。

說文句讀　卷三十　三百二十　○折十五　三十一

午蓋是古杵字，象形字也，故舂字從之。

申蓋古電字，電則絫增字也，蝴下云申電也，知申亦象形字。

寅　卯　辰　巳　午　未　申　酉　酋　戌　亥

酋字次酉下，愈知酉是古酒字，古器銘邗酉酒淋字竝作酉，後加水旁，區別爲二。

右蔣仲穌所爲表，諸家說部首者，皆不及也。閒有未愜者，更易之，其所爲說，多不本於許君，余亦閒用之，其可通以許說者，不復用也。又改之以譜牒世系之法，使人易於尋求。其當行直下者，如子孫曾元，然然有一人數子者，必先敘其長子之子孫，而後及其仲子三子也。跳行而相系者，義不直捷，如無子而有猶子者也。平線相系者，兄弟也。其或形則相嬗，義不相貫，如習系於白，熊繼以火，雖亦跳行相系，乃是外孫，非己族也。前無所承，曲線橫系者，朋友也。同氣相求，不共本根也。許君敘曰，同條牽屬，共理相貫，此謂以義相次也。又曰，雜而不越，據形系聯，此謂以形相次也。二者爲部首之大例，乃

有形義皆不類者不敢護爲傳寫倒亂而強爲之說蓋亦不免於穿鑿君子惠我尙或正之癸卯四月十九日王筠記

許君事蹟考　　　烏程嚴可均鐵橋撰

後漢儒林傳許愼字叔重汝南召陵人也性淳篤博學經籍馬融常推敬之時人爲之語曰五經無雙許叔重爲郡功曹舉孝廉再遷除洨長卒於家初愼以五經傳說臧否不同於是譔爲五經異義又作說文解字十四篇皆傳於世嚴可均曰余治說文因欲詳許君行事而本傳所載寥寥不備及徧索羣書又采獲無多也作許君事蹟考

許君汝南召陵萬歲里人也蓋生於明帝朝　許沖表云召陵萬歲里邑部郎汝南召陵里小徐引李陽冰云郎許君所居之里陽冰語未審所出或萬歲卽郎郇矣筠案百官志知漢縣以萬戶上下爲率又郡國志一里百家則一縣當有百里豈得萬歲卽郎陽冰好杜撰不可從也里名萬歲者殆漢武登封之後肇錫嘉名乎說文後敘鐵橋依小徐本云後敘非也作於永元十二年彼時許君不得甚少卽使年未三十亦必生於明帝朝也明帝在位十八年起戊午止乙亥

和帝永元八年賈逵爲侍中騎都尉許君從逵受古學　許沖表云先帝詔侍中騎都尉賈逵修理舊文又云臣父故太尉南閣祭酒愼本從逵受古學又云愼博問通人考之於逵作說文解字賈逵傳永元八年復爲侍中領騎都尉兼領祕書近署許君從逵受古學當在此時艸說文亦當在此時

十二年正月艸說文竟　後敘云粵在永元困頓之年益屬艸畢故作後敘也其明年賈逵卒許君本傳爲郡功曹舉孝廉皆未審何年御覽二百六十四引汝南先賢傳云許愼爲功曹奉上以篤義率下以恭寬是其爲功曹事也百官志郡國惟右扶風有功曹史外郡不言據列傳則外郡皆有之矣漢官儀世祖詔云丞相故事四科取士自今以後審四科辟召及刺史二千石察茂才尤異孝廉之吏是漢制孝廉皆於郡吏中舉之許君由郡功曹舉孝廉由孝廉補太尉南閣祭酒本傳所云再遷者此其一遷也永元五年十一月以張酺爲太尉十二年九月策免以張禹爲太尉後敘作於正月是太尉乃張酺也張酺汝南細陽人有傳百官志太尉掾史屬有黃閣又有閣下令史蓋閣下卽南閣令史卽祭酒胡廣漢官注祭酒一位之元長漢官儀丞相設四科之辟第一科曰德行高妙志節清白補西曹南閣祭酒蓋許君舉第一科矣

安帝永初四年與劉珍劉騊駼馬融等五十餘人校書東觀　許沖表云愼前以詔書校書東觀教小黃門孟生李喜等安紀永初四年詔謁者劉珍及五經博士校定東觀五經諸子傳紀百家蓺術整齊脫誤是正文字鄧后紀乃博選諸儒劉珍等及博士議郎四府掾史五十餘人詣東觀校讎傳記事

畢奏御、賜葛布各有差、又詔中官近臣於東觀受讀經傳、以
教授宮人、按是時鄧后臨朝、許沖表所云詔書、卽后詔、表所
云小黃門孟生李喜等、卽后詔之中官近臣、許君以太尉祭
酒充其選、卽后紀之四府掾史、是時張禹爲太尉、葢許君尙
爲祭酒、因充校書也、張禹、襄國人、有傳、居太尉位極久、前此
永元十二年九月、代張酺爲太尉、閱六年、至殤帝延平元年
正月、進太傅、以司徒徐防代、其明年、爲安帝永和元年、禹復
爲太尉、東觀校書之詔、下於四年二月、時禹尙爲太尉也、其
明年正月禹罷、以光祿勳李修代、計許君爲太尉祭酒、至此
已十餘年、據后紀事畢賜葛布、則雖充校書、未增秩也、宦者

蔡倫傳、永初（今本誤作元初）四年、帝以經傳之文、多不正定、乃選通
儒謁者劉珍、及博士良史、詣東觀、各讎校漢家法、令倫監典
其事、劉珍傳、永初中、爲謁者僕射、鄧太后詔、使與校書劉騊
駼馬融、及五經博士、校定東觀五經諸子傳紀、百家蓺術、整
齊脫誤、是正文字、（珍有釋名三十篇、見本傳、而吳志韋曜傳、以釋名爲劉熙作、隋唐志同、劉熙、獻帝初安南太守、別有謚法三卷、見隋志、今本釋名題北海徵士、非也、其劉珍之釋名、謚別是一書、抑范史誤以劉熙爲劉珍也、疑莫能明）馬融傳、永初四年、拜爲校書郎中、（章懷引謝承及續漢書、竝云、爲校書郎、又拜郎中、）詣東觀典校祕書、許君與融等同在東觀、齒長於融、故
本傳云、馬融常推敬之、
建光元年九月、遣子沖奏上說文十五篇、幷上孝經古文說一

篇、　時許君去官且病、故許沖表云今愼已病、（筠案下文云、尹珍學于許君、當桓帝時、去此近三十年、豈能病許久、且既病又安能教尹珍乎、是知病者託詞、不願出山而已、是時許君之年、不過五十、已高尙如此、）　又云故太尉南閣祭酒、故者已去官之詞、是年辛
酉、上距永元庚子作說文（後）敘之年、已二十二年矣、本傳、除
洨長、不知在何時、洨縣屬沛國、豫州刺史部、百官志、縣萬戶
以上爲令、不滿爲長、縣大者置令、千石、其次置長、四百石、小
者置長、三百石、漢舊注、公令史、百石、自中興以後、不說石數、
葢仍百石、許君以孝廉除百石、以百石除三四百石、故本傳
云再遷、
許君葢卒於桓帝朝、　西南夷夜郎傳云、桓帝時、郡人尹珍、自

以生於荒裔、不知禮義、乃從汝南許愼應奉、受經書圖緯、（筠案許君弟子、尙有外黃令高彪、見後桂氏附說隸釋云、文苑傳有高彪、吳郡無錫人、）　計桓帝元年、上距
建光元年許沖上說文時、已二十七年、是許君之壽、當以八
十餘爲斷、桓帝在位二十一年、起丁亥、止丁未、本傳、五經異
義、不言篇數、隋唐志云十卷、葢兼鄭駁、或原本亦十篇、孝經
古文說一篇、本傳失載、葢久亾、隋唐志又有許君注淮南子
二十一卷、羣書引見可數百條、自說文奏上後、鄭君注儀禮
周禮禮記、各引一事、魏武令亦引一事、吳志嚴畯、字曼才、好
說文、至唐國子監置書學博士、立說文之學、舉其文義、歲登
下之、許君墓河南通志卷四十九云、在郾城縣城東三十五

里召陵城下許君後人元和姓纂卷六云無聞鄧名世古今姓氏書辨證卷二十三云其後有居會稽陽羨者嘉慶丙寅十一月晦嚴可均書於平津館

說文校議　余於此書用之幾盡其逼論一書者不便載於逐字下附記於此

說文舊有音隱世所不傳引見於六朝唐人之書者尚千許事說文舊本引書偁尚書或但偁書六朝唐初引見如此其唐虞夏商周等字皆校者所加亦有未盡加者如圛下堣下堊下偁尚書斴下詔下卟下㨖下但偁書也此類亦無害義惟周書與七十一篇之周書無別彼不得不加逸字則不如舊本之安耳

漢魏人但偁周書不云逸周書說文亦有未盡加者如莒下豲下引周書尚不云逸也

凡部末字往往可疑筠案後增字之在部末其常也而匕部匙口部嗷在部首之下亦當是後增

凡新附文四百二鈕氏樹玉攷之詳矣今置之不議然尚有宜為大徐表白者字林新附出陸善經說文新附不知出誰手近人概屬之大徐徒據後序有承詔皆附益之一語耳其實新修字義附入各部者自是詔志件借魋綦剔觱醆趄顦璵𤺺[illegible]緻笑迓皖峯十九字于卷末明明標出而于新附輒多排擊則非出大徐明甚竊謂唐以前本已有新附孫愐修唐韻取而散附各韻之後故示部禰下曰一本云古文禰也水部𣾰下云諸家

不收今附之字韻末一本者大徐言別本說文也諸家者唐韻言衆家韻書也之字韻者唐韻七之部也此證甚確自來未經舉出而新附之字閒亦為許君原本所有而轉寫漏落者如老子釋文引朘赤子陰也石州曰老子舊本作全恐朘亦後人改造釋草釋文引蘳或作柜字筠疑卽或體柜之譌左傳僖二十八年疏引旇從亡聲筠案從旅省从㫃則割人附从不成體制吾之疑此也與旋字同後漢黃霸傳注引廠音蹄文選魏都賦注引濤大波也北征賦注王粲詠史詩注陸機苦寒行注竝引劇甚也筠案此當卽勮字刀力篆亦相似小徐本勮下云或曰非力刀也是其比一切經音義卷六引打以杖擊之也筠案許君卽收此不見經典之字則捶下云以杖擊也自當說打曰捶也不當如是說卷二十二引闤闠市門也御覽合修文殿御覽文思博要藝

文類聚而成書而卷百八十八引礩柱下石也古以木今以石卷八百二引瑛寶也卷八百二十八引儈駔馬也若此之類半屬許書所原有非皆寫誤而今皆在新附如謂諸書原引新附則新附在唐以前矣今但責大徐不能削去可也謂大徐妄加非也筠案大徐不削去蓋亦承詔然署曰新附固較然明白以視前乎大徐者直以所增羼入正文亦自分低昂也刀部劘下云亦古文則銕橋曰汗簡卷上之二引此以為說文續添按續添者書名大徐亦古文三十一蓋皆出續添校者取續添字附記於古文之旁而加亦以別之轉寫疑為脫文因羼入然有本非續添而後人例加亦字者如鵬杭梓之類又有亦字宜在第一古文而校遂於第二古文者如[illegible]之類惟精

審者能辨之矣、筠案此說雖不必盡然、然非深心人不能道、

毛氏節錄　　毛扆斧季

五代蜀廣政閒、林罕字源偏傍小說序云、漢太尉祭酒許愼、取其形類、作偏傍條例十五卷、名之曰說文、說文遺漏、呂忱又作字林五卷、以補其闕、洎三國之後、歷晉魏陳隋、隸書盛行、篆書殆將泯滅、至唐將作少監李陽冰就許氏說文重加刊正、筠案小徐祛妄篇所舉李氏說、率多誕妄、卽其所書庾公德政頌、其必不可通者、凡十餘字、而庾字從賁之古文臾、荀字從目、直非字矣、特人震于其書名、不敢背議之耳、安能有所刊正乎、展作三十卷、此便非是、其十四篇可展、然史記合傳、後人分爲數篇、已同此誤、至於敍目而分之、遂致首尾決裂、必不可也、今之所行者是也、其時復於說文篆字下、便以隸書照之、名曰字說、開元中、以隸體不定、復隸書字統、不錄篆文、作四十卷、名曰開元文字、自此隸體始定矣、○又云、篆雖一體、而隸變數般、篆隸卽興、訛舛相錯、非究於篆、無由曉隸、隸書有不拋篆者、有全違篆者、有減篆者、有添篆者、有與篆同文者、罕今所篆者、則取李陽冰重定說文、所隸者、則取開元文字、於偏傍五百四十一字下、各隨字訓釋、或有事關造字、省而難辨者、須見篆方曉隸者、雖在注中、亦先篆後隸、各遂所部、載而明之、其餘形聲易會、不關造字者、則略而不論、其篆文下及注中易字、便以隸書爲音、如稍難者、則紐以四聲、四聲不足、乃加切韻、於說文中、已十得其八九矣、名之曰林氏字源偏傍小說

李文仲字鑑序云、六書者、制字之本、雖蟲篆變體、古今異文、離此則謬、周宣王太史籀著大篆十五篇、與古文或同或異、秦丞相李斯頗刪籀文、謂之小篆、因政令之急、職務之繁、小篆不足以給下邽程邈、始變篆文而作隸書、以趣約易、後漢和帝命賈逵修理舊文、於是許愼集篆籀古文諸家之書、質之於逵、作說文解字、體包古今、首得六書之要、其於字學、處說文之先者、非說文無以明、處說文之後者、非說文無以法、故後學所用、取以爲則、

張美和撰吳均增補復古編敍云、文字之先、本乎虙羲立畫、暨黃帝之史蒼頡、姓侯剛氏、黃帝史也、亦曰皇頡、觀鳥跡以依類象形、筠案許君敍曰、見鳥獸蹏迒之迹、知分理之可相別異、此謂倉頡見此而有所觸發也、又曰依類象形、故謂之文、此謂依日月之類、以象日月之形、依山川之類、以象山川之形也、乃是兩節、張氏誤合爲一語、故謂之文、形聲相益則謂之字、字者孳也、孳孳而生、無窮之字出焉、由是象形會意指事諧聲假借轉注、次序不合、惟諧是正字、是謂六書、成周之世、八歲入小學、先以此教之、漢許愼說文、以五百四十二字爲部、以統古今之字、遂爲百世不刊之典、

桂氏附錄　　曲阜桂馥未谷

華陽國志南中志、桓帝之世、毋斂人尹珍、字道眞、以生遐裔、未漸庠序、乃遠從汝南許叔重受五經、又師事應世叔學圖緯、通三才、還以教授、於是南域始有學焉、後漢書西南夷傳同、

太平寰宇記左州晉城縣蠻渠歲時於石溪口通商有馬會說文曰馬會今之獠市、案今說文無此語、

衞恆四體書勢昔在黃帝創制造物有沮誦倉頡者、筠案此語似以沮誦倉頡爲一人、始作書契以代結繩蓋覩鳥跡以興思也因而遂滋則謂之字有六義焉一曰指事上下是也二曰象形日月是也三曰形聲江河是也四曰會意武信是也五曰轉注考老是也六曰假借令長是也夫指事者在上爲上在下爲下象形者日滿月虧效其形也形聲者以類爲形配以聲也會意者止戈爲武人言爲信也轉注者以老壽考也假借者數言同字其聲雖異文意一也自黃帝至三代其文不改及秦用篆書焚燒先典而

古文絕矣漢武時魯恭王壞孔子宅得尚書春秋論語孝經時人以不復知有古文謂之科斗書又曰昔周宣王使史籀著大篆十五篇或與古同或與古異世謂之籀書者也及平王東遷諸侯力政家殊國異而文字乖形秦始皇帝初兼天下丞相李斯乃奏蠲之罷不合秦文者斯作倉頡篇中車府令趙高作爰歷篇太史令胡毋敬作博學篇皆取史籀大篆或頗省改所謂小篆或曰下土人程邈爲衙獄吏得罪始皇幽繫雲陽十年從獄中作大篆少者增益多者損減方者使員員者使方奏之始皇始皇善之出以爲御史使定書或曰邈所定乃隸字也自秦壞古文有八體一曰大篆二曰小篆三曰刻符四曰蟲書五曰

摹印六曰署書七曰殳書八曰隸書王莽時司空甄豐校文字部改定古文復有六書一曰古文孔氏壁中書也二曰奇字卽古文而異者也三曰篆書秦篆書也四曰佐書卽隸書也五曰繆篆所以摹印也六曰蟲鳥書所以書幡信也又許愼撰說文用篆書爲正以爲體例最可得而論也

魏書江式字法安陳留濟陽人延昌三年三月、元魏宣武帝恪卽位之十五年也是年甲午前此壬辰年改元延昌、式上表曰臣聞庖羲氏作而八卦列其畫軒轅氏興而靈龜彰其彩古史倉頡覽二象之爻觀鳥獸之跡別創文字以代結繩用書契以維事宣之王庭則百工以敘載之方冊則萬品以明迄於三代厥體頗異雖依類取制未能悉殊

倉氏矣故周禮八歲入小學保氏教國子以六書一曰指事二曰象形三曰形聲四曰會意五曰轉注六曰假借蓋是史頡之遺法也及宣王太史史籀著大篆十五篇與古文或同或異時人卽謂之籀書至孔子定六經左丘明述春秋皆以古文厥意可得而言其後七國殊軌文字乖別暨秦兼天下丞相李斯乃奏蠲罷不合秦文者斯作倉頡篇中車府令趙高作爰歷篇太史令胡毋敬作博學篇皆取史籀大篆或頗省改所謂小篆者也於是秦燒經書滌除舊典官獄繁多以趣約易始用隸書古文由此息矣隸書者始皇使下杜人程邈附於小篆所作也以邈徒隸卽謂之隸書故秦有八體一曰大篆二曰小篆三曰

刻符書、四曰蟲書、五曰摹印、六曰署書、七曰殳書、八曰隸書、漢
興有尉律學、復教以籒書、又習八體、試之課最、以爲尙書史、史
民上書、省字不正、輒舉劾焉、又有草書、莫知誰始、考其書形、雖
無厥誼、亦是一時之變通也、孝宣時召通倉頡讀者、獨張敞從
之受、涼州刺史杜鄴、沛人爰禮、講學大夫秦近、亦能言之、孝平
時徵禮等百餘人、說文字於未央宮中、以禮爲小學元士、黃門
侍郎楊雄、采以作訓纂篇、及亾新居攝、自以應運制作、使大司
空甄豐校文字之部、頗改定古文、時有六書、一曰古文、孔子壁
中書也、二曰奇字、卽古文而異者、三曰篆書、云小篆也、四曰佐
書、秦隸書也、五曰繆篆、所以摹印也、六曰鳥蟲、所以書幡信也、

壁中書者、魯恭王壞孔子宅、而得禮記尙書春秋論語孝經也、
又北平矦張蒼獻春秋左氏傳、書體與孔氏相類、卽前代之古
文矣、後漢郎中扶風曹喜、號曰工篆、小異斯法、而甚精巧、自是
後學皆其法也、又詔侍中賈逵修理舊文、殊藝異術、王教一端、
苟有可以加於國者、靡不悉集、逵卽汝南許愼古文學之師也、
後愼嗟時人之好奇、筠案此句誤、歎俗儒之穿鑿、故撰說文解字十
五篇、首一終亥、各有部屬、包括六藝羣書之詁、評釋百氏諸子
之訓、天地山川、草木昆蟲、雜物奇怪、珍異王制、禮儀世閒人事、
莫不畢載、可謂類聚羣分、雜而不越、文質彬彬、最可得而論也、
左中郎將陳留蔡邕、采李斯曹喜之法、爲古今雜形、詔於太學

立石碑、刊載五經、題書楷法、多是邕書也、後開鴻都、書畫奇能、
莫不雲集、於時諸方獻篆、無出邕者、魏初博士清河張揖著埤
倉廣雅古今字詁、究諸埤廣、綴拾遺漏、增長事類、抑亦於文爲
益者、然其字詁、方之許愼篇、古今體用、或得或失矣、陳留邯鄲
淳亦與揖同時、博古開藝、特善倉雅許氏字指八體六書精究
閑理、有名於揖、以書教諸皇子、又建三字石經於漢碑之西、其
文蔚焕、三體復宣、校之說文、篆隸大同、而古字少異、又有京兆
韋誕、河東衛覬、二家竝號能篆、當時臺觀榜題寶器之銘、悉是
誕書、咸傳之子孫、世稱其妙、晉世義陽王典祠令任城呂忱表
上字林六卷、筠案林罕李燾皆曰五卷、尋其況趣、附託許愼說文、而桉偶章

句、隱別古籒奇惑之字、文得正隸、不差篆意也、忱弟靜別放故
左校令李登聲類之法、作韻集五卷、宮商龣徵羽各爲一篇、而
文字與兄便是魯衞、音讀楚夏、時有不同、皇魏承百王之季、紹
五運之緒、世易風移、文字改變、篆形繆錯、隸體失眞、俗學鄙習、
復加虛巧、談辯之士、又以意說、炫惑於時、難以釐改、故傳曰、以
衆非非行、正信哉得之於斯情矣、乃曰追來爲歸、巧言爲辯、小
兔爲䨲、神虫爲蠶、如斯甚衆、皆不合孔氏古書史籒大篆許氏
說文石經三字也、凡所關古、莫不惆悵焉、嗟夫文字者、六藝之
宗、王教之始、前人所以垂今、今人所以識古、故曰本立而道生、
孔子曰、必也正名乎、又曰述而不作、書曰予欲觀古人之象、皆

言遵修舊史而不敢穿鑿也臣六世祖瓊家世陳留往晉之初與從父兄應元俱受學於衛覬古篆之法倉雅方言說文之誼當時並收善譽而祖官至太子洗馬出爲馮翊郡值洛陽之亂避地河西數世傳習斯業所以不墜也世祖大延中皇威西被牧犍內附臣亾祖文威杖策歸國奉獻五世傳掌之書古篆八體之法時蒙褒錄序列於儒林官班文省家號世業暨臣闇短識學庸薄漸漬家風有忝無顯但逢時來恩出願外每承澤雲津廁霑漏潤驅馳文閣參預史官題篆宮禁猥同上哲既竭愚短欲罷不能是以敢藉六世之資奉遵祖考之訓竊慕古人之軌企踐儒門之轍求撰集古來文字以許慎說文爲主爰采孔

氏尚書五經音注籀篇爾雅三倉凡將方言通俗文祖文宗埤蒼廣雅古今字詁三字石經字林韻集諸賦文字有六書之誼者皆以次類編聯文無復重糾爲一部其古籀奇惑俗隸諸體咸使班於篆下各有區別詁訓假借之誼僉隨文而解音讀楚夏之聲並逐字而注其所不知者則闕如也脫蒙遂許冀省百氏之觀而同文字之域典書祕書所須之書乞垂敕給幷學士五人嘗習文字者助臣披覽書生五人專令鈔寫侍中黃門國子祭酒一月一監評議疑隱庶無紕繆所撰名目伏聽明旨詔曰可如所請幷就太常冀兼敎八書史也其有所須依請給之名目待書成重聞式於是撰集字書號曰古今文字凡四十卷

大體依許氏說文爲本上篆下隸其書竟未能成

通典試說文字林凡十帖口試無常限皆通者爲第

新唐書選舉志凡學館諸生九經外讀說文字林三蒼凡書學石經三體限三歲說文二歲字林一歲

唐六典吏部考工員外郎掌天下貢舉之職凡諸州每歲貢人其類有六五曰書其明書則說文六帖字林四帖又云禮部尙書侍郎之職掌天下貢舉之政令凡舉試之制每歲仲冬率與計偕其科有六五曰書凡明書試說文字林取通訓詁兼會雜體此爲通又云國子博士掌敎文武官三品以上及國公子孫從二品以上曾孫之爲生者五分其經以爲之業其習經有暇

者命習隸書並國語說文字林三蒼爾雅每旬前一日則試其所習業書學博士掌敎文武官八品以下及庶人之子爲生者以石經說文字林爲顓業餘字書亦兼習之新唐書百官志同

顏氏家訓客有難主人曰今之經典子皆謂非筠案客此難有一半是惜是空談耳尙書儀禮有古今文之異詩有齊魯韓毛之異春秋有三傳之異孔子定經祇有一本則其異文蓋有二端一是傳寫者以同聲之字易之此可非者也一是本來用借字此不可非者也如許君說瓛曰桓圭則經典中桓圭豈可謂非乎說文所言子皆云是然則許愼勝孔子乎主人撫掌大笑應之曰今之經典皆孔子手迹邪客曰今之說文皆許愼手迹乎筠案此難亦是漢後之人不知傳之從人也而增噂於口部不知隖之從阜也而增鄔於邑部特以爲風雅春秋所有許不應漏而增之不知字體不如此也然此有確據故敢刪之其無據者則終古竊據非分矣答曰許愼檢以六文貫以

部分使不得誤誤則覺之孔子存其義而不論其文也先儒尚得臨文從意何況書寫流傳邪必如左傳止戈為武反正為乏皿蟲為蠱亥有二首六身之類後人自不得輒改也安敢以說文核其是非哉又云大抵服其為書隱括有條例剖析窮根源鄭康成注書往往引其說為證桂氏曰案周禮考工記注引鋝鍰也禮記雜記注引有輻曰輪無輻曰輇筠案既夕禮記注亦引此文若不信其說則冥冥不知一點一畫有何意焉

唐元宗開元文字音義序古文字惟說文字林最有品式因備所遺缺首定隸書次存篆字桂氏引張九齡賀狀云表隸以訓今存篆以證古衆釋大備取證於前修片言旁通去嫌於翻字筠案首定隸書次存篆字猶玉篇先列時字後錄說文字卽是此例特彼不作篆耳且說文以小

篆為主次及籀古亦是此例皆所以防體例參差也

止齋陳氏曰古者重小學漢嘗置博士如毛氏詩訓許氏說文楊氏方言之類皆有所本隋唐以來以科目取士此書汩廢韓退之尚以注蟲魚為不切則知誦習者寡矣

隋書經籍志說文十五卷許慎撰說文音隱四卷梁有演說文一卷庾儼默注

宋史句中正傳太平興國二年獻八體書授直史館詔詳定篇韻與徐鉉重校定說文

書史會要王惟恭不知何許人工篆嘗與徐鉉等奉詔校定說文行於世會要又云葛湍江東人為侍書善篆

崇文總目爾雅出漢世而有訓詁之學三蒼志字法許慎作說文而有偏旁之學五聲清濁相生孫叔然始作字音於是有音韻之學篆隸古文異體學者務極其能於是有字書之學

玉海文字之學有三其一體制謂點畫有衡縱曲直之殊說文之類其二訓詁謂有古今雅俗之異爾雅方言之屬其三音韻謂呼吸有清濁高下之不同沈約四聲譜及西域反切之學

顧亭林曰考魏書道武帝天興四年十二月集博士儒生比衆經文字義類相從凡四萬餘字號曰衆文經太武帝始光二年三月初造新字千餘頒之遠近以為楷式天興之所集者經傳之所有也始光之所造者時俗之所行而衆文經之所不及收

者也則知說文所無後人續添之字大都出此

桂氏附說

漢書藝文志漢興閭里書師合蒼頡爰歷博學三篇斷六十字以為一章凡五十五章幷為蒼頡篇武帝時司馬相如作凡將篇無複字元帝時黃門令史游作急就篇成帝時將作大匠李長作元尙篇皆蒼頡中正字也凡將則頗有出矣至元始中徵天下通小學者以百數各令記字於廷中楊雄取其有用者以作訓纂篇順續蒼頡又易蒼頡中重複之字凡八十九章按此訓纂別是一書與雄所作蒼頡訓纂不同臣復續楊雄作十三章凡一百二章無複字六藝羣書所載略備矣韋昭注云臣班固自謂也作十三章後

八不別疑在蒼頡下篇三十四章中、馥以此知說文非許氏㭊
作、葢總集蒼頡訓纂班氏十三章三書而成、蒼頡篇五十五章、
訓纂篇八十九章、班固十三章、凡一百五十七章、以每章六十
字計之、凡九千四百二十字、說文敘云九千三百五十三文、然
則說文集羣書之大成、兩漢訓詁萃於一書、顧不重哉、新唐書藝文志、班固在昔篇一卷、太甲篇一卷、此卽十三章、說文陛下引班說、亦出於此、而說文敘中只舉蒼頡篇訓纂篇、未及班書、故讀者不了、案班固死於永元四年、說文成於十二年、是許氏猶及親聞固說、又案急就分章、或六十三字、或六十四字、顏師古曰、每標章首、以字數爲斷者、葢取其課程學僮簡牘爲便也、是以前之卒章、或與後句相攝、
說文敘云、聞疑載疑、按示部祏下云、大夫以石爲主、五經異義
云、謹案大夫以石爲主、禮無明文、大夫士無昭穆、不得有主、此

所謂聞疑載疑也、
漢外黃令高彪碑、師事口口尉汝南許公、馥案闕處當是故太
二字、許爲太尉祭酒、故稱太尉、筠案太尉祭酒、段氏駁之是也、此稱太尉、則似可通、葢以太尉爲衙署之稱、猶今官某部者、無論爵之大小、槪以某部偁之也、彪卒於光和七年、筠案光和七年者、漢靈帝卽位之十七年也、距許沖上說文之建光元年、凡六十四年、鐃橋謂許君之壽八十餘、良不誣也、雖光和止于六年、次年卽改元中平、或遠方倘未聞知、故仍署光和七年、正與許公同時、
隋書經籍志有說文音隱、不審出誰氏、宋書謝靈運山居賦自
注云、鰻音優、鯉音禮、鮒音附、鱮音敘、鱒音寸袞反、鯇音睍、鰱音
連、鯿音毖仙反、魴音房、鮪音痏、魦音沙、鱖音居綴反、鱨音上羊
反、鯔音比之反、鱣音竹凸反、皆說文字林音、馥據此知音隱在

宋以前也、
古文簡、籀文緐、故小篆於籀文則多減、於古文則多增、如云字、
古文也、小篆加雨爲雲、淵字古文也、小篆加水爲淵、筠案〈〉始是古文、一象形、一會意、令人一望而知其物、顚倒〈〉字、又斷其兩曲以成二字、遂成〈〉矣、水字橫書之、又破其厓岸、列之兩旁、斯成〈〉矣、此作字者欲其整齊、不字古文也、小篆加人爲保、不顧偭規改錯也、豈得爲古文哉、
此類是也、叵部云、篆文叵從頁、徐鍇曰、籀文叵從旹、筠案此篆挩而說存也、當依大徐、然則叵爲古文、頧爲籀文、頭爲小篆、三者較然明白、
汗簡力部勞下云、見舊說文、謂非李監新定本也、攵部有兩敎
字、上云見說文、下云一本如此作、然則唐本各有異同、故汗簡
所引與今本互異、

或問周宣王時、既有古文、史籀何爲復作大篆、荅之曰、書契之
作、所以杜詐僞、筠案此不必然、祇是周尚文、故字亦緐縟耳、如大學中庸借壹貳爲一二、此何詐僞之可杜邪、且漢官印隨其人、益當爲詐僞矣、漢尚不杜之、何況周之中葉、古文太簡、漸有不可以一體施
者、故大篆趨於緐、與古文竝行、猶秦書之有八體、各從所宜、說
文敘云、太史籀著大篆十五篇、與古文或異、至孔子書六經、左
丘明述春秋傳、皆以古文、此可知大篆不施於書冊也、筠案此亦不盡然、今之書冊、固不知幾經改易、然其盤災三字、皆籀文、敢㯥二字、亦由籀文小變之、遯字見禮記、此亦有所承、非盡後人改用籀文、秦又苦大篆之緐、故作小篆、小篆出於大篆、不出於古文、
也、筠案此又不必然、許君敘云、重一千一百六十三、而或體居其半、古籀文僅數百字、雖古人事簡、必不足用也、且乃下云籀文、人ㄅ下云古文奇字人、皆無小篆者、此二字皆小篆也、是知古籀篆皆同者、祇出小篆、古籀異者、乃出之、非許君固陋、所識古

籀止於此也 漢興以大篆著於尉律與小篆竝行至甄豐修古文而廢大篆故建武時遂亾六篇

張懷瓘書斷史書十五篇凡九千字許慎說文十五卷九千餘字適與此合故先民以爲愼卽取此而說其文義馥案建武時史書已亾六篇許氏不及見其全文安能說其文義且許氏明言今敘篆文合以古籀張氏豈未之思邪

封演聞見記後漢和帝時始獲七千三百八十四字安帝時許愼特加接采九千之文始備著爲說文凡五百四十部皆從古爲證備論字體詳舉音訓其鄙俗所傳涉於妄者皆許氏之所不取故說文至今爲字學之宗馥案封氏所云九千之文謂籀

書也說文所載籀文不過百四十餘字何得言接采始備篆變爲隸凡不順隸體者多借同音之字當其始也皆知爲假借行之既久或沒其本體如溺字本水名借爲沈休之休釋名云死於水曰溺溺弱也不能自勝也直以溺爲休筠案郝敬曰古人用字尚音此至言也故自有本字而假同音之字然亦有古無專字祇借同音字用之後來始有專字者禹貢導弱水釋文云本或作溺則說文之溺水信有徵矣至於說文作㞎莊子漢書作溺其它經典亦不見㞎字其爲後起之專字可知不見收樂浪挈令字乎

讀說文者不習舊聞則古訓難通逞其私智則妄加改易良由小學荒廢已久久則無能尋其隊緒矣善乎韓詩外傳之言曰夫傳者久則愈略近則愈詳略則舉大詳則舉細故愚者聞其大不聞其細聞其細不知其大是以久而差

說文諧聲多與詩易楚詞不合音有流變隨時隨地而轉顧氏音學五書舉歷代之音而統同之茫無畔岸矣前乎說文者三代之音也後乎說文者六朝之音也說文則漢音竝古音也

王充曰失道之意還反其字蒼頡作書與事相連司馬溫公曰凡觀書者當先正其文辨其音然後可以求其義李鼎祚曰年代緜流師資道喪恐傳寫字誤後賢當詳之也閻若璩曰學須博書須善本又須參前後之所見以歸於一定

徐幹中論凡學者大義爲先物名爲後大義舉而物名從之然鄙儒之博學也務於物名詳於器械考於訓詁摘其章句而不

能統其大義之所極以獲先王之心此無異乎女史誦詩內豎傳令也故使學者勞思慮而不知道費日月而無成功故君子必擇師焉馥謂近日學者風尚六書動成習氣偶涉名物自負蒼雅略講點畫妄議斯冰叩以經典大義茫乎未之聞也徐氏此說可謂今之鍼砭矣

系述　　南唐徐鍇楚金

說文之學遠矣時歷九代年移七百係氏弛教學人墮業聖人不作神旨幽沫故臣附其本書作通釋第一至三十

分部相屬因而繹之觸類而長之以究竟天下之事久則不昭昧則無次抽其緒作部敘第三十一至三十二筠案五百四十部首本据字義

為綱領其字義所窮乃變而通之以字形本兩例也楚金此兩篇概說以義近人又但說以形胥失之矣

文字者聖人之所以極深而研幾也天地日月之經也忠孝仁義之本也朝廷上下之法也禮樂法度之規也人君能明之立四極包四海之道也人臣能明之事君理下之則也字別有義具之則緐沿流索潤以反其原舉其要作通論第卅三至卅五

字指澄深學者不曉識者皆妄作袪妄第三十六

稟受有義朋友有羣譬諸草木區別是分萬類紛糅不相奪倫作類聚第三十七

文有不得盡言言有不得盡意曼者失眞拘者多滯或同或異推極其情皦如也繹如也以成作錯綜第三十八

書闕簡脫傳者異詞述者不明後人洞疑作疑義第三十九

昔在伏義設卦興統去聲黃帝作書蒼頡沮誦周宣中興史籒是承爰及許愼維綱振繩勒成一家大義以宏傳非其人訛僞相仍聖皇紹祚學若稽古通幽洞冥萬物咸覩實生下臣是經是綸作系述第四十

徐鼎臣校定說文序

銀青光祿大夫守右散騎常侍上柱國東海縣開國子食邑五百戶臣徐鉉奉直郎守祕書省著作郎直史館臣句中正翰林書學臣葛湍臣王惟恭等奉詔校定許愼說文十四篇幷序目一篇凡萬六百餘字聖人之旨蓋云備矣稽夫八卦既畫萬象既分則文字為之大輅載籍為之六轡先王教化所以行於百代及物之功與造化均不可忽也雖復五帝之後改易殊體六國之世文字異形然猶存篆籒之迹不失形類之本及暴秦苛政散隸聿興便於末俗人競師法古文既絶譌僞日滋至漢宣帝時始命諸儒修倉頡之法亦不能復故光武時馬援上疏論文字之譌謬其言詳矣及和帝時申命賈逵修理舊文於是許愼采史籒李斯楊雄之書博訪通人考之於逵作說文解字至安帝十五年始奏上之而隸書行之已久習之益工加以行草八分紛然閒出返以篆籒為奇怪之迹不復經心至於六籍舊文相承傳寫多求便俗漸失本原爾雅所載艸木魚鳥之名肆

意增益不可觀矣諸儒傳釋亦非精究小學之徒莫能矯正唐大厤中李陽冰篆迹殊絶獨冠古今自云斯翁之後直至小生此言為不妄矣於是刊定說文修正筆法學者師慕篆籒中興然頗排斥許氏自為臆說夫以師心之見破先儒之祖述豈聖人之意乎今之為字學者亦多從陽冰之新義所謂貴耳賤目也自唐末喪亂經籍道息皇宋膺運二聖繼明人文國典粲然光被興崇學校登進羣才以為文字者六藝之本固當率由古法乃詔取許愼說文解字精加詳校垂憲百代臣等愚陋敢竭所聞蓋篆書堙替為日已久凡傳寫說文者皆非其人故錯亂遺脫不可盡究今以集書正副本及羣臣家藏者備加詳考有

許慎注義序例中所載而諸部不見者審知漏落悉從補録復有經典相承傳寫及時俗要用而說文不載者承詔皆附益之以廣篆籀之路亦皆形聲相從不違六書之義者其閒說文具有正體而時俗譌變者則具於注中其有義理乖舛違戾六書者竝序列於後俾夫學者無或致疑大抵此書務援古以正今不徇今而違古若乃高文大冊則宜以篆籀著之金石至於常行簡牘則艸隸足矣又許慎注解詞簡義奥不可周知陽冰之後諸儒箋述有可取者亦從附益猶有未盡則臣等粗爲訓釋以成一家之書說文之時未有翻切後人附益互有異同孫愐唐韻行之已久今竝以孫愐音切爲定庶夫學者有所適從食

時而成旣異淮南之敏縣金於市曾非呂氏之精塵瀆聖明若臨冰谷謹上

徐鼎臣進說文表

銀青光祿大夫守右散騎常侍上柱國東海縣開國子食邑五百戶臣徐鉉等伏奉聖旨校定許慎說文解字一部伏以振發人文興崇古道考遺編於魯壁緝蠹簡於羽陵載穆皇風允符昌運伏惟應運統天睿文英武大聖至明廣孝皇帝陛下凝神繫表降鑒機先聖靡不通思無不及以爲經籍旣正憲章具明非文字無以見聖人之心非篆籀無以究文字之義眷茲譌俗深惻皇慈爰命討論以垂程式將懲宿弊宜屬通儒臣等寔媿謏聞猥承乏使徒窮懵學豈副宸謨塵瀆冕旒冰炭交集其書十五卷以編袠繁重每卷各分上下共三十卷謹詣東上閤門進上謹進

雍熙三年十一月　日翰林書學臣王惟恭臣葛湍等狀進

奉直郎守祕書省著作郎直史館臣句中正

銀青光祿大夫守右散騎常侍上柱國東海縣開國子食邑五百戶臣徐鉉

中書門下　牒徐鉉等

新校定說文解字

牒奉

敕許慎說文起於東漢歷代傳寫譌謬實多六書之蹤無所取

法若不重加刊正漸恐失其原流爰命儒學之臣共詳篆籀之跡右散騎常侍徐鉉等深明舊史多識前言果能商搉是非補正闕漏書成上奏克副朕心宜遣雕鐫用廣流布自我朝之垂範俾永世以作程其書宜付史館仍令國子監雕爲印版依九經書例許人納紙墨價錢收贖兼委徐鉉等點檢書寫雕造無令差錯致誤後人牒至準

敕故牒

雍熙三年十一月　日牒

給事中參知政事辛仲甫

給事中參知政事呂蒙正

中書侍郎兼工部尚書同平章事李昉

通計篆隸大小共八十三萬八千七百一十五字

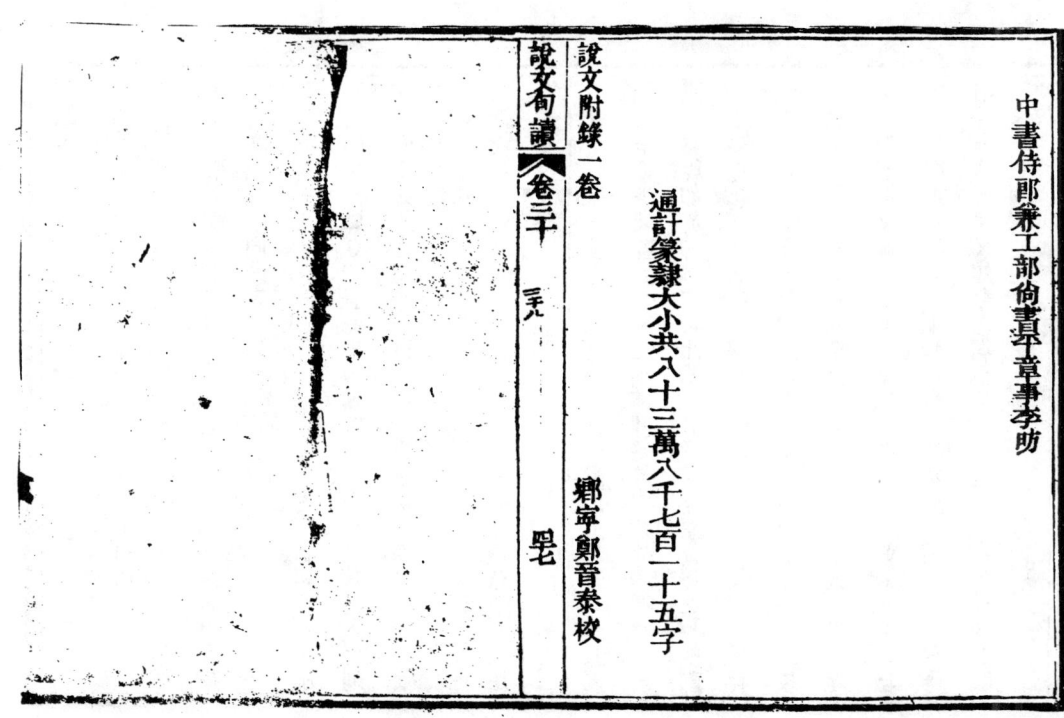

說文附録一卷　　鄉寧鄭晉泰校

句讀卷三十補正

走生於止、止部當跳行、較走字高一格、二葉前三行走止上格補此

此所引鄧氏書在汝南許氏條下、以許君與許虔許邵皆爲平輿人又稱爲後漢博士愼、又目說文解字爲字說、葢與薛綜目爲許氏記字同、非誤也、二十七葉其後有居會稽陽羨者下增此注

案木部楮柱下也、今本作柱砥、此依御覽引改、古用木、今以石、與此礩字訓義大同、恐御覽誤引、且尚書大傳鄭注曰、石材者柱下質也、則作質已足、又鍛者之椹質、既不加金、則柱礎之質何獨加石、十二八葉後一行今以石下增此注

宋釋文瑩玉壺野史曰、長安一巨冢壞、得古銅鼎、狀方而四足、古文十六字、人莫之識、命句中正辨其篆、曰、此鳥迹文也、其詞曰、天王遷洛、岐酆錫公、秦之幽宮、鼎藏於中、命杜鎬考其事、曰、武王克殷、都於酆鎬、以雍州爲王畿、及平王東遷雒邑、以岐酆之地賜秦襄公、篆曰岐酆錫公、必秦襄公之墓也、後耕人果得折豐碑、刻云秦襄公墓、中正有字學、篆隸行草盡精、與徐鉉校定說文、又與吳楊文舉同撰雍熙廣韻、遂直館、篆太宗神主、藏太室西壁、及篆謚寶、遂賜金紫、益州華陽人也、筠讀此文、知數事焉、云得折豐碑、則知下棺之豐碑、諸侯亦得用之、又知墓碑始於春秋初年、又知今之廣韻署天寶句中正所撰、在後三十七葉與徐鉉重校定說文下增此注

咸豐四年八月覆閱之、至十月杪而畢、凡所刪改增益約數百事、將別勒爲一冊、刻爲補正、十一月初三日冬至記是時先大人已病、猶日鈔別冊不釋、至第六卷遂成絕筆、十二月初九日疾革、彥侗以是冊宜付梓爲請、然之、遂卒、痛哉、用是敬遵遺命、與孫玉山先生藍田校而梓之、九年七月男彥侗謹識

書後

安邱王君貫山治許氏說文之學垂三十年先成釋例二十卷既復薈萃羣言折衷至是為句讀三十卷久閟之未見也同治四年君之子彥侗依公秉沖故事齎遺書詣

闕有

旨下南书房諸臣覆閱蔭幸與焉始得竟讀

其書君之學積精全在釋例標舉分別疏通證明能啓沉長未傳奧旨句讀則博采慎擇持平心求實義絕去支離破碎之說是二书也於許學理而董之庶幾達者矣古經義理不外訓詁訓詁之原惟此文字漢以來言小學家必祖說文唐制令諸生九經外讀說文此书選舉六科其五日書試之說文取通訓詁書學博士掌教文武官八品以下及庶人子為生者以說文字林為顓業自宋元士大夫狃于近易好為空虛微眇之論争詈說文相習荒弃明世制舉之業中於人心六书訓詁幾成絕學逮我

聖朝敦尚經術實事求是不廢古訓不務空言

乾嘉以後經師耆儒如段氏玉裁桂氏馥鈕氏樹玉錢氏坫嚴氏可均王氏玉樹吳氏燮雲王氏

煦萬伭許書咸有纂述後之作者多能增損君書晚出乃集厥成補弊救偏為功尤鉅然蔭讀其自序猶言涉披薪積豫章來學益見虛中廣益有過人也十餘年來老成凋謝風流閒絕蔭雖起學尚求識字每觸疑義輒終日向人悵悵乎無可告語幸見君書終願並世有樸學如君者與問字焉彥侗將歸介蔣椒林水部來乞

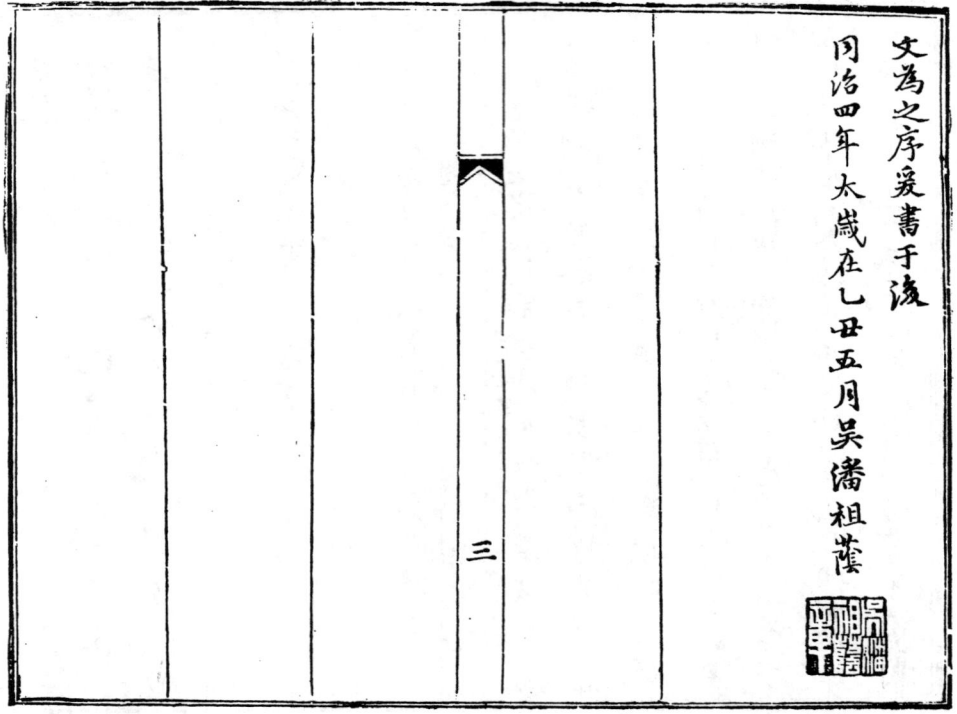

文爲之序爰書于後
同治四年太歲在乙丑五月吳潘祖蔭

部首檢字表

本表收入《説文解字句讀》五百四十部首字，按筆畫多少爲序排列，筆畫數相同的按起筆筆形横竪撇點折的次序排列，起筆筆形相同的按第二筆筆形次序排列，以此類推。

音序檢字表

本表收入《説文解字句讀》正文字頭，按漢語拼音字母順序排列，同音字按筆畫由少到多排列。注音爲方便檢索而設，不對讀音作嚴格考證。

A

āi

哀 51下
埃 552上
挨 485上
唉 48上

ái

殪 141下
敳 107下
皚 289下
齸 68下

ǎi

毐 503上
佁 301上
絠 526下
藹 81下

ài

艾 24下
悉 403下
㤅 191上
(愛) 191上
閡 470下
薆 33上
僾 295下
瘢 280下
懝 406上
礙 358上
篕 166上
譺 84下
鑀 588上

ān

安 272上
侒 297上
䀂 98上
盦 175下
諳 89上
雒 124下
餡 90上

ǎn

罯 284上
媕 500下
頜 333上
灪 428上

àn

岸 351上
按 476下
荌 23下
洝 441下
犴 363下
案 212上
案 259上
晻 246上
暗 246上
闇 470下
騃 367下
黯 387上

áng

茚 26上
靮 96下

àng

柳 216上

盎 175上
䭾 369上
醠 597上

āo

鏖 564上

áo

敖 139上
 222下
嗸 349上
嗷 50下
滶 421上
㷜 376上
熬 383上
翱 122上
謷 84上

ǎo

芺 23上
媪 493上
鴹 130下

ào

奡 397上
傲 295上
(奥) 271上
嫯 502下
寲 271上
隩 585下
墺 546下
燠 385下
贅 332下
驁 368上

B

bā

八 42上
巴 591上
柭 213下
豝 360下
馱 366下
鈀 567下

bá

犮 377上
坺 547下
拔 482下
茇 30上
废 353下
妭 494上
炦 382下
癹 56下
軷 579上
跋 71下
魃 344上

bǎ

把 476上
祀 591上

bà

靶 97下
迿 399上
罷 284上
鮊 459下

bái

白[2] 289上

bǎi

百 120上
佰 298上
柏 203上
捭 485上
稗 258上

bài

退 63下
敗 108下
猈 375下
擇 474下
粺 263下

bān

華 137上
攽 107下
班 13上
頒 332下
奱 91上
瘢 280上
盤 533下
辬 337下

bǎn

阪 584上
瓪 511上
昄 247上
版 255上

bàn

半 43上
伴 295上
扶 398下
姅 502下

料 574上
絆 526上
瓣 270下

bāng

邦 231上

bàng

玤 11上
蚌 536上
棓 213下
傍 298下
徬 66上
謗 84下
髮 339下

bāo

勹 342上
包 343上
郇 237下
苞 24下
胞 343下
褒 310下

báo

雹 454上

bǎo

㫗 304下
保 292上
(保) 292上
宲 272上
葆 37上
飽 183上
鴇 132下
緥 523上

躔 70下
讒 88上
鑱 566下

chǎn

斺 13下
蒇 535上
狿 376上
產 223下
滻 417上
幝 287上
犍 44上
燀 383上
繟 522下
鏟 565上
繺 517下
闡 469下
讇 84上
醦 599上

chàn

硟 358上
羼 127下
顫 334下

chāng

昌 246下
倀 300上
倡 301上
閶 468上

cháng

長 358下
萇 21上
常 285下
場 553上
腸 144上
嘗 170下
償 298下
鱨 458上

chǎng

敞 107下

chàng

鬯 180上
唱 48上
悵 408下
瑒 8下
暢 556下
蕩 30下
韔 193下

chāo

弨 511下
訬 87上
超 53上
鈔 571上
嘮 50下

cháo

淖 428下
巢 225上
鄛 236下
樔 216下
轈 575下
鼂 545上

chǎo

鬻 100上

chē

車 575上

chě

趀 55上

chè

屮 18上
坼 551下
聅 473上
晢 358上
徹 107上
䟫 558上
偖 296下

chēn

彤 321上
郴 237下
棽 219下
瞋 149上
綝 519上
瞋 117上
覾 324下
謓 87下

chén

臣 104下
茞 27上
辰 595上
沈 439上
忱 402下
郕 238上
茵 20上
宸 271下
陳 586下
訦 81下
鈂 565下
湛 438上
晨 93上
煁 382下
敶 108上
霃 454下
諶 81上
麎 373下
晨 250下
曟 184下
鷐 134上
麎 374下

chèn

疢 280下
趁 53下
齔 67下
闖 471下
櫬 218下
讖 80上

chēng

再 137下
偁 297下
琤 11上
定 56上
赬 393上
稱 261上
樘 207下
檉 201下
窺 276上
鎗 568下

chéng

朾 217上
成 591上
丞 91上
呈 49上
郕 238下
承 478上
城 550上
宬 271下
(乘) 194下
脀 145下
盛 174下
淨 423上
棖 213下
程 261下
椉 194下
裎 313上
塍 547下
誠 81下
鼆 578下
酲 598下
澂 432上
憕 401上
橙 197上
懲 411上
騬 371上

chěng

逞 64下
徎 65下
騁 370下
鞋 97下

chī

郗 234上
胵 147上
离 589下
蚩 533下
嗤 122上
眵 118上
笞 164下
摛 476下
雎 124上
絺 527下
螭 535上
黐 262下
癡 281下
齝 68下

chí

弛 512上
坻 550下
泜 426上
治 425下
持 475上
茌 31上
荎 27上
峙 56上
匙 304下
蚳 533上
荎 34上
馳 370下
趍 54下
漦 429上
墀 549上
遲 62下
䟴 55上
謘 80下
鯱 73下

chǐ

尺 320上
侈 301上
䬨 341上
垑 551上
哆 46上
姼 494上
恥 411上
鼓 269下
烙 385上
彖 362上
庈 353上
袲 311上
誃 85上
鉹 563下
齒 67下
褫 312下

chì

彳 65下
叱 50上
(斥) 354上
赤 392下
屎 214上
抶 485上
伬 297上
庍 354上
眙 119上
翍 121下
敕 108上
湁 427下
飭 559上
啻 49上
淪 431下
慸 408下
剌 152下
魅 344上
瘳 480上
瘛 281上
翨 121上
趩 54下
熾 385下
墾 466上
趩 55下
饎 181下

chōng

充 322上
沖 430上
忡 410上
盅 175下
舂 265下
傭 295下
惷 406上
憧 406下
罿 284上
衝 67上
幢 575下

chóng

崇 350下

滈 439上
暤 245下
𤪌 11下
虩 172下
鎬 564上
顥 333下
鰝 460下
灝 443下

hē

亡 169下
抲 483上
欱 327下
蓋 535上
訶 87下

hé

禾 256下
合 184上
𥝢 259下
郃 233下
劾 559上
河 414上
盇 176下
曷 168下
迨 61上
紇 516下
(盍) 176下
荷 26下
盉 175下
敆 108上
涸 440上
郃 240下
榼 207上
貈 363上
詥 82下
麧 190下
礍 358下
蝎 532上
餲 289下
翮 121下
齕 69上
闔 469下

覈 284下
駱 379上
騅 372上
鶡 134上
龢 73下

hè

何 296上
和 48上
垎 550下
賀 228上
赫 393上
叡 139下
臛 148下
熇 382上
褐 313下
鶴 131上

hēi

黑 387上

hén

痕 280上
鞎 97上

hěn

很 66下
詪 86下

hèn

恨 408下

héng

恆 545下
珩 9上
胻 145上
橫 216下
衡 155下
潢 436下

hōng

訇 85下
烘 383上
薨 141下
儚 300下
轟 581上

hóng

仜 294下
弘 512上
玒 7下
宏 271下
泓 431上
弦 271下
虹 537下
粠 265上
洪 428上
紅 521上
紘 522上
堆 124下
谹 452上
閎 468下
鞃 97上
鴻 131上

hòng

訌 86下
澒 446上
鬨 101上

hóu

(侯) 186下
矦 186下
喉 46上
猴 378上
睺 121下
鍭 569下
餱 181下
鯸 460下

hǒu

呴 340上

hòu

后 339下
郈 239上
厚 188下
後 66下
垕 188下
候 298下
鄇 234下

hū

乎 170上
虍 173上
呼 47上
昒 168下
曶 244下
忽 406下
㚅 396下
囫 509上
虖 173上
淴 433下
楆 206上
歑 361下
評 83下
虐 124上
嘑 48下
寣 277上
歔 325下
幠 287上
惚 405上
膴 147下
魖 344下
颮 543下
謼 83下

hú

狐 378下
弧 511下
胡 147上
隺 187下
斛 573下
搰 484上
壺 395下
熩 395上
湖 435上
瑚 12下
搰 484上
烸 383下
縠 519下
觳 157上
黏 262下
餬 182下
鵠 131上
鬻 99下
螁 380上

hǔ

汻 434上
虎 173下
琥 8下
鄠 240上

hù

户 467上
芐 25上
居 355上
枑 215下
岵 349上
怙 403下
罟 284上
妄 500上
祜 2上
笏 163下
瓠 270下
扈 232下
婟 500上
楛 200下
雇 124上
嗀 51下
鄠 232下
穀 378上
縠 392下
嚛 47上
護 83上
韄 98下

huā

華 224上
䔢 224上
譁 86下
靃 399上

huá

茉 210下
姡 497上
滑 432下
劃 152上
豁 190下
齰 69上

huà

匕 304上
化 304下
瓬 100下
崋 348下
寙 528上
畫 104上
絓 516下
稞 259下
傀 344下
魤 460下
觟 156上
話 82下
諣 86下
嫿 495下
韢 557上
鯉 458上
蘳 29下
鱯 458上

huái

淮 421上
槐 202上
踝 69下
褢 310上
褱 310上
瀤 426下
懷 403上

huài

壞 551下
𣪒 109下

huān

酄 239上
歡 326上
貛 363下
讙 86下
驩 368下
鸛 133下

huán

戌 353上
查 393下
狟 376下
洹 424上
垸 549下

léng
棱 217上
lěng
冷 453上
lí
杝 210上
菫 21上
棃 258上
梨 197上
犛 152上
嫠 102上
貍 363下
氂 45下
漦 337下
慈 410上
蠡 234上
黎 262下
縭 527上
縭 524下
醨 599上
謧 85下
釐 554上
藜 37上
邌 62下
離 123下
犂 44下
黎 408上
蘺 20下
儷 299下
蘿 32下
黐 124上
鏫 563上
驪 366下
鱺 458上
lǐ
李 197下
里 554上
叕 111上
郢 236下
俚 295上
理 10下
豊 172上
裏 308下
澧 421下
禮 2上
鯉 457上
醴 597上
蠡 541下
邐 62上
蠡 107下
鱧 458上
欚 216下
鱶 457下
lì
力 557下
立 398下
吏 1下
利 150下
例 302上
沴 433上
戾 377上
荔 35下
砅 437下
珕 12上
鬲 98下
(栗) 254上
秝 262上
莀 21下
笠 164上
粒 263下
厤 354下
詈 284下
溧 453上
蒚 23上
麇 254上
隷 398下
溧 420上
瑮 10下
厲 354下
綟 521下
歷 56上
颲 543下
鴗 133上
鬲 99下
璬 7上
隸 104上
醨 597上
磿 357下
癘 279下
蠣 536上
犡 43下
糲 263下
瓅 12上
櫟 202下
麗 374上
瀝 442上
櫟 201上
櫪 218下
礫 357上
盭 513上
酈 240下
巁 350上
趯 55下
轢 579下
儷 320下
癧 279上
覼 323下
鱳 459下
lián
連 63下
蓮 26下
幨 286上
廉 353上
溓 439下
覝 323下
遷 411上
熑 384上
磏 356下
憐 411上
薕 26上
蠊 535下
聯 472上
謰 84下
霝 454下
鏈 562下
鎌 566上
鐮 182上
簾 161上
鬑 338上
鰱 458上
籢 162上
聯 69上
liǎn
槤 212下
撿 474下
蘞 25下
鄻 234上
斂 108上
liàn
湅 445上
楝 202下
煉 383下
練 519下
潄 107下
鍊 563上
孌 499下
liáng
良 189上
涼 443上
梁 216上
椋 199上
量 307上
犉 43下
粱 263上
輬 575下
醇 599下
飆 543上
糧 264下
liǎng
兩 185下
网 282下
兩 282下
脼 147下
蜽 537上
緉 528上
liàng
琼 329上
眼 118上
諒 79下
liáo
聊 472上
漻 429下
憀 403上
墶 548上
撩 477上
遼 65上
敹 108上
獠 377上
熮 381下
嫽 495上
璙 7上
膫 147下
寮 275上
簝 163下
繆 452上
廖 354上
鐐 562上
瘵 281上
鷯 131上
liǎo
了 593下
鄝 240下
蓼 19下
僚 294上
憭 401下
燎 384下
繚 518下
繚 392下
liào
尥 395上
料 573下
(尞) 381上
尞 381上
liè
列 151下
劣 558下
劣 450下
茢 26上
迾 64下
叐 139下
洌 431下
埒 548上
栵 208上
烈 381上
梠 201上
梨 260上
埒 44上
脟 144上
裂 312下
蛚 534下
甄 511上
蛶 534下
颲 543下
鼠 399下
鴷 370下
儠 294上
擸 476上
獵 377上
邋 64上
鬣 339上
lín
林 219上
淋 444上
琳 8上
粦 387上
痳 279下
鄰 231下
粼 450上
獜 376下
霖 454下
臨 307上
瞵 115下
麐 373下
瀶 435下
粼 457上
鱗 460上

霸 251上
pōu
剖 151下
娝 501下
póu
抔 477下
掊 476下
箁 159下
髻 338上
pǒu
音 177上
pū
攴 107上
仆 302上
痡 277下
撲 485上
鋪 571上
pú
厖 191上
匍 342下
菐 91上
蒲 22下
酺 598上
僕 91上
墣 547下
濮 422下
樸 201上
纀 523上
pǔ
圃 227上
浦 434上
普 248上
溥 428上
樸 206下
pù
(暴) 247下
曝 247下
Q
qī
七 589上
妻 492上
郪 236上
攲 356上
萋 29下
桼 225上
戚 506上
淒 438上
悽 409上
娸 492上
期 251下
欺 328下
殑 141下
猗 69下
郪 239下
僛 301下
漆 417上
慽 410上
緀 520上
踦 69下
觭 155下
諆 87上
霋 455上
頎 334下
槭 202下
鶈 130下
qí
郊 232上
祁 235上
芪 27上
忯 402上
奇 169下
祈 4下
祇 2下
畀 91下
疧 280下
耆 314下
蚑 534下
蚚 532上
蚔 531下
旂 249上
跂 53下
其 18下
軝 577下
畦 555下
跂 72下
淇 418下
綦 214下
鈢 571下
祺 2下
頎 332下
齊 254下
旗 248下
綼 521上
綦 23下
鮨 460上
齎 497上
璂 10上
騏 366下
騎 369上
齋 144下
蘄 22上
鯕 460下
麒 373下
蠤 532上
鬐 344下
蠐 171下
齍 254下
qǐ
邔 237上
芑 36上
屺 349上
杞 202上
启 48下
起 54上
豈 171下
啟 107上
棨 215下
晵 245上
萱 19上
軫 580上
綮 520上
綺 519下
䭭 335下
qì
气 13上
芞 21上
玹 304下
企 292下
肸 145上
汽 440上
迟 62下
泣 445上
契 393下
咠 48上
眉 316上
栔 153下
訖 83下
揭 480下
葺 33上
棄 137上
涪 440下
愒 405上
屆 316上
趚 55上
督 117上
褀 308下
甈 510下
婜 499下
碃 357上
瞭 116上
器 77上
憩 411上
頖 334上
蟿 170下
罊 186上
鼙 171下
qià
扨 153下
洽 439下
硈 357上
䁍 118下
擖 479下
qiān
千 79上
辛 90上
汘 427下
汧 417上
臤 104上
欿 326下
瑸 452上
婜 497下
遣 64下
牽 44下
雃 124上
掔 480下
愆 407下
僉 184上
羥 127上
鄿 240下
搴 482下
遷 62上
舉 92下
褰 310下
趚 55上
謙 82下
顅 334上
攐 474上
騫 370下
鬝 339上
覞 325下
籤 164下
qián
拑 475上
(前) 56上
赶 55下
歬 56上
虔 173上
乾 590下
郵 234下
鈐 566上
雂 124上
媊 494下
搣 482上
鉗 566下
箝 163下
箈 163上
潛 437上
黔 388上
黚 387下
灊 415下
qiǎn
(嗇) 586上
淺 433上
肂 45上
遣 62上
槏 209上
嗇 586上
譴 88上
qiàn
欠 325下
芡 25下
茜 24下
俔 299上
倩 293下
塹 551下
歉 327下
綪 520下
槧 215上
鰜 457下
qiāng
羌 127上
戕 505下
斨 573上
椌 215上
瑲 10下
槍 209下
牄 185上
蹌 70上
蹡 70上
qiáng
嶈 350下
强 532上
彊 512上
牆 189下
蘠 27上
qiǎng
㾤 557下

悛 404上
鐉 571上
quán
仝 185上
佺 296下
荃 33上
泉 451上
牷 44上
拳 474上
捲 484下
夐 114下
絟 527下
輇 580上
詮 82上
觠 155上
銓 567上
鬈 337下
虇 511下
權 202上
齤 68下
蠸 531上
趯 55上
quǎn
く 449下
犬 375上
綣 265上
quàn
券 153上
絭 525下
韏 193下
縓 521上
勸 558上
quē
缺 186上
闕 188上
què
青 282上
卻 341上
殼 105上
雀 123上
碏 357上
确 357下
舄 135上
塙 547上
搉 485上
踖 399上
潅 439下
愨 400下
榷 216上
趞 53下
闋 471下
闕 469上
礐 357上
qūn
夋 191上
囷 226下
逡 63上
趁 55上
qún
宭 272下
帬 285下
羣 127上
麕 108下
R
rán
肰 149上
蚺 530上
然 381上
嘫 48下
顤 336上
繎 518上
蘸 28上
髯 544上
rǎn
冄 359下
(冉) 359下
姌 496上
染 444下
媣 498上
舊 599下
橪 300上
橪 201上
霥 455上
ráng
鄽 236下
蘘 20上
孃 502上
禳 5上
穰 260上
籑 163下
鑲 563上
rǎng
壤 547上
臁 145下
纕 523下
ràng
攘 474下
讓 88上
ráo
蕘 34下
饒 183上
rǎo
擾 479下
懮 44下
rào
繞 518下
rén
人 292上
儿 322上
壬 592上
仁 292上
任 298下
rěn
羊 77下
忍 411上
荏 19上
荵 21上
栠 204下
稔 260下
rèn
刃 153下
仞 292下
帉 285上
杒 203下
牣 45上
妊 492下
衽 308下
紉 525上
軔 579下
恁 405下
訒 83下
紝 517上
飪 181上
rēng
扔 483上
réng
仍 297上
艿 36上
礽 200下
卤 169上
訪 81上
陾 587上
rì
日 244上
衵 466上
馹 371下
遷 64下
róng
戎 504下
茸 37上
容 272上
搈 480上
頌 331上
榮 203上
額 510下
髶 339上
融 99上
醋 597上
嶸 350上
鞾 98上
鎔 563上
rǒng
宂 272下
搑 483上
軵 580上
歋 380上
róu
(内) 589上
厹 589上
柔 206下
粈 264下
腬 335上
脒 146下
睬 554下
蝚 531下
鞣 577上
鍒 571下
鞣 96上
rǒu
猱 65下
煣 384上
ròu
肉 143上
rú
如 498上
挪 240上
茹 34下
帤 285上
絮 527上
翟 124上
儒 293上
濡 426上
孺 593上
嬬 501下
襦 311下
魗 344下
rǔ
汝 418上
乳 465下
辱 595上
鄏 233下
擩 481下
寱 277上
醹 597上
rù
入 185上
蓐 37下
溽 433上
澤 439上
縟 522上
ruán
瞑 554下
ruǎn
耎 398上
偄 300上
萸 28上
媆 502上
甏 106下
碝 356下
蝡 534下
緛 524上
ruí
桵 200上
豱 223下
緌 522上
蕤 29下
ruǐ
縈 411下
ruì
芮 31上
汭 429上
瑞 9下
蜹 534下
鋭 566下
叡 140上
rún
犉 44上
瞤 116下
rǔn
毴 315上
rùn
閏 6下
潤 440下
ruó
捼 482下
ruò
叒 222上

生 223下
牲 44上
笙 164下
甥 557上
勝 558上
聲 472下
shéng
繩 525上
shěng
眚 117下
渻 433上
媘 500下
楷 211下
蛸 534下
shèng
聖 472上
榺 213上
賸 228下
shī
尸 315下
失 481下
攱 107下
邿 238下
施 249下
屍 316上
師 222下
䚾 325上
蓍 26下
鉈 569上
詩 80上
溼 440上
螿 533上
蝨 541上
纚 519下
釃 596下
鼉 544下
shí
十 79上
什 298上
石 356上
拾 482上
食 180下
祏 3下
時 244上
祏 261下
湜 432上
寔 272上
塒 550上
實 272上
篔 165上
飳 535上
鼫 379上
識 81上
shǐ
史 103上
矢 186下
豕 360上
苵 19上
使 299下
始 495上
菌 34下
駛 180下
shì
士 13下
氏 504上
示 2上
世 79下
仕 292下
市 187下
式 167下
事 103上
侍 297上
柹 197下
是 60上
眂 116上
恃 403下
室 270下
亘 180上
逝 61上
跁 71上
視 323下
貰 229下
徥 66上
弒 106上
媞 497下
翨 155上
蒔 31上
軾 576上
睗 117上
嗜 49下
筮 160下
飾 287上
試 82上
誓 81下
鶍 77下
適 61上
奭 120下
銴 570上
噬 46下
諟 81上
謚 89上
澨 436下
螫 535上
釋 263下
釋 43上
shōu
收 109上
shǒu
手 473下
守 272下
百 335上
首 335下
shòu
受 139下
狩 377上
授 478上
壽 315上
瘦 280下
綬 522下
獸 590上
鏉 571上
shū
几 106上
殳 104下
疋 72下
尗 269下
抒 482上
殳 495下
杸 105上
叔 102下
疏 73上
姝 495下
殊 140下
倏 376下
郇 240下
書 103下
紓 517下
梳 210下
鄃 235下
淑 431下
愉 286下
𧮫 73上
舒 138下
疏 594上
𥂕 70上
樞 209上
輸 579下
橾 215下
儵 388下
shú
秫 257下
孰 100下
璹 10上
贖 229下
shǔ
暑 247上
䟒 230下
黍 262上
署 284上
蜀 532上
鼠 379上
數 107下
襡 311下
shù
戍 505上
束 225下
豕 314下
述 61上
沭 424上
柔 200上
恒 297下
疾 280下
恕 401下
蒁 21上
術 67上
庶 353下
隃 586上
尌 170下
祖 313上
鉥 565上
漱 443下
豎 104下
澍 438下
樹 203下
鱅 173下
shuā
刷 152上
㕞 102上
shuāi
痽 281上
shuài
帥 285上
率 529下
逵 60下
蟀 533上
衛 67下
shuàn
腨 145上
膞 340下
篹 580上
shuāng
霜 455上
雙 128上
鷞 129上
shuǎng
爽 111上
shuī
䯓 98下
shuí
脽 144下
誰 88下
shuǐ
水 414上
shuì
涗 441下
稅 260下
祱 314上
睡 117下
㨢 285上
啐 46下
鋭 184上
䧔 124上
shǔn
吮 46下
揗 476下
楯 209上
shùn
順 333上
舜 192下
蕣 28下
瞚 118下
鬊 339上
shuō
說 82上
shuò
妁 492上
朔 251上
欶 327下
掣 474上
碩 332上
箾 164下
獡 376上
鑠 563上
sī
厶 345上
司 340上
私 11下

瘏 278上
鄌 233下
酴 596下
圖 226上
醟 599上
駼 372下

tǔ

土 546上
吐 49下

tù

兔 374下

tuān

湍 431上
貒 363下
鷒 557上

tuán

摶 483下
蓴 33下
團 226上
篿 162上
鷻 133下
鷒 336上

tuǎn

畽 556下

tuàn

彖 362上

tuī

推 475上
蓷 22下

tuí

庨 353下
隤 584下
穨 323下
讉 86下

tuǐ

僓 294下

tuì

復 66下
娧 495下
悇 404上
蜕 535上
駾 370下

tūn

吞 47上
涒 443上
哼 47下
焞 385上
黗 387下

tún

屍 316上
軘 575下
(豚) 362下
豚 362下
篼 164下

tuō

拕 485下
侂 303上
挩 481下
託 83上
袥 310上
棁 214上
脱 145下
涶 427上
魠 458下

tuó

佗 296上
沱 414下
袉 310上
詑 84上
鞁 98下
橐 225下
鮀 458下
驒 372上
鼉 544下

tuǒ

橢 212下

tuò

柝 206下
唾 47上
梟 206上
蘀 31下
欜 210上

W

wā

哇 49下
洼 434下
娃 500下
窊 275上
窐 274下
媧 494下
歄 327下
鼃 544上

wǎ

瓦 509下

wà

眀 472下
聉 472下
嗢 49上
聵 472下
韤 193下

wài

外 253上
顡 332下
顡 334下

wān

婠 495下
豋 172上
彎 512上

wán

丸 355下
刓 152下
芄 20下
完 272上
玩 10下
紈 519上
頑 332下

wǎn

夗 191下
婴 496上
宛 271上
甇 510下
盌 174下
菀 27上
晚 246上
脘 147下
婉 496上
琬 8下
晼 555下
婏 498上
輓 580下
綰 520下

wàn

忨 407上
萬 589下
掔 474上
堅 11下
翫 120下
鄭 237上
薍 26上
贎 228上

wāng

尣 395上
汪 429下

wáng

亾 507下
(亡) 507下
王 6下
䒽 24下

wǎng

网 283上
枉 205下
往 65下
䍏 109上
蝄 536下

wàng

妄 500上
迋 61上
忘 406下
望 507下
暀 247上
朢 306下
謹 88上

wēi

危 356上
威 493下
倭 294下
烓 382下
逶 62下
隈 586上
渨 438上
楲 210下
椳 209下
微 66上
煨 382下
溦 439上
覣 323下
薇 19下
艉 155下
巍 345下

wéi

囗 226上
洈 419上
韋 192下
散 298上
帷 286上
惟 402下
琟 11下
嵬 345下
幃 287上
圍 227上
爲 100上
潿 431上
違 63上
媁 501上
韙 108下
萑 19下
蓨 30上
維 525下
巍 354下
夔 395上
澗 432上
闈 468下
濰 425上
禮 310下
貗 360下
黴 159下
韢 254上
臟 324下
躛 125上

wěi

㕫 355下
芛 29下
尾 320上
委 496下
洧 422上
娓 498上
唯 47下
偉 294上
尯 355下
痏 280上
隗 584下
葦 35下
殘 140上
骫 143上
猥 375下
樟 198上
痿 279下
煒 385上
僞 301上
蔿 27上
頠 333上
諉 82下
寪 271下
緯 517上
蔿 557上
鍡 571上
鮪 457上
瘍 278下
韙 60上
闖 469下
韡 224上
𤺺 280上

wèi

未 595下
位 296上
味 47上

zè
夨 394上
仄 355上
庂 246上
zéi
賊 505上
鰂 459下
zēn
兂 322下
𤩽 11下
zèn
譖 88上
zēng
曾 42上
增 550下
憎 408上
熷 383上
罾 283上
矰 186下
繒 519上
譄 86上
zèng
甑 510上
贈 229上
䰝 99上
zhā
抯 482上
柤 209下
溠 419下
𧆲 102上
奓 253下
樝 197上
觰 156上
譇 84上
齇 68上
zhá
札 215上
霅 454上
zhǎ
羨 382下
鮺 460上
zhà
乍 507下
吒 50上
柵 210上
詐 87上
槎 217下
詐 84下
zhāi
摘 479下
齋 2下
zhái
宅 270下
zhài
䣺 234上
瘵 277下
zhān
占 110下
沾 418上
旃 249上
蛅 533下
詹 42下
霑 454下
氈 315上
瞻 117上
邅 53下
饘 181下
驙 371上
鱣 457下
鸇 133下
鬻 99下
zhǎn
展 315下
斬 581上
琖 167下
嫸 500下
樿 198上
䁪 116上
屭 541上
鏨 571上
顫 333下
zhàn
袒 312下
組 524上
棧 213上
𧝓 349下
虢 173下
戰 505上
襢 308上
zhāng
章 90上
張 512上
蔁 24下
彰 336下
漳 418下
璋 8下
麞 373下
zhǎng
爪 100下
掌 473下
鄣 239上
zhàng
丈 79上
杖 213下
帳 286上
障 585下
墇 551上
zhāo
佋 303下
招 478下
昭 244下
盄 175上
釗 152下
啁 49下
(朝) 248上
鉊 566上
鞹 248上
zhǎo
爪 100上
叉 101下
沼 435上
瑵 9下
zhào
召 47下
兆 110下
垗 552下
肁 467下
隉 586下
旐 248下
䍜 126下
照 385上
罩 283上
罩 125上
趙 54下
肇 504下
肇 107上
踔 70下
鮡 460下
zhē
遮 64下
zhé
乇 223下
耴 471下
尾 316上
抓 476下
哲 47下
杔 212下
輒 288下
悊 401下
晣 244下
猲 377上
牒 148下
摺 480上
輒 576下
慴 410下
磔 194下
鉆 566下
蟄 536上
讋 84下
讁 88上
橐 204下
讋 87上
zhě
者 120上
赭 393上
zhè
柘 202下
浙 415上
蔗 23上
嗻 50上
樜 201上
蟅 534上
zhēn
珍 10下
貞 110下
(真) 304下
唇 50下
眞 304下
亲 197下
葴 24上
湞 420下
蓁 30下
斟 574上
楨 206下
甄 510上
溱 420上
禎 2上
榛 199下
禛 2上
駗 371上
箴 164下
潧 422下
蘵 24下
臻 466上
轃 580下
鍼 565下
鱵 133上
zhěn
今 336下
夙 106上
枕 210下
殳 105上
胗 145下
眕 116上
畛 555下
袗 308上
胗 316上
紾 518下
軫 577上
診 88下
煩 332上
鬒 333上
稹 257上
zhèn
刖 146上
挋 478上
両 471上
振 481上
栚 212下
(朕) 321下
紖 526上
朕 321下
賑 228上
踬 71上
震 454上
鴆 135上
鎮 566下
zhēng
延 67上
征 60下
爭 139下
烝 381下
埩 551上
䈣 31下
崝 350上
隕 586上
紅 525下
蒸 34下
鉦 567下
箏 165下
綒 525上
徵 306下
錚 568下
zhěng
抍 481上
整 107上
zhèng
正 60上

筆畫檢字表

本表收入《説文解字句讀》正文字頭，按筆畫多少爲序排列，筆畫數相同的按起筆筆形橫竪撇點折的次序排列，起筆筆形相同的按第二筆筆形次序排列，以此類推。

十一畫

十五畫

十八畫

二十畫

二十三畫

二十四畫

四角號碼檢字表

本表收入《説文解字句讀》正文字頭，按四角號碼爲序排列，號碼相同的按筆畫多少爲序排列，筆畫數相同的按起筆筆形横竪撇點折的次序排列，起筆筆形相同的按第二筆筆形次序排列，以此類推。

5318
蠙 530上
蟦 531上
5320
戊 591上
戌 600上
戍 505上
成 591上
戜 505下
咸 49上
威 493下
戚 385下
戫 450下
㦸 506上
5322
甫 110下
鵏 157下
5333
惑 407下
感 409下
5334
尃 106下
5340
戎 504下
戒 91下
5350
戔 506上
5370
戉 506上
5380
戣 381下
5400
拼 481上
拊 476下
軵 580上
轛 576下
5401
尪 355下
扰 485上
抴 485下
挂 485下
軌 579下
掩 484上
摧 485上
撞 478上
撓 479下
撎 474上
5402
扐 483下
抪 475下
拹 479下
掎 483上
軜 578下
摕 477下
擕 479下
輢 576下
5403
捄 483下
挾 475下
軑 577下
搽 474下
撻 484下
轅 578上
5404
技 483下
披 480上
持 475上
捘 484下
較 576上
搑 483上
擭 481下
擣 482下
5406
拮 484上
措 477上
轖 576下
5407
拑 475上
5408
拱 474下
輴 579下
轒 580下
5409
揲 475下
撩 477上
轑 577下
5411
螼 530上
蟯 530下
蠸 531上
5412
蛕 530下
蜹 534下
螮 537下
蟎 536上
5413
蛺 533下
蟆 536上
蠓 534下
5414
蚑 534下
蠖 532下
5416
蛄 532下
蛣 531下
蜡 534下
5418
蟥 533上
5440
斠 574上
5491
𦓦 154上
5492
耡 154下
5496
耤 154上
5500
井 179下
5501
軘 575下
5502
弗 503下
抪 478上
拂 485上
5503
扶 475上
抉 479下
㚘 398下
抰 485上
抶 485上
軼 579下
5504
抩 475下
掖 486下
搏 483下
摟 480上
轉 579上
5506
軸 577上
5508
捷 486下
5509
轃 580下
5510
蚌 536上
豊 509下
豈 172上
5512
蜻 534下
蟰 534下
5513
蚨 536上
蚗 534上
䖵 541上
蟲 541下
5514
蚺 530上
螻 532下
5517
彗 102下
5518
蜨 533下
5519
蝀 537下
5521
兢 322下
5523
(農) 93上
5533
慧 401下
5544
冓 137上
5550
華 137上
輂 580下
5560
曲 509下
曺 119上
曹 168下
5580
典 166下
費 230上
燓 304上
䕻 386下
5590
耕 154上
䡵 596上
5599
棘 254下
棘 219上
5600
扣 486下
捆 483上
摑 484上
5601
挹 482上
規 398上
掍 486下
搵 486上
攙 483上
輥 577下
輼 575下
擢 475下
5602
捐 486上
揚 480下
揭 480下
5603
擐 482上
轘 581上
5604
捭 485上
揖 474上
撮 477下
擇 477上
輯 576上
輾 576上
攫 482上
5605
撣 476上
5608
抧 478下
捉 477上
提 476下
軹 577下
損 481下
5609
㨐 485上
操 475下
5611
蜆 533下
蝗 534上
螝 530下
蜫 532下
5612
蜎 536上
蝎 532上
5613
蠉 535上
5615
蟬 534上
5621
覤 324上
靚 325上
5622
[illegible] 99上